Marx
Asylgesetz
Kommentar
9. Auflage

Marx

AsylG

Kommentar zum Asylgesetz

Von

Dr. Reinhard Marx
Rechtsanwalt

9. Auflage

Luchterhand Verlag 2017

Zitiervorschlag: Marx, AsylG, §… Rn.

Bibliografische Information der Deutschen Bibliothek

Die Deutsche Bibliothek verzeichnet diese Publikation in der Deutschen Nationalbibliografie; detaillierte bibliografische Daten sind im Internet über http://dnb.d-nb.de abrufbar.

ISBN 978-3-472-08691-8 (Luchterhand Verlag)

www.wolterskluwer.de
www.luchterhand-fachverlag.de

Umschlagkonzeption: Martina Busch, Grafikdesign, Homburg Kirrberg,
Satz: Innodata Inc., Noida, Indien
Druck und Weiterverarbeitung: Williams Lea & tag GmbH, München

Gedruckt auf säurefreiem und alterungsbeständigem Papier

Grundrechtsschutz durch Verfahren

»Indes bedürfen Grundrechte allgemein, sollen sie ihre Funktion in der sozialen Wirklichkeit erfüllen, geeigneter Organisationsformen und Verfahrensregelungen sowie einer grundrechtskonformen Anwendung des Verfahrensrechts, soweit dieses für einen effektiven Grundrechtsschutz von Bedeutung ist …

Dies gilt auch für das Asylrecht, weil anders die materielle Asylrechtsverbürgung nicht wirksam in Anspruch genommen und durchgesetzt werden kann …

Deren Reichweite ist nach der Aufgabe der Asylrechtsgarantie zu bestimmen, die politisch Verfolgten Schutz vor der Zugriffsmöglichkeit des Verfolgerstaates sichern soll. Dieser Gewährleistung genügt eine Verfahrensregelung, die geeignet ist, dem Grundrecht des asylsuchenden Verfolgten zur Geltung zu verhelfen.«

BVerfGE 56, 216 (236)

Vorwort zur 9. Auflage

Die vorgelegte neunte Auflage berücksichtigt die Rechtsentwicklung seit 2014. Dementsprechend werden die nach diesem Zeitpunkt in Kraft getretenen gesetzlichen Änderungen und insbesondere auch die unionsrechtliche Entwicklung im Asyl- und Flüchtlingsrecht einbezogen. Folgende Gesetzesänderungen sind seit der Vorauflage in Kraft getreten und werden in dieser Auflage berücksichtigt: *Gesetz zur Verbesserung der Unterbringung, Versorgung und Betreuung ausländischer Kinder und Jugendlicher* vom 28. Oktober 2015, mit dem die Handlungsfähigkeit von 16 auf 18 Jahre angehoben und für unbegleitete minderjährige Jugendliche ein Verteilungsverfahren eingeführt wurde, *Asylverfahrensbeschleunigungsgesetz* (*Asylpaket I*) vom 20. Oktober 2015, durch das u.a. die maximale Frist für den Aufenthalt in Aufnahmeeinrichtungen auf sechs Monate erweitert und die BüMA eingeführt wurde, *Datenaustauschverbesserungsgesetz* vom 2. Februar 2016, das die BüMA durch den Ankunftsnachweis ersetzt hat, *Gesetz zur erleichterten Ausweisung von straffälligen Ausländern und zum erweiterten Ausschluss der Flüchtlingsanerkennung bei straffälligen Asylbewerbern* vom 11. März 2016, *Asylpaket II* vom 11. März 2016, mit dem insbesondere beschleunigte Verfahren für bestimmte Gruppen von Asylsuchenden (§ 30a AsylG), die Rücknahmefiktion nach § 33 AsylG und im Aufenthaltsgesetz krankheitsbedingte Abschiebungsverbote (§ 60 Abs. 7 Satz 2 AufenthG) und inlandsbezogene Vollstreckungshemmnisse aus diesem Grund (§ 60a Abs. 2 c und 2d AufenthG) erstmals gesetzlich geregelt wurden, und das *Integrationsgesetz* vom 6. August 2016, mit dem insbesondere unzulässige Asylanträge in § 29 AsylG zusammenfassend geregelt, § 27a aufgehoben, die wohnsitzbeschränkende Auflage für Asylberechtigte, Flüchtlinge und subsidiär Schutzberechtigte eingeführt und der Zugang zur Verfestigung des Aufenthaltsrechts von Flüchtlingen und subsidiär Schutzberechtigten einschneidend erschwert wurde.

Die 2015 und 2016 entwickelte gesetzgeberische Dynamik stellt eine auf Verlässlichkeit und Vollständigkeit bedachte Kommentierung der Vorschriften zum AsylG vor besondere Herausforderungen. Während der Arbeit an der 9. Auflage hat der Gesetzgeber – wie sich aus den oben dargestellten gesetzlichen Änderungen ergibt – in vielfältiger Weise und schnell wechselnder Abfolge gesetzliche Verschärfungen und Neuregelungen eingeführt. Dies erforderte eine sehr sorgfältige und bis zum letzten Moment auf Änderungen reagierende Überprüfung der gesetzlichen Vorschriften letztlich anhand des Bundesgesetzblattes. Nachdem die neunte Auflage bereits für den Druck fertig gestellt worden war, stellte der Gesetzgeber das Integrationsgesetz vor. Dies machte es erforderlich, mit der Herausgabe dieser Auflage zu warten und in die bereits korrigierten Druckfahnen gesetzliche Änderungen einzuarbeiten, insbesondere die Ersetzung von § 27a AsylG a.F. durch § 29 Abs. 1 Nr. 1 AsylG und die Neufassung unzulässiger Anträge in den übrigen Regelungen des § 29 Abs.1 AsylG sowie die Übergangsregelung des § 87c AsylG.

Dem Gesetzgeber scheint ein übergeordneter Plan, wie er auf Probleme der Praxis reagieren soll, zu fehlen. Kritikwürdig ist, dass viele der gesetzlichen Änderungen, die etwa im zweiten Asylpaket enthalten sind, bereits im ersten Asylpaket hätten durchgeführt werden können. Das aber hätte vorausgesetzt, dass der Gesetzgeber sich mehr

Zeit hätte lassen müssen, um nach Maßgabe einer übergreifenden Konzeption rechtliche Lösungen für praktische Probleme anzubieten. Anstelle durchdachter und in sich schlüssiger Regelungen versucht der Gesetzgeber aber eher mit Symbolpolitik die Abwanderung von Wählern in die nationalistische, europafeindliche rechtsextreme Richtung abzufangen. Symptomatisch für die Planlosigkeit des Gesetzgebers ist die im Oktober 2015 eingeführte, bislang unbekannte BüMA (Bescheinigung über die Meldung als Asylsuchender) nach § 63a AsylG, die bereits vier Monate später mit dem Datenaustauschverbesserungsgesetz durch den Ankunftsnachweis ersetzt werden musste. Im Integrationsgesetz vom August 2016 musste der Gesetzgeber deshalb in § 87c AsylG komplizierte Übergangsregelungen schaffen. Die Praxis kommt allerdings mit diesem gesetzgeberischen Wildwuchs kaum mit und stellt teilweise auch heute noch die BüMA aus.

Wie in den Vorauflagen wurde auch in dieser Auflage die höchstrichterliche sowie europarechtliche und unionsrechtliche Rechtsprechung berücksichtigt. Die Kommission der Europäischen Union hat ein umfassendes neues Konzept für die Regelungen zum Dublin-Verfahren (*Dublin IV*) vorgelegt. Es kann aber derzeit nicht abgesehen werden, ob und in welchem Zeitraum die Neukonzeption in Kraft treten wird. Das geltende Dublin-Verfahren wird daher noch geraume Zeit in Kraft bleiben, bereitet aber auch heute bereits eine Vielzahl von Problemen, wie insbesondere der Streit um die inhaltliche Bestimmung und den Anwendungsbereich »systemischer Schwachstellen« nach Art. 3 Abs. 2 UAbs. 2 Verordnung (EU) Nr. 604/2013 sowie um die Frage der subjektiven Rechtswirkung des Ablaufs der Überstellungsfrist verdeutlichen. Hier hat der Gerichtshof der Europäischen Union in neueren, nach Abschluss der zweiten Überarbeitung der Druckfahnen bekannt gewordenen Entscheidungen eine gewisse Lockerung der bislang eher nur die Interessen der Mitgliedstaaten berücksichtigenden Position erkennen lassen.

Das Gemeinsame Europäische Asylsystem bestimmt die nationalen asylrechtlichen Regelungen, ist aber selbst in einer schwerwiegenden Krise, deren politische Lösung derzeit nicht absehbar ist. Die Rechtsanwendung muss gleichwohl bestehende gesetzliche Regelungen auslegen und anwenden. Dies verdeutlicht insbesondere die Anwendung des Dubliner Systems, in Bezug auf das mit manchmal verbissen erscheinender Zähigkeit um Auslegungsfragen bis zum letzten Detail gerungen wird, obwohl allen Rechtsanwendern bewusst ist, dass diese System gescheitert ist und der Vollzug von Überstellungen wegen der Weigerungshaltung osteuropäischer Mitgliedstaaten, wie insbesondere Polen und Ungarn, ohnehin ausbleiben wird. Die Krise des europäischen Flüchtlingssystems macht aber bewusst, dass die derzeitige Rechtsanwendung sich sehr schnell ändern kann und erfordert von den Rechtsanwendern im Asyl- und Flüchtlingsrecht ein offenes Bewusstsein für eine instabile und kaum verlässliche Rechtsentwicklung. Dieser Kommentar kann angesichts dieser besonderen Situation zwar Hilfestellungen für die derzeitige Rechtslage anbieten. Rechtsanwender müssen aber insbesondere derzeit stetig die Weiterentwicklung der Rechtsprechung und Politik im Auge behalten.

Frankfurt am Main, im August 2016 *Reinhard Marx*

Inhaltsverzeichnis

Abkürzungsverzeichnis

a.A.	anderer Ansicht
AA	Auswärtiges Amt
a.a.O.	am angegebenen Ort
Abs.	Absatz
AE	Aufenthaltserlaubnis
ähnl.	ähnlich
AEMR	Allgemeine Erklärung der Menschenrechte
AEVO	Arbeitserlaubnisverordnung
a.F.	alte Fassung
AFG	Arbeitsförderungsgesetz
AG	Amtsgericht
Ag.	Antragsgegner(in)
AG/VwGO	Ausführungsgesetz zur Verwaltungsgerichtsordnung
ai	amnesty international
AJIL	American Journal of International Law
Alt.	Alternative
a.M.	anderer Meinung
Anl.	Anlage
Anm.	Anmerkung
AnwBl	Anwaltsblatt (Zeitschrift)
AöR	Archiv für öffentliches Recht (Zeitschrift)
ArchVR	Archiv des Völkerrechts (Zeitschrift)
Art.	Artikel
AS	Amtliche Sammlung der Oberverwaltungsgerichte Rheinland-Pfalz und Saarland
Ast.	Antragsteller(in)
AsylbLG	Asylbewerberleistungsgesetz
AsylG	Asylgesetz
AsylR	Asylrecht
AsylVfG	Asylverfahrensgesetz
AsylVfNG	Asylverfahrensneuordnungsgesetz (Gesetz zur Neuregelung des Asylverfahrens vom 26. Juni 1992)
AuAS	Ausländer- und asylrechtlicher Rechtsprechungsdienst (Rechtsprechungsdienst)
AufenthG	Aufenthaltsgesetz
AuslVwV	Allgemeine Verwaltungsvorschrift zur Ausführung des Ausländergesetzes von 1965
AZR	Ausländerzentralregister
B.	Beschluss
BaföG	Bundesausbildungsförderungsgesetz
BAG	Bundesarbeitsgericht
BayObLG	Bayerisches Oberstes Landesgericht
BayObLGZ	Entscheidungen des Bayerischen Obersten Landesgerichtes in Zivilsachen
BayVBl.	Bayerische Verwaltungsblätter (Zeitschrift)

BayVGH	Bayerischer Verwaltungsgerichtshof
BB	Bundesbeauftragter für Asylangelegenheiten
Bd.	Band
BDSG	Bundesdatenschutzgesetz
Bekl.	Beklagte(r)
BerG	Berufungsgericht
BerHG	Beratungshilfegesetz
Beschl.	Beschluss
Bf.	Beschwerdeführer(in)
BfA	Bundesanstalt für Arbeit
Bg.	Beschwerdegegner(in)
BGB	Bürgerliches Gesetzbuch
BGBl.	Bundesgesetzblatt
BGH	Bundesgerichtshof
BGHSt	Entscheidungen des Bundesgerichtshofes in Strafsachen
BGHZ	Entscheidungen des Bundesgerichtshofes in Zivilsachen
BGS	Bundesgrenzschutz
BGSG	Bundesgrenzschutzgesetz
BK	Bonner Kommentar zum Grundgesetz
BKA	Bundeskriminalamt
BMI	Bundesinnenministerium
BR	Bundesrat
BRAGO	Bundesgebührenordnung für Rechtsanwälte
BRAK-Mitteilungen	Bundesrechtsanwaltskammer-Mitteilungen
BRD	Bundesrepublik Deutschland
BR-Drucks.	Bundesratsdrucksache
BSeuchG	Bundesseuchengesetz
BSG	Bundessozialgericht
BSGE	Entscheidungen des Bundessozialgerichtes
BSHG	Bundessozialhilfegesetz
BT	Bundestag
BT-Drucks.	Bundestagsdrucksache
Buchst.	Buchstabe
BVerfG	Bundesverfassungsgericht
BVerfGE	Entscheidungen des Bundesverfassungsgerichtes
BVerfGG	Bundesverfassungsgerichtsgesetz
BVerfG-K	Bundesverfassungsgericht (Kammerentscheidung)
BVerfSchG	Bundesverfassungsschutzgesetz
BVerwG	Bundesverwaltungsgericht
BVerwGE	Entscheidungen des Bundesverwaltungsgerichtes
BVFG	Bundesvertriebenengesetz
BW	Baden-Württemberg
BWVPr.	Baden-Württembergische Verwaltungspraxis
BYIL	British Yearbook of International Law
BZRG	Bundeszentralregistergesetz
bzw.	beziehungsweise
CDU	Christlich-Demokratische Union
CSU	Christlich-Soziale Union

CYIL	Canadian Yearbook of International Law
DDR	Deutsche Demokratische Republik
d.h.	das heißt
DÖV	Die Öffentliche Verwaltung (Zeitschrift)
DriG	Deutsches Richtergesetz
DriZ	Deutsche Richterzeitung (Zeitschrift)
DRK	Deutsches Rotes Kreuz
Drucks.	Drucksache
DVAuslG	Durchführungsverordnung zum Ausländergesetz
DVBl	Deutsches Verwaltungsblatt (Zeitschrift)
e.A.	einstweilige Anordnung
ECRE	European Council an Refugees and Exiles
EE-Brief	Der Einzelentscheider-Brief (Informations-Schnelldienst für Einzelentscheider des Bundesamtes für die Anerkennung ausländischer Flüchtlinge)
EG	Europäische Gemeinschaften
EGBGB	Einführungsgesetz zum Bürgerlichen Gesetzbuch
EGGVG	Einführungsgesetz zum Gerichtsverfassungsgesetz
EGH	Ehrengerichtshof
EGMR	Europäischer Gerichtshof für Menschenrechte
EJIL	European Journal of International Law (Zeitschrift)
EKMR	Europäische Kommission für Menschenrechte
EMRK	Europäische Konvention zum Schutze der Menschenrechte und Grundfreiheiten
Erl.	Erläuterungen
ESVGH	Entscheidungen des Hessischen Verwaltungsgerichtshofes und des Verwaltungsgerichtshofes Baden-Württemberg
EU	Europäische Union
EuAuslÜb	Europäisches Auslieferungsübereinkommen
EuGRZ	Europäische Grundrechtszeitung (Zeitschrift)
EZAR	Entscheidungssammlung zum Ausländer- und Asylrecht
f.	folgende
FamRZ	Ehe und Familie im privaten und öffentlichen Recht. Zeitschrift für das gesamte Familienrecht
F.D.P.	Freie Demokratische Partei
FEVG	Freiheitsentziehungsgesetz
ff.	fortfolgende
FGG	Reichsgesetz über die freiwillige Gerichtsbarkeit
FK	(Genfer)Flüchtlingskonvention
FN	Fußnote
FR	Frankfurter Rundschau
GA	Goltdammer's Archiv für Strafrecht
gem.	gemäß
GFK	Genfer Flüchtlingskonvention
GG	Grundgesetz für die Bundesrepublik Deutschland

ggf.	gegebenenfalls
GK-AsylG	Gemeinschaftskommentar zum AsylG
GK-AsylVfG a.F.	Gemeinschaftskommentar zum AsylVfG alte Fassung
GK-AuslR	Gemeinschaftskommentar zum Ausländerrecht
GKG	Gerichtskostengesetz
GMBl.	Gemeinsames Ministerialblatt
GmSOGB	Gemeinsamer Senat der obersten Gerichtshöfe des Bundes
h.A.	herrschende Ansicht
Hb	Handbuch
Hess.VGH	Hessischer Verwaltungsgerichtshof
Hess.VGRspr.	Rechtsprechungssammlung der hessischen Verwaltungsgerichte
h.L.	herrschende Lehre
h.M.	herrschende Meinung
HRLJ	Human Rights Law Journal (Zeitschrift)
Hrsg.	Herausgeber(in)
HS	Halbsatz
HumHAG	Gesetz über Maßnahmen für im Rahmen humanitärer Hilfsaktionen aufgenommene Flüchtlinge
Hw	Hinweis
ICJ	International Court of Justice
i.d.F.	in der Fassung
i.d.R.	in der Regel
IJRL	International Journal of Refugee Law (Zeitschrift)
IKRK	Internationales Komitee des Roten Kreuzes
IMK	Ständige Konferenz der Innenminister und -senatoren der Länder und des Bundes
InfAuslR	Informationsbrief Ausländerrecht (Zeitschrift)
insb.	insbesondere
ILO	International Labour Organization
IPR	Internationales Privatrecht
IPrax	Praxis des Internationalen Privatrechts (Zeitschrift)
IRG	Gesetz über die internationale Rechtshilfe in Strafsachen
IRO	International Refugee Organization
i.V.m.	in Verbindung mit
JA	Juristische Arbeitsblätter
JGG	Jugendgerichtsgesetz
JIR	Jahrbuch für internationales Recht (Zeitschrift)
JMBl.	JustizMinisterialblatt (Zeitschrift)
JR	Juristische Rundschau (Zeitschrift)
JuS	Juristische Schulung (Zeitschrift)
JVA	Justizvollzugsanstalt
JZ	Juristenzeitung (Zeitschrift)
Kap.	Kapitel
KDV	Kriegsdienstverweigerung
KG	Kammergericht

KJ	Kritische Justiz (Zeitschrift)
Kl.	Kläger(in)
krit.	kritisch
LAG	Landesarbeitsgericht
LG	Landgericht
LS	Leitsatz
LVwGSchlH	Landesverwaltungsgesetz Schleswig-Holstein
MBl.	Ministerialblatt
MDR	Monatsschrift für Deutsches Recht (Zeitschrift)
m.w.Hw.	mit weiteren Hinweisen
n.F.	neue Folge
Nieders.OVG	Niedersächsisches Oberverwaltungsgericht (auch: Oberverwaltungsgericht Lüneburg)
NJW	Neue Juristische Wochenschrift (Zeitschrift)
Nr.	Nummer
NStZ	Neue Zeitschrift für Strafrecht
NVwZ	Neue Zeitschrift für Verwaltungsrecht
NVwZ-RR	Neue Zeitschrift für Verwaltungsrecht-Rechtsprechungsreport
NW	Nordrhein-Westfalen
NWVBL	Nordrhein-Westfälische Verwaltungsblätter
NZA	Neue Zeitschrift für Arbeitsrecht
NZZ	Neue Zürcher Zeitung
o.a.	oben angegeben
OLG	Oberlandesgericht
OLGZ	Entscheidungen der Oberlandesgerichte in Zivilsachen
OVG	Oberverwaltungsgericht
OVGBln.	Entscheidungen des Oberverwaltungsgerichtes Berlin
OVGE	Entscheidungen der Oberverwaltungsgerichte für das Land Nordrhein-Westfalen sowie für die Länder Niedersachsen und Schleswig-Holstein
OVG MV	Oberverwaltungsgericht des Landes Mecklenburg-Vorpommern
OVG NW	Oberverwaltungsgericht Nordrhein-Westfalen
PKH	Prozesskostenhilfe
PStG	Personenstandsgesetz
RA	Rechtsanwalt
RdC	Recueil des Cours (Zeitschrift)
RdErl.	Runderlass
Rh-Pf	Rheinland-Pfalz
RL	Richtlinie
Rn./Rdn.	Randnummer
RpflGAnpG	Rechtspflegeranpassungsgesetz
Rspr.	Rechtsprechung
RuStAG	Reichs- und Staatsangehörigkeitsgesetz
RzW	Rechtsprechung zum Wiedergutmachungsrecht

S.	Seite
s.	siehe
Sächs.OVG	Sächsisches Oberverwaltungsgericht
SchlH	Schleswig-Holstein
SG	Sozialgericht
SGB	Die Sozialgerichtsbarkeit
SGB I	Sozialgesetzbuch – Allgemeiner Teil
SGB X	Sozialgesetzbuch – Verwaltungsverfahren
SGG	Sozialgerichtsgesetz
s.o.	siehe oben
sog.	sogenannt
SPD	Sozialdemokratische Partei Deutschlands
SS	Schriftsatz
StA	Staatsanwalt
StAnz.	Staatsanzeiger
StGB	Strafgesetzbuch
StPO	Strafprozessordnung
StV	Strafverteidiger (Zeitschrift)
SV	Sichtvermerk
Thür.OVG	Thüringisches Oberverwaltungsgericht
Urt.	Urteil
u.a.	und andere
UdSSR	Union der Sozialistischen Sowjet-Republiken
UN	United Nations
UN-AMR	Menschenrechtsausschuss der Vereinten Nationen
UNHCR	United Nations High Commissioner for Refugees
UNHCR ExCom	Executive Committee of the Programme of the United Nations High Commissioner for Refugees
UNHCR-Handbuch	Handbuch des Amtes des Hohen Kommissars der Vereinten Nationen für Flüchtlinge über Verfahren und Kriterien zur Feststellung der Flüchtlingseigenschaft, Genf 1979
UNRWA	United Nations Work and Relief Agency for the Palestine Refugees
USA	United States of America
u.U.	unter Umständen
VA	Verwaltungsakt
VBlBW	Verwaltungsblätter für Baden-Württemberg
VereinsG	Vereinsgesetz
VersG	Versammlungsgesetz
VerwArch	Verwaltungsarchiv (Zeitschrift)
VerwRdsch	Verwaltungsrundschau (Zeitschrift)
VerwRspr.	Verwaltungsrechtsprechung
VG	Verwaltungsgericht
VGH	Verwaltungsgerichtshof
VGH BW	Verwaltungsgerichtshof Baden-Württemberg
vgl.	vergleiche

VO	Verordnung
Vorbem.	Vorbemerkung
VVDStRL	Veröffentlichungen der Vereinigung der Deutschen Staatsrechtslehrer
VwGO	Verwaltungsgerichtsordnung
VwV	Verwaltungsvorschrift
VwVfG	Verwaltungsverfahrensgesetz
VwVG	Verwaltungsvollstreckungsgesetz
VwZG	Verwaltungszustellungsgesetz
ZaöRV	Zeitschrift für ausländisches öffentliches Recht und Völkerrecht
ZAR	Zeitschrift für Ausländerrecht und Ausländerpolitik
z.B.	zum Beispiel
ZDWF	Zentrale Dokumentationsstelle der Freien Wohlfahrtspflege für Flüchtlinge
ZfHS/SGB	Zeitschrift für Sozialhilfe und Sozialgesetzbuch
ZfVR	Zeitschrift für Völkerrecht
ZPO	Zivilprozessordnung
ZRP	Zeitschrift für Rechtspolitik
zust.	zustimmend
ZuwG	Zuwanderungsgesetz
ZZP	Zeitschrift für Zivilprozess
z.Zt.	zur Zeit

Literaturverzeichnis

Achermann, Alberto	Schengen und Asyl: Das Schengener Übereinkommen als Ausgangspunkt der Harmonisierung europäischer Asylpolitik, in: Schengen und die Folgen, Achermann, Albert u.a. (Hrsg.), Bern u.a., 1995, S. 79
Afele, Enyonam	Grausames Ritual. Die Verstümmelung weiblicher Geschlechtsorgane verstößt gegen die Menschenrechte, in: der überblick 2/93, S. 29
Albracht, Wolfgang/ Naujoks, Helga	Abschiebung, Abschiebungsandrohung und Abschiebungs anordnung im Ausländerrecht, in: NVwZ 1986, 26
Aleinikoff, T. Alexander	The Meaning of »Persecution« in United States Asylum Law, in: IJRL 1991, 5
	»Membership in a Particular Social Group«: Analysis and propsed Conclusions, September 2001 (www.unhcr.ch)
Allain, Jean	*The* jus cogens *Nature* of non-refoulement, in: International Journal of Refugee Law 2001, 533
Alleweldt, Ralf	Protection against Expulsion under Article 3 ECHR, in: European Journal of International Law 1993, 360
	Schutz vor Abschiebung bei drohender Folter oder unmenschlicher oder erniedrigender Behandlung oder Strafe, Berlin u.a. 1996
	Die Menschenrechtsbeschwerde gegen Asylentscheidungen im Flughafen- oder Schnellverfahren, in: NVwZ 1996, 1074
Alsberg, Max/Nüse, Karl-Heinz/Meyer, Karl-Heinz	Der Beweisantrag im Strafprozess, 6. Auflage, Köln u.a. 2013
Aman, Christine	Die Rechte des Flüchtlings. Die materiellen Rechte im Lichte der travaux préparatoires zur Genfer Flüchtlingskonvention und die Asylgewährung, Baden-Baden 1994
Amnesty International	Stellungnahme zum Zuwanderungsgesetz vom 11. Januar 2002, in: DB, 14. WP, Innenausschuss, Protokoll Nr. 83, 14/674 D, S. 233
Arboleda, Eduardo	Refugee Definition in Africa and Latin America: The Lessons of Pragmatism, in: International Journal of Refugee Law 1991, 185
Atzler, Bernhard	Anmerkung zu OVG Lüneburg, DVBl 1986, 1213, in: DVBl 1986, 1214
	Zulassung der Berufung, in: NVwZ 2001, 410
Bäumler, Helmut	Datenschutz für Ausländer, in: NVwZ 1995, 239
	Redebeitrag, in: Datenschutz – auch für Ausländer? -, Winfried Hassemer/Karl Starzacher (Hrsg.), Baden-Baden 1995
	Erläuterungen zu § 7 und § 8, in: GK-AsylG (Loseblattwerk)

Baer, Ingrid	Die Neuregelungen des Ausländerrechts für Minderjährige, in: ZAR 1991, 135
Balzer, Christian	Beweisaufnahme und Beweiswürdigung im Zivilprozess. Eine systematische Darstellung und Anleitung für die gerichtliche und anwaltliche Praxis, Berlin 1991
	Beweisaufnahme und Beweiswürdigung im Zivilprozess, 3. Aufl. Berlin 2011
Bamberger, Christian	Der ruhende Verwaltungsprozess. Ein Beitrag zur Dogmatik des § 173 Satz 1 VwGO, in: NVwZ 2015, 2015
Bank, Roland	Die Beendigung der Flüchtlingseigenschaft nach der »Weg-fall-der- Umstände-Klausel« in: NvwZ 2011, 401
Basdorf, Clemens	Änderungen des Beweisantragsrechtes und Revision, in: StV 1995, 310
Bartelheim	Die Anwendbarkeit von § 84 Abs. 1 Nr. 3 AufenthG auf Rücknahme und Widerruf der Beschäftigungserlaubnis nach § 10 BeschVerfV, in: InfAuslR 2005, 458
Becker, Antje/ Bruns, Marco	Diplomatie und Wahrheit. Einige Beispiele zur Verwertbarkeit von Auskünften und Lageberichten des Auswärtigen Amtes, in: InfAuslR 1997, 119
Becker, David	Traumaprozesse und Traumaverarbeitung, in: Politische Psychologie 1999, 165
	Prüfstempel PTSD – Einwände gegen das herrschende »Träume« -Konzept, in: Schnelle Eingreiftruppe >Seele<. Medico report 20 (1997), S. 25
Bell, Roland/ Henning, Matthias	Anmerkung zu VG Schleswig, in: ZAR 1993, 37
Bell, Roland/Huzel, Erhard	Anmerkung zu VG Düsseldorf, in: ZAR 1994, 184
Bell, Roland/ Nieding, Norbert von	Das Asylfolgeantragsverfahren nach neuem Recht, in: ZAR 1995, 11
	Praktische Aspekte des Asylfolgeverfahrens - mit Exkurs über den Bundesbeauftragten für Asylangelegenheiten, in: ZAR 1995, 181
	Roland, Zur »Beachtlichkeit« von Folgeanträgen, in: NVwZ 1995, 24
	Asylrecht im Spiegel höchstrichterlicher Rechtsprechung, in: InfAuslR 1996, 348
	Asylrecht im Wandel, in: Asylpraxis, Schriftenreihe des Bundesamtes für die Anerkennung ausländischer Flüchtlinge, Band 1, Nürnberg 1997, S. 13
	VG Sigmaringen zu Sachverständigengutachten im Folgeverfahren, in: E/E-Brief 6/2000, S. 3
ders./de Haan, Jürgen	Zur neuen Lageberichterstattung des Auswärtigen Amtes, in: InfAuslR 200, 455

Berber, Friedrich	Lehrbuch des Völkerrechts, Zweiter Band. Kriegsrecht, 2. Aufl., 1969
Bergmann, Jan Michael/ Dienelt, Klaus	Ausländerrecht. Kommentar. 11. Aufl., München 2016
Berlit, Uwe	Erläuterungen zu § 78, in: GK-AsylG (Loseblatt)
	Flüchtlingsrecht im Umbruch, in: NVwZ 2012, 193
	Elektronische Verwaltungsakten und verwaltungsgerichtliche Kontrolle, in: NVwZ 2015, 197
Bertrams, Michael	Zur Überprüfung gerichtlicher Asyl-Entscheidungen durch das Bundesverfassungsgericht, in: DVBl 1991, 1226
Bethäuser, Franz	Die neueste Rechtsprechung des BVerwG zur anderweitigen Verfolgungssicherheit - insbesondere zur Frage des sog. Fluchtzusammenhangs, in: ZAR 1989, 728
	Anmerkung zu BVerfG, EZAR 205 Nr. 16, in: ZAR 1992, 127
Bierwirth, Christoph	Die Familienasylregelung des § 7 a Abs. 3 AsylG unter besonderer Berücksichtigung der Altfälle, in: Das neue Ausländerrecht, Barwig u.a. (Hrsg.), Baden-Baden 1991, S. 229
	Die Erteilung von Reiseausweisen nach Art. 28 der Genfer Flüchtlingskonvention an nicht originär Asylberechtigte nach Artikel 16 Abs. 2 Satz 2 des Grundgesetzes der Bundesrepublik Deutschland, in: ArchVR 1991, 295
Birck	Traumatisierte Flüchtlinge. Wie glaubhaft sind ihre Aussagen, Heidelberg u.a., 2002
	Erinnern, Vergessen und posttraumatische Störungen, in: Haenel, Ferdinand u.a. (Hrsg.); Begutachtung psychisch reaktiver Traumafolgen in aufenthaltsrechtlichen Verfahren, 2004, S 76
Bittenbinder, Elise	Herrschaft und Gewalt. Psychotherapie mit vergewaltigten und gefolterten Frauen, in: Politische Psychologie 1999, 201
Bitter, Georg	Heilung von Zustellungsmängeln gem. § 9 VwZG durch Erhalt einer Bescheidkopie ?, in: NVwZ 1999, 144
Blake, Nicholas	The Dublin Convention and Rights of Asylum Seekers in the European Union, in: Implementing Amsterdam, Guild, Elspeth/Harlow, Carol (Hrsg.), 2001, S. 94
Bleckmann, Albert	Verfassungsrechtliche Probleme einer Beschränkung des Asylrechts, Köln u.a. 1992
Bliss, Michael	»Serious reasons for Considering«: Minimum Standards of procedural Fairness in the Application of the Article 1 F Exculsion Clause, in: International Journal of Refugee Journal, Vol. 12 Special Supplementary Issue 2000, S. 92
Böckenförde, Ernst-Wolfgang	Grundrechtstheorie und Grundrechtsinterpretation, in: Staat, Verfassung, Demokratie. Studien zur Verfassungstheorie und zum Verfassungsrecht, E.-W. Böckenförde (Hrsg.), Frankfurt am Main 1991

Böhm, Karl	Die Verwertung mittelbarer Beweismittel im Verwaltungsgerichtsprozess, in: NVwZ 1996, 427
Bönker, Johannes E. C.	Keine rückwirkende Bewilligung von Prozesskostenhilfe bei rechtskräftigem Verfahrensabschluss, in: NJW 1983, 2430
Bohl, Johannes	Der »ewige Kampf des Rechtsanwalts um die Akteneinsicht, in: NVwZ 2005, 133
Bolten, J. J.	From Schengen to Dublin: The new frontiers of refugee law, in: Schengen. Internationalisation of central chapters of the law on aliens, refugees, security and the police, H. Meijers u.a. (Hrsg.), Utrecht 1991, S. 8
Bothe, Michael	Friedenssicherung und Kriegsrecht, in: Vitzhum, Wolfgang Graf (Hrsg.), 1997, S. 581
Brandis, Peter	Zur Strafbarkeit von Asylbewerbern bei Ausreise, in: InfAuslR 1988, 18
Brandt, Kersten	Präklusion im Verwaltungsverfahren, in: NVwZ 1997, 233
Brenner, Michael	Möglichkeit und Grenzen grundrechtsbezogener Verfassungsänderungen. Dargestellt anhand der Neuregelung des Asylrechts, in: Der Staat Bd. 32 (1993), S. 493
Broß, Siegfried	Richter und Sachverständiger, dargestellt anhand ausgewählter Probleme des Zivilprozesses, in: ZZP 1989, 413
Brownlie, Ian	System of the Law of Nations. State Responsibility, Part I, Oxford 1983
Büchner, Bernward	Zur Grundsatzberufung im Verwaltungsprozess, insbesondere im Asylprozeß, in: DÖV 1984, 578
Bueren van, Geraldine	The International Protection of Family Members' Rights as the 21st Century Approach, in: Human Rights Quaterly 1995, 732
Buhr, Kornelia	Frauenspezifische Verfolgung und Asyl, in: Demokratie und Recht 1988, 192
Bumke, Ulrike	Zur Problematik frauenspezifischer Fluchtgründe – dargestellt am Beispiel der Genitalverstümmelung, in: NVwZ 2002, 423
	Bundesministerium für Familie, Senioren, Frauen und Jugend Genitale Verstümmelung bei Mädchen und Frauen, 2000.
	Bundesweite Arbeitsgemeinschaft der Psychosozialen Zentren für Flüchtlinge und Folteropfer
	Richtlinien für die psychologische und medizinische Untersuchung von traumatisierten Flüchtlingen und Folteropfern, 4. Aufl., 2003
Buschbeck, Konrad	Verschleierte Auslieferung durch Ausweisung. Ein Beitrag zur Abgrenzung von Auslieferungsrecht und Fremdenpolizeirecht, Berlin 1973

Castel, Jacqueline R., Rape Sexual Assault and the Meaning of Persecution, in: International Journal of Refugee Law 1992, 39

Clark, Tom Human Rights and Expulsion: Giving Content to the Concept of Asylum, in: in: International Journal of Refugee Law 1992, 189

Cervenak, Christine M. Promotion Inequality: Gender.Based Discrimination in UNRWA's Approach to Palestine Refugee Status, in: Human Rights Quaterly 1994, 300

Classen, Claus Dieter Asylrecht in Frankreich: Zur Bedeutung der verfassungs- und völkerrechtlichen Vorgaben, in: DÖV 1993, 227

Crawford, James/ Hyndman, Patricia Three Heresis in the Application of the Refugee Convention, in: IJRL 1989, 157

Creutzfeldt, Malte Anhörung von Asylbewerbern vor Verwaltungsbehörden und Verwaltungsgerichten, in: NVwZ 1982, 88

Creveld, Martin van Die Zukunft des Krieges, 1991

Dahm, Diethart Ablehnung eines Beweisantrags im Asylrecht, in: NVwZ 2000, 1385

Beweisanträge im Asylprozess, in: ZAR 2002, 227

Ablehnung von Beweisanträgen, in: ZAR 2002, 348

Dawin, Michael Anforderungen an die richterliche Überzeugungsbildung im Asylprozess, in: NVwZ 1992, 729

Deibel, Klaus Beweisanträge im verwaltungsgerichtlichen Asylverfahren, in: InfAuslR 1984, 114

Delbrück, Jost Menschenrechte im Schnittpunkt zwischen universalem Schutzanspruch und staatlicher Souveränität, in: Menschenrechte und Demokratie, Johannes Schwartländer (Hrsg.), Kehl am Rhein 1981, S. 11

Denninger, Erhard Staatsrecht. Einführung in die Grundprobleme des Verfassungsrechts der Bundesrepublik Deutschland, Band 1, Reinbek 1973

Dhawan, Savita/ Eriksson Söder Ulla-Stina, Trauma und Psychodrama, in: Politische Psychologie 1999, 201

Dienelt, Klaus Erläuterungen zu § 30, in: Gemeinschaftskommentar zum Asylverfahrensgesetz 1992 (GK-AsylG)

Die Anrechnung von Voraufenthaltszeiten zur Erlangung einer Niederlassungserlaubnis, in: InfAuslR 2005, 247

Dörig, Harald Auf dem Weg in ein Gemeinsames Europäisches Asylsystem, in: NVwZ 2014, 106

Dörr, Oliver Das Schengener Durchführungsübereinkommen - ein Fall des Art. 24 Abs. 1 GG, in: DÖV 1993, 696

Dolk, Klaudia Das Dublin-Verfahren in Deutschland, in: Das Dublin-Verfahren. Hintergrund und Praxis, Beilage zum Asylmagazin 1-2/2008, S. 16

Drews, Ulrich/ Fritsche, Jörn Die aktuelle Rechtsprechung des BGH zur Abschiebungshaft, in: NVwZ 2011, 527

Duchrow, Julia Die flüchtlingsrechtlichen Profile des Zuwanderungsgesetzes, in ZAR 2002, 269

	Flüchtlingsrecht und Zuwanderungsgesetz unter Berücksichtigung der sog. Qualifikationsrichtlinie, in: ZAR 2004, 339
Ebert, Dieter/ Kindt, Hildburg	Die posttraumatische Belastungsstörung im Rahmen des Asylverfahrens, in: VBl- BW 2004, 41
Ebner, Hans-Chrs.	Ist für Ausländer die Verwaltungssprache deutsch?, in: DVBl 1971, 341
Eichenhofer, Johannes	»Aktuelle migrationsrechtlich relevante Entscheidungen des EGMR«, in: InfAuslR 2015, 413–419
Eide, Asbjörn	Gewissen und Gewalt, in: Vereinte Nationen 1986
Eisenberg, Ulrich	Beweisrecht der StPO. Spezialkommentar, 8. Auflage München 2013
Epiney, Astrid	Die völkerrechtliche Verantwortung von Staaten für rechtswidriges Verhalten im Zusammenhang mit Aktionen Privater, 1992
Errera, Roger	Cessation and Assessment of New Circumstances: a Comment on Abdulla, CJEU, 2 March 2010, in: IJRL 2011, 521
Espenhorst, Niels/ Schwarz, Ulrike	Aktuelle Gesetzesänderungen für unbegleitete minderjährige Kinder, in: Asylmagazin 2015, 408
Espiell, Hector/Picado, Sonia/Lanza, Leo Valladares	Principles and Criteria for the Protection of and Assistance to Central American Refugees, Returnees and Displaced Persons in Latin America, in: International Journal of Refugee Law 1990, 83
European Council on Refugees and Exiles	Sharing Responsibility for Refugee Protection in Europe: Dublin Reconsidered, March 2008
Feddersen, Christoph	Beschwerdeausschuss versus Menschenwürde und Rechtsstaatsprinzip: ein unvereinbarer Gegensatz?, in: ZRP 1993, 479
Feller, Erika	Carrier Sanction and International Law, in: IJRL 1989, 48
Feuchthofen, Jörg	Der Verfassungsgrundsatz des rechtlichen Gehörs und seine Ausgestaltung im Verwaltungsverfahren, in: DVBl 1994, 170
Filzwieser, Christian/ Sprung, Andrea	Dublin II-Verordnung. Das Europäische Asylzuständigkeitssystem, 3. Aufl., 2010
Fischer, Gottfried/ Riedesser, Peter	Lehrbuch der Psychotraumatologie, 4. Aufl., 2009
Fitzpatrick, Joan/ Bonoan, Rafael	Cessation of refugee status, 2001, in: *refworld*
Fliegauf, Harald	Anmerkungen zum Asylkompromiss, in: DÖV 1993, 984
Franke, Dietmar	Politisches Delikt und Asylrecht, 1979
Franßen, Everhardt	Der neue Art. 16 a GG als »Grundrechtsverhinderungsvorschrift«, in: DVBl 1993, 300
Friedl, Josef	Der Einzelrichter in Asylverfahren, in: BayVBl. 1984, 555
Fritz, Roland	Der beschränkte Instanzenzug im Urteilsverfahren nach dem Asylverfahrensgesetz, in: ZAR 1984, 23
	Das Grundrecht auf rechtliches Gehör, in: ZAR 1984, 189
Fröhlich	Das Asylrecht im Rahmen des Unionsrechts, 2011
Frowein, Jochen Abr./ Peukert, Wolfgang	Europäische Menschenrechtskonvention. EMRK-Kommentar, 3. Aufl., Kehl u.a. 2009

Frowein, Jochen Abr./ Zimmermann, Andreas Die Asylrechtsreform des Jahres 1993 und das Bundesverfassungsgericht, in: JZ 1996, 753

Füglein, Frank/ Lagardère, Pascal Die Aufhebung des Arbeitsverbotes für Asylbewerber, in: ZAR 2013, 282

Fuerst, Anna-Miria Rechtsschutz gegen offensichtlich unbegründete Asylanträge, in: NVwZ 2012, 213

Funke-Kaiser, Michael Verfassungsrechtliche Beurteilung von Art. 16 a E-GG und völkerrechtliche Standards, in: epd-Dokumentation Nr. 24–25/93, Heft 1, S. 28

Erläuterungen zu §§ 29, 35, 37, 38, 43 a, 71 und 71 a, §§ 84–86 in: GK-AsylG sowie Erläuterungen zu § 50, in: GK-AuslR

Gaentzsch, Günter Abwehr der Vollstreckung eines verwaltungsgerichtlichen Bescheidungsurteils bei nachträglicher Änderung der Sach- und Rechtslage, in: NVwZ 2008, 950

Gaier, Reinhard Verfassungsrechtliche Vorgaben für die Zulassung der Berufung im Verwaltungsstreitverfahren, in: NVwZ 2011, 385

Gasser, Hans-Peter Armed Conflict within the Territory of a State, in: W. Haller u.a. (Hrsg.), Im Dienste an der Gemeinschaft, Festschrift für D. Schindler, 1989, S. 225

Gau, Christian Die General-Beteiligungserklärung des Bundesbeauftragten für Asylangelegenheiten, in: DÖV 1995, 325

Geck, Wilhelm Karl Internationaler Schutz von Freiheitsrechten und nationale Souveränität, in: JZ 1980, 73

Genrich, Lutz Gilt für die Annahme, dass einem Asylbewerber aus einem »sicheren Herkunftsstaat« abweichend von der allgemeinen Lage politische Verfolgung droht, der gleiche Maßstab wie für die politische Verfolgung in anderen Ländern, ist insbesondere die Berufung auf Gruppenverfolgung möglich?, in: VBlBW 1994, 182

Gerchmeier, Katrin Schutz vor Verfolgung wegen der Religion, in: ZAR 2016, 8

Gerlach, Axel Dubliner Asylrechtskonvention und Schengener Abkommen: Lohnt sich die Ratifikation?, in: ZRP 1993, 164

Germann, Michael Die Erlaubnis zum Verlassen des Aufenthaltsbereichs nach §§ 57 I, 58 I 2 AsylG zum Zweck der Religionsausübung, in: ZAR 2008, 177

Gerson, Harry Drittstaatenklausel und Familienasyl, in: InfAuslR 1997, 253

Giesler, Volkmar/ Wasser, Detlef Das neue Asylrecht. Die neuen Gesetzestexte und internationalen Abkommen mit Erläuterungen, Köln 1993

Glahn, Wiltrud von Der Kompetenzwandel internationaler Flüchtlingsorganisationen - vom Völkerbund bis zu den Vereinten Nationen, Baden-Baden 1992

Göbel-Zimmermann, Ralph Die Rechtsstellung unbegleiteter minderjähriger Flüchtlinge unter besonderer Berücksichtigung des Flughafenverfahrens nach § 18 a AsylG, in: InfAuslR 1995, 166

Kommentierung zu IV SystDarst, in: Handbuch des Ausländer- und Asylrechts, Huber (Hrsg.), (Loseblattwerk)

Göbel-Zimmermann, Ralph/Masuch, Thorsten	Das Asylrecht im Spiegel der Entscheidungen des Bundesverfassungsgerichts, in: InfAuslR 1996, 404
	Das Flughafenverfahren nach § 18 a AsylG und das Grundrecht auf Freiheit der Person, in: InfAuslR 1997, 171
Goldberg, Pamela/ Passade Cisse, Bernadette	Gender Issues in Asylum Law after Matter of R-A-, in: Immigration Briefings 2/2000, S. 1
Goodwin-Gill, Guy S.	The Principle of Access to National Procedures for the Determination of Refugee Status, in: The International Yearbook of Humanitarian Law 1985, 57
	The Refugee in International Law, 1983
	The Refugee in International Law, 2. Auflage, 1996
ders./McAdam, Jane	The Refugee in International Law, 3. Auflage, 2007
	Non-Refoulement and the New Asylum-Seekers, in: Virginia Journal of International Law 1986, 897
	The Refugee in International Law, 2. Auflage, Oxford 1997
Graessner, Sepp/Wenk-Ansohn, Mechthild	Die Spuren von Folter. Eine Handreichung, 2000
Grahl-Madsen, Atle	The Status of Refugees in International Law, Volume I, Refugee Character, Leyden 1966
	Identifying the World's Refugees, in: AAPSS 1983, 14
	Protection of Refugees by their Country of Origin, in: Yale Journal of International Law 1986, 376
Gottstein, Margit	Frauenspezifische Verfolgung und ihre Anerkennung als politische Verfolgung im Asylverfahren, in: Streit 1987, 75
Graessner, Sepp/Wenk-Ansohn, Mechthild	Die Spuren von Folter, 2000
Greatbatch, Jacqueline	The Gender Difference, in: International Journal of Refugee Law 1989, 518
Greger, Reinhard	Überlange Gerichtsverfahren: Handlungsoptionen und Anwaltspflichten, in: AnBl 2015, 536
	Überlange Gerichtsverfahren: Vorbeugen ist besser als heilen. Nicht in Gottes Hand: Wie Parteianwälte das Zivilverfahren steuern können, in: AnBl 2015, 541
Grimm, Dieter	Verfahrensfehler als Grundrechtsverstöße, in: NVwZ 1985, 865
Groh, Katharina	Zur Aufhebung von Asyl- und Flüchtlingsanerkennungen im Geflecht von völker- und europarechtlichen Verpflichtungen, in: ZAR 2009, 1
Groß, Thomas/Kainer, Friedemann	Die Verteilung der Verantwortung für die Tatsachenermittlung im Asylrecht, in: DVBl 1997, 1315
Grün, Carsten	Erläuterungen zu §§ 18 a, 63–65, in: GK-AsylG (Loseblatt)
Guber, Tilo	Zum rechtlichen Gehör in Asylverfahren, in: BayVBl. 1985, 43
Günther, Hellmuth	Rechtsbehelfe gegen Einzelrichterübertragung, in: NVwZ 1998, 37

Gusy, Christoph	»Antizipierte Sachverständigengutachten« im Verwaltungs- und Verwaltungsgerichtsverfahren, in: NuR 1987, 156
	Neuregelung des Asylrechts, in: Jura 1993, 505
Häberle, Peter	Öffentliches Interesse als juristisches Problem. Eine Analyse von Gesetzgebung und Rechtsprechung, Bad Homburg 1970
Haefili, Fulvia/Winter, Gert	Gewaltanwendung und Asylunwürdigkeit am Beispiel der PKK, in: ZAR 2015, 97
Hänel, Ferdinand	Zur Begutachtung psychisch reaktiver Traumafolgen, in: ZAR 2003, 18
Hänlein, Andreas	Prozessuale Probleme der Verfassungsbeschwerde in Asylsachen, in: AnwBl 1995, 57 und 116
Häußer, Otto	Zur europäischen Dimension des deutschen Ausländerrechts, in: VerwArch 1996, 241
Hailbronner, Kay	Ausländerrecht. Kommentar (Loseblattsammlung)
	Das Refoulement-Verbot und die humanitären Flüchtlinge im Völkerrecht, in: ZAR 1987, 1
	Möglichkeiten und Grenzen einer europäischen Koordinierung des Einreise- und Asylrechts, Baden-Baden 1989
	Die Asylrechtsreform im Grundgesetz, in: ZAR 1993, 107
	Reform des Asylrechts. Steuerung und Kontrolle des Zuzugs von Ausländern, Konstanz 1994
	Das Asylrecht nach den Entscheidungen des Bundesverfassungsgerichts, in: NVwZ 1996, 625
	Rückübernahme eigener und fremder Staatsangehöriger. Völkerrechtliche Verpflichtungen der Staaten, Heidelberg 1996
ders./Thiery, Claus	Schengen II und Dublin - Der zuständige Asylstaat in Europa, in: ZAR 1997, 55
	Geschlechtsspezifische Fluchtgründe, die Genfer Flüchtlingskonvention und das deutsche Asylrecht, in: ZAR 1998, 152
Hanisch, Werner	Grenzfragen des Asylrechts und des allgemeinen Ausländerrechts, in: DVBl 1983, 415
Harbou, Frederik von	Arbeit, Ausbildung, Praktika. Aktuelle Entwicklungen beim Zugang zu Arbeit und Bildung für Asylbewerber und Geduldete, in: Asylmaganzin 2015, 324
Harms, Karsten	Entsprechende Anwendung des § 37 Abs. 1 AsylG beim Folgeantrag?, in: VBlBW 1995, 264
Hathaway, James C.	A Reconsideration of the Underlying Premise of Refugee Law, in: Harvard International Law Journal 1990, 131
	The Law of Refugee Status, Toronto u.a. 1991
	The Michigan Guidelines on the Internal Protection Alternative, in: The Changing Nature of Persecution, International Association of Refugee Law Judges (Hrsg.), 2001, S. 193.
	The Rights of Refugees under International Law, 2005, S. 925

Hathaway, James C./ Forester, Michelle The Causal Connection (»Nexus«) to a Convention Ground, in: International Journal of Refugee Law 2003, 461

Membership of a Particular Social Group, in: International Journal of Refugee Law 2003, 477

Hehl, Susanne Die Neuregelung des Asylrechts, in: ZRP 1993, 301

Heinhold, Hubert Pflichtenkollision bei der Vormundschaft in ausländerrechtlichen Angelegenheiten?, in: InfAuslR 1997, 287

Abschiebungshindernisse nach § 53 Ausländergesetz in der Praxis des Bundesamtes und der Gerichte, in: InfAuslR 1994, 411

Sprachanalysen beim Bundesamt für die Anerkennung ausländischer Flüchtlinge, in: InfAuslR 1998, 299

Heinrichsmeier, Paul Probleme der Zulässigkeit der Verfassungsbeschwerde im Zusammenhang mit dem fachgerichtlichen Anhhörungsverfahren, in: NVwZ 2010, 229

Helton, Arthur C. What is Refugee Protection?, in: IJRL (Special Issue 1990), S. 119

Henkel, Joachim Zum Entwurf eines Gesetzes über das Asylverfahren, in: ZAR 1981, 85

Das neue Asylrecht, in: NJW 1993, 2705

Erläuterungen zu § 27, in: GK-AsylG (Loseblatt)

Henning, Matthias/ Wenzl, Angelika Unanfechtbare Anerkennung des Stammberechtigten als notwendige Voraussetzung für Familienasyl?, in: EE-Brief 2/97, 2

Hobsbawm Das Zeitalter der Extreme. Weltgeschichte des 20. Jahrhunderts, 1994

Höllein, Hans-Joachim Die Zulassungsberufung im Asylrecht, in: ZAR 1989, 109

Hofmann/Hoffmann Ausländerrecht, Handkommentar 1. Aufl. Baden-Baden 2008

Hoffmann, Rainer Refugee Law in Africa, in: Law and the State 1989 (Bd. 39), S. 79

Hoppe ZAR 2010, 164 (169)

Hruschka, Constantin/ Lindner, Christoph Der internationale Schutz nach Art. 15 b und c Qualifikationsrichtlinie im Lichte der Maßstäbe von Art. 3 EMRK und § 60 VII AufenthG, in: NVwZ 2007, 645

Hruschka, Constantin Die Dublin II-Verordnung, in: Das Dublin-Verfahren. Hintergrund und Praxis, Beilage zum Asylmagazin 1-2/2008, S. 1

Huber, Bertold Anwendbarkeit des Art. 6 I MRK auf Asylstreitverfahren, in: NVwZ 1992, 856

Das Asylrecht nach der Grundgesetzänderung, in: NVwZ 1993, 736

Das Schengener Durchführungsübereinkommen und seine Auswirkungen auf das Ausländer- und Asylrecht, in: NVwZ 1996, 1069

Auswirkungen der Urteile des BVerfG vom 14. 5. 1996 auf die Rechtsweggarantie des Art. 19 IV GG, in: NVwZ 1997, 1080

Das Dubliner Übereinkommen, in: NVwZ 1998, 150

Die Änderungen des Ausländer- und Asylrechts durch das Terrorismusbekämpfungsgesetz, in: NVwZ 2002, 787

	Das Gesetz zur Neubestimmung des Bleiberechts und der Aufenthaltsbeendigung, in: NVwZ 2015, 1178
Huber, Wolfgang/Tödt, Heinz Eduard	Menschenrechte, 1977
Hummel, Lars	Länderkooperationen bei Schaffung und Unterhaltung von Aufnahmeeinrichtungen für Ausländer, in: DVBl 2008, 84
Hruschka, Constantin/ Löhr, Tillmann	Der Prognosemaßstab für die Prüfung der Flüchtlingseigenschaft nach der Qualifikationsrichtlinie, in: ZAR 2007, 180
Hutschenreuther, v. Emden, Axel	Anwaltliche Tätigkeit im Ausländerrecht: Volle Gebühren oder nur drei Zehntel gem. § 114 VII 1 BRAGO?, in: NVwZ 1998, 714
Huzel, Erhard	Der Bundesbeauftragte für Asylangelegenheiten, in: ASYLMAGAZIN 4/1996, 5
	Feststellung von Abschiebungshindernissen bei Krankheit - durch Bundesamt (BAFl) oder durch Ausländerbehörde?, in: NVwZ 1996, 1089
Hyltenstam, Kenneth/ Janson, Tore	Über die Verwendung von Sprachanalysen bei Ermittlungen bzgl. Personen aus afrikanischen Ländern, in: Sprachanalysen, Pro Asyl (Hrsg.), 1998
Hyndman, Patricia	Refugees under International Law with a Reference to the Concept of Asylum, in: AustralianLJ 1986, 148
Inescu, Lotte	Zur Asylrelevanz der Situation von Frauen im Iran, in: InfAuslR 1986, 337
Jackson, Ivor	Territoriales Asylrecht, in: Menschenrechte und Flüchtlingsbetreuung, Otto-Benecke-Stiftung (Hrsg.), Bonn 1978, S. 71
Jacob, Peter	Fremdsprachige Erkenntnisse und Quellen im Asylprozess, oder: ist die Gerichtssprache deutsch?, in: VBlBW 1991, 205
	Über Beweisanträge, in: VBlBW 1997, 41
	Amtsermittlung und Beweiserhebung bei der Geltendmachung von PTBS, in: Asylmagazin 2010, 51 (55))
Jacober, Hans	Juristische Anforderungen an medizinisch-psychologische Gutachten in ausländerrechtlichen Verfahren, S. 103.
Jaeger, Gilbert	Status and International Protection of Refugees, International Institute of Human Rights, Genf 1979
	Study of irregular Movements of Asylum Seekers and Refugees, Consultant to the High Commissioner for Refugees, Working Group on Irregular Movements of Asylum Seekers and Refugees, WG/M/3, August 1985
Janetzek, Henrike	Familieneinheit im Dublin-Verfahren, Asylmagazin 2013, 2
Jobst, Thorsten	Zur Verwertung von Sprachanalysen, in: ZAR 2001, 173
	Verfassungsrechtliche Anforderungen an verwaltungsgerichtliche Asylentscheidungen, in: ZAR 2002, 219
Jockenhövel-Schiecke, Helga	Asyl gesucht - Zuflucht gefunden? Unbegleitete minderjährige Flüchtlinge in der Bundesrepublik Deutschland, in: ZAR 1987, 171

Schutz für unbegleitete Flüchtlingskinder: Rechtsgrundlagen und gegenwärtige Praxis, in: EAR 1998, 165

Unbegleitete minderjährige Flüchtlinge - aufenthaltsrechtlicher Schutz in der Bundesrepublik oder Rückführungen in die Herkunftsländer?, in: InfAuslR 1999, 516

Johnsson, Anders B. The International Protection of Women refugees, in: International Journal of Refugee Law 1989, 221

Kälin, Walter Das Prinzip des Non-Refoulement, Bern u.a. 1982

Grundriss des Asylverfahrens, Basel u.a. 1990

Refugees and Civil Wars: Only a Matter of Interpretation?, in: International Journal of Refugee Law 1991, 435

Towards a Concept of Temporary Protection. A study commissioned by UNHCR (Division of International Protection), November 1996

ders./Künzli, Jörg Article 1 F (b): Freedom Fighters, Terrorists, and the Notion of Serious Non-Political Crime, in: International Journal of Refugee Law, Special Supplementary Issue 2000, 46

Kahlshofen, Frits Reaffirmation and Development of International Law applicable in Armed Conflicts: The Diplomatic Conference, Geneva, 1947-1977, in: Netherlands Yearbook of International Law 1977, 107

Kaldor, Mary Neue und alte Kriege, 2000

Kannenberg, Werner Kritische Anmerkungen zu den Lageberichten und der Auskunftspraxis des Auswärtigen Amtes, in: 66. Rundbrief der Neuen Richtervereinigung, S. 37 (2000)

Kapferer, Sibylle Cancellation of Refugee Status, (UNHCR), March 2003, S. 6

Kastenholz, Raimund Eine afrikanistische Stellungnahme zur Sprachanalyse zum Zwecke der Herkunftsbestimmung von Asylantragstellern, in: Sprachanalysen, Pro Asyl (Hrsg.), 1998

Keith, Kenneth The Difficulties of »Internal Flight« and »Internal Relocation« as Framework of Analysis, in: 15 Georgetown Immigration Laws Journal 2001 433

Kelley, Ninette Report on the International Consultation on Refugee Women, in: International Journal of Refugee Law 1989, 233

Internal Flight/Relocation/Protection Alternative: Is it Reasonable?, in: International Journal of Refugee Law 2002, 4

Kemper, Gerd-Heinrich Rechtsfragen zum Anwendungsbereich des § 51 VwVfG, unter besonderer Berücksichtigung des Asylverfahrens, in: NVwZ 1985, 872

Die Erteilung von Reiseausweisen nach der Genfer Konvention und dem Staatenlosen-Übereinkommen, in: ZAR 1992, 112

Kepert Besteht eine Verpflichtung zur strafrechtlichen Selbstbelastung bei der Befargung durch Ausländerbehörden nach § 54 Nr. 6 Aufenthaltsgesetz?, in: InfAuslR 2012, 166

Kimminich, Otto Der internationale Rechtsstatus der Flüchtlinge, Köln u.a. 1962

Die Entwicklung des Asylrechts in der Bundesrepublik Deutschland, in: JZ 1972, 257

Die Entwicklung des internationalen Flüchtlingsrechts - faktischer und rechtsdogmatischer Rahmen, in: ArchVR 1982, 369

Anmerkung, in: JZ 1993, 92

Kjaerum, Morten — Temporary Protection in Europe in the 1990 s, in: IJRL 1994, 444

v. d. Klaauw, Johannes — The Right to Asylum and the Schengen Implementation Agreement, in: The Netherlands Quarterly of Human Rights 1996, 466

Klein, Eckart — Konzentration durch Entlastung?, in: NJW 1993, 2073

Kleine-Cossack, Michael — Verfassungsbeschwerden und Menschenrechtsbeschwerde, 3. Aufl., 2013

Klug, Anja — Harmonization of Asylum in the European Union – Emergence of an Refugee System?, in: German YIL 2005, 594

Kluth, Winfried — Rechtsfragen der verwaltungsrechtlichen Willenserklärung, in: NVwZ 1990, 608

Das Asylverfahrensbeschleunigungsgesetz, in: ZAR 2015, 337

Knorr, Peter — Verbietet es § 76 Abs. 4 Satz 1 und Abs. 5 AsylG, Richtern auf Probe in den ersten sechs Monaten nach ihrer Ernennung die Berichterstattung in Asyl-Eilverfahren zu übertragen?, in: VBlBW 1994, 184

Köfner, Gottfried/ Nicolaus, Peter — Grundlagen des Asylrechts in der Bundesrepublik Deutschland, Band 1,1986

Köhler, Gerd Michael — Asylverfahren in der anwaltlichen und gerichtlichen Praxis, Neuwied 1998

Kohnert, Dirk — Zur Gutachtertätigkeit unabhängiger Sachverständiger in Asylverfahren am Beispiel afrikanischer Flüchtlinge, in: NVwZ 1998, 136

Kokott, Juliane — Zur Rechtsstellung von Asylbewerbern in Transitzonen, in: EuGRZ 1996, 569

Kopp, Ferdinand — Die Ablehnung von Beweisanträgen und Beweisermittlungsanträgen als Verletzung des Rechts auf Gehör gem. Art. 103 I GG?, in: NJW 1988, 1708

Zur Entscheidung des Vorsitzenden oder des Berichtserstatters nach § 87 a VwGO i.d.F. des 4. VwGO-Änderungsgesetzes, in: NJW 1991, 1264

ders./Schenke — Wolf-Rüdiger, Verwaltungsgerichtsordnung, 18. Aufl., München 2012

Korber, Hans — Die vorläufige und formlose (vor allem telefonische) Mitteilung besonders eilbedürftiger verwaltungsgerichtlicher Beschlüsse nach §§ 80 V, 123 VwGO, in: NVwZ 1983, 85

Kosminder, Rainer — Verfassungswidrigkeit vorgezogener Hauptsachenentscheidungen bei laufendem Eilverfahren?, in: InfAuslR 1985, 140

Kränz, Joachim — Prozessuale Probleme des Abschiebungshaftverfahrens, in: NVwZ 1986, 22

Kümpel, Christian Teilbarkeit der Abschiebungsandrohung bei Vorliegen von Abschiebungshindernissen gem. § 51 Abs. 1 und § 53 Abs. 1–4 AuslG für einen bestimmten Staat?, in: VBlBW 1994, 187

Kugelmann, Dieter Verfassungsmäßigkeit der Flughafenregelung des § 18 a AsylG, in: ZAR 1994, 158

Kummer, Peter Die Nichtzulassungsbeschwerde. Das Beschwerdeverfahren nach der FGO, der VwGO und dem SGG, Köln u.a., 1990

Kutscheidt, E. Stellungnahme an den Bundestag-Innenausschuss vom 17. 3. 1993

Kuzas Asylum for Unrecognized Conscientious Objectors to Military Service: Is There a Right Not to Fight?, in: Virginia Journal of International Law 1991

Lagodny, Otto Auslieferung trotz Flüchtlings- oder Asylanerkennung?, Gutachten zur Vereinbarkeit von § 4 Satz 2 AsylG mit Völker-, Europa- und Verfassungsrecht, erstattet für amnesty international, 5. Februar 2008

Laitenberger, Birgit Passrecht, in: Handbuch des Asylrechts, Wolfgang G. *Beitz*/Michael *Wollenschläger* (Hrsg.), Baden-Baden 1981, S. 602

Lang, Arno Untersuchungs- und Verhandlungsgrundsatz im Verwaltungsprozess, in: Verwaltungsarchiv 1961, 60

Lang, Elisabeth Das Dublin-Verfahren in Deutschland, in: Das Dublin-Verfahren. Hintergrund und Praxis, Beilage zum Asylmagazin 1-2/2008, S. 22

Lehmann, Katrin Das Konzept der inländischen Fluchtalternative in der deutschen Rechtsprechung und deren Verhältnis zu Art. 8 der Qualifikationsrichtlinie (interner Schutz), in: NVwZ 2007, 508

Lehnert, Matthias Neue Rechtsprechung des Europäischen Gerichtshofs für Menschenrechte, in: Asylmagazin 2012, 226

Lehnguth, Gerold/ Maaßen, Hans-Georg Der Ausschluss vom Asylrecht nach Art. 16 a Abs. 2 GG, in: ZfSH/SGB 1995, 281

Freiheitsentziehung durch die Unterbringung von nicht einreiseberechtigten Ausländern im Transitbereich von Flughäfen, in: DÖV 1997, 316

Leipold, Dieter Erläuterungen zu § 284 und §§ 402ff. ZPO, in: Stein-Jonas, Kommentar zur Zivilprozessordnung, 22. Aufl., Tübingen 2013 (zit.: Stein-Jonas, ZPO)

Leiner, Wolfgang Rechtsschutz binnen Wochenfrist: Die Eilentscheidung nach § 36 AsylG, in: NVwZ 1994, 239

Lieber, Viktor Die neuere Entwicklung des Asylrechts im Völkerrecht und Staatsrecht, 1973

Liebetanz, Stephan Erläuterungen zu § 18 a, in: Gemeinschaftskommentar zum Asylverfahrensgesetz 1992 (GK-AsylG), (Loseblatt)

Lindstedt, Lothar Qualitätsanforderungen an medizinische Gutachten mit Beispielen aus dem Problemkreis traumatisierter Flüchtlinge, in: Asylpraxis. Schriftenreihe des Bundesamtes für die Anerkennung ausländischer Flüchtlinge, Bd. 7, 2001, S. 97

Löhr, Tillmann	Widerruf der Flüchtlingsanerkennung trotz allgemeiner Gefahren, in: NVwZ 2006,1021
	Die Qualifikationsrichtlinie, in: Rainer Hofmann/Tillmann Löhr, Europäisches Flüchtlings- und Einwanderungsrecht, 2008, 47 (80).
Löper, Friedrich	Das Dubliner Übereinkommen über die Zuständigkeit für Asylverfahren, in: ZAR 2000, 16
Lösel, Friedrich/ Bender, Doris	Anforderungen an psychologische Gutachten, in: Asylpraxis. Schriftenreihe des Bundesamtes für die Anerkennung ausländischer Flüchtlinge, Band 7, 2001, S. 175
Lübbe, Anna	»Systemische Mängel« in Dublin-Verfahren, in: ZAR 2014, 105
	Verfolgungsvermeidende Anpassung an menschenrechtswidrige Verhaltenslenkung als Grenze in der Flüchtlingsanerkennung?, in: ZAR 2012, Heft 1-2
Lübbe-Wolff, Gertrude	Das Asylgrundrecht nach den Entscheidungen des Bundesverfassungsgerichts vom 14. Mai 1996, in: DVBl 1996, 825
	Die erfolgreiche Verfassungsbeschwerde, in: AnwBl. 2005, 509
Maaßen, Hans-Georg	Die Rechtsstellung des Asylbewerbers im Völkerrecht. Überlegungen zu den völkerrechtlichen Rahmenbedingungen einer europäischen Asylrechtsharmonisierung, Frankfurt am Main u.a. 1997
ders./de Wyl, Marion	Folgerungen aus dem Asylurteil des Bundesverfassungsgerichts vom 14. Mai 1996 zur Drittstaatenregelung, in: ZAR 1996, 158, ZAR 1997, 9
MacLean, Percy	Anordnung und Vollzug der Abschiebungshaft - Aktuelle Rechtsfragen und Perspektiven -, in: InfAuslR 1987, 69
Macklin, Audrey	Refugee Women and the Imperative of Categories, in: Human Rights Quaterly 1995, 213
Maiani, Francesko/ Hruschka, Constantin	Der Schutz der Familieneinheit in Dublin-Verfahren, in: ZAR 2014, 69
Mampel, Dietmar	Beschwerde-Zulassung nach dem 6. VwGO-Änderungsgesetz oder: Die Macht der Gewohnheit, in: NVwZ 1998, 261
Markard, Nora	Die Gefahrenintensität im innerstaatlichen bewaffneten Konflikt, in: NVwZ 2014, 565
Markowitsch, Hans-Joachim	Dem Gedächtnis auf der Spur, 2002
Marx, Reinhard	Aids und Ausländerrecht, in: Aids, Recht und Gesundheitspolitik, Cornelius Priwitts (Hrsg.), Berlin 1990, S. 211
	European Journal of Migration and Law 2001, 7 (18 f.)
	Konventionsflüchtlinge ohne Rechtsschutz - Untersuchungen zu einem vergessenen Begriff -, in: ZAR 1992, 3
	Anmerkung zu BVerwG, InfAuslR 1993, 237, in: InfAuslR 1993, 237
	Die Drittstaatenregelung nach Art. 16 a Abs. 2 GG, in: ZAP 1994, 683

Temporary Protection. Refugees from Former Yugoslavia: International protection or solution orientated approach?, European Council on Refugees and Exiles, London, June 1994

Non-Refoulement, Access to Procedures, and Responsibility for Determination of Refugee Claims, in: International Journal of Refugee Law 1995, 383

Völkervertragsrechtliche Abschiebungshindernisse für Flüchtlinge, in: Ausweisung im demokratischen Rechtsstaat, Barwig u.a. (Hrsg.), Baden-Baden 1996, S. 273

Die Drittstaatenregelung des Artikels 16 a II GG nach dem Urteil des Bundesverfassungsgerichtes vom 14. Mai 1996, in: InfAuslR 1997, 208

Anmerkung zu BVerwG, InfAuslR 1997, 341, in: InfAuslR 1997, 447

Kommentar zum Staatsangehörigkeitsrecht, Neuwied 1997

Abschiebungsschutz bei fehlendem staatlichen Schutz: Die neuere Rechtsprechung des EGMR, in: NVwZ 1998, 153

Humanitäres Bleiberecht für posttraumatisierte Bürgerkriegsflüchtlinge aus Bosnien und für Herzegowina, in: InfAuslR 2000, 357

Ausländer- und Asylrecht in der anwaltlichen Praxis, 4. Aufl. 2011

Erläuterungen zum StAG, in: GK-StAR

Menschenrechtlicher Abschiebungsschutz, in: InfAuslR 2000, 313

Adjusting the Dublin Convention: New Approaches to Member State Responsibility for Asylum Application, in: European Journal of Migration and Law 2001, 7

The Notion of Persecution by Non-State Agents in German Jurisprudence, in: The Changing Nature of Persecution, International Association of Law Judges (Hrsg.), 2001, S. 60.

Stellungnahme zu dem Gesetzentwurf der Fraktionen der SPD und Bündnis/Grünen Entwurf eines Gesetzes zur Bekämpfung des Internationalen Terrorismus, vom 27. November 2001, in: DB, 14. WP, Innenausschuss, Protokoll Nr. 78, 14/644 A, S. 118

Stellungnahme zum Zuwanderungsgesetz vom 1. Januar 2002, in: DB, 14. WP, Innenausschuss, Protokoll Nr. 83, 14/674, S. 138

Zu den ausländer- und asylrechtlichen Bestimmungen des Terrorismusbekämpfungsgesetzes, in: ZAR 2002, 127

Gehörsrüge wegen nicht ordnungsgemäß eingeführter Erkenntnismittel im Asylprozess, in: ZAR 2002, 400

Gutachten zur Glaubhaftigkeit im Asylprozess, in: InfAuslR 2003, 21

The Criteria of Applying the »Internal Flight Alternative« Test in National Refuge Status Determination Procedures, in: I.J.R.L. 2002, 179

Probleme des Asyl- und Flüchtlingsrechts in der Verwaltungspraxis der Tatsachenfeststellung aus der Sicht des Anwalts, in: 50 Jahre

	Behörde im Wandel, Bundesamt für die Anerkennung ausländischer Flüchtlinge (Hrsg.), Band 11 der Schriftenreihe, 2003, S. 68
	Terrorismusvorbehalte des Zuwanderungsgesetzes, in: ZAR 2004, 275
	Furcht vor Verfolgung wegen der Zugehörigkeit zu einer bestimmten sozialen Gruppe (Art. 10 Bst. D RL 2004, 83/EG), in: ZAR 2005, 177
	Abschiebungshaft und Abschiebung aus rechtlicher Sicht, in: Prävention von Folter und Misshandlung in Deutschland, Deutsches Institut für Menschenrechte (Hrsg.) 2007, S. 259
	Stellungnahme zum Richtlinienumsetzungsgesetz, in: DB, IA, Prot. Nr. 16/40185, 21. Mai 2007
	Zumutbarkeitsbegriff beim »internen Schutz«, in: InfAuslR 2008, 462
	Personen mit besonderem Schutzbedarf im Verfahren der Rückkehrentscheidung, in: ZAR 2011, 292
	Aufenthalts-, Asyl- und Flüchtlingsrecht in der anwaltlichen Praxis, 4. Aufl., 2011
	Handbuch zum Flüchtlingsschutz. Erläuterungen zur Qualifikationsrichtlinie, 2. Aufl., 2012
	Anmerkung zum Urteil des EuGH vom 5. September 2012, in: NVwZ 2012, 1615
	Diskriminierung als Fluchtgrund, in: Asylmagazin 2013, 233
	Anmerkung zum Urteil des BVerwG vom 20. Februar 2013, in: InfAuslR 2013, 308
	Juristische Anforderungen an die Begutachtung von Asylklägern, die an traumatischen Folgen von Folter oder unmenschlicher oder erniedrigender Behandlung oder Bestrafung leiden, in: Folter vor Gericht, Karsten Altenhain/ Johannes Kruse/ Ina Hagemeier/ Mareike Hofmann (Hrsg.), 2013, S. 75
	Dublin III-VO schränkt Haft ein, in: InfAuslR 2013, 436
	Schutz der Religionsfreiheit im Flüchtlingsrecht, in: Grenzüberschreitendes Recht – Crossing Frontiers. Festschrift für Kay Hailbronner, Jochum, Georg/ Fritzemeyer, Wolfgang/ Kau, Marcel (Hrsg.), 2013, S. 217
	Änderungen im Dublin-Verfahren nach der Dublin III-Verordnung, in: ZAR 2014, 5
ders./Lumpp, Katharina	The German Constitutional Court's Decision of 14 May 1996 on the Concept of ›Safe Third Countries‹ – A Basis for Burden-Sharing in Europe?, in: International Journal of Refugee Law 1996, 419
Masuch, Thorsten	Zur fallübergreifenden Bindungswirkung von Urteilen des EGMR, in: NVwZ 2000, 1266

Mathew, Penelope/ Hathaway, James C./ Forster, Michelle The Role of State Protection in Refugee Analysis, in: IJRL 2003, 444

Mawani, Nurjehan Introduction to the Immigration and Refugee Board Guidelines on Gender-Related Persecution, in: International Journal of Refugee Law 1993, 240

Mayer, Albert Nochmals: Urteil bei Fehlen der nach § 269 Abs. 1 ZPO erforderlichen Einwilligung, in: MDR 1985, 373

McAdam, Jane The European Qualification Directive: The Creation of a Subsidiary Protection Regime, in: International Journal of Refugee Law 1005, 461

Meissner, Claus Das neue Asylverfahrensrecht, in: VBlBW 1992, 385 und VBlBW 1993, 9

Meiyers, H. Refugees in Western Europe. Schengen affects the entire Refugee Law, in: IJRL 1990, 429

Menke, Matthias Bedingungen einer Asylgesetzgebung der Europäischen Gemeinschaften, Baden-Baden 1993

Menzel, Hans-Joachim Minderjährige Flüchtlinge zwischen völkerrechtlichem Kinderschutz und nationaler Ausländerabwehr, in: ZAR 1996, 22

Meron, Theodor On the Inadequate Reach of Humanitarian and Human Rights Law and the Need for a new Instrument, in: American Journal of International Law 1983, 589

Towards a Humanitarian Declaration on Internal Strife, in: American Journal of International Law 1984, 859

Human Rights and Humanitarian Norms as Customary Law, 1989

Mezger, Jürgen Stellt die Veränderung der politischen Verhältnisse im Herkunftsland eine neue Sachlage dar; wie wird in diesem Fall die Drei-Monats-Frist gemäß § 51 Abs. 3 Satz 1 VwVfG berechnet?, in: VBlBW 1995, 308

Milner, David Exemption from Cessation of Refugee Status in the Second Sentence of Article 1 C (5)/(6) of the 1951 Refugee Convention, in: International Journal of Refugee Law 204, 91

Möller, Birgit/Regner, Freihart Die Verschränkung von äußerer und innerer Realität bei politischer Verfolgung und Folter. Das Unrechtserleben bei den Betroffenen und Möglichkeiten therapeutischer Behandlung, in: Politische Psychologie 1999, 201

Möller, Winfried/ Schütz, Carsten Anmerkung zu VGH BW, DVBl 1994, 1414, in: DVBl 1995, 864

Mössner, Jörg Manfred Privatpersonen als Verursacher völkerrechtlicher Delikte, in: German Yearbook of International Law, Band 24 (1981), S. 63

Molitor, Wolfram Kommentierung zu § 74, 76, 81, 83 b, in: GK-AsylG (Loseblatt)

Moll, Frank Das Asylgrundrecht bei staatlicher und frauenspezifischer Verfolgung, 2006

Mosler, Hermann Völkerrecht als Rechtsordnung, in: ZaöRV 1976, 6

Müller, H. Joachim Zum Streitgegenstand von Asylklagen, in: NVwZ 1995, 762

Müller, Markus H. Asylklagen bei einer Weiterflucht in einen Schengenstaat, in: NVwZ 1997, 1084

Münder, Johannes Ausländische Minderjährige und Minderjährigenschutz, in: Recht der Jugend und des Bildungswesens 1985, S. 210

Münkler, Herfried Die neuen Kriege, 2003

Musalo, Karen Claims for Protection Based on Religion or Belief, in: International Journal of Refugee Law 2004, 165

Nack, Armin Indizienbeweis und Denkgesetze, in: NJW 1983, 1035

Neumann, Johannes Das Grundrecht der Glaubens- und Religionsfreiheit, in: Schwartländer, Johannes (Hrsg.), Menschenrechte, 1978, S. 126

Nicolaus, Helmut Schengen und Europol - ein europäisches Laboratorium?, in: NVwZ 1996, 40

Nicolaus, Peter/ Saramo, Peter Zu den Voraussetzungen und der Anwendbarkeit des Artikels 1 Abschnitt D Absatz 2 der Genfer Flüchtlingskonvention, in: ZAR 1989, 67

Nicolaus, Peter Die Zuerkennung des Konventionsflüchtlingsstatus nach dem Gesetz zur Neuregelung des Ausländerrechts an nicht originär Asylberechtigte, in: Das neue Ausländerrecht, Klaus Barwig u.a. (Hrsg.), Baden-Baden 1991, S. 169

Nierhaus, Michael Beweismaß und Beweislast. Untersuchungsgrundsatz und Beteiligtenmitwirkung im Verwaltungsprozess, München 1989

Niewerth, Johannes Der Anwendungsbereich von § 53 IV, VI AuslG unter Berücksichtigung der völkerrechtlichen Verpflichtungen der Bundesrepublik Deutschland, in: NVwZ 1997, 228

Nonnenmacher, Carol Der Rechtsstatur von Bürgerkriegsflüchtlingen, in: VBlBW 1994, 46

Nowak, Manfred UNO-Pakt über bürgerliche und politische Rechte und Fakultativprotokoll. CCPR-Kommentar, Kehl am Rhein u.a. 1989

Oberloskamp, Helga Das Haager Minderjährigenschutzabkommen (MSA) in der gerichtlichen Praxis, in: Mitt., LJA Nr. 84, S. 30

Oske, Ernst-Jürgen Bescheidung von Beweisanträgen vor der Hauptverhandlung (§ 219 StPO), in: MDR 1971, 797

Papier, Hans-Jürgen Asyl - Rechtsfragen im Spannungsfeld von Verfassungsrecht, Verwaltungsrecht und Politik, Köln 1992, S. 7

Patrnogic, J. Inter-Relationship between general Principles of International Law and Fundamental Principles to the Protection of Refugees, Annales De Droit International Medical 1977

Pelzer, Marei Die Dublin-III-Verordnung. Die neue Verordnung zur Bestimmung des zuständigen Mitgliedstaates, in: Beilage zum Asylmagazin 7-8/2013, S. 29

Pelzer, Marei/ Pichl, Maximilian Die Geltung der EU-Aufnahme und Asylverfahrensrichtlinien, in: Asylmagazin 2015, 331

Perluss, Deborah/ Hartman, Joan F. Temporary Refuge, in: VirginiaJIL 1986, 551

Pfaff, Victor Zur Rückführung afghanischer Staatsangehöriger, in: ZAR 2003, 225

Pfohl, Gerhard Sozialhilfe für Flüchtlinge, in: NVwZ 1998, 1048

Pictet, Jean S. IV Geneva Convention. Commentary, 1958

Piening, Klaus Anmerkung zu VG Schleswig, InfAuslR 2010, 366, in: InfAuslR 2010, 367

Pieroth, Bodo/ Schlink, Bernhard Menschenwürde und Rechtsschutz bei der verfassungsrechtlichen Gewährleistung von Asyl, in: Festschrift für E. G. Mahrenholz, H. Däubler-Gmelin u.a. (Hrsg.), Baden-Baden 1994, S. 669

Piotrowicz, Ryszard Dublin II und zukünftige Perspektiven eines gemeinsamen europäischen Asylsystems, in: ZAR 2003, 383

Preuß, Ulrich K. Krieg, Verbrechen, Blasphemie, 2002

Prütting, Hans Auf dem Weg von der mündlichen Verhandlung zur Videokonferenz, in: AnwBl. 2013, 330

Redeker, Konrad Grundgesetzliche Rechte auf Verfahrensteilhabe, in: NJW 1980, 1593

Die Neugestaltung des vorläufigen Rechtsschutzes in der Verwaltungsgerichtsordnung, in: NVwZ 1991, 526

ders./v. Oertzen Hans-Joachim Verwaltungsgerichtsordnung. Kommentar, 12. Aufl., Stuttgart u.a. 1997

Redeker, Martin Der anwaltliche Beweisantrag im Verwaltungsprozess, in: AnwBl. 2005, 518

Reermann, Olaf Das Asylverfahrensgesetz vom 16. Juli 1982, in: ZAR 1982, 127

Refugee Women's Legal Group, Gender Guidelines fort he Determination of Asylum Claims in the UK, 1998

Reichel, Ernst Exilpolitische Betätigung und Aufenthaltsbeschränkung für Asylbewerber, in: ZAR 1986, 121

Das staatliche Asylrecht »im Rahmen des Völkerrechts«, Berlin 1987

Reichler, Hans Stellung und Aufgaben des Bundesbeauftragten für Asylangelegenheiten, in: Verwaltungsrundschau 1979, 232

Reimann, Dietmar Voraussetzungen für eine Verfahrenseinstellung nach § 33 AsylG, in: VBlBW 1995, 178

Remmel, Johannes Erläuterungen zu § 57 AuslG, in: GK-AuslR (Loseblatt)

Erläuterungen zu §§ 55-58, in: GK-AsylG (Loseblatt)

Renner, Günther Rechtsschutz im Asylverfahren, in: ZAR 1985, 62

Anmerkung zu BVerwG, EZAR 215 Nr. 2, in: ZAR 1992, 37

Asyl- und Ausländerrechtsreform 1993, in: ZAR 1993, 118

Stellungnahme an den Bundestag-Innenausschuss vom 18. 3. 1993

Der »Asylkompromiss« und seine Folgen, in: NVwZ 1994, 452

Was ist vom deutschen Asylrecht geblieben?, in: ZAR 1996, 103

Rennert, Klaus Die Beendigung des Aufenthalts abgelehnter Asylbewerber nach neuem Recht - ausgewählte Fragen, in: VBlBW 1993, 90

Rechtskraftprobleme im Verhältnis von Art. 16 Abs. 2 Satz 2 GG und § 51 Abs. 1 AuslG, in: VBlBW 1993, 281

Fragen zur Verfassungsmäßigkeit des neuen Asylverfahrensrechts, in: DVBl 1994, 717

Ritter, Manfred Die Zulässigkeitsprüfung nach dem Asylverfahrensgesetz, in: NVwZ 1983, 202

Beweiskraft von Briefen aus der Heimat im Asylverfahren, in: NVwZ 1996, 29

Ritter, Markus Das Flughafenverfahren am Flughafen Frankfurt am Main, in ZAR 1999, 176

Rittstieg, Helmut Ausländerrechtliche Maßnahmen aus Anlaß von Aids, in: Aids, Recht und Gesundheitspolitik, Cornelius Priwitts (Hrsg.), Berlin 1990, S. 193

Rixen, Stephan Zwischen Hilfe, Abschreckung und Pragmatismus: Gesundheitrsrecht der Flüchtlingskrise, in: NVwZ 2015, 1640

Robinson, Nehemiah Convention relating to the Status of Refugees. Its History, Contents and Interpretation. A Commentary, Institute of Jewish Affairs, New York 1953

Roeser, Thomas Stattgebende Kammerentscheidungen des Bundesverfassungsgerichtes zum Grundrecht auf Asyl, in: EuGRZ 1994, 85

Stattgebende Kammerentscheidungen des Bundesverfassungsgerichts zum Grundrecht auf Asyl im Jahre 1994, in: EuGRZ 1995, 101

ders./Hänlein, Andreas Das Abänderungsverfahren nach § 80 VII VwGO und der Grundsatz der Subsidiarität der Verfassungsbeschwerde, in: NVwZ 1995, 1082

Roth, Andreas Das Grundrecht auf Asyl - ein (fast) abgeschafftes Grundrecht?, in: ZAR 1998, 54

Roth, Wolfgang Zur Unvereinbarkeit des Gerichtsbescheides (§ 84 VwGO) mit Art. 6 I EMRK, in: NVwZ 1997, 656

Rothkegel, Ralf De-facto-Flüchtlinge – Begriff und Rechtsstellung, in: ZAR 1988, 99

Rothfuß, Till Oliver Kann das Verwaltungsgericht die Klage eines Asylbewerbers aus einem sicheren Herkunftsstaat als (einfach) unbegründet abweisen, weil z.B. erst die Beweisaufnahme ergeben hat, dass die von ihm geltend gemachten Tatsachen nicht geeignet sind, die Vermutung des Art. 16 a Abs. 3 GG zu widerlegen?, in: VBlBW 1994, 183

Rothkegel, Ralf Verfassungsrechtliche Anforderungen an die Tatsachenfeststellungen im Asylbereich außerhalb des Art. 16 II 2 GG, in: NVwZ 1992, 313

Rosenstein, Jan Neuregelung der Residenzpflicht – Die Analyse des Gesetzes aus der Sicht der ausländerbehördlichen Praxis,. In;: ZAR 2015, 226

Rossen, Helge Duldung und rechtmäßiger Aufenthalt - Zur Ausgestaltung vertragsvölkerrechtlicher Regelungen, in: ZAR 1988, 20

Rozek, Jochen	Abschied von der Verfassungsbeschwerde auf Raten?, in: DVBl 1997, 519
Rudisile, Richard	§ 125 II VwGO und 6. VwGO-Änderungsgesetz, in: NVwZ 1998, 148
	Rechtsprechungsentwicklung. Die Judikatur des BVerfG zum Berufungszulassungsrecht der VwGO, in: NVwZ 2012, 1425
Ruge, Ulrich	Asylverfahrensgesetz 1993 – Bewährung in der verwaltungsgerichtlichen Praxis?, in: NVwZ 1995, 733
Ruidisch, Peter	Einreise, Aufenthalt und Ausweisung im Recht der Bundesrepublik Deutschland, Dissertation München 1975
Ruthig, Josef	Zustellung statt Verkündung verwaltungsgerichtlicher Entscheidungen – Eine Praxis mit Tücken zwischen VwGO und EMRK, in: NVwZ 1997, 1188
Saborowski, Nadja	Wie werden besondere Bedürfnisse nach der Aufnahmerichtlinie ermittelt?, in: Asylmagazin 2015, 242
Salomon, Michael/ Hruschka	Constantin, Zu Auslegung und Inhalt des Art. 1 C (5) 1 der Genfer Flüchtlingskonvention, in: ZAR 2004, 386
Sauer, Jürgen	Sozialhilferechtliche Inländergleichbehandlung und Artikel 23 Genfer Flüchtlingskonvention, in: InfAuslR 1993, 134
Schade, Jens	Der beschränkte Antrag auf mündliche Verhandlung in Asylverfahren, in: InfAuslR 1995, 339
Schaeffer, Klaus	Asylberechtigung, Köln u. a. 1980, S. 40
Scheder, Johannes	Einreise aus einem sicheren Drittstaat, in: NVwZ 1996, 557
Schelter, Kurt/ Maaßen, Hans-Georg	Das deutsche Asylrecht nach der Entscheidung von Karlsruhe, in: ZRP 1996, 408
Schenk, Karlheinz	Asylrecht und Asylverfahrensrecht. Systematische Darstellung für die Praxis, Baden-Baden 1993
	Kommentierung zu §§ 74–83 b, in: Hailbronner, AuslR
Schenke, Wolf-Rüdiger	Die Bekämpfung von Aids als verfassungsrechtliches und polizeirechtliches Problem, in: Rechtsprobleme von Aids, Schünemann, Bernd/Pfeiffer, Gerd (Hrsg.), Baden-Baden 1988, S. 113
Schenke, Wolf-Rüdiger	Außerordentliche Rechtsbehelfe im Verwaltungsprozessrecht nach Erlass des Anhörungsrügengesetzes, in: NVwZ 2005, 729
Scherer, Frank	Streitgegenstand und richtige Klageart im Klageverfahren bei einem Folgeantrag, in: VBlBW 1995, 175
Scheuring, Michael	1951 bis 2005 – vom Bundesgrenzschutz zur Bundespolizei, in: NVwZ 2005, 903
Schieber, Andreas	Reicht die Feststellung der »Einreise auf dem Landweg« aus, um den Asylantrag gem. Art. 16 a Abs. 2 GG, § 26 a AsylG abzulehnen, oder muß der genaue Einreiseweg bekannt sein?, in: VBlBW 1995, 344
Schifferdecker, Stefan	Einwilligungsfiktion zur Klagerücknahme im Verwaltungsprozess, in: NVwZ 2003, 925

Schliesky, Utz	Die Vorwirkung von gemeinschaftsrechtlichen Richtlinien, in: DVBl 2003, 631
Schlink, Bernhard/ Wieland, Joachim	Klagebegehren und Spruchreife im Asylverfahren, in: DÖV 1982, 426
Schlothauer, Reinhold	Hilfsbeweisantrag - Eventualbeweisantrag – bedingter Beweisantrag, in: StV 1988, 542
Schmidt-Aßmann, Eberhard	Erläuterungen zu Art. 19 IV und 103, in: Grundgesetz. Kommentar (Loseblatt), Maunz-Dürig
Schmieden, Werner von	Die Flüchtlingspolitik der Vereinten Nationen und des Europarates, in: Europa-Archiv 1951, 3695
Schmieszek, Hans-Peter	Die Novelle zur Verwaltungsgerichtsordnung - Ein Versuch, mit den Mitteln des Verfahrensrechts die Ressource Mensch besser zu nutzen, in: NVwZ 1991, 522
Schmitt, Lothar	Die Ablehnung von Beweisanträgen im Verwaltungsprozess, in: DVBl 1964, 465
Schmitt-Glaeser, Walter	Verwaltungsprozessrecht. Kurzlehrbuch mit Systematik zur Fallbearbeitung, 14. Auflage, Stuttgart u.a. 1997
Schnabl, Daniel	Das Ende der Gegenvorstellung, in: NVwZ 2008, 638
Schnellenbach, Helmut	Zur Problematik einer Einführung des alleinentscheidenden Einzelrichters und der Zulassungsberufung in Asylsachen, in: DVBl 1981, 161
	Stellungnahme an den Bundestag-Innenausschuss vom 18. 3. 1993
	Die Änderung der Verwaltungsgerichtsordnung durch das Gesetz zur Entlastung der Rechtspflege, in: DVBl 1993, 230
Schoch, Friedrich	Der vorläufige Rechtsschutz im 4. VwGO-Änderungsgesetz, in: NVwZ 1991, 1121
	Das neue Asylrecht gemäß Art. 16 a GG, in: DVBl 1993, 1161
	Anmerkung zu BVerwG, NVwZ 2014, 664, in: NVwZ 2014, 667
Schoenemann, Peter	Das deutsche Asylrecht im Lichte der europäischen Asylrechtsharmonisierung und des nationalen Asylrechts in Westeuropa, in: NVwZ 1997, 1049
Schröder, Birgit	Vereinbarkeit von Asylanhörungen mittels Videokonferenztechnik mit den Bestimmungen des Asylverfahrensgesetzes, in: DB, Wissenschaftliche Dienste – WD 3 – 3000 – 349/11
Schüler	»Verfolgung« und »Schutz« im Sinne der Genfer Konvention, in: RzW 1965, 396
Schröder, Birgit	Die EU-Verordnung zur Bestimmung des zuständigen Asylstaats, in: ZAR 2003, 126
Schütze, Bernd	Vorläufiger Rechtsschutz im Folgeantragsverfahren, insbesondere wenn keine neue Abschiebungsandrohung erlassen wird (§ 71 Abs. 5 AsylG), in: VBlBW 1995, 346
	Erläuterungen zu § 10, in: GK-AsylG (Loseblatt)
Schuhmann, Ekkehard	Erläuterungen zu §§ 373ff., in: Stein-Jonas, Kommentar zur Zivilprozessordnung, Tübingen 1988

Schulz, Axel Die Verwendung von Sachverständigengutachten als Urkunden und das Fragerecht der Beteiligten im Verwaltungsprozess, in: NVwZ 2000, 1367

Schwachheim, Jürgen Zugangsfiktion (§ 10 II AsylG) und behördliche Belehrung: Eine kritische Betrachtung der jüngsten Rechtsprechung des BVerfG, in: NVwZ 1994, 970

Seibert, Max-Jürgen Die Zulassung der Berufung, in: DVBl 1997, 932

Seiler, Monika Das Bundesamt als Prozessvertreter der Bundesrepublik Deutschland vor den Obergerichten, in: Schriftenreihe des Bundesamtes für die Anerkennung ausländischer Flüchtlinge, Band 2, Nürnberg 1997, S. 147

Selk, Michael Asylrecht und Wertordnung des Grundgesetzes, in: NVwZ 1993, 144

Sexton, Robert C. »Political Refugees, Non-Refoulement and State Practice: A Comparative Study«, in: Vanderbuilt Journal of Transnational Law 1985, S. 731

Shoyelle, Olugbenga Armded Confict and Canadian Refugee Law and Polica, in: International Journal of Refugee Law 2004, 547

Sinha, Prakash S. Asylum and International Law, The Hague 1971

Spiecker genannt Döhmann, Indra Verletzung rechtlichen Gehörs in der Rechtsmittelinstanz, in: NVwZ 2003, 1464

Spijkerboer, Thomas Women and refugee status. Beyond the public/orivate distinction, Emancipation Council (Hrsg.), 1994

Soeder, Thomas Zur Beurteilung posttraumatischer Erkrankungen bei Migranten, in: ZAR 2009, 314 (316)

Stamm, Katharina Videokonferenztechnik im Asylverfahren – warum sie unzulässig ist, in: Asylmagazin 2012, 69

Stegemeyer, Karoline Streitgegenstand und richtige Klageart bei rechtswidriger Verfahrenseinstellung nach §§ 32, 33 AsylG, in: VBlBW 1995, 180

Steiner, Jürgen/ Steiner, Bernd Beweisprobleme durch das neue Zustellungsreformgesetz, insbesondere aus verwaltungsverfahrens- und prozessrechtlicher Sicht, in: NVwZ 2002, 437

Stelkens, Paul Die Änderung höchstrichterlicher Rechtsprechung als nachträgliche Änderung der Rechtslage i.S. des § 51 I Nr. 1 VwVfG, in: NVwZ 1982, 492

Grundsätze des Verwaltungsverfahrens im Asylverfahren, in: ZAR 1985, 15

Das Gesetz zur Neuregelung des verwaltungsgerichtlichen Verfahrens (4. VwGOÄndG) – das Ende einer Reform?, in: NVwZ 1991, 209

Aktuelle Probleme und Reformen in der Verwaltungsgerichtsbarkeit, in: NVwZ 2000, 155

Sternberg, Gunnel Non-Expulsion and Non-Refoulement, Uppsala 1989

Stöcker, Hans A. Der Ausländervorbehalt der UNO-Kinderkonvention, in: ZAR 1992, 80

Störmer, Rainer Beweiserhebung, Ablehnung von Beweisanträgen und Beweisverwertungsverbote im Zivilprozess, in: JuS 1994, 334

Storey, Hugo The Internal Flight Alternative Test: The Jurisprudence Re-examined, in: IJRL 1998, 499

Strinscha, Jochen Die Verbindung von fristgebundener Klageerhebung und Prozesskostenhilfeantrag im verwaltungsgerichtlichen Verfahren, in: NVwZ 2005, 267

Stumpe, Klaus-Jürgen Behandlung des Antrags auf Einholung von weiteren Sachverständigengutachten und amtlichen Auskünften, wenn bereits Erkenntnisquellen zum Beweisthema beigezogen sind, in: VBlBW 1995, 172

Summerfield, Derek Das Hilfsbusiness mit dem »Trauma«, in: Schnelle Eingreiftruppe ›Seele‹. Medico report 20 (1997), S. 9

Takklenberg, Lex The Protection of Palestine Refugees in the Territories occupied by Israel, in: International Journal of Refugee Law 1991, 414

Therstappen, Kirstin Haftung des Anwalts für Fehler des Gerichts?, in: AnBl 2015, 520

Thym, Daniel Schnellere und strengere Asylverfahren, in: NVwZ 2015, 1625

Tiedemann, Paul Rückführung von Asylbewerbern nach Italien, in: NVwZ 2015, 121

Tomuschat, Christian Asylrecht in der Schieflage, in: EuGRZ 1996, 381

Ton, Michael Zur Beendigung der Flüchtlingseigenschaft bei Rückkehrgefahren im Herkunftsland, in: ZAR 2004, 367

Treiber, Wilhelm Erläuterungen zu §§ 13, 39, 40, 41 und 42, in: GK-AsylG (Loseblatt)

Erläuterungen zu § 50, in: GK-AuslR (Loseblatt)

Die Zukunft der Asyl-Verfassungsbeschwerde im Lichte der jüngsten Asylurteile des BVerfG und der Überlegungen zur Reform des Verfassungsbeschwerderechts, in: Asylmagazin 1/97, S. 4

Fallgruppen traumatisierter Flüchtlinge im Asylverfahren, in: Asylpraxis. Schriftenreihe des Bundesamtes für die Anerkennung ausländischer Flüchtlinge, Band 7, 2001, S. 15

Flüchtlingstraumatisierung im Schnittfeld zwischen Justiz und Medien, in: ZAR 2002, 28

Türk, Volker Forced Migration and Secrurity, in: IJRL 2003, 113 (120)

Ulmer, Mathias Asylrecht und Menschenwürde, Frankfurt am Main u.a. 1996

UNHCR Handbuch über Verfahren und Kriterien zur Feststellung der Flüchtlingseigenschaft, Genf 1979 (zit. Handbuch)

UNHCR Bonn Zum Begriff des »rechtmäßigen Aufenthalts« im Staatenlosenübereinkommen, in: InfAuslR 1988, 161

UNHCR London The »Safe Third Country« Policy in the light of international obligations of countries vis-a-vis Refugees and Asylum Seekers, London, Juli 1993

UNHCR An Overview of Protection Issues in Western Europe: Legislative Trends and Positions Taken by UNHCR, September 1995

UNHCR The Exclusion Clauses: Guidelines on their Application, 1 December 1996

UNHCR Background Paper on the Article 1 F Exclusion Clauses, 1997

UNHCR Determination of refugee status of persons connected with organizations or groups which advocate and/or practice violence, 1 June 1998

UNHCR Position on Relocating Internally as a Reasonable Alternative to Seeking or Receiving Asylum, UNHCR/IOM/24/99, 9. February 1999

UNHCR Stellungnahme des UNHCR zum Flughafenverfahren, März 1999

UNHCR Auslegung von Artikel 1 des Abkommens über die Rechtsstellung der Flüchtlinge, April 2001

UNHCR Komplementäre Schutzformen, April 2001

UNHCR Addressing Security Concerns without Undermining Refugee Protection – UNHCR's Perspective, November 2001

UNHCR Vertretung in Deutschland, Stellungnahme zum Zuwanderungsgesetz vom 14. Januar 2002, in: DB, 14. WP, Innenausschuss, Protokoll Nr. 83, 14/674 I, S. 278

UNHCR Richtlinien zum Internationalen Schutz: Zugehörigkeit zu einer bestimmten sozialen Gruppe im Zusammenhang mit Art. 1 A (2) GFK, Mai 2002, (zit. Soziale Gruppe).

UNHCR Richtlinien zum Internationalen Schutz: Geschlechtsspezifische Verfolgung, Mai 2002

UNHCR Background Note on the Application of the Exclusion Clauses: Article 1 F of the 1951 Convention relating to the Status of Refugees, 2003, S. 6

UNHCR UNHCR-Richtlinien zum internationalen Schutz: Beendigung der Flüchtlingseigenschaft i.S. des Art. 1 C (5) und (6) des Abkommens von 1951 über die Rechtsstellung der Flüchtlinge (»Wegfall der Umstände«-Klauseln), in: NVwZ-Beil. 2003, 57

UNHCR Richtlinien zum Internationalen Schutz. Anträge auf Anerkennung der Flüchtlingseigenschaft aufgrund religiöser Verfolgung, April 2004, (zit.: Religiöse Verfolgung)

UNHCR Stellungnahme zu Art. 28 GFK, in: NVwZ-Beil. 2004, 1

UNHCR Kommentar zur Richtlinie 2004/83/EG, Mai 2005

UNHCR Stellungnahme zum Richtlinienumsetzungsgesetz, in: DB, IA, Prot. Nr. 16/40, S. 158

UNHCR Asylum in the European Union. A study of the implementation of the Qualification Directive, November 2007

Unterreitmeier, Johannes Zulassung und Einlegung von Rechtsmitteln – Anwaltsfalle?, in: NVwZ 2013 Heft 7, 399–403

Urban, Richard Besondere Spruchkörper für Asylverfahren?, in: NVwZ 1993, 1169

Van den Hövel, Markus Die Urteils-Verfassungsbeschwerde als einzig erforderliche Verfassungsbeschwerde in der Rechtspraxis?, in: NVwZ 1993, 549-552

Ventzke, Klaus-Ulrich Anmerkung zu Hess.VGH, InfAuslR 1987, 130, in: InfAuslR 1987, 132

Vermeulen, Ben/ Spijherboer, Thomas/ Zwaan, Karin/ Fernhout, Roel — Persecution by Third Parties, University of Nijmegen, Commissioned by the Ministry of Justice of the Netherlands, May 1998

Vilmar, Franziska — Die Neufassung der Asylverfahrensrichtlinie, in Asylmagazin 2013, 21

Vogler, Theo — Deutsch als Amtshilfesprache für ein Rechtshilfeersuchen?, in: NJW 1985, 1764

Von Hinckeldey, Sabine/ Fischer, Gottfried — Psychotraumatologie der Gedächtnisleistung,2002

Von Pollern, Hans-Ingo — Das spezielle Strafrecht für Ausländer, Asylbewerber und EU-Ausländer im Ausländergesetz, Asylverfahrensgesetz und EWG-Aufenthaltsgesetz, in: ZAR 1996, 175

Vormeier, Jürgen — Erläuterungen zu §§ 68–70, in: GK-AsylG (Loseblatt)

Voßkuhle, Andreas — »Grundrechtspolitik« und Asylkompromiss, in: DÖV 1994, 53

Weingärtner, K. H. — Stellungnahme an den Bundestag-Innenausschuss vom 19. 3. 1993

Weirich, Kurt — Ist Streitgegenstand des Antrags nach § 80 Abs. 5 VwGO und der Klage in den Fällen des § 33 Abs. 1 Satz 1 AsylG (Rücknahmefiktion) und des § 71 Abs. 1 u. Abs. 4 Halbs. 1 AsylG (»unbeachtlicher« Folgeantrag) nur die Abschiebungsandrohung oder auch die Entscheidung über den Asylantrag bzw. Folgeantrag?, in: VBlBW 1995, 185

Weis, Paul — Legal Aspects of the Convention relating to the Status of Refugees, in: British Yearbook of International Law 1953, 478

The International Protection of Refugees, in: The American Journal of International Law 1954, 193

Nationality and Statelessness in International Law, London 1956

The concept of the refugee in international law, in: Du droit international 1960, 928

The United Nations Declaration on Territorial Asylum, in: Canadian Yearbook of International Law 1969, 92

The Refugee Convention, 1951. The Travaux Prèparatoires analysed, with a Commentary, Cambridge 1995

Weichert, Thilo — Asylverfahrensregelungen verletzen Recht auf informationelle Selbstbestimmung, in: InfAuslR 1993, 385

Die Beschaffung von Reisedokumenten für Flüchtlinge, in: NVwZ 1996, 16

Weinzierl, Ruth — Flüchtlinge: Schutz und Abwehr in der erweiterten EU, 2005

Welte, Hans-Peter — Der Familienschutz in der Dublin III-Verordnung, in: InfAuslR 2016, 162

Werner, Olaf — Verwertung rechtswidrig erlangter Beweismittel, in: NJW 1988, 993

Westphal, Volker/ Stoppa, Edgar — Einreise und Aufenthalt von Positivstaatern zum Zwecke der Erwerbstätigkeit unter Berücksichtigung der EUVisaVO, in: ZAR 2002, 315

Weth, Stephan Der Grundsatz der Unmittelbarkeit der Beweisaufnahme, in: JuS 1991, 34

Weyreuther, Felix Bundesverfassungsgericht und Verfassungsbeschwerde; Kompetenz und Kompetenzüberschreitung, in: DVBl 1997, 925

Wilhelm, Berthold/ Mohr, Frank Die geplante Festnahme zum Zwecke der Abschiebung und die Anhörung durch den Richter, in: InfAuslR 2007, 354

Wilsher, Daniel Non-State Actors and the Definition of a Refugee in the United Kingdom: Protection, Accountability or Culpability?, in: International Journal of Refugee Law 2003, 68

Wimmer, Raimund Die Wahrung des Grundsatzes des rechtlichen Gehörs, in: DVBl 1985, 773

Wittkopf, Silke Die Entscheidung des EuGH zum Erlöschen der Flüchtlingseigenschaft, in: ZAR 2010, 170

Wolf, Joachim Ratifizierung unter Vorbehalten: Einstieg oder Ausstieg der Bundesrepublik aus der UNO-Konvention über die Rechte des Kindes, in: ZRP 1991, 374

Wolf, Rainer Materielle Voraussetzungen der Abschiebungshaft, in: »Unschuldig im Gefängnis?« (Klaus Barwig/Manfred Kohler (Hrsg.), ZDWF-Schriftenreihe Nr. 67, Bonn 1997, S. 59

Wolff, Heinrich Amadeus Überschneidungen der Wiedereinsetzung in den vorigen Stand (§ 60 I VwGO) mit dem Wiederaufgreifen des Verfahrens (§ 51 VwVfG), in: NVwZ 1996, 559

Die Asylrechtsänderung in der verfassungsgerichtlichen Prüfung, in: DÖV 1996, 819

Wollenschläger, Michael/Schraml, Alexander Art. 16 a GG, das neue »Grundrecht« aus Asyl?, in: JZ 1994, 61

de Wyl, Marion Stellt die Unterbringung im Flughafenverfahren abgelehnter Asylbewerber im Transitbereich Freiheitsentziehung dar?, in: ZAR 1997, 82

Stellt die Unterbringung abgelehnter Asylbewerber im Transitbereich Freiheitsentziehung dar?, in: ZAR 1998, 82

Zambelli, Pia Procedural Aspects of the Cessation and Exclusion, in: IJRL 1996, 144

Zimmer, Michael Entwicklung des Streitrechts in der Verwaltungsgerichtsbarkeit seit 1991, in: NVwZ 1995, 138

Zimmermann, Andreas Das neue Grundrecht auf Asyl. Verfassungs- und völkerrechtliche Grenzen und Voraussetzungen, Berlin u.a. 1994

Bedeutung und Wirkung der Ausschlussklauseln der Artikel 1 F und 33, Abs. 2 der Genfer Flüchtlingskonvention für das deutsche Ausländerrecht, in: DVBl 2006, 1478

Zuck, Rüdiger Das Verhältnis von Anhörungsrüge und Verfassungsbeschwerde, in: NVwZ 2005, 739

Zwerger, Dietmar Prozessuale Probleme der Klage des Bundesbeauftragten für Asylangelegenheiten, in: InfAuslR 2001, 457

Asylgesetz (AsylG)

In der Fassung der Bekanntmachung vom 2. September 2008 (BGBl. I S. 1789). Zuletzt geändert durch Artikel 6 des Gesetzes vom 31. Juli 2016 (BGBl. I S. 1939)

Abschnitt 1 Geltungsbereich

§ 1 Geltungsbereich

(1) Dieses Gesetz gilt für Ausländer, die Folgendes beantragen:

1. Schutz vor politischer Verfolgung nach Artikel 16a Absatz 1 des Grundgesetzes oder
2. internationalen Schutz nach der Richtlinie 2011/95/EU des Europäischen Parlaments und des Rates vom 13. Dezember 2011 über Normen für die Anerkennung von Drittstaatsangehörigen oder Staatenlosen als Personen mit Anspruch auf internationalen Schutz, für einen einheitlichen Status für Flüchtlinge oder für Personen mit Anrecht auf subsidiären Schutz und für den Inhalt des zu gewährenden Schutzes (ABl. L 337 vom 20.12.2011, S. 9); der internationale Schutz im Sinne der Richtlinie 2011/95/EU umfasst den Schutz vor Verfolgung nach dem Abkommen vom 28. Juli 1951 über die Rechtsstellung der Flüchtlinge (BGBl. 1953 II S. 559, 560) und den subsidiären Schutz im Sinne der Richtlinie; der nach Maßgabe der Richtlinie 2004/83/EG des Rates vom 29. April 2004 über Mindestnormen für die Anerkennung und den Status von Drittstaatsangehörigen oder Staatenlosen als Flüchtlinge oder als Personen, die anderweitig internationalen Schutz benötigen, und über den Inhalt des zu gewährenden Schutzes (ABl. L 304 vom 30.9.2004, S. 12) gewährte internationale Schutz steht dem internationalen Schutz im Sinne der Richtlinie 2011/95/EU gleich; § 104 Absatz 9 des Aufenthaltsgesetzes bleibt unberührt.

(2) Dieses Gesetz gilt nicht für heimatlose Ausländer im Sinne des Gesetzes über die Rechtsstellung heimatloser Ausländer im Bundesgebiet in der im Bundesgesetzblatt Teil III, Gliederungsnummer 243-1, veröffentlichten bereinigten Fassung in der jeweils geltenden Fassung.

Übersicht Rdn.

A. Funktion der Vorschrift

1 Wie § 1 AsylVfG 1982 legt die Vorschrift den Personenkreis, für den das AsylG gilt, fest. Durch das Gesetz zur Umsetzung der Richtlinie 2011/95/EU ist sie grundlegend umgestaltet worden. Die Verweisungsnormen in Abs. 1 beziehen nunmehr alle

materiellen Ansprüche in das AsylG ein. Nr. 1 verweist auf die Asylberechtigten nach Art. 16a Abs. 1 GG und Nr. 2 auf international Schutzberechtigte nach der Richtlinie 2011/95/EU. Die früher übliche Verweisung auf § 60 Abs. 1 AufenthG a.F. für den Flüchtlingsbegriffs nach Art. 1 A GFK und damit auch die Voraussetzungen der Flüchtlingseigenschaft nach der Richtlinie 2004/83/EG (§ 3 Abs. 1 AsylVfG a.F.) ist aufgegeben worden. § 60 Abs. 1 AufenthG hat nur noch die Funktion einer Umsetzungsnorm für Art. 33 Abs. 1 GFK. Nr. 2 verweist sowohl auf Flüchtlinge wie auch auf subsidiär Schutzberechtigte. Die Voraussetzungen der Flüchtlingseigenschaft werden in § 3a bis § 3e, die der subsidiär Schutzberechtigten in § 4 Abs. 1 Satz 2 geregelt. Auf die dortigen Erläuterungen wird verwiesen. Nur die nationalen Abschiebungsverbote (§ 60 Abs. 5 und 7 AufenthG) werden vom AsylG nicht erfasst. Sie sind aber dann – und damit im Regelfall – Gegenstand des Asylverfahrens, wenn sie im Zusammenhang mit einem Asylantrag zu prüfen sind (§ 24 Abs. 2, § 31 Abs. 3), im Übrigen hat die Ausländerbehörde diese Verbote zu prüfen und das Bundesamt zu beteiligen (§ 72 Abs. 2 AufenthG).

2 Nr. 2 Halbs. 2 stellt klar, das der Status, der nach der Richtlinie 2004/83/EG, also vor dem 01.12.2013, gewährt wurde, dem nach der Richtlinie 2011/95/EU gewährten Status rechtlich gleich steht. Die nach altem Recht berechtigten Flüchtlinge können sich daher im Zweifel im vollen Umfang auf die Rechtsstellung berufen, wie sie seit dem 01.12.2013 maßgebend ist (§ 3 Abs. 4 Satz 1). Auch die subsidiär Schutzberechtigten, denen der Status vor dem 01.12.2013 zuerkannt wurde, haben im vollen Umfang Anspruch auf die nach diesem Stichtag geltenden Regelungen (Nr. 2 Halbs. 3 in Verb. mit § 104 Abs. 9 AufenthG). Dies hat insbesondere Bedeutung für den von Amts wegen zu gewährenden Rechtsanspruch auf die Erteilung der Aufenthaltserlaubnis nach § 25 Abs. 2 AufenthG und damit auf die mit dieser Norm verbundene Rechtsstellung (§ 3 Abs. 4 Halbs. 1).

3 Der materiellrechtliche Zentralbegriff für die Asylanerkennung ist der des politisch Verfolgten (Abs. 1 Halbs. 1). Dieser bezieht sich nach geltendem Recht auf Art. 16a Abs. 1 GG. Der verfassungsrechtlich verbürgte Kernbereich des Verfolgungsschutzes, d.h. der Schutz vor Abschiebung in den Verfolgerstaat sowie in einen Staat, in dem die Gefahr der weiteren Abschiebung in den Verfolgerstaat besteht (BVerwGE 49, 202, 205 f. = EZAR 134 Nr. 1 = NJW 1976, 490; BVerwGE 62, 206, 210 = EZAR 221 Nr. 7 = InfAuslR 1981, 214; BVerwGE 69, 323, 325 = EZAR 200 Nr. 10 = NJW 1984, 2782) gilt für politisch Verfolgte und darüber hinaus nach Art. 33 Abs. 1 GFK, § 60 Abs. 1 AufenthG für Flüchtlinge nach der GFK. Früher unterschieden sich der Schutz für Asylberechtigte von dem in § 51 Abs. 1 AuslG 1990 bereit gehaltenen Abschiebungsschutz für Flüchtlinge: Während Art. 16a Abs. 1 GG ein »absolutes Bleiberecht« gewährt, verlieh § 51 Abs. 1 AuslG 1990 lediglich eine »relative Schutzposition«, die Schutz davor gewährte, in einen Staat abgeschoben zu werden, in dem das Leben oder die Freiheit wegen der Rasse, Religion, Staatsangehörigkeit, Zugehörigkeit zu einer bestimmten sozialen Gruppe oder wegen der politischen Überzeugung bedroht ist (BVerfGE 94, 49, 97 = EZAR 208 Nr. 7 = NVwZ 1996, 700). Das ZuwG 2005 hat jedoch die Rechtstellung politisch Verfolgter mit der der Flüchtlinge grundsätzlich gleichgestellt. Das BVerfG hat hervorgehoben,

dass die Bundesrepublik mit § 51 Abs. 1 AuslG 1990 – der Vorläufernorm des § 60 Abs. 1 AufenthG – dem Refoulementschutz nach Art. 33 Abs. 1 GFK Rechnung trägt (BVerfGE 94, 49, 97 = EZAR 208 Nr. 7 = NVwZ 1996, 700). Dieser Schutz gilt ebenso für Asylberechtigte (§ 60 Abs. 1 Satz 2 AufenthG). Art. 16a Abs. 1 GG und Art. 33 Abs. 1 GFK zusammen schützen politisch Verfolgte und Flüchtlinge effektiv vor den Zugriffsmöglichkeiten der Verfolger (BVerfGE 56, 216(236) = EZAR 221 Nr. 4 = InfAuslR 1981, 152). Soweit Art. 16a Abs. 2 GG die Berufung auf das Asylrecht nach Art. 16a Abs. 1 GG verhindert, steht dem der unionsrechtliche Rechtsanwendungsvorrang nicht entgegen (OVG NW, Urt. v. 27.04.2015 – 9 A 1380/12.A Rn. 51 f.)

B. Voraussetzungen der Asylanerkennung nach Art. 16a Abs. 1 Grundgesetz

Der asylrechtliche Harmonisierungsprozess in der Europäischen Union wird ausschließlich auf der Grundlage des völkerrechtlichen Flüchtlingsbegriffs durchgeführt (Art. 2 Buchst. d) RL 2011/95/EU). Daher ist in der Verwaltungspraxis unklar, ob und inwieweit dem Begriff der politischen Verfolgung daneben noch eine eigenständige Bedeutung zukommt. Asylverfahren werden in aller Regel nach Maßgabe des Unionsrechts durchgeführt. Hinzu kommt, dass die tatbestandlichen Voraussetzungen von Art. 16a Abs. 1 GG vor Inkrafttreten des Gemeinsamen Europäischen Asylsystems derart restriktiv und abweichend vom allgemeinen völkerrechtlichen Standard entwickelt wurden, dass die Revitalisierung des Begriffs des politisch Verfolgten kaum als sinnvoll angesehen werden kann. Unverändert gilt jedoch Art. 16a Abs. 1 GG, sodass nachfolgend die Rechtsprechung des BVerfG und des BVerwG zum Begriff der politischen Verfolgung zusammenfassend dargestellt wird. Unionsrecht hat diesen Begriff nicht verdrängt (Art. 3 RL 2011/95/EU). Es muss nur nach außen deutlich gemacht werden, dass der Asylstatus kein unionsrechtlicher Flüchtlingsstatus ist (EuGH, InfAuslR 2011, 40, 43 Rn. 119 = NVwZ 2011, 285 = AuAS 2011, 43 – B. und D.) 4

Nach Nr. 1 gilt dieses Gesetz für Antragsteller, die Schutz als politisch Verfolgte nach Art. 16a Abs. 1 GG beantragen. Nach der Rechtsprechung des BVerfG kann der Begriff der politischen Verfolgung nicht allein nach dem lapidaren Wortlaut der Verfassungsbestimmung näher abgegrenzt werden. Vielmehr müsse festgestellt werden, was insgesamt als Sinn und Zweck der normativen Festlegung, die mit der gegebenen Formulierung zum Ausdruck gebracht werde, gemeint gewesen wäre und sei. Insbesondere die Regelungstradition und die Entstehungsgeschichte des Asylgrundrechts sei in die Betrachtung einzubeziehen (BVerfGE 80, 315, 334 = EZAR 201 Nr. 20 = NVwZ 1990, 151 = InfAuslR 1990, 21). Daher sei eine Verfolgung eine politische, wenn sie dem Einzelnen in Anknüpfung an asylerhebliche Merkmale gezielt Rechtsgutverletzungen zufüge, die ihn ihrer Intensität nach aus der übergreifenden Friedensordnung der staatlichen Einheit ausgrenzten (BVerfGE 80, 315, 334 f. = EZAR 201 Nr. 20 = NVwZ 1990, 151 = InfAuslR 1990, 21). Ob eine in dieser Weise spezifische Zielrichtung vorliege, die Verfolgung mithin »wegen« eines Asylmerkmals erfolge, sei anhand ihres inhaltlichen Charakters nach der erkennbaren Gerichtetheit der Maßnahme zu beurteilen, nicht nach den subjektiven Gründen oder Motiven, die den Verfolgenden dabei leiten würden (BVerfGE 80, 315, 335 = EZAR 201 Nr. 20 = 5

NVwZ 1990, 151 = InfAuslR 1990, 21; BVerfGE 81, 142, 149 = EZAR 200 Nr. 26 = NVwZ 1990, 453 = InfAuslR 1990, 122).

6 Die in diesem Sinne gezielte Rechtsgutverletzung müsse von einer Intensität sein, die sich nicht nur als Beeinträchtigung, sondern als ausgrenzende Verfolgung darstelle (BVerfGE 80, 315, 335 = EZAR 201 Nr. 20 = NVwZ 1990, 151 = InfAuslR 1990, 21). Der Charakter der »Ausgrenzung« einer Maßnahme ist also inhaltsbestimmend für die asylerhebliche Schwere eines Eingriffs. Hingegen folgen die für die Bestimmung des asylspezifischen Charakters der Maßnahme maßgeblichen Kriterien aus der Menschenwürdegarantie. Kein Staat hat das Recht Leib, Leben oder die persönliche Freiheit des Einzelnen aus Gründen zu gefährden oder zu verletzen, die allein in seiner politischen Überzeugung, seiner religiösen Grundentscheidung oder in für ihn unverfügbaren Merkmalen liegen, die sein Anderssein prägen (BVerfGE 80, 315, 333 = EZAR 201 Nr. 20 = NVwZ 1990, 151 = InfAuslR 1990, 21). Mit dem Auffangtatbestand »unverfügbare Merkmale« verweist das BVerfG auf das zentrale Kriterium der Menschenwürde, die auf die Unveräußerlichkeit bzw. Unverfügbarkeit der Menschenrechte (Art. 1 Abs. 2 GG) zielt. Ähnliche Abgrenzungskriterien hatte zuvor das BVerwG, jedoch auf der Grundlage eines anderen dogmatischen und vom BVerfG verworfenen Ansatzes, entwickelt (BVerwGE 67, 184, 185 f. = NVwZ 1983, 674 = InfAuslR 1983, 228).

7 Maßgebend sind die objektiven Auswirkungen einer Maßnahme auf den Einzelnen: Ist die Maßnahme objektiv geeignet, den Einzelnen in seinen unverfügbaren Merkmalen zu treffen, ist sie politischer Natur. Das Maß der Intensität ist nicht abstrakt vorgegeben. Es muss vielmehr der humanitären Intention entnommen werden, die das Asylrecht trägt, demjenigen Aufnahme und Schutz zu gewähren, der sich in einer für ihn »ausweglosen Lage« befindet (BVerfGE 80, 315, 335 = EZAR 201 Nr. 20 = NVwZ 1990, 151 = InfAuslR 1990, 21). Die materiellen Kriterien der ausgrenzenden Maßnahme und ausweglosen Lage geben Auskunft darüber, wann eine an sich asylspezifische Maßnahme die erforderliche Eingriffsschwelle erreicht. Bei deren Bestimmung ist zwischen ausgrenzender Rechtsgutverletzungen einerseits sowie unbeachtlichen Rechtsgutbeeinträchtigungen andererseits zu differenzieren. Maßstab für die Differenzierung ist die humanitäre Intention des Asylrechts, also die Garantie der Menschenwürde (BVerfGE 54, 341, 357 = EZAR 200 Nr. 1 = InfAuslR 1980, 338; BVerfGE 56, 216, 257 = EZAR 221 Nr. 4 = InfAuslR 1981, 152; BVerwGE 67, 184, 186 = NVwZ 1983, 674 = InfAuslR 1983, 228) sowie die Feststellung der ausweglosen Lage. Politische ist grundsätzlich staatliche Verfolgung (BVerfGE 9, 174, 180 = DVBl 1959, 433 = NJW 1959, 763; BVerfGE 54, 341, 356 f. = EZAR 200 Nr. 1 = NJW 1980, 2641 = InfAuslR 1980, 338; BVerfGE 76, 143, 157 f., 169 = EZAR 200 Nr. 20 = NVwZ 1988, 237 = InfAuslR 1988, 87; 80, 315, 334 = EZAR 201 Nr. 20 = NVwZ 1990, 151 = InfAuslR 1990, 21), da Staaten in sich befriedete Einheiten darstellen, die nach innen alle Gegensätze, Konflikte und Auseinandersetzungen durch eine übergreifende Ordnung in der Weise relativieren, dass diese unterhalb der Stufe der Gewaltsamkeit verbleiben und die Existenzmöglichkeit des Einzelnen nicht infrage stellen, insgesamt also die Friedensordnung nicht aufheben. Dazu dient staatliche Macht. Die Macht zu schützen, schließt indes die

Macht, zu verfolgen, mit ein. Daher hebt die Ratio der verfassungsrechtlichen Asylgewährleistung ganz auf die Gefahren ab, die aus einem bestimmt gearteten Einsatz verfolgender Staatsgewalt erwachsen (BVerfGE 80, 315, 334 = EZAR 201 Nr. 20 = NVwZ 1990, 151 = InfAuslR 1990, 21).

Ob die Maßnahme an asylerhebliche Merkmale anknüpft, ist abhängig davon, ob sie in dieser spezifischen Weise den Verfolgern zugerechnet werden kann. Die Zurechnung hat einerseits Bedeutung für die Anknüpfung der Verfolgung an asylerhebliche Merkmale, andererseits für die Frage, ob die Verfolgung dem Staat zuzurechnen ist. Die Verfolgung knüpft nicht nur dann an asylerhebliche Merkmale an, wenn der politisch Verfolgte tatsächlich oder doch zumindest nach Überzeugung des verfolgenden Staates Träger eines verfolgungsverursachenden Merkmals ist, sondern auch bei einem vom Verfolger gehegten Verdacht der Trägerschaft asylerheblicher Merkmale (BVerfG (Kammer), InfAuslR 1991, 25, 28; BVerfG (Kammer), InfAuslR 1993, 105, 107; BVerfG (Kammer), InfAuslR 1993, 142, 144). Für die Zurechnung der Verfolgung an den Staat ist zwischen unmittelbaren und mittelbaren Verfolgungen zu unterscheiden. Die rechtliche Zurechnung von Handlungen unmittelbarer staatlicher Organe ist grundsätzlich unstreitig. Derartige Handlungen müssen dem Willen des Staates entsprechen, in dessen Namen sie vorgenommen werden. Das ist nicht der Fall, wenn die maßgeblichen staatlichen Führungsorgane Übergriffe einzelner Funktionsträger missbilligen und geeignete Vorkehrungen treffen, um diese zu überwinden (Hess. VGH, InfAuslR 1982, 98; VGH BW, InfAuslR 1982, 255; OVG Saarland, AS 1982, 361; OVG Lüneburg, DVBl 1983, 181; OVG NW, InfAuslR 1982, 163). Daher stellen singuläre Amtswalterexzesse keine politische Verfolgung dar. Nur ausnahmsweise kann aber »vereinzelten Exzesstaten« von Amtswaltern die staatliche Zurechenbarkeit abgesprochen werden (BVerfGE 80, 315, 352 = EZAR 201 Nr. 20 = NVwZ 1990, 151 = InfAuslR 1990, 21; BVerfG [Kammer], NVwZ 1992, 1081, 1083; BVerfG [Kammer], NVwZ-RR 1993, 510, 512; BVerfG [Kammer], InfAuslR 1993, 310, 312; BVerfG (Kammer); NVwZ-Beil. 2003, 84, 85 = AuAS 2003, 261). Demgegenüber beschränkt das BVerwG bei Übergriffen einzelner Amtswalter die Zurechenbarkeit danach, ob der Staat »im großen und ganzen« erfolgreich pflichtwidriges Handeln bekämpft (BVerwGE 74, 160, 163 f. = EZAR 202 Nr. 8 = NVwZ 1986, 928). Daher sind Handlungen unmittelbarer Organe dem Staat grundsätzlich nicht zuzurechnen, wenn er zwar schutzwillig, zur Verhinderung von Verfolgungsmaßnahmen aber prinzipiell und auf gewisse Dauer außerstande ist, weil er das Gesetz des Handelns verloren hat und seine Sicherheits- und Ordnungsvorstellungen nicht mehr durchsetzen kann (BVerwG, EZAR 202 Nr. 8). 8

Auch Verfolgungsmaßnahmen privater Dritter können als mittelbare staatliche, also politische Verfolgung in Betracht kommen. Voraussetzung hierfür ist, dass sie dem jeweiligen Staat zurechenbar sind. Dies ist der Fall, wenn der Staat Einzelne oder Gruppen zu Verfolgungen anregt oder derartige Handlungen unterstützt, billigt oder tatenlos hinnimmt und den davon Betroffenen den erforderlichen Schutz versagt (BVerfGE 54, 341, 358 = EZAR 200 Nr. 1 = NJW 1980, 2641 = InfAuslR 1980, 338; BVerfGE 80, 315, 326 = EZAR 201 Nr. 20 = NVwZ 1990, 151 = InfAuslR 1990, 21; BVerfGE 83, 216, 235 = EZAR 202 Nr. 20 = NVwZ 1991, 768 = 9

InfAuslR 1991, 200; BVerwGE 67, 317, 318 = EZAR 202 Nr. 1; BVerwG, InfAuslR 1986, 82; BGHSt. 3, 392, 395; BGH, RzW 1965, 238; BGH, RzW 1966, 367; BGH, RzW 1967, 325; BGH, RzW 1968, 571). Es begründet die staatliche Zurechnung, wenn der Staat zur Schutzgewährung entweder nicht bereit ist oder wenn er sich nicht in der Lage sieht, die ihm an sich verfügbaren Mittel im konkreten Fall gegenüber Verfolgungsmaßnahmen bestimmter Dritter, insbesondere etwa solchen des staatlichen Klerus sowie der staatstragenden Partei hinreichend einzusetzen (BVerfGE 54, 341, 358 = EZAR 200 Nr. 1 = NJW 1980, 2641 = InfAuslR 1980, 338; BVerfGE 80, 315, 336 = EZAR 201 Nr. 20 = NVwZ 1990, 151 = InfAuslR 1990, 21).

10 Anders liegt es, wenn die Schutzgewährung die Kräfte eines konkreten Staates übersteigt. Jenseits der ihm an sich zur Verfügung stehenden Mittel endet seine asylrechtliche Verantwortlichkeit. Ihre Grundlage findet die Zurechnung von Drittverfolgungsmaßnahmen nicht schon im bloßen Anspruch eines Staates auf das legitime Gewaltmonopol, sondern erst in dessen – prinzipieller – Verwirklichung. Soll die Asylgewährleistung Schutz vor einem bestimmt gearteten Einsatz verfolgender Staatsgewalt bieten, liegt darin als Kehrseite beschlossen, dass Schutz vor den Folgen anarchischer Zustände oder der Auflösung der Staatsgewalt durch die verfassungsrechtliche Asylrechtsgewährleistung nicht versprochen ist (BVerfGE 80, 315, 336 = EZAR 201 Nr. 20 = NVwZ 1990, 151 = InfAuslR 1990, 21). Es liegt auf der Linie dieser Rechtsprechung, dass aus unkontrollierbaren Emotionen heraus eruptionsartig ausbrechende Pogrome auch bei entsprechenden Vorkehrungen nicht immer verhindert oder bereits im Keim erstickt werden können (BVerwGE 74, 41, 43 = InfAuslR 1986, 189). Übergriffe Dritter während eines Pogroms, gegen das der Staat einschreitet, sind daher unbeachtlich (BVerwGE 74, 41, 43). Übergriffe Privater werden dem Staat erst dann zugerechnet, wenn er zur Verhinderung solcher Übergriffe prinzipiell und auf gewisse Dauer außerstande ist, weil er das Gesetz des Handelns an andere Kräfte verloren hat und seine staatlichen Sicherheits- und Ordnungsvorstellungen insoweit nicht mehr durchzusetzen vermag (BVerwGE 67, 317, 320 f. = EZAR 202 Nr. 1; BVerwG, DÖV 1985, 409). Die Schutzunfähigkeit des Staates gegen Übergriffe Dritter begründet hingegen keine Zurechenbarkeit der Verfolgung. Andererseits kann es auf eine staatliche Schutzunwilligkeit hindeuten, wenn der Staat landesweit oder in der betreffenden Region zum Schutz anderer Gruppen oder zur Wahrung seiner eigenen Interessen mit deutlich effektiveren Mitteln und im Ergebnis deutlich erfolgreicher einschreitet. Freilich ist auch hier zu bedenken, dass es keiner staatlichen Ordnungsmacht möglich ist, einen lückenlosen Schutz vor Unrecht und Gewalt zu garantieren (BVerfGE 83, 216, 235 f. = EZAR 202 Nr. 20 = NVwZ 1991, 768 = InfAuslR 1991, 200).

11 Entwicklungsprozesse anarchischer Gewalt verbunden mit der Auflösung der Staatsgewalt geben Anlass, besonders sorgfältig die Frage der Zurechnung zu klären: Ist politische Verfolgung grundsätzlich staatliche Verfolgung, steht dem nicht entgegen, dem Staat solche staatsähnlichen Organisationen gleichzustellen, die den jeweiligen Staat verdrängt haben oder denen dieser das Feld überlassen hat und die ihn daher insoweit ersetzen (BVerfGE 80, 315, 334 = EZAR 201 Nr. 20 = NVwZ 1990, 151 = InfAuslR 1990, 21). Es entspricht

ständiger Rechtsprechung des BVerwG, dass auch von nichtstaatlichen Stellen politische Verfolgung ausgehen kann (BVerwGE 62, 123 = EZAR 200 Nr. 6 = InfAuslR 1981, 218; BVerwGE 95, 42, 45 = EZAR 230 Nr. 3 = NVwZ 1994, 497 = InfAuslR 1994, 196; BVerwGE 101, 328, 332 = EZAR 200 Nr. 32 = NVwZ 1997, 194 = InfAuslR 1997, 37; BVerwGE 105, 306, 307 ff. = InfAuslR 1998, 145 = NVwZ 1998, 750 = EZAR 202 Nr. 28). Zur Ausübung einer derartigen »staatsähnlichen Gewalt« gehört auch die Verhängung von Sanktionen, die reinen Kriminalstrafen gleichzusetzen und nach allgemein anerkannten Grundsätzen zu bewerten sind (BVerwG, Buchholz 402.24 § 28 AuslG Nr. 16 und 17). In diesen Fällen ist es unerheblich, ob die Zentralregierung die Verfolgungsmaßnahmen dieser Organisationen duldet oder fördert (BVerwG, Beschl. v. 21.08.1979 – BVerwG 1 B 4885.79). Vielmehr wechselt das Verfolgungssubjekt. An die Stelle des durch den Machtverlust unfähig gewordenen Staates tritt die staatsähnliche Gewalt ausübende Organisation. Deren asylerhebliche Maßnahmen gegenüber den ihrer Gewalt unterworfenen Personen stellen eine unmittelbare quasistaatliche Verfolgung durch die Organisation selbst dar (BVerwG, InfAuslR 1986, 82, 83).

Der Rechtsprechung des BVerwG in den neunziger Jahren des letzten Jahrhunderts konnte jedoch eine zunehmende Tendenz entnommen werden, die Figur der staatsähnlichen Gewalt wieder zu beseitigen: Nach seiner Ansicht ist eine Gebietsgewalt nur dann quasistaatlich, wenn sie auf einer »organisierten, effektiven und stabilisierten Herrschaftsmacht« beruht. Effektivität und Stabilität erfordern eine »gewisse Stetigkeit« und »Dauerhaftigkeit der Herrschaft«, verkörpert vorrangig in der Durchsetzungsfähigkeit des geschaffenen Machtapparates (BVerwGE 101, 328, 323 = InfAuslR 1996, 418 = BayVBl. 1997, 180 = AuAS 1997, 27, zu den bosnischen Serben; BVerwGE 105, 306, 310 = InfAuslR 1998, 145, 146; BVerwG, InfAuslR 1998, 242, 244, beide zu den Taliban). Eine nur kurze Zeit etwa zur Erreichung eines bestimmten Erfolges ausgeübte Herrschaftsmacht ist danach keine Staatsgewalt und auch keine staatsähnliche Gewalt im asylrechtlichen Sinne (BVerwGE 101, 328, 323 = InfAuslR 1996, 418). Dabei sind die Effektivität und die Stabilität regionaler Herrschaftsorganisationen in einem »noch andauernden Bürgerkrieg« besonders vorsichtig zu bewerten. Solange jederzeit und überall mit dem Ausbruch die Herrschaftsgewalt regionaler Machthaber grundlegend infrage stellender bewaffneter Auseinandersetzungen gerechnet werden muss, kann sich eine dauerhafte territoriale Herrschaftsgewalt nicht etablieren (BVerwGE 105, 306, 310 = InfAuslR 1998, 145, 146; BVerwG, InfAuslR 1998, 242, 244). 12

Auch Maßnahmen staatlicher Selbstverteidigung können asylrechtsbegründend sein. Liegt die betätigte politische Überzeugung im Schutzbereich des Asylrechts, kann eine staatliche Verfolgung von Taten, die aus sich heraus eine Umsetzung politischer Überzeugung darstellen – insbesondere separatistische und politisch-revolutionäre Aktivitäten – grundsätzlich politische Verfolgung sein. Es bedarf einer besonderen Begründung, die sich an bestimmten Abgrenzungskriterien orientiert, um sie gleichwohl aus dem Bereich politischer Verfolgung herausfallen zu lassen (BVerfGE 80, 315, 336 f. = EZAR 201 Nr. 20 = NVwZ 1990, 151 = InfAuslR 1990, 21). Ein 13 solches Kriterium ist zunächst der Rechtsgüterschutz. Politische Verfolgung liegt daher grundsätzlich nicht vor, wenn der Staat Straftaten – seien sie auch politisch motiviert – verfolgt, die sich gegen Rechtsgüter seiner Bürger richten: Die Verfolgung kriminellen Unrechts in diesem Sinne ist keine politische Verfolgung (BVerfGE 80, 315, 337 f. = EZAR 201 Nr. 20 = NVwZ 1990, 151 = InfAuslR 1990, 21, BVerfGE 81, 142, 145 = EZAR 200 Nr. 26 = NVwZ 1990, 453 = InfAuslR 1990, 122). Ferner stellt sich die Verfolgung von Taten, die sich gegen politische Rechtsgüter richten, gleichwohl nicht als politische Verfolgung dar, wenn objektive Umstände darauf schließen lassen, dass sie nicht der mit dem Delikt begangenen politischen Überzeugung als solcher gilt, sondern einer in solchen Taten zum Ausdruck gelangenden zusätzlichen kriminellen Komponente (BVerfGE 80, 315, 337 f. = EZAR 201 Nr. 20 = NVwZ 1990, 151 = InfAuslR 1990, 21, BVerfGE 81, 142, 145 = EZAR 200 Nr. 26 = NVwZ 1990, 453 = InfAuslR 1990, 122). Eine weitere Grenze hat die Asylverheißung für politische Straftäter dort, wo das Verhalten des Asylsuchenden wegen der von ihm eingesetzten Mittel nach anerkannten Rechtsgrundsätzen grundsätzlich missbilligt wird. Die genannte Grenze ist überschritten, wenn der Asylsuchende seine politische Überzeugung unter Einsatz terroristischer Mittel betätigt hat, insbesondere unter Einsatz gemeingefährlicher Waffen oder durch Angriffe auf das Leben Unbeteiligter (BVerfGE 80, 315, 337 f. = EZAR 201 Nr. 20 = NVwZ 1990, 151 = InfAuslR 1990, 21; s. auch § 60 Abs. 8 AufenthG).

14 In allen Ausnahmefällen kann die an sich asylneutrale Strafverfolgung in politische Verfolgung umschlagen, wenn objektive Umstände darauf schließen lassen, dass der Betroffene gleichwohl wegen eines asylerheblichen Merkmals verfolgt wird (Politmalus). Das ist insbesondere dann zu vermuten, wenn er eine Behandlung erleidet, die härter ist als die sonst zur Verfolgung ähnlicher – nicht politischer – Straftaten von vergleichbarer Gefährlichkeit im Verfolgerstaat übliche (BVerfGE 80, 315, 337, 339 f. = EZAR 201 Nr. 20 = NVwZ 1990, 151 = InfAuslR 1990, 21). Politische Verfolgung stellen insbesondere auch Aktionen eines bloßen Gegenterrors dar, die zwar der Bekämpfung des Terrorismus und seines ihn aktiv unterstützenden Umfeldes gelten mögen, aber darauf gerichtet sind, die an dem bestehenden Konflikt nicht unmittelbar beteiligte Zivilbevölkerung im Gegenzug zu den Aktionen des Terrorismus unter den Druck brutaler Gewalt zu setzen (BVerfGE 80, 315, 339 f.). Allein die Mitgliedschaft in einer Organisation, die zur Durchsetzung ihrer politischen Ziele Gewalt einsetzt, führt nicht zum Ausschluss vom Asylrecht (BVerfG [Kammer], InfAuslR 1991, 97; BVerfG [Kammer], InfAuslR 1991, 257; BVerfG [Kammer], InfAuslR 1992, 69; BVerfG [Kammer], NVwZ 1992, 261; a.A. BVerwG, NVwZ 1991, 385; s. hierzu auch § 30 Rdn. 66 ff.). Tritt der Asylsuchende allein für die politischen Ziele einer derartigen Organisation ein und ergibt sich, dass das ihm drohende Strafverfahren keine Unterstützungshandlungen zugunsten konkreter terroristischer Aktivitäten zum Gegenstand hat, ist die Asylversagung nicht gerechtfertigt (BVerfG [Kammer], InfAuslR 1991, 97, 99). Vielmehr sind Feststellungen gefordert, die hinreichend deutlich eine Teilnahme im strafrechtlichen Sinne an Terrorhandlungen oder Unterstützungshandlungen zugunsten terroristischer Aktivitäten ergeben (BVerfG [Kammer], InfAuslR 1991, 257, 260).

Insbesondere in Fällen mittelbarer Gruppenverfolgung ist sorgfältig zu prüfen, ob in anderen Regionen des Herkunftsstaates zumutbare Fluchtalternativen bestehen. Wer nur von regionaler Verfolgung betroffen ist, ist erst dann politisch Verfolgter, wenn er dadurch landesweit in eine ausweglose Lage versetzt wird (BVerfGE 80, 315, 342 = EZAR 201 Nr. 20 = NVwZ 1990, 151 = InfAuslR 1990, 21). Das ist dann der Fall, wenn dem Verfolgten in Teilen seines Heimatstaates politische Verfolgung erstmalig oder wiederholt droht (BVerwGE 74, 160; BVerwG, EZAR 203 Nr. 4) und er in anderen Teilen seines Heimatstaates eine zumutbare Zuflucht nicht finden kann (BVerfGE 80, 315, 342). Eine inländische Fluchtalternative besteht in anderen Landesteilen, wenn der Betroffene dort nicht in eine ausweglose Lage gerät. Das setzt voraus, dass er in den in Betracht kommenden Gebieten vor politischer Verfolgung hinreichend sicher ist und ihm jedenfalls dort auch keine anderen Nachteile und Gefahren drohen, die nach ihrer Intensität und Schwere einer asylerheblichen Rechtsgutbeeinträchtigung aus politischen Gründen gleichkommen (BVerfGE 80, 315, 343 f. = EZAR 201 Nr. 20 = NVwZ 1990, 151 = InfAuslR 1990, 21). Zwar hat das BVerfG aus dem Phänomen des mehrgesichtigen Staates gefolgert, dass nicht jeder, der in einem Landesteil unmittelbarer oder mittelbarer staatlicher Verfolgung ausgesetzt ist, notwendig des Asylschutzes bedarf (BVerfGE 80, 315, 342 = EZAR 201 Nr. 20 = NVwZ 1990, 151 = InfAuslR 1990, 21). Es ist jedoch zu berücksichtigen, dass auch dieser mehrgesichtige Staat immer ein und derselbe Staat ist (BVerfGE 80, 315, 343). Deshalb ist insbesondere mit Blick auf unmittelbare Verfolgungen besondere Zurückhaltung bei der Ermittlung inländischer Fluchtalternativen geboten. Haben staatliche Ordnungskräfte bereits in einem Teil des Staates den Betroffenen politisch verfolgt, kann in aller Regel davon ausgegangen werden, dass der Staat in anderen Teilen des Landes den gebotenen Schutz nicht gewähren wird. Vielmehr ist von einem fortwährenden staatlichen Verfolgungswillen auszugehen, dessen Aktualisierung jederzeit erfolgen kann. Nur wenn ausnahmsweise konkrete Indizien für eine staatliche Schutzbereitschaft sprechen, kann im Fall unmittelbarer regionaler Verfolgung die Betrachtung einer inländischen Fluchtalternative in Betracht kommen (BVerwG, InfAuslR 1994, 375, 377 = NVwZ 1994, 1123). 15

Mit Blick auf die »anderen Nachteile« reicht es nach Ansicht des BVerwG aus, wenn bei Anwendung einer generalisierenden Betrachtungsweise auf Dauer ein Leben möglich ist, das nicht zu Hunger, Elend und schließlich zum Tode führt (BVerwG, Buchholz 402.25 § 1 AsylG Nr. 72; BVerwG, EZAR 203 Nr. 4; BVerwG, InfAuslR 1989, 197) und das zum Leben unerlässlich Notwendige sicherstellt (BVerwG, InfAuslR 1989, 354). Der Staat darf den Zufluchtsuchenden in den Zufluchtgebieten jedoch nicht daran hindern, sein religiöses Existenzminimum zu wahren (BVerfGE 81, 58 (66) = EZAR 203 Nr. 5 = NvwZ 1990, 514 = InfAuslR 1990, 74). Im Hinblick auf die wirtschaftlichen Schwierigkeiten können in der Person des Verfolgungsbedrohten liegende persönliche Merkmale wie etwa eine Behinderung oder ein hohes Alter eine Fluchtalternative ausschließen (BVerwG, Urt. v. 30.04.1991 – BVerwG 9 C 105.90; BVerwG, InfAuslR 1994, 201, 203). Bei erwerbstätigen Personen kann hingegen für den Regelfall erwartet werden, dass sie sich entsprechend dem Durchschnitt der Bevölkerung nach Maßgabe der vorhandenen Möglichkeiten ein Auskommen 16 sicherstellen können (BVerwG, Buchholz 402.25 § 1 AsylG Nr. 145). Droht in diesem Sinne landesweit keine politische Verfolgung, ist die Fluchtalternative aber nicht zumutbar, wenn dort mit beachtlicher Wahrscheinlichkeit andere Nachteile und Gefahren drohen (BVerwG, InfAuslR 1992, 53, 55). Wer nach diesen Grundsätzen landesweit verfolgt gewesen war, kann sich im Rahmen der in die Zukunft gerichteten Verfolgungsprognose auf den herabgestuften Wahrscheinlichkeitsmaßstab berufen.

C. Ausgeschlossene Personen (Abs. 2)

17 Die Herausnahme der heimatlosen Ausländer aus dem Anwendungsbereich des AsylG hat ihren Grund darin, dass diese Personen bereits eine bestimmte Rechtsstellung genießen, die erheblich stärker als die Rechtsstellung der Asylberechtigten nach § 2 ist. Ihre Eigenschaft als politisch Verfolgte geht durch die Herausnahme aus dem AsylG nicht verloren (*Bergmann*, in: Bergmann/Dienelt, AuslR, 11. Aufl., 2016, § 1 AsylG Rn. 20). Ein heimatloser Ausländer ist ein fremder Staatsangehöriger oder Staatenloser, der nachweist, dass er der Betreuung der IRO untersteht, nicht Deutscher i.S.d. Art. 116 GG ist und entweder am 30.06.1950 seinen gewöhnlichen Aufenthalt im Bundesgebiet einschließlich West-Berlin hatte oder nach dem 01.07.1948 seinen Wohnsitz im Ausland genommen und binnen zwei Jahren nach seiner Ausreise wieder in das Bundesgebiet einschließlich West-Berlin zurück verlegt hat. Die Rechtsstellung ist vererbbar und deshalb für die Nachkommen von displaced persons von Bedeutung (*Hailbronner,* AuslR B 2 § 1 AsylG Rn. 13). Darüber hinaus waren früher auch die nach dem Gesetz über Maßnahmen für im Rahmen humanitärer Hilfsaktionen aufgenommene Flüchtlinge Begünstigten (Kontingentflüchtlinge) aus dem Anwendungsbereich des AsylG ausgeschlossen worden. Da das entsprechende Gesetz mit Wirkung zum 31.12.2004 aufgehoben worden ist (Art. 15 Abs. 3 Nr. 4 ZuwG) ist eine entsprechende Ausschlussklausel in Abs. 2 nicht mehr erforderlich. Für die Aufnahme im Wege des Resettlements ist heute § 23 Abs. 2 AufenthG Rechtsgrundlage.

Abschnitt 2 Schutzgewährung

Unterabschnitt 1 Asyl

§ 2 Rechtsstellung Asylberechtigter

(1) Asylberechtigte genießen im Bundesgebiet die Rechtsstellung nach dem Abkommen über die Rechtsstellung der Flüchtlinge.

(2) Unberührt bleiben die Vorschriften, die den Asylberechtigten eine günstigere Rechtsstellung einräumen.

(3) Ausländer, denen bis zum Wirksamwerden des Beitritts in dem in Artikel 3 des Einigungsvertrages genannten Gebiet Asyl gewährt worden ist, gelten als Asylberechtigte.

Übersicht Rdn.

A. Funktion der Vorschrift

Die Vorschrift entspricht § 3 AsylVfG 1982 (BT-Drucks. 12/2062, S. 28). Eine Rechtsänderung hat der Gesetzgeber mithin nicht beabsichtigt. Abs. 1 wie § 3 Abs. 1 verweisen auf die Rechtsstellung nach der GFK. Art. 5 GFK erlaubt die Besserstellung von Flüchtlingen durch die Vertragsstaaten. Daher bleiben nach Abs. 2 günstigere nationale Regelungen für Asylberechtigte unberührt. Die durch den Einigungsvertrag in § 3 Abs. 3 AsylG 1990 eingeführte Regelung wird in Abs. 3 übernommen und bezweckt eine rechtliche Gleichbehandlung der nach dem Recht der *Deutschen Demokratischen Republik* anerkannten Asylberechtigten mit den Asylberechtigten nach Art. 16a Abs. 1 GG ohne Berücksichtigung der jeweils zugrunde liegenden unterschiedlichen tatbestandlichen Voraussetzungen. Der Genuss der Rechtsstellung nach Abs. 1 in Verb. mit Art. 2 bis 34 GFK setzt die *Unanfechtbarkeit der Statusentscheidung* über die Asylberechtigung voraus. Erst die verbindliche asylrechtliche Statusentscheidung entfaltet mit Blick auf den Genuss der Rechtsstellung im konkreten Einzelfall *gleichsam konstitutive Wirkung* (BVerfGE 60, 253, 259 = DVBl 1982, 888 = EuGRZ 1982, 394 = EZAR 610 Nr. 14 = InfAuslR 1982, 245 [LS] = BayVBl. 1982, 653 [LS] = NVwZ 1982, 614 [LS] = DÖV 1982, 87 [LS]). Dagegen greift der asylrechtliche *Abschiebungsschutz* als unantastbarer *Kernbereich des Asylrechts* unabhängig von der Statusentscheidung ein (BVerwGE 49, 202, 205 f. = EZAR 134 Nr. 1 = NJW 1976, 490; BVerwGE 62, 206, 210 = EZAR 221 Nr. 7 = InfAuslR 1981, 214; BVerwGE 69, 323, 325 = EZAR 200 Nr. 10 = NJW 1984, 2782). 1

Nach Abs. 1 genießen Asylberechtigte die Rechtstellung eines Flüchtlings (Art. 2 bis 34 GFK). Die Gewährung darüber hinausgehender Rechte ist nach Abs. 2 zulässig. Die Rechte aus diesem Status genießen auch die im Rahmen des Familienasyls anerkannten Asylberechtigten (§ 26 Abs. 1). Nach Abs. 1 setzt der Genuss der Rechtsstellung den gewöhnlichen Aufenthalt des Asylberechtigten im Bundesgebiet voraus. Diese Regelung entspricht der völkerrechtlichen Logik. Die Bundesrepublik kann ihre aus der GFK folgenden Verpflichtungen nur auf ihrem Hoheitsgebiet erfüllen. Jedoch vermittelt die GFK einen Anspruch auf internationale Freizügigkeit (BVerfGE 52, 391, 403 = EZAR 150 Nr. 1 = NJW 1980, 516). Mit Widerruf (§ 73 Abs. 1), Rücknahme (§ 73 Abs. 2) oder kraft Erlöschens (§ 72) geht der Asylberechtigte seiner Rechtsstellung nach § 2 verlustig. Hat der Statusberechtigte nach seiner Anerkennung in einem anderen Staat gewöhnlichen Aufenthalt genommen, erlischt die hierauf beruhende Aufenthaltserlaubnis unter den Voraussetzungen des § 51 Abs. 7 AufenthG (§ 3 Rdn. 100 ff. Unberührt hiervon bleibt der asylrechtliche Status als solcher (*Funke-Kaiser,* in: GK-AsylG II, § 2 Rn. 11 f.). 2

B. Umfang der Rechtsstellung (Abs. 1 und 2)

I. Asylrechtlicher Abschiebungs- und Zurückweisungsschutz

3 Abs. 1 verweist auf die GFK und setzt den bereits vorangegangenen unanfechtbaren Statusbescheid voraus. Unabhängig davon wird Asylberechtigten der verfassungsrechtliche Abschiebungs- und Zurückweisungsschutz zuteil. Dieser Schutz wird jedoch allen politisch Verfolgten unabhängig von einem formellen Asylantrag im Sinne von § 13 oder einer unanfechtbaren Statusentscheidung gewährleistet. Auch der völkerrechtliche Grundsatz des Non-Refoulement (Art. 33 Abs. 1 GFK) gilt unabhängig von einer nationalen Statusentscheidung, da er nach allgemeiner Ansicht *deklaratorischer Natur* ist (*Jaeger*, Status and International Protection of Refugees, Rn. 52; *Sexton*, Vanderbuilt JTL 1985, 739). In Übereinstimmung hiermit hat das verfassungsrechtliche Asylrecht einen klar umrissenen und unverzichtbaren Kerngehalt. Es verbürgt demjenigen, der vor politischer Verfolgung Zuflucht sucht, dass er an der Grenze nicht zurückgewiesen sowie nicht in einen *möglichen* Verfolgerstaat abgeschoben wird (BVerwGE 49, 202, 205 f. = EZAR 134 Nr. 1 = NJW 1976, 490; BVerwGE 62, 206, 210 = EZAR 221 Nr. 7 = InfAuslR 1981, 214; BVerwGE 69, 323, 325 = EZAR 200 Nr. 10 = NJW 1984, 2782). Auch das BVerfG bestimmt die *Reichweite* der verfassungsrechtlichen Asylgarantie nach deren Aufgabe, politisch Verfolgten *Schutz vor den Zugriffsmöglichkeiten des Verfolgerstaates* zu sichern (BVerfGE 56, 216, 236 = DVBl 1981, 623 = DÖV 1981, 453 = NJW 1981, 1436 = BayVBl. 1981, 366 = JZ 1981, 339 = EuGRZ 1981, 306 = MDR 1981, 637 = VerwRspr. 1981, 769 = EZAR 221 Nr. 4). Der Schutzanspruch politisch Verfolgter gilt damit unabhängig von einem formellen Asylantrag (§ 13) oder einer Statusentscheidung nach § 31.

4 In seinem *Kerngehalt* hat das Asylrecht also als *status negativus* einen klar umrissenen Inhalt: Es verbürgt politisch Verfolgten *Schutz vor Auslieferung* (BVerfGE 9, 174, 184 = NJW 1959, 763 = JZ 1959, 284; BVerfGE 60, 348, 359 = EZAR 150 Nr. 2 = NVwZ 1982, 269 = InfAuslR 1982, 271; BVerfGE 63, 196, 215 = EZAR 150 Nr. 3 = NJW 1983, 1723 = InfAuslR 1983, 148) sowie *Zurückweisung* und *Abschiebung* (BVerwGE 49, 202, 205 f. = EZAR 134 Nr. 1 = NJW 1976, 490; BVerwGE 62, 206, 210 = EZAR 221 Nr. 7 = InfAuslR 1981, 214; BVerwGE 69, 323, 325 = EZAR 200 Nr. 10 = NJW 1984, 2782). Insoweit wirkt die Asylanerkennung lediglich *deklaratorisch*. Darüber hinaus sind die Worte »genießen Asylrecht« in Art. 16a Abs. 1 GG dahin weit zu verstehen, dass den im Bundesgebiet aufgenommenen politisch Verfolgten grundsätzlich die Voraussetzungen eines *menschenwürdigen Daseins* geschaffen werden sollen, wozu in erster Linie ein *gesicherter Aufenthalt* sowie die Möglichkeit zu beruflicher und persönlicher Entfaltung gehören (BVerwGE 49, 202, 206 = NJW 1976, 490 = DVBl 1976, 490 = JZ 1976, 58 = MDR 1976, 252 = JR 1976, 212 = EZAR 134 Nr. 1). Inwieweit und unter welchen Voraussetzungen und Vorbehalten die im Bundesgebiet aufgenommenen politisch Verfolgten über den Kernbereich des Verfolgungsschutzes hinaus Rechte (*status positivus*) besitzen sollen, kann dem Asylrechtsbegriff nicht entnommen werden. Insoweit ist die verfassungsrechtliche Asylgarantie eine *offene Norm*, die zwar eine Grundregel gibt, im Übrigen aber einen ergänzenden Regelungsauftrag an den Gesetzgeber enthält (BVerwGE 49, 202, 206). Insoweit ist

es gerechtfertigt, von einer *gleichsam konstitutiv wirkenden* asylrechtlichen Statusentscheidung (BVerfGE 60, 253, 259 = EZAR 610 Nr. 14 = NJW 1982, 2425) zu sprechen. Mit dem Verweis auf die Rechtsstellung nach der GFK in Abs. 1 und dem Vorbehalt der anderweitigen Begünstigung nach Abs. 2 hat der Gesetzgeber diesen Regelungsauftrag erfüllt.

Wie früher nach § 14 Abs. 1 Satz 2 AuslG 1965 und nach § 51 Abs. 3 Satz 1 AuslG 5
1990 entfällt nach § 60 Abs. 8 Satz 1 AufenthG der Refoulementschutz für politisch Verfolgte – in Anlehnung an Art. 33 Abs. 2 GFK –, wenn diese aus schwerwiegenden Gründen als eine Gefahr für die Sicherheit der Bundesrepublik anzusehen sind oder eine Gefahr für die Allgemeinheit bedeuten, weil sie wegen eines Verbrechens oder besonders schweren Vergehens *rechtskräftig* zu einer Freiheitsstrafe von *mindestens drei* Jahren verurteilt worden sind. Das BVerwG hat gegen diese erhebliche Einschränkung des verfassungsrechtlich verbürgten Asylrechts keine Bedenken (BVerwGE 49, 202, 209 f. = NJW 1976, 490 = DVBl 1976, 500 = EZAR 134 Nr. 1). Die in den 1950er und 1960er Jahren vehement geäußerte Kritik ist seit dieser Entscheidung verstummt. Nach der früheren Rechtsprechung musste ein die Abschiebung eines politisch Verfolgten rechtfertigender Grund bei der Statusentscheidung selbst unberücksichtigt bleiben (BVerwGE 49, 211, 212 f. = EZAR 210 Nr. 1 = DÖV 1976, 94 = MDR 1976, 254 = BayVBl. 1976, 410). Der Gesetzgeber hat jedoch mit § 30 Abs. 4 entschieden, dass die Durchbrechung des Refoulementschutzes nach § 60 Abs. 8 Satz 1 AufenthG (Art. 33 Abs. 2 GFK) bereits im Asylverfahren zu berücksichtigen ist. Der EGMR hat festgestellt, dass der in Art. 3 EMRK gewährleistete Schutz vor Folter oder unmenschlicher oder erniedrigender Strafe oder Behandlung *ausnahmslos* gilt, sodass der in Art. 3 EMRK gewährte Refoulementschutz umfassender als jener in Art. 33 GFK ist (EGMR, EZAR 933 Nr. 4 = InfAuslR 1997, 97 = NVwZ 1997, 1093 – *Chahal*; EGMR, InfAuslR 1997, 279, 281 = NVwZ 1997, 1100 = EZAR 933 Nr. 5 – *Ahmed*).

Dagegen schließt § 60 Abs. 8 Satz 1 AufenthG Verfolgungsschutz *schlechthin* 6
aus. Seine Anwendung führt »zur *Vernichtung des Asylrechts* auch in seinem *Kern*« (BVerwGE 49, 202, 208 = NJW 1976, 490 = DVBl 1976, 500 = EZAR 134 Nr. 1, zu § 14 Abs. 1 Satz 2 AuslG 1965). Daher kommt die Abschiebung immer nur als »*ultima ratio*« in Betracht. Demgemäß sind bereits die tatbestandlichen Voraussetzungen des § 60 Abs. 8 Satz 1 AufenthG *eng auszulegen*. Sie erfordern mit Blick auf die erste Alternative, dass nicht lediglich die *Annahme* gerechtfertigt ist, der Betroffene sei als eine Gefahr für die Sicherheit der Bundesrepublik anzusehen. Dies muss vielmehr *feststehen* (BVerwGE 49, 202, 209 f.). Bei der zweiten Alternative darf nicht ohne Weiteres angenommen werden, er bedeute eine schwerwiegende Gefahr für die Allgemeinheit, weil er wegen eines besonders schweren Verbrechens rechtskräftig verurteilt worden ist. Vielmehr ist eine *Wiederholungsgefahr* festzustellen (BVerwGE 49, 202, 209 f. = NJW 1976, 490 = DVBl 1976, 500 = EZAR 134 Nr. 1). Es muss die Wiederholung eines besonders schweren Verbrechens zu besorgen sein (OVG Hamburg, EZAR 132 Nr. 2 = NVwZ-RR 1990, 374 = InfAuslR 1990, 188; OVG NW, EZAR 227 Nr. 3; OVG Hamburg, EZAR 035 Nr. 6). Daher genügt es nicht, wenn neue Verfehlungen nicht ausgeschlossen werden können. Vielmehr muss *aufgrund konkret festgestellter Umstände* die Annahme

einer Wiederholungsgefahr mit Blick auf die qualifizierte Straftat i.S.d. § 60 Abs. 8 Satz 1 Alt. 2 AufenthG gerechtfertigt sein (OVG NW, EZAR 227 Nr. 3). Die pauschale Grenze von drei Jahren Freiheitsstrafe in § 60 Abs. 8 Satz 1 AufenthG ist völkerrechtlich bedenklich. Maßgebend ist die konkrete Verurteilung, nicht die abstrakte Strafandrohung. Bei mehreren Strafen muss mindestens eine der in die Gesamtstrafe einbezogenen Einzelstrafen eine mindestens dreijährige Freiheitsstrafe sein (BVerwGE 146, 31, 36 f. Rn. 13 ff. = NVwZ-RR 2013, 71). Ferner sind die besonderen Umstände des Einzelfalls zu berücksichtigen, insbesondere die Höhe der Strafe, die Schwere der Tat, die Umstände ihrer Begehung und das Gewicht des bei einem Rückfall bedrohten Rechtsguts ebenso wie die Persönlichkeit des Täters sowie seine Entwicklung und Lebensumstände bis zum maßgeblichen Entscheidungszeitpunkt (BayVGH, AuAS 2013, 55, 56).

7 Das Bundesamt hat im Rahmen des § 30 Abs. 4 und die Ausländerbehörde bei der ausländerrechtlichen Entscheidung zu berücksichtigen, dass eine strafgerichtlich festgestellte *günstige Sozialprognose* regelmäßig gegen die Annahme einer Wiederholungsgefahr spricht (OVG NW, EZAR 227 Nr. 3; OVG Hamburg, EZAR 132 Nr. 2 = NVwZ-RR 1990, 374 = InfAuslR 1990, 188; OVG Hamburg, NVwZ-RR, 1996, 358; VGH BW, ESVGH 37, 226; VGH BW, InfAuslR 1996, 328, 330 = EZAR 234 Nr. 1 = AuAS 1996, 125). Auch persönliche Bindungen, die zu einer charakterlichen Festigung des politisch Verfolgten führen können, sind zu berücksichtigen (OVG Hamburg, EZAR 132 Nr. 2). Aber auch für den Fall, dass die tatbestandlichen Voraussetzungen von § 60 Abs. 8 Satz 1 AufenthG vorliegen, hat die Behörde vor Erlass der Abschiebungsandrohung zu prüfen, ob die Abschiebung in einen *Drittstaat* möglich ist (BVerwG, InfAuslR 1988, 168; OVG Hamburg, EZAR 132 Nr. 2; VGH BW, ESVGH 37, 226). Sie hat zwar nicht ohne Anlass sämtliche Staaten dieser Welt in Betracht zu ziehen. Ergeben sich jedoch konkrete Anhaltspunkte dafür, dass sich der politisch Verfolgte in einem Drittstaat aufhalten kann, hat die Behörde diese Abschiebungsmöglichkeit zu prüfen (BVerwG, InfAuslR 1988, 168) und gegebenenfalls die Abschiebungsandrohung insoweit einzuschränken. Unterlässt die Behörde eine derartige Prüfung, ist die Verfügung allein deshalb rechtswidrig (VGH BW, ESVGH 37, 226). Eine Abschiebungsalternative kann sich z.B. etwa dann ergeben, wenn der Drittstaat den politisch Verfolgten strafrechtlich zur Verantwortung ziehen will und der Behörde dies bekannt ist (VGH BW, ESVGH 37, 226).

II. Rechtsstellung nach der GFK (Abs. 1)

8 Nach Abs. 1 genießen Asylberechtigte die Rechtsstellung nach der GFK. Damit wird die Bundesrepublik ihrer aus der Ratifizierung der GFK folgenden Verpflichtung, den nach innerstaatlichem Recht anerkannten Flüchtlingen nach Art. 1 GFK die Rechtsstellung nach Art. 2 bis 34 GFK zu gewährleisten, gerecht. Es macht für die innerstaatliche Anwendung der GFK aus völkerrechtlicher Sicht keinen Unterschied, ob die Bundesrepublik die Berechtigten nach der GFK als Asylberechtigte oder als Flüchtlinge bezeichnet. Sicherzustellen hat sie allein, dass jene Personen, welche die tatbestandlichen Voraussetzungen nach Art. 1 GFK erfüllen, in den Genuss der Rechtsstellung nach Art. 2 bis 34 GFK kommen. Abs. 1 jedenfalls ist die Rechtsgrundlage für die Asylberechtigten

(Art. 16a Abs. 1 GG) zuteil werdende Rechtsstellung. § 3 Abs. 4 Halbs. 1 regelt die Rechtstellung nach der GFK für die Flüchtlinge (§ 3 Abs. 1). Beide Normen verweisen auf die GFK, die in Art. 2 bis 34 und in den Vorschriften ihres Anhangs einen detailliert ausgestalteten Katalog von Rechten enthält (s. hierzu § 4 Rdn. 85).

Nach Abs. 2 bleiben Vorschriften, die den Asylberechtigten eine günstigere Rechtsstellung einräumen, unberührt. Diese Vorschrift entspricht Art. 5 GFK und Art. 3 RL 2011/95/EU. Nach Art. 5 GFK bleiben Rechte und Vergünstigungen, die die Vertragsstaaten den Flüchtlingen unabhängig von der GFK gewähren, unberührt, nach Art. 3 RL 2011/95/EU können die Mitgliedstaaten günstigere Normen beibehalten, sofern sie mit der Richtlinie vereinbar sind. Art. 42 Abs. 1 GFK verweist auf den *völkerrechtlichen Mindeststandard*, der durch die Vertragsstaaten der GFK nicht unterschritten werden darf. Daher sind bei der Behandlung von Flüchtlingen das *Diskriminierungsverbot* (Art. 3 GFK), die *Religionsfreiheit* (Art. 4 GFK), der freie und ungehinderte Zugang zu den Gerichten (*Rechtsschutz*, Art. 16 Abs. 1 GFK) sowie das *Refoulementverbot* (Art. 33 GFK) zu beachten. Aus völkerrechtlicher Sicht können die Vertragsstaaten die Rechtsstellung nach der GFK, auf die in Abs. 1 Bezug genommen wird, auf den genannten Mindeststandard beschränken, vorausgesetzt, sie haben bei Unterzeichnung, der Ratifikation oder beim Beitritt ausdrücklich derartige Vorbehalte erklärt (Art. 42 Abs. 1 GFK). Die Bundesrepublik hat derartige Vorbehalte nicht gemacht. Ein nachträglicher Vorbehalt kann nicht mehr erklärt werden. Daher genießen Asylberechtigte grundsätzlich im vollen Umfang die Rechtsstellung nach Art. 2 bis 34 GFK (§ 4 Rdn. 85 ff.). Abs. 2 gewährt Asylberechtigten eine über die Regelungen in Art. 2 bis 34 GFK weit hinausgehende Rechtsstellung. Wie § 29 Abs. 1 AsylVfG 1982 und § 68 Abs. 1 AsylVfG a.F. bestimmt § 25 Abs. 1 Satz 1 AufenthG, dass dem Asylberechtigten eine *Aufenthaltserlaubnis* zu erteilen ist. Diese kann mit einer wohnsitzbeschränkenden Auflage verbunden werden (§ 12a AufenthG; § 3 Rdn. 93) Demgegenüber können Flüchtlinge aus der GFK keinen Anspruch auf ein Aufenthaltsrecht ableiten. Die Konvention überlässt den Vertragsstaaten die Regelung des Aufenthaltsrechts. Die Union hat hingegen in Art. 24 Abs. 1 RL 2011/95/EU Flüchtlingen für ihren Bereich einen derartigen Anspruch eingeräumt. Zwischen Asylberechtigten und Flüchtlingen besteht insoweit kein Unterschied. 9

Die einzelnen Bestimmungen der Konvention differenzieren zwischen Flüchtlingen mit rechtmäßigem und jenen ohne rechtmäßigem Aufenthalt. Zwar gehört das Recht zum Aufenthalt nicht zum unantastbaren Kerngehalt des Asylrechts (BVerwGE 49, 202, 206 f. = NJW 1976, 490 = DVBl 1976, 500 = EZAR 134 Nr. 1; Rdn. 4). Das verfassungsrechtlich verbürgte Asylrecht hat jedoch auch aufenthaltsrechtliche Bedeutung. Solange der Asylberechtigte nicht Aufnahme in einem Staat gefunden hat, in dem er vor Verfolgung und Abschiebung sicher ist, hat er einen Aufenthaltsanspruch im Bundesgebiet (BVerwGE 62, 206, 210 f. = EZAR 221 Nr. 7 = DVBl 1981, 1097 = NJW 1981, 712 = MDR 1981, 1045). Zwar nötigen weder Wortlaut noch humanitärer Zweck noch die Entstehungsgeschichte des Asylrechts zu der Annahme, jeder politisch Verfolgte habe über den Verfolgungsschutz hinaus unter allen Umständen ein Recht auf ständigen Aufenthalt im Bundesgebiet. Andererseits ist es mit der humanitären Konzeption des Asylrechts unvereinbar, wenn die Bundesrepublik politisch 10

Verfolgte in erster Linie darauf verwiese, Aufnahme in anderen Ländern zu suchen, und ihnen nur ausnahmsweise die Niederlassung im Inland erlaubte (BVerwGE 62, 206, 210 f. = EZAR 221 Nr. 7 = DVBl 1981, 1097 = NJW 1981, 712). Das verfassungsrechtlich verbürgte Asylrecht liegt zwischen beiden Extremen: Politisch Verfolgte haben im Regelfall einen Rechtsanspruch auf rechtlich gesicherten Aufenthalt, der nur aus wichtigen Gründen und unter Wahrung des Verfolgungsschutzes vorenthalten werden kann (BVerwGE 62, 206, 210 f. = EZAR 221 Nr. 7 = DVBl 1981, 1097 = NJW 1981, 712). Der Rechtsprechung kann damit entnommen werden, dass im Regelfall der Asylanspruch des politisch Verfolgten das Recht zum Aufenthalt umfasst. Dem trägt § 25 Abs. 1 Satz 1 AufenthG Rechnung. Es ist ferner nach § 52 Abs. 1 Satz 1 Nr. 4 AufenthG grundsätzlich unzulässig, die Aufenthaltserlaubnis des Asylberechtigten unter der aufschiebenden Bedingung des Eintritts der Bestandskraft des mit der Klage angefochtenen Widerrufs der Asylberechtigung zu widerrufen (VGH BW, EZAR 227 Nr. 7 = AuAS 2001, 134).

11 Asylberechtigte genießen über Art. 32 Abs. 1 GFK hinausgehenden *Ausweisungsschutz* (§ 56 Abs. 1 Satz 1 Nr. 5 AufenthG). Lässt Art. 32 Abs. 1 GFK die Ausweisung aus »Gründen der öffentlichen Sicherheit oder Ordnung« zu, dürfen Asylberechtigte nach § 56 Abs. 1 Satz 1 Nr. 5 AufenthG nur aus *»schwerwiegenden Gründen* der öffentlichen Sicherheit und Ordnung« ausgewiesen werden (BVerfG (Kammer), NVwZ-Beil. 2001, 57; BVerfG (Kammer), NVwZ-Beil. 2001, 58). Dem entspricht Art. 24 Abs. 1 RL 2011/95/EU, der ebenfalls über Art. 32 Abs. 1 GFK hinausgehend Flüchtlingen Ausweisungsschutz gewährleistet. Auch insoweit besteht zwischen Asylberechtigten und Flüchtlingen kein Unterschied. Schwerwiegende Gründe sind nicht die »mehr lästigen als gefährlichen oder schädlichen Unkorrektheiten des Alltags, Ordnungswidrigkeiten und Übertretungen, Bagatellkriminalität oder ganz allgemein die minder bedeutsamen Verstöße gegen Strafgesetze«. Hingegen sind im Regelfall Fälle *mittlerer* und *schwerer Kriminalität* dem Bereich »schwerwiegender Gründe« zuzuordnen (BVerwG, Buchholz 402.24 § 11 AuslG Nr. 6 = InfAuslR 1984, 309; BVerwG, EZAR 223 Nr. 10 = InfAuslR 1985, 103; BVerwGE 81, 155, 159 = EZAR 227 Nr. 4 = InfAuslR 1988, 152; BayObLG, InfAuslR 1988, 284; Hess. VGH, NVwZ 1993, 204; BayVGH, InfAuslR 1994, 253 = NVwZ-Beil. 1994, 43; BayObLG, EZAR 355 Nr. 16). Es ist nicht auf abstrakte Merkmale, sondern auf besondere Umstände der jeweils infrage stehenden Verstöße abzustellen, insbesondere auf *Art, Schwere* und *Häufigkeiten der Straftaten* (BVerwG, InfAuslR 1984, 309; BayObLG, InfAuslR 1988, 284). Im Blick auf den Zweck der Ausweisung, *präventiv* Störungen der öffentlichen Sicherheit oder Ordnung entgegenzuwirken, sind *gesteigerte Anforderungen* an die *in Zukunft* zu erwartenden Gefahren zu stellen (BVerwGE 81, 155, 159 = EZAR 227 Nr. 4 = NVwZ 1989, 770 = InfAuslR 1989, 152). Es müssen Anhaltspunkte dafür bestehen, dass in Zukunft schweren Gefährdungen der öffentlichen Sicherheit oder Ordnung durch *neue schwerwiegende Verfehlungen ernsthaft* und damit bedeutsame Gefahren für ein wichtiges Schutzgut drohen (BVerwGE 81, 155, 160 f.; ähnl. BVerwG, InfAuslR 1984, 309; a.A. OVG Hamburg, EZAR 035 Nr. 6). Der besondere Ausweisungsschutz entfällt mithin nicht schon dann, wenn lediglich eine entfernte Möglichkeit weiterer Störungen besteht, weil nicht ausgeschlossen werden kann, dass der Asylberechtigte seine bisherigen Straftaten

wiederholt (BVerwGE 81, 155, 160 f. = EZAR 227 Nr. 4 = NVwZ 1989, 770 = InfAuslR 1989, 152; Hess. VGH, NVwZ 1983, 204). Vielmehr ist die Prognose auf eine künftig zu befürchtende Straftat zu beziehen, die ein ähnliches Gewicht wie die der Ausweisung zugrunde liegende Straftat hat (BayVGH, Urt. v. 12.12.1989 – Nr. 10 B 89.690; Hess. VGH, NVwZ 1983, 204). Wegen des gesteigerten Ausweisungsschutzes, der die Ausweisung eines politisch Verfolgten nur *ausnahmsweise* zulässt (BVerwG, InfAuslR 1984, 309), unterliegt diese dem Gebot der *Spezialprävention* untersagt also die generalpräventive begründete Ausweisung (§53 Abs. 3 AufenthG).

Das Recht auf *politische Betätigung* kann unter den in § 47 AufenthG genannten Voraussetzungen eingeschränkt werden (OVG NW, DVBl 1966, 118 = DÖV 1966, 206; OVG NW, NJW 1980, 2039; OVG NW, EZAR 109 Nr. 1 = InfAuslR 1987, 111; s. hierzu im Einzelnen § 60 Rdn. 10 ff.). Grundsätzlich darf der Asylberechtigte seine politische Überzeugung in der Bundesrepublik bekunden und sich auch im Rahmen der durch die Rechtsordnung gezogenen Grenzen betätigen (BVerfGE 81, 142, 153 = EZAR 200 Nr. 26 = NVwZ 1990, 453 = InfAuslR 1990, 122). Bloße Bekundungen von Sympathien, einseitige Parteinahmen und Werben um Verständnis für die von Gleichgesinnten im Herkunftsland verfolgten politischen Ziele oder vergleichbare, auf die Beeinflussung des Meinungsklimas im Bundesgebiet ausgerichtete Verhaltensweisen schließen weder den Asylanspruch aus (BVerfGE 81, 142, 153 = EZAR 200 Nr. 26 = NVwZ 1990, 453 = InfAuslR 1990, 122) noch erlauben sie, das bereits gewährte Asylrecht nachträglich zu beenden. 12

Unterabschnitt 2 Internationaler Schutz

§ 3 Zuerkennung der Flüchtlingseigenschaft

(1) Ein Ausländer ist Flüchtling im Sinne des Abkommens vom 28. Juli 1951 über die Rechtsstellung der Flüchtlinge (BGBl. 1953 II S. 559, 560), wenn er sich

1. aus begründeter Furcht vor Verfolgung wegen seiner Rasse, Religion, Nationalität, politischen Überzeugung oder Zugehörigkeit zu einer bestimmten sozialen Gruppe

2. außerhalb des Landes (Herkunftsland) befindet,

a) dessen Staatsangehörigkeit er besitzt und dessen Schutz er nicht in Anspruch nehmen kann oder wegen dieser Furcht nicht in Anspruch nehmen will oder

b) in dem er als Staatenloser seinen vorherigen gewöhnlichen Aufenthalt hatte und in das er nicht zurückkehren kann oder wegen dieser Furcht nicht zurückkehren will.

(2) [1]Ein Ausländer ist nicht Flüchtling nach Absatz 1, wenn aus schwerwiegenden Gründen die Annahme gerechtfertigt ist, dass er

1. ein Verbrechen gegen den Frieden, ein Kriegsverbrechen oder ein Verbrechen gegen die Menschlichkeit begangen hat im Sinne der internationalen Vertragswerke, die ausgearbeitet worden sind, um Bestimmungen bezüglich dieser Verbrechen zu treffen,

2. vor seiner Aufnahme als Flüchtling eine schwere nichtpolitische Straftat außerhalb des Bundesgebiets begangen hat, insbesondere eine grausame Handlung, auch wenn mit ihr vorgeblich politische Ziele verfolgt wurden, oder
3. den Zielen und Grundsätzen der Vereinten Nationen zuwidergehandelt hat.

[2]Satz 1 gilt auch für Ausländer, die andere zu den darin genannten Straftaten oder Handlungen angestiftet oder sich in sonstiger Weise daran beteiligt haben.

(3) [1]Ein Ausländer ist auch nicht Flüchtling nach Absatz 1, wenn er den Schutz oder Beistand einer Organisation oder einer Einrichtung der Vereinten Nationen mit Ausnahme des Hohen Kommissars der Vereinten Nationen für Flüchtlinge nach Artikel 1 Abschnitt D des Abkommens über die Rechtsstellung der Flüchtlinge genießt. [2]Wird ein solcher Schutz oder Beistand nicht länger gewährt, ohne dass die Lage des Betroffenen gemäß den einschlägigen Resolutionen der Generalversammlung der Vereinten Nationen endgültig geklärt worden ist, sind die Absätze 1 und 2 anwendbar.

(4) Einem Ausländer, der Flüchtling nach Absatz 1 ist, wird die Flüchtlingseigenschaft zuerkannt, es sei denn, er erfüllt die Voraussetzungen des § 60 Abs. 8 Satz 1 des Aufenthaltsgesetzes oder das Bundesamt hat nach § 60 Absatz 8 Satz 3 des Aufenthaltsgesetzes von der Anwendung des § 60 Absatz 1 des Aufenthaltsgesetzes abgesehen.

Übersicht — Rdn.

A. Funktion der Vorschrift

Die Vorschrift übernahm ursprünglich § 51 Abs. 3 AuslG 1990 mit redaktioneller Anpassung an die Bestimmungen der GFK (BT-Drucks. 12/2062, S. 28). Durch das Richtlinienumsetzungsgesetz 2007 wurde die Vorschrift grundlegend umgestaltet. Abs. 1 verwies auf § 60 Abs. 1 AufenthG a.F. und stellte klar, dass Flüchtling im Sinne der GFK (Konventionsflüchtling) ist, wer die Voraussetzungen dieser Norm erfüllt. Durch das Gesetz zur Umsetzung der Richtlinie 2011/95/EU wurde 2013 Abs. 1 redaktionell geändert. Statt auf § 60 Abs. 1 AufenthG zu verweisen, übernimmt die Norm nunmehr selbst den Text von Art. 1 A Nr. 2 GFK. Der Wortlaut von Abs. 1 ist bis auf geringfügige Abweichungen mit Art. 1 A Nr. 2 GFK identisch. Die dortige Stichtagsregelung wurde nicht übernommen, weil sie durch das Protokoll von 1967 aufgehoben wurde. Bei den Staatenlosen wurde dem Begriff des gewöhnlichen Aufenthalts das Adjektiv »vorherigen« vorangestellt. Das ist jedoch lediglich eine an sich überflüssige redaktionelle Klarstellung. Damit wird das AsylG nicht nur der völkerrechtlichen, sondern auch der unionsrechtlichen Rechtslage angepasst, da § 60 Abs. 1 Satz 1 AufenthG nunmehr wie Art. 33 Abs. 1 GFK den Refoulementschutz für Flüchtlinge regelt und Abs. 1 wie Art. 1 A Nr. 2 GFK den Begriff des Flüchtlings definiert. Wie in Art. 2 Buchst. d) RL 2011/95/EU ist daher der völkerrechtliche Flüchtlingsbegriff Gegenstand des Asylverfahrens. Damit soll Kohärenz mit der Entscheidungspraxis anderer Mitgliedstaaten gewährleistet werden (BT-Drucks. 17/13063, S. 6). Die einzelnen Voraussetzungen des Begriffs des Flüchtlings werden in den nachfolgenden Vorschriften § 3a bis § 3e geregelt. 1

Abs. 4 Halbs. 1 stellt in Umsetzung von Art. 13 RL 2011/95/EU klar, dass Antragsteller, die nach Abs. 1 als Flüchtling anzusehen sind, die Flüchtlingseigenschaft zuzuerkennen ist. Die Klarstellung ist im Blick auf die völkerrechtliche Rechtslage erforderlich, weil die Feststellung, dass jemand Flüchtling ist, aus völkerrechtlicher Sicht nicht als nationale Statusentscheidung angesehen werden kann. Vielmehr ist die Feststellung für den Schutz des Art. 33 Abs. 1 GFK von Bedeutung. Das Völkerrecht selbst regelt keine Statusentscheidung, sondern überlässt diese Frage den Vertragsstaaten. Einprägsam hat sich für diese Rechtslage die Formel durchgesetzt, dass das Völkerrecht kein Recht auf Asyl, sondern nur Rechte im Asyl kennt. Es obliegt den Vertragsstaaten, ob sie aus dem Umstand, dass sie eine Person als Flüchtling betrachten, die Konsequenz der Statusgewährung ziehen. Die Union hat sich in Konsequenz der primärrechtlichen Grundrechtsgewährleitung (Art. 18 GRCh) mit Art. 13 RL 2011/95/EU hierfür entschieden. Die Statusentscheidung wird nach Art. 24 Abs. 1 RL 2011/95/EU (§ 25 Abs. 2 AufenthG) mit dem im Völkerrecht nicht anerkannten Aufnahmeanspruch verbunden. Das Völkerrecht verpflichtet die Vertragsstaaten andererseits, Personen, die sie aufgrund einer nationalen Ermessensentscheidung als Flüchtlinge aufgenommen haben, die Rechte aus Art. 2 bis 34 GFK zu gewähren (Rechte im Asyl). Die Union trägt dem mit Art. 20 ff. RL 2011/95/EU Rechnung. Dementsprechend werden mit 2

Zuerkennung der Flüchtlingseigenschaft nach Abs. 4 Halbs. 1 die Rechte aus Art. 2 bis 34 GFK vermittelt. Diese sind in zahlreichen Spezialgesetzen geregelt.

B. Funktion des Flüchtlingsbegriffs im Asylverfahren (Abs. 1)

3 Abs. 1 macht den Flüchtlingsbegriff nach Art. 1 A Nr. 2 GFK in Umsetzung von Art. 2 Buchst. d) RL 2011/95/EU zum Gegenstand des Asylverfahrens (Rdn. 1). Das Gemeinsame Europäische Asylsystem beruht auf diesem Flüchtlingsbegriff (Erwägungsgrund Nr. 5). Daher führt die Richtlinie gemeinsame Kriterien für die Flüchtlingsanerkennung ein (Erwägungsgrund Nr. 22) und legt zu diesem Zweck in Art. 4 bis 10 (§ 3a bis § 3e) Normen für die Bestimmung der Merkmale der Flüchtlingseigenschaft fest (Erwägungsgrund Nr. 23). Der Rat der Europäischen Union hatte am 29.04.2004 die Richtlinie 2004/83/EG (*Qualifikationsrichtlinie*) verabschiedet, die am 20.10.2004 in Kraft getreten und bis spätestens zum 10.10.2006 in das innerstaatliche Recht umzusetzen war. Am 13.12.2011 ist die Änderungsrichtlinie 2011/95/EU verabschiedet worden und am 02.01.2012 in Kraft getreten. Sie hebt die Richtlinie 2004/83/EG auf und war bis spätestens zum 21.12.2013 umzusetzen (Art. 39 Abs. 1). Mit dem am 01.12.2013 in Kraft getretenen Gesetz zur Umsetzung der Richtlinie 2011/95/EU (BGBl. I S. 3474) ist der Gesetzgeber seinen unionsrechtlichen Verpflichtungen nachgekommen. Durch die Richtlinie 2011/95/EU wurden die Struktur der Richtlinie 2004/83/EG und die überwiegende Mehrzahl der Bestimmungen nicht geändert.

4 Die Richtlinie regelt zwei unterschiedliche, sich ergänzende Schutzkonzeptionen: Nach Art. 2 Buchst. a) umfasst der »*internationaler Schutz*« die Flüchtlingseigenschaft (Art. 13) und den *subsidiären Schutzes* (Art. 18). Dem trägt § 1 Abs. 1 Nr. 2 Rechnung. Art. 13 (§ 3 Abs. 1 und 4 Halbs. 1) ist danach Rechtsgrundlage für den Flüchtlingsschutz, Art. 18 (§ 4 Abs. 1 Satz1) für den subsidiären Schutz. Kapitel II der Richtlinie (Art. 4 bis 8) legt für beide Schutzformen zunächst gemeinsame tatbestandliche Voraussetzungen fest (§ 3c bis § 3e, § 4 Abs. 3 Satz 1). Umfasst hiervon sind auch die verfahrensrechtlichen Voraussetzungen (Art. 4), insbesondere der Beweisstandard einschließlich der Regelvermutung nach Art. 4 Abs. 4, die Grundsätze zu den Nachfluchtgründen (Art. 5), die Konzeption des Wegfalls des nationalen Schutzes (Art. 6 bis 8) einschließlich der Frage der nichtstaatlichen Verfolgungsakteure (Art. 6 Buchst. c)) sowie des internen Schutzes (Art. 8). Die verfahrensrechtlichen Voraussetzungen hat der Gesetzgeber nicht umgesetzt. Sie sind jedoch zu beachten. Inhaltlich regelt die Richtlinie in Kap. III (Art. 9 und 10) die Voraussetzungen des Flüchtlingsschutzes (§ 3a und § 3b), einschließlich der Verlust- und Ausschlussgründe (Art. 11 bis 12, 14, s. hierzu § 72, § 73, § 3 Abs. 2, 3 und 4 Halbs. 2), und in Kap. V (Art. 15 bis 17) die Voraussetzungen sowie die Verlust- und Ausschlussgründe des subsidiären Schutzes. Kap. VI regelt die Zuerkennung (Art. 18) sowie Aberkennung und Beendigung (Art. 19) des subsidiären Schutzstatus. Schließlich enthalten Art. 21 bis 34 Regelungen zum Inhalt des Flüchtlings- und subsidiären Schutzes. Die Richtlinie 2011/95/EU verfolgt den Zweck, sicherzustellen, dass der internationale Schutz den Personen zuteil wird, die diesen verdienen. Ihr wesentliche Ziel ist es, ein Mindestmaß an

Schutz in allen Mitgliedstaaten für Personen zu gewährleisten, die tatsächlich Schutz benötigen, und sicherzustellen, dass diesen Personen in allen Mitgliedstaaten ein Mindestmaß an Leistungen geboten wird (Erwägungsgrund Nr. 12). Für den Bereich des Flüchtlingsschutzes bestimmt Art. 78 Abs. 1 AEUV, dass alle unionsrechtlichen Maßnahmen zum Asylrecht in Übereinstimmung mit der Genfer Flüchtlingskonvention von 1951 und dem New Yorker Protokoll von 1967 stehen müssen.

Zwar sind völkerrechtliche Auslegungsregeln bei der Auslegung des Primärrechts, bei dem es sich um völkerrechtliche Verträge handelt, lediglich heranzuziehen und finden im Zweifel, da Unionsrecht eine eigenständige Rechtsordnung bildet, unionsrechtliche Auslegungsgrundsätze Anwendung (*Mallmann*, ZAR 2011, 342, 344 f.). Dies betrifft aber lediglich die Auslegung und Anwendung der Unionsverträge als solche. Verweist Unionsrecht – wie Erwägungsgrund Nr. 4 RL 2011/95/EU – auf völkerrechtliche Verträge wie die GFK und das New Yorker Protokoll, welche die Union für sich als verbindlich ansieht, ist sie an völkerrechtliche Auslegungsgrundsätze gebunden. Dementsprechend sind nach der Rechtsprechung des EuGH die Bestimmungen der Richtlinie im Lichte ihrer allgemeinen Systematik und ihres Zwecks in Übereinstimmung mit der Konvention auszulegen (EuGH, InfAuslR 2010, 188, 189 Rn. 52 f. = NVwZ 2010, 505 = AuAS 2010, 150 – *Abdulla*) Insofern stellt die Richtlinie Staatenpraxis im Sinne von Art. 31 Abs. 3 Buchst. a) WVRK dar. 5

Aus der Entstehungsgeschichte der Konvention folgt, dass der Flüchtlingsbegriff großzügig ausgelegt werden und alle Personen erfassen sollte, die bis dahin als Flüchtlinge angesehen wurden (Art. 1 A Nr. 1). Die allgemeine Definition in Art. 1 A Nr. 2 GFK war dementsprechend stark durch die Erfahrungen der europäischen Staaten beeinflusst worden (*Einarsen*, in: Zimmermann, The 1951 Convention relating to the Status of Refugees and its 1967 Protocol, 2011, Drafting History, para. 64). Die materiellen Grundlagen des universellen Flüchtlingsschutzes waren damit aus der europäischen Praxis heraus entwickelt worden. Es fehlt andererseits ein verbindlicher Mechanismus, der für die nationale Staatenpraxis Leitlinien für die Auslegung und Anwendung des Flüchtlingsbegriffs vorgibt. Das Handbuch von UNHCR wird in der Staatenpraxis allgemein als Orientierungshilfe für die Auslegung von Konventionsnormen verwendet. Auch das BVerwG berücksichtigt bei der Auslegung von Konventionsnormen Stellungnahmen und insbesondere das Handbuch von UNHCR (BVerwGE 89, 231, 239 = EZAR 211 Nr. 3 = NVwZ 1992, 679). Allerdings wurde das Handbuch bereits 1979 veröffentlicht und enthält es deshalb nicht zu allen Fragen des Flüchtlingsrechts und insbesondere der Konvention detaillierte Ausführungen. Zusätzlich zum Handbuch sind deshalb Empfehlungen des aus Staatenvertretern bestehenden Exekutivkomitees des Programms von UNHCR, denen in der Literatur der Charakter normativer Vorgaben für die Entwicklung des Flüchtlingsrechts zugewiesen wird (*Sztucke*, IJRL 1989, 285, 301 ff.), und aktuelle Richtlinien und sonstige Stellungnahmen des Büros von UNHCR als Orientierungshilfe für die Auslegung von Konventionsnormen und damit auch von Normen der Qualifikationsrichtlinie heranzuziehen. 6

7 Für die Mitgliedstaaten ergibt sich damit eine komplexe völkerrechtliche und supranationale Gemengelage. Sie dürfen in ihrer Asylpraxis unionsrechtliche Zweifelsfragen nicht selbst klären. Vielmehr haben sie im Wege des Vorabentscheidungsersuchens (Art. 267 AEUV) diese Fragen dem EuGH vorzulegen. Aus unionsrechtlicher Sicht sind die Vorgaben des EuGH zwingend und haben Vorrang gegenüber nationalem Recht. Aus völkerrechtlicher Sicht sind sie Staatenpraxis im Sinne von Art. 31 Abs. 3 Buchst. a) VWRK. Die Hoffnung, dass der EuGH sich möglichst eng an die im Völkerrecht entwickelten Grundsätze zum Flüchtlingsschutz halten wird, damit die europäische nicht von der universellen Rechtsentwicklung im völkerrechtlichen Flüchtlingsschutz losgelöst wird, hat er mit seinen Entscheidungen insbesondere zum Widerruf und zum Ausschluss nicht erfüllt. Die Bedeutung der Qualifikationsrichtlinie als einer gemeinsamen Plattform für die Staatenpraxis einer so großen Staatengruppe wie sie die Union bildet, kann gar nicht unterschätzt werden. Vieles was sich nach Maßgabe der Richtlinie im Bereich des Flüchtlingsschutzes in der Union entwickeln wird, wird als Staatenpraxis maßgeblich die universelle Fortentwicklung der Konvention beeinflussen und damit auch Auswirkungen auf die Staatenpraxis außerhalb der Union gewinnen. Dies birgt andererseits aber auch die Gefahr in sich, dass für die spezifischen Zwecke der Mitgliedstaaten entwickelte Konzepte den universellen Charakter der Konvention insgesamt ändern können. In einigen Bereichen (z.B. Art. 5 Abs. 3 RL 2011/95/EU) sowie im Bereich der Terrorismusabwehr ist dieses Risiko bereits verwirklicht worden (Art. 14 Abs. 4 und 5 RL 2011/95/EU).

8 Der Schlüssel zum Verständnis des Flüchtlingsbegriffs nach Art. 1 A Nr. 2 GFK ist der Begriff der Verfolgungsfurcht (s. hierzu *UNHCR*, Handbuch über Verfahren und Kriterien zur Feststellung der Flüchtlingseigenschaft, Rn. 37–65; *Grahl-Madsen*, Annals 1983, 11, 13; *Hyndman*, The Australian Law Journal 1986, 148, 149, *Sexton*, Vanderbuilt Journal of Transnational Law 1985, 731, 748; *Cox*, Brooklyn Journal of International Law 1984, 333). Die Richtlinie 2011/95/EU enthält zwar keine ausdrückliche Vorschrift zur Behandlung des Begriffs der Verfolgungsfurcht, verweist aber in Art. 2 Buchst. d) auf den Begriff des Flüchtlings nach Art. 1 A Nr. 2 GFK, für dessen Auslegung und Anwendung der Begriff der Verfolgungsfurcht eine besondere Funktion hat. Darüber hinaus nimmt die Richtlinie in einz elnen Bestimmungen diesen Begriff in Bezug (z.B. Art. 5 Abs. 1 und 2, Art. 8 Abs. 1, Art. 11 Abs. 1 Buchst. d) und Abs. 2). Es jedoch auffallend, dass die Richtlinie zwar die einzelnen begrifflichen Elemente des Flüchtlingsbegriffs – wie den Begriff der Verfolgung (Art. 9) einschließlich des Wegfalls des nationalen Schutzes (Art. 6 bis 8) und die Anknüpfung der Verfolgung an die Konventionsgründe (Art. 9 Abs. 3, Art. 10 Abs. 1) – sehr detailliert begrifflich regelt, nicht jedoch den Begriff der Furcht vor Verfolgung. Da die Richtlinie jedoch für die Praxis der Mitgliedstaaten den völkerrechtlichen Flüchtlingsbegriff zur Grundlage des Sekundärrechts macht, ist dieser auch vollständig in der Praxis zu berücksichtigen.

9 Die Verfolgung nach Art. 9 RL 2011/95/EU (§ 3a) ist deshalb im Zusammenhang mit dem Begriff der Verfolgungsfurcht zu sehen. Es kommt darauf an, ob der Asylsuchende eine begründete Furcht vor einer Verfolgung, wie sie in Art. 9 inhaltlich bestimmt wird, hat. Entsprechend der Staatenpraxis zur GFK und dem Zweck der Konvention

steht daher am Ausgangspunkt der Prüfung die Furcht vor Verfolgung. Alle für die Entscheidung wesentlichen Tatsachen und Umstände sind aufzuklären (Art. 4 Abs. 3 Buchst. a)). Art. 2 Buchst. c) verweist für die Auslegung und Anwendung der Richtlinie auf die GFK und das New Yorker Protokoll und bezeichnet in Art. 2 Buchst. d) den in Art. 1 A Nr. 2 GFK enthaltenen Flüchtlingsbegriff. In Anknüpfung an die in der angelsächsischen Staatenpraxis entwickelte Dogmatik, die bei der Prüfung der Flüchtlingseigenschaft nach der »Verfolgungshandlung« den »Wegfall des nationalen Schutzes« und im Anschluss daran den Kausalzusammenhang mit den Konventionsgründen behandelt, ist nach der Richtlinie im Anschluss an die Verfolgung der in Art. 6 bis 8 geregelte Wegfall des nationalen Schutzes (§ 3c bis § 3e) und anschließend der kausale Zusammenhang mit den Verfolgungsgründen (Art. 9 Abs. 3 in Verb. mit Art. 10 Abs. 1; § 3a Abs. 3 in Verb. mit § 3b) zu prüfen.

Maßgebend ist das Herkunftsland, bei Flüchtlingen mit einer Staatsangehörigkeit das Land der Staatsangehörigkeit (Abs. 1 Nr. 1), bei staatenlosen Flüchtlingen das Land des letzten gewöhnlichen Aufenthalts (Abs. 1 Nr. 2). Für die Feststellung des maßgebenden Herkunftslandes bedarf es der vollen Überzeugungsgewissheit (§ 108 Abs. 1 Satz 1 VwGO). Dies erfordert die Ermittlung und Würdigung aller durch gerichtliche Aufklärungsmaßnahmen erreichbaren relevanten Tatsachen (BVerwG, NVwZ-RR 2014, 487, 489 Rn. 21 f. = InfAuslR 2014, 233). Für den Fall, dass eine Person mehr als eine Staatsangehörigkeit hat, bezieht sich der Ausdruck »das Land, dessen Staatsangehörigkeit sie besitzt« auf jedes der Länder, dessen Staatsangehörigkeit diese Person besitzt (Art. 1 A Nr. 2 Abs. 2 GFK). Da der Flüchtlingsschutz subsidiären Charakter hat, wird der Flüchtling, der zwar durch einen Staat seiner Staatsangehörigkeit verfolgt wird, aber die Staatsangehörigkeit eines weiteren Staates besitzt, auf diesen verwiesen, sofern er dort nicht ebenfalls verfolgt wird (VG Berlin, AuAS 2016, 11). Unerheblich ist, ob er im zweiten Staat der Staatsangehörigkeit jemals gelebt oder dort Bindungen entwickelt hat. Die Ratio von Art. 1 A Nr. 2 Abs. 2 GFK beruht auf dem Grundsatz der Subsidiarität sowie auf dem allgemeinen Rechtsgrundsatz, dass der Staat der Staatsangehörigkeit gegenüber dem Aufenthaltsstaat zur Aufnahme seines Staatsangehörigen verpflichtet ist. Der Flüchtling kann allerdings nur dann auf den Staat seiner weiteren Staatsangehörigkeit verwiesen werden, wenn er dort wirksamen Schutz erlangen kann (*Zimmermann/Mahler*, in: Zimmermann, The 1951 Convention relating to the Status of Refugees and its 1967 Protocol. A Commentary, 2011, Article 1 A para. 2 Rn. 689; vgl. auch Art. 12 Abs. 1 Buchst. b) RL 2011/95/EU). 10

Die Richtlinie hat Art. 1 A Nr. 2 Abs. 2 GFK nicht in Art. 2 Buchst. d) übernommen. Allerdings ist nach Art. 4 Abs. 3 Buchst. e) RL 2011/95/EU zu prüfen, ob vom Antragsteller vernünftigerweise erwartet werden kann, dass er den Schutz eines anderen Staates in Anspruch nimmt, dessen Staatsangehörigkeit er für sich geltend machen könnte. Nach Auffassung des BVerwG setzt diese nicht in deutsches Recht umgesetzte Norm an anderer Stelle geregelte materielle Voraussetzungen in einen behördlichen Prüfungsauftrag um, der sich insbesondere auf das Erfordernis des Besitzes mehrfacher Staatsangehörigkeiten bezieht (BVerwGE 131, 186, 197 = NVwZ 2008, 1246 = InfAuslR 2008, 469 = EZAR NF 64 Nr. 3 = AuAS 2008, 223, unter Hinweis auf Art. 1 A Nr. 2 GFK). Gleichwohl sieht es Prüfungsbedarf, ob die Reichweite von Art. 4 Abs. 3 11

Buchst. e) RL 2011/95/EU über diese verfahrensrechtliche Funktion – insbesondere in Situationen von Staatenzerfall und evidenter Möglichkeiten des Erwerbs der Staatsangehörigkeit von Nachfolgestaaten z.B. durch bloße Registrierung – hinausreiche und der Asylsuchende darauf verwiesen werden könne, die Staatsangehörigkeit eines dritten Staates »geltend zu machen« und dessen Schutz in Anspruch zu nehmen.

12 Eine derartige Auslegung von Art. 4 Abs. 3 Buchst. e) RL 2011/95/EU steht nicht in Übereinstimmung mit Art. 1 A Nr. 2 Abs. 2 GFK (so auch *Lehmann*, NVwZ 2007, 508, 511 f.). Zutreffend weist das BVerwG darauf hin, dass es nach Art. 1 A Nr. 2 GFK auf den Besitz der Staatsangehörigkeit oder mehrerer Staatsangehörigkeiten im Zeitpunkt der Entscheidung (Art. 4 Abs. 3 Buchst. a)) ankommt (BVerwGE 131, 186, 197 = NVwZ 2008, 1246 = InfAuslR 2008, 469 = EZAR NF 64 Nr. 3 = AuAS 2008, 223). Nach Art. 1 A Nr. 2 Abs. 2 GFK muss der Flüchtling nämlich eine weitere Staatsangehörigkeit »besitzen« und wird als maßgebendes Herkunftsland nur das Land bezeichnet, dessen Staatsangehörigkeit der Flüchtling »hat«. Eine im Entscheidungszeitpunkt möglicherweise eröffnete staatsangehörigkeitsrechtliche Option steht dem Besitz der Staatsangehörigkeit nicht gleich. Erwirbt der Flüchtling auf Antrag nachträglich die Staatsangehörigkeit eines dritten Staates, verliert er seine Flüchtlingseigenschaft (Art. 1 C Nr. 3 GFK, Art. 11 Abs. 1 Buchst. c) RL 2011/95/EU; § 72 Abs. 1 Nr. 3). Der nachträgliche antragsunabhängige Staatsangehörigkeitserwerb führt nicht zum Erlöschen des Status. Weder mit dem materiellrechtlichen System des konventionsrechtlichen noch dem des unionsrechtlichen Flüchtlingsschutzes ist eine derartige Überdehnung einer bloß verfahrensrechtlichen Funktion des Art. 4 Abs. 3 Buchst. e) vereinbar. Diese Norm hat allein verfahrensrechtliche Funktion (Hinweisfunktion) und hebt die Kriterien besonders hervor, die im Rahmen der Entscheidung zu berücksichtigen sind. Die materiellen Kriterien werden an anderer Stelle geregelt, wie das BVerwG zutreffend mit dem Hinweis auf Art. 1 A Nr. 2 GFK klarstellt.

C. Ausschlussgründe wegen Schutzunwürdigkeit (Abs. 2)

I. Funktion der Ausschlussgründe

13 Die Ausschlussgründe nach Abs. 2 setzen Art. 12 Abs. 2 RL 2011/95/EU um und sind im Wesentlichen wortgleich mit den Ausschlussgründen in Art. 1 F GFK (ausf. *Marx*, Handbuch zum Flüchtlingsschutz, 2. Aufl., 2012, S. 369 ff.). Sowohl diese Norm wie auch Art. 7 Buchst. d) UNHCR-Statut und Art. I (5) der OAU-Flüchtlingskonvention verpflichten die Vertragsstaaten und UNHCR, den Personen, die an sich die Voraussetzungen der Flüchtlingseigenschaft erfüllen, den Flüchtlings- bzw. Mandatsstatus zu verweigern. Nach der Begründung des Vorschlags der Kommission sind dementsprechend die Mitgliedstaaten verpflichtet, zur Wahrung der Integrität und Glaubwürdigkeit der Konvention Antragstellern, auf die Art. 1 F GFK Anwendung findet, die Flüchtlingseigenschaft zu versagen (Kommission der Europäischen Gemeinschaften, KOM[2001]510/2001/0207[CNS], 12.09.2002, S. 31). Der Gesetzgeber hatte diese Ausschlussgründe 2001 zunächst in § 51 Abs. 3 Satz 2 AuslG 1990 eingeführt, anschließend 2004 in § 60 Abs. 8 Satz 2 AufenthG a.F. überführt und mit dem Richtlinienumsetzungsgesetz 2007 in Abs. 2 eingeführt. Der Asylantrag

wird nach § 30 Abs. 4 als offensichtlich unbegründet abgelehnt, wenn Ausschlussgründe nach Abs. 2 vorliegen.

Die in der Zwischenkriegszeit verabschiedeten völkerrechtlichen Instrumente, die zum Schutze einzelner Flüchtlingsgruppen entwickelt worden waren, enthielten keine Bestimmungen für den Ausschluss straffälliger Personen. Demgegenüber war zu der Zeit, in der die Konvention diskutiert wurde, die Erinnerung an die Nürnberger Kriegsverbrecherprozesse noch sehr lebendig. Alle Staaten waren sich darin einig, dass es für Kriegsverbrecher keinen Schutz geben sollte. Darüber hinaus bestand bei den Staaten auch der Wunsch, Straftäter, die eine Gefahr für die Sicherheit und Ordnung darstellen, von ihrem eigenen Staatsgebiet fernzuhalten (*UNHCR*, Handbuch über Verfahren und Kriterien zur Feststellung der Flüchtlingseigenschaft, 1979, Rn. 148). Die Ausschlussgründe beruhen auf der Überlegung, dass bestimmte Verbrechen so schwerwiegend sind, dass der Täter keinen Schutz verdient. Ihr Hauptzweck ist es, den Urhebern »abscheulicher Taten und schwerer gemeiner Straftaten den Schutz zu versagen und sicherzustellen, dass solche Personen die Institution Asyl nicht dazu missbrauchen, einer gerichtlichen Verantwortung für ihre Taten zu entgehen« (*UNHCR*, Anwendung der Ausschlussklauseln, September 2003, Rn. 2). 14

Funktion der Ausschlussklauseln ist es einerseits, die Handlungen zu bestimmen, die derart gravierend sind, dass den Tätern von vornherein die Schutzbedürftigkeit abgesprochen wird. Andererseits soll das Flüchtlingsrecht nicht daran hindern, schwerwiegende Taten gerichtlich zu verfolgen. Während diese zugrunde liegenden Ziele der Ausschlussklauseln bei deren Auslegung und Anwendung berücksichtigt werden müssen, sind sie aber im Kontext des übergreifenden humanitären Ziels der Konvention zu sehen (*UNHCR*, Background Note on the Application of the Exklusion Clausse, September 2003, S. 2). Deshalb haben selbst Personen, in Bezug auf die die Begehung schwerwiegender Straftaten angenommen wird, einen Anspruch auf sorgfältige Prüfung ihres Antrags, die nicht im Schnellverfahren erfolgen darf (*Hathaway/Harvey*, Cornell ILJ 2001, 257, 258; s. aber § 30 Abs. 4). Auch nach Auffassung des Exekutivkomitees des Programms von UNHCR sind die Ausschlussklauseln genauestens zu beachten, um die Institution Asyl zu schützen (*UNHCR* Exekutivkomitee, Empfehlung Nr. 82 [XLVIII] – 1997 – zur Bewahrung der Institution Asyl). Daher sind die Ausschlussgründe restriktiv auszulegen (Canada Federal Court [2002] 1 F.C. 559 Rn. 102 – *Urig*). Sie dürfen darüber hinaus »nur mit äußerster Vorsicht und erst nach einer umfassenden Beurteilung der fallspezifischen Umstände angewandt werden (*UNHCR*, Anwendung der Ausschlussklauseln, September 2003, Rn. 2). Dagegen muss nach der Rechtsprechung im Einzelfall kein Zusammenhang zwischen Verfolgungsanlass und Ausschlussgrund bestehen. Die Verfolgung muss also nicht auf die Begehung einer Tat zielen, die zum Ausschluss führt. Allein der Umstand, dass der Betroffene vor seiner Ausreise in der Vergangenheit eine derartige Tat begangen hat, bewirkt den Flüchtlingsausschluss. Das gesamte Verhalten vor der Einreise ist deshalb in den Blick zu nehmen (BVerwGE 135, 252, 268 = NVwZ 2010, 979 = InfAuslR 2010, 256 = EZAR NF 68 Nr. 7). Die Ausschlussklauseln des Art. 1 F GFK sind abschließender Natur. Wegen der Identität mit den konventionsrechtlichen Ausschlussklauseln des Art. 1 F GFK trifft dies auch auf die Ausschlussgründe des Art. 12 Abs. 2 GFK zu. 15

16 Die Ausschlussklauseln des Art. 12 Abs. 2 Buchst. a) und c) RL 2011/95/EU beziehen sich wie Art. 1 F Buchst. a) und c) GFK auf Verbrechen unabhängig davon, wann und wo sie begangen wurden. Im Gegensatz dazu beschränkt sich der Anwendungsbereich von Art. 12 Abs. 2 Buchst. b) RL 2011/95/EU ebenso wie der des Art. 1 F Buchst. b) GFK ausdrücklich auf Verbrechen, die außerhalb des Aufnahmelandes begangen wurden, bevor die Täter dort als Flüchtlinge aufgenommen wurden. Art. 1 F Buchst. a) und c) GFK sind deshalb unabhängig davon anwendbar, ob die betreffende Handlung im Aufnahme-, im Herkunfts- oder in einem Drittstaat begangen wurde. Wird eine derartige Handlung festgestellt, wird der Betreffende vom Flüchtlingsschutz ausgeschlossen. Sofern er bereits als Flüchtling anerkannt wurde, wird der Status aufgehoben (Art. 14 Abs. 3 Buchst. a) in Verb. mit Art. 12 Abs. 2 Buchst. a) und c) RL 2011/95/EU). Für die Auslegung und Anwendung von Art. 1 F GFK kommt es nicht auf die innerstaatlichen Auslegungsgrundsätze in den Mitgliedstaaten, sondern auf die in Art. 31 WVRK geregelten völkerrechtlichen Auslegungsregeln und damit insbesondere auf die Staatenpraxis (Art. 31 Abs. 3 Buchst. a) WVRK) an. Allerdings gelten für die Auslegung und Anwendung unionsrechtlicher Normen nicht völkervertragsrechtliche Auslegungsgrundsätze. Andererseits beruht Art. 12 Abs. 2 RL 2011/95/EU auf Art. 1 F GFK. Diese Norm ist deshalb im Sinne der zu dieser Vorschrift entwickelten Staatenpraxis auszulegen. Der Gerichtshof verweist zwar auf die im Unionsrecht entwickelten Grundsätze zur Auslegung von Richtlinien, bewertet diese aber unter Hinweis auf Primärrecht (Art. 78 Abs. 1 AEUV) anhand der Konvention sowie der Grundrechtscharta (EuGH, InfAuslR 2011, 40 = NVwZ 2011, 285 – AuAS 2011, 43 Rn. 78 – *B und D*), die ihrerseits das Asylrecht nach Maßgabe der Konvention gewährleistet (Art. 18).

II. Verbrechen gegen den Frieden, Kriegsverbrechen oder Verbrechen gegen die Menschlichkeit (Abs. 2 Nr. 1)

17 Abs. 2 Nr. 1 setzt Art. 12 Abs. 2 Buchst. a) RL 2011/95/EU um. Diese Norm ist Art. 1 F Buchst. a) GFK nachgebildet. Danach werden jene Personen vom Flüchtlingsschutz ausgeschlossen, in Bezug auf die aus schwerwiegenden Gründen die Annahme gerechtfertigt ist, dass sie ein Verbrechen gegen den Frieden, ein Kriegsverbrechen oder ein Verbrechen gegen die Menschlichkeit im Sinne der internationalen Vertragswerke begangen haben. Völkerrechtliche Entwicklungen im Völkerstrafrecht, insbesondere das Statut des Internationalen Strafgerichtshofs (IStGH), können bei der Auslegung und Anwendung dieser Norm herangezogen werden (OVG SA, NVwZ-RR 2012, 984, 992). Die Verbrechen i.S.d. Art. 1 F Buchst. a) GFK sind grundsätzlich dynamisch auszulegen (*Zimmermann*, DVBl 2006, 1478, 1481; *Simeon*, IJRL 2009, 192). Darauf weist der Begriff »internationale Vertragswerke« in Abs. 2 Nr. 1 hin.

18 Der Begriff des Verbrechens gegen den Frieden geht zurück auf Art. VI des Statuts des Nürnberger Militärtribunals und zielt auf die Planung, Vorbereitung und Anstiftung zu oder Führung eines Angriffskriegs oder eines Kriegs, durch den internationale Verträge, Abkommen oder Zusicherungen verletzt werden oder Teilnahme an einer Verschwörung zum Zwecke der Erfüllung eines der vorgenannten Ziele. Umstritten ist

der Aggressionsbegriff. Die Generalversammlung versteht hierunter »die Anwendung bewaffneter Gewalt durch einen Staat gegen die Souveränität, territoriale Integrität oder politische Unabhängigkeit eines anderen Staates oder in irgendeiner Weise entgegen den Bestimmungen der Charta der Vereinten Nationen« (General Assembly, Resolution 3312 [XXIX], 1974). Nach Art. 16 des Entwurfs der Völkerrechtskommission über Verbrechen gegen den Frieden und die Sicherheit der Menschheit macht sich der Aggression schuldig, wer »als Führer oder Organisator aktiv an der Planung, Vorbereitung, Einleitung oder Durchführung einer Aggression durch einen Staat beteiligt ist oder diese anordnet« (ILC Report, A/51/10, 1996, ch. II/2, Rn. 46–48, http://www.un.org/law/ilc/texts/dcodefra.htm). Bei den Verhandlungen über das IStGH-Statut konnte über das Aggressionsverbrechen keine Einigung erzielt werden. Nicht jeder Verstoß gegen das Gewaltverbot kann als Aggressionsverbrechen gewertet werden. Es ist offensichtlich, dass Verbrechen gegen den Frieden nur im Zusammenhang mit der Planung oder Durchführung eines Kriegs oder bewaffneten Konflikts begangen werden können. Einigkeit bestand aber jedenfalls darin, dass von vornherein nur die jeweilige militärische und zivile Führung, die einen Staat oder eine staatsähnliche Organisation vertritt, überhaupt als Tätergruppe in Betracht kommen dürfte (*UNHCR*, Background Note on the Application of the Exclusion Clauses, September 2003, S. 11; *UNHCR*, Richtlinien zum Internationalen Schutz: Anwendung der Ausschlussklauseln, September 2003, Rn. 11; OVG NW, Urt. v. 27.03.2007 – 8 A 5118/05.A). Von Anfang an bestand Einigkeit, dass nur politische oder militärische Führer, also Personen, die in verantwortlicher Funktion für den Staat handeln, als Täter in Betracht kommen (*Goodwin-Gill/McAdam*, The Refugee in International Law, 3. Aufl., 2007, S. 167; *Zimmermann/Wennholz*, in: Zimmermann, The 1951 Convention relating to the Status of Refugees and its 1967 Protocol, 2011, Article 1 F Rn. 5). 2010 konnte zwar Einigung über den Aggressionsbegriff erzielt werden. Die Ergänzung des Rom-Statuts tritt jedoch erst 2017 in Kraft, soweit die erforderlichen Ratifikationen bis dahin vorliegen. Angesichts dieser Definitionsprobleme kommt dieser Verbrechenskategorie im Rahmen des Art. 1 F Buchst. a) GFK nur geringe Bedeutung zu (*Zimmermann*, DVBl 2006, 1478, 1482). UNHCR ist kein Fall bekannt, in dem sich die Rechtsprechung eines der Vertragsstaaten mit dem Verbrechen gegen den Frieden als Ausschlussgrund befasst hat (*UNHCR*, Anwendung der Ausschlussklauseln, September 2003, Rn. 11; *UNHCR*, Anwendung der Ausschlussklauseln, September 2003, Rn. 11). Viele der Handlungen, welche dem Verbrechen gegen den Frieden zugeordnet werden können, können auch als Kriegsverbrechen oder Verbrechen gegen die Menschlichkeit gewertet werden.

Kriegsverbrechen sind Straftaten wie z.B. die vorsätzliche Tötung und Folterung von 19
Zivilpersonen, wahllose Angriffe gegen die Zivilbevölkerung und das mutwillige Vorenthalten fairer und ordnungsgemäßer Gerichtsverfahrens gegenüber Zivilpersonen oder Kriegsgefangenen (s. hierzu die Untersuchung von *Rikhof*, IJRL 2009, 453). Generell werden Angriffe gegen jede Person, die nicht oder nicht mehr an Kriegshandlungen teilnimmt, wie etwa verwundete oder kranke Kombattanten, Kriegsgefangene oder Zivilpersonen, als Kriegsverbrechen bezeichnet. Solche Verbrechen können sowohl in internationalen wie in internen bewaffneten Konflikten verübt werden, wobei es von

der Art des Konflikts abhängt, wie das Verbrechen beschaffen sein muss (BVerwGE 131, 198, 208 = EZAR NF 69 Nr. 4 = NVwZ 2008, 1241 = InfAuslR 2008, 474; BVerwGE 135, 252, 264 f. = NVwZ 2010, 979 = InfAuslR 2010, 256 = EZAR NF 68 Nr. 7). Art. 8 Abs. 2 Buchst. a) und b) verweist auf den internationalen, Art. 8 Abs. 2 Buchst. c) bis f) IStGH-Statut auf den innerstaatlichen Konflikt. Die Norm erfasst auch Handlungen als Kriegsverbrechen, die gegen Soldaten gerichtet sind, wie umgekehrt der Täter auch eine Zivilperson sein kann. Neuere Entwicklungen des Völkerstrafrechts haben dazu geführt, dass auch in innerstaatlichen bewaffneten Konflikten Kriegsverbrechen begangen werden können. Jedenfalls haben die Internationale Strafgerichte zu Ruanda und zum ehemaligen Jugoslawien gravierende Verletzungen des gemeinsamen Art. 3 der Genfer Konventionen als Kriegsverbrechen angesehen. Art. 8 Abs. 2 Buchst. e) IStGH-Statut zielt auf andere schwere Verstöße gegen die innerhalb des feststehenden Rahmens des Völkerrechts anwendbaren Gesetze und Gebräuche im innerstaatlichen bewaffneten Konflikt, wie z.B. der Schutz gegnerischer Kombattanten gegen meuchlerische Tötung oder Verwundung, die Erklärung, dass kein Pardon gegeben wird sowie die körperliche Verstümmelung von Personen, die sich in der Gewalt einer anderen Konfliktpartei befinden (BVerwGE 136, 89, 97 f. = NVwZ 2010, 974 = EZAR NF 68 Nr. 8; OVG SA, NVwZ-RR 2012, 984, 992).

20 Aus Art. 8 Abs. 2 Buchst. a) (iv) IStGH-Statut folgt, dass die gravierende Verletzung gewohnheitsrechtlicher Regeln zur Kriegführung im innerstaatlichen bewaffneten Konflikt, wie z.B. *Verletzungen des Unterscheidungsgebots* und des *Verhältnismäßigkeitsgrundsatzes*, Kriegsverbrechen darstellen. So stellt die Zerstörung von Eigentum größeren Ausmaßes, die nicht durch militärische Erfordernisse gerechtfertigt ist, ein Kriegsverbrechen dar. Nach Art. 8 Abs. 2 Buchst. b) (ii) des Statuts sind vorsätzliche Angriffe auf zivile Objekte, nach Art. 8 Abs. 2 Buchst. a) (vi) die *Vertreibung der Zivilbevölkerung* und nach Art. 8 Abs. 2 Buchst. b) (i) IStGH-Statut *wahllose Bombenangriffe auf dicht besiedelte Städte* als Kriegsverbrechen zu werten. Allerdings ist es häufig schwierig, festzustellen, wann ein innerstaatlicher bewaffneter Konflikt vorliegt. Interne Unruhen und Spannungen, wie etwa vereinzelte Aufstände oder sporadische Akte der Gewaltanwendung als solche können noch nicht als interner bewaffneter Konflikt angesehen werden (*UNHCR*, Background Note on the Application of the Exclusion Clauses, September 2003, S. 11 f.).

21 Die Teilnahme am bewaffneten Kampf in einer oppositionellen Gruppierung als solche stellt kein Kriegsverbrechen dar. Das humanitäre Völkerrecht enthält hinsichtlich des innerstaatlichen bewaffneten Konflikts nur modale Regelungen für eine Auseinandersetzung (*ius in bello*), pönalisiert jedoch nicht die Gewaltanwendung gegen Kämpfer der gegnerischen Partei (*ius ad bellum*) als solche (BVerwGE 135, 252, 266 = NVwZ 2010, 979 = InfAuslR 2010, 256 = EZAR NF 68 Nr. 7). Auch als schwere nicht politische Straftat kann die Kriegsteilnahme gegen bewaffnete Regierungssoldaten nicht eingeordnet werden, da es hier um den Sturz der Regierung bzw. um die Änderung der Regierungspolitik geht. Zu den modalen Regelungen gehört etwa die *meuchlerische Tötung*. Insoweit kann das *Verbot der Heimtücke* nach Art. 37 Abs. 1 ZP I herangezogen werden. Untersagt ist aber nicht jede Irreführung des Gegners, sondern nur die Ausnutzung eines durch spezifische, völkerrechtswidrige Handlungen

erschlichenen Vertrauens. Der völkerstrafrechtliche ist nicht mit dem strafrechtlichen Heimtückemerkmal (§ 211 Abs. 2 StGB) identisch. Als Heimtücke im innerstaatlichen bewaffneten Konflikt gelten vielmehr Handlungen, durch die ein Gegner in der Absicht, sein Vertrauen zu missbrauchen, verleitet wird, darauf zu vertrauen, dass er nach den Regeln des in bewaffneten Konflikten anwendbaren Völkerrechts Anspruch auf Schutz hat oder verpflichtet ist, Schutz zu gewähren. Das ist der Fall, wenn durch das *verdeckte Tragen von Waffen* die gegnerischen Soldaten darüber getäuscht werden, dass sie von den Widerstandskämpfern keinen Angriff zu erwarten haben (BVerwGE 136, 89, 103 f. = NVwZ 2010, 974 = EZAR NF 68 Nr. 8; OVG SA, NVwZ-RR 2012, 984, 995). Im innerstaatlichen bewaffneten Konflikt besteht für Guerilla- bzw. Widerstandskämpfer keine Pflicht zum Tragen einer Uniform. Daher ist der Tatbestand des Vortäuschens eines zivilen oder Nichtkombattantenstatus nur unter besonderen Voraussetzungen erfüllt. Aus Art. 44 Abs. 3 ZP I kann hergeleitet werden, dass aber die Pflicht zum offenen Tragen der Waffe als Unterscheidungsmerkmal zwischen Kämpfern und Zivilpersonen besteht (BVerwGE 136, 89, 101 f. = NVwZ 2010, 974 = EZAR NF 68 Nr. 8). Die *Geiselnahme* von Kombattanten, die die Waffen gestreckt haben oder außer Gefecht befindlich sind, kann ein Kriegsverbrechen darstellen. Wer den Angriff mit dem Ziel einer Geiselnahme aber bereits zu einem Zeitpunkt führt, in dem der Kombattant noch bewaffnet war, begeht kein Kriegsverbrechen. Ein Kombattant streckt die Waffen nur dann, wenn er aufhört zu kämpfen und die Absicht signalisiert, die Kampfhandlungen einzustellen, insbesondere durch Aufgabe der Kontrolle über seine Waffen. Dass ein Soldat durch einen Angriff überrascht wird und deshalb kaum Widerstand leistet, macht ihn nicht zum Nichtkombattanten (BVerwGE 136, 89, 103 f. = NVwZ 2010, 974 = EZAR NF 68 Nr. 8).

Täter eines Kriegsverbrechens kann auch eine Zivilperson sein, wenn ein funktio- 22
naler Zusammenhang mit dem bewaffneten Konflikt besteht, also eine Verbindung zwischen Tat und bewaffnetem Konflikt, nicht zwischen Täter und einer der Konfliktparteien (OVG SA, NVwZ-RR 2012, 984, 994). Letzteres ist zwar Indiz für den funktionalen Zusammenhang der Tat mit dem bewaffneten Konflikt, aber keine zwingende Voraussetzung. Der bewaffnete Konflikt muss für die Fähigkeit des Täters, das Verbrechen zu begehen, für seine Entscheidung zur Tatbegehung, für die Art und Weise der Begehung oder für den Zweck der Tat von wesentlicher Bedeutung sein. Für einen funktionalen Zusammenhang spricht es, wenn bestimmte Taten unter Ausnutzung der durch den bewaffneten Konflikt geschaffenen Situation begangen werden. Das gilt aber nicht für Taten, die nur bei Gelegenheit eines bewaffneten Konflikts begangen werden. Zu prüfen ist, ob die Tat in Friedenszeiten ebenso hätte begangen werden können oder die Situation des bewaffneten Konflikts die Tatbegehung erleichtert und die Opfersituation verschlechtert hat. Die persönliche Motivation des Täters ist unerheblich (*UNHCR*, Richtlinien zum Internationalen Schutz: Anwendung der Ausschlussklauseln, September 2003, Nr. 13).

Verbrechen gegen die Menschlichkeit stellen gemeine Verbrechen mit besonderer Schwe- 23
re dar, welche ihren Charakter als internationale Verbrechen dadurch erlangen, dass sie in Ausführung einer Politik ernsthafter und systematischer Diskriminierung gegen

eine bestimmte nationale, ethnische, rassische oder religiöse Bevölkerungsgruppe begangen werden. Das Konzept des Verbrechens gegen die Menschlichkeit findet Niederschlag in der Völkermordkonvention und in Art. 7 IStGH-Statut. Handlungen wie Völkermord, Mord, Vergewaltigung, Ausrottung, Versklavung, Vertreibung, Vergewaltigung, Folter und das Verschwindenlassen von Personen oder andere damit vergleichbare Handlungen stellen Verbrechen gegen die Menschlichkeit dar. Während die Londoner Charta und das Statut zum Internationalen Strafgerichtshof zum ehemaligen Jugoslawien fordern, dass derartige Delikte im Kontext eines internationalen oder innerstaatlichen Konfliktes begangen sein müssen, ist nunmehr anerkannt, dass sie auch in Friedenszeiten verübt werden können, wie sich z.B. aus Art. 7 IStGH-Statut ergibt. Wegen der Natur dieses Deliktes wird es aber zumeist um Handlungen in kriegerischen Auseinandersetzungen gehen. Aber auch eine einzelne Handlung kann ausreichen, wenn sie Teil eines kohärenten Systems oder einer Reihe systematischer und wiederholter Handlungen ist. Solche Handlungen werden in Friedenszeiten wie im Rahmen bewaffneter Konflikte begangen und stellen die umfangreichste Verbrechenskategorie des Art. 1 F GFK dar (*UNHCR*, Anwendung der Ausschlussklauseln, September 2003, Nr. 13). Dementsprechend können auch Delikte wie die Terroranschläge des 11.09.2001 als Verbrechen gegen die Menschlichkeit geahndet werden (*Zimmermann*, DVBl 2006, 1478, 1483; *Zimmermann/Wennholz*, in: Zimmermann, The 1951 Convention relating to the Status of Refugees and its 1967 Protocol, 2011, Article 1 F Rn. 58). Die Beteiligung von *Kindersoldaten* an Verbrechen im Sinne von Abs. 2 Nr. 1 stellt ein besonderes Problem dar. In der Staatenpraxis wird der Ausschlussgrund nicht angewandt, wenn sie z.Zt. der Begehung der Verbrechen in einer besonders verwundbaren Situation waren (*Goodwin-Gill/McAdam*, The Refugee in International Law, 3. Aufl., 2007, S. 171). Die Mehrzahl der Asylsuchenden werden kaum in derartige Verbrechen verwickelt sein, sodass dieser Ausschlussgrund nur eine sehr kleine Personengruppe erfasst (*Hathaway/Harvey*, Cornell ILJ 2001, 257, 266).

24 Allein eine höhere oder hochrangige Funktion, die der Betroffene in einem repressiven Staat ausgeübt hat, rechtfertigt nicht den Ausschluss vom Flüchtlingsschutz. Nicht die Funktion in einem System, sondern die tatsächliche Verantwortung des Beamten ist für den Ausschluss vom Flüchtlingsschutz entscheidend. Deshalb ist in jedem Einzelfall eine Überprüfung der persönlichen Verantwortung (Rdn. 51 ff.) erforderlich, um zu entscheiden, ob der Antragsteller Kenntnisse über die durchgeführten verbrecherischen Aktionen oder versucht hatte, diese zu verhindern oder sich aus den Aktionen zurückgezogen hatte. Ferner ist zu berücksichtigen, ob der Antragsteller überhaupt derartige Handlungsalternativen gehabt hatte. Personen, von denen angenommen werden kann, dass sie verbrecherische Handlungen durchgeführt, sich daran beteiligt, diese geplant oder angestiftet, dazu aufgerufen oder in die Ausführung durch untergeordnete Beamte eingewilligt haben, sind vom Flüchtlingsstatus ausgeschlossen (*UNHCR*, Background Note on the Application of the Exclusion Clauses, Rn. 57) Die britische Rechtsprechung hält einen Antragsteller, der vor seiner Ausreise im Rahmen der Verfolgungsorgane Dienst verrichtet und dabei festgestellt hatte, dass diese an systematischen Misshandlungen von Festgenommenen beteiligt waren, für verantwortlich hinsichtlich der von den Verfolgungsbehörden begangenen Verbrechen gegen

die Menschlichkeit, ohne dass besondere Feststellungen zu seiner Position innerhalb der Repressionsorgane getroffen werden (Upper Tribunal [2011] UKUT 003399 [IAC] Rn. 48 ff. – *Azimi-Rad* [Dienst bei den Bassidji im Iran]). Das BVerwG hat diesen Ausschlussgrund im Fall eines Ruanders angewandt, der Präsident der Forces Démocratiques de Libération due Rwanda (FDLR), einer 1999 gegründeten Exilorganisation der Hutus, die im Osten des Kongo Kriegsverbrechen und Verbrechen gegen die Menschlichkeit verübt hatte, war. Seine Verantwortlichkeit folge aus seiner Stellung als Präsident der FDLR und der damit verbundenen Funktion des obersten militärischen Befehlshabers. Nach Art. 28 Buchst. a) IStGH-Statut sei ein militärischer Befehlshaber u.a. bereits dann für die von Truppen unter seiner Führungsgewalt und Kontrolle begangenen Verbrechen verantwortlich, wenn er wusste oder hätte wissen müssen, dass in seinem Einflussbereich derartige Verbrechen begangen worden seien und er nicht alles in seiner Macht Stehende getan hätte, um ihre Begehung zu verhindern. Als Präsident habe der Kläger unumschränkte Befehls- und Verfügungsgewalt besessen. Ihm nachgeordnete, vor Ort tätigen Kommandanten hätten regelmäßig über Satellitentelefon, elektronische oder herkömmliche Fernsprechverbindungen engen Kontakt zu ihm gesucht, um Anweisungen entgegenzunehmen oder zumindest sein Einverständnis zu bestimmten Militäraktionen einzuholen (BVerwGE 139, 272, 284 Rn. 30 = NVwZ 2011, 1456 = EZAR NF 68 Nr. 11).

III. Schwere nichtpolitische Straftat (Abs. 2 Satz 1 Nr. 2)

Abs. 2 Satz 1 Nr. 2 setzt Art. 12 Abs. 2 Buchst. b) RL 2011/95/EU um. Dieser beruht 25 auf Art. 1 F Buchst. b) GFK und bezeichnet einen in Ansehung seiner Reichweite umstrittenen Ausschlussgrund. Der Begriff des schweren nichtpolitischen Verbrechens zielt auf Personen, vor denen die Bevölkerung des Aufnahmestaates wegen der Art des von ihnen begangenen Verbrechens geschützt werden soll. Gleichzeitig soll hiermit auch der Situation eines Flüchtlings genügt werden, der eine oder mehrere nicht so schwerwiegende Straftaten oder eine politische Straftat begangen hat (*UNHCR*, Handbuch über Verfahren und Kriterien zur Feststellung der Flüchtlingseigenschaft, 1979, Rn. 151; *Marx*, ZAR 2008, 343) Funktion des Abs. 2 Nr. 2 ist der Ausschluss von Personen, die sich nach gemeinem Recht tatsächlich eines schwerwiegenden Verbrechens schuldig gemacht haben und sich durch die Flucht ihrer strafrechtlichen Verantwortung entziehen möchten. Für Straftäter und andere unerwünschte Flüchtlinge waren in den Abkommen der Zwischenkriegszeit keine Regelungen vorgesehen. Das IRO-Statut schloss gemeine Straftäter, die ausgeliefert werden können, aus. Auch vom UNHCR-Statut werden sie ausgeschlossen. Auf der Bevollmächtigtenkonferenz bezog sich der Delegierte des Vereinigten Königreichs auf Art. 14 Abs. 2 AEMR, wonach das Asylrecht nicht im Fall einer Verfolgung wegen nichtpolitischer Verbrechen gewährt werden kann. Falls schwerwiegende Gründe die Annahme rechtfertigten, dass eine Person eines derartigen Deliktes beschuldigt würde, schütze ihn die Konvention nicht (UN Doc. A/CONF.2/SR.29, S. 11, s. hierzu auch BVerwGE 135, 252, 262 f. = NVwZ 2010, 979 = InfAuslR 2010, 256 = EZAR NF 68 Nr. 7; *Berlit*, NVwZ 2012, 193, 194 ff.). Der französische Delegierte schränkte aber ein, der Begriff des Delikts ziele nicht auf ein »Vergehen«, vielmehr wie Art. 14 Abs. 2 AEMR auf schwerwiegende Delikte (UN Doc. A/CONF.2/SR.29, S. 18). Er wurde durch die Delegierten der Schweiz (UN Doc. A/CONF.2/SR.29, S. 17) und Frankreichs unterstützt (UN Doc. A/CONF.2/SR.29, S. 20). Abs. 2 Satz 1 Nr. 2 ist ungeachtet dessen anwendbar, dass dieselbe Handlung nicht als Kriegsverbrechen im Sinne von Abs. 2 Satz 1 Nr. 1 gewertet werden kann, da beide Ausschlussklauseln nach der Entstehungsgeschichte der Konvention wie nach ihrer jeweiligen Zweckrichtung unterschiedliche Ziele verfolgen. Bewaffnete Kämpfer begehen im Rahmen von Kampfhandlungen keine schwere nichtpolitische Straftaten (BVerwGE 135, 252, 270 = NVwZ 2010, 979 = InfAuslR 2010, 256 = EZAR NF 68 Nr. 7; Rdn. 21)

26 Bei der im englischen und französischen Text von Art. 1 F Buchst. b) GFK als »crime« bezeichneten Handlung handelt es sich um einen untechnischen Begriff. Aus seiner strukturellen Nähe zum Deliktsbegriff des Art. 33 Abs. 2 GFK ergibt sich jedenfalls, dass es nicht darauf ankommt, wie das fragliche Verbrechen gegebenenfalls im Herkunftsland bestraft würde. Vielmehr ist der strafrechtliche Maßstab dem Völkerrecht zu entnehmen (BVerwGE 136, 89, 106 f. = NVwZ 2010, 974 = EZAR NF 68 Nr. 8; *Zimmermann*, DVBl 2006, 1478, 1484). Verbrechen nach Abs. 2 Satz 1 Nr. 2 sind keine leichten Verbrechen. Es muss sich um ein Kapitalverbrechen oder eine sonstige Straftat handeln, die in den meisten Rechtsordnungen als besonders schwerwiegend qualifiziert ist und entsprechend strafrechtlich verfolgt wird (BVerwGE 136, 89, 106 f. = NVwZ 2010, 974 = EZAR NF 68 Nr. 8; BVerwGE 135, 252, 269 = NVwZ 2010, 979 = InfAuslR 2010, 256 = EZAR NF 68 Nr. 7; *Zimmermann*, DVBl 2006, 1478, 1484). Straftatnormen, die die legitime Ausübung von Menschenrechten unter Strafe stellen, werden nicht erfasst. Für die Prüfung, ob ein schwerwiegendes Verbrechen vorliegt, sind folgende Faktoren zu berücksichtigen: Art der Handlung, tatsächlich zugefügter Schaden, Art des zur strafrechtlichen Verfolgung des Verbrechens eingesetzten Verfahrens, Form der Strafe und der Umstand, ob das Verbrechen in den meisten Rechtsordnungen ein Verbrechen darstellen würde. Zum Beispiel sind Mord, Vergewaltigung und bewaffneter Raub schwere Verbrechen, einfacher Diebstahl hingegen nicht (*UNHCR*, Anwendung der Ausschlussklauseln, September 2003, Nr. 14). Ist die Tötung durch den Kombattantenstatus legitimiert, liegt kein schwerwiegendes Verbrechen vor (Rdn. 21). Rechtfertigungs- und Entschuldigungsgründe sind zu berücksichtigen (BVerwGE 136, 89, 106 f. = NVwZ 2010, 974 = EZAR NF 68 Nr. 8).

27 Ob ein Verbrechen nichtpolitischer Natur ist, ist insbesondere davon abhängig, welcher Zweck damit verfolgt, d.h. ob es aus echten politischen Motiven begangen wurde und nicht etwa aus rein persönlichen Gründen oder aus Gewinnstreben. Ferner ist ein enger und unmittelbarer Zusammenhang zwischen dem Verbrechen und dem damit verfolgtem Zweck und Ziel zu prüfen. Überwiegt das politische Element dasjenige nach gemeinem Recht, handelt es sich nicht um eine nichtpolitische Straftat, es sei denn, die Tat steht im groben Missverhältnis zum erstrebten Ziel oder wurde in besonders grausamer Weise begangen. Dies betrifft insbesondere terroristische Straftaten (Rdn. 51 ff.). Das verfolgte politische Ziel muss mit den Menschenrechten übereinstimmen. Ein fundamentale Menschenrechte zuwiderlaufender Zweck kann nicht gerechtfertigt werden (*UNHCR*, Handbuch über Verfahren und Kriterien zur

Feststellung der Flüchtlingseigenschaft, 1979, Rn. 152; *UNHCR*, Background Note on the Application of the Exclusion Clauses, September 2003, S. 16; *Goodwin-Gill/McAdam*, The Refugee in International Law, 3. Aufl., 2007, S. 177). Dementsprechend stellt die U.S.-amerikanische und kanadische Rechtsprechung zur Abgrenzung auf das Motiv der Tat ab. Ein schwerwiegendes nichtpolitisches Verbrechen wird als ein Delikt bezeichnet, das nicht aus »ernsthaften politischen Motiven« (»*genuine political motives*«) begangen wurde, nicht auf die Veränderung der politischen Organisation oder Struktur des Staates gerichtet ist und keinen Bezug zwischen der begangenen Tat und den vorgegebenen politischen Zwecken und Zielen aufweist (U.S. Supreme Court, 119 S.Ct. 1439 [1999] – *Aguirre-Aguirre*; Canada Supreme Court [1993] 2 S. C. R. 689 – *Ward*; Canadian Federal Court of Appeal [1995] 1 F.C. 508 p. 509; Canada Federal Court of Appeal [2002] 1 F.C. 559 [2001] F.C.J. No. 1433 Rn. 86 – *Zrig*). Das Oberhaus des Vereinigten Königreichs definiert ein Verbrechen als »politisch«, sofern es zu politischen Zwecken begangen wurde, etwa um die Regierung zu stürzen oder die Regierungspolitik zu verändern und ein zureichend enger und unmittelbarer Zusammenhang zwischen dem Verbrechen und erstrebten Ziel besteht. Die angewandten Methoden müssen auf ein militärisches oder Regierungsobjekt zielen, dürfen keine wahllose Tötungen hervorrufen oder gezielt auf Mitglieder der staatlichen Organisation gerichtet sein (House of Lords, [1996] 2 All ER 865 – *T.*). Das BVerwG prüft in diesem Zusammenhang den Delikttypus sowie die der Tat zugrunde liegenden Motive und die mit ihr verfolgten Zwecke. Nichtpolitisch ist die Tat, wenn sie überwiegend aus anderen Motiven, etwa aus persönlichen Beweggründen oder Gewinnstreben begangen wird. Besteht keine eindeutige Verbindung zwischen dem Verbrechen und dem verfolgten politischen Ziel oder ist die betreffende Handlung in Bezug zu diesem Ziel unverhältnismäßig, überwiegen nichtpolitische Motive und kennzeichnen die Tat insgesamt als nichtpolitisch (BVerwGE 135, 252, 269 f. = NVwZ 2010, 979 = InfAuslR 2010, 256 = EZAR NF 68 Nr. 7, mit Hinweis auf *UNHCR*, Handbuch über Verfahren und Kriterien zur Feststellung der Flüchtlingseigenschaft, 1979, Rn. 152, und House of Lords, [1996] 2 All ER 865 – T.; BVerwGE 136, 89, 106 f. = NVwZ 2010, 974 = EZAR NF 68 Nr. 8).

Mit der Betonung auf »nichtpolitisch« legt Art. 1 F Buchst. b) GFK nahe, das »politische Delikt« im Sinne des Auslieferungsrechts einzubeziehen, obwohl im Einzelnen Vieles unklar ist (*Goodwin-Gill/McAdam*, The Refugee in International Law, 3. Aufl., 2007, S. 173 bis 176; *Hathaway*, The Law of Refugee Status, S. 221 ff.; *Zimmermann*, DVBl 2006, 1478, 1483). Bei den Diskussionen über diese Norm wurde ein enger Zusammenhang zwischen »politischem Delikt« und nichtpolitischem Verbrechen hergestellt. So wies während der Beratungen im Ad hoc-Ausschuss der US-amerikanische Delegierte darauf hin, dass der Ausschluss gemeiner Straftäter im Sinne des Auslieferungsrechts selbstverständlich sei (UN Doc. E/AC.32/SR.5, S. 5). Auch die Ausschlussklausel in Art. 7 Buchst. d) des UNHCR-Statuts, wonach sich die Zuständigkeit von UNHCR nicht auf eine Person erstreckt, in Bezug auf die aus schwerwiegenden Gründen die Annahme gerechtfertigt ist, dass sie ein Verbrechen begangen hat, das unter die Bestimmungen von Auslieferungsverträgen fällt, legt eine Berücksichtigung des Begriffs des auslieferungsrechtlichen politischen Delikts nahe. 28

29 Eine Beschränkung von Art. 1 F Buchst. b) GFK nur auf politische Delikte wird in der Rechtsprechung der Vertragsstaaten aber abgelehnt, weil der humanitäre Zweck und Charakter der Konvention den Aufnahmestaat nicht davon abhalten könne, eine Person, die sich nach seinem nationalen Recht eines schwerwiegenden Delikts schuldig gemacht habe, von vornherein aus dem Schutzbereich auszuschließen. Zudem würde diese Interpretation einen von Art. 1 F Buchst. b) GFK nicht geforderten Auslieferungsvertrag zwischen Aufnahmestaat und Herkunftsland voraussetzen (Australia Federal Court [1998] 1314 FCA – *Ovcharuk*; Canada Federal Court [2002] 1 F.C. 559 Rn. 92 – *Zrig*).

30 Aus der Entstehungsgeschichte und Staatenpraxis wird vielmehr abgeleitet, dass legitime Sicherheitsinteressen der Aufnahmestaaten die Anwendung der Ausschlussklausel leiten und zugleich den Zweck verfolgen, die Integrität des internationalen Flüchtlingsrechts zu bewahren. Deshalb müsse ein in die Zukunft weisendes Sicherheitsrisiko oder festgestellt werden, dass allein das Delikt wegen seines Charakter oder der Art der Tatbegehung als solches zu einem Ausschluss führe. Die Beziehung zwischen Art. 1 F Buchst. b) GFK und dem Auslieferungsrecht hat zur Folge, dass auslieferungsfähige Delikte typischerweise schwerwiegend und nichtpolitisch sind. Art. 1 F Buchst. b) GFK ist hierauf aber nicht beschränkt (*Goodwin-Gill/McAdam*, The Refugee in International Law, 3. Aufl., 2007, S. 176; *Zimmermann/Wennholz*, in: Zimmermann, The 1951 Convention relating to the Status of Refugees and its 1967 Protocol, 2011, Article 1 F Rn. 62 f.). Vielmehr kann das politische Delikte als nicht auslieferungsfähiges Delikt lediglich zur Auslegung herangezogen werden. Wegen der Funktion des Art. 1 F Buchst. b) GFK, die Integrität des Flüchtlingsrechts zu wahren, wird in der Staatenpraxis daher abweichend vom Auslieferungsrecht das gesamte Verhalten des Betroffenen vor der Ausreise berücksichtigt und eine verbüßte oder erlassene Strafe nicht als derart schwerwiegend angesehen, dass die Schutzgewährung die Integrität des Flüchtlingsrecht gefährden könnte. Zur Erfassung des nichtpolitischen Charakters kommt dem »politischen Delikt« jedoch indizielle Wirkung zu.

31 Umstritten ist, ob aus dem Zusammenhang von Art. 33 Abs. 2 und Art. 1 F Buchst. b) GFK folgt, dass anders als bei Art. 1 F Buchst. a) und c) GFK die Anwendung des Art. 1 F Buchst. b) GFK eine *Wiederholungsgefahr* voraussetzt. Für dieses Erfordernis wird geltend gemacht, bereits der inhaltliche Zusammenhang mit Art. 33 Abs. 2 GFK spreche für ein vom Flüchtling ausgehendes zukünftiges Risiko für den Aufnahmestaat (Canada Court of Appeal [2000] 4 F.C. 390 [2000] F.C.J. No. 1180 Rn. 4 und 8 – *San Tong Chan*; *UNHCR*, Background Note on the Application of the Exclusion Clauses, September 2003, S. 16; *UNHCR*, Anwendung der Ausschlussklauseln, September 2003, Rn. 3; *Marx*, ZAR 2008, 343, 346). *Paul Weis*, der an den Beratungen der Konvention teilgenommen und eine führende Rolle bei der anschließenden Herausbildung des Flüchtlingsrechts übernommen hatte, schränkte bereits sehr früh ein, dass einer Person, die die Flüchtlingseigenschaft erfülle und eine schwerwiegende Straftat verbüßt habe, nicht der Flüchtlingsstatus versagt werden könne (*Weis*, Du droit international 1960, 928, 986). Ebenso geht UNHCR anders als bei den anderen Ausschlussgründen im Blick auf Art. 1 F Buchst. b) GFK davon aus, dass alle relevanten Faktoren – auch alle mildernden ebenso wie alle erschwerenden Umstände – in

Betracht gezogen werden müssen. Als relevant wird in diesem Zusammenhang auch die Tatsache angesehen, dass ein wegen eines schwerwiegenden Delikts verurteilter Straftäter seine Strafe verbüßt hat, er begnadigt oder ihm eine Amnestie gewährt worden ist. Im letzteren Fall sei zu vermuten, dass die Ausschlussklausel nicht mehr länger anwendbar sei, es sei denn, es könne bewiesen werden, dass – ungeachtet der Begnadigung oder der Amnestie – der »kriminelle Charakter« der Tatbegehung immer noch vorherrsche (*UNHCR*, Handbuch über Verfahren und Kriterien zur Feststellung der Flüchtlingseigenschaft, 1979, Rn. 157; so auch Canada Court of Appeal [2000] 4 F.C. 390 [2000] F.C.J. No. 1180 Rn. 4 und 8 – *San Tong Chan*). Hat der Antragsteller also seine Strafe bereits verbüßt, ist er nur zu einer Bewährungsstrafe verurteilt oder auf Bewährung entlassen worden, wird er nicht von der Statusgewährung ausgeschlossen (*Goodwin-Gill/McAdam*, The Refugee in International Law, 3. Aufl., 2007. Satz 183 f.; *Hathaway*, The Law of Refugee Status, S. 222 f.; *Zimmermann*, DVBl 2006, 1478, 1484; *Zimmermann/Wennholz*, in: Zimmermann, The 1951 Convention relating to the Status of Refugees and its 1967 Protocol, 2011, Article 1 F Rn. 78 f.; Canada Federal Court [2000], 4 F. C. 390; Canada Court of Appeal [2000] 4 F.C. 390 [2000] F.C.J. No. 1180 Rn. 4 und 8 – *San Tong Chan*). Demgegenüber behandelt der EuGH Buchst. b) und c) von Art. 1 F GFK in diesem Gesichtspunkt nach einheitlichen Kriterien. Diese Ausschlussgründe seien geschaffen worden, um Personen auszuschließen, die des Schutzes für unwürdig angesehen würden und zu verhindern, dass dieser Schutz den Urhebern bestimmter schwerwiegender Straftaten ermögliche, sich einer strafrechtlichen Verantwortung zu entziehen. Es widerspreche dieser doppelten Zielsetzung, den Ausschluss vom Bestehen einer gegenwärtigen Gefahr für den Aufnahmemitgliedstaat abhängig zu machen. (EuGH, InfAuslR 2011, 40, 42 = NVwZ 2011, 285 Rn. 105 – *B und D*).

Umstritten ist auch das Erfordernis der *Verhältnismäßigkeitsprüfung*, d.h. ob Art. 1 F Buchst. b) GFK eine Abwägung der befürchteten Verfolgung gegen die Art der begangenen Straftat voraussetzt. Der Zusammenhang zur Frage der gegenwärtigen Gefahr ist evident. Auf der Bevollmächtigtenkonferenz forderte der dänische Delegierte eine sachgerechte Differenzierung zwischen allen zu berücksichtigenden Faktoren (UN Doc. A/CONF.2/SR.24, S. 13). Der Präsident der Konferenz stellte abschließend fest, es falle in die Zuständigkeit des Aufnahmelandes, eine Abwägung zwischen dem durch den Antragsteller begangenen Delikten und der Frage vorzunehmen, wie wahrscheinlich seine Furcht vor Verfolgung begründet sei (UN Doc. A/CONF.2/SR.29, S. 23). In der Staatenpraxis wird die Verhältnismäßigkeitsprüfung als sinnvolles Instrument zur sachgerechten Anwendung von Art. 1 F GFK gehandhabt. So muss nach der kanadischen Rechtsprechung zwischen den Umständen, die auf den »schwerwiegenden« und jenen, die auf den nichtpolitischen Charakter des Delikts hinweisen, unterschieden werden, weil eine humanitäre Abwägung zwischen dem Individuum, das Furcht vor Verfolgung hegt, und den legitimen Interessen des Staates, kriminelle Handlungen zu verfolgen, vollzogen werden müsse (Canada Supreme Court [1998] 1 S.C.R. 982 Rn. 73 – *Pushpanathan*; Canada Court of Appeal [2000] 4 F.C. 390 [2000] F.C.J. No. 1180 Rn. 6 – *San Tong Chan*). Hingegen wendet sich der Oberste Gerichtshof der Vereinigten Staaten im ausdrücklichen Gegensatz zum Handbuch von UNHCR 32 dagegen, das Verfolgungsrisiko gegen das Gewicht der strafrechtlichen Verfehlungen abzuwägen, verweist aber andererseits darauf, dass bei der Ermittlung des Gewichts der Schwere der Straftat zu prüfen sei, ob der politische Charakter den gemeinrechtlichen überwiege (Supreme Court, 03.05.1999 refworld – *Agguire-Agguire*; Court of Appeal [Sec. Circuit], 989 F.2d 603, Rn. 97 f. – *McMullen*) und wendet damit im Ergebnis ebenfalls den Verhältnismäßigkeitstest an Der EuGH lehnt zwar eine gesonderte Verhältnismäßigkeitsprüfung ab, berücksichtigt aber andererseits bereits bei der Beurteilung der begangenen Handlung und der individuellen Verantwortlichkeit diesen Grundsatz (EuGH, InfAuslR 2011, 40, 43 = NVwZ 2011, 285 = AuAS 2011, 43 Rn. 109 – *B und D* Rn. 55 ff.).

33 Die Verhältnismäßigkeitsprüfung ist ein sinnvolles analytisches Instrument, das sicherstellt, dass die Ausschlussklauseln im Einklang mit dem übergeordneten humanitären Ziel und im Sinne der Konvention angewandt werden. Ausgangspunkt ist die Straftat des Flüchtlings. Ob diese dazu führt, dass er begründete Furcht vor Verfolgung hegt, ist von einer Vielzahl von Umständen abhängig, z.B. davon, mit welcher Härte die Behörden auf die Verfehlung reagieren oder ob sie eine Verfehlung nur zum Anlass nehmen, den Betroffenen aus Gründen der Konvention zu verfolgen. Im Blick auf Delikte, die nicht gezielt auf die politische Gesinnung zielen, sind weitere Kriterien zu ermitteln und zu prüfen, ob nicht ungeachtet des an sich unerheblichen Inhalts der Strafnorm aus zusätzlichen Anhaltspunkten der Schluss gerechtfertigt ist, dass die Strafverfolgung an Konventionsmerkmale anknüpft (BVerfG [Kammer], NVwZ-Beil. 1993, 19; BVerwGE 4, 238, 242 = DVBl 1957, 685; BVerwG, InfAuslR 1984, 219; BVerwG, NVwZ 1984, 653). Es sind im Rahmen der Prüfung nach Abs. 2 Nr. 2 also die konkreten Umstände und die praktische Handhabung der Strafnorm in den Blick zu nehmen (BVerwGE 67, 195, 200 = EZAR 201 Nr. 5 = NVwZ 1983, 678 = EuGRZ 1983, 392; BVerwG, EZAR 200 Nr. 19).

34 Art. 12 Abs. 2 Buchst. b) RL 2011/95/EU enthält einen von Art. 1 F Buchst. b) GFK abweichenden Wortlaut. Während Art. 1 F Buchst. b) GFK bestimmt, dass Personen ein Verbrechen »*außerhalb des Aufnahmelandes* begangen haben müssen, bevor sie dort als Flüchtling aufgenommen wurden«, muss nach Art. 12 Abs. 2 Buchst. b) das Verbrechen »vor dem Zeitpunkt der Ausstellung eines Aufenthaltstitels aufgrund der Zuerkennung der Flüchtlingseigenschaft« begangen sein und wendet damit den Ausschlussgrund entgegen dem Wortlaut von Art. 1 F Buchst. b) GFK auch auf Verbrechen an, die vor der Statuszuerkennung begangen wurden und schließt somit auch Straftaten ein, die vor der Statuszuerkennung im Aufnahmestaat begangen werden. Bei einer derartigen Interpretation würde durch sekundäres Unionsrecht ein internationaler Vertrag nicht in Übereinstimmung mit der gewöhnlichen, seinen Bestimmungen in ihrem Zusammenhang zukommenden Bedeutung (Art. 31 Abs. 1 WVRK), sondern gegen diese interpretiert. Auf der Bevollmächtigtenkonferenz stellte der Delegierte des Vereinigten Königreichs fest, dass der Antragsteller das Verbrechen vor der Einreise in das Aufnahmeland begangen haben muss (UN Doc. A/CONF.22/SR.29, S. 19) und wurde durch den französischen Delegierten unterstützt, der hervorhob, dass die Aufnahmestaaten sich gegen die Einreise von Personen schützen können müssten, die aufgrund von Straftaten das Flüchtlingsrecht in Misskredit bringen würden (UN Doc.

A/CONF.22/SR.29, S. 19). Die zeitliche Beschränkung von Art. 1 F Buchst. b) GFK ist danach auf Verbrechen vor der Aufnahme begrenzt. Dementsprechend schließt Nr. 2 Straftaten aus, die im Bundesgebiet begangen wurden. Die Kommentarliteratur behandelt diese Frage nicht. Das BVerwG weist bei der Behandlung des Entstehungsgeschichte von Art. 1 F GFK auf den Tatort »außerhalb des Aufnahmelandes« hin (BVerwGE 135, 252, 262 Nr. 27 = NVwZ 2010, 979 = InfAuslR 2010, 256 = EZAR NF 68 Nr. 7). Schwere nichtpolitische Verbrechen, die nach der Einreise begangen werden, können nur nach Art. 33 Abs. 2 GFK behandelt werden (Canada Federal Court [1998] 1 S.C.R. 982 Rn. 73 – *Pushpanathan*; Canada Federal Court (2000) 4 F.C. 390, 2000 F.C.J No. 1180 Rn. 5 – *San Tong Chan*; Australia Federal Court (1998) 1314 FCA – *Ovcharuk*; *Zimmermann/Wennholz*, in: Zimmermann, The 1951 Convention relating to the Status of Refugees and its 1967 Protocol, 2011, Article 1 F Rn. 82). Art. 12 Abs. 2 Buchst. b) RL 2011/95/EU bestimmt zwar in Übereinstimmung mit Art. 1 F Buchst. b) GFK, dass das Verbrechen »außerhalb des Aufnahmelandes« begangen sein muss (EuGH, InfAuslR 2011, 40, 43 = NVwZ 2011, 285 = AuAS 2011, 43 Rn. 102 – *B. und D.*). Soweit damit möglicherweise auch außerhalb des Aufnahmemitgliedstaats (in einem Drittstaat), aber nach Aufnahme in diesem Staat begangene Verbrechen eingeschlossen werden, verstößt dies gegen den Wortlaut von Art. 1 F Buchst. b) GFK.

IV. Zuwiderhandlungen gegen Grundsätze und Ziele der Vereinten Nationen (Abs. 2 Satz 1 Nr. 3)

Abs. 2 Satz 1 Nr. 3 setzt Art. 12 Abs. 2 Buchst. c) RL 2011/95/EU um. Diese Norm 35
beruht auf Art. 1 F Buchst. c) GFK und schließt Personen vom Flüchtlingsschutz aus, in Bezug auf die aus schwerwiegenden Gründen die Annahme gerechtfertigt ist, dass sie sich den Zielen und Grundsätzen der Vereinten Nationen zuwiderlaufende Handlungen zuschulden kommen ließen. Angesichts der umfassenden, allgemeinen Formulierung dieser Ziele und Grundsätze ist der Anwendungsbereich der Norm eher unklar. Entstehungsgeschichtlich besteht zwischen den Ausschlussklauseln in Art. 1 F Buchst. a) und c) GFK ein enger Zusammenhang. Nach ihrer Funktion sollte der Zugang feindlicher Kollaborateure des Zweiten Weltkrieges zum Flüchtlingsstatus gesperrt werden (UN Doc. E/AC.7/SR.160, S. 16, zit. nach *Weis*, Du droit international 1960, 928, 986). Die Klausel war im Textentwurf der Konvention Teil der Bestimmung, die auf Personen zielte, die Verbrechen gegen den Frieden und die Sicherheit begangen hatten (UN Doc. E/AC.32/L.32, S. 3). Auf Vorschlag des jugoslawischen Delegierten wurden auf der Bevollmächtigtenkonferenz beide Sachbereiche voneinander getrennt behandelt und für die gegen Ziele und Grundsätze der Vereinten Nationen zuwiderlaufenden Handlungen eine eigenständige Ausschlussklausel verabschiedet (UN Doc. A/CONF.2/SR.29, S. 21 f.). Nach Auffassung des britischen Delegierten sollten gegen Ziele und Grundsätze der Vereinten Nationen zuwiderlaufende Handlungen vergleichbar Verbrechen gegen Frieden und die internationale Sicherheit, wie z.B. Völkermord oder Kriegsverbrechen gewertet werden (UN Doc. A/CONF. UN Doc. A/CONF.2/SR.29, S. 11 f.).

36 Auch wenn die Entstehungsgeschichte der Konvention für die Rechtsanwendung wenig ergiebig erscheint, liefert sie wichtige Hinweise auf den Zweck der Ausschlussklausel. Der französische Delegierte wies darauf hin, dass Verbrechen gegen die Menschlichkeit, wie sie in der Londoner Charta definiert werden, nur im Rahmen eines Kriegs Anwendung finden (UN Doc. E/AC.7/SR, 166, S. 6). Dies überzeugte die anderen Delegierten, die die Klausel ursprünglich für sehr vage angesehen hatten. Der kanadische Delegierte entgegnete darauf hin, dass Personen, die ihre Machtposition dazu missbraucht hätten, außerhalb eines Kriegs Verbrechen gegen die Menschlichkeit zu begehen, nach dieser Klausel ausgeschlossen werden sollten (UN Doc. E/AC.7/SR. 166, S. 10). Aus der Entstehungsgeschichte schließt deshalb die Rechtsprechung, dass ihr Zweck sich aus der Norm des Art. 1 F GFK insgesamt und der Konvention als Ganzes ergebe. Jene, die verantwortlich für Verfolgungen seien, die Flüchtlinge hervorriefen, sollten nicht in den Genuss der Konvention kommen. Der Begriff der Zuwiderhandlung gegen Ziele und Grundsätze der Vereinten Nationen schließe jene aus, die für ernsthafte, andauernde und systematische Verletzungen von Menschenrechten, die außerhalb von Kriegen zu Verfolgungen führten, verantwortlich seien (Canada Supreme Court [1998] 1 S.C.R. 982 Rn. 63 f. – *Pushpanathan*). Die Delegierten betonten andererseits aber auch die Missbrauchsanfälligkeit einer derart unbestimmten Klausel. So äußerten z.B. der chilenische, pakistanische und mexikanische Delegierte ihre Besorgnis, es dürfe der Flüchtlingsstatus einer Person, die nach nationalem Recht weder verurteilt noch angeklagt worden sei, nicht allein aus dem Grund verweigert werden, weil vermutet werde, sie habe etwas getan, das mit dem vage beschriebenen Zweck und Zielen der Vereinten Nationen nicht übereinstimme (UN Doc. E/AC.7/SR.165, S. 24; UN Doc. E/AC.7/SR.160, S. 16; UN Doc. E/AC.7/SR.165, S. 29).

37 Die Unbestimmtheit der Klausel, der Mangel einer übereinstimmenden Staatenpraxis und die Risiken des Missbrauchs bei ihrer Anwendung legen daher nach Ansicht von UNHCR eine sehr restriktive Auslegung nahe (*UNHCR*, Background Note on the Application of the Exclusion Clauses, September 2003, Rn. 46; *UNHCR*, Statement on Article 1 F of the 1951 Convention, Juli 2009, S. 14). Das Schrifttum betont hingegen den dynamischen Charakter der Klausel, die zwar historisch auf Staatenbeziehungen einschließlich kollektiver Maßnahmen, Bedrohungen des Friedens zu verhindern, gemünzt gewesen sei. Die menschenrechtliche Fortentwicklung des Völkerrechts erfasse heute aber auch Täter, welche die Menschenrechte anderer verletzten. Relevant seien auch die individuellen Verpflichtungen gegenüber der Gemeinschaft (*Goodwin-Gill/McAdam*, The Refugee in International Law, 3. Aufl., 2007, S. 185 f.; *Zimmermann/Wennholz*, in: Zimmermann, The 1951 Convention relating to the Status of Refugees and its 1967 Protocol, 2011, Article 1 F Rn. 84). In der Rechtsprechung der Vertragsstaaten wird die Klausel heute insbesondere auf terroristische Täter angewandt (Rdn. 59 ff.).

38 Die Ziele und Grundsätze der Vereinten Nationen sind in der Präambel und in Art. 1 und 2 ihrer Charta und darüber hinaus in zahlreichen zwischenstaatlichen Konventionen definiert. Diese Bestimmungen enthalten eine Aufzählung fundamentaler Grundsätze, von denen sich die Mitgliedstaaten der Vereinten Nationen im Verhältnis zueinander und im Verhältnis zur Völkergemeinschaft insgesamt leiten lassen sollten.

Die Klausel enthält jedoch keine präzise und erschöpfende Liste entsprechender Handlungen, wohl aber weist ihr Zweck auf bestimmte Kategorien von Handlungen hin. Maßgebend für ihre Anwendung ist ein internationaler Konsens darüber, dass bestimmte Handlungen als ernsthafte und andauernde Verletzungen grundlegender Menschenrechte, die zu Verfolgungen führen, angesehen werden. Daher ist ein allgemein anerkanntes internationales Übereinkommen der Vereinten Nationen in Form einer Resolution, Erklärung oder eines Abkommens erforderlich, dass bestimmte Handlungen den Zielen und Grundsätzen der Vereinten Nationen zuwiderlaufen (Canada Supreme Court [1998] 1 S.C.R. 982 Rn. 65 f. – *Pushpanathan*). Maßstab für die Anwendung sind Schwere der Handlung, Art und Weise der Ausführung, internationale Dimension und langfristige Ziele und Auswirkungen auf den internationalen Frieden und die Sicherheit (*UNHCR*, Statement on Article 1 F of the 1951 Convention, Juli 2009, S. 14; *UNHCR*, Anwendung der Ausschlussklauseln, September 2003, Rn. 17). Insgesamt sollen die Vertragsstaaten in die Lage versetzt werden, wirksam als Agenten der internationalen Gemeinschaft zu handeln und dementsprechend fundamentale Normen über anerkannte internationale Verhaltensstandards gegen Regierungsmitglieder in Anwendung zu bringen. Dadurch wird vermieden, den Flüchtlingsstatus jenen zu gewähren, die ihre politische Autorität missbraucht haben, um das Wohlbefinden von Individuen, ihres Staates oder der Weltgemeinschaft zu gefährden (*Hathaway*, The Law of Refugee Status, 1991, S. 228 f.).

Nach Auffassung von UNHCR soll die Klausel nur unter extremen Umständen im 39 Fall von Aktivitäten zum Einsatz kommen, die die grundlegende Basis internationaler Zusammenarbeit der Staaten unter dem Dach der Vereinten Nationen angreifen (*UNHCR*, Background Note on the Application of the Exclusion Clauses, September 2003, Rn. 47). Dazu zählten Verbrechen, welche den internationalen Frieden, die internationale Sicherheit sowie die friedlichen Beziehungen zwischen den Staaten beeinträchtigten, sowie ernsthafte und andauernde Verletzungen der Menschenrechte. Diese Umstände seien auch in den Blick zu nehmen, wenn Handlungen zu beurteilen seien, denen ein terroristischer Bezug zugewiesen würde. Andererseits sei diese Ausschlussklausel kein Auffangtatbestand für alle Handlungen, die nicht durch Art. 1 F Buchst. a) und b) GFK erfasst würden, aber eine Schutzunwürdigkeit begründen könnten. Dies folge insbesondere aus ihrer Entstehungsgeschichte (*UNHCR*, Background Note on the Application of the Exclusion Clauses, September 2003, Rn. 48; *UNHCR*, Statement on Article 1 F of the 1951 Convention, Juli 2009, S. 14). So wird etwa in der kanadischen Rechtsprechung die Klausel nicht auf den Drogenhandel angewandt. Dieser werfe zwar ein extrem ernsthaftes Problem auf. Die Vereinten Nationen hätten hiergegen auch außergewöhnliche Anstrengungen unternommen. Diese bewerteten den Drogenhandel aber nicht als ernsthafte und andauernde Verletzung von Menschenrechten, die eine Verfolgung darstelle (Canada Supreme Court [1998] 1 S.C.R. 982 Rn. 69 – *Pushpanathan*; Canada Federal Court [1998] 1 S.C.R. 982 Rn. 76 – *Pushpanathan*; Canada Court of Appeal [2000] 4 F.C. 390 2000 F.C.J. No. 1180 Rn. 5 – *San Tong Chan*).

Der persönliche Anwendungsbereich der Klausel wird überwiegend im Sinne der Po- 40 sition von UNHCR, wonach diese Klausel auf Einzelpersonen grundsätzlich keine

Anwendung finden könne, definiert. Die deutsche Rechtsprechung vertritt aber einen anderen Ansatz. Einzelpersonen können Zielen und Grundsätzen der Vereinten Nationen zuwiderlaufende Handlungen nur begehen, wenn sie in einem Mitgliedstaat eine gewisse Machtposition besessen und zur Verletzung dieser Grundsätze durch den Staat unmittelbar beigetragen haben. Versuche, Handlungen wie Drogenhandel oder Menschenhandel zu erfassen, verfehlen den Zweck der Klausel (*UNHCR*, Handbuch über Verfahren und Kriterien zur Feststellung der Flüchtlingseigenschaft, 1979, Rn. 163; *UNHCR*, Anwendung der Ausschlussklauseln, September 2003, Rn. 17; *UNHCR*, Background Note on the Application of the Exclusion Clauses, September 2003, Rn. 48). Diese Position findet in der Entstehungsgeschichte der Konvention Bestätigung. Im Ad hoc-Ausschuss stellte der französische Delegierte klar, dass die Klausel sich nicht »gegen den Mann auf der Straße« richte, »sondern auf Personen zielt, die Regierungsverantwortung ausüben, wie z. B. Staatsoberhäupter, Minister und hohe Beamte«. Diese könnten im Fall eines »Regierungsumschwungs von Verfolgern zu Flüchtlingen« werden. In derartigen Fällen könnten die »Staaten nicht gezwungen werden, Asyl zu gewähren«. Unter keinen Umständen könnte Asyl im Namen der Charta oder der Allgemeinen Erklärung der Menschenrechte zugesprochen werden (*Rochefort*, UN Doc. E/AC.7/SR.160, S. 18 und UN Doc. E/AC.7/SR.166, S. 6). Es sollte danach vermieden werden, dass ein grausamer Tyrann, nachdem er Verbrechen gegen die Menschlichkeit begangen hätte, wegen Asylgewährung in einem anderen Staat nicht von seinem Herkunftsland zur Verantwortung gezogen werden kann (*Rochefort*, UN Doc. E/AC.7/SR.166, S. 6, zit. nach *Hathaway*, The Law of Refugee Status, S. 229). Aus der Entstehungsgeschichte folgt damit, dass der Kreis der Verantwortlichen sehr eng gezogen und mit der rechtlichen Verantwortlichkeit für die Einhaltung der Ziele und Grundsätze der Vereinten Nationen verknüpft werden sollte. Bereits damals wurde ein Diskurs geführt, der über Jahrzehnte die Debatten in der Völkerrechtskommission geprägt und im Zusammenhang mit den Balkankriegen der 1990er Jahre sowie dem Völkermord in Ruanda 1994 zur Einsetzung von internationalen Ad hoc Straftribunalen und schließlich 1998 zum Rom-Statut geführt hatte.

41 Durch eine dynamische Auslegung der Konvention kann deshalb der Täterkreis auch auf Einzelpersonen erstreckt werden, sofern sie in einer staatsähnlichen Organisation über eine staatlicher Verantwortlichkeit vergleichbare machtvolle Position verfügen (*UNHCR*, Background Note on the Application of the Exclusion Clauses, Rn. 48). Jedoch ist zunächst stets zu prüfen, ob der zu beurteilende Sachverhalt nicht bereits durch Abs. 2 Satz 1 Nr. 1 und 2 erfasst wird. Dies betrifft insbesondere Nr. 1. Für Verbrechen, in Bezug auf die nicht die nach strikten juristischen Kriterien zu ermittelnde Verantwortlichkeit für Kriegsverbrechen, Verbrechen gegen den Frieden und die Menschlichkeit festgestellt werden kann, kann Nr. 3 in Betracht gezogen werden, weil hier eine internationale Dimension evident ist und Art. 1 F Buchst. c) GFK aufgrund seiner Entstehungsgeschichte und seinem Zweck schwerwiegende Verletzungen der Ziele und Grundsätze der Vereinten Nationen erfasst. Hingegen kann eine nach Nr. 2 schwere nichtpolitische Handlung, die nicht den internationalen Frieden und die Sicherheit gefährdet, wie z.B. der Drogenhandel, nicht unter Nr. 3 subsumiert werden (Rdn. 39), weil dieser nicht als ernsthafte und andauernde Verletzung

von Menschenrechten verstanden werden kann. Stets ist aber zu prüfen, ob der Täter innerhalb einer dem Staat vergleichbaren Organisation eine machtvolle Position ausübt. Dies hat die Rechtsprechung inzwischen im Blick auf die Zugehörigkeit zu einer Organisation, die den internationalen Terrorismus unterstützt, herausgearbeitet (Rdn. 59 ff.). Auch bei einer dynamischen Auslegung von Abs. 1 Satz 1 Nr. 3 kann daher der Verantwortlichkeitsbereich nicht auf bloße Einzelpersonen ohne machtvolle Position innerhalb einer staatsähnlichen Organisation ausgedehnt werden.

V. Beteiligung im Sinne von Abs. 2 Satz 2

Abs. 2 Halbs. 1 fordert, dass »schwerwiegende Gründe die Annahme rechtfertigen«, 42
dass der Antragsteller eines der in Abs. 2 Satz 1 bezeichneten Verbrechen begangen hat. Dies geht auf Art. 12 Abs. 2 Halbs. 1 RL 2011/95/EU zurück und beruht auf Art. 1 F GFK. Damit wird aber nur das Beweismaß, nicht aber die persönliche Verantwortlichkeit geregelt. Diese lässt die Konvention offen. Aus dem Wortlaut von Art. 1 F GFK und Art. 12 Abs. 2 RL 2011/95/EU folgt, dass diese Bestimmungen erst angewandt werden dürfen, nachdem in jedem Einzelfall eine Würdigung der genauen bekannten tatsächlichen Umstände vorgenommen wurde, um zu ermitteln, ob »schwerwiegende Gründe die Annahme rechtfertigen«, dass der Antragsteller, der die Voraussetzungen für die Zuerkennung der Flüchtlingseigenschaft erfüllt, eines der dort bezeichneten Verbrechen begangen hat (EuGH, InfAuslR 2011, 40, 87 = NVwZ 2011, 285 = AuAS 2011, 43 – *B. und D.*; zur individuellen Verantwortlichkeit nach Art. 1 F GFK s. auch BVerfG [Kammer], InfAuslR 2008, 263, 264). Im Allgemeinen ist ein Antragsteller persönlich verantwortlich, wenn er die Straftat begangen oder im Bewusstsein, dass ihre Handlung oder Unterlassung die Ausübung des Verbrechens erleichtern würde, wesentlich zu ihrer Durchführung beigetragen hat. Der Ausschluss ist von dem Umfang abhängig, in dem er persönlich für das Verbrechen verantwortlich ist. Art. 12 Abs. 3 RL 2011/95/EG konkretisiert, dass jene ausgeschlossen werden, die andere zu derartigen Verbrechen oder Handlungen anstiften oder sich in sonstiger Weise daran beteiligen und beschreibt damit völkerstrafrechtliche Zurechnungskriterien nach Art. 25 Abs. 3 IStGHStatut (UK Supreme Court [2010] UKSC 15 Rn. 31 f. – *JS*). Abs. 2 Satz 2 steht hiermit nicht in Übereinstimmung, da das Adjektiv »auch« den Eindruck einer Erweiterung des persönlichen Anwendungsbereichs hervorruft, der nach Art. 12 Abs. 3 RL 2011/95/EU und Art. 25 Abs. 3 IStGH-Statut aber abschließend geregelt wird.

Zunächst werden hochrangige Beamte in einem repressiven System erfasst wie auch 43
Mitglieder einer sich terroristischer Methoden bedienenden Organisation (Rdn. 59 ff.). Art. 12 Abs. 3 RL 2011/95/EU setzt damit in Anlehnung an Art. 1 F GFK voraus, dass der Betroffene ein entsprechendes Verbrechen begangen hat. Es muss die Annahme begründet sein, dass sich nach allgemeinen strafrechtlichen Bestimmungen über Täterschaft und Teilnahme, gegebenenfalls modifiziert durch völkerstrafrechtliche Regelungen, wie z.B. Art. 25 Abs. 3 IStGH-Statut, ein eigener Tatbeitrag nachweisen lässt und völkerstrafrechtlich relevante Straffreistellungsgründe nicht vorliegen. Ein »schwerwiegendes« Verbrechen kann nur angenommen werden, wenn die zugrunde liegende Handlung durch eine »unmittelbare und persönliche Beteiligung des Asylsuchenden«

geprägt ist (Lisbon Expert Roundtable, Global Consultations on International Protection, Summary Conclusions – Exclusion from Refugee Status, 3–4 May 2000, Nr. 11). Im Allgemeinen stellt sich die Frage der persönlichen Verantwortung, wenn der Betroffene einen wesentlichen Beitrag zu einem Verbrechen in dem Bewusstsein leistet, dass seine Handlung oder Unterlassung die Verbrechensausführung erleichtert. Deshalb muss der Umfang der Tatbeteiligung einer Person in jedem Einzelfall sorgfältig analysiert werden. Ob der individuelle Tatbeitrag zu einem gemeinsamen verbrecherischen Unternehmen wesentlich war oder nicht, ist von einer Vielzahl von Faktoren abhängig, wie z.B. die spezifische Funktion des Betroffenen, seine Position in einer Organisation oder Gruppe und insbesondere der konkrete Tatbeitrag in Beziehung zu der Schwere und dem Umfang des verübten Verbrechens (*UNHCR*, Background Note on the Application of the Exclusion Clauses, September 2003, Rn. 55).

44 Eine strafrechtliche Verantwortung liegt im Allgemeinen nur vor, wenn der Betroffene *wissentlich* und *vorsätzlich* wesentliche Elemente des entsprechenden Tatbestands erfüllt hat. Ist der subjektive Tatbestand nicht erfüllt, etwa weil dem Betroffenen eine wesentliche Tatsache nicht bekannt war, kann keine persönliche Verantwortung angenommen werden. Nach Art. 30 IStGH-Statut kann eine individuelle Verantwortlichkeit nur angenommen werden, wenn der Täter in Kenntnis der tatbestandlichen Elemente des entsprechenden Verbrechens vorsätzlich handelt. Eine Person begeht die Tat vorsätzlich, wenn sie den Taterfolg herbeiführen will oder sich bewusst ist, dass dieser bei normalem Verlauf der Ereignisse eintreten wird. Wissen bedeutet Kenntnis der Tatumstände oder das Bewusstsein, dass bei normalem Verlauf der Ereignisse der Taterfolg eintreten wird. So kann ein Täter, der einen Mord begehen will, nicht für ein Verbrechen gegen die Menschlichkeit verantwortlich gemacht werden, wenn er von fortdauernden oder systematischen Angriffen gegen die zivile Bevölkerung keine Kenntnis hat. Eine derartige Kenntnis ist jedoch ein unerlässliches Element des subjektiven Tatbestands bei einem Verbrechen gegen die Menschlichkeit. In derartigen Fällen wird anstelle der Anwendung von Nr. 1 eher Nr. 2 in Betracht kommen (*UNHCR*, Background Note on the Application of the Exclusion Clauses, September 2003, Rn. 64). In manchen Fällen kann es darüber hinaus an den entsprechenden geistigen Fähigkeiten des Täters fehlen, um für ein Verbrechen verantwortlich gemacht zu werden, etwa wegen Unzurechnungsfähigkeit, geistiger Behinderung, unfreiwilliger Intoxikation oder, im Fall von Kindern (*Kindersoldaten*), wegen mangelnder Reife. Ebenso sind Rechtfertigungs- und Entschuldigungsgründe zu berücksichtigen (*UNHCR*, Anwendung der Ausschlussklauseln, September 2003, Rn. 121). Es genügt, dass der Täter zum gemeinsamen verbrecherischen Unternehmen angestiftet, ihm Vorschub geleistet oder daran teilgenommen hat (*UNHCR*, Richtlinien zum Internationalen Schutz: Anwendung der Ausschlussklauseln, September 2003, Rn. 18). Dies steht in Übereinstimmung mit Art. 25 Abs. 3 Buchst. d) IStGH-Statut sowie Sicherheitsratsresolution 1373/2001, wonach der Ausschluss vom Flüchtlingsstatus ausdrücklich auf die »Planung, Erleichterung oder Beteiligung an terroristischen Handlungen« bezogen, also eine an äußere Handlungsformen anknüpfende individuelle Zurechnungskategorie vorausgesetzt wird.

45 Nach allgemein anerkannten Rechtsgrundsätzen befreit die Ausübung einer Tat aufgrund höheren Befehls oder von Zwang durch höhere Regierungsstellen grundsätzlich

nicht von der persönlichen Verantwortung. Nach Grundsatz IV der Nürnberger Prinzipien stellt bei einer auf einem Verbrechen gegen den Frieden und die Sicherheit der Menschheit beruhenden Anklage die Tatsache, dass der Täter in Ausführung eines Befehls der Regierung oder eines Vorgesetzten handelt, diesen nicht von seiner strafrechtlichen Verantwortlichkeit frei, vorausgesetzt, eine andere Entscheidung war tatsächlich für ihn möglich. Art. 7 Abs. 4 IStGH-Statut bestätigt diesen Grundsatz. Wird eine Zwangssituation aufgrund von Druckausübung höherer Stellen geltend gemacht, kommt nach Art. 31 Buchst. d) des Status Strafbefreiung nur in Betracht, wenn die Tat wegen einer unmittelbaren Bedrohung des Täters mit dem Tode oder fortwährenden unmittelbaren ernsthaften körperlichen Verletzungen ausgeführt wurde und dieser nicht die Absicht hatte, größeren Schaden anzurichten als den Schaden, den er durch die Tatausführung verhindern wollte. Entstand eine derartige Zwangssituation in einer Gewalt anwendenden Organisation, ist zu untersuchen, ob vom Antragsteller erwartet werden konnte, der Tatausführung durch Verzicht auf seine weitere Mitgliedschaft in einer derartigen Situation zu entgehen und ob er diesen Schritt nicht zu einem früheren Zeitpunkt hätte vollziehen können, sofern bereits in diesem Zeitpunkt klar war, dass die verbrecherische Situation entstehen würde. Jede spezifische Situation ist anhand der konkreten Umstände zu bewerten. Relevante Faktoren sind die Folgen der Desertion wie auch die Vorhersehbarkeit der Situation, dass die Ausübung derartiger Verbrechen vom Antragsteller verlangt werden würde (*UNHCR*, Background Note on the Application of the Exclusion Clauses, September 2003, Rn. 70). Nach allgemeinen Grundsätzen befreit die Anwendung angemessener und erforderlicher Gewalt, um sich gegen einen gegenwärtigen rechtswidrigen Angriff zu verteidigen (Notwehr) oder Nothilfe für andere zu leisten, von strafrechtlicher Verantwortung. Insbesondere in kriegerischen Situationen kann die angemessene und verhältnismäßige Anwendung von Gewalt, um das zum Überleben notwendige eigene Eigentum oder das eines anderen gegen einen gegenwärtigen und rechtswidrigen Angriff zu verteidigen, einen Rechtfertigungsgrund darstellen (*UNHCR*, Background Note on the Application of the Exclusion Clauses, September 2003, Rn. 71).

Der vorgegebene Beweisstandard, dass »schwerwiegende Gründe zu der Annahme be- 46
rechtigen«, erfordert vor Anwendung des Beweismaßes zunächst wegen des besonderes Ausnahmecharakters der Ausschlussgründe, dass die diesem Beweismaßstab zugrunde liegenden individual bezogenen Umstände und Tatsachen besonders sorgfältig und erschöpfend auf der Grundlage zugänglicher Informationen festgestellt werden (EuGH, InfAuslR 2011, 40, 87 = NVwZ 2011, 285 = AuAS 2011, 43 – *B. und D.*). Bei der Zugehörigkeit zu einer sich terroristischer Mittel bedienenden Organisation sind einerseits genaue Feststellungen dazu gefordert, wann und wie lange der Antragsteller tatsächlich die maßgebende Funktion ausgeübt und welche konkreten terroristischen Straftaten die Organisation in diesem Zeitraum begangen oder geplant hat. Andererseits sind auch besondere, die Vermutung der individuellen Verantwortlichkeit entkräftende Faktoren zu berücksichtigen (BVerwGE 140, 114 (131 f.) Rn. 36 = EZAR NF 68 Nr. 12 = NVwZ 2011, 1450 = InfAuslR 2011, 457). Lediglich »tatsächliche Anhaltspunkte« oder gar nur bloße Vermutungen reichen für die geforderten Feststellungen nicht aus (*UNHCR*, Background Note on the Application of the Exclusion

Clauses, September 2003, Rn. 107; a.A. *Zimmermann*, DVBl 2006, 1478, 1481). Es gilt das Regelbeweismaß (§ 108 Abs. 1 Satz 1 VwGO). Danach dürfen nur diesem Beweismaß genügende Tatsachen in die erforderliche Abwägung eingestellt werden und sind zunächst umfassend sämtliche für die Anwendung der Ausschlussgründe maßgebenden Tatsachen und Umstände festzustellen. Es können etwa auch Geständnisse und Zeugenaussagen genügen, wenn diese vertrauenswürdig sind. Ist das Geständnis im Herkunftsland gemacht worden, kann dies auf Druckausübung (*UNHCR*, Background Note on the Application of the Exclusion Clauses, September 2003, Rn. 107), insbesondere Folteranwendung beruhen. Entsprechende Hinweise sind sorgfältig zu prüfen. Art. 15 Übereinkommen gegen Folter steht einer Heranziehung eines derartigen Geständnisses entgegen.

47 Ferner kann ein Ausschluss nicht auf der Grundlage sensiblen Beweismaterials beschlossen werden, das nicht offengelegt und vom Antragsteller deshalb auch nicht widerlegt werden kann. UNHCR erachtet in Ausnahmefällen die Heranziehung anonymer Informationen für zulässig, jedoch nur, wenn dies zum Schutze der Zeugen erforderlich sei und die Möglichkeit des Antragstellers, den Inhalt solcher Aussagen zu widerlegen, nicht wesentlich eingeschränkt werde (*UNHCR*, Background Note on the Application of the Exclusion Clauses, September 2003, Rn. 113). Derartige Informationen dürfen jedoch stets nur ergänzend herangezogen werden und nicht entscheidungserheblich die Anwendung der Ausschlussgründe tragen. Die Angaben anonym bleibender Gewährspersonen genügen in der Regel nicht, wenn sie nicht durch andere, nach Überzeugung des Tatsacheninstanz wichtige Gesichtspunkte bestätigt werden (BVerfGE 57, 250, 292). Die Rechtsprechung wendet diese auf das Strafverfahrensrecht bezogenen Grundsätze auch für die Aussage eines Zeugen vom Hörensagen im Verwaltungsprozess an. Diese betreffen die Zulässigkeit sowie den Beweiswert einer »mittelbaren« Zeugenaussage schlechthin und damit Grundsätze der Beweisaufnahme und -würdigung. Daher sind Angaben eines Gewährsmannes grundsätzlich nicht zureichend, wenn sie nicht durch andere nach Überzeugung des Gerichts wichtige Gesichtspunkte bestätigt werden (VGH BW, NJW 1984, 2429, 2430). Es entspricht anerkannten prozessrechtlichen Grundsätzen, dass derartige Bekundungen hinsichtlich ihres Beweiswerts regelmäßig besonders kritisch zu bewerten sind (Hess. VGH, InfAuslR 2000, 128, 129, mit Bezugnahme auf BVerwG, NVwZ-RR 1999, 208).

48 Der Maßstab der »schwerwiegenden Gründe« in Abs. 2 Satz 2 ist kein bekanntes Konzept in der Staatenpraxis. Diese ist in der Frage des Beweismaßes daher nicht einheitlich. Nach der kanadischen Rechtsprechung findet der strafrechtliche Maßstab »jenseits vernünftiger Zweifel« wie auch der zivilrechtliche Beweisstandard der »Abwägung nach Wahrscheinlichkeitsgraden« für die Anwendung der Ausschlussklausel keine Anwendung (Canada Federal Court of Appeal [1992] 2 F.C. 317 [CA] – *Ramirez*; Canada Federal Court of Appeal [2002] 1 F.C. 559 [2001] F.C.J. No. 1433 [CA] – *Zrig*; so auch *Zimmermann/Wennholz*, in: Zimmermann, The 1951 Convention relating to the Status of Refugees and its 1967 Protocol, 2011, Article 1 F Rn. 46). Der erforderliche Beweisstandard liege vielmehr unterhalb der Abwägung von Wahrscheinlichkeiten. Ernsthafte Anhaltspunkte seien etwa

die absolvierte Schulung durch die Organisation und die Position innerhalb eines Systems. Wer über Jahre in einer Organisation, deren Ziel und Zweck die Begehung schwerer Straftaten ist, an führender Stelle tätig sei, müsse sich zurechnen lassen, dass er aufgrund dieser Position Kenntnis von den terroristischen Aktionen habe und die zugrunde liegenden Ziele der Organisation teile (Canada Federal Court, IJRL 2003, 823, 835–849 – *En Nahda*). Nach der britischen Rechtsprechung liegt der Beweisstandard des Art. 1 F GFK irgendwie geringfügig unterhalb des strafrechtlichen Beweismaßes des Ausschlusses vernünftiger Zweifel und des zivilrechtlichen Maßstabs der Abwägung nach Wahrscheinlichkeitsgraden. Eine strikte Anwendung des zivilrechtlichen Beweismaßes sei nicht erforderlich. Vielmehr sei ein breiter Ansatz anzuwenden, der die »Möglichkeit«, dass zweifelhafte Ereignisse stattgefunden hätten, mit berücksichtigt (UK Immigration and Asylum Tribunal, IJRL 2002, 382, 403 – *Gurung*).

Über die Anwendung von Abs. 2 Satz 1 wird zwar nicht nach den Regeln eines 49 Strafprozesses entschieden. Der Ausschluss beruht jedoch auf völkerstrafrechtlichen Zurechnungskriterien. Eine Reihe von Mitgliedstaaten, wie z.B. die Niederlande, Polen und Schweden, wenden daher das strafrechtliche Beweismaß an (*UNHCR*, Statement on Article 1 F of the 1951 Convention, Juli 2009, S. 24 f.). Nach dem BVerwG ist das Beweismaß für die Feststellung individueller Verantwortlichkeit im Vergleich zum Strafrecht zwar herabgesenkt. Mangels einheitlicher internationaler Kriterien sei daher eine Orientierung an nationalen Strafverfahrensgrundsätzen zu Täterschaft und Teilnahme angezeigt (BVerwGE 140, 114, 133 Rn. 38 = EZAR NF 68 Nr. 12 = NVwZ 2011, 1450 = InfAuslR 2011, 457). Eine Absenkung des Beweismaßes unterhalb der Abwägung nach Wahrscheinlichkeiten wie in der kanadischen Rechtsprechung ist nicht akzeptabel. Um sicherzustellen, dass Art. 1 F GFK übereinstimmend mit dem übergreifenden humanitären Zweck der Konvention angewandt wird, muss der Beweisstandard streng sein. Es ist sicherzustellen, dass bona fide Flüchtlinge nicht irrtümlich ausgeschlossen werden und müssen folglich klare und glaubwürdige Beweise vorliegen. Deshalb ist der Standard, der eine Abwägung nach Wahrscheinlichkeitsgraden durchführt, zu niedrig. Für die Feststellung »schwerwiegender Gründe« wird vielmehr als ein Minimum eine klare Beweislage gefordert, welche nach international üblichen Regeln für die Zulassung einer Anklage vorausgesetzt wird (*UNHCR*, Determination of refugee status of persons connected with organizations or groups which advocate and/or practice violence, 1 June 1998, Nr. 17; *UNHCR*, Background Note on the Application of the Exclusion Clauses, Rn. 107), also *hinreichender Tatverdacht*. Es ist eine auf Tatsachen gegründete Prognose gefordert, dass eine Verurteilung wahrscheinlich ist. Die Überzeugung von der Täterschaft des Beschuldigten ist zwar nicht erforderlich. Die Anklagebehörde muss jedoch davon ausgehen können, dass das Gericht diese Überzeugung gewinnen kann. Ebenso wie für die Feststellung der Tatbestandsmerkmale der Flüchtlingseigenschaft eine auf Tatsachen beruhende Prognosebasis erforderlich ist (BVerwGE 71, 180, 181 = EZAR 630 Nr. 17 = NVwZ 1985, 685 = InfAuslR 1985, 244; BVerwG, NVwZ 1990, 171 = InfAuslR 1989, 341; BVerwG, InfAuslR 1990, 238), ist dies für die Feststellung der Ausschlussgründe geboten. Ob die festgestellten Tatsachen das Urteil rechtfertigen, dass der Antragsteller eine der in Abs. 2 Satz 1 bezeichneten Taten begangen hat, erfordert eine Prognose nach dem Maßstab überwiegender Wahrscheinlichkeit auf der Grundlage von Tatsachen, die anhand des Regelbeweises festgestellt werden.

50 Kann die Behörde nicht den erforderlichen Nachweis führen, dass Abs. 2 Satz 1 auf den Antragsteller Anwendung findet, geht die Unerweislichkeit der Tatsachen zu ihren Lasten. Zwar trifft den Antragsteller grundsätzlich die *Beweislast* für anspruchsbegründende Tatsachen. Allgemein anerkannt ist jedoch, dass für die Anwendung der Ausschlussklauseln die Beweislast bei der Behörde liegt (Canada Federal Court of Appeal [1992] 2 FC 317 [CA] – *Ramirez*; UK Upper Tribunal [2011] UKUT 00339 [IAC] Rn. 15 – Azimi-Rad; *UNHCR*, Background Note on the Application of the Exclusion Clauses, September 2003, Rn. 105), da es sich in verfahrensrechtlicher Hinsicht um eine Ausnahme vom Anspruchstatbestand handelt. Verfahrensrechtlich richtet sich die materielle Beweislast nach materiellem Recht unabhängig von der jeweiligen prozessualen Stellung der Beteiligten im konkreten Verfahren nach der Auslegung der im Einzelfall einschlägigen Norm. Enthält diese wie Abs. 2 Satz 1 hierzu keine besonderen Regelungen, wird zulasten des Beteiligten, der aus materiellem Recht eine ihm günstige Rechtsfolgen herleitet, entschieden (BVerwGE 18, 168, 173 f.; 54, 131, 132; 47, 30, 339; 61, 176, 189; BVerwG, NVwZ 1992, 772, 773; BVerwG, NVwZ-RR 1995, 172, 173; BVerwG, NVwZ-RR 2000, 256). Gesetzliche Bestimmungen wie auch allgemeine Grundsätze über die Beweislastverteilung sind stets auch im Lichte des Verfassungsrechts, insbesondere der Grundrechte und der allgemeinen Prinzipien – wie etwa Sachnähe und Zumutbarkeit – auszulegen.

VI. Persönliche Verantwortung für terroristische Handlungen

1. Funktion der persönlichen Verantwortung

51 Bislang gibt es keine allgemein anerkannte Definition des Terrorismus. Ein hierauf beruhender Ausschlussgrund wird daher kritisch gesehen (*Goodwin-Gill/McAdam*, The Refugee in International Law, 3. Aufl., 2007. Satz 191 ff.; *Zimmermann/Wennholz*, in: Zimmermann, The 1951 Convention relating to the Status of Refugees and its 1967 Protocol, 2011, Article 1 F Rn. 100 f.). In der Rechtsprechung wird gefordert, dass für den Ausschluss von Personen, die den internationalen Terrorismus unterstützen, Resolutionen oder Erklärungen der Vereinten Nationen erforderlich sind, um den geforderten internationalen Konsens annehmen zu können (Canada Supreme Court [1998] 1 S.C.R. 982 Rn. 66 – *Pushpanathan*). Insbesondere Resolution 1373(2001) des Sicherheitsrates ist zu beachten. Danach sind terroristische Handlungen wie auch die bewusste Finanzierung, Planung und Anstiftung derartiger Handlungen gegen den Zweck und die Grundsätze der Vereinten Nationen gerichtet. Zweck der Resolution ist es, den Zugang zu einem sicheren Hafen für Terroristen auszuschließen. Andererseits weist der Sicherheitsrat darauf hin, dass Flüchtlinge nur in Übereinstimmung mit den Menschenrechten vom Flüchtlingsschutz ausgeschlossen werden dürfen. Nach Resolution 1373 (2001) ist es also nicht gerechtfertigt, jegliche Handlung mit terroristischen Bezügen zum Anlass für den Flüchtlingsausschluss zu nehmen. Nach dem Zweck der Resolution kann vielmehr eine Person, die keine Verbindungen

zu terroristischen Strukturen mehr hat, nicht ausgeschlossen werden (*Zimmermann/ Wennholz*, in: Zimmermann, The 1951 Convention relating to the Status of Refugees and its 1967 Protocol, 2011, Article 1 F Rn. 99). Der Hinweis auf die Bedrohung des Weltfriedens und der internationalen Sicherheit in den Resolutionen des Sicherheitsrates zum Terrorismus legt nahe, den Ausschluss vom Flüchtlingsschutz vorrangig nach Maßgabe von Abs. 2 Satz 1 Nr. 3 zu behandeln.

Der Sicherheitsrat hat mit Resolution 1624 (2005) erneut betont, dass gegen den Terrorismus gerichtete Maßnahmen in Übereinstimmung mit völkerrechtlichen, insbesondere menschenrechtlichen, flüchtlingsrechtlichen und humanitären Verpflichtungen zu treffen sind. Auch wenn der »Terrorismus« Zielen und Grundsätzen der Vereinten Nationen zuwiderläuft und deshalb den Flüchtlingsausschluss rechtfertigt, bedarf es der Berücksichtigung verfahrensrechtlicher Regelungen, um festzustellen, ob der Betroffene eine terroristische Handlungen begangen hat, die von der internationalen Gemeinschaft als terroristisch eingestuft wird. Dieser schwerwiegende Vorwurf ist angesichts der fehlenden internationalen Verständigung über den Begriff des »Terrorismus« mit besonderer Sorgfalt zu überprüfen (*Goodwin-Gill/McAdam*, The Refugee in International Law, 3. Aufl., 2007. Satz 195 ff.). Der Sicherheitsrat bezieht sich ausdrücklich auf konkrete terroristische Aktionen. Daher ist grundsätzlich eine nach strafrechtlichen Kriterien zu ermittelnde individuelle Verantwortlichkeit festzustellen. Nach UNHCR genügt allein die Tatsache, dass eine Handlung als terroristisch bewertet wird, für die Anwendung von Art. 1 F Buchst. c) GFK nicht. Statt sich auf die Beschreibung des Terrorismusbegriffs zu versteifen, sollte für die Anwendung der Klausel in Fällen, in denen terroristische Aktionen in Rede stehen, das Ausmaß der internationalen Dimension derartiger Handlungen, wie z.B. ihr schwerwiegender Charakter, internationale Auswirkungen und Einfluss auf den Weltfrieden und die internationale Sicherheit berücksichtigt werden. Nur derartige Aktionen wie sie in den Resolutionen des Sicherheitsrats 1373(2001) und 1377(2001) angesprochen würden, nämlich Anschläge wie die vom 11.09.2001, rechtfertigten die Anwendung von Art. 1 F Buchst. c) GFK (BVerwG, NVwZ-RR 2014, 283 = InfAuslR 2014, 117 = EZAR NF 68 Nr. 17). Dabei könnten ausschließlich die Führer von Gruppen, die für derartige terroristische Aktionen Verantwortung ausübten, ausgeschlossen werden. Personen, die eine derartige Leitungsfunktion nicht erfüllten, könnten nach anderen Ausschlussklauseln behandelt werden (*UNHCR*, Background Note on the Application of the Exclusion Clauses, September 2003, Rn. 49). In Betracht kommt insoweit Art. 1 F Buchst. b) GFK. Danach eignet sich Art. 1 F Buchst. c) GFK durchaus, um terroristische Straftäter aus dem Flüchtlingsschutz auszuschließen, soweit der Nachweis einer internationalen Dimension der entsprechenden Taten geführt werden kann und der Antragsteller Kommando- und Leitungsfunktionen innehatte. 52

Eine Person, die begründete Furcht vor schwerwiegender Verfolgung wie z.B. vor Eingriffen in Leben oder Freiheit hegt, kann nur aus besonders schwerwiegenden Gründen vom Flüchtlingsstatus ausgeschlossen werden. Im Einzelfall muss deshalb eine konkrete Betrachtungsweise der Tat vorgenommen und müssen erschwerende oder strafmildernde Umstände berücksichtigt werden. Maßgebend sind die Schwere 53 der Straftaten sowie die Unverhältnismäßigkeit der Tatbegehung und –folgen. Besonders gravierende Taten wie jene, die allgemein als »terroristisch« bezeichnet werden, stehen in einem derartigen Missverhältnis zu jeglichem politischen Ziel, dass bei ihnen regelmäßig nicht das politische Motiv im Sinne von Art. 1 F Buchst. b) GFK überwiegt (*UNHCR*, Anwendung der Ausschlussklauseln, September 2003, Nr. 15; *Fullerzton*, RSQ 2010, 4; *Crépau*, RSQ 2010, 31; *Vested-Hansen*, RSQ 2010, 45; *Guild/Garlick*, RSQ 2010, 63; *Messari/van der Klaauw*, RSQ 2010, 83; *Simeon*, RSQ 2010, 104. Rn. 25 ff.). Auch der EuGH sieht »terroristische Handlungen«, die durch ihre Gewalt gegenüber der Zivilbevölkerung gekennzeichnet sind, auch wenn mit ihnen vorgeblich politische Ziele verfolgt werden, als schwere nichtpolitische Straftaten an (EuGH, InfAuslR 2011, 40, 41 = NVwZ 2011, 285 = AuAS 2011, 43 Rn. 81 – *B. und D.*). Die Unverhältnismäßigkeit der Tat und deren Folgen stehen der Berufung auf politische Motive entgegen. Dementsprechend hat die völkerrechtliche Entwicklung dazu geführt, dass z.B. Flugzeugentführungen, Geiselnahmen und Straftaten gegen Diplomaten grundsätzlich nicht als politische Straftaten anzusehen sind (*Zimmermann*, DVBl 2006, 1478, 1483).

2. Kriterien der der terroristischen Vereinigung

54 Der Begriff der terroristischen Vereinigung ist umstritten. Das BVerwG räumt ein, es gebe keinen allgemein anerkannten Begriff des Terrorismus, stützt seine Rechtsprechung aber auf völkerrechtliche Texte ab. Zwar beinhalte dieser Begriff eine gewisse Unschärfe und seien bisherige völkerrechtliche Versuche, eine allgemein anerkannte Definition zu finden, nicht in vollem Umfang erfolgreich gewesen. In den Grundsätzen sei aber geklärt, unter welchen Voraussetzungen die völkerrechtlich geächtete Verfolgung politischer Ziele durch terroristische Mitteln anzunehmen sei (BVerwGE 123, 114, 129 = InfAuslR 2005, 374 = NVwZ 2005, 1091, mit Hinweis auf das Übereinkommen zur Bekämpfung der Finanzierung des Terrorismus [1999] und den Ratsbeschluss Nr. 2002/475; BVerwGE 132, 79, 87 = EZAR NF 68 Nr. 3 = NVwZ 2009, 403 (LS); BVerwG, NVwZ 2009, 592, 594 = EZAR NF Nr. 4; Hess. VGH, InfAuslR 2006, 219, 220 = NVwZ-RR 2007, 131). Der EuGH bezeichnet als »terroristische Handlungen« jene, die durch Gewalt gegen die Zivilbevölkerung geprägt sind (EuGH, InfAuslR 2011, 40, 41 = NVwZ 2011, 285 = AuAS 2011, 43 Rn. 81 – *B. und D.*). Als »terroristische Vereinigung« wird dementsprechend ein »auf Dauer angelegter Zusammenschluss« bezeichnet, der bei Unterordnung des Willens des Einzelnen unter den Willen der Gesamtheit gemeinsame terroristische Zwecke verfolgt oder gemeinsame terroristische Tätigkeiten entfaltet. In Reaktion hierauf zielen staatliche Abwehrmaßnahmen auf »die erhöhte kriminelle Intensität«, die »in einer festgefügten Organisation ihren Ausdruck findet, die kraft der ihr innewohnenden Eigendynamik eine erhöhte Gefährlichkeit für wichtige Rechtsgüter der Gemeinschaft mit sich bringt«. Die für »größere Personenzusammenschlüsse typische Eigendynamik hat ihre spezifische Gefährlichkeit darin, dass sie geeignet ist, dem Einzelnen die Begehung von Straftaten zu erleichtern und bei ihm das Gefühl persönlicher Verantwortung zurückzudrängen« (BGH, NJW 1992, 1518). Die Bekämpfung derartiger Vereinigungen beruht auf der Erkenntnis, dass Aktivitäten

dann besonders gefährlich sind, wenn sie sich auf eine gemeinschaftliche Basis stützen können (BVerfGE 80, 244, 255). Die Straftaten brauchen nicht das Endziel, der Hauptzweck oder die ausschließliche Tätigkeit sein. Auch wenn sie die Erreichung des Endziels nur vorbereiten sollen, bleiben Zweck und Tätigkeit der Organisation auf die Begehung strafbarer Handlungen gerichtet (BGHSt 15, 259, 260). Dagegen genügt es nicht, dass die Begehung der Straftaten nur ein Zweck oder eine Tätigkeit von untergeordneter Bedeutung ist (BGHSt 31, 207; 41, 47). Eine Vereinigung unterstützt den Terrorismus, wenn sie diesen fördert, stärkt oder absichert, wozu auch logistische Unterstützung oder Werbung gehört. Erfasst wird also nicht nur die Mitgliedschaft in einer Vereinigung, die sich selbst terroristisch betätigt. Sie erstreckt sich auch auf Vereinigungen, die im Vorfeld Unterstützungsleistungen erbringen.

Problematisch ist bei einem nicht an individuell zurechenbare Akte anknüpfenden 55 Ausschluss vom Flüchtlingsschutz die hohe Missbrauchsanfälligkeit derart abstrakter Kategorien, die ja insbesondere auch in der ideologischen Auseinandersetzung mit dem politischen Gegner verwendet werden. Dies verdeutlicht insbesondere die deutsche Rechtsprechung, die den Begriff der terroristischen Vereinigung sehr weit zieht und damit konturenlos macht. Die unklare Abgrenzung bewaffneter Kämpfer (Kombattanten) von terroristischen Bewegungen (Rdn. 57) und die Unmöglichkeit, sich international über legitime Zielsetzungen Gewalt anwendender Organisationen zu verständigen, verdeutlichen die Probleme, die einer internationalen juristischen Begriffsklärung terroristischer Handlungen entgegenstehen. Die systematische, schwerwiegende und massenhafte Verletzung der Menschenrechte in vielen Staaten der Welt ist ein weiteres Hindernis auf dem Weg zu einer Verständigung über diesen Begriff. Vor diesem Hintergrund dürfen nicht ohne Weiteres Oppositionsgruppen, die mit Gewalt gegen ihre Regierung kämpfen, als terroristisch eingestuft werden. Auch das BVerfG wendet sich gegen eine pauschale Gleichsetzung von Gewalt und Terrorismus (BVerfG [Kammer], InfAuslR 1991, 257, 260 = NVwZ 1992, 261). Vielmehr bedarf es für die Anwendung einer auf den Terrorismus gemünzten Klausel zusätzlicher Merkmale. Diese können etwa in den von der jeweiligen Organisation eingesetzten Methoden und Mitteln gefunden werden. Auch das BVerwG verweist auf die terroristischen Mittel, mit denen eine Vereinigung ihre politische Ziele verfolgt (BVerwGE 123, 114, 130 = InfAuslR 2005, 374 = NVwZ 2005, 1091).

Dass eine Gruppierung auf einer *Liste terroristischer Organisationen* verzeichnet und 56 der Antragsteller mit dieser verbunden ist, rechtfertigt als solche keine von allgemeinen Grundsätzen abweichende Beurteilung. Vielmehr rechtfertigen nur schwerwiegende Gründe den Ausschluss. Der Wortlaut von Art. 12 Abs. 2 Buchst. b) und c) 2011/95/EU (Abs. 2 Satz 1 Nr. 2 und 3) setzt »in jedem Einzelfall eine Würdigung der genauen tatsächlichen Umstände« voraus. Folglich kann allein die Tatsache der Zugehörigkeit zu einer gelisteten Organisation nicht den automatischen Ausschluss vom Flüchtlingsschutz bewirken (EuGH, InfAuslR 2011, 40, 41 = = NVwZ 2011, 285 = AuAS 2011, 43 Rn. 87 ff. – *B. und D*). Die Aufnahme einer Organisation in eine Liste erlaubt aber die Feststellung, dass die Vereinigung, der die betreffende Organisation angehört, terroristisch ist. Auch darf dieser Gesichtspunkt bei der Prüfung, ob die Handlung, die der Antragsteller begangen hat, Art. 12

Abs. 2 Buchst. b) und c) 2011/95/EU zuzuordnen ist, berücksichtigt werden. Andererseits führt die Beteiligung an einer Handlung einer gelisteten Vereinigung nicht notwendig und automatisch zum Ausschluss nach Maßgabe dieser Normen. Vielmehr ist auch in diesem Fall eine individuelle Prüfung der genauen tatsächlichen Umstände geboten (EuGH, InfAuslR 2011, 40, 41 = NVwZ 2011, 285 = AuAS 2011, 43 Rn. 88 ff. – *B. und D*).

57 Aus völkerrechtlichen Gründen ist insbesondere eine Abgrenzung terroristischer Vereinigungen von *Kampfverbänden* erforderlich. Die bloße Tatsache der Zugehörigkeit zu einem Kampfverband kann unter keinen rechtlichen Umständen den Flüchtlingsausschluss rechtfertigen (BVerwGE 135, 252, 266 = NVwZ 2010, 979 = InfAuslR 2010, 256 = EZAR NF 68 Nr. 7). Andererseits verschwimmen in der ideologischen Auseinandersetzung die Grenzen zwischen »terroristischen Gruppierungen« und dem Schutz des humanitären Völkerrechts unterliegenden Kampfverbänden. Rechtlicher Ausgangspunkt für die Abgrenzung ist der Begriff des Kombattanten. Nach Art. 43 ZP I sind Kombattanten im Fall bewaffneter Auseinandersetzungen zur Gewaltanwendung berechtigte Personen. Während Kombattanten gem. Art. 43 Abs. 2 ZP I ausdrücklich zur Anwendung von bewaffneter Gewalt berechtigt sind und deshalb nicht für die bloße Teilnahme an bewaffneten Angriffen, sondern lediglich für die Verletzung völkerrechtlicher Verpflichtungen, wie z.B. im Zusammenhang mit der Anwendung bewaffneter Gewalt verübte Kriegsverbrechen, Verbrechen gegen den Frieden und Verbrechen gegen die Menschlichkeit, verantwortlich gemacht werden können, dürfen Zivilpersonen grundsätzlich keine Gewalt ausüben. Personen, die sich an bewaffneten Kampfhandlungen beteiligen, ohne Kombattanten zu sein, können vielmehr hierfür von der gegnerischen Partei nach allgemeinen Regeln bestraft werden. Dementsprechend können Mitglieder einer terroristischen Organisation nicht den Status eines Kombattanten erworben haben. Ihr Ausschluss vom Flüchtlingsschutz richtet sich nach den oben dargelegten Grundsätzen.

58 Für die Abgrenzung terroristischer Gruppierungen von Kampfverbänden kommt es darauf an, ob eine oppositionelle Gruppierung über eine Führung verfügt, die mittels disziplinarischer Maßnahmen die Einhaltung der Regeln des Kriegsrechts durch ihre Untergebenen zu gewährleisten vermag. Die grundsätzliche Anerkennung kriegsrechtlicher Regelungen und die Unterwerfung unter diese sowie bestehende disziplinarische Strukturen, um deren Sicherstellung zu gewährleisten, sind erforderlich. Eine Gruppierung, deren Ziele und Methoden vorrangig in der Verübung terroristischer Anschläge besteht, bei deren Ausübung begriffsnotwendig nicht zwischen militärischen Objekten und der unbeteiligten Zivilbevölkerung unterschieden wird, diese vielmehr wegen des Propagandaeffekts gerade auf die Zivilbevölkerung gerichtet sind, kann bereits begrifflich kein bewaffneter Kampfverband sein. Kampfverbände unterwerfen sich kriegsrechtlichen Regeln und setzen im Fall der Verübung von Kriegsverbrechen oder Verbrechen gegen die Menschlichkeit bestehende disziplinarische Strukturen hiergegen ein. Hingegen erkennen terroristische Gruppierungen derartige Regelungen nicht an. Ihr Ziel ist es vielmehr, bestehende staatliche, wirtschaftliche und gesellschaftliche Institutionen durch Verbrechen gegen die Zivilbevölkerung im Sinne einer asymmetrischen Kriegsführung unter Druck zu setzen.

3. Persönliche Verantwortung bei Zugehörigkeit zu terroristischen Vereinigungen

Der in der Praxis wichtigste Anknüpfungspunkt für die Anwendung von Abs. 2 Satz 1 Nr. 2 und 3 ist die Zugehörigkeit zu einer terroristischen Organisation (*Marx*, InfAuslR 2012, 30). Häufig wird allein aus der Zugehörigkeit in irgendeiner Weise zu der betreffenden Organisation die Berechtigung zur Anwendung dieser Normen abgeleitet. Strafrechtlicher Anknüpfungspunkt hierfür sind die Organisationsdelikte nach § 129 bis § 129c StGB. Diese Methode entspricht jedoch nicht allgemein anerkannten internationalen Grundsätzen. In der angelsächsischen Rechtsprechung sind die Zurechnungskriterien nach Art. 25 Abs. 3 Buchst. d) IStGH-Statut schärfer herausgearbeitet worden. Diesen Ansatz scheint auch der EuGH zu verfolgen. Ausgangspunkt ist Art. 25 Abs. 3 Buchst. d) i) IStGH-Statut. Danach wird die individuelle Verantwortlichkeit begründet, wenn auf »sonstige Weise« dadurch zur Begehung eines Verbrechens vorsätzlich beigetragen wird, dass diese Beiträge »mit dem Ziel« geleistet werden, »die kriminelle Tätigkeit oder die strafbare Absicht der Gruppe zu fördern.« Diese Beiträge müssen also ausreichend sein, die Fähigkeit der Organisation, terroristische Anschläge zu verüben, zu fördern (UK Upper Tribunal [2011] UKUT 00339 [IAC] Rn. 54 ff. – *Azimi-Rad*). Es wird also nicht ein unmittelbarer Zusammenhang zwischen den Beiträgen und konkreten Verbrechen, jedoch zur Fähigkeit der Vereinigung, solcherart Verbrechen zu verüben, vorausgesetzt. 59

Auch der EuGH fordert »eine individuelle Prüfung der genauen tatsächlichen Umstände.« Dabei ist insbesondere zu berücksichtigen, dass der betreffenden Person »ein Teil der Verantwortung für Handlungen, die von der fraglichen Organisation im Zeitraum der Mitgliedschaft der Person in dieser Organisation begangen wurden, zugerechnet werden kann.« Diese individuelle Verantwortlichkeit ist anhand objektiver wie subjektiver Kriterien zu beurteilen. Zu prüfen ist die Rolle, welche der Betroffene bei der Verwirklichung der betreffenden Handlungen tatsächlich gespielt hat, seine Position innerhalb der Organisation, der Grad der Kenntnis, die er von deren Handlungen hatte oder haben musste, die etwaigen Pressionen, denen er ausgesetzt gewesen wäre, oder andere Faktoren, die geeignet gewesen seien, sein Verhalten zu beeinflussen« Bei einer hervorgehobenen Position »in einer sich terroristischer Methoden bedienenden Organisation« kann vermutet werden, dass er »eine individuelle Verantwortung für von dieser Organisation im relevanten Zeitraum begangene Handlungen trägt.« Diese befreit aber nicht von der Prüfung sämtlicher »erheblicher Umstände« (EuGH, InfAuslR 2011, 40, 98 = NVwZ 2011, 285 = AuAS 2011, 43 – *B. und D.*; dagegen *Bell*, InfAuslR 2011, 214, 215; BVerwG, NVwZ 2014, 283 = InfAuslR 2014, 117 *Haefel/Winter*, ZAR 2015, 97, 103 f. Rn. 10 ff.; OVG NW, Asylmagazin 2013, 294, 296). Über von der Organisation im relevanten Zeitraum begangene Handlungen hinaus erweitert die Rechtsprechung den Zurechnungsbegriff auch auf rein logistische Unterstützungshandlungen von hinreichendem Gewicht im Vorfeld derartiger Handlungen und auf »gewichtige ideologische und propagandistische Aktivitäten zugunsten einer Vereinigung« (BVerwG, NVwZ-RR 2014, 283, 284 = InfAuslR 2014, 117, Rn. 15) und löst sich damit bedenklich von völkerstrafrechtlichen Zurechnungskriterien. Der EuGH vermeidet den Begriff Regelvermutung, sodass nicht die Grundsätze zur Widerlegung heranzuziehen sind. Vielmehr weist er darauf hin, dass bei einer »hervorgehobenen Position« eine 60 individuelle Verantwortlichkeit vermutet werden kann. Ob diese Vermutung gerechtfertigt ist, erfordert aber eine Prüfung sämtlicher »erheblicher Umstände« (EuGH, InfAuslR 2011, 40, 41 = NVwZ 2011, 285 = AuAS 2011, 43 – *B. und D*). Dies erfordert insbesondere Art. 25 Abs. 3 Buchst. d) i) IStGH-Statut, der Regelvermutungen nicht zulässt. Das BVerwG hat bei der Umsetzung der Entscheidung des EuGH ausdrücklich darauf hingewiesen, dass bei einer hervorgehobenen Position des Antragstellers in einer sich terroristischer Methoden bedienenden Organisation zwar eine Vermutung seiner individuellen Verantwortung angenommen werden könne. Gleichwohl bedürfe es aber der Prüfung sämtlicher Umstände des Einzelfalles (BVerwGE 140, 114, 131 Rn. 35 = EZAR NF 68 Nr. 12 = NVwZ 2011, 1450 = InfAuslR 2011, 457). Die Rechtsprechung wendet diese Grundsätze individueller Zurechnung auch bei Abs. 2 Satz 1 Nr. 3 an und verzichtet dabei sogar auf das Erfordernis einer räumlich-organisatorischen Nähe des Betroffenen zu den Taten innerhalb der Organisation (BVerwG, NVwZ-RR 2014, 283, 284 f. = InfAuslR 2014, 117 Rn. 12, 16).

61 Die Ansätze, die nationale strafrechtliche Zurechnungskriterien anwenden, sind deshalb problematisch, weil der Ausschluss vom internationalen Schutz nicht auf Grundlage nationaler juristischer Kriterien erfolgen kann. Andererseits ist bislang aber keine hinreichend juristisch handhabbare Einigung auf den Begriff des Terrorismus hergestellt worden. Die höchstrichterliche britische Rechtsprechung hat eine Reihe von Kriterien entwickelt, die bei der Frage, ob ein Asylsuchender, der einer Gewalt anwendenden Organisation angehört, zu beachten sind: Charakter und gegebenenfalls Größe der Organisation, insbesondere hinsichtlich des Teils, in dem der Antragsteller unmittelbar aktiv war; die Frage, ob und durch wen die Organisation geächtet wurde; die Umstände, unter denen er angeworben wurde; die Dauer seiner Zugehörigkeit zur Organisation und die Frage, ob er Möglichkeiten gehabt hatte, diese zu verlassen; seine Position, sein Rang, seine Bedeutung und sein Einflussbereich in der Organisation, seine Kenntnisse von Verbrechen und terroristischen Aktionen sowie die Frage, welchen persönlichen Beitrag er bei der Ausübung der Handlungen geleistet hatte. Sofern dem Betroffenen bewusst ist, dass nach dem gewöhnlichen Laufe der Ereignisse seine Handlungen bestimmte Folgen haben werden, handelt er vorsätzlich und willentlich (UK Supreme Court [2010] UKSC 15 Rn. 30 und 36 – *JS*).

62 Die höchstrichterliche britische Rechtsprechung wendet sich insbesondere gegen den instanzgerichtlich vertretenen Ansatz, bei terroristischen Organisationen, die nach ihren Zielen, Methoden und Aktivitäten überwiegend terroristischen Charakter haben, aus der Mitgliedschaft eine Regelvermutung der persönlichen Verantwortung zu entwickeln *(»Gurung approach«)*. Das Immigration and Asylum Tribunal hatte in Gurung auf Mitglieder in Gruppierungen, die von ihrem Charakter her terroristisch sind, eine Regelvermutung der Verantwortlichkeit für die von diesen begangenen Verbrechen aufgestellt (UK Immigration and Asylum Tribunal [2003] ImmAR 115 – *Grung*; UK Court of Appeal [2009] EWCA Civ 226 Rn. 36 ii) – *MH and DS*). Die kanadische Rechtsprechung ist hingegen flexibler. Zwar reicht grundsätzlich die Mitgliedschaft für den Ausschluss aus, wenn der vorrangige Zweck der Organisation in der Begehung internationaler Verbrechen besteht (Canada Federal Court [2002] F.C.J. No. 1207 [2002] FCT 867 Rn. 42 – *Pushpanathan*). Vorausgesetzt wird aber, dass

aus der Art der Zugehörigkeit notwendigerweise auf die Kenntnis und Beteiligung des Antragstellers an derartigen Verbrechen geschlossen werden kann (Canada Federal Court [1992] F.C.J. No. 109 Rn. 41 – *Ramirez*). Es genügt also weder die bloße Mitgliedschaft noch wird eine Regelvermutung der Verantwortlichkeit aufgestellt, da niemand ohne persönliche und wissentliche Beteiligung internationale Verbrechen ausüben kann. Vielmehr ist zu prüfen, ob der Asylsuchende persönlich in gewalttätige Handlungen verwickelt gewesen ist oder wissentlich einen wesentlichen Beitrag zu derartigen Aktionen geleistet hat. Für diese Feststellung kann eine bedeutende Position in der Organisation ausreichen (Canada Federal Court, [1992] 2 FC 317 – *Ramirez*). Die Behörden brauchen keine Schuld festzustellen. Sie genügen vielmehr ihrer Beweislast, wenn sie ernsthafte Gründe für die Annahme der Verantwortlichkeit des Antragstellers bezeichnen können. Ernsthafte Anhaltspunkte sind etwa die absolvierte Schulung durch die Organisation und die Position innerhalb eines Systems. Wer über Jahre in einer Organisation, deren Ziel und Zweck die Begehung schwerwiegender Straftaten ist, an führender Stelle tätig ist, muss sich grundsätzlich zurechnen lassen, dass er aufgrund dieser Position Kenntnis von den terroristischen Aktionen hat und die zugrunde liegenden Ziele der Organisation teilt (Canada Federal Court, IJRL 2003, 823, 835–849 – *En Nahda*).

Andererseits akzeptiert die kanadische Rechtsprechung den Einwand eines Asylsuchenden, dass er gegen seinen Willen durch die staatlich Armee zwangsweise rekrutiert worden sei und, nachdem er beobachtet habe, dass die Armee Foltermethoden angewandt hätte, bei der ersten sich ihm bietenden Gelegenheit desertiert sei. Dieser Einwand wird als erheblicher Faktor für die Feststellung, dass der Asylsuchende sich nicht eines Kriegsverbrechens oder eines Verbrechens gegen die Menschlichkeit schuldig gemacht hat, berücksichtigt (Federal Court of Appeal, Urt. v. 14.09.1993 – Action A-746–91 – *Moreno v. Canada*). Ebenso ist in der britischen Rechtsprechung das jugendliche Alter im Zeitpunkt des Eintritts in die Organisation ein besonders erheblicher Faktor für die Frage, ob von einem freiwilligen Beitritt ausgegangen werden kann (UK Court of Appeal [2009] EWCA Civ 226 Rn. 36i – *MH and DS*). Das steht in Übereinstimmung mit der Ansicht von UNHCR. Danach sprechen eine glaubwürdige Erklärung für die fehlende Beteiligung oder den Rückzug des Antragstellers von jeglichen ausschlusswürdigen Verbrechen in Verbindung mit dem Fehlen ernsthafter Anhaltspunkte für seine konkrete Beteiligung gegen die Anwendung der Ausschlussklausel (*UNHCR*, Background Note on the Application of the Exclusion Clauses, September 2003, Rn. 59). Die deutsche Rechtsprechung leitet in diesem Zusammenhang aus der Rechtsprechung des EuGH zur individuellen Verantwortlichkeit ab, dass die altersbedingte Einsichtsfähigkeit zu prüfen sei, ohne dass damit generell eine Verantwortlichkeit vor Vollendung des 18. Lebensjahres ausgeschlossen sei (Nieders. OVG, AuAS 2011, 70, 71). 63

Die angelsächsische Rechtsprechung knüpft damit zwar an eine führende Position in einer Organisation an. Maßgebend ist aber stets, dass aufgrund der Gesamtumstände, wie etwa die Länge der Ausübung der Führungsposition oder der persönliche Einfluss innerhalb der Organisation, die Annahme gerechtfertigt ist, dass der Antragsteller Kenntnis von den einzelnen Handlungen hatte und die Ziele der Organisation 64 teilt. Auch UNHCR stellt im Ergebnis nicht auf die bloße Mitgliedschaft in einer Organisation ab. Vielmehr wird eine individuelle Verantwortlichkeit für deren Verbrechen vorausgesetzt. Diese sei anzunehmen, wenn der Antragsteller für die Finanzen der Gruppierung verantwortlich sei und deshalb unterstellt werden könne, dass er Kenntnis von der Verwendung der Gelder für die Verübung krimineller Handlungen habe. In diesen Fällen erfordere die Feststellung einer persönlichen Verantwortung besonders große Sorgfalt bei der Ermittlung der aktuellen Aktivitäten der Gruppierung, ihres Gewichtes und ihrer Rolle in der Gesellschaft, in der sie aktiv sei, ihrer Organisationsstrukturen, der Position des Antragstellers in der Organisation sowie seiner Fähigkeit, in entscheidender Weise auf ihre Handlungen Einfluss zu nehmen. Gegebenenfalls müssten Fragmentierungen einer Gruppierung in Betracht gezogen werden. So könne es durchaus sein, dass der Teil der Organisation, in dem der Antragsteller aktiv gewesen sei, unfähig gewesen sei, Gewalthandlungen des militärischen Flügels zu kontrollieren. Auch könnten von der Gruppierung nicht autorisierte kriminelle Aktionen durch andere im Namen der Gruppierung ausgeübt worden sein und könne sich der gewalttätige Charakter der Organisation gewandelt haben, sodass die individuelle Mitgliedschaft anhand der Praxis der Organisation während der Zeit, in welcher der Antragsteller ihr angehört habe, zu bewerten sei. Schließlich muss der Vortrag des Antragstellers, dass er gegen seinen Willen unter Zwang in der Organisation festgehalten worden war, berücksichtigt werden (*UNHCR*, Background Note on the Application of the Exclusion Clauses, September 2003, Rn. 61).

65 Grundlegend für die Versuche, die Zurechnung an die spezifische Form der Zugehörigkeit zu einer terroristischen Vereinigung zu knüpfen, ist, dass der nach Art. 25 Abs. 3 Buchst. d) IStGH-Statut erforderliche Begriff der Beteiligung an einem Verbrechen erfüllt sein muss. Für diese Feststellung wird die Bildung von Unterkategorien, die auf der überwiegenden terroristischen Prägung beruhen, als nicht hilfreich empfunden. Vielmehr ist über diese Frage nach den aufgestellten Kriterien zu entscheiden. Zweifelsohne rechtfertigt die aktive Mitgliedschaft in einer Organisation, die ihre Ziele ausschließlich mittels terroristischer Handlungen verfolgt, zumeist die Annahme, dass er verantwortlich für diese Handlungen ist. Jedoch ist der Charakter einer Organisation als solcher nur ein Faktor unter den verschiedenen Kriterien und ist zu vermeiden, eine Regelvermutung der persönlichen Verantwortlichkeit ins Spiel zu bringen. Dies verleitet den Rechtsanwender zu Fehlschlüssen (UK Supreme Court [2010] UKSC 15 Rn. 29 und 31 – *JS*). Ansatzpunkt für die Zurechnung auch bei der Zugehörigkeit zu Organisationen, die überwiegend eine terroristische Prägung aufweisen, ist Abs. 2 Satz 2. Diese Norm weitet den Anwendungsbereich von Abs. 2 Satz 1 nicht aus. Vielmehr bekräftigt sie, was bereits im Völkerrecht allgemein anerkannt ist. Der Supreme Court bezieht sich in diesem Zusammenhang ausdrücklich auf Art. 25 Abs. 3 Buchst. b), c) und d) IStGH-Statut. Die dort normierten Zurechnungskriterien seien weitgehend und erfassten nicht nur aktive Terroristen und Tatteilnehmer, sondern auch jene, die im Vorfeld Unterstützungshandlungen zugunsten terroristischer Aktivitäten entfalteten (UK Supreme Court [2010] UKSC 15 Rn. 31 f. – *JS*, unter Hinweis auf BVerwGE 132, 79, 88 Rn. 21 = EZAR NF 68 Nr. 3). Nach Abs. 2 Satz 2 in Verb. mit Art. 25 Abs. 3 Buchst. b), c) und d) IStGH-Statut ist verantwortlich, wer ein Verbrechen begeht, anordnet, dazu auffordert

oder anstiftet, zur Erleichterung eines Verbrechens Beihilfe oder sonstige Unterstützung bei seiner Begehung oder versuchten Begehung leistet, einschließlich der Bereitstellung der Mittel für die Begehung, oder auf sonstige Weise zur Begehung oder versuchten Begehung eines derartigen Verbrechens durch eine mit einem gemeinsamen Ziel handelnde Gruppe von Personen beiträgt. Im letzteren Fall erfordert Art. 25 Abs. 3 Buchst. d) IStGH-Statut, dass ein solcher Beitrag vorsätzlich sein und entweder mit dem Ziel geleistet werden muss, die kriminelle Tätigkeit oder die strafbare Absicht der Gruppe zu fördern, soweit diese sich auf die Begehung eines Verbrechens beziehen, oder versucht, ein solches Verbrechen zu begehen.

Danach ist ein Asylsuchender vom Flüchtlingsschutz auszuschließen, wenn aus der 66 spezifischen Form seiner Zugehörigkeit zu einer terroristischen Gruppierung geschlossen werden kann, dass er dadurch ausreichend in der Lage ist, einen Beitrag zur Fähigkeit der Organisation zu leisten, terroristische Anschläge zu verüben. Die Bereitstellung von Finanzmitteln in Kenntnis und mit dem Willen, dass diese die Begehung derartiger Verbrechen fördern, erfüllt den Tatbestand von Art. 25 Abs. 3 Buchst. d) i) IStGH-Statut (UK Upper Tribunal [2011] UKUT 00339 [IAC] Rn. 54 ff. – *Azimi-Rad*). Je näher die Funktion des Betroffenen an eine führende oder eine Position mit Befehlsgewalt in der Organisation rückt, umso leichter fällt es, seine Kenntnis und den erforderlichen Willen, dass Verbrechen ausgeübt werden, festzustellen. Ferner ist auch das Verbleiben in einer derartigen Position in Kenntnis, dass die Organisation Verbrechen ausübt, zu berücksichtigen (Canada Federal Court [1994] 1 F.C.F. 433 – *Sivakumar*). Auch das BVerwG zieht für die Auslegung von Art. 1 F GFK völkerstrafrechtliche Grundsätze heran (BVerwGE 136, 89, 104 = NVwZ 2010, 974 = EZAR NF 68 Nr. 8; BVerwGE 135, 252, 272 = NVwZ 2010, 979 = InfAuslR 2010, 256 = EZAR NF 68 Nr. 7; BVerwGE 139, 272, 283 Rn. 28 ff. = EZAR NF 68 Nr. 11 = NvwZ 2011, 1456).

D. Ausschlussgründe wegen fehlender Schutzbedürftigkeit (Abs. 3)

I. Funktion der Ausschlussgründe

Abs. 3 setzt Art. 12 Abs. 1 Buchst. a) RL 2011/95/EU um. Diese Norm beruht 67 auf Art. 1 D GFK (Kommission, KOM[2001]510.2001/0207[CNS], 12.09.2001, S. 29). Der Ausschlussgrund ist im Zusammenhang mit den *Palästina-Flüchtlingen* ausgearbeitet worden, die den Schutz der *»United Nations Relief and Works Agency for the Palestine Refugees in the near East« (UNRWA)* genießen. Zu Schutz oder Beistand gewährenden Organisationen und Institutionen der Vereinten Nationen gehört die durch Resolution Nr. 302/IV vom 08.12.1949 mit Hilfeleistungen und Hilfeprogrammen für die palästinensischen Flüchtlinge im Nahen Osten beauftragte, gegenüber dem UNHCR selbstständige UNRWA. Die gegenüber UNHCR betonte Selbstständigkeit ergibt sich einerseits aus der Tatsache, dass UNRWA bereits vor Verabschiedung des UNHCR-Statuts 1950 ins Leben gerufen worden war, andererseits aus der Entstehungsgeschichte der Konvention (ausf. *Marx*, Handbuch zum Flüchtlingsschutz, 2. Aufl. 2012, S. 350 ff.). Als einzige existierende Organisation der Vereinten Nationen war und ist UNRWA im Rahmen von Art. 1 D GFK von Bedeutung

(*Robinson*, Convention relating to the Status of Refugees, 1953, *Grahl-Madsen*, The Status of Refugees in International Law, Bd. 1, S. 264; *Goodwin-Gill/McAdam*, The Refugee in International Law, 3. Aufl., 2007, S. 151 bis161; EuGH, InfAuslR 2013, 119 Rn. 48 = NVwZ-RR 2013, 160 – *Mostafa Abed El Karem El Kott*). Die Klausel findet nur Anwendung, wenn Schutz oder Beistand von UNRWA dazu führt, dass die begründete Furcht des Antragstellers vor Verfolgung gegenstandslos wird. Er wird nur dann von der Flüchtlingsanerkennung ausgeschlossen, wenn er Schutz oder Beistand der Vereinten Nationen genießt und wenn ihm dieser Schutz zuteil wurde, bevor er um Asyl ersucht hat, und ihm Schutz oder Beistand zu keiner Zeit entzogen wurde (Kommission, KOM[2001]510.2001/0207[CNS], 12.09.2001, S. 29). Im Einzelnen ist aber Vieles strittig.

68 Art. 1 D Abs. 1 GFK und damit Art. 12 Abs. 1 Buchst. a) RL 2011/95/EU sowie Abs. 3 Satz 1 enthalten die Ausschlussklausel, regeln also die Voraussetzungen, unter denen ein Flüchtling sich nicht auf den Schutz der GFK berufen kann. Demgegenüber wird in Art. 1 D Abs. 2 GFK und damit Art. 12 Abs. 1 Buchst. b) RL 2011/95/EU sowie Abs. 3 Satz 2 der Wegfall der Ausschlussklausel geregelt, d.h. festgelegt, unter welchen Voraussetzungen ein derartiger – zunächst vom Schutz der Konvention ausgeschlossener – Flüchtling sich auf den Schutz der Konvention berufen kann. Der Gesetzgeber hat diesen Ausschlussgrund im Rahmen des Richtlinienumsetzungsgesetzes 2007 mit § 3 Abs. 3 eingeführt.

II. Anwendung des Ausschlussgrundes (Abs. 3 Satz 1)

69 Nach Art. 1 D Abs. 1 GFK ist jede Person vom Schutz der Konvention ausgeschlossen, die Schutz oder Beistand einer Organisation der Vereinten Nationen genießt. Das sind Flüchtlinge, die den Schutz von UNRWA genießen. Dabei ist in örtlicher Hinsicht zu beachten, dass der Schutz oder Beistand von UNRWA nicht weltweit besteht, wie sich schon aus ihrer Bezeichnung ergibt. Vielmehr betreut UNRWA jene palästinensischen Flüchtlinge, die infolge des Teilungsplans von 1948 in Jordanien, Syrien, im Libanon und im Gaza-Streifen leben. Um den Schutz oder Beistand von UNRWA zu genießen, muss sich der Flüchtling an einem Ort aufhalten, an dem dieser Schutz rein tatsächlich bereitsteht. Unterstützung durch UNRWA steht nur im Mandatsgebiet der UNRWA zur Verfügung. Ein Flüchtling, der sich außerhalb dieses Gebietes aufhält, genießt nicht den Schutz oder Beistand der UNRWA (*UNHCR*, Handbuch über Verfahren und Kriterien zur Feststellung der Flüchtlingseigenschaft, 1979, Rn. 143). Resolution 2252 (ES-V) der Generalversammlung vom 04.07.1967 erweiterte das Mandat von UNRWA ferner auf jene palästinensischen Flüchtlinge, die infolge des Juni-Krieges 1967 in diese Länder geflohen waren (EuGH, InfAuslR 2010, 327, 328 Rn. 61 – *Bolbol*). Überdies wird das Mandat von UNRWA zugunsten jener palästinensischen Flüchtlinge, die aus dem Gaza-Streifen nach Ägypten geflohen waren, angewandt. Nicht alle palästinensischen Flüchtlinge in den von Israel besetzten Gebieten und dem Gaza-Streifen werden von UNRWA betreut. Schutz- oder Beistandsgewährung durch UNRWA ist von der Zustimmung des jeweiligen Aufnahmestaates abhängig, in dem sich der palästinensische Flüchtling aufhält.

Zutreffend wies die Generalanwältin Sharpston den Einwand der belgischen Regierung, dass der gesamte Art. 1 D GFK auf Personen beschränkt bleiben müsse, die sich im Mandatsgebiet von UNRWA befänden, mit der Begründung zurück, dass die Vorschrift konsekutiv zu verstehen sei. Wolle der Flüchtling Rechte geltend machen, sei zuvor zu prüfen, ob er ursprünglich von Art. 12 Abs. 1 RL 2011/95/EU erfasst worden sei. Sei dies zu verneinen, gehöre er von vornherein nicht zu dem Personenkreis, der von der Konvention ausgeschlossen sei. Vielmehr könne er sich dann auf Art. 1 A GFK berufen (*Sharpston*, Schlussantrag vom 04.03.2010 in der Rechtssache C-31/09 – *Bolbol*, Rn. 47). Nach der belgischen Auffassung folgt aus Art. 1 D GFK eine geografische Beschränkung, die alle palästinensischen Flüchtlinge ausschließt, die sich im Mandatsgebiet von UNRWA aufhalten, unabhängig davon, ob sie dort tatsächlich Schutz oder Beistand der UNRWA genießen. Dem hat sich der EuGH nicht angeschlossen (EuGH, InfAuslR 2010, 327, 328 Rn. 47 – *Bolbol*). In zeitlicher Hinsicht werden nicht nur jene Personen, die im Zeitpunkt der Verabschiedung der Konvention am 28.07.1951 Schutz oder Beistand von UNRWA erhielten, erfasst, sondern auch Personen, die nach diesem Zeitpunkt von UNRWA betreut worden sind, einschließlich jener Personen, die nach Verabschiedung der Konvention geboren wurden. Der Flüchtlingsstatus wird aber nur vom Vater auf die Kinder übertragen, sodass palästinensische Flüchtlingsfrauen, die von UNRWA betreut werden und eine Person ehelichen, die nicht unter das Mandat von UNRWA fällt, ihren Status nicht auf ihre Kinder vererben können (*Cervenak*, HRQ 1994, 300, 301). Aus der Entstehungsgeschichte folgt zwar, dass nur solche Personen ausgeschlossen werden sollten, die »im Zeitpunkt, in dem die Konvention in Kraft tritt«, bereits Schutz oder Beistand anderer Organisationen der Vereinten Nationen genossen (*Hoare*, Delegierter des Vereinigten Königreichs auf der Bevollmächtigtenkonferenz, A/CONF.2/SR.19, S. 20). Seit 1951 hat UNRWA jedoch zahlreichen Personen – sowohl Nachkommen der ursprünglichen Flüchtlinge wie auch neuen Flüchtlingen – Beistand und Schutz gewährt. So bezieht etwa der EuGH die 1967 Vertriebenen in den Anwendungsbereich von Art. 1 D GFK ein (EuGH, InfAuslR 2010, 327, 328 Rn. 47 – *Bolbol*) und weist das BVerwG die Ansicht, die Gründe für den Wegfall müssten unmittelbar mit der Entstehung des Staates Israel und der dadurch bedingten Flucht zusammenhängen oder auf Gründen beruhen, die in den Verantwortungsbereich der Vereinten Nationen fallen, zurück (BVerwGE 88, 254, 262 = EZAR 232 Nr. 1 = InfAuslR 1991, 305, gegen VGH BW, InfAuslR 1987, 191 = ESVGH 38, 73). 70

Die umstrittene Frage, ob nur jene Personen, die tatsächlich Schutz und Beistand der UNRWA genießen oder auch solche, die diesen Schutz nicht genießen, aber dazu berechtigt sind, nach Art. 1 D Abs. 1 GFK vom Schutz der Konvention ausgeschlossen sind, hat der EuGH dahin entschieden, dass nach dem klaren Wortlaut der Norm nur diejenigen Personen, die die Hilfe von UNRWA tatsächlich in Anspruch nehmen, vom Schutz der Konvention ausgeschlossen sind. Die Ausschlussklausel des Art. 1 D GFK ist eng auszulegen und erfasst deshalb nicht Personen, die berechtigt sind oder gewesen sind, Schutz oder Beistand der UNRWA in Anspruch zu nehmen (EuGH, InfAuslR 2010, 327, 328 Rn. 51 – *Bolbol*; so auch Australia Federal Court [2002] FCAFC 329 Rn. 69, 3 – *WABQ*; *Qafisheh/Azarov*, in: Zimmermann, The 1951 71

Convention relating to the Status of Refugees and its 1967 Protocol, 2011, Article 1 D Rn. 35; a.A. BVerwG 89, 296, 303 = EZAR 232 Nr. 1 = InfAuslR 1991, 305). Danach ist Abs. 3 Satz 1 dahin auszulegen, dass der Grund für den Ausschluss nicht nur bei jenen vorliegt, die zurzeit Schutz und Beistand von UNRWA genießen, sondern auch bei denen, die diesen kurz vor Einreichung eines Asylantrags tatsächlich in Anspruch genommen hatten, jedoch nur, sofern dieser Beistand nicht im Sinne von Abs. 3 Satz 2 nicht länger gewährt wird (EuGH, InfAuslR 2013, 119, 120 f. Rn. 52 = NVwZ-RR 2013, 160 – *Mostafa Abed El Karem El Kott*).

72 Die konkrete Bedeutung der alternativen Betreuungsformen »Schutz« oder »Beistand« bestimmt sich nach der im Rahmen ihres Auftrages wahrgenommenen Tätigkeit von UNRWA. Diese Tätigkeit (»Beistand«) betrifft die Versorgung hilfsbedürftiger Flüchtlinge, namentlich durch Bereitstellung von Unterkunft in Lagern und Verpflegung mit Lebensmitteln. Dagegen ist UNRWA weder beauftragt noch in der Lage, den von ihr betreuten Flüchtlingen allgemeinen Schutz zu gewähren und ist insbesondere weder legitimiert noch dafür gerüstet, Verfolgung oder nicht politisch motivierte Zwangsmaßnahmen des Aufnahmestaates oder von dritter Seite, Einwirkungen infolge eines Krieges oder sonstige Gefahren abzuwehren. Um einen so verstandenen Schutz geht es im Rahmen des Art. 1 D GFK nicht (BVerwGE 89, 296, 303 = EZAR 232 Nr. 2 = NVwZ 1992, 676 = InfAuslR 1992, 205). Solange die Betreuung dieser Flüchtlinge durch UNRWA andauert und der Einzelne der begünstigten Flüchtlingsgruppe angehört, besteht der Schutz oder Beistand von UNRWA grundsätzlich fort. Dieser erstreckt sich auf alle Personen, die bei UNRWA als Palästina-Flüchtlinge registriert sind. Der Nachweis der Registrierung lässt sich in aller Regel durch die von UNRWA ausgestellten Registrierungskarten führen, auch wenn diese zeitlich befristet sind. Zeitangaben auf den Registrierungskarten von UNRWA betreffen lediglich deren Gültigkeitsdauer, ohne damit etwas über Fortbestand von Schutz oder Beistand von UNRWA auszusagen (BVerwGE 89, 296, 303 = EZAR 232 Nr. 2 = NVwZ 1992, 676 = InfAuslR 1992, 205).

III. Wegfall des Ausschlussgrundes (Abs. 3 Satz 2)

73 Nach Abs. 3 Satz 2 sind Abs. 1 und 2 wieder anwendbar, wenn Schutz oder Beistand von UNRWA nicht länger gewährt wird. Umstritten ist, ob der Wegfall ipso facto dazu führt, dass der Betroffene als Flüchtling anerkannt wird. Aus dem Hinweis auf Abs. 2 in Abs. 3 Satz 2 Halbs. 2 folgt, dass nach Wegfall des Ausschlusses nach Abs. 3 die Ausschlussgründe nach Abs. 2 anwendbar sind. Die Bestimmungen der GFK sind nach Art. 1 D Abs. 2 GFK ipso facto anwendbar, wenn der nach Art. 1 D Abs. 1 GFK gewährte Schutz »aus irgendeinem Grunde weggefallen« ist. Ebenso verweist Art. 12 Abs. 1 Buchst. a) Satz 1 RL 2011/95/EU auf den Wegfall »aus irgendeinem Grund«. Diese bedeutsame Erweiterung der Gründe für den Wegfall fehlt im Text des Abs. 3 Satz 2. Nach Auffassung der Kommission wird eine Person nur dann wegen Schutzes oder Beistands der Vereinten Nationen von der Flüchtlingsanerkennung ausgeschlossen, wenn ihr dieser Schutz oder Beistand zu keiner Zeit entzogen wurde. Ein Ausschluss aufgrund dieser Klausel erfolge nicht, wenn sie aufgrund von Umständen, auf die sie keinen Einfluss habe, nicht an den Ort zurückkehren könne, an dem sie

grundsätzlich Anspruch auf den Schutz oder Beistand der Vereinten Nationen habe. Werde aber ein solcher Schutz oder Beistand aus irgendeinem Grund nicht mehr gewährt, ohne dass ihre Situation im Einklang mit den einschlägigen Resolutionen der Generalversammlung der Vereinten Nationen endgültig geregelt worden sei, könne sich der Betreffende ipso facto auf die Richtlinie berufen (Kommission, KOM[2001] 510.2001/0207 (CNS), 12.09.2001, S. 29 f.).

Der Schutz oder Beistand von UNRWA ist nicht erst dann im Sinne von Art. 1 D Abs. 2 GFK weggefallen, wenn UNRWA als Institution insgesamt nicht mehr besteht oder in einem Teil des Mandatsgebiets nicht mehr tätig werden kann. Vielmehr kommt es darauf, dass dem konkreten Antragsteller dieser Schutz oder Beistand wegen der Unmöglichkeit von UNRWA, ihre Aufgabe zu erfüllen, tatsächlich nicht mehr zugutekommt (EuGH, InfAuslR 2013, 119, 120 f. Rn. 56 = NVwZ-RR 2013, 160 – *Mostafa Abed El Karem El Kott*; BVerwGE 88, 254, 263 f. = EZAR 232 Nr. 1 = InfAuslR 1991, 305; *Qafisheh/Azarov*, in: Zimmermann, The 1951 Convention relating to the Status of Refugees and its 1967 Protocol, 2011, Article 1 D Rn. 55; *Goodwin-Gill/McAdam*, The Refugee in International Law, 3. Aufl., 2007, S. 159). Nach der Begründung des Vorschlags der Kommission unterbleibt der Ausschluss, wenn die Person aufgrund von Umständen, auf die sie keinen Einfluss hat, nicht an den Ort zurückkehren kann, an dem sie grundsätzlich Anspruch auf Schutz oder Beistand der Vereinten Nationen hat. Werde ein solcher Schutz oder Beistand aus irgendeinem Grund nicht mehr gewährt, ohne dass die Situation der betreffenden Person im Einklang mit den einschlägigen Regeln der Resolutionen der Generalversammlung endgültig geregelt wurde, könne sich der Betroffene ipso facto auf diese Richtlinie berufen (Kommission der Europäischen Gemeinschaften, KOM[2001]510.2001/0207 [CNS], 12.09.2001, S. 29 f.). Dem schließt sich der EuGH an. Verlässt eine Person freiwillig das Mandatsgebiet von UNRWA und verzichtet damit freiwillig auf den gewährten Beistand, wird sie behandelt wie jene, die tatsächlich diesen Schutz weiter genießen. Ist die Entscheidung jedoch durch Zwang begründet, die vom Willen des Betroffenen unabhängig ist, kann eine solche Situation zu der Feststellung führen, dass der Beistand von UNRWA nicht länger gewährt wird (EuGH, InfAuslR 2013, 119, 120 f. Rn. 51, 59 = NVwZ-RR 2013, 160 – *Mostafa Abed El Karem El Kott*; *Goodwin-Gill/McAdam*, The Refugee in International Law, 3. Aufl., 2007, S. 155). 74

Ob dieser Wegfall nur vorübergehender Art ist, ist danach unerheblich. Die Rechtsprechung, wonach nicht bereits vorübergehende Vorkommnisse einen Wegfall der Betreuung durch UNRWA bewirkten, sondern nur solche, denen Dauerhaftigkeit zukomme (BVerwGE 89, 296, 304 = EZAR 232 Nr. 2 = NVwZ 1992, 676 = InfAuslR 1992, 205), ist überholt. Ebenso überholt ist die Rechtsprechung, die nicht von einem tatsächlichen Wegfall des Schutzes ausgeht, wenn der Flüchtling Zugriffen von dritter Seite oder sonstigen Gefahren ausgesetzt sei oder UNRWA im Mandatsgebiet durch eine bürgerkriegsartige Situation an der erforderlichen Schutzgewährung gehindert werde, vielmehr für den Wegfall dieses Schutzes eine Verfolgung unmittelbar aus Gründen der Konvention verlangt (BVerwGE 88, 254, 263 f. = EZAR 232 Nr. 1 = InfAuslR 1991, 305). Vielmehr kommt es nach der Rechtsprechung des EuGH allein auf die fehlende Freiwilligkeit des Ausreiseentschlusses aufgrund von seinem 75

Willen unabhängiger Zwänge an, weil der Betroffene »sich in einer sehr unsicheren persönlichen Lage befindet« und es UNRWA unmöglich ist, ihm im Mandatsgebiet Lebensverhältnisse zu gewährleisten, die mit der ihr übertragenen Aufgabe im Einklag stehen. Dies setzt eine individuelle Prüfung nach Maßgabe von Art. 4 RL 2011/95/EU voraus (EuGH, InfAuslR 2013, 119, 120 f. Rn. 63 f. = NVwZ-RR 2013, 160 – *Mostafa Abed El Karem El Kott*).

IV. Rechtsfolgen des Wegfalls des Schutzes

76 Die Generalanwältin *Sharpston* ging bereits in der Rechtssache *Bolbol* davon aus, dass jene Flüchtlinge, die nicht mehr den Schutz oder Beistand von UNRWA genießen können, ipso facto unter die Bestimmungen der Konvention fallen. Dies folge aus dem klaren Wortlaut von Art. 1 D Abs. 2 GFK sowie aus dem Zweck der Norm. Die »bloße Erlaubnis, sich in die Schlange der Personen einzureihen, die auf eine individuelle Beurteilung ihres Anspruchs auf Anerkennung als Flüchtling warten«, entspreche nicht der hiernach geforderten »besonderen Behandlung und Rücksichtnahme« (*Sharpston*, Schlussantrag vom 04.03.2010 in der Rechtssache C-31/09 – *Bolbol*, Rn. 85 ff.). Hatte der EuGH in *Bolbol* diese Frage noch offen gelassen, hat er später klargestellt, dass die Wendung in Art. 12 Abs. 1 Buchst. a) Satz 2 RL 2011/95/EU und in Art. 1 D Abs. 2 GFK »genießt er ipso facto den Schutz« dahin zu verstehen ist, dass der Betroffene ipso facto in den Genuss der Vergünstigungen der Konvention gelangt. Der Anspruch beschränkt sich nicht auf die bloße Möglichkeit, die Anerkennung als Flüchtling auf der Grundlage von Art. 2 Buchst. d) RL 2011/95/EU zu beantragen. Aus dem vollständigen Wortlaut von Art. 12 Abs. 1 Buchst. a) RL 2011/95/EU folgt vielmehr, dass die dort bezeichneten Personen, sobald ihre Lage endgültig geklärt worden ist, als Flüchtlinge anerkannt werden können. Ist hingegen die Lage der Betroffenen nicht geklärt worden, obwohl ihnen aus von ihrem Willen unabhängigen Grund nicht länger Beistand gewährt wird, hat der Umstand, dass sie in dieser spezifischen Situation »ispo facto« den Schutz dieser Richtlinie genießen, notwendigerweise eine weiter gehende Bedeutung als die, sie sich aus dem bloßen Umstand ergibt, nicht von der Möglichkeit der Anerkennung als Flüchtling ausgeschlossen zu sein (EuGH, InfAuslR 2013, 119, 121 Rn. 71 ff. = NVwZ-RR 2013, 160 – *Mostafa Abed El Karem El Kott*; Federal Court of Australia, [2002] FCAFC 329 – *WAB;* OVG NW, AuAS 2012, 188, 190; *Goodwin-Gill/McAdam*, The Refugee in International Law, 3. Aufl., 2007, S. 155; *Qafisheh/Azarov*, in: Zimmermann, The 1951 Convention relating to the Status of Refugees and its 1967 Protocol, 2011, Article 1 D Rn. 72; *Köfner/Nicolaus*, Grundlagen des Asylrechts in der Bundesrepublik Deutschland, Bd. 1, S. 312; a.A. BVerwGE 89, 296, 306 = EZAR 232 Nr. 2 = NVwZ 1992, 676 = InfAuslR 1992, 205; UK Supreme Court, [2002] EWCA Civ 1103 Rn. 33 ff., 73 f.; *UNHCR*, Handbuch über Verfahren und Kriterien zur Feststellung der Flüchtlingseigenschaft, Rn. 143).

77 Die entgegenstehende Rechtsprechung des BVerwG und auch Abs. 3 Satz 2 sind mit Unionsrecht unvereinbar. Bemerkenswerterweise übernimmt Abs. 3 Satz 2 die Formulierung »ipso facto« in Art. 12 Abs. 1 Buchst. a) Satz 2 RL 2011/95/EU nicht. Die Vorschrift ist daher richtlinienkonform dahin auszulegen, dass die Flüchtlingseigenschaft

automatisch zuerkannt wird, wenn die Voraussetzungen des Abs. 3 Satz 2 vorliegen. Art. 1 D GFK wird damit nicht als Ausschlussgrund, sondern als bedingter Einbeziehungsgrund *(»contingent inklusion clause«)* gehandhabt, wonach die Anwendung der konventionsrechtlichen Schutzes von bestimmten Bedingungen abhängig ist (*Qafisheh/Azarov*, in: Zimmermann, The 1951 Convention relating to the Status of Refugees and its 1967 Protocol, 2011, Article 1 D Rn. 72). Ob ein Flüchtling, auf den bislang die Ausschlussklausel des Art. 1 D Abs. 1 GFK Anwendung gefunden hat, sich in der Union unmittelbar auf Art. 1 D Abs. 2 GFK berufen kann, ist von einer Reihe von Voraussetzungen abhängig. Er muss als erstes den Schutz oder Beistand von UNRWA genossen haben (Rdn. 69 bis 72). Ist dies der Fall und hat er das Mandatsgebiet aus von seinem Willen unabhängigen Gründen verlassen (Rdn. 73 bis 75), kann er sich ipso facto auf den »Schutz der Richtlinie« (EuGH, InfAuslR 2013, 119, 121 Rn. 71 = NVwZ-RR 2013, 160 – *Mostafa Abed El Karem El Kott*) und damit auch auf die Rechtsstellung nach Art. 21 ff. berufen.

Die Berufung setzt allerdings einen entsprechenden Antrag nach § 13 Abs. 1 voraus. Die Prüfungsbefugnis des Bundesamts ist jedoch darauf beschränkt, festzustellen, ob der Antragsteller tatsächlich Schutz und Beistand von UNRWA genossen hat und dieser aus von seinem Willen unabhängigen Gründen entfallen ist und keine Ausschlussgründe nach Abs. 2 vorliegen. Verändern sich die Umstände, sodass der Antragsteller im Mandatsgebiet von UNRWA wieder Schutz und Beistand genießen und in dieses zurückkehren kann, erlischt die gewährte Rechtsstellung nach Art. 11 Abs. 1 Buchst. f) RL 2011/95/EU (EuGH, InfAuslR 2013, 119, 122 Rn. 76 f. = NVwZ-RR 2013, 160 – *Mostafa Abed El Karem El Kott*). Es ist ein Widerrufsverfahren nach § 73 Abs. 1 Satz 2 einzuleiten. Für Palästinenser aus Gaza besteht aber derzeit keine Rückkehrmöglichkeit (Nieders. OVG, InfAuslR 2013, 248). Dies wird für den Eintritt der Erlöschenswirkung aber vorausgesetzt (EuGH, InfAuslR 2013, 119, 122 Rn. 78 = NVwZ-RR 2013, 160 – *Mostafa Abed El Karem El Kott*) 78

E. Versagung des Flüchtlingsstatus wegen Sicherheitsgefährdung (Abs. 4 Halbs. 2)

Mit Abs. 4 Halbs. 2 nimmt der Gesetzgeber die Ermessensklausel des Art. 14 Abs. 5 RL 2011/95/EU in Anspruch. Danach können die Mitgliedstaaten in den in Art. 14 Abs. 4 RL 2011/95/EU bezeichneten Fällen entscheiden, dem Flüchtling die ihm an sich zustehende Rechtsstellung nicht zuzuerkennen, solange noch keine Entscheidung darüber gefasst worden ist. Art. 14 Abs. 4 RL 2011/95/EU beruht auf Art. 33 Abs. 2 GFK. Der letzte Halbsatz in Abs. 4 ist neu eingeführt worden und senkt die Schwelle der Freiheitsstrafe, die nach § 60 Abs. 8 Satz 1 AufenthG erforderlich ist, herab. § 4 insgesamt regelt für Flüchtlinge (Abs. 1) die Gewährung der Rechtsstellung (Abs. 4 Halbs. 1), macht diese aber davon abhängig, dass weder Ausschlussgründe wegen Schutzunwürdigkeit (Abs. 2) noch wegen fehlender Schutzbedürftigkeit (Abs. 3) noch wegen Sicherheitsgefährdung (Abs. 4 Halbs. 2) vorliegen. Es handelt sich damit aber um Flüchtlinge. Ihnen wird jedoch aus diesen Gründen die Rechtsstellung verweigert. Art. 14 Abs. 5 RL 2004/83/EG verweist materiell auf Abs. 4 dieser Norm und nimmt die dort als Aufhebungsgründe geregelten Gründe als negative Tatbestandsmerkmale für die Entscheidung über die Zuerkennung der Flüchtlingseigenschaft in Bezug. 79

Art. 14 Abs. 5 trägt zwar dem Grundsatz Rechnung, dass eine Entscheidung über den Ausschluss ohne vorhergehende Prüfung der Flüchtlingseigenschaft unvereinbar mit dem Ziel und Zweck der Konvention (Art. 31 Abs. 1 WVRK) und der Staatenpraxis (UK Immigration Appeals Tribunal, [1995] Imm A. R. 494; Kanada, Court of Appeal, [1993] 159 NR 210 [C. A.] – *Moreno*; USA, Board of Appeal, [1980], 17 I. & N. Dec. 592 – *Matter of Ballester-Garcia*, Schweizerische Asylrekurskommission, Urt. v. 14.09.1998, B. M. Rn. 184) ist, ist aber gleichwohl völkerrechtlich bedenklich (Rdn. 80). Bereits der Wortlaut von Art. 14 Abs. 5 wie auch Abs. 4 sprechen ausdrücklich von einem Flüchtling. Weil der Ausschluss extremer Ausnahmefall ist, muss zuvor über die Flüchtlingseigenschaft entschieden werden. Erst die hierbei zu prüfenden Umstände erlauben eine Bewertung ihres Gewichts und ihrer Bedeutung auch im Blick auf die Ausschlussgründe. Die wegen des besonderen Ausnahmecharakters strenge Prüfung der Ausschlussgründe darf darüber hinaus nicht in Zulässigkeits- oder beschleunigten Verfahren durchgeführt werden. § 30 Abs. 4 ist unvereinbar mit diesem Grundsatz. Erst eine endgültige Entscheidung über den Ausschluss nach einer sorgfältigen Prüfung aller relevanten Umstände und Tatsachen entzieht dem Flüchtling den Abschiebungsschutz nach Art. 33 GFK (*UNHCR*, The Exclusion Clauses: Guidelines on their Application, 01.12.1996, Nr. 84).

80 Das Abs. 4 Halbs. 2 Alt. 1 zugrunde liegende unionsrechtliche Konzept ist insgesamt ungereimt und völkerrechtlich umstritten. Während der auf Art. 33 Abs. 2 GFK beruhende Art. 14 Abs. 5 RL 2011/95/EU beim Flüchtlingsschutz den Ausschluss in das nationale Ermessen stellt, wird er beim subsidiären Schutz als zwingender Ausschlussgrund (Art. 17 Abs. 1 Buchst. d) RL 2011/95/EU, § 4 Abs. 2 Satz 1 Nr. 4; § 4 Rdn. 76 ff.) geregelt. Der Grund dürfte wohl darin liegen, dass den Verfassern der Richtlinie die Völkerrechtswidrigkeit ihres Vorhabens bewusst war. Darauf deutet hin, dass Art. 33 Abs. 2 GFK nicht im Rahmen der zwingenden Ausschlussgründe des Art. 12 RL 2004/83/EG, sondern als Freistellungsklausel in Art. 14 Abs. 5 RL 2011/95/EU behandelt wird. Derartige völkerrechtliche Bedenken bestehen hingegen beim subsidiären Schutz nicht (*Marx*, Handbuch zum Flüchtlingsschutz, 2. Aufl., 2012, S. 421). Unionsrecht darf aber eine völkerrechtlich fragwürdige nationale Praxis nicht zulassen. Ebenso wie Abs. 4 ist Abs. 5 von Art. 14 RL 2011/95/EU auf Druck der Bundesregierung in die Richtlinie eingefügt worden, die damit ihre nationale Sonderregelung (§ 30 Abs. 4) in das Unionsrecht hinüber retten wollte. UNHCR weist in seiner Untersuchung der Praxis der Mitgliedstaaten darauf hin, dass Deutschland der einzige Mitgliedstaat ist, der Art. 14 Abs. 5 RL 2004/83/EG anwendet (*UNHCR*, Asylum in the European Union. A study of the implementation of the Qualification Directive, S. 94) und kritisiert, dass Art. 33 Abs. 2 GFK nicht als Tatbestandsmerkmal für die Feststellung des Flüchtlingsstatus konzipiert worden sei. Die Hinzufügung des Ausnahmetatbestands vom Refoulementverbot zu den Ausschlussgründen des Art. 1 F GFK sei unvereinbar mit der GFK.

81 Abs. 4 Halbs. 2 Alt. 1 verweist materiell auf § 60 Abs. 8 Satz 1 AufenthG. Danach müssen stichhaltige Gründe für die Annahme sprechen, dass der Flüchtling eine Gefahr für die Sicherheit der Bundesrepublik oder für die Allgemeinheit darstellt, weil er wegen eines schwerwiegenden Verbrechens rechtskräftig verurteilt wurde. Es besteht

Übereinstimmung darin, dass nur eine sehr hohe Gefahr für die Sicherheit der Bundesrepublik die Abschiebung rechtfertigen kann. Insoweit ist die Schwelle für die Anwendung von Art. 33 Abs. 2 GFK höher als die für die Anwendung von Abs. 2 Satz 1 Nr. 2. Es ist unvereinbar mit der Systematik der Konvention, den Begriff der »Gefahr« in Art. 33 Abs. 2 GFK auf Sachverhalte anzuwenden, in denen weniger als eine sehr ernsthafte Gefahr für die Sicherheit des Landes oder die Allgemeinheit besteht (*Goodwin-Gill/McAdam*, The Refugee in International Law, S. 237; *Hathaway*, The Law of Refugee Status, S. 226). Dies folgt aus dem Begriff des »besonders schweren Vergehens« in Art. 33 Abs. 2 GFK. Art. 33 Abs. 2 GFK setzt eine in die Zukunft gerichtete Prognoseentscheidung voraus, während Art. 1 F GFK allein wegen bestimmter individueller Handlungen zum Ausschluss vom Flüchtlingsschutz führt. Daher ist zunächst festzustellen, dass der Antragsteller die Voraussetzungen der Flüchtlingseigenschaft erfüllt. Erst nach dieser Entscheidung, die nicht zur Zuerkennung der Flüchtlingseigenschaft führt (Abs. 4 Halbs. 2 »es sei denn«), wird aus gegebenem Anlass die Gefahrenprognose getroffen. Art. 33 Abs. 2 GFK unterscheidet sich also auch insoweit von Art. 1 F GFK, dass diese Norm der Gefahrenabwehr dient, nicht jedoch ein internationales Prinzip zum Ausdruck bringt, wonach der Betroffene aufgrund bestimmter Handlungen schutzunwürdig wird. Für die Anwendung von Art. 33 Abs. 2 GFK kommt es nicht in erster Linie auf den abstrakten Charakter der begangenen Straftat, sondern auf die Umstände an, unter denen sie begangen wurde, und ob hieraus eine Gefahr für die Sicherheit des Aufnahmestaates oder die Allgemeinheit folgt. Durch die Einfügung der Alt. 2 in Abs. 4 Halbs. 2 werden die Bedenken verschärft, weil das Maß der Freiheitsstrafe weiter abgesenkt wurde. Auch hier ist unabhängig davon stets zu prüfen, ob eine Wiederholungsgefahr vorliegt.

Art. 33 Abs. 2 GFK verlangt eine gefahrenabwehrrechtliche Prognoseentscheidung 82
(s. hierzu auch § 2 Rdn. 5 ff). Allerdings ist eine präventivpolizeiliche Gefahrenprognose im System des flüchtlingsrechtlichen Feststellungsverfahrens ein Fremdkörper und führt dazu, dass nicht eine konkrete polizeirechtliche Gefahrenprognose über eine Wiederholungsgefahr getroffen, sondern anhand von abstrakten Normen ein Ausschlusstatbestand in Anwendung gebracht wird. Dies ist mit Art. 33 Abs. 2 GFK unvereinbar. § 60 Abs. 8 Satz 1 AufenthG lässt diese Frage offen, ist aber ungeachtet seiner abstrakten Tatbestandsmerkmale ein Mittel der Gefahrenabwehr und damit eine Ermessensnorm. Am Ausgangspunkt steht die Frage, ob der Antragsteller eine Gefahr für die Sicherheit des Staates oder der Allgemeinheit darstellt. Das Erfordernis der rechtskräftigen Verurteilung wegen eines besonders schweren Verbrechens fügt ein weiteres Element hinzu, kann aber nicht dahin verstanden werden, dass allein wegen dieser Straftat eine Gefahr für die Sicherheit des Staates oder die Allgemeinheit besteht. Vielmehr entspricht es völkerrechtlichen Grundsätzen, dass Art. 33 Abs. 2 GFK als Ausnahme vom Refoulementschutz eine Berücksichtigung aller Umstände des Falles einschließlich z.B. des Charakters der Straftat, des Hintergrunds ihrer Ausübung, des Verhaltens des Täters und des konkreten Strafurteils erfordert. Abs. 4 Halbs. 2 setzt bei beiden Alternativen voraus, dass ein rechtskräftiges Urteil wegen eines besonders schweren Verbrechens gegen den Flüchtling ergangen ist. Nicht genügt wie bei Art. 1 F GFK, dass schwerwiegende Gründe zu der Annahme berechtigen, der

Betroffene habe bestimmte Straftaten begangen. Art. 33 Abs. 2 GFK enthält eine Schutzgarantie dahin, dass gegen einen Flüchtling, der im Aufnahmestaat eine Straftat begangen hat, nur bei einer rechtskräftigen Verurteilung vorgegangen werden darf (*Robinson*, Convention relating to the Status of Refugees, S. 140). Ferner genügt es nicht, dass der Flüchtling ein »schwerwiegendes« Verbrechen begangen hat. Vielmehr muss er ein »besonders schweres Verbrechen« verübt haben. Schließlich muss aufgrund der Gesamtumstände die Prognose begründet sein, dass er gegenwärtig eine Gefahr darstellt, also eine Wiederholungsgefahr besteht.

83 Liegen die Voraussetzungen des § 60 Abs. 8 Satz 1 AufenthG vor, darf die Flüchtlingseigenschaft nicht zuerkannt werden (Abs. 4 Halbs. 2 Alt. 1). Haben die Mitgliedstaaten dem Flüchtling die Rechtsstellung zuerkannt, können sie von der Freistellungsklausel des Art. 14 Abs. 5 RL 2011/95/EU keinen Gebrauch mehr machen. Dies folgt aus dem Wortlaut der Norm. Nach der Statusgewährung kann aber nach Art. 14 Abs. 4 RL 2011/95/EU der Status aufgehoben werden, wenn nachträglich ein Ausschlussgrund nach Art. 14 Abs. 4 RL 2011/95/EU eingetreten ist. Solange der Betroffene sich im Bundesgebiet aufhält, genießt er die in Art. 14 Abs. 6 RL 2011/95/EU bezeichneten Konventionsrechte. Auch wenn die Feststellungsbehörde den Flüchtlingsstatus wegen Vorliegens der entsprechenden Voraussetzungen versagen will, muss sie den Schutz nach Art. 3 EMRK (§ 4 Rdn. 86 ff.) beachten (Art. 21 RL 2011/95/EU), der anders als Art. 33 Abs. 2 GFK keine Ausnahme vom Refoulementverbot zulässt (EGMR, EZAR 933 Nr. 4 = InfAuslR 1997, 97 = NVwZ 1997, 1093 – *Chahal*; EGMR, InfAuslR 1997, 279, 281 = NVwZ 1997, 1100 = EZAR 933 Nr. 5 – *Ahmed*). Nach Art. 14 Abs. 6 RL 2011/95/EU haben Flüchtlinge, denen der Flüchtlingsstatus entzogen wurde (Art. 14 Abs. 4) oder die ihn erst gar nicht erlangt haben (Art. 14 Abs. 5), Anspruch auf einige der Rechte nach der Konvention, die keinen rechtmäßigen Aufenthalt voraussetzen. Die Vorbehaltsklausel des Art. 14 Abs. 6 weist darauf hin, dass der Genuss dieser Konventionsrechte vom Aufenthalt des Flüchtlings im Aufnahmemitgliedstaat abhängig ist. Vollzieht der Mitgliedstaat nach der Versagung des Flüchtlingsstatus aufenthaltsbeendende Maßnahmen, kommt es nicht zur Anwendung von Art. 14 Abs. 6. Die Vorschrift kommt den Flüchtlingen zugute, die unter die Ausschlussklauseln des Abs. 2 fallen, aber wegen Art. 3 EMRK nicht in ihr Herkunftsland und mangels Aufnahmebereitschaft eines dritten Staates – wie zumeist in derartigen Fällen – nicht in einen anderen Staat abgeschoben werden können.

84 Art. 14 Abs. 6 RL 2011/95/EU bezeichnet nicht alle Konventionsrechte, die keinen rechtmäßigen Aufenthalt voraussetzen. Die Norm verweist auf das Verbot diskriminierender Behandlung (Art. 3 GFK), das Recht auf Religionsausübung (Art. 4 GFK), den Zugang zu den Gerichten (Art. 16 GFK), das Recht auf öffentliche Erziehung (Art. 22 GFK), das Verbot der Bestrafung wegen illegaler Einreise (Art. 31 GFK), den Ausweisungsschutz nach Art. 32 GFK und den Refoulementschutz nach Art. 33 GFK. Ungereimt ist der Hinweis auf den Schutz nach Art. 32 und 33 GFK in Art. 14 Abs. 6 RL 2011/95/EU. Denn Ausweisungs- und flüchtlingsrechtlicher Refoulementschutz war dem Flüchtling durch die Anwendung von Art. 14 Abs. 5 RL 2004/83/EG ja gerade genommen worden (*Marx*, Handbuch zum Flüchtlingsschutz, 2. Aufl., 2012, S. 424).

F. Zuerkennung der Flüchtlingseigenschaft (Abs. 4 Halbs. 1)

I. Funktion der Rechtsstellung nach der GFK

Nach Abs. 4 Halbs. 1 wird dem Antragsteller, der Flüchtling nach Abs. 1 ist und keine 85
Ausschlussgründe (Abs. 2, 3, 4 Halbs. 2 i.V.m. § 60 Abs. 8 Satz 1 AufenthG) erfüllt, die Flüchtlingseigenschaft zuerkannt. Es handelt sich um eine Statusentscheidung im Sinne von § 31 Abs. 2 Satz 1. Abs. 4 Halbs. 1 setzt Art. 13 RL 2011/95/EU um. Folge der Statusentscheidung ist, dass die in Art. 21 ff. RL 2011/95/EU bezeichneten Rechte zu gewähren sind (ausf. *Marx*, Handbuch zum Flüchtlingsschutz, 2. Aufl., 2012, S. 659 ff.). Diese unionsrechtlichen Normen beruhen auf Art. 2 bis 34 GFK. Das einbürgerungsrechtliche Wohlwollensgebot (Art. 34 GFK Rn. 95) wurde wohl wegen der starken nationalen Vorbehalte gegen die Vergemeinschaft des Staatsangehörigkeitsrechts nicht in Unionsrecht überführt. Allenfalls kann die Integrationsförderung in Art. 34 der Richtlinie als halbherzige Umsetzung von Art. 34 GFK verstanden werden.

Die GFK will den von ihr erfassten Flüchtlingen einen gesicherten internationa- 86
len Rechtsstatus verschaffen und ihnen im Einzelnen aufgeführte Rechte in ihrem gewöhnlichen Aufnahmeland, aber auch auf Reisen in andere Länder gewährleisten (BVerfGE 52, 391, 403 = JZ 1980, 24 = NJW 1980, 516 = DVBl 1980, 191 = DÖV 1980, 447 = BayVBl. 1980, 79 = EZAR 150 Nr. 1). Nach fünf Jahren des Besitzes des Aufenthaltstitels wird grundsätzlich der Anspruch auf Aufenthalt in anderen Mitgliedstaaten nach Maßgabe von Art. 2 Buchst. f) in Verb. mit Art. 14 ff. RL 2011/51/EU begründet. Die grenzüberschreitende Freizügigkeit ist grundsätzlich von der Einreiseerlaubnis anderer Staaten abhängig. Zahlreiche europäische Staaten haben das Europäische Übereinkommen über die Aufhebung des Visumzwangs für Flüchtlinge vom 20.04.1959 (BGBl. II 1961, S. 1097) ratifiziert *(Belgien, Bundesrepublik, Dänemark, Finnland, Frankreich, Irland, Island, Italien, Liechtenstein, Luxemburg, Malta, Niederlande, Norwegen, Portugal, Schweden, Schweiz, Spanien und Vereinigtes Königreich).* Danach sind im Bundesgebiet anerkannte Flüchtlinge, die ihre Anerkennung durch den Besitz eines Reiseausweises nach Art. 28 GFK und damit ihren rechtmäßigen Aufenthalt im Bundesgebiet und ihre Rückkehrberechtigung nachweisen können, bei der Einreise in einen anderen Vertragsstaat vom Visumzwang befreit. Für die Schengen-Staaten hat das Übereinkommen seine Bedeutung verloren, weil nach Art. 21 Abs. 1 SDÜ der visumfreie Aufenthalt in anderen Schengen-Staaten erlaubt ist. Die Vertragsstaaten der GFK erkennen die Gültigkeit der nach Art. 28 GFK ausgestellten Reiseausweise an (§ 7 GFK-Anhang). Diese Norm stellt sicher, dass die einem Flüchtling durch den Aufnahmestaat ausgestellten Reisedokumente in den anderen Staaten ohne erneute Prüfung anerkannt werden. Nähere Bestimmungen zur Ausgestaltung des Rechtsanspruchs auf Erteilung des Reiseausweises enthalten die Vorschriften des Anhangs zur GFK.

II. Anspruch auf Ausstellung eines internationalen Reiseausweises (Art. 28 GFK)

Der Flüchtling hat Anspruch auf Ausstellung des Reiseausweises (Art. 28 Abs. 1 GFK) 87
und auf Rückkehr unter den Voraussetzungen des § 51 Abs. 7 AufenthG (Rdn. 96 ff.). Der für die Ausstellung des Reiseausweises erforderliche rechtmäßige Aufenthalt wird

durch die Aufenthaltserlaubnis nach § 25 Abs. 2 AufenthG nachgewiesen. Die Sperrwirkung der Ausweisung steht der Ausstellung des Reiseausweises entgegen. Wird der Flüchtling lediglich geduldet, fehlt es am rechtmäßigen Aufenthalt (VGH BW, InfAuslR 2005, 83, 85 = AuAS 2005, 40; Nieders. OVG, AuAS 2004, 52, 53 f.). Zweck der entsprechenden Regelungen der GFK ist es, den Flüchtlingen nach dem Vorbild des z.Zt. des Völkerbundes eingeführten Nansenpasses einen einheitlichen, allgemein anerkannten Reiseausweis zur Verfügung zu stellen (BVerwGE 4, 309, 311). Für die Entziehung des Reiseausweises bietet die GFK keine Rechtsgrundlage. Vielmehr richtet sich die Rückgabe nach § 52 VwVfG des jeweiligen Landes (VGH BW, InfAuslR 2007, 367, 368). Teilweise wendet die Rechtsprechung insoweit das Passgesetz analog an, erachtet aber die Anordnung der sofortigen Vollziehung der Entziehungsanordnung für rechtswidrig (VG Augsburg, InfAuslR 2000, 156, 157). Der Reiseausweis ist ein geeigneter Identitätsnachweis für die Erlangung einer Fahrerlaubnis (OVG Schleswig, InfAuslR 2007, 401).

88 Nach § 5 GFK Anhang beträgt die Geltungsdauer des Reiseausweises je nach Wahl der ausstellenden Behörde ein oder zwei Jahre. Die Bestimmung ist zwingend. Die Behörde ist nicht befugt, nach pflichtgemäßen Ermessen eine darüber hinausgehende Geltungsdauer festzusetzen (OVG NW, InfAuslR 1981, 110). Demgemäß wird bundesweit verfahren. Für die Erneuerung der Geltungsdauer ist die ausstellende Behörde zuständig, solange der Flüchtling sich nicht rechtmäßig in einem anderen Gebiet niedergelassen hat und rechtmäßig im Gebiet der genannten Behörde wohnhaft ist (§ 6 Nr. 1 GFK Anhang). Der ausstellende Staat ist verpflichtet, dem Flüchtling während der Geltungsdauer des Reiseausweises die Rückkehr in sein Hoheitsgebiet zu einem beliebigen Zeitpunkt zu gestatten (§ 13 Nr. 1 GFK Anhang). Die Vorschrift ist für jene Flüchtlinge bedeutsam, die sich aus beruflichen oder anderen Gründen für längere Zeit im Ausland aufhalten wollen (s. aber § 51 Abs. 7 AufenthG Rdn. 96 ff.). Für die Erneuerung der Geltungsdauer ist die ausstellende Behörde zuständig, solange der Flüchtling sich nicht rechtmäßig in einem anderen Gebiet niedergelassen hat und rechtmäßig im Gebiet der genannten Behörde wohnhaft ist (§ 6 Nr. 1 GFK Anhang). Der ausstellende Staat ist verpflichtet, dem Flüchtling während der Geltungsdauer des Reiseausweises die Rückkehr in sein Hoheitsgebiet zu einem beliebigen Zeitpunkt zu gestatten (§ 13 Nr. 1 GFK Anhang). Auch wenn ein Widerrufs- oder Rücknahmeverfahren eingeleitet worden ist, besteht bis zur Unanfechtbarkeit des Aufhebungsbescheids die Rückkehroption (OVG Berlin-Brandenburg, Beschl. v. 20.09.2005 – OVG 11 S 36.05; VG Berlin, Beschl. v. 05.09.2005 – VG 21 A 161.05).

89 Zwar können »zwingende Gründe der öffentlichen Sicherheit oder Ordnung« der Ausstellung entgegenstehen (Art. 28 Abs. 1 Satz 1 Halbs. 2 GFK). Der Begriff »zwingende Gründe« ist aber eng auszulegen und als deutliche Einschränkung des Konzepts der öffentlichen Sicherheit und Ordnung zu verstehen (Rdn. 92). Er darf nicht für eine allgemeine Glaubwürdigkeitsprüfung missbraucht werden. Vielmehr muss nachgewiesen werden, dass der Erteilung eines Reiseausweises im konkreten Einzelfall eine zwingende Gefahr für die Sicherheit und Ordnung entgegensteht. Nach der Entstehungsgeschichte der Konvention handelt es sich um ein Regel-Ausnahme-Verhältnis. Danach soll die ursprünglich nicht vorgesehene Ausnahme nur für bestimmte

wenige Ausnahmefälle Geltung erlangen, etwa um die Ausreise straffällig gewordener Flüchtlinge zu unterbinden. Durch die temporäre Verweigerung oder Einziehung des Reiseausweises soll verhindert werden, dass der Flüchtling sich dem anhängigen Strafverfahren entzieht oder sich weiterhin am grenzüberschreitenden illegalen Handel beteiligt (*UNHCR*, Stellungnahme zu Art. 28 GFK, NVwZ-Beil. 2004, 1, 3). Das in Art. 28 Abs. 1 Satz 1 GFK angelegte Regel-Ausnahme-Verhältnis lässt deshalb nicht schon bei jedem wie auch immer gearteten Zweifel, sondern nur bei ernsthaften Zweifeln an der Identität des Flüchtlings Einschränkungen des Anspruchs auf Ausstellung des Reiseausweises zu. Die den Konventionsflüchtling insoweit treffenden Einschränkungen bedeuten nicht notwendig, dass ihm bei Identitätszweifeln stets der Reiseausweis zu versagen wäre (BVerwGE 120, 206, 214 f. = NVwZ 2004, 1250 = InfAuslR 2004, 408 = AuAS 2004, 207). Dieser erbringt lediglich *einen widerlegbaren Identitätsnachweis* und zwingt etwa im Einbürgerungsverfahren zur Identitätsprüfung (OVG NW, NVwZ-RR 2016, 317 (318) Rn. 23).

Die Ausländerbehörde darf die im Asylverfahren bejahte Flüchtlingseigenschaft und damit etwa das Fortbestehen der Verfolgungsgefahr nicht selbst prüfen. Ergeben sich aber aufgrund neuer Tatsachen oder des Fehlens von geeigneten Dokumenten ernsthafte Zweifel an der Identität des Flüchtlings, kann sie hierzu weitere Nachweise verlangen. Im Einzelfall ist sorgfältig zu prüfen, ob dies dem Flüchtling – insbesondere wegen der Verhältnisse im Herkunftsland – zumutbar ist. Insbesondere ist seine Beweisnot hinsichtlich des Nachweises seiner Identität zu berücksichtigen. Unzumutbar sind u.a. Handlungen, mit denen sich der Flüchtling dem Schutz des Verfolgerstaates unterstellen würde. Je nach Lage des Einzelfalls ist zu prüfen, ob es ihm zuzumuten ist, sich bspw. an im Herkunftsland lebende Familienangehörige, Verwandte oder Bekannte bzw. einen dortigen Rechtsanwalt zu wenden, um geeignete Nachweise zu erhalten oder ob etwa Möglichkeiten der Kommunikation fehlen oder er sich oder andere damit in Gefahr bringen würde. Unterbleibt eine zumutbare Mitwirkungshandlung oder ist sie unzureichend und lässt sich die Identität auch nicht auf andere Weise klären, darf die Ausländerbehörde die Ausstellung des Reiseausweises ablehnen. Ist hingegen eine Klärung der Identität wegen Unzumutbarkeit der Mitwirkung oder trotz der Mitwirkung des Flüchtlings nicht möglich, darf der Reiseausweis nicht verweigert werden (BVerwGE 120, 206, 215 = NVwZ 2004, 1250 = InfAuslR 2004, 408 = AuAS 2004, 207). 90

Das Bundesamt muss sich bei Unerweislichkeit der behaupteten Staatsangehörigkeit und damit auch der Identität des Flüchtlings schlüssig werden, ob er die behauptete Staatsangehörigkeit bzw. Identität besitzt. Geht im Blick auf die Prognosetatsachen die Unerweislichkeit der behaupteten Tatsache zu seinen Lasten, kann diese Frage im Asylprozess nicht offen bleiben. Das BVerwG untersagt im Blick auf die Frage der Staatsangehörigkeit und damit auch auf die Frage der Identität die Wahrunterstellung (BVerwG, Buchholz 402.25 § 1 AsylG Nr. 125 = InfAuslR 1990, 238). Die Ausländerbehörde muss daher grundsätzlich davon ausgehen, dass das Bundesamt die zur Ermittlungen der Identität erforderlichen Ermittlungen durchgeführt hat. Hat es ohne Vorlage geeigneter Dokumente – wie zumeist – die zur Identität erforderliche Feststellungen getroffen, ist die Ausländerbehörde hieran gebunden. Nur bei konkretem 91

Anlass wegen nachträglich bekannt gewordener neuer Erkenntnisse wird die Ausländerbehörde daher ausnahmsweise hinsichtlich der im Asylverfahren festgestellten Identität eigene Ermittlungen anstellen dürfen. Nur unter diesen Voraussetzungen kann sie dem Flüchtling aufgeben, entsprechende Dokumente vorzulegen. Hiervon hat sie aber im Regelfall abzusehen und darf nicht eigene Ermittlungen anstellen sowie die Vorlage entsprechender Nachweise verlangen. Sofern sie ausnahmsweise die Ausstellung des Reiseausweises verweigern kann, hat sie ungeachtet dessen die Aufenthaltserlaubnis nach § 25 Abs. 2 AufenthG zu erteilen, denn nach § 5 Abs. 3 Satz 1 AufenthG wird abweichend von der in § 5 Abs. 1 Nr. 4 AufenthG geregelten Passpflicht die Aufenthaltserlaubnis erteilt.

III. Umfang der Rechtsstellung

92 Der Flüchtling genießt im Fall eines rechtmäßigen Aufenthaltes (Rdn. 87) im vollen Umfang die sich aus Art. 2 bis 34 GFK ergebenden Rechte. Er kann sich insbesondere auf den *Refoulementschutz* nach Art. 33 Abs. 1 GFK (Art. 21 RL 2011/95/EU), nach innerstaatlichem Recht auf den *Abschiebungsschutz* aufgrund von § 60 Abs. 1 Satz 1 AufenthG und nach Art. 31 GFK auf den *Ausweisungsschutz* berufen. Nach § 56 Abs. 3 AufenthG ist die generalpräventive Ausweisung unzulässig. Die Unterstützung einer terroristischen Vereinigung rechtfertigt nur die Ausweisung, wenn »zwingende Gründe der öffentlichen Sicherheit oder Ordnung« im Sinne von Art. 24 Abs. 1 RL 2011/95/EU vorliegen. Diese Norm bezieht sich zwar auf die Erteilung des Aufenthaltstitels, gilt aber auch für dessen Aufhebung z.B. durch Ausweisung. Die Beeinträchtigung muss einen *»besonders hohen Schweregrad«* aufweisen. Dazu ist zunächst festzustellen, dass die Vereinigung einen terroristischen Charakter hat. Dies allein rechtfertigt aber nicht die Ausweisung. Vielmehr ist zu prüfen, ob der Betroffene selbst terroristische Handlungen begangen hat, ob und in welchem Maße er an der Planung, an Entscheidungen oder an der Anleitung anderer Personen zum Zwecke der Begehung solcher Handlungen beteiligt war und ob und in welchem Umfang er solche Handlungen finanziert oder anderen Personen die Mittel zu ihrer Begehung verschafft hat. Die Teilnahme an legalen Versammlungen und Veranstaltungen und das Sammeln von Spenden für die Organisation bedeutet nicht notwendig eine Unterstützung einer terroristischen Vereinigung. Erst recht sind derartige Handlungen keine terroristischen Handlungen (EuGH, InfAuslR 2015, 357, 362 Rn. 90 f – *H.T.*).

93 Flüchtlinge haben kraft Gesetzes Anspruch auf Erteilung einer Aufenthaltserlaubnis (§ 25 Abs. 2 Satz 1 AufenthG). *Wohnsitzbeschränkende Auflagen* allein wegen des Bezugs von Sozialleistungen verletzen Art. 23 GFK (BVerwGE 130, 148, 152 Rn. 17 = InfAuslR 2008, 268; OVG Rh-Pf, AuAS 2007, 52, 53 f.; *UNHCR*, Stellungnahme zur Beschränkung der Wohnsitzfreiheit von Flüchtlingen und subsidiär geschützten Personen, Juli 2007; *Marx*, in: Zimmermann, The 1951 Convention relating to the Status of Refugees and its Protocol, 2011, Article 26 Rn. 55; a.A. *Fritsch*, ZAR 2007, 356, 357), es sei denn, derartige Beschränkungen gelten – etwa aus integrationspolitischen Gründen – allgemein für Ausländer unter den gleichen Umständen. Ungeachtet dessen hat der Gesetzgeber in § 12a AufenthG derartige Auflagen für zulässig erklärt. Die Ausländerbehörde darf bei Zweifeln an der Identität des Antragstellers nicht die Erteilung

der Aufenthaltserlaubnis versagen (BVerwGE 117, 276, 280 = EZAR 015 Nr. 32 = NVwZ 2003, 992; BVerwGE 120, 206, 212 f.; s. auch Rdn. 91). Nach Art. 12 Abs. 1 GFK bestimmt sich das *Personalstatut* der Flüchtlinge nach dem Recht des Landes ihres Wohnsitzes oder, in Ermangelung eines Wohnsitzes, nach dem Recht ihres Aufenthaltslandes. Mit Personalstatut ist die persönliche Rechtsstellung des Flüchtlings gemeint, also sein privatrechtlicher Status. Im deutschen IPR ist der wichtigste Anknüpfungspunkt für die Ermittlung der maßgeblichen Rechtsordnung die Staatsangehörigkeit. Von diesem Grundsatz macht Art. 12 Abs. 1 GFK eine Ausnahme. Fragen des Personalstatus haben Bedeutung für das Personen- und Familienrecht, das eheliche Güter- und Scheidungsrecht, das Vormundschafts- und Pflegschaftsrecht, das Recht der Volljährigkeit und das Erbrecht.

Es besteht Anspruch auf Ausübung einer selbstständigen und nichtselbstständigen *Erwerbstätigkeit* (§ 25 Abs. 1 Satz 2 in Verb. mit § 25 Abs. 1 Satz 4 AufenthG). Da nach § 25 Abs. 2 Satz 1 AufenthG ein Anspruch auf Verlängerung der *Aufenthaltserlaubnis* besteht, ist unerheblich, dass sie ihrer Natur nach stets nur befristet erteilt werden kann (BVerwG, EZAR 522 Nr. 1). Nach § 8 Abs. 1 Nr. 6 BAföG besteht Anspruch auf *Ausbildungsförderung* und nach § 44 Abs. 1 Nr. 1 Buchst. c) auf Teilnahme am Integrationskurs. Damit ist insbesondere die *Sprachförderung* verbunden (zum früheren Recht LSG NW, InfAuslR 1999, 248; SG Aachen, InfAuslR 1997, 411, 412; SG Münster, Urt. v. 06.11.1997 – S 2 Ar 20/96; a.A. SG Dortmund, Gerichtsbescheid v. 30.01.1997 – S 6 Ar 246/96). Ferner besteht Anspruch auf Kindergeld (§ 1 Abs. 3 Nr. 2 BKGG (zur früheren Rechtslage BSG, EZAR 450 Nr. 8; a.A. LSG BW, EZAR 452 Nr. 2 = NVwZ-Beil. 1997, 8). Der Gleichheitssatz gebietet, Flüchtlinge *Kindergeld* zu gewähren (BVerfG, InfAuslR 2005, 67, 68 f. Der Anspruch auf *Erziehungsgeld* folgt aus § 1 Abs. 6 Nr. 2 BErzG (zur früheren Rechtslage LSG NW, Urt. v. 22.08.1997 – L 13 Kg 39/96, unter Hinweis auf die Rechtsprechung des EuGH, Urt. v. 10.10.1996 – C 245/94 und 312/94; ebenso SG Aachen, Urt. v. 16.04.1998 – § 15 Kg 43/95; SG Aachen, Urt. v. 31.10.1997 – S 10 Kg 22/96; SG Detmold, Urt. v. 06.05.1998 – S 12 Kg 11/97; SG Augsburg, Urt. v. 09.03.1998 – S 10 EG 19/97; s. hierzu auch: BSG, SozR 3 – 7833 § 1 Nr. 16). Die *Wohngeldberechtigung* folgt aus § 3 Abs. 5 Nr. 2 WoGG. 94

Nach Art. 34 GFK sollen die Vertragsstaaten so weit wie möglich die Eingliederung und *Einbürgerung* von Flüchtlingen erleichtern. Das hieraus folgende Wohlwollensgebot zugunsten von Flüchtlingen bindet Behörden und Gerichte und gewährt Flüchtlingen einen Anspruch (BVerwGE 49, 44, 47 = NJW 1975, 2156 = EZAR 271 Nr. 1; BVerwG, InfAuslR 1982, 295; BVerwG, InfAuslR 1984, 312; BVerwG, InfAuslR 1989, 48; *Marx*, in: Zimmermann, The 1951 Convention relating to the Status of Refugees and its Protocol, 2011, Article 34 Rn. 46). Nr. 8.1.3.1. StAR-VwV setzt für die Ermessenseinbürgerung nach § 8 StAG für Asylberechtigte und Flüchtlinge einen Mindestaufenthalt der Asylberechtigten von sechs Jahren voraus (s. hierzu *Marx*, in: GK-StAR, IV, § 8 Rn. 147 ff.). Flüchtlinge werden unter Hinnahme von Mehrstaatigkeit eingebürgert (§ 12 Abs. 1 Satz 2 Nr. 6 StAG). Die frühere Rechtsprechung, die in Fällen von Flüchtlingen die Kontaktaufnahme mit Heimatbehörden zum Zwecke des Entlassungsantrags grundsätzlich für zumutbar erachtete (BVerfG, NJW 1991, 633; BVerwG, 95

InfAuslR 1984, 312; BVerwG, InfAuslR 1989, 54; BVerwG, InfAuslR 1989, 48; OVG Rh-Pf, Beschl. v. 16.12.1986 – 7 A 55/86), ist nicht mehr anwendbar. Damit sind auch die gravierenden Folgen, die das frühere Verfahren für iranischer Asylberechtigte mit sich brachte (BVerwG, InfAuslR 1984, 312; BVerwGE 80, 233, 240 = InfAuslR 1989, 98 = EZAR 271 Nr. 19 = NJW 1989, 1441; BVerwGE 80, 249, 251; BVerwG, InfAuslR 1989, 54; BVerwG, InfAuslR 1989, 48; BVerwG, InfAuslR 1989, 91; Hess. VGH, InfAuslR 1987, 295; Hess. VGH, Urt. v. 15.01.1988 – 7 UE 2623/84; OVG Koblenz, Urt. v. 17.02.1987 – 7 A 92/86), beseitigt worden.

IV. Wiederkehroption (§ 51 Abs. 7 AufenthG)

1. Funktion des § 51 Abs. 7 AufenthG)

96 Nach § 51 Abs. 7 Satz 1 AufenthG erlischt die Aufenthaltserlaubnis abweichend von § 51 Abs. 1 Nr. 6 und 7 AufenthG im Fall der Ausreise nicht, solange der Statusberechtigte im Besitz eines von einer deutschen Behörde ausgestellten gültigen Reiseausweises (Art. 28 GFK) ist. Nach der früheren Rechtsprechung erlosch der Aufenthaltstatus nur zusammen mit dem Asylstatus (BVerwG, InfAuslR 1989, 166; OVG Hamburg, EZAR 227 Nr. 5 = NVwZ 1990, 591; a.A. OVG Hamburg, EZAR 211 Nr. 1; vgl. jedoch OVG Hamburg, EZAR 227 Nr. 5 = NVwZ 1990, 591, Anpassung an BVerwG, InfAuslR 1989, 166). § 51 Abs. 7 Satz 1 AufenthG ist lex spezialis gegenüber allgemeinen ausländerrechtlichen Vorschriften. Das Erlöschen der Aufenthaltserlaubnis nach § 25 Abs. 2 Satz 1 AufenthG ist andererseits nicht vom Erlöschen, Widerruf oder von der Rücknahme der Statusberechtigung (§§ 72 f.) abhängig. Vielmehr ist die Aufenthaltserlaubnis in ihrem Bestand von der Geltungsdauer des nach Art. 28 GFK erteilten Reiseausweises abhängig. Damit sind zur Auslegung von § 51 Abs. 7 AufenthG die Vorschriften des Anhangs zur GFK heranzuziehen.

97 Die GFK will verhindern, dass kein Staat mehr für einen Flüchtling völkerrechtlich zuständig ist. Im Fall der rechtmäßigen Niederlassung in einem anderen Vertragsstaat geht deshalb die völkerrechtliche Verantwortung für den Flüchtling auf den Aufenthaltsstaat über (§ 11 GFK Anhang). Dieser hat nunmehr die Verpflichtung, dem Flüchtling einen Reiseausweis nach Art. 28 GFK auszustellen. Diese Rechtsfolge tritt selbstredend nur dann ein, wenn der Aufenthaltsstaat Vertragsstaat der GFK ist. Der Statusberechtigte, der sich rechtmäßig und für unbestimmte Zeit in einem Staat aufhält, der nicht Vertragsstaat der GFK ist, kann also seinen Anspruch auf die Erteilung der Aufenthaltserlaubnis nicht nach Maßgabe des § 51 Abs. 7 AufenthG und auch nicht nach § 51 Abs. 1 Nr. 6 und 7 AufenthG (Rdn. 96) verlieren. Damit ist aber noch nicht die Frage beantwortet, ob er in diesem Fall einen Wiedereinreiseanspruch trotz Ablaufs der Geltungsdauer des Reiseausweises hat. Der Rechtsanspruch nach § 51 Abs. 7 Satz 1 AufenthG bleibt solange bestehen wie kein Verlusttatbestand nach § 51 Abs. 7 Satz 2 AufenthG eingetreten ist. Letztere Vorschrift geht davon aus, dass mit dem völkerrechtlichen Zuständigkeitswechsel für die Erteilung des Reiseausweises eine vergleichsweise sichere aufenthaltsrechtliche Rechtsstellung im anderen Vertragsstaat einhergeht und deshalb dort Schutz besteht. Nur deshalb bedarf es nicht mehr eines verfestigten Aufenthaltsrechts im Bundesgebiet. Das Verlassen der Bundesrepublik und der Wegfall der Aufenthaltserlaubnis allein genügen für die Anwendung von § 51

Abs. 7 Satz 2 AufenthG nicht. Vielmehr muss ein völkerrechtlicher Wechsel der Zuständigkeit für die Erteilung des Reiseausweises eintreten.

Dies ist der Fall, wenn die Zuständigkeit für die Ausstellung eines Reiseausweises nach den Regeln des Anhangs zur GFK auf den Aufenthaltsstaat übergegangen ist. Findet dieser Übergang nicht statt, bleibt der Anspruch auf die Erteilung der Aufenthaltserlaubnis ungeachtet der Länge des Aufenthaltes im Ausland solange bestehen, wie die Geltungsdauer des Reiseausweises nicht abgelaufen ist. Die Regelungen in § 51 Abs. 1 Nr. 6 und 7 AufenthG finden keine Anwendung. Nach § 5 GFK Anhang beträgt die Geltungsdauer des Reiseausweises je nach Wahl der ausstellenden Behörde ein oder zwei Jahre. Die Auslandsvertretungen dürfen die Geltungsdauer des Reiseausweises höchstens für die Dauer von sechs Monaten verlängern (§ 6 Abs. 2 GFK Anhang). Damit kann sich auf einen unmittelbaren Anspruch auf Wiedereinreise wegen Fortbestands der Aufenthaltserlaubnis nur berufen, wer noch im Besitz eines gültigen Reiseausweises ist. Ist dies nicht der Fall, weil der Aufenthalt im Ausland nach Ablauf der Geltungsdauer des Reiseausweises fortbesteht und vorher auch keine Verlängerung für sechs Monate bei der zuständigen deutschen Auslandsvertretung beantragt worden ist, besteht aufgrund der Statusberechtigung nach § 51 Abs. 7 Satz 2 AufenthG ein Anspruch auf erneute Erteilung der Aufenthaltserlaubnis nach § 25 Abs. 2 Satz 1 AufenthG und damit auch auf Wiedereinreise. Aufgrund des eindeutigen Wortlautes von § 51 Abs. 7 Satz 2 AufenthG können die einschränkenden Regelungen des § 13 GFK Anhangs keine Anwendung finden. 98

Aus § 51 Abs. 7 Satz 2 AufenthG folgt, dass die Rückkehrberechtigung nicht nur solange besteht, wie der Flüchtling im Besitz eines gültigen von einer deutschen Behörde ausgestellten Reiseausweises ist. Vielmehr bleibt die Rückkehrberechtigung solange wirksam, wie nicht ein anderer Staat die völkerrechtliche Zuständigkeit für die Ausstellung des Reiseausweises nach Art. 28 GFK übernommen hat, es sei denn, die Statusberechtigung ist nach § 72 erloschen oder nach § 73 widerrufen oder zurückgenommen worden. Während § 51 Abs. 7 Satz 1 AufenthG die Wiedereinreise erleichtert, weil die fortdauernde Geltung des Reiseausweises von der Grenzbehörde zu beachten und die Wiedereinreise daher problemlos möglich ist, muss der Statusberechtigte im Fall des § 51 Abs. 7 Satz 2 AufenthG vorher gegenüber der deutschen Auslandsvertretung die Neuerteilung des Reiseausweises sowie der Aufenthaltserlaubnis beantragen. 99

2. Wiedereinreiseanspruch

Das BVerwG hat die von den allgemeinen ausländerrechtlichen Regelungen abweichende Besonderheit des Wiederkehranspruchs aus der verfassungsrechtlichen Asylrechtsgarantie abgeleitet (BVerwG, InfAuslR 1989, 166). Jedoch folgt auch aus flüchtlingsrechtlichen Vorschriften ein Rückkehranspruch. Die Schlüsselnormen für den Rückkehranspruch der Statusberechtigten sind § 13 GFK Anhang und Art. 2 Abs. 1 des Europäischen Übereinkommens über den Übergang der Verantwortlichkeit für Flüchtlinge. § 13 Abs. 1 GFK Anhang bestimmt, dass die vertragsschließenden Staaten sich verpflichten, dem Inhaber eines Reiseausweises, der ihm von dem betreffenden Vertragsstaat ausgestellt wurde, die Rückkehr in sein Gebiet zu einem 100 beliebigen Zeitpunkt während der Geltungsdauer des Reiseausweises zu ermöglichen. Welchem Zweck der Auslandsaufenthalt diente, ist insoweit unerheblich (*Rossen*, ZAR 1988, 20, 22). Zwar enthält diese völkerrechtliche Norm nur eine Staatenverpflichtung. Sie ist jedoch nach ihrem Wortlaut, Zweck und Inhalt hinreichend bestimmt, wie eine innerstaatliche Vorschrift rechtliche Wirkung zu entfalten und begründet deshalb durch ihre Transformation in innerstaatliches Recht subjektive Rechtswirkungen (BVerwGE 80, 233, 235 = EZAR 271 Nr. 19 = InfAuslR 1989, 98; BVerwGE 87, 11, 13 = EZAR 252 Nr. 5 = NVwZ 1991, 787 = InfAuslR 1991, 72; BVerwG, EZAR 232 Nr. 2; BGHZ 18 Nr. 22, 25 f.).

101 Ist die Geltungsdauer des Reiseausweises während des Auslandsaufenthalts abgelaufen, werden die Beziehungen zwischen Aufnahmestaat und Flüchtling weiterhin durch den internationalen Status gestaltet, der durch die vorangegangene flüchtlingsrechtliche Statusgewährung begründet wurde. Dieser Status bleibt solange rechtswirksam, bis die zugrunde liegende innerstaatliche Statusentscheidung durch Widerruf oder Rücknahme aufgehoben worden ist oder ein anderer Staat die völkerrechtliche Verantwortung für den Flüchtling übernommen hat. Art. 28 GFK erweitert den grundsätzlich nationalen Status, der mit der Flüchtlingsanerkennung verbunden ist. Bei dieser Erweiterung handelt es sich nicht mehr lediglich darum, dass wesentlich in der nationalen Rechtsordnung fundierte, konkretisierte und gesicherte Rechtspositionen einen gewissen extraterritorialen Überschuss freisetzen. Im Fall des Art. 28 GFK ist es vielmehr der Kerngehalt der Norm selbst, der eine Rechtsstellung begründet, die von vornherein durch ihre nationalen Bezüge geprägt wird und erst in diesen Bezügen Handlungsmöglichkeiten absichert (*Rossen*, ZAR 1988, 20, 23).

102 Für die Lösung der Frage, ob nach Ablauf der Geltungsdauer des Reiseausweises während eines Auslandsaufenthaltes der Flüchtling seinen Rückkehranspruch gegenüber dem den Status gewährenden Vertragsstaat beibehält, ist die Reichweite des internationalen Rechtsstatus maßgebend. Zwar enthält der Anhang zur GFK Regelungen zur näheren Ausgestaltung der internationalen Komponente des Flüchtlingsstatus. Maßgeblich für die Reichweite des internationalen Status ist jedoch zunächst dieser Status selbst. Zur optimalen Gewährleistung der internationalen Freizügigkeit stellen die Regeln des GFK Anhangs sicher, dass der Flüchtling während der Geltungsdauer des Reiseausweises einen unmittelbaren Rückkehranspruch gegenüber dem den Reiseausweis ausstellenden Vertragsstaat hat (§ 13 Abs. 1 GFK Anhang). Lediglich Fristversäumnisse als solche können nicht zum Erlöschen des internationalen Rechtsstatus führen. Vielmehr besteht gegenüber dem den Status gewährenden Vertragsstaat ein Anspruch auf Erneuerung der Geltungsdauer des Reiseausweises (§ 6 Abs. 1 GFK Anhang). Da § 6 Abs. 1 GFK Anhang einen rechtmäßigen Aufenthalt im Hoheitsgebiet des Vertragsstaates voraussetzt, ergibt sich aus dieser Norm zugleich auch ein mittelbarer Rückkehranspruch. Der Vertragsstaat muss mithin im Fall des Ablaufs der Geltungsdauer des Reiseausweises durch geeignete rechtliche und administrative Maßnahmen sicherstellen, dass der Flüchtling in die Lage versetzt wird, den Anspruch auf Erneuerung der Geltungsdauer des Reiseausweises im Hoheitsgebiet des Vertragsstaates geltend machen zu können. Daraus ergibt sich ein Einreiseanspruch des Flüchtlings. Dementsprechend wird allgemein in der Verwaltungspraxis der Vertragsstaaten verfahren.

Solange aufgrund des Aufenthaltes im Aufenthaltsstaat kein völkerrechtlicher Zuständigkeitswechsel eingetreten ist, haben die zuständigen Behörden des Vertragsstaates, der den Reiseausweis ausgestellt hat, die Geltungsdauer des Reiseausweises zu erneuern oder zu verlängern (§ 6 Abs. 1 Satz 1 GFK Anhang) und dem Flüchtling zu diesem Zweck die Einreise zu gestatten. Während der Geltungsdauer des Reiseausweises sind hierzu die Auslandsvertretungen verpflichtet (§ 6 Abs. 2 GFK Anhang). Die Regelungen in § 6 Abs. 1 GFK Anhang enthalten keine einschränkende Voraussetzung dahin, dass die Zuständigkeit der bezeichneten Behörden nur solange besteht, wie die Geltungsdauer des Reiseausweises nicht abgelaufen ist (Rdn. 101 f.). Bereits der Wortlaut weist darauf hin, dass die Zuständigkeit auch für den Fall der Erneuerung der Geltungsdauer (§ 6 Abs. 1 Satz 1 Halbs. 1 Alt. 1 GFK Anhang), mithin für die Situation einer bereits abgelaufenen Geltungsdauer, besteht. Vorausgesetzt wird lediglich, dass der Flüchtling rechtmäßig im Gebiet des Vertragsstaats wohnhaft ist (§ 6 Abs. 1 Satz 1 Halbs. 2 GFK Anhang). Nach deren Ablauf hat die Auslandsvertretung deshalb zur Ermöglichung der Erneuerung der Geltungsdauer des Reiseausweises im Gebiet des Vertragsstaates nach § 6 Abs. 1 Satz 1 GFK Anhang dem Flüchtling durch Ausstellung eines nationalen Reisedokumentes (§ 5 AufenthV) und Erteilung eines Sichtvermerks die Einreise rechtlich zu ermöglichen. 103

§ 3a Verfolgungshandlungen

(1) Als Verfolgung im Sinne des § 3 Absatz 1 gelten Handlungen, die

1. **auf Grund ihrer Art oder Wiederholung so gravierend sind, dass sie eine schwerwiegende Verletzung der grundlegenden Menschenrechte darstellen, insbesondere der Rechte, von denen nach Artikel 15 Absatz 2 der Konvention vom 4. November 1950 zum Schutze der Menschenrechte und Grundfreiheiten (BGBl. 1952 II S. 685, 953) keine Abweichung zulässig ist, oder**
2. **in einer Kumulierung unterschiedlicher Maßnahmen, einschließlich einer Verletzung der Menschenrechte, bestehen, die so gravierend ist, dass eine Person davon in ähnlicher wie der in Nummer 1 beschriebenen Weise betroffen ist.**

(2) Als Verfolgung im Sinne des Absatzes 1 können unter anderem die folgenden Handlungen gelten:

1. **die Anwendung physischer oder psychischer Gewalt, einschließlich sexueller Gewalt,**
2. **gesetzliche, administrative, polizeiliche oder justizielle Maßnahmen, die als solche diskriminierend sind oder in diskriminierender Weise angewandt werden,**
3. **unverhältnismäßige oder diskriminierende Strafverfolgung oder Bestrafung,**
4. **Verweigerung gerichtlichen Rechtsschutzes mit dem Ergebnis einer unverhältnismäßigen oder diskriminierenden Bestrafung,**
5. **Strafverfolgung oder Bestrafung wegen Verweigerung des Militärdienstes in einem Konflikt, wenn der Militärdienst Verbrechen oder Handlungen umfassen würde, die unter die Ausschlussklauseln des § 3 Absatz 2 fallen,**
6. **Handlungen, die an die Geschlechtszugehörigkeit anknüpfen oder gegen Kinder gerichtet sind.**

(3) Zwischen den in § 3 Absatz 1 Nummer 1 in Verbindung mit den in § 3b genannten Verfolgungsgründen und den in den Absätzen 1 und 2 als Verfolgung eingestuften Handlungen oder dem Fehlen von Schutz vor solchen Handlungen muss eine Verknüpfung bestehen.

Übersicht Rdn.

A. Funktion der Vorschrift

1 Die Vorschrift wurde 2013 durch das Gesetz zur Umsetzung der Richtlinie 2011/95/EU in das AsylG eingeführt. Sie definiert den in § 3 Abs. 1 Nr. 1 bezeichneten Begriff der Verfolgung, der Teilelement des Begriffs der *Furcht vor Verfolgung* ist. Dies ist das Schlüsselelement des Flüchtlingsbegriffs nach Art. 1 A Nr. 2 GFK (*UNHCR*, Handbuch über Verfahren und Kriterien zur Feststellung der Flüchtlingseigenschaft, 1979, Rn. 37 bis 65; *Grahl-Madsen*, Annals 1983, 11, 13; *Hyndman*, The Australian Law Journal 1986, 148, 149, *Sexton*, Vanderbuilt Journal of Transnational Law 1985, 731, 748; *Cox*, Brooklyn Journal of International Law 1984, 333; *Marx*, Handbuch zum Flüchtlingsschutz, § 8 Rn. 3 ff., S. 15 ff.). Der Flüchtlingsbegriff wird durch die Richtlinie 2011/95/EU in den Art. 6 bis 10 näher definiert. Die Vorschrift ist inhaltlich mit dem Begriff der Verfolgungshandlung nach Art. 9 Abs. 1 RL 2011/95/EU vollständig identisch. Die Richtlinie 2011/95/EU enthält zwar keine ausdrückliche Vorschrift zur Behandlung des Begriffs der Verfolgungsfurcht, verweist indes in Art. 2 Buchst. d) auf den Begriff des Flüchtlings nach Art. 1 A Nr. 2 GFK. Ferner nimmt die Richtlinie in einzelnen Bestimmungen diesen Begriff in Bezug (z.B. Art. 5 Abs. 1 und 2, Art. 8 Abs. 1, Art. 11 Abs. 1 Buchst. d) und Abs. 2).

2 Auffallend ist, dass die Richtlinie 2011/95/EU ebenso wie die ursprüngliche Richtlinie 2004/83/EG zwar die einzelnen begrifflichen Elemente des Flüchtlingsbegriffs – wie den Begriff der Verfolgung (Art. 9) einschließlich des Wegfalls des nationalen Schutzes (Art. 6 bis 8) und die Anknüpfung der Verfolgung an die Konventionsgründe (Art. 10) – definiert, nicht jedoch den Begriff der Furcht vor Verfolgung. Da die

Richtlinie für die Praxis der Mitgliedstaaten den völkerrechtlichen Flüchtlingsbegriff zum Referenzrahmen des Sekundärrechts gemacht hat, ist dieser in der Praxis vollständig zu berücksichtigen. In den verfahrensrechtlichen Bestimmungen wird angeordnet, dass die individuelle Lage und die persönlichen Umstände des Antragstellers, einschließlich solcher Faktoren wie familiärer und sozialer Hintergrund, Geschlecht und Alter zu berücksichtigen sind, um bewerten zu können, ob in Anbetracht seiner persönlichen Umstände, die Handlungen, denen er ausgesetzt war oder ausgesetzt sein könnte, einer Verfolgung gleichzusetzen sind (Art. 4 Abs. 3 Buchst. c) RL 2011/95/EU). Die Verfolgung nach § 3a ist Teilelement des Begriff der Verfolgungsfurcht und entsprechend auszulegen. Maßgebend ist, ob der Antragsteller eine begründete Furcht vor einer Verfolgung hat, wie sie in Art. 9 RL 2011/95/EU und § 3a inhaltlich bestimmt wird. Der Staatenpraxis zur GFK und dem Zweck der GFK entsprechend steht daher am Ausgangspunkt der Prüfung die Furcht vor Verfolgung. Alle für die Entscheidung wesentlichen Tatsachen und Umstände sind aufzuklären (Art. 4 Abs. 3 Buchst. a) RL 2011/95/EU). Entsprechend der insbesondere in der angelsächsischen Staatenpraxis entwickelten Dogmatik, die bei der Prüfung der Flüchtlingseigenschaft nach der »Verfolgungshandlung« (§ 3a) den »Wegfall des nationalen Schutzes« (§ 3c bis § 3e) und im Anschluss daran den Kausalzusammenhang mit den Verfolgungsgründen (3b) behandelt, ist im Anschluss an die Verfolgung der in Art. 6 bis 8 geregelte Wegfall des nationalen Schutzes (§ 3c bis 3e) und anschließend der kausale Zusammenhang mit den Verfolgungsgründen (Art. 9 Abs. 3 in Verb. mit 10, § 3b) zu prüfen (Abs. 3).

B. Begriff der Verfolgungshandlung (Abs. 1)

I. Funktion des Begriffs

3 Verfolgung im Sinne der GFK ist die dauerhafte oder systematische Verletzung grundlegender Menschenrechte (House of Lords, IJRL 2001, 174, 180, 188 – *Horvath*; zum Verfolgungsbegriff der Richtlinie im Einzelnen *Marx*, Handbuch zum Flüchtlingsschutz, 2. Aufl., 2012, § 10, S. 24 ff.). Art. 9 der Richtlinie verfolgt mit einer begrifflichen Festlegung des Begriffs der Verfolgung in Art. 9 Abs. 1 Buchst. a) einen ehrgeizigen und nicht unproblematischen Ansatz. Er wird jedoch insbesondere durch den Kumulationsansatz in Art. 9 Abs. 1 Buchst. b) (Abs. 1 Nr. 2) sowie die Regelbeispiele in Art. 9 Abs. 2 RL 2011/95/EU (Abs. 2) relativiert. Nach Abs. 1 gelten als Verfolgung im Sinne von Art. 1 A Nr. 2 GFK Handlungen,

4 *»die aufgrund ihrer Art oder Wiederholung so gravierend sind, dass sie eine schwerwiegende Verletzung der grundlegenden Menschenrechte darstellen, insbesondere die Rechte, von denen gemäß Art. 15 Abs. 2 EMRK keine Abweichung zulässig ist (Buchstabe a), oder in einer Kumulierung, einschließlich einer Verletzung der Menschenrechte, bestehen, die so gravierend ist, dass eine Person davon in ähnlicher wie der unter Buchstabe a beschriebenen Weise betroffen ist (Buchstabe b).«*

5 Die Richtlinie versucht damit den Verfolgungsbegriff für die Rechtsanwendung in den Mitgliedstaaten zu definieren. Dies verdeutlicht der Hinweis auf »schwerwiegende« Menschenrechtsverletzungen und den »notstandsfesten Kern« nach Art. 15 Abs. 2 EMRK, zu dem insbesondere das *Folterverbot* gehört. Abs. 1 Nr. 1 gibt eine

Interpretationsmaxime vor, enthält aber keine erschöpfende Definition des Verfolgungsbegriffs. Dessen juristische Fixierung wäre deshalb problematisch, weil von Anfang an keine fest gefügte oder abstrakte konzeptionelle Vorstellung dieses Begriffs vorherrschte (*Hathaway*, The Law of Refugee Status, 1991, S. 103). Stillschweigend wurde vielmehr vorausgesetzt, dass eine Vielzahl von Maßnahmen unvereinbar mit der menschlichen Würde sei. Dementsprechend sieht UNHCR in dem entwicklungsgeschichtlichen Aspekt der Konvention einen gewichtigen Hinweis darauf, dass die Verfasser der Konvention auf der Grundlage der Erfahrungen in der Vergangenheit mit dem Verfolgungsbegriff möglichst alle zukünftigen Arten von Verfolgungen erfassen wollten (*UNHCR*, Auslegung von Art. 1 des Abkommens von 1951 über die Rechtsstellung der Flüchtlinge, April 2001, S. 5). Aus der Entwicklungsgeschichte und dem Zweck der Konvention folgt, dass jeder Definitionsversuch des Verfolgungsbegriffs dessen *prinzipielle Offenheit* bedenken und sich deshalb nicht als abschließende Konzeption verstehen darf. Vielmehr geht es darum, für die in der Praxis üblichen Verfolgungen wesentliche Interpretationsmaximen zur Verfügung zu stellen. Die Auslegung des Verfolgungsbegriffs muss daher »flexibel, anpassungsfähig und offen genug sein, um die veränderlichen Ausprägungen von Verfolgung erfassen zu können.« Ferner hängt es von den Umständen des Einzelfalles ab, ob nachteilige Handlungen oder Drohungen als Verfolgung einzustufen sind (*UNHCR*, Kommentar zur Richtlinie 2004/83/EG, Mai 2005, S. 20).

6 Die Richtlinie und Abs. 1 definieren den Handlungsbegriff nicht, sondern setzen ihn voraus. Der Verfolgung liegt nicht nur ein bestimmtes Verhalten eines potenziellen Verfolgers, das für eine Verletzung der Menschenrechte ursächlich ist, zugrunde, sondern erfordert auch ein auf die Verletzung eines derart geschützten Rechtsguts *(Menschenrechte)* zielendes Verhalten. Die Zielgerichtetheit richtet sich nicht nur auf die Verfolgungsgründe (§ 3b), sondern auch auf die durch die Handlung bewirkte Menschenrechtsverletzung (BVerwGE 134, 55, 60 f. = EZAR NF 61 Nr. 4 = NVwZ 2009, 984). Das BVerwG beruft sich insoweit auf die Entwurfsbegründung der Kommission, wonach als Verfolgung »ausschließlich *Handlungen* gelten, die *absichtlich, fortdauernd* oder *systematisch* ausgeführt werden« (Kommission, KOM [2001] 510 endg.; Ratsdok. S. 21, in: BR-Drucks. 1017/0). Der finale Zusammenhang zwischen dem Verhalten des potenziellen Verfolgers (§ 3c) und der Menschenrechtsverletzung werde bei einem aktiven Eingriff regelmäßig unproblematisch zu bejahen sein. Werde jedoch von einem Schutzakteur ein bestimmtes Schutzverhalten gefordert, wie hier die Registrierung als Voraussetzung der sozialen Unterstützung, handele es sich bei wertender Betrachtung um eine Form der *Unterlassung*. Damit werden die Struktur und verbindlichen Vorgaben der Richtlinie verfehlt. Art. 9 legt die Kriterien der Verfolgung fest, ohne dabei bereits negativ den Wegfall des nationalen Schutzes zu berücksichtigen. Die hierauf bezogene Prüfung erfolgt erst nach Abschluss der Prüfung der Verfolgung nach Maßgabe von Art. 6 bis 8. Der Richtlinie ist eine Verfolgung in Form der Unterlassung fremd. Stets geht es zunächst um ein finales Verhalten des potenziellen Verfolgungsakteurs. Die Frage der Unterlassung der Schutzgewährung stellt sich anschließend bei der Betrachtung der Schutzakteure (§ 3d Abs. 1) und des von diesen geforderten Maßes des Schutzumfangs nach

Maßgabe von § 3d Abs. 2). So ist bei der Frage, ob wirksamer Schutz gegen Verfolgungen gewährt wird, insbesondere die Funktionsweise der Schutzinstitutionen, die durch »ihr Tun oder Unterlassen für Verfolgungshandlungen« gegen den Antragsteller im Fall der Rückkehr ursächlich werden können, zu prüfen (EuGH, Urt. v. 02.03.2010 – C-175/08, C-176/08, C-178/08 und C-179/08 – InfAuslR 2010, 188, 189 = NVwZ 2010, 505 Rn. 71 – *Abdulla*). Werden durch einen Verfolgungsakteur gezielt zentrale internationale Schutznormen verletzt, liegt Verfolgung vor. Ob durch das Unterlassen der Schutzgewährung durch die in § 3d bezeichneten Schutzakteure der Flüchtlingsstatus begründet wird, ist keine Frage der Verfolgung, sondern des Wegfalls des nationalen Schutzes.

Die die Verfolgung begründenden Umstände und Tatsachen werden nach Maßgabe eines individuellen Ansatzes festgestellt (Art. 4 Abs. 3 Halbs. 1 RL 2011/95/EU). Dabei sind die individuelle Position und die persönlichen Umstände des Antragstellers einschließlich seines Hintergrunds, Geschlechts und Alters zu berücksichtigen, um beurteilen zu können, ob auf Grundlage seiner persönlichen Verhältnisse die Maßnahmen, die ihm zugefügt wurden oder wahrscheinlich werden, als Verfolgung gewertet werden können (Art. 4 Abs. 3 Buchst. c) RL 2011/95/EU). Dem Begriff der Verfolgung liegt danach ein *Individualansatz* zugrunde. Bei der Auslegung und Anwendung der Richtlinie ist jedoch die Verfolgung aus der konkreten Sicht des einzelnen Antragstellers zu beurteilen. Nur derjenige ist verfolgt, der selbst in seiner Person Verfolgung erlitten oder dem diese gedroht hat, weil ihm anknüpfend an Verfolgungsgründe (§ 3b) gezielt Verfolgungen zugefügt worden sind (BVerfGE 83, 216, 230 = EZAR 202 Nr. 20 = NVwZ 1991, 109 = InfAuslR 1991, 200) oder werden. Rein faktische Bedrohungen, die in einem *allgemeinen Repressionsklima* oder in *bürgerkriegsartigen Erscheinungen* ihre Ursache haben, sind demnach nicht individual bezogene Verfolgungen (BVerwG, DÖV 1979, 296; BVerwG, Buchholz 402.24 § 28 AuslG Nr. 18). Sie können aber individuelle Auswirkungen haben, wenn sie sich auf den Einzelnen zuspitzen. Die Verfolgung muss im Zeitpunkt der Entscheidung (Art. 4 Abs. 3 Buchst. a) RL 2011/95/EU) drohen. Früher erlittene oder unmittelbar bevorstehende Verfolgungen müssen in diesem Zeitpunkt fortwirken. Nicht eine in der Vergangenheit abgeschlossene Verfolgung, sondern alle im Entscheidungszeitpunkt erheblichen und die Annahme einer Verfolgung rechtfertigenden Tatsachen (Art. 4 Abs. 3 Buchst. a) RL 2011/95/EU) begründen die Flüchtlingseigenschaft. Derartige Tatsachen können auch nach dem Zeitpunkt der Einreise eingetreten sein und begründen für den Fall ihrer Entscheidungserheblichkeit unter dem rechtlichen Gesichtspunkt eines Nachfluchtgrundes (§ 28) die Flüchtlingseigenschaft. 7

Maßgebend für die Statuszuerkennung ist die Begründetheit der Furcht vor drohender Verfolgung im Entscheidungszeitpunkt. Der Verfolgungsbegriff ist daher materiellrechtliche Grundlage für die Ermittlung der Prognosetatsachen und die darauf beruhende Prognoseentscheidung. Bei dieser Prüfung kommt der individuellen Situation vor der Ausreise maßgebliche Bedeutung zu. Zu Recht ist vorrangiger Gegenstand der Tatsachenfeststellung die Situation des Antragstellers vor der Ausreise. Wer das Herkunftsland unter dem Druck von Verfolgung verlassen hat, hat bei unveränderter Sachlage auch im Entscheidungszeitpunkt begründete Furcht vor Verfolgung 8

(Art. 4 Abs. 4 RL 2011/95/EU). Letztlich geht es aber um eine prognoserechtliche, also um eine in die Zukunft gerichtete Entscheidung. Materiell-rechtliche sind mit Prognosekriterien eng verzahnt. Es geht darum, aus der Skala der Prognoseerwägungen Kriterien aufzuzeigen, die eine Hilfestellung bei der konkreten Prognose leisten sollen (BVerwG, EZAR 201 Nr. 10 = DVBl 1987, 47). Materiell-rechtliche und beweisrechtliche Kriterien beruhen aber nach der Rechtsprechung auf einem ausschließlich objektiv geprägten Gefahrenbegriff, der, soweit die aktuelle Verfolgungssituation vor der Flucht infrage steht, fordert, dass eine unmittelbare Gefahr für Leib, Leben oder persönliche Freiheit bestanden haben muss. Dies ist unvereinbar mit dem flüchtlingsrechtlichen Ansatz, der auf der begründeten *Furcht vor Verfolgung* beruht. Zwar hat das BVerwG nunmehr eher beiläufig auf den Begriff der Verfolgungsfurcht hingewiesen (BVerwGE 146, 67, 73 Rn. 19 = EZAR NF 62 Nr. 28 = NVwZ 2013, 936 = InfAuslR 2013, 300, m. Anm. *Marx*, InfAuslR 2013, 308). Es bleibt aber abzuwarten, welche konkreten Folgerungen es in der Zukunft hieraus ziehen wird.

II. Schwerwiegende Menschenrechtsverletzungen (Abs. 1 Nr. 1)

9 Abs. 1 Nr. 1 erfordert in Übereinstimmung mit Art. 9 Abs. 1 Buchst. a) RL 2011/95/EU eine schwerwiegende Verletzung grundlegender Menschenrechte, insbesondere der Rechte, von denen nach Art. 15 Abs. 2 EMRK keine Abweichung zulässig ist. Abs. 1 Nr. 1 nimmt seinem Ausgang bei dem Begriff »schwerwiegender Verletzung grundlegender Menschenrechte.« Der Hinweis auf den *notstandsfesten Kern* nach Art. 15 Abs. 2 EMRK ist insoweit nur ein besonderer Beispielsfall, wie bereits aus der Verwendung des Begriffs »insbesondere« folgt. Abs. 1 Nr. 1 gibt lediglich eine Interpretationsmaxime vor, enthält aber keine erschöpfende Definition des Verfolgungsbegriffs (*Klug*, German YIL 2004, 594, 601). Der Hinweis auf den notstandsfesten Kern hat keine begrenzende Funktion, sondern soll sicherstellen, dass die Mitgliedstaaten Verletzungen des *Folterverbotes* und diesen vergleichbare schwerwiegende Menschenrechtsverletzungen auf jeden Fall berücksichtigen. Nach Art. 15 Abs. 2 EMRK darf von den dort bezeichneten Normen »in keinem Fall abgewichen werden.« Dementsprechend wird im Blick auf diese Rechte auch der Begriff des »notstandsfesten Kerns« verwendet. Einen ähnlichen Ansatz enthält Art. 4 Abs. 2 IPbpR, der allerdings auch die Religionsfreiheit (Art. 18 IPbpR) zum notstandsfesten Kern erklärt. Auch der EuGH verweist für den Begriff der Verfolgung auf den notstandsfesten Kern der Menschenrechte (EuGH, NVwZ 2013, 1612, 1613 Rn. 53 – *Y und Z*, = InfAuslR 2012, 444 = EZAR NF 62 Nr. 27, m. Anm. *Marx*, NVwZ 2012, 1615). Art. 15 Abs. 2 EMRK schließt insbesondere das Folterverbot (Art. 3 EMRK) ein. Die anderen dort bezeichneten Rechte sind für das Asylverfahren praktisch nicht relevant, wie z.B. das Verbot der Sklaverei oder Leibeigenschaft (Art. 4 Abs. 1 EMRK). Das in Art. 7 EMRK enthaltene strafrechtliche Rückwirkungsverbot gibt für die Begriffsbestimmung der Verfolgung wenig her. Damit muss die Verfolgung nach Abs. 1 Nr. 1 die begrifflichen Kriterien einer Foltermaßnahme oder einer unmenschlichen Behandlung oder Bestrafung erfüllen. Weniger schwerwiegende Beeinträchtigungen werden nicht erfasst.

10 Nach dem Handbuch von UNHCR stellen schwerwiegende Verstöße gegen die Menschenrechte eine Verfolgung dar (*UNHCR*, Handbuch über Verfahren und Kriterien

zur Feststellung der Flüchtlingseigenschaft, 1979, Rn. 51). In der Staatenpraxis ist der Zusammenhang zwischen dem Begriff der Verfolgung und Menschenrechtsverletzungen anerkannt. Ein präziser Begriff der Verletzung der Menschenrechte als Grundlage für die Annahme der Verfolgung hat sich jedoch nicht heraus gebildet. Einigkeit besteht, dass grundsätzlich alle Menschenrechte als Grundlage des Begriffs der Verfolgung in Betracht kommen. Geht es dabei um Beeinträchtigungen der körperlichen Unversehrtheit, also um Misshandlungen und Folter, stellt generell jede derartige Maßnahme Verfolgung dar, ohne dass es insoweit noch auf eine besondere Intensität oder Schwere des Eingriffs ankommt (BVerfG [Kammer], InfAuslR 1999, 273, 276 = NVwZ-Beil. 1999, 81; BVerfG [Kammer], InfAuslR 2000, 254, 258 f.; BVerfG [Kammer], NVwZ 2013, 500, 501). Was im konkreten Einzelfall »schwerwiegend« ist, ergibt sich einerseits aus einem Vergleich zum Kumulationsansatz in Abs. 1 Nr. 2 und andererseits auch aus den in Abs. 2 bezeichneten Regelbeispielen. Der Begriff der »schwerwiegenden Verletzung grundlegender Menschenrechte« bedarf einer wertenden, alle vorgebrachten und sonstwie ersichtlichen Umstände und Tatsachen einschließenden Gesamtbetrachtung.

Über das erforderliche Ausmaß der Verletzung der Menschenrechte besteht jedoch kein hinreichendes präzises Verständnis. Abs. 1 Nr. 1 engt in Umsetzung von Art. 9 Abs. 1 Buchst. a) RL 2011/95/EU den Begriff der Menschenrechtsverletzung auf »schwerwiegende Verletzungen« ein. Hingegen erfüllen nach dem Handbuch von UNHCR »Bedrohungen des Lebens oder der Freiheit« wegen der Bezeichnung dieser Rechtsgüter in Art. 33 Abs. 1 GFK stets die für die Annahme einer Verfolgung maßgebenden Kriterien. Im Zweifel ist ergänzend der *Kumulationsansatz* heranzuziehen. Aus denselben Gründen können auch andere schwerwiegende Verletzungen der Menschenrechte eine Verfolgung darstellen (*UNHCR*, Handbuch über Verfahren und Kriterien zur Feststellung der Flüchtlingseigenschaft, 1979, Rn. 51). Der einschränkende Zusatz »schwerwiegend« bezieht sich nur auf Bedrohungen des Lebens oder der Freiheit oder vergleichbarer Rechtsgüter. Über schwerwiegende Menschenrechtsverletzungen hinaus können auch »andere dem Antragsteller zum Nachteil gereichende Handlungen oder Drohungen« eine Verfolgung darstellen. Ob letztere dem Begriff der Verfolgung gleichzusetzen sind, ist von den Umständen des einzelnen Falles abhängig. Auch die Verletzung anderer als notstandsfester Rechte der EMRK können also »so gravierend« sein, dass sie den Verfolgungsbegriff erfüllen (EuGH, NVwZ 2013, 1612, 1613 f. Rn. 54, 61– *Y und Z*, m. Anm. *Marx*, NVwZ 2012, 1615 = InfAuslR 2012, 444 = EZAR NF 62 Nr. 27). Sie werden aber nicht bei Abs. 1 Nr. 1, sondern bei Abs. 1 Nr. 2 berücksichtigt (Rdn. 12 ff.) und müssen insgesamt so gravierend sein, dass der Antragsteller davon in »ähnlicher« wie in der in Abs. 1 Nr. 1 beschrieben Weise betroffen ist (Abs. 1 Nr. 2, Rdn. 13 ff.). 11

III. Kumulationsansatz (Abs. 1 Nr. 2)

Abs. 1 Nr. 2 bezeichnet in Umsetzung von Art. 9 Abs. 1 Buchst. b) RL 2011/95/EU Handlungen als Verfolgung, die in einer Kumulierung unterschiedlicher Maßnahmen, einschließlich einer Verletzung der Menschenrechte, bestehen, die so gravierend sind, dass eine Person davon in ähnlicher wie in der unter Abs. 1 Nr. 2 beschriebenen Weise 12 betroffen ist. Der unionsrechtliche Ansatz entspricht im Ausgang dem hergebrachten Verständnis des Kumulationsansatzes. Er verpflichtet die Mitgliedstaaten nicht nur zur Berücksichtigung schwerwiegender Verletzungen grundlegender Menschenrechte, sondern bezieht darüber hinaus auch die Verletzung aller Menschenrechte ein, auch wenn sie nicht grundlegend sind und die Verletzung als solche auch nicht schwerwiegend ist. Das vorgegebene Erfordernis, dass diese Maßnahmen in ihrer Gesamtwirkung insgesamt »schwerwiegend« sein müssen, kann nicht schematisierend und starr gehandhabt werden. Die entsprechenden Feststellungen können vielmehr von Fall zu Fall unterschiedlich ausfallen (*Goodwin-Gill/McAdam*, The Refugee in International Law, 3. Aufl., 2007, S. 91 f.). Es liegt in der Natur *diskriminierender Verfolgungsmuster* (Abs. 2 Nr. 2 bis 4), dass sie nicht anhand starrer begrifflicher Kriterien erfasst werden können, sondern in der Feststellungspraxis eine offene und pragmatische Herangehensweise erfordern.

13 Bei der Frage, ob weniger gravierende Maßnahmen in ihrer Gesamtwirkung »so gravierend« sind wie Verletzungen absolut geschützter Rechte (Art. 15 Abs. 2 EMRK), bleibt den Mitgliedstaaten ein erheblicher Beurteilungsspielraum. Mit der Formulierung »*in ähnlicher Weise*« wird ein zureichender Spielraum für einen offenen und pragmatischen Umgang mit dem Begriff »schwerwiegender Menschenrechtsverletzung« geschaffen, was ja insbesondere auch die Regelbeispiele in Abs. 2 bestätigen. Die unterschiedlichen Maßnahmen müssen zwar nicht jeweils für sich, aber in ihrer Gesamtwirkung das Gewicht und die Schwere einer schwerwiegenden Menschenrechtsverletzung aufweisen. Während in Abs. 1 Nr. 1 der Begriff der »schwerwiegenden Verletzung« der »grundlegenden« Menschenrechte verwendet wird und diese Norm damit einen engen Interpretationsrahmen vorgibt, bezieht der Kumulationsansatz alle Menschenrechte ein, beschränkt damit den Verfolgungsbegriff nicht allein auf grundlegende Menschenrechte. Deshalb können auch Handlungen den Begriff der Verfolgung erfüllen, die jeweils für sich nicht »schwerwiegend« im Sinne von Abs. 1 Nr. 1 sind, aber verbunden mit anderen, ähnlichen Handlungen insgesamt als »schwerwiegende« Menschenrechtsverletzung erscheinen. Das Erfordernis, dass die Handlungen »aufgrund ihrer Art oder Wiederholung« schwerwiegend sein müssen, verdeutlicht, dass auch eine einmalige Verfolgung ausreichen kann, wenn daraus folgt, dass der weitere Aufenthalt im Herkunftsland unzumutbar war. Einerseits kann nach Abs. 1 Nr. 1 eine Wiederholung schwerwiegender Handlungen, aber auch eine einzelne Handlung aufgrund ihrer Art andererseits nach Abs. 1 Nr. 2 eine Kumulierung unterschiedlicher Maßnahmen Anlass zur Flucht geben.

14 Der Kumulationsansatz verweist auf den generellen Ansatz des Verfolgungsbegriffs, wonach die Bedrohung des Lebens oder der Freiheit aus den Gründen der Konvention stets eine Verfolgung darstellt, hingegen andere Verstöße gegen die Menschenrechte schwerwiegend sein müssen (Rdn. 11). Nicht jede völkerrechtlich zulässige Diskriminierung aus den Gründen der Konvention stellt daher notwendigerweise Verfolgung dar (EuGH, NVwZ 2013, 1612, 1614 Rn. 61– *Y und Z*, m. Anm. *Marx*, NVwZ 2012, 1615 = InfAuslR 2012, 444 = EZAR NF 62 Nr. 27). Dies ist ein im Flüchtlingsrecht anerkanntes Prinzip (*Musalo*, IJRL 2004, 165, 177, mit Hinweisen). Der Verfolgungsbegriff schließt zwar konzeptionell alle Menschenrechte ein. Den

Flüchtlingsschutz unterscheidet aber vom *Menschenrechtsschutz*, dass nicht die ungehinderte größtmögliche Ausübungsfreiheit der Menschenrechte gewährt, sondern die Flüchtlingseigenschaft nur zuerkannt wird, wenn deren Verletzung ernsthaft genug ist. Es ist der Kumulationsansatz, der Diskriminierungen erst juristisch handhabbar macht. Er wird aber nicht inhaltlich definiert. Vielmehr wird der Praxis sozusagen die Fahrspur gewiesen, die sie einzuschlagen hat (*Marx*, Asylmagazin 2013). Diskriminierungen dürfen »nicht vorschnell« ausgeschlossen werden (BVerwGE 146, 67 [85] Rn. 38= EZAR NF 62 Nr. 28 = NVwZ 20123, 936 = InfAuslR 2013, 300; *Marx*, Asylmagazin 2013, 233, 235). Vielmehr ist zu prüfen, ob sie den Antragsteller vor seiner Flucht an seinem Herkunftsort in eine ausweglose Lage geführt hat, aus der er sich auch nicht durch Umsiedlung in andere Landesteile, sondern nur noch durch Flucht befreien konnte. Der Zweck des Kumulationsansatzes besteht also darin, diskriminierende Maßnahmen zu identifizieren, um die Frage beantworten zu können, ob diese in ihrer Gesamtwirkung eine ausweglose Lage hervorrufen, also einer Verfolgung gleichkommen. Auch das BVerwG hat Abstand davon genommen, Diskriminierung zu definieren, sondern für das Verfahren der Sichtung und Sammlung der in Betracht kommenden Eingriffe der Praxis den Weg versperrt, bestimmte Maßnahmen, nur weil sie als solche jeweils für sich nicht die erforderliche Schwere aufweisen, aus dem Erkenntnisprozess auszuschließen.

15 Zu dieser Änderung seiner Rechtsprechung sah das BVerwG sich aufgrund unionsrechtlicher Vorgaben gezwungen. Früher hatte es den Kumulationsansatz zurückgewiesen: Eingriffe, die unterschiedliche Schutzgüter mit einer jeweils nicht erheblichen Intensität betreffen, also eine »Vielzahl diskriminierender ›*Nadelstiche*‹«, seien auch in ihrer Gesamtwirkung keine Verfolgung. Mehrere für sich genommen jeweils nicht besonders schwere Beeinträchtigungen unterschiedlicher Rechtsgüter könnten zwar in ihrer Gesamtheit zu einer Benachteiligung und Unterdrückung in verschiedenen Lebensbereichen führen. Eine derartige Situation sei aber noch keine Verfolgung (BVerwG, NVwZ-RR 1995, 607). An diesen Grundsätzen hält das BVerwG nicht mehr fest und leitet damit eine paradigmatische Änderung seiner Rechtsprechung ein. In diesem Zusammenhang verwendet es den Begriff Eingriffshandlungen und weist auf »Menschenrechtsverletzungen wie sonstige schwerwiegende Repressalien, Diskriminierungen, Nachteile und Beeinträchtigungen« hin. Diese stehen jedoch nicht neben, sondern sind als solche eine Menschenrechtsverletzung in jeweils unterschiedlicher Form. Entscheidend ist, dass die Vielzahl »diskriminierender Nadelstiche« das Maß des allgemein Hinnehmbaren überschreiten, und zwar unabhängig davon, in welcher Form, ob durch Eingriff oder durch Versagung, sie begangen werden Diskriminierungen setzen gezielte Handlungen voraus, die sich im aktiven Tun oder im bewussten Unterlassen (BVerwGE 135, 55, 61 = EZAR NF 61 Nr. 4 = NVwZ 2009, 984) ausdrücken können. Für die Versagung sozialer Leistungen sind regelmäßig keine »Naturkatastrophen« ursächlich, sondern gezielte Handlungen der Mehrheitsgesellschaft und/oder des Staates. Wann diese Versagung schwerwiegend ist, bedarf einer wertenden Analyse. Dem Begriff der Verfolgung ist damit wegen seiner Offenheit ein unvermeidbares Element der Relativität immanent (*Goodwin-Gill/McAdams*, The Refugee in International Law, 3. Aufl., 2007, S. 132). Dies ist aber nicht nur für das

Flüchtlingsrecht, sondern auch für den Menschenrechtsschutz kennzeichnend. Auch die Abgrenzung zwischen unmenschlichen und allgemein hinzunehmenden Maßnahmen nach Art. 3 EMRK wird in der Rechtsprechung des EGMR anhand des *Relativitätstests* vollzogen (EGMR, RJD 1999-V = HRLJ 1999, 238 – *Selmouni*; EGMR, HRLJ 1999, 459, 468 – V; EGMR, HRLJ 2002, 378, 384 – *Kalashnikov*; s. auch EGMR, HRLJ 1990, 335, 362 = EZAR 933 Nr. 1 = NJW 1990, 2183 – *Soering*; EGMR, NVwZ 2008, 1330, 1332 Rn. 135 – *Saadi*).

16 Es ist allerdings eine Vergleichsbetrachtung anzustellen: Die Summe der einzelnen Nadelstiche muss in ihrem Gewicht »ähnlich« wie eine schwerwiegende Verletzung grundlegender Menschenrechte auf den Einzelnen einwirken. Ausgangspunkt der Bewertung ist die schwerwiegende Menschenrechtsverletzung. Diese muss aber nicht zwingend geltend gemacht werden, da der Kumulationsansatz in einem alternativen Verhältnis zum Begriff der schwerwiegenden Verletzung grundlegender Menschenrechte steht (*Marx*, Asylmagazin 2013, 233, 236). Es kann also nicht verlangt werden, dass zunächst als Maßstab eine schwerwiegende Verletzung geltend gemacht werden muss. Vielmehr geht es zuallererst um eine behördliche Sichtung unterschiedlicher Belastungen und um eine Bewertung der Frage, ob diese eine ähnlich schwerwiegende Wirkung auf den Einzelnen erzeugen wie eine schwerwiegende Verletzung eines grundlegenden Menschenrechtes (»Vergleichsbetrachtung«). Da wegen der traditionell restriktiven Praxis hierzu bislang weder in der deutschen Rechtsprechung noch in der Praxis der Mitgliedstaaten Kriterien herausgearbeitet wurden, werden für die Zukunft pragmatische Lösungen gesucht werden müssen, um die geforderte »Vergleichsbetrachtung« vollziehen zu können.

17 Allgemein anerkannt ist, dass Bedrohungen von Leben und Freiheit stets als Verfolgung angesehen werden (BVerfGE 54, 341, 357 = EZAR 200 Nr. 1 = NJW 1980, 2641 = JZ 1980, 804 – *Ahmadiyya I*; *UNHCR*, Handbuch über Verfahren und Kriterien zur Feststellung der Flüchtlingseigenschaft, 1979, Rn. 51). Anerkannt ist ferner, dass schwerwiegende Diskriminierungen Verfolgungen darstellen können. In der Staatenpraxis geht es hierbei in der Regel um Fälle der Vorenthaltung an sich allgemein zugänglicher Bildungs- und beruflicher Maßnahmen, die Angehörigen bestimmter religiöser, ethnischer oder rassischer Minderheiten mit Blick diesen vorenthalten werden. Hier ist die Praxis generell restriktiv (s. Hinweise bei *Musalo*, IJRL 2004, 165, 1178 ff.; s. auch Abs. 2 Nr. 2; Rdn. 27 ff.). So will etwa das BVerfG Verfolgungen nur anerkennen, wenn Maßnahmen darauf gerichtet sind, Angehörige einer Minderheit »physisch zu vernichten« oder mit »vergleichbar schweren Sanktionen«, z.B. Austreibung oder »Vorenthaltung elementarer Lebensgrundlagen«, zu bedrohen (BVerfGE 76, 143, 158 = EZAR 200 Nr. 10 = NVwZ 1988, 237 = InfAuslR 1988, 87 – *Ahmadiyya II*; BVerfG [Kammer], NVwZ-RR 1993, 511, 512). In Australien erkennt das Oberste Gericht nur »besonders krasse Formen der Diskriminierung« (Oberster Gerichtshof Australiens, Urt. v. 13.04.2000, [2000] HCA 19, Nr. 25 – *Chen Shi Hai*) an. Das BVerwG räumt zwar ein, dass »verschiedenartige Diskriminierungen« beim »Zugang zu Bildungs- oder Gesundheitseinrichtungen in die Betrachtung einbezogen werden müssen, will dies aber auf existenzielle berufliche oder wirtschaftliche Einschränkungen« eingrenzen (BVerwGE 146, 67, 84 Rn. 36 = EZAR

NF 62 Nr. 28 = NVwZ 20123, 936 = InfAuslR 2013, 300, mit Hinweis auf *UNHCR*, Richtlinien zum Internationalen Schutz: Anträge auf Anerkennung der Flüchtlingseigenschaft aufgrund religiöser Verfolgung, 28.04.2004, Rn. 17). Das erinnert an die frühere Rechtsprechung, die das Asylrecht nur bei einer »völligen wirtschaftlichen Existenzvernichtung« anerkannte (BayVGH, Urt. v. 27.04.1971 – Nr. 152 VIII 69; BayVGH, Urt. v. 12.03.1975 – Nr. 222 VIII 72; BayVGH, Urt. v. 24.05.1976 – Nr. 226 II 73; VG Ansbach, Urt. v. 28.09.1971 – AN 2328-II/71; weitere Hinweise bei *Marx*, Handbuch zum Flüchtlingsschutz, 2. Aufl., 2012, S. 54 ff.).

Die Reduzierung sozialer Rechte auf »existenzielle« Gefährdungen im Flüchtlingsrecht 18 verweist auf die überholte Rechtsprechung, die beim nationalen subsidiären Schutz nur »extreme individuelle« Gesundheitsgefährdungen als Hindernis gegen die Abschiebung anerkennen wollte (BVerwGE 127, 33, 36 = EZAR NF 51 Nr. 16 = AuAS 2007, 30; Hinweise bei *Marx*, Handbuch zum Flüchtlingsschutz. Erläuterungen zur Qualifikationsrichtlinie, 2. Aufl., 2012, S. 649). Ähnlich eng ist im Flüchtlingsrecht der Maßstab, der an die Sicherheit im sonstigen Drittstaat und an die interne Schutzzone angelegt wird. Nur wenn der Asylsuchende im Fall seiner Abschiebung in den sonstigen Drittstaat gleichsam sehenden Auges dem sicheren Tod oder schwersten Verletzungen ausgeliefert würde (BVerwGE 99, 324, 329 ff. = EZAR 046 Nr. 6 = NVwZ 1996, 199 = AuAS 1996, 32; OVG Rh-Pf, AuAS 2009, 7, 8), erhält er Flüchtlingsschutz. Dies ist dann der Fall, wenn er »im Drittstaat hilflos dem Tod durch Hunger und Krankheit ausgesetzt ist oder nichts anderes zu erwarten hat als ein *Dahinvegetieren am Rande des Existenzminimums*« (BVerwGE 78, 332, 346 = EZAR 205 Nr. 6 = InfAuslR 1988, 120; BVerwG, EZAR 205 Nr. 8 = NVwZ 1988, 1035; BVerwG, EZAR 205 Nr. 11 = NVwZ 1990, 81). Im Blick auf den internen Schutz ist der Verweis auf einen anderen Landesteil nur dann unzumutbar, wenn der Flüchtling dort auf Dauer ein Leben zu erwarten hat, das zu Hunger, Verelendung und schließlich zum Tode führt, oder wenn er dort nichts anderes zu erwarten hat, als ein »*Dahinvegetieren am Rande des Existenzminimums.*« Die Rechtsprechung ist damit im Bereich der Verletzung wirtschaftlicher, sozialer und kultureller Rechte nicht auf grundlegende Menschenrechte, sondern auf den extremen Härtefall, die *Vorstufe zum Tod,* ein »Dahinvegetieren am Rande des Existenzminimums« fixiert (BVerwG, NVwZ-RR 1991, 442; BVerwG, Beschl. v. 31.07.2002 – BVerwG 1 B 128.02) und damit auf eine »Verelendungs- oder Todesgefahr« (OVG NW, Urt. v. 12.07.2005 – 11 A 2307/03.A, Rn. 202).

Demgegenüber entwickelt der EGMR kein starres Anwendungskonzept. Zur Abgren- 19 zung diskriminierender von unbedenklichen Maßnahmen kommt es darauf an, ob diese darauf abzielen, den Betroffenen zu erniedrigen oder zu entwürdigen, und ob mit Blick auf ihre Auswirkungen die Persönlichkeit des Betroffenen in einer Weise beeinträchtigt wird, die Art. 3 EMRK zuwiderläuft. Maßnahmen »unmenschlichen« Charakters im Sinne von Art. 3 EMRK treten in unterschiedlichen Formen auf. Körperliche Angriffe, die Verwendung psychologischer Vernehmungsmethoden oder die Inhaftierung einer Person unter unmenschlichen Bedingungen können Art. 3 EMRK verletzen (*Harris/O'Boyle/Warbrick*, Law of the European Convention on Human Rights, 1995, S. 62). Auch wenn eine Maßnahme nicht den erforderlichen Grad an »unmenschlicher Behandlung« erreicht hat, kann sie »erniedrigenden« Charakter haben. Zwar wäre es absurd, wegen ihres gewöhnlicherweise für den Betroffenen erniedrigenden Charakters eine Bestrafung generell als »erniedrigend« im Sinne von Art. 3 EMRK anzusehen. Vielmehr müssen zusätzliche Elemente festgestellt werden können, um eine derartige Feststellung treffen zu können. Die Erniedrigung oder Entwürdigung muss also eine bestimmte Schwere erreicht haben und in jedem Fall das übliche Maß an Erniedrigung überschreiten, das gewöhnlicherweise mit Bestrafungsmaßnahmen verbunden ist. Daraus, dass Art. 3 EMRK ausdrücklich »unmenschliche« und »erniedrigende« Bestrafung verbietet, kann geschlossen werden, dass zwischen derartiger und allgemeiner Bestrafung grundsätzlich ein Unterschied besteht. Die Demütigung oder Herabsetzung muss einen bestimmten Grad erreichen, um als »erniedrigende« Bestrafung eingestuft zu werden, die gegen Art. 3 EMRK verstößt und jedenfalls anders als das gewöhnliche Element der Demütigung wirkt. Die Einordnung ist naturgemäß relativ (Rdn. 15). Alles hängt von den Umständen des Einzelfalles ab und insbesondere von der Art und dem Zusammenhang der Strafe wie auch der Art und Weise ihrer Durchführung (EGMR, Urt. v. 25.04.1978 – Nr. 5856/72 – Series A 26 = EuGRZ 1979, 162, 164 [§ 30] – *Tyrer*).

20 Die Flüchtlingseigenschaft beruht auf der Gefahr ernsthafter Schädigungen, setzt jedoch nicht tödliche Gefahren voraus. Ernsthafte Schädigungen einzuschließen, ist Zweck des Kumulationsansatzes. Ob solche Akte der Diskriminierung eine schwerwiegende Diskriminierung darstellen, muss unter Berücksichtigung aller Umstände entschieden werden. Allein die Herausbildung eines feindlichen Umfeldes für eine religiöse Minderheit verbunden mit erheblichen wirtschaftlichen und sozialen Auswirkungen genügt nicht. Der Antragsteller muss mehr vorbringen, nämlich die Erwartung ernsthafter und nicht zu rechtfertigender Schädigungen (*Helton/Münker*, IJRL 1999, 310, 319). Dabei wird die Furcht vor Verfolgung umso eher begründet sein, wenn der Antragsteller bereits eine Reihe diskriminierender Akte dieser Art zu erdulden hatte und daher ein kumulatives Moment vorliegt (*UNHCR*, Handbuch über Verfahren und Kriterien zur Feststellung der Flüchtlingseigenschaft, 1979, Rn. 55). Zusätzlich zum Entzug grundlegender bürgerlicher und politischer Rechte wollten die Verfasser der Konvention auch ernsthafte soziale und wirtschaftliche Auswirkungen von gezielten Maßnahmen mit dem Konzept der Verfolgung auffangen (*Hathaway*, The Law of Refugee Status, 1991, S. 102 f.). Dabei ist ein komplexes Bündel von Faktoren zu berücksichtigen, wie z.B. die Intensität und Dauer der Maßnahmen und deren Auswirkungen auf die Gesundheit, das Familienleben oder die Möglichkeit, am politischen Leben einer Gesellschaft teilzunehmen (*Zimmermann/Mahler*, in: Zimmermann, The 1951 Convention relating tot he Status of Refugees and its 1967 Protocol. A Commentary, 2011, Art. 1 A para. 2, Rn. 227). Für die Praxis bedeutsam ist der Hinweis des EuGH, dass die Feststellungsbehörden alle Akte berücksichtigen müssen, denen der Antragsteller ausgesetzt war oder ausgesetzt zu werden droht, um festzustellen, ob unter Berücksichtigung seiner persönlichen Umstände diese Handlungen als Verfolgung gelten können (EuGH, NVwZ 2013, 1612, 163 Rn. 68 – *Y und Z*, InfAuslR 2012, 444 = EZAR NF 62 Nr. 27, m. Anm. *Marx*, NVwZ 2012, 1615). Diese auf Art. 4 Abs. 3 RL 2004/83/EG zurückgehende Praxisanleitung empfiehlt bereits das Handbuch von UNHCR.

Die australische Rechtsprechung, die einerseits zwar auch anhand eines restriktiven Begriffs abgrenzt, hat andererseits aber auch darauf hingewiesen, dass für die Verletzung sozialer Rechte kein anderer Maßstab als für die Verletzung politischer Rechte zugrunde gelegt werden darf. Weder die Zufügung verschiedenartiger wirtschaftlicher Nachteile noch der Eingriff in bürgerliche Rechte erreiche für sich stets den für die Verfolgung vorausgesetzten Maßstab. Vielmehr setze die Verfolgung stets eine Bedrohung voraus, die intensiv genug, wiederholungsträchtig oder andauernd sei (Australischer Oberster Gerichtshof, [2000] HCA 55 Rn. 55 – *Ibrahim*). Dem liegt die australische Gesetzgebung zugrunde, die »erhebliche wirtschaftliche Härten« (significant economic hardship) als Verfolgungsgrund anerkennt (Hinweis bei *Goodwin-Gill/McAdam*, The Refugee in International Law, 3. Aufl., 2007, S. 91). Der BGH ging früher von einer Verfolgung im Sinne der Konvention aus, wenn die befürchtete Behinderung in der wirtschaftlichen Betätigung die Existenz des Verfolgten »erheblich bedrohte« (BGH, RzW 1965, 238), die Furcht also begründet war. Die vom BVerwG als Legitimation in Anspruch genommenen Richtlinien von UNHCR reduzieren anders als das BVerwG den Flüchtlingsschutz nicht auf »existenzielle« Bedrohungen, sondern auf Diskriminierungen, die Konsequenzen mit sich bringen, welche den Einzelnen in hohem Maße benachteiligen würde, z.B. eine ernstliche Einschränkung des Rechts, seinen Lebensstandard zu verdienen oder des Zugangs zu den normalerweise verfügbaren Bildungs- oder Gesundheitseinrichtungen (*UNHCR*, Richtlinien zum Internationalen Schutz: Anträge auf Anerkennung der Flüchtlingseigenschaft aufgrund religiöser Verfolgung, 28.04.2004, Rn. 17). 21

C. Regelbeispiele (Abs. 2)

I. Funktion der Regelbeispiele

Abs. 2 bezeichnet in Umsetzung von Art. 9 Abs. 2 Satz 1 RL 2011/95/EU besondere Beispiele für das Vorliegen einer Verfolgungshandlung (ausführlich *Marx*, Handbuch zum Flüchtlingsschutz, 2. Aufl., 2012, § 14 Rn. 1 ff., S. 39 ff.). Die Formulierung »unter anderem« weist auf den nicht abschließenden Charakter der nachfolgenden Fallgruppen als Regelbeispiele für Verfolgungen hin. Der Schwerpunkt der Regelbeispiele liegt auf bestimmten Verfolgungsformen unabhängig davon, welches Rechtsgut davon betroffen ist. Im Vorschlag der Kommission wurden die Regelbeispiele begrifflich nicht von der Definition der Verfolgung abgesetzt. Vielmehr wurde in Art. 11 Abs. 1 der Verfolgungsbegriff in Form von Regelbeispielen erfasst. Die die Regelbeispiele weitgehend prägenden Merkmale der Diskriminierung und Unverhältnismäßigkeit wurden ebenfalls nicht genannt. Lediglich in einem Regelbeispiel wurde das Diskriminierungsmerkmal (s. auch Rdn. 14 ff.) bezeichnet, aber auf die Konventionsgründe beschränkt. Demgegenüber ist das Diskriminierungsmerkmal in Art. 9 Abs. 2 RL 2011/95/EU signifikant erweitert worden. Die dort bezeichneten sechs Beispiele zeichnen sich bis auf die in Buchstabe a) und f) bezeichnete »sexuelle Gewalt« bzw. an die Geschlechtszugehörigkeit anknüpfenden Handlungen durch ihren neutralen Charakter aus. Zunächst ist es die Funktion der in Abs. 2 genannten Beispiele, bei der Feststellung der Verfolgung die dort bezeichneten Formen der Verfolgung und Diskriminierung zum Gegenstand der Ermittlungen zu machen. Bei der Ermittlung 22 der erforderlichen Schwere der Verfolgung geht es um die tatsächlichen Auswirkungen bestimmter Handlungen auf den Einzelnen aus dessen Sicht. Hierfür liefern die Regelbeispiele wichtige Indizien.

23 Der in Abs. 2 mehrfach bezeichnete Begriff der »Diskriminierung« ist nicht an den enumerativen Charakter der Verfolgungsgründe in § 3b Abs. 1 gebunden. Vielmehr können alle Umstände und Tatsachen berücksichtigt werden, die den Schluss rechtfertigen, dass die gegen den Antragsteller angewandten Maßnahmen auf diskriminierenden Gründen beruhen. In diesem Zusammenhang liefert die Verletzung des Diskriminierungsverbotes wichtige Hinweise, ob eine an sich neutrale Maßnahme als Verfolgung im Sinne von Abs. 1 gewertet werden kann. Ist eine Maßnahme oder ein Bündel von unterschiedlichen Maßnahmen in der Gesamtwirkung wegen des diskriminierenden oder unverhältnismäßigen Charakters (Rdn. 14 ff.) als Verfolgung anzusehen, kann die Maßnahme oder das Maßnahmenbündel als unmenschliche oder erniedrigende Maßnahme nach Abs. 1 bewertet werden und kommen darüber hinausgehend beide als Basis für die Anknüpfung an Verfolgungsgründe in Betracht. In diesem Fall muss aber mehr hinzukommen als der in Abs. 2 bezeichnete diskriminierende Charakter, nämlich eine Verbindung mit einem oder mehreren der Verfolgungsgründe nach § 3b Abs. 1. Zugleich hält § 3a Abs. 3 das Bundesamt dazu an, eine Verknüpfung zwischen den Verfolgungsgründen der GFK (§ 3b Abs. 1) und dem in Abs. 1 definierten Begriff der Verfolgung herzustellen (Rdn. 50 ff.). Dieses Erfordernis beruht auf dem in Art. 2 Buchst. c) RL 2011/95/EU in Bezug genommenen Flüchtlingsbegriff nach Art. 1 A Nr. 2 GFK. Es wäre aber methodisch fehlerhaft, bei der der Feststellung der Verfolgungsgründe vorgelagerten Prüfung des Verfolgungsbegriffs den Prüfungsrahmen auf die in § 3b Abs. 1 bezeichneten Diskriminierungsverbote zu begrenzen. Steht die Verletzung des Diskriminierungsverbotes fest und ergibt die Gesamtbetrachtung der vorgebrachten Tatsachen und sonst ersichtlichen Umstände, dass eine Verfolgung vorliegt, folgt die Prüfung der weiteren Voraussetzungen des Flüchtlingsbegriffs, nämlich Wegfall des nationalen Schutzes (§ 3c bis § 3e) sowie das Vorliegen eines oder mehrerer Verfolgungsgründe (§ 3b Abs. 1). Die Unverhältnismäßigkeit einer Maßnahme (Abs. 2 Nr. 3 und 4) kann wichtige Aufschlüsse auf deren diskriminierenden gravierenden Charakter für den Einzelnen wie auch das Vorliegen von Verfolgungsgründen liefern.

II. Psychische oder psychische Gewalt (Abs. 2 Nr. 1)

24 Nach Abs. 2 Nr. 1 kann die Anwendung physischer oder psychischer Gewalt, einschließlich sexueller Gewalt, Verfolgung darstellen (ausführlich *Marx*, Handbuch zum Flüchtlingsschutz, 2. Aufl., 2012, § 14 Rn. 12 ff., S. 41 ff.; s. auch § 3b Rdn. 34 ff.). Zunächst geht es um die Feststellung, ob bestimmte Gewaltakte, insbesondere sexuelle Gewalt, als Verfolgung bewertet werden können. Damit ist aber noch keine Aussage über die Anknüpfung der Verfolgung an Verfolgungsgründe getroffen. Allerdings ist mit der Feststellung einer Gewalthandlung häufig zugleich auch eine Aussage über den ihr zugrunde liegenden Verfolgungsgrund getroffen worden. Je intensiver die Gewalthandlung, je eher diese also als Folter gewertet werden kann, umso stärker ist die Indizwirkung auf einen der in § 3b Abs. 1 genannten Verfolgungsgründe (BVerfG

[Kammer], InfAuslR 2008, 264, 267 = NVwZ-RR = 2008, 643 = EZAR NF 61 Nr. 3/06; BVerfG [Kammer], NVwZ 2009, 1035, 1036). Insbesondere bei der Anwendung von Folter (s. auch § 4 Abs. 1 Nr. 2) ist regelmäßig die Annahme begründet, dass eine Maßnahme in Wirklichkeit an Verfolgungsgründe anknüpft (BVerfG [Kammer], InfAuslR 1991, 133, 135 = EZAR 224 Nr. 22; BVerfG [Kammer], InfAuslR 2008, 264, 267 = NVwZ-RR = 2008, 643 = EZAR NF 61 Nr. 3; BVerfG [Kammer], NVwZ 2009, 1035, 1036). Folter und Misshandlungen finden nicht nur im Vorfeld und zur Aufklärung strafrechtlicher Handlungen statt. Regelmäßig dürfte die Tatsache, dass der Staat zum Mittel der Folter greift, ein Indiz auf einen zugrunde liegenden Verfolgungsgrund liefern (BVerwGE 67, 184, 194 = NVwZ 1983, 674 = InfAuslR 1983, 228). Demgegenüber erfasst der Begriff der unmenschlichen Behandlung im Vergleich zum wesentlich engeren Begriff der Folter einen weitaus größeren Kreis von Maßnahmen, wie etwa auch *besonders harte Haftbedingungen* (zu den einzelnen Fallgestaltungen *Marx*, Handbuch zum Flüchtlingsschutz, 2. Aufl., 2012, § 14 Rn. 38 ff., S. 45 ff.), sodass die Anknüpfung an Verfolgungsgründe nicht derart evident wie bei Folterungen ist.

Abs. 2 Nr. 1 hebt besonders sexuelle Gewalt hervor. Ihre Anwendung stellt ein gewichtiges Indiz für das Vorliegen einer Verfolgung dar. Ferner bestimmt Abs. 2 Nr. 6, dass Handlungen, die an die Geschlechtszugehörigkeit anknüpfen, eine Verfolgung darstellen (Rdn. 45 ff.). Nr. 1 und 6 stehen im inneren Zusammenhang, betreffen aber zunächst nur die Zuordnung einer bestimmten Maßnahme oder eines Bündels von Maßnahmen, welchen sexuelle Gewalt immanent ist, zum Begriff der Verfolgung. Ob diese Maßnahmen zugleich auch an einen Verfolgungsgrund anknüpfen, erfordert eine davon getrennte, gesonderte Prüfung. Der Begriff sexuelle Gewalt ist weiter gehend als der Begriff der Vergewaltigung. Dazu gehören etwa das Einführen von Gegenständen in genitale Öffnungen, oraler oder analer Koitus, versuchte Vergewaltigung und andere sexuelle erniedrigende Handlungen. Zu sexueller Gewalt gehört auch die Anwendung oder Androhung von Gewalt, um sexuelle Handlungen von Dritten zu erzwingen. Häufig motiviert das Streben nach Macht und Dominanz diejenigen, die sexuelle Gewalt verüben. Eine erzwungene sexuelle Handlung kann lebensgefährliche Folgen haben. Wie bei anderen Formen von Folter soll das Opfer verletzt, beherrscht und erniedrigt und die innerste physische und mentale Integrität zerstört werden (*UNHCR*, Sexuelle Gewalt gegen Flüchtlinge. Richtlinien zur Vorbeugung und Reaktion, 1997, S. 1). 25

Art. 27 der Vierten Genfer Konvention verbietet ausdrücklich jeden Angriff auf die Ehre der Frauen, insbesondere *Vergewaltigungen*, *Zwangsprostitutionen* und jede *unzüchtige Handlung*. Zwar ist sexuelle Gewalt nicht ausdrücklich als Kriegsverbrechen normiert worden. Sie kann jedoch als willentliche Form der ernsthaften Verletzung des Körpers und der Gesundheit nach Art. 147 der Vierten Genfer Konvention und damit als Kriegsverbrechen angesehen werden. Freilich finden diese Normen lediglich auf den zwischenstaatlichen Krieg Anwendung. Für den internen Konflikt ist zu bedenken, dass sexuelle Gewalt vom EGMR zutreffend als Folter bezeichnet wird (EGMR, HRLJ 1998, 59, 68 – *Aydin*). Mit Resolution 1820 (2008) hat der Sicherheitsrat festgestellt, dass Vergewaltigung und andere Formen sexueller Gewalt ein 26

Kriegsverbrechen, ein Verbrechen gegen die Menschlichkeit oder eine die Tatbestandsmerkmale des Völkermords erfüllende Handlung darstellen können. Sexuelle Gewalt, wenn sie als vorsätzlich gegen Zivilpersonen gerichtete Kriegstaktik oder im Rahmen eines ausgedehnten oder systematischen Angriffs auf die Zivilbevölkerung eingesetzt werde oder andere damit beauftragt würden, verschärfe Situationen bewaffneten Konfliktes erheblich und könne die Wiederherstellung des Weltfriedens und der internationalen Sicherheit behindern.

III. Diskriminierende Maßnahmen (Abs. 2 Nr. 2)

27 Nach Abs. 2 Nr. 2 können gesetzliche, administrative, polizeiliche und/oder justizielle Maßnahmen, die als solche diskriminierend sind oder in diskriminierender Weise angewandt werden, als Verfolgung bewertet werden. Sofern justizielle Maßnahmen in Form eines Strafprozesses erfolgen, ist Abs. 2 Nr. 3 anzuwenden. Insbesondere in diesem Zusammenhang sind an sich neutrale Maßnahmen von beachtlichen Verfolgungen abzugrenzen. Als Verfolgung gelten derartige Maßnahmen dann, wenn sie aus sich heraus diskriminierend sind oder in diskriminierender Weise angewendet werden (Kommissionsentwurf v. 12.09.2001, BR-Drucks. 1017/01, S. 21). Hier gewinnt der kumulative Ansatz der Richtlinie besondere Bedeutung (Rdn. 12 ff.). Insbesondere im beruflichen, wirtschaftlichen sowie Ausbildungsbereich kommen derartige Diskriminierungen vor (zur Abgrenzung *Marx*, Handbuch zum Flüchtlingsschutz, 2. Aufl., 2012, § 14 Rn. 73 ff., 93 ff., S. 52 ff.).

28 Personen, die aufgrund mehr oder minder stark ausgeprägter Unterschiede in der Behandlung verschiedener Gruppen in einer staatlich verfassten Gesellschaft eine weniger gute Behandlung erfahren, sind nicht notwendigerweise Opfer von Verfolgung. Nur unter bestimmten Voraussetzungen ist Diskriminierung mit Verfolgung gleichzusetzen, etwa bei ernsthaften Einschränkungen im beruflichen oder Ausbildungsbereich (*UNHCR*, Handbuch über Verfahren und Kriterien zur Feststellung der Flüchtlingseigenschaft, 1979, Rn. 55). Diskriminierungen im Bereich der Leistungsverwaltung dürften daher grundsätzlich nicht als erheblich angesehen werden, es sei denn, sie nehmen die Form gezielter Behinderungen an (Rdn. 14). Der Eingriff in das Recht auf ungehinderte berufliche und wirtschaftliche Betätigung kann aber als Verfolgung angesehen werden, wenn dessen Beeinträchtigungen nach ihrer Intensität und Schwere zugleich die Menschenwürde verletzen und über das übliche Maß dessen hinausgehen, was allgemein hinzunehmen ist (BVerfGE 54, 341, 357 = EZAR 200 Nr. 1 = NJW 1980, 2641; BVerfGE 76, 143, 158 = EZAR 200 Nr. 10 = NVwZ 1988, 237 = InfAuslR 1988, 87; BVerfG [Kammer], NVwZ-RR 1993, 511, 512; BGH, RzW 1965, 238; BVerwG, InfAuslR 1983, 258; BVerwG, Buchholz 402.25 § 1 AsylG Nr. 75 = InfAuslR 1988, 22; BVerwG, Buchholz 402.25 § 1 AsylG Nr. 104 u. Nr. 1459). Für berufliche und wirtschaftliche Beeinträchtigungen gilt grundsätzlich nichts anderes wie für andere Eingriffe: Der Eingriff muss sich als schwerwiegende Menschenrechtsverletzung darstellen. Das Maß dieser Intensität ist nicht abstrakt vorgegeben. Es muss vielmehr der humanitären Intention entnommen werden, die die Konvention und damit auch die Richtlinie trägt, demjenigen Aufnahme und Schutz zu gewähren, der sich in einer für ihn ausweglosen

Lage befindet (BVerfGE 80, 315, 335 = EZAR 201 Nr. 20 = NVwZ 1990, 151 = InfAuslR 1990, 21).

Erhebliche Beeinträchtigungen der beruflichen Betätigung sind etwa das Verbot einer die Persönlichkeit des Einzelnen im besonderen Maße prägenden beruflichen Betätigung oder seine mit einer Umsetzung verbundene gezielte Bloßstellung und Herabwürdigung (BVerwG, InfAuslR 1988, 22; BVerwG, Buchholz 402.25 § 1 AsylG Nr. 145). Im Blick auf die Auswirkungen des Diskriminierungsaktes ist zu beurteilen, ob dem Einzelnen etwa der gesamte wirtschaftliche Besitz oder nur ein Teil davon weggenommen wird (BVerwG, Buchholz 402.25 § 1 AsylG Nr. 104). Auch kann von einer schwerwiegenden Beeinträchtigung sozialer, wirtschaftlicher und kultureller Rechte regelmäßig dann nicht die Rede sein, wenn die wirtschaftliche Existenz des Einzelnen durch eine »andersartige Beschäftigung« oder auf »sonstige Weise« gewährleistet ist (BVerwG, InfAuslR 1983, 258; BVerwG, InfAuslR 1988, 22; BVerwG, Buchholz 402.25 § 1 AsylG Nr. 104). Eine schwerwiegende Beeinträchtigung der ungehinderten beruflichen und wirtschaftlichen Betätigung ist hingegen anzunehmen, wenn die wirtschaftliche Existenz des Einzelnen nicht durch eine andere, ihm nach seiner Vorbildung mögliche und auch zumutbare Beschäftigung oder auf sonstige Weise gewährleistet ist (BVerwG, Buchholz 402.25 § 1 AsylG Nr. 104 u. Nr. 145). Bevor die alternativen Möglichkeiten der Existenzsicherung ins Blickfeld rücken, ist jedoch zu prüfen, ob der Eingriff in die wirtschaftliche, soziale oder kulturelle Existenz als solcher nicht bereits nach seiner Schwere und unter den hierbei vorherrschenden Umständen derart gravierend ist, dass eine Verweisung auf Alternativen von vornherein nicht in Betracht kommt. Zielt etwa die berufliche Diskriminierung auf die politische Unterdrückung des Gegners, folgt bereits aus dem Unterdrückungscharakter, dass dem Einzelnen die Suche nach alternativen Beschäftigungsmöglichkeiten nicht zugemutet werden kann. Wenn etwa der Staat oder die herrschende Staatspartei anstelle der klassischen Verfolgungsmethoden, wie politische Haft oder Folter, die politische Unterdrückung des Gegners mit wirtschaftlichen und beruflichen Maßnahmen verfolgt, ist in aller Regel davon auszugehen, dass bereits nach dem Gesamtplan der Verfolgung jegliche weitere Suche des Oppositionellen nach der wirtschaftlichen Sicherung seiner Existenzgrundlagen unmöglich gemacht werden wird. 29

IV. Unverhältnismäßige oder diskriminierende Strafverfolgung oder Bestrafung (Abs. 2 Nr. 3)

Nach Abs. 2 Nr. 3 kann die unverhältnismäßige oder diskriminierende Strafverfolgung oder Bestrafung eine Verfolgungshandlung darstellen. Das Regelbeispiel bezieht sich einerseits auf den Prozess der Strafverfolgung und andererseits auf die Bestrafung (ausführlich *Marx*, Handbuch zum Flüchtlingsschutz, 2. Aufl., 2012, § 14 Rn. 97 ff., S. 57 ff.). Der Begriff Strafverfolgung umfasst den Ablauf und die näheren Umstände des Prozesses, von der Aufnahme der polizeilichen Ermittlungen bis zur Verkündung des Urteils und gegebenenfalls auch den Fortgang des Prozesses durch weitere Instanzen. Demgegenüber erfasst der Begriff Bestrafung das Urteil selbst und seinen Inhalt sowie die damit zusammenhängenden Begleitumstände. Nr. 3 bezieht sich allein auf den Strafprozess. Verwaltungsprozesse und in diesem 30

Rahmen angeordnete Sanktionen werden von Nr. 2 erfasst. Aus der Unverhältnismäßigkeit der Verfolgung oder Bestrafung können häufig Erkenntnisse über den diskriminierenden Charakter wie umgekehrt aus der Verletzung des Grundsatzes der Unverhältnismäßigkeit Hinweise auf deren diskriminierenden Charakter erschlossen werden.

31 Grundsätzlich ist zwischen *Verfolgung* und *Strafverfolgung* zu unterscheiden. Ein Flüchtling ist Opfer von Ungerechtigkeit und nicht ein Flüchtling vor der Gerechtigkeit (*UNHCR*, Handbuch über Verfahren und Kriterien zur Feststellung der Flüchtlingseigenschaft, 1979, Rn. 56; *Hathaway*, The Law of Refugee Status, 1991, S. 170). Die Abgrenzungskriterien können sich jedoch verwischen. Denn die Strafverfolgung kann auch zur Verfolgung eingesetzt werden. Verfolgung und Strafverfolgung sind weder identisch noch stets voneinander abgrenzbar. *Staatsschutzdelikte* stellen grundsätzlich Verfolgungen dar (*Marx*, Handbuch zum Flüchtlingsschutz, 2. Aufl., 2012, § 14 Rn. 114 ff., S. 60 f.) und rechtfertigen Schlüsse auf die Glaubhaftigkeit des Sachvorbringens (BVerfG [Kammer], NVwZ 2013, 500, 501). Einem festgestellten *Politmalus* ist ein gewichtiges Indiz auf eine Verfolgung immanent (*Marx*, Handbuch zum Flüchtlingsschutz, 2. Aufl., 2012, § 14 Rn. 120 ff., S. 61 f.). Weil die strafrechtliche Definitionsmacht wie auch das Strafmonopol in der Hand des Staates liegen, ist es für einen Staat mit Verfolgungsabsicht möglich, das Strafrecht zur Verfolgung politischer Gegner einzusetzen. In derartigen Fällen können die Betroffenen als Flüchtlinge behandelt werden. Vielmehr droht ihnen Verfolgung im Gewand des Strafrechts (*Hathaway*, The Law of Refugee Status, 1991, S. 170 f.). Ergibt hierbei aber die Prüfung des zugrunde liegenden Strafgrundes sowie der Strafverfolgung und der Bestrafung, dass der Charakter des Vergehens sowie auch dessen strafrechtliche Verfolgung politisch neutral sind, können sie nicht als Grundlage für die Zuerkennung der Flüchtlingseigenschaft dienen. Die Strafverfolgung kann aber auch zur Verfolgung eingesetzt werden. Verfolgung und Strafverfolgung sind weder identisch noch stets voneinander abgrenzbar.

32 Um festzustellen, ob die strafrechtliche Verfolgung eine Verfolgung darstellt, müssen die rechtlichen Besonderheiten des Herkunftslandes berücksichtigt werden. So können die nationalen Gesetze gegen die internationalen Menschenrechte verstoßen (*Hathaway*, The Law of Refugee Status, 1991, S. 170 f.; *Goodwin-Gill/McAdam*, The Refugee in International Law, 3. Aufl., 2007, S. 103). Beispiele hierfür sind die früheren *Republikfluchttatbestände* (BVerwGE 39, 27, 30 = DVBl 1972, 277 = MDR 1972, 351; BVerwG, DÖV 1979, 827 = EZAR 200 Nr. 4) und die *Ein-Kind-Politik* in der VR China. Häufiger ist jedoch weniger das Gesetz als solches als vielmehr die Art seiner Anwendung diskriminierend. Es darf also nicht lediglich die Strafnorm als solche, vielmehr ist auch die ihrer Anwendung vorausgehende Ermittlungs- und die ihr nachfolgende Vollzugspraxis mit zu berücksichtigen (BVerwGE 67, 184, 189 = NVwZ 1983, 674 = InfAuslR 1983, 228) und zum Gegenstand der Tatsachenermittlungen zu machen. Bei der Ermittlung des Charakters der Strafverfolgung sind im besonderen Maße Erfahrungen und typische Geschehensabläufe zu berücksichtigen. Der Verfolgungscharakter einer Strafnorm kann häufig erst nach einer Analyse der allgemeinen politischen Verhältnisse ermittelt werden. Die

Formulierung der Strafnormen für sich genommen kann nicht ausschlaggebend sein (BVerwGE 67, 195, 200 = EZAR 201 Nr. 5 = NVwZ 1983, 678; BVerwG, Buchholz § 1 AsylG Nr. 22 = InfAuslR 1984, 219). Inhalt und Reichweite einer Strafnorm sind auf der Grundlage eines authentischen Textes anhand ihres Wortlautes zu ermitteln. Ist der Norminhalt nicht aus sich heraus klar umrissen und bestimmt oder bestehen Anhaltspunkte dafür, dass die Norm in der Praxis enger oder weiter ausgelegt und angewandt wird, als ihr Wortlaut nahe legt, ist zur Bestimmung der Reichweite der Norm die Ermittlung der Rechtsauslegung und -anwendung maßgebend (BVerfGE 76, 143, 161 = EZAR 200 Nr. 10 = NVwZ 1988, 237 = InfAuslR 1988, 87).

V. Verweigerung gerichtlichen Rechtsschutzes (Abs. 2 Nr. 4)

Nach Abs. 2 Nr. 4 kann die Verweigerung gerichtlichen Rechtsschutzes mit dem Ergebnis einer unverhältnismäßigen oder diskriminierenden Bestrafung Verfolgung sein (ausführlich *Marx*, Handbuch zum Flüchtlingsschutz, 2. Aufl., 2012, § 14 Rn. 135 ff., S. 64 ff.). Dieses Regelbeispiel steht im engen Zusammenhang mit dem Regelbeispiel nach Abs. 2 Nr. 2 wie auch mit dem Wegfall des nationalen Schutzes. Bei Nr. 4 hat die Schutzversagung Indizwirkung für die Annahme einer Verfolgung. Da es sich um Verfolgung durch staatliche Akteure handelt, findet der Einwand des internen Schutzes keine Anwendung. Gerichtlicher Schutz kann gänzlich verweigert, aber auch nur unzulänglich unter Verletzung anerkannter Verfahrensgarantien gewährt werden. Die nur unzulängliche Gewährleistung eines Verfahrens läuft für den Betroffenen im Ergebnis auf die gänzliche Verweigerung von Rechtsschutz hinaus. Der EGMR hat wiederholt festgestellt, es könne nicht ausgeschlossen werden, dass eine krasse Verletzung des Rechts auf einen fairen Prozess oder eine solche Drohung Refoulementschutz nach Art. 6 EMRK begründe (EGMR, EZAR 933 Nr. 1 = NJW 1990, 2183 = EuGRZ 1989, 319 – *Soering*; EGMR, Series A No. 240, § 110 – *Drozd and Janousek*; EGMR, Urt. v. 16.10.2001 – Nr. 71555/01, § 32 – *Einhorn*). Dementsprechend liegt eine Verfolgung auch dann vor, wenn zwar gerichtlicher Rechtsschutz gewährt wird, dieser aber nicht mit anerkannten Grundsätzen eines fairen Verfahrens übereinstimmt. *Verwaltungshaft* ist ein typisches Beispiel für die Verweigerung gerichtlichen Rechtsschutzes (ausführlich *Marx*, Handbuch zum Flüchtlingsschutz, 2. Aufl., 2012, § 14 Rn. 140 ff., S. 65 ff.). Denn hier wird der Belastete seinem gesetzlichen Richter entzogen und der Willkür der Verwaltung ausgesetzt. Die Inhaftierung in *Guatanamo-Bay* ist ein Beispiel für eine derartige Verfolgung. Anstelle eines gerichtlichen Strafprozesses werden hier als gefährlich eingestufte Personen über einen unbestimmten Zeitraum festgehalten, ohne dass ihnen die Möglichkeit eingeräumt wird, vor einem unabhängigen Strafgericht ihre Unschuld zu beweisen (*»habeas corpus«*). Diese Form der Haft verletzt das Recht Inhaftierter, dass nur ein Richter über ihre Freiheitsentziehung entscheiden darf (U.S. Supreme Court, 553 U.Satz 2008 = HRLJ 2008, 107, 125 – *Boumediene et al.*). 33

Allein die Verweigerung gerichtlichen Rechtsschutzes reicht für die Annahme einer Verfolgung nicht aus. Vielmehr verlangt Abs. 2 Nr. 4, dass kausale Folge der Verweigerung eine unverhältnismäßige oder diskriminierende Bestrafung sein muss. Bei einem gut begründeten und im Rahmen einer unabhängigen Überprüfung bestätigten 34

Sicherheitsrisiko wird man allein wegen der Verweigerung gerichtlichen Rechtsschutzes noch nicht von einer Verfolgung sprechen können. Gibt es jedoch gewichtige Hinweise auf eine diskriminierende Behandlung des Betroffenen, ist das Ergebnis der Verweigerung gerichtlichen Rechtsschutzes diskriminierend und liegt eine Verfolgung vor. Fehlen derartige Hinweise, dürfte sich nach einer bestimmten Dauer der Inhaftierung die weitere Freiheitsentziehung in eine unverhältnismäßige Bestrafung umwandeln, sodass das Ergebnis der Verweigerung gerichtlichen Rechtsschutzes eine Verfolgung darstellt. Ab welcher Zeitdauer der Verwaltungshaft diese unverhältnismäßig wird, kann nicht abstrakt bestimmt werden. Es kommt vielmehr auf eine Bewertung aller Umstände des konkreten Einzelfalls an.

VI. Verweigerung des Militärdienstes (Abs. 2 Nr. 5)

35 Nach Abs. 2 Nr. 5 kann Strafverfolgung oder Bestrafung wegen Verweigerung des Militärdienstes Verfolgungscharakter aufweisen, wenn die Verweigerung in einem aktuellen Konflikt erfolgt und der Militärdienst Verbrechen oder Handlungen umfassen würde, die unter die Ausschlussklauseln von § 3 Abs. 2 fallen (ausführlich *Marx*, Handbuch zum Flüchtlingsschutz, 2. Aufl., 2012, § 14 Rn. 148 ff., S. 67 ff.). Die Prüfung darf jedoch nicht ausschließlich anhand des Regelbeispiels in Nr. 5 erfolgen. Vielmehr ist diese auch unter Berücksichtigung der anderen Regelbeispiele durchzuführen, insbesondere ist zu prüfen, ob die drohende Bestrafung unverhältnismäßig oder diskriminierend ist (Rdn. 37). Inhalt der Prüfung ist die Frage, ob die auf die Militärdienstverweigerung gerichtete Strafverfolgung oder Bestrafung eine Verfolgung darstellt. Ist dies der Fall, bedarf es der zusätzlichen Prüfung, ob die Verfolgung wegen Militärdienstverweigerung an Verfolgungsgründe anknüpft, insbesondere an den der »Zugehörigkeit zu einer bestimmten sozialen Gruppe« (§ 3b Abs. 1 Nr. 4).

36 Die Richtlinie regelt bei der Verweigerung des Militärdienstes nur die Verfolgung. Die Anknüpfung an Verfolgungsgründe wird anders als etwa bei geschlechtsspezifischen Verfolgungen, die sowohl in Abs. 2 Nr. 1 und 6 (Art. 9 Abs. 2 Buchst. a) und f) RL 2011/8/EU) wie auch in § 3b Abs. 1 Nr. 4 (Art. 10 Abs. 1 Buchst. d) RL 2011/95/EU) erwähnt wird, nicht ausdrücklich geregelt. Die Frage der Anknüpfung wird also offengelassen. Es sind auch andere gegen die Kriegsdienstverweigerung gerichtete Maßnahmen als Verfolgung zu werten, wenn sie die entsprechenden Kriterien erfüllen. Ob dies der Fall ist, ist danach zu entscheiden, welche Rechte und auf welche Art und Weise diese verletzt werden und ob Strafverfolgung und Bestrafung im angemessenen Verhältnis zu dem mit der Strafverfolgung verfolgten Ziel stehen (*Goodwin-Gill/McAdam*, The Refugee in International Law, 3. Aufl., 2007, S. 103). Die strafrechtliche Verfolgung oder Bestrafung der Verweigerung kann stets als Verfolgung gewertet werden, wenn eines der in Abs. 2 bezeichneten Regelbeispiele erfüllt ist. Nach der Begründung des Vorschlags der Kommission stellt eine strafrechtliche Verfolgung oder Bestrafung wegen Verweigerung des Wehrdienstes in der Regel keine Verfolgung dar, unabhängig davon, ob diese Weigerung aus Gewissensgründen oder durch Nichtbefolgung des Einberufungsbefehls, Flucht oder Desertion erfolgt. Anders sei es hingegen, wenn der Zugang zu einem fairen Rechtsverfahren verweigert werde oder bei der Einberufung, Aufgabenverteilung oder den

Dienstbedingungen diskriminierend vorgegangen oder diskriminierende Sanktionen wegen Versäumnisse im Zusammenhang mit Wehrverpflichtungen verhängt würden und der Antragsteller deshalb eine schwere Strafe zu erwarten hätte oder wenn Personen mit ernsthaften politischen, religiösen oder moralischen Bedenken gegenüber dem Wehrdienst keine sinnvolle und nicht diskriminierende Alternative angeboten werde (Kommissionsentwurf v. 12.09.2001, in: BR-Drucks. 1017/01, S. 21 f.). Dieser weite menschenrechtliche Ansatz wird in Art. 9 Abs. 2 Buchst. e) 2011/95/EU und damit auch in Abs. 2 Nr. 5 nicht übernommen. Allerdings erfüllen die im Vorschlag erwähnten Beispiele diskriminierender Strafverfolgung oder Bestrafung von Militärdienstverweigerern häufig die tatbestandlichen Voraussetzungen der Regelbeispiele nach Nr. 2 bis 4.

Offensichtlich hat die gegenüber dem Entwurf grundlegende Umgestaltung des Verfolgungsbegriffs dazu geführt, dass die Verweigerung des Militärdienstes begrifflich enger gefasst wurde, weil die im Entwurf bezeichneten weiteren Verweigerungsfälle den anderen Regelbeispielen zugeordnet werden können. Daher darf bei einer geltend gemachten Militärdienstdienstverweigerung die Prüfung nicht ausschließlich anhand des Regelbeispiels in Abs. 2 Nr. 5 vorgenommen werden. Vielmehr sind die vorgebrachten Gründe sorgfältig und erschöpfend auch anhand der anderen Regelbeispiele zu überprüfen (*Bank/Foltz*, Flüchtlingsrecht auf dem Prüfstand, Asylmagazin 10/2008, S. 1, 3; Rdn. 35). Das völkerrechtlich zunehmend anerkannte Recht auf Kriegsdienstverweigerung aus Gewissensgründen wird zwar durch die Richtlinie abweichend vom Vorschlag der Kommission nicht unmittelbar anerkannt. Die GFK trägt dem Gewissenskonflikt des Verweigerers aber unter drei Voraussetzungen Rechnung: Erstens wird die Flüchtlingseigenschaft zuerkannt, wenn er glaubhaft machen kann, dass die ihm drohende Strafverfolgung oder Bestrafung wegen Wehr- oder Kriegsdienstverweigerung diskriminierenden Charakter hat (Abs. 2 Nr. 3), zweitens, wenn er sich darauf beruft, dass er sich einem militärischen Einsatz entzogen hat, der von der Völkergemeinschaft als den Grundregeln menschlichen Verhaltens widersprechend verurteilt wird (Abs. 2 Nr. 5). Drittens kann er sich darauf berufen, dass er den Wehr- oder Kriegsdienst aus echten Gewissensgründen ablehnt. Soweit die Verweigerung des Wehr- oder Kriegsdienstes als Fluchtgrund anerkannt wird, weil der Betroffene glaubhaft machen kann, dass die ihm drohende Strafverfolgung oder Bestrafung diskriminierenden Charakter hat, kann das Regelbeispiel des Abs. 2 Nr. 3 herangezogen werden. 37

Beachtlich ist die Bestrafung z.B. auch, wenn etwa lediglich Angehörige einer bestimmten sozialen Gruppe einberufen werden, wenn die Einberufungspraxis bedeutend rigoroser gegenüber Personen mit einer bestimmten politischen Ausrichtung praktiziert wird oder wenn die Bestrafung gegenüber Angehörigen bestimmter sozialer Gruppen unterschiedlich gemessen an der allgemeinen entsprechenden Bestrafungspraxis ausfällt (*Hathaway*, The Law of Refugee Status, 180; *Luterbacher*, Die flüchtlingsrechtliche Behandlung von Dienstverweigerungen und Desertion, S. 44 ff.; s. auch *LaViolette*, IJRL 2007, 169, 206 f.; BVerwGE 81, 41, 44 f. = EZAR 201 Nr. 17 = NVwZ 1989, 169 = InfAuslR 1989, 169; BVerwG, NVwZ 1993, 193, 194). Im Grunde genommen handelt es sich hierbei um Fälle, die unter dem rechtlichen Gesichtspunkt des *Politmalus* behandelt werden (§ 3b Rdn. 70 ff.). 38

39 Die Verfolgung oder Bestrafung der Kriegsdienstverweigerung ist auch dann beachtlich, wenn der Dienst für die Person im Blick auf ihre echte religiöse, politische, humanitäre oder philosophische Überzeugung oder – im Fall einer internen Konfliktes ethnischen Charakters – aufgrund ihrer ethnischen Hintergrunds unzumutbar ist (*UNHCR*, Auslegung von Art. 1 GFK, April 2001, Rn. 18). Es kommt allein auf die Glaubhaftmachung einer echten und aufrichtigen Gewissensentscheidung gegen den Wehr- oder Kriegsdienst unabhängig davon an, zu welchem Zweck die bewaffneten Streitkräfte eingesetzt werden. Insbesondere der religiös motivierten Wehr- und Kriegsdienstverweigerung kommt eine gewichtige Funktion zu. So stellt UNHCR fest, dass einem Antragsteller, der die Ernsthaftigkeit seiner religiösen Überzeugung und darüber hinaus darlegen könne, dass die Behörden im Herkunftsland auf diese Gewissensüberzeugung keine Rücksicht nehmen würden, die Flüchtlingseigenschaft zuerkannt werden sollte. Die Ernsthaftigkeit und Echtheit der politischen, religiösen oder moralischen Überzeugung müssen, da es sich um eine Ausnahme von einer Verpflichtung zur Befolgung eines allgemeinen Gesetzes handelt, einer sorgfältigen Prüfung der Persönlichkeit des Verweigerers und seines persönlichen Hintergrunds unterzogen werden (*UNHCR*, Handbuch über Verfahren und Kriterien zur Feststellung der Flüchtlingseigenschaft, 1979, Rn. 172, 174; so auch BVerwG, Urt. v. 14.02.1963 – I C 92.62, abgedruckt bei *Marx*, Asylrecht. Rechtsprechungssammlung mit Erläuterungen. Bd. 3, 5. Aufl., 1991, S. 1604, Nr. 80.3; s. aber BVerwGE 62, 123, 124 = EZAR 200 Nr. 6 = InfAuslR 1981, 218).

40 Nach dem Tatbestand des Abs. 2 Nr. 5 muss der Antragsteller den Militärdienst verweigert haben oder darlegen, dass er im Fall der Rückkehr den Militärdienst verweigern wird und ihm deswegen Strafverfolgung oder Bestrafung droht. Die Norm verwendet den umfassenderen Begriff des »Militärdienstes« und nicht den engeren des »Wehrdienstes«. Nicht nur Wehrdienstleistende, sondern alle einberufenen oder einzuberufenden Soldaten unabhängig davon, ob sie ihrer gesetzlich angeordneten Wehrpflicht folgen, freiwillig Wehrdienst oder als Berufssoldaten Militärdienst leisten, werden eingeschlossen. Die Vorschrift darf in Bezug auf den geschützten Personenkreis *nicht restriktiv* ausgelegt werden. Es werden nicht nur bestimmte Militärdienst leistende Personen erfasst. Unerheblich ist der Dienstgrad und sonstige Rang in der Militärhierarchie und die Tatsache, dass der Betroffene nicht zu den Kampfgruppen gehört. Vielmehr sind alle Militärangehörigen einschließlich des logistischen und des Unterstützungspersonals umfasst. Folglich kann dem Betroffenen nicht entgegen gehalten werden, dass er aufgrund des lediglich indirekten Charakters seiner Beteiligung nicht nach den Kriterien des Strafrechts, insbesondere denen des IStGH-Statuts von Strafverfolgung bedroht wäre (EuGH, NVwZ 2015, 575 (577) Rn. 33, 37 – *Shepherd*, mit Anm. *Marx*, NVwZ 2015, 579). Eine Kriegsdienstverweigerung, die außerhalb eines »internationalen oder innerstaatlichen bewaffneten Konflikts« erfolgt, fällt nicht in den Anwendungsbereich von Abs. 2 Nr. 5 (EuGH, NVwZ 2015, 575 (577) Rn. 35 – *Shepherd*). Demgegenüber werden im Schrifttum und in der Rechtsprechung der Mitgliedstaaten in diesem Zusammenhang generell militärische Einsätze genannt, die auf die Verletzung grundlegender Menschenrechte, der humanitären Normen des Völkerrechts und der Verletzung der

territorialen Integrität anderer Staaten zielen (*Hathaway*, The Law of Refugee Status, 1991, S. 180 f.; House of Lords, Urt. v. 20.03.2003 – [2003] UKHL 15 Rn. 7 = IJRL 2003, 276 – *Sepet and Bulbul*). Verweigert der Antragsteller den Einsatz, weil er nicht an einem Verbrechen gegen den Frieden mitwirken will, muss er nicht nachweisen, dass er deshalb völkerstrafrechtlich zur Verantwortung gezogen werden kann. Dies betrifft nur die in einem Staat Verantwortlichen. Vielmehr muss er nachweisen, dass seine Verweigerung glaubwürdig ist (*UNHCR*, Claims to Refugee Status to Military Service, 2013, Rn. 23).

Dem Zusammenhang von Abs. 2 Nr. 5 mit § 3 Abs. 2 kann der Grundsatz entnommen werden, dass die Militärdienstverweigerung generell als Fluchtgrund anerkannt wird, wenn der Antragsteller mit dem Militärdienst in einem diktatorischen Regime Institutionen und politische Maximen verteidigen soll, die mit grundlegenden Menschenrechten unvereinbar sind. Häufig wird das Militär zur innenpolitischen Repression eingesetzt und sind Militäreinheiten an der systematischen Folterpraxis gegenüber Oppositionellen oder ethnischen Minderheiten beteiligt. Zwar werden zur Folterpraxis spezialisierte Einheiten eingesetzt. Diese sind jedoch oft auf die Mitwirkung der militärischen Strukturen angewiesen. Auch die Weigerung, terroristischen Gruppierungen beizutreten, wird nach Abs. 2 Nr. 5 in Verb. mit § 3 Abs. 2 als Fluchtgrund anerkannt. Vereinzelte terroristische Aktionen als solche erfüllen aber noch nicht ohne Weiteres den Tatbestand eines internen bewaffneten Konfliktes. Terroristische Handlungen können aber, ohne notwendigerweise Ausprägung eines bewaffneten Konfliktes zu sein, den Zielen und Grundsätzen der Vereinten Nationen zuwiderlaufen (EuGH, InfAuslR 2011, 40, 41 = NVwZ 2011, 285 – *B und D.*). 41

Der Antragsteller muss mit hinreichender Plausibilität darlegen, dass seine Militäreinheit, die Einsätze, mit denen sie betraut wurde, unter Umständen durchführt oder in der Vergangenheit durchgeführt hat, unter denen Kriegsverbrechen mit hoher Wahrscheinlichkeit begangen werden oder wurden. Dabei kann er sich auf die Plausibilität des Eintritts solcher Verbrechen stützen. Es muss daher nicht feststehen, dass seine Einheit bereits Kriegsverbrechen begangen hat. Auch kann nicht verlangt werden, dass Handlungen der Einheit bereits vom IStGH geahndet wurden oder dass die bewaffnete Intervention auf der Grundlage eines Mandates des Sicherheitsrates oder eines Konsenses der internationalen Gemeinschaft stattfindet. Der Antragsteller kann sich auf ein »*Bündel von Indizien*« stützen, so z.B. das frühere Verhalten seiner Einheit oder strafrechtliche Verurteilungen von Angehörigen seiner Einheit. Diese können ein Indiz dafür darstellen, dass die Begehung von Kriegsverbrechen durch die Einheit wahrscheinlich ist, können aber für sich genommen nicht automatisch die Plausibilität der Begehung neuer Verbrechen belegen. Ahndet der Herkunftsstaat Kriegsverbrechen erscheint die These, dass der Betroffene zur Begehung von Kriegsverbrechen gezwungen sein könnte, nach Ansicht des EuGH wenig plausibel (EuGH, NVwZ 2015, 575 (577) Rn. 39 bis 43 – *Shepherd*). Nach den Richtlinien von UNHCR kommt es auf eine beachtliche Wahrscheinlichkeit (»*reasonable likelihood*«) an, dass der Betroffene gezwungen werden könnte, Kriegsverbrechen zu begehen oder die Verantwortung für derartige Verbrechen zu übernehmen. Daher kommt es auf den Umfang an, den die Begehung von Kriegsverbrechen in einem Konflikt annehmen. Es ist jedoch letztlich 42 das Risiko, an derartigen Verbrechen teilnehmen zu müssen (*UNHCR*, Guidelines on international protection No. 10: Claims to Refugee Status related to Military Service, 03.12.2013, Rn. 28). Weder wird eine »hohe« Wahrscheinlichkeit gefordert, noch wird allein die Einheit des Betroffenen in den Blick genommen, sondern die Art der Kriegführung insgesamt in einem Konflikt.

43 Die britische Rechtsprechung spricht sich ausdrücklich gegen eine spiegelbildliche Anwendung des Art. 12 Abs. 2 auf Art. 9 Abs. 2 Buchst. e) RL 2011/95/EU aus. Es stelle eine oberflächliche Betrachtungsweise dar, nur diejenigen als schutzbedürftig anzuerkennen, die Asyl suchten, um dadurch die Begehung eines in Art. 1 F GFK (§ 3 Abs. 2) aufgezählten Verbrechens zu vermeiden. Dieser Ansatz entspreche nicht der Ratio des Flüchtlingsrechts (Court of Appeal, [2008] EWCA Civ 540 = IJRL 2008, 469, Rn. 39 – *BE*) Das völkerrechtliche Flüchtlingsrecht folgt anderen Grundsätzen als das völkerrechtliche Strafrecht. Der Antragsteller ist nicht gehalten, nach den Beweisregeln »jenseits aller vernünftigen Zweifel« einen Gewissenskonflikt darzulegen, sondern glaubhaft zu machen, dass er bei Befolgung des Einsatzbefehls aufgrund der ihm verfügbaren Informationen an militärischen Angriffen hätte beteiligt worden können, bei denen etwa unterschiedslos Zivilpersonen wie militärische Anlagen Objekte militärischer Angriffe waren (Verletzung des *völkerrechtlichen Unterscheidungsgebots*) oder es zur Tötung oder Verletzung von Zivilpersonen in einem Ausmaße gekommen war, das außer Verhältnis zu dem insgesamt erwarteten konkreten und unmittelbaren militärischen Vorteil stand (Verletzung des *völkerrechtlichen Verhältnismäßigkeitsgrundsatzes*).

44 Die Dienstverweigerung muss das einzige Mittel sein, um das Risiko der Begehung von Kriegsverbrechen abzuwenden. Steht dem Betroffenen ein *Verfahren zur Anerkennung als Kriegsdienstverweigerer* zur Verfügung und nimmt er dieses nicht in Anspruch, schließt dies den Flüchtlingsschutz aus, sofern nicht dargelegt wird, dass ihm in seiner konkreten Situation ein derartiges Verfahren nicht zur Verfügung stand (EuGH, NVwZ 2015, 575 (577) Rn. 44 f. – *Shepherd*). Kann er plausibel belegen, dass die Beantragung der Anerkennung als Kriegsdienstverweigerer ihn nicht davor bewahrt hätte, bis zur endgültigen Entscheidung weiterhin an Einsätzen teilzunehmen und insbesondere Dienst bei den Kampfgruppen zu leisten, stellt die Dienstverweigerung das einzige Mittel dar, um die Begehung von Kriegsverbrechen wirksam auszuschließen. Besteht das Risiko von Zwangsrekrutierungen durch terroristische Gruppierungen (OVG NW, AuAS 2013, 83, durch Taliban), ist dieses stets beachtlich. In diesem Fall besteht eine hohe Wahrscheinlichkeit, zur Begehung terroristischer Taten gezwungen zu werden.

VII. Handlungen gegen die Geschlechtszugehörigkeit oder Kinder (Abs. 2 Nr. 6)

45 Handlungen, die an die Geschlechtszugehörigkeit anknüpfen oder gegen Kinder gerichtet sind, können nach Abs. 2 Nr. 6 Verfolgungscharakter aufweisen (ausführlich *Marx*, Handbuch zum Flüchtlingsschutz, 2. Aufl., 2012, § 14 Rn. 210 ff., S. 80 ff.); s. auch Rdn. 25 ff. Die Richtlinie trägt der im Diskurs der letzten Jahrzehnte gewachsenen Bedeutung geschlechtsspezifischer Verfolgungen in vielfältiger Weise Rechnung.

Bereits in Art. 9 Abs. 2 Buchst. a) (Abs. 2 Nr. 1) wird der Aspekt sexueller Gewalt besonders hervorgehoben. Die Hervorhebung sexueller Gewalt wie auch geschlechtsspezifischer Verfolgung in Art. 9 Abs. 2 hat zunächst lediglich Bedeutung für die Ermittlung der tatbestandlichen Voraussetzungen der Verfolgung. Irreführend ist allerdings die Verwendung des Begriffs »anknüpfen« in Abs. 2 Nr. 6 im Rahmen einer Norm, welche die Feststellung des Verfolgungsbegriffs inhaltlich bestimmt, weil damit auf die Frage der Anknüpfung an Verfolgungsgründe hingewiesen wird (Abs. 3). Für die Anknüpfung geschlechtsspezifischer Verfolgung an Verfolgungsgründe ist jedoch nicht Art. 9 Abs. 2 (§ 3a Abs. 2) maßgebend. Vielmehr enthält Art. 10 Abs. 1 Buchst. d) Abs. 2 Satz 2 Halbs. 2 (§ 3b Abs. 1) hierzu spezifische Kriterien, an die nach Abs. 3 die Verfolgung anknüpfen muss.

Art. 1 A Nr. 2 GFK enthält enumerativ fünf Diskriminierungsgründe, jedoch 46 nicht die Geschlechtszugehörigkeit. Im internationalen Diskurs ist aber allgemein anerkannt, dass die Definition des Flüchtlingsbegriffs geschlechtsspezifische Verfolgungen umfasst. Text, Ziel und Zweck der Konvention erfordern danach eine geschlechtsspezifische Fragen einschließende Interpretation des Verfolgungsgrundes der »Zugehörigkeit zu einer bestimmten sozialen Gruppe« (Summary Conclusions on Gender-Related Persecution, San Remo Expert Roundtable, Global Consultation on International Protection, 06. bis 08.09.2001; so auch *UNHCR*, Kommentar zur Richtlinie 2004/83/EG, S. 21). Ob bestimmte Maßnahmen Verfolgung darstellen, ist abhängig von den Gesamtumständen des konkreten Einzelfalls. Das Völkerstrafrecht sowie internationale Menschenrechtsabkommen identifizieren bestimmte Handlungen als Verstöße gegen die entsprechenden Normen, wie z.B. sexuelle Gewalt (Rdn. 26). Daher besteht Einigkeit, dass *Vergewaltigungen* und andere Formen gegen Frauen gerichteter Gewalt, wie z.B. *Geschlechtsverstümmelungen*, *häusliche Gewalt* und *Frauenhandel* (§ 3b Rdn. 20 ff.) ernsthafte körperliche und psychische Schmerzen und Leiden hervorrufen und deshalb als Verfolgungen anzusehen sind, sei es, dass sie durch staatliche, sei es, dass sie durch nichtstaatliche Verfolger durchgeführt werden (*UNHCR*, Guidelines on International Protection: Gender-Related Persecution, Mai 2002, S. 3).

Die Antragstellerin kann ihren Antrag nicht ausschließlich auf die Tatsache stützen, 47 dass auf sie eine innerstaatliche Politik oder innerstaatliche Gesetze Anwendung findet, die sie ablehnt. Vielmehr muss sie nachweisen, dass sie tatsächlich Verfolgung erlitten hat oder befürchten musste oder für den Fall der Rückkehr erleiden wird aufgrund einer Politik oder eines Gesetzes, dem ein Verfolgungscharakter immanent ist, aufgrund einer Politik oder eines Gesetzes, das zum Zwecke der Verfolgung aus einem der in § 3b Abs. 1 bezeichneten Gründe angewandt wird, aufgrund einer Politik oder eines Gesetzes, das – obwohl damit legitime Zwecke verfolgt werden – mit Mitteln durchgeführt wird, die den Verfolgungstatbestand erfüllen oder ihr eine Bestrafung für Verstöße gegen eine derartige Politik oder ein derartiges Gesetz droht, die unverhältnismäßig streng ist. Das entscheidende Kriterium ist die besondere individuelle Situation der Antragstellerin (Art. 4 Abs. 3 Buchst. c) RL 2011/95/EU) im Vergleich zu der allgemeinen Menschenrechtssituation im Herkunftsland wie auch zu den Erfahrungen anderer Frauen in ähnlicher Lage.

48 Typische gegen *Kinder und Jugendliche* gerichtete Verfolgungen nach Abs. 2 Nr. 6 sind insbesondere Zwangsrekrutierungen als *Kindersoldaten*, *sexuelle Ausbeutung*, *sexueller Missbrauch*, *Gewalt*, *Zwangsheirat*, *Zwangsprostitution*, *Kinderhandel*, *Sklaverei*, verletzende traditionelle Praktiken, wie z.B. *Geschlechtsverstümmelungen*, *Sippenhaft*, drohende *Umerziehungsmaßnahmen* (Bundesamt für Migration und Flüchtlinge, Kindersoldaten, September 2004, S. 9). Sowohl Jungen wie Mädchen sind Opfer sexueller Ausbeutung. Sexuelle Gewalt umfasst weibliche *Kindesmorde*, *Kinderheirat*, *Genitalverstümmelung*, *Vergewaltigung*, sexuelle Übergriffe und *sexuelle Ausbeutung* als Voraussetzung für die Gewährung von Nahrung und Unterstützung. Der Sicherheitsrat hat mit Resolution 1820(2008) vom 19.06.2008 festgestellt (Rdn. 26), dass Gewalt gegen Frauen und Kinder in Situationen bewaffneter Konflikte, einschließlich sexueller Gewalt in Situationen bewaffneter Konflikte, trotz Aufrufe an alle Konfliktparteien, derartige Handlungen mit sofortiger Wirkung zu beenden, in diesen Situationen »nach wie vor auftreten und in einigen Situationen systematisch ausgedehnt geworden sind und ein erschreckendes Ausmaß an Brutalität erreicht haben.« Insbesondere die Praxis der *Zwangsrekrutierung* von Jungen und männlichen Jugendlichen als *Kindersoldaten* durch Regierungseinheiten wie durch bewaffnete Oppositionsgruppen hat seit den 1990er Jahren ein erschreckendes Ausmaß angenommen. Die meisten zwangsrekrutierten Opfer sind zwar Jugendliche, es werden aber häufig auch Kinder unter zehn Jahre als Kindersoldaten eingesetzt (Global Consultations on International Protection, Refugee Children, 25.04.2002, EC/GC/02/9, § 15) Die Vereinten Nationen schätzen die Zahl der Kindersoldaten auf über 300.000 Personen, die Mehrzahl unter ihnen sei zwischen 15 und 17 Jahre alt (Refugees, The Road to Recovery, Nr. 130, 2003, S. 26). Sie werden in mehr als dreißig Ländern weltweit eingesetzt. Human Rights Watch hat Interviews mit Kindersoldaten in Angola, Kolumbien, dem Libanon, Sierra Leone, Sudan und Uganda durchgeführt (HRW, Pressemitteilung www.hrw.org/german/children/kindersoldaten.htm).

49 Die Ermittlung der Verfolgung und Verfolgungsgründe von unbegleiteten Kindern und Jugendlichen bereitet besondere Schwierigkeiten. Die Behörden sind bereits von Amts wegen gehalten, kinderspezifische Formen von Verfolgung zu ermitteln (Erwägungsgrund Nr. 28 RL 2011/95/EU). Ist das Kind in einem Alter, in dem es bereits selbst in der Lage ist, die seine Verfolgungsfurcht begründenden tatsächlichen Umstände selbst vorzubringen, kann der Antrag grundsätzlich nach den für Erwachsene geltenden Maßstäben behandelt werden, wobei allerdings eine kindergerechte Ermittlung und Beweiswürdigung geboten ist. Darüber hinaus erfordern allerdings die Schwierigkeiten von Kindern und Jugendlichen, ihre eigenen Verfolgungserlebnisse zu schildern sowie kognitive und psychische Blockaden aufgrund erfahrener sexueller oder anderer Gewalt, eine besonders sorgfältige Behandlung ihres Asylbegehrens und sollte im Zweifelsfall zugunsten des Kindes der Flüchtlingsstatus gewährt werden (*UNHCR*, Executive Committee, International Protection, Note on Refugee Children, EC/SCP/46, § 15). Die Gefahr der Verfolgung muss für den Fall der Rückkehr weiterhin drohen. An dieser Voraussetzung scheitern die meisten Anträge von Kindern, sofern die Verfolgungsgefahr nur noch Volljährigen droht und die Kinder nicht bereits die Volljährigkeit erreicht haben. Allerdings muss sorgfältig untersucht werden, ob die auf die Kinder in

der Vergangenheit bezogene Verfolgung erneut in anderer Weise auch dem nunmehr erwachsenen Asylsuchenden droht (Art. 4 Abs. 4 RL 2011/95/EU). Allein der Hinweis, mit Erreichung der Volljährigkeit drohe keine Zwangsrekrutierung als Kindersoldat (so Nieders. OVG, AuAS 2010, 189), greift zu kurz. So ist es durchaus denkbar, dass die früheren Kommandeure dem zurückgekehrten, nunmehr volljährigen Verweigerer wegen der Desertion als Kind oder aus Rache mit Vergeltungsmaßnahmen drohen oder wegen seines Auslandsaufenthaltes in diesem einen Spion oder Abweichler sehen und wegen der aus der früheren Schutzlosigkeit folgenden Umstände ein interner Schutz außerhalb der Herkunftsregion nicht zur Verfügung steht.

D. Zusammenhangsklausel (Abs. 3)

Zwischen den Verfolgungsgründen (§ 3b) und der Verfolgung muss eine Verknüpfung 50 bestehen (Abs. 3). Die Richtlinie beruht auf dem Flüchtlingsbegriff (Art. 2 Buchst. d) RL 2011/95/EU). Nach Art. 1 A Nr. 2 GFK muss die befürchtete Verfolgung »wegen« der dort bezeichneten Verfolgungsgründe drohen. Abs. 3 trägt dem Grundsatz Rechnung, dass nach Art. 1 A Nr. 2 GFK ein Zusammenhang zwischen Verfolgung und Verfolgungsgründen herzustellen ist und knüpft an die Zusammenhangsklausel von Art. 1 A Nr. 2 GFK an, ohne sie näher zu erläutern. Die in § 3b Abs. 1 bezeichneten Verfolgungsgründe sind identisch mit den Verfolgungsgründen in Art. 1 A Nr. 2 GFK. Ebenso wie Art. 1 A Nr. 2 GFK beschreibt § 3b Abs. 1 abschließend die maßgeblichen Verfolgungsgründe. Wer eine ihm geltende Verfolgungshandlung (§ 3a) sowie den Wegfall des nationalen Schutzes (§ 3c bis § 3e) darlegen kann, wird als Flüchtling anerkannt, wenn die Verfolgung auf einen oder mehreren der in § 3b Abs. 1 bezeichneten Verfolgungsgründen beruht. Kann die Anknüpfung der Verfolgung an einen Verfolgungsgrund nicht dargelegt werden, besteht nach Maßgabe der entsprechenden Voraussetzungen Anspruch auf subsidiären Schutz (§ 4 Abs. 1). Allerdings ist der Begriff der Verfolgung nach § 3a bedeutend weiter gehend als der Begriff des ernsthaften Schadens nach § 4 Abs. 1.

Unerheblich ist, ob die Verfolgung auf einem einzigen Verfolgungsgrund oder auf 51 dem Zusammenwirken von zwei oder auch mehreren Gründen beruht. Es liegt auf der Hand, dass sich die einzelnen Verfolgungsgründe oft überschneiden können. Normalerweise ist bei einer Person mehr als ein Grund der Anlass ihrer Verfolgung, etwa wenn sie sich nicht nur als ein politischer Gegner erwiesen hat, sondern auch Angehöriger einer bestimmten religiösen oder nationalen Gruppe ist (*UNHCR*, Handbuch über Verfahren und Kriterien zur Feststellung der Flüchtlingseigenschaft, Rn. 66 f.) Auch kann etwa ein Angehöriger einer ethnischen oder religiösen Minderheit wegen seiner abweichenden politischen Überzeugung verfolgt werden (*Weis*, Du droit international 1960, 928, 970). In derartigen Fällen sind alle in Betracht kommenden Verfolgungsgründe – Verfolgung wegen der politischen Überzeugung, der Religion, der Nationalität und der Zugehörigkeit zu einer bestimmten sozialen Gruppe – darzulegen und zu prüfen.

In der internationalen Staatenpraxis und in der Literatur wird bei der Herstellung 52 eines Zusammenhangs ein pragmatischer Ansatz verfolgt. Die Methode, auf die Motivation der Verfolger abzustellen, wird überwiegend abgelehnt. Die Konvention trägt dem Schutzbedürfnis des Flüchtlings unabhängig von der Motivation der Verfolger Rechnung (*Zimmermann/Mahler*, in: Zimmermann, The 1951 Convention relating to the Status of Refugees and its 1967 Protocol. A Commentary, Article 1A, para. 2, Rn. 331). Verfolgungen sind Ausdruck eines komplexen internen Machtkampfes, sodass subjektive Intentionen der einzelnen Verfolger in Ansehung ihres Inhalts und Umfangs nicht stets präzise ermittelt werden können. Ferner darf nicht ohne Not auf derart subjektive Tatsachen abgestellt werden, weil diese kaum mit der erforderlichen Bestimmtheit und hinreichenden Zuverlässigkeit festgestellt werden können. Nach dem überwiegend verfolgten pragmatischen Ansatz reicht die Darlegung aus, dass die Verfolgung zumindest auf einen Verfolgungsgrund nach Art. 1 A Nr. 2 GFK neben anderen, von der Konvention nicht erfassten Gründen gerichtet ist. Da Verfolger häufig aufgrund unterschiedlicher Motive tätig werden, genügt es, wenn jedenfalls eines der verfolgten Motive auf einem Verfolgungsgrund beruht (UK House of Lords, IJRL 1999, 496, 505 f. – *Shah and Islam*). Der Verfolgungsgrund muss ein »wesentlicher beitragender Faktor«, jedoch nicht der einzige oder beherrschende Grund sein (*UNHCR*, Auslegung von Art. 1, April 2001, Rn. 23). Vielmehr reicht es aus, wenn er bei der Verfolgung wirksam war (UK House of Lords, (2006) UKHL 46, Rn. 17 = IJRL 2007, 96, 105 – *Fornah*). Deshalb sind lediglich Tatsachen und Umstände vorzutragen, aus denen bei vernünftiger Betrachtungsweise folgt, dass die Verfolgung gegen einen oder mehrere nach Art. 1 A Nr. 2 GFK, Art. 10 Abs. 1 RL 2011/95/EU besonders geschützten Status gerichtet ist, mit anderen Worten, die Verfolgung auf einem der fünf Verfolgungsgründe beruht. Nicht der Inhalt der Motivation aufseiten der Verfolger, sondern die Tatsache, dass die Verfolgung gegen den geschützten Status oder die geschützte Überzeugung gerichtet ist, ist maßgebend.

53 Uneinigkeit herrscht jedoch über die erforderliche Intensität der Zielrichtung. In einigen angelsächsischen Staaten wird die Darlegung verlangt, dass die Verfolgung nicht ausgeübt würde, wenn sie nicht auf Verfolgungsgründen beruhte (*»but for«-test*). Dem hält allerdings das britische Oberhaus entgegen, dass die Konvention nicht auf einem derart einfachen, sondern auf einem umfassenderen Ansatz beruhe (UK House of Lords, [2006] UKHL 46, Rn. 17 = IJRL 2007, 96, 105 – *Fornah*). Die U.S.-amerikanische Rechtsprechung fragt danach, ob die auf einen geschützten Status zielende Richtung überwiegt (Nachweise bei *Zimmermann/Mahler*, in: Zimmermann, The 1951 Convention relating to the Status of Refugees and its 1967 Protocol. A Commentary, Article 1A, para. 2, Rn. 326 ff.). Nach der britischen Rechtsprechung reicht es aus, wenn die Zielrichtung bei der Verfolgung wirksam war (UK House of Lords, [2206] UKHL 46, Rn. 17 = IJRL 2007, 96, 105 – *Fornah*). Die Verfolgung von Juden während des Nationalsozialismus zielte nicht auf deren politische Überzeugung. Verfolgungen von Demokraten in einem fundamentalistisch muslimischen Staat richten sich nicht gegen deren Religion (INS Gender Guidelines vom 26.05.1995). In einem Fall ist die Verfolgung gegen den geschützten Status »Jude«, im anderen gegen die demokratische Überzeugung des Betroffenen gerichtet. Die Ermittlungen haben sich deshalb auf den persönlichen Status oder die persönliche Überzeugung zu konzentrieren. Der Zusammenhang zwischen Verfolgung und Verfolgungsgrund wird damit durch den in Art. 1 A Nr. 2 GFK

bzw. Art. 10 Abs. 1 RL 2011/95/EU, § 3b Abs. 1 geschützten Status oder die Überzeugung des Antragstellers hergestellt.

Nach der deutschen Rechtsprechung ist anhand des inhaltlichen Charakters nach der erkennbaren Gerichtetheit der Maßnahme zu beurteilen, ob eine spezifische Zielrichtung vorliegt, die Verfolgung mithin »wegen« eines geschützten Merkmals erfolgt (BVerfGE 80, 315, 335 = EZAR 201 Nr. 20 = NVwZ 1990, 151 = InfAuslR 1990, 21; BVerfGE 81, 142, 151 = EZAR 200 Nr. 26 = NVwZ 1990, 453 = InfAuslR 1990, 167). Dem Begriff der Verfolgung wohne ein finales Moment inne, da nur dem auf bestimmte Merkmale einzelner Personen oder Personengruppen zielenden Zugriff erhebliche Wirkung zukommt. Das Kriterium »erkennbare Gerichtetheit der Maßnahme« und das Erfordernis, dass die Verfolgung an geschützte Merkmale anknüpfen muss, verdeutlichen, dass es auf die in der Maßnahme objektiv erkennbar werdende Anknüpfung ankommt, nicht aber auf die subjektiven Motive der Verfolger. Maßgebend sind demnach die objektiven Auswirkungen der Verfolgung auf den Einzelnen oder eine Personengruppe (BVerfGE 83, 216, 231 ff. = EZAR 202 Nr. 20 = NVwZ 1991, 109 = InfAuslR 1991, 200). Der Zusammenhang zwischen Verfolgung und Verfolgungsgründen kann einerseits durch die Zielrichtung der Verfolgung hergestellt, andererseits kann auch an die Schutzakteure angeknüpft werden. Ob diese geeignete Schritte einleiten, um die Verfolgung abzuwenden (§ 3d Abs. 2), kann maßgeblich durch Verfolgungsgründe bestimmt sein. Komplizenschaft des Staates mit nichtstaatlichen Akteuren kann einen Hinweis auf den für die Schutzversagung maßgebenden Zusammenhang liefern, ist aber nach der für die Auslegung der Richtlinie 2011/85/EU maßgebenden Schutzlehre im Gegensatz zur früheren Rechtsprechung (BVerwGE 95, 42, 49 = EZAR 230 Nr. 3 = NVwZ 1994, 497 = InfAuslR 1994, 196; BVerwG, EZAR 202 Nr. 269) keine zwingende Voraussetzung für die Feststellung der fehlenden staatlichen Schutzbereitschaft und -fähigkeit (Lordrichter Hope of Craighead, House of Lords, IJRL 2001, 174, 181 – *Horvarth*, unter Bezugnahme auf den kanadischen Obersten Gerichtshof, [1993] 103 D. L. R. [4 th] 1 – *Ward*). 54

§ 3b Verfolgungsgründe

(1) Bei der Prüfung der Verfolgungsgründe nach § 3 Absatz 1 Nummer 1 ist Folgendes zu berücksichtigen:

1. **der Begriff der Rasse umfasst insbesondere die Aspekte Hautfarbe, Herkunft und Zugehörigkeit zu einer bestimmten ethnischen Gruppe;**
2. **der Begriff der Religion umfasst insbesondere theistische, nichttheistische und atheistische Glaubensüberzeugungen, die Teilnahme oder Nichtteilnahme an religiösen Riten im privaten oder öffentlichen Bereich, allein oder in Gemeinschaft mit anderen, sonstige religiöse Betätigungen oder Meinungsäußerungen und Verhaltensweisen Einzelner oder einer Gemeinschaft, die sich auf eine religiöse Überzeugung stützen oder nach dieser vorgeschrieben sind;**
3. **der Begriff der Nationalität beschränkt sich nicht auf die Staatsangehörigkeit oder das Fehlen einer solchen, sondern bezeichnet insbesondere auch die Zugehörigkeit zu einer Gruppe, die durch ihre kulturelle, ethnische oder sprachliche**

Identität, gemeinsame geografische oder politische Herkunft oder ihre Verwandtschaft mit der Bevölkerung eines anderen Staates bestimmt wird;

4. eine Gruppe gilt insbesondere als eine bestimmte soziale Gruppe, wenn

a) die Mitglieder dieser Gruppe angeborene Merkmale oder einen gemeinsamen Hintergrund, der nicht verändert werden kann, gemein haben oder Merkmale oder eine Glaubensüberzeugung teilen, die so bedeutsam für die Identität oder das Gewissen sind, dass der Betreffende nicht gezwungen werden sollte, auf sie zu verzichten, und

b) die Gruppe in dem betreffenden Land eine deutlich abgegrenzte Identität hat, da sie von der sie umgebenden Gesellschaft als andersartig betrachtet wird;

als eine bestimmte soziale Gruppe kann auch eine Gruppe gelten, die sich auf das gemeinsame Merkmal der sexuellen Orientierung gründet; Handlungen, die nach deutschem Recht als strafbar gelten, fallen nicht darunter; eine Verfolgung wegen der Zugehörigkeit zu einer bestimmten sozialen Gruppe kann auch vorliegen, wenn sie allein an das Geschlecht oder die geschlechtliche Identität anknüpft;

5. unter dem Begriff der politischen Überzeugung ist insbesondere zu verstehen, dass der Ausländer in einer Angelegenheit, die die in § 3c genannten potenziellen Verfolger sowie deren Politiken oder Verfahren betrifft, eine Meinung, Grundhaltung oder Überzeugung vertritt, wobei es unerheblich ist, ob er auf Grund dieser Meinung, Grundhaltung oder Überzeugung tätig geworden ist.

(2) Bei der Bewertung der Frage, ob die Furcht eines Ausländers vor Verfolgung begründet ist, ist es unerheblich, ob er tatsächlich die Merkmale der Rasse oder die religiösen, nationalen, sozialen oder politischen Merkmale aufweist, die zur Verfolgung führen, sofern ihm diese Merkmale von seinem Verfolger zugeschrieben werden.

Übersicht

A. Funktion der Vorschrift

1 Die Vorschrift wurde durch das Gesetz zur Umsetzung der Richtlinie 2011/95/EU 2013 in das AsylG eingeführt. Sie definiert die Verfolgungsgründe und stellt in Abs. 1 den Referenzrahmen für die nach § 3a Abs. 3 maßgebende Zusammenhangsklausel dar. Die Verfolgung (§ 3a) muss an einen der in Abs. 1 bezeichneten Verfolgungsgründe anknüpfen. § 3b setzt Art. 10 Abs. 1 RL 2011/95/EU wortgetreu in nationales Recht um. Die unionsrechtliche Norm versucht eine begriffliche Erfassung der Konventionsgründe des Art. 1 A Nr. 2 GFK (Art. 2 Buchst. d) RL 2011/95/EU). Der Gesetzgeber hat sich bei der Umsetzung streng an der Systematik der Richtlinie ausgerichtet und deshalb nach der Verfolgung in § 3a in § 3b die Verfolgungsgründe definiert. Nach der Prüfung der Verfolgung ist jedoch wegen der Nachrangigkeit des internationalen Schutzes zunächst der Wegfall der nationalen Schutzes (§ 3c bis § 3e) zu prüfen, bevor die Zusammenhangsklausel angewandt wird. Das gilt im Übrigen auch für den subsidiären Schutz (§ 4 Abs. 3 Satz 1). Kann ein Zusammenhang zwischen der Verfolgung und einen der Verfolgungsgründe nicht hergestellt werden, ist zu prüfen, ob die Verfolgung (§ 3a) die Merkmale eines ernsthaften Schadens (§ 4 Abs. 1 Satz 2) erfüllt. Ist dies der Fall, wird subsidiärer Schutz gewährt.

B. Verfolgung wegen der Rasse (Abs. 1 Nr. 1)

2 Der Begriff »Rasse« ist weit auszulegen und umfasst alle ethnischen Gruppen, die gewöhnlich als Rasse bezeichnet werden (ausf. *Marx*, Handbuch zum Flüchtlingsschutz, 2. Aufl., 2012, S. 155 ff.). Nach der Begründung des Vorschlags der Kommission ist der Begriff Rasse im »weitesten Sinne« zu verstehen und umfasst »alle Arten von ethnischen Gruppen und sämtliche soziologischen Aspekte.« Von einer Verfolgung aufgrund der Rasse sei vorrangig auszugehen, wenn ein Verfolgungsakteur den vom ihm Verfolgten wegen eines tatsächlichen oder angenommenen Unterschieds als einer anderen Rassengruppe als der seinigen zugehörig betrachte und wenn hierin der Grund für sein Handeln oder die Furcht vor Verfolgung liege (Kommission der EG, Vorschlag für eine Richtlinie zur Festlegung von Mindestnormen für die Anerkennung, 12.09.2001 – KOM[2001]510, S. 25). Die Richtlinie entwickelt dementsprechend einen weiten Ansatz des Begriffs der Rasse. Auch nach Auffassung von UNHCR ist der Begriff Rasse im weitesten Sinne zu verstehen. Er umfasse »alle ethnischen

Gruppen«, die gewöhnlich als »Rassen« bezeichnet würden. Häufig beziehe er sich auf die Zugehörigkeit zu einer spezifischen sozialen Gruppe gemeinsamer Herkunft, die eine Minderheit innerhalb der Bevölkerung darstelle. Diskriminierung aufgrund der Zugehörigkeit zu einer Rasse sei daher ein wichtiger Faktor bei der Feststellung, ob eine Verfolgung an die Rassenzugehörigkeit anknüpfe (*UNHCR*, Handbuch über Verfahren und Kriterien zur Feststellung der Flüchtlingseigenschaft, 1979, Rn. 68).

3 Diskriminierungen aufgrund der Rasse werden weltweit als eine der gröbsten Verletzungen der Menschenrechte verurteilt. Nach Völkerstrafrecht stellt die systematische oder weitverbreitete Verfolgung wegen der Rasse ein internationales Verbrechen dar. Rassendiskriminierung kommt in den unterschiedlichsten Formen vor. Das vorrangige gemeinsame Kriterium der unterschiedlichen Diskriminierungsformen ist der durch die Diskriminierung bewirkte Ausschluss vom Schutz des Staates. Darin liegt das Moment der Verfolgung. Das Flüchtlingsrecht knüpft an den Wegfall wirksamen nationalen Schutzes und weniger an den Minderheitenstatus als solchen an. Mitglieder einer bestimmten ethnischen Gruppe können danach als aus rassischen Gründen verfolgte Gruppe angesehen werden, wenn sie aufgrund dessen ihrer grundlegenden Menschenrechte beraubt werden (*Hathaway*, The Law of Refugee Status, 1991, S. 143). Daher ist Diskriminierung wegen der Rasse ein wichtiger Faktor bei der Feststellung des Verfolgungsgrundes. Die Diskriminierung muss jedoch die Form einer Verfolgung angenommen haben (§ 3a Rdn. 15 ff.). Die bloße Zugehörigkeit zu einer bestimmten rassischen Gruppe als solche reicht für die Flüchtlingsanerkennung regelmäßig nicht aus. Es gibt jedoch Fälle, in denen aufgrund besonderer, für die ganze Gruppe nachteiliger Umstände, die Zugehörigkeit zu dieser Gruppe schon in sich ein ausreichender Grund darstellt, Verfolgung zu befürchten (*UNHCR*, Handbuch über Verfahren und Kriterien zur Feststellung der Flüchtlingseigenschaft, 1979, Rn. 70).

4 Das gemeinsame Merkmal, das die verschiedenen rassischen Minderheiten in den unterschiedlichen Herkunftsländern miteinander verbindet, ist also ihr Ausschluss aus dem nationalen Schutzsystem wegen eines identifizierbaren ethnischen Merkmals. Der Verfolgungsgrund Rasse wird selten als einziger Verfolgungsgrund geltend gemacht. Dies mag auch daran liegen, dass bislang ein eher objektiver Begriff der Rasse vorherrschend war. Inzwischen wird aber insbesondere durch die Rechtsprechung der internationalen Straftribunale anerkannt, dass kollektive Identitäten und insbesondere die ethnische Identität ihrer Natur nach soziale Begriffe, die auf den unterschiedlichsten Faktoren beruhen, darstellen (*Goodwin-Gill/McAdam*, The Refugee in International Law, 3. Aufl., 2007, S. 70). Häufig bezieht Rasse sich – wie aus den vorstehenden Beispielen ersichtlich – auch auf die »Zugehörigkeit zu einer bestimmten sozialen Gruppe (Rdn. 16 ff.) gemeinsamer Herkunft«, die eine Minderheit innerhalb der Bevölkerung darstellt. Eine indigene Frau wird unter bestimmten Umständen nicht nur wegen ihrer Rasse, sondern auch wegen ihres Geschlechts verfolgt (*Zimmermann/Mahler*, in: Zimmermann, The 1951 Convention relating to the Status of Refugees and its 1967 Protocol. A Commentary, Article 1A, para. 2, Rn. 343 f.) Wegen dieser Vielschichtigkeit des auf den Begriff der Rasse bezogenen Verfolgungsgrundes und seiner Überscheidung mit anderen Verfolgungsgründen wird er in der Staatenpraxis kaum angewandt.

C. Verfolgung wegen der Religion (Abs. 1 Nr. 2)

Der geschützte Status umfasst die Religion als Glaube, Identität und Lebensform. 5 Geschützt ist die Möglichkeit, in Übereinstimmung mit religiösen oder atheistischen Grundsätzen leben zu können einschließlich an religiösen Riten teilzunehmen oder nicht teilzunehmen (ausf. *Marx*, Handbuch zum Flüchtlingsschutz, 2. Aufl., 2012, S. 158 ff.). Die Weigerung einer Frau, den religiösen Gebräuchen zu folgen, kann unabhängig von ihrer tatsächlichen Überzeugung als Beweis für eine inakzeptable religiöse Gesinnung aufgefasst werden. Daher können bei geschlechtsspezifischen Verfolgungen Religion und politische Überzeugung nicht stets voneinander abgegrenzt werden. Weil die Religionsfreiheit nach Maßgabe universeller Menschenrechtsstandards umfassend geschützt ist, ist weder eine Reduktion auf ein »religiöses Existenzminimum« (*»forum internum«*) und damit der Ausschluss der öffentlichen Glaubenspraxis (*»forum externum«*) zulässig. Diese Unterscheidung ist unvereinbar mit Art. 10 Abs. 1 Buchst. b) GRCh. Ein Verfolgungsgrund liegt daher auch dann vor, wenn der Verfolgung die *öffentliche Glaubenspraxis* (*Missionieren, öffentliches Gebet* und Werben für den Glauben) des Antragstellers zugrunde liegt (EuGH, NVwZ 2013, 1612, 1614 Rn. 62 f. – *Y und Z*, m. Anm. *Marx*, NVwZ 2012, 1615 = InfAuslR 2012, 444 = EZAR NF 62 Nr. 27).

Zur Frage des Verzichts auf die öffentliche Glaubenspraxis, die sich nach der Recht- 6 sprechung des BVerwG aber nur bei fehlender Vorverfolgung stellt, hat der EuGH festgestellt, dass vom Gläubigen nicht verlangt werden darf, dass er zur Abwendung der Verfolgung auf diese verzichtet (EuGH, NVwZ 2013, 1612, 1615 Rn. 79 – *Y und Z*, m. Anm. *Marx*, NVwZ 2012, 1615 = InfAuslR 2012, 444 = EZAR NF 62 Nr. 27; *Marx*, Schutz der Religionsfreiheit im Flüchtlingsrecht, S. 222 f.; *Dörig*, Flüchtlingsschutz wegen Eingriffs in die Religionsfreiheit, S. 43 f.; *Dörig*, NVwZ 2014, 106, 107 f.). Deshalb wird nicht vorausgesetzt, dass der Asylsuchende »seinen Glauben nach Rückkehr in sein Herkunftsland tatsächlich in einer Weise ausübt, die ihn der Gefahr der Verfolgung aussetzt. Vielmehr kann der bereits unter dem Druck der Verfolgungsgefahr erzwungene Verzicht auf die Glaubensbetätigung die Qualität einer Verfolgung erreichen.« Verfolgung kann damit bereits »in dem Verbot als solchem liegen.« Es kommt daher auf das »tatsächliche künftige Verhalten des Asylbewerbers« und daran anknüpfende Eingriffe letztlich nicht an. Vielmehr reicht es aus, dass der Gläubige sich genötigt sieht, zur Vermeidung der Verfolgung auf die Glaubenspraktizierung zu verzichten (BVerwGE 146, 67, 8 Rn. 216 f. = EZAR NF 62 Nr. 28 = NVwZ 20123, 936 = InfAuslR 2013, 300, mit Hinweis auf *Lübbe*, ZAR 2012, 433, 437; unzutreffend die Kritik hiergegen von *Gerdsmeier*, ZAR 2016, 8, 11 f.). Diese durch das BVerwG aus der Rechtsprechung des EuGH gezogene Folgerung wird für die Zukunft weit in das Asylpraxis hineinstrahlen: Denn maßgebend für die Anknüpfung an Verfolgungsgründe ist das zugrunde liegende Recht auf Selbstbestimmung, sei es in religiöser, sexueller, politischer oder sonstiger Hinsicht (*Marx*, InfAuslR 2013, 308, 309).

Wird bei Ermittlung der Glaubenspraxis im Bundesgebiet festgestellt, dass eine be- 7 stimmte Komponente der Glaubensbetätigung, nämlich die öffentliche, für das religiöse Selbstverständnis des Asylsuchenden wesentlich ist und unterliegen diejenigen im Herkunftsland, die öffentlich ihren Glauben ausüben, einer flüchtlingsrelevanten Verfolgung, kommt es auf die Frage des Verzichts auf diese Glaubensbetätigung nicht an. Konsequenz ist, dass der Antragsteller auch nicht nach seinem zukünftigen Verhalten gefragt werden darf, sofern nach den behördlichen Feststellungen die öffentliche, durch flüchtlingsrelevante Verfolgung unterdrückte Glaubensbetätigung für diesen wesentlich ist. Haben die zuständigen Behörden andererseits festgestellt, dass er tatsächlich auf die Glaubenspraxis verzichten wird, sind die für den Verzicht maßgebenden Gründe zu ermitteln, wenn ein Antragsteller auf Frage erklärt, dass er nach seiner Rückkehr seine Identität verbergen wird. Erklärt er, dass er seine tatsächlich gelebte Identität aus Furcht vor Verfolgung verbergen wird, ist seine Furcht begründet, beruht seine Furcht also auf einer objektiv festgestellten Gefahr. Nach der australischen Rechtsprechung wird die fundamentale Frage, ob ein Antragsteller begründete Furcht vor Verfolgung hat, nicht ermittelt, wenn lediglich gefragt wird, ob ein Antragsteller unter dem Druck von Verfolgung seine tatsächliche Identität verbergen, jedoch nicht zugleich auch geprüft wird, warum er sich so verhalten wird. Wird daher festgestellt, dass es nicht möglich ist, offen seine Identität auszuleben, weil andernfalls Verfolgung droht, begründen solcherart ernsthafte Konsequenzen bei einer Aufdeckung der tatsächlichen Identität eine Furcht vor Verfolgung (High Court of Australia [2003] HCA 71 Rn. 88 – *Appellant S395/2002*).

8 Die Verfolgung kann auch in Form *schwerwiegender Diskriminierungen* ausgeübt werden. Eine bestehende diskriminierende Gesetzgebung stellt für sich genommen keine Verfolgung dar, kann aber ein gewichtiges Indiz für religiöse Verfolgung sein. Insbesondere religiöse Verfolgungen können anhand des Kumulationsansatzes (§ 3a Abs. 1 Nr. 2) ermittelt werden (§ 3a Rdn. 12 ff.; s. auch OVG NW, AuAS 2013, 91, 92). Maßgebend ist, ob der Antragsteller eine bestimmte Glaubensbetätigung lebt und ihm deshalb Verfolgung oder erhebliche Diskriminierung mit beachtlicher Wahrscheinlichkeit droht. Er muss darlegen, dass diese konkrete Glaubenspraxis »ein zentrales Element seiner religiösen Identität und in diesem Sinne für ihn unverzichtbar« ist. Diese innere Tatsache hat er entsprechend verwaltungsprozessualen Grundsätzen zur vollen Überzeugung des Gerichts (§ 108 Abs. 1 Satz 1 VwGO) darzulegen (BVerwGE 146, 67, 79 Rn. 30 = EZAR NF 62 Nr. 28 = NVwZ 20123, 936 = InfAuslR 2013, 300). Zwar darf die Bestätigung einer Kirchengemeinde über die Mitgliedschaft nicht infrage gestellt werden. Die Frage, ob die Befolgung einer bestimmten gefahrträchtigen religiösen Praxis für den Antragsteller zur Wahrung seiner religiösen Identität besonders wichtig ist, unterliegt jedoch der vollen Beweiswürdigung durch Behörde und Gericht (BVerwG, InfAuslR 2015, 457 = NVwZ 2015, 1678; BayVGH, NVwZ-RR 2015, 677). Er muss aber nicht »innerlich zerbrechen oder schweren seelischen Schaden« nehmen, wenn er auf seine Glaubenspraxis verzichten müsste. Vielmehr lässt sich die religiöse Identität als innere Tatsache aus dem Vorbringen sowie im Wege des Rückschlusses von äußeren Anhaltspunkten auf die innere Einstellung des Betroffenen feststellen. Um die Flucht in die nicht rügefähige Beweiswürdigung zu sperren, ist Sorgfalt auf die mit Verfahrensrügen angreifbaren Feststellungen zu den äußeren Anhaltspunkten zu legen. Dabei kann

sich die Glaubwürdigkeitsprüfung aber nur auf die Frage beziehen, ob dem Betroffenen geglaubt wird, dass er ein durch seine religiöse Identität geprägtes Leben führt. Davon zu unterscheiden ist die Glaubhaftmachung der hierfür maßgebenden Tatsachen. Dies ist keine Frage der Glaubwürdigkeit, sondern eine nach den Kriterien der Schlüssigkeit und Stimmigkeit vorzunehmende Prüfung. Glaubhaft sind die individuellen Tatsachen der Glaubenspraxis (z.B. Gebet, Gottesdienst, Zugehörigkeit zu einer Glaubensgemeinschaft, Verbreitung des Glaubens) zu machen. Die hierfür erforderlichen Tatsachen sind stimmig, konkret und erlebnisfundiert darzulegen und bilden die Grundlage für die Prognoseprüfung.

D. Verfolgung wegen der Nationalität (Abs. 1 Nr. 3)

Der Begriff der Nationalität ist nicht mit der Staatsangehörigkeit (so aber § 14 Abs. 1 AuslG 1965, § 51 Abs. 1 AuslG 1990, § 60 Abs. 1 AufenthG a.F.) identisch. Vielmehr ist dieser Begriff im Sinne einer kollektiven Identität bestimmter ethnischer oder sprachlicher Gruppen zu verstehen (*Hathaway*, The Law of Refugee Status, 1991, S. 144 f.; *Schaeffer*, Asylberechtigung, S. 40; *UNHCR*, Handbuch über Verfahren und Kriterien zur Feststellung der Flüchtlingseigenschaft, 1979, Rn. 74; ausf. *Marx*, Handbuch zum Flüchtlingsschutz, 2. Aufl., 2012, S. 181 ff.). Dementsprechend beschränkt sich die Nationalität nicht lediglich auf die Staatsangehörigkeit oder das Fehlen einer solchen. Vielmehr wird die Zugehörigkeit zu einer Gruppe bezeichnet, die durch ihre kulturelle, ethnische oder sprachliche Identität, gemeinsame geografische oder politische Ursprünge oder ihre Verwandtschaft mit der Bevölkerung eines anderen Staates bestimmt wird. Der Verfolgungsgrund Nationalität überschneidet sich häufig mit der Rasse und Zugehörigkeit zu einer bestimmten sozialen Gruppe. Es ist keine zwingende Voraussetzung, dass jene, die aufgrund ihrer »Nationalität« verfolgt werden, im Herkunftsland eine Minderheit bilden. Vielmehr ist entscheidend, dass aufgrund ihrer Nationalität eine Gruppe von Menschen Ziel von Verfolgung wird. 9

Die Verfolgung wegen der »Staatsangehörigkeit« ist ein Unterfall der Verfolgung wegen der Nationalität. Dem Verfolgungsgrund der Staatsangehörigkeit liegt die Verfolgung gegen eine bestimmte, durch eine gemeinsame Staatsangehörigkeit miteinander verbundene Gruppe von Personen zugrunde. Es gibt Situationen, in denen Staatsangehörige eines bestimmten Staates wegen ihrer Staatsangehörigkeit im Aufenthaltsstaat verfolgt werden und in denen der Staat der Staatsangehörigkeit diesen die Aufnahme verweigert (*Goodwin-Gill/McAdam*, The Refugee in International Law, 3. Auf., 2007, S. 72 f.). Wer keinen wirksamen Schutz durch einen anderen Staat erlangen kann, ist schutzbedürftig und wird entsprechend dem Konzept des »Landes des früheren gewöhnlichen Aufenthalts« (Art. 1 A Nr. 2 letzter Halbs. GFK; Rdn. 13 f.) als Flüchtling anerkannt (*Hathaway*, The Law of Refugee Status, 1991, S. 144). Die Anwendung dieses Konzeptes ist sachgerecht, weil der Betroffene faktisch staatenlos bzw. die formelle Staatsangehörigkeit unklar ist, diese dem Antragsteller aber vom verfolgenden Staat zugeschrieben wird. Die Rechtsprechung verwendet den Begriff der »*Aussperrung*«. Bei diesem Ansatz bleibt jedoch der Verfolgungsgrund offen: Verfolgt der Staat der früheren Staatsangehörigkeit den Antragsteller, um ihn damit in seiner oppositionellen Überzeugung zu treffen, verfolgt er ihn wegen seiner politischen Überzeugung 10 und ist die *Ausbürgerung* oder Aussperrung Mittel der Verfolgung. Die historischen Beispiele der Vertreibung verdeutlichen, dass die Ausbürgerung regelmäßig Folge, nicht aber Ursache der Flucht ist. Zielrichtung der Verfolgung ist in diesem Fall häufig die Nationalität. Es können aber auch andere Verfolgungsgründe in Betracht kommen. Zumeist werden damit weitere Zwecke verfolgt. Aus Sicht des Völkerrechts wird die Ausbürgerung aber, selbst wenn sie aus politischen Gründen sowie im großen Umfang zum Zwecke der Bestrafung erfolgt, nicht als Rechtsmissbrauch angesehen.

11 Hiernach mag man die Ausbürgerung zwar als völkerrechtswidrig ansehen. Eine ganz andere Frage ist es jedoch, ob dieser Akt die Billigung der Staatengemeinschaft finden und insoweit die Praxis der Vertragsstaaten der Konvention binden kann. Zwar kann der Staat völkerrechtlich nicht von der Ausbürgerung abgehalten werden. Die Vertragsstaaten werden jedoch durch den Begriff der Nationalität in Art. 1 A Nr. 2 GFK dazu ermächtigt, von Ausbürgerungen betroffene Personen als Flüchtlinge anzuerkennen. Typisch und notwendig für den Flüchtlingsstatus ist, dass das normale Band des Vertrauens, Schutzes, Beistands und der Loyalität zwischen dem Staat und seinem Angehörigen zerrissen ist (*Grahl-Madsen*, The Status of Refugees in International Law, 1966, S. 91 f.; *Lieber*, Die neuere Entwicklung des Asylrechts im Völkerrecht und Staatsrecht, 1973, S. 81), was bei der Ausbürgerung der Fall ist. Diese ist die wohl denkbar schärfste Form der Ausgrenzung. In der »Aussperrung« von Staatsangehörigen wird deshalb eine erhebliche Maßnahme gesehen (BVerwG, Buchholz 402.25 § 1 AsylG Nr. 30 = DVBl 1985, 579 = InfAuslR 1985, 145; BVerwG, Buchholz 402.25 § 1 AsylG Nr. 180; BVerwGE133, 203, 208 = InfAuslR 2009, 310 = NVwZ 2010, 252 = AuAS 2009, 175; BVerwG, AuAS 2013, 24 = AuAS 2013, 36, ausgebürgerte armenische Volkszugehörige in Aserbaidschan; *Hoppe*, ZAR 2010, 164, 165).

12 Die Verfolgung muss an die Nationalität (Rdn. 9) anknüpfen. Das Nebeneinander von zwei oder mehr ethnischen oder sprachlichen Gruppen innerhalb eines Staatsgebiets schafft häufig Konfliktsituationen, welche die Gefahr der Verfolgung in sich bergen. Dabei ist es nicht stets einfach, zwischen der Verfolgung aufgrund der Rasse, Nationalität oder wegen der politischen Überzeugung zu unterscheiden, wenn der Konflikt zwischen den nationalen Gruppen mit politischen Strömungen einhergeht, insbesondere nicht in dem Fall, in dem sich eine politische Bewegung mit einer bestimmten Nationalität verbindet. Identifiziert sich der der Staat politisch mit einer der Gruppen, kann dies Vertreibungsmaßnahmen der Angehörigen der anderen Gruppe und insbesondere *ethnische Säuberungen* zur Folge haben. Generell kann Verfolgung wegen der Nationalität in feindlicher Haltung der Mehrheitsbevölkerung und Maßnahmen des Staats gegenüber einer ethnischen und sprachlichen Minderheit bestehen. Ebenso wie bei der rassischen Verfolgung kann bereits die bloße Zugehörigkeit zu einer bestimmten nationalen Gruppe in sich ausreichend sein, Verfolgung zu befürchten (*UNHCR*, Handbuch über Verfahren und Kriterien zur Feststellung der Flüchtlingseigenschaft, 1979, Rn. 70). Aussperrung kann mit weiteren Verfolgungsmaßnahmen verbunden sein. Häufig ist dies auch der Fall. Die Ausbürgerung oder Aussperrung knüpft an die Nationalität an, wenn sie der Zugehörigkeit zu einer durch gemeinsame kulturelle, ethnische oder sprachliche Merkmale geprägten Gruppe gilt. Die Verweigerung der Rückkehr und auch die nachträgliche formelle Ausbürgerung dürften sich regelmäßig

als objektiver Nachfluchtgrund darstellen. Abschiebungsmaßnahmen und Aussperrung sind dagegen als Vorfluchtgründe anzusehen. Auch die formelle Ausbürgerung kann Ausreisegrund sein, wird aber regelmäßig mit weiteren Verfolgungsgründen einhergehen.

Auch »*Staatenlosigkeit*« kann ein Verfolgungsgrund sein. Im Ausgangspunkt ist aber die Trennung zwischen Flüchtlingsrecht und dem Recht der Staatenlosen zu beachten. Flüchtlinge behalten zumeist ihre Staatsangehörigkeit, gehen aber aufgrund von Verfolgung ihrer schützenden Wirkung verlustig. Umgekehrt begründet Staatenlosigkeit als solche nicht bereits einen Verfolgungsgrund. Die Konvention erkennt aber an, dass auch Staatenlose Flüchtlinge sein können (Art. 1 A Nr. 2 GFK). Bezugspunkt im Sinne des Flüchtlingsrechts ist das Land des früheren »gewöhnlichen Aufenthalts« (Art. 1 A Nr. 2 GFK). Dies ist das Land, zu dem der Antragsteller vor seiner Ausreise in einer Beziehung gestanden hat, die im Großen und Ganzen dem Verhältnis zwischen Staat und Staatsangehörigen vergleichbar ist. *Durchreisestaaten* kommen daher nicht als Land des gewöhnlichen Aufenthaltes in Betracht (Canada Federal Court [1994] 1 C.F. 723 – *Maarouf*; *Hathaway*, The Law of Refugee Status, 1991, S. 61). Jedenfalls muss er dort in Sicherheit gelebt und das Recht auf Aufenthalt und Rückkehr gehabt haben (*Goodwin-Gill/McAdams*, The Refugee in International Law, 3. Aufl., 2007, S. 526). Daher setzt der Begriff voraus, dass der Flüchtling dort Aufnahme gefunden und eine gewisse Dauer dort gelebt hat (Canada Federal Court [1994] 1 C.F. 723 – *Maarouf*). Für das BVerwG wird hingegen unabhängig von der Frage, welche Rechte gewährt werden, ein Land zum gewöhnlichen Aufenthalt, wenn der Staatenlose sich dort eine »gewisse Dauer« aufgehalten und tatsächlich seinen Lebensmittelpunkt gefunden und nicht nur vorübergehend gelebt hat. Es genüge, dass er nicht von Abschiebung bedroht gewesen sei (BVerwGE 133, 203, 214 = InfAuslR 2009, 310 = NVwZ 2010, 252 = AuAS 2009, 175, mit Hinweis auf Federal Court of Canada, 1 F.C. 723 – *Maarouf*; BVerwG, NVwZ 2009, 595, 596 Rn. 16 = InfAuslR 2009, 171 = AuAS 2009, 94). Die in Bezug genommene kanadische Rechtsprechung verlangt aber mehr als einen bloß faktischen Aufenthalt, sondern einen Status, der dem Verhältnis zwischen einem Staat und seinem Staatsangehörigen in etwa vergleichbar ist (Federal Court [Canada], [1994] 1 C.F. 723 – *Maarouf*). 13

Umstritten ist, ob in Analogie zum Flüchtling mit mehreren Staatsangehörigkeiten auch im Blick auf einen staatenlosen Flüchtling mehrere Staaten als Land des »gewöhnlichen Aufenthalts« in Betracht kommen, sodass dieser hinsichtlich jedes dieser Staaten eine begründete Furcht vor Verfolgung darlegen muss (so Federal Court [Canada], [1998] 4 F. C. 21 – *Thabet*; *Hathaway*, The Law of Refugee Status, S. 62; *Zimmermann/Mahler*, in: Zimmermann, The 1951 Convention relating to the Status of Refugees and its 1967 Protocol, 2011, Article 1 A, para. 2 Rn. 682; OVG SH, InfAuslR 1999, 285, 286; dagegen *Robinson*, Convention relating to the Status of Refugees, 1953, S. 43, *UNHCR*, Handbuch über Verfahren und Kriterien zur Feststellung der Flüchtlingseigenschaft, Rn. 104 f.). Das BVerwG stellt in diesem Fall auf das Land des letzten gewöhnlichen Aufenthalts ab (BVerwGE 133, 203, 214 = InfAuslR 2009, 310 = NVwZ 2010, 252 = AuAS 2009, 175). Demgegenüber wendet die kanadische Rechtsprechung die für Flüchtlinge mit mehreren Staatsangehörigkeiten 14 maßgebenden Grundsätze an. Habe ein Antragsteller mehrere Staatsangehörigkeiten, reiche es aus, wenn er darlege, dass er in einem dieser Staaten eine begründete Furcht vor Verfolgung hege, jedoch kein Staat der Staatsangehörigkeit fähig zur Gewährung von Schutz sei. Ein staatenloser Antragsteller brauche daher nicht im Blick auf jedes Land seines gewöhnlichen Aufenthaltes eine begründete Furcht vor Verfolgung darlegen. Vielmehr genüge es, wenn er in einem dieser Staaten Verfolgung befürchte und er nicht in der Lage sei, in einen der Staaten des gewöhnlichen Aufenthalts zurückzukehren (Federal Court [Canada], [1998] 4 F. C. 21 – *Thabet*).

15 Es ist für die Frage, ob eine Verfolgung an Verfolgungsgründe anknüpft, unerheblich, ob der Einzelne eine Staatsangehörigkeit besitzt oder nicht. Besitzt er keine Staatsangehörigkeit und befürchtet er Verfolgung aus Gründen der Konvention, ist er Flüchtling, wenn er sich außerhalb des Landes befindet, in welchem er seinen gewöhnlichen Aufenthalt hatte und nicht dorthin zurückkehren kann oder wegen dieser Befürchtungen dorthin nicht zurückkehren will (Art. 1 A Nr. 2 GFK). An diesen völkerrechtlichen Begriff knüpft Art. 2 Buchst. d) RL 2011/95/EU an. Ist Grund für die Verfolgung im Land des früheren »gewöhnlichen Aufenthalts« der besondere soziale und kulturelle Status des Staatenlosen, beruht diese auf der Zugehörigkeit des Antragstellers zu einer bestimmten sozialen Gruppe. Ihr kann auch der Verfolgungsgrund der Rasse, Religion oder politischen Überzeugung zugrunde liegen. Die Rechtsprechung des BVerwG, welche die zwangsweise Aussperrung von Staatenlosen durch das Land des früheren gewöhnlichen Aufenthaltes für unerheblich ansieht (BVerwG, Buchholz 402.25 § 1 AsylG Nr. 30 = DVBl 1985, 579 = InfAuslR 1985, 145), ist mit Art. 1 A Nr. 2 GFK unvereinbar. Der zwangsweisen Vertreibung oder Aussperrung (Verfolgungshandlung) einer Minderheit zur ökonomischen Entlastung werden häufig ethnische, rassische Gründe oder der besondere Status der Staatenlosen (Verfolgungsgrund) zugrunde liegen.

E. Verfolgung wegen der Zugehörigkeit zu einer bestimmten sozialen Gruppe (Abs. 1 Nr. 4)

I. Funktion des Verfolgungsgrundes

16 Die Verfolgung ist erheblich, wenn sie an die Zugehörigkeit zu einer bestimmten sozialen Gruppe (Art. 10 Abs. 1 Buchst. d) RL 2011/95/EU) anknüpft. Dieser Begriff ist der am wenigsten geklärter Begriff in Art. 1 A Nr. 2 GFK. Er wurde auf Vorschlag des schwedischen Delegierten auf der Bevollmächtigtenkonferenz kurz vor der Abstimmung eingeführt. Dieser hatte lediglich bemerkt, die Erfahrung hätte gezeigt, dass bestimmte Flüchtlinge lediglich deshalb verfolgt worden seien, weil sie zu bestimmten sozialen Gruppen gehörten. Solche Gruppen existierten, und die Konvention sollte diese ausdrücklich erwähnen (*Petren*, UN Doc. A/CONF.2/SR. 3, S. 14). Der Verfolgungsgrund ist in den letzten Jahren insbesondere durch die angelsächsische Rechtsprechung konkretisiert worden. Die Richtlinie knüpft an diese an. Demgegenüber bestand in den kontinentalen Rechtssystemen bis zur Einführung der Qualifikationsrichtlinie keine Erfahrung mit diesem Verfolgungsgrund. Es bedarf daher besonderer konzeptioneller Mühewaltung und einer vorbehaltlosen Überprüfung überkommener

konzeptioneller Standards in den Mitgliedstaaten, um Unionsrecht sachgerecht umzusetzen. Die ursprüngliche Absicht mag auf den Schutz bekannter Personenkategorien vor bekannten Verfolgungsmustern gezielt haben. Unklar ist, ob seinerzeit beabsichtigt war, die begriffliche Neuschöpfung generell auf damals noch nicht anerkannte soziale Gruppen anzuwenden. Dieser Begriff ist jedoch *dynamisch fortzuentwickeln*. Nach Empfehlung Nr. 89 (LI) von 2000 des Exekutivkomitees des Programms von UNHCR ist »der internationale Rechtsschutz eine dynamische und handlungsorientierte Aufgabe«, die »in Zusammenarbeit mit den Staaten und anderen Partnern ausgeübt« wird.

Die Konvention enthält keine konkrete Liste sozialer Gruppen. Vielmehr ist der Begriff der bestimmten sozialen Gruppe entwicklungsoffen für die vielfältigen und sich wandelnden Erscheinungsformen von Gruppen in verschiedenen Gesellschaften und in Abhängigkeit von den Entwicklungen im Bereich internationaler Menschenrechtsnormen auszulegen. Andererseits ist der Verfolgungsgrund kein Sammelbecken für alle Personen, die Verfolgung befürchten. Er darf nicht so angewandt werden, dass andere Verfolgungsgründe überflüssig werden. Die Verfolgungsgründe schließen sich nicht gegenseitig aus, sondern ergänzen und verstärken sich. Inzwischen besteht allgemeine Übereinstimmung, dass eine bestimmte soziale Gruppe eine Gruppe von Personen innerhalb einer Gesellschaft bezeichnet, die ein gemeinsames Merkmal kennzeichnet, die Personen aber nicht miteinander verbunden sein müssen. Der in der US-amerikanischen Rechtsprechung anfangs entwickelte Ansatz, wonach die Mitglieder der sozialen Gruppe ein »gemeinsames unveränderbares Merkmal« teilen müssen (Board of Immigration Appeals, 19 I&N Dec. 211 (*B. I. A.* 1985) – *Matter of Acosta*; *Goldberg/Passade Cisse*, Immigration Briefings 2000, 1, 10 f.), ist durch die US-Berufungsgerichte durch eine weiter gehende Interpretation entwickelt worden, die für die Gruppe kein gemeinsames inneres Band fordert. Die Mitglieder einer bestimmten sozialen Gruppe müssen nicht miteinander Umgang pflegen (Canada Supreme Court [1995] 3 S.C.R. 593 – *Chan*). Vielmehr ist maßgebend, ob die Mitglieder der Gruppe eine Gemeinsamkeit miteinander teilen, ohne notwendig miteinander verbunden zu sein. 17

Der Begriff der Verfolgung ist kein inhaltliches Begriffsmerkmal der bestimmten sozialen Gruppe. Diese ist nicht identisch mit dem Begriff der Gruppenverfolgung. Für die inhaltliche Begriffsbestimmung ist nicht erforderlich, dass alle ihre Mitglieder verfolgt werden. Wegweisend ist die australische Rechtsprechung, wonach das eine Gruppe von Personen verbindende gemeinsame Merkmal nicht eine gemeinsame Furcht vor Verfolgung sein kann (Australia High Court of [1997] 190 CLR 225 – *A v. MIMA.*). Vielmehr genügt es, dass diese von der sie umgebenden Gesellschaft als fest umrissene Gruppe wahrgenommen wird (Abs. 1 Nr. 4b). Die Wahrnehmung muss nicht in Form der Verfolgung erfolgen, können aber ein maßgeblicher Faktor bei der inhaltlichen Begriffsbestimmung sein. Umgekehrt reicht allein der Hinweis auf die Zugehörigkeit zu einer bestimmten sozialen Gruppe nicht aus. Vielmehr ist zunächst eine individual bezogene und fortwirkende Verfolgung (§ 3a Abs. 1 u. 2) festzustellen und anschließend der Kausalzusammenhang (§ 3a Abs. 3) zu prüfen. Die Größe der Gruppe ist ebenso wie bei den anderen Verfolgungsgründen der Konvention kein maßgebendes Kriterium für die Begriffsbestimmung. Die Tatsache, dass vielen Personen Verfolgung droht, kann nicht als Vorwand dazu dienen, ihnen internationalen 18

Schutz zu versagen. Es genügt, wenn aufseiten der Verfolger die Zugehörigkeit des Antragstellers zu einer bestimmten sozialen Gruppe ein wesentlicher beitragender Faktor ist. Dieser muss indes nicht als einziger oder beherrschender Grund dargelegt werden. Für die Anwendung des Kausalzusammenhangs (§ 3a Abs. 3) reicht es aus, wenn die nichtstaatlichen Akteure den besonderen Status der Gruppe im Blick haben oder der Staat wegen dieses Status den Schutz gegen Verfolgungen durch nichtstaatliche Akteure versagt.

II. Begriffsbestimmung der bestimmten sozialen Gruppe

19 Die inhaltliche Begriffsbestimmung der bestimmten sozialen Gruppe, also des geschützten Status, erfolgt anhand von drei geschützten – *internen* – Merkmalen (Abs. 1 Nr. 4a), den *angeborenen, unveränderbaren* sowie den Merkmalen, die so *bedeutsam* für die *Identität* oder das *Gewissen* sind, dass der Verzicht hierauf nicht verlangt werden kann. Insbesondere in Ansehung des dritten Merkmals sind die universellen Menschenrechtsnormen für die inhaltliche Bestimmung heranzuziehen. In der Staatenpraxis erfolgt keine präzise Trennung zwischen den drei Merkmalen. Vielmehr werden alle drei Kriterien miteinander verbunden. Insbesondere bei der dritten Kategorie ist es vom kulturellen und sozialen Kontext abhängig, ob auf das identitätsprägende Merkmal oder die inhaltliche Gewissensüberzeugung verzichtet werden kann. Anhand der Menschenrechtsnormen können jene Merkmale identifiziert werden, die so grundlegend für die menschliche Würde sind, dass niemand gezwungen werden sollte, sie aufzugeben (*UNHCR,* Richtlinien zum Internationalen Schutz: Zugehörigkeit zu einer bestimmten »sozialen Gruppe« im Zusammenhang mit Art. 1 A [2] GFK, Mai 2002, S. 3). Dieser Ansatz geht auf die kanadische Rechtsprechung zurück, die im Blick auf die *Ein-Kind-Politik* in der VR China, die mittels *Sterilisation* durchgesetzt wird, das Recht von Paaren und Individuen, in freier Selbstbestimmung darüber zu entscheiden, wann und wie viel Kinder sie haben wollen, hervor hebt. Dieses im Völkerrecht anerkannte Recht ist bei der Bestimmung der bestimmten sozialen Gruppe zu berücksichtigen (Canada Supreme Court [1995] 3 S.C.R. 593 – *Chan*).

20 Auch das Kriterium der *Schutzlosigkeit* ist ein wichtiges Erkenntnismittel zur Bestimmung des besonderen Status. Es ist sogar häufig ein besonderes Kriterium, das die Situation bestimmter sozialer Gruppen in der Gesellschaft vom Rest der Gesellschaft scheidet und ihren Status zusammen mit anderen gemeinsamen Faktoren begründet. Dementsprechend weist Lordrichter *Steyn* auf das Kriterium der Schutzlosigkeit bestimmter Frauen in Pakistan hin (House of Lords, IJRL 1999, 496, 504 f. – *Islam and Shah*). Danach kann von einer »bestimmten sozialen Gruppe« ausgegangen werden, wenn die Mitglieder dieser Gruppe angeborene Merkmale (z.B. *Geschlecht, sexuelle Orientierung, ethnische Abstammung, Erbgut*) oder einen unveränderbaren Hintergrund (*historische Bindung, berufliche oder soziale Stellung*) gemein haben oder Merkmale oder eine Glaubensüberzeugung teilen, die so bedeutsam für die Identität oder das Gewissen der Mitglieder sind (z.B. Mitglieder einer *religiösen Gemeinschaft, Gewerkschaft* oder *Partei, Journalist, Kritiker*), dass diese nicht gezwungen werden sollten, auf diese zu verzichten.

Art. 1 A Nr. 2 GFK verweist mit dem Zusatz »bestimmte« soziale Gruppe auf ein *externes* Merkmal (Abs. 1 Nr. 4b). Die Gruppe muss als solche innerhalb der sie umgebenden Gesellschaft bestimmbar sein und eine fest umrissene Identität aufweisen. Es ist zu ermitteln, ob die Gruppe aufgrund ihres internen Merkmals von der sie umgebenden Gesellschaft *deutlich abgegrenzt* ist. Dieser Ansatz wird als externer bezeichnet, weil es auf die Sichtweise der Gesellschaft ankommt, ob bestimmte Merkmale einer Gruppe zugeschrieben werden und sich diese aufgrund dieser Zuschreibung von der Gesellschaft insgesamt unterscheidet. Es kommt danach darauf an, ob eine Gruppe durch die übrige Gesellschaft als eine abgegrenzte Gruppe »aufgrund bestimmter diese gemeinsam prägender Charakteristika, Eigenschaften, Aktivitäten, Überzeugungen, Interessen oder Zielvorstellungen« wahrgenommen wird (Australia High Court [1997] 190 CLR 225 – *A v. MIMA*; krit. hierzu *Judith*, ZAR 2014, 404, 406 ff.). Es ist aber nicht die Funktion des externen Merkmals, von einer sozialen Gruppe zusätzliche Untergruppen abzuspalten. Interne und externe Merkmale sind vielmehr miteinander vereinbar und ergänzen sich gegenseitig. Es geht hierbei um die richtige Zuordnung interner zu externen Merkmalen. Ob ein Merkmal oder eine Glaubensüberzeugung fundamental für die Identität oder das Gewissen ist, ist abhängig davon, wie die Gruppe durch die sie umgebende Gesellschaft wahrgenommen wird. Zu berücksichtigen sind verbindende und gemeinsame Merkmale wie ethnische, kulturelle, linguistische Abstammung, Bildung, familiärer Hintergrund, wirtschaftliche Aktivitäten und gemeinsam geteilte Werte (*Goodwin-Gill/McAdam*, The Refugee in International Law, 3. Aufl., 2007, S. 75 f.). Es ist damit das Merkmal des Andersseins und des Andersdenkenden (BVerfGE 54, 341, 357 = EZAR 200 Nr. 1 = NJW 1980, 2641; BVerwGE 67, 184, 186 = NVwZ 1983, 674 = InfAuslR 1983, 228), das den besonderen Status der sozialen Gruppe bildet und diese aufgrund dessen von der sie umgebenden Gesellschaft abgrenzt und damit als eine identifizierbare charakterisiert. 21

III. Verfolgung wegen der sexuellen Ausrichtung (Abs. 1 Nr. 4 Halbs. 2)

Die Richtlinie 2011/95/EU ordnet das Merkmal der sexuellen Ausrichtung weder den angeborenen noch den unveränderbaren, sondern den Merkmalen zu, die so bedeutsam für die Identität sind, dass der Antragsteller nicht gezwungen werden sollte, auf dieses zu verzichten (Abs. 1 Nr. 4 Halbs. 2). Die Richtlinie ist damit offener als die frühere deutsche Rechtsprechung, die eine *»unentrinnbar festgelegte homosexuelle Neigung«* (unveränderbares Merkmal) voraussetzte (BVerwGE 79, 143, 147 = EZAR 201 Nr. 13 = NVwZ 1988, 838 = InfAuslR 1988, 230). Vielmehr verlangt sie eine die Identität des Antragstellers prägende (fundamentales Merkmal) und dadurch nach außen deutlich abgrenzbare homosexuelle Praxis (externes Merkmal). Auch heterosexuelle oder nicht unentrinnbar auf homosexuelle Praktiken festgelegte Personen können unter diesen Voraussetzungen eine bestimmte soziale Gruppe bilden. Im Ausgang schützen internationale Menschenrechtsnormen das Selbstverständnis des Rechtsträgers. Nicht erst eine zwingende unentrinnbare Neigung, sondern bereits eine in freier Selbstbestimmung getroffene Entscheidung für bestimmte sexuelle Praktiken ist grundsätzlich hinzunehmen und stellt ein Merkmal für die Identität dar, dessen Verzicht nicht gefordert werden darf. Nach dem EGMR ist das *Recht auf sexuelle* 22

Selbstbestimmung »eine wesentliche Ausdrucksmöglichkeit der menschlichen Persönlichkeit« (EGMR, NJW 1984, 541, 543 – *Dudgeon*; EGMR, EuGRZ 1985, 567, 570 Rn. 72 – *Abdulaziz*; EGMR, EuGRZ 1979, 454, 456 Rn. 33 – *Marckx*; ebenso für transsexuelles Verhalten EGMR, HRLJ 1992, 358, 361 – *B. v. France*; EGMR, Urt. v. 09.04.2003 – Nr. 39392/98 und 39829/98 Rn. 38 ff. – *L. and V. v. Austria*; ausführlich hierzu *Marx*, Handbuch zum Flüchtlingsschutz, 2. Aufl., 2012, § 25 Rn. 1 ff., (S. 208 ff.)).

23 Im Blick auf das interne Merkmal stellt die sexuelle Ausrichtung einer Person ein Merkmal dar, das so bedeutsam für ihre Identität ist, dass sie nicht gezwungen werden sollte, auf sie zu verzichten (EuGH, InfAuslR 2014, 17, 18 = AuAS 2013, 259 Rn. 46 – *X. Y. und Z.*). Damit knüpft der EuGH an seine Rechtsprechung an, wonach das »Recht auf religiöse Selbstbestimmung« (EuGH, InfAuslR 2012, 444 = NVwZ 2012, 221 Rn. 70 *Y. und Z*, m. Anm. *Marx*, NVwZ 2012, 1815). Auslegungsprinzip der Verfolgungsgründe ist. Das Bestehen strafrechtlicher Bestimmungen, die spezifisch Homosexuelle betreffen, weist auch darauf hin, dass diese Gruppe eine abgegrenzte Gruppe bildet, die von der sie umgebenden Gesellschaft als andersartig betrachtet wird (EuGH, InfAuslR 2014, 17, 18 = AuAS 2013, 259 Rn. 48 – *X. Y. und Z.*). Beim Fehlen strafrechtlicher Verbote rechtfertigen entsprechend dem Ansatz der Richtlinie auch administrative, polizeiliche und justizielle Maßnahmen (Art. 9 Abs. 2 Buchst. b) RL 2011/95/EU, § 3a Abs. 2 Nr. 2), die spezifisch auf Homosexuelle gerichtet sind, die Feststellung, dass Homosexuelle als andersartig betrachtet werden. Der bloße Umstand, dass homosexuelles Handeln unter Strafe gestellt und mit Freiheitsstrafe bedroht wird, erfüllt andererseits noch nicht die Merkmale der Verfolgung. Jedoch kann eine Freiheitsstrafe, sofern sie tatsächlich gegen einen Homosexuellen verhängt wird, Verfolgung darstellen. Prüfen die nationalen Behörden Strafnormen, die homosexuelles Verhalten bestrafen, haben sie alle Umstände einschließlich der Rechts- und Verwaltungsvorschriften und der Weise, in der sie angewandt werden, zu prüfen (EuGH, InfAuslR 2014, 17, 18 = AuAS 2013, 259 Rn. 58 f. – *X. Y. und Z.*; OVG NW, AuAS 2016, 43, 44) Formen strafrechtlicher Verfolgung sind sicherlich die am weitesten verbreitete Form gegen die sexuelle Ausrichtung gerichteter Maßnahmen. Aus dem Kumulationsansatz des Art. 9 Abs. 1 Buchst. b) RL 2011/95/EU (§ 3a Abs. 1 Nr. 2) folgt aber, dass auch andere, nicht in strafrechtlichen Formen ausgeübte Maßnahmen Verfolgungscharakter aufweisen können. Werden etwa Homosexuelle polizeilich aufgegriffen und körperlich misshandelt, also grob rechtsstaatswidrig bereits vor der Durchführung eines gerichtlichen Verfahrens schikaniert, sind diese Maßnahmen als Verfolgung zu bewerten (VG Stuttgart, Urt. v. 13.08.1993 – A 3 K 11553/93; s. auch VG Würzburg, AuAS 1995, 120). Dagegen stellt die bloße gesellschaftliche Ächtung Homosexueller noch keine Verfolgung dar. Besondere Umstände können aber ein Umschlagen allgemeiner Diskriminierung in schwerwiegende bewirken (Rdn. 16 ff.), die den Einzelnen belasten und vor denen ihm kein wirksamer Schutz im Herkunftsland gewährt wird.

24 Für die Abgrenzung der Handlungen, die nach deutschem Recht als strafbar gelten (Abs. 1 Nr. 4 Halbs. 3) sind die internationalen Menschenrechtsnormen heranzuziehen. Einverständliche homosexuelle Betätigung unter Erwachsenen im Privatbereich ist nach der Rechtsprechung des EGMR eine »wesentliche Ausdrucksmöglichkeit der

menschlichen Persönlichkeit«. Es besteht seiner Ansicht nach »heute ein vertieftes Verständnis homosexuellen Verhaltens mit der Folge gesteigerter Toleranz« (EGMR, NJW 1984, 541, 543 – *Dudgeon*; EGMR, EuGRZ 1985, 567, 570 Rn. 72 – *Abdulaziz*; EGMR, EuGRZ 1979, 454, 456 Rn. 33 – *Marckx*; ebenso für transsexuelles Verhalten EGMR, HRLJ 1992, 358, 361). Von Homosexuellen kann nicht erwartet werden, dass sie ihre Homosexualität geheim halten, um eine Verfolgung zu vermeiden, die nach dem nationalen Recht der Mitgliedstaaten nicht als strafbar gilt. Keine der Regeln nach Art. 4 RL 2011/95/EU deuten darauf hin, dass bei der Gefahrenanalyse berücksichtigt werden dürfte, ob der Antragsteller eine Verfolgung möglicherweise vermeiden könnte, dass er beim Ausleben seiner sexuellen Ausrichtung als Mitglied einer bestimmten sozialen Gruppe Zurückhaltung übt (EuGH, InfAuslR 2014, 17, 18 = AuAS 2013, 259 Rn. 70 bis 74 – *X.Y. und Z.*, mit Hinweis auf EuGH, InfAuslR 2012, 444 = NVwZ 2012, 221 Rn. 78 – *Y. und Z.*; VGH BW, Urt. v. 07.03.2013 – A 9 S 1873/12; Rdn. 6). In der Praxis der Vertragsstaaten wird die Frage des Verzichts auf die Ausübung von Rechten insbesondere bei Verfolgungen wegen der sexuellen Orientierung erörtert. Bei der Verfolgung wegen der sexuellen Orientierung wird die »sexuelle Identität« als der persönlichen Identität vorgegeben angesehen, die das Recht umfasst, sich frei und offen zu seiner sexuellen Orientierung zu bekennen und entsprechend zu verhalten (UK Supreme Court [2010] UKSC 31 Rn. 78 – *HJ*).

Es gebe keine Legitimation, vom Antragsteller zu verlangen, wegen der befürchteten Gefahr von Verfolgung seine sexuelle Orientierung zu verbergen. Vielmehr sei zu ermitteln, ob Personen, die ihre sexuelle Orientierung in einer Gesellschaft offen auslebten, deshalb verfolgt würden. Sei dies der Fall, müsse festgestellt werden, wie sich der Antragsteller nach seiner Rückkehr in sein Herkunftsland verhalten werde. Werde er seine sexuelle Orientierung offen ausleben, sodass er deshalb Verfolgung befürchten müsse, habe er auch dann eine begründete Furcht vor Verfolgung, wenn er diese dadurch vermeiden könnte, dass er sie verberge (High Court of Australia [2003] HCA 71 Rn. 78 ff. – *Appellant S395/2002*; UK Supreme Court [2010] UKSC 31 Rn. 82 – *HJ*; UK Supreme Court [2012] UKSC 38 Rn. 18 – *RT*, für die politische Überzeugung). Die frühere Rechtsprechung, die sich nicht von willensgesteuerten Handlungen des Einzelnen abhängig machen wollte und für die Rückkehrprognose eine »unentrinnbare schicksalhafte Festlegung« auf homosexuelles Verhalten verlangte (BVerwGE 79, 143, 147 = EZAR 201 Nr. 13 = NVwZ 1988, 838 = InfAuslR 1988, 230), ist mit Unionsrecht unvereinbar. Willensgesteuertes zukünftiges homosexuelles Verhalten, das für die Identität des Betroffenen prägend ist (Abs. 1 Nr. 4a) und auf der allgemein anerkannten Freiheit der sexuellen Selbstbestimmung (Art. 8 Abs. 1 EMRK) beruht, ist als Konsequenz der Rechtsprechung des EuGH anzuerkennen. Dies hatte das BVerwG in seinem Vorlagebeschluss bereits selbst angedeutet (BVerwGE 138, 270, 289 Rn. 53 = NVwZ 2011, 755). Wird der Asylsuchende seine sexuelle Orientierung offen ausleben und muss er deshalb Verfolgung befürchten, hat er auch dann eine begründete Furcht vor Verfolgung, wenn er diese dadurch vermeiden könnte, dass er sie verbirgt (High Court of Australia [2003] HCA 71 Rn. 78 ff. – *Appellant S395/2002*; UK Supreme Court [2010] UKSC 31 Rn. 82 – *HJ*; VGH BW, 25

Urt. v. 07.03.2013 – A 9 S 1873/12, UA, S. 21 ff.). Bei der Aufklärung dieser Frage entspricht eine Prüfung, die sich allein auf stereotypische Vorstellungen über Homosexuelle bezieht, nicht den Anforderungen des Art. 4 Abs. 3 Buchst. c) RL 2011/95/EU. Dass der Antragsteller nicht in der Lage ist, solche Fragen zu beantworten, kann daher für sich genommen kein ausreichender Grund für die Annahme seiner Unglaubwürdigkeit sein. Ferner verletzen Befragungen zu Einzelheiten seiner sexuellen Praktiken die Grundrechte der Charta, insbesondere Art. 7. Etwaige Tests zum Nachweis der Homosexualität oder auch Beweise wie Videoaufnahmen intimer Handlungen sind unzulässig und verletzen die Würde des Menschen (Art. 1 CRCh). Angesichts des sensiblen Charakters der Fragen, welche die persönliche Sphäre einer Person, insbesondere ihre Sexualität, betreffen, kann allein daraus, dass diese zögert, intime Aspekte ihres Lebens zu offenbaren, nicht auf die Unglaubwürdigkeit geschlossen werden. Die Tatsache, dass der Antragsteller seine Homosexualität nicht bei der ersten Gelegenheiten angegeben hat, rechtfertigt deshalb nicht die Ablehnung des Antrags (EuGH, InfAuslR 2015, 72, 73 f. Rn. 59 ff., 71 – *A, B, C*)

IV. Verfolgung aufgrund des Geschlechts (Abs. 1 Nr. 4 Halbs. 4)

26 Der Begriff »Geschlecht« verweist auf den sozialen Geschlechterbegriff (*»Gender«*) und bezeichnet die Beziehungen zwischen Frauen und Männern auf der Grundlage gesellschaftlich oder kulturell üblicher oder definierter Identitäten. Der Begriff ist weder allein biologisch (*»Sex«*) noch statisch noch von Natur aus vorgegeben. Vielmehr erhält er im Laufe der Zeit sozial oder kulturell entstandene Inhalte (*La Violette*, IRLJ 2007, 169, 180 ff.). Faktoren der geschlechterbezogenen inhaltlichen Begriffsbestimmung der bestimmten sozialen Gruppe sind das biologische Geschlecht, Alter, ehelicher Status, familiärer und verwandtschaftlicher Hintergrund, früherer wirtschaftlicher und sozialer Status sowie beruflicher Hintergrund, ethnische oder Stammeszugehörigkeiten. Der Oberste Gerichtshof in Kanada stellt den Genderbegriff in den Kontext des sprachlichen Hintergrunds und der sexuellen Orientierung (Canada Supreme Court [1993] 2 S.C.R. 689 – *Ward*). Ob Genderfaktoren unveränderbar sind, ist abhängig vom kulturellen und sozialen Kontext, in dem die Frau lebt. Externe Faktoren führen mithin zur Herausbildung einer von der sie umgebenden Gesellschaft deutlich abgegrenzten Identität. Der Richtlinie wie Abs. 1 Nr. 4 Halbs. 4 liegt dem Genderbegriff also ein interne und externe Dimension miteinander verschränkender Ansatz zugrunde. Genderspezifische Merkmale sind klare Beispiele für eine bestimmte soziale Gruppe, die durch angeborene und unveränderbare Merkmal miteinander verbunden ist (*Hathaway*, The Law of Refugee Status, S. 162; *La Violette*, IRLJ 2007, 169, 180 ff.).

27 Wegweisend für die Zuordnung des Begriffs »Geschlecht« zum Verfolgungsgrund »Zugehörigkeit zu einer bestimmten sozialen Gruppe« ist die Entscheidung *Islam and Shah* des House of Lords, in der die Lordrichter den Fall pakistanischer Frauen zu beurteilen hatten, die von ihren Ehemännern verstoßen und des Ehebruchs beschuldigt worden waren, sodass diese für den Fall der Rückkehr Auspeitschung oder Steinigung befürchteten. Lordrichter *Steyn* stellte zunächst fest, dass Frauen in Pakistan als bestimmte soziale Gruppe angesehen werden können. Aus historischer

Sicht sei auf den Umstand hinzuweisen, dass selbst unter den brutalsten und repressivsten Systemen wie Nazideutschland und unter dem Stalinismus einige Angehörige der von Verfolgung betroffenen Gruppen dieser hätten entgehen können. Deshalb könnte diese Gruppen jedoch nicht der Status einer bestimmten sozialen Gruppen abgesprochen werden. Nach Lordrichter *Hoffmann* müsse zunächst die Gesellschaft, zu der eine bestimmte soziale Gruppe gehöre, identifiziert werden. Diskriminierung sei wesentlich, um eine bestimmte soziale Gruppe zu bestimmen. Eine Gesellschaft, die Frauen aufgrund des Geschlechts diskriminiere, grenze diese aus der Gesellschaft aus. Allein der Umstand, dass die Antragstellerinnen Frauen seien, habe aber nicht notwendigerweise Verfolgung zur Folge. Allgemeine Regeln zur Bestimmung der Charakteristika, die eine bestimmte Gruppe von Frauen von den übrigen Frauen in einer Gesellschaft abgrenzten, könnten nicht angewandt werden. Vielmehr müsse die Entscheidung von Fall zu Fall getroffen werden. Der entscheidende Faktor, welche die betroffene Gruppe von Frauen von den Frauen innerhalb einer Gesellschaft insgesamt abgrenze, sei die evidente Tatsache institutionalisierter Diskriminierung von Frauen durch die Polizei, die Gerichte und das gesamte Rechtssystem eines Staats (House of Lords, IJRL 1999, 496, 505 – *Islam and Shah*).

V. Verfolgung wegen Verletzung religiöser und kultureller Normen

Verfolgungen von Frauen wegen Verletzung religiöser und kultureller Normen und Gebräuche liegt der Verfolgungsgrund Religion wie auch politische Überzeugung zugrunde. Zugleich manifestieren sich in derartigen Normen und Gebräuchen Genderfaktoren, weil sie den unterprivilegierten Status der Frauen in patriarchalisch, totalitär-theokratisch bestimmten politischen Ordnungen festschreiben. Das Exekutivkomitee des Programms von UNHCR erkennt in Empfehlung Nr. 39 (XXXVI) (1985) über »Flüchtlingsfrauen und Internationaler Rechtsschutz« an, dass es den Staaten in Ausübung ihrer Souveränität freistehe, Frauen, die wegen Verstoßes gegen die herrschende Sittenordnung schwerwiegende oder unmenschliche Maßnahmen zu befürchten haben, als soziale Gruppe im Sinne von Art. 1 A Nr. 2 GFK zu betrachten. Allgemein wird heute in der Sanktionierung der Verletzung der herrschenden Sittenregeln eine Verfolgung im Sinne der Konvention gesehen. Da die Konvention ein universell anerkanntes Instrument des Rechtsschutzes für Flüchtlinge darstellt, geht daher der Vorwurf, dadurch würden den islamischen Staaten westliche Standards aufoktroyiert, ins Leere (*Mawani*, IJRL 1993, 240, 244; *Johnsson*, IJRL 1989, 221, 224). Die Rechtsprechung erhob früher und teilweise auch heute noch den Einwand, das Grundgesetz könne nicht entscheidend für die Beurteilung der Verfolgung sein. Frauen hätten daher diese Maßnahmen hinzunehmen. Gegen Frauen gerichtete Diskriminierungen entsprächen dem Selbstverständnis des islamischen Staates und seien daher unerheblich (OVG Lüneburg, Urt. v. 18.03.1988 – 21 OVG A 600/87 – Iran; OVG Rh-Pf, NVwZ-Beil. 2002, 100, 101 – Afghanistan). Die Auspeitschung sei nicht gegen Frauen gerichtet, weil unverheiratete Frauen, die schwanger würden, generell diese Sanktion befürchten müssten. Hiermit werde lediglich der Verstoß gegen die öffentliche Moral und Sitte geahndet (BayVGH, Urt. v. 11.11.1992 – 19 BZ 92.31853). 28

29 Der Einwand, das Verbot, z.B. bestimmte Kleidungsvorschriften einzuhalten, als solches, stelle noch keine Verfolgung dar, weil es nicht die erforderliche Eingriffsschwelle erreiche, insbesondere nicht die Menschenwürde verletze (*Pahisi*, ZAR 2007, 96, 97; *Moll*, Das Asylgrundrecht bei staatlicher und frauenspezifischer Verfolgung, S. 112) verkennt, dass derartige Gesetze auf traditionellen oder kulturellen Normen und Praktiken beruhen können, die anerkannten Menschenrechtsnormen zuwiderlaufen (*UNHCR*, Geschlechtsspezifische Verfolgung, S. 4). Ist das Strafmaß oder die Strafe für die Nichteinhaltung oder den Verstoß gegen eine bestimmte Politik oder ein Gesetz unverhältnismäßig streng (§ 3a Abs. 2 Nr. 3) oder mit einer geschlechtsspezifischen Dimension verbunden, ist dies gleichbedeutend mit Verfolgung. Auch bei einem allgemeinen Gesetz dürfen die Umstände der Bestrafung oder Behandlung nicht so einschneidend sein, dass sie gemessen am Gesetzeszweck unverhältnismäßig sind. Eine strenge Bestrafung von Frauen, die mit ihrer gesetzeswidrigen Handlung gegen den Sittenkodex einer Gesellschaft verstoßen haben, kann deshalb einer Verfolgung gleichkommen.

30 Selbst wenn derartige Gesetze oder politische Grundsätze gerechtfertigte Ziele verfolgen, sind Durchsetzungsmethoden, die den Betroffenen erheblichen Schaden zufügen, als Verfolgung zu bewerten. Zunächst ist zu prüfen, ob der oder die Asylsuchende durch eine Maßnahme in schwerwiegender Weise (§ 3a Abs. 1) betroffen ist. Ist dies der Fall, ist zu untersuchen, ob das der Maßnahme zugrunde liegende Gesetz oder der in anderen Formen durchgesetzte kulturelle oder religiöse Brauch auf das Geschlecht zielt. Maßgebend ist, ob die generellen Regelungen mit anerkannten Menschenrechtsnormen übereinstimmen. Maßstab sind die *Allgemeine Erklärung der Menschenrechte*, die *Pakte über bürgerliche und politische Rechte sowie über wirtschaftliche, soziale und kulturelle Rechte*, die *Übereinkommen zur Beseitigung jeder Form von Diskriminierung der Frau*, über die Staatsangehörigkeit verheirateter Frauen, gegen Folter sowie die Erklärung über die Beseitigung von Gewalt gegen Frauen. Dementsprechend ist anerkannt, dass die öffentliche *Prügelstrafe* als Sanktion gegen wiederholte Verstöße gegen die islamische Kleiderordnung Verfolgung darstellt (Hess.VGH, InfAuslR 1989, 17; *Castel*, IJRL 1992, 39, 51 f.; *Greatbatch*, IJRL 1989, 518, 525). Erheblich ist auch die Gefahr der *Auspeitschung* wegen mehrmaliger Verletzung der Kleiderordnung und kritischer Äußerungen gegen das herrschende Regime (BVerfG [Kammer], AuAS 1996, 3 [5]; BayVGH, Urt. v. 01.03.1988 – 19 B 87.31241; BayVGH, Urt. v. 13.07.1989 – 19 B 88.31215; a.A. OVG Rh-Pf, NVwZ-Beil. 2002, 100; VG Kassel, Urt. v. 21.11.1995 – 8 E 9160/91.A [2]; VG Frankfurt am Main, Urt. v. 09.02.2005 – 7 E 1985/04.A[1]; VG Schleswig, InfAuslR 1986, 336). Die verschiedenen Aktivitäten müssen den Schluss rechtfertigen, die Asylsuchende werde durch die gegen sie gerichteten Maßnahmen insbesondere wegen ihrer Zugehörigkeit zum weiblichen Geschlecht verfolgt (BayVGH, Urt. v. 13.07.1989 – 19 B 88.31215). Ebenso wird in der Tatsache der Geburt einer nichtehelichen Tochter wie auch bereits im Umstand des *außerehelichen Geschlechtsverkehrs* deshalb eine erhebliche Verfolgung gesehen, weil die Mutter neben der Gefahr der allgemeinen gesellschaftlichen Ächtung insbesondere mit einer empfindlichen Bestrafung rechnen muss (VG Köln, Urt. v. 24.09.1992 – 7 K 10321/89, VG Frankfurt am Main, Urt. v. 09.02.2005 – 7 E 1985/04. A [1]; a.A. VG Darmstadt, Urt. v. 01.08.2003 – 5 E 31040/98. A; s. hierzu auch EGMR, InfAuslR 2001, 57 = NVwZ 2001, 97 – *Jabari*).

31 Für die Verfolgungsprognose ist zu ermitteln, ob die Antragstellerin glaubhaft machen kann, dass sie derartige Normen und Gebräuche nicht befolgen wird. Ist dies der Fall und wird im Herkunftsland entsprechendes nonkonformistisches Verhalten sanktioniert, ist der Status zu gewähren. So werden z.B. afghanische Frauen, die aufgrund eines längeren Aufenthalts in Europa in einem solchen Maße in ihrer Identität westlich geprägt sind, dass sie entweder nicht mehr dazu in der Lage sind, im Falle der Rückkehr ihren Lebensstil den im Herkunftsland erwarteten Verhaltensweisen und Traditionen anzupassen, oder denen dies infolge des erlangten Grads ihrer westlichen Identitätsprägung nicht mehr zugemutet werden kann, zwar als bestimmte soziale Gruppe angesehen. Dabei ist die Annahme eines westlichen Lebensstil aber nur beachtlich, wenn er die betreffende Frau in ihrer Identität maßgebend prägt, d.h. auf einer ernsthaften und nachhaltigen inneren Überzeugung beruht. Die Prognose bedarf einer umfassenden Gesamtwürdigung aller Umstände, bei der die individuelle Situation der Frau nach ihrem regionalen und sozialen, insbesondere dem familiären Hintergrund zu beurteilen ist (Nieders.OVG, InfAuslR 2016, 25, 26 f.). Unerheblich ist, ob der Antragstellerin die Anpassung an herrschende Normen gelingen wird, weil internationale Menschenrechtsnormen dem Verweis auf eine derartige Anpassung entgegenstehen (Abs. 1 Nr. 4a). Bei der Ermittlung der Prognosetatsachen ist daher zu prüfen, ob aufgrund des bisher von der Antragstellerin gezeigten Verhaltens feststeht, dass sie durch westliche Verhaltensnormen geprägt ist und deshalb die in ihrem Herkunftsland herrschenden sozialen Normen nicht als verbindlich für sich ansieht.

VI. Verfolgung durch häusliche Gewalt

32 Bei häuslicher Gewalt, also Gewalt von Familienangehörigen oder von mit der Frau zusammenlebenden Personen, ist gemeinsames Merkmal die soziale, kulturelle und entsprechend geprägte familiäre Situation der Frauen. Sie zielt darauf, Gefolgschaft der betroffenen Frau zu erzielen und deren konkrete Lebensführung in einer Weise zu begrenzen, die ein frei bestimmtes Denken und Handeln unterbindet. Sexuelle und vergleichbare Formen von Gewalt gegen Frauen ist Gewalt, die die Herrschaftsverhältnisse zwischen Männern und Frauen wiederherstellt und ausnutzt (*Gottstein*, Der Streit 1987, S. 75, 76; *Buhr*, Demokratie und Recht 1988, S. 192, 201). In der Praxis und Rechtsprechung der Vertragsstaaten und der Literatur werden Frauen, die Gewalt im häuslichen Umfeld durch Familienangehörige erleiden, als bestimmte soziale Gruppe behandelt (Kanadische Richtlinien zu Asylbewerberinnen, die sich auf Furcht vor Verfolgung aufgrund ihres Geschlechts berufen vom 25.11.1996, RL Nr. 4 A I 3; Australian Refugee and Humanitarian Division, Particular Social Group: An Australian Perspective, Dezember 2001, S. 20 f.; VG Stuttgart, AuAS 2006, 135, 137; VG Karlsruhe, InfAuslR 2014, 310 = EZAR NF 62 Nr. 31; *UNHCR*, Geschlechtsspezifische Verfolgung, S. 5 f.; *Goodwin-Gill/McAdam*, The Refugee in International Law, S. 81 ff.).

33 Genderfaktoren grenzen die betroffenen Frauen von der sie umgebenden Gesellschaft deutlich ab. Der entscheidende Unterschied zwischen allgemeiner Kriminalität und gegen Frauen gerichtete häusliche Gewalt ist die spezifische, auf den Genderstatus gerichtete Art und Weise der Gewaltausübung und systematische staatliche

Schutzversagung wegen dieser Genderfaktoren. Eine Gesellschaft, die Frauen aufgrund ihres Geschlechts wirksamen Schutz vorenthält, grenzt diese aus der Gesellschaft aus. Der entscheidende Faktor, der bei häuslicher Gewalt die betroffene Gruppe von Frauen von den Frauen innerhalb einer Gesellschaft insgesamt abgrenzt, ist die evidente Tatsache *institutionalisierter Diskriminierung* von Frauen durch Polizei, Gerichte und das gesamte Rechtssystem eines Staates (Lordrichter *Hoffmann*, House of Lords, IJRL 1999, 496 – *Islam and Shah*). Zwar kann ein Verfolgungsgrund nicht angenommen werden, wenn der Gewalt ausschließlich private Konfliktbeziehungen zugrunde liegen. Geht aber Gewalt von Familienangehörigen aus und zielt sie auch nicht auf den Genderstatus der Frau, weil sie Ausdruck eines privaten Konfliktes ist, liegt häuslicher Gewalt aber gleichwohl dann ein Verfolgungsgrund zugrunde, wenn der Staat den erforderlichen Schutz gegen häusliche Gewalt verweigert, weil die Betroffenen Frauen sind (Australia Federal Court [1999] FCA 1529 – *Khawar*; Australia Federal Court [2000] FCA 1130; UK House of Lords, IJRL 1999, 496, 504 f. – *Islam and Shah*; Rdn. 34). Häufig werden die familiären Beziehungsstrukturen jedoch von patriarchalischen Überlegenheitsvorstellungen beherrscht, sodass Gewalt nicht Ausdruck eines privaten Konflikts ist, sondern auf den Genderstatus der Frauen zielt. Der Ausübung häuslicher Gewalt kann damit ein Verfolgungsgrund zugrunde liegen, wenn der Ehemann oder Partner die häusliche Gewalt wegen der geschlechtsspezifischen Rolle der Frau ausübt. Insoweit müssen von der Antragstellerin Umstände vorgebracht werden, die darauf hinweisen, dass die Art und Weise der Gewaltausübung durch den Ehemann nicht lediglich Ausdruck von Frust und Ärger ist, sondern mit Umständen einhergeht, die den männlichen Dominanzanspruch kennzeichnen.

VII. Verfolgung in Form von Vergewaltigung und sexueller Gewalt

34 Vergewaltigungen und sexuelle Gewalt gegen Frauen (§ 3a Rdn. 24 ff.) kommen in vielfältigen Formen vor, z.B. als Form häuslicher Gewalt, aber auch außerhalb des Kontextes ehelicher, familiärer und vergleichbarer Beziehungen. Maßgebend ist, ob Genderfaktoren aus Sicht der Verfolger eine Rolle spielen. Diese können aber auch aus den der Schutzversagung zugrunde liegenden Umständen folgen, wenn hierfür ein auf Diskriminierung des weiblichen Geschlechts beruhendes nationales Schutzsystem maßgebend ist (Rdn. 33). Die Vergewaltigung kann auch die Funktion politischer Unterdrückung aufweisen, wenn sie als Mittel der Repression eingesetzt wird, um aus der Sicht der Verfolger die politische Überzeugung der Betroffenen zu treffen (U.S. Court of Appeals, Ninth Circuit, IJRL 1989, 243, 244; U.S. Court of Appeals, Fifth Circuit, IJRL 1989, 244, 245). Die Verfolgung zielt auf das Geschlecht, wenn z.B. ein Armeeangehöriger eine Frau deshalb vergewaltigt und brutal misshandelt, weil er sie der Zusammenarbeit mit der Opposition verdächtigt (U.S. Court of Appeals, 9th Circuit, 813 F.2 d 1432 – *Lazo-Majano*). Sexuelle Gewalt stellt eine grobe Verletzung fundamentaler Menschenrechte dar und ist, wenn sie im Zusammenhang mit bewaffneten Konflikten ausgeübt wird, ein schwerwiegender Verstoß gegen humanitäres Völkerrecht. Art. 27 der Vierten Genfer Konvention verbietet jeden Angriff auf die Ehre der Frauen, insbesondere *Vergewaltigungen, Zwangsprostitutionen* und jede *unzüchtige Handlung*. Diese werden als willentliche Form ernsthafter Verletzung des Körpers und der Gesundheit nach Art. 147 der Vierten

Genfer Konvention und damit als *Kriegsverbrechen* angesehen. Dementsprechend bezeichnet der Sicherheitsrat, Vergewaltigungen und andere Formen sexueller Gewalt als Kriegsverbrechen, Verbrechen gegen die Menschlichkeit oder Handlung, die eines der Tatbestandsmerkmale des Völkermords erfüllen. Wird sexuelle Gewalt als vorsätzlich gegen Zivilpersonen gerichtete Kriegstaktik oder im Rahmen ausgedehnter oder systematischer Angriffe auf die Zivilbevölkerung eingesetzt oder werden andere damit beauftragt, werden dadurch bewaffnete Konflikte erheblich verschärft und kann dadurch die Wiederherstellung des Weltfriedens und der internationalen Sicherheit behindert werden. (Resolution 1820 [2008] vom 19.06.2008).

Der geschlechtsspezifische Status betroffener Frauen folgt aus den unterschiedlichen Funktionen der Vergewaltigungen im Krieg: Einerseits sollen massenhafte öffentliche Vergewaltigungen das Zusammengehörigkeitsgefühl der diese Kriegsstrategie anwendenden Gesellschaft untereinander stärken, andererseits soll die Macht der Sieger über die Besiegten demonstriert und den betroffenen Ehemännern und Vätern vor Augen geführt werden, dass sie unfähig sind, die körperliche Integrität ihrer Frauen zu schützen (VG Freiburg, Urt. v. 21.01.1993 – A 9 K 11694/92). Die Rechtsprechung hatte Vergewaltigungen muslimischer Frauen im Bosnienkonflikt im Rahmen *»ethnischer Säuberungen«* als Verfolgung anerkannt: Die Gruppe der Muslime in Bosnien-Herzegowina sei Opfer von Verfolgungen durch bosnische Serben, die in Anknüpfung an die ethnische Abstammung der Mitglieder dieser Gruppe diese mit dem erklärten Ziel verfolgten, sie durch »ethnische Säuberungen« zu vernichten oder zu vertreiben. Konzentrations- und Internierungslager, in denen Massenmorde, Folterungen und Vergewaltigungen an Muslimen verübt worden seien, das Niederbrennen von muslimischen Häusern, fortwährende Gewalttätigkeiten, Quälereien und Diskriminierungen durch serbische Soldaten, Söldner und serbische Nachbarn seien Ausdruck »ethnischer Säuberungen« (VG Freiburg, Urt. v. 21.01.1993 – A 9 K 11694/92; VG Aachen, Beschl. v. 12.03.1993 – 9 L.2349/92.A; VG Neustadt a.d. Weinstr., Urt. v. 10.11.1993 – 3 K 2525/93.NW; VG Schleswig, Urt. v. 05.10.1994 – 15 A 157/92). Vergewaltigungen könnten nicht als typische, aus kriegerischen Ereignissen folgende Beeinträchtigungen gewertet werden (VG Aachen, Beschl. v. 12.03.1993 – 9 L.2349/92.A). Die von den bosnischen Serben begangenen Handlungen hätten vielmehr dem Ziel gedient, Muslime zu vernichten oder mittels dieser Drohung zu vertreiben (VG Freiburg, Urt. v. 21.01.1993 – A 9 K 11694/92). 35

VIII. Verfolgung in Form der Genitalverstümmelung

Bei der Genitalverstümmelung ist gemeinsames Merkmal das Geschlecht als angeborenes Merkmal wie auch in seiner Bedeutung als soziale Rollenzuschreibung (*Gender*). Sie ist fest in der Tradition, Kultur und ungleichen Machtverhältnissen innerhalb der jeweiligen Gesellschaftsordnung verwurzelt und zielt auf den Genderstatus der Frau. Die WHO definiert weibliche Genitalverstümmelung (*Female Genitile Mutilation – FGM*) als die Gesamtheit aller mit der teilweisen oder vollständigen Entfernung der äußeren weiblichen Genitalien verbundenen Behandlungen sowie anderer Verletzungen weiblicher Genitalorgane, die auf kulturellen oder anderen nicht-therapeutischen Gründen beruhen (WHO, Female Genital Mutilation: An Overview, 1998, S. 5 f.). 36

Genitalverstümmelungen werden in unterschiedlichen Formen ausgeübt. Bei der *Klitorisbeschneidung* wird die Klitoris teilweise oder vollständig entfernt. Demgegenüber werden bei der *Exzision* (*Klitoridektomie*) die Klitoris und die inneren Schamlippen entfernt. Die äußeren Schamlippen bleiben unverletzt. Die Vagina wird nicht verschlossen. Das Ausmaß der Entfernung ist unterschiedlich und ist von den jeweiligen Gebräuchen abhängig. Klitorisbeschneidung und Exzision sind mit 85 % die häufigsten Beschneidungsarten von Mädchen und Frauen.

37 Angesichts der extremen Auswirkungen wird die Genitalverstümmelung als »Folter« bezeichnet (EGMR, NVwZ 2012, 686, 687 Rn. 73 – *Izevbekhai*; Canadian Court of Appeal, 3 F. C. 25 [T. D.] [1995] – *Annan*; House of Lords [2006] UKHL 46 Rn. 25 ff. – *Fornah*; Women's Legal Group, Gender Guidelines for the Determination of Asylm Claims in the UK, 1998, S. 9). Art. 19 KRK verpflichtet die Staaten, Kinder vor jeglicher Form körperlicher oder geistiger Gewaltanwendung, Schmerzzufügung oder Misshandlung zu schützen. Art. 3 der Erklärung zur Beseitigung von Gewalt gegen Frauen von 1993 wendet sich gegen die Verstümmelung weiblicher Geschlechtsorgane und andere Frauen schädigende traditionelle Praktiken. Gremien der Vereinten Nationen und die Weltfrauenkonferenz 1995 haben die Beseitigung dieser menschenrechtswidrigen Praktiken gefordert. Genitalverstümmelungen sind weit verbreitet. Über 130 Millionen Frauen sind nach Schätzungen der Vereinten Nationen hiervon betroffen. Insbesondere in Afrika sind diese Praktiken innerhalb eines Gürtels, der sich von Senegal im Westen bis zum Horn von Afrika im Osten sowie von Ägypten im Norden bis zur Zentralafrikanischen Republik im Süden erstreckt, verbreitet (Hess. VGH, NVwZ-RR 2006, 504).

38 Von der Genitalverstümmelung betroffene Mädchen und jungen Frauen werden wegen ihrer Zugehörigkeit zu einer bestimmten sozialen Gruppe verfolgt. Gemeinsames Merkmal ist das Geschlecht als angeborenes (biologisches) Merkmal wie auch in seiner Bedeutung als soziale Rollenzuschreibung (Gender), also ein unveränderbares Merkmal (Rdn. 36). Tradition, Kultur, religiöse Gebote, Familienehre, sexuelle Aspekte sowie die ungleiche Machtverteilung in der jeweils maßgeblichen dörflichen Gemeinschaft und übergreifenden Gesellschaft und die daraus folgende Sicht der Gesellschaft auf Frauen als minderwertig vermitteln eine deutlich abgegrenzte Identität (House of Lords, [2006] UKHL 46, Rn. 31 = IJRL 2007, 96, 113 – *Fornah*). Es ist insbesondere der soziale Begriff des Geschlechts, der auf die Beziehungen zwischen Frauen und Männern auf der Grundlage gesellschaftlich oder kulturell üblicher oder definierter Identitäten, Rechtsstellungen, Rollen und Aufgaben verweist (*UNHCR*, Geschlechtsspezifische Verfolgung, S. 3) und sich bei der Genitalverstümmelung in einer Vielzahl von eng miteinander verbundenen Aspekten manifestiert. Die den sozialen Genderstatus begründenden Merkmale unterliegen nicht der freien Verfügungsgewalt der Mädchen und Frauen. Angesichts der vielfältigen kulturellen, religiösen, mythischen, tribalistischen, sexuellen, wirtschaftlichen, sozialen und auf Aufrechterhaltung männlicher Herrschaft angelegten Besonderheiten der Praxis der Genitalverstümmelung können sich die betroffenen Mädchen und jungen Frauen nicht frei in ihrer Gesellschaft bewegen, ohne die Gefahr des Übergriffs befürchten zu müssen (*Bumke*, NVwZ 2002, 423, 425; wohl auch *Hailbronner*, ZAR 1998, 152, 159.

Die Unveränderbarkeit des Genderstatus kommt in den Rechtfertigungsgründen zum Ausdruck. Diese sind zahlreich und spiegeln Geschichte und Gedankenwelt der Gesellschaft wieder, in der sie entstanden sind. Brauch, Tradition, religiöse Gebote, Läuterung, Familienehre, Steigerung der sexuellen Lust des Ehemannes, Vermittlung eines Gefühls von Gruppenzugehörigkeit, Erhöhung der Fruchtbarkeit, Steigerung der Heiratschancen, Erhöhung des Brautpreises sowie ungleiche Machtverteilung und die daraus folgende Fügsamkeit der Frauen gegenüber den Geboten in ihren Gesellschaften werden als Rechtfertigungsgründe für diese Praktiken genannt.

Die Verfolgungsprognose erfasst Antragstellerinnen, die noch nicht beschnitten worden sind, weil nur diesen Genitalverstümmelung drohen (OVG Hamburg, InfAuslR 1999, 439, 441; VG München, InfAuslR 1999, 306, 307; VG Oldenburg, InfAuslR 1998, 412, 413; VG Wiesbaden, AuAS 2000, 79, 81). Die Tatsache, dass eine Frau bereits ein Kind geboren hat, schützt aber nicht gegen Genitalverstümmelung (VG Oldenburg, InfAuslR 1998, 412, 413). Wächst die Antragstellerin in die Pubertät hinein, besteht eine hohe Wahrscheinlichkeit der Genitalverstümmelung (VG Frankfurt am Main, NVwZ-RR 2002, 460, 461). Diese Praxis kann bis zum heiratsfähigen Alter jedenfalls bis zur Vollendung des 20. Lebensjahres drohen (VG Oldenburg, InfAuslR 1998, 412, 413). Grundsätzlich ist angesichts der kulturell und tribalistisch verfestigten Praxis davon auszugehen, dass die Verwandten und andere einflussreiche Personen mit Versprechungen, Drohungen und notfalls mit Gewalt alles daran setzen werden, um die Frau dem Ritual zu unterziehen (VG Frankfurt am Main, NVwZ-RR 2002, 460, 461; wohl auch VG Wiesbaden, AuAS 2000, 79, 82). Es kann nicht verlangt werden, Familienangehörige zu bezeichnen, die gegen den Willen der Eltern auf eine Durchführung der Genitalverstümmelung drängen werden (so aber VG Trier, NVwZ-Beil. 1999, 75). Es ist vielmehr im Fall praktizierter Genitalverstümmelungen im Herkunftsland für den Regelfall davon auszugehen, dass die Eltern die betroffenen Mädchen und jungen Frauen gegen sozialen Druck nicht wirksam schützen können. In diesem Fall besteht aufgrund des ausgedehnten und weitreichenden Familiennetzes auch kein interner Schutz. 39

IX. Verfolgung wegen Zugehörigkeit zu einer Familie (Sippenverfolgung)

Zugehörigkeit zu einer Familie (»Sippenverfolgung«) als solche wird allgemein als Verfolgungsgrund anerkannt. Vorgängig ist allerdings die Ermittlung einer im Zeitpunkt der Entscheidung andauernden Gefahr der Verfolgung durch staatliche oder nichtstaatliche Akteure, gegen die im Herkunftsland kein nationaler Schutz verfügbar ist. Bei der Verfolgung von Regimegegnern sind stets auch die hiermit im Zusammenhang stehenden Maßnahmen in den Blick zu nehmen. Sippenhaftartige Repressalien erreichen die erforderliche Eingriffsschwelle, wenn zurückbleibende oder zurückkehrende Personen Gefahr laufen, verhört, verhaftet und hierbei möglicherweise auch misshandelt und gefoltert zu werden, um dadurch den mit diesen Personen verwandten geflohenen politischen Gegner zur Rückkehr zu bewegen (OVG Saarland, Urt. v. 22.02.1989 – 3 R 434/85; VGH BW, Urt. v. 19.03.1991 – A 16 S 114/90). Derartige Repressalien reichen von tätlichen Angriffen über Hausdurchsuchungen, Verhöre, kurz- und langfristige Inhaftierungen ohne Anklageerhebung und gerichtliches Verfahren bis zu 40

Verurteilungen im Schnellverfahren zu hohen Gefängnisstrafen und physischen und psychischen Folterungen und bei weiblichen Gefangenen Vergewaltigungen (VG Schleswig, Urt. v. 08.08.1991 – 5 A 199/90). Der erforderliche Verfolgungscharakter auch im Blick auf die mitinhaftierten Eltern und Geschwister ist stets erreicht, wenn etwa das Kleinkind der verhörten und verhafteten Verwandten an den Folgen der Misshandlungen stirbt (BVerfG [Kammer], InfAuslR 1992, 59, 60 = EZAR 224 Nr. 22).

41 Die Praxis der *»Geiselnahme«* kennzeichnet ein hohes Maß an Unvorhersehbarkeit und Willkür. Dadurch erzielt das Regime selbst bei einer lediglich geringfügigen Zahl von Fällen der Sippenverfolgung einen hohen Abschreckungs- und Einschüchterungseffekt, weil sich alle näheren Angehörigen von politischen Gegnern als potenziell durch Formen der Sippenhaft bedroht fühlen müssen (OVG Rh-Pf, Urt. v. 07.06.1989 – 13 A 12/88) und diese Furcht ihren Fluchtentschluss bestimmt. Die durch ein hohes Maß an Unvorhersehbarkeit und Willkür geprägte Praxis der Sippenverfolgung prägt also die Furcht vor unmittelbar drohender Verfolgung wegen des Angehörigenstatus. Eine weitere Funktion der Sippenverfolgung bzw. -haftung ist ihre »vorbeugende Abschreckung« auf die Gesamtbevölkerung, um dadurch den Einzelnen von regimefeindlichen Handlungen abzuhalten, um seine Angehörigen nicht zu gefährden. Die »vorbeugende Abschreckung« kann auch darin bestehen, Angehörige von Regimegegnern dazu anzuhalten, aus Angst vor Sippenhaftmaßnahmen auf letztere einzuwirken, oppositionelle Handlungen zu unterlassen. Schließlich wird Sippenhaft gegen Angehörige von Regimegegnern auch ersatzweise, wenn man des Gegners nicht habhaft werden konnte, oder zusätzlich zu dessen Verfolgung als *Vergeltungsmaßnahme* praktiziert (OVG Rh-Pf, Urt. v. 07.06.1989 – 13 A 12/88). Sippenverfolgung wird also als wirksames *»Druck- und Beugemittel«* gegen den eigentlichen politischen Gegner eingesetzt (BVerwGE 75, 304, 312 = NVwZ 1987, 505 = InfAuslR 1987, 783; Hess. VGH, Urt. v. 25.09.1989 – 13 UE 2036/87; Hess. VGH, Urt. v. 26.10.1989 – 13 UE 4007/88; OVG NW, Urt. v. 14.05.1985 – 20 A 10046/84; OVG NV, Urt. v. 02.04.1987 – 20 A 10099/86; OVG Rh-Pf, Urt. v. 07.06.1989 – 13 A 12/88).

42 Die Verfolgungshandlung knüpft an einen Verfolgungsgrund an, wenn sie aufgrund des Status, der Aktivitäten oder Überzeugungen des Ehegatten, der Eltern, Kinder, der Geschwister oder anderer Familienangehöriger ausgeübt wird. Die *familiäre Bezogenheit* des Betroffenen ist das die bestimmte soziale Gruppe bildende Merkmal. Bei der Sippenhaft haben familiäre Bande die Funktion eines gemeinsamen, eine bestimmte soziale Gruppe formenden Merkmals. Die angelsächsische Rechtsprechung erkennt die Familie als solche als bestimmte soziale Gruppe an. Der familiäre Status bezeichnet ein gemeinsames Merkmal der Familienzugehörigkeit, das die Familienangehörigen miteinander verbindet und sie deutlich von der Gesellschaft abgrenzt. Ausdrücklich wird auf die einzelne Familie als solche abgestellt und die Notwendigkeit verneint, diese als Teil einer nach anderen Kriterien zu bestimmenden sozialen Gruppe zu definieren (Australia Federal Court [1999] FCA 101 – *Sarrazola*; UK House of Lords, [2006] UKHL 46, Rn. 24 = IJRL 2007, 96 – *Fornah*). Die umgebende Gesellschaft sieht in den familiären Banden ein deutliches Unterscheidungsmerkmal und misst diesem Bedeutung bei (UK House of Lords [2006] UKHL 46, Rn. 19 = IJRL 2007, 96 – *Fornah*).

Streit besteht dementsprechend zwischen der deutschen und angelsächsischen Rechtsprechung über das Anknüpfungsmerkmal. Nach dem BVerfG kann die Verfolgung einzelner Familienmitglieder auf einem Verfolgungsgrund beruhen, der auch andere Familienmitglieder ergreife. Es entstehe daher in dem Fall, in dem die Verfolgung politischer Gegner auch deren »Sippe« erfasse oder der Verfolgungsgrund in der Zugehörigkeit zu einer bestimmten Religion oder Weltanschauung liege, eine eigene, die Verwandten betreffende Verfolgung (BVerfG, NVwZ 1985, 260). Ein eigenständiger Verfolgungsgrund familiärer Verbundenheit wird aber nicht anerkannt Vielmehr muss der Familienangehörige den Verfolgungsgrund, zumeist die politische Überzeugung des verfolgten Angehörigen, mit diesem teilten. Über den Begriff der *stellvertretenden Verfolgung* wird der Angehörige in den Verfolgungsgrund einbezogen, der sich gegen den anderen verfolgten Angehörigen richtet. Ein eigenständiger Verfolgungsgrund der familiären Verbundenheit ist damit aber nicht verbunden. Der Hinweis auf die »Nähe zum Familienangehörigen« könnte jedoch einen Hinweis in diese Richtung enthalten. Die Rechtsprechung hat es bislang abgelehnt, den Verfolgungsgrund Zugehörigkeit zu einer bestimmten sozialen Gruppe anzuwenden. Nur vereinzelt wird von der vermittelnden Betrachtung vollends abgesehen und im Zugriff auf Familienangehörige selbst eine Anknüpfung an unveräußerliche Merkmale erkannt (VGH BW, Urt. v. 19.03.1991 – A 16 S 114/90). 43

Diese dogmatische Einordnung von Maßnahmen, die gegen den Familienverband eines Verfolgten gerichtet sind, erschwert die Bewertung sippenhaftartiger Repressalien, wie insbesondere am Beispiel der Verfolgung wegen der politischen Überzeugung deutlich wird. In der Rechtsprechung wird für die Erstreckung des ursprünglichen Verfolgungsgrunds auf die den engeren Verwandten drohende Verfolgung gefordert, die Intensität der politischen Aktivitäten des Verfolgten müssten den Schluss nahe legen, dass dieser nicht nur selbst in Opposition zum Regime stehe, sondern auch versuche, überzeugungsbildend auf andere einzuwirken. Bei eher unbedeutenden politischen Aktivitäten des Verfolgten sei deshalb die Anwendung der Regelvermutung nicht gerechtfertigt (BayVGH, Urt. v. 01.03.1988 – Nr. 19 B 87.31241). Die Rechtsprechung erkennt also die Familie als bestimmte soziale Gruppe nicht an. Folge hiervon ist, dass jeweils umfangreicher Ermittlungen zur Zielrichtung der Ursprungsmaßnahme erforderlich sind. Wird der Bruder wegen seiner Mitgliedschaft in einer islamischen Bewegung verfolgt und werden gegen die an sich unpolitische Schwester Maßnahmen zwecks Ausforschung der Verhältnisse des Bruders ergriffen, ist es unerheblich, dass diese sich nicht gegen die politische oder religiöse Überzeugung der Schwester richten (BVerfG [Kammer], InfAuslR 1993, 142, 145; ähnlich BVerfG [Kammer], InfAuslR 1992, 217, 218; BVerwG, InfAuslR 1985, 274, 275 = EZAR 204 Nr. 2 = NVwZ 1986, 487). Gewährt der Angehörige seinem an einem Putsch beteiligten Cousin Unterschlupf und wird er deshalb verfolgt, wird auf den Verdacht der Trägerschaft eines asylerheblichen Merkmals abgestellt. Die asylspezifische Zielrichtung wird nur dann verneint, wenn den Ermittlern ein ausschließlich privater Charakter der dem Cousin vorgeworfenen Unterstützungshandlung von vornherein offenkundig gewesen wäre. Wird jedoch wegen eines »Verbrechens gegen die Regierung« ermittelt, könne dies nicht angenommen werden (BVerfG [Kammer], InfAuslR 1992, 215, 218). 44

45 Ausgangspunkt der deutschen Rechtsprechung ist stets der Verfolgungsgrund des ursprünglich Verfolgten und nicht die Familie als solche. Die Rechtsprechung untersucht akribisch, ob die Behörden die Angehörigen stellvertretend in die Verfolgung einbeziehen. Die familiäre Bezogenheit, die in diesen Fällen aufgrund vielfältiger Faktoren relevant wird, ist hingegen ohne Bedeutung. Ausgangspunkt ist, dass die Gefahr eigener Verfolgung sich aus gegen Dritte gerichtete Maßnahmen ergeben könne, wenn diese wegen eines asylerheblichen Merkmals verfolgt werden, das der Asylsuchende mit ihm teile (BVerfGE 83, 216, 231 = EZAR 202 Nr. 20 = NVwZ 1991, 109 = InfAuslR 1991, 200) Verfolgung von einzelnen Mitgliedern einer Familie ist gekennzeichnet durch die übergreifenden mittelbaren Wirkungen der Verfolgung und den häufig alle Familienmitglieder einschließenden Verfolgungsgrund. Dagegen erkennt die angelsächsische Rechtsprechung einen eigenständigen Verfolgungsgrund »Familie« an. Auch wenn die den Verfolgungen der Familienmitglieder innewohnende Zielrichtung nicht gegen einen Konventionsgrund gerichtet ist oder dieser unbekannt ist, beruht die wegen der ursprünglichen Verfolgung auch auf die Familienangehörigen gerichtete Maßnahme auf dem Konventionsgrund der »Zugehörigkeit zur Familie«. Die ursprüngliche Verfolgung sei eine Sache. Werde die Familie wegen dieser Verfolgung ebenfalls verfolgt, richte sich die Verfolgung gegen die Familie als solche. Der Konventionsgrund der Zugehörigkeit zu einer bestimmten sozialen Gruppe stehe eigenständig neben den anderen Konventionsgründen (UK House of Lords [2006] UKHL 46 Rn. 20 f. – *Fornah*). Für die Anwendung und Auslegung von Art. 10 Abs. 1 Buchst. d) RL 2011/95/EU (Abs. 1 Nr. 4) bedarf es keiner zusätzlichen Ermittlungen im Blick auf die Reichweite und den Umfang der Zielrichtung der Ursprungsmaßnahme. Wird festgestellt, dass die Verfolgung der Familienangehörigen wegen der familiären Bezogenheit ausgeübt wird, erfolgt die Verfolgung wegen der Zugehörigkeit zu der bestimmten sozialen Gruppe, nämlich wegen der Zugehörigkeit zur Familie des Verfolgten. Zusätzliche Ermittlungen, ob der gegen den verfolgten Familienangehörigen gerichtete Verfolgungsgrund auch ursächlich für die Verfolgung der weiteren Familienangehörigen ist, sind nicht erforderlich.

X. Faktische oder rechtliche Heiratsverbote

46 Aufgrund der allgemein anerkannten *Eheschließungsfreiheit* greift ein Staat, der eine Verfolgung allein deshalb ausübt, weil ein Staatsangehöriger einen Menschen mit anderer Religion oder Nationalität heiratet, also faktische oder rechtliche Heiratsverbote praktiziert, gravierend in das allgemeine Persönlichkeitsrecht ein. Die »freie Wahl des Ehepartners« stellt ein gemeinsames Merkmal dar, dass so bedeutsam für die Identität ist, dass die Betreffenden nicht gezwungen werden sollten, auf diese zu verzichten (Abs. 1 Nr. 4b). Aufgrund der religiösen, kulturellen und politischen Kontextbedingungen des Heiratsverbots ist von einer deutlich abgegrenzten Identität auszugehen. Das Recht auf Heirat aus freiem, staatlich unbeeinflusstem Entschluss ist als eine wesentliche Lebensentscheidung Ausfluss des Kernbereichs persönlicher Freiheit und Menschenwürde (BVerwGE 90, 127, 133 = EZAR 206 Nr. 7 = InfAuslR 1992, 258). Das Recht auf freie Gestaltung der ehelichen und verwandtschaftlichen Beziehungen umfasst auch das Recht darauf, gemeinsame Kinder zu haben und diese nach

eigenen sittlichen Wertmaßstäben zu erziehen. Das Recht zur Heirat und Familiengründung, insbesondere das für das Recht auf Familiengründung zentrale Recht, Kinder zu zeugen, bilden ein zusammengehörendes Recht: Eine Verfolgung, die an die bloße Tatsache der Heirat eines bestimmten Menschen oder an eine bestimmte Kindererziehung anknüpft, verletzt gravierend die Menschenwürde und ist regelmäßig erheblich (BVerwGE 90, 127, 133 = EZAR 206 Nr. 7 = InfAuslR 1992, 258). Auch in der *Prügelstrafe* wegen außerehelicher sexueller Beziehungen wird eine erhebliche Verfolgung gesehen (VG Darmstadt, NVwZ-RR 2004, 615, 617; VG Karlsruhe, AuAS 2006, 238, 239; VG Trier, Urt. v. 19.04.2007 – 6 K 981/06.TR; VG Frankfurt am Main, Urt. v. 09.02.2005 – 7 E 1985/04.A[1]).

Für die Anwendung der Zusammenhangsklausel verlangt das BVerwG hingegen ein unveränderliches Merkmal, ein gleichsam »unentrinnbares« Phänomen menschlichen Lebens (BVerwGE 90, 127, 132 f. = EZAR 206 Nr. 7 = InfAuslR 1992, 258; noch offen gelassen in BVerwG, Buchholz 402.25 § 1 AsylG Nr. 151). Maßgebend ist jedoch das völkerrechtlich geschützte identitätsprägende Merkmal (Abs. 1 Nr. 4a; Rdn. 46). Die Rechtsprechung bedarf im Blick auf Art. 10 Abs. 1 Buchst. d) RL 2011/95/EU der Überprüfung. Bislang erkennt diese eine Verfolgung wegen der Eheschließung oder eines Schwangerschaftsabbruchs nur dann an, wenn diese wegen eines asylerheblichen Merkmals oder im Blick auf dieses erfolgt. Es reicht mithin nicht aus, dass Asylsuchende Verfolgung befürchten, weil sie überhaupt geheiratet haben. Vielmehr ist glaubhaft zu machen, dass die der Eheschließung geltende Verfolgung wegen eines asylerheblichen Merkmals oder im Blick auf dieses droht. 47

Die Verfolgungshandlung kann einerseits in einer gezielten Handlung gegen die Eheschließung bestehen, etwa indem die Verletzung des Verbots strafrechtlich oder mit vergleichbaren Sanktionen geahndet wird. Sie kann sich aber auch in den Folgen manifestieren, die mit dem angeordneten Heiratsverbot zusammenhängen, etwa dadurch, dass den Betroffenen die Anerkennung ihrer gewünschten Beziehung als eheliche Beziehung und damit als Rechtsinstitut verweigert wird. Die damit zusammenhängenden Nachteile sind zumeist schwerwiegender Natur und langfristiger Art. Daher kann die Verfolgung bereits in der staatlichen Behinderung des ehelichen Zusammenlebens bestehen. Zumeist geht die Durchsetzung des Eheverbotes darüber hinaus auch mit weiteren erheblichen Eingriffen, wie etwa Freiheits- oder administrativen Strafen einher. Zwingend notwendig ist dies jedoch nicht. 48

XI. Zwangsverheiratung

Eine Zwangsverheiratung droht, wenn eine Frau gegen ihren Willen verheiratet oder mit Druck oder Drohungen hierzu gezwungen werden soll und dadurch ihr *Recht auf religiöse und sexuelle Selbstbestimmung* und Eheschließungsfreiheit verletzt wird (VG Stuttgart, NVwZ-RR 2011, 501, 502; VG Stuttgart, NVwZ 2007, 1335, 1336; VG Trier, Asylmagazin 2011, 24; VG Frankfurt am Main, NVwZ-RR 2013, 243; VG Göttingen, Asylmagazin 2012, 250). Die mit der Zwangsverheiratung verbundene Zwangslage liefert Frauen dauerhaft und ohne Aussicht auf Hilfe als reines Objekt den Zielen der Familienplanung aus. Es handelt sich um eine schwerwiegende Verletzung der Menschenrechte 49

(VG Stuttgart, NVwZ-RR 2011, 501, 502; VG Stuttgart, NVwZ 2007, 1335, 1336; VG Trier, Asylmagazin 1-2/2011, 24). Der Ehemann muss nicht der Täter sein, ist vielmehr häufig sogar selbst Opfer. Maßgebend ist die Zielrichtung der Täter, also der Angriff auf den Genderstatus. Soweit *Entführungen* und *Zwangsehen* wie *Zwangsbekehrungen* gegen weibliche Angehörige von Minderheiten gerichtet sind, können diese Verfolgungen zumeist als Muster eines Verfolgungsprogramms, das Misshandlungen, Menschenraub, Mord, bewaffneten Raub, Viehdiebstahl, Zerstörung von Feldern, Weinbergen und Ernten, sonstigen Diebstählen sowie Erpressung zum Inhalt hat, verstanden werden (BVerwG, EZAR 203 Nr. 11; Hess. VGH, Urt. v. 13.05.1982 – X OE 1131/81; OVG Rh-Pf, Urt. v. 10.12.1986 – 11 A 131/86; VG Stuttgart, NVwZ 2007, 1335, 1336). Diese alleinstehende christliche Frauen in der Türkei betreffenden Grundsätze werden auch auf alleinstehende Frauen in Afghanistan angewendet (OVG Sachsen, AuAS 2004, 96; VG Frankfurt am Main, InfAuslR 2004, 458, 459; VG Frankfurt am Main, Urt. v. 24.01.2005 – 5 E 7411/03.A(2); VG Dresden, Urt. v. 01.02.2005 – A 7 K 31131/03; VG München, AuAS 2007, 105, 106)

50 Die Eltern oder andere die Zwangsverheiratung durchsetzende Verwandte sind nichtstaatliche Akteure i.S.d. § 3c Nr. 3 (VG Frankfurt am Main, NVwZ-RR 2013, 243; VG Göttingen, Asylmagazin 2012, 250). Maßgebend für die Anknüpfung an den Genderstatus sind eine Vielzahl von Faktoren: Die infolge der Schutzlosigkeit potenziell drohende Gefahr der Zwangsverheiratung teilen alle Frauen in vergleichbarer Lage. Sie prägt ihre Zugehörigkeit zu einer bestimmten sozialen Gruppe. Dies unterscheidet sie auch deutlich von anderen Gruppen der Gesellschaft. Der die Schutzlosigkeit hervorbringende Genderstatus wird durch den religiösen, kulturellen und ethnischen Hintergrund bestimmt. Das Aufstellen von Regelvermutungen beim Anknüpfungsprozess (so aber VG Frankfurt am Main, NVwZ-RR 2013, 243) ist methodisch fehlerhaft, weil an den Genderstatus nicht nach den Regeln der Gruppenverfolgung angeknüpft wird (Rdn. 18). Regelvermutungen können aber bei der Verfolgungsprognose hilfreich sein. Zwangsentführungen und -verheiratungen können auch dem Zugriff auf religiös-ethnische Merkmale dienen (BVerwG, NVwZ 1984, 521; BVerwGE 85, 12, 19 = EZAR 202 Nr. 17 = InfAuslR 1990, 211). Bei der Abgrenzung der relevanten Zielrichtung von kriminellen Motiven darf der Gesamtkontext des Verfolgungsmusters nicht auseinandergerissen werden (OVG Rh-Pf, Urt. v. 10.12.1986 – 11 A 131/86). Es genügt, dass der Genderstatus ein wesentlich beitragender, nicht aber der beherrschende Grund ist. Zudem sind Entführungen häufig auch wirtschaftlich oder sexuell motiviert. Zumeist spielen aber auch zusätzliche religiöse, ethnische, ökonomische und andere Faktoren eine Rolle. Frauen werden z.B. im Irak als »weichere Ziele« angesehen. Sie erleiden Gewalt, die das Ansehen der gesamten, jeweils anderen konfessionellen Gruppierung beschmutzen soll (*UNHCR*, Hinweise zur Feststellung des internationalen Schutzbedarfs irakischer Asylbewerber, 26.09.2007, S. 6).

XII. Verfolgung wegen normabweichender Familienplanung

51 Verfolgung wegen normabweichender Familienplanung (*Zwangsabtreibung* und *-sterilisation*) ist eine gravierende Menschenrechtsverletzung. Die von diesen Maßnahmen betroffenen Frauen weisen aufgrund ihrer geschlechtsspezifischen Rolle in Verbindung

mit den sozialen, kulturellen und politischen Kontextbedingungen eine deutlich abgrenzbare Identität auf. Die weit verbreitete Auffassung, Familienplanung sei eine geeignete Methode, um einem zu schnellen Bevölkerungswachstum Einhalt zu gebieten, ist im Ansatz nicht zu beanstanden. Wird dieses politische Ziel jedoch mit Zwangsabtreibungen und – sterilisationen durchgesetzt, werden die Menschenrechte schwerwiegend verletzt (§ 3a Abs. 1 Nr. 2). Andererseits gewährt Art. 8 EMRK kein Recht auf Abtreibung (EGMR, Urt. v. 30.10.2012 – Nr. 57375/08 Rn. 96 ff. – *P. und S.*). Nicht die generelle Politik als solche, sondern die zur Durchsetzung ohne Rücksicht auf die Rechte Betroffener angewandten Maßnahmen berechtigen zur Annahme einer Verfolgung. So ist die »*Ein-Kind-Politik*« in der VR China mit gravierenden Menschenrechtsverletzungen bis hin zu Zwangssterilisationen und -abtreibungen in fortgeschrittenem Schwangerschaftsstadium verbunden. Dabei werden von lokalen Amtsträgern häufig Schlägertrupps angeheuert, deren Übergriffe im Ergebnis der Regierungspolitik entsprechen (VG Trier, InfAuslR 2011, 219, 220; VG Meiningen, Asylmagazin 5/2011, 153).

Verfolgungen wegen Verletzung der die staatliche Familienplanung regelnden Normen knüpfen an die Zugehörigkeit zu einer bestimmten sozialen Gruppe an. So zielt zum Beispiel die »Ein-Kind-Politik« nach der Rechtsprechung der Vertragsstaaten auf die Zugehörigkeit betroffener Frauen zu einer bestimmten sozialen Gruppe (Australia High Court [1997] 142 A. L. R. 331 – *Applicant A v. MIEA*; Canada Federal Court, IJRL 1994, 118; 119 f.; VG Aachen, Urt. v. 07.04.1993 – 3 K 842/92.A; VG Leipzig, Urt. v. 20.03.2007 – A 4 K 30550/04; VG Trier, InfAuslR 2011, 219, 220; VG Trier, Asylmagazin 2011, 243). Frauen, die bereits ein Kind haben und von der Zwangssterilisation betroffen sind, können ihr mit anderen Frauen gemeinsames Recht auf Fortpflanzung geltend machen und weisen aufgrund ihrer geschlechtsspezifischen Rolle in Verbindung mit den sozialen und kulturellen Kontextbedingungen nach außen eine deutlich abgrenzbare Identität auf (*UNHCR*, Geschlechtsspezifische Verfolgung, S. 5, 9 f.). Sie teilen miteinander einen gemeinsamen sozialen Status und verfolgten ein gemeinsames, nicht von der Regierung akzeptiertes Interesse. Die betroffenen Kinder werden ebenfalls als bestimmte soziale Gruppe angesehen (Canada Federal Court, IJRL 1994, 118, 119 f.). Das BVerwG hat hingegen die Anknüpfung an einen Verfolgungsgrund verneint, wenn vietnamesische Vertragsarbeitnehmerinnen in der früheren Sowjetunion aufgrund der Drohung, sie wegen Vertragsbruchs zur Rückkehr zu veranlassen, den Schwangerschaftsabbruch vorgenommen hatten. Die Besonderheit bestand hier darin, dass die Betroffene dem Druck nachgegeben hatte und deshalb keine weiteren Repressalien mehr drohten. Das BVerwG hat jedoch die Frage offen gelassen, ob seine Rechtsprechung auch für den Fall gilt, dass »eine Frau dem Abtreibungsansinnen nicht nachgibt und in Kauf nimmt, nach Vietnam zurückgeschickt zu werden« (BVerwG, Beschl. v. 21.11.1994 – BVerwG 9 B 666.94). 52

XIII. Ehrenmorde

Die ernsthafte Gefahr, wegen Verletzung der familiären Familienplanung durch die eigenen Familienangehörigen getötet zu werden, stellt eine gravierende Verletzung der Menschenrechte (Rdn. 51 f.) dar und läuft Art. 3 EMRK zuwider (EGMR, HRLJ 53

2013, 326, 331 Rn. 51 – *S.A.*). Betroffen sind Frauen, die in einer von traditionellen Wertvorstellungen beherrschten muslimisch geprägten Familie unter dem dominierenden Einfluss des Vaters aufgewachsen sind und sich der Entscheidung der Familie, eine für sie bestimmte Person zu heiraten, widersetzen. Betroffen von Ehrenmorden sind auch Frauen, die sich auf andere Weise den gesellschaftlichen Normen widersetzen. Aufgrund dieser Merkmale werden die Betroffen wegen ihrer Zugehörigkeit zu einer bestimmten sozialen Gruppe verfolgt (U.S. Court of Appeals, Seventh Circuit, Decision of 13.04.2011 – No. 10-2899 – *Sarhan* and *Disi*; Australian Tribunal, Decision of 31.07.2009 – 0902754 (2009) – *RRTA 675*; Österreichischer Asylgerichtshof, Erkenntnis v. 12.01.2009 – E3 239.432-02008-1E; VG Osnabrück, Urt. v. 16.09.2014 – 5 A 136/13). Aufgrund der familiären, kulturellen und sozialen Kontextbedingungen gelten die Ehrenmorde dem sozialen »Genderstatus« der betroffenen Frauen. Dieser wird durch das traditionelle Frauenbild in diesen Gesellschaften geprägt. Die Schande für die Familie wird noch vergrößert, wenn die betroffene Frau in einer offiziell nicht anerkannten Verbindung mit einem anderen Mann lebt. Der geschützte Status beruht auf dem identitätsprägenden Merkmal der Frau, die ihr Recht auf freie Wahl des eigenen Partners und auf selbstbestimmte sexuelle Identität wahrnimmt. Nur der Mann, nicht aber die Frau kann sich im Sinne einer selbstbestimmten sexuellen Identität frei im gesellschaftlichen Umfeld bewegen (Nieders. OVG, InfAuslR 2002, 154, 156; VG Berlin, InfAuslR 2002, 160, 162; *La Violette*, IJRL 2007, 169, 207 ff.). Die Gruppe derjenigen Frauen in einem bestimmten Herkunftsland, die einerseits Familien zugehörig sind, die durch traditionelle Rollenbilder und dem darauf beruhenden Ehrbegriff geprägt sind, und sich andererseits den traditionellen Reglung widersetzen, bilden eine bestimmte nach außen abgrenzbare soziale Gruppe (VG Düsseldorf, Urt. v. 18.08.2006 – 21 K 3768/04.A).

54 Aufgrund ihrer eigenständigen, durch universelle Menschenrechte geschützten Entscheidung (Abs. 1 Nr. 4a) geraten die betroffenen Frauen in ernsthafte Lebensgefahr, weil sie sich der elterlichen Wahl eines Ehepartners durch »unerlaubtes« Verlassen der Familie entzogen haben. Innerhalb des in der Gesellschaft herrschenden Ehrenkodexes hat die Ehre der Familie eine herausragende Stellung. Die »Familienehre« macht sich bevorzugt am sittenstrengen Verhalten der Frauen und Töchter fest. Es bedeutet eine »Schande« für die Familie, wenn sich die Tochter der elterlichen Wahl eines Ehepartners durch »unerlaubtes« Verlassen der Familie entzieht. Ein Verstoß hiergegen verlangt nach Sühne. Nach traditioneller Vorstellung kann er nur dadurch wieder hergestellt werden, dass der nächste männliche Verwandte – in der Regel der Vater oder der Bruder – das Mädchen, das dagegen verstoßen hat, tötet. Die Täter sehen sich verpflichtet, den Lebenswandel der ihrer Familie zugehörenden Frauen zu kontrollieren und sie für Verfehlungen zu bestrafen, um nicht ihrerseits als Mann das Ansehen zu verlieren (Nieders. OVG, InfAuslR 2002, 154, 155; VG Berlin, InfAuslR 2002, 160, 161 = AuAS 2001, 261; VG Münster, InfAuslR 1999, 307, 308; VG Gelsenkirchen, InfAuslR 2000, 51 – alle zu Syrien).

55 Im Blick auf Gesellschaften, in denen Ehrenmorde üblich sind und vom Staat nicht wirksam unterbunden werden, ist ein Verweis auf den internen Schutz (§ 3e) nicht zulässig. Die Abschiebung in das Herkunftsland bedeutet unter diesen Voraussetzungen

praktisch die Auslieferung an die Großfamilie. Die Inanspruchnahme polizeilichen Schutzes bedeutet Schutzhaft auf unbestimmte Zeit und ist deshalb unzumutbar (VG Münster, InfAuslR 1999, 307, 308; VG Berlin, InfAuslR 2002, 160, 163 = AuAS 2001, 261). Wird die Gefahr eines bevorstehenden Ehrenmordes erst im Folgeantragsverfahren geltend gemacht, fehlt es am Verschulden im Sinne von § 51 Abs. 2 VwVfG, wenn der Vater oder ein anderer, als Täter in Betracht kommender Familienangehöriger im Asylverfahren gemeinsam mit der Betroffenen den Asylantrag gestellt hatte. Unter diesen Umständen war es ihr nicht zumutbar, Asylgründe gegen ihre Familienangehörige vorzubringen (VG Münster, InfAuslR 1999, 307, 308).

XIV. Blutrache

Die Gefahr, Verfolgung durch Angehörige einer Familie oder Sippe aus Anlass einer 56
Fehde, die als Angriff auf die Familien- oder Sippenehre empfunden wird, ausgesetzt zu sein (Blutrache), erfüllt die Kriterien einer Verfolgung. Aufgrund der familiären, kulturellen und sozialen Kontextbedingungen gilt die Blutrache der familiären oder Sippenzugehörigkeit, also einem unveränderbaren oder sogar – jedenfalls aus Sicht der Täter – angeborenem Merkmal und damit der Zugehörigkeit zu einer bestimmten sozialen Gruppe (*UNHCR*, Position on claims for refugee status based on a fear of persecution due to an individual's membership of a familiy or clan engaged in blood feud, March 2006, S. 5 ff.). Gerade bei einer bestehenden Familien- oder Sippenfehde, bei der die Familien- oder Sippenehre den Mord als Sühne fordert, werden die Täter nicht ruhen, bis sie das Opfer gefunden haben. Selbst im Ausland besteht keine wirksame Sicherheit. Verglichen mit der Gefährdungslage im Herkunftsland sind die Risiken im Aufnahmeland jedoch geringer und können die Täter auch nicht auf ein für ihre Absichten und Pläne günstiges Umfeld vertrauen (VG Stuttgart, Urt. v. 24.09.2002 – A 6 K 1339/01). Deshalb sind die Betroffenen auf internationalen Schutz angewiesen (OVG Saarland, Beschl. v. 01.02.2007 – 2 W 37106; VG Göttingen, Beschl. v. 08.10.1993 – 4 B 4257/93; VG Bayreuth, Urt. v. 02.04.2004 – B 1 K 99.30540; VG Stuttgart., Urt. v. 24.09.2002 – A 6 K 1339/01). Die Versuche, vor derartigen Gefahren den gebotenen Schutz zu versagen, sind vielfältig. So mochte die Rechtsprechung in den privaten Tätern zunächst keine nichtstaatlichen Akteure erkennen (OVG SH, InfAuslR 2007, 256, 257). Diese Ansicht wurde wegen Unvereinbarkeit mit § 60 Abs. 1 Satz 4c AufenthG a.F. vom BVerwG zurückgewiesen (BVerwGE 126, 243, 251 = InfAuslR 2007, 33 = NVwZ 2007, 1420 = AuAS 2006, 246). Ferner wurde eingewandt, die aus Furcht vor Blutrache im Ausland Schutz begehrenden Antragsteller könnten in anderen Landesteilen innerhalb des Herkunftslandes ansiedeln (OVG Hamburg, InfAuslR 1984, 60, 64 = NVwZ 1985, 65; OVG SH, InfAuslR 2007, 256, 257; VG Würzburg, EZAR 632 Nr. 17). Der Herkunftsstaat könne keinen »absoluten und lückenlosen Schutz« bieten (VG Gießen, Urt. v. 11.04.2007 – 8 E 4011/05.A). Weder vermindert bei festgestellter Blutrache ein Ausweichen in andere Landesteile das Risiko noch darf bei beachtlicher Wahrscheinlichkeit der Verfolgung Schutz versagt werden. Im Gegenteil liegt ja gerade im Moment der Schutzlosigkeit ein wesentliches Merkmal für die Anknüpfung an einen Verfolgungsgrund.

57 In der höchstrichterlichen Rechtsprechung der Vertragsstaaten der GFK werden potenzielle Opfer der Blutrache als eine bestimmte soziale Gruppe im Sinne von Art. 1 A Nr. 2 GFK angesehen, sodass die Verfolgung an diesen Verfolgungsgrund anknüpft (High Court of Australia (2006) HCA 61 Rn. 55 ff., 98 fff. – *STCB;* High Court of Ireland (2015) IEHC 13 Rn. 61 ff.- *AVB*; a.A. UK Upper Tribunal (2012) UKUT 00348 (IAC) Rn. 68 – *EH*). In diesem Zusammenhang ist auch zu berücksichtigen, dass potenzielle Opfer von Ehrenmorden als bestimmte soziale Gruppe angesehen werden (Rdn. 53 ff.) und bei der Blutrache ebenfalls die Sippen- und Familienehre das maßgebende Motiv der Täter für ihre Taten ist, soll diese doch durch den Mord gereinigt und geschützt und deshalb Blut mit Blut gesühnt werden. Von der Blutrache Betroffene werden gravierend in ihrer Sicherheitslage beeinträchtigt. Der familiäre oder Sippenkontext, die Aussichtslosigkeit, der Gefahr zu entgehen und die dadurch bedingte Schutzlosigkeit sind wesentliche Faktoren für die bestimmte soziale Gruppe. Die von Blutrache bedrohten Angehörigen einer bestimmten Familie oder Sippe sind aufgrund ihres besonderen Status auch von der übrigen Gesellschaft deutlich abgegrenzt. Die soziale Unterscheidung folgt ja gerade aus der der Blutrache immanenten Gefahr, welche die Betroffenen »vogelfrei« und damit schutzlos macht.

XV. Frauenhandel

58 Art. 3 des Protokolls der Vereinten Nationen zur Verhütung, Bekämpfung und Bestrafung des Menschenhandels definiert Menschenhandel und damit insbesondere Frauenhandel, als die »Anwerbung, Beförderung, Verbringung, Beherbergung oder den Empfang von Personen durch die Androhung oder Anwendung von Gewalt oder andere Formen der Nötigung, durch Entführung, Betrug, Täuschung, Missbrauch von Macht oder Ausnutzung besonderer Hilflosigkeit oder durch Gewährung oder Entgegennahme von Zahlungen oder Vorteilen zur Erlangung des Einverständnisses einer Person, die Gewalt über eine andere Person hat, zum Zwecke der Ausbeutung«. Menschenhandel ist als eine Form der Folter und grausamer, unmenschlicher oder erniedrigender Behandlung anzusehen. Sie bedeutet für die Betroffenen eine gravierende Einschränkung ihrer Bewegungsfreiheit, wenn sie mit Entführung, Zwangsverheiratung und/oder Wegnahme des Reisepasses oder anderer Personaldokumente einhergeht (*UNHCR*, Geschlechtsspezifische Verfolgung, S. 6; *Worten*, RSQ 2011, 86, 87 ff.; *Rabe/Tanis*, Menschenhandel als Menschenrechtsverletzung, S. 16 f.). Menschenhandel in Form sexueller Ausbeutung (§ 3a Abs. 2 Nr. 1) ist gut belegt und betrifft vorrangig Frauen und Kinder, die zur Prostitution oder anderen Formen sexueller Ausbeutung gezwungen werden. Jedoch ist Menschenhandel nicht auf sexuelle Ausbeutung oder Frauen begrenzt. Vielmehr umfasst er auch *Zwangsarbeit* oder erzwungene Dienstleistungen, *Sklaverei* oder der Sklaverei ähnliche Praktiken, Leibeigenschaft oder Entnahme von Körperorganen. Menschenhandel kann ein Verbrechen gegen die Menschlichkeit und in bewaffneten Konflikten ein Kriegsverbrechen darstellen (*UNHCR*, Opfer von Menschenhandel, S. 2 f., 7). Art. 9 Abs. 2 Buchst. a) RL 2011/85/EU (§ 3a Abs. 2 Nr. 1) erkennt »sexuelle Gewalt« als ein Beispiel einer Verfolgungshandlung an. ILO schätzt, dass weltweit 12,3 Millionen Opfer von Zwangsarbeit sind, davon mindestens 2,4 Millionen Opfer von Menschenhandel.

Von diesen werden 32 % zum Zwecke der Ausbeutung durch Arbeit, etwa 43 % zwecks sexueller Ausbeutung und etwa 25 % aus einer Mischung von beiden gehandelt. Soweit Menschenhandel zum Zwecke der sexuellen Ausbeutung erfolgt, sind hiervon zu 98 % Frauen und Mädchen betroffen. Im Bereich der *Kinderarbeit* (§ 3a Abs. 2 Nr. 6) sind etwa 1,2 Millionen Minderjährige Opfer des Menschenhandels (Bundesamt für Migration und Flüchtlinge, Geschlechtsspezifische Verfolgung in ausgewählten Herkunftsländern, April 2010, S. 18).

Frauenhandel, insbesondere Zwangsprostitution, zielt auf den Genderstatus der Frau, 59
d.h. auf ihr Alter, Geschlecht, ihre wirtschaftliche und soziale Stellung wie insbesondere auch auf ihre sexuelle Verwertbarkeit zu wirtschaftlichen Zwecken. Gemeinsames Merkmal ist die unzureichende Beachtung der Menschenrechte und Würde der Opfer, die als im Eigentum ihrer Händler stehende Ware behandelt werden. Die Anwerbung von Frauen oder Minderjährigen durch Nötigung oder Täuschung für die Zwecke der Zwangsprostitution oder der sexuellen Ausbeutung ist eine Form geschlechtsspezifischer Gewalt (*UNHCR*, Geschlechtsspezifische Verfolgung, S. 6; *UNHCR*, Opfer von Menschenhandel, S. 3, 8 f.). Opfer von Frauenhandel können anknüpfend an das unabänderliche, gemeinsame und in der Vergangenheit begründete Merkmal, Opfer von Frauenhandel geworden zu sein, als bestimmte soziale Gruppe verstanden werden, die als eine abgegrenzte innerhalb der sie umgebenden Gesellschaft angesehen wird. Die vergangene Erfahrung des Frauenhandels ist das gemeinsame Merkmal, nicht aber die zukünftige Verfolgung, die nunmehr in Form der Ächtung, Bestrafung, Vergeltung oder des erneuten Frauenhandels droht (*UNHCR*, Opfer von Menschenhandel, S. 16). Eine signifikante Anerkennung haben Opfer von Frauenhandel in der Rechtsprechung bislang nicht gefunden. Die Opferschutzrichtlinie (2004/81/EG) wie auch § 25 Abs. 4a AufenthG gewähren nur vorübergehenden Schutz. Daher haben sich bislang die Gerichte nur vereinzelt mit dieser Frage auseinandergesetzt. In der Rechtsprechung werden etwa Opfer von Frauenhandel, die sich hiervon befreit haben als klar definierbare und nach außen von der Gesellschaft wahrnehmbare Gruppe beschrieben (VG Wiesbaden, Asylmagazin, 2011, 158; VG Stuttgart, InfAuslR 2014, 354, 355). Auch in der U. S.-amerikanischen Praxis werden Frauen, die sich der Zwangsprostitution widersetzen, als Mitglieder einer bestimmten sozialen Gruppe angesehen. Nach der kanadischen und britischen Spruchpraxis haben verarmte junge russische bzw. ukrainische Frauen, die unter Täuschung der Prostitution zugeführt und wegen ihrer Weigerung, die Zwangsprostitution fortzuführen, verfolgt werden, eine begründete Furcht vor Verfolgung wegen Zugehörigkeit zu einer bestimmten sozialen Gruppe.

Bei der Verfolgungsprognose ist zu bedenken, dass Frauen und Minderjährige nach 60
ihrer Rückkehr in das Herkunftsland häufig erheblichen Folgerisiken ausgesetzt sein werden, etwa Vergeltungsmaßnahmen durch Angehörige von Menschenhändlerringen oder andere Einzelpersonen, sowie dem Risiko, erneut Menschenhändlern in die Hände zu fallen. Zudem drohen häufig massive Ausgrenzung, schwere Diskriminierung oder Bestrafung durch die Familie oder lokale Gemeinschaft wegen der ausgeübten oder unterstellten Prostitution im Aufnahmeland (*UNHCR*, Opfer von Menschenhandel, S. 8). Dementsprechend berücksichtigt die Rechtsprechung, dass Opfer mit Diskriminierungen durch Familie und soziales Umfeld

und mit Vergeltung durch Täter und deren Umfeld rechnen müssen. Hätten sie gegen die Täter im Aufnahmestaat ausgesagt, würden sie von diesen bedroht werden (VG Wiesbaden, Asylmagazin 2011, 158). Ist der Staat unfähig oder unwillig, Schutz vor solchen Gefahren zu gewähren, besteht eine ernsthafte Möglichkeit der Verfolgung aus Gründen der Konvention (*UNHCR*, Geschlechtsspezifische Verfolgung, S. 6).

F. Verfolgung wegen der politischen Überzeugung (Abs. 1 Nr. 5)

I. Status der politischen Überzeugung

61 Der Verfolgung liegt ein Verfolgungsgrund zugrunde, wenn sie gegen die politische Überzeugung gerichtet ist. Der typische »politische Flüchtling« stand historisch am Anfang der Entwicklung des völkerrechtlichen (Auslieferungs) Asyls im 19. Jahrhundert. Die anderen Verfolgungsgründe fanden völkerrechtlich erst in der Zwischenkriegsphase Anerkennung. Der politische Flüchtling ist derjenige, der durch die Regierung oder einen anderen Verfolger wegen seiner als Gefahr für die herrschende Ordnung bewerteten politischen Überzeugung verfolgt wird (*Goodwin-Gill/McAdam*, The Refugee in International Law, 2007, 3. Aufl., S. 87). Nach allgemeiner Ansicht ist der Begriff der »politischen Überzeugung« *weit auszulegen*. Er umfasst jede Äußerung über jede Frage, die sich auf den Staat, die Regierung oder Politik bezieht (Canada Supreme Court [1993] 2 S.C.R. 689 – *Ward*; *Goodwin-Gill/McAdam*, The Refugee in International Law, 2007, 3. Aufl., S. 87; *Zimmermann/Mahler*, in: Zimmermann, The 1951 Convention relating to the Status of Refugees and its 1967 Protocol, 2011, A Commentary, 2011, Article 1 A para. 2 Rn. 421). In Übereinstimmung mit Art. 1 A Nr. 2 GFK ist nach Art. 10 Abs. 1 Buchst. e) RL 2011/95/EU und Abs. 4 Nr. 5 die Verfolgung erheblich, wenn sie wegen der politischen Überzeugung ausgeübt wird. Nach der Begründung des Vorschlags der Kommission wird in Übereinstimmung mit der allgemeinen Ansicht der Begriff der politischen Überzeugung dahin verstanden, dass der Betroffene in einer Angelegenheit, die die Verfolger sowie deren Politiken oder Verfahren betrifft, eine Meinung, Grundhaltung oder Überzeugung vertritt (Kommissionsentwurf v. 12.09.2001, BR-Drucks. 1017/01, S. 24). Der Verfolgungsgrund kommt in der Praxis häufig in Form eines Nachfluchtgrundes vor (§ 28) und bereitet im Rahmen eines Folgeantrags (§ 7) erhebliche Probleme.

62 Der typische Flüchtling ist jemand, den die Regierung oder eine andere Autorität wegen seiner politischen Überzeugung verfolgt, weil diese als bedrohlich für den eigenen Machtanspruch bewertet wird. Die Verfolgung zielt also auf den (oppositionellen) politischen Status. Der Begriff der politischen Überzeugung schließt nicht nur die gegen die Regierung, sondern auch gegen andere Verfolger gerichtete Kritik ein (Canada Supreme Court [1993] 2 S.C.R. 689 – *Ward*). Die Kritik kann geäußert worden sein oder nicht. Als politisch gilt eine Überzeugung auch dann, wenn die Ansichten oder dementsprechenden Handlungen des Antragstellers objektiv gesehen unbedeutend sind oder er selbst seine Überzeugung nicht als politisch einstuft oder einstufen will (Kommissionsentwurf v. 12.09.2001, BR-Drucks. 1017/01, S. 24). Sie kann ihm auch fälschlicherweise lediglich zugeschrieben worden sein (Abs. 2). Was im Aufnahmestaat

nicht als politisch bewertet wird, kann wegen der im Herkunftsland vorherrschenden Situation als hochpolitische Frage verstanden werden. So können z.B. in extrem polarisierten Bürgerkriegssituationen neutrale Positionen oder die fehlende Unterstützung der Regierung als politische Position eingeschätzt werden (*Zimmermann/Mahler*, in: Zimmermann, The 1951 Convention relating to the Status of Refugees and its 1967 Protocol, 2011, A Commentary, 2011, Article 1 A para. 2 Rn. 422).

Art. 10 Abs. 1 Buchst. e) RL 2011/95/EU (Abs. 1 Nr. 5) schützen die politische Überzeugung unabhängig davon, ob und in welchen Formen diese nach außen zum Ausdruck kommt. Auch wenn der Betroffene seine politische Überzeugung nicht geäußert hat, die Verfolger aber aufgrund bestimmter Umstände, zu denen auch sein Verhalten oder seine Verhältnisse in einem bestimmten Kontext (Teilnahme an Versammlungen, Demonstrationen, Beziehung zu bestimmten Personen oder sonstige persönliche, familiäre oder berufliche Verbindungen) gehören, ihm eine bestimmte politische Ansicht zuschreiben und ihn deshalb verfolgen, hat er begründete Verfolgungsfurcht wegen seiner politischen Überzeugung (Abs. 2). So kann z.B. dem Asylsuchenden wegen seiner Zusammenarbeit mit den internationalen Stellen von Terroristen eine entsprechende politische Überzeugung unterstellt werden (VGH BW, Beschl. v. 01.12.2010 – A 2 S 1898/10). Die behördliche Prognoseprüfung wird einerseits erleichtert, wenn die politische Überzeugung durch bestimmte Handlungen und Aktionen des Antragstellers nach außen zum Ausdruck gebracht wurde. So gesehen, ist die Auffassung des BVerfG, dass die Konvention mit der »politischen Überzeugung« nicht nur die politische Gesinnung als solche und ihre Bekundung, sondern grundsätzlich auch ihre Betätigung schützen will (BVerfGE 80, 315, 336 = EZAR 201 Nr. 20 = NVwZ 1990, 151 = InfAuslR 1990, 21) zutreffend. Nach dem BVerwG indiziert ein Zugriff allein wegen des bloßen Innehabens einer politischen Überzeugung im Sinne eines über den Bereich des »forum internum« hinausgehenden »Mindestmaßes an Äußerungs- und Betätigungsmöglichkeiten« die Zielrichtung, dass die Verfolgung an die politische Überzeugung anknüpft (BVerwGE 67, 195, 201 = EZAR 201 Nr. 5 = NVwZ 1983, 678; BVerwGE 77, 258, 265 f. = EZAR 200 Nr. 19 = NVwZ 1987, 288 = InfAuslR 1987, 228; BVerwGE 80, 136, 140 = EZAR 201 Nr. 15; BVerwG, Buchholz 402.25 § 1 AsylG Nr. 76 u. Nr. 121). Es bedarf aber nicht zwingend der Betätigung, weil die politische Überzeugung auch geschützt ist, wenn sie nicht betätigt, aber vom Verfolger unterstellt wird (Abs. 2). 63

Verfolgung wegen der politischen Überzeugung kommt häufig in *strafrechtlicher Form vor* (§ 3a Abs. 2 Nr. 3), kann aber auch durch außerstrafrechtliche Methoden ausgelöst werden (§ 3a Abs. 2 Nr. 2). Bei der strafrechtlichen Verfolgung ist grundsätzlich zwischen Verfolgung und Strafverfolgung zu unterscheiden. Mitunter verwischen sich jedoch die Abgrenzungskriterien, da die Strafverfolgung auch zur Verfolgung eingesetzt werden kann. Verfolgung und Strafverfolgung sind weder identisch noch stets voneinander abgrenzbar (§ 3 Rdn. 28). Bei der Prüfung, ob außerstrafrechtliche Maßnahmen wegen der politischen Überzeugung durchgeführt werden, ist zu untersuchen, ob diese Konsequenzen mit sich bringen, die den Betroffenen in hohem Maße benachteiligen. Freiheitsentziehende Maßnahmen wegen der politischen Überzeugung außerhalb eines geordneten Strafverfahrens stellen stets in hohem Maße schwerwiegende 64

Übergriffe dar. In den Fällen, in denen Diskriminierungen wegen der politischen Überzeugung an sich noch nicht allzu schwer ins Gewicht fallen, können sie aber gleichwohl als Verfolgung erscheinen, z.B. wenn sie beim Antragsteller ein Gefühl der Furcht und Unsicherheit im Hinblick auf seine Zukunft hervorrufen. In diesen Fällen wird die Verfolgungsfurcht umso eher begründet sein, wenn der Antragsteller bereits eine Reihe diskriminierender Akte dieser Art hat erdulden müssen und deshalb ein kumulatives Element (§ 3a Abs. 1 Nr. 2) vorliegt (*UNHCR*, Handbuch über Verfahren und Kriterien zur Feststellung der Flüchtlingseigenschaft, 1979, Rn. 54 f.; s. auch § 3a Rdn. 14 ff.).

II. Politische Propaganda

65 Der Schutzbereich der politischen Überzeugung schließt auch die Möglichkeit ein, anderen die eigene Überzeugung zu vermitteln und die Absicht, dass sich diese entsprechend der ihnen vermittelten Überzeugung verhalten (BVerwGE 80, 136, 140 = EZAR 201 Nr. 15; BVerwG, Buchholz 402.25 § 1 AsylG Nr. 121). Erfolgt der strafrechtliche Zugriff auf den Betroffenen bereits allein wegen des bloßen Innehabens einer politischen Überzeugung wird in aller Regel die Verfolgung indiziert (BVerwGE 77, 258, 265 = EZAR 200 Nr. 19 = NVwZ 1987, 288 = InfAuslR 1987, 228). Der Begriff der politischen Überzeugung umfasst aber grundsätzlich auch Handlungen, die aus sich heraus eine Umsetzung politischer Überzeugung darstellen, insbesondere ***separatistische*** und ***politisch-revolutionäre Aktivitäten***, und zwar auch dann, wenn der Staat hierdurch das Rechtsgut des eigenen Bestandes oder seine politische Identität verteidigt (BVerfGE 80, 315, 337 = EZAR 201 Nr. 20 = NVwZ 1990, 151 = InfAuslR 1990, 21; BVerfGE 81, 142, 149 f. = EZAR 200 Nr. 26 = NVwZ 1990, 453 = InfAuslR 1990, 167). Im Grundsatz ist daher auch Propaganda für separatistische oder revolutionäre Ziele selbst in aggressiver Form geschützt, vorausgesetzt, diese schlägt nicht in gewalttätige Handlungen um und die Strafnorm kann nicht als konnexes Delikt (Rdn. 68.) gewertet werden. Dann findet ohnehin Art. 1 F Buchst. b) GFK Anwendung (§ 3 Rdn. 25 ff.). Prototyp des »politischen Flüchtlings« ist ja gerade der Agitator, der gesellschaftliche Stimmungen und Emotionen für seine Zwecke in agitatorischer Absicht ausnutzt und zugleich auch aufheizt.

66 Das BVerwG hat hingegen Zweifel, ob »*Protest- und Kampflieder*« die einen »Aufruf zur Begehung von Gewalttaten« enthalten, noch dem geschützten Bereich der Propaganda zuzurechnen sind (BVerwGE 80, 136, 141 = EZAR 201 Nr. 20 = NVwZ 1990, 151 = InfAuslR 1990, 21). Die strafrechtliche Verfolgung politischer Propaganda, die den Aufruf enthalte, zwecks Durchsetzung der propagierten Ziele Gewaltakte zu begehen, richte sich nicht gegen die politische Überzeugung. Eine Strafnorm, die das Auffordern zur Begehung von Gewalttaten mit Strafe bedrohe, stelle sich nicht als Zugriff auf die politische Überzeugung dar. Enthält mithin die öffentliche Propaganda die konkrete Aufforderung, Gewaltaktionen durchzuführen, gilt der strafrechtliche Zugriff einer kriminellen Komponente des individuellen Verhaltens. Entscheidend wird darauf abgestellt, ob »an Stelle oder neben« der die bloße Propaganda bekämpfenden Strafnorm eine weitere die Aufforderung zu Gewalttaten pönalisierende Norm zum Zuge kommt. Auch nach der Rechtsprechung des BVerfG sind objektive Umstände

zu ermitteln, die darauf schließen lassen, dass die Verfolgung von Taten, die sich gegen politische Rechtsgüter richten, nicht der mit dem Delikt betätigten politischen Überzeugung als solcher gilt, sondern einer in solchen Taten zum Ausdruck gelangenden zusätzlichen kriminellen Komponente, deren Strafwürdigkeit der Staatenpraxis geläufig ist (BVerfGE 80, 315, 338 = EZAR 201 Nr. 20 = NVwZ 1990, 151 = InfAuslR 1990, 21).

III. Staatsschutzdelikte

Der Streit um die Inhaltsbestimmung des Propagandabegriffs gewinnt insbesondere bei der Frage Bedeutung, ob Strafnormen, die die herrschende Ordnung schützen sollen, an die politische Überzeugung anknüpfen. Hochverrat oder Verfassungsverrat erfassen bereits das Vorfeld des gewaltsamen Umsturzes und sind »abstrakte Gefährdungsdelikte«. Sie tragen »antizipierten Gefahrenlagen« Rechnung und haben insofern Präventionscharakter, als der Gesetzgeber davon ausgeht, dass schon Propagandaaktivitäten die Tendenz in sich tragen könnten, durch eine Schwächung der nationalen Integrität Gefahren für den Staatsbestand und die verfassungsmäßige Ordnung hervorzurufen (VGH BW, Urt. v. 04.02.1985 – A 13 S 143/83). Dies rechtfertige es, das Strafrecht nicht erst dann wirksam werden zu lassen, wenn es bereits zu einem Hochverrat oder Verfassungsverrat gekommen sei, sondern mit der strafrechtlichen Abwehr schon auf einer früheren Stufe einzusetzen. Derartige Strafnormen knüpften an Handlungsweisen als Angriffsmittel an, die in ihrer Tendenz generell eine politische Atmosphäre schafften, in der sich Staatsumwälzungen vollziehen könnten. Sie zielten darauf ab, Veränderungen des bestehenden gesellschaftlichen und wirtschaftlichen Systems zu verhindern, ließen die politische Überzeugung des Einzelnen jedoch unbehelligt (VGH BW, Urt. v. 04.02.1985 – A 13 S 143/83; OVG Lüneburg, Urt. v. 24.05.1985 – 11 OVG A 307/82; Nieders. OVG, Urt. v. 14.02.1990 – 11 OVG A 252/88; a.A. Hess. VGH, Urt. v. 26.09.1985 – X OE 317/82; OVG Saarland, NVwZ-RR 1989, 277). 67

Dagegen ist einzuwenden, dass der Schutzbereich der politischen Überzeugung nicht nur die politische Gesinnung als solche und ihre Bekundung, sondern grundsätzlich auch ihre Betätigung umfasst und *Auslieferungsverbote* traditionell den Kernbestand des politischen Asyls bilden. Diese schützen aber seit dem 19. Jahrhundert *»politische Straftäter«*, also jene, die ihre oppositionelle politische Überzeugung betätigt und hierbei Strafgesetze verletzt haben, mit denen der Staat seine politische Grundordnung und seine territoriale Integrität verteidigt (BVerfGE 80, 315, 336 f. = EZAR 201 Nr. 20 = NVwZ 1990, 151 = InfAuslR 1990, 21; BVerfGE 81, 142, 149 f. = EZAR 200 Nr. 26 = NVwZ 1990, 453 = InfAuslR 1990, 167). Die begrifflichen Kriterien des politischen Delikts des Auslieferungsrecht sind deshalb bei der Anwendung der Zusammenhangsklausel (§ 3a Abs. 3) zu berücksichtigen. Verfolgt der Staat mittels politischer Delikte die politische Gesinnung, knüpft die Verfolgung an die politische Überzeugung an. Insbesondere *Zusammenhangstaten* stellen hierbei aber schwierige Abgrenzungsaufgaben. Ausgehend von der belgischen Gesetzgebung 1833 werden politische Delikte, also Delikte, die unmittelbar gegen den Bestand oder die Sicherheit des Staates gerichtet sind (RGSt 67, 150, 158; BGHSt 18, 218, 221; 68

28, 110, 115; 30, 55, 60; 30, 199, 203 f.; BVerfGE 80, 315, 336 = EZAR 201 Nr. 20 = NVwZ 1990, 151 = InfAuslR 1990, 21; BVerfGE 81, 142, 149 = EZAR 200 Nr. 26 = NVwZ 1990, 453 = InfAuslR 1990, 167) nach dem zugrunde liegenden politischen Rechtsgut als »fest umrissene Gruppe« der Gruppe der gemeinen Straftaten gegenübergestellt (RGSt 67, 150, 159). Neben den eigentlichen Staatsschutzdelikten wollte der belgische Gesetzgeber aber auch gewisse Zusammenhangstaten, die von ihm als *»faits connexes«* bezeichneten, von der Auslieferung freistellen. Diese Taten sind, für sich gesehen, ihrem strafrechtlichen Tatbestand nach »gemeine« Taten. Unter den »konnexen« Taten verstand der belgische Gesetzgeber solche an sich zu den »gemeinen« Taten gehörende, tatbestandlich selbstständige Straftaten, die mit einem bestimmten »politischen« Delikt in einem »gewissen inneren und äußeren Zusammenhang« stehen. Eine rein äußerliche Verknüpfung, etwa Gleichzeitigkeit, Gleichheit des Tatorts, der Gelegenheit und der Person, reicht für sich allein nicht aus. Erforderlich ist vielmehr ein »bewusstes und gewolltes Verhältnis von Ursache und Wirkung« (RGSt 67, 150, 160). Die »gemeine« Straftat muss als Mittel, Weg oder Deckung für die »politische« gewollt und tatsächlich begangen sein. Insofern – und nur insofern – erlangt mithin der politische Zweck des Täters für die Bestimmung des Begriffs der Zusammenhangstat Bedeutung.

69 Dieser zunächst in Belgien entwickelte Deliktstypus hat sich allgemein durchgesetzt. Nicht nur politische Delikte, sondern auch gewisse gemeine Delikte hindern die Auslieferung wegen der besonderen Umstände, unter denen sie begangen wurden. Der Zusammenhangstat sind begrifflich zwei verschiedene Straftaten – ein »politisches« und ein »gemeines« Delikt – immanent. Der Begriff »Konnexität« ist dem Prozessrecht entnommen, das unter Konnexität jeden Zusammenhang versteht, der die gleichzeitige Verfolgung und Beurteilung mehrerer Straftaten rechtfertigt. Im Auslieferungsrecht ist er aber selbstständig und wesentlich enger zu fassen. Konnexität bezeichnet eine vom Täter gewollte sachliche, innere Zweckbeziehung zwischen einem politischen Delikt und einer anderen Straftat (*Pötz,* GA 1971, 193, 199). Den Gegensatz zum konnexen Delikt bildet das »isolierte« Verbrechen, z.B. der außerhalb einer Erhebung oder wenigstens ohne die zuvor erwähnte Beziehung zu ihr verübte Mord an einem Staatsmann (RGSt 67, 150, 160). Die Beweggründe des Täters erlangen bei der Bewertung der Frage, ob das gemeine Delikt die politische Tat »vorbereiten, sichern, decken oder abwehren« soll (OLG Düsseldorf, MDR 1951, 181), eine gewisse Bedeutung. Es ist für den Begriff der Konnexität unerheblich, ob das politische Delikt und die Zusammenhangstat von ein und demselben Täter oder von jeweils anderen Tätern begangen worden sind, ob beide Delikte in einem oder mehreren Strafverfahren verfolgt werden oder ob überhaupt nur ein Verfahren wegen des gemeinen Deliktes anhängig ist. Diese Umstände sagen für sich nichts über die innere Zweckbeziehung zwischen beiden Taten aus. Maßgebend ist vielmehr, dass das gemeine mit dem politischen Delikt psychologisch in einem derart engen Zusammenhang steht, dass beide Taten als »natürliche Handlungseinheit« erscheinen (*Pötz,* GA 1971, 193, 200). Zwar ist eine umfassende und allgemein akzeptierte Definition des politischen Deliktes bislang nicht gelungen. Es lassen sich jedoch einige allgemein anerkannte Grundsätze feststellen: Der politische Zweck, den der Täter mit seiner Tat verfolgt und der

Kontext, in dem das Verbrechen verübt wird, sind von Bedeutung. Ihre Begehung im Rahmen eines bewaffneten Konflikt, rechtfertigt regelmäßig die Annahme eines politischen Delikts, sodass die strafrechtliche Verfolgung der politischen Überzeugung des Betroffenen gilt.

IV. Politmalus

Bei der Anwendung der Zusammenhangsklausel (§ 3a Abs. 3) ist zu bedenken, dass es 70
häufig nicht möglich ist, einen kausalen Zusammenhang zwischen geäußerter Ansicht und befürchteter Maßnahme herzustellen, insbesondere wenn gegen die politische Überzeugung gerichtete Maßnahmen unter dem Deckmantel der Bestrafung wegen krimineller Handlungen getroffen werden. Daher muss nicht nur die dem Verhalten des Betroffenen zugrunde liegende politische Überzeugung ermittelt werden, sondern auch, ob diese Ursache der befürchteten Verfolgung war oder sein wird (*UNHCR*, Handbuch über Verfahren und Kriterien zur Feststellung der Flüchtlingseigenschaft, 1979, Rn. 81 f.). Bestehen Anhaltspunkte für den Verdacht, dass mit einer nicht gezielt die politische Überzeugung gerichteten Strafverfolgung in Wahrheit die entgegenstehende politische Gesinnung verfolgt wird, sind besondere Indizien und Umstände zu ermitteln und ist zu prüfen, ob ungeachtet des nichtpolitischen Charakters der Strafnorm zusätzliche Anhaltspunkten den Schluss rechtfertigen, dass die Strafverfolgung auf die politische Überzeugung zielt. Daher sind die konkreten Umstände und die praktische Handhabung der Strafnorm in den Blick zu nehmen (BVerwGE 67, 195, 200 = EZAR 201 Nr. 5 = NVwZ 1983, 678; BVerwG, EZAR 200 Nr. 19). Die auf einer *falschen Verdächtigung* beruhende Strafverfolgung kann z.B. tatsächlich gegen die politische Überzeugung gerichtet sein (BVerfG, NVwZ 2008, 643, 644). Ein »*manipuliertes Strafurteil*« indiziert Verfolgung wegen der politischen Überzeugung. Diese besteht hier darin, den Betroffenen ohne Grund die Freiheitsstrafe verbüßen zu lassen. Selbst ordnungsgemäße Haftverhältnisse ändern unter diesen Voraussetzungen nichts am Tatbestand der Verfolgung (BVerfGE 63, 197, 209 = EZAR 150 Nr. 3 = InfAuslR 1983, 148 = DVBl 1983, 546 = DÖV 1983, 675 = NJW 1983, 1723 = MDR 1983, 640; BVerfG, EZAR 150 Nr. 7). Auch aus der Höhe der drohenden Strafe oder der Behandlung während der Untersuchungshaft oder im Strafvollzug kann sich ergeben, dass sich die Verfolgung in Form *versteckter Repressalien* ausdrückt (BVerfGE 64, 46, 62 = EZAR 150 Nr. 5 = NJW 1983, 1721, = EuGRZ 1983, 354 = DÖV 1983, 678). Derartige Umstände weisen auf einen Politmalus hin.

Anhaltspunkte auf Verfolgung können ferner aus formellen Kriterien folgen: So ist der 71
Frage nachzugehen, welches Verfahren angewandt wird und wie die Zuständigkeiten dabei verteilt sind. Es macht einen Unterschied, ob die Entscheidung durch unabhängige, dem Gesetz unterworfene allgemeine Gerichte getroffen oder der Polizei, dem Militär oder Sondergerichten überantwortet wird oder ohne rechtliche Grundlage und ohne Durchführung eines geordneten Verfahrens erfolgt. Die Bindungslosigkeit staatlicher Gewalt indiziert im hohen Maße Verfolgung (BVerwGE 67, 195, 200 = EZAR 201 Nr. 5 = NVwZ 1983, 678). Daher ist zu prüfen, ob die Strafnorm Verfolgungscharakter aufweist, die verhängte Strafe unverhältnismäßig ist und an Verfolgungsgründe anknüpft (BVerfG [Kammer], NVwZ 2013, 500, 501). Verfahren vor

Ausnahmegerichten werden jedoch für unschädlich gewertet, wenn diesen aufgrund sachlicher Erwägungen in einer gesetzesvertretenden Regelung abstrakt-genereller Art, mithin einem Gesetz in materiellem Sinne, eine hinreichend bestimmt umschriebene Zuständigkeit für Verfahren auf besonderen Sachgebieten zugewiesen wurde (BVerfG, EZAR 150 Nr. 7). Es bedarf jedoch einer Auseinandersetzung mit dem Einzelfall, um festzustellen, ob in der Anwendung der Strafnorm durch ein *Staatssicherheitsgericht* eine Maßnahme zu erkennen ist, die an die politische Überzeugung anknüpft (BVerfG [Kammer], NVwZ 2013, 500, 501). Dabei ist insbesondere von Bedeutung, ob der Betroffene im Rahmen des Verfahrens willkürlich behandelt, Folter angewandt, er als politischer Gegner wegen einer politisch motivierten Tat verfolgt wird oder die Gerichte auf lokaler Ebene häufig dem Druck einflussreicher Personen ausgesetzt sind und daher nur über eine begrenzte Unabhängigkeit verfügen (EGMR, Urt. v. 09.06.1998 – Nr. 197/825/1031, Rn. 65 ff. (68) – *Incal*; EMGR, Urt. v. 28.10.1998 – Nr. 70/1997/854/1061 – *Ciraklar*; EGMR, Urt. v. 08.08.2006 – Nr. 47278/99 – *Yilmaz et. al.*; EGMR, Urt. v. 21.12.2006 – Nr. 52746/99, Rn. 20 – *Guler und Caliskan*; EGMR, Urt. v. 12.04.2007 – Nr. 46286/99 Rn. 91 ff. – *Özen*; s. auch OLG Frankfurt am Main, Beschl. v. 23.08.2006 – 2 Ausl A 36/06; OLG Köln, Beschl. v. 08.08.2007 – 6 Ausl A 15/07; OLG Hamburg, InfAuslR 2006, 468; OLG Stuttgart, NStZ-RR 2007, 273; OLG Bamberg, NStZ 2008, 640, 641; OLG Celle, NStZ 2008, 638, 639; BVerfG [Kammer], NVwZ-Beil. 1993, 19; BVerfG [Kammer], EZAR NF 61 Nr. 3, S. 7 = NVwZ 2008, 643, 645).

72 Für die Abgrenzung bedient sich die Rechtsprechung auch der eingängigen Formel des Politmalus (BVerfG [Kammer], NVwZ-Beil. 1993, 19; BVerfG, NVwZ 2008, 643, 644; BVerfG [Kammer], NVwZ-Beil. 1993, 19 = BVerfG, NVwZ 2009, 1035, 1036; BVerwGE 4, 238, 242 = DVBl 1957, 685; BVerwG, InfAuslR 1984, 219; BVerwG, NVwZ 1984, 653; *UNHCR*, Handbuch über Verfahren und Kriterien zur Feststellung der Flüchtlingseigenschaft, 1979, Rn. 85). Dabei handelt es sich aber nicht um eine rechtliche Doktrin. Vielmehr werden mit diesem Begriff Prüfkriterien bezeichnet, welche die Tatsachenfeststellung und Beweiswürdigung leiten. Dieser leitet nicht nur die Ermittlungen bei strafrechtlichen, sondern auch bei außerstrafrechtlichen Maßnahmen. Der Politmalus kann etwa aus dem unverhältnismäßigen oder diskriminierenden Charakter derartiger Maßnahmen erschlossen werden (§ 3a Abs. 2 Nr. 2 bis 4). Bei der Ermittlung sind die konkreten Umstände und die praktische Handhabung der Strafnorm in den Blick zu nehmen (BVerwGE 67, 195, 200 = EZAR 201 Nr. 5 = NVwZ 1983, 678; BVerwG, EZAR 200 Nr. 19). Auch aus der Höhe der drohenden Strafe oder aus der Behandlung während der Untersuchungshaft oder im Strafvollzug kann folgen, dass Verfolgung in Form versteckter Repressalien ausgeübt wird. Insbesondere die verhängte oder der drohende Vollzug der *Todesstrafe* gibt Anlass zur Prüfung ihrer Relevanz, wenn in einem totalitären Staat ein geordnetes sowie berechenbares Gerichtsverfahren fehlt und Strafen – auch und gerade während eines Kriegs – willkürlich verhängt werden. Ein derart evidentes Fehlen rechtsstaatlicher Grundsätze kann Indiz auf eine hinter der Strafnorm stehende Anknüpfung der Verfolgung an die politische Überzeugung sein (BVerwG, EZAR 205 Nr. 15; BVerwG, NVwZ 1993, 193, 194).

V. Prognoseprüfung

Nach der Begründung des Vorschlags der Kommission wie auch dem Handbuch von UNHCR reicht das Bekunden einer politischen Überzeugung allein nicht aus. Vielmehr muss der Antragsteller glaubhaft machen, dass die Behörden Kenntnis von seiner politischen Überzeugung haben oder wahrscheinlich erlangen werden oder ihm eine politische Überzeugung zuschreiben (Abs. 2), dass diese Überzeugung nicht geduldet wird und er in Anbetracht der Lage im Herkunftsland Gefahr läuft, wegen seiner Überzeugung verfolgt zu werden (Kommissionsentwurf v. 12.09.2001, BR-Drucks. 1017/01, S. 24; *UNHCR*, Handbuch über Verfahren zur Feststellung der Flüchtlingseigenschaft, 1979, Rn. 80 ff.). Es werden aber Darlegungsprobleme aufgeworfen, wenn die politische Handlung mehr oder weniger isoliert erscheint und nicht durch offenkundige Formen politischer Handlungen begleitet oder in kollektiven Organisationsformen ausgeübt wird. In diesen Fällen ist es nicht immer möglich, die objektive politische Handlung als Ausdruck politischer Überzeugung zu deuten. Dies betrifft auch die Fälle der zugeschriebenen politischen Überzeugung (Abs. 2; Rdn. 75 ff.). Das BVerwG hat bereits sehr früh aus dem Umstand, dass im Herkunftsland Träger der vom Antragsteller vertretenen Überzeugung verfolgt werden, eine ernsthafte Befürchtung für diesen hergeleitet, ebenfalls von dieser Gefahr betroffen zu werden (BVerwGE 55, 82, 84 = EZAR 201 Nr. 3 = NJW 1978, 2463). Wird festgestellt, dass das individuelle Verhalten des Antragstellers wegen seiner persönlichen Verhältnisse und Erlebnisse mit der erforderlichen Wahrscheinlichkeit eine Strafverfolgung oder eine vergleichbare Maßnahme nach sich zieht, ist ihm die Flüchtlingseigenschaft zuzuerkennen. 73

Allein die Tatsache, dass der Antragsteller eine gegen die Regierung gerichtete politische Überzeugung vertritt, genügt nicht, wenn nicht zugleich dargelegt wird, dass diese von der Regierung nicht geduldet wird und er deshalb Furcht vor Verfolgung hegt (Canadian Supreme Court [1993] 2 S.C.R. 689 – *Ward*). Dies setzt voraus, dass die Behörden Kenntnis von seiner politischen Überzeugung haben, weil er sie offen geäußert hat oder die Behörden auf andere Weise Informationen über seine politischen Ansichten erlangt haben. Je gewichtiger die Überzeugung des Antragstellers im politischen Kontext des Herkunftslands gewertet werden kann, umso größer erscheint die Wahrscheinlichkeit, dass die Behörden hiervon Kenntnis erlangt haben (*Zimmermann/Mahler*, in: Zimmermann, The 1951 Convention relating to the Status of Refugees and its 1967 Protocol, 2011, A Commentary, 2011, Article 1 A para. 2 Rn. 431). Andererseits beziehen sich Art. 1 A Nr. 2 GFK, Art. 10 Abs. 1 Buchst. e) RL 2011/95/EU und Abs. 1 Nr. 5 auf Überzeugungen und beschränken sich nicht auf Handlungen. Daher wird nicht vorausgesetzt, dass der Antragsteller bereits aufgrund seiner politischen Überzeugung aktiv geworden ist. Die entscheidende Frage ist allein, ob es wahrscheinlich ist, dass den Verfolgungsakteuren seine (vermutete) oppositionelle Meinung bekannt ist und sie ihn deshalb als gefährlich einschätzen und verfolgen werden (Rdn. 75 ff.). Dies setzt die Prognose voraus, dass der Betroffene aufgrund seiner politischen Überzeugung von den Akteuren wahrscheinlich als Gefahr angesehen wird und es deshalb Verfolgung befürchten muss (*Hathaway*, The Law of Refugee Status, 1991, S. 150 f.; *Zimmermann/Mahler*, in: Zimmermann, The 1951 Convention 74 relating to the Status of Refugees and its 1967 Protocol, 2011, A Commentary, 2011, Article 1 A para. 2 Rn. 432).

G. Funktion der Zuschreibungsklausel (Abs. 2)

75 Nach Abs. 2 ist es für die Bewertung der Frage, ob die Furcht des Antragstellers vor Verfolgung begründet ist, unerheblich, ob er tatsächlich den geschützten Status innehat, der zur Verfolgung führt, sofern ihm dieser von den Verfolgern zugeschrieben wird. Es kommt für die Anwendung der Zusammenhangsklausel (§ 3a Abs. 3) allein darauf an, ob aus deren Sicht die Verfolgung an Verfolgungsgründe anknüpft. Diese Auslegung wird in der internationalen Staatenpraxis und Rechtsprechung geteilt. Bereits sehr früh wurde in der Literatur darauf hingewiesen, es könne vom Antragsteller kaum die Bezeichnung des Verfolgungsgrunds gefordert werden, da er selbst häufig diesen Grund nicht kenne. Daher obliege es der Behörde festzustellen, ob die dargelegte Verfolgung an einen der in Art. 1 A Nr. 2 GFK bezeichneten Verfolgungsgründe anknüpfe (*Weis*, Du droit international 1960, 928, 970). Hieran knüpft das Handbuch von UNHCR an. Danach ist sich der Antragsteller oft selbst nicht im Klaren darüber, welche Gründe die von ihm befürchtete Verfolgung hat. Man kann von ihm auch nicht erwarten, dass er eine detaillierte Darstellung dieser Gründe geben kann. Vielmehr ist es Aufgabe der mit der Untersuchung seines Falles betrauten Behörde, den Grund oder die Gründe für die befürchtete Verfolgung festzustellen und zu entscheiden, ob diese nach Art. 1 A Nr. 2 GFK relevant sind (*UNHCR*, Handbuch über Verfahren und Kriterien zur Feststellung der Flüchtlingseigenschaft, 1979, Rn. 67). Verfahrensrechtlich trägt die Rechtsprechung dem mit der Absenkung der Darlegungslasten Rechnung (BVerwG, InfAuslR 1982, 156, 156 f.; BVerwG, InfAuslR 1983, 76, 77; BVerwG, InfAuslR 1984, 129; BVerwG, DÖV 1983, 207; BVerwG, BayVBl. 1983, 507; BVerwG, InfAuslR 1989, 350, 351; BVerwG, EZAR 630 Nr. 8; § 25 Rdn. 5ff.).

76 Es ist allgemein anerkannt, dass es auf die Zuschreibung der geschützten Merkmale durch die Verfolger ankommt. Das BVerwG hatte bereits 1977 maßgeblich auf die Sichtweise der Verfolger abgestellt und die bis dahin entgegengesetzte Rechtsprechung aufgegeben (BVerwGE 55, 82, 84 f. = EZAR 201 Nr. 3 = NJW 1978, 2463). Schutz gegenüber gezielter Verfolgung könne auch beanspruchen, wer persönlich nicht in einem der Schutzgüter der GFK betroffen sei. Der vermeintliche politische Gegner oder religiöse Abweichler werde genauso geschützt wie der tatsächliche (BVerwGE 62, 123, 124 = EZAR 200 Nr. 6 = InfAuslR 1981, 218; bekräftigt z.B. BVerwGE 75, 99, 106 = EZAR 200 Nr. 17 = InfAuslR 1986, 65; BVerwGE 81, 41, 42 = EZAR 201 Nr. 17 = NVwZ 1989, 774 = InfAuslR 1989, 169; BVerwGE 90, 127, 134 = EZAR 206 Nr. 7 = NVwZ 1992, 893 = InfAuslR 1992, 258; BVerwG, NVwZ 1993, 193, 194, »Schutzgüter der GFK« zielt auf die Verfolgungsgründe nach Art. 1 A Nr. 2 GFK). Einschränkend stellte das BVerwG jedoch fest, es müsse aus Sicht des Verfolgers um den Zugriff auf eine wirkliche oder vermeintliche politische Überzeugung oder ein sonstiges persönliches Merkmal gehen. Dort wo eine solche Überzeugung nicht vorhanden und dies dem Verfolgern auch bekannt sei, komme grundsätzlich eine gegen persönliche Merkmale gerichtete politische Motivation nicht in Betracht. Denkbar sei allerdings, dass der Verfolger die Verfolgung ohne Rücksicht auf das Vorhandensein

einer Überzeugung betreibe. Dies könne jedoch nur in Ausnahmefällen in Betracht kommen. Sie setze ein in besonderem Maße unduldsames Regime voraus, das aufgrund einer alle Lebensbereiche umfassenden ideologisch einseitig ausgerichteten totalitären Struktur zu Überreaktionen neige (BVerwGE 75, 99, 106 f. = EZAR 200 Nr. 17 = InfAuslR 1986, 65).

Dagegen ist nach der Rechtsprechung des BVerfG maßgebend, dass die Verfolgung 77
den von ihr Betroffenen gerade in Anknüpfung an geschützte Merkmale treffen soll. Hege der Verfolger den *Verdacht der Trägerschaft* geschützter Merkmale, dürften die zur Aufklärung dieses Verdachts eingesetzten Mittel nicht als unerheblich qualifiziert werden (BVerfGE 80, 315, 335 = EZAR 201 Nr. 20 = NVwZ 1990, 151 = InfAuslR 1990, 21; BVerfG [Kammer], InfAuslR 1991, 25, 28 = NVwZ 1821, 772; BVerfG [Kammer], InfAuslR 1993, 105, 107; BVerfG (Kammer), InfAuslR 1993, 142, 144). Nicht erforderlich sei, dass der Betroffene tatsächlich Träger eines verfolgungsverursachenden Merkmals sei. Vielmehr sei allein eine objektive Betrachtungsweise maßgebend. Auch wenn der Verfolgte nur vermeintlich Träger eines geschützten Merkmals, wie z.B. Sympathisant oder Unterstützer einer oppositionellen Organisation, sei, könne er in erheblicher Weise betroffen sein (BVerfG [Kammer], InfAuslR 1993, 105, 107; BVerfG [Kammer], NVwZ 1991, 772, 772 f.) = InfAuslR 1991, 25, BVerfG [Kammer], InfAuslR 1992, 66, 69; BVerfG [Kammer], InfAuslR 1992, 222, 225; BVerfG [Kammer], InfAuslR 1992, 215, 218; BVerfG [Kammer], InfAuslR 1993, 142, 144). Mit diesen Grundsätzen unvereinbar ist die Ansicht, Repressalien des Geheimdienstes richteten sich deshalb nicht gegen die politische oder religiöse Überzeugung des Betroffenen, weil sie polizeiliche Methoden und Mittel der Aufklärung der familiären Verhältnisse des Betroffenen seien. Der Umstand, dass dieser selbst mit den oppositionellen Bewegungen nichts zu tun habe, ändere an der Bewertung nichts, wenn die von den Behörden eingesetzten Mittel gegen ihn gerade dazu dienten, den gehegten Verdacht einer Zugehörigkeit zu einer oppositionellen Bewegung zu erhärten. Damit kann ein an die politische Überzeugung anknüpfender Charakter nicht von vornherein abgesprochen werden (BVerfG [Kammer], InfAuslR 1993, 142, 144).

Maßgebend für das Anknüpfen der Verfolgung an Verfolgungsgründe ist damit nicht 78
die unmittelbare Verwirklichung der Verfolgung. Vielmehr ist danach zu fragen, ob ihr nach ihrem inhaltlichen Charakter eine spezifische Zielrichtung innewohnt. Es müssen aber Umstände ermittelt werden, die es rechtfertigen, dass die Verfolger einen Verfolgungsgrund unterstellen. Das bedeutet aber nicht, dass etwa den muslimischen Viehdieben bekannt sein muss, dass der von ihnen misshandelte Betroffene der Glaubensgemeinschaft der Jeziden angehört (so aber BVerwGE 88, 367, 370 = EZAR 206 Nr. 5 = NVwZ 1992, 578 = InfAuslR 1991, 363). Es genügt vielmehr, wenn sie dies annehmen. Auch eine Ahndung der unerlaubten Amtsniederlegung durch einen Dorfschützer mit disziplinarischen Mitteln kann an geschützte Merkmale anknüpfen, wenn sie darauf gerichtet ist, den Betreffenden in Anknüpfung an geschützte Merkmale zu treffen. Dies ist anzunehmen, wenn das »*Dorfschützersystem*« Instrument staatlicher Politik zur Verhinderung oder Schwächung der Solidarität zwischen kurdischen Widerstandskämpfern und der übrigen kurdischen Bevölkerung ist. Der durch die Sanktionsandrohung bewirkte Zwang zum Verbleiben in dem möglicherweise

freiwillig begründeten Amt eines Dorfschützers wird dann wegen der erzwungenen Distanz zu den politischen Zielen des kurdischen Separatismus erheblich (BVerfG [Kammer], InfAuslR 1991, 81, 84; zum Dorfschützersystem s. auch BVerfG [Kammer], NVwZ-Beil. 1995, 18). Die Verfolgung knüpft in diesen Fällen an den ethnischen oder politischen Status des kurdischen Antragstellers an.

79 Besonders intensive Verfolgungen entfalten eine Indizwirkung auf einen Verfolgungsgrund (BVerfG [Kammer], NVwZ 2009, 1035, 1036). Ebenso kann eine auf längere Zeit angelegte *Zwangsumerziehung* und politische Indoktrinierung zur Herstellung, Veränderung oder Unterdrückung der politischen Gesinnung insbesondere in speziellen Lagern oder Schulungsstätten, vor allem in totalitären Staaten, an die geschützte Überzeugung des Antragstellers anknüpfen (BVerwGE 87, 187, 189 = NVwZ 1991, 790 = InfAuslR 1991, 209, unter Hinweis auf BVerwGE 75, 99, (106) = EZAR 200 Nr. 17 = InfAuslR 1986, 65; s. zur Umerziehung in Vietnam: BVerwG, EZAR 201 Nr. 25 = InfAuslR 1994, 286; zur Umerziehung im kommunistischen Afghanistan: BVerwG, Buchholz 402.24 § 1 AsylG Nr. 63; zur religiös motivierten Zwangsumerziehung von christlichen Türkinnen: BVerwG, EZAR 202 Nr. 17 = InfAuslR 1991, 211, 213). Ein Zusammenhang zwischen Verfolgung und Verfolgungsgrund liegt auch vor, wenn die Verfolgung allein deshalb ausgeübt wird, weil der Verfolgte eine Person mit anderer Religionszugehörigkeit heiratet – also faktische und rechtliche Heiratsverbote – verhängt werden (BVerwGE 90, 127, 129 f. = EZAR 206 Nr. 7 = InfAuslR 1992, 258, 260; Rdn. 46 ff.).

80 Da es maßgeblich auf die Zuschreibung der geschützten Merkmale durch die Verfolger ankommt, ergeben sich besondere behördliche Ermittlungspflichten. Oft hat der Antragsteller keine Informationen darüber, welche Gründe die von ihm befürchtete Verfolgung hat. Man kann von ihm auch nicht erwarten, dass er seinen Fall insoweit selbst analysiert und eine detaillierte Darstellung der Verfolgungsgründe geben kann. Vielmehr ist es Aufgabe der Feststellungsbehörden, den Grund oder die Gründe für die befürchtete Verfolgung festzustellen (Rdn. 75). Diese haben sorgfältig die objektiven tatsächlichen und rechtlichen Verhältnisse im Herkunftsland zu untersuchen. Von wesentlicher Bedeutung sind auch die konkreten Umstände des staatlichen Vorgehens sowie die praktische Handhabung von Sanktionsnormen (BVerwGE 67, 195, 200 = EZAR 201 Nr. 5 = NVwZ 1983, 678; BVerwG, EZAR 202 Nr. 11). So kann bspw. wegen einer behaupteten Gefahr der Folterbehandlung die Annahme begründet sein, dass eine an sich unerhebliche Maßnahme in Wirklichkeit an ein geschütztes Merkmale anknüpft (BVerfG [Kammer], InfAuslR 1991, 133, 135 = EZAR 224 Nr. 22; BVerfG [Kammer], NVwZ 2013, 500, 501). Der Einwand, das Flüchtlingsrecht bewahre nicht vor den Lasten und Beschränkungen, die ein autoritäres System seiner Bevölkerung allgemein auferlegt (BVerwG, InfAuslR 1991, 133, 135), verkennt, dass Verfolgungen Teil der allgemeinen Beschränkungen sein können und deshalb besondere Ermittlungspflichten Anwendung finden. Repressalien wie z.B. brutale Misshandlungen und Folterungen mögen zwar vor dem Hintergrund einer erheblichen Einschränkung der Freiheitsrechte in einem Staat zu sehen sein, unter der jeder Bürger zu leiden hat, zumal wenn er sich verdächtig gemacht hat. Damit kann jedoch nicht verneint werden, dass derartige Verfolgungen auf den Einzelnen zielen (EGMR,

InfAuslR 2007, 223, 225 – *Salah Sheekh*) und an einen Verfolgungsgrund anknüpfen können (BVerfG [Kammer], InfAuslR 1992, 66, 68).

§ 3c Akteure, von denen Verfolgung ausgehen kann

Die Verfolgung kann ausgehen von

1. **dem Staat,**
2. **Parteien oder Organisationen, die den Staat oder einen wesentlichen Teil des Staatsgebiets beherrschen, oder**
3. **nichtstaatlichen Akteuren, sofern die in den Nummern 1 und 2 genannten Akteure einschließlich internationaler Organisationen erwiesenermaßen nicht in der Lage oder nicht willens sind, im Sinne des § 3d Schutz vor Verfolgung zu bieten, und dies unabhängig davon, ob in dem Land eine staatliche Herrschaftsmacht vorhanden ist oder nicht.**

Übersicht Rdn.

A. Funktion der Vorschrift

Die Vorschrift wurde 2013 durch das Gesetz zur Umsetzung der Richtlinie 2011/95/EU 2013 in das AsylG eingeführt. Sie bezeichnet die Akteure, von denen Verfolgung ausgehen kann und ist inhaltlich mit Art. 6 RL 2011/95/EU vollständig identisch. Die Definition der Akteure findet aufgrund der Vorschrift unmittelbar für die Prüfung der Flüchtlingseigenschaft und gemäß der Verweisungsnorm in § 4 Abs. 3 Satz 1 auch für die Prüfung des subsidiären Schutzes nach § 4 Abs. 1 Anwendung. Die Vorschrift bezeichnet drei verschiedene Gruppen von Verfolgungsakteuren, nämlich den Staat, Parteien oder Organisationen, die den Staat oder einen wesentlichen Teil des Staates beherrschen (*de facto-Autoritäten*), und nichtstaatliche Akteure (ausf. *Marx*, Handbuch zum Flüchtlingsschutz, 2. Aufl., 2012, S. 93 ff.). Dem Begriff der Verfolgung ist ein Akteur immanent, da sie absichtlich, fortdauernd oder systematisch ausgeführt wird. Es muss ein finaler Zusammenhang zwischen dem Verhalten des Akteurs und einem Eingriff festgestellt werden (§ 3a Rdn. 6). Mit der Prüfung, ob eine Verfolgung droht (§ 3a), wird bereits die Frage geklärt, von welchem Akteur die Verfolgung ausgeht. Schwerpunkt der Prüfung im Rahmen des Wegfalls des nationalen Schutzes liegt deshalb weniger bei der Frage des Verfolgungsakteurs als bei der Frage des Schutzakteurs (§ 3d Abs. 1) und dem Umfang des erforderlichen Schutzes (§ 3d Abs. 2). 1

Gleichwohl werden unterschiedliche Verfolgungsakteure bezeichnet. Deshalb stellen sich verschiedene Fragen (*Marx*, Handbuch zum Flüchtlingsschutz, 2. Aufl., 2012, S. 93 f.). Bezogen auf welche Situation ist die Differenzierung vorzunehmen? Ist diese sowohl für die Situation vor der Ausreise wie auch für die nach der Rückkehr vorzunehmen? Warum bedarf es überhaupt einer Differenzierung unter verschiedenen 2

Verfolgungsakteuren, wenn es im Ergebnis auf die Frage ankommt, ob wirksamer Schutz verfügbar ist? Ob bereits im Blick auf die Situation vor der Ausreise eine Identifizierung der Akteure erforderlich ist, ist deshalb umstritten, weil nicht geklärt ist, ob sich die Frage der Verfügbarkeit nationalen Schutzes auf die Situation vor der Ausreise oder auf die Situation des Flüchtlings bezieht, der sich außerhalb seines Herkunftslandes aufhält. Von der letzteren Situation geht der Wortlaut von Art. 1 A Nr. 2 GFK aus (Art. 2 Buchst. d) RL 2011/95/EU), da Flüchtling nur derjenige ist, der die nationalen Grenzen überschritten hat und sich außerhalb seines Herkunftslandes befindet. In der Feststellungspraxis der Vertragsstaaten liegt im Allgemeinen der Fokus auf der Ermittlung der Situation vor der Ausreise. Dies ist sicherlich dem Glaubwürdigkeitstest geschuldet, da als Flüchtling nur jemand anerkannt werden soll, der die Behörden überzeugen kann, dass er sein Herkunftsland aus Gründen der Konvention verlassen hat. Es stellt sich aber die Frage, ob diese Feststellungspraxis aus rechtlicher Sicht zwingend geboten ist. Nach dem Wortlaut von Art. 1 A Nr. 2 GFK ist derjenige Flüchtling, der sich außerhalb seines Herkunftslandes befindet. Will der Aufnahmestaat ihn in das Herkunftsland verbringen, stellt sich nach Art. 1 A Nr. 2 in Verb. mit Art. 33 Abs. 1 GFK die Frage, ob er gute Gründe dafür hat, den Schutz seines Herkunftslandes »nicht in Anspruch (zu) nehmen« (Art. 1 A Nr. 2 GFK). Eine Prüfung der Situation vor der Ausreise erfordert diese Normenkette nicht.

3 Die Richtlinie verhält sich zu dieser Frage nicht, übernimmt aber in Art. 2 Buchst. d) stillschweigend den Flüchtlingsbegriff nach Art. 1 A Nr. 2 GFK. Sie will für die Bestimmung und die Merkmale der Flüchtlingseigenschaft einen einheitlichen Status einführen und zu diesem Zweck gemeinsame Kriterien für die Anerkennung Asylsuchender als Flüchtlinge im Sinne von Art. 1 GFK festlegen (Erwägungsgrund Nr. 24). Die Richtlinie verweist also zur Lösung dieser Frage auf die GFK und enthält in Art. 4 Abs. 3 Buchst. a) und Art. 8 Abs. 2 zusätzliche Hinweise, dass es auf die Situation im Entscheidungszeitpunkt, also auf die des Flüchtlings außerhalb seines Herkunftslandes ankommt. UNHCR leitet aus der Analyse des Wortlauts von Art. 1 A Nr. 2 GFK ab, z.B. daraus, dass die entsprechenden Formulierungen am Ende der Definition platziert sind, und die Formulierung, »Schutz dieses Landes« unmittelbar nach der Formulierung »sich außerhalb des Landes befindet« verwendet wird sowie aus weiteren Umständen, dass im Zeitpunkt der Ausarbeitung der Konvention der externe (diplomatische) Schutz gemeint gewesen sei (*UNHCR*, Auslegung von Art. 1 GFK, April 2001, Rn. 35; *Fortin*, IJRL 2000, 548, 564 f.). Auch die historische Analyse trage diese Auslegung. Der Flüchtlingsbegriff wäre also so zu verstehen, dass der Aufnahmestaat den Flüchtling nicht auffordern darf, den Schutz seines Herkunftslandes im Ausland in Anspruch zu nehmen.

4 Die Frage, ob vor der Ausreise wirksamer nationaler Schutz gegen Verfolgungen verfügbar war, ist weder eine getrennt zu betrachtende noch zielführende Frage, sondern eine aus einer ganzen Reihe von Überlegungen, die bei der Prüfung der Flüchtlingseigenschaft in bestimmten Fällen anzustellen sind, insbesondere dann, wenn Furcht vor Verfolgung durch nichtstaatliche Akteure dargelegt wird (*UNHCR*, Auslegung von Art. 1 GFK Rn. 15). Hierbei ist die Frage zu beantworten, ob die der Furcht zugrunde liegende Gefahr in ausreichendem Maße durch verfügbaren und wirksamen nationalen Schutz vor der befürchteten Gefahr entschärft wird. Die Differenzierung zwischen

verschiedenen Akteuren ist also deshalb geboten, weil bei einer Verfolgung durch den Staat allein die Situation des Flüchtlings außerhalb des Herkunftslands entscheidend ist. Geht die Verfolgung vom Staat aus, kommt es auf die Situation innerhalb des Herkunftslands nicht an, weil der Staat grundsätzlich im gesamten Staatsgebiet Verfolgung ausüben kann. Geht die Verfolgung aber von Organisationen, die nur einen Teil des Staatsgebietes beherrschen, oder von privaten Akteuren aus, reicht es nicht aus, dass der Flüchtling lediglich darauf verweist, er habe gute Gründe, die Inanspruchnahme des Schutzes seines Herkunftslands abzulehnen. Vielmehr ist er gehalten, darzulegen, dass er auch im Blick auf die Situation innerhalb des Herkunftslands gute Gründe hat, den Schutz seines Herkunftsstaates gegen Verfolgungen durch private Akteure nicht in Anspruch zu nehmen.

Dies beantwortet die Frage, dass es auf die Situation außerhalb des Herkunftslandes 5 ankommt und eine Differenzierung zwischen den verschiedenen Verfolgungsakteuren deshalb erforderlich ist, weil bei Verfolgungen, die nicht vom Staat ausgehen, der Flüchtling darlegen muss, welche Gründe er für seine Weigerung hat, den Schutz seines Herkunftslandes nicht in Anspruch zu nehmen. Insoweit kann zwar vom Betroffenen erwartet werden, dass er sich zwecks Schutzerlangung an die Behörden seines Herkunftslandes wendet. Diese Option muss aber für ihn zumutbar sein. Wenn jedoch etwa seine Familie den Übergriff bereits an die Polizei gemeldet hat, diese jedoch nichts unternommen hat, ist diese Option nicht realistisch für ihn (EGMR, HRLJ 2013, 326, 331 Rn. 50 – *S.A.;* § 3d Rdn. 24). Nicht beantwortet ist damit aber die Frage, welche Bedeutung die Ermittlung der Situation vor der Ausreise hat und ob hierbei ebenfalls eine Differenzierung zwischen den verschiedenen Verfolgungsakteuren erforderlich ist. Nach der Begründung des Vorschlags der Kommission hat die Feststellungsbehörde zu ermitteln, ob ein innerstaatliches Schutzsystem sowie Mechanismen zur Ermittlung, strafrechtlichen Verfolgung und Ahndung der Verfolgung vorhanden sind, ob der Flüchtling also wirksamen Schutz »erlangen kann.« Der Staat muss deshalb in der Lage und willens sein, dieses System so zu handhaben, dass die Verfolgungsgefahr minimal ist (Kommissionsentwurf v. 12.09.2001, BR-Drucks. 1017/01, S. 18 f.). Diese Begründung ist vor dem Hintergrund zu verstehen, dass die Verfügbarkeit und Hinlänglichkeit des Schutzes im Herkunftsland nach der angelsächsischen wie auch deutschen Rechtsprechung zum Bestandteil des Flüchtlingsbegriffs gehören (*UNHCR*, Auslegung von Art. 1 GFK Rn. 14). Nur unter diesen Voraussetzungen kann es unter dem Gesichtspunkt der Subsidiarität des internationalen Schutzes dem Antragsteller zugemutet werden, dass er Schutz vor Verfolgung im Herkunftsland sucht. Die zentrale Frage der Prüfung lautet jedoch stets, ob der Antragsteller weiterhin begründete Furcht vor Verfolgung hat, unabhängig von den Schritten, die er vor der Ausreise zur Verhinderung von Verfolgung eingeleitet hatte (*UNHCR*, Kommentar zur Richtlinie 2004/83/EG, Mai 2005, S. 18). Auch wenn er sich vor der Ausreise nicht um Schutz vor Verfolgung bemüht hat, wird die Behörde nicht davon freigestellt, im Rahmen der Rückkehrprognose zu prüfen, ob er im Fall der Rückkehr Zugang zum nationalen Schutzsystem haben wird (§ 3d Abs. 2 Satz 2 letzter Halbs.).

Zwar wurde mit den Regelungen in Art. 6 und 7 RL 2011/95/EU (§ 3c und § 3d) 6 ein differenzierteres Regelwerk verabschiedet. Am Grundsatz, dass beim Wegfall des nationalen Schutzes unabhängig davon, von wem die Verfolgung ausgeht, die

Flüchtlingseigenschaft zuzuerkennen ist, ändert dies jedoch nichts. Es bedarf deshalb an sich keiner Differenzierung nach den verschiedenen Akteuren. Grund für die Ausdifferenzierung sind aber die besonderen Darlegungslasten im Blick auf nichtstaatliche Akteure. Im Blick auf die anderen Akteure ist hingegen grundsätzlich nicht der Nachweis zu führen, dass der Staat nicht in der Lage oder nicht willens ist, Schutz zu gewähren (*Klug*, GermanYIL 2004, 594, 605). Funktion der Differenzierung nach Akteuren ist deshalb, dass der Antragsteller, der Verfolgung durch private Akteure befürchtet, darlegen muss, dass von ihm vernünftigerweise nicht erwartet werden kann, dass er sich innerhalb des Herkunftslands um Schutz bemüht. Geht die Verfolgung vom Staat oder diesem vergleichbaren Entitäten aus, wird ihm nach Unionsrecht grundsätzlich eine derartige Darlegungslast nicht abverlangt. Da es für die Frage der Verfügbarkeit des Schutzes auf den Entscheidungszeitpunkt ankommt (Art. 4 Abs. 3 Buchst. a), Art. 8 Abs. 2 RL 2011/95/EU), ist die Frage, ob der Antragsteller sich vor der Ausreise gegen Verfolgung durch nichtstaatliche Akteure um wirksamen Schutz bemüht hat, an sich ohne Bedeutung. Vielmehr kommt es darauf an, ob ihm für den Fall der Rückkehr vernünftigerweise zugemutet werden kann, Schutz gegen Verfolgungen bei den in Art. 7 Abs. 1 der Richtlinie bezeichneten Schutzakteuren (§ 3d) zu suchen. Kann ihm dies zugemutet werden, bedarf es entsprechend dem Grundsatz der Subsidiarität des Flüchtlingsrechts nicht der Gewährung von Flüchtlingsschutz.

7 Wenn gleichwohl in der Feststellungspraxis die Ermittlung der die Verfolgung in der Vergangenheit begründenden Umstände im Mittelpunkt steht, hat dies seinen Grund darin, dass die Feststellungsbehörde klären muss, wer die Beweislast zu tragen hat (Art. 4 Abs. 4 RL 2011/95/EU). Darüber hinaus kommt unabhängig hiervon vergangenen Ereignissen eine gewichtige Funktion für die Prognoseentscheidung wie auch für die Bewertung der Glaubhaftigkeit der geltend gemachten Tatsachen und die Glaubwürdigkeit der Person des Asylsuchenden zu. Aufgrund dieser verfahrens- und materiellrechtlichen Funktion des Begriffs der Verfolgungsakteure regt UNHCR die Mitgliedstaaten dazu an, aus Gründen der Klarstellung in ihren nationalen Gesetzen die Differenzierung nach verschiedenen Verfolgungsakteuren festzuschreiben (*UNHCR*, Kommentar zur Richtlinie 2004/83/EG, Mai 2005, S. 18). Da es auf den Wegfall des nationalen Schutzes ankommt, richtet sich der Fokus auf die Schutzakteure, nämlich den Staat oder Parteien oder Organisationen einschließlich internationaler Organisationen, die den Staat oder einen wesentlichen Teil des Staatsgebiets beherrschen (§ 3d Abs. 1). Das primäre Erkenntnisinteresse zielt auf die Voraussetzungen, unter denen von einem Wegfall des nationalen Schutzes für den Fall der Rückkehr ausgegangen werden kann, sodass der Antragsteller es ablehnen kann, den Schutz seines Herkunftslandes in Anspruch zu nehmen (Art. 1 A Nr. 2 GFK, Art. 2 Buchst. d) RL 2004/83/EG). Nach Nr. 3 sind unter den dort bezeichneten Voraussetzungen auch Verfolgungen durch nichtstaatliche Akteure erheblich.

B. Verfolgung durch den Staat (Nr. 1)

8 Weder der Konvention noch ihrer Entstehungsgeschichte können Aussagen über die Quelle der Verfolgung entnommen werden. Aus der Konvention kann daher keine zwingende Verbindung zwischen Verfolgung und Staat abgeleitet werden

(*Godwin-Gill/McAdam*, The Refugee in International Law, 2007, 3. Aufl., S. 98). Art. 6 RL 2011/95/EU unterscheidet im Blick auf Verfolgungsakteure zwischen dem Staat und diesem vergleichbaren Organisationen einerseits und nichtstaatlichen Akteuren andererseits (§ 3c). Der Begriff der einzelnen Akteure wird nicht definiert. Dies ist auch nicht erforderlich, da es nach der Konvention und der Richtlinie nicht auf eine präzise begriffliche Erfassung der Verfolgungsakteure, sondern darauf ankommt, ob wirksamer nationaler Schutz gegen Verfolgungen gewährt wird (§ 3d Abs. 2). Lediglich für die Frage der Darlegung, ob es vom Antragsteller vernünftigerweise erwartet werden, um wirksamen Schutz zu ersuchen, muss zwischen nichtstaatlichen und anderen Verfolgern unterschieden werden (Nr. 3). Droht Verfolgung durch den Staat, ist in aller Regel kein nationaler Schutz gegen die Verfolgung verfügbar. Die Hervorhebung des Staates in Nr. 1 ist daher nicht der *Zurechnungsdoktrin* geschuldet, sondern dient der *Beweiserleichterung*. Der Begriff des Staats ist im Völkerrecht eindeutig umschrieben und bedarf keiner näheren Erörterung (s. hierzu *Zimmermann/Mahler*, in: Zimmermann, The 1951 Convention, 2011, Art. 1 A para. 2 Rn. 269 ff.). Zunächst muss untersucht werden, ob dem Staat die Verfolgungen privater Akteure zugerechnet werden kann. Dies ist der Fall, wenn er derartige Verfolgungen anregt, stillschweigend zustimmt oder duldet. Nur dann, wenn dies nicht festgestellt werden kann, kann von einer Verfolgung durch private Akteure ausgegangen werden (*Zimmermann/Mahler*, in: Zimmermann, The 1951 Convention, 2011, Art. 1 A para. 2 Rn. 282). Können sie hingegen dem Staat zugerechnet werden, kann davon ausgegangen werden, dass kein wirksamer Schutz gewährleistet wird (*Godwin-Gill/McAdam*, The Refugee in International Law, 2007, 3. Aufl., S. 100).

Daher ist zuerst zu prüfen, ob Verfolgungen Privater dem Staat zuzurechnen sind, weil 9 diese mit Unterstützung oder stillschweigender Zustimmung der Regierung ausgeübt wird, oder ob er die Handlungen zugelassen hat oder zulassen wird, ohne Maßnahmen zu ergreifen, um sie zu verhindern oder die Verantwortlichen zu bestrafen (Interamerikanischer Gerichtshof für Menschenrechte, EuGRZ 1989, 157, 171). Wie insbesondere der zuletzt genannte Zurechnungsfaktor zeigt, geht es bei dieser Frage weniger um die Zurechnung der Verfolgung, sondern darum, ob gegen diese wirksamer Schutz gewährt wird. Diese Frage wird nach Maßgabe von § 3d Abs. 2 beantwortet. Verfolgungen durch den Staat äußern sich in erster Linie durch Handlungen seiner Behörden. Die handelnden Akteure müssen nicht identifiziert werden. Der Staat als Rechtspersönlichkeit führt seine Handlungen durch natürliche Personen aus. Nur individuelle Handlungen oder Unterlassungen können eine staatliche Zurechenbarkeit begründen (Interamerikanischer Gerichtshof für Menschenrechte, EuGRZ 1989, 157, 171; *Meron*, Human Rights and Humanitarian Law as Customary Law, 1989, S. 155). Üben Behörden die Verfolgung aus, sind diese stets dem Staat zurechenbar. Die Frage, ob einzelne behördliche Akte auch dem Staat zuzurechnen sind, wenn die Behörden ihre Kompetenzen überschreiten, betrifft den Einwand des »*Amtswalterexzesses*«. Damit wird aber nicht die Frage aufgeworfen, von wem die Verfolgung ausgeht, sondern ob Schutz nach Maßgabe von § 3d Abs. 2 gegen diese gewährt wird. Stellen sich schwierig zu lösende Abgrenzungsfragen, ist im Zweifel von einer Verfolgung durch private Akteure auszugehen. Pragmatische Gründe sprechen dagegen, die Feststellungspraxis über Gebühr mit Fragen der Zurechnung in Zweifelsfragen zu belasten, da ja auch Verfolgungen durch private Akteure anerkannt werden. Zwar gilt insoweit eine gesteigerte Darlegungslast. Wenn andererseits Hinweise darauf vorgebracht werden, dass staatliche Behörden durch aktives Tun oder Unterlassen in die Verfolgung involviert sind, sich diese Hinweise aber nicht mit der erforderlichen Gewissheit aufklären lassen, wird die Darlegungslast hinsichtlich der Inanspruchnahme staatlichen Schutzes herabgestuft.

C. Verfolgung durch staatsähnliche Organisationen (Nr. 2)

10 Nach Nr. 2 können Verfolgungen von Organisationen ausgehen, die den Staat oder einen wesentlichen Teil des Staatsgebietes beherrschen. Die Kommission begründet diesen Vorschlag nicht näher, sondern verweist auf die Praxis der Mitgliedstaaten, die auch den Staat beherrschende Parteien oder Organisationen als Akteure behandelten (Kommission, KOM [2001]510 endg.; Ratsdok. Satz 18, in: BR-Drucks. 1017/01). Die Richtlinie definiert den Begriff der Parteien oder Organisationen, die den Staat oder einen wesentlichen Teil des Staatsgebiets beherrschen, nicht. Völkerrechtlich ist allein die *Völkerrechtssubjektivität* entscheidend. Entweder besteht diese, dann handelt es sich um einen Staat, oder sie besteht nicht. Dann handelt es sich nicht um den Staat. Besteht die Völkerrechtssubjektivität, gehen Verfolgungen vom Staat aus. Der Einführung einer besonderen Kategorie des Verfolgungsakteurs bedarf es nicht. Diese Grundsätze gelten auch für Verfolgungen durch die Staatspartei oder den Staat beherrschende religiöse Gruppen. Soweit die Richtlinie also auf Parteien oder Organisationen verweist, die den Staat beherrschen, werden Verfolgungen durch diese dem Staat zugerechnet. Damit verweist die Richtlinie insoweit auf den Staat. Die Staatspartei oder vorherrschende religiöse Gruppen sind landesweit organisiert und deshalb – wegen ihrer engen Verbindungen zum zentralen Staatsapparat – auch fähig, im gesamten Staatsgebiet Verfolgungen auszuüben (Global Consultations on International Protection, San Remo Expert Roundtable, 6–8 September 2001, Summary Conclusions – Internal Protection/Relocation/Flight Alternative, Rn. 2; s. auch BVerfGE 54, 341, 358 = EZAR 200 Nr. 1 = NJW 1980, 2641).

11 Daher besteht eine *Regelvermutung*, dass die Staatspartei oder dominierende religiöse Gruppierung auch in der Lage ist, im gesamten Land Verfolgungen auszuüben. Dem Staat werden Verfolgungen dieser Gruppierungen zugerechnet. Der Einführung einer besonderen Kategorie bedarf es nicht. Beherrschen diese Gruppierungen den Staat, ist dieser aber völkerrechtlich nicht anerkannt, weil die bisherigen staatlichen Strukturen durch einen Bürgerkrieg zerschlagen oder durch oppositionelle Kräfte übernommen wurden, diese zwar die Macht ganz oder teilweise im Staat erlangt haben, aber noch nicht völkerrechtlich anerkannt sind, kann man hingegen nicht von einer Verfolgung durch den Staat sprechen. Offensichtlich zielt die Richtlinie auf diese Übergangsprozesse in einem Staat, in dem die bisherigen staatlichen Strukturen ganz oder teilweise aufgelöst wurden und eine oder mehrere oppositionelle Gruppierungen die Macht im Staat oder in verschiedenen, wesentlichen Teilen des Staatsgebietes ausüben. Aus völkerrechtlicher Sicht verletzt eine präzise Definition dieser Entitäten anhand materieller Kriterien das Nichteinmischungsprinzip. Entweder besteht ein Staat oder er besteht nicht. Ein Staat im Werden ist noch kein Staat. Das Völkerrecht definiert diese

Entitäten nicht, weil sein begriffliches Kategoriensystem auf den Staat ausgerichtet ist. Das Völkerrecht versucht aber, neben dem Staat andere verantwortliche Akteure zu erfassen, um bestimmte humanitäre Prinzipien durchzusetzen und Interessen von Drittstaaten zu schützen. Hinzuweisen ist insbesondere auf den gemeinsamen Art. 3 der Genfer Konventionen sowie die beiden Zusatzprotokolle, die bestimmte nichtstaatliche Konfliktbeteiligte an humanitäre Rechtsregeln zugunsten der unbeteiligten Zivilbevölkerung oder der nicht mehr kämpfenden Kombattanten binden. Der Internationale Gerichtshof hat in diesem Zusammenhang die *Contras* als völkerrechtlich verantwortlich gem. Art. 3 der Genfer Konventionen bezeichnet (I.C.J. Reports 1986, 14, 65 – *Nicaragua v. United States*).

Dem Völkerrecht ist die Unterscheidung zwischen Staaten und staatsähnlichen Entitäten (*de facto-Autoritäten*) fremd, weil nur Staaten, nicht aber derartige Entitäten Rechtssubjektivität aufweisen. Von Bedeutung in diesem Zusammenhang ist aber der Begriff der *Deliktsfähigkeit*. der ein rechtlich anerkannter Begriff und Teilelement der völkerrechtlichen Rechtsfähigkeit ist. Sobald in einem Bürgerkrieg die Interessen dritter Staaten in Mitleidenschaft gezogen werden, hat das Völkerrecht flexibel reagiert und auf de facto-Regime bezogene Haftungstatbestände entwickelt. Historisch hat sich zwar die Deliktsfähigkeit aus der Stellung der Krieg führenden Partei entwickelt. Daraus folgt jedoch nicht, dass die Deliktsfähigkeit nur während des andauernden Bürgerkrieges besteht. Vielmehr kann sie allein als Konsequenz der Beherrschung eines bestimmten Territoriums durch die Krieg führende Partei angesehen werden. Da die Krieg führende Partei Deliktsfähigkeit besitzt, kann diese nicht mit Beendigung des Bürgerkriegs und der Konsolidierung der Aufständischen zu einem befriedeten de facto-Regime enden (*Frowein*, Das de facto-Regime im Völkerrecht, 1968, S. 82). 12

Offensichtlich zielt die Richtlinie 2011/95/EU in Art. 6 Buchst. b) auf diese Gruppierungen. Jedoch stellt sich die Frage nach der Ratio dieser Anknüpfungskategorie im Flüchtlingsrecht. Denn in diesem geht es nicht um die Deliktsfähigkeit und damit um die Zurechnung, sondern um präventiven Schutz vor Verfolgung. Dass derartige Entitäten an humanitäre Rechtsregeln gebunden sind, besagt als solche ja noch nicht, dass sie diese auch einhalten und damit wirksamen Schutz vor Verfolgung gewährleisten. Die Bindung an humanitäre Verpflichtungen scheint aber Ratio für die Bezeichnung dieser Entitäten als Schutzakteure in der Richtlinie (Art. 7 Abs. 1 Buchst. b)) zu sein (§ 3d Abs. 1). Zutreffend weist die Kommission auch in diesem Zusammenhang darauf hin, es sei unerheblich, von wem die Verfolgung ausgehe. Zu prüfen sei vielmehr, ob der Antragsteller im Herkunftsstaat wirksamen Schutz vor der Verfolgung erlangen könne (Kommission, KOM [2001]510 endg.; Ratsdok. Satz 18, in: BR-Drucks. 1017/01). Im Zusammenhang mit den Verfolgungsakteuren macht die besondere Hervorhebung von de facto-Autoritäten daher an sich keinen Sinn. Es hätte ausgereicht, zwischen Staat und anderen Verfolgungsakteuren zu unterscheiden. Lassen sich Verfolgungen durch andere Akteure dem Staat nicht zurechnen, geht die Verfolgung nicht vom Staat aus. Die zusätzliche Unterscheidung zwischen de facto-Autoritäten und privaten Akteuren ist völkerrechtlich nicht gefordert. 13

14 Die besondere Hervorhebung in Art. 6 Buchst. b) RL 2011/95/EU hat wohl ihren Grund darin, dass die Kommission mit ihrem Vorschlag an die Praxis der Mitgliedstaaten anknüpfen wollte. So wurden etwa in Frankreich und Deutschland Verfolgungen durch private Akteure nicht anerkannt. In Deutschland wurden aber dem Staat theoretisch – wenn auch ohne praktische Auswirkungen – solche staatsähnliche Organisationen gleichgestellt, die den Staat verdrängt hatten oder denen dieser das Feld überlassen hatte und die ihn insoweit ersetzten (BVerfGE, 80, 315, 334 = NVwZ 1990, 151 = InfAuslR 1990, 21 = EZAR 201 Nr. 20; BVerwG, InfAuslR 1986, 82 – PLO; BVerwGE 101, 328, 333 = NVwZ 1997, 194 = InfAuslR 1997, 37 = EZAR 200 Nr. 32 – Bosnien und Herzegowina; BVerwGE 105, 306, 309 ff. = NVwZ 1998, 750 = InfAuslR 1998, 145 – Taliban I; BVerwGE 114, 27 [32] = NVwZ 2001, 818 = InfAuslR 2001, 306). Im Rahmen der Prüfung der Voraussetzungen für die Zuerkennung der Flüchtlingseigenschaft ist jedoch keine präzise Differenzierung zwischen Staat und de facto-Autoritäten erforderlich. Lassen sich Verfolgungen dem Staat nicht zurechnen, geht die Verfolgung nicht vom Staat aus. Können die Verfolger nicht eindeutig als de facto-Autorität bezeichnet werden, ist im Zweifel von einem nichtstaatlichen Akteur (Nr. 3) auszugehen. In diesem Fall wird allerdings eine erhöhte Darlegungslast begründet. Letztlich ist es aber unerheblich, von wem die Verfolgung ausgeht, sondern entscheidend, ob der Antragsteller im Herkunftsstaat wirksamen Schutz vor der Verfolgung erlangen kann (Kommission, KOM [2001] 510 endg.; Ratsdok. Satz 18, in: BR-Drucks. 1017/01, § 3d Abs. 1).

D. Verfolgung durch nichtstaatliche Akteure (Nr. 3)

15 Der Vorschlag der Kommission enthält keiner näheren Ausführungen zum Begriff der nichtstaatlichen Akteure. Offensichtlich soll an den völkerrechtlichen Diskurs über nichtstaatliche Verfolgungsakteure angeknüpft werden. Damit rücken eine weite Brandbreite unterschiedlicher Akteure ins Blickfeld, die von Warlords und Kriegskommandanten, die keine überlegene Gebietsgewalt erlangt haben, über Kommandanten einer marodierenden Soldateska, die Soldateska selbst, Dorfälteste, Mafiabosse, die Genitalverstümmelung durchführende Hebammen, bis hin zu gewalttätigen Ehemännern und Lebenspartnern reicht. Die Richtlinie 2011/95/EU nennt in Art. 6 drei Gruppen von Verfolgungsakteuren und in Art. 7 Abs. 1 zwei Gruppen von Schutzakteuren. Bei einer sachgerechten Auslegung der Richtlinie ergibt sich, dass es für den Wegfall des nationalen Schutzes allein auf die Schutzakteure nach Art. 7 Abs. 1 ankommt. Sind infolge sich auflösender oder zerbrochener staatlicher Schutzstrukturen die dort bezeichneten Schutzakteure nicht vorhanden oder ist im Zerfallsprozess staatlicher Macht ihre Schutzfähigkeit eingeschränkt oder aufgehoben, kann wirksamer Schutz im Herkunftsland nicht erlangt werden.

16 Zunächst sind die Verfolgungsakteure zu identifizieren. Geht die Verfolgung von nichtstaatlichen Akteuren aus und sind keine Schutzakteure vorhanden, muss von einem Wegfall des nationalen Schutzes ausgegangen werden. Wenn bereits beim Vorhandensein von Schutzakteuren der nationale Schutz entfallen kann, muss dies erst recht gelten, wenn überhaupt keine Schutzakteure mehr bestehen. Nach Völkerrecht und dem die Richtlinie prägenden Konzept nationalen Schutzes ist allein

entscheidend, ob vor Verfolgungen durch wen auch immer im Herkunftsland wirksamer Schutz gewährt wird. Ist dies nicht der Fall, entsteht die Schutzbedürftigkeit, welche die Flüchtlingseigenschaft begründet. Ungeachtet dessen wollte anfangs teilweise die Rechtsprechung zunächst als nichtstaatliche Akteuren nur Personengruppen anerkennen, die dem Staat oder Parteien bzw. Organisationen vergleichbar sind (OVG SH, InfAuslR 2007, 256, 257; VG Regensburg, Urt. v. 24.02.2005 – RN. 3 K 04.30585; VG Sigmaringen, Urt. v. 05.04.2005 – A 3 K 12411/03). Auch in Polen wurden nach einer Untersuchung zur Praxis der Mitgliedstaaten paramilitärische Gruppierungen, kriminelle Banden und Stämme, Täter häuslicher Gewalt und von Ehrenmorden nicht als nichtstaatliche Verfolger anerkannt (ECRE, The Impact of the EU Qualification Directive on International Protection, S. 15). Die Rolle der Verfolgungsakteure ist jedoch nicht mit dem Moment einer hoheitlichen Macht verbunden. Deshalb weist BVerwG darauf hin, dass bereits nach dem Wortlaut der Vorläufernorm von Nr. 3 alle nichtstaatlichen Akteure ohne weitere Einschränkungen umfasst sind, namentlich also auch Einzelpersonen, sofern von ihnen Verfolgungen ausgehen (BVerwGE 126, 243, 251 = InfAuslR 2007, 33 = NVwZ 2007, 1420 = AuAS 2006, 246). Es ist unzulässig, im Blick auf nichtstaatliche Akteure bestimmte zusätzliche qualifizierende Voraussetzungen aufzustellen, insbesondere nichtstaatliche Verfolgungsakteure nur dann in Betracht zu ziehen, wenn diese als Träger überlegener Macht angesehen werden können. Derart zusätzliche Voraussetzungen sind im Blick auf Parteien oder Organisationen, die den Staat oder einen wesentlichen Teil des Staatsgebiets beherrschen, in ihrer Funktion als Schutzakteure zu fordern.

Die *Schutzlehre* (§ 3d Rdn. 7 ff.) gewinnt ihre eigentliche Bedeutung beim Schutz- 17
versagen des Staates. Nach Art. 6 Buchst. c) RL 2011/95/EU erkennt die Richtlinie an, dass in dem Fall, in dem der Einzelne gegen Verfolgungen durch nichtstaatliche Akteure nicht in der Lage ist, wirksamen Schutz zu gewähren, der Flüchtlingsstatus begründet wird. Geht die Verfolgung von nichtstaatlichen Akteuren aus und sind die Schutzakteure nicht in der Lage, Schutz vor diesen zu gewähren, kann dem Antragsteller die Inanspruchnahme des Schutzes des Herkunftslandes nicht zugemutet werden. Schutzunvermögen führt also nicht zum Ausschluss des Flüchtlingsschutzes. Vielmehr sind die Ausschlussgründe enumerativ in Art. 12 RL 2011/95/EU bezeichnet. Das Unvermögen zur Schutzgewährung kann auf fehlenden Ressourcen des bestehenden Staates, aber auch darauf beruhen, dass überhaupt keine zentralen Schutzstrukturen mehr bestehen. Von den Vertragsstaaten werden bei der Anwendung der Konvention solche Personen als Flüchtlinge angesehen, die vor Akten schwerer Diskriminierung oder anderen gegen bestimmte Gruppen gerichteten Handlungen geflohen sind, wenn diese mit Wissen der Behörden verübt wurden oder wenn die Behörden sich weigern – oder sich als außerstande erweisen – den Betroffenen wirksamen Schutz zu gewähren (*UNHCR*, Handbuch über Verfahren und Kriterien zur Feststellung der Flüchtlingseigenschaft, 1979, Rn. 65).

Dem Begriff der Verfolgung ist der staatliche Charakter nicht immanent (*Schüler*, 18
»Verfolgung« und »Schutz« im Sinne der Genfer Konvention, in: RzW 1965, 396). Vielmehr hatte der BGH bereits in den 1960er Jahren entschieden, dass auch das Staatsversagen aus beliebigem Grund dem Begriff der Verfolgung nach der Konvention

zuzuordnen ist (BGH, RzW 1968, 571). Zwar wird Schutz »gewöhnlich« durch die Regierung gewährt (BGH, RzW 1965, 238) und beruht der Umstand, der dazu führt, dass der außerhalb des Staatsgebiets lebende Staatsangehörige vom Heimatstaat keinen Schutz erhalten kann, auf einer Verfolgung, die diesen daran hindert, in das Land der Staatsangehörigkeit zurückzukehren. Schutzlosigkeit im flüchtlingsrechtlichen Sinne kann mithin nicht unabhängig von Verfolgung und diese wiederum nicht unabhängig vom Auslandsaufenthalt des Verfolgten entstehen (BGH, RzW 1966, 367). Die militärische Besetzung des Staats der Staatsangehörigkeit durch ausländische Truppen begründet nur eine vorläufige Herrschaft über besetzte Gebiete. Diese bleiben Staatsgebiet des militärisch unterworfenen Staates. Träger der Staatsgewalt bleibt etwa eine bestehende Exilregierung. Nach dem Völkerrecht gilt sie weiterhin als Regierung der staatlichen Gemeinschaft, obgleich sie im besetzten Gebiet keinerlei Gewalt mehr ausüben kann (BGH, RzW 1966, 367), zur deutschen Besetzung Polens). Daher verfehlt der Einwand, dass kein Staat einen perfekten, lückenlosen Schutz sicherstellen könne (so BVerwG, EZAR 202 Nr. 24), den Kern der Schutzlehre. Weil privaten Verfolgungen ein zielgerichteter andauernder Vernichtungswille aus Gründen der Konvention zugrunde liegt, unterscheiden sich Verfolgungen aus Gründen der Konvention wesentlich von Bedrohungen aufgrund der allgemeinen Kriminalität.

§ 3d Akteure, die Schutz bieten können

(1) Schutz vor Verfolgung kann nur geboten werden

1. vom Staat oder

2. von Parteien oder Organisationen einschließlich internationaler Organisationen, die den Staat oder einen wesentlichen Teil des Staatsgebiets beherrschen,

sofern sie willens und in der Lage sind, Schutz gemäß Absatz 2 zu bieten.

(2) [1]Der Schutz vor Verfolgung muss wirksam und darf nicht nur vorübergehender Art sein. [2]Generell ist ein solcher Schutz gewährleistet, wenn die in Absatz 1 genannten Akteure geeignete Schritte einleiten, um die Verfolgung zu verhindern, beispielsweise durch wirksame Rechtsvorschriften zur Ermittlung, Strafverfolgung und Ahndung von Handlungen, die eine Verfolgung darstellen, und wenn der Ausländer Zugang zu diesem Schutz hat.

(3) Bei der Beurteilung der Frage, ob eine internationale Organisation einen Staat oder einen wesentlichen Teil seines Staatsgebiets beherrscht und den in Absatz 2 genannten Schutz bietet, sind etwaige in einschlägigen Rechtsakten der Europäischen Union aufgestellte Leitlinien heranzuziehen.

Übersicht Rdn.

A. Funktion der Vorschrift

Die Vorschrift wurde 2013 durch das Gesetz zur Umsetzung der Richtlinie 2011/95/EU 1
in das AsylG eingeführt und bezeichnet in Abs. 1 die Schutzakteure und in Abs. 2 die Anforderungen an den wirksamen nationalen Schutz. Sie ist mit Art. 7 RL 2011/95/EU vollständig identisch (ausf. *Marx*, Handbuch zum Flüchtlingsschutz, 2. Aufl., 2012, S. 102 ff.). Abs. 3 ist eine Auslegungsnorm für internationale Organisationen, die als Schutzakteure nach Abs. 2 Nr. 2 in Betracht kommen. § 4 Abs. 3 Satz 1 stellt klar, dass die Vorschrift auch im Rahmen des subsidiären Schutzes berücksichtigt wird. Art. 1 A Nr. 2 GFK zielt auf Personen, die Schutz vor Verfolgung suchen. Wird dieser Schutz im Herkunftsland nicht gewährt, wird der Betroffene als Flüchtling behandelt. Die Notwendigkeit der subsidiären Schutzgewährung im Ausland entsteht nur, wenn kein wirksamer Schutz im Herkunftsland verfügbar ist. Die Formulierung in Art. 1 A Nr. 2 GFK »den Schutz nicht in Anspruch nehmen kann oder wegen dieser Befürchtungen nicht in Anspruch nehmen will« ist dahin zu interpretieren, dass eine Person, die Verfolgung aus Gründen der Konvention befürchtet, nicht als Flüchtling angesehen wird, wenn der Herkunftsstaat bereit und willig zur Schutzgewährung ist (*Zimmermann/Mahler*, in: Zimmermann, The 1951 Convention relating to the Status of Refugees and its 1967 Protocol, 2011, Article 1 A, para. 2 Rn. 598). Weitere Ausführungen zum Begriff des nationalen Schutzes enthält Art. 1 A Nr. 2 GFK nicht. Das Völkerrecht bezeichnet insbesondere keine Schutzakteure, sondern geht davon aus, dass für die Beurteilung der Frage, ob dem Antragsteller zugemutet werden kann, den Schutz seines Herkunftslands in Anspruch zu nehmen, nur auf den Staat (Nr. 1) abzustellen ist.

In der völkerrechtlichen Literatur wird davon ausgegangen, dass es nach Art. 1 A 2
Nr. 2 GFK allein auf die Verpflichtung ankommt, die ein Staat den seiner Obhut unterstehenden Personen schuldet (*Hathaway*, The Law of Refugee Status, 1991, S. 107). Demgegenüber werden in Abs. 1 zwei verschiedene Gruppen von Schutzakteuren bezeichnet. Diese Regelung ist ein Fremdkörper in einem Schutzsystem, das auf der Konvention aufbaut. Die Aufnahme weiterer Schutzakteure neben dem Staat stößt nicht nur deshalb auf Bedenken, weil dies mit dem Wortlaut von Art. 1 A Nr. 2 GFK und der Entstehungsgeschichte nicht zu vereinbaren ist, sondern auch insbesondere deshalb, weil im Völkerrecht eine dem Staat vergleichbare Zurechnungskategorie für die Schutzgewährung sowohl bei internationalen Organisationen wie auch bei staatsähnlichen Organisationen fehlt. Internationale Organisationen werden zwar nicht als Verfolgungsakteure in Art. 6 Buchst. b) RL 2011/95/EU (§ 3c), wohl aber als Schutzakteure in Art. 6 Buchst. c) und Art. 7 Abs. 1 RL 2011/95/EU (§ 3d Abs. 1) bezeichnet. Der Vorschlag der Kommission war an der völkerrechtlichen

Ausgangslage ausgerichtet und enthielt folgerichtig keine eigenständige Bezeichnung der Schutzakteure. Vielmehr wurden in Art. 9 Abs. 1 des Vorschlags lediglich die Verfolgungsakteure (§ 3c) bezeichnet. Art. 6 der Richtlinie übernimmt diese Differenzierung des Vorschlags. In Art. 9 Abs. 2 des Vorschlags wurden wie nunmehr in Art. 7 Abs. 2 der Richtlinie die Voraussetzungen für die wirksame Schutzgewährung dargestellt, ohne dass die Schutzakteure besonders herausgestellt wurden (Kommissionsentwurf v. 12.09.2001, BR-Drucks. 1017/01, S. 18 f.). Im Laufe der Beratungen wurden Art. 7 grundlegend umgestaltet.

3 Art. 7 Abs. 1 RL 2011/95/EU bezeichnet als Schutzakteure den Staat, Parteien oder Organisationen einschließlich internationaler Organisationen, die den Staat oder einen wesentlichen Teil des Staatsgebietes beherrschen. Diese Schutzgaranten sind mit Ausnahme internationaler Organisationen zugleich Verfolgungsakteure (Art. 6 Buchst. a) und b) RL 2011/95/EU). Der Flüchtlingsbegriff der Richtlinie beruht auf Art. 1 A Nr. 2 GFK (Art. 2 Buchst. d) RL 2011/95/EU). Daher ist nach der Prüfung, ob dem Antragsteller vor der Ausreise eine Verfolgung drohte oder für den Fall der Rückkehr weiterhin droht, zu prüfen, ob gegen diese nationaler Schutz verfügbar sein wird. Auch wenn Anlass der Ausreise eine erlittene oder unmittelbar bevorstehende Verfolgung war, ist wie in dem Fall, in dem nach der Ausreise erstmals Furcht vor Verfolgung geltend gemacht wird (§ 28), zu ermitteln, ob der Antragsteller für den Fall der Rückkehr gegen die drohende Verfolgung wirksamen nationalen Schutz erlangen kann. Nach welchen Kriterien zu prüfen ist, ob wirksamer nationaler Schutz in Anspruch genommen werden kann, beantworten die Regeln in Art. 6 bis 8 RL 2011/95/EU (§ 3c bis § 3e). Der konzeptionelle Zusammenhang dieser Normen erschließt sich erst aus der Struktur des Flüchtlingsbegriffs in Art. 1 A Nr. 2 GFK. Dies rechtfertigt es, völkerrechtliche Auslegungsgrundsätze auch im Rahmen des Unionsrechts heranzuziehen. Zunächst ist der Wortlaut des Flüchtlingsbegriffs und in diesem Zusammenhang der Begriff der Verfolgung (§ 3a) auszulegen.

4 Die Wortlautauslegung des Art. 1 A Nr. 2 GFK ergibt, dass der Ausdruck Flüchtling auf »jede Person«, welche »aus der begründeten Furcht vor Verfolgung« aus den dort genannten Gründen »den Schutz dieses Landes nicht in Anspruch nehmen kann oder wegen dieser Befürchtungen nicht in Anspruch nehmen will« (Art. 2 Buchst. d) RL 2011/85/EU), Anwendung findet. Aus der gewöhnlichen, den Bestimmungen der Konvention in ihrem Zusammenhang zukommenden Bedeutung (Art. 31 Abs. 1 WVRK) der Norm folgt daher, dass der Wegfall des nationalen Schutzes für die Schutzgewährung der Staaten maßgebend ist. Für das auf Art. 1 A Nr. 2 GFK beruhende Unionsrecht ist deshalb die Frage maßgebend, ob gegen Verfolgungen nationaler Schutz im Herkunftsland verfügbar ist (*Klug*, GermanYIL 2004, 594, 606). Entsprechend der insbesondere in der angelsächsischen Staatenpraxis entwickelten Dogmatik, in der bei der Prüfung der Flüchtlingseigenschaft nach der »Verfolgungshandlung« (§ 3a) der »Wegfall des nationalen Schutzes« (§ 3c bis § 3e) und im Anschluss daran der Kausalzusammenhang mit den Verfolgungsgründen behandelt wird (§ 3a Abs. 3, § 3b), ist auch nach der Qualifikationsrichtlinie im Anschluss an die Verfolgung der in Art. 6 bis 8 beschriebene Wegfall des nationalen Schutzes und anschließend der kausale Zusammenhang mit den Verfolgungsgründen zu prüfen.

Die Richtlinie enthält die Kriterien für den zweiten Prüfungsschritt in Art. 6 bis 8. Dabei bezeichnet Art. 6 die Verfolgungsakteure und Art. 7 die Schutzakteure und Art. 8 den internen Schutz. Daher ist zu prüfen, ob die Verfolgung nur regional begrenzt ist und in anderen Landesteilen wirksamer nationaler Schutz hiergegen verfügbar ist. Art. 7 und 8 regeln insgesamt die Voraussetzungen, unter denen die Inanspruchnahme nationalen Schutzes zumutbar ist und deshalb vom Antragsteller vernünftigerweise erwartet werden kann, dass er sich vor Inanspruchnahme des Flüchtlingsschutzes im Ausland um nationalen Schutz im Herkunftsland bemüht. Beide Vorschriften sind Ausdruck des auf der Subsidiarität des Flüchtlingsschutzes aufbauenden Prinzips, wie es in der Staatenpraxis vorherrschend ist. Das Flüchtlingsrecht ersetzt den nationalen Schutz durch Gewährung von Flüchtlingsschutz nur, wenn ernsthafte Gründe für die Annahme sprechen, dass angemessener nationaler Schutz gegen Verletzungen grundlegender Menschenrechte im Herkunftsland nicht vorhanden ist (*Hathaway*, The Law of Refugee Status, 1991, S. 124). 5

Die in Art. 6 und 7 RL 2011/95/EU vorgegebene Konzeption des Wegfalls des nationalen Schutzes beruht auf der GFK und damit auf der *Schutzlehre*. Während die *Zurechnungslehre* an das klassische Völkerrecht anknüpft, das sich allein auf Staaten und internationale Organisationen als Völkerrechtssubjekte konzentriert, trägt die Schutzlehre dem allgemeinen Menschenrechtsschutz Rechnung. Diese Entwicklung hat insbesondere für das Flüchtlingsrecht Folgen. Die verdeutlicht insbesondere die Frage, ob Verfolgungen, die nicht vom Staat ausgehen, von diesem auch nicht initiiert oder toleriert werden, völkerrechtlich eine Schutzbedürftigkeit begründen. Diese wird nach der Schutzlehre deshalb begründet, weil ein Staat, der legitime Erwartungen an seine Schutzfähigkeit nicht erfüllen kann, seine grundlegenden Verpflichtungen verfehlt und hierdurch das Bedürfnis nach einem Ersatz für den fehlenden nationalen Schutz aufgeworfen wird (*Hathaway*, The Law of Refugee Status, 1991, S. 128). Mit der Schutzlehre eng verbunden ist der *Subsidiaritätsgrundsatz*. Das Entstehen der Schutzbedürftigkeit in derartigen Situationen setzt keine Absicht oder fahrlässige Inkaufnahme des Staates, den nationalen Schutz zu versagen und dadurch dem Einzelnen einen Schaden zuzufügen, voraus: Entscheidend ist allein, dass dem Einzelnen der Zugang zu grundlegenden Schutzgarantien verweigert wird. Unerheblich ist, ob dies Folge willentlichen Handelns oder Unterlassens oder von Unfähigkeit zur Schutzgewährung ist (*Hathaway*, The Law of Refugee Status, 1991, S. 128). Das Flüchtlingsrecht knüpft an die nationale Schutzlosigkeit als Folge von Verfolgung an und setzt an die Stelle der nationalen Schutzgewährung den internationalen Akt der Statusgewährung. 6

Darin besteht der Zweck der Schutzlehre. Diese fragt nicht danach, ob dem Staat die Verfolgung zuzurechnen ist. Die Statusgewährung setzt nicht voraus, dass der Staat in irgendeiner Weise in die Verfolgung involviert ist (*Goodwin-Gill/McAdam*, The Refugee in International Law, 3. Aufl., 2007, S. 99). Dagegen hatte das BVerfG die These aufgestellt, das Flüchtlingsvölkerrecht habe »seinerzeit ohne weitere Infragestellung bei den Staaten als Völkerrechtssubjekten« angeknüpft (BVerfGE 80, 315, 334 = NVwZ 1990, 151 = InfAuslR 1990, 21 = EZAR 201 Nr. 20) und hieraus geschlossen, Verfolgungen könnten grundsätzlich nur vom Staat ausgehen. Nach dieser auf der Zurechnungslehre beruhenden These haben Staaten dafür zu sorgen, dass ihre 7

Rechtsordnung so ausgestaltet ist und effektiv umgesetzt werden kann, dass sie unter normalen Umständen in der Lage sind, ihren völkerrechtlichen Präventions- und Repressionspflichten gegenüber Handlungen Privater mit der nach den Umständen angemessenen Sorgfalt zu entsprechen. Dabei ist ein Mangel an *due diligence* anzunehmen, wenn die staatliche Organisation nicht einem internationalen objektiven Standard entspricht, der prinzipiell die Erfüllung entsprechender Verpflichtungen garantieren kann (*Epiney*, Die völkerrechtliche Verantwortlichkeit von Staaten für rechtswidriges Verhalten im Zusammenhang mit Aktionen Privater, S. 223, 227, 234; *Mössner*, GYIL Bd. 24 [1981], S. 63, 73 ff.). Der objektive Maßstab des due diligence ist im völkerrechtlichen Fremdenrecht entwickelt worden. Würden diese Grundsätze ohne Weiteres auf das Flüchtlingsvölkerrecht übertragen, würde bei genereller Schutzunfähigkeit des Staates, dem anhand des Maßstabes des due diligence kein Vorwurf gemacht werden kann, keine vom Völkerrecht anerkannte Schutzbedürftigkeit entstehen. Staatenpraxis wie auch Unionsrecht (Art. 6 Buchst. c) RL 2011/95/EU), erkennen bei genereller Schutzunfähigkeit aber grundsätzlich eine Schutzbedürftigkeit an.

8 Das allgemeine Völkerrecht wird vom Grundsatz der völkerrechtlichen Verantwortlichkeit der Staaten beherrscht. Die Zurechnungslehre beruht auf dem *Deliktsrecht*, das sich im 19. Jahrhundert im *Fremdenrecht* entwickelt hatte. Kann dem Aufenthaltsstaat ein Mangel an »due diligence« in Ansehung des gebotenen Schutzes der durch Privathandlungen verletzten Person vorgeworfen werden, ist er dem Staat der Staatsangehörigkeit zur Wiedergutmachung verpflichtet, dem der Verletzte angehört. Diese Haftung findet ihre Grenze im Einwand des due diligence. Geprüft wird, ob der Staat administrative und strukturelle Vorkehrungen zum Schutze der seiner Obhut unterstehenden Personen getroffen hat. Entlasten kann er sich, wenn er die Erfüllung entsprechender staatlicher Verpflichtungen prinzipiell garantieren kann (*Epiney*, Die völkerrechtliche Verantwortlichkeit von Staaten für rechtswidriges Verhalten im Zusammenhang mit Aktionen Privater, S. 223, 227, 234; *Mössner*, GYIL Bd. 24 [1981], S. 63, 73 ff.; so auch der flüchtlingsrechtliche Ansatz in BVerwGE 67, 317, 320 f. = EZAR 202 Nr. 1; BVerwGE 70, 232, 236 f. = NVwZ 1985, 281 = DVBl 1985, 572 = InfAuslR 1985, 48; BVerwGE 95, 42, 44 = EZAR 230 Nr. 3 NVwZ 1994, 497 = InfAuslR 1994, 196; BVerwG, NVwZ 1994, 1112 = InfAuslR 329 = EZAR 043 Nr. 3). Bei generellem Unvermögen wird also keine staatliche Verantwortlichkeit begründet. Weil die Zurechnungslehre den Einzelnen bei konkretem Schutzversagen des Staates schutzlos lässt, heben Vertreter der Schutzlehre (»protection view«) die Entwicklung des völkerrechtlichen Menschenrechtsschutzes seit Verabschiedung der GFK hervor und wenden gegen die an den Staat anknüpfende Zurechnungsdoktrin (»accountability standard«) unter Bezugnahme auf Art. 31 Abs. 1 WVRK ein, vorrangiges Ziel und Zweck der GFK sei die Lösung des Flüchtlingsproblems im Geiste der Menschenrechte (*Türk*, Non-State Agents of Persecution, S. 95, 104 ff.). Daher könne der Flüchtling nicht auf den Schutz des Heimatstaates verwiesen werden, wenn dieser schutzunfähig oder keine Regierung mehr vorhanden sei und Verfolgung durch private Verfolger drohten (*Vermeulen/Spijkerboer/Zwaan/Fernhout*, Persecution by Third Parties, 1998, S. 14 f.). Die Frage der Urheberschaft der Verfolgung nach den völkerrechtlichen Grundsätzen der Staatenverantwortlichkeit stelle sich deshalb nicht im Flüchtlingsvölkerrecht.

Die These des BVerfG verkennt, dass nicht die Zurechnungs-, sondern die Schutzlehre das Flüchtlingsrecht prägt. Dass die Vertragsstaaten bei den Staaten als Völkerrechtssubjekten angeknüpft haben, beantwortet als solches nicht die Frage, in welchem Zusammenhang diese Anknüpfung von Bedeutung ist. Die Wortlautauslegung des Flüchtlingsbegriffs ergibt, dass es auf die »Abwesenheit des Schutzes des Herkunftslands« ankommt. Bedeutung hat die These aber für die Schutzakteure. Insoweit ist es zutreffend, dass grundsätzlich nur der Staat Schutz gewähren kann und sind daher gegen die Ausweitung auf andere Schutzakteure (Art. 7 Abs. 1 RL 2011/95/EU) völkerrechtliche Bedenken angezeigt. Nach Art. 1 A Nr. 2 GFK findet der Ausdruck Flüchtling Anwendung auf »jede Person«, welche »aus der begründeten Furcht vor Verfolgung« aus den dort genannten Gründen »den Schutz dieses Landes nicht in Anspruch nehmen kann oder wegen dieser Befürchtungen nicht in Anspruch nehmen will«. Es ist die individuelle Schutzlosigkeit einer Person, die aus Gründen der Konvention verfolgt wird, die dem Flüchtlingsbegriff seinen spezifischen Inhalt gibt. Die generelle Schutzunfähigkeit des Staates, welche die Grenze der Zurechnungslehre aufzeigt, ist für die Schutzlehre unerheblich. Zweck der Zurechnungslehre ist die Begründung völkerrechtlicher Repressalien, wenn der verursachende Staat nach deliktsrechtlichen Grundsätzen für die Schutzversagung gegenüber Privaten verantwortlich gemacht werden kann. Zweck des Flüchtlingsschutzes ist die präventive Gewährleistung internationalen Schutzes zugunsten des Einzelnen durch die Gemeinschaft der Vertragsstaaten der GFK, wenn der Herkunftsstaat aus welchen Gründen auch immer nicht zur Sicherstellung des nationalen Schutzes in der Lage ist. Einer Schutzlehre bedurfte das klassische Völkerrecht nicht, weil die durch private Übergriffe in ihren Rechten verletzten Fremden jederzeit den Schutz des Herkunftsstaats in Anspruch nehmen können. Die Zurechnungslehre zielt vorrangig auf nachträgliche Wiedergutmachung verletzter Rechte von Individuen, die deren Heimatstaat nach dem Maßstab des due diligence gegen den Aufenthaltsstaat geltend machen kann. Diese unterschiedliche Zwecksetzung von Deliktsrechts und Flüchtlingsrecht hatte die deutsche Rechtsprechung nicht zur Kenntnis nehmen wollen. Das Unionsrecht hat insoweit Klarheit geschaffen und die Schutzlehre in die ihr zukommende Funktion gesetzt. 9

B. Schutz durch den Staat (Abs. 1 Nr. 1)

Nach Abs. 1 Nr. 1 kann Schutz gegen eine Verfolgung durch den Staat gewährt werden. Der Zweck von Art. 1 A Nr. 2 GFK besteht nicht darin, dem Staat die Verantwortung für die Verfolgung zuzuweisen. Vielmehr ist der Staat verantwortlich dafür, dem Einzelnen gegen Verfolgungen Schutz zu gewähren. Es besteht ein Zusammenhang zwischen der Verfolgung und dem Fehlen des wirksamen Schutzes. Dieser Zusammenhang besteht aber nur, wenn die Verfolgung von privaten Akteuren ausgeht. Er beruht darauf, dass Staaten verpflichtet sind, die auf ihrem Gebiet lebenden Personen gegen Übergriffe zu schützen (*Fortin*, IJRL 2000, 548, 573 f.; *Zambelli*, IJRL 2011, 251, 256). Daher ist zu prüfen, ob der Staat bereit und fähig zur Schutzgewährung ist. Wird festgestellt, dass im Herkunftsland angemessener nationaler Schutz für den Antragsteller verfügbar ist, kann er nicht behaupten, Verfolgung zu befürchten. Dies folgt aus der innerstaatlichen Beziehung zwischen dem Einzelnen 10 und seinem Staat sowie aus der völkerrechtlichen Regel, dass Flüchtlingsschutz nur gewährt wird, wenn der Staat entweder nicht bereit oder fähig ist, seine Verpflichtungen zum Schutze des Einzelnen zu erfüllen (*Hathaway*, The Law of Refugee Status, 1991, S. 125). Allgemein wird davon ausgegangen, dass das Erfordernis der Abwesenheit von Schutz nur von Bedeutung ist, wenn Verfolgung durch private Akteure droht. Geht die Verfolgung vom Staat aus, kann nicht eingewandt werden, der Staat erfülle seine Schutzverpflichtungen nicht. Den Staat trifft die Verpflichtung, die Rechte des Einzelnen zu achten. Diese kann nicht als »Verpflichtung zu Schutzgewährung« bezeichnet werden (*Fortin*, IJRL 2000, 548, 573 f.). Daraus folgt, dass Asylsuchende, die Verfolgung durch den Staat befürchten, nicht gehalten sind, nachzuweisen, dass der Staat nicht willig und bereit zur Schutzgewährung ist.

11 Dementsprechend geht Art. 6 Buchst. a) RL 2011/95/EU bei Verfolgungen durch staatliche Behörden grundsätzlich davon aus, dass im Herkunftsland de facto kein Schutz erlangt werden kann. Deshalb trifft den Antragsteller im Regelfall keine Darlegungslast dahin, dass er sich gegenüber staatlichen Behörden um Schutz vor Verfolgung durch staatliche Behörden bemüht hat. Dies wird auch daraus deutlich, dass Art. 6 Buchst. a) dem Betroffenen im Blick auf die Schutzbeantragung anders als Buchst. c) RL 2011/95/EU keine Darlegungslast auferlegt. Ebenso wenig kommt der Staat als Schutzakteur in Betracht, wenn er die Verfolgung durch private Akteure angestiftet, sich an diesen beteiligt oder diese toleriert hat. Derartige Komplizenschaft ist ein deutlicher Hinweis, dass er seine Verpflichtungen, die Rechte des Einzelnen zu beachten, verletzt hat. Es macht in diesem Fall keinen Sinn, nach einer darüber hinausgehenden Verpflichtung zu suchen, gegen Verfolgungen Schutz zu suchen. Die Verpflichtung zur Schutzgewährung wird nur dann aktuell, wenn der Staat nicht in die Verfolgung in irgendeiner Weise involviert ist.

C. Schutz durch staatsähnliche oder internationale Organisationen (Abs. 1 Nr. 2)

I. Funktion der Vorschrift

12 Nach Art. 7 Abs. 1 Buchst. b) RL 2004/83/EG können Parteien oder Organisationen, die den Staat oder einen wesentlichen Teil des Staates beherrschen, Schutz vor Verfolgung bieten. Es handelt sich aus qualitativer Sicht um völlig unterschiedliche Entitäten. Folglich ist bei der Darstellung zwischen beiden Organisationstypen zu unterscheiden. Beiden haftet aber der Mangel an, dass es ihnen an der für die Schutzgewährung erforderlichen völkerrechtlichen Rechtsfähigkeit mangelt. Im Vorschlag der Kommission war die Erweiterung auf diese Schutzakteure nicht vorgesehen (Kommissionsentwurf v. 12.09.2001, BR-Drucks. 1017/01, S. 49). Bedeutung kommt diesen insbesondere bei der Frage zu, ob Flüchtlinge im Ausweichgebiet auf deren Schutz verwiesen werden können (§ 3e). Art. 1 A Nr. 2 GFK stützt nicht die Annahme, dass *de facto-Autoritäten* in Betracht kommen. Vielmehr folgt aus dem Wortlaut, dass es nicht lediglich um den Wegfall des Schutzes, sondern um den Wegfall des Schutzes des Staates geht. Die Konvention beruht auf dem Grundsatz, dass ausschließlich der Staat gehalten ist, gegen Verfolgung Schutz zu gewähren. Diese Verpflichtung trifft andere Entitäten nicht (*Fortin*, IJRL 2000, 548, 573 f.; *Zambelli*, IJRL 2011, 251, 256;

Hathaway, The Law of Refugee Status, 1991, S. 125; *Goodwin-Gill/McAdam*, The Refugee in International Law, 2007, 3. Aufl., S. 99 f.; *Kelley*, IJRL 2002, 4, 20; a.A. *Storey*, IJRL 2008, 1, 3; *Zimmermann/Mahler*, in: Zimmermann, The 1951 Convention relating to the Status of Refugees and its 1967 Protocol, 2011, Article 1 A para. 2 Rn. 664 ff.).

Für die Berufung auf de facto-Autoritäten kann keine anerkannte Rechtsgrundlage bezeichnet werden, dass diesen gegenüber eine Verpflichtung zur Schutzgewährung gegen Verfolgungen eingefordert werden könnte. Auch die Autoren, die de facto-Autoritäten als Schutzakteure in Betracht ziehen, fordern, dass der durch sie gewährte Schutz sinnvoll und dauerhaft sein müsse (*Zimmermann/Mahler*, in: Zimmermann, The 1951 Convention relating to the Status of Refugees and its 1967 Protocol, 2011, Article 1 A para. 2 Rn. 667). Zwar hat das Vordringen menschenrechtlicher und humanitärer Normen seit 1945 dazu geführt, dass neben die Staaten kleinere und größere politisch aktionsfähige Entitäten getreten sind (*Wengler*, Friedenswarte 1953, 113, 142). Dies entspricht wegen der Einhaltung humanitärer Normen und zum Schutze von Drittstaaten zentralen Bedürfnissen der Völkerrechtsordnung. Die hierfür maßgebenden Gründe tragen jedoch nicht die erforderliche rechtliche Begründung einer Verpflichtung zur Schutzgewährung gegenüber Einzelnen. Aus der Verpflichtung, in bewaffneten Konflikten bestimmte humanitäre Schutznormen zu beachten, insbesondere keine Geiseln zu nehmen, unbeteiligte Zivilpersonen und Kombattanten, die die Waffen niedergelegt haben und damit Nichtkombattanten geworden sind, wirksam zu schützen, unbeteiligte Personen nicht zu töten und generell niemanden zu misshandeln, kann keine Verpflichtung abgeleitet werden, die der Obhut derartiger Kampfverbände unterstehenden Personen wirksam gegen Verfolgungen durch andere zu schützen. Auch UNHCR bewertet die Erweiterung der Schutzverpflichtung auf de facto-Autoritäten für problematisch, da nach dem Völkerrecht nur Staaten verpflichtet seien, die Rechte der Bürger zu achten und diese insbesondere vor Übergriffen durch andere zu schützen. Demgegenüber wiesen de facto-Autoritäten keine staatlichen Merkmale auf und würden nur im begrenzten Umfang als Völkerrechtssubjekte anerkannt. In der Praxis bedeute dies, dass ihre Fähigkeit, die interne Ordnung und deren Regelungen wirksam durchzusetzen, begrenzt sei. Daher könne aus der vorübergehenden oder zeitweiligen Verwaltungshoheit und Gebietskontrolle keine Schutzverpflichtung gegenüber einzelnen Personen hergeleitet werden (*UNHCR*, Kommentar zur Richtlinie 2004/83/EG, Mai 2005, S. 18; *Klug*, GermanYIL 2004, 594, 607). 13

So ist es z.B. nach den kanadischen Richtlinien für die Beurteilung der Frage, ob nationaler Schutz verfügbar ist, unerheblich, dass der Antragsteller bei nichtstaatlichen Institutionen Schutz nachgesucht hat (Ausschuss für Einwanderungs- und Flüchtlingsangelegenheiten, Richtlinie zu Asylbewerberinnen, die sich aus Furcht vor Verfolgung aufgrund ihres Geschlechts berufen, v. 25.11.1996, S. 24). Die britische Rechtsprechung verweist auf das System der GFK. Dieses erfordere, dass der nationale Schutz nicht durch insoweit völkerrechtlich nicht verantwortliche de facto-Autoritäten, sondern durch den nach völkerrechtlichen Grundsätzen verantwortlichen Staat gewährt wird (UK Court of Appeal EWCA Civ 759[2002] – *Gardi*). Demgegenüber 14 behandelt die kanadische Rechtsprechung derartige Entitäten als Schutzakteure (Canada Federal Court [1999] Fed. Ct Trial Lexis 220 – *Elmi*). Durch Art. 7 Abs. 2 Satz 1 RL 2011/95/EU (Abs. 2 Satz 1) wird klargestellt, dass diese Entitäten willens und fähig sein müssen, rechtsstaatliche Grundsätze durchzusetzen. In der Regel erfüllen diese Entitäten diese Voraussetzungen nicht.

II. De facto-Autoritäten

15 Nach Abs. 1 Nr. 2 kommen sowohl Parteien bzw. Organisationen in Betracht, die den Staat, wie auch solche, die einen wesentlichen Teil des Staatsgebietes beherrschen. Die Verwendung des Begriffs »Parteien« in diesem Zusammenhang ist irreführend. Nach dem gewöhnlichen Begriff des Wortes Parteien handelt es sich hierbei um Gruppierungen, die innerhalb eines Staates mit anderen Gruppierungen um die Macht im Staate kämpfen. Setzen sie in diesem Machtkampf ihren Anspruch mit bewaffneter Gewalt durch, wandeln sie sich zum Bürgerkriegsgegner. Darüber hinaus kann eine Partei mit dem Staat identisch sein. Insbesondere die »faktische Einheit von Staat und Staatspartei« oder von »Staat und Staatsreligion« sind wie Verfolgungen durch den Staat (Abs. 1 Nr. 1) zu behandeln (BVerfGE 54, 341, 358 = EZAR 200 Nr. 21 = NJW 1980, 2641). Hier handelt es sich wegen der engen Verschmelzung mit staatlichen Strukturen um Verfolgungen durch den Staat. Im Fall von Organisationen, die einen wesentlichen Teil des Staatsgebietes beherrschen, ist der Staat häufig noch nicht zerfallen, sondern herrscht Bürgerkrieg oder ist er in Auflösung begriffen. Die zentralstaatliche Strukturen können sich auch aufgelöst haben und an die Stelle des Staates eine Vielzahl von Organisationen getreten sein, die jeweils für sich einen bestimmten Teil des Staatsgebiets beherrschen wie in Somalia, oder in einem Teil des Staatsgebiets mit konkurrierenden Organisationen um die Macht in diesem Gebiet kämpfen. In derartigen Fällen fehlt es sowohl an der Voraussetzung, dass die Organisationen einen »wesentlichen« Teil des Staatsgebiets eingenommen haben wie auch an der Voraussetzung, dass sie diesen Teil beherrschen.

16 Abs. 1 Nr. 2 kann nicht auf eine Situation angewandt werden, in der das bislang völkerrechtlich als Staat bezeichnete Gebiet von einem Flickenteppich unterschiedlicher de facto-Autoritäten beherrscht wird, deren Machtanspruch in ihrem geografischen Einflussbereich wirksam durch gegnerische Gruppierungen infrage gestellt wird. In derartigen Situationen fehlt es bereits aus tatsächlichen Gründen für eine Zuweisung der Schutzaufgabe an den hierfür erforderlichen Mindestvoraussetzungen. Wird entgegen völkerrechtlichen Vorgaben eine derartige Zuweisung vorgenommen, bedarf es der unangefochtenen und dauherhaften Herrschaft über einen »wesentlichen« Teil des Staatsgebiets (Abs. 2 Satz 1). Nur dann also, wenn eine Organisation einen wesentlichen Teil des Staatsgebiets dauerhaft beherrscht, kommt sie als Schutzakteur in Betracht. Damit fallen Situationen, in denen gegeneinander kämpfende Gruppierungen zentralstaatliche Strukturen aufgelöst haben, sich aber nicht auf eine gemeinsame Regierung einigen können, ebenso aus dem Anwendungsbereich der Norm heraus wie Situationen, in denen der Regierung mehrere bewaffnete Gruppierungen gegenüberstehen, keine von ihnen jedoch einen wesentlichen Teil des Staatsgebietes beherrscht.

Wann von der Beherrschung eines wesentlichen Teils des Staatsgebiets ausgegangen werden kann, kann nicht abstrakt und generell für alle denkbaren Fälle einheitlich beantwortet werden. Die Lösung ist pragmatisch anhand des Schutzzwecks von Art. 7 RL 2011/95/EU (§ 3d) zu suchen. Nur Parteien oder Organisationen, die wirksame und ausreichende Verwaltungsstrukturen zur sozialen Versorgung und die Menschenrechte achtende und fördernde rechtliche Institutionen zur Beilegung von Streitigkeiten heraus gebildet haben, kommen als Schutzakteure in Betracht. Art. 7 Abs. 1 Buchst. b) RL 2011/95/EU (§ 3d Abs. 1 Nr. 2) geht von einer anderen Situation wie Art. 15 Buchst. c) RL 2011/95/EU (§ 4 Abs. 1 Satz 2 Nr. 3) aus. Dies folgt auch aus den unterschiedlichen Zwecken beider Normen. Art. 15 Buchst. c) RL 2011/95/EU setzt lediglich einen innerstaatlichen »bewaffneten Konflikt« voraus und erfasst damit Situationen, die weit unterhalb der Schwelle bewaffneter Konflikte liegen. Demgegenüber liegt Art. 7 Abs. 1 Buchst. b) der Richtlinie die Ratio zugrunde, dass im Einzelfall die Gewährung von Flüchtlingsschutz deshalb nicht erforderlich ist, weil wirksamer Schutz im Herkunftsland erlangt werden kann. Das setzt dauerhaft im Staatsgebiet eingerichtete, schutzfähige und -bereite Organisationen voraus (Abs. 2 Satz 1). Hier geht es um die Bestimmung von Organisationen, die zur Schutzgewährung fähig sind, dort allein um deren Kampf- und Durchsetzungsfähigkeit. Die erforderliche Effektivität und Stabilität sind in einem »noch andauernden Bürgerkrieg« besonders vorsichtig zu bewerten. Solange jederzeit und überall mit dem Ausbruch bewaffneter Auseinandersetzungen gerechnet werden muss, kann sich »eine dauerhafte territoriale Herrschaftsgewalt nicht etablieren«. Bei einem anhaltenden bewaffneten Konflikt verlangt daher das Erfordernis, dass sich eine den untergegangenen oder handlungsunfähigen Staat verdrängende Organisation durchgesetzt haben muss, dass »zwischenzeitlich entstandene Machtgebilde voraussichtlich von Dauer sein werden und Vorläufer neuer oder erneuerter staatlicher Strukturen sind«. Solange die Konfliktbeteiligten daher mit militärischen Mitteln die Machtübernahme im Gesamtstaat »anstreben«, fehlt ihnen die Fähigkeit zur Schutzgewährung (BVerwGE 105, 306, 310 = InfAuslR 1998, 145, 147; BVerwG, InfAuslR 1998, 242, 244). 17

III. Internationale Organisationen

Abs. 1 Nr. 2 bezeichnet als Schutzakteure auch internationale Organisationen. Andererseits behandeln die Richtlinie und Abs. 1 internationale Organisationen nicht als Verfolgungsakteure. Abweichend vom Text in Art. 6 Buchst. b) (§ 3c Nr. 3) fehlt in Art. 7 Abs. 1 Buchst. b) RL 2011/95/EU (§ 3d Abs. 1 Nr. 2) das Attribut »international«. Mit »internationalen Organisationen« sind in diesem Zusammenhang Organisationen gemeint, die im Rahmen friedenserzwingender oder – erhaltender Maßnahmen im Herkunftsland eingesetzt werden (EuGH, InfAuslR 2010, 188, 190 = NVwZ 2010, 50 = AuAS 2010, 150 Rn. 74 – *Abdulla*). Werden diese mandatsgemäß nur zur Erzwingung des Friedens zwischen beteiligten Konfliktparteien eingesetzt, fehlt ihnen bereits nach ihrem Mandat von vornherein die Schutzfähigkeit. In diesem Fall sollen sie die streitenden Parteien von weiteren Kämpfen abhalten und erst die Voraussetzungen dafür schaffen, dass nach dem Abflauen der Kämpfe Schutzstrukturen aufgebaut werden können. Die Gewährung von Schutz bleibt jedoch originäre 18

Aufgabe der nationalen Institutionen. Besteht das Ziel der internationalen Organisation ausschließlich in der militärischen Bekämpfung eines nichtstaatlichen bewaffneten Gegners wie bei der Operation »Enduring Freedom« in Afghanistan, fehlen von vornherein erst recht jegliche Voraussetzungen für die Annahme der Übernahme einer Schutzfunktion. Aber auch Missionen zur Friedensbewahrung übernehmen regelmäßig keine Schutzaufgaben gegenüber der zivilen Bevölkerung des Einsatzgebietes, sondern helfen beim »nation-building«, wie etwa bis Ende 2014 in Afghanistan beim Einsatz von *ISAF*.

19 Denkbar ist nach dem Wortlaut von Art. 7 Abs. 1 Buchst. b) RL 2011/95/EU (Abs. 1) eine Anwendung dieser Norm nur auf Situationen, in denen die Friedensmission selbst die Regierung im Herkunftsland übernimmt, wie etwa bei *UNMIK* im Kosovo. Nur wenn die internationale Organisation einen wesentlichen Teil des Staatsgebiets beherrscht, kommt sie als Schutzakteur in Betracht. Üblicherweise beherrschen Friedensmissionen aber nicht das Staatsgebiet, sondern beschränken sich darauf, die bewaffneten Konfliktparteien zu einer Beendigung ihrer Auseinandersetzungen und zum Aufbau eines neuen Gemeinwesens zu bewegen. Aber auch in diesem Fall müssen sie zur Gewährung wirksamen Schutzes in der Lage sein. Daran fehlte es bei der Übernahme der Verantwortung im Kosovo (VG Göttingen, Urt. v. 01.04.2010 – 4 A 43/09). Schutzfunktionen gegenüber der Zivilbevölkerung üben internationale Organisationen in aller Regel nicht aus, allenfalls mittelbar über die nationalen Konfliktparteien. Ihr Einfluss auf diese reicht aber häufig kaum dazu, diese vom weiteren Waffengang abzuhalten, geschweige denn, effektive Vorkehrungen dagegen zu treffen, dass diese politische Gegner verfolgen. Die Angehörigen dieser Organisationen müssen häufig selbst um ihr Leben fürchten und können sich wie etwa in Afghanistan nur unzulänglich gegen Angriffe durch nichtstaatliche Akteure schützen. Nur wenn Organisationen Herrschaftsgewalt im Mandatsgebiet ausüben und zur Schutzgewährung bereit und fähig sind, was zumeist nicht der Fall ist, kommen sie als Schutzakteur in Betracht. Vorausgesetzt wird zusätzlich, dass sie sich dabei nicht nur auf bestimmte Regionen im Herkunftsland des Antragstellers beschränken, sondern die Schutzaufgabe effektiv in einem wesentlichen Teil des Staatsgebietes ausüben Dies folgt aus dem klaren Wortlaut von Art. 7 Abs. 1 Buchst. b) RL 2011/95/EU (Abs. 1 Nr. 2).

20 Eher beiläufig und ohne die völkerrechtliche Zurechnung der Schutzaufgabe zu behandeln stellt der EuGH fest, Schutz durch internationale Organisationen könne auch durch multinationale Truppen sichergestellt werde (EuGH, InfAuslR 2010, 188, 190 = NVwZ 2010, 50 = AuAS 2010, 150 Rn. 74 – *Abdulla*). Ebenso wenig wie de facto-Autoritäten eine Schutzaufgabe zugewiesen werden kann (Rdn. 13), kann aber bei diesen Organisationen vorausgesetzt werden, dass sie Schutz gegen Übergriffe durch Dritte oder gar durch den Staat gewähren. Das System der GFK lässt eine Zuweisung der Schutzaufgabe an internationale Organisationen nicht zu. Der Begriff »Schutz des Landes« in Art. 1 A Nr. 2 GFK verweist auf den nationalen Schutz und nicht auf den von internationalen Organisationen. Art. 1 D GFK zielt nur auf die Institutionen der Vereinten Nationen, die im Zeitpunkt des Inkrafttretens der Konvention Flüchtlingen Schutz gewährten (*Mathew* u.a., IJRL 2003, 444, 457 f.). Nationaler Schutz kann nicht durch insoweit völkerrechtlich nicht verantwortliche Organisationen, sondern

nur durch den nach völkerrechtlichen Grundsätzen verantwortlichen Staat gewährt werden (UK, Court of Appeal, EWCA Civ 759[2002] – *Gardi*). Daher kann aus der vorübergehenden oder zeitweiligen Verwaltungshoheit und Gebietskontrolle einer internationalen Organisation keine Schutzverpflichtung gegenüber einzelnen Personen hergeleitet werden (*UNHCR*, Kommentar zur Richtlinie 2004/83/EG, Mai 2005, S. 18; *Klug*, GermanYIL 2004, 594, 607).

Die Richtlinie 2011/95/EU führt internationale Organisationen in Art. 6 Buchst. b) (§ 3c Nr. 2) nicht als Verfolgungsakteur auf und verkennt damit die moderne Entwicklung, die sich in internationalen Friedenseinsätzen manifestiert. Danach können Angehörige internationaler Friedenstruppen Verfolgungsakteure sein. Dies belegen zahlreiche Prozesse in den Entsendestaaten der Truppen gegen Soldaten, die in Ausführung der Friedensoperationen an Folterhandlungen oder etwa wie im Kosovo an sexueller Ausbeutung beteiligt waren. Derartige Übergriffe sind deshalb als Verfolgungen durch nichtstaatliche Akteure anzusehen. Bei der »Global Consultation on International Protection« wurde darauf hingewiesen, dass eine Mission, die Ende 2001 mehrere westafrikanische Länder untersucht hatte, festgestellt hatte, dass Flüchtlingskinder durch Mitarbeiter internationaler Nichtregierungsorganisationen und UN-Institutionen einschließlich UNHCR ausgebeutet und darüber hinaus internationale Friedenstruppen Kinder sexuell ausgebeutet hätten (Global Consultations on International Protection, Refugee Children, EC/GC/02/9, 25.04.2002, Rn. 12) Dementsprechend hat der Sicherheitsrat in der Resolution 1820(2008) vom 19.06.2008 über Vergewaltigung und sexuellen Missbrauch von Frauen und Kindern seine Besorgnis wegen »sexueller Ausbeutung und sexuellem Missbrauch bei Friedenseinsätzen der Vereinten Nationen« geäußert und im Rahmen der »Null-Toleranz-Politik« die truppen- und polizeistellenden Länder ausdrücklich aufgefordert, angemessene Präventionsmaßnahmen gegenüber derartigen Übergriffen zu ergreifen, um sicherzustellen, »dass das an derartigen Handlungen beteiligte Personal umfassend zur Rechenschaft gezogen wird« (S/RES/1820[2208] v. 19.06.2009, Nr. 7; § 3a Rdn. 26). 21

D. Anforderungen an den nationalen Schutz (Abs. 2)

I. Funktion von Abs. 2

Nach Abs. 2 Satz 1 muss der Schutz vor Verfolgung wirksam und darf nicht nur vorübergehender Art sein. Ob dies der Fall ist, ist im Rahmen der Verfolgungsprognose zu entscheiden. Die Situation im Zeitpunkt der Ausreise ist unerheblich (*Zimmermann/Mahler*, in: Zimmermann, The 1951 Convention relating to the Status of Refugees. A Commentary, 2011, Article 1 A para 2 Rn. 600), kann aber die entsprechenden Feststellungen erleichtern. Die Feststellung, dass der Wegfall nationalen Schutzes immanente Voraussetzung des Begriffs der Verfolgung nach Art. 1 A Nr. 2 GFK ist, macht nur Sinn, soweit es um die Verfolgung durch nichtstaatliche Akteure geht. Der Begriff der Verfolgung durch den Staat hat hingegen nicht den Wegfall nationalen Schutzes zur stillschweigenden Voraussetzung. Nach der angelsächsischen Rechtsprechung ist dem Begriff der Verfolgung nach Art. 1 A Nr. 2 GFK ein Versagen des Staates, dass er gegen Verfolgungen durch nichtstaatliche Akteure keinen Schutz gewähren 22 kann, immanent. Dieses Problem werde hingegen bei Verfolgungen durch staatliche Behörden nicht aufgeworfen. Hingegen sei bei Verfolgungen durch nichtstaatliche Akteure das Versagen des Staates, Schutz zu gewähren, unabhängig davon ein wichtiges Element. Es stelle das Verbindungsglied zwischen Verfolgung durch den Staat und Verfolgungen durch nichtstaatliche Stellen dar, welches im Interesse der Folgerichtigkeit des gesamten Systems des Flüchtlingsschutzes erforderlich sei. Übergriffe durch nichtstaatliche Akteure seien daher als Verfolgungen zu behandeln, wenn sie mit dem Unvermögen des Staates einhergingen, Schutz zu gewähren (UK House of Lords, IJRL 2001, 174, 179–181 – *Horvath*; Canada Federal Court, Lexis 318, F. C. T. D. – *Zhuravleva*).

23 Dementsprechend stehen nach § 3c Nr. 3 Verfolgungen durch nichtstaatliche Akteure unter dem Vorbehalt, dass die Schutzakteure erwiesenermaßen nicht in der Lage oder willens sind, Schutz gegen Verfolgungen zu gewähren. Es wird damit entsprechend Art. 1 A Nr. 2 GFK grundsätzlich davon ausgegangen, dass bei Verfolgungen durch den Staat oder diesem vergleichbare Organisationen kein wirksamer nationaler Schutz erreichbar ist und entfällt dementsprechend grundsätzlich eine entsprechende Prüfungspflicht. Dagegen wird eingewandt, Art. 7 RL 2011/95/EU lasse sich kein Anhalt dafür entnehmen, dass die Frage des staatlichen Schutzes von vornherein nur bei einer Verfolgung durch nichtstaatliche Akteure gestellt werden solle (*Wittkopf*, ZAR 2011, 170, 173). Diese Frage wird durch die Systematik der Richtlinie beim Wegfall des nationalen Schutzes beantwortet. Nur bei Verfolgungen durch nichtstaatliche Akteure besteht eine Verpflichtung, darzulegen, dass kein wirksamer nationaler Schutz besteht (Art. 6 Buchst. c) § 3c Nr. 3). Bei Verfolgungen durch den Staat und staatsähnliche Organisationen (Art. 6 Buchst. a) und b); § 3c Nr. 1 und 2) besteht diese Verpflichtung nicht. Die Verfolgungsakteure in Art. 6 Buchst. a) und b) sind darüber hinaus deckungsgleich mit den Schutzakteuren nach Art. 7 Abs. 1 Buchst. a) und b) (Abs. 1 Nr. 1 und 2) mit Ausnahme internationaler Organisationen. Das spricht dafür, dass die Richtlinie den Ansatz von Art. 1 A Nr. 2 GFK übernommen hat, wonach bei Verfolgungen durch den Staat im Regelfall nicht nachzuweisen ist, dass im Herkunftsland kein wirksamer nationaler Schutz erreichbar ist.

24 Nach Art. 7 Abs. 2 letzter Halbs. RL 2011/95/EU (Abs. 2 letzter Halbs.) ist Schutz nur gewährleistet, wenn der Antragsteller »Zugang zu diesem Schutz hat«. Im Vorschlag der Kommission wird hierzu ausgeführt, dass bei der Prüfung der Flüchtlingseigenschaft insbesondere zu berücksichtigen sei, ob und inwieweit dem einzelnen Antragsteller individueller Zugang zum vorhandenen Schutzsystem gewährt worden war (Kommissionsentwurf v. 12.09.2001, BR-Drucks. 1017/01, S. 18 f.). Es bedarf »einer sorgfältigen Abwägung mehrerer Faktoren allgemeiner und konkreter Art« über die allgemeinen Verhältnisse im Herkunftsland und der Effektivität verfügbarer Ressourcen sowie der Fähigkeit und Bereitschaft, diese zum Schutz der Bewohner in angemessener und wirksamer Weise einzusetzen. Verfügbarkeit und Hinlänglichkeit des Schutzes durch die Behörden des Herkunftslandes gehören zum Bestandteil des Flüchtlingsbegriffs (*UNHCR*, Auslegung von Art. 1 GFK, April 2001, Rn. 14). Nur unter diesen Voraussetzungen kann unter dem Gesichtspunkt der Subsidiarität des internationalen Schutzes vom Antragsteller vernünftigerweise erwartet werden, dass

er Schutz vor Verfolgung im Herkunftsland sucht. Auch der EGMR geht davon aus, dass vom Betroffenen erwartet werden kann, dass er sich zwecks Schutzerlangung an die Behörden seines Herkunftslandes wendet, sofern diese Option zumutbar ist. Wenn jedoch etwa seine Familie den Übergriff bereits an die Polizei gemeldet, diese jedoch nicht unternommen hat, ist diese Option nicht realistisch für ihn (EGMR, HRLJ 2013, 326, 331 Rn. 50 – *S.A.*; § 3c Rdn. 5).

Ist Zugang zum nationalen Schutzsystem eröffnet und entspricht dieses den Anforderungen nach Art. 7 Abs. 2 RL 2011/95/EU (Abs. 2), kann grundsätzlich von der Schutzfähigkeit des Staates in Ansehung von Verfolgungen durch nichtstaatliche Akteure ausgegangen werden. Bei Verfolgungen durch staatliche Behörden gilt diese Vermutung nicht. Vielmehr bedarf es keiner Prüfung, ob nationaler Schutz verfügbar ist. Sind die staatlichen Strukturen wegen eines Bürgerkrieges oder vergleichbaren internen Konflikts zusammengebrochen und auch keine vergleichbaren Strukturen an deren Stelle getreten, besteht kein nationales Schutzsystem. Die Frage des individuellen Zugangs zu einem derartigen System stellt sich nicht. Sind keine schützenden Instanzen verfügbar, kann ein Schutzersuchen nicht gefordert werden (Canadian Immigration and Refugee Board, Guidelines issued by the Chairperson on »Civilian Non-Combatants fearing Persecution in Civil War Situations«, 1996, S. 12, mit Verweis auf Canada Supreme Court [1993] 2 S.C.R. 689 – *Ward*). Bei der Frage, ob eine den Staat oder wesentliche Teile des Staatsgebiets beherrschende Organisation effektiven Schutz gewähren kann und dieser auch für den Einzelnen zugänglich ist, ist zu prüfen, ob diese lediglich reine militärische oder auch effektive zivile Verwaltungsstrukturen aufgebaut hat. Insbesondere in diesen Fällen kann die Forderung nach Schutzbeantragung jedoch häufig wegen Verfolgungsgefahren oder erheblichen Diskriminierungen für den Einzelnen unzumutbar sein. Allerdings ist in einem derartigen Fall wie auch sonst der Einwand des internen Schutzes zu prüfen (§ 3e). 25

II. Wirksamkeit und Dauerhaftigkeit des Schutzes

Nach der Rechtsprechung des EuGH müssen sich die Behörden im Lichte von Art. 7 Abs. 2 RL 2011/95/EU für die Beurteilung der Frage, ob die Furcht vor Verfolgung begründet ist, im Hinblick auf die individuelle Lage des Flüchtlings vergewissern, dass die Schutzakteure geeignete Schritte eingeleitet haben, um die Verfolgung zu verhindern, und dieser Zugang zu diesem Schutz haben wird (EuGH, InfAuslR 2010, 188, 190 = NVwZ 2010, 505 = AuAS 2010, 150 § 70 – *Abdulla*). Die Kommission weist in ihrem Vorschlag darauf hin, es sei von Bedeutung, ob ein Schutzsystem generell allen Bevölkerungsgruppen einen zureichenden und zugänglichen Schutz biete. Wirksamer Schutz bestehe nur, wenn der Staat in der Lage und willens sei, dieses System so zu handhaben, dass die Verfolgungsgefahr minimal sei. Insbesondere sei zu berücksichtigen, ob und inwieweit dem Einzelnen individueller Zugang zum vorhandenen Schutzsystem gewährt werde (Kommissionsentwurf v. 12.09.2001, BR-Drucks. 1017/01, S. 18 f.). Dies folgt aus dem Wortlaut von Abs. 2 Satz 2 Halbs. 2, wonach der Antragsteller – in seinem konkreten Fall – Zugang zu diesem Schutz haben muss. Ist das Schutzsystem von vornherein für bestimmte Personengruppen vollständig versperrt, ist kein Zugang zu diesem System eröffnet. Eine nicht dem 26 allgemeinem Maßstab im Herkunftsland entsprechende Schutzgewährung, die aus Gründen etwa der Rasse, Religion oder des Geschlechts unwirksam oder unzulänglich ist, erfüllt nicht den Maßstab nach Abs. 2. Eine andere Auffassung geriete in einen Wertungswiderspruch mit § 3a Abs. 2 Nr. 2, wonach die diskriminierende Anwendung gesetzlicher, administrativer, polizeilicher und/oder justizieller Maßnahmen als Regelbeispiel einer Verfolgungshandlung bezeichnet wird.

27 Nach Abs. 2 Satz 2 ist generell Schutz gewährleistet, wenn die Schutzakteure geeignete Schritte einleiten, um die Verfolgung zu verhindern, bspw. durch wirksame Rechtsvorschriften zur Ermittlung, Strafverfolgung und Ahndung von Handlungen, die eine Verfolgung darstellen, und wenn der Antragsteller Zugang zu diesem nationalen Schutzsystem hat. Nach der Richtlinie hat diese Vorschrift die Funktion, die Bewertung zu leiten, ob staatlicher Schutz in Anspruch genommen werden kann und wie wirksam dieser ist. Erforderlich ist eine konkrete Betrachtungsweise. Es müssen ein nationales Schutzsystem und Mechanismen zur Ermittlung, strafrechtlichen Verfolgung und Ahndung von Verfolgungen vorhanden sein. Einen wirksamen Schutz gibt es nur, wenn der Staat in der Lage und willens ist, dieses System so zu handhaben, dass die Gefahr der Verfolgung minimal ist. Zunächst ist zu ermitteln, ob der Staat geeignete Schutzvorkehrungen eingeleitet hat. Hierbei ist die allgemeine Lage zu berücksichtigen. Geprüft werden muss ferner, ob der Staat sich an der Verfolgung beteiligt, welche Politik er insoweit betreibt, ob Verfolger Einfluss auf staatliche Bedienstete nehmen, ob die Untätigkeit des Staates System hat und welche Maßnahmen der Staat trifft, um Verfolgungen abzuwenden (Kommissionsentwurf v. 12.09.2001, BR-Drucks. 1017/01, S. 18 f.). Art. 7 Abs. 2 RL 2011/95/EU und damit Abs. 2 hat die Funktion, die materiellen Kriterien zu bezeichnen, unter denen vom Antragsteller vernünftigerweise erwartet werden kann, dass er gegen Verfolgungen durch nichtstaatliche Verfolger nationalen Schutz beantragt. Nach Abs. 2 Satz 1 muss dieser wirksam und dauerhaft gewährt werden. Wo eine solche Einschätzung erforderlich ist, bedarf es einer sorgfältigen Abwägung mehrerer Faktoren allgemeiner und konkreter Art, etwa des allgemeinen Zustands von Recht und Ordnung und der Justiz im Land und deren Durchschlagskraft, etwa auch der verfügbaren Ressourcen sowie der Fähigkeit und Bereitschaft, diese zum Schutz der Bewohner in angemessener und wirksamer Weise einzusetzen (*UNHCR*, Auslegung von Art. 1 GFK, April 2001, Rn. 15).

28 Da es weder einen allgemein anerkannten Standard der Lebensqualität noch ein universelles Verständnis darüber gibt, welche Rolle Regierungen bei der Erfüllung der Erwartungen und Hoffnungen ihrer Bürger hinsichtlich eines angemessenen Lebensstandards haben, kann auf die Frage, nach welchen Kriterien diese Frage entschieden werden soll, keine abstrakte und jederzeit gültige Antwort gegeben werden (*Hathaway*, The Law of Refugee Status, 1991, S. 105 f.). Die internationale Gemeinschaft hat diese Frage mit der GFK dahin gelöst, dass gewisse grundlegende Rechte von allen Staaten anzuerkennen sind. Nach der Rechtsprechung des EuGH müssen sich die Behörden im Lichte von Art. 7 Abs. 2 RL 2011/95/EU (Abs. 2) für die Beurteilung der Frage, ob die Furcht vor Verfolgung begründet ist, im Hinblick auf die individuelle Lage des Flüchtlings vergewissern, dass die Schutzakteure geeignete Schritte eingeleitet haben, um die Verfolgung zu verhindern und sie insbesondere über wirksame Vorschriften

zur Ermittlung und Ahndung von Verfolgungen verfügen. Für diese Prüfung ist insbesondere die Funktionsweise der Institutionen, Behörden und Sicherheitskräfte einerseits und aller Gruppen im Herkunftsland, die durch ihr Tun oder Unterlassen für Verfolgungen gegen den Einzelnen ursächlich werden können, andererseits zu berücksichtigen. Nach Art. 4 Abs. 3 RL 2011/95/EU, der sich auf die Prüfung der Ereignisse und Umstände bezieht, können die zuständigen Behörden insbesondere die Rechts- und Verwaltungsvorschriften des Herkunftslands und die Weise, in der sie angewandt werden, sowie den Umfang, in dem im Herkunftsland die Achtung der grundlegenden Menschenrechte gewährleistet ist, berücksichtigen (EuGH, InfAuslR 2010, 188, 190 = NVwZ 2010, 505 = AuAS 2010, 150 § 70 – *Abdulla*).

Der verfügbare Schutz gegen Verfolgungen durch nichtstaatliche Akteure muss also effektiv sein. Ist der Staat nicht in der Lage, effektiven Schutz zu gewährleisten, kann dem Antragsteller die Möglichkeit der Inanspruchnahme des Schutzes nicht zugemutet werden. Die Richtlinie fordert stets eine individuelle, auf den Einzelnen bezogene Prüfung (Art. 4 Abs. 3 Buchst. c) RL 2011/95/EU). Diesem verfahrensrechtlichen Erfordernis kann nicht mit einem generell-abstrakten Maßstab Rechnung getragen werden. Nach der Begründung des Vorschlags der Kommission muss untersucht werden, wie wirksam der angebotene Schutz ist. Diesen gebe es nur, wenn der Staat in der Lage und willens sei, das Schutzsystem so zu handhaben, dass die Verfolgungsgefahr minimal sei. Andererseits sei zu fragen, ob die Untätigkeit des Staates, geeignete Schritte einzuleiten, System habe (Vorschlag für eine Richtlinie des Rates zur Festlegung von Mindestnormen für die Anerkennung, KOM[2001]510, v. 12.09.2001, S. 21). Diese Einschränkung ist irreführend. Art. 7 Abs. 2 RL 2011/95/EU (Abs. 2) ist so zu verstehen, dass ein Staat, der weder in der Lage noch willens ist, dem Einzelnen Schutz zu gewähren, keinen wirksamen Schutz zur Verfügung stellt. Es kommt stets darauf an, ob im konkreten Einzelfall wirksamer Schutz verfügbar ist. Ob die Untätigkeit des Staates System hat oder dieser eine diskriminierende Absicht zugrunde liegt, ist unter diesen Voraussetzungen unerheblich. Bezieht die Untätigkeit des Staates sich auf die Einleitung genereller Schritte zur Einleitung von Schutzvorkehrungen, kann dies aber ein Indiz auf den mangelnden wirksamen Schutz im Einzelfall sein. Ein Staat, der nicht die erforderlichen Maßnahmen zum Schutze der Bürger einleitet, gewährt unabhängig davon, ob derartige Versäumnisse systematisch oder lediglich gegen bestimmte Minderheiten praktiziert werden, im Einzelfall keinen wirksamen Schutz. Für diese Untätigkeit bedarf es keiner Feststellung, dass damit der Einzelne geschädigt werden soll. Es ist unerheblich, ob die Schutzverweigerung das Ergebnis einer gezielten Politik, von Untätigkeit oder von Unfähigkeit ist. In allen diesen Fällen wird kein wirksamer Schutz gewährt. 29

Art. 7 Abs. 2 RL 2011/95/EU (Abs. 2) hat insbesondere prognoserechtliche Funktion. 30
Dem wird entgegengehalten, diese Norm gewähre »keinen lückenlosen hundertprozentigen Schutz« (*Wittkopf*, ZAR 2011, 170, 173). Dieser Ansicht liegt die frühere Rechtsprechung zugrunde, wonach kein Staat verpflichtet sei, einen »schlechthin perfekten lückenlosen Schutz zu gewähren« und sicherzustellen, dass Fehlverhalten, Fehlentscheidungen oder »Pannen« sonstiger Art bei der Erfüllung der ihm zukommenden Aufgabe der Wahrung des inneren Friedens unterblieben. Daher schließe

weder Lückenhaftigkeit nationalen Schutzes überhaupt noch die im Einzelfall von dem Betroffenen erfahrene Schutzversagung als solche staatliche Schutzbereitschaft oder Schutzfähigkeit aus (BVerwG, EZAR 202 Nr. 24.). Vielmehr bestehe die »die Zurechenbarkeit begründende Schutzunfähigkeit oder -unwilligkeit nicht bereits dann«, »wenn in dem zu beurteilenden Einzelfall effektiver staatlicher Schutz nicht gewährleistet worden ist, obwohl dies möglich gewesen wäre«. Vielmehr seien private Übergriffe erst dann dem Staat zuzurechnen, wenn er hiergegen grundsätzlich keinen effektiven Schutz leiste. Habe der Staat generell zureichende Vorkehrungen zur Eindämmung privater Gewalt getroffen, dürften die konkreten Umstände für die Schutzversagung im Einzelfall nicht berücksichtigt werden. Erst die Komplizenschaft des Staates mit dem verfolgenden Dritten in einem konkreten Einzelfall begründet damit die Zurechnung staatlicher Schutzversagung gegenüber privaten Verfolgungen (BVerwG, NVwZ 1996, 85; BVerwG, NVwZ 1995, 391, 392).

31 Der Gegenmeinung liegt die Zurechnungslehre (Rdn. 6 ff.; s. auch § 3c Rdn. 17) zugrunde. Diese ist für die Auslegung und Anwendung von Art. 7 Abs. 2 RL 2011/95/EU jedoch nicht maßgebend. Vielmehr muss der Einzelne wirksamen Zugang zum nationalen Schutzsystem unabhängig davon haben, ob der Staat im Übrigen generell Schutz gewährleistet (EuGH, InfAuslR 2010, 188, 190 = NVwZ 2010, 505 = AuAS 2010, 150 Rn. 70 – *Abdulla*). Die Richtlinie beruht nicht auf der Zurechnungsdoktrin, sondern auf der Schutzlehre und löst dieses Problem bei den verfahrensrechtlichen Mitwirkungspflichten. Je stärker staatliche Bemühungen zur Unterbindung von Übergriffen und je demokratischer und rechtsstaatlicher die Verhältnisse im Herkunftsland des Antragstellers sind, umso strenger ist die Darlegungslast, dass er in konkreten Fall keinen Schutz erlangen konnte (Canada Federal Court of Appeal, 143 DLR [4 th] 532 – *Kadenko*). Anschaulich verdeutlicht die britische Rechtsprechung die prognoserechtliche Funktion der Gewährleistungsgarantie des Art. 7 Abs. 2 RL 2011/95/EU. Danach ist bei der Prognoseprüfung das Subsidiaritätsprinzip zu berücksichtigen. Dieses beruht auf der Überlegung, dass vollständiger Schutz gegen isolierte und lediglich entfernt liegende Möglichkeiten der Verfolgung durch nichtstaatliche Akteure nicht geschuldet ist. Der anzuwendende Maßstab muss nicht die Leistung erbringen, dass sämtliche Risiken auszuschalten sind. Vielmehr ist er pragmatisch anzuwenden und sind die Schutzpflichten zu berücksichtigen, die der Herkunftsstaat den seiner Obhut unterstellten Personen schuldet (House of Lords, IJRL 2001, 174, 182 – *Horvarth*; so auch BVerfGE 81, 58, 66 = EZAR 203 Nr. 5 = NVwZ 1990, 514 = InfAuslR 1990, 74; BVerwGE 67, 317, 320 = EZAR 202 Nr. 19:

32 Die britische Rechtsprechung hat in der Folgezeit *Horvath* interpretiert. Danach enthält die Konvention keine Garantie gegen Verfolgungen durch nichtstaatliche Akteure. Maßgeblich für den die Prognoseprüfung leitenden Schutzstandard der Konvention sei die Tatsache, dass diese einen Ersatz für den fehlenden nationalen Schutz gewähre. Daher seien Inhalt und Umfang des Schutzstandards nach Maßgabe derselben Schutzpflichten zu bestimmen, die der Vertragsstaat seinen eigenen Bürgern schulde (Court of Appeal, 11.11.2003 – C1/2003/1007[A], C1/2003/1007[B]&C3/2003/1007 – *Bagdanavicius*). Das Schutzsystem müsse Strafvorschriften enthalten, die Verfolgungen durch nichtstaatliche Akteure unter Strafe stellten und angemessene Sanktionen gegen

diese vorsehe. Es müsse zudem so gestaltet werden, dass Opfer von Verfolgungen nicht aus dem Schutzsystem ausgeschlossen würden. Auch müssten Polizei und andere mit dem Gesetzesvollzug betraute Behörden den wirklichen Willen haben, Ermittlungen einzuleiten, aufzuklären und Strafverfolgungsmaßnahmen einzuleiten. Grundlegend sei, dass der Schutzwille mit der Fähigkeit einhergehe, Schutz gegen Verfolgungen durch nichtstaatliche Akteure in einem Umfang zu gewähren, der vernünftigerweise erwartet werden könne und das »konkrete Risiko« der Verfolgung ausschalte. Was im Einzelnen zumutbarer Schutz bedeute, sei stets vom Wahrscheinlichkeitsgrad der Verfolgung abhängig (High Court of Justice, 06.02.2002 – CO/2392/2001 [2002] – *Dhima*). Die Frage nach dem generellen Schutzstandard stelle sich stets, wenn der Staat zwar schutzwillig sei, seine Fähigkeit hierzu jedoch infrage stehe. Zur Beantwortung dieser Frage müsse die Frage des angemessenen Schutzstandards nach den aufgezeigten Grundsätzen gelöst werden.

In diesem Sinne sind auch die Kriterien von Art. 7 Abs. 2 RL 2011/95/EU und damit 33 von Abs. 2 Satz 2 auszulegen und anzuwenden. Nicht maßgebend ist, ob die staatlichen Behörden im konkreten Einzelfall alles ihnen Mögliche unternehmen werden, um generell Schutz zu gewähren. Vielmehr kommt es entscheidungserheblich darauf an, ob eine ernsthafte Möglichkeit dafür besteht, dass der Einzelne aus Gründen der Konvention verfolgt wird. Die Funktion von Abs. 2 besteht darin, aus der Prognose isolierte und bei Anlegung eines Wahrscheinlichkeitsmaßstabs weit entfernt liegende Möglichkeiten ausschließen (Court of Appeal, Entscheidung v. 25.05.2001, C/2000/3674 – *Banomova*, zitiert nach *Wilsher*, IJRL 2003, 68, 92). Die britische Rechtsprechung hat klargestellt, dass *Horvath* nicht so verstanden werden könne, dass ausreichender Schutz gewährleistet sei, wenn die zuständigen Behörden ihr Bestes täten. Könne der Antragsteller darlegen, dass das Beste ineffektiv sei, habe er glaubhaft gemacht, dass der Staat zur erforderlichen Schutzgewährung nicht fähig sei (UK Supreme Court [2002] EWCA Civ 314 Rn. 37 ff. – *Kacaj*, UK Court of Appeal [2002] EWCA Civ. 1605 Rn. 20 ff. – *Dhima*; Wilsher, IJRL 2003, 68, 92).

III. Darlegungslast des Antragstellers

Nach dem Wortlaut von § 3c Nr. 3 werden dem Antragsteller lediglich im Blick 34 auf Verfolgungen durch nichtstaatliche Akteure Darlegungslasten auferlegt, sich um nationalen Schutz zu bemühen. Nach der Begründung des Vorschlags der Kommission, der in Art. 9 eine mit Art. 6 der Richtlinie im Wesentlichen identische Regelung vorgesehen hatte, besteht die Ratio der Bezeichnung der unterschiedlichen Verfolgungsakteure darin, dass die Behörden zu prüfen haben, ob der Antragsteller im Herkunftsland wirksamen Schutz vor Verfolgung erlangen kann. Geht die Verfolgung vom Staat aus, ist »die entsprechende Furcht begründet, weil es de facto im Herkunftsland keine Möglichkeit gibt, um Schutz nachzusuchen.« Geht hingegen die Verfolgung von nichtstaatlichen Akteuren aus, ist die Furcht nur dann begründet, »wenn der Staat nicht willens oder effektiv nicht in der Lage ist, Schutz vor einer solchen Gefahr zu bieten« (Kommissionsentwurf v. 12.09.2001, BR-Drucks. 1017/01, S. 18). Aus diesem Grund wurde in Art. 9 Buchst. c) des Entwurfs ebenso wie in Art. 6 Buchst. c) RL 2011/95/EU (§ 3c Nr. 3) der Zusatz angefügt, dass der Staat nicht in der Lage oder nicht willens ist, wirksamen Schutz zu bieten. Demgegenüber fehlt bei den beiden vorhergehenden Gruppen der Verfolgungsakteure eine vergleichbare Einschränkung. Damit ist grundsätzlich nur bei Verfolgungen durch nichtstaatliche Akteure darzulegen, dass im Herkunftsland vor diesen kein wirksamer Schutz erlangt werden kann. Vorausgesetzt wird, dass Schutz vor Verfolgung nicht erlangt werden kann, weil die Schutzakteure hierzu erwiesenermaßen nicht in der Lage oder nicht willens sind. Treffender als der deutsche Wortlaut von Art. 6 Buchst. c) RL 2011/95/EU und § 3c Nr. 3 bringt der englische Text diese Rechtslage zum Ausdruck. Danach sind Verfolgungen durch nichtstaatliche Akteure erheblich, »*if it can be demonstrated*«, dass der Antragsteller im Herkunftsland wegen Schutzunfähigkeit oder -unwilligkeit des Staates oder diesem vergleichbare Organisationen keinen Schutz erlangen konnte. Der Antragsteller muss mithin lediglich darlegen, dass er sich um Schutz bemüht hat, diesen aber nicht erlangen konnte. Anschließend obliegt es der Behörde anhand der verfügbaren Erkenntnismittel festzustellen, ob die Schutzakteure »erwiesenermaßen« nicht in der Lage oder nicht willens waren, Schutz zu gewähren.

35 Den Befürchtungen von UNHCR, durch die Verwendung des Begriffs »erwiesenermaßen« könnte sich die Beweislast des Antragstellers verschärfen (*UNHCR*, Kommentar zur Richtlinie 2004/83/EG, Mai 2005, S. 18), tragen die Beweislastregelungen Rechnung: Es kommt wie bei allen anspruchsbegründenden Tatsachen und Umständen auf den Maßstab der »Überzeugungsgewissheit« an. Der englische Text besagt eher allgemeiner »if it can be demonstrated,« d.h. es muss insoweit der Nachweis geführt werden, dass kein Schutz gewährt wird. Damit bleibt die Verteilung der Beweisrisiken offen. Entsprechend den das Flüchtlingsrecht beherrschenden verfahrensrechtlichen Grundsätzen ist allgemein anerkannt, dass den Antragsteller zunächst die Darlegungspflicht trifft, anschließend der Behörde die Ermittlungspflicht obliegt und der Antragsteller die *Beweislast* dafür trägt, dass der Nachweis nicht gelingt. Vom Antragsteller ist zu erwarten, dass er konkrete Tatsachen und Umstände bezeichnet, aus denen sich ergibt, dass er sich um Schutz bemüht hat. Er hat die persönlichen Umstände, Verhältnisse und Erlebnisse im Blick auf das Schutzersuchen schlüssig sowie mit Blick auf zeitliche, örtliche und sonstige Umstände detailliert und vollständig darzulegen. Bei persönlichen Umständen ist die Amtsermittlungspflicht begrenzt (BVerwG, Buchholz 402.24 Art. 1 GK Nr. 11; BVerwG, DVBl 1963, 145; BVerwG, InfAuslR 1982, 156; BVerwG, InfAuslR 1983, 76; BVerwG, DÖV 1983, 207; BVerwG, BayVBl. 1983, 507; BVerwG, InfAuslR 1984, 129; BVerwG, InfAuslR 1989, 350; § 25 Rdn. 5 f.) Da sich die Darlegungslast mit der Entwicklung demokratischer Strukturen verschärft (Canada Federal Court of Appeal, 143 DLR [4 th] 532 – *Kadenko*), wird sie umgekehrt in dem Maße, wie die staatlichen Strukturen zerfallen, deutlich herabgesetzt.

36 Die Darlegungslast findet ihre Grenze insbesondere im Einwand des persönlichen Unvermögens sowie der Unzumutbarkeit. Im Blick auf das persönliche Unvermögen differenziert das BVerwG zwischen persönlichen Erlebnissen und Erfahrungen des Antragstellers einerseits sowie den allgemeinen Verhältnissen in dessen Herkunftsland andererseits (BVerwG, InfAuslR 1982, 156; BVerwG, InfAuslR 1983, 76; BVerwG, InfAuslR 1984, 129; BVerwG, DÖV 1983, 207; BVerwG, BayVBl. 1983, 507;

BVerwG, InfAuslR 1989, 350; § 25 Rdn. 5 f.). Danach braucht die Behörde im Blick auf individuelle Verhältnisse in keine Ermittlungen einzutreten, die durch das Sachvorbringen nicht veranlasst sind. Mit Blick auf die allgemeinen Verhältnisse im Herkunftsland ist der Asylsuchende dagegen in einer schwierigen Situation. Seine eigenen Kenntnisse und Erfahrungen sind häufig auf einen engeren Lebenskreis begrenzt und liegen stets einige Zeit zurück. Die Mitwirkungspflicht des Antragstellers wird im Hinblick auf dieses persönliche Unvermögen erheblich eingeschränkt. Es muss genügen, um der Behörde zu weiteren Ermittlungen Anlass zu geben, wenn der Tatsachenvortrag des Antragstellers die *nicht entfernt liegende Möglichkeit* ergibt, dass er im Herkunftsland keinen Schutz erlangen konnte.

Eine weitere Grenze findet die Darlegungslast im Gedanken der *Zumutbarkeit.* Nach 37
Art. 1 A Nr. 2 GFK kann dem Antragsteller die Inanspruchnahme nationalen Schutzes nicht zugemutet werden, wenn er diesen aus Gründen der Konvention »nicht in Anspruch nehmen will.« Unzumutbar ist der Verweis auf nationalen Schutz, wenn er vernünftige und plausible Gründe angeben kann, dass ihm die Schutzsuche nicht zumutbar ist, weil er in diesem Fall durch staatliche Behörden oder maßgebliche Stellen vergleichbarer Organisationen verfolgt oder diskriminiert werden wird. So wird z.B. nach den kanadischen Richtlinien zu geschlechtsspezifischen Verfolgungen vom 25.11.1996 der Antragstellerin die Möglichkeit eingeräumt, darzulegen, dass es für sie objektiv unzumutbar war, staatlichen Schutz in Anspruch zu nehmen. In diesem Fall stehe die Tatsache, dass sie keinen Schutz in Anspruch genommen hätte, dem Antrag nicht entgegen. Bei der Prüfung, ob es unzumutbar sei, dass sie darauf verzichtet habe, staatlichen Schutz in Anspruch zu nehmen, sei neben weiteren wesentlichen Faktoren das soziale, kulturelle, religiöse und wirtschaftliche Umfeld zu berücksichtigen, in dem sie gelebt habe. Habe eine Frau z.B. Verfolgung in Form einer *Vergewaltigung* wegen ihres Geschlechts erfahren, bestehe die Möglichkeit, dass sie aus der Gemeinschaft ausgestoßen werde, wenn sie staatlichen Schutz in Anspruch nehme (Kanadischer Ausschuss für Einwanderungs- und Flüchtlingsangelegenheiten, Richtlinie zu Asylbewerberinnen, die sich aus Furcht vor Verfolgung aufgrund ihres Geschlechts berufen v. 25.11.1996, S. 24).

Danach kann im konkreten Einzelfall der Verweis auf den nationalen Schutz unzu- 38
mutbar sein, sofern konkret und schlüssig dargelegt wird, dass etwa ernsthafte Bedrohungen durch die Familie oder erhebliche Diskriminierungen durch Teile der Bevölkerung drohen. So wird bei familiärer Gewalt die Familie häufig unterbinden wollen, dass diese nach außen bekannt wird. Besteht die Gefahr, dass die Polizei nach Erstattung der Anzeige die Familienangehörigen informieren und diese deshalb ihre Verfolgungen gegen die Antragstellerin fortsetzen werden und gibt es darüber hinaus keine effektiven gesellschaftlichen oder staatlichen Schutzeinrichtungen gegen familiäre Gewalt, ist die Inanspruchnahme polizeilichen Schutzes in derartigen Fällen für die Antragstellerin unzumutbar. Besondere Sensibilität ist bei einer vorgebrachten erlittenen Vergewaltigung angezeigt. Bestehen vernünftige Gründe für die Befürchtung, dass eine durch private Akteure vergewaltigte oder sonstwie sexuellen oder vergleichbaren Übergriffen ausgesetzte Frau wegen des Ersuchens um polizeilichen Schutz erneut Opfer von Vergewaltigungen oder sie deshalb aus der Familie ausgestoßen

werden wird, kann ihr eine Inanspruchnahme polizeilichen Schutzes nicht zugemutet werden. Fehlt einer Frau das Vertrauen, dass die Polizei sie schützen werde und wird eine systematische Praxis behördlicher Diskriminierungen der religiösen oder ethnischen Gruppe, welcher die vergewaltigte Frau angehört, festgestellt, ist es unzumutbar für das weibliche Opfer von sexueller Gewalt, polizeilichen Schutz in Anspruch zu nehmen (*Castel*, IJRL 1992, 39, 54; *Spijkerboer*, Women and Refugee Status, Emancipation Council [Hrsg.], S. 24, 31).

39 Teilweise wird vom Grundsatz, dass nur bei Verfolgung durch nichtstaatliche Akteure eine besondere Darlegungslast besteht, im Blick auf den »*Amtswalterexzess*« eine Ausnahme zugelassen. So weisen z.B. die U.S.-Richtlinien zu geschlechtsspezifischen Verfolgungen von 1995 darauf hin, dass zwar im Allgemeinen die Regierung der Verfolger sei. Es könne sich jedoch die Frage stellen, ob die von einem Amtswalter ausgeübte oder angedrohte Verfolgung dennoch als bloße private Handlung erscheine. Es sei sorgfältig zu prüfen, ob vernünftige Gründe für die Annahme sprächen, dass die als »privat« erscheinende Handlung eine »öffentliche« sei, welche der Regierung oder einem Beamten zugerechnet werden könne, weil sie unfähig oder unwillig sei, diesen Beamten zu kontrollieren. Nach der Rechtsprechung wird gegen Verfolgungen durch Amtswalter nur ausnahmsweise und nur unter den Voraussetzungen »vereinzelter Exzesstaten« von Amtswaltern kein Schutz gewährt. Dauern Verfolgungen in Form mehrfacher Übergriffe mit erheblicher Intensität über einen längeren Zeitraum an, kann nicht das Exzesstaten prägende Kriterium »*vereinzelter und spontaner Vorgänge*« unterstellt werden (BVerfGE 80, 315, 352 = EZAR 201 Nr. 20 = NVwZ 1990, 151 = InfAuslR 1990, 21; BVerfG [Kammer], NVwZ 1992, 1081, 1083; BVerfG [Kammer], NVwZ-RR 1993, 511, 512; BVerfG [Kammer], InfAuslR 1993, 310, 312; BVerfG [Kammer], NVwZ-Beil. 2003, 84, 85 f. = AuAS 203, 261; s. auch OVG Lüneburg, DVBl 1983, 181, 182; OVG Saarland, AS 1982, 361, 366 f. = NVwZ 1983, 170; VGH BW, InfAuslR 1982, 255, 256). Bei Verfolgungen durch Angehörige staatlicher Behörden ist der Antragsteller daher nur ausnahmsweise gehalten, darzulegen, dass er gegen Verfolgungen durch diese keinen Schutz erlangen kann. Kann seinem Sachvorbringen nicht entnommen werden, dass die behaupteten Verfolgungen Ausdruck vereinzelter und spontaner Übergriffe durch einzelne Angehörige staatlicher Behörden sind, ist davon auszugehen, dass nationaler Schutz nicht verfügbar war. Die Richtlinie verfolgt nach ihrem Wortlaut und ihrer Begründung die strikte Linie und verneint bei Verfolgung durch den Staat oder durch Parteien oder Organisationen, die diesen ersetzen, grundsätzlich eine auf die Schutzbeantragung bezogene Darlegungslast, weil in diesen Fällen prinzipiell die Nichtverfügbarkeit staatlichen Schutzes unterstellt wird. Jedenfalls dann, wenn die Verfolgungen durch die Amtswalter andauern und der Betreffende gegen diese keinen Schutz erhalten kann, kann ihm nicht der Einwand des Schutzunvermögens entgegengehalten werden. Für eine wirksame nationale Schutzgewährung trifft unter diesen Voraussetzungen die Behörde die Beweislast.

40 Entsprechend dem *Günstigkeitsprinzip* ist der Antragsteller mit der *Beweislast* beschwert, wenn unerweislich bleibt, ob er gegen Verfolgungen durch nichtstaatliche

Verfolger keinen Schutz erlangen kann. § 3c Nr. 3 ist missverständlich formuliert. Der Begriff »erwiesenermaßen« bedeutet nicht, dass der Antragsteller beweisen muss, dass gegen Verfolgungen durch nichtstaatliche Akteure kein nationaler Schutz verfügbar ist. Vielmehr hat er, bevor die Beweislastregeln Anwendung finden, zunächst unter Berücksichtigung der ihn treffenden Darlegungslast den Sachverhalt zu schildern und hat die Behörde den Sachverhalt von Amts wegen aufzuklären. Bleiben nach sorgfältiger und ordnungsgemäßer Aufklärung Zweifel, gehen diese zulasten des Antragstellers. In diesem Fall ist nicht »erwiesen«, dass die Schutzakteure zur Schutzgewährung nicht in der Lage oder willens sind. Ob der Antragsteller gehalten ist, nationalen Schutz zu beantragen, ist ferner auch abhängig davon, ob ihm dies zuzumuten war bzw. sein wird. Kann er stichhaltige Einwände dafür liefern, dass eine Schutzbeantragung für ihn mit einem hohen Risiko persönlicher Gefährdung verbunden ist oder dies wegen Unwilligkeit oder Unfähigkeit der Schutzakteure von vornherein aussichtslos erschien (Rdn. 38), hat er seiner Darlegungslast genügt.

E. Funktion einschlägiger Rechtsakte (Abs. 3)

Nach Abs. 3 sind bei internationalen Organisationen unionsrechtliche Rechtsakte zu berücksichtigen, die in diesem Zusammenhang relevant sind. Die Vorschrift ist nur auf »internationale Organisationen« im Sinne von Abs. 1 Nr. 2 gemünzt, wie sich aus dem Erfordernis der Schutzgewährung ergibt. Die Richtlinie grenzt hiervon »Parteien oder Organisationen« im Sinne von Abs. 1 Nr. 2 ab. Auf diese findet Abs. 3 keine Anwendung. Insoweit ist angesichts der unbegrenzten und heterogenen Vielfalt der sozialen Realität auch kaum vorstellbar, dass Rechtsakte eine Auflistung entsprechender Gruppierungen unternehmen könnten. Da es nach Abs. 2 Satz 1 auf die Wirksamkeit und Dauerhaftigkeit des Schutzes ankommt, sind für die Beurteilung dieser Frage Rechtsakte heranzuziehen, soweit sie zum Mandat der Organisationen Aussagen enthalten. Die Gewährung von Schutz bleibt jedoch originäre Aufgabe nationaler Institutionen und besteht das Ziel internationaler Einsätze zumeist in der Befriedung der Sicherheitslage (Rdn. 19). 41

§ 3e Interner Schutz

Dem Ausländer wird die Flüchtlingseigenschaft nicht zuerkannt, wenn er

1. **in einem Teil seines Herkunftslandes keine begründete Furcht vor Verfolgung oder Zugang zu Schutz vor Verfolgung nach § 3d hat und**
2. **sicher und legal in diesen Landesteil reisen kann, dort aufgenommen wird und vernünftigerweise erwartet werden kann, dass er sich dort niederlässt.**

(2) [1]Bei der Prüfung der Frage, ob ein Teil des Herkunftslandes die Voraussetzungen nach Absatz 1 erfüllt, sind die dortigen allgemeinen Gegebenheiten und die persönlichen Umstände des Ausländers gemäß Artikel 4 der Richtlinie 2011/95/EU zum Zeitpunkt der Entscheidung über den Antrag zu berücksichtigen. [2]Zu diesem Zweck sind genaue und aktuelle Informationen aus relevanten Quellen, wie etwa

Informationen des Hohen Kommissars der Vereinten Nationen für Flüchtlinge oder des Europäischen Unterstützungsbüros für Asylfragen, einzuholen.

Übersicht **Rdn.**

A. Funktion der Vorschrift

1 Die Vorschrift wurde durch das Gesetz zur Umsetzung der Richtlinie 2011/95/EU 2013 in das AsylG eingeführt. Abs. 1 bezeichnet die Voraussetzungen, unter denen dem Antragsteller der Verweis auf den Aufenthalt in anderen Landesteilen zugemutet werden kann (ausf. *Marx*, Handbuch zum Flüchtlingsschutz, 2. Aufl., 2012, S. 121 ff.). Abs. 2 enthält hierzu wesentliche Auslegungsgrundsätze. Die Vorschrift ist inhaltlich mit Art. 8 RL 2011/95/EU identisch. Aus unionsrechtlicher Sicht handelt es sich um eine Ermessensklausel. Diese übernimmt die in den Mitgliedstaaten seit den 1970er Jahren entwickelte Praxis der *inländischen Fluchtalternative*. Entsprechend der internationalen Staatenpraxis, die etwa in Kanada (*Zambelli*, IJRL 1996, 144) und in der Bundesrepublik Deutschland (§ 77 Abs. 1 AsylG) gesetzlich verankert ist, ist nach Art. 8 Abs. 1 RL 2011/95/EU die Frage einer in einem »Teil des Hoheitsgebietes des Herkunftslandes« bestehenden Schutzalternative im Rahmen der Verfolgungsprognose zu prüfen. Damit hat der interne Schutz gegenüber dem ursprünglichen Ansatz seine Funktion verändert. Es ist nicht mehr zu prüfen, ob im Zeitpunkt der Flucht innerhalb des Herkunftslands interne Ausweichorte als Alternative zur Flucht bestanden (interne Fluchtalternative), sondern, ob im Zeitpunkt der Entscheidung (Art. 4 Abs. 3 Buchst. a) RL 2011/95/EU) der Hinweis auf diese in Betracht kommt (*interne Schutzalternative*). Der interne Schutz erscheint nicht mehr als Alternative zur Flucht, sondern als Alternative zum internationalen Schutz. Dieser Ansatz hat erhebliche Auswirkungen auf die Prognoseprüfung, da es für die Beweiserleichterung nach Art. 4 Abs. 4 RL 2011/95/EU nicht mehr darauf ankommt, ob vor der Ausreise ein Ausweichort bestand (BVerwGE 133, 55, 65 = NVwZ 2009, 982 = EZAR NF 61 Nr. 4 = AuAS 2009, 115; BVerwG, NVwZ 2009, 1308, 1310 = EZAR NF 67 Nr. 6; Hess. VGH, NVwZ-RR 2008, 828; *Lehmann*, NVwZ 2007, 508, 513; Marx, InfAuslR 2008, 462). Die auf den Fluchtzeitpunkt abstellenden Grundsätze zur rückschauenden Prognose finden keine Anwendung mehr.

Beim Einwand des internen Schutzes handelt es sich *nicht* um einen »Rechtsbegriff«, vielmehr um ein »tatsächliches Moment« im Rahmen der Prognoseprüfung (Nr. 1 Summary Conclusions – Internal Protection/Relocation/Flight Alternative, San Remo Expert Roundtable, Global Consultations on International Protection, 6–8 September 2001). Die Staatenpraxis ist in dieser Frage uneinheitlich. Es besteht eine sachliche Nähe zu Art. 7 Abs. 2 RL 2011/95/EU (§ 3d Abs. 2). Weder in der Staatenpraxis noch im Schrifttum besteht Einigung über die rechtlichen Grundlagen des internen Schutzes. Nach dem Wortlaut von Art. 1 A Nr. 2 GFK ist es zunächst nicht offenkundig, dass dem Flüchtlingsstatus der interne Schutz entgegengehalten werden kann. Der Begriff des Flüchtlings setzt jedoch voraus, dass der Betreffende wegen einer befürchteten Verfolgung den Schutz seines Herkunftslands nicht in Anspruch nehmen kann. Hieraus kann im Umkehrschluss gefolgert werden, dass der Betroffene nicht unter den Flüchtlingsbegriff fällt, wenn im Herkunftsland Schutz gewährt wird (*Zimmermann/Mahler*, in: Zimmermann, The 1951 Convention relating to the Status of Refugees and ist 1967 Protocol. A Commentary, 2011, Article 1 A para. 2 Rn. 606 f.). Keine Einigkeit besteht darüber, ob für die Rechtfertigung des internen Schutzes an den Begriff der Verfolgungsfurcht oder am Konzept der Verfolgung anzuknüpfen ist. Art. 8 Abs. 1 Nr. 1 RL 2011/95/EU verknüpft den internen Schutz mit dem Begriff der Verfolgungsfurcht. Auch UNHCR verbindet den internen Schutz mit dem Begriff der Verfolgungsfurcht. Danach muss sich die Furcht vor Verfolgung nicht immer auf das gesamte Territorium erstrecken (*UNHCR*, Handbuch über Verfahren und Kriterien zur Feststellung der Flüchtlingseigenschaft, 1979, Rn. 91). Dieser Ansatz wird in zahlreichen Dokumenten von UNHCR bekräftigt (*UNHCR*, Position on Relocating Internally as a Reasonabe Alternative to Seeking or Receiving Asylum, UNHCR/IOM/24/99, 09.02.1999, Rn. 9; *UNHCR*, Interpreting Article 1 of the 1951 Convention Relating to the Status of Refugees, April 2001, Rn. 37; krit. *Zimmermann/Mahler*, in: Zimmermann, The 1951 Convention relating to the Status of Refugees and its 1967 Protocol. A Commentary, 2011, Article 1 A para. 2 Rn. 611 ff.; *Storey*, IJRL 1998, 499, 524). 2

Überwiegend wird der interne Schutzeinwand aus dem im Flüchtlingsbegriff enthaltenen Element des nationalen Schutzes abgeleitet. Jemand könne nicht als Flüchtling angesehen werden, wenn er Schutz vor Verfolgung in irgendeinem Teil seines Herkunftslands erlangen könne. Das Flüchtlingsrecht antworte auf die Schutzbedürftigkeit derjenigen, die keine Alternative zum internationalen Schutz hätten. Der subsidiäre Charakter internationalen Schutzes folge aus dem Text von Art. 1 A Nr. 2 GFK und der Entstehungsgeschichte (*Hathaway*, The Law of Refugee Status, 1991, S. 133; BVerwG, NVwZ 2009, 1308, 1310 = EZAR NF 67 Nr. 6). Die Skepsis gegen diese Argumente hat insbesondere ihren Grund darin, dass bis zu den 1980er Jahren, also immerhin dreißig Jahre lang nach Verabschiedung des GFK, der interne Schutzeinwand in der Staatenpraxis nicht gegen Flüchtlinge geltend gemacht wurde. Erst mit der zunehmenden Zahl nichteuropäischer Flüchtlinge in Westeuropa gewann das Argument Bedeutung, dass internationaler Schutz nur gewährt wird, wenn im Herkunftsland kein Schutz verfügbar ist (*Klug*, GermanYIL 2004, 594, 607). Wortlaut und Entstehungsgeschichte von Art. 1 A Nr. 2 GFK wurden also über Jahrzehnte nicht als derart zwingend empfunden, dass einem über die Grenzen seines Herkunftslands geflohenen Flüchtling der Verweis auf andere Regionen in seinem Herkunftsland zugemutet wurde. 3

4 Erstmals wurde der interne Schutz in der deutschen Rechtsprechung entwickelt (BVerwGE 67, 314 = EZAR 203 Nr. 1 = InfAuslR 1983, 326). Ihr folgten eine Reihe von Vertragsstaaten (Überblick über die Staatenpraxis bei *Marx*, IJRL 2002, 179). Überwiegend knüpfen die Gerichte der Vertragsstaaten den internen Schutz konzeptionell an den Begriff des nationalen Schutzes an, der integraler Bestandteil des Flüchtlingsbegriffs in Art. 1 A Nr. 2 GFK ist. So liegt nach der australischen Rechtsprechung der Schwerpunkt der Konvention nicht auf dem Schutz, der im Herkunftsland in bestimmten Regionen zur Verfügung stehe. Vielmehr beruhe der interne Schutz auf einem mehr generellen Schutzstandard (Australia Federal Court of Appeal, *Randhawa v. MEI*, [1994] 124 ALR 265). Auch die britische Rechtsprechung verbindet den internen Schutzeinwand mit dem verfügbaren nationalen Schutz im Herkunftsland (Court of Appeal, *Karankaran v. SSDH*, [2000] 3 All ER 449). In *Ward* hat der Oberste Gerichtshof in Kanada festgestellt, dass das Flüchtlingsrecht entwickelt worden sei, um Ersatz für den fehlenden nationalen Schutz zu schaffen. Es werde nur in den Situationen relevant, in denen nationaler Schutz nicht verfügbar sei. Die internationale Gemeinschaft habe bei der Verabschiedung der Konvention die Vorstellung gehabt, dass von verfolgten Personen zunächst erwartet werden könne, dass sie ihren Staat um Schutz ersuchten, bevor die Schutzgewährung in die Verantwortlichkeit anderer Staaten falle (Canada Supreme Court, *Ward v Attorney General*, [1993] 2 SCR 688, 709). Auch nach der deutschen Rechtsprechung beruht der interne Schutz auf dem Subsidiaritätsprinzip. Danach ist der Antragsteller nicht schutzbedürftig, wenn er in anderen Teilen des Herkunftslands Schutz finden kann. Wer den Schutz des Herkunftslands in Anspruch nehmen kann, befindet sich in keiner die Statusgewährung rechtfertigenden Notlage (BVerfGE 80, 315, 344 = EZAR 201 Nr. 1 = NVwZ 1990, 151 = InfAuslR 1990, 21; BVerwG, EZAR 203 Nr. 4; BVerwG, InfAuslR 1989, 107). Die nationalen Gerichte sehen im internen Schutz damit eine direkte Konsequenz des subsidiären Charakters des internationalen Schutzes (Canadian Federal Court of Appeal, *Thirunavukkarasu v MEI* 1993 ACWSJ LEXIS 21770; s. auch *UNHCR*, Position on Relocating Internally as a Reasonable Alternative to Seeking or Receiving Asylum, Inter-Office Memorandum No. IOM/24/99, 09.02.1999, Rn. 9; *UNHCR*, Interpreting Article 1 of the 1951 Convention Relating to the Status of Refugees, April 2001, Rn. 37). Auch der EGMR hat grundsätzlich keine Bedenken gegen die Abschiebung in interne Schutzzonen, wenn der Betroffene in der Lage ist, dorthin zu reisen und Aufnahme zu finden und sich dort niederlassen kann (EGMR, HRLJ 2013, 311, 322 Rn. 62 – *M.Y.H*, EGMR, HRLJ 2013, 326, 331 Rn. 51 – *S.A.*, beide mit Bezugnahme auf EGMR, InfAuslR 2012, 121, 124 Rn. 266 – *Sufi* und *Elmi*).

B. Voraussetzungen des internen Schutzes

I. Prüfkriterien

5 Abs. 1 und 2 bezeichnen die Voraussetzungen des internen Schutzes. Zunächst ist der Begriff des Herkunftslandes (Abs. 1 Nr. 1) zu klären. Kommt die in Aussicht genommene Region als territorialer Bezugspunkt der Entscheidung in Betracht, wird anschließend geprüft, ob der Antragsteller ungefährdeten und sicheren Zugang zum Ort des internen Schutzes hat (Abs. 1 Nr. 2). Schließlich ist zu prüfen, ob aufgrund

der am Ort des internen Schutzes vorherrschenden allgemeinen Verhältnisse vom Antragsteller vernünftigerweise erwartet werden kann, dass er sich dort niederlässt. Dabei sind die allgemeinen Verhältnisse wie auch persönliche Umstände des Antragstellers in den Blick zu nehmen (Abs. 2). Dies kann nicht anhand eines abstrakt-generellen Maßstabs festgestellt werden.

II. Begriff des Herkunftslands (Abs. 1 Nr. 1)

Abs. 1 und Abs. 2 verweisen auf einen »Teil des Herkunftslandes«. »Herkunftsland« 6
kann im Allgemeinen nur ein Gebiet sein, das rechtlich und tatsächlich der Herrschaftsgewalt der Zentralregierung untersteht. Dementsprechend geht die Begründung des Vorschlags der Kommission in diesem Zusammenhang auch davon aus, dass die »nationale Regierung das Recht hat, im gesamten nationalen Hoheitsgebiet tätig zu werden« (Kommissionsentwurf, in: BR-Drucks. 1017/01, S. 20). Dies ist auch die Ratio der Rechtsprechung vom *»mehrgesichtigen Staat«* (BVerfGE 80, 315, 342 f. = EZAR 201 Nr. 20 = NVwZ 1990, 151 = InfAuslR 1990, 219). Nur wenn die Zentralregierung das gesamte Staatsgebiet beherrscht, kommen innerhalb ihres Herrschaftsbereichs gelegene Regionen für die Prüfung des internen Schutzes in Betracht. Erst dann kann beurteilt werden, ob die in § 3d Abs. 1 genannten Schutzakteure Zugang zum nationalen Schutzsystem gewähren. Ist dies nicht der Fall oder ungewiss, bleibt der für die Anwendung von § 3d Abs. 2 maßgebende individuelle Zugang von zu vielen Ungewissheiten und Unabwägbarkeiten abhängig. Allerdings kann Schutz nach § 3d Abs. 1 Nr. 2 auch von Organisationen geboten werden, die einen wesentlichen Teil des Staatsgebiets beherrschen (§ 3d Rdn. 18 ff.). Der Zugang zum nationalen Schutzsystem muss jedoch wirksam sichergestellt sein. Beim Übergang der Herrschaftsgewalt von der Zentralregierung auf *de facto-Autoritäten* ist dies regelmäßig von zu vielen und gravierenden Unsicherheiten und Ungewissheiten abhängig.

Nach der Entstehungsgeschichte der GFK ist die Beziehung zwischen dem Flüchtling 7
und seinem Herkunftsstaat der Ausgangspunkt für die Gewährung internationalen Schutzes. Sofern dieser Staat eine sichere Alternative auf seinem Gebiet bereithält, erfüllt er seine völkerrechtliche Verpflichtung und ist die Gewährung des Flüchtlingsstatus entbehrlich. Die Verfolgungsfurcht muss sich nicht immer auf das gesamte Territorium des Landes erstrecken. Bei Konflikten zwischen verschiedenen Volksgruppen oder bei bürgerkriegsähnlichen Zuständen kann es vielmehr vorkommen, dass die Verfolgung einer bestimmten ethnischen oder nationalen Gruppe sich nur auf einen Landesteil beschränkt. In einem solchen Fall wird einer Person der Flüchtlingsstatus nicht deshalb vorenthalten, weil sie Zuflucht in einem anderen Landesteil hätte suchen können, wenn, nach allen Umständen zu urteilen, ein solches Verhalten vernünftigerweise von ihr nicht erwartet werden könnte (*UNHCR*, Handbuch über Verfahren und Kriterien zur Feststellung der Flüchtlingseigenschaft, 1979, Rn. 91). Der Verweis auf den nationalen Schutz ist jedoch nur gerechtfertigt, wenn tatsächlich effektiver Schutz durch die Regierung bereitgestellt wird und vom Betroffenen vernünftigerweise die Inanspruchnahme dieses Schutzes erwartet werden kann (*Hathaway*, The Law of Refugee Status, 1991, S. 134).

8 Auch nach der Rechtsprechung ist beim internen Schutz grundsätzlich das jeweilige Staatsgebiet in seiner Gesamtheit in den Blick zu nehmen (BVerwG, EZAR 203 Nr. 7; BVerwGE 110, 74, 75 f. = EZAR 044 Nr. 16 = NVwZ 2000, 331 = InfAuslR 2000, 122). Ist es bezogen auf die befürchtete Verfolgung insgesamt frei von Verfolgung, wird der Flüchtlingsstatus nicht etwa deshalb gewährt, weil in einigen Landesteilen Bürgerkrieg herrscht (BVerwG, EZAR 203 Nr. 7). Auch, wenn der Flüchtling bezogen auf eine Region Verfolgung befürchtet, werden die Grundsätze zum internen Schutz selbst im Blick auf jene Gebiete angewandt, in denen die Zentralregierung ihre Gebietsgewalt vorübergehend faktisch verloren hat (»befreite oder autonome Gebiete«) und deshalb dort ihre Fähigkeit zur Schutzgewährung vorläufig und für ungewisse Zeit prinzipiell aufgehoben ist (BVerwGE 108, 84, 88 = InfAuslR 1999, 145 = InfAuslR 1999, 280 = NVwZ 1999, 544 = EZAR 203 Nr. 12 = AuAS 1999, 166; BVerwG, InfAuslR 2000, 32, 33; BVerwG, Urt. v. 05.10.1999 – BVerwG 9 C 15.99; BVerwGE 131, 186, 190 = NVwZ 2008, 1246 = InfAuslR 2008, 469 = EZAR NF 64 Nr. 3 = AuAS 2008, 223). Nach dem Subsidiaritätsgrundsatz ist es dem im Herkunftsland Verfolgten grundsätzlich zuzumuten, in faktisch verfolgungsfreie Gebiete auszuweichen. Das gilt nicht nur innerhalb eines »mehrgesichtigen«, prinzipiell landesweit verfolgungsmächtigen Staates, sondern auch (und erst recht) für Regionen, in denen der Staat seine effektive Gebiets- und Verfolgungsmacht infolge eines Bürgerkriegs oder wegen des Eingreifens fremder Mächte vorübergehend verloren hat. In solchen Gebieten kann (erneute) Verfolgung durch denselben Verfolger regelmäßig nicht stattfinden, der Betroffene also auf absehbare Zeit verfolgungsfrei leben.

9 Nach der Richtlinie kommt es jedoch nicht auf die fehlende Verfolgungsfähigkeit, sondern darauf an, ob im Zeitpunkt der Entscheidung (§ 77 Abs. 1) am Ausweichort wirksamer Schutz gewährt wird (§ 3d Abs. 2). Übt die Zentralregierung dort keine Herrschaftsgewalt aus, kann sie dort auch keinen wirksamen Schutz gewähren. *De facto-Autoritäten* sind regelmäßig nicht nur nicht zur wirksamen Schutzgewährung in der Lage, vielmehr beherrschen sie außerhalb des Herkunftslands (Abs. 1 Nr. 1) auch nicht einen »wesentlichen Teil« des Staatsgebiets (§ 3d Abs. 1 Nr. 2). Die Anwendung der Grundsätze zum internen Schutz auf Gebiete, die nicht mehr zum Gebiet des Herkunftslands gehören, ist damit aus unionsrechtlicher Sicht unzulässig. Begründet wird die abweichende Ansicht damit, dass der Staat, der in einer Region die Gebietsherrschaft – etwa durch Annexion oder Sezession – endgültig verliert, flüchtlingsrechtlich Ausland wird und nicht Bezugspunkt des internen Schutzes sein kann. Damit entfallt dort die mit einem Verbleiben im territorialen Machtbereich des Verfolgerstaates verbundene erhöhte Gefährdung, die in erster Linie die erhebliche Maßstabserleichterung für inländische Fluchtalternativen rechtfertigt (BVerwGE 108, 84, 88 = InfAuslR 1999, 145 = InfAuslR 1999, 280 = NVwZ 1999, 544 = EZAR 203 Nr. 12 = AuAS 1999, 166). Diese Argumentation ist überholt, weil die vor der Ausreise vom territorialen Machtbereich des Herkunftslands ausgehende Verfolgungsgefahr bestehen bleibt und Schutz nur verweigert werden darf, wenn im Herkunftsland (Abs. 1 Nr. 1) wirksamer Schutz (§ 3d Abs. 2) gewährt wird.

III. Zugang zum Ort des internen Schutzes (Abs. 1 Nr. 2)

Ob der Hinweis auf den internen Schutz zumutbar ist, ist zunächst davon abhängig, dass der Antragsteller tatsächlich und in zumutbarer Weise Zugang zum Ort des internen Schutzes innerhalb des Herkunftslands erlangen kann. Falls in diesem alternativer Schutz besteht, der entsprechende Ort aber nicht erreicht werden kann, ist der Verweis auf den internen Schutz rein spekulativer Natur und bleibt er eine lediglich theoretische Option. Damit sich eine interne Alternative nicht nur als theoretische Option, sondern als eine dem Einzelnen praktisch eröffnete Möglichkeit internen Schutzes erweist, bedarf es verlässlicher Tatsachenfeststellungen zur Prognose der Erreichbarkeit wie auch zur Bewertung einer realistisch eröffneten Reisemöglichkeit. Nur im Fall einer weitgehend gesicherten Prognose sowie einer die konkreten persönlichen Umstände des Einzelnen berücksichtigenden Zumutbarkeitsbewertung ist es gerechtfertigt, den Schutz zu versagen (BVerwGE 131, 186, 192 = NVwZ 2008, 1246 = InfAuslR 2008, 469 = EZAR NF 64 Nr. 3 = AuAS 2008, 223; *Storey*, IJRL 1998, 499, 523). Steht fest, dass die Behörden den Asylsuchenden nicht einreisen lassen, besteht auch dann, wenn die Grenzkontrollen nur lückenhaft sind, kein Zugang zum Ort des internen Schutzes. Denn es ist unwahrscheinlich, dass es diesen gestattet würde, sich dort aufzuhalten (EGMR, InfAuslR 2007, 223, 225 – *Salah Sheekh*). 10

Abs. 1 Nr. 1 ist ebenso wie der unionsrechtliche Referenzrahmen Art. 8 Abs. 1 Nr. 1 RL 2011/95/EU missverständlich formuliert. Die begründete Furcht vor Verfolgung und die Erreichbarkeit des Ausweichortes stehen nicht in einem alternativen Verhältnis. Vielmehr hat dieses kumulativen Charakter. Besteht keine Furcht vor Verfolgung, kommt es auf die sichere Erreichbarkeit des Ausweichorts nicht an (BVerwG, EZAR 203 Nr. 7). Dies ist evident und hätte durch Abs. 1 Nr. 1 Alt. 1 keiner Bekräftigung bedurft. Hat der Antragsteller bezogen auf einen Teil des Herkunftslands begründete Furcht vor Verfolgung, wird nach Abs. 1 Nr. 1 Alt. 2 der Status verweigert, wenn er Zugang zum wirksamen nationalen Schutzsystem hat. Regional begrenzte Verfolgungsfurcht und Erreichbarkeit des internen Schutzortes zusammen erfüllen erst die Voraussetzungen für den Ausschluss vom internationalen Schutz. In erster Linie sind zunächst Risikofaktoren für die persönliche Sicherheit bezogen auf den Weg vom Aufnahmemitgliedstaat zum internen Ort des Schutzes im Herkunftsland zu prüfen. Im Blick auf körperliche Hindernisse kann dem Antragsteller nicht zugemutet werden, große körperliche Strapazen in Kauf zu nehmen. Zu berücksichtigen sind ferner natürliche Hindernisse, deren Überwindung schwierig oder sogar gefährlich ist wie etwa ein See, ein Fluss oder eine Gebirgskette. Auch von Menschen errichtete Hindernisse wie z.B. eine militärisch umkämpfte Zone, Landminen und militärische Kontrollpunkte sind zu berücksichtigen. In der Rechtsprechung der Vertragsstaaten wird daher nicht auf den internen Schutz verwiesen, wenn heftige militärische Kämpfe am Zielort vorherrschen und die Gefahr besteht, dass der Antragsteller bei seiner Ankunft getötet wird (BVerwGE 105, 187, 194 = EZAR 043 Nr. 26 = DÖV 1998, 608 = DVBl 1998, 608; BVerwG, NVwZ 1993, 1210, 1212; UK Court of Appeal, *Ex p Robinson* [1997] Imm AR 94; US Board of Immigration 11

Appeals, Nr. 3276 [1996] – *Matter of H*; Canada Court of Appeal, Nr. 1 MM-2124–96 [1997] – *Dirshe*; Österr. VwGH, Entsch. v. 28.04.2000 – Nr. 96/21/1036–7; *UNHCR* Position on Relocating Internally as a Reasonabe Alternative to Seeking or Receiving Asylum, UNHCR/IOM/24/99, 09.02.1999, Rn. 9).

12 Der Vorbehalt, praktische Hindernisse vorübergehender Art rechtfertigten die Statusversagung (Art. 8 Abs. 3 RL 2004/83/EG), wurde durch Art. 8 RL 2011/95/EU, auf den § 3e sich bezieht, aufgehoben. Damit ist auch die frühere Rechtsprechung, auf die die Bundesregierung sich bei den Verhandlungen zum früheren Vorbehalt bezogen hatte, überholt. Danach waren etwaige Gefährdungen auf dem Reiseweg zum internen Ort des Schutzes im Herkunftsland ebenso wie Gefahren, die sich durch die Wahl bestimmter Abschiebungswege durch die einzelnen Ausländerbehörden ergeben konnten, regelmäßig nicht Gegenstand der Flüchtlingsentscheidung (BVerwGE 104, 265, 277 ff. = InfAuslR 1997, 341 = NVwZ 1997, 1127 = EZAR 043 Nr. 21). Derartige Gefährdungen betreffen die Art und Weise der Durchsetzung der Ausreisepflicht und durften nach Ansicht des BVerwG durch die Asylbehörde grundsätzlich nicht geprüft werden. Aus der Entstehungsgeschichte des Art. 8 RL 2011/95/EU folgt aber, dass im Entscheidungszeitpunkt die Erreichbarkeit des internen Ausweichorts zuverlässig feststehen muss. Kann dies erst im Verwaltungsvollzug geklärt werden, darf der Status nicht versagt werden. Auch Visa- und Transitvisaerfordernisse von Durchreisestaaten haben zur Folge, dass der Asylsuchende nicht auf einen Ausweichort im Herkunftsort verwiesen werden darf, da hierzu die Durchreise durch einen Drittstaat und dessen Zustimmung erforderlich ist (*Zimmermann/Mahler*, in: Zimmermann, The 1951 Convention relating to the Status of Refugees and its 1967 Protocol. A Commentary, 2011, Article 1 A para. 2 Rn. 631; *Kelley*, IJRL 2002, 4, 14). So darf z.B. nach der australischen Rechtsprechung der Flüchtling nicht auf das Herkunftsland verwiesen werden, wenn die Durchreise durch einen Drittstaat die Ausstellung von Reisedokumenten durch den Drittstaat voraussetzt (Federal Court, [2000] 177 ALR 506 – *Al-Amidi v. MIMA*, zit. nach *Zimmermann/Mahler*, in: Zimmermann, The 1951 Convention relating to the Status of Refugees and its 1967 Protocol. A Commentary, 2011, Article 1 A para. 2 Rn. 631; a.A. BVerwG, Buchholz 402.242 § 60 Abs. 1 AufenthG Nr. 32; BVerwGE 110, 74, 77 = EZAR 044 Nr. 16 = NVwZ 2000, 331 = InfAuslR 2000, 122; BVerwGE 131, 186, 194 = NVwZ 2008, 1246, 1248 = InfAuslR 2008, 469).

IV. Wirksame und dauerhafte Sicherheit am Ort des internen Schutzes (Abs. 1 Nr. 2)

13 Der interne Schutz setzt zusätzlich zur tatsächlichen und sicheren Erreichbarkeit des Ausweichgebiets voraus, dass der Einzelne dort auch wirksamen und dauerhaften Schutz vor Verfolgung erlangen und deshalb vernünftigerweise von ihm erwartet werden kann, dass er sich dort niederlässt (Abs. 1 Nr. 2). Ist dieses Gebiet im Allgemeinen sicher, der Einzelne dort jedoch aufgrund persönlicher Umstände im Sinne von Art. 4 RL 2011/95/EU (Abs. 2 Satz 1) nicht sicher vor dem Zugriff der Verfolgungsakteure, kann ihm der Flüchtlingsstatus nicht versagt werden. Zunächst ist die persönliche Sicherheit des Antragstellers festzustellen. Falls er dort Furcht vor Verfolgung hegen muss, kann

ihm eine Rückkehr nicht zugemutet werden. Staaten sind regelmäßig in der Lage, ihr Gewaltmonopol landesweit auszuüben. Geht die Verfolgung von staatlichen Behörden aus, spricht eine *Regelvermutung* dafür, dass die Reichweite der Verfolger das gesamte Staatsgebiet erfasst. Daher wird in der Staatenpraxis der interne Schutz regelmäßig nicht angewandt, wenn Verfolgung durch staatliche Behörden geltend macht wird (BVerfGE 81, 58, 61 = EZAR 203 Nr. 5 = NVwZ 1990, 514 = InfAuslR 1990, 74; BVerfG [Kammer], InfAuslR 1999, 273, 279; BVerfG [Kammer], InfAuslR 2000, 254, 260 f.; BVerwG, InfAuslR 1994, 375/377) = NVwZ 1994, 11239). Wird eine Regelvermutung für die Unzulässigkeit des Verweises auf andere Regionen bei staatlicher Verfolgung abgelehnt, ist aber Hinweisen auf eine direkte oder indirekte staatliche Beteiligung an Verfolgungen nachzugehen (House of Lords, IJRL 2008, 186, 189 – *AH*). Auch nach der Rechtsprechung des EGMR kann von dem Antragsteller, der Folter durch staatliche Behörden erlitten hat, nicht erwartet werden, dass er bei diesen Behörden Schutz sucht. In *Chahal* stellte er fest, dass dem Beschwerdeführer polizeiliche Verfolgung nicht nur in der Heimatprovinz Punjab, sondern überall in Indien drohe (EGMR, EZAR 933 Nr. 4 = NVwZ 1997, 1093 = InfAuslR 1997, 97 – *Chahal*). In *Hilal* hatte er den Umstand, dass die Polizei in Sansibar eng mit den Polizeibehörden des Festlandes von Tansania verbunden war, berücksichtigt und deshalb verneint, dass der Antragsteller dort effektiven Schutz erlangen könnte (EGMR, InfAuslR 2001, 417 – *Hilal*). Auch nach dem Ausschuss gegen Folter ist es unwahrscheinlich, dass innerhalb des Herkunftslandes sichere Zonen verfügbar sind, wenn die Polizei den Antragsteller suche (CAT, IJRL 1996, 440 – *Alan*; CAT, IJRL 1999, 203, 210 – *Ayes*).

Es ist auch die Art der befürchteten Verfolgung zu berücksichtigen. Macht der Antragsteller Furcht vor Misshandlungen durch Militärbehörden wegen Verweigerung des Wehrdienstes geltend, ist er in allen Teilen des Herkunftslands dem staatlichen Zugriff ausgesetzt (U.S. Court of Appeal, 9. Bezirk, 207 F.3 d 584 [2000] – *Chanchavac*) und kann ihm nicht zugemutet werden, dort Schutz zu suchen, wenn die Verfolger mit dem Staat verbunden sind. Auch für einen Antragsteller, der durch staatliche Behörden gefoltert worden ist, ist es unzumutbar, in anderen Landesteilen Schutz bei diesen Behörden zu suchen (US Court of Appeal, 9. Bezirk, 63 F.3 d 1501 – *Singh v. Ilchert*; New Zealand Refugee Status Appeals Authority, Entsch. v. 18.06.1993 – Nr. 135/92 ReRS99). Diese Grundsätze gelten auch für Organisationen, die das gesamte Staatsgebiet beherrschen. Stehen jedoch die Verfolgungsakteure nicht in Verbindung mit der Regierung, wird dem Antragsteller in der Regel zugemutet, in anderen Teilen des Landes Schutz zu suchen (U.S. Court of Appeal, 11. Bezirk, [2001] 241 F.3 d 1320 – *Mazariegos*). 14

Die Rechtsprechung sieht bei gruppengerichteten ethnischen Verfolgungen am Ort des internen Schutzes in Überprüfungsmaßnahmen, Polizeikontrollen, Razzien und sonstigen sicherheitsrelevanten Maßnahmen lediglich »polizeiliche Standardmaßnahmen« (BayVGH, Urt. v. 31.01.2005 – 11 B 02.31597), da bei der Terrorismusabwehr auch großflächige Ermittlungen durchgeführt werden dürften (Hess. VGH, Urt. v. 18.05.2006 – 3 UE 177/04.A). Komme es bei Überprüfungen im Polizeigewahrsam zu Körperverletzungen und Folter, im Einzelfall sogar zu Todesfällen und seien nicht nur Angehörige der ethnischen Minderheit betroffen, handele es sich um ein 15

»allgemeines Phänomen«, das die gesamte Bevölkerung des Herkunftslandes betreffe (OVG NW, Urt. v. 12.07.2005 – 11 A 2307/03). Diese Begründung ist mit Abs. 2, der insoweit auf Art. 4 RL 2011/95/EU verweist, unvereinbar. Belegen konkrete Vorfälle die begründete Annahme, dass ein von Verfolgung betroffener Angehöriger einer ethnischen Minderheit hiervon betroffen sein wird, sprechen ernstliche Gründe dafür, dass es aus Anlass polizeilicher Kontrollen zu Übergriffen kommen kann. Bei Identitätsprüfungen im Rahmen eines ethnischen Konflikts ist ernstlich zu befürchten, dass es zu Verfolgungen gegen Angehörige der ethnischen Minderheit auch in anderen Regionen des Herkunftslands kommt (BVerfG [Kammer], InfAuslR 2000, 254, 260 f.).

16 Geht die Verfolgung von lokalen oder regionalen Behörden aus, kann nur unter besonderen Umständen auf andere Regionen im Herkunftsland verwiesen werden (Global Consultations on International Protection, San Remo Expert Roundtable, 6–8 September 2001, Summary Conclusions – Internal Protection/Relocation/Flight Alternative, Rn. 2). Im Regelfall wird die zentrale Regierung, die keine effektiven Schutzvorkehrungen gegen Verfolgungen durch derartige Behörden trifft, keinen Schutz im Fall der Rückkehr gegen deren Verfolgungen gewähren (EGMR, InfAuslR 2001, 417 – *Hilal*; *Zimmermann/Mahler*, in: Zimmermann, The 1951 Convention relating to the Status of Refugees and its 1967 Protocol. A Commentary, 2011, Article 1 A para. 2 Rn. 635). Droht Verfolgung durch eine lokale oder regionale Behörde und kann die zentrale Regierung ihre Herrschaftsgewalt grundsätzlich im gesamten Herkunftsland ausüben, kann vom Antragsteller grundsätzlich nicht erwartet werden, dorthin zurückzukehren. Dabei ist auch die Fähigkeit lokaler Behörden zur Verfolgung in anderen Landesteilen, in Betracht zu ziehen. Unterbindet die Regierung hingegen Verfolgungen durch lokale oder regionale Behörden wirksam, kann ausnahmsweise angenommen werden, dass diese Behörden in anderen Landesteilen keine Verfolgung ausüben. Dazu bedarf es jedoch hinreichend zuverlässiger Feststellungen, da angesichts der strukturellen und institutionellen Verankerung lokaler Behörden im Gesamtgefüge des Staates eine Vermutung dafür spricht, dass diese auch in anderen Landesteilen Verfolgungen ausüben werden.

17 Diese Grundsätze gelten auch für Verfolgungen durch die Staatspartei oder durch die den Staat und die Gesellschaft beherrschenden religiösen Gruppen. Sind die Staatspartei oder derartige Gruppen landesweit – organisiert – und wegen ihrer engen Verbindungen zum zentralen Staatsapparat – auch fähig, im gesamten Staatsgebiet Verfolgungen auszuüben (BVerfGE 54, 341, 358 = EZAR 200 Nr. 1 = NJW 1980, 2641; Global Consultations on International Protection, San Remo Expert Roundtable, 6–8 September 2001, Summary Conclusions – Internal Protection/ Relocation/Flight Alternative, Rn. 2; s. auch BVerfGE 54, 341, 358 = EZAR 200 Nr. 1 = NJW 1980, 2641), besteht eine Regelvermutung, dass die Staatspartei oder diese Gruppen auch in der Lage sind, im gesamten Land ihren Herrschaftsanspruch durchzusetzen. Nur wenn klare und eindeutige Tatsachen dafür sprechen, dass lokale Behörden, Parteigliederungen oder Untergliederungen der dominierenden religiösen Gruppierung keinerlei Einfluss in anderen Landesteilen haben, kann vom Antragsteller ausnahmsweise erwartet werden, in anderen Landesteilen Schutz zu suchen. Dies wird allerdings nur in seltenen Ausnahmefällen gelten (*Marx*, IJRL 2002, 179, 192). Für die Anwendung derartiger Ausnahmefälle trifft indes die Behörde die *Beweislast*.

Ursprünglich wurde interner Schutz nur bei Verfolgungen durch nichtstaatliche Akteure angenommen (BVerwGE 67, 314, 315 f. = EZAR 203 Nr. 1 = InfAuslR 1983, 326; New Zealand Refugee Status Appeals Authority, Entsch. v. 05.08.1992 – Nr. 18/92 ReJS). Dies ist auch in der derzeitigen Staatenpraxis der typische Anwendungsfall des internen Schutzes. Sofern die Verfolgung von nichtstaatlichen Akteuren ausgeht und diese nicht mit den staatlichen Behörden zusammen arbeiten oder sonstwie mit diesen verbunden sind und die Verfolgung durch nichtstaatliche Akteure örtlich begrenzt bleibt, kann vom Antragsteller vernünftigerweise erwartet werden, internen Schutz in Anspruch zu nehmen (New Zealand Refugee Status Appeals Authority, Decision of 05.08.1992 – No. 18/92 Re JS). Belegen die Erkenntnismittel aber, dass die nichtstaatlichen Akteure ihre Verfolgungen landesweit ausüben können oder dass durch nichtstaatliche Akteure verfolgte Personen durch die Regierung als Sympathisanten oder Unterstützer der bewaffneten Opposition verdächtigt werden, der Antragsteller also sowohl durch oppositionelle Gruppierungen wie auch durch den Staat verfolgt wird, kann von ihm nicht erwartet werden, in anderen Landesteilen Schutz zu suchen (Dutch Council of State, Entsch. v. 26.03.1997 – RO93.3958). Es ist daher zunächst der lokal begrenzte Charakter der vorgebrachten Verfolgung durch nichtstaatliche Akteure zu ermitteln. Trägt der Antragsteller vor, dass ernsthafte Anzeichen dafür bestehen, dass er ein besonders prominenter Gegner der nichtstaatlichen Akteure ist oder dass die Verfolger unschwer in der Lage sind, ihn außerhalb der Herkunftsregion aufzuspüren und zu verfolgen, kann er nicht an das interne Gebiet verwiesen werden (U.S. Court of Appeal, 11. Bezirk, [2001] 241 F.3 d 1320 – *Mazariegos*; Dutch Council of State, Entscheidung v. 08.11.1994 – RO02.92.3389, District Court of Den Haag, Entscheidung v. 15 7. 1997 – AWB 97/1525; UK Court of Appeal, *Ex p Robinson* v SSHD [1997] Imm AR 94; Court of Appeals, *Sotelo-Aquiije v Slattery*, [1994] 17 F.3 d 33; *UNHCR*, Handbuch über Verfahren und Kriterien zur Feststellung der Flüchtlingseigenschaft, 1979, Nr. 43). 18

V. Zumutbarkeit der Niederlassung am Ort des internen Schutzes (Abs. 1 Nr. 2)

1. Funktion des Zumutbarkeitbegriffs

Nach Abs. 1 Nr. 2 wird die Flüchtlingseigenschaft nicht zuerkannt, wenn vom Antragsteller vernünftigerweise erwartet werden kann, dass er sich am sicheren Ort in seinem Herkunftsland niederlässt. Die Vorschrift setzt Art. 8 Abs. 1 RL 2011/95/EU um. Mit der Formulierung »*niederlässt*« wird gegenüber der Vorläufernorm, die lediglich erforderte, dass der Antragsteller sich dort »*aufhält*«, deutlich der Schutz des Einzelnen verstärkt. Nach Abs. 2 ist die generalisierende Betrachtungsweise des BVerwG (BVerwGE 87, 141, 149 = NVwZ 1992, 384 = EZAR 200 Nr. 27; BVerwG, InfAuslR 1994, 201, 203; BVerwG, EZAR 200 Nr. 30; BVerwG, EZAR 203 Nr. 10) überholt. Das BVerwG hält hieran auch nicht mehr fest (BVerwGE 131, 186, 197 Rn. 35 = NVwZ 2008, 1246, 1249 = InfAuslR 2008, 469 = EZAR NF 64 Nr. 3 = AuAS 2008, 223). Maßgebend für Abs. 2 ist, dass das Ausweichgebiet »ein bewohnbares und sicheres Umfeld frei von drohender Verfolgung bieten muss, in dem die Person gemeinsam mit ihren Angehörigen unter vergleichbaren wirtschaftlichen, sozialen und kulturellen Bedingungen wie andere unter normalen Umständen lebende Bewohner des Landes ein ›normales‹ Leben führen kann, einschließlich der Ausübung 19 und Inanspruchnahme der bürgerlichen und politischen Rechte« (*UNHCR*, Auslegung von Art. 1 GFK, April 2001, Rn. 13).

20 Ungeklärt ist der Vergleichsmaßstab für die Beurteilung, welche bürgerlichen und politischen Rechte gewährleistet ein müssen. Die Konvention handelt vom Wegfall des Schutzes, der im Herkunftsland zu gewähren ist. Dies ist der Schutz, welcher grundsätzlich überall in diesem Land verfügbar sein muss. Zwar enthalten die Bestimmungen der Konvention keine ausdrückliche Antwort auf die Frage, unter welchen Voraussetzungen vom Antragsteller vernünftigerweise erwartet werden kann, innerhalb seiner Herkunftslandes internen Schutz zu suchen. Eine sachgerechte und faire Auslegung ihrer Vorschriften legt jedoch nahe, dass gefährliche oder unzumutbare Existenzbedingungen der Konvention nicht gerecht werden (*Keith*, Georgetown Immigration Law Journal 2001, 433, 439). Wenn die Verfolgung nicht landesweit droht und der Staat fähig und willens ist, Schutz einschließlich angemessener Lebensbedingungen zu gewährleisten, besteht keine internationale Schutzbedürftigkeit (Canadian Federal Court of Appeal, *Randhawa v MEI* [1994] 124 ALR 265). Der Zumutbarkeitsbegriff wird im Kontext des Flüchtlingsrechts angewandt, setzt jedoch eine Übereinkunft über den Inhalt eines Begriffs voraus, der im Flüchtlingsrecht selbst nicht definiert wird. Das ist der Begriff des »Schutzes dieses Landes«, also des nationalen Schutzes (Art. 1 A Nr. 2 GFK). Die Flüchtlingsdefinition beruht auf der Annahme, dass der Flüchtling den nationalen Schutz aus Gründen der Konvention nicht in Anspruch nehmen kann oder will. Das Erfordernis der individuellen Unwilligkeit oder Unfähigkeit beruht seinerseits auf dem Konzept der Verfolgung (*Grahl-Madsen*, YaleJIL 1986, 362, 363 f.).

21 Der Schutzbegriff hat unterschiedliche Funktionen im Flüchtlingsrecht. Der Flüchtlingsbegriff beruht auf dem Begriff des Wegfalls des *nationalen* Schutzes. Die Konvention definiert den präzisen Inhalt des Begriffs des nationalen Schutzes aber nicht, bezeichnet jedoch eine Grenze jenseits deren die Inanspruchnahme nationalen Schutzes unzumutbar wird. Diese Grenze markiert der Begriff der Verfolgung, der *internationalen* Schutz zur Folge hat, wenn nationaler Schutz nicht in zumutbarer Weise erlangt werden kann. Der Begriff des nationalen Schutzes ist daher Ausgangspunkt der Prüfung (*Marx*, IJRL 2002, 179, 206 ff.). Die angelsächsische Rechtsprechung ermittelt den Inhalt dieses Schutzes nach Maßgabe eines Zumutbarkeitsbegriffs, der danach fragt, ob die Lebensverhältnisse in anderen Landesteilen *»unangemessen hart«* (*»unduly harsh«*) sind (Rdn. 24). Hiergegen wird eingewandt, damit würden unterhalb der Schwelle der Verfolgung liegende Risiken nicht berücksichtigt (*Zimmermann/Mahler*, in: Zimmermann, The 1951 Convention relating to the Status of Refugees and its 1967 Protocol. A Commentary, 2011, Article 1 A para. 2 Rn. 648 ff.). Es ist jedoch zweifelhaft, ob diese Kritik die angelsächsische Rechtsprechung zutreffend rezipiert. Andererseits kann nach dem Schutzsystem der Konvention das Konzept des internationalen Schutzes (Flüchtlingsstatus), wie es in Art. 2 bis 34 niedergelegt ist, nicht zum Maßstab des nationalen Schutzes nach Art. 1 A Nr. 2 GFK gemacht werden (*Kelley*, IJRL 2002, 4, 40).

22 Vielmehr ist der Zumutbarkeitstest nach Maßgabe eines Schutzstandards zu vollziehen, den die Konvention vorsieht und nicht als ein vages dem Belieben anheim

gestelltes Konzept. Dabei setzt das dem Flüchtlingsbegriff immanente Spannungsverhältnis zwischen dem Begriff des *nationalen Schutzstandards* (Art. 1 A Nr. 2 GFK) einerseits und dem Begriff der *internationalen Schutzbedürftigkeit* (Art. 2 ff. GFK) andererseits eine Entscheidung darüber voraus, wie hoch der Standard des nationalen Menschenrechtsschutzes zu setzen ist. Das Konzept grundlegender Menschenrechte muss vor dem Hintergrund der besonderen politischen, ethnischen, religiösen und anderen menschenrechtlichen Voraussetzungen im Herkunftsland konkretisiert werden. Obwohl Fragen wirtschaftlicher Natur, wie z.B. der Zugang zu angemessenen Arbeitsbedingungen, nicht unmittelbar relevant für die Bestimmung des nationalen Menschenrechtsstandards sind, begründet die Unfähigkeit, in anderen Landesteilen wirtschaftlich zu überleben, die internationale Schutzbedürftigkeit (*UNHCR*, An Overview of Protection Issues in Western Europe, June 1994, S. 22). Jedenfalls muss dem Antragsteller ein Mindestmaß an wirtschaftlicher Unterstützung gewährt werden.

Die frühere deutsche Rechtsprechung, die das Bestehen verfolgungsbedingter Nachteile verneinte, wenn die existenzielle Gefährdung am Herkunftsort so nicht bestanden hatte (BVerfGE 80, 315, 343 f. = EZAR 201 Nr. 20 = NVwZ 1990, 151 = InfAuslR 1990, 21; BVerfG [Kammer], InfAuslR 1991, 198, 200), ist durch Unionsrecht überholt worden, weil es nicht auf den Zeitpunkt der Ausreise und auf die in diesem Zeitpunkt bestehenden Alternativen zur Flucht ankommt. Nach der britischen Rechtsprechung ist zwar die persönliche Lebensführung vor Beginn der Verfolgung ein relevanter Faktor, nicht aber der Ausgangspunkt der Bewertung. Vielmehr wird die Situation nach der Rückkehr des Flüchtlings mit den generellen Lebensverhältnissen im gesamten Herkunftsland verglichen (House of Lords, [2007] UKHL 49, Rn. 27 – *AH*; House of Lords, [2006] UKHL 5, Rn. 20. – *Januzi*). Das BVerwG hat im Hinblick auf Art. 8 RL 2004/83/EG und die Begründung des Entwurfs des Richtlinienumsetzungsgesetzes seine bisherige Rechtsprechung aufgegeben und folgt ausdrücklich der gesetzlichen Begründung: Danach könne vom Antragsteller nur dann vernünftigerweise eine Niederlassung im anderen Landesteil erwartet werden, wenn er dort eine ausreichende Lebensgrundlage vorfinde, d.h. dort das Existenzminimum gewährleistet sei. Dies gelte auch dann, wenn in der Herkunftsregion die Lebensverhältnisse gleichermaßen schlecht seien (BVerwGE 131, 186, 196 Rn. 22 = EZAR NF 64 Nr. 3 = NvwZ 2008, 1246 = InfAuslR 2008, 469; s. aber Rdn. 28). 23

2. Prüfkriterien des Zumutbarkeitbegriffs

Ausgangspunkt für die Beurteilung, ob es dem Flüchtling vernünftigerweise zugemutet werden kann, in einen anderen Landesteil Aufenthalt zu nehmen, ist die Frage, ob der dort verfügbare interne Schutz *grundlegenden zivilen, politischen und sozioökonomischen Rechten* genügt. Ob dies der Fall sei, beurteilt die angelsächsische Rechtsprechung nach Maßgabe des Zumutbarkeitstests und fragt danach, ob es »unangemessen hart« (»unduly harsh«) erscheint, dem Flüchtling den Aufenthalt in dieser Region zuzumuten (UK Court of Appeal, FC3 96/7394/D, Rn. 18, 29. – *Robinson*; UK Court of Appeal, CA 181/97 – Butler; Immigration Appeal Tribunal, [1997] ImmAR 568, 575, 578, Rn. 18, 29 – *Robinson*; UK Immigration Appeal Tribunal, 24

[1998] INLR 519, 521 – *Manoharan*; UK Immigration Appeal Tribunal, [1999] INLR 205, 212 – *Sachithananthan;* Rdn. 21). Nach der Präambel der Konvention sollen Flüchtlinge grundlegende Rechte und Freiheiten ohne Diskriminierung genießen (UK Court of Appeal, FC3 96/7394/D, Rn. 18 – *Robinson*). Die unterschiedlichen Methoden für die Anwendung des »Zumutbarkeitstest« oder des Tests der »unangemessenen Härte« müssten vor dem Hintergrund der Frage gesehen werden, ob der Antragsteller berechtigt sei, den Status eines Flüchtlings zu genießen. Der Zumutbarkeitstest müsse deshalb in Beziehung zu der vorrangigen Verpflichtung des Herkunftslandes gesetzt werden, den Antragsteller zu schützen. Dabei erfordere ein wirksamer Schutz des Herkunftslandes, dass grundlegende zivile, politische und sozioökonomische Rechte gewährt würden (UK Court of Appeal, CA 181/97 – *Butler*).

25 Das House of Lords hat den Zumutbarkeitstest im Grundsatz bestätigt und restriktiv angelegt, allerdings durch den angewandten Vergleichsmaßstab Härten aufgefangen. Im Ausgangspunkt geht es davon aus, dass der Zumutbarkeitstest zwar streng sei (»a rigorous one«), jedoch *nicht* mit dem *Standard von Art. 3 EMRK* gleichgesetzt werden dürfe (House of Lords, [2007] UKHL 49, Rn. 9, 22 – *AH*; Rdn. 30). *Vergleichsmaßstab* für die Bewertung der allgemeinen Verhältnisse im anderen Landesteil sind sowohl die Verhältnisse im gesamten Herkunftsland wie auch am Herkunftsort. Erforderlich ist eine faire Würdigung aller entsprechenden Tatsachen. Die Ermittlungen müssen sich auf die spezifische Situation des Antragstellers konzentrieren (Abs. 2). Relevant sind dessen Geschlecht, Alter, Erfahrungen, Fähigkeiten und familiäre Bindungen (Abs. 2 Satz 1, Art. 4 Abs. 3 Buchst. c) RL 2011/95/EU). Es gibt weder eine Notwendigkeit, den Verhältnissen am Herkunftsort noch denen im gesamten Land als Vergleichsmaßstab Priorität einzuräumen. Der humanitäre Zweck der Konvention besteht in der Gewährleistung eines vernünftigen Maßes an Schutz für jene, die in ihrer Herkunftsregion oder in anderen Landesteilen eine begründete Furcht vor Verfolgung hegen, nicht jedoch darin, einen generellen, für die gesamte Welt maßgebenden Lebensstandard zu erhalten (House of Lords, [2007] UKHL 49, Rn. 5 – *AH*). Falls der Antragsteller ein relativ normales Leben im anderen Landesteil, verglichen mit den im gesamten Land vorherrschenden Verhältnissen, führen kann, wird es als zumutbar angesehen, dass er dort Aufenthalt nimmt (House of Lords, [2006] UKHL 5, Rn. 47 – *Januzi*). Dabei werden die Verhältnisse am Herkunftsort berücksichtigt und die dortigen Verhältnisse mit denen am Ort des internen Schutzes verglichen. Falls unter derartigen Verhältnissen der Antragsteller kein »relativ normales Leben« verglichen mit dem allgemein in seinem Herkunftsland herrschenden Verhältnissen führen kann, wird es als »unangemessen hart« angesehen, ihm den Aufenthalt im anderen Landesteil zuzumuten (House of Lords, [2006] UKHL 5, Rn. 64 ff. – *Januzi*).

26 Die Lebensführung vor Beginn der Verfolgung ist zwar ein relevanter Faktor, nicht aber der Ausgangspunkt. Vielmehr wird die Situation nach der Rückkehr des Flüchtlings mit den generellen Lebensverhältnissen im gesamten Herkunftsland verglichen. Falls der Antragsteller zu einem Leben zurückkehren kann, das in diesem Kontext normal ist, und er keine begründete Furcht vor Verfolgung hegen muss, kann er sich nicht auf die frühere Verfolgung berufen. Das bedeutet aber nicht, dass die erforderliche, auch kumulative Faktoren einschließende *holistische Betrachtungsweise* durch

einen Maßstab ersetzt werden kann, der nur danach fragt, ob die Umstände am Ort des internen Schutzes schlechter als irgendwo sonst im Lande sind (House of Lords, [2007] UKHL 49, Rn. 27 – *AH*). Der Vergleichsmaßstab könne nicht das Leben der Ärmsten der Armen, etwa das Leben der Binnenflüchtlinge vor dem Bürgerkrieg im Südsudan, die in Lagern oder Slums vegetierten, sein. Die Lordrichter stützen sich maßgeblich auf die Richtlinien von UNHCR zum internen Schutz (House of Lords, [2006] UKHL 5, Rn. 20 – *Januzi*) und knüpfen an die dort aufgeworfene Frage an, ob der Antragsteller – verglichen mit den Verhältnissen im gesamten Land – ein »relativ normales Leben« führen kann, ohne eine »unangemessene Härte« zu erfahren.

Nach UNHCR scheidet im Blick auf die sozioökonomischen Verhältnisse der andere Landesteil für den Antragsteller als Ausweichregion aus, wenn er dort nicht in der Lage sein wird, seinen Lebensunterhalt zu verdienen oder eine Unterkunft zu finden oder wenn er dort nicht die erforderliche medizinische Hilfe erhalten wird. Von einem menschenrechtlichen Standpunkt aus, kann einem Antragsteller die Umsiedlung nicht zugemutet werden, wenn er dort wirtschaftliche Armut oder eine Existenz unterhalb eines zumindest angemessenen Lebensstandards erfahren würde. Am anderen Ende des Spektrums steht eine lediglich verminderte Einschränkung des Lebensstandards oder der wirtschaftlichen Situation des Antragstellers aufgrund der Umsiedlung. Zwischen diesen beiden Polen muss die sozioökonomische Situation im anderen Landesteil bewertet und dabei gefragt werden, ob die Verhältnisse dort dem Antragsteller ein »relativ normales Leben« – verglichen mit den Verhältnissen im gesamten Land – ermöglichen werden (*UNHCR*, Internal Flight or Relocation Alternative, Juli 2003, Rn. 29). 27

Der Zumutbarkeitstest ist bedeutend offener und weit oberhalb des extrem restriktiven Maßstabes der früheren deutschen Rechtsprechung (s. aber Rdn. 23). Diese erachtet die Verweigerung des Zugangs zu angemessenen wirtschaftlichen Überlebensbedingungen auch dann für unschädlich, wenn auch die Bevölkerung im Herkunftsland am *Rande des Existenzminimums* dahin vegetiert (OVG NW. Urt. v. 12.07.2005 – 11 A 2307/03.A, Rn. 201; OVG SH, Urt. v. 03.11.2005 – 1 LB 211/01, UA, S. 22). Nicht zumutbar ist der Verweis auf einen anderen Landesteil erst dann, wenn der Flüchtling dort auf Dauer ein Leben zu erwarten hat, das zu Hunger, Verelendung und schließlich zum Tode führt, oder wenn er dort nichts anderes zu erwarten hat, als ein »*Dahinvegetieren am Rande des Existenzminimums*« (BVerwG, NVwZ-RR 1991, 442; BVerwG, Beschl. v. 31.07.2002 – BVerwG 1 B 128.02). Diese Rechtsprechung war nicht auf grundlegende Menschenrechte, sondern auf den extremen Härtefall, die Vorstufe zum Tod, ein »Dahinvegetieren am Rande des Existenzminimums« fixiert und damit auf eine »Verelendungs- oder Todesgefahr« (OVG NW, Urt. v. 12.07.2005 – 11 A 2307/03.A, Rn. 202). Einschränkend hatte das BVerwG festgestellt, unzumutbar sei der Verweis auf den internen Schutz, wenn der Betroffene »auf absehbare Zeit« ein ihm nicht zumutbares »Dahinvegetieren am Rande des Existenzminimums« drohe, das auch durch Überwindung von Anfangsschwierigkeiten nicht behoben werden könne. Derartige »existenzielle Gefahren« müssten mit beachtlicher Wahrscheinlichkeit drohen und dürften nicht lediglich im Bereich des Möglichen liegen. Nicht zumutbar sei die entgeltliche Erwerbstätigkeit für eine kriminelle Organisation. Andererseits sei es nicht erforderlich, dass der Flüchtling am internen Schutzort ein 28 förmliches Aufenthaltsrecht erhält, wenn er seine Existenz auch ohne dieses und ohne Inanspruchnahme staatlicher Sozialleistungen in zumutbarer Weise etwa im Rahmen eines Familienverbandes sichern könne. Ein Leben in der Illegalität, das den Flüchtling jederzeit der Gefahr polizeilicher Kontrollen und der strafrechtlichen Sanktionierung aussetze, stelle andererseits keinen zumutbaren internen Schutz dar (BVerwG, InfAuslR 2007, 211, 212 = NVwZ 2007, 590 = EZAR 64 Nr. 2 = AuAS 2007, 68).

29 Das BVerwG hat angedeutet, dass sein bisheriger Maßstab möglicherweise mit Unionsrecht nicht mehr vereinbar sei, aber offen gelassen, welche »darüber hinausgehenden wirtschaftlichen und sozialen Standards erfüllt sein müssen« (Rdn. 23). Allerdings hat es unter Hinweis auf die britische Rechtsprechung festgestellt, es spreche einiges dafür, dass die nach Art. 8 Abs. 2 RL 2011/95/EU zu berücksichtigenden allgemeinen Gegebenheiten im Herkunftsland – oberhalb der Schwelle des Existenzminimums – auch den Zumutbarkeitsmaßstab prägen (BVerwGE 131, 186, 197 Rn. 35 = NVwZ 2008, 1246 = InfAuslR 2008, 469 = EZAR NF 64 Nr. 3 = AuAS 2008, 223., mit Hinweis auf House of Lords, UKHL 5, Rn. 47 – *Januzi*; *Dörig*, ZAR 2006, 272, 275 f.). Die geäußerten Zweifel sind durch Art. 8 Abs. 1 RL 2011/95/EU noch verstärkte worden, weil es nach geltendem Unionsrecht nicht lediglich auf den faktischen Aufenthalt, sondern auf die Zumutbarkeit der »Niederlassung« ankommt. Das »Dahinvegetieren am Existenzminimum« ist ebenso wenig wie ein Aufenthalt ohne förmliches Aufenthaltsrecht (Rdn. 28) eine Niederlassung. Niemand lässt sich unter solchen Bedingungen nieder, sondern versucht so schnell wie möglich diese Situation durch Weiterreise zu überwinden.

30 Nach dem Zumutbarkeitsbegriff ist der Maßstab von Art. 3 EMRK nicht zureichend (Rdn. 25). Ungeachtet dessen können der Rechtsprechung des EGMR für den Zumutbarkeitsbegriff hilfreiche Hinweise entnommen werden, die als solche zwar nicht ausreichen, aber auf jeden Fall beachtet werden müssen. So wird Art. 3 EMRK verletzt, wenn der Asylsuchende in ein »relativ sicheres Gebiet« seines Herkunftslandes abgeschoben wird und dieser in diesem über keine Beziehungen zu einem Clan verfügt und gezwungen wäre, unter unmenschlichen Bedingungen in einem Lager für Binnenflüchtlinge zu leben (EGMR, InfAuslR 2007, 223, 224 – *Salah Sheekh*). Wird am Ausweichort die Zivilbevölkerung durch kriegerische Auseinandersetzungen und Luftangriffe betroffen, handelt es sich um drohende Gefahren für Leib und Leben (BVerfG [Kammer], InfAuslR 1991, 198, 200; OVG Lüneburg, Urt. v. 07.06.1988 – 13 A 12/88). Soweit eine Verwicklung in kriegerische Auseinandersetzungen zwischen regierungstreuen Truppen und Aufständischen sowie zwischen rivalisierenden Gruppen von Aufständischen droht, sind verlässliche Feststellungen über konkrete Gefährdungen erforderlich (BVerwG, Urt. v. 30.04.1991 – BVerwG 9 C 130.90)

31 Neben den allgemeinen Gegebenheitheiten legt Abs. 2 Satz 1 i.V.m. Art. 4 Abs. 3 Buchst. c) RL 2011/95/EU besonderes Gewicht auf die persönlichen Lebensumstände des Antragstellers im Zeitpunkt der Entscheidung. Dies entspricht allgemeiner Meinung (UK House of Lords, [2007] UKHL 49, Rn. 8 – *AH*; UK Court of Appeals, [1997] Imm AR 94 – *Robinson*; New Zealand Court of Appeal, [1999] NZAR 205, 217–218 [CA] – *Butler*; Canada Federal Court of Appeal, Entsch. v. 19.08.1998 – IMM-5091–97 – *Ramanathan*; Global Consultations on International Protection, San Remo Expert

Roundtable, 6–8 September 2001, Summary Conclusions – Internal Protection/Relocation/Flight Alternative, Nr. 5; *UNHCR*, Position Paper. Relocating Internally as a Reasonable Alternative to Seeking Asylum, Februar 1999, Nr. 18). So sind insbesondere individuelle Besonderheiten wie Sprache, Bildung, persönliche Fähigkeiten, vorangegangener Aufenthalt des Antragstellers in dem in Betracht kommenden Landesteil, örtliche und familiäre Bindungen, Geschlecht, Alter, ziviler Status, Lebenserfahrung, soziale Einrichtungen, gesundheitliche Versorgung und verfügbares Vermögen zu berücksichtigen (Canadian Federal Court of Appeal, Entsch. v. 19.08.1998 – IMM-5091–97 – *Ramanathan*). Die kumulative Wirkung mehrerer der bezeichneten Faktoren ist zu beachten. Obwohl eine diskriminierende Behandlung im Bildungs- und Arbeitsbereich sowie bei der Wohnungssuche als solche grundsätzlich die Neuansiedlung nicht unzumutbar machen, kann die diskriminierende Behandlung in Verbindung mit den aufgezeigten Faktoren unter dem Gesichtspunkt der kumulativen Wirkung sämtlicher Besonderheiten des Einzelfalles den dortigen Aufenthalt als unzumutbar erscheinen lassen (UK Court of Appeal, [1999] ImmAR 436 – *Gnanam*).

Eine besonders überragende Funktion kommt insoweit dem *Verlust familiärer Bindungen zu.* Nationale Gericht haben entschieden, dass es trotz staatlicher Unterstützung am Ort der internen Schutzes für ältere oder auf Unterstützung angewiesene Personen unzumutbar sei, diese auf den im anderen Landesteil des Herkunftslandes grundsätzlich verfügbaren Schutz zu verweisen, wenn sie im Aufnahmeland in feste soziale und emotionale familiäre Beziehungen eingebunden seien (Canadian Federal Court of Appeal, Entscheidung v. 19.08.1998 – IMM-5091–97 – *Ramanathan*; Canadian Federal Court of Appeal, [1993] FCJ 887 – *Abubakar*; The Netherlands Court of Zwolle, Entscheidung v. 10.06.1997 – AWB 96/10979; BVerfG [Kammer], NVwZ 1997, 65, 66). Wenn sich die Angehörigen einer Familie im Herkunftsland im internen Ausweichort nicht zusammen niederlassen können, kann von demjenigen, dem dies möglich ist, vernünftigerweise nicht erwartet werden, dass er diesen Ort aufsucht (BVerfG [Kammer], NVwZ 2013, 1207, 1208 = InfAuslR 2013, 456 = AuAS 2013 = 160) und sich dort niederlässt. 32

VI. Darlegungslast

Grundsätzlich gilt auch für den internen Schutz die allgemeine Regel, dass den Antragsteller die Darlegungslast und die Behörde die Untersuchungspflicht trifft. Der Wegfall internen Schutzes ist Tatbestandsmerkmal der Flüchtlingseigenschaft. Dem Antragsteller obliegt daher grundsätzlich die Darlegungslast. Bei Verfolgung durch nichtstaatliche Akteure hat zunächst darzulegen, dass in anderen Landesteilen des Herkunftslandes kein interner Schutz verfügbar ist (Canadian Federal Court of Appeal, 1993 ACWSJ LEXIS21770 – *Thirunavakkarasu*; UK Court of Appeal, [2000] 3 All ER 449 – *Karanakaran*; New Zealand Refugee Status Appeals Authority, Entsch. v. 22.06.2000 – Nr. 71729/99). Genügt er seiner Darlegungslast, kann der Antrag nur abgelehnt werden, wenn die Behörde aufgrund stichhaltiger Belege feststellt, dass der Antragsteller in anderen Landesteilen Schutz finden kann. Der Einwand des interne Schutzes bürdet ihm keine zusätzlichen Beweislasten auf. Es kann von ihm nicht die 33

Darlegung verlangt werden, dass in keinem Landesteil interner Schutz verfügbar ist (*UNHCR* Position Paper Relocating Internally as a Reasonable Alternative to Seeking Asylum, Februar 1999, Rn. 8). Vielmehr besteht insoweit eine eingeschränkte Darlegungslast (§ 25 Rdn. 5 f.), da es sich nicht um dem persönlichen Erfahrungsbereich zuzuordnende Umstände handelt. Im Blick auf die allgemeinen Verhältnisse hat die Behörde von Amts wegen die Ermittlungen sachgerecht und erschöpfend zu führen.

34 Um zu gewährleisten, dass die Ermittlung den für den internen Schutz erforderlichen maßgebenden Tatsachen und Umstände entsprechen, ist dem Antragsteller zu Beginn der entsprechenden Sachverhaltsermittlung zu eröffnen, dass nunmehr die Frage des internen Schutzes behandelt wird und sind ihm die zur Beurteilung der Situation maßgebenden vorliegenden Erkenntnisse mitzuteilen (Summary Conclusions: internal protection/relocation/flight alternative, Expert roundtable organized by UNHCR and the International Institute of Humanitarian Law, San Remo, 6–8. Sept. 2001, Nr. 7). Zweck dieser Verfahrensweise ist es, dem Antragsteller die Möglichkeit einzuräumen, sich angemessen auf die Behandlung dieses Sachkomplexes vorzubereiten (Canadian Federal Court of Appeal, 1993 ACWSJ LEXIS21770 – *Thirunavakkarasu*; Canadian Federal Court of Appeal, 1991 ACWSJ LEXIS 15788 – *Sathanandan*). Dies ist insbesondere auch deshalb von Bedeutung, weil diese Frage auf Umstände zielt, die nicht dem persönlichen Erfahrungsbereich des Antragstellers zuzuordnen sind und ihn deshalb nur eine eingeschränkte Darlegungslast (§ 25 Rdn. 5 f.; Rdn. 33) und die Behörde eine erhöhte Ermittlungspflicht trifft.

35 Die Frage des internen Schutzes wird im Rahmen der Prognoseprüfung erheblich, sodass es grundsätzlich auf die allgemeinen und individuellen Verhältnisse im Zeitpunkt der Flucht nicht ankommt. Allerdings gewinnt die Tatsache der vor der Flucht erlittenen oder drohenden Verfolgung nach Art. 4 Abs. 4 RL 2011/95/EG verfahrensrechtliche Bedeutung, weil die Beweislast für den Wegfall der geltend gemachten Verfolgung die Behörde trifft (US Court of Appeal, 9. Bezirk, 207 F.3 d 584 – *Chanchavac*; US Court of Appeal, 9. Bezirk, 63 F.3 d 1501 – *Singh v. Ilchert*). Die Feststellungsbehörde hat darüber hinaus die kumulative Wirkung verschiedener Risiken zu berücksichtigen (§ 3a Abs. 1 Nr. 2). Die Prognoseprüfung hat in Abhängigkeit von den individuellen Auswirkungen notwendigerweise bestimmten Risikoaspekten mehr Gewicht beizumessen als anderen (Federal Court of Australia, [1996] 185 CLR 259 – *Wu Shan Ling*; US Court of Appeal, 11. Bezirk, 241 F.3 d 1320 – *Mazariegos*; New Zealand Refugee Status Appeals Authority, Entsch. v. 18.06.1993 – Nr. 135/92Re/RS; Österreichischer UBAS, Entsch. v. 08.07.1999, Nr. 202.819/0-VII/21/98).

36 Die Grundsätze zur Beweislastverteilung finden erst Anwendung, wenn der Sachverhalt unter Berücksichtigung der Darlegungslasten und Untersuchungspflichten vollständig aufgeklärt ist. Lässt sich dieser in den entscheidungserheblichen Gesichtspunkten nicht vollständig aufklären, obliegt nach der Staatenpraxis der Behörde im Rahmen der Verfolgungsprognose die Beweislast dafür, dass der Antragsteller in zumutbarer Weise durch Ansiedlung außerhalb der Herkunftsregion die Verfolgung durch nichtstaatliche Akteure vermeiden kann (US Court of Appeal, 1. Bezirk, [2001] US App. LEXIS 14261) Geht die Verfolgung vom Staat oder von vergleichbaren

Organisationen aus, trifft die Behörde im Regelfall die Beweislast, sodass bei Zweifeln am Bestehen eines wirksamen und angemessenen internen Schutzes dem Antrag stattzugeben ist. Nach dem BVerwG müssen mit beachtlicher Wahrscheinlichkeit unzumutbare Lebensbedingungen am Ausweichort zu erwarten sein und dürfen diese nicht lediglich im Bereich des Möglichen liegen (BVerwG, InfAuslR 2007, 211, 212 = NVwZ 2007, 590 = EZAR 64 Nr. 2 = AuAS 2007, 68).

§ 4 Subsidiärer Schutz

(1) [1]Ein Ausländer ist subsidiär Schutzberechtigter, wenn er stichhaltige Gründe für die Annahme vorgebracht hat, dass ihm in seinem Herkunftsland ein ernsthafter Schaden droht. [2]Als ernsthafter Schaden gilt:

1. **die Verhängung oder Vollstreckung der Todesstrafe,**
2. **Folter oder unmenschliche oder erniedrigende Behandlung oder Bestrafung oder**
3. **eine ernsthafte individuelle Bedrohung des Lebens oder der Unversehrtheit einer Zivilperson infolge willkürlicher Gewalt im Rahmen eines internationalen oder innerstaatlichen bewaffneten Konflikts.**

(2) [1]Ein Ausländer ist von der Zuerkennung subsidiären Schutzes nach Absatz 1 ausgeschlossen, wenn schwerwiegende Gründe die Annahme rechtfertigen, dass er

1. **ein Verbrechen gegen den Frieden, ein Kriegsverbrechen oder ein Verbrechen gegen die Menschlichkeit im Sinne der internationalen Vertragswerke begangen hat, die ausgearbeitet worden sind, um Bestimmungen bezüglich dieser Verbrechen festzulegen,**
2. **eine schwere Straftat begangen hat,**
3. **sich Handlungen zuschulden kommen lassen hat, die den Zielen und Grundsätzen der Vereinten Nationen, wie sie in der Präambel und den Artikeln 1 und 2 der Charta der Vereinten Nationen (BGBl. 1973 II S. 430, 431) verankert sind, zuwiderlaufen oder**
4. **eine Gefahr für die Allgemeinheit oder für die Sicherheit der Bundesrepublik Deutschland darstellt.**

[2]Diese Ausschlussgründe gelten auch für Ausländer, die andere zu den genannten Straftaten oder Handlungen anstiften oder sich in sonstiger Weise daran beteiligen.

(3) [1]Die §§ 3c bis 3e gelten entsprechend. [2]An die Stelle der Verfolgung, des Schutzes vor Verfolgung beziehungsweise der begründeten Furcht vor Verfolgung treten die Gefahr eines ernsthaften Schadens, der Schutz vor einem ernsthaften Schaden beziehungsweise die tatsächliche Gefahr eines ernsthaften Schadens; an die Stelle der Flüchtlingseigenschaft tritt der subsidiäre Schutz.

Übersicht Rdn.

A. Funktion der Vorschrift

1 Die Vorschrift wurde 2013 erstmals in das AsylG eingefügt. Die frühere in § 4 enthalte Regelung über die Verbindlichkeit statusrechtlicher Entscheidungen wird jetzt durch § 6 geregelt, der früher die Rechtsstellung des Bundesbeauftragten für Asylangelegenheiten regelte. Die Vorschrift enthält nunmehr den Regelungskomplex zum subsidiären Schutz nach der Richtlinie 2011/95/EU. Obwohl bereits die Richtlinie 2004/83/EG den subsidiären Schutz zum Gegenstand des Asylverfahrens der Mitgliedstaaten gemacht hatte (Art. 15 bis 35), hatte es der Gesetzgeber bis 2013 versäumt, diese Regelungsmaterie vollständig dem Bundesamt zuzuweisen. Vielmehr wurden die in Art. 15 RL 2004/83/EG vorgegebenen tatbestandlichen Voraussetzungen des subsidiären Schutzes in § 60 Abs. 2, 3 und 7 Satz 2 AufenthG a.F. geregelt, das Bundesamt aber auf die bloße Feststellung des Abschiebungsverbots beschränkt (§ 24 Abs. 2, § 31 Abs. 3 AsylVfG a.F.). Die daran anknüpfende Gewährung der Rechtsstellung war Aufgabe der Ausländerbehörden. Freilich erschöpfte sich die Regelung der Rechtsstellung

in der Erteilung der Aufenthaltserlaubnis nach § 25 Abs. 3 AufenthG a.F. Wurde subsidiärer Schutz außerhalb des Asylverfahrens geltend gemacht, war das Bundesamt für die Feststellung des Abschiebungsverbots nicht einmal zuständig, sondern lediglich zu beteiligen (§ 72 Abs. 2 AufenthG a.F.).

Das geltende Recht macht in § 1 Abs. 1 Nr. 2 den subsidiären Schutz vollständig zum Gegenstand des Asylverfahrens und insbesondere auch zum Inhalt des Antragsbegriffs (§ 13 Abs. 2). Die Voraussetzungen des subsidiären Schutzes werden damit ebenso wie die der Asylberechtigung und des Flüchtlingsstatus im Asylverfahren ermittelt (Abs. 1 Halbs. 2, Abs. 3) und nach Abs. 1 Satz 1 wie die flüchtlingsrechtliche Statusentscheidung (§ 3 Abs. 4 Satz 2) verbindlich festgestellt. Die Ausländerbehörde wird auf den bloßen Vollzug der Entscheidung beschränkt. Vor dem 1. Dezember 2013 ergangene Einstellungsverfügungen nach § 32, § 33 wie auch generell Statusentscheidungen bezogen sich nur auf die Flüchtlingsentscheidung, nicht hingegen auf den subsidiären Schutz. Daher kann der subsidiäre Schutzanspruch nach § 4 Abs. 1 weiter verfolgt werden (BVerwG, InfAuslR 2014, 233, 234 = NVwZ-RR 2014, 487 = EZAR NF Nr. 33). Eines Folgeantrags bedarf es nicht. Anders als früher erhalten subsidiär Schutzberechtigte wie Flüchtlinge eine Aufenthaltserlaubnis nach § 25 Abs. 2 AufenthG. Die Rechtsstellung in den einzelnen Fachgesetzen knüpft an diese Aufenthaltserlaubnis an. Der Gesetzgeber hat damit im weiten Umfang das Ziel der Änderungsrichtlinie 2011/95/EU, subsidiär Schutzberechtigter mit Flüchtlingen rechtlich gleichzustellen, vollzogen. Durch § 104 Abs. 9 Satz 1 AufenthG wird sichergestellt, dass bei Altfällen die frühere Aufenthaltserlaubnis nach § 25 Abs. 3 AufenthG a.F. in eine nach § 25 Abs. 2 AufenthG umgewandelt wird, um auch die nach früherem Recht anerkannten subsidiär Schutzberechtigten den Genuß der geltenden Rechtsstellung für diese Personengruppe zu vermitteln. Abs. 2 regelt die Ausschlussgründe. Allerdings regelt sich die Verfestigung nach § 26 Abs. 4 AufenthG, ist als von der Voraussetzungen der § 9 Abs. 2 AufenthG abhängig, weil § 26 Abs. 3 AufenthG allein die Flüchtlinge in Bezug nimmt. Die Familienzusammenführung zu subsidiär Schutzberechtigten, die nach dem 16.03.2016 eine Aufenthaltserlaubnis nach § 25 Abs. 2 AufenthG erlangt haben, bleibt bis zum 16.03.2018 ausgeschlossen (§ 104 Abs. 13 AufenthG; Rdn. 83). Wie bei Flüchtlingen wird den Angehörigen subsidiär Schutzberechtigter jedoch der abgeleitete Status gewährt (§ 26 Abs. 5). 2

Die Richtlinie 2011/95/EU konzipiert den subsidiären Schutz (Art. 18) als Kategorie des »internationalen Schutzes« (Art. 2 Buchst. a)). Dem trägt der Gesetzgeber mit § 1 Abs. 1 Nr. 2 Rechnung. Das Adjektiv »subsidiär« bezieht sich auf den Flüchtlingsschutz, der Vorrang gegenüber dem subsidiären Schutzstatus hat. Subsidiär ist jedoch auch der Flüchtlingsschutz wie auch insgesamt der internationale Schutz gegenüber dem nationalen Schutz (zum Ganzen *Marx*, Handbuch zum Flüchtlingsschutz, 2. Aufl., 2012, S. 493 ff.). Nach Erwägungsgrund Nr. 33 sollen Mindestnormen für die Merkmale des subsidiären Schutzes festgelegt werden. Der subsidiäre Schutzstatus soll die in der GFK festgelegte Schutzregelung für Flüchtlinge ergänzen. Es werden Kriterien eingeführt, die als Grundlage für die Gewährung eines subsidiären Schutzstatus dienen. Die Kriterien sollen »völkerrechtlichen Verpflichtungen im Bereich der Menschenrechte und bestehenden Praktiken in den Mitgliedstaaten entsprechen« 3

(Erwägungsgrund Nr. 35). Bis zur Inkraftsetzung der Ursprungsrichtlinie 2004/83/EG gab es keine speziellen unionsrechtlichen Vorschriften zum subsidiären Schutz. Bis dahin bestehende Verfahren in den Mitgliedstaaten wurden unter dem Begriff »de facto«-Flüchtlinge zusammengefasst, hatten aber als Ergebnis sehr unterschiedliche Schutzstandards zur Folge. Ungeachtet der seit Beginn der 1970er Jahre erhobenen Forderungen für eine einheitliche europäische Lösung ließ diese bis zur Verabschiedung der Rechtsakte der Union zum Gemeinsamen Asylsystem nach 2001 auf sich warten.

4 Mit der Richtlinie 2004/83/EG unternahm die Union erstmals den Versuch, ein komplementäres oder subsidiäres Schutzsystem einzuführen, das zum System des Flüchtlingsschutzes hinzu trat (*Goodwin-Gill/McAdam*, The Refugee in International Law, 3. Aufl., 2007, S. 325; *McAdam*, IRLJ 2005, 461). Jedoch sehen die EMRK und die Rechtsprechung des EGMR einen rechtlich verbindlichen Rahmen vor, der maßgeblich für die Wahl der Kategorien von Begünstigten ist. Der Europarat hat darüber hinaus in einer Reihe von Beschlüssen die Anwendung gemeinsamer Kriterien für Personen vorgeschlagen, die zwar nicht unter die GFK fallen, aber gleichwohl internationalen Schutz benötigen (Parliamentary Assembly Recommendation 773 (1976) on the Situation of De Facto Refugees, 817 (1977) on Certain Aspects of the Right to Asylum;Recommendation 1327 (1977) on the Protection and Reinforcement of the Human Rights of Refugees and Asylum Seekers in Europe; Recommendation 1525 (2001) on the UNHCR and the Fiftieth Anniversary of the Geneva Convention, Committee of Ministers, Recommendation 189 (2001). Demgemäß begründet die Kommission ihren Vorschlag, den subsidiären Schutzstatus einzuführen, damit, dass es in der Union keine speziellen Vorschriften zum subsidiären oder komplementären Schutz gebe. Jedoch würden die EMRK und die Rechtsprechung des EGMR einen rechtlich verbindlichen Rahmen vorsehen, der maßgeblich für die Bestimmung der Berechtigten dieses Status sei (Kommissionsentwurf KOM[2001]510 endg.; Ratsdok. 13620/01, in: BR-Drucks. 1017/01, S. 28). Folgerichtig erinnert Erwägungsgrund Nr. 34 RL 2011/95/EU die Mitgliedstaaten an ihre internationalen Verpflichtungen im Bereich der Menschenrechte.

5 Daher schaffen die Regelungen zum subsidiären Schutz keine völlig neuen Rechtskategorien schutzbedürftiger Personen. Vielmehr dienen die in Art. 15 RL 2011/95/EU entwickelten Kategorien der Klarstellung und Kodifizierung der bestehenden Praxis in den Mitgliedstaaten. Die Richtlinie greift eine internationale Tendenz auf und regelt diese für die Praxis der Mitgliedstaaten verbindlich. In einer Reihe von Staaten sind Regelungen für den Aufenthalt von Personen entwickelt worden, die nicht als Flüchtlinge anerkannt werden, deren Rückführung jedoch aus den verschiedensten Gründen nicht möglich oder ratsam ist. Der in der Praxis für dieses Phänomen entwickelte Begriff des »komplementären Schutzes« hat sich seit Ende der 1990er Jahre heraus gebildet. Es handelt sich um einen allgemeinen Begriff, der in der Praxis in unterschiedlichen Variationen, wie etwa als »subsidiärer Schutz«, »humanitärer Schutz« oder »vorübergehender Schutz«, Anwendung findet (*Mandal*, Complementary Protection, S. 2). Der Mangel einer universell anerkannten Definition für den subsidiären Schutz kann in Ansehung des Begriffs des »vorübergehenden Schutzes« Verwirrung

stiften. Der Begriff »vorübergehender Schutz« wird allgemein zur Beschreibung vorübergehender Lösungen zur dringlichen Regelung von Massenfluchtbewegung verwendet. Demgegenüber wird das Konzept des subsidiären Schutzes nicht auf notstandsähnliche bzw. lediglich vorübergehende Situationen angewandt. Vielmehr handelt es sich um ein Konzept zur Gewährung internationalen Schutzes als Alternative zum Flüchtlingsschutz. Personen, auf die an sich komplementäre Schutzformen zugeschnitten sind, können freilich in Notstandssituationen vorübergehenden Schutz beanspruchen. Dementsprechend hat die Union mit der Richtlinie 2001/55/EG (§ 24 AufenthG) für den »vorübergehenden Schutz« und mit Art. 15 bis 18 der Richtlinie 2011/95/EU für den subsidiären Schutz voneinander getrennte und auch abgrenzbare Konzepte entwickelt.

Mit dem subsidiären Schutzstatus hat die Union ein menschenrechtliches Verständnis des Refoulementschutzes anerkannt (Erwägungsgrund Nr. 35 RL 2011/95/EU). Ursprünglich wurden menschenrechtliche Verpflichtungen gegen die Ursprungsländer gerichtet. Erst in den 1980er Jahren erweiterte Art. 3 des Übereinkommens gegen Folter der Vereinten Nationen und 1989 die Rechtsprechung des EGMR, der sich auf diese Norm bezog (EGMR, EZAR 933 Nr. 1 Satz 5 = EuGRZ 1989, 319 = NJW 1990, 2183 – *Soering*), den menschenrechtlichen Schutz auch auf die Aufnahmeländer und entwickelten hierzu entsprechende Refoulementverbote. Allerdings ist auch die GFK und insbesondere Art. 33 als menschenrechtliches Schutzinstrument konzipiert und versteht UNHCR die Konvention als integralen Bestandteil des menschenrechtlichen Schutzsystems (*Edwards*, IRLJ 2005, 293, 295 ff.). Da das System des Flüchtlingsschutzes mit dem individuell bezogenen Begriff der Verfolgungsfurcht einen engeren Personenkreis begünstigt, versuchen menschenrechtliche Schutzinstrumente einen größeren Personenkreis zu erfassen. Die Union öffnet insoweit mit Art. 15 Buchst. c) RL 2011/95/EU (Abs. 1 Satz 2 Nr. 3) Neuland. Es kann daher nicht verwundern, dass über die Reichweite dieser Norm keine Einigung besteht. 6

Nur für diejenigen Personen, die nicht unter die Bestimmungen der Konvention fallen, die aber als Flüchtlinge im weiteren Sinne angesehen werden können, darf auf den subsidiären Schutz zurück gegriffen werden. UNHCR verwendet in diesem Zusammenhang den Begriff »*Flüchtling im weiteren Sinne*«, um jene außerhalb ihres Herkunftslandes befindlichen Personen zu kennzeichnen, welche wegen einer ernsthaften Bedrohung ihres Lebens, ihrer Freiheit oder Sicherheit als Folge eines bewaffneten Konfliktes oder einer schwerwiegender Störung der öffentlichen Ordnung in ihrem Herkunftsland auf internationalen Schutz angewiesen sind (*Mandal*, Complementary Protection, S. 5). Hinzu kommt, dass Personen, die an sich unter die Bestimmungen der Konvention fallen, von den Vertragsstaaten wegen abweichender Auslegung ihrer Bestimmungen häufig nicht anerkannt werden. Dem will die Richtlinie 2011/95/EU mit der verbindlichen Festlegung der Kriterien für die Feststellung der Flüchtlingseigenschaft in Art. 9 und 10 (§ 3a und § 3b) vorbeugen. Während zwar bislang in der Staatenpraxis viele Personen wegen restriktiver Handhabung der Konvention häufig vom Flüchtlingsschutz ausgeschlossen wurden, indes komplementären Schutz erhalten haben, entwickelt die Richtlinie 2011/95/EU klare Konzeptionen für beide Formen des internationalen Schutzes. Eine sachgerechte und vernünftige Handhabung 7 der Bestimmungen in Art. 9 und 10 kann deshalb an sich nicht mehr dazu führen, dass Flüchtlinge auf den subsidiären Schutzstatus abgedrängt werden. Dieser bezieht sich nach der Richtlinie auf Personen, die zwar von ernsthaften und schwerwiegenden Menschenrechtsverletzungen betroffen sind, die indes keinen hierfür maßgebenden Verfolgungsgrund darlegen können (Art. 15 Buchst. a) und b)) sowie auf Personen, die zwar ernsthafte individuelle Bedrohungen des Lebens oder der Unversehrtheit infolge willkürlicher Gewalt befürchten, hierfür aber eine individualbezogene Furcht vor Verfolgungen nicht geltend machen können (Art. 15 Buchst. c)). Es ist von größter Wichtigkeit, eine genaue und sorgfältige Unterscheidung zwischen beiden Gruppen zu treffen, um den tatsächlichen Schutzbedarf ermitteln zu können, aufgrund dessen von einer Rückführung Abstand zu nehmen ist (Exekutivkomitee des Programms von UNHCR, Beschluss zum Internationalen Rechtsschutz, Nr. 85 [XLIX] [1998], Buchst. y)). Die Staaten könnten zwar aus Härte- oder praktischen Gründen einen längeren Verbleib für bestimmte Personen erlauben. Derartige ausländerrechtliche Verbleibensregelungen müssen jedoch klar von den Fällen unterschieden werden, in denen internationale schutzbedürftige Situationen eintreten.

B. Voraussetzungen des ernsthaften Schadens (Abs. 1 Satz 2)

I. Funktion des ernsthaften Schadens

8 Nach Abs. 1 Satz 2 ist Voraussetzung für die subsidiäre Schutzberechtigung die Feststellung eines »ernsthaften Schadens«. In Umsetzung von Art. 15 RL 2011/95/EU definiert Abs. 1 Satz 2 *abschließend* die drei Fallgruppen des ernsthaften Schadens. Abs. 3 Satz 1 weist ergänzend auf § 3c bis § 3e hin. Diese beruht auf der Regelungssystematik der Richtlinie, die in Kapitel II (Art. 4 bis 8) für den Flüchtlingsstatus und den subsidiären Schutz gemeinsame Voraussetzungen regelt. Der Gesetzgeber wendet eine andere Regelungstechnik an. Er regelt die Vorschriften, die den Wegfall des nationalen Schutzes betreffen (Art. 6 bis 8), bei den tatbestandlichen Voraussetzungen des Flüchtlingsstatus (§ 3c bis § 3e) und verweist für den subsidiären Schutz auf diese Vorschriften. Soweit der ernsthafte Schaden als Nachfluchttatbestand Bedeutung gewinnt (Art. 5), wird dem durch die Einfügung dieses Begriffs in § 28 Abs. 1a Rechnung getragen. Weder für den Flüchtlingsschutz noch den subsidiären Schutz hat der Gesetzgeber die allgemeinen Verfahrensregeln des Art. 4 RL 2011/95/EU besonders umgesetzt. Diese sind teilweise Inhalt der Vorschriften des AsylG (§ 24, § 25, § 77 Abs. 1), weitgehend aber durch die Rechtsprechung entwickelt worden.

9 Abs. 3 Satz 2 stellt klar, dass der flüchtlingsrechtliche Begriff der begründeten Furcht vor Verfolgung in § 3c bis § 3e durch den Begriff »Gefahr eines ernsthaften Schadens« oder »tatsächliche Gefahr eines ernsthaften Schadens« ersetzt wird. Stillschweigend erkennt der Gesetzgeber damit die Bedeutung des Begriffs der begründeten Furcht vor Verfolgung (§ 3a Rdn. 8) für die flüchtlingsrechtliche Entscheidung an. Demgegenüber stellt der Gesetzgeber an die Stelle des subjektiven Begriffs des Flüchtlingsrechts für den subsidiären Schutz den objektiven Gefahrenbegriff des ernsthaften Schadens. Die gewählte Begrifflichkeit verweist stillschweigend auf den in der Rechtsprechung des EGMR entwickelten Begriff des *konkreten Risikos* (»*real risk*«) bzw. tatsächlichen

Gefahr im Sinne von Art. 3 EMRK. Der Gesetzgeber setzt damit lediglich die begrifflichen Unterscheidungen der Richtlinie 2011/95/EU (Art. 2 Buchst. d) einerseits und Art. 2 Buchst. f) andererseits) um.

II. Todesstrafe (Abs. 1 Satz 2 Nr. 1)

1. Funktion der Vorschrift

Nach Abs. 1 Satz 2 Nr. 1 gilt die Verhängung oder Vollstreckung der Todesstrafe in Umsetzung von Art. 15 Buchst. a) RL 2011/95/EU als ernsthafter Schaden (ausf. *Marx*, Handbuch zum Flüchtlingsschutz, 2. Aufl., 2012, S. 500 ff.). Der Vorschlag der Kommission erwähnte die Todesstrafe nicht, sondern definierte eher allgemein als Voraussetzung subsidiären Schutzes die »Verletzung eines Menschenrechts, sofern dieses so gravierend ist, dass internationale Verpflichtungen der Mitgliedstaaten greifen« (KOM[2001]510 endg.; Ratsdok. 13620/01, in: BR-Drucks. 1017/01, S. 54). In der Begründung wies sie darauf hin, diese Voraussetzung beziehe sich auf die begründete Furcht vor der Verletzung anderer Menschenrechte als Folter oder unmenschliche oder erniedrigende Behandlung oder Strafe. Die Mitgliedstaaten hätten ihren Verpflichtungen aus Menschenrechtsinstrumenten wie der EMRK im vollen Umfang zu genügen und insbesondere zu prüfen, ob die Rückkehr des Antragstellers in das Herkunftsland zu ernsthaften Schäden aufgrund der Verletzung eines Menschenrechts führen könnte und ob sie in diesem Zusammenhang eine extraterritoriale Verpflichtung zur Schutzgewährung treffe. Im Verlaufe der Beratungen wurde der weite Ansatz auf die Verhängung oder Vollstreckung der Todesstrafe eingeschränkt. Zugleich bringt die Richtlinie damit die Rechtsüberzeugung der Mitgliedstaaten zum Ausdruck, dass die Verhängung und Vollstreckung der Todesstrafe eine Verletzung anderer Menschenrechte darstellt und für sie extraterritoriale Verpflichtungen begründet, die sie im Rahmen ihrer ausländerrechtlichen Praxis zwingend zu beachten haben. Im Zeitpunkt des Inkrafttretens der Richtlinie 2004/83/EG war Protokoll Nr. 13 zur EMRK noch nicht in Kraft getreten. Lässt Protokoll Nr. 6 (1983) die Todesstrafe für Kriegszeiten oder bei unmittelbarer Kriegsgefahr zu, schafft Protokoll Nr. 13 sie vollständig ab. Es trat am 01.02.2005 in Kraft und hat nach Art. 2 notstandsfesten Charakter. Art. 15 Buchst. a) der Richtlinie beruhte zunächst auf Protokoll Nr. 6 und wird durch Protokoll Nr. 13 weiter verstärkt (*Goodwin-Gill/ McAdam*, The Refugee in International Law, 3. Aufl., 2007, S. 326; McAdam, IRLJ 2005, 461, 476 f.). 10

2. Begriff der Todesstrafe

Unter dem Begriff der Todesstrafe wird die absichtliche Tötung zur Vollstreckung eines gerichtlich verhängten Todesurteils im Fall eines vom Gesetz mit dem Tode bedrohten Verbrechens (Art. 2 Abs. 1 EMRK, Art. 6 Abs. 2 IPbpR) verstanden. Im weiteren Sinne ist hierunter die gezielte physische Vernichtung eines Menschen durch den Staat zu verstehen, welche als formelle staatliche Sanktion an ein bestimmtes individuelles Verhalten dieses Menschen anknüpft (*Treiber*, in: GK-AuslR, II, § 53 AuslG Rn. 146; *Treiber*, Die Asylrelevanz von Folter, Todesstrafe und sonstiger unmenschlicher Behandlung, 11

1990, S. 32). Bereits der Begriff der Todesstrafe schließt damit die gezielte Tötung eines Menschen durch nichtstaatliche Gruppierungen aus (*Weberndörfer*, Schutz vor Abschiebung nach dem neuen Ausländergesetz, 1992, S. 132; a.A. *Duchrow/Spieß*, Flüchtlings- und Asylrecht, 2. Aufl., 2005, S. 132). Die Gegenmeinung verkennt, dass eine von nichtstaatlichen Gruppierungen angeordnete und vollstreckte vorsätzliche Tötung begrifflich zwar nicht als Todesstrafe gewertet, wohl aber als Folter bzw. unmenschliche Bestrafung im Sinne von Nr. 2 anzusehen ist (Rdn. 13). Nur die im Rahmen eines Gerichtsverfahrens und aufgrund eines gerichtlichen Urteils verhängte Strafe durch einen Staat kann als Todesstrafe angesehen werden.

12 *Extralegale Hinrichtungen*, d.h. die ohne jedes gerichtliche Verfahren durch Sicherheitskräfte oder mit Duldung oder Unterstützung des Staates durch paramilitärische oder andere Gruppierungen ausgeübten Tötungen politischer Gegner, wie auch »*willkürliche Hinrichtungen*« oder »*Hinrichtungen im Schnellverfahren*«, die unmittelbar nach Verkündung des Todesurteils vollzogen werden, das durch eine staatliche oder quasistaatliche Instanz im Rahmen eines lediglich formalen Scheinverfahren ohne Verfahrensgarantien wie rechtliches Gehör, Verteidigungsmöglichkeiten, Gewährleistung der Öffentlichkeit des Verfahrens und Rechtsmittelgarantie verhängt wird, werden nicht dem Begriff der Todesstrafe zugeordnet, gelten aber als ernsthafter Schaden nach Nr. 2. Dies gilt auch für das »*Verschwindenlassen*« (EGMR, NVwZ 2013, 631, 636 Rn. 240 – *El Masri*), d.h. die durch Sicherheitskräfte oder mit staatlicher Duldung oder Unterstützung durch paramilitärische oder andere Gruppen verübte Entführung, Folterung, Liquidierung und anschließende spurlose Beseitigung politischer Gegner. Der Ausschuss für Menschenrechte sieht zwar in in willkürlichen oder im Schnellverfahren ohne die Einholung von Sicherheitsgarantien vollzogenen Hinrichtungen einen Verstoß gegen Art. 6 IPbpR (UN-Committee on Human Rights, HRLJ 1994, 149, 157 [§ 15.6] – *Charles Chitat Ng v. Canada*). Dies ist aber darin begründet, dass Art. 6 im Blick auf die Todesstrafe Verfahrensgarantien gewährt. Ob deshalb aber eine nicht in gesetzlichen Formen und nicht durch gesetzlich eingerichtete Gerichte angeordnete Tötung als Todesstrafe bewertet werden kann, dürfte fraglich sein. In all diesen Zweifelsfällen bedarf es mit Blick darauf, dass Abs. 1 Satz 2 sowohl gegen die Todesstrafe (Nr. 1) wie auch gegen Folter und unmenschliche oder erniedrigende Bestrafung (Nr. 2) gleichwertigen Schutz sicherstellt, keiner begrifflichen Klärung der Form der Bestrafung.

13 Die Art und Weise der Verhängung, Vorbereitung und Vollstreckung der Todesstrafe wie auch andere schwerwiegende Formen der Verletzung des Rechts auf Leben können das Folterverbot verletzen, sodass der subsidiäre Schutz auch durch Nr. 2 vermittelt wird. In diesem Zusammenhang ist darauf hinzuweisen, dass auch das BVerfG hervorgehoben hat, dass es nach Art. 1 Abs. 1 und Art. 2 Abs. 1 GG den Behörden der Bundesrepublik verwehrt ist, einen Verfolgten auszuliefern, wenn er dort die Verhängung einer grausamen, unmenschlichen oder erniedrigenden Strafe zu befürchten habe. Daher habe die Auslieferung zu unterbleiben, wenn der Verfolgte eine derartige Strafe zu gewärtigen oder zu verbüßen habe (BVerfGE 75, 1, 16 f.). Bereits in seiner ersten grundlegenden Entscheidung zum Refoulementcharakter des Folterverbots hat der EGMR auf den engen Zusammenhang zwischen Todesstrafe

und Folterverbot hingewiesen: Die Art und Weise, wie die Todesstrafe auferlegt oder vollstreckt werde, die persönlichen Umstände des verurteilten Menschen und die Disproportionalität zur Schwere der Tat sowie die Bedingungen in der Haft vor Vollstreckung seien mögliche Indizien, die die Behandlung oder Bestrafung der verurteilten Person in den Schutzbereich des Art. 3 EMRK heben würde. Die heute gültige Einstellung der Vertragsstaaten zur Todesstrafe sei maßgebend für die Bewertung, dass das zumutbare Maß an Leiden und Erniedrigung überschritten werde (EGMR, EuGRZ 1989, 314, 321 Rn. 101, 104 = NJW 1990 = EZAR 1989, 319 – *Soering*). Seitdem haben der EGMR und ihm folgend andere internationale Gerichte unter dem Begriff des »*Todeszellensyndroms*« (»*death row phenomenon*«, ausf. *Marx*, Handbuch zum Flüchtlingsschutz, 2. Aufl., 2012, S. 506 ff.) eine reichhaltige Judikatur zum Zusammenhang von Folterverbot und Todesstrafe entwickelt.

In der Praxis sind es in aller Regel auf dem Gebiet des Mitgliedstaats verübte Straftaten, die im Herkunftsland zum Anlass der Durchführung eines Strafverfahrens genommen werden und die Prüfung einer im Herkunftsland drohenden Todesstrafe gebieten. In diesem Fall ist der Betroffene bereits rechtskräftig verurteilt worden, sodass über die Gefahr der Verhängung und Vollstreckung der Todesstrafe hinaus die Frage zu beantworten ist, ob die Gefahr der Doppelbestrafung einen ernsthaften Schaden begründet. Die Richtlinie selbst verhält sich zu dieser Frage nicht. Nach der Rechtsprechung enthält Art. 103 Abs. 3 GG kein von den deutschen Behörden allgemein zu ächtendes Verbot der Doppelbestrafung und sind diese daher auch nicht gehalten, alles zu unterlassen, was eine derartige Rechtsfolge im Ausland zur Folge hätte. Die Rechtsprechung hat aber insbesondere im Blick auf eine drohende unmenschlich harte Bestrafung oder unmenschliche Behandlung im Rahmen des Strafverfahrens aus dem Grundsatz der Verhältnismäßigkeit sowie aus Art. 3 EMRK ein Verbot aufenthaltsbeendender Maßnahmen abgeleitet (Hess.VGH, InfAuslR 1982, 177; Hess. VGH, InfAuslR 1990, 109; Hess.VGH, NVwZ-RR 1990, 511; Hess.VGH, EZAR 033 Nr. 4 = NVwZ-RR 1995, 228 = AuAS 1995, 38; OVG Hamburg, EZAR 130 Nr. 3; OVG Lüneburg, InfAuslR 1985, 199; OVG NW, DVBl 1983, 37; offen gelassen VG Wiesbaden, AuAS 2002, 55, 56). Diesem Gesichtspunkt kommt daher im Rahmen von Nr. 2 Bedeutung zu. Auch folgt unmittelbar aus Verfassungsrecht und aus Nr. 1, dass die Abschiebung unzulässig ist, wenn im Rahmen des im Herkunftsstaat drohenden erneuten Strafverfahrens die Gefahr der Verhängung und Vollstreckung der Todesstrafe zu befürchten ist. 14

3. Kriterien der Gefahrenprognose

Art. 15 Buchst. a) RL 2011/95/EU definiert die Todesstrafe lediglich als ernsthaften Schaden, lässt die Frage, nach welchen Prognosegrundsätzen dieser Schaden festzustellen ist, jedoch offen. Da nach der Begründung der Richtlinie die EMRK sowie die Rechtsprechung des EGMR maßgebend sind (KOM[2001]510 endg.; Ratsdok. 13620/01, in: BR-Drucks. 1017/01, S. 28 f.), ist der vom EGMR zu Art. 2 und 3 EMRK entwickelte Beweisstandard des »*tatsächlichen Risikos*« maßgebend. Der Antragsteller muss ein tatsächliches Risiko darlegen, dass ihm im Fall der Rückkehr die Verhängung oder Vollstreckung der Todesstrafe droht (EGMR, EZAR 933 Nr. 1, 15

§ 111 = EuGRZ 1989, 314 = NJW 1990, 2183 – *Soering*; EGMR, EZAR 933 Nr. 3, § 113 = NVwZ 1992, 879 = InfAuslR 1992, 81 – *Vilvarajah*; EGMR, EZAR 933 Nr. 3, § 113 = NVwZ 2008, 1330, 1331 Rn. 124 – *Saadi*). Um die Vollstreckung der Todesstrafe effektiv zu verhindern, begründet bereits die drohende Gefahr der Verurteilung zu dieser Strafe und nicht erst die Verurteilung selbst einen ernsthaften Schaden. Demgemäß genügt nach Art. 2 Buchst. f) RL 2011/95/EU (Abs. 3 Satz 2), dass der Antragsteller »stichhaltige Gründe für die Annahme« vorbringt, bei einer Rückkehr in sein Herkunftsland »tatsächlich Gefahr« zu laufen, einen ernsthaften Schaden zu erleiden. Die Behörde hat nach Art. 4 Abs. 3 Buchst. b) RL 2011/95/EU zu prüfen, ob ihm dort die Verhängung oder Vollstreckung der Todesstrafe drohen könnte.

16 Das Erfordernis, dass der Antragsteller wegen einer Straftat gesucht werden muss und die »Gefahr der Todesstrafe« besteht (§ 60 Abs. 3 Satz 1 AufenthG a.F.), ist überholt. Nach der Rechtsprechung des BVerwG wirkt die Gefahr einer drohenden Verhängung oder Vollstreckung der Todesstrafe auf das Gewicht des öffentlichen Interesses ein, künftigen Störungen der öffentlichen Sicherheit und Ordnung vorzubeugen. Bei ausländerrechtlichen Entscheidungen sei deshalb eine im Ausland drohende Verhängung und Vollstreckung der Todesstrafe nicht von vornherein rechtlich irrelevant (BVerwGE 78, 285, 294 = EZAR 120 Nr. 11 = NVwZ 1987, 288 = InfAuslR 1987, 228; BVerwG, EZAR 120 Nr. 12; ebenso BayVGH, InfAuslR 1985, 257; Hess.VGH, InfAuslR 1990, 109; OVG Hamburg, EZAR 130 Nr. 3 = DÖV 1986, 614 = NVwZ 1986, 781 = InfAuslR 1986, 33; OVG NW, NVwZ 1986, 781 = InfAuslR 1986, 201; VGH BW, Beschl. v. 19.10.1987 – 13 S 715/87; a.A. OVG Lüneburg, InfAuslR 1985, 199; wie BVerwG: OVG Lüneburg, InfAuslR 1989, 332). Abs. 1 Satz 2 Nr. 1 relativiert nicht in dieser Weise. Dass der zwingende Refoulementschutz bereits gegen die drohende Gefahr der Todesstrafe gerichtet ist, hat der EGMR von Anfang an hervorgehoben, weil der Aufenthaltsstaat keine Einflussmöglichkeiten auf die Praktiken und Regelungen der Behörden im Herkunftsland hat (EGMR, EuGRZ 1989, 314, 318 [§ 86] = NJW 1990 = EZAR 1989, 319 – *Soering*; ebenso UN-Committee on HRLJ 1994, 411, 416 [§ 16.1]; UN-Committee on Human Rights, HRLJ 1994, 149, 155 [§ 13.2]).

17 Ob nach der Abschiebung die Todesstrafe verhängt und vollstreckt werden wird, ist von zwei Komponenten abhängig, einerseits davon, dass der Betroffene eine Straftat verübt hat, die nach dem Recht des Herkunftslandes mit der Todesstrafe bedroht ist, und dass den Behörden bekannt ist oder wahrscheinlich bekannt werden wird, dass er eine derartige Straftat verübt hat. Mit anerkannten Prognosegrundsätzen unvereinbar ist die Ansicht, ein ernsthafter Schaden drohe nicht, wenn die Behörden des Herkunftslandes noch keine Kenntnis von der entsprechenden Straftat des Antragstellers hätten und der Betroffene lediglich befürchten müsse, dass diese von seiner Tat Kenntnis erlangten (*Weberndörfer*, Schutz vor Abschiebung nach dem neuen Ausländergesetz, 1992, 133). Diese Ansicht schließt die Tatsachen aus der Prognoseprüfung aus, die darauf hinweisen, dass die Bestrafung im Herkunftsland bekannt werden wird. Wird die Straftat dort bekannt und droht nach der zugrunde liegenden Strafnorm die Verurteilung zur Todesstrafe, ist der Eintritt eines ernsthaften Schaden zu befürchten. Für die Beurteilung kommt es auf die Straf- und Vollstreckungspraxis

im Herkunftsland an. Der Sachverhalt ist von Amts wegen aufzuklären und zu prüfen, ob konkrete Anhaltspunkte für eine drohende Bestrafung bis hin zur Verhängung und Vollstreckung der Todesstrafe vorliegen (BVerwG, EZAR 120 Nr. 12; BVerwG, InfAuslR 1990, 312; Hess. VGH, InfAuslR 1990, 109). Die Behörde hat hierbei aller vorhandenen Erkenntnisquellen zu berücksichtigen, um beurteilen zu können, in welchem Maße mit dem Eintritt der Gefahr der Todesstrafe zu rechnen ist (Hess. VGH, NVwZ-RR 1990, 511, 512). Da überwiegend im Herkunftsland vorherrschende allgemeine Verhältnisse und Umstände festzustellen sind, besteht eine eingeschränkte Darlegungslast (§ 25 Rdn. 5 f.) und korrespondierend damit eine erhöhte Untersuchungspflicht.

Der Antragsteller muss die Umstände und Tatsachen, die für die von ihm befürchtete Gefahr der Verhängung oder Vollstreckung der Todesstrafe maßgebend sind, von sich aus konkret, in sich stimmig und erschöpfend vortragen (Art. 4 Abs. 1 Satz 1, Abs. 5 Buchst. c) RL 2011/95/EU). Ihn trifft insoweit eine Darlegungslast (§ 25 Abs. 2 AsylG, § 82 Abs. 1 AufenthG). Andererseits greifen unter diesen Voraussetzungen beweiserleichternde Grundsätze ein (Art. 4 Abs. 1 Satz 2 RL 2011/95/EU). Wegen der Präklusionsvorschriften in § 25 Abs. 3 kann die Behörde nachträgliches Sachvorbringen unberücksichtigt lassen. Das Verwaltungsgericht wird im Asylverfahren in aller Regel § 87b Abs. 3 VwGO angewandt haben. Tatsachen, die dem Asylsuchenden bereits im Asylverfahren bekannt waren, kann er nicht nachträglich zur Begründung seines Begehrens auf Gewährung subsidiären Schutzes vorbringen. Die Präklusionsvorschriften sind wegen des Gewichts der bedrohten Rechtsgüter einschränkend auszulegen und anzuwenden. Es genügt, wenn die Darlegung in groben Zügen erkennen lässt, welche Rechtsgüter als gefährdet angesehen und welche Beeinträchtigungen befürchtet werden. Es darf nicht mehr gefordert werden als durchschnittliches Wissen nicht sachverständiger Bürger im Blick auf mögliche Beeinträchtigungen von Leben, Gesundheit und sonstiger geschützter Rechtspositionen durch das in Rede stehende Verwaltungshandeln. Aus Art. 19 Abs. 4 GG folgen in erster Linie Anforderungen an das Verhalten der Behörde im Verwaltungsverfahren selbst (BVerfGE 61, 82, 117 f.). 18

Der Antragsteller muss Umstände und Tatsachen darlegen, welche die ernsthafte Möglichkeit begründen, dass den Behörden des Herkunftslandes bekannt ist oder mit überwiegender Wahrscheinlichkeit bekannt werden wird, dass er eine Straftat begangen hat, die nach dem Recht des Herkunftslandes mit dem Tode bedroht ist. Dabei ist insbesondere eine Kumulation entsprechender Verdachtsmomente zu berücksichtigen. Ausreichend ist die individuelle Darlegung, dass die Behörden des Herkunftslandes den Betroffenen einer Straftat verdächtigen, die nach dem dortigen Recht mit dem Tode bedroht ist. Ob aufgrund dessen die Todesstrafe verhängt oder vollstreckt werden wird, hat die Behörde nach Maßgabe des Untersuchungsgrundsatzes festzustellen. Nr. 1 setzt voraus, dass die Gefahr der Verhängung oder der Vollstreckung der Todesstrafe besteht. Die gesetzliche Begründung zur Vorläufernorm des § 53 Abs. 2 AuslG 1990 setzte dagegen voraus, dass ein anderer Staat den Betreffenden wegen einer Straftat sucht. In der Literatur wurde daher behauptet, die Norm könne nur zur Anwendung kommen, wenn zweifelsfrei feststehe, dass der Betreffende wegen einer mit der Todesstrafe sanktionierten Straftat von einem anderen Staat gesucht werde. Zur 19

Feststellung dieser Voraussetzung genüge zunächst eine Anfrage beim Bundeskriminalamt (*Fraenkel*, Einführende Hinweise zum neuen Ausländergesetz, 1991, S. 288). Zu beurteilen ist, ob es ernsthafte und konkrete Anhaltspunkte dafür gibt, dass der Betroffene für den Fall seiner Rückkehr im Zielstaat wegen einer mit Todesstrafe bedrohten Straftat gesucht werden wird. Nach dem maßgeblichen Beweismaß reichen für die Prognose wegen des Gewichts der bedrohten Rechtsgüter bereits *»geringe Risiken«* aus. Generell sind geeignete und verlässliche Verfahren gefordert, mit deren Hilfe der Steigerungsgrad der Gefahr für Leib und Leben ermittelt werden kann (BVerfGE 66, 39, 59). Es genügen daher ernsthafte und konkrete Anhaltspunkte dafür, dass die Behörden von der Auslandstat Kenntnis erlangt haben oder wahrscheinlich erhalten werden. Über Landsleute, über Kontakte zur Auslandsvertretung, die öffentliche Prozessberichterstattung oder durch andere Umstände kann die Auslandsvertretung Kenntnis von der Straftat erlangt haben. Ein »geringes Risiko« reicht für diese Annahme aus (VG Wiesbaden, AuAS 2002, 55, 56 f.). Es genügt, dass der Betroffene einer derartigen Straftat verdächtigt wird. Er muss deswegen nicht notwendigerweise mit Haftbefehl gesucht werden. Der Betroffene muss eine derartige Tat auch nicht notwendigerweise tatsächlich begangen haben. Vielmehr genügt, dass er der Begehung oder sonstigen Beteiligung an einer derartigen Straftat durch die Behörden verdächtigt wird. So kann ein entsprechender Verdacht etwa auf Denunziationen Dritter beruhen oder darauf, dass diese ihn unter der Folteranwendung entsprechend belastet haben.

20 Richtungsweisend für die Wahl des Beweismaßes ist die vom EGMR entwickelte Rechtsprechung: In *Soering* hatte der Gerichtshof die Ansicht der britischen Regierung nicht akzeptiert, dass die Verhängung und Vollstreckung der Todesstrafe »gewiss« sein müsse. Zwar würden eine Reihe von Umständen gegen die Wahrscheinlichkeit der Verhängung der Todesstrafe sprechen. Andererseits sei wegen der festen Haltung der Anklagebehörde die Annahme kaum möglich, dass gerade keine substanziellen Gründe dafür vorlägen, dass der Beschwerdeführer keinem »konkreten Risiko« gegenüberstehe, zum Tode verurteilt zu werden. Zwar würden die Konventionsorgane grundsätzlich nur bestehende, nicht aber auch lediglich möglicherweise eintretende Konventionsverletzungen berücksichtigen. Im Hinblick auf die ernsten, irreparablen Leiden und um die Effektivität des Schutzes durch Art. 3 EMRK zu garantieren, sei jedoch die Abkehr von dem erwähnten Grundsatz erforderlich (EGMR, EuGRZ 1989, 314 Rn. 83, 90 bis 99 = NJW 1990 = EZAR 1989, 319 – *Soering*). Allgemein wird diese Rechtsprechung dahin verstanden, dass wegen des Gewichts der gefährdeten Rechtsgüter und der Garantie effektiven Schutzes, den Art. 3 EMRK verspricht, bereits »geringe Risiken« für eine Rechtsgutgefährdung zu berücksichtigen sind (Rdn. 19). Für die im Rahmen von Nr. 1 anzustellende Gefahrenprognose reicht es aus, wenn »ernsthafte und konkrete Anhaltspunkte« eine *gewisse Wahrscheinlichkeit* dafür begründen, dass der Betroffene wegen einer mit der Todesstrafe sanktionierten Straftat nach seiner Rückkehr in den Zielstaat gesucht und verurteilt werden wird.

21 Art. 15 Buchst. a) RL 2011/95/EU steht nicht unter dem Vorbehalt, dass kein ernsthafter Schaden droht, wenn die Behörden des Herkunftslandes zusichern, dass im Fall der Abschiebung die Todesstrafe nicht verhängt oder vollstreckt werden wird. Demgegenüber verwies § 60 Abs. 3 Satz 2 AufenthG a.F. auf § 8 IRG, wonach die

Auslieferung zulässig ist, wenn der ersuchende Staat zusichert, dass die Todesstrafe nach der Auslieferung nicht verhängt oder nicht vollstreckt werden wird. Daraus wurde geschlossen, dass es auch für die Anwendung des § 60 Abs. 3 AufenthG a.F. entscheidungserheblich darauf ankam, dass der Zielstaat zusichere, er werde die Todesstrafe nicht verhängen oder vollstrecken. Unionsrecht ist eindeutig. Der nach Art. 15 Buchst. a) RL 201/95/EU zustehende subsidiäre Schutz steht nicht unter dem Vorbehalt einer möglichen Zusicherung. § 60 Abs. 2 AufenthG verweist auf Abs. 1 Satz 1. Auch ist der auslieferungsrechtliche Spezialitätsgrundsatz nicht auf das ausländerrechtliche Verfahren übertragbar: Anders als das zwischenstaatliche Auslieferungsverfahren ist dieses kein zwischenstaatliches Verfahren, sondern ein einseitiger Hoheitsakt. Verbindliche Spezialitätszusagen werden nicht abgegeben und auch nicht eingeholt. Sofern amtliche Auskünfte herangezogen werden, ist zu bedenken, dass es sich dabei nicht um verbindliche Spezialitätszusagen, sondern um im Wege des Freibeweises zu verwertende Beweismittel handelt. Die Auskünfte vermitteln also keine Verbindlichkeit von Garantiezusagen, sondern bilden Prognosetatsachen für die Entscheidung im Einzelfall, ob aufgrund der Auskunftslage die festgestellten Tatsachen eher gegen eine Verhängung oder Vollstreckung der Todesstrafe sprechen als dafür. Dabei ist auch die Praxis der Rechtsanwendung mit zu berücksichtigen. Steht jedoch zur Überzeugungsgewissheit der Behörde fest, dass im konkreten Einzelfall die Todesstrafe verhängt und/oder vollstreckt werden wird, vermögen generelle zwischenstaatliche Vereinbarungen über den Verzicht auf die Strafvollstreckung das festgestellte Prognoseergebnis nicht zu beeinflussen.

III. Folter oder unmenschliche oder erniedrigende Behandlung oder Bestrafung (Abs. 1 Satz 2 Nr. 2)

1. Funktion der Vorschrift

Nach Abs. 1 Satz 2 Nr. 2 gilt in Umsetzung von Art. 15 Buchst. b) RL 2011/95/EU 22
»Folter oder unmenschliche oder erniedrigende Behandlung oder Bestrafung im Herkunftsland« als ernsthafter Schaden. Nach der Begründung des Vorschlags der Kommission orientiert sich die Norm an Art. 3 EMRK. Prüfen die Mitgliedstaaten, ob ein Antragsteller nach diesem Kriterium Anspruch auf subsidiären Schutz hat, sollen sie keinen strengeren Maßstab als den von der EMRK vorgesehenen anlegen (KOM [2001] 510 endg.; Ratsdok. 13620/01, in: BR-Drucks. 1017/01, S. 29). Der Wortlaut von Art. 15 Buchst. b) verweist nicht auf Art. 3 EMRK. Dies ist darin begründet, dass auf Folter oder unmenschliche Behandlung in den Herkunftsländern der Antragsteller hingewiesen wird und damit zumeist Staaten erfasst werden, die nicht Vertragsstaaten der EMRK sind. Der auf drohende Gefahr der Folter in einem Drittstaat zielende Antrag wird deshalb weder durch die Richtlinie noch durch Nr. 2 erfasst. Auch Abs. 1 Satz 1 verweist auf das Herkunftsland. Es findet jedoch Art. 3 EMRK und damit § 60 Abs. 5 AufenthG unmittelbar Anwendung, wenn der Antragsteller in einen Drittstaat abgeschoben werden soll.

Nach der Begründung der Richtlinie orientiert sich diese an der EMRK. Daher ist 23
im Zweifel die Auslegung von Art. 3 EMRK durch den EGMR für die Anwendung

der Richtlinie durch die Mitgliedstaaten verbindlich. Der EuGH wird aber nicht daran gehindert, einen generöseren Ansatz als der EGMR zu entwickeln (*Storey*, IJRL 2008, 1, 44 f.). Wie Art. 3 EMRK schließt Art. 15 Buchst. b) Rl 2011/95/EU Folter und unmenschliche oder erniedrigende Behandlung oder Bestrafung ein, während der Refoulmentschutz nach Art. 3 Abs. 1 Übereinkommen gegen Folter ausschließlich auf Folter beschränkt ist. Folter und unmenschliche oder erniedrigende Behandlung oder Bestrafung sind aber eng miteinander verbunden. Die Trennlinie zwischen beiden Misshandlungsformen kann nicht stets präzise gezogen werden, wie insbesondere der Streit zwischen der Kommission und dem Gerichtshof im Nordirland-Fall belegt. Auch wenn nicht der enge Folterschutz Anwendung findet, kann ein ernsthafter Schaden drohen, weil der Begriff der unmenschlichen Behandlung in seinen einzelnen Teilaspekten bedeutend weiter gehend als der Folterbegriff ist, wie z.B. im Fall unmenschlicher Haftbedingungen sowie am fehlenden Erfordernis der Vorsätzlichkeit beim Begriff der unmenschlichen Behandlung deutlich wird.

24 Die seit 1945 beschlossenen universellen und regionalen Instrumente im Bereich des Menschenrechtsschutzes untersagen die Anwendung der Folter in eindeutiger Weise (Überblick bei *Marx*, KJ 2004, 278, 280 ff.). Aufgrund der völkervertragsrechtlichen Entwicklung wird allgemein davon ausgegangen, dass das Folterverbot nicht nur den Rang einer *völkergewohnheitsrechtlichen Norm* erlangt hat, also auch Staaten bindet, die keinem der bezeichneten Verträge beigetreten sind, sondern darüber hinaus den Status eines *ius cogens* einnimmt und notstandsfest ist (*Part*, Columbia Journal of Transnational Law 2005, 811, 821 f.). Ein dichtes normatives Geflecht universeller und regionaler vertraglicher Vorschriften stärkt damit das völkerrechtliche Folterverbot. Die hervorgebrachten Regelungen enthalten nicht nur bindende materielle Vorgaben für die Staatenpraxis. Vielmehr kennzeichnet die Erfolgsgeschichte des Folterverbots auch die Einrichtung internationaler Überprüfungsverfahren zur Kontrolle der Staatenpraxis.

2. Begriff der Folter

25 Die Anwendung von Nr. 2 erfordert an sich keine präzise Trennung zwischen dem Folterbegriff und anderen Misshandlungsformen. Jedoch hat der EGMR in diesem Zusammenhang wiederholt darauf hingewiesen, dass die Verfasser der EMRK mit der Unterscheidung zwischen Folter und anderen unmenschlichen Maßnahmen dem Folterbegriff ein *spezifisches Stigma* hätten anheften wollen (EGMR, Series A 25, § 161 = EuGRZ 1979, 149 – *Ireland v. UK*; EGMR, RJD 1999-V = HRLJ 1999, 238 – *Selmouni*; EGMR, NVwZ 2013, 631, 635 Rn. 197 – *El Masri*). Ein Staat, dem eine Folterpraxis nachgewiesen wird, verliert im internationalen Ansehen dramatisch an Reputation. Deshalb reagieren die Staaten gegenüber Vorwürfen, sie würden Folter anwenden oder zulassen, weitaus empfindlicher als gegenüber sonstigen Misshandlungsvorwürfen. Eine Differenzierung ist auch deshalb angezeigt, weil drohende Folter zumeist die Anknüpfung an Verfolgungsgründe indiziert, eine Indizwirkung bei Misshandlungen jedoch nicht im gleichen Umfang angenommen werden kann. Schließlich ist sie auch deshalb erforderlich, weil erst vor dem Hintergrund der normativen Konturen des engen Folterbegriffs Streitfragen des Begriffs der unmenschlichen

Behandlung sachgerecht gelöst werden können. Daher sind zunächst die Schlüsselkriterien des Folterbegriffs zu klären, bevor der Begriff der unmenschlichen oder erniedrigenden Behandlung oder Bestrafung behandelt werden kann. Ausgangspunkt für die juristische Erfassung des Folterbegriffs ist Art. 1 Abs. 1 des Übereinkommens gegen Folter, der unter Rückgriff auf die bis dahin entwickelte Rechtsprechung und den wissenschaftlichen Diskurs Folter als jede Handlung definiert,

> *»durch die einer Person vorsätzlich große körperliche oder seelische Schmerzen zugefügt werden, zum Beispiel, um von ihr oder einem Dritten eine Aussage oder ein Geständnis zu erlangen, um sie für eine tatsächlich oder mutmaßlich von ihr oder einem Dritten begangene Tat zu bestrafen oder um sie oder einen Dritten einzuschüchtern oder zu nötigen, oder aus einem anderen, auf irgendeiner Art von Diskriminierung beruhenden Grund, wenn diese Schmerzen oder Leiden von einem Angehörigen des öffentlichen Dienstes oder einer anderen in amtlicher Eigenschaft handelnden Person, auf seine Veranlassung oder mit deren ausdrücklichem oder stillschweigendem Einverständnis verursacht werden.«* 26

Nach der Rechtsprechung des EGMR ist Folter eine *»willkürliche unmenschliche Behandlung*, die *besonders ernsthaftes* und *grausames Leiden«* hervorruft (EGMR, Series A 25, § 161 = EuGRZ 1979, 149, 153 – *Irland v.K.*). Dem Folterbegriff ist damit ein objektives wie subjektives Element immanent. In objektiver Hinsicht muss die angewandte Maßnahme ein besonders ernsthaftes und grausames Leiden verursachen. Allerdings wird nicht gefordert, dass eine Körperverletzung hervorgerufen werden muss. Vielmehr kommt es in objektiver Hinsicht stets auf eine besondere Intensität der Leidenszufügung an. In subjektiver Hinsicht muss der Maßnahme ein vorsätzliches und willkürliches Handeln zugrunde liegen. Während Folter wie auch unmenschliche oder erniedrigende Maßnahmen grundsätzlich eine bestimmte Zweckrichtung voraussetzen, ist die *Abgrenzung* zwischen beiden Misshandlungsformen grundsätzlich vom *Grad der Leidenszufügung* abhängig (Rdn. 28). Die erforderliche Abgrenzung ist relativ. Die kumulative, absichtliche Gewaltanwendung mit dem Ziel der Leidenszufügung ist aber Folter (EGMR, NVwZ 2013, 631, 635 Rn. 197 – *El Masri*). Die Abgrenzung ist abhängig von den Umständen des Einzelfalles, wie z.B. der Dauer der Maßnahme, ihren körperlichen und psychischen Auswirkungen und in manchen Fällen vom Geschlecht, Alter und Gesundheitszustand des Opfers (EGMR, RJD 1999-V = HRLJ 1999, 228, 238 – *Selmouni*). Der EGMR wendet also einen *Relativitätstest* an. Nach der Definition des Übereinkommens wie auch nach seiner Rechtsprechung prägen damit vier tatbestandliche Elemente den Folterbegriff: Es muss eine dem Staat zurechenbare Handlung festgestellt werden, die Schmerzufügung muss einen bestimmten Intensitätsgrad erreichen, die Handlung muss vorsätzlich begangen werden, und sie muss einen bestimmten Zweck verfolgen. 27

Die Intensität der Leidenszufügung wird durch Art. 1 Abs. 1 des Übereinkommens gegen Folter vorgegeben. Danach setzt der Folterbegriff die Zufügung »großer körperlicher oder seelischer Schmerzen« voraus. Ebenso hat der EGMR in ständiger Rechtsprechung den Unterschied zwischen Folter und anderer unmenschlicher oder erniedrigender Behandlung im Grad der Intensität der Schmerzzufügung gesehen 28

(Rdn. 27). Es muss allerdings ein vorsätzliches und zweckgerichtetes Handeln hinzukommen. Während Foltermethoden, wie etwa die *Palästinenserschaukel* (EGMR, HRLJ 1997, 221, 227 f. – *Aksoy*) oder *Vergewaltigungen* (EGMR, HRLJ 1998, 59, 68 – *Aydin*) unzweifelhaft den erforderlichen Schweregrad erreichen, kann die erforderliche Abgrenzung in anderen Fällen nicht derart eindeutig vollzogen werden, die nach Ansicht des Gerichtshofs notwendigerweise relativ ist. Die Schwere ist abhängig von allen Umständen des konkreten Einzelfalles, z.B. der Dauer der Behandlung, den körperlichen oder seelischen Auswirkungen, und in einigen Fällen, dem Geschlecht, Alter und dem gesundheitlichen Zustand des Opfers (EGMR, RJD 1999-V = HRLJ 1999, 228, 238 – *Selmouni*). Die Abgrenzung der Intensität des zugefügten Leidens kann zwar nicht abstrakt vollzogen werden. Gewisse herkömmliche Methoden – wie etwa *Elektroschocks*, *Verstümmelungen*, *Verbrennungen mit Zigaretten*, *Bastonade*, *Papageienschaukel*, *Aufhängen* an den auf dem Rücken zusammengebundenen Handfesseln an der Decke – erreichen jedoch in aller Regel die geforderte Intensität des körperlichen Eingriffs. Auch intensive Zufügung psychischer Schmerzen, wie *Hinrichtungsandrohungen*, *Scheinhinrichtungen*, der Zwang, Folterungen oder Vergewaltigungen anderer, insbesondere nahestehender Personen beizuwohnen, erfüllen den Folterbegriff. Das gilt auch für den besonders schwerwiegenden Entzug von Nahrung, Wasser und Schlaf oder die lange und vollständige *Sinnesisolation* (*Kälin*, Grundriss des Asylverfahrens, Basel u.a. 1990, S. 241).

29 Ferner muss nach Art. 1 Abs. 1 Übereinkommen gegen Folter und nach der Rechtsprechung des EGMR die Misshandlung vorsätzlich verübt werden (EGMR, HRLJ 1997, 221, 227 f. – *Aksoy*). Dagegen wird bei der unmenschlichen oder erniedrigenden Behandlung – wie etwa das Beispiel der *Haftbedingungen* (Rdn. 36 f.) erweist – kein Vorsatz gefordert. Zwar zieht der Gerichtshof selbst nicht absichtlich verursachte Gefahren für Leib und Leben in Betracht, so etwa die dramatische Verschlechterung des Gesundheitszustand als Folge der Abschiebung (EGMR, *D. v. UK*, Reports 1997-III, § 51–53 = EZAR 933 Nr. 6 = NVwZ 1998, 163 = InfAuslR 1997, 381, Rdn. 93). Vorsätzliches Handeln wird aber auch hier gefordert, nämlich bei dem die Abschiebung durchführenden Vertragsstaat. Dieser muss vor der Abschiebung alle erkennbaren oder vorgetragenen konkreten Risiken für die körperliche Unversehrtheit des Beschwerdeführers im Zielstaat der Abschiebung, unabhängig davon, durch wen sie verursacht werden, berücksichtigen und ausschließen. Kann er dies nicht und führt er gleichwohl die Abschiebung durch, verletzt er vorsätzlich Art. 3 EMRK.

30 Schließlich werden nach Art. 1 Abs. 1 des Übereinkommens gegen Folter nur die Misshandlungen als Folter qualifiziert, die ausgeübt werden, um eine Aussage oder ein Geständnis zu erlangen, um den Misshandelten für eine tatsächlich oder mutmaßlich von ihm oder einen Dritten begangene Tat zu bestrafen, oder um diesen oder einen Dritten einzuschüchtern oder zu nötigen, oder aus einem anderen, auf irgendeiner Art von Diskriminierung beruhenden Grund. Das Übereinkommen bezeichnet damit eine weite Brandbreite von Zweckrichtungen. Fehlt es an einem derartigen Zweck, liegt lediglich eine unmenschliche Behandlung oder Bestrafung vor. Umgekehrt wird keine Folter angenommen, wenn zwar bestimmte zweckgerichtete Misshandlungen festgestellt werden, diese als solche jedoch nicht die erforderliche Schwere aufweisen

(ECHR, Series A 25, § 167, 1978 = EuGRZ 1979, 149 – *Ireand*). Dem Folterbegriff ist damit gegenüber unmenschlichen Maßnahmen über die Vorsätzlichkeit hinaus eine bestimmte Zweckrichtung eigen. Die *Ziel-Mittel-Relation* ist daher immanentes Kriterium des Folterbegriffs. Die Folter verfolgt neben anderen Zwecken auch einen diskriminierenden Zweck (*Treiber*, Die Asylrelevanz von Folter, Todesstrafe und sonstiger unmenschlicher Behandlung, 1990, S. 12). Neben den in Art. 1 Abs. 1 Satz 1 des Übereinkommens aufgeführten Zwecken ist es insbesondere der Zweck der Diskriminierung, der einer Misshandlung das Stigma der Folter aufprägt und zugleich auch die namentlich genannten Zweckrichtungen überlagert.

Die *Zurechnungsdoktrin* ist *nicht* immanenter Bestandteil des Folterbegriffs, was 31
auch durch Abs. 3 Satz 1 in Verb. mit § 3c Nr. 3 bekräftigt wird. Schmerzzufügungen durch private Personen, die weder auf Veranlassung des Staates noch mit dessen ausdrücklichem oder stillschweigendem Einverständnis erfolgt, kann zwar nicht als Folter bewertet werden. Ermöglichen jedoch nationale Behörden die geheime Freiheitsentziehung von Terrorismusverdächtigen und deren Vernehmung unter Einschluss von Folter durch die CIA, handeln sie Art. 3 EMRK zuwider (EGMR, NVwZ 2015, 955, 959 ff. Rn. 511 bis 518 – *Al Nashiri v. Polen*). Der Ausschuss gegen Folter hat ferner die in Somalia agierenden »*Warlords*« unter den Begriff »Angehörige des öffentlichen Dienstes« (»*public officials*«) subsumiert, weil er insoweit den Begriff der »*quasi-governmental institution*« als erfüllt angesehen hat (CAT, Entscheidung vom 14.05.1999 – Nr. 120/1998 – A 2 Nr. 4 – *Dadig Shek Elmi*). Hingegen hat der EGMR in ständiger Rechtsprechung einen deutlich weiter gehenden Begriff der Regierungsverantwortlichkeit entwickelt und erachtet ebenso wie der Ausschuss gegen Folter in Flüchtlingsfällen Übergriffe durch somalische Warlords für erheblich (EGMR, Reports 1996-VI, § 44 = EZAR 933 Nr. 5 = NVwZ 1997, 1110 = InfAuslR 1997, 279 – *Ahmed*). Gleichwohl besteht zwischen beiden Ansätzen ein Unterschied, weil das Übereinkommen gegen Folter den Zurechnungsbegriff sehr eng fasst und Folterungen durch private Täter daher aus dem Folterbegriff herausfallen. Konzeptionell gelingt es hingegen dem Gerichtshof, auch Misshandlungen durch Private in den Folterbegriff zu integrieren. Allerdings sind bislang keine Fälle bekannt geworden, in denen Gewalt durch private Täter als dem Staat zurechenbare Folterungen bewertet, wohl aber als unmenschliche Behandlung dem untätigen Staat zugerechnet wurden (EGMR, RJD 2001-IV, § 81 – *Cyprus*; EGMR, Series A 26 § 29–35, 1978 – *Tyrer*; EGMR, HRLJ 1982, 221, 225 – *Campbell and Cosans v. UK*; EGMR, HRLJ 1991, 61, 62 – *X and Y v. UK*; EGMR, Series A 247-C [1993] – *Costello-Roberts*, alle zu Körperstrafen).

3. Begriff der unmenschlichen oder erniedrigenden Behandlung oder Bestrafung

Nach Nr. 2 gilt neben der drohenden Folter auch die drohende »unmenschliche oder 32
erniedrigende Behandlung oder Bestrafung« als ernsthafter Schaden. Die Norm sowie Art. 15 Buchst. b) RL 2011/95/EU wie auch Art. 3 EMRK enthalten zwei unterschiedliche Tatbestandsmerkmale: Verboten sind Maßnahmen, die unmenschlich oder erniedrigend sind. Art. 7 IPbpR umfasst dagegen drei Merkmale, nämlich »grausame, unmenschliche oder erniedrigende Behandlung oder Strafe«. Hieran knüpft

auch das Übereinkommen gegen Folter bereits in seinem Titel wie auch in Art. 16 Abs. 1 und 2 an. Auch das BVerfG verwendet den Begriff »grausame, unmenschliche und erniedrigende Strafe« (BVerfGE 1, 332, 348; 6, 389, 439; 45, 187, 228). Diese terminologischen Fragen sind im Ergebnis für die Abgrenzungsaufgabe aber nicht maßgebend. Vielmehr kommt es auf die zu Art. 3 EMRK ergangene Rechtsprechung des EGMR an. Inhalt und Grenzen des Begriffs unmenschlicher oder erniedrigender Maßnahmen sind in Abgrenzung zum Folterbegriff zu entwickeln (Rdn. 28). Anders als der Folterbegriff, der relativ klare Konturen aufweist, ist dieser Begriff einer präzisen begrifflichen Erfassung nur eingeschränkt zugänglich. Während etwa beim Folterbegriff vorsätzliches Handeln unabdingbar ist (Rdn. 29), müssen unmenschliche oder erniedrigende Maßnahmen nicht notwendigerweise darauf gerichtet sein, Leiden zuzufügen (EGMR, Series A 25, par. 167, 1978 = EuGRZ 1979, 149 – *Irland v UK*), wenn auch in der Praxis eine derartige Absicht zumeist feststellbar ist. Das Fehlen einer derartigen Absicht hat aber nicht zur Folge, dass keine Verletzung von Art. 3 EMRK vorliegen kann (EGMR, HRLJ 2002, 378, 384 – *Kalashnikov*). Der EGMR verzichtet bei der Erfassung dieser Maßnahmen teilweise sogar vollständig auf den Handlungsbegriff (EGMR, EZAR 933 Nr. 6 = NVwZ 1998, 163 = InfAuslR 1997, 381 – *D. gegen Vereinigtes Königreich*; Rdn. 93), weil er unabhängig von ihrer Entstehung alle Gefahrenquellen in die Betrachtung einbezieht (*Trexel*, Art. 3 EMRK als Schranke der Ausweisung, S. 239 f.). Daher wird nicht unabdingbar ein zweckgerichtetes Handeln verlangt. Dieser Ansatz wurde zwar in der deutschen Rechtsprechung vehement kritisiert (BVerwGE 104, 265, 271 f. = EZAR 043 Nr. 21 = NVwZ 1997, 1127 = InfAuslR 1997, 341; BVerwGE 105, 187, 191 = EZAR 043 Nr. 26 = DVBl 1998, 608). Die Kritik ist aber durch Abs. 3 Satz 1 in Verb. mit § 3c Nr. 3 überholt. Der Ansatz des EGMR wird vom EuGH ausdrücklich abgelehnt. Er hat festgestellt, dass der subsidiäre Schutz nach Art. 15 Buchst. b) RL 2011/95/EU nicht zuerkannt werden darf, wenn das Fehlen einer angemessenen Behandlung nicht darauf zurückgeführt werden kann, dass die medizinische Versorgung nicht absichtlich verweigert wird (EuGH, NVwZ 2015, 158, 160 Rn. 41 = InfAuslR 2015, 119 – *Bodj*). Diese Auffassung ist aber unvereinbar mit der auch für Art. 15 Buchst. b) maßgebenden Rechtsprechung des EGMR.

33 Zentrale Aufgabe bei der Begriffsbestimmung unmenschlicher oder erniedrigender Maßnahmen ist die Erfassung eines bestimmten Schweregrades der Leidenszufügung (Rdn. 28). Dies ist bereits bei der Definition des Folterbegriffs die zentrale Abgrenzungsaufgabe. Hierfür bedient sich der EGMR des *Relativitätstests* (Rdn. 27), um zu entscheiden, ob das zugefügte Leiden die für den Folterbegriff erforderliche Schwere erreicht hat. Wenn auch der Grad der Schmerzufügung hierfür nicht ausreicht, kann er im Einzelfall für die Bestimmung unmenschlicher Maßnahmen die insoweit erforderliche Schwere aufweisen. Für die Abgrenzung »unmenschlicher« oder »erniedrigender« Maßnahmen, die nicht im Sinne von Art. 3 EMRK erheblich sind, verweist der EGMR ebenfalls auf den Relativitätstest (Rdn. 35). Um eine Maßnahme als »unmenschlich« oder »erniedrigend« im Sinne von Art. 3 EMRK ansehen zu können, muss die Bestrafung oder Behandlung über das notwendigerweise mit jeder legitimen Behandlung oder Bestrafung verbundene Maß des Leidens oder der Erniedrigung hinausgehen (EGMR, HRLJ 1999, 459, 468 – *V v UK*; EGMR,

HRLJ 2002, 378, 384 – *Kalashnikov*; EGMR, HRLJ 1990, 335, 362 = EZAR 933 Nr. 1 = NJW 1990, 2183 – *Soering*; EGMR, NVwZ 2008, 1330, 1332 Rn. 135 – *Saad*; EGMR, NVwZ 2013, 925, 928 Rn. 201 – *Ahmad*). Freiheitsentziehenden Maßnahmen ist häufig ein derartiges Element immanent. Eine Maßnahme wird aber erst dann als »unmenschlich« bewertet, wenn »*zusätzliche Faktoren*« ausgemacht werden, diese etwa auf eine Dauer von mehreren Stunden angelegt ist und akute körperliche Verletzungen oder erhebliche körperliche oder seelische Leiden zur Folge hat. Ein »erniedrigender Charakter« zeigt sich darin, dass eine derartige Maßnahme im Opfer ein *Gefühl der Furcht, Schmerzen* und *Erniedrigung* hervorruft, das geeignet ist, dieses zu erniedrigen und zu entwürdigen. Die Angemessenheit einer Strafe fällt nicht in den Anwendungsbereich von Art. 3 EMRK, es sei denn, es besteht die Gefahr, dass der Betroffene im Herkunftsland zu einer *grob unverhältnismäßigen Strafe* verurteilt wird (EGMR, NVwZ 2013, 925, 930 Rn. 237 – *Ahmad*). Auch die Homosexuellen im Iran drohende Bestrafung ist zumindest erniedrigend (VG Hamburg, EZAR NF 62 Nr. 32).

Zur gebotenen Abgrenzung von unbedenklichen Maßnahmen kommt es darauf an, ob die Maßnahme darauf abzielt, den Betroffenen zu erniedrigen oder zu entwürdigen, und ob in Ansehung der Auswirkungen dieser Maßnahme die Persönlichkeit des Betroffenen in einer Weise beeinträchtigt wird, die Art. 3 EMRK zuwiderläuft. Maßnahmen »unmenschlichen« Charakters im Sinne von Art. 3 EMRK treten in unterschiedlichen Formen auf. *Körperliche Angriffe*, die Verwendung *psychologischer Vernehmungsmethoden* oder die Inhaftierung einer Person unter unmenschlichen Bedingungen können Art. 3 EMRK verletzen. Auch wenn eine Maßnahme nicht den erforderlichen Grad an »unmenschlicher Behandlung« erreicht hat, kann sie »erniedrigenden« Charakter haben. Die Demütigung oder Herabsetzung muss einen bestimmten Grad aufweisen, um als Art. 3 EMRK zuwiderlaufende »erniedrigende« Bestrafung eingestuft zu werden, die jedenfalls anders als das gewöhnliche Element der Demütigung wirkt. Diese eher allgemeinen Grundsätze hat der EGMR am Beispiel der *Prügelstrafe* entwickelt. Obgleich das Opfer hierbei keine ernstere oder länger dauernde psychische Beeinträchtigung erleidet, stellt seine Bestrafung – durch welche es zum Objekt in der Gewalt der Behörden wird – einen Angriff auf genau einen der wichtigsten Zwecke von Art. 3 EMRK dar, nämlich die Würde und physische Integrität der Person zu schützen. Zudem ist nicht auszuschließen, dass die Bestrafung negative psychologische Auswirkungen haben kann. Die erforderliche Abgrenzung anhand der Erfassung »zusätzlicher Faktoren« ist relativ und umfasst alle Umstände des Einzelfalles, insbesondere die Natur und den Hintergrund der Bestrafungsmaßnahme sowie die Art und Weise ihrer Durchsetzung (EGMR, Series A 26 = EuGRZ 1979, 162, 164 Rn. 28 bis 30 – *Tyrer*). 34

Ersichtlich ist die Erfassung »unmenschlicher« oder »erniedrigender« Behandlung oder Bestrafung Einzelfallrechtsprechung. Der kasuistische Ansatz entzieht sich einer präzisen juristischen Definition. Dies ist dem spezifischen Charakter der Abgrenzungsaufgabe geschuldet. Einerseits empfinden Betroffene gegen sie ausgeübten Zwang als »unmenschlich« oder »erniedrigend«. Andererseits hat der Staat die Aufgabe, die Rechte der Bürger gegebenenfalls auch unter Anwendung von Zwangsmitteln 35 gegen Personen, die diese Rechte bedrohen, zu schützen. Staatliche Zwangsmittel sind begriffsnotwendig »unmenschlich« oder »erniedrigend« für die von Zwang betroffenen Personen. Daher fordert der EGMR, dass zusätzliche Faktoren festgestellt werden müssen, um Zwangsmaßnahmen als »unmenschlich« oder »erniedrigend« ansehen zu können. Allerdings darf die Gefahr nicht übersehen werden, dass eine extensive Anwendung des Relativitätstestes auf der begrifflichen Ebene zu einer Erosion der absoluten Schutzwirkung des Verbots von Folter und anderen unmenschlichen oder erniedrigenden Maßnahmen führen kann. Der EGMR wendet aber bei gezielt ausgeübter polizeilicher Gewalt im Rahmen von Vernehmungen den Relativitätstest zugunsten des Betroffenen an. Hier kann die Vernehmungsmethoden sogar als Folter gewertet werden. So sieht der Gerichtshof in Anknüpfung an den Nordirlandfall in polizeilichen Misshandlungen während der Polizeihaft eine Verletzung von Art. 3 EMRK (EGMR, Series A 241-A Rn. 116 = HRLJ 1992, 453 – *Tomasi*; EGMR, NVwZ 2013, 631, 635 Rn. 197 – *El Masri*). Aus der Rechtsprechung des EGMR folgt mit hinreichender Klarheit, dass Art. 3 EMRK verletzt wird, wenn eine Person während des amtlichen Gewahrsams körperlich angegriffen und verletzt wird (*Dutertre*, Key case-law extracts. European Court on Human Rights, 2003, S. 63), sofern die ausgeübte Gewalt nicht ihre Rechtfertigung im rechtmäßigen Vollzug der Gesetze findet. Nach der Rechtsprechung stellt die konkrete Gefahr oder Bestrafung durch Taliban wegen Desertion aus einem ihrer Ausbildungslager eine unmenschliche Behandlung dar (VGH BW, EZAR NF 69 Nr. 14; s. aber OVG NW, AuAS 2013, 83; BayVGH, AuAS 2013, 119, beide zur allgemeinen Gefahr für Rückkehrer nach Afghanistan; s. auch OVG SA, NVwZ 2012, 984, 998, Gefahr wegen Geiselnahme eines russischen Offiziers misshandelt zu werden stellt unmenschliche Behandlung dar; s. auch VG Düsseldorf, NVwZ-RR 2011, 707).

36 Als unmenschliche Behandlung haben die Konventionsorgane ferner etwa tagelanges Stehenlassen, gänzlichen oder teilweisen Entzug von Nahrung und Wasser sowie von Schlaf zur Aussagen- oder Geständniserzwingung, das Zerstören des landwirtschaftlichen Betriebs zwecks Vertreibung, die Hausdurchsuchung und kurzfristige Inhaftierung (EKMR, HRLJ 1993, 298, 299 f. – *X.v. Malta*) und die Unterbindung der ärztlichen Versorgung zur Abgabe einer belastenden Erklärung angesehen. Unerheblich ist, dass die festgestellten körperlichen Verletzungen relativ geringfügig sind. Erheblich ist allein, dass sie Ausdruck für die Anwendung von Gewalt gegen eine ihrer Freiheit beraubte Person durch die Behörden sind. Auch *Haftbedingungen* können Art. 3 EMRK zuwiderlaufen. Aus materieller Sicht sind die gesamten äußeren Umstände des Haftvollzugs wie etwa Art und Weise der Ernährung, Dichte der Zellenbelegung, medizinische Versorgung, sanitäre und hygienische Situation sowie die Ausgestaltung der Kontaktmöglichkeiten während der Haft für die Bewertung, ob die Haft unmenschlich ist, zu berücksichtigen. Unter Hinweis auf die Praxis des Ausschusses zur Verhütung von Folter, der sieben Quadratmeter pro inhaftierter Person als angemessen bewertet, sieht der EGMR in der Tatsache, dass lediglich 0.9 bis 1.9 Quadratmeter Raum pro Person zur Verfügung stehen (EGMR, HRLJ 2002, 378, 385 f. – *Kalashnikov*; EGMR, NVwZ-RR 2013, 284 – *Ananyeuv v. RF*, zu den Anforderung an die staatlichen Vorsorgepflichten) eine Verletzung von

Art, 3 EMRK. Die Frage, ob der Zweck der Maßnahme darin besteht, das Opfer zu erniedrigen oder zu entwürdigen, ist auf jeden Fall ein in Betracht zu ziehender Umstand, jedoch kann Art. 3 EMRK auch verletzt werden, wenn ein derartiger Zweck nicht festgestellt werden kann (EGMR; RJD 2001-III Rn. 74 – *Peers*; EGMR, Entscheidung v. 04.02.2003 Rn. 48 – Nr. 50901/99 – *Van der Veen*). Von Bedeutung ist auch, ob, wie lange und unter welchen Bedingungen sich ein Gefangener im Freien aufhalten darf (EGMR, NVwZ 2013, 925, 929 Rn. 213 f. – *Ahmad*).

Für die Gesundheit und das Wohlbefinden Inhaftierter ist unter Berücksichtigung der tatsächlichen Inhaftierungsbedingungen angemessen Vorsorge zu tragen (EGMR, HRLJ 2002, 378, 384 f. – *Kalashnikov*). Die Umstände der Haft können in einigen Fällen dazu führen, dass diese als unmenschlich oder erniedrigend zu bewerten sind. Insbesondere müssen die kumulative Wirkung einzelner Haftbedingungen wie auch Besonderheiten im Einzelfall in Betracht gezogen werden (EGMR, RJD 2001-II Rn. 46 – *Dougoz*; EGMR, HRLJ 2002, 378, 385 – *Kalashnikov*). Grundsätzlich sind auch die persönlichen Umstände der inhaftierten Person zu berücksichtigen. Die bloße Tatsache an sich, dass andere Personen unter denselben Umständen inhaftiert sind, kann nicht gegen den Opferstatus eingewandt werden (EGMR, RJD 1998-V Rn. 35 – *Aerts*). Der *vorsätzliche Entzug von Essen und Trinken* läuft stets Art. 3 EMRK zuwider (EGMR, Series A 25, § 168 = EuGRZ 1979, 149 – *Irland*). Abzugrenzen sind die Haftbedingungen während der *Untersuchungshaft* von den *Vollzugsbedingungen*. Es ist evident, dass wegen der Besonderheiten der Untersuchungshaft für die Bewertung des »unmenschlichen« oder »erniedrigenden« Charakters der Haftbedingungen andere Maßstäbe anzuwenden sind als bei der Beurteilung der Vollzugsbedingungen. Als generelle Leitlinie gilt, dass die Haftumstände auf jeden Fall über das notwendigerweise mit einer legitimen Bestrafung verbundene Element der Leidenszufügung oder Erniedrigung hinausgehen müssen (EGMR, RJD 2001-VIII Rn. 12 – *Valasinas*; EGMR, Entscheidung v. 04.02.2003, Rn. 49 – Nr. 50901/99 – *Van der Veen*). Die Frage, ob der Zweck der Maßnahme darin besteht, das Opfer zu erniedrigen oder zu entwürdigen, ist nach der Rechtsprechung auf jeden Fall ein in Betracht zu ziehender Umstand, jedoch kann Art. 3 EMRK auch dann verletzt werden, wenn sich ein derartiger Zweck nicht feststellen lässt (EGMR; RJD 2001-III Rn. 74 – *Peers v. Greece*; EGMR, Entscheidung v. 04.02.2003 Rn. 48 – Nr. 50901/99 – *Van der Veen*). So stellte der EGMR in *Peers* eine Verletzung von Art. 3 EMRK fest, weil der Betroffene jeweils im Rhythmus von 24 Stunden über längere Zeit an ein Bett gefesselt wurde, im Monat Juni in Griechenland in der fensterlosen Zelle keine Ventilation eingerichtet gewesen war und beide Zelleninsassen jeweils die Toilette nur in Anwesenheit des anderen aufsuchen konnten (EGMR, Entscheidung v. 04.02.2003 Rn. 75 – Nr. 50901/99 – *Van der Veen*). 37

Zu den *Haftbedingungen* von Personen, die zwangsweise in *psychiatrische Einrichtungen* eingewiesen werden, hat der Gerichtshof in einem Einzelfall im Rahmen einer Gesamtbewertung der *zwangsweisen Ernährung, medikamentösen Zwangsbehandlung*, Isolation und des Anbindens des Betroffenen mit Handschellen an ein Sicherheitsbett über Wochen wegen der darin zum Ausdruck kommenden starken Exzessivität festgestellt, dass diese zu einer unmenschlichen und erniedrigenden Behandlung im Sinne 38 von Art. 3 EMRK geführt hatte und verweist dabei auf die typische Situation der Unterlegenheit und Abhängigkeit von Personen, die wegen »Geisteskrankheit« zwangseingewiesen werden. Dies erfordert eine besondere Sorgfalt der Behörden. Zwar obliegt es den medizinischen Sachverständigen auf der Grundlage anerkannter Regeln der Wissenschaft, über die Art der therapeutischen Methoden unter Einbeziehung etwaiger erforderlicher Zwangsmaßnahmen zu entscheiden, um die körperliche und psychische Gesundheit von Personen zu erhalten, für die sie verantwortlich und die selbst nicht zur eigenen Entscheidung fähig sind. Gleichwohl unterfallen diese Personen dem vorbehaltlos gewährten Schutz von Art. 3 EMRK (EGMR, HRLJ 1993, 84, 88 Rn. 82 – *Herczegfalvy v. Austria*; EGMR, NVwZ 2013, 925, 929 Rn. 213 f. – *Ahmad*; zu den Haftbedingungen s. auch EKMR, EuGRZ 1983, 432 – *B. gegen Vereinigtes Königreich*). Als generelle Regel erachtet der Gerichtshof eine Maßnahme, die therapeutisch erforderlich ist, in Ansehung von Art. 3 EMRK für unbedenklich. Es sei jedoch der überzeugende Nachweis zu führen, dass eine derartige therapeutische Notwendigkeit bestanden habe. Die Dauer der Behandlung, während deren Handschellen, Sicherheitsbetten und andere Zwangsmaßnahmen angewandt würden, bemesse sich nach der hierfür maßgeblichen medizinischen Notwendigkeit (EGMR, HRLJ 1993, 84, 88 Rn. 80, 88 – *Herczegfalvy*). Aber auch wenn die Zwangseinweisung medizinisch erforderlich sei, seien unverzüglich Überprüfungsverfahren durchzuführen (EGMR, HRLJ 1985, 242, 253 – *Luberti*).

4. Gefahrenprognose

39 Nr. 2 wie auch Art. 15 Buchst. b) RL 2011/95/EU verweisen lediglich auf den als ernsthaften Schaden bezeichneten Begriff »Folter oder unmenschliche oder erniedrigende Behandlung oder Bestrafung«, lassen aber die Frage, nach welchen Kriterien dieser festzustellen ist, offen. Mit dem Hinweis auf »stichhaltige Gründe« in Art. 2 Buchst. f) RL 2011/95/EU (Abs. 3 Satz 2) wird die Rechtsprechung des EGMR zu den Substanziierungspflichten nach Art. 3 EMRK in Bezug genommen. Anders als beim Flüchtlingsschutz kommt es ausschließlich auf den nach objektiven Grundsätzen zu ermittelnden ernsthaften Schaden und nicht auf eine begründete Furcht vor einer derartigen Gefahr an (Abs. 3 Satz 2). Der zeitliche Bezugsrahmen erstreckt sich auf sämtliche im Entscheidungszeitpunkt erkennbaren wahrscheinlichen künftigen Geschehensabläufe bei einer hypothetisch zu unterstellenden Rückkehr des Antragstellers ins Herkunftsland. Auch die zukünftige Entwicklung seines persönlichen Umfeldes (Art. 4 Abs. 3 Buchst. c) RL 2011/95/EU) ist in den Blick zu nehmen (BVerwG, InfAuslR 1990, 211). Während bei der nachträglichen Prüfung Konventionsverstöße »jenseits jeden vernünftigen Zweifels« feststehen müssen (*Mole*, Asylum and the European Convention on Human Rights, S. 34 ff., mit zahlreichen Hinweisen), erfordert der präventive Menschenrechtsschutz die Anwendung eines deutlich herabgestuften Beweismaßes. Dieses bezeichnet der Begriff des »konkreten Risikos« (Art. 3 Satz 2).

40 Es muss sich um eine *gegenwärtige Gefahr* handeln. Da die Verantwortlichkeit des Vertragsstaats nach Art. 3 EMRK in derartigen Fällen in der Tatsache begründet liegt, dass er eine Einzelperson der Gefahr der Misshandlung aussetzt, muss das Bestehen dieser Gefahr mit Bezug auf die Tatsachen, die ihm im Zeitpunkt der Abschiebung

bekannt sind oder bekannt sein müssen, beurteilt werden (EGMR, EZAR 933 Nr. 2, Rn. 75 ff. = NJW 1991, 3079 = InfAuslR 1991, 217 = HRLJ 1991, 142 – *Cruz Varas*; EGMR, EZAR 933 Nr. 3, Rn. 107 = NVwZ 1992, 869 = InfAuslR 1992, 81 – *Vilvarajah*; zur gerichtlichen Aufklärungspflicht angesichts der Schwere der im Rahmen von Art. 3 EMRK relevanten Maßnahmen s. auch BVerfG [Kammer], AuAS 1996, 3). Für das Asylverfahren kommt es aber auf den Zeitpunkt der Entscheidung an (Art. 4 Abs. 3 Buchst. a), RL 2011/95/EU; § 77 Abs. 1). Im Hinblick auf den *»absoluten Charakter«* von Art. 3 EMRK und auf die Tatsache, dass diese Norm »einen der grundlegendsten Werte der demokratischen Gesellschaften bildet, die sich im Europarat zusammengeschlossen haben«, muss die Prognoseprüfung besonders streng sein (EGMR, NVwZ 1992, 869, 870 Rn. 108 – *Vilvarajah*). Auch wenn das Begehren im Asylverfahren erfolglos geblieben ist, weil ein Verfolgungsgrund nicht dargelegt wurde, kann dem Antragsteller die Gefahr unmenschlicher oder erniedrigender Behandlung oder Bestrafung im Zielstaat drohen (BVerfG [Kammer], InfAuslR 1993, 176, 178 = NVwZ 1992, 660). Er muss die Umstände und Tatsachen, die für die von ihm befürchtete Gefahr unmenschlicher oder erniedrigender Behandlung maßgebend sind, von sich aus konkret, in sich stimmig und erschöpfend vortragen (Art. 4 Abs. 1 Satz 1, Abs. 5 Buchst. c) RL 2011/95/EU). Ihn trifft insoweit eine *Darlegungslast* (Art. 4 Abs. 1 Satz 1, Abs. 5 Buchst. c) RL 2011/95/EU), § 25 Abs. 2). Auch der EGMR betont die Pflicht des Antragstellers, Beweise beizubringen, dass es ernsthafte Gründe für die Annahme gibt, im Fall der Abschiebung tatsächlich der Gefahr einer Art. 3 EMRK zuwiderlaufenden Behandlung ausgesetzt zu werden (EGMR, NVwZ 2008, 1330, 1331 Rn. 129 – *Saadi*). Die Darlegungspflicht begrenzt die behördliche Untersuchungspflicht. Die Behörde hat die allgemeinen rechtlichen und politischen Verhältnisse im Herkunftsland aufzuklären. Anschließend muss sie sich mit dem Vorbringen auseinandersetzen und möglicherweise weitere Ermittlungen aufgrund des Sachvorbringens anstellen. Ist das Vorbringen ausführlich, genau und folgerichtig und stützen Umstände die Glaubwürdigkeit, geht die *Beweislast* auf die Behörde über (EGMR, NVwZ 2013, 631, 63 3 Rn. 164 f. – *El Masri*).

Bei der Entscheidung, ob die Gefahr von Misshandlungen besteht, sind die abseh- 41
baren Folgen einer Abschiebung im Zielstaat unter Berücksichtigung der dortigen allgemeinen Lage und der besonderen Umstände des Betroffenen zu prüfen (EGMR, NVwZ 2008, 1330, 1331 Rn. 131 – *Saadi*, mit Verweis auf EGMR, NVwZ 1992, 869 Rn. 111 – *Vilvarajah*). Für das Beweismaß verwendet der Gerichtshof den Begriff des »tatsächlichen Risikos«. Danach muss der Antragsteller konkrete Gründe bezeichnen, um beurteilen zu können, ob im Fall der Abschiebung im Zielstaat ein tatsächliches Risiko besteht, einer Behandlung ausgesetzt zu werden, die über die durch Art. 3 EMRK gesetzte Grenze hinausgeht. Das tatsächliche Risiko bezieht sich auf eine bestehende »objektive Gefahr«, einer Art. 3 EMRK zuwiderlaufenden Behandlung unterworfen zu werden. Der Gerichtshof differenziert dabei zwischen unerheblichen »bloßen Möglichkeiten« sowie dem beachtlichen »ernsthaften Risiko« einer unmenschlichen oder erniedrigenden Behandlung (EGMR, NVwZ 1992, 869, 870 [Rn. 111,115] – *Vilvarajah*; EGMR, NVwZ 2008, 1330, 1331 Rn. 131 – *Saadi*).

Damit wird das ernsthafte und individualisierbare Risiko, einer Art. 3 EMRK verletzenden Behandlung ausgesetzt zu werden, zum Gegenstand der Gefahrenprognose. Die konkrete Gefahr, durch die Taliban wegen Desertion aus einem ihrer Ausbildungslager nach einer Zwangsrekrutierung, unmenschlich behandelt zu werden, ist deshalb erheblich (VGH BW, EZAR NF 69 Nr. 14).

IV. Ernsthafte individuelle Bedrohung des Lebens oder der Unversehrtheit (Abs. 1 Satz 2 Nr. 3)

1. Funktion der Vorschrift

42 Nach Abs. 1 Satz 2 Nr. 3 gilt in Umsetzung von Art. 15 Buchst. c) RL 2011/95/EU eine ernsthafte individuelle Bedrohung des Lebens oder der Unversehrtheit infolge willkürlicher Gewalt im Rahmen eines internationalen oder innerstaatlichen bewaffneten Konflikts« als ernsthafter Schaden (ausf. *Marx*, Handbuch zum Flüchtlingsschutz, 2. Aufl., 2012, S. 565 ff.). Nach der Begründung des Vorschlags der Kommission betrifft die Fallkategorie Situationen, in denen Personen aus ihrem Herkunftsland vertrieben werden und nicht mehr dorthin zurückkehren können. Es ist unerheblich, ob Antragsteller aus einem Land kommen, in dem viele oder alle Menschen der Gefahr allgemeiner Unterdrückung oder Gewalt ausgesetzt sind. Der Antragsteller muss jedoch darlegen, dass er eine begründete Furcht um sein Leben oder seine Unversehrtheit hat. (Kommissionsentwurf v. 12.09.2001, in: BR-Drucks. 1017/01, S. 26). Die Vorschrift überführt die Praxis der Mitgliedstaaten zugunsten von Personen, die wegen »willkürlicher Gewalt« infolge bewaffneter Konflikte ihr Herkunftsland verlassen mussten oder dorthin aus diesem Grund nicht zurückkehren können, in eine unionsrechtliche Norm (*McAdam*, IJRL 2005, 461, 479). Die willkürliche Gewalt darf keinen Bezug zu den Konventionsgründen (Art. 1 A Nr. 2 GFK) aufweisen, andernfalls ist nicht subsidiärer Schutz, sondern die Flüchtlingseigenschaft zuzuerkennen. Im Flüchtlingsrecht sind für derartige Situationen unterschiedliche Konzepte herausgebildet worden. Konzepte im afrikanischen und lateinamerikanischen Kontext beruhen auf dem Begriff *»genereller Gewalt«* (Art. 1 Nr. 2 OAU-Flüchtlingskonvention, Cartagena-Deklaration), die Richtlinie zum vorübergehenden Schutz auf dem Begriff *»dauernder Gewalt«* (Art. 2 Buchst. c) i) RL 2001/55/EG). Die deutsche Übersetzung *»willkürliche Gewalt«* trifft die Funktion von Art. 15 Buchst. c) nur unzulänglich, weil »Willkür« eine bestimmte Intention der die Gewalt ausübenden Akteure immanent ist. Dagegen bringen die englische und französische Übersetzung *»indiscriminate violence«* bzw. *»violence aveugle«*, also *»wahllose«* oder *»blinde Gewalt«*, die Funktion der Norm besser zum Ausdruck (Rdn. 48), da jenen Personen subsidiären Schutz zuzuerkennen ist, die vor genereller Gewalt geflohen sind, die sich nicht aufgrund bestimmter Eigenschaften gezielt gegen bestimmte Personen richtet, also *nicht »personenspezifisch«* ist. Die Gewalt ist also dadurch geprägt, dass sie sich gegen Personen »ungeachtet ihrer Identität« richtet. Art. 15 Buchst. c) unterscheidet sich seinem Inhalt nach von dem des Art. 3 EMRK und ist eigenständig nach unionsrechtlichen Grundsätzen auszulegen (EuGH, InfAuslR 2009, 138, 139 = NVwZ 2009, 705 = EZAR NF 69 Nr. 5 = AuAS 2009, 86 Rn. 28, 34 – *Elgafaji*).

Nach der Richtlinie zum vorübergehenden Schutz werden Personen geschützt, die aus Gebieten geflohen sind, in denen ein »bewaffneter Konflikt oder dauernde Gewalt herrscht« sowie Personen, die »ernsthaft von systematischen oder weit verbreiteten Menschenrechtsverletzungen bedroht waren oder Opfer solcher Menschenrechtsverletzungen sind« (Art. 2 Buchst. c) i) und ii) RL 2001/55/EG). Anders als nach Art. 15 Buchst. c) RL 2011/95/EU sind hier die Fluchtgründe begrifflich weiter gefasst und wird keine individuelle Bedrohung vorausgesetzt. Vorübergehender Schutz ist eine Ausnahmeregelung für unüberschaubare Notsituationen, in denen das Schutzbedürfnis auf der Hand liegt und vorerst keine oder nur eine geringe Möglichkeit besteht, das Schutzbedürfnis jedes Einzelnen festzustellen. Die Konzeption vorübergehenden Schutzes ist eine andere als die subsidiäre Schutzkonzeption. Letztere ist ein Rechtsstatus, der nach Anerkennung des individuellen Schutzbedürfnisses und einer Feststellung der erforderlichen Voraussetzungen in einem rechtsförmigen Verwaltungsfahren zuerkannt wird. Dagegen bedeutet vorübergehender Schutz per definitionem eine Gruppenbeurteilung des Bedarfs an internationalem Rechtsschutz durch den Rat auf der Grundlage allgemeiner Verhältnisse im Herkunftsland im Entscheidungszeitpunkt (Art. 5 Abs. 2 RL 2001/55/EG). Subsidiärer Schutz wird hingegen Einzelpersonen zuerkannt, deren Schutzbedürfnis im konkreten Einzelfall geprüft wurde und begründet eine dauerhafte Rechtsstellung ab dem Zeitpunkt der Anerkennung des Schutzbedürfnisses (*UNHCR*, Komplementäre Schutzformen, April 2001, § 27). 43

2. Bewaffneter Konflikt

Nr. 3 umfasst den bewaffneten *internationalen* und *innerstaatlichen Konflikt*. Wegen der geringen Relevanz für die Praxis wird die erste Form nicht behandelt. Die überwiegende Mehrzahl heutiger bewaffneter Konflikte sind innerstaatliche Kriege. Der »innerstaatliche bewaffnete Konflikt« setzt nicht notwendigerweise das Bestehen eines Bürgerkriegs voraus. Der Begriff innerstaatlicher Konflikt weicht von den Begriffen des humanitären Rechts ab. Daher wird Schutz nicht nur bei internationalen, sondern auch bei innerstaatlichen bewaffneten Konflikten gewährt, wenn bei diesen Konflikten willkürliche Gewalt eingesetzt wird. Es brauchen daher nicht alle Kriterien des gemeinsamen Art. 3 der Genfer Konventionen und von Art. 1 Abs. 1 ZP erfüllt sein (EuGH, NVwZ 2014, 573 = InfAuslR 2014, 153 – *Diakité*; UK Court of Appeal [2009] EWCA Civ 620 – *QD* and *AH*; s. hierzu auch *UNHCR*, Safe at last?, July 2011, S. 67 ff.; *Dietz*, NVwZ 2014, 1623; generell zum bewaffneten Konflikt im Asylverfahren *Storey*, RSQ 2012, 1). Das BVerwG hatte sich zunächst unmittelbar auf humanitäres Recht bezogen (BVerwGE 131, 198, 206 Rn. 19 = EZAR NF 69 Nr. 4 = NVwZ 2008, 1241 = InfAuslR 2008, 474; Rdn. 45) und in Auseinandersetzung mit der früheren britischen Rechtsprechung zwar hieran festgehalten, jedoch einschränkend eingeräumt, dass sein Ansatz keineswegs »eine bedingungslose Übernahme der Anforderungen des Art. 1 ZP II« vorsehe, sondern auf eine »Orientierung« an diesen Kriterien ziele, wobei ergänzend aber auch die Auslegung dieses Begriffs im Völkerstrafrecht zu berücksichtigen sei (BVerwGE 136, 361, 367 f. Rn. 22 f. = EZAR NF 69 Nr. 7 = InfAuslR 2010, 404; so auch Nieders.OVG, InfAuslR 2012, 149, 152). Dem hat die britische Rechtsprechung inzwischen zugestimmt (UK Court of Appeal 44

[2010] UKUT 331 – *HM*). Maßgebend ist jedoch die Rechtsprechung des EuGH. Danach bezieht der Begriff des innerstaatlichen bewaffneten Konflikts sich entsprechend seinem Sinn und dem gewöhnlichen Sprachgebrauch auf eine Situation, in der die regulären Streitkräfte eines Staates auf eine oder mehrere bewaffnete Gruppen treffen oder in der zwei oder mehrere bewaffnete Gruppen aufeinandertreffen (EuGH, NVwZ 2014, 573, 574 = InfAuslR 2014, 153 – *Diakité*).

45 Der Begriff bewaffneter innerstaatlicher Konflikts ist ein unionsrechtlicher Begriff, der *abweichend vom humanitären Recht und Völkerstrafrecht* autonom zu bestimmen ist (EuGH, NVwZ 2014, 573 = InfAuslR 2014, 153 – *Diakité*). Dies hat zur Folge, dass eine Orientierung an humanitäres Recht zwar zulässig, im Zweifel aber von einer Situation akuter und andauernder willkürlicher Gewalt auszugehen ist. Zwar liegt in einigen Mitgliedstaaten der Fokus auf Art. 1 Abs. 1 ZP II. Damit wird aber der Zweck subsidiärer Schutzgewährung verfehlt, da diese Norm nur eine begrenzte Zahl von Konflikten erfasst. Sie setzt voraus, dass zwischen regulären und abtrünnigen Streitkräften oder anderen »organisierten bewaffneten Gruppen« bewaffnete Konflikte ausgetragen werden, die unter einer verantwortlichen Führung eine solche Kontrolle über einen Teil des Hoheitsgebietes des Vertragsstaates ausüben, dass sie »anhaltende, koordinierte Kampfhandlungen« durchführen und das Protokoll anwenden können. Dies verweist auf die klassische Situation eines *Bürgerkriegs*, in dem sich auf beiden Seiten Streitkräfte mit der Fähigkeit zu anhaltenden und koordinierten Kampfhandlungen (*symmetrische Kriege*) gegenüberstehen. Auch das BVerwG hatte zunächst an Art. 1 Abs. 1 ZP II angeknüpft (BVerwGE 131, 198, 207 Rn. 21 = EZAR NF 69 Nr. 4 = NVwZ 2008, 1241 = InfAuslR 2008, 474; Rdn. 44), den Ansatz der Vorinstanz, dass nur ein »*landesweiter Konflikt*« in Betracht komme (Hess.VGH, AuAS 2007, 202, 203; Hess.VGH, Beschl. v. 22.02.2008 – 8 ZU 873/07; ebenso UK AIT [2008] UKAIT 00023, Rn. 205 ff.; s. auch Rdn. 68), aber zurückgewiesen. Letzteres folge schon daraus, dass bei Art. 15 Buchst. c) auch der interne Schutz zu prüfen sei (Abs. 3 Satz 1 in Verb. mit § 3e). Eine aus ihrem Herkunftsland geflohene Person könne aber nur auf eine Ausweichregion verwiesen werden, wenn diese außerhalb des Gebietes eines innerstaatlichen bewaffneten Konfliktes liege. Damit erkenne die Richtlinie an, dass sich ein innerstaatlicher Konflikt nicht auf das gesamte Staatsgebiet erstrecken müsse (BVerwGE 131, 198, 209 Rn. 25 f. = EZAR NF 69 Nr. 4 = NVwZ 2008, 1241 = InfAuslR 2008, 474). Bestätigt wird diese Position durch die Rechtsprechung des Gerichtshofs, wonach sich die tatsächliche Gefahr, durch bloße Anwesenheit einer Bedrohung i.S.d. Art. 15 Buchst. c) RL 2011/95/EU ausgesetzt zu sein, auf das Gebiet des Landes oder einer Region bezieht (EuGH, InfAuslR 2009, 138, 35 Rn. 36 = EZAR NF 69 Nr. 5 = NVwZ 2009, 705 = AuAS 2009, 86 – *Elgafaji*), also durch diese Norm ein regional beschränkter Konflikt und dort herrschende willkürliche Gewalt erfasst wird.

46 Der EuGH stellt aber darüber hinausgehend klar, dass Art. 15 Buchst. c) nicht nur bei internationalen und innerstaatlichen Konflikten, wie sie im humanitären Recht definiert sind, Schutz gewährt, sondern auch bei innerstaatlichen bewaffneten Konflikten, wenn bei diesen willkürliche Gewalt eingesetzt wird. Insoweit brauchen nicht alle Kriterien des gemeinsamen Art. 3 der Genfer Konvention und von Art. 1 Abs. 2 ZP II vorliegen (EuGH, InfAuslR 2014, 153, 154 = NVwZ 2014, 573 Rn. 30 ff. – *Diakité*).

Es kommt maßgeblich auf den Begriff willkürliche Gewalt an. Allerdings können Kriterien des humanitären Rechts ergänzend herangezogen werden. Das BVerwG hatte zunächst auch auf den gemeinsamen Art. 3 der Genfer Konventionen verwiesen, diese Frage aber nicht abschließend geklärt (BVerwGE 131, 198, 206 ff. Rn. 19 bis 22 = EZAR NF 69 Nr. 4 = NVwZ 2008, 1241 = InfAuslR 2008, 474; BVerwGE 136, 361, 369 Rn. 23 = EZAR NF 69 Nr. 7 = InfAuslR 2010, 404; Rdn. 44). Klarstellend stellte es später fest, seine Rechtsprechung sehe »keineswegs eine bedingungslose Übernahme der Anforderungen des Art. 1 ZP II« vor. Vielmehr bedeute die Orientierung am humanitären Völkerrecht, dass einerseits – am unteren Rand der Skala – Fälle innerer Unruhen und Spannungen wie Tumulte, vereinzelt auftretende Gewalttaten und andere ähnliche Handlungen keinen innerstaatlichen Konflikt darstellten (Art. 1 Abs. 2 ZP II), andererseits – am oberen Ende der Skala – jedenfalls dann ein solcher Konflikt vorläge, wenn die Kriterien des Art. 1 Abs. 1 ZP II erfüllt seien (BVerwGE 136, 361, 368 Rn. 23 = EZAR NF 69 Nr. 7 = InfAuslR 2010, 404). Für Zwischenformen sei die Annahme bewaffneter Konflikte nicht von vornherein ausgeschlossen. Der Konflikt müsse aber eine »gewisses Maß an Intensität und Dauerhaftigkeit aufweisen« (BVerwGE 136, 361, 370 Rn. 23, 25 = EZAR NF 69 Nr. 7 = InfAuslR 2010, 404). Diese Rechtsprechung ist überholt. Der Begriff des innerstaatlichen bewaffneten Konflikts bezieht sich entsprechend seinem Sprachgebrauch auf eine Situation, in der die regulären Streitkräfte eines Staates auf eine oder mehrere bewaffnete Gruppen treffen oder in der zwei oder mehrere bewaffnete Gruppen aufeinandertreffen. Dazu ist es aber nicht erforderlich, die Intensität der Auseinandersetzung speziell zu beurteilen, um unabhängig davon den daraus resultierende Grad an Gewalt zu bestimmen. Auch darf die Anwendung von Art. 15 Buchst. c) nicht von einem bestimmten Organisationsgrad der vorhandenen Streitkräfte oder von einer bestimmten Dauer des Konflikts abhängig gemacht werden, wenn diese dafür genügen, dass durch die Auseinandersetzungen, an denen die Streitkräfte beteiligt sind, der erforderliche Grad an Gewalt entsteht (EuGH, InfAuslR 2014, 153, 154 = NVwZ 2014, 573 Rn. 34 – *Diakité*).

3. Willkürliche Gewalt

47 Schutzzweck von Art. 15 Buchst. c) RL 2011/95/EU ist es, Opfer von willkürlicher Gewalt im Rahmen eines bewaffneten Konfliktes zu schützen. Auch wenn humanitäres Recht der Zivilbevölkerung im Konfliktgebiet Schutz bieten soll, sieht es anders als Art. 2 Buchst. f) in Verb. mit Art. 15 Buchst. c) RL 2011/95/EU nicht vor, bestimmten Zivilpersonen außerhalb des Konfliktgebiets Schutz zu bieten. Humanitäres und Unionsrecht verfolgen unterschiedliche Ziele und führen klar voneinander getrennte Schutzmechanismen ein (EuGH, InfAuslR 2014, 153 = NVwZ 2014, 573 Rn. 24 – *Diakité*; *Markard*, NVwZ 2014, 565). Maßgebend für Unionsrecht ist eine ernsthafte individuelle Bedrohung infolge willkürlicher Gewalt. Der Begriff zielt auf die Auswirkungen bewaffneter Konflikte auf die Zivilbevölkerung. Es kommt für den erforderlichen Grad der Gefahr auf eine akute Situation willkürlicher Gewalt an. Der englische Begriff »indiscriminate violence« (»wahllose Gewalt«) sowie der französische »violence aveugle« (»blinde Gewalt«) bringen insoweit den Inhalt dieses Begriffs treffender zum

Ausdruck als der deutsche Begriff »willkürliche Gewalt«. Der Begriff »indiscriminate« beschreibt Angriffe, die nicht zwischen militärischen und zivilen Zielen unterscheiden. Auch der Internationale Gerichtshof verweist im Zusammenhang mit Art. 3 auf »*indiscriminate killings of civilians*« (International Court of Justice, Reports of Judgments 1986, 14, Rn. 20, 93, 104 bis 106 – *Nicaragua v. U.S.*). Dies verweist auf das grundlegende Unterscheidungsgebot (»*principle of distinction*«) humanitären Recht (UK AIT, UKAIT 00023, Rn. 90). Danach sind die Konfliktbeteiligten verpflichtet, zwischen Zivilbevölkerung und Kombattanten zu unterscheiden, um die zivile Bevölkerung und deren Eigentum zu schonen. Weder die zivile Bevölkerung als solche noch zivile Einzelpersonen dürfen zum Ziele militärischer Angriffe gemacht werden. Vielmehr sind diese ausschließlich auf militärische Ziele zu richten. Dieses Prinzip verbietet ferner den Einsatz von Waffen sowie die Anwendung von Kriegsstrategien, die nicht zwischen zivilen und militärischen Zielen unterscheiden.

48 Der Begriff »indiscriminate violence« erfordert einen sehr weit angelegten Ansatz: Er umfasst unmittelbare Angriffe auf Zivilpersonen, weil derartige Angriffe als solche nicht gegen militärische Ziele gerichtet sind, und schließt auch den Einsatz von Mitteln und Methoden, z.B. chemische Waffen, Streubomben, Landminen, ein, die die Zivilbevölkerung in unverhältnismäßiger Weise beeinträchtigen. Ferner erfasst er den Einsatz terroristischer Gewalt, weil diese gezielt gegen die Zivilbevölkerung gerichtet wird, um den militärischen Gegner zu treffen. Schließlich ist er auf die Anwendung nicht gezielter und absichtsloser Gewalt gemünzt, wenn dies dazu führt, dass nicht mehr zwischen militärischen und zivilen Zielen unterschieden wird. Ergänzend ist das Prinzip der Verhältnismäßigkeit zu beachten: Nicht immer kann vor dem Erlass eines Einsatzbefehls verlässlich eingeschätzt werden, ob und in welchem Umfang die Zivilbevölkerung betroffen sein könnte. Daher ist die größtmöglich schonende Einsatzstrategie zu verfolgen und sind soweit wie möglich zivile Opfer auszuschließen. Das BVerwG legt den Begriff der willkürlichen Gewalt ebenfalls im Lichte des humanitären Völkerrechts aus. Das schließe solche Gewaltakte ein, die unter Verletzung humanitären Völkerrechts begangen würden. Dies sei insbesondere bei Gewalt der Fall, die nicht zwischen zivilen und militärischen Objekten unterscheide. Ferner erstrecke sich der Begriff auf Gewaltakte, bei denen die Mittel und Methoden in unverhältnismäßiger Weise die Zivilbevölkerung träfen. Nach anderer Ansicht solle der Begriff der willkürlichen Gewalt die Anforderungen begrenzen, die an das Vorliegen einer erheblichen individuellen Gefahr zu stellen seien. Diese werde mit der fehlenden Zielgerichtetheit willkürlicher Gewalt begründet. Werde Gewalt nicht gezielt gegen bestimmte Personen oder Personengruppen, sondern wahllos ausgeübt, könnten die Betroffenen in aller Regel keine individualisierenden Merkmale vorweisen, die sie von anderen unterschieden (BVerwGE 131, 198, 215 f. Rn. 37 f. = EZAR NF 69 Nr. 4 = NVwZ 2008, 1241 = InfAuslR 2008, 474).

49 Art. 15 Buchst. c) RL 2011/95/EU umfasst eine Schadensgefahr »allgemeinerer Art«. Dort ist in einem weiteren Sinne von einer »Bedrohung des Lebens oder der Unversehrtheit« statt von bestimmten Gewalteinwirkungen die Rede. Die Bedrohung folgt nicht aus bestimmten Gewalteinwirkungen, sondern »aus einer allgemeinen Lage« eines bewaffneten Konflikts (EuGH, InfAuslR 2009, 138, 139 Rn. 36 = EZAR NF

69 Nr. 5 = NVwZ 2009, 705 = AuAS 2009, 86 – *Elgafaji*). Für den ernsthaften Schaden nach Art. 15 Buchst. c) RL 2011/95/EU kommt es danach weniger auf eine begrifflich präzise Erfassung bewaffneter Konflikte und willkürlicher Gewalt, sondern auf den erforderlichen Grad der Gefahr an, um eine »Bedrohung des Lebens und der Unversehrtheit« der Zivilbevölkerung annehmen zu können. Der Fokus, der teilweise in der Rechtsprechung der Mitgliedstaaten, insbesondere in der Bundesrepublik, auf die Klärung der bezeichneten Begriffe gelegt wird (illustrativ Nieders.OVG, AuAS 2012, 130, 131; VGH BW, EZA NF 68 Nr. 14), ist daher nicht gerechtfertigt. Die Funktion des Begriffs willkürliche Gewalt ist es nicht, begrifflich scharf Situationen »willkürlicher Gewalt« von »Gewalteinwirkungen allgemeinerer Art«, insbesondere von krimineller Gewalt (so aber VGH BW, EZAR NF 68 Nr. 14), zu trennen, wenn ein innerstaatlicher bewaffneter Konflikt festgestellt worden ist. Vielmehr bedarf es einer Identifizierung der Regionen im Herkunftsland, in denen der bewaffnete Konflikt aktuell mit willkürlicher Gewalt einhergeht. Der EuGH weist dem Begriff willkürliche Gewalt eher prognoserechtliche Funktion zu: Die identifizierten Tatsachen, die die Annahme willkürlicher Gewalt im Rahmen eines bewaffneten Konfliktes rechtfertigen, sind entscheidungserhebliche Prognosetatsachen für die Feststellung einer Bedrohung des Lebens oder der Unversehrtheit.

Im Lichte dieser Funktion des Begriffs willkürlicher Gewalt kann auch der Streit, 50 ob nur direkte oder auch indirekte Auswirkungen von Handlungen der Konfliktbeteiligten in die Prüfung eingestellt werden dürfen, gelöst werden. UNHCR hat in seiner Untersuchung der Praxis der Mitgliedstaaten festgestellt, dass in Schweden, im Vereinigten Königreich und in den Niederlanden auch indirekte Folgen bewaffneter Konflikte berücksichtigt werden. Nur in der Bundesrepublik werde scharf zwischen gezielten Gewaltaktionen der Konfliktbeteiligten einerseits und kriminellen Handlungen anderer Akteure und mittelbaren Auswirkungen auf die Infrastruktur des Landes andererseits unterschieden. Aus anderen Mitgliedstaaten würden keine Erkenntnisse über den Umgang mit dieser Frage vorliegen (illustrativ VGH BW, EZAR NF 68 Nr. 14; *UNHCR*, Safe at last?, 2011, S. 60 ff.). Beim *Elgafaji-Test* liegt der Fokus auf dem Gefahrengrad und den Schadensgefahren »allgemeinerer Art« und nicht auf der Abgrenzung mittelbarer von unmittelbaren Auswirkungen dieser Gefahren. Damit ist die Fokussierung auf begrifflich klare Abgrenzungen bei der Ermittlung der Prognosetatsachen unvereinbar. Der Einwand, allgemeine Lebensgefahren, die lediglich Folge bewaffneter Konflikts seien – etwa eine dadurch bedingte Verschlechterung der Versorgungslage – dürfe in die Bewertung nicht einbezogen werden (BVerwGE 131, 198, 214 Rn. 24, 35 =EZAR NF 69 Nr. 4 = NVwZ 2008 1241 = InfAuslR 2008, 474), ist durch *Elgafaji* überholt. Demgemäß berücksichtigt die britische Rechtsprechung bei der Gefahrenprognose auch den allgemeinen Zusammenbruch der Rechtsstrukturen und öffentlichen Ordnung als – mittelbare – Folge eines bewaffneten Konflikts (UK Court of Appeal [2010] UK UT 331, Rn. 80 – *HM*). Hat die Bombardierung in einer Region Versorgungskrisen in den Zufluchtsregionen zur Folge, sind diese als durch bewaffnete Konflikte bedingt zu berücksichtigen (Asylum and Immigration Tribunal [2009] UK AIT 00044, Rn. 70 – GS). Auch der EGMR berücksichtigt direkte und indirekte Folgen der Handlungen der

Konfliktparteien und die dadurch hervorgerufene Situation extremer Armut für Binnenflüchtlinge, die durch die Unfähigkeit gekennzeichnet ist, Grundbedürfnisse wie Nahrung, Hygiene und Unterbringung zu erfüllen (EGMR, Urt. v. 28.06.2011 – Nr. 8319/07, 11449/07 Rn. 282 – *Sufi and Elmi*).

51 Eine möglichst weite Einbeziehung der Gefährdungsfaktoren, die mit willkürlicher Gewalt einhergehen, entspricht den typischen Erscheinungsformen heutiger innerstaatlicher bewaffneter Konflikte. Daher sind sämtliche unmittelbaren und mittelbaren Folgen der bewaffneten Auseinandersetzungen und Gewaltakte in die Bewertung einzuschließen. Im bewaffneten Konflikt kann zwischen militärischer und krimineller Gewalt keine scharfe Trennlinie gezogen werden. Versorgungskrisen haben in derartigen Konflikten häufig ihre Ursache in den Gewaltakten der Konfliktbeteiligten und sind daher ohne Weiteres einzubeziehen, wenn sie in einer Region herrschen, in der akute willkürliche Gewalt besteht (VG Ansbach, Urt. v. 16.12.2010 – AN 11 K 10.30358 – Afghanistan). Insbesondere oppositionelle Kräfte habe ein Interesse daran, Versorgungskrisen auszulösen und ihre Lösung zu behindern, um dadurch die Legitimation der Regierung oder faktischer Machthaber zu erschüttern. Häufig benötigen Transporte internationaler Organisationen bewaffnete Schutzkräfte, um ihre Plünderung durch Aufständische abzuwehren. Kriminelle Organisationen nutzen die kriegsbedingte Schutzlosigkeit zu Plünderungen und für kriminelle Aktionen aus. Es wäre angesichts derartiger konflikttypischer Umstände methodisch verfehlt, die einzelnen Übergriffe, kriminellen Taten, Terroranschläge und militärischen Operationen jeweils getrennt für sich zu behandeln. Diese Methodik beruht auf der flüchtlingsrelevanten Anknüpfung, die aber im Rahmen des *Elgafaji-Tests* nicht angewandt werden darf. Vielmehr sind in die Gesamtschau der Situation im aktuellen Konfliktgebiet unmittelbare und mittelbare Folgen der bewaffneten Kämpfe und Gewaltakte einzustellen.

4. Gefahrengrad beim Fehlen persönlicher Unterscheidungsmerkmale

52 Nach der Rechtsprechung des EuGH ist das Adjektiv »*individuell*« in Art. 15 Buchst. c) RL 2011/95/EU dahin zu verstehen, dass es sich auf schädigende Eingriffe bezieht, die sich gegen Zivilpersonen *ungeachtet ihrer Identität* richten, wenn der den bestehenden bewaffnete Konflikt kennzeichnende Grad willkürlicher Gewalt »ein so hohes Niveau erreicht, dass stichhaltige Gründe für die Annahme bestehen, dass eine Zivilperson bei einer Rückkehr in das betreffende Land oder gegebenenfalls die betroffene Region allein durch ihre Anwesenheit im Gebiet dieses Landes oder dieser Region tatsächlich Gefahr liefe, einer ernsthaften Bedrohung im Sinne des Art. 15 Buchst. c) der Richtlinie ausgesetzt zu sein.« Nach Erwägungsgrund Nr. 35 RL 2011/95/EU) genügt allein die »allgemeine Lage eines Landes« nicht, um den Tatbestand des Art. 15 Buchst. c) hinsichtlich einer bestimmten Person als erfüllt anzusehen. Durch die Verwendung des Wortes »*normalerweise*« bleibt die ernsthafte Bedrohung von Leben oder Unversehrtheit einer »*außergewöhnlichen Situation*« vorbehalten, die durch »einen so hohen Gefahrengrad gekennzeichnet« ist, dass »stichhaltige Gründe« für die Annahme, bestehen, das die betreffende Person dieser Gefahr ausgesetzt wäre (EuGH, InfAuslR 2009, 138, 35 Rn. 35 ff. = EZAR NF 69 Nr. 5 = NVwZ 2009, 705 = AuAS 2009, 86 – *Elgafaji*). Welcher Gefahrengrad eine ernsthafte

Bedrohung begründet, hat der EuGH offen gelassen. Die Mitgliedstaaten handhaben den *Elgafaji-Test* als »*gleitende Skala*« (»*sliding scale*«). Bei fehlenden persönlichen Unterscheidungsmerkmalen wird er jedoch überwiegend auf »außergewöhnlich hohe Gefahren« beschränkt (*UNHCR*, Safe at last?, 2011, 49 f., 33 ff.). Dieser extreme Standard ist sicherlich der auf individuelle Verfolgungen fokussierten traditionellen europäischen Praxis der Schutzgewährung, aber auch dem Hinweis des Gerichtshofs auf eine »außergewöhnliche Situation« (EuGH, InfAuslR 2009, 138, 139 Rn. 36 = EZAR NF 69 Nr. 5 = NVwZ 2009, 705 = AuAS 2009, 86 – *Elgafaji*) geschuldet (Rdn. 53 f.). In einer späteren Entscheidung hat der Gerichtshof zwar eine »hohes Niveau« des Grades willkürlicher Gewalt, jedoch nicht mehr eine außergewöhnliche Situation verlangt. In diesem Zusammenhang sei es nicht erforderlich, die Intensität der Auseinandersetzungen speziell zu beurteilen, um unabhängig von der Bewertung des daraus resultierenden Grads an Gewalt zu bestimmen, ob die Voraussetzung eines bewaffneten Konflikts erfüllt ist (EuGH, NVwZ 2014, 573, 574 Rn. 30, 32= InfAuslR 2014, 153 – *Diakité*).

Das BVerwG sieht sich durch den *Elgafaji-Test* des Gerichtshofs in seiner Rechtspre- 53
chung bestätigt und bestimmt den Gefahrengrad anhand der Kriterien der Gruppenverfolgung. Der erforderliche Gefahrengrad könne nur bejaht werden, wenn die im Herkunftsland drohenden Gefahren einen »derart hohen Grad« aufwiesen, dass allein durch die Anwesenheit des Antragstellers in der Herkunftsregion eine ernsthafte Bedrohung eintreten würde (BVerwGE 134, 188, 195 Rn. 17 = NVwZ 2010, 196 = AuAS 2010, 31). Erforderlich sei eine »jedenfalls annäherungsweise quantitative Ermittlung der Gesamtzahl der in dem betreffenden Gebiet lebenden Zivilpersonen einerseits und der Akte der willkürlichen Gewalt andererseits« sowie eine wertende Gesamtbetrachtung mit Blick auf die Anzahl der Opfer und die Schwere der Schädigungen (Todesfälle und Verletzungen) bei der Zivilbevölkerung. Insoweit könnten auch die für die Feststellung einer Gruppenverfolgung entwickelten Kriterien herangezogen werden (BVerwGE 136, 360, 375 Rn. 33 = EZAR NF 60 Nr. 7 = InfAuslR 2010, 404 – Afghanistan; VGH BW, AuAS 2010, 142, 143 f.; VGH BW, EZAR NF 69 Nr. 13). Zu dieser wertenden Betrachtung gehöre jedenfalls auch die Würdigung der *medizinischen Versorgungslage* in dem jeweiligen Gebiet, von deren Qualität und Erreichbarkeit die Schwere eingetretener körperlicher Verletzungen mit Blick auf die den Opfern dauerhaft verbleibenden Verletzungsfolgen abhängen könne (BVerwG, NVwZ 2012, 454, 456 Rn. 23 = AuAS 2012, 64 = EZAR NF 60 Nr. 12). Selbst dann, wenn davon auszugehen ist, dass man im Herkunftsland zu jeder Zeit und an jedem Ort Opfer willkürlicher Gewalt werden kann, besteht die Rechtsprechung darauf, dass quantitative Feststellungen über Niveau und Stärke der willkürlichen Gewalt getroffen werden (Nieders.OVG, AuAS 2012, 130, 131). Fraglich ist, ob allein der Hinweis des Gerichtshofs auf eine »außergewöhnliche Situation« eine derartige Handhabung des erforderlichen Prognosemaßes zulässt. Die Funktion der Gruppenverfolgung besteht darin, die *auf den Einzelnen bezogene* Verfolgungsprognose durch beweiserleichternde Grundsätze zu ersetzen. Bezugspunkt der Beweiserleichterung bleiben auf bestimmte Konventionsmerkmale des Einzelnen zielende Verfolgungen. Mit diesem Begriff werden schlagwortartig die tatsächlichen Voraussetzungen bezeichnet, unter denen anzunehmen ist, dass jedes Gruppenmitglied ohne Rücksicht auf

seine persönliche Situation Verfolgung wegen eines gruppenspezifischen Merkmals befürchten muss (BVerwGE 89, 162, 168 = EZAR 202 Nr. 22 = Buchholz 402.25 § 1 AsylG Nr. 147). Diese beweisrechtliche Ausgangssituation bei der Gruppenverfolgung unterscheidet sich wesentlich von der, welche die ernsthafte Bedrohung aufgrund willkürlicher Gewalt prägt. Nach der Rechtsprechung des EuGH können hingegen »kollektive Gesichtspunkte« für die Anwendung von Art. 15 Buchst. c) zwar »eine bedeutende Rolle in dem Sinne spielen, dass die fragliche Person zusammen mit anderen Personen zu einem Kreis von potenziellen Opfern willkürlicher Gewalt« gehört. Dies ändert aber nichts daran, dass Buchst. c) (Abs. 1 Satz 2 Nr. 3) systematisch im Verhältnis zu den anderen beiden Tatbeständen des Art. 15 der Richtlinie steht und deshalb in enger Beziehung zu dieser Individualisierung auszulegen ist (EuGH, InfAuslR 2009, 138, 139 Rn. 38 = EZAR NF 69 Nr. 5 = NVwZ 2009, 705 = AuAS 2009, 86 – *Elgafaji*). Andererseits verweise Buchst. c) auf eine »Schadensgefahr allgemeinerer Art« und nicht auf »bestimmte Gewalteinwirkungen.« Dies ist dahin zu präzisieren, dass der erforderliche Gefahrengrad umso geringer sein wird, je mehr der Antragsteller personenspezifische Umstände vorbringen kann.

54 Dem Gerichtshof wird vorgehalten, die Anknüpfung an eine »außergewöhnliche Gewaltsituation« werfe die Frage auf, wie diese in das Konzept von Art. 15 Buchst. c) der Richtlinie eingefügt werden könne. Unklar bleibe, ob der Gerichtshof das Erfordernis der »außergewöhnliche Gewaltsituation« auf den bewaffneten Konflikt beziehen wolle. Eine Unterscheidung zwischen »normalen« Konflikten, die nicht durch ein hohes Niveau wahlloser Gewalt geprägt seien, und »außergewöhnlichen« Konflikten, die durch ein außergewöhnlich hohes Maß an wahlloser Gewalt gegen Zivilpersonen gekennzeichnet seien, beruhe auf der nicht tragfähigen tatsächlichen Voraussetzung, es gebe innerstaatliche bewaffnete Konflikte, die nicht mit einem erheblichen Ausmaß wahlloser Gewalt gegen die Zivilbevölkerung verbunden seien. Dies spreche dafür, dass es nicht auf die Einstufung der Gewalt als außergewöhnlich ankomme, sondern darauf, ob im Ergebnis eine tatsächliche Gefahr für Leben oder Unversehrtheit bestehe. Folglich müsse das Ausmaß der Gewalt dahin gehend bewertet werden, ob es hinreichend sei, um für jeden Anwesenden die tatsächliche Gefahr einer Bedrohung zu verursachen (*Bank*, NVwZ 2009, 695, 697). Dieser Kritik kann dadurch begegnet werden, dass das Erfordernis der »außergewöhnlichen Lage« auf »allgemeine Gefahren« bezogen wird, der die Bevölkerung durch »gewöhnliche« Risiken, die mit Kriminalität, Industrialisierung und Umweltrisiken einhergehen (Erwägungsgrund Nr. 35 RL 2011/95/EU), ausgesetzt sind. Die der Zivilbevölkerung im Rahmen eines bewaffneten Konfliktes drohende wahllose Gewalt ist gegenüber der ihr außerhalb des Konfliktgebiets, also normalerweise drohenden allgemeinen Gefahren, stets außergewöhnlich.

55 Erwägungsgrund Nr. 35 RL und Art. 15 Buchst. c) 2011/95/EU bezeichnen eine gegenüber allgemeinen Gefahren »außergewöhnliche Situation«. Der wahllosen Gewalt des bewaffneten Konfliktes immanent ist stets ihr »außergewöhnlicher Charakter« im Vergleich zu allgemeinen Gefahren. Der Hinweis auf die »außergewöhnliche Lage« durch den Gerichtshof rechtfertigt damit als solcher nicht die Anwendung eines extrem hohen Beweismaßes. In der britischen Rechtsprechung wird die Rechtsprechung des EuGH dahin verstanden, dass Art. 15 Buchst. c) kein Erfordernis entnommen werden

könne, dass der bewaffnete Konflikt außergewöhnlich sein müsse (UK Court of Appeal [2009] EWCA Civ 620 Rn. 25 – *QD*; UK UT CG [2010] UKUT 331 [IAC] Rn. 67 Buchst. h), 82 – *HM*). Maßgebend sei, dass die Intensität der wahllosen Gewalt hoch genug, um dem *Elgafaji-Test* gerecht zu werden. Vielmehr müssten stichhaltige Gründe für eine ernsthafte Bedrohung durch eine tatsächliche Gefahr angegeben werden können. Was gefordert werden könne, sei eine verlässliche Prognose, dass eine bestimmte Person Opfer wahlloser Gewalt werden könne. Dazu sei es erforderlich, festzustellen, dass das für die Zivilbevölkerung bestehende Gewaltniveau aufgrund der unterschiedlichen Gefährdungsfaktoren *ernsthaft genug* sei (UK UT CG [2010] UK UT 331 [IAC] Rn. 67 Buchst. h), 82 – *HM*). Die britische Rechtsprechung versteht den Hinweis des EuGH auf die »außergewöhnliche Lage« also dahin, dass er auf den Umstand habe hinweisen wollen, dass »allgemeine Gefahren«, denen die Bevölkerung aufgrund »gewöhnlicher« Risiken ausgesetzt ist (Erwägungsgrund Nr. 35 RL 2011/95/EU), normalerweise nicht das erforderliche Gewaltniveau erreichen. Diese erreichen sie erst, wenn sie in andauernde und aktuelle willkürliche Gewaltmuster umschlagen.

Wird die Rechtsprechung des Gerichtshofs so verstanden, kann sie für die Herleitung 56 sachgerechter Prognosemaßstäbe aus der flüchtlingsrechtlichen Gruppenverfolgung nicht herangezogen werden. Die Gruppenverfolgung hat ihren prognoserechtlichen Bezugspunkt in der Verfolgung wegen eines gruppenspezifischen Merkmals (BVerwGE 89, 162, 168 = EZAR 202 Nr. 22 = Buchholz 402.25 § 1 AsylG Nr. 147; Rdn. 53). Demgegenüber hat die ernsthafte Bedrohung aufgrund willkürlicher Gewalt ihren prognoserechtlichen Bezugspunkt nicht in dem Erfordernis, dass der »Einzelne aufgrund bestimmter Konventionsmerkmale« aus einer unbestimmten Vielzahl von Personen herausgegriffen wird, sondern dass er »als Teil der Zivilbevölkerung« einer ernsthaften Bedrohung aufgrund willkürlicher Gewalt ausgesetzt sein wird. Es fehlt für eine Heranziehung der Gruppenverfolgung die Vergleichbarkeit der jeweils relevanten Situation: Ersetzt bei der Gruppenverfolgung die Beweiserleichterung der Regelvermutung die Prüfung nach Maßgabe der beachtlichen Wahrscheinlichkeit im Einzelfall, ob der konkrete Antragsteller aufgrund bestimmter Merkmale gezielt verfolgt werden wird, kommt es bei willkürlicher Gewalt weder auf den konkreten Antragsteller noch auf Konventionsmerkmale an. Hier ergibt sich die Bedrohung aus einer allgemeinen Lage (EuGH, InfAuslR 2009, 138, 139 Rn. 35 = EZAR NF 69 Nr. 5 = NVwZ 2009, 705 = AuAS 2009, 86 – *Elgafaji*), nämlich der willkürlichen Gewalt. Prognoserechtliche Aufgabe bei der Anwendung des Art. 15 Buchst. c) RL 2011/95/EU ist es, den Gefahrengrad einer ernsthaften Bedrohung einer Zivilperson ungeachtet ihrer Identität festzustellen. Dazu muss die willkürliche Gewalt »ein so hohes Niveau« erreichen, dass stichhaltige Gründe für die Annahme bestehen, dass eine Zivilperson bei einer Rückkehr allein durch ihre Anwesenheit im Gebiet dieses Landes oder dieser Region tatsächlich Gefahr liefe, ernsthaften Bedrohungen i.S.d. Art. 15 Buchst. c) ausgesetzt zu sein (EuGH, InfAuslR 2009, 138, 35 Rn. 35 ff. = EZAR NF 69 Nr. 5 = NVwZ 2009, 705 = AuAS 2009, 86 – *Elgafaji*). Der Hinweis auf stichhaltige Gründe erfordert die Feststellung der maßgeblichen Prognosetatsachen, auf deren Grundlage zu prüfen ist, ob die willkürliche Gewalt das erforderliche »hohe Niveau« erreicht hat. Dazu ist die Prognose erforderlich, ob das für die Zivilbevölkerung bestehende Gewaltniveau aufgrund der unterschiedlichen Gefährdungsfaktoren ernsthaft genug ist (UK UT CG [2010] UK UT 331 [IAC] Rn. 67 Buchst. h), 82 – *HM*). Dies ist der Fall, wenn am Herkunftsort des Antragstellers eine akute und andauernde Situation willkürlicher Gewalt herrscht.

57 Weder an Konventionsmerkmale anknüpfende Beweiserleichterungen noch eine fiktive außergewöhnliche Lage wahlloser Gewalt sind geeignete Bezugspunkte für die Wahrscheinlichkeitsprognose. Es muss zu methodologischen Fehlschlüssen führen, wenn ungeachtet der den innerstaatlichen bewaffneten Konflikt prägenden entgrenzten Gewalt weitere begriffliche Steigerungen einer bereits außergewöhnlichen Lage versucht werden, um zu erreichen dass die Zahl der Schutzberechtigten absehbar bleibt. Die Außergewöhnlichkeit einer aktuellen willkürlichen – entgrenzten – Gewaltsituation kann nicht mehr gesteigert werden. Entsprechende Versuche führen zu einem rein quantitativen Umgang mit der willkürlichen Gewalt, die jedoch deren spezifischen Charakter verfehlen. Dies belegt die Rechtsprechung, die eine »jedenfalls annäherungsweise quantitative Ermittlung der Gesamtzahl der in dem betreffenden Gebiet lebenden Zivilpersonen einerseits und der Akte willkürlicher Gewalt andererseits« (BVerwGE 136, 360, 375 Rn. 33 = EZAR NF 60 Nr. 7 = InfAuslR 2010, 404; VGH BW, AuAS 2010, 142, 143 f.) verlangt, diese Faktoren gegeneinander abwägen und aus der ermittelten Relation das erforderliche Gefahrenniveau der willkürlichen Gewalt bestimmen will. An diesen in der Rechtsprechung der Instanzgerichte (BayVGH, Urt. v. 03.02.2011 – 13a B 10.30394, UA, S. 10 ff.; VGH BW, AuAS 2010, 142, 143 f.; VG München, Urt. v. 23.11.2009 – M 4 K 09. 50443, UA, S. 7 ff.; gegen BayVGH Hess.VGH, Urt. v. 25.08.2011 – 8 A 1657/10.A, UA, S. 26; VG Würzburg, Urt. v. 30.03.2009 – W 6 K 08.30037, UA, S. 17 ff.) umstrittenen und von der obergerichtlichen britischen Rechtsprechung abgelehnten Ansatz hält das BVerwG unverändert fest (BVerwG, NVwZ 2012, 454, 455 Rn. 22 = EZAR NF 69 Nr. 12) AuAS 2012, 64).

5. Gefahrengrad bei persönlichen Unterscheidungsmerkmalen (»gleitende Skala«)

58 Nach der Rechtsprechung des EuGH ist der erforderliche Gefahrengrad willkürlicher Gewalt umso geringer, je mehr der Antragsteller zu belegen vermag, dass er aufgrund »von seiner persönlichen Situation innewohnenden Umständen spezifisch betroffen ist« (EuGH, InfAuslR 2009, 138, 139 Rn. 39 = EZAR NF 69 Nr. 5 = NVwZ 2009, 705 = AuAS 2009, 86 – *Elgafaji*; EuGH, NVwZ 2014, 573 (574) Rn. 31 = InfAuslR 2014, 153 – *Diakité*). Das erforderliche Gewaltniveau wird nach Maßgabe einer »gleitenden Skala« festgestellt und in dem Maße herabgestuft, wie ein oder mehrere besondere Unterscheidungsmerkmale geltend gemacht werden. Diese Rechtsprechung ist an der Rechtsprechung des EGMR orientiert, will nach der erklärten Absicht des EuGH aber über diese hinausgehen. Andererseits hat der EGMR in seiner Rechtsprechung, ohne das besondere Merkmale vorgebracht wurden, wegen einer Situation extremer Armut, die durch die Unfähigkeit gekennzeichnet ist, Grundbedürfnisse wie Nahrung, Hygiene und Unterbringung zu erfüllen, ein tatsächliches Risiko, einer Art. 3 EMRK zuwiderlaufenden Behandlung ausgesetzt zu werden, angenommen (EGMR, Urt. v. 28.06.2011 – Nr. 8319/07, 11449/07 Rn. 267 bis 292, 296 – *Sufi and Elmi*). Der EuGH geht aber hierüber hinausgehend davon

aus, der »Grad willkürlicher Gewalt« könne geringer sein, wenn personenbezogene Unterscheidungsmerkmale dargelegt werden.

Die Rechtsprechung in den Mitgliedstaaten vermeidet eine Auseinandersetzung mit 59 dem Gewaltbegriff, sondern wendet den differenzierenden Gefahrenmaßstab in Situationen an, in denen die willkürliche Gewalt tatsächlich nicht mehr besteht, sondern nur noch vereinzelt Anschläge berichtet werden. Während sich in derartigen Situationen Antragsteller ohne Unterscheidungsmerkmale nicht mehr auf eine ernsthafte Bedrohung berufen können, wird für bestimmte Risikogruppen, wie etwa Regierungsbedienstete, Mitglieder der Sicherheitskräfte, politische Führer, Mitglieder religiöser Minderheiten ein größeres Risiko angenommen (UK UT CG [2010] UKUT 331 [IAC] Rn. 85 – *HM*). Obwohl der Gerichtshof in *Elgafaji* die Herabstufung anhand besonderer Merkmale innerhalb einer Situation »willkürlicher Gewalt« zulässt, wird in der Praxis der Mitgliedstaaten dieser Test angewandt, obwohl die Situation willkürlicher Gewalt an sich aktuell nicht mehr besteht. In Wirklichkeit wird aber nicht ein durch entgrenzte Gewalt nicht mehr steigerungsfähiger Gewaltbegriff nach verschiedenen Gefahrenstufen differenziert, sondern in aktuelle Situationen willkürlicher Gewalt und in latente Gewaltsituationen unterschieden. Die niederländische Praxis wendet hingegen die »gleitende Skala« nicht im Rahmen von Art. 15 Buchst. c) RL 2011/95/EU an, weil der Raad van State für dessen Anwendung eine außergewöhnliche Gefahrenlage, also eine aktuelle Situation willkürlicher Gewalt verlangt. Statt dessen wird in derartigen Fällen Schutz nach Art. 15 Buchst. b) RL 2011/95/EU gewährt. Dies wird von den Instanzgerichten jedoch nicht akzeptiert (*UNHCR*, Safe at last?, 2011, S. 50 f.).

Da der EGMR frühere oppositionelle Aktivitäten nur dann im Rahmen der Prognose be- 60 rücksichtigt, wenn sie im Zeitpunkt seiner Entscheidung über die Beschwerde noch ein konkretes Risiko im Sinne von Art. 3 EMRK begründen (EGMR, Urt. v. 01.06.2010 – Nr. 29031/04 Rn. 45 ff. – *Mawaka*), könnten diese bei Zugrundelegung der Rechtsprechung des Raad van Staat nicht den erforderlichen Gefahrengrad bezeichnen. Nach dem EuGH steht Buchst. c) zwar in enger Beziehung zu den anderen Fallgruppen des Art. 15 der Richtlinie, bezeichnet indes eine Schadensgefahr allgemeinerer Art (EuGH, InfAuslR 2009, 138, 139 Rn. 39 = EZAR NF 69 Nr. 5 = NVwZ 2009, 705 = AuAS 2009, 86 – *Elgafaji*). Daher müssen persönliche Merkmale bei der Herabstufung des Gefahrengrads nicht zwingend den für Art. 3 EMRK maßgebenden erreichen. Gefahrenerhöhende Umstände sind im Lichte der allgemeinen Lage zu bewerten und müssen nicht die Schwelle von Art. 3 EMRK überschreiten, wenn latent oder aktuell eine Situation willkürlicher Gewalt besteht (VG Wiesbaden, Urt. v. 21.07.2011 – 2 K 92/10.WI.A, UA, S. 14). Die Praxis in Frankreich erkennt folglich bei jungen männlichen Afghanen aus Provinzen mit hohem Gewaltniveau das Risiko der Zwangsrekrutierung durch die Taliban und bei weiblichen Afghanen das Risiko sexueller Übergriffe als besonderes Unterscheidungsmerkmal an (*UNHCR*, Safe at last?, 2011, S. 50 f.). Auch das BVerwG berücksichtigt bei Abs. 1 Satz 2 Nr. 3 besondere Risikogruppen wie Ärzte und Journalisten, sofern sie gezwungen seien, sich nahe der Gefahrenquelle aufzuhalten (BVerwGE 136, 360, 375 Rn. 33 = EZAR NF 69 Nr. 7 = InfAuslR 2010, 404; [BVerwG, NVwZ 2012, 454, 455 Rn. 18 = EZAR NF 69 Nr. 12] AuAS 2012, 64). Daraus zieht das Bundesamt den Schluss, Ärzte seien von Berufs wegen verpflichtet, sich dort aufzuhalten, Journalisten könnten jedoch um ihre Versetzung in weniger gefährliche Provinzen nachsuchen (*UNHCR*, Safe at last?, 2011, S. 50 f.). Dies ist ihnen jedoch nur unter den Voraussetzungen internen Schutzes zuzumuten (Rdn. 68 ff.)

61 Nach dem BVerwG können ferner auch solche persönlichen Umstände, aufgrund deren der Antragsteller zusätzlich der Gefahr gezielter Gewaltakte – etwa wegen seiner religiösen oder ethnischen Zugehörigkeit – ausgesetzt ist, berücksichtigt werden, sofern sie nicht bereits die Zuerkennung der Flüchtlingseigenschaft rechtfertigen (BVerwG, EZAR NF Nr. 12 = NVwZ 2014, 454 Rn. 18). Die Berücksichtigung derartiger Umstände setzt jedoch keine gezielten Gewaltakte voraus, weil diese nach dem EuGH Buchst. c) zwar in enger Beziehung zu den anderen Fallgruppen des Art. 15 der Richtlinie stehen, jedoch eine Schadensgefahr allgemeinerer Art bezeichnen. Besondere Merkmale können auch aus der Tatsache eines langjährigen Aufenthalts im Westen und hieraus folgenden zusätzlichen Risiken sowie aus früheren politischen Vorbelastungen, die nicht die Schwelle eines ernsthaften Schadens erreichen, folgen, z.B. aus verwandtschaftlichen Beziehungen zu politischen Gegnern und der früheren Zugehörigkeit zu oppositionellen Organisationen folgen (VG Wiesbaden, Urt. v. 21.07.2011 – 2 K 92/10.WI.A, UA, S. 15).

62 Der EuGH berücksichtigt bei der Prognoseentscheidung insbesondere das Vorliegen eines ernsthaften Hinweises auf eine tatsächliche Gefahr im Sinne von Art. 4 Abs. 4 RL 2011/95/EU – Vorschädigung – als persönliches Unterscheidungsmerkmal, sodass der Grad der Gefahr geringer sein kann (EuGH, InfAuslR 2009, 138, 139 Rn. 40 = EZAR NF 69 Nr. 5 = NVwZ 2009, 705 – *Elgafaji*). Dies erfordert eine präzise dogmatische Differenzierung: Einerseits folgt die Herabstufung bereits aus dem gleitenden Ansatz, wonach besondere Unterscheidungsmerkmale die Annahme eines geringeren Grades der Gefahr rechtfertigen. Andererseits folgt diese aus Art. 4 Abs. 4 RL 2011/95/EU. Während der gleitende Ansatz auch politische Vorbelastungen, die noch nicht die Schwere eines ernsthaften Schadens erreicht haben und nicht notwendigerweise im unmittelbaren zeitlichen Zusammenhang mit der Ausreise stehen, bei der Herabstufung des Gefahrengrads berücksichtigt, erfordert die Anwendung des Art. 4 Abs. 4 RL 2011/95/EU, dass der Antragsteller vor der Ausreise von einem ernsthaften Schaden betroffen war oder dieser ihm gedroht hatte sowie dass zwischen diesem und der Ausreise ein zeitlicher Zusammenhang besteht. Zu diesen Fragen äußert sich der Gerichtshof nicht. In *Abdulla* hatte er mit Blick auf den Flüchtlingsstatus gefordert, dass Art. 4 Abs. 4 der Richtlinie eine frühere Verfolgung oder Verfolgungsbedrohung nach Art. 9 der Richtlinie voraussetzt und an Verfolgungsgründe anknüpfen muss (EuGH, InfAuslR 2010, 189, 192 Rn. 96 – *Abdulla*). Für die Anwendung des Art. 4 Abs. 4 im Rahmen des Art. 15 der Richtlinie ist daraus zu schließen, dass jedenfalls ein ernsthafter Schaden im Sinne von Art. 15 der Richtlinie vor der Ausreise gedroht haben muss. Die Anwendung der Zusammenhangsklausel entfällt. So setzt das BVerwG für die Beweiserleichterung nach Art. 4 Abs. 4 voraus, dass der Antragsteller bereits einen ernsthaften Schaden im Sinne von Art. 15 RL 2004/83/EG im Herkunftsland erlitten hat oder von einem solchen Schaden unmittelbar bedroht war (BVerwGE 136, 360, 371 Rn. 29 = EZAR NF 69 Nr. 7 = InfAuslR 2010, 404). Auch wenn dem Antragsteller vor der Ausreise unmenschliche Behandlung im Sinne von Buchst. b), jedoch keine ernsthafte Bedrohung nach Buchst. c) von Art. 15 gedroht

hatte, ist diese im Rahmen von Buchst. c) zu berücksichtigen. Ist die Verfolgungsgefahr entfallen, steht der Rückkehr aber eine ernsthafte Bedrohung entgegen, ist diese als Vorschädigung im Rahmen von Art. 15 Buchst. c) zu beachten.

Die Vorschädigung kann darüber hinausgehend aber auch in Form ernsthafter Bedrohungen nach Buchst. c) bestanden haben. Der Antragsteller muss im unmittelbaren zeitlichen Zusammenhang mit seiner Ausreise als Zivilperson betroffen gewesen sein. Das BVerwG unterstellt dies zugunsten des Antragstellers, vertieft dies jedoch nicht näher. Soweit es Feststellungen zum Bestehen einer früheren Gefahr für Leib oder Leben des Antragstellers fordert (BVerwGE 136, 360, 372 Rn. 28 = EZAR NF 69 Nr. 7 = InfAuslR 2010, 404), prüft es eine Vorschädigung nach Buchst. b) von Art. 15 der Richtlinie. Für eine Vorschädigung nach Buchst. c) muss in der Herkunftsregion des Antragstellers das erforderliche Gewaltniveau aufgrund einer Situation akuter willkürlicher Gewalt bestanden haben. Ist er unmittelbar aus der Herkunftsregion ausgereist, kommt es wie bei der erlittenen Verfolgung oder Verfolgungsbedrohung auf eine in die Zukunft gerichtete Betrachtung an (§ 3e Rdn. 1, 23). Gefordert wird in der Rechtsprechung des BVerwG ferner ein innerer Zusammenhang der Vorschädigung nach den anderen Fallgruppen des Art. 15 der Richtlinie mit der geltend gemachten ernsthaften Bedrohung nach Buchst. c) dieser Norm. Die drohende Zwangsrekrutierung durch die Taliban habe nicht den Tatbestand des Art. 3 EMRK erfüllt, sondern sei im Rahmen des nationalen Abschiebungsschutzes nach § 60 Abs. 7 Satz 1 AufenthG geprüft worden (BVerwGE 136, 360, 372 f. Rn. 29 = EZAR NF 69 Nr. 7 = InfAuslR 2010, 404). Andererseits berücksichtigt das BVerwG die Beweiserleichterung im Rahmen des Art. 15 Buchst. c) auch bei Vorschädigungen im Sinne von Buchst. c) der Vorschrift. Im Übrigen ist der inhaltliche Zusammenhang zwischen Buchst. c) und b) nach der Rechtsprechung des EGMR fließend. Jedenfalls ist eine Vorschädigung, auch wenn sie ausreisebestimmend und erheblich im Sinne von Abs. 1 Satz 2 Nr. 2 war, als besonderes gefahrenerhöhendes Moment zu berücksichtigen. 63

Früheren Vorschädigungen kommt Beweiskraft für eine ernsthafte Bedrohung zu (EuGH, InfAuslR 2010, 189, 192 Rn. 96 – *Abdulla*). Für deren Eintritt streitet die tatsächliche Vermutung, dass frühere Vorschädigungen sich wiederholen werden. Es müssen keine stichhaltigen Gründe dargelegt werden, dass sich die für die Vorschädigung maßgebenden Umstände bei Rückkehr ins Herkunftsland erneut realisieren werden (BVerwG 136, 377, 385 Rn. 23 = EZAR NF 62 Nr. 21 = InfAuslR 2010, 410, mit Hinweis auf EGMR, NVwZ 2008, 1330 Rn. 128 – *Saadi*). Bereits der Umstand, dass das BVerwG auf die Rechtsprechung zu Art. 3 EMRK verweist, verdeutlicht, dass die Beweiskraft nicht nur durch frühere Verfolgungen, sondern darüber hinaus auch durch alle ernsthaften Schädigungen im Sinne von Art. 15 der Richtlinie begründet wird. Folgrichtig bezieht das BVerwG den früheren ernsthaften Schaden ein (BVerwG 136, 377, 385 Rn. 23 = EZAR NF 62 Nr. 21 = InfAuslR 2010, 410). Man wird die Rechtsprechung des EGMR und des BVerwG dahin verstehen können, dass die Beweiskraft eine Vorschädigung, die die Merkmale eines ernsthaften Schadens im Sinne von Abs. 1 Satz 2 erfüllen, voraussetzt. War sie nicht ausreisebestimmend und blieb sie unterhalb der durch Abs. 1 Satz 2 Nr. 2 aufgezeigten Schwelle, kann sie aber in die »gleitende Skala« als gefahrenerhöhendes Moment eingestellt werden. 64

6. Begriff der »Zivilperson«

65 Nach Abs. 1 Satz 2 Nr. 3 kommt es in Umsetzung von Art. 15 Buchst. c) RL 2011/95/EU im Rahmen der Prognoseprüfung auf »schädigende Ereignisse« an, die sich gegen Zivilpersonen ungeachtet ihrer Identität richten (EuGH, InfAuslR 2009, 138, 139 Rn. 35 = EZAR NF 69 Nr. 5 = NVwZ 2009, 705 – *Elgafaji*; BVerwGE 136, 360, 375 ff. Rn. 32 = EZAR NF 69 Nr. 7 = InfAuslR 2010, 404). Die Richtlinie will die unbeteiligte Zivilbevölkerung im bewaffneten Konflikt schützen. Daher werden ernsthafte Bedrohungen von *Kombattanten* im Rahmen eines bewaffneten Konflikts nicht in die Prognoseprüfung eingestellt. Alle Gewaltakte, welche die feindlichen Kombattanten unmittelbar gegeneinander verüben, werden nicht berücksichtigt. Haben die Kombattanten die Waffen niedergelegt, weil sie sich ergeben haben oder verwundet wurden, sind sie nicht mehr »unmittelbar an den Feindseligkeiten« beteiligt und werden durch humanitäres Völkerrecht geschützt (Art. 3 Genfer Konventionen). Sind sie ungeachtet dessen von Gewaltakten betroffen, sind diese als Prognosetatsachen in die Prüfung einzustellen. Dem Erfordernis, dass eine »Zivilperson« in ihren Rechtsgütern ernsthaft bedroht sein muss, kann daher nur eingeschränkte Bedeutung zukommen. Deshalb hat der Begriff »Zivilperson« in der Praxis der Mitgliedstaaten kaum eine Bedeutung (*UNHCR*, Safe at last?, 2011, S. 56 ff.).

66 Im maßgebenden Entscheidungszeitpunkt (Art. 4 Abs. 3 Buchst. a) RL 2011/95/EU; § 77 Abs. 1) ist jeder Antragsteller eine »Zivilperson«. Die Unterscheidung in Kombattant und Nichtkombattant hat Bedeutung für das anwendbare Recht nach der Gefangennahme im Kriegsgebiet. Außerhalb des Kriegsgebiets und damit außerhalb der Hoheitsgewalt des Kriegsgegners, d.h. auch im Feststellungsverfahren der Mitgliedstaaten, verliert diese Unterscheidung ihre rechtliche Bedeutung. Hier wird nicht Kriegsrecht, sondern Friedensrecht angewandt. Allenfalls für die Prognoseprüfung kann es im Rahmen von Art. 4 Abs. 4 RL 2011/95/EU von Bedeutung sein, ob eine früher erlebte ernsthafte Bedrohung im Kriegsgebiet als Kombattant oder Nichtkombattant in die Prüfung einzustellen ist. Hat der Antragsteller diese Bedrohung erlebt, als er den Status eines Kombattanten besaß, wird sie im Rahmen der Prognoseprüfung nicht berücksichtigt (Rdn. 67). Maßgebend ist aber die in die absehbare Zukunft gerichtete Gefahrenprognose und damit die Frage, ob der Antragsteller im Fall der Rückkehr als Zivilperson eine ernsthafte Bedrohung befürchten muss. Dass er früher den Status eines Kombattanten innehatte, schließt nicht zwingend aus, dass er im Fall der Rückkehr als Zivilperson ernsthafte Bedrohungen seiner Rechtsgüter infolge »willkürlicher Gewalt« oder unmenschlicher Behandlung (so auch OVG SA, NVwZ-RR 2012, 984, 998) erfahren kann. Die bloße Tatsache der Zugehörigkeit zu einem Kampfverband kann unter keinen rechtlichen Umständen den Ausschluss vom internationalen Schutz rechtfertigen (BVerwGE 135, 252, 266 = NVwZ 2010, 979 = InfAuslR 2010, 256 = EZAR NF 68 Nr. 7) Umgekehrt kann auch eine Zivilperson Täter eines Kriegsverbrechens sein (BVerwGE 136, 252, 90 Rn. 30 = NVwZ 2010, 974 = EZAR NF 68 Nr. 68). Aus dem früheren Kombattantenstatus können auch gefahrenerhöhende Umstände etwa hinsichtlich drohender nach humanitärem Völkerrecht unzulässigen Vergeltungsakten folgen.

Die Frage, ob ein früherer Kombattant unter die Definition einer Zivilperson fällt, ist nach der britischen Rechtsprechung eine Tatsachenfrage (UK AIT CG [2009] UKAIT 00044 Rn. 26 – *GS*). Eine individuelle Analyse der Verhältnisse ist jedoch nur bei Art. 4 Abs. 4 RL 2011/95/EU und bei gefahrenerhöhenden Umständen angezeigt. Insofern rechtfertigt es der Wortlaut der Nr. 3, dass die aus dem früheren Kombattantenstatus folgenden gefahrenerhöhende Umstände nicht berücksichtigt werden (Rdn. 66). Da er im Entscheidungszeitpunkt jedoch eine »Zivilperson« ist, findet jedenfalls der allgemeine Gefahrengrad auf ihn Anwendung. Hat der Antragsteller aber vor der Ausreise im Kriegsgebiet als Kombattant oder Nichtkombattant etwa an Kriegsverbrechen, Verbrechen gegen den Frieden oder die Menschlichkeit teilgenommen oder eine schwere Straftat begangen, entfällt der subsidiäre Schutz unabhängig davon, ob eine ernsthafte Bedrohung besteht (Abs. 2, Art. 12 Abs. 2 Buchst. a) und b), Art. 17 Abs. 1 Buchst. a) und b) der Richtlinie; Rdn. 72 ff.). In diesem Fall kann aber Refoulementschutz nach Art. 3 EMRK geboten sein (Art. 21 RL 2011/95/EU). 67

7. Interner Schutz

Nach Abs. 3 Satz 1 findet § 3e entsprechend Anwendung. Dies beruht auf Art. 18 RL 2011/95/EU. Danach muss der Antragsteller die Voraussetzungen von Kapitel II und damit von Art. 8 RL 2011/95/EU erfüllen. Daher ist, auch wenn in der Herkunftsregion des Antragstellers ein ernsthafter Schaden im Sinne von Art. 15 Buchst. c) RL 2011/95/EU droht, zu prüfen, ob ihm unter Berücksichtigung der Voraussetzungen von Art. 8 RL 2011/95/EU ein Ausweichen in andere Landesteile zuzumuten ist (EuGH, InfAuslR 2009, 138, 139 Rn. 40 = EZAR NF 69 Nr. 5 = NVwZ 2009, 705 = AuAS 2009, 86 – *Elgafaji*; BVerwGE 134, 188, 196 Rn. 18 = NVwZ 2010, 196 = AuAS 2010, 31; BVerwG, NVwZ 2013, 282, 283 = EZAR NF 69 Nr. 18; BVerwG, InfAuslR 2013, 81; BVerwG, NVwZ 2013, 1167, 1168 = EZAR NF 69 Nr. 19; BVerwGE 146, 12, 16 Rn. 14 = InfAuslR 2013, 241; Nieders. OVG, InfAuslR 2012, 149, 152). Die Anwendung von Art. 8 im Rahmen von Art. 15 der Richtlinie ist darin begründet, dass kein »landesweiter Konflikt« nachgewiesen werden muss (Rdn. 45). Die tatsächliche Gefahr, durch bloße Anwesenheit einer Bedrohung im Sinne der Nr. 3 ausgesetzt zu sein, wird nur selten im gesamten Gebiet des Staates bestehen. Nach dem EuGH ist insbesondere das geografische Ausmaß der willkürlichen Gewalt und der *tatsächliche Zielort* des Antragstellers im Fall seiner Rückkehr, wie es sich aus Art. 8 der Richtlinie ergibt, zu identifizieren (EuGH, InfAuslR 2009, 138, 139 Rn. 40 = EZAR NF 69 Nr. 5 = NVwZ 2009, 705 = AuAS 2009, 86 – *Elgafaji*). *Herkunftsort* ist der Ort, in den der Antragsteller typischerweise zurückkehren wird (BVerwGE 134, 188, 195 Rn. 17 = NVwZ 2010, 196 = AuAS 2010, 31), Zielort jeder Ort im Herkunftsland, in dem eine Neuansiedlung unter Berücksichtigung von § 3e für den Antragsteller zumutbar ist. Es müssen daher die einzelnen Regionen innerhalb des Herkunftslandes, in denen ein bewaffneter Konflikt herrscht, der das erforderliche Gewaltniveau erreicht, und anschließend die Regionen, in denen kein bewaffneter Konflikt herrscht, identifiziert werden (UK Court of Appeal [2009] EWCA Civ 620 Rn. 40 – *QD*). 68

69 Allein der Umstand, dass eine Region »vergleichsweise ruhig« ist, macht sie noch nicht zum internen Ausweichort (OVG Rh-Pf, NVwZ-Beil. 1998, 94, 95). Vielmehr muss der Antragsteller auch in der Lage sein, diesen aufzusuchen und dort Aufnahme zu finden (EGMR, Urt. v. 11.01.2007 – Nr. 1948/04, Rn. 141 – *Salah Sheekh*; § 3e Rdn. 10 ff.). Der Maßstab für die Neuansiedlung ist wie bei flüchtlingsrechtlichen Entscheidungen der Begriff der »unangemessenen Härte« (UK Upper Tribunal CG [2010] UKUT 331 [IAC] Rn. 93 – *HM*; § 3e Rdn. 24 ff.). Es sind also dieselben Voraussetzungen wie beim Flüchtlingsschutz, also insbesondere der Zugang zum Ausweichort (§ 3e Rdn. 10 ff.) und die Zumutbarkeit der Lebensbedingungen an diesem Ort (§ 3e Rdn. 19 ff.) zu prüfen. UNHCR rügt, dass die Art und Weise wie in den Mitgliedstaaten im Rahmen von Art. 15 Buchst. c) der Richtlinie die Voraussetzungen des internen Schutzes geprüft werde, dazu führe, dass subsidiärer Schutz nach dieser Norm kaum gewährt werde. Die entsprechenden Feststellungen seien wie bei der flüchtlingsrechtlichen Entscheidung nach einem individuellen Maßstab, wonach die allgemeine Lage wie auch persönliche Umstände in Betracht zu ziehen seien, zu treffen (§ 3e Abs. 2; § 3e Rdn. 24 ff.). Die am Beispiel der Praxis zu Afghanistan, zum Irak und zu Somalia durchgeführten Länderanalysen hätten andauernde und weitreichende Unterschiede im Blick auf die generelle Relevanz des internen Schutzes zutage gefördert (*UNHCR*, Safe at last?, 2011, S. 79 f.; illustrativer Beleg hierfür BVerwG, NVwZ 2013, 1167, 1168 = EZAR NF 69 Nr. 19).

70 Die zentrale Frage bei der Prüfung des internen Schutzes zielt auf die Voraussetzungen, unter denen angenommen werden kann, dass der Antragsteller tatsächlich Zugang zu der Schutzzone erlangen kann (§ 3e Rdn. 10 ff.). Die Entscheidung wird maßgeblich von dem Grundsatz geleitet, dass der Antragsteller tatsächlich in der Lage sein muss, die Schutzzone sicher und auf legalem Wege zu erreichen (EGMR, InfAuslR 2007, 223, 225– *Salah Sheekh*; § 3e Rdn. 10 ff.). Ist die Durchreise durch das Herkunftsland ohne Gefährdung der persönlichen Sicherheit des Antragstellers nicht möglich, ist der Verweis auf den internen Schutz unzulässig. So besteht kein interner Schutz, wenn heftige militärische Kämpfe am Zielort vorherrschen und deshalb die Gefahr besteht, dass der Antragsteller bei seiner Ankunft getötet wird (Österr.VwGH, Entsch.v. 28.04.2000 – Nr. 96/21/1036–7; BVerwGE 105, 187, 194; US Board of Immigration Appeals, Nr. 3276, 1996 – *Matter of H*; Court of Appeal [Kanada], Nr. IMM-2124–96, 1997 – *Dirshe*). Im Blick auf zurückkehrende Tamilen hat der EGMR z.B. festgestellt, dass diesen bei der Ankunft auf dem Flughafen Colombo Art. 3 EMRK zuwiderlaufende Maßnahmen drohen (EGMR, Urt. v. 17.07.2008 – Nr. 25904/07, Rn. 134 – *NA*). Damit ist die bisherige Rechtsprechung des BVerwG, wonach etwaige Gefährdungen auf dem Reiseweg zum internen Schutzort innerhalb des Herkunftslandes regelmäßig nicht Gegenstand der Prüfung sind (BVerwGE 104, 265, 277 ff. = InfAuslR 1997, 341 = NVwZ 1997, 1127 = EZAR 043 Nr. 21; § 3e Rdn. 12) nicht mehr haltbar.

71 Nach § 3e Abs. 2 sind für die Bewertung der Zumutbarkeit der Ansiedlung des Antragstellers die allgemeinen Gegebenheiten am Zielort unter Berücksichtigung seiner persönlichen Umstände im Zeitpunkt der Entscheidung maßgebend. Vergleichsmaßstab zur Beurteilung der Verhältnisse im anderen Landesteil sind sowohl die

Verhältnisse im gesamten Herkunftsland wie auch am Herkunftsort. Erforderlich ist eine faire Würdigung aller entsprechenden Tatsachen. Die Ermittlungen müssen sich auf die spezifische Situation des Antragstellers konzentrieren. Relevant sind insbesondere dessen Geschlecht, Alter, Erfahrungen, Fähigkeiten und familiäre Bindungen (§ 3e Rdn. 31). Aus menschenrechtlicher Sicht kann dem Antragsteller die Umsiedlung nicht zugemutet werden, wenn er dort wirtschaftliche Armut oder eine Existenz unterhalb eines zumindest angemessenen Lebensstandards erfahren wird. Davon abzugrenzen ist eine lediglich verminderte Einschränkung des Lebensstandards oder der wirtschaftlichen Situation des Antragstellers aufgrund der Umsiedlung. Maßstab hierfür ist aber nach der britischen Rechtsprechung nicht Art. 3 EMRK (so aber BVerwGE 146, 12, 16 Rn. 14 = InfAuslR 2013, 241; BVerwG, NVwZ 2013, 1167, 1169 = EZAR NF 69 Nr. 23 ff.; s. auch BVerwG, InfAuslR 2013, 45; § 3e Rdn. 25, 30). Bestehen weder familiäre noch Stammesbindungen am Zielort, ist eine Ansiedlung dort grundsätzlich unzumutbar. Häufig stellen erweiterte Familien- oder Stammesstrukturen erforderliche Mittel für Schutz, wirtschaftliches Überleben sowie Zugang zu Wohnmöglichkeiten dar (VG Ansbach, Urt. v. 13.05.2011 – AN 11 K 11.30032, UA, S. 18 f.; ebenso Hess. VGH, Urt. v. 25.08.2011 – 8 A 1667/10.A, UA, S. 31). Auch wenn die ethnische Zugehörigkeit des Antragstellers mit der Volkszugehörigkeit der Bevölkerung am Zielort identisch ist, spricht dies nicht notwendigerweise für sein wirtschaftliches Überleben. So ist etwa für die Niederlassung in den kurdischen Provinzen des Irak ein Bürge erforderlich und haben die Kurden darüber hinaus kein Interesse daran, kurdische Antragsteller aus der Provinz Tamim (Kirkuk) aufzunehmen, um den kurdischen Bevölkerungsanteil dort nicht zu vermindern (VG Wiesbaden, Urt. v. 21.07.2011 – 2 K 92/10.WI.A, UA, S. 16).

Häufig bestehen in von bewaffneten Konflikten zerrissenen Herkunftsländern in 72
den Ausweichregionen keine wirksamen Schutzstrukturen. Sind keine schützenden Instanzen verfügbar, kann deshalb ein Schutzersuchen nicht gefordert werden. Bei der Frage, ob eine den Staat oder wesentliche Teile des Staatsgebietes beherrschende Organisation effektiven Schutz gewähren kann und dieser auch für den Einzelnen zugänglich ist, ist zu prüfen, ob diese lediglich reine militärische oder auch effektive zivile Verwaltungsstrukturen aufgebaut hat (§ 3d Rdn. 15 ff.).

C. Ausschlussgründe (Abs. 2)

Nach Abs. 2 Satz 1 ist in Umsetzung von Art. 17 RL 2011/95/EU die Gewährung 73
subsidiären Schutzes ausgeschlossen, wenn einer der in dieser Vorschrift bezeichneten Ausschlussgründe vorliegt. Der Ausschlussgrund Nr. 1 ist identisch mit dem Wortlaut von § 3 Abs. 2 Satz 1 Nr. 1 (§ 3 Rdn. 17 ff.) und überträgt den Rechtsgedanken von Art. 1 F Buchst. a) GFK auch auf das System des subsidiären Schutzes. Ebenso verhält es sich mit Nr. 3, der mit dem Wortlaut von § 3 Abs. 2 Satz 1 Nr. 3 (§ 3 Rdn. 35 ff.) identisch ist und auf den Rechtsgedanken von Art. 1 F Buchst. c) GFK beruht. Der Ausschlussgrund nach Nr. 2 ist § 3 Abs. 2 Satz 1 Nr. 2 (§ 3 Rn. 25 ff.) und damit Art. 1 F Buchst. b) GFK nachgebildet. Dagegen lehnt sich Nr. 4 an § 3 Abs. 4 Halbs. 2 (§ 3 Rdn. 79 ff.) an, geht jedoch über dessen Anwendungsbereich weit hinaus. Während die Richtlinie im Bereich des Flüchtlingsschutzes den an Art. 33 Abs. 2 GFK

angelehnten Ausschlussgrund in Form einer Freistellungsklausel dem Ermessen der Mitgliedstaaten anheim gibt, wird er im Bereich des subsidiären Schutzes zwingend ausgestaltet. Die Ausschlussgründe des Art. 17 RL 2011/95/EU waren bereits im Vorschlag der Kommission enthalten (Kommissionsentwurf, in: BR-Drucks. 1017/01, S. 30). Dagegen waren die auf den Flüchtlingsschutz bezogenen Ausschlussgründe und insbesondere der in der Richtlinie in Art. 12 Abs. 2, Art. 14 Abs. 4 bis 5 RL 2011/95/EU geregelte Ausschlussgrund im Vorschlag nicht enthalten. Der Begründung des Vorschlags kann für die unterschiedliche Ausgestaltung der Ausschlussgründe kein Hinweis entnommen werden. Der Grund hierfür ist völkerrechtlicher Natur:

74 Während im Bereich des Flüchtlingsschutzes wegen des abschließenden Charakters von Art. 1 F GFK die Umgestaltung der Einschränkung der Refoulementverbotes nach Art. 33 Abs. 2 GFK in einen Ausschlussgrund auf gravierende völkerrechtliche Bedenken stößt (§ 3 Rdn. 80 ff.), sind im Bereich des subsidiären Schutzes derart völkerrechtliche Hindernisse nicht erkennbar. Wegen völkerrechtlicher Bedenken hat der Richtliniengesetzgeber den an Art. 33 Abs. 2 GFK orientierten Ausschlussgrund des Art. 14 Abs. 4 und 5 RL 2011/95/EU im Bereich des Flüchtlingsschutzes nicht mit verpflichtender Wirkung eingeführt, sondern die Verantwortung für völkerrechtswidriges Handeln mittels der Wahl einer Ermessensklausel dem Ermessen der Mitgliedstaaten anheim gegeben. Durch deren Inanspruchnahme dürfen aber keine völkerrechtlichen Verpflichtungen verletzt werden (EuGH, NVwZ 2006, 1033 Rn. 62 f. – *EP gegen Rat der EU*; EuGH, NVwZ 2010, 697 = InfAuslR 2010, 221 Rn. 41 ff. [44] – *Chakroun*). Da gegen die Einschränkung des subsidiären Schutzes durch Ausschlussgründe völkerrechtliche Bedenken kaum erhoben werden können, hat der Richtliniengesetzgeber beim subsidiären Schutz seine im Bereich des Flüchtlingsschutzes bestehende Zurückhaltung aufgegeben und insoweit für die Mitgliedstaaten zwingende Vorgaben festgelegt. UNHCR weist aber darauf hin, dass die Ausschlussgründe des Art. 17 RL 2011/95/EU nach denselben Grundsätzen wie die Ausschlussgründe des Art. 12 RL 2011/95/EU ausgelegt und angewandt werden sollten (*UNHCR*, Kommentar zur Richtlinie 2004/83/EG, Mai 2005, S. 33).

75 Nach Nr. 2 wird in Umsetzung von Art. 17 Abs. 1 Buchst. b) RL 2011/95/EU kein subsidiärer Schutz gewährt, wenn der Antragsteller eine schwere Straftat begangen hat. Anders als bei § 3 Abs. 2 Satz 1 Nr. 2 fehlt die Einschränkung »nichtpolitisch«. Dies hat einen einleuchtenden Grund. Ein politisches Delikt führt nach Art. 1 F Buchst. b) GFK und Art. 12 Abs. 2 Buchst. b) RL 2011/95/EU nicht zum Ausschluss vom Flüchtlingsschutz (*McAdam*, IJRL 2005, 461, 494; § 3 Rdn. 28 ff.). Die Frage des subsidiären Schutzes stellt sich nicht. Ist die schwerwiegende Straftat hingegen nichtpolitischer Art, entfällt der Flüchtlingsschutz nach § 3 Abs. 2 Satz 1 Nr. 2. Der Antragsteller soll darüber hinausgehend aber auch nicht in den Genuss subsidiären Schutzes gelangen. Daher bestimmt Nr. 2, dass ihm auch kein subsidiärer Schutz gewährt wird. Drohen ihm Folter oder andere unmenschliche oder erniedrigende Behandlung oder Bestrafung, ist die Abschiebung nach Art. 21 RL 2004/83/EG in Verb. mit Art. 3 EMRK untersagt (Rdn. 86 ff.). Im Übrigen gelten für die Feststellung einer »schweren Straftat« die in § 3 Abs. 2 Satz 1 Nr. 2 bezeichneten Grundsätze. Allerdings fehlt die temporäre Einschränkung. Die Straftat muss anders als bei § 3 Abs. 2 Satz 1 Nr. 2 nicht vor der Ausstellung

eines Aufenthaltstitels begangen worden sein. Nach der Begründung des Entwurfs ist »die Schwere der zu erwartenden Verfolgung gegen die Art der Strafe, deren der Betroffene verdächtigt wird, abzuwägen« (Kommissionsentwurf, in: BR-Drucks. 1017/01, S. 31). Demgegenüber lehnt der EuGH im Bereich des Flüchtlingsschutzes die Anwendung des Verhältnismäßigkeitsgrundsatzes ab (EuGH, InfAuslR 2011, 40, 43 = NVwZ 2011, 285 = AuAS 2011, 43 Rn. 108 ff. – *B. und D*; § 3 Rdn. 32 ff.).

Nr. 4 setzt Art. 17 Abs. 1 Buchst. d) RL 2011/95/EU um (*Marx*, Handbuch zum Flüchtlingsschutz, 2. Aufl., 2012, S. 609 f.). Diese Norm ist an Art. 33 Abs. 2 GFK angelehnt. Danach müssen schwerwiegende Gründe die Annahme rechtfertigen, dass der Flüchtling eine Gefahr für die Sicherheit des Aufnahmestaates oder für die Allgemeinheit dieses Staates darstellt. Anders als § 60 Abs. 8 Satz 1 AufenthG und Art. 14 Abs. 4 Buchst. b) RL 2011/95/EU (§ 3 Rdn. 79 ff.), der den Gefahrenbegriff an eine rechtskräftige Verurteilung wegen eines besonders schweren Verbrechens knüpft, ist der Wortlaut von Nr. 4 und Art. 17 Abs. 1 Buchst. d) RL 2011/95/EU bedeutend offener. Der Vorschlag der Kommission sah diesen Ausschlussgrund nicht vor (Kommissionsentwurf, in: BR-Drucks. 1017/01, S. 31). Anders als beim Ausschlussgrund des Art. 14 Abs. 4 RL 2011/95/EU (§ 60 Abs. 8 Satz 1 AufenthG) ist der Ausschlussgrund nach Art. 17 Abs. 1 Buchst. d) RL 2011/95/EU nicht in das Ermessen der Mitgliedstaaten gestellt, sondern hat zwingenden Charakter. Darüber hinaus wurde gegenüber dem Vorbild des Art. 33 Abs. 2 GFK ein bedeutend weiter gehender Wortlaut gewählt. Die Anwendung von Nr. 4 setzt anders als § 60 Abs. 8 Satz 1 AufenthG kein rechtskräftiges Urteil wegen eines besonders schweren Verbrechens voraus. Vielmehr reicht es aus, dass schwerwiegende Gründe zu der Annahme berechtigen, der Betroffene stelle aufgrund bestimmter Straftaten eine Gefahr für die Allgemeinheit oder die Sicherheit des Aufnahmestaates dar. Nicht eine Straftat, sondern die vom Antragsteller ausgehende Gefahr (*Goodwin-Gill/McAdam*, The Refugee in International Law, 3. Aufl., 2007, S. 235 f.) begründet die Anwendung der Ausschlussklausel. Daher ist eine strafrechtliche Verurteilung nicht erforderlich (Nr. 25.3.8.3.4 Abs. 2 AufenthG-VwV). 76

Die Gefahr muss für die Allgemeinheit oder für die Sicherheit des Aufnahmestaates bestehen. Nr. 4 dient der Gefahrenabwehr. Die bloße Feststellung einer in der Vergangenheit begangenen Straftat oder Gefährdung genügt daher nicht. Vielmehr muss eine fortdauernde Gefahr festgestellt werden (Nr. 25.3.8.3.4 Abs. 2 AufenthG-VwV). Darin unterscheidet sich Nr. 4 von Nr. 2 (§ 3 Rdn. 31). Nicht in erster Linie der abstrakte Charakter der begangenen Tat, vielmehr die Umstände, unter denen sie begangen wurde, und ob hieraus gegenwärtig eine Gefahr für die Sicherheit des Aufnahmestaates oder die Allgemeinheit folgt, sind maßgebend. In der Regel beruhen Sicherheitsgefährdungen auf Straftaten. Nr. 4 lässt wie das unionsrechtliche Vorbild offen, welche Straftaten in die Gefahrenprognose eingestellt werden dürfen. Eine systematische Anwendung der Bestimmungen der Richtlinie erfordert, dass nur »zwingende Gründe der nationalen Sicherheit oder der öffentlichen Ordnung« (Art. 24 Abs. 2 Halbs. 2 RL 2011/95/EU) berücksichtigt werden dürfen (EuGH, InfAuslR 2015, 357, 362 Rn. 90 ff.; Rdn. 81; § 3 Rdn. 92). Die Vorschrift lehnt sich an Art. 28 Abs. 1 Satz 1und 32 Abs. 2 Satz 1 GFK an (*Klug*, GYIL 2004, 594, 623). Daher ist der Begriff eng auszulegen. Der Anlass für den Ausschluss muss folglich schwerwiegend 77 sein. Der Grundsatz der Verhältnismäßigkeit ist zu beachten. Der Ausschluss subsidiär Schutzberechtigter ist nur »aus schwerwiegenden Gründen der öffentlichen Sicherheit und Ordnung« zulässig (VG Münster, EZAR NF 40 Nr. 7, S. 9 f.; VG Münster, Urt. v. 10.12.2009 – 8 K 491/09; s. auch OVG Bremen, InfAuslR 2011, 341, 346). In die Verhältnismäßigkeitsprüfung sind alle für die Beurteilung relevanten Faktoren einzustellen. Dazu zählen zunächst die Umstände, die für eine Wiederholungsgefahr sprechen. Es stellt z.B. einen erschwerenden Umstand dar, dass der Antragsteller in der Vergangenheit wiederholt als Straftäter in Erscheinung getreten ist. Relevant ist umgekehrt die Tatsache, dass ein wegen eines schwerwiegenden Deliktes verurteilter Straftäter seine Strafe verbüßt hat, er begnadigt oder ihm eine Amnestie gewährt worden ist. Im letzteren Fall ist zu vermuten, dass die Ausschlussklausel nicht mehr länger anwendbar ist, es sei denn, es kann bewiesen werden, dass – ungeachtet der Begnadigung oder der Amnestie – der »kriminelle Charakter« der Tatbegehung immer noch vorherrscht (*UNHCR*, Handbuch über Verfahren und Kriterien zur Feststellung der Flüchtlingseigenschaft, 1979, Rn. 157).

78 Abs. 2 Satz 2 setzt Art. 17 Abs. 2 RL 2011/95/EU um. Nach Abs. 1 Satz 2 müssen »schwerwiegende Gründe zu der Annahme berechtigen«, dass der Antragsteller einen der Ausschlussgründe persönlich erfüllt hat. Im Allgemeinen ist eine persönliche Verantwortung anzunehmen wenn der Antragsteller die Straftat bzw. sonstige sicherheitsgefährdende Handlung begangen oder in dem Bewusstsein, dass ihre Handlung oder Unterlassung die Ausübung des Verbrechens erleichtern würde, wesentlich zu ihrer Durchführung beigetragen hat (s. hierzu im Einzelnen § 3 Rdn. 42 ff.). Art. 17 Abs. 2 RL 2011/95/EU bestimmt in Anlehnung an Art. 12 Abs. 3 der Richtlinie, dass die Ausschlussklauseln auch auf Personen Anwendung finden, die andere zu den in Art. 17 Abs. 1 der Richtlinie bezeichneten Handlung angestiftet oder sich in sonstiger Weise daran beteiligt haben. Ebenso lehnt sich Abs. 2 Satz 2 an § 3 Abs. 2 Satz 2 an. Dies steht in Übereinstimmung mit der Sicherheitsresolution 1373 (2001), wonach der Ausschluss vom Flüchtlingsstatus ausdrücklich auf die »Planung, Erleichterung oder Beteiligung an terroristischen Handlungen« bezogen, also eine an äußere Handlungsformen anknüpfende individuelle Zurechnungskategorie vorausgesetzt wird. Art. 17 Abs. 2 RL 2011/95/EU setzt damit jedenfalls im Blick auf die Fallgruppen Buchst. a) bis c) des Abs. 1 in Anlehnung an Art. 1 F GFK voraus, dass der Betroffene ein entsprechendes Verbrechen begangen hat.

D. Rechtsstellung der subsidiär Schutzberechtigten (Abs. 1 Satz 1)

79 Abs. 1 Satz 1 ordnet kraft Gesetzes an, dass mit der Feststellung eines ernsthaften Schaden nach Abs. 1 Satz 2 der Antragsteller subsidiär Schutzberechtigter ist, wenn keine Ausschlussgründe nach Abs. 2 anwendbar sind. Anders als die Richtlinie 2011/95/EU, die in Art. 23 ff. im Einzelnen übersichtlich den Umfang der Rechtsstellung regelt (ausf. *Marx*, Handbuch zum Flüchtlingsschutz, 2. Aufl., 2012, S. 684 ff.), müssen die einzelnen Rechtspositionen im deutschen Recht in den einzelnen verstreuten Fachgesetzen aufgespürt werden. Das Richtlinienumsetzungsgesetz 2013 hat subsidiär Schutzberechtigten einen Anspruch auf Erteilung der Aufenthaltserlaubnis nach § 25 Abs. 2 AufenthG gewährt und für die Antragsteller, bei denen ein Abschiebungsverbot

nach § 60 Abs. 2, 3 und 7 Satz 2 AufenthG a.F. vor dem 01.12.2013 festgestellt wurde und denen deshalb eine Aufenthaltserlaubnis nach § 25 Abs. 3 AufenthG erteilt worden war, kraft Gesetzes – also antragsunabhängig – angeordnet, dass sie als subsidiär Schutzberechtigte nach Abs. 1 Satz 1 gelten (§ 104 Abs. 9 Satz 1 AufenthG; BVerwG, NVwZ-RR 2015, 634, 635 Rn. 19). Zeiten des Besitzes der Aufenthaltserlaubnis nach § 25 Abs. 3 AufenthG werden z.B. bei der Verfestigung nach § 26 Abs. 4 AufenthG und im Einbürgerungsverfahren angerechnet (§ 104 Abs. 9 Satz 2 AufenthG). Daher haben alle subsidiär Schutzberechtigten immer dann, wenn eine soziale Rechtsposition an den Besitz der Aufenthaltserlaubnis nach § 25 Abs. 2 AufenthG anknüpft, wie Flüchtlinge einen Rechtsanspruch auf diese Leistung (s. hierzu im Einzelnen § 3 Rdn. 92 ff.). Zugleich wird ihnen kraft Gesetzes die Erwerbstätigkeit gestattet (§ 25 Abs. 2 Satz 2 in Verb. mit Abs. 1 Satz 4 AufenthG). Dies beruht auf dem Ziel der Richtlinie 2011/95/EU, die Rechtsstellung subsidiär Schutzberechtigter nach Möglichkeit der Rechtsstellung von Flüchtlingen anzugleichen. Nach Art. 20 Abs. 2 gelten die Vorschriften der Art. 20 bis 34 RL 2011/95/EU grundsätzlich für beide Personengruppen, soweit nichts anderes bestimmt wird (Grundsatz der grundsätzlichen rechtlichen Gleichbehandlung). Nach § 12a AufenthG kann eine wohnsitzbeschränkende Auflage wie bei Flüchtlingen (§ 3 Rdn. 93) erlassen werden, wenn er, sein Ehegatte, oder minderjähriges Kind keine sozialversicherungspflichtige Beschäftigung mit einem Umfang von mindestens 15 Stunden aufgenommen hat. Demgegenüber ist eine derartige Auflage unzulässig, wenn damit eine angemessene Verteilung der mit der Gewährung von Sozialleistungen verbundenen Lasten erreicht werden soll und diese Auflage gegenüber anderen Drittstaatsanhörigen nicht erlassen wird (EuGH, NVwZ 2016, 445, 447 Rn. 56 ff. = InfAuslR 2016, 203). Da § 12a AufenthG diese Voraussetzung nicht erfüllt, ist er mit Unionsrecht nicht vereinbar.

Aus zahlreichen Bestimmungen der ursprünglichen Richtlinie folgte, dass das Schutzniveau der subsidiär Schutzberechtigten gegenüber den für Flüchtlinge geltenden Regelungen abgesenkt war (vgl. z.B. Art. 23 Abs. 2, 24 Abs. 2, 25 Abs. 2, 26 Abs. 3, 28 Abs. 2, 29 Abs. 2 und 33 Abs. 2 RL 2004/83/EG). Im Stockholmer Programm hatte der Europäische Rat wiederholt das Ziel betont, bis spätestens 2012 auf der Grundlage eines gemeinsamen Asylverfahrens und eines einheitlichen Status gemäß Art. 78 AEUV für Personen, denen der internationale Schutz gewährt wurde, einen gemeinsamen Raum des Schutzes und der Solidarität zu erreichen (Erwägungsgrund Nr. 9 RL 2011/95/EU). Daher sollen die in der Richtlinie 2004/83/EG zugrunde gelegten Prinzipien bestätigt werden und wird auf dieser Grundlage »eine stärkere Angleichung der Vorschriften zur Zuerkennung und zum Inhalt des Schutzes auf der Grundlage höheren Schutzes« angestrebt (Erwägungsgrund 10 RL 2011/95/EU). Insbesondere diesem Ziel diente die Überarbeitung und Neufassung der Qualifikationsrichtlinie durch die Änderungsrichtlinie 2011/95/EU. Dieses beruht auf der Einsicht, das zwischen den Mitgliedstaaten weiterhin beträchtliche Unterschiede bei der Gewährung von Schutz und den Formen dieses Schutzes bestehen. Deswegen hat der Europäische Rat gefordert, dass neue Initiativen ergriffen werden sollen, um die Einführung des im Haager Programm vom 04.11.2004 vorgesehenen Gemeinsamen Europäischen Asylsystems zu vollenden und ein höheres Schutzniveau zu bieten (Erwägungsgrund Nr. 9 RL 2011/95/EU). 80

81 Weiterhin bestehen aber erhebliche Unterschiede der Rechtsstellung subsidiär Schutzberechtigter im Vergleich zu Flüchtlingen. So hat der Gesetzgeber diese Gruppe nicht wie Flüchtlinge im Ausweisungsrecht durch das Verbot der Generalprävention (§ 53 Abs. 3 AufenthG) geschützt. Zu ihren Gunsten ist aber ein besonders schwerwiegendes Bleibeinteresse zu berücksichtigen (§ 55 Abs. 1 Nr. 4 AufenthG). Da Art. 24 RL 2011/95/EU in Abs. 1 und 2 für beide Personengruppen mit dem Hinweis auf »zwingende Gründe der nationalen Sicherheit oder öffentlichen Ordnung« identischen Schutz vor Ausweisung gewährt, ist § 55 Abs. 1 Nr. 4 AufenthG richtlinienkonform dahin auszulegen, dass auch subsidiär Schutzberechtigte nur aus spezialpräventiven Gründen ausgewiesen werden dürfen. Darüber hinaus ist ein »besonders hoher Schweregrad« festzustellen (EuGH, InfAuslR 2015, 357, 362 Rn. 90 f. - *H.T.*; § 3 Rdn. 92). Ferner finden die Erleichterungen des § 51 Abs. 7 AufenthG (§ 3 Rdn. 96 ff.) auf subsidiär Schutzberechtigte keine Anwendung. Dies ist darin begründet, dass § 11 GFK Anhang auf diese Personengruppe nicht anwendbar ist. Wie Flüchtlinge können sich subsidiär Schutzberechtigte aber auf die Mobilitätsregelungen der Daueraufenthaltsrichtlinie berufen (Art. 2 Buchst. f) RL 2011/51/EU). Aus den Gewährleistungen des Art. 28 Abs. 1, 32 Abs. 1 RL 2011/95/EU und dem dort verankerten *Inländergleichbehandlungsgrundsatz* folgt, dass gegen subsidiär Schutzberechtigte keine wohnsitzbeschränkenden Auflagen verfügt werden dürfen (Rdn. 79; OVG NW, Urt. v. 21.11.2013 – 18 A 1291/13; VG Meiningen, AuAS 2013, 74, 75; a.A. Nieders. OVG, AuAS 2014, 38, 39 f.).

82 Unklar ist auch, ob von subsidiär Schutzberechtigten in zumutbarer Weise erwartet werden kann, dass sie für die Erteilung der Aufenthaltserlaubnis den Besitz eines nationalen Passes nachweisen müssen Nach Art. 25 Abs. 2 RL 2011/95/EU ist subsidiär Schutzberechtigten, die keinen Pass erhalten können, Dokumente für Reisen außerhalb ihres Hoheitsgebiets auszustellen. Können sie keinen nationalen Pass erlangen, steht die Ausstellung eines Reisedokumentes grundsätzlich anders als nach Art. 25 Abs. 2 RL 2011/95/EU nicht mehr im Ermessen des Aufnahmemitgliedstaates. An die Voraussetzung der Unmöglichkeit der Passerlangung dürfen im Hinblick auf die besondere Situation subsidiär Schutzberechtigter keine zu hohen Anforderungen gestellt werden (*UNHCR*, Kommentar zur Richtlinie 2004/83/EG, S. 40). Unmöglich ist die Passerlangung, wenn es für den subsidiär Schutzberechtigten im Hinblick auf seine besondere humanitäre und familiäre Situation nicht zumutbar ist, einen Pass zu beantragen. Geht der ernsthafte Schaden auf gezielte Bedrohungen durch staatliche Behörden zurück oder befürchtet der Betroffene eine Gefährdung der im Herkunftsland lebenden Verwandten, wenn er die heimatliche Auslandsvertretung aufsucht, ist die Passbeantragung unzumutbar. Nach den Verwaltungsvorschriften wird in der Weigerung, einen Nationalpass vorzulegen, grundsätzlich ein gröblicher Verstoß gegen Mitwirkungspflichten gesehen (Nr. 25.3.2 AufenthG-VwV). Dieser Ausschlussgrund ist auf subsidiär Schutzberechtigte nicht anwendbar (Nr. 25.3.1 AufenthG-VwV), sodass für diese auch keine Passpflicht besteht. Nach der Rechtsprechung haben subsidiär Schutzberechtigte grundsätzlich einen Anspruch auf Ausstellung eines Reisedokuments nach § 5 AufenthV (VGH BW, Beschl. v. 30.05.2006 – 13 S 1310/04; VG Karlsruhe, EZAR NF 83 Nr. 7; a.A. VG Dresden, InfAuslR 2015, 298 (299), nur nach Ermessen; s. auch

VG Berlin, AuAS 2012 127, 129, Anspruch für Staatenlose). Die Verwaltungspraxis zum Erfordernis der Zumutbarkeit ist jedoch bislang nicht einheitlich.

Schließlich wird subsidiär Schutzberechtigten, die nach dem 16.03.2016 eine Aufenthaltserlaubnis nach § 25 Abs. 2 AufenthG erlangt haben, die Familienzusammenführung bis zum 16.03.2018 nicht erlaubt (§ 104 Abs. 13 AufenthG; Rdn. 2). Dagegen wurde der abgeleitete Status nach Art. 23 Abs. 2 RL 2011/95/EG auf subsidiär Schutzberechtigte erstreckt. Dem trägt § 26 Abs. 5 Rechnung. Diese Rechtslage hat zur Folge, dass Familienangehörige subsidiär Schutzberechtigter zwar denselben Status wie der Stammberechtigte, also auch eine Aufenthaltserlaubnis mit unbeschränktem Zugang zum Arbeitsmarkt erhalten, die Zusammenführung aber bis zum 18.03.2018 grundsätzlich von den allgemeinen Nachzugsvoraussetzungen abhängig ist. Die Ermessensregelung nach § 29 Abs. 2 Satz 1 AufenthG findet nämlich Anwendung. Andererseits wird die Familienzusammenführung aber unter den Vorbehalt »völkerrechtlicher oder humanitärer Gründe« gestellt (§ 29 Abs. 3 Satz 1 AufenthG). Überzeugend und unionsrechtlich gefordert ist dies nicht 83

E. Abschiebungsverbote nach § 60 Abs. 5 und 7 AufenthG

I. Funktion der nationalen Abschiebungsverbote

Im Rahmen eines Asylantrags entscheidet das Bundesamt auch über die nationalen Abschiebungsverbote (§ 24 Abs. 2, § 31 Abs. 3 Satz 1). Bei den Abschiebungsverboten wird in *zielstaatsbezogene Abschiebungsverbote* (§ 60 Abs. 5 und 7 AufenthG), bei denen wegen der Verhältnisse im Zielstaat eine Abschiebung aus rechtlichen Gründen unzulässig ist, und *inlandsbezogene Vollstreckungshemmnisse* (§ 60a Abs. 2 AufenthG), bei denen die Abschiebung als solche aus rechtlichen oder tatsächlichen Gründen unzulässig ist, differenziert. § 60 Abs. 5 AufenthG schließt die Refoulementverbote nach der EMRK ein. Nach § 60 Abs. 7 Satz 1 AufenthG wird ein Abschiebungsverbot festgestellt, wenn im Zielstaat für den Antragsteller eine erhebliche, konkrete Gefahr für Leib, Leben oder Freiheit besteht. Die Norm ist Auffangnorm für alle individuell-konkreten Gefahren, die nicht bereits in Abs. 1 Satz 2 und § 60 Abs. 5 AufenthG enthalten sind. Bedeutung hat dies insbesondere in Fällen, in denen im Zielstaat der Abschiebung kein bewaffneter Konflikt besteht und daher kein vorrangiger Schutz nach Abs. 1 Satz 2 Nr. 3 gewährt werden kann, die Abschiebung aber wegen einer erheblichen Gefahr unzulässig ist. Für gesundheitsbezogene Abschiebungsverbote enthält § 60 Abs. 7 Satz 2 AufenthG eine spezifische Regelung. 84

Bei den nationalen Abschiebungsverboten handelt es sich um einen einheitlichen und nicht weiter teilbaren Verfahrensgegenstand mit mehreren Anspruchsgrundlagen (§ 60 Abs. 5, Abs. 7 AufenthG). Dies entspricht der prozessualen Lage beim subsidiären Schutz. Daher ist eine Abschichtung einzelner nationaler Abschiebungsverbote unzulässig (BVerwGE 140, 319, 326 = NVwZ 2012, 240, 242 Rn. 17 = EZAR NF 69 Nr. 16; BVerwG, NVwZ 2012, 244, 245, Rn. 17). Nach gefestigter Rechtsprechung sind Abschiebungsverbote nachrangig gegenüber dem subsidiären Schutz (BVerwGE 134, 188, 190 f. Rn. 9 = EZAR 69 Nr. 7 = InfAuslR 2010, 404; BVerwG E 131, 198, 201 Rn. 11 ff. = EZAR 69 Nr. 7 = InfAuslR 2010, 404; BVerwGE 136, 360, 365 Rn. 16 f. = EZAR 69 Nr. 7 = InfAuslR 2010, 404; BVerwGE 137, 226, 85

229 Rn. 7 f. = InfAuslR 2010, 249; BVerwG, NVwZ 2012, 244, 245 Rn. 17; Hess. VGH, EZAR NF 66 Nr. 1, S. 4 f.; *Hoppe*, ZAR 2010, 164, 169; § 74 Rdn. 50 ff). Wegen der Sperrwirkung des § 60 Abs. 7 Satz 5 AufenthG besteht im Hinblick auf den vorrangigen Schutz nach Abs. 1 keine Schutzlücke, solange die Zuerkennung von subsidiären Schutz nicht ausgeschlossen ist. Es darf daher über den Antrag nach § 60 Abs. 7 AufenthG nicht entschieden werden (BVerwGE 140, 319, 326 = NVwZ 2012, 240, 241 Rn. 17 = EZAR NF 69 Nr. 11). Die während des gerichtlichen Verfahrens vollzogene Abschiebung führt nicht dazu, dass die gerichtliche Überprüfung, ob Abschiebungsverbote vorliegen, entfällt (VG Stuttgart, InfAuslR 2009, 175 = NVwZ-RR 2009, 353 [LS]).

II. Abschiebungsverbot nach § 60 Abs. 5 AufenthG

86 Der Gesetzgeber hat mit der deklaratorischen Verweisung auf die EMRK in § 60 Abs. 5 AufenthG auf unmittelbar aus der EMRK folgende Abschiebungsverbote verwiesen (BVerwGE 111, 223, 229 f. = NVwZ 2000, 1302, 1303 = InfAuslR 2000, 461; VGH BW, AuAS 2013, 118, 119). Im Ergebnis reduziert sich der Abschiebungsschutz nach der EMRK aber auf den Refoulementschutz nach Art. 3 EMRK. Die vom BVerwG erwähnten, aber an hohe Voraussetzungen geknüpften Abschiebungsverbote etwa aus Art. 6 und 9 EMRK (s. hierzu *Marx*, Handbuch zum Flüchtlingsschutz, 2. Aufl., 2012, S. 625 ff.; *Lehnert*, Asylmagazin 2012, S. 226) sind in der Praxis nicht relevant und werden hier nicht erörtert. Nach der Rechtsprechung können auf eine Bevölkerungsgruppe – wie z.B. nach Afghanistan zurückkehrende Familien mit Kindern – bezogene schlechte humanitäre Bedingungen eine unmenschliche oder erniedrigende Behandlung i.S.v. Art. 3 EMRK darstellen (BayVGH, InfAuslR 2015, 212, 213 f., zu Afghanistan; VGH BW, NVwZ-RR 2014, 73, zu Somalia; Rdn. 92). Zwar verweist Abs. 1 Satz 2 Nr. 2 der Sache nach wie § 60 Abs. 5 AufenthG auf Art. 3 EMRK. Greifen jedoch Ausschlussgründe (Abs. 2) ein und droht unmenschliche Behandlung im Zielstaat, wird das Abschiebungsverbot nach § 60 Abs. 5 AufenthG relevant. Dieses liegt vor, wenn die Voraussetzungen der Folter (Rdn. 25 ff.) oder einer unmenschlichen oder erniedrigenden Behandlung oder Bestrafung (Rdn. 32 ff.) geltend gemacht und nachgewiesen (Rdn. 39 ff.) werden. Auch wenn die Behörde den Flüchtlings- und subsidiären Schutz wegen Vorliegens von Ausschlussgründen (§ 3 Abs. 2, Abs. 4 Halbs. 2, § 4 Abs. 2) versagen will, muss sie völkerrechtlich anerkannte Refoulementverbote berücksichtigen (Art. 21 RL 2004/83/EG; s. hierzu *Marx*, Handbuch zum Flüchtlingsschutz, 2. Aufl. 2012, S. 424 ff.). Zwingende völkerrechtliche Vorgaben enthalten Art. 3 EMRK, Art. 3 Übereinkommen gegen Folter und Art. 7 IPbpR Auch wenn Ausschlussgründe eingreifen, ist eine Abschiebung, Zurückweisung oder Auslieferung in einen Staat, in dem Folter oder andere unmenschliche oder erniedrigende Behandlung oder Bestrafung drohen, völkerrechtlich (*McAdam*, IJRL 2005, 461, 494) und innerstaatlich nach § 60 Abs. 5 AufenthG untersagt (BVerfGE 75, 1, 16 f.). Art. 3 EMRK lässt anders als Art. 33 Abs. 2 GFK keine Ausnahme vom Refoulementverbot zu.

87 Der EGMR hat ausdrücklich und wiederholt festgestellt, dass der in Art. 3 EMRK gewährleistete Schutz vor Folter oder unmenschlicher oder erniedrigender Strafe

oder Behandlung ausnahmslos gilt. Der in Art. 3 EMRK gewährte Refoulementschutz ist umfassender als jener in Art. 33 GFK (EGMR, EZAR 933 Nr. 4 = InfAuslR 1997, 97 = NVwZ 1997, 1093 – *Chahal*; EGMR, InfAuslR 1997, 279, 281 = NVwZ 1997, 1100 = EZAR 933 Nr. 5 – *Ahmed*; EGMR, InfAuslR 2014, 15, 16 – *L.K.*). Der Refoulementschutz nach Art. 3 EMRK hat absoluten Charakter und steht nicht unter Terrorismusvorbehalt (EGMR, NVwZ 1992, 869, 870 – *Vilvarajah*; EGMR, InfAuslR 1997, 97, 101 = NVwZ 1997, 1093 – *Chahal*; EGMR, InfAuslR 1997, 279, 281 = NVwZ 1997, 1100 – *Ahmed*). Vielmehr hat der EGMR in seiner ausländerrechtlichen Rechtsprechung an seine traditionelle, bereits 1978 entwickelte Auffassung vom notstandsfesten Charakter des Folterverbots nach Art. 3 EMRK (EGMR, EuGRZ 1979, 149, 155 – *Nordirland*) angeknüpft und in gefestigter Rechtsprechung festgestellt, dass der aus dieser Norm herzuleitende Abschiebungsschutz absolut ist (EGMR, InfAuslR 1997, 97 = NVwZ 1997, 97, 99 – *Chahal*; EGMR, InfAuslR 1997, 279, 281 = NVwZ 1997, 1100 – *Ahmed*; EGMR, InfAuslR 2000, 321, 323 – *T.I.*). Der Gerichtshof hebt ausdrücklich die »immensen Schwierigkeiten« hervor, mit denen »sich Staaten in modernen Zeiten beim Schutz ihrer Gemeinschaften vor *terroristischer Gewalt* konfrontiert sehen«. Selbst aber unter diesen Umständen verbietet die »Konvention in absoluten Begriffen Folter, unmenschliche oder erniedrigende Behandlung oder Strafe, unabhängig vom Verhalten des Opfers« (EGMR, InfAuslR 1997, 97, 98 – *Chahal*; EGMR, InfAuslR 1997, 279, 281 – *Ahmed*; EGMR, NVwZ 2013, 631, 635 Rn. 195 – *El-Masri*; BVerwGE 109, 12, 24 = EZAR 200 Nr. 34 = InfAuslR 1999, 366 = NVwZ 1999, 1349; BVerwGE 132, 79, 94 = EZAR NF 68 Nr. 3). Die Große Kammer des EGMR hat mit deutlichen Worten den Versuch der britischen Regierung zurückgewiesen, den Schutz nach Art. 3 EMRK gegen staatliche Sicherheitsinteressen abzuwägen. Der Schutz gegen Folter und unmenschliche oder erniedrigende Strafe oder Behandlung sei absolut und begründe einen absoluten, durch keine Ausnahme durchbrochenen Schutz gegen Auslieferung und Abschiebung. Die Auffassung, die Risiken, die dem Betroffenen im Zielstaat drohten, könnten gegen seine Gefährlichkeit abgewogen werden, beruhe auf einem unzutreffenden Verständnis von Art. 3 EMRK. Die Begriffe »Gefahr« (für den Betroffenen) und »Gefährlichkeit« (für die Bevölkerung) könnten nicht gegeneinander abgewogen werden, weil beide unabhängig voneinander festgestellt werden müssten. Die Gefahr, dass der Betroffene eine Gefahr für die Allgemeinheit darstelle, reduziere nicht in irgendeiner Weise das ihm drohende Risiko im Zielstaat. Ebenso wenig hat der EGMR den zweiten Einwand der britischen Regierung akzeptiert, dass bei Gefährdungen der Allgemeinheit die Prüfung des konkreten Risikos, nach der Abschiebung einer Art. 3 EMRK zuwiderlaufenden Behandlung ausgesetzt zu werden, weniger streng ausfallen könnte, wenn die Allgemeinheit durch den Betroffenen gefährdet sei. Eine derartige Verfahrensweise sei unvereinbar mit der absoluten Schutzwirkung von Art. 3 EMRK. Daher erklärte die Große Kammer ausdrücklich, dass sie keinen Grund dafür sehe, den maßgeblichen Beweisstandard zu ändern (EGMR, NVwZ 2008, 1330, 1332 Rn. 138 bis 140 – *Saadi*; EGMR NVwZ 2012, 159, 160 Rn. 47 – *Toumi*; EGMR, NVwZ 2013, 925, 927 Rn. 172 – *Ahmad*).

Diplomatische Zusicherungen befreien die Behörden nicht von der sorgfälti- **88**
gen und notwendigerweise strengen Prüfung, ob sie im konkreten Einzelfall in

ihrer tatsächlichen Anwendung wirksame Garantien gegen die Folteranwendung gewährleisten (EGMR, NVwZ 2008, 1330, 1331 Rn. 147 f. – *Saadi*; EGMR, NVwZ 2012, 1159, 1360 Rn. 53 – *Toumi*; Human Rights Committee, Netherlands Quaterly of Human Rights, 2007, 293 – *Alzery*), können aber, wenn ihre Einhaltung aufgrund verlässlicher Tatsachen feststeht, genügen. Das Gewicht diplomatischer Zusicherungen hängt in jedem Einzelfall von den im Zielstaat der Abschiebung zur maßgebenden Zeit herrschenden Verhältnissen und davon ab, ob die allgemeine Menschenrechtslage ausschließt, solche Zusagen zu berücksichtigen (EGMR, NVwZ 20 13, 487, 491 Rn. 218 ff. – *Abu Qatada*). Der EGMR überprüft auch das reale Risiko der Weiterschiebung durch den Zielstaat in das Herkunftsland (EGMR, InfAuslR 2010, 47, 48 – *Abdolkhani* und *Karimnia*; EGMR, NVWZ 2011, 413 = InfAuslR 2011, 221 = EZAR NF 65 Nr. 6 – *M.S.S.*).

III. Abschiebungsverbot nach § 60 Abs. 7 AufenthG

1. Voraussetzungen des Abschiebungsverbots nach § 60 Abs. 7 Satz 1 AufenthG

89 Nach § 60 Abs. 7 Satz 1 AufenthG müssen die Rechtgüter Leib, Leben oder persönliche Freiheit gefährdet sein. Der Begriff Leben umfasst zugleich auch die »Leibesgefährdung«. Die relevanten Bedrohungsfaktoren lassen zumeist keine hinreichend zuverlässigen Schlussfolgerungen zu, ob durch diese lediglich die körperliche wie seelische Unversehrtheit oder darüber hinaus auch das Leben betroffen ist. Auch wenn im Einzelfall das Rechtsgut Leben nicht berührt wird, kann aus prognoserechtlicher Sicht eine Bedrohung der Unversehrtheit nicht von vornherein ausgeschlossen werden. Im Rahmen der Prognoseprüfung lässt sich zumeist gar nicht vorhersehen, ob aufgrund der festgestellten Tatsachen Lebensgefahren drohen oder lediglich die körperliche oder geistige Unversehrtheit bedroht ist. Der Begriff »Leib« verweist auf Beeinträchtigungen der körperlichen oder seelischen Unversehrtheit, also auf Folter und Misshandlungen Rdn. 25 ff., 32 ff.). »Leibesgefährdungen« sind insbesondere gesundheitliche Gefahren, die in § 60 Abs. 7 Satz 2 AufenthG geregelt werden. Dem Erfordernis der »Erheblichkeit« in § 60 Abs. 7 Satz 1 AufenthG kommt eine materielle Funktion zu, d.h. es zielt auf den Umfang des Bedrohungserfolges. Die Bedrohung der Rechtsgüter Leib, Leben oder Freiheit ist in unterschiedlichen Abstufungen möglich. Die Bedrohung des Rechtsgutes Leben ist allerdings keiner Abstufung zugänglich. Das Leben ist entweder bedroht oder nicht. Dagegen sind Bedrohungen der Rechtsgüter Leib und Leben in unterschiedlicher Intensität möglich. Nicht jede geringfügige Bedrohung der körperlichen oder seelischen Unversehrtheit oder der Freiheit der Person, sondern nur erhebliche Gefahren sollen den Schutz nach § 60 Abs. 7 Satz 1 AufenthG begründen. Es bedarf eines nicht unerheblichen Umfangs der Verletzung der bezeichneten Rechtsgüter. Da die Feststellung Prognosetatsachen betreffen und Grundlage prognostischer Einschätzungen sind, kann eine präzise Abstufung des Bedrohungserfolges nicht verlangt werden. Es reicht die ernsthafte Möglichkeit aus, dass Leib, Leben oder Freiheit erheblich gefährdet sind.

90 Nach § 60 Abs. 7 Satz 1 AufenthG muss die Gefahr »für diesen Ausländer« bestehen. Die Gefahr muss individualisierbar sein. Letztlich geht es um die sachgerechte prognoserechtliche Einschätzung, ob die aufgezeigten, festgestellten oder sonstwie erkennbaren

Gefahren dem Antragsteller persönlich drohen. Eine Gefahrenquelle kann gleichzeitig die bezeichneten Rechtsgüter einer Vielzahl von Personen oder aller Angehörigen der Bevölkerung bzw. Bevölkerungsgruppe bedrohen und damit für jeden Einzelnen aus dieser Gruppe eine konkrete, individuelle Gefahr darstellen. In diesem Fall findet indes die Sperrwirkung nach § 60 Abs. 7 Satz 5 AufenthG Anwendung (Rdn. 91 f.). Letztlich geht es stets um eine prognoserechtliche Bewertung, ob aufgrund des Charakters, der Intensität sowie des Umfangs derart allgemeiner Gefahren die ernsthafte Möglichkeit besteht, dass diese auch für den Antragsteller drohen. Stets ist festzustellen, welche Gefährdungsmomente im Einzelnen für die Anwendung des Begriffs der konkreten Gefahr herangezogen werden können. Sind diese Folge der Praxis willkürlicher Gewalt im Rahmen eines bewaffneten Konfliktes, findet nicht § 60 Abs. 7 Satz 1 AufenthG, sondern vorrangig Abs. 1 Satz 2 Nr. 3 Anwendung (Rdn. 47 ff.). Erscheint die allgemeine Gefahr nicht als Ausdruck eines bewaffneten Konfliktes und hat sie für den Einzelnen eine Gefahr für Leib, Leben oder Freiheit zur Folge, ist das Abschiebungsverbot nach § 60 Abs. 7 Satz 1 AufenthG zu gewähren. Nach § 60 Abs. 7 Satz 5 AufenthG greift in diesem Fall aber eine verfahrensrechtliche Sperrwirkung ein.

2. Krankheitsbedingte Abschiebungsverbote (§ 60 Abs. 7 Satz 2 bis 4 AufenthG)

Den Hauptanwendungsbereich des § 60 Abs. 7 AufenthG a.F. bildeten seit 1997 91 krankheitsbedingte Abschiebungsverbote. Nach § 60 Abs. 7 Satz 2 AufenthG liegt eine erhebliche konkrete Gefahr aus gesundheitlichen Gründen nur bei »*lebensbedrohlichen* oder *schwerwiegenden Erkrankungen*« vor, die sich durch die Abschiebung *wesentlich verschlechtern* würden. Begründet wird die erstmalige gesetzliche Regelung krankheitsbedingter Abschiebungshindernisse damit, dass insbesondere schwer diagnostizier- und überprüfbare Erkrankungen psychischer Art sehr häufig als Abschiebungshindernis geltend gemacht würden, jedoch lediglich lebensbedrohende und schwerwiegende Erkrankungen, die sich durch die Abschiebung wesentlich verschlechtern würden, die Abschiebung hindern. Damit werde klargestellt, dass nur »äußerst gravierende Erkrankungen« eine erhebliche konkrete Gefahr für Leib und Leben nach § 60 Abs. 7 Satz 1 AufenthG darstellten. Dies könne hingegen nicht in Fällen von Posttraumatischen Belastungsstörungen (PTBS) angenommen werden, es sei denn, die Abschiebung führe zu einer wesentlichen Gesundheitsgefährdung bis hin zur Selbstgefährdung (BT-Drucks. 18/7538, S. 18). Die Voraussetzungen sind alternativer Art, d.h. die Erkrankung muss nicht lebensbedrohlich, kann aber schwerwiegend sein. Umgekehrt ist eine lebensbedrohliche Krankheit stets schwerwiegend. Die gesetzliche Formulierung ist ungenau. Nach einer bloßen Wortlautauslegung muss bereits eine schwerwiegende Erkrankung bestehen, die sich durch die Abschiebung wesentlich verschlechtern würde. Es gibt keine zuverlässigen diagnostischen Kriterien für die Bewertung, dass eine bereits schwerwiegende und damit erheblich verschlechterte Gesundheitssituation sich zusätzlich erheblich verschlechtert wird. Eine schwerwiegende Erkrankung stellt bereits als solche eine wesentlich Verschlechterung des Krankheitsbildes dar. Steigerungen dieses Zustandes lassen sich kaum zuverlässig bewerten und diagnostizieren. Ob eine PTBS medikamentös behandelt werden kann, ist eine medizinische Fachfrage, für deren Beurteilung dem Bundesamt und den Verwaltungsgerichten die erforderliche Sachkunde fehlt. Es wird daher stets eine Beweisaufnahme durch Einholung eines medizinischen

Gutachtens erforderlich sein. Wie bereits in der Rechtsprechung entwickelt, muss die medizinische Versorgung im Zielstaat nicht mit der im Bundesgebiet vergleichbar sein (§ 60 Abs. 7 Satz 3 AufenthG). Im Gutachten bzw. der ärztlichen Stellungnahme sind aber Ausführungen dazu notwendig, ob allein die Einnahme von Medikamenten die schwerwiegende Verschlechterung der Krankheit verhindern kann. Wird dies verneint, liegt ein Abschiebungshindernis vor. Nach § 60 Abs. 7 Satz 4 AufenthG liegt in der Regel eine ausreichende medizinische Versorgung vor, wenn diese nur in einem Teil des Zielstaates gewährleistet ist. Dazu ist es aber erforderlich, dass der Betroffene über ausreichende Geldmittel verfügt, um sich in diesen Teil zu begeben und die ärztliche Versorgung zu finanzieren.

92 Die medizinischen Abschiebungshindernisse wurden zunächst in der Rechtsprechung des EGMR entwickelt. Danach erscheint bei einer schwerwiegenden Erkrankung die Abschiebung dann als unmenschliche Behandlung im Sinne von Art. 3 EMRK, wenn diese dem Betroffenen einem konkreten Risiko aussetzt, dass er unter den denkbar schmerzhaftesten Umständen sterben würde (EGMR, EZAR 933 Nr. 6 = NVwZ 1998, 163 = InfAuslR 1997, 381, 383 Rn. 52 f. – *D. v. UK*; bestätigt durch EGMR [Große Kammer], HRLJ 2008, 289, 295 = NVwZ 2008, 1334 Rn. 42 – *N. v. UK.*; EGMR, InfAuslR 2014, 15, 17 Rn. 85 – *I.K.*; OVG Sachsen, AuAS 2008, 129, 130). Sind diese Voraussetzungen erfüllt, liegt ein ernsthafter Schaden im Sinne des § 4 Abs. 1 Satz 2 Nr. 2 vor, da dieser begrifflich mit Art. 3 EMRK identisch und deshalb subsidiärer Schutz zu gewähren ist. Würden für das nationale Abschiebungsverbot nach § 60 Abs. 7 Satz 2 AufenthG ebensolche hohen Voraussetzungen gefordert, wären die Regelung überflüssig, weil dasselbe wie bereits im System des subsidiären Schutzes gemäß § 4 Abs. 1 Satz 2 geregelt würde. Es kann dem Gesetzgeber aber nicht unterstellt werden, dass er überflüssige Regelungen ins Gesetz einfügen wollte. Also setzt der Begriff der »schwerwiegenden« weit unterhalb des Stadiums der »lebensbedrohlichen« Erkrankung an.

93 Zwar hat der EuGH hat festgestellt, dass der subsidiäre Schutz nach Art. 15 Buchst. b) RL 2011/95/EU nicht zuerkannt werden kann, wenn das Fehlen einer angemessenen Behandlung nicht darauf zurückgeführt werden kann, dass die medizinische Versorgung nicht absichtlich verweigert wird, es dem Mitgliedstaaten andererseits aber nicht verwehrt, wenn sie nach ihrem nationalen Recht in diesem Fall Schutz gewähren (EuGH, NVwZ 2015, 158, 160 Rn. 46 = InfAuslR 2015, 119 – *Bodj*). Anders als der EGMR für Art. 3 EMRK fordert danach der EuGH für den Begriff der Folter oder unmenschlichen Behandlung eine absichtliche Handlung. Liegt diese vor und ist die Erkrankung lebensbedrohlich, ist subsidiärer Schutz zu gewähren. Hat die schwerwiegende Verschlechterung der Erkrankung ihre Ursache im Fehlen zureichender medizinischer Versorgung im Herkunftsland, findet § 60 Abs. 7 Satz 2 AufenthG Anwendung. Für die Auslegung und Anwendung der Vorschrift kommt es zunächst auf die Feststellung einer schwerwiegenden Krankheit an. Das allein reicht jedoch nicht aus. Vielmehr ist anschließend zu prüfen, ob als Folge der Abschiebung eine »wesentliche oder gar lebensbedrohende Gesundheitsgefährdung« droht (BVerwGE 105, 383, 386 f. = NVwZ 1998, 524 = EZAR 043 Nr. 27 = InfAuslR 1998, 189). In diesem Fall stehen Art. 5 und 13 RL 2008/115/EG einer nationalen Rechtspraxis entgegen, die einem Rechtsbehelf, der gegen eine aufenthaltsbeendende Entscheidung

gegen einen an einer schweren Krankheit leidenden Betroffenen eingelegt wird, keine aufschiebende Wirkung verleihen, wenn die Vollstreckung dieser Entscheidung den Betroffenen einer ernsthaften Gefahr der schweren und irreversiblen Verschlechterung seines Gesundheitszustands aussetzen könnte. Voraussetzung ist hierbei, dass die im Rahmen des Möglichen erfolgende Befriedigung der Grundbedürfnisse des Betroffenen mit dem Ziel, die medizinische Notversorgung und die unbedingt erforderliche Behandlung von Krankheiten innerhalb der Fristen, während deren die Abschiebung infolge des eingelegten Rechtsbehelfs aufzuschieben ist, tatsächlich nicht gewährleistet ist (EuGH, NVwZ- 2015, 155, 157 Rn. 50 = InfAuslR 2015, 116 – *Abdida*).

Der für die Anwendung des Abschiebungsverbotes maßgebende Krankheitsbegriff ist *zielstaatsbezogen*. Verschlechterungen der Krankheit, die als Folge des Vollzugs selbst drohen, werden als »*inlandsbezogene* Vollstreckungshemmnisse« behandelt, die nach § 60a Abs. 2 b AufenthG erfasst werden und von der Ausländerbehörde zu prüfen sind (BVerwGE 105, 383, 386 f.; BVerwG, EZAR 043 Nr. 40; BVerwG, NVwZ-Beil. 2003, 53, 54; so auch BVerfG [Kammer], NVwZ-Beil. 1996, 73, 73 f. = InfAuslR 1996, 342 = EZAR 043 Nr. 17 = AuAS 1996, 209; BVerfG [Kammer], InfAuslR 1998, 241, 242). Auch bei psychischen Erkrankungen wird in zielstaatsbezogene Abschiebungsverbote und inlandsbezogene Vollstreckungshemmnisse differenziert. Der Wortlaut von § 60 Abs. 7 Satz 1 AufenthG erfordert eine zielstaatsbezogene Betrachtungsweise. Die Zielstaatsbezogenheit zielt auf die Frage im Abschiebezielstaat verfügbarer psychotherapeutischer und psychiatrischer Möglichkeiten der Behandlung und auf die besondere psychische Dynamik der Erkrankung insbesondere bei chronischen Krankheitsverläufen: Dass die Folgen einer Ortsveränderung in die Umgebung, in der die objektiven Gründe der psychischen Erkrankung ihren territorialen Ort haben und deshalb eine Verschärfung der Erkrankung oder gar eine *Retraumatisierung* bei der Rückkehr drohen kann, wird jedoch häufig nicht anerkannt. Vielmehr muss belegt werden, dass wegen der Konfrontation mit den örtlichen Verhältnissen eine wesentliche Verschärfung der Erkrankung, etwa in Form einer Retraumatisierung, unmittelbar bevorsteht. Das kann bei einer psychischen Erkrankung jedoch nicht stets, gleichsam zwangsläufig, unterstellt werden. 94

Gesundheitsgefährdungen erschließen sich erst aus der Komplexität des psychischen Krankheitsbegriffs. Welche Folgen im Abschiebezielstaat eintreten, kann nur dann sachgerecht beantwortet werden, wenn der juristischen Entscheidung Umfang, Inhalt und Reichweite des psychischen Krankheitsbegriffs zugrunde gelegt und anhand dessen die ermittelten Tatsachen bewertet werden. Dabei beschreibt das im Zentrum stehende rein deskriptive System der *posttraumatischen Belastungsstörung* nur einen Ausschnitt möglicher Störungsbilder. Es wird insbesondere dem Prozesscharakter psychischer Verletzungs- und Kompensationsprozesse nicht gerecht. Aus klinischer Sicht sind nicht nur Personen, die an einem Störungsbild infolge einer Traumatisierung im Herkunftsland leiden (*Gefahr der akuten Reaktualisierung*), sondern auch Personen mit psychosenahen Störungen (*Gefahr des Realitätsverlustes* und der *psychotischen Dekompensation*), Personen mit schweren Depressionen (Psychodynamik der Autoaggression) und Personen mit schweren Persönlichkeitsstörungen und deutlich herabgesetzter Stressresistenz (Gefahr des Impulsdurchbruchs mit Eigen- oder Fremdgefährdung) besonders gefährdet. 95

96 Für die zielstaatsbezogene Betrachtungsweise von § 60 Abs. 7 Satz 2 AufenthG kommt es auf einen Vergleich der Behandlungssituation im Abschiebezielstaat mit der im Bundesgebiet an. Soweit die örtlichen Behandlungsmöglichkeiten zu bewerten sind, muss der Antragsteller sich nach § 60 Abs. 7 Satz 3 AufenthG auch bei einer psychischen Erkrankung wie bei allen anderen Gesundheitsstörungen grundsätzlich auf den in medizinischer und therapeutischer Hinsicht allgemein üblichen Standard im Herkunftsland verweisen lassen. Zudem ist auch die Erbringung zumutbarer familiärer Unterstützungsmaßnahmen jedenfalls im Rahmen der dort üblichen Gepflogenheiten gewöhnlicherweise zu erwarten (OVG NW, NVwZ-RR 2005. 359). Das BVerwG hat klargestellt, dass seine Rechtsprechung nicht nur den Fall erfasst, in dem aufgrund unzureichender Behandlungsmöglichkeiten im Herkunftsland eine wesentliche Verschlimmerung der Krankheit droht. Vielmehr könne sich ein zielstaatsbezogenes Abschiebungsverbot darüber hinaus trotz an sich verfügbarer medikamentöser und ärztlicher Behandlung auch aus sonstigen Umständen im Zielstaat ergeben, die dazu führten, dass der Betroffene diese medizinische Versorgung tatsächlich nicht erlangen könne. Eine zielstaatsbezogene Gefahr für Leib und Leben bestehe auch dann, wenn die notwendige Behandlung oder Medikation zwar allgemein verfügbar, dem Betroffenen indes aus finanziellen oder sonstigen Gründen nicht zugänglich sei. Fehle diesem etwa die Einsichtsfähigkeit in die Behandlungsbedürftigkeit seiner Krankheit und bedürfe er daher der Überwachung durch Bezugspersonen, sei aber eine Überwachung einer erforderlichen medikamentösen oder ärztlichen Behandlung durch eine austauschbare Bezugsperson oder Betreuungseinrichtung im Herkunftsland auch bei entsprechender Ausgestaltung der Abschiebung voraussichtlich nicht gewährleistet, gehöre dieser Umstand zu den zielstaatsbezogenen Verhältnissen (BVerwG, NVwZ-Beil. 2003, 53, 54 = AuAS 2003, 106). Unter diesen Voraussetzungen liegt ein Ausnahmetatbestand vor und wird die Regel des § 60 Abs. 7 Satz 4 AufenthG durchbrochen.

97 In diesem Zusammenhang sind heilberufliche Vorstellungen über die gebotene Behandlung zu berücksichtigen. Ferner sind die Folgen einer Ortsveränderung durch Behandlungsabbruch oder -unterbrechung und eine möglicherweise drohende Retraumatisierung zu berücksichtigen. Beim Vergleich der Situation im Bundesgebiet mit der im Abschiebezielstaat darf der Blick nicht ausschließlich auf existenzielle Bedrohungen verengt, sondern müssen die aus fachärztlicher Sicht bezeichneten Behandlungserfordernisse in die Prognose eingestellt werden. Dabei sind auch die familiären Betreuungsverhältnisse im Herkunftsland zu berücksichtigen. Sind diese nicht oder nicht im erforderlichen Umfang so wie im Bundesgebiet vorhanden, kann eine wesentliche Gesundheitsverschlechterung eintreten (OVG NW, EZAR 51 Nr. 3). Die individualbezogene Bewertung einer erheblichen Gefahr gebietet nicht zwingend eine Reduzierung des Blickfelds auf existenzbedrohende Krankheitsfolgen. Es muss vielmehr eine schwerwiegende Gesundheitsgefährdung dargelegt werden. Dieser materielle Maßstab liegt jedoch weit unterhalb der Schwelle existenzbedrohender Gefährdungen.

98 Das BVerwG hatte zunächst auch bei einer durch Krankheit bedingten Gefahr eine »extreme individuelle Gefahrensituation« und damit eine »Gefährdung mit dieser besonderen Intensität« verlangt (BVerwGE 122, 103, 108 = NVwZ 2005, 462 = InfAuslR 2005, 120). Die anschließend entwickelte Rechtsprechung verlangt hingegen keinen

erhöhten Gefahrengrad. Vielmehr muss die befürchtete Verschlimmerung gesundheitlicher Beeinträchtigungen als Folge fehlender Behandlungsmöglichkeiten im Zielstaat zu einer »erheblichen Gesundheitsgefahr« führen. Ausdrücklich stellt das BVerwG klar, dass es eine (erhöhte) »existenzielle« oder »extreme« Gefahr, die den Betroffenen im Fall seiner Abschiebung gleichsam sehenden Auges dem Tod oder schwersten Verletzungen ausliefern würde, nur bei verfassungskonformer Durchbrechung der verfahrensrechtlichen Sperrwirkung (§ 60 Abs. 7 Satz 5 AufenthG) gefordert habe. Die Gefahr, dass sich eine Erkrankung aufgrund der Verhältnisse im Zielstaat der Abschiebung verschlimmere, sei in der Regel als individuelle Gefahr einzustufen, die am Maßstab von § 60 Abs. 7 Satz 1 AufenthG a.F. in direkter Anwendung zu prüfen sei (BVerwGE 127, 33, 36 = EZAR 51 Nr. 16 = AuAS 2007, 30, 31; Nieders.OVG, AuAS 2009, 160, 161). Einschränkend hat das BVerwG aber festgestellt, eine Gesundheitsgefährdung aufgrund zielstaatsbedingter unzureichender Versorgungslage sei ausnahmsweise dann als allgemeine Gefahr oder Gruppengefahr im Sinne von § 60 Abs. 7 Satz 3 AufenthG a.F. zu qualifizieren, wenn es – etwa bei Aids – um eine große Anzahl Betroffener im Zielstaat gehe und deshalb ein Bedürfnis für eine ausländerpolitische Leitentscheidung nach § 60a Abs. 1 Satz 1 AufenthG bestehe (BVerwGE 127, 33, 36 f. = EZAR 51 Nr. 16 = AuAS 2007, 30, 31). Es muss daher zwischen dem singulären Charakter einer Erkrankung und einer Erkrankung, die »eine große Anzahl Betroffener« erfasst, differenziert werden. Letzteres kann nur ausnahmsweise angenommen werden. Wird dem Betroffenen jedoch im Herkunftsland seiner Ehefrau im Blick auf seine HIV-Infizierung ein rechtmäßiger Aufenthalt verweigert, läuft dies Art. 14 i.V.m. Art. 8 EMRK zuwider (EGMR, NVwZ 2012, 221, 226 Rn. 74 – *Kiyutin v. Russische Föderation*).

Für den Nachweis einer psychischen Erkrankung ist zwischen einem Gutachten, das 99
auf einem ausdrücklichen gerichtlichen oder behördlichen Gutachtenauftrag beruht, und einem auf Bitten des Antragstellers erstellten ärztlichen Attest oder einer ärztlichen Stellungnahme bzw. einem Privatgutachten zu unterscheiden. Für die Geltendmachung einer psychischen Erkrankung im Rahmen der Antragstellung reicht ein Attest oder eine Stellungnahme aus. Die Stellungnahme soll die Behauptungen des Antragstellers über eine psychische Erkrankung stützen und deshalb in nachvollziehbarer Weise Aussagen zum Charakter wie auch zur Ursache der psychischen Erkrankung, zum Umfang der Behandlungsbedürftigkeit sowie auch zu den Folgen enthalten, die im Fall des Abbruchs der Behandlung eintreten können (s. hierzu im Einzelnen Vor § 78 Rdn. 145 ff.).

Die Rechtsprechung geht davon aus, dass durch eine wirksame *Nachsorge* der Wegfall der 100
Gefahrenlage bewirkt werden kann, wenn die tatsächliche Behandlung des Antragstellers vor Ort sichergestellt und finanziert wird (Nieders. OVG, AuAS 2009, 160, 162; VG Braunschweig, AuAS 2005, 137; VG Göttingen, NVwZ-RR 2004, 536). Die von der Behörde in diesem Zusammenhang ergriffenen oder zugesagten Maßnahmen müssen so konkret und Erfolg versprechend sein, dass sie eine Unterbrechung des Kausalverlaufs erwarten lassen, der ansonsten alsbald zu einer erheblichen Gesundheitsverschlechterung führen wird. Nicht ausreichend ist es hingegen, wenn alternativ verschiedene Maßnahmen zugesagt werden, deren Erfolgsaussichten ungeprüft sind, oder wenn diese Maßnahmen lediglich geeignet erscheinen, das ansonsten zu erwartende Geschehen um eine Zeitspanne hinauszuschieben, die einer dann eintretenden

Aktualisierung der Gefahr nicht die zeitliche Nähe zum Abschiebungsakt nähme (VG Braunschweig, NVwZ-RR 2004, 300).

101 Die gebotene Nachsorge kann nicht lediglich auf die Gewährleistung des Übergangs in Form einer Erstbetreuung beschränkt bleiben. Vielmehr entfällt ein zielstaatsbezogenes Abschiebungshindernis nur dann, wenn die erforderliche weiter reichende und auf Dauer angelegte medizinische Versorgung sichergestellt ist (OVG Rh-Pf, NVwZ-Beil. 2004, 11, 13; s. auch BVerwGE 127, 33, 41 = EZAR 51 Nr. 16 = AuAS 2007, 30, 31). Es darf also nicht nur eine zeitnahe medizinische Versorgung in den Blick genommen werden. Die Sicherstellung einer medizinischen Versorgung lediglich für einen Zeitraum von zwei Monaten nach der Abschiebung ist regelmäßig nicht ausreichend (OVG Rh-Pf, NVwZ-Beil. 2004, 11, 13; a.A. BayVGH, NVwZ-Beil. 2004, 14, 15), die finanzielle Übernahme der medizinischen Versorgung für drei Monate ist ausreichend). Bei psychischen Erkrankungen ist ein bedeutend längerer Zeitraum in die Bewertung einzustellen. Bei schweren Herzfehlern, die regelmäßige ambulante kardiologische Kontrollen im Abstand von zwei Wochen bis zwei Monaten und im Alltag eine umfassende Betreuung und Überwachung erforderlich machen, kann diese Vorsorge nicht erbracht werden. Selbst wenn entsprechende behördliche Vorkehrungen getroffen werden, können sie lediglich der Gewährleistung des Übergangs des Rückkehrers in eine Erstbetreuung, nicht aber der Sicherstellung der von diesem benötigten weiter reichenden und auf Dauer angelegten medizinischen Versorgung dienen, auch wenn sie zeitnah nach der Rückkehr einsetzt (OVG Rh-Pf, NVwZ-Beil. 2004, 11, 13). § 60 Abs. 7 Satz 4 AufenthG ist im Sinne von § 3e auszulegen und anzuwenden. Der Verweis auf andere Teile des Zielstaates ist daher nur zulässig, wenn der Betroffene Zugang zu diesem hat, dort aufgenommen wird und vernünftigerweise erwartet werden kann, dass er sich dort niederlässt. Für die Bewertung dieser Frage sind sowohl die allgemeinen Verhältnisse in diesem Landesteil wie auch die individuellen Umstände, etwa Gebrechlichkeit zusätzlich zur Krankheit, hohes Alter, fehlende finanzielle Mittel für die medizinische Versorgung, zu berücksichtigen.

3. Förmliches Auslieferungsersuchen (§ 60 Abs. 4 AufenthG)

102 Liegt ein förmliches Auslieferungsersuchen oder ein mit der Ankündigung eines Auslieferungsersuchen verbundenes Festnahmeersuchens eines anderen Staates vor, darf der Betroffene bis zur Entscheidung über die Auslieferung nur mit Zustimmung des Bundesamtes der Justiz (§ 74 IRG) in diesen Staat abgeschoben werden (§ 60 Abs. 4 AufenthG). Über den späteren Eintritt und Wegfall der Voraussetzungen des § 60 Abs. 4 AufenthG entscheidet die Ausländerbehörde, ohne dass es einer Aufhebung der Entscheidung des Bundesamts bedarf (§ 42 Satz 2 AsylG). Eine Entscheidung des OLG, die Auslieferung für unzulässig zu erklären, entfaltet zwar keine formelle Bindungswirkung für die Ausländerbehörde. Es schlägt jedoch auf eine ausländerrechtliche Entscheidung durch, wenn materielle Auslieferungshindernisse angenommen werden. Faktisch entsteht dadurch eine Bindungswirkung. Eine Abschiebung ist danach der Sache nach ausgeschlossen, wenn im Auslieferungsverfahren Tatsachen festgestellt wurden, die ein Abschiebungsverbot begründen und ausschließlich das Herkunftsland als Abschiebungszielstaat in Betracht kommt (VG Frankfurt/Oder, Asylmagazin 2013, 298).

IV. Rechtsstellung

103 Im Allgemeinen wird den Antragstellern, die die Voraussetzungen eines nationalen Abschiebungsverbotes erfüllen, eine Aufenthaltserlaubnis nach § 25 Abs. 3 Satz 1 AufenthG erteilt. Es handelt sich um einen *Sollanspruch*. Die Beschäftigungserlaubnis wird *nach drei Jahren ununterbrochenen Aufenthalts im Bundesgebiet* ohne Zustimmung der Bundesagentur für Arbeit erteilt (§ 31 BeschV). Nach § 25 Abs. 3 Satz 2 Alt. 2 steht der Sollanspruch wie Abs. 2 (Rdn. 73 ff.) unter dem Vorbehalt, dass keine Ausschlussgründe vorliegen. Beide Normen sind identisch. Das ist darin begründet, dass der subsidiäre Schutz früher in § 60 Abs. 2, 3 und 7 Satz 2 AufenthG a.F. geregelt war und den Sollanspruch nach § 25 Abs. 3 Satz 1 AufenthG vermittelte. Dieser mit Art. 24 Abs. 2 RL 2011/95/EU nicht vereinbare Sollanspruch, der nunmehr als Anspruch nach § 25 Abs. 2 AufenthG geregelt ist, stand unter dem Vorbehalt von § 25 Abs. 3 Satz 2 Alt. 2 AufenthG, der Art. 14 Abs. 4 RL 2011/95/EU umsetzte. Die Neustrukturierung des subsidiären Schutzes in § 1 Abs. 1 Nr. 2 im Jahr 2013 hat dazu geführt, dass der Vorbehalt in § 25 Abs. 3 Satz Alt. 2 AufenthG in Abs. 2 übernommen wurde. 25 Abs. 3 Satz 2 Alt. 2 AufenthG wurde nicht geändert. Auch die nationalen Abschiebungsverbote stehen daher unter dem Vorbehalt des Art. 14 Abs. 4 RL 2011/95/EU

104 Art. 14 Abs. 6 RL 2011/95/EU vermittelt Flüchtlingen, die keinen Flüchtlingsstatus erhalten (Art. 14 Abs. 4 RL 2011/95/EU), Anspruch auf einige Rechte nach der Konvention (ausf. *Marx*, Handbuch zum Flüchtlingsschutz, 2. Aufl., 2012, S. 489 f.), die keinen rechtmäßigen Aufenthalt voraussetzen. Die Vorbehaltsklausel weist darauf hin, dass der Genuss dieser Konventionsrechte vom Aufenthalt des Flüchtlings im Aufnahmemitgliedstaat abhängig ist. Werden nach Aufhebung des Flüchtlingsstatus aufenthaltsbeendende Maßnahmen vollzogen, kommt es nicht zur Anwendung der Norm. Auf diese werden nur die Flüchtlinge verwiesen, die unter die Ausschlussklauseln des § 3 Abs. 2, Abs. 4 Halbs. 2 fallen, aber wegen Art. 3 EMRK nicht in ihr Herkunftsland und mangels Aufnahmebereitschaft eines dritten Staates – wie zumeist in derartigen Fällen – nicht in einen anderen Staat abgeschoben werden können. Art. 14 Abs. 6 RL 2011/95/EU bezeichnet nicht alle Konventionsrechte, die keinen rechtmäßigen Aufenthalt voraussetzen, sondern nur das Verbot diskriminierender Behandlung (Art. 3 GFK), Recht auf Religionsausübung (Art. 4 GFK), den Zugang zu den Gerichten (Art. 16 GFK), das Recht auf öffentliche Erziehung (Art. 22 GFK), Verbot der Bestrafung wegen illegaler Einreise (Art. 31 GFK), den Ausweisungsschutz nach Art. 32 GFK und den Refoulementschutz nach Art. 33 GFK. Art. 15 Abs. 6 RL 2011/95/EU findet regelmäßig auch auf Personen Anwendung, die an sich subsidiär schutzberechtigt sind. Denn wegen der systemischen Identität der Ausschlussgründe (§ 3 Abs. 2, Abs. 4 Halbs. 2 einerseits, § 4 Abs. 2 andererseits) können vom Flüchtlingsschutz ausgeschlossene Personen auch keinen subsidiären Schutz erhalten. Regelmäßig wird diesen Personen eine Duldung erteilt (§ 60a Abs. 2 in Verb. mit § 60 Abs. 5 AufenthG). Der Verhältnismäßigkeitsgrundsatz gebietet aber nach Ablauf einer angemessenen Frist bei Fortwirkung des Folterschutzes die Umwandlung der Duldung in eine Aufenthaltserlaubnis nach § 25 Abs. 5 AufenthG.

Abschnitt 3 Allgemeine Bestimmungen

§ 5 Bundesamt

(1) Über Asylanträge einschließlich der Zuerkennung der Flüchtlingseigenschaft, entscheidet das Bundesamt für Migration und Flüchtlinge (Bundesamt). Es ist nach Maßgabe dieses Gesetzes auch für ausländerrechtliche Maßnahmen und Entscheidungen zuständig.

(2) Das Bundesministerium des Innern bestellt den Leiter des Bundesamtes. Dieser sorgt für die ordnungsgemäße Organisation der Asylverfahren.

(3) Der Leiter des Bundesamtes soll bei jeder Zentralen Aufnahmeeinrichtung für Asylbewerber (Aufnahmeeinrichtung) mit mindestens 1.000 dauerhaften Unterbringungsplätzen in Abstimmung mit dem Land eine Außenstelle einrichten. Er kann in Abstimmung mit den Ländern weitere Außenstellen einrichten.

(4) Der Leiter des Bundesamtes kann mit den Ländern vereinbaren, ihm sachliche und personelle Mittel zur notwendigen Erfüllung seiner Aufgaben in den Außenstellen zur Verfügung zu stellen. Die ihm zur Verfügung gestellten Bediensteten unterliegen im gleichen Umfang seinen fachlichen Weisungen wie die Bediensteten des Bundesamtes. Die näheren Einzelheiten sind in einer Verwaltungsvereinbarung zwischen dem Bund und dem Land zu regeln.

(5) Der Leiter des Bundesamtes kann mit den Ländern vereinbaren, dass in einer Aufnahmeeinrichtung Ausländer untergebracht werden, deren Verfahren beschleunigt nach § 30a bearbeitet werden sollen (besondere Aufnahmeeinrichtungen). Das Bundesamt richtet Außenstellen bei den besonderen Aufnahmeeinrichtungen nach Satz 1 ein und ordnet sie diesen zu. Auf besondere Aufnahmeeinrichtungen finden die für Aufnahmeeinrichtungen geltenden Regelungen Anwendung, soweit nicht nach diesem Gesetz oder einer anderen Rechtsvorschrift etwas anderes bestimmt wird.

Übersicht Rdn.

A. Funktion der Vorschrift

Die Vorschrift lehnt sich an § 4 AsylVfG 1982 an (BT-Drucks. 12/2062, S. 29). und steht in engem Zusammenhang mit § 24 Abs. 2 und § 31. Die in Abs. 4 enthaltene Regelung war im AsylVfG 1992 nicht vorgesehen und ist Folge der 1992 entwickelten Konzeption, wonach die Unterbringung in einer Aufnahmeeinrichtung mit der unverzüglichen Entscheidungspflicht des Bundesamtes verbunden wird. Die Vorschrift übernimmt nicht die Verordnungsermächtigung des § 4 Abs. 4 AsylVfG 1982. Von dieser war im Übrigen in den zehn Jahren Geltungsdauer des früheren AsylG kein Gebrauch gemacht worden. Durch Art. 3 Nr. 4 ZuwG ist mit Wirkung zum 1. August 2004 (Art. 15 Abs. 2 ZuwG) die bis dahin nach § 5 Abs. 2 Satz 1 AsylVfG a.F. bestehende *Weisungsunabhängigkeit der Einzelentscheider* im Blick auf die Statusentscheidungen nach Art. 16a Abs. 1 GG und § 51 Abs. 1 AuslG 1990 zusammen mit der Institution des Bundesbeauftragten (§ 6 AsylVfG a.F.; s. auch § 87 b) beseitigt und die frühere Bezeichnung *»Bundesamt für die Anerkennung ausländischer Flüchtlinge«* durch den Begriff *»Bundesamt für Migration und Flüchtlinge«* ersetzt worden. Die Neukonzeption der Entscheidungspraxis steht im engen Zusammenhang mit der Neustrukturierung des Bundesamtes, dem mit der Namensänderung ein umfassender Aufgabenkatalog (§ 75 AufenthG) zugewiesen worden ist. Dem Gesetzgeber erschien mit dieser Neustrukturierung die Weisungsunabhängigkeit des alten Rechtes (§ 5 Abs. Satz 1 AsylVfG a.F.) nicht mehr vereinbar. 1

B. Zuständigkeit des Bundesamtes (Abs. 1 und § 31)

I. Monopolzuständigkeit des Bundesamtes im Asylverfahren

Abs. 1 Satz 1 legt die Verantwortlichkeit des Bundesamtes für Migration und Flüchtlinge (Bundesamt) für die Behandlung von Asylanträgen (§ 13) fest. Wie das frühere Recht, enthält Abs. 1 lediglich eine *Aufgabenzuweisung*. Die Zuweisung der einzelnen Kompetenzen wird an anderer Stelle des Gesetzes geregelt. So wird die Sachkompetenz des Bundesamtes für die Entscheidung über die Asylanerkennung in § 31 Abs. 2 Satz 1 geregelt. Eingeschlossen in diese Kompetenz ist die Entscheidung über den abgeleiteten Status nach § 26. In diese Sachkompetenz einbezogen ist ferner die Prüfung und Entscheidung über die Zuerkennung internationalen Schutzes (§ 1 Abs. 1 Nr. 2, § 3 Abs. 4, § 4 Abs. 1). Anders als nach dem vor 1992 geltendem Recht ist das Bundesamt auch für *ausländerrechtliche Maßnahmen* zuständig (Abs. 1 Satz 2). Das Bundesamt ist demzufolge insbesondere für den Erlass der Abschiebungsandrohung nach § 34 und § 35 und Abschiebungsanordnung nach § 34a sowie für die Prüfung und Feststellung der Abschiebungsverbote nach § 60 Abs. 5 und 7 Satz 1 AufenthG) zuständig, wenn ein Asylantrag gestellt wird (§ 24 Abs. 2 und § 31 Abs. 3). Ferner ist es für den Erlass eines Einreise- und Aufenthaltsverbotes nach § 14 Abs. 7 AufenthG sowie für die Befristung eines derartigen Verbotes nach § 11 Abs. 2 AufenthG im Fall einer Abschiebungsandrohung nach §§ 34, 35 oder einer Abschiebungsanordnung nach § 34a zuständig (§ 75 Nr. 12 AufenthG). Dies berechtigt das Bundesamt nicht, ein Einreise- und Aufenthaltsverbot nach § 11 Abs. 1 und 6 AufenthG zu erlassen. Nach der gesetzlichen Begründung folgt die Aufgabenzuweisung nach Abs. 1 Satz 2 2 aus der Zielvorstellung des AsylG, wonach der Bund die Voraussetzungen dafür zu schaffen hat, dass über Asylanträge unter Berücksichtigung der Zuständigkeitsverlagerung aus den bis dahin den Ausländerbehörden zukommenden Aufgaben einheitlich bis hin zur Ausreiseaufforderung und Abschiebungsandrohung entschieden wird (BT-Drucks. 12/2062 Satz 29 u. 26). Dementsprechend durchzieht die Regelungen des AsylG durchgehend das *Prinzip der Trennung von anordnender Asylbehörde und vollziehender Ausländerbehörde.*

3 Im Gesetzgebungsverfahren zum AsylVfG 1982 war die bereits vorher bestehende Alleinzuständigkeit des Bundesamtes nach § 29 Abs. 1 AuslG 1965 für asylrechtliche Entscheidungen unumstritten. Unter Bezugnahme auf die Rechtsprechung des BVerfG sprach sich die Gesetzesbegründung dafür aus, die Sachkompetenz beim Bundesamt zu belassen, das aufgrund seiner Sachkenntnis am ehesten geeignet erscheine, Maßstäbe für eine schnelle und doch zuverlässige Trennung (auch offensichtlich) unbegründeter Anträge von den übrigen zu setzen. Durch die Konzentration der Verfahren bei einer Bundesbehörde könne eine einheitliche Anwendung asylrechtlicher Grundsätze und damit eine gleiche Behandlung aller Asylsuchenden am ehesten erreicht werden (BT-Drucks. 9/875, S. 13). Nach Unionsrecht sind die Mitgliedstaaten gehalten, für alle Asylverfahren eine Behörde zu benennen (Art. 4 Abs. 1 RL 2013/32/EU). Von der eingeräumten Möglichkeit nach Art. 4 Abs. 2 RL 2013/32/EU, auch anderen Behörden spezifische asylrechtliche Zuständigkeiten, wie etwa die Bearbeitung von Dublinverfahren oder von Folgeanträgen, zu übertragen, hat die Bundesrepublik keinen Gebrauch gemacht.

II. Grundrechtsverwirklichung durch Verwaltungsverfahren

4 Das BVerfG hatte in seinem dem Erlass des AsylVfG 1982 vorausgegangenen Beschluss vom 25. Februar 1981 hervorgehoben, dass die Statusentscheidung *unmittelbar der Grundrechtsverwirklichung* diene (BVerfGE 56, 216, 236 ff. = DVBl 1981, 623 = DÖV 1981, 453 = NJW 1981, 1436 = JZ 1981, 339 = EuGRZ 1981, 306 = MDR 1981, 637 = BayVBl. 1981, 366; BVerfGE 60, 253, 296 = EZAR 610 Nr. 14 = EuGRZ 1982, 394 = DVBl 1982, 888 = JZ 1982, 596). Die verfassungsrechtliche Asylrechtsgewährung sichere nicht nur materiell das Asylrecht des politisch Verfolgten. Der Bestimmung komme auch *verfahrensrechtliche Bedeutung* zu. Allgemein fordere die verfassungsrechtliche Gewährleistung der Grundrechte auch im jeweiligen Verfahrensrecht Geltung. Diesem Grundsatz entsprechend müsse auch das Asylgrundrecht dort auf die *Verfahrensgestaltung* Einfluss haben, *wo* es um das grundgesetzlich garantierte Recht des Betroffenen auf Asyl gehe (BVerfGE 52, 391, 407 = EZAR 150 Nr. 1 = NJW 1980, 516). Das Grundgesetz treffe aber keine Bestimmung darüber, *wie* die tatbestandsmäßigen Voraussetzungen des Asylanspruchs festzustellen seien. Es enthalte insoweit auch *keinen ausdrücklichen Regelungsauftrag an den Gesetzgeber*: »Indes bedürfen Grundrechte allgemein, sollen sie ihre *Funktion* in der sozialen Wirklichkeit erfüllen, *geeigneter Organisationsformen* und *Verfahrensregelungen* sowie einer grundrechtskonformen Anwendung des Verfahrensrechts, soweit dies für einen effektiven Grundrechtsschutz von Bedeutung ist«. Dies gelte auch für das Asylrecht, »weil anders die materielle Asylrechtsverbürgung nicht wirksam in Anspruch genommen werden

kann« (BVerfGE 56, 216, 235f. = DVBl 1981, 623 = NJW 1981, 1436). Die Forderung nach geeigneten Organisationsformen leitet das BVerfG also unmittelbar aus der jeweiligen Grundrechtsnorm ab. Nach seiner Rechtsprechung dient das *Verwaltungsverfahren* der Herbeiführung gesetzmäßiger und unter diesem Blickwinkel richtiger, aber darüber hinaus auch im Rahmen dieser Richtigkeit gerechter Entscheidungen (BVerfGE 42, 64, 73; 46, 325, 333). Die Organisation des Verwaltungsverfahrens und die Gestaltung des Verfahrens haben damit *Komplementärfunktion* für die Durchsetzung des materiellen Rechts (BVerfGE 73, 289, 296).

Ausdrücklich hat das BVerfG klargestellt, dass die *gesetzliche Gestaltungsfreiheit* zur Regelung des Verfahrens in der asylrechtlichen Grundrechtsnorm selbst ihre Grenze finde. Zwar sei für die Ordnung des Asylverfahrensrechts in erster Linie der Gesetzgeber verantwortlich. Er dürfe jede Regelung treffen, die der Bedeutung des Asylrechts gerecht werde und eine *zuverlässige und sachgerechte Prüfung* ermögliche. So sei es grundsätzlich seiner Entscheidung überlassen, welche Verfahrensart er dafür vorsehe und welche Behörden er damit beauftrage. Die auch für das Verfahren maßgebliche Reichweite der Grundrechtsnorm sei jedoch nach der Aufgabe der Asylrechtsgarantie zu bestimmen, politisch Verfolgten Schutz vor den Zugriffsmöglichkeiten des Verfolgerstaates zu gewähren (BVerfGE 56, 216, 236 = DVBl 1981, 623 = NJW 1981, 1436). Das BVerwG hatte bereits zuvor unmittelbar aus der Grundrechtsnorm einen *ergänzenden Regelungsauftrag* an den Gesetzgeber zur *Verfahrensgestaltung* abgeleitet (BVerwGE 49, 202, 206 = NJW 1976, 490 = DVBl 1976, 500 = JZ 1976, 58 = MDR 1976, 252 = JR 1976, 212 = EZAR 134 Nr. 1), den es von dem Kerngehalt des Grundrechts, nämlich die effektive Sicherstellung des Abschiebungs- und Zurückweisungsschutzes, abgrenzte. 5

Wie schon der Gesetzgeber des § 29 AuslG 1965 und der des AsylVfG 1982 hat sich auch der Gesetzgeber des § 5 dafür entschieden, dass den Forderungen des Verfassungsrechts nach grundsätzlich richtigen und auch gerechten Verwaltungsentscheidungen im Asylverfahrensrecht am besten dadurch Genüge getan wird, dass die Sachkompetenz für die statusrechtlichen Entscheidungen bei einer Bundesbehörde konzentriert wird. Zudem hat der Gesetzgeber dem Bundesamt auch die Sachkompetenz für die ausländerrechtlichen Maßnahmen nach dem AsylG zugewiesen (Abs. 1 Satz 2). Der *Vollzug* der ausländerrechtlichen Entscheidungen des Bundesamtes nach diesem Gesetz obliegt jedoch regelmäßig den Ländern, es sei denn, der Bund ist nach dem Gesetz selbst für die Vollziehung ausländerrechtlicher Verfügungen zuständig (§ 18 Abs. 2 und 3, § 18a Abs. 3 Satz 1). 6

III. Erweiterung des Aufgabenkatalogs des Bundesamtes

1. Umorganisation des Bundesamtes

Im Geltungszeitraum der *Asylverordnung* vom 6. Januar 1953 bis zum 1. August 2004 wurde die Feststellungsbehörde im Asylverfahren ausschließlich mit asylrechtlichen Aufgaben betraut. Diese 1953 eingeleitete Tradition setzten das Ausländergesetz von 1965 und das Asylverfahrensgesetz von 1982 und 1992 fort. Zwar sind seit 1992 neue ausländerrechtliche Kompetenzen hinzugekommen. Diese stehen jedoch im engen Sachzusammenhang mit der asylverfahrensrechtlichen Aufgabenstellung. Mit 7

Inkrafttreten des § 5 am 1. August 2004 hat der Gesetzgeber die bis dahin als *»Bundesamt für die Anerkennung ausländischer Flüchtlinge«* bezeichnete Asylbehörde (§ 29 AuslG 1965, § 4 AsylVfG 1982, § 5 AsylVfG 1992) in *»Bundesamt für Migration und Flüchtlinge«* umbenannt und mit umfassenden integrationsrechtlichen Aufgaben beauftragt (§ 75 AufenthG). Er hat damit den Charakter der Asylbehörde grundlegend verändert.

8 Entscheidungen über Asylanträge sind unbeeinflusst von innen- und außenpolitischen Einflüssen allein anhand verfassungs- und völkerrechtlicher Verpflichtungen zu treffen. Zu prüfen ist, ob im Einzelfall Verfolgung oder ein ernsthafter Schaden drohen. Ein Bundesamt, das neben den Aufgaben nach dem AsylG insbesondere auch zentrale Steuerungs- und Koordinationsfunktionen in der Migrationspolitik wahrnimmt (§ 75 Nr. 1, 3, 4, 9, 10, 11 und 12 AufenthG) läuft Gefahr, zwischen den divergierenden Ziel- und Aufgabenkonflikten eines derart heterogenen Aufgabenpanoramas zerrieben zu werden oder in die Erfüllung strikt rechtlich zu handhabender humanitärer Pflichtaufgaben (§ 5) migrationspolitische Erwägungen und Motivationen einfließen zu lassen. Die Gesetzesbegründung verhält sich zu den aufgezeigten Zielkonflikten nicht (BT-Drucks. 14/7387, S. 88f.). Hingegen weist der Bericht der Unabhängigen Kommission »Zuwanderung« darauf hin, dass Zuwanderungspolitik auch von *Antagonismen* geprägt sei. Das Bewusstsein wachse, dass *»unsere Gesellschaft bestimmte Zuwanderer braucht«*, andere hingegen *»brauchen weiterhin uns«*. Eine positive Einstellung zur Zuwanderung aus arbeitsmarktpolitischen und demographischen Gründen habe nur Bestand, wenn zugleich die Überzeugung wachse, dass nicht nur der migrationspolitisch erwünschte *»Aufbruch«*, sondern auch eine *»humanitär motivierte Zuwanderungspolitik notwendig und gestaltbar«* sei (Bericht, S. 123). Der Problemaufriss ist zutreffend beschrieben. Wenn Zuwanderungspolitik von Antagonismen geprägt ist, muss diesen wirksam begegnet werden. Strikte verfahrensrechtliche, institutionelle und administrative Vorkehrungen haben sicherzustellen, dass über den einzelnen Asylantrag nur nach Maßgabe rechtlich bindender Vorgaben entschieden wird.

2. Verantwortlichkeit des Bundesamtes für Statusentscheidungen (Abs. 1 Satz 1)

9 Mit Wirkung zum 1. August 2004 ist die bis dahin bestehende *Weisungsunabhängigkeit* nach § 5 Abs. 2 Satz 1 AsylVfG a.F. *aufgehoben* worden. Statt dessen ist seitdem das Bundesamt als solches für alle Sachentscheidungen im Asylverfahren zuständig (Abs. 1 Satz 1). Im Referentenentwurf vom 3. August 2001 wurde diese strukturelle Änderung damit begründet, dass die überkommene Unabhängigkeit von Weisungen sich »heute zunehmend als unpraktikabel und verfahrensverzögernd« erweise. Eine fehlerhafte Entscheidung könne weder vom Bundesamt selbst noch im Wege der Fachaufsicht korrigiert werden. Das deshalb erforderliche Korrekturinstrument des Bundesbeauftragten (§ 6 AsylVfG a.F.) bewirke Verfahrensverzögerungen und belaste zusätzlich die ohnehin begrenzten Ressourcen der Verwaltungsgerichtsbarkeit. Im Bericht der Unabhängigen Kommission »Zuwanderung« wurde ebenfalls die Beseitigung der Weisungsunabhängigkeit der Einzelentscheider gefordert, da diese zu einer *»uneinheitlichen Entscheidungspraxis* des Bundesamtes führe, weil vergleichbare Sachverhalte von verschiedenen Einzelentscheidern unterschiedlich« beurteilt würden. Mit

der Weisungsfreiheit habe die Exekutive sich die Möglichkeit genommen, von ihr als solche eingeschätzte Fehlentwicklungen selbst zu korrigieren. Das Gegengewicht zur Weisungsunabhängigkeit, der Bundesbeauftragte, werde mit dessen Wegfall entbehrlich (Bericht, S. 144). Die Gesetzesbegründung hebt hervor, dass die Tätigkeit des Einzelentscheiders der *unmittelbaren Regierungs- und Ressortverantwortlichkeit* unterliege. Mit der Aufhebung der Weisungsunabhängigkeit der Einzelentscheider könne eine einheitliche Entscheidungspraxis des Bundesamtes, wie in jeder anderen monokratischen Behördenstruktur auch, hierarchisch sichergestellt werden. Damit entfalle die Notwendigkeit für die Beibehaltung der Institution des Bundesbeauftragten (BT-Drucks. 15/420, S. 107, BT-Drucks. 14/7387, S. 99).

Die Gewährleistung der Einheitlichkeit der Entscheidungspraxis des Bundesamtes 10
bei vergleichbaren Sachgestaltungen ist ein legitimes Anliegen und dient nicht zuletzt der Akzeptanz asylrechtlicher Statusentscheidungen durch die Betroffenen selbst. Im Blick auf *einzelfallunabhängige* rechtliche und tatsächliche Grundfragen (z.B. interner Schutz, gruppengerichtete Verfolgungen, staatliche Verfolgungsprogramme, asylerhebliche Anwendung von Strafvorschriften, Politmalus, Terrorismusvorbehalt etc.) sind Einflussnahmen von außen unbedenklich. Sie sind zur Sicherstellung einer einheitlichen Entscheidungspraxis des Bundesamtes wegen der Beseitigung der Institution des Bundesbeauftragten auch notwendig. Andererseits gehört die Tatsachensubsumtion dem Bereich freier Beweiswürdigung an. Die in der Gesetzesbegründung unterstellte Akzessorietät zwischen der Abschaffung der Institution des Bundesbeauftragten und der Aufhebung der Weisungsunabhängigkeit der Einzelentscheider ist aus diesen Gründen nicht zwingend. Das Bundesamt kann danach für seinen Bereich auf eine einheitliche Anwendung gleichgelagerter Sach- und Rechtsfragen in angemessener Weise hinwirken, ohne dabei notwendigerweise auf die einzelfallbezogene Feststellung und Würdigung von Tatsachen Einfluss nehmen zu müssen. Dies war auch die Aufgabe des Bundesbeauftragten. Seine gelegentlich geübte Praxis, Rechtsmittel im Blick auf die Einzelfallwürdigung des individuellen Sachvorbringens einzulegen, war nicht unumstritten. Auf diese Weise können auch ohne die Institution des Bundesbeauftragten unter Beibehaltung der Weisungsunabhängigkeit sowohl das Beschleunigungsziel des Gesetzes wie auch das Ziel der einheitlichen Entscheidungspraxis verwirklicht werden. Auch bis zur Abschaffung der Weisungsunabhängigkeit war das Bundesamt jedenfalls prozessual in der Lage, über seine Prozessbevollmächtigten auf die Gestaltung der Rechtsmittelverfahren Einfluss zu nehmen. Asylverfahren, die aus der unmittelbaren Einflusssphäre des Bundesamtes hinausgelangt sind, können durch das Amt auch ohne den Bundesbeauftragten mit eigenen Prozessbevollmächtigten beeinflusst werden. Es spricht auch nichts dagegen, deren prozessuale Rechtsstellung dadurch zu verbessern, dass die Prozessbevollmächtigten im Verwaltungsprozess selbständig auftreten und etwa den Asylkläger klaglos stellen können (BT-Drucks. 14/7387, S. 99).

Die Entscheidung über den einzelnen Asylantrag ist eine subjektiv geprägte Aufgabe. 11
Eine Überzeugungsbildung im Sinne des § 24 VwVfG kann nur im Rahmen der freien Beweiswürdigung getroffen werden. Letztlich muss sich der Einzelentscheider schlüssig werden, ob er den Angaben des Antragstellers über sein individuelles

Verfolgungsgeschehen *Glauben schenken* will oder nicht. Die Gefahr der Uneinheitlichkeit der Entscheidungspraxis liegt damit – bezogen auf den individuellen Tatsachenvortrag – in der Natur der Sache und kann nicht durch die Aufhebung der Weisungsunabhängigkeit eingeschränkt werden. Es besteht allerdings die Gefahr, dass entgegen der im Einzelfall gewonnenen Überzeugungsbildung des Einzelentscheiders durch die jeweils zuständige Referatsleitung des Amtes eine abweichende Sachentscheidung angeordnet wird. Gerade wegen der unterschiedlichen Aufgabenstellung des Amtes sollte effektiv sichergestellt werden, dass humanitär ausgerichtete Rechtsentscheidungen, die von der Natur der Sache her auf einer subjektiven Einschätzung der vorgebrachten Tatsachen und Umstände beruhen, ohne Einflussnahme von außen getroffen werden. Unvereinbar hiermit ist auch die weitverbreitete Praxis, die Akte nach Abschluss der persönlichen Anhörung an eine andere Außenstelle zur Entscheidung abzugeben. Die Einführung der *elektronischen Akte* im Bundesamt hat in den letzten Jahren zu einer entsprechenden exzessiven Verwaltungspraxis geführt. Dieser Trend wird durch die Einführung von Sachentscheidungszentren weiter verschärft. Inzwischen ist die personelle Identität zwischen Ermittler und Entscheider eher der Ausnahmefall. Insoweit vermag der in diesem Zusammenhang häufig gegebene Hinweis auf andere Verwaltungsbereiche, etwa die Bau- oder Ausländerverwaltung, nicht zu überzeugen. Im allgemeinen Verwaltungsrecht wird der Antrag in der Regel vorrangig nach objektiven Kriterien unabhängig von der Qualität der individuellen Darlegungskompetenzen des Antragstellers geprüft und die Entscheidung getroffen. Ob der Bauherr einen glaubwürdigen Eindruck vermittelt, ist für die Frage der Genehmigung seines Bauantrags regelmäßig ohne Bedeutung. Für die Zuverlässigkeitsprüfung etwa im Gaststättenrecht ist zwar die Persönlichkeit des Betreibers maßgebend. Die hierfür erforderliche Bewertung erfolgt jedoch primär nach objektiven Kriterien und ist in aller Regel von den Darlegungskompetenzen des Antragstellers unabhängig. Auch im Ausländerrecht stehen primär objektive Fragen im Zentrum der Entscheidung. Im Einzelfall mag es etwa bei der Einschätzung, ob tatsächlich eine familiäre Lebensgemeinschaft geführt wird oder ein Härtefall vorliegt, auch zu einer Berücksichtigung individueller Lebensumstände kommen. Gleichwohl beruht der Fokus der Prüfung und Entscheidung im Einzelfall auf Umständen, deren Ermittlung, Sichtung und Gewichtung nicht vorrangig wie bei der asylrechtlichen Tatsachenfeststellung von der Darlegungsfähigkeit des Rechtssuchenden abhängig ist.

12 Im Asylverfahren können indes die Tatsachenfeststellungen nahezu ausschließlich nur aufgrund der Darlegungskompetenzen des Asylsuchenden getroffen werden (*Marx*, ZAR 2012, 417). Es besteht in keinem Verwaltungszweig eine derartige *Verdichtung und Häufung subjektiver Komponenten* wie im Asylrecht: Ob dem Antragsteller Glauben geschenkt wird, ist vorrangig abhängig von der Art der Ermittlung der Tatsachen in quantitativer und qualitativer Hinsicht und der hierzu erforderlichen verfahrensrechtlichen Fürsorge der Behörde, der Bewertung der Darlegungsfähigkeit durch den ermittelnden Entscheider und der Einschätzung der Glaubwürdigkeit der Person des Antragstellers als wesentliches Kriterium für die Annahme, dass die anspruchsbegründenden Tatsachen als glaubhaft gemacht angesehen werden. Die Feststellung individualbezogener Tatsachen und deren behördliche Würdigung stehen damit im Asylrecht

in einem unmittelbaren verfahrensrechtlichen Sachzusammenhang, dessen Beeinträchtigung durch Einschränkung der verfahrensrechtlich gesicherten eigenständigen Beweiswürdigung des die Tatsachen ermittelnden Einzelentscheiders zu Fehlentscheidungen führen kann. Aus der Sicht des Verfassungsrechts sind insoweit der Grundsatz der Gesetzmäßigkeit der Verwaltung (Art. 20 Abs. 3 GG) und die Rechtsprechung beider Senate des BVerfG zu bedenken, wonach Grundrechtsschutz nicht erst über Art. 19 Abs. 4 GG im gerichtlichen Kontrollverfahren, sondern weitgehend durch die Gestaltung des Verwaltungsverfahrens zu bewirken ist (BVerfGE 53, 20, 65; 56, 216, 236; 65, 76, 94). Insbesondere für das Asylrecht hat das BVerfG auf diesen Grundsatz und auf die Tatsache hingewiesen, dass die Statusentscheidung vom Gesetz ausdrücklich als umfassende, abschließende und auf erschöpfender Sachaufklärung beruhende Sachentscheidung gewollt sei (BVerfGE 56, 216, 236; 60, 257, 289 f.; Rdn. 4)

C. Außenstellen des Bundesamtes (Abs. 3 und 4)

Abs. 1 Satz 1 begründet zwar die Monopolzuständigkeit *einer* Bundesbehörde. Diese 13
Bundesbehörde hatte jedoch auch schon nach früherem Verfahrensrecht (§ 12 Abs. 3 AsylVfG 1982) verstärkt durch die Außenstellen den Sachverhalt aufgeklärt sowie die Entscheidung getroffen. Nach geltendem Verfahrensrecht ist diese Praxis der Regelfall. So ordnet Abs. 3 Satz 1 an, dass der Leiter des Bundesamtes unter den dort genannten Voraussetzungen eine Außenstelle einrichten *soll*. Im Übrigen kann er in Abstimmung mit den Ländern Außenstellen einrichten (Abs. 4 Satz 2, Abs. 5 Satz 1 und 2). Bei diesen Außenstellen ist der Asylantrag zu stellen (§ 14 Abs. 1). Wird er beim Bundesamt selbst gestellt, verweigert dieses die Annahme des Antrags nach derzeit geübter Praxis wegen funktioneller Unzuständigkeit. Der Präsident des Bundesamtes kann des Weiteren mit den Ländern vereinbaren, ihm sachliche und personelle Mittel zur notwendigen Erfüllung seiner Aufgaben in den Außenstellen zur Verfügung zu stellen (Abs. 4 Satz 1). Bund und Länder haben die näheren Einzelheiten in einer *Verwaltungsvereinbarung* zu regeln (Abs. 4 Satz 3). Bereits in der Eingangsbegründung wird im Gesetzentwurf zum AsylVfG 1992 auf die Bedeutung der Außenstellen hingewiesen. Ein *Schlüsselelement* des Asylverfahrens ist, dass die Asylsuchenden in zentralen Aufnahmeeinrichtungen der Länder untergebracht werden und *dort* ihr Asylverfahren bei den *Außenstellen* des Bundesamtes einleiten (BT-Drucks. 12/2062, S. 1, 27). Im Bereich einer bestimmten Region werden danach Asylanträge durch die zuständige Außenstelle des Bundesamtes entgegengenommen und bearbeitet. Dort findet die Anhörung statt. Die Sachentscheidung nach § 31 wird durch die Außenstelle getroffen. Die Außenstelle vertritt auch regelmäßig durch einen Prozessbevollmächtigten das Bundesamt im Asylprozess. Dies verdeutlicht, dass die eigentliche Verfahrensherrschaft nach geltendem Recht durch dezentralisierte Abteilungen der zentralen Bundesbehörde getroffen werden und die Aufgabe der Zentrale darin besteht, den organisatorischen, personellen, sachlichen und verfahrensrechtlichen Zusammenhang der weitgefächerten und verstreuten Teilgliederungen dieser Behörde zu gewährleisten.

Gegen die Praxis der Prüfung und Entscheidung durch Außenstellen wurden früher unter Bezugnahme auf Art. 87 Abs. 3 Satz 2 GG verfassungsrechtliche Bedenken erhoben. Eine derartige Handhabung ohne eine entsprechende Änderung des 14

Grundgesetzes stehe nicht mit der Verfassung im Einklang. Die *faktische Dekonzentration* der Aufgaben des Bundesamtes stelle daher eine Umgehung des Art. 87 Abs. 3 Satz 2 GG dar (VG Düsseldorf, NVwZ 1993, 503 = InfAuslR 1993, 111; VG Düsseldorf, NVwZ-Beil. 3/1993, 24; a.A. OVG Bremen, AuAS 1993, 214; OVG NW, EZAR 210 Nr. 6; VG Frankfurt, NVwZ 1993, 810; VG Gießen, AuAS 1993, 215; *Hailbronner,* AuslR, B 2, § 5 AsylVfG Rn. 13). Die Gegenmeinung sieht in den Außenstellen *unselbständige organisatorische Teileinheiten* des Bundesamtes, sodass schon deshalb Art. 87 Abs. 3 Satz 2 GG nicht einschlägig sei. Im Übrigen bestehe der Schutzzweck dieser Norm darin, die Länder vor einer Verdrängung ihnen zugewiesener Verwaltungszuständigkeiten zu schützen (VG Frankfurt, NVwZ 1993, 810). Das BVerfG hat offen gelassen, ob die auf Art. 87 Abs. 3 Satz 2 GG beruhenden Bedenken gegen die Einrichtung der Außenstellen durchgreifen (BVerfG (Kammer), NVwZ-Beil. 1993, 12; BVerfG (Kammer), AuAS 1994, 45). Die dezentralisierte Verfahrensbearbeitung ist eines der Kernelemente der geltenden Asylkonzeption. Durchgreifende verfassungsrechtliche Bedenken sind nicht ersichtlich.

D. Organisation des Bundesamtes (Abs. 2)

15 Nach Abs. 2 Satz 1 bestellt das Bundesinnenministerium den Leiter des Bundesamtes. Seine Bezeichnung lautet *Präsident des Bundesamtes.* Er hat für die ordnungsgemäße Durchführung der Asylverfahren zu sorgen (Abs. 2 Satz 2). Dies schließt die Fach- und Dienstaufsicht über sämtliche Bediensteten der Behörde ein. Die Pluralform verdeutlicht, dass der Präsident nicht die Verfahrensherrschaft in den einzelnen Asylverfahren hat. Vielmehr hat er insgesamt dafür zu sorgen, dass die organisatorischen, sachlichen und personellen Voraussetzungen dafür geschaffen werden, dass das Bundesamt seiner Aufgabe nach Abs. 1 nachkommen kann. So hat er u.a. für den ordnungsgemäßen Betrieb der Außenstellen (Abs. 3, 4 und 5), deren Koordinierung, die sachgerechte Einarbeitung sowie fortlaufende Schulung der Entscheider, die Bereitstellung der notwendigen Länderdokumentationen, die Information über die Entwicklung der relevanten Rechtsprechung und die ordnungsgemäße Prozessvertretung des Bundesamtes usf. Sorge zu tragen.

16 Der Präsident kann auch fachliche Weisungen allgemeiner oder besonderer Art an die Bediensteten des Bundesamtes erlassen (vgl. auch Abs. 4 Satz 2). Eine Einschränkung folgt aus § 11a. Die Zuständigkeit für die vorübergehende Aussetzung von Entscheidungen zu bestimmten Herkunftsländern hat das Gesetz unmittelbar dem Bundesinnenministerium übertragen. Der Präsident vertritt die Behörde nach *außen.* Das Bundesamt hat ein eigenes Prozessreferat eingerichtet. Klagen richten sich gegen die Bundesrepublik Deutschland, vertreten durch das Bundesministerium des Innern. Endvertreten wird diese durch den Präsidenten des Bundesamtes oder die Leiter der jeweils zuständigen Außenstelle. Der Präsident ist bei der Wahrnehmung seiner Aufgaben weisungsgebunden. Das früher bestehende prozessuale Problem, dass das Bundesamt im laufenden Prozess keine *Abhilfeentscheidung* erließ, hat sich durch die Aufhebung der Weisungsunabhängigkeit der Einzelentscheider erledigt. So wird in der gesetzlichen Begründung darauf hingewiesen, dass als Folge des Wegfalls der Weisungsunabhängigkeit dem Prozessbevollmächtigten des Bundesamtes die Möglichkeit

der Klaglosstellung während des Prozesses zustehe (BT-Drucks. 14/7387, S. 99). Das Bundesamt handelt im Prozess in *Prozessstandschaft* für die Bundesrepublik. Die organschaftliche Vertretungsmacht nach § 62 Abs. 3 VwGO kann anders als die Prozessvollmacht nicht in Bezug auf die Beendigung des Rechtstreits z.B. durch Vergleich nach außen beschränkt werden. Gesetzliche Vorschriften stehen andererseits einer Beendigung des Rechtsstreits durch Erlass der Statusentscheidung nicht entgegen.

E. Besondere Aufnahmeeinrichtungen (Abs. 5)

Nach Abs. 5 Satz 1 kann der Leiter des Bundesamtes mit den Ländern vereinbaren, 17
dass in einer Aufnahmeeinrichtung Ausländer untergebracht werden, deren Verfahren beschleunigt nach § 30a bearbeitet werden. Diese Regelung steht im engen Zusammenhang mit § 30a und § 46 Abs. 1 und verfolgt den Zweck, die beschleunigten Verfahren zu koordinieren. Die besonderen Aufnahmeeinrichtungen unterscheiden sich von den in Abs. 3 Satz 1 legaldefinierten Aufnahmeeinrichtungen nur durch die in ihnen untergebrachten besonderen Personengruppen nach § 30a Abs. 1 Halbs. 2 (BT-Drucks. 18/7538, S. 15). Während für die Asylsuchenden, die nicht diesen Personengruppen angehören, die Wohnpflicht in § 47 Abs. 1 Satz 1 geregelt ist, wird für diese eine entsprechende Verpflichtung in § 30a Abs. 3 geregelt. Die Möglichkeit von Vereinbarungen des Bundesamtes mit den Ländern ist auch in Abs. 4 Satz 1 enthalten. Ist eine besondere Aufnahmeeinrichtung errichtet worden, hat das Bundesamt in diesen eine Außenstelle einzurichten, die dieser Aufnahmeeinrichtung zugeordnet wird (Abs. 5 Satz 2). Nach der Meldung des Asylsuchenden bei einer Aufnahmeinrichtung leitet diese ihn an die für ihn zuständige besondere Aufnahmeeinrichtung weiter (§ 22 Abs. 1 Satz 2 Halbs. 2). Der Meldepflicht zur Antragstellung nach § 23 Abs. 1 hat der Asylsuchenden gegenüber der Außenstelle nachzukommen, die dieser Aufnahmeeinrichtung zugeordnet worden ist.

Grundsätzlich gelten die für Aufnahmeeinrichtungen geltenden Regelungen auch für 18
die besonderen Aufnahmeeinrichtungen (Abs. 5 Satz 3 Halbs. 1). Eine nach Abs. 5 Satz 3 Halbs. 2 zulässige abweichende Regelung enthält z.B. § 30a Abs. 3. Danach endet die Wohnverpflichtung in der besonderen Aufnahmeeinrichtung nicht spätestens nach sechs Monaten (§ 47 Abs. 1 Satz 1), sondern bis zur Bekanntgabe der Sachentscheidung des Bundesamtes und anschließend bis zur Ausreise oder bis zum Vollzug der Abschiebungsandrohung oder -anordnung (§ 30a Abs. 3; s. aber auch § 47 Abs. 1a).

§ 6 Verbindlichkeit asylrechtlicher Entscheidungen

[1]Die Entscheidung über den Asylantrag ist in allen Angelegenheiten verbindlich, in denen die Anerkennung als Asylberechtigter oder die Zuerkennung des internationalen Schutzes im Sinne des § 1 Absatz 1 Nummer 2 rechtserheblich ist. [2]Dies gilt nicht für das Auslieferungsverfahren sowie das Verfahren nach § 58a des Aufenthaltsgesetzes.

Übersicht Rdn.

A. Funktion der Vorschrift

1 Die Vorschrift hat mit dem Richtlinienumsetzungsgesetz 2013 die frühere Regelung des § 4 übernommen und die Verbindlichkeitsanordnung sowie deren Durchbrechung auf alle Anträge auf internationalen Schutz, also Flüchtlings- und subsidiären Schutz (Abs. 1 Nr. 2) erweitert. Die frühere Regelung des § 6 betraf den Bundesbeauftragten für Asylangelegenheiten und war mit Wirkung zum 31.07.2004 aufgehoben worden. Für die in diesem Zeitpunkt anhängigen Verfahren enthält § 87b Übergangsregelungen zur Rechtsstellung des Bundesbeauftragten. Die Übergangsregelungen sind heute ohne Bedeutung. Die Vorschrift passt lediglich die frühere Regelung des § 4 an den erweiterten Regelungsbereich des Richtlinienumsetzungsgesetzes (BT-Drucks. 17/13063, S. 8) an. Deshalb wurden aus der die Verbindlichkeit anordnenden Vorschrift des § 42 die Entscheidungen zum unionsrechtlichen subsidiären Schutz (§ 4) herausgenommen. § 42 hat nur noch Bedeutung für die Verbindlichkeit von Entscheidungen über Abschiebungsverbote (§ 60 Abs. 5 und 7 AufenthG), soweit sie im Asylverfahren (§ 24 Abs. 2, § 31 Abs. 3) getroffen werden.

2 § 6 wie bereits § 4 AsylVfG 1992 haben ihr Vorbild in § 18 AsylVfG 1982 und in § 45 AuslG 1965. Wie früher § 18 Satz 1 AsylVfG 1982 begründet Satz 1 die Bindungswirkung der asylrechtlichen Entscheidung des Bundesamtes nach § 31 Abs. 2 Satz 1. Während vor Inkrafttreten des AsylVfG 1992 die Bindungswirkung der Feststellung nach § 51 Abs. 1 AuslG 1990 in § 51 Abs. 2 Satz 3 AuslG 1990 geregelt war, wird – insoweit gesetzessystematisch sinnvoll – nach geltendem Recht auch die Nachfolgeregelung des § 51 Abs. 1 AuslG 1990 über die Zuerkennung der Flüchtlingseigenschaft von der Bindungswirkung in Satz 1 umfasst. Beschränkt der Antragsteller sein Begehren von vornherein allein auf die Zuerkennung der Flüchtlingseigenschaft (§ 13 Abs. 2), umfasst die Bindungswirkung nach Satz 1 auch die hierauf ergehende Entscheidung des Bundesamtes nach § 31 Abs. 2 Satz 2. Auch Entscheidungen über den abgeleiteten Status nach § 26 sowie über den unionsrechtlichen subsidiären Schutz unterliegt der Bindungswirkung nach Satz 1. Demgegenüber wird die Bindungswirkung der Entscheidung des Bundesamtes nach § 60 Abs. 5 und 7 AufenthG in § 42 geregelt (s. dort). Nach wie vor Probleme bereitet die für das Auslieferungsverfahren geltende Ausnahmevorschrift von Satz 2. Neu eingefügt wurde durch das ZuwG mit Wirkung zum 01.01.2005 mit Satz 2 Alt. 2 die Durchbrechung der Bindungswirkung in Fällen der Abschiebungsanordnung nach § 58a AufenthG.

B. Bindungswirkung (Satz 1)

I. Umfang der Bindungswirkung

Statusentscheidungen des Bundesamtes kommt eine umfassende, nicht auf bestimmte Behörden oder den Antragsteller beschränkte Verbindlichkeit zu (VGH BW, AuAS 2000, 228). Nach allgemeinen verwaltungsverfahrensrechtlichen Grundsätzen entfaltet ein Verwaltungsakt nur Wirkungen *inter partes*, bindet also nur die unmittelbar am Verfahren Beteiligten (§ 121 VwGO), sofern ihm nicht ausnahmsweise eine Tatbestands- oder Feststellungswirkung zukommt. Demgegenüber ordnet Satz 1 über den Kreis der Beteiligten hinausgehend eine Bindungswirkung an, die sich insbesondere auch auf die Ausländerbehörden erstreckt (*Hailbronner,* AuslR B 2 § 4 AsylVfG Rn. 10) wie auch die Leistungsverwaltung einschließt. Satz 1 knüpft an die Sachentscheidung nach § 31 Abs. 2 an. Bindungswirkung entfalten nur bestandskräftige Verwaltungsakte. Ein derartig bestandskräftiger Verwaltungsakt liegt vor, wenn gegen die Sachentscheidung kein Rechtsmittel eingelegt wird und diese damit in Bestandskraft erwächst. Klagt der Asylsuchende gegen eine negative Statusentscheidung und obsiegt er im Verwaltungsstreitverfahren, hat das Bundesamt nach Eintritt der Rechtskraft des verwaltungsgerichtlichen Verpflichtungsurteils die Sachentscheidung zu erlassen. In diesem Fall tritt die Bindungswirkung erst mit Zustellung der Sachentscheidung ein. Nach der gesetzlichen Regelung ist nicht etwa die gerichtliche Entscheidung, sondern der Bescheid des Bundesamtes der für die Statusgewährung zentrale Akt (BVerfGE 60, 253, 290 = EZAR 610 Nr. 14 = EuGRZ 1982, 394 = DVBl 1982, 888 = JZ 1982, 596). Entstehen durch Verzögerungen rechtliche Nachteile, können Amtshaftungsansprüche geltend gemacht werden. Soweit in der Literatur die Bindungswirkung nach Satz 1 bereits an die Wirksamkeit des Statusbescheids angeknüpft wird, hat dieser Streit durch den Wegfall der Institution des Bundesbeauftragten und damit der Möglichkeit der Anfechtung positiver Statusentscheidungen an Bedeutung verloren. Im Ergebnis kam auch die Gegenmeinung zu keinem anderen Ergebnis. Sie ging davon aus, dass der Suspensiveffekt der Anfechtungsklage (des Bundesbeauftragten) den sofortigen Eintritt der Bindungswirkung verhinderte (*Hailbronner,* AuslR B 2 § 4 AsylG Rn. 17; *Funke-Kaiser,* in: GK-AsylG § 4 Rn. 16). 3

Nach dem Gesetzeswortlaut entfalten nur positive Statusentscheidungen Bindungswirkung (so auch im Ergebnis *Hailbronner,* AuslR B 2 § 4 AsylVfG Rn. 14; *Funke-Kaiser,* in: GK-AsylG § 4 Rn. 8; a.A. *Bergmann,* in: Bergmann/Dienelt, AuslR, 11. Aufl., 2016, § 5 AsylG Rn. 6; *Möller,* in: Hofmann/Hoffmann, AuslR. Handkommentar, § 4 AsylG Rn. 6). Der Streit darüber, ob auch negative Statusentscheidungen von der Bindungswirkung erfasst werden, kann letztlich dahinstehen. Stellt der Asylsuchende nach bestandskräftiger Ablehnung des Asylantrags ein erneutes Asylgesuch, ist dieses nur unter den Voraussetzungen des § 71 rechtserheblich. In diesem Verfahren stellt sich das Problem der Bindungswirkung negativer bestandskräftiger Feststellungen sowie deren Durchbrechung. Insoweit wird auf die Erläuterungen zu § 71 verwiesen. Eine Vertiefung des Streits erscheint angesichts dessen nicht sinnvoll. Daher erübrigt sich auch eine Auseinandersetzung mit der Frage, ob bei ablehnenden Bescheiden aus bestimmten Begründungselementen Modifizierungen der Bindungswirkung folgen (s. hierzu *Funke-Kaiser,* in: GK-AsylG, § 4 Rn. 10 ff.). Regelungsgehalt von Satz 1 4 ist die Bindungswirkung positiver Statusentscheidungen. Ob und inwieweit negative bestandskräftige Feststellungen des Bundesamtes eine Bindungswirkung entfalten, hat der Gesetzgeber im Rahmen der Regelungen über den Folgeantrag geregelt.

5 Die Bindungswirkung der Statusentscheidung entfällt, wenn das Bundesamt diese unter den Voraussetzungen des § 73 widerrufen hat. Aus der konstitutiven Wirkung der Statusentscheidung (BVerfGE 60, 253, 295 = EZAR 610 Nr. 14 = EuGRZ 1982, 394 = DVBl 1982, 888) ergibt sich im Umkehrschluss, dass deren Bindungswirkung erst mit Eintritt der Bestandskraft der Sachentscheidung nach § 73 Abs. 1 oder 2 entfällt (VGH BW, InfAuslR 2001, 410, 411; VG Dresden, VG InfAuslR 2005, 38; *Möller*, in: Hofmann/Hoffmann, AuslR. Handkommentar, § 4 AsylG Rn. 7; unklar *Bergmann*, in: Bergmann/Dienelt, AuslR, 11. Aufl., 2016, § 4 AsylG Rn. 4), es sei denn, die sofortige Vollziehung des Widerrufs wird kraft Gesetzes oder behördlicher Einzelfallentscheidung (§ 75) angeordnet. Bis zu diesem Zeitpunkt darf die Ausländerbehörde dem Verlängerungsantrag oder dem Antrag auf Erteilung der Niederlassungserlaubnis nach § 9 Abs. 1 Satz 1 in Verb. mit § 26 Abs. 4 AufenthG nicht den Einwand des § 26 Abs. 2 AufenthG entgegenhalten. Die Verbindlichkeit der Statusfeststellung schließt eine eigenständige, von der Befugnis zum Widerruf losgelöste Beurteilung der voraussichtlichen Dauer der Verfolgungsgefahr ein, die andere Behörden bindet (VGH BW, InfAuslR 2001, 98, 100 = AuAS 2000, 228 [LS]; Rdn. 8). Fraglich ist deshalb, ob der noch nicht bestandskräftige Widerruf im Wege des Ermessens nach § 26 Abs. 3 oder 4 AufenthG berücksichtigt werden darf (so *Funke-Kaiser*, in: GK-AsylG, § 4 Rn. 20). Jedenfalls bei der Entscheidung nach § 26 Abs. 4 AufenthG dürfen nur aufenthaltsrechtliche, nicht aber asylverfahrensrechtliche Einwände berücksichtigt werden.

6 Wird der Statusbescheid zurückgenommen, kommt es für den Wegfall der Bindungswirkung darauf an, ob diese rückwirkend oder nur für die Zukunft zurückgenommen wird (*Funke-Kaiser*, in: GK-AsylG, § 4 Rn. 20). Demgegenüber wird eingewandt, dass die Rücknahme ebenso wie der Widerruf mit Wirkung für die Zukunft zurückgenommen werde, sodass auch die Bindungswirkung erst mit Eintritt der Unanfechtbarkeit der Entscheidung entfalle (*Hailbronner*, AuslR B 2 § 4 AsylG Rn. 17; *Bergmann*, in: Bergmann/Dienelt, AuslR, 11. Aufl., 2016, § 4 AsylG Rn. 10; *Möller*, in: Hofmann/Hoffmann, AuslR. Handkommentar, § 4 AsylG Rn. 7). Im Ergebnis besteht zwischen beiden Auffassungen jedoch kein Unterschied, da auch die differenzierende Auffassung auf den Eintritt der Bestandskraft abstellt. Für Einbürgerungsverfahren entfällt allerdings die Bindungswirkung bereits mit dem Eintritt der äußeren Wirksamkeit des Widerrufs oder der Rücknahme (§ 73 Abs. 2c). Auch im Fall des Erlöschens wird die Bindungswirkung beseitigt. Da die Erlöschenswirkung kraft Gesetzes eintritt (§ 72 Abs. 1), entfällt die Bindungswirkung mit dem Zeitpunkt des Eintritts eines der Erlöschenstatbestände nach § 72 Abs. 1 (*Bergmann*, in: Bergmann/Dienelt, AuslR, 11. Aufl., 2016, § 4 AsylG Rn. 10; *Möller*, in: Hofmann/Hoffmann, AuslR. Handkommentar, § 4 AsylG Rn. 9). Es handelt sich in diesen Fällen – nicht vergleichbar mit der Regelung in Satz 2 – nicht um eine Durchbrechung, sondern um eine Aufhebung der Bindungswirkung. Während nach Satz 1 die bestandskräftige Statusfeststellung wirksam und auch weiterhin in allen Angelegenheiten, in denen das Gesetz hieran Folgen knüpft, rechtserheblich bleibt, die Bindungswirkung jedoch im Auslieferungsverfahren

nach Satz 2 keine Wirkung entfaltet, verliert die Statusentscheidung nach § 31 Abs. 2 im Fall des Widerrufs, der Rücknahme und des Erlöschens ihre Rechtswirksamkeit. Sie kann folglich auch keine Bindungswirkung mehr entfalten.

II. Rechtserheblichkeit der Bindungswirkung

Mit dem Eintritt der Unanfechtbarkeit ist die Sachentscheidung in allen Fällen rechtserheblich, in denen nach den gesetzlichen Vorschriften die Asylanerkennung und die Entscheidung über den internationalen Schutz Anspruchsvoraussetzung ist. Die zentrale Bedeutung dieser Regelung liegt darin, dass der Antragsteller mit Bestandskraft der Statusentscheidung die Rechtsstellung nach der GFK (§ 2, § 3 Abs. 4 Halbs. 1) oder subsidiären Schutz (§ 4 Abs. 1 Satz 1) genießt. Die Rechtserheblichkeit der Sachentscheidung bezieht sich vorrangig auf die positiven Leistungsrechte, aber auch z.B. auf den Ausweisungsschutz nach § 53 Abs. 3 AufenthG für Asylberechtigte und Flüchtlinge sowie den nach § 55 Abs. 1 Nr. 5 AufenthG für subsidiär Schutzberechtigte Die Verbindlichkeit der Statusentscheidung schließt auch eine eigenständige Beurteilung der voraussichtlichen Dauer der Verfolgungsgefahr durch andere Behörden aus (VGH BW, InfAuslR 2001, 98, 100 = AuAS 2000, 228 [LS]; Rdn. 4). Das asylrechtliche Abschiebungs- und Zurückweisungsverbot wird durch die Bindungswirkung nicht tangiert (a.A. *Funke-Kaiser,* in: GK-AsylG, § 4 Rn. 26; unklar *Hailbronner,* AuslR B 2 § 4 AsylG Rn. 4). Sein Eingreifen ist nicht abhängig vom Erlass der Statusentscheidung. Vielmehr gilt der Abschiebungs- und Zurückweisungsschutz unabhängig von einem Antrag auf Schutzgewährung und der Asylrechtsgewährung oder der Entscheidung über den internationalen Schutz. Bei der von Amts wegen vorzunehmenden Prüfung, ob das Refoulementverbot zu beachten ist, kann dem Widerruf oder der Rücknahme allerdings eine indizielle Wirkung zukommen. 7

C. Auslieferungsrechtliche Durchbrechung der Bindungswirkung (Satz 2 erste Alternative)

I. Funktion der Vorschrift

Wie § 18 Satz 2 AsylG 1982 – und davor § 45 Satz 2 AuslG 1965 – ordnet Satz 2 Alt. 1 an, dass die schützende Bindungswirkung nach Satz 1 dann nicht gilt, wenn die Auslieferung des Statusberechtigten begehrt wird. Verfassungs- und völkerrechtlich ist diese Regelung nicht bedenkenfrei. Unionsrechtlich schließt die primärrechtliche Norm des Art. 19 Abs. 2 GRCh ausdrücklich den Schutz vor Auslieferung ein, schränkt das Zurückweisungsverbot aber andererseits auf den Schutz vor Todesstrafe und Folter oder unmenschlicher oder erniedrigender Behandlung ein. Unmittelbar nach dem Militärputsch in der Türkei am 12.09.1980 war diese Durchbrechung der asylrechtlichen Schutzwirkung Gegenstand heftiger politischer Diskussionen. Reformüberlegungen, die Mitte der achtziger Jahre angestrengt wurden (BT-Drucks. 10/423; 10/1025; 10/6151), sind nicht weiter verfolgt worden. 8

Nach Ansicht des BVerfG ist die Durchbrechung der Indizwirkung unanfechtbarer Statusentscheidungen verfassungsrechtlich unbedenklich (BVerfGE 60, 348, 358 = DVBl 1982, 834 = NVwZ 1983, 29 = NJW 1983, 2728 = InfAuslR 1982, 834 = 9

EZAR 150 Nr. 2; BVerfGE 64, 46, 65 = EZAR 150 Nr. 5 = NJW 1983, 1721 = EuGRZ 1983, 354 = DÖV 1983, 678; NVwZ 1983, 734). Für eine Überprüfung des Auslieferungsbegehrens stehe mit dem Oberlandesgericht eine unabhängige, richterliche Instanz zur Verfügung, die in einem justizförmigen Verfahren Einwände des Auszuliefernden prüfe (BVerfGE 63, 215, 227 ff. = EZAR 150 Nr. 4). Insoweit trifft den Verfolgten - wie im Asylverfahren - eine Darlegungslast (BVerfG [Kammer], NVwZ-RR 2016, 201, 203, Rn. 29). Durch die Durchbrechung der Bindungswirkung würden Auslieferungsbehörde und Gericht nicht von ihrer Verpflichtung entbunden, zu prüfen, ob dem Verfolgten Asylschutz zustehe. Auch wenn der Verfolgte bisher im Asylverfahren nicht als asylberechtigt anerkannt worden sei, müsse andererseits im Auslieferungsverfahren geprüft werden, ob er nach seiner Auslieferung politische Verfolgung zu gewärtigen habe (BVerfGE 63, 348, 358; BVerwG [Kammer], EuGRZ 1996, 324, 326; BVerfG (Kammer), NVwZ 2015, 1204 = InfAuslR 2015, 321).

10 Wer nach seiner Auslieferung Schutz vor politischer Verfolgung durch den *Grundsatz der Spezialität* (Verfolgung nur der Taten, für die die Auslieferung bewilligt worden ist) genießt, kann jedoch keinen Asylschutz erhalten, sofern nicht im Einzelfall zu erwarten ist, dass die Zusicherung nicht eingehalten wird (BVerfGE 15, 249, 251 = BayVBl. 1963, 113; BVerfGE 38, 398, 402 = NJW 1975, 1076 = EuGRZ 1975, 168; BVerfGE 60, 348, 358f. = EZAR 150 Nr. 2 = NVwZ 1983, 29 = InfAuslR 1982, 271; BVerfGE 63, 215, 224 = NJW 1983, 1725 = NStZ 1983, 321; BVerfGE 64, 125 = EZAR 150 Nr. 5 = NJW 1983, 1721; BVerfG, EuGRZ 1983, 354; BVerfGE 109, 38, 62; BGH, ArchVR 1962, 477; BGHSt 27, 191, OLG Düsseldorf, NJW 1984, 2052; OLG Hamm, GA 1978, 18; OLG Hamburg, GA 1980, 31; OLG Oldenburg, NJW 1978, 1120; OLG Stuttgart, GA 1976, 313). Eine Zusicherung der Spezialität entbindet das OLG daher nicht von der Pflicht, sich zumindest Kenntnis vom Inhalt der Akten des Asylverfahrens zu verschaffen (Rdn. 12). Diese Akten werden ja gerade im Interesse und zur Prüfung des Asylanspruchs des jeweils Betroffenen angelegt und sollen daher im Sinne der verfahrensrechtlichen Dimension von Art. 16a Abs. 1 GG der Prüfung des Anspruchs auf Asyl – unabhängig davon, in welchem Verfahren diese erfolgt – auch tatsächlich zugrunde gelegt werden. Durch die Pflicht zur Berücksichtigung des Inhalts der Asylverfahrensakten auch im Auslieferungsverfahren wird sichergestellt, dass der gesamte, vor staatlichen Stellen gemachte Vortrag des Asylbewerbers zu seinem Asylanspruch und alle seinen Asylanspruch betreffenden, bereits erfolgten Sachverhaltsermittlungen bei der Prüfung des Auslieferungsersuchens berücksichtigt werden. Aus dem Inhalt der Asylakten können sich insbesondere auch Anhaltspunkte dafür ergeben, dass im Einzelfall die Einhaltung erfolgter Zusicherungen nicht zu erwarten ist und daher vermeintlich nicht näher zu prüfende Auslieferungshindernisse gemäß § 6 Abs. 2 IRG oder entsprechenden auslieferungsrechtlichen Vorschriften, doch eingehend geprüft werden müssen (BVerfG [Kammer], NVwZ 2015, 1204 (1205) = InfAuslR 2015, 321, mit Anmerkung *Huber*, NVwZ).

10 Ein für den Auszuliefernden positives verwaltungsgerichtliches Urteil im Asylrechtsstreit ist aber nicht ohne Rechtserheblichkeit im Auslieferungsverfahren. Das nach Erlass des gerichtlichen Auslieferungsbeschlusses ergangene unanfechtbare verwaltungsgerichtliche Urteil im Asylverfahren stellt einen Umstand i.S.d. § 33 Abs. 1 IRG dar, der eine andere Entscheidung über die Zulässigkeit der Auslieferung zu begründen geeignet ist (BVerfGE 64, 46, 65f. = EZAR 150 Nr. 5 = NJW 1983, 1721). Dies folgt aus der verfassungsrechtlichen Pflicht, auf einen *bestmöglichen Schutz des Asylrechts des Auszuliefernden* hinzuwirken (BVerfGE 52, 391, 407f. = EZAR 150 Nr. 1 = NJW 1980, 516; BVerfGE 64, 46, 61 = EZAR 150 Nr. 5 = NJW 1983, 1721). Angesichts dessen bietet das Auslieferungsverfahren ungeachtet der Durchbrechung der asylrechtlichen Bindungswirkung auch im Hinblick auf das verfassungsrechtlich verbürgte Asylrecht hinreichend Möglichkeiten gerichtlichen Rechtsschutzes (BVerfG, NVwZ 1983, 734).

Die Rechtsprechung ist im Hinblick auf die Bedeutung einer asylrechtlichen Sta- 11
tusentscheidung uneinheitlich: Einerseits wird kategorisch festgestellt, auch im Fall der unanfechtbaren Asylanerkennung sei die Auslieferung zulässig (OLG Koblenz, NJW 1984, 1314). Andererseits wird hervorgehoben, die unanfechtbare Asylanerkennung sei ein gewichtiges Indiz für die Gefahr politischer Verfolgung. Daher liege die Annahme nahe, dass die Unverbindlichkeit der Asylanerkennung für das Auslieferungsverfahren nach Eintritt deren Rechtskraft ende. Die Auslieferung trotz unanfechtbarer Asylanerkennung könne angesichts dessen daher einer Aushöhlung des Asylrechts gleichkommen (OLG Celle, NJW 1984, 1312). Das BVerfG hat einer im Ausland erfolgten Anerkennung der Flüchtlingseigenschaft des Auszuliefernden für das Auslieferungsverfahren eine gewichtige Indizwirkung für die Gefahr politischer Verfolgung beigemessen (BVerfGE 52, 391, 405 = EZAR 150 Nr. 1 = NJW 1980, 516; ebenso OLG München, GA 1976, 311; OLG München, Urt. v. 28.10.1983 1 Ausl. 21/83; OLG Köln, Urt. v. 11.08.1980 – Ausl. 11/80). Die Schutzgewährung in einem Mitgliedstaat macht eine Auslieferung grundsätzlich unzulässig, es sei denn, eine vom ersuchenden Staat verbindliche Zusicherung wird eingehalten werden (BVerfG [Kammer] AuAS 2016, 64, 66). Die prozessuale Ausgestaltung dieses Grundsatzes geht dahin, dass eine Regelvermutung für eine nach sorgfältiger Prüfung (im Ausland) festgestellte Asylberechtigung eingreift (OLG Köln, Urt. v. 11.08.1980 – Ausl. 11/80).

Ist noch keine unanfechtbare Statusentscheidung ergangen, sprechen aber ernstliche 12
Gründe für die Annahme einer politischen Verfolgung, hat das OLG, um eine Vereitelung eines möglicherweise bestehenden Asylanspruchs zu vermeiden, die Auslieferung für unzulässig zu erklären. Die Voraussetzungen der politischen Verfolgung hat es insoweit unabhängig von der Entscheidung im Asylverfahren zu prüfen, ohne dass dessen Ausgang abgewartet werden muss. Dies folgt nicht nur aus § 6 Abs. 2 IRG und entsprechenden auslieferungsrechtlichen Vorschriften sowie aus dieser Vorschrift, vielmehr auch aus den norminternen Direktiven von Art. 16a Abs. 1 GG (BVerfG [Kammer], NVwZ 2015, 1204, 1205 = InfAuslR 2015, 321). Um der Bedeutung von Art. 16a Abs. 1 GG gerecht zu werden, muss das OLG daher bei entsprechenden Anhaltspunkten – wie die Verwaltungsgerichte in Asylverfahren – vor der Entscheidung über die Zulässigkeit der Auslieferung die ihm möglichen Ermittlungen zur Aufklärung einer behaupteten Gefahr politischer Verfolgung des Verfolgten veranlassen. Hierzu sind regelmäßig die Akten des Asylverfahrens beizuziehen, es sei denn, es steht z.B. aufgrund des Vortrags des Verfolgten fest, dass sich daraus

keine neuen Erkenntnisse ergeben (BVerfG [Kammer], NVwZ 2015, 1204, 1205 = InfAuslR 2015, 321; Rdn. 10).

II. Völkerrechtliche Bedenken

12 Nach Auffassung von UNHCR umfasst der Grundsatz des Non-Refoulement auch das Auslieferungsverbot (a.A. *Hailbronner,* AuslR B 2 § 4 AsylG Rn. 4; *Funke-Kaiser,* in: GK-AsylG, § 4 Rn. 28 ff.). Ist im Asylverfahren nach innerstaatlichem Recht unanfechtbar die Asylanerkennung oder Flüchtlingseigenschaft festgestellt worden, ist nach den innerstaatlichen Verfahrensregelungen verbindlich entschieden worden, dass der völkerrechtliche Schutz des Grundsatzes des Non-Refoulement Anwendung findet. Es ist jedenfalls aus völkerrechtlicher Sicht kein Raum mehr für eine Durchbrechung der Schutzwirkung dieses Grundsatzes. Dementsprechend hat das Schweizerische Bundesgericht unter Hinweis auf die Empfehlung des Exekutivkomitees des Programms von UNHCR Nr. 17 (XXXI) Buchst. g) hervorgehoben, dass anerkannte Flüchtlinge gegen Auslieferung geschützt seien. Art. 33 GFK habe Vorrang gegenüber bilateralen Auslieferungsabkommen. Auch könne der Spezialitätsgrundsatz nicht als Alternative zum Schutz vor Auslieferung betrachtet werden (Schweizerisches Bundesgericht, IJRL 1993, 271f.).

13 Es trifft zwar zu, dass im Auslieferungsverfahren umfassend die Gefahr politischer Verfolgung und die Gefahr der Verfolgung aus Gründen der GFK unter Berücksichtigung der tatsächlichen und rechtlichen Verhältnisse im (ersuchenden) Verfolgerstaat genau zu prüfen ist (BVerfGE 63, 215, 227 = EZAR 150 Nr. 4 = NJW 1983, 1725 = InfAuslR 1983, 154; BVerfGE 63, 197, 207 = EZAR 150 Nr. 3 = NJW 1983, 1823 = InfAuslR 1983, 148; BVerfG, NJW 1984, 559). Insbesondere ist zu prüfen, ob dem Auslieferungsersuchen ein *manipulierter Strafvorwurf* und damit in Wahrheit eine politische Verfolgungsabsicht zugrunde liegt (BVerfGE 63, 197, 206) oder ob es zu rechtsstaats- oder völkerrechtswidrigen Zwecken missbraucht wird (BGHSt. 27, 191; BGH, NJW 2046). Gleichwohl wird im Auslieferungsverfahren nicht im gleichen Umfang wie im Asylverfahren umfassend die Gefahr von Verfolgung und im Zusammenhang hiermit die Flüchtlingseigenschaft nach Art. 1 A Nr. 2 GFK überprüft. Erklärt das Oberlandesgericht die Auslieferung für zulässig und wird diese von der Bundesregierung bewilligt, erfolgt die Auslieferung an die Organe des behaupteten Verfolgerstaates, ohne dass zuvor in erschöpfender Weise die behauptete Gefahr von Verfolgung geprüft worden ist. Dies ist völkerrechtlich nicht zulässig. Aus zwei Gründen bestehen gegen Satz 2 Alt. 1 völkerrechtliche Bedenken: Im Auslieferungsverfahren wird nicht im erforderlichen Umfang die Gefahr von Verfolgung geprüft. Liegt bereits eine unanfechtbare Statusanerkennung vor, steht fest, dass der Grundsatz des Non-Refoulement Anwendung findet. Völkerrechtliche Rechtfertigungsgründe für eine Durchbrechung der Schutzwirkung sind nicht ersichtlich. Insbesondere ist Art. 33 Abs. 2 GFK nicht einschlägig, es sei denn, die Auslieferung erfolgt mit ausdrücklicher Berufung auf diese Norm. Dies ist jedoch nach den Erfahrungen der vergangenen Jahre in aller Regel nicht der Fall.

Darüber hinaus liegt Satz 2 Alt. 1 eine verfehlte Sichtweise des Zusammenhangs zwischen der zwischenstaatlich begründeten Auslieferungspflicht einerseits sowie dem verfassungsrechtlich verankerten Asylrecht andererseits zugrunde. Die innerstaatliche Wirkung des Grundsatzes der Nichtauslieferung politischer Flüchtlinge wird durch die verfassungsrechtliche Asylrechtsgarantie geprägt. Das Völkerrecht erlaubt der Bundesrepublik, die Auslieferung in diesen Fällen trotz an sich bestehender vertraglicher Auslieferungsverpflichtung abzulehnen. Nach Völkerrecht ist die Bundesrepublik weder zur Auslieferung verpflichtet noch würde die Auslieferung an sich das Völkerrecht verletzen, abgesehen von der Schutzwirkung des Art. 33 GFK. Dies ist die ratio legis des herrschenden *völkerrechtlichen Neutralitätsgrundsatzes*: Der ersuchte Staat kann die Auslieferung verweigern, wenn er Verfolgung aus Gründen der GFK befürchtet. Er ist dazu nicht nach dem zwischenstaatlichen Auslieferungsrecht, wohl aber nach Art. 33 GFK verpflichtet. Im Übrigen ist stets der Refoulementschutz aus Art. 3 EMRK zwingend zu beachten. 14

III. Unionsrechtliche Bedenken

In einer Untersuchung wird gegen Satz 2 eingewandt, dass Art. 9 Abs. 2 RL 2013/32/EU einer Auslieferung an den mutmaßlichen Verfolgerstaat entgegensteht. Aus dieser unionsrechtlichen Norm folge das Verbot, einen Asylantragsteller vor bestands- oder rechtskräftigem Abschluss seines Asylverfahrens auszuliefern. Ein anerkannter Flüchtling dürfe jedenfalls nicht ohne rechtsförmige Feststellung, dass Ausschlussgründe nach Art. 12 RL 2011/95/EU vorlägen, ausgeliefert werden. Wenn bereits während des Asylverfahrens eine Auslieferung ausgeschlossen sei, müsse dies erst recht nach der Flüchtlingsanerkennung gelten (*Lagodny*, Auslieferung trotz Flüchtlings- oder Asylanerkennung?, Gutachten zur Vereinbarkeit von § 4 Satz 2 AsylG mit Völker-, Europa- und Verfassungsrecht für amnesty international, 05.02.2008, S. 51f.; a.A. *Hailbronner*, AuslR B 2 § 4 AsylG Rn. 5; *Funke-Kaiser*, in: GK-AsylG, § 4 Rn. 31). Art. 7 Abs. 2 RL 2005/85/EG, die Vorläufernorm von Art. 9 Abs. 2 RL 2011/95/EU, ist erst im Laufe der Beratungen eingeführt worden. Ursprünglich bestimmte Art. 5 des Entwurfs der Verfahrensrichtlinie, dass ein Asylsuchender solange im Gebiet des Mitgliedstaates verbleiben kann, bis über seinen Asylantrag entschieden worden ist (Entwurf einer Richtlinie des Rates über Mindestnormen für Verfahren in den Mitgliedstaaten zur Zuerkennung oder Aberkennung der Flüchtlingseigenschaft, BR-Drucks. 762/00; Satz 12). Mit der in Kraft getretenen Bestimmung des Art. 7 Abs. 2 RL 2005/85/EG wurde festgelegt, dass eine Auslieferung während des Asylverfahrens nur zur Erfüllung der aus einem europäischen Haftbefehl folgenden Verpflichtungen zulässig ist oder wenn aus anderen Gründen entweder an einen anderen Mitgliedstaat oder aber an einen Drittstaat oder an internationale Strafgerichte oder Tribunale eine Überstellung oder Auslieferung vollzogen werden soll. Unionsrecht macht vom zwingenden Aufenthaltsrecht für Asylantragsteller mithin nur im zwischenstaatlichen Auslieferungsverkehr der Mitgliedstaaten untereinander oder im Fall der Auslieferung an ein internationales Straftribunal eine Ausnahme. 15

Zwar lässt Art. 9 Abs. 3 RL 2013/32/EU eine Auslieferung auch an einen Drittstaat zu. Die Gesamtkonzeption der Verfahrensrichtlinie steht indes dagegen, den 16

Herkunftsstaat als Drittstaat i.S.d. Art. 9 Abs. 3 RL 2013/32/EU zu behandeln, es sei denn, er kann als sicherer Herkunftsstaat im Sinne von Art. 36 Abs. 1 RL 2013/32/EU nach Prüfung der Verfolgungsbehauptungen (Art. 36 Abs. 1 RL 2013/32/EU) betrachtet werden. Es bedarf selbst im Fall eines sicheren Herkunftsstaates der individuellen Prüfung der Flüchtlingseigenschaft. Auch darf das Aufenthaltsrecht nur dann durchbrochen werden, wenn diese bestandskräftig verneint worden ist. Damit darf während des Asylverfahrens eine Auslieferung an den Herkunftsstaat nur nach bestandskräftiger Versagung der Flüchtlingseigenschaft erfolgen. Bei Anwendung der sicheren Herkunftsstaatenregelungen der Art. 36 und 37 RL 2013/32/EU dürfen vor Abschluss des Feststellungsverfahrens keine sofort vollziehbaren Anordnungen erfolgen. Der Zusammenhang der Regelungen der Verfahrensrichtlinie belegt damit, dass die Auslieferung eines Asylsuchenden an einen Drittstaat und an den behaupteten Verfolgerstaat unzulässig ist. Wenn insoweit bereits vor der Flüchtlingsanerkennung ein Auslieferungsverbot Anwendung findet, muss dies erst recht nach der bestandkräftigen Anerkennung des Antragstellers als Flüchtling gelten.

D. Durchbrechung der Bindungswirkung durch Erlass der Abschiebungsanordnung nach § 58a AufenthG (Satz 2 zweite Alternative)

17 Nach § 58a Abs. 1 AufenthG kann zur Abwehr einer besonderen Gefahr für die Sicherheit der Bundesrepublik Deutschland oder einer terroristischen Gefahr eine Abschiebungsanordnung erlassen werden (*Marx*, ZAR 2004, 275, 278 ff.). Die Abschiebungsanordnung ist sofort vollziehbar. Einer Abschiebungsandrohung bedarf es nicht. Verfahrensrechtlich ist die Abschiebungsanordnung nach § 58a Abs. 1 Satz 1 AufenthG ein Verwaltungsakt. Wie insbesondere aus § 58a Abs. 4 AufenthG folgt, sind Rechtsmittel in der Hauptsache und Eilrechtsschutzmaßnahmen gegen die Abschiebungsanordnung zulässig. Materiell-rechtlich stellt sie eine neue Form der Aufenthaltsbeendigung dar, da sie ohne vorhergehende Ausweisung ergehen kann und zur Beendigung der Rechtmäßigkeit des Aufenthaltes führt (§ 51 Abs. 1 Nr. 5a AufenthG). Sowohl die anordnende Behörde wie auch das BVerwG sind bei der Entscheidung über die Abschiebungsanordnung nicht an die hierzu getroffenen Feststellungen aus anderen Verfahren gebunden (§ 58a Abs. 3 Satz 3 Halbs. 2 AufenthG). Dementsprechend ordnet Satz 2 Alt. 2 die Durchbrechung der Sperrwirkung der Statusentscheidung an. Die für den Erlass der Abschiebungsanordnung zuständige Behörde und das BVerwG prüfen deshalb unabhängig von entsprechenden Feststellungen des Bundesamtes eigenständig das Vorliegen der Voraussetzungen nach § 3 Abs. 1 und § 4 Abs. 1 Satz 2. Das BVerwG wird damit in diesen Fällen zur umfassenden Tatsacheninstanz bei der Prüfung von Abschiebungshindernissen.

§ 7 Erhebung personenbezogener Daten

(1) Die mit der Ausführung dieses Gesetzes betrauten Behörden dürfen zum Zwecke der Ausführung dieses Gesetzes personenbezogene Daten erheben, soweit dies zur Erfüllung ihrer Aufgaben erforderlich ist. Daten im Sinne des § 3 Abs. 9 des Bundesdatenschutzgesetzes sowie entsprechender Vorschriften der Datenschutzgesetze

der Länder dürfen erhoben werden, soweit dies im Einzelfall zur Aufgabenerfüllung erforderlich ist.

(2) Die Daten sind beim Betroffenen zu erheben. Sie dürfen auch ohne Mitwirkung des Betroffenen bei anderen öffentlichen Stellen, ausländischen Behörden und nichtöffentlichen Stellen erhoben werden, wenn

1. dieses Gesetz oder eine andere Rechtsvorschrift es vorsieht oder zwingend voraussetzt,
2. es offensichtlich ist, dass es im Interesse des Betroffenen liegt und kein Grund zu der Annahme besteht, dass er in Kenntnis der Erhebung seine Einwilligung verweigern würde,
3. die Mitwirkung des Betroffenen nicht ausreicht oder einen unverhältnismäßigen Aufwand erfordern würde,
4. die zu erfüllende Aufgabe ihrer Art nach eine Erhebung bei anderen Personen oder Stellen erforderlich macht oder
5. es zur Überprüfung der Angaben des Betroffenen erforderlich ist.

Nach Satz 2 Nr. 3 und 4 sowie bei ausländischen Behörden und nichtöffentlichen Stellen dürfen Daten nur erhoben werden, wenn keine Anhaltspunkte dafür bestehen, daß überwiegende schutzwürdige Interessen des Betroffenen beeinträchtigt werden.

(3) Die Asylverfahrensakten des Bundesamtes sind spätestens zehn Jahre nach unanfechtbarem Abschluss des Asylverfahrens zu vernichten sowie in den Datenverarbeitungssystemen des Bundesamtes zu löschen. Die Fristen zur Vernichtung und Löschung aufgrund anderer Vorschriften bleiben davon unberührt.

Übersicht Rdn.

A. Funktion der Vorschrift

Die Vorschrift ist ebenso wie die Regelungen in § 8 ohne Vorbild im AsylG 1982. 1
Die gesetzliche Begründung bezieht sich auf die Rechtsprechung des BVerfG, wonach die *zwangsweise* Erhebung personenbezogener Daten einer *bereichsspezifischen Ermächtigung* bedarf (BVerfGE 65, 1). Dieser Forderung soll mit der Vorschrift entsprochen werden (BT-Drucks. 12/2062, S. 29). Die Vorschriften über die Erhebung und Übermittlung personenbezogener Daten sind auch im Zusammenhang mit den Regelungen über erkennungsdienstliche Maßnahmen (§ 16), Mitwirkungspflichten nach § 15 sowie Weitergabe- und gegenseitige behördliche Benachrichtigungspflichten (§ 21 und § 40) zu sehen. Unklar ist das Verhältnis der asylverfahrensrechtlichen

Sondervorschriften über die Erhebung und Übermittlung personenbezogener Daten zu den entsprechenden Vorschriften des AufenthG (§ 86 bis § 91b). Soweit der Schutz gegen unbegrenzte Datenerhebung in Rede steht, werden die Einschränkungen in § 7 geregelt. Für den Schutz gegen unbegrenzte Datenübermittlungen hat der Gesetzgeber in § 8 Regelungen getroffen.

2 Das BVerfG hat im *Volkszählungsurteil* aus Art. 2 Abs. 1 in Verb. mit Art. 1 Abs. 1 GG das *Grundrecht auf informationelle Selbstbestimmung* abgeleitet (BVerfGE 65, 1, 43; BVerfG, NVwZ 1992, 1162; OLG Hamburg, NJW 1985, 2541; OLG Düsseldorf, NJW 1985, 2537). Dieses Grundrecht gilt auch für Ausländer und Asylsuchende. Individuelle Selbstbestimmung setzt unter den Bedingungen moderner Informationsverarbeitungstechnologien voraus, dass dem Einzelnen *Entscheidungsfreiheit* über vorzunehmende oder zu unterlassende Handlungen einschließlich der Möglichkeit gegeben ist, sich auch entsprechend dieser Entscheidung zu verhalten. Wer nicht mit hinreichender Sicherheit überschauen kann, welche ihn betreffenden Informationen in bestimmten Bereichen seiner sozialen Umwelt bekannt sind, und wer das Wissen möglicher Kommunikationspartner nicht einigermaßen abzuschätzen vermag, kann in seiner Freiheit wesentlich gehemmt sein (BVerfGE 65, 1, 42f.). Hieraus folgt, dass die freie Entfaltung der Persönlichkeit unter den modernen Bedingungen der Datenverarbeitung den Schutz des Einzelnen gegen unbegrenzte *Erhebung, Speicherung, Verwendung* und *Weitergabe* seiner *persönlichen Daten* voraussetzt. Das *Grundrecht auf informationelle Selbstbestimmung* gewährleistet die Befugnis des Einzelnen, *grundsätzlich* selbst über die Preisgabe und Verwendung seiner persönlichen Daten zu bestimmen (BVerfGE 65, 1, 43). Aus dem Regelungszusammenhang von Abs. 2 ist zu entnehmen, dass der Gesetzgeber grundsätzlich diese verfassungsrechtlichen Forderungen berücksichtigt hat. Angesichts der modernen Informationstechnologie und der ihr eigenen Möglichkeiten zur schnellen Verarbeitung und Verknüpfung personenbezogener Daten zu unterschiedlichen Verwendungszwecken ist es für die Eröffnung des Schutzbereichs unerheblich, welche Arten von personenbezogenen Daten verwendet werden. Daher gibt es unter den Bedingungen moderner Datenverarbeitung im Grundsatz keine belanglosen Daten (BVerfGE 97, 391, 399 f.). Das Grundrecht auf informationelle Selbstbestimmung hat die Funktion einer notwendigen Bedingung für die kommunikative Kompetenz des Einzelnen. Dabei erstreckt sich die grundrechtliche Trägerschaft des Rechts auf informationelle Selbstbestimmung auf jede natürliche Person ungeachtet ihrer Nationalität.

3 Das Grundrecht auf informationelle Selbstbestimmung wird jedoch *nicht schrankenlos* gewährleistet. Der Einzelne hat nicht ein Recht im Sinne einer absoluten, uneinschränkbaren Herrschaft über »seine« Daten (BVerfGE 65, 1,43f.). Grundsätzlich muss der Einzelne Einschränkungen seines Rechts auf informationelle Selbstbestimmung im *überwiegenden Allgemeininteresse* hinnehmen (BVerfGE 65, 1, 43f.; BVerfG (Kammer), NVwZ 2007, 688, 690). Ein Grundrechtseingriff kann bei jeder hoheitlichen Verwendung personenbezogener Daten in Betracht kommen. Diese muss aus verfassungsrechtlichen Gründen aber bestimmten Voraussetzungen genügen. Zunächst bedürfen derartige Beschränkungen nach Art. 2 Abs. 2 GG einer *gesetzlichen Grundlage,* aus der sich die

Voraussetzungen und der *Umfang* der Beschränkungen *klar* und für den Bürger *erkennbar* ergeben und die damit dem rechtsstaatlichen Gebot der *Normenklarheit* entspricht. Der Einzelne muss wissen können, wer was wann und bei welcher Gelegenheit über ihn weiß (BVerfGE 65, 1, 43 f.; 100, 313, 359 f.; 113, 348, 375). Demgemäß setzt die Erhebung personenbezogener Daten voraus, dass der Gesetzgeber den *Verwendungszweck* der Daten *bereichsspezifisch* und *präzise* bestimmt und die Angaben für diesen Zweck geeignet und erforderlich sind (BVerfGE 65, 1, 46; BVerfG (Kammer), BVerfG, NVwZ 1990, 1162). Damit wäre die Sammlung nicht anonymisierter Daten auf Vorrat zu unbestimmten oder noch zu bestimmenden Zwecken nicht zu vereinbaren (BVerfGE 65, 1, 46; BVerfGE 100, 313, 359 f.). Ergeben sich im Rahmen der Tätigkeit bestimmter Verwaltungszweige – wie hier im Asylverfahrensrecht – besondere, typische Risiken für die betroffenen Personen, bedarf es einer bereichsspezifischen und präzisen Bestimmung des Verwendungszwecks. Eine unmittelbare Verfassungsbeschwerde gegen ein Gesetz, das die Speicherung personenbezogener Daten anordnet, ist unzulässig. Vielmehr bedürfen die angegriffenen Regelungen eines derartigen Gesetzes einer Umsetzung durch Einzelakte der vollziehenden Gewalt. Diese entfalten ihre Wirkung nicht von selbst. Zu ihrer Wirksamkeit bedarf es vielmehr behördlicher Maßnahmen unter Anwendung der gesetzlichen Regelungen im konkreten Einzelfall (BVerfG [Kammer], NVwZ 2002, 464, 465 = InfAuslR 2002, 91).

Gemessen an diesen Grundsätzen hat der Gesetzgeber mit § 7 eine bereichsspezifische Rechtsgrundlage für die Erhebung personenbezogener Daten im Asylverfahrensrecht geschaffen. Der Zweck, zu dem die Daten erhoben und die erhobenen Informationen verwendet werden sollen, ist also präzise zu bezeichnen. Dabei sollen bereichsspezifische Vorschriften die Besonderheiten und Risiken berücksichtigen, die ein bestimmtes Rechtsgebiet für das Grundrecht auf informationelle Selbstbestimmung mit sich bringt. Deshalb genügt eine Ermächtigungsgrundlage zur Datenerhebung und –übermittlung nur dann den Erfordernissen der *Normenklarheit*, wenn sie die Voraussetzungen und den Umfang einer Grundrechtsbeeinträchtigung nachvollziehbar und in sich widerspruchsfrei beschreibt. Davon zu unterscheiden ist der Grundsatz der *Normenbestimmtheit* (*Petri*, in: GK-AufenthG II, Vor §§ 86 ff. Rn. 9 f.). Danach dürfen die Ermächtigungsgrundlagen nicht so abstrakt gefasst sein, dass sie in ihrem Bedeutungsgehalt keine hinreichende Wirkung mehr entfalten. Dies schließt zwar die Verwendung von Generalklauseln wie in § 7 und § 8 nicht aus, wenn und soweit ihre Tatbestandsmerkmale durch Rechtsprechung und Schrifttum hinreichend konkretisiert sind. Der Betroffene muss dabei anhand der Befugnisnorm grundsätzlich erkennen können, bei welchen Anlässen und unter welchen Voraussetzungen eine staatliche Datenverarbeitung in Betracht kommt (BVerfGE 113, 348, 375 f.). 4

Bei seinen Regelungen hat der Gesetzgeber ferner den Grundsatz der *Verhältnismäßigkeit* zu beachten (BVerfGE 65, 1, 44; 67, 100, 143; BVerfG (Kammer), NVwZ 1990, 1162). Dieser verfassungskräftige Grundsatz folgt aus der negatorischen Funktion der Grundrechte, die durch den Staat nur jeweils so weit beschränkt werden dürfen, wie es zum Schutze öffentlicher Interessen unerlässlich ist (BVerfGE 19, 342, 348). Die Behörden, die zur Erfüllung ihrer Aufgaben personenbezogene Daten sammeln, 5 haben sich auf das zur Erreichung der sachbereichsspezifischen Aufgabe *erforderliche Minimum* zu beschränken (BVerfGE 65, 1, 46; BVerfG (Kammer), NVwZ 2007, 688, 690). Der Gesetzgeber hat deshalb zwischen den Grundrechten der durch die Datenerhebung und –übermittlung betroffenen Personen, insbesondere dem Grundrecht auf informationelle Selbstbestimmung, einerseits sowie den legitimen Bedürfnis des Staates auf Durchführung gesetzmäßiger Asylverfahren andererseits abzuwägen. Dabei darf das Grundrecht auf informationelle Selbstbestimmung nicht generell hinter anderen öffentlichen Interessen zurückstehen. Vielmehr ist die Beeinträchtigung auf das *erforderliche Minimum* zu beschränken (BVerfGE 65, 1, 46; BVerfG (Kammer), NVwZ 2007, 688, 690 f.). Insbesondere ist der Grundsatz zu berücksichtigen, dass der Schutz der Betroffenen umso intensiver sein muss, je näher die Datenverwendung seine Intimsphäre betreffen (BVerfGE 89, 69, 85 f.). Haben Eingriffe für den Betroffenen irreversible Folgen, sind besonders strenge Anforderungen an die Datenerhebung und -übermittlung zu stellen. Dies gilt auch, wenn die Datenverarbeitung ohne Kenntnis des Betroffenen erfolgt. Demgemäß ist die *vorrangige Datenerhebung beim Betroffenen* Ausdruck des Verhältnismäßigkeitsgrundsatzes, weil auf diese Art und Weise zumindest ein Mindestmaß an Mitgestaltung des Betroffenen an der Datenverwendung sichergestellt wird (*Petri*, in: GK-AufenthG II, Vor §§ 86 ff., Rn. 19). So regelt etwa Abs. 2 Satz 1, dass die Daten beim Betroffenen zu erheben sind.

6 Schließlich schützt der *Zweckbindungsgrundsatz* (BVerfG [Kammer], NVwZ 2002, 464, 466 = InfAuslR 2002, 91) gegen die *Vorratssammlung* personenbezogener Daten zu unbestimmten oder nicht bestimmbaren Zwecken. Die Zulässigkeit der Übermittlung, Speicherung, Abfrage und Veränderung von Daten kann nicht unabhängig von der konkreten Ausgestaltung der Datenverarbeitung beurteilt werden. Für die Zulässigkeit einer Datenverarbeitung kommt es nicht allein auf die Art der Daten an. Entscheidend sind vielmehr ihre Nutzbarkeit und Verwendungsmöglichkeiten. Erst wenn Klarheit darüber besteht, zu welchem Zweck Daten erhoben werden und welche Verknüpfungs- und Verwendungsmöglichkeiten jeweils bestehen, lässt sich beantworten, ob die Beschränkung des Rechts auf informationelle Selbstbestimmung als zulässig anzusehen ist (BVerfG [Kammer], NVwZ 2002, 464, 466 = InfAuslR 2002, 91). Zwar wird dieser Zweckbindungsgrundsatz durch zahlreiche Zweckänderungsregeln durchbrochen. Stets ist aber darauf zu achten, ob und in welchem Umfang zweckändernde Datenverarbeitungen dem Betroffenen die Ausübung eines Rechts erschweren, den Umfang der Datenverarbeitung und den Kreis der Stellen zu überschauen, die seine Daten verwenden (BVerfG [Kammer], NVwZ 2002, 464, 465 = InfAuslR 2002, 91). Deshalb sind die persönlichen Daten grundsätzlich beim *Betroffenen* selbst zu erheben (Abs. 2 Satz 1). Ist dies der Asylantragsteller, ist er entsprechend seinen allgemeinen Mitwirkungspflichten (§ 15), insbesondere aber aufgrund zahlreicher besonderer Mitwirkungspflichten (vgl. z.B. § 25, § 33, § 71a Abs. 2, § 74 Abs. 2) gehalten, Angaben zu seinen individuellen Verhältnissen und Eigenschaften zu machen. Unterlässt er dies oder kommt er diesen Verpflichtungen nur unzulänglich nach, kann das auf den Ausgang seines Verfahrens nachteilige Auswirkungen haben. Die Freiheit der Persönlichkeit ist insoweit nicht berührt.

B. Zweck der Datenerhebung (Abs. 1 Satz 1)

Nach Abs. 1 Satz 1 dürfen die mit der Ausführung des AsylG betrauten Behörden zum Zwecke der Ausführung des Gesetzes personenbezogene Daten erheben, soweit dies zur Erfüllung ihrer Aufgaben erforderlich ist. Personenbezogene Daten sind nach der Legaldefinition des § 3 Abs. 1 BDSG Einzelangaben über persönliche oder sachliche Verhältnisse einer bestimmten oder bestimmbaren natürlichen Person (*Betroffener*). Darunter fallen Angaben über den Betroffenen selbst, seine Identifizierung und Charakterisierung (Name, Geburtsdatum und –ort, Familienstand, Staatsangehörigkeit, Anschriften, tatsächlicher oder gewöhnlicher Aufenthalt, Erwerbstätigkeit, Arbeitgeber, Einkommens- und Vermögensverhältnisse, Wohnraumverhältnisse) oder über auf ihn bezogene Sachverhalte, wie etwa Fotografien, Fingerabdrücke, aber auch auf Personen beziehbare Sachangaben wie Telefon- oder Versicherungsnummern. Auch personenbezogene Informationen, welche dem Bereich des wirtschaftlichen Handelns zuzuordnen sind, fallen unter diesen Begriff (BVerfG, NJW 1988, 3009). Es ist im Rahmen der begrifflichen Bestimmung unerheblich, ob es sich inhaltlich um besonders sensible Daten handelt oder nicht (*Hailbronner,* AuslR A 1 § 86 AufenthG Rn. 28). Diese Frage gewinnt aber im Rahmen des Verhältnismäßigkeitsgrundsatzes rechtliche Bedeutung. 7

Daten dürfen erhoben werden, soweit dies zur Erfüllung der behördlichen Aufgaben nach dem AsylG erforderlich ist. Damit wird der *Verwendungszweck* der Datenverarbeitung *bereichsspezifisch* bestimmt (BVerfGE 65, 1, 46; Rdn. 4). Die Behörden dürfen personenbezogene Daten nur zum Zwecke der Ausführung des AsylG zur Erfüllung ihrer Aufgaben erheben. Die Datenerhebung muss sich also innerhalb des Aufgabenfeldes nach dem AsylG bewegen. Daher kann § 7 außerhalb des Asylverfahrens nicht als Rechtsgrundlage für die Datenerhebung herangezogen werden (*Petri,* in: GK-AsylG II, § 7 Rn. 49). Aus rechtsstaatlichen Gründen ergeben sich jedoch Bedenken gegen die weite Fassung der gesetzlichen Zweckbestimmung. Im Blick auf die parallele Vorschrift des § 86 AufenthG wird gerügt, dass eine derartige Klausel zu weit gefasst sei und damit nicht ihrer rechtsstaatlichen Funktion gerecht werde, das Ob und den Umfang der Datenbeschaffung für die Betroffenen und die Behörde erkennbar zu begrenzen. Deshalb werden insoweit gegen § 86 AufenthG verfassungsrechtliche Bedenken geltend gemacht (*Petri,* in: GK-AufenthG II, Vor §§ 86 ff. Rn. 38; *Bergmann,* in: Bergmann/Dienelt, AuslR, 11. Aufl., 2016, § 7 AsylG Rn. 6). 8

Die Datenerhebung ist nur erforderlich, wenn die personenbezogenen Daten zum Zwecke der Vorbereitung einer konkreten asylverfahrensrechtlichen Entscheidung erhoben werden. Aufgrund der weiten Fassung des Abs. 1 bedarf es einer restriktiven Auslegung. Erforderlich zur Aufgabenerfüllung ist die Erhebung personenbezogener Daten nur, wenn asylverfahrensrechtliche Maßnahmen und Entscheidungen konkret zur Durchführung anstehen. Eine Datensammlung auf Vorrat zu unbestimmten oder noch zu bestimmenden Zwecken ist unzulässig (BVerfGE 65, 1, 46; 100, 313, 359 f.). Die Erforderlichkeit bezieht sich auf jede einzelne personenbezogene Datenerhebung, welche die Behörde vornehmen will. Die Kenntnis der zu erhebenden Information muss für eine Entscheidung oder Maßnahme in dem Sinne tatsächlich benötigt 9 werden, dass ohne diese die Aufgabe der Stelle nicht oder jedenfalls nicht angemessen wahrgenommen werden kann. Der Umfang der Erhebung personenbezogener Daten ist jeweils abhängig von der Person des Betroffenen sowie dem Verfahrensstadium. In diesem Zusammenhang wird auch die Mitwirkungspflicht des Betroffenen durch den Grundsatz der Erforderlichkeit begrenzt. So ist etwa die Vorlage geschwärzter nicht erforderlicher Angaben etwa auf Bankauszügen, Steuerunterlagen oder anderer sensitiver Unterlagen zulässig. Lediglich bei konkreten und hinreichend begründeten Anhaltspunkten für eine Missbrauchsabsicht des Betroffenen mag eine darüber hinausgehende Datenerhebung zulässig sein (vgl. *Petri*, in: GK-AufenthG II, § 86 Rn. 42).

10 *Datenerhebung* ist das Beschaffen von Daten über den Betroffenen (§ 3 Abs. 3 BDSG). Die Beschaffung ist *Vorphase* für die nachfolgende *Datenverarbeitung. Beschaffung* personenbezogener Daten bedeutet in jedem Fall ein *zielgerichtetes Handeln* zur Erlangung derartiger Daten. Zufällig erlangte, unaufgefordert zugeleitete oder aufgedrängte personenbezogene Daten fallen nicht unter den Begriff der Beschaffung. Solche Daten dürfen gegen den Willen des Betroffenen nur unter den Voraussetzungen des § 4 Abs. 2 Satz 2 BDSG weiterverarbeitet werden. Fragen zur Datenspeicherung sind im AsylG nur rudimentär geregelt. Die aufenthaltsrechtlichen Bestimmungen über die Datenerhebung, kommen nicht zur Anwendung, wenn Maßnahmen nach dem AsylG zu treffen sind. Eine *analoge Anwendung* von § 86 AufenthG ist unzulässig (*Petri*, in: GK-AsylG II, § 7 Rn. 45). Nur wenn eine konkrete Maßnahme ausdrücklich auf das AufenthG gestützt wird, die nicht im AsylG geregelt ist, darf auf die Vorschriften der §§ 86 ff. AufenthG zurückgegriffen werden (*Hailbronner*, AuslR B 2 § 7 AsylG Rn. 8).

11 Den Regelungen des AsylG lassen sich keine Ermächtigungsgrundlagen für die Verwendung und Speicherung personenbezogener Daten im Asylverfahren entnehmen. Die gesetzliche Begründung beruft sich zwar ausdrücklich auf die Rechtsprechung des BVerfG, wonach die Speicherung nicht anonymisierter Daten auf Vorrat unzulässig ist (BVerfGE 65, 1, 46). Aus welchen Gründen die gesetzliche Regelung der Speicherung asylspezifischer Daten nicht für erforderlich erachtet wird, kann der gesetzlichen Begründung jedoch nicht entnommen werden. Eine derartige Rechtsansicht wäre auch schwerlich zu begründen. Deshalb bestehen unter dem Gesichtspunkt des auch für Asylsuchende und Flüchtlinge geltenden Grundrechts auf informationelle Selbstbestimmung Bedenken gegen die gesetzlich nicht geregelte Speicherung asylspezifischer personenbezogener Daten. Jedenfalls sind zugunsten von Asylsuchenden die Schutzbestimmungen des § 14 Abs. 1 BDSG in Verb. mit § 91 AufenthG anzuwenden (*Bäumler*, NVwZ 1995, 239, 241). Soweit das AsylG zur Datenverwendung schweigt, finden die Regelungen des allgemeinen Datenschutzrechts Anwendung (*Petri*, in: GK-AsylG II, § 7 Rn. 43 mit Verweis auf § 1 Abs. 3 Satz 1 BDSG). Das Bundesamt speichert eine Vielzahl personenbezogenen Daten ebenso wie die Ausländer-, Grenzbehörden und Aufnahmeeinrichtungen. Soweit die Ausländerbehörden betroffen sind und § 86 AufenthG unmittelbar Anwendung findet, besteht zwar eine gesetzliche Grundlage für die Speicherung personenbezogener Daten. Mit Blick auf die anderen Behörden und hinsichtlich der asylspezifischen personenbezogenen Daten fehlt es jedoch an einer Eingriffsgrundlage.

C. Besonderer Datenschutz nach § 3 Abs. 9 BDSG (Abs. 1 Satz 2)

Nach § 3 Abs. 9 BDSG ist die Erhebung besonderer personenbezogene Daten über die rassische und ethnische Herkunft, politische Meinungen, religiöse oder philosophische Überzeugungen, Gewerkschaftszugehörigkeit, Gesundheit oder Sexualleben nicht zulässig. Dies beruht auf dem Datenverarbeitungsverbot des Art. 8 Abs. 1 RL 95/46/EG (DSRL). Abs. 1 Satz 2 wurde mit Wirkung zum 1. Januar 2005 eingeführt. Mit dieser Bestimmung soll sicherstellt werden, dass wie bisher sensitive Daten, wie z.B. Angaben zur Ethnie, Rasse oder Religion, als asylrelevante Daten erhoben werden können und vom allgemeinen Erhebungsverbot der EU-Datenschutzrichtlinie ausgeschlossen bleiben (BT-Drucks. 15/420, S. 107). Die besondere Regelung des Abs. 1 Satz 2 hat zur Folge, dass das Bundesamt zur Aufklärung des asylrechtlich erheblichen Sachverhalts und strikt bezogen auf diesen Zweck personenbezogene Daten über die rassische und ethnische Herkunft, politische Meinungen, religiöse oder philosophische Überzeugungen, Gewerkschaftszugehörigkeit, Gesundheit oder Sexualleben erheben darf, da es andernfalls nicht in der Lage wäre, eine sachgerechte Entscheidung (§ 3a, § 3b) zu treffen. Das Sexualleben kann z. B. bei der Verfolgung wegen der sexuellen Ausrichtung, die philosophische, politische Ansicht bei der Verfolgung wegen der politischen Überzeugung von Bedeutung sein. 12

Die strikt sachbezogene Durchbrechung des Verbots des § 3 Abs. 9 BDSG hat zur Folge, dass das Bundesamt bei anderen Entscheidungen und Maßnahmen zur Erfüllung asylverfahrensrechtlicher Aufgaben nicht vom Datenverarbeitungsverbot des Art. 8 Abs. 1 DSRL entbunden ist. Vielmehr beruht Abs. 1 Satz 2 auf Art. 8 Abs. 4 DSRL und durchbricht strikt bezogen auf die hierfür maßgebenden Voraussetzungen das Datenverarbeitungsverbot des Art. 8 Abs. 1 DSRL. In allen anderen asylverfahrensrechtlichen Verfahren ist ungeachtet der Ausnahmevorschrift des Abs. 1 Satz 2 das Datenverarbeitungsverbot des Art. 8 Abs. 1 DSRL zu beachten. Personenbezogene sensitive Daten, die unter Verletzung des Datenverarbeitungsverbots des Abs. 1 Satz 2 in Verb. mit § 3 Abs. 9 BDSG, Art. 8 Abs. 1 RL 95/46/EG gewonnen werden, dürfen von den zuständigen Behörden weder im Verwaltungs- noch im Verwaltungsstreitverfahren verwertet werden. Es wird aber für zulässig erachtet, rechtswidrig erhobene Daten zum Anknüpfungspunkt für weitere Ermittlungen zu verwerten (OVG Hamburg, InfAuslR 2007, 285, 288). Jedoch findet ein *Verwertungsverbot* Anwendung, wenn die betreffenden Informationen durch die Verletzung des unantastbaren Kernbereichs der privaten Lebensführung erlangt worden sind (BVerfGE 109, 279, 352 f.); *Hailbronner*, AuslR A 1 § 86 AufenthG Rn. 36). 13

D. Zuständige Behörden (Abs. 1 Satz 1)

Die in Abs. 1 Satz 1 angesprochenen Behörden sind das Bundesamt, die Ausländerbehörden, die Aufnahmeeinrichtungen, die allgemeinen Polizeibehörden und die Bundespolizei. Zutreffend wird darauf hingewiesen, dass die von Asylsuchenden vorgebrachten Asylgründe in die Kategorie der *»besonders sensiblen Daten«* einzustufen seien. Dies werde jedoch von den zuständigen Behörden nicht hinreichend berücksichtigt (*Bäumler*, Redebeitrag, in: Datenschutz – auch für Ausländer? –, S. 71). 14

Sowohl bei der Erhebung nach Abs. 1, insbesondere aber auch bei der Übermittlung dieser personenbezogenen Angaben nach § 8 trifft die zuständigen Behörden deshalb eine besondere Sorgfaltspflicht. Bei anderen Stellen dürfen Daten nur unter den in Abs. 2 Satz 1 eng umschriebenen Voraussetzungen erhoben werden. Ohne Mitwirkung des Betroffenen bedeutet nicht, dass die Datenerhebung ohne seine Kenntnis erfolgen dürfte. Öffentliche Stellen sind Behörden, Organe der Rechtspflege und andere öffentlich-rechtlich organisierte Einrichtungen des Bundes und der Länder, der bundesunmittelbaren Körperschaften, Anstalten und Stiftungen des öffentlichen Rechts sowie deren Vereinigungen ungeachtet ihrer Rechtsform, öffentlich-rechtliche organisierte Einrichtungen einer Gemeinde, eines Gemeindeverbandes und sonstiger der Aufsicht der Länder unterstehender juristischer Personen des öffentlichen Rechts, der bundesunmittelbaren Körperschaften, Anstalten und Stiftungen des öffentlichen Rechts sowie deren Vereinigungen ungeachtet ihrer Rechtsform (§ 2 Abs. 1 Satz 1, Abs. 2 Satz 1 BDSG). Öffentlich Stellen in diesem Sinne sind insbesondere die Polizeibehörden von Bund und Ländern, die Ordnungsbehörden, Strafverfolgungs-, Strafvollstreckungs- und Strafvollzugsbehörden, Gerichte, Auslandsvertretungen, das Bundesamt für Migration und Flüchtlinge, die Meldebehörden, Standesämter, Einwohnermeldeämter, Finanzämter, Bundesagentur für Arbeit, Träger der Sozialhilfe, Träger der Grundsicherung für Arbeitssuchende, Jugendämter und öffentliche Stellen in den Bereichen Erziehung, Bildung und Wissenschaft.

15 Eine gegenseitige behördliche Auskunftspflicht regelt das im *Schengener Zusatzabkommen* verankerte *Schengener Informationssystem.* Auch in gegenseitigen auslieferungsrechtlichen sowie in Rechtshilfeabkommen sind im bestimmten Umfang Auskunftspflichten geregelt. Fehlt es an einer die Auskunftspflicht begründenden vertraglichen Grundlage, mögen die mit der Ausführung des Gesetzes betrauten Behörden zwar Auskunftsersuchen an ausländische Behörden richten. Ob sie eine Antwort erhalten, ist jedoch eine andere Frage. Ausdrücklich ordnet Abs. 2 Satz 2 an, dass der Erhebung von Daten bei ausländischen Behörden und nichtöffentlichen Stellen überwiegende schutzwürdige Interessen des Betroffenen entgegenstehen. Dies bedeutet, dass bei den Behörden des Herkunftslandes keine Informationen über den Asylsuchenden eingeholt werden dürfen, weil dies Verfolgungsgefahren begründen kann. Auch der polizeilichen Zusammenarbeit bei der Terrorismusbekämpfung steht die Vorschrift entgegen. Da das Gesetz derartige Ersuchen nicht ausdrücklich ausschließt und auch die gesetzliche Begründung keine Ausführungen zu dieser Frage enthält, kann wohl davon ausgegangen werden, dass Abs. 2 Satz 2 Halbs. 1 die zwangsweise Datenerhebung auch bei Behörden des Herkunftsstaates des Asylsuchenden nicht ausschließen will. Verfahrensrechtliche Bestimmungen sind jedoch grundrechtskonform auszulegen und anzuwenden (BVerfGE 53, 30, 65; 56, 216, 235f.; 73, 289, 296).

16 Die Erhebung *personenbezogener* Daten bei den Behörden des Heimatstaates können zu einer persönlichen Gefährdung des Antragstellers oder seiner im Herkunftsland lebenden Angehörigen und Bekannten führen. Stehen Grundrechte auf dem Spiel, weil es um ihre Schutzwirkung schlechthin geht (BVerfGE 52, 391, 407), dürfen Daten nicht erhoben werden. Derartige Aufklärungsmittel sind zudem zur Wahrheitsfindung

schlechthin untauglich, weil einer in dieser Weise gewonnenen Aussage zwangsläufig ein hohes Maß nicht klärbarer Zweifel an ihrer Glaubhaftigkeit innewohnen (BVerwG, DVBl 1983, 1001; BVerwG, DVBl 1984, 571). Anfragen bei einem Gericht des Herkunftsstaates des Asylsuchenden sind regelmäßig schlechthin ungeeignet zur Wahrheitsfindung (BVerwG, Buchholz 402.25 § 1 AsylG Nr. 9). Abs. 2 Satz 2 1. Halbs. ist daher in verfassungskonformer Weise dahin auszulegen, dass *überwiegende schutzwürdige Interessen* des Asylantragstellers es stets verbieten, bei den Behörden seines Herkunftslandes personenbezogene Daten zu erheben. Derartige Erhebungen sind darüber hinaus auch mit der Übermittlungssperre nach § 18 Abs. 1a BVerfSchG unvereinbar (*Marx,* ZAR 2002, 127, 135). Dürfen nach § 18 Abs. 1a BVerfSchG keine personenbezogenen Daten an die Behörden des Herkunftslandes übermittelt werden, dürfen sie nach Abs. 2 Abs. 1 dort auch nicht erhoben werden.

E. Zwangsweise Datenerhebung nach Abs. 2

Nach Abs. 2 Satz 1 erheben die mit der Ausführung des AsylG betrauten Behörden 17 die personenbezogenen Daten beim Betroffenen. Auch ohne dessen Mitwirkung – also zwangsweise – dürfen diese bei anderen öffentlichen und nichtöffentlichen Stellen sowie ausländischen Behörden aus den *enumerativ* wirkenden fünf Gründen des Abs. 2 Satz 2 erhoben werden. Auffallend ist, dass das Gesetz an zwei Stellen (Abs. 2 Satz 1 und Satz 2 Halbs. 1) den Begriff des *Betroffenen* wählt, während in allen anderen gesetzlichen Bestimmungen der Begriff des Ausländers – und damit der des *Asylantragstellers* – genannt wird. Damit werden die auskunftspflichtigen Personen nicht näher umschrieben. Vielmehr wird für eine unbestimmte Vielzahl denkbarer Fallgestaltungen, die sich in irgendeiner Weise bei der Ausführung des Gesetzes ergeben können, eine gesetzliche Ermächtigung zur Bestimmung des Personenkreises der Auskunftspflichtigen geschaffen. Da die Ermächtigungsgrundlage hinsichtlich der Voraussetzungen und des Umfangs der Einschränkung des Grundrechts auf informationelle Selbstbestimmung klar und *für den Bürger erkennbar* sein muss (BVerfGE 65, 1, 44), wird der Gesetzgeber mit der Formulierung des Betroffenen kaum den verfassungsrechtlichen Anforderungen gerecht.

Die in Abs. 2 Satz 2 Halbs. 2 genannten Gründe sind *enumerativer Natur.* Nach Nr. 1 18 ist die Datenerhebung nur zulässig, wenn das AsylG oder eine andere Rechtsvorschrift dies vorsieht oder zwingend voraussetzt. Das AsylG enthält eine Reihe von Vorschriften, welche die Erhebung von Daten bei anderen Behörden vorsehen (z.B. § 21, § 24 Abs. 1 Satz 1). Nr. 2 unterläuft die verfassungsgerichtliche Rechtsprechung. Die Mitwirkung des Betroffenen reicht nicht aus, wenn er die zur Aufgabenerfüllung erforderlichen Informationen nicht selbst beschaffen kann. Einen unverhältnismäßigen Aufwand bedeutet die Erhebung beim Betroffenen nur, wenn ein signifikantes Missverhältnis zwischen dem Aufwand der erhebenden Behörde und dem Erhebungszweck besteht (*Petri,* in: GK-AsylG II, § 7 Rn. 69). Ein Einschränkungsgrund der *vermuteten Einwilligung* oder der *Geschäftsführung ohne Auftrag* höhlt den Grundrechtsschutz aus. Auch die Einschränkungsgründe in Nr. 3 und 4 lassen es an der von der Verfassung geforderten Präzision und inhaltlichen Bestimmtheit sowie Rechtsklarheit fehlen.

F. Rechte der Betroffenen

19 Werden personenbezogene Daten beim Betroffenen erhoben, ist er – sofern er nicht bereits auf andere Weise Kenntnis erlangt hat – von der verantwortlichen Stelle über die Identität der verantwortlichen Stelle, die Zweckbestimmung der Erhebung, Verarbeitung oder Nutzung zu unterrichten (§ 4 Abs. 3 Satz 1 BDSG, Art. 10 Abs. 1 DSRL). Eine Unterrichtungspflicht über die Kategorien von Empfängern besteht nur, soweit der Betroffene nach den Umständen des Einzelfalls nicht mit der Übermittlung an diese rechnen musste (§ 4 Abs. 3 Satz 1 Nr. 3 BDSG). Dem Betroffenen ist auf Antrag Auskunft zu erteilen über die zu seiner Person gespeicherten Daten, auch soweit sie sich auf die Herkunft der Daten beziehen, die Empfänger oder Kategorien von Empfängern, an die die Daten weitergegeben werden, und den Zweck der Speicherung (§ 6, § 19 Abs. 1 Satz 1, § 34 Abs. 1 Satz 1 BDSG). Der Anspruch auf Berichtigung, Löschung und Sperrung folgt aus § 6, § 20, § 35 BDSG. Darüber hinaus können sich Betroffene an die Datenschutzbeauftragten des Bundes (§ 21 BDSG) und der Länder werden, wenn sie der Ansicht sind, bei der Erhebung, Verarbeitung oder Nutzung ihrer personenbezogenen Daten durch öffentliche Stellen in ihren Rechten verletzt worden zu sein.

G. Vernichtungsanspruch nach Abs. 3

20 Nach Abs. 3 Satz 1 sind die Asylverfahrensakten des Bundesamtes spätestens zehn Jahre nach unanfechtbarem Abschluss des Asylverfahrens zu vernichten sowie in den Datenverarbeitungssystemen des Bundesamtes zu löschen. Begründet wird diese Regelung damit, dass der Aufenthalt eines Asylantragstellers in der Regel nicht mit der statusrechtlichen Entscheidung des Bundesamtes ende. Daher sei es notwendig, die Akten zehn Jahre aufzubewahren, um etwa Anfragen der Ausländerbehörden (z.B. § 26 Abs. 4 Satz 3 AufenthG) beantworten zu können, insbesondere aber im Falle eines Folgeantrags den Inhalt des vorherigen Verfahrens nachweisen zu können (BR-Drucks. 446/15, S. 42). Die Zehnjahresfrist beginnt mit dem Zeitpunkt der Eintritt der Rechtskraft des verwaltungsgerichtlichen Urteils bzw. bei Verzicht auf Rechtsbehelfe mit dem Zeitpunkt der Eintritt der Bestandskraft des Bescheides. Aus dem Wortlaut des Gesetzes folgt, dass das Bundesamt die Zehnjahresfrist nicht vollständig ausschöpfen darf, sondern bereits vorher die Akten vernichten soll. Mit dem Hinweis »spätestens« wird dem Bundesamt eine besondere Begründungspflicht auferlegt, wenn es die maximale Zeitdauer in Anspruch nehmen will. Nach Ablauf dieser Frist müssen die Akten vernichtet sowie in den Datenverarbeitssystemen des Bundesamtes gelöscht werden. Die Fristen zur Vernichtung und Löschung aufgrund anderer Vorschriften bleiben davon unberührt (Abs. 3 Satz 2).

§ 8 Übermittlung personenbezogener Daten

(1) Öffentliche Stellen haben auf Ersuchen (§ 7 Abs. 1) den mit der Ausführung dieses Gesetzes betrauten Behörden ihnen bekannt gewordene Umstände mitzuteilen, soweit besondere gesetzliche Verwendungsregelungen oder überwiegende schutzwürdige Interessen des Betroffenen nicht entgegenstehen.

(1a) Die für die Einleitung eines Strafverfahrens zuständigen Stellen haben in Strafsachen gegen den Betroffenen das Bundesamt unverzüglich zu unterrichten über
1. die Erhebung der öffentlichen Klage, wenn eine Freiheitsstrafe von mindestens drei Jahren zu erwarten ist,
2. die Erhebung der öffentlichen Klage wegen einer oder mehrerer vorsätzlicher Straftaten gegen das Leben, die körperliche Unversehrtheit, die sexuelle Selbstbestimmung, das Eigentum oder wegen Widerstands gegen Vollstreckungsbeamte, sofern die Straftat mit Gewalt, unter Anwendung von Drohung mit Gefahr für Leib oder Leben oder mit List begangen worden ist, wenn eine Freiheits- oder Jugendstrafe von mindestens einem Jahr zu erwarten ist, und
3. die Erledigung eines Strafverfahrens
   a) durch eine rechtskräftige Verurteilung zu einer Freiheitsstrafe von mindestens drei Jahren,
   b) durch eine rechtskräftige Verurteilung zu einer Freiheits- oder Jugendstrafe von mindestens einem Jahr wegen einer oder mehrerer vorsätzlicher Straftaten gegen das Leben, die körperliche Unversehrtheit, die sexuelle Selbstbestimmung, das Eigentum oder wegen Widerstands gegen Vollstreckungsbeamte, sofern die Straftat mit Gewalt, unter Anwendung von Drohung mit Gefahr für Leib oder Leben oder mit List begangen worden ist, oder
   c) in sonstiger Weise im Falle einer vorausgegangenen Unterrichtung nach Nummer 1 oder 2.

(1b) Die oberste Landesbehörde oder die von ihr bestimmte Stelle kann dem Budesamt personenbezogene Informationen über körperliche, seelische, geistige oder Sinnesbeeinträchtigungen eines Ausländers übermitteln, deren Kenntnis für das Bundesamt zur ordnungsgemäßen Durchführung der Anhörung erforderlich ist. Die Daten dürfen nur zu diesem Zweck verwendet werden und sind anschließend zu löschen.

(2) Die zuständigen Behörden unterrichten das Bundesamt unverzüglich über ein förmliches Auslieferungsersuchen und ein mit der Ankündigung des Auslieferungsersuchens verbundenes Festnahmeersuchen eines anderen Staates sowie über den Abschluss des Auslieferungsverfahrens, wenn der Ausländer einen Asylantrag gestellt hat.

(2a) Die mit der Ausführung dieses Gesetzes betrauten Behörden teilen Umstände und Maßnahmen nach diesem Gesetz, deren Kenntnis für die Leistung an Leistungsberechtigte des Asylbewerberleistungsgesetzes erforderlich ist, sowie die ihnen mitgeteilten Erteilungen von Arbeitserlaubnissen an diese Personen und Angaben über das Erlöschen, den Widerruf oder die Rücknahme der Arbeitserlaubnisse den nach § 10 des Asylbewerberleistungsgesetzes zuständigen Behörden mit.

(3) [1]Die nach diesem Gesetz erhobenen Daten dürfen auch zum Zwecke der Ausführung des Aufenthaltsgesetzes und der gesundheitlichen Betreuung und Versorgung von Asylbewerbern sowie für Maßnahmen der Strafverfolgung und auf Ersuchen zur Verfolgung von Ordnungswidrigkeiten den damit betrauten öffentlichen Stellen, soweit es zur Erfüllung der in ihrer Zuständigkeit liegenden Aufgaben erforderlich ist,

übermittelt und von diesen dafür verarbeitet und genutzt werden. [2]Sie dürfen an eine in § 35 Abs. 1 des Ersten Buches Sozialgesetzbuch genannte Stelle übermittelt und von dieser verarbeitet und genutzt werden, soweit dies für die Aufdeckung und Verfolgung von unberechtigtem Bezug von Leistungen nach dem Zwölften Buch Sozialgesetzbuch, von Leistungen der Kranken- und Unfallversicherungsträger oder von Arbeitslosengeld oder Leistungen zur Sicherung des Lebensunterhalts nach dem Zweiten Buch Sozialgesetzbuch erforderlich ist und wenn tatsächliche Anhaltspunkte für einen unberechtigten Bezug vorliegen. [3]Die nach diesem Gesetz erhobenen Daten dürfen der Bundesagentur für Arbeit übermittelt und von dieser verarbeitet und genutzt werden, soweit dies zur Erfüllung von Aufgaben nach dem Dritten Buch Sozialgesetzbuch erforderlich ist. [4]§ 88 Abs. 1 bis 3 des Aufenthaltsgesetzes findet entsprechende Anwendung.

(4) Die Übermittlung und Verarbeitung der im Asylverfahren erfassten Daten ist zulässig, soweit dies für die Entscheidung des Bundesamtes über die Zulassung zum Integrationskurs nach § 44 Absatz 4 des Aufenthaltsgesetzes oder zu einer Maßnahme der berufsbezogenen Deutschsprachförderung nach § 45 Absatz 2 Satz 3 und 4 des Aufenthaltsgesetzes erforderlich ist.

(5) Eine Datenübermittlung auf Grund anderer gesetzlicher Vorschriften bleibt unberührt.

(6) Die Regelung des § 20 Abs. 5 des Bundesdatenschutzgesetzes sowie entsprechende Vorschriften der Datenschutzgesetze der Länder finden keine Anwendung.

Übersicht Rdn.

A. Funktion der Vorschrift

1 Die Vorschrift wurde zusammen mit § 7 erstmals mit dem AsylG 1992 geschaffen. Nach der gesetzlichen Begründung soll sie die *datenschutzrechtlichen Erfordernisse* bei der Übermittlung personenbezogener Daten gewährleisten (BT-Drucks. 12/2062, S. 29). Es fehlen in dieser Vorschrift jedoch wie in § 7 durch die verfassungsgerichtliche Rechtsprechung geforderte Bestimmungen über die *Speicherung* personenbezogener Daten (BVerfGE 65, 1, 43). Insoweit ist § 2 Abs. 2 Nr. 1 AZR-Gesetz zu beachten (vgl. *Bäumler*, NVwZ 1995, 239, 242). Abs. 1 regelt die Übermittlungspflicht auf Ersuchen. Demgegenüber legt Abs. 2 ausschließlich für den *beschränkten* Zweck des Auslieferungsverfahrens eine spontane Übermittlungspflicht fest. Abs. 4

wurde durch das Datenaustauschverbesserungsgesetz 2016 eingefügt und regelt den Datenaustausch zwecks Förderung von Integrationsmaßnahmen. Abs. 5 verweist auf andere Datenübermittlungsbestimmungen (s. hierzu AZR-Gesetz v. 02.09.1994, BGBl. I S. 2265). Abs. 2a ist durch das 1. AsylbLGÄndG vom 26.05.1997 neu in das Gesetz eingefügt worden. Die Übermittlungsgeneralklausel nach Abs. 3 wurde durch ÄnderungsG 1993 neu eingeführt. Die Vorschrift regelt die Datenübermittlung im Rahmen des Asylverfahrens nur bruchstückhaft. Ebenso enthält sie zu den Modalitäten der Datenübermittlung kaum Aussagen. Daher ist ergänzend auf die Vorschriften des allgemeinen Datenschutzrechts zurückzugreifen (*Petri*, in: GK-AsylG II, § 8 Rn. 5). Die Vorschriften des BDSG über die Datenermittlung dürfen nur ergänzend angewandt werden(*Petri*, in: GK-AsylG II, § 8 Rn. 6). Hingegen können die Bestimmungen der §§ 87 ff. AufenthG nicht ergänzend angewandt werden. Indiz hierfür ist Abs. 3 Satz 3 (*Hailbronner*, AuslR B 2 § 8 AsylG Rn. 4; *Petri*, in: GK-AsylG II, § 8 Rn. 6).

B. Mitteilungspflichten nach Abs. 1 und Abs. 1a

2 Die Übermittlungspflichten nach Abs. 1 treffen nur öffentliche Stellen. Das sind die Behörden, die Organe der Rechtspflege und andere öffentlich-rechtlich organisierte Einrichtungen des Bundes und der Länder, der bundesunmittelbaren Körperschaften, Anstalten und Stiftungen des öffentlichen Rechts sowie deren Vereinigungen ungeachtet ihrer Rechtsform, öffentlich-rechtlich organisierte Einrichtungen einer Gemeinde, eines Gemeindeverbandes und sonstiger der Aufsicht der Länder unterstehender juristischer Personen des öffentlichen Rechts, der bundesunmittelbaren Körperschaften, Anstalten und Stiftungen des öffentlichen Rechts sowie deren Vereinigungen ungeachtet ihrer Rechtsform (§ 2 Abs. 1 Satz 1, Abs. 2 Satz 1 BDSG; § 7 Rdn. 14). Abs. 1a erlegt den Strafverfolgungsbehörden besondere Mitteilungspflichten gegenüber dem Bundesamt auf. Nach Abs. 1 haben öffentliche Stellen (§ 2 BDSG) *auf Ersuchen* den mit der Ausführung des AsylG betrauten Behörden ihnen bekannt gewordene Umstände mitzuteilen, soweit besondere gesetzliche Verwendungsregelungen oder überwiegende schutzwürdige Interessen des Betroffenen nicht entgegenstehen. Anders als Abs. 2 ordnet Abs. 1 keine spontane Mitteilungspflicht an, wahr aber Abs. 1a. Vielmehr bedarf es eines ausdrücklichen Ersuchens. Das Ersuchen selbst darf nur ergehen, wenn die Voraussetzungen für die zwangsweise Erhebung personenbezogener Daten nach § 7 Abs. 2 Satz 2 und 3 vorliegen. Die Auskunft erteilende öffentliche Stelle handelt damit im Rahmen der *Amtshilfe* nach §§ 4 ff. VwVfG. Die dem SGB X unterliegenden öffentlichen Stellen haben § 71 Abs. 2 SGB X zu beachten.

3 Das Ersuchen muss sich auf eine bestimmte Person beziehen. Regelmäßig ist diese durch namentliche Bezeichnung zu individualisieren. Ausreichend sind aber auch Angaben, anhand deren die eindeutige Identifizierung des Betroffenen möglich ist. Die Zusammenfassung mehrerer Personen in Listen, Dateien oder anderen Formen ist nicht ausgeschlossen, sofern bei jedem Einzelfall die Voraussetzungen für das Ersuchen vorliegen (*Hailbronner*, AuslR B 2 § 8 AsylG Rn. 7; *Petri*, in: GK-AsylG II, § 8 Rn. 12). Unzulässig sind Ersuchen anhand von abstrakten Kriterien nach Art einer Rasterfahndung, weil dies die Gefahr der Übermittlung auch solcher Daten beinhaltet,

die nach Abs. 1 nicht erforderlich sind (*Petri*, in: GK-AsylG II, § 8 Rn. 13). Inhaltlich muss das Ersuchen die Voraussetzungen des § 15 Abs. 2 BDSG erfüllen. Danach trägt die übermittelnde Stelle regelmäßig die Verantwortung für die Zulässigkeit der Datenübermittlung (§ 15 Abs. 2 Satz 1 BDSG). Da die Übermittlung nur auf Ersuchen einer der in Abs. 1 bezeichneten Behörden zulässig ist, trägt die ersuchende Behörde die Verantwortung für die Zulässigkeit der Datenübermittlung (§ 15 Abs. 2 Satz 2 BDSG). In diesem Fall prüft die übermittelnde Stelle nur, ob das Übermittlungsersuchen im Rahmen der Aufgaben der ersuchenden Behörde liegt, es sei denn, dass besonderer Anlass zur Prüfung der Zulässigkeit der Datenübermittlung besteht (§ 15 Abs. 2 Satz 3 BDSG). Demgegenüber trifft die Strafverfolgungsbehörden nach Abs. 1a die Verantwortung für die Zulässigkeit der Datenübermittlerung.

4 Die Übermittlung nach Abs. 1 setzt also eine *doppelte Rechtmäßigkeitsprüfung* voraus: Erstens hat die ersuchende Stelle die Erforderlichkeit ihrer Datenerhebung zu prüfen. Ferner hat diese Stelle sich zu vergewissern, ob die ersuchte Stelle grundsätzlich zur Übermittlung der gewünschten Daten befugt ist. Schließlich hat die ersuchende Behörde ihr Ersuchen zu begründen, damit die ersuchte Stelle die Rechtmäßigkeit der Übermittlung an diese überprüfen kann (*Petri*, in: GK-AufenthG II, § 87m Rn. 16). Dagegen prüft die ersuchte Stelle, ob das Ersuchen im Rahmen der Aufgabe der ersuchenden Behörde liegt. Zudem hat sie sich zu vergewissern, ob sie eine entsprechende Übermittlungsbefugnis besitzt. Das Ergebnis ist im Rahmen eines *Aktenvermerks* festzuhalten. Besonderer Anlass zur Prüfung der Zulässigkeit der Datenübermittlung (§ 15 Abs. 2 Satz 3 BDSG) durch die ersuchte Stelle besteht, wenn *objektive Anhaltspunkte* ernstliche Zweifel an der Rechtmäßigkeit des Ersuchens aufwerfen, etwa wenn die ersuchende Stelle unzuständig, das Ersuchen ersichtlich unschlüssig oder der Grundsatz der Direkterhebung ersichtlich verletzt worden ist (*Petri*, in: GK-AufenthG II, § 87 Rn. 18). Das Ersuchen um die Übermittlung einer ganzen Akte widerspricht in aller Regel dem Erforderlichkeitsgrundsatz und kann deshalb regelmäßig zurück gewiesen werden. Anlass zu gesteigerter Prüfung besteht beim Ersuchen auf Übermittlung von sensiblen personenbezogenen Daten (§ 3 Abs. 9 BDSG).

5 Die ersuchende Stelle hat im Ersuchen neben dem Aktenzeichen mitzuteilen, um welche Person es sich konkret handelt, welche personenbezogenen Daten benötigt werden sowie welche gesetzliche Aufgabe sie zur Datenerhebung berechtigt. Darüber hinaus hat die ersuchende Stelle anzugeben, aus welchen Gründen eine Direkterhebung beim Betroffenen selbst nicht in Betracht kommt. Aus diesen Kriterien folgt, dass ein Ersuchen stets nur auf einen *Einzelfall* zielen kann (*Petri*, in: GK-AufenthG II, § 87 Rn. 20 f.). In der Verwaltungspraxis sind auch *telefonische Informationsanfragen* üblich. Für diese gelten keine herabgesetzten Anforderungen. Vielmehr sind dieselben Angaben wie bei schriftlichen Ersuchen zu machen und hat sich die ersuchte Stelle darüber hinaus über die Identität der ersuchenden Stelle zu vergewissern, bevor sie die erbetene Information erteilt (*Petri*, in: GK-AufenthG II, § 87 Rn. 20 f.). Bezweifelt die ersuchte Stelle die Rechtmäßigkeit des Ersuchens, muss sie der anfragenden Stelle diese Bedenken mitteilen, damit diese die Zweifel konkret ausräumen kann. Verbleiben gewichtige Zweifel, entscheidet nach allgemeinen verwaltungsrechtlichen Grundsätzen entweder die gemeinsame oder die für die ersuchte Stelle zuständige Aufsichtsbehörde. Fehlt

eine solche, hat die ersuchende Behörde die für die ersuchte Stelle fachlich zuständige oberste Landesbehörde zu konsultieren (*Petri*, in: GK-AufenthG II, § 87 Rn. 19). Bei besonders sensiblen Daten über körperliche, seelische oder Sinnesbeeinträchtigungen eines Asylantragstellers ist die Datenübermittlung von der obersten Landesbehörde oder der von ihr bestimmten Stelle zu entscheiden. Das Bundesamt hat diese Daten nur zu asylverfahrensrechtlichen Zwecken zu verwenden und hat diese unmittelbar nach der Verwendung zu löschen (Abs. 1b).

Die übermittelnden Behörden haben der ersuchten Behörden »ihnen bekannt gewordene Umstände mitzuteilen.« Ferner müssen die Informationen, um deren Mitteilung gebeten wird, zur Erfüllung der Aufgaben der ersuchten Behörde erforderlich sein. Daraus folgt, dass Abs. 1 keine Pflicht oder Befugnis der übermittelnden Stelle begründet, Daten für die ersuchende Behörde zu erheben. Übermittelt werden daher ausschließlich bereits vorhandene und auf rechtmäßige Weise erhobene Daten (*Hailbronner,* AuslR B 2 § 8 AsylG Rn. 11; *Petri*, in: GK-AsylG II, § 8 Rn. 19). Da es für den Umfang der Übermittlungspflicht auf die Sicht der ersuchten Behörde ankommt, trifft diese die Verantwortung für den Umfang der zu übermittelnden Informationen. Dabei ist vor einer Datenübermittlung stets der Grundsatz der Verhältnismäßigkeit zu prüfen. Während die Verantwortung für die Zulässigkeit der Datenübermittlung die ersuchende Stelle trifft (§ 15 Abs. 2 Satz 2 BDSG), trägt die übermittelnde Stelle die Verantwortung für den Umfang der zu übermittelnden personenbezogenen Daten. Die ersuchte Behörde übermittelt die bereits bei ihr vorhandenen personenbezogenen Daten. *Privat erlangte Informationen* durch einzelne Bedienstete hat die ersuchte Stelle nicht in Erfüllung ihrer amtlichen Aufgaben erlangt und sind deshalb auch nicht mitzuteilen (*Petri*, in: GK-AufenthG II, § 87 Rn. 15; *Hailbronner,* AuslR A 1 § 87 AufenthG Rn. 7). Die Übermittlung ist zu dokumentieren (§ 9 Satz 1 BDSG in Verb. mit Anlage Nr. 6), damit nachträglich festgestellt werden kann, welche Übermittlungsvorgänge durchgeführt wurden (*Weitergabekontrolle*) und nach § 20 Abs. 8 BDSG nachberichtet werden kann. Ist das Ersuchen der Behörde nicht selbsterklärend, sind die Gründe für die Übermittlung schriftlich in einem Aktenvermerk festzuhalten. Im Übrigen genügt es, dass die übermittelnde Stelle eine Mehrausfertigung des Übermittlungsschreibens in die Akte aufnimmt (*Petri*, in: GK-AufenthG II, § 87 Rn. 29). Die empfangende Stelle hat die Zweckbindung der Datenübermittlung zu beachten und trägt für deren Einhaltung die rechtliche Verantwortung. Die in § 15 Abs. 3 Satz 1 BDSG festgelegte Zweckbindung folgt bereits aus dem Regelungszusammenhang von Abs. 1 mit § 7 Abs. 1 Satz 1. Einerseits erfolgt die Übermittlung auf Ersuchen der Behörde und darf diese die Daten nur zur Erfüllung ihrer gesetzlichen Aufgaben verwenden. Andererseits wird die Übermittlung auf Ersuchen und damit zwecks Erfüllung der gesetzlichen Aufgaben der ersuchten Behörde vorgenommen. 6

C. Unterrichtungspflichten in Auslieferungsverfahren (Abs. 2)

Die Unterrichtungsverpflichtung in *Auslieferungsverfahren* soll die sachgerechte Anwendung des § 60 Abs. 4 AufenthG gewährleisten (BT-Drucks. 12/2062, S. 29). Da ein Ausländer so lange nicht in einen Staat abgeschoben werden darf, wie ein Auslieferungsersuchen oder ein mit der Ankündigung eines Auslieferungsersuchens 7 verbundenes Festnahmeersuchen vorliegt, muss das Bundesamt hierüber informiert werden. Die mitteilungspflichtigen Behörden nach Abs. 2 haben das Bundesamt *spontan* über ein anhängiges Auslieferungsverfahren bzw. über ein mit der Ankündigung eines Auslieferungsverfahrens verbundenes Festnahmeersuchen sowie über den Abschluss des Auslieferungsverfahrens zu unterrichten. Anders als nach Abs. 1 wird die Mitteilungsverpflichtung also nicht erst auf Ersuchen begründet. Vielmehr soll das Bundesamt wie bei Abs. 1a unverzüglich über alle mit einem Auslieferungsbegehren zusammenhängenden Fragen umfassend informiert werden, um diese Tatsachen bei seiner Entscheidung nach § 60 Abs. 4 AufenthG berücksichtigen zu können. Ob diese Daten darüber hinaus auch im Asylverfahren verwendet werden dürfen, erscheint fraglich. Nach der gesetzlichen Begründung ist der Zweck auf § 60 Abs. 4 AufenthG eingeschränkt. Dies spricht eher gegen eine weitere Verwendungsmöglichkeit (*Hailbronner,* AuslR B 2 § 8 AsylG Rn. 16; *Petri*, in: GK-AsylG II, § 8 Rn. 24). Die Übermittlung ist nur für die zuständigen Behörden obligatorisch. Dies sind im Auslieferungsverfahren die Generalstaatsanwaltschaften. Die nach § 42 Satz 2 zuständige Ausländerbehörde ist nach dem klaren Wortlaut von Abs. 2 *nicht* Adressat der Mitteilungsverpflichtung (a.A. *Petri*, in: GK-AsylG II, § 8 Rn. 25). Das Bundesamt hat jedoch in entsprechender Anwendung von § 40 Abs. 1 Satz 1 die Ausländerbehörde unverzüglich über ihm nach Abs. 2 zugehende Mitteilungen zu unterrichten, damit diese z.B. den Eintritt des gesetzlichen Abschiebungshindernisses nach § 60 Abs. 4 AufenthG berücksichtigen kann.

D. Übermittlung von sozialhilferechtlich erheblichen Daten nach Abs. 2a

8 Nach Abs. 2a Halbs. 1 haben die mit der Ausführung des Gesetzes betrauten Behörden von sich aus Umstände und Maßnahmen nach diesem Gesetz, deren Kenntnis für die Leistung an Leistungsberechtigte nach dem AsylbLG erforderlich ist, den zuständigen Behörden mitzuteilen. Ebenso haben sie gem. Abs. 2a Halbs. 2 erhebliche personenbezogene Daten aus dem Arbeitserlaubnisrecht, von denen sie aus dienstlichem Anlass Kenntnis erlangen, an die zuständigen Behörden weiterzuleiten. Die Vorschrift korrespondiert mit § 90 Abs. 3 AufenthG und § 71 Abs. 1 Buchst. a) SGB X. Die Vorschrift ist durch Art. 3 Nr. 1 des Ersten Gesetzes zur Änderung des AsylbLG vom 26.05.1997 (BGBl. I S. 1130) eingefügt worden. Ihr lag der Gesetzentwurf der Bundesregierung, der insoweit den nicht weiter verfolgten Gesetzentwurf der Regierungskoalition aufgegriffen hatte (vgl. BT-Drucks. 13/2746, S. 7 und 19; BT-Drucks. 13/3475, S. 6) zugrunde (BR-Drucks. 724/95, S. 11 und 47). Dadurch soll eine Rechtsgrundlage für eine zur ordnungsgemäßen Durchführung des AsylbLG notwendige Weitergabe personenbezogener Daten an die leistungsgewährende Stelle geschaffen werden. Da die Leistungsberechtigung nach dem AsylbLG sowie Art und Umfang der Leistung im Einzelnen an das Vorliegen bestimmter Voraussetzungen nach dem AsylG anknüpften, sei es für die das AsylbLG durchführende Behörde unerlässlich, den *jeweils aktuellen Status* des einzelnen Leistungsberechtigten zu kennen und zu berücksichtigen (BR-Drucks. 724/95, S. 46 f.).

9 Die Vorschrift begründet nach dem klaren Wortlaut von Abs. 2a Halbs. 1 eine spontane Übermittlungspflicht gegenüber den nach § 10 AsylbLG zuständigen Behörden.

Die Erheblichkeit der zu übermittelnden Daten ergibt sich aus § 1 AsylbLG, sodass etwa Ausländerbehörde und Bundesamt diesen Behörden Mitteilung machen müssen, wenn die Aufenthaltsgestattung erlischt (§ 1 Nr. 1 AsylbLG in Verb. mit § 67). Nach dem Gesetz besteht die Übermittlungspflicht nur, soweit es für die Durchführung des AsylbLG *erforderlich* ist. Fraglich ist, ob damit wie nach der früheren Rechtslage Anhaltspunkte für einen Leistungsmissbrauch bestehen müssen. Nach der gesetzlichen Begründung soll der jeweils aktuelle Status des Leistungsberechtigten übermittelt werden (BR-Drucks. 724/95, S. 46), was wohl eher dafür spricht, dass ohne weitere Voraussetzungen die jeweils aufenthalts- und verfahrensrechtlich erheblichen Daten zu übermitteln sind (*Hailbronner,* AuslR B 2 § 8 AsylG Rn. 19). Die arbeitserlaubnisrechtlichen personenbezogenen Daten (Abs. 2a Halbs. 2) werden den mit der Durchführung des AsylG betrauten Behörden von den Arbeitsagenturen mitgeteilt (BR-Drucks. 724/95, S. 47). Diese Daten haben die genannten Behörden an die Behörden nach § 10 AsylbLG weiterzuleiten. Der Gesetzgeber hätte sicherlich auch den unmittelbaren Übermittlungsweg von der Bundesagentur für Arbeit zu den Behörden nach § 10 AsylbLG wählen können. Offensichtlich ging er aber wohl davon aus, dass zumindest den örtlichen Ausländerbehörden die lokalen Behördenstrukturen besser vertraut sind als den jeweiligen Arbeitsagenturen.

E. Übermittlungsgeneralklausel (Abs. 3)

Abs. 3 ist durch das ÄnderungsG 1993 neu gefasst und gegenüber der durch das AsylVfNG 1992 eingeführten Regelung erheblich erweitert worden. Die Generalklausel enthält ein ganzes Bündel von Datenübermittlungsregelungen und von Zweckänderungen. Nach Abs. 3 Satz 1 dürfen die nach dem AsylG erhobenen personenbezogenen Daten spontan auch zum Zwecke der Ausführung des AufenthG und der gesundheitlichen Betreuung und Versorgung von Asylbewerbern und auf Ersuchen für Maßnahmen der Strafverfolgung übermittelt werden. Die Datenübermittlung nach Abs. 3 steht im behördlichen Ermessen. Abs. 3 begründet damit nicht notwendig eine Übermittlungspflicht (*Petri,* in: GK-AsylG II, § 8 Rn. 6). Es ist der *Verhältnismäßigkeitsgrundsatz* bei der Übermittlung zu beachten. Zwar erfordert Abs. 3 Satz 1 nicht tatsächliche Anhaltspunkte für das Vorliegen einer Straftat. Es ist in verfassungskonformer Auslegung jedoch zumindest ein Anfangsverdacht i.S.d. § 152 Abs. 2 StPO erforderlich (*Hailbronner,* AuslR B 2 § 8 AsylG Rn. 26). 10

Abs. 3 Satz 1 begründet wie Abs. 1a und Abs. 2 spontane Übermittlungsmöglichkeiten zu Zwecken der Strafverfolgung und lässt es zu, in Asylverfahren gewonnene Erkenntnisse über strafbare Einreisetatbestände an die Strafverfolgungsbehörden weiterzuleiten. Sind die strafrechtlich relevanten Informationen ohne Mitwirkung des Betroffenen bekannt geworden, ist die Übermittlung unzulässig (*Hailbronner,* AuslR B 2 § 8 AsylG Rn. 23). In der Rechtsprechung wird die Weitergabe von Angaben des Antragstellers an die Strafverfolgungsbehörden, die er im Rahmen der asylbehördlichen Anhörung gemacht hat, nur mit seiner Zustimmung für zulässig erachtet (OLG Hamburg, NJW 1985, 2541). Dem hält der BGH entgegen, der beweisrisikobelastete Betroffene habe das Wahlrecht zwischen Schutz vor Selbstbezichtigung oder Rechtsverwirklichung (BGH, EZAR 355 Nr. 9 = NJW 1990, 1926 = NVwZ 1990, 598 [nur 11

LS]; so auch *Hailbronner,* AuslR B 2 § 8 AsylG Rn. 25). Daher wird ein *strafrechtliches Beweisverwertungsverbot* abgelehnt. Der BGH hat aber angedeutet, dass bei sanktionsbewehrten Folgen der Verletzung von Darlegungspflichten eine andere Betrachtungsweise geboten sein könnte (BGH, EZAR 355 Nr. 9).

12 Abs. 3 Satz 2 bezweckt die Verhinderung unberechtigten Leistungsbezugs bei Asylantragstellung unter verschiedenen Identitätsangaben (BT-Drucks. 12/4450, S. 16). Hiermit soll der erforderliche Informationsaustausch zwischen den beteiligten Stellen sichergestellt werden, damit zum frühestmöglichen Zeitpunkt ein unberechtigter Leistungsbezug erkannt, verhindert und geahndet werden kann (BT-Drucks. 12/4450, S. 16). Diesem Zweck dient auch Abs. 2a. Es werden für die Übermittlung *tatsächliche Anhaltspunkte* für einen unberechtigten Leistungsbezug gefordert. Die bloße Vermutung genügt nicht. Vielmehr muss eine gewisse Wahrscheinlichkeit auf einen unberechtigten Leistungsbezug hinweisen (*Petri,* in: GK-AsylG II, § 8 Rn. 35). Die Regelung ist zu *unbestimmt.* Unklar ist, wer die Übermittlung vornehmen darf und inwieweit eine listenmäßige oder gar eine automatisierte Übermittlung erfolgen soll. Daher wird eine verfassungskonforme Einschränkung dahin empfohlen, wonach nur die Stelle übermittlungsberechtigt sein soll, welche die Daten jeweils direkt erhoben hat. Eine Übermittlung ohne Einzelfallprüfung ist daher unzulässig. Gegen die spontane Übermittlung identifizierter Daten, bei denen kein Übermittlungsersuchen vorangegangen ist, werden jedoch keine Bedenken erhoben (*Weichert,* InfAuslR 1993, 385, 386). Da bei spontanen Übermittlungen die Erforderlichkeit nicht durch die empfangende, sondern die übermittelnde Stelle geprüft wird und Erstere nur schwer beurteilen kann, was Letztere braucht, wird jedoch befürchtet, dass ein *Übermaß* an Daten weitergegeben wird (*Weichert,* InfAuslR 1993, 385, 386). Auch besteht die Gefahr, dass Abs. 3 Satz 2 der Sammlung personenbezogener Daten zu unbestimmten oder noch zu bestimmenden Zwecken Vorschub leistet.

13 Gegen die Übermittlung von Grund- und Leistungsdaten an die Sozialleistungsträger sowie an die Arbeitsverwaltung nach Abs. 3 Satz 2 bestehen unter dem Gesichtspunkt Bedenken, dass damit entgegen der abschließenden Regelung in § 35 Abs. 2 SGB I neue Offenbarungspflichten für Sozialleistungsträger geschaffen werden. Über § 67 bis § 77 SGB X (vgl. § 35 II SGB I) hinausgehende Offenbarungsbefugnisse können aber nicht außerhalb des Sozialgesetzbuches begründet werden. Daher ist fraglich, ob Abs. 3 Satz 2 derartige Verpflichtungen von Sozialleistungsträgern begründen kann. Der Verweis in Abs. 3 Satz 3 auf § 88 Abs. 1 bis 3 AufenthG ändert hieran nichts. Denn es bleibt auch im Rahmen des § 88 AufenthG unklar, ob die Offenbarung nur im Rahmen der § 67 bis § 77 SGB X zulässig sein soll.

F. Datenübermittlung zwecks Integrationsförderung (Abs. 4)

14 Abs. 4 ist durch das Datenaustauschverbesserungsgesetz 2016 eingefügt worden und wird für notwendig erachtet, um Daten aus dem Asylverfahren an das System des Integrationsbereichs im Bundesamt weiterzugeben. Da eine frühzeitige Teilnahme an Integrationskursen oder an einer Maßnahme der berufsbezogenen Deutschsprachförderung

sichergestellt werden soll, wird mit Abs. 4 hierfür eine Grundlage geschaffen. Es dürfen nur Daten weitergegeben werden, die für die Entscheidung über die Teilnahme erforderlich sind (BT-Drucks. 18/7043. Satz 42). Mit dem Hinweis auf § 44 Abs. 4 AufenthG wird klargestellt, dass der Betroffene, dessen Daten übermittelt werden, keinen Anspruch auf Kurtsteilnahme haben muss. Da in § 45a Abs. 2 Satz 3 und 4 AufenthG geregelt ist, dass eine Teilnahme an der Deutschsprachförderung ausgeschlossen ist, wenn ein dauerhafter und rechtmäßiger Aufenthalt nicht zu erwarten ist, oder der Betroffene aus einem sicheren Herkunftsstaat (§ 29a) kommt, ist vor der Datenübermittlung eine entsprechende Prüfung erforderlich. Bei Antragstellern aus sicheren Herkunftsstaaten wird dabei vermutet, dass ein dauerhafter und rechtmäßiger Aufenthalt nicht zu erwartern ist (§ 45a Abs. 2 Satz 4 AufenthG). Daher hat in diesen Fall ein Datenaustausch auch ohne Prüfung zu unterbleiben,

G. Datenübermittlung aufgrund anderer gesetzlicher Vorschriften (Abs. 5)

Nach Abs. 5 bleibt eine Datenübermittlung der mit der Ausführung des AsylG betrauten Behörden aufgrund anderer gesetzlicher Vorschriften unberührt. Unklar ist, auf welche andere Rechtsvorschriften im Einzelnen die Behörden sich insoweit stützen können. Jedenfalls ist die Übermittlung von Angaben des Asylsuchenden zu seinen Verfolgungsgründen sowie die Übersendung von Asylunterlagen an die Behörden des Herkunftsstaates nicht zulässig. Denn bei der Datenübermittlung ist der *Schutzzweck* des Art. 16a Abs. 1 GG (*Petri*, in: GK-AsylG II, § 8 Rn. 36) wie auch der Art. 18 GRCh zu beachten. Mit diesem wäre die Berufung etwa auf die Generalklausel des § 18 BVerfSchG unvereinbar. Das hieraus folgende Übermittlungsverbot ist nicht lediglich auf die Geheimdienstbehörden des Herkunftslandes eingeschränkt (so aber *Bäumler*, in: GK-AsylG, § 8 Rn. 48). Vielmehr dürfen auch an andere Behörden dieses Staates keine Daten, die im Zusammenhang mit dem Asylverfahren erhoben worden sind, übermittelt werden. Es kann nicht ausgeschlossen werden, dass andere Behörden derartige Daten an Geheimdienst- und andere Verfolgungsbehörden weiterleiten. 15

H. Nichtanwendbarkeit von § 20 Abs. 5 Bundesdatenschutzgesetz (Abs. 6)

Abs. 6 wurde zunächst als Abs. 5 mit Wirkung zum 01.01.2005 in die Vorschrift eingefügt und bezweckt den Ausschluss des allgemeinen Widerspruchsrechts des Betroffenen gegen die rechtmäßige Datenverarbeitung, um eine beschleunigte Durchführung des AsylG zu gewährleisten (BT-Drucks. 15/420, S. 108 f.). 16

I. Zusammenarbeit des Bundesamtes mit Nachrichtendiensten

Die frühere Befragungspraxis durch *Nachrichtendienste* am früheren Sitz des Bundesamtes in Zirndorf hat durch die dezentralisierte Verfahrensbearbeitung erheblich an Bedeutung verloren. Nach wie vor werden jedoch von einem eigens zu diesem Zweck abgestellten Beamten beim Präsidenten des Bundesamtes Anhörungsprotokolle unter sicherheitsrelevanten Gesichtspunkten überprüft und gegebenenfalls der Bundesnachrichtendienst im Einzelfall benachrichtigt. Zu Beginn der achtziger Jahre wurde in der Rechtsprechung ein reger und systematischer Informationsaustausch auch mit Sicherheitsdiensten 17 befreundeter Staaten festgestellt (VG Berlin, Urt. v. 28.02.1982 – VG 19 A 329.82; VG Stuttgart, Urt. v. 05.05.1983 – A 1 K 188/82; s. aber VG Berlin, InfAuslR 1985, 247; vgl. auch BT-Drucks. 10/20; DB, 10. WP Satz 300). Üblich war auch, dass bundesdeutsche Polizeibehörden türkische Behörden anregten, Auslieferungsersuchen zu stellen (vgl. BT-Drucks. 10/2202, S. 6). Die Bundesregierung hatte eingeräumt, dass deutsche Dienststellen im Einzelfall Informationen an ausländische Dienststellen übermittelt hatten, wobei es sich im jeweiligen Fall auch um Asylsuchende habe handeln können (BT-Drucks. 12/1351). Als Rechtsgrundlage einer derartigen Übermittlungspraxis wurden § 3 Abs. 1, § 8 Abs. 1 und § 19 Abs. 2 und 3 BVerfSchG a.F. und § 9 Abs. 2 BNDG a.F. bemüht. Durch das Terrorismusbekämpfungsgesetz ist diese Praxis auf eine gesetzliche Grundlage gestellt worden, freilich mit einer gesetzlichen Übermittlungssperre (vgl. Rdn. 17 ff.) in Ansehung der Herkunftslandes der Asylsuchenden.

18 Nach § 18 Abs. 1a BVerfSchG haben das Bundesamt sowie die Ausländerbehörden von Amts wegen den Verfassungsschutzbehörden von Bund und Ländern »ihnen bekannt gewordene Informationen einschließlich personenbezogener Daten über Bestrebungen oder Tätigkeiten« nach § 3 Abs. 1 BVerfSchG zu übermitteln, »wenn tatsächliche Anhaltspunkte dafür bestehen, dass die Übermittlung für die Erfüllung der Aufgaben der Verfassungsschutzbehörde erforderlich ist«. Zwar zielt nach der Begründung die Informationspflicht vorrangig auf »gewaltgeneigte Bestrebungen in Deutschland« (BT- Drucks. 14/7386, S. 41). Es wird aber zugleich eine regelmäßige Informationspflicht behauptet, wenn *»eine Person in ihrer Heimat einer islamistischen gewaltbereiten Organisation angehört«*. Die Informationsweitergabe des Bundesamtes sei erforderlich, um die in der Resolution des Sicherheitsrates 1373 (2001) vom 28.09.2001 angeordnete Verpflichtung zu erfüllen, um geeignete Maßnahmen gegen die Planung, Erleichterung oder Beteiligung an terroristischen Handlungen zu ergreifen.

19 Die Neuregelung ist zu unbestimmt und genügt nicht dem Grundsatz der Verhältnismäßigkeit (*Marx*, ZAR 2002, 127, 135; s. auch § 7 Rdn. 5). Das Bundesamt und die Ausländerbehörde werden nach der Gesetzesbegründung zu einer extensiven Übermittlung angehalten, da diese Behörden häufig nicht erkennen könnten, ob sich der Antragsteller an gewaltgeneigten Bestrebungen beteilige. Das Bundesamt wird deshalb eher zu viel als zu wenig Informationen weiterleiten. Da es insbesondere bei »islamistischen gewaltbereiten Organisationen« die Frage der Gewaltbereitschaft häufig nicht zu entscheiden vermag, besteht die Gefahr, dass über alle Asylsuchende, von denen vermutet wird, dass sie in ihren Herkunftsländern mit islamistischen Organisationen in irgendeiner Weise verbunden sein könnten, personenbezogene Daten an die Verfassungsschutzbehörden weitergeleitet werden, damit diese die Frage der Gewaltbereitschaft feststellen können. Die überwiegende Mehrzahl der Asylsuchenden kommt heute aus islamischen Staaten, sodass ein allumfassender Austausch personenbezogener Daten der Asylbehörde aufgrund pauschaler Verdachtsannahmen an die Verfassungsschutzbehörden die Verwaltungspraxis bestimmen kann.

20 Die Resolutionen des Sicherheitsrates der Vereinten Nationen seit Ende der 1990er Jahre setzen einen der Schwerpunkte insbesondere auf den *Informationsaustausch zwischen den Staaten*. So fordert etwa Resolution 1373 (2001) vom 28.09.2001 die

Staaten zu einer »frühzeitigen Warnung anderer Staaten im Wege des Informationsaustauschs« (Nr. 2 Buchstabe b)) auf. Eine vergleichbare Regelung enthält Resolution 1269 (1999) vom 19.10.1999 unter Nr. 45. Es besteht daher die begründete Besorgnis, dass die Verfassungsschutzbehörden im Rahmen ihrer internationalen Zusammenarbeit mit den Geheimdienstbehörden anderer Staaten die hier erhobenen asylspezifischen personenbezogenen Daten an diese weiterleiten und deshalb derartige Informationen auch an die Behörden des behaupteten Verfolgerstaates gelangen werden. Es ist sicherlich legitim, im Wege polizeilicher Zusammenarbeit effektive Vorkehrungen gegen terroristische Gefährdungen zu treffen. Dadurch darf indes nicht die *Integrität des asylrechtlichen Feststellungsverfahrens* berührt werden. Diese wird insbesondere durch das Vertrauen Schutzsuchender in die vertrauliche Behandlung ihrer den Behörden übermittelten personenbezogenen Informationen gewährleistet. Es sind deshalb effektive Vorkehrungen dagegen zu treffen, dass die Verfassungsschutzbehörden im Asylverfahren erhobene personenbezogene und andere Daten an die Behörden des Herkunftslandes des Asylsuchenden weiterleiten. Andernfalls kann es im Einzelfall nicht nur zur Gefährdung von Verwandten und politischen Gesinnungsfreunden des Asylsuchenden kommen, sondern auch dazu, dass die überwiegende Mehrzahl der politisch bewussten Asylsuchenden relevante Informationen im Asylverfahren nicht preisgeben und damit ihrer Darlegungspflicht nicht genügen. Obwohl verfolgt, kann aus diesen Gründen ihr Asylantrag mangels Konkretisierung der Verfolgungsgefahr abgelehnt werden.

§ 9 Hoher Flüchtlingskommissar der Vereinten Nationen

(1) [1]Der Ausländer kann sich an den Hohen Flüchtlingskommissar der Vereinten Nationen wenden. [2]Dieser kann in Einzelfällen in Verfahren beim Bundesamt Stellung nehmen. [3]Er kann Ausländer aufsuchen, auch wenn sie sich in Gewahrsam befinden oder sich im Transitbereich eines Flughafens aufhalten.

(2) Das Bundesamt übermittelt dem Hohen Flüchtlingskommissar der Vereinten Nationen auf dessen Ersuchen die erforderlichen Informationen zur Erfüllung seiner Aufgaben nach Artikel 35 des Abkommens über die Rechtsstellung der Flüchtlinge.

(3) Entscheidungen über Asylanträge und sonstige Angaben, insbesondere die vorgetragenen Verfolgungsgründe, dürfen, außer in anonymisierter Form, nur übermittelt werden, wenn sich der Ausländer selbst an den Hohen Flüchtlingskommissar der Vereinten Nationen gewandt hat oder die Einwilligung des Ausländers anderweitig nachgewiesen ist.

(4) Die Daten dürfen nur zu dem Zweck verwendet werden, zu dem sie übermittelt wurden.

(5) Die Absätze 1 bis 4 gelten entsprechend für Organisationen, die im Auftrag des Hohen Flüchtlingskommissars der Vereinten Nationen auf der Grundlage einer Vereinbarung mit der Bundesrepublik Deutschland im Bundesgebiet tätig sind.

Übersicht Rdn.

A. Funktion der Vorschrift

1 Wie § 24 AsylG 1982 sowie § 41 AuslG 1965 regelt die Vorschrift die Ermöglichung der Kontaktaufnahme der Asylsuchenden und Flüchtlinge zu dem Organ der Vereinten Nationen, dessen Mandat in der Sicherstellung des Rechtsschutzes für Flüchtlinge besteht, des Hohen Kommissars der Vereinten Nationen für Flüchtlinge (*United Nations High Commissioner for Refugees – UNHCR*). Während § 24 AsylG 1982 lediglich eine im Wesentlichen mit Abs. 1 identische Vorschrift enthielt, versucht § 9 die langjährig geübte Praxis in Gesetzesform festzuhalten. Die einzelnen Bestimmungen von § 9 regeln einerseits das *Recht* der Asylsuchenden und Flüchtlinge, sich an die Vertretung des UNHCR zu wenden (Abs. 1), sowie andererseits Umfang und Grenzen der Datenübermittlung an den UNHCR (Abs. 2 bis 4). Zwar verwendet die Vorschrift in Übereinstimmung mit dem Völkerrecht den Begriff *des* Flüchtlingskommissars. Gemeint ist jedoch das Recht auf Verbindungsaufnahme sowie die Datenübermittlung an das *Amt* des UNHCR sowie dessen *Vertretung* und Büros in der Bundesrepublik in Berlin und Nürnberg (*Hailbronner,* AuslR B 2 § 9 AsylG Rn. 5). Die Vorschrift kann als innerstaatliche Umsetzung der vertraglichen Verpflichtung der Bundesrepublik bezeichnet werden, eine bestmögliche Zusammenarbeit mit UNHCR sicherzustellen sowie den Dienststellen des UNHCR die Überwachung der Bestimmungen der GFK zu ermöglichen (Art. 35 Abs. 1 GFK). Ferner hat die Bundesrepublik die Verpflichtung, Auskünfte und statistische Angaben über die Lage der Flüchtlinge, die Durchführung der GFK sowie über die innerstaatlichen Gesetze im Bereich des Asyl- und Flüchtlingsrechts an den UNHCR zu erteilen (Art. 35 Abs. 2 GFK). Auf diese Vertragspflicht verweist Abs. 2.

2 Durch das Richtlinienumsetzungsgesetz 2007 wurde die Vorschrift neu geregelt. Abweichend vom bis dahin geltendem Recht, wonach das Bundesamt verpflichtet war, von sich aus UNHCR seine Entscheidungen und deren Begründungen zu übermitteln (§ 9 Abs. 2 AsylVfG a.F.), ist es nach geltendem Recht nur noch verpflichtet, *auf Ersuchen* von UNHCR die erforderlichen Informationen zu übermitteln. Abs. 5 wurde in Umsetzung von Art. 21 Abs. 2 RL 2005/85/EG (Art. 29 RL 2013/32/EU) eingefügt.

B. Funktion von UNHCR im Asylverfahren (Abs. 1 Satz 2)

3 Das Recht von UNHCR nach Abs. 1 Satz 2, in Einzelfällen in Verfahren vor dem Bundesamt Stellung zu nehmen, ist im Lichte des UNHCR-Statuts auszulegen: Nach Art. 1 des Statuts gehört es zu den Aufgaben von UNHCR – neben der Förderung der Beitrittswilligkeit der Staaten zu internationalen Flüchtlingsabkommen –, den internationalen Rechtschutz (*international protection*) für Flüchtlinge sicherzustellen. In Art. 8 des Statuts werden die sich hieraus ergebenden Mandatsaufgaben im Einzelnen beschrieben (*Glahn*, Der Kompetenzwandel internationaler Flüchtlingshilfeorganisationen, S. 114 ff.). Während die einzelnen Aufgabenbereiche die Beziehungen von UNHCR zu staatlichen und nichtstaatlichen Organisationen beschreiben, ist es seit Beginn der Tätigkeit des UNHCR anerkannte Praxis, dass dieser *einzelnen* Flüchtlingen (*Mandatsflüchtlingen*) Rechtsschutz gegenüber Regierungen gewährt. Nach dem Verständnis des Amtes von UNHCR folgt aus Art. 1 des Statuts u.a. die Aufgabe, darauf hinzuwirken, dass Flüchtlinge nach anerkannten internationalen Rechtsnormen behandelt werden und ihnen ein angemessener Rechtsschutz zuteil sowie der Schutz vor Abschiebung in den Herkunftsstaat beachtet wird.

4 Die Entscheidung, eine hilfesuchende Person als *Mandatsflüchtling* anzusehen, bindet zwar die Regierung nicht in ihrer Feststellungspraxis. Sie hat jedoch zur Folge, dass diese Person internationalen Rechtsschutz genießt und UNHCR gegenüber Regierungen und nichtstaatlichen Organisationen sich dafür einsetzt, dass dem Mandatsflüchtling wirksamer Rechtsschutz gewährt wird. Aus der Logik des Statuts folgt mithin, dass die Staaten den Asylsuchenden und Flüchtlingen den Zugang zum UNHCR ermöglichen müssen, damit dieser entscheiden kann, ob der Hilfesuchende ein Mandatsflüchtling ist und internationalen Rechtsschutz genießt. UNHCR ist weder Rechtsbeistand noch Bevollmächtigter des Flüchtlings. Vielmehr überwacht UNHCR im Auftrag der internationalen Gemeinschaft die Anwendung der GFK, damit Flüchtlingen wirksamer Rechtsschutz zuteil wird. Mit dieser im Verhältnis zum Flüchtling unabhängigen Position wäre eine Beistandsfunktion im verfahrensrechtlichen Sinne kaum zu vereinbaren. Sie würde auch das Gewicht dieser internationalen Institution schwächen. Jedoch kann UNHCR an den Anhörungen im Asylverfahren teilnehmen (§ 25 Abs. 6 Satz 2), um im Einzelfall die wirksame und korrekte Anwendung der GFK sowie die Beachtung internationaler Verfahrensgarantien zu beobachten. Man kann das Teilnahmerecht des UNHCR im gewissen Sinne auch als Ausfluss der vertraglichen Verpflichtung der Bundesrepublik nach Art. 35 Abs. 2 GFK verstehen.

5 Abs. 1 Satz 2 begrenzt das Äußerungsrecht von UNHCR auf das Verwaltungsverfahren. Dies gewährleistet nicht im erforderlichen Umfang, dass UNHCR seine Aufgaben wahrnehmen kann. Vielmehr ist ihm auch das Recht einzuräumen, im gerichtlichen Verfahren von sich aus Stellung zu nehmen. Gelegentlich wird in gerichtlichen Verfahren auch eine Stellungnahme von UNHCR zu länderspezifischen oder zu bestimmten Rechtsfragen von Amts wegen oder von Prozessbevollmächtigten auf Antrag eingeholt. UNHCR ist jedoch auch das Recht einzuräumen, von sich aus zugunsten des einzelnen Asylklägers zu intervenieren. Selbstverständlich kann der Asylkläger von sich aus jederzeit eine Stellungnahme von UNHCR in seinem Verfahren einführen.

6 Die Vorschrift ist im Lichte von Art. 29 RL 2013/32/EU auszulegen und anzuwenden. Danach haben die Behörden folgende Verpflichtungen:

7 a) Dem UNHCR Zugang zu Asylbewerbern, auch zu denen, die sich in Gewahrsam oder in der Transitzone eines Flughafens oder Hafens aufhalten, zu gewähren.

8 b) Dem UNHCR Zugang zu Angaben über Einzelanträge, den Verlauf des Verfahrens und die erlassenen Entscheidungen, sofern der Asylbewerber dem zustimmt, zu gewähren.

9 c) Die Möglichkeit zur Stellungnahme zu Einzelanträgen in jedem Verfahrensabschnitt bei jeder zuständigen Behörde in Ausübung der Überwachungsbefugnisse nach Art. 35 GFK zu gewähren.

C. Recht des Asylsuchenden auf Verbindungsaufnahme mit UNHCR (Abs. 1 Satz 1 und Satz 3)

I. Rechtsanspruch auf Verbindungsaufnahme

10 Abs. 1 Satz 1 bestimmt, dass sich der Ausländer an UNHCR wenden kann. Angesprochen sind damit nicht nur Asylantragsteller, sondern auch Flüchtlinge und Asylberechtigte. Da nach völkerrechtlicher Ansicht das Prinzip des Non-Refoulement *deklaratorischer Natur* ist (*Jaeger*, Status and International Protection of Refugees, International Institute of Human Rights, Genf 1978, Rn. 52; *Sexton*, Vanderbuilt Journal of Transnational Law 1985, 739; § 2 Rdn. 4), haben auch Ausländer, die nicht formell Asylrecht beantragen, das Recht auf Verbindungsaufnahme zum UNHCR (*Hailbronner*, AuslR B 2 § 9 AsylG Rn. 4). Im Übrigen beschränkt sich das Mandat des UNHCR nicht lediglich auf die Phase des Feststellungsverfahrens, sondern umfasst insbesondere auch die Betreuung anerkannter Flüchtlinge. Erst nach Rückführung der Flüchtlinge in ihr Herkunftsland (*voluntary repatriation*), der Weiterwanderung in ein drittes Aufnahmeland (*resettlement*) oder der Integration im Aufnahmeland (*local integration*) endet grundsätzlich das Mandat des UNHCR.

11 Während nach § 24 AsylG 1982 dem Ausländer Gelegenheit zu geben war, die Verbindung zum UNHCR herzustellen, und diese Vorschrift damit einen Rechtsanspruch auf Verbindungsaufnahme zum UNHCR begründete, kann sich der Ausländer nach Abs. 1 lediglich an UNHCR wenden. Damit bleibt offen, ob dem Asylantragsteller oder anderen Flüchtlingen ein Anspruch darauf eingeräumt wird, den Kontakt zum UNHCR herzustellen. Nach der gesetzlichen Begründung ist keine inhaltliche Änderung gegenüber dem früheren Recht beabsichtigt (BT-Drucks. 12/2062, S. 29). Dies spricht dafür, dass nach Abs. 1 ein Rechtsanspruch auf Verbindungsaufnahme zum UNHCR begründet wird (*Petri*, in: GK-AsylG II, § 9 Rn. 9; *Hailbronner*, AuslR B 2 § 9 AsylG Rn. 5). Eine Lösung dieser Frage kann sich letztlich nur aus der GFK sowie dem Statut des UNHCR ergeben. Das innerstaatliche Recht der Bundesrepublik muss in Übereinstimmung mit Völkerrecht ausgelegt werden. Will sich der Asylsuchende oder Flüchtling an UNHCR wenden, dürfen die Behörden die Verbindungsaufnahme nicht behindern (§ 57 Abs. 2, § 58 Abs. 2). Zwar wird eine aktive behördliche Unterstützungspflicht des Asylsuchenden bei der Kontaktaufnahme mit UNHCR bestritten (*Hailbronner*, AuslR B 2 § 9 AsylG Rn. 8). In Situationen, in denen der Staat die

Verbindungsaufnahme aus eigener Initiative – wie im Verfahren nach § 18a – unmöglich macht, trifft die Behörden jedoch eine *aktive Pflicht*, die Verbindungsaufnahme zu ermöglichen (Art. 29 RL 2013/32/EU; Rdn. 12).

II. Recht auf Verbindungsaufnahme während des amtlichen Gewahrsams oder des Aufenthalts im Transitbereich des Flughafens (Abs. 1 Satz 3)

Insbesondere für das Flughafenverfahren nach § 18a dürfte das Recht nach Abs. 1 Satz 1 12 auf Verbindungsaufnahme mit UNHCR von nicht zu unterschätzender Bedeutung sein. In Umsetzung von Art. 21 Abs. 1 Buchst. a) RL 2005/85/EG hat der Gesetzgeber des Richtlinienumsetzungsgesetzes 2007 in Abs. 1 Satz 3 bestimmt, dass UNHCR den Asylsuchenden auch aufsuchen kann, wenn er sich im amtlichen Gewahrsam oder im Transitbereich des Flughafens befindet. Diese Regelung hat insbesondere Bedeutung für Asylsuchende in Abschiebungshaft sowie im Flughafenverfahren und ist auch bei der Unterbringung in besonderen Aufnahmeeinrichtungen (§ 5 Abs. 5, § 30a) von Bedeutung. Andererseits folgt aus Abs. 1 Satz 3 nicht, dass der Asylsuchende ein Recht hat, während des Gewahrsams UNHCR aufzusuchen. Das Bundesamt hat jedoch die erforderlichen organisatorischen Voraussetzungen zu treffen, damit UNHCR Verbindung zum Asylsuchenden wie umgekehrt der Asylsuchende Kontakt zum UNHCR aufnehmen kann. Es ist nicht erforderlich, dass der Asylsuchende bereits einen Asylantrag gestellt hat, der unter das Mandat von UNHCR fällt (so aber *Hailbronner*, AuslR B 2 § 9 AsylG Rn. 10). Das Recht zur Verbindungsaufnahme steht allen *Schutzsuchenden* unabhängig davon zu, ob sie bereits einen Antrag auf Asyl gestellt haben. Zur Prüfung, ob ein Asylsuchender unter das Mandat von UNHCR fällt, ist ferner die vorherige Verbindungsaufnahme mit UNHCR sowie die Prüfung seiner Fluchtgründe erforderlich, was notwendigerweise eine vorherige Verbindungsaufnahme voraussetzt.

D. Verpflichtung der Bundesrepublik Deutschland zur Zusammenarbeit mit UNHCR (Abs. 2 bis 4 in Verb. mit Art. 35 GFK)

Nach Abs. 2 übermittelt das Bundesamt UNHCR *auf Ersuchen* die erforderlichen 13 Informationen zur Erfüllung seiner Aufgaben. Die Datenübermittlung unterliegt einer strikten Zweckbindung, soweit es sich um *personenbezogene Daten* handelt. Daher dürfen die Daten nur zur Erfüllung der Überwachungsfunktion nach Art. 35 GFK an UNHCR übermittelt werden. UNHCR ist auf diese Zweckbindung hinzuweisen. Sollen über Entscheidungen einschließlich Begründungen hinaus personenbezogenen Daten an UNHCR übermittelt werden, ist grundsätzlich die Einwilligung des Betroffenen erforderlich. Diese Einwilligung wird gesetzlich fingiert, wenn der Asylsuchende sich selbst an UNHCR gewandt hat (*Petri*, in: GK-AsylG II, § 9 AsylG Rn. 12 f., mit Verweis auf Abs. 3 Halbs. 2; *Hailbronner*, AuslR B 2 § 9 AsylG Rn. 12). Eine Zustimmung ist entbehrlich, wenn die Übermittlung in anonymisierter Form erfolgt (Abs. 3). Während nach dem bis zum 27.08.2007 geltendem Recht das Bundesamt verpflichtet war, von sich aus UNHCR seine Entscheidungen und deren Begründungen zu übermitteln (§ 9 Abs. 2 AsylVfG a.F.), ist es nach geltendem Recht nur noch verpflichtet, auf Ersuchen von UNHCR die erforderlichen Informationen zu übermitteln. Entscheidungen über Asylanträge und sonstige Angaben dürfen ohne

Zustimmung des Betroffenen nur in *anonymisierter Form* übermittelt werden. Eine generelle von Amts wegen festgelegte entsprechende Verpflichtung besteht damit nicht.

14 Nach Art. 35 Abs. 1 GFK ist die Bundesrepublik zur Zusammenarbeit mit UNHCR bei der Ausübung seiner Befugnisse verpflichtet. Sie arbeitet insbesondere mit dem Amt zur Erleichterung seiner Aufgabe, die Durchführung der Bestimmungen der GFK zu überwachen, zusammen. Dementsprechend gewährt Abs. 1 Satz 1 und 3 Asylsuchenden und Flüchtlingen das Recht zur Verbindungsaufnahme mit UNHCR und erlegt Abs. 2 bis 4 den zuständigen Behörden bestimmte Informationspflichten auf. Art. 35 Abs. 2 GFK präzisiert im Einzelnen den Inhalt der Informationspflichten. Um der Berichtspflicht von UNHCR gegenüber den zuständigen Organen der Vereinten Nationen gerecht werden zu können, liefern die zuständigen Behörden dem Amt in geeigneter Weise die erbetenen Auskünfte und statistischen Angaben über die Lage der Flüchtlinge, die Durchführung der GFK und die Gesetze, Verordnungen und Verwaltungsvorschriften, die im Blick auf Flüchtlinge in Kraft sind. Der Umsetzungsakt, also die Umsetzung der Zusammenarbeitsverpflichtung nach Art. 35 GFK in die innerstaatliche Rechtsordnung, ist ein Transformations- und kein Vollzugsakt. Dies verdeutlichen auch die Vorschriften des Art. 36 GFK und Art. III Protokoll. Beide Vorschriften bestimmen, dass die Vertragsstaaten den Wortlaut von Gesetzen und sonstigen Rechtsvorschriften, mit denen die Durchführung der GFK sichergestellt wird, dem Hohen Flüchtlingskommissar mitteilen. Aus beiden völkerrechtlichen Normen folgt eine staatliche *Umsetzungsverpflichtung*, die inhaltlich aber weder durch die GFK noch durch das Protokoll detailliert vorgegeben ist. Vielmehr ist zur konkreten Umsetzung der hieraus folgenden Staatenverpflichtung ein innerstaatlicher Rechtsakt erforderlich, dessen Mindestvoraussetzung durch Art. 35 und 36 GFK bestimmt werden. Eine hiervon abweichende Interpretation würde dem Rechtscharakter der GFK als Instrument des Flüchtlingsschutzes nicht gerecht. Durch § 9 wie zuvor durch § 24 AsylG 1982 und § 41 AuslG 1965 ist eine echte Transformation der völkerrechtlichen Verpflichtung aus Art. 35 GFK in die Rechtsordnung der Bundesrepublik erfolgt. Die Vorschrift ist – mit anderen Worten – die innerstaatliche Umsetzung der vertraglichen Verpflichtung der BRD, eine bestmögliche Zusammenarbeit mit UNHCR sicherzustellen sowie den Dienststellen von UNHCR die Überwachung der Bestimmungen der GFK zu ermöglichen.

15 Im Gesetzgebungsverfahren hat UNHCR gegen die Neufassung von Abs. 2 Kritik geäußert. An der aufgrund von Art. 35 GFK begründeten Notwendigkeit, Entscheidungen der Asylbehörde von Amts wegen zu übermitteln, habe sich nichts geändert. Außerdem sollten auch die Verwaltungsgerichte ausdrücklich in die Verpflichtung nach Abs. 2 einbezogen werden (*UNHCR*, Stellungnahme, in: DB, IA, Prot. Nr. 16/40, S. 157). Dafür spricht, dass Art. 29 Abs. 1 Buchst. b) RL 2011/32/EU UNHCR Zugang zu Angaben über Einzelanträge, zum Verlauf des Verfahrens und zu den erlassenen Entscheidungen, sofern der Asylsuchende dem zustimmt, gewährleistet. Dies schließt das gerichtliche Verfahren ein. Das Bundesamt hat die hierfür erforderlichen Informationen UNHCR zu übermitteln. Zur wirksamen Sicherstellung des Rechts aus Art. 29 Abs. 1 Buchst. b) RL 2011/32/EU in Verb. mit Art. 35 GFK müssen die Mitgliedstaaten UNHCR von sich aus über getroffene Entscheidungen informieren,

weil ohne Informationen das gewährte Recht leer läuft. Bei Übersendung der Entscheidung in anonymisierter Form können Rechte Asylsuchender nicht verletzt werden (Abs. 3).

E. Datenübermittlung (Abs. 2 bis 4)

I. Funktion der Datenübermittlung

Das Datenschutzrecht erhält ein generelles Verbot der Datenverarbeitung, zu der auch die Weitergabe der Daten gehört. Dieses Verbot steht unter einem *Erlaubnisvorbehalt.* Für jede Datenverarbeitung ist daher eine gesetzliche Regelung erforderlich, die diese erlaubt. Für den Bereich des Asylrechts regeln Abs. 2 bis 4 die entsprechenden Voraussetzungen für die Ausnahme vom Verbot der Weitergabe personenbezogener Daten, die im Asylverfahren erhoben wurden. Nach Abs. 2 übermittelt das Bundesamt UNHCR auf dessen Ersuchen seine Entscheidungen und deren Begründung. Daraus ergibt sich ein »Anspruch« des UNHCR, dass dem Amt im Einzelfall auf Ersuchen die Entscheidung des Bundesamtes nach § 31 mit Begründung übermittelt wird. Die Durchsetzbarkeit dieses »Anspruchs« richtet sich nach Völkerrecht und ist damit angesichts des fehlenden Durchsetzungsmechanismus der GFK vom guten Willen der Bundesregierung abhängig. In der Praxis ergaben sich jedoch traditionell keine erheblichen Probleme. In der Zentrale des Bundesamtes in Nürnberg wie auch zuvor in Zirndorf ist eine Zweigstelle der UNHCR-Vertretung in der Bundesrepublik Deutschland eingerichtet, deren Aufgabe die Sicherstellung der erforderlichen engen Zusammenarbeit zwischen UNHCR und der asylrechtlichen Feststellungsbehörde vor Ort ist. 16

Abs. 2 kann als innerstaatliche Umsetzung von Art. 35 Abs. 2 GFK angesehen werden. Die Übermittlung von Informationen an UNHCR richtet sich nach Abs. 2 und 3. Dementsprechend ist bei Übermittlung nicht anonymisierter Daten, die insbesondere das Verfolgungsvorbringen des Antragstellers betreffen, dessen Zustimmung zur Übermittlung notwendig. Die Datennutzung ist auf die Verwendung der Daten gemäß dem Übermittlungszweck beschränkt (Abs. 4). Die Übermittlungsvorschriften sind notwendig, da sich die Bundesrepublik durch Ratifizierung der GFK und des Protokolls verpflichtet hat, mit UNHCR zusammenzuarbeiten und dem Amt die Überwachung der Durchführung der Bestimmungen der GFK zu erleichtern (Art. 35 Abs. 1 GFK, Art. II 1 Protokoll). Art. 35 Abs. 2 GFK und Art. II Satz 2 Protokoll enthält die Verpflichtung der Vertragsstaaten, statistische Angaben und erbetene Auskünfte in geeigneter Form zu übermitteln. Diese Verpflichtungen hat die Bundesrepublik durch Abs. 2 bis 4 in das innerstaatliche Recht umgesetzt. 17

II. Verpflichtung zur Datenübermittlung an UNHCR (Abs. 2)

Während des Gesetzgebungsverfahrens zum AsylG 1992 hatte das Bundesministerium des Innern mit Schreiben an UNHCR vom 08.07.1991 ausdrücklich betont, dass die Entscheidungen des Bundesamtes, an denen UNHCR interessiert ist, an diesen übersandt werden. Danach sollten im Hinblick auf den großen Verwaltungsaufwand nur Entscheidungen zu den Herkunftsländern übermittelt werden, an denen UNHCR zur 18

Wahrnehmung seiner Aufgaben interessiert war. Zu diesem Zweck wurde UNHCR gebeten, dem Bundesamt eine *»Positivliste«* zu übermitteln. Diese sollte gegebenenfalls von Zeit zu Zeit im Hinblick auf die sich verändernden Flüchtlingsbewegungen aktualisiert werden. Das Schreiben wurde zu einem Zeitpunkt übermittelt, zu dem nach dem Gesetzentwurf die Datenübermittlung noch als reine Erlaubnis zur Datenweitergabe ausgestaltet werden sollte (BT-Drucks. 12/2062). Die ursprüngliche Fassung ist nicht Gesetz geworden. Vielmehr legt Abs. 2 in Ausführung von Art. 35 Abs. 2 GFK eine Pflicht zur Datenübermittlung fest. Das nach Abs. 2 erforderliche Ersuchen kann auch in genereller Form zwischen UNHCR und dem Bundesamt geregelt werden und die Verpflichtung des Bundesamtes begründen, von sich aus aufgrund des in genereller Form übermittelten Ersuchens die erforderlichen Informationen an UNHCR zu übermitteln.

19 Die Übermittlung der Daten erfolgt auf Ersuchen des UNHCR. Hierbei handelt es sich nicht um ein Ersuchen im technischen Sinne, da dieses voraussetzt, dass eine selbst Daten erhebende Behörde eine andere Behörde um die Übermittlung von Daten bittet (z.B. Verfassungsschutz). Bei der Anwendung von Abs. 2 und 3 ist das Ersuchen auf die Aufgabenerfüllung von UNHCR nach Art. 35 GFK zu beziehen. Die Datenübermittlung erfolgt zur Ermöglichung des Überwachungsauftrages. Daher ist die Übermittlung von Daten nach Abs. 2 nicht auf den Einzelfall beschränkt. Auch wenn Abs. 2 als Umsetzung von Art. 35 Abs. 2 GFK betrachtet wird, bedeutet dies keine Beschränkung auf den Einzelfall. Die Datenübermittlung nach Abs. 2 soll UNHCR nämlich gerade in die Lage versetzen, die Überwachungsfunktion auszuüben. Demgegenüber ermöglichen Abs. 1 und 3 UNHCR die Wahrnehmung der übertragenen Aufgabe der Sicherung des Rechtsschutzes einzelner Flüchtlinge. Der Überwachungsauftrag bezieht sich notwendigerweise auf die Entscheidungspraxis des Bundesamtes, da die Einhaltung der Vorschriften der GFK nur aufgrund einer ganzheitlichen und ungefilterten Überprüfung repräsentativer Daten effektiv eingeschätzt werden kann. Dies ist nur möglich, wenn eine repräsentative Vielzahl von Entscheidungen überprüft werden kann. Andernfalls wäre das Risiko einer Fehlannahme aufgrund zufällig eingehender Einzelfallanfragen hoch.

20 Die effektive Aufgabenerfüllung durch UNHCR wäre gefährdet, erfolgte die Datenübermittlung lediglich im Einzelfall. Zu dieser Schlussfolgerung kommt auch *Kälin*, der die Diskussionsgrundlage für den Global Consultation Prozess zu Art. 35 GFK verfasst hat (*Kälin*, Refugee Protection in International Law 2003, S. 615 ff.). In seiner Zusammenfassung weist er darauf hin, dass insbesondere für die Feststellung, ein Staat habe seine Verpflichtung aus der GFK verletzt, ein objektiver und transparenter Entscheidungsprozess notwendig ist (S. 652). Eine objektive Beurteilung der Entscheidungspraxis ist aber nur auf einer möglichst breiten und im Einzelfall vollständigen Datenbasis möglich. Es muss daher zwischen der Schutz- und der Überwachungsaufgabe von UNHCR getrennt werden. Damit wird auch eine Vermischung der staatlichen Verpflichtung zur Datenübermittlung nach Art. 35 Abs. 2 GFK, die innerstaatlich in Abs. 2 geregelt ist, mit der internationalen Aufgabe von UNHCR, Einzelpersonen auf deren Ersuchen Schutz oder zumindest Unterstützung zur Erreichung

von Schutz zu gewähren, die innerstaatlich durch Abs. 1 in Verb. mit Abs. 3 umgesetzt wird, verhindert.

Zusammenfassend ist festzustellen, dass ein Ersuchen im Sinne von Abs. 2 sich stets auf die Überwachungsfunktion von UNHCR bezieht und daher notwendigerweise eine Vielzahl von Entscheidungen beinhaltet. Diese Trennung wird in der Praxis durch die Unterscheidung zwischen der Anforderung von Entscheidungen zu bestimmten Themengebieten oder Herkunftsländern einerseits und der Anforderung von Verfahrensakten (zur Prüfung der Schutzgewährung im Einzelfall) andererseits vollzogen. Die Anforderung im ersten Fall dient der Sicherstellung der Überwachungsfunktion und wird in Abs. 2 normiert. Hingegen wird die Anforderung von Verfahrensakten in Abs. 3 geregelt und erfolgt daher nur mit Zustimmung des Asylsuchenden. In aller Regel beruht die Anforderung in diesem Fall auf einer Anfrage des Asylsuchenden. 21

III. Abgrenzung zu behördlichen Datenschutzbeauftragten

Aufgabe eines behördlichen Datenschutzbeauftragten ist das Hinwirken auf die Einhaltung des Gesetzes (§ 4g BDSG). Er hat keinen weiter gehenden Schutzauftrag, d.h. er kann auch keine zusätzliche Anonymisierung verlangen. Der behördliche Datenschutzbeauftragte hat vielmehr lediglich die Rechtmäßigkeit der Datenverarbeitung und -übermittlung zu überprüfen. Diese ist aber in der bisherigen Form, also nicht anonymisiert, rechtmäßig. Eine restriktive Auslegung vorhandener Normen durch den behördlichen Datenschutzbeauftragten ist gesetzlich nicht vorgesehen. Seine Funktion ist vielmehr beratender Natur. Sein Auftrag ist es, den Einzelnen vor Eingriffen in sein Persönlichkeitsrecht durch den Umgang mit personenbezogenen Daten zu schützen. Er soll Vertrauensperson der betroffenen Bürger sein und hat zu diesem Zweck in der Behörde auf die Einhaltung der Datenschutzvorschriften hinzuwirken (vgl. BfD-Info 4 – Die Datenschutzbeauftragten in Behörde und Betrieb, S. 15 ff.). Durch die Anwendung von Abs. 2 bis 4 betroffene Antragsteller sind hingegen schon aufgrund des Schutzauftrages von UNHCR nicht gefährdet, sodass auch bei der Übermittlung personenbezogener Daten bis zu einer bestimmten Grenze (Abs. 3) die Voraussetzungen für die Übermittlung an UNHCR vorliegen (§§ 13 ff. BDSG). Eine vereinfachte Datenübermittlung dürfte ohnehin aufgrund der Sonderstellung von UNHCR im Interesse des Betroffenen liegen. In diesem Fall wäre eine Übermittlung sogar unter erleichterten Voraussetzungen möglich (vgl. BfD-Info 1 – Bundesdatenschutzgesetz – Text und Erläuterung, S. 27). 22

F. Entsprechende Anwendung der Vorschrift auf andere Organisationen (Abs. 5)

Abs. 5 ist in Umsetzung von Art. 29 Abs. 2 RL 2013/32/EU eingeführt worden und trägt dem Umstand Rechnung, dass UNHCR nicht in allen Vertragsstaaten der GFK und Mitgliedstaaten der Union vertreten ist. Die Rechte der anderen Organisationen entstehen aber nur, wenn in einer Vereinbarung von UNHCR mit der Bundesrepublik die Übernahme der Aufgaben und die damit im Einzelnen verbundenen Rechte festgelegt worden sind. Ist dies der Fall, richten sich die Rechte der im Auftrag von UNHCR handelnden Organisationen nach § 9. Dies schließt auch das Recht der Asylsuchenden nach Abs. 1 Satz 1 und 3 auf Verbindungsaufnahme mit der Organisation ein. Im 23

Bundesgebiet ist UNHCR weiterhin vertreten und ist auch nicht absehbar, dass die Vertretung hier geschlossen würde.

§ 10 Zustellungsvorschriften

(1) Der Ausländer hat während der Dauer des Asylverfahrens vorzusorgen, dass ihn Mitteilungen des Bundesamtes, der zuständigen Ausländerbehörde und der angerufenen Gerichte stets erreichen können; insbesondere hat er jeden Wechsel seiner Anschrift den genannten Stellen unverzüglich anzuzeigen.

(2) [1]Der Ausländer muss Zustellungen und formlose Mitteilungen unter der letzten Anschrift, die der jeweiligen Stelle auf Grund seines Asylantrags oder seiner Mitteilung bekannt ist, gegen sich gelten lassen, wenn er für das Verfahren weder einen Bevollmächtigten bestellt noch einen Empfangsberechtigten benannt hat oder diesen nicht zugestellt werden kann. [2]Das Gleiche gilt, wenn die letzte bekannte Anschrift, unter der der Ausländer wohnt oder zu wohnen verpflichtet ist, durch eine öffentliche Stelle mitgeteilt worden ist. [3]Der Ausländer muss Zustellungen und formlose Mitteilungen anderer als der in Absatz 1 bezeichneten öffentlichen Stellen unter der Anschrift gegen sich gelten lassen, unter der er nach den Sätzen 1 und 2 Zustellungen und formlose Mitteilungen des Bundesamtes gegen sich gelten lassen muss. 4Kann die Sendung dem Ausländer nicht zugestellt werden, so gilt die Zustellung mit der Aufgabe zur Post als bewirkt, selbst wenn die Sendung als unzustellbar zurückkommt.

(3) [1]Betreiben Familienangehörige im Sinne des § 26 Absatz 1 bis 3 ein gemeinsames Asylverfahren und ist nach Absatz 2 für alle Familienangehörigen dieselbe Anschrift maßgebend, können für sie bestimmte Entscheidungen und Mitteilungen in einem Bescheid oder einer Mitteilung zusammengefasst und einem Familienangehörigen zugestellt werden, sofern er volljährig ist. [2]In der Anschrift sind alle volljährigen Familienangehörigen zu nennen, für die die Entscheidung oder Mitteilung bestimmt ist. [3]In der Entscheidung oder Mitteilung ist ausdrücklich darauf hinzuweisen, gegenüber welchen Familienangehörigen sie gilt.

(4) [1]In einer Aufnahmeeinrichtung hat diese Zustellungen und formlose Mitteilungen an die Ausländer, die nach Maßgabe des Absatzes 2 Zustellungen und formlose Mitteilungen unter der Anschrift der Aufnahmeeinrichtung gegen sich gelten lassen müssen, vorzunehmen. [2]Postausgabe- und Postverteilungszeiten sind für jeden Werktag durch Aushang bekannt zu machen. [3]Der Ausländer hat sicherzustellen, dass ihm Posteingänge während der Postausgabe- und Postverteilungszeiten in der Aufnahmeeinrichtung ausgehändigt werden können. [4]Zustellungen und formlose Mitteilungen sind mit der Aushändigung an den Ausländer bewirkt; im Übrigen gelten sie am dritten Tag nach Übergabe an die Aufnahmeeinrichtung als bewirkt.

(5) Die Vorschriften über die Ersatzzustellung bleiben unberührt.

(6) [1]Müsste eine Zustellung außerhalb des Bundesgebiets erfolgen, so ist durch öffentliche Bekanntmachung zuzustellen. [2]Die Vorschriften des § 10 Abs. 1 Satz 2 und Abs. 2 des Verwaltungszustellungsgesetzes finden Anwendung.

(7) Der Ausländer ist bei der Antragstellung schriftlich und gegen Empfangsbestätigung auf diese Zustellungsvorschriften hinzuweisen.

Übersicht Rdn.

A. Funktion der Vorschrift

Die Vorschrift ist im Wesentlichen den Regelungen in § 17 AsylG 1982 nachgebildet 1
und enthält daher wie das frühere Recht verschärfte, von den allgemeinen Vorschriften abweichende Regelungen darüber, wie förmliche Entscheidungen und sonstige Mitteilungen im Asylverfahren bekannt gegeben werden oder wann sie als bekannt gegeben gelten können. Durch ÄnderungsG 1993 wurden Abs. 2 Satz 2 ff., Abs. 3 und 4 eingefügt. Insbesondere die Regelungen in Abs. 4 sollen das *Unterbringungskonzept* durch Verschärfung der bereits seit 1982 bestehenden fiktiven Zustellungsvorschriften auch verfahrensrechtlich absichern. *Kernstück* der Vorschrift ist die teilweise Abkehr von dem das sonstige Verwaltungsverfahren beherrschenden Grundsatz der *Bekanntgabe* durch *Kenntnisverschaffung* entweder durch *tatsächliche Übergabe* einer Entscheidung

oder durch deren Überlassung am Ort des gewöhnlichen Aufenthalts. Diese das Zustellungsrecht beherrschenden Grundsätze werden im Asylverfahren weitgehend durch *fiktive Zustellungsvorschriften* außer Kraft gesetzt. Die Sonderregelungen dieser Vorschrift *verdrängen* die allgemeinen Zustellungsregelungen, die jedoch grundsätzlich anwendbar bleiben (OVG MV, AuAS 2013, 102). Sie erleichtern die Zustellung mit Blick auf das asylrechtliche Verwaltungs- und Gerichtsverfahren und gelten im Übrigen für alle anderen Verfahren nach dem AsylG. Die Einzelheiten der Zustellung selbst richten sich jedoch nach allgemeinen Vorschriften, also insbesondere nach den *Zustellungsgesetzen von Bund und Ländern* und nach §§ 166 ff. ZPO (BayVGH, Urt. v. 10.04.1987 – Nr. 24 B 85 C 592; Hess. VGH, ESVGH 34, 99 = NVwZ 1984, 262; OVG Hamburg, InfAuslR 1990, 252). Insoweit ist zu bedenken, dass mit Wirkung zum 01.07.2002 durch das *Zustellungsreformgesetz* vom 25.06.2001 das gesamte Zustellungsrecht grundlegend geändert worden war (s. hierzu *Steiner/Steiner*, NVwZ 2002, 437).

2 Bereits die Gesetzesüberschrift verdeutlicht, wie sehr im Asylverfahrensrecht Ausnahmeregelungen zum Normalfall geworden sind. Bei der Einführung der bis dahin unbekannten Zustellungsregelungen des § 17 AsylG 1982 erachtete es der Gesetzgeber noch für erforderlich, auf den Ausnahmecharakter der asylrechtlichen Zustellungsregelungen bereits in der Gesetzesüberschrift durch die Bezeichnung »Besondere Vorschriften für die Zustellung« hinzuweisen. Seit 1992 werden die besonderen Zustellungsregelungen des AsylG nur noch lapidar mit »Zustellungsvorschriften« übertitelt. Damit soll offensichtlich suggeriert werden, dass die *weitgehenden fiktiven Zustellungsvorschriften des AsylG*, die in dieser Weise in keinem anderen Rechtsgebiet so geregelt sind, ein ganz normales, für alle anderen Rechtsgebiete ebenfalls geltendes Prinzip zum Ausdruck bringen würden. Die gesetzliche Begründung zu § 10 enthält keine besondere Begründung für die Sonderregelungen, sondern weist lediglich darauf hin, dass die früheren Regelungen mit einigen Modifizierungen beibehalten worden sind (BT-Drucks. 12/2062, S. 30). Damit haben die gesetzgeberischen Motive, die zum Erlass des § 17 AsylG 1982 geführt hatten, nach wie vor Bedeutung. Danach waren die *erheblichen Verfahrensverzögerungen*, die sich durch die häufigen, teilweise auch *durch das Verteilungsverfahren bedingten Wohnungsitzveränderungen* ergaben, maßgebend für die Einführung fiktiver Zustellungsregelungen. Da infolge dessen häufig die Anschrift unbekannt sei, komme es zu Verzögerungen des Asyl- und Gerichtsverfahrens bei Zustellungen durch Behörden und Gerichte. Nachforschungen nach dem Aufenthaltsort seien zeitaufwendig. Erst nach deren nachgewiesenem erfolglosen Versuch könne eine öffentliche Zustellung erfolgen. Daher sei die Einführung besonderer, diesen Umstand berücksichtigende Vorschriften erforderlich (BT-Drucks. 9/875, S. 18).

3 Die bestehenden *durch den Gesetzgeber ausgelösten administrativen* Probleme werden hier einseitig zulasten einer Minderheit geregelt (so auch *Funke-Kaiser,* in: GK-AsylG II, § 10 Rn. 8), die ohnehin erhebliche Probleme hat, die komplizierten Verfahrensabläufe und Behördenzuständigkeiten im deutschen Recht zu durchschauen. Häufig haben die Asylsuchenden aus ihrer Sicht die unumstößliche *Gewissheit* gewonnen, dass sie mit der Mitteilung ihrer geänderten Wohnanschrift an die Hotelleitung, den

Sozialarbeiter oder die zuständige Aufsichtsperson ihrer Mitwirkungspflicht genügt haben. Der anschließende behördliche Hinweis – nach unanfechtbarem Verfahrensabschluss wegen Zustellung an die frühere Adresse – auf ihre Ausreisepflicht trifft sie daher häufig nicht nur völlig überraschend, sondern auch im Zustand des Unrechtsbewusstseins, den keine noch so ausdifferenzierte Regelung beseitigen kann. Verschärfend kommen die seit 1992 neu eingeführten und im Hinblick auf § 33 2016 erneut verschärften fiktiven Rücknahmevorschriften der § 33 und § 81 hinzu.

B. Zustellung im öffentlichen Recht

I. Geltung der Vorschriften des VwZG

4 Auch die Zustellung im Asylverfahren richtet sich grundsätzlich nach den allgemeinen Zustellungsvorschriften für das öffentliche Recht. Die Sondervorschriften des § 10 enthalten zwar teilweise hiervon abweichende oder diese ergänzende Zustellungsvorschriften. Viele Fragen auch der Zustellung im Asylverfahren sind jedoch nach den allgemeinen Grundsätzen zu beurteilen (so auch *Hailbronner*, AuslR B 2 § 10 AsylG Rn. 2; *Funke-Kaiser*, in: GK-AsylG II, § 10 Rn. 5). So gelten insbesondere für die Einhaltung der Formvorschriften die Regelungen des allgemeinen Zustellungsrechts. Das betrifft unter anderem die Art der Zustellung sowie die hiermit im Zusammenhang stehenden Anforderungen an den von der Behörde zu erbringenden Zustellungsnachweis. Für die Einhaltung der Formvorschriften trägt die Behörde die *Beweislast*. Bevor daher § 10 zulasten des Antragstellers berücksichtigt werden kann, ist zunächst stets zu prüfen, ob die Zustellung nach Maßgabe der öffentlich-rechtlichen Zustellungsvorschriften wirksam ist.

5 Allein der Vordruck der Zustellungsverfügung in der Akte ist kein Nachweis für die wirksame Zustellung. Vielmehr müssen in der Behördenakte hinreichend bestimmte Zustellungsnachweise enthalten sein (VG Bayreuth, Beschl. v. 21.04.1994 – B 4 S 94.30137). Ist dies nicht der Fall, genügt der glaubhafte, substanziierte Vortrag des Adressaten, dass er den ihm zugedachten Bescheid nicht erhalten hat. Unaufklärbarkeit des Zugangs des Bescheids geht in einem solchen Fall zulasten der Behörde (VG Bremen, NVwZ 1994, 1236). Die fehlende Zustellung des Bescheids führt jedoch nicht zur Unzulässigkeit der Klage, wenn der Antragsteller bei fehlerhafter Zustellung Klage erhebt. Eine Klage kann schon dann wirksam erhoben werden, wenn der Bescheid im Zeitpunkt der Klageerhebung ergangen und damit tatsächlich, wenn auch nicht rechtlich existent war (VG Berlin, Urt. v. 10.03.1995 – VG 32 X 166.94). Häufig lässt sich innerhalb der Klagefrist gar nicht feststellen, ob die Zustellung rechtsfehlerhaft war. Ferner kann den Antragsteller, der tatsächlich in den Besitz des Bescheids gelangt, in extremen Ausnahmefällen der Einwand der *Verwirkung seines Klagerechts* infolge Zeitablaufs treffen (VG Koblenz, Urt. v. 25.07.1994 – 3 K 3052/93.KO: Verwirkung des Klagerechts des Bundesbeauftragten, weil er erst 29 Monate nach Kenntnis des Bescheids Klage erhoben hat).

II. Zustellungsarten und -nachweis (§§ 2 ff. VwZG)

1. Wahlrecht des Bundesamtes (§ 2 Abs. 2 VwZG)

6 Früher wurde der Asylbescheid wegen des bestehenden Zustellungsverbunds nach landesrechtlichen Vorschriften zugestellt (BVerwG, InfAuslR 1990, 102). Nach geltendem Recht werden auch die ausländerrechtlichen Entscheidungen vom Bundesamt getroffen (§ 31 Abs. 3, §§ 34 ff.) und durch das Bundesamt nach den Regelungen des VwZG des Bundes zugestellt. Für sämtliche Sachentscheidungen gilt das *Erfordernis der Schriftlichkeit* (Hess.VGH, Hess. VGRspr. 1989, 59). Die Zustellung erfolgt in der Übergabe eines Schriftstückes in Urschrift, Ausfertigung oder beglaubigter Abschrift oder in dem Vorlegen der Urschrift (§ 2 Abs. 1 Satz 1 VwZG). Fehlt der Beglaubigungsvermerk auf dem Asylbescheid, greift die Rüge *mangelnder* Schriftlichkeit und damit fehlerhafter Zustellung durch (Hess.VGH, Hess. VGRspr. 1989, 59). Das Bundesamt genügt diesem Erfordernis dadurch, dass sämtliche nach § 31 erforderlichen Regelungen in einem Bescheid zusammengefasst werden und damit in einer Urkunde enthalten sind, die in beglaubigter Abschrift zugestellt wird. Das Bundesamt kann grundsätzlich nach § 2 Abs. 2 VwZG nach pflichtgemäßem Ermessen zwischen den einzelnen Zustellungsarten wählen. Wegen des gebotenen Nachweises der Zustellung erfolgt die Zustellung in der Praxis des Bundesamtes jedoch entweder durch Beauftragung der *Post* mit Zustellungsurkunde (§ 3 VwZG) oder mittels eingeschriebenen Briefes (§ 4 VwZG) oder durch *behördliche Zustellung durch Empfangsbekenntnis* (§ 5 VwZG).

7 Fraglich ist, ob es sich angesichts der der Rechtssicherheit dienenden *Formenstrenge* des Zustellungsrechts (Hess.VGH, NJW 1990, 467, 468) nicht auf den ersten Blick ergeben muss, ob der Bescheid durch die Post nach §§ 3 ff. VwZG oder durch die Behörde nach § 5 VwZG zugestellt worden ist. In der obergerichtlichen Rechtsprechung wird hierzu die Ansicht vertreten, dass es hierauf nicht ankomme. Trotz der Verwendung einer Postzustellungsurkunde könnten die Umstände, nämlich Streichung der Worte »in meiner Eigenschaft als Postbediensteter« in einer Zustellungsurkunde letztlich keinen Zweifel daran lassen, dass die Zustellung des Bescheids durch die Behörde selbst bewirkt worden sei. Das genüge. Eine Eindeutigkeit in dem Sinne, dass auf den ersten Blick zu erkennen sein müsse, nach welchen Vorschriften zugestellt werden sollte, werde nämlich durch den Zweck der Zustellungsvorschriften nicht gefordert (VGH BW, NVwZ-RR 1995, 620). Dem kann nicht gefolgt werden. Ziel der gesetzlichen Regelungen des Zustellungsrechts ist es, zu gewährleisten, dass durch eine genaue Beachtung der für die jeweils gewählte Art der Zustellung geltenden Form- und Verfahrensvorschriften jeglicher Streit über das Ob und Wie der Zustellung vermieden wird (Hess. VGH, NJW 1990, 467, 468).

2. Zustellung durch die Post (§ 3 und § 4 VwZG)

8 Bei der Zustellung durch die *Post* werden zwei Zustellungsarten unterschieden: § 3 VwZG regelt die Zustellung durch die Post mit *Zustellungsurkunde,* § 4 die Zustellung durch die Post *mittels eingeschriebenen Briefes.* Je nach Zustellungsart sind unterschiedliche Voraussetzungen zu beachten und können unterschiedliche Rechtsfolgen eintreten. Bei der Zustellung durch die Post mit Zustellungsurkunde übergibt die Behörde das zuzustellende Schriftstück verschlossen der Post mit dem Ersuchen, die

Zustellung einem Postbediensteten des Bestimmungsortes aufzutragen (§ 3 Abs. 1 Satz 1 VwZG). Die Sendung ist mit der Anschrift des Empfängers und mit der Bezeichnung der absendenden Dienststelle, einer Geschäftsnummer und einem Vordruck für die Zustellung zu versehen (§ 3 Abs. 1 Satz 2 VwZG). Der Postbedienstete beurkundet die Zustellung. Die Zustellungsurkunde wird an die Behörde zurückgeleitet (§ 3 Abs. 2 VwZG). Während nach § 182 Abs. 2 Nr. 6 ZPO n.F. die Zustellungsurkunde nur die Bemerkung enthalten muss, dass der Tag der Zustellung auf dem Umschlag, der das zuzustellende Schriftstück enthält, vermerkt ist und hieraus abgeleitet wird, dass nach neuem Zustellungsrecht nicht das Aktenzeichen des zuzustellenden Schriftstücks auf der Postzustellungsurkunde vermerkt sein muss (*Steiner/Steiner*, NVwZ 2002, 437, 438), erfordert § 3 Abs. 1 Satz 2 VwZG unverändert die Angabe des Geschäftszeichens. Danach erfordert die gebotene Gewähr für Nämlichkeit und den unveränderten Inhalt der Postsendung die Angabe der Geschäftsnummer auf der Sendung sowie auf der Postzustellungsurkunde (BFH, NVwZ 1992, 815; BFH, NVwZ 1998, 324; VG Stuttgart, InfAuslR 1991, 103). Ungenügend ist es, wenn die Zustellungsurkunde lediglich eine Geschäftsnummer aufweist, die durchgängig für einen Aktenvorgang verwendet wird und lediglich das Sachgebiet oder die absendende Behörde bezeichnet, ohne dadurch eine eindeutige Bestimmung des konkret zugestellten Bescheides zu ermöglichen (VG Karlsruhe, InfAuslR 1999, 354). Allein die Angabe des Aktenzeichens des Bundesamtes sowie des Geburtsdatums des Antragstellers reicht nicht aus. Aus diesen Angaben allein kann kein sicherer Schluss auf den konkreten Inhalt der zugestellten Sendung gezogen werden. Daher muss das in der Sendung enthaltene Schriftstück schriftlich gekennzeichnet sein (VG Frankfurt an der Oder, AuAS 1994, 129; VG Berlin, Urt. v. 10.03.1995 – VG 32 X 166.94). Werden in einer Sendung mehrere zuzustellende Schriftstücke versandt, mussten früher sämtliche Aktenzeichen angegeben werden, um die Beurkundungsfunktion auszulösen (VG Stuttgart, InfAuslR 1991, 103; s. aber Abs. 3 und Rdn. 33 ff.).

Die Postzustellungsurkunde muss vom Zusteller bei der beabsichtigten Zustellung 9 unterschrieben werden. Sie muss darüber hinaus eindeutige und zweifelsfreie Eintragungen über den Tag der Zustellung enthalten. Die Urkunde erbringt als *öffentliche Urkunde* im Sinne von § 415 ZPO vollen Beweis der darin bezeugten Tatsachen (§ 418 ZPO). Die Beweiskraft der Urkunde gem. § 418 ZPO (BVerfG, NJW 1992, 224 = NVwZ 1992, 159 [nur LS]; s. aber VG Frankfurt am Main, NJW 1997, 3329, Postzustellungsurkunden der Post AG sind Privaturkunden) kann jedoch je nach Eigenart der festgestellten Mängel gemindert oder ganz aufgehoben sein (§ 419 ZPO). Aus diesem Grunde bewirken äußere Veränderungen der Zustellungsurkunde und die auf ihrer Rückseite aufgebrachten unterschiedlichen Eintragungen und Stempelaufdrucke, dass die Vermutung für die Richtigkeit der in der Postzustellungsurkunde beurkundeten Vorgänge zerstört wird (Hess. VGH, NJW 1990, 467; Hess. VGH, NVwZ 1996, 605). Die Behörde muss den Bescheid nicht isoliert zustellen. Sie kann vielmehr mehrere Sendungen in einer Einschreibsendung bündeln. Vom Empfänger einer Einschreibsendung wird erwartet, dass er deren Inhalt einer genauen Überprüfung unterzieht (Nieders.OVG, NVwZ-RR 2003, 806, 807). Zweifel an einer ordnungsgemäßen Zustellung können sich aber ergeben, wenn der gebündelt zugestellte Bescheid als solcher nicht zweifelsfrei zu erkennen ist, etwa weil er in den mit übersandten Aktenkopien untergegangen ist. Bei einer entsprechend substanziiert vorgebrachten Behauptung trägt die Behörde nach § 4 Abs. 1 letzter Halbs. VwZG die Beweislast für die ordnungsgemäße Zustellung (Nieders.OVG, NVwZ-RR 2003, 806, 807). Zwar ist mängelbehafteten Urkunden nicht von vornherein jegliche Beweiskraft abzusprechen. Die Beweiskraft kann jedoch je nach Eigenart der festgestellten Mängel gemindert oder ganz aufgehoben sein. Hierüber hat das Gericht nach seiner freien Überzeugung zu entscheiden (Hess.VGH, NJW 1990, 467). Enthält die Postzustellungsurkunde verschiedene Eintragungen zu (mehreren) ergebnislosen Zustellungsversuchen als Voraussetzung einer Niederlegung des zuzustellenden Schriftstückes und Veränderungen des Adressfeldes, ist sie als Zustellungsnachweis ungeeignet und es entfällt jegliche Beweiskraft (Hess. VGH, NJW 1990, 467; Hess. VGH, NVwZ 1996, 605).

10 Mit *eingeschriebenem Brief* zugesandte Sendungen (§ 4 VwZG) erfahren anders als Zustellungen mit Posturkunde keine Protokollierung der Übergabe, sondern nur ihrer Absendung bei der Behörde und gegebenenfalls – bei Einschreiben mit Rückschein – eine vom Empfänger ausgestellte Empfangsbestätigung. Bei der Zustellung mittels eingeschriebenem Brief gilt dieser mit dem dritten Tag nach der Aufgabe zur Post als zugestellt, es sei denn, dass das zugestellte Schriftstück nicht oder zu einem späteren Zeitpunkt zugegangen ist (§ 4 Abs. 2 Satz 2 Halbs. 2 VwZG). Im Zweifel hat die Behörde den Zugang des Schriftstücks und den Zeitpunkt des Zugangs nachzuweisen (§ 4 Abs. 2 Satz 3 VwZG). Allein schlichtes Bestreiten des Zugangs löst die behördliche Nachweispflicht noch nicht aus. Vielmehr muss der Adressat der Zustellung sein Vorbringen nach Lage des Einzelfalles so substanziieren, dass zumindest ernsthafte Zweifel am Zugang begründet werden (Nieders. OVG, NVwZ-RR 2007, 365, 366). Bestreitet der Empfänger nicht den Zugang des Schriftstücks als solchen, sondern behauptet er, den Bescheid später als innerhalb von drei Tagen nach Aufgabe zur Post erhalten zu haben, hat er sein Vorbringen im Rahmen des Möglichen zu substanziieren, um Zweifel gegen die *Dreitagesvermutung* zu begründen (Thür. OVG, NVwZ-RR 2003, 3). Nach § 4 Abs. 2 Satz 4 VwZG ist der Tag der Aufgabe zur Post und unter welcher Adresse zugestellt wurde, in den Akten zu vermerken. Das von der Behörde geführte allgemeine Einschreibebuch vermag den Postaufgabevermerk nicht zu ersetzen, da es nicht Teil der Akten im Sinne von § 4 Abs. 2 Satz 4 VwZG ist (VG Aachen, Urt. v. 25.04.1996 – 4 K 182/93.A). Eine nachträgliche Anfertigung eines derartigen Vermerks ist nach der Rechtsprechung des BGH jedoch zulässig (BGH, NJW 1987, 1707). Die erheblichen Nachweisprobleme verdeutlichen, dass insbesondere in den auf schnelle und unverzügliche Abwicklung der Verfahren angelegten Vorschriften des AsylG jedenfalls die für das Asylverfahren maßgebenden Bescheide nicht mittels eingeschriebenen Briefes zugestellt werden sollten. Wird allerdings an einen Strafgefangenen mittels eingeschriebenen Briefes zugestellt, wird die Zustellung in der Weise bewirkt, dass die Post die an ihn gerichtete Sendung an den hierzu von der Vollzugseinrichtung benannten Postempfangsbeauftragten ausliefert. Mit der Übergabe an diesen gilt die an den Empfänger gerichtete Sendung als ordnungsgemäß ausgeliefert (OVG Rh-Pf, AuAS 1997, 103, 104).

Die Zustellung durch *Einwurf-Einschreiben* genügt nicht den Anforderungen nach § 2 VwZG (BVerwG, InfAuslR 2001, 190, 191 = AuAS 2001, 21 = NVwZ 2001, 319 [LS]; OVG Rh-Pf, NVwZ-Beil. 2001, 9, 10 = AuAS 2000, 138, 139; VG Koblenz, Urt. v. 26.10.1999 – 2 K 739/99.KO). Das Einwurf-Einschreiben wird anders als das frühere Einschreiben, dem das seit 1997 von der Deutschen Post AG angebotene *Übergabe-Einschreiben* entspricht, dem Empfangsberechtigten nicht übergeben, sondern wie normale Briefpost in den Hausbriefkasten des Empfängers eingeworfen oder in sein Postfach gelegt. Der Postbedienstete vermerkt lediglich intern den Einwurf des Einschreibens. Damit bleibt das Einwurf-Einschreiben in seinen Formerfordernissen entscheidend hinter denen des früheren Einschreibens – dem heutigen Übergabe-Einschreiben – zurück, von dem die gesetzliche Einordnung als anerkannte Zustellungsart in § 2 Abs. 1 VwZG und die daran anknüpfende Zustellungsfiktion nach § 4 Abs. 1 VwZG ausgehen. Zum einen sieht das Einwurf-Einschreiben, anders als das Übergabe-Einschreiben, nicht die schriftliche Empfangsbestätigung des Empfangsberechtigten vor und entspricht damit nicht den in § 1 Abs. 2 Nr. 1 der Post – UniversaldienstleistungsVO vom 15.12.1999 (BGBl. I S. 2418) umschriebenen Voraussetzungen. Andererseits verzichtet das Einwurf-Einschreiben auf die in § 2 Abs. 1 VwZG grundsätzlich für die Zustellung eines Schriftstücks geforderte Übergabe an den Empfangsberechtigten, wie sie das Übergabe-Einschreiben sicherstellt. Das Einwurf-Einschreiben führt damit auch nicht zur Zustellungsfiktion des § 4 Abs. 1 VwZG und setzt infolge unwirksamer Zustellung auch keine Rechtsmittelfrist in Gang (BVerwG, InfAuslR 2001, 190, 191; OVG Rh-Pf, NVwZ-Beil. 2001, 9, 10 = AuAS 2000, 138, 139; VG Koblenz, Urt. v. 26.10.1999 – 2 K 739/99.KO). 11

3. Zustellung durch die Behörde gegen Empfangsbekenntnis (§ 5 VwZG)

Bei der Zustellung durch die *Behörde* händigt der zustellende Bedienstete das Schriftstück dem Empfänger gegen Empfangsbekenntnis aus (§ 5 Abs. 1 Satz 1 VwZG). Der Empfänger hat ein mit dem Datum der Aushändigung versehenes Empfangsbekenntnis zu unterschreiben (§ 5 Abs. 1 Satz 3 VwZG). Die Zustellung im *Verwaltungsstreitverfahren* erfolgt *von Amts wegen* nach den Vorschriften des VwZG des Bundes (§ 56 Abs. 2 VwGO). Die Zustellung gegen Empfangsbekenntnis entspricht im Wesentlichen der Zustellung mit Zustellungsurkunde. Der Unterschied besteht darin, dass statt des Postbediensteten ein Bediensteter der Behörde tätig wird und statt der Beurkundung durch die Post der Adressat der Sendung den Empfang bestätigt. Diese Form der Zustellung ist wegen des von der Behörde geforderten Aufwandes heute eher die Ausnahme. Zwar gelten bei der Zustellung in der Aufnahmeeinrichtung (Abs. 4) von § 5 VwZG abweichende Regelungen. Dies bedeutet jedoch nicht, dass das Bundesamt nicht auch in diesen Fällen nach § 5 VwZG zustellen könnte. Abs. 4 soll dem Bundesamt die Zustellung erleichtern, ihm jedoch nicht die Wahl der in § 5 VwZG vorgesehenen Zustellungsart verwehren. Der Bescheid kann auch durch eine andere Behörde bekannt geben werden. Bei Unterrichtung der Ausländerbehörde durch das Bundesamt durch Zusendung des Bescheids bedarf es der ausdrücklichen Zustimmung des Bundesamts. Die Bekanntgabe muss mit »Wissen und Wollen« des Bundesamts erfolgen. Die Übergabe des Bescheids durch die Ausländerbehörde kann deshalb 12 nicht ohne Weiteres als Zustellung angesehen werden und setzt die Klagefrist nicht in Gang (VG Aachen, Beschl. v. 15.12.1993 – 7 L 1315/93.A; VG Wiesbaden, Gerichtsbescheid v. 23.08.1995 – 5/332629/94). Ebenso wenig stellt die Übersendung einer bloßen Kopie des Behördenbescheides eine förmliche Zustellung dar (VG Meiningen, NVwZ 1999, 213).

13 Der Bedienstete vermerkt das Datum der Zustellung auf dem auszuhändigenden Schriftstück (§ 5 Abs. 1 Satz 3 VwZG). Unterlässt der Behördenbedienstete den vorgeschriebenen Vermerk über das Zustellungsdatum auf dem Schriftstück, beginnen die in § 9 Abs. 2 VwZG bezeichneten Fristen nicht zu laufen (Hess. VGH, NJW 1984, 445). Die Rechtsprechung beruft sich für ihre Ansicht auf die Rechtsprechung des Gemeinsamen Senates der obersten Gerichtshöfe des Bundes. Danach ist beim Fehlen des nach § 195 Abs. 2 Satz 2 ZPO vorgeschriebenen Vermerks über den Tag der Zustellung diese zwar nicht unwirksam, jedoch beginnen die Fristen nicht zu laufen (GmSOGB, BVerwGE 51, 378, 379 = NJW 1977, 621; BVerwG, NJW 1980, 1482; OVG NW, NVwZ-RR 2004, 72, 73). Die für die Zustellung mit Zustellungsurkunde nach § 3 VwZG in Verb. mit § 195 Abs. 2 Satz 2 ZPO dem Postzusteller auferlegte Pflicht gilt im Rahmen des § 5 VwZG auch für den Behördenbediensteten (Hess. VGH, NJW 1984, 445, 446). Das ausgefüllte Empfangsbekenntnis erbringt vollen Beweis dafür, dass an dem vom Empfänger angegebenen Tag tatsächlich zugestellt wurde. Der Gegenbeweis wird nicht dadurch geführt, dass nur die Möglichkeit eines vielleicht sogar naheliegenden anderen Geschehensablaufs dargetan wird. Vielmehr ist der volle Nachweis eines anderen Geschehensablaufes erforderlich (BVerwG, NJW 1994, 535, 536 = NVwZ 1994, 368; BFH, NVwZ-RR 1995, 239, 240).

14 An Behörden, Körperschaften und Anstalten des öffentlichen Rechts, Mitglieder einer Rechtsanwaltskammer, Patentanwälte, Notare, Steuerberater, Steuerbevollmächtigte, Wirtschaftsprüfer, vereidigte Buchprüfer, Steuerberatungsgesellschaften, Wirtschaftsprüfungsgesellschaften und Buchprüfungsgesellschaften kann das Schriftstück auch anders als durch Zustellung durch die Behörde gegen *Empfangsbekenntnis* übermittelt werden. An die Stelle des in § 5 Abs. 1 Satz 3 VwZG geforderten Vermerks über das Datum der Zustellung tritt das mit Datum und Unterschrift versehende Empfangsbekenntnis des Empfängers, das an die Behörde zurückzusenden ist (§ 5 Abs. 7 VwZG). Nach § 174 Abs. 2 ZPO kann das Schriftstück auch durch Telekopie an den Rechtsanwalt zugestellt werden. Das Empfangsbekenntnis kann schriftlich, durch Telekopie oder als elektronisches Dokument zurück gesandt werden (§ 174 Abs. 4 Satz 2 ZPO). Wird es als elektronisches Dokument (§ 130a ZPO) erteilt, soll es mit einer qualifizierten elektronischen Signatur nach dem Signaturgesetz versehen werden (§ 174 Abs. 4 Satz 3 ZPO). Nicht der Posteingangsstempel der Kanzlei, sondern der vom Rechtsanwalt mit Datum bestätigte Empfang ist für den Fristbeginn maßgebend. Der Rechtsanwalt muss zunächst von dem Zugang des zuzustellenden Schriftstückes Kenntnis erlangen, bevor er konkret entscheidet, ob er es als zugestellt ansieht. Die Entgegennahme des Schriftstückes und seine allgemeinen Anweisungen entsprechende Bearbeitung durch das Kanzleipersonal haben in diesem Zusammenhang nicht mehr als vorbereitenden Charakter. Damit wird nur der anwaltliche Gewahrsam begründet, aber nicht die weiter gehende einzelfallabhängige Willensentscheidung des

Rechtsanwalts vorweggenommen, das in seinem Gewahrsam gelangte Schriftstück auch tatsächlich als zugestellt zu behandeln. Es ist also unerheblich, wann das zuzustellende Schriftstück in die Kanzlei des Rechtsanwalts gelangt ist (BGH, NJW 1991, 42). Wird ein Beschluss durch Faxschreiben zugestellt, ist erforderlich, dass der Rechtsanwalt objektiv die Möglichkeit hat, es entgegenzunehmen und die entsprechende Bereitschaft hierzu hat (OVG Hamburg, NVwZ 2000, 235, 236).

Bei der Zustellung muss das *Empfangsbekenntnis eigenhändig unterschrieben* sein. Eine wirksame vereinfachte Zustellung setzt eine *persönliche Bescheinigung der Entgegennahme* des zuzustellenden Schriftstücks durch den bevollmächtigten Rechtsanwalt voraus. Ein von einem Mitarbeiter des Rechtsanwaltes in dessen Auftrag unterzeichnetes Empfangsbekenntnis genügt diesem Formerfordernis nicht (Hess. VGH, AuAS 2004, 174, 175). Ebenso wenig erfüllt eine durch *Faksimile-Stempel* hergestellte Unterschrift das Formerfordernis (BGH, NJW 1989, 838; s. auch BVerwG, NJW 1994, 535 = NVwZ 1994, 368 [LS]). Weist das Empfangsbekenntnis ein unrichtiges Datum auf, ist zwar die Zustellung nicht fehlerhaft. Für den Fristbeginn ist jedoch das berichtigte Datum maßgebend (BGH, EBE/BGH 1990, 346). Das Empfangsbekenntnis stellt kein Wirksamkeitserfordernis der Zustellung dar. Vielmehr dient das zurückgesandte Empfangsbekenntnis lediglich dem Nachweis, dass und wann der Empfänger das Schriftstück erhalten hat (OVG NW, NVwZ 2003, 632). Das vom Rechtsanwalt ausgefüllte Empfangsbekenntnis nach § 198 und § 212a ZPO hat dieselbe Bedeutung wie die Zustellungsurkunde nach § 190 ZPO, d.h. es erbringt vollen Beweis dafür, dass an dem vom Empfänger angegebenen Tag tatsächlich zugestellt wurde (BGH, NJW 1990, 2125; BVerwG, NJW 1994, 535 = NVwZ 1994, 368). Allerdings ist der Gegenbeweis der Unrichtigkeit der in dem Empfangsbekenntnis enthaltenen Angaben zulässig (BGH, NJW 1990, 2125). 15

4. Elektronische Zustellung (§ 5 Abs. 5 und 6 VwZG)

Nach § 2 Abs. 1 VwZG ist die förmliche Zustellung eines elektronischen Dokumentes nach Maßgabe von § 5 Abs. 5 und 6 VwZG zulässig. Voraussetzung hierfür ist, dass der Empfänger hierfür, also gerade für Zustellungen auf elektronischem Wege ausdrücklich oder konkludent einen Zugang eröffnet hat (§ 5 Abs. 5 Satz 1 VwZG). Davon wird man ausgehen können, wenn die von Behörden und Anwaltskanzleien verwendeten Briefbögen eine elektronische Adresse bezeichnen (*Funke-Kaiser*, in: GK-AsylG II, § 10 Rn. 84). Ist aufgrund einer Rechtsvorschrift die elektronische Zustellung zwingend vorgeschrieben, ist auf Verlangen des Empfängers hiernach zu verfahren (§ 5 Abs. 5 Satz 2 VwZG). Das zuzustellende Dokument ist mit einer *»qualifizierten elektronischen Signatur«* nach § 2 Nr. 3 SignaturG zu versehen, die auf einem zum Zeitpunkt ihrer Erzeugung gültigen qualifizierten Zertifikat beruhen und mit einer sicheren Signaturerstellungseinheit erzeugt werden. Nur unter dieser Voraussetzung wird die erforderliche Authentizität des Dokuments gewährleistet. In den Fällen nach § 5 Abs. 5 Satz 2 VwZG, in denen eine elektronische Zustellungspflicht besteht, gilt nach § 5 Abs. 7 Satz 2 VwZG ein elektronisches Dokument am dritten Tag nach der Absendung an dem vom Empfänger hierfür eröffneten Zugang als zugestellt, wenn der Behörde nicht spätestens an diesem Tag ein Empfangsbekenntnis zugeht. 16

Die Vermutung kann widerlegt werden (§ 5 Abs. 7 Satz 3 VwZG). Da in Asylverfahren keine zwingende elektronische Zustellung besteht, ist für den Beginn der Frist das auf dem Empfangsbekenntnis bezeichnete Datum maßgebend.

5. Ersatzzustellung (Abs. 5)

17 Nach Abs. 5 bleiben die Vorschriften über die Ersatzzustellung unberührt. Dies hat für die Unterbringung in Aufnahmeeinrichtungen (Abs. 4) keine Bedeutung, wohl aber für die Unterbringung in Gemeinschaftsunterkünften (§ 53) und anderen Einrichtungen. Die Vorschriften über die Ersatzzustellung nach § 178 ZPO haben Vorrang vor der Zustellungsfiktion nach Abs. 2 Satz 2, weil beide Formen der Zustellung *einander ausschließende Bereiche* haben. Ein Nachsendeantrag wegen vorübergehender Abwesenheit des Empfängers schließt die Ersatzzustellung nicht aus (VGH BW, NJW 1997, 3330, 3331). Maßgebend für die Ersatzzustellung ist der *Begriff des tatsächlichen Wohnens* (*Funke-Kaiser,* in: GK-AsylG II, § 10 Rn. 94 ff.). Maßgebend ist, dass der Zustellungsempfänger in den angegebenen Räumen tatsächlich lebt und dort auch schläft (BVerwG, InfAuslR 1984, 90; OVG Rh-Pf, InfAuslR 1988, 170; BayObLG, EZAR 135 Nr. 11). Wohnt der Zustellungsempfänger tatsächlich nicht mehr unter der angegebenen Adresse, kann an diese Adresse auch nicht wirksam zugestellt werden (BVerwG, InfAuslR 1984, 90; OVG Rh-Pf, InfAuslR 1988, 170). Bei Asylsuchenden ist jedoch die Fiktionsvorschrift nach Abs. 2 Satz 4 zu beachten. An den Rechtsanwalt darf nicht durch Niederlegung des zuzustellenden Schriftstückes zugestellt werden (OVG Lüneburg, InfAuslR 1984, 259; Rdn. 26). Die Vorschriften über die Ersatzzustellung lassen ersatzweise Zustellungen immer dann zu, wenn der gewöhnliche *Aufenthaltsort* des Empfängers *bekannt* ist, auch wenn er im Zeitpunkt der Zustellung dort nicht angetroffen werden kann. Demgegenüber finden die Regelungen über die Zustellungsfiktion nur in den Fällen Anwendung, in denen jedenfalls der Behörde der Aufenthalt des Asylsuchenden *unbekannt* ist und deshalb die Sendung nicht an den Empfänger zugestellt werden kann. Wird der Empfänger in seiner Wohnung nicht angetroffen, kann das Schriftstück in der Wohnung einem zur Familie gehörenden erwachsenen Hausgenossen oder einem in der Familie beschäftigten Erwachsenen übergeben werden. Eine Übergabe an den im selben Hause wohnenden Hauswirt oder Vermieter ist unzulässig (*Funke-Kaiser,* in: GK-AsylG II, § 10 Rn. 90). Ebenso unzulässig ist eine Ersatzzustellung an Angestellte (BVerwG, BayVBl. 1986, 503). Die Ersatzzustellung ist aber gegenüber dem *Lebensgefährten* des Empfängers zulässig, sofern er als solcher nach außen erkennbar ist (BVerwG, NVwZ 2002, 80, 81). Der Zusteller muss aber zunächst versuchen, an den Hauswirt oder Vermieter zuzustellen (BVerwG, NVwZ 2002, 80, 81).

18 Eine Ersatzzustellung ist auch dann wirksam, wenn nicht zweifelsfrei feststeht, ob der Zustellungsadressat unter der Zustellungsanschrift tatsächlich wohnt, er aber in zurechenbarer Weise den *Anschein gesetzt* hat, dass dies (noch) der Fall ist (Nieders. OVG, NVwZ-RR 2005, 760, mit Verweis auf OLG Karlsruhe, NJW-RR 1992, 700; OVG Bautzen, NVwZ-RR 2002, 550). Die frühere Ansicht, dass als Hauswirt i.S.d. § 181 Abs. 2 ZPO a.F. bei einem *Gefangenen* auch der *Leiter einer Justizvollzugsanstalt oder dessen Vertreter* (OVG Rh-Pf, AuAS 1997, 103, 104; VGH BW,

InfAuslR 2002, 70, 71 = AuAS 2001, 209; BayVGH, NVwZ-RR 1997, 741) und bei einem *Kranken* die Leitung des Krankenhauses anzusehen waren (BayVGH, NVwZ-RR 1997, 741), hat durch § 178 Abs. 1 Nr. 3 ZPO eine gesetzliche Klarstellung erfahren. Danach kann in Gemeinschaftsunterkünften dem Leiter der Einrichtung oder einem dazu ermächtigten Vertreter zugestellt werden. Eine Ersatzzustellung an den Verwalter einer Gemeinschaftsunterkunft oder seinen Stellvertreter ist selbst dann zulässig, wenn diese nicht in der Unterkunft wohnen (BayVGH, NVwZ-RR 1997, 745 = AuAS 1997, 179; VG Freiburg, NVwZ 1993, 808). Hierbei handele es sich um eine dem in dem Haus wohnenden Hauswirt im Sinne von § 181 Abs. 2 ZPO gleichzustellende Person (BayVGH, NVwZ-RR 1997, 745). Anders als im Fall der Zustellung in der Aufnahmeeinrichtung nach Abs. 4, welche die Vorschriften über die Ersatzzustellung verdrängt, kann aber bei der Zustellung in der Gemeinschaftsunterkunft nicht von vornherein auf den Versuch der persönlichen Übergabe des Schriftstückes verzichtet werden (BayVGH, NVwZ-RR 1997, 741; VG Freiburg, NVwZ 1993, 808; VG Dresden, AuAS 2003, 275, 276; VG München, AuAS 2007, 105, 105 f.; LG München, Beschl. v. 03.05.2004 – 25 Qs 15/04).

Die Ersatzzustellung setzt voraus, dass der mit der Zustellung beauftragte Postbedienstete wenigstens *versucht hat, dem Zustellungsempfänger das für ihn bestimmte Schriftstück in seiner Wohnung zu übergeben*, dort aber weder diesen noch eine andere in § 178 ZPO aufgeführte Person angetroffen hat (BVerwG, InfAuslR 1984, 90). Die Zustellung ist deshalb unwirksam, wenn der Zusteller in einer Gemeinschaftsunterkunft nicht den *Versuch der persönlichen Aushändigung* des Schriftstücks an den Zustellungsempfänger unternimmt und das Schriftstück stattdessen an die Aufsichtsperson übergibt (Hess. VGH, EZAR 604 Nr. 1 = Hess. StAnz. 1987, S. 42 = Hess. VGRspr. 1987, 52; BayVGH, NVwZ-RR 1997, 745; BayVGH, NVwZ-Beil. 2000, 56, 57 = InfAuslR 1999, 291 = EZAR 604 Nr. 3 = AuAS 2000, 17; VGH BW, NVwZ-Beil. 1999, 42 = AuAS 1999, 102; VG Freiburg, NVwZ 1993, 808; VG Magdeburg, AuAS 1994, 128; VG Gelsenkirchen, AuAS 2001, 237, 238 = InfAuslR 2002, 217, VG Dresden, AuAS 2003, 275, 276; VG München, AuAS 2007, 105; VG München, InfAuslR 2007, 263; LG München I, InfAuslR 2005, 160; *Funke-Kaiser,* in: GK-AsylG II, § 10 Rn. 100; *Wolff,* Asylmagazin 11/2002, 10, 11; a.A. VGH BW, AuAS 2006, 215) oder in den Hausbriefkasten der Gemeinschaftsunterkunft einwirft (VG Frankfurt am Main, NVwZ-Beil. 1999, 31). Nach der Gegenmeinung ist hingegen Voraussetzung der Ersatzzustellung nach § 178 Abs. 1 Nr. 2 bzw. Nr. 3 ZPO, dass der Adressat in der Gemeinschaftsunterkunft nicht angetroffen wird (VGH BW, AuAS 2006, 215, 216). Der Zusteller muss sich deshalb bei der Verwaltung der Gemeinschaftsunterkunft nach dem Zimmer des Empfängers erkundigen, diesen dort aufsuchen und das Schriftstück übergeben (BayVGH, NVwZ-Beil. 2000, 56, 57= InfAuslR 1999, 291 = EZAR 604 Nr. 3 = AuAS 2000, 17; VGH BW, NVwZ-Beil. 1999, 42 = AuAS 1999, 102). Der Gegenbeweis im Sinne von § 418 ZPO in Verb. mit § 98 VwGO ist in dem Fall, in dem der Zusteller vermerkt, er habe den Adressaten nicht angetroffen und deshalb den Benachrichtigungshinweis in den Hausbriefkasten der Gemeinschaftsunterkunft gelegt, geführt, wenn nach der eidesstattlichen Versicherung des Empfängers ein Hausbriefkasten nicht vorhanden ist und diese Erklärung durch die zuständige Behörde bestätigt wird (VG Gelsenkirchen, AuAS 2001, 237, 238 = InfAuslR 2002, 217). 19

20 Bei einem Asylsuchenden, der in einer Gemeinschaftsunterkunft lebt, ist wegen seiner Verpflichtung zum Wohnen in der Unterkunft hingegen nicht allgemein anzunehmen, dass der Postzusteller ihn nicht erreichen und ihm die Sendung nicht aushändigen kann (Hess. VGH, EZAR 604 Nr. 1). Händigt der Postzusteller die Sendung an den Verwalter aus, muss der Adressat der Sendung schlüssig darlegen, dass der Zusteller nicht den Versuch der persönlichen Übergabe unternommen hat. Das bloße Bestreiten, dass ein derartiger Versuch unternommen worden sei, genügt nicht. Es ist vielmehr zeitlich und räumlich konkret darzulegen, dass der Betreffende etwa die Unterkunft von morgens bis abends nicht verlassen oder der Zusteller von vornherein keinen Zustellungsversuch in der Gemeinschaftsunterkunft unternommen hat (BayVGH, NVwZ-RR 1997, 745, 746). Behauptet der Empfänger der Sendung, sich am Tage die Zustellung in der Unterkunft aufgehalten zu haben, wird damit die Beweiskraft der Zustellungsurkunde (§ 418 I ZPO) widerlegt (BayVGH, NVwZ-Beil. 2000, 56, 57 = InfAuslR 1999, 291 = EZAR 604 Nr. 3).

21 Zwar hat § 178 Abs. 1 Nr. 1 und 2 ZPO Vorrang vor der Niederlegung nach § 181 ZPO, sodass der Zusteller, der den Empfänger nicht antrifft, vor der Niederlegung prüfen muss, ob er das Schriftstück in einen zu der Wohnung oder dem Geschäftsraum gehörenden Briefkasten oder in eine ähnliche Vorrichtung einlegen kann. Mit der Einlegung gilt das Schriftstück als zugestellt (§ 180 Abs. 1 Satz 2 ZPO). Der Zusteller vermerkt auf dem Umschlag des zuzustellenden Schriftstücks das Datum der Zustellung (§ 180 Abs. 1 Satz 3 ZPO). Die Rechtsprechung wendet im öffentlichen Recht jedoch § 180 ZPO nicht an (VG Dresden, AuAS 2003, 275, 276; LG München, Beschl. v. 03.05.2004 – 25 Qs 15/04; *Funke-Kaiser,* in: GK-AsylG II, § 10 Rn. 136). Auch wenn der Empfänger nicht über einen eigenen Briefkasten verfügt, befreit dies den Zusteller nicht vom Versuch der persönlichen Aushändigung. Der Zusteller kann die Unterkunft (Haus und Zimmer) des Empfängers im Übrigen ohne Weiteres bei der Verwaltung der Gemeinschaftsunterkunft erfragen und sich gegebenenfalls dorthin begleiten lassen (VG Freiburg, NVwZ 1993, 808).

22 Ist unter Beachtung der vorgeschriebenen Voraussetzungen eine Ersatzzustellung misslungen, insbesondere der Versuch der persönlichen Übergabe des Schriftstücks fehlgeschlagen, kann die Ersatzzustellung durch *Niederlegung* des zuzustellenden Schriftstücks bei der Gemeinde oder Polizeibehörde erfolgen (BVerwG, InfAuslR 1984, 90; s. zur Art der Niederlegung BVerwG, NJW 1985, 578; OLG Hamm, NVwZ-Beil. 1997, 47, 48; VG Frankfurt am Main, NVwZ-Beil. 1999, 31). Das Schriftstück kann auch bei dem örtlich zuständigen Amtsgericht oder Postamt niedergelegt werden (§ 181 I ZPO). Auch privat-rechtlich organisierte *Postagenturen* sind geeignete Niederlegungsstellen i.S.d. § 181 Abs. 1 ZPO (OLG Frankfurt am Main, NJW 1996, 3159; BFH, NJW 1997, 3264; VG Hannover, AuAS 1997, 10; VG Frankfurt am Main, Urt. v. 10.08.2001 – 10 E 31801/97.A[3]; s. hierzu auch: VG Frankfurt am Main, NJW 1997, 3329). Bei der Postagentur handelt es sich um eine Organisationsform, bei der ein Agenturunternehmer von der Deutschen Post AG die Vertretung bei der Wahrnehmung von Aufgaben und Leistungen in selbstständiger Tätigkeit und Verantwortung übernimmt. Er hat die Rechtsstellung eines Handelsvertreters im Nebenberuf und vertritt die Deutsche Post AG im Rahmen des Vertriebs von

Dienstleistungen rechtsgeschäftlich. Obwohl nicht öffentlich-rechtlich organisiert, wird die Postagentur als »Postanstalt« angesehen (VG Hannover, AuAS 1997, 10). Über die Niederlegung ist eine *schriftliche Mitteilung* unter der Anschrift des Empfängers zu hinterlassen. Probleme treten insbesondere in Gemeinschaftsunterkünften bei der Benutzung eines *gemeinschaftlichen Briefkastens* auf. Geht die schriftliche Mitteilung über die Niederlegung nach ihrem Einwurf in den Türeinwurfschlitz einer Wohnung verloren, indiziert die Unkenntnis des Empfängers allein noch nicht dessen mangelnde Sorgfalt bei der Postannahme. Vorwerfbar ist diese Unkenntnis erst beim Hinzutreten weiterer Umstände, die zu erhöhter Sorgfalt Anlass geben. Das Nichtvorliegen derartiger Umstände wird durch den Hinweis der regelmäßigen Kontrolle des Einwurfschlitzes substanziiert dargetan (BGH, NJW 1994, 2898). Die Wirksamkeit der Ersatzzustellung durch Niederlegung wird durch das Fehlen eines Vermerks über die nach Möglichkeit vorgeschriebene Unterrichtung eines Nachbarn nicht berührt (VGH BW, NVwZ-RR 1995, 620). Vielmehr erbringt die Postzustellungsurkunde volle Beweiskraft dafür, dass ein Benachrichtigungszettel in den Briefkasten des Empfängers geworfen wurde (Hess. StGH, Hess. Stanz. 1996, 2188, 2190).

6. Zustellung durch öffentliche Bekanntmachung (Abs. 6)

In Übereinstimmung mit § 17 Abs. 3 AsylG 1982 (BT-Drucks. 12/2062, S. 30) enthält Abs. 6 besondere Vorschriften für die Zustellung *außerhalb des Bundesgebietes*. An sich gelten für diesen Fall die Vorschriften des § 10 VwZG. Die Sonderregelungen für das Asylverfahren sollen sicherstellen, dass durch Zustellung ins Ausland keine Verfolgung verursacht wird (BT-Drucks. 9/875, S. 19). Durch den Verweis auf § 10 Abs. 1 Satz 2, Abs. 2 VwZG wird sichergestellt, dass der im Ausland weilende Antragsteller, dessen Anschrift bekannt ist, über die öffentliche Zustellung und den Inhalt des Schriftstückes formlos auf dem Postweg unterrichtet wird (BT-Drucks. 9/875, S. 19). Ist ein Verfahrensbevollmächtigter benannt und hat er eine Vollmacht vorgelegt (Rdn. 25), ist an diesen zuzustellen (§ 7 Abs. 1 Satz 2 VwZG). Die öffentliche Zustellung ist in § 10 VwZG geregelt. Sie findet insbesondere Anwendung, wenn der Aufenthaltsort des Zustellungsempfängers unbekannt ist (§ 10 Abs. 1 Nr. 1 VwZG). Sie ist darüber hinaus an besonders strenge Voraussetzungen gebunden (vgl. OVG Hamburg, NVwZ-RR 2001, 271, 272 = InfAuslR 2001, 136; Hess. VGH, AuAS 2001, 162, 163; VGH BW, AuAS 2003, 185; OVG Bremen, InfAuslR 2005, 201, 203; VG Stuttgart, InfAuslR 1998, 182). Zu den zumutbaren Anforderungen an die Nachforschungs- und Ermittlungspflicht vor einer öffentlichen Zustellung gehören Anfragen an die Meldebehörden und frühere Prozessbevollmächtigte sowie Anfragen bei den in der Bundesrepublik lebenden Eltern und anderen Verwandten (VGH BW, AuAS 2002, 185, 186 f.; OVG Bremen, InfAuslR 2005, 201, 203). In Asylverfahren ist aber die Zustellungsfiktion nach Abs. 2 Satz 4 zu beachten, sodass insoweit behördliche Nachforschungs- und Ermittlungspflichten entfallen. Wurde der Antragsteller nicht entsprechend Abs. 7 belehrt, kann jedoch auch in Asylverfahren die öffentliche Zustellung in Betracht kommen (OVG Rh-Pf, InfAuslR 1988, 170). 23

Hält der Antragsteller sich im Ausland auf, ist stets öffentlich zuzustellen, ohne dass es des sonst für öffentliche Zustellungen vorgeschriebenen Nachweises ergebnisloser 24

Zustellungsbemühungen bedarf (Abs. 6 Satz 1). Hat der Asylsuchende jedoch eine inländische Adresse angegeben, darf nicht öffentlich zugestellt werden (VG Meiningen, NVwZ-RR 1994, 59). Kann der Aufenthaltsort des Asylbewerbers ohne Weiteres über die zuständige Ausländerbehörde ermittelt werden, darf ebenfalls nicht öffentlich zugestellt werden (VG Köln, InfAuslR 1994, 296). Die Regelungen in § 10 VwZG enthalten im Einzelnen strenge Formvorschriften. So kann statt des Schriftstücks eine Benachrichtigung ausgehängt werden. In beiden Fällen ist aber der Tag der Aushängung sowie der Abnahme auf dem Schriftstück zu vermerken. Dieser Vermerk ist seinem Wesen nach eine Zustellungsurkunde und deshalb von dem Bediensteten mit vollem Namenszug zu unterzeichnen (OVG Bremen, InfAuslR 2005, 201, 203; VG Berlin, Beschl. v. 12.11.1985 – VG 22 A 379. 85; beide unter Bezugnahme auf BGHZ 80, 320).

7. Zustellung an den Bevollmächtigten (§ 7 VwZG)

25 § 10 schließt die Zustellung an den Bevollmächtigten nicht aus. Die einzigen Ausnahmen regeln § 31 Abs. 1 Satz 4 in Verb. mit § 34a Abs. 1 und § 50 Abs. 5 Satz 1. Zustellungen *können* an den allgemein oder für bestimmte Angelegenheiten bestellten Vertreter gerichtet werden (§ 7 Abs. 1 Satz 1 VwZG). Sie *sind* an ihn zu richten, wenn er schriftliche Vollmacht vorgelegt hat (§ 7 Abs. 1 Satz 2 VwZG, Rn. 23). Wird an den Mandanten zugestellt, ist die Zustellung unwirksam (*Funke-Kaiser,* in: GK-AsylG II, § 10 Rn. 175). Legt der Adressat jedoch das erforderliche Rechtsmittel ein, kommt es auf diesen Fehler nicht an (VGH BW, NVwZ-RR 1989, 593, 596). Im Verwaltungsverfahren kann die Vollmacht nach außen gegenständlich beschränkt werden (§ 14 Abs. 1 Satz 2 VwVfG). Im gerichtlichen Verfahren ist eine Beschränkung der Vollmacht nur im Umfang des § 83 ZPO zulässig. Regelmäßig wird in der Praxis jedoch die Vollmacht auch im Verwaltungsverfahren nicht gegenständlich beschränkt. Aus Abs. 2 Satz 1 und 2 sowie aus Abs. 3 und 4 – durch Verweis auf Abs. 2 – ergibt sich im Umkehrschluss i.V.m. § 7 Abs. 1 Satz 2 VwZG, dass an den benannten Bevollmächtigten oder Empfangsberechtigten zuzustellen ist. Auch nach allgemeinem Zustellungsrecht ist zwingend vorgeschrieben, dass an den bestellten Vertreter zuzustellen ist, wenn er eine *schriftliche Vollmacht* vorgelegt hat. Daher ist auch in Asylverfahren stets und nur an den *Verfahrensbevollmächtigten* zuzustellen, wenn er schriftliche Vollmacht vorgelegt hat (BVerwG, InfAuslR 1984, 90 = EZAR 610 Nr. 21; BVerwG, NVwZ 1985, 337; OVG Hamburg, InfAuslR 1990, 252; Hess. VGH, Hess. VGRspr. 1989, 59; Hess. VGH, Hess. VGRspr. 1991, 30; Hess. VGH, Urt. v. 24.04.2008 – 8 UE 2021/06 A; BayObLG, EZAR 135 Nr. 11 = InfAuslR 1988, 282). Nur wenn keine Vollmacht vorgelegt wurde, führt die Zustellung an den Betroffenen persönlich regelmäßig zur Wirksamkeit der Bekanntgabe des Bescheides und setzt die durch diesen ausgelöste Rechtsbehelfsfrist in Gang (BFH, NVwZ-RR 2005, 765; Nieders. OVG, InfAuslR 2008, 78, 79 = AuAS 2008, 35 [LS]). Der Vertretene kann auch gegenüber der Behörde selbst zu Protokoll etwa im Rahmen der Anhörung die Bevollmächtigung des beauftragten Verfahrensbevollmächtigten erklären (OVG NW, Beschl. v. 27.11.2001 – 8 A 4539/01.A). In diesem Fall ist an diesen zuzustellen.

Wird an den Rechtsanwalt durch Niederlegung des zuzustellenden Schriftstückes auf dem Postamt zugestellt, ist die Zustellung fehlerhaft. Diese Form der Zustellung an den Prozessbevollmächtigten ist unzulässig (OVG Lüneburg, InfAuslR 1984, 259; a.A. OVG NW, NVwZ-RR 2004, 72, 73; Rdn. 17). Die Zustellung *per Telefax* ist wirksam, wenn zugleich ein Empfangsbekenntnis mit übersandt wird (§ 174 Abs. 2 Satz 1 ZPO; VG Stuttgart, AuAS 2002, 7). Der Behörde werden in diesem Fall aber Störungen bei der Faxübermittlung zugerechnet. Zustellungsbevollmächtigt ist allein der Rechtsanwalt, solange der Vollmachtsvertrag im *Innenverhältnis* noch wirksam ist. Auch wenn der Kontakt des Rechtsanwalts zum Auftraggeber mit der Folge abgerissen ist, dass der Auftrag nicht wirksam gekündigt werden kann, ist weiterhin an den Rechtsanwalt zuzustellen (BVerwG, InfAuslR 1984, 90, 91 = EZAR 610 Nr. 21; BVerwG, NVwZ 1985, 337; § 74 Rdn. 33). Dies hat in der Gerichtspraxis namentlich erhebliche Bedeutung für die *Betreibensaufforderung* nach § 81. Wenn hingegen das Vollmachtsverhältnis wirksam erloschen ist, darf nicht mehr an den *Prozessbevollmächtigten,* sondern nur noch an den Auftraggeber selbst zugestellt werden (BVerwG, InfAuslR 1984, 90, 91 = EZAR 610 Nr. 21; BVerwG, NVwZ 1985, 337). Mit wirksamer Kündigung des Vollmachtsvertrages erlischt auch die in der Vollmacht enthaltene Empfangsbefugnis des Rechtsanwaltes. Legt der Bevollmächtigte sein Mandat gegenüber dem Mandanten wirksam nieder, wird ein Widerruf der Vollmacht gegenüber der Behörde und dem Verwaltungsgericht aber erst wirksam, wenn er diesen Stellen zugeht (VG Karlsruhe, AuAS 1996, 17). 26

Kann an den Rechtsanwalt, der sich durch schriftliche Vollmacht gegenüber dem Gericht bevollmächtigt hat, deshalb nicht zugestellt werden, weil eine *ladungsfähige Adresse des Verfahrensbevollmächtigten nicht zu ermitteln* ist, soll das Gericht nach Abs. 2 Satz 1 wirksam an den Asylsuchenden zustellen dürfen (VG Neustadt a.d.W., NVwZ-Beil. 2000, 110, 111). Es sei ausreichend, dass das Verwaltungsgericht zwei Zustellungsversuche unternommen habe und anschließend ohne weitere Ermittlungen unmittelbar nach Abs. 2 Satz 1 vorgehe (VG Neustadt a.d.W., NVwZ-Beil. 2000, 110, 111). Diese Auffassung dürfte mit der aus Art. 19 Abs. 4 GG folgenden gerichtlichen Verpflichtung zur effektiven Gewährleistung der Rechtsschutzfürsorge insbesondere in Fällen rechts- und verfahrensunkundiger Asylsuchender kaum vereinbar sein. Sie ist darüber hinaus auch mit den zustellungsrechtlichen Vorschriften unvereinbar. Das Gericht hat vielmehr den Weg der öffentlichen Zustellung an den Verfahrensbevollmächtigten zu gehen und zu diesem Zweck zunächst von Amts wegen eigene Ermittlungen anstellen, insbesondere über die Rechtsanwaltskammer zu versuchen, die aktuelle ladungsfähige Adresse des Verfahrensbevollmächtigten zu ermitteln. Ist danach die Kanzleiadresse nicht zu ermitteln, ist nach § 10 VwZG öffentlich an den Verfahrensbevollmächtigten zuzustellen. Eine Zustellung nach Abs. 2 Satz 1 ist nicht zulässig. Soweit die Rechtsprechung sich auf Abs. 6 beruft, wird übersehen, dass diese Vorschrift auf den Asylsuchenden gemünzt ist, der im Ausland weilt und dessen Adresse bekannt ist. Damit ist der Fall des pflichtvergessenen Rechtsanwaltes nicht vergleichbar. Wird der Asylsuchende wirksam durch *mehrere Rechtsanwälte* nach außen vertreten, besteht für die Behörde nur gegenüber einem der verschiedenen Bevollmächtigten eine Zustellungspflicht (vgl. auch § 172 Abs. 1 27

Satz 1 ZPO). Ein weiterer Bevollmächtigter kann sich, wenn eine wirksame Zustellung an einen der Bevollmächtigten stattgefunden hat, nicht auf § 7 Abs. 1 Satz 2 VwZG berufen (BayVGH, NVwZ-RR 2002, 696).

28 Stellt die Behörde an den Antragsteller persönlich zu, obwohl der Verfahrensbevollmächtigte eine schriftliche Vollmacht vorgelegt hat, ist die Zustellung fehlerhaft. Die Rechtsmittelfrist wird nicht in Gang gesetzt (Hess. VGH, Hess. VGRspr. 1991, 30; OVG Hamburg, InfAuslR 1990, 252; OVG Hamburg, NVwZ-RR 1993, 110; VG Kassel, InfAuslR 1984, 260). Eine Heilung über § 8 VwZG ist nicht möglich (OVG Hamburg, InfAuslR 1990, 252). Ist die Zustellung an eine bestimmte Person vorgeschrieben, wird die an die Zustellung anknüpfende Frist nur dann in Gang gesetzt, wenn die Zustellung an diese Person in der gesetzlich vorgeschriebenen Weise (§ 56 Abs. 1 und § 57 Abs. 1 VwGO) durchgeführt worden ist (VG Kassel, InfAuslR 1984, 260). Diese Vorschriften gelten auch für die Zustellung von Verwaltungsentscheidungen, wenn von dieser Zustellung eine für das gerichtliche Verfahren maßgebliche Frist abhängt (VG Kassel, InfAuslR 1984, 260). Die Rechtsprechung macht jedoch von dieser zwingenden Zustellungsregelung in dem Fall eine Ausnahme, in dem der Verfahrensbevollmächtigte rügelos nach Zustellung an den Auftraggeber den Rechtsbehelf eingelegt hat. Der Schutzzweck des § 8 VwZG greife hier nicht ein, weil ungeachtet der fehlerhaften Zustellung fristgemäß Klage erhoben worden sei (Hess. VGH, Hess. VGRspr. 1989, 59). Wird jedoch bei fehlerhafter Zustellung an den Auftraggeber ein Rechtsmittel nicht eingelegt, wird die Rechtsmittelfrist nicht in Gang gesetzt. Erst wenn die Behörde den Irrtum entdeckt und anschließend erneut, dann jedoch an den Verfahrensbevollmächtigten wirksam zustellt, beginnt sie zu laufen. Die Behörde muss dabei aber den Willen haben, eine Zustellung an den Verfahrensbevollmächtigten vorzunehmen. Wird der Bescheid lediglich mit einem Begleitschreiben an den Bevollmächtigten übersandt und ist der Bescheid allein an den Auftraggeber adressiert und der Bevollmächtigte im Adressfeld nicht erwähnt, fehlt es am erforderlichen Willen zur Zustellung an den Bevollmächtigten (vgl. Hess. VGH, Hess. VG Rspr. 1991, 30). Bei der Zustellung an den Verfahrensbevollmächtigten ist daher stets der Name des Antragstellers, der Name und die Adresse des Verfahrensbevollmächtigten und das Aktenzeichen des Asylverfahrens auf der Postzustellungsurkunde zu vermerken (Hess. VGH, Hess. VG Rspr. 1991, 30; VG Stuttgart, InfAuslR 1991, 103). Dasselbe gilt wegen des *Gebotes der Nämlichkeit* sowie des unveränderten Inhalts der Postsendung (BFH, NVwZ 1992, 815) für das zuzustellende Schriftstück selbst. Andernfalls kann nicht festgestellt werden, was für ein Schriftstück zu welchem Verwaltungsverfahren an den Verfahrensbevollmächtigten zugestellt worden ist (VG Stuttgart, InfAuslR 1991, 103).

29 In der Rechtsprechung wird im Fall der fehlerhaften Zustellung an den Auftraggeber unter Umständen eine Verwirkung des Klagerechts angenommen: Auch wenn die von der Behörde vorgenommene Zustellung unter Verletzung von Zustellungsvorschriften erfolgt sei, sei der Bescheid doch mit ihrem Willen in den Einflussbereich des Adressaten gelangt. Damit habe sie diesem erkennbar ihren Willen zum Erlass des Bescheides kundgetan, sodass von einem nicht existenten Bescheid oder einer fehlerhaften Bekanntgabe nicht die Rede sein könne (OVG Hamburg, NVwZ-RR 1993, 110). Der *Grundsatz von Treu und Glauben* erfordere, dass jemand nicht unter Verhältnissen

untätig bleibe, unter denen vernünftigerweise etwas zur Wahrung des Rechts unternommen zu werden pflege. Dabei sei im öffentlichen Recht auch zu bedenken, dass ein öffentliches Interesse an der Erhaltung des Rechtsfriedens es rechtfertigen könne, die Anrufung eines Gerichtes nach *langer Zeit als unzulässig* anzusehen (OVG Hamburg, NVwZ-RR 1993, 110). Wann die *Verwirkung des Klage- bzw. Antragsrechts* eintritt, wird nicht im Einzelnen festgelegt. Jedenfalls führen vier Jahre Untätigkeit zur Verwirkung des Klagerechts (OVG Hamburg, NVwZ-RR 1993, 110). Zur Vermeidung einer Verwirkung des Klagerechts sind daher auch im Fall der fehlerhaften Zustellung alsbald die erforderlichen Rechtsbehelfe einzulegen. Dies wird sich auch wegen der behördlichen Annahme einer bestandskräftig festgestellten und damit vollziehbaren Ausreisepflicht ohnehin dringend empfehlen. Da die Zustellung fehlerhaft ist und mithin die Klagefrist nicht in Gang gesetzt hat, sind keine festen Fristen für die Einlegung von Rechtsbehelfen weder mit Blick auf den Eilrechtsschutzantrag nach § 34a Abs. 2 Satz 1, 36 Abs. 3 Satz 1 noch hinsichtlich der Klage zu beachten. Zur Verhinderung einer Abschiebung sind jedoch alsbald die notwendigen gerichtlichen Anträge zu stellen.

8. Zustellung an den Empfangsbevollmächtigten (Abs. 2 Satz 1 Halbs. 2)

Der Antragsteller kann der Behörde auch einen Empfangsbevollmächtigten benennen, 30 der für ihn bestimmte Entscheidungen, Ladungen und formlose Mitteilungen entgegennehmen soll (Abs. 2 Satz 1 Halbs. 2). Die Behörde kann wirksam an diesen zustellen. Wegen der einschneidenden Rechtsfolgen muss dies eine Person des Vertrauens sein. § 9 VwZG findet im Asylverfahren keine Anwendung, da für den dort vorgesehenen Fall, dass der Antragsteller im Bundesgebiet keinen Wohnsitz oder gewöhnlichen Aufenthalt hat, Abs. 6 über die öffentliche Zustellung Anwendung findet. Daher kann die Behörde dem Antragsteller nicht nach § 9 VwVfG aufgeben, einen Empfangsbevollmächtigten zu benennen. Dies folgt auch aus der Entstehungsgeschichte der Vorläufervorschrift § 17 Abs. 2 Satz 1 AsylG 1982. Der Gesetzentwurf hatte ursprünglich die Verpflichtung des Asylsuchenden, der keinen Verfahrensbevollmächtigten bestellt hat, regeln wollen, der Behörde einen Empfangsbevollmächtigten zu benennen (BT-Drucks. 9/875, S. 5, 18). Aufgrund kritischer Äußerungen im Schrifttum (*Henkel*, ZAR 1981, 85, 90) hat der Gesetzgeber aber lediglich eine entsprechende Möglichkeit geregelt. Hieran knüpft Abs. 2 Satz 1 Halbs. 2 an. Der Empfangsbevollmächtigte ist lediglich zur Entgegennahme der Sendung berechtigt. Zustellungen an den Empfangsbevollmächtigten unterliegen denselben Voraussetzungen wie Zustellungen an den Verfahrensbevollmächtigten. Der Empfangsbevollmächtigte ist aber nicht Vertreter des Antragstellers und daher auch nicht befugt, für den Antragsteller Rechtsmittel einzulegen (*Funke-Kaiser,* in: GK-AsylG, § 10 Rn. 180).

9. Zustellung an das Jugendamt

Bei der Zustellung an das Jugendamt als *Amtsvormund* des minderjährigen Asylsu- 31 chenden kann an das Jugendamt als Behörde auch dann wirksam zugestellt werden, wenn es in der betreffenden Sache die Ausübung seiner Aufgaben als Vormund gem. § 55 Abs. 2 Satz 1 SGB VIII einzelnen seiner Beamten oder Angestellten übertragen hat (Hess. VGH, AuAS 2001, 142, 143). Nach dem Wortlaut dieser Bestimmung stellt die Übertragung der Ausübung der Aufgaben des Vormundes durch das Jugendamt auf einzelne seiner Bediensteten keine Delegation der Aufgaben des Jugendamtes dar. Nicht der einzelne Bedienstete des Jugendamtes wird dadurch Amtsvormund. Amtsvormund bleibt vielmehr das Jugendamt. Rechtssicherheit und Rechtsklarheit erfordern daher, das Jugendamt als solches als richtigen Zustellungsadressaten anzusehen (Hess. VGH, AuAS 2001, 142, 143). Erst wenn durch familiengerichtlichen Beschluss die Amtsvormundschaft aufgehoben und ein anderer Vormund bestallt worden ist, ist an diesen zuzustellen.

10. Persönliche Zustellung an den Antragsteller

32 Hat der Antragsteller weder einen Verfahrens- noch einen Empfangsbevollmächtigten benannt, ist an ihn persönlich zuzustellen. Auch wenn der Asylsuchende einen Verfahrens- oder Empfangsbevollmächtigten benannt hat, ist die Abschiebungsanordnung nach § 34a Abs. 1 an ihn persönlich zuzustellen (§ 31 Abs. 1 Satz 4). Gleiches gilt für die Zuweisungsverfügung (§ 50 Abs. 5 Satz 1). Hat die Behörde an den Antragsteller persönlich zuzustellen, findet das VwZG grundsätzlich im vollen Umfang Anwendung, wenn nicht Sondervorschriften wie etwa Abs. 6 die allgemeinen Regelungen verdrängen. Ungeachtet der durch die Zustellungsfiktion nach Abs. 2 Satz 4 bewirkten Erleichterungen hat deshalb die Behörde stets zunächst den Versuch zu unternehmen, an den Asylsuchenden persönlich zuzustellen. Dies folgt einerseits daraus, dass auch im Asylverfahren grundsätzlich das allgemeine Zustellungsrecht Anwendung findet, andererseits ist Abs. 2 Satz 4 nur anwendbar, wenn die Sendung an den Antragsteller nicht zugestellt werden kann.

11. Gemeinsame Zustellung an Familienangehörige (Abs. 3)

33 Nach Abs. 3 Satz 1 ist die Zustellung an einen Ehegatten bzw. Elternteil mit Wirkung für den anderen Ehegatten sowie die minderjährigen ledigen Kinder zulässig, wenn die Familienangehörigen *jeweils ein gemeinsames Asylverfahren* betreiben und für alle Familienangehörigen *dieselbe Anschrift* maßgebend ist. Abs. 3 Satz 1 durchbricht den Grundsatz, dass die Zustellung eines an mehrere Personen gerichteten (zusammengefassten) Bescheids die Zustellung *je* einer *gesonderten Ausfertigung* für *jeden der Empfänger* zu dessen *Alleinbesitz* erfordert (VGH BW, NVwZ-RR 1992, 396; s. aber auch BFH, NVwZ 1998, 322; OVG NW, NVwZ-RR 1995, 623). Hiervon macht Abs. 3 unter den dort genannten Voraussetzungen eine Ausnahme. Ebenso wie Abs. 2 und Abs. 4 verfolgt die gemeinsame Zustellung an Familienangehörige das Ziel der Erleichterung der Zustellung. Voraussetzung für die Anwendung des Abs. 3 ist jedoch, dass alle Familienangehörige Zustellungen nach Maßgabe des Abs. 2 unter derselben Adresse gegen sich gelten lassen müssen. Die Zustellungserleichterung gilt darüber hinaus nur für das behördliche Asylverfahren, nicht aber zugleich auch für das gerichtliche Verfahren. Von der Zustellungserleichterung des Abs. 3 kann nur das *Bundesamt* Gebrauch machen (a.A. *Funke-Kaiser,* in: GK-AsylG II, § 10 Rn. 283). Zwar nennt Abs. 3 keine bestimmte Behörde. Aus dem Hinweis auf das gemeinsame Asylverfahren geht jedoch ersichtlich hervor, dass diese Zustellungserleichterung nur

auf Zustellungen im Asylverfahren Anwendung finden soll (so auch *Schütze*, in: GK-AsylG, § 10 Rn. 105). Auch die Gesetzesbegründung nennt allein das Bundesamt (BT-Drucks. 12/4450, S. 17). Die gemeinsame Zustellung gilt für Ehegatten untereinander sowie für Eltern bzw. Elternteile und deren gemeinsame minderjährige ledige Kinder sowie auch für minderjährige ledige Geschwister im gegenseitigen Verhältnis (Abs. 3 Satz 1 i.V.m. § 26 Abs. 3 Satz 2). Die Vorschrift ist damit auf *nichteheliche Lebensgemeinschaften* nicht anwendbar. Insoweit ist jeweils gesondert zuzustellen. Es kommt aber die Ersatzzustellung an den nichtehelichen Lebensgefährten in Betracht (BGH, DB 1990, 1511; § 178 Abs. 1 Nr. 1 ZPO). Gemeinsam zugestellt wird darf auch an kinderlose Ehegatten sowie an den alleinstehenden Elternteil und seine Kinder. Befindet sich unter den Kindern ein nichteheliches oder ein Kind aus einer anderen Ehe, sollte über den gesetzlichen Vertreter gesondert an dieses Kind zugestellt werden. Jedenfalls ist eine Zusammenfassung mit den anderen Familienmitgliedern mangels Vorliegens der gesetzlichen Voraussetzungen nach Abs. 3 Satz 1 nicht zulässig. Andererseits kann wohl an den alleinstehenden Elternteil und sein nichteheliches Kind gemeinsam zugestellt werden.

Aus der Altersgrenze wird deutlich, dass die gemeinsame Zustellung unabhängig 34
von der Handlungsfähigkeit (§ 12) Anwendung findet. Ferner setzt die gemeinsame Zustellung voraus, dass die Familienangehörigen ein gemeinsames Asylverfahren betreiben. Wann dies der Fall ist, kann weder dem Gesetzeswortlaut noch der Begründung entnommen werden. Schließlich ist Voraussetzung der gemeinsamen Zustellung, dass alle Familienangehörige ein gemeinsames Asylverfahren unter *derselben Anschrift* betreiben. Abs. 3 Satz 1 verweist insoweit auf Abs. 2. Maßgebend ist nicht der Fortbestand der familiären Lebensgemeinschaft, sondern die Erfüllung der Mitwirkungspflicht nach Abs. 1 und die an deren Verletzung geknüpften Folgen nach Abs. 2. Leben die Ehegatten nicht mehr zusammen und teilen sie die nach der Trennung jeweils maßgebende neue Anschrift unverzüglich dem Bundesamt mit, darf es mangels Vorliegens der Voraussetzungen des Abs. 3 Satz 1 nicht gemeinsam zustellen. Vielmehr hat es unter Beachtung des Abs. 2 jeweils gesondert die Zustellung vorzunehmen. Eine gemeinsame Zustellung kommt in derartigen Fällen auch nicht mit Blick auf die gemeinsamen Kinder in Betracht. Häufig wird noch keine endgültige gerichtliche Entscheidung über das Sorgerecht bestehen bzw. müsste das Bundesamt insoweit umfangreiche Ermittlungen durchführen. Das seit dem 01.07.1998 geltende gemeinschaftliche Sorgerecht dürfte regelmäßig keine Anwendung finden. Da das Risiko der fehlerhaften Zustellung beim Bundesamt liegt, wenn es nach Abs. 3 vorgeht, ist es gut beraten, in ihm bekannt werdenden Trennungsfällen an die Ehegatten jeweils getrennt sowie mit Blick auf die Kinder jeweils an beide Elternteile zuzustellen. Abs. 3 Satz 2 schreibt vor, dass das Bundesamt auf der Zustellungsurkunde alle volljährigen Familienangehörigen aufführt. Das zuzustellende mit Beglaubigungsvermerk zu versehende Schriftstück selbst – also der Sachbescheid nach § 31 –, hat die Namen aller Familienangehörigen zu enthalten, für die der Bescheid eine Rechtsmittelfrist in Gang setzt. Dort sind also alle Familienangehörigen aufzuführen, die noch nicht das 16. Lebensjahr vollendet haben. Dies folgt schon aus öffentlich-rechtlichen Grundsätzen und wird in Abs. 3 Satz 3 ausdrücklich bekräftigt.

35 Hat das Bundesamt den Weg der gemeinsamen Zustellung gewählt und an einen Ehegatten oder Elternteil zugestellt, gilt die Zustellung für alle Familienangehörige, die in der Entscheidung ausdrücklich genannt sind (Abs. 3 Satz 3). Fehlt der Hinweis auf den Ehegatten oder ein volljährigen Kind auf der Postzustellungsurkunde, ist fehlerhaft zugestellt. In einem derartigen Fall ist mithin nicht nur gegenüber demjenigen, der auf der Zustellungsurkunde und dem zuzustellenden Schriftstück nicht genannt ist, nicht wirksam zugestellt, sondern die Zustellung ist insgesamt, also auch gegenüber den anderen Zustellungsempfängern unwirksam. Hat der Familienangehörige, an den das Bundesamt für alle Angehörigen zustellt, einen Bevollmächtigten benannt, hat es an diesen zuzustellen (BT-Drucks. 12/4450, S. 17). Haben die Ehegatten jeweils für ihr Verfahren verschiedene Rechtsanwälte benannt, muss das Bundesamt zunächst die Vertretungsbefugnis für die gemeinsamen Kinder aufklären. Werden alle Kinder zusammen mit einem Elternteil durch einen Rechtsanwalt vertreten, kann das Bundesamt mit Wirkung für diese an den entsprechenden Rechtsanwalt zustellen. Mit Blick auf den anderen Ehegatten hat es getrennt an den durch diesen benannten Rechtsanwalt zuzustellen. Wegen der häufig unterschiedlichen Einreisezeitpunkte kann es auch vorkommen, dass die gemeinsamen Kinder durch verschiedene Rechtsanwälte vertreten werden. Um das Risiko fehlerhafter Zustellungen zu vermeiden, ist auch in derartigen Fällen die getrennte Zustellung ratsam. Eine *Zurechnung des Verschuldens* wird man entsprechend den allgemeinen Grundsätzen für Versäumnisse der gesetzlichen Vertreter zulasten der nicht volljährigen Kinder anzunehmen haben. Für eine gegenseitige Zurechnung des Verschuldens zwischen den Ehegatten oder den Eltern bzw. Elternteilen im Verhältnis zu den handlungsfähigen Kindern bildet Abs. 3 jedoch keine Rechtsgrundlage.

12. Heilung von Zustellungsmängeln

36 Lässt sich die formgerechte Zustellung eines Dokuments nicht nachweisen oder ist es unter Verletzung zwingender Zustellungsvorschriften zugestellt worden, gilt es ab dem Zeitpunkt als zugestellt, in dem es dem Empfangsberechtigten tatsächlich zugegangen ist (§ 8 Satz 1 VwZG). Solange also die Behörde nicht den erforderlichen Vollbeweis erbracht hat, dass und insbesondere wann das Dokument zugestellt wurde, kann nicht von einer wirksamen Zustellung ausgegangen werden. Ist das Dokument zwar nachweislich zugegangen, erfolgte die Zustellung jedoch unter Verletzung zwingender Zustellungsregeln, bleibt die Behörde beweispflichtig für den Zeitpunkt des Zugangs (*Funke-Kaiser*, in: GK-AsylG II, § 10 Rn. 205). Es können danach nur Fehler und Mängel der Zustellung geheilt werden, nicht jedoch die Zustellung, die ohne den erforderlichen Zustellungswillen erfolgte (BVerwGE 16, 165). Dies kann im Folgeantragsverfahren erheblich werden, wenn das Bundesamt den Bescheid lediglich zu Informationszwecken an die Behörde übermittelt, ohne diese hinreichend zweifelsfrei zu ersuchen, den Bescheid dem Antragsteller auch förmlich bekannt zu geben. Ebensowenig liegt eine Zustellung vor, wenn die Behörde an einen Verfahrenshandlungsunfähigen zustellt (s. hierzu im Einzelnen *Funke-Kaiser*, in: GK-AsylG II, § 10 Rn. 209).

C. Fingierte Zustellung nach Abs. 2

I. Funktion der Zustellungsfiktion

Hat der Antragsteller für das Verfahren weder einen Bevollmächtigten noch einen Empfangsberechtigten benannt oder kann an diesen nicht zugestellt werden, muss er Zustellungen und formlose Mitteilungen unter der *letzten Anschrift*, die der jeweiligen Stelle aufgrund seines Antrags oder seiner Mitteilung bekannt ist, gegen sich gelten lassen (Abs. 2 Satz 1). Das gleiche gilt nach Abs. 2 Satz 2, wenn die letzte bekannte Anschrift, unter der er wohnt oder zu wohnen verpflichtet ist, durch eine *öffentliche Stelle* mitgeteilt worden ist. Kann ihm die Sendung nicht zugestellt werden, *gilt* die *Zustellung* mit der Aufgabe zur Post *als bewirkt*, selbst wenn die Post als unzustellbar zurückkommt (Abs. 2 Satz 4). Dies ist der bereits in § 17 Abs. 2 AsylG 1982 enthaltene Regelfall der Zustellungsfiktion in Fällen, in denen das Bundesamt an die ihm zuletzt genannte Adresse zustellt, die Sendung infolge Umzugs des Antragstellers aber unzustellbar ist. Die Funktion der fingierten Zustellung besteht also darin, umständliche Ermittlungen zur aktuellen Anschrift des Antragstellers und dadurch bedingte zeitliche Verzögerungen nach Möglichkeit auszuschalten. Allerdings beruht die Zustellungsfiktion auf der Belehrung über die Mitwirkungspflichten nach Abs. 1 und die darauf aufbauenden Zustellungsvorschriften (Abs. 7). Zwar gilt Abs. 1 nach seiner systematischen Stellung für sämtliche Regelungen des § 10. Die eigentliche Bedeutung der Mitwirkungspflichten nach Abs. 1 besteht jedoch in der Anknüpfung der fingierten Zustellung nach Abs. 2 an diese. 37

Zunächst gelten die Zustellungserleichterungen nach Abs. 2 für die in Abs. 1 genannten Behörden, also das Bundesamt sowie die Ausländerbehörde, und für das Verwaltungsgericht. Andere Gerichte, etwa im Abschiebungshaftverfahren, werden in Abs. 1 nicht angesprochen. Aus dem Gesamtzusammenhang des Abs. 1 folgt vielmehr, dass nur das gegen Maßnahmen der dort genannten Behörden angerufene Gericht, also das Verwaltungsgericht, von den Vorschriften über die fingierte Zustellung Gebrauch machen kann. Der Gesetzgeber hat 1993 Abs. 2 Satz 3 neu eingeführt, wonach auch andere als die in Abs. 1 bezeichneten öffentlichen Stellen durch die Zustellungserleichterungen nach Abs. 2 begünstigt werden. Gesetzessystematische Gründe sprechen dafür, eine Einschränkung des Wortlautes von Abs. 2 Satz 3 vorzunehmen und nur den Behörden die Möglichkeit der fingierten Zustellung nach Abs. 2 einzuräumen, die mit der Ausführung des AsylG betraut sind, also Erstaufnahmeeinrichtung und Zuweisungsbehörde (*Bergmann*, in: Bergmann/Dienelt, AuslR, 11. Aufl., 2016, § 10 AsylG Rn. 4). Daher ist ein allgemeines auf Asylsuchende gemünztes Zustellungssonderrecht abzulehnen. Dies wäre auch kaum mit dem verfassungsrechtlichen Diskriminierungsverbot nach Art. 3 Abs. 3 GG vereinbar. Allein der Status des Asylsuchenden führte bei einer derartigen Interpretation dazu, dass die Sonderregelungen nach Abs. 2 unabhängig von der jeweils betroffenen Rechtsmaterie Anwendung fänden. Gesetzessystematisch ist deshalb eine Eingrenzung des Abs. 2 Satz 3 auf das Asylverfahren geboten, sodass nur die mit dessen Anwendung befassten Behörden insoweit in Betracht kommen. 38

II. Voraussetzungen der fingierten Zustellung nach Abs. 2

39 Wie § 17 Abs. 1 AsylG 1982 verpflichtet Abs. 1 Halbs. 1 den Asylsuchenden, während der Dauer des Asylverfahrens dafür Sorge zu tragen, dass ihn Mitteilungen des Bundesamts, der zuständigen Ausländerbehörde sowie der angerufenen Gerichte *stets erreichen können*. Die Mitwirkungspflicht nach Abs. 1 gilt für *alle* Asylantragsteller, auch für die, die einen Bevollmächtigten oder Empfangsberechtigten benannt haben. Vor der Antragstellung (§ 23 Abs. 1), also etwa für Mitteilungen der Aufnahmeeinrichtung und Ausländerbehörde, findet § 10 keine Anwendung. Die Asylantragsteller haben stets jeden Wechsel der ladungsfähigen Anschrift den in Abs. 1 genannten Stellen unverzüglich mitzuteilen. Haben sie jedoch einen Verfahrensbevollmächtigten oder Empfangsberechtigten benannt, findet die Zustellungsfiktion des Abs. 2 keine Anwendung. In diesen Fällen hat die Behörde dem benannten Bevollmächtigten oder Empfangsberechtigten zuzustellen. Die Rechtsprechung verlangt die Erfüllung der gesetzlichen Mitwirkungspflichten jedoch auch dann, wenn der Asylsuchende einen Bevollmächtigten benannt hat. Seiner Verpflichtung genüge er nicht, wenn er seinem Bevollmächtigten lediglich eine Anschrift mitgeteilt hat (Hess. VGH, EZAR 226 Nr. 7). Selbst wenn er bei seinem Bevollmächtigten regelmäßig nach Post nachgefragt hat, ist er seiner Verpflichtung nicht nachgekommen. Er muss vielmehr dafür sorgen, dass ihn Behörden und Gerichte »stets« erreichen können. Dazu ist erforderlich, dass er an jedem Werktag feststellen muss, ob behördliche oder gerichtliche Schreiben beim Bevollmächtigten eingegangen sind (Hess. VGH, EZAR 226 Nr. 7). Diese Rechtsprechung überzeugt nicht. Die gesetzliche Mitwirkungspflicht nach Abs. 1 ist allgemeiner Art. Erst die folgenden Absätzen der Vorschrift regeln die Sanktionen, die sich an deren Verletzung anknüpfen. Die Zustellungserleichterung nach Abs. 2 findet jedoch keine Anwendung, wenn der Asylsuchende einen Bevollmächtigten oder Empfangsberechtigten benannt hat (Abs. 2 Satz 1 in Verb. mit § 7 Abs. 1 Satz 2 VwZG). Die Bestellung eines Bevollmächtigten steht der Anwendung von Abs. 2 Satz 1 entgegen, befreit indes nicht von den allgemeinen Mitwirkungspflichten (*Bergmann*, in: Bergmann/Dienelt, AuslR, 11. Aufl., 2016, § 10 AsylG Rn. 9, 12; a.A. *Wolff*, in: Hofmann/Hoffmann, AuslR. Handkommentar, 2008, § 10 AsylG Rn. 22, Anwendung von Abs. 2 ausgeschlossen). In welchem Umfang der Antragsteller den Kontakt zu seinem Rechtsanwalt zu halten verpflichtet ist, ihn also besondere Sorgfaltspflichten treffen, betrifft die Frage des Verschuldens im Wiedereinsetzungsrecht (BVerfGE 60, 253, 266; BSG, EZAR 612 Nr. 2; im Einzelnen hierzu § 74 Rdn. 101 ff.). Hat der Asylsuchende einen Bevollmächtigten oder Empfangsberechtigten benannt, hat er zwar seiner Mitwirkungspflicht nach Abs. 1 unter Umständen über den Bevollmächtigten zu genügen. Die Sanktionen des Abs. 2 finden in diesem Fall jedoch nach dem klaren Wortlaut des Abs. 2 Satz 1 Halbs. 2 keine Anwendung. Der Antragsteller ist nach Abs. 1 lediglich verpflichtet, vorzusorgen, dass ihn Mitteilungen der genannten Stellen stets erreichen können. Wie er diese Verpflichtung erfüllt, ist ihm grundsätzlich selbst überlassen.

40 Zu den verfahrensrechtlichen Obliegenheiten gehört insbesondere, dass der Antragsteller *jeden* Wechsel seiner Anschrift den genannten Stellen unverzüglich anzuzeigen hat (Abs. 1 Halbs. 2). Kern der Mitwirkungspflicht ist die unverzügliche Mitteilung

von *Anschriftenänderungen.* Dem Asylsuchenden ist eine angemessene Frist nach dem Wohnungswechsel einzuräumen. Dafür dürfte die Frist von einem Monat ausreichend sein (*Schütze*, in: GK-AsylG, § 10 Rn. 16; BayObLG, InfAuslR 1994, 295; a.A. *Bergmann*, in: Bergmann/Dienelt, AuslR, 11. Aufl., 2016, § 10 AsylG Rn. 7; *Funke-Kaiser*, in: GK-AsylG II A, § 10 Rn. 230, beide maximal eine Woche; *Wolff*, in: Hofmann/Hoffmann, AuslR. Handkommentar, 2008, § 10 AsylVfG Rn. 6; Rdn. 48). Zu den durch Abs. 1 Halbs. 1 dem Asylsuchenden allgemein auferlegten *Vorsorgemaßnahmen* zählen alle Vorkehrungen, die erforderlich sind, damit für ihn die unter zutreffender Anschrift bezeichneten Postsendungen in seinen Machtbereich gelangen können. Dazu wird man die *ordnungsgemäße Beschriftung des Hausbriefkastens*, hinreichende Vorsorge gegen fremden Zugriff auf den Briefkasten (VG Frankfurt am Main, AuAS 1996, 238, 239), die Stellung eines *Nachsendeantrags* sowie generell alle geeigneten und zumutbaren Vorkehrungen rechnen können, die erforderlich sind, damit Postsendungen den Asylsuchenden erreichen. Gegen die in Abs. 1 normierte Obliegenheit des Asylsuchenden und deren Sanktionierung durch eine Zustellungsfiktion bestehen *keine verfassungsrechtlichen Bedenken* (BVerfG [Kammer], EZAR 210 Nr. 7 = NVwZ-Beil. 1994, 25 = InfAuslR 1994, 324; BVerfG [Kammer], EZAR 210 Nr. 11 = NVwZ-Beil. 1996, 81 = AuAS 1996, 196).

Regelmäßig benachrichtigen die Asylsuchenden den zuständigen Sozialarbeiter oder 41 die Aufsichtsperson in der Unterkunft mit dem Willen und in dem Bewusstsein, damit ihrer Benachrichtigungspflicht Genüge zu tun. Abs. 1 Halbs. 2 erlegt ihnen zwar die Verpflichtung auf, den in Abs. 1 Halbs. 1 genannten Stellen unverzüglich jede Adressenänderung mitzuteilen, untersagt jedoch nicht, dass sie zur Erfüllung dieser Aufgabe Dritte einschalten. In aller Regel ist davon auszugehen, dass der Antragsteller mit der Benachrichtigung des Sozialamts oder der Ausländerbehörde die Vorstellung verbindet, damit den für die Bearbeitung seines Asylverfahrens zuständigen Behörden seine ladungsfähige Adresse mitgeteilt zu haben. Damit hat er seiner Pflicht nach Abs. 1 jedoch nicht Genüge getan. Zwar geht die Rechtsprechung davon aus, dass Verfahrensvorschriften nicht Selbstzweck sind, sondern letztlich der Wahrung der materiellen Rechte der Rechtsuchenden dienen. In Zweifelsfällen sind sie daher – wenn irgend vertretbar – so auszulegen, dass sie eine Entscheidung über die materielle Rechtslage ermöglichen und nicht verhindern (BSG, EZAR 612 Nr. 2). Nachsicht ist jedenfalls in Anlehnung an die Rechtsprechung des BSG (BSG, EZAR 612 Nr. 2) bei besonders schutzbedürftigen Personen am Platz. Auch wenn danach der Asylsuchende, der regelmäßig keine präzisen Vorstellungen über die Zuständigkeiten der verschiedenen, seinen Fall bearbeitenden Behörden hat, als besonders schutzbedürftig erscheint, erlegt das BVerfG ihm jedoch – allerdings unter der Voraussetzung der qualifizierten Belehrung – die Verpflichtung auf, *immer und unbedingt von sich aus dem Bundesamt gegenüber Mitteilung über die Adressenänderung zu machen* (BVerfG [Kammer], NVwZ-Beil. 1996, 81, 82 = EZAR 211 Nr. 11 = AuAS 1996, 196). Auch wenn er mit der Benachrichtigung der Sozialbehörde oder in deren Auftrag handelnder Personen, wie etwa der Sozialarbeiter vor Ort oder die Aufsichtsperson in der Unterkunft, die Vorstellung verbinden sollte, dass damit seine Information an die letztlich zuständige Behörde weitergereicht wird, trägt er nach qualifizierter Belehrung das Risiko von Kommunikationsstörungen. Er ist daher gehalten, von sich aus stets und unbedingt die in Abs. 1 genannten Stellen über den Adressenwechsel unverzüglich zu informieren.

42 Der Gesetzgeber legt zunächst eine besondere Mitwirkungspflicht fest, an die er das Eingreifen der in Abs. 2 geregelten Zustellungsfiktion knüpf (Rdn. 42 ff.). Zwar bezieht sich die Mitwirkungspflicht nach Abs. 1 systematisch auf alle Regelungen in der Vorschrift des § 10. Der zentrale Kern ihrer Bedeutung liegt jedoch in der Anknüpfung der fingierten Zustellung nach Abs. 2 an die Mitwirkungsobliegenheiten nach Abs. 1. Deshalb ist der Asylsuchende bei der Antragstellung *schriftlich und gegen Empfangsbekenntnis* auf diese Zustellungsvorschriften hinzuweisen (Abs. 7). Die besonderen Mitwirkungspflichten nach Abs. 1 und damit die Vorschrift über die fingierte Zustellung finden jedoch nur »während der Dauer des Asylverfahrens« (Abs. 1 Halbs. 1) Anwendung. Dies folgt daraus, dass die Zustellungsfiktion nach Abs. 2 auf der in Abs. 1 geregelten Mitwirkungspflicht des Asylsuchenden beruht. Nach unanfechtbarem negativen Abschluss des Asylverfahrens findet deshalb die fingierte Zustellung keine Anwendung mehr (VG Koblenz, Beschl. v. 04.05.1996 – 3 L 1299/95.KO; a.A. *Funke-Kaiser,* in: GK-AsylG, § 10 Rn. 13 ff.; *Hailbronner,* AuslR B 2 § 10 AsylG Rn. 11). Erst recht ist § 10 nach positivem Abschluss des Asylverfahrens und Erteilung eines Aufenthaltstitels nicht mehr anwendbar, insbesondere nicht im Widerrufs- und Rücknahmeverfahren (BayVGH, EZAR NF 68 Nr. 5; *Funke-Kaiser,* in: GK-AsylG, § 10 Rn. 18; *Hailbronner,* AuslR B 2 § 10 AsylG Rn. 12; § 73 Rdn. 117 ff.). Ebensowenig kann die Vorschrift auf das ausländerrechtliche Verfahren der Vollziehung Anwendung finden (a.A. *Hailbronner,* AuslR B 2 § 10 AsylG Rn. 12).

III. Ordnungsgemäße Belehrung über die Mitwirkungspflichten (Abs. 7)

43 Nach Abs. 7 ist der Antragsteller bei der Antragstellung schriftlich und gegen Empfangsbekenntnis auf die Zustellungsvorschriften des § 10 hinzuweisen. Diese eher an versteckter Stelle stehende Vorschrift ist für die verfassungsrechtliche Handhabung der Zustellungsfiktion nach Abs. 2 von zentraler Bedeutung. Die Anwendung der Zustellungsfiktion ist verfassungsrechtlich nur dann unbedenklich, wenn der Antragsteller zu Beginn des Verfahrens (§ 23 Abs. 1) umfassend, verständlich und sachgerecht über seine Mitwirkungsobliegenheiten nach Abs. 1 belehrt worden ist (BVerfG [Kammer], EZAR 210 Nr. 7 = NVwZ-Beil. 1994, 25 = InfAuslR 1994, 324; BVerfG [Kammer], NVwZ-Beil. 1994, 27; BVerfG [Kammer], AuAS 1994, 126; BVerfG [Kammer], EZAR 210 Nr. 11 = NVwZ-Beil. 1996, 81 = AuAS 1996, 196 Rn. 41). Das BVerfG knüpft stillschweigend an die fachgerichtliche Rechtsprechung an, wonach die in Abs. 7 normierte Belehrungspflicht *nicht* etwa nur eine *bloße Ordnungsvorschrift* darstellt, von deren Einhaltung auch abgesehen werden könnte (OVG Rh-Pf, InfAuslR 1988, 170). Vielmehr hat die Belehrung aufgrund zwingenden Rechtes zu erfolgen, dessen Verletzung sich auf die Wirksamkeit der Zustellung auswirkt (OVG Rh-Pf, InfAuslR 1988, 170; VG Gießen, AuAS 1994, 189; VG Neustadt a.d.W., NVwZ-Beil. 1994, 53). Das BVerfG begründet seine Ansicht damit, dass die wirksame Funktion des Asylgrundrechts im besonderem Maße auf eine *geeignete verfahrensrechtliche Ausgestaltung* angewiesen sei. Es bedürfe eines geordneten Verfahrens, in dem das Vorliegen der Anspruchsvoraussetzungen festgestellt

werden könne. Das Verfahrensrecht gewinne demnach verfassungsrechtliche Relevanz für den Schutz des Grundrechts (BVerfG [Kammer], NVwZ-Beil. 1994, 25, 26, unter Hinweis auf BVerfGE 87, 48, 61 f.; 60, 253, 294 ff.; BVerfG [Kammer], AuAS 1994, 126; s. hierzu auch BVerfGE 56, 216, 236). Zur Feststellung der Asylberechtigung müsse dem Asylsuchenden insbesondere Gelegenheit gegeben werden, seine Gründe, die für eine drohende Gefahr asylerheblicher Maßnahmen sprächen, darzulegen. Dies setze voraus, dass er für das Bundesamt erreichbar sei.

Wegen der in aller Regel ungesicherten Wohnverhältnisse, die in vielen Fällen einen mehrmaligen – nicht zuletzt behördlich veranlassten – Wohnungswechsel mit sich brächten, könne es sich aber als schwierig erweisen, mit dem Antragsteller in Verbindung zu treten. Zur Gewährleistung des Äußerungsrechts kämen wegen dieser Schwierigkeiten zunächst *verwaltungsinterne Vorkehrungen* in Betracht. Seien – auch angesichts des föderativen Staatsaufbaus – verschiedene Behörden mit der inhaltlichen Prüfung des Asylbegehrens einerseits, der Unterbringung des Antragstellers andererseits betraut, so sei ein *effektiver Informationsaustausch* zwischen diesen Behörden vordringlich (BVerfG [Kammer], NVwZ-Beil. 1994, 25, 26; BVerfG [Kammer], AuAS 1994, 126, 127). Ungeachtet dieser von den Behörden nur unzureichend ausgeschöpften Möglichkeiten sei es dem Gesetzgeber im Rahmen der ihm im Blick auf Organisation und Verfahren eingeräumten weiten Möglichkeiten unbenommen, dem Antragsteller Pflichten aufzuerlegen, die der Sicherung seiner Mitwirkung im Asylverfahren zu dienen bestimmt sei. Die in Abs. 1 getroffene Regelung erweise sich daher wie auch die Vorläufervorschrift des § 17 Abs. 1 AsylG 1982 auch und gerade angesichts des eigenen Interesses des Antragstellers an einem zügigen Abschluss des Verfahrens als sachgerecht, geeignet und zumutbar (BVerfG [Kammer], NVwZ-Beil. 1994, 25, 26, mit Hinweis auf BVerfGE 60, 253, 295). 44

Nach Abs. 7 ist der Asylsuchende bei der Antragstellung zu belehren. Mit Antragstellung kann allein die Antragstellung bei der Außenstelle des Bundesamtes im Rahmen der Meldung nach § 23 Abs. 1 gemeint sein. Daher trifft die zuständige Außenstelle die in Abs. 7 genannte Belehrungspflicht. Erfolgt die Antragstellung nach § 14 Abs. 2, ist spätestens bei der persönlichen Anhörung (§ 24 Abs. 1 Satz 2) die Belehrung vorzunehmen. Da die Ausländerbehörde am Asylverfahren nicht beteiligt ist, trifft sie nicht die Belehrungspflicht. Sie hat lediglich die in § 14 Abs. 2 Satz 2 geregelte Weiterleitungspflicht. Zwar dürfte eine spätere Belehrung zulässig sein. Die Anknüpfung der Sanktion der fingierten Zustellung setzt aber eine sachgerechte und umfassende sowie verständliche Belehrung voraus, sodass erst ab dem Zeitpunkt der nachträglich erfolgten Belehrung die Zustellungsfiktion Anwendung findet. Form und Inhalt der behördlichen Belehrung müssen dem *Verständnishorizont* des Antragstellers und dem Umstand Rechnung tragen, dass die Mitwirkungsobliegenheiten nach Abs. 1 über das hinausgehen, was sich ihm als selbstverständlich aufdrängen kann: Es ist erforderlich, dass ihm durch eine *erläuternde Belehrung* mit der *gebotenen Dringlichkeit* vor Augen geführt wird, welche Obliegenheiten ihm im Einzelnen treffen und welche Folgen bei deren Nichtbeachtung eintreten können. Die Belehrung kann sich deshalb nicht auf die Vorschrift des § 10 beschränken, sondern muss sich auf die hieraus folgenden Konsequenzen sowohl im behördlichen Verfahren wie auch für die 45 fristgerechte Erlangung gerichtlichen Rechtsschutzes erstrecken (BVerfG [Kammer], NVwZ-Beil. 1994, 25, 26). Es bedarf einer *verständlichen Umschreibung des Inhalts der gesetzlichen Bestimmungen.* Diesem Gebot wird in der ganz überwiegenden Zahl der Fälle schon durch die erforderliche *Übersetzung* der Vorschriften in eine dem Antragsteller verständliche Sprache genügt werden, weil sich dabei allein aus Gründen der Praktikabilität eine sinngemäße, nicht strikt an juristischen Begrifflichkeiten orientierte Übertragung anbietet. Insoweit reicht es allerdings aus, wenn dem des Lesens kundigen Asylantragsteller die erforderlichen Hinweise *in schriftlicher Form* zugänglich gemacht werden (BVerfG [Kammer], NVwZ-Beil. 1994, 25, 26; Hess. VGH, EZAR 210 Nr. 10 = AuAS 1995, 70). Bei nicht des Lesens und Schreibens kundigen Antragstellern hat die Belehrung hingegen mithilfe eines Dolmetschers zu erfolgen (BVerfG [Kammer], NVwZ-Beil. 1996, 81, 82 = EZAR 210 Nr. 11 = AuAS 1996, 196; Hess. VGH, EZAR 210 Nr. 10 = AuAS 1995, 70). Unionsrechtlich besteht darüber hinaus die insbesondere auch in diesem Zusammenhang zu beachtende Verpflichtung, Asylantragsteller rechtzeitig in einer Sprache, deren Kenntnis vernünftigerweise vorausgesetzt werden kann, über ihre Rechte und Pflichten zu informieren (Art. 10 Abs. 1 Buchst. a) RL 2013/32/EU).

46 Ferner darf bei der Bestimmung der gebotenen inhaltlichen Ausgestaltung der Belehrung nicht ohne Weiteres vorausgesetzt werden, dass der Asylantragsteller mit dem Behördenaufbau in Asylsachen vertraut ist. Für ihn stellen sich die behördlichen Einrichtungen, denen er sich als Asylsuchender gegenübersieht, zunächst als Einheit dar. Insbesondere zu Beginn des Verfahrens wird es sich ihm nicht aufdrängen, dass er es in Gestalt der Ausländerbehörde, der Aufnahmeeinrichtung und des Bundesamtes mit drei voneinander getrennten Behörden zu tun hat. Soll ihm die Zustellungsfiktion zum Nachteil gereichen, bedarf es folglich eines Hinweises, dass die in Abs. 1 normierte Mitwirkungspflicht auch in dieser Situation Beachtung erfordert. Es bedarf daher einer *qualifizierten Belehrung*, welche den Behördenaufbau und im Einzelnen die gegenüber den verschiedenen Behörden obliegenden Pflichten erläutert (BVerfG [Kammer], NVwZ-Beil. 1994, 25, 26; BVerfG [Kammer], NVwZ-Beil. 1994, 27; BVerfG [Kammer], AuAS 1994, 126, 127 f.; BVerfG [Kammer], AuAS 1994, 212, 213; BVerfG [Kammer], NVwZ-Beil. 1996, 81, 82). Ausdrücklich hat das BVerfG in einer späteren Entscheidung nochmals bekräftigt, dass in dieser Situation die Annahme des Asylsuchenden nachvollziehbar ist, dass sich die verschiedenen Behörden bei einer behördlich verfügten Adressenänderung untereinander darüber verständigen. Daher bedarf es nach seiner Ansicht eines ausdrücklichen Hinweises, dass die Mitwirkungspflicht auch in dieser speziellen Situation Beachtung erfordert, d.h. dass in jedem Fall und unabhängig davon, ob eine der beteiligten Behörden schon von der Adressenänderung unterrichtet ist bzw. diese selbst verfügt hat, der Asylantragsteller *immer* und *unbedingt von sich aus dem Bundesamt* gegenüber Mitteilung machen muss (BVerfG [Kammer], NVwZ-Beil. 1996, 81, 82 = EZAR 211 Nr. 11 = AuAS 1996, 196). Die qualifizierende Belehrung hat dem Asylsuchenden also verständlich zu erläutern, dass es im Asylverfahren verschiedene Behörden – Ausländerbehörde, Aufnahmeeinrichtung, Bundesamt und gegebenenfalls Verwaltungsgericht – gibt, die *jeweils unabhängig voneinander* von der Adressenänderung in Kenntnis zu setzen sind. In der Belehrung ist

darüber hinaus ausdrücklich darauf hinzuweisen, dass diese den verschiedenen Behörden gegenüber bestehende jeweilige Verpflichtung auch dann unbedingte Beachtung erfordert, wenn für den Asylantragsteller Anlass zu der Annahme bestehen kann, eine solche Mitteilung sei deshalb überflüssig, weil sich die Behörden untereinander in Kenntnis setzen würden (BVerfG [Kammer], NVwZ-Beil. 1996, 81, 82; so auch Hess. VGH, EZAR 210 Nr. 10 = AuAS 1995, 70; VG Wiesbaden, InfAuslR 1995, 87, 88). Einer in dieser Weise qualifizierten Belehrung bedarf es freilich dann nicht, wenn der Antragsteller *auf eigene Initiative* die Unterkunft wechselt und sich unabhängig von behördlichen Zuweisungen eine Wohnung verschafft (BVerfG [Kammer], NVwZ-Beil. 1994, 27; kritisch hierzu *Schwachheim*, NVwZ 1994, 970).

Die Behörde hat gegebenenfalls die ordnungsgemäße Belehrung nachzuweisen. Fehlt 47 das Empfangsbekenntnis in der Akte, findet die Zustellungsfiktion nach Abs. 2 keine Anwendung. Denn das Eingreifen der besonderen Fiktionsvorschrift setzt voraus, dass der Antragsteller über diese besondere Zustellungserleichterung schriftlich und gegen Empfangsbekenntnis belehrt worden ist. Auch wenn er nach seiner Antragstellung, aber vor der Belehrung nach Abs. 7, die Aufnahmeeinrichtung verlässt und untertaucht, darf daher von der Zustellungserleichterung kein Gebrauch gemacht werden. Etwas anderes gilt allenfalls dann, wenn der Antragsteller sich *gezielt* und mithin *treuwidrig* der gebotenen Belehrung entzogen hat (OVG Rh-Pf, InfAuslR 1988, 170). Bei dieser Sach- und Rechtslage bleibt der Behörde also regelmäßig nur der Weg der öffentlichen Zustellung nach § 10 Abs. 1 VwZG oder der Aushändigung nach § 5 Abs. 1 VwZG im Fall der Ergreifung des Asylsuchenden (OVG Rh-Pf, InfAuslR 1988, 170). Der Nachweis der erfolgten Belehrung nach Abs. 7 kann nicht durch den Verweis auf das Protokoll der persönlichen Anhörung erbracht werden. Abs. 7 erfordert für die ordnungsgemäße Belehrung eine schriftliche Empfangsbestätigung. Auch die Tatsache, dass der Antragsteller das Protokoll eigenhändig unterschrieben hat, ändert daran nichts. Denn dieses Protokoll einschließlich der Unterschrift des Antragstellers bestätigt von seinem Wortlaut her keinen Empfang (VG Meiningen, Gerichtsbescheid v. 19.07.1994 – 5 K 20105/94.Me; a.A. VG Wiesbaden, InfAuslR 1995, 87, 88).

IV. Tatsächlicher Zustellungsversuch (Abs. 2 Satz 1)

Nach Abs. 2 Satz 1 muss der Antragsteller Zustellungen *unter der zuletzt mitgeteilten Adresse* gegen sich gelten lassen, wenn er für das Verfahren weder einen Verfah- 48 rens- noch einen Empfangsbevollmächtigten benannt hat oder ihm die Sendung nicht zugestellt werden kann. Damit wird für den Eintritt der Zustellungsfiktion vorausgesetzt, dass das Bundesamt tatsächlich an die maßgebliche, zuletzt vom Antragsteller mitgeteilte Adresse einen Zustellungsversuch unternommen hat. Ob die Sendung nicht zugestellt werden kann, beurteilt sich nach den allgemeinen Vorschriften des VwZG. Es muss also unter Berücksichtigung der Regelungen des VwZG, insbesondere unter Einbeziehung der Vorschriften über die Ersatzzustellung, der Versuch der Zustellung unternommen werden. Der Versuch muss nach Abs. 2 Satz 1 unter der der Behörde zuletzt vom Antragsteller mitgeteilten Adresse unternommen worden sein. Weitere Aufenthaltsermittlungen sind nicht erforderlich. Der Sinn der Zustellungserleichterungen nach Abs. 2 besteht ja gerade darin, die Behörde von umständlichen und zeitintensiven Aufenthaltsermittlungen zu befreien. Der Antragsteller muss nach einer strikt formal ausgerichteten Betrachtungsweise Zustellungen an die Adresse gegen sich gelten lassen, die er der Behörde zuletzt mitgeteilt hat. Hat das Bundesamt allerdings positive Kenntnis von der *Umverteilung* des Asylsuchenden, ist eine dennoch vorgenommene Zustellung an die bisherige Adresse nicht zulässig. Vielmehr hat es eine angemessene Frist zuzuwarten, bis ihm die neue Adresse vom Asylsuchenden mitgeteilt wird. Hierfür dürfte der Zeitraum von einem Monat ausreichen (BayObLG, InfAuslR 1994, 295; Rdn. 40). Ist der Behörde der tatsächliche *Aufenthaltsort* des Asylsuchenden *unbekannt*, darf sie zwar an die von diesem zuletzt mitgeteilte Adresse zustellen. Sie kann jedoch nicht auf den Zustellungsversuch nach Abs. 2 Satz 1 verzichten, wenn sie den Eintritt der fingierten Zustellung erreichen will. Will die Behörde in einem derartigen Fall keinen Zustellungsversuch unternehmen, kann sie im Wege der öffentlichen Zustellung nach § 10 Abs. 1 VwZG vorgehen, wobei sie allerdings Anstrengungen unternehmen muss, den tatsächlichen Aufenthaltsort etwa über eine *Meldeamtsnachfrage* zu ermitteln (VG Berlin, Beschl. v. 25.04.1995 – VG 15 A 162.94; VG Düsseldorf, Beschl. v. 26.04.1994 – 7 L 4516/93).

49 Unternimmt die Behörde, etwa weil ihr von der Ausländerbehörde ein entsprechender Hinweis gegeben wurde, einen Zustellungsversuch an eine Adresse, unter der der Antragsteller nie gewohnt hat und die er der Behörde auch nicht mitgeteilt hat, ist die Zustellung unwirksam. Der Antragsteller soll nicht das Risiko der Unrichtigkeit einer nicht von ihm veranlassten Mitteilung tragen (*Bergmann*, in: Bergmann/Dienelt, AuslR, 11. Aufl., 2016, § 10 AsylG Rn. 16). Allein der Umstand, dass er seiner Verpflichtung, unverzüglich jede Adressenänderung mitzuteilen, nicht erfüllt hat, vermag in einem derartigen Fall die Zustellungsfiktion nicht auszulösen (VG Hamburg, Beschl. v. 16.03.1994 – 16 VG A 2727/94; VG Schleswig, Gerichtsbescheid v. 09.12.1993 – 16 A 728/93). Ist aufgrund seiner Angaben keine postalisch verwertbare Anschrift bezeichnet worden, darf das Bundesamt nicht nach Abs. 2 Satz 1 vorgehen, sondern muss es die Anschrift ermitteln (VG Düsseldorf, Beschl. v. 26.04.1994 – 7 L 4516/93). Eine Zustellung an eine angegebene Krankenhausadresse ist unwirksam, da der in Abs. 2 Satz 2 vorausgesetzte Begriff der Wohnung nicht gegeben ist (VG Köln, Beschl. v. 03.02.1994 – 16 L 1698/93. A).

50 Die Behörde hat nach Abs. 2 Satz 1 stets an die vom Antragsteller ihr *zuletzt mitgeteilte Adresse* zuzustellen. Zwar kann sie nach dieser Vorschrift grundsätzlich auch an die Adresse zustellen, die ihr aufgrund des Asylantrags bekannt ist. Auf diese Möglichkeit kann es sich jedoch nicht mehr berufen, wenn der Antragsteller nach wiederholten Adressenänderungen jeweils seine aktuelle Adresse mitgeteilt hat. Abs. 2 Satz 1 ist so zu interpretieren, dass bei *nachträglichen Veränderungsanzeigen* auf die damit überholten Angaben in den Akten für die Zustellung nicht mehr zurückgegriffen werden darf (*Schwachheim*, NVwZ 1994, 970, 972). Nur dann, wenn der Asylsuchende von sich aus überhaupt keine Adresse mitteilt, darf die Behörde die Akte auswerten und von der dort festgehaltenen letzten Adressenangabe ausgehen. Kommt es beim Zustellungsversuch zu Fehlern, die an sich die Zustellung als fehlerhaft erscheinen lassen, etwa wenn auf der Zustellungsurkunde und dem zuzustellenden Schriftstück nicht die vorgeschriebenen Angaben enthalten sind, ist auch im Fall des Abs. 2 Satz 1 von einer

unwirksamen Zustellung auszugehen. Die Regelungen des VwZG werden durch die Sondervorschriften nach Abs. 2 nicht verdrängt.

V. Adressenmitteilungen durch öffentliche Stellen (Abs. 2 Satz 2)

Eine bedeutsame Neuerung wurde 1993 in Abs. 2 Satz 2 eingeführt. Danach wird die Zustellungserleichterung auch auf jene Fälle angewandt, in denen dem Bundesamt von einer *öffentlichen Stelle* die Adresse des Antragstellers mitgeteilt wird, unter der er wohnt oder zu wohnen verpflichtet ist. Wenn es in diesen Fällen an die Anschrift, die ihm mitgeteilt worden ist, zustellt, muss der Antragsteller die Zustellung gegen sich gelten lassen, sofern es sich um die letzte dem Bundesamt bekannte Adresse handelt (BT-Drucks. 12/4450, S. 16). Vorauszusetzen ist jedoch, dass die zutreffende Anschrift mitgeteilt wurde (BT-Drucks. 12/4450, S. 16). Ausreichend ist die Mitteilung der Adresse, die sich aus der rechtlichen Wohnverpflichtung aufgrund des Behördenbescheides ergibt. Auch wenn der Antragsteller zu keinem Zeitpunkt dort gewohnt hat, darf das Bundesamt nach Abs. 2 Satz 2 an diese ihr von öffentlichen Stellen zutreffend mitgeteilte Adresse zustellen. Unberührt von der ihm nach Abs. 2 Satz 2 eingeräumten Möglichkeit bleibt die Verpflichtung des Antragstellers nach Abs. 1. Hat er entsprechend seiner Mitwirkungspflicht dem Bundesamt oder einer anderen Behörde unverzüglich seine neue Adresse mitgeteilt, stellt die Behörde aber an die von der öffentlichen Stelle zuletzt mitgeteilte Adresse zu, ist die Zustellung unwirksam. Erfüllt der Antragsteller seine gesetzliche Mitwirkungspflicht nach Abs. 1, kann er für Fehler anderer öffentlicher Stellen nicht zur Verantwortung gezogen werden. Mit öffentlicher Stelle dürfte der Behördenbegriff nach § 1 Abs. 2 VwVfG gemeint sein. Damit dürfte auch das Konkurrenzproblem gelöst werden können. Erreichen das Bundesamt von verschiedenen öffentlichen Stellen und vom Antragsteller selbst unterschiedliche Adressenangaben, kommt es grundsätzlich auf den Zeitpunkt des Zugangs der verschiedenen Anzeigen an. Insbesondere in Fällen, in denen derartige Änderungsanzeigen im relativ engen zeitlichen Zusammenhang erfolgen, hat das Bundesamt Ermittlungen zur zustellungsfähigen Adresse vorzunehmen. Wirksam zustellen kann es nur, wenn die Angaben über die mitgeteilte Adresse im Zeitpunkt der Zustellung noch zutreffen. 51

Die Zustellung an die von einer öffentlichen Stelle angegebene Adresse hat andererseits auch dann zu erfolgen, wenn der Antragsteller die neue Adresse nicht mitgeteilt hat. Stellt das Bundesamt gleichwohl an die ihm zuletzt vom Antragsteller mitgeteilte Adresse zu, ist die Zustellung unwirksam. Insoweit trägt Abs. 2 Satz 2 der früheren Rechtsprechung Rechnung. Abs. 2 Satz 2 hat wohl für die Fälle Bedeutung, in denen dem Bundesamt etwa von der Ausländerbehörde oder dem Sozialamt eine ladungsfähige Adresse mitgeteilt wird, die im Zeitpunkt der Meldung auch die zutreffende Anschrift des Antragstellers war. Erreicht diesen die behördliche Mitteilung nicht, weil er nach der Meldung umgezogen ist und seine neue Adresse nicht mitgeteilt hat, muss er die Zustellung unter der von der öffentlichen Stelle mitgeteilten Adresse ebenso gegen sich gelten lassen, wie die Zustellung unter der von ihm zuletzt mitgeteilten Anschrift. Auch hier ist ihm jedoch eine angemessene Frist, etwa von einem Monat (Rdn. 40), für die Mitteilung der neuen Adresse einzuräumen. Hier wie dort sanktioniert die Vorschrift das Unterlassen der Mitteilung der neuen Anschrift. Ebenso wie 52 nach Abs. 1 Satz 1 findet Abs. 2 Satz 2 keine Anwendung, wenn der Antragsteller einen Bevollmächtigten oder Empfangsberechtigten benannt hat. In diesen Fällen ist stets an diesen zuzustellen (BT-Drucks. 12/4450, S. 16).

VI. Rechtsfolge der fingierten Zustellung (Abs. 2 Satz 4)

53 Kann an den Antragsteller, der für das Verfahren weder einen Bevollmächtigten noch einen Empfangsberechtigten benannt hat, nicht zugestellt werden, muss er Zustellungen und formlose Mitteilungen unter der *letzten Anschrift*, die der jeweiligen Stelle aufgrund seines Asylantrags oder seiner letzten Mitteilung bekannt ist, gegen sich gelten lassen (Abs. 2 Satz 1). Kann danach die für ihn bestimmte Sendung nicht zugestellt werden, *gilt* die *Zustellung* mit der Aufgabe zur Post *als bewirkt*, selbst wenn die Post als unzustellbar zurückkommt (Abs. 2 Satz 4). Fehler bei der Zustellung führen allerdings zunächst zur Unwirksamkeit der Zustellung (§ 8 Satz 1 VwZG). Unternimmt etwa der Postzusteller keinen Versuch der persönlichen Übergabe, ist die *Ersatzzustellung* ebenso fehlerhaft wie in dem Fall, in dem er wahrheitswidrig vermerkt, dass der Antragsteller unter der angegebenen Adresse nicht erreichbar ist (VG Köln, Beschl. v. 03.04.2003 – 2 L 749/03). Zwar kann der Empfänger, der durch die fingierte Zustellung nach Abs. 2 Satz 4 belastet ist, einen *Wiedereinsetzungsantrag* stellen (§ 32 VwVfG, § 60 VwGO). Bei der Beurteilung des Verschuldens gewinnt die Einhaltung der Mitwirkungspflichten nach Abs. 1 jedoch eine besonders hervorgehobene Bedeutung. Ist allerdings nicht wirksam zugestellt worden, bedarf es keines Wiedereinsetzungsantrags. Vielmehr ist nach Kenntnisnahme des dem Empfänger zugedachten Schriftstückes das erforderliche Rechtsmittel einzulegen, um dem Verlust des Rechtes unter dem Gesichtspunkt der Klageverwirkung entgegenzutreten. Auch für den Fall, dass der Antragsteller nicht qualifiziert belehrt worden ist, ist nicht wirksam zugestellt. Auch hier ist das Rechtsmittel alsbald einzulegen.

D. Zustellung in der Aufnahmeeinrichtung (Abs. 4)

I. Funktion der Zustellungserleichterung nach Abs. 4

54 Nach Abs. 4 Satz 1 hat die Aufnahmeeinrichtung Zustellungen und formlose Mitteilungen vorzunehmen. Es handelt sich um eine Sonderregelung für Antragsteller, die in einer Aufnahmeeinrichtung untergebracht sind und keinen Bevollmächtigten oder Empfangsberechtigten benannt und auch bereits den Asylantrag bei der Außenstelle nach § 23 Abs. 1 gestellt haben (BT-Drucks. 12/4450, S. 17). Die erleichterte Zustellung greift also nur in der Anfangsphase Platz, während deren der Antragsteller bis längstens 6 Monate (§ 47 Abs. 1 Satz 1) der Verpflichtung unterliegt, in einer Aufnahmeeinrichtung zu wohnen. In den Fällen der § 47 Abs. 1a und § 30a Abs. 3 Satz 1 besteht die Wohnpflicht allerdings bis zur Ausreise oder Abschiebung. Die Funktion der Zustellungserleichterung nach Abs. 4 ist darin zu sehen, die strengen Formvorschriften der Ersatzzustellung für Asylsuchende in Aufnahmeeinrichtungen aufzuheben. Der Zusteller muss daher nicht mehr bei jedem Zustellungsvorgang gesondert nach dem Raum fragen, in dem der Empfänger untergebracht ist und anschließend jeweils den Versuch der persönlichen Übergabe der für diesen bestimmten

Sendung vornehmen, sondern kann alle Postsendungen, die für Empfänger bestimmt sind, die in der Aufnahmeeinrichtung wohnen, an die hierfür bestimmte Stelle in der Aufnahmeeinrichtung abgeben. Abs. 4 verdrängt damit die Vorschriften über die Ersatzzustellung nach § 180 ZPO. Im Übrigen finden die Regelungen des VwZG jedoch Anwendung. Die Aufnahmeeinrichtung ist in die Zustellung nur als *Übermittlerin* eingeschaltet und wird durch Abs. 4 weder zum Absender noch zum Empfänger der Postsendung. Vielmehr verbleibt die Zuständigkeit für Zustellungen bei der originär zustellenden Behörde, sodass diese auch an die strengen Formvorschriften der §§ 2 ff. VwZG gebunden bleibt. Die Aufnahmeeinrichtung hat vielmehr die Funktion eines zustellenden Organs (*Funke-Kaiser*, in: GK-AsylG II, § 10 Rn. 289). Abs. 4 verdrängt nicht die allgemeinen Zustellungsvorschriften (OVG MV, AuAS 2013, 102). Nur die Vorschrift über die Ersatzzustellung wird durch Abs. 4 in Form einer besonderen Zugangsfiktion ersetzt.

Die Zugangsfiktion setzt die Zustellung an diesem Ort nach Maßgabe des Abs. 2 voraus (*Bergmann*, in: Bergmann/Dienelt, AuslR, 11. Aufl., 2016, § 10 AsylG Rn. 7, *Wolff*, in: Hofmann/Hoffmann, AuslR. Handkommentar, 2008, § 10 AsylG Rn. 30). Die Aufnahmeeinrichtung muss demnach eine zustellungsfähige Adresse darstellen. Andererseits hat dies zur Folge, dass an den Antragsteller, der aus der Aufnahmeeinrichtung entlassen wurde, solange unter der Adresse der Aufnahmeeinrichtung zugestellt werden kann, wie er den Stellen nach Abs. 1 nicht seine neue Adresse mitgeteilt hat. Das Gesetz bestimmt, dass der Antragsteller unter den Voraussetzungen des Abs. 4 Zustellungen gegen sich gelten lassen muss. Angesichts der Größe der Aufnahmeeinrichtungen und der dadurch bedingten Vielzahl von Posteingängen ist diese Vorschrift problematisch. Kann bei Abs. 2 noch ein subjektives Verschulden als Voraussetzung für das Eingreifen der Zustellungsfiktion unterstellt werden, kann dies bei der Zustellung nach Abs. 4 häufig kaum noch angenommen werden. 55

Die Zustellungserleichterung gilt für solche Zustellungen und formlose Mitteilungen, deren Bewirkung der Antragsteller nach Maßgabe von Abs. 2 unter der Anschrift der Aufnahmeeinrichtung gegen sich gelten lassen muss (*Bergmann*, in: Bergmann/Dienelt, AuslR, 11. Aufl., 2016, § 10 AsylG Rn. 7; *Hailbronner*, AuslR B 2 § 10 AsylG Rn. 51; *Wolff*, in: Hofmann/Hoffmann, AuslR. Handkommentar, 2008, § 10 AsylG Rn. 30). Es ist danach unerheblich, ob er sich in der Aufnahmeeinrichtung noch tatsächlich aufhält oder jemals dort aufgehalten hat. Solange die Aufnahmeeinrichtung die Adresse ist, die der zustellenden Behörde aufgrund seines Asylantrags (Abs. 2 Satz 1) bekannt ist, kann diese an die Aufnahmeeinrichtung mit der Folge der Zugangsfiktion nach Abs. 4 Satz 4 zustellen. Der Antragsteller, der aus der Aufnahmeeinrichtung entlassen worden ist, muss daher zur Abwendung des Eintritts der Fiktionswirkung nach Abs. 4 Satz 4 den in Abs. 1 genannten Stellen unverzüglich seine neue Adresse mitteilen. In diesem Fall darf die Behörde nicht mehr nach Abs. 2 Satz 1 an die Aufnahmeeinrichtung zustellen, da diese nicht mehr mit der *zuletzt* vom Asylsuchenden mitgeteilten Adresse identisch ist. 56

Die Zustellungserleichterung nach Abs. 4 Satz 4 gilt nur für die – allgemeinen und besonderen – *Aufnahmeeinrichtungen* (VGH BW, NVwZ-Beil. 1999, 42, 43; BayVGH, 57

NVwZ-Beil. 2000, 56 = InfAuslR 1999, 291 = EZAR 604 Nr. 3 = AuAS 2000, 17; VG Frankfurt am Main, NVwZ-Beil. 1999, 31; VG München, InfAuslR 2007, 263; *Funke-Kaiser,* in: GK-AsylG II, § 10 Rn. 291). Der Begriff Aufnahmeeinrichtung ist vom Gesetz präzise definiert (§§ 5, 30a, 46 ff.). Für jene Antragsteller, die nicht der Wohnverpflichtung nach § 47 Abs. 1 Satz 1, Abs. 1a und 30a Abs. 3 Satz 1 unterliegen (§ 14 Abs. 2), hat Abs. 4 damit keine Bedeutung. Nach Entlassung aus der Aufnahmeeinrichtung und Durchführung der landesinternen oder länderübergreifenden Verteilung findet Abs. 4 keine Anwendung mehr. Die Unterbringung in einer *Gemeinschaftsunterkunft* (§ 53) ist keine Unterbringung in einer Aufnahmeeinrichtung. Insoweit gelten die formstrengen Vorschriften der Ersatzzustellung. Da Abs. 4 Satz 1 auf Abs. 2 verweist und Abs. 2 keine Anwendung findet, wenn der Antragsteller einen Verfahrensbevollmächtigten oder Empfangsberechtigten benannt hat (Abs. 2 Satz 1), ist die Zustellung an den Bevollmächtigten oder Empfangsberechtigten vorzunehmen ist, wenn ein solcher bestellt ist (*Funke-Kaiser,* in: GK-AsylG II, § 10 Rn. 292; *Hailbronner,* AuslR B 2 § 10 AsylG Rn. 51). Stellt das Bundesamt ungeachtet dessen persönlich an den Antragsteller zu, ist fehlerhaft zugestellt. Die Rechtsmittelfrist wird nicht in Gang gesetzt. Nur in den Fällen des § 31 Abs. 1 Satz 4 in Verb. mit § 34a Abs. 1 und § 50 Abs. 5 Satz 1 ist die persönliche Zustellung an den Antragsteller erlaubt.

II. Anforderungen an die Vorkehrungspflichten nach Abs. 4 Satz 2

58 Die Bewirkung der Zustellung nach Abs. 4 Satz 4 setzt voraus, dass der Antragsteller in geeigneter Weise über die Abgabe der für ihn bestimmten Postsendung in der Aufnahmeeinrichtung informiert wird (Abs. 7; Rdn. 60). Zu diesem Zweck hat die Verwaltung der Aufnahmeeinrichtung Postausgabe- und Postverteilungszeiten für jeden Werktag durch Aushang bekannt zu machen (Abs. 4 Satz 3). Die Aufnahmeeinrichtung trifft aber keine Verpflichtung, Asylsuchende über Postausgabe- und Postverteilungszeiten in einer ihnen geläufigen Sprache zu informieren (BVerfG [Kammer], NVwZ-Beil. 2002, 59). Der Gesetzgeber stellt sich das Verfahren derart vor, dass die Behörde an den Leiter der Aufnahmeeinrichtung oder an einen von diesem benannten Empfangsberechtigten, etwa einen dort tätigen Bediensteten der Ausländerbehörde, das zuzustellende Schriftstück gegen Empfangsbekenntnis übergibt (BT-Drucks. 12/4450, S. 17). Damit ist die Zustellung aber noch nicht bewirkt (Abs. 4 Satz 4). Vielmehr hat der Empfangsberechtigte Zustellungen und formlosen Mitteilungen *in geeigneter Weise bekannt zu machen* (BT-Drucks. 12/4450, S. 17). Die Bekanntgabe der Ausgabezeiten durch Aushang muss deutlich und unmissverständlich auch den Ort der Ausgabe benennen (*Bergmann,* in: Bergmann/Dienelt, AuslR, 11. Aufl., 2016, § 10 AsylG Rn. 20). Zur Vermeidung von Nachteilen ist der Antragsteller andererseits verpflichtet, sich regelmäßig nach Posteingängen zu erkundigen. Die Zustellung ist hingegen erst mit der Aushändigung an den Antragsteller bewirkt (Abs. 4 Satz 4 Halbs. 1). Im Übrigen gilt sie am dritten Tag nach der Übergabe (durch die Post) an die Aufnahmeeinrichtung als bewirkt. Daraus folgt, dass die Aufnahmeeinrichtung die Postsendungen zumindest bis zum Ablauf der Rechtsmittelfrist vorzuhalten hat.

Zur effektiven Gewährleistung eines Wiedereinsetzungsantrags ist darüber hinaus erforderlich, dass die Postsendung auch eine gewisse Zeit über den Ablauf der Rechtsmittelfrist hinaus gelagert wird (dagegen Hess. VGH, AuAS 1998, 44, 46).

Die Anforderungen an die Bekanntgabeverpflichtung sind im Gesetz nur unzulänglich geregelt. Da Abs. 4 Satz 4 allein von der *Möglichkeit der Kenntnisnahme* ausgeht, sind *besonders strenge Anforderungen an die Vorsorgepflichten der Aufnahmeeinrichtung* zu stellen. Eine Rechtfertigung für die fingierte Zustellung nach Abs. 4 Satz 4 besteht nur dann, wenn die Möglichkeit der Kenntnisnahme dem Asylsuchenden *tatsächlich* eingeräumt worden ist. Jedenfalls ist bei Nichteinräumung der Möglichkeit der Kenntniserlangung Wiedereinsetzung zu gewähren (Hess. VGH, AuAS 1998, 44, 46). Daher muss der Aushang an *allgemein erreichbarer Stelle* angebracht und *sprachlich* so abgefasst sein, dass auch ein der deutschen Sprache nicht kundiger Antragsteller Kenntnis von der für ihn bestimmten Mitteilung erlangen kann (*Bergmann*, in: Bergmann/Dienelt, AuslR, 11. Aufl., 2016, § 10 AsylG Rn. 20; s. aber BVerfG [Kammer], NVwZ-Beil. 2002, 59). Zwar verlangt das Gesetz lediglich, dass die allgemeinen Öffnungszeiten durch Aushang bekannt gemacht werden müssen (Abs. 4 Satz 2). Eine zusammenfassende Betrachtung von Wortlaut und Begründung ergibt jedoch, dass das Gesetz erkennbar auf eine Praxis abzielt, wonach vom Antragsteller verlangt wird, dass er jeden Werktag bei der Postausgabestelle der Aufnahmeeinrichtung nach ihn betreffenden Zustellungen nachfragt. Aufnahmeeinrichtungen mit hoher Belegungszahl können eine derartige Verfahrensweise kaum handhaben. Daher reicht es aus, wenn der Antragsteller sich jederzeit am Aushang danach erkundigen kann, ob für ihn bestimmte Postsendungen eingetroffen sind. Dies erfordert andererseits bestimmte Vorkehrungen der Aufnahmeeinrichtung, dass dem Antragsteller auch tatsächlich und effektiv die Möglichkeit verschafft wird, zu erkennen, ob Postsendungen für ihn bereit liegen. 59

Daraus ergibt sich eine *Belehrungspflicht* der Aufnahmeeinrichtung über die Funktion des Aushangs und die Mitwirkungspflichten nach Abs. 4 Satz 3 (Abs. 7). Ist die Belehrung hierüber nicht bereits mit der Belehrung nach Abs. 7 in Verb. mit Abs. 1 erfolgt, hat die Aufnahmeeinrichtung eine gesonderte Belehrung vorzunehmen. Regelmäßig erstreckt diese sich nur auf die Mitwirkungspflichten nach Abs. 1, nicht jedoch auf die nach Abs. 4 Satz 3. Abs. 7 erfordert jedoch eine Belehrung über alle Zustellungsvorschriften nach § 10, also auch über die nach Abs. 4 Satz 3. Dies ist auch sachgerecht. Denn die tatsächliche Möglichkeit der Verschaffung der Kenntnis hat ein Antragsteller nur, wenn er über die entsprechenden Vorkehrungen der Aufnahmeeinrichtung und hierauf bezogene Verpflichtungen informiert ist. Es ist also auch insoweit eine Belehrung gegen Empfangsbekenntnis nach Abs. 7 in Verb. mit Abs. 4 Satz 3 erforderlich. Erkennt die Behörde oder hätte sie erkennen müssen, dass der Asylsuchende Analphabet ist, darf sie es nicht bei der bloßen Belehrung über die Möglichkeit des Aushangs nach Abs. 4 Satz 2 und Mitwirkungspflichten nach Abs. 4 Satz 3 belassen. Der Hinweis auf die Zustellungserleichterung nach Abs. 4 ist in einem derartigen Fall wegen der Unmöglichkeit, sich tatsächlich Kenntnis zu verschaffen, nicht gerechtfertigt. 60

III. Anforderungen an die Mitwirkungspflichten nach Abs. 4 Satz 3

61 Der Antragsteller hat nach Abs. 4 Satz 3 sicherzustellen, dass ihm Posteingänge während der Postausgabe- und Postverteilungszeiten in der Aufnahmeeinrichtung ausgehändigt werden können. Das bedeutet, dass er sich in regelmäßigen Abständen am Aushang (Abs. 4 Satz 2) über für ihn geltende Bekanntmachungen informiert. Dies setzt eine darauf bezogene Belehrung nach Maßgabe des Abs. 7 voraus (Rn. 60). Zur Vermeidung von Nachteilen ist der Antragsteller verpflichtet, sich regelmäßig nach für ihn bestimmten Posteingängen zu erkundigen. Werden Zustellungen durch Aushang bekannt gegeben, kann dies erhebliche Risiken für den Antragsteller mit sich bringen. Denn es besteht mit Bezug auf viele Herkunftsländer im Bundesgebiet ein weitverzweigtes Spitzeldienst- und Informationsnetz, im Rahmen dessen insbesondere in derartigen Einrichtungen Informationen gesammelt und weitergegeben werden, sodass der öffentliche Hinweis auf den zugestellten Bescheid unter Bezeichnung der betreffenden persönlichen Daten die Verfolgungsgefahr erst begründen oder erhöhen kann.

IV. Bewirkung der Zustellung durch Übergabe (Abs. 4 Satz 4 Halbs. 1)

62 Die Zustellung wird mit Aushändigung der Postsendung durch die Postausgabestelle der Aufnahmeeinrichtung bewirkt (Abs. 4 Satz 4 Halbs. 1), im Übrigen gilt sie am dritten Tag nach Übergabe an die Aufnahmeeinrichtung als bewirkt. Bereits der Gesetzeswortlaut legt nahe, dass der Zustellung durch Aushändigung Vorrang einzuräumen ist (*Hailbronner,* AuslR B 2 § 10 AsylG Rn. 58) und deshalb die Aufnahmeeinrichtung die Pflicht trifft, zunächst einen Versuch zu unternehmen, das zuzustellende Schriftstück tatsächlich an den Empfänger auszuhändigen (*Hailbronner,* AuslR B 2 § 10 AsylG Rn. 59; *Funke-Kaiser,* in: GK-AsylG II, § 10 Rn. 296). Aus der Vermittlungsfunktion der Aufnahmeeinrichtung folgt, dass hierfür weder eine unmittelbare noch analoge Anwendung der Bestimmungen des VwZG in Betracht kommt (so aber *Schütze*, in: GK-AsylG, § 10 Rn. 117 ff.). Vielmehr ergibt sich aus der verfassungsrechtlich gebotenen Auslegung und Anwendung von Verfahrensvorschriften, auf die das BVerfG im Zusammenhang mit Abs. 7 ausdrücklich hinweist (BVerfG [Kammer], NVwZ-Beil. 1994, 25, 26, unter Hinweis auf BVerfGE 87, 48, 61 f.; 60, 253, 294 ff.; BVerfG [Kammer], AuAS 1994, 126; s. hierzu auch BVerfGE 56, 216, 236), dass die Härten der Gesetzesanwendung nach Möglichkeit abgemildert werden müssen. Deshalb hat die Aufnahmeeinrichtung zunächst einen Aushändigungsversuch zu unternehmen, bevor sie zum Mittel der Bekanntgabe nach Abs. 4 Satz 2 greift. Diese Verpflichtung folgt auch daraus, dass das Risiko der Erhöhung der Verfolgungsgefahr nach Möglichkeit reduziert werden muss.

63 Wie die Aufnahmeeinrichtung die Aushändigung an den Empfänger organisiert, steht in ihrem Ermessen. Sie kann ihn durch Bedienstete benachrichtigen lassen, dass er das für ihn bestimmte Schriftstück auf der Postausgabestelle abholen möge. Sie kann aber auch durch Bedienstete die zuzustellende Sendung an den Empfänger persönlich in seiner Unterkunft aushändigen lassen. Die *Abholzeiten* sind für jeden Werktag (Abs. 4 Satz 2), also auch für den Samstag, zu organisieren. Der Bescheid muss *nicht* während der *gesamten Rechtsmittelfrist bereit gehalten* werden, sondern nur während

der Frist von drei Tagen (BVerfG [Kammer], NVwZ-Beil. 2002, 57; OVG SA, NVwZ-Beil. 2002, 59). Die Zustellungsfiktion des Abs. 4 Satz 1 greift dann nicht ein, wenn das zuzustellende Dokument innerhalb von drei Tagen an den Antragsteller persönlich ausgehändigt wird (*Funke-Kaiser,* in: GK-AsylG II, § 10 Rn. 292). Die Zustellung ist nach Abs. 4 Satz 4 Halbs. 1 mit der tatsächlichen Aushändigung bewirkt. Ab diesem Zeitpunkt läuft die Rechtsmittelfrist. Die Aushändigung hat der Empfänger persönlich zu bestätigen. Die Empfangsbestätigung ist in der Akte aufzubewahren und dient dem Nachweis der Zustellung. Wird die Sendung nach Ablauf der Frist von drei Tagen persönlich ausgehändigt, handelt es sich nicht um eine Aushändigung nach Abs. 4 Satz 4 Halbs. 1, vielmehr findet die Vorschrift über die Zustellungsfiktion nach Abs. 4 Satz 4 Halbs. 2 Anwendung. Hat die Aufnahmeeinrichtung innerhalb von drei Tagen nach Übergabe aus welchen Gründen auch immer nicht an den Antragsteller ausgehändigt, beginnt die Frist nach verfassungskonformer Auslegung des Abs. 4 Satz 4 Halbs. 2 erst mit dem Tag der Aushändigung an den Asylsuchenden bzw. der Bekanntgabe durch Aushändigung zu laufen (*Funke-Kaiser,* in: GK-AsylG II, § 10 Rn. 303).

V. Zustellungsfiktion nach Abs. 4 Satz 4 Halbs. 2

Ist die persönliche Aushändigung der Postsendung an den Empfänger nicht möglich, 64 weil dieser tatsächlich nicht in der Aufnahmeeinrichtung wohnt oder dort nicht erreichbar ist, ist der Posteingang am Aushang bekannt zu machen. Am dritten Tag nach Übergabe der Postsendung durch den Postzusteller an die Aufnahmeeinrichtung gilt in diesem Fall die Zustellung als bewirkt. Der dritte Tag wird jedoch bei der Berechnung der Rechtsmittelfrist nicht mitgerechnet (§ 187 Abs. 1 BGB). Würde es sich um eine tatsächliche Zustellung handeln, ergäben sich gegen die Anwendung von § 187 Abs. 1 BGB keine Bedenken. Zwar bestimmt Abs. 4 Satz 4 Halbs. 2, dass die Zustellung am dritten Tag als bewirkt gilt. Ob dies auch der für den Beginn der Frist maßgebende Tag sein soll, kann der Vorschrift jedoch nicht entnommen werden. Wegen dieser Unklarheit des Gesetzeswortlautes ist es nicht gerechtfertigt, die Rechtsmittelfrist gegenüber dem auf § 187 Abs. 1 BGB beruhenden Berechnungsmodus zu verkürzen. Auch spricht die enge Verbindung zwischen Zustellungsfiktion und Zustellung dafür, die für Zustellungen maßgebliche Vorschrift des § 187 Abs. 1 BGB anzuwenden.

Wird dem Empfänger die Sendung nach Ablauf der Dreitagesfrist persönlich aus- 65 gehändigt, beginnt die Frist nicht erneut zu laufen. Abs. 4 Satz 4 Halbs. 2 ist darüber hinaus dahin zu korrigieren, dass für die Berechnung der Dreitagesfrist § 193 BGB maßgebend ist, sodass gesetzliche Feiertage, Sonntage und Samstage außer Betracht bleiben (*Hailbronner,* AuslR B 2 § 10 AsylG Rn. 61; *Schütze,* in: GK, in: AsylG, § 10 Rn. 133 f.; a.A. OVG SA, NVwZ-Beil. 2002, 59, 60; VG Würzburg, AuAS 2000, 128, 129; *Funke-Kaiser,* in: GK-AsylG II, § 10 Rn. 300; offen gelassen Hess. VGH, AuAS 1998, 44). Die Gegenmeinung verkennt, dass nur an Werktagen Post verteilt oder abgeholt werden kann, wie sich insbesondere aus Abs. 4 Satz 2 ergibt. Folglich kann die Frist auch nur an einem Werktag ablaufen. Es sind auch keine Anhaltspunkte dafür ersichtlich, dass der Gesetzgeber regeln wollte, dass die Frist auch an einem Sonntag oder gesetzlichen Feiertag ablaufen kann. Auch wenn sich die

Bekanntmachung auf Werktage bezieht (Abs. 4 Satz 2), hat dies nicht zur Folge, dass die Frist auch an diesem Tag ablaufen kann. Stellt das Bundesamt nach dem wirksamen Eintritt der Zustellungsfiktion erneut an den Antragsteller mit entsprechender Rechtsmittelbelehrung zu, beginnt die Klagefrist nicht erneut zu laufen (OVG Rh-Pf, AuAS 2002, 250). Aufgrund des Eintritts der Zustellungsfiktion ist der zuerst zugestellte Bescheid nach Ablauf der Klagefrist bestandskräftig geworden. Eine erneute Zustellung kann die Rechtswirkungen der ordnungsgemäßen und wirksamen ersten Zustellung des Behördenbescheids nicht beseitigen (OVG Rh-Pf, AuAS 2002, 250).

VI. Fehler bei der Zustellung nach Abs. 4

66 Die Zustellung nach Abs. 4 ist aus einer Reihe von Gründen im höchsten Maße problematisch. Häufig ist das für die Entgegennahme der Zustellungen eingesetzte Personal nicht zuverlässig. Fehler bei der Zustellung sind zunächst nach den allgemeinen Zustellungsvorschriften zu beurteilen. Haften bereits dem zuzustellenden Schriftstück erhebliche Mängel an, ist die Zustellung auch nach Abs. 4 Satz 4 unwirksam. Wird das Zustellungsdatum entgegen § 5 Abs. 1 Satz 3 VwZG nicht auf dem Bescheid vermerkt, ist die Zustellung zwar wirksam, setzt die Rechtsbehelfsfrist indes nicht in Gang (VG Frankfurt am Main, AuAS 1998, 240; a.A. VG Gießen, NVwZ-Beil. 2001, 45). Die Aufnahmeeinrichtung kann zwar weder als zustellende Behörde noch als Postzusteller angesehen werden, ist jedoch Gehilfe der zustellenden Behörde beim Vorgang der Zustellung. Fehler der Aufnahmeeinrichtung bei der Aushändigung und Bekanntgabe werden daher der zustellenden Behörde zugerechnet. Ist nicht ordnungsgemäß über die Bekanntgabevorkehrungen belehrt worden (Abs. 7) oder entsprechen Form und Umfang der Bekanntgabe nicht den an eine ordnungsgemäße Bekanntgabe zu stellenden Anforderungen, ist nicht wirksam zugestellt worden. Findet sich in den Akten kein Empfangsbekenntnis über die persönliche Aushändigung (Abs. 4 Satz 4 Halbs. 1) oder kein Empfangsbekenntnis über die Belehrung nach Abs. 7 in Verb. mit Abs. 4 Satz 2 und 3, ist ebenfalls von einer unwirksamen Zustellung auszugehen. Da die Zustellung nach Abs. 4 Satz 4 Halbs. 2 nicht in Form des Urkundenbeweises erfolgt, ist ein schlüssiger und konkret belegter entgegenstehender Geschehensablauf darzulegen, um das Verwaltungsgericht zu weiterer Aufklärung über die Zustellungspraxis in der Aufnahmeeinrichtung zu veranlassen (Schütze, in: GK-AsylG, § 10 Rn. 130).

67 Im Übrigen ist angesichts der erheblichen Risiken, die das Zustellungsverfahren nach Abs. 4 Satz 4 mit sich bringt, eine *großzügige Anwendung des Wiedereinsetzungsrechts* geboten (wohl auch Hess. VGH, AuAS 1998, 44, 46). Behauptet der Antragsteller schlüssig, er habe etwa zwei Mal in der Woche bei der Postausgabestelle nach ihn betreffenden Zustellungen nachgefragt, ist regelmäßig ein Organisationsmangel der Aufnahmeeinrichtung nicht von der Hand zu weisen. In Anbetracht der Frist von drei Tagen nach Abs. 4 Satz 4 letzter Halbs. hat der Antragsteller auch unter Berücksichtigung der Wochenfrist des § 36 Abs. 3 Satz 1; § 34a Abs. 2 Satz 1 seiner Sorgfaltspflicht vollends Genüge getan, wenn er zwei Mal in der Woche bei der Postausgabestelle vorspricht oder den Aushang nach ihn betreffenden Zustellungen und Mitteilungen

kontrolliert. Kann ihm ein dementsprechender schlüssiger Sachvortrag nicht widerlegt werden, ist die Wiedereinsetzung zu gewähren.

§ 11 Ausschluss des Widerspruchs

Gegen Maßnahmen und Entscheidungen nach diesem Gesetz findet kein Widerspruch statt.

Übersicht Rdn.

A. Funktion der Vorschrift

1 Bereits im früheren Asylverfahrensrecht war hinsichtlich des gegen die Vollziehung der Abschiebungsandrohung gerichteten *Eilrechtsschutzverfahrens* der Widerspruch im Hauptsacheverfahren ausgeschlossen (§ 10 Abs. 3 Satz 1, § 11 Abs. 2 AsylG 1982). Auch im Übrigen fand im Hauptsacheverfahren kein Widerspruch statt (§ 12 Abs. 8 AsylG 1982). Vielmehr war im Wege des Klageverbundes gegen den Asylbescheid und die ausländerrechtliche Verfügung unmittelbar Klage beim Verwaltungsgericht zu erheben. Auch in Widerrufs- und Rücknahmeverfahren fand kein Widerspruch statt (§ 16 Abs. 3 Satz 2, § 12 Abs. 8 AsylG 1982). Demgegenüber war gegen ausländerrechtliche Auflagen nach § 20 Abs. 2, § 26 AsylG 1982 (§ 20 Abs. 6, § 26 Abs. 4 AsylG 1982) wie gegen zuweisungsrechtliche Verwaltungsentscheidungen (§ 22 Abs. 10 AsylG 1982) Widerspruch einzulegen. Aus Gründen der Verfahrensbeschleunigung wird nach geltendem Recht durch § 11 in allen Verwaltungsverfahren nach diesem Gesetz der Widerspruch ausgeschlossen. Die Vorschrift ist im Zusammenhang mit § 80 zu sehen, die in Rechtsstreitigkeiten nach dem AsylG die Beschwerde ausschließt.

2 Unionsrecht steht der Vorschrift nicht entgegen. Art. 39 RL 2013/32/EU enthält keine Verpflichtung, den Sachbescheid einem verwaltungsinternen Überprüfungsverfahren zu unterziehen, sondern gewährleistet lediglich das Recht auf einen wirksamen Rechtsbehelf vor einem Gericht oder Tribunal. Dem tragen die Regelungen des §§ 74 ff. Rechnung.

B. Verfahrensrechtliche Bedeutung der Vorschrift

3 Im allgemeinen Verwaltungsrecht sind vor Erhebung der Anfechtungsklage Rechtmäßigkeit sowie Zweckmäßigkeit in einem Vorverfahren nachzuprüfen (§ 68 Abs. 1 VwGO). Dasselbe gilt entsprechend für die Verpflichtungsklage (§ 68 Abs. 2 VwGO). Das Vorverfahren beginnt mit der Erhebung des Widerspruchs (§ 69 VwGO), der binnen eines Monats nach Bekanntgabe des Verwaltungsaktes zu erheben ist (§ 70 VwGO). Die Durchführung des Vorverfahrens ist im allgemeinen Verfahrensrecht zwingende Prozessvoraussetzung der Klage. Das Gesetz sieht jedoch ausdrücklich vor, dass von einem Vorverfahren abzusehen ist, wenn dies durch Gesetz für besondere

Fälle bestimmt wird (§ 68 Abs. 1 Satz 2 VwGO). § 11 ist ein derartiges besonderes Gesetz mit der Folge, dass nach Zustellung der Sachentscheidung gem. § 31 und der zugleich im Zustellungsverbund zugestellten Abschiebungsandrohung oder -anordnung (§ 34 Abs. 2) kein Vorverfahren stattfindet und deshalb kein Widerspruch einzulegen, sondern innerhalb der ein- oder zweiwöchigen Klagefrist des § 74 Abs. 1 Verpflichtungs- und Anfechtungsklage zu erheben ist. Der statt der Klage eingelegte Widerspruch ist unzulässig. Da nach der Entscheidung über den eingelegten Widerspruch die Klagefrist abgelaufen sein wird, ist die Klagefrist versäumt worden. Insoweit führt die Vorschrift keine Neuerung gegenüber dem seit 1978 geltenden Asylverfahrensrecht ein. Ist jedoch nach dem Gesetz eine qualifizierte Form der Zustellung vorgeschrieben (§ 31 Abs. 1 Satz 4, § 50 Abs. 5 Satz 1), läuft die Frist erst ab dem Zeitpunkt der wirksamen Zustellung (*Funke-Kaiser,* in: GK-AsylG II, § 10 Rn. 9).

4 Da Asylentscheidungen *Rechtsentscheidungen* sind (BVerwGE 49, 211, 212 = EZAR 210 Nr. 1 = DÖV 1976, 94 = MDR 1976, 254 = BayVBl. 1976, 410; BVerwG, DVBl 1983, 33), könnte im Widerspruchsverfahren eine Überprüfung auf deren Zweckmäßigkeit ohnehin nicht erfolgen. Der Wegfall des Widerspruchs hat erhebliche verfahrensbeschleunigende Wirkung. Der Gesetzgeber hat daher vernünftige und nachvollziehbare Gründe für die Regelung, dass im Asylverfahren der Widerspruch ausgeschlossen ist. Dies kann für den generellen Ausschluss des Widerspruchs allerdings nicht behauptet werden. Zumindest im Aufenthaltsrecht des AsylG gibt es nach wie vor Ermessenstatbestände (vgl. z.B. § 57 Abs. 2 und 3, § 58 Abs. 1 bis 3, § 60, § 65 Abs. 2) und im Zuweisungsrecht wäre es durchaus zweckmäßig in einem Vorverfahren das Vorliegen besonderer humanitärer Härtegründe (vgl. hierzu Hess. VGH, EZAR 228 Nr. 5; Hess. VGH, EZAR Nr. 8; Hess. VGH, EZAR Nr. 9; Hess. VGH, ESVGH 39, 231; Hess. VGH, ESVGH 39, 225; Hess. VGH, Hess. VGRspr. 1989, 23; Hess. VGH, InfAuslR 1987, 98; OVG Hamburg, EZAR 228 Nr. 1; OVG Hamburg, InfAuslR 1986, 97; VGH BW, EZAR 228 Nr. 9; VGH BW, EZAR 228 Nr. 10; § 5e Rdn. 37 ff.) nachprüfen zu lassen (krit. auch *Funke-Kaiser,* in: GK-AsylG II, § 10 Rn. 4).

C. Anwendungsbereich der Vorschrift

5 Maßgeblich für die Anwendung von § 11 im Fall einer Anfechtungsklage ist grundsätzlich, dass die zuständige Behörde ihre Entscheidung auf das AsylG gestützt hat (*Bergmann,* in: Bergmann/Dienelt, AuslR, 11. Aufl. 2016, § 11 AsylG Rn. 4; *Wolff,* in: Hofman/Hoffmann, AuslR. Handkommentar, § 11 AsylG Rn. 4). Das kann in Fällen, in denen nicht das Bundesamt, sondern etwa die Ausländerbehörde oder die Bundespolizei die Entscheidung getroffen hat, erheblich werden. Ist nicht eindeutig feststellbar, auf welcher Rechtsgrundlage der Bescheid getroffen wurde, ist ein Vorverfahren durchzuführen (*Funke-Kaiser,* in: GK-AsylG II, § 10 Rn. 11 ff.). Erhebt der Asylsuchende entsprechend der Rechtsbehelfsbelehrung gleichwohl die Anfechtungsklage, ist ihm Gelegenheit zu geben, die Einlegung des Widerspruchs nachzuholen. Gegebenenfalls ist Wiedereinsetzung zu gewähren. Ob hingegen bei Verpflichtungsklagen eine andere Verfahrensgestaltung geboten ist (s. hierzu *Funke-Kaiser,* in: GK-AsylG II, § 10 Rn. 15 ff.), bedarf nicht der näheren Vertiefung. Da in jeder Verpflichtungsklage

zugleich auch eine Anfechtung (des Bescheids) enthalten ist und der Klageantrag grundsätzlich bis zur mündlichen Verhandlung konkretisiert werden kann, gebietet der Grundsatz effektiven Rechtsschutzes, die Klage nicht am fehlenden Vorverfahren scheitern zu lassen. Im Übrigen sind derartige Verfahrenskonstellationen in der Praxis seit Erlass der § 11 nicht bekannt geworden.

Nach geltendem Recht ist bei Verteilungsentscheidungen ebenfalls innerhalb der Klagefrist des § 74 Abs. 1 unmittelbar Klage zu erheben. Da die Zuweisungsentscheidung keiner Begründung bedarf (§ 50 Abs. 4 Satz 3), ist in diesem wie auch in anderen Verfahren, in denen ohne vorherige Anhörung und ohne Begründung entschieden wird, die zweckentsprechende Rechtsverteidigung, aber auch die gerichtliche Überprüfung erheblich erschwert (*Funke-Kaiser*, in: GK-AsylG II, § 10 Rn. 5; *Bergmann*, in: Bergmann/Dienelt, AuslR, 11. Aufl., 2016, § 11 AsylG Rn. 4; a.A. *Hailbronner*, AuslR B 2 § 10 AsylG Rn. 3). Auch dies verdeutlicht, dass der Wegfall des Widerspruchs insoweit unerwünschte Auswirkungen haben kann. Im Vordergrund der gesetzgeberischen Vorstellungen steht aber wohl der alles überragende Beschleunigungszweck. Nach den Erfahrungen der Vergangenheit sind Bemühungen um die gerichtliche Korrektur einer Zuweisungsentscheidung in Anbetracht der schematisierenden Zuweisungskriterien ohnehin kaum zu erreichen. Nach wie vor sind daher Gespräche mit der Behörde der letztlich einzig Erfolg versprechende Weg. 6

§ 11a Vorübergehende Aussetzung von Entscheidungen

[1]Das Bundesministerium des Innern kann Entscheidungen des Bundesamtes nach diesem Gesetz zu bestimmten Herkunftsländern für die Dauer von sechs Monaten vorübergehend aussetzen, wenn die Beurteilung der asyl- und abschiebungsrelevanten Lage besonderer Aufklärung bedarf. [2]Die Aussetzung nach Satz 1 kann verlängert werden.

Übersicht Rdn.

A. Funktion der Vorschrift

Die Vorschrift ist erstmals durch das ZuwG vom 30.07.2004 in das AsylG eingeführt worden und am 01.01.2005 in Kraft getreten. Nach der gesetzlichen Begründung soll sie eine klarstellende Rechtsgrundlage schaffen für die bis zum Inkrafttreten der Vorschrift seit längerem praktizierte Aussetzung von Asylverfahren zu bestimmten Herkunftsländern, in denen die Beurteilung der asyl- und abschiebungsrelevanten Lage bspw. aufgrund temporärer Bürgerkriegssituationen (z.B. Jugoslawien, Afghanistan, 1

Demokratische Republik Kongo, Ruanda, Sierra Leone) besondere Schwierigkeiten bereitet (BT-Drucks. 15/420, S. 108; so schon BT-Drucks. 14/7387, S. 100). Damit wurde also die bis dahin durch interne Weisungen geregelte Praxis des *Entscheidungsstopps* gesetzlich geregelt. Umbruchsituationen in den Herkunftsländern der Asylsuchenden können es nahe legen, für eine bestimmte Zeitdauer die Entscheidung über Asylanträge auszusetzen. In der Vergangenheit hat das Bundesamt dieses Instrument aber häufig auch angewandt, obwohl die tatsächliche Lage zureichend geklärt war oder die Umbruchsituation zur dauerhaften wurde oder eine anerkennungsträchtige Situation evident war (z.B. Ruanda, verfolgte Minderheiten im Kosovo). Um einen derartig extensiven Gebrauch der Aussetzungsmöglichkeit zu unterbinden, darf das Bundesamt nur aufgrund einer durch eine Umbruchsituation hervorgerufenen unklaren Sachlage angewiesen werden, die Entscheidung auszusetzen.

2 Die Aussetzungsbefugnis gilt nur für die inhaltliche Entscheidung über die Statusvoraussetzungen (§ 31), nicht aber für ausländerrechtliche Entscheidungen des Bundesamtes, sofern sie nicht wie die Abschiebungsandrohung mit der Sachentscheidung verknüpft ist. Auf das gerichtliche Verfahren findet § 11a keine Anwendung. Es kann daher unbeschadet der Vorschrift Untätigkeitsklage nach § 75 VwGO gegen die untätige Behörde erhoben werden (*Bergmann*, in: Bergmann/Dienelt, AuslR, 11. Aufl. 2016, § 11a AsylG Rn. 4; *Funke-Kaiser*, in: GK-AsylG II, § 11a Rn. 13; *Hailbronner*, AuslR B 2 § 11a AsylG Rn. 6; unklar *Wolff*, in: Hofmann/Hoffmann, AuslR. Handkommentar, § 11 AsylG Rn. 1). Entscheidungsvorbereitende Maßnahmen wie etwa die Durchführung der Anhörung werden von der Aussetzungsanordnung nicht erfasst (*Funke-Kaiser*, in: GK-AsylG II, § 11a Rn. 8; *Bergmann*, in: Bergmann/Dienelt, AuslR, 11. Aufl., 2016, § 11a AsylG Rn. 3; *Hailbronner*, AuslR B 2 § 11a AsylG Rn. 1).

3 Nach Art. 31 Abs. 2 Satz 1 RL 2013/32/EU stellen die Mitgliedstaaten sicher, dass das Asylverfahren unbeschadet einer angemessenen und vollständigen Prüfung so rasch wie möglich zum Abschluss gebracht wird. Kann innerhalb von sechs Monaten keine Entscheidung ergehen, wird der Asylsuchende über die Verzögerung informiert (Art. 31 Abs. 3 UAbs. 3 RL 2013/32/EU). Den Mitgliedstaaten wird aber die Möglichkeit eingeräumt, die Entscheidungsfrist insgesamt um 15 Monate zu verlängern, wenn sich in tatsächlicher und/oder rechtlicher Hinsicht komplexe Fragen ergeben oder eine große Anzahl von Drittstaatsangehörigen gleichzeitig Schutz beantragt, sodass es in der Praxis sehr schwierig ist, das Verfahren innerhalb von sechs Monaten abzuschließen (Art. 31 Abs. 3 Buchst. a) und b) RL 2013/32/EU). Damit können gegen das Verfahren nach § 11a unionsrechtliche Bedenken nicht geltend gemacht werden.

B. Voraussetzungen der Aussetzungsanordnung nach Satz 1

4 Voraussetzung der Aussetzungsanordnung ist, dass die Beurteilung der asyl- und abschiebungsrelevanten Lage zu bestimmten Herkunftsländern *besonderer Aufklärung* bedarf. Gerechtfertigt ist damit die Aussetzung immer nur im Blick auf ein bestimmtes Herkunftsland, nicht jedoch hinsichtlich bestimmter Flüchtlingsgruppen in einem Herkunftsland oder einer Region, einer bestimmte Region innerhalb eines

Herkunftslandes oder gar einer ganzen Region und damit mehrere Herkunftsländer (*Funke-Kaiser,* in: GK-AsylG II, § 10 Rn. 5; *Bergmann,* in: Bergmann/Dienelt, AuslR, 11. Aufl. 2016, § 11 AsylG Rn. 6 ff.; *Wolff,* in: Hofmann/Hoffmann, AuslR. Handkommentar, § 11a AsylG Rn. 4). § 11a eröffnet der anordnenden Behörde einen extrem weiten Beurteilungs- und Entscheidungsspielraum. Jedes Herkunftsland ist von einer Situation geprägt, die vor der Entscheidung im konkreten Einzelfall einer besonderen Aufklärung bedarf. Um die gesetzlichen Voraussetzungen einer inhaltlich bestimmten Konkretisierung zuzuführen, sind daher die Verwaltungspraxis und gesetzliche Begründung heranzuziehen. Die früheren Entscheidungsstopps wurden regelmäßig dann angeordnet, wenn eine plötzliche Umbruchsituation im betreffenden Herkunftsland des Asylsuchenden wegen eines Regimewechsels verbunden mit fortdauernden bürgerkriegsartigen Kämpfen eine hinreichend zuverlässige Beurteilung individueller Verfolgungstatbestände erheblich erschwerte. Es waren also regelmäßig *generelle* Entwicklungen mit das gesamte Staatsgebiet ergreifenden Auswirkungen oder wie im Beispielsfall Kosovo eine abgrenzbare Region innerhalb des Staatsgebiets betreffende Entwicklungen, die Anlass zum Erlass des Entscheidungsstopps gaben. Dementsprechend schränkt die gesetzliche Begründung die Aussetzungsmöglichkeit auf *»temporäre Bürgerkriegssituationen«* ein (BT-Drucks. 14/420, S. 108; BT-Drucks. 14/7387, S. 100). Ein bereits länger andauernder Bürgerkrieg rechtfertigt nicht den Erlass der Aussetzungsanordnung, es sei denn, im Verlaufe eines anhaltenden Bürgerkrieges verändern sich bis dahin bestehende Machtverhältnisse in einer Weise, dass zur zuverlässigen Beurteilung individueller Verfolgungstatbestände die veränderten Verfolgungsstrukturen zunächst der weiteren Aufklärung bedürfen. Das Kosovo war wegen der dortigen geschichtlichen und politischen Entwicklung eine Ausnahme von dem Grundsatz, dass regelmäßig das gesamte Staatsgebiet von einer Umbruchsituation betroffen sein muss (*Bergmann,* in: Bergmann/Dienelt, AuslR, 11. Aufl. 2016, § 11a AsylG Rn. 7).

Zweck der Vorschrift ist es, in den Fällen, in denen sich die bislang relativ zuverlässige 5 Einschätzung der generellen Entwicklung im Herkunftsland nicht mehr aufrechterhalten lässt, vor einer Entscheidung im Einzelfall die tatsächliche Situation im Herkunftsland näher aufzuklären. Es handelt sich damit um Fallgestaltungen, in denen sich das gesamte Staatsgebiet des Herkunftslandes ergreifende eruptionsartige Änderungsprozesse entwickeln, welche den bisherigen tatsächlichen Feststellungen und Prognosen vollständig die Grundlage entziehen, Für eine vorübergehende Zeitphase soll also zunächst die Tatsachenlage untersucht werden, bevor im Einzelfall eine Sachentscheidung getroffen werden kann. Bleibt die Situation instabil und wechselhaft, rechtfertigt dies als solches nicht die Aufrechterhaltung der Aussetzungsanordnung. Vielmehr ist im Einzelfall eine Entscheidung zu treffen. Eine Sachentscheidung ist stets möglich und daher auch zu treffen, wenn die Sache entscheidungsreif ist, mögen sich auch die tatsächlichen Verhältnisse im Übrigen noch nicht stabilisiert haben (BVerwG, EZAR 202 Nr. 6; BVerwG, EZAR 631 Nr. 5). Dementsprechend rechtfertigt § 11a nicht die Aussetzung, um die weitere Entwicklung in einem bestimmten Herkunftsland abzuwarten, sondern nur die besondere, über allgemeine Schwierigkeiten hinausgehende Beurteilung des tatsächlichen asyl- und abschiebungsrelevanten Lage (so wohl auch *Bergmann*, in: Bergmann/Dienelt, AuslR, 11. Aufl., 2016, § 11 AsylG Rn. 6, *Funke-Kaiser*, in: GK-AsylG II, § 10 Rn. 5)

C. Anordnende Behörde (Satz 1)

6 Anordnende Behörde ist das Bundesinnenministerium, das durch Weisungen an das Bundesamt bestimmt, dass im Blick auf ein bestimmtes Herkunftsland vorübergehend keine Sachentscheidungen getroffen werden dürfen. In der Vergangenheit hat regelmäßig das Bundesinnenministerium den Entscheidungsstopp angeordnet. Eine Delegationsmöglichkeit an das Bundesamt oder eine andere geeignete Stelle sieht das Gesetz nicht vor (*Funke-Kaiser*, in: GK-AsylG II, § 11a Rn. 3; *Bergmann*, in: Bergmann/ Dienelt, AuslR, 11. Aufl. 2016, § 11a AsylG Rn. 5; a.A. *Hailbronner*, AuslR B 2 § 11a AsylG Rn. 2). Daher hat stets das Bundesinnenministerium die Aussetzung anzuordnen. Es wird hierzu in aller Regel vorher mit dem Bundesamt sowie dem Auswärtigen Amt die Situation aufklären und erörtern, bevor es die Entscheidung trifft.

D. Rechtscharakter der Aussetzungsanordnung

7 Die Aussetzungsanordnung hat verwaltungsinternen Charakter (*Funke-Kaiser*, in: GK-AsylG II, § 11a Rn. 12), kann also als solche vom Antragsteller mit Rechtsmitteln nicht angegriffen werden. Er kann jedoch beim zuständigen Verwaltungsgericht Verpflichtungsklage in Form der Untätigkeitsklage (§ 75 VwGO) erheben. In der Vergangenheit hat die überwiegende Mehrzahl der Verwaltungsgerichte in einer konkreten länderspezifischen Situation indes ebenso wie das Bundesamt die weitere Entwicklung abgewartet, sodass die erhobene Klage wenig Erfolg versprechend war. Da nunmehr das Gesetz mit der Einschränkung »vorübergehend« eine klare gesetzliche Grundlage geschaffen hat, wird das Bundesamt im Klageverfahren nach Ablauf der Frist von sechs Monaten ohne das Hinzutreten besonderer Umstände kaum noch »einen zureichenden Grund« (vgl. § 75 Satz 1 VwGO) für die Verfahrensverzögerung bezeichnen können (a.A. *Hailbronner*, AuslR B 2 § 11a AsylG Rn. 7). Der Erlass der Aussetzungsanordnung hat zur Folge, dass *»Entscheidungen des Bundesamtes«* nach § 31 bis zu deren Aufhebung ausgesetzt werden. In der Verwaltungspraxis hindert ein Entscheidungsstopp nicht die Aufklärung der individuellen Verfolgungssituation durch persönliche Anhörung des Antragstellers (§ 24 Abs. 1 Satz 2, § 25 Abs. 1). Dementsprechend kann auch die Rechtsanwendungspraxis zu § 11a dahin gehen, dass bei der Aufklärung des Sachverhalts keine gegenüber der normalen Praxis abweichende Übung durchgeführt wird. Vielmehr sind zur Aufklärung des für die spätere Sachentscheidung erforderlichen Sachverhalts auch in Fällen, in denen eine Aussetzungsanordnung getroffen worden ist, die maßgeblichen tatsächlichen Entscheidungsgrundlagen erschöpfend aufzuklären und ist insbesondere der Antragsteller anzuhören. Sobald die Anordnung aufgehoben worden ist, wird unverzüglich die Sachentscheidung getroffen.

E. Dauer der Aussetzungsanordnung

8 Die Aussetzungsanordnung hat lediglich *»vorübergehenden Charakter«* und gilt kraft Gesetzes zunächst für *sechs Monate*. Aus der gesetzlichen Frist kann entnommen

werden, dass nach Ablauf von sechs Monaten grundsätzlich nicht mehr von einem vorübergehenden Charakter der instabilen Situation ausgegangen werden kann. Nicht die destabilisierten und wechselhaften Verhältnisse im Herkunftsland als solche rechtfertigen nach dem Gesetz die Aussetzungsanordnung, sondern deren Aufklärungsbedürftigkeit (Satz 1). Hat das Bundesamt die Situation aufgeklärt und festgestellt, dass diese auf absehbare Zeit von Unsicherheiten, plötzlichen Änderungen und Wechseln in den Machtverhältnissen geprägt ist, ist diese zwar instabil, aber keiner weiteren Aufklärung bedürftig. Sachentscheidungen sind in diesem Fall möglich und deshalb auch zu treffen, mögen sich auch die tatsächlichen Verhältnisse im Übrigen noch nicht stabilisiert haben (BVerwG, EZAR 202 Nr. 6; BVerwG, EZAR 631 Nr. 5; *Marx*, Stellungnahme an den BT-Innenausschuss, BT, 14. WP, Prot. Nr. 83, 83, Sitzung des Innenausschusses am 16.01.2002, Anl. 14/674, S. 65). Da die fehlende Staatlichkeit der Gewährung internationalen Schutzes nicht entgegensteht (§ 3c Nr. 3; Art. 6 Buchst. c) RL 2011/95/EU), führt der fortbestehende Bürgerkrieg nicht zwingend dazu, dass der Asylantrag abgelehnt werden müsste. Vielmehr kommt es auf die objektiven Tatsachen und Gründe an, die ausreisebestimmend waren und im Fall der Rückkehr andauern müssen. Ergibt sich aus ihnen, dass der Antragsteller gute Gründe für eine individuelle Verfolgung aus Gründen der Konvention hat, ist ihm ungeachtet der destabilisierten Situation in seinem Herkunftsland der Flüchtlingsstatus bzw. der subsidiäre Status bei Vorliegen der Voraussetzungen des § 4 Abs. 1 Satz 2 Nr. 3 zu gewähren

F. Verlängerung der Aussetzungsanordnung (Satz 2)

Satz 2 erlaubt die Verlängerung der Aussetzungsanordnung nach Satz 1. Das Gesetz 9 enthält zwar keine einschränkenden Regelungen für die Geltungsdauer der Aussetzungsanordnung, sodass theoretisch die Anordnung unbefristet verlängert werden könnte (vgl. hierzu die Kritik der EKD in ihrer Stellungnahme an den BT-Innenausschuss, BT, 14. WP, Prot. Nr. 83, 83, Sitzung des Innenausschusses am 16.01.2002, Anl. 14/674 I, S. 21). Dies wird in der Literatur offensichtlich für zulässig gehalten (*Funke-Kaiser,* in: GK-AsylG II, § 11a Rn. 11; *Wolff,* in: Hofmann/Hoffmann, AuslR. Handkommentar, § 11a AsylG Rn. 6). Satz 1 enthält jedoch für die Verlängerungsmöglichkeit nach Satz 2 ein materielles Korrektiv. Da die Aussetzung der Entscheidungspraxis nur vorübergehend möglich ist, hat die Verlängerungsentscheidung auf den hierin zum Ausdruck kommenden gesetzgeberischen Willen Rücksicht zu nehmen. Nur in ganz besonders gelagerten Ausnahmefällen mag auch nach Ablauf von sechs Monaten noch weiterer Aufklärungsbedarf bestehen. Maßgebend ist jedoch nicht die über sechs Monate hinausreichende instabile und wechselhafte Situation in dem betreffenden Herkunftsland, sondern die Tatsache, dass innerhalb dieser Frist deren zureichende Sachaufklärung nicht möglich war. Dieser Einwand bedarf jedoch einer nach strengen Kriterien zu beurteilenden Darlegung. Durch die Änderungsrichtlinie zum Asylverfahren ist nunmehr bestimmt worden, dass die Frist von insgesamt 15 Monaten ausnahmsweise um höchstens drei Monate verlängert werden darf (Art. 31 Abs. 3 4 RL 2013/32/EU).

Abschnitt 4 Asylverfahren

Unterabschnitt 1 Allgemeine Verfahrensvorschriften

§ 12 Handlungsfähigkeit

(1) Fähig zur Vornahme von Verfahrenshandlungen nach diesem Gesetz ist ein volljähriger Ausländer, sofern er nicht nach Maßgabe des Bürgerlichen Gesetzbuches geschäftsunfähig oder in dieser Angelegenheit zu betreuen und einem Einwilligungsvorbehalt zu unterstellen wäre.

(2) [1]Bei der Anwendung dieses Gesetzes sind die Vorschriften des Bürgerlichen Gesetzbuches dafür maßgebend, ob ein Ausländer als minderjährig oder volljährig anzusehen ist. [2]Die Geschäftsfähigkeit und die sonstige rechtliche Handlungsfähigkeit eines nach dem Recht seines Heimatstaates volljährigen Ausländers bleiben davon unberührt.

(3) Im Asylverfahren ist vorbehaltlich einer abweichenden Entscheidung des Familiengerichts jeder Elternteil zur Vertretung eines minderjährigen Kindes, wenn sich der andere Elternteil nicht im Bundesgebiet aufhält oder sein Aufenthaltsort im Bundesgebiet unbekannt ist.

Übersicht

A. Funktion der Vorschrift

1 Die Vorschrift regelt die Handlungsfähigkeit im Verwaltungs- und Verwaltungsstreitverfahren. Abs. 3 wurde 1993 eingeführt und soll die Vertretungsbefugnis der Eltern nicht handlungsfähiger Minderjähriger erleichtern. Klarstellend regeln § 12 Abs. 1 Nr. 2 VwVfG und § 11 Abs. 1 Nr. 2 SGB X dass Ausländer im Verwaltungsverfahren handlungsfähig sind, soweit sie nach deutschem Recht für den Gegenstand des Verfahrens durch Vorschriften des bürgerlichen Gesetzes als geschäftsfähig oder nach Vorschriften des öffentlichen Rechts als handlungsfähig anerkannt sind

oder bei Anwendung ihres Heimatrechtes prozessfähig wären. Die Handlungsfähigkeit nach Abs. 1 wird dadurch nicht auf andere Verfahren erweitert. So ist die Handlungsfähigkeit nach Abs. 1 z.B. nicht für sozialhilferechtliche Verfahren etwa nach dem AsylbLG maßgebend (OVG Hamburg, InfAuslR 2011, 256, 257, zum Anspruch des Minderjährigen auf vorläufige Unterbringung in einer Jugendhilfeeinrichtung; *Hailbronner*, AuslR B 2 § 12 AsylVfG Rn. 4; s. hierzu Rdn. 26 ff.). Durch das Asylbeschleunigungsgesetz 2015 wurde die Vorschrift, die bis dahin die Handlungsfähigkeit für Antragsteller, die das 16. Lebensjahr vollendet hatten, festgelegt hatte, geändert. An der früheren Regelung war insbesondere im Blick auf die KRK erhebliche Kritik geäußert worden. Dieser ist der Gesetzgeber gefolgt. Nunmehr beginnt die Handlungsfähigkeit für die Verfahren nach dem AsylG, aber auch nach § 80 Abs. 1 AufenthG für aufenthaltsrechtliche Verfahren erst mit der Vollendung des 18. Lebensjahres. Für alle unbegleiteten Minderjährigen sind deshalb unabhängig von ihrem Alter von Amts wegen die erforderlichen Maßnahmen zu deren Vertretung einzuleiten (Rdn. 21 ff.). Durch das Gesetz zur Verbesserung der Unterbringung und Betreuung ausländischer Kinder und Jugendlicher vom 26. Oktober 2015 wurden Regelungen zur Unterbringung und Alterseinschätzung neu geregelt.

Die Verfahrensrichtlinie geht zwar im Ansatzpunkt davon aus, dass nur jeder geschäftsfähige Erwachsene das Recht hat, im eigenen Namen einen Asylantrag zu stellen (Art. 7 Abs. 1 RL 2013/32/EU), sodass im Grundsatz die Handlungsfähigkeit die Vollendung des 18. Lebensjahres voraussetzt. Art. 7 Abs. 5 RL 2013/32/EU stellt den Mitgliedstaaten jedoch in Form einer Ermessensklausel frei, die Fälle festzulegen, in denen ein Minderjähriger einen Antrag im eigenen Namen stellen kann. Für die frühere Regelung des § 12 konnte sich der Gesetzgeber als auf Unionsrecht berufen. 2

Die spezifischen Vorschriften des § 12 zur Handlungsfähigkeit finden Anwendung auf die »Vornahme von Verfahrenshandlungen« nach dem AsylG (Abs. 1), also verfahrensrechtliche Handlungen, die ihre Grundlage im AsylG haben. Das betrifft nicht nur Verfahren, die beim Bundesamt durchgeführt werden, sondern insbesondere auch Maßnahmen der Ausländerbehörden, Aufnahmeeinrichtungen und Bundespolizei, soweit sie ihre Rechtsgrundlage im AsylG finden. Verfahrenshandlungen sind alle Handlungen, die ein Verfahren einleiten, fördern oder beenden. Keine Handlungsfähigkeit setzen bloße Akte oder Willenserklärungen voraus, die keine rechtliche Erheblichkeit im Sinne einer gesetzlichen Obliegenheit oder Erfüllung von Mitwirkungspflichten aufweisen (*Hailbronner*, AuslR B 2 § 12 AsylVfG Rn. 6). Zwar ist im bloßen Asylersuchen (§ 13 Abs. 3 Satz 1, § 18 Abs. 1 Satz 1, § 19 Abs. 1 Satz 1) noch keine rechtserhebliche Willenserklärung zu sehen (*Hailbronner*, AuslR B 2 § 12 AsylVfG Rn. 6; *Funke-Kaiser*, in: GK-AsylG II, § 12 Rn. 12). Die Behörden haben aber unabhängig von der Verfahrensfähigkeit Abschiebungshindernisse von Amts wegen zu berücksichtigen und dem Asylsuchenden tatsächlich zu ermöglichen, förmlich den Asylantrag zustellen (Art. 6 Abs. 2 RL 2013/32/EU). 3

B. Inhalt und Reichweite der Handlungsfähigkeit (Abs. 1 und 2)

I. Funktion der Handlungsfähigkeit

4 Die Handlungsfähigkeit im Verfahren knüpft allgemein an die Geschäftsfähigkeit nach bürgerlichem Recht an. Die Geschäftsfähigkeit von Ausländern richtet sich nach deren Heimatrecht (Art. 7 Abs. 1 Satz 1 EGBGB). Für das Verfahren im Inland gilt nach allgemeinen Grundsätzen und klarstellend auch nach Abs. 2 das deutsche Recht (*lex fori*). Vorschriften des Heimatrechtes bleiben davon unberührt (Abs. 2 Satz 2). Der Begriff der Handlungsfähigkeit bezeichnet die rechtliche Fähigkeit eines Verfahrensbeteiligten, am asylrechtlichen Verwaltungs- und Verwaltungsstreitverfahren selbst oder durch einen Bevollmächtigten teilnehmen zu können. Der Begriff der Handlungsfähigkeit nach Abs. 1 ist ein partieller. Die Sondervorschriften gelten danach nur für Verfahrenshandlungen nach dem AsylG. Für Verfahrenshandlungen nach dem AuslG gilt z.B. eine eigenständige Vorschrift (§ 80 Abs. 1 AufenthG). Angesichts der formalen Strenge des Prozessrechts sowie der einschränkenden Auslegung des Begriffs der Handlungsfähigkeit durch das BVerwG (DÖV 1982, 452) ist § 12 keiner erweiternden Auslegung zugänglich. Die Handlungsfähigkeit umfasst z.B. die Fähigkeit, rechtswirksam einen Asylantrag zu stellen und die dazu erforderlichen Erklärungen abzugeben, einen Bevollmächtigten zu bestellen oder einen Dolmetscher zu beauftragen, Klage zu erheben sowie Rechtsbehelfe durch Beauftragung eines Prozessbevollmächtigten (§ 67 Abs. 1 Satz 1 VwGO) einzulegen.

5 Die nach § 62 Abs. 1 Nr. 2 VwGO notwendige Prozessfähigkeit wird durch Abs. 1 begründet. Neben der *aktiven* wird auch die *passive Handlungsfähigkeit* umfasst. Dies betrifft insbesondere die Empfangsbefugnis, also die Fähigkeit zur Entgegennahme behördlicher oder gerichtlicher Schreiben. Nach Abs. 1 beginnt die Handlungsfähigkeit für das Asylverfahren mit Vollendung des 18. Lebensjahres, sofern nicht die Voraussetzungen des § 104 Nr. 2 BGB erfüllt sind oder der Antragsteller einer Betreuung mit einem Betreuungsvorbehalt zu unterstellen wäre (§ 1896, § 1903 BGB). Dies folgt aus dem Ausnahmevorbehalt des Abs. 1 Halbs. 2. Im Allgemeinen kann die Behörde aber von der Handlungsfähigkeit ausgehen. Erst wenn insoweit konkrete Anhaltspunkte Zweifel aufwerfen, ist eine Überprüfung angezeigt. Bis zum Abschluss der Prüfung ist von der Handlungsfähigkeit auszugehen (*Hailbronner,* AuslR B 2 § 12 AsylVfG Rn. 11; *Funke-Kaiser,* in: GK-AsylG II, § 12 Rn. 29).

6 Nach dem im Bundesgebiet anwendbaren Recht tritt die Volljährigkeit mit dem 18. Lebensjahr ein (§ 2 BGB). Danach sind im Bundesgebiet alle unter 18 Jahre alten Personen als Kind zu behandeln und finden auf diese die Schutzbestimmungen der KRK, soweit sie unmittelbar anwendbar sind, Anwendung (BVerwG, NVwZ 2013, 947). Da die Konvention mit Ausnahme des Vorbehalts anderweitiger genereller nationaler Sonderregelungen keine weiteren Ausnahmen zulässt, sind alle unter 18 Jahre alten Personen als Kind und damit als nicht handlungsfähig zu behandeln (AG Gießen, InfAuslR 2010, 457; *Löhr,* ZAR 2010, 378, 379; *Heinhold,* Asylmagazin, 2013, 62, 65). Das BVerwG hat diese Frage offengelassen (BVerwGE 145, 172, 180 = NVwZ 2013, 947, 948 = InfAuslR 2014, 137 = EZAR NF 95 Nr. 29; BVerwGE 147, 8, 18 Rn. 22; s. aber BVerwGE 145, 153). Rechtsprechung und Literatur

bestritten früher eine unmittelbare Anwendbarkeit der Konvention mit der Begründung, dass die einschlägigen Bestimmungen nach ihrem Wortlaut und Zweck nicht wie eine innerstaatliche Norm anwendungsfähig sei (Nieders. OVG, InfAuslR 2013, 19, 21 = NVwZ-RR 2013, 165 [LS], OVG NW, EZAR NF 95 Nr. 22; *Bergmann*, in: Bergmann/Dienelt, AuslR, 11. Aufl., 2016, § 12 AsylG Rn. 8; *Wolff*, in: Hofmann/ Hoffmann, AuslR. Handkommentar, § 12 AsylVfG Rn. 7; offen gelassen OVG NW, AuAS 2012, 202, 203 = EZAR NF 95 Nr. 22). Dieser Streit hat sich durch Heraufsetzung der Handlungsfähigkeit auf Volljährige erledigt.

Nach Abs. 2 Satz 1 richten sich die Geschäftsunfähigkeit sowie die altersunabhängige 7
Beschränkung der Geschäftsfähigkeit nach §§ 104 ff. BGB. Die abstrakte Regelung des Abs. 1 findet unabhängig von der Einsichtsfähigkeit im individuellen Einzelfall Anwendung. Die Bundesrepublik hat keinen Gebrauch von der Möglichkeit nach Art. 7 Abs. 2 RL 2013/32/EU gemacht, wonach Antragsteller auch für die Personen, die von ihnen abhängig und volljährig sind, den Antrag stellen kann. Gemäß § 26 PStG kann beim zuständigen Standesamt beantragt werden, Geburtsort und -tag festzulegen und in ein Geburtenbuch einzutragen. Häufig tragen die Heimatbehörden lediglich das Geburtsjahr in den Pass ein. Nach § 438 ZPO ist nach freien Ermessen zu entscheiden, ob die Urkunde als echt anzusehen ist (*Hailbronner*, AuslR B 2 § 12 AsylVfG Rn. 15; *Funke-Kaiser*, in: GK-AsylG II, § 12 Rn. 34). In derartigen Fällen gebietet es das in § 12 VwVfG zum Ausdruck kommende gesetzliche Prinzip eines umfassenden Minderjährigenschutzes, von dem innerhalb des bekannten Geburtsjahres spätest möglichen Geburtsdatum auszugehen, also vom 31. Dezember dieses Jahres (BVerwG, DÖV 1985, 407).

II. Prüfung der Handlungsfähigkeit von Amts wegen

Behörden (Bundesamt, Grenz- und Ausländerbehörde etc.) und Gerichte haben die 8
Handlungsfähigkeit in allen Verfahrensstadien von Amts wegen zu prüfen. Diese ist Sachentscheidungsvoraussetzung und daher entsprechend dem Untersuchungsgrundsatz im behördlichen Verfahren von Amts wegen zu prüfen. Verwaltungsakte, die in einem Verfahren ergangen sind, in dem der Beteiligte nicht handlungsfähig war, sind fehlerhaft, können aber nachträglich durch den gesetzlichen Vertreter genehmigt werden (*Funke-Kaiser*, in: GK-AsylG II, § 12 Rn. 37). Eine Ablehnung des Antrags als unzulässig ist auch wegen des Schutzzwecks des Asyl- und Flüchtlingsrechts sowie des gebotenen Minderjährigenschutzes nicht möglich (*Bergmann*, in: Bergmann/Dienelt, AuslR, 11. Aufl., 2016, § 12 AsylG Rn. 8; a.A. *Funke-Kaiser*, in: GK-AsylG II, § 12 Rn. 38). Ein späterer im Zustand der Handlungsfähigkeit gestellter Antrag kann daher kein Folgeantrag sein, sondern ist als (erster) Asylantrag zu behandeln (*Hailbronner*, AuslR B 2 § 12 AsylVfG Rn. 10; *Funke-Kaiser*, in: GK-AsylG II, § 12 Rn. 37). Gegenüber einem Minderjährigen darf die Behörde ohne Einschaltung eines gesetzlichen Vertreters kein Verwaltungsverfahren durchführen, insbesondere darf ihm gegenüber kein belastender Verwaltungsakt erlassen werden (BVerwG, DÖV 1985, 407; BVerwG, InfAuslR 1990, 316, 317; s. aber § 80 Abs. 2 Satz 2 AufenthG; s. aber auch § 58 Abs. 1a AufenthG). Vielmehr ist der Antrag zunächst rechtlich unwirksam (BVerwG, DÖV 1985, 407; s. auch BayObLG,

EZAR 048 Nr. 50). Die Behörde hat von Amts wegen die Vormundschaft oder Pflegschaft einzuleiten. Sie hat aber ungeachtet der fehlenden Handlungsfähigkeit den völkerrechtlichen Abschiebungsschutz zu beachten, da dieser ohnehin unabhängig von der Verfahrensfähigkeit zugunsten des Minderjährigen eingreift. Dies erfordert auch die *staatliche Fürsorgepflicht,* die in derartigen Verfahren eine besondere verfahrensrechtliche Ausprägung entfaltet. Während der Dauer des familiengerichtlichen Verfahrens ist der Minderjährige gegen aufenthaltsbeendende Maßnahmen geschützt. Dies folgt auch aus Art. 24 Abs. 1 RL 2013/33/EU. Danach sind die Mitgliedstaaten verpflichtet, so bald wie möglich für die erforderliche Vertretung von unbegleiteten Minderjährigen Sorge zu tragen. Wird die Handlungsunfähigkeit festgestellt, hat, sofern kein Vormund bestellt worden ist, die Behörde eine Ergänzungspflegschaft einzuleiten (*Hailbronner,* AuslR B 2 § 12 AsylVfG Rn. 12).

9 Die Zustellung an einen Handlungsunfähigen wird auch nicht dadurch wirksam, dass der Minderjährige wie im Regelfall mit seinen gesetzlichen Vertretern zusammenlebt und diese daher erfahrungsgemäß von dem Bescheid Kenntnis erhalten. Die Formenstrenge des Zustellungsrechtes verbietet eine derartige Betrachtungsweise (OVG Hamburg, InfAuslR 1982, 178; VG Frankfurt am Main, NVwZ-Beil. 1995, 60). Vielmehr ist in diesem Fall die Zustellung unwirksam. Diese muss wiederholt und an den gesetzlichen Vertreter gerichtet werden. Allein die Kenntnisnahme des Verwaltungsaktes durch den gesetzlichen Vertreter oder den Betreuer heilt die fehlerhafte Zustellung an den Handlungsunfähigen nicht, weil die Behörde regelmäßig keinen auf den Vertreter zielenden Bekanntgabewillen hat (VGH BW, InfAuslR 2011, 114, 115). Die zustellende Behörde darf den familiengerichtlichen Beschluss über die Bestellung des gesetzlichen Vertreters nicht auf seine inhaltliche Richtigkeit überprüfen oder die sich aus deren Existenz ergebenden Folgen ignorieren (VG Frankfurt am Main, NVwZ-Beil. 1995, 60). Der gerichtliche Beschluss ist auch dann zu beachten, wenn der Antragsteller inzwischen volljährig geworden ist. Zu der Feststellung, dass dem Beschluss keine Wirksamkeit mehr zukommt, ist die zustellende Behörde nicht befugt (VG Frankfurt am Main, NVwZ-Beil. 1995, 60). Auch in diesem Fall kann die Behörde wirksam nur an den gerichtlich bestellten Vertreter zustellen.

10 Der vom Gericht bestellte Vormund oder Pfleger kann durch Genehmigung der bisherigen Verfahrenshandlungen die zunächst unwirksame Antragstellung mit heilender Wirkung ausdrücklich oder konkludent nachholen (BVerwG, DÖV 1985, 407; *Funke-Kaiser,* in: GK-AsylG II, § 12 Rn. 24). Die Genehmigung ist für Verfahrenshandlungen nach dem AsylG auch unmittelbar durch den Antragsteller selbst nach Erreichung der Volljährigkeit zulässig. In der Durchführung des gerichtlichen Verfahrens durch den Betroffenen kann keine konkludente Genehmigung gesehen werden (VGH BW, InfAuslR 2011, 114, 115; a.A. *Hailbronner,* AuslR B 2 § 12 AsylVfG Rn. 30). Die Gegenmeinung verlangt demgegenüber vom handlungsunfähigen Minderjährigen, dass er anstelle der Klageerhebung auf Neubescheidung nachträglich die im Verwaltungsverfahren vorgenommenen Handlungen genehmigt. Ein derartiger prozessualer Zwang ist weder mit dem Prozessrecht noch mit dem Kindeswohl (Art. 25 Abs. 6 RL 2013/32/EU) vereinbar. Genehmigt der Minderjährige die Verfahrenshandlungen nicht, bleibt es bei den rechtlich unwirksamen

Verfahrenshandlungen. Der nach Erreichung der Handlungsfähigkeit gestellte Asylantrag ist als erster und nicht als Folgeantrag zu behandeln. Die Genehmigung wirkt nach § 108 Abs. 1 in Verb. mit § 184 Abs. 1 BGB auf den Zeitpunkt der Antragstellung zurück (BVerwG, DÖV 1985, 40), kann aber auch konkludent (BVerwG, DÖV 1985, 40) etwa dadurch vorgenommen werden, dass von dem Vertreter keine Einwendungen erhoben werden, obwohl ihm die Antragstellung hätte bekannt sein können (OVG Hamburg, DVBl 1982, 218). Die Genehmigung kann auch noch nach Einlegung von Rechtsbehelfen erfolgen. Der Vertreter bringt damit konkludent die nachträgliche Genehmigung des bisherigen Verfahrens zum Ausdruck (so wohl auch BVerwG, DÖV 1985, 407).

III. Probleme der Altersbestimmung

Probleme treten in der Praxis in den Fällen auf, in denen mangels amtlicher Dokumente das Geburtsdatum nicht feststeht. Nach § 42 f Abs. 1 Satz 1 SGB VIII hat das Jugendamt im Rahmen der *vorläufigen Inobhutnahme* (Rdn. 26 f.) die Minderjährigkeit durch Einsichtnahme in die Ausweisdokumente des Betroffenen festzustellen oder hilfsweise mittels einer qualifizierten Inaugenscheinnahme einzuschätzen und festzustellen. Wurde bereits durch die Ausländerbehörde das Alter bestimmt, wird hierdurch das für die Altersbestimmung örtlich zuständige Jugendamt nicht gebunden (VG Augsburg, InfAuslR 2015, 467, 469). Auf Antrag des Betroffenen oder seines Vertreters oder von Amts wegen hat es in Zweifelsfällen eine ärztliche Untersuchung zur Altersbestimmung zu veranlassen. Damit ist die frühere entgegenstehende Rechtsprechung, wonach bei Zweifeln an den Angaben über das vorgebrachte Alter allein der äußere Anschein wesentliches Erkenntnismittel sein kann (OVG Berlin, NVwZ-Beil. 1998, 91; VG Gelsenkirchen, InfAuslR 2014, 122, 123 = AuAS 2014, 22; *Hailbronner*, AuslR B 2 § 12 AsylVfG Rn. 13; a.A. VG Magdeburg, InfAuslR 2014, 121, 122; VG Augsburg, InfAuslR 2015, 467, 469; VG Berlin, AuAS 2016, 117, 118; offen gelassen *Wolff*, in: Hofmann/Hoffmann, AuslR. Handkommentar, § 12 AsylVfG Rn. 18 f.), überholt. Anlass für die Anordnung einer ärztlichen Untersuchung sieht die Rechtsprechung aber erst dann,wenn die Angaben des Betroffenen, vorliegende Dokumente und dergleichen für eine sichere Überzeugungsbildung nicht ausreichen. Widersprüche in seinen Erklärungen und sonstigen Handlungen muss er nachvollziehbar und plausibel ausräumen. (OVG Bremen, AuAS 2015, 6, 10). Auch bei offenkundigen Falschangaben des Betroffenen kann das Alter nach dem äußeren Erscheinungsbild festgesetzt werden (BGH, NVwZ 2015, 840). Bestehen aber nicht auflösbare Zweifel, ist eine ärztliche Untersuchung zu veranlassen (VG Berlin, AuAS 2016, 117, 118). Gegebenenfalls kann der Betroffene einen entsprechenden Antrag stellen. Die Eintragung eines von der Behörde frei festgelegten Alters ist ein unzulässiger Eingriff in das Persönlichkeitsrecht (VG Freiburg, InfAuslR 2004, 462, 463; VG Freiburg, AuAS 2005, 76, 77). Jedenfalls im Eilrechtsschutzverfahren ist bis zum Beweis des wissenschaftlich haltbaren Gegenteils von den Angaben des Minderjährigen über sein Alter auszugehen (VG Magdeburg, InfAuslR 2014, 121, 122). In Anbetracht der gerade bei Jugendlichen häufig sehr unterschiedlichen äußeren Altersentwicklung, die zusätzlich durch die Herkunft aus anderen kulturellen Regionen verstärkt werden 11 kann, ist die äußere Einschätzung des Alters eines jungen Menschen das unsicherste Erkenntnismittel überhaupt. Ob in freier Beweiswürdigung von der Volljährigkeit ausgegangen werden kann, wenn der Betroffene sich etwa in einem anderen Mitgliedstaat als volljährig ausgegeben hat und vorträgt, dass ihm geraten worden sei, stets anzugeben, erst 17 Jahre alt zu sein (so BGH, Beschl. v. 29.09.2010 – V ZB 233/10), dürfte nach § 42f Abs. 1 Satz 1 SGB VIII nicht mehr zulässig sein. Unterlässt die Behörde die gebotene Untersuchung, bestehen also die Zweifel fort, gilt der Antragsteller als minderjährig (Art. 25 Abs. 5 UAbs. 1 RL 2013/32/EU).

12 Ist eine ärztliche Untersuchung durchzuführen, ist der Betroffene durch das Jugendamt umfassend über die Untersuchungsmethode und die möglichen Folgen der Altersbestimmung aufzuklären. Wird die Untersuchung von Amts wegen durchgeführt, ist der Betroffene zusätzlich über die Folgen einer Weigerung, sich der ärztlichen Untersuchung zu unterziehen, aufzuklären. Die Untersuchung selbst darf nur mit Einwilligung des Betroffenen und seines Vertreters durchgeführt werden (§ 42f Abs. 2 Satz 2 und 3 SGB VIII). Zulässige Maßnahmen sind die Aufnahme von Lichtbildern und Fingerabdrücken sowie die Vornahme von Messungen und ähnlichen Maßnahmen, einschließlich körperlicher Eingriffe, die von einem Arzt nach den Regeln der ärztlichen Kunst zum Zwecke der Feststellung des Alters vorgenommen werden, wenn kein Nachteil für die Gesundheit des Belasteten zu befürchten ist (§ 49 Abs. 6 Satz 1, Abs. 8 Satz 1 AufenthG). Das Gesetz erlegt die Verantwortung für die Feststellung des Alters damit dem Facharzt auf. Die Behörde hat lediglich die entsprechende Untersuchung zu veranlassen. Die Frage, welche geeigneten wissenschaftlichen Methoden zur Altersbestimmung in Betracht kommen, entscheidet nicht die Behörde, sondern der Facharzt (so bereits OVG NW, NVwZ-RR 2006, 574, 576). Die Landesarbeitsgemeinschaft der Landesjugendämter hat entsprechende Standards (www.bagljae.de/empfehlungen [zuletzt abgerufen am 23.02.2016]) entwickelt. *Genitaluntersuchungen* sind unzulässig (*Espenhorst/Schwarz*, Asylmagazin 2015, 408, 410). Der *Handwurzeltest* ist unzulässig, weil er weder ausreichend noch geeignet ist, sichere Erkenntnisse über das Lebensalter zu liefern (LG Braunschweig, Beschl. v. 06.08.2009 – 3 T 1065/08, 3 T 464/09; AG Göttingen, Beschl. v. 03.11.2011 – 46 F 417/11 SO). Der 113. Deutsche Ärztetag hat sich 2010 aus diesem Grund gegen diese Methode ausgesprochen. Gegen diese werden auch verfassungsrechtliche Bedenken geltend gemacht (*Göbel-Zimmermann*, InfAuslR 1995, 166, 171 f.; *Menzel*, ZAR 1996, 22, 24). Auch ist ohne Einverständnis des Betroffenen das Fertigen von *Röntgenbildern* der Handwurzel und anderer Körperteile unzulässig (OLG München, Beschl. v. 25.05.2011 – 12 UF 951/11, mit Bezugnahme auf OLG Hamm, Beschl. v. 13.03.2006 – 4 UF 35/06; OLG Köln, FamRB 2013, 139, 140).

13 Unabdingbar ist danach zunächst eine persönliche Anhörung des Antragstellers zu seinem Alter durch die Behörde, die das Alter festlegen will. Das sind die zuständigen Jugendämter. Das Bundesamt übernimmt regelmäßig deren festgesetzten Altersdaten. In der persönlichen Anhörung beim Jugendamt sind dem Antragsteller die Einwände gegen die Glaubhaftigkeit seiner Altersangaben vorzuhalten, damit er sich hierzu sachbezogen äußern kann. Zu der Anhörung ist ein geeigneter Dolmetscher zuzuziehen (Art. 25 Abs. 5 Buchst. a) RL 2013/32/EU). Lassen sich die Zweifel in der Anhörung

nicht aufklären, ist von Amts wegen eine Untersuchung durch einen Facharzt einzuleiten. Der Betroffene ist vorher zu befragen, ob er mit der Fertigung von Röntgenbildern und anderen körperlichen Eingriffen zu Untersuchungszwecken einverstanden ist. Verletzt das Jugendamt diese Pflichten, hat das Bundesamt im Rahmen der persönlichen Anhörung die Untersuchung nachzuholen. Die Altersbestimmung, die auf fehlerhaften Angaben beruht, darf nicht zu verfahrensrechtlichen Zwecken zugrunde gelegt werden. Abschließend sind im Wege einer zusammenfassenden Begutachtung die Ergebnisse einer körperlichen Untersuchung, gegebenenfalls auch einer Röntengenuntersuchung, soweit sie zulässig ist, sowie einer zahnärztlichen Untersuchung zu einer abschließenden Altersdiagnose zusammenzuführen (VG Augsburg, InfAuslR 2015, 467, 469).

Zwar lässt § 49 Abs. 6 AufenthG körperliche Untersuchungen auch ohne Einwilligung des Betroffenen zu. § 42f Abs. 2 Satz 3 letzter Halbsatz SGB VIII fordert jedoch die Einwilligung des Betroffenen und seines Vertreters und ist *lex spezialis*. Auch die Rechtsprechung verlangt die Zustimmung etwa bei der Fertigung von Röntgenbildern (OLG München, Beschl. v. 25.05.2011 – 12 UF 951/11; OLG Köln, FamRB 2013, 139, 140; a.A. *Funke-Kaiser*, in: GK-AsylG II, § 12 Rn. 31). Diese Rechtsprechung wird durch Unionsrecht bekräftigt. Nach Art. 25 Abs. 5 UAbs. 3 Buchst. b) RL 2013/32/EU haben die Behörden sicherzustellen, dass unbegleitete Minderjährige und/oder deren Vertreter einer ärztlichen Untersuchung zur Altersbestimmung zustimmen. Verweigert der Betroffene die Zustimmung, hat die Untersuchung zu unterbleiben. Die ärztliche Untersuchung wird unter uneingeschränkter Achtung der Würde der Person und mit den schonendsten Methoden von qualifizierten medizinischen Fachkräften durchgeführt (Art. 25 Abs. 5 UAbs. 2 RL 2013/32/EU). Zwar hat die Bundesrepublik diese Bestimmung weder in § 12 noch in § 42f SGB VIII umgesetzt. Die unionsrechtlichen Vorgaben können jedoch auch durch verwaltungsinterne Anweisungen zur Auslegung der gesetzlichen Verfahrensbestimmungen zur persönlichen Anhörung umgesetzt werden. Jedenfalls sind sie vom Bundesamt zwingend zu beachten und führt ihre fehlende Berücksichtigung zu Verfahrensfehlern. Seit Ablauf der Umsetzungsfrist am 21.07.2015 gebietet der Grundsatz der richtlinienkonformen Auslegung des § 12, dass die Untersuchung zur Altersbestimmung zu unterbleiben hat, wenn die Zustimmung verweigert wird. Die Ablehnung des Asylantrags darf nicht ausschließlich auf die fehlende Zustimmung zur ärztlichen Untersuchung gestützt werden (Art. 25 Abs. 5 UAbs. 3 Buchst. c) RL 2013/32/EU). Andererseits ist das Bundesamt nicht gehindert, über den Asylantrag zu entscheiden, wenn die Zustimmung zur ärztlichen Untersuchung zwecks Altersbestimmung verweigert wird (Art. 25 Abs. 5 UAbs. 4 RL 2013/32/EU). Vielmehr ist die Sachentscheidung vorrangig unter Beachtung des Kindeswohls zu treffen (Art. 25 Abs. 6 RL 2013/32/EU). 14

C. Vertretung des Handlungsunfähigen (Abs. 3)

Handlungsunfähig nach dem Gesetz sind alle minderjährigen Antragsteller und altersunabhängig solche Personen, die im Fall der Volljährigkeit in asylverfahrensrechtlichen Angelegenheit zu betreuen und einem Einwilligungsvorbehalt zu unterstellen 15 wären. Sie bedürfen der Vertretung durch ihren gesetzlichen Vertreter, d.h. durch die Eltern, Betreuer oder Pfleger. Da diese Personen verfolgt sein können und deshalb des asylrechtlichen Schutzes bedürfen, ist zur Vornahme wirksamer Verfahrenshandlungen der gesetzliche Vertreter berufen. Nach Abs. 3 ist vorbehaltlich einer abweichenden gerichtlichen Entscheidung jeder Elternteil zur Vertretung eines minderjährigen Kindes befugt, wenn sich der andere Elternteil nicht im Bundesgebiet aufhält oder sein Aufenthaltsort im Bundesgebiet unbekannt ist. Damit wird die gesetzliche Regel der gemeinschaftlichen Vertretung der Eltern (§ 1629 Abs. 1 BGB) im Hinblick auf die Besonderheiten des Asylverfahrens modifiziert. Das Gesetz verlangt nicht, dass die Eltern miteinander verheiratet sind oder dass dem allein im Bundesgebiet lebenden Elternteil die Personensorge übertragen wurde. Allerdings darf das Familiengericht keine abweichende Entscheidung getroffen haben (BT-Drucks. 12/4450, S. 17). Der Sinn der Vorschrift ist eher darin zu sehen, dass im Fall der Anwesenheit eines Elternteils im Bundesgebiet die wirksame Asylantragstellung nicht von einer langwierigen und komplizierten Prüfung der möglicherweise schwierigen Vertretungsregelungen des Heimatrechtes abhängig gemacht werden soll. Auch reichen nach der Vorschrift die äußeren Umstände aus, um die Vertretungsbefugnis des anwesenden Elternteiles unterstellen zu können (BT-Drucks. 12/4450, S. 17). Die Vorlage von Dokumenten, die eine derartige Befugnis belegen, ist daher im Sinne eines effektiven Minderjährigenschutzes nicht gefordert.

16 Im Verwaltungsstreitverfahren ist der Verfahrensbevollmächtigte jedenfalls dann zur Einlegung von Rechtsmitteln befugt, wenn ihm von dem hier lebenden Elternteil Vollmacht erteilt wurde (Abs. 3). Bevollmächtigt der Minderjährige einen Rechtsanwalt, kommt ein Dienstvertrag unabhängig von den Rechtswirkungen des § 12 nicht zustande (AG Münster, NVwZ 1994, 728). Haben beide Elternteile ihren gewöhnlichen Aufenthaltsort nicht im Bundesgebiet, ist durch das Bundesamt in entsprechender Anwendung des § 16 VwVfG eine Pflegerbestellung zu veranlassen (*Funke-Kaiser*, in: GK-AsylG II, § 12 Rn. 3), wenn nicht bereits das Jugendamt die nach § 42 SGB VIII erforderlichen Maßnahmen eingeleitet hat. Es handelt sich dabei um eine Ergänzungspflegschaft nach § 1909 BGB mit dem Wirkungskreis einer Vertretung in allen ausländerrechtlichen und Angelegenheiten nach dem AsylG. Der Grundsatz der Verhältnismäßigkeit gebietet insbesondere, nahe Verwandte, die zur Verantwortungsübernahme geeignet sind, als Vormünder oder Ergänzungspfleger in Betracht zu ziehen (BVerfGE 136, 382, 386 f. Rn. 16). Die derart eingeschränkte Pflegerbestellung endet mit der Vollendung des 18. Lebensjahres, weil es wegen der kraft Gesetzes eintretenden Handlungsfähigkeit nach Abs. 1 in diesen Angelegenheiten der Ergänzungspflegschaft nicht mehr bedarf (§ 1918 BGB).

17 Wird für die vom Handlungsunfähigen angesprochene Behörde deutlich, dass dieser Schutz vor Verfolgung sucht, hat sie die notwendigen Maßnahmen zu veranlassen und insbesondere das Jugendamt zwecks Bestellung der Ergänzungspflegschaft einzuschalten. Die Handlungsfähigkeit nach Abs. 1 betrifft nur verfahrensbezogene Handlungen. Ein Realakt wie das Asylersuchen kann daher auch von einem Handlungsunfähigen vorgenommen werden (*Hailbronner*, AuslR, B 2, § 12 AsylVfG Rn. 6) und ist aus verfassungs- und völkerrechtlichen Gründen von den zuständigen Behörden ohnehin

zu beachten. Regelmäßig wird nach den Erfahrungen in der Verwaltungspraxis der Handlungsunfähige durch Dritte begleitet, die deutliche Hinweise auf dessen Schutzbedürftigkeit geben. In diesem Fall sind die notwendigen Maßnahmen von Amts wegen einzuleiten, insbesondere ist der Zugang zum Asylverfahren zu eröffnen. Dies gilt in Besonderheit für die allgemeine Polizeibehörde, die Grenzbehörde und die allgemeine Ausländerbehörde.

D. Eingeschränkte asylrechtliche Darlegungslast

Die Angaben minderjähriger Asylsuchender sind im Asylverfahren nur eingeschränkt 18
verwertbar. Das Bundesamt trifft *besonders strenge Amtsermittlungspflichten.* Häufig hat der Minderjährige keine präzisen Informationen über die für seine Ausreise maßgebenden tatsächlichen Umstände, da regelmäßig die Eltern oder die Betreuungspersonen die Ausreiseentscheidung für diesen getroffen haben. Das Bundesamt hat aus diesen Gründen den Sachverhalt nach Möglichkeit von Amts wegen aufzuklären. Dies folgt auch aus Art. 9 Abs. 2 Buchst. f) RL 2011/95/EU (§ 3a Rdn. 48 ff.), wonach Handlungen, die gegen Kinder gerichtet sind, als Verfolgung gelten. Darüber hinaus hat das Bundesamt die persönlichen und allgemeinen Umstände des Antrags einschließlich der kulturellen Herkunft sowie der Verletzlichkeit des Antragstellers zu berücksichtigen (Art. 15 Abs. 3 Buchst. a) RL (2013/32/EU). Nach Art. 25 Abs. 3 RL 2013/32/EU ist sicherzustellen, dass die persönliche Anhörung wie auch die Entscheidung durch eine Person durchgeführt wird, die mit den besonderen Bedürfnissen Minderjähriger vertraut ist. Um den Minderjährigen nicht mehr als erforderlich zu verunsichern, werden diesem vor der Ausreise in aller Regel keine Informationen darüber mitgeteilt, warum er nach Meinung seiner Betreuungspersonen ausreisen musste. Die Behörden ergreifen deshalb so bald wie möglich Maßnahmen, um sicherzustellen, dass ein Vertreter den unbegleiteten Minderjährigen vertritt und unterstützt. Dieser hat seine Aufgaben im Interesse des Kindeswohls wahrzunehmen und die hierfür erforderlichen Fachkenntnisse nachzuweisen. Der Vertreter ist auszuwechseln, wenn dies erforderlich ist. Im Interesse des Kindeswohls hat die Auswechselung aber zu unterbleiben, wenn der Vertreter seine Aufgaben im Sinne von Art. 23 Abs. 2 RL 2013/33/EU beanstandungsfrei erfüllt (Art. 25 Abs. 1 Buchst. a) RL 2013/32/EU). Organisationen oder Personen, deren Interessen mit dem unbegleiteten Minderjährigen in Konflikt stehen, kommen nicht als Vertreter infrage (Art. 25 Abs. 1 UAbs. 1 Buchst. a) RL 2013/32/EU). Sie sind wegen der Pflicht, von Amts wegen alle zumutbaren Möglichkeiten der Aufklärung auszuschöpfen, aufgrund ihrer Nähe zum Minderjährigen aber durchaus als Auskunftspersonen bei der Ermittlung der Asylgründe heranzuziehen.

Wird der Minderjährige aller Wahrscheinlichkeit nach vor der behördlichen Sachent- 19
scheidung volljährig, kann von der Bestellung des Vertreters abgesehen werden (Art. 25 Abs. 2 RL 2013/32/EU). Dabei sind aber kurzfristige Entscheidungsfristen maßgebend (Art. 31 Abs. 2 RL 2013/32/EU). Keinesfalls darf im Interesse des Kindeswohls die Sechsmonatsfrist oder gar die Frist von 15 Monaten des Art. 31 Abs. 3 RL 2013/32/EU zugrunde gelegt werden. Ferner hat das Bundesamt sicherzustellen, dass der Vertreter Gelegenheit erhält, den unbegleiteten Minderjährigen über die

Bedeutung und die möglichen Konsequenzen seiner persönlichen Anhörung sowie gegebenenfalls darüber aufzuklären, wie er sich auf seine persönliche Anhörung vorbereiten kann. Das Bundesamt hat auch zu gewährleisten, dass ein Vertreter und/ oder Rechtsanwalt oder ein sonstiger Rechtsbeistand bei der Anhörung anwesend ist und innerhalb des vom Ermittler festgelegten Rahmens Gelegenheit erhält, Fragen zu stellen und Bemerkungen vorzubringen(Art. 25 Abs. 1 Buchst. b) RL 2013/32/EU). Auch wenn der Vertreter an der Anhörung teilnimmt, kann das Bundesamt verlangen, dass der Minderjährige ebenfalls teilnimmt (Art. 25 Abs. 1 UAbs. 2 RL 2013/32/EU). Dies entspricht der nationalen Rechtslage (§ 25 Abs. 1 Satz 1) und Praxis.

20 Der Gesetzgeber hat die besonderen Schutzvorschriften des Art. 25 RL 2013/32/EU nicht in das AsylG eingeführt. Die unionsrechtlichen Vorgaben können jedoch auch durch verwaltungsinterne Anweisungen zur Auslegung der gesetzlichen Verfahrensbestimmungen zur persönlichen Anhörung umgesetzt werden. Jedenfalls sind sie vom Bundesamt zwingend zu beachten und führt ihre fehlende Berücksichtigung zu Verfahrensfehlern. Seit Ablauf der Umsetzungsfrist am 21.07.2015 gebietet der *Grundsatz der richtlinienkonformen Auslegung* der Regelungen in § 12 und §§ 24 ff., dass die unionsrechtlichen Schutzbestimmungen zugunsten Minderjähriger zu beachten sind. Zu den von Amts wegen zu treffenden Maßnahmen gehört auch, dass das Bundesamt hier lebende Kontaktpersonen oder Verwandte, die möglicherweise über mehr Informationen als der junge Antragsteller im Blick auf die Ausreisegründe selbst verfügen, zur persönlichen Anhörung einlädt und diesen befragt (Rdn. 18). Dies folgt bereits aus dem überragenden Schutzgebot des Kindeswohls (Art. 25 Abs. 6 RL 2013/32/EU). Darüber hinaus sind insbesondere auch die allgemeinen Verhältnisse im Herkunftsland des Antragstellers mit zu berücksichtigen. Diese können häufig eine den individuellen Sachvortrag bestätigende Funktion erlangen.

E. Unbegleitete Minderjährige

21 Reisen Kinder und Jugendliche unbegleitet – ohne Eltern oder sonstige geeignete Betreuungspersonen (Art. 2 Buchst. m) RL 2013/32/EU in Verb. mit Art. 2 Buchst. l) RL 2011/95/EU) – ein und wollen einen Asylantrag stellen, hat die angesprochene Behörde das zuständige Jugendamt einzuschalten, das in analoger Anwendung von § 57 ZPO für die Bestellung eines besonderen Vertreters durch das Familiengericht Sorge zu tragen hat. Diese behördliche Verpflichtung folgen auch aus Art. 22 Abs. 1, Art. 24, Art. 25 Abs. 1 RL 2013/32/EU, Art. 23 Abs. 1 RL 2013/33/EU. Danach trifft die Mitgliedstaaten die Pflicht, so bald wie möglich, die erforderliche Vertretung unbegleiteter Minderjähriger sicherzustellen (§ 42 SGB VII). Auch das Haager Minderjährigenschutzabkommen (MSA) vom 05.10.1961, in der Bundesrepublik in Kraft getreten am 17.09.1971, legt diese Verpflichtungen fest. Nach Art. 1 gilt das MSA in der Bundesrepublik *unabhängig vom Gegenseitigkeitsprinzip* für alle Minderjährigen, die hier ihren *gewöhnlichen Aufenthaltsort* haben (zum Begriff BVerwG, EZAR 465 Nr. 1, S. 8; s. auch *Jockenhövel-Schiecke*, ZAR 1987, 171, 173; *Oberloskamp*, Mitt, LJA Nr. 84, S. 33; VG Hannover, Urt. v. 11.04.1997 – 5 A 7174/96; BVerwG, EZAR 465 Nr. 1; s. auch Rdn. 29). Im Fall der beabsichtigten Einreise besteht nach allgemeiner Ansicht noch kein gewöhnlicher Aufenthalt. Im Flughafenverfahren wird daher das

MSA nicht angewandt. Nach § 42 Abs. 1 Satz 1 Nr. 3 SGB VIII ist aber unabhängig vom »gewöhnlichen Aufenthalt« das örtlich zuständige Jugendamt zur Inobhutnahme in einer der in § 42 Abs. 1 Satz 2 SGB VIII bezeichneten Formen verpflichtet, wenn der Minderjährige »nach Deutschland kommt« (§ 42 Abs. 1 Satz 1 Nr. 3 SGB VIII). Besondere Bedeutung haben auch die UNHCR-Richtlinien vom August 1988 über Flüchtlingskinder, Nrn. 13 bis 17 und 130 bis 153 (*UNHCR*, Report on Refugee Children, A/AC.96/731, 31.07.1989, Rn. 35 bis 40). Das Verteilungsverfahren für unbegleitete Minderjährige ist in § 42b SGB VIII geregelt (§ 50 Rdn. 42 ff.)

Nach Art. 2 MSA haben die Behörden von Amts wegen die Maßnahmen zum Schutze minderjähriger Asylsuchender einzuleiten, die nach deutschem Recht für Kinder und Jugendliche vorgesehen sind (OVG NW, NVwZ-RR 2006, 2006). Auch die unionsrechtlichen Vorschriften der Art. 25 Abs. 1 RL 2013/32/EU und Art. 22 Abs. 1, Art. 24 RL 2013/33/EU enthalten gleichlautende Verpflichtungen, sodass der Streit über die Anwendbarkeit des MSA (Rdn. 21) weitgehend an Bedeutung verloren hat. Die wichtigsten Schutzmaßnahmen sind die Einrichtung einer Vormundschaft durch das Familiengericht (§ 1773 BGB), nachdem das Ruhen der elterlichen Sorge festgestellt worden ist (§ 1674 BGB), und die volle Einbeziehung minderjährigen Asylsuchender in die Jugendhilfe. Deren wichtigste Schutzmaßnahme ist die Unterbringung in einer Einrichtung der Jugendhilfe (*Jockenhövel-Schiecke*, ZAR 1987, 171, 173; Rdn. 26 ff.). Entsprechend dem Normzweck von § 16 VwVfG darf die Bestellung von Amts wegen nur zum Schutze des Minderjährigen erfolgen. Wird die Bestellung zwecks Umgehung des Asylverfahren beantragt, um aufenthaltsbeendende Maßnahmen durchführen zu können (vgl. Sachverhalt in VG Stade, InfAuslR 1982, 57; s. hierzu auch BVerfG [Kammer], InfAuslR 1995, 100, 101), ist dies vom Schutzzweck der Norm nicht gedeckt. Dies folgt auch aus § 80 Abs. 4 AufenthG. Danach hat der Vertreter zwar die für die ausländerrechtlichen Erlaubnisse sowie für Reisedokumente und Ausweise erforderlichen Handlungen für den Minderjährigen vorzunehmen. Selbstredend enthält diese Vorschrift aber keine gesetzliche Verpflichtung des Vertreters die für die Abschiebung notwendigen Handlungen vorzunehmen. Im Übrigen ist § 58 Abs. 1a AufenthG zu beachten. 22

F. Ergänzungspflegschaft für alle Minderjährigen (§ 1909 BGB)

In allen Fällen der Handlungsunfähigkeit, in denen Antragsteller ohne gesetzliche Vertreter einreisen und Schutz vor Verfolgung begehren, ist Ergänzungspflegschaft (§ 1909 BGB) mit dem Wirkungskreis zu beantragen, den Asylsuchenden in asylrechtlichen und damit zusammenhängenden ausländerrechtlichen und anderen Verfahren zu vertreten (KG, OLGZ 1978, 159). Ein notwendiges Fürsorgebedürfnis für die gerichtliche Bestellung eines Pflegers kann im Fall Asylsuchender stets unterstellt werden. Umstritten war früher, ob ein Fürsorgebedürfnis auf Bestellung eines Ergänzungspfleger auch für handlungsfähige Minderjährigen besteht (dafür AG Gießen, InfAuslR 2010, 457; *Heinhold*, Asylmagazin, 2013, 62, 65, mit weiteren Hinweisen; dagegen *Funke-Kaiser*, in: GK-AsylG, II, § 12 Rn. 7.1; *Hailbronner*, AuslR B 2 § 12 AsylVfG Rn. 26 f.). Nunmehr wird diese Frage durch § 12 in Übereinstimmung mit 23

Art. 25 Abs. 1 RL 2013/32/EU und Art. 24 Abs. 1 RL 2013/33/EU zugunsten aller Minderjähriger entschieden.

24 Die Rechtsprechung leitet das Recht auf Bestellung einer Ergänzungspflegschaft und damit zugleich auch die fehlende Handlungsfähigkeit für alle Minderjährigen aus Art. 1 und 22 KRK ab. Nach Art. 1 ist Kind jeder Mensch, der das 18. Lebensjahr noch nicht vollendet hat, soweit die Volljährigkeit nach dem auf das Kind anzuwendenden Recht nicht früher eintritt. Nach dem im Bundesgebiet anwendbaren Recht tritt die Volljährigkeit mit dem 18. Lebensjahr ein (§ 2 BGB). Danach sind alle unter 18 Jahre alten Personen im Bundesgebiet als Kind zu behandeln und finden auf diese die Schutzbestimmungen der Konvention, die unmittelbar anwendbar sind, Anwendung. Da die Konvention mit Ausnahme des Vorbehalts anderweitiger genereller nationaler Sonderregelungen keine weiteren Ausnahmen zulässt, sind alle unter 18 Jahre alten Personen als Kind und damit als nicht handlungsfähig zu behandeln (AG Gießen, InfAuslR 2010, 457; *Löhr*, ZAR 2010, 378, 379; *Heinhold*, Asylmagazin, 2013, 62, 65). Die Verneinung der unmittelbaren Anwendbarkeit der Konvention mit der Begründung, die einschlägigen Bestimmungen seien nach ihrem Wortlaut und Zweck nicht wie eine innerstaatliche Norm anwendungsfähig (Nieders. OVG, InfAuslR 2013, 19, 21 = EZAR NF 51 Nr. 33 = NVwZ-RR 2013, 165 [LS]; *Wolff*, in: Hofmann/Hoffmann, AuslR. Handkommentar, § 12 AsylVfG Rn. 7; offen gelassen *Bergmann*, in: Bergmann/Dienelt, AuslR, 11. Aufl., 2016, § 12 AsylG Rn. 8; OVG NW, AuAS 2012, 202, 203 = EZAR NF 95 Nr. 22), überzeugt nicht. Die einzelnen Bestimmungen der Konvention sind unterschiedlich formuliert.

25 Der Antrag auf Anordnung einer Vormundschaft oder Pflegschaft über einen Asylsuchenden ist grundsätzlich davon abhängig, dass der Heimatstaat die Fürsorge nicht übernimmt (Art. 23 EGBGB), sodass das Familiengericht im Allgemeinen die zuständigen Behörden dieses Staates benachrichtigen muss. Eine derartige Benachrichtigung widerspricht jedoch dem Zweck des Asylverfahrens. In diesem Verfahren soll ja gerade der Behauptung, der Heimatstaat missbrauche seine Fürsorgepflicht gegenüber dem Asylsuchenden zu politischen Zwecken bzw. habe sie deshalb entzogen, nachgegangen werden. Mit diesem Zweck des Asylverfahrens wäre es nicht vereinbar, die verfahrensrechtliche Voraussetzung für die Einleitung dieses Verfahrens, nämlich die für die wirksame Vertretung erforderliche Vormundschaft oder Pflegschaft, von der Zustimmung des Staates abhängig zu machen, gegen den sich die Behauptungen richten. Art. 23 EGBGB ist in diesen Fällen daher nicht anwendbar und wird in der Praxis auch nicht angewandt.

G. Unterbringung Minderjähriger Asylsuchender in einer Jugendhilfeeinrichtung

26 Das Jugendamt ist berechtigt und verpflichtet, unbegleitete minderjährige Asylsuchende *vorläufig in Obhut* zu nehmen, sobald dessen unbegleitete Einreise nach Deutschland festgestellt wird (§ 42a Abs. 1 SGB VIII). Sie dürfen also weder in einer Aufnahmeeinrichtung (§ 47 Abs. 1) noch in einer Gemeinschaftsunterkunft (§ 53) noch im Flughafenverfahren in speziellen Einrichtungen der Bundespolizei untergebracht werden. Gegen sie darf daher auch keine Weiterleitungsanordnung,

die zuständige Aufnahmeeinrichtung aufzusuchen, erlassen werden (BayVGH, AuAS 2014, 233, 235; VG Gelsenkirchen, AuAS 2014, 22, 23). Die Vorschriften des SGB VIII werden durch die asylverfahrensrechtlichen Regelungen nicht verdrängt. Dementsprechend wird die Verpflichtung, in einer Aufnahmeeinrichtung zu wohnen, durch die Verpflichtung, in einer Jugendhilfeeinrichtung Wohnung zu nehmen, ersetzt (VG Augsburg, InfAuslR 2015, 467, 468). Es besteht zugleich ein korrespondierender Leistungsanspruch (OVG Hamburg, InfAuslR 2011, 256, 257; VG Leipzig, NVwZ-Beil. 1995, 422; zur Unterbringung minderjähriger Asylsuchender s. auch *Jockenhövel-Schiecke*, ZAR 1987, 171, 173 ff.; *Goebel-Zimmermann*, InfAuslR 1995, 166, 170). Daher besteht nach geltendem Recht für alle Minderjährigen ein Anspruch auf Unterbringung in einer Jugendhilfeeinrichtung. Früher bestand dieser Anspruch nur bei Gefährdung des Kindeswohls (s. hierzu OVG NW, NVwZ-RR 2006, 574, 575). Das Jugendamt prüft im Vorfeld der vorläufigen Inobhutnahme lediglich, ob eine unbegleitete Einreise eines Minderjährigen vorliegt und der Personensorge- oder Erziehungsberechtigte sich nicht im Inland aufhält. Die wirksame Anwendung von § 42a Abs. 1 SGB VIII setzt voraus, dass die zuständigen Jugendämter ihre Primärzuständigkeit für die Erstunterbringung und -versorgung wahrnehmen. Dazu hat das örtlich zuständige Jugendamt (zur Kostenerstattungspflicht des Jugendhilfeträgers, BVerwG, NVwZ-RR 2007, 199) im Rahmen seines Einmischungsauftrags (§ 81 SGB VIII) von den örtlichen Ausländerbehörden, den Aufnahmeeinrichtungen sowie der Bundespolizei Auskunft über die Einreise und den Aufenthalt unbegleitet eingereister Minderjähriger anzufordern.

Umgekehrt trifft diese Behörden eine Verpflichtung, das örtlich zuständige Jugendamt 27
zu informieren, wenn ein unbegleiteter Minderjähriger in ihren Zuständigkeitsbereich gelangt. Erlangt das Jugendamt auf diesem Wege Kenntnis von der Einreise oder dem Aufenthalt eines unbegleitet eingereisten Minderjährigen in seinem örtlichen Zuständigkeitsbereich, hat es das Verfahren zur Prüfung einer vorläufigen Inobhutnahmeverfügung einzuleiten und diese zu verfügen. Ein Ermessen wird ihm hierbei nicht eingeräumt. Vielmehr verpflichtet § 42a Abs. 1 SGB VIII zu entsprechenden Maßnahmen. Ist die Erstunterbringung eines unbegleiteten Kindes oder Jugendlichen bereits in einer Aufnahmeeinrichtung, Gemeinschaftsunterkunft oder am Flughafen von den hierfür bislang zuständigen Behörden angeordnet worden, hat das örtlich zuständige Jugendamt dafür Sorge zu tragen, dass das Kind bzw. der Jugendliche in vorläufige Obhut genommen wird. Das Jugendamt hat in allen Fällen von Minderjährigen beim Familiengericht die Bestellung eines Vormunds oder Pflegers zu veranlassen. Das Jugendamt hat als Vertreter des unbegleiteten Minderjährigen und gleichzeitig als Behörde, die maßgebliche Entscheidungen für das Wohl des Minderjährigen zu bestimmen und durch geeignete organisatorische und personelle Vorkehrungen Interessenkollisionen zu vermeiden. Durch die Vertretungskompetenz wird es nicht zum Personensorgeberechtigten. Vielmehr ist möglichst zeitnah ein Vormund oder Pfleger zu bestellen (*Espenhorst/Schwarz*, Asylmagazin 2015, 408, 409). Gemäß § 36 Abs. 1 Satz 1 SGB I ist auch ein minderjähriger Antragsteller, der das 15. Lebensjahr vollendet hat, in dem Verfahren auf vorläufige Inobhutnahme partiell handlungsfähig (OVG Bremen, AuAS 2016, 7, 8). Der Gesetzgeber hat diese Vorschrift bei

der Anhebung der Handlungsfähigkeit für das Asylverfahren durch das Gesetz zur Verbesserung der Unterbringung, Versorgung und Betreuung ausländischer Kinder und Jugendlicher vom 28. Oktober 2015 nicht geändert. Der Widerspruch gegen diese Maßnahme hat allerdings keine aufschiebende Wirkung (§ 42f Abs. 3 SGB VIII Rdn. 35).

28 Die Maßnahme der vorläufigen Inobhutnahme umfasst die Prüfung, ob das Wohl des Kindes oder Jugendlichen durch die Durchführung des Verteilungsverfahrens (§ 50) gefährdet würde, ob sich eine mit diesem verwandte Person im Inland oder Ausland aufhält, ob das Kindeswohl eine gemeinsame Inobhutnahme mit Geschwistern oder anderen unbegleiteten Minderjährigen erfordert und ob der Gesundheitszustand des Betroffenen die Durchführung des Verteilungsverfahrens innerhalb von 14 Werktagen nach Beginn der vorläufigen Inobhutnahme aussschließt. Zur letzten Frage soll eine ärztliche Stellungnahme eingeholt werden. Auf der Grundlage dieser Prüfung entscheidet das Jugendamt über die Anmeldung des Minderjährigen zur Verteilung oder den Ausschluss der Verteilung (§ 42a Abs. 2 SGB VIII; s. auch § 46 Rdn. 8). Verweigert sich der Minderjährige der Durchführung eines Verteilungsverfahrens und ist beispielsweise aufgrund seines seelischen Zustands zu befürchten, dass eine Verteilung gegen den Willen des Minderjährigen mit hoher Wahrscheinlichkeit zu einer Traumatisierung führen kann, ist von der Durchführung des Verteilungsverfahrens abzusehen (*Espenhorst/Schwarz*, Asylmagazin 2015, 408, 409). Nach Art. 24 Abs. 2 RL 2013/33/EU werden unbegleitete Minderjährige bei erwachsenen Verwandten, in einer Pflegefamilie, in Aufnahmezentren mit speziellen Einrichtungen für Minderjährige oder in anderen für Minderjährige geeigneten Unterkünften untergebracht. Günstigere Bestimmungen in den Mitgliedstaaten und damit § 42 Abs. 1 Satz 2 SGB VIII bleiben unberührt (Art. 4 RL 2013/33/EU). Für die Bundesrepublik Deutschland bleibt es damit bei der geschilderten Rechtslage, dass unbegleitete Minderjährige ausnahmslos nicht in Aufnahmeeinrichtungen untergebracht werden dürfen.

H. Unzulässigkeit der Abschiebung Minderjähriger

29 Nach der Rechtsprechung darf die Behörde keinen Verwaltungsakt gegenüber einem handlungsunfähigen Minderjährigen erlassen und an diesen zustellen (BVerwG, DÖV 1985, 407; Nieders. OVG, NVwZ-Beil. 2002, 65, 66). Die aus Art. 1, 2 Abs. 2, 6 und 20 Abs. 2 GG sowie dem MSA folgenden besonderen staatlichen Schutz- und Fürsorgepflichten stehen der Abschiebung Minderjähriger entgegen (Nieders.OVG, NVwZ-Beil. 2002, 65, 66; VG Frankfurt am Main, Beschl. v. 25.08.1993 – 3 G 30181/93 A [3]; VG Hannover, Urt. v. 11.04.1997 – A 7174/96; AG Hamburg-Harburg InfAuslR 1994, 236, 237 f.; wohl auch Hess.VGH, AuAS 1997, 71; VG Gelsenkirchen, InfAuslR 1998, 22; s. auch Rdn. 21). Das BVerfG begründet die Anwendbarkeit des MSA im Inland damit, dass das Kindeswohl bei allen ausländerrechtlichen Entscheidungen zu berücksichtigen sei (BVerfG [Kammer], InfAuslR 1995, 55, 56; BVerfG [Kammer], InfAuslR 1995, 100, 101). Nach der Rechtsprechung kann dieses Interesse auch noch im Vollstreckungsverfahren gebührend berücksichtigt werden. Dem Erlass der Abschiebungsandrohung stünden daher rechtliche Bedenken nicht entgegen (Hess.VGH, AuAS 1997, 71, 72; a.A. AG Hamburg-Harburg, InfAuslR

1994, 236, 237 f.). Dies überzeugt bereits deshalb nicht, weil nach § 80 Abs. 2 Satz 1 AufenthG ein handlungsunfähiger Minderjähriger zurückgewiesen und zurückgeschoben werden kann. Dies gilt auch für die Abschiebungsandrohung und deren Durchführung (§ 80 Abs. 2 Satz 2 AufenthG). § 58 Abs. 1a AufenthG hat diese widersprüchliche Rechtslage jedoch beseitigt (Rdn. 30 ff.).

Durch § 58 Abs. 1a AufenthG wird Art. 10 Abs. 2 RL 2008/115/EG umgesetzt. Danach tragen Ausländerbehörden »vor einer Rückkehrentscheidung«, also vor Bekanntgabe der aufenthaltsbeendenden Verfügung, dafür Sorge, dass Minderjährige während des Rücknahmeverfahrens Unterstützung durch das Jugendamt erhalten. Ausdrücklich ordnet die Richtlinie an, dass Unterstützung vor der Rückkehrentscheidung zu gewähren ist und diese nicht durch die Vollstreckungsbehörde erbracht werden darf. Besondere Schutzvorkehrungen enthält Art. 10 Abs. 2 für den Fall der Vollstreckung der Rückkehrentscheidung. Die Norm begründet aber nach der Rechtsprechung lediglich ein Vollstreckungshindernis i.S.d. § 60a Abs. 2 Satz 1 AufenthG und ist einer gesonderten Feststellung im Asylverfahren nicht zugänglich (BVerwGE 145, 172, 180 = NVwZ 2013, 947, 948 = InfAuslR 2014, 137 = EZAR NF 95 Nr. 29 Rn. 17, m. Anm. *Marx*, ZAR 2014; a.A. VGH BW, EZAR NF 69 Nr. 17; s. auch Nieders. OVG, InfAuslR 2013, 19 = EZAR NF 51 Nr. 33). Das Bundesinnenministerium hat aber durch Erlass vom 14.11.2013 angeordnet, dass im Hinblick auf die allgemeine Versorgungslage das Bundesamt den Antrag des unbegleiteten Minderjährigen nach § 60 Abs. 5 AufenthG zu prüfen hat. Die Bandbreite der im Interesse des Kindeswohls zu prüfenden Belange ist vielfältig und geht weit über die im Allgemeinen zu beachtenden Prüfungspflichten im Asylverfahren hinaus. Es reicht etwa nicht aus, dass eine Stewardess beauftragt wird, während des Fluges das Kind zu betreuen und es am Zielflughafen von einer Vertreterin der dortigen Behörden abgeholt wird. Nach der Rechtsprechung des EGMR verängstigt die Abschiebung das Kind unter diesen Umständen stark. Die Abschiebung zeigt »angesichts des Alters des Kindes und seiner Lage als nicht begleitete Minderjährige einen solch flagranten Mangel an Menschlichkeit, dass dies die erforderliche Schwelle erreicht, um als unmenschliche Behandlung eingestuft zu werden.« Dadurch verletzt der Abschiebestaat die ihn treffenden Vorsorgepflichten (EGMR, NVwZ-RR 2008, 573, 575 Rn. 68 – *Mayeka und Mitunga*). Im Fall der Abschiebung unbegleiteter Minderjähriger zieht der Gerichtshof den Schutzbereich von Art. 3 EMRK sehr weit und erlegt dem rückführenden Staat insbesondere positive konventionsrechtliche Gewährleistungspflichten auf. Es reicht nicht aus, lediglich zu prüfen, ob keine Verfolgung oder unmenschliche Behandlung im Abschiebezielstaat drohen. Vielmehr hat der rückführende Staat nach Art. 10 Abs. 2 RL 2008/115/EG i.V.m. Art. 6 Abs. 2 KRK zu prüfen, dass im Abschiebezielstaat in »größtmöglichem Umfang das Überleben und die Entwicklung des Kindes« gewährleistet ist (Nr. 27 des Allgemeinen Kommentars Nr. 6, 2005 des Ausschusses für Kindes). 30

Die Ausländerbehörde hat sich vor Durchführung der Abschiebung z.B. durch Einschaltung des Bundesamtes oder der Botschaft bzw. des Konsulats *positiv zu vergewissern*, dass eine Übergabe an konkret benannte Personen bzw. Stellen tatsächlich vollzogen wird. Nur dann entfällt das gesetzliche Vollstreckungshindernis für eine Abschiebung 31

(BVerwGE 145, 172, 180 = NVwZ 2013, 947, 948 = InfAuslR 2014, 137 = EZAR NF 95 Nr. 29, Urt. v. 13.06.2013 – BVerwG 10 C 13.12 Rn. 20). Zutreffend setzt das BVerwG die Hürden für die Ausländerbehörde im Rahmen der Vergewisserungspflicht sehr hoch. Aus der Formulierung »übergeben *wird*« in § 58 Abs. 1a AufenthG sowie insbesondere aus der Entstehungsgeschichte des Art. 10 RL 2008/115/EG folgten strenge Anforderungen. Unionsverfassungsrecht vermittelt Kindern einen Anspruch gegen den Staat auf erforderlichen Schutz und Fürsorge (Art. 24 Abs. 1 GRCh in Verb. mit Art. 6 Abs. 1 UAbs. 3 EUV). Ferner sind die Kinder betreffenden Regelungen der Richtlinie 2008/115/EG nach Erwägungsgrund Nr. 22 in Übereinstimmung mit der KRK und dem Grundsatz des Wohls des Kindes auszulegen und anzuwenden. Nach Art. 3 KRK ist das Wohl des Kindes ein Gesichtspunkt, der vorrangig zu beachten ist. Diese Verpflichtung legt auch Unionsverfassungsrecht fest (Art. 24 Abs. 1 GRCh in Verb. mit Art. 6 Abs. 1 UAbs. 3 EUV). Diese unionsrechtlichen Verpflichtungen entsprechen der Rechtsprechung des EGMR (EGMR, NVwZ-RR 2008, 573, 575 Rn. 68 – *Mayeka* und *Mitunga*). Die Ausländerbehörde muss sich in jedem Einzelfall die Überzeugungsgewissheit davon verschaffen, dass die Übergabe des unbegleiteten Minderjährigen an eine Betreuungsperson oder -einrichtung nicht »nur möglich ist, sondern tatsächlich auch erfolgen wird (*konkrete Möglichkeit der Übergabe*).« War im Asylverfahren die Betreuungsmöglichkeit unbegleiteter Minderjähriger z.B. durch Verwandte bisher lediglich bei der Gefahrenprognose als Wahrscheinlichkeitsurteil zu berücksichtigen, ist die konkrete Möglichkeit der Übergabe an Betreuungspersonen oder -stellen durch § 58 Abs. 1a AufenthG eigenständige Vollzugsvoraussetzung der Abschiebung, die zur Überzeugungsgewissheit der Behörden bzw. der Verwaltungsgerichte feststehen muss (BVerwGE 145, 172, 180 = NVwZ 2013, 947, 948 = InfAuslR 2014, 137 = EZAR NF 95 Nr. 23).

32 Behörden und Verwaltungsgerichte werden damit hinsichtlich der Feststellungen zu den Betreuungsmöglichkeiten im Zielstaat der Abschiebung an das Regelbeweismaß (§ 108 Abs. 1 Satz 1 VwGO) gebunden. Sie dürfen sich nicht mit Vermutungen, bloßen Annahmen oder gar nur mit Spekulationen begnügen, sondern haben insoweit hinreichend zuverlässige Feststellungen zu treffen. Regelmäßig werden sie konkrete Anfragen an das Auswärtige Amt richten müssen, damit dieses über die zuständigen Stellen im Zielstaat der Abschiebung Erkundigungen zu betreuungsfähigen und insbesondere auch betreuungswilligen Verwandten einholt. Dabei empfiehlt sich die Einführung eines Monitoring unter Einbeziehung der zuständigen Betreuungseinrichtungen im Bundesgebiet, der Jugendämter und von auf den Schutz Minderjähriger spezialisierter nichtstaatlicher Organisationen. Aus Art. 10 Abs. 1 RL 2008/115/EG folgt, dass die Ausländerbehörde bei allen unbegleiteten Minderjährigen das zuständige Jugendamt (»geeignete Stellen«) einzuschalten und dieses seinerseits die erforderliche Unterstützung in diesem Verfahren zu leisten hat. Bei offensichtlichen Interessenkonflikten auf seiten des Vormundes hat das Familiengericht einen Pfleger zu bestellen. Die Behörden haben sich zu vergewissern, dass der Minderjährige einem Familienangehörigen, einem offiziellen Vormund oder einer geeigneten Aufnahmeeinrichtung im Rückkehrstaat übergeben wird. Im Zweifel unterbleibt der Vollzug. Denn bei Zweifeln fehlt es an der erforderlichen Vergewisserung (*Marx*, ZAR 2014, 89, 90).

Es reicht auch nicht aus, dass die Behörde sich lediglich vergewissert, ob der Minderjährige an eine Betreuungsperson übergeben werden kann. Vielmehr trifft sie die Verpflichtung, sich zu vergewissern, ob diese auch bereit und willig sowie geeignet zur Übernahme der Betreuung ist. Hierfür mag bei Verwandten eine Vermutung bestehen, sofern sie sorgeberechtigt sind, nicht jedoch ohne Weiteres bei einer zur Personensorge berechtigten Person, wenn diese nicht auch zur Ausübung des Personensorgerechts bereit und willig ist. Besondere Vergewisserungspflichten treffen die Behörde bei der Übergabe an eine Aufnahmeeinrichtung im Abschiebezielstaat. Ob diese zur Betreuung geeignet ist, hat die Ausländerbehörde vor dem Vollzug sorgfältig aufzuklären. Gegebenenfalls hat sie das Bundesamt für Migration und Flüchtlinge einzuschalten (§ 72 Abs. 2 AufenthG). Als Abschiebezielstaat wird grundsätzlich nur das Herkunftsland in Betracht kommen. Ein Drittstaat wird kaum zur Übernahme eines unbegleiteten Minderjährigen bereit sein und entsprechende Schutzvorkehrungen zu seinen Gunsten treffen. Ist der Minderjährige staatenlos, sprechen gewichtige Gründe dagegen, diesen in das Land des letzten gewöhnlichen Aufenthaltes abzuschieben, da regelmäßig wohl kaum davon ausgegangen werden kann, dass Staatenlose im früheren Aufenthaltsstaat die erforderliche Betreuung erfahren werden (*Marx*, ZAR 2014, 89, 90). 33

Leben die Eltern oder ein Elternteil im Bundesgebiet und haben sie aus welchen Gründen auch immer noch ein gültiges Verbleibsrecht, darf gegen das handlungsunfähige Kind keine isolierte Abschiebungsanordnung ergehen. Vielmehr ist die Ausreisepflicht des Minderjährigen in Abhängigkeit von der der Eltern und dementsprechend durch Verfügung für Eltern und minderjähriges Kind einheitlich zu gestalten (vgl. BVerwG, EZAR 631 Nr. 14; s. auch Abs. 3). Solange gegen die Eltern aufenthaltsbeendende Maßnahmen nicht zulässig sind, dürfen sie auch gegen den minderjährigen Asylsuchenden nicht durchgeführt werden. Jede andere Verfahrensweise wäre weder mit Art. 6 Abs. 1 GG noch mit Art. 8 EMRK vereinbar. Diese Grundsätze finden nicht nur auf handlungsunfähige, sondern auf alle noch nicht 18 Jahre alten Asylsuchenden Anwendung. Dies gilt unabhängig davon, ob sie unbegleitet oder mit einem oder beiden Elternteilen in das Bundesgebiet einreisen wollen oder sich bereits hier aufhalten. Selbstverständlich wird dieser Personenkreis auch gegen Zurückweisung und Zurückschiebung geschützt. 34

I. Rechtsschutz

Im Verwaltungsstreitverfahren ist der Handlungsunfähige prozessunfähig (§ 62 VwGO). Wer im Verwaltungsverfahren handlungsfähig ist, ist prozessfähig. Daher können nur volljährige Asylsuchende wirksam Rechtsmittel einlegen. Eine Prüfung erfolgt, wenn vernünftige Zweifel an der Handlungsfähigkeit auftreten (BVerwG, EZAR 600 Nr. 4). Gegen Prozessunfähige dürfen keine Prozesshandlungen vorgenommen werden. Es darf insbesondere die Klage nicht ohne Weiteres als unzulässig abgewiesen werden. Vielmehr hat das Gericht zunächst die Bestellung eines Prozesspfleger zu veranlassen (§ 62 Abs. 3 VwGO in Verb. mit § 57 ZPO). Von diesen Fragen der Prozessfähigkeit zu unterscheiden sind die Probleme des Rechtsschutzes gegenüber Verwaltungsakten gegen Minderjährige (Rdn. 36). Widerspruch und Klage gegen die Entscheidung des Jugendamtes, aufgrund der Altersfeststellung (Rdn. 10 ff) die 35 vorläufige Inobhutnahme abzulehnen oder zu beenden, entfalten keine aufschiebende Wirkung (§ 42f Abs. 3 Satz 1 SGB VIII; Rdn. 27). Hat die Behörde den Asylantrag als unzulässig abgelehnt, fehlt einer hiergegen gerichteten Klage auf Feststellung der Nichtigkeit das allgemeine Rechtsschutzinteresse (BVerwG, Buchholz 402.25 § 6 AsylVfG Nr. 2 und 3; BVerwG, DÖV 1985, 407). Vielmehr ist auch in derartigen Fällen die Verpflichtungsklage auf Asylanerkennung und Zuerkennung der internationalen Schutzberechtigung die richtige Klageart (BVerwG, Buchholz 402.25 § 6 AsylVfG; BVerwG, DÖV 1985, 407). Wird die Genehmigung der bisherigen Verfahrenshandlungen verweigert, bleiben diese rechtlich unwirksam. Schutz vor Verfolgung sichert dann ein erneuter Asylantrag, der mangels wirksamer Antragstellung im ersten Verfahren rechtlich kein Folgeantrag im Sinne von § 71 ist. Verweigert das Bundesamt die Entgegennahme dieses Antrags ist vorläufiger Rechtsschutz gem. § 123 VwGO mit dem Ziel der Einleitung des Asylverfahrens geboten. Wegen der Rechtsprechung des BVerwG ist aber in diesen Fällen die Verpflichtungsklage anzuempfehlen.

36 Der Rechtsschutz gegen die Abschiebung unbegleiteter Minderjähriger erfordert eine vorgängige entsprechende behördliche Entscheidung, die gerichtlich überprüfbar ist (BVerwGE 145, 172, 180 = NVwZ 2013, 947, 948 = InfAuslR 2014, 137 = EZAR NF 95 Nr. 29). Das BVerwG will den Schutz Minderjähriger verbessern, nimmt diese andererseits aber aus dem System des § 60 Abs. 7 AufenthG n.F. heraus. Würde der Schutz über § 60 Abs. 7 AufenthG verwirklicht, müsste – sofern er in einem Asylverfahren materialisiert worden wäre – ein formelles Widerrufsverfahren (§ 73 Abs. 3 AsylG) mit allen verfahrensrechtlichen Garantien durchgeführt werden. Wird der Schutz indes über § 60a Abs. 2 Satz 1 AufenthG geregelt, liegt regelmäßig eine unanfechtbare Abschiebungsandrohung vor und verschiebt sich dadurch der Schutz in das Vollstreckungsverfahren, ein von seinen Voraussetzungen und seiner Ausgestaltung her nicht sehr wirksames Rechtsschutzverfahren. Dadurch wird der Schutz Minderjähriger nicht verbessert, sondern verschlechtert (*Marx*, ZAR 2014, 89, 91). Das angestrebte Ziel der Verbesserung des Schutzes für Minderjährige kann das BVerwG auch deshalb nur unzulänglich verwirklichen, weil es die Umsetzung von Art. 10 RL 2008/115/EG durch § 58 Abs. 1a AufenthG nicht nur nicht kritisch überprüft, sondern durch den Hinweis auf den bloßen Vollstreckungsschutz nach § 60a Abs. 2 Satz 1 AufenthG die Aufgabe der methodisch sachgerechten Umsetzung sogar verfehlt hat.

37 Art. 10 besteht aus zwei Absätzen. Abs. 1 regelt die Rückkehrentscheidung, Abs. 2 die Vollstreckung. Als Rückkehrentscheidung dürfte bei Minderjährigen regelmäßig, wenn der Schutz nicht in Ausweisungs- oder vergleichbaren aufenthaltsbeendenden Verfahren relevant wird, die Abschiebungsandrohung nach § 34 oder nach § 59 Abs. 1 AufenthG in Betracht kommen. Art. 10 Abs. 1 RL 2008/115/EG erfordert den Erlass einer Rückkehrentscheidung. Die Abschiebungsandrohung wird jedoch im Allgemeinen nicht als Rückkehrentscheidung im Sinne von Art. 11 Abs. 1 RFRL angesehen, da sie lediglich die Funktion hat, die Abschiebung als Vollstreckungsmaßnahme (Art. 8 Abs. 1 RFRL) vorzubereiten, aber nicht selbst die Ausreisepflicht begründet. Sie ergeht regelmäßig zusammen mit der aufenthaltsbeendenden Maßnahme (§ 51 Abs. 1 Nr. 3 bis 5 AufenthG), ist selbstständig anfechtbarer Verwaltungsakt (BVerwGE 49, 202, 209 = EZAR 103 Nr. 1 = NJW 1976, 490; BVerwG, DÖV 1978, 180;

Funke-Kaiser, in: GK-AsylG II, § 34 Rn. 11; *Hailbronner,* AuslR B 2 § 34 AsylVfG Rn. 6; § 34 Rdn. 3) und als solche erste Stufe im Verwaltungsvollstreckungsverfahren zur zwangsweisen Durchsetzung der Ausreisepflicht des Betroffenen. Innerhalb seines Systems folgerichtig verweist das BVerwG deshalb auf den Schutz nach § 60a Abs. 2 Satz 1 AufenthG. Nur dann jedoch, wenn die Abschiebungsandrohung zur Durchsetzung einer vollziehbaren (§ 58 Abs. 2 Satz 1 AufenthG) gesetzlich bestehenden Ausreisepflicht (§ 50 Abs. 1 in Verb. mit § 51 Abs. 1 Nr. 1 und 2 AufenthG) erlassen, die Ausreisepflicht also nicht bereits durch eine vorgängige Verfügung begründet wurde, wird sie als Rückkehrentscheidung im Sinne von Art. 11 Abs. 1 RFRL angesehen, weil nach Art. 6 Abs. 1 RFRL grundsätzlich gegen alle illegal aufhältlichen Drittstaatsangehörigen eine Rückführungsentscheidung zu erlassen ist (VGH BW, NVwZ-RR 2012, 492, 493; VGH BW, NVwZ-RR 2012, 412, 414; VGH BW, InfAuslR 2013, 98, 99; s. hierzu im Einzelnen *Welte,* ZAR 2012, 424, 427 ff.). Das BVerwG verhält sich zu den damit aufgeworfenen Fragen überhaupt nicht, sondern führt lediglich aus, dass in Fällen, in denen die Ausländerbehörde der Auffassung ist, dass § 58 Abs. 1a AufenthG einer Abschiebung nicht mehr entgegenstehe, sie diese Entscheidung einer gerichtlichen Überprüfung zuzuführen habe. Welchen rechtlichen Charakter diese Entscheidung haben muss, stellt das Gericht nicht klar. Der bloße Hinweis auf die Ausreisepflicht oder die Ankündigung einer Abschiebung sind jedoch keine Abschiebungsandrohung, insbesondere wenn bereits – wie regelmäßig in diesen Fällen – bereits eine Abschiebungsandrohung verfügt worden war. Art. 10 Abs. 1 RL 2008/115/EG ist jedoch zu entnehmen, dass (zeitnah) vor dem in Abs. 2 der Norm geregelten Vollzug eine Rückkehrentscheidung zu erlassen ist. Eine in der Vergangenheit erlassene unanfechtbare Abschiebungsandrohung erfüllt dieses unionsrechtliche Erfordernis nicht. Vielmehr muss unmittelbar vor der geplanten Vollstreckung eine Abschiebungsandrohung verfügt werden, damit der Eilrechtsschutz über § 80 Abs. 5 und nicht lediglich über § 123 VwGO gestaltet werden kann (*Marx,* ZAR 2014, 89, 91).

§ 13 Asylantrag

(1) Ein Asylantrag liegt vor, wenn sich dem schriftlich, mündlich oder auf andere Weise geäußerten Willen des Ausländers entnehmen lässt, dass er im Bundesgebiet Schutz vor politischer Verfolgung sucht oder dass er Schutz vor Abschiebung oder einer sonstigen Rückführung in einen Staat begehrt, in dem ihm eine Verfolgung im Sinne des § 3 Absatz 1 oder ein ernsthafter Schaden im Sinne des § 4 Absatz 1 droht.

(2) [1]Mit jedem Asylantrag wird die Anerkennung als Asylberechtigter sowie internationaler Schutz im Sinne des § 1 Absatz 1 Nummer 2 beantragt. [2]Der Ausländer kann den Asylantrag auf die Zuerkennung internationalen Schutzes beschränken. [3]Er ist über die Folgen einer Beschränkung des Antrags zu belehren. [4]§ 24 Absatz 2 bleibt unberührt.

(3) [1]Ein Ausländer, der nicht im Besitz der erforderlichen Einreisepapiere ist, hat an der Grenze um Asyl nachzusuchen (§ 18). [2]Im Falle der unerlaubten Einreise hat

er sich unverzüglich bei einer Aufnahmeeinrichtung zu melden (§ 22) oder bei der Ausländerbehörde oder der Polizei um Asyl nachzusuchen (§ 19).

Übersicht **Rdn.**

A. Funktion der Vorschrift

1 Die Vorschrift regelt den Begriff des Asylantrags und ist insoweit identisch mit § 7 Abs. 1 AsylVfG 1982, schließt also das asylrechtliche Schutzbegehren wie auch den internationalen Schutz (§ 1 Abs. 1 Nr. 2, § 3 Abs. 4 Halbs. 1, § 4 Abs. 1 Satz 1) in den Antragsbegriff ein. Der Gesetzgeber hatte jedoch anders als im alten Recht den Begriff des unbeachtlichen Asylantrags (§ 7 Abs. 2 und 3 AsylVfG 1982) bis 2016 an anderer Stelle geregelt (§ 29 AsylG a.F.) und inzwischen völlig aufgegeben und durch den des unzulässigen Antrags (§ 29) ersetzt. Die Vorschrift hat zentrale Bedeutung für die behördlichen Zuständigkeiten. Ein an eine Behörde gerichtetes Schutzbegehren, das sachlich als Asylantrag im Sinne von Abs. 1 zu werten ist, verpflichtet Grenz-, Ausländer- und Polizeibehörden grundsätzlich zur Weiterleitung des Asylsuchenden an die nächstgelegene Aufnahmeeinrichtung zwecks Einleitung des Asylverfahrens (§§ 18f., § 23), weil das Bundesamt für die Bearbeitung des Antrags zuständig ist (§ 5). Abs. 2 ist identisch mit § 7 Abs. 1 Satz 2 AsylVfG 1982. Abs. 3 wurde 1993 eingeführt. Mit dem Richtlinienumsetzungsgesetz 2013 wurde die Vorschrift sprachlich neu gefasst, um den Antragsbegriff des § 13 an die unionsrechtliche Rechtslage anzupassen (BT-Drucks. 17/13063, S. 8).

B. Antragsbegriff (Abs. 1)

I. Erforderlicher Antragsinhalt

2 Nach Abs. 1 liegt ein Asylantrag vor, wenn sich dem schriftlich, mündlich oder auf andere Weise geäußerten Willen des Ausländers entnehmen lässt, dass er im Bundesgebiet Verfolgungsschutz nach Art. 16a Abs. 1 GG oder internationalen Schutz im Sinne von § 1 Abs. 1 Nr. 2, § 3 Abs. 4 Halbs. 1, § 4 Abs. 1 Satz 1 sucht. Damit wird die Vorschrift an den Antragsbegriff nach Art. 2 Buchst. n) RL 2011/95/EU angepasst. Danach bezeichnet der Ausdruck »Antrag« oder auch »Asylantrag« den von

einem Drittstaatsangehörigen oder Staatenlosen gestellten Antrag, der als Ersuchen um internationalen Schutz im Sinne der GFK betrachtet werden kann. Durch die Änderungsrichtlinie 2013 wird vom Antragsbegriff auch der Antrag auf Ersuchen um Gewährung subsidiären Schutzes eingeschlossen (Art. 2 Buchst. b) RL 2013/32/EU). Obwohl die Umsetzungsfrist erst am 20.07.2015 ablief, wurde durch Abs. 1 bereits vorher die Richtlinie umgesetzt. Beschränkt der Antragsteller seinen Antrag auf den nationalen subsidiären Schutz (§ 60 Abs. 5 und 7 AufenthG) kann dies bei der Durchführung der Verordnung (EU) Nr. 604/2013 ungeachtet des Inhalts der Erklärungen nicht in einen Antrag auf internationalen Schutz umgedeutet werden. Nach Art. 1 Verordnung (EU) Nr. 604/2013 findet das Dublin-Verfahren nur Anwendung, wenn der Antragsteller einen Antrag auf internationalen Schutz stellt. Hierbei handelt es sich nach Art. 2 Buchst. b) Verordnung (EU) Nr. 604/2013 um ein Ersuchen auf Zuerkennung der Flüchtlingseigenschaft oder auf Gewährung des subsidiären Schutzstatus (Art. 2 Buchst. h) RL 2011/95/EU. Der Antragsteller muss das Ersuchen ausdrücklich auf den Flüchtlings- oder subsidiären Schutzstatus richten (s. auch § 29 Abs. 1 Nr. 1 Rdn. 10).

Grenz- und andere Behörden haben nach Abs. 1 jede schriftlich, mündlich oder sonst- 3
wie geäußerte Erklärung, der sich ein Wille des Antragstellers auf Schutzsuche entnehmen lässt, als Asylantrag zu behandeln und zu ermöglichen, dass der Asylsuchende den Antrag bei den zuständigen Behörden stellen kann (§ 18 Abs. 1 Satz 1 Halbs. 2, § 19 Abs. 1 Halbs. 2). Dies folgt im Umkehrschluss auch aus Unionsrecht (Art. 4 Abs. 2 Buchst. b) RL 2013/32/EU). Nach der Legaldefinition des Asylantrags kommt es also darauf an, ob sich dem in welcher Weise auch immer geäußerten Willen des Ausländers entnehmen lässt, dass er Verfolgungsschutz sucht. Das anzuwendende VwVfG des Bundes schreibt weder einen bestimmten Mindestinhalt noch eine Begründung vor. Der Antragsteller muss weder den Begriff »Asyl« verwenden noch reicht es aus, wenn allein dieses Wort benutzt wird (OVG NW, NVwZ-RR 1989, 390; Hess. VGH, NVwZ-Beil. 1998, 72; *Treiber*, in: GK-AsylG II, § 13 Rn. 28; *Hailbronner*, AuslR B 2 § 13 AsylVfG Rn. 14). Im Zweifel ist aber davon auszugehen, dass Asyl begehrt wird, wenn dieser Begriff in den Erklärungen des Antragstellers enthalten ist (OVG Lüneburg, NVwZ 1987, 1110; *Treiber*, in: GK-AsylG II, § 13 Rn. 28). Für die Auslegung von Willenserklärungen gilt im Verwaltungsrecht § 133 BGB entsprechend. Danach ist bei der Auslegung von Willenserklärungen der wirkliche Wille zu erforschen und nicht am buchstäblichen Sinn des Ausdrucks zu haften (VG Düsseldorf, InfAuslR 1988, 273; VG Wiesbaden, Beschl. v. 20.12.1991 – II/1 G 21435/91). Allein schon die Verwendung des Begriffs »Asyl« lässt im Regelfall darauf schließen, dass der Betroffene sich auf eine Verfolgung oder einen ernsthaften Schaden berufen will (OLG Köln, NVwZ-Beil. 2003, 7, 8). Eines Rückgriffs auf den Antragsbegriff bedarf es ohnehin nur in Zweifelsfällen (VG Düsseldorf, InfAuslR 1988, 273). Es versteht sich von selbst, dass ein wirksamer Antrag auch durch die Abgabe fremdsprachiger Erklärungen begründet werden kann.

Ergeben sich Zweifel, haben die angesprochenen Behörden durch eine sorgfältige 4
Anhörung zu überprüfen, ob der Antragsteller inhaltlich um Asyl nachsucht. Dies kann nur dann verneint werden, wenn außer Zweifel steht, dass das Vorbringen bei

verständiger Würdigung und unter Berücksichtigung der gesamten Umstände des Falles inhaltlich kein Asylbegehren darstellt (OVG Lüneburg, NVwZ 1987, 1110). Genaue Kenntnis der rechtlichen Voraussetzungen für die Gewährung von Asylrecht oder internationalen Schutz ist nicht erforderlich. Es reicht vielmehr aus, wenn sich aus den erkennbaren Umständen ergibt, dass der Antragsteller Furcht vor Verfolgung oder dem Eintritt eines ernsthaften Schadens hat. Für Ausländer- und Grenzbehörden ist es regelmäßig unschwer erkennbar, mit welchem Ziel ein Ausländer um Schutz nachsucht. Insbesondere bei unmittelbar einreisenden Ausländern verengt sich schon aufgrund der äußeren Umstände die Bandbreite möglicher in Betracht kommender Anträge auf das Antragsziel der Schutzsuche vor Verfolgung. Die Situation im Herkunftsland des Einreisenden qualifiziert sein Begehren in aller Regel als Asylantrag (OVG Lüneburg, NVwZ 1987, 1110). Daher ist zur Qualifizierung des Begehrens als Antrag im Sinne von Abs. 1 in aller Regel ein Mindestmaß an Begründung nicht erforderlich.

5 Zwar stellt Abs. 1 für den Antrag kein Formerfordernis auf. Dies bedeutet andererseits jedoch nicht, dass auf das Vorhandensein eines hinreichend erkennbaren und bestimmten Willens des Antragstellers verzichtet werden könnte. Die Behörden dürfen insbesondere im Hinblick auf bestehende Sprachprobleme sowie die beim ersten Kontakt mit Behörden häufig auftretenden psychischen Hindernisse bei der Erforschung des wirklichen Willens (§ 133 BGB) keine zu hohen Anforderungen an den Inhalt des Begehrens stellen (VG Wiesbaden, Beschl. v. 20.12.1991 – II/1 G 21435/91). Nur dann, wenn ausnahmsweise aufgrund der Erklärungen Zweifel am Antragsziel entstehen, sind von Amts wegen Nachforschungen nach dem wirklichen Willen des Antragstellers geboten. Erklärt er etwa, arbeiten oder studieren zu wollen, darf die angesprochene Behörde nicht ohne Weiteres von einem Nicht-Antrag (§ 30 Abs. 5) ausgehen, wenn die zur Begründung des Antrags darüber hinaus vorgetragenen Behauptungen auf Furcht vor Verfolgung oder dem Eintritt eines ernsthaften Schadens schließen lassen.

II. Unterscheidung zwischen Asylantrag und Asylersuchen

6 Den Regelungen des AsylG kann im Blick auf Antragsteller nach § 14 Abs. 1 eine begriffliche Unterscheidung zwischen Asylantrag und Asylersuchen entnommen werden. So verwendet das Gesetz etwa in § 18 Abs. 1 Halbs. 1, § 18a Abs. 1 Satz Halbs. 1 und § 19 Abs. 1 Halbs. 1 den Begriff »um Asyl nachsucht«, während etwa § 18a Abs. 1 Satz 3 davon ausgeht, dass dem »Asylsuchenden«, nachdem er bei der Grenzbehörde um Asyl nachgesucht hat, »Gelegenheit zur Stellung des Asylantrags bei der Außenstelle des Bundesamtes« zu geben ist. Ebenso sieht § 23 Abs. 1 vor, dass der »Asylsuchende« zur Stellung des Asylantrags bei der zuständigen Außenstelle persönlich zu erscheinen hat. Diesem Regelungsmechanismus ist zu entnehmen, dass bis zum persönlichen Erscheinen des »Asylsuchenden« bei der für ihn zuständigen Außenstelle des Bundesamtes seine Erklärungen rechtlich nicht als Asylantrag behandelt werden (§ 23 Rdn. 4). Zusätzlich zu den inhaltlichen Anforderungen an den Asylantrag ist also vom Antragsteller eine Mitwirkungshandlung geboten, nämlich das persönliche Erscheinen bei der Außenstelle zur »förmlichen Asylantragstellung«

(BVerwG, InfAuslR 1998, 191, 192), damit rechtlich wirksam von einem Asylantrag ausgegangen werden kann (§ 23 Rdn. 4 ff.).

Vor diesem Zeitpunkt liegt zwar noch kein Asylantrag vor, die Behörden haben jedoch zwingend den Abschiebungsschutz nach Art. 33 Abs. 1 GFK, § 60 Abs. 1 Satz 1 AufenthG zu beachten und dürfen gegenüber dem »Asylsuchenden« keine aufenthaltsbeendenden oder -verhindernden Maßnahmen ergreifen, sondern haben diesen an die zuständigen Behörden weiterzuleiten. Ferner entsteht das gesetzliche Aufenthaltsrecht (§ 55 Abs. 1 Satz 1) nicht erst mit der wirksamen Antragstellung, sondern bereits mit dem Nachsuchen um Asyl bei einer amtlichen Stelle (BayObLG, NVwZ 1993, 811; OLG Köln, NVwZ-Beil. 2003, 7, 8; s. auch BVerwG, InfAuslR 1998, 191, 192 = AuAS 1998, 91 = NVwZ-RR 1998, 264 = EZAR 221 Nr. 39). Eine Ausnahme hiervon gilt in den Fällen, in denen der Asylsuchende aus einem sicheren Drittstaat einreist. In diesem Fall begründet das geltend gemachte Asylersuchen keine Aufenthaltsgestattung nach § 55 Abs. 1 Satz 1 (BGH, InfAuslR 2003, 202, 203 = NVwZ 2003, 893). Zwar gelten Mitgliedstaaten auch als »sichere Drittstaaten« (Art. 16a Abs. 2 Satz 1 GG). Vor der Zustimmung des ersuchten Mitgliedstaates darf die Überstellung aber nicht vollzogen werden, sodass bis dahin der Aufenthalt gestattet ist. Da derzeit keine sicheren Drittstaaten gelistet sind, hat diese Ausnahme keine Relevanz. Die Einleitung des Dublinverfahrens setzt einen Asylantrag voraus (Art. 1 Verordnung [EU] Nr. 604/2013). Der Verfahrensrichtlinie ist zwar eine begriffliche Unterscheidung in Asylantrag und Asylersuchen fremd, doch haben die Mitgliedstaaten sicherzustellen, dass die Behörden, an die sich eine Person, die einen Asylantrag stellen möchte, aller Wahrscheinlichkeit nach wendet und diese Person über die Modalitäten und die zuständige Stelle für die Asylantragstellung beraten können. Ferner können diese Behörden angewiesen werden, Anträge an die zuständige Behörde weiterzuleiten (Art. 6 Abs. 1 RL 2013/32/EU). Polizeibehörden, Grenzschutz und Einwanderungsbehörden sind anzuweisen, Asylsuchende darüber zu informieren, wo und wie Anträge auf internationalen Schutz gestellt werden können (Art. 6 Abs. 1 Satz 3 RL 2013/32/EU). Dem tragen § 18 Abs. 1 Halbs. 2, § 19 Abs. 1 Halbs. 2 Rechnung. Auch wenn der Asylsuchende seiner Verpflichtung aus § 22 Abs. 1 Satz 1 nicht Folge leistet, dürfen aufenthaltsbeendende oder -verhindernde Maßnahmen nicht durchgeführt werden. Vielmehr sieht das Gesetz hierfür das Verfahren nach § 66 vor (s. auch § 67 Abs. 2) oder das Verfahren kann nach § 33 i.V.m. § 20 Abs. 2 Satz 1, § 22 Abs. 3 Satz 2, § 23 Abs. 2 Satz 1 eingestellt werden. 7

III. Verbot der Schlüssigkeitsprüfung

Der Antragsbegriff hat für das Asylverfahren Weichenstellfunktion. Denn hiermit wird die Weiche gestellt, ob Asylverfahrens- oder allgemeines Ausländerrecht anzuwenden ist (OVG NW, NVwZ-RR 1989, 390). Ausländer- oder andere nicht für die Behandlung des Antrags zuständige Behörden sind allein auf die Prüfung ihrer Sachkompetenz begrenzt (OVG Rh-Pf, NJW 1977, 510). Schon nach dem vor Erlass des AsylVfG 1982 geltenden Verfahrensrecht war den Grenz- und Ausländerbehörden keine Befugnis zur Schlüssigkeitsprüfung eingeräumt worden (OVG Hamburg, MDR 1979, 433; OVG Hamburg, DVBl 1980, 99; BayVGH, 8

Beschl. v. 28.02.1979 – Nr. 10 Cs-241/79). Nach geltendem Recht hat der Gesetzgeber die Frage der Schlüssigkeit ausdrücklich als Fall des offensichtlich unbegründeten Antrags (§ 30 Abs. 5) geregelt und damit klargestellt, dass ein unschlüssiges Asylbegehren ein Antrag im Sinne von Abs. 1 ist und die Grenz- und Ausländerbehörden mangels Sachkompetenz zur Prüfung offensichtlich unbegründeter Anträge keine Befugnis zur Schlüssigkeitsprüfung im Rahmen von Abs. 1 haben (*Treiber*, in: GK-AsylG II, § 13 Rn. 105 ff.). Auch nach Unionsrecht ist das Verfahren so zu gestalten, dass die zuständigen Behörden alle Anträge in der Sache prüfen kann (Erwägungsgrund 43 RL 2013/32/EU).

9 Das BVerfG hatte es für den Fall eindeutig aussichtsloser Anträge für unbedenklich angesehen, die Zuständigkeit zur Prüfung und Entscheidung den Ausländerbehörden zuzuweisen (BVerfGE 56, 216, 236 = DVBl 1981, 623 = DÖV 1981, 453 = NJW 1981, 1436 = BayVBl. 1981, 366 = JZ 1981, 339 = EuGRZ 1981, 306 = MDR 1981, 637 = EZAR 221 Nr. 4). Dem war der Gesetzgeber mit dem in § 10 Abs. 1 und 2 AsylVfG 1982 geregelten Verfahren gefolgt. Auch diese Sachkompetenz ist aber nach geltendem Recht dem Bundesamt übertragen worden. Auch eindeutig aussichtslose Asylanträge sind Anträge im Sinne von Abs. 1. Zwar ist nach § 133 BGB der wirkliche Wille des Antragstellers maßgebend. Dies bedeutet jedoch nicht, dass im Rahmen von Abs. 1 zu prüfen wäre, ob der Antragsteller wirklich Furcht vor Verfolgung hegt oder dies nur vortäuscht. Eine derartige Prüfung setzt eine eingehende inhaltliche Überprüfung des Asylbegehrens voraus (Erwägungsgrund 43 RL 2013/32/EU). Diese wurde vor Erlass des AsylVfG 1982 im beschränkten Umfang zur Ausfilterung angeblich rechtsmissbräuchlicher Absichten zugelassen (OVG Berlin, OVGE Bln. 13, 34; OVG Rh-Pf, NJW 1977, 510; BayVGH, DVBl 1978, 891; OVG Hamburg, MDR 1979, 433; OVG Hamburg, DVBl 1980, 99; VGH BW, ESVGH 29, 13; OVG NW, DÖV 1979, 288; OVG Lüneburg, JZ 1980, 26). Das BVerfG hat diese Rechtsprechung jedoch für unvereinbar mit der Verfassung angesehen (BVerfGE 56, 216, 236 = DVBl 1981, 623 = DÖV 1981, 453 = NJW 1981, 1436 = BayVBl. 1981, 366 = JZ 1981, 339 = EuGRZ 1981, 306 = MDR 1981, 637 = EZAR 221 Nr. 4). Deshalb wurde weder im AsylVfG 1982 noch wird im geltenden Asylverfahrensrecht eine derartige Verfahrensweise zugelassen. *Rechtsmissbräuchliche Anträge* mag man als offensichtlich unbegründete Anträge bewerten. Sie sind aber Anträge im Sinne von Abs. 1. Festzuhalten ist damit, dass es der Antragsbegriff nach Abs. 1 verbietet, das Vorliegen eines Asylantrags von der vorherigen Prüfung abhängig zu machen, ob das vorgebrachte Begehren unschlüssig, offensichtlich unbegründet oder rechtsmissbräuchlich ist.

IV. Antragsabhängigkeit des Asylverfahrens (§ 1 Abs. 1 in Verb. mit § 13 Abs. 1)

10 Aus dem Regelungszusammenhang von § 1 Abs. 1 mit § 13 Abs. 1 folgt die Antragsabhängigkeit des Asylrechts und der internationalen Schutzberechtigung. § 1 Abs. 1 enthält das Antragserfordernis und Abs. 1 regelt den Antragsbegriff. Das Asylverfahren ist also ein Antragsverfahren im Sinne von § 22 Satz 2 Nr. 2 VwVfG. Die Behörde darf also nicht von Amts wegen ein Asylverfahren einleiten. § 14a Abs. 1 macht hiervon eine Ausnahme. Demnach wird die Einleitung des Asylverfahrens durch die

Dispositionsmaxime bestimmt. Ob dieser der Dispositionsmaxime unterliegende Antrag als Asylantrag im Sinne von Abs. 1 zu werten ist, ist allerdings von Amts wegen (*Offizialmaxime*) aufzuklären. Für den weiteren Verlauf des Verfahrens ist ohnehin die Offizialmaxime maßgebend. Aus der Verfügungsbefugnis des Antragstellers folgt, dass er den Antrag jederzeit, auch nach der Bescheidung im Verwaltungsstreitverfahren vor Eintritt der Rechtskraft des verwaltungsgerichtlichen Urteils, zurücknehmen kann. Hierzu bedarf er keiner behördlichen Genehmigung. Dagegen ist die Klagerücknahme nach Stellung der Klageanträge in der mündlichen Verhandlung nur mit Einwilligung der anderen Beteiligten zulässig (§ 92 Abs. 1 Satz 2 VwGO).

Das Eingreifen völkerrechtlicher Pflichten nach Art. 33 Abs. 1 GFK, Art. 3 EMRK 11
kann nicht von einem Antrag abhängig gemacht werden (Art. 21 Abs. 1 RL 2011/95/EU). Gleiches trifft für den asylrechtlichen Abschiebungsschutz zu. Das verfassungsrechtliche Asylrecht verbürgt demjenigen, der vor politischer Verfolgung Zuflucht sucht, in seinem Kerngehalt Abschiebungsschutz (BVerwGE 49, 202, 205 f. = EZAR 134 Nr. 1 = NJW 1976, 490; BVerwGE 62, 206, 210 = EZAR 221 Nr. 7 = NJW 1981, 2653 = InfAuslR 1981, 214; BVerwGE 69, 323, 325 = EZAR 222 Nr. 2 = NVwZ 1984, 799 = InfAuslR 1984, 239). Die Behörden haben daher von Amts wegen den völker- und verfassungsrechtlichen Abschiebungsschutz für politisch Verfolgte und international Schutzberechtigte zu beachten und dürfen diesen nicht mit Hinweis auf die Antragsabhängigkeit des Asylverfahrens verneinen. Lediglich die Gewährung der Rechtsstellung nach § 2 Abs. 1 und § 3 Abs. 4 Halbs. 1 und § 4 Abs. 1 Satz 1 setzt einen Antrag im Sinne von Abs. 1 voraus. Weigert der Betroffene sich, diesen Antrag zu stellen, kann ihm keine anderweitige Verbleibsmöglichkeit gewährt werden (so schon OVG Rh-Pf, InfAuslR 1985, 56; OVG Hamburg, EZAR 461 Nr. 13). Jedoch haben die zuständigen Behörden zwingend Abschiebungsverbote nach § 60 Abs. 5 und 7 AufenthG zu beachten (§ 72 Abs. 2 AufenthG). Die Abschiebungsverbote setzen keinen Antrag voraus, sondern sind aufgrund verfassungs-, völker- und unionsrechtlicher Normen von Amts wegen zu beachten (s. auch § 32 Satz. 1). Der Antragsbegriff in Abs. 1 ist umfassend zu verstehen. Wer nicht aus anderen Gründen ein Aufenthaltsrecht besitzt, kann seinen ein Aufenthaltsrecht auslösenden Anspruch auf Schutz vor Verfolgung oder Gewährung von internationalem Schutz nur in der Form des Asylantrags durchsetzen.

C. Internationaler Schutz (Abs. 1 Alt. 2 und Abs. 2)

I. Verfahrensrechtliche Verknüpfung von Asyl- und internationalem Schutz (Abs. 1)

Wie § 7 Abs. 1 Satz 1 AsylVfG 1982 legt Abs. 2 kraft Gesetzes fest, dass der Asyl- 12
antrag zugleich das Begehren auf die Zuerkennung der Flüchtlingseigenschaft nach § 3 Abs. 4 Halbs. 1 enthält. Durch das Richtlinienumsetzungsgesetz 2013 wurde der Antragsbegriff insgesamt auf den internationalen Schutz erstreckt. Abs. 2 gibt dem Antragsteller wie früher § 7 Abs. 1 Satz 2 AsylVfG 1982 eine Wahlmöglichkeit: Er kann sein Begehren von Anfang an auf die Gewährung des internationalen Schutzes und damit auf die Rechtsstellung nach § 3 Abs. 4 Halbs. 1 und § 4 Abs. 1 Satz 1 beschränken. Der umgekehrte Weg ist nicht möglich, aber auch nicht erforderlich. Die

Gewährung des Asylrechtes umfasst stets auch die Gewährung des internationalen Schutzes (§ 31 Abs. 2 Satz 1). Beschränkt der Antragsteller sein Begehren auf die Gewährung des internationalen Schutzes, ist das Bundesamt hieran gebunden. Es hat seine Feststellung lediglich auf diesen Verfahrensgegenstand zu beschränken (§ 31 Abs. 2 Satz 2). Eine Wahlmöglichkeit zwischen beiden Formen des internationalen Schutzes besteht nicht (Abs. 2 Satz 2), obwohl bei Zuerkennung der Flüchtlingseigenschaft der Antrag auf Gewährung subsidiären Schutzes unentschieden bleibt (§ 31 Abs. 2 Satz 1 Halbs. 2 »oder«).

13 Der Antragsteller kann auch nachträglich, obwohl er zunächst von seiner in Abs. 2 Satz 2 eröffneten Wahlmöglichkeit keinen Gebrauch gemacht hat, seinen Antrag und später seine Klage auf die Rechtsstellung nach § 3 Abs. 4 Halbs. 1 und § 4 Abs. 4 Satz 1 beschränken. Will er hiervon während des Verwaltungsverfahrens Gebrauch machen, muss er den Antrag auf Gewährung von Asylrecht zurückzunehmen. Nach Zustellung der Sachentscheidung des Bundesamtes kann er die Klage auf die Zuerkennung der internationalen Schutzberechtigung begrenzen oder im Verlaufe des Verwaltungsstreitverfahrens entsprechende Dispositionen treffen. Beide Verfahrensgegenstände des Abs. 1 stehen also hinsichtlich der Eröffnung des Verfahrens in einem kumulativen Verhältnis. Über beide wird gesondert entschieden. Beide Begehren stellen nach ihrer gesetzlichen Ausgestaltung zwei begrifflich voneinander zu trennende Rechtsschutzziele dar, bilden jedoch zwei Bestandteile eines einheitlichen Asylverfahrens dergestalt, dass der Anspruch auf die Gewährung internationalen Schutzes stets mit dem Asylantrag anhängig wird und, wenn der Antragsteller dies nicht ausdrücklich ablehnt, mit diesem zusammen beschieden werden muss (BVerwG, EZAR 231 Nr. 3). Hat er jedoch zu Beginn des Verfahrens den Antrag auf die Gewährung internationalen Schutzes begrenzt, kann er nicht nachträglich im Klageverfahren den Antrag um die Asylanerkennung erweitern.

14 Abs. 1 Halbs. 2 differenziert präzise zwischen dem Begriff der Schutzsuche im Bundesgebiet einerseits und dem Schutz vor Abschiebung bzw. »sonstiger Rückführung« in einen bestimmten Staat andererseits. Anders als § 7 Abs. 1 Satz 1 AsylVfG 1982, der den Begriff der »Überstellung« enthielt, verwendet Abs. 1 den der »sonstigen Rückführung«. Diese Änderung ist jedoch lediglich redaktioneller Natur. § 60 Abs. 1 Satz 1 AufenthG, der als innerstaatliche Umsetzungsnorm des in Art. 33 Abs. 1 GFK geregelten Prinzips des Non-Refoulement anzusehen ist, knüpft mit dieser Formulierung an den Wortlaut von Art. 33 Abs. 1 GFK an. Während § 60 Abs. 1 Satz 1 AufenthG lediglich die Formulierung »darf nicht in einen Staat abgeschoben werden« gebraucht, verbietet Art. 33 Abs. 1 GFK, dass ein Staat »einen Flüchtling *auf irgendeine Weise*« (»*in any manner whatsoever*«) abschiebt oder zurückweist. Jegliche Zwangsmaßnahme, die letztlich dazu führt, dass ein Flüchtling in den Herrschaftsbereich des Herkunftsstaates gelangt, ist damit untersagt. Dem entspricht der Begriff der »sonstigen Überstellung« in Abs. 1.

II. Wahlmöglichkeit nach Abs. 2

15 Mit der Wahlmöglichkeit nach Abs. 2 wird der Verfahrensgegenstand für das weitere Verfahren festgelegt. Hat der Antragsteller den Antrag auf die Gewährung von

internationalen Schutz begrenzt, kann er diesen nicht ohne Weiteres nachträglich um die Asylanerkennung erweitern, da dies gegen den Grundsatz der Verfahrensbeschleunigung verstoßen würde. Dementsprechend ermittelt das Bundesamt den Sachverhalt unter Anhörung des Antragstellers nach Maßgabe dieser Wahl. Mit Zustellung der Sachentscheidung ist das Verwaltungsverfahren beendet. Art. 2 Buchst. b) RL 2005/85/EG regelte, dass der Antragsteller anstelle des Flüchtlingsschutzes »ausdrücklich um eine andere Form des Schutzes« in einem gesonderten Verfahren ersuchen konnte. Damit war der subsidiäre Schutz nicht im Asylverfahren zu beantragen, obwohl bereits die ursprüngliche Qualifikationsrichtlinie beide Schutzformen weitgehend einheitlichen Regeln unterwarf. Dem tragen die Änderungsrichtlinie 2013/32/EU und auch Abs. 1 Rechnung. Die Wahlmöglichkeit nach Unionsrecht besteht in Zukunft nicht mehr zwischen Flüchtlings- und subsidiärem Schutz, sondern zwischen dem internationalen Schutz, also beiden Formen des Schutzes, einerseits, sowie einer anderen, gesondert zu beantragenden Form des Schutzes außerhalb des Anwendungsbereichs der Richtlinie 2013/32/EU (Art. 2 Buchst. b) andererseits, also zwischen dem unionsrechtlichen internationalen Schutz und den nationalen Abschiebungsverboten (§ 60 Abs. 5 und 7 AufenthG).

Dementsprechend sieht Abs. 2 nicht mehr wie früher eine Wahlmöglichkeit zwischen 16 der Asylanerkennung und der Zuerkennung der Flüchtlingseigenschaft, sondern zwischen der Asylanerkennung und der Gewährung von internationalem Schutz in beiden Formen vor. Der internationale Schutz schließt untrennbar den Flüchtlingsschutz (§ 3 Abs. 4 Halbs. 1) wie den subsidiären Schutz (§ 4 Abs. 1 Satz 1) ein (§ 1 Abs. 1 Nr. 2). Nach geltendem Recht kann daher nicht mehr der Antrag isoliert auf den subsidiären Schutz begrenzt werden, sondern nur insgesamt auf den internationalen Schutz. Antragstellern verbleibt damit nur noch die Möglichkeit, den Antrag von vornherein ausschließlich auf die Abschiebungsverbote des § 60 Abs. 5 und 7 AufenthG zu beschränken. In diesem Fall findet das AsylG keine Anwendung, sondern hat die zuständige Ausländerbehörde unter zwingender Beteiligung des Bundesamtes die Abschiebungsverbote zu beachten (§ 72 Abs. 2 AufenthG). Ein gesondertes Verfahren hierfür besteht nicht. Die nachträgliche Beschränkung auf Abschiebungsverbote bleibt zwar zulässig. Da mit dem Antrag auf Gewährung internationalem Schutzes aber die Zuständigkeit des Bundesamtes begründet wurde, bleibt dieses weiterhin für die Entscheidung über Abschiebungsverbote zuständig (Abs. 2 Satz 3 in Verb. mit § 24 Abs. 2). Aus der 2013 geänderten Fassung des § 24 Abs. 2 folgt mit hinreichender Klarheit, dass eine nachträgliche Beschränkung auf den subsidiären Schutz nicht mehr zulässig ist, sondern nur noch die Rücknahme des Antrags auf Gewährung internationalen Schutzes insgesamt. In diesem Fall hat das Bundesamt auch unabhängig von einem hierauf gerichteten Antrag des Betroffenen über die Abschiebungsverbote zu entscheiden (§ 32 Satz 1). Der Verweis in Abs. 2 Satz 3 auf § 24 Abs. 2 hat die Bedeutung, dass ein isolierter Antrag auf Feststellung der Abschiebungsverbote nach Abschluss des ersten Verfahrens nicht die Zuständigkeit der Ausländerbehörde, sondern des Bundesamtes begründet (§ 24 Abs. 2).

Der Antragsteller ist über die Rechtsfolgen einer Beschränkung des Antrags zu be- 17 lehren (Abs. 2 Satz 2). Die Ausländerbehörde oder das Bundesamt haben ihn darauf hinzuweisen, dass mit der Beschränkung auf die Gewährung internationalen Schutzes eine spätere Berufung auf die Asylberechtigung nicht mehr zulässig ist. Über die Belehrung ist ein Aktenvermerk anzufertigen. Beschränkt der Antragsteller seinen Antrag nicht bei einer persönlichen Vorsprache, sondern in schriftlicher Form, ist die Wirksamkeit der Beschränkung von der schriftlichen Belehrung über die Folgen und die Bestätigung der Entgegennahme der Belehrung abhängig.

D. Antrag auf Familienasyl und internationalen Schutz für Familienangehörige (§ 26)

18 § 26 Abs. 1 Nr. 3 macht die Gewährung der Asylberechtigung an die engen Familienangehörigen eines Asylberechtigten davon abhängig, dass diese ebenfalls einen Asylantrag im Sinne von Abs. 1 stellen (§ 26 Rdn. 42 ff.). Gleiches gilt nach § 26 Abs. 5 Satz 1 für die Angehörigen eines international Schutzberechtigten. Im Zeitpunkt der Antragstellung braucht der Antrag noch nicht auf das Ziel des § 26 ausgerichtet werden. Vielmehr kann auch zunächst ein originärer Asylanspruch geltend gemacht werden. Erst im Laufe des Verfahrens kann eine Konkretisierung auf den abgeleiteten Status erfolgen. Ein Anspruch auf eigenständige Prüfung von Verfolgungsgründen besteht ohnehin nicht. Solange das Verfahren nicht bestandskräftig beendet ist, kann die Anspruchsgrundlage offen bleiben bzw. hat die Entscheidung für den Anspruch aus § 26 keine den Anspruch aus § 1 Abs. 1 ausschließende Wirkung. Für den Fall der Gewährung des abgeleiteten Status wird jedoch unabhängig vom Willen des Antragstellers keine Prüfung der eigenen Asylgründe vorgenommen (BVerwG, EZAR 215 Nr. 4 = NVwZ 1992, 987; OVG NW, InfAuslR 1991, 316; VGH BW, InfAuslR 1993, 200; § 26 Rdn. 44). Maßgebend für den abgeleiteten Anspruch der Angehörigen ist aber, dass überhaupt, und zwar unverzüglich, ein Asylantrag gestellt wird, da andernfalls der Anspruch auf die abgeleitete Rechtsstellung versagt werden wird.

E. Mitwirkungspflichten nach Abs. 3

19 Abs. 3 Satz 1 legt dem Antragsteller die Verpflichtung auf, an der Grenze um Asyl nachzusuchen, sofern er nicht im Besitz der erforderlichen Einreisedokumente ist. Die Norm verdeutlicht, dass das Gesetz anders als andere Rechtsordnungen *keine Antragsfristen* (s. hierzu BayVGH, EZAR 632 Nr. 18, S. 2 = NVwZ-Beil. 1994, 4 = InfAuslR 1994, 72) kennt (*Treiber*, in: GK-AsylG, § 13 Rn. 149). Ausschlussfristen sind weder mit Unionsrecht (Art. 10 Abs. 1 RL 2013/32/EU) noch mit Art. 3 EMRK vereinbar (EGMR, InfAuslR 2001, 57, 58 = NVwZ-Beil. 2001, 97 – *Jabari*). Allerdings kann eine nicht ausreichend begründete verzögerte Antragstellung nach der Einreise im Rahmen der Beweiswürdigung zulasten des Antragstellers bewertet werden. Das BVerfG hat jedoch darauf hingewiesen, dass der historische Gesetzgeber mit Abs. 3 deutlich gemacht habe, dass ein Begehren nicht allein deshalb als unglaubhaft eingestuft werden könne, weil es nicht unmittelbar bei der Einreise an der Grenze gestellt werde. Es sei nicht nachvollziehbar, wenn ein Gericht das Vorbringen zur Vorverfolgung einzig mit dem Verweis darauf als insgesamt unglaubhaft einstuft, weil es der Antragsteller nicht bereits bei seiner Einreise gegenüber der Grenzbehörde offenbart hat (BVerfG [Kammer], InfAuslR 2004, 406, 407 = NVwZ-RR 2004, 612; *Hailbronner*, AuslR B 2 § 13 AsylVfG Rn. 43; Rdn. 22). Die Verwendung des umgangssprachlichen

Begriffs »Einreisepapiere« in Abs. 3 Satz 1 ist verunglückt (so auch Treiber, in: GK-AsylG, § 13 Rn. 151). Gemeint sind die für eine Einreise in das Bundesgebiet notwendigen Reisedokumente. Abs. 3 Satz 1 enthält eine im Zusammenhang mit § 18 zu regelnde Mitwirkungspflicht, während es andererseits angebracht gewesen wäre, die Verpflichtung nach Abs. 3 Satz 2 im Rahmen von § 22 zu regeln.

Nach der Gesetzesbegründung entspricht Abs. 3 Satz 1 dem Anliegen, »die Zuwanderung steuern und begrenzen zu können. Mit der Verpflichtung des Ausländers, der keine Einreisedokumente besitzt, den Asylantrag bereits an der Grenze zu stellen, soll einem illegalen Aufenthalt des Ausländers entgegengewirkt und das Asylverfahren möglichst frühzeitig eingeleitet werden. Zugleich wird klargestellt, dass die Anwendung der für die Einreise aus sicheren Drittstaaten geltenden Regelungen nicht durch illegale Einreisen umgangen werden darf« (BT-Drucks. 12/4450, S. 17). Andererseits handelt es sich lediglich um eine Obliegenheit, die mit Verwaltungszwang nicht durchgesetzt werden kann (*Treiber*, in: GK-AsylG, § 13 Rn. 167). Letztlich ist dies auch nicht erforderlich, weil Asylsuchende, die ihren Verpflichtungen nach Abs. 3 nicht unverzüglich nachkommen, die Anordnung von Abschiebungshaft (§ 14 Abs. 4) und die Einleitung aufenthaltsbeendender Maßnahmen riskieren, sodass das Risiko einer qualifizierten Asylablehnung (§ 30 Abs. 3 Nr. 4) gesteigert und generell ein ungünstiges Verfahrensklima hervorgerufen wird. 20

Obwohl nach der gesetzgeberischen Absicht Abs. 3 Satz 1 wohl auch die effektive Anwendung des *Flughafenverfahrens* sicherstellen soll, begründet die Vorschrift keine Verpflichtung der im Inland um Asylgewährung angesprochenen Behörden, den Asylsuchenden an die Grenzbehörden zu verweisen. Eine derartige Verpflichtung würde dem Beschleunigungszweck des Gesetzes zuwiderlaufen. Im Konflikt zwischen Steuerungs- und Beschleunigungsziel hat der Gesetzgeber daher dem letzteren den Vorzug gegeben. Aus der Verletzung der Mitwirkungspflicht nach Abs. 3 Satz 1 folgt also nicht die behördliche Verpflichtung, den Asylsuchenden an die Grenzbehörde zu verweisen. Vielmehr treten nunmehr die Mitwirkungspflicht nach Abs. 3 Satz 2 und damit korrespondierend die behördlichen Pflichten nach § 19 Abs. 1 und § 22 Abs. 1 Satz 2 ein. 21

Missglückt ist die unterschiedliche Terminologie des Gesetzes: Während Abs. 3 Satz 1 den Begriff »erforderliche Einreisepapiere« verwendet, verweist Abs. 3 Satz 2 auf den Begriff der »unerlaubten Einreise«. Die unerlaubte Einreise wird in § 15 Abs. 1, § 57 Abs. 1 Satz 1 AufenthG geregelt. Danach reist unerlaubt ein, wer nicht den erforderlichen Pass und den nach § 4 AufenthG erforderlichen Aufenthaltstitel besitzt. Da Abs. 3 Satz 1 nur auf die erforderlichen Reisedokumente, nicht aber auf den erforderlichen Aufenthaltstitel verweist, besteht für Asylsuchende, die zwar mit einem gültigen Pass, jedoch ohne erforderliches Visum einreisen, nicht die Verpflichtung nach Abs. 3 Satz 1 (a.A. *Treiber*, in: GK-AsylG, § 13 Rn. 159; *Hailbronner*, in: AuslR B 2 § 13 AsylVfG Rn. 37). Andererseits soll nach der Gesetzesbegründung dem illegalen Aufenthalt entgegen gesteuert werden. Der illegale Aufenthalt wird jedoch entscheidend durch die fehlende behördliche Erlaubnis zur Einreise, also die Einreise ohne den erforderlichen Aufenthaltstitel, gekennzeichnet. Dies verdeutlicht, dass Abs. 3 nicht nur sprachlich und gesetzessystematisch verunglückt, sondern auch 22 in vielerlei Hinsicht auslegungsfähig ist. Letztlich kann die genaue Abgrenzung zwischen beiden Begriffen jedoch dahinstehen, da an die Verletzung der Mitwirkungspflicht nach Abs. 3 Satz 1 weder Verweisungssanktionen geknüpft sind noch diese ohne Weiteres zum Anlass einer qualifizierten Asylablehnung (§ 30 Abs. 3 Nr. 5) genommen werden darf (vgl. auch BVerfG [Kammer], InfAuslR 2004, 406, 407 = NVwZ-RR 2004, 612; Rdn. 19). Nur für die ohne gültigen Reiseausweis einreisenden Asylsuchenden besteht die Pflicht nach Abs. 3 Satz 1. Dies wird durch § 18a Abs. 1 Satz 2 bestätigt. Danach werden Antragsteller, die nicht mit einem gültigen Pass oder Passersatz einreisen, einem besonderen Verfahren unterzogen. Die Verletzung der Pflicht bleibt sanktionslos. Sie darf weder zum Anlass einer Verweisung an die Grenzbehörde noch zur qualifizierten Asylablehnung noch zur Einleitung eines Strafverfahrens genommen werden.

23 Allerdings besteht das verfahrensrechtliche Risiko, dass dem Antragsteller bei einer Verletzung der Mitwirkungspflicht nach Abs. 3 Satz 1 der Nachweis der Einreise auf dem Luftweg nicht gelingt, sodass er sich nicht auf das Asylrecht berufen kann (§ 26a Rdn. 16 ff.). Andererseits entsteht nach der Einreise mit der Geltendmachung Asylersuchens das gesetzliche Aufenthaltsrecht nach § 55 Abs. 1 Satz 1; s. auch § 14 Rdn. 32. Der Erlöschenstatbestand nach § 67 Abs. 1 Nr. 2 setzt die vorherige förmliche Antragstellung voraus, sodass die verzögerte Antragstellung diese Wirkung nicht herbeiführen kann. Die Verletzung der unverzüglichen Befolgungspflicht nach Abs. 3 Satz 2 kann aber in krassen Fällen zur qualifizierten Asylablehnung (§ 30 Abs. 3 Nr. 5 in Verb. mit 13 Abs. 3 Satz 2) sowie zu strafrechtlichen Folgen (BayObLG. EZAR 355 Nr. 17 = AuAS 1998, 268 = NVwZ-Beil. 1999, 16 [LS]; vgl. § 92 Abs. 5 AufenthG in Verb. mit Art. 31 Abs. 1 GFK) führen. Die Nichtbefolgung der Pflicht nach Abs. 3 Satz 1 hat nicht automatisch zur Folge, dass die Meldung bei den Behörden nach Abs. 3 Satz 2 stets verspätet wäre. Unverzüglich heißt ohne schuldhaftes Verzögern (§ 121 Abs. 1 BGB). Wer an der Grenze kein Begehren geltend macht, nach Einreise und Beratung durch Freunde und durch einen Rechtsanwalt aber um Asyl nachsucht, meldet sich unverzüglich bei den zuständigen Behörden. Generell wird eine Frist von maximal 14 Tagen noch für »unverzüglich« abgesehen (*Treiber*, in: GK-AsylG, § 13 Rn. 171; *Hailbronner*, in: AuslR B 2 § 13 AsylVfG Rn. 49, beide mit Hinweis auf BVerwGE 104, 362 = NVwZ 1997, 1137). Es kommt aber stets auf eine Bewertung der Einzelfallumstände an. Dies gilt auch für die die unerlaubte Einreise rechtfertigende Vorschrift des Art. 31 Abs. 1 GFK (§ 95 Abs. 5 AufenthG).

F. Rechtsschutz gegen die Verweigerung der Entgegennahme des Antrags

24 Weigert sich die Ausländerbehörde oder das Bundesamt, einen Antrag im Sinne von Abs. 1 entgegenzunehmen und zu bearbeiten, ist vorläufiger Rechtsschutz über § 123 VwGO zu gewähren. Während früher § 10 Abs. 5 AsylVfG 1982 ausdrücklich für den Fall der Verweigerung der Entgegennahme des Asylantrags auf den Rechtsschutz nach § 123 VwGO verwies, fehlt im geltenden Recht eine derartige Regelung. Offensichtlich geht der Gesetzgeber davon aus, dass derartige Probleme nicht auftreten können. Kommt es im Einzelfall dennoch zur Verweigerung der Entgegennahme des Antrags, kann Eilrechtsschutz nach § 123 VwGO beantragt werden.

§ 14 Antragstellung

(1) [1]Der Asylantrag ist bei der Außenstelle des Bundesamtes zu stellen, die der für die Aufnahme des Ausländers zuständigen Aufnahmeeinrichtung zugeordnet ist. Das Bundesamt kann dem Ausländer in Abstimmung mit der von der obersten Landesbehörde bestimmten Stelle verpflichten, seinen Asylantrag bei einer anderen Außenstelle zu stellen. [2]Der Ausländer ist vor der Antragstellung schriftlich und gegen Empfangsbestätigung darauf hinzuweisen, dass nach Rücknahme oder unanfechtbarer Ablehnung seines Asylantrags die Erteilung eines Aufenthaltstitels gemäß § 10 Abs. 3 des Aufenthaltsgesetzes Beschränkungen unterliegt. [3]In Fällen des Absatzes 2 Satz 1 Nr. 2 ist der Hinweis unverzüglich nachzuholen.

(2) [1]Der Asylantrag ist beim Bundesamt zu stellen, wenn der Ausländer
1. einen Aufenthaltstitel mit einer Gesamtgeltungsdauer von mehr als sechs Monaten besitzt,
2. sich in Haft oder sonstigem öffentlichem Gewahrsam, in einem Krankenhaus, einer Heil- oder Pflegeanstalt oder in einer Jugendhilfeeinrichtung befindet, oder
3. minderjährig ist und sein gesetzlicher Vertreter nicht verpflichtet ist, in einer Aufnahmeeinrichtung zu wohnen.

[2]Die Ausländerbehörde leitet einen bei ihr eingereichten schriftlichen Antrag unverzüglich dem Bundesamt zu. Das Bundesamt bestimmt die für die Bearbeitung des Asylantrags zuständige Außenstelle.

(3) [1]Befindet sich der Ausländer in den Fällen des Absatzes 2 Satz 1 Nr. 2 in
1. Untersuchungshaft,
2. Strafhaft,
3. Vorbereitungshaft nach § 62 Absatz 2 des Aufenthaltsgesetzes,
4. Sicherungshaft nach § 62 Absatz 3 Satz 1 Nr. 1 des Aufenthaltsgesetzes, weil er sich nach der unerlaubten Einreise länger als einen Monat ohne Aufenthaltstitel im Bundesgebiet aufgehalten hat,
5. Sicherungshaft nach § 62 Absatz 3 Satz 1 Nr. 1a bis 5 des Aufenthaltsgesetzes,

steht die Asylantragstellung der Anordnung oder Aufrechterhaltung von Abschiebungshaft nicht entgegen. [2]Dem Ausländer ist unverzüglich Gelegenheit zu geben, mit einem Rechtsbeistand seiner Wahl Verbindung aufzunehmen, es sei denn, er hat sich selbst vorher anwaltlichen Beistands versichert. [3]Die Abschiebungshaft endet mit der Zustellung der Entscheidung des Bundesamtes, spätestens jedoch vier Wochen nach Eingang des Asylantrags beim Bundesamt, es sei denn, es wurde auf Grund von Rechtsvorschriften der Europäischen Gemeinschaft oder eines völkerrechtlichen Vertrages über die Zuständigkeit für die Durchführung von Asylverfahren ein Auf- oder Wiederaufnahmeersuchen an einen anderen Staat gerichtet oder der Asylantrag wurde als unzulässig nach § 29 Absatz 1 Nummer 4 oder als offensichtlich unbegründet abgelehnt.

Übersicht Rdn.

A. Funktion der Vorschrift

1 Die Vorschrift steht im Zusammenhang mit der persönlichen Meldepflicht zwecks Antragstellung nach § 23 Abs. 1 und der Wohnverpflichtung nach 47 Abs. 1, Abs. 1a, § 30a Abs. 3 Satz 1. Sie regelt die Zuständigkeit innerhalb des Bundesamtes für die Bearbeitung des Asylantrags. An sich betrifft die Zuständigkeitsregelung die funktionelle Aufteilung der Zuständigkeiten des Bundesamtes zwischen dem Hauptsitz in Nürnberg und den Außenstellen. Für Asylsuchende hat die jeweilige Zuständigkeit jedoch erhebliche Auswirkungen, da sie in den Fällen des Abs. 1 in das Verteilungsverfahren nach §§ 46 ff. aufgenommen werden, sich hingegen im Fall des Abs. 2 an

ihrer bisherigen aufenthaltsrechtlichen Situation nichts ändert. Abs. 1 regelt den Regelfall der Zuständigkeit und verfolgt den Zweck, bei unmittelbar in das Bundesgebiet einreisenden Asylsuchenden bereits zu Beginn des Verfahrens die für die Behandlung des Asylbegehrens zuständige Außenstelle des Bundesamtes und damit zugleich auch unverzüglich das Bundesland zu bestimmen, in dem sich der Antragsteller während der Dauer des Asylverfahrens aufzuhalten hat. Abs. 1 ist die Folgerung aus der 1992 erfolgten Konzeption des Asylverfahrens, wonach das Bundesamt für sämtliche asyl- und ausländerrechtlichen Fragen bei der Behandlung von Asylbegehren zuständig ist und die Vorfilterfunktion mit Blick auf unzulässige und offensichtlich unbegründete Asylanträge auszuüben hat. Abs. 2 regelt die Ausnahmefälle von der Grundregel der behördlichen Zuständigkeit nach Abs. 1. In diesem Zusammenhang ist zur näheren Präzisierung der Ausnahmeregelung nach Abs. 2 Satz 1 Nr. 2 und der damit zusammenhängenden Frage der Zulässigkeit der Anordnung oder Aufrechterhaltung von Abschiebungshaft durch ÄnderungsG 1997 die Regelung in Abs. 3 seinerzeit als Abs. 4 neu in die Vorschrift eingefügt worden.

Die Verfahrensrichtlinie steht den Regelungen des § 14 nicht entgegen. Art. 6 Abs. 1 RL 2005/85/EG enthielt für den Zugang zum Verfahren nur rudimentäre Regelungen. Demgegenüber regelt Art. 6 RL 2013/32/EU ausführlich den Zugang: Stellt eine Person einen Antrag auf internationalen Schutz, hat die zuständige Behörde den Antrag spätestens drei Arbeitstage nach Antragstellung zu registrieren (Abs. 1 UAbs. 1). Dies betrifft die Antragstellung nach § 23 Abs. 1. Wendet sich der Asylsuchende an andere Behörden, wie Polizei, Grenzschutz, Einwanderungsbehörden, haben diese ihn darüber zu informieren, wo und wie der Antrag gestellt werden kann (Abs. 1 UAbs. 2). Dies betrifft die Verpflichtungen der Bundespolizei, der Polizei und Ausländerbehörden und der Aufnahmeeinrichtungen aus § 18 Abs. 1 Satz 1, § 19 Abs. 1 und § 22 Abs. 1 Satz 2. Es ist sicherzustellen, dass der Asylsuchende tatsächlich die Möglichkeit hat, den Antrag so bald wie möglich förmlich zu stellen (Abs. 2). Weitere Regelungen zur Behördenzuständigkeit bestehen nicht. Insbesondere bestehen keine die institutionellen Zuständigkeiten innerhalb der Behörde regelnden Vorgaben. Es wird den Mitgliedstaaten lediglich aufgegeben, für alle Verfahren eine Asylbehörde zu benennen, die für eine angemessene Prüfung der Asylanträge zuständig ist (Art. 4 Abs. 1 RL 2013/32/EU). 2

B. Persönliche Antragstellung (Abs. 1 Satz 1)

Während nach § 8 Abs. 1 Satz 2 AsylVfG 1982 für die Antragstellung der tatsächliche Aufenthaltsort des Asylsuchenden maßgebend und dieser die für die Entgegennahme des Asylantrags zuständige Ausländerbehörde bestimmte, haben die Regelungen in Abs. 1 in Verb. mit § 22, § 23 und §§ 30a, G 47 Abs. 1 eine völlig andersgeartete Konzeption eingeführt: Wer keine der in Abs. 2 geregelten Ausnahmevorschriften geltend machen kann, hat den Antrag bei der Außenstelle des Bundesamtes zu stellen, die der für die Aufnahme des Antragstellers zuständigen Aufnahmeeinrichtung zugeordnet ist (Abs. 1). Dies kann, muss aber keinesfalls die Außenstelle sein, die der nächstgelegenen Aufnahmeeinrichtung zugeordnet ist. Damit wird zugleich über die Verteilung des Asylsuchenden während des Asylverfahrens entschieden (§§ 46 ff.). Nach § 23 3

Abs. 1 ist der Antragsteller verpflichtet, zur förmlichen Stellung des Antrags persönlich bei der zuständigen Außenstelle zu erscheinen. Der Wortlaut von § 23 Abs. 1 stellt klar, dass mit der Erfüllung der Meldepflicht nach § 22 Abs. 1 noch kein Asylantrag gestellt worden ist. Erst nach Ermittlung der zuständigen Aufnahmeeinrichtung und damit zugleich der zuständigen Außenstelle des Bundesamtes erscheint der Antragsteller bei dieser zur Stellung des Antrags und wird das Asylverfahren eingeleitet (§ 23 Rdn. 4 ff.). Allerdings ist die Zeitdauer zwischen der Aufnahme in der zuständigen Aufnahmeeinrichtung und der Antragstellung sehr lang und der Gesetzgeber hat diese Praxis mit der Bescheinigung nach § 63a in funktionswidriger Weise gebilligt. Damit wird deutlich, dass der tatsächliche Aufenthaltsort des Antragstellers nicht für die Bestimmung der zuständigen Außenstelle maßgebend ist. Es besteht nicht einmal die Verpflichtung, bei der nächstgelegenen Aufnahmeeinrichtung um Asyl nachzusuchen. Vielmehr schreibt § 13 Abs. 3 Satz 2 lediglich die Meldepflicht bei einer Aufnahmeeinrichtung vor. Daraus kann entnommen werden, dass es dem Gesetzgeber nicht darauf ankommt, welche Aufnahmeeinrichtung der Antragsteller aufsucht. Das nach Maßgabe von § 46 Abs. 1 eingerichtete Verteilungssystem arbeitet nach den abstrakten Kriterien der Aufnahmekapazitäten des Landes und den Bearbeitungskapazitäten des Bundesamtes. Allerdings ist die unverzügliche Meldung des Antragstellers vorgeschrieben (§ 13 Abs. 3 Satz 2). Durch Abs. 1 Satz 2 wird dem Bundesamt eine flexiblere Handhabung der Zuständigkeitsfrage ermöglicht. Da aber in der überwiegenden Mehrzahl der Verfahren vor der Antragstellung nach § 23 Abs. 1 durch die Erstverteilung das Bundesland für den Antragsteller bestimmt worden ist, dürfte diese Vorschrift nur für die Länder Bedeutung haben, in denen mehr als eine Außenstelle eingerichtet wurde. Eine Übertragung an eine einer besonderen Aufnahmeeinrichtung zugeordneten Außenstelle (§ 5 Abs. 5; § 30a) ist zum Zeitpunkt der Antragstellung nur noch zulässig, wenn diese in dem betreffenden Bundesland besteht.

4 Der verfassungsrechtliche Abschiebungsschutz greift bereits mit der Meldung bei den Behörden nach §§ 18 ff. ein. Zwar besteht eine Verpflichtung des ohne erforderliche Einreisedokumente einreisenden Asylsuchenden zur Geltendmachung des Asylbegehrens an der Grenze (§ 13 Abs. 3 Satz 1). Beachtet er diese Verpflichtung nicht, muss er unverzüglich bei einer Aufnahmeeinrichtung (§ 22 Abs. 1) bzw. der Ausländer- oder Polizeibehörde um Asyl nachsuchen (§ 13 Abs. 3 Satz 2). Aus § 13 Abs. 3 Satz 2 wird deutlich, dass die dort genannten Behörden den Antragsteller nicht zur Grenzbehörde zurückverweisen dürfen. Dies würde dem Beschleunigungszweck des Gesetzes sowie seinem Wortlaut zuwiderlaufen (s. auch § 13 Rdn. 19 ff.). Unabhängig von der Obliegenheit des Asylsuchenden, an der Grenze um Asyl nachzusuchen, besteht daher die Verpflichtung der Polizei- und Ausländerbehörden, den Antragsteller an die zuständige bzw. nächstgelegene Aufnahmeeinrichtung weiterzuleiten (§ 19 Abs. 1), sowie die Verpflichtung der Aufnahmeeinrichtung, das Verteilungsverfahren in Gang zu setzen (§ 22 Abs. 1 Satz 2).

C. Probleme der Praxis bei Antragstellung nach Abs. 1 Satz 1

5 Aus dieser Rechtslage ergeben sich Rechtsschutzdefizite insbesondere für anwaltlich vertretene Asylsuchende. In dem Zeitpunkt, in dem der Bevollmächtigte den

Asylsuchenden an die nächstgelegene Aufnahmeeinrichtung verweist, hat er noch keine Kenntnis über die zuständige Außenstelle des Bundesamtes. Er kann daher auch keinen den Asylantrag begründenden Schriftsatz an die Außenstelle übersenden. Es empfiehlt sich daher, dem Antragsteller den Schriftsatz zwecks Abgabe bei der förmlichen Antragstellung (§ 23 Abs. 1) mitzugeben. In der Sache und in den Notwendigkeiten des Anwaltsbetriebes begründete geringfügige Verzögerungen sind unvermeidlich. Keinesfalls darf das Bundesamt diese zum Anlass nehmen, den Antrag in der qualifizierten Form abzulehnen (§ 30 Abs. 3 Nr. 5 in Verb. mit § 13 Abs. 3) bzw. nach § 33 i.V.m. § 23 Abs. 2 Satz 2 vorzugehen. Ein Zuwarten mit der Übersendung der schriftlichen Antragsbegründung, bis der Antragsteller dem Rechtsanwalt die zuständige Außenstelle des Bundesamtes mitteilt, ist aber angesichts der langen Wartezeiten bis zur förmlichen Antragstellung (§ 23 Abs. 1) regelmäßig nicht schädlich. Allerdings sind inzwischen die Wartezeiten für neu einreisende Asylsuchende erheblich verkürzt worden. Auch werden Antragsteller aus sicheren Herkunftsstaaten unmittelbar bei der Antragstellung angehört (§ 30a Abs. 2 Satz 1). Da dem Bundesamt im Zeitpunkt der Antragstellung die Tatsache der Bevollmächtigten regelmäßig nicht bekannt sein dürfte, stellt es in diesem Fall zudem persönlich an den Antragsteller zu. Die Außenstellen haben bei der Terminierung der persönlichen Anhörung (§ 24 Abs. 1 Satz 2) dem Rechtsanwalt auf dessen Wunsch die Teilnahme zu ermöglichen (§ 14 Abs. 4 Satz 1 VwVfG). Kann er den angeordneten Termin nicht wahrnehmen, ist dieser innerhalb eines kurzfristigen Zeitraumes nach dem Tag des ursprünglich vorgesehenen Termins nach Rücksprache mit dem Rechtsanwalt erneut festzusetzen. Gegebenenfalls sollte im Konfliktfall mit der Referatsleitung oder der Zentrale in Nürnberg Kontakt aufgenommen werden.

Es empfiehlt sich, in dem Antragsschriftsatz gegebenenfalls auf die erwünschte anwaltliche Teilnahme an der Anhörung hinzuweisen. Auch wenn derzeit zwar eine gewisse Auflockerung der früheren rigiden Praxis festzustellen ist, kann die Teilnahme des Rechtsanwalts an der persönlichen Anhörung gleichwohl an den nach wie vor bestehenden extrem kurzen Benachrichtigungsfristen nach § 25 Abs. 4 Satz 4 scheitern. Verschärfend kommt hinzu, dass die Anhörung häufig weit entfernt vom Kanzleiort stattfindet und die anwaltliche Teilnahme nicht selten an den fehlenden finanziellen Möglichkeiten des Auftraggebers scheitert. Bevor der Antragsteller an die Aufnahmeeinrichtung verwiesen wird, sollte deshalb ein sorgfältiges und umfassendes Beratungsgespräch durchgeführt und dabei in Anwesenheit des Mandanten der Antragsschriftsatz fertig gestellt werden. Dieser sollte dem Antragsteller mit dem Hinweis übergeben werden, diesen bei der zuständigen Außenstelle des Bundesamtes im Rahmen der förmlichen Antragstellung nach § 23 Abs. 1 abzugeben, damit er berücksichtigt werden kann, sollte die Anhörung im Anschluss an die Meldung durchgeführt werden. Stets empfiehlt es sich, nach Bekanntgabe der zuständigen Außenstelle schriftlich die Antragsbegründung einzureichen, weil nach den Erfahrungen der Vergangenheit der vom Antragsteller persönlich abgegebene Anwaltsschriftsatz häufig nicht zur Akte des Bundesamts gelangt. 6

D. Schriftliche Antragstellung bei der Zentrale des Bundesamtes (Abs. 2)

I. Zuständigkeit der Zentrale des Bundesamtes (Abs. 2 Satz 1 Halbs. 1)

7 Nach Abs. 2 Satz 1 haben die dort enumerativ aufgeführten Personengruppen den Asylantrag beim Bundesamt zu stellen, d.h. für diese Antragsteller gelten nicht die Zuständigkeitsregelungen nach Abs. 1 mit den sich hieran anknüpfenden Verpflichtungen nach §§ 22 ff. und 30a Abs. 3 Satz 1, 47 Abs. 1 Satz 1, Abs. 1a. Aus Abs. 2 Satz 1 ergeben sich zwingende Konsequenzen für die Festlegung der Wohnpflicht nach § 30a Abs. 3 Satz 1, § 47 Abs. 1 Satz 1, Abs. 1a: Wer den Antrag nach Abs. 1 zu stellen hat, unterliegt der Aufenthaltspflicht nach § 47 Abs. 1 Satz 1. Der Kreis der nach Abs. 1 verpflichteten Antragsteller bestimmt sich andererseits negativ durch Abgrenzung gegenüber Abs. 2. Wer nicht in Abs. 2 genannt ist, hat den Antrag nach Abs. 1 mit der hieran anknüpfenden Wohnverpflichtung zu stellen. Aus Abs. 2 wird ersichtlich, dass Abs. 1 in erster Linie auf die unmittelbar einreisenden Asylsuchenden abzielt. Allerdings können Angehörige dieses Personenkreises im Einzelfall auch einen der Tatbestände nach Abs. 2 Satz 1 erfüllen. Wer dem Personenkreis nach Abs. 2 Satz 1 zuzuordnen ist, hat den Antrag nicht persönlich bei der in Abs. 1 erwähnten Außenstelle des Bundesamtes, sondern schriftlich bei der Zentrale des Bundesamtes zu stellen. Das Gesetz unterscheidet damit einerseits zwischen den Außenstellen des Bundesamtes (Abs. 1 Satz 1) sowie andererseits dem Bundesamt (Abs. 2). Im letzteren Fall ist der Hauptsitz des Bundesamtes in Nürnberg gemeint.

8 Abs. 2 Satz 1 geht von der *ausschließlichen* Möglichkeit der schriftlichen Antragstellung aus. Weder das VwVfG des Bundes noch das AsylG sehen die Aufnahme eines mündlich gestellten Antrags zur Niederschrift vor. Abs. 2 Satz 1 enthält die Regelung für die Antragstellung. Satz 3 bestimmt, dass die Zentrale des Bundesamtes die für die Bearbeitung des Antrags zuständige Außenstelle bestimmt. Dies wird regelmäßige die ortsnahe Außenstelle sein. Nach Abs. 2 Satz 1 besteht für die dort genannten Antragsteller die Verpflichtung, den Antrag schriftlich beim Hauptsitz des Bundesamtes zu stellen (*Funke-Kaiser*, in: GK-AsylG II, § 14 Rn. 14). Wird dieser bei einer Außenstelle des Bundesamtes gestellt, kann diese wegen funktioneller Unzuständigkeit die Entgegennahme verweigern. Rechtsmittel zur Durchsetzung der Antragsannahme scheitern an der klaren Zuständigkeitsregelung nach Abs. 2 Satz 1. Mit Blick auf den Gesamtzusammenhang der Behörde Bundesamt, insbesondere auch in Ansehung von Art. 87 GG, erscheint es fragwürdig, dass unselbstständige Untergliederungen einer an sich zur Bearbeitung eines Antrages zuständigen Behörde (§ 5 Abs. 1 Satz 1) dessen Entgegennahme verweigern dürfen. Die Leitung des Bundesamtes wäre daher gut beraten, eine Weiterleitungsverpflichtung für Außenstellen anzuordnen, wenn dort der Antrag eines nach Abs. 2 privilegierten Asylsuchenden eingeht.

II. Betroffener Personenkreis (Abs. 2 Satz 1 Halbs. 2)

1. Besitz eines Aufenthaltstitels (Abs. 2 Satz 1 Nr. 2)

9 Nach Abs. 2 Satz 1 Nr. 1 wird die Zuständigkeit des Bundesamtes begründet, wenn der Antragsteller einen Aufenthaltstitel mit einer Gesamtgeltungsdauer von mehr als

sechs Monaten besitzt. Zum Personenkreis nach Nr. 1 gehören alle Antragsteller, die im Zeitpunkt ihrer Antragstellung einen Aufenthaltstitel mit einer Gesamtgeltungsdauer von mindestens sechs Monaten besitzen. Nach dem Wortlaut dieser Vorschrift muss der Aufenthaltstitel im Zeitpunkt der Antragstellung nicht noch eine Gesamtgeltungsdauer von sechs Monaten haben. Vielmehr ist ausreichend, dass er im Besitz eines noch gültigen Aufenthaltstitels ist, der insgesamt für eine Geltungsdauer von mindestens sechs Monaten ausgestellt worden ist. Die Geltungsdauer kann im Zeitpunkt der Antragstellung bereits abgelaufen sein, wenn rechtzeitig der Verlängerungsantrag gestellt wurde (§ 81 Abs. 4 Satz 1 AufenthG). Der Aufenthaltstitel darf jedoch im Zeitpunkt der Antragstellung nicht nach § 51 Abs. 1 AufenthG erloschen sein. Die Fortgeltungsfiktion (§ 81 Abs. 4 Satz 1) AufenthG erhält den rechtmäßigen Aufenthalt und ist daher nach Nr. 1 zu berücksichtigen (*Funke-Kaiser*, in: GK-AsylG II, § 14 Rn. 15; *Bergmann*, in: Bergmann/Dienelt, AuslR, 11. Aufl., 2016, § 14 AsylG Rn. 8; *Hailbronner*, AuslR B 2 § 14 AsylVfG Rn. 11; *Wolff*, in: Hofmann/Hoffmann, AuslR. Handkommentar, § 14 AsylVfG Rn. 3). Erst mit Bekanntgabe der behördlichen Versagungsverfügung hinsichtlich des Verlängerungs- oder Zweckänderungsantrags erlischt der rechtmäßige Aufenthalt. Die Erlaubnisfiktion nach § 81 Abs. 3 Satz 1 AufenthG setzt nicht den vorherigen Besitz eines Aufenthaltstitels voraus, sodass keine Ausnahme nach Nr. 1 begründet wird (*Funke-Kaiser*, in: GK-AsylG II, § 14 Rn. 16; a.A. *Hailbronner*, AuslR B 2 § 14 AsylVfG Rn. 11).

Die Zuständigkeitsnorm des Nr. 1 unterscheidet nicht nach der rechtlichen Natur des Aufenthaltstitels. Alle in § 4 AufenthG genannten Aufenthaltstitel sind bei der Anwendung von Nr. 1 zu berücksichtigen (*Hailbronner*, AuslR B 2 § 14 AsylVfG Rn. 11; *Bergmann*, in: Bergmann/Dienelt, AuslR, 11. Aufl., 2016, § 14 AsylG Rn. 8; *Wolff*, in: Hofmann/Hoffmann, AuslR. Handkommentar, § 14 AsylVfG Rn. 3). Der Hauptfall der Einreise mit Besuchervisum unterfällt allerdings in aller Regel nicht der Fallgruppe nach Nr. 1, da derartige Sichtvermerke nicht über drei Monate Gesamtgeltungsdauer und als nationales Visum nicht über weitere drei Monate hinaus verlängert werden (§ 6 Abs. 2 AufenthG). Auch ein längerfristiges Visum aus beruflichen oder familiären Gründen (Art. 24 Abs. 2 VK) erfüllt nicht die Voraussetzungen nach Nr. 1, da es nicht über eine Gesamtgeltungsdauer von sechs Monaten erteilt wird. Erst recht erfüllt die Aufenthaltsgestattung nach § 55 Abs. 1 Satz 1 nicht die Voraussetzungen der Nr. 1. Wiederholte Verlängerungen der Fortgeltungsfiktion nach § 81 Abs. 4 Satz 1 AufenthG begründen dagegen nach Ablauf von sechs Monaten die Zuständigkeit des Bundesamtes nach Nr. 1. Die Fortgeltungsfiktion gilt als Aufenthaltstitel im Sinne dieser Vorschrift. 10

2. Amtlicher Gewahrsam oder Aufenthalt in einer Jugendhilfeeinrichtung oder Heileinrichtung (Abs. 2 Satz 1 Nr. 2)

Nach Abs. 2 Satz 1 Nr. 2 haben die Personen, die sich in Haft oder sonstigem öffentlichen Gewahrsam, in einem Krankenhaus, einer Heil- oder Pflegeanstalt oder in einer Jugendhilfeeinrichtung im Sinne dieser Vorschrift befinden, ebenfalls ihren Antrag direkt und schriftlich beim Bundesamt zu stellen, da sie keine Außenstelle aufsuchen können. In der Verwaltungspraxis wird der Antrag durch die ortsnahe Außenstelle 11 bearbeitet. Haft ist grundsätzlich jede richterlich angeordnete Haft, also Straf-, Untersuchungs-, Abschiebungs-, Zurückweisungs- und Zurückschiebungshaft. Der Begriff öffentlicher Gewahrsam ist weiter gehend und schließt grundsätzlich alle Freiheitsentziehungen nach den Sicherheits- und Ordnungsgesetzen der Länder ein (*Funke-Kaiser*, in: GK-AsylG II, § 14 Rn. 21). Heil- und Pflegeeinrichtungen sind Krankenhäuser, Reha-Einrichtungen und sonstige Pflegeheime auf freiwilliger Basis, andernfalls besteht öffentlicher Gewahrsam. Der Antragsteller muss sich im Zeitpunkt der Antragstellung noch in der Haft bzw. Einrichtung nach Nr. 2 befinden. Das folgt sowohl aus dem Wortlaut der Vorschrift wie auch im Umkehrschluss aus § 47 Abs. 1 Satz 2. Die kurzfristige polizeiliche Festnahme ist zwar öffentlicher Gewahrsam. Wird der Antragsteller aber nach Abklärung des Falles entlassen und nach § 19 Abs. 1 behandelt, liegt ein klarer Fall nach Abs. 1 vor und fehlt es auch an dem nach Nr. 2 notwendigen Gewahrsam im Zeitpunkt der Antragstellung (*Funke-Kaiser*, in: GK-AsylG II, § 14 Rn. 21; *Hailbronner*, AuslR B 2 § 14 AsylVfG Rn. 13).

12 Der Begriff der *Jugendhilfeeinrichtung* ist weit zu verstehen. Praktisch bedeutsam ist insbesondere die Inobhutnahme unbegleiteter Minderjähriger nach § 42 SGB VIII, die auch Minderjährige einschließt, die bereits das 16. Lebensjahr vollendet haben (*Funke-Kaiser*, in: GK-AsylG II, § 14 Rn. 22 f.). Da minderjährige unbegleitete Antragsteller in Einrichtungen der Jugendhilfe unterzubringen sind (§ 12 Rdn. 26 f.), besteht für diese keine Wohnpflicht nach § 47 Abs. 1 Satz 1, Abs. 1a oder § 30a Abs. 3 Satz 1 sodass der Antrag nach Nr. 2 direkt schriftlich beim Bundesamt zu stellen ist. Dies ist jedoch umstritten.

13 Abs. 3 regelt in diesem Zusammenhang die Frage der Zulässigkeit der Anordnung oder Aufrechterhaltung von Abschiebungshaft (Rdn. 19 ff.). § 47 Abs. 1 Satz 2 ändert an der zuständigen Außenstelle für die Antragstellung nichts, sondern ordnet nur die Wohnpflicht nach § 47 Abs. 1 Satz 1 für die an sich nach Nr. 2 hiervon befreiten Personen an, wenn nach der Antragstellung, aber vor der Sachentscheidung die Entlassung aus der Haft bzw. Anstalt erfolgt (*Funke-Kaiser*, in: GK-AsylG II, § 14 Rn. 12; *Hailbronner*, AuslR B 2 § 14 AsylVfG Rn. 13).

3. Minderjährige Antragsteller (Abs. 2 Satz 1 Nr. 3)

14 Nach Abs. 2 Satz 1 Nr. 3 haben minderjährige Asylsuchende den Antrag schriftlich beim Bundesamt zu stellen, sofern der Vertreter nicht oder nicht mehr der Wohnverpflichtung nach § 47 Abs. 1 Satz 1 unterliegt. Dies ist dann der Fall, wenn der gesetzliche Vertreter eine längerfristige Aufenthaltserlaubnis hat, im öffentlichen Gewahrsam ist oder aus anderen Gründen nicht mehr der Wohnverpflichtung nach § 47 Abs. 1 Satz 1 unterliegt (*Hailbronner*, AuslR B 2 § 14 AsylVfG Rn. 12). Es reicht aus, dass diese Voraussetzungen nur bei einem der gesetzlichen Vertreter erfüllt sind. Auf die Art der gesetzlichen Verpflichtung kommt es nicht an (*Funke-Kaiser*, in: GK-AsylG II, § 14 Rn. 24; *Bergmann*, in: Bergmann/Dienelt, AuslR, 11. Aufl., 2016, § 14 AsylG Rn. 11). Vielmehr ist allein die gesetzliche Vertretung maßgebend. Nr. 3 verlangt nicht, dass der Minderjährige mit dem gesetzlichen Vertreter in familiärer Gemeinschaft lebt, obwohl dies regelmäßig der Fall ist. Dem gesetzlichen Vertreter soll die

Ausübung des Aufenthaltsbestimmungsrechts ermöglicht werden. Es kann durchaus im Interesse des Minderjährigen sein, wenn er mit Dritten in häuslicher Gemeinschaft zusammenlebt. Bestehen Zweifel an der Minderjährigkeit, ist von der Minderjährigkeit auszugehen (*Hailbronner,* AuslR B 2 § 14 AsylVfG Rn. 2; § 12 Rn. 11 ff.). Ist der Minderjährige unbegleitet, sind die Voraussetzungen nach Nr. 3 nicht erfüllt. In diesem Fall richtet sich die Zuständigkeit nach Nr. 2 (*Funke-Kaiser,* in: GK-AsylG II, § 14 Rn. 25). Nach Bestellung des Vormunds kann aber auch die Zuständigkeit nach Nr. 3 in Betracht kommen. Sind beide Elternteile oder ist der einzige gesetzliche Vertreter verpflichtet, in der Aufnahmeeinrichtung zu wohnen, gilt dies auch für den Minderjährigen. Aus Nr. 3 kann nicht geschlossen werden, der minderjährige Antragsteller habe den Antrag nach Abs. 1 zu stellen und unterliege daher der Wohnverpflichtung nach § 47 Abs. 1 Satz 1, Abs. 1a, § 30a Abs. 3 Satz 1. Vielmehr folgt in diesem Fall die Privilegierung aus Nr. 2 und damit die Behördenzuständigkeit nach Abs. 2.

III. Weiterleitungspflicht der Ausländerbehörde (Abs. 2 Satz 2)

Abs. 2 Satz 2 verpflichtet die Ausländerbehörden, einen bei diesen Behörden eingereichten schriftlichen Asylantrag unverzüglich dem Bundesamt zuzuleiten. Meldet sich ein Antragsteller, der den Antrag persönlich bei einer Außenstelle zu stellen hat, bei der Ausländerbehörde, leitete sie den Asylsuchenden an die nächstgelegene Aufnahmeeinrichtung weiter (§ 19 Abs. 1 Satz 1). Nach dem Regelungszusammenhang des § 14 ist mit dem Begriff »Bundesamt« der Hauptsitz des Bundesamtes in Nürnberg gemeint (*Hailbronner,* AuslR B 2 § 14 AsylVfG Rn. 14). Gegebenenfalls leitet die Außenstelle, an die die Ausländerbehörde den bei ihr gestellten Antrag weiterleitet, diesen der Zentrale des Bundesamtes zu. Umgekehrt folgt hieraus, dass die Außenstelle den unmittelbar bei ihr gestellten Asylantrag eines Antragstellers, der den Asylantrag schriftlich zu stellen hat, verweigern darf (*Wolff,* in: Hofmann/Hoffmann, AuslR. Handkommentar, § 14 AsylVfG Rn. 6). Aus Abs. 2 Satz 2 folgt, dass die Ausländerbehörde nicht die Entgegennahme eines bei ihr gestellten Antrags im Sinne von Abs. 2 Satz 1 verweigern darf. Vielmehr hat sie den schriftlichen Antrag an das Bundesamt (nicht an die Außenstelle) weiterzuleiten. Dies gilt auch für andere Behörden, bei denen ein Asylantrag gestellt wird (*Hailbronner,* AuslR B 2 § 14 AsylVfG Rn. 15). 15

Notfalls kann in den Fällen des Abs. 2 Satz 1 Eilrechtsschutz nach § 123 VwGO mit dem Ziel beantragt werden, den Antrag entgegenzunehmen (§ 13 Rdn. 243). Stellt dagegen ein nach Abs. 1 verpflichteter Antragsteller bei der Ausländerbehörde den Antrag, hat diese ihn an die zuständige bzw. nächstgelegene Aufnahmeeinrichtung weiterzuleiten (§ 19 Abs. 1). Das Gesetz unterscheidet genau: In Fällen des Abs. 2 leitet die Ausländerbehörde den schriftlichen Antrag an den Hauptsitz des Bundesamtes weiter. In Fällen des Abs. 1 verweist sie den Asylsuchenden selbst an die zuständige Behörde. 16

E. Belehrungspflicht nach Abs. 1 Satz 2

Mit Wirkung zum 01.01.2005 hat der Gesetzgeber Abs. 1 Satz 2 neu geregelt. Danach hat das Bundesamt den Asylantragsteller vor der Antragstellung schriftlich und gegen 17

Empfangsbekenntnis über die *Sperrwirkung des § 10 Abs. 3 AufenthG* zu belehren. Nach § 10 Abs. 3 Satz 2 AufenthG darf vor der Ausreise kein Aufenthaltstitel erteilt werden, wenn der Asylantrag in der qualifizierten Form nach § 30 Abs. 3 Nr. 1 bis 6 abgelehnt worden ist. Die Sperrwirkung nach § 10 Abs. 3 Satz 1 AufenthG sperrt die Erteilung der Aufenthaltserlaubnis außerhalb des 5. Abschnitts (§ 22 bis § 26 AufenthG) von Kapitel 2 des AufenthG. Zuständige Behörde für die Belehrung ist das Bundesamt. Die Belehrung hat vor der förmlichen Antragstellung nach § 23 Abs. 1 zu erfolgen (Abs. 1 Satz 2). Abs. 1 Satz 3 ist so zu verstehen, dass unmittelbar nach Entlassung aus dem Gewahrsam oder der Heilanstalt die Belehrung nachzuholen ist. Praktische Gründe sprechen indes dafür, die Belehrung in allen Fällen im Rahmen der persönlichen Anhörung durchzuführen. Eine wortgetreue Anwendung von Abs. 1 Satz 2 hätte zur Folge, dass das Bundesamt im Zusammenhang mit der förmlichen Antragstellung umfangreiche rechtliche Belehrungen vorzunehmen hätte, obwohl dies auch während der persönlichen Anhörung erfolgen kann. Der Sinn der Anordnung bleibt unklar. So ist die Belehrung über die Zustellungsvorschriften »bei der Antragstellung« (§ 10 Abs. 7) vorzunehmen und erfolgt diese in der Verwaltungspraxis regelmäßig zu Beginn der persönlichen Anhörung. Gründe der Praktikabilität sprechen dafür, die Belehrungspflicht nach Abs. 1 Satz 2 bis 3 ebenso zu handhaben.

18 Kann der Nachweis der Belehrung durch die Ausländerbehörde nicht geführt werden, findet die Sperrwirkung nach § 10 Abs. 3 Satz 3 AufenthG keine Anwendung. Sie findet auch keine Anwendung, wenn ein gesetzlicher Anspruch auf Erteilung eines Aufenthaltstitels durchgreift oder eine Aufenthaltserlaubnis nach § 25 Abs. 3 AufenthG erteilt wird (§ 10 Abs. 3 Satz 3 Halbs. 2 AufenthG). Wird die aufschiebende Wirkung der Anfechtungsklage gegen die Abschiebungsandrohung im Eilrechtsschutzverfahren nach § 36 Abs. 3 angeordnet, weil das Verwaltungsgericht das Vorliegen der Voraussetzungen des § 30 Abs. 3 verneint, entfällt ebenfalls die Sperrwirkung. Der Bescheid des Bundesamtes muss ausdrücklich auf die Norm des § 30 Abs. 3 Nr. 1 bis 6 verweisen. Wird die maßgebliche Rechtsgrundlage offen gelassen, kann die Ausländerbehörde dem Antrag nicht die Sperrwirkung des § 10 Abs. 3 Satz 2 AufenthG entgegenhalten.

F. Zulässigkeit der Abschiebungshaft nach § 62 AufenthG (Abs. 3)

I. Funktion der Vorschrift

19 Nach Abs. 3 Satz 1 bewirkt die Antragstellung nicht automatisch die Aufhebung der Abschiebungshaft (§ 62 AufenthG) bzw. steht ihrer Anordnung nicht ausnahmslos entgegen (zur Abschiebungshaft *Marx*, Abschiebungshaft und Abschiebung aus rechtlicher Sicht, S. 259 ff.). Abs. 3 wurde durch das Gesetz zur Änderung ausländer- und asylverfahrensrechtlicher Vorschriften vom 29.10.1997 (BGBl. I S. 2584) in die Vorschrift eingefügt und verfolgt den Zweck, insbesondere »bei Straftätern der missbräuchlichen Stellung offenkundig aussichtsloser Asylanträge aus der Sicherungshaft heraus zu begegnen, die allein aus taktischen Gründen in der Absicht gestellt werden, die Abschiebung zu verhindern« (BT-Drucks. 13/4948, S. 10 f.). Nach Abs. 3 eröffnet die Möglichkeit, unter den in dieser Norm genannten Voraussetzungen bei erstmaliger Antragstellung die Abschiebungshaft anzuordnen oder aufrechtzuerhalten.

Abschiebungshaft in Form der *Vorbereitungshaft* nach § 62 Abs. 2 AufenthG setzt voraus, dass der Ausländer ausreisepflichtig ist und die Gefahr der Vereitelung der Abschiebung besteht. Hintergrund dieser Regelung ist, dass nach der früheren Rechtsprechung die Ausreisepflicht bei einer Asylantragstellung entfiel, da mit einem Asylersuchen ein vorläufiges Bleiberecht in Form der Aufenthaltsgestattung nach § 55 Abs. 1 Satz 1 entsteht (BayObLG, MDR 1992, 1008; OLG Hamm, NVwZ-Beil. 1997, 48). Daher war ein Ausländer, der aus der Abschiebungshaft heraus einen Asylantrag gestellt hatte, stets freizulassen (BT-Drucks. 13/4948, S. 10). Deshalb konnte bis dahin nur in den Fällen, in denen aus der Abschiebungshaft heraus ein *Folgeantrag* (§ 71) gestellt wurde, die Abschiebungshaft aufrechterhalten bzw. angeordnet werden (§ 71 Abs. 8). Der Folgeantrag beseitigt nicht die Ausreisepflicht. Die gesetzliche Aussetzung der Vollziehung nach § 71 Abs. 5 Satz 2 wird nicht als Hafthindernis angesehen (OLG Karlsruhe, NVwZ 1993, 811; § 71 Rdn. 164).

Zwar steht in Fällen von Asylsuchenden und Flüchtlingen Art. 31 Abs. 1 GFK der 20
Haftanordnung nicht entgegen (BayObLG, NVwZ-Beil. 1998, 54) Allerdings ist nach internationalem Standard die Inhaftierung von Flüchtlingen und Asylsuchenden nur unter engen, an administrativen verfahrensrechtlichen Kriterien ausgerichteten Voraussetzungen zulässig (*UNHCR*, Exekutivkomitee, Empfehlung Nr. 44 [XXXVII] [1986]). Danach sollen »im Hinblick auf die Härten, die diese mit sich bringen, Inhaftierungen normalerweise vermieden werden.« »Soweit überhaupt notwendig, sollten Inhaftierungen nur aus Gründen erfolgen, die gesetzlich vorgesehen sind, und zwar zur Klärung der Identität, zur Feststellung der Tatsachen, auf denen der Antrag auf Gewährung der Flüchtlingseigenschaft oder auf Asyl beruht, zur Handhabung von Fällen, in denen Flüchtlinge oder Asylsuchende ihre Reise- oder Identitätsdokumente vernichtet bzw. gefälschte Dokumente benutzt haben, um die Behörden des Zufluchtsstaates irre zu führen, oder aber zum Schutz nationaler Sicherheit oder öffentlicher Ordnung.« Zugleich wird in der Empfehlung die Wichtigkeit fairer und schneller Feststellungsverfahren für den Schutz der Flüchtlinge und Asylsuchenden vor »ungerechtfertigter oder unangemessener Haft« hervorgehoben. Mit der Empfehlung Nr. 85 (XLIX) von 1998 hat das Exekutivkomitee die unveränderte Weitergeltung der Empfehlung Nr. 44 (XXXVII) hervorgehoben und festgestellt, »routinemäßig, willkürlich, eine für unangemessene lange Zeiträume« angewandte Inhaftierungspraxis gegenüber Asylsuchenden stehe im Widerspruch zu geltenden Menschenrechtsstandards.

Ferner ist in diesem Zusammenhang die Rechtsprechung des EGMR zu berücksich- 21
tigen, die dieser für die Unterbringung während des Flughafenverfahrens entwickelt hat. Danach bringt das Festhalten von Ausländern in internationalen Zonen eine Beschränkung der Freiheit mit sich, die nicht in allen Punkten mit derjenigen gleichgestellt werden kann, der sich Ausländer, die auf Ausweisung oder Rückverbringung an der Grenze warten, in den Haftanstalten fügen müssen. Verbunden mit angemessenen Garantien für die Asylsuchenden ist eine solche Maßnahme nur zulässig, um den Staaten die Bekämpfung der heimlichen Einwanderung unter Beachtung internationalen Verpflichtungen, insbesondere derer aus der GFK und der EMRK zu ermöglichen (EGMR, EuGRZ 1996, 577, 585 = NVwZ 1997, 1102 – *Amuur*; EGMR, InfAuslR 2006, 437 – *Saadi*).

22 Art. 26 Abs. 1 RL 2013/32/EU verweist auf die Haftregelungen der Aufnahmerichtlinie. Danach darf eine Person nicht allein deshalb, weil sie ein Asylantragsteller ist, in Haft genommen werden. Die Mitgliedstaaten dürfen aber in Fällen, in denen es erforderlich ist, auf der Grundlage einer Einzelfallprüfung Antragsteller in Haft nehmen, wenn sich weniger einschneidende Maßnahmen nicht wirksam anwenden lassen (Art. 8 Abs. 1 und 2 RL 2013/33/EU). Ferner darf ein Asylbewerber u.a. nur in Haft genommen werden, um seine Identität oder Staatsangehörigkeit festzustellen oder zu überprüfen, um Beweise für das asylrechtliche Feststellungsverfahren zu sichern, die ohne Haft unter Umständen nicht zu erhalten wären, insbesondere wenn Fluchtgefahr besteht und dies aus Gründen der nationalen Sicherheit oder öffentlichen Ordnung erforderlich ist (Art. 8 Abs. 3 Buchst. a), b) und e) RL 2013/33/EU). Gegen eine Person, die wegen illegalen Aufenthalts nach Maßgabe der Richtlinie 2008/115/EG inhaftiert wurde und die nach der Haftanordnung einen Asylantrag stellt, darf die Haft aufrechterhalten werden, wenn aus der fallspezifischen Beurteilung sämtlicher relevanter Umstände folgt, dass der Antrag einzig und allein zu dem Zweck gestellt wurde, den Vollzug der Rückführungsentscheidung zu verzögern oder zu gefährden, und es objektiv erforderlich ist, die Haftmaßnahme aufrechtzuerhalten, um zu verhindern, dass sie sich endgültig ihrer Rückführung entzieht (EuGH, InfAuslR 2013, 285, 286 Rn. 49 – *Arslan*). Auf die Phase von der Antragstellung bis zum unanfechtbaren Abschluss des Asylverfahrens findet die Rückführungsrichtlinie aber keine Anwendung (EuGH, InfAuslR 2013, 285, 286 Rn. 49 – *Arslan*).

23 Trotz des enumerativen Charakters dieser Haftgründe, die neben die Haftgründe nach nationalem Recht treten, wird durch diese einer weiteren Ausweitung der ohnehin schon ausufernden Haftpraxis in den Mitgliedstaaten Vorschub geleistet. Art. 9 RL 2013/33/EU enthält Garantien für inhaftierte Asylbewerber und Art. 10 RL 2013/33/EU Regelungen zu den Haftbedingungen. Schließlich enthält Art. 11 RL 2013/33/EU Schutzbestimmungen für Antragsteller mit besonderen Bedürfnissen. Wird ein Asylbewerber in Haft genommen, ist sicherzustellen, dass eine rasche gerichtliche Überprüfung des Gewahrsams möglich ist (Art. 26 Abs. 2 RL 2013/32/EU). Die umstrittene Frage, ob Abs. 3 mit der Rückführungsrichtlinie vereinbar ist (so *Keßler*, Asylmagazin 2012, 142, 146; a.A. *Funke-Kaiser*, in: GK-AsylG II, § 14 Rn. 43.1), ist durch den Verweis in Art. 26 Abs. 1 RL 2013/32/EU auf die Haftregelungen der Aufnahmerichtlinie geklärt, da diese im Verhältnis zur Rückführungsrichtlinie spezielle Normen enthalten. Allerdings sind bei der Rückführung von erfolglosen Asylsuchenden in Zielländer außerhalb der EU stets die Schutznormen Art. 15 bis 17 der Rückführungsrichtlinie zu ihren Gunsten zu beachten.

24 Nach der Rechtsprechung des BVerfG stellt die Abschiebungshaft einen tiefgreifenden Grundrechtseingriff dar. Das Recht auf Freiheit der Person habe unter den grundrechtlich verbürgten Rechten einen besonders hohen Rang. Die formellen Gewährleistungen des Art. 104 GG stehen mit der materiellen Freiheitsgarantie des Art. 2 Abs. 2 Satz 2 GG in unauflösbarem Zusammenhang (BVerfG [Kammer], NVwZ 2007, 1044, 1045, mit Hinweis auf BVerfGE 10, 302, 322; 58, 208, 220). Jede Inhaftierung greife in schwerwiegender Weise in dieses Recht ein. Die Abschiebungshaftanordnung sei geeignet, das Ansehen des Betroffenen in der Öffentlichkeit

herabzusetzen. Aus dem *diskriminierenden Charakter* einer Maßnahme kann ein *Rehabilitierungsinteresse* folgen (BVerfG, InfAuslR 2002, 132, 136 f.). Diese Grundsätze haben die Auslegung und Anwendung der Vorschriften über die Abschiebungshaft im Rahmen von Abs. 3 zu leiten.

Der in Art. 20 Abs. 3 GG verankerte Grundsatz der Rechtsstaatlichkeit gewährleistet i.V.m. Art. 2 Abs. 2 Satz 2 GG eine umfassende Prüfung der Voraussetzungen für eine Anordnung der Abschiebungshaft in rechtlicher und tatsächlicher Hinsicht. Insbesondere hat das Gericht im Rahmen zulässiger Rechtsbehelfe zu prüfen, ob die Voraussetzungen für die Aufrechterhaltung der Haft noch vorliegen oder aufgrund nachträglich eingetretener Umstände entfallen sind. Zu derartigen Umständen gehört insbesondere eine verwaltungsgerichtliche Entscheidung, durch die der Inhaftierte der Ausreisepflicht ledig oder die Durchführbarkeit seiner Abschiebung für längere Zeit oder auf Dauer gehindert wird (BVerfG [Kammer], NVwZ-Beil. 2001, 26, 26 f. = InfAuslR 2001, 54 = AuAS 2001, 116). Auch nach dem Vollzug der Abschiebung sind die Gerichte von Verfassungs wegen gehalten, über die Rechtmäßigkeit der Haftanordnung zu befinden (BVerfG [Kammer], AuAS 2002, 200, 201). Aus Art. 104 Abs. 2 GG folgt für den Staat die Verpflichtung, die *Erreichbarkeit eines zuständigen Haftrichters* – jedenfalls zur Tageszeit – zu gewährleisten und ihm auch insoweit eine sachangemessene Wahrnehmung seiner richterlichen Aufgaben zu ermöglichen (BVerfGE 105, 239, 250 = InfAuslR 2002, 406). Art. 104 Abs. 2 Satz 3 GG setzt der Ingewahrsamnahme einer Person ohne richterliche Entscheidung mit dem Ende des auf das Ergreifen folgenden Tages eine äußerste Grenze, befreit indes nicht von der Verpflichtung, eine solche Entscheidung unverzüglich herbeizuführen (BVerfGE 105, 239, 250 = InfAuslR 2002, 406). Die Freiheitsentziehung erfordert nach Art. 104 Abs. 2 Satz 1 GG grundsätzlich eine *vorherige richterliche Anordnung* (Richtervorbehalt). Eine nachträgliche richterliche Entscheidung genügt nur, wenn der mit der Freiheitsentziehung verfolgte verfassungsrechtlich zulässige Zweck nicht erreichbar wäre, sofern der Festnahme die richterliche Entscheidung vorausgehen müsste (BVerfG [Kammer], NVwZ 2007, 1044, 1045; OLG Celle, InfAuslR 2004, 210). 25

In diesem Fall ist die richterliche Entscheidung unverzüglich nachzuholen. »Unverzüglich« heißt, dass die richterliche Entscheidung ohne jede, sachlich nicht gerechtfertigte Verzögerung nachzuholen ist. Nicht vermeidbar sind z.B. Verzögerungen, die durch die Länge des Weges, Schwierigkeiten beim Transport, die notwendige Registrierung und Protokollierung, renitentes Verhalten des Festgenommenen oder vergleichbare Umstände bedingt sind (BVerfG [Kammer], NVwZ 2007, 1044, 1045; BVerfG [Kammer], NVwZ 2009, 1033 = InfAuslR 2010, 34). Wird der Betroffene nicht etwa zufällig durch die Polizei aufgegriffen, sondern auf Veranlassung der Ausländerbehörde in Gewahrsam genommen, ist die Ingewahrsamnahme nur zulässig, wenn durch die Einholung einer richterlichen Entscheidung die Festnahme vereitelt würde (BVerfG [Kammer], NVwZ 2009, 1033, 1034 = InfAuslR 2010, 34). An dieser Rechtslage hat sich durch die Einfügung von § 62 Abs. 5 AufenthG (Rdn. 60 ff.) nichts geändert. Die einstweilige Anordnung einer Freiheitsentziehung nach § 427 Abs. 1 Satz 1 FamFG setzt voraus, dass ordnungsgemäß Antrag auf Erlass einer – endgültigen – Haftanordnung durch die zuständige Ausländerbehörde gestellt worden ist. Nur so wird es dem 26

Gericht ermöglicht, die Entscheidung über die Dauer der einstweiligen Freiheitsentziehung an die Umstände anzupassen, die dazu führen, dass zunächst eine einstweilige Anordnung erforderlich ist und die endgültige Haftanordnung noch nicht getroffen werden kann. Die Verfahrensvorschrift des § 427 Abs. 1 Satz 1 FamFG hat grundrechtsschützende Wirkung (BVerfG [Kammer], NVwZ-RR 2009, 304, 305).

27 Mit Blick auf die hohe Bedeutung des *Richtervorbehalts* sind alle an der freiheitsentziehenden Maßnahme beteiligten staatlichen Organe verpflichtet, ihr Vorgehen so zu gestalten, dass dieser als Grundrechtssicherung praktisch wirksam wird. Daraus kann nach Maßgabe der Umstände des Einzelfalls die Verpflichtung der beteiligten Behörden folgen, ihrerseits dafür zu sorgen, dass ein für die Ermittlung des Sachverhalts und die Durchführung einer unverzüglichen richterlichen Anhörung erkennbar notwendiger *Dolmetscher* baldmöglichst verfügbar ist (BVerfG [Kammer], NVwZ 2007, 1044, 1045; BVerfG [Kammer], NVwZ 2009, 1033 = InfAuslR 2010, 34). Die freiheitssichernde Funktion des Art. 2 Abs. 2 Satz 2 GG setzt weiterhin Maßstäbe für die Aufklärung des Sachverhalts und damit für die tatsächliche Grundlage der richterlichen Entscheidung. Es ist unverzichtbare Voraussetzung eines rechtsstaatlichen Verfahrens, dass Entscheidungen, die den Entzug der persönlichen Freiheit betreffen, auf zureichender richterlicher Sachaufklärung beruhen und eine in tatsächlicher Hinsicht genügende Grundlage haben, die der Bedeutung der Freiheitsgarantie entspricht. Dies gilt im gleichen Maße für die nachträgliche Feststellung der Rechtswidrigkeit einer freiheitsentziehenden Maßnahme (BVerfG [Kammer], NVwZ 2007, 1044, 1045).

28 Der in Art. 20 Abs. 3 GG verankerte Grundsatz der Rechtsstaatlichkeit gewährleistet i.V.m. Art. 2 Abs. 2 Satz 2 GG eine umfassende Prüfung der Voraussetzungen für eine Anordnung der Abschiebungshaft in rechtlicher und tatsächlicher Hinsicht (BVerfG [Kammer], NVwZ-Beil. 2001, 26, 26 f. = InfAuslR 2001, 54 = AuAS 2001, 116; BerlVerfGH, NVwZ-RR 2005, 743; OLG Rh-Pf, AuAS 2006, 254). Insbesondere ist das Gericht im Rahmen zulässiger Rechtsbehelfe verpflichtet, zu prüfen, ob die Voraussetzungen für die Aufrechterhaltung der Haft noch vorliegen oder aufgrund nachträglich eingetretener Umstände entfallen sind. Zu derartigen Umständen gehört insbesondere eine verwaltungsgerichtliche Entscheidung, durch die der Inhaftierte der Ausreisepflicht ledig oder die Durchführbarkeit seiner Abschiebung für längere Zeit oder auf Dauer gehindert wird (BVerfG [Kammer], NVwZ-Beil. 2001, 26, 26 f. = InfAuslR 2001, 54 = AuAS 2001, 116). Nach der Rechtsprechung stellt die fehlende Abschiebungsandrohung jedoch kein Abschiebungshafthindernis dar, wenn sie binnen kurzer Frist nachgeholt werden kann (OLG Rh-Pf, AuAS 2006, 254). Auch nach dem Vollzug der Abschiebung sind die Gerichte von Verfassungs wegen gehalten, über die Rechtmäßigkeit der Haftanordnung zu befinden (BVerfG [Kammer], AuAS 2002, 2000, 201).

II. Voraussetzungen für die Zulässigkeit der Abschiebungshaft (Abs. 3 Satz 1)

1. Funktion der Vorschrift des Abs. 3 Satz 1

29 Abs. 3 Satz 1 setzt zunächst voraus, dass der Asylsuchende im Zeitpunkt der Antragstellung aufgrund eines rechtmäßigen Beschlusses im amtlichen Gewahrsam nach

Abs. 2 Satz 1 Nr. 2 ist und sich nach seiner unerlaubten Einreise länger als einen Monat im Bundesgebiet aufgehalten hat, ohne im Besitz eines Aufenthaltstitels zu sein. *Polizeigewahrsam* ist keine Sicherungshaft im Sinne von Abs. 3 Satz 1 Nr. 4 (BGH, InfAuslR 2012, 271, 271 = InfAuslR 2012, 326). Wird daher dem Bundesamt vor der Haftanordnung schriftlich der Asylantrag nach Abs. 2 Satz 1 Nr. 2 zugeleitet, ist von einer wirksamen Asylantragstellung auszugehen. Zwar könnte die Haftanordnung auf § 62 Abs. 3 Satz 1 Nr. 1 AufenthG gestützt werden. Es fehlt jedoch an den Voraussetzungen von Abs. 3 Satz 1 Nr. 4 (OLG Frankfurt am Main, Beschl. v. 31.08.2009 – 20 W 470/07). Daraus folgt, dass die Haftanordnung unzulässig ist, wenn der Asylsuchende aus Anlass seiner Festnahme bei der Polizei den Asylantrag stellt (BGH, InfAuslR 2012, 271, 271 = InfAuslR 2012, 326; OLG Frankfurt am Main, AuAS 1998, 99, 100; *Funke-Kaiser,* in: GK-AsylG II, § 14 Rn. 47; *Hailbronner,* AuslR B 2 § 14 AsylVfG Rn. 16). Auch wenn der Betroffene i.S.d. § 18 Abs. 1 Halbs. 1 und § 19 Abs. 1 Halbs. 1 um Asyl nachsucht, ist die Haftanordnung vor Ablauf der Monatsfrist unzulässig (*Funke-Kaiser,* in: GK-AsylG II, § 14 Rn. 47). Die Asylantragstellung vor Ablauf dieser Frist bewirkt unmittelbar die Freilassung (*Funke-Kaiser,* in: GK-AsylG II, § 14 Rn. 52).

Abs. 3 Satz 1 nennt zusätzliche zwingende Voraussetzungen, unter denen bei einem Asylsuchenden die Abschiebungshaft zulässig bleibt. Liegen aber bereits die tatbestandlichen Voraussetzungen des § 62 AufenthG nicht vor, darf schon deshalb die Abschiebungshaft nicht angeordnet oder verlängert werden. Liegen hingegen diese Voraussetzungen vor, darf im Fall der Asylantragstellung die Abschiebungshaft nur angeordnet werden, wenn zusätzlich die Voraussetzungen des Abs. 3 Satz 1 erfüllt sind. Die Aufzählung der Haftformen in Abs. 3 Satz 1 ist abschließend (KG, InfAuslR 2004, 308, 309). Der Betroffene muss danach rechtswirksam einen Asylantrag, d.h. in schriftlicher Form bei der Zentrale des Bundesamtes (Abs. 2 Satz 1 Nr. 2) stellen, der den inhaltlichen Anforderungen an den Antragsbegriff nach § 13 Abs. 1 genügt (§ 13 Rdn. 2 ff.). Abs. 3 Satz 1 nennt fünf unterschiedliche Haftformen. Daher sind die tatbestandlichen Voraussetzungen der Abschiebungshaft nicht in allen Fällen gleich, sondern folgt die Zulässigkeit der Anordnung oder Verlängerung der Abschiebungshaft aus der Art der vorhergehenden Haft. 30

Die Haftanordnung ist unzulässig, wenn der Aufenthalt des Betroffenen im Zeitpunkt der Bekanntgabe des Beschlusses gestattet ist (BGH, NVwZ 2010, 276; BGH, NVwZ 2011, 574). Demgegenüber stand nach der früheren Rechtsprechung der isolierte Antrag auf Feststellung eines Abschiebungsverbotes (§ 60 Abs. 2 bis 5, 7 AufenthG a.F.) der Haftanordnung nicht entgegen (BGH, NVwZ 2011, 574). Da nach geltendem Recht die früheren Abschiebungsverbote nach § 60 Abs. 2, 3 und 7 Satz 2 AufenthG in § 4 Abs. 1 Satz 2 geregelt sind und kraft Gesetzes Inhalt des Asylantrags sind (§ 1 Abs. 1 Nr. 2, § 13 Abs. 2 Satz 1), der Asylantrag aber ein gesetzliches Aufenthaltsrecht begründet, ist diese Rechtsprechung überholt und nur noch anwendbar, wenn lediglich isoliert Abschiebungsschutz nach § 60 Abs. 5 und 7 AufenthG beantragt wird. 31

Aus der Verletzung der Obliegenheit nach § 13 Abs. 3 Satz 2, unverzüglich den Asylantrag zu stellen, kann kein Haftgrund abgeleitet werden, da diese Vorschrift nicht die 32

Anordnung von Sanktionen rechtfertigt (OLG Karlsruhe, NVwZ-Beil. 2000, 111, 112; OLG Düsseldorf, NVwZ-Beil. 2000, 47, 48 = InfAuslR 2000, 236; *Hailbronner,* AuslR B 2 § 14 AsylVfG Rn. 19; *Funke-Kaiser,* in: GK-AsylG II, § 14 Rn. 52; a.A. BayObLG, InfAuslR 1999, 464 = NVwZ-Beil. 1999, 102 [LS]; § 13 Rdn. 23). Beruht die Freiheitsentziehung auf einem rechtswidrigen Beschluss, ist der Asylsuchende nach Antragstellung unverzüglich zu entlassen (KG, InfAuslR 2008, 169, 171; *Hailbronner,* AuslR B 2 § 14 AsylVfG Rn. 18). Abs. 3 ändert nicht die behördliche Zuständigkeit für die Bearbeitung des Asylantrags. Vielmehr ist die Zentrale des Bundesamtes nach Abs. 2 Satz 1 Nr. 2 zuständig, die die Akte aber regelmäßig an die dem Haftort nächstgelegene Außenstelle weiterleitet. Die Abschiebungshaft in Form der *Vorbereitungshaft* (§ 62 Abs. 2 AufenthG) oder der *Sicherungshaft* (§ 62 Abs. 3 AufenthG) kann nur unter den gesetzlichen Voraussetzungen angeordnet oder aufrechterhalten werden. Die in Abs. 3 Satz 1 Nr. 1 und 2 genannten Haftformen werfen das Rechtsproblem auf, unter welchen Voraussetzungen unmittelbar an die Untersuchungs- oder Strafhaft die Abschiebungshaft in Form der *Überhaft* angeschlossen werden darf (Rn. 35 ff.). Die in Abs. 3 Satz 1 Nr. 3 genannte Vorbereitungshaft dient der Vorbereitung der Ausweisung (§ 62 Abs. 2 AufenthG). Im Blick auf die Sicherungshaft nach § 62 Abs. 3 AufenthG differenziert der Gesetzgeber in Anknüpfung an prognoserechtliche Kriterien zwischen der Sicherungshaft nach § 62 Abs. 3 Satz 1 Nr. 1 AufenthG und der nach § 62 Abs. 3 Satz 1 Nr. 2 bis 5 AufenthG.

33 Die Anordnung der Abschiebungshaft setzt voraus, dass mit einer gewissen Wahrscheinlichkeit zu erwarten ist, dass die Abschiebung ohne Inhaftnahme wesentlich erschwert oder vereitelt wird. Aus den zusätzlichen Erfordernissen in Abs. 3 Satz 1 Nr. 4 wird ersichtlich, dass der Gesetzgeber in diesem Fall das bezeichnete Risiko für weniger gewichtig erachtet als in den übrigen Fällen der Sicherungshaft nach § 62 Abs. 3 Satz 1 Nr. 2 bis 5 AufenthG. Ferner ist nach § 62 Abs. 3 Satz 3 AufenthG bei den zwingenden Haftgründen des § 62 Abs. 3 Satz 1 Nr. 1 bis 5 AufenthG zu berücksichtigen, ob die Abschiebung innerhalb der nächsten drei Monate aus Gründen undurchführbar ist, die der Betroffene nicht zu vertreten hat (KG, NVwZ-Beil. 1995, 47, 48; LG Tübingen, AuAS 1998, 41).

34 Zwar entsteht bei Einreise aus einem sicheren Drittstaat zunächst noch kein gesetzliches Aufenthaltsrecht (§ 55 Abs. 1 Satz 3). Daher wird die Haftanordnung für zulässig erachtet, wenn der Asylsuchende, der aus einem sicheren Drittstaat einreist und einen Asylantrag stellt, in Haft genommen werden soll. Da alle Mitgliedstaaten sichere Drittstaaten seien, gelte dies auch bei Einreise aus einem Mitgliedstaat (*Funke-Kaiser,* in: GK-AsylG II, § 14 Rn. 48 f.; *Hailbronner,* AuslR B 2 § 14 AsylVfG Rn. 17). Die Drittstaatenregelung kann derzeit mangels gelisteter Drittstaaten nicht angewandt werden. Die noch gelisteten Staaten Norwegen und die Schweiz sind mit der EU assoziierte Staaten, auf die die Regelungen der Verordnung (EU) Nr. 604/2013 Anwendung finden. Mitgliedstaaten sind keine Drittstaaten und können daher auch nicht als sichere Drittstaaten behandelt werden. Allerdings ist bei angenommener Zuständigkeit eines anderen Mitgliedstaates die Anordnung von Zurückweisungshaft (§ 57 Abs. 3 AufenthG) zulässig.

2. Überhaft (Abs. 3 Satz 1 Nr. 1 und 2)

35 Nach Abs. 3 Satz 1 steht die Asylantragstellung der Anordnung oder Aufrechterhaltung der Haft nicht entgegen, wenn der Betroffene sich in *Strafhaft* (Nr. 1) oder *Untersuchungshaft* (Nr. 2) befindet. Es wird als unbedenklich gewertet, wenn die Abschiebungshaft nicht ab Erlass der richterlichen Entscheidung, sondern erst im Anschluss an eine bestehende Untersuchungshaft angeordnet wird. Maßgeblich kann insoweit aber nicht sein, ob die Anordnung der Abschiebungshaft im Anschluss an eine bestehende Untersuchungshaft einem unabweisbaren Bedürfnis der Praxis entspricht und erforderlich ist, um die Abschiebung für den Fall der Entlassung des Betroffenen aus der Untersuchungshaft zu sichern. Entscheidend ist vielmehr, ob damit eine im Hinblick auf den grundgesetzlich garantierten Schutz der persönlichen Freiheit (Art. 2 Abs. 1 und 104 GG) ausreichend klare und eindeutige Grundlage für Anordnung, Dauer und Vollzug der Abschiebungshaft vorliegen (BGH, NJW 1995, 1898; BGH, NJW 1995, 2226). Der BGH hat darüber hinaus festgestellt, dass die Anordnung der Abschiebungshaft im Anschluss an eine möglicherweise zu erwartende, aber noch nicht verhängte Strafhaft unzulässig ist (BGH, NJW 1995, 2226, 2227).

36 Die Anordnung der Abschiebungshaft erst im Anschluss an eine bestehende Untersuchungshaft muss danach hinreichend bestimmt sein. Zwar ergeben sich Haftbeginn und -ende nicht unmittelbar aus der Haftanordnung selbst, weil der Beginn der Abschiebungshaft vom Ende der Untersuchungshaft abhängig gemacht worden ist. Der BGH hatte früher vertreten, dass mit Beendigung der in der Haftanordnung bezeichneten Untersuchungshaft der Haftbeginn in einer Weise feststehe, dass für den Vollzug insoweit Zweifel nicht bestehen könnten (BGH, NJW 1995, 1898). Später hat er seine Auffassung geändert und festgestellt, dass Sicherungshaft nicht »auf Vorrat« angeordnet werden dürfe, indem ihr Beginn an das Ende einer laufenden Straf- oder Untersuchungshaft und damit an einen in der Zukunft liegenden ungewissen Zeitpunkt geknüpft werde. Sie könne jedoch parallel zu einer laufenden Straf-oder Untersuchungshaft angeordnet werden, da sich der Haftzeitraum von der Haftanordnung an berechne (BGH, NVwZ 2015, 1079, 1080). Ein erst nach Erlass der Abschiebungshaftanordnung möglicherweise erlassener Haftbefehl und die auf ihm beruhende Untersuchungshaft können im Hinblick auf das Erfordernis der Bestimmtheit der Haftanordnung hingegen nicht berücksichtigt werden (BGH, NJW 1995, 1898). Hier ist eine bestimmte Straftat, an die sich die Abschiebungshaft anschließen könnte, noch nicht verhängt. Die Abschiebungshaft darf jedoch nur im Anschluss an eine solche Haft angeordnet werden, die der Haftrichter in seine Beurteilung, ob die Abschiebungshaft erforderlich ist, einbezogen hat. Einbeziehen kann der Haftrichter aber nur im Zeitpunkt der Entscheidung bekannte Tatsachen. Eine möglicherweise verhängte Strafhaft kann aber im Hinblick auf das Erfordernis der Bestimmtheit der Haftanordnung nicht berücksichtigt werden (BGH, NJW 1995, 2226, 2227; s. auch AG Schwäbisch Gmünd, NVwZ-Beil. 1998, 58, zur Unzulässigkeit der Haftanordnung bei fehlendem Einverständnis der Staatsanwaltschaft nach § 64 Abs. 3 AuslG 1990). Die Anordnung von Abschiebungshaft vor rechtskräftiger Verurteilung wird grundsätzlich für zulässig erachtet. Der Haftrichter müsse sich in diesem Fall selbst die erforderliche Überzeugung anhand des Ergebnisses der Ermittlungen der Strafverfolgungsbehörde

bilden und prüfen, ob sich aus der in einer Straftat zum Ausdruck kommenden rechtsfeindlichen Gesinnung ein Verdacht ergibt, dass der Betroffene sich der Abschiebung entziehen wolle (BayObLG, NVwZ-Beil. 2001, 56).

37 Die im Grundsatz zulässige Anordnung der Sicherungshaft zum Zwecke der Abschiebung des Betroffenen nach Verbüßung der Strafhaft hängt von anderen Voraussetzungen ab als die Anordnung der Sicherungshaft im Anschluss an eine Untersuchungshaft. Befindet der Betroffene sich in Strafhaft, muss der Richter aufklären und darlegen, ob dieser nicht aus der Strafhaft abgeschoben werden kann und, wenn dies nicht möglich sein sollte, welche Zeit die Ausländerbehörde trotz der ihr während der Strafhaft zur Verfügung stehenden Zeit noch benötigt, um die Abschiebung vorzubereiten und durchzuführen. Erst nach dieser Aufklärung und Darlegung kann beurteilt werden, ob überhaupt oder, wenn ja, für welche Dauer im Anschluss an eine Strafhaft Abschiebungshaft angeordnet werden muss (KG, NVwZ-Beil. 1995, 47, 48; OLG Frankfurt am Main, NVwZ-Beil. 1996, 38; s. auch BayObLG, NVwZ-Beil. 2001, 56). Dabei beginnt die Dreimonatsfrist des § 62 Abs. 3 Satz 3 AufenthG im Fall der Anordnung von Sicherungshaft als Überhaft im Anschluss an eine Untersuchungs- oder Strafhaft nicht erst mit deren Vollzug, sondern bereits mit der Anordnung selbst. Die Sicherungshaft dient nicht dazu, es der Ausländerbehörde zu ermöglichen, den Ausgang eines längeren Ermittlungs- oder Strafverfahrens zunächst untätig abzuwarten (OLG Köln, NVwZ-Beil. 2003, 8). Sie ist vielmehr verpflichtet, alles zu tun, um Abschiebungshaft zu vermeiden bzw. so kurz wie möglich zu halten. Spätestens dann, wenn vorhersehbar ist, dass der Betroffene abgeschoben werden soll, muss sie ohne Aufschub alle Anstrengungen unternehmen, um Rückreisedokumente zu beschaffen (OLG Frankfurt am Main, NVwZ-Beil. 1996, 39). Daher muss sie darlegen, weshalb die Beschaffung dieser Dokumente trotz der in solchen Fällen gebotenen Beschleunigung bisher noch nicht möglich war und weshalb die Ausländerbehörde überhaupt noch weitere Zeit benötigt, um die Abschiebung vorzubereiten und durchzuführen (OLG Düsseldorf, NVwZ-Beil. 1995, 64; BayObLG, NVwZ-Beil. 2001, 56). Der Grundsatz der Verhältnismäßigkeit verbietet es, die Verbüßung der Strafhaft abzuwarten und den Betroffenen im Anschluss daran in Abschiebungshaft zu nehmen, wenn sie sich nicht zuvor bemüht hat, nach § 456a StPO eine Abschiebung aus der Strafhaft zu erreichen (OLG Karlsruhe, InfAuslR 2007, 456)

38 Wird der Asylantrag aus der Untersuchungshaft heraus gestellt, darf der Richter zwar grundsätzlich die Abschiebungshaft anordnen. Er muss jedoch vorausschauend bereits eine etwaige Unmöglichkeit der Abschiebung berücksichtigen (BGH, NJW 1995, 2226). Insoweit bestimmt Abs. 3, dass der aus der Untersuchungshaft heraus gestellte Asylantrag nicht automatisch ein Abschiebungshafthindernis deshalb darstellt, weil die voraussichtliche Dauer für die Bearbeitung des Asylantrags eine Prognose darüber, wann abgeschoben werden kann, unmöglich machen würde. Abs. 3 Satz 3 ist vielmehr dahin zu verstehen, dass in besonders gelagerten Ausnahmefällen, in denen die eindeutige Aussichtslosigkeit des Asylbegehrens (vgl. BVerfGE 67, 43, 59 = DVBl 1984, 673 = InfAuslR 1984, 215 = NJW 1984, 2028 = JZ 1984, 735) von Beginn an offen zutage liegt, auch eine Prognose über den voraussichtlichen Abschluss des Asylverfahrens möglich sein wird. Nur in derartigen Verfahren darf daher ungeachtet eines Asylbegehrens die

Abschiebungshaft angeordnet oder aufrechterhalten werden. Verzögert sich jedoch das Eilrechtsschutzverfahren im Fall der qualifizierten Asylablehnung (Abs. 3 Satz 3 letzter Halbs.), kann dies einer Haftanordnung entgegenstehen. Stellt darüber hinaus der Betroffene aus der Strafhaft heraus den Asylantrag, steht dieser jedenfalls dann einer Haftanordnung entgegen, wenn die Ausländerbehörde bislang keine Anstrengungen unternommen hat, um die erforderlichen Rückreisedokumente zu beschaffen (OLG Düsseldorf, NVwZ-Beil. 1995, 64; BayObLG, NVwZ-Beil. 2001, 56).

3. Vorbereitungshaft nach § 62 Abs. 1 AufenthG (Abs. 3 Satz 1 Nr. 3)

Nach Abs. 3 Satz 1 Nr. 3 steht der Anordnung oder Aufrechterhaltung der Vorbe- 39
reitungshaft nach § 62 Abs. 1 AufenthG nicht entgegen, dass der Betroffene einen Asylantrag gestellt hat. Die Abschiebungshaft dient in ihren beiden Formen der Vorbereitungs- und Sicherungshaft letztlich der »Sicherung der Abschiebung«. In beiden Fällen bereitet die Ausländerbehörde während der Dauer der Abschiebungshaft die Abschiebung vor (BayObLG, NJW 1973, 1979, 1982). Der Asylsuchende, der nach seiner polizeilichen Festnahme im *polizeilichen Gewahrsam* vor der richterlichen Haftanordnung erstmals um Asyl nachsucht, darf jedoch nicht in Abschiebungshaft genommen werden, weil er sich weder im »sonstigen öffentlichen Gewahrsam« noch in Untersuchungs-, Straf- oder Abschiebungshaft befindet (OLG Frankfurt am Main, NVwZ-Beil. 1998, 80; KG, InfAuslR 2004, 308, 309; OLG Düsseldorf, InfAuslR 2004, 305, 306). Voraussetzung für die Vorbereitungshaft ist, dass eine Ausweisungsverfügung nach § 53 bis § 55 AufenthG zu erwarten ist, über diese aber nicht sofort entschieden werden kann, weil etwa die erforderlichen Nachweise zur Begründung der Ausweisung noch erbracht werden müssen. Steht jedoch bereits im Zeitpunkt der Entscheidung fest, dass die Ausweisung innerhalb der im Regelfall zu beachtenden Frist von sechs Wochen (§ 62 Abs. 2 Satz 2 AufenthG) nicht verfügt werden kann, ist die Haftanordnung regelmäßig unverhältnismäßig (OLG Frankfurt am Main, InfAuslR 1994, 144, 145). In diesem Fall rechtfertigt erst recht der Asylantrag nicht die Anordnung der Vorbereitungshaft.

Mit der Fristbestimmung nach § 62 Abs. 2 Satz 2 AufenthG trägt das Gesetz dem Pro- 40
blem Rechnung, dass die Ausreisepflicht im Zeitpunkt der Entscheidung noch nicht feststeht. Wenn der Betroffene ohne die Sicherheit der Abschiebungsmöglichkeit Abschiebungshaft erdulden muss, dann soll sie wenigstens erheblich kürzer bemessen sein, als in den Standardfällen der Sicherungshaft. Daraus wird deutlich, dass die Sechswochenfrist nur in außergewöhnlichen Ausnahmefällen überschritten werden darf. Diese Rechtslage ist bei der Auslegung und Anwendung des Abs. 3 Satz 1 Nr. 3 zu berücksichtigen. Ist etwa aufgrund des gestellten Asylantrags fraglich, ob die von der Behörde geplante Ausweisungsverfügung ohne Weiteres getroffen werden kann, ist die Anordnung der Vorbereitungshaft von vornherein unzulässig. Wird in den Fällen der qualifizierten Asylablehnung (Abs. 3 Satz 3 letzter Halbs.) nicht unverzüglich über den Eilrechtsschutzantrag entschieden, ist die Aufrechterhaltung der Vorbereitungshaft unverhältnismäßig. Hat andererseits die Behörde unverzüglich nach Haftanordnung die Ausweisung verfügt, bedarf es bis zum Ablauf der angeordneten Haftdauer keiner erneuten richterlichen Anordnung (§ 62 Abs. 2 Satz 3 AufenthG). Wegen der

Beendigungsgründe in Abs. 3 Satz 3 ist aber vor diesem Zeitpunkt die Haftanordnung aufzuheben, wenn deren Voraussetzungen vorliegen.

4. Sicherungshaft nach § 62 Abs. 3 AufenthG (Abs. 3 Satz 1 Nr. 4 und 5)

a) Funktion der Vorschrift des § 62 Abs. 3 AufenthG

41 Bei der Neuregelung des Ausländerrechts 1990 wurde die zuvor geltende Regelung des § 16 Abs. 2 AuslG 1965 durch § 57 Abs. 2 AuslG 1990 (jetzt § 62 Abs. 3 AufenthG) weitgehend übernommen. Der Gesetzgeber ging davon aus, dass auch künftig Abschiebungen nur durchgeführt werden sollten, wenn die freiwillige Ausreise nicht gesichert ist oder aus Gründen der öffentlichen Sicherheit und Ordnung eine Überwachung der Ausreise erforderlich erscheint. Der Haftgrund wurde lediglich auf das Bestehen eines begründeten Verdachts näher präzisiert, dass sich der Betroffene der Ausreise entziehen will (BGH, NJW 1993, 3069, 3070). Danach war wie bisher für die Haftanordnung eine auf konkrete Umstände des Einzelfalls gestützte Prognose erforderlich, der Betroffene werde sich wahrscheinlich ohne die Festnahme der Abschiebung entziehen oder diese anderweitig erheblich behindern (s. hierzu *MacLean*, InfAuslR 1987, 69, 70). Bei einem untergetauchten Ausländer wurden diese Voraussetzungen regelmäßig bejaht. 1993 wurde die Regelung der Sicherungshaft geändert und § 57 Abs. 2 AuslG 1990 (jetzt § 62 Abs. 3 AufenthG) um konkrete Haftgründe erweitert, die den Richter zwingend zur Anordnung von Sicherungshaft verpflichten, soweit diese nicht nach § 57 Abs. 2 Satz 4 AuslG 1990 unzulässig ist (BVerfG [Kammer], InfAuslR 1994, 342, 344; BGH, NJW 1993, 3069, 3070; BayObLG, MDR 1992, 1008; OLG Frankfurt am Main, InfAuslR 1994, 241). Der Richter ist an die in § 62 Abs. 3 AufenthG bezeichneten Haftgründe gebunden. Ein Abweichen bei besonderen Umständen sieht die Normstruktur der Vorschrift nicht vor und verletzt den Gesetzesvorbehalt des Art. 104 Abs. 1 Satz 1 GG (BVerfG [Kammer], NVwZ 2007, 1296, 1297 = InfAuslR 2007, 290).

42 Allein die Erfüllung der tatbestandlichen Merkmale der Haftgründe des § 62 Abs. 3 Satz 1 AufenthG ist nach dem verfassungsrechtlichen Grundsatz der Verhältnismäßigkeit für die Haftanordnung nicht ausreichend, wenn sich der Betroffene nicht der Ausreise entziehen will (OLG Frankfurt am Main, Beschl. v. 15.03.2004 – 20 W 426/03). Auch ist der Gesundheitszustand des Betroffenen zu berücksichtigen. Ist aufgrund des Krankheitsbildes die Reisefähigkeit nicht aufgehoben, kann die Unzulässigkeit der Haftanordnung aus der regelmäßigen ärztlichen Behandlungsbedürftigkeit folgen (OLG Frankfurt am Main, Beschl. v. 15.03.2004 – 20 W 426/03, für insulinpflichtige Diabetes verbunden mit weiteren Krankheiten). Dementsprechend entfällt nach der Rechtsprechung bei den Haftgründen nach § 62 Abs. 3 Satz 1 AufenthG grundsätzlich die nach dem bis 1990 geltenden Recht verlangte Prüfung der Ausreisepflicht und der Abschiebungserfordernisse (BayObLG, NVwZ 1993, 102). Bei den zwingenden Haftgründen des § 62 Abs. 3 Satz 1 Nr. 2 bis 5 AufenthG ist anstelle der früher erforderlichen Prognose der Erschwerung oder Vereitelung der Abschiebung ohne die Inhaftnahme eine unwiderlegbare Vermutung getreten (BGH, NJW 1993, 3069, 3070; OLG Frankfurt am Main, InfAuslR 1994, 241; a.A. BayObLG, EZAR 048 Nr. 36;

OLG Karlsruhe, NVwZ 1993, 813: Vermutung ist widerlegbar). Der Haftrichter hat aber bei allen Haftgründen die Erforderlichkeit der Abschiebungshaft zu prüfen (*Wolff*, Materielle Voraussetzungen der Abschiebungshaft, S. 59, 60).

b) Sicherungshaft nach § 62 Abs. 3 Satz 1 Nr. 1 (Abs. 3 Satz 1 Nr. 4)

Nach Abs. 3 Satz 1 Nr. 4 steht die Asylantragstellung aus der Haft heraus der Anordnung oder Aufrechterhaltung von Abschiebungshaft nicht entgegen, wenn der Antragsteller sich in diesem Zeitpunkt in Sicherungshaft nach § 62 Abs. 3 Satz 1 Nr. 1 AufenthG befindet, weil er sich nach der *unerlaubten Einreise* länger als einen Monat ohne Aufenthaltstitel im Bundesgebiet aufgehalten hat. EGMR wie auch EuGH haben keine grundsätzlichen Bedenken gegen diesen Haftgrund (EGMR, InfAuslR 2006, 437 = NVwZ 2007, 913 – *Saadi*; EuGH, InfAuslR 2013, 285 – *Arslan*). Insbesondere bei diesem Haftgrund ist jedoch der Verhältnismäßigkeitsgrundsatz zu beachten (OLG Rh-Pf, AuAS 2006, 254). Darüber hinaus ist nach Art. 8 Abs. 3 UAbs. 1 Buchst. e RL 2013/33/EU die Haft eines Asylsuchenden nur zulässig, wenn sein individuelles Verhalten eine »*tatsächliche, gegenwärtige* und *hinreichend erhebliche Gefahr*« darstellt, die ein Grundinteresse der Gesellschaft oder die innere oder äußere Sicherheit des Aufnahmestaates berührt (EuGH, Urt. v. 15.05.2016 – Rs. C-601/15 PPU Rn. 67 ff. – *J.N.* mit Bezugnahme auf EuGH, InfAuslR 2011, 45 = NVwZ 2011, 221 Rn. 78 f.- *Tsakouridis*). Nr. 4 schränkt die weiter gehenden Haftgründe nach § 62 Abs. 3 Satz 1 Nr. 1 AufenthG ein und geht auch den darüber hinausgehenden Haftgründen des Art. 9 Abs. 3 RL 2013/33/EU vor. Nach Art. 4 RL 2013/33/EU dürfen für die Asylsuchenden günstigere Bestimmungen beibehalten werden. Verfassungsunmittelbare Gründe sprechen für eine Inanspruchnahme dieser Befugnis. Hat der Antragsteller sich vor der Antragstellung nach der unerlaubten Einreise noch nicht länger als einen Monat im Bundesgebiet aufgehalten, ist er unmittelbar nach Stellung des Asylantrags aus der Haft zu entlassen. Der Zeitpunkt der Einreise ist vom Antragsteller glaubhaft zu machen (OLG Frankfurt am Main, NVwZ-Beil. 1998, 80; KG, InfAuslR 2004, 308, 309; OLG Düsseldorf, InfAuslR 2004, 305, 306). 43

Der Umstand der unerlaubten Einreise allein reicht für die Anwendung von § 62 Abs. 3 Satz 1 Nr. 1 AufenthG nicht aus. Vielmehr muss der Betreffende aufgrund einer unerlaubten Einreise *vollziehbar ausreisepflichtig* sein. Die aus der unerlaubten Einreise folgende Vermutung, der Betroffene werde seiner Ausreisepflicht nicht nachkommen, kann widerlegt werden. Bei dieser Beurteilung handelt es sich um eine auf der Grundlage relevanter Anknüpfungspunkte gezogene tatrichterliche Schlussfolgerung, die der Rechtskontrolle unterliegt, ob die verfahrensfehlerfrei festgestellten Tatsachen eine solche Folgerung als möglich erscheinen lassen (BGH, Beschl. v. 16.07.2010 – V ZB 13/10). Nach § 58 Abs. 2 Satz 1 Nr. 1 AufenthG ist die Ausreisepflicht vollziehbar, wenn der Betroffene unerlaubt eingereist ist. An der Kausalität zwischen vollziehbarer Ausreisepflicht aufgrund unerlaubte Einreise fehlt es, wenn der Aufenthalt zwischenzeitlich rechtmäßig war und andere Umstände als die unerlaubte Einreise zu einer vollziehbaren Ausreisepflicht geführt haben (Nr. 62.2.1.1.1 Satz 1 und 2 AufenthG-VwV). Der Antrag auf Erteilung eines Aufenthaltstitels berührt die vollziehbare Ausreisepflicht aufgrund unerlaubter Einreise nicht. Wird durch das 44

Verwaltungsgericht nach § 80 Abs. 5 VwGO die vollziehbare Ausreisepflicht ausgesetzt, entfällt der Haftgrund (Nr. 62.2.1.1.1 Satz 3 und 4 AufenthG-VwV).

45 Kann der erstmalig im Bundesgebiet Asyl suchende Antragsteller keine Nachweise über die Einreise vorlegen, weil der Fluchthelfer – wie im typischen Regelfall – diese nach der Einreise an sich genommen hat, hat er den Zeitpunkt, die Umstände und Modalitäten der Einreise schlüssig darzulegen. Nr. 4 bietet keine Handhabe, die Antragstellung durch Haft zu »sanktionieren«. Hierauf liefe eine Anwendungspraxis hinaus, die von jedem Asylsuchenden unter Hinweis auf die Mitwirkungspflicht nach § 15 Abs. 2 Nr. 5 in Verb. mit § 15 Abs. 3 Nr. 3 und 4 zum Nachweis der Einreise und des Einreisezeitpunktes die Vorlage von Beweismitteln fordern würde. Nur wenn sich der Antragsteller nach seinen schlüssigen Erklärungen vor der Haftanordnung länger als einen Monat nach der unerlaubten Einreise ohne Aufenthaltstitel im Bundesgebiet aufgehalten hat, ist diese zulässig (OVG Saarland, InfAuslR 2001, 172; OLG Düsseldorf, NVwZ-Beil. 2000, 47, 48 = InfAuslR 2000, 236). Unvereinbar mit dem Gesetzeswortlaut ist die hiervon abweichende Meinung, die Haftanordnung sei zulässig, wenn der Asylsuchende nicht schlüssig darlege, dass er nicht »unverzüglich« nach seiner Einreise um Asyl nachgesucht habe (BayObLG, InfAuslR 1999, 464 = NVwZ-Beil. 1999, 102; OLG Karlsruhe, NVwZ-Beil. 2000, 111, 112; so schon BayObLG, NVwZ-Beil. 1998, 124; dagegen OLG Düsseldorf, NVwZ-Beil. 2000 47, 48; offen gelassen BGH, NVwZ 2000, 965). Nach der Rechtsprechung hat ein Ausländer, der behauptet, nach Rechtskraft der Ausreiseverfügung freiwillig ausgereist und erst zwei Jahre später wieder eingereist zu sein, konkrete und nachvollziehbare Angaben über die Modalitäten der Ausreise zu machen, da andernfalls vermutet wird, dass er nicht ausgereist ist (OLG Köln, NVwZ 1997, 517). Zu weitgehend ist aber die Ansicht, allein die Tatsache der erneuten Einreise und Asylantragstellung rechtfertige die Haftanordnung (so BayObLG, InfAuslR 1994, 145, 146; a.A. OLG Köln, Beschl. v. 24.09.1997 – 16 Wx 257/97).

46 Zwar steht nach der Rechtsprechung Art. 31 GFK der Haftanordnung zur Sicherung der Abschiebung eines aufgrund einer unerlaubten Einreise vollziehbar ausreisepflichtigen Ausländers nicht entgegen, weil die Sicherungshaft keine »Strafe« ist (BayObLG, NVwZ 1997, 516). Würde für den Einreisezeitpunkt nicht der schlüssige Sachvortrag genügen, sondern stets der volle Nachweis verlangt, liefe dies Art. 31 GFK zuwider. Stellt der mit einem Visum über einen sicheren Drittstaat eingereiste Ausländer im Bundesgebiet einen Asylantrag, setzt die Haftanordnung zusätzliche Anhaltspunkte für die Absicht voraus, sich der Zurückschiebung zu entziehen (LG Augsburg, InfAuslR 2002, 440). Ein Asylsuchender, der aus einem sicheren Drittstaat einreist und vor seiner Inhaftnahme Asyl begehrt und daraufhin von der Ausländerbehörde nicht abgeschoben wird, darf nicht in Abschiebungshaft genommen werden (BayObLG, EZAR 048 Nr. 45 = AuAS 1998, 257).

c) Sicherungshaft nach § 62 Abs. 3 Satz 1 Nr. 1a bis 5 AufenthG (Abs. 3 Satz 1 Nr. 5)

47 Nach Abs. 3 Satz 1 Nr. 5 steht der aus der Haft heraus gestellte Asylantrag der Anordnung oder Aufrechterhaltung von Abschiebungshaft nicht entgegen, wenn der

Antragsteller sich in diesem Zeitpunkt in Sicherungshaft nach § 62 Abs. 3 Satz 1 Nr. 1a bis 5 AufenthG befindet. Anders als nach Abs. 3 Satz 1 Nr. 4 enthält die Vorschrift keine einschränkenden Voraussetzungen, sondern verweist lediglich auf die Haftgründe nach § 62 Abs. 3 Satz 1 Nr. 1a bis 5 AufenthG. Die Haftgründe nach § 62 Abs. 3 Satz 1 Nr. 1a und 2 AufenthG dürften für den Fall der erstmaligen Asylantragstellung kaum praktische Relevanz haben. Ein Fall, in dem die Ausreisepflicht abgelaufen ist und der Ausländer seinen Aufenthaltsort gewechselt hat, ohne der Ausländerbehörde seine Anschrift anzugeben, unter der er erreichbar ist (§ 62 Abs. 3 Satz 1 Nr. 2 AufenthG), betrifft den typischen Fall des »illegalen Untertauchens« nach erfolgloser Asylantragstellung. Diesen Fall regelt jedoch nicht Abs. 3 Satz 1 Nr. 5, sondern § 71 Abs. 8. Freiwilliges Erscheinen bei der Ausländerbehörde, steht der Anordnung der Sicherungshaft regelmäßig entgegen (OLG Celle, InfAuslR 2002, 320).

Die Haftanordnung nach § 62 Abs. 3 Satz 1 Nr. 2 AufenthG verlangt einen unmittelbaren zeitlichen Zusammenhang zwischen Inhaftnahme und Abschiebung. Die Inhaftnahme muss zur Beschleunigung der Abschiebung erforderlich sein. Dies setzt voraus, dass die Ausländerbehörde eine mit der Abschiebung im Zusammenhang stehende konkrete Maßnahme durchführen will und der Betroffene für sie nicht erreichbar ist. Er muss also im Zeitpunkt der Antragstellung und Haftanordnung tatsächlich untergetaucht sein (OLG Frankfurt am Main, InfAuslR 1994, 241; OLG Frankfurt am Main, NVwZ-Beil. 1995, 39, 49). Der nicht angezeigte Aufenthaltswechsel begründet nach § 62 Abs. 3 Satz 1 Nr. 2 AufenthG die Vermutung, dass die Abschiebung ohne die Inhaftnahme wesentlich erschwert oder vereitelt wird (BGH, InfAuslR 2011, 361, 362). Dagegen bewirkt allein die fehlende Anzeige noch nicht den begründeten Verdacht, dass der Betreffende sich der Abschiebung entziehen will (OLG Karlsruhe, AuAS 1998, 101 = NVwZ-Beil. 1998, 40; s. auch OLG Frankfurt am Main, AuAS 1998, 173, 174). Der Haftgrund liegt nicht vor, wenn der Betroffene zwar der zuständigen Meldebehörde, nicht aber der Ausländerbehörde seinen Aufenthaltswechsel angezeigt oder jedenfalls seine ordnungsbehördliche Anmeldung veranlasst hat (BVerfG [Kammer], EZAR 048 Nr. 13 = InfAuslR 1994, 342, 344). Die Voraussetzungen des § 62 Abs. 3 Satz 1 Nr. 2 AufenthG sind auch dann nicht erfüllt, wenn er der Ausländerbehörde nicht angezeigt hat, dass er sich im öffentlichen Gewahrsam befindet (BGH, InfAuslR 2011, 361, 362, hier wegen Rücküberstellung in die Schweiz). Jedenfalls erfordert eine verfassungskonforme Auslegung der Norm, dass der Asylsuchende die Verständigung der Ausländerbehörde über den Aufenthaltswechsel unterlässt, obwohl er den Umständen nach damit rechnet oder rechnen musste, dass diese gegen ihn ein Abschiebungsverfahren eingeleitet hat oder einleiten wird (BayOblG, EZAR 048 Nr. 36). Ist er über seine Anzeigepflicht nicht belehrt worden, darf die Haftanordnung nicht ergehen (OLG Celle, InfAuslR 2004, 118). 48

Eine Auslegung des Haftgrundes nach § 62 Abs. 3 Satz 1 Nr. 2 AufenthG allein nach objektiven Kriterien wäre darüber hinaus innerhalb des Kriterienkatalogs nach § 62 Abs. 3 Satz 1 Nr. 2 bis 5 AufenthG systemfremd (OLG Dresden, InfAuslR 1995, 162, 163). So genügt etwa der Umstand, dass der Betroffene der Ausländerbehörde den Wohnungswechsel nicht angezeigt hat, dann nicht für die Annahme eines beabsichtigten Untertauchens, wenn er nach Kenntnis der Behörde einen Rechtsanwalt bestellt hat, 49 diesem die Anschrift bekannt ist und er über diesen ohne Umstände sogleich erreichbar ist (OLG Köln, Beschl. v. 01.09.1997 – 16 Wx 237/97). Allerdings ist die sofortige Haftanordnung ohne persönliche Anhörung zulässig, wenn der Asylsuchende im Zeitpunkt des Haftantrags untergetaucht ist, die Voraussetzungen des § 62 Abs. 3 Satz 1 Nr. 2 AufenthG also vorliegen (OLG Frankfurt am Main, NVwZ-Beil. 1996, 38, 39). Jedoch ist nur eine einstweilige Haftanordnung zulässig, da eine Anordnung von endgültiger Sicherungshaft eine vorherige mündliche Anhörung voraussetzt (BVerfG [Kammer], NVwZ-Beil. 1996, 49, 50; KG, NVwZ 1997, 516; OLG Frankfurt am Main, NVwZ-Beil. 1996, 38, 39; zur Anhörung im sofortigen Beschwerdeverfahren s. OLG Oldenburg, InfAuslR 2002, 307; BayObLG, InfAuslR 2002, 314).

50 Besondere Bedeutung kommt der Generalklausel des § 62 Abs. 3 Satz 1 Nr. 5 AufenthG zu, wonach die Abschiebungshaft anzuordnen ist, wenn der begründete Verdacht besteht, dass der Betreffende sich der Abschiebung entziehen will. Diese wird durch § 2 Abs. 14 AufenthG ergänzt. Letztere Norm definiert konkrete Anhaltspunkte für den begründeten Verdacht, dass sich der Betroffene der Abschiebung entziehen will. Es ist von Verfassungs wegen ausgeschlossen, die Fortdauer der Haft wegen des Zeitaufwands für Verwaltungsvorgänge anzuordnen, mit denen ein anderer Zweck als derjenige verfolgt wird, der die Haft dem Grunde nach rechtfertigt. Von dem Grundsatz, dass die Haft *ausschließlich* der Sicherung der Abschiebung dient, sind *keine Ausnahmen* zugelassen (BVerfG [Kammer], AuAS 2007, 187, 188). Der Verdacht muss aus konkreten Umständen des Einzelfalls folgen. Insbesondere Äußerungen oder Verhaltensweisen des Betroffenen müssen mit einer gewissen Wahrscheinlichkeit darauf hindeuten oder es nahelegen, dass er beabsichtigt, unterzutauchen oder die Abschiebung in einer Weise zu behindern, die nicht durch einfachen Zwang überwunden werden kann (BGH, InfAuslR 2012, 361, 362). Der Haftrichter muss anders als bei den anderen Haftgründen des § 62 Abs. 3 Satz 1 AufenthG eine *Prognose* über das im Fall der Freilassung des Betreffenden zu erwartende *künftige Verhalten* erstellen. Dabei ist auch das bisherige Verhalten im Bundesgebiet zu berücksichtigen (OLG Frankfurt am Main, InfAuslR 1994, 241, 242). Allein der Umstand, dass er von der Polizei an drei aufeinander folgenden Tagen nicht in der Gemeinschaftsunterkunft angetroffen wurde, begründet nicht den Verdacht der *Entziehungsabsicht* (BayObLG, AuAS 2005, 256, 257). Ebenso wenig begründet allein für sich genommen die im Rahmen einer Vorladung geäußerte Weigerung des Betroffenen, aus dem Bundesgebiet nicht freiwillig auszureisen, noch keinen Haftgrund (LG Bonn, InfAuslR 2002, 321). Bereits diese Voraussetzungen verdeutlichen, dass die Generalklausel kaum auf Fälle erstmalig einreisender Asylsuchender gemünzt ist.

51 Allein die Weggabe des Passes an den Fluchthelfer rechtfertigt nicht die Abschiebungshaft (OLG Saarbrücken, NVwZ-Beil. 1998, 80). Dies wird durch § 2 Abs. 14 Nr. 2 AufenthG bestätigt, wonach zusätzlich die Absicht der Täuschung über die Identität gefordert wird. Bei Asylsuchenden kann dieser Haftgrund deshalb regelmäßig nicht angewandt werden, weil die Ausländerbehörde erst nach Bestandskraft der negativen Statusentscheidung die Passbeschaffungsanordnung zwangsweise durchsetzen kann (VG Sigmaringen, AuAS 1996, 59, 60; wohl auch VGH BW, AuAS 1995, 116, 117; § 15 Rdn. 18 ff.). Der ebenfalls unter § 62 Abs. 3 Satz 1 Nr. 5 AufenthG subsumierte

Fall der Täuschung über die Identität (§ 2 Abs. 14 Nr. 2 AufenthG) ist nach der Rechtsprechung ebenso zu bewerten wie der Umstand, dass der Betreffende sich verborgen hält und rechtfertigt danach die Haftanordnung (OLG Celle, InfAuslR 1994, 149; BayObLG, NVwZ 1993, 811; BayObLG, NVwZ-Beil. 1996, 96; BayObLG, EZAR 048 Nr. 43; BayObLG, NVwZ-Beil. 1998, 104; BayObLG, NVwZ-Beil. 2000, 112; OLG München, AuAS 2006, 160, 162). Die Rechtsprechung wendet vereinzelt diesen Haftgrund aber auch bereits dann an, wenn ein Asylsuchender mit gefälschten Identitätsnachweisen einreist und deshalb seine Herkunft nicht nachgewiesen werden kann (OLG Celle, InfAuslR 1994, 149). Dem kann nicht zugestimmt werden. Vielmehr wird man den Rechtsgedanken des § 30 Abs. 3 Nr. 1 und 2 zugrunde legen und deshalb bei der Haftanordnung nach Abs. 3 Satz 1 Nr. 5 in Verb. mit § 62 Abs. 3 Satz 1 Nr. 5 AufenthG verlangen müssen, dass der Asylsuchende bewusst und gewollt durch Vorlage falscher Identitätsdokumente über seine Identität oder Staatsangehörigkeit täuscht. Hieran fehlt es, wenn der Asylsuchende von vornherein seine wahre Identität offenbart und die Umstände, welche die Verwendung gefälschter Identitäts- und Reisedokumente aus seiner Sicht erforderlich machten, schlüssig erklärt. Nach der Rechtsprechung kann darüber hinaus der Umstand, dass der Ausländer zum Zwecke der Verhinderung der Abschiebung in den *Hungerstreik* tritt, ungeachtet dessen Abbruchs die Annahme des begründeten Verdachts rechtfertigen, der Betroffene wolle sich der Abschiebung entziehen (BayObLG, NVwZ-Beil. 1997, 39). Gerade bei Asylsuchenden kann ein derartiges Verhalten jedoch häufig auch ein gewichtiges Indiz für eine begründete Verfolgungsfurcht sein, sodass der nach § 62 Abs. 3 Satz 1 Nr. 5 AufenthG gebotenen Prognose die Grundlage entzogen ist.

III. Abschiebungshaft gegenüber Minderjährigen

Bei der Anordnung von Sicherungshaft gegenüber Minderjährigen kommt dem Verhältnismäßigkeitsgrundsatz wegen der Schwere des Eingriffs besondere Bedeutung zu. Insbesondere sind nach Maßgabe von Art. 17 RL 2008/115/EG alterstypische Belange zu berücksichtigen (BGH, NVwZ 2015, 840). Allerdings findet die Rückführungsrichtlinie während der Dauer des Asylverfahrens keine Anwendung. Haft zur Sicherung der Abschiebung von Minderjährigen entspricht nur dann dem Verfassungsgebot der Verhältnismäßigkeit, wenn weniger einschneidende Mittel, wie etwa die Unterbringung in einer Jugendeinrichtung, Meldeauflagen, räumliche Beschränkungen des Aufenthaltsortes, nicht gleichwertig zur Verfügung stehen (OLG Köln, NVwZ-Beil. 2003, 64; OLG Köln, NVwZ-Beil. 2003, 48; KG InfAuslR 2005, 268; OLG München, InfAuslR 2005, 324; s. aber OLG Zweibrücken, AuAS 2006, 138). Freiheitsentziehende Maßnahmen sind im Rahmen der Inobhutnahme nur zulässig, wenn und soweit sie erforderlich sind, um eine Gefahr für Leib und Leben des Kindes oder des Jugendlichen oder eine Gefahr für Leib oder Leben Dritter abzuwenden. § 42 Abs. 5 Satz 1 SGB VIII verdrängt als spezielle Norm § 62 AufenthG. Auch Unionsrecht enthält im Blick auf die Haft gegenüber Minderjährigen strikte Vorgaben. Art. 11 Abs. 2 RL 2013/33/EU bestimmt, dass Minderjährige »nur im äußersten Fall in Haft genommen werden« dürfen, nachdem festgestellt worden ist, dass weniger einschneidende alternative Maßnahmen nicht wirksam angewandt werden können. Ferner wird Haft nur für den kurzmöglichen Zeitraum angeordnet und sind alle Anstrengungen 52 zu unternehmen, um die Haft zu beenden und Minderjährige in geeigneten Unterkünften unterzubringen. Art. 37 Buchst. b) KRK und Art. 17 Abs. 1 RL 2008/115/EG (§ 62 Abs. 1 Satz 3 AufenthG) lassen freiheitsentziehende Maßnahmen gegenüber Kindern nur als letztes Mittel und nur für die kürzeste angemessene Zeit zu. Fraglich ist, ob Art. 37 Buchst. b) KRK überhaupt die Anordnung von Abschiebungshaft zulässt. Nach Rücknahme des Vorbehalts durch die Bundesrepublik am 03.05.2010 ist die Konvention unmittelbar anwendbar (*Benassi*, InfAuslR 2010, 283, 291; offen gelassen in BVerwGE 98, 31, 45 = InfAuslR 1995, 265 = EZAR 024 Nr. 4; BVerwGE 101, 236, 246 f. = InfAuslR 1995, 54 = EZAR 023 Nr. 9).

53 Aus dem verfassungskräftigen Grundsatz der Verhältnismäßigkeit folgt ein grundsätzliches Verbot der Abschiebungshaft gegenüber Minderjährigen. Dieses darf nur in Ausnahmefällen durchbrochen werden (BGH, NVwZ 2011, 320; KG, InfAuslR 2005, 268; OLG München, InfAuslR 2005, 324; OLG Zweibrücken, InfAuslR 2006, 376, 376 f. = AuAS 2006, 138). Anstelle von Haft kommt z.B. die Unterbringung in einer Einrichtung für Jugendliche, die Anordnung von Meldeauflagen oder anderweitige Beschränkungen der Bewegungsfreiheit in Betracht (BGH, NVwZ 2011, 320; OLG München, InfAuslR 2005, 324; KG, InfAuslR 2005, 268; OLG Zweibrücken, AuAS 2006, 138). Dies folgt auch aus dem Gebot, mildere Mittel anzuwenden (§ 62 Abs. 1 Satz 1 AufenthG). Vor der Haftanordnung ist das Alter des Betroffenen zu prüfen (§ 12 Rdn. 11 ff.), wenn sich aufgrund des Haftantrags die Möglichkeit aufdrängt, dass er noch minderjährig ist (BGH, Beschl. v. 03.02.2011 – V ZB 12/10). Bei der Haftanordnung zur Sicherung der Abreise ist zusätzlich zu prüfen, ob eine altersgerechte Unterbringung im Transitbereich des Flughafens oder in der sonstigen Unterkunft gesichert und der über 30 Tage hinausgehende Aufenthalt dort auch im Übrigen noch verhältnismäßig ist (BGH, InfAuslR 2013, 78, 79). Wegen ihrer besonderen Schutzwürdigkeit werden Minderjährige durch den Vollzug der Haftanordnung typischerweise erheblich betroffen und können dadurch dauerhafte psychische Schäden davontragen. Im Ergebnis besteht damit zwischen Völker- und Verfassungsrecht kein Unterschied. Haft gegenüber Minderjährigen kommt nur als »*ultima ratio*«, also nur unter besonders außergewöhnlichen Umständen in Betracht.

IV. Beendigung der Abschiebungshaft

1. Beendigungsgründe nach Abs. 3 Satz 3

54 Nach Abs. 3 Satz 3 ist die Abschiebungshaft mit Zustellung der Statusentscheidung, spätestens jedoch vier Wochen nach Antragseingang bei der Zentrale des Bundesamtes zu beenden. Unerheblich ist, aus welchen Gründen bis zum Fristablauf noch keine Entscheidung getroffen wurde (*Funke-Kaiser*, in: GK-AsylG II, § 14 Rn. 55; *Hailbronner*, AuslR B 2 § 14 AsylVfG Rn. 26). Abs. 3 Satz 3 bezeichnet Beendigungsgründe, die kraft Gesetzes die Haft beenden. Dies schließt es nicht aus, mit Hinweis auf diese Gründe die Aufhebung der Haft zu beantragen. Daneben sind weitere Beendigungsgründe, wie etwa die Verletzung des Beschleunigungsgebotes, zu berücksichtigen. Nach Art. 9 Abs. 1 RL 2013/33/EU wird Haft für den kürzestmöglichen Zeitraum und nur solange angeordnet (Rdn. 52), wie die in Art. 8 Abs. 3 RL 2013/33/EU bezeichneten Haftgründe vorliegen.

Kann das Bundesamt den Antragsteller nicht innerhalb von vier Wochen nach § 25 anhören und die Sachentscheidung treffen, hat der Haftrichter im Regelfall spätestens vier Wochen nach Antragseingang die Anordnung der Abschiebungshaft aufzuheben (OLG Karlsruhe, NVwZ-Beil. 2000, 14). Dem gesetzlich geregelten Fall des Abs. 3 Satz 3 rechtlich gleichzustellen ist der Fall, dass die Frist abgelaufen ist, weil die Ausländerbehörde den Asylantrag als solches verkannt und daher rechtsirrtümlich zunächst nicht an das Bundesamt weitergeleitet hat (OLG Köln, NVwZ-Beil. 2001, 120). Für die Fristberechnung ist der Tag des Eingangs des Antrags bei der Zentrale des Bundesamtes (Abs. 2 Satz 1 Nr. 2) maßgebend (BayObLG, EZAR 048 Nr. 42). Beim minderjährigen Asylsuchenden beginnt die Frist erst mit der Antragsgenehmigung durch den gesetzlichen Vertreter (BayObLG, EZAR 048 Nr. 50 = NVwZ-Beil. 2000, 151). Auch wenn die Frist auf einem Samstag, Sonntag oder Feiertag endet, gebietet die verfassungskonforme Auslegung und Anwendung der Fristbestimmung nach Abs. 3 Satz 3 die Aufhebung der Haftanordnung spätestens mit Wirkung für diesen Tag. Der Haftrichter kann die Haftanordnung jedoch auch von vornherein kalendermäßig auf diesen Tag begrenzen (OLG Frankfurt am Main, NVwZ-Beil. 1996, 38, 39). Da der Haftrichter die Asylgründe nicht inhaltlich prüfen darf (BGHZ 78, 145, 150; BVerwG, Buchholz 402.24 § 16 AuslG Nr. 1; BayObLGZ 1974, 177; 1982, 271; KG, OLGZ 1975, 257; 1980, 179; KG, InfAuslR 1982, 25; OLG Frankfurt am Main, OLGZ 1977, 165; OLG Hamm, OLGZ 1977, 157; Rdn. 69 ff.), er also ohne Berücksichtigung der Verfolgungsbehauptungen die Voraussetzungen des § 62 Abs. 1 oder 3 AufenthG in Verb. mit Abs. 3 Satz 1 überprüft, kann er auch die Ausnahmevorschrift des Abs. 3 Satz 3 Halbs. 2 nicht berücksichtigen. Dies spricht dafür, den Tag des Ablaufs der Vierwochenfrist bereits in der Haftanordnung zu bestimmen. 55

Erfolgt die Sachentscheidung des Bundesamtes vor diesem Termin, ist die Abschiebungshaft sofort zu beenden, es sei denn, sie wird im Blick auf die qualifizierte Antragsablehnung verlängert. Die telefonische Mitteilung des Bundesamtes ist nicht ausreichend. Vielmehr muss die Entscheidung dem Antragsteller innerhalb der Frist bekannt gegeben werden (LG Berlin, NVwZ-Beil. 1998, 32 = NVwZ-Beil. 1998, 80 [LS]; *Funke-Kaiser,* in: GK-AsylG II, § 14 Rn. 55). Wird die qualifizierte Asylablehnung zwar vor Fristablauf getroffen, indes erst danach zugestellt, ist die Haftanordnung aufzuheben (OLG Brandenburg, InfAuslR 2002, 481). Aus dem Beschleunigungsgebot des Abs. 3 Satz 3 folgt für das Bundesamt, dass es Haftsachen besonders kenntlich zu machen und unmittelbar nach Antragseingang eine erste summarische Überprüfung der Asylgründe vorzunehmen hat. Ergibt schon der erste Blick, dass eine qualifizierte Asylablehnung wegen der Art der Verfolgungsbehauptungen nicht in Betracht kommt, hat es die Ausländerbehörde unverzüglich zu informieren, damit diese die Haftentlassung beantragen kann. Es wäre mit verfassungsrechtlichen Grundsätzen kaum vereinbar, wenn das Bundesamt die gesetzlichen Fristen nach Abs. 3 Satz 3 ausschöpfen würde. Insoweit wird man in Angleichung an § 18a Abs. 6 Nr. 2 fordern müssen, dass binnen Tagesfrist die erste Erfolgskontrolle und entweder unverzüglich die Anhörung durchzuführen oder die Ausländerbehörde zu unterrichten ist, dass die Bearbeitung des Antrags innerhalb von vier Wochen nicht möglich ist. 56

57 Nach Abs. 3 Satz 3 letzter Halbs. endet die Abschiebungshaft nicht, wenn ein Auf- oder Wiederaufnahmeersuchen an einen anderen Staat aufgrund von Unions- oder Völkerrecht gerichtet wurde oder der Antrag als unbeachtlich (§ 27) oder offensichtlich unbegründet (§ 30) abgelehnt wurde (ausführlich zur Dublin-Haft § 18 Rdn. 40 ff.). Bei der Anwendung von Abs. 3 sind allerdings die allgemeinen Vorschriften über die Abschiebungshaft nach § 62 AufenthG und das Beschleunigungsgebot zu beachten. Der Haftrichter muss bei seiner Entscheidung die Dauer der bereits bestehenden Haft berücksichtigen (OLG Düsseldorf, EZAR 57 Nr. 9). Kann die Ausländerbehörde nicht darlegen, dass das Bundesamt das Übernahmeverfahren mit der gebotenen Beschleunigung betreibt, werden ihr die entsprechenden Versäumnisse zugerechnet und ist die Haft zu beenden (OLG Zweibrücken, InfAuslR 2006, 415, 416; LG Hannover, InfAuslR 2006, 334, 335). Ist aufgrund allgemeiner Erfahrungen absehbar, dass der Betroffene nicht innerhalb der Dreimonatsfrist des § 62 Abs. 3 Satz 3 AufenthG übernommen werden wird, ist die Haft ebenfalls zu beenden. Erkennt im Fall der qualifizierten Asylablehnung das Verwaltungsgericht im Eilrechtsschutzverfahren, dass der angefochtene Bescheid an schwerwiegenden Verfahrensfehlern leidet oder liegen »ernstliche Zweifel« an dessen Rechtmäßigkeit offen zutage, hat es dem Eilrechtsschutzantrag unverzüglich stattzugeben. In diesem Fall hat es entsprechend § 80a unverzüglich die Ausländerbehörde über die Entscheidung zu unterrichten, damit diese die Haftentlassung beantragen kann.

2. Verletzung des Beschleunigungsgrundsatzes (§ 60 Abs. 3 Satz 3 AufenthG)

58 Die Anordnung oder Aufrechterhaltung der Haft kann wegen Verletzung des Beschleunigungsgrundsatzes unzulässig sein. Da Abs. 3 lediglich das bisherige Abschiebungshafthindernis des Asylantrags für bestimmte Ausnahmefälle einschränken will, sind die allgemeinen Abschiebungshaftvoraussetzungen unabhängig von den Beendigungsgründen nach Abs. 3 Satz 3 wie auch insbesondere der Grundsatz der Verhältnismäßigkeit zu beachten (BVerfG [Kammer], InfAuslR 2008, 358, 359; BGH, InfAuslR 2012, 328, 329). Danach hat die Ausländerbehörde alles zu tun, um Abschiebungshaft zu vermeiden bzw. so kurz wie möglich zu halten (OLG Frankfurt am Main, NVwZ-Beil. 1996, 39; OLG Dresden, NVwZ-Beil. 2001, 120; OLG Karlsruhe, InfAuslR 2000, 234; OLG Celle, InfAuslR 2003, 351, 352; OLG Celle, InfAuslR 2004, 118; OLG Celle, InfAuslR 2003, 444; s. hierzu auch *Drews/ Fritsche*, NVwZ 2011, 527, 530 f.). Die lediglich vorübergehende, nicht auf Dauer angelegte Undurchführbarkeit der Abschiebung als solche begründet jedoch kein Hafthindernis (BVerfG [Kammer], NJW 1987, 3076). Die Ausländerbehörde hat die Abschiebung ernstlich zu betreiben und konkrete Maßnahmen zu ihrer Vorbereitung zu treffen (OLG Dresden, NVwZ-Beil. 2001, 120). Sind Passersatzdokumente zu beschaffen, muss sie mit der gebotenen Beschleunigung alle ihr nach dem Stand der Ermittlungen eröffneten Möglichkeiten nutzen, die wahre Identität des ausreisepflichtigen Ausländers zu ermitteln (OLG Dresden, NVwZ-Beil. 2001, 120; s. aber OLG Dresden, NVwZ-Beil. 2001, 119). Organisatorisch vermeidbare Verzögerungen, etwa bei der Zusammenarbeit mit anderen Behörden, können eine objektiv unnötige Haftverlängerung nicht rechtfertigen und werden der federführenden

Ausländerbehörde zugerechnet (OLG Zweibrücken, InfAuslR 2006, 415, 416; LG Hannover, InfAuslR 2006, 334, 335).

Der Haftantrag ist nur zulässig, wenn er zur Durchführbarkeit der Abschiebung und zur Erforderlichkeit der beantragten Haftdauer von drei Monaten Angaben enthält (BGH, InfAuslR 2012, 330, 331). Insbesondere hat die beantragte Haftdauer dem Grundsatz der Verhältnismäßigkeit zu entsprechen (BGH, InfAuslR 2012, 328, 329 f.). Es ist unzulässig, erst nach mehreren Monaten Haftdauer die Ausstellung von Rückreisedokumenten zu beantragen (OLG Frankfurt am Main, NVwZ-Beil. 1996, 39, 40; OLG Frankfurt am Main, AuAS 1998, 198, 199; OLG Celle, InfAuslR 2003, 351, 352). Die Behörde hat deshalb darzulegen, weshalb die Beschaffung der Passersatzdokumente trotz der in solchen Fällen gebotenen Beschleunigung noch nicht möglich war und weshalb sie überhaupt noch weitere Zeit benötigt, um die Abschiebung vorzubereiten und durchzuführen (OLG Düsseldorf, NVwZ-Beil. 1995, 64; s. hierzu auch OLG Düsseldorf, NVwZ-Beil. 1998, 23; OLG Düsseldorf, NVwZ-Beil. 1998, 77, 78). Verweigert in einem derartigen Fall der Betroffene nicht seine Mitwirkung an der Beschaffung von Rückreisedokumenten, kann die Behörde aber gleichwohl nicht darlegen, dass innerhalb der angeordneten Haftdauer die Abschiebung vollzogen werden kann, ist diese nicht mehr verhältnismäßig (OLG Frankfurt am Main, NVwZ 1994, 827; OLG Frankfurt am Main, InfAuslR 1994, 241, 242; BayObLG, NVwZ-Beil. 1995, 16). Die Haftanordnung setzt jedoch nicht den Nachweis voraus, dass die Abschiebung des Betroffenen innerhalb der Dreimonatsfrist nicht durchführbar ist. Lediglich wenn feststeht, dass aus Gründen, die der Betroffene nicht zu vertreten hat, die Abschiebung nicht innerhalb dieser Frist durchgeführt werden kann, ist die Haftanordnung unzulässig (BayObLG, Beschl. v. 13.01.2004 – 4Z BR 1/04). Die weitere Vollstreckung von Sicherungshaft ist andererseits insbesondere dann unzulässig, wenn die Botschaft des Zielstaates jede weitere Befassung mit dem Passbeschaffungsantrag bis auf Weiteres ablehnt (OLG Celle, InfAuslR 2004, 306, 309). Andererseits ist bei Verweigerung der Mitwirkung des Betroffenen dann eine Verlängerung der Abschiebungshaft über sechs Monate hinaus unzulässig, wenn dadurch dessen weitere Mitwirkung an Passbeschaffungsmaßnahmen erzwungen werden soll (OLG Schleswig, AuAS 1999, 16; s. auch BayObLG, NVwZ-Beil. 2001, 56). Aus diesen Grundsätzen folgt auch, dass die Ausländerbehörde einen Ausländer nicht in Haft nehmen lassen darf, wenn sie bereits absehen kann, dass sie die Abschiebung – etwa aus Personalmangel – nicht innerhalb von drei Monaten durchführen kann. Die Ausländerbehörde darf daher auch nicht mehr Haftanträge stellen, als sie sachgerecht bearbeiten kann (OLG Frankfurt am Main, NVwZ 1994, 827; s. hierzu auch OLG Celle, InfAuslR 2002, 305, 306). Sie hat insbesondere im Fall der bereits angeordneten Haft genaue Angaben über den Zeitpunkt der Abschiebung und darüber, dass dieser innerhalb der angeordneten Haftdauer liegt, zu machen (OLG Frankfurt am Main, InfAuslR 1994, 241, 242). 59

V. Festnahmerecht der Ausländerbehörde (§ 62 Abs. 5 AufenthG)

§ 60 Abs. 5 Satz 1 räumt den Ausländerbehörde ein eigenständiges Festnahmerecht ein. Die Behörde hat bei der Ausübung dieses Rechts jedoch die Rechtsprechung des 60

BVerfG zu beachten. Danach setzt jede Freiheitsentziehung grundsätzlich eine vorherige *richterliche Anordnung* voraus (§ 62 Abs. 5 Satz 1 Nr. 2 AufenthG; Rdn. 25 ff.). Eine nachträgliche richterliche Entscheidung ist nur dann zulässig, wenn der mit der Freiheitsentziehung verfolgte verfassungsrechtlich zulässige Zweck nicht erreichbar wäre, sofern der Festnahme die richterliche Entscheidung vorangehen müsste. In diesem Fall fordert Art. 104 Abs. 2 Satz 2 GG und ordnet dementsprechend § 62 Abs. 5 Satz 2 AufenthG an, dass die richterliche Entscheidung unverzüglich nachzuholen ist (BVerfG [Kammer], InfAuslR 2006, 462, 465 f.; BVerfG [Kammer], NVwZ 2007, 1044, 1045; s. hierzu auch OLG München, AuAS 2006, 160, 161, mit zahlreichen Hinweisen; OLG Zweibrücken, NVwZ-Beil. 2001, 71; OLG Celle 2004, 210; OLG Köln, InfAuslR 2006, 414; *Wilhelm/Mohr*, InfAuslR 2007, 354). Art. 104 Abs. 2 Satz 1 GG setzt grundsätzlich eine vorherige richterliche Anordnung voraus. Eine nachträgliche richterliche Entscheidung, deren Zulässigkeit Art. 104 Abs. 2 Satz 2 GG voraussetzt, genügt danach nur, wenn der mit der Freiheitsentziehung verfolgte verfassungsrechtlich zulässige Zweck nicht erreichbar wäre, sofern der Festnahme die richterliche Entscheidung vorausgehen müsste (BVerfG [Kammer], NVwZ 2007, 1044, 1045, mit Hinweis auf BVerfGE 22, 311, 317). Art. 104 Abs. 2 Satz 2 GG gebietet in einem solchen Fall, die richterliche Entscheidung unverzüglich nachzuholen. »Unverzüglich« ist dahin auszulegen, dass die richterliche Entscheidung ohne jede Verzögerung, die sich nicht aus sachlichen Gründen rechtfertigen lässt, nachgeholt werden muss (BVerfG [Kammer], NVwZ 2007, 1044, 1045, mit Hinweis auf BVerfGE 105, 239, 249).

61 Nicht vermeidbar sind z.B. Verzögerungen, die durch die Länge des Weges, Schwierigkeiten beim Transport, die notwendige Registrierung und Protokollierung, ein renitentes Verhalten des Festgenommenen oder vergleichbare Umstände bedingt sind (BVerfG [Kammer], NVwZ 2007, 1044, 1045). Mit Blick auf die hohe Bedeutung des Richtervorbehalts sind alle an der freiheitsentziehenden Maßnahme beteiligten staatlichen Organe verpflichtet, ihr Vorgehen so zu gestalten, dass dieser als Grundrechtssicherung praktisch wirksam wird. Daraus kann nach Maßgabe der Einzelfallumstände die Verpflichtung der beteiligten Behörden folgen, ihrerseits dafür zu sorgen, dass ein für die Ermittlung des Sachverhalts und die Durchführung einer unverzüglichen richterlichen Anhörung erkennbar notwendiger Dolmetscher baldmöglichst zur Verfügung steht (BVerfG [Kammer], NVwZ 2007, 1044, 1045). Unvermeidbare Verzögerungen sind von den an der freiheitsentziehenden Maßnahme beteiligten staatlichen Organen zu dokumentieren. Nur so kann gewährleistet werden, dass der von einer Maßnahme in seinen subjektiven Rechten Betroffene den Rechtsweg in effektiver Weise beschreiten und bei einer späteren gerichtlichen Überprüfung noch festgestellt werden kann, ob aus sachlich zwingenden Gründen vom Gebot der Herbeiführung einer unverzüglichen richterlichen Entscheidung abgesehen werden durfte (BVerfG [Kammer], NVwZ 2007, 1044, 1045, mit Hinweis auf BVerfGE 103, 142, 159 ff., 22, 311, 317).

VI. Kontaktaufnahme mit Rechtsbeistand (Abs. 3 Satz 2)

62 Dem Asylsuchenden ist unverzüglich nach seiner Festnahme Gelegenheit zu geben, mit einem Rechtsbeistand seiner Wahl Kontakt aufzunehmen, es sei denn, er hat sich

selbst vorher anwaltlichen Beistands versichert (Abs. 3 Satz 2). Nicht der Zeitpunkt der Asylantragstellung (so aber *Funke-Kaiser,* in: GK-AsylG II, § 14 Rn. 60), sondern der Zeitpunkt der Festnahme begründet das Recht auf Kontaktaufnahme. Insoweit bezeichnet Abs. 3 Satz 2 lediglich deklaratorisch ein ohnehin bestehendes Recht des Betroffenen, das jederzeit und in allen Verfahrensphasen zu beachten ist. Denn nach § 419 Abs. 2 FamFG ist dem Betroffenen vor einer richterlichen Entscheidung sowie Anhörung unverzüglich Gelegenheit zu geben, mit einem Rechtsbeistand seiner Wahl Verbindung aufzunehmen (BayObLG, NVwZ-Beil. 1998, 20, 21), es sei denn, er hat sich selbst vorher anwaltlichen Beistands versichert. Die Bezugnahme auf die Rechtsprechung des BVerfG zu § 18a Abs. 1 Satz 5 ist nicht überzeugend, weil es dort um den Rechtsbeistand geht, der den Asylsuchenden im Asylverfahren vertritt, in Abs. 3 Satz 2 jedoch um den Rechtsbeistand für das Haftverfahren. Nach Art. 26 Abs. 1 RL 2013/32/EU i.V.m. Art. 9 Abs. 6 und 7 RL 2013/33/EU sorgen die Behörden dafür, dass der Antragsteller unentgeltliche Rechtsberatung und -vertretung durch nach nationalem Recht zugelassene oder befugte und angemessen qualifizierte Personen in Anspruch nehmen kann. Hieraus folgt, dass auch der Kontakt zum Rechtsbeistand des Asylsuchenden ermöglicht werden muss.

VII. Rechtsschutz

1. Anforderungen an das gerichtliche Verfahren

Haft darf nach § 417 FamFG nur auf Antrag der zuständigen Verwaltungsbehörde, also der Ausländer- oder der Bundespolizeibehörde, angeordnet werden. Das Vorliegen eines zulässigen Antrags ist Verfahrensvoraussetzung und in jeder Lage des Verfahrens zu prüfen (BGH, NVwZ 2010, 919, 920 = InfAuslR 2010, 380; BGH, NVwZ 2010, 919, 920 = InfAuslR 2010, 1508, 1509; BGH NVwZ 2016, 711, 712 Rn. 15; *Hoppe*, ZAR 209, 210; *Drews/Fritsche*, NVwZ 2011, 527, 528). § 417 FamFG ist den Formvorschriften zuzuordnen, deren Berücksichtigung durch Art. 104 Abs. 1 Satz 1 GG zum Verfassungsgebot erhoben worden und so auszulegen ist, dass sie einer der Bedeutung des Grundrechts der Freiheit der Person angemessene Wirkung entfalten kann. Im Bereich freiheitsentziehender Maßnahmen bedarf es klarer und eindeutiger Zuständigkeitsregelungen, auf deren Beachtung sich Betroffene berufen können (BVerfG [Kammer], NVwZ-RR 2009, 616 = InfAuslR 2009, 203; BVerfG [Kammer], InfAuslR 2011, 358, 359 = NVwZ 2009, 1254). Die Zuweisung der Antragsbefugnis an die Bundespolizei begegnet im Lichte dieser Grundsätze keinen Bedenken (BVerfG [Kammer], NVwZ-RR 2009, 616 = InfAuslR 2009, 203). Andererseits ist es verfassungsrechtlich unzulässig, dass die nicht zuständige Ausländerbehörde im Wege der Amtshilfe für die zuständige Ausländerbehörde den Haftantrag stellt (BVerfG [Kammer], InfAuslR 2011, 358, 359 f. = NVwZ 2009, 1254). 63

Im Antrag sind nach § 417 Abs. 2 FamFG Angaben zur Identität des Betroffenen, zu dessen gewöhnlichem Aufenthaltsort, zur Erforderlichkeit der Freiheitsentziehung, erforderlichen Haftdauer sowie Ausreisepflicht und Durchführbarkeit der Abschiebung, Zurückschiebung oder Zurückweisung (BGH, NVwZ 2010, 919, 920 = InfAuslR 2010, 380; BGH, NVwZ 2010, 1508, 1509; BGH NVwZ 2016, 711, 712; s. hierzu 64 auch *Drews/Fritsche*, NVwZ 2011, 527, 528 f.) und der Androhung der Abschiebung – falls diese nicht ausnahmsweise entbehrlich ist (§ 59 Abs. 1 Satz 2 und 3 AufenthG) – zu machen (BGH, InfAuslR 2013, 349, 350). Der Antrag ist zu übersetzen. Die nicht vollständige Übersetzung führt nur dann zur Rechtswidrigkeit der Haftanordnung, wenn der Betroffene aufzeigt, dass ihm der Haftantrag nicht wenigstens in Grundzügen sinngemäß mündlich übersetzt und ihm dadurch die Möglichkeit genommen wurde, der Haftanordnung entgegenstehende tatsächliche oder rechtliche Umstände vorzubringen (BGH, NVwZ 2015, 1080). Eine nach § 59 AufenthG erforderliche Abschiebungsandrohung muss im Zeitpunkt der Sicherungshaftanordnung vorliegen (BGH, InfAuslR 2013, 349). Im Blick auf die Durchführbarkeit der Abschiebung ist der Zielstaat zu bezeichnen und anzugeben, ob und innerhalb welchen Zeitraums Abschiebungen in diesen Staat üblicherweise möglich sind. Erforderlich sind konkrete Angaben zum Ablauf des Verfahrens und eine Darstellung, in welchem Zeitraum die einzelnen Schritte unter normalen Bedingungen durchlaufen werden. Mangelt es daran, darf die beantragte Haft nicht angeordnet werden (BGH, Beschl. v. 07.03.2013 – V ZB 116/12). Zu den im Haftantrag erforderlichen Angaben gehört ferner der Hinweis auf die Abschiebungsandrohung oder die Darlegung, dass eine solche ausnahmsweise etwa nach § 59 Abs. 1 Satz 3 AufenthG oder nach § 34a Abs. 1 Satz 3 entbehrlich ist (BGH, AuAS 2013, 176, 177 f.). Der Verstoß gegen die Begründungspflicht führt zur Unzulässigkeit des Antrags (BGH, NVwZ 2010, 919, 920 = InfAuslR 2010, 380; BGH, NVwZ 2010, 1508, 1509). Jedoch darf der Haftantrag nach Antragstellung ergänzt und auf der Grundlage eines ergänzten Haftantrags die Fortdauer der Haft nach Anhörung des Betroffenen angeordnet werden (BGH, InfAuslR 2011, 471, 472).

65 *Zuständige Behörde* für die Beantragung von Abschiebungshaft ist die *Ausländerbehörde* (§ 71 Abs. 1 AufenthG), für die Beantragung von Zurückschiebungs- und Zurückweisungshaft die *Bundespolizei* (§ 71 Abs. 3 AufenthG, § 2 Abs. 1 BPolG). Örtlich und sachlich zuständig sind insoweit die Bundespolizeidirektionen (BGH, NVwZ 2010, 919, 920 = InfAuslR 2010, 380; BGH, Beschl. v. 17.06.2010 – V ZB 13/10). Die zuständige Behörde kann nur für Teilakte des Verfahrens die *Amtshilfe einer* anderen Behörde in Anspruch nehmen. Den Haftantrag selbst darf sie grundsätzlich nicht im Wege der Amtshilfe durch eine andere Behörde stellen lassen (BVerfG [Kammer], InfAuslR 2011, 358, 359 f.). Verfahrensbeteiligte sind der Betroffene, gegebenenfalls der Verfahrenspfleger sowie auf Anordnung der Ehegatte oder Lebenspartner sowie dessen Eltern und Kinder, wenn der Betroffene bei diesen lebt oder bei Verfahrenseinleitung gelebt hat (§ 418 FamFG).

66 Das Amtsgericht ist von Amts wegen verpflichtet, die zur Feststellung der Tatsachen erforderlichen Ermittlungen selbst durchzuführen (OLG Celle, InfAuslR 2003, 443). Der Grundsatz der Rechtsstaatlichkeit gewährleistet in Verbindung mit dem Grundrecht aus Art. 2 Abs. 2 Satz 2 GG eine *umfassende Prüfung der Voraussetzungen* für die Anordnung der Abschiebungshaft in rechtlicher und tatsächlicher Hinsicht (BVerfG [Kammer], NVwZ-Beil. 2001, 26, 26 f. = InfAuslR 2001, 54 = AuAS 2001, 116; BerlVerfGH, NVwZ-RR 2005, 743; OLG Rh-Pf, AuAS 2006, 254). Unverzichtbare Voraussetzung eines rechtsstaatlichen Verfahrens ist, dass Entscheidungen, die den Entzug der persönlichen Freiheit betreffen, auf zureichender richterlicher

Sachaufklärung beruhen und eine in tatsächlicher Hinsicht genügende Grundlage haben, die der Bedeutung der Freiheitsgarantie entspricht. Dies gilt im gleichen Maße für die nachträgliche Feststellung der Rechtswidrigkeit einer freiheitsentziehenden Maßnahme (BVerfG [Kammer], NVwZ 2007, 1044, 1045). Das Amtsgericht hat regelmäßig die Akten der Ausländerbehörde beizuziehen (BVerfG [Kammer], InfAuslR 2008, 133, 135; BGH, InfAuslR 2010, 381, 383; BGH, NVwZ 2010, 1172; BGH, NVwZ 2010, 1575; BGH, NVwZ 2010, 1318). Hat das Amtsgericht die Akten nicht beigezogen, kann dieser Mangel im Beschwerdeverfahren nachgeholt werden (KG, InfAuslR 2009, 356, 357). Die *persönliche Anhörung* (§ 420 Abs. 1 FamFG) muss vor der Haftanordnung, darf also nicht danach erfolgen. Dem *Verfahrensbevollmächtigten* ist die Teilnahme zu ermöglichen (BGH, NVwZ-RR 2015, 357). Ein Verstoß gegen die Verpflichtung zur Anhörung ist nicht heilbar (BGH, InfAuslR 2010, 384, 385; BGH, NVwZ 2010, 1318). Der Haftrichter hat nach § 26 FamFG die Anhörung so zu gestalten, wie es einer ordnungsgemäßen amtswegigen Sachaufklärung entspricht. Er hat den Betroffenen regelmäßig zu allen entscheidungserheblichen Punkten zu befragen. Das gilt insbesondere dann, wenn der Haftantrag wesentliche Punkte offen lässt (BGH, InfAuslR 2010, 384, 384). Ergibt sich, dass ein *Dolmetscher* erforderlich ist, ist für den Fall der Haftanordnung die Anhörung unter Zuziehung eines Dolmetschers nachzuholen(KG, InfAuslR 2008, 169, 170 = AuAS 2008, 102).

Insbesondere ist der Haftrichter verpflichtet, zu überprüfen, ob die Voraussetzun- 67
gen für die Anordnung oder weitere Aufrechterhaltung der Haft vorliegen. Er hat zu prüfen, ob aufgrund nachträglich eingetretener Entwicklungen Umstände entfallen sind, zu denen namentlich das Ergehen einer verwaltungsgerichtlichen Entscheidung zählt, durch die der Inhaftierte der Ausreisepflicht ledig oder die Durchführbarkeit seiner Abschiebung für längere Zeit oder auf Dauer gehindert wird (BVerfG [Kammer], InfAuslR 2000, 221, 222). Zwar darf im Fall des *untergetauchten Ausländers* die Abschiebungshaft ohne persönliche Anhörung angeordnet werden. Es kommt in derartigen Fällen jedoch nur eine einstweilige Haftanordnung (§ 427 FamFG) in Betracht, da die Anordnung von Sicherungshaft die vorherige mündliche Anhörung des Betroffenen voraussetzt (BVerfG [Kammer], NVwZ-Beil. 1996, 49; KG, NVwZ 1997, 516; OLG Frankfurt am Main, NVwZ-Beil. 1996, 38, 39; Rdn. 66; s. auch OLG Zweibrücken, NVwZ-Beil. 2002, 15, zur Erledigung im einstweiligen Anordnungsverfahren). Das Gericht kann durch einstweilige Anordnung eine vorläufige Freiheitsentziehung anordnen, wenn dringende Gründe für die Annahme bestehen, dass die Voraussetzungen für die Haftanordnung gegeben sind und ein dringendes Bedürfnis für ein sofortiges Tätigwerden besteht (§ 427 Abs. 1 Satz 1 FamFG). Das Verfahren richtet sich nach den Vorschriften für das Hauptsacheverfahren, soweit sich aus den Besonderheiten des einstweiligen Rechtsschutzes nichts anderes ergibt (§ 51 Abs. 2 Satz 1 FamFG). Bei Gefahr im Verzuge kann die Entscheidung ohne persönliche Anhörung erfolgen. Sie ist unverzüglich nachzuholen (§ 427 Abs. 2 FamFG). Die einstweilige Anordnung kann auch ohne Anhängigkeit eines Hauptsacheverfahrens ergehen (*Hoppe*, ZAR 2009, 209, 212). Die Anordnung darf nur auf Antrag und nicht von Amts wegen ergehen (§ 51 Abs. 1 Satz 1 in Verb. mit § 417 Abs. 1 FamFG). Für die einstweilige Anordnung ist kein Raum mehr, wenn der für

eine Hauptsacheentscheidung erforderliche Sachverhalt vollständig festgestellt ist (LG Saarbrücken, AuAS 2013, 149, 152 f.).

68 Die Dauer der vorläufigen Freiheitsentziehung darf sechs Wochen nicht überschreiten (§ 427 Abs. 1 Satz 2 FamFG). Sie ist nur für den – vom jeweiligen Einzelfall abhängigen – Zeitraum zulässig, den es wahrscheinlich dauern wird, eine Ermittlung aller im Haftantrag anzugebenden Tatsachen bei gebotener zügiger Bearbeitung abzuschließen und den Betroffenen erneut dem Haftrichter vorzuführen (LG Saarbrücken, AuAS 2013, 149). Gegen die einstweilige Anordnung kann Beschwerde erhoben werden. In diesem Verfahren kann auch die Rechtswidrigkeit einer erledigten Freiheitsentziehung geprüft werden. Außerhalb dieses Verfahrens ist ein isolierter Feststellungsantrag unzulässig (BGH, InfAuslR 2011, 205).

2. Keine Überprüfung der Rechtmäßigkeit der Abschiebungsverfügung

69 Dem Haftrichter ist die Prüfung der Rechtmäßigkeit der Abschiebungsverfügung verwehrt (BGHZ 78, 145, 150; BGH, InfAuslR 2010, 118; BGH, InfAuslR 2011, 27; BVerwG, Buchholz 402.24 § 16 AuslG Nr. 1; BayObLGZ 1974, 177; 1982, 271; KG, OLGZ 1975, 257; 1980, 179; KG, InfAuslR 1982, 25; OLG Frankfurt am Main, OLGZ 1977, 165; OLG Hamm, OLGZ 1977, 157; VG Berlin, InfAuslR 1999, 80). Dies hat zur Folge, dass im Haftprüfungsverfahren ausschließlich die Haftgründe nach Abs. 3 Satz 1, § 62 Abs. 3 AufenthG (*Abschiebungshafthindernisse*), nicht jedoch die Rechtmäßigkeit der aufenthaltsbeendenden Maßnahme (*Abschiebungshindernisse*) selbst überprüft wird. Bei einer auf § 62 Abs. 3 Satz 1 Nr. 1 AufenthG gestützten Haftanordnung liegt dies insofern anders, weil die sofort vollziehbare Ausreisepflicht aufgrund unmittelbarer Einreise den unmittelbaren Haftgrund bildet. Folgt diese weder aus einer bestandskräftigen Abschiebungs- bzw. Zurückschiebungsverfügung noch aus einer verwaltungsgerichtlichen Entscheidung, muss der Haftrichter die erforderliche Prüfung vornehmen (BGH, InfAuslR 2010, 118; BGH, Beschl. v. 17.06.2010 – V ZB 13/10; KG, NVwZ 1997, 516, 517; Rdn. 43 ff.). Der Betroffene kann sich daher gegen die Haftanordnung nicht auf Verfolgungsgründe oder menschenrechtliche Refoulementverbote (Art. 16a Abs. 1 GG, § 60 Abs. 1 AufenthG, Art. 3 EMRK, Art. 7 IPbpR, Art. 3 Übereinkommen gegen Folter, Art. 21 RL 2011/95/EU) berufen. Der Haftrichter hat aber den Betroffenen über die Möglichkeit zur Erlangung verwaltungsgerichtlichen Rechtsschutzes aufzuklären (OVG NW, AuAS 2006, 197; OLG Brandenburg, InfAuslR 2002, 478, 480).

70 Zur Geltendmachung von Einwänden gegen die Rechtmäßigkeit der Abschiebungsverfügung kann beim zuständigen Verwaltungsgericht einstweiliger Rechtsschutz mit dem Ziel beantragt werden, die Ausländerbehörde einstweilig zu verpflichten, beim zuständigen Amtsgericht die Aufhebung der Sicherungshaft zu veranlassen (Hess. VGH, InfAuslR 1989, 74; Hess. VGH, 1983, 330; OVG Rh-Pf, InfAuslR 1985, 162; OVG Saarland, InfAuslR 1986, 211; VG Wiesbaden, InfAuslR 1984, 65; a.A. VG Berlin, InfAuslR 1985, 110; offen gelassen KG, InfAuslR 1985, 107). In der Praxis läuft dieser Rechtsschutz leer, weil er umständlich und zeitaufwendig und für die Betroffenen kaum finanzierbar ist. Ausnahmsweise hat der Haftrichter auch Gesichtspunkte

zu berücksichtigen, die den verfassungsrechtlichen Schutz von Ehe und Familie betreffen, etwa zur Verhinderung vollendeter Tatsachen, wenn verwaltungsgerichtlicher Eilrechtsschutz nicht rechtzeitig zu erlangen ist oder durch nachträglich eingetretene Umstände die Haftanordnung als Mittel der Sicherung unnötig wird (BGH, InfAuslR 2011, 27, 29, mit Hinweis auf OLG Köln, OLGR 2001, 279; OLG Brandenburg, FGPrax 280, 281).

3. Beschwerde (§ 58 Abs. 1 FamFG)

Gegen die Anordnung der Haft durch das Amtsgericht ist die Beschwerde beim Landgericht zulässig (§ 58 Abs. 1 FamFG). Beschwerdeberechtigt ist im Fall der Haftanordnung der Betroffene (§ 59 Abs. 1 FamFG) sowie im Fall der Antragsablehnung die antragstellende Behörde (§ 59 Abs. 2 FamFG; Rdn. 65). Die Beschwerde ist bei endgültigen Haftanordnungen binnen Monatsfrist (§ 63 Abs. 1 FamFG) und gegen einstweilige Anordnungen binnen zwei Wochen (§ 63 Abs. 2 Nr. 1 FamFG) zu erheben. Die Frist beginnt mit der schriftlichen Bekanntgabe der Haftanordnung an den Betroffenen (§ 16 Abs. 1 FamFG). Die Beschwerde ist bei dem Amtsgericht, das den Beschluss erlassen hat, einzulegen (§ 64 Abs. 1 FamFG). Im Fall der Verlegung in eine andere Abschiebungshafteinrichtung kann sie auch bei dem Amtsgericht eingelegt werden, in dessen Bezirk diese sich befindet (§ 429 Abs. 4 FamFG). Die Beschwerde kann schriftlich oder zur Niederschrift der Geschäftsstelle eingelegt werden (§ 64 Abs. 2 Satz 1 FamFG). Sie muss den angefochtenen Beschluss bezeichnen, die Erklärung, dass die Beschwerde eingelegt wird, enthalten und muss vom Beschwerdeführer oder seinem Bevollmächtigten unterzeichnet werden (§ 64 Abs. 2 Satz 2 und 3 FamFG). Ist eine Verständigung zwischen dem Betroffenen und seinem Verfahrensbevollmächtigten nicht möglich, besteht nach Art. 6 Abs. 3 Buchst. e) EMRK ein Anspruch darauf, dass die zur Vorbereitung von Rechtsschutz- und Rechtsmittelanträgen notwendigen *Dolmetscherkosten* erstattet werden (OLG München, NVwZ-RR 2006, 830, 832). 71

Das Amtsgericht kann der Beschwerde abhelfen (§ 68 Abs. 1 Satz 1 FamFG). Das Versäumnis der Abhilfe hat weder einen die Aufhebung rechtfertigenden Mangel des Beschwerde- noch des Ausgangsverfahrens zur Folge. Zur Rechtswidrigkeit der Beschwerdeentscheidung kann das Unterlassen einer Abhilfeentscheidung allenfalls dann führen, wenn der Betroffene im Vertrauen auf eine mögliche Abhilfe von entscheidungserheblichem Vortrag abgesehen hat (BGH, InfAuslR 2011, 27). Die Beschwerde soll begründet werden (§ 65 Abs. 1 FamFG). Der Mangel der Begründung führt nicht zur Unzulässigkeit der Beschwerde (*Hoppe*, ZAR 2009, 209, 213), mindert aber die Erfolgsaussichten. Das Landgericht kann dem Beschwerdeführer eine Frist zur Beschwerdebegründung einräumen (§ 65 Abs. 2 FamFG). Es überprüft den Haftantrag in voller tatsächlicher und rechtlicher Hinsicht, tritt also als Tatsacheninstanz an die Stelle des Amtsgerichts (BGH, NJW-RR 2007, 1569, 1570; BGH, InfAuslR 2011, 27, 28). Hat das Amtsgericht die *Akten der Ausländerbehörde* nicht *beigezogen*, ist dies im Beschwerdeverfahren nachzuholen (KG, InfAuslR 2009, 356, 357). Es wird eine eigene Sachentscheidung getroffen. Die Beschwerde kann auch auf neue Tatsachen und Beweismittel gestützt werden (§ 65 Abs. 3 FamFG). 72

73 Für das Beschwerdeverfahren gelten grundsätzlich die für das erstinstanzliche Verfahren maßgebenden Vorschriften (§ 68 Abs. 3 Satz 1 FamFG). Von der persönlichen Anhörung kann abgesehen werden (§ 68 Abs. 3 Satz 2 FamFG), wenn diese bereits im ersten Rechtszug durchgeführt wurde und von ihr keine zusätzlichen Erkenntnisse zu erwarten sind (BGH, InfAuslR 2010, 381; BGH; NVwZ 2011, 317; OLG Düsseldorf, InfAuslR 2008, 39, 40; a.A. OLG München, InfAuslR 2008, 87, 88 = AuAS 2008, 24; OLG Celle, InfAuslR 2008, 136, 137, zum alten Recht; s.a. BVerfG [Kammer], InfAuslR 2009, 205, 208; BVerfG [Kammer], InfAuslR 2009, 249, 250 f.). Von einer erneuten Anhörung darf jedoch nicht abgesehen werden, wenn sich nach der Haftanordnung neue Gesichtspunkte ergeben (BGH, InfAuslR 2013, 77; BGH, NVwZ 2011, 317, m. Anm. *Westphal*), es auf die Glaubhaftigkeit des Vorbringens des Beschwerdeführers, sich seiner Abschiebung nicht entziehen zu wollen, und dessen Glaubwürdigkeit ankommt. Ferner ist eine erneute Anhörung dann unverzichtbar, wenn die Haftanordnung auf einer *Gehörsverletzung* beruht (BGH, InfAuslR 2010, 441, 442). Das Beschwerdegericht darf die Anhörung einem Mitglied der Kammer als beauftragtem Richter übertragen (BGH, NVwZ 2010, 1318). Grundsätzlich ist im Beschwerdeverfahren die Rechtmäßigkeit der Haftanordnung streng bezogen auf die jeweils angeordnete Dauer der Haft zu überprüfen. Daher kann das Rechtsmittelgericht auch nicht über die Rechtmäßigkeit der vor oder im Laufe des Rechtsmittelverfahrens ergangenen neuen Haftanordnung entscheiden. Vielmehr ist dies nur im Rechtsmittelzug gegen die neue Anordnung möglich (BGH, NJW 1990, 1418, 1419).

4. Rechtsbeschwerde (§ 70 Abs. 4 FamFG)

74 Gegen die Zurückweisung der Beschwerde ist die Rechtsbeschwerde (hierzu ausführlich *Drews/Fritsche*, NVwZ 2011, 527) zulässig, wenn die Rechtssache grundsätzliche Bedeutung hat oder die Fortbildung des Rechts oder die Sicherung einer einheitlichen Rechtsprechung eine Entscheidung des Rechtsbeschwerdegerichts erfordert (§ 70 Abs. 2 FamFG). Die Rechtsbeschwerde ist binnen Monatsfrist nach schriftlicher Bekanntgabe des zurückweisenden Beschlusses des Landgerichts beim Rechtsbeschwerdegericht einzulegen (§ 71 Abs. 1 FamFG). Rechtsbeschwerdegericht ist der BGH (§ 133 GVG in Verb. mit § 70 Abs. 3 Nr. 3 FamFG). Der Betroffene kann sich nur durch einen beim BGH zugelassenen Rechtsanwalt (§ 10 Abs. 4 Satz 1 FamFG), die Behörde durch Beschäftigte mit Befähigung zum Richteramt (§ 10 Abs. 4 Satz 2 FamFG) vertreten lassen. Die Beschwerde ist binnen Monatsfrist nach Bekanntgabe der schriftlichen Entscheidung des Beschwerdegerichtes zu begründen (§ 72 Abs. 2 FamFG). Die Frist kann durch den Vorsitzenden verlängert werden (§ 71 Abs. 2 Satz 3 FamFG in Verb. mit § 551 Abs. 2 Satz 5 ZPO). Der BGH ist hinsichtlich der Prüfung des materiellen Rechts an die vorgebrachten Beschwerdegründe nicht gebunden (§ 74 Abs. 3 Satz 2 FamFG). Verfahrensfehler, die nicht von Amts wegen zu berücksichtigen sind, unterliegen der Nachprüfung nur, soweit sie ordnungsgemäß geltend gemacht worden sind (§ 74 Abs. 3 Satz 3 FamFG).

5. Aufhebungsantrag (§ 426 Abs. 2 FamFG)

75 Der Betroffene kann selbst oder durch seinen Rechtsbeistand (Art. 3 Satz 2) die Aufhebung der Haft beantragen. Über den Antrag ist durch Beschluss zu entscheiden

(§ 426 Abs. 2 FamFG). Daneben hebt das Gericht die Haftanordnung von Amts wegen auf, wenn der Haftgrund weggefallen ist. Es hat vor der Entscheidung die antragstellende Behörde zu hören (§ 426 Abs. 1 FamFG). Stets ist der Betroffene persönlich anzuhören (§ 34 Abs. 1 Nr. 1 FamFG). Durch Verfassungsrecht ist nicht geregelt, ob die Prüfung auch hinsichtlich aller während des gesamten Haftzeitraums neu eingetretenen Umstände innerhalb des Rechtsmittelverfahrens gegen die Haftanordnung zu erfolgen hat oder ob sie auf mehrere gerichtliche Verfahren verteilt, etwa auch in Anknüpfung an einen späteren Aufhebungsantrag, stattfinden kann. Wählen die Gerichte die zuletzt genannte Verfahrensweise, ist es unzulässig, ein im Hauptsacheverfahren angebrachtes Feststellungsbegehren, das sich auf neue Tatsachen stützt, die im Rechtsmittelverfahren gegen die Haftanordnung keine Berücksichtigung finden können, unter Hinweis auf die Rechtskraft der in diesem Verfahren ergangenen Entscheidungen abzulehnen (BVerfG [Kammer], InfAuslR 2008, 453, 455 f.). Im Aufhebungsverfahren hat das Gericht bei der Prüfung der Rechtmäßigkeit der Aufrechterhaltung von Haft zu klären, ob der mit der Haft verfolgte Zweck noch erreicht werden kann. Für die gerichtliche Beurteilung ist es von ganz erheblicher Bedeutung, ob die Ausländerbehörde noch auf die Erreichung dieses Ziels hinarbeitet oder ob sie zwischenzeitlich zu der Ansicht gelangt ist, die Aufenthaltsbeendigung nicht mehr während der Haftdauer – soweit zulässig, auch nach Verlängerung der Haftanordnung – herbeiführen zu können (BVerfG [Kammer], InfAuslR 2008, 453, 455 f.).

6. Feststellungsantrag nach Erledigung (§ 62 FamFG)

Hat sich die angefochtene Entscheidung in der Hauptsache erledigt, spricht das Landgericht auf Antrag aus, dass die Haftanordnung den Beschwerdeführer in seinen Rechten verletzt hat, wenn er ein berechtigtes Interesse an der Feststellung hat (§ 62 Abs. 1 FamFG). Der Betroffene kann den Feststellungsantrag mit der Beschwerde verfolgen. Die beteiligte Behörde ist nicht antragsberechtigt (BGH, InfAuslR 2013, 232). Der Antrag ist jedoch unzulässig, wenn der Betroffene weder Beschwerde erhoben noch die Aufhebung der Haft beantragt hat (BGH, InfAuslR 2011, 205; KG, NVwZ-RR 2009, 222, 223). Ein berechtigtes Interesse liegt in der Regel vor, wenn *schwerwiegende Grundrechtseingriffe* vorliegen (§ 62 Abs. 2 Nr. 1 FamFG). Dieses ist in Haftsachen immer zu bejahen (OLG München, AuAS 2009, 246, 247 f.; *Hoppe*, ZAR 2009, 209, 213). Nach § 70 Abs. 3 Satz 1 Nr. 3 FamFG ist die Rechtsbeschwerde auch ohne Zulassung statthaft, wenn nicht mehr eine gegenwärtige Freiheitsentziehung Verfahrensgegenstand ist, sondern sich die Hauptsache erledigt hat (BGH, NVwZ 2010, 726). 76

Das BVerfG hat festgestellt, dass in Fällen tiefgreifender Grundrechtseingriffe, in denen sich die direkte Belastung durch den angegriffenen Hoheitsakt nach dem typischen Verfahrensablauf auf eine Zeitspanne beschränkt, in der der Betroffene die gerichtliche Entscheidung in der von der Prozessordnung gegebenen Instanz kaum erlangen kann, der Grundsatz des effektiven Rechtsschutzes gebietet, dass er Gelegenheit erhält, die Berechtigung des schwerwiegenden – wenn auch tatsächlich nicht mehr fortwirkenden – Grundrechtseingriffs klären zu lassen. Deshalb darf bei tiefgreifenden Grundrechtseingriffen das Rechtsmittel nicht einfach deswegen als unzulässig verworfen 77 werden, weil die Freiheitsentziehung beendet ist (BVerfGE 104, 220, 232 = InfAuslR 2002, 132, 136 ff. = NVwZ 2002, 1370; BVerfG [Kammer], AuAS 2006, 9; BVerfG, InfAuslR 2008, 133, 134; BVerfG [Kammer], InfAuslR 2008, 453, 455; BGH, InfAuslR 2013, 232, 233; OLG Köln, Beschl. v. 21.07.1997 – 16 Wx 199/97, mit Hinweis auf BVerfG, Beschl. v. 19.06.1997 – 2 BvR 941/91; BVerfG, Beschl. v. 26.06.1997 – 2 BvR 126/81; OLG München, NVwZ-RR 2006, 830, 831). Selbst nach dem Tod des Betroffenen haben dessen Erben ein Feststellungsinteresse BGH, InfAuslR 2013, 232, 233). Es können im Rahmen der Haftüberprüfung trotz Erledigung der Hauptsache weitere Ermittlungen, z.B. zur Kostenfrage, durchgeführt werden (BGH, InfAuslR 2010, 364, 365; BGH, InfAuslR 2010, 381, 382; OLG München, NVwZ-RR 2006, 830, 831). Hätte die Haft wegen Fehlens eines zulässigen Haftantrags nicht angeordnet werden dürfen, ist antragsgemäß auch dann, wenn dieser Mangel im Beschwerdeverfahren behoben worden ist, festzustellen, dass der Betroffene durch die Haftanordnung in seinen Rechten verletzt worden ist.

§ 14a Familieneinheit

(1) Mit der Asylantragstellung nach § 14 gilt ein Asylantrag auch für jedes minderjährige ledige Kind des Ausländers als gestellt, das sich zu diesem Zeitpunkt im Bundesgebiet aufhält, ohne freizügigkeitsberechtigt oder im Besitz eines Aufenthaltstitels zu sein, wenn es zuvor noch keinen Asylantrag gestellt hatte.

(2) [1]Reist ein minderjähriges lediges Kind des Ausländers nach dessen Asylantragstellung ins Bundesgebiet ein oder wird es hier geboren, so ist dies dem Bundesamt unverzüglich anzuzeigen, wenn ein Elternteil eine Aufenthaltsgestattung besitzt oder sich nach Abschluss seines Asylverfahrens ohne Aufenthaltstitel oder mit einer Aufenthaltserlaubnis nach § 25 Abs. 5 des Aufenthaltsgesetzes im Bundesgebiet aufhält. [2]Die Anzeigepflicht obliegt neben dem Vertreter des Kindes im Sinne von § 12 Abs. 3 auch der Ausländerbehörde. [3]Mit Zugang der Anzeige beim Bundesamt gilt ein Asylantrag für das Kind als gestellt.

(3) [1]Der Vertreter des Kindes im Sinne von § 12 Abs. 3 kann bis zur Zustellung der Entscheidung des Bundesamtes auf die Durchführung eines Asylverfahrens für das Kind verzichten, indem er erklärt, dass dem Kind keine Verfolgung im Sinne des § 3 Absatz 1 und kein ernsthafter Schaden im Sinne des § 4 Absatz 1 drohen. [2]§ 13 Absatz 2 Satz 2 gilt entsprechend.

(4) Die Absätze 1 bis 3 sind auch anzuwenden, wenn der Asylantrag vor dem 1. Januar 2005 gestellt worden ist und das Kind sich zu diesem Zeitpunkt im Bundesgebiet aufgehalten hat, später eingereist ist oder hier geboren wurde.

Übersicht **Rdn.**

A. Funktion der Vorschrift

Die Vorschrift ist mit Wirkung zum 01.01.2005 durch Art. 3 Nr. 10 des ZuwG eingeführt worden. Sie geht zurück auf den Gesetzentwurf des Landes Niedersachsen vom 31.08.2000 (BR-Drucks. 522/60) und fingiert für jedes minderjährige ledige Kind die wirksame Stellung des Asylantrags, wenn beide Eltern oder ein Elternteil den Asylantrag nach § 14 gestellt haben. Damit will die Vorschrift verhindern, dass »durch sukzessive Asylantragstellung überlange Aufenthaltsdauern in Deutschland ohne aufenthaltsrechtliche Perspektive für die Betroffenen entstehen« (BT-Drucks. 15/420, S. 108; so schon BT-Drucks. 14/7387, S. 100). Der Gesetzentwurf ist unverändert Gesetz geworden. Vorschläge des Bundesrates in der ersten Runde des ZuwG, z.B. den Angehörigenbegriff in Abs. 1 zu erweitern (BT-Drucks. 14/7987, S. 24 f.) wurden nicht aufgegriffen. Die Vorschrift muss im Zusammenhang mit der Einführung des *Familienflüchtlingsschutzes* nach § 26 Abs. 4 AsylVfG a.F. (jetzt § 26 Abs. 5) gesehen werden. Anders als der bezeichnete niedersächsische Gesetzentwurf wollte der Gesetzentwurf zum ersten ZuwG ursprünglich lediglich die fingierte Asylantragstellung ohne gleichzeitige Einführung des Familienflüchtlingsschutzes regeln. Erst vor der zweiten und dritten Lesung des ersten ZuwG wurde § 26 Abs. 4 AsylVfG a.F. in das Gesetz eingeführt. Der Gesetzentwurf zum zweiten ZuwG sah von vornherein den Konnex zwischen der fingierten Antragstellung und dem Familienflüchtlingsschutz vor. Die fingierte Asylantragstellung machte auch eine Neuregelung des Kinderasyls erforderlich. Aufgrund der Anhebung der Handlungsfähigkeit auf Volljährige wurde durch das Asylbeschleunigungsgesetz 2015 auch der Text von Abs. 1 und 2 entsprechend geändert, sodass nach geltendem Recht alle minderjährigen ledigen Kinder dem Anwendungsbereich des § 14a unterfallen. 1

Es besteht auch ein enger Zusammenhang der Vorschrift mit der Änderung des § 26 Abs. 2 durch das ZuwG. § 26 Abs. 2 in Verb. mit § 26 Abs. 1 Nr. 3 AsylVfG a.F. setzte für die Anerkennung des Kindes eines Asylberechtigten voraus, dass dieses unverzüglich nach seiner Einreise einen Asylantrag gestellt hatte. Das Erfordernis der »Unverzüglichkeit« entfiel mit der Neuregelung. In der gesetzlichen Begründung wurde hierzu ausgeführt, dass sich durch den Wegfall des Unverzüglichkeitsgebotes bei den Kindern, die vor Vollendung des 16. Lebensjahres ins Bundesgebiet eingereist sind, nichts ändere, da insoweit die Fiktionswirkung des Abs. 2 Satz 3 eingreife (BT-Drucks. 15/4420, S. 109). Die Vorschrift wird ferner durch § 30 Abs. 3 Nr. 7 ergänzt. Danach gilt ein Asylantrag eines handlungsunfähigen Antragstellers als offensichtlich unbegründet, wenn er nach Ablehnung des Asylantrags der Eltern oder des allein personensorgeberechtigten Elternteils gestellt wird (§ 30 Rdn. 64 ff.). Es wird in diesem Fall aber nicht die Sperrwirkung des § 1a Abs. 3 Satz 2 AufenthG ausgelöst. Umstritten war zunächst, ob die Vorschrift auch auf für vor dem 1. Januar 2005 im Bundesgebiet geborene Kinder gilt. Das BVerwG hat unter Bekräftigung der Mehrheitsmeinung in der obergerichtlichen Rechtsprechung festgestellt, dass § 14a AsylG 2 insoweit rückwirkend gilt und dies ausführlich begründet (Rdn. 19). Bis zur revisionsgerichtlichen Klarstellung heilte die Rechtsprechung mit der Figur der »schlüssigen Antragstellung« verfahrensfehlerhaft von Amts wegen eingeleitete Asylverfahren (OVG NW, AuAS 2006, 178).

3 Unionsrechtliche Bedenken bestehen gegen Abs. 2 (a.A. *Bodenbender*, in: GK-AsylG, II, § 14a Rn. 18, *Wolff*, in: Hofmann/Hoffmann, AuslR. Handkommentar, § 14a AsylVfG Rn. 1; *Bergmann*, in: Bergmann/Dienelt, AuslR, 11. Aufl., 2016, § 14a AsylG Rn. 2). Diese beziehen sich aber nicht auf Abs. 1. Die Verfahrensrichtlinie sieht vor, dass die Mitgliedstaaten festlegen können, dass die förmliche Stellung eines Asylantrags auch als förmliche Stellung eines Asylantrags für alle unverheirateten Minderjährigen zu werten ist (Art. 7 Abs. 5 Buchst. c) RL 2013/32/EU). Von dieser Möglichkeit hat der Gesetzgeber mit Abs. 1 Gebrauch gemacht. Die Klausel stellt auf den Zeitpunkt der förmlichen Asylantragstellung (§ 23 Abs. 1) ab, sodass die nachträglich einreisenden oder geborenen Kinder nicht eingeschlossen sind. Der Wortlaut lässt eine derartige Auslegung nicht zu. Die förmliche Antragstellung hat die Wirkung, dass er auch »als die förmliche Stellung« eines Antrags des Minderjährigen gilt. In Zukunft nachreisende oder nachträglich zur Welt kommende Minderjährige werden dadurch nicht einbezogen. Der Umstand, dass die Änderungsrichtlinie diesen Fall nicht aufgenommen hat, bestätigt, dass nur die sich im Zeitpunkt der förmlichen Asylantragstellung im Mitgliedstaat aufhältlichen Minderjährigen erfasst werden.

B. »Fingierte Asylantragstellung« (Abs. 1)

I. Begriff der »fingierten Asylantragstellung« (Abs. 1 Halbs. 1)

4 Nach Abs. 1 Halbs. 1 »gilt« unter den Voraussetzungen dieser Vorschrift ein Asylantrag »als« rechtlich wirksam gestellt. Das Gesetz führt damit erstmals den Begriff des »fingierten Asylantrags« in das Asylverfahren ein. Bis zur Einführung dieses Begriffs war die wirksame Antragstellung von der persönlichen Antragstellung abhängig und setzt diese den entsprechenden Erklärungswillen des Antragstellers oder seines gesetzlichen Vertreters voraus. Nach Abs. 1 ist hingegen automatische Folge der Asylantragstellung der Eltern bzw. eines Elternteils, dass sich die Antragstellung auch auf die minderjährigen ledigen Kinder erstreckt. Ebenso fingiert die Anzeige nach Abs. 2 Satz 3 mit dem Zugang beim Bundesamt den Asylantrag. Der Erklärungswille der Eltern oder des maßgeblichen Elternteils muss sich nur auf den eigenen Asylantrag beziehen. Die Fiktion nach Abs. 1 und Abs. 2 Satz 3 setzt nicht voraus, dass sie in den Erklärungswillen auch die Kinder mit einbeziehen. Es ist ja gerade die Funktion des fingierten Asylantrags, überlangen Aufenthaltszeiten durch die bewusste und gewollte »sukzessive Asylantragstellung« vorzubeugen (BVerwGE 127, 161, 173 = InfAuslR 2006, 213 = NVwZ 2007, 465 = AuAS 2006, 80 = ZAR 2006, 196 = ZAR 2007, 287; *Bergmann*, in: Bergmann/Dienelt, AuslR, 11. Aufl., 2016, § 14a AsylG Rn. 2). Deshalb soll von vornherein das Asylverfahren für alle ledigen und nicht volljährigen Kinder des Asylantragstellers eingeleitet werden.

5 Der fingierte Antrag des Kindes wird zwar zusammen mit dem Antrag der Eltern bzw. des maßgebenden Elternteils bearbeitet und in der Regel keine eigenständige, auf die

Kinder bezogene Prüfung der Asylgründe notwendig machen. Gleichwohl führt der fingierte Asylantrag ein verfahrensrechtlich selbstständiges Eigenleben. Er kann nach Abs. 3 beendet werden. Reisen die Eltern nach erfolglosem Abschluss ihres Asylverfahrens aus und stellt das möglicherweise inzwischen volljährig gewordene Kind einen neuen Asylantrag, gilt dieser als Folgeantrag nach § 71 Abs. 1 Satz 1. Abs. 1 fingiert die Antragstellung im Sinne von § 14, sodass nach erneuter Antragstellung der nach Abs. 1 und Abs. 2 Satz 3 fingierte Antrag ein »früherer Asylantrag« i.S.d. § 71 Abs. 1 Satz 1 ist.

II. Voraussetzungen der »fingierten Asylantragstellung« nach Abs. 1

Die fingierte Asylantragstellung nach Abs. 1 Halbs. 1 setzt voraus, dass die Eltern 6 bzw. der maßgebende Elternteil förmlich einen Asylantrag nach § 23 Abs. 1 stellen (*Wolff*, in: Hofmann/Hoffmann, AuslR. Handkommentar, § 14a AsylvfG Rn. 7). Es ist unerheblich, ob die Antragstellung nach § 14 Abs. 1 oder Abs. 2 erfolgt. Stellen die Eltern nach § 14 Abs. 1 den Asylantrag, ist es für die zuständige Außenstelle relativ einfach, die Kinder zu ermitteln, auf die sich die fingierte Asylantragstellung nach Abs. 1 Halbs. 1 bezieht. Wird der Asylantrag nach § 14 Abs. 2 schriftlich gestellt und gibt der Antragsteller die Kinder nicht vollständig an, »erstreckt« sich der Antrag der Eltern gleichwohl auf alle Kinder, die die Voraussetzungen nach Abs. 1 erfüllen. Der Wortlaut von Abs. 1 ist objektiv zu verstehen und erfasst unabhängig vom Erklärungswillen der Eltern jedes Kind, das die Voraussetzungen der Vorschrift erfüllt. Das Bundesamt hat die Eltern bzw. den Elternteil aufzufordern, alle Kinder anzugeben und die hierzu erforderlichen Angaben zu machen. Wird nachträglich bekannt, dass die Eltern ein Kind nicht angegeben haben und werden diese deshalb vom ablehnenden Bescheid des Bundesamtes nicht erfasst, fingiert Abs. 1 Halbs. 1 ungeachtet dessen die Antragstellung des Kindes von Anfang an. Es ist daher ein weiterer, auf das nicht angegebene Kind bezogener Bescheid zu erlassen. Da dieses Kind in der persönlichen Anhörung nicht erwähnt wurde, fehlt es insoweit an der gesetzlich vorgeschriebenen persönlichen Anhörung nach § 24 Abs. 1 Satz 2. Regelmäßig dürften aber für die noch nicht sechs Jahre alten Kinder die Voraussetzungen nach § 24 Abs. 1 Satz 4 vorliegen. Für die älter als sechs Jahre alten Kinder könnte eine analoge Anwendung des § 25 Abs. 5 Satz 1 in Betracht kommen. Denn die bewusste und gewollte Nichtangabe des Kindes zu verfahrensverzögernden Zwecken dürfte verfahrensrechtlich dem Fall vergleichbar sein, in dem der Antragsteller ohne genügende Entschuldigung nicht zur Anhörung erscheint. Das Bundesamt ist aber verpflichtet, bezogen auf das nicht angegebene Kind die schriftliche Anhörung durchzuführen (§ 25 Abs. 5 Satz 2). Beim Antrag eines Elternteils wird die Antragsfiktion nur ausgelöst, wenn dieser das alleinige Sorgerecht wirksam ausüben kann (vgl. auch § 30 Abs. 3 Nr. 7). Das Gesetz kann rechtliche Wirkungen nur anordnen, wenn die Beziehungen zwischen Elternteil und Kind rechtlich wirksam sind. Übt der im Bundesgebiet allein lebende Elternteil nicht das Sorgerecht aus, kann er für das Kind keinen rechtlich wirksamen Antrag stellen. Die gesetzliche Fiktion setzt damit die *Vertretungsberechtigung des Elternteils* voraus.

Die fingierte Antragstellung umfasst die Kinder des Antragstellers, die im Zeitpunkt 7 seiner Antragstellung ledig und minderjährig sind und sich in diesem Zeitpunkt im Bundesgebiet aufhalten, zuvor noch nicht einen Asylantrag gestellt haben und über keinen Aufenthaltstitel nach § 4 AufenthG verfügen. Auch die vor der Asylantragstellung der Eltern oder vor deren Einreise eingereisten Kinder werden von der fingierten Antragstellung nach Abs. 1 erfasst. Abs. 1 orientiert sich erkennbar an der Handlungsfähigkeit nach § 12 (BR-Drucks. 446/15, S. 43). Auf die handlungsfähigen Kinder des Antragstellers ist Abs. 1 nicht anwendbar. Diese können selbst entscheiden, ob sie wie ihre Eltern einen Asylantrag nach § 14 stellen wollen (*Bodenbender*, in: GK-AsylG II, § 14a Rn. 11).

8 Das ledige minderjährige Kind muss im Zeitpunkt der Asylantragstellung der Eltern seinen Aufenthalt im Bundesgebiet haben. Reist es nachträglich ein, findet Abs. 2 Anwendung. Das Gesetz stellt allein auf die faktischen Verhältnisse ab. Zur Feststellung der Erstreckungswirkung der Fiktion sind keine weiteren, verfahrensverzögernden Ermittlungen erforderlich. Es muss z.B. nicht geprüft werden, ob das Kind seinen gewöhnlichen Aufenthalt im Bundesgebiet hat. Auch wenn das Kind anders als seine Eltern nur auf der Durchreise im Bundesgebiet ist und nach dem Willen der Eltern in ein drittes Land weiterreisen soll, wird es von der Erstreckungswirkung der Antragsfiktion nach Abs. 1 Halbs. 1 erfasst (*Hailbronner*, AuslR, B 2, § 14a AsylVfG Rn. 9), es sei denn, es besitzt einen Aufenthaltstitel. Dies dürfte in der Praxis aber die extreme Ausnahme sein.

9 Die Fiktion nach Abs. 1 Halbs. 1 setzt ferner voraus, dass das Kind im Zeitpunkt der Antragstellung der Eltern nicht im Besitz eines Aufenthaltstitels nach § 4 AufenthG oder freizügigkeitsberechtigt ist. Als Aufenthaltstitel kommen u.a. die Aufenthaltserlaubnis, die Niederlassungserlaubnis und das Visum (§ 4 AufenthG) in Betracht. Die Erlaubnisfiktion (§ 81 Abs. 3 Satz 1 AufenthG) und die Fortgeltungsfiktion (§ 81 Abs. 4 Satz 1 AufenthG) sind dem Aufenthaltstitel rechtlich gleichgestellt (*Hailbronner*, AuslR, B 2, § 14a AsylVfG Rn. 14). Der Gesetzgeber mag an die Fälle gedacht haben, in denen ein Kind bereits im Bundesgebiet einen rechtmäßigen Aufenthalt bei Verwandten begründet hat. Möglich ist aber auch, dass das Kind zusammen mit einem Elternteil mit einem Besuchervisum und der andere Elternteil unerlaubt eingereist ist. Ist in diesem Fall im Zeitpunkt der Asylantragstellung des unerlaubt eingereisten Elternteils die Geltungsdauer des Besuchervisums noch nicht abgelaufen, findet weder Abs. 1 noch Abs. 2 Anwendung.

10 Schließlich setzt der Eintritt der Antragsfiktion nach Abs. 1 Halbs. 1 voraus, dass das Kind zuvor noch keinen Asylantrag gestellt hat. Ist das Asylverfahren des Kindes noch anhängig, kann das Gesetz aus verfahrensrechtlichen Gründen keinen »doppelten« Antrag fingieren. Solange der Antrag nicht entschieden ist, kommt einem weiteren, auf denselben Verfahrensgegenstand bezogenen Antrag, keine Rechtswirkung zu (*Hailbronner*, AuslR, B 2, § 14a AsylVfG Rn. 11; *Bodenbender*, in: GK-AsylG, II, § 14a Rn. 16). Dem entspricht die negative Voraussetzung nach Abs. 1 letzter Halbs. Ist der frühere Asylantrag des Kindes bereits negativ abgeschlossen worden, bedarf es keiner Antragsfiktion. Durch eine spätere erneute Antragstellung des Kindes können regelmäßig keine aufenthaltsverlängernden Wirkungen erzielt werden, wenn nicht die Zulässigkeitsvoraussetzungen nach § 51 Abs. 1 bis 3 VwVfG vorliegen. In diesem Fall sind verfahrensverzögernde Wirkungen immanente Folge der Einleitung des weiteren

Asylverfahrens und deshalb hinzunehmen. Stellen die Eltern oder ein Elternteil nach erfolglosem Abschluss ihres Asylverfahrens erneut einen Asylantrag, findet Abs. 1 auf das Kind keine Anwendung, wenn es im ersten Verfahren nach Abs. 1 einbezogen war. Denn in diesem Fall hat das Kind vor der Folgeantragstellung der Eltern bereits einen – nach Abs. 1 fingierten – Asylantrag gestellt. Die Antragsfiktion nach Abs. 1 Halbs. 1 setzt einen Asylantrag nach § 14 voraus, bezieht aber nicht den Folgeantrag nach § 71 Abs. 1 Satz 1 ein (a.A. *Hailbronner,* AuslR, B 2, § 14a AsylVfG Rn. 5).

C. Nachträglich »fingierte Asylantragstellung« nach Abs. 2

Nach Abs. 2 Satz 1 trifft die Eltern die verfahrensrechtliche Mitwirkungspflicht, die 11 nachträgliche Einreise oder Geburt eines ledigen minderjährigen Kindes im Bundesgebiet dem Bundesamt unverzüglich, d.h. ohne »*schuldhaftes Verzögern*« (BVerwGE 127, 161, 171 f. = InfAuslR 2006, 213 = NVwZ 2007, 465 = AuAS 2006, 80 = ZAR 2006, 196 = ZAR 2007, 287) anzuzeigen. Nach § 121 Abs. 1 BGB kommt es auf die Würdigung aller Umstände des jeweiligen Einzelfalls an (*Bodenbender,* in: GK-AsylG, II, § 14a Rn. 25). Die Ansicht, »unverzüglich« bedeute innerhalb von zwei Wochen (*Hailbronner,* AuslR, B 2, § 14a AsylVfG Rn. 15), findet im Gesetz keine Stütze. Folge der Anzeige ist die fingierte Antragstellung nach Abs. 2 Satz 3. Stellt Abs. 1 Halbs. 1 darauf ab, dass die ledigen minderjährigen Kinder, die zusammen mit den Eltern oder dem maßgeblichen Elternteil eingereist sind oder sich bereits vorher hier aufgehalten haben, als Folge der Asylantragstellung der Eltern automatisch in deren Antrag einbezogen werden, regelt Abs. 2 die verfahrensrechtlichen Konsequenzen, die sich aus der Tatsache ergeben, dass das Kind nach der Asylantragstellung einreist bzw. im Bundesgebiet geboren wird. Unabhängig vom Erklärungsbewusstsein der Eltern knüpft Abs. 2 Satz 3 an die Anzeige nach Abs. 2 Satz 1 die Antragsfiktion bezogen auf das nachträglich einreisende oder im Bundesgebiet geborene minderjährige ledige Kind. Auch der nachträglich fingierte Antrag verfolgt den Zweck, überlange Aufenthaltsdauern durch sukzessive Asylantragstellung zu unterbinden.

Betroffen von der nachträglich fingierten Asylantragstellung sind die minderjährigen 12 ledigen Kinder des Asylantragstellers, die nach dem Zeitpunkt der Antragstellung der Eltern einreisen oder im Bundesgebiet geboren werden. Insoweit gelten dieselben Kriterien wie bei Abs. 1 (Rdn. 4 ff.). Freizügigkeitsberechtigte Kinder unterfallen nicht dieser Regelung (*Hailbronner,* AuslR, B 2, § 14a AsylVfG Rn. 14). Volljährige und verheiratete Kinder werden aus dem Anwendungsbereich der Fiktion herausgenommen. Unabhängig vom Aufenthalts- oder sonstigem Rechtsstatus des Kindes besteht für die zuständigen Behörden nach Art. 7 Abs. 1 KRK sowie Art. 24 IPbpR die Verpflichtung, das Kind unverzüglich nach seiner Geburt in ein Register einzutragen. Dieses Recht folgt auch aus Art. 8 Abs. 1 EMRK. Erst mit der Registrierung existiert das Kind offiziell und kann seine Rechte wahrnehmen. Zur ausreichenden Sicherung der Kindsrechte, muss der Eintrag im Geburtsregister neben Geburtsort und -zeit den Namen des Kindes enthalten, der aus dem Familien- und dem von den Eltern frei gewählten Vornamen besteht. Darüber hinaus müssen die Namen der Eltern angegeben werden (*UNHCR,* NVwZ-Beil. 2004, 9, 10).

13 Der Anzeigepflicht unterliegen zunächst die Eltern, die lediglich eine Bescheinigung über die Aufenthaltsgestattung nach § 63 besitzen, ferner die Eltern, die nach Abschluss des Asylverfahrens ohne Aufenthaltstitel im Bundesgebiet leben. Das sind die Eltern, deren Abschiebung aus rechtlichen oder tatsächlichen Gründen unmöglich ist (§ 60a Abs. 2 AufenthG) und im Besitz der Duldungsbescheinigung nach § 60a Abs. 4 AufenthG sind, schließlich die Eltern, die eine Aufenthaltserlaubnis nach § 25 Abs. 5 AufenthG besitzen (Abs. 2 Satz 1 Halbs. 2). Hintergrund dieser Regelung ist, dass im Blick auf diesen Personenkreis der Familien- und damit auch der Kindernachzug ausgeschlossen ist (§ 29 Abs. 3 Satz 3 AufenthG). Aus dem Gesetz folgt, dass die Anzeigepflicht nicht eintritt, wenn zumindest ein Elternteil über einen Aufenthaltstitel verfügt, der eine längerfristige Aufenthaltsperspektive eröffnet (*Wolff*, in: Hofmann/Hoffmann, AuslR. Handkommentar, § 14a AsylvfG Rn. 8). Vor der Antragstellung, aber nach der Meldung als Asylsuchende (§ 63a) findet § 14a noch keine Anwendung. Anzeigepflichtig sind zunächst die Eltern oder der maßgebende Elternteil (Abs. 2 Satz 2 in Verb. mit § 12 Abs. 3). Daneben ist zusätzlich die Ausländerbehörde kraft Gesetzes zur Anzeige gegenüber dem Bundesamt verpflichtet, sofern ihr die nachträgliche Einreise oder Geburt des Kindes bekannt wird (Abs. 2 Satz 2).

14 *Zuständige Behörde* für die Entgegennahme der Anzeige ist das *Bundesamt*. Das Gesetz differenziert nicht zwischen Außenstelle und Zentrale des Bundesamtes. Daher kann die Anzeige an eine der beiden Stellen gerichtet werden (*Hailbronner*, AuslR, B 2, § 14a AsylVfG Rn. 15). Da den Eltern die bearbeitende Außenstelle zu Beginn ihres Verfahrens schriftlich mitgeteilt wurde, empfiehlt es sich wegen der verfahrensrechtlichen Zusammenhangs gegenüber dieser Dienststelle des Bundesamtes die Anzeige zu machen. Anders als § 10 Abs. 7 und § 14 Abs. 1 Satz 2 enthält Abs. 2 keine Belehrungspflicht. Daher dürfen an die Verletzung der Anzeigepflicht nach Abs. 2 Satz 1 keine zu hohen Anforderungen gestellt werden. Mangels Belehrung über die Anzeigepflicht ist nicht auszuschließen, dass der Verpflichtete seine verfahrensrechtlichen Pflichten nicht kannte. Da im Regelfall die Ausländerbehörde über das neu eingereiste oder hier geborene Kind informiert wird, hat diese daher nach Abs. 2 Satz 2 Halbs. 2 das Bundesamt zu informieren.

15 § 14a Gesetz enthält keine verfahrensrechtlichen Sanktionen für die Verletzung der Anzeigepflicht nach Abs. 2 Satz 3 (*Bodenbender*, in: GK-AsylG, II, § 14a Rn. 26). Kommt der Verpflichtete dieser Pflicht nicht nach oder erfährt das Bundesamt aus anderen Gründen nicht von dem Aufenthalt des Kindes, tritt die Rechtsfolge der fingierten Antragstellung nicht ein (*Bergmann*, in: Bergmann/Dienelt, AuslR, 11. Aufl., 2016, § 14a AsylG Rn. 6). Hat er oder die Ausländerbehörde dem Bundesamt den Nachzug oder die Geburt des Kindes angezeigt, wird die gesetzliche Fiktion ausgelöst. Unterbleibt die Anzeige, kann das Bundesamt bezogen auf die nicht gemeldeten Kinder keine Sachentscheidung treffen. Die Ausländerbehörde wird in die aufenthaltsbeendenden Maßnahmen gegen die Eltern auch die nicht gemeldeten Kinder einbeziehen. Wird nunmehr für diese Kinder der Asylantrag gestellt, gilt dieser regelmäßig als offensichtlich unbegründet (§ 30 Abs. 3 Nr. 7), sodass das nachträgliche Asylverfahren des Kindes relativ zügig abgeschlossen werden kann. Allerdings kann in Ansehung des im Bundesgebiet geborenen Kindes nach unanfechtbarer

Statuszuerkennung des Stammberechtigten Antrag auf Gewährung des abgeleiteten Status gestellt werden (§ 26 Abs. 2, 3). Für nachgereiste Kinder, die dem Bundesamt nicht gemeldet werden, kann unter den Voraussetzungen des § 26 zu jedem beliebigen Zeitpunkt der entsprechende Antrag gestellt werden.

D. Verzicht auf Durchführung des Asylverfahrens (Abs. 3)

Nach Abs. 3 kann der Vertreter des Kindes jederzeit auf die Durchführung eines 16
Asylverfahrens für das Kind verzichten. Durch den Hinweis auf § 12 Abs. 3 wird klargestellt, dass der Verzicht nur durch beide Eltern oder den allein personensorgeberechtigten Elternteil erklärt werden kann. Es genügt bei gemeinsamer Personensorge der im Bundesgebiet lebenden Eltern also nicht, wenn nur ein Elternteil die Erklärung abgibt (*Bodenbender*, in: GK-AsylG, II, § 14a Rn. 31; § 12 Rdn. 15 ff.). Andere Vertreter kommen für die Verzichtserklärung nicht in Betracht. Leben die Eltern oder jedenfalls ein Elternteil nicht im Bundesgebiet, kommt die Vorschrift insgesamt nicht zur Anwendung. In der Erklärung, für sein Kind keinen Asylantrag stellen zu wollen, kann im Blick auf die weitgehenden Folgen kein Verzicht gesehen werden (OVG NW, AuAS 2006, 178, 179; *Wolff;* in: Hofmann/Hoffmann, AuslR. Handkommentar, § 14a AsylvfG Rn. 11). § 32 Abs. 1 Satz 1 Halbs. 1 und § 71 Abs. 1 Satz 2 knüpfen an den ausdrücklich erklärten Verzicht an. Die mit der Rücknahme verbundenen weitgehenden Folgen dürfen daher nicht ohne Weiteres an die bloße Unterlassung der Verzichtserklärung geknüpft werden. Für den Eintritt der an die Rücknahme anknüpfenden Folgen bei einem Verzicht bedarf es daher – wie in § 32 Abs. 1 Satz 1 Halbs. 1 und in § 71 Abs. 1 Satz 2 – einer ausdrücklichen Regelung (VG Düsseldorf, InfAuslR 2006, 163 = NVwZ-RR 2006, 291; dagegen OVG NW AuAS 2007, 47). Da die Einleitung des Verfahrens kraft Gesetzes fingiert und den Eltern dadurch ihre Dispositionsbefugnis genommen wurde, hat der Gesetzgeber aus verfahrensrechtlichen Gründen ausdrücklich den Begriff des Verzichts gewählt. Die Verzichtserklärung ist zeitgebunden und wird daher bei nachträglich eintretender verändernder Sachlage hinfällig (*Bergmann*, in: Bergmann/Dienelt, AuslR, 11. Aufl., 2016, § 14a AsylG Rn. 8). Da die Verzichtserklärung verfahrensrechtlich nicht als Rücknahme behandelt werden kann, kann der nachträglich gestellte Asylantrag nicht als Folgeantrag behandelt werden (so *Bergmann*, in: Bergmann/Dienelt, AuslR, 11. Aufl., 2016, § 14a AsylG Rn. 8). Es handelt sich um einen Erstantrag.

Es liegt im Rahmen der Dispositionsbefugnis der Eltern, den Verzicht zu erklären. 17
Deren Interesse beim Verzicht besteht nicht darin, selbst den Zeitpunkt für die Einleitung eines Asylverfahrens festzusetzen (so aber BVerwGE 127, 161, 175 = InfAuslR 2006, 213 = NVwZ 2007, 465 = AuAS 2006, 80 = ZAR 2006, 196 = ZAR 2007, 287), sondern im Gegenteil darin, den Zeitpunkt für dessen Beendigung zu bestimmen. Wegen des mit dem Verzicht verbundenen Wegfalls der Option des abgeleiteten Status (§ 26) ist der Verzicht auf die Durchführung eines Asylverfahrens indes nicht ratsam. Anders als früher bedarf es nach Abs. 3 anstelle der Erklärung, »dass dem Kind keine politische Verfolgung droht« (§ 14a Abs. 3 AsylVfG a.F.), der Erklärung, dass dem Kind keine flüchtlingsrelevante Verfolgung und kein ernsthafter Schaden i.S.d. § 4 droht. Abs. 3 Satz 2 erlaubt es dem für das Kind Handelnden, auf

die Asylanerkennung zu verzichten, aber den Antrag auf Gewährung internationalen Schutzes aufrechtzuerhalten. Im Rahmen der Verzichtserklärung soll die Wahlmöglichkeit nach § 13 Abs. 2 Satz 1 Halbs. 2 aufrechterhalten werden (BT-Drucks. 17/13063, S. 9). Es besteht keine Wahlmöglichkeit zwischen dem flüchtlingsrelevanten und subsidiären Schutz (§ 14 Rn. 16 f.). Unberührt bleibt der Schutz nach § 60 Abs. 5 und 7 AufenthG. Wurde für das Kind wirksam die Verzichtserklärung nach Abs. 3 abgegeben, wird jedoch im Gerichtsverfahren ein Abschiebungsverbot nach § 60 Abs. 7 AufenthG geltend gemacht, ist es dem gesetzlichen Vertreter grundsätzlich unzumutbar, in das Herkunftsland zurückzukehren (OVG NW, AuAS 2011, 214, 215 f.). Für das Kind folgt das Aufenthaltsrecht aus Art. 6 Abs. 1 und 2 und § 25 Abs. 5 AufenthG.

18 Nach unanfechtbarer Statusgewährung zugunsten der Eltern oder des allein personensorgeberechtigten Elternteils kann das Kinderasyl oder der abgeleitete internationale Schutz im Wege des Folgeantrags geltend gemacht werden (BVerwGE 127, 161, 175 = InfAuslR 2006, 213 = NVwZ 2007; 465 = AuAS 2006, 80 = ZAR 2006, 196 = ZAR 2007, 287; vgl. auch BVerwGE 101, 341 = NVwZ 1997, 688 = InfAuslR 1996, 420 = EZAR 215 Nr. 12; Nieders. OVG, NVwZ-Beil. 1996, 59; *Schnäbele*, in: GK-AsylG, § 26 Rn. 51 und 89; s. hierzu § 26 Rdn. 45 ff.). Darauf weist auch § 71 Abs. 1 Satz 2 hin. Insoweit muss indes die Dreimonatsfrist des § 51 Abs. 3 VwVfG beachtet werden. Stellt das Bundesamt nach Abgabe der Verzichtserklärung fest, dass das Asylverfahren eingestellt ist, ist es zum Erlass einer Abschiebungsandrohung nach § 34 Abs. 1 Satz 1 ermächtigt (BVerwG, NVwZ-RR 2010, 454). Mangels eines Hinweises auf Abs. 3 in § 38 Abs. 2 beträgt die Ausreisefrist einen Monat. Die Klage hat aufschiebende Wirkung (BVerwG, NVwZ-RR 2010, 938; OVG SH, InfAuslR 2010, 44; VG Düsseldorf, InfAuslR 2006, 163 = NVwZ-RR 2006, 291; *Hailbronner*, AuslR, B 2, § 14a AsylVfG Rn. 24). Setzt das Bundesamt eine einwöchige Ausreisefrist fest und wird der Bescheid deshalb gerichtlich aufgehoben, bedarf es einer erneuten Fristsetzung (BVerwG, NVwZ-RR 2010, 938, 939), die nunmehr auf einen Monat festzusetzen ist. Macht das Kind, für das nach Abs. 3 uneingeschränkt der Verzicht erklärt wurde, Abschiebungsverbote nach § 60 Abs. 7 AufenthG in einem gerichtlichen Erstverfahren geltend, ist es ihm während der Dauer dieses Verfahrens nicht zuzumuten, ins Herkunftsland auszureisen. Vielmehr hat es einen Anspruch auf Duldung (OVG NW, AuAS 2011, 238, 239). Die Verzichtserklärung schließt nicht die nationalen Abschiebungsverbote ein. Hingegen kann der subsidiäre Schutz nicht weiter verfolgt werden, wenn nicht im Rahmen der Verzichtserklärung der Vorbehalt nach Abs. 3 Satz 2 in Verb. mit § 13 Abs. 2 Satz 2 gemacht wurde.

19 Durch Richtlinienumsetzungsgesetz 2007 wurde Abs. 4 eingeführt. Danach tritt die Antragsfiktion auch dann ein, wenn der Asylantrag der Eltern bzw. des Elternteils vor dem 01.01.2005 gestellt worden ist und das Kind sich zu diesem Zeitpunkt hier aufgehalten hat. Dies gilt auch dann, wenn das Kind später in das Bundesgebiet eingereist ist oder hier geboren wurde (BT-Drucks. 16/5065, S. 409). Abs. 4 ordnet die Rückwirkung für die gesamte Vorschrift des § 14a an. Relevant wird dieses Problem jedoch nur bei der Anwendung von Abs. 2. Bereits vor dem Inkrafttreten von Ab.s 4 hatte das BVerwG festgestellt, dass Abs. 2 auch für die vor dem 01.01.2005 in Deutschland geborenen Kinder gilt (BVerwGE 127, 161, 170 = InfAuslR 2006, 213 =

NVwZ 2007; 465 = AuAS 2006, 80 = ZAR 2006, 196 = ZAR 2007, 287; BVerwG, NVwZ 2007, 465; Hess. VGH, Beschl. v. 03.08.2005 – 4 ZU 1961/05.A; Nieders. OVG, Urt. v. 15.03.2006 – 10 LB 7/06; OVG NW, AuAS 2007, 46, 47; OVG Rh-Pf, AuAS 2006, 153; VGH BW, InfAuslR 2006, 429; VG Gelsenkirchen, InfAuslR 2005, 494 = AuAS 2005, 10; *Bodenbender*, in: GK-AsylG, II, § 14a Rn. 20; *Hailbronner*, AuslR, B 2, § 14a AsylVfG Rn. 18; a.A. OVG Berlin-Brandenburg, AuAS 2006, 114; VG Ansbach, Beschl. v. 05.05.2006 – AN 4 S 06.30387; VG Braunschweig, Beschl. v. 30.03.2005 – 5 B 260/05; VG Chemnitz, Beschl. v. 22.09.2005 – A 2 K 661/05; VG Düsseldorf, InfAuslR 2006, 163; VG Göttingen, AuAS 2005, 117; VG Minden, AuAS 2005, 238; VG Oldenburg, Beschl. v. 22.06.2005 – 11 B 2465/05; VG Saarlouis, Beschl. v. 20.06.2005 – 12 F 25/05.A). Das BVerwG begründet in Anknüpfung an die eine Rückwirkung befürwortende Rechtsprechung seine Ansicht vorrangig mit teleologischen und entstehungsgeschichtlichen Erwägungen.

E. Statthaftigkeit des isolierten Anfechtungsklage

Gegen den Bescheid kann die im Asylverfahren übliche *Verpflichtungsklage* (§ 74) erhoben werden. Statthaft ist stattdessen aber auch die *isolierte Anfechtungsklage* (BVerwGE 127, 161, 166 = InfAuslR 2006, 213 = NVwZ 2007; 465 = AuAS 2006, 80 = ZAR 2006, 196 = ZAR 2007, 287; BVerwG, NVwZ 2007, 465, 466 f.; VGH BW, InfAuslR 2006, 429; *Hailbronner*, AuslR, B 2, § 14a AsylVfG Rn. 25; s. aber OVG NW AuAS 2008, 46, 47 nur im Ausnahmefall). Nach der Rechtsprechung ist zwar grundsätzlich von einem Vorrang der Verpflichtungsklage mit der Folge auszugehen, dass Rechtsschutz gegen die Ablehnung eines begünstigenden Verwaltungsaktes grundsätzlich nur durch eine Verpflichtungsklage (»*Versagungsgegenklage*«) zu erstreiten ist (BVerwGE 127, 161, 176 = InfAuslR 2006, 213 = AuAS 2006, 80 = ZAR 2006, 196 = ZAR 2007, 287). Wegen der Eigenart der Beschwer bietet die isolierte Anfechtungsklage gegenüber der Verpflichtungsklage aber eine bessere Verteidigungsmöglichkeit (BVerwGE 127, 161, 167 = InfAuslR 2006, 213 = NVwZ 2007, 465 = AuAS 2006, 80 = ZAR 2006, 196 = ZAR 2007, 287), da im Verfahren nach § 14a die isolierte Anfechtung sachdienlich sein kann, wenn an einem positiven Statusbescheid letztlich kein Interesse besteht oder Gründe für die Zuerkennung von Asyl oder internationalem Schutz auch nach Auffassung des Klägers offensichtlich nicht bestehen. Dann bietet die isolierte Anfechtung gegenüber einem Verzicht auf Durchführung eines Asylverfahrens nach Abs. 3 den Vorteil, dass dessen nachteilige Folgen, die demjenigen einer bestandkräftigen Ablehnung entsprechen, bei einem Klageerfolg nicht eintreten, weil der negative Statusbescheid ersatzlos aufgehoben wird (BVerwGE 127, 161, 175 = InfAuslR 2006, 213 = NVwZ 2007, 465 = AuAS 2006, 80 = ZAR 2006, 196 = ZAR 2007, 287). Wird bei einer Ablehnung eines fingierten Antrags nach § 14a die isolierte Anfechtungsklage erhoben, führt dies im Fall der Klageabweisung zu einem endgültigen Rechtsverlust ohne gerichtliche Sachprüfung. Damit steht endgültig fest, dass kein Anspruch auf Asylanerkennung und Gewährung internationalen Schutzes besteht. Künftig kann entsprechender Schutz nur noch im Rahmen eines Folge- oder Wiederaufgreifensantrags begehrt werden. Dabei können grundsätzlich nur neue Verfolgungsgründe innerhalb der Ausschlussfrist des § 51 20

Abs. 3 VwVfG vorgebracht werden (BVerwGE 127, 161, 168 = InfAuslR 2006, 213 = NVwZ 2007, 465 = AuAS 2006, 80 = ZAR 2006, 196 = ZAR 2007, 287).

§ 15 Allgemeine Mitwirkungspflichten

(1) [1]Der Ausländer ist persönlich verpflichtet, bei der Aufklärung des Sachverhalts mitzuwirken. [2]Dies gilt auch, wenn er sich durch einen Bevollmächtigten vertreten lässt.

(2) Er ist insbesondere verpflichtet,
1. **den mit der Ausführung dieses Gesetzes betrauten Behörden die erforderlichen Angaben mündlich und nach Aufforderung auch schriftlich zu machen;**
2. **das Bundesamt unverzüglich zu unterrichten, wenn ihm ein Aufenthaltstitel erteilt worden ist;**
3. **den gesetzlichen und behördlichen Anordnungen, sich bei bestimmten Behörden oder Einrichtungen zu melden oder dort persönlich zu erscheinen, Folge zu leisten;**
4. **seinen Pass oder Passersatz den mit der Ausführung dieses Gesetzes betrauten Behörden vorzulegen, auszuhändigen und zu überlassen;**
5. **alle erforderlichen Urkunden und sonstigen Unterlagen, die in seinem Besitz sind, den mit der Ausführung dieses Gesetzes betrauten Behörden vorzulegen, auszuhändigen und zu überlassen;**
6. **im Falle des Nichtbesitzes eines gültigen Passes oder Passersatzes an der Beschaffung eines Identitätspapiers mitzuwirken;**
7. **die vorgeschriebenen erkennungsdienstlichen Maßnahmen zu dulden.**

(3) Erforderliche Urkunden und sonstige Unterlagen nach Absatz 2 Nr. 5 sind insbesondere
1. **alle Urkunden und Unterlagen, die neben dem Pass oder Passersatz für die Feststellung der Identität und Staatsangehörigkeit von Bedeutung sein können,**
2. **von anderen Staaten erteilte Visa, Aufenthaltstitel und sonstige Grenzübertrittspapiere,**
3. **Flugscheine und sonstige Fahrausweise,**
4. **Unterlagen über den Reiseweg vom Herkunftsland in das Bundesgebiet, die benutzten Beförderungsmittel und über den Aufenthalt in anderen Staaten nach der Ausreise aus dem Herkunftsland und vor der Einreise in das Bundesgebiet sowie**
5. **alle sonstigen Urkunden und Unterlagen, auf die der Ausländer sich beruft oder die für die zu treffenden asyl- und ausländerrechtlichen Entscheidungen und Maßnahmen einschließlich der Feststellung und Geltendmachung einer Rückführungsmöglichkeit in einen anderen Staat von Bedeutung sind.**

(4) [1]Die mit der Ausführung dieses Gesetzes betrauten Behörden können den Ausländer und Sachen, die von ihm mitgeführt werden, durchsuchen, wenn der Ausländer seinen Verpflichtungen nach Absatz 2 Nr. 4 und 5 nicht nachkommt und Anhaltspunkte bestehen, dass er im Besitz solcher Unterlagen ist. [2]Der Ausländer darf nur von einer Person gleichen Geschlechts durchsucht werden.

(5) Durch die Rücknahme des Asylantrags werden die Mitwirkungspflichten des Ausländers nicht beendet.

Übersicht Rdn.

A. Funktion der Vorschrift

Die Vorschrift hat die Funktion einer Art »Supervorschrift« zur Regelung der Mitwirkungspflichten Asylsuchender. Daneben gibt es jedoch in den einzelnen Vorschriften des Gesetzes noch weitere, besondere Mitwirkungspflichten (vgl. z.B. § 13 Abs. 3; § 20, § 22 Abs. 1 Satz 1; § 23 Abs. 1; § 25 Abs. 1 und 2, § 47 Abs. 3, § 50 Abs. 6). Verfahrensrechtliche Mitwirkungspflichten enthalten auch die im Zusammenhang mit den Zustellungsvorschriften auferlegten Mitwirkungspflichten. Diese haben jedoch eigenständige Sanktionswirkungen (§ 10 Abs. 2). Demgegenüber wird in der gesetzlichen Begründung behauptet, die nach altem Recht in den einzelnen Regelungen enthaltenen Mitwirkungspflichten würden aus Gründen der Übersichtlichkeit und Klarheit in einer Vorschrift zusammengefasst. Dies ist unzutreffend (BT-Drucks. 12/2062, S. 30), trifft also nicht zu (*Funke-Kaiser,* in: GK-AsylG II, § 15 Rn. 5; *Hailbronner,* AuslR B 2 § 15 AsylVfG Rn. 1). Vielmehr bestehen in den einzelnen Regelungen des Gesetzes noch weitere, jeweils besonders zu beachtende Mitwirkungspflichten. § 15 hat die Funktion einer *doppelten Sicherung des Kontroll- und Beschleunigungszwecks* des Gesetzes. 1993 wurde geregelt, dass die Verletzung bestimmter Mitwirkungspflichten (Abs. 2 Nr. 3 bis 5) in gröblicher Weise mit der qualifizierten Asylablehnung sanktioniert wird (§ 30 Abs. 3 Nr. 5). 1

Die in der Vorschrift geregelten Mitwirkungspflichten treffen den Antragsteller bis zum *unanfechtbaren Abschluss des Asylverfahrens.* Eine darüber hinausgehende Geltung (so *Funke-Kaiser,* in: GK-AsylG II, § 15 Rn. 7; *Wolff,* in: Hofmann/Hoffmann, 2

AuslR. Handkommentar, § 14a AsylvfG Rn. 24; a.A. *Bergmann*, in: Bergmann/Dienelt, AuslR, 11. Aufl., 2016, § 15 AsylG Rn. 14) ist mit Wortlaut und Zweck der Vorschrift, der sich auf die Aufklärung des asylrechtlich relevanten Sachverhalts bezieht, unvereinbar. Im Widerrufsverfahren ist § 15 nicht anwendbar (*Funke-Kaiser*, in: GK-AsylG II, § 15 Rn. 8; *Hailbronner*, AuslR B 2 § 15 AsylVfG Rn. 6). § 15 bezieht sich allein auf die Sachaufklärung im Asylverfahren (*Hailbronner*, AuslR B 2 § 15 AsylVfG Rn. 1). Soweit Abs. 2 Nr. 1 auf andere Behörden hinweist, kommt es auch hier auf die Sachaufklärung im Asylverfahren an. Es ist daher nicht zutreffend, dass die Vorschrift bis zur Ausreise des Asylbewerbers eine Mitwirkungspflicht gegenüber allen mit der Ausführung des AsylG betrauten Behörden festlege (*Funke-Kaiser*, in: GK-AsylG II, § 15 Rn. 9 ff.).

3 Die Vorschrift ist mit Unionsrecht vereinbar (*Funke-Kaiser*, in: GK-AsylG II, § 15 Rn. 6). Art. 13 Abs. 1 RL 2013/32/EU verpflichtet Asylsuchende, mit den zuständigen Behörden zur Feststellung ihrer Identität und der für die Bearbeitung des Antrags erforderlichen Tatsachen und Umstände zusammenzuarbeiten. Ferner können die Mitgliedstaaten den Antragstellern weitere Verpflichtungen zur Zusammenarbeit mit den zuständigen Behörden auferlegen, sofern diese für die Bearbeitung des Antrags erforderlich sind. Auch Art. 4 Abs. 1 und 2, Abs. 5 Buchst. a, b und d RL 2011/95/EU enthält spezifische auf das Feststellungsverfahren bezogene Mitwirkungspflichten.

B. Persönliche Erklärungspflicht des Antragstellers (Abs. 1)

4 Nach Abs. 1 Satz 1 ist der Antragsteller *persönlich* verpflichtet, bei der Aufklärung des Sachverhaltes mitzuwirken. Ihn trifft diese als *Darlegungsverpflichtung* ausgestaltete Mitwirkungspflicht jedoch bereits nach § 25 Abs. 1 und 2 gegenüber dem Bundesamt (s. auch Rdn. 3). Deshalb bleibt unklar, welche weiter gehenden Verpflichtungen mit Abs. 1 Satz 1 begründet werden sollen. Die Gesetzesbegründung vermittelt hierüber keinen Aufschluss (BT-Drucks. 12/2062, S. 30). Möglicherweise will der Gesetzgeber dem Asylsuchenden gegenüber den anderen mit der Ausführung des Gesetzes betrauten Behörden (Grenz-, Ausländer- und allgemeine Polizeibehörden) eine umfassende Darlegungspflicht auferlegen, um diesen Stellen die mit der Ausführung des Gesetzes anfallenden Aufgaben zu erleichtern. Dies mag etwa im Zusammenhang mit der Aufklärung von aufenthaltsrechtlichen Fragen bedeutsam werden. Soweit andere Behörden im AsylG angesprochen werden, geht es jedoch stets um die Aufklärung des asylrechtlichen Sachverhalts (*Hailbronner*, AuslR B 2 § 15 AsylVfG Rn. 6; *Wolff*, in: Hofmann/Hoffmann, AuslR. Handkommentar, § 14a AsylvfG Rn. 8; Rdn. 2). Will die Ausländerbehörde oder Bundespolizei etwa ihr bekannt gewordene Umstände, die sich auf den asylrechtlichen Sachverhalt beziehen, aufklären, hat der Antragsteller eine Mitwirkungspflicht gegenüber diesen Behörden, welche ihrerseits eine Informationspflicht gegenüber dem Bundesamt haben. Die Mitwirkungspflicht nach Abs. 1 beseitigt nicht die strafverfahrensrechtliche Garantie, wonach der Asylsuchende sich nicht selbst belasten muss. Auch kann sich die Grenzbehörde zur Rechtfertigung der grenzbehördlichen Anhörung nicht auf Abs. 1 Satz 1 berufen, soweit sie in diesem Rahmen eine nach § 18 und § 18a nicht vorgesehene inhaltliche Aufklärung der Asylgründe durchführt.

Verpflichtungen, deren Inhalt und Bedeutung nicht inhaltlich bestimmt sind, sind mit rechtsstaatlichen Grundsätzen kaum vereinbar. Sie können wegen ihrer Unbestimmtheit kaum vom Verpflichteten befolgt werden. Daher kann in der Verpflichtung nach Abs. 1 Satz 1 grundsätzlich lediglich eine Verstärkung der Darlegungslast nach § 24 Abs. 1 und 2 gesehen werden. Darauf weist auch Abs. 1 Satz 2 hin. Bei der Darlegung der Tatsachen, die sich auf die Verfolgung oder den ernsthaften Schaden beziehen, handelt es sich um einen *unvertretbaren* Sachvortrag. Diesen kann der Bevollmächtigte nicht übernehmen. In allen anderen Fällen steht es dem Asylsuchenden jederzeit frei, sich vor einer Äußerung zur Sache stets zuvor durch seinen Rechtsanwalt beraten zu lassen und sich über diesen zu äußern. Die Sachverhaltsaufklärung nach Abs. 1 Satz 1 kann sich daher im Rahmen des AsylG regelmäßig nur auf den Tatbestand der Verfolgung oder des ernsthaften Schadens beziehen. Sofern es um die behördliche Verpflichtung zur Aufklärung behaupteter Verletzungen der Mitwirkungspflichten des Asylsuchenden gehen sollte, braucht dieser sich wegen möglicher Strafsanktionen oder der Drohung der qualifizierten Asylablehnung nicht selbst zu belasten. Die Pflicht nach Abs. 1 Satz 1 ist grundsätzlich identisch mit der Darlegungspflicht nach § 25 Abs. 1 Satz 1 und 2. Die dort geregelte Darlegungslast ist bereits durch die Rechtsprechung hinreichend inhaltlich konkretisiert worden. 5

C. Besondere Mitwirkungspflichten (Abs. 2)

I. Funktion der besonderen Mitwirkungspflichten nach Abs. 2

Obwohl die Überschrift der Vorschrift *allgemeine Mitwirkungspflichten* lautet, enthält Abs. 2 eine Reihe *besonderer Verfahrenspflichten* (vgl. BT-Drucks. 12/2062, S. 30). Zumeist enthalten diese lediglich eine Wiederholung bereits an anderer Stelle geregelter Obliegenheiten. So ist etwa die Verpflichtung nach Abs. 2 Nr. 1 bereits in Abs. 1 Satz 1 und in § 25 Abs. 1 und 2 enthalten (Rdn. 4). Eine dem Abs. 2 Nr. 3 entsprechende Obliegenheit ist etwa in § 20 Abs. 1 und § 23 geregelt. Insoweit geht es dem Gesetzgeber wohl um die Festlegung einer umfassenden, über diese Vorschriften hinausgehenden Mitwirkungspflicht für alle denkbaren Fallgestaltungen. Die in Abs. 2 Nr. 2, 4, 5, 6 und 7 geregelten Obliegenheiten sind dagegen nicht an anderer Stelle des Gesetzes geregelt. Für diese bildet Abs. 2 die originäre Rechtsgrundlage. Die Verpflichtung nach Abs. 2 Nr. 6 ist durch das ÄnderungsG 1993 eingeführt worden. 6

II. Mitwirkungspflicht nach Abs. 2 Nr. 1

Nach Abs. 2 Nr. 1 ist der Asylsuchende verpflichtet, den mit der Ausführung des Gesetzes betrauten Behörden die erforderlichen Angaben mündlich und nach Aufforderung schriftlich zu machen. Diese Vorschrift wiederholt die Darlegungspflicht nach Abs. 1 Satz 1 sowie nach § 25 Abs. 1 Satz 1 und 2 (s. hierzu im Einzelnen Rdn. 3; § 25 Rdn. 3 ff.). Daher ist hier auf die Bedenken und Einschränkungen zu verweisen, die bereits im Zusammenhang mit Abs. 1 gemacht wurden (Rdn. 4 f.). Zur Klarstellung bezieht Abs. 2 Nr. 1 die Mitwirkungspflicht nach Abs. 1 Satz 1 auch auf die anderen mit der Ausführung des Gesetzes betrauten Behörden. Welche Angaben »erforderlich« sind, bestimmt die zuständige Behörde im Rahmen ihres Aufgabenbereichs 7

(*Funke-Kaiser,* in: GK-AsylG II, § 15 Rn. 20; *Hailbronner,* AuslR B 2 § 15 AsylVfG Rn. 12). Die Angaben müssen aber zur Aufklärung des asylrechtlich erheblichen Sachverhalts zweckdienlich sein. Auf Frage hat die zuständige Behörde diese Zielrichtung plausibel zu machen und kann der Antragsteller die Auskunft verweigern, wenn die geforderten Angaben zur Aufklärung des asylrechtlich erheblichen Sachverhalts nicht erforderlich sind. Die Verletzung dieser Mitwirkungspflichten kann die Verfahrenseinstellung nach § 33 zur Folge haben. Während Abs. 1 Satz 1 die Mitwirkungspflicht als solche regelt, wird in Abs. 2 Nr. 1 die Form festgelegt, in der diese zu erfüllen ist, nämlich regelmäßig mündlich und nach behördlicher Aufforderung darüber hinaus auch schriftlich.

III. Unterrichtungspflicht nach Abs. 2 Nr. 2

8 Der Asylsuchende ist nach Abs. 2 Nr. 2 verpflichtet, das Bundesamt »unverzüglich«, d.h. ohne schuldhaftes Verzögern (§ 121 Abs. 1 BGB), zu unterrichten, wenn ihm ein Aufenthaltstitel (§ 4 AufenthG) erteilt worden ist. Die Aufenthaltsgestattung (§ 63) ist in dieser Vorschrift nicht genannt, da das Bundesamt selbst anhand seiner Akten überprüfen kann, ob dem Asylsuchenden noch das gesetzliche Aufenthaltsrecht nach § 55 Abs. 1 Satz 1 zusteht. Ebenso wenig ist der Asylsuchende verpflichtet, das Bundesamt über die Erteilung einer Duldungsbescheinigung (§ 60a Abs. 4 AufenthG) zu informieren. Das Gesetz enthält keine dementsprechende Unterrichtungspflicht der Ausländerbehörde gegenüber dem Bundesamt (§ 40 und § 54). Der Sinn der Obliegenheit nach Nr. 2 ist darin zu sehen, dass das Bundesamt vor der Entscheidung über die Abschiebungsandrohung oder die Residenzpflicht nach § 47 (s. § 48 Nr. 3) regelmäßig keine Anhörung durchführt (§ 34 Abs. 1 Satz 2), der Besitz eines Aufenthaltstitels aber dem Erlass einer Abschiebungsandrohung zwingend entgegensteht (§ 34 Abs. 1 Satz 1 Nr. 4). Um das Bundesamt vor rechtswidrigen Verfügungen zu bewahren, trifft daher den Asylsuchenden eine dementsprechende Unterrichtungspflicht. Andererseits beseitigt die Verletzung der Mitwirkungspflicht nach Abs. 2 Nr. 2 nicht die Rechtswidrigkeit der Abschiebungsandrohung, wenn der Asylsuchende im Zeitpunkt der Entscheidung im Besitz eines Aufenthaltstitels ist.

IV. Mitwirkungspflicht nach Abs. 2 Nr. 3

9 Nach Abs. 2 Nr. 3 ist der Asylsuchende verpflichtet, den gesetzlichen und behördlichen Anordnungen, sich bei bestimmten Behörden oder Einrichtungen zu melden oder dort persönlich zu erscheinen, Folge zu leisten. Die Vorschrift wiederholt die bereits etwa in § 20 Abs. 1 und § 23 Abs. 1 geregelte Befolgungspflicht, begründet aber darüber hinaus eine generelle Pflicht Asylsuchender, gesetzlichen und behördlichen Anordnungen Folge zu leisten. Diese Pflicht ergibt sich an sich schon aus Natur und Zweck der gesetzlichen und behördlichen Anordnung. Unter Einrichtungen sind Aufnahmeeinrichtungen (§ 30a; § 47) und alle anderen Einrichtungen (z.B. Gemeinschaftsunterkünfte nach § 53 Abs. 1) zu verstehen, die öffentlich-rechtlich oder privat betrieben werden. Private Unternehmen können aber keine Anordnungen nach Abs. 2 Nr. 3 verfügen. Nach dem klaren Wortlaut muss es sich um »behördliche Anordnungen« handeln (unklar *Funke-Kaiser,* in: GK-AsylG II, § 15 Rn. 23; *Hailbronner,* AuslR

B 2 § 15 AsylVfG Rn. 18). Zulässig sind aber behördliche Anordnungen mit dem Ziel, sich bei einer privat betriebenen Einrichtung zu melden. Anders als bei Nr. 1 und 2 kann das Bundesamt die gröbliche Verletzung der Pflicht nach Nr. 3 zum Anlass einer qualifizierten Asylablehnung nehmen (§ 30 Abs. 3 Nr. 5). Es dürfte jedoch kaum gerechtfertigt erscheinen, aus einer – wenn auch gravierenden Verletzung einer *Verhaltensnorm* – ohne Weiteres auf die *inhaltliche Qualifizierung der vorgebrachten Asylgründe* zu schließen.

V. Passübergabepflicht nach Abs. 2 Nr. 4

Nach Abs. 2 Nr. 4 ist der Asylsuchende verpflichtet, seinen Pass oder Passersatz den zuständigen Behörden vorzulegen, auszuhändigen und zu überlassen. Eine Prüfung der Erforderlichkeit des Herausgabeverlangens wie bei § 48 Abs. 1 Satz 1 AufenthG sieht das Gesetz nicht vor (*Funke-Kaiser,* in: GK-AsylG II, § 15 Rn. 25). Da sich der Flüchtling auf den fehlenden diplomatischen Schutz seines Herkunftslandes beruft und nach Zuerkennung der Flüchtlingseigenschaft einen Reiseausweis erhält (Art. 28 GFK), sind gegen die Verpflichtung nach Abs. 2 Nr. 4 Bedenken nicht ersichtlich. Folgerichtig endet die Mitwirkungspflicht mit unanfechtbarer Verweigerung des Flüchtlingsstatus (§ 65 Abs. 1). Der Inhalt der Verpflichtung wird in der Rechtsprechung über den Wortlaut hinausgehend dahin verstanden, dass der Asylsuchende auch verpflichtet ist, dem behördlichen Verlangen nach Abgabe der erforderlichen Erklärungen nachzukommen, damit die Heimatbehörden unmittelbar an die zuständige Behörde den Pass oder Passersatz übersenden (VGH BW, InfAuslR 1999, 287, 289). Wegen damit verbundener Gefahren der Weitergabe sensibler asylspezifischer Informationen an Behörden des Herkunftsstaates und in Ansehung des asylrechtlich geschützten Vertrauens auf Geheimhaltung derartiger Daten (*Weichert,* NVwZ 1996, 16, 17) ist ein derartiges Verlangen jedoch erst nach unanfechtbarer Versagung der Flüchtlingseigenschaft zulässig. Weigert sich der Asylsuchende, Reisedokumente zu übergeben oder ist er nicht im Besitz derartiger Unterlagen und weigert er sich auch sonst an der Aufklärung seiner Identität mitzuwirken, besteht ungeachtet dessen die Verpflichtung, Feststellungen zum Herkunftsland zu treffen (BVerwG, Urt. v. 13.02.2014 – BVerwG 10 C 6.13, Rn. 21 f.). 10

Zuständige Behörde für die Anordnung nach Nr. 4 ist bis zum Erlöschen der Aufenthaltsgestattung das Bundesamt, danach die Ausländerbehörde (VGH BW, InfAuslR 1999, 287, 288). Nr. 4 entspricht in etwa der Hinterlegungspflicht nach § 26 AsylVfG 1982. Anstelle seines Passes erhält der Asylsuchende für die Dauer des Asylverfahrens die Bescheinigung nach § 63 Abs. 1 bzw. vorher § 63a Mit dem Hinweis auf »seinen« Pass und Passersatz ist klargestellt, dass nur ausländische Reisedokumente nach § 3 AufenthG gemeint sein können. Das behördliche Interesse an dem Reisedokument ist insbesondere wegen der Anwendung der Drittstaatenregelung nach Art. 16a Abs. 2 GG und § 26a evident. Die Nichtbefolgung dieser Pflicht hat die behördliche Durchsuchung des Antragstellers (Abs. 4) und möglicherweise die qualifizierte Asylablehnung (§ 30 Abs. 3 Nr. 5) zur Folge. Im Übrigen hat diese Vorschrift insbesondere Bedeutung für das spezielle Verfahren nach § 18a (§ 18a Abs. 1 Satz 2). Die behördliche Rückgabe bzw. vorübergehende Herausgabepflicht 11 ist in § 65 geregelt. Da der Asylbewerber sich mit seinem Asylersuchen dem Schutz des Aufnahmestaates unterstellt, kann in der Abnahme seines Reiseausweises ein völkerrechtswidriger Eingriff in die Personalhoheit des Herkunftsstaates wohl nicht gesehen werden (vgl. OVG NW, OVGE 28, 80 = NJW 1972, 2199; OLG Saarbrücken, NJW 1978, 2460).

VI. Übergabe von Urkunden und sonstigen Unterlagen nach Abs. 2 Nr. 5

12 Nach Abs. 2 Nr. 5 hat der Asylsuchende alle erforderlichen Urkunden und sonstigen Unterlagen, die in seinem Besitz sind, den zuständigen Behörden vorzulegen, auszuhändigen und zu überlassen. Die Norm regelt also eine besondere Vorlagepflicht des Asylsuchenden. Diese war früher in § 8 Abs. 2 Satz 3, § 12 Abs. 1 Satz 2 AsylVfG 1982 geregelt, wird jetzt aber nicht mehr in den das eigentliche Anhörungsverfahren gestaltenden Vorschriften von § 25 erwähnt. Während nach geltendem Recht die Darlegungspflicht wie früher besonders geregelt wird (§ 25 Abs. 1 Satz 1 und Abs. 2), ist die Vorlagepflicht aus diesen Bestimmungen herausgelöst und als allgemeine, das gesamte Verfahren betreffende und nicht nur vom Bundesamt und der Ausländerbehörde, sondern von allen mit der Gesetzesanwendung betrauten Behörden einzufordernde Verpflichtung ausgestaltet worden. Der enge Sachzusammenhang mit Abs. 1 wird dadurch strikt bezogen auf diese Mitwirkungsverpflichtung gelockert. Abs. 3 enthält lediglich eine beispielhafte Auflistung der in Abs. 2 Nr. 5 erwähnten erforderlichen Urkunden und Unterlagen (*Hailbronner,* AuslR B 2 § 15 AsylVfG Rn. 23). Es handelt sich einerseits um alle auf den Reiseweg und andererseits auf den asylrechtlichen Sachverhalt bezogenen Unterlagen. In § 21 Abs. 5 ist die behördliche Rückgabepflicht geregelt. Mit Annahme der Unterlagen entsteht ein öffentlich-rechtliches Verwahrungsverhältnis (*Funke-Kaiser,* in: GK-AsylG II, § 15 Rn. 30). Die Verletzung der Obliegenheit nach Nr. 5 kann eine qualifizierte Antragsablehnung zur Folge haben (§ 30 Abs. 3 Nr. 5).

13 Kann der Antragsteller weder seinen Pass noch einen Flugschein oder sonstigen Fahrausweis noch andere Unterlagen vorlegen und deshalb seine Mitwirkungspflicht nach Nr. 4 und 5 in Verb. mit Abs. 3 Nr. 4 und 5 nicht erfüllen, darf aus diesem Grund der begehrte Schutzstatus nicht verweigert werden. Vielmehr eröffnet die Vorschrift die Möglichkeit, bei konkreten Anhaltspunkten (Rdn. 27), dass entsprechende Unterlagen im Besitz des Antragstellers sind, eine Durchsuchung nach Abs. 4 anzuordnen, und eröffnet die Möglichkeit, einerseits den Betroffenen einer besonderen Aufnahmeeinrichtung zuzuweisen (§ 30a Abs. 1 Nr. 2, 3) und andererseits den aus anderen Gründen unbegründeten Asylantrag nach § 30 Abs. 3 Nr. 5 bei gröblicher Verletzung der Mitwirkungspflicht als offensichtlich unbegründet abzulehnen (OVG SA, NVwZ-Beil. 1996, 85, 86 = EZAR 208 Nr. 9). Die Rechtsansicht, eigene Bekundungen des Asylsuchenden sowie mögliche Zeugen seien angesichts der besonderen Vorlagepflichten nach Nr. 4 und 5 von vornherein nicht als geeignet anzusehen, den Nachweis der Einreise auf dem Luftweg zu erbringen, hält einer rechtlichen Überprüfung nicht stand. Aus der Nichtvorlage von Flugunterlagen kann nicht gleichzeitig zwangsläufig eine Einreise auf dem Landweg gefolgert werden (OVG SA, NVwZ-Beil. 1996, 85, 86).

VII. Mitwirkungspflicht nach Abs. 2 Nr. 6

1. Inhalt der Mitwirkungspflicht

Nach Abs. 2 Nr. 6 ist der Asylsuchende gesetzlich verpflichtet, im Fall des Nichtbesitzes eines gültigen Passes oder Passersatzes an der Beschaffung eines Identitätsdokumentes mitzuwirken. Die Vorschrift wurde durch das ÄnderungsG 1993 eingefügt und muss im Zusammenhang mit der erweiterten Durchsuchungsbefugnis nach Abs. 4 gesehen werden. Damit wird z.B. dem Antragsteller die Verpflichtung auferlegt, die erforderlichen Anträge bei seiner heimatlichen Auslandsvertretung zu stellen. Durch diese Mitwirkungspflicht soll erreicht werden, dass nach negativem Abschluss des Verfahrens die Rückführung des Antragstellers nicht wegen seiner fehlenden, vorbereitenden Mitwirkung verzögert oder gar behindert wird (BT-Drucks. 12/4450, S. 18). Durch Art. 3 Nr. 30 ZuwG wurde mit Wirkung zum 01.01.2005 § 43b AsylVfG a.F. aufgehoben. Danach waren Asylsuchende, die in einer Aufnahmeeinrichtung zu wohnen verpflichtet waren, verpflichtet, die erforderlichen Maßnahmen zur Passbeschaffung zum frühestmöglichen Zeitpunkt einzuleiten. Die für die Aufhebung gegebene Begründung (BT-Drucks. 15/420, S. 111) ist unverständlich. Jedenfalls trifft den Antragsteller nach unanfechtbarem Abschluss des Verfahrens bzw. nach Eintritt der Vollziehbarkeit der Abschiebungsandrohung nach Nr. 6 die Verpflichtung, an der Passbeschaffung mitzuwirken. 14

Gegenstand der Mitwirkungspflicht sind alle Tat- oder Rechtshandlungen, die zur Beschaffung eines fehlenden Identitätsdokumentes oder zur Verlängerung seiner Gültigkeit erforderlich sind und nur von dem Asylsuchenden persönlich vorgenommen werden können. Es muss sich also um Maßnahmen zur Aufklärung der Identität des Antragstellers handeln. Hingegen enthält die Vorschrift *keine Grundlage* für eine allgemeine *Passbeschaffungspflicht* (*Funke-Kaiser,* in: GK-AsylG II, § 15 Rn. 33 f.; a.A. *Hailbronner,* AuslR B 2 § 15 AsylVfG Rn. 26). Die Verpflichtung des Asylsuchenden, an der Beschaffung eines Identitätsdokumentes mitzuwirken, beinhaltet auch, sich hierzu der Mithilfe Dritter, insbesondere Angehöriger, zu bedienen (BayObLG, NVwZ-Beil. 2001, 56). Zur Mitwirkungspflicht gehören nach der Rechtsprechung nicht nur die Fertigung von Lichtbildern und das Ausfüllen und eigenhändige Unterzeichnen eines Antragsformulars, sondern auch die *persönliche Vorsprache bei der diplomatischen oder konsularischen Auslandsvertretung* des Heimatstaates (VGH BW, InfAuslR 1999, 287, 288; VG Chemnitz, NVwZ-Beil. 2000, 44, 45; s. aber hierzu Hess. VGH, EZAR 060 Nr. 6 = Hess. VGRspr. 2002, 1). Hinzu tritt die Verpflichtung nach Nr. 4, dem behördlichen Verlangen nach Abgabe der erforderlichen Erklärungen nachzukommen, damit die Heimatbehörden unmittelbar an die zuständige Behörde den Pass oder Passersatz übersenden können. 15

2. Behördliche Zuständigkeit

Unklar ist die behördliche Zuständigkeit für die Anordnung nach Nr. 6. Ein Nebeneinander von Zuständigkeiten der Ausländerbehörde und des Bundesamtes für die Anwendung von Nr. 6 erscheint problematisch. Dies folgt daraus, dass die Rechtsprechung Ausländerbehörden nicht für befugt erachtet, während der Geltungsdauer 16 der Aufenthaltsgestattung Maßnahmen nach Nr. 6 anzuordnen und durchzusetzen (VGH BW, InfAuslR 1999, 287, 288). Damit keine unzulässige Kompetenzverwischungen und damit einhergehende Gefährdungen des Asylsuchenden eintreten, ist rechtlich strikt zwischen der asylrechtlichen und der ausländerrechtlichen Mitwirkungspflicht zu trennen (unklar VGH BW, InfAuslR 1999, 287, 288, 290; s. auch VG Meiningen, InfAuslR 2000, 151). Die Ausländerbehörde kann die Passbeschaffungsanordnung nach unanfechtbarem Abschluss des Asylverfahrens auf § 82 Abs. 4 AufenthG stützen (Thür. OVG, InfAuslR 2005, 227; OVG NW, InfAuslR 2007, 126, 127 ff.; OVG SA, AuAS 2011, 226, 227; VG Neustadt InfAuslR 2003, 116, 117 f.; VG Wiesbaden, AuAS 2004, 273, 274; VG Weimar, Beschl. v. 04.10.2004 – 2 E 5889/04; a.A. VG Stuttgart, AuAS 2013, 22, 23, auch insoweit Abs. 2 Nr. 6). Die Berufung auf Nr. 6 erscheint deshalb entbehrlich. Die Rechtsprechung erachtet teilweise auch die Ausländerbehörde für befugt, die Passbeschaffungsanordnung auf Nr. 6 zu stützen (VGH BW, InfAuslR 1999, 287, 288; VG Chemnitz, NVwZ 2000, 44; VG Oldenburg, Urt. v. 26.01.2005 – 11 A 2446/04; wohl auch *Funke-Kaiser,* in: GK-AsylG II, § 15 Rn. 43) und bezieht sich insoweit auf die Rechtsprechung des BVerwG. Dieses hat jedoch lediglich festgestellt, die Zuständigkeit des Bundesamtes ende mit dem Erlass der Abschiebungsandrohung nach § 34. Die Abschiebung obliege den nach den allgemeinen ausländerrechtlichen Vorschriften zuständigen Ausländerbehörden (BVerwG, InfAuslR 1998, 15, 16). Diese Rechtsprechung kann daher als Beleg für die Annahme einer Zuständigkeit der Ausländerbehörden nach Nr. 6 nicht herangezogen werden. Ratio der weiten Auslegung des Nr. 6 dürfte wohl die Absicht sein, auf die Passbeschaffungsanordnung durch die Ausländerbehörde im Zusammenhang mit einem Asylverfahren die rechtsverkürzenden Vorschriften des AsylG anwenden zu können (s. etwa Hess. VGH, InfAuslR 2004, 259; s. aber Rdn. 19).

17 Ist die Aufenthaltsgestattung erloschen (§ 67), wird die Ausländerbehörde für Maßnahmen zur Durchsetzung der Ausreisepflicht zuständig. Diese kann ihre Kompetenzen einschließlich der hierzu erforderlichen Zwangsanwendung aus § 82 Abs. 4 und § 48 Abs. 3 AufenthG herleiten. Für die Durchsetzung gelten mangels anderweitiger gesetzlicher Vorschriften die allgemeinen länderrechtlichen Regelungen des Verwaltungsvollstreckungsrechts (BayObLG, EZAR 605 Nr. 1). Die Rechtsprechung hält die Behörde in diesem Zusammenhang zur Beachtung des *Grundsatzes der Verhältnismäßigkeit* an. Dieser ist verletzt, wenn der Betroffene bislang Botschaften verschiedener Staaten persönlich aufgesucht und seine Mitwirkung etwa bei der auf einen vierten Staat bezogenen Passbeschaffungsanordnung verweigert (BayObLG, EZAR 605 Nr. 1). Die Verweigerung der Mitwirkung bei aufenthaltsbeendenden Maßnahmen kann auch einen Haftgrund (§ 2 Abs. 14 Nr. 3 AufenthG) oder Versagungsgrund i.S.v. § 25b Abs. 2 Nr. 1 AufenthG begründen.

3. Frühestmöglicher Zeitpunkt für den Erlass der Anordnung

18 Der Erlass der Anordnung nach Nr. 6 ist während der Geltungsdauer der Aufenthaltsgestattung grundsätzlich unzulässig. Nach allgemeiner Ansicht kann erst nach dem Erlöschen der Aufenthaltsgestattung (§ 67) die Anordnung ergehen (VGH BW, AuAS 1995, 116, 117; VGH BW, InfAuslR 1999, 287, 290; VG Chemnitz,

NVwZ-Beil. 2000, 44; *Bergmann*, in: Bergmann/Dienelt, AuslR, 11. Aufl., 2016, § 14a AsylG Rn. 13; *Wolff*, in: Hofmann/Hoffmann, AuslR. Handkommentar, § 14a AsylVfG Rn. 20). Solange keine vollziehbare Ausreisepflicht besteht, kann auf Nr. 6 keine Passbeschaffungspflicht gestützt werden. Die Empfehlung einer vorgängigen Prüfung, ob durch Erfüllung der Passpflicht offensichtlich die Gefahr von Verfolgung hervorgerufen werden kann (*Hailbronner*, AuslR B 2 § 15 AsylVfG Rn. 28), verlegt die eigentliche Statusentscheidung bereits vor die Sachentscheidung und ist angesichts der Arbeitsüberlastung des Bundesamtes ohnehin praxisfremd. Die Rechtsprechung hält zwar vereinzelt auch in Ansehung des laufenden Asylverfahrens an der rechtlichen Verpflichtung des Asylantragstellers, an der Passbeschaffung mitzuwirken, fest. Lediglich die zwangsweise Durchsetzung der Passbeschaffungsanordnung sei bis zum Eintritt der Bestandskraft der ablehnenden Asylentscheidung unzulässig (VG Sigmaringen, AuAS 1996, 59, 60). Eine Mitwirkung an der Passbeschaffung durch den Asylsuchenden während der Wirksamkeit der Aufenthaltsgestattung (§ 67) hat jedoch zur Folge, dass personenbezogene asylspezifische Daten an die Behörden der Herkunftsstaates weitergegeben werden können.

Der Gesetzgeber hat dies durch die Schaffung von § 18 Abs. 1a BVerfSchG mit Wirkung zum 01.01.2002 ausdrücklich untersagt (s. hierzu *Marx*, ZAR, 2002, 127, 135). 19
Bis zu dem Zeitpunkt, in dem das Asylverfahren ein Stadium erreicht hat, welches auch die Aufenthaltsbeendigung selbst erlaubt, darf daher keine Anordnung nach Nr. 6 ergehen (vgl. VGH BW, InfAuslR 1999, 287, 90). Dies ist im Zeitpunkt des Eintritts der Unanfechtbarkeit der Abschiebungsandrohung (§ 67 Abs. 2 Nr. 6) oder im Eilrechtsschutzverfahren im Zeitpunkt des Eintritts deren Vollziehbarkeit (§ 67 Abs. 1 Nr. 4) der Fall. Der *Folgeantrag* hindert hingegen grundsätzlich nicht den Erlass der Passbeschaffungsanordnung (VGH BW, InfAuslR 1999, 287, 288, 290; VG Chemnitz, NVwZ-Beil. 2000, 44, 45; VG Meiningen, InfAuslR 2000, 151; *Hailbronner*, AuslR B 2 § 15 AsylVfG Rn. 32). Da die Ausländerbehörde nunmehr für die Passbeschaffungsanordnung zur Durchsetzung der Ausreisepflicht zuständig ist, kann diese ihre Maßnahmen auf § 82 Abs. 4 Satz 1 AufenthG stützen (Rdn. 16). Eine Berufung der Ausländerbehörde auf Nr. 6 ist daher weder erforderlich noch sachgerecht (a.A. VG Chemnitz, NVwZ-Beil. 2000, 44, 45; unklar VGH BW, InfAuslR 1999, 287, 288, 290; s. auch VG Meiningen, InfAuslR 2000, 151; s. auch Rdn. 16 f.

4. Zwangsweise Durchsetzung der Verpflichtung (Passbeschaffungsanordnung)

Nr. 6 begründet nicht nur eine bloße Obliegenheit des Asylsuchenden, an der Passbe- 20
schaffung mitzuwirken, sondern gibt der Behörde auch die Möglichkeit, erforderliche Maßnahmen zur Passbeschaffung durch *Passbeschaffungsanordnung* in die Wege zu leiten. Dies wird aus dem Gesetzeszweck und der Natur der Sache abgeleitet (VGH BW, InfAuslR 1999, 287, 288; VG Chemnitz, NVwZ-Beil. 2000, 44; VG Sigmaringen, AuAS 1996, 59, 60; wohl auch VGH BW, AuAS 1995, 116, 117; a.A. Hess. VGH, InfAuslR 2004, 259, 261 f.; Rdn. 16). Daneben tritt die allgemeine ausländerrechtliche Verpflichtung nach § 82 Abs. 4 und § 48 Abs. 3 AufenthG, bei der zuständigen diplomatischen oder konsularischen Vertretung des Heimatstaates einen Pass zu

beantragen. Demgegenüber kann nach der Gegenmeinung das persönliche Erscheinen des Asylantragstellers bei der Auslandsvertretung nicht nach Nr. 6, sondern nur aufgrund von § 82 Abs. 4 Satz 2 AufenthG angeordnet werden. Zu den entsprechenden Mitwirkungspflichten, insbesondere zur Klärung der Identität beizutragen, gehört nach allgemein geübter Verwaltungspraxis auch, dass der Betroffene zwecks Durchführung eines Interviews bei der heimatlichen Auslandsvertretung vorspricht (zur Verwaltungspraxis s. auch Antwort der Bundesregierung, in: BT-Drucks. 14/6792; Antwort der Bundesregierung, in: BT-Drucks. 14/6746). Umgekehrt hat er einen Herausgabeanspruch gegen die zuständige Ausländerbehörde, dass ihm das Original seines Reiseausweis zwecks Vorsprache bei der Auslandsvertretung zur Verlängerung der Geltungsdauer herausgegeben wird (VGH BW, EZAR 060 Nr. 8).

21 Die ausländerrechtliche Verpflichtung kann durch Anwendung *unmittelbaren Zwangs* durchgesetzt werden (BayVGH, NVwZ-Beil. 2001, 4, 5; OVG NW, InfAuslR 2007, 126; BayObLG, EZAR 605 Nr. 1; VG München, NVwZ-Beil. 1999, 37, 38; VG Freiburg, InfAuslR 2006, 484; so wohl auch BayObLG, InfAuslR 2000, 454; zur Gestaltung der mit der Passbeschaffungsanordnung zusammen hängenden Duldungs- und Auflagenpraxis, s. VGH BW, EZAR 045 Nr. 6; VGH BW, AuAS 2001, 146; VG Schleswig, InfAuslR 2001, 19; VG Stuttgart, AuAS 2001, 2). Gestützt wird die Anwendung unmittelbaren Zwangs auf § 82 Abs. 4 Satz 2 AufenthG. Für die Mitwirkungspflicht nach Nr. 6 ist dies aus verfassungsrechtlichen Gründen abzulehnen. Nr. 6 erfasst die Mitwirkungspflichten während eines anhängigen Asylverfahrens. § 82 Abs. 4 Satz 2 AufenthG liegt hingegen eine rein ausländerrechtliche Betrachtungsweise zugrunde und darf auf Asylsantragsteller erst angewendet werden, wenn das Asylverfahren beendet oder die in diesem Zusammenhang erlassene Abschiebungsandrohung vollziehbar geworden ist.

22 Rechtsmittel gegen die Passbeschaffungsanordnung entfalten *aufschiebende Wirkung*. Die auf § 82 Abs. 4 Satz 2 AufenthG gestützte Anordnung begründet, auch wenn sie sich gegen einen ehemaligen Asylsuchenden richtet, keine asylverfahrensrechtliche Streitigkeit im Sinne von § 74 Abs. 1 Satz 1 (Thür. OVG, InfAuslR 2005, 227; VG Neustadt InfAuslR 2003, 116, 117 f.; VG Wiesbaden, AuAS 2004, 273, 274; VG Weimar, Beschl. v. 04.10.2004 – 2 E 5889/04; VG Stuttgart, AuAS 2002, 82, 83). Die Behörde muss deshalb die sofortige Vollziehung der Passbeschaffungsanordnung im Einzelfall nach Maßgabe des § 80 Abs. 2 Nr. 4 VwGO schriftlich anordnen, wenn sie die unverzügliche Vollziehung durchsetzen will. § 80 findet folgerichtig keine Anwendung, sodass die Beschwerde nach § 146 VwGO zulässig ist. Die zwangsweise Durchsetzung der Anordnung des persönlichen Erscheinens bei der zuständigen Behörde oder einer Auslandsvertretung bedarf zunächst einer Passbeschaffungsanordnung nach § 82 Abs. 4 Satz 2 AufenthG (VG Freiburg, InfAuslR 2006, 484, 485). Diese ist ihrerseits als Maßnahme der Verwaltungsvollstreckung vorher anzudrohen (OVG NW, InfAuslR 2007, 126, 128 f.; VG Freiburg, InfAuslR 2006, 484, 485). Kraft Verweisung in § 82 Abs. 4 Satz 3 AufenthG auf § 40 Abs. 1 BPolG gilt der *Richtervorbehalt* des Art. 104 Abs. 2 GG auch bei der zwangsweisen Durchsetzung der Anordnung des persönlichen Erscheinens nach § 82 Abs. 4 Satz 2 AufenthG (OVG NW, InfAuslR 2007, 126, 129). Erforderlich ist die auf § 82 Abs. 4 Satz 2 AufenthG

gestützte Passbeschaffungsanordnung nur bei *Wahrung des Verhältnismäßigkeitsgrundsatzes*. Dieser gebietet, dass die ausländerbehördliche Anordnung *zumutbar* sein muss. Dem ist etwa dann nicht genügt, wenn der Betroffene durch persönliche Vorsprache bei der Auslandsvertretung seines Heimatstaates im Fall der Rückkehr der *Gefahr einer Verfolgung oder der Gefahr sonstiger Repressalien* ausgesetzt sein würde (Hess.VGH, EZAR 060 Nr. 6 = Hess.VGRspr. 2002, 1) oder Verwandte oder andere Bezugspersonen gefährdet würden. Ferner folgt aus dem Verhältnismäßigkeitsgrundsatz das Erfordernis der *Geeignetheit der Maßnahme*. Als geeignet stellt sie sich nur dann dar, wenn hierdurch die Unmöglichkeit der Abschiebung *unmittelbar* beseitigt werden kann oder wenn die Anordnung zumindest einen Schritt in Richtung auf die Ausräumung des Hindernisses darstellt (Hess.VGH, EZAR 060 Nr. 6 = Hess.VG Rspr. 2002, 1; Hess. VGH, InfAuslR 2004, 259, 261 f.).

Mit der Anordnung des persönlichen Erscheinens bei der Auslandsvertretung lässt 23 sich das angestrebte Ziel der Ausstellung eines Passdokumentes während des anhängigen Asylverfahrens oder vor dem Zeitpunkt des Eintritts der Vollziehbarkeit der Abschiebungsandrohung nicht erreichen. Entsprechende Zwangsmittel sind daher wegen Ungeeignetheit untauglich. Auch wenn der Zeitpunkt erreicht ist, ab dem während des Asylverfahrens grundsätzlich die Passbeschaffungsanordnung erlassen werden darf (Rdn. 18 ff.), hat die zuständige Behörde zunächst die für die Erteilung des Passdokumentes notwendigen Erklärungen durch den Antragsteller anzuordnen und durchzusetzen (Hess. VGH, EZAR 060 Nr. 6 = Hess. VGRspr. 2002, 1; Hess. VGH, InfAuslR 2004, 259, 261 f.), Sie darf nicht unmittelbar die Passbeschaffungsanordnung verfügen und zugleich zwangsweise durchsetzen. Im Regelfall reicht allein die Anwesenheit des Betroffenen bei der Auslandsvertretung für die Ausstellung der erforderlichen Ausweisdokumente nicht aus. Vielmehr sind hierfür eine Antragstellung und gegebenenfalls nähere Erläuterungen durch diesen erforderlich, sodass bei einem festgestellten *Blockadeverhalten* des Betroffenen die auf § 82 Abs. 4 Satz 2 AufenthG gestützte Passbeschaffungsanordnung untauglich ist (Hess. VGH, EZAR 060 Nr. 6 = Hess. VGRspr. 2002, 1). In einem derartigen Fall hat die Ausländerbehörde die für die Beantragung des Passes erforderliche Mitwirkung des Betroffenen (Antragstellung, Abgabe erforderlicher Erklärungen) zunächst mit Verwaltungszwang durchsetzen, bevor sie – zusätzlich – gem. § 82 Abs. 4 Satz 2 AufenthG das persönliche Erscheinen des Betroffenen bei der Auslandsvertretung durchsetzen kann (Hess. VGH, EZAR 060 Nr. 6 = Hess. VGRspr. 2002, 1; OVG Sachsen, InfAuslR 2002, 298, 300.

VIII. Duldung von erkennungsdienstlichen Maßnahmen nach Abs. 2 Nr. 7

Der Asylsuchende ist nach Abs. 2 Nr. 7 verpflichtet, die nach § 16 und aufgrund ande- 24 rer Rechtsvorschriften durchgeführten erkennungsdienstlichen Maßnahmen zu dulden. Andere Vorschriften sind insbesondere § 49 AufenthG und § 81b StPO (s. aber § 12 Rdn. 12 f.). Die Vorschrift erscheint bedenklich. Nach der Kommentarliteratur soll sich allerdings die Duldungspflicht bereits aus deren gesetzlichen Regelung in § 16 ergeben. Die Zulässigkeit der Maßnahmen nach § 16 setze daher nicht die Einwilligung des Betroffenen voraus (*Funke-Kaiser*, in: GK-AsylG II, § 15 Rn. 44; *Hailbronner*, AuslR B 2 § 15 AsylVfG Rn. 33). Das BVerwG stützt diese Ansicht. Nach Art,

Umfang und Zielsetzung sind danach gebotene erkennungsdienstliche Maßnahmen zu dulden. Ferner ist der Antragsteller verpflichtet, im Vorfeld einer geplanten Fingerabdrucknahme alle Verhaltensweisen zu unterlassen, die die Auswertbarkeit seiner Fingerabdrücke beeinträchtigen oder vereiteln könnten. Die Duldungspflicht nach Nr. 7 dient auch der Durchführung des Eurodac-Systems (BVerwG, InfAuslR 2014, 20, 23 Rn. 19). Die Zuwiderhandlung begründet die Einweisung in eine besondere Aufnahmeeinrichtung (§ 30a Abs. 1 Nr. 6).

D. Begriff der Urkunden und sonstigen Unterlagen nach Abs. 3

25 Zur näheren Konkretisierung der Mitwirkungspflicht nach Nr. 5 enthält Abs. 3 eine umfassende Aufzählung der in Betracht kommenden Urkunden und sonstigen Unterlagen. Aus der Formulierung *»insbesondere«* folgt, dass die Auflistung *nicht abschließend* ist (so auch *Funke-Kaiser,* in: GK-AsylG II, § 15 Rn. 45). Zweck der Vorschrift ist es, die effektive Anwendung der Drittstaatenregelung nach Art. 16a Abs. 2 GG und § 26a sicherzustellen sowie die Identifizierung möglicher sonstiger Drittstaaten (§ 27 Abs. 1) zu ermöglichen (Abs. 3 Nr. 2, 3 und 4) und auch im Übrigen die Aufklärung des Sachverhalts der Verfolgung (Abs. 3 Nr. 5) und der anderen damit zusammenhängenden Fragen zu gewährleisten. Für den Nachweis der behaupteten Einreise auf dem Luftwege haben Flugscheine und sonstige Fahrausweise eine besondere Funktion (§ 26a Rdn. 16 ff.). Nach der Rechtsprechung des BVerwG stellt die Frage der Staatsangehörigkeit einen wesentlichen Bestandteil der persönlichen Verhältnisse des Asylsuchenden dar und darf als solche nicht dahingestellt bleiben (BVerwG, Buchholz 402.25 § 1 AsylVfG Nr. 125 = InfAuslR 1990, 238). Der Asylsuchende ist nicht verpflichtet, Urkunden, deren Echtheit fraglich ist (Abs. 3 Nr. 5), vorzulegen, da die Vorlage gefälschter Urkunden in aller Regel die Glaubwürdigkeit erschüttert und zur qualifizierten Antragsablehnung (§ 30 Abs. 3 Nr. 1) und Klageabweisung (§ 78 Abs. 1) sowie zur Einweisung in eine besondere Aufnahmeeinrichtung (§ 30a Abs. 1 Nr. 2) führen kann. Die behördlichen Rückgabepflichten sind in § 21 Abs. 5 und § 65 geregelt.

E. Durchsuchung des Antragstellers (Abs. 4)

26 Nach Abs. 4 dürfen die zuständigen Behörden den Asylsuchenden nach Sachen, die von ihm mitgeführt werden, durchsuchen. Diese Regelung war zunächst in § 16 Abs. 2 Satz 2 AsylVfG 1992 enthalten und ist erst durch das ÄnderungG 1993 in § 15 eingefügt worden. Die Durchsuchungsbefugnis ist streng auf die Mitwirkungspflichten nach Abs. 2 Nr. 4 und 5 begrenzt und kann deshalb nicht als Rechtsgrundlage für die Durchsuchung zur Durchsetzung anderer Mitwirkungspflichten dienen (*Funke-Kaiser,* in: GK-AsylG II, § 15 Rn. 46; *Hailbronner,* AuslR B 2 § 15 AsylVfG Rn. 34). Die zwangsweise Durchsuchung ist nach Abs. 4 nur zulässig, um den Asylsuchendem nach Dokumenten im Sinne von Abs. 2 Nr. 5 sowie nach Passdokumenten (Abs. 2 Nr. 4) zu durchsuchen. Voraussetzung ist, dass *konkrete Anhaltspunkte* dafür vorliegen, dass der Asylsuchende entgegen seinen Einlassungen derartige Dokumente bei sich führt (Abs. 4 Satz 1 letzter Halbs.). Ist mit der Durchsuchungsanordnung eine Besichtigung der Wohnung des Belasteten verbunden, genügt der bloße Hinweis auf behördliche Erfahrungen nicht. Vielmehr bedarf es der Darlegung, dass die Durchsuchung der Wohnung bereits

einmal gescheitert ist, sowie der Bezeichnung konkreter Tatsachen, aus denen folgt, dass sich in der Wohnung des Betroffenen die namentlich zu bezeichnenden Urkunden befinden (VGH BW, InfAuslR 2009, 296, 297; VG Stuttgart, InfAuslR 2005, 166, 167 = AuAS 2005, 130, 131; VG Freiburg, AuAS 2007, 247, 249; LG Paderborn, Beschl. v. 18.01.2007 – 2 T 102/06) sowie eines entsprechenden richterlichen Beschlusses (LG Paderborn, Beschl. v. 18.01.2007 – 2 T 102/06) und einer vorhergehenden vollziehbaren behördlichen Anordnung (*Funke-Kaiser,* in: GK-AsylG II, § 15 Rn. 49).

Dementsprechend ist eine generelle Durchsuchung aller passlosen Asylsuchenden unzulässig. Vielmehr muss sich aus Äußerungen des Antragstellers oder aus sonstigen Umständen der konkrete Verdacht begründen lassen, er führe entgegen seinen Behauptungen Urkunden im Sinne von Abs. 2 Nr. 4 und 5 mit sich (*Funke-Kaiser,* in: GK-AsylG II, § 15 Rn. 47; *Hailbronner,* AuslR B 2 § 15 AsylVfG Rn. 35). Allein die Nichtabgabe eines Passes oder Passersatzes reicht dafür nicht aus. Andererseits erfüllt der Antragsteller seine Verpflichtung nicht durch Übergabe eines unechten Passdokumentes. Auch in diesem Fall ist die Durchsuchung zwar zulässig, freilich nur bei Vorliegen *konkreter Verdachtsmomente.* Die Einführung der Durchsuchungsbefugnis in das AsylVfG 1992 wurde damit begründet, dass Asylsuchende zunehmend ihrer Pflicht, den Pass oder Passersatz in Verwahrung zu geben, nicht nachkommen. Vielmehr versteckten sie diesen oder behaupteten wahrheitswidrig, nicht im Besitz von Passdokumenten zu sein, um dadurch eine spätere Abschiebung zu erschweren (BT-Drucks. 12/2718, S. 60). Tatsächlich sind jedoch nach den gesicherten Erfahrungen der letzten Jahrzehnte viele Asylsuchende deshalb nicht im Besitz ihres Passes, weil sie ihn aus Angst vor Zurückweisung bereits im Flugzeug vernichtet haben oder aber wie zumeist der Fluchthelfer den Pass einbehalten oder nach der Einreise wieder an sich genommen hat. Gibt der Asylsuchende entsprechende Erklärungen für sein Unvermögen, Reisedokumente vorzulegen, ab, kann nicht ohne Weiteres unterstellt werden, er führe diese mit sich und wolle sie nicht herausgeben (*Funke-Kaiser,* in: GK-AsylG II, § 15 Rn. 47). 27

Durch ÄnderungsG 1993 ist eine auf passlose Asylsuchende gemünzte besondere Mitwirkungspflicht (Abs. 2 Nr. 6) eingeführt worden. Die zunächst im AsylVfG 1992 nicht vorgesehene Erweiterung der Durchsuchungsbefugnis auf Dokumente im Sinne von Abs. 2 Nr. 5 in Verb. mit Abs. 3 wird mit der Notwendigkeit der Zurückschiebung und Abschiebung in Drittstaaten begründet, da diese regelmäßig die Rücknahme von Asylsuchenden von dem Nachweis oder der Glaubhaftmachung der Einreise auf ihr Hoheitsgebiet abhängig machten (BT-Drucks. 12/4450, S. 18). Nach der Etablierung des Eurodac-Systems hat diese Begründung an Überzeugungskraft verloren. Die für die Durchsuchung zuständigen Behörden sind alle mit der Ausführung des AsylG betrauten Behörden, also auch die Aufnahmeeinrichtungen. Die körperliche Durchsuchung darf nur von gleichgeschlechtlichen Personen durchgeführt werden (Abs. 4 Satz 2). Dagegen dürfen Sachen auch von verschiedengeschlechtlichen Personen durchsucht werden. Abs. 4 Satz 2 bezieht sich nur auf Personen, also auf die körperliche Durchsuchung. Führt der Betroffene aber die Sachen bei sich, sodass die Durchsuchung von Sachen nicht ohne körperliche Untersuchung durchführbar ist, muss Abs. 4 Satz 2 beachtet werden. Diese Vorschrift schützt in besonderem Maße die Intimsphäre. 28

F. Mitwirkungspflichten nach Rücknahme des Antrags (Abs. 5)

29 Abs. 5 ordnet die Fortdauer der in § 15 geregelten Mitwirkungspflichten auch über den Zeitpunkt der Rücknahme des Asylantrags an. Die Regelung zielt wohl auf den gewillkürten Fall der Rücknahme (§ 32), nicht jedoch auf den der Rücknahme*fiktion* nach § 33 (a.A. *Hailbronner,* AuslR B 2 § 15 AsylVfG Rn. 38). In beiden Fällen wird das Verfahren eingestellt. Dem Betroffenen kann eine Ausreisefrist von drei Monaten eingeräumt werden, wenn er sich freiwillig zur Ausreise bereit erklärt (§ 38 Abs. 3). Viele der in § 15 geregelten Pflichten passen auf den Fall der Rücknahme nicht, sondern setzen ein anhängiges Verfahren voraus. Zutreffend wird daher Abs. 5 als sachwidrig und unverhältnismäßig kritisiert (*Bergmann,* in: Bergmann/Dienelt, AuslR, 11. Aufl., 2016, Rn. 14 zu § 15 AsylG; a.A. *Hailbronner,* AuslR B 2 § 15 AsylVfG Rn. 39 f.).

§ 16 Sicherung, Feststellung und Überprüfung der Identität

(1) [1]Die Identität eines Ausländers, der um Asyl nachsucht, ist durch erkennungsdienstliche Maßnahmen zu sichern. [2]Nach Satz 1 dürfen nur Lichtbilder und Abdrucke aller zehn Finger aufgenommen werden; soweit ein Ausländer noch nicht das 14. Lebensjahr vollendet hat, dürfen nach Satz 1 nur Lichtbilder aufgenommen werden. [3]Zur Bestimmung des Herkunftsstaates oder der Herkunftsregion des Ausländers kann das gesprochene Wort außerhalb der förmlichen Anhörung des Ausländers auf Ton- oder Datenträger aufgezeichnet werden. [4]Diese Erhebung darf nur erfolgen, wenn der Ausländer vorher darüber in Kenntnis gesetzt wurde. [5]Die Sprachaufzeichnungen werden beim Bundesamt aufbewahrt.

(1a) [1]Zur Prüfung der Echtheit des Dokumentes oder der Identität des Ausländers dürfen die auf dem elektronischen Speichermedium eines Passes, anerkannten Passersatzes oder sonstigen Identitätspapiers gespeicherten biometrischen und sonstigen Daten ausgelesen, die benötigten biometrischen Daten erhoben und die biometrischen Daten miteinander verglichen werden. [2]Biometrische Daten nach Satz 1 sind nur die Fingerabdrücke, das Lichtbild und die Irisbilder.

(2) Zuständig für die Maßnahmen nach den Absätzen 1 und 1a sind das Bundesamt und, sofern der Ausländer dort um Asyl nachsucht, auch die in den §§ 18 und 19 bezeichneten Behörden sowie die Aufnahmeeinrichtung, bei der sich der Ausländer meldet.

(3) [1]Das Bundeskriminalamt leistet Amtshilfe bei der Auswertung der nach Absatz 1 Satz 1 erhobenen Daten zum Zwecke der Identitätsfeststellung. [2]Es darf hierfür auch von ihm zur Erfüllung seiner Aufgaben gespeicherte erkennungsdienstliche Daten verwenden. [3]Das Bundeskriminalamt darf den in Absatz 2 bezeichneten Behörden den Grund der Speicherung dieser Daten nicht mitteilen, soweit dies nicht nach anderen Rechtsvorschriften zulässig ist.

(4) Die nach Absatz 1 Satz 1 erhobenen Daten werden vom Bundeskriminalamt getrennt von anderen erkennungsdienstlichen Daten gespeichert.

(4a) [1]Die nach Absatz 1 Satz 1 erhobenen Daten dürfen zur Feststellung der Identität oder Staatsangehörigkeit des Ausländers an das Bundesverwaltungsamt übermittelt

werden, um sie mit den Daten nach § 49b des Aufenthaltsgesetzes abzugleichen. [2]§ 89a des Aufenthaltsgesetzes findet entsprechende Anwendung.

(5) [1]Die Verarbeitung und Nutzung der nach Absatz 1 erhobenen Daten ist auch zulässig zur Feststellung der Identität oder Zuordnung von Beweismitteln für Zwecke des Strafverfahrens oder zur Gefahrenabwehr. [2]Die Daten dürfen ferner für die Identifizierung unbekannter oder vermisster Personen verwendet werden.

(6) Die nach Absatz 1 erhobenen Daten sind zehn Jahre nach unanfechtbarem Abschluss des Asylverfahrens, die nach Absatz 1a erhobenen Daten unverzüglich nach Beendigung der Prüfung der Echtheit des Dokumentes oder der Identität des Ausländers zu löschen.

Übersicht Rdn.

A. Funktion der Vorschrift

Während § 13 AsylVfG 1982 die Durchführung erkennungsdienstlicher Maßnahmen auf konkrete Umstände stützte, aus denen sich Zweifel an der Identität des Asylsuchenden ergeben, ordnet Abs. 1 ausnahmslos im Blick auf jeden Asylantragssteller die Durchführung derartiger Maßnahmen an. Durch das Datenaustauschverbesserungsgesetz 2016 wurde ausdrücklich die frühere Einschränkung auf Asylbewerber unter 14 Jahren in Abs. 1 Satz 1 letzter Halbs. aufgehoben. Die Vorschrift ist durch das Terrorismusbekämpfungsgesetz vom 09.01.2002 (vgl. Art. 12 Nr. 1) teilweise neu gefasst und verschärft worden. Dabei ist insbesondere für die in der Verwaltungspraxis bereits angewendeten *Sprachanalysen* in Abs. 1 Satz 3 bis 5 eine Rechtsgrundlage geschaffen worden. Zu den Verschärfungen wird auf die entsprechenden nachfolgenden Erläuterungen verwiesen. Die Regelungen über Sprachaufzeichnungen stehen jedoch nicht im unmittelbaren Zusammenhang mit dem Ziel der Terrorismusbekämpfung, da hierdurch nur Täuschungen der Antragsteller über seinen Herkunftsstaat oder die Herkunftsregion aufgeklärt werden können (*Jobs*, in: GK-AsylG II, § 16 Rn. 5). 1

Das *Grundrecht auf informationelle Selbstbestimmung* (BVerfGE 65, 1; BVerfG, NVwZ 1992, 1162; § 7 Rdn. 2 ff.) steht einer derartigen Regelpraxis entgegen (*Bergmann*, in: Bergmann/Dienelt AuslR, 11. Aufl., 2016, § 16 AsylG Rn. 4; a.A. *Jobs*, in: GK-AsylG II, § 16 Rn. 3; *Hailbronner*, AuslR, B 2 § 16 AsylVfG Rn. 4 zu § 16 2

AsylVfG Rn. 3). Jede erkennungsdienstliche Behandlung ist ein Eingriff in das Persönlichkeitsrecht des Betroffenen. Daher bedarf es einer besonderen Legitimation durch überwiegende präventivpolizeiliche Gemeinschaftsinteressen (Hess. VGH, ESVGH 33, 83). Es ist Aufgabe einer verfassungskonformen Interpretation des Polizeirechts, Gefährdungen der Privatsphäre entgegenzuwirken und sie auf das für die Sicherheitsinteressen zwingend notwendige Maß zu beschränken (Hess. VGH, ESVGH 33, 83). Unionsrechtliche Vorgaben zwingen die zuständigen Behörden jedoch zur Durchführung erkennungsdienstlicher Maßnahmen. Zwar enthalten weder die Verfahrens- noch die Aufnahmerichtlinie entsprechende Bestimmungen, doch hat jeder Mitgliedstaat jeder Person, die internationalen Schutz beantragt und mindestens 14 Jahre alt ist, umgehend den Abdruck aller Finger abzunehmen und die Fingerabdruckdaten zusammen mit weiteren Angaben dem Zentralsystem zuzuleiten (Art. 9 Abs. 1 UAbs. 1 Verordnung (EU) Nr. 603/2013 (Eurodac-Verordnung). Diese Verpflichtung enthielt bereits Art. 4 Abs. 1 Verordnung (EG) Nr. 2725/2000. Diese Maßnahmen soll die effektive Durchführung der Verordnung (EU) Nr. 604/2013 (Dublin III-Verordnung) sicherstellen.

3 Ebenso wie § 13 AsylVfG 1982, der das Ziel verfolgte, eine erneute Asylantragstellung unter anderen Namen aufzudecken (BT-Drucks. 9/875, S. 19), soll mit § 16 die *Mehrfachantragstellung unter unterschiedlichen Personalien*, die in der Regel aus aufenthaltsrechtlichen Gründen oder in der betrügerischen Absicht der mehrfachen Erschleichung von Sozialhilfeleistungen erfolge (BT-Drucks. 12/2062, S. 30), aufgedeckt werden (s. auch § 8 Abs. 2a). Auch Personen, die bei der Antragstellung einen echten Pass vorlegen, stehen unter diesem institutionalisierten Verdacht und sollen daher erkennungsdienstlichen Maßnahmen unterzogen werden. Die sehr pauschalen Ausführungen der Gesetzesbegründung vermögen jedoch die Anforderungen an die Eingriffsvoraussetzungen nicht im Ansatz zu erfüllen. Es bestehen daher gegen die durch Abs. 1 angeordnete Regelpraxis erhebliche verfassungsrechtliche Bedenken. § 16 ist *lex spezialis* gegenüber § 49 AufenthG sowie § 24 BPolG. Der Vorrang der Spezialnorm schließt im Anwendungsbereich des § 16 einen Rückgriff auf die anderen Bestimmungen aus (*Hailbronner*, AuslR, B 2 § 16 AsylVfG Rn. 6; *Jobs*, in: GK-AsylVfG II, § 16 Rn. 6). Demgegenüber können auch gegenüber Asylsuchenden bei Vorliegen der entsprechenden Voraussetzungen erkennungsdienstliche Maßnahmen aufgrund anderer gesetzlicher Vorschriften (§ 81b, § 163 Abs. 1 StPO) durchgeführt werden. Dabei sind jedoch der jeweilige Gesetzeszweck sowie die Erfordernisse der Einzelfallbezogenheit zu beachten. Die strafprozessualen Ermächtigungsgrundlagen setzen ein konkretes Ermittlungsverfahren (§ 81b Alt. 1 StPO), den Verdacht einer Straftat (§ 163 Abs. 1 StPO) oder konkrete Umstände voraus, welche die potenzielle Straftätereigenschaft des Betroffenen begründen können (§ 81b Alt. 2 StPO). Auch die Landespolizeigesetze erfordern konkrete Umstände, welche die Identitätsfeststellung zur vorbeugenden Kriminalitätsbekämpfung rechtfertigen können.

B. Voraussetzungen des Eingriffs (Abs. 1 Satz 1)

4 Für die Anordnung erkennungsdienstlicher Maßnahmen wird nach Abs. 1 Satz 1 allein der Tatbestand des Asylersuchens vorausgesetzt. Es muss noch kein wirksamer

Asylantrag (§ 23 Abs. 1) gestellt worden sein. Vielmehr reicht es aus, dass der Betroffene um Asyl nachsucht (zur begrifflichen Unterscheidung zwischen Asylersuchen und Asylantrag s. § 13 Rdn. 6 ff.). Bereits vor der eigentlichen Asylantragstellung sollen durch die Anordnung nach Abs. 1 Satz 1 die notwendigen Erkenntnisse für die Behandlung des Asylantrags gewonnen werden. Es reicht aus, dass ein Ausländer gegenüber den in Abs. 2 bezeichneten Behörden ein Schutzbegehren vorträgt, das als Asylantrag im Sinne von § 13 qualifiziert werden kann. Auch wenn der Betroffene noch nicht das 14. Lebensjahr vollendet hat, werden erkennungsdienstliche Maßnahmen durchgeführt. Dies wird für erforderlich erachtet, weil das Lichtbild ein zentrales Identifikationsmerkmal des Auskunftsnachweises (§ 63a) ist (s. aber § 12 Rdn. 12 f.). Diese Funktion kann nur realisiert werden, wenn alle Asylsuchenden unabhängig vom Alter mit Lichtbildern erfasst werden (BT-Drucks. 18/7043, S. 42). Bei Asylsuchenden, die noch nicht das 14. Lebensjahr vollendet haben, beschränken sich die erkennungsdienstlichen Maßnahmen nach Satz 1 aber ausschließlich auf die Aufnahme von Lichtbildern (Satz 2 Halbs. 2). Durch Art. 12 Nr. 1 des Terrorismusbekämpfungsgesetzes wurde mit Wirkung zum 01.01.2002 das bis dahin bestehende Hindernis, dass erkennungsdienstliche Maßnahmen gegenüber Asylsuchenden, die im Zeitpunkt des Asylersuchens im Besitz einer unbefristeten Aufenthaltserlaubnis waren, unzulässig waren, aufgehoben. Die Neuregelung ist praxisfremd, weil kaum denkbar ist, dass jemand, der im Besitz der Niederlassungserlaubnis ist, um Asyl nachsucht. Antragsteller, die im Besitz eines befristeten Aufenthaltstitels sind, konnten bereits nach früherem Recht zu erkennungsdienstliche Maßnahmen herangezogen werden.

Die Identität ist durch erkennungsdienstliche Maßnahmen zu sichern. Den Behörden steht kein Ermessen zu, von der Sicherung abzusehen. Das gilt selbst dann, wenn die Identität bereits durch einen gültigen Reiseausweis oder andere Identitätsnachweise nachgewiesen wurde (*Jobs*, in: GK-AsylG II, § 16 Rn. 9; a.A. *Bergmann*, in: Bergmann/Dienelt, AuslR, 11. Aufl., 2016, § 16 AsylG Rn. 9). Damit handelt es sich um *Datengewinnung auf Vorrat*. Strikt untersagt ist die Speicherung von personenbezogenen Daten auf Vorrat zu unbestimmten und noch nicht bestimmbaren Zwecken (BVerfGE 125, 260, 316 f.; 130, 151, 187; § 7 Rdn. 6). Da nach Abs. 1 die Identität eines Asylsuchenden für das Asylverfahren zu sichern ist, wird insoweit Abs. 1 verfassungsrechtlich für unbedenklich angesehen (*Jobs*, in: GK-AsylG II, § 16 Rn. 9). Wird die Durchführung eines weiteren Asylverfahrens mit der Begründung versagt, der Antragsteller habe bereits unter einem anderen Namen einen Asylantrag gestellt, muss bereits im summarischen Eilrechtsschutzverfahren geprüft werden, dass die in Abs. 1 Satz 2 bezeichneten Maßnahmen tatsächlich durchgeführt wurden und welche Behörde diese Maßnahmen durchgeführt und ausgewertet hat (*Jobs*, in: GK-AsylG II, § 16 Rn. 3; *Hailbronner*, AuslR, B 2 § 16 AsylVfG Rn. 13, mit Verweis auf VG Chemnitz, Beschl. v. 20.08.1993 – A 2 K 3277/93). 5

C. Mittel der Identitätssicherung (Abs. 1 Satz 2)

Nach Abs. 1 Satz 2 Halbs. 1 dürfen im Rahmen der erkennungsdienstlichen Behandlung Lichtbilder und Abdrücke aller zehn Finger aufgenommen werden. Bei Antragstellern unter 14 Jahren dürfen dagegen nur Lichtbilder aufgenommen werden (Satz 2 6

Halbs. 2). Lichtbilder sind mit analoger oder digitaler Technik aufgenommene Fotografien, nicht hingegen Videoaufnahmen (*Jobs*, in: GK-AsylG II, § 16 Rn. 11). Die Vorschrift lässt offen, ob Lichtbilder und Fingerabdrücke im kumulativen oder alternativen Verhältnis zueinander stehen. Wegen der Verpflichtung aus Art. 9 Abs. 1 Verordnung (EU) Nr. 603/2013 sind stets die Fingerabdrücke aufzunehmen (*Jobs*, in: GK-AsylG II, § 16 Rn. 12). Es wird aber für zulässig erachtet, beide Maßnahmen durchzuführen (*Hailbronner*, AuslR, B 2 § 16 AsylVfG Rn. 2). Der zulässige Umfang der erkennungsdienstlichen Behandlung ist damit gegenüber anderen Rechtsvorschriften, welche die erkennungsdienstliche Behandlungen regeln, auf die in Abs. 1 Satz 2 bezeichneten Zwecke eingeschränkt worden. Die früher zu § 13 AsylVfG 1982 vertretene Ansicht, es gebe keinen numerus clausus erkennungsdienstlicher Maßnahmen (GK-AsylVfG a.F., Rn. 30 zu § 13), kann damit unter der Geltung von Abs. 1 Satz 2 keinen Bestand haben. Daher sind andere erkennungsdienstliche Maßnahmen, wie z.B. *Handflächenabdrücke* oder die Feststellung des *DNA-Identifizierungsmusters* zum Zwecke der Identitätssicherung unzulässig (*Jobs*, in: GK-AsylG II, § 16 Rn. 11; *Hailbronner*, AuslR, B 2 § 16 AsylVfG Rn. 9; zum *genetischen Fingerabdruck* BVerfGE 103, 21). Im Rahmen der Gesundheitsuntersuchung (§ 62) gewonnene gentechnische Erkenntnisse dürfen deshalb nicht zur Feststellung der Identität verwandt werden.

D. Biometriegestütze Identitätsüberprüfung (Abs. 1a)

7 Durch das Richtlinienumsetzungsgesetz 2007 wurde Abs. 1a eingefügt. Die Regelung ist identisch mit § 49 Abs. 1 AufenthG und schafft die Rechtsgrundlage für die Auslese der auf dem *elektronischen Speichermedium* eines Passes und auf den anderen dort bezeichneten Identitätsdokumenten gespeicherten biometrischen und sonstigen Daten, die Erhebung entsprechender Daten und den Vergleich der biometrischen Daten (Abs. 1a Satz 1). Biometrische Daten sind nur die Fingerabdrücke, das Lichtbild und die Irisbilder. Andere biometrische Merkmale, wie z.B. Handabdruck und -geometrie dürfen weder abgelesen noch erhoben oder abgeglichen werden (*Jobs*, in: GK-AsylG II, § 16 Rn. 18.1). Zu Recht wird eingeschränkt, dass angesichts des Umstands, dass Asylsuchende sehr selten mit derartigen Identitätsdokumenten einreisen, die praktische Bedeutung der Regelung gering ist (*Jobs*, in: GK-AsylG II, § 16 Rn. 18.1). Zweck der Regelung ist die Prüfung der Echtheit des Dokuments oder der Identität des Antragstellers. Zu anderen Zwecken dürfen die Erkenntnisse nicht verwertet werden (*Jobs*, in: GK-AsylG II, § 16 Rn. 18.1; *Hailbronner*, AuslR, B 2 § 16 AsylVfG Rn. 13).

E. Zulässigkeit von Sprachanalysen (Abs. 1 Satz 3 bis 5)

8 Nach Abs. 1 Satz 3 kann das gesprochene Wort des Asylsuchenden außerhalb der förmlichen Anhörung auf Ton- oder Datenträger zur Bestimmung des Herkunftslandes oder der Herkunftsregion aufgezeichnet werden (zum Beweisantrag auf Einholung eines sprachanalytischen Gutachtens Vor § 78 Rdn. 139 ff.). Sprachaufzeichnungen zu anderen Zwecken sind unzulässig. Sprachaufzeichnungen werden generell als fragwürdig bewertet, weil sie methodisch und inhaltlich angreifbar sind, der Gutachter geheim bleibt und zudem als *Parteigutachter* zu bewerten ist (VG Stuttgart, NVwZ-RR 2012, 495). Das BVerwG hat sich bisher zu dieser Frage nicht geäußert

(BVerwG, InfAuslR 2014, 20). Die Verwendung des Begriffs »Herkunftsregion« begegnet Bedenken. Auch wenn die Herkunftsregion mit einer gewissen Wahrscheinlichkeit bestimmt werden kann, bringt dies der vollziehenden Behörde keinen signifikanten Erkenntnisgewinn (krit. auch *Huber,* NVwZ 2002, 787, 788), weil es auf die Staatsangehörigkeit ankommt und hierfür die Sprachaufzeichnung keine Erkenntnisse liefern kann (VG Stuttgart, NVwZ-RR 2012, 495). Die Abschiebungsandrohung muss einen bestimmten Zielstaat bezeichnen (s. hierzu im Einzelnen § 34 Rdn. 28 f.). Der Hinweis auf eine Herkunftsregion reicht insoweit nicht aus.

Nach Abs. 1 Satz 3 wird die für die Sprachanalyse maßgebliche Sprachprobe außerhalb der persönlichen Anhörung aufgenommen. Das *Trennungsgebot* soll gewährleisten, dass der Antragsteller an der Anhörung unbefangen und im Vertrauen darauf, dass seine Äußerungen nicht zu anderen Zwecken als der Feststellung des asylerheblichen Sachverhalts verwendet werden. Es ist daher unzulässig, die während der persönlichen Anhörung nach § 24 Abs. 1 Satz 2 auf Ton- oder Datenträger aufgenommenen Erklärungen zur Grundlage der Sprachanalyse zu machen. Mit dem Hinweis auf die förmliche Anhörung ist die persönliche Anhörung nach § 24 Abs. 1 Satz 2 gemeint. Die Regelung hat ihren Grund insbesondere in der häufig schwierigen Aufklärung der für die Rückführung erforderlichen Staatsangehörigkeit (BT-Drucks. 14/7386, S. 59). Damit werden die in der Verwaltungspraxis bis dahin auf der Grundlage von § 26 VwVfG verwendeten »Sprachanalysen« (s. hierzu VG Potsdam, EZAR 210 Nr. 16, S. 4, mit weiteren Hinweisen auf Rechtsprechung; *Heinhold,* InfAuslR 1998, 299; *Jobs,* ZAR 2001, 173; s. auch VG Freiburg, NVwZ-RR 2004, 537) auf eine gesetzliche Grundlage gestellt. 9

Gegenstand der Sprachaufzeichnung ist das gesprochene Wort. Das ist jede mündliche Rede oder jeder Laut. Ob dadurch Rückschlüsse auf die Herkunft des Asylsuchenden gezogen werden können, ist zweifelhaft. Die wissenschaftliche Überprüfbarkeit staatsangehörigkeitsrechtlicher Tatbestände anhand von Sprachanalysen ist sehr umstritten. Insbesondere die Herkunftsländer in Afrika, aber auch in Asien, deren Staatsgrenzen unabhängig von traditionellen ethnischen, kulturellen und historisch gewachsenen Strukturen durch die Kolonialmächte bestimmt wurden, dürften auf diese Weise kaum zuverlässig bestimmt werden können. Sprachanalysen haben darüber hinaus lediglich *indizielle Wirkung* im Blick auf die Staatsangehörigkeit (VG Potsdam, EZAR 210 Nr. 16, S. 4; *Jobs,* ZAR 2001, 173, 175). Für die erforderliche Glaubhaftmachung der völkerrechtlichen Zuständigkeit des als Staat der Staatsangehörigkeit angesehenen Staates ist daher ihre praktische Bedeutung eher als gering einzuschätzen (*Marx,* Stellungnahme zum Terrorismusbekämpfungsgesetz vom 27.11.2001, S. 39). 10

Das Bundesamt führt die Sprachaufzeichnung nach pflichtgemäßem Ermessen durch. Erforderlich ist die Aufzeichnung nur, wenn aufgrund konkreter Anhaltspunkte Zweifel an den Angaben des Antragstellers zum Herkunftsland bestehen. Bestehen Zweifel im Blick auf die Herkunftsregion dürfte eine Aufzeichnung regelmäßig unverhältnismäßig sein, weil der zu erwartende Erkenntnisgewinn für die asylrechtliche Entscheidung nicht den Stellenwert hat wie das Herkunftsland. Steht dieses fest, dürfte daher kaum eine Sprachaufzeichnung gerechtfertigt sein. Jedenfalls hat das Bundesamt 11 vorher zu prüfen, ob eine Bestimmung der Herkunftsregion überhaupt möglich ist. Der Antragsteller ist zu informieren, wenn eine Sprachaufzeichnung durchgeführt werden soll (Abs. 1 Satz 4). Eine ausdrückliche Zustimmung fordert das Gesetz zwar nicht. Für die Aufzeichnung ist jedoch die Mitwirkung des Antragstellers erforderlich. Diese kann ohne Mitwirkung des Betroffenen nicht durchgeführt werden (*Jobs*, in: GK-AsylG II, § 16 Rn. 27) Widerspricht der Antragsteller der Aufzeichnung, darf diese nicht durchgeführt werden (*Jobs*, in: GK-AsylG II, § 16 Rn. 18.1; *Heinhold*, InfAuslR 1998, 299, 303 f.; a.A. VG Potsdam, EZAR 210 Nr. 16, S. 5; *Jobs*, in: GK-AsylG II, § 16 Rn. 24; *Hailbronner*, AuslR, B 2 § 16 AsylVfG Rn. 11). Im gerichtlichen Verfahren gelten die allgemeinen prozessualen Anforderungen für die Einholung bzw. Überprüfung eines Sachverständigengutachtens (*Jobs*, in: GK-AsylG II, § 16 Rn. 40 f.).

F. Zuständige Behörden (Abs. 2)

12 Abs. 2 enthält eine weitreichende Behördenzuständigkeit. Ergänzt wird Abs. 2 durch § 18 Abs. 1, § 19 Abs. 2, § 21 Abs. 1 Satz 2 und § 22 Abs. 1 Satz 2 Halbs. 2. Grundsätzlich geht das AsylG davon aus, dass die zuerst angesprochene Behörde die Maßnahmen durchführt (§ 18 Abs. 5, § 19 Abs. 2; § 22 Abs. 1 Halbs. 2). Verfügt die zuerst aufgesuchte Aufnahmeeinrichtung über die hierfür erforderlichen Kapazitäten, hat sie bereits vor der Weiterleitung erkennungsdienstliche Maßnahmen nach Abs. 1 Satz 1 durchführen (BT-Drucks. 12/4450, S. 19). Die zu treffenden Maßnahmen umfassen alle in Abs. 1 bezeichneten Maßnahmen (vgl. Abs. 2 Satz 1). Für Sprachaufzeichnungen im Rahmen des Asylverfahrens ist nur das Bundesamt befugt (*Hailbronner*, AuslR, B 2 § 16 AsylVfG Rn. 15; a.A. *Jobs*, in: GK-AsylG II, § 16 Rn. 18.1). Ist das Asylverfahren abgeschlossen und die Identität des Antragstellers nicht geklärt, wird man der Ausländerbehörde die Zuständigkeit zur Durchführung einer Sprachaufzeichnung nicht absprechen können.

G. Amtshilfe durch das Bundeskriminalamt (Abs. 3 und 4)

13 Wie schon § 13 Abs. 3 AsylVfG 1982 enthalten Abs. 3 und 4 Regelungen über die *Amtshilfe* durch das BKA. Jedoch war die Einordnung der Unterlagen nach Abs. 1 in den daktyloskopischen Vergleichsbestand auch ohne ausdrückliche gesetzliche Regelung bereits in der Regelung über die Amtshilfe an sich enthalten. Ausdrücklich regelt Abs. 3 Satz 3 das Verbot, den in Abs. 2 bezeichneten Behörden den Grund der Aufbewahrung der Unterlagen nach Abs. 3 Satz 2 mitzuteilen, wenn dies nicht ausdrücklich nach anderen Rechtsvorschriften zulässig ist. Die Amtshilfe ist auf die Identitätssicherung zu verfahrensrechtlichen Zwecken begrenzt. Dazu darf das BKA auch Daten übermitteln, die es in Erfüllung seiner Aufgaben gewonnen hat. Die nach Abs. 1 Satz 1 erhobenen Daten hat das BKA getrennt von anderen erkennungsdienstlichen Daten zu speichern (Abs. 4). Während § 13 Abs. 3 Satz 2 AsylVfG 1982 die Aufbewahrungsfristen ausdrücklich auch mit verbindlicher Wirkung für das BKA regelte, enthält Abs. 4 Satz 1 lediglich eine Aufbewahrungsregelung ohne Bezugnahme auf Abs. 6. Da Abs. 6 sich auf die Unterlagen nach Abs. 1 bezieht, diese wiederum in Abs. 3 Satz 1 in Bezug genommen werden, ist evident, dass auch das BKA die nach

Abs. 1 gewonnenen und ihm gem. Abs. 3 Satz 1 übermittelten Unterlagen aufgrund und nach Maßgabe von Abs. 6 zu vernichten hat. Gegen die Weite der das BKA betreffenden Amtshilferegelungen wurden bereits zum alten Recht verfassungsrechtliche Bedenken geltend gemacht (GK-AsylVfG, a.F. Rn. 51 zu § 13).

H. Amtshilfe durch das Bundesverwaltungsamt (Abs. 4a)

Die nach Abs. 1 Satz 1 erhobenen Daten dürfen zur Feststellung der Identität oder Staatsangehörigkeit des Antragstellers an das Bundesverwaltungsamt übermittelt werden, um sie mit den Daten nach § 49a AufenthG abzugleichen (Abs. 4a Satz 1). Die für das Bundesverwaltungsamt geltenden Verwendungsregelungen nach § 89a AufenthG sind zu beachten (Abs. 4a Satz 2). Dies schließt die Berücksichtigung der Verfahrensvorschriften des § 89 Abs. 3 bis 5 ein (*Hailbronner,* AuslR, B 2 § 16 AsylVfG Rn. 22). Die *Fundpapierdatenbank* enthält u.a. Identifikationsdokumente, die von ausländischen Stellen ausgestellt wurden (§ 49b AufenthG). Durch die Beteiligung des Bundesverwaltungsamtes und die von diesem verwaltete Fundpapierdatenbank soll die Feststellung der Identität des Antragstellers erleichtert werden. Kann diese Behörde die Identität des Antragstellers nicht anhand der dort vorhandenen Daten feststellen, teilt sie dies dem Bundesamt mit. Ein weiterer Austausch von Daten findet im Abgleichungsverfahren nach Abs. 4a nicht statt (weiter gehend *Jobs,* in: GK-AsylG II, § 16 Rn. 16). 14

I. Nutzungsbefugnis (Abs. 5)

Nach Abs. 5 ist die Verarbeitung und Nutzung der nach Abs. 1 gewonnenen Unterlagen nicht lediglich zur Sachaufklärung im Asylverfahren, sondern insbesondere auch zu strafverfahrens- sowie polizeirechtlichen Zwecken zulässig, ferner für die Identifizierung unbekannter oder vermisster Personen. Der Verwendungszweck ist durch das Terrorismusbekämpfungsgesetz erweitert worden und bei der Beweissicherung nicht mehr davon abhängig, dass auf eine bestimmte Straftat bezogene konkrete Anhaltspunkte dargelegt werden können. Die Verwendungsregelung in Abs. 5 zielt auf Unterlagen nach Abs. 1, d.h. auf die dort gewonnenen Erkenntnisse bei der Identitätssicherung (Lichtbilder und Fingerabdrücke). Da Abs. 1 auch Sprachaufzeichnungen einschließt, dürfen auch diese zu strafverfahrens- und polizeirechtlichen Zwecken verwendet werden (*Hailbronner,* AuslR, B 2 § 16 AsylVfG Rn. 24; a.A.; *Wolff;* in: Hofmann/Hoffmann, AuslR. Handkommentar, § 14a AsylVfG Rn. 13). Gegen diesen unbestimmt bleibenden Verwendungszweck werden Bedenken erhoben (*Bergmann,* in: Bergmann/Dienelt, AuslR, 11. Aufl., 2016, § 14a AsylG Rn. 22). Nicht zulässig ist dagegen die Nutzung biometrischer Erkenntnisse zu strafverfahrens- und polizeirechtlichen Zwecken (*Hailbronner,* AuslR, B 2 § 16 AsylVfG Rn. 25), da Abs. 5 nicht auf Abs. 1a verweist. Ebensowenig ist die Verwendung der Unterlagen nach § 15 Abs. 2 Nr. 4 bis 5 in Verb. mit § 15 Abs. 3 zu strafverfahrens- und polizeirechtlichen Zwecken zulässig. Daraus folgt, dass Passdokumente (§ 15 Abs. 2 Nr. 4) und sonstige für das Asylverfahren wichtige Unterlagen nach § 15 Abs. 2 Nr. 5 nicht zu strafverfahrens- und polizeirechtlichen Zwecken nach Abs. 5 behandelt werden dürfen. Auch ist insoweit das Amtshilfeverfahren nach Abs. 3 nicht zulässig. 15

16 Datenschutzrechtliche Bedenken sprechen gegen Abs. 5, wenn die Verarbeitung und Nutzung nicht auf die Identitätsfeststellung oder Zuordnung von Beweismittel für Zwecke des Strafverfahrens oder der Gefahrenabwehr beschränkt werden. Lediglich in den Fällen, in denen die Identität eines Täters nicht festgestellt werden kann oder unklar ist oder in denen die Heranziehung der nach Abs. 1 aufgenommenen Lichtbilder oder Fingerabdrücke für die Zuordnung von Beweismitteln erforderlich ist, dürfen daher die nach Abs. 1 ermittelten Daten zu strafverfahrens- oder gefahrenabwehrrechtlichen Zwecken verwendet werden (*Hailbronner*, AuslR, B 2 § 16 AsylVfG Rn. 25). Nach der Rechtsprechung des BGH dürfen hingegen allgemein Angaben des Antragstellers im Rahmen seiner ausländerbehördlichen Anhörung auch ohne seine Zustimmung im strafrechtlichen Verfahren wegen Verletzung von aufenthaltsrechtlichen Vorschriften verwertet werden, da sie keinem *Verwertungsverbot* unterliegen (BGH, EZAR 335 Nr. 9 = NJW 1990, 1926; a.A. OLG Hamburg, NJW 1985, 254; s. hierzu auch *Eichendorfer*, InfAuslR 2015, 913, 918). Der BGH hat ein Verwertungsverbot lediglich bei Verletzung aufenthaltsrechtlicher Vorschriften verneint. Abs. 5 enthält jedoch eine derartige Einschränkung nicht. Außerdem verletzt eine Analogie den Wortlaut des Gesetzes, da Abs. 5 sich ausschließlich auf Unterlagen nach Abs. 1 bezieht.

17 Unionsrechtlich geregelte Nutzungsbefugnisse sind bei der Anwendung von Abs. 5 zu beachten. Nach Art. 1 Abs. 2 Verordnung (EU) Nr. 603/2013 können die Mitgliedstaaten den Abgleich von Fingerabdruckdaten mit den im Zentralsystem gespeicherten Daten nicht nur zur Bestimmung des zuständigen Mitgliedstaates nutzen (Art. 1 Abs. 1), sondern auch zum Zwecke der Gefahrenabwehr und Strafverfolgung einen derartigen Abgleich beantragen. Dieses Antragsrecht hat auch Europol. Das europäische Zentralspeichersystem Eurodac unterstützt damit nicht nur die Funktion des Dubliner Systems, sondern auch umfassend die allgemeinen Polizeibehörden und Strafverfolgungsorgane. Allerdings folgt aus den institutionellen Regelungen der Eurodac-Verordnung eine Beschränkung des Datenabgleichs auf »terroristische oder sonstige schwere Straftaten« (Art. 5 Abs. 1, Art. 6 Abs. 1 Verordnung [EU] Nr. 603/2013). Ferner dürfen nur gefahrenabwehrende und strafverfolgende Behörden, nicht jedoch Nachrichtendienste den Datenabgleich nutzen (Art. 5 Abs. 1 Satz 2 Verordnung [EU] Nr. 603/2013). Aus dem unionsrechtlichen Verbot der Beteiligung von Nachrichtendiensten folgt die Verpflichtung der Mitgliedstaaten, sicherzustellen, dass die allgemeinen Polizeibehörden über Eurodac gewonnene Erkenntnisse nicht an ihre nationalen Nachrichtendienste übermitteln.

J. Vernichtungsanspruch nach Abs. 6

18 Abs. 6 hatte in seiner Ursprungsfassung bereits die Vernichtungsregelungen gegenüber dem alten Recht erheblich erweitert. Das Terrorismusbekämpfungsgesetz führte weitere Auflockerungen ein. Der Vernichtungsanspruch entsteht nicht mehr automatisch bei unanfechtbarer Statuszuerkennung, Erteilung der Niederlassungserlaubnis oder nach Ausstellung eines Reiseausweises nach Art. 28 GFK (so aber § 16 AsylVfG a.F.), sondern in allen Fällen des Abs. 1 erst nach zehn Jahren (Abs. 6 Halbs. 1). Der Lauf der Frist beginnt mit dem unanfechtbaren Abschluss des Asylverfahrens. Abs. 6 Halbs. 1 ist unvereinbar mit Art. 12 Abs. 1 Verordnung (EU) Nr. 603/2013.

Danach beginnt der Lauf der Zehnjahresfrist mit dem Zeitpunkt der Abnahme der Fingerabdrücke. Der Zeitpunkt des unanfechtbaren Verfahrensabschluss wird aber häufig Jahre nach diesem Zeitpunkt liegen, sodass Abs. 6 Halbs. 1 unmittelbar durch Art. 12 Abs. 1 Verordnung (EU) Nr. 603/20013 korrigiert wird. Abs. 6 Halbs. 1 ist ferner auch im Blick auf den Grundsatz der Verhältnismäßigkeit nicht bedenkenfrei (a.A. *Hailbronner*, AuslR, B 2 § 16 AsylVfG Rn. 28). Jedenfalls bei unanfechtbar als international schutzberechtigt anerkannten Personen kann die Gegenmeinung die Bedenken mit dem Hinweis auf den Zweck der Vermeidung von Mehrfachanträgen und Sicherstellung des Dubliner Systems nicht überzeugend ausräumen.

Biometrische Daten sind hingegen unverzüglich nach Beendigung der Prüfung der Echtheit des Dokumentes oder der Identität des Antragstellers zu löschen (Abs. 6 Halbs. 2). Diese Regelung entspricht dem Grundsatz, dass nach Wegfall des Zwecks personenbezogene Daten unmittelbar gelöscht werden müssen. Regelungen über die Dauer behördlicher Aufbewahrungspflichten unterliegen dem Verhältnismäßigkeitsprinzip und bedürfen der Begründung durch ein öffentliches Interesse an der Aufbewahrung (BVerwGE 26, 169, 171). Insoweit gilt, dass wegen der Gefährdung der Privatsphäre die Aufbewahrung auf das für die Sicherheitsinteressen der Allgemeinheit zwingend notwendige Maß zu beschränken ist (Hess. VGH, ESVGH 33, 83). Die Gefährdung der Privatsphäre hat durch die amtliche Sammlung privater Daten, Erkenntnisse und sonstiger zur Ausforschung geeigneter Unterlagen durch die technischen Erfassungs- und Speichermöglichkeit der heutigen Zeit stark zugenommen (Hess. VGH, ESVGH 33, 83). Vor diesem Hintergrund hat das BVerfG das Grundrecht auf informationelle Selbstbestimmung entwickelt (BVerfGE 65, 1, 44 ff.; § 7 Rdn. 2 ff.), das insbesondere auch bei der Auslegung von Abs. 6 zu berücksichtigen ist. 19

Die Vorschrift gewährt einen *gerichtlich durchsetzbaren Vernichtungsanspruch* (*Jobs*, in: GK-AsylG II, § 16 Rn. 17; Rdn. 21). Dieser ist bereits von Amts wegen zu beachten. Zuständige Behörden sind die in Abs. 2 bezeichneten Stellen. Gegen diese richten sich Rechtsschutzanträge. Der Anspruch kann sich aber auch gegen das BKA oder die Landeskriminalämter richten, also gegen alle Behörden, die über nach Abs. 1 gewonnene Daten verfügen. Er ist mithilfe der Verpflichtungsklage durchzusetzen (Rn. 21) und gegen die Körperschaft der für die Vernichtung jeweils zuständigen Behörden geltend zu machen. Schließlich steht hinsichtlich der Überlassung erkennungsdienstlicher Unterlagen an Dritte dem Betroffenen ein Auskunftsanspruch gegenüber der jeweils handelnden Behörde zu. Die nach Abs. 4a an das Bundesverwaltungsamt übermittelten Daten sind nach § 89a Abs. 7 Satz 1 AufenthG ebenfalls nach zehn Jahren zu löschen. Entfällt der Zweck der Speicherung indes vor Ablauf dieser Frist, sind die Daten unverzüglich zu löschen (§ 89a Abs. 7 Satz 2 AufenthG). Eine derart differenzierende Regelung hätte auch bei Abs. 1 nahe gelegen. Wird dem Antragsteller im Asylverfahren unanfechtbar ein Status zuerkannt, dürfte grundsätzlich der Zweck der Speicherung wegfallen. 20

K. Rechtsschutz

Gegen die Anordnung erkennungsdienstlicher Maßnahmen nach Abs. 1 Satz 1 und 2 kann *Anfechtungsklage* erhoben und *Eilrechtsschutz* nach § 80 Abs. 5 VwGO beantragt werden. Hingegen kann gegen die Anordnung der Sprachaufzeichnung die *allgemeine* 21

Leistungsklage erhoben und Eilrechtsschutz nach § 123 VwGO beantragt werden. Eilrechtsschutz ist deshalb gegeben, weil die Duldung derartiger Maßnahmen durch unmittelbaren Zwang oder Androhung und Festsetzung von Zwangsgeld durchgesetzt wird (zum Ganzen *Jobs,* in: GK-AsylG II, § 16 Rn. 26). Erfolg versprechend ist der Rechtsschutz in diesen Fällen regelmäßig nicht. Der Betroffene hat einen *Anspruch auf Auskunft* über die ihn betreffenden gespeicherten personenbezogenen Daten. Da die erstrebte Auskunftserteilung in Form der Verfügung erfolgt, ist der hierauf gerichtete Antrag mit der *Verpflichtungsklage* durchzusetzen. Abs. 6 gewährt einen gerichtlich durchsetzbaren Vernichtungsanspruch auf Löschung (Rn. 20). Zwar sind Vernichtung und Löschung selbst Realakte. Vorgängig ist jedoch die förmliche Prüfung der Voraussetzung und eine regelnde Ermessensentscheidung. Daher kann der Löschungsanspruch mit der *Verpflichtungsklage* durchgesetzt werden (*Jobs*, in: GK-AsylG II, § 16 Rn. 32; a.A. *Hailbronner,* AuslR, B 2 § 16 AsylVfG Rn. 30, Leistungsklage; Rdn. 20).

§ 17 Sprachmittler

(1) Ist der Ausländer der deutschen Sprache nicht hinreichend kundig, so ist von Amts wegen bei der Anhörung ein Dolmetscher, Übersetzer oder sonstiger Sprachmittler hinzuzuziehen, der in die Muttersprache des Ausländers oder in eine andere Sprache zu übersetzen hat, deren Kenntnis vernünftigerweise vorausgesetzt werden kann und in der er sich verständigen kann.

(2) Der Ausländer ist berechtigt, auf seine Kosten auch einen geeigneten Sprachmittler seiner Wahl hinzuzuziehen.

Übersicht **Rdn.**

A. Funktion der Vorschrift

1 Anders als das alte Recht, das jeweils bei den einzelnen Verfahrensabschnitten Vorschriften über die Sprachmittlung regelte (§ 8 Abs. 4, § 12 Abs. 2 AsylVfG 1982), hebt § 17 die besondere Bedeutung dieses Verfahrensrechts durch eine eigenständige Regelung hervor. Die Vorschrift betrifft ausschließlich das *Verwaltungsverfahren* in allen Abschnitten, z.B. auch die Antragsrücknahme (*Hailbronner,* AuslR, B 2 § 17 AsylVfG Rn. 4). Schon aus dem Wortlaut, aber auch aus § 55 in Verb. mit § 185 Abs. 1 Satz 1 GVG folgt, dass § 17 auf das Gerichtsverfahren keine Anwendung findet. Die Vorschrift verweist zwar auf die Anhörung des Antragstellers, das ist jedoch nicht ausschließlich die Anhörung nach § 25, sondern jede Anhörung, die zur Erfüllung der Aufgaben des AsylG erforderlich ist. Daher gilt die Vorschrift für alle mit

der Ausführung des Gesetzes betrauten Behörden, also Grenzbehörde (§ 18, § 18a), Polizei- und Ausländerbehörde (§ 19), Aufnahmeeinrichtung (§ 22) und Bundesamt (§ 5, § 25). Diese Behörden werden durch § 17 verpflichtet, von Amts wegen einen Sprachmittler zuzuziehen.

Das Unionsrecht differenziert für die Zuziehung eines Dolmetschers zwischen dem Asylverfahren und weiteren, Asylsuchende betreffenden Verfahren. Für das asylrechtliche Feststellungsverfahren regelt Art. 12 Abs. 1 Buchst. b) RL 2013/32/EU die Zuziehung eines Dolmetschers. Nach Art. 12 Abs. 1 Halbs. 1 werden die Garantien dieser Norm ausdrücklich auf das Verfahren nach Kapitel III, also das »erstinstanzliche Verfahren« beschränkt. Damit ist nach deutschem Recht das behördliche Feststellungsverfahren, also die persönliche Anhörung nach § 25, gemeint. Ergänzt wird die Verfahrensrichtlinie durch die Aufnahmerichtlinie, die keine ausdrückliche Bestimmung über die Zuziehung eines Dolmetschers enthält, sondern lediglich hinsichtlich der zu gewährenden Sozialleistungen, Mitwirkungspflichten und der Haft eine Informationspflicht in einer Sprache anordnet, die der Antragsteller versteht oder von der vernünftigerweise angenommen werden darf, dass er sie versteht (Art. 5 Abs. 2, 9 Abs. 4 RL 2013/33/EU). Eine derartige Informationspflicht wird zwar für die *Bedarfsprüfung* zur Beurteilung der besonderen Bedürfnisse schutzbedürftiger Personen nicht angeordnet (Art. 22 RL 2013/33/EU). Diese Bedarfsprüfung verfolgt jedoch den Zweck, die vorgesehenen Leistungen im Einzelfall festzustellen, sodass aus Art. 5 Abs. 2 RL 2013/33/EU eine Informationspflicht in einer dem Antragsteller verständlichen Sprache folgt. 2

Nach Art. 12 Abs. 1 Buchst. a) RL 2013/32/EU werden die Antragsteller für die Zwecke des asylrechtlichen Feststellungsverfahren in einer Sprache informiert, die sie verstehen oder von der vernünftigerweise angenommen werden darf, dass sie sie verstehen. Dem entspricht der Wortlaut von Abs. 1. Erforderlichenfalls *ist* ein Dolmetscher zuzuziehen, damit Antragsteller ihren Fall darlegen können. Insbesondere für die Anhörung nach Art. 14 bis 17 und die Prüfung der Zulässigkeit von Asylanträgen nach Art. 33 RL 2013/32/EU haben die Behörden von der Notwendigkeit einer solchen Zuziehung auszugehen, wenn ohne diese eine angemessene Verständigung nicht gewährleistet werden kann (Art. 12 Abs. 1 Buchst. b) RL 2013/32/EU). In allen Fällen der Zuziehung trägt die Behörde die Kosten (Art. 12 Abs. 1 Buchst. b) RL 2013/32/EU). Damit besteht nach Unionsrecht stets die Verpflichtung, einen Dolmetscher zuzuziehen, wenn asylrechtliche Sachverhalte aufgeklärt werden, da ohne Zuziehung eine angemessene Verständigung nur dann gewährleistet werden kann, wenn der Antragsteller die im Mitgliedstaat übliche Verkehrssprache einwandfrei und insbesondere auch in ihren Differenzierungen und jeweiligen Wortbedeutungen präzise versteht. Dies aber kann regelmäßig nur bei Antragstellern angenommen werden, die im Aufnahmemitgliedstaat zur Schule gegangen sind oder dort studiert haben. Auch Informationen über Sozialleitungen und aufenthaltsrechtliche Verpflichtungen können in einer dem Betroffenen verständlichen Sprache zumeist nur dann vermittelt werden, wenn ein Dolmetscher zugezogen wird, es sei denn, es handelt sich um allgemeine Informationen, die nicht die Aufklärung der besonderen Situation des Antragstellers bezwecken. Diese können auch durch Merkblätter oder allgemeine Hinweise erteilt werden. 3

B. Verfahrensrechtliche Bedeutung der Sprachmittlung

4 Für das Gerichtsverfahren hat das BVerfG festgestellt, dass Art. 103 Abs. 1 GG den Beteiligten ein Recht gewährt, im Verfahren zu Wort zu kommen, namentlich sich zu dem einer gerichtlichen Entscheidung zugrunde liegenden Sachverhalt und zur Rechtslage zu äußern. In dem Zusammenspiel von Äußern und Gehörtwerden verwirklicht sich die *für ein rechtsstaatliches Verfahren zentrale prozessuale Befugnis*, die Art. 103 Abs. 1 GG gewährleistet (BVerfGE 64, 135, 143 f. = EZAR 612 Nr. 1). Dies *verbietet es*, den der deutschen Sprache nicht hinreichend mächtigen Beteiligten zu einem *unverstandenen Objekt des Verfahrens herabzuwürdigen*. Vielmehr muss er in die Lage versetzt werden, die ihn betreffenden Verfahrensvorgänge verstehen und sich im Verfahren verständlich machen zu können (BVerfGE 64, 135, 145). Diese für das Strafverfahren entwickelten Grundsätze gelten auch für das Verwaltungs- und Verwaltungsstreitverfahren. Die Rechtsprechung verneint jedoch einen Anspruch auf Übernahme der Dolmetscherkosten für das anwaltliche Beratungsgespräch (VG Gießen, AuAS 2005, 10).

5 Für das Strafverfahren folgt aus Art. 6 Abs. 3 Buchst. e) EMRK ein Anspruch auf *unentgeltliche Beiziehung eines Dolmetschers* (s. hierzu im Einzelnen *Frowein/Peukert*, EMRK-Kommentar, Rn. 204–207 zu Art. 6). Ebenso gewährleistet Art. 14 Abs. 3 Buchst. f) IPbpR das Recht auf unentgeltliche Beiziehung eines Dolmetschers (*Nowak*, CCPR-Kommentar, Rn. 54 zu Art. 14). Der UN-MRA hat diesen Anspruch lediglich in Fällen verneint, in denen der Beteiligte in der Lage war, sich zureichend in der Gerichtssprache auszudrücken (MRA, No. 219/1986, 25.07.1990 – HRLJ 1993, 16 – *Guesdon*). Deshalb wird Art. 6 Abs. 3 Buchst. e) EMRK auf das Verwaltungsstreit- sowie das Verwaltungsverfahren angewandt. In der Rechtsprechung wird aber vereinzelt die Ansicht vertreten, für die mündliche Verhandlung im asylrechtlichen Hauptsacheverfahren müsse kein Dolmetscher zugezogen werden, wenn der Kläger bereits aufgrund der Zurückweisung seines gegen die qualifizierte Asylablehnung gerichteten Eilrechtsschutzantrags vollziehbar ausreisepflichtig sei (VG Frankfurt am Main, AuAS 2004, 238, 239). Diese Ansicht ist mit der internationalen Rechtsprechung unvereinbar. Sie verkennt, dass die vom Prinzip der Mündlichkeit geprägte mündliche Verhandlung dem Recht auf Gehör in unvergleichlich besserer Weise gerecht werden kann als das lediglich summarische und regelmäßig schriftliche Eilrechtsschutzverfahren.

6 Die amtliche Zuziehung eines Dolmetschers ist nicht erst bei gänzlich unzureichenden Deutschkenntnissen geboten, sondern immer schon dann, wenn ein Beteiligter die deutsche Sprache nicht soweit beherrscht, dass er der Verhandlung folgen, die zur Rechtsverfolgung erforderlichen Erklärungen abgeben und Angaben in deutscher Sprache machen kann (Abs. 1). Sie ist daher auch notwendig, wenn ein Beteiligter deutsch zwar ausreichend versteht, sich in dieser Sprache aber nur unzulänglich ausdrücken kann (BVerfGE 64, 135, 146 f.). Daher stellt es einen *absoluten Revisionsgrund* dar, wenn das Gericht entgegen § 185 GVG für die mündliche Verhandlung keinen Dolmetscher zugezogen hat (BVerfGE 64, 135, 149; s. aber BVerwG, InfAuslR 1998, 219; s. auch § 78 Rdn. 173 ff.). Gleiche Grundsätze finden entsprechend auf

das Verwaltungsverfahren Anwendung. Im Gerichtsverfahren sind besonders strenge Formvorschriften zu beachten. So hat z.B. das Protokoll über die mündliche Verhandlung nicht nur den Namen des zugezogenen Dolmetschers zu enthalten (§ 105 VwGO in Verb. mit § 160 Nr. 2 ZPO). Vielmehr ist dieser vor der Übertragung zu beeidigen. Ist er im Allgemeinen beeidigt, braucht er den *Dolmetschereid* nicht jeweils vor der Übertragung erneut zu wiederholen. Es genügt vielmehr die Berufung auf den geleisteten Eid (Hess. VGH, EZAR 633 Nr. 13). Andererseits handelt ein der deutschen Sprache nicht mächtiger Rechtsuchender schuldhaft, wenn er bewusst entgegen der von ihm verstandenen Rechtsmittelbelehrung bei Gericht eine Klageschrift in fremder Sprache einreicht (BVerwG, NVwZ 1991, 61; BSG, EZAR 612 Nr. 2).

C. Begriff des Sprachmittlers (Abs. 1)

Während für das *Gerichtsverfahren* die Regelungen in § 55, § 185 Abs. 1 Satz 1 GVG 7
die Zuziehung eines beeidigten Dolmetschers vorschreiben, gibt Abs. 1 den Behörden eine flexible Handhabung zur Regelung der Verfahrens. In der Überschrift wie in beiden Absätzen wird zwar der im allgemeinen Verfahrensrecht nicht übliche Begriff des Sprachmittlers verwandt. Letzterer dürfte vom Dolmetscher oder Übersetzer wohl dadurch zu unterscheiden sein, dass er keine anerkannte Berufsausbildung einschließlich eines formellen Ausbildungsabschlusses mit der Befähigung zur Übersetzung nachweisen muss. Vielmehr reicht es aus, wenn er in der Sprache des Asylsuchenden *sprachkundig* ist. Die Behörde ist jedoch nach Art. 12 Abs. 1 Buchst. b) RL 2013/32/EU verpflichtet, einen *Dolmetscher* zuziehen. Diese Verpflichtung bestand bereits nach Art. 13 Abs. 3 Buchst. b) RL 2005/85/EG. Ein Sprachmittler ist jedoch kein Dolmetscher (krit. auch *Funke-Kaiser,* in: GK-AsylG § 17 Rn. 8). Jedenfalls besteht aus rechtsstaatlichen Gründen eine Verpflichtung zur *Vertagung,* wenn sich Probleme mit der Sprachmittlung ergeben. Dies gilt selbstredend auch für das Verfahren nach § 18a. Insbesondere das Bundesamt ist deshalb gut beraten, vorrangig auf *Berufsdolmetscher* oder auf Personen zurückzugreifen, über deren hinreichende Erfahrung und Eignung es sich zuvor im ausreichenden Umfang überzeugt hat. Dies gilt in besonderem Maße auch für die Grenzbehörde. Grundsätzlich ist die Fähigkeit zur *Simultanübersetzung* vorauszusetzen. Eine Übertragung in indirekter Rede ist unzulässig (krit. auch *Funke-Kaiser,* in: GK-AsylG § 17 Rn. 9). Zudem sind zureichende Kenntnisse der Kultur, Gesellschaft und Staatsorganisation des Herkunftsstaates sowie insbesondere die Beherrschung der Befragungs- und Übersetzungstätigkeit erforderlich (*Bergmann,* in: Bergmann/Dienelt, AuslR, 11. Aufl., 2016, § 17 AsylG Rn. 5; s. auch BVerfGE 94, 116, 202 = EZAR 632 Nr. 25 = NVwZ 1996, 678, zur Bedeutung der Sprachmittlung im Flughafenverfahren). In Asylverfahren hat die Tätigkeit des Dolmetschers *herausragende Funktion.* Nach den allgemeinen Erfahrungen steht und fällt häufig der Schutzanspruch mit der Art und Weise der Übersetzungstätigkeit.

Setzt die Behörde einen nicht geeigneten Dolmetscher ein, wird das *Recht auf* 8
Gehör verletzt. Insbesondere im hochsensiblen Bereich des Flüchtlingsrechts ist ein strenger Maßstab angebracht. Nach Art. 12 Abs. 1 Buchst. b, Art. 15 Abs. 3

Buchst. c, RL 2013/32/EU muss der Dolmetscher nicht zwingend die vom Antragsteller bevorzugte Sprache beherrschen. Insbesondere in den Fällen, in denen im Verfolgerstaat zwischen verschiedenen ethnischen oder religiösen Gruppen Konflikte herrschen, sind diese zwingend bei der Auswahl der Sprachmittler zu berücksichtigen. So wäre es z.B. verfehlt, im Asylverfahren eines christlichen Asylsuchenden aus der Türkei einen muslimischen Übersetzer, in dem eines tamilischen Antragstellers einen singhalesischen Dolmetscher oder im Verfahren eines Kurden einen arabisch sprechenden Übersetzer heranzuziehen. Werden ethnisch bedingte Verständigungsschwierigkeiten von der Behörde bei der Zuziehung eines Sprachmittlers nicht berücksichtigt, verletzt sie das Recht des Antragstellers auf Gehör (OVG NW, InfAuslR 1984, 22; VG Braunschweig, Beschl. v. 07.05.1992 – 1 A 1281/91 u.a.). Da das Gericht ungeachtet von Verfahrensverstößen im Verwaltungsverfahren die Sache grundsätzlich spruchreif zu machen hat (BVerwG, NVwZ 1982, 630; BVerwG, DVBl 1983, 33; BVerwGE 106, 171, 172 f. = NVwZ 1998, 861 = EZAR 631 Nr. 45 = AuAS 1998, 149), bleiben Fehler bei der Zuziehung des Sprachmittlers für das Bundesamt allerdings sanktionslos. Dagegen können im Gerichtsverfahren Fehler bei der Auswahl des Dolmetschers mit der *Gehörsrüge* angegriffen werden (BVerwG, InfAuslR 1983, 256; BVerwG, InfAuslR 1998, 219; § 78, Rdn. 173). Derartige Verfahrensfehler müssen zur Wahrung des Rügerechts aber grundsätzlich während der mündlichen Verhandlung geltend gemacht werden (BVerwG, NVwZ 1982, 630; BVerwG, DVBl 1983, 33). Dies gilt jedoch nicht, wenn ein anwaltlich nicht vertretener Kläger wegen Verständnisschwierigkeiten sein Rügerecht in der Verhandlung nicht hat geltend machen können (OVG NW, InfAuslR 1983, 22).

D. Voraussetzung der Zuziehung nach Abs. 1

9 Das Gesetz macht die mangelnde Beherrschung der deutschen Sprache zur Voraussetzung für die amtliche Zuziehung eines Sprachmittlers nach Abs. 1. In aller Regel beherrschen einreisende Asylsuchende die deutsche Sprache nicht. Aber auch bei längerem Aufenthalt ist regelmäßig von einer nicht zureichenden Beherrschung der deutschen Sprache auszugehen. Demgegenüber reicht es – bezogen auf aufenthaltsrechtliche Verfahren – nach der Rechtsprechung des BVerwG – aus, dass ein fremdsprachiger Antragsteller die ihn betreffenden Verfahrensvorgänge verstehen und sich in der Anhörung verständlich machen kann (BVerwG, NJW 1990, 3102 = NVwZ 1990, 61 [nur LS]; s. auch BVerwG, InfAuslR 1998, 219). Gerade im Hinblick auf die strengen Grundsätze zur Glaubhaftmachung der Asylgründe sowie die regelmäßig komplizierten Tatsachen- und Rechtsfragen im Asylrecht kann jedoch nur bei einem die Differenzierungen der deutschen Sprache vollständig in Bedeutung und Ausdrucksform beherrschenden Asylsuchenden von dieser Voraussetzung ausgegangen werden (*Bergmann*, in: Bergmann/Dienelt, AuslR, 11. Aufl., 2016, § 17 AsylG Rn. 4; *Wolff*, in: Hofmann/Hoffmann, AuslR. Handkommentar, § 14a AsylVfG Rn. 4). Daher genügt es nicht, dass der die deutsche Sprache nicht beherrschende Antragsteller diese in einer die Verständigung ermöglichenden Weise spricht und versteht (so aber BVerwG, NJW 1990, 3102). Vielmehr ist die Zuziehung des Dolmetschers bereits

dann geboten, wenn der Beteiligte die deutsche Sprache nicht soweit beherrscht, dass er der Anhörung folgen und seine zur zweckentsprechenden Rechtsverfolgung erforderlichen Erklärungen abgeben und Angaben in deutscher Sprache machen kann (BVerfGE 64, 135, 146). Nur in seltenen Ausnahmefällen, etwa bei langjährig im Bundesgebiet studierenden Antragstellern kann das Bundesamt deshalb auf die Zuziehung eines Dolmetschers verzichten.

Im Zweifel ist daher stets die Zuziehung von Amts wegen geboten. Bei anderen Behörden kommt es auf den Zweck der Kommunikation an: Werden Erklärungen aufgenommen, welche die asylrechtliche Darlegungspflicht betreffen, haben auch die anderen Behörden die aufgeführten strengen Anforderungen zu beachten. Handelt es sich dagegen lediglich um Abklärungen alltäglicher Art (z.B. Verlängerung der Bescheinigung über die Aufenthaltsgestattung und anderer Erlaubnisse), die von ihrer Natur her keine Bedeutung für die Darlegungspflicht haben können, dürfen weniger strenge Anforderungen gestellt werden. In diesem Zusammenhang ist es gerechtfertigt, auf die Rechtsprechung des BVerwG (BVerwG, NJW 1990, 3102) zurückzugreifen. Die Behörde hat zwar kein Entschießungsermessen, d.h. sie hat einen Dolmetscher zuziehen, wenn anders eine Verständigung nicht möglich ist. Sie hat aber ein Auswahlermessen hinsichtlich der zuzuziehenden Dolmetscher, muss dabei aber die besonderen Probleme des Antragstellers, wie z.B. bestehende ethnische oder religiöse Konflikte im Herkunftsland, berücksichtigen. Hat der Antragsteller angegeben, eine bestimmte Sprache zu beherrschen, kann die Behörde ermessensfehlerfrei einen Dolmetscher dieser Sprache zuziehen (*Hailbronner,* AuslR, B 2 § 17 AsylVfG Rn. 6). Erkennt sie jedoch im Laufe der Anhörung oder wird vom Antragsteller oder Dolmetscher selbst erklärt, dass eine angemessene Verständigung nicht gewährleistet ist, ist die Anhörung zu vertagen und ein geeigneter Dolmetscher zu laden. 10

Die Behörde hat auch die Übersetzungstätigkeit selbst zu überprüfen. Grundsätzlich hat sie darauf zu achten, dass Fragen und Antworten jeweils unmittelbar übersetzt werden und keine ausufernde Kommunikation zwischen Dolmetscher und Antragsteller aus Anlass einer Frage geführt wird. Der strenge Maßstab, die hierzu in der Literatur vertreten wird (*Funke-Kaiser,* in: GK-AsylG § 17 Rn. 9; *Hailbronner,* AuslR, B 2 § 17 AsylVfG Rn. 69), wird Praxiserfordernissen jedoch nicht stets gerecht. Der soziokulturelle und intellektuelle Hintergrund des Antragstellers macht es für den Dolmetscher häufig erforderlich, diesem die Bedeutung der Frage näher zu erläutern, zumal das Bundesamt regelmäßig derart gebotene Belehrungen unterlässt. Dies bringt einen gewissen zeitlichen Kommunikationsaufwand mit sich. Die Dolmetscher sollten aber grundsätzlich jeweils diesen Aufklärungsbedarf deutlich machen, weil die direkte Übersetzung von Frage und Antwort ein wesentliches Mittel der Glaubhaftmachung darstellt. 11

Reicht der Asylsuchende *fremdsprachige Anträge,* Eingaben, Belege, Urkunden oder sonstige Schriftstücke ein, soll die Behörde unverzüglich die Vorlage einer Übersetzung verlangen. Die Behörde kann von sich aus auf Kosten des Antragstellers eine Übersetzung anfertigen lassen, wenn dieser seiner Pflicht aus § 23 Abs. 2 Satz 1 12

VwVfG nicht nachkommt (§ 23 Abs. 2 Satz 3 VwVfG). Das Bundesamt macht von dieser Kostenregelung jedoch regelmäßig keinen Gebrauch. Der Antragsteller kann diese Dokumente auch in der persönlichen Anhörung vorlegen. Dann besteht für die Übersetzung eine *behördliche Kostentragungspflicht* (Art. 12 Abs. 1 Buchst. b) RL 2013/32/EU). Grundlage für die weitere Bearbeitung und Bescheidung der gestellten Anträge ist die vom Antragsteller vorgelegte Übersetzung ins Deutsche (BVerwG, NVwZ-RR 1991, 109, 110). Hat er keine Übersetzung vorgelegt, ist die von der Behörde angeordnete Übersetzung die Grundlage. Demgemäß verkörpert die vom Antragsteller vorgelegte deutsche Übersetzung von Antrag und Antragsbegründung auch für das überprüfende Gericht das Sachvorbringen im Verwaltungsverfahren (BVerwG, NVwZ-RR 1991, 109, 110). Den vom Antragsteller seinerzeit vorgelegten deutschen Text hat das Gericht seiner Überzeugungsbildung grundsätzlich zugrunde zu legen, es sei denn, der Antragsteller weist darauf hin, die vorgelegte Übersetzung gebe seine damaligen fremdsprachigen Angaben nicht zuverlässig und unverfälscht wieder, oder solche Bedenken lassen sich anhand *objektiver Anhaltspunkte* erkennen (BVerwG, NVwZ-RR 1991, 109, 110). Diese Rechtsprechung kann aber nur Anwendung finden, wenn keine Kostentragungspflicht der Behörde besteht. In allen Vorladungsfällen hat die Behörde jedoch die Kostentragungspflicht (Art. 12 Abs. 1 Buchst. b) RL 2013/32/EU), die sich auch auf die im Rahmen der Anhörung vorgelegten Dokumente bezieht.

E. Ablehnungsrecht des Antragstellers

13 Das Gesetz enthält keine Regelungen über die Ablehnung des Sprachmittlers. Jedoch ist für das Verwaltungsverfahren analog auf § 55 und § 191 ZPO oder § 22 VwVfG zurückzugreifen. Daher steht dem Antragsteller im Asylverfahren ein *Ablehnungsrecht* gegenüber dem amtlich zugezogenen Sprachmittler analog § 191 Abs. 1 GVG zu (BVerwG, InfAuslR 1985, 54; BVerwG, JZ 1984, 681; *Bergmann,* in: Bergmann/Dienelt, AuslR, 11. Aufl., 2016, § 17 AsylG Rn. 6; *Wolff,* in: Hofmann/Hoffmann, AuslR. Handkommentar, § 17 AsylVfG Rn. 6; § 78 Rdn. 174 f.). Ein mit Erfolg abgelehnter Sprachmittler darf nicht zugezogen oder – bei nachträglicher Ablehnung – nicht weiter tätig werden. Die vor der Ablehnung vorgenommene Übertragung hat bei der Entscheidung außer Betracht zu bleiben (BVerwG, InfAuslR 1985, 54). Das Verwaltungsverfahrensrecht gibt dem Antragsteller jedoch *kein formelles Ablehnungsrecht.* Hierauf abzielende Rechtsschutzanträge dürften in aller Regel an § 44a VwGO scheitern. Es empfiehlt sich aber gleichwohl, den Ablehnungsantrag gut begründet zu stellen und auf dessen Protokollierung zu bestehen, um sich im späteren gerichtlichen Kontrollverfahren auf diesen Verfahrensfehler berufen zu können.

14 Die Behörde kann grundsätzlich jede Person für die Aufgabe der Sprachmittlung heranziehen. Ausgenommen sind auch nicht Verwandte (BVerwG, NJW 1984, 2055). Eine *Ausschließung* kraft Gesetzes ist nicht möglich. Vielmehr können lediglich die Gründe, welche eine Richterablehnung rechtfertigen können, zur Ablehnung des Sprachmittlers herangezogen werden (BVerwG, NJW 1984, 2055). Wichtigster Ablehnungsgrund ist die *Besorgnis der Befangenheit.* Danach muss dargelegt werden, dass aufgrund *objektiv feststellbarer Tatsachen die subjektiv vernünftigerweise mögliche*

Besorgnis nicht auszuschließen ist, der Sprachmittler versehe seinen Dienst nicht unvoreingenommen. Insbesondere *mangelndes Vertrauen des Antragstellers* aufgrund von Spannungen, Freundschaften oder dem Vorliegen religiöser oder ethnischer Gründe können im Einzelfall diese Besorgnis begründen (OVG Hamburg, InfAuslR 1983, 188). An die aus Sicht des Antragstellers zu bewertende Besorgnis der Befangenheit dürfen keine hohen Anforderungen gestellt werden (OVG Hamburg, EZAR 226 Nr. 5).

F. Sprachmittler eigener Wahl (Abs. 2)

Wie schon § 8 Abs. 4 und § 12 Abs. 2 AsylVfG 1982 regelt Abs. 2 das Recht des Antragstellers, einen Sprachmittler eigener Wahl zuzuziehen. Zwar war die Kostentragungspflicht im alten Recht nicht geregelt. Dass der Antragsteller hierfür einzustehen hat, ist jedoch selbstredend. Neu ist das Erfordernis der *Geeignetheit*. Da zumindest das Bundesamt ohnehin nicht auf die Dienste des amtlich zugezogenen Sprachmittlers verzichten wird, erscheint diese Voraussetzung nicht sachgerecht und im Übrigen kaum praktikabel. Abs. 2 soll offensichtlich die Verfahrensrechte des Schutzsuchenden verstärken. Daher fällt es in seinen Verantwortungsbereich, wenn der von ihm selbst zugezogene Sprachmittler die von ihm erwartete Kontrollfunktion nicht erfüllen kann. In der Kommentarliteratur zum alten Recht wurde unter Bezugnahme auf die Rechtsprechung des BVerwG, wonach selbst Verwandte vom Gericht als Dolmetscher zugezogen werden können (BVerwG, NJW 1984, 2055; Rdn. 9), der Behörde das Recht abgesprochen, die Qualität des vom Asylsuchenden zugezogenen Sprachmittlers zu überprüfen. Auch ein Ablehnungsrecht wurde ihr nicht zugestanden (GK-AsylVfG a.F., Rn. 107 zu § 8; Bergmann/Dienelt, AuslR, 11. Aufl., 2016, § 8 AsylG Rn. 16). Hervorgehoben wurde zugleich, dass die Behörde ihrerseits auf den amtlich zugezogenen Dolmetscher nicht zu verzichten brauche (GK-AsylVfG a.F., Rn. 107 zu § 8; Bergmann/Dienelt, AuslR, 11. Aufl., 2016, § 8 AsylG Rn. 16). Da nach der Gesetzesbegründung Abs. 2 inhaltlich dem alten Recht entspricht (BT-Drucks. 12/2062, S. 31), kann dem Merkmal der Geeignetheit in Abs. 2 keine eigenständige Bedeutung beigemessen werden. Eine Zurückweisung des vom Antragsteller mitgebrachten Sprachmittlers ist deshalb auch nach geltendem Recht regelmäßig unzulässig. 15

Aus Abs. 2 kann andererseits nicht hergeleitet werden, dass die Behörde auf den amtlich zugezogenen Dolmetscher verzichten muss, wenn der Antragsteller einen Sprachmittler seiner Wahl hinzuzieht. Jedoch bleibt sein Anspruch nach Abs. 2 auch in diesen Fällen bestehen. Besteht die Behörde auf die Dienste des amtlich zugezogenen Dolmetschers – wie dies regelmäßige Praxis des Bundesamtes ist –, kann der Sprachmittler eigener Wahl eine für den Antragsteller wichtige *Kontrollfunktion* ausüben. Der Behörde ist es verwehrt, die zur Ausübung dieser Kontrollfunktion erforderliche Kommunikation des Sprachmittlers eigener Wahl mit dem Antragsteller zu unterbinden. Vielmehr hat sie diesem Gelegenheit zu geben, bei Zweifeln an der Richtigkeit der amtlichen Sprachmittlung die hierzu erforderliche Kommunikation mit dem Sprachmittler eigener Wahl zu ermöglichen. 16

Unterabschnitt 2 Einleitung des Asylverfahrens

§ 18 Aufgaben der Grenzbehörde

(1) Ein Ausländer, der bei einer mit der polizeilichen Kontrolle des grenzüberschreitenden Verkehrs beauftragten Behörde (Grenzbehörde) um Asyl nachsucht, ist unverzüglich an die zuständige oder, sofern diese nicht bekannt ist, an die nächstgelegene Aufnahmeeinrichtung zur Meldung weiterzuleiten.

(2) Dem Ausländer ist die Einreise zu verweigern, wenn
1. er aus einem sicheren Drittstaat (§ 26a) einreist,
2. Anhaltspunkte dafür vorliegen, dass ein anderer Staat auf Grund von Rechtsvorschriften der Europäischen Gemeinschaft oder eines völkerrechtlichen Vertrages für die Durchführung des Asylverfahrens zuständig ist und ein Auf- oder Wiederaufnahmeverfahren eingeleitet wird, oder
3. er eine Gefahr für die Allgemeinheit bedeutet, weil er in der Bundesrepublik Deutschland wegen einer besonders schweren Straftat zu einer Freiheitsstrafe von mindestens drei Jahren rechtskräftig verurteilt worden ist, und seine Ausreise nicht länger als drei Jahre zurückliegt.

(3) Der Ausländer ist zurückzuschieben, wenn er von der Grenzbehörde im grenznahen Raum in unmittelbarem zeitlichem Zusammenhang mit einer unerlaubten Einreise angetroffen wird und die Voraussetzungen des Absatzes 2 vorliegen.

(4) Von der Einreiseverweigerung oder Zurückschiebung ist im Falle der Einreise aus einem sicheren Drittstaat (§ 26a) abzusehen, soweit
1. die Bundesrepublik Deutschland auf Grund von Rechtsvorschriften der Europäischen Gemeinschaft oder eines völkerrechtlichen Vertrages mit dem sicheren Drittstaat für die Durchführung eines Asylverfahrens zuständig ist oder
2. das Bundesministerium des Innern es aus völkerrechtlichen oder humanitären Gründen oder zur Wahrung politischer Interessen der Bundesrepublik Deutschland angeordnet hat.

(5) Die Grenzbehörde hat den Ausländer erkennungsdienstlich zu behandeln.

Übersicht

A. Funktion der Vorschrift

Die Vorschrift entspricht im Wesentlichen den Regelungen in § 9 AsylVfG 1982. Zusätzlich geregelt werden die Zurückschiebungsbefugnisse nach Abs. 3 sowie die Pflicht zur erkennungsdienstlichen Behandlung in Abs. 5. Nicht mehr ausdrücklich erwähnt werden die in § 9 Abs. 2, § 8 Abs. 2 und 4 AsylVfG 1982 geregelten Verfahrensrechte. Im Grundsatz ist es jedoch bei der früheren Rechtslage geblieben. Der Asylsuchende hat einen Einreiseanspruch vorbehaltlich der enumerativ aufgezählten Einreiseverweigerungsgründe (Abs. 2). Liegen die Voraussetzungen nach § 18a Abs. 1 Satz 1 oder 2 vor, ist vor der Einreise das Flughafenverfahren durchzuführen. Voraussetzung für den Einreiseanspruch nach Abs. 1 ist, dass aus den Erklärungen des Antragstellers ein Antragsbegehren im Sinne von § 13 Abs. 1 (§ 13 Rdn. 2 ff.) erkenntlich wird. Eine bestehende Visumpflicht steht dem Einreiseanspruch nicht entgegen. Mit diesem Anspruch verbunden ist die zwingende behördliche Weiterleitungspflicht nach Abs. 1 Halbs. 2 und damit korrespondierend die Befolgungspflicht des Antragstellers nach § 20 Abs. 1. In den Fällen des § 18a Abs. 1 hat die Grenzbehörde den Antragsteller an die der Grenzbehörde zugeordnete Außenstelle des Bundesamtes weiterzuleiten (§ 18a Abs. 1 Satz 3). 1

Zur Beachtung der Befolgungspflicht des Antragstellers hat die Grenzbehörde die in § 20 geregelte Unterrichtungspflicht. Nach Ablauf der Wochenfrist kann der Antragsteller zur Fahndung ausgeschrieben werden (§ 66 Abs. 1 Nr. 1). Die Strafandrohung nach altem Recht zur Durchsetzung der Befolgungspflicht (§ 34 Abs. 1 Nr. 1 AsylVfG 1982) besteht nicht mehr. Mit ÄnderungsG 1993 ist für bestimmte Gruppen von Asylantragstellern ein besonderes Flughafenverfahren eingeführt worden (§ 18a). Durch ÄnderungsG 1997 wurde mit § 33 Abs. 3 AsylVfG 2007 in den Fällen, in denen ein Asylsuchender während des Asylverfahrens in seinen Herkunftsstaat zurückgereist ist und erneut einreisen will, ein weiterer Zurückweisungsgrund eingeführt. Nunmehr regelt § 33 Abs. 3 nur noch, dass der Asylantrag als zurückgenommen gilt, wenn der Antragsteller während des Verfahrens in sein Herkunftsland gereist ist. Eine Zurückweisungbefugnis kann hieraus aber nicht abgeleitet werden (§ 33 Rdn. 20). Durch das Richtlinienumsetzungsgesetz 2007 wurde der Zurückweisungsgrund nach Abs. 2 Nr. 2 neu geregelt, um Dublin-Sachverhalte bereits im Rahmen der 2

Zurückweisungspraxis wirksam regeln zu können. Zu diesem Zweck wurde zugleich in § 15 Abs. 5 AufenthG die Zurückweisungshaft eingeführt (Rdn. 44 ff.).

3 Nach Abs. 1 ist ein Ausländer, der bei der Grenzkontrolle um Asyl nachsucht, unverzüglich an die zuständige oder, sofern diese nicht bekannt ist, an die nächstgelegene Aufnahmeeinrichtung weiterzuleiten. In der Verwaltungspraxis werden Asylsuchende, sofern sie bei der grenzbehördlichen Kontrolle erkannt werden, jedoch nicht an die Aufnahmeeinrichtung, sondern an die Außenstelle des Bundesamtes am Flughafen zur Durchführung des Verfahrens nach § 18a weitergeleitet. Dies hat seinen Grund darin, dass Einreisende mit gültigen Einreisedokumenten in aller Regel zunächst einreisen, ohne sich als Asylsuchende zu erkennen zu geben, und anschließend im Bundesgebiet den Asylantrag stellen. Ganz überwiegend reisen Asylsuchende ohne gültige Reisedokumente ein und versuchen regelmäßig zunächst die Grenzkontrollen zu passieren. Wird bei der Kontrolle die fehlende Gültigkeit der Dokumente festgestellt, werden sie an das Bundesamt weitergeleitet (§ 18a Abs. 1 Satz 2). Daher hat die Weiterleitungspflicht der Grenzbehörde nach Abs. 1 keine praktische Bedeutung. Sie ist aber wegen des völkerrechtlichen Refoulementverbotes erforderlich. Maßgebend ist nicht der förmliche Asylantrag, weil dieser ja erst bei der zuständigen Außenstelle gestellt werden kann (§ 18a Abs. 1 Satz 3, § 23 Abs. 1). Vielmehr regelt Abs. 1 in Übereinstimmung mit dem Völkerrecht, dass es auf das Asylersuchen (§ 13 Abs. 1) ankommt (§ 13 Rdn. 7 f.). Das Zurückweisungsverbot des Abs. 1 wird ausschließlich in den Fällen des Abs. 2 durchbrochen. Seit Inkrafttreten des Gemeinsamen Europäischen Asylsystems (GEAS) hat Abs. 2 die Bedeutung, die wirksame Durchsetzung des Dubliner Systems bereits an der Grenze zu sichern (Abs. 2 Nr. 2). Abs. 1 setzt nicht nur Art. 33 Abs. 1 GFK und Art. 3 EMRK, sondern auch Art. 21 Abs. 1 RL 2011/95/EU um, der seinerseits stillschweigend auf Art. 33 Abs. 1 GFK und Art. 3 EMRK verweist. Die Verfahrensrichtlinie enthält lediglich die unionsrechtliche Grundlage für das Flughafenverfahren (Art. 43 RL 2013/32/EU); regelt aber nicht eine Abs. 1 vergleichbare Weiterleitungspflicht. Findet kein Flughafenverfahren statt, besteht Anspruch auf Zugang zum Asylverfahren im Inland (Art. 6 Abs. 1 RL 2013/32/EU) und entsteht ein verfahrensabhängiges Aufenthaltsrecht (Art. 43 RL 2013/32/EU). Primärrechtlich ist das Refoulementverbot in Art. 19 Abs. 2 GRCh und sekundärrechtlich in Art. 21 Abs. 1 RL 2011/95/EU und Art. 5 RL 2008/115/EG verankert.

4 Die Weiterleitungsverpflichtung gilt grundsätzlich auch für Folgeantragsteller (VG München, EZAR 220 Nr. 4; VG Ansbach, InfAuslR 1995, 426; *Hailbronner*, AuslR B 2 § 18 AsylG Rn. 8). Dies folgt bereits aus dem weiten Begriff des Folgeantrags, der auch Jahrzehnte zurückliegende und abgeschlossene Asylanträge zum Anknüpfungspunkt nimmt, typologisch also neu einreisende Asylsuchende umfasst (§ 71 Rdn. 8), für die unstreitig das Refoulementverbot gilt. Die darüber hinausgehende Weiterleitungspflicht folgt aus den gesetzlichen Zuständigkeitsvorschriften, wonach ausschließlich das Bundesamt für die Bearbeitung von Folgeanträgen zuständig ist (*Hailbronner*, AuslR B 2 § 18 AsylG Rn. 8). Die Grenzbehörde ist daher nicht befugt, einen Folgeantragsteller zurückzuweisen (so aber *Bergmann*, in: Bergmann/Dienelt, AuslR, 11. Aufl., 2016, § 18 AsylG Rn. 8). Diese Auffassung ist mit dem Refoulementverbot des Art. 33 GFK, Art. 3 EMRK unvereinbar. Liegen die

Voraussetzungen des § 18a nicht vor, ist die Einreise zwecks Asylantragstellung zu gestatten. Unionsrecht enthält insoweit klare Vorgaben. Soweit ein Folgeantrag nicht die Kriterien eines unzulässigen oder eines beschleunigt zu bearbeitenden Asylantrags erfüllt, darf er nicht im Flughafenverfahren behandelt werden. Art. 43 Abs. 1 Buchst. a) in Verb. mit 33 Abs. 2 Buchst. d) RL 2013/32/EU bestimmt, dass im Flughafenverfahren die Zulässigkeit des Folgeantrags geprüft werden kann. Da die Grundsätze und Verfahrensgarantien von Kapitel II zu beachten sind, ist die Einreiseverweigerung erst nach Durchführung des Verfahrens nach Maßgabe der Garantien von § 18a zulässig. Finden die Einreiseverweigerungsgründe nach Abs. 2 keine Anwendung, begründet das Asylersuchen kraft Gesetzes (§ 55 Abs. 1 Satz 1) die Aufenthaltsgestattung (*Hailbronner*, AuslR B 2 § 18 AsylG Rn. 9).

B. Grundsatz der Nichtzurückweisung

Art. 21 Abs. 1 RL 2011/95/EU und Art. 5 RL 2008/115/EG verwenden beide den Begriff Grundsatz der Nichtzurückweisung und enthalten damit eine unionsrechtliche Verankerung für das umstrittene Verbot der Zurückweisung. Internationale Verpflichtungen schreiben den Mitgliedstaaten zwingend vor, einen Flüchtling oder subsidiär Schutzberechtigten nicht nur nicht zurückzuweisen, sondern darüber hinaus auch nicht abzuschieben (*Marx*, Handbuch zum Flüchtlingsschutz, 2. Aufl., 2012, S. 669 ff.). Generell sind Maßnahmen unzulässig, die im Ergebnis dazu führen, dass der Flüchtling auf irgendeine Weise (»*in any manner whatsoever*«) in das Herkunftsland verbracht wird (Art. 33 Abs. 1 GFK). Art. 21 Abs. 1 RL 2011/95/EU bezieht sich auf alle völkerrechtlich anerkannten Refoulementverbote, also nicht nur auf Art. 33 Abs. 1 GFK, sondern auch auf Art. 3 EMRK, Art. 3 Übereinkommen gegen Folter und Art. 7 IPbpR und insbesondere auf Refoulementverbote mit *ius cogens*-Charakter. Art. 21 Abs. Abs. 2 RL 2011/95/EU verweist auf die Einschränkungen des Refoulementverbots nach Art. 33 Abs. 2 GFK. Derartige Einschränkungsmöglichkeiten sehen die menschenrechtlichen Refoulementverbote (Art. 3 EMRK, Art. 3 Übereinkommen gegen Folter und Art. 7 IPbpR) nicht vor. Dementsprechend bezieht sich Art. 21 Abs. 2 RL 2011/95/EU nur auf Flüchtlinge, stellt zugleich aber klar, dass ungeachtet dessen völkerrechtliche Verpflichtungen zu beachten sind, also insbesondere das absolute Folterverbot nach Art. 3 EMRK. Art. 21 Abs. 2 RL 2011/95/EU ist damit Ausdruck der völkerrechtlichen Rechtslage, wonach Art. 33 Abs. 2 GFK zwar die Einschränkung des Refoulementschutzes bezogen auf Flüchtlinge zulässt, aber nicht den Schutz vor Folter und anderen unmenschlichen oder erniedrigenden Maßnahmen aufhebt. Dieser ist nach Art. 3 EMRK strikt zu beachten (§ 4 Rdn. 88 ff.). 5

Nach Art. 21 Abs. 1 RL 2004/83/EG achten die Mitgliedstaaten den Grundsatz der Nichtzurückweisung in Übereinstimmung mit ihren völkerrechtlichen Verpflichtungen. Die Formulierung der Vorschrift ist missglückt. Die Entstehungsgeschichte verweist auf einen darüber hinausgehenden Schutz. Der Vorschlag der Kommission enthielt in Art. 19 die Formulierung, dass die Mitgliedstaaten »den Grundsatz der Nichtzurückweisung« achten und Personen nur in Übereinstimmung mit ihren völkerrechtlichen Verpflichtungen ausweisen. In der Begründung wurde unter Hinweis aus Art. 32 und 33 GFK hervorgehoben, dass die vorgeschlagene Formulierung diese 6 völkerrechtlichen Normen bestätige (Kommissionsentwurf, in: BR-Drucks. 1017/01, S. 32.) Art. 33 GFK ist jedoch nicht lediglich auf das Verbot der Zurückweisung beschränkt, sondern untersagt insbesondere die Abschiebung in das Herkunftsland. Art. 19 Abs. 2 GRCh umfasst das Verbot der Abschiebung, Ausweisung und Auslieferung. Ob Art. 33 GFK auch die Zurückweisung verbietet, war lange Zeit umstritten. Art. 21 Abs. 1 RL 2014/95/EU und Abs. 1 können als Bestätigung eines entsprechenden jedenfalls regionalen gewohnheitsrechtlichen Grundsatzes verstanden werden. Internationale Verpflichtungen schreiben den Mitgliedstaaten zwingend vor, einen Flüchtling nicht nur nicht zurückzuweisen, sondern darüber hinaus auch, nicht abzuschieben. Generell sind Maßnahmen unzulässig, die im Ergebnis dazu führen, dass der Flüchtling auf irgendeine Weise (»*in any manner whatsoever*«) in das Herkunftsland verbracht wird (Art. 33 Abs. 1 GFK). Ferner bezieht Art. 21 Abs. 1 RL 2011/95/EU auch die Refoulementverbote aus Art. 3 EMRK, Art. 3 Übereinkommen gegen Folter und aus Art. 7 IPbpR ein. Hierauf weist auch die Kommission in der Begründung ihres Vorschlags hin. Allerdings verweist sie nur auf Art. 3 EMRK. Auch die Refoulementverbote aus Art. 3 Übereinkommen gegen Folter und aus Art. 7 IPbpR begründen jedoch internationale Verpflichtungen. Aufgrund dieser vertraglichen Entwicklung ist das Refoulementverbot inzwischen zu einer *zwingenden Regel des Völkerrechts* nach Art. 53 WVRK (*jus cogens*) erstarkt. Dies betrifft insbesondere das Folterverbot, dem ein Refoulementcharakter immanent ist.

7 Nach Art. 33 Abs. 1 GFK dürfen die Vertragsstaaten einen Flüchtling nicht »auf irgendeine Weise« über die Grenzen von Gebieten ausweisen oder zurückweisen, in denen sein Leben oder seine Freiheit wegen seiner Rasse, Religion, Nationalität, Zugehörigkeit zu einer bestimmten sozialen Gruppe oder wegen seiner politischen Überzeugung bedroht sein würde. Mit der Formulierung »auf irgendeine Weise« wird Flüchtlingen ein umfassender Refoulementschutz gewährt. Im insoweit maßgebenden englischen Text wird anstelle des Begriffs »ausweisen« der Begriff »expel« verwendet. Im englischen Sprachgebrauch umfasst dieser Begriff sowohl die Ausweisung wie auch die Abschiebung. Art. 33 Abs. 1 GFK und damit auch Art. 21 Abs. 1 RL 2014/95/EU erstrecken den Refoulementschutz damit insbesondere auf die Abschiebung. Der Ausweisungsschutz wird nicht in Art. 33 Abs. 1 GFK, sondern in Art. 32 GFK geregelt. Andererseits wurde früher aus der Entstehungsgeschichte von Art. 33 GFK der Schluss gezogen, dass das dort geregelte Verbot nach dem Willen der Staaten nicht für Flüchtlinge an der Grenze gelten sollte. So vertrat z.B. der schweizerische Delegierte während der Diskussion die Ansicht, das Wort »return« (»refouler«) solle nur auf jene Flüchtlinge Anwendung finden, die bereits in das Land eingereist seien. Daher seien die Staaten nicht verpflichtet, größeren Gruppen von Flüchtlingen zu erlauben, ihre Grenze zu überqueren. Zahlreiche Delegierte bekundeten hierzu ihre Zustimmung (s. hierzu *Weis*, BYIL 1953, 478, 482 f.). Bei einer weiteren Sitzung wiederholte der niederländische Delegierte die Auffassung, dass der Begriff »expulsion« (Ausweisung) sich auf Personen beziehe, denen bereits im Staatsgebiet des Vertragsstaates rechtmäßiger Aufenthalt gewährt worden sei, während der Begriff »return« oder »Refoulement« (Zurückweisung) Personen erfasse, die bereits eingereist seien, denen aber noch kein rechtmäßiger Aufenthalt gewährt worden sei. Nach dieser Interpretation begründe

Art. 33 GFK im Fall von größeren Flüchtlingsgruppen keinerlei Verpflichtung der Staaten zu deren Aufnahme. Ohne formelle Abstimmung wurde diese Ansicht durch den Präsidenten der Konferenz zu Protokoll genommen.

Nemiah Robinson zog 1953 aus dieser Entstehungsgeschichte den scharfen Schluss, 8
Art. 33 Abs. 1 GFK finde Anwendung nur auf jene Flüchtlinge, die bereits legal oder illegal das Staatsgebiet betreten hätten, aber nicht auf jene Asylsuchenden, die an der Grenze Einlass begehrten. Kein Staat könne daher davon abgehalten werden, Flüchtlingen an seiner Grenze die Einreise zu verweigern. Habe es ein Flüchtling geschafft, unter Umgehung der Grenzkontrollen in das Land zu kommen, sei er sicher. Misslinge ihm dies, habe er Pech gehabt (*Robinson*, Convention relating to the Status of Refugees, 1953, S. 163). Zugleich wandte er aber auch kritisch ein, dass dies keine befriedigende Lösung des Flüchtlingsproblems sei. Noch 1962 stimmten *Otto Kimminich* und 1972 *Atle Grahl-Madsen* dieser Ansicht zu (*Kimminich*, Der internationale Rechtsstatus des Flüchtlings, 1962, S. 327; *Grahl-Madsen*, The Status of Refugees in International Law, Bd. 2, 1966, S. 94). Noch 1976 vermochte der damalige Hohe Flüchtlingskommissar *Sadruddin Aga Khan* keinen anderen Befund festzustellen, wies aber zugleich auch auf den weiter gehenden regionalen Standard hin (*Khan*, Recueil des Cours 1976, 287, 318; ähnlich *Hoffmann*, Refugee Law in Africa 1989, 79, 85). Gegen die zurückhaltenden Stimmen ist einzuwenden, dass nach Art. 32 WVRK die Entstehungsgeschichte eines Vertrages nur ergänzend zur Auslegung seiner Bestimmung herangezogen werden kann. Vorrangig ist hingegen die Auslegung eines Vertrages im Lichte seines Zieles und Zweckes (Art. 31 Abs. 1 WVRK; Rdn. 9). Bereits die Entstehungsgeschichte ist aber nicht derart eindeutig, dass aus ihr mit hinreichender Bestimmtheit abgeleitet werden könnte, dass die Delegierten den nicht im Rahmen einer großen Gruppe um Asyl nachsuchenden einzelnen Flüchtling an der Grenze nicht geschützt wissen wollten. Negativ ausgedrückt ist es gewiss nicht Ziel der GFK, Flüchtlingen Aufnahme und Asyl zu gewähren. Aus der Entstehungsgeschichte kann aber nur geschlossen werden, dass man sich gegen ein Recht auf Asyl bei Massenfluchtbewegungen wandte (*Kälin*, Grundriss des Asylverfahrens, 1990, S. 219). Die Entstehungsgeschichte der Konvention bleibt damit unergiebig. Was den vorrangig zu betrachtenden Zweck der Konvention betrifft, ist es sicherlich zutreffend, dass ein breiter Staatenkonsens über die Gewährung eines Asylrechts für Flüchtlinge nicht festgestellt werden kann (*Khan*, Recueil des Cours 1976, 287, 318; *Kimminich*, Der internationale Rechtsstatus des Flüchtlings, 1962, S. 327). So wurde auch bei den Beratungen über die Asylrechtsdeklaration von 1967 von den Staatenvertretern hervorgehoben, dass das in Art. 33 GFK enthaltene Prinzip den Staaten bei Massenfluchtbewegungen (»mass migration«) keine rechtlichen Verpflichtungen auferlege (*Weis*, CanadianYIL 1969, 92, 124). Nach einer an der Zweckrichtung der Konvention orientierten Auslegung kann keine ihrer Regelungen dahin interpretiert werden, es solle durch sie ein Recht auf Aufnahme und Asylgewährung begründet werden. Art. 33 GFK darf also nicht in einer Weise ausgelegt werden, dass hierdurch Flüchtlingen ein dauerhafter Aufenthalt gewährt werden soll. Darin allein erschöpft sich der Zweck von Art. 33 GFK jedoch nicht. Vielmehr zielt diese Norm zuallererst auf die Vermeidung des Eintritts eines extraterritorialen Effekts.

9 Die Staaten verpflichten sich, alles zu unterlassen, was (»in any manner whatsoever«, »auf irgendeine Weise«) dazu führen könnte, dass ein Flüchtling »über die Grenzen« von Gebieten, in denen er verfolgt wird, gelangt. Schon die Wortlautauslegung (*Kälin*, Das Prinzip des Non-Refoulement, 1982, S. 105 ff.) legt ein Verständnis von Art. 33 GFK nahe, dass der Staat den Flüchtling nicht an der Grenze zurückweisen darf, wenn er als Folge der Zurückweisung in den Zugriffsbereich des Verfolgerstaates geriete. Bereits 1954 stellte *Paul Weis* fest, Art. 33 GFK erlege den Staaten eine zwingende Verpflichtung auf, sich jeglicher Maßnahmen zu enthalten, die dazu führen könnten, dass ein Flüchtling in den behaupteten Verfolgerstaat verbracht werde. Es entwickle sich eine gewohnheitsrechtliche Regel, wonach Staaten *bona fide*-Flüchtlingen den Zugang nicht verweigern dürften, wenn dies im Ergebnis dazu führen würde, dass sie der befürchteten Verfolgung ausgesetzt würden. Nur auf der Grundlage völkerrechtlicher Verpflichtungen dürften Flüchtling an dritte Staaten verwiesen werden (*Weis*, AYIL 1954, 193, 198 f.). Art. 33 Abs. 1 zielt damit auf eine *staatliche Unterlassungspflicht* und verbietet alle staatlichen Maßnahmen, die im Ergebnis dazu führen, dass Asylsuchende dem Zugriff der Verfolger ausgesetzt werden (*Goodwin-Gill*, Virginia JIL 1986, 897, 902 f.). Mit dieser Bedeutung wird Art. 33 GFK heute in der Staatenpraxis allgemein angewandt (*Sexton*, Vanderbuilt JTL 1985, 731, 739 f.). Eine grammatikalische, teleologische und an der Staatenpraxis (Art. 31 Abs. 3 Buchst. b) WVRK) orientierte Interpretation von Art. 33 Abs. 1 muss daher das Verbot der Zurückweisung in ihren Schutzbereich einbeziehen (*Kälin*, Grundriss des Asylverfahrens, 1990, S. 219; ders., Das Prinzip des Non-Refoulement, 1982, S. 105 f.). Mit diesem Inhalt ist das völkerrechtliche Prinzips des Non-Refoulements heute im völkerrechtlichen Schrifttum allgemein anerkannt (*Sinha*, Asylum and International Law, 1971, S. 110 f.; *Goodwin-Gill/McAdam*, The Refugee in International Law, 3. Aufl., 2007, S. 206 ff.; *Perluss/Hartman*, VirginiaJIL 1986, 551, 599 f.; *Sexton*, Vanderbuilt JTL 1985, 731, 739 f.; *Hailbronner*, ZAR 1987, 1 ff. (5); *Crawford/Hyndman*, IJRL 1989, 157; *Helton*, IJRL 1990 (Special Issue), S. 119, 123; *Hathaway*, The Law of Refugee Status, 1990, S. 26 f.; *Sternberg*, Non-Expulsion and Non-Refoument, 1989, S. 253, 257, 261; *Weinzierl*, Flüchtlinge: Schutz und Abwehr in der erweiterten EU, 2004, S. 125 f.; a.A. *Reichel*, Das staatliche Asylrecht »im Rahmen des Völkerrechts«, 1987, S. 41). Zahlreiche internationale und regionale Erklärungen und Verträge schließen das Zurückweisungsverbot in ihren Schutzbereich ein. Die Staatenpraxis der letzten nahezu sechs Jahrzehnte belegt, dass dieses heute allgemein anerkannt ist. Das Prinzip des Non-Refoulement untersagt also die Abschiebung aus dem Gebiet wie auch die Zurückweisung an der Grenze der Vertragsstaaten (*Goodwin-Gill/McAdam*, The Refugee in international Law, 3. Aufl., 2007, S. 208).

10 Art. 33 Abs. 1 hat zumindest gewohnheitsrechtlichen Charakter. Die Staatenlosenkonferenz stellte 1954 in Abschnitt IV der Schlussakte den Grundsatz auf, die Norm sei Ausdruck eines allgemein anerkannten Grundsatzes und bestätigte damit die bereits damals vorherrschende Überzeugung, dass das Refoulementverbot Bestandteil des allgemeinen Völkerrechts geworden war (*Kimminich*, AVR 1982, 369; *Hyndman*, The Australian LJ 1986, 153 f.; *Goodwin-Gill/McAdam*, The Refugee in international Law, 3. Aufl., S. 206 ff.; *Weis*, AYIL 1954, 199; *Sexton*, Vanderbuilt JTL 1985, 731, 737;

Sinha, Asylum and International Law, 1971, S. 160; *Grahl-Madsen*, AAPSS 1983, 14; *Stenberg*, Non-Expulsion and Non-Refoulement, 1989, S. 275 f.; zurückhaltender *Kälin*, Das Prinzip des Non-Refoulement, 1982, S. 72). Hier wird nicht eine lediglich unverbindliche moralische Intention, sondern die nachweisbare Rechtsüberzeugung der Staaten evident, dass sie kein Recht haben, einen Flüchtling dem Zugriff seines Verfolgerstaates auszusetzen. Die Berichte von UNHCR gehen noch einen Schritt weiter und sprechen dem Prinzip des Non-Refoulement den Charakter von *jus cogens* zu (*UNHCR*, Report, UN Doc. E/1985/62, 1985, Rn. 22 f.; *UNHCR*, Report, UN Doc. E/18989/64, 1989, Rn. 24; so auch *Allain*, IJRL 2001, 533, 534), sodass dieser Grundsatz nur durch eine spätere Norm des allgemeinen Völkerrechts derselben Rechtsnatur geändert werden könnte (Art. 53 WVRK).

Für die innerstaatliche Anwendbarkeit folgt die Beachtung des Refoulementverbotes 11 des Art. 33 GFK bereits aus Art. 59 Abs. 1 GG. Der Gesetzgeber hat dem seit jeher Rechnung getragen (§ 14 AuslG 1965, § 51 Abs. 1 AuslG 1990, § 60 Abs. 1 Satz 1 AufenthG). Ferner ist es als allgemeine Regel des Völkerrechts (Rdn. 10) über Art. 25 Satz 1 GG Bestandteil des Bundesrechts geworden. Zwar verpflichtet das Völkerrecht nur Staaten. Auch wenn sich im Völkerrecht individualschützende Normen herausgebildet haben, bleibt allein der Staat Völkerrechtssubjekt (*Delbrück*, Die Rassenfrage als Problem des Völkerrechts, 1971, S. 94; *Mosler*, ZaöRV 1976, 36 f.). Nach der früher herrschenden *Mediatisierungslehre*, wonach der Einzelne nur vermittelt durch den Staat in den Genuss völkerrechtlicher Schutznormen gelangen kann, konnte die GFK aus völkerrechtliche Sicht zunächst Rechte und Pflichten nur zwischen den Vertragsstaaten, nicht jedoch zugunsten des Einzelnen begründen (BVerfGE 52, 391, 496 = EZAR 150 Nr. 1 = NJW 1980, 516). Diese ist jedoch seit 1990 stark erschüttert worden. Jedenfalls aus innerstaatlicher Perspektive vermittelt die Transformation eines völkerrechtlichen Vertrages innerstaatlich ein unmittelbares subjektives Recht, wenn die betreffende Vertragsnorm nach Wortlaut, Zweck und Inhalt hinreichend bestimmt ist, wie eine innerstaatliche Vorschrift rechtliche Wirkung zu entfalten, sodass sie keiner weiteren normativen Ausfüllung bedarf (BVerwGE 80, 233, 235 = EZAR 271 Nr. 19 = InfAuslR 1989, 98; BVerwGE 87, 11, 13 = EZAR 252 Nr. 5 = NVwZ 1991, 787 = InfAuslR 1991, 72; BVerwG, EZAR 232 Nr. 1; BGHZ 18 Nr. 22, 25 f.). Aus traditioneller völkerrechtlicher Sicht vermitteln derartige Normen zwar keine subjektiven Rechte. Durch ihre Transformation begründen sie jedoch aufgrund der für die Umsetzung in das innerstaatliche Recht maßgeblichen *Transformationslehre* in der Bundesrepublik subjektive Rechtswirkungen, wenn Inhalt, Zweck und Fassung der Vorschrift des Vertrags mit voller Klarheit die Annahme zulassen, dass eine solche Wirkung gewollt ist (BGHZ 18, 22, 26; VGH BW, EZAR 250 Nr. 1; s. hierzu *Marx*, ZAR 1992, 3, 12). Eine derartige Wirkung hat das BVerwG für die Vorschriften der GFK unterstellt (BVerwGE 88, 254, 257 = EZAR 232 Nr. 1 = NVwZ 1992, 180 = InfAuslR 1991, 365). Art. 33 Abs. 1 GFK will Flüchtlinge im Sinne von Art. 1 GFK vor Zurückweisung, Ausweisung, Abschiebung und jeglichen Zwangsmaßnahmen schützen. Es handelt sich damit ganz offensichtlich um eine völkerrechtliche Norm mit subjektiver Schutzwirkung. Asylsuchende können sich daher an der Grenze unmittelbar auf Art. 33 Abs. 1 GFK berufen und haben aus dieser

Norm einen einklagbaren Anspruch auf Zulassung zum Asylverfahren (BVerfGE 94, 49, 97 = EZAR 208 Nr. 7 = NVwZ 1996, 700). Ein subjektives Recht ergibt sich auch aus Unionsrecht (Art. 21 Abs. 1 RL 2011/95/EU und Art. 5 RL 2008/115/EG in Verb. mit Art. 33 Abs. 1 GFK).

12 Art. 33 Abs. 1 GFK ist heute Bestandteil einer Entwicklung, die einen optimalen *extraterritorialen Schutz der Menschenrechte* sicherstellen will. Wegweisend hierfür ist die Rechtsprechung des Internationalen Gerichtshofes: Zwar ist die Herrschaftsgewalt der Staaten grundsätzlich territorial gebunden. Wird sie außerhalb des nationalen Territoriums ausgeübt, wird die menschenrechtliche Bindung aber nicht aufgelöst. Vielmehr können die Staaten sich nicht aus ihren internationalen Verpflichtungen lösen, wenn sie Herrschaftsgewalt außerhalb ihres Territoriums ausüben (Internationaler Gerichtshof, Gutachten »Legal consequences of the construction of a wall in the occupied Palestian Territory« vom 09.07.2004, General List No. 131). Auch der Menschenrechtsausschuss sieht die Vertragsstaaten aufgrund von Art. 2 Abs. 1 IPbpR in der Verpflichtung, die Konventionsrechte zu beachten und sicherzustellen, dass alle Personen innerhalb ihres Territoriums und darüber hinaus alle Personen, die ihrer Herrschaftsgewalt unterworfen sind, diese Rechte in Anspruch nehmen können. Die Vertragsstaaten müssten die Inanspruchnahme der Konventionsrechte für alle Personen innerhalb ihrer Gewalt oder ihrer wirksamen Kontrolle sicherstellen, auch wenn sie sich nicht innerhalb ihres Gebietes aufhielten (Human Rights Committee, General Comment No. 31(80) »Nature of the General Obligation imposed on State Parties to the Covenant«, CCPR/C/21/Rev. 1/Add. 13, Par. 10). Auch der Ausschuss gegen Folter wendet den Refoulementschutz nach Art. 3 Übereinkommen gegen Folter an, wenn sich der Betroffene in der Herrschaftsgewalt des Staates an Bord seiner Schiffe befindet (CAT, IJRL 2010, 104, 111 Rn. 8.2 – *J.H.A*). Eine territoriale Vorverlagerung von Grenzkontrollen hebt also nicht die aus dem Refoulementverbot folgenden staatlichen Verpflichtungen auf. Auch der EGMR hat die extraterritoriale Wirkung der EMRK an Bord von Schiffen des Flaggenstaates anerkannt (EGMR, EuGRZ 2002, 133, 139, § 73 – *Bankovic et. al. v. Belgium et. al.*). Diese Position hat er ein Jahrzehnt später am Beispiel von Asylsuchenden bestätigt, die auf dem Mittelmeer von italienischen Grenzbehörden aufgegriffen und nach Libyen gebracht wurden, ohne das ihnen die Möglichkeit eingeräumt wurde, einen Asylantrag zu stellen. Da in Libyen die tatsächliche Gefahr einer Zuwiderhandlung gegen Art. 3 EMRK gedroht habe, hätte Italien diese Norm verletzt (EGMR [Große Kammer], NVwZ 2012, 809, 810 Rn. 136 – *Hirsi*). Maßgebend ist also nicht der Ort, an dem sich der Betroffene und das Herrschaftsgewalt ausübende staatliche Organ befinden. Vielmehr gibt es außerhalb des Staatsgebiets keinen Ort, an dem das Refoulementverbot nicht gilt, sei es innerhalb des eigenen Territoriums des um Schutz ersuchten Staates, an dessen Grenze, oder jenseits seiner Staatsgrenze (*Goodwin-Gill/McAdam*, The Refugee in International Law, 3. Aufl., 2007, S. 245). Das Prinzip des Refoulementschutzes nach Art. 33 Abs. 1 GFK gilt selbst auf *Hoher See* (EGMR, NVwZ 2012, 809, 810 Rn. 122 – *Hirsi*).

13 1998 hat das Exekutivkomitee von UNHCR festgestellt, das Refoulementverbot und das Gebot, ein Verfahren zur Prüfung der Flüchtlingseigenschaft bzw. einer drohenden Menschenrechtsverletzung zu eröffnen, habe ein verfahrengebundenes Recht auf

vorübergehende Aufnahme des Flüchtlings zur Folge (*UNHCR* ExCom, Empfehlung Nr. 85 [XLIX] [1998], Nr. Q). Insbesondere wegen der gemischten Fluchtgründe der auf hoher See aufgegriffenen Personen kommt dem Recht auf Zugang zu einem wirksamen Verfahren eine besondere Bedeutung zu. Solange die Flüchtlingseigenschaft nicht überprüft worden ist, bestehen die internationalen Verpflichtungen aus dem Refoulementverbot auch auf hoher See fort. Aus der Anerkennung, dass der Refoulementschutz des Flüchtlingsrechts sowie der Menschenrechtsabkommen auch auf hoher See gilt, folgt, dass Asylsuchenden ein wirksamer Zugang zu einem Verfahren zu gewähren ist. Der EGMR hat eine derartige auf hoher See geltende Verpflichtung aus Art. 13 EMRK in Verb. mit Art. 4 Nr. 4 Protokoll zur EMRK abgeleitet (EGMR [Große Kammer], EGMR, NVwZ 2012, 809, 810, 185 ff. – *Hirsi*). Zwar regelt die GFK nicht unmittelbar ein Verfahren. Jedoch folgt aus dem Refoulementverbot des Art. 33 Abs. 1 GFK, dass die Vertragsstaaten ein Verfahren bereithalten müssen, um Refoulementgefahren nach Möglichkeit zu minimieren. Nach Ansicht des Exekutivkomitees von UNHCR ist »unbeschadet irgendwelcher Verantwortlichkeiten des Flaggenstaates« sicherzustellen, dass geretteten oder sonstwie an Bord befindlichen hilfsbedürftigen Personen, wann immer möglich, erlaubt wird, »im nächstgelegenen Hafen an Land zu gehen. Auch sollte ihnen Gelegenheit gegeben werden, ihre Flüchtlingseigenschaft durch die Behörden feststellen zu lassen, mit der Maßgabe, dass dies nicht notwendigerweise eine dauerhafte Lösung im Lande des angelaufenen Hafens bedeuten muss« (*UNHCR* ExCom, Empfehlung Nr. 53 [XXXIX] [1988], Nr. 2). Der Asylsuchende muss dort jedoch sicher vor Refoulementrisiken sein. Es reicht nicht aus, dass lediglich der Zustand der Seenot beendet wird. Vielmehr muss der Asylsuchende in dem Staat, in dem der angelaufene Hafen gelegen ist, sicher vor der Abschiebung sein. Sowohl der Schifffahrtssicherheitsausschuss wie auch die Generalversammlung der Vereinten fordern deshalb die Staaten zur internationalen Zusammenarbeit auf, um zu verhindern, dass die Ausschiffung in Länder erfolgt, in denen der Schutz der Asylsuchenden und Flüchtlinge nicht sichergestellt werden kann.

Der EGMR hat wiederholt entschieden, dass Art. 13 EMRK die Verfügbarkeit einer 14
Beschwerdemöglichkeit auf nationaler Ebene zur Durchsetzung der Konventionsrechte garantiert. Angesichts der »Unwiderruflichkeit des Leids, das sich im Falle der Verwirklichung der Gefahr von Folter und Misshandlung« einstelle und dem »Gewicht, das Art. 3 EMRK beizumessen« sei, müsse eine »*unabhängige* und *gründliche Prüfung* des Vorbringens, dass stichhaltige Gründe für die Furcht vor einem tatsächlichen Risiko« einer Art. 3 EMRK zuwiderlaufenden Behandlung bestehen (z.B. EGMR, InfAuslR 2001, 57 = NVwZ-Beil. 2001, 97 – *Jabari*) sichergestellt werden. Ein wirksamer Zugang zum Verfahren wie auch eine rechtsstaatliche Prüfung von Asylbegehren können nicht auf hoher See gewährleistet werden (so ausdrücklich EGMR, NVwZ 2012, 809 (816 f.) Rn. 108-207 – *Hirsi*), aber auch nicht in »Transit Verfahrenszentren« (»Transit Processing Centres«) außerhalb Europas, weil diese zwar der Prüfung von Asylanträgen dienen sollen (»outsorcing of refugee protection«), aber keinen gerichtlichen Rechtsschutz vorsehen (*Fischer-Lescano/Löhr*, Rechtsgutachten Menschen- und flüchtlingsrechtliche Anforderungen an Maßnahmen der Grenzkontrolle auf hoher See, 2007, S. 23, *Löhr/Pelzer*, KJ 2008, 303, 307 ff.). Die Mitgliedstaaten bleiben in

der Verantwortung. Sie müssen wirksame Verfahren und Überprüfungsmechanismen einrichten. Vor diesem Hintergrund zwingt der völkerrechtliche Auslegungsgrundsatz des *effet utile* zur Einrichtung von Verfahren innerhalb der Union, wenn Flüchtlinge auf hoher See aufgegriffen werden (EGMR [Große Kammer], (EGMR, NVwZ 201 2, 809, 810 Rn. 185 ff. – *Hirsi*). Sowohl die in Seenot geratenen und darüber hinaus auch alle auf hoher See aufgenommene Asylsuchende sind daher an einen sicheren Ort in der Union zu verbringen (*Fischer-Lescano/Löhr*, Rechtsgutachten Menschen- und flüchtlingsrechtliche Anforderungen an Maßnahmen der Grenzkontrolle auf hoher See, 2007, S. 28). Bei der bloßen Verbringung an den nächstgelegenen Hafen kann die effektive Gewährleistung von Verfahrensgarantien nicht sichergestellt werden.

C. Das verfassungsrechtliche Zurückweisungsverbot (Art. 16a Abs. 1 GG)

15 Verfassungsrechtlich ist Abs. 1 im Lichte von Art. 16a Abs. 1 in Verb. mit Art. 19 Abs. 4 GG auszulegen. Daher können Asylsuchende ein *subjektiv-öffentliches Recht* gegen die Verwaltung (BVerfGE 54, 341, 357 = EZAR 200 Nr. 1 = NJW 1980, 2641 = InfAuslR 1980, 338; BVerwG, Buchholz 402.23 § 7 AsylVO Nr. 1) und damit auch gegen die Grenzbehörden geltend machen. Die Norm verbürgt demjenigen, der vor politischer Verfolgung Zuflucht sucht, dass er an der Grenze des zur Asylgewährung verpflichteten Staates nicht zurückgewiesen und nicht in einen möglichen Verfolgerstaat abgeschoben wird, was einschließt, dass er auch in keinen Staat abgeschoben werden darf, in dem die Gefahr weiterer Abschiebung besteht (BVerwGE 49, 202, 205 f. = EZAR 134 Nr. 1 = NJW 1976, 490; BVerwGE 62, 206, 210 = EZAR 221 Nr. 7 = InfAuslR 1981, 214; BVerwGE 69, 323, 325 = EZAR 201 Nr. 8 = NJW 1984, 2782). Dieser als *Verbot der Kettenabschiebung* sowohl verfassungsrechtlich wie völkerrechtlich anerkannten Grund enthält klare Anweisungen an die innerstaatlichen Behörden, die im besonderen Maße von den Grenzbehörden zu beachten sind. Dem trägt die Verweisung in § 15 Abs. 4 Satz 1 AufenthG auf § 60 Abs. 1 Satz 1 AufenthG Rechnung. Mit dem Hinweis auf »mögliche« Verfolgerstaaten ist den Grenzbehörden zugleich eine eingehende Prüfung des Asylbegehrens untersagt worden. Ergeben die Behauptung des Asylsuchenden die bloße Möglichkeit, dass er von Verfolgung betroffen ist, vermittelt Abs. 1 einen Einreiseanspruch.

16 Grundsätzlich bedürfen Ausländer aus Staaten, die nicht in Anhang II der EUVisaVO aufgeführt sind, zur Einreise eines Visums (§ 4 Abs. 1 Satz 1 AufenthG, vgl. auch § 31 AufenthV). Nach gefestigter Rechtsprechung des BVerwG dürfen die Grenzbehörden einem Flüchtling, der unmittelbar aus dem Verfolgerstaat kommt, den illegalen Grenzübertritt jedoch nicht zum Vorwurf machen (BVerwGE 7, 333; BVerwG, DÖV 1978, 180; BVerwG, DVBl 1981, 775; BVerwG, NVwZ 1984, 591). Dementsprechend kann ihm auch nicht vorgehalten werden, er hätte sich vor der Einreise einen Aufenthaltstitel in Form des Visum besorgen müssen (BVerwG, DÖV 1978, 180; BVerwG, DVBl 1981, 775; BVerwG, NVwZ 1984, 591). Die Effektivität des Asylrechts erfordert vielmehr, dass eine derartige Einreisevoraussetzung die Asylgewährung und damit auch eine dafür erforderliche Einreise in das Bundesgebiet unmittelbar aus dem Verfolgerstaat nicht hindert (BVerwG, DÖV 1978, 180). Art. 16a Abs. 1 GG gebietet daher, unmittelbar aus dem Verfolgerstaat einreisenden Asylsuchenden

Einreise und Aufenthalt zum Zwecke der Klärung ihrer Asylberechtigung nicht zu verwehren (BVerwG, NVwZ 1985, 591). Der Einreiseanspruch ist nicht vom Besitz eines Visums abhängig (BVerwG, DÖV 1978, 180; BVerwG, NVwZ 1985, 591). Asylsuchende reisen unter Inanspruchnahme eines ihnen verbürgten Grundrechts ein (BVerwG, DVBl 1981, 775). Nur die Personen, die nicht unmittelbar aus dem Verfolgerstaat einreisen, bedürfen eines Visums zur Einreise. Das Erfordernis der unmittelbaren Einreise ist dabei nach den Grundsätzen zur Fluchtbeendigung auszulegen (so ausdr. BVerwG, NVwZ 1992, 682, 684; s. hierzu § 27 Rdn. 4 ff.).

Aus verfassungsrechtlicher Sicht wird ein Anspruch auf Asylgewährung erst mit 17
Erreichen des Staatsgebiets erworben (BVerwG, NVwZ 1992, 682, 684). Die *Territorialgebundenheit des Asylrechts* (BVerwGE 69, 323, 324 = EZAR 200 Nr. 10 = NJW 1984, 2782) erlaubt nicht, dass der Gesetzgeber durch gezielte Maßnahmen Asylsuchenden den Zugang zum Bundesgebiet erschwert oder gar vereitelt (BVerwG, NVwZ 1992, 682, 685; offengelassen BVerfGE 97, 49, 65 = NVwZ 1998, 606, 607 = EZAR 220 Nr. 5; s. hierzu auch *Selk*, NVwZ 1993, 144). Eine Hilfeleistung an Asylsuchende außerhalb der Bundesrepublik etwa durch Bereitstellung von Transportmöglichkeiten oder durch Übernahme der Flugkosten kann aus Art. 16a Abs. 1 GG nicht abgeleitet werden. Das Beförderungsverbot bewirkt, dass das Zurückweisungsverbot dadurch ins Leere läuft, dass auf Veranlassung deutscher Behörden Asylsuchende vor der Grenze an der Einreise gehindert werden. Derartige Barrieren dürfen nach Erreichen des Bundesgebietes nicht mehr errichtet werden. Aus diesem Grunde hat das BVerwG den in der obergerichtlichen Rechtsprechung entstandenen Streit (für Verfassungswidrigkeit des *Beförderungsverbotes* Hess. VGH, EZAR 220 Nr. 2; a.A. OVG NW, InfAuslR 1989, 286) dahin entschieden, dass es das Beförderungsverbot (des alten Rechts) für unvereinbar mit dem objektiven Wertgehalt des Asylgrundrechts erachtet. Es hatte diese Frage deshalb dem BVerfG zur Entscheidung vorgelegt (BVerwG, NVwZ 1992, 682, 684). Das BVerfG hatte die Vorlage des BVerwG als unzulässig zurückgewiesen, weil seiner Ansicht nach Fluggesellschaften aus einer möglichen Unvereinbarkeit der Visumpflicht mit dem Asylgrundrecht für sich nichts herleiten können (BVerfGE 97, 49, 66 = NVwZ 1998, 606, 607 = EZAR 220 Nr. 5).

D. Grenzbehördliches Verwaltungsverfahren

I. Reichweite der Befugnisse der Grenzbehörde

Aus den dargestellten völker- und verfassungsrechtlichen Vorgaben ergeben sich klare 18
Anweisungen für das Verhalten der Grenzbehörden. Der Behördenbegriff in Abs. 1 verweist auf § 71 Abs. 3 AufenthG. Zuständig für die Kontrolle des grenzüberschreitenden Verkehrs (Abs. 1) sind die *Bundespolizei* (zur Begriffsänderung *Scheuring*, NVwZ 2005, 903) und die Zollbehörden. Während es früher keine gesetzliche Verpflichtung gab, wonach der Asylantrag nur bei der Grenzbehörde gestellt werden konnte (BVerfG [Kammer], EZAR 224 Nr. 22 = InfAuslR 1992, 226), legt das geltende Recht in § 13 Abs. 3 Satz 1 eine derartige, freilich sanktionslose Verpflichtung fest (§ 13 Rdn. 19 ff.). Mit der Meldung nach Abs. 1 als solcher wird freilich das Asylverfahren noch nicht eingeleitet. Das Gesetz ist insoweit präzise: Ein Ausländer, der

bei der Grenzbehörde um Asyl nachsucht (Abs. 1 Halbs. 1), ist zur Meldung (zwecks Asylantragstellung) weiterzuleiten. Erst mit der Meldung nach § 23 Abs. 1 oder nach § 18a Abs. 1 Satz 3 beginnt das Asylverfahren (§ 13 Rdn. 6 ff.).

19 Die Grenzbehörden haben zunächst ihre Sachkompetenz, d.h. zu prüfen, ob mit dem vorgebrachten Schutzbegehren ein Asylantrag im Sinne von § 13 Abs. 1 geltend gemacht wird. Dabei haben die Grenzbehörden verantwortungsvoll und sorgfältig das zu ermitteln, was der Betroffene wirklich will (§ 133 BGB). Hierauf hat sich die Anhörung zu konzentrieren (*Funke-Kaiser,* in: GK-AsylG II, § 18 Rn. 11). Damit ist jedoch keine Schlüssigkeits- oder inhaltliche Prüfung des Antrags verbunden (§ 13 Rdn. 8 ff.). Eine inhaltliche Prüfungskompetenz steht der Grenzbehörde allein hinsichtlich der Einreiseverweigerungsgründe nach Abs. 2 zu (*Bergmann,* in: Bergmann/Dienelt, AuslR, 11. Aufl., 2016, § 18 AsylG Rn. 6). Über die Anhörung ist eine Niederschrift anzufertigen. Die Grenzbehörde hat umfassend den Reiseweg, Aufenthalte in Drittstaaten und andere für die Einreiseverweigerungsgründe nach Abs. 2 maßgeblichen Tatsachen zu ermitteln. Inhaltliche Feststellungen zum Asylbegehren selbst sind ihr verwehrt (OVG Lüneburg, NVwZ 1987, 1110; *Funke-Kaiser,* in: GK-AsylG II, § 18 Rn. 12). Die Anhörung verfolgt lediglich den eingeschränkten Zweck der *Feststellung der Sachzuständigkeit* nach Abs. 1 (Hess. VGH, EZAR 210 Nr. 4) sowie der Prüfung der Einreiseverweigerungsgründe nach Abs. 2. Die Behörde kann den Antragsteller und von ihm mitgeführte Sachen nach seinem Reisedokument durchsuchen, wenn Anhaltspunkte dafür vorliegen, dass er im Besitz dieser Dokumente ist (§ 15 Abs. 2 Nr. 4). Nach anderen Unterlagen darf die Grenzbehörde den Antragsteller nicht durchsuchen. Jedoch trifft diesen eine dementsprechende Mitwirkungspflicht gegenüber dem Bundesamt (§ 15 Abs. 2 Nr. 5 in Verb. mit § 15 Abs. 3 Nr. 5). Die Grenzbehörde behandelt den Asylsuchenden erkennungsdienstlich (Abs. 5) und leitet ihn an die Außenstelle des Bundesamtes unter den Voraussetzungen des § 18a Abs. 1 oder an die nächstgelegene Aufnahmeeinrichtung (Abs. 1) weiter, sofern keine Einreiseverweigerungsgründe erfüllt sind.

II. Verfahrensrechte des Asylsuchenden

20 Während für das Sonderverfahren nach § 18a das Gesetz einzelne Verfahrensrechte regelt, enthält § 18 keine Verweisung auf Verfahrensrechte. Generell finden die Vorschriften des VwVfG Anwendung. Daher haben die Grenzbehörden insbesondere die in § 14, § 24, § 25 und § 28 VwVfG geregelten Vorschriften über Rechtsbeistand, Amtsermittlung, Beratung, Auskunft und Anhörung zu beachten. Sie haben den Verkehr zwischen *Rechtsanwalt* und Mandanten zu ermöglichen und das anwaltliche Anwesenheitsrecht während der Anhörung zu beachten. Ergänzend folgt aus Empfehlung Nr. 8 (XXVIII) und 30 (XXXIV) des Exekutivkomitees des Programms von UNHCR eine umfassende Informationspflicht der Grenzbehörden gegenüber dem Asylsuchenden. Die Grenzbehörde hat den Asylsuchenden über seine Mitwirkungs- und Verfahrensrechte zu informieren und auf seinen Wunsch den Kontakt zum Rechtsanwalt und zum UNHCR (§ 9 Abs. 1) zu ermöglichen und dessen Anwesenheit während der Anhörung zu gestatten. Es ist jedoch kritisch anzumerken, dass die vernehmenden Beamten – wie auch das BVerfG kritisch angemerkt hat (BVerfGE 94, 166, 205 = EZAR

632 Nr. 25 = NVwZ 1996, 678) – nicht besonders für ihre Aufgabe geschult werden und daher die von der Rechtsprechung entwickelten strengen Darlegungspflichten des Asylsuchenden unzulänglich vermitteln. Angesichts des eingeschränkten Anhörungszwecks wäre dies an sich unschädlich. Viele Einzelentscheider des Bundesamtes und auch Gerichte wenden jedoch mit Blick auf die grenzbehördliche Anhörung die beweisrechtliche Figur des *gesteigerten Vorbringens* an und gehen von der Unglaubhaftigkeit der Angaben des Asylsuchenden aus, wenn er nicht sämtliche wesentlichen Tatsachen und Umstände bereits während seiner grenzbehördlichen Befragung vorgebracht hat. Dieses Problem mag durch das Flughafenverfahren nach § 18a wesentlich an Bedeutung verloren haben. Jedoch findet auch im Rahmen dieses Sonderverfahrens eine kurze grenzbehördliche Anhörung statt, welche in der Anhörung des Bundesamtes einen ihr nicht gebührenden Stellenwert erhält.

E. Einreiseverweigerungsgründe (Abs. 2)

I. Allgemeine Grundsätze

Durch ÄnderungsG 1993 sind die Einreiseverweigerungsgründe nach Abs. 2 grundlegend umgestaltet worden. Das ÄnderungsG von 1997 hatte den zusätzlichen Einreiseverweigerungsgrund nach § 33 Abs. 3 hinzugefügt, der inzwischen wieder beseitigt wurde (Rdn. 2). Abs. 2 legt, die Einreiseverweigerungsgründe enumerativ fest, d.h. die Grenzbehörde darf z.B. die Einreise nicht mit der Begründung verweigern, beachtliche Wiederaufnahmegründe (§ 71 Abs. 1) seien nicht gegeben. Von Bedeutung ist insbesondere Nr. 2, da er im Rahmen des Dublin-Verfahrens die Einreiseverweigerung regelt. Nr. 1 ist ohne jegliche Bedeutung, da es derzeit keine »sicheren Drittstaaten« gibt. Die in der Anlage I verbliebenen Staaten Norwegen und Schweiz sind mit der EU assoziierte Staaten, sodass bei einer Überstellung an diese Staaten Nr. 2 Anwendung findet. Eine Zurückweisung bei Einreise aus einem »sonstigen« Drittstaat (§ 27) ist angesichts des enumerativen Charakters der Einreiseverweigerungsgründe unzulässig (a.A. *Bergmann*, in: Bergmann/Dienelt, AuslR, 11. Aufl., 2016, § 18 AsylG Rn. 16). Unionsrecht erlaubt zwar die Zurückweisung im Fall der Einreise aus einem Staat, in dem dem Asylsuchenden »anderweitig ausreichender Schutz, einschließlich der Anwendung des Grundsatzes der Nicht-Zurückweisung«, gewährt wird (Art. 43 in Verb. mit Art. 35 RL 2013/32/EU). Vorausgesetzt wird jedoch, dass er von diesem Staat wieder aufgenommen wird (Art. 35 RL 2013/32/EU). Von dieser Möglichkeit hat der Gesetzgeber mit der Wahl des abschließenden Charakters der Einreiseverweigerungsgründe des Abs. 2 jedoch keinen Gebrauch gemacht. 21

Nach Abs. 2 besteht unter den dort bezeichneten Voraussetzungen eine behördliche Verpflichtung zur Einreiseverweigerung, die den Rechtscharakter einer Zurückweisung (§ 15 AufenthG) hat. Die Einreiseverweigerung hat zur Folge, dass dem Antragsteller die Einreise verweigert wird. Ob die Zurückweisung ein Verwaltungs- oder ein Vollzugsakt ist, ist umstritten (s. hierzu *Funke-Kaiser*, in: GK-AsylG II, § 18 Rn. 17 f.). Das Verbot der Einreise ist kraft Gesetzes vollziehbar (§ 75 Satz 1). Eines Rückgriffs auf § 80 Abs. 2 Satz 1 Nr. 2 VwGO bedarf es nicht (*Funke-Kaiser*, in: GK-AsylG II, § 18 Rn. 18). Kann die Einreiseverweigerung jedoch mangels tatsächlicher 22

Durchführbarkeit nicht vollstreckt werden, ist die Einreise zu gestatten (*Funke-Kaiser,* in: GK-AsylG II, § 18 Rn. 16). Wie schon nach altem Recht regelt das geltende Recht anders als § 36 mit Blick auf die Abschiebungsandrohung nicht das Rechtsschutzverfahren und lassen sich § 18 keine näheren Hinweise zur Gestaltung des Verwaltungsverfahrens entnehmen. Im typischen Anwendungsfall des Abs. 2, nämlich Nr. 2, ist jedoch Art. 27 Abs. 2 und 3 Verordnung (EU) Nr. 604/2013 zu beachten und deshalb die Möglichkeit von Eilrechtsschutz sicherzustellen (§ 34a Abs. 2).

II. Einreise aus einem sicheren Drittstaat (Abs. 2 Nr. 1 in Verb. mit § 26a)

23 Mit Abs. 2 Nr. 1 wird die Drittstaatenkonzeption verfahrensrechtlicher Bestandteil des grenzbehördlichen Verfahrens (s. aber Rdn. 21). Zu den Voraussetzungen wird auf die Erläuterungen zu § 26a verwiesen. Ersucht der Betroffene weder um Asyl noch um internationalen Schutz, sondern macht er Schutz vor Abschiebung nach § 60 Abs. 5 und 7 AufenthG geltend, wird die Einreise nicht nach Abs. 2, sondern nach Maßgabe von § 15 Abs. 4 AufenthG vollzogen (*Hailbronner,* AuslR B 2 § 18 AsylG Rn. 13). Die grenzbehördliche Praxis wendet Nr. 1 unmittelbar mit der Folge an, dass Zurückweisungen unverzüglich vollzogen werden. Das BVerfG hat in diesem Zusammenhang entschieden, dass Art. 16a Abs. 2 Satz 3 GG auch auf aufenthaltsverhindernde Maßnahmen und damit auch auf Zurückweisungen Anwendung findet (BVerfGE 94, 49, 101 = EZAR 208 Nr. 7 = NVwZ 1996, 700; BVerfGE 94, 166, 192 = EZAR 632 Nr. 25 = NVwZ 1996, 678). Es hat zwar lediglich im Blick auf die Abschiebungsanordnung nach § 34a Abs. 1 die verfassungsrechtliche Zulässigkeit des Ausschlusses des Eilrechtsschutzes bejaht (BVerfGE 94, 49, 113 = EZAR 208 Nr. 7 = NVwZ 1996, 700). Aus dem Gesamtzusammenhang der Entscheidungsgründe kann aber wohl entnommen werden, dass auch im Fall der Zurückweisung nach Nr. 1 Eilrechtsschutz grundsätzlich versagt wird. Dies gilt jedoch nicht, wenn durch die Zurückweisung der Antragsteller an den zuständigen Mitgliedstaat im Rahmen der Verordnung (EU) Nr. 604/2013 überstellt werden soll. Angesichts fehlender gelisteter Drittstaaten ist Nr. 1 ohne Bedeutung für die Praxis.

III. Zuständigkeit eines anderen Staates für die Behandlung des Asylbegehrens (Abs. 2 Nr. 2)

24 Durch Richtlinienumsetzungsgesetz 2007 wurde der Einreiseverweigerungsgrund nach Abs. 2 Nr. 2 neu geregelt. Der bis dahin geltende auf die Verfolgungssicherheit in einem »sonstigen Drittstaat« (§ 27) bezogene und als nicht praxisrelevant eingeschätzte Einreiseverweigerungsgrund (BT-Drucks. 16/5065, S. 410) wurde aufgehoben. Mit der Einführung des Einreiseverweigerungsgrundes nach Nr. 2 wurde klargestellt, dass die Grenzbehörde die Verordnung (EG) Nr. 343/2003 (jetzt Verordnung [EU] Nr. 604/2013) oder das Dubliner Übereinkommen noch vor der Entscheidung über die Einreise des Antragstellers anwenden kann (BT-Drucks. 16/5065, S. 410). Eine Beteiligung des Bundesamtes, das an sich für diese Frage zuständig ist, war bislang nicht vorgesehen (s. aber Rdn. 27). Nach der gesetzlichen Begründung enthält Nr. 2 in Fortführung der bisherigen Praxis eine ausdrückliche Regelung zu Dublin-Sachverhalten, wodurch eine zügige Rückführung in den für die Bearbeitung

des Asylantrags zuständigen Staat unter unmittelbarer Bezugnahme auf die Verordnung (EU) Nr. 604/2013 bzw. Völkerrecht ermöglicht wird. Eine ergänzende Anwendung der Drittstaatenregelung ist damit entbehrlich (BT-Drucks. 16/5065, S. 410).

Während für den früheren Einreiseverweigerungsgrund des § 18 Abs. 2 Nr. 2 AsylVfG a.F. *eindeutige Feststellungen erforderlich waren (Hess. VGH,* Beschl. v. 21.02.1987 – 10 TG 463/87) und eine überwiegende Wahrscheinlichkeit für die Annahme gefordert wurde, dass der Asylsuchende im Drittstaat Verfolgungssicherheit erlangt hatte (Hess. VGH, NVwZ 1988, 274) und wieder erlangen wird, reichen nach geltendem Recht lediglich Anhaltspunkte auf die unions- oder völkerrechtliche Zuständigkeit eines anderen Staates aus. Der Begriff der tatsächlichen Anhaltspunkte wird vom Gesetzgeber in vielen Zusammenhängen verwendet, um den Behörden einen flexiblen Handlungsspielraum zu eröffnen. Zur Ausfüllung des Begriffs der *»tatsächlichen Anhaltspunkte«* bezieht sich die Rechtsprechung auf die Rechtsprechung des BVerwG. Danach handelt es sich bei diesem Begriff um einen der vollen inhaltlichen gerichtlichen Kontrolle unterliegenden *unbestimmten Rechtsbegriff.* Dabei kann die Gesamtschau aller vorhandenen tatsächlichen Anhaltspunkte auch dann zur Annahme eines Verdachtes führen, wenn jeder für sich genommen einen solchen Verdacht noch nicht zu begründen vermag. Vielmehr dürfen für die Schlussfolgerungen auf einen Verdacht auch behördliche Erfahrungen berücksichtigt werden. Derartige Gefahren können für die zu treffenden Schlussfolgerung sogar von besonderer Bedeutung sein, allerdings nicht die vom Gesetz geforderten tatsächlichen Anhaltspunkte ersetzen (BVerwGE 87, 23, 28 = NJW 1991, 581, 582). 25

Die Absenkung des Beweismaßes bei Dublin-Sachverhalten ist im Hinblick auf die nach Art. 22 Abs. 3 und 23 Abs. 2 UAbs. 2, 4 Verordnung (EU) Nr. 604/2013 geforderten Beweismittel und Indizien bedeutungslos, da eine Überstellung erst nach Erteilung der Zustimmung des zuständigen Mitgliedstaates durchgeführt werden darf (*Funke-Kaiser,* in: GK-AsylG II, § 18 Rn. 33; dagegen *Hailbronner,* AuslR B 2 § 18 AsylG Rn. 26). Zwar erfordert Nr. 2 lediglich, dass ein Auf- oder Wiederaufnahmeverfahren eingeleitet wird. Nach Unionsrecht darf jedoch die Überstellung erst vollzogen werden, wenn der ersuchte Mitgliedstaat zugestimmt hat. Dies folgt bereits daraus, dass der ersuchende Mitgliedstaat den Asylsuchenden vor dem Vollzug der Überstellung hiervon in Kenntnis setzen (Art. 26 Abs. 1 Verordnung [EU] Nr. 604/2013) und den Ausgang des hiergegen angestrengten Eilrechtsschutzverfahrens abwarten muss (Art. 27 Abs. 3 Verordnung [EU] Nr. 604/2013). Indizien für die Zuständigkeit eines anderen Mitgliedstaates sind etwa der Besitz von Fahrscheinen, Kassenzettel und sonstige auf einen Aufenthalt in einem anderen Mitgliedstaat hinweisenden Umstände. 26

Abs. 2 Nr. 2 sieht nicht die förmliche Beteiligung des Bundesamtes vor. Auch wenn in der Praxis das Bundesamt für die Bundespolizei das Zustimmungsverfahren durchführt, geht Nr. 2 weiterhin von der Zuständigkeit allein der Bundespolizei aus. Dementsprechend hatte das BMI durch Erlass vom 03.03.2006 – M I 8 – 125 470-8/0 angeordnet, dass beim Aufgreifen im grenznahen Bereich nach unerlaubter Einreise ein gestellter Asylantrag nicht an das Bundesamt weiterzuleiten ist. Zweck dieser Regelung war es, die Überstellung möglichst unverzüglich durchzuführen und den Eilrechtsschutz 27 auszuschließen. Dies ist nach geltendem Recht jedoch unzulässig, da es der Grenzbehörde verwehrt ist, die Überstellung ohne effektive Sicherstellung des Eilrechtsschutzes zu vollziehen (Art. 27 Abs. 3 Verordnung [EU] Nr. 604/2013; § 34a Abs. 2 Satz 1). Der Ausschluss des Bundesamtes aus dem Verfahren ist mit Unionsrecht nicht vereinbar, da Art. 35 Abs. 1 Verordnung (EU) Nr. 604/2013 wie aber bereits auch Art. 22 Abs. 1 Verordnung (EG) Nr. 343/2003 fordert, dass die Mitgliedstaaten der Kommission die für die Durchführung der Verordnung zuständigen Behörden mitteilen müssen. Art. 22 Verordnung (EU) Nr. 604/2013 regelt nicht lediglich die internen Beziehungen zwischen den Mitgliedstaaten und der Kommission (so wohl *Filzwieser/Sprung*, Dublin II-Verordnung, 3. Aufl., 2010, S. 184). Gegen eine derartige Auslegung der Norm spricht bereits ihr Wortlaut. Die dort bezeichnete »Durchführung der Verordnung« umfasst die Anwendung der Bestimmungen der Verordnung. Nur die Behörden, die nach dieser Norm der Kommission mitgeteilt wurden, dürfen daher die Bestimmungen der Verordnung anwenden. Die Verordnung enthält keine Ermächtigung, die Durchführung ihrer Bestimmungen innerstaatlich an andere Behörden zu delegieren.

28 Die Rechtsprechung hatte bereits aus Art. 4 Abs. 2 Satz 1 Verordnung (EG) Nr. 343/2003 abgeleitet, dass ein behördlich protokollierter Asylantrag im Fall seiner Weiterleitung mit dem Eingang beim Bundesamt als förmlicher Asylantrag zu qualifizieren ist (BGH, NVwZ 2010, 1510, 1511; BGH, AuAS 2013, 8). Art. 20 Satz 1 Verordnung [EU] Nr. 604/2013 bekräftigt die bisherige Praxis (Rdn. 42). Aus Art. 20 Abs. 1 Verordnung [EU] Nr. 604/2013 folgt eine Verpflichtung der Bundespolizei, das bei ihr geltend gemachte Asylersuchen zu protokollieren. Unvereinbar hiermit wäre die Handhabung von Nr. 2 derart, dass die Bundespolizei den Antrag nicht an das Bundesamt weiterleitet, weil sie damit die unionsrechtlichen Fristvorschriften unterläuft. Auch die Rechtsprechung ging von einer originären Zuständigkeit des Bundesamtes für das Verfahren nach Nr. 2 aus, da die Bundesrepublik ein Verfahren bereithalten muss, das Selbsteintrittsrecht auszuüben und dementsprechend hierüber nach § 31 eine Entscheidung zu treffen. Für dieses Verfahren ist jedoch allein das Bundesamt zuständig (VG München, Asylmagazin 2013, 126). Inzwischen hat das BMI im Hinblick auf die Änderung von § 34a den Erlass mit Wirkung zum 28.06.2013 aufgehoben (Antwort der Bundesregierung auf die schriftliche Frage des Abgeordneten Winkler vom 12.08.2013, Nr. 8/102). Die Bundespolizei hat daher auch im Fall des Aufgreifens von Asylsuchenden im grenznahen Bereich den Asylantrag an das Bundesamt weiterzuleiten (§ 14 Abs. 2 Satz 1 Nr. 2) und das Bundesamt das Dublin-Verfahren durchzuführen. Insbesondere aus Art. 28 Abs. 3 UAbs. 2 Verordnung (EU) Nr. 604/2013 folgt, dass der Asylantrag an das Bundesamt weiterzuleiten ist. In Haftfällen beträgt die Frist für die Stellung eines Aufnahme- oder Wiederaufnahmegesuchs einen Monat nach Asylantragstellung. Unvereinbar hiermit ist die Anwendung von Nr. 2 derart, dass der Antrag nicht an das Bundesamt weitergeleitet wird. Aus dieser Norm folgt vielmehr die Verpflichtung des Bundespolizei, jeden bei ihr gestellten Asylantrag sofort an das Bundesamt weiterzuleiten. Für die Überstellung ist das Bundesamt zuständig, Rechtsschutz, insbesondere Eilrechtsschutz, richtet sich gegen das Bundesamt.

IV. Gefahr für die Allgemeinheit (Abs. 2 Nr. 3)

Anwendung findet Abs. 2 Nr. 3 nur auf Asylsuchende, die sich bereits früher im Bundesgebiet aufgehalten und hier wegen einer besonders schweren Freiheitsstrafe von mindestens drei Jahren rechtkräftig verurteilt worden ist, und die Ausreise nicht länger als drei Jahre zurückliegt. Anders als bei § 60 Abs. 8 Satz 1 AufenthG, der die Abschiebung alternativ bei einer Gefahr für die Sicherheit der Bundesrepublik Deutschland oder bei rechtskräftiger Verurteilung zu einer besonders schweren Freiheitsstrafe von mindestens drei Jahren zulässt, ist die Einreiseverweigerung nur dann zulässig, wenn die Gefahr für die Sicherheit mit einer derartigen Verurteilung (»weil«) begründet wird. Ferner bleiben anders als bei § 60 Abs. 8 Satz 1 AufenthG derartige Verurteilungen außer Betracht, wenn sie länger als drei Jahre zurückliegen (rechtspolitische Bedenken hiergegen *Hailbronner,* AuslR B 2 § 18 AsylG Rn. 30). Nach der Gesetzesbegründung zum Einreiseverweigerungsgrund Nr. 3 stimmt diese Regelung mit Art. 33 Abs. 2 GFK überein (BT-Drucks. 12/4450, S. 19). Die »besonders schwere Straftat« wird hier aber anders als in § 60 Abs. 8 Satz 1 AufenthG, auf den sich die Grenzbehörde im Übrigen auch zusätzlich berufen kann (§ 15 Abs. 4 Satz 1 AufenthG), in ihren Anforderungen aufgeweicht. Die Vorschrift entspricht nicht den strengen Anforderungen, welche die Rechtsprechung für die Anwendung des § 14 Abs. 1 Satz 2 AuslG 1965 bzw. § 51 Abs. 3 AuslG oder § 60 Abs. 8 Satz 1 AufenthG fordert (BVerwGE 49, 202, 208 = EZAR 134 Nr. 1 = DVBl 1976, 500 = NJW 1976, 490 = JZ 1976, 58 = MDR 1976, 252 = JR 1976, 212; s. auch § 2 Rdn. 6 ff.). Weder verlangt Nr. 3, dass die Zurückweisung nur als *ultima ratio* in Betracht kommt (so BVerwGE 49, 202, 208) noch dass die besonderen Anforderungen der qualifizierten Spezialprävention erfüllt sind. Nr. 3 dürfte daher nur dann mit verfassungsrechtlichen Grundsätzen übereinstimmen, wenn sie in diesem Sinne gehandhabt wird (*Funke-Kaiser,* in: GK-AsylG II, § 18 Rn. 36; dagegen *Hailbronner,* AuslR B 2 § 18 AsylG Rn. 26). Im grenzbehördlichen Verfahren kann diesen Grundsätzen jedoch kaum Rechnung getragen werden. Selbstverständlich hat die Bundespolizei das absolute Folterverbot nach Art. 3 EMRK zu berücksichtigen (s. auch Art. 5 RL 2008/115/EG; s. hierzu *Marx,* ZAR 2011, 292, 293). 29

F. Zurückschiebung (Abs. 3)

Abs. 3 hatte im AsylG 1982 kein Vorbild. Abs. 3 liegt der Begriff der Zurückschiebung nach § 57 AufenthG zugrunde. Rechtsgrundlage für die Zurückschiebung ist jedoch Abs. 3. Ergänzend sind die Regelungen nach § 57 AufenthG heranzuziehen. Die Sechsmonatsfrist nach § 57 Abs. 1 Satz 1 AufenthG ist wegen des Beschleunigungszwecks von § 18 nicht anwendbar. Liegen die Voraussetzungen nach Abs. 2 nicht vor, untersagt Abs. 3 die Zurückschiebung und ist die Grenzbehörde zur unverzüglichen Weiterleitung nach Abs. 1 verpflichtet. Nach Abs. 3 ist der Ausländer, der im grenznahen Raum in unmittelbarem zeitlichem Zusammenhang mit einer unerlaubten Einreise angetroffen wird und bei dem Einreiseverweigerungsgründe nach Abs. 2 festgestellt werden, zurückzuschieben. Zweck von Abs. 3 ist es, Ausländer, die die Grenze außerhalb des Grenzübergangs illegal überqueren, nicht besser zu stellen als jene, die sich ordnungsgemäß der 30

Grenzkontrolle unterziehen (BT-Drucks. 12/2062, S. 31). Beide Personengruppen sind nach einheitlichen materiell- und verfahrensrechtlichen Grundsätzen zu behandeln. Nur Asylsuchende, bei denen Einreiseverweigerungsgründe festgestellt werden, dürfen zurückgeschoben werden. Ist dies nicht der Fall, sind sie nach Abs. 1 an die nächstgelegene Aufnahmeeinrichtung weiterzuleiten. Abs. 3 erweitert die Aufgaben der Grenzbehörde in den Fällen, in denen sie dem Asylsuchenden zwar nicht mehr die Einreise verweigern kann, weil dieser bereits die Grenze überschritten und die Grenzübergangsstelle passiert hat, er aber noch im grenznahen Raum und unmittelbaren zeitlichen Zusammenhang mit der unerlaubten Einreise aufgegriffen wird (BGH, NVwZ 2010, 726, 727). Zwar entsteht durch das gegenüber der Grenzbehörde geäußerte Asylersuchen noch nicht die kraft Gesetzes vermittelte Aufenthaltsgestattung (BGH, NVwZ 2010, 726, 727). Die Bundespolizei ist jedoch nach Art. 20 Abs. 2 Verordnung (EU) Nr. 604/2013 verpflichtet, ein ihr gegenüber geäußertes Asylbegehren zu protokollieren und noch am selben Tag der Zentrale des Bundesamtes zuzuleiten (BGH, NVwZ 2010, 1510, 1511; BGH, AuAS 2013, 8; s. hierzu Rdn. 27).

31 Die Zurückschiebung nach Abs. 3 setzt voraus, dass der Asylsuchende bereits in das Bundesgebiet eingereist ist. Ist er noch nicht eingereist, findet unmittelbar Abs. 2 Anwendung. Ferner muss er von der Grenzbehörde im unmittelbaren zeitlichen Zusammenhang mit dem Einreisevorgang im grenznahen Raum angetroffen werden. Auch die Zurückschiebung ist nur an der Grenze zulässig (§ 71 Abs. 3 Nr. 1 AufenthG). Der Begriff »grenznaher Raum« wird in Abs. 3 nicht näher definiert. Dieser ist zwar dem allgemeinem Ausländerrecht entnommen, bedarf aber einer einschränkenden Interpretation im Sinne von Abs. 3 (*Bergmann*, in: Bergmann/Dienelt, AuslR, 11. Aufl., 2016, § 18 AsylG Rn. 23). Asylsuchende dürfen das Bundesgebiet nur an den zugelassenen Grenzkontrollstellen und nur innerhalb der festgelegten Verkehrsstunden überqueren (§ 14 Abs. 1 Satz 1 AufenthG). Abs. 3 zielt auf Asylsuchende, die nicht an diesen zugelassenen Kontrollstellen einreisen und in unmittelbarem zeitlichem Zusammenhang mit dem Überqueren der Grenze durch die Grenzbehörde gestellt werden. Mit grenznaher Raum ist ausschließlich der enge räumliche Bereich gemeint, in dem die mit der polizeilichen Kontrolle des grenzüberschreitenden Verkehrs beauftragte Behörde (§ 71 Abs. 4 AufenthG) Kontrollgänge durchführt. Für das allgemeine Ausländerrecht wird hingegen kein enger räumlicher und zeitlicher Bezug zum Grenzübertritt gefordert (OVG Hamburg, AuAS 1997, 147, 148). Der »grenznahe Raum« kann nicht anhand von § 2 Abs. 2 Nr. 3 BPolG definiert werden (*Funke-Kaiser*, in: GK-AsylG II, § 18 Rn. 43). Danach erstreckt sich der grenznahe Raum im Grenzgebiet bis zu einer Tiefe von 30 km und von der seewärtigen Begrenzung bis zu einer Tiefe von 30 km. Hätte der Gesetzgeber einen derart weiten Raum erfassen wollen, hätte er in Abs. 3 ausdrücklich auf § 2 Abs. 2 Nr. 3 BPolG hingewiesen.

32 Die Zurückschiebung nach Abs. 3 bedarf keiner vorherigen Androhung, setzt aber das Vorliegen der Voraussetzungen des Abs. 2 voraus. Der Einstufung einer aufenthaltsbeendenden Maßnahme als Zurückschiebung steht nicht entgegen, dass Zielstaat der Zurückschiebung nicht der Staat, aus dem der Betroffene unmittelbar in das Bundesgebiet eingereist ist, sondern jeder zu seiner Aufnahme bereite Staat ist (BVerfG [Kammer], NVwZ-RR 2009, 616, 617). Anders als die Zurückweisung begründet die

Zurückschiebung eine Sperrwirkung (§ 11 Abs. 1 AufenthG). Hauptanwendungsfall von Abs. 3 ist die Einreiseverweigerung nach Abs. 2 Nr. 2. Soweit für die Anwendung von Abs. 3 auf die zahlreichen Übernahmeabkommen verwiesen wird (*Hailbronner*, AuslR B 2 § 18 AsylG Rn. 35 f.), wird übersehen, dass für die Abschiebung in Mitgliedstaaten nicht bilaterale Abkommen, sondern die Verordnung (EU) Nr. 604/2013 maßgebend ist und eine Abschiebung in »sichere Drittstaaten«, die nicht Mitgliedstaaten oder mit der EU assoziiert sind, nicht zulässig ist, weil derartige Staaten derzeit nicht gelistet sind. Die Anwendung von Abs. 2 Nr. 3 im Rahmen des Abs. 3 ist zwar zulässig, jedoch hat diese Norm kaum praktische Bedeutung.

Hat der Asylsuchende bereits die Grenze überquert und wird er danach durch allgemeine Polizeibehörden gestellt, entfällt die Zuständigkeit nach Abs. 3, da diese Norm einen »unmittelbaren zeitlichen Zusammenhang mit einer unerlaubten Einreise« erfordert. Es ist daher nicht zulässig, dass die allgemeine Polizeibehörde, den Asylsuchenden, den sie kurz nach dem Grenzübertritt kontrolliert, nachträglich der Grenzbehörde zwecks Prüfung ihrer Zuständigkeit nach Abs. 3 übergibt (so aber *Funke-Kaiser*, in: GK-AsylG II, § 18 Rn. 42). Die Gegenmeinung übersieht, dass die Weiterleitungsanordnung nach § 19 Abs. 1 nicht auf die Grenzbehörde, sondern die nächstgelegene Aufnahmeeinrichtung zielt. Es wird also die unmittelbare Zuständigkeit der allgemeinen Polizeibehörde nach § 19 Abs. 1 mit der aus dieser Vorschrift folgenden Weiterleitungspflicht begründet. Der unmittelbare zeitliche Zusammenhang entfällt, wenn der Einreisevorgang abgeschlossen ist. Die Übergabe des Asylsuchenden, der nach dem Grenzübertritt durch die allgemeine Polizeibehörde gestellt wird, an die Grenzbehörde, verstößt nicht nur gegen den Wortlaut von Abs. 3, sondern insbesondere auch gegen den Zweck des Gesetzes. Art. 31 Abs. 1 GFK steht einer Bestrafung von illegal einreisenden Asylsuchenden entgegen (§ 95 Abs. 5 AufenthG). Dies gilt jedoch nicht, wenn der Betroffene nicht unmittelbar aus dem Herkunftsland eingereist ist, sondern z.B. nach Eheschließung in Schweden illegal in das Bundesgebiet einreist (OVG Sachsen, AuAS 2007, 15, 16). Art. 31 Abs. 1 GFK will lediglich verhindern, dass Flüchtlinge, die sich bereits in einem anderen Staat niedergelassen haben, unter Berufung auf die GFK ungehindert weiterreisen können (BVerfG [Kammer], NVwZ 2015, 361, 363 Rn. 31 = InfAuslR 2015, 218). Haben sie sich dort aber noch nicht niedergelassen, reisen sie unmittelbar aus dem Herkunftsland ein. Umstritten ist, ob der Gebrauch falscher Ausweisdokumente vom Strafaufhebungsgrund des Art. 31 GFK umfasst ist (dafür AG Korbach, Urt. v. 13.8.2012 – 4 CS – 1620 Js 8985/12; *Marx*, Aufenthalts-, Asyl- und Flüchtlingsrecht, 5. Aufl., 2015, S. 698; dagegen OLG München, Beschl. v. 29.3.2010 – 5 St RR (II) 79/10, 5 St RR (II) 079/10; OLG Köln, Urt. v. 21.10.2003 – SS 270 – 271/03). Nach dem BVerfG scheidet eine Strafbefreiung hinsichtlich von Begleitdelikten jedenfalls dann aus, wenn Schutz vor Verfolgung auch in Übereinstimmung mit der Rechtsordnung des Aufnahmestaates hätte erlangt werden können. Daher erfordert die Norm eine »notstandsähnliche Unmöglichkeit oder Unzumutbarkeit«, angesichts einer bestehenden Verfolgungssituation die für die Einreise erforderlichen Formalitäten zu erfüllen (BVerfG [Kammer], NVwZ 2015, 361, 366 Rn. 53 = InfAuslR 2015, 218). Wer unmittelbar bei der Einreise die Verwendung falscher Reisedokumente einräumt und nicht zunächst versucht, mit deren Hilfe einzureisen, kann danach nicht wegen eines Begleitdelikts bestraft werden. 33

G. Ausnahmen von der Einreiseverweigerung (Abs. 4)

34 Abs. 4 enthält zwingende Durchbrechungen der Zurückweisungsverpflichtung nach Abs. 2 Nr. 1. Dies ergibt sich aus dem Hinweis auf § 26a, der nur bei der Anwendung von Abs. 2 Nr. 1 von Bedeutung ist. Da derzeit keine »sicheren Drittstaaten« gelistet sind, hat Abs. 4 keine praktische Bedeutung. Sofern ein Dublin-Sachverhalt vorliegt, ist ausschließlich die Verordnung (EU) Nr. 604/2013, nicht jedoch Abs. 4 maßgebend (Rdn. 24 ff.). Obwohl an sich die tatbestandlichen Voraussetzungen des Einreiseverweigerungsgrundes des Abs. 2 Nr. 1 vorliegen, darf die Grenzbehörde die Einreise nicht verweigern. Vielmehr hat sie diese zu gestatten. Eine Behandlung der Antragsteller, die gem. Abs. 4 Nr. 2 Einreise begehren, nach § 18a, ist unzulässig. Vielmehr hat die Grenzbehörde diese an die vom Bundesinnenministerium bestimmte Stelle weiterzuleiten (§ 22a Satz 2). Zu den tatbestandlichen Voraussetzungen der Ausnahmetatbestände des Abs. 4 wird auf die Erläuterungen zu § 26a verwiesen. Bemerkenswert ist, dass der Ausnahmetatbestand des § 26a Abs. 1 Satz 3 Nr. 1 in Abs. 4 nicht aufgeführt ist. Daraus kann jedoch nicht geschlossen werden, dass der Besitz eines Aufenthaltstitels bei Einreise aus einem sicheren Drittstaat der Zurückweisung nicht entgegenstehe. Zwar herrscht in der Rechtsprechung Streit darüber, ob bei Einreise mit einem Visum, das zu einem anderen als zu dem beabsichtigten Aufenthaltszweck ausgestellt ist, eine unerlaubte Einreise i.S.d. § 15 Abs. 1 AufenthG vorliegt. Die Grenzbehörde wird jedoch regelmäßig keine näheren Ermittlungen über den Grund des erteilten Visums durchführen. Auch wird ein Antragsteller mit gültigem Visum kaum den Asylantrag bei der Grenzbehörde, sondern nach der Einreise stellen, sodass er den Schutz des § 26a Abs. 1 Satz 3 Nr. 1 genießt. Aus diesem Grunde dürfte der Gesetzgeber eine ausdrückliche Regelung dieses Tatbestandes in Abs. 4 wohl für entbehrlich erachtet haben.

H. Erkennungsdienstliche Behandlung (Abs. 5)

35 Abs. 5 ordnet die zwingende erkennungsdienstliche Behandlung des Asylsuchenden vor der Weiterleitung an. Die Vorschrift entspricht § 16. Die Behörde muss ausnahmslos bei allen Antragstellern, auch bei denen, deren Identität aufgrund mitgeführter Reisedokumente einwandfrei feststeht, derartige Maßnahmen durchführen. Bedenken gegen diese Vorschrift folgen daher aus Art. 1 Abs. 1 GG. Abs. 5 muss im Zusammenhang mit § 15 ausgelegt werden. Daher sind bei Asylsuchenden, die das 14. Lebensjahr noch nicht vollendet haben, erkennungsdienstliche Maßnahmen unzulässig (*Funke-Kaiser,* in: GK-AsylG II, § 18 Rn. 48). Aus dem klaren Wortlaut von Abs. 5 folgt, dass vor Zurückweisungen aufgrund von Abs. 2 eine zwingende Verpflichtung zur Durchführung erkennungsdienstlicher Maßnahme besteht. Im Einzelfall können unter den entsprechenden gesetzlichen Voraussetzungen derartige Maßnahmen aufgrund von § 24 BPolG, § 81b, § 163b Abs. 1 StPO oder aufgrund länderrechtlicher Polizeigesetze getroffen werden.

I. Eilrechtsschutz

36 Umstritten ist, ob die Einreiseverweigerung (Abs. 2), also die Zurückweisung (§ 15 AufenthG) oder Zurückschiebung (Abs. 3, § 57 AufenthG) die Rechtsqualität eines

Verwaltungsakts oder eines bloßen Vollzugsaktes haben. Diese Maßnahmen erfolgen in der Regel mündlich (OVG Hamburg, NVwZ 1983, 434; § 77 Abs. 1 Satz 1 AufenthG). Auf unverzügliches Verlangen ist die Maßnahme wegen eines hieran bestehenden berechtigten Interesses schriftlich zu bestätigen (§ 37 Abs. 2 Satz 2 VwVfG). Als unaufschiebbare Maßnahmen von Polizeivollzugsbeamten sind Zurückweisung und -schiebung sofort vollziehbar (§ 75 Satz 1). Der Vollzug wird – anders als bei Abschiebungsandrohungen nach § 34 und § 35 – nicht ausgesetzt. Wie schon § 9 AsylG 1982 unterlässt auch § 18 eine Regelung der Aussetzung des Vollzugs. Dieses Defizit im Rechtsschutz ist zwar gewollt, aber weder mit Art. 16a Abs. 1 GG noch mit Art. 33 Abs. 1 GFK sowie mit internationalen Rechtsstandards (Empfehlungen Nr. 8 [XXVIII] und 30 [XXXIV] des Exekutivkomitees des Programms von UNHCR) und – jedenfalls soweit es um Dublin-Sachverhalte geht – mit Art. 27 Abs. 3 Verordnung (EU) Nr. 604/2013 vereinbar. Rechtsanwälte sollten die Gerichte auf diesen Gesichtspunkt hinweisen. Beim Hauptanwendungsfall der Zurückweisung nach Abs. 2 Nr. 2 ist kraft Unionsrechts Eilrechtsschutz und während des Verfahrens Aufenthaltsschutz sicherzustellen (Art. 27 Abs. 2, 3 Verordnung [EU] Nr. 604/2013; § 34a Abs. 2).

Örtlich zuständig ist das Verwaltungsgericht, in dessen Bezirk der Verwaltungsakt 37
verfügt wurde (§ 52 Nr. 3 Satz 1 VwGO). Er wird nicht am Sitz der zuständigen Bundespolizeidirektion erlassen (OVG Hamburg, NVwZ 1983, 434; Hess. VGH, NVwZ 1988, 274). Verfügt wird ein mündlich erlassener Verwaltungsakt dort, wo er ausgesprochen wird, nämlich am Ort der Behörde. Zurückweisungen werden regelmäßig mündlich verfügt. An dieser Zuständigkeit ändert sich auch nichts, wenn der Verwaltungsakt aufgrund einer internen Anweisung der Aufsichtsbehörde (Bundespolizeidirektion, Bundesinnenministerium) erlassen wird. Auch wenn der Verwaltungsakt ausnahmsweise schriftlich erlassen wird, ist aus Gründen der effektiven Rechtsschutzgewährung der Gerichtsstand nach § 52 Nr. 3 Satz 1 VwG0 maßgebend. Die Beschwerde ist kraft Gesetzes ausgeschlossen (§ 80). Der Rechtsanwalt hat eine Vollmacht vorzulegen. Sie kann, solange der Antragsteller noch im Gewahrsam der Grenzbehörde ist, nachgereicht werden (§ 67 Abs. 3 Satz 2 VwGO). Notfalls ist durch gerichtliche Auflage die Kontaktanbahnung zum Mandanten zwecks Vollmachtserteilung sicherzustellen. Legt der Rechtsanwalt eine Vollmacht des hier lebenden Ehepartners vor, ist regelmäßig von einer wirksamen Vollmachtserteilung auszugehen. Denn nach der Lebenserfahrung kann unterstellt werden, dass der Ehegatte in Vertretungsmacht für den anderen handelt (VG Ansbach, InfAuslR 1991, 55). Dieser Grundsatz trifft auch für andere Verwandte und Vertrauenspersonen zu. Zweifeln an den Verfolgungsbehauptungen kann dadurch vorgebeugt werden, dass der schriftsätzlich gestellte Asylantrag gegenüber dem Verwaltungsgericht glaubhaft gemacht wird (VG Ansbach, InfAuslR 1991, 55). Dazu reicht regelmäßig die Einreichung einer Ausfertigung des Antrags aus. Zwar ist der Asylantrag bei der Außenstelle des Bundesamtes zu stellen (§ 14 Abs. 1). Es bedarf zur Begründung der Weiterleitungspflicht nach Abs. 1 Halbs. 2 aber eines Sachvorbringens, dem sich Verfolgungsbehauptungen entnehmen lassen. Um Zweifel am gestellten Asylantrag auszuschließen, sind schriftsätzlich summarische Ausführungen mit Blick auf die Verfolgungsbehauptungen gegenüber der Behörde nach Abs. 1 vorzutragen und eine Ausfertigung hiervon dem

Rechtsschutzantrag beizufügen. Behauptet die Grenzbehörde, ein Asylantrag sei nicht geltend gemacht worden, trägt sie in Zweifelsfällen die Beweislast. Macht der Rechtsanwalt Ausführungen zu den Verfolgungsbehauptungen, kann nicht plausibel begründet werden, diese seien gegenüber der Behörde nicht vorgetragen worden.

38 Gegen Zurückweisung und Zurückschiebung ist Eilrechtsschutz nach § 123 VwGO zu gewähren (OVG Hamburg, NVwZ 1983, 434; OVG Lüneburg, NVwZ 1987, 1110; Hess. VGH, EZAR 220 Nr. 1; *Funke-Kaiser,* in: GK-AsylG II, § 18 Rn. 55; *Hailbronner,* AuslR B 2 § 18 AsylG Rn. 49). Zwar kann die Einreiseverweigerung mit der Anfechtungsklage angegriffen werden, die begehrte Weiterleitung kann jedoch nur mit der Verpflichtungsklage durchgesetzt werden. Anordnungsanspruch ist allein der Einreiseanspruch nach Abs. 1. Ergeben sich daher ernstliche Zweifel an der Rechtmäßigkeit der behördlichen Entscheidung nach Abs. 2 oder 3, ist dem Antrag stattzugeben. Da der Anordnungsgrund offensichtlich vorliegt, sind Ausführungen hierzu entbehrlich. In der Hauptsache ist *Verpflichtungsklage* zu erheben. Der Eilrechtsschutzantrag und Antrag in der Hauptsache sind derart zu formulieren, dass *Verpflichtung auf Weiterleitung gem. Abs. 1* erstrebt wird. Für den Hauptanwendungsfall des Eilrechtsschutzes, die Einreiseverweigerung nach Abs. 2 Nr. 2, ist allerdings Anfechtungsklage gegen die Abschiebungsanordnung zu erheben und Eilrechtsschutz nach § 80 Abs. 5 VwGO auf Anordnung der aufschiebenden Wirkung zu beantragen (§ 34a Abs. 2 Satz 1; *Funke-Kaiser,* in: GK-AsylG II, § 18 Rn. 61 ff.). Ziel dieses Verfahrens ist die Feststellung, dass die Bundesrepublik nach den unionsrechtlichen Kriterien für die Behandlung des Asylantrags zuständig und deshalb die Überstellung rechtswidrig ist. Prozessgegner ist das Bundesamt. Eilrechtsschutz gegen die Bundespolizei ist nicht zulässig, da der Vollzug der Einreiseverweigerung kraft Gesetzes untersagt ist (§ 34a Abs. 2 Satz 2)

39 Wird die Überstellungsentscheidung mit dem Ziel angegriffen, die *Überstellung an einen anderen Mitgliedstaat* als denjenigen, der seine Zustimmung zur Übernahme erklärt hat, *zu erreichen,* etwa weil aufgrund familiärer Bindungen dessen Zuständigkeit gegeben ist, ist in der Hauptsache einerseits *Verpflichtungsklage auf Abgabe des Aufnahmegesuchs* an den vom Antragsteller für zuständig erachteten Mitgliedstaat nach Art. 21 Abs. 1 Verordnung (EU) Nr. 604/2013 durch das Bundesamt und andererseits *Anfechtungsklage gegen die Abschiebungsanordnung* zu erheben. Eilrechtsschutz ist nach § 80 Abs. 5 VwGO gegen die Abschiebungsanordnung zu beantragen (§ 34a Abs. 2 Satz 1). Liegen die Voraussetzungen für die Aufrechterhaltung der Haft nicht vor, sind im Haftverfahren die erforderlichen Anträge zu stellen. Wird der Haftbefehl durch das Amtsgericht aufgehoben, ist die Bundespolizei verpflichtet, den Betroffenen bis zum Abschluss des Aufnahmeverfahrens einreisen zu lassen.

J. Haft zur Durchführung der Verordnung (EU) Nr. 604/2013 (Dublin III-Verordnung)

I. Funktion der Dublin-Haft

40 Zwecks Durchführung der Verordnung (EU) Nr. 604/2013 beantragt die Bundespolizei regelmäßig die Haftanordnung nach § 15 Abs. 5 AufenthG (*Zurückweisungshaft*), wenn eine Einreiseverweigerung nach Abs. 2 Nr. 2 vorbereitet wird (§ 14 Rdn. 44, 57). Wird die Zurückschiebung nach Abs. 3 in Verb. mit Abs. 2 Nr. 2 vorbereitet,

wird die Haftanordnung zur Durchführung der Zurückschiebung nach § 57 Abs. 3 AufenthG beantragt (*Zurückschiebungshaft*). Beide Haftformen sind spezifische Ausformungen der Abschiebungshaft nach § 62 AufenthG (BVerfG [Kammer], NVwZ-RR 2009, 616, 617, für die Zurückschiebungshaft; zur Dublin-Haft, *Marx*, InfAuslR 2013, 436). Zu den einzelnen Voraussetzungen der Abschiebungshaft wird auf die Erläuterungen zu § 14 verwiesen (§ 14 Rdn. 29 ff.). Unklar war früher, ob im Haftantrag auch für die Zurückweisungshaft Haftgründe nach § 62 Abs. 3 AufenthG bezeichnet werden mussten, weil § 15 Abs. 5 AufenthG nicht auf diese Haftgründe verweist. Dagegen weist § 57 Abs. 3 AufenthG auf diese hin, sodass sich bei dieser Form der Abschiebungshaft diese Frage nicht stellte. Nach geltendem Recht ist § 15 Abs. 5 AufenthG dahin zu korrigieren, dass die Haftgründe zu berücksichtigen sind. Dies folgt aus unionsrechtlichen Grundsätzen (Rdn. 41 ff.). Der Rechtsschutz gegen die Anordnung von Zurückweisungs- oder Zurückschiebungshaft richtet sich nach den für die Abschiebungshaft geltenden verfahrens- und materiellrechtlichen Grundsätzen (§ 14 Rdn. 63 ff.). Dies folgt aus § 106 Abs. 2 Satz 1 AufenthG.

Nach Art. 28 Abs. 1 Verordnung (EU) Nr. 604/2013 darf ein Asylsuchender nicht 41 allein deshalb in Haft genommen werden, weil er dem durch die Verordnung festgelegten Verfahren unterliegt. Vielmehr setzt die Haftanordnung voraus, dass eine *erhebliche Fluchtgefahr* besteht und deshalb das Überstellungsverfahren gefährdet ist. Dies setzt eine Einzelfallprüfung sowie die Berücksichtigung des Verhältnismäßigkeitsprinzips voraus. »Fluchtgefahr« bedeutet das Vorliegen von Gründen im Einzelfall, die auf objektiven gesetzlich festgelegten Kriterien beruhen und zu der Annahme Anlass geben, dass sich der Asylsuchende, gegen den das Überstellungsverfahren läuft, diesem Verfahren möglicherweise durch Flucht entziehen könnte (Art. 2 Buchst. n) Verordnung [EU] Nr. 604/2013). Festgelegt sind die entsprechenden Kriterien in § 62 Abs. 3 Satz 1 Nr. 5 AufenthG. Unvereinbar mit Unionsrecht ist die Nichtberücksichtigung der Haftgründe nach § 62 Abs. 3 AufenthG bei der Zurückweisungshaft nach § 15 Abs. 5 AufenthG. Reist ein Asylsuchender mit einem durch einen anderen Mitgliedstaat ausgestellten Visum ein, setzt die Haftanordnung Fluchtgefahr voraus (LG Frankfurt a.M., InfAuslR 2016, 111). Ferner dürfen weniger einschneidende Maßnahmen nicht wirksam angewendet werden können (Art. 28 Abs. 2 Verordnung [EU] Nr. 604/2013). Die Haft ist so kurz wie möglich anzuordnen und darf nicht länger sein, als bei angemessener Handlungsweise notwendig ist, um die erforderlichen Verwaltungsverfahren mit der gebotenen Sorgfalt durchzuführen, bis die Überstellung durchgeführt wird (Art. 28 Abs. 3 UAbs. 1 Verordnung [EU] Nr. 604/2013). Nach Überschreiten der Sechswochenfrist des Art. 28 Abs. 3 UAbs. 2 Verordnung (EU) Nr. 604/2013 nicht aufrecht erhalten werden (LG Potsdam, Beschl. v. 18.02.2016 - 8T 14/16). Es ist Ausdruck des Verhältnismäßigkeitsgrundsatzes, dass in Haftfällen die Frist für die Stellung eines Aufnahme- oder Wiederaufnahmegesuchs die Frist von einem Monat nach Asylantragstellung nicht überschreiten darf (Art. 28 Abs. 3 UAbs. 2 Verordnung [EU] Nr. 604/2013).

Unvereinbar hiermit ist die Anwendung des Abs. 2 Nr. 2 derart, dass die Bundespo- 42 lizei den Antrag nicht an das Bundesamt weiterleitet, weil sie damit die unionsrechtlichen Fristvorschriften unterläuft. Aus dieser Norm folgt vielmehr die Verpflichtung der Bundespolizei, jeden bei ihr gestellten Asylantrag sofort an das Bundesamt weiterzuleiten (Rdn. 27 f.). Die Frist beginnt mit Zugang eines vom Antragsteller eingereichten Formblatts oder eines behördlichen Protokolls bei den zuständigen Behörden (Art. 20 Abs. 2 Verordnung [EU] Nr. 604/2013). Sie beginnt danach zwar nicht bereits mit der Protokollierung des Asylersuchens bei der Bundespolizei (BGH, NVwZ 2010, 726, 727) zu laufen. Da jedoch die Haft so kurz wie möglich zu halten (Art. 28 Abs. 3 UAbs. 1 Verordnung [EU] Nr. 604/2013) und die zuständige Behörde innerhalb kürzester Frist über das Asylgesuch zu verständigen ist (Art. 20 Abs. 2 Verordnung [EU] Nr. 604/2013), hat die Bundespolizei den von ihr protokollierten Asylantrag oder das vom Asylsuchenden ausgefüllte Formblatt unverzüglich, d.h. am Tag der Abgabe der Willenserklärung dem Bundesamt per Fax zuzuleiten. § 14 Abs. 2 Satz 1 Nr. 2 schreibt in Haftfällen eine schriftliche Antragstellung beim Bundesamt vor. Weder ist im AsylG noch im VwVfG die Aufnahme eines mündlichen Antrags zur Niederschrift und dessen Weiterleitung durch die Bundespolizei noch durch den Haftrichter vorgesehen. Die Rechtsprechung hatte jedoch bereits aus Art. 4 Abs. 2 Satz 1 Verordnung (EG) Nr. 343/2003) abgeleitet, dass ein behördlich protokollierter Asylantrag im Fall seiner Weiterleitung mit dem Eingang beim Bundesamt als förmlicher Asylantrag zu qualifizieren ist (BGH, NVwZ 2010, 1510, 1511; BGH, AuAS 2013, 8). Art. 20 Abs. 2 Satz 1 Verordnung (EU) Nr. 604/2013 bekräftigt die bisherige Praxis. Aus Art. 20 Abs. 1 Verordnung (EU) Nr. 604/2013 folgt eine Verpflichtung der Bundespolizei, das bei ihr geltend gemachte Asylersuchen zu protokollieren. Unvereinbar hiermit ist die frühere Praxis der Bundespolizei, den bei ihr gestellten Asylantrag nicht an das Bundesamt weiterzuleiten.

43 Die Überstellung erfolgt, sobald diese praktisch durchführbar ist, spätestens innerhalb von sechs Wochen nach der stillschweigenden oder ausdrücklichen Annahme des Gesuchs oder von dem Zeitpunkt an, ab dem der Rechtsbehelf keine aufschiebende Wirkung mehr entfaltet (Art. 28 Abs. 3 UAbs. 3 Verordnung [EU] Nr. 604/2013), also mit dem Zeitpunkt des Eintritts der Vollziehbarkeit der Abschiebungsanordnung. Werden diese Verpflichtungen nicht eingehalten, ist die Haftanordnung aufzuheben (Art. 28 Abs. 3 UAbs. 4 Verordnung [EU] Nr. 604/2013; so bereits BGH, NVwZ 2011, 1214, 1215).

II. Zurückweisungshaft (§ 15 Abs. 5 AufenthG)

44 Ist eine Zurückweisungsentscheidung nach Abs. 2 Nr. 2 ergangen, soll der Betroffene zur Sicherung der Zurückweisung auf richterliche Anordnung in Haft genommen werden, wenn diese nicht unmittelbar vollzogen werden kann (§ 15 Abs. 5 Satz 1 AufenthG). § 15 Abs. 5 AufenthG verweist nicht auf § 62 Abs. 3 AufenthG. Dies ist unvereinbar mit Art. 28 Abs. 2 Verordnung (EU) Nr. 604/2013, weil danach ein Asylsuchender nicht allein deshalb in Haft genommen werden darf, weil er dem durch die Verordnung festgelegten Verfahren unterliegt. Vielmehr setzt die Haftanordnung eine Einzelfallprüfung voraus, in der geprüft wird, ob eine erhebliche Fluchtgefahr besteht und deshalb das Überstellungsverfahren gefährdet ist. Jedenfalls der Haftgrund des § 62 Abs. 3 Satz 1 Nr. 5 AufenthG ist deshalb zu prüfen (so bereits OLG Köln, NVwZ-RR 2009, 82). Die frühere entgegenstehende Rechtsprechung ist überholt

und darf nicht mehr angewandt werden. Die Zurückweisungshaft ist *ultima ratio* und darf nur angeordnet werden, wenn eine konkrete Gefahr besteht, dass der Betroffene entgegen der Zurückweisung den Versuch unternehmen wird, unerlaubt einzureisen (Nr. 15.5.1 Satz 2 AufenthG-VwV) und sich anschließend der Überstellung zu entziehen. Erklärt er, er habe unerlaubt einreisen und anschließend unverzüglich den Asylantrag bei der zuständigen Behörde stellen wollen, besteht nicht die von Art. 28 Abs. 2 Verordnung (EU) Nr. 604/2013 vorausgesetzte konkrete Fluchtgefahr, da er sich damit dem Verfahren zur Durchführung der Verordnung nicht durch Flucht entziehen will. Auch nach der Rückführungsrichtlinie darf Abschiebungshaft nur angeordnet werden, wenn Fluchtgefahr besteht oder die Betroffenen die Vorbereitung der Rückkehr oder das Abschiebungsverfahren umgehen (Art. 15 Abs. 1 UAbs. 1 RL 2008/115/EG). Angesichts von Art. 28 Abs. 1 Verordnung (EU) Nr. 604/2013 kann dahinstehen, ob diese Richtlinie bei Dublin-Sachverhalten Anwendung findet.

Die Bundespolizei muss eine konkrete Gefahr nachweisen, dass der Betroffene entgegen der Zurückweisung den Versuch unternehmen wird, unterzutauchen oder unerlaubt einzureisen, um sich dadurch der Überstellung in den zuständigen Mitgliedstaat zu entziehen. Die wirksame Berücksichtigung dieser Voraussetzung wird durch die fehlende Verweisung auf den Haftgrund des § 62 Abs. 3 Satz 1 Nr. 5 AufenthG in § 15 Abs. 1 Satz 2 AufenthG unterlaufen (Rdn. 44). Die anderen Haftgründe des § 62 Abs. 3 Satz 1 AufenthG finden wegen des Anwendungsvorrangs keine Anwendung. Ferner ist die Vorschrift nur unbedenklich anwendbar, wenn über die gesetzlichen Tatbestandsmerkmale hinaus auch konkrete Anhaltspunkte dafür vorliegen, dass der Betroffene entgegen der Zurückweisungsentscheidung einreisen wird, z.B. indem er die Absperrungen des Transitbereichs überwindet (OLG Köln, NVwZ-RR 2009, 82, 83; *Westphal*, in: Huber, AufenthG, § 15 AufenthG Rn. 20; *Frenkel*, in: Hofmann/Hoffmann, Handkommentar AuslR § 15 AufenthG Rn. 17), um sich der Überstellung an den zuständigen Mitgliedstaat zu entziehen. Dies folgt insbesondere aus dem Gebot des Art. 28 Abs. 2 Verordnung (EU) Nr. 604/2013, eine Einzelfallprüfung durchzuführen, in der geprüft wird, ob eine erhebliche Fluchtgefahr besteht und deshalb das Überstellungsverfahren gefährdet ist. 45

Mit diesen verfassungs- und unionsrechtlichen Vorgaben steht die Rechtsprechung, die lediglich den Rechtsgedanken des § 62 Abs. 3 Satz 3 AufenthG berücksichtigen will, nicht in Übereinstimmung. Danach kann von der Haftanordnung ausnahmsweise abgesehen werden, wenn der Betroffene glaubhaft macht, dass er sich entgegen der gesetzlichen Vermutung der Abschiebung nicht entziehen will (BGH, InfAuslR 2010, 118, 119; *Dienelt*, in: Bergmann/Dienelt, AuslR, 11. Aufl., 2016, § 15 AufenthG Rn. 54; Nr. 15.5.1 AufenthG-VwV). Dies genügt weder Art. 28 Abs. 2 Verordnung (EU) Nr. 604/2013 noch der an die Prüfung der Verhältnismäßigkeit der Haft zu stellenden Anforderungen. Die Zurückweisungshaft ist angesichts des mit ihr verbundenen *tiefgreifenden Grundrechtseingriffs* (BVerfGE 104, 220, 235 = EZAR 048 Nr. 59 = InfAuslR 2002, 132, 136 f.) nur erforderlich, wenn der Betroffene durch sein Verhalten zu erkennen gegeben hat, dass er sich der Zurückweisung entziehen will und kann. Die Verwaltungsvorschriften, die nur in atypischen Sonderfällen ein Absehen von der Haftanordnung erlauben (Nr. 15.5.2 Satz 1 AufenthG-VwV), stehen nicht 46 mit Art. 28 Abs. 2 Verordnung (EU) Nr. 604/2013 im Einklang. Mit dem Gebot einer dem Verhältnismäßigkeitsgrundsatz unterliegenden konkreten Einzelfallprüfung ist ein derart starrer Regel-Ausnahme-Mechanismus unvereinbar. Die Haft ist nicht erst bei objektiver Unmöglichkeit der Zurückweisung, z.B. bei grundsätzlicher Rückübernahmeverweigerung des Zielstaates, unzulässig (Nr. 15.5.2 Satz 2 AufenthG-VwV), sondern bereits dann, wenn keine konkrete Gefahr besteht, dass der Betroffene entgegen der Zurückweisung unerlaubt einreisen wird, um sich dadurch der Überstellung an den zuständigen Mitgliedstaat zu entziehen.

III. Zurückschiebungshaft (§ 57 Abs. 3 AufenthG)

47 Die Haftanordnung zum Zwecke der Zurückschiebung in einen Mitgliedstaat zur Durchführung des Asylverfahrens nach Maßgabe der Verordnung (EU) Nr. 604/2013 erfolgt insbesondere bei unerlaubter Einreise über den Flughafen nach Maßgabe von § 57 Abs. 3 in Verb. mit § 62 Abs. 3 Satz 1 Nr. 1 AufenthG (BGH, InfAuslR 2010, 118; BGH, NVwZ 2010, 726; BGH, NVwZ 2011, 127; BGH, Beschl. v. 29.09.2010 – V ZB 233/10; OLG München, AuAS 2008, 89, (90); OLG München, InfAuslR 2009, 211 = AuAS 2009, 113; a.A. Hess. VGH, AuAS 2009, 250: keine Freiheitsentziehung). Die Zurückschiebungshaft ersetzt die Legaldefinition der Sicherungshaft nach § 62 Abs. 3 Satz 1 AufenthG durch die Inhaftnahme zur Sicherung der Zurückschiebung (§ 57 Abs. 3 AufenthG), sodass die Haftgründe zu beachten sind (BVerfG [Kammer], NVwZ-RR 2009, 616, 617; OLG München, AuAS 2008, 89, 90). Dadurch unterscheidet sich diese Haftform von der Zurückweisungshaft, die nach nationalem Recht bislang ohne konkrete Haftgründe angeordnet werden durfte (§ 15 Abs. 5 AufenthG; Rdn. 44 f.). Die bisherige Rechtsprechung, die die Anordnung der Zurückschiebungshaft nicht schon deshalb für unzulässig erachtete, weil der Antragsteller bei der Grenzbehörde um Asyl nachgesucht hat (BGH, NVwZ 2011, 726, 727; BGH, Beschl. v. 17.06.2010 – V ZB 13/10; OLG München, InfAuslR 2009, 211, 212 = AuAS 2009, 113), ist unvereinbar mit Art. 28 Abs. 2 Verordnung (EU) Nr. 604/2013). Aus Unionsrecht folgt, dass Haft zur Sicherstellung der Durchführung der Verordnung nur zulässig ist, wenn eine *konkrete Fluchtgefahr* besteht, um sich der Überstellung zu entziehen (so auch § 62 Abs. 3 Satz 1 Nr. 5 AufenthG). Die anderen Haftgründe des § 62 Abs. 3 Satz 1 AufenthG finden deshalb keine Anwendung. Unvereinbar mit Unionsrecht ist deshalb die Rechtsprechung, welche den Haftgrund des § 62 Abs. 3 Satz 1 Nr. 1 AufenthG bei der Anordnung von Zurückschiebungshaft anwendet. Danach ist die Haftanordnung nicht schon deshalb unzulässig, weil der Betroffene um Asyl nachsucht (BGH, NVwZ 2010, 726) oder ihm – sofern er im Besitz eines Aufenthaltstitels des zuständigen Mitgliedstaates ist – zunächst keine Gelegenheit gegeben wurde, freiwillig auszureisen (OLG München, InfAuslR 2009, 211, 212 = AuAS 2009, 113).

48 Die frühere Rechtsprechung erachtete die Haftanordnung ferner auch dann für zulässig, wenn der Asylsuchende zwar erklärt, er wolle in einen anderen Mitgliedstaat (Schweden) weiterreisen, und er auch die Möglichkeit zu Weiterreise in diesen Mitgliedstaat hat, seine Überstellung jedoch an den für zuständig erachteten Mitgliedstaat (Frankreich) vorgesehen war (BGH, Beschl. v. 17.06.2010 – V ZB 13/10). Nur

die Feststellung einer konkreten Fluchtgefahr rechtfertigt jedoch die Haftanordnung (Art. 28 Abs. 2 Verordnung [EU] Nr. 604/2013). Will der Betreffende sich nicht der Überstellung durch konkrete Flucht entziehen, sondern seine Überstellung in einen von ihm gewünschten Mitgliedstaat erreichen, kann hieraus nicht gefolgert werden, dass das Überstellungsverfahren gefährdet wäre. Für eine derartige Annahme müssen vielmehr zusätzliche konkrete Anhaltspunkte bezeichnet werden, dass sich aus dieser Absicht zugleich der Wille entnehmen lässt, er werde sich der Überstellung an den Mitgliedstaat, der seiner Aufnahme- bzw. Wiederaufnahme zugestimmt hat, entziehen. Verfolgt er sein Ziel z.B. durch Einlegung von Rechtsbehelfen einschließlich des gebotenen Eilrechtsschutzantrags, steht dies einer derartigen Annahme entgegen. Ein derartiger Wille kann nicht pauschal ohne Bezeichnung entsprechender konkreter Anhaltspunkte unterstellt werden, weil dies dem unionsrechtlichen Gebot der Einzelfallprüfung zuwider läuft. Jedenfalls in dem Fall, in dem nach seinen unwiderlegten und objektiv belegten Angaben der Betroffene im Zeitpunkt seines Aufgreifens auf dem Weg in den Mitgliedstaat war, in den er zurückgeschoben werden soll, verletzt die Haftanordnung den Grundsatz der Verhältnismäßigkeit (LG Stade, Beschl. v. 20.12.2012 – 9 T 138/12). Aus unionsrechtlicher Sicht ist in diesem Fall die geplante Überstellung nicht gefährdet (Art. 28 Abs. 2 Verordnung (EU) Nr. 604/2013).

§ 72 Abs. 4 Satz 1 AufenthG ist auch auf die Zurückschiebung anwendbar, sodass 49
bereits im Haftantrag Darlegungen dazu erforderlich sind, ob gegen den Betroffenen ein strafrechtliches Ermittlungsverfahren anhängig ist und die Staatsanwaltschaft der Zurückschiebung zugestimmt hat. Fehlt es an den hierzu erforderlichen Angaben, ist der Haftantrag von vornherein unzulässig und kann auch nicht rückwirkend geheilt werden (BGH, Beschl. v. 24.02.2011 – V ZB 202/10). Das Einvernehmen ist von dem das Verfahren führenden Staats- oder Amtsanwalt oder deren Vorgesetzten zu erteilen. Ermittlungspersonen der Staatsanwaltschaft können es nicht erteilen (BGH, FGPrax 2011, 148, 149; BGH, InfAuslR 2012, 370; LG Frankfurt an der Oder, InfAuslR 2013, 233, 235). Unerheblich ist, dass ein generelles Einvernehmen der Staatsanwaltschaft mit der Zurückschiebung in derartigen Fällen vorliegt und dies gerichtsbekannt ist. Damit ist es dem Betroffenen noch nicht bekannt (LG Frankfurt an der Oder, InfAuslR 2013, 233, 235).

IV. Hafthindernis nach § 14 Abs. 3 Satz 1 AsylG

Bei der Haftanordnung zum Zwecke der Überstellung an einen anderen Mitgliedstaat 50
ist ferner § 14 Abs. 3 Satz 1 zu berücksichtigen. Dies kann der Anwendung des § 15 Abs. 5 und § 57 Abs. 3 AufenthG im Rahmen der Anwendung der Verordnung (EU) Nr. 604/2013 entgegenstehen. Nach § 14 Abs. 3 Satz 1 Nr. 4 darf die Haft nicht aufrechterhalten werden, wenn sich der Betroffene im Zeitpunkt der Asylantragstellung noch nicht länger als einen Monat unerlaubt im Bundesgebiet aufgehalten hat (§ 14 Rdn. 29). Nur wenn darüber hinaus konkrete Anhaltspunkte bezeichnet werden, dass er sich der Überstellung an den zuständigen Mitgliedstaat durch Flucht entziehen wird (§ 62 Abs. 3 Satz 1 Nr. 5 AufenthG), darf die Haft aufrechterhalten werden (BGH, NVwZ 2011, 1510, 1511; BGH, NVwZ-RR 2012, 574, 575; § 14 Rdn. 43 ff.). Diese Voraussetzungen müssen allerdings im Zeitpunkt der förmlichen Asylantragstellung

vorliegen (BGH, NVwZ-RR 2012, 574, 575) und können aufgrund des Gebots der konkreten Einzelfallprüfung (Art. 28 Abs. 2 Verordnung (EU) Nr. 604/2013) nicht pauschal unterstellt werden. Da die Bundespolizei die Niederschrift über das Asylgesuch noch am selben Tag per Fax der Zentrale des Bundesamtes zuzuleiten hat (Rdn. 42) und der Betroffene mit dem Zugang des Protokolls die gesetzliche Aufenthaltsgestattung (§ 55 Abs. 1 Satz 3) erwirbt, ist die anschließend angeordnete Zurückschiebungshaft von vornherein unzulässig. Die bereits bestehende *bundespolizeiliche Gewahrsamnahme* nach § 39 Abs. 1 Satz 3, § 40 BPolG ist keine in § 14 Abs. 3 Satz 1 bezeichnete Haftform (BGH, AuAS 2013, 8, 10). Auch wenn anschließend das Dublin-Verfahren eingeleitet wird, steht in diesem Fall § 14 Abs. 3 Satz 1 Nr. 4 der Anordnung von Zurückschiebungshaft entgegen. Das unionsrechtliche Verbot, bei der Zurückweisung das Bundesamt auszuschalten, wird die exzessive Haft in Dublin-Verfahren also in erheblicher Weise eindämmen.

51 Ob durch richterliche Anordnung des Aufenthalts im Transitbereich nach § 15 Abs. 6 Satz 1 AufenthG (§ 18a Rdn. 90 ff.) das unionsrechtliche Gebot der restriktiven Haftanordnung umgangen werden kann, ist offen. Einreiseverweigerung und Zurückweisung rechtfertigen grundsätzlich die richterliche Anordnung nach § 15 Abs. 6 Satz 2 AufenthG. Die durch formelle Antragstellung bei der Außenstelle des Bundesamts begründete Aufenthaltsgestattung nach § 55 Abs. 1 Satz 1 steht der Anordnung nach § 15 Abs. 6 Satz 3 AufenthG jedoch nicht entgegen. Diese ergeht zwar zur »Sicherung der Ausreise«. Der BGH entnimmt indes § 15 Abs. 6 Satz 3 AufenthG eine Regelvermutung, dass bei einer nicht sofort vollziehbaren Zurückweisung in Rahmen der Verordnung (EU) Nr. 604/2013 (Dublin III-VO) das Verlassen des Transitbereich jederzeit möglich sei, wenn der Betroffene nicht etwa ein Flugticket vorlege. Damit werde die Vermutung widerlegt, weil er abreisen könne und wolle (BGH, NVwZ-RR 2011, 875, 877). Das Gebot der konkreten Einzelfallprüfung einer *»erheblichen Fluchtgefahr«* (Art. 28 Abs. 1 Verordnung [EU] Nr. 604/2013) dürfte derart generalisierenden Fiktionen entgegenstehen. Jedenfalls gilt in diesen Fällen in besonderem Maße das Beschleunigungsgebot (BGH, NVwZ-RR 2011, 875, 877; Rdn. 52 ff.). Der bereits in einem anderen Mitgliedstaat gestellte Asylantrag steht der Haftanordnung von vornherein entgegen, wenn die Bundesrepublik für die Behandlung des Antrags zuständig ist. Die Rechtsprechung erweitert den Begriff der Asylantragstellung nach § 14 Abs. 2 Satz 1 Nr. 2, Abs. 3 Satz1 Nr. 4 wegen der Geltung der Verordnung (EU) Nr. 604/2013 auch auf den in einem anderen Mitgliedstaat gestellten Asylantrag, wenn aufgrund der Zuständigkeitskriterien der Verordnung die Bundesrepublik für die Behandlung des Antrags zuständig ist (OLG Celle, Beschl. v. 06.02.2008 – 22 W 16/06). Im Zeitpunkt der unerlaubten Einreise (§ 62 Abs. 3 Satz 1 Nr. 1 AufenthG) war damit bereits der Asylantrag (in einem anderen Mitgliedstaat) gestellt worden, sodass dieser nach § 14 Abs. 3 Satz 1 Nr. 4 von vornherein der Haftanordnung entgegenstand. Eine konkrete Fluchtgefahr (§ 62 Abs. 3 Satz 1 Nr. 5 AufenthG) kann in diesem Fall nicht angenommen werden. Eine Überstellung an einen anderen Mitgliedstaat droht nicht. Unabhängig hiervon ist die Haftanordnung aufzuheben, wenn das Bundesamt den Asylantrag nicht innerhalb der Monatsfrist als unzulässig ablehnt (LG Düsseldorf, Beschl. v. 13.12.2007 – 18 T 65/07).

V. Verhältnismäßigkeit

Die Haft ist so kurz wie möglich anzuordnen und darf nicht länger sein, als bei angemessener Handlungsweise notwendig ist, um die erforderlichen Verwaltungsverfahren mit der gebotenen Sorgfalt durchzuführen, bis die Überstellung durchgeführt wird (Art. 28 Abs. 3 UAbs. 1 Verordnung [EU] Nr. 604/2013). Zwar kann Zurückweisungshaft bis zu sechs Monaten angeordnet und höchstens um zwölf Monate verlängert werden (§ 15 Abs. 5 Satz 2 in Verb. mit § 62 Abs. 4 Satz 1 und 2 AufenthG). Das Beschleunigungsgebot (§ 14 Rdn. 58 ff.) verpflichtet jedoch die Behörden, alle notwendigen Anstrengungen zu unternehmen, damit der Haftvollzug auf eine möglichst kurze Zeit beschränkt werden kann. Daher muss der Haftrichter stets prüfen, ob die Behörde die Zurückschiebung oder Zurückweisung ernstlich und mit der größtmöglichen Beschleunigung betreibt (BGH, NVwZ 2011, 1214, 14; BGH, NVwZ-RR 2011, 875, 877; OLG Saarbrücken, NVwZ 2010, 203, 204 = InfAuslR 2010, 37 = AuAS 2010, 15; OLG Hamm, InfAuslR 2010, 202). Dieser bereits für die Durchführung der Verordnung (EG) Nr. 343/2003 von der Rechtsprechung angewandte Beschleunigungsgrundsatz ist nach geltendem Recht durch Art. 28 Abs. 3 UAbs. 1 Verordnung (EU) Nr. 604/2013 ausdrücklich angeordnet worden. 52

Zwar ist die Entscheidung, ob die Zurückweisung oder Zurückschiebung des Betroffenen zu Recht betrieben wird, den Verwaltungsgerichten vorbehalten (§ 14 Rdn. 69 ff.). Die Abgrenzung der Zuständigkeiten zwischen Verwaltungs- und Zivilgerichten darf sich jedoch nicht zulasten des Betroffenen auswirken und einen effektiven Rechtsschutz verhindern. Deshalb setzt eine verfassungsrechtlich unbedenkliche Anwendung des § 62 Abs. 3 Satz 4 AufenthG voraus, dass der Haftrichter den Stand und voraussichtlichen Fortgang des verwaltungsgerichtlichen Verfahrens aufklärt und bei seiner Entscheidung berücksichtigt (BGH, Beschl. v. 03.02.2011 – V ZB 12/10, mit Hinweis auf BGH, NJW 2009, 2659, 2660; BGH, NVwZ 2010, 726; LG Frankfurt an der Oder, InfAuslR 2013, 233, 235; *Westphal*, in: Huber, AufenthG, 2010, § 15 AufenthG Rn. 21; *Fränkel*, in: Hofmann/Hoffmann, Handkommentar AuslR, § 15 AufenthG Rn. 16; *Dienelt*, in: Bergmann/Dienelt, AuslR, 11. Aufl., 2016, § 15 AufenthG Rn. 55). Muss sich ihm aufdrängen, dass eine aufenthaltsbeendende Maßnahme in einen bestimmten Mitgliedstaat nicht durchgeführt wird (hier Griechenland), ist die Haftanordnung von vornherein unzulässig (BGH, Beschl. v. 03.02.2011 – V ZB 12/10). Ist der Dublin-Sachverhalt noch nicht erschöpfend ausermittelt, kann zwar gem. § 427 FamFG eine einstweilige Anordnung erlassen werden. Diese darf jedoch nicht für einen längeren Zeitraum als fünf Tage angeordnet werden, weil es dem Bundesamt innerhalb dieser Frist bei einer angemessenen zügigen Bearbeitung möglich ist, eine Entscheidung über die Modalitäten der Zurückschiebung nach der Verordnung (EU) Nr. 604/2013 zu treffen (LG Frankfurt an der Oder, InfAuslR 2013, 233, 234). Das Beschleunigungsgebot gebietet zunächst, dass der Asylsuchende unverzüglich nach seinem Einreiseversuch und nicht erst nach mehreren Tagen angehört und die für die Zurückweisung erforderlichen Maßnahmen unverzüglich eingeleitet werden. Dazu gehört, dass das Ersuchen korrekt an den zuständigen Mitgliedstaat gestellt wird, die die Zuständigkeit begründenden Umstände richtig und vollständig angegeben, die erforderlichen Beweismittel beigefügt und Anfragen des ersuchten Mitgliedstaates 53 unverzüglich beantwortet werden. Versäumnisse des Bundesamtes sind der Bundespolizei zuzurechnen (BGH, NVwZ-RR 2011, 875, 877).

54 Bei der Anwendung der Verordnung (EU) Nr. 604/2013 ist eine Prognose über die Dauer des Verfahrens erforderlich. Bei normalem Gang eines Aufnahme- bzw. Wiederaufnahmeverfahrens wird davon ausgegangen, dass die Zurückweisung innerhalb von drei Monaten nach der Haftanordnung erfolgen wird (BGH, Beschl. v. 29.09.2010 – V ZB 233/10; OLG Hamm, InfAuslR 2010, 202, 202 f.). Im Überstellungsverfahren beträgt die Übernahmefrist jedoch sechs Monate (Art. 29 Abs. 1 Verordnung [EU] Nr. 604/2013), sodass die Anordnung von Zurückschiebungshaft mit § 62 Abs. 3 Satz 4 AufenthG unvereinbar ist. Bei Haftanträgen zur Sicherung einer Zurückschiebung in einen Mitgliedstaat bedarf es konkreter Angaben dazu, ob und innerhalb welchen Zeitraums Überstellungen in den betreffenden Mitgliedstaat üblicherweise möglich sind (BGH, InfAuslR 2013, 200, 201 Rn. 18). Wird Eilrechtsschutzbegehren im Hinblick auf die Überstellung an einen bestimmten Mitgliedstaat regelmäßig stattgegeben, wie z.B. bei Griechenland, ist die Haftanordnung unzulässig (BGH, NVwZ 2010, 726, 728; BGH, NVwZ 2011, 127, 128; BGH, Beschl. v. 03.02.2011 – V ZB 12/10). Wird die Haftanordnung abgelehnt, folgt aus § 15 Abs. 5 Satz 3 AufenthG trotz fehlenden Aufenthaltstitels ein Recht auf Einreise. Die Einreise ist ferner zu gestatten, wenn die Bundespolizei von der Beantragung der Zurückweisungshaft absieht (*Westphal*, in: Huber, AufenthG, 2010, § 15 AufenthG Rn. 22; *Fränkel*, in: Hofmann/Hoffmann, Handkommentar AuslR § 15 AufenthG Rn. 20; *Dienelt*, in: Bergmann/Dienelt, AuslR, 1. Aufl., 2016, § 15 AufenthG Rn. 61; Nr. 15.5.4 AufenthG-VwV). Ein Verstoß gegen die Benachrichtigungspflicht von Angehörigen (Art. 104 Abs. 4 GG) führt nicht zur Rechtswidrigkeit der Haftanordnung (BGH, NVwZ-RR 2016, 275, 276 Rn. 12).

§ 18a Verfahren bei Einreise auf dem Luftwege

(1) [1]Bei Ausländern aus einem sicheren Herkunftsstaat (§ 29a), die über einen Flughafen einreisen wollen und bei der Grenzbehörde um Asyl nachsuchen, ist das Asylverfahren vor der Entscheidung über die Einreise durchzuführen, soweit die Unterbringung auf dem Flughafengelände während des Verfahrens möglich oder lediglich wegen einer erforderlichen stationären Krankenhausbehandlung nicht möglich ist. [2]Das Gleiche gilt für Ausländer, die bei der Grenzbehörde auf einem Flughafen um Asyl nachsuchen und sich dabei nicht mit einem gültigen Pass oder Passersatz ausweisen. [3]Dem Ausländer ist unverzüglich Gelegenheit zur Stellung des Asylantrags bei der Außenstelle des Bundesamtes zu geben, die der Grenzkontrollstelle zugeordnet ist. [4]Die persönliche Anhörung des Ausländers durch das Bundesamt soll unverzüglich stattfinden. [5]Dem Ausländer ist danach unverzüglich Gelegenheit zu geben, mit einem Rechtsbeistand seiner Wahl Verbindung aufzunehmen, es sei denn, er hat sich selbst vorher anwaltlichen Beistands versichert. [6]§ 18 Abs. 2 bleibt unberührt.

(2) Lehnt das Bundesamt den Asylantrag als offensichtlich unbegründet ab, droht es dem Ausländer nach Maßgabe der §§ 34 und 36 Abs. 1 vorsorglich für den Fall der Einreise die Abschiebung an.

(3) [1]Wird der Asylantrag als offensichtlich unbegründet abgelehnt, ist dem Ausländer die Einreise zu verweigern. [2]Die Entscheidungen des Bundesamtes sind zusammen mit der Einreiseverweigerung von der Grenzbehörde zuzustellen. [3]Diese übermittelt unverzüglich dem zuständigen Verwaltungsgericht eine Kopie ihrer Entscheidung und den Verwaltungsvorgang des Bundesamtes.

(4) [1]Ein Antrag auf Gewährung vorläufigen Rechtsschutzes nach der Verwaltungsgerichtsordnung ist innerhalb von drei Tagen nach Zustellung der Entscheidungen des Bundesamtes und der Grenzbehörde zu stellen. [2]Der Antrag kann bei der Grenzbehörde gestellt werden. [3]Der Ausländer ist hierauf hinzuweisen. [4]§ 58 der Verwaltungsgerichtsordnung ist entsprechend anzuwenden. [5]Die Entscheidung soll im schriftlichen Verfahren ergehen. [6]§ 36 Abs. 4 ist anzuwenden. [7]Im Falle der rechtzeitigen Antragstellung darf die Einreiseverweigerung nicht vor der gerichtlichen Entscheidung (§ 36 Abs. 3 Satz 9) vollzogen werden.

(5) [1]Jeder Antrag nach Absatz 4 richtet sich auf Gewährung der Einreise und für den Fall der Einreise gegen die Abschiebungsandrohung. [2]Die Anordnung des Gerichts, dem Ausländer die Einreise zu gestatten, gilt zugleich als Aussetzung der Abschiebung.

(6) Dem Ausländer ist die Einreise zu gestatten, wenn
1. das Bundesamt der Grenzbehörde mitteilt, dass es nicht kurzfristig entscheiden kann,
2. das Bundesamt nicht innerhalb von zwei Tagen nach Stellung des Asylantrags über diesen entschieden hat,
3. das Gericht nicht innerhalb von vierzehn Tagen über einen Antrag nach Absatz 4 entschieden hat oder
4. die Grenzbehörde keinen nach § 15 Abs. 6 des Aufenthaltsgesetzes erforderlichen Haftantrag stellt oder der Richter die Anordnung oder die Verlängerung der Haft ablehnt.

Übersicht Rdn.

A. Funktion der Vorschrift

1 Im Gesetzentwurf zum ÄnderungsG 1993 war das besondere Verfahren nach § 18a nicht vorgesehen. Jedoch brachte die CDU/CSU-Fraktion im allgemeinen Teil der Begründung ihre Ansicht zum Ausdruck, dass für Asylsuchende aus sicheren Herkunftsstaaten bei der Einreise auf dem Luftwege die Notwendigkeit bestehe, das Asylverfahren *vor der Einreise* durchzuführen, da im Fall der Ablehnung zumindest die Rückführung in den Staat des Abflughafens problemlos möglich sei (BT-Drucks. 12/4450, S. 16). Bereits die Begründung stellte aber einen detaillierten Vorschlag vor (BT-Drucks. 12/4450, S. 16). In den Beratungen wurde insbesondere auch dieses Verfahren kontrovers diskutiert. Schließlich wurde ein im Wesentlichen dem CDU/CSU-Vorschlag nachgebildetes Konzept verabschiedet (BT-Drucks. 12/4984). das in dieser Form Gesetz geworden ist. Das Sonderverfahren bleibt umstritten. So hatten z.B. die Länder Brandenburg und Rheinland-Pfalz im Juli 2012 im Bundesrat erfolglos den Antrag gestellt, eine Entschließung zur Abschaffung dieses Verfahrens zu verabschieden (BR-Drucks. 391/12, BR-Drucks. 391/1/12). Die Bundesarbeitsgemeinschaft der Freien Wohlfahrtspflege unterstützte in einer Stellungnahme vom 19.09.2012 den Antrag. Der Hinweis in Abs. 1 Satz 1 auf eine »erforderliche stationäre Krankenhausbehandlung« wurde 1997 und Abs. 6 Satz Nr. 4 2007 eingefügt. Hiermit im Zusammenhang steht die Einführung der *Transithaft* nach § 15 Abs. 6 AufenthG (Rn. 90 ff.).

Begründet wird das besondere Verfahren damit, es kämen häufig Personen ohne Sichtvermerk mit Flugzeugen nach Deutschland. Auch würden viele Personen von »Schlepperbanden« nach Deutschland »geschleust«: Derartige Personen erhielten ein rechtsstaatliches Verfahren und könnten gegebenenfalls schnell in die Abfluglander zurückgeführt werden (BT-Drucks. 12/4984, S. 48). Schon die Wortwahl offenbart einen gewissen emotionalen Überschuss, der den Gesetzgeber offensichtlich bewegt haben muss, und vermittelt einen Eindruck über die Vorstellungen zu, die generell die damalige Entwicklung des Asylkonzeptes von CDU, CSU, F.D.P. und SPD geleitet haben. Neben dem Konzept der sicheren Drittstaaten (Art. 16a Abs. 2 GG, § 26a, § 34a) ist es die *Flughafenregelung* nach § 18a, welche die Funktion der Abschließung der »Festung Deutschland« gewährleisten soll (a.A. *Fritz*, in: GK-AsylG II, § 18a Rn. 5). Zwischen 1999 und 2008 wurden 8.100 Asylsuchende im Flughafenverfahren in Berlin, Düsseldorf, Frankfurt am Main, Hamburg und München behandelt. 2.928 Anträge wurden als offensichtlich unbegründet abgelehnt, 41 positiv beschieden und 21 eingestellt (BT-Drucks. 16/12742 v. 23.04.2009). In 5051 Fällen wurde die Einreise gestattet. 2

Während die Drittstaatenregelung die Einreise *auf dem Landweg* unterbinden soll, dient die Flughafenregelung der Aufgabe, die Einreise *auf dem Luftwege* zu kontrollieren. Es verwundert daher nicht, dass über dieses Sonderverfahren gleich zu Beginn des Inkrafttretens der asylrechtlichen Neuregelungen ein heftiger politischer Streit entbrannte und das BVerfG anfangs wiederholt mit der Bitte um Gewährung von Eilrechtsschutz angerufen wurde (BVerfGE 89, 101; 89, 106; BVerfGE 98, 98 = NVwZ 1993, 766 = InfAuslR 1994, 109 = NVwZ-Beil. 1994, 11; BVerfG [Kammer], NVwZ-Beil. 1993, 2; NVwZ-Beil. 1994, 51; BVerfG [Kammer], AuAS 1994, 20; s. auch VG Frankfurt am Main, NVwZ-RR 1993; 581; VG Frankfurt am Main, NVwZ-RR 1994, 293; Frankfurt am Main, NVwZ-RR 1994, 468). Das BVerfG hat Bezug nehmend auf Art. 16a Abs. 4 GG keine Bedenken gegen das Flughafenverfahren und seine Ausgestaltung im Einzelnen erhoben (BVerfGE 94, 166, 195 = EZAR 632 Nr. 25 = NVwZ 1996, 678) und insbesondere Versuchen, im Flughafenverfahren verfassungsgerichtlichen Eilrechtsschutz zu erlangen, eine entschiedene Absage erteilt (BVerfGE 94, 166, 208 ff.; § 36 Rn. 59 ff.). Insbesondere über diese Frage war das Gericht jedoch zerstritten. 3

Abs. 1 Satz 1 bestimmt, dass das Verwaltungsverfahren *vor der Einreise* durchzuführen ist. Aus dem Gesamtzusammenhang der Regelungen von § 18a (Abs. 3 Satz 1, Abs. 4, 5 und 6) folgt, dass auch das gerichtliche Kontrollverfahren vor der Einreise durchzuführen ist. Der Gesetzgeber hatte sich bei der Einführung dieses Sonderverfahrens an den entsprechenden damaligen Verfahren in Frankreich, den Niederlanden sowie Dänemark orientiert (BT-Drucks. 12/4948, S. 48). Grundgedanke der Vorschrift ist, dass Asylsuchenden, deren Anträge sich von vornherein als aussichtslos erweisen, bereits die Einreise verweigert wird mit der Folge, dass sie unverzüglich unter Ausnutzung der Rückübernahmeverpflichtung des Abflug- oder Herkunftsstaates in diesen Staat zurückgebracht werden können (*Giesler/Wasser*, Das neue Asylrecht, S. 30). Das Flughafenverfahren dient ebenso wie das reguläre Asylverfahren der Feststellung, ob dem Asylbewerber das in Art. 16a Abs. 1 GG gewährleistete Grundrecht zusteht. Der Gesetzgeber kann aber darauf reagieren, dass das Asylrecht »nicht nur massenhaft« 4 beantragt, sondern weithin auch »ungerechtfertigt zum asylfremden Zweck der Einwanderung« begehrt wird. Er darf deshalb verfahrenswirksame Vorkehrungen dafür treffen, dass der Staat mit dem ihm – zwangsläufig nicht unbeschränkt – zu Gebote stehenden Kräften die starke Inanspruchnahme des Asylrechts zeitgerecht bewältigen könne (BVerfGE 94, 166, 199 f. = EZAR 632 Nr. 25 = NVwZ 1996, 678). § 18a wird insgesamt von der *Beschleunigungsmaxime* des Art. 16a Abs. 4 Satz 1 GG geprägt. Den in Abs. 1 Satz 1 und 2 bezeichneten Asylsuchenden wird zunächst die Einreise in das Bundesgebiet verweigert und ihr Antrag unverzüglich geprüft und beschieden, wenn der dem Bundesamt unterbreitete Sachverhalt dies binnen zwei Tagen nach Asylantragstellung zulässt. Andernfalls wird dem Asylsuchenden die Einreise zur Durchführung seines Asylverfahrens gestattet (Abs. 6 Nr. 1, 2). Damit wird es – entsprechend dem Zweck der Beschleunigungsmaxime – der Verwaltungspraxis ermöglicht, die Anträge, deren offensichtliche Unbegründetheit sich aufdrängt, von denjenigen zu trennen, bei denen eine Aussage über die Statusberechtigung eingehenderer Tatsachenfeststellungen und -würdigung bedarf (BVerfGE 94, 166, 209). Bei *eindeutigen Sachverhaltskonstellationen* darf die Einreiseverweigerung also sofort vollzogen werden, es sei denn, der Asylsuchende macht fristgerecht von den ihm zustehenden Rechtsbehelfen Gebrauch (BVerfGE 94, 166, 209). Das Flughafenverfahren wird damit unter der Voraussetzung, dass bestimmte besondere verfahrensrechtliche Schutzvorkehrungen beachtet werden, mit der Verfassung für vereinbar erachtet (BVerfGE 94, 166, 195).

5 Die *Verfahrensrichtlinie* erlaubt den Mitgliedstaaten in Form einer Freistellungsklausel die Durchführung eines Verfahrens an der Grenze. Mit dem Verweis auf die Verfahrensgarantien nach Kapitel II (Art. 43 Abs. 1 RL 2013/32/EU) wird sichergestellt, dass dieses Verfahren wie ein normales Verfahren durchzuführen ist. Es unterliegt allerdings dem Beschleunigungsgrundsatz. So ist sicherzustellen, dass das Flughafenverfahren innerhalb einer angemessenen Frist ergeht. Ist innerhalb von vier Wochen keine Entscheidung ergangen, ist dem Asylsuchenden die Einreise zur Fortsetzung des Verfahrens zu gestatten (Art. 43 Abs. 2 RL 2013/32/EU). Die Fristen in Abs. 1 Satz 3 und 4, Abs. 4 und 6 liegen weit unterhalb dieser den Mitgliedstaaten großzügig eingeräumten Zeitgrenzen. Unionsrecht regelt das Flughafenverfahren als *Freistellungsklausel.* Für den Fall einer besonderen Art der Ankunft oder einer Ankunft, bei der eine erhebliche Anzahl von Asylsuchenden an der Grenze oder in Transitzonen einen Asylantrag stellt, können die Mitgliedstaaten für eine befristete Zeitdauer das Flughafenverfahren anwenden (Art. 43 Abs. 3 RL 2013/32/EU). Da die Bundesrepublik das Verfahren dauerhaft eingeführt hat, bedarf es nicht des Rückgriffs auf diese Ermächtigungsgrundlage. Bestand am 01.12.2005 kein Flughafenverfahren, können die Mitgliedstaaten bis zum 21.07.2015 von den Grundsätzen und Verfahrensgarantien der Richtlinie abweichen (Art. 35 Abs. 2 RL 2005/85/EG in Verb. mit Art. 53 Abs. 1 RL 2013/32/EU). Für die Bundesrepublik ist die Norm ohne Bedeutung. Das Flughafenverfahren wurde 1993 eingeführt und war am Stichtag bereits in Kraft. Die Änderungsrichtlinie 2013/32/EU enthält die Ermächtigung nicht mehr. Art. 35 RL 2005/85/EU knüpfte anders als Abs. 1 die Einführung der Flughafenverfahrens nicht an besondere Voraussetzungen, sondern bestimmte lediglich, dass die in Kapitel II festgelegten Grundsätze und Verfahrensgarantien Anwendung fanden (Art. 35 Abs. 1

RL 2005/85/EG). Dagegen bestimmt Art. 43 Abs. 1 Buchst. a) RL 2013/32/EU, dass das Flughafenverfahren in Fällen unzulässiger Anträge nach Art. 33 RL 2013/32/EU (Schutz in einem anderen Mitgliedstaat, Schutz im Erstasylstaat oder im sicheren Drittstaat, unzulässiger Folgeantrag, abhängige Minderjähriger eines Asylsuchenden) eingerichtet werden kann.

Diese Verfahren werden in Deutschland teilweise nach § 18 Abs. 2 Nr. 1 und 2 geregelt. Da die Grundsätze und Verfahrensgarantien von Kapitel II der Verordnung (EU) Nr. 604/2013 zu beachten sind, ist die Einreiseverweigerung erst nach Durchführung des Verfahrens nach Maßgabe der Garantien von § 18a zulässig. Ferner können die Mitgliedstaaten beschleunigte Verfahren nach Art. 31 Abs. 8 RL 2013/32/EU im Rahmen des Flughafenverfahrens anwenden (Art. 43 Abs. 1 Buchst. b) RL 2013/32/EU; krit. hierzu *Vilmar*, Asylmagazin 2013, 21, 25). Damit werden im Wesentlichen die in § 29a und § 30 enthaltenen Regelungen angesprochen. Diese Vorgaben waren spätestens zum 20.07.2014 umzusetzen (Art. 51 Abs. 1 RL 2013/32/EU). Die nach Unionsrecht im Flughafenverfahren zu beachtenden Grundsätze umfassen u.a. den ungehinderten Zugang zum Verfahren, das Verbleibsrecht während des Verfahrens, die Anforderungen an die Prüfung und Entscheidung des Asylantrags und die Verfahrensgarantien einschließlich der Anhörungspflicht. Weder § 18a noch Art. 35 RL 2005/85/EG noch Art. 43 RL 2013/32/EU enthalten Beschränkungen der Inhaftnahme für den Fall der Ablehnung des Antrags bei gleichzeitiger Unmöglichkeit, die Einreiseverweigerung zu vollziehen. Jedoch bestimmt Art. 26 Abs. 2 RL 2013/32/EU, dass eine rasche gerichtliche Überprüfung des Gewahrsams sicherzustellen ist. Seit dem 20.07.2015 richtet sich der Gewahrsam nach den Garantien der Aufnahmerichtlinie (Art. 26 Abs. 2 RL 2013/32/EU). Danach darf der Asylsuchende in Haft genommen werden, um im Einreiseverfahren über sein Einreiserecht zu entscheiden (Art. 8 Abs. 3 Buchst. c) 2013/33/EU). Die Aufrechterhaltung der Haft nach ablehnender Entscheidung über den Asylantrag ist damit rechtmäßig, weil hiermit der Einreiseanspruch versagt wurde. Es sind aber Haftgründe des nationalen Rechts (§ 62 Abs. 3 AufenthG) zu beachten (Art. 8 Abs. 3 UAbs. 2 2013/33/EU), d.h. es muss insbesondere der Nachweis der *Fluchtgefahr* belegt werden können. Dieser kann nicht pauschal unterstellt werden (§ 18 Rdn. 41 f.). 6

Mit der Einführung eines Feststellungs- und Rechtsschutzverfahrens zugunsten der an der Grenze um Schutz suchenden Antragsteller bringt der Gesetzgeber unmissverständlich zum Ausdruck, dass er die Geltung des deutschen Rechts auch für Schutz begehrende an seinen Grenzen anerkannt wissen will. Soweit das Verfahren allerdings *freiheitsentziehende Folgen* hat, hat die umstrittene Konzeption der internationalen Zonen aber auch für die Bundesrepublik Bedeutung (Rdn. 90 ff.). Der Gesetzgeber erkennt mit dem Verfahren nach § 18a den im *Völkerrecht* entwickelten Rechtsstandard an, wonach das *Prinzip des Non-Refoulement* insbesondere auch an der Grenze Beachtung durch die Behörden des um Schutz ersuchten Staates verlangt (s. hierzu im Einzelnen § 18 Rdn. 6 ff.). Aus Sicht des *Verfassungsrechts* folgt die Geltung deutschen Rechts aus dem *Individualschutzcharakter der Asylgarantie*. Aus völkerrechtlicher Sicht ist festzuhalten, dass Art. 33 Abs. 1 GFK und Art. 3 EMRK innerstaatlicher unmittelbarer Anwendung fähig sind und damit subjektiv-öffentlichen Rechtscharakter 7 über Art. 19 Abs. 4 GG (*Schmidt-Aßmann,* in: *Maunz-Dürig,* Komm. z. GG, Rn. 7 zu Art. 19 Abs. 4) gewinnen. Das Sonderverfahren ist damit *Ausdruck* der gesetzgeberischen *Entscheidung für den Rechtsschutz auch an der Grenze.* Zwar ist Vieles am Flughafenverfahren kritikwürdig. Es darf jedoch nicht übersehen werden, dass der Gesetzgeber mit dem Sonderverfahren ein förmliches Rechtsschutzverfahren gegen Einreiseverweigerungen geregelt und damit den früher üblichen rechtsschutzlosen Raum insbesondere im Flughafenbereich für bestimmte Gruppen von Asylsuchenden beseitigt hat. Für die nicht durch Abs. 1 erfassten Tatbestände bleibt es allerdings bei der früheren Rechtslage.

B. Begriff der Einreise

8 Der Anwendungsbereich des Verfahrens nach § 18a ist nur dann hinreichend bestimmt, wenn der *Begriff der Einreise* definiert ist (*Fritz,* in: GK-AsylG § 18a Rn. 7 ff.). Schon nach dem Wortlaut kann nur jemand eingereist sein, dem der *Zugang zu einem Gebiet* gewährt worden ist. Schutzbegehrende auf dem Flughafen befinden sich zwar rein tatsächlich auf dem Hoheitsgebiet der Bundesrepublik. Sie sind aber im *rechtlichen Sinne* noch nicht eingereist. Nach § 13 Abs. 2 Satz 1 AufenthG ist eine Person erst eingereist, wenn sie die Grenze *überschritten* und die Grenzübergangsstelle (§ 13 Abs. 1 AufenthG) *passiert hat.* Wer sich *an der Grenze* aufhält, *will einreisen* (§ 15 Abs. 1 AufenthG). Demgemäß verwendet Abs. 1 Satz 1 auch den Begriff *»einreisen wollen«.* Schutzbegehrende, die »über einen Flughafen einreisen wollen« und bei der Grenzbehörde um Asyl nachsuchen (Abs. 1 Satz 1), sind damit noch nicht eingereist. Sie befinden sich im Transitbereich des Flughafens, damit zwar auf dem Hoheitsgebiet des Asylstaates, eingereist im rechtlichen Sinne sind sie jedoch erst, wenn sie die Grenzübergangsstelle passiert haben (§ 13 Abs. 1 AufenthG), ihnen also die Einreise nach Abs. 6 oder deshalb zu gestatten ist, weil ihr Schutzbegehren gar nicht dem Anwendungsbereich von Abs. 1 unterfällt. Damit ist eindeutig klargestellt, dass ein auf dem Flughafen um Asyl nachsuchender Antragsteller nicht eingereist ist. Das Sonderverfahren ist damit der rechtlichen Gewährung der Einreiseerlaubnis vorgeschaltet. Deshalb legt das BVerfG auch besonderes Gewicht auf die Feststellung, dass es sich beim Flughafenverfahren um ein Verfahren *vor der Einreise* handelt (BVerfGE 94, 166, 193, 199 = EZAR 632 Nr. 25 = NVwZ 1996, 678). Der im Transitbereich befindliche Asylsuchende ist *im Rechtssinne* eingereist. Der Raum der Bundesrepublik ist Ausländern, die ihn ohne entsprechende Reisedokumente erreichen, vor der Feststellung ihrer Statusberechtigung nicht zugänglich. Die Tatsache, dass sie sich bei ihrer Ankunft auf einem Flughafen schon auf deutschem Staatsgebiet befinden, ändert nichts daran, dass über die Einreisegewährung erst noch zu entscheiden ist (BVerfGE 94, 166, 199). In den Fällen des Abs. 1 Satz 1 letzter Halbs. (Rdn. 10) ist der Antragsteller zwar faktisch eingereist, nicht jedoch im rechtlichen Sinne. Das unerlaubte Verlassen des Transitbereichs steht der Durchführung des Flughafenverfahrens nicht entgegenstehen (*Hailbronner,* AuslR B 2 § 18a AsylG Rn. 46), wenn dieses bereits durch Aufgreifen der Bundespolizei eingeleitet wurde. Wem mit gefälschtem Pass und Visum die Einreise gelungen ist, darf aber nicht zum Flughafen zwecks Durchführung des Flughafenverfahrens zurück gebracht werden, weil dieses nach seiner Funktion

voraussetzt, dass der unmittelbare Einreisevorgang noch nicht abgeschlossen ist (§ 13 Rdn. 19 ff.).

Es obliegt der Grenzschutzbehörde im Einzelnen, innerhalb der »Grenzübergangsstelle« Flughafen den *Transitbereich* festzulegen (*Fritz*, in: GK-AsylG § 18a Rn. 9). Wer sich im Transitbereich des Flughafens befindet, hat die Grenzübergangsstelle noch nicht passiert und ist damit noch nicht eingereist. Dementsprechend darf das Flughafenverfahren nur im Transitbereich des Flughafenverfahrens durchgeführt werden. Andernfalls wären die Asylsuchenden eingereist und die gesetzlichen Voraussetzungen für die Durchführung des Sonderverfahrens nach § 18a entfallen. Nicht zum Transitbereich des Flughafens gehören die Bereiche, die jedermann ungehindert und ohne Erlaubnis betreten und wieder verlassen kann (*Fritz*, in: GK-AsylG, § 18a Rn. 9). Es muss sich damit bei den Unterbringungsmöglichkeiten nach Abs. 1 Satz 1 um bestimmte, eingrenzbare Bereiche handeln, die als Transitzonen ausgewiesen werden und nicht für jedermann zugänglich sind (*Göbel-Zimmermann*, in: Huber, Handbuch des Ausländer- und Asylrechts, IV SystDarst. Rn. 157). 9

Nach Abs. 1 Satz 1 ist das Flughafenverfahren auch dann durchzuführen, soweit die Unterbringung auf dem Flughafen lediglich wegen einer erforderlichen stationären Krankenhausbehandlung nicht möglich ist. Diese Gesetzesänderung wurde 1997 (BGBl. I S. 2584) eingeführt. Sie war im ursprünglichen Gesetzentwurf nicht vorgesehen (BT-Drucks. 13/4948, S. 5) und wurde aufgrund der Empfehlung des Innenausschusses in das Gesetz eingeführt (BT-Drucks. 13/5986, S. 7). Begründet wurde die Ergänzung nicht. § 13 Abs. 2 Satz 2 AufenthG bestimmt, dass unter den Voraussetzungen des § 18a nicht von einer Einreise i.S.d. § 13 Abs. 1 AufenthG auszugehen ist. Insbesondere bei nicht nur kurzfristigem Krankenhausaufenthalt wird man aber Abs. 1 Satz 1 letzter Halbs. einschränkend zu interpretieren haben, dass das Flughafenverfahren nicht fortzusetzen ist. Es widerspricht dem auf extreme Beschleunigung abzielenden Verfahren, die Bearbeitung des Antrags nach nicht nur kurzfristiger Abwesenheit infolge Krankenhausbehandlung fortzusetzen. Grundsätzlich darf aber nach Erreichung des »vorübergehenden Zwecks« der Krankenbehandlung i.S.d. Abs. 1 Satz 1 letzter Halbs. der Asylsuchende wieder in den Transitbereich zurückgebracht und das Asylverfahren fortgesetzt werden (*Fritz*, in: GK-AsylG § 18a Rn. 11). Die Fristbestimmungen der Vorschrift sind in diesem Zusammenhang nicht geändert worden. Es ist aber davon auszugehen, dass die Bearbeitungsfristen nach Abs. 1 Satz 3 und Abs. 6 Nr. 2 und 3 während des Krankenhausaufenthaltes gehemmt werden, da andernfalls die gesetzliche Änderung ihren Zweck verfehlen würde. Ob aufgrund der Krankenhausbehandlung auch die Antrags- und Begründungsfristen gehemmt werden, ist unklar. Nach den bisherigen Erfahrungen wird die Einreise zur stationären Behandlung entweder unmittelbar nach der Meldung bei der Grenzbehörde, jedenfalls vor der Weiterleitung des Asylsuchenden zur Außenstelle des Bundesamtes notwendig, sodass sich das Problem der Auslegung und Anwendung von Fristvorschriften nicht stellt (Abs. 1 Satz 3). Tritt der Einreisefall in der Zwei-Tages-Frist nach Abs. 6 Nr. 2 auf, wird das Bundesamt entweder nach Abs. 6 Nr. 1 vorgehen oder wird die Bearbeitungsfrist gehemmt. Sofern die Einreise während der Antragsfrist nach Abs. 4 Satz 1 erfolgt und dem Antragsteller aus gesundheitlichen Gründen weder die 10

Antragstellung noch die Antragsbegründung möglich ist, ist Wiedereinsetzung zu gewähren. Hat der Antragsteller den Eilrechtsschutzantrag gestellt und ist er wegen der stationären Behandlung an der Begründung gehindert, wird man entweder von einer Hemmung der Frist nach Abs. 6 Nr. 3 auszugehen haben oder das Verwaltungsgericht ordnet im Wege der einstweiligen Anordnung die Einreise an.

C. Unterbringung auf dem Flughafengelände (Abs. 1 Satz 1)

11 Nach Abs. 1 Satz 1 ist unter den dort genannten Voraussetzungen das Asylverfahren vor der Entscheidung über die Einreise durchzuführen, soweit die Unterbringung auf dem Flughafengelände während des Verfahrens möglich ist. Die Anwendung des Sonderverfahrens steht damit unter dem Vorbehalt ausreichender *Kapazitäten*. Umstritten ist, ob die Bundespolizei oder das jeweilige Bundesland für die Unterbringung der Asylsuchenden im Flughafenverfahren zuständig ist und damit die Kosten zu tragen hat (s. hierzu *Fritz*, in: GK-AsylG § 18a Rn. 14). Zwar verlangt Abs. 1 Satz 1 Halbs. 2 lediglich, dass die Unterbringung auf dem Flughafengelände während des Verfahrens möglich sein muss. Diese muss jedoch menschenwürdigen und den Erfordernissen des Sozialstaats genügen (BVerfG [Kammer], AuAS 1994, 20). Dem Asylsuchenden sind elementare Leistungen wie Schlafstätte und Verpflegung, medizinische Versorgung und soziale Betreuung zur Verfügung zu stellen (VG Frankfurt am Main, AuAS 1995, 215, 216). Ferner ist nachteiligen Auswirkungen der Unterbringungssituation auf das Asylverfahren und sein Ergebnis entgegenzuwirken (BVerfGE 94, 166, 202 = EZAR 632 Nr. 25 = NVwZ 1996, 678). In Extremfällen menschenunwürdiger Unterbringung ist daher die Voraussetzung für die Anwendung des Sonderverfahrens nicht mehr gegeben und besteht deshalb bereits unmittelbar aus Abs. 1 Satz 1 ein Einreiseanspruch (*Liebetanz*, in: GK-AsylG, § 18a Rn. 17).

12 Art. 18 Abs. 2 RL 2005/85/EG regelte lediglich, dass eine gerichtliche Überprüfung des Gewahrsams angeordnet werden musste. Zu den Unterbringungsbedingungen am Flughafen verhält sich das Unionsrecht nicht. Für die Gewahrsamnahme verweist Art. 26 Abs. 1 RL 2013/32/EU auf die entsprechenden Vorschriften der Aufnahmerichtlinie (Art. 9 ff. RL 2013/33/EU). Diese regeln, dass Asylbewerber grundsätzlich in speziellen Hafteinrichtungen unterzubringen sind und die Möglichkeit haben müssen, sich an der frischen Luft aufzuhalten. Die Verbindungsaufnahme zu UNHCR, zu Familienangehörigen, zum Rechtsbeistand oder -berater sowie zu einschlägigen Nichtregierungsorganisationen während der Unterbringung ist grundsätzlich sicherzustellen. Die Gesundheit einschließlich der psychischen Gesundheit ist ein vorrangiges Anliegen der Behörden. Daher sind regelmäßige Überprüfungen erforderlich und ist der besonderen Situation der Asylbewerber einschließlich ihrer Gesundheit Rechnung zu tragen. Frauen sind grundsätzlich getrennt von Männern unterzubringen, es sei denn, es handelt sich um Familienangehörige. Es sind besondere Anforderungen an die Unterbringung und Betreuung von *Kindern und Jugendlichen* während des Aufenthalts im Transitbereich zu stellen (Art. 11 Abs. 2 und 3 RL 2013/33/EU, Art. 25 RL 2013/32/EU; s. auch § 12 Rdn. 26 ff.). Unbegleitete Minderjährige dürfen nur in Ausnahmefällen in Haft genommen (BGH, InfAuslR 2013, 78, 79, für § 15 Abs. 6 AufenthG; § 14 Rdn. 52 ff.) und in keinem Fall in gewöhnlichen

Haftanstalten untergebracht werden. Vielmehr sind sie in jugendhilfegerechten Einrichtungen unterzubringen (§ 12 Rdn. 26 ff.). Werden sie ungeachtet dessen in Haft genommen, sind sie jedenfalls getrennt von Erwachsenen unterzubringen. So weit wie möglich, sind sie in Einrichtungen aufzunehmen, die über Personal und Räumlichkeiten verfügen, die ihren altersgemäßen Bedürfnissen Rechnung tragen (Art. 11 Abs. 3 UAbs. 3 RL 2013/33/EU).

D. Betroffene Personengruppen (Abs. 1 Satz 1 und Satz 2)

Die Entscheidung, ein besonderes Verfahren für bestimmte Gruppen von Asylsuchenden zu schaffen, die auf dem Luftweg einreisen, hält nach Ansicht des BVerfG einer verfassungsrechtlichen Prüfung am Maßstab des Art. 3 Abs. 1 GG stand (BVerfGE 94, 166, 197 = EZAR 632 Nr. 25 = NVwZ 1996, 678). Das Flughafenverfahren hat seinen verfassungsrechtlichen Ort in der *Beschleunigungsmaxime des Art. 16a Abs. 4 GG*: Den in Abs. 1 Satz 1 und 2 bezeichneten Asylsuchenden wird zunächst die Einreise in das Bundesgebiet verweigert, ihr Asylbegehren unverzüglich geprüft und beschieden, wenn der dem Bundesamt unterbreitete Sachverhalt dies binnen zwei Tagen nach Stellung des Asylantrags zulässt (BVerfGE 94, 166, 209). Die Beschleunigungsmaxime des Art. 16a Abs. 4 GG als solche ist jedoch keine tragfähige verfassungsrechtliche Grundlage für eine Erweiterung des persönlichen Anwendungsbereichs des Flughafenverfahrens über das geltende Recht hinaus. Insoweit hat das BVerfG lediglich geprüft, ob die gesetzlichen Bestimmungen des Abs. 1 Satz 1 und 2 verfassungsrechtlich unbedenklich sind (BVerfGE 94, 166, 197 f. = EZAR 632 Nr. 25 = NVwZ 1996, 678). Die in Betracht kommenden Personengruppen sind in Abs. 1 und 2 abschließend geregelt. Eine Erstreckung des Flughafenverfahrens auf weitere Personengruppen dürfte mit dem vom BVerfG hierfür entwickelten Voraussetzungen kaum vereinbar sein. 13

Das Flughafenverfahren erfasst nach Abs. 1 Satz 1 Asylsuchende aus »sicheren Herkunftsstaaten« (§ 29a). Maßgeblich ist, dass der Asylsuchende aus einem sicheren Herkunftsstaat (vgl. Anlage II zu § 29a) kommt. Dies sind derzeit lediglich Asylsuchende aus Albanien, Bosnien und Herzogowina, Ghana, Kosovo, Mazedonien, Montenegro, Senegal und Serbien. Mit dieser Fallgruppe wird eines der Schlüsselelemente der verfassungsrechtlichen Asylkonzeption (Art. 16a Abs. 3 GG, § 29a) in besonderem Maße verfahrensrechtlich umgesetzt. Der Asylsuchende muss nicht notwendigerweise Staatsangehöriger dieses Staates sein. Es reicht aus, dass ein *Staatenloser* seinen gewöhnlichen Aufenthalt in einem sicheren Herkunftsstaat gehabt hat. Hat der staatenlose Asylsuchende hingegen seinen gewöhnlichen Aufenthalt in einem Staat gehabt, der nicht in der Anlage II zu § 29a bezeichnet ist, reist er jedoch auf dem Weg in das Bundesgebiet durch einen sicheren Herkunftsstaat, handelt es sich nicht um einen Ausländer aus einem sicheren Herkunftsstaat. Hat hingegen der Asylsuchende *mehrere Staatsangehörigkeiten* und ist ein Staat der Staatsangehörigkeit sicherer Herkunftsstaat, liegen die Voraussetzungen nach Abs. 1 Satz 1 vor. Er muss dort nicht notwendigerweise seinen gewöhnlichen Aufenthalt gehabt haben (*Hailbronner,* AuslR B 2 § 18a AsylG Rn. 23). Die *Regelvermutung* nach § 29a Abs. 1 erfordert eine besonders effektive Verfahrensgestaltung. Das Konzept der *sicheren Herkunftsländer* ist verfassungsrechtlich 14 nur hinnehmbar, wenn geeignete Verfahrensvorkehrungen getroffen werden, um dem Betroffenen die wirksame und durchsetzbare Darlegungsmöglichkeit zu geben, die Regelvermutung im Einzelfall zu widerlegen (§ 29a Rdn. 28 ff.). Zwar kann in Ansehung eines Asylsuchenden aus einem sicheren Herkunftsstaat der Asylantrag regelmäßig ohne größeren Prüfungsaufwand in einem abgekürzten Verfahren bearbeitet werden (BVerfGE 94, 166, 196 = EZAR 632 Nr. 25 = NVwZ 1996, 678). Dies bedeutet jedoch nicht, dass damit die Anforderungen an die Gestaltung des Verfahrens herabgesetzt werden dürfen. Sowohl für das Verwaltungs- wie für das Gerichtsverfahren ergeben sich gerade für diese Personengruppe besondere Anforderungen an die Verfahrensgestaltung.

15 Nach Abs. 1 Satz 2 findet das Flughafenverfahren auch auf Asylsuchende Anwendung, die bei der Grenzbehörde auf einem Flughafen um Asyl nachsuchen und sich dabei *nicht* mit einem *gültigen Pass* oder *Passersatz* ausweisen. Die zweite Fallgruppe zielt auf die Bewältigung eines seit Mitte der 1980er Jahre insbesondere in Europa zu beobachtenden Problems, nämlich die *irreguläre Wanderung von Flüchtlingen und Asylsuchenden* (s. hierzu *Jaeger*, Study on Irregular Movements of Asylum Seekers and Refugees, Rn. 16, 27–31). Ursprünglich sollte das Flughafenverfahren nur auf Asylsuchende aus sicheren Herkunftsstaaten Anwendung finden (BT-Drucks. 12/4450, S. 16). Erst im Verlaufe der Gesetzesberatungen wurde das Flughafenverfahren eingeführt und dabei um die Personengruppe nach Abs. 1 Satz 2 erweitert (BT-Drucks. 12/4984, S. 12 f.). Durch diese Erweiterung soll verhindert werden, dass Asylsuchende aus sicheren Herkunftsstaaten die Vorschrift des § 18a dadurch umgehen können, dass sie ohne oder mit gefälschten Reisedokumenten ankommen und behaupten, Angehörige eines anderen Staates zu sein (*Giesler/Wasser*, Das neue Asylrecht, S. 30). Die Tatsache als solche, dass ein Asylsuchender ohne gültigen Pass einreist, rechtfertigt jedoch nicht die Antragsablehnung, wenn die Voraussetzungen des § 29a oder § 30 nicht vorliegen (*Hailbronner*, AuslR B 2 § 18a AsylG Rn. 23). Der Gesetzgeber konnte im Hinblick darauf, dass Möglichkeiten einer unverzögerten Rückführung von Asylsuchenden nach Ablehnung ihrer Asylanträge nur effektiv genutzt werden können, wenn das Asylverfahren vor der Einreisegewährung beschleunigt abgewickelt wird, das Flughafenverfahren auch auf solche Personen erstrecken, die zwar nicht aus einem sicheren Herkunftsstaat kommen, aber ohne Reisedokument oder mit gefälschten Reisedokumenten um Asyl nachsuchen. Die Regelung verstößt nicht gegen den Gleichheitssatz (BVerfGE 94, 166, 197 = EZAR 632 Nr. 25 = NVwZ 1996, 678). Da die Prüfung eines Asylantrags nach den Regeln des Flughafenverfahrens den aus Art. 16a Abs. 1 GG und Art. 19 Abs. 4 GG folgenden *Mindestanforderungen* genügt, darf es auch auf Asylsuchende ohne Reisedokumente oder ohne gültige Reisedokumente erstreckt werden. (BVerfGE 94, 166, 197 f.).

16 Eine völkerrechtliche Rückübernahmeverpflichtung des Abflugstaates, der nicht zugleich Herkunftsstaat des Asylsuchenden ist, besteht nicht. Nur der Staat der Staatsangehörigkeit ist völkerrechtlich zur Übernahme seiner Staatsangehörigen verpflichtet (*Grahl-Madsen*, Yale Journal of International Law 1986, 376, 393). Ohne ausdrückliche Zustimmung der zuständigen Behörden des Staates, der nicht zugleich Staat der Staatsangehörigkeit ist, darf daher aus völkerrechtlicher Sicht die

Rückführung nicht vorgenommen werden (*Weis*, The Canadian Yearbook of International Law 1969, 92, 141), es sei denn, dem bilateralen Rechtsverkehr zwischen den beteiligten Staaten liegt ein entsprechendes Rückübernahmeabkommen zugrunde (s. hierzu *Hailbronner*, Rückübernahme eigener und fremder Staatsangehöriger, S. 52 ff.). Gleichwohl versuchen die Grenzbehörden auch in Fällen, in denen kein entsprechendes Abkommen Anwendung findet, häufig auch ohne die Einholung einer vorherigen Zustimmung des Zielstaates im konkreten Einzelfall die Zurückweisung durchzuführen.

Der *Reiseausweis* muss als Identitätsnachweis zumindest Angaben über Name, Vorname, Geburtsdatum und -ort sowie – bei Personen mit einer Staatsangehörigkeit – Angaben über die Staatsangehörigkeit enthalten. Schließlich sind Angaben zur Geltungsdauer und zum -bereich erforderlich. Bei Staatenlosen wird sich ein Hinweis auf die Staatenlosigkeit häufig aus dem Reisedokument ergeben, das die zuständigen Behörden des gewöhnlichen Aufenthaltsstaates ausgestellt haben. Ein Pass ist nicht gültig, wenn an diesem *Manipulationen* vorgenommen worden sind und die genannten Angaben nicht mehr eindeutig festgestellt werden können. Beschädigungen und Zerstörungen des Passes führen zu dessen Ungültigkeit, wenn dadurch die erforderlichen Angaben nicht mehr zweifelsfrei festzustellen sind (im Einzelnen *Fritz*, in: GK-AsylG, § 18a Rn. 28). Der Bundespolizei ist es möglich, die Echtheitsprüfung binnen ein bis zweit Tagen durchzuführen. Lässt sich die Prüfung nicht kurzfristig durchführen, ist die Einreise nach § 18 Abs. 1 AsylG zu gestatten (*Fritz*, in: GK-AsylG, § 18a Rn. 28). Bei der Beurteilung der *Echtheit* der ihnen vorgelegten *Dokumente* hat die Bundespolizei besondere Sorgfalt walten zu lassen. Nach dem Willen des Gesetzgebers soll das Flughafenverfahren auf Asylsuchende beschränkt bleiben, die nicht über ausreichende Reisedokumente verfügen oder deren Pässe tatsächlich – und nicht nur vermeintlich – gefälscht sind. Kann die Unechtheit des Passes nicht kurzfristig festgestellt werden, *ist* daher die Einreise zu gestatten (BVerfGE 94, 166, 198). Die Einreise ist ohne weitere Prüfung zu gestatten, wenn die Grenzschutzbehörde nicht hinreichend tragfähig darlegen kann, aus welchen Gründen sie das vorgelegte Reisedokument für gefälscht erachtet. In einem derartigen Fall überprüft das Verwaltungsgericht nicht die inhaltliche Richtigkeit des asylrechtlichen Offensichtlichkeitsurteils, sondern lässt die Einreise allein deshalb zu, weil die Voraussetzungen nach Abs. 1 Satz 2 für die Durchführung des Flughafenverfahrens nicht vorliegen 17

Ein Pass wird nicht dadurch ungültig, dass er mit einem *gefälschten Visum* versehen ist (vgl. VG Frankfurt am Main, Beschl. v. 04.12.1995. – 12 G 50577/95.A [3]; vgl. hierzu auch § 11 PaßG). Wenn bereits der fehlende Besitz eines Visums nicht zur Anwendung des Sonderverfahrens führt, kann auch ein gefälschtes Visum diese Anwendung nicht bewirken (§ 29 Abs. 1 Nr. 1 Rdn. 33). Nach Abs. 1 Satz 1 ist *allein* der fehlende oder nicht gültige Pass maßgeblich. Ein gefälschtes Visum bewirkt nicht die Ungültigkeit des Passes. Ein ungültiger Pass ist entweder ein *gefälschter* oder ein Reiseausweis, dessen Geltungsdauer im Zeitpunkt der Schutzsuche abgelaufen ist. Ebenso wenig findet das Flughafenverfahren auf Asylbegehrende Anwendung, die sich durch einen gültigen Reiseausweis oder Passersatz ausweisen, aber nicht im Besitz des erforderlichen *Visums* sind. Der Wortlaut von Abs. 1 Satz 2 ist eindeutig. Zudem wird 18 diese Ansicht auch durch § 13 Abs. 3 Satz 1 bestätigt, da auch dort nur auf die »Einreisepapiere«, nicht aber zugleich auch auf das Visum abgestellt wird. Wer daher mit gültigem Pass, jedoch ohne oder ohne das erforderliche Visum einreist, erfüllt nicht den Tatbestand nach Abs. 1 Satz 2 und ist weiterzuleiten.

19 Nach Abs. 1 Satz 2 ist Voraussetzung für die Anwendung des Flughafenverfahrens, dass der Asylsuchende sich nicht mit einem gültigen Reiseausweis oder Passersatz *»ausweist«*. Maßgebend für die Erfüllung des gesetzlichen Tatbestandes ist nicht, dass Asylsuchende sich bei der Grenzkontrolle nicht mit einem gültigen Reisedokument ausweisen »können« (so aber *Giesler/Wasser*, Das neue Asylrecht, S. 30), sondern dass sie sich mit einem derartigen Dokument tatsächlich nicht »ausweisen«. Der Umstand, dass ein Asylsuchender neben seinem verfälschten Reiseausweis einen echten nationalen Reiseausweis bei sich führt, diesen aber bei der Grenzkontrolle nicht vorzeigt, ist unerheblich (VG Frankfurt am Main, Beschl. v. 09.10.1996 – 8 G 50593/96.A [3]). Ist der Asylsuchende im Besitz eines gültigen Reiseausweises, versucht er dies jedoch zunächst zu verbergen, um etwa den Reiseweg oder das (sichere) Herkunftsland nicht offenbaren zu müssen, weist er sich nicht mit einem gültigen Pass aus, sodass das Flughafenverfahren durchzuführen ist (*Fritz*, in: GK-AsylG, § 18a Rn. 29; *Hailbronner*, AuslR B 2 § 18a AsylG Rn. 28; vgl. auch § 15 Abs. 2 Nr. 4, 30 Abs. 3 Nr. 2 und 5). Wird das Asylverfahren nach § 18a durchgeführt, obwohl der Asylsuchende im Besitz eines gültigen Passes ist, sieht die Rechtsprechung in diesem Umstand einen Verfahrensfehler nach § 46 VwVfG, der unerheblich ist, wenn in der Sache selbst keine andere Entscheidung hätte getroffen werden können (VG Frankfurt am Main, Beschl. v. 04.12.1995 – 12 G 50577/95.A [3]; VG Frankfurt am Main, Beschl. v. 21.08.1995 – 2 G 50390/95.A [3]). Es handelt sich in einem derartigen Fall jedoch nicht um einen bloßen Verfahrensfehler. Vielmehr liegen die tatbestandlichen Voraussetzungen für die Durchführung des Flughafenverfahrens nicht vor, sodass für die Durchführung des Asylverfahrens die Rechtsgrundlage fehlt.

20 Das Flughafenverfahren findet unter den Voraussetzungen des Abs. 1 Satz 1 und 2 auch auf *Folgeantragsteller* Anwendung (VG München, EZAR 220 Nr. 4; VG Ansbach, InfAuslR 1995, 426; VG Frankfurt am Main, NVwZ-RR 1994, 293, 294; VG Frankfurt am Main, Beschl. v. 24.10.1996 – 2 G 50620/96.A (3); VG Frankfurt am Main, NVwZ-RR 2006, 425 = AuAS 2006, 117; *Fritz*, in: GK-AsylG, § 18a Rn. 29; *Hailbronner*, AuslR B 2 § 18a AsylG Rn. 28). Kommt der Folgeantragsteller aus einem sicheren Herkunftsstaat (§ 29a) oder weist er sich bei der Grenzkontrolle nicht mit einem gültigen Pass oder Passersatz aus, ist er deshalb im Sonderverfahren nach § 18a zu behandeln. In allen anderen Fällen ist Folgeantragstellern die Einreise zwecks Durchführung des Asylverfahrens zu gestatten. Der entgegenstehende Erlass des Bundesinnenministeriums vom 06.07.1994, mit dem angeordnet wird, dass Folgeantragsteller ohne Prüfung, ob die Voraussetzungen nach § 71 für die Durchführung eines weiteren Asylverfahrens vorliegen, von der Grenzbehörde zurückzuweisen sind, ist rechtswidrig (VG München, EZAR 220 Nr. 4; VG Ansbach, InfAuslR 1995, 426, 427; VG Frankfurt am Main, NVwZ-RR 2006, 425 = AuAS 2006, 117; *Fritz*, in: GK-AsylG, § 18a Rn. 30; *Hailbronner*, AuslR B 2 § 18a AsylG Rn. 30). Vielmehr hat die Grenzbehörde, sofern die Voraussetzungen nach Abs. 1 Satz 1 oder Satz 2 vorliegen,

den Asylbegehrenden nach Abs. 1 Satz 3 an das Bundesamt weiterzuleiten. In allen anderen Fällen ist die Einreise zur Durchführung des Asylverfahrens zu gestatten.

Die Vorschrift des § 18a enthält insoweit eine *Regelungslücke* (VG Frankfurt am Main, NVwZ-RR 1994, 293, 294; VG Frankfurt am Main, Beschl. v. 24.10.1996 – 2 G 50620/96.A [3]). Aus § 71 Abs. 2 folgt, dass die Vorschriften über den Folgeantrag grundsätzlich von der Anwendbarkeit der Verfahrensvorschriften des Zweiten Abschnitts über das Asylverfahren für den Folgeantrag ausgehen. Daher ist Abs. 3 Satz 1, wonach dem Asylsuchenden die Einreise zu verweigern ist, wenn das Bundesamt den Asylantrag als offensichtlich unbegründet abgelehnt hat, auch auf Folgeantragsteller anwendbar (VG Frankfurt am Main, Beschl. v. 24.10.1996 – 2 G 50620/96.A [3]; *Fritz*, in: GK-AsylG, § 18a Rn. 31). Daraus folgt aber zugleich auch, dass die Grenzbehörde den Asylbegehrenden zur Prüfung, ob Wiederaufnahmegründe nach § 51 Abs. 1 bis 3 VwVfG vorliegen, weiterzuleiten hat. Die Zurückweisung des Folgeantragstellers ohne Durchführung einer derartigen Prüfung verletzt das Asylgrundrecht des Art. 16a Abs. 1 GG und seine verfahrensrechtliche Ausgestaltung durch § 18, § 18a (VG München, EZAR 220 Nr. 4) und das Refoulementverbot nach Art. 33 Abs. 1 GFK (VG Frankfurt am Main, NVwZ-RR 2006, 425, 426 = AuAS 2006, 117; *Fritz*, in: GK-AsylG, § 18a Rn. 31; vgl. auch Art. 21 RL 2004/83/EG; Art. 35 RL 2005/85/EG). Unionsrecht bestimmt, dass im Flughafenverfahren die Zulässigkeit des Folgeantrags geprüft werden kann (Art. 43 Abs. 1 Buchst. a) in Verb. mit 33 Abs. 2 Buchst. d) RL 2013/32/EU). Da die Grundsätze und Verfahrensgarantien von Kapitel II der Verfahrensrichtlinie zu beachten sind, ist die Einreiseverweigerung erst nach Durchführung des Verfahrens nach Maßgabe der Garantien von § 18a zulässig. Spätestens seit dem 20.07.2015 (Art. 51 Abs. 1 RL 2013/32/EU) ist diese Vorschrift anzuwenden. Zuständig für die Zulässigkeitsprüfung ist die Asylbehörde und nicht die Bundespolizei (Art. 4 RL 2013/32/EU). Ferner ist der durch Art. 16a Abs. 1 GG garantierte grundsätzliche Anspruch auch des Folgeantragstellers auf Gewährleistung von Zurückweisungsschutz und Prüfung der geltend gemachten Wiederaufnahmegründe zu berücksichtigen (VG München, EZAR 220 Nr. 4). Die aufenthaltsrechtliche Schlechterstellung der Folgeantragsteller spricht gerade dafür, dass der Gesetzgeber diese Personengruppe nicht aus den Sondervorschriften des § 18a ausklammern wollte (VG Frankfurt, NVwZ-RR 1994, 293, 294; VG Frankfurt am Main, Beschl. v. 24.10.1996 – 2 G 50620/96.A [3]). 21

Erachtet das Bundesamt die dargelegten Wiederaufnahmegründe nicht für ausreichend, muss es ein weiteres Asylverfahren durchführen und den Asylantrag als offensichtlich unbegründet ablehne, wenn es die Einreiseverweigerung herbeiführen will. Denn nur in diesem Fall darf dem Folgeantragsteller kraft Gesetzes die Einreise zu verweigert werden (Abs. 3 Satz 1). Die Feststellung, ein weiteres Asylverfahren werde nicht durchgeführt, begründet nicht diese gesetzliche Folge. Wird die Einleitung eines Asylverfahrens abgelehnt, folgt aus Art. 19 Abs. 4 GG ein Verbot der Zurückweisung bis zum Abschluss des Eilrechtsschutzverfahrens (VG Frankfurt am Main, NVwZ-RR 2006, 425, 426 = AuAS 2006, 117). Das weitere Verfahren richtet sich nach § 15 AufenthG. Einer analogen Anwendung des § 18a auf diese Fallgestaltung bedarf es deshalb nicht (VG Frankfurt am Main, NVwZ-RR 2006, 425, 426 = 22

AuAS 2006, 117). Ist der erste Asylantrag noch anhängig, hat der Folgeantragsteller lediglich die Möglichkeit, bei dem für das Erstverfahren zuständigen Verwaltungsgericht nach § 123 VwGO in Verb. mit § 927 ZPO, § 80 Abs. 7 Satz 2 VwGO wegen Änderung der Sach- und Rechtslage einen *Abänderungsantrag* zu stellen (so auch *Liebetanz,* in: GK-AsylG, § 18a Rn. 34 f.). Der Antrag ist gegen den Rechtsträger der Grenzschutzbehörde zu richten, da diese die Zurückweisung nach § 15 AufenthG durchführt. Anders als beim ersten Asylverfahren oder beim Verwaltungsverfahren im Zusammenhang mit einem zulässigen Folgeantrag besteht keine gesetzliche Verpflichtung der Grenzbehörde, die gerichtliche Entscheidung abzuwarten. Daher bedarf es eines entsprechenden gerichtlichen Hinweises an die Grenzbehörde (Stillhalteabkommen). Dies folgt auch aus Art. 13 Abs. 2 RL 2008/115/EG. Wurde der erste Asylantrag im Rahmen des Flughafenverfahrens abgelehnt, wird nach Zurückweisung des Eilrechtsschutzantrags auf gerichtliche Veranlassung hin regelmäßig die Klage zurückgenommen oder das Verwaltungsgericht beendet das Verfahren nach § 81. In diesem Fall ist neues Sachvorbringen nicht im Wege des Abänderungsantrags, sondern in Form des Folgeantrags geltend zu machen (§ 71 Rdn. 10 ff.). § 71 Abs. 5 Satz 2 ist analog anzuwenden, d.h. die Grenzbehörde hat die Sachentscheidung des Bundesamtes und gegebenenfalls den Ausgang des anschließenden Eilrechtsschutzverfahrens abzuwarten (VG München, EZAR 220 Nr. 4; VG Frankfurt am Main, Beschl. v. 24.10.1996 – 2 G 50620/96.A [3]).

23 Ist der Asylantrag unbeachtlich (§ 27 Abs. 1), fehlt der Bundespolizei die Befugnis zur Zurückweisung ohne Einschaltung des Bundesamtes (§ 18 Rdn. 24). Der früher auf § 27 Abs. 1 und 2 bezogene und in § 18 Abs. 2 Nr. 2 AsylVfG a.F. geregelte Einreiseverweigerungsgrund ist aufgehoben worden. Durch das Richtlinienumsetzungsgesetz 2007 wurde der Einreiseverweigerungsgrund nach § 18 Abs. 2 Nr. 2 neu geregelt. Der bis dahin auf die Verfolgungssicherheit in einem »sonstigen Drittstaat« bezogene und als nicht praxisrelevant eingeschätzte geregelte Einreiseverweigerungsgrund (BT-Drucks. 16/5065, S. 410) wurde aufgehoben. Erfüllt der Asylsuchende eine der Voraussetzungen nach § 27 Abs. 1 oder 2, hat deshalb die Grenzbehörde den Antragsteller an das Bundesamt weiterzuleiten (a.A. *Fritz,* in: GK-AsylG, § 18a Rn. 29; *Hailbronner,* AuslR B 2 § 18a AsylG Rn. 28). Wird im Rahmen der Anhörung beim Bundesamt erkennbar, dass der Asylantrag unzulässig ist (§ 29 Abs. 1), darf das Bundesamt den Asylantrag nicht aus diesem Grund als »offensichtlich unbegründet« ablehnen (VG Frankfurt, Beschl. v. 13.09.2002 – 6 G 3410/02.AF[2]; a.A. VG Frankfurt am Main, Beschl. v. 24.08.2000 – 4 G 4118/00.AF[2]; *Fritz,* in: GK-AsylG, § 18a Rn. 38; offen gelassen BVerfG [Kammer], NVwZ-Beil. 1994, 51, 53). Eine Verweisung an die Bundespolizei zwecks Zurückweisung nach § 18 Abs. 2 Nr. 2 ist in einem derartigen Fall wegen des bereits eingeleiteten Asylverfahrens nicht mehr zulässig (VG Frankfurt, Beschl. v. 13.09.2002 – 6 G 3410/02.AF[2]) und im Übrigen wegen der Aufhebung des § 18 Abs. 2 Nr. 2 AsylVfG a.F. unzulässig. Ein unbeachtlicher Asylantrag ist kein offensichtlich unbegründetes Asylbegehren, weil in diesem Fall ja keine Prüfung der tatbestandlichen Voraussetzungen der Verfolgung erfolgt (VG Frankfurt, Beschl. v. 13.09.2002 – 6 G 3410/02.AF[2]). Dies gilt auch, wenn das Bundesamt zwar die Form der qualifizierten Asylablehnung wählt, in der

Sache aber den Asylantrag als unbeachtlich ablehnt (a.A. VG Frankfurt am Main, Beschl. v. 24.08.2000 – 4 G 4118/00.AF[2]). Die Gegenmeinung wird nicht begründet, sondern stellt allein auf die Einreiseverweigerung ab. Auch wenn die Bundespolizei die Einreiseverweigerung verfüge, obwohl das Bundesamt den Asylantrag als unbeachtlich abgelehnt habe und damit die Voraussetzungen des Abs. 3 Satz 1 nicht gegeben seien, ändere die falsche Begründung des Asylbescheids nichts an ihrer Bindung nach Abs. 3 Satz 1 (VG Frankfurt am Main, Beschl. v. 24.08.2000 – 4 G 4118/00.AF[2]). Die Gegenmeinung lässt jegliche dogmatische Klarheit und konzeptionelle Schlüssigkeit vermissen. Dagegen ist fest zu halten: Nur wenn das Asylbegehren auch in der Sache offensichtlich unbegründet ist, darf das Bundesamt nach Abs. 3 Satz 1 vorgehen. Ist dies nicht der Fall, kann es entweder den Asylantrag als unbeachtlich ablehnen oder es trifft keine Entscheidung in der Sache. In beiden Fällen besteht ein Einreiseanspruch (Abs. 3 Satz 1, Ab. 6 Nr. 1).

E. Unbegleitete Minderjährige

Umstritten ist, ob der Asylantrag unbegleiteter Minderjähriger im Flughafenverfahren behandelt werden darf. Das Bundesinnenministerium hat mit Erlass vom 06.07.1994 angeordnet, dass diese dem Flughafenverfahren zuzuführen sind. Lediglich dann, wenn in besonders gelagerten Einzelfällen aus humanitären Gründen die Unterbringung auf dem Flughafengelände nicht angezeigt sei, sei Weisung einzuholen, ob das Flughafenverfahren durchzuführen sei. Der Erlass wird pragmatisch gehandhabt und minderjährigen unbegleiteten Antragstellern nach Möglichkeit die Einreise gestattet. UNHCR wendet sich gegen die Einbeziehung unbegleiteter minderjähriger Asylsuchender in das Flughafenverfahren, da ein kindgerechtes Verfahren am Flughafen nicht gewährleistet sei (UNHCR, Stellungnahme des UNHCR zum Flughafenverfahren vom März 1999; § 12 Rdn. 26 ff.). Rechtsprechung und Literatur sind uneinheitlich. Dagegen wird eingewandt, die Unterbringung auf dem Flughafengelände sei nach Abs. 1 Satz 1 unmöglich. Dies folge aus der Unterbringung in den Kinder bzw. Jugendräumen beim Grenzschutzamt, die zur Unterbringung von Kindern nicht geeignet, zur Unterbringung von Jugendlichen nur in Ausnahmefällen und allenfalls für die Dauer von höchstens zwei Übernachtungen geeignet seien. Die Unmöglichkeit der Unterbringung beruhe jedoch nicht auf dem Umstand der Ausstattung der Räume, sondern habe ihren Grund in dem Umfeld und der dadurch hervorgerufenen besonderen Belastung der Jugendlichen (VG Frankfurt am Main, NVwZ-Beil. 1995, 60, 61). Ferner bedürfe es für die Unterbringung Minderjähriger wegen der erforderlichen kinder- und jugendgerechten Betreuung und Versorgung einer besonderen Jugendhilfeeinrichtung (*Göbel-Zimmermann*, InfAuslR 1995, 166, 170; s. auch *Menzel*, ZAR 1996, 22, 24; *Jockenhövel-Schiecke*, ZAR 1998, 165). Da nach Abs. 1 Satz 3 die Grenzbehörde dem Asylsuchenden unverzüglich Gelegenheit zur Asylantragstellung zu geben habe, andererseits voraussehbar sei, dass innerhalb dieser nach wenigen Tagen bemessenen Frist das Familiengericht nicht über die Pflegschaft entscheiden könne (s. hierzu § 12 Rdn. 16), sei die Einreise zu gestatten (*Fritz*, in: GK-AsylG, § 18a Rn. 40; *Göbel-Zimmermann*, InfAuslR 1995, 166, 170; a.A. Bundesregierung, in: BT-Drucks. 13/1076, S. 4; s. auch Art. 25 Abs. 1 Buchst. a) RL 2013/32 EU, 24 zur behördlichen Verpflichtung zur Bestellung eines Vertreters). Eine unterlassene Weiterleitung an das Bundesamt wegen der Bestellung eines Betreuers verletze das Verbot der Benachteiligung Behinderter nach Art. 3 Abs. 3 GG (VG Frankfurt am Main, NVwZ-Beil. 1999, 13, 14. Wenn das BVerfG den Behörden eine besondere Verpflichtung auferlegt, nachteiligen Auswirkungen der Unterbringungssituation auf das Asylverfahren entgegenzuwirken (BVerfGE 94, 166, 200 f. = EZAR 632 Nr. 25 = NVwZ 1996, 678), gilt dies in besonderem Maße für unbegleitete minderjährige Asylsuchende.

25 Nach dem *Haager-Minderjährigen-Schutzabkommen* setzt der erforderliche gewöhnliche Aufenthalt eine gewisse Verweildauer im Bundesgebiet voraus (*Oberloskamp*, Mitt, LJA Nr. 84, S. 30, 33; *Jockenhövel-Schiecke*, ZAR 1987, 171, 173; s. auch *Münder*, Recht der Jugend 1985, 210). Daher findet das Abkommen im Flughafenverfahren keine Anwendung (VG Frankfurt am Main, Beschl. v. 17.08.1998 – 10 G 50515/98.A [1]; *Fritz*, in: GK-AsylG, § 18a Rn. 43; *Hailbronner*, AuslR B 2 § 18a AsylG Rn. 37; VG Hamburg, Beschl. v. 22.04.1994 – 2 VG A 2117/94, für die Abschiebungsandrohung nach § 34; zur Einleitung der notwendigen Maßnahmen zur Bestellung eines vorläufigen Pflegers s. *Ritter*, ZAR 1999, 176, 179). Jedoch ergeben sich aus verfassungsrechtlichen Grundprinzipien besondere Schutz- und Fürsorgepflichten für deutsche Behörden gegenüber unbegleitet einreisenden minderjährigen Asylsuchenden. Umstritten ist auch, ob Art. 22 KRK der Zurückweisung entgegensteht (§ 12 Rdn. 30 ff.). Dieser Streit bedarf keiner näheren Vertiefung. Der für die Anwendung der Konvention maßgebliche Begriff des »Wohl des Kindes« (Art. 3 Abs. 1 KRK) hat aus verfassungsrechtlichen Gründen (BVerfGE 24, 119, 144; 59, 360, 382) auch die Anwendung asylverfahrensrechtlicher Vorschriften aus dem Gesichtspunkt des Minderjährigenschutzes zu leiten (ebenso *Heinhold*, InfAuslR 1997, 287, 290) und manifestiert sich auch in den Schutzvorschriften der Verfahrensrichtlinie (Art. 25 Abs. 6 RL 2013/32/EU) zugunsten unbegleiteter Minderjähriger. Danach regelt Art. 25, auf den Art. 43 für das Flughafenverfahren verweist, besondere Verfahrensgarantien zugunsten unbegleiteter Minderjähriger.

26 Die Behörden sind danach zur vorrangigen Berücksichtigung des Kindeswohls verpflichtet. Damit kann abschließend festgehalten werden, dass unbegleitete Minderjährige im Verfahren besonderer Fürsorge bedürfen und dies angesichts der Besonderheiten des Flughafenverfahrens zur Folge hat, dass ihr Asylantrag nach Möglichkeit nicht im Flughafenverfahren, sondern nach der Einreise zu prüfen und zu entscheiden ist. Dies folgt einerseits daraus, dass unbegleitete Minderjährige häufig im besonderen Maße traumatisiert und schon deshalb kaum in der Lage sind, ihrer Darlegungslast zu genügen. Andererseits kommt hinzu, dass diese Personen die fluchtauslösenden Umstände und Ereignisse oftmals gar nicht unmittelbar wahrgenommen haben, sondern häufig wegen befürchteter sippenhaftartiger Verfolgung von den Eltern in Sicherheit gebracht wurden. Hier bedarf es einer langwierigen und sorgfältigen Aufklärung des Sachverhalts unter Einbeziehung möglicher Auskunftspersonen im Bundesgebiet, um den Sachverhalt angemessen bewerten zu können (s. auch § 12 Rdn. 19 f.). Für derartige Verfahrensgestaltungen ist das auf Kürze und einfache Sachverhalte angelegte Flughafenverfahren nicht vorgesehen. Schließlich ergeben sich erhebliche Bedenken

gegen die verfahrensrechtliche Behandlung dieser Personengruppe nach § 18a, weil umstritten ist, ob unbegleitete Minderjährige zurückgewiesen werden dürfen (§ 12 Rdn. 29 ff.). Eine Zurückweisung durch den Grenzschutz oder Ablehnung des Asylantrags durch das Bundesamt mit Hinweis auf die mangelnde Wirksamkeit des gestellten Asylantrags als unzulässig, verbietet der Schutzzweck des Asylgrundrechts. Dies wäre jedoch die gesetzliche Folge einer Asylablehnung im Flughafenverfahren (Abs. 3 Satz 1). Vereinzelt wird es in der Rechtsprechung wegen § 80 Abs. 1 Satz 1 AufenthG zwar für zulässig angesehen, einen handlungsunfähigen minderjährigen Asylsuchenden zurückzuweisen (VG Frankfurt am Main, Beschl. v. 07.10.1994 – 3 G 50327/94, 1; VG Frankfurt am Main, NVwZ-Beil. 1996, 29). Diese Ansicht ist durch Unionsrecht (Art. 25 Abs. 1 Buchst. a) RL 2013/32/EU) jedoch überholt. Der EGMR wendet Art. 3 EMRK auch auf Zurückweisungen an (EGMR, NVwZ 2012, 809, 810 – *Hirsi Jamaa*). Unterlassen es die Behörden die erforderlichen Maßnahmen und Vorsichtsmaßregeln zu ergreifen, damit die wirksame Betreuung unbegleiteter Minderjähriger nach der Rückkehr gewährleistet ist, verletzen sie Art. 3 EMRK (EGMR, NVwZ-RR 2008, 573, 575 Rn. 68 – *Mayeka und Mitunga*; § 12 Rdn. 30 ff.). Es reicht danach nicht aus, lediglich zu prüfen, ob keine Verfolgung oder unmenschliche Behandlung im Abschiebezielstaat droht. Sind hinreichend zuverlässige Feststellungen über die notwendige Betreuung im Zielstaat der Zurückweisung nicht möglich, hat diese zu unterbleiben. Es obliegt dem Bundesamt, diese Umstände aufzuklären. Dies ist jedoch im auf Schnelligkeit angelegten Flughafenverfahren nicht möglich. Die fehlende Bezugnahme auf § 58 Abs. 1a AufenthG in § 15 Abs. 4, § 57 Abs. 3 AufenthG ist weder mit Unionsrecht noch mit Art. 3 EMRK vereinbar.

F. Verwaltungsverfahren

I. Funktion des Verfahrens

Das nach § 18a anzuwendende Verfahren ist durch zahlreiche Besonderheiten geprägt: 27
Die Bundespolizei prüft ihre Sachkompetenz (§ 18 Rdn. 18 ff.). Liegt ein Asylbegehren vor, hat sie zunächst Einreiseverweigerungsgründe nach § 18 Abs. 2 zu prüfen (s. hierzu § 18 Rdn. 21 ff.). Liegen diese nicht vor, ist dem Antragsteller *unverzüglich* Gelegenheit zur Stellung des Asylantrags bei der der Grenzkontrollstelle zugeordneten Außenstelle des Bundesamtes zu geben (Abs. 1 Satz 3). Ob hierfür weniger als zwei Tage einzuräumen sind (so *Fritz*, in: GK-AsylG, § 18a Rn. 48; *Hailbronner*, AuslR B 2 § 18a AsylG Rn. 59), erscheint zweifelhaft. Diese Frist kann nicht pauschal bestimmt werden. Jedenfalls ist die Weiterleitung ohne schuldhaftes Verzögern (§ 121 Abs. 1 BGB) binnen kürzester Frist zu verfügen. Das Bundesamt hat die förmliche Antragstellung am Tag der Weiterleitung zuzulassen und den Antrag spätestens innerhalb von drei Arbeitstagen danach zu registrieren (Art. 6 Abs. 1 RL 2013/32/EU). Innerhalb von zwei Tagen nach Antragstellung ist die Sachentscheidung zu treffen (Abs. 6 Nr. 2). Es klärt den Sachverhalt auf (§ 24) und führt insbesondere unverzüglich die persönliche Anhörung durch (Abs. 1 Satz 4). Das Flughafenverfahren ist also ein normales, allerdings durch Zeitdruck geprägtes Verfahren, jedenfalls soweit das Bundesamt betroffen ist. § 18a sind insoweit keine verfahrensverkürzenden Regelungen zu entnehmen. Gibt das Bundesamt dem Antrag statt oder lehnt es diesen nicht in

der qualifizierten Form ab, ist die Einreise zu gewähren. Dies folgt im Umkehrschluss auch aus Abs. 2. Darf die Einreise nicht verweigert werden (§ 18 Abs. 2, § 18a Abs. 1 Satz 6), ist die Einreise zu gewähren (§ 18 Abs. 1). Nur in den Fällen der qualifizierten Asylablehnung hat die Grenzbehörde die Einreise zu verweigern (Abs. 3 Satz 1). Hierfür ist wiederum die Abschiebungsandrohung als Folge der qualifizierten Asylablehnung Voraussetzung (Abs. 2 und 3). Hieran schließt sich das besondere Rechtsschutzverfahren (Abs. 4) an. Die Beteiligung von Bundespolizei und Bundesamt führt also zu einem besonders komplizierten Verfahren. Das eigentliche Asylverfahren selbst ist jedoch ein normales Verfahren mit den üblichen Verfahrensgarantien (Art. 43 RL 2013/32/EU).

II. Persönliche Meldepflicht bei der Grenzbehörde (Abs. 1 Satz 3)

28 Ausgangssituation des Flughafenverfahrens ist, dass der Asylsuchende (Abs. 1 Satz 1 Halbs. 1) bei der Grenzbehörde um Asyl nachsucht. Es reicht, dass *Anzeichen* dafür bestehen, dass eine Person bei der Grenzkontrolle *»möglicherweise«* einen Asylantrag stellen will. Die Bundespolizei hat ihn über die Möglichkeit, sein Asylersuchen vorzubringen und einen Asylantrag zu stellen, zu informieren. Zu diesem Zweck hat sie entsprechende Sprachmittlungsvorkehrungen zu treffen (Art. 8 Abs. 1 RL 2013/32/EU). Sie hat Beratungsstellen effektiven Zugang zu Asylsuchenden in der Transitzone zu verschaffen. Dies kann auf Grundlage einer Vereinbarung geregelt werden. Beschränkungen des Zugangs dürfen nur angeordnet werden, wenn sie nach Maßgabe des nationalem Rechts für die Sicherheit, öffentliche Ordnung oder die Verwaltung der betreffenden Grenzübergangsstelle objektiv erforderlich sind, sofern der Zugang dadurch nicht erheblich behindert oder unmöglich gemacht wird (Art. 8 Abs. 2 RL 2013/32/EU). Der Zugang darf also nicht unterbunden werden. Lediglich die Art der Ausgestaltung kann aus den bezeichneten Gründen kann spezifisch geregelt werden.

29 § 18a knüpft an die im AsylG übliche Unterscheidung zwischen Asylgesuch, d.h. dem gegenüber einer unzuständigen Behörde geäußerten Asylbegehren, und der förmlichen Stellung des Asylantrags beim Bundesamt an (§ 13 Rdn. 6 ff.). Die Regelungen des § 18a gehen damit – vergleichbar den Vorschriften für das Inlandsverfahren – von der persönlichen Meldepflicht des Asylsuchenden aus. Das ergibt sich unmittelbar aus § 13 Abs. 3 Satz 1. Erfüllt der Antragsteller nicht die Voraussetzungen von Abs. 1 und § 18 Abs. 2 (Abs. 1 Satz 6), ist er an die zuständige bzw. nächstgelegene Aufnahmeeinrichtung weiterzuleiten (§ 18 Abs. 1). Dasselbe gilt, wenn das Bundesamt der Bundespolizei mitteilt, dass es nicht kurzfristig entscheiden kann (Abs. 6 Nr. 1). Liegt einer der Tatbestände des Abs. 1 vor, hat die Grenzbehörde dem Asylsuchenden *unverzüglich* Gelegenheit zur Asylantragstellung zu geben. Eine Frist ist hierfür in Abs. 6 nicht vorgesehen und wurde auch nicht für erforderlich gehalten (Rn. 27). Aus dem Beschleunigungs- und Unverzüglichkeitsgebot wird unter Hinweis auf Art. 104 GG (vgl. hierzu auch VG Frankfurt am Main, NVwZ-RR 1994, 468) in der Kommentarliteratur abgeleitet, dass diese Frist weniger als zwei Tage beträgt. Die Fristüberschreitung hat jedoch keine Einreise zur Folge, sondern bleibt sanktionslos (*Fritz*, in: GK-AsylG, § 18a Rn. 48, 88). Nach der Rechtsprechung des BVerfG ist das Asylverfahren *»binnen kürzester Frist«* nach der Ankunft des Asylsuchenden durchzuführen (BVerfGE

94, 166, 201 = EZAR 632 Nr. 25 = NVwZ 1996, 678). Da die Außenstelle des Bundesamtes vor Ort ist, entfällt eine Weiterleitungsverpflichtung wie sie § 18 Abs. 1 vorsieht. Der Meldepflicht genügt der Asylbegehrende also mit der Geltendmachung seines Asylbegehrens gegenüber der Grenzbehörde (Abs. 1 Satz 1 und 2). Abs. 1 Satz 3 ist im Zusammenhang mit der sachlichen Zuständigkeit des Bundesamtes nach § 5 zu sehen. Das Bundesamt ist Herrin des Asylverfahrens. Es prüft das Verfolgungsvorbringen und trifft die Sachentscheidung. Rechtsmittel richten sich insoweit gegen die Bundesrepublik, vertreten durch die zuständige Außenstelle des Bundesamtes. Hingegen ist die Bundespolizei Herrin des ausländerrechtlichen Verfahrens, insbesondere über den Gewahrsam bis zur Entscheidung über das Einreisebegehren. Rechtsmittel, die sich auf den geltend gemachten Einreiseanspruch beziehen oder die den Grund und die Umstände der Unterbringung betreffen, sind deshalb gegen die Bundesrepublik, vertreten durch die zuständige Grenzbehörde, zu richten.

III. Grenzbehördliche Anhörung des Asylsuchenden

Der Umfang der Anhörung durch die Grenzbehörde ergibt sich aus deren Sachkompetenz (§ 18 Rdn. 18 ff.). Im Flughafenverfahren hat die Grenzbehörde zu prüfen, ob die Voraussetzungen nach Abs. 1 – also Herkunft aus einem sicheren Herkunftsstaat oder Fehlen eines gültigen Reisedokumentes (Rdn. 13 ff.) sowie mögliche Unterbringung auf dem Flughafengelände (Rdn. 11 f.) – erfüllt sind oder ob Einreiseverweigerungsgründe nach § 18 Abs. 2 oder § 33 Abs. 3 bestehen. In die Sachkompetenz wird man auch die Frage einbeziehen können, ob der Ausländer überhaupt um Asyl nachsucht. Das schließt jedoch nicht die Befugnis zur Schlüssigkeitsprüfung ein (§ 30 Abs. 5). Demgegenüber ist es ständige Verwaltungspraxis der Grenzbehörden, den Asylsuchenden umfassend und detailliert zu seinen Asylgründen zu befragen. Das Bundesamt seinerseits führt seine Ermittlungen auf der Grundlage der grenzbehördlichen Feststellungen durch und bewertet Stimmigkeit, Widerspruchfreiheit und Schlüssigkeit unter Einbeziehung des grenzbehördlichen Protokolls. Das BVerfG hat diese Frage nicht ausdrücklich behandelt, weist jedoch für die asylrechtliche *Beweiswürdigung* darauf hin, dass die *grenzbehördliche Anhörung zu den Fluchtgründen* wesentlich *geringeres Gewicht* als die Angaben gegenüber dem Bundesamt hat (Rdn. 42): Das gilt insbesondere, wenn die Angaben vor dem Bundesamt mit dem Inhalt der Erklärungen bei der Grenzbehörde verglichen und auf Widersprüche hin überprüft werden (BVerfGE 94, 166, 205 = EZAR 632 Nr. 25 = NVwZ 1996, 678). Ob die Anhörung zu den Fluchtgründen durch die Grenzbehörde überhaupt zulässig ist, hat das BVerfG damit offen gelassen. Jedenfalls beseitigen seine Vorgaben einen in der Praxis der Rechtsanwendung im Rahmen der Beweiswürdigung weit verbreiteten Missstand: Die Funktion der Grenzbehörde im Verfahren bringt es mit sich, dass ihre Beamten den Antragsteller ohne Rücksicht auf seine physische und psychische Verfassung anhören müssen. Überdies sind sie für die Anhörung zur Ermittlung eines asylerheblichen Tatbestandes nicht besonders geschult (BVerfGE 94, 166, 205 = EZAR 632 Nr. 25 = NVwZ 1996, 678). Daher dürfen die *grenzbehördlichen Tatsachenfeststellungen bei der Sachentscheidung des Bundesamtes nicht zulasten des Antragstellers gewertet* 30 *werden* (*Marx*, Stellungnahme an den BT-Innenausschuss vom 02.01.2002, DB, 14. WP, Innenausschuss, Prot. Nr. 83, 14/674, S. 167).

IV. Besondere Verfahrensgarantien bei der Anhörung (Abs. 1 Satz 4)

31 Das Flughafenverfahren wird nach Maßgabe der allgemeinen Verfahrensvorschriften durchgeführt (Art. 43 Abs. 1 in Verb. mit Art. 6 bis 30 RL 2013/32/EU). Die für das allgemeine Verfahren geltenden behördlichen Pflichten und Verfahrensrechte sind also auch im Asylverfahren zu beachten. Insoweit wird auf die Erläuterungen zu § 24 und § 25 verwiesen. Ferner sind im Asylverfahren darüber hinausgehende Schutzvorschriften zu beachten. Bei der Beweiswürdigung sind insbesondere die Verständnisschwierigkeiten sowie die gesundheitliche Situation des Asylsuchenden zu berücksichtigen (BVerfG [Kammer], NVwZ-Beil. 1994, 51). Ebenso wie im allgemeinen Asylverfahren (§ 24 Abs. 1 Satz 2) ist insbesondere im Flughafen die persönliche Anhörung vorgeschrieben (Abs. 1 Satz 4). Dem Asylsuchenden sind bei der Anhörung durch das Bundesamt in entsprechender Anwendung des § 24 und ergänzend aufgrund des VwVfG des Bundes im vollen Umfang seine Verfahrensrechte zu gewähren (Art. 12, 14, 22 ff. RL 2013/32/EU). Er hat insbesondere die sich aus § 17 ergebenden Rechte. So hat er Anspruch auf Zuziehung eines *Sprachmittlers* von Amts wegen (§ 17 Abs. 1; Art. 12 Abs. 1 Buchst. b) RL 2013/32/EU). Macht er begründete Einwände geltend, dass er z.B. als Farsi sprechender Antragsteller die Dari sprachmittelnde Dolmetscherin nicht genügend versteht, kann verfahrensfehlerfrei nur durch Zuziehung des erforderlichen Dolmetschers weiter angehört werden (VG Frankfurt am Main, Beschl. v. 21.08.1997 – 7 G 50499/97.A[V]). Im Übrigen darf dem Antragsteller nicht die Zuziehung eines Sprachmittlers eigener Wahl verwehrt werden (§ 17 Abs. 2). Auch ist ihm der Kontakt zum UNHCR zu ermöglichen (§ 9; Art. 12 Abs. 1 Buchst. c) RL 2013/32/EU). Das Bundesamt trifft insbesondere mit Blick auf die einschneidenden Folgen der Verletzung von Mitwirkungspflichten in diesem Sonderverfahren eine umfassende *Belehrungspflicht* (§ 25 VwVfG).

32 Wird das Verfahren zur Prüfung des Asylantrags nach § 18a AsylG innerhalb kürzester Zeit nach der Ankunft des Asylsuchenden im *Transitbereich* – noch vor der Entscheidung über die Einreise – durchgeführt, erlangen *Sprachunkundigkeit, Fremdheit* sowie *physische* und *psychische Beanspruchung* des Asylantragstellers durch die Reise und – möglicherweise – auch durch Verfolgung und Flucht ein *besonderes Gewicht.* Unter solchen Bedingungen kann er sonst gegebene Möglichkeiten sich zu orientieren und Rechtsrat einzuholen, allenfalls sehr eingeschränkt nutzen. Insofern unterscheiden sich die Verhältnisse im Flughafenverfahren wesentlich von denjenigen im regulären Verfahren (BVerfGE 94, 166, 201 = EZAR 632 Nr. 25 = NVwZ 1996, 678). Von Bedeutung ist insoweit auch, dass das BVerfG den Gleichheitssatz des Art. 3 Abs. 1 GG nur dann gewahrt sieht, wenn besondere verfahrensrechtliche Schutzvorkehrungen getroffen werden (BVerfGE 94, 166, 197). Die auf besondere Beschleunigung des Verfahrens zielenden Regelungen des Flughafenverfahrens lassen es jedenfalls durch ihr Zusammenwirken als möglich erscheinen, dass individuelle verfahrensrechtliche Rechtspositionen in verfassungsrechtlich nicht mehr hinnehmbarem Maße beeinträchtigt werden. Gleiches gilt im Hinblick darauf, dass die Asylsuchenden

im Flughafenverfahren den Transitbereich nicht verlassen können und deshalb insbesondere ihre Sprachunkundigkeit sie verstärkt in der Wahrnehmung ihrer Rechte behindert (BVerfGE 94, 166, 187). Aus alledem folgen für die Ausgestaltung des Verwaltungsverfahrens besondere Anforderungen, die zunächst den organisatorischen Ablauf, aber auch die konkrete Gestaltung des Verfahrens im Einzelfall betreffen.

Wird etwa der Asylsuchende nur mit den notwendigen Lebensmitteln versorgt, findet jedoch keine zusätzliche Beratung und Information zum Asylverfahren statt, ist nicht gewährleistet, dass er seinen Anspruch in einer einem fairen Verfahren entsprechenden Weise vom Flughafen aus geltend machen kann (VG Düsseldorf, Beschl. v. 12.08.1996 – 19 L 2975/96). Unionsrecht gewährleistet Antragstellern eine umfassende Information über das Asylverfahren (Art. 12 Abs. 1 Buchst. a) RL 2013/32/EU). Das BVerfG hat für die verwaltungsmäßige Organisierung und die konkrete Durchführung der Asylverfahren Leitlinien vorgegeben, welche den organisatorischen Ablauf und die Verhandlungsführung im Einzelfall verbindlich bestimmen (BVerfGE 94, 166, 202 = EZAR 632 Nr. 25 = NVwZ 1996, 678): Sowohl bei der Wahl des Zeitpunktes der Anhörung wie auch bei der erforderlichen Vorbereitung des Antragstellers auf die Anhörung *ist auf seine physische und psychische Verfassung Bedacht zu nehmen* (BVerfGE 94, 166, 202 = EZAR 632 Nr. 25 = NVwZ 1996, 678). Ferner ist – soweit möglich – alles zu vermeiden, was zu Irritationen und in deren Gefolge zu nicht hinreichend zuverlässigem Vorbringen in der Anhörung führen kann. Bei der Wahl des Zeitpunktes, zu dem dem Schutzsuchenden Gelegenheit zur Asylantragstellung zu geben ist (Abs. 1 Satz 3 und 4), ist angemessen Rücksicht auf seinen körperlichen und seelischen Zustand zu nehmen, insbesondere darauf, dass er eine lange Anreise hinter sich hat oder aus anderen Gründen Zeichen von Ermüdung und Erschöpfung erkennen lässt. Ferner darf die Anhörung erst dann durchgeführt werden, wenn er über ihre Bedeutung für das von ihm geltend gemachte Schutzbegehren *Klarheit* gewinnen konnte und er die erforderlichen Angaben machen kann (BVerfGE 94, 166, 204; so auch Art. 12 Abs. 1 Buchst. a) RL 2013/32/EU). Asylsuchende, die alsbald nach ihrer Ankunft angehört werden, haben etwaige psychische und physische Auswirkungen von Verfolgung und Flucht möglicherweise noch nicht überwunden. Hierdurch kann die Fähigkeit zur überzeugenden Schilderung der Fluchtgründe beeinträchtigen werden (BVerfGE 94, 166, 201). Die Grenze der Darlegungsmöglichkeit ist jedenfalls dann überschritten, wenn die Einforderung materieller Ansprüche praktisch unmöglich wird (BVerfGE 94, 166, 201 f. = EZAR 632 Nr. 25 = NVwZ 1996, 678). 33

V. Besondere behördliche Belehrungs- und Aufklärungspflichten

Wesentlich für eine verfahrensrechtlich einwandfreie Gestaltung des Verwaltungsverfahrens im konkreten Einzelfall ist, dass der Antragsteller in einer seiner Person gemäßen Art und Weise zu Beginn der Anhörung über das ins Bild gesetzt wird, worauf es für ihn und die Entscheidung über sein Ersuchen ankommt, und dass der Bedienstete die Anhörung *loyal* sowie *verständnisvoll* führt (BVerfGE 94, 166, 204 = EZAR 632 Nr. 25 = NVwZ 1996, 678). Dabei hat das Bundesamt insbesondere die verfahrensrechtliche Besonderheit des Asylverfahrens, die im Flughafenverfahren noch stärkeres Gewicht erhält, zu berücksichtigen. Danach befindet der Asylsuchende sich 34 typischerweise in *Beweisnot* (BVerfGE 94, 166, 200 f.; BVerwGE 71, 180, 181 f. = EZAR 630 Nr. 17 = InfAuslR 1985, 244 = NVwZ 1985, 658; s. auch Art. 4 Abs. 5 Buchst. b) RL 2011/958/EU; § 24 Rdn. 9.). Er ist als »*Zeuge in eigener Sache*« zumeist das einzige Beweismittel. Auf die Glaubhaftigkeit seiner Schilderung und die Glaubwürdigkeit seiner Person kommt es entscheidend an (BVerfGE 94, 166, 200 f. = EZAR 632 Nr. 25 = NVwZ 1996, 678). Daraus ergeben sich besondere Sorgfaltspflichten für die Belehrung des Asylsuchenden, die Verhandlungsführung sowie für die behördlichen Untersuchungspflichten. Zunächst ist alles *zu vermeiden, was zu Irritationen und in deren Gefolge zu nicht hinreichend zuverlässigem Vorbringen in der Anhörung* führen kann. Die geforderte loyale und verständnisvolle Führung der Anhörung setzt voraus, dass dem Asylsuchenden zunächst die notwendige Zeit und Ruhe gegeben wird, von sich aus zusammenhängend die einzelnen Ereignisse und Erlebnisse darzustellen. Der Ermittler hat sich darauf zu beschränken, durch verständnisvolle ergänzende Fragen dem Antragsteller zu helfen, ihn zu leiten und gegebenenfalls im Blick auf die Substanziierungspflichten auf mögliche rechtliche Gesichtspunkte hinzuweisen. Er mag auch den ausufernden Sachvortrag auf die wesentlichen Tatsachenfragen zurückführen, jedoch stets in einer Weise, die nicht zu Irritationen und Verunsicherungen führt.

35 Der Behörde ist verpflichtet, *Vorhalte* zu machen und auf Widersprüche hinzuweisen, nachdem der Antragsteller den Sachverhalt zusammenhängend dargestellt hat (§ 24 Rdn. 12). Derartige Vorhalte dienen dazu, einerseits dem Antragsteller Gelegenheit zu geben, Fehler und Erinnerungslücken zu überprüfen, sowie andererseits, tragfähige Entscheidungsgrundlagen zu schaffen. Unterbleiben gebotene Vorhalte (§ 24 Rdn. 12 ff.), obwohl diese sich der Behörde hätten aufdrängen müssen, dürfen ihm dadurch entstandene Ungereimtheiten und Unzulänglichkeiten in der Darstellung des Verfolgungs- und Fluchtgeschehens im Bescheid nicht zur Last gelegt werden, es sei denn, es handelt sich um derart offenkundige Fragen, dass von einem durchschnittlich intellektuell veranlagten und mit den verfahrensrechtlichen Besonderheiten vertrauten Asylsuchenden die Ausräumung derartiger Umstände aus eigener Initiative erwarten kann. Diese dürfte allerdings nur in seltenen Ausnahmefällen anzunehmen sein. Will das Verwaltungsgericht verfahrensfehlerhaft zustande gekommene Ungereimtheiten verwerten, ist der Antragsteller im Eilrechtsschutzverfahren persönlich anzuhören (vgl. BVerfGE 94, 166, 206 = EZAR 632 Nr. 25 = NVwZ 1996, 678; Rdn. 63).

36 Auf die Art der Unterbringung der Asylbewerber während des Verfahrens und auf die Schaffung von Rahmenbedingungen, unter denen tragfähige Entscheidungsgrundlagen erzielt und die Asylantragsteller vollständige und wahrheitsgetreue Angaben machen können, ist Bedacht zu nehmen (BVerfGE 94, 166, 202 = EZAR 632 Nr. 25 = NVwZ 1996, 678). Es muss aber nicht gesetzlich geregelt werden, zu welchem Zeitpunkt und in welcher Form der Asylsuchende über das in Kenntnis gesetzt wird, was von ihm im Verfahren und insbesondere in der Anhörung an Mitwirkung erwartet wird. Die Leitung des Bundesamtes darf bei Anhörungen und Entscheidungen im Flughafenverfahren nur Personen einsetzen, die zuvor für ihre Aufgaben eingehend geschult worden sind und während ihrer Tätigkeit fortgebildet werden (BVerfGE 94, 166, 203 = EZAR 632 Nr. 25 = NVwZ 1996, 678): In *Schulungsveranstaltungen,* in denen grundlegende kulturelle und soziale Differenzen in den Verhältnissen

der Herkunftsländer im Vergleich zu Deutschland oder etwa das unterschiedliche Verständnis von Worten und Begriffen dargestellt werden oder in denen auf Probleme eingegangen wird, über erlittene Folter oder sexuelle Gewalt überhaupt sprechen zu können, lässt sich das erforderliche *Problembewusstsein* sowie die erforderliche *Sensibilität* für derartige Besonderheiten des Asylverfahrens herstellen (Art. 4 Abs. 3 RL 2013/32/EU). Da *weibliche Bedienstete* als Entscheiderinnen vorhanden sind, kann auch den sich aus dem Verfolgungsvorbringen von Frauen – etwa bei der Schilderung von *sexuellen Gewalthandlungen* (§ 3a Abs. 2 Nr. 1; § 3b Abs. 1 Nr. 4 letzter Halbs.) ergebenden besonderen Problemen angemessen Rechnung getragen werden (BVerfGE 94, 166, 203 = EZAR 632 Nr. 25 = NVwZ 1996, 678; so auch Art. 15 Abs. 3 Buchst. b) RL 2013/32/EU).

37 Antragsteller, die vor ihrer Flucht *gefoltert* wurden oder sexuelle Gewalt erlitten hatten (Rdn. 36), werden häufig infolge *traumatischer Belastungsstörungen* zu einem vollständigen, in sich stimmigen und präzisen, den strengen Darlegungsanforderungen genügenden Sachvortrag nicht in der Lage sein. Sie dürfen deshalb nicht den unzumutbaren Belastungen des Flughafenverfahrens ausgesetzt werden. Art. 18 Abs. 1 RL 2013/32/EU bestimmt, dass die Behörden vorbehaltlich der Zustimmung des Antragstellers »im Hinblick auf *Anzeichen* auf eine in der Vergangenheit erlittene Verfolgung« eine *medizinische Untersuchung* veranlassen, sofern die dies für erforderlich erachten. Diese Untersuchung ist »*von qualifizierten medizinischen Fachkräften*« durchzuführen. Das Ergebnis ist dem Antragsteller so schnell wie möglich mitzuteilen. Die Erforderlichkeit einer derartigen Untersuchung wird sich stets aufdrängen, wenn Anzeichen auf erlittene Gewalt hinweisen und der Antragsteller nicht in der Lage ist, seiner Darlegungslast nachzukommen. In diesem Fall kann der Sachverhalt nicht im Flughafenverfahren aufgeklärt und insbesondere nicht die gebotene medizinische Untersuchung durchgeführt werden. Vielmehr folgt aus Abs. 6 Nr. 1 ein Einreiseanspruch. Andererseits ist den Bedenken der Behörden Rechnung zu tragen, die dagegen stehen, dass die Einreise nach Abs. 6 Nr. 1 allein durch die bloße Behauptung erlittener Folter oder sexueller Gewalt erlangt werden kann. Zur Frage der Erforderlichkeit der Zuziehung medizinischen Sachverstands nach Art. 18 Abs. 1 RL 2013/32/EU wird daher für die verfahrensrechtliche Behandlung dieser Personengruppe im Flughafenverfahren folgender *Vorschlag* für eine *Dienstanweisung zur Behandlung von Antragstellern im Flughafenverfahren, die Folterbehandlung im Herkunftsland behaupten oder aufgrund von Folter oder vergleichbaren Ursachen als traumatisiert erscheinen*, vorgestellt:

1. Nach der Rechtsprechung des BVerfG besteht der Zweck des Flughafenverfahrens entsprechend der verfassungsrechtlich verankerten Beschleunigungsmaxime des Art. 16a Abs. 4 GG darin, die Asylanträge, deren offensichtliche Unbegründetheit sich geradezu aufdrängt, von denjenigen zu trennen, bei denen eine Aussage über die Frage der Verfolgung im Herkunftsland eingehenderer Tatsachenfeststellungen und -würdigungen bedarf (BVerfGE 94, 166, 209 = EZAR 632 Nr. 25 = NVwZ 1996, 678). 38
2. Antragsteller, die vor ihrer Flucht Folterungen oder andere grausame, unmenschliche oder erniedrigende Maßnahmen erlitten haben, sind häufig nicht in der Lage, hierüber spontan, detailliert, widerspruchsfrei und erschöpfend im Asylverfahren 39

zu berichten. Dies betrifft insbesondere den ersten Behördenkontakt im Asylverfahren. Der Ausschuss der Vereinten Nationen gegen Folter weist darauf hin, dass widersprüchliches Sachvorbringen im Feststellungsverfahren eine typische Begleiterscheinung ist, welche gegenüber Opfern von Folterungen in Rechnung gestellt werden muss (Entscheidung vom 04.07.1994 – Nr. 15/1994 – *Khan gegen Kanada*, Human Rights Law Journal 1994, 426).

40 3. Im Blick auf die Behandlung *widersprüchlicher Angaben* hält die Rechtsprechung das Bundesamt dazu an, bei der Tatsachenfeststellung und -würdigung zu berücksichtigen, dass »das Erleiden von Festnahme, Verbringung an einen unbekannten Ort, Misshandlungen und die durch ständige Überprüfung der Sicherheitsbehörden und damit einhergehenden Beschimpfungen, Misshandlungen und die latente Drohung der Festnahme *in der Psyche des Betroffenen ihre Spuren hinterlassen kann und in der Regel auch wird*, sodass *nicht* ohne Weiteres verlangt werden kann, dass *ein von einem solchen Schicksal Betroffener widerspruchsfrei Details gerade dieser Vorfälle schildert*« (OVG MV, U. v 13.04.2000 – 3 L 51/99, UA, S. 12).

41 4. Soweit *gesteigertes Vorbringen* zu bewerten ist, bedarf es einer einfühlsamen und sensiblen Befragung und ist insbesondere zu bedenken, dass ein durch Foltererlebnisse belasteter Asylsuchender »große Befürchtungen und Ängste« vor der Anhörung hat und sich durch diese »sehr belastet fühlt. Bei der Anhörung muss daher in derartigen Fällen stets berücksichtigt werden, dass der Asylsuchende häufig *krankheitsbedingt nicht in der Lage ist, eine überzeugende und widerspruchsfreie Darstellung der fluchtauslösenden Ereignisse darzulegen* (VG Greifswald, B. V. 31.01.2001 – 1 B 2555/99 As).

42 5. Insbesondere in Ansehung der Angaben des Antragstellers gegenüber der Bundespolizei hat das BVerfG darauf hingewiesen, dass diesen ein *»wesentlich geringeres Gewicht für die Beweiswürdigung«* zukommt (BVerfGE 94, 166, 205 = EZAR 632 Nr. 25 = NVwZ 1996, 678; Rdn. 30). Es darf deshalb ein Offensichtlichkeitsurteil nicht damit begründet werden, dass der Antragsteller bei seiner grenzbehördlichen Befragung keine Aussagen zu Folterungen gemacht und diese erst in der Anhörung im Asylverfahren offengelegt hat (BVerfG [Kammer], InfAuslR 1992, 231).

43 6. Antragsteller, die während der Anhörung nach Abs. 1 Satz 4 einen Hinweis auf erlittene Folter geben oder erkennbar an traumatisierenden Folgen erlittener Folter, sexueller oder anderer Gewalt leiden, sind deshalb besonders einfühlsam, loyal und verständnisvoll (vgl. BVerfGE 94, 166, 204 = EZAR 632 Nr. 25 = NVwZ 1996, 678) zu ihren Asylgründen zu befragen. Ihnen ist zur Durchführung der medizinischen Untersuchung die Einreise zu gestatten.

44 7. Fehlende Hinweise auf erlittene Folterungen oder andere Gewalthandlungen im Rahmen der *grenzbehördlichen Anhörung* dürfen nicht zulasten des Asylsuchenden bewertet werden. Vielmehr ist stets eine *eigenständige* sorgfältige, erschöpfende und einfühlsame Befragung zu der dargelegten Folterbehandlung zunächst *unabhängig* von den tatsächlichen Feststellungen des Grenzbehörde durchzuführen.

45 8. Nach Abschluss der Befragung des Antragstellers ist diesem durch *Vorhalt* einfühlsam Gelegenheit zu geben, Stellung zu der fehlenden Folterbehauptung während der grenzbehördlichen Befragung zu geben. Bei der Würdigung der entsprechenden Einlassungen ist insbesondere zu berücksichtigen, dass nach der Rechtsprechung

ein durch Foltererlebnisse belasteter Antragsteller erhebliche Ängste und Befürchtungen vor einer behördlichen Vernehmung hat, die Befragungssituation eine Retraumatisierung auslösen kann (vgl. Nr. 4) und die daraus folgenden ohnehin bestehenden psychischen Darlegungsbarrieren durch die Tatsache, dass die erste Befragung durch uniformierte Polizeibeamte durchgeführt wird, noch zusätzlich verstärkt werden.

9. Kann aufgrund der Darlegungen oder sonst erkennbaren Umstände *nicht ausgeschlossen werden,* dass der Antragsteller vor seiner Ausreise einer Folterbehandlung oder körperlichen oder psychischen Misshandlung ausgesetzt gewesen war, ist der Grenzbehörde nach Abs. 6 Nr. 1 mitzuteilen, dass über den Antrag nicht kurzfristig entschieden werden kann. Widersprüche, Ungereimtheiten und Unstimmigkeiten in den Aussagen zur erlittenen Folter belegen nicht mit der für das Offensichtlichkeitsurteil nach § 30 Abs. 3 Nr. 1 AsylG erforderlichen Eindeutigkeit, dass das Sachvorbringen nicht zutreffen kann. 46

10. Trägt der Antragsteller im Eilrechtsschutzverfahren erstmals erlittene Folterbehandlung oder andere Gewalthandlungen vor oder löst er in überzeugender und in einer auf die einzelnen Einwände des Behördenbescheides konkret bezogenen Weise Ungereimtheiten, Widersprüche und Unzulänglichkeiten seines entsprechenden Sachvorbringens in der Anhörung nach Abs. 1 Satz 4 auf, ist nach Rücksprache mit der Referatsleitung zu prüfen, ob eine erneute Anhörung mit dem Ziel der Aufhebung des Behördenbescheides (vgl. § 48 VwVfG) in Betracht kommen kann. Gegebenenfalls ist sachverständiger Rat durch ein örtlich nahe gelegenes Psychosoziales Zentrum für Flüchtlinge oder durch andere psychotherapeutische Beratungsstellen einzuholen und dem Antragsteller die Einreise zu gestatten. 47

VI. Vertretung durch Rechtsbeistand (Abs. 1 Satz 5)

Nach Abs. 1 Satz 5 ist dem Asylsuchenden nach der Anhörung unverzüglich Gelegenheit zu geben, seinen Rechtsanwalt zu konsultieren. Zwar mag es verfassungsrechtlich nicht geboten sein, ihm schon vor der Anhörung beim Bundesamt im Flughafenverfahren, Gelegenheit zu geben, mit seinem Rechtsbeistand Verbindung aufzunehmen (BVerfGE 94, 166, 204 = EZAR 632 Nr. 25 = NVwZ 1996, 678; zustimmend *Fritz,* in: GK-AsylG, § 18a Rn. 50; *Hailbronner,* AuslR B 2 § 18a AsylG Rn. 65). Dies bedeutet jedoch nicht, dass der Kontakt zwischen Anwalt und Asylsuchenden vor der Anhörung unterbunden werden dürfte. Vielmehr ist aus unionsrechtlicher Sicht gerade zur Vorbereitung auf die grenzbehördliche wie insbesondere auch auf die Anhörung durch das Bundesamt das Gespräch zwischen dem Asylsuchenden und seinem Anwalt zwingend zuzulassen. Nach Art. 43 Abs. 1 in Verb. mit Art. 22 Abs. 1 RL 2013/32/EU ist in allen Phasen, also auch vor der Anhörung, »*effektiv Gelegenheit*« zu geben, einen Rechtsanwalt zu konsultieren. Unberührt hiervon und eingeschlossen hierin ist die Verpflichtung, die Verbindungsaufnahme »auch« nach der ablehnenden Entscheidung zuzulassen. Dem Rechtsanwalt ist ferner bereits im Verwaltungsverfahren in allen Phasen Akteneinsicht zu gewähren (Art. 22 Abs. 1 UAbs. 1 RL 2013/32/EU). Eine Abweichung hiervon ist nur aus Gründen der nationalen Sicherheit oder der Sicherheit der Personen, welche die Informationen betreffen, zulässig (Art. 22 Abs. 1 48

UAbs. 2 RL 2013/32/EU), und nur in dem hierdurch geforderten Umfang. Abs. 1 Satz 5 ist richtlinienkonform so zu handhaben, dass der Asylsuchende bereits vor der Anhörung anwaltlich beraten und während der Anhörung durch einen Anwalt seiner Wahl vertreten werden kann (s. auch BVerwG, EZAR 210 Nr. 5). Dieser darf an der Anhörung teilnehmen (Art. 23 Abs. 3 UAbs. 1 RL 2013/32/EU; § 14 Abs. 4 VwVfG; *Giesler/Wasser*, Das neue Asylrecht, S. 31; *Göbel-Zimmermann/Masuch*, InfAuslR 1996, 404, 405; *Lübbe-Wolff*, DVBl 1996, 825, 840). Die Behörde darf zwar festlegen, dass der Anwalt erst am Schluss der Anhörung Fragen stellen darf (Art. 23 Abs. 3 UAbs. 2 RL 2013/32/EU). Dies verlängert jedoch erfahrungsgemäß die Anhörung unnötig. Dem Anwalt darf nicht das Fragerecht beschnitten werden (Vor § 78 Rdn. 50 ff.), sodass er zur Herstellung des Kontextes der von ihm für erforderlich erachteten Fragen auch den gesamten Sachverhalt nochmals erfragen darf. Sinnvoll ist es daher, den Sachverhalt abschnittsweise aufzuklären und dem Anwalt jeweils zum Schluss des Sachkomplexes das Fragerecht einzuräumen.

G. Sachentscheidung des Bundesamtes (Abs. 2)

49 Das Asylverfahren wird vor der Einreise durchgeführt und schließt mit der Sachentscheidung nach § 31 oder der Einreise des Antragstellers zwecks Fortführung des Verfahrens im Inland ab. Nach Abs. 2 ist im Flughafenverfahren nur die Antragsablehnung in der qualifizierten Form vorgesehen: Entweder wird der Asylantrag als offensichtlich unbegründet abgelehnt oder das Bundesamt verfährt nach vollständiger Anhörung nach Abs. 6 Nr. 1, ohne eine Sachentscheidung zu treffen. Hinsichtlich des Prüfungsumfangs sowie der zu entscheidenden Regelungsbereiche gelten keine Besonderheiten. Vielmehr umfasst das Entscheidungsprogramm im Fall der qualifizierten Ablehnung den materiellen Asylanspruch, die Flüchtlingseigenschaft nach § 3 Abs. 4 Halbs. 1, den subsidiären Schutz (§ 4 Abs. 4 Satz 1) und die nationalen Abschiebungsverbote (§ 60 Abs. 5 und 7 AufenthG; Rdn. 51). Denkbar wäre, den Antrag positiv zu bescheiden. Von 1999 bis 2008 wurde jedoch lediglich 41 Anträgen von 8.095 vor der Einreise stattgegeben (BT-Drucks. 16/12742). Nach Beobachtungen von UNHCR hatte das Bundesamt bis März 1999 in keinem Fall eine Feststellung nach § 60 Abs. 7 AufenthG im Flughafenverfahren getroffen (*UNHCR*, Stellungnahme des UNHCR zum Flughafenverfahren vom März 1999). Fraglich ist, ob im Flughafenverfahren derartige Entscheidungsalternativen vorgesehen sind (dafür *Fritz*, in: GK-AsylG, § 18a Rn. 52). Dagegen spricht, dass der Gesetzgeber das Sonderverfahren ersichtlich nur für jene Fälle vorgesehen hat, in denen der Antragsteller aus einem sicheren Herkunftsstaat kommt oder sein Asylbegehren von vornherein als offensichtlich unbegründet erscheint. Auf diese Fälle ist das Asylverfahren vor der Einreise gemünzt. Wer *nicht* aus einem sicheren Herkunftsstaat kommt, zwar *ohne* gültige Reisedokumente einreist (Abs. 1 Satz 2), dessen Begehren aber *nicht von vornherein als offensichtlich unbegründet erscheint*, fällt nicht in den Anwendungsbereich dieser Vorschrift. Vielmehr teilt das Bundesamt der Grenzbehörde mit, dass über das Asylbegehren nicht kurzfristig entschieden werden kann mit der Folge, dass die Einreise zu gestatten ist (Abs. 6 Nr. 1). Jede andere Betrachtungsweise wäre mit der Funktion des Sonderverfahrens und dessen einzelnen Regelungen nicht vereinbar.

Weist das Bundesamt den Asylantrag in der qualifizierten Form zurück, trifft es regelmäßig zugleich auch negative Entscheidungen zu den anderen Regelungsbereichen. Hat es im Hinblick auf den subsidiären Schutz Zweifel, unterlässt es aus pragmatischen Gründen die Sachentscheidung und geht nach Abs. 6 Nr. 1 vor. Gewährt es die Asylberechtigung und/oder internationalen Schutz, entfällt eine Entscheidung zu § 60 Abs. 5 und 7 AufenthG (§ 31 Abs. 3 Satz 2). Das Bundesamt droht vorsorglich auch die Abschiebung nach § 34 an (Abs. 2). Die Bundespolizei darf die Einreiseverweigerung nach § 18 Abs. 2 Nr. 2 nur nach Einschaltung des Bundesamtes erlassen (§ 18 Rdn. 24 ff.). In den Fällen, in denen das Bundesamt von der Zuständigkeit eines anderen Mitgliedstaates ausgeht, erlässt es nach Einholung der Zustimmung des anderen Mitgliedstaats die Abschiebungsanordnung (§ 34a Abs. 1) mit Rechtsbehelfsbelehrung. Im Bescheid ist auf die Möglichkeit hinzuweisen, dass Eilrechtsschutz nach § 80 Abs. 5 VwGO und Klage binnen Wochenfrist beantragt werden kann (§ 34a Abs. 2 Satz 1). § 34a Abs. 2 Satz verdrängt als Spezialvorschrift Abs. 4 Satz 1. 50

Das Bundesamt hat im Flughafenverfahren auch *Abschiebungsverbote* nach § 60 Abs. 5 und 7 AufenthG zu prüfen und eine entsprechende Entscheidung zu treffen. Den Regelungen des § 18a kann dies zwar nicht entnommen werden. Da die Einreiseverweigerung gem. Abs. 3 Satz 1 eine Ablehnung des Asylantrags als offensichtlich unbegründet (Abs. 2) zur Voraussetzung hat und die damit erforderliche Sachentscheidung stets auch eine Entscheidung über Abschiebungsverbote nach § 60 Abs. 5 und 7 AufenthG erfordert (§ 31 Abs. 3 Satz 1), folgt aus einer systematischen Auslegung des Gesetzes, dass im Flughafenverfahren stets auch nationale Abschiebungsverbote zu prüfen sind (VG Frankfurt am Main, NVwZ-RR 1993, 581, 583; VG Frankfurt am Main, Beschl. v. 06.05.1997 – 11 G 50263/97.A [1]; VG Frankfurt am Main, Beschl. v. 26.07.1997 – 5 G 50415/96.A [V]; VG Frankfurt am Main, Beschl. v. 18.08.1997 – 9 G 50484/97.A [1], alle zu § 53 AuslG 1990; *Fritz*, in: GK-AsylG, § 18a Rn. 53 f.; *Hailbronner,* AuslR B 2 § 18a AsylG Rn. 71; vgl. auch BVerfGE 89, 106, 107; BVerfG [Kammer], NVwZ-Beil. 1993, 18, 19). Üblich ist ein derartiges Verfahren jedoch nicht. Erachtet das Bundesamt den Asylantrag zwar für offensichtlich unbegründet, hält es jedoch für möglich, dass nationale Abschiebungsverbote erfüllt sein könnten, unterlässt es in aller Regel die Sachentscheidung und geht nach Abs. 6 Nr. 1 vor. 51

Anders als früher ist über den *subsidiären Schutz* (§ 4 Abs. 1) stets zusammen mit der Entscheidung über die Asylberechtigung oder die Flüchtlingseigenschaft zu entscheiden (§ 31 Abs. 2 Satz 1). Das Richtlinienumsetzungsgesetz 2013 hat den subsidiären Schutz zwar zum Kernbestand der Sachentscheidung nach § 31 Abs. 2 Satz 1 gemacht, hierauf jedoch nicht zugleich auch die Möglichkeit der qualifizierten Antragsablehnung nach § 30 Abs. 1 erstreckt. Bewertet das Bundesamt den Teilbereich des internationalen Schutzes »Flüchtlingseigenschaft« im Sinne von § 30 für offensichtlich unbegründet, wird es regelmäßig eine negative Entscheidung zum anderen Teilbereich »subsidiärer Schutz« treffen. Damit wäre die Abschiebungsandrohung nach Abs. 2 zulässig (§ 34 Abs. 1 Nr. 2a). § 30 Abs. 1 Satz 1 verlangt nicht, dass auch der subsidiäre Schutz offensichtlich nicht vorliegen muss. Denkbar wäre aber auch, dass es in diesem Fall im Blick auf § 4 Abs. 1 Satz 1 auch eine positive Entscheidung treffen könnte. 52

In diesem Fall dürfte es nicht vorsorglich die Abschiebungsandrohung nach Abs. 2 erlassen, weil der Antragsteller einen Aufenthaltsanspruch nach § 25 Abs. 2 AufenthG hätte (Art. 24 Abs. 2 RL 2011/95/EU) und dies dem Erlass einer Abschiebungsandrohung entgegenstünde (§ 34 Abs. 1 Nr. 2a).

53 Lehnt das Bundesamt den Asylantrag als offensichtlich unbegründet ab, hat es nach Abs. 2 *vorsorglich* für den Fall der Einreise die Abschiebung nach Maßgabe von §§ 34 und 36 Abs. 1 anzudrohen (Abs. 2). Zugleich hat die Grenzbehörde durch Verwaltungsakt die Einreiseverweigerung zu verfügen (Abs. 3 Satz 1) und diese gemeinsam mit der Entscheidung des Bundesamtes dem Antragsteller zuzustellen (vgl. auch BVerfG [Kammer], NVwZ-Beil. 1994, 11; Rdn. 55). Die Abschiebungsandrohung nach allgemeinem Ausländerrecht (§ 59 Abs. 1 AufenthG) und auch nach dem AsylG ist ein selbstständiger Verwaltungsakt und erstes Element des Vollstreckungsverfahrens. Sie unterliegt denselben Anforderungen wie die Abschiebung selbst und darf daher nur erfolgen, wenn diese selbst rechtlich zulässig ist. Zur zügigen Durchführung des Gerichtsverfahrens ist die Grenzbehörde verpflichtet, dem zuständigen Verwaltungsgericht eine Kopie der Einreiseverweigerung sowie der Verwaltungsvorgänge des Bundesamtes – insbesondere die Protokolle der Anhörung durch Grenzbehörde und Bundesamt sowie die Sachentscheidung – zu übermitteln (Abs. 3 Satz 3). Die Grenzbehörde hat keinen eigenen Beurteilungsspielraum: Ist der Asylantrag in der qualifizierten Form nach Abs. 2 in Verb. mit §§ 29a, 30 abgelehnt worden, hat sie zwingend die Einreiseverweigerung zu verfügen (Abs. 3 Satz 1). Die Einreiseverweigerung ist also grundsätzlich automatische Folge der qualifizierten Asylablehnung. Der Zustellungsverbund nach Abs. 3 Satz 2 soll die unverzügliche gerichtliche Kontrolle in einem abschließenden Verfahren sicherstellen.

54 Während die Abschiebungsanordnung nach § 34a erst ergehen darf, wenn deren Durchführbarkeit feststeht, steht die Durchsetzbarkeit der Abschiebungsandrohung nach Abs. 2 unter dem Vorbehalt der gerichtlichen Bestätigung sowie der praktischen Durchsetzbarkeit. Dagegen bleibt die Durchsetzbarkeit bei der Abschiebungsandrohung im Zeitpunkt ihres Erlasses offen. Sie kann unter unterschiedlichen Gesichtspunkten im Gerichtsverfahren überprüft werden. So kann sie dem Grunde nach als rechtmäßig bestätigt werden, ohne dass sie aufgehoben werden müsste (§ 59 Abs. 3 Satz 3 AufenthG), weil etwa die Bezeichnungspflicht verletzt worden ist (§ 59 Abs. 3 Satz 2, § 60 Abs. 10 Satz 2 AufenthG). Sie kann aber auch dem Grunde nach aufgehoben werden, weil die für sie maßgeblichen Voraussetzungen zu Unrecht festgestellt wurden (s. hierzu ausführlich Erläuterungen zu § 34). Abs. 2 stellt einerseits mit der automatischen Anknüpfung der Einreiseverweigerung deren zügige Vollstreckung sicher, andererseits soll für den Fall, dass dem Antragsteller die Einreise gelingt, obwohl sie ihm zu verweigern ist, die abschiebungsrechtlichen Grundlagen geschaffen werden (*Fritz*, in: GK-AsylG, § 18a Rn. 55). In diesem Fall reist der Antragsteller ein, sodass die Einreiseverweigerung gegenstandslos wird. Um den aufenthaltsbeendenden Titel zu schaffen, ist vorsorglich die Abschiebung anzudrohen. Damit handelt es sich bei der Verfügung nach Abs. 2 um eine *besondere Art von Vorratsverwaltung*. Begründet wird die Einführung der Abschiebungsandrohung im Flughafenverfahren damit, für den Fall der nicht rechtzeitigen Entscheidung des Verwaltungsgerichtes und der damit

automatischen Einreise (Abs. 6 Nr. 3) solle das Asylverfahren nicht noch einmal von vorn beginnen, sondern in dem Stadium fortgesetzt werden, in dem es sich bereits befindet (*Giesler/Wasser*, Das neue Asylrecht, S. 31). Ob diese relativ seltenen Fälle die Einführung der Abschiebungsandrohung neben der Einreiseverweigerung rechtfertigen können, bleibt jedoch fraglich. Jedenfalls wird für den Fall des erfolgreichen Eilrechtsschutzantrags gegen die Einreiseverweigerung kraft Gesetzes die Abschiebung ausgesetzt (Abs. 5 Satz 2; Rdn. 55) und endet die Ausreisefrist analog § 37 Abs. 2 einen Monat nach unanfechtbaren Verfahrensabschluss. Daher bedarf es neben dem auf einstweilige Anordnung der Einreise gerichteten Eilrechtsschutzantrag keines weiteren vorläufigen Rechtsschutzantrags (Rdn. 62). Das weitere rechtliche Schicksal der Abschiebungsandrohung ist vom Ausgang des Hauptsacheverfahrens abhängig.

H. Einreiseverweigerung nach Abs. 3

Wird der Asylantrag als offensichtlich unbegründet abgelehnt, ist dem Asylsuchenden die Einreise zu verweigern. Die Grenzbehörde hat insoweit keinen eigenen Entscheidungsspielraum (Rdn. 53). Vielmehr ist die Einreiseverweigerung kraft Gesetzes zwingende Folge der Asylablehnung nach Abs. 2 (BVerfG [Kammer], NVwZ-Beil. 1994, 51, 52). Die Einreiseverweigerung ist eine Form der *Zurückweisung* (*Fritz*, in: GK-AsylG, § 18a Rn. 59). Diese erfolgt in der Regel mündlich und ist sofort vollziehbar. Demgegenüber ergibt sich aus dem Regelungszusammenhang von § 18a, dass die Verfügung nach Abs. 3 Satz 1 *schriftlich* zu erlassen ist und die Einlegung von Rechtsbehelfen *Suspensiveffekt* bis zur unanfechtbaren negativen Entscheidung im Eilrechtsschutzverfahren hat (Abs. 4 Satz 7). Die Einreiseverweigerung teilt das rechtliche Schicksal des gegen die Abschiebungsandrohung gerichteten Aussetzungsantrags (Abs. 5 Satz 2). Ordnet das Gericht die Einreisegestattung an, ist damit kraft Gesetzes die Vollziehbarkeit der Androhung ausgesetzt. Die Abschiebungsandrohung nach Abs. 2 in Verb. mit § 34 bleibt jedoch auch nach Einreise in ihrem rechtlichen Bestand – aufschiebend bedingt – wirksam (Abs. 5 Satz 2; Rdn. 54). Aus dieser Verknüpfung der asylrechtlichen Sachentscheidung (Abs. 2 Halbs. 1) mit der Abschiebungsandrohung (Abs. 2 Halbs. 2) und deren schwebenden Wirksamkeit wird den öffentlichen Vollzugsinteressen vollends genügt. Weder begrifflich noch von der Interessenlage her ist daher Raum für den rechtlichen Fortbestand der Einreiseverweigerung nach Einreise. 55

I. Eilrechtsschutzverfahren (Abs. 4 und 5)

I. Funktion des Eilrechtsschutzes im Flughafenverfahren

Das in Abs. 4 und 5 geregelte Eilrechtsschutzverfahren ist Teil des Flughafenverfahrens. Hat das Bundesamt den Asylantrag als offensichtlich unbegründet abgelehnt, wird dem Asylsuchenden durch die Grenzbehörde kraft gesetzlicher Anordnung (Abs. 3 Satz 1) die Einreise verweigert. Hiergegen richtet sich das gegen die sofortige Vollziehung der Einreiseverweigerung gerichtete Eilrechtsschutzverfahren nach den Regelungen in Abs. 4 und 5. Nicht geregelt ist in § 18a das gerichtliche Hauptsacheverfahren. Dies richtet sich nach allgemeinen asylverfahrensrechtlichen und ergänzend allgemeinen 56 verwaltungsprozessualen Vorschriften. Die Bestimmungen in Abs. 4 und 5 enthalten ein eigenständiges, in sich abgeschlossenes Eilrechtsschutzverfahren, das allerdings strukturell nicht von dem in § 36 geregelten Verfahren abweicht. Vielmehr findet auch im Flughafenverfahren das Eilrechtsschutzverfahren nach § 36 ergänzend Anwendung, wie bereits aus den Verweisungen in Abs. 4 Satz 6 und 7 folgt. Besonderheiten ergeben sich aus den Fristbestimmungen und aus dem Charakter des Flughafenverfahrens als Eilrechtsschutzverfahren vor der Einreise. Dies betrifft insbesondere das Antragsziel, also die Form des Rechtsschutzes. Soweit jedoch die Regelungen in Abs. 4 und 5 keine besonderen Vorschriften für die Gestaltung des Eilrechtsschutzverfahrens enthalten, gelten die allgemeinen Bestimmungen nach § 36 und nach § 80 Abs. 5 und § 123 VwGO.

57 Nach der Rechtsprechung des BVerfG verlangt der effektive Rechtsschutz (Art. 19 Abs. 4 GG) im Flughafenverfahren Vorkehrungen des Bundesamtes und der Grenzschutzbehörden, dass die Erlangung gerichtlichen Rechtsschutzes nicht durch die obwaltenden Umstände unzumutbar erschwert oder gar vereitelt wird (BVerfGE 94, 166, 206 = EZAR 632 Nr. 25 = NVwZ 1996, 678, so insbesondere LS 4). Die im Flughafenverfahren obwaltenden Umstände sind insbesondere das Abgeschlossensein des Asylsuchenden im Transitbereich, besonders kurze Fristen sowie seine Sprachunkundigkeit. Auch wenn es an einer ausdrücklichen gesetzlichen Bestimmung fehlt, ist deshalb durch organisatorische Maßnahmen sicherzustellen, dass die ablehnenden Bescheide des Bundesamtes und der Grenzbehörde dem Antragsteller in geeigneter Weise eröffnet werden. Diese Maßnahmen müssen darauf gerichtet sein, dass der Asylsuchende den Inhalt der Bescheide verstehen und dabei insbesondere erkennen kann, von welchem tatsächlichen Vorbringen das Bundesamt ausgegangen ist und warum es seinen Antrag abgelehnt hat. Ferner muss er erkennen können, dass er dagegen Rechtsschutz erlangen kann, und welche Erfordernisse dafür unbedingt einzuhalten sind (BVerfGE 94, 166, 206; Art. 12 I Buchst. e) und f) RL 2013/32/EU). Er muss nicht eine wortwörtliche Übersetzung der Bescheide erhalten, sondern eine Erläuterung der für die Asylablehnung maßgebenden Gründe in für ihn verständlicher Form (ähnlich *Maaßen/de Wyl*, ZAR 1997, 9, 13; so auch Art. 12 Abs. 1 Buchst. f) RL 2013/32/EU). Dies kann am besten durch den Einzelentscheider erfolgen, der den Bescheid verfasst hat. Ist er im Zeitpunkt der Zustellung nicht anwesend, ist die Erläuterung durch eine andere sachkundige Person des Bundesamts vorzunehmen. In der Verwaltungspraxis wird indes der Bundespolizei die Aufgabe auferlegt, dem Asylsuchenden den Inhalt des Bescheides unter Zuziehung eines Dolmetschers (Art. 12 Abs. 1 Buchst. a) RL 2013/32/EU) verständlich nahe zu bringen.

58 Aus der besonderen Situation des Asylsuchenden, die sich aus dem Charakter des Verfahrens vor der Einreise ergibt, hat das BVerfG der Verwaltung besondere Verpflichtungen zur Schaffung von Voraussetzungen auferlegt, die das strukturell vorgegebene Rechtsschutzdefizit im Flughafenverfahren abmildern sollen: Der nicht anwaltlich vertretene Asylsuchende muss durch organisatorische Maßnahmen Gelegenheit erhalten, ***kostenlos asylrechtskundige Beratung*** in Anspruch zu nehmen, um die Erfolgsaussichten einer etwaigen Beschreitung des Rechtsweges beurteilen zu können. Diese Verpflichtung folgt auch aus Art. 15 Abs. 2 in Verb. mit Art. 20 Abs. 2 Buchst. d) RL 2013/32/EU). Diese Beratung kann nach Ansicht des BVerfG zwar durch jede dafür geeignete,

von den Entscheidungsträgern unabhängige, im Flughafenbereich verfügbare und in Asylrechtsfragen kundige Person oder Stelle erfolgen (BVerfGE 94, 166, 207 = EZAR 632 Nr. 25 = NVwZ 1996, 678). Wegen der Kürze der im Gesetz festgelegten Fristen erscheint es erforderlich, dass die Beratung bereits am Tage der Zustellung und auch an Wochenenden angeboten wird (BVerfGE 94, 166, 206 f. = EZAR 632 Nr. 25 = NVwZ 1996, 678; s. auch Antwort der Bundesregierung, in: BT-Drucks. 13/9116). Nach Art. 43 Abs. 1 in Verb. mit Art. 12 Abs. 1 Buchst. d) RL 2013/32/EU werden jedoch vorrangig Rechtsanwälte und nachrangig »sonstige Rechtsberater« genannt. Im Flughafenverfahren ist den obwaltenden Umständen des Ausgeschlossenseins und des sich daraus ergebenden Gefühls des Asylsuchenden, den Behörden ausgeliefert zu sein, insbesondere durch Rahmenbedingungen zu begegnen, die eine vertrauensvolle und einfühlsame unabhängige Beratung sicherstellen. Angesichts der besonderen Darlegungsprobleme im Flughafenverfahren und den damit zusammenhängenden häufig komplizierten Rechtsproblemen ist daher die vorrangige Beratung durch Rechtsanwälte erforderlich (so auch *Maaßen/de Wyl*, ZAR 1997, 9, 14).

Davon zu trennen ist die vertragliche Bindung der Rechtsanwälte durch Rahmen- 59
verträge. Die fortdauernde Sicherstellung eines Beratungsdienstes kann organisatorisch durch einzelne Rechtsanwälte nicht wahrgenommen werden. Weder Bundespolizei noch Bundesamt sind geeignete Koordinierungsstelle (*Maaßen/de Wyl*, ZAR 1997, 9, 14; *Schelter/Maaßen*, ZRP 1996, 408, 412). Es bietet sich deshalb an, diese Koordinierung durch die Institutionen wahrnehmen zu lassen, die ohnehin den engsten und unmittelbaren Kontakt zu den Rechtsuchenden haben. Das sind die kirchlichen Sozialdienste. Das vor einigen Jahren in Frankfurt am Main eingeführte Beratungskonzept hat sich in der Praxis bewährt. Die Bundespolizei stellt anhand der Vertretungsliste fest, welcher Rechtsanwalt jeweils den Beratungsdienst am nächsten Tag durchzuführen hat. Der Frankfurter Anwaltsverein koordiniert die Beratung und Vertretung durch die Rechtsanwälte im Flughafenverfahren. Die Bundespolizei übermittelt per Fax alle Aktenbestandteile nach der Zustellung an den auf der Liste eingetragenen Anwalt. In Absprache mit dem Rechtsanwalt wird anschließend der Dolmetscher bestimmt. Nicht erforderlich ist eine Beratung rund um die Uhr. Der Rechtsanwalt muss ohnehin erst die Akten lesen, gegebenenfalls vor der Beratung in seiner Kanzlei im konkreten Verfahren aufgeworfene komplizierte Rechtsprobleme durch Beiziehung einschlägiger Literatur und Rechtsprechung durchdringen, um eine fundierte Beratung vor Ort gewährleisten zu können. Allerdings muss im Interesse des Rechtsuchenden möglichst bald die Beratung vor Ort stattfinden (*Maaßen/de Wyl*, ZAR 1997, 9, 14), was auch die Beratung am Wochenende einschließt. Sicherzustellen ist für die Beratung ferner auch der Zugriff auf die vom Bundesamt verwerteten und dort verfügbaren Länderinformationen in geeigneter Weise, da eine sorgfältige und rechtskundige Beratung der Erfolgsaussichten von Rechtsmitteln eine Prüfung der Glaubwürdigkeit der Person des Asylsuchenden und der Glaubhaftigkeit seiner Angaben voraussetzt. Unter Angabe des Aktenzeichens und Hinweis auf die bevorstehende Beratung im Rahmen der asylrechtskundigen Beratung erhält der Anwalt beim Bundesamt in Nürnberg unter *ivs-anfragen@bamf.bund.de* auch die amtlichen Lageberichte und Auskünfte. Diese Prüfung erfordert notwendigerweise die Kenntnis der

verwerteten und sonst verfügbaren Erkenntnisquellen zu dem Herkunftsland des Asylsuchenden, da erst vor dem Hintergrund der allgemeinen und besonderen Verhältnisse dieses Landes der Test auf die Glaubhaftigkeit der Sachangaben erfolgen kann. Hierzu gehört auch, dass der Rechtsanwalt den Asylsuchenden mit Erkenntnisquellen konfrontiert, die seinem konkreten Sachvorbringen entgegenstehen, um diesen dadurch die Möglichkeit zu geben, Ungereimtheiten und Widersprüche auszuräumen.

60 Die Bescheide sind dem anwaltlich nicht vertretenen Asylsuchenden durch die Grenzbehörde persönlich zuzustellen (Abs. 3 Satz 2). Die Zustellung erfolgt in der Einrichtung im Transitbereich gegen Empfangsbekenntnis (§ 5 Abs. 1 VwZG). Bei anwaltlich vertretenen Asylsuchenden hat die Grenzbehörde an den Bevollmächtigten zuzustellen (§ 7 Abs. 1 Satz 2 VwZG). Dem Grundsatz der Abhängigkeit des Eilrechtsschutzes vom Hauptsacheverfahren entsprechend sind die Anträge im Hauptsacheverfahren zu stellen: Die Abschiebungsandrohung nach Abs. 2 hat zwingend die Antragsablehnung in der qualifizierten Form zur Voraussetzung. Zur Verhinderung des Eintritts der Bestandskraft dieser Ablehnung muss *Verpflichtungsklage* auf Gewährung der Asylberechtigung und des internationalen Schutzes (§ 3 Abs. 4 Halbs. 1, § 4 Abs. 1 Satz 1) und – hilfsweise – Feststellung von Abschiebungsverboten nach § 60 Abs. 5 und 7 AufenthG erhoben werden (§ 74 Rdn. 48 ff.). Daneben ist die Abschiebungsandrohung nach Abs. 2 mit der *Anfechtungsklage* anzugreifen, um den Eintritt deren Vollziehbarkeit zu verhindern. Da in allen Fällen das Bundesamt zuständige Behörde ist, ist die Klage gegen die Bundesrepublik, endvertreten durch den Leiter der zuständigen Außenstelle des Bundesamtes, zu richten. *Streitgegenstand* ist die Gewährung der Asylberechtigung und die Zuerkennung der Flüchtlingseigenschaft (§ 3 Abs. 4 Halbs. 1) und – hilfsweise – des subsidiären Schutzes (§ 4 Abs. 1 Satz 1) sowie der durch die Abschiebungsandrohung bewirkte belastende Eingriff. Im Hinblick auf die Einreiseverweigerung nach Abs. 3 Satz 1 ist *Verpflichtungsklage* auf Gestattung der Einreise zu erheben. Diese Klage richtet sich gegen die Bundesrepublik, letztvertreten durch das jeweils für den Flughafen zuständige Bundespolizeiamt. Der Inhalt dieses Klageantrags ist nicht identisch mit dem auf den asylrechtlichen Status gerichteten Antrag mit der Folge, dass die Bundesrepublik Deutschland jeweils in verschiedener Weise als Beklagte Teil des Streitgegenstands wird. Sie ist daher auch in zweifacher Form zu beklagen. Damit umfasst der Hauptantrag *fünf* Regelungsbereiche:

1. Verpflichtungsklage auf Feststellung der Asylberechtigung.
2. Verpflichtungsklage auf Zuerkennung der Flüchtlingseigenschaft nach § 3 Abs. 4 Halbs. 1 und – hilfsweise – Gewährung subsidiären Schutzes nach § 4 Abs. 1 Satz 1
3. Die – hilfsweise zu erhebende – Verpflichtungsklage auf Feststellung von Abschiebungsverboten nach § 60 Abs. 5 und 7 AufenthG.
4. Anfechtungsklage gegen die Abschiebungsandrohung nach Abs. 2 Halbs. 2
5. Anfechtungsklage gegen die Einreiseverweigerung nach Abs. 3 Satz 1.

Wird dem Asylsuchenden im Rahmen des Eilrechtsschutzverfahrens die Einreise gestattet, wird die Einreiseverweigerung rechtlich unwirksam (Rdn. 79). Die hierauf bezogene Verpflichtungsklage erledigt sich dadurch mit der Folge, dass der Beklagten die Kosten des Verfahrens aufzuerlegen sind (161 Abs. 2 VwGO).

II. Eilrechtsschutzantrag nach Abs. 4 Satz 1 und 2

Der Eilrechtsschutzantrag ist beim zuständigen Verwaltungsgericht (§ 18 Rdn. 37) oder bei der Grenzschutzbehörde zu stellen (Abs. 4 Satz 2). Örtlich zuständig ist das Verwaltungsgericht, in dessen Bezirk die Einreiseverweigerung verfügt wurde (§ 52 Nr. 3 Satz 1 VwGO), also das Verwaltungsgericht in dessen Bezirk der Flughafen liegt. In den sehr seltenen Fällen, in denen der Antrag bei der Grenzbehörde gestellt wird, ist dieser wegen der Fristbestimmung nach Abs. 6 Nr. 3 unverzüglich an das Verwaltungsgericht weiterzuleiten (*Fritz*, in: GK-AsylG, § 18a Rn. 65). Der Antragsteller ist auf die Möglichkeit der Antragstellung bei der Grenzbehörde schriftlich hinzuweisen (Abs. 4 Satz 4 in Verb. mit § 58 Abs. 1 VwGO; Art. 12 Abs. 1 Buchst. f) RL 2013/32/EU). Dies allein genügt jedoch nicht. Vielmehr muss er erkennen können, dass er gegen die Bescheide Rechtsschutz erlangen kann und welche Erfordernisse dafür unbedingt einzuhalten sind (BVerfGE 94, 166, 206 = EZAR 632 Nr. 25 = NVwZ 1996, 678). 61

Eilrechtsschutz im Flughafenverfahren ist nach § 123 VwGO zu erlangen (s. hierzu § 18 Rdn. 38). Der Eilrechtsschutz zielt auf die Verhinderung der *Vollziehbarkeit* der erlassenen Einreiseverfügung. Aus Abs. 5 Satz 1 wird abgeleitet, dass sich der im Rahmen des Flughafenverfahrens gestellte Eilrechtsschutzantrag auf die Gewährung der Einreise richtet. Es gehe damit um einen *Verpflichtungsantrag*, sodass einstweiliger Rechtsschutz über § 123 VwGO zu erlangen sei (*Giesler/Wasser*, Das neue Asylrecht, Satz 32; *Fritz*, in: GK-AsylG, § 18a Rn. 69; *Hailbronner*, AuslR B 2 § 18a AsylG Rn. 80). Gegen die Abschiebungsandrohung bedarf es keines – auch keines hilfsweisen – Eilrechtsschutzantrags (Rdn. 53 f.). Mit Antragsstattgabe wird die Einreiseverfügung unwirksam, da nach Einreise eine diese untersagende Verfügung keinen Bestand mehr haben kann. Die Klage erledigt sich damit insoweit ebenfalls (OVG Hamburg, NVwZ 1984, 744). Durch Abs. 5 Satz 1 ist das Rechtsschutzbedürfnis für die entsprechende Verpflichtungsklage entfallen. Im allgemeinen Verwaltungsverfahren kann die Behörde auch nach Stattgabe des Rechtsschutzantrags erneut die Vollziehung anordnen (Hess. VGH, DÖV 1985, 75; a.A. VGH BW, NVwZ 1985, 919). Im Verfahren nach Abs. 4 ist dies unzulässig, weil die Verfügung unwirksam wird. Wird dem Eilrechtsschutzantrag gegen die Einreiseverweigerung stattgegeben, wird nicht nur die Einreiseverweigerung rechtlich unwirksam, überdies *gilt* die Einreiseanordnung *zugleich* als Aussetzung der Abschiebung (Abs. 5 Satz 2). Wird der Eilrechtschutzantrag gegen die Einreiseverweigerung zurückgewiesen, wird die Zurückweisung vollzogen. Ein eigenständiger Eilrechtsschutzantrag gegen die Abschiebungsandrohung kann dies nicht verhindern, da es sich um ein Verfahren vor der Einreise handelt und – durch Aussetzung bewirkter – Abschiebungsschutz in diesem Stadium des Verfahrens noch gar nicht gewährt werden kann. Andererseits ist Anknüpfungspunkt der Prüfung im Eilrechtsschutzverfahren im Rahmen des Flughafenverfahrens die Antragsablehnung des Bundesamtes (BVerfGE 94, 166, 192 = EZAR 632 Nr. 25 = NVwZ 1996, 678). Durch diese Gestaltung des Verfahrens wird den Interessen des Asylsuchenden genügt. Gibt das Verwaltungsgericht dem Eilrechtsschutzantrag gegen die Einreiseverweigerung statt, gilt die Entscheidung zugleich als Aussetzung der Abschiebung. Im Flughafenverfahren reicht damit der Eilrechtsschutzantrag gegen die Einreiseverweigerung aus. 62

III. Antragsfrist (Abs. 4 Satz 1)

63 In Abweichung vom allgemeinem Verwaltungsprozessrecht ist der Eilrechtsschutzantrag *fristgebunden* (Abs. 4 Satz 1). Der Antrag ist vielmehr *binnen* drei *Tagen* nach Zustellung zu stellen (Abs. 4 Satz 1). Das gilt nicht für die Abschiebungsanordnung, wenn diese im Flughafenverfahren verfügt wird. Für diese gilt die Wochenfrist (§ 34a Abs. 2 Satz 1). Die Frist beginnt mit der Zustellung der Einreiseverweigerung und der Antragsablehnung zu laufen. Überdies ist für den Lauf der Frist die Erteilung einer ordnungsgemäßen Rechtsmittelbelehrung erforderlich (Abs. 4 Satz 4 in Verb. mit § 58 Abs. 1 VwGO). Der Antrag kann unmittelbar bei der Bundespolizei gestellt werden (Abs. 4 Satz 2), die ihn hierauf hinzuweisen hat. Nach Abs. 4 Satz 3 wird dieser Hinweis in der Rechtsmittelbelehrung aufgenommen. Fehlt er, ist nicht wirksam zugestellt. Der Lauf der Frist beginnt mit der Zustellung (§ 57 Abs. 1 VwGO). Bei der Berechnung der Frist wird der Tag der Zustellung nicht mitgerechnet (§ 57 Abs. 2 VwGO in Verb. mit § 222 Abs. 1 ZPO, § 187 Abs. 1 BGB). Die Antragsfrist endet mit dem Ablauf des dritten Tages (§ 188 Abs. 3 BGB). Fällt das Fristende auf einen Sonntag, einen *am maßgeblichen Ort* staatlich anerkannten allgemeinen Feiertag oder einen Sonnabend, tritt an die Stelle eines solchen Tages der nächste Werktag (§ 193 BGB).

64 Die Verkürzung der Frist auf drei Tage ist nur dann verfassungsrechtlich begründbar, wenn die vom BVerfG geforderten organisatorischen Vorkehrungen zur Sicherstellung einer rechtskundigen und unabhängigen Beratung des Asylsuchenden effektiv und umfassend getroffen und aufrechterhalten werden (Rdn. 58). Auch erfordert eine verfassungskonforme Anwendung dieser Vorschrift eine großzügige Handhabung des Wiedereinsetzungsrechts. Das Verwaltungsgericht ist im Hinblick darauf, dass nach Abs. 4 Satz 7 nur eine rechtzeitige Antragstellung den Vollzug der Zurückweisung hindert, gehalten, der Grenzbehörde aufzugeben, bis zur Entscheidung über den *Wiedereinsetzungsantrag* hiervon abzusehen. Gegebenenfalls ist ein hierauf gerichteter Antrag nach § 123 VwGO zu stellen (*Fritz,* in: GK-AsylG, § 18a Rn. 68). Anders als § 74 Abs. 1 Satz Halbs. 2 stellen die Regelungen in Abs. 4 und 5 keinen zwingenden Zusammenhang zwischen Eilrechtsschutz- und Hauptantrag her (Rdn. 60). Es ist jedoch anzuraten, die Hauptanträge ebenfalls innerhalb der Frist nach Abs. 4 Satz 1 zu stellen, jedenfalls sollte die Wochenfrist nach § 36 Abs. 3 Satz 1 beachtet werden (§ 74 Abs. 1 Satz Halbs. 2). Zwingend ist dies jedoch nicht. Für die Wochenfrist spricht zwar die wiederholte Verweisung auf § 36 in Abs. 2 und Abs. 4 Satz 6 und Satz 7. Der klare Wortlaut des § 74 Abs. 2 spricht jedoch eher für die Klagefrist von zwei Wochen (so auch *Giesler/Wasser,* Das neue Asylrecht, Satz 33). Bei der Abschiebungsanordnung nach § 34a Abs. 1 ist die Klage binnen einer Woche zu erheben (§ 74 Abs. 1 Halbs. 2).

IV. Begründungsfrist

65 Die Regelungen in Abs. 4 enthalten keine zwingenden Begründungsfristen. Das BVerfG hat insoweit jedoch eine – freilich die Grenzen verfassungskonformer Auslegung überschreitende (*Lübbe-Wolff,* DVBl 1996, 825, 840) – geringfügige Modifizierung des Gesetzes vorgenommen: Aus Art. 19 Abs. 4 GG und Art. 103 Abs. 1 GG

folge, dass es dem Asylsuchenden möglich sein müsse, mit den Gründen, die er für seinen Antrag auf Gewährung vorläufigen Rechtsschutzes geltend machen wolle, auf die Entscheidung des Verwaltungsgerichts Einfluss zu nehmen (BVerfGE 94, 166, 207 = EZAR 632 Nr. 25 = NVwZ 1996, 678). Hieraus folge, dass das Verwaltungsgericht ihm, wenn er dies verlange, für die Begründung seines innerhalb von drei Tagen zu stellenden Antrags eine *Nachfrist* zu gewähren habe (BVerfGE 94, 166, 207). Das BVerfG hält insoweit eine Frist von weiteren vier Tagen, d.h. für die Begründung des Eilrechtsschutzantrags eine Frist von einer Woche ab Zustellung der behördlichen Entscheidungen für den Zeitraum, der dem Antragsteller für eine wirksame Wahrnehmung seiner Rechte verfügbar sein muss (BVerfGE 94, 166, 207 = EZAR 632 Nr. 25 = NVwZ 1996, 678). Daraus folgt, dass die Rechtsmittelfrist von drei Tagen ab Zustellung stets zwingend zu beachten ist. Auf Antrag, der bereits mit dem Rechtsmittelantrag gestellt werden sollte, *ist* eine Nachfrist von weiteren vier Tagen für die Begründung des Eilrechtsschutzantrags zu gewähren: Diesen Zeitraum für das Einreichen einer Begründung des Eilantrags muss das Gericht dem Antragsteller auf entsprechenden *Vorbehalt* stets offen halten, ohne dass hierfür besondere Gründe vorliegen und geltend gemacht werden müssen. Damit wird die an sich nach dem Gesetz bestehende Möglichkeit des Verwaltungsgerichts, sofort nach Antragseingang zu entscheiden, beschränkt (*Lübbe-Wolff*, DVBl 1996, 825, 840). Über eine weitere Fristverlängerung entscheidet das Verwaltungsgericht unter Berücksichtigung der in Art. 16a Abs. 4 GG verankerten Beschleunigungsmaxime (BVerfGE 94, 166, 207 f. = EZAR 632 Nr. 25 = NVwZ 1996, 678).

V. Aussetzung der Vollziehung (Abs. 4 Satz 7)

Nach Abs. 4 Satz 7 darf die Grenzbehörde im Fall der rechtzeitigen Antragstellung 66
nicht vor der gerichtlichen Entscheidung die Zurückweisung vollziehen. Nicht ausdrücklich geregelt im Gesetz ist anders als bei § 36 Abs. 3 Satz 8, dass während des Zeitraums bis zur Entscheidung des Bundesamtes nach Abs. 6 Nr. 1 oder nach Abs. 2 und dem dadurch bedingten Erlass der Einreiseverweigerung keine Zurückweisung erfolgen darf. Auch das BVerfG hat diese Frage nicht ausdrücklich behandelt, jedoch als selbstverständlich vorausgesetzt, dass Asylsuchenden in dieser Lage nicht angesonnen werden könnte, in den Staat zurückzukehren, der sie möglicherweise verfolgt (BVerfGE 94, 166, 198 = EZAR 632 Nr. 25 = NVwZ 1996, 678). Aus dem Zusammenhang von § 18 Abs. 2 und § 18a sowie aus dem Zweck des Flughafenverfahrens folgt mit hinreichender Klarheit, dass bis zum Eintritt der Vollziehbarkeit der Einreiseverweigerung die Zurückweisung untersagt ist. Abs. 4 Satz 7 kann als Bestätigung dieser ohnehin zu beachtenden Gesetzeslage in Ansehung eines bestimmten Verfahrensabschnittes verstanden werden. Während dem Gesetzgeber aus verfassungsrechtlichen und völkerrechtlichen Gründen für die Dauer des Verwaltungsverfahrens eine ausdrückliche Regelung dieser Frage als entbehrlich erschien, soll für die besonders schutzbedürftige Phase des Eilrechtsschutzverfahrens mit Abs. 4 Satz 7 diese Rechtslage lediglich klarstellend, also deklaratorisch, bestätigt werden. Aus dem Gebot effektiven Rechtsschutzes folgt auch, dass innerhalb des Zeitraums zwischen der Zustellung und der Antragstellung die Vollziehung auszusetzen ist.

67 Bei Abs. 4 Satz 7 handelt es sich damit – wie im Fall der Parallelvorschrift des § 36 Abs. 3 Satz 8 – um ein gesetzliches Abschiebungshindernis (§ 36 Rdn. 25). Wird die Frist nach Abs. 4 Satz 1 versäumt, kann Antrag auf Wiedereinsetzung in den vorigen Stand gestellt werden (§ 60 VwGO). Das Verwaltungsgericht ist gehalten, der Grenzbehörde aufzugeben, bis zur Entscheidung über den Wiedereinsetzungsantrag von der Vollziehung der Einreiseverweigerung abzusehen. Gegebenenfalls ist ein hierauf gerichteter Antrag nach § 123 VwGO zu stellen *(Stillhaltezusage)*. Zugleich ist ein gegen die Bundespolizei gerichteter Eilrechtsschutzantrag nach § 123 VwGO zu stellen (*Fritz*, in: GK-AsylG, § 18a Rn. 68; s. auch *Kugelmann*, ZAR 1994, 158, 167). Über den Wiedereinsetzungsantrag ist angesichts der besonderen Bedingungen und Belastungen, die das Flughafenverfahren für den Asylsuchenden mit sich bringt und die durch eine kostenlose unabhängige Beratung lediglich abgemildert werden können, großzügig zu entscheiden. Versäumt werden in diesem Sinne kann aber lediglich die gesetzliche Antragsfrist nach Abs. 4 Satz 1. Wird die vom BVerfG vorgegebene Begründungsfrist nicht eingehalten, führt dies zwar nicht zur Unzulässigkeit des Rechtsmittels. Der Antragsteller läuft jedoch Gefahr, dass über seinen Antrag ohne Berücksichtigung seiner Gegenvorstellungen und damit in aller Regel zu seinen Ungunsten entschieden wird. In diesem Fall kann aber bei glaubhaft gemachter unverschuldeter Fristversäumnis ein *Abänderungsantrag* nach § 123 in Verb. mit § 80 Abs. 7 Satz 2 VwGO gestellt werden (s. hierzu § 36 Rdn. 16 ff.).

VI. Schriftliches Verfahren (Abs. 4 Satz 5)

68 Nach Abs. 4 Satz 5 soll das Verwaltungsgericht im *schriftlichen Verfahren* entscheiden. Die Verfahrensgestaltung ist damit identisch mit der nach § 36 Abs. 3 Satz 4 (s. hierzu § 36 Rdn. 34.). Es ist dem Verwaltungsgericht nicht verwehrt, in der mündlichen Verhandlung über Klage und Eilrechtsschutzantrag zu entscheiden (*Fritz,* in: GK-AsylG, § 18a Rn. 74; *Hailbronner,* AuslR B 2 § 18a AsylG Rn. 86). Das BVerfG hat gegen Abs. 4 Satz 5 keine verfassungsrechtlichen Bedenken. Diese Verfahrensweise finde in Art. 16a Abs. 4 Satz 1 Halbs. 2 GG ihre verfassungsrechtliche Grundlage (BVerfGE 94, 166, 194 = EZAR 632 Nr. 25 = NVwZ 1996, 678). Es sei daher unbedenklich, dass das Verwaltungsgericht regelmäßig nach Aktenlage – aufgrund der Bescheide und Protokolle der Behörden einerseits sowie der schriftsätzlichen Äußerungen des Asylsuchenden im Eilrechtsschutzverfahren andererseits – entscheide und keine eigenen Sachverhaltsermittlungen durchführe (BVerfGE 94, 166, 194). Dagegen ist einzuwenden, dass die verwaltungsgerichtliche Praxis einerseits zunehmend eine am Maßstab des § 108 Abs. 1 Satz 1 VwGO orientierte Prüfung des Sachvorbringens im Eilrechtsschutzverfahren vornimmt, andererseits nahezu ausnahmslos dem Antragsteller keine Gelegenheit einräumt, in einem persönlichen Gespräch gegenüber dem Richter auf Glaubhaftigkeitsbedenken, Widersprüche und Ungereimtheiten im Sachvortrag einzugehen. Während die richterliche Überzeugungsbildung nach § 108 Abs. 1 Satz 1 VwGO im Allgemeinen auf dem Eindruck aus dem Gesamtergebnis des Verfahrens beruht, was die obligatorische Durchführung einer mündlichen Verhandlung und in diesem Zusammenhang die Anhörung des Antragstellers voraussetzt, soll gerade in dem besonders kritischen Flughafenverfahren der Test auf die Glaubwürdigkeit nach Aktenlage erfolgen.

Der Praxis stehen zwei Wege zur Vermeidung rechtstaatlich nicht vertretbarer Ergebnisses offen: Entweder werden die Prüfungsanforderungen an die Glaubhaftigkeit der Angaben des Asylsuchenden erheblich heruntergesetzt oder das Verwaltungsgericht muss im Eilrechtsschutzverfahren den Antragsteller persönlich anhören. Der Einzelrichter hat zu bedenken, dass Fehlentscheidungen irreparable Folgen für Leben, körperliche Unversehrtheit und Freiheit des Asylsuchenden haben können. Allein seine Entscheidung führt die Vollziehbarkeit der Einreiseverweigerung herbei. Das BVerfG erinnert die Verwaltungsgerichte daran, dass sie im Eilrechtsschutzverfahren nach Abs. 4 und 5 auch zu prüfen haben, ob etwaige *Verfahrensverstöße* ernstliche Zweifel an der Rechtmäßigkeit der Behördenentscheidung begründen. Ein Fehler im Verfahren des Bundesamtes *kann* danach für das Verwaltungsgericht Anlass sein, den Antragsteller persönlich anzuhören (Rdn. 35). Abs. 4 Satz 5 steht dem nicht entgegen (BVerfGE 94, 166, 205 f. = EZAR 632 Nr. 25 = NVwZ 1996, 678). Auch bei fehlerhafter Wertung des Sachvorbringens kann eine Anhörung durchgeführt werden (*Göbel-Zimmermann/Masuch*, InfAuslR 1996, 404, 415). Verfahrensfehler liegen etwa vor, wenn das Bundesamt die Zulassung des Bevollmächtigten zur Anhörung verhindert (OVG Hamburg, EZAR 226 Nr. 5) oder Glaubhaftigkeitsbedenken auf Widersprüche, Unzulänglichkeiten und Ungereimtheiten im Sachvorbringen stützt, die in der Anhörung nicht durch ausdrücklichen Vorhalt aufgeklärt wurden (§ Vor 78 Rdn. 43; § 78 Rdn. 142 f.). Verwertet es Äußerungen anderer Asylsuchender zulasten des Antragstellers, ohne dass dieser sich dazu äußern konnte, greift der Verfahrensfehler stets mit der Folge der Antragstattgabe durch (OVG Bremen, NVwZ 1986, 783). 69

Verfahrensfehler können zudem häufig erst im Rahmen der persönlichen Anhörung erkannt werden (*Frowein/Zimmermann*, JZ 1996, 753, 762). Häufig fördert erst die intensive, durch Vorhalt und Einlassung gekennzeichnete Ermittlung den Verfahrensfehler zutage. Ist hingegen bereits nach Aktenlage erkennbar, dass das Bundesamt den Widerspruch, den es im angefochtenen Bescheid darlegt, in der Anhörung nicht durch Vorhalt oder sonstwie in geeigneter Weise angesprochen hat, oder ist ersichtlich, dass die protokollierte Befragungstechnik es dem Asylsuchenden unmöglich gemacht hat, seine Verfolgungs- und Fluchterlebnisse zusammenhängend darzustellen, liegen erhebliche Verfahrensfehler vor, über die das Verwaltungsgericht nicht ohne Weiteres hinweggehen kann. In diesem Fall verdichtet sich das ansonsten eingeräumte Ermessen auf eine Verpflichtung zur persönlichen Anhörung des Asylsuchenden im Eilrechtsschutzverfahren, wenn es nicht bereits allein aufgrund des Verfahrensverstoßes dem Antrag stattgeben will. Nach § 13 Abs. 2 Satz 2 AufenthG ist für den Fall der Durchführung eines Erörterungstermins im Eilrechtsschutzverfahren der Antragsteller nicht eingereist, da er in Begleitung und Kontrolle der Bundespolizei in das Gerichtsgebäude gebracht wird (*Fritz*, in: GK-AsylG, § 18a Rn. 75). 70

VII. Prüfungsgegenstand (Abs. 4 Satz 6 i.V.m. § 36 Abs. 4 Satz 1)

Ebenso wie im Verfahren nach § 36 Abs. 4 ist Gegenstand des Eilrechtsschutzverfahrens nach Abs. 4 und 5 zwar die angefochtene ausländerrechtliche Verfügung (§ 36 Rdn. 43.), hier die Einreiseverweigerung (Abs. 3 Satz 1). Anknüpfungspunkt der gerichtlichen Prüfung ist jedoch die Antragsablehnung durch das Bundesamt (BVerfG 71

[Kammer], NVwZ-Beil. 1994, 51, 52). Der Begriff der »aufenthaltsbeendenden« Maßnahme in dieser Verfassungsnorm beschränkt sich nach ihrem erkennbaren Sinn und Zweck – ebenso wie in Art. 16a Abs. 2 Satz 3 GG – nicht auf solche Akte, die im Sinne des Ausländerrechts einen nach Einreise begründeten Aufenthalt im Bundesgebiet beenden sollen. Von Art. 16a Abs. 4 GG werden vielmehr auch solche Maßnahmen erfasst, die einen tatsächlich auf dem Gebiet der Bundesrepublik befindlichen Asylsuchenden an einer Einreise im Rechtssinne und einer Aufenthaltsbegründung hindern sollen (BVerfGE 94, 166, 192). Damit umfasst Art. 16a Abs. 4 GG gegen seinen Wortlaut auch *aufenthaltsverhindernde* Maßnahmen wie die Einreiseverweigerung nach Abs. 3 Satz 1 mit der Folge, dass auch – und insbesondere – im Flughafenverfahren die aus dieser Verfassungsnorm folgenden Einschränkungen des verwaltungsgerichtlichen Rechtsschutzes Anwendung finden.

72 Das Verwaltungsgericht hat im Eilrechtsschutzverfahren die Rechtmäßigkeit der qualifizierten Antragsablehnung zu überprüfen. Gegenstand des Verfahrens ist die »aufenthaltsverhindernde« Maßnahme nach Abs. 3 Satz 1, freilich beschränkt auf die Frage ihrer sofortigen Vollziehbarkeit (BVerfGE 94, 166, 192 = EZAR 632 Nr. 25 = NVwZ 1996, 678). Anknüpfungspunkt der gerichtlichen Prüfung ist die Frage, ob das Bundesamt zu Recht den Antrag als offensichtlich unbegründet abgelehnt hat, ohne dass deshalb der Ablehnungsbescheid selbst zum Verfahrensgegenstand wird (BVerfGE 94, 166, 192; § 36 Rdn. 43). Es bestehen daher Bedenken gegen die Auffassung, die das Bundesamt nicht als Verfahrensbeteiligte ansieht (*Fritz*, in: GK-AsylG, § 18a Rn. 70). Vielmehr ergeben sich für den Umfang und den Maßstab der gerichtlichen Prüfung dieselben Anforderungen, die im regulären Verfahren in dem auf Art. 16a Abs. 4 GG beruhenden Eilrechtsschutzverfahren (s. hierzu im Einzelnen: § 36 Rdn. 44 ff.) zu beachten sind und in dem das Bundesamt Prozessgegner ist. Es besteht hier lediglich insoweit eine Besonderheit, dass anstelle der Abschiebungsandrohung die *Einreiseverweigerung* tritt. Sie beruht darauf, dass der im Transitbereich des Flughafens befindliche Asylsuchende noch nicht im Rechtssinne eingereist ist. Im Verfahren nach Abs. 4 und 5 ist daher *Anknüpfungspunkt* der gerichtlichen Prüfung der *sofortige Vollzug der Einreiseverweigerung* und die diesem zugrunde liegende Beurteilung des Asylantrags als offensichtlich unbegründet.

VIII. Reichweite der gerichtlichen Ermittlungspflicht (Abs. 4 Satz 6 in Verb. mit § 36 Abs. 4 Satz 2)

73 Auch im Flughafenverfahren ist die gerichtliche Ermittlungspflicht kraft Art. 16a Abs. 4 Satz 1 GG eingeschränkt. Damit wird die *Reichweite der verwaltungsgerichtlichen Prüfung* im Eilrechtsschutzverfahren zurückgenommen (BVerfGE 94, 166, 193 = EZAR 632 Nr. 25 = NVwZ 1996, 678; ausführlich hierzu § 36 Rdn. 44 ff.). § 36 Abs. 4 Satz 2 wird als *Verbot* interpretiert, im Eilrechtsschutzverfahren *neuen Anhaltspunkten* zu Entwicklungen im Herkunftsstaat nachzugehen, zu denen bislang keine oder möglicherweise veraltete Auskünfte und Gutachten vorlägen. Die Entscheidung sei damit anhand der bestehenden Auskunftslage zu treffen, fortgeschrieben allenfalls durch übereinstimmende Presseberichte. Die Auskunftslage sei regelmäßig gerichtsbekannt und Presseberichte bewirkten die Offenkundigkeit des Berichteten. Eine

Ausnahme gelte, wenn der Antragsteller substanziierte Tatsachen vortrage. Auch diese Vorschrift liege auf der mit Art. 16a Abs. 4 Satz 1 GG vorgegebenen Linie der *Vergröberung der Prüfungsdichte* (*Rennert*, DVBl 1994, 717, 722). Dem kann insbesondere für das Flughafenverfahren nicht gefolgt werden: In aller Regel werden Asylbegehren wegen der Qualität des individuellen Sachvorbringens als offensichtlich unbegründet abgelehnt (§ 30 Abs. 3 Nr. 1). Weil das Sachvorbringen im hohen Maße widersprüchlich, ungereimt oder vage ist, erfolgt die qualifizierte Antragsablehnung. Hier kann dem Asylsuchenden eine gesteigerte Darlegungslast auferlegt und erwartet werden, dass er die aufgeworfenen und begründeten Zweifel an der Glaubhaftigkeit seiner Angaben im Einzelnen und in nachvollziehbarer sowie schlüssiger und konkretisierter Weise ausräumt. Gelingt ihm dies nicht, gewinnen in aller Regel die verfügbaren Erkenntnismittel mangels Entscheidungserheblichkeit keine prozessuale Bedeutung. Gelingt ihm aber die Ausräumung der Zweifel an der Glaubhaftigkeit seiner Angaben, kann dem Eilrechtsschutzantrag der Erfolg nicht mit der Begründung versagt werden, zu den behaupteten Ereignissen gäbe es keine Erkenntnisse. Auch im Eilrechtsschutzverfahren nach Abs. 4 und 5 sind die Erkenntnisse, auf die die Entscheidung gestützt werden soll, ordnungsgemäß einzuführen (*Fritz*, in: GK-AsylG, § 18a Rn. 82).

IX. Präklusion verspäteten Sachvorbringens (Abs. 4 Satz 6 in Verb. mit § 36 Abs. 4 Satz 3)

Auch im Flughafenverfahren kann das Gericht nach Abs. 4 Satz 6 in Verb. mit § 36 74 Abs. 4 Satz 3 ein Vorbringen des Asylsuchenden unberücksichtigt lassen, das nach § 25 Abs. 3 im Verwaltungsverfahren unberücksichtigt geblieben ist, wenn andernfalls die Entscheidung verzögert würde. Freilich ist der praktische Wert dieser Vorschrift gerade im Flughafenverfahren fraglich, stehen doch hier gerichtliche Entscheidung und Anhörung des Bundesamtes im engen zeitlichen Zusammenhang. In aller Regel geht es insoweit um die Fälle des *»gesteigerten Vorbringens«*. Auf derartige Darlegungsdefizite sind formale Ausschlussvorschriften nicht gemünzt. Vielmehr bilden sie ein Element bei der richterlichen Überzeugungsbildung (§ 108 Abs. 1 Satz 1 VwGO). Der »verspätete« Sachvortrag im Eilrechtsschutzverfahren wird insbesondere die Widerlegung erhobener Zweifel an der Glaubwürdigkeit des Antragstellers oder der Glaubhaftigkeit seiner Angaben betreffen. Dem Asylsuchenden wird häufig erst aufgrund der Begründung im angefochtenen Bescheid bewusst, dass seine Angaben für andere nicht verständlich oder unvollständig sind. Häufig werden ihm auch Zweifel gegen seine Glaubwürdigkeit oder die Glaubhaftigkeit seiner Angaben erst im Bescheid entgegengehalten, ohne dass ihm in der Anhörung ein entsprechender Vorhalt gemacht worden ist (Rdn. 69; Vor § 78 Rdn. 43; § 78 Rdn. 142 ff.). In all diesen Fällen kann ihm nur durch ein »gesteigertes« Sachvorbringen die Widerlegung der Zweifel gelingen. Dass in dem auf Schnelligkeit angelegten und hintereinander geschalteten Verfahren der Verwaltung und des Gerichtes Beweismittel verspätet angegeben werden, dürfte eher die Ausnahme sein. Regelmäßig wird der Asylsuchende von sich aus sämtliche Beweismittel vorlegen. Das Gericht darf nur das Vorbringen unberücksichtigt lassen, das bereits im Verwaltungsverfahren *rechtmäßig* zurückgewiesen wurde, insbesondere nach ausreichender Belehrung. War im Verwaltungsverfahren die Belehrung unterblieben

(§ 25 Abs. 3 Satz 2), darf das verspätete Sachvorbringen im Eilrechtsschutzverfahren nicht unberücksichtigt bleiben (*Giesler/Wasser*, Das neue Asylrecht, S. 52 f.). Bei der Zurückweisung des »verspäteten« Sachvortrags ist ein *strenger Maßstab* anzulegen. Unzulässig ist die Zurückweisung eines Vorbringens, dessen rechtserhebliche Bedeutung mit nur geringem Zeitaufwand anhand der dem Gericht verfügbaren Erkenntnisquellen abgeklärt werden kann (*Giesler/Wasser*, Das neue Asylrecht, S. 52). Davon kann im Flughafenverfahren regelmäßig ausgegangen werden.

X. Prüfungsmaßstab »ernstliche Zweifel« (Abs. 4 Satz 6 in Verb. mit § 36 Abs. 4 Satz 1)

75 Nach Art. 16a Abs. 4 Satz 1 GG, § 36 Abs. 4 Satz 1, Abs. 4 Satz 6 *darf* die Aussetzung der Abschiebung nur angeordnet werden, wenn »ernstliche Zweifel« an der Rechtmäßigkeit des angegriffenen Verwaltungsaktes bestehen. Der Gesetzeswortlaut des § 36 Abs. 4 Satz 1, auf den Abs. 4 Satz 6 verweist, lässt dem Verwaltungsgericht keinen Spielraum. Es darf die Vollziehung nicht aussetzen, wenn keine ernstlichen Zweifel an der Rechtmäßigkeit der Einreiseverweigerung bestehen. Ob derartige Zweifel bestehen, unterliegt allerdings einer wertenden Betrachtungsweise (§ 36 Rdn. 51 ff.). Der Gesetzgeber wollte die durch die frühere Rechtsprechung des BVerfG an die *Prüfungsintensität* gestellten Anforderungen *spürbar abschwächen* (*Giesler/Wasser*, Das neue Asylrecht, S. 51). Dieser Verfassungsinterpretation ist das BVerfG im Flughafenurteil gefolgt. Die Art. 16a Abs. 4 GG zugrunde liegende Abwägung zwischen den Individual- und Gemeinwohlbelangen erfolge unter Bedingungen, unter denen bereits eine »*hohe Gewissheit*« bestehe, dass mit der Zurückweisung des Asylgesuchs ein materieller Asylanspruch nicht verletzt werde (BVerfGE 94, 166, 190 = EZAR 632 Nr. 25 = NVwZ 1996, 678). Der Eilrechtsschutz greift also nur durch, wenn nach summarischer Prüfung der Erfolg der Hauptsache überwiegend wahrscheinlich ist. Zwar ist die *Evidenzkontrolle* des alten Rechts (BVerfGE 67, 43, 57 = EZAR 632 Nr. 1 = NVwZ 1984, 642 = InfAuslR 1984, 215; Hess. VGH, EZAR 226 Nr. 2; VGH BW, EZAR 226 Nr. 3; OVG NW, DÖV 1984, 892), die auf die materielle Richtigkeit der bereits ergangenen Behördenentscheidung gerichtet war, ersichtlich nicht mehr der Maßstab nach Art. 16a Abs. 4 Satz 1 GG. Andererseits kommt es bei der Prüfung ernstlicher Zweifel nicht auf die Intensität des inneren Zustands des Zweifels an. Vielmehr ist *allein* darauf abzustellen, ob gewichtige, gegen die Rechtmäßigkeit des Offensichtlichkeitsurteils sprechende Gründe zutage treten, sodass damit die Maßnahme einer rechtlichen Prüfung wahrscheinlich nicht standhält.

76 Damit wird der Begriff der »ernstlichen Zweifel« für die Verwaltungsgerichte verbindlich definiert (*Hailbronner*, NVwZ 1996, 625, 629). Bei der vom Richter zu treffenden *Wahrscheinlichkeitsprognose*, ob erhebliche Gründe dafür sprechen, dass die Ablehnung des Asylantrags als offensichtlich unbegründet einer Prüfung voraussichtlich nicht standhält, ist insbesondere auch das *Gewicht der Rechtsgüter* zu beachten, die nach dem substanziierten Vortrag des Betroffenen bedroht sind (*Frowein/Zimmermann*, JZ 1996, 753, 762). Erhebliche Gründe, die für einen Erfolg im Hauptsacheverfahren sprechen, sind damit nicht weit vom früheren Maßstab der Richtigkeitskontrolle entfernt. Ernstliche Zweifel bestehen nur dann nicht, wenn eine »hohe Gewissheit« dafür

besteht, dass ein materieller Anspruch nicht verletzt wird (BVerfGE 94, 166, 190 = EZAR 632 Nr. 25 = NVwZ 1996, 678). Das individuelle Interesse an einem vorläufigen Bleiberecht ist also bereits dann zu bejahen, wenn vernünftige Zweifel an der Richtigkeit der – freilich lediglich summarisch – zu prüfenden Behördenentscheidung dargelegt werden, sodass diese voraussichtlich einer Prüfung nicht standhält. Da nach Ansicht des BVerfG primär den Verwaltungsgerichten die Aufgabe der Gewährung von Grundrechtsschutz zugewiesen wird (BVerfGE 94, 166, 216, 219 = EZAR 632 Nr. 25 = NVwZ 1996, 678), hat dies notwendigerweise die Anwendung eines *restriktiven Prüfungsmaßstabes* zur Folge hat (*Goebel-Zimmermann/Masuch*, InfAuslR 1996, 404, 414).

Während im Rahmen des allgemeinen Verwaltungsprozessrechts *Bezugspunkt der Wahrscheinlichkeitsprognose* der Erfolg in der Hauptsache ist, ist dies gerade nicht der Anknüpfungspunkt im Eilrechtsschutzverfahren nach Abs. 4 und 5. Wäre dies der Fall, müsste das Verwaltungsgericht bereits im vorgeschalteten Eilrechtsschutzverfahren – freilich lediglich summarisch – prüfen, ob der Asylantrag »begründet« ist. In diesem Verfahren geht es jedoch allein um die Frage, ob die Feststellung, dass der Antrag »offensichtlich« unbegründet ist, wahrscheinlich einer Prüfung nicht standhält, mag er im Ergebnis auch unbegründet sein. Darauf zielt die Prüfung freilich nicht. *Ausschließlich* die *Sperrwirkung der Offensichtlichkeit* ist *Gegenstand des Eilrechtsschutzverfahrens*. Es ist dem Verwaltungsgericht auch verwehrt, bei ernsthaften Zweifeln an der behördlichen Offensichtlichkeitsentscheidung nach § 30 Abs. 3 die qualifizierte Unbegründetheit des Asylbegehrens auf eine offensichtliche Unbegründetheit in der Sache nach § 30 Abs. 1 zu stützen (VG Frankfurt am Main, AuAS 1999, 58, 59; *Fritz*, in: GK-AsylG, § 18a Rn. 81). Ferner hat es im Eilrechtsschutzverfahren zu prüfen, ob etwaige *Verfahrensverstöße* des Bundesamtes *ernstliche Zweifel* an der Rechtmäßigkeit der Behördenentscheidung begründen (BVerfG 94, 166, 206 = EZAR 632 Nr. 25 = NVwZ 1996, 678; Rdn. 69 f.; § 36 Rdn. 51 ff.). 77

XI. Prüfung von Abschiebungsverboten nach § 60 Abs. 5 und 7 AufenthG

Das Verwaltungsgericht hat im Flughafenverfahren Abschiebungsverbote nach § 60 Abs. 5 und 7 AufenthG zu berücksichtigen (BVerfGE 89, 106, 107 = NVwZ-Beil. 1993, 2; BVerfG [Kammer], NVwZ-Beil. 1993, 18, 19; BVerfG [Kammer], Beschl. v. 10.07.1997 – 2 BvR 1291/96; VG Frankfurt am Main, NVwZ-RR 1993, 581, 583; VG Frankfurt am Main, Beschl. v. 06.05.1997 – 11 G 50263/97.A [1]; VG Frankfurt am Main, Beschl. v. 26.07.1997 – 5 G 50415/96.A [V]; VG Frankfurt am Main, Beschl. v. 18.08.1997 – 9 G 50484/97.A [1]; *Fritz*, in: GK-AsylG, § 18a Rn. 83 ff.; *Hailbronner*, AuslR B 2 § 18a Rn. 93; zur entsprechenden Ermittlungstiefe im Eilrechtschutzverfahren s. BVerfG [Kammer], BayVBl. 1997, 177, 178; § 36 Rdn. 56 ff.). Die früheren Abschiebungshindernisse nach § 60 Abs. 2, 3 und 7 Satz 2 AufenthG a.F. sind nach geltendem Recht Gegenstand des subsidiären Schutzes nach § 4 Abs. 1 Satz 2 und damit auch die angefochtene Sachentscheidung (§ 31 Abs. 2 Satz 1). Hat das Bundesamt den Asylantrag zu Recht als offensichtlich unbegründet abgelehnt, liegen jedoch Abschiebungsverbote nach § 60 Abs. 5 oder 7 AufenthG vor, sind Zurückweisung und Zurückschiebung untersagt (§ 15 Abs. 4 Satz 1, § 57 Abs. 3 78

AufenthG), sodass das Verwaltungsgericht die Einreise anzuordnen hat. Hat das Bundesamt Abschiebungsverbote im Hinblick auf einen bestimmten Zielstaat festgestellt, erstreckt sich seine Prüfung darauf, ob die Angabe des Zielstaates im angefochtenen Bescheid mit Verfassungs- und Völkerrecht vereinbar ist. Kann die Aufnahmebereitschaft und Gefahr der Weiterschiebung in den Staat, in dem die Abschiebung droht, nicht hinreichend sicher ausgeschlossen werden, ist dies nicht der Fall. Die Prüfung dieser Frage ist keine Frage des Vollzugs, sondern betrifft unmittelbar die Rechtmäßigkeit des Asylbescheids.

XII. Anordnung der Einreise durch das Verwaltungsgericht (Abs. 5 Satz 2)

79 Wird dem Antrag auf Einreisegestattung stattgegeben, weil die Voraussetzungen für die Annahme eines offensichtlich unbegründeten Asylbegehrens nicht vorliegen, ist dem Asylsuchenden die Einreise zum Zwecke der Weiterführung des Asylverfahrens zu gestatten. Mit Einreise wird die Einreiseverweigerung rechtlich unwirksam (Rdn. 55), das verwaltungsgerichtliche Hauptsacheverfahren ist insoweit für erledigt zu erklären. Das asylrechtliche Hauptsacheverfahren wird vom Inland aus weiterbetrieben. Die gerichtliche Anordnung der Einreise gilt zugleich als Aussetzung der Abschiebung (Abs. 5 Satz 2). Der Antragsteller verfolgt sein Asylbegehren nach der Einreise mit der bereits erhobenen Klage weiter und muss nicht zunächst gesondert gegen die – an sich mit der Einreise wirksam werdende – Abschiebungsandrohung nach Abs. 2 vorgehen (*Giesler/Wasser*, Das neue Asylrecht, S. 33). Die Ausreisefrist endet nach § 37 Abs. 2 einen Monat nach dem unanfechtbaren Abschluss des Asylverfahrens (*Fritz*, in: GK-AsylG, § 18a Rn. 89; *Giesler/Wasser*, Das neue Asylrecht, S. 33). Mit der Einreise des Antragstellers tritt kraft Gesetzes das asylverfahrensabhängige Aufenthaltsrecht nach § 55 Abs. 1 Satz in Kraft. Obwohl das Gesetz hierzu keine eindeutigen Bestimmungen enthält, wird der Asylsuchende in der Verwaltungspraxis nach Maßgabe der allgemeinen Bestimmungen (§§ 46 ff.) einem bestimmten Bundesland und anschließend im landesinternen Zuweisungsverfahren einem bestimmten Kreis oder einer kreisfreien Stadt zugewiesen.

80 In den Fällen, in denen das Verwaltungsgericht die Einreise nicht deshalb anordnet, weil das Asylbegehren seiner Ansicht nach nicht offensichtlich unbegründet ist, sondern weil etwa der Asylsuchende nicht aus einem sicheren Herkunftsstaat kommt oder nicht ohne gültigen Pass einreist oder weil die Unterbringungsmöglichkeiten erschöpft sind oder nicht den Mindestanforderungen einer menschenwürdigen Unterbringung entsprechen (*Fritz*, in: GK-AsylG, § 18a Rn. 86), tritt ebenfalls die Wirkung von Abs. 5 Satz 2 ein. Demgegenüber wird in der Rechtsprechung Abs. 5 Satz 1 für nicht einschlägig angesehen, wenn die Einreise etwa allein deshalb angeordnet werde, weil in der Einrichtung im Transitbereich nicht die erforderlichen Beratungsmöglichkeiten bereitgehalten würden. In einem derartigen Fall sei der weitere Eilrechtsschutz gegebenenfalls im Rahmen einer Beratung nach Einreise zu klären (VG Düsseldorf, Beschl. v. 12.08.1996 – 19 L 2975/96). Abs. 5 Satz 2 will jedoch ersichtlich sicherstellen, dass das Verwaltungsgericht nur eine Entscheidung über die Einreise treffen muss, unabhängig davon, aus welchen Gründen es die Einreise anordnet. Die Einreise ist auch anzuordnen, wenn die Grenzbehörde unter Berufung auf § 18 Abs. 2 die

Zurückweisung vollziehen will, das Bundesamt jedoch den Asylantrag weder als offensichtlich unbegründet noch als unbeachtlich abgelehnt hat (*Fritz,* in: GK-AsylG, § 18a Rn. 86).

Keine Anordnung nach Abs. 5 Satz 2 Halbs. 1 ergeht, wenn die Bundespolizei sich weigert, den Antragsteller zwecks Antragstellung an das Bundesamt weiterzuleiten, weil seiner Ansicht nach die Voraussetzungen nach § 18 Abs. 2 im konkreten Verfahren erfüllt sind. In der Literatur wird der Asylsuchende in derartigen Fällen darauf beschränkt, mit dem Antrag auf einstweilige Anordnung nach § 123 VwGO die Bundespolizei zu verpflichten, den Asylsuchenden zwecks formeller Antragstellung gem. Abs. 1 Satz 3 der Außenstelle des Bundesamtes, die der Grenzbehörde zugeordnet ist, zuzuführen. Einem weiter gehenden, auf Einreise gem. Abs. 5 Satz 2 zielenden Antrag darf danach das Verwaltungsgericht nicht stattgeben, sondern hat ihn allein auf die Folge des Abs. 1 Satz 3 zu beschränken, falls die Voraussetzungen des § 18 Abs. 2 nicht vorliegen (*Fritz,* in: GK-AsylG, § 18a Rn. 88). Dem ist nur für den Fall zuzustimmen, in dem die Voraussetzungen des Abs. 1 Satz 1 oder Satz 2 vorliegen. Sind hingegen die tatbestandlichen Voraussetzungen des § 18 Abs. 2 nicht erfüllt und reist der Asylsuchende darüber hinaus weder mit einem ungültigen Pass ein noch kommt er aus einem sicheren Herkunftsstaat, ist der einstweilige Anordnungsantrag nach § 123 VwGO unmittelbar auf Gestattung der Einreise zwecks Asylantragstellung nach § 18 Abs. 1 Satz 1 zu stellen. Anordnungsanspruch ist in diesem Fall mithin nicht Abs. 5 Satz 2, sondern § 18 Abs. 1 Satz 1. 81

XIII. Vollzug der Einreiseverweigerung (Abs. 4 Satz 7 in Verb. mit § 36 Abs. 3 Satz 9)

Weist das Verwaltungsgericht den Eilrechtsschutzantrag nach Abs. 4 Satz 1 zurück, ist die Entscheidung unanfechtbar (§ 80) und die Einreiseverweigerung vollziehbar mit der Folge, dass die Grenzbehörde die Einreiseverweigerung nach Abs. 3 Satz 1 zu vollziehen *hat.* Abs. 3 Satz 1 gewährt ihr kein Ermessen. Vielmehr ist *zwingende* Folge der Asylablehnung nach Abs. 3 – und der gerichtlichen Bestätigung im Eilrechtsschutzverfahren – der Vollzug der Verfügung. Regelmäßig wird die Zurückweisung in den Staat erfolgen, aus dem der Asylsuchende zuletzt eingereist ist (*Hailbronner,* Rückübernahme eigener und fremder Staatsangehöriger, S. 90 f.) oder der sich sonst zur Übernahme bereit erklärt. Bei veränderter Sachlage kann ein *Abänderungsantrag* nach der analog anzuwendenden Vorschrift des § 80 Abs. 7 Satz 2 VwGO auch im Flughafenverfahren gestellt werden (BVerfG [Kammer], InfAuslR 1994, 159; BVerfG [Kammer], NVwZ-Beil. 1994, 1, 2; *Fritz,* in: GK-AsylG, § 18a Rn. 94; s. hierzu auch *Roeser/Hänlein,* NVwZ 1995, 1082; zum Abänderungsantrag im Einzelnen § 36 Rdn. 16 ff.). Da die Einreiseverweigerung rechtlich eine besondere Form der Zurückweisung ist, finden auf den Vollzug die Vorschriften des § 15 AufenthG Anwendung. Nach Abs. 4 Satz 7 in Verb. mit § 36 Abs. 3 Satz 9 ist die Entscheidung ergangen, wenn die vollständig unterschriebene *Entscheidungsformel* der Geschäftsstelle der Kammer vorliegt (§ 36 Rdn. 37 f.). Die Sonderregelung hat insofern doppelte Wirkung, dass sie einerseits die *interne Unabänderlichkeit* der Entscheidung (§ 173 VwGO in Verb. mit § 318 ZPO) bewirkt (*Rennert,* DVBl 1994, 717, 722), andererseits in diesem Zeitpunkt die 82 gesetzlich angeordnete Vollzugshemmung nach Abs. 4 Satz 7 beseitigt wird. Dies hat insbesondere für das Flughafenverfahren erhebliche Bedeutung und hatte aus diesem Grund auch zu einem heftigen Streit in den der Flughafenentscheidung des BVerfG vorangegangenen Beratungen geführt (BVerfGE 94, 166, 212 = EZAR 632 Nr. 25 = NVwZ 1996, 678). Die Senatsmehrheit geht davon aus, dass die Regelung, wonach die Einreiseverweigerung vollzogen werden könne, bevor der Asylsuchende Gelegenheit gehabt habe, die Gründe der Entscheidung des Verwaltungsgerichtes zur Kenntnis zu nehmen, im Blick auf Art. 93 Abs. 1 Nr. 4a GG keinen verfassungsrechtlichen Bedenken unterliege (BVerfGE 94, 166, 208 = EZAR 632 Nr. 25 = NVwZ 1996, 678). Die dissentierenden Richter *Böckenförde, Limbach* und *Sommer* hatten der Senatsmehrheit entgegengehalten, sie verkehre die verfassungsrechtlichen Maßstäbe in ihr Gegenteil (BVerfGE 94, 166, 216 f. = EZAR 632 Nr. 25 = NVwZ 1996, 678).

J. Einreiseanspruch (Abs. 6)

I. Funktion von Abs. 6

83 Abs. 6 bezeichnet vier Modifikationen des Einreiseanspruchs. Nr. 1 und 2 werden vor der Sachentscheidung des Bundesamts wirksam, Nr. 3, wenn über den Eilrechtsschutzantrag nicht innerhalb von 14 Tagen entschieden worden ist und Nr. 4, wenn nach Zurückweisung des Eilrechtsschutzantrags die Bundespolizei keinen Haftantrag stellt. Daneben vermittelt die Stattgabe des Eilrechtsschutzantrags nach Abs. 4 Satz 1 dem Antragsteller einen Einreiseanspruch. Zugleich wird damit die Abschiebung kraft Gesetzes ausgesetzt (Abs. 5 Satz 2). Der Zeitraum zwischen der Geltendmachung des Asylbegehrens nach Abs. 1 Satz 1 und 2 sowie der Antragstellung nach Abs. 1 Satz 3 wird in Abs. 6 nicht geregelt. Insoweit hat die Grenzbehörde lediglich eine Pflicht zur unverzüglichen Weiterleitung. Verletzt sie diese Verpflichtung, entsteht kein Einreiseanspruch. Vielmehr kann mit der einstweiligen Anordnung gem. § 123 VwGO die Behörde verpflichtet werden, dem Asylbegehrenden unverzüglich Gelegenheit zu Asylantragstellung zu geben. Abs. 6 normiert die Fälle, in denen dem Antragsteller wegen nicht rechtzeitiger Entscheidung der Behörde oder des Verwaltungsgerichtes oder fehlendem Haftantrags die Einreise zu gestatten ist. Damit hat der Gesetzgeber zum Ausdruck gebracht, dass er einen Anspruch auf Einreise gewähren will, wenn über den Asylantrag nicht kurzfristig entschieden werden kann (*Giesler/Wasser*, Das neue Asylrecht, S. 33).

II. Unmöglichkeit kurzfristiger Entscheidung (Abs. 6 Nr. 1)

84 Dem Antragsteller ist nach Abs. 6 Nr. 1 die Einreise zu gestatten, wenn das Bundesamt der Bundespolizei mitteilt, dass es nicht kurzfristig über den gestellten Asylantrag entscheiden kann. Zwar entsteht der Anspruch nach Nr. 1 unabhängig davon, aus welchen Gründen das Bundesamt nicht kurzfristig entscheiden kann (*Giesler/Wasser*, Das neue Asylrecht, S. 33). Krankheitsgründe, erhebliche traumatische Belastungen oder andere Hinderungsgründe, wie etwa die stationäre Behandlung eines Kleinkindes, das aus ärztlicher Sicht auf die Anwesenheit durch die sorgeberechtigte asylsuchende Betreuungsperson angewiesen ist, sind Gründe, die unabhängig von der Qualifizierung

des Asylantrags als nicht offensichtlich unbegründet einer zügigen Anhörung und Entscheidung im Wege stehen. Der typische Anwendungsfall dieser Vorschrift ist aber der Asylantrag, der bereits zu Beginn der Ermittlungen als nicht offensichtlich unbegründet erscheint und für das das Flughafenverfahren nach der gesetzgeberischen Konzeption nicht vorgesehen ist. In der Praxis bezeichnet Nr. 1 den Fall, in dem das Bundesamt nach Durchführung der Anhörung keine Sachentscheidung trifft, weil es den Antrag nicht als offensichtlich unbegründet einstuft. Dies ist in der überwiegenden Mehrzahl der Flughafenverfahren der Fall.

III. Fristüberschreitung nach Abs. 6 Nr. 2

Nach Abs. 6 Nr. 2 ist dem Asylsuchenden die Einreise zu gestatten, wenn das Bundesamt nicht innerhalb von zwei Tagen nach Stellung des Asylantrags über diesen entschieden hat. Die Zustellung muss nicht innerhalb dieser Frist erfolgen (VG Frankfurt am Main, NVwZ-Beil. 2000, 69, 70). Die Vorschrift zwingt das Bundesamt, das den Antrag als offensichtlich unbegründet ablehnen will, innerhalb einer Frist von zwei Tagen die Anhörung durchzuführen, die Entscheidung schriftlich vorzubereiten und durch die Grenzbehörde zusammen mit der Einreiseverweigerung zustellen zu lassen. Diese Zusammendrängung wichtiger Verfahrenselemente auf einen derart kurzen Zeitraum ist nur gerechtfertigt, wenn tatsächlich die Offensichtlichkeit der Unbegründetheit auf den ersten Blick ins Auge springt. In allen anderen Fällen geht das Bundesamt nach Nr. 1 vor. Die Frist beginnt mit der Antragstellung nach Abs. 1 Satz 3 bei der Außenstelle des Bundesamtes am Flughafen und nicht mit der Meldung bei der Grenzbehörde zu laufen (VG Frankfurt am Main, Beschl. v. 21.08.1995 – 2 G 50390/95.A[3]; VG Frankfurt am Main, Beschl. v. 04.12.1995 – 12 G 50577/95.A[3]; *Fritz*, in: GK-AsylG, § 18a Rn. 101). Aus dem § 18a zugrunde liegenden *Unverzüglichkeitsgebot* (BVerfGE 94, 166, 208 = EZAR 632 Nr. 25 = NVwZ 1996, 678) folgt, dass dem Bundesamt insoweit kein Handlungsspielraum eröffnet wird. Vielmehr hat es das Verfahren unmittelbar nach der Antragstellung einzuleiten, nachdem der Asylsuchende von der Grenzschutzbehörde weitergeleitet worden ist. Andernfalls hätte es das Bundesamt in der Hand, durch administrative Vorkehrungen das Verfahren über die zwingenden gesetzlichen Fristen hinaus zu verlängern (*Fritz*, in: GK-AsylG, § 18a Rn. 101). 85

Für die Berechnung des Fristbeginns und der Fristdauer gelten mangels spezialgesetzlicher Regelungen im AsylG die Vorschriften des § 31 VwVfG des Bundes und ergänzend die Fristbestimmungen des §§ 187 ff. BGB (VG Frankfurt am Main, NVwZ-RR 1994, 581, 185; VG Frankfurt am Main, AuAS 2001, 118, 119; VG Frankfurt am Main, Beschl. v. 08.08.1995 – 4 G 50353/95.A[1]; VG Frankfurt am Main, Beschl. v. 04.12.1995 – 12 G 50577/95.A[3]; a.A. VG Frankfurt am Main, AuAS 2001, 46, 47). Dementsprechend wird der Tag der Asylantragstellung bei der Fristberechnung nicht berücksichtigt (§ 31 Abs. 1 VwVfG in Verb. mit § 187 Abs. 1 BGB). Fällt das Fristende auf einen Samstag, Sonntag oder einen *am Zustellungsort* gesetzlich anerkannten Feiertag, endet die Frist nach Nr. 2 mit dem Ablauf des nächstfolgenden Werktages (§ 31 Abs. 3 VwVfG, § 193 BGB). Nach der Gegenmeinung findet der Einreiseanspruch nach Nr. 2 Anwendung, wenn das Fristende auf einen Samstag, Sonntag oder einen am Zustellungsort anerkannten gesetzlichen Feiertag 86 fällt und das Bundesamt erst am nächstfolgenden Werktag entscheidet (VG Frankfurt am Main, AuAS 2001, 46, 47; a.A. VG Frankfurt am Main, AuAS 2001, 118, 119). Die überwiegende Meinung wendet § 31 Abs. 4 VwVfG aber nicht an.

87 Funktion von Nr. 2 ist allein, die unverzügliche Entscheidung über offensichtlich unbegründete Asylbegehren sicherzustellen. Überschreitet das Bundesamt die Frist von zwei Tagen, ist kraft Gesetzes auch dann die Einreise zu gestatten, wenn der Antrag als offensichtlich unbegründet abgelehnt wird. In diesem Fall darf die Grenzbehörde nicht nach Abs. 3 Satz 1 die Einreiseverweigerung anordnen, weil dem der gesetzliche Einreiseanspruch nach Nr. 2 entgegensteht. Hat es dennoch die Einreise verweigert, ist die Verfügung allein wegen der Fristüberschreitung nach Nr. 2 aufzuheben. Mit der nach Nr. 2 angeordneten Einreise wird das weitere Asylverfahren im Inland fortgesetzt. Da es sich in diesem Fall jedoch nicht mehr um ein Verfahren vor der Einreise handelt, findet das Eilrechtsschutzverfahren nach Abs. 4 und 5 keine Anwendung. Vielmehr ist binnen Wochenfrist der Eilrechtsschutzantrag im Blick auf die Abschiebungsandrohung nach Abs. 2 zu stellen (§ 36 Abs. 1 und 3) und Klage zu erheben (§ 74 Abs. 1 Halbs. 2). In diesem Fall wird die Abschiebung nicht wegen der Einreise nach Abs. 5 Satz 2 ausgesetzt. Vielmehr hat das Verwaltungsgericht im Rahmen des Eilrechtsschutzverfahrens nach § 36 Abs. 3 über den Antrag auf Anordnung der aufschiebenden Wirkung der Klage zu entscheiden. In der Praxis kommen derartige Fälle indes kaum vor.

IV. Fristüberschreitung nach Abs. 6 Nr. 3

88 Nach Abs. 6 Nr. 3 hat die Grenzschutzbehörde dem Antragsteller die Einreise zu gestatten, wenn das Verwaltungsgericht nicht innerhalb von 14 Tagen über den Eilrechtsschutzantrag nach Abs. 4 entschieden hat. Die Frist beginnt mit der Antragstellung nach Abs. 4 Satz 1 oder mit der Antragstellung bei der Grenzbehörde nach Abs. 4 Satz 2. Da die Entscheidung ergangen ist, wenn die vollständig unterschriebene Entscheidungsformel der Geschäftsstelle der Kammer vorliegt (Abs. 4 Satz 7 in Verb. mit § 36 Abs. 3 Satz 9), reicht es aus, dass innerhalb der Frist nach Nr. 3 die Entscheidung in diesem Sinne ergangen ist (*Fritz*, in: GK-AsylG, § 18a Rn. 103), also die unterschriebene Entscheidungsformel der Geschäftsstelle der Kammer vorliegt. Mangels ausdrücklicher gesetzlicher Regelungen sind für die Fristberechnung ebenso wie bei Nr. 2 die Regelungen in § 31 VwVfG und ergänzend §§ 187 ff. BGB analog anzuwenden (Rdn. 85 f.). Bei Überschreitung der Frist nach Nr. 3 entsteht zwar der gesetzliche Einreiseanspruch, die Abschiebung wird jedoch nicht nach Abs. 5 Satz 2 ausgesetzt. Vielmehr hat das Verwaltungsgericht über die Aussetzung der Abschiebung nach Maßgabe des § 36 Abs. 3 und 4 zu entscheiden (Rdn. 87). Der Aussetzungsantrag ist von Amts wegen in einen Antrag nach § 80 Abs. 5 VwGO umzudeuten. Durch die Einreise wird die Gerichtszuständigkeit nicht verändert. Das Verwaltungsgericht kann auch in entsprechender Anwendung von Nr. 1 vorgehen, wenn von vornherein absehbar ist, dass eine gerichtliche Entscheidung innerhalb der Frist von 14 Tagen nicht möglich sein wird. Es sollte daher frühzeitig prüfen, ob es angesichts der erkennbaren Umstände des Einzelfalles zu einer fristgerechten Entscheidung in der Lage ist (*Giesler/Wasser*, Das neue Asylrecht, S. 33 f.; *Fritz*, in: GK-AsylG, § 18a Rn. 105). In

der Praxis ist dieses Verfahren jedoch nicht üblich. Vielmehr ordnen die Gerichte in aller Regel die Einreise an, wenn sich innerhalb der Frist von Nr. 3 der Sachverhalt nicht hinreichend zuverlässig aufklären lässt. Teilweise wird in derartigen Fällen allerdings relativ zügig nach der Einreise die mündliche Verhandlung terminiert, wenn der Sachverhalt aufgeklärt ist.

V. Fehlender Haftantrag nach § 15 Abs. 6 AufenthG (Abs. 6 Nr. 4)

Der Einreiseanspruch nach Abs. 6 Nr. 4 ist durch das Richtlinienumsetzungsgesetz 89
2007 mit Wirkung vom 28.08.2007 eingeführt worden. Hat der Asylsuchende das Flughafenverfahren erfolglos durchlaufen und darf nicht einreisen, kann aber die Zurückweisung nicht vollzogen werden, entsteht der Einreiseanspruch. Nach § 15 Abs. 6 AufenthG kann er längstens 30 Tage ohne richterliche Anordnung, darüber hinaus nur mit richterlicher Anordnung im Transitbereich untergebracht werden (Rdn. 90 ff.). Wird ein solcher Haftantrag nicht gestellt, etwa weil die Zurückweisungsentscheidung dauerhaft nicht vollzogen werden kann, oder der Haftantrag abgelehnt wird, ist dem Antragsteller die Einreise zu gestatten (BT-Drucks. 16/5065, S. 410). Unzutreffend ist damit die gesetzliche Begründung (BT-Drucks. 16/5065, S. 288), das BVerfG habe in der Unterbringung im Transitbereich am Flughafen keine freiheitsentziehende Maßnahme gesehen. Diese Wertung hat es vielmehr ausschließlich auf die verfahrensrechtliche Phase bis zum Ergehen des negativen Eilrechtsbeschlusses (§ 36 Abs. 3 Satz 9) beschränkt (Rdn. 90 ff.).

VI. Gewahrsamnahme nach Abschluss des Flughafenverfahrens (§ 15 Abs. 6 AufenthG)

Ist der Antragsteller auf dem Luftweg in das Bundesgebiet gelangt und nicht nach § 13 90
Abs. 2 AufenthG eingereist, sondern zurückgewiesen worden, bleibt er im Transitbereich des Flughafens, wenn seine Abreise aus dem Bundesgebiet nicht möglich ist und Zurückweisungshaft nicht beantragt wird (§ 15 Abs. 6 AufenthG). Aus dem Gebot der strikt *verfahrensabhängigen Unterbringung im Transitbereich* folgt, dass nach Durchführung des Flughafenverfahrens der weitere Aufenthalt im Transitbereich rechtlich nicht mehr als bloße Freiheitsbeschränkung behandelt werden kann. Dementsprechend bedarf die Unterbringung am Flughafen nach § 15 Abs. 6 Satz 2 AufenthG der richterlichen Überprüfung. Dies folgt auch aus Art. 26 Abs. 1 RL 2013/32/EU in Verb. mit Art. 9 ff. RL 2013/33/EU. Das BVerfG hat für den Aufenthalt im Transitbereich ohne richterliche Haftanordnung lediglich eine maximale Frist von 19 Tagen für hinnehmbar erachtet (BVerfGE 89, 98, 101 = NVwZ 1993, 766; BVerfGE 89, 101, 105; 89, 106, 109; 89, 109, 113; VGH BW, InfAuslR 1997, 223, 228; *Giesler/Wasser*, Das neue Asylrecht, S. 34; s. hierzu auch VG Frankfurt am Main, NVwZ-Beil. 1996, 76, 79) und nicht wie § 15 Abs. 6 Satz2 AufenthG 30 Tage. Nach Ablauf der nach § 18a zu berücksichtigenden Verfahrensfristen kann deshalb der Aufenthalt im Transitbereich gegen den Willen des Betroffenen nicht mehr gerechtfertigt werden.

Die Rechtsprechung knüpfte früher an die vom BVerfG vorgegebene Frist von 19 91
Tagen an. Spätestens nach Ablauf dieser Frist sei die Unterbringung entweder durch

Gestattung der Einreise oder durch Vollzug der Zurückweisung zu beenden. Die Unterbringung auf dem Flughafengelände dürfe im Ausnahmefall insgesamt nur um wenige Tage verlängert werden (OLG Frankfurt am Main, NVwZ-Beil. 1997, 16 = EZAR 048 Nr. 32 = InfAuslR 1997, 47 = AuAS 1996, 274; OLG München, NVwZ-RR 2006, 728, 729 f. = InfAuslR 2006, 139 = AuAS 2006, 43; a.A. *de Wyl*, ZAR 1997, 82, 85). Jedenfalls nach Abschluss des Eilrechtsschutzverfahrens könne der entgegenstehende Wille des Asylsuchenden nicht mehr verneint werden. Die weitere Freiheitsentziehung sei daher nur aufgrund richterlicher Anordnung zulässig (OLG Frankfurt am Main, NVwZ-Beil. 1997, 16; OLG Frankfurt am Main, InfAuslR 2010, 365, 366; AG Frankfurt am Main, Beschl. v. 17.05.1996 – 934 XIV 1163/96; *Göbel-Zimmermann/Masuch*, InfAuslR 1997, 171, 173; a.A. LG Frankfurt am Main, NVwZ-Beil. 1997, 5, 6; *de Wyl*, ZAR 1997, 82, 85; offen gelassen BGH, NVwZ-RR 2011, 875, 876). Der Rechtswidrigkeit der Freiheitsentziehung stehe die »Einwilligungserklärung« des Betroffenen nicht entgegen (OLG Frankfurt am Main, InfAuslR 2010, 365, 366; Frankfurt am Main, InfAuslR 2015, 441, 442). Nach dem BGH ist hingegen durch § 15 Abs. 6 Satz 1 AufenthG der Transitaufenthalt nach Ablauf der Frist von 30 Tagen der Freiheitsentziehung lediglich gleichgestellt worden (BGH, NVwZ-RR 2011, 875, 876). Im Ergebnis liegt seiner Ansicht nach aber eine Gewahrsamnahme vor, die der richterlichen Anordnung bedarf, auch wenn er hierfür den Begriff »Freiheitsbeschränkung« verwendet. Andererseits hat er eingeräumt, dass die Haft nach § 15 Abs. 6 AufenthG trotz der Möglichkeit, auf dem Luftweg abzureisen, nach eines gewissen Dauer und wegen der damit verbundenen Eingriffsintensität einer Freiheitsentziehung gleichsteht (BGH, InfAuslR 2013, 78, 79, mit Verweis auf EGMR, InfAuslR 1997, 49, 51 = NVwZ 1997, 1102 = EZAR 932 Nr. 1 – *Amuur*). Hingegen wird in der Verwaltungsrechtsprechung in der Haftanordnung nach § 15 Abs. 6 AufenthG weder eine Freiheitsentziehung noch eine -beschränkung gesehen (Hess. VGH, AuAS 2009, 250, 251).

92 Die frühere Ansicht des BVerfG ist durch die Rechtsentwicklung überholt werden. Nach der Ansicht des BVerfG schützt Art. 2 Abs. 2 Satz 2 GG die im Rahmen der allgemeinen Rechtsordnung gegebene tatsächliche körperliche Bewegungsfreiheit vor staatlichen Eingriffen, umfasst aber von vornherein nicht die Befugnis, sich unbegrenzt überall aufzuhalten und überall hin bewegen zu dürfen. Daher liege eine Freiheitsbeschränkung nur vor, wenn jemand durch die öffentliche Gewalt gegen seinen Willen daran gehindert wird, einen Ort oder Raum aufzusuchen oder sich dort aufzuhalten, der ihm an sich (tatsächlich und rechtlich) zugänglich ist. Der Raum der Bundesrepublik ist Asylsuchenden, die ihn ohne entsprechende Reisedokumente erreichen, vor der Feststellung ihrer Statusberechtigung rechtlich jedoch nicht zugänglich. Zwar kann Asylsuchenden eine Rückkehr in den Staat, der sie möglicherweise verfolgt, ohne Durchführung des Feststellungsverfahrens nicht angesonnen werden. Die hieraus folgende Einschränkung der Bewegungsfreiheit ist jedoch nicht Folge einer der deutschen Staatsgewalt zurechenbaren Maßnahme (BVerfGE 94, 166, 198 f. = EZAR 632 Nr. 25 = NVwZ 1996, 678; zustimmend *Maaßen/de Wyl*, ZAR 1997, 9, 11; *Schelter/Maaßen*, ZRP 1996, 408, 412; *de Wyl*, ZAR 1997, 82, 84; *Hailbronner*, NVwZ 1996, 625, 630; kritisch hierzu *Göbel-Zimmermann/Masuch*, InfAuslR 1996, 404, 405; *Göbel-Zimmermann/Masuch*, InfAuslR 1997, 171, 173; *Lübbe-Wolff*,

DVBl 1996, 825, 837). Hingegen stellt nach Ansicht des EGMR das Festhalten von Fremden im Transitbereich eine *Freiheitsbeschränkung* dar. Die bloße Tatsache, dass es Asylbewerbern offenstehe, das Land, in dem sie Asyl begehrten, zu verlassen, könne aber auch eine *Freiheitsentziehung* nicht ausschließen. Diese Möglichkeit werde theoretisch, wenn kein anderes Land mit vergleichbarem Schutzniveau geneigt oder bereit sei, den Asylsuchenden aufzunehmen (EGMR, EuGRZ 1996, 577, 586 [§ 48] = NVwZ 1997, 1102 = EZAR 932 Nr. 1 – *Amuur; Kokott*, EuGRZ 1996, 569, 570; dagegen *Lehnguth/Maaßen*, DÖV 1997, 316, 319 f.). Eine solche Einschränkung, die mit angemessenen Garantien für die betroffenen Personen einhergehe, sei nur zu dem Zweck hinnehmbar, es den Staaten zu ermöglichen, illegale Einwanderungen zu verhindern. Sie müssten dabei aber ihre internationalen Verpflichtungen, insbesondere nach der GFK und EMRK einhalten. Das legitime Anliegen der Staaten, Versuche zu durchkreuzen, Einwanderungsbestimmungen zu umgehen, dürfe Asylsuchende nicht des durch diese Konventionen gewährten Schutzes berauben. Ein solches Festhalten dürfe daher *nicht exzessiv* verlängert werden. Andernfalls bestünde das Risiko, eine bloße Freiheitsbeschränkung – die im Hinblick auf die Organisation der praktischen Einzelheiten der Rückführung des Fremden oder, wenn er Asyl beantragt habe, zur Prüfung seines Einreiseantrags unerlässlich sei – in eine Freiheitsentziehung zu verwandeln (EGMR, EuGRZ 1996, 577, 585 [§ 43] – *Amuur*).

Im Ergebnis erachten damit der Gerichtshof und das BVerfG eine auf die Zwecke des Asylverfahrens begrenzte Freiheitsbeschränkung in Übereinstimmung mit internationalen Standards für zulässig. Das BVerfG verneint einen grundrechtlich erheblichen Eingriff in die Bewegungsfreiheit allein streng bezogen auf die zeitliche Phase »*während des Asylverfahrens*«. Auch der französische Verfassungsgerichtshof hat festgestellt, »dass ein Asylsuchender, der um Einreise nach Frankreich ersucht, im Transitbereich nur unter Gewährung effektiver Verfahrensgarantien und nur dann inhaftiert werden darf, wenn der Antrag offensichtlich unbegründet erscheint«. Aber auch in diesen Fällen habe der Gesetzgeber für ein effektives Rechtsschutzverfahren Sorge zu tragen (Verfassungsgerichtshof, Urt. v. 25.02.1992 – 92.307 DC, Journal Officiel 1992, 3003 ff.; hierauf wird auch in *Amuur* verwiesen, s. EGMR, EuGRZ 1996, 577, 585 (§ 45); s. auch *Claasen*, DÖV 1993, 227, 233). Dies verdeutlicht, dass das *Konzept der internationalen Zonen* völkerrechtlich nicht tragfähig ist. Trotz ihrer Bezeichnung als »internationale Zone« hat der Transitbereich des Flughafens *keinen exterritorialen Status* (EGMR, EuGRZ 1996, 577, 586 [§ 52] – *Amuur; Kokott*, EuGRZ 1996, 569). Erforderlich sind vielmehr Verfahrensvorschriften zum Schutze der Asylsuchenden (EGMR, EuGRZ 1996, 577, 586 [§ 53]) sowie zur rechtsstaatlichen Prüfung des Asylantrags. Dem Völkerrecht lassen sich zwar keine klaren Kriterien für die Ausgestaltung des Verfahrens entnehmen. Jedoch darf nach Art. 33 Abs. 1 GFK keine Verfahrensgestaltung gewählt werden, welche die wirksame Beachtung des Prinzips des Non-Refoulement nicht gewährleisten kann. 93

Einreiseverweigerung und Zurückweisung rechtfertigen grundsätzlich die richterliche Anordnung nach § 15 Abs. 6 Satz 2 AufenthG. Der Haftrichter hat grundsätzlich von der Einreiseverweigerung als Grundlage für seine Anordnung auszugehen, darf also über deren Rechtmäßigkeit nicht befinden (BGH, NVwZ-RR 2011, 875, 876). In 94

Angleichung an die Vorschriften zur Abschiebungshaft ergeht die Anordnung nach § 15 Abs. 6 Satz 3 AufenthG zur *»Sicherung der Ausreise«*, darf also nicht anderen Zwecken dienen. Der BGH entnimmt aus § 15 Abs. 6 Satz 3 AufenthG eine Regelvermutung. Danach finde bei einer nicht sofort vollziehbaren Zurückweisung in Rahmen der Verordnung (EU) Nr. 604/2013 (Dublin III-VO) Anwendung, wenn das Verlassen des Transitbereichs jederzeit möglich sei, der Betroffene aber kein Flugticket vorlege. Es bedürfe daher grundsätzlich nicht der Haftanordnung, weil er abreisen könne und wolle. In den Fällen, in denen die Dublin III-VO keine Anwendung findet, verletzt die Aufrechterhaltung der Haftanordnung aber den Grundsatz der Verhältnismäßigkeit, wenn von vornherein feststeht, dass die Ausreise alsbald nicht möglich ist (BGH, NVwZ-RR 2011, 875, 877 f.).

95 Auch im Rahmen des § 15 Abs. 6 AufenthG hat der Haftrichter nach § 26 FamFG von Amts wegen zu prüfen, ob eine altersgerechte Unterbringung des Minderjährigen gewährleistet und die über 30 Tage hinausgehende Unterbringung auf dem Flughafen auch im Übrigen verhältnismäßig ist (s. aber § 12 Rdn. 26 ff.). Bei begleiteten Minderjährigen verlangt der BGH jedoch von dem gesetzlichen Vertreter die Bezeichnung konkreter Anhaltspunkte für eine Verletzung des Verhältnismäßigkeitsgrundsatzes, die den Haftrichter insbesondere zu Ermittlungen über die Art der Unterbringung des Vertreters und des Minderjährigen verpflichten. Ferner müsse der Haftrichter stets kritisch die Dauer der Freiheitsbeschränkung mit Rücksicht auf ein Kleinkind hinterfragen (BGH, InfAuslR 2013, 78, 79).

§ 19 Aufgaben der Ausländerbehörde und der Polizei

(1) Ein Ausländer, der bei einer Ausländerbehörde oder bei der Polizei eines Landes um Asyl nachsucht, ist in den Fällen des § 14 Abs. 1 unverzüglich an die zuständige oder, soweit diese nicht bekannt ist, an die nächstgelegene Aufnahmeeinrichtung zur Meldung weiterzuleiten.

(2) Die Ausländerbehörde und die Polizei haben den Ausländer erkennungsdienstlich zu behandeln (§ 16 Abs. 1).

(3) [1]Ein Ausländer, der aus einem sicheren Drittstaat (§ 26a) unerlaubt eingereist ist, kann ohne vorherige Weiterleitung an eine Aufnahmeeinrichtung nach Maßgabe des § 57 Abs. 1 und 2 des Aufenthaltsgesetzes dorthin zurückgeschoben werden. [2]In diesem Falle ordnet die Ausländerbehörde die Zurückschiebung an, sobald feststeht, dass sie durchgeführt werden kann.

(4) Vorschriften über die Festnahme oder Inhaftnahme bleiben unberührt.

Übersicht Rdn.

A. Funktion der Vorschrift

1 Die Vorschrift beschreibt die Aufgaben der Polizei- und Ausländerbehörden, bei denen ein Asylsuchender um Asyl nachsucht. Während nach altem Recht die Ausländerbehörden die Zuständigkeit für die Entgegennahme des Asylantrags (§ 8 Abs. 1 Satz 1 AsylG 1982), Durchführung der Beachtlichkeitsprüfung (§ 8 Abs. 5 Halbs. 2 AsylG 1982) und Einleitung ausländerrechtlicher Maßnahmen (§ 10 Abs. 2 Satz 1, § 11 Abs. 2 und § 28 Abs. 1 AsylG 1982) hatten, sind diese Zuständigkeiten nach geltendem Recht vollständig dem Bundesamt übertragen worden (§ 14, §§ 34 ff. und § 71 Abs. 2). Daher ist die Aufgabe der Ausländerbehörden zu Beginn des Asylverfahrens im Grunde genommen auf den Aufgabenbereich der allgemeinen Polizeibehörden begrenzt worden, nämlich auf die *Weiterleitungspflicht* nach Abs. 1. Abs. 3 ist durch das ÄnderungsG 1993 eingeführt worden und erlaubt bei Einreisen aus sicheren Drittstaaten die sofortige Einleitung von Rückführungsmaßnahmen ohne Beteiligung des Bundesamts. Diese Regelung soll eine aus Sicht der Behörden optimale effektive Umsetzung der Drittstaatenkonzeption sicherstellen, hat aber in der Verwaltungspraxis mangels gelisteter sicherer Drittstaaten keine signifikante Bedeutung.

2 Im Blick auf den Zugang zum Verfahren bestimmt Art. 6 Abs. 3 RL 2013/32/EU, dass die Mitgliedstaaten verlangen können, dass Asylanträge persönlich und/oder an einem bestimmten Ort gestellt werden. Ferner bestimmt Art. 4 Abs. 1 RL 2013/32/EU, dass die Mitgliedstaaten für alle Verfahren eine Feststellungsbehörde bestimmen. Für die Verpflichtungen der angesprochenen Behörden während der Vorphase vor der Antragstellung enthält die geltende Verfahrensrichtlinie keine Bestimmungen. Art. 6 Abs. 1 UAbs. 2 RL 2013/32/EU bestimmt jedoch dass Behörden wie Polizei, Grenzschutz, Einwanderungsbehörden und Personal von Gewahrsameinrichtungen, die für die Registrierung von Asylanträgen nicht zuständig sind, den bei ihnen gestellten Asylantrag spätestens sechs Arbeitstage nach Antragstellung registrieren. Die Mitgliedstaaten haben sicherzustellen, dass diese Behörden über die erforderlichen Informationen verfügen und entsprechend geschult werden (Art. 6 Abs. 1 UAbs. 3 RL 2013/32/EU). Bislang ist eine Registrierung des Asylantrags nur bei der Grenzbehörde im Rahmen des Flughafenverfahrens vorgesehen. Im Übrigen besteht für Grenz-, Polizei- und Ausländerbehörden keine Registrierungs-, sondern eine Weiterleitungspflicht nach Abs. 1 Halbs. 2. Art. 6 Abs. 1 UAbs. 3 RL 2013/32/EU hat jedoch für das Gefängnispersonal Bedeutung, wenn dort der Asylantrag gestellt wird. Die in § 19 geregelten behördlichen Pflichten dienen dem unionsrechtlichen Anspruch auf Zugang zum Verfahren. Bei Einreise aus einem sicheren Drittstaat dürfen die Mitgliedstaaten auch eine andere Behörde als die Asylbehörde mit der Durchführung der erforderlichen Maßnahmen beauftragen (Art. 51 Abs. 1 RL 2013/32/EU). Abs. 3, der entgegen unionsrechtlichen

Verpflichtungen eine Registrierung des Asylantrags verhindern soll, ist aufzuheben oder richtlinienkonform anzuwenden (Rdn. 10). In der Verwaltungspraxis hat Abs. 3 jedoch ohnehin keine Bedeutung (Rdn. 1).

B. Zuständige Behörden nach Abs. 1 Halbs. 1

3 Mit Abs. 1 Halbs. 1 werden ausschließlich Behörden des Landes angesprochen. Ausländerbehörden sind Teil der unmittelbaren Landesverwaltung. Polizeibehörden nach Abs. 1 sind nur die allgemeinen Polizeibehörden der Länder, nicht die Bundespolizei. Zwischen beiden Behörden besteht keine Rangordnung. Doch ist vorstellbar, dass eine um Schutz ersuchte allgemeine Polizeibehörde mangels genauer Kenntnis der asylverfahrensrechtlichen Vorschriften den Asylsuchenden regelmäßig an die nächstgelegene Ausländerbehörde verweist, die diesen wiederum an die nächstgelegene Aufnahmerichtung zur Meldung weiterleitet. Der Aufgabenbereich der Bundespolizei ist umfassend sowie abschließend in den Vorschriften der § 18 und § 18a geregelt. Sucht der Asylsuchende bei anderen Behörden um Asyl nach, ist nach § 25 VwVfG vorzugehen. Diese Behörden erklären ihre Unzuständigkeit und leiten den Betreffenden regelmäßig an die Ausländerbehörde weiter. Doch ist kaum vorstellbar, dass ein um Schutz nachsuchender Ausländer nicht den Weg zur Polizei- oder Ausländerbehörde finden wird.

C. Weiterleitungsverpflichtung nach Abs. 1 Halbs. 2

4 Nach Abs. 1 Halbs. 2 sind die Polizei- und Ausländerbehörden verpflichtet, einen um Asyl nachsuchenden Antragsteller, welcher der Wohnpflicht nach § 47 Abs. 1 und Abs. 1a sowie § 30a Abs. 3 Satz 1 unterliegt und damit den Asylantrag nach § 14 Abs. 1 bei der Außenstelle zu stellen hat, zwecks Meldung nach § 22 an die zuständige oder, soweit diese nicht bekannt ist, an die nächstgelegene Aufnahmeeinrichtung weiterzuleiten. Ermessen ist ihnen hierbei nicht eingeräumt. Unter Weiterleitung ist zu verstehen, dass die angesprochenen Behörden den Asylsuchenden die erforderlichen Informationen zur Meldung als Asylsuchenden erteilen (Rdn. 2). Ein Anspruch auf Beförderung zur nächstgelegenen Aufnahmeeinrichtung kann aus Abs. 1 aber nicht hergeleitet werden (*Funke-Kaiser,* in: GK-AsylG II, § 19 Rn. 17). Die Aufnahmeeinrichtung wird nach der Weiterleitung des Asylsuchenden hierüber unverzüglich unterrichtet (§ 20 Abs. 3 Satz 1), damit der Antragsteller gegebenenfalls unter den Voraussetzungen des § 66 Abs. 1 Nr. 1 zur Aufenthaltsermittlung und Fahndung ausgeschrieben und verfahrensrechtlich nach Maßgabe des § 20 Abs. 2 behandelt werden kann.

5 Mit dem Ersuchen nach Abs. 1 wird noch kein wirksamer Asylantrag gestellt. Es handelt sich lediglich um ein Asylersuchen (§ 13 Rdn. 6 ff.). Der Asylantrag wird erst nach Ermittlung der zuständigen Aufnahmeeinrichtung (§ 22 Abs. 1 Satz 2 und § 46 Abs. 1) im Rahmen der Vorsprache bei der zuständigen Außenstelle des Bundesamtes nach § 23 Abs. 1 gestellt. Die Weiterleitungsverpflichtung ist identisch mit der für die Grenzbehörde geltenden Verpflichtung (§ 18 Abs. 1 Halbs. 2). Allerdings haben die Grenzbehörden weiter gehende Prüfungs- und Zurückweisungsbefugnisse nach

§ 18 Abs. 2. Die Ausländerbehörde kann aber sofortige Maßnahmen nach Abs. 3 einleiten, ist hierzu aber nicht verpflichtet (s. aber Rdn. 1 f., 10). Die in Abs. 1 bezeichneten Behörden haben zu prüfen, ob das vorgebrachte Ersuchen ein Antrag im Sinne von § 13 (§ 13 Rdn. 2 ff.) ist. Sind dessen Voraussetzungen gegeben, wird grundsätzlich die Weiterleitungspflicht nach Abs. 1 begründet. Die *Weiterleitung* stellt einen Verwaltungsakt dar und begründet ein *subjektiv-öffentliches Recht.* Der Asylsuchende hat einen gerichtlich durchsetzbaren Anspruch auf Weiterleitung (*Hailbronner,* AuslR B 2 § 19 AsylG Rn. 11; *Funke-Kaiser,* in: GK-AsylG II, § 19 Rn. 20), damit er seinen Asylantrag nach Weiterleitung an die Aufnahmeeinrichtung bei der zuständigen Außenstelle des Bundesamtes stellen kann. Droht im Fall der Verweigerung der Weiterleitung die Abschiebung, kann im Rahmen des Eilrechtsschutzes die Weiterleitung gerichtlich durchgesetzt werden. Dies folgt auch aus Unionsrecht. Nach Art. 6 Abs. 1 UAbs. 2 RL 2013/32/EU haben insbesondere Polizei und Ausländerbehörden die Verpflichtung, den Asylantrag zu registrieren. Andererseits kann die aus Abs. 1 folgende Weiterleitungsverpflichtung des Asylsuchenden nicht zwangsweise durchgesetzt werden (*Funke-Kaiser,* in: GK-AsylG II, § 19 Rn. 23). Er wird jedoch ein erhebliches Interesse an der Erfüllung seiner Verpflichtung haben, da erst der förmliche Antrag (§ 23 Abs. 1) nach der Weiterleitung das Asylverfahren in Gang setzt.

D. Weiterleitungsverpflichtung nach Abs. 1 Halbs. 2

Vor der Weiterleitung ist der Asylsuchende *erkennungsdienstlich* zu behandeln (s. hierzu im Einzelnen Erl. zu § 16). In den Fällen des § 15 Abs. 4 dürfen auch *Durchsuchungsmaßnahmen* vorgenommen werden. Die Ausländerbehörde kann auch im Wege der Amtshilfe die Polizei um Durchführung der erkennungsdienstlichen Behandlung ersuchen (*Funke-Kaiser,* in: GK-AsylG II, § 19 Rn. 24). 6

E. Ausnahmen von der Weiterleitungsverpflichtung

I. Berufung auf Abschiebungsverbote nach § 60 Abs. 5 und 7 AufenthG

Beruft sich der Schutzsuchende ausdrücklich oder nach den erkennbaren Umständen lediglich auf Abschiebungsverbote im Sinne von § 60 Abs. 5 und 7 AufenthG, entfällt die Weiterleitungspflicht nach Abs. 1 Halbs. 2 Vielmehr prüft die Ausländerbehörde in eigener Zuständigkeit unter Beteiligung des Bundesamtes das Vorliegen derartiger Hindernisse (§ 72 Abs. 2 AufenthG). In diesen Fällen darf nicht nach Abs. 3 vorgegangen werden, da § 26a Abs. 1 hier nicht eingreift. Früher wurden die jetzt in § 4 Abs. 1 Satz 2 geregelten Fälle des ernsthaften Schadens als Abschiebungsverbote nach § 60 Abs. 2, 3 und 7 Satz 2 AufenthG a.F. geregelt und waren von der Ausländerbehörde zu prüfen, wenn kein Asylantrag gestellt wurde. Nach § 13 Abs. Abs. 2 Satz 1 umfasst der Asylantrag auch die in § 4 Abs. 1 Halbs. 2 bezeichneten Fälle, sodass eine isolierte Berufung auf diese außerhalb des Asylverfahrens nicht zulässig ist. 7

II. Festnahme und Inhaftnahme nach Abs. 4

Nach Abs. 4 bleiben die Vorschriften über die Festnahme und Inhaftnahme unberührt. 8
Es ist aber § 14 Abs. 2 Satz 1 Nr. 2 zu beachten. Zwar entfällt die Weiterleitungspflicht

(BT-Drucks. 12/2062, S. 31). Der Schutzsuchende ist jedoch über die Modalitäten der Antragstellung nach § 14 Abs. 2 zu belehren (§ 25 VwVfG). Die Gewahrsamseinrichtung hat Sorge dafür zu tragen, dass der Asylantrag spätestens nach sechs Arbeitstagen registriert wird (Art. 6 Abs. 1 UAbs. 2 RL 2013/32/EU). Wegen § 14 Abs. 4 Satz 1 Nr. 4 darf diese Frist aber nicht ausgeschöpft werden. Vielmehr ist der Antrag noch am Tag der Antragstellung an das Bundesamt weiterzuleiten (§ 18 Rdn. 42).

III. Antragstellung nach § 14 Abs. 2

9 In sämtlichen Fällen von § 14 Abs. 2 entsteht keine Wohnpflicht nach § 47 Abs. 1, Abs. 1a und § 30a Abs. 1 Satz 1 und damit auch keine Pflicht zur Antragstellung bei der Außenstelle des Bundesamts. In diesen Fällen entfällt die behördliche Weiterleitungsverpflichtung nach Abs. 1. Vielmehr hat die Behörde die Benachrichtigungspflicht nach Art. 6 Abs. 1 UAbs. 2 RL 2013/32/EU und Belehrungs- und Unterstützungspflichten dahin, dass der Asylantrag wirksam in schriftlicher Form bei der Zentrale des Bundesamts gem. § 14 Abs. 2 gestellt werden kann.

F. Rückführung in den sicheren Drittstaat (Abs. 3)

10 Nach Abs. 3 entfällt die Weiterleitungspflicht. Reist der Antragsteller unerlaubt aus einem sicheren Drittstaat ein (Abs. 3 Satz 1) und steht fest, dass die Rückführung durchgeführt werden kann, ordnet die Ausländerbehörde die *Zurückschiebung* an (Abs. 3 Satz 2). Abs. 2 Satz 2 regelt damit abweichend vom allgemeinen Ausländerrecht, wonach die Bundespolizei für die Zurückschiebung (§ 57 AufenthG) zuständig ist, die Zuständigkeit der Ausländerbehörde für die Durchführung der Vollzugsmaßnahmen im Zusammenhang mit der Drittstaatenregelung. In der Verwaltungspraxis wird die in das behördliche *Ermessen* gestellte Befugnis der Ausländerbehörden regelmäßig dahin ausgeübt, dass der Antragsteller an das Bundesamt zur Prüfung und Entscheidung gem. § 26a und § 34a weitergeleitet wird. Abs. 3 ermächtigt die Ausländerbehörde nicht, den Asylsuchenden an den zuständigen Mitgliedstaat zu überstellen, da hierfür allein das Bundesamt zuständig ist. Zwar durften die Mitgliedstaaten nach Art. 4 Abs. 2 Buchst. f) in Verb. mit 36 RL 2005/85/EG bei Einreise des Asylsuchenden aus einem sicheren Drittstaat mit der Durchführung der erforderlichen Maßnahmen auch eine andere Behörde als die Asylbehörde beauftragen (Art. 4 Abs. 2 Buchst. f) in Verb. mit 36 RL 2005/85/EG). Die Änderungsrichtlinie 2013/32/EU setzt diese Regelung jedoch nicht fort. Art. 4 Abs. 2 enthält nur zwei Ausnahmen von der Verpflichtung, dass die zur Asylbehörde bestimmte Behörde den Antrag bearbeitet. Buchst. a) lässt Ausnahmen im Dublin-Verfahren zu. Da die Bundesrepublik mit der Durchführung dieses Verfahrens jedoch ebenfalls die Asylbehörde beauftragt hat, ist diese Ausnahmeregelung hier nicht relevant. Nach Buchst. b) dürfen Ausnahmen für Verfahren an der Grenze (Flughafenverfahren) gemacht werden (Art. 43 RL 2013/32/EU). Für dieses ist jedoch ebenfalls das Bundesamt bzw. die Grenzbehörde zuständig. Abs. 3 ist daher aufzuheben (Rdn. 2). Solange der Gesetzgeber dieser unionsrechtlichen Verpflichtung nicht nachkommt, darf nach dem Grundsatz richtlinienkonformer Auslegung nationaler Vorschriften Abs. 3 nicht mehr angewandt werden.

§ 20 Weiterleitung an eine Aufnahmeeinrichtung

(1) Der Ausländer ist verpflichtet, der Weiterleitung nach § 18 Abs. 1 oder § 19 Abs. 1 unverzüglich oder bis zu einem ihm von der Behörde genannten Zeitpunkt zu folgen. Kommt der Ausländer seiner Verpflichtung nach Satz 1 nicht nach, so findet § 33 Absatz 1, 5 und 6 entsprechend Anwendung. Dies gilt nicht, wenn der Ausländer unverzüglich nachweist, dass das Versäumnis auf Umstände zurückzuführen ist, auf die er keinen Einfluss hatte. Auf die Verpflichtung nach Satz 1 sowie die Rechtsfolgen einer Verletzung dieser Verpflichtung ist der Ausländer von der Behörde, bei der er um Asyl nachsucht, schriftlich und gegen Empfangsbekenntnis hinzuweisen. Kann der Hinweis nach Satz 4 nicht erfolgen, ist der Ausländer zu der Aufnahmeeinrichtung zu begleiten.

(2) [1]Die Behörde, die den Ausländer an eine Aufnahmeeinrichtung weiterleitet, teilt dieser unverzüglich die Weiterleitung, die Stellung des Asylgesuchs und den erfolgten Hinweis nach Absatz 1 Satz 4 schriftlich mit. [2]Die Aufnahmeeinrichtung unterrichtet unverzüglich, spätestens nach Ablauf einer Woche nach Eingang der Mitteilung nach Satz 1, die ihr zugeordnete Außenstelle des Bundesamtes darüber, ob der Ausländer in der Aufnahmeeinrichtung aufgenommen worden ist, und leitet ihr die Mitteilung nach Satz 1 zu.

Übersicht Rdn.

A. Funktion der Vorschrift

Die Vorschrift steht in engem Zusammenhang mit §§ 18 ff. und verfolgt einen verfahrensrechtlichen *Kontrollzweck*. Durch die Befolgungspflicht nach Abs. 1 Satz 1 soll sichergestellt werden, dass Asylsuchende unverzüglich bei der für sie zuständigen Außenstelle des Bundesamtes vorsprechen und dort förmlich den Asylantrag stellen. Auf die Verletzung dieser Pflicht reagiert das Gesetz mit verfahrensrechtlichen (Abs. 1 Satz 2) und aufenthaltsrechtlichen Sanktionen (§ 67 Abs. 1 Nr. 2) sowie mit polizeirechtlichen Mitteln (§ 66 Abs. 1 Nr. 1). Ursprünglich regelte die Vorschrift eine Benachrichtigungspflicht der Behörde, bei der um Asyl nachgesucht wurde, an die Aufnahmeeinrichtung, an die der Asylsuchende weitergeleitet wurde (§ 20 Abs. 1 AsylG 1992). Diese Benachrichtigungspflicht ist nunmehr in Abs. 2 geregelt. Darüber hinaus war in § 20 Abs. 2 AsylG 1992 die nunmehr in Abs. 1 verankerte Befolgungspflicht enthalten. Deren Verletzung zog lediglich die Ausschreibung zur 1

Aufenthaltsermittlung (§ 66 Abs. 1 Nr. 1 Nr. 2) sowie das vorübergehende Erlöschen der Aufenthaltsgestattung (§ 67 Abs. 1 Nr. 2, Abs. 2) nach sich. Die verfahrensrechtliche Sanktion der Folgeantragsfiktion in § 20 Abs. 2 Satz 1 AsylVfG a.F. kannte das Asylverfahrensrecht ursprünglich nicht und ist auch mit dem Asylbeschleunigungsgesetz 2016 wieder abgeschafft und durch die entsprechende Anwendung der Regelungen zur Erledigung des Asylverfahrens (§ 33) in Abs. 1 Satz 2 ff. ersetzt worden.

B. Befolgungspflicht des Asylsuchenden nach Abs. 1 Satz 1

I. Funktion der Befolgungspflicht

2 Adressat der Befolgungspflicht nach Abs. 1 Satz 1 ist der Asylsuchende, der nach § 18 Abs. 1 oder § 19 Abs. 1 bei der Grenz-, Polizei- oder Ausländerbehörde um Asyl nachsucht. Sie soll sicherstellen, dass sich der Asylsuchende bei der Aufnahmeeinrichtung meldet, damit er anschließend bei der für ihn zuständigen Außenstelle des Bundesamtes förmlich den Asylantrag stellen kann. Auf die Verletzung dieser Pflicht reagiert das Gesetz mit verfahrensrechtlichen (Abs. 1 Satz 2) und aufenthaltsrechtlichen Sanktionen (§ 67 Abs. 1 Nr. 2) sowie mit polizeirechtlichen Mitteln (§ 66 Abs. 1 Nr. 1). Es handelt sich um eine spezifische Ausformung der Mitwirkungspflicht nach § 15 Abs. 2 Nr. 3. Nach § 18 Abs. 1 und § 19 Abs. 1 sind die Grenz-, wie auch die allgemeinen Polizei- und Ausländerbehörden zur Entgegennahme des Asylersuchens befugt. Da aber das Asylverfahren erst mit der förmlichen Asylantragstellung bei der zuständigen Außenstelle des Bundesamtes eingeleitet wird (§ 23 Abs. 1), wird der Asylsuchende zunächst an die zuständige Aufnahmeeinrichtung oder, soweit diese nicht bekannt ist, an die nächstgelegene Aufnahmeeinrichtung weitergeleitet. Ist die Aufnahmeeinrichtung, an die er verwiesen wird, nicht zuständig, leitet ihn diese an die für seine Aufnahme zuständige Aufnahmeeinrichtung weiter (§ 22 Abs. 1 Satz 2). Abs. 1 Satz 1 bezieht sich auf die Weiterleitungsanordnung der Grenzbehörde (§ 18 Abs. 1), der allgemeinen Polizei- und der Ausländerbehörde (§ 19 Abs. 1). Für die Weiterleitungsanordnung der Aufnahmeeinrichtung nach § 22 Abs. 1 Satz 2 enthält § 22 Abs. 3 Satz 1 eine eigenständige Befolgungspflicht. Der Weiterleitungsanordnung ist unverzüglich oder bis zu einem von der Behörde genannten Zeitpunkt zu folgen (Abs. 1 Halbs. 2).

3 Nur wer Asyl begehrt und an die zuständige bzw. nächstgelegene Aufnahmeeinrichtung weiterzuleiten ist, wird nach Abs. 1 Satz 1 verpflichtet. Die Antragsteller nach § 14 Abs. 2 sind damit nicht von der Regelung betroffen. Aus der redaktionellen Änderung im ursprünglichen Gesetzgebungsverfahren zum AsylG 1992 können keine gegenteiligen Schlüsse gezogen werden. Während im ursprünglichen Gesetzentwurf die Verpflichtung auf Ausländer, denen der Aufenthalt nach § 55 Abs. 1 Satz 1 zur Durchführung des Asylverfahrens gestattet ist, bezogen worden war (BT-Drucks. 12/2062, S. 9), war im ursprünglichen Abs. 2 des § 20 AsylG 1992, der mit Abs. 1 Satz 1 identisch ist, dieser einschränkende Zusatz entfallen. Ausländer, die sich ausschließlich nur auf Abschiebungsverbote nach § 60 Abs. 5 und 7 AufenthG berufen, dürfen nicht an die Aufnahmeeinrichtung weitergeleitet werden, da hierdurch die originäre Zuständigkeit der Ausländerbehörde begründet wird (§ 72 Abs. 2 AufenthG). Wer eingereist ist, ohne sich bei der Grenz-, Polizei- oder Ausländerbehörde zu melden, und sich

zunächst bei Verwandten und Freunden aufgehalten und erst anschließend bei einer Aufnahmeeinrichtung gemeldet hat, ist von der Befolgungspflicht nach Abs. 1 Satz 1 nicht betroffen. Denn in diesem Fall liegt eine Weiterleitungsanordnung nach § 18 Abs. 1 oder § 19 Abs. 1 noch nicht vor. Abs. 1 Satz 2 findet nur Anwendung, wenn der Asylsuchende sich nach § 18 Abs. 1 oder § 19 Abs. 1 bei der Grenz- oder allgemeinen Polizeibehörde als Asylsuchender gemeldet und sich anschließend nicht zu der ihm gegenüber bezeichneten Aufnahmeeinrichtung begeben hat (Abs. 1 Satz 1 und 2).

II. Rechtscharakter der Befolgungspflicht

Die Weiterleitungsverfügung stellt einen Verwaltungsakt dar und begründet ein subjektiv-öffentliches Recht. Der Asylsuchende hat einen gerichtlich durchsetzbaren Anspruch auf Weiterleitung. Die *Weiterleitungsanordnung* nach Abs. 1 Satz 1 mit dem Inhalt, sich bei der zuständigen Aufnahmeeinrichtung zu melden, ist rechtlich als *Verwaltungsakt* zu qualifizieren (VerfGH Berlin, InfAuslR 2014, 26, 27; VG Schwerin, AuAS 2013, 103; VG Gelsenkirchen, InfAuslR 2014, 122, 123 = AuAS 2014, 22; VG Magdeburg, InfAuslR 2014, 121; *Hailbronner,* AuslR B 2 § 19 AsylG Rn. 11; *Funke-Kaiser,* in: GK-AsylG II, § 20 Rn. 20; § 22 Rdn. 4). Dies folgt auch aus Unionsrecht. Danach haben die Mitgliedstaaten sicherzustellen, dass der Asylsuchende das Recht hat, für sich und/oder abhängige Personen den Asylantrag zu stellen (Art. 6 Abs. 2 und 3 RL 2013/32/EU). Nach Art. 6 Abs. 1 UAbs. 2 RL 2013/32/EU haben insbesondere Polizei und Ausländerbehörden die Verpflichtung, den Asylantrag zu registrieren. Die Befolgungspflicht setzt eine wirksame Weiterleitungsverfügung voraus. Wirksam ist sie nur, wenn sie dem Asylsuchenden gegenüber schriftlich bekannt gegeben wird. Sie muss hinreichend deutlich den Zielort, die Bezeichnung und Anschrift der aufzusuchenden Aufnahmeeinrichtung angeben und auf die unverzügliche Folgepflicht und die Folgen deren Verletzung hinweisen. Unter Weiterleitung ist zu verstehen, dass der Asylsuchende über seine Verpflichtungen und über den Weg zur Aufnahmeeinrichtung zu informieren ist (*Treiber,* in: GK-AsylG II, § 20 Rn. 20 ff.). Sie kann gem. § 59 in Verb. mit § 12 Abs. 3 AufenthG gegebenenfalls zwangsweise durchgesetzt werden. 4

C. Inhalt der Befolgungspflicht (Abs. 1)

Der Weiterleitungsanordnung nach § 18 Abs. 1 oder § 19 Abs. 1 ist *»unverzüglich«* nachzukommen (Abs. 1 Satz 1). Unverzüglich heißt »ohne schuldhaftes Verzögern« (§ 121 Abs. 1 BGB). Was danach als »unverzügliche« Befolgung der Weiterleitungsanordnung anzusehen ist, kann nicht abstrakt, sondern nur anhand der jeweiligen Umstände des Einzelfalls beurteilt werden. Verfahrensrechtliche Erfordernisse, etwa die Beauftragung eines Rechtsanwaltes oder die Beratung durch eine Betreuungsstelle (*Duchrow,* ZAR 2002, 269, 274; *Duchrow,* ZAR 2004, 339, 343), Krankheitsgründe, dringende familiäre Gründe (Niederkunft der Ehefrau, Todesfall in der Familie etc.) sind zu berücksichtigen. Insoweit kann sicherlich auch auf die frühere Rechtsprechung zum Begriff der unverzüglichen Antragstellung nach § 26 Abs. 2 Satz 1 AsylVfG a.F. zurückgegriffen werden. Danach wurde im Regelfall eine unverzügliche Antragstellung binnen zwei Wochen nach Geburt des Kindes für angemessen und ausreichend 5 erachtet (BVerwGE 104, 362, 367 = EZAR 215 Nr. 15 = NVwZ 1997, 1137 = AuAS 1997, 221). Allerdings ist diese Frist nicht starr angewandt worden. Auch die systematische Bewertung des Gesetzes ergibt, dass grundsätzlich innerhalb von *»zwei Wochen«* (§ 67 Abs. 1 Nr. 2, Abs. 2) nach dem Zeitpunkt der Anordnung nach § 18 Abs. 1 oder § 19 Abs. 1 die Befolgungspflicht durch den Antragsteller erfüllt werden muss (a.A. *Hailbronner,* AuslR B 2 § 20 AsylG Rn. 6). Die Wochenfrist (Abs. 2 Satz 2, § 66 Abs. 1 Nr. 1) dürfte zu kurz bemessen sein. Diese regelt die behördliche Unterrichtungspflicht (Abs. 2 Satz 2) bzw. die Rechtsgrundlage für die Einleitung von Maßnahmen zur Aufenthaltsermittlung (§ 66 Abs. 1 Nr. 1), kann aber wegen dieses spezifischen Zwecks nicht zugleich als zwingende Grenze für die Bestimmung des Unverzüglichkeitsbegriffs angesehen werden. Vielmehr dürfte der Zeitpunkt des Erlöschens der Aufenthaltsgestattung nach § 67 Abs. 1 Nr. 2 adäquat die gesetzgeberische Vorstellung zum Ausdruck bringen, von welchem Zeitpunkt an dieser nicht mehr von einer unverzüglichen Befolgung ausgeht. Überschreitet der Asylsuchende diese Frist, kann nicht mehr von einer unverzüglichen Befolgung ausgegangen werden, es sei denn, er kann besondere Umstände für die Verzögerung zu seiner Entlastung geltend machen. Derartige besondere Gründe sind etwa Krankheits- oder dringende familiäre Gründe oder auch verfahrensbedingte Gründe (s.o.).

6 Bezeichnet die nach § 18 Abs. 1 oder § 19 Abs. 1 zuständige Behörde einen *bestimmten Zeitpunkt* (Abs. 1 Satz 1 Halbs. 2), bis zu dem der Asylsuchende der Weiterleitungsanordnung zu folgen hat, kommt es nicht auf die unverzügliche Befolgung, sondern darauf an, dass dieser sich entsprechend der Anordnung verhält. Das Gesetz lässt offen, ob die Befolgungspflicht in dem von der Behörde bezeichneten Zeitpunkt erfüllt sein muss oder ob der Asylsuchende verpflichtet ist, ab diesen Zeitpunkt der Anordnung zu folgen. Der Wortlaut spricht eher dafür, dass mit dem Eintritt des bezeichneten Zeitpunkts die Befolgungspflicht ausgelöst wird. Ein späteres Eintreffen bei der zuständigen Aufnahmeeinrichtung begründet daher keine Verletzung der Befolgungspflicht nach Abs. 1 Satz 1, sofern nach Ablauf der bezeichneten Frist die Befolgungspflicht »unverzüglich« im Sinne der oben stehenden Erläuterungen befolgt worden ist. Dafür spricht auch, dass die Behörde keinen bestimmten Zeitpunkt festsetzen kann, in dem die Befolgungspflicht erfüllt sein muss. Sie kann Störungen auf dem Transportweg und andere vergleichbare Hinderungsgründe sowie persönliche und familiäre Verzögerungsgründe im Zeitpunkt der Festsetzung des Zeitpunkts nicht vorhersehen, sodass in aller Regel der Zeitpunkt festzusetzen ist, in dem der Asylsuchende der Weiterleitungsanordnung Folge zu leisten hat. Ob die Befolgungspflicht anhand dieser Kriterien ordnungsgemäß erfüllt ist, beurteilt sich danach, ob der Asylsuchende nach Begründung der Verpflichtung ihr ohne schuldhaftes Verzögern Folge leistet.

D. Verletzung der Befolgungspflicht (Abs. 1 Satz 2)

I. Voraussetzungen der verfahrensrechtlichen Sanktion des Abs. 1 Satz 2

7 Nach Abs. 1 Satz 2 findet § 33 Abs. 1 , 5 und 6 entsprechend Anwendung, wenn der Asylsuchende der Befolgungspflicht nach Abs. 1 Satz 1 nicht nachkommt. Von einer

Verletzung der Befolgungspflicht kann nur ausgegangen werden, wenn der Asylsuchende nicht unverzüglich der Weiterleitungsanordnung Folge leistet. Das Unverzüglichkeitsgebot (Rdn. 5) hat in Abs. 1 eine zweifache Funktion. Es sichert zunächst die Befolgung der Weiterleitungsanordnung nach Abs. 1 Satz 1 . Wird es verletzt, greift es erneut ein, indem es nach Abs. 1 Satz 2 erfordert, dass der Asylsuchende unverzüglich den Nachweis führt, dass das Versäumnis auf Umstände zurückzuführen ist, auf die er keinen Einfluss hatte (§ 33 Rn. 18). Wird das Unverzüglichkeitsgebot bereits im Ausgangspunkt eingehalten, kommt es erst gar nicht zu einer verfahrensrechtlichen Sanktion. Wird es verletzt, muss der Asylsuchende unverzüglich einen *Wiederaufnahmeantrag* stellen (Abs. 1 Satz 2 in Verb. mit § 33 Abs. 5 Satz 2). Bedenklich ist, dass Abs. 1 Satz 2 keinen Vorsatz verlangt. Demgegenüber setzte die Anwendung der aufgehobenen Folgeantragsfiktion vorsätzliches oder grob fahrlässiges Verhalten voraus (§ 20 Abs. 2 Satz 1 AsylVfG a.F.).

Abs. 1 Satz 2 ist mit Unionsrecht nicht vereinbar, da für die Verfahrenseinstellung die Voraussetzungen des Art. 28 Abs. 2 RL 2013/32/EU nicht vorliegen. Darüber hinaus haben die Mitgliedstaaten sicherzustellen, dass Asylanträge nicht allein deshalb abgelehnt oder von der Prüfung ausgeschlossen werden, weil die Antragstellung nicht so schnell wie möglich erfolgt ist (Art. 10 Abs. 1 RL 2013/32/EU). Mit der Verfahrenseinstellung wird die Prüfung jedoch ausgeschlossen. Zwar kann der Antragsteller den Nachweis führen, dass er die Versäumnis nicht verschuldet hat (Abs. 1 Satz 3). Gelingt ihm der Nachweis nicht, bleibt es entgegen Art. 10 Abs. 1 RL 2013/32/EU beim Ausschluss der Prüfung seiner Asylgründe und das Verfahren wird eingestellt (Abs. 1 Satz 2 in Verb. mit § 33 Abs. 1). Die Einstellung darf nach Art. 28 Abs. 2 RL 2013/32/EU jedoch nicht auf die Nichtbefolgung einer Weiterleitungsanordnung gestützt werden. 8

Die Einstellung des Verfahrens setzt voraus, dass der Asylsuchende zuvor auf die Befolgungspflicht nach Abs. 1 Satz 1 hingewiesen sowie über die Rechtsfolgen einer Verletzung dieser Pflicht von der Behörde, bei der er um Asyl nachsucht, schriftlich und gegen Empfangsbekenntnis belehrt worden ist (Abs. 1 Satz 4 Halbs. 1). Zuständige Behörde ist entweder die Bundespolizei (§ 18 Abs. 1) oder die allgemeine Polizei oder die Ausländerbehörde (§ 19 Abs. 1). Diese hat in einer dem Antragsteller verständlichen Sprache über den Inhalt der Befolgungspflicht sowie über die Folgen deren Verletzung zu belehren und diese Belehrung aktenkundig zu machen (§ 33 Rdn. 23, 25). Gelingt der Behörde der Nachweis der Belehrung nicht, darf das Verfahren nicht eingestellt werden. Kann die Belehrung etwa mangels geeigneter Übersetzungsmöglichkeiten nicht durchgeführt werden, hat die um Asyl ersuchte Behörde den Asylsuchenden zu der nächstgelegenen Aufnahmeeinrichtung zu begleiten. Zwar weist Abs. 1 Satz 5 nicht auf eine bestimmte Aufnahmeeinrichtung hin. Es liegt jedoch nahe, dass in der Praxis zur nächstgelegenen Aufnahmeeinrichtung begleitet wird. »Begleiten« bedeutet weder Freiheitsentziehung noch Anwendung unmittelbaren Zwangs. Die im Gesetz geregelten Befugnisse für die Anwendung unmittelbaren Zwangs (§ 59a) beziehen sich nicht auf die Durchsetzung der Befolgungspflicht nach Abs. 1 Satz 1. 9

II. Wiederaufnahmeantrag (Abs. 1 Satz 2 in Verb. mit § 33 Abs. 5 Satz 2)

10 Abs. 1 Satz 3 räumt dem Antragsteller die Möglichkeit ein, den Nachweis zu führen, dass die Versäumnis auf Umständen beruht, auf die er keinen Einfluss hat. Er muss dazu einen Wiederaufnahmeantrag stellen (Abs. 1 Satz 2 in Verb. mit § 33 Abs. 5 Satz 2). Gegenüber wem dieser Nachweis und in welchem Verfahren er zu führen ist, wird in Abs. 1 nicht unmittelbar geregelt. Aus dem Hinweis auf § 33 Abs. 5 Satz 2 in Abs. 1 Satz 2 folgt indes, dass ein Wiederaufnahmeantrag bei der Außenstelle des Bundesamtes, die der für den Antragsteller zuständigen Aufnahmeeinrichtung zugeordnet ist, persönlich zu stellen ist (Abs. 1 Satz 2 in Verb. mit § 33 Abs. 5 Satz 3). Diese Regelung ist aus mehreren Gründen problematisch. Da im Zeitpunkt des Erlasses der Weiterleitungsanordnung nach Abs. 1 Satz 1 mangels förmlicher Antragstellung (§ 23 Abs. 1) noch überhaupt kein Asylverfahren eingeleitet worden ist, kann es auch nicht eingestellt werden. Wird der Asylsuchende von der allgemeinen Polizei- oder Ausländerbehörde aufgefordert, die nächstgelegene Aufnahmeeinrichtung aufzusuchen, muss diese nicht für ihn zuständig sein, sodass auch die für ihn zuständige Außenstelle des Bundesamtes noch nicht bestimmt worden ist. Daraus ist zu folgern, dass weder die allgemeine Polizei- noch die Ausländerbehörde durch eine Weiterleitungsanordnung die Voraussetzungen für die Sanktion nach Abs. 1 Satz 2 schaffen können. Kommt der Asylsuchende der Weiterleitungsanordnung einer dieser Behörde nicht oder nicht unverzüglich nach, darf daher das Verfahren nicht eingestellt werden. In den Fällen des Erlasses der Weiterleitungsanordnung durch die nicht zuständige Aufnahmeeinrichtung regelt § 22 Abs. 3 Satz 2 die Folgen der Zuwiderhandlung. Aber auch in diesen Fällen kann ein Verfahren, das noch nicht eingeleitet ist, auch nicht eingestellt werden.

11 Wird der Wiederaufnahmeantrag zurückgewiesen, kann der Antragsteller hiergegen Anfechtungsklage erheben. Diese hat aufschiebende Wirkung, da in den Fällen der Versäumnis der Befolgungspflicht nach Abs. 1 Satz 1 in aller Regel nicht die Voraussetzungen der Ausschlussgründe des § 33 Abs. 5 Satz 6 vorliegen. Im Übrigen stellen sich hier dieselben Probleme, die sich beim Rechtsschutz gegen die Einstellungsverfügung nach § 33 Abs. 6 ergeben (§ 33 Rdn. 33 ff.). Da Ausschlussgründe nach Abs. 1 Satz 2 in Verb. mit § 33 Abs. 5 Satz 6 in aller Regel keine Anwendung finden, ist die Anfechtungsklage binnen zwei Wochen zu erheben (§ 33 Rdn. 35).

III. Behördliche Unterrichtungspflichten nach Abs. 2

12 Nach Abs. 2 Satz 1 ist die Behörde, die den Asylsuchenden an eine Aufnahmeeinrichtung weiterleitet, verpflichtet, dieser unverzüglich die Stellung des Asylgesuchs und die schriftliche Belehrung nach Abs. 1 Satz 4 schriftlich mitzuteilen. Hinzu treten die behördlichen Weiterleitungspflichten nach § 21 Abs. 1 Satz 1. Die behördliche Unterrichtungspflicht nach Abs. 2 Satz 1 war bereits in § 20 Abs. 1 AsylG 1992 geregelt und ist wegen der verfahrensrechtlichen Sanktion nach Abs. 1 Satz 2 um den Hinweis auf die durchgeführte Belehrung nach Abs. 1 Satz 4 erweitert worden. Die Unterrichtungspflicht soll insbesondere dazu dienen, später den Nachweis über die durchgeführte Belehrung führen zu können. Verpflichtet werden durch Abs. 2 Satz 1 die Grenzbehörde (§ 18) sowie die allgemeine Polizei- und die Ausländerbehörde (§ 19

Abs. 1). Die vom Asylsuchenden aufgesuchte Aufnahmeeinrichtung (§ 22 Abs. 1 Satz 1), die ihn an die zuständige Aufnahmeeinrichtung weiterleitet (vgl. § 22 Abs. 1 Satz 2), wird durch § 22 Abs. 3 Satz 4 in Verb. mit Abs. 2 verpflichtet, die zuständige Aufnahmeeinrichtung schriftlich nach Maßgabe dieser Vorschrift zu unterrichten. Abs. 2 Satz 2 verpflichtet die »zuständige Aufnahmeeinrichtung« (§ 22 Abs. 1 Satz 2), die zuständige Außenstelle des Bundesamtes (§ 23 Abs. 1) unverzüglich, spätestens nach Ablauf einer Woche nach der Unterrichtung gem. Abs. 2 Satz 1, über die Aufnahme des Asylsuchenden zu unterrichten und ihr die schriftliche Mitteilung im Sinne von Abs. 2 Satz 1 zuzuleiten. Durch diese doppelte behördliche Unterrichtungspflicht wird sichergestellt, dass die schriftliche Belehrung und Empfangsbestätigung nach Abs. 1 Satz 4 zur Akte des Bundesamtes gelangt und dieses gegenüber dem Verwaltungsgericht den Nachweis der Belehrung des Asylsuchenden führen kann. Eine unmittelbare behördliche Unterrichtung der zuständigen Außenstelle des Bundesamtes durch die in Abs. 2 Satz 1 bezeichneten Behörden ist nicht sachgerecht, da die zuständige Außenstelle im Zeitpunkt dieser Unterrichtung noch nicht über die Aufnahme des Asylsuchenden informiert ist und deshalb noch keine Akte angelegt hat. Für die Nachweispflicht kommt es damit auf eine reibungslose Informationsübermittlung der in Abs. 2 Satz 1 und 2 bezeichneten Behörden an. Gelangt der Hinweis auf die Weiterleitung und die schriftliche Belehrung des Asylsuchenden nicht zur Akte der zuständigen Außenstelle, kann das Bundesamt nicht nach Abs. 1 Satz 1 vorgehen.

§ 21 Verwahrung und Weitergabe von Unterlagen

(1) [1]Die Behörden, die den Ausländer an eine Aufnahmeeinrichtung weiterleiten, nehmen die in § 15 Abs. 2 Nr. 4 und 5 bezeichneten Unterlagen in Verwahrung und leiten sie unverzüglich der Aufnahmeeinrichtung zu.

(2) Meldet sich der Ausländer unmittelbar bei der für seine Aufnahme zuständigen Aufnahmeeinrichtung, nimmt diese die Unterlagen in Verwahrung.

(3) Die für die Aufnahme des Ausländers zuständige Aufnahmeeinrichtung leitet die Unterlagen unverzüglich der ihr zugeordneten Außenstelle des Bundesamtes zu.

(4) Dem Ausländer sind auf Verlangen Abschriften der in Verwahrung genommenen Unterlagen auszuhändigen.

(5) Die Unterlagen sind dem Ausländer wieder auszuhändigen, wenn sie für die weitere Durchführung des Asylverfahrens oder für aufenthaltsbeendende Maßnahmen nicht mehr benötigt werden.

Übersicht Rdn.

A. Funktion der Vorschrift

1 Mit der Vorschrift soll erreicht werden, dass Dokumente, die für das Asylverfahren oder die Aufenthaltsbeendigung von Bedeutung sind, möglichst von der ersten amtlichen Stelle, die um Schutz ersucht wird, in Verwahrung genommen werden. Dadurch soll im Rahmen des Möglichen die Vernichtung, Vorenthaltung oder Weitergabe an andere Personen (Fluchthelfer) verhindert werden (BT-Drucks. 12/2062, S. 32). § 21 steht im Zusammenhang mit den Mitwirkungspflichten des Asylbewerbers, insbesondere mit den in § 15 geregelten. Eine derart ausdifferenzierte Vorschrift kannte das alte Recht nicht. Eine auf Urkunden und andere Unterlagen bezogene Vorlagepflicht bestand aber ebenfalls (§ 8 Abs. 2 Satz 3, § 12 Abs. 1 Satz 3 AsylG 1982). Die Vorschrift begründet für den Asylsuchenden keine Mitwirkungspflichten. Vielmehr sind die für die Anwendung dieser Norm maßgeblichen Mitwirkungspflichten in § 15 Abs. 2 Nr. 4 und 5, Abs. 3 geregelt. Ausdrücklich festgelegt sind auf die Inverwahrungnahme bezogene Rechte des Asylsuchenden in Abs. 4 und 5.

B. Verpflichtung zur Verwahrung und Weitergabe von Unterlagen (Abs. 1 und 2)

2 Nach Abs. 1 haben die Behörden, bei denen um Asyl nachgesucht wird und die den Asylsuchenden zwecks Einleitung des Asylverfahrens an die zuständige bzw. nächstgelegene Aufnahmeeinrichtung weiterleiten, die in § 15 Abs. 2 Nr. 4 und 5, Abs. 3 bezeichneten Unterlagen amtlich in Verwahrung zu nehmen und diese unverzüglich der Aufnahmeeinrichtung zuzuleiten. Anders als früher (§ 21 Abs. 1 Satz 2 AsylG 1992) sind erkennungsdienstliche Unterlagen nicht beizufügen, da diese zwischen den am Verfahren beteiligten Behörden elektronisch übermittelt werden (BT-Drucks. 18/7043, S. 42). Hinzu treten die behördlichen Unterrichtungspflichten nach § 20 Abs. 3 Satz 1. Die Inverwahrnahme kann durch zwangsweise Durchsuchung nach § 15 Abs. 4 durchgesetzt werden (*Treiber*, in: GK-AsylG II, § 21 Rn. 20). Die Verwahrung der Unterlagen ist kein Selbstzweck. Unterlagen, die nicht mehr zur Durchführung des Asylverfahrens oder von aufenthaltsbeendenden Maßnahmen benötigt werden, sind an den Antragsteller herauszugeben (*Hailbronner*, AuslR B 2 § 21 AsylG Rn. 4). Bei der Verwahrung handelt es sich um ein kurzfristiges öffentlich-rechtliches Verwahrverhältnis mit der Verpflichtung zum pfleglichen Umgang und der Rechtsfolge der Haftung für den Fall des Verlustes, der Beschädigung oder Zerstörung (*Treiber*, in: GK-AsylG II, § 21 Rn. 17 f.). Der Umfang der Pflicht zur Inverwahrungnahme ergibt sich aus Abs. 1 Satz 1 und 2 in Verb. mit § 15 Abs. 2 Nr. 4 und 5. Die für § 15 Abs. 2 Nr. 4 und 5 maßgeblichen Unterlagen werden in Form eines Regelkataloges in § 15 Abs. 3 geregelt. Abs. 1 Satz 2 schließt in die Weiterleitungspflicht auch Unterlagen der erkennungsdienstlichen Behandlung ein.

3 Verpflichtet werden durch Abs. 1 Satz 1 die Grenz-, Ausländer- und Polizeibehörde (§ 18 Abs. 1 Halbs. 2 und § 19 Abs. 1 Halbs. 2). Die Verpflichtung zur Inverwahrungnahme und Weiterleitung trifft jede Behörde, die eine Weiterleitungsverfügung erlässt, und entsteht in dem Moment, in dem die Weiterleitung verfügt wird (*Treiber*, in: GK-AsylG II, § 21 Rn. 14). Durch Abs. 2 wird ferner die nach § 46 Abs. 1 zuständige Aufnahmeeinrichtung verpflichtet, sofern der Asylsuchende sich dort persönlich

meldet (§ 22 Abs. 1 Satz 1). Diese leitet die Unterlagen unverzüglich an die ihr zugeordnete Außenstelle weiter (Abs. 3). Ist die um Aufnahme ersuchte Aufnahmeeinrichtung nicht zuständig, nimmt sie den Asylsuchenden auf und leitet ihn an die nach § 46 Abs. 1 zuständige Aufnahmeeinrichtung weiter (§ 22 Abs. 2 Satz 2). Die für die Aufnahme des Asylsuchenden zuständige Aufnahmeeinrichtung leitet die ihr zugeleiteten oder von ihr selbst in Verwahrung genommenen Unterlagen an die ihr zugeordnete Außenstelle des Bundesamtes weiter (Abs. 3). Zweck der Weitergabepflicht ist, dass die zuständige Außenstelle des Bundesamtes als Akten führende Behörde alsbald die Unterlagen zur Prüfung und Auswertung erhält (Abs. 3). Die in Abs. 1 angesprochenen Behörden trifft zunächst die Verpflichtung, die in § 15 Abs. 2 Nr. 4 und 5 bezeichneten Unterlagen in Verwahrung zu nehmen. Die Verwahrung erfolgt nur kurzfristig, um die Weiterleitung zu ermöglichen (*Hailbronner,* AuslR B 2 § 21 AsylG Rn. 6).

C. Rechte der Asylantragsteller (Abs. 4 und 5)

Auf Verlangen sind dem Antragsteller Abschriften der nach Abs. 1 Satz 1 und Abs. 2 4
in Verwahrung genommenen Unterlagen auszuhändigen. Es genügen auch Ablichtungen (*Hailbronner,* AuslR B 2 § 21 AsylG Rn. 13). Über dieses Recht ist er durch die Behörde aufzuklären (§ 25 VwVfG). Ferner hat die Behörde eine Empfangsbestätigung auszustellen, in der die in Verwahrung genommenen Dokumente im Einzelnen aufgeführt werden (*Hailbronner,* AuslR B 2 § 21 AsylG Rn. 9; *Treiber*, in: GK-AsylG II, § 21 Rn. 23 f.). Da die Unterlagen insbesondere für den Ausgang des Asylverfahrens einschließlich gegebenenfalls erforderlich werdender Rechtsmittelverfahren von zentraler Bedeutung sind, besteht eine besondere behördliche Belehrungspflicht. Zusammen mit der Niederschrift über die persönliche Anhörung (§ 25 Abs. 7), auf deren Aushändigung ebenfalls ein Anspruch besteht, bilden diese Unterlagen in aller Regel die für die Bewertung des Antrags zentralen Erkenntnismittel, ohne deren Kenntnis die effektive Rechtsverteidigung insbesondere in den Verfahren nach § 18a und § 36 erschwert wird.

Das Herausgabeverlangen bedarf nicht des Nachweises eines besonderen Grundes oder 5
Interesses (*Hailbronner,* AuslR B 2 § 21 AsylG Rn. 13; *Treiber*, in: GK-AsylG II, § 21 Rn. 58). Vielmehr hat der Antragsteller kraft Gesetzes und ohne Angabe der für sein Begehren maßgebenden Gründe auf formloses Verlangen den in Abs. 4 geregelten Anspruch und auch ohne Antrag den von Amts wegen zu beachtenden Anspruch nach Abs. 5. In besonderen Fällen kann ein vorübergehender Herausgabeanspruch gegeben sein, etwa wenn der Antragsteller zur Eheschließung den Personalausweis oder zur Klärung der Studienberechtigung übergebene Ausbildungsunterlagen benötigt. Der Pass kann vorübergehend nach § 65 Abs. 2 herausgegeben werden. Von Amts wegen sind die Unterlagen nach Abs. 1 Satz 1 wieder auszuhändigen, also zurückzugeben, wenn sie für die weitere Durchführung des Asylverfahrens oder für aufenthaltsbeendende Maßnahmen nicht mehr benötigt werden. Regelmäßig wird dieser Anspruch mit dem unanfechtbaren Abschluss des Verfahrens wirksam werden. Er kann aber auch schon früher begründet sein, etwa wenn die auf den Reiseweg bezogenen Unterlagen deshalb keine rechtliche Bedeutung mehr haben, weil das Bundesamt den Antrag als unzulässig

(§ 29 Abs. 1) ansieht. Werden die in Verwahrung genommenen Unterlagen dauerhaft nicht mehr benötigt, hat der Antragsteller einen Rechtsanspruch auf Rückgabe. Die Rückgabe setzt keinen besonderen Antrag voraus, vielmehr besteht der Anspruch von Amts wegen (*Hailbronner*, AuslR B 2 § 21 AsylG Rn. 18). Zwar kann die Behörde mit Hinweis auf die Durchführung aufenthaltsbeendender Maßnahmen die Herausgabe der Unterlagen verweigern. Dazu bedarf es jedoch präziser Angaben, aus welchen Gründen diese für die Durchführung gebraucht werden. Die Unterlagen, die hierfür nicht benötigt werden, sind spätestens nach Abschluss des Verfahrens herauszugeben (*Hailbronner*, AuslR B 2 § 21 AsylG Rn. 17; *Treiber*, in: GK-AsylG II, § 21 Rn. 73). Das Rückgabeverlangen kann aber bereits zu einem früheren Zeitpunkt geltend gemacht werden, wenn die Unterlagen für die Durchführung des Verfahrens nicht mehr benötigt werden.

§ 22 Meldepflicht

(1) [1]Ein Ausländer, der den Asylantrag bei einer Außenstelle des Bundesamtes zu stellen hat (§ 14 Abs. 1), hat sich in einer Aufnahmeeinrichtung persönlich zu melden. [2]Diese nimmt ihn auf oder leitet ihn an die für seine Aufnahme zuständige Aufnahmeeinrichtung weiter; im Falle der Weiterleitung ist der Ausländer, soweit möglich, erkennungsdienstlich zu behandeln.

(2) [1]Die Landesregierung oder die von ihr bestimmte Stelle kann bestimmen, dass
1. **die Meldung nach Absatz 1 bei einer bestimmten Aufnahmeeinrichtung erfolgen muss,**
2. **ein von einer Aufnahmeeinrichtung eines anderen Landes weitergeleiteter Ausländer zunächst eine bestimmte Aufnahmeeinrichtung aufsuchen muss.**

[2]Der Ausländer ist während seines Aufenthaltes in der nach Satz 1 bestimmten Aufnahmeeinrichtung erkennungsdienstlich zu behandeln. [3]In den Fällen des § 18 Abs. 1 und des § 19 Abs. 1 ist der Ausländer an diese Aufnahmeeinrichtung weiterzuleiten.

(3) [1]Der Ausländer ist verpflichtet, der Weiterleitung an die für ihn zuständige Aufnahmeeinrichtung nach Absatz 1 Satz 2 oder Absatz 2 unverzüglich oder bis zu einem ihm von der Aufnahmeeinrichtung genannten Zeitpunkt zu folgen. [2]Kommt der Ausländer der Verpflichtung nach Satz 1 nicht nach, so findet § 33 Abs. 1, 5 und 6 entsprechend Anwendung. [3]Dies gilt nicht, wenn der Ausländer unverzüglich nachweist, dass das Versäumnis auf Umstände zurückzuführen war, auf die er keinen Einfluss hatte. [4]§ 20 Absatz 1 Satz 4 und Absatz 2 findet entsprechend Anwendung.

Übersicht — Rdn.

A. Funktion der Vorschrift

Die in § 22 geregelte Meldepflicht soll sicherstellen, dass vor der Asylantragstellung bei der Außenstelle des Bundesamtes (§ 23 Abs. 1) die Unterbringung des Antragstellers für den erforderlichen Zeitraum (§§ 47 ff.) gesichert ist (BT-Drucks. 12/2062, S. 32). Die Vorschrift über die erkennungsdienstliche Behandlung nach Abs. 1 Satz 2 Halbs. 2 ist 1993, Abs. 2 Satz 1 Nr. 1 und 2 1997 eingefügt worden. Abs. 3 regelt wie § 20 Abs. 1 Satz 2 ff. und § 23 Abs. 2 die Folgen einer Verletzung der Befolgungspflicht nach Abs. 1 Satz 2 oder Abs. 2. § 22 hat zentrale Bedeutung für die Effektivität der polizeilichen Kontrolle Asylsuchender sowie die möglichst reibungslose und unverzügliche Einleitung des Asylverfahrens. Die in anderen Vorschriften (§ 18 Abs. 1 Halbs. 2 und § 19 Abs. 1 Halbs. 2) geregelte Weiterleitungsverpflichtung hat die persönliche Meldepflicht nach Abs. 1 Satz 1 zur Voraussetzung. Zwar kannte das AsylG 1982 eine derart stringent gehandhabte persönliche Meldepflicht nicht. Dort wurde lediglich geregelt, dass der Antragsteller zur wirksamen Antragstellung persönlich bei der Ausländerbehörde erscheinen musste (§ 8 Abs. 2 Satz 1 AsylG 1982). Verletzte er diese Pflicht, leitete die Ausländerbehörde die Akten an das Bundesamt weiter, das nach Aktenlage zu entscheiden hatte (§ 8 Abs. 3 Satz 1 AsylG 1982), wobei die Nichtbefolgung der persönlichen Meldepflicht zuungunsten des Antragstellers berücksichtigt werden konnte (§ 8 Abs. 3 Satz 2 AsylG 1982) und auch regelmäßig wurde. Dass von dieser persönlichen Erscheinenspflicht die rechtliche Wirksamkeit der Antrags abhängig ist (§ 23 Abs. 1), sah das alte Recht dagegen nicht vor. Vor Erlass des AsylG 1982 regelte jedoch § 38 Abs. 1 Satz 1 AuslG 1965 eine persönliche Meldepflicht für Asylsuchende. Sie mussten ihr Asylbegehren unverzüglich bei den Grenz- oder Ausländerbehörden vorbringen. 1

B. Meldepflicht nach Abs. 1 Satz 1

In verfahrensrechtlicher Hinsicht hat die Meldepflicht nach Abs. 1 Satz 1 die Funktion einer *Relaisstelle* für das Asylverfahren: Mit Meldung des Asylsuchenden bei der Grenz-, Ausländer- oder Polizeibehörde (§ 18 Abs. 1, § 19 Abs. 1) entsteht das gesetzliche Aufenthaltsrecht nach § 55 Abs. 1 Satz 1 (BVerwG, InfAuslR 1998, 191, 192; BayObLG, NVwZ 1993, 811). Damit findet der ausländerrechtliche Abschiebungsschutz (§ 60 Abs. 1 Satz 1 AufenthG) Anwendung. Zwar ist der Asylsuchende bei Einreise ohne Reisedokumente zur Meldung bei der Grenzbehörde verpflichtet (§ 13 Abs. 3 Satz 1). Meldet er sich jedoch erst bei der Ausländerbehörde, leitet diese ihn an die zuständige (§ 46 Abs. 1) bzw. nächstgelegene Aufnahmeeinrichtung (Abs. 1 Satz 2) weiter. Das gilt im Grundsatz auch für die Grenzbehörde (§ 18 Abs. 1). Der Antragsteller selbst ist verpflichtet, sich in einer Aufnahmeeinrichtung entweder aus eigener Initiative (Abs. 1 Satz 1) oder in Befolgung einer Weiterleitungsanordnung (§ 20 Abs. 1) zu melden. Nach der Meldung bei der Aufnahmeeinrichtung wird nach Maßgabe des EASY- Systems die für den Asylsuchenden zuständige Außenstelle des Bundesamtes und damit auch die für ihn zuständige Aufnahmeeinrichtung ermittelt. Ist die zuerst angesprochene Aufnahmeeinrichtung nicht zuständig, leitet sie den Asylsuchenden an die für ihn zuständige Aufnahmeeinrichtung weiter (Abs. 1 Satz 2). Die Weiterleitung beruht jedoch nicht auf einer selbstständigen 2

Entscheidung der angesprochenen Aufnahmeeinrichtung, dass sie nicht zuständig ist (unklar *Hailbronner*, AuslR B 2 § 22 AsylG Rn. 1, 10), sondern beruht auf den Kriterien des EASY-Systems.

3 Abs. 1 Satz 1 begründet eine *besondere Mitwirkungspflicht* der Antragsteller, die nicht dem Personenkreis nach § 14 Abs. 2 zuzuordnen sind. Auch Folgeantragsteller waren früher von der Meldepflicht nicht betroffen (*Hailbronner*, AuslR B 2 § 22 AsylG Rn. 5; *Treiber*, in: GK-AsylG II, § 22 Rn. 8). Diese trifft aber im Regelfall die persönliche Meldepflicht bei der für sie zuständigen Außenstelle des Bundesamtes (§ 71 Abs. 2 Satz 1; § 71 Rdn. 31 ff.) und die Verpflichtung in einer besonderen Aufnahmeeinrichtung zu wohnen (§ 30a Abs. 1 Nr. 4, Abs. 3 Satz 1). Die Meldepflicht tritt neben die allgemeinen Mitwirkungspflichten nach § 15 und verstärkt die in § 13 Abs. 3 Satz 1 und 2 sowie in § 20 Abs. 1 geregelten Verpflichtungen. Vorgeschrieben ist die *persönliche* Meldung nach Abs. 1 Satz 1 bei der Aufnahmeeinrichtung. Damit wird aber der Asylantrag noch nicht wirksam gestellt. Dazu bedarf es der persönlichen Meldung bei der zuständigen Außenstelle des Bundesamtes (§ 23 Abs. 1). Die Meldepflicht nach Abs. 1 ist *unvertretbar* und kann auch nicht durch schriftlichen Antrag oder durch Dritte ersetzt werden. Sie gilt auch für minderjährige Asylsuchende, soweit nicht die Zuständigkeit nach § 14 Abs. 2 eingreift. Unbegleitete Minderjährige dürfen aber nicht in der Aufnahmeeinrichtung untergebracht werden (*Treiber*, in: GK-AsylG II, § 22 Rn. 14; § 12 Rdn. 26 ff.). Mit der Pflicht zur *unverzüglichen Befolgung* der Weiterleitungsanordnung, die wie ein roter Faden sämtliche Meldevorschriften durchzieht (§ 18 Abs. 1 Halbs. 2, § 19 Abs. 1 Halbs. 2, § 20 Abs. 1, § 22a Satz 2; s. auch § 23 Abs. 1), soll im besonderen Maße der *Beschleunigungszweck* des Asylverfahrensrechts gesichert werden. Zudem soll die persönliche Meldepflicht die unverzügliche Durchführung der *Direktanhörung* (§ 25 Abs. 4 Satz 1) nach Meldung bei der Außenstelle (§ 23 Abs. 1) sicherstellen. Angesichts der extremen langen Dauer der Asylverfahren, insbesondere des Zeitraums zwischen Antragstellung und Durchführung der Anhörung haben diese Vorschriften ihren ursprünglichen Sinn verloren. Soweit wie möglich soll die zuerst aufgesuchte Aufnahmeeinrichtung den Antragsteller vor der Weiterleitung erkennungsdienstlich behandeln (Abs. 1 Satz 2 Halbs. 2) und die Unterlagen nach § 21 Abs. 1 sowie die Unterlagen der erkennungsdienstlichen Behandlung (§ 2 Abs. 1 Satz 2) an die zuständige Aufnahmeeinrichtung weiterleiten.

4 Die *Weiterleitungsanordnung* nach Abs. 1 Satz 2, sich bei der zuständigen Aufnahmeeinrichtung zu melden, ist rechtlich als *Verwaltungsakt* zu qualifizieren (VerfGH Berlin, InfAuslR 2014, 26, 27; VG Schwerin, AuAS 2013, 9; VG Gelsenkirchen, InfAuslR 2014, 122, 123 = AuAS 2014, 22; VG Magdeburg, InfAuslR 2014, 121; § 20 Rdn. 4). Begründet der Weiterleitungsanspruch nach § 19 Abs. 1 Satz 1 ein subjektiv-öffentliches, gerichtlich durchsetzbares Recht (*Hailbronner*, AuslR B 2 § 19 AsylG Rn. 11; *Funke-Kaiser*, in: GK-AsylG II, § 19 Rn. 20), folgt hieraus, dass auch gegen eine Weiterleitungsverfügung nach Abs. 1 Satz 2 geklagt werden kann. In beiden Fällen wird in Rechte des Asylsuchenden eingegriffen. Dieser kann gegen die Weiterleitungsverfügung, die der Sache nach eine Entscheidung über die *Erstverteilung* darstellt, klagen und Eilrechtsschutz beantragen. Regelmäßig hat ein derartiger Antrag aber nur

Erfolg, wenn Gründe nach § 51 Abs. 1, insbesondere »sonstige humanitäre Gründe« (§ 50 Rdn. 29 ff., 37 ff.) dargelegt werden können. So kann etwa wegen einer schwerwiegenden psychischen Erkrankung gegen die Weiterleitungsanordnung nach Abs. 1 Satz 2 Eilrechtsschutz beantragt und auch wirksam durchgesetzt werden (VG Schwerin, AuAS 2013, 9, 10).

C. Aufnahmeanspruch des Asylsuchenden nach Abs. 1 Satz 2

Nach Abs. 1 Satz 2 nimmt die Aufnahmeeinrichtung den Asylsuchenden auf oder leitet ihn an die für ihn zuständige Aufnahmeeinrichtung weiter. Der Verpflichtung des Asylsuchenden nach Abs. 1 Satz 1 korrespondiert damit die behördliche Verpflichtung nach Abs. 1 Satz 2 zu seiner Aufnahme. Abs. 1 Satz 2 gewährt damit ein *Aufnahmerecht des Asylsuchenden* und korrespondierend damit eine *Aufnahmepflicht der aufgesuchten Aufnahmeeinrichtung*. Den Aufnahmeanspruch kann er gegebenenfalls gerichtlich durchsetzen (*Hailbronner,* AuslR B 2 § 22 AsylG Rn. 11). Der Aufnahmeanspruch und die entsprechenden Verpflichtungen auf Gewährung sozialer Leistungen besteht auch für Asylsuchende, die im Rahmen des Dublin-Verfahrens an den zuständigen Mitgliedstaat überstellt werden sollen. Sie endet erst mit der tatsächlichen Überstellung (EuGH, NVwZ 2012, 1529, 1531 f. Rn. 58 ff. – *Cimade und* GFISTI) oder nach unanfechtbarem negativen Abschluss des Asylverfahrens (BVerwG, NVwZ-RR 2010, 452, 453). Die Erfüllung der Meldepflicht und die vorläufige Aufnahme nach Abs. 1 Satz 1 ist anders als im Fall des § 46 Abs. 1 nicht von ausreichenden Unterbringungskapazitäten abhängig. Die Aufnahmeverpflichtung endet erst, wenn die Anordnung nach Abs. 1 Satz 2 erlassen worden ist. Ist die zuerst aufgesuchte zugleich zuständige Aufnahmeeinrichtung, nimmt sie den Antragsteller auf (Abs. 1 Satz 2 Alt. 1). Dadurch wird die Verpflichtung des Antragstellers begründet, den Asylantrag bei der dieser Aufnahmeeinrichtung zugeordneten Außenstelle des Bundesamtes zu stellen (§ 23 Abs. 1). Ist die vom Antragsteller aufgrund behördlicher Anordnung oder aus eigener Initiative aufgesuchte Aufnahmeeinrichtung nicht für seine Aufnahme zuständig, leitet sie ihn an diese weiter (Abs. 1 Satz 2 Alt. 2). 5

D. Zuständige Aufnahmeeinrichtung des Bundeslandes (Abs. 2)

Ähnlich wie nach dem vor 1992 geltenden Asylverfahrensrecht für die Entgegennahme des Asylbegehrens die Länder eine oder mehrere Ausländerbehörden als gemeinsame zuständige Ausländerbehörde bestimmen konnten (§ 8 Abs. 1 Satz 3 AsylG 1982), können die Landesregierungen nach Abs. 2 Satz 1 Nr. 1 bestimmen, dass die Meldung nach Abs. 1 Satz 1 bei einer bestimmten Aufnahmeeinrichtung des Landes zu erfolgen hat, an welche die in § 18 Abs. 1 und § 19 Abs. 1 genannten Behörden den Asylsuchenden weiterzuleiten haben (Abs. 2 Satz 3), wenn nicht von vornherein die zuständige Aufnahmeeinrichtung bekannt ist. In einigen Bundesländern besteht jedoch nur eine Aufnahmeeinrichtung. Abs. 2 ist durch das Gesetz zur Änderung ausländer- und asylverfahrensrechtlicher Vorschriften vom 29.10.1997 (BGBl. I S. 2584) neu geregelt worden. Der ursprüngliche Gesetzentwurf sah diese Regelung nicht vor (vgl. BT-Drucks. 13/4948, S. 5). Sie ist erst im Verlauf der Gesetzesberatungen eingeführt 6 worden. Abs. 2 Satz 1 Nr. 1 ist identisch mit der früheren Regelung des Abs. 2 Satz 1. Neu eingeführt wurden Abs. 2 Satz 1 Nr. 2 und Abs. 2 Satz 2. Die Mehrzahl der Länder haben für die persönliche Meldepflicht eine bestimmte Aufnahmeeinrichtung bestimmt.

7 Korrespondierend mit der alleinigen Zuständigkeit einer bestimmten Aufnahmeeinrichtung nach Abs. 2 Satz 1 Nr. 1 kann die Landesregierung ferner bestimmen, dass für die im Rahmen des EASY-Systems dem Bundesland zugewiesenen Asylsuchenden zunächst eine bestimmte Aufnahmeeinrichtung zuständig ist. Regelmäßig haben die Länder für beide in Abs. 2 Satz 1 Nr. 1 und 2 vorgesehenen Aufgaben eine bestimmte Aufnahmeeinrichtung bestimmt. Die 1997 eingeführte Regelung hat damit kein neues Recht geschaffen, sondern bestätigt lediglich eine bis dahin bereits überwiegend geübte Verwaltungspraxis. Die Verwendung des Wortes »zunächst« in Abs. 2 Satz 1 Nr. 2 weist darauf hin, dass nach Aufnahme in der Aufnahmeeinrichtung nach Abs. 2 Satz 1 Nr. 2 eine Zuweisung an eine andere Aufnahmeeinrichtung innerhalb des Bundeslandes erfolgen kann. Die Weiterleitung an eine andere Aufnahmeeinrichtung verlängert allerdings nicht die Frist für die Wohnpflicht nach § 46 Abs. 1 Satz 1. Ebenso wie Abs. 1 Satz 2 Halbs. 2 für die in Abs. 1 Satz 1 genannte Aufnahmeeinrichtung begründet Abs. 2 Satz 2 eine behördliche Verpflichtung der zentralen Aufnahmeeinrichtung des Bundeslandes, vor der Weiterleitung des Asylsuchenden die erkennungsdienstliche Behandlung durchzuführen.

E. Befolgungspflicht nach Abs. 3 Satz 1

8 In Anknüpfung an die in § 20 Abs. 1 geregelte Befolgungspflicht regelt Abs. 3 Satz 1 eine identische Befolgungspflicht des Asylsuchenden, der eine Aufnahmeeinrichtung aufsucht, die nicht für ihn zuständig ist und die ihn deshalb an die für ihn zuständige Aufnahmeeinrichtung weiterleitet (§ 20 Rdn. 7 ff.). Die Befolgungspflicht nach Abs. 3 Satz 1 setzt eine Weiterleitungsanordnung nach Abs. 1 Satz 2 oder Abs. 2 voraus. Diese muss den Anforderungen genügen, die an die Weiterleitungsanordnung nach § 18 Abs. 1 oder § 19 Abs. 1 zu stellen sind, also insbesondere in schriftlicher Form erfolgen und eine schriftliche Belehrung über die verfahrensrechtlichen Folgen der Verletzung der Befolgungspflicht enthalten (Abs. 3 Satz 4 Halbs. 1 in Verb. mit § 20 Abs. 1 Satz 4). Nach Abs. 3 Satz 2 findet § 33 Abs. 1, 5 und 6 entsprechend Anwendung, wenn der Asylsuchende der Befolgungspflicht nach Abs. 1 Satz 2 oder Abs. 2 nicht nachkommt. Von einer Verletzung der Befolgungspflicht kann nur ausgegangen werden, wenn der Asylsuchende nicht unverzüglich (§ 121 Abs. 1 BG) der Weiterleitungsanordnung Folge leistet (Abs. 3 Satz 3). Das Unverzüglichkeitsgebot in Abs. 3 hat eine zweifache Funktion. Es sichert zunächst die Befolgung der Weiterleitungsanordnung nach Abs. 1 Satz 2 oder Abs. 2. Wird es verletzt, greift es erneut ein und fordert nach Abs. 3 Satz 3, dass der Asylsuchende unverzüglich nachweist, dass das Versäumnis auf Umstände zurückzuführen ist, auf die er keinen Einfluss hatte (§ 33 Rdn. 18). Wird das Unverzüglichkeitsgebot bereits im Ausgangspunkt eingehalten, kommt es erst gar nicht zu einer verfahrensrechtlichen Sanktion. Wird es verletzt, muss der Asylsuchende unverzüglich einen Wiederaufnahmeantrag stellen

(Abs. 3 Satz 2 in Verb. mit § 33 Abs. 5 Satz 2). Bedenklich ist, dass Abs. 3 Satz 1 keinen Vorsatz verlangt. Demgegenüber setzte die Anwendung der aufgehobene Folgeantragsfiktion vorsätzliches oder grob fahrlässiges Verhalten voraus (§ 23 Abs. 2 Satz 1 AsylG a.F).

Abs. 3 Satz 2 ist mit Unionsrecht nicht vereinbar, da für die Verfahrenseinstellung die Voraussetzungen des Art. 28 Abs. 2 RL 2013/32/EU nicht vorliegen. Darüber hinaus haben die Mitgliedstaaten sicherzustellen, dass Asylanträge nicht allein deshalb abgelehnt oder von der Prüfung ausgeschlossen werden, weil die Antragstellung nicht so schnell wie möglich erfolgt ist (Art. 10 Abs. 1 RL 2013/32/EU). Mit der Verfahrenseinstellung wird die Prüfung jedoch ausgeschlossen. Zwar kann der Antragsteller den Nachweis führen, dass er die Versäumnis nicht verschuldet hat (Abs. 1 Satz 3). Gelingt ihm der Nachweis nicht, bleibt es entgegen Art. 10 Abs. 1 RL 2013/32/EU beim Ausschluss der Prüfung seiner Asylgründe und wird das Verfahren eingestellt (Abs. 3 Satz 2 in Verb. mit § 33 Abs. 1). Die Einstellungsverfügung darf nach Art. 28 Abs. 2 RL 2013/32/EU jedoch nicht auf die Nichtbefolgung einer Weiterleitungsanordnung gestützt werden. 9

Die Einstellung des Verfahrens setzt voraus, dass der Asylsuchende zuvor auf die Befolgungspflicht nach Abs. 1 Satz 1 hingewiesen sowie über die Rechtsfolgen einer Verletzung dieser Pflicht von der Behörde, bei der er um Asyl nachsucht, schriftlich und gegen Empfangsbekenntnis belehrt worden ist (Abs. 3 Satz 4 Halbs. 2 in Verb. mit § 20 Abs. 1 Satz 4 Halbs. 1). Zuständige Behörde ist die Aufnahmeeinrichtung, die der Asylsuchende aufgesucht hat, die aber nicht für ihn zuständig ist. Ist sie zuständig, regelt § 23 Abs. 2 die Folgen der Zuwiderhandlung gegen die Aufforderung nach § 23 Abs. 1. Die Aufnahmeeinrichtung hat in einer dem Antragsteller verständlichen Sprache über den Inhalt der Befolgungspflicht sowie über die Folgen deren Verletzung zu belehren und diese Belehrung aktenkundig zu machen (§ 33 Rdn. 23, 25; § 2e Rdn. 9). Gelingt der Behörde der Nachweis der Belehrung nicht, darf das Verfahren nicht eingestellt werden. 10

Abs. 3 Satz 2 räumt dem Antragsteller die Möglichkeit ein, den Nachweis zu führen, dass die Versäumnis auf Umständen beruht, auf die er keinen Einfluss hat. Er muss dazu einen *Wiederaufnahmeantrag* stellen (Abs. 3 Satz 2 in Verb. mit § 33 Abs. 5 Satz 2). Gegenüber wem dieser Nachweis und in welchem Verfahren er zu führen ist, wird in Abs. 1 nicht unmittelbar geregelt. Aus dem Hinweis auf § 33 Abs. 5 Satz 2 in Abs. 1 Satz 2 folgt indes, dass ein Wiederaufnahmeantrag bei der Außenstelle des Bundesamtes, die der für den Antragsteller zuständigen Aufnahmeeinrichtung zugeordnet ist, persönlich zu stellen ist (Abs. 1 Satz 2 in Verb. mit § 33 Abs. 5 Satz 3). Diese Regelung ist problematisch. Im Zeitpunkt des Erlasses der Weiterleitungsanordnung nach Abs. 1 Satz 2 oder Abs. 2 ist mangels förmlicher Antragstellung (§ 23 Abs. 1) noch kein Asylverfahren eingeleitet worden. Daher kann es auch nicht eingestellt werden. Wird der Wiederaufnahmeantrag abgelehnt, kann der Antragsteller hiergegen Anfechtungsklage erheben. Diese hat aufschiebende Wirkung, da in den Fällen der Versäumnis der Befolgungspflicht nach Abs. 1 Satz 1 oder Abs. 2 in aller 11

Regel nicht die Voraussetzungen der Ausschlussgründe des § 33 Abs. 5 Satz 6 vorliegen. Im Übrigen stellen sich hier dieselben Probleme, die sich beim Rechtsschutz gegen die Einstellungsverfügung nach § 33 Abs. 6 ergeben (§ 33 Rdn. 33 ff.). Da Ausschlussgründe nach Abs. 1 Satz 2 in Verb. mit § 33 Abs. 5 Satz 6 in aller Regel keine Anwendung finden, ist die Anfechtungsklage binnen zwei Wochen zu erheben (§ 33 Rdn. 35).

§ 22a Übernahme zur Durchführung eines Asylverfahrens

[1]Ein Ausländer, der auf Grund von Rechtsvorschriften der Europäischen Gemeinschaft oder eines völkerrechtlichen Vertrages zur Durchführung eines Asylverfahrens übernommen ist, steht einem Ausländer gleich, der um Asyl nachsucht. [2]Der Ausländer ist verpflichtet, sich bei oder unverzüglich nach der Einreise zu der Stelle zu begeben, die vom Bundesministerium des Innern oder der von ihm bestimmten Stelle bezeichnet ist.

Übersicht Rdn.

A. Funktion der Vorschrift

1 Die Vorschrift war ursprünglich unmittelbarer Ausdruck der in Art. 16a Abs. 5 GG vorausgesetzten Bestrebungen, die auf eine *europäische Harmonisierung des Asylrechts* abzielen (s. hierzu BVerfGE 94, 49, 85, 88 f., 101 = EZAR 208 Nr. 7 = NVwZ 1996, 700). Inzwischen hat sich aber aufgrund der europäischen Entwicklung ihr Rechtscharakter grundlegend verändert. Nunmehr wird die europäische Harmonisierung nicht mehr wie noch in Art. 16a Abs. 5 GG vorausgesetzt durch völkerrechtliche Verträge, sondern unmittelbar durch unionsrechtliche Rechtsakte hergestellt. Daher verweist Satz 1 auf Rechtsvorschriften der Europäischen Union. Die Vorschrift ist daher vorrangig auf Asylsuchende gemünzt, die im Rahmen der Verordnung (EU) Nr. 604/2013 (Dublin III-VO) an die Bundesrepublik überstellt werden, weil diese für die Behandlung ihres Asylantrags zuständig ist. Unzutreffend ist der in Satz 1 beibehaltene Begriff der Übernahme, der auch durchgängig in der Literatur verwandt wird. Unionsrecht verwendet für den zwischenstaatlichen Verkehr zur Durchführung des Dubliner Systems den Begriff der »*Überstellung*« (Art. 19 Verordnung [EG] Nr. 343/2003 und Abschnitt VI der Verordnung [EU] Nr. 604/2013). Diese Präzisierung ist deshalb geboten, weil derzeit der einzige Anwendungsbereich des § 20 das Dubliner System ist und die »Überstellung« wesentlich präzisere und detailliertere Anforderungen für den bilateralen Rechtsverkehr regelt als der insoweit offene völkerrechtliche Begriff der »Übernahme«.

B. Anwendungsbereich von Satz 1

2 Der Hinweis auf den »völkerrechtlichen Vertrag« in Satz 1 hat derzeit etwa für die *Schweiz* und *Norwegen* Bedeutung, weil beide Staaten vertraglich mit der EU assoziiert sind (§ 57 Abs. 2 Satz 1 AufenthG) und auf vertraglicher Grundlage am Dubliner System teilnehmen, Dies hat jedoch zur Folge, dass beide Staaten im Rahmen der Durchführung dieses Systems ebenso wie die Mitgliedstaaten nach der Verordnung (EU) Nr. 604/2013 behandelt werden. Satz 1 nimmt zwar nicht nur auf unionsrechtliche Rechtsakte Bezug, sondern verweist auf alle bi- und multilateralen Abkommen, die die Frage der Verantwortlichkeit des Staates zur Behandlung eines Asylantrags regeln. Mangels entsprechender Abkommen läuft aber der Anwendungsbereich der Vorschrift derzeit insoweit ins Leere (*Hailbronner*, AuslR B 2 § 22a AsylG Rn. 6). Die in § 57 Abs. 2 Satz 2 Halbs. 2 AufenthG bezeichneten völkerrechtlichen Verträge betreffen die Übernahme zurückgeschobener Drittstaater, lassen aber die Frage offen, ob die Zurückschiebung zum Zwecke der Durchführung des Asylverfahrens erfolgt sind und sind im Rahmen des § 22 Satz 1 nicht anwendbar (*Treiber*, in: GK-AsylG II, § 22a Rn. 15). Satz 1 ist deshalb derzeit – und wohl auch auf unabsehbare Zeit – ausschließlich für überstellte Asylsuchende aus anderen Mitgliedstaaten, der Schweiz und Norwegen im Rahmen der Verordnung (EU) Nr. 604/2013 von Bedeutung. Für diese regelt Satz 1, dass diese nach den allgemeinen Vorschriften für Asylsuchende behandelt werden. So sind sie z.B. verpflichtet, sich nach der Überstellung zu der vom BMI oder der von ihm beauftragten Stelle zu begeben (S. 2). In der Verwaltungspraxis bedeutet dies, dass sie sich wie andere unmittelbar einreisende und nach § 14 Abs. 1 zu behandelnde Asylsuchende bei einer Aufnahmeeinrichtung melden und dort die zuständige Außenstelle des Bundesamtes und damit zugleich auch die für sie zuständige Aufnahmeeinrichtung bestimmt wird, an die sie gem. § 22 Abs. 1 Satz 2 weitergeleitet werden.

3 Nach Art. 63 Abs. 1 Nr. 1a EG-Vertrag war zunächst die maßgebliche Rechtsvorschrift der Europäischen Gemeinschaften die gemeinschaftsrechtliche Verordnung (EG) Nr. 343/2003 (Dublin II-VO). Diese trat am 01.09.2003 in Kraft (Amtsblatt der EG L 50/1) und ersetzte das Dubliner Übereinkommen – DÜ – (Art. 24 Abs. 1 Verordnung [EG] Nr. 334/2003). Inzwischen ist mit Wirkung zum 01.01.2014 an die Stelle der gemeinschaftsrechtlichen die unionsrechtliche Verordnung (EU) Nr. 604/2013 getreten (Amtsblatt der EU L 180/31). § 22a regelt das entsprechende innerstaatliche Verfahren, stellt also sicher, dass Asylsuchende, die von einem anderen Mitgliedstaat oder einem mit der EU assoziierten Staat (Norwegen, Schweiz) überstellt werden, wie ein Asylsuchender behandelt wird, der von vornherein im Bundesgebiet Asyl beantragt und nicht im Rahmen der Verordnung an einen anderen Mitgliedstaat überstellt wird. Überstellte Asylsuchende machen ihr Recht geltend, in einem Mitgliedstaat Asyl zu beantragen (Art. 3 Abs. 1 Verordnung (EU) Nr. 604/2013) und können sämtliche Rechte nach der Verfahrensrichtlinie 2013/32/EU in Anspruch nehmen. Daher hatte der Gesetzgeber des Richtlinienumsetzungsgesetzes 2007 § 22a ausdrücklich auf den Anwendungsbereich der Verordnung (EG) Nr. 343/2003 erweitert (BT-Drucks. 16/5065, S. 411).

4 Die Überstellung von einem anderen Mitgliedstaat an die Bundesrepublik erfolgt zur Durchführung des Asylverfahrens (Art. 3 Abs. 1 Verordnung [EU] Nr. 604/2013). Dementsprechend wird der überstellte Asylsuchende einem Asylsuchenden rechtlich gleichgestellt, der unmittelbar im Bundesgebiet Asyl beantragt (S. 1 Halbs. 2). Die Frage, ob ein Asylantrag vorliegt, richtet sich aber nicht nach nationalem Recht (§ 13), sondern nach Art. 2 Buchst. b) Verordnung (EU) Nr. 604/2013. Diese Norm verweist auf den Begriff des »internationalen Schutzes«, umfasst also den Flüchtlingsschutz und subsidiären Schutz. Insoweit ist Unionsrecht mit nationalem Recht identisch (§ 1 Abs. 1 Nr. 2; § 13 Abs. 2 Satz 1). § 22a setzt nicht notwendigerweise voraus, dass der überstellte Asylsuchende willens ist, sein Asylgesuch aufrechtzuerhalten, also im Bundesgebiet auch Asyl beantragen will (*Treiber*, in: GK-AsylG II, § 22a Rn. 44; *Hailbronner,* AuslR B 2 § 22a AsylG Rn. 9). Wenn aber zugleich vertreten wird, er könne die mit der Überstellung verbundene Rechtsfolge der Gleichstellung nicht durch Verzicht verhindern, gilt dies nur für die Phase der Einleitung des Verfahrens nach §§ 20 ff. Selbstverständlich kann der überstellte Asylsuchende nach Maßgabe der verfahrensrechtlichen Dispositionsmaxime anschließend jederzeit den Asylantrag zurücknehmen (§ 32) und auf die Abschiebungsverbote nach § 60 Abs. 5 und 7 AufenthG beschränken.

C. Rechtsstellung des überstellten Asylsuchenden (S. 1 Halbs. 2)

5 S. 1 Halbs. 2 bestimmt, dass ein überstellter Asylsuchender einem gem. § 18 Abs. 1, § 19 Abs. 1, § 22 Abs. 1 Asyl begehrenden Antragsteller rechtlich gleichsteht. Ihm stehen sämtliche Verfahrensrechte zur Verfügung. Andererseits unterliegt er aber auch den Mitwirkungspflichten und sonstigen verfahrensrechtlichen Obliegenheiten. Diese Regelung ist deshalb erforderlich, weil bei einem durch einen anderen Mitgliedstaat überstellten Asylsuchenden zunächst noch kein Asylantrag vorliegt (BT-Drucks. 12/4450, S. 20). Allerdings wird der im anderen Mitgliedstaat gestellte Asylantrag im Rahmen des § 14 Abs. 3 Satz 1 als Asylantrag behandelt (OLG Celle, Beschl. v. 06.02.2008 – 22 W 16/06). Mit Übernahme durch die Bundesrepublik steht der Betreffende einem um Asyl nachsuchenden Ausländer rechtlich gleich (S. 1 Halbs. 2), ihm ist also kraft Gesetzes der *Aufenthalt gestattet* (§ 55 Abs. 1 Satz 1). Nach Satz 2 ist er verpflichtet, sich nach der Überstellung zu der vom BMI oder der von ihm beauftragten Stelle zu begeben. Nach der bisherigen Verwaltungspraxis wurde der überstellte Asylsuchende nach der Überstellung im zuständigen Mitgliedstaat regelmäßig sich selbst überlassen. Auch derzeit wird lediglich geregelt, dass der ersuchende Mitgliedstaat den Asylsuchenden davon in Kenntnis setzt, dass er an den ersuchten Mitgliedstaat überstellt wird (Art. 26 Abs. 1 Verordnung [EU] Nr. 604/2013). Für den Fall der kontrollierten oder begleiteten Ausreise hat der zuständige, also ersuchende Mitgliedstaat, sicherzustellen, dass die Überstellung in humaner Weise und unter uneingeschränkter Wahrung der Grundrechte und der Menschenwürde durchgeführt wird (Art. 29 Abs. 1 UAbs. 2 Verordnung [EU] Nr. 604/2013). Die Überstellung selbst erfolgt nach den innerstaatlichen Rechtsvorschriften des ersuchenden Mitgliedstaats nach Abstimmung der beteiligten Mitgliedstaaten (Art. 29 Abs. 1 UAbs. 1 Verordnung [EU] Nr. 604/2013). Gegebenenfalls teilt der ersuchte dem ersuchenden Mitgliedstaat mit, dass der Asylsuchende eingetroffen ist (Art. 29 Abs. 1 UAbs. 3

Verordnung [EU] Nr. 604/2013). Der im Wege der kontrollierten oder begleiteten Überstellung überstellte Asylsuchende ist nach der Einreise im zuständigen Mitgliedstaat über seine Verfahrensrechte, insbesondere über die Modalitäten der Asylantragstellung zu informieren (Art. 12 Abs. 1 Buchst. a) RL 2013/32/EU). Vollständig offen bleibt in der Verordnung jedoch, wie der freiwillig vom ersuchenden in den ersuchten Mitgliedstaat weitergereiste Asylsuchende Zugang zum Verfahren erlangt.

Vorausgesetzt wird insoweit, dass der freiwillig weitergereiste Asylsuchende sich aus eigener Initiative bei irgendeiner Behörde im Bundesgebiet meldet, sodass ihm im Wege der §§ 19 ff. der Zugang zum Asylverfahren eröffnet werden kann (§ 23 Abs. 1). Bei den im Wege der kontrollierten oder begleiteten Ausreise überstellten Asylsuchenden ist davon auszugehen, dass sie den zuständigen Grenzbehörden im Bundesgebiet übergeben werden. Diese prüfen zwar an sich zunächst, ob eine Zurückweisung in einen sicheren Drittstaat zulässig ist. § 18 Abs. 2 Nr. 1 ist jedoch mangels Listung »sicherer Drittstaaten« derzeit nicht anwendbar. Eine Abschiebung in einen Mitgliedstaat oder mit der EU assoziierten Staat (Norwegen, Schweiz) ist nicht zulässig, weil ja die Bundesrepublik zuständig für die Bearbeitung des Asylantrags ist. Für die Zurückweisung in sonstige Drittstaaten (§ 27) fehlt es derzeit an einer Rechtsgrundlage (§ 18 Abs. 2, s. hierzu § 18 Rdn. 21 f.). Die Grenzbehörde hat deshalb den im Wege des Verfahrens nach der Verordnung (EU) Nr. 604/2013 überstellten Asylsuchenden auf seine Pflichten nach Satz 2 hinzuweisen und selbstverständlich über die Modalitäten der Meldung und Antragstellung nach §§ 18 ff. zu informieren (Art. 12 Abs. 1 Buchst. a) RL 2013/32/EU). Für diese Aufgabe ist sie entsprechend zu schulen (Art. 6 Abs. 1 UAbs. 3 RL 2013/32/EU). Unionsrecht setzt danach eine reibungslose und wirksame Kooperation der Mitgliedstaaten voraus, regelt jedoch nur unvollständig jedenfalls die Rechte der freiwillig weitergereisten Asylsuchenden. Der nicht kontrolliert oder begleitet überstellte Asylsuchende bleibt nach seiner Einreise in der für seinen Asylantrag zuständigen Bundesrepublik vielmehr auf sich allein gestellt und muss aus eigener Initiative die zuständigen Behörden nach Maßgabe der §§ 19 ff. aufsuchen. 6

D. Mitwirkungspflichten der Asylsuchenden (S. 2)

Nach Satz 2 ist der Asylsuchende verpflichtet, sich unverzüglich zu der dort genannten Stelle zu begeben. Die Gesetzesbegründung verweist insofern auf die in § 18 bis § 20 aufgeführten Behörden (BT-Drucks. 12/4450, S. 20). Eine Weiterleitung an die Grenzbehörde (§ 18) nach Überstellung ist jedoch nicht vorstellbar. Denn es ist davon auszugehen, dass die kontrollierte oder begleitete Überstellung über zugelassene Grenzübergangsstellen (§ 13 Abs. 1 Satz 1 AufenthG) und die Anordnung nach Satz 2 nach der Einreise durch die Grenzbehörde nach § 18 Abs. 1 Satz 1 erlassen wird. Freiwillig weitergereiste Asylsuchende, die im Inland Asyl suchen, dürfen nicht an die Grenzbehörde verwiesen werden (§ 13 Rdn. 19 ff.). Dem kontrolliert oder begleitet überstellten Asylsuchenden wird durch die Grenzbehörde eine bestimmte Aufnahmeeinrichtung bezeichnet. Insoweit entfällt die nach § 22 Abs. 1 Satz 1 grundsätzlich bestehende Wahlfreiheit. Vielmehr hat der Asylsuchende die von der Grenzbehörde bezeichnete Aufnahmeeinrichtung aufzusuchen (*Treiber*, in: GK-AsylG II, § 22a Rn. 61). 7

Unterabschnitt 3 Verfahren beim Bundesamt

§ 23 Antragstellung bei der Außenstelle

(1) Der Ausländer, der in der Aufnahmeeinrichtung aufgenommen ist, ist verpflichtet, unverzüglich oder zu dem von der Aufnahmeeinrichtung genannten Termin bei der Außenstelle des Bundesamtes zur Stellung des Asylantrags persönlich zu erscheinen.

(2) Kommt der Ausländer der Verpflichtung nach Absatz 1 nicht nach, so findet § 33 Absatz 1, 5 und 6 entsprechend Anwendung. Dies gilt nicht, wenn der Ausländer unverzüglich nachweist, dass das Versäumnis auf Umstände zurückzuführen war, auf die er keinen Einfluss hatte. Auf diese Rechtsfolgen ist der Ausländer von der Aufnahmeeinrichtung schriftlich und gegen Empfangsbestätigung hinzuweisen. Die Aufnahmeeinrichtung unterrichtet unverzüglich die ihr zugeordnete Außenstelle des Bundesamtes über die Aufnahme des Ausländers in der Aufnahmeeinrichtung und den erfolgten Hinweis nach Satz 3.

Übersicht

A. Funktion der Vorschrift

1 Die Vorschrift stellt die unverzügliche Einleitung und Durchführung des Asylverfahrens nach der Einreise für unmittelbar in das Bundesgebiet einreisende Asylsuchende i.S.d. § 14 Abs. 1 sicher. Die Zuständigkeit der Außenstelle des Bundesamtes steht zu Beginn des Verfahrens nicht fest. Die auf die Außenstelle des Bundesamtes bezogene persönliche Meldepflicht nach Abs. 1 steht im engen sachlichen Zusammenhang mit der auf die Aufnahmeeinrichtung bezogenen persönlichen Meldepflicht nach § 22 Abs. 1 Satz 1. Die rechtlich wirksame Antragstellung im Hinblick auf Asylantragsteller nach § 14 Abs. 1 setzt daher das persönliche Erscheinen bei einer Aufnahmeeinrichtung voraus. Diese nimmt sie auf oder leitet sie an die für ihre Aufnahme zuständige Aufnahmeeinrichtung weiter (§ 22 Abs. 1 Satz 2). Diese nimmt sie auf (§ 22 Rdn. 2 ff.). Anschließend melden sie sich unverzüglich oder zu dem von der Aufnahmeeinrichtung genannten Termin bei der dortigen Außenstelle des Bundesamtes zwecks formeller Antragstellung (Abs. 1). Heute wird im Regelfall die zweite Alternative praktiziert, und zwar zumeist erst Monate nach der Meldung bei der Aufnahmeeinrichtung. Bis dahin erhalten die Asylsuchenden den Ankunftsnachweis (§ 63a). Erst mit der persönlichen Meldung nach Abs. 1 wird der Asylantrag rechtlich wirksam gestellt (BVerwG, InfAuslR 1998, 191, 192 = AuAS 1998, 91). Erst jetzt wird ihnen die Bescheinigung nach § 63 ausgehändigt. Andererseits entsteht bereits mit dem ersten Nachsuchen um Asyl bei einer Grenz-, Polizei- oder Ausländerbehörde (§ 18 Abs. 1, § 19 Abs. 1) oder einer Aufnahmeeinrichtung (§ 22 Abs. 1 Satz 1) das gesetzliche Aufenthaltsrecht nach

§ 55 Abs. 1 Satz 1 (BVerwG, InfAuslR 1998, 191, 192 = AuAS 1998, 91). Abs. 2 ist durch das Asylverfahrensbeschleunigungsgesetz 2016 eingeführt worden und ist wie die Parallelvorschriften in § 20 Abs. 1 Satz 2 ff. und § 22 Abs. 3 Rechtsgrundlage für die Einstellung des Verfahrens nach § 33 Abs. 5 Satz 1 bei Zuwiderhandlung gegen die Befolgungspflicht nach Abs. 1 (§ 20 Rdn. 8 ff.).

Früher war der Asylantrag ausnahmslos bei der örtlich zuständigen Ausländerbehörde zu stellen (§ 8 Abs. 1 AsylG 1982), welche die Anhörung durchführte (§ 8 Abs. 2 AsylG 1982) und beachtliche Asylanträge an das Bundesamt weiterleitete (§ 8 Abs. 5 Satz 1 AsylG 1982). Dieses hatte seinerseits erneut eine Anhörung vorzunehmen (§ 12 Abs. 1 Satz 2 AsylG 1982). Nach geltendem Recht ist der Asylantrag unmittelbar beim Bundesamt zu stellen (§ 14). Allerdings unterscheidet das Gesetz zwischen der persönlichen Antragstellung bei der Außenstelle nach § 14 Abs. 1, § 23 Abs. 1 und der Antragstellung bei der Zentrale des Bundesamtes nach § 14 Abs. 2 (§ 14 Rdn. 9 ff.). Eine Vorprüfungskompetenz steht den Ausländerbehörden nicht zu. Vielmehr entscheidet allein das Bundesamt umfassend über den Antrag auch im Hinblick auf seine Beachtlichkeit (§ 29 in Verb. mit § 31 Abs. 2 Satz 1) und darauf, ob Wiederaufnahmegründe nach § 51 Abs. 1 bis 3 VwVfG (§ 71 Abs. 1 letzter Halbs.) vorliegen. Allerdings hat die Grenzbehörde anders als die Ausländerbehörde gewisse Prüfungsbefugnisse (§ 18 Abs. 2; § 18 Rdn. 18 ff.). Wird der Antrag bei der Grenz-, Ausländer- oder Polizeibehörde gestellt, haben diese den Antragsteller an das Bundesamt weiterzuleiten (§ 18 Abs. 1 Halbs. 2, § 19 Abs. 1 Halbs. 2). Abs. 1 regelt lediglich die Verpflichtung des Antragstellers nach § 14 Abs. 1, zur Antragstellung persönlich beim Bundesamt zu erscheinen. Die Sachaufklärungspflicht und insbesondere das Anhörungsrecht werden in §§ 24 ff. geregelt. 2

Nach Art. 4 Abs. 1 RL 2013/32/EU ist ein einzige Behörde für eine angemessene Prüfung der Anträge zuständig (Asylbehörde). Dies ist im Bundesgebiet das Bundesamt für Migration und Flüchtlinge (§ 5 Abs. 1). Im Blick auf den Zugang zum Verfahren erlaubt Art. 6 Abs. 3 RL 2013/32/EU den Mitgliedstaaten, dass Asylanträge persönlich und/oder an einem bestimmten Ort gestellt werden können. Deutschland hatte bereits 1992 ein derartiges Verfahren eingerichtet, also sein ihm unionsrechtlich eingeräumtes Ermessen zu diesem Zeitpunkt ausgeübt, muss sich allerdings bei der Ermessensausübung an unionsrechtlichen Vorgaben ausrichten. In den Bundesländern besteht jeweils mindestens eine Außenstelle (§ 5 Abs. 2), bei der der Asylantrag förmlich zu stellen ist (Abs. 1). Stellt eine Person einen Asylantrag bei der Asylbehörde, erfolgt die Registrierung spätestens drei Tage nach Antragstellung (Art. 6 Abs. 1 RL 2013/32/EU). Spätestens drei Tage nach der Meldung nach Abs. 1 ist deshalb der Antrag zu registrieren. Die Frist kann auf zehn Arbeitstage verlängert werden, wenn die Asylbehörde wegen der großen Zahl von Antragstellern überlastet ist (Art. 6 Abs. 5 RL 2013/32/EU). Für die anschließende Durchführung der persönlichen Anhörung gibt Art. 14 Abs. 1 RL 2013/32/EU keine Frist vor. 3

B. Persönliche Meldepflicht des Asylsuchenden (Abs. 1)

Abs. 1 begründet eine persönliche Meldepflicht des Antragstellers zur wirksamen Antragstellung bei der für ihn zuständigen Außenstelle des Bundesamtes. Demgegenüber 4 wird durch § 22 Abs. 1 Satz 1 die persönliche Meldepflicht bei der Aufnahmeeinrichtung begründet. Erst mit der persönlichen Meldung bei der zuständigen Außenstelle des Bundesamtes wird das Asylverfahren eingeleitet (so auch VG Oldenburg, Beschl. v. 13.09.1993 – 4 B 4029/23). Dies ergibt sich aus dem Wortlaut der Regelungen in § 18 Abs. 1 Halbs. 2, § 19 Abs. 1 Halbs. 2, § 22 Abs. 1, § 23. Macht der Antragsteller sein Begehren bei der Grenz- oder Ausländerbehörde geltend, sucht er nach dem Wortlaut dieser Vorschriften lediglich um Asyl nach. Es liegt lediglich ein »Asylersuchen« bzw. »Asylgesuch« (BVerwG, InfAuslR 1998, 191, 192; § 13 Rdn. 6 ff.) vor. Die Grenz- oder Ausländerbehörde leitet den Asylsuchenden an die nächstgelegene Aufnahmeeinrichtung zur Meldung weiter (§ 18 Abs. 1 Halbs. 2, § 19 Abs. 1 Halbs. 2; § 30a; § 22 Abs. 1 Satz 2). Ist diese zuständige Aufnahmeeinrichtung im Sinne von § 46 Abs. 1, ist der Antragsteller neben seiner Meldepflicht nach § 22 Abs. 1 Satz 1 zusätzlich zur persönlichen Meldung bei der dortigen Außenstelle des Bundesamtes zwecks Antragstellung verpflichtet (Abs. 1). Wird er einer anderen Einrichtung zugewiesen (§ 46 Abs. 1 Satz 2, Abs. 2; § 30a; § 22 Abs. 2 Satz 1 Nr. 2), wird die persönliche Meldepflicht durch Fristsetzung geregelt. Erst mit der Meldung nach Abs. 1 bei der zuständigen Außenstelle des Bundesamtes nach Erreichen der zugewiesenen Aufnahmeeinrichtung wird das Asylverfahren eingeleitet.

5 Die persönliche Meldepflicht setzt voraus, dass der Antragsteller verpflichtet ist, in einer Aufnahmeeinrichtung zu wohnen (§ 14 Abs. 1, § 39a Abs. 3 Satz 1, § 47 Abs. 1 Satz 1 und Abs. 1a). Für Antragsteller, die ihren Asylantrag nicht bei der Außenstelle des Bundesamtes, sondern unmittelbar schriftlich beim Bundesamt geltend machen müssen (§ 14 Abs. 2), gilt hingegen die Wohnpflicht (§ 30a Abs. 3 Satz 1, § 47 Abs. 1 Satz 1 und Abs. 1a) nicht. Deshalb trifft diese auch nicht die persönliche Meldepflicht nach Abs. 1. Sie haben den Antrag vielmehr unmittelbar schriftlich bei der Zentrale des Bundesamtes zu stellen (§ 14 Abs. 2; § 14 Rdn. 9 ff.). Auch diese Personengruppe ist vom Bundesamt persönlich anzuhören (§ 24 Abs. 1 Satz 2). Es wird vorher schriftlich geladen (§ 25 Abs. 5 Satz 1). Zwar haben Folgeantragsteller den Antrag ebenfalls persönlich bei der Außenstelle zu stellen (§ 71 Abs. 2 Satz 1). Da die zuständige Außenstelle bekannt ist, bedarf es keiner vorherigen Meldung bei der Aufnahmeeinrichtung. Vielmehr kann sich der Folgeantragsteller unmittelbar bei der ihm bereits bekannten Außenstelle melden. Es wird aber der besonderen Aufnahmeeinrichtung zugewiesen (§ 30a Abs. 1 Nr. 4). Funktion des Abs. 1 ist die unverzügliche Einleitung des Asylverfahrens bei unmittelbar einreisenden Asylsuchenden, um ebenso unverzüglich die Anhörung durchführen und das Verfahren zum Abschluss bringen zu können. Demgemäß soll der Asylsuchende unverzüglich oder zu dem von der Aufnahmeeinrichtung genannten Termin seiner Meldepflicht zwecks förmlicher Asylantragstellung bei der Außenstelle des Bundesamtes nachkommen. Die Meldepflicht ist zwingend und unvertretbar (*Hailbronner*, AuslR B 2 § 23 AsylG Rn. 12; *Bodenbender*, in: GK-AsylG II, § 23 AsylG Rn. 5). Für mitgeführte minderjährige Kinder können allerdings die Eltern die Meldepflicht wahrnehmen. Diese kann nicht durch schriftliche Antragstellung bei der zuständigen Außenstelle ersetzt werden (*Bodenbender*, in: GK-AsylG II, § 23 AsylG Rn. 5; § 14 Abs. 2 Nr. 3). Bereits bei der Meldung und Registrierung und nicht erst bei der Anhörung hat das Bundesamt einen Dolmetscher zuzuziehen

(Art. 12 Abs. 1 Buchst. b) RL 2013/32/EU; § 17 Abs. 1). In diesem Zusammenhang ist der Antragsteller über seine Mitwirkungspflichten insbesondere auch über die nach § 10 umfassend zu informieren.

Eine Begleitung durch den *Verfahrensbevollmächtigten* in diesem Verfahrensstadium ist nicht erforderlich. Nur wenn das Bundesamt zugleich am selben Tag die persönliche Anhörung durchführen will- wie derzeit bei Antragstellern aus sicheren Herkunftsstaaten (§ 29a) -, sollte der Antragsteller durch seinen Bevollmächtigten begleitet werden (§ 25 Rdn. 11 ff.). Unzutreffend wird in der Literatur die behördliche Verpflichtung darauf beschränkt, dass dem Bevollmächtigten der Anhörungstermin zusätzlich mitgeteilt werden kann (*Bodenbender*, in: GK-AsylG II, § 23 AsylG Rn. 7). Dies ist zwar zulässig, wenn die persönliche Anhörung noch am Tag der Meldung durchgeführt wird (§ 25 Abs. 4 Satz 4). Aber auch in diesem Fall ist die Begleitung durch einen Bevollmächtigten in wirksamer Weise sicherzustellen (Art. 22 Abs. 1 RL 2013/32/EU, § 14 Abs. 4 Satz 1 BVwVfG). Das aber bedeutet, dass das Bundesamt von sich aus den Bevollmächtigten, sofern er ihm bekannt ist, über die Anhörung an diesem Tag zu informieren und diese bei seiner Verhinderung zu unterlassen hat. Dies dürfte bei einer derartigen Verfahrensweise regelmäßig der Fall sei. Die in der Literatur vertretene Gegenauffassung (*Hailbronner*, AuslR B 2 § 23 AsylG Rn. 17) ist weder mit Unionsrecht noch mit deutschem Verfahrensrecht vereinbar. 6

Im heute üblichen Regelfall, in dem die Aufnahmeeinrichtung dem Antragsteller einen besonderen Termin zur Meldung bei der Außenstelle des Bundesamtes mitteilt, entfällt die unverzügliche Meldepflicht nach Abs. 1 Halbs. 2 Alt. 1. An ihre Stelle tritt die Meldepflicht zum genannten Termin (Abs. 1 Halbs. 2 Alt. 2). Dies wird durch Art. 13 Abs. 2 Buchst. b) RL 2013/32/EU zugelassen Danach können die Mitgliedstaaten Antragsteller verpflichten, sich entweder unverzüglich oder zu einem bestimmten Zeitpunkt bei den zuständigen Behörden zu melden oder dort persönlich vorstellig zu werden. Dem entspricht die persönliche Meldepflicht nach Maßgabe von Abs. 1 Halbs. 2 Die Asylbehörde ihrerseits ist verpflichtet den Antrag grundsätzlich spätestens drei Tage nach Antragstellung zu registrieren (Art. 6 Abs. 1 RL 2013/32/EU). Die Frist kann bis auf zehn Arbeitstage verlängert werden, wenn sie wegen der großen Zahl von Antragstellern überlastet ist (Art. 6 Abs. 5 RL 2013/32/EU). Innerhalb dieser Frist ist die förmliche Antragstellung nach Abs. 1 zu ermöglichen. Das Bundesamt kann sich dieser Verpflichtung nicht durch Verweis auf die Meldung als Asylsuchender etwa bei der Aufnahmeeinrichtung entziehen (VG Wiesbaden, NVwZ 2015, 758, 759; a.A. wohl VG Gießen, AuAS 2016, 77, 79). Die in Abs. 1 vorgesehene Verwaltungspraxis trägt den Besonderheiten Rechnung, die sich aus der Bestimmung der zuständigen Aufnahmeeinrichtung und den Bearbeitungskapazitäten des Bundesamts ergeben. Danach regelt sich die persönliche Meldepflicht des Antragstellers nach § 14 Abs. 1 wie folgt: Zuständig für die Aufnahme des Asylsuchenden ist grundsätzlich die Aufnahmeeinrichtung, bei der dieser sich meldet (§ 46 Abs. 1 Satz 1, § 22 Abs. 1 Satz 2). In den Fällen, in denen er in der Aufnahmeeinrichtung, bei der er sich zunächst gemeldet hat, zu wohnen hat, besteht die unverzügliche Meldepflicht bei der Außenstelle des Bundesamtes. Ihm wird aber von der Aufnahmeeinrichtung regelmäßig der Termin zur förmlichen Antragstellung bei der Außenstelle 7 des Bundesamtes mitgeteilt (Abs. 1 Halbs. 2) und es wird im Fall der Meldung aus eigener Initiative auf die Terminsladung verwiesen. Zuständig für die Bekanntgabe des Termins ist die für den Asylsuchenden zuständige Aufnahmeeinrichtung, die nach Maßgabe der Vorschriften der § 46 Abs. 1 und 2, § 22 Abs. 2 Satz 1 Nr. 2 im Rahmen des EASY-Systems bestimmt wird. Bei der Terminsbekanntgabe sind die Umstände des Einzelfalles, insbesondere die Transportwege und -möglichkeiten gebührend zu berücksichtigen. Die Wochenfrist nach § 66 Abs. 1 gibt jedoch einen gewichtigen Anhalt für die Fristsetzung nach Abs. 1.

C. Eingreifen des Abschiebungs- und Zurückweisungsschutzes

8 Aus der Gesetzessystematik wird damit deutlich, dass zwischen der Geltendmachung des Asylersuchens nach § 18 Abs. 1 Halbs. 2, § 19 Abs. 1 Halbs. 2, § 22 Abs. 1 Satz 1 einerseits sowie der förmlichen Antragstellung nach Abs. 1 andererseits zu unterscheiden ist. Das Eingreifen des Abschiebungs- und Zurückweisungsschutzes ist andererseits nicht von der Befolgung der Meldepflicht nach Abs. 1 abhängig. Vielmehr aktualisiert sich die Schutzwirkung des asylrechtlichen Kernbereichs, nämlich der *Abschiebungs- und Zurückweisungsschutz* (BVerwGE 49, 202, 204 f. = EZAR 201 Nr. 2 = NJW 1976, 490; BVerwGE 62, 206, 210 = EZAR 221 Nr. 7 = InfAuslR 1981, 214; BVerwGE 69, 323, 325 = EZAR 200 Nr. 10 = NJW 1984, 2782), bereits mit der Geltendmachung des Schutzbegehrens in irgendeiner Weise (BayObLG, NVwZ 1993, 811; BVerwG, InfAuslR 1998, 191, 192; § 13 Rdn. 7). Zwar knüpft das AsylG an die Geltendmachung der Asylersuchens (§ 13) die Verpflichtung zur Antragstellung. Aus dem völkerrechtlichen Grundsatz des Non-Refoulement sowie aus dem verfassungsrechtlichen Asylrecht folgt jedoch, dass die effektive Gewährung von Verfolgungsschutz nicht unter einem verfahrensrechtlichen Vorbehalt steht. Die verfahrensrechtliche Mitwirkungspflicht ist erst Folge der Schutzbeantragung. An die Geltendmachung des Schutzbegehrens knüpft das Gesetz lediglich die behördliche Weiterleitungsverpflichtung (§ 18 Abs. 1 Halbs. 2, § 19 Abs. Halbs. 2, § 22 Abs. 1 Satz 2). Verfolgungsschutz wird jedoch bereits mit der Schutzbeantragung gewährleistet.

D. Verletzung der persönlichen Meldepflicht (Abs. 2)

9 Kommt der Asylsuchende seiner Verpflichtung nach Abs. 1 nicht nach, wird das Verfahren eingestellt (Abs. 2 Satz 1 in Verb. mit § 33 Abs. 5 Satz 1). Insoweit treten dieselben Rechtsfolgen wie nach § 20 Abs. 2 Satz 1 ein (s. hierzu im Einzelnen § 20 Rdn. 7 bis 11). Während § 20 Abs. 1 den Asylsuchenden, der bei der Grenz- oder Polizeibehörde um Asyl nachsucht, verpflichtet, der behördlichen Weiterleitung nach § 18 Abs. 1 Halbs. 2 oder § 19 Abs. 1 Halbs. 2. Folge zu leisten und sich bei der Aufnahmeeinrichtung zu melden und § 22 Abs. 1 Satz 2 eine Befolgungspflicht im Blick auf die Weiterleitungsanordnung der Aufnahmeeinrichtung begründet, will Abs. 2 Satz 1 sicherstellen, dass der in der für ihn zuständigen Aufnahmeeinrichtung aufgenommene Asylsuchende unverzüglich oder zu dem von der Aufnahmeeinrichtung mitgeteilten Termin zwecks förmlicher Asylantragstellung bei der Außenstelle des Bundesamtes erscheint. Mit der Meldung bei der zuständigen Außenstelle des

Bundesamtes genügt der Antragsteller seiner Befolgungspflicht nach Abs. 1. An die persönliche Meldung nach Abs. 1 knüpft das Gesetz die förmliche Antragstellung. In aller Regel wird nicht im zeitlichen Zusammenhang mit der persönlichen Meldung die Anhörung durchgeführt (s. aber Rdn. 6). Erscheint der Antragsteller zwar zur persönlichen Meldung nach Abs. 1, aber nicht zum Termin der persönlichen Anhörung nach § 24 Abs. 1 Satz 2, findet Abs. 2 Satz 1 keine Anwendung. Vielmehr geht das Bundesamt nach § 25 Abs. 4 Satz 5 oder unmitttelbar und nicht über Abs. 2 Satz 1 nach § 33 Abs. 5 Satz 1 vor. Nach Abs. 2 Satz 4 ist die Aufnahmeeinrichtung verpflichtet, der ihr zugeordneten Außenstelle des Bundesamtes unverzüglich die Aufnahme des Asylsuchenden und die schriftliche Belehrung nach Abs. 2 Satz 3 mitzuteilen. Hierüber ist der Asylsuchende schriftlich zu belehren (Abs. 2 Satz 3). Die behördliche Unterrichtungspflicht der zuständigen Aufnahmeeinrichtung gegenüber der ihr zugeordneten Außenstelle des Bundesamtes hat der Gesetzgeber sowohl in § 20 Abs. 3 Satz 2 wie auch in Abs. 2 Satz 4 geregelt. Der Hinweis auf die Weiterleitung und die schriftliche Belehrung des Asylsuchenden durch die zuerst um Asyl ersuchten Behörden müssen zur Akte der zuständigen Außenstelle des Bundesamtes gelangen, damit diese nach Abs. 2 Satz 1 vorgehen kann.

Von einer Verletzung der Befolgungspflicht kann nur ausgegangen werden, wenn der 10
Asylsuchende nicht unverzüglich der Weiterleitungsanordnung nach Abs. 1 Folge leistet. Bedenklich ist, dass Abs. 2 Satz 1 keinen Vorsatz verlangt. Demgegenüber setzte die Anwendung der aufgehobenen Folgeantragsfiktion vorsätzliches oder grob fahrlässiges Verhalten voraus (§ 23 Abs. 2 Satz 1 AsylG a.F). Abs. 1 Satz 2 ist darüber hinaus mit Unionsrecht nicht vereinbar, da für die Verfahrenseinstellung die Voraussetzungen des Art. 28 Abs. 2 RL 2013/32/EU nicht vorliegen. Darüber hinaus haben die Mitgliedstaaten sicherzustellen, dass Asylanträge nicht allein deshalb abgelehnt oder von der Prüfung ausgeschlossen werden, weil die Antragstellung nicht so schnell wie möglich erfolgt ist (Art. 10 Abs. 1 RL 2013/32/EU). Mit der Verfahrenseinstellung wird die Prüfung jedoch ausgeschlossen. Zwar kann der Antragsteller den Nachweis führen, dass er die Versäumnis nicht verschuldet hat (Abs. 2 Satz 2). Gelingt ihm der Nachweis nicht, bleibt es entgegen Art. 10 Abs. 1 RL 2013/32/EU beim Ausschluss der Prüfung seiner Asylgründe und wird das Verfahren eingestellt (Abs. 2 Satz 1 in Verb. mit § 33 Abs. 1). Diese darf nach Art. 28 Abs. 2 RL 2013/32/EU jedoch nicht auf die Nichtbefolgung einer Weiterleitungsanordnung gestützt werden.

Die Einstellung des Verfahrens setzt voraus, dass der Asylsuchende zuvor auf die Be- 11
folgungspflicht nach Abs. 1 hingewiesen sowie über die Rechtsfolgen einer Verletzung dieser Pflicht von der zuständigen Aufnahmeeinrichtung schriftlich und gegen Empfangsbekenntnis belehrt worden ist (Abs. 2 Satz 3). Diese hat den Antragsteller in einer ihm verständlichen Sprache über den Inhalt der Befolgungspflicht nach Abs. 1 sowie über die Folgen deren Verletzung zu belehren und diese Belehrung aktenkundig zu machen (§ 33 Rdn. 23, 25). Gelingt der Behörde der Nachweis der Belehrung nicht, darf das Verfahren nicht eingestellt werden. Abs. 2 Satz 2 räumt dem Antragsteller die Möglichkeit ein, den Nachweis zu führen, dass die Versäumnis auf Umständen beruht, auf die er keinen Einfluss hat. Er muss dazu einen *Wiederaufnahmeantrag* stellen (Abs. 2 Satz 1 in Verb. mit § 33 Abs. 5 Satz 2). Gegenüber wem dieser Nachweis und

in welchem Verfahren er zu führen ist, wird in Abs. 2 nicht unmittelbar geregelt. Aus dem Hinweis auf § 33 Abs. 5 Satz 2 in Abs. 2 Satz 1 folgt aber, dass der Antrag bei der für den Antragsteller zuständigen Außenstelle des Bundesamtes persönlich zu stellen ist (Abs. 2 Satz 1 in Verb. mit § 33 Abs. 5 Satz 3). Diese Regelung ist problematisch. Im Zeitpunkt des Erlasses der Anordnung nach Abs. 1 ist mangels förmlicher Antragstellung (§ 23 Abs. 1) noch kein Asylverfahren eingeleitet worden. Es kann daher auch nicht eingestellt werden. Wird der Wiederaufnahmeantrag zurückgewiesen, kann der Antragsteller hiergegen Anfechtungsklage erheben. Diese hat aufschiebende Wirkung, da in den Fällen der Versäumnis der Befolgungspflicht nach Abs. 1 in aller Regel nicht die Voraussetzungen der Ausschlussgründe des § 33 Abs. 5 Satz 6 vorliegen. Im Übrigen stellen sich hier dieselben Probleme, die sich beim Rechtsschutz gegen die Einstellungsverfügung nach § 33 Abs. 6 ergeben (§ 33 Rdn. 33 ff.). Da Ausschlussgründe nach Abs. 2 Satz 1 in Verb. mit § 33 Abs. 5 Satz 6 in aller Regel keine Anwendung finden, ist die Anfechtungsklage binnen zwei Wochen zu erheben (§ 33 Rdn. 35).

§ 24 Pflichten des Bundesamtes

(1) [1]Das Bundesamt klärt den Sachverhalt und erhebt die erforderlichen Beweise. [2]Nach der Asylantragstellung unterrichtet das Bundesamt den Ausländer in einer Sprache, deren Kenntnis vernünftigerweise vorausgesetzt werden kann, über den Ablauf des Verfahrens und über seine Rechte und Pflichten im Verfahren, insbesondere auch über Fristen und die Folgen einer Fristversäumung. [3]Es hat den Ausländer persönlich anzuhören. [4]Von einer Anhörung kann abgesehen werden, wenn das Bundesamt den Ausländer als asylberechtigt anerkennen will oder wenn der Ausländer nach seinen Angaben aus einem sicheren Drittstaat (§ 26a) eingereist ist. [5]Von einer Anhörung kann auch abgesehen werden, wenn das Bundesamt einem nach § 13 Absatz 2 Satz 2 beschränkten Asylantrag stattgeben will. [6]Von der Anhörung ist abzusehen, wenn der Asylantrag für ein im Bundesgebiet geborenes Kind unter sechs Jahren gestellt und der Sachverhalt auf Grund des Inhalts der Verfahrensakten der Eltern oder eines Elternteils ausreichend geklärt ist.

(1a) Sucht eine große Zahl von Ausländern gleichzeitig um Asyl nach und wird es dem Bundesamt dadurch unmöglich, die Anhörung in zeitlichem Zusammenhang mit der Antragstellung durchzuführen, so kann das Bundesamt die Anhörung vorübergehend von einer anderen Behörde, die Aufgaben nach diesem Gesetz oder dem Aufenthaltsgesetz wahrnimmt, durchführen lassen. Die Anhörung darf nur von einem dafür geschulten Bediensteten durchgeführt werden. Die Bediensteten dürfen bei der Anhörung keine Uniform tragen. § 5 Absatz 4 gilt entsprechend.

(2) Nach Stellung eines Asylantrags obliegt dem Bundesamt auch die Entscheidung, ob ein Abschiebungsverbot nach § 60 Absatz 5 oder 7 des Aufenthaltsgesetzes vorliegt.

(3) Das Bundesamt unterrichtet die Ausländerbehörde unverzüglich über
1. die getroffene Entscheidung und
2. von dem Ausländer vorgetragene oder sonst erkennbare Gründe

a) für eine Aussetzung der Abschiebung, insbesondere über die Notwendigkeit, die für eine Rückführung erforderlichen Dokumente zu beschaffen, oder

b) die nach § 25 Abs. 3 Satz 2 Nummer 1 bis 4 des Aufenthaltsgesetzes der Erteilung einer Aufenthaltserlaubnis entgegenstehen könnten.

(4) Ergeht eine Entscheidung über den Asylantrag nicht innerhalb von sechs Monaten, hat das Bundesamt dem Ausländer auf Antrag mitzuteilen, bis wann voraussichtlich über seinen Asylantrag entschieden wird.

Übersicht Rdn.

A. Funktion der Vorschrift

1 Die Vorschrift beschreibt die zentralen Aufgaben des Bundesamtes im Rahmen seiner Sachaufklärungspflicht und ist im Zusammenhang mit den in Art. 6 und 7 RL 2013/32/EU festgelegten unionsrechtlichen Pflichten zur Gestaltung des Asylverfahrens zu sehen. Sie ist § 12 Abs. 1 Satz 1 und 2 AsylG 1982 nachgebildet. Abs. 1 Satz 3 hat Doppelcharakter: Zunächst gewährt Abs. 1 Satz 3 ein subjektives Recht des Antragstellers auf persönliche Anhörung. Die hiermit zusammenhängenden Mitwirkungspflichten werden im Einzelnen in § 25 geregelt. Zum anderen wird die behördliche Verpflichtung zur Anhörung festgelegt. Von der zwingenden Durchführung der Anhörung wird nur in den in Abs. 1 Satz 6 und § 25 Abs. 4 Satz 5 bezeichneten Fällen abgesehen. Ferner kann nach Abs. 1 Satz 4 und 5 sowie § 25 Abs. 5 Satz 1 unter den dort genannten Voraussetzungen von der Anhörung abgesehen werden. Satz 2 und 6 sowie Abs. 4 sind durch das Richtlinienumsetzungsgesetzes 2007, S. 5 ist durch das Richtlinienumsetzungsgesetz 2013 eingefügt worden. Abs. 1a wurde 2016 durch das Integrationsgesetz eingeführt und soll bei besonders hohen Zugangszahlen zusätzlich eine kurzfristige, vorübergehende Unterstützung durch andere Behörden als dem Bundesamt und unter der Voraussetzung, dass die Bediensteten der anderen Behörden entsprechend den unionsrechtlichen Vorgaben (Rdn. 5) geschult werden, ermöglichen. An die Bundesagentur für Arbeit und die Zollbehörden darf nicht übertragen werden. Durch Abs. 1a Satz 2 soll sichergestellt werden, dass zwischen dem Bundesamt und dem betroffenen Land bzw. dem zuständigen Bundesressort eine Absprache

insbesondere auch über datenschutzrechtliche Schutzstandards getroffen wird. Abs. 1a begrenzt die übertragenen Aufgaben nicht sachlich. Nach Art. 4 Abs. 2 RL 2013/32/EU darf eine Übertragung an andere Behörden aber nur zur Bearbeitung der Fälle im Verfahren nach der Verordnung (EU) Nr. 604/2013 und im Verfahren der Einreisegewährung nach Maßgabe von Art. 43 RL 2013/32/EU vorgenommen werden. Auch wenn das Weisungsrecht gegenüber den Bediensteten der anderen Behörden beim Bundesamt verbleibt, sind es Prüfungen der Asylgründe durch andere Behörden und läuft dies Art. 4 Abs. 1 und 2 RL 2013/32/EU zuwider.

2 Die Aufgabe nach Abs. 2 ist gesetzliche Folgerung aus der politischen Zielvorstellung, sämtliche asyl- und ausländerrechtlichen Sachkompetenzen zwecks beschleunigter Durchführung des Verfahrens sowie anschließender unverzüglicher Aufenthaltsbeendigung auf das Bundesamt zu verlagern. Sie steht im engen Sachzusammenhang mit der Sachentscheidungsform nach § 31 Abs. 3 sowie den in §§ 34 ff. und § 59 Abs. 3 AufenthG geregelten Vorschriften über die Aufenthaltsbeendigung, hat aber wegen der Hochzonung der früheren Abschiebungsverbote nach § 60 Abs. 2, 3 und 7 Satz 2 AufenthG a.F. zum subsidiären Schutz (§ 4 Abs. 1 Satz 2) erheblich an praktischer Relevanz eingebüßt. Abs. 1 schafft asylspezifisches Verfahrensrecht. Ergänzend sind die Regelungen des VwVfG zu beachten. Dem Zweck unverzüglicher Aufenthaltsbeendigung dienen auch die Aufgaben nach Abs. 3. Diese Norm begründet eine asylspezifische Amtshilfepflicht des Bundesamtes gegenüber der zuständigen Ausländerbehörde (*Hailbronner*, AuslR B 2 § 24 AsylG Rn. 2). Abs. 4 ist nach den Vorgaben von Art. 31 RL 2013/32/EU anzuwenden.

B. Umfang des Untersuchungsgrundsatzes (Abs. 1)

I. Funktion des Untersuchungsgrundsatzes (Abs. 1 Satz 1)

3 Nach Abs. 1 Satz 1 klärt das Bundesamt den Sachverhalt und erhebt die erforderlichen Beweise. Wie schon § 12 Abs. 1 Satz 1 AsylG 1982 enthält damit das AsylG 1992 eine spezielle Ausformung des allgemeinen Untersuchungsgrundsatzes. Die Regelungen des § 24 VwVfG sind ergänzend heranzuziehen. Abs. 1 Satz 1 gilt für die Außenstelle des Bundesamtes mit Blick auf Antragsteller nach § 14 Abs. 1 und für die Zentrale des Bundesamtes in Nürnberg bezüglich der in § 14 Abs. 2 genannten Antragsteller. Die Verfahren werden aber sämtlich der dem Wohnsitz des Antragstellers nächst gelegenen Außenstelle zugewiesen. Während früheres Recht in einem Klammerzusatz diese Aufklärungsphase als Vorprüfung bezeichnete (§ 12 Abs. 1 Satz 1 AsylG 1982), wird dieser Begriff in Abs. 1 nicht mehr verwendet. Der Gesetzgeber wollte möglicherweise die häufig schwierige Abgrenzung zwischen Vorprüfung einerseits sowie Sachentscheidung andererseits vermeiden. Die Sachentscheidung nach § 31 trifft das Bundesamt als solches (§ 5 Abs. 1) und nicht mehr wie bis 2004 der weisungsunabhängige Einzelentscheider (§ 5 Abs. 2 Satz 1 AsylVfG a.F.).

4 Abs. 1 Satz 1 können keine besonderen Vorgaben über Umfang und Grenzen der Amtsermittlungspflicht entnommen werden. Daher ist auf allgemeines Verfahrensrecht zurückzugreifen. Das Bundesamt bestimmt Art und Umfang der Ermittlungen. Hierbei ist es zwar an das Vorbringen und die Beweisanträge der Beteiligten nicht

gebunden (§ 24 Abs. 1 VwVfG). Insbesondere im Asylverfahren werden aber Umfang und Reichweite des Untersuchungsgrundsatzes im konkreten Einzelfall durch den Tatsachenvortrag des Antragstellers (§ 25 Abs. 1 Satz 1, Abs. 2) bestimmt. Der Umfang des Untersuchungsgrundsatzes wird durch das Amtsermittlungsprinzip bestimmt. Daher hat die Behörde nach pflichtgemäßem Ermessen von Amts wegen alle vernünftigerweise zu Gebote stehenden Möglichkeiten der Sachaufklärung bis hin zur Grenze der Unzumutbarkeit auszuschöpfen, sofern dies für die Entscheidung des Verfahrens von Bedeutung ist (BVerwG, DÖV 1983, 647; BVerwG, InfAuslR 1984, 292). Diesem Grundsatz kommt im Asylverfahren verfassungsrechtliches Gewicht zu (BVerfG [Kammer], InfAuslR 1990, 161). Materiell-rechtlich wird der Umfang dieser Pflicht durch den Verfahrensgegenstand bestimmt. Das sind die Asylberechtigung, die internationale Schutzberechtigung (§ 1 Abs. 1 Nr. 2) sowie Abschiebungsverbote nach § 60 Abs. 5 und 7 AufenthG (Abs. 2).

Die Behörde hat die Entscheidung nach angemessener Prüfung zu treffen (Art. 10 Abs. 3 RL 2013/32/EU) und genaue und aktuelle Informationen verschiedener Quellen, wie etwa von EASO und UNHCR sowie einschlägigen internationalen Menschenrechtsorganisationen (AI, HRW etc.) einzuholen, die Aufschluss geben über die allgemeine Lage im Herkunftsland des Antragstellers und über Durchreisestaaten. Um das Gewicht von Ländermaterialien zu bewerten, muss Bezug genommen werden auf die Quellen, besonders auf ihre Unabhängigkeit, Verlässlichkeit und Objektivität. Relevante Beurteilungskriterien ergeben sich aus der Autorität und Reputation ihres Verfassers, der Ernsthaftigkeit der Untersuchungen, bei denen sie gesammelt worden sind, der Konsistenz ihrer Schlüsse und ihrer Übereinstimmung mit anderen Quellen. Berichte der Vereinten Nationen sind von besonderer Bedeutung, weil diese oft direkten Zugang zu den Verantwortlichen des Herkunftslandes haben und über die Fähigkeit verfügen, Inspektionen und Beurteilungen vor Ort in einer Art und Weise vornehmen zu können, wie dies Staaten oder NGOs nicht möglich ist (EGMR, InfAuslR 2012, 121, 123 f. Rn. 230 f. – *Sufi* und *Elmi*). Ferner hat die Leitung des Bundesamtes sicherzustellen, dass die Ermittler und Entscheider die anzuwendenden internationalen und nationalen Normen des Asyl- und Flüchtlingsrechts kennen (Art. 8 Abs. 2 Buchst. b) und c) RL 2005/85/EG/Art. 10 Abs. 3 Buchst. b) und c) RL 2013/32/EU). Um das Gewicht von Ländermaterialien bewerten zu können, sind Unabhängigkeit, Verlässlichkeit und Objektivität der Quellen zu berücksichtigen. Dabei sind die Schwierigkeiten, die Regierungen und NGOs bei der Sammlung von Informationen in gefährlichen und volatilen Situationen erfahren, angemessen zu berücksichtigen. Sind die gezogenen Schlussfolgerungen der beigezogenen Quellen mit anderen Länderinformationen konsistent, haben die Aussagen des Antragstellers bestätigenden Wert (EGMR, InfAuslR 2012, 121, 124 Rn. 232 f. – *Sufi und Elmi*). 5

Die Amtsleitung hat sicherzustellen, dass Ermittler und Entscheider die Möglichkeit erhalten, in bestimmten, u.a. medizinischen, kulturellen, religiösen, kinder- oder geschlechtsspezifischen Fragen, den Rat von Sachverständigen einholen, wann immer dies erforderlich ist (Art. 10 Abs. 3 Buchst. d) RL 2013/32/EU). Dies stellt hohe Anforderungen an die Sachaufklärung des Bundesamtes und erfordert eine grundlegende Umgestaltung der Ermittlungspraxis, in der bislang nur gelegentlich und zumeist 6 auch nur von Behörden fachfremder Sachverstand abgefragt wurde. Unionsrecht verpflichtet vielmehr *in Zweifelsfällen*, in denen für die *sachgerechte Bewertung medizinischer, kultureller, religiöser, kinder- oder geschlechtsspezifischer Fragen* die erforderliche Sachkunde fehlt, Beweis nach Abs. 1 Satz 1 zu erheben. Im Blick auf medizinische Fragen wird diese Verpflichtung in Art. 14 Abs. 2 Buchst. b) RL 2013/32/EU wiederholt. Zur Aufklärung der allgemeinen rechtlichen und politischen Situation im Herkunftsland haben Gutachten und Auskünfte eine erhebliche verfahrensrechtliche Bedeutung. Zwar mag im Verwaltungsverfahren die Relevanz externer Erkenntnismittel im Verhältnis zu den persönlichen Erlebnissen des Antragstellers schwächer ausgeprägt sein (*Hailbronner,* AuslR B 2 § 24 AsylG Rn. 43). Dies erfordert aber eine besonders sorgsame Anwendung der differenzierten Darlegungslast: Im Hinblick auf die allgemeinen Verhältnisse im Herkunftsland trifft den Antragsteller anders als hinsichtlich persönlicher Erlebnisse lediglich eine eingeschränkte Darlegungslast (BVerwG, InfAuslR 1982, 156, 156 f.; BVerwG, InfAuslR 1983, 76, 77; BVerwG, InfAuslR 1984, 129; BVerwG, DÖV 1983, 207; BVerwG, BayVBl. 1983, 507; BVerwG, InfAuslR 1989, 350, 351; BVerwG, EZAR 630 Nr. 8; Rdn. 9). Will die Behörde den in sich stimmigen Erklärungen zu politischen Repressionsverhältnissen keinen Glauben schenken, weil sie auf der Grundlage ihr bekannter Erkenntnismittel Zweifel an diesen hegt, hat sie diese Erkenntnisse dem Antragsteller vorzuhalten und sorgfältig zu prüfen, ob deren Aussagegehalt tatsächlich so eindeutig ist, dass sie den zwingenden Schluss auf die Unglaubhaftigkeit seiner Erklärungen aufdrängen. Sie ist daher gehalten, von sich aus in Ermittlungen einzutreten, wenn durch entsprechende Behauptungen des Antragstellers, die *entfernt liegende Möglichkeit* aufgezeigt wird, dass auch alternative Schlussfolgerungen möglich sind. Ist das Vorbringen ausführlich, genau und folgerichtig und stützen Umstände die Glaubwürdigkeit, geht die Beweislast auf die Behörde über (EGMR, NVwZ 2013, 631, 633 Rn. 164 f. – *El-Masri*; Art. 4 Abs. 5 Buchst. a) und c) RL 2011/95/EU.

7 Der Antragsteller kann im Verwaltungsverfahren *Beweisanträge* stellen (§ 24 Abs. 1 Satz 2, § 26 Abs. 2 Satz 2 VwVfG). Anders als im Verwaltungsprozess muss über diese aber nicht förmlich entschieden werden. Das Bundesamt muss sich jedoch ernsthaft mit dem Antrag auseinandersetzen und diesem bei medizinischen, kulturellen, religiösen, kinder- oder geschlechtsspezifischen Fragen im Zweifelsfall nachgehen (Rn. 6). Lehnt es den Antrag ab, hat es in den Entscheidungsgründen (§ 31 Abs. 1 Satz 2) darzulegen, warum es von einer entsprechenden Beweiserhebung abgesehen hat und seine eigene Sachkunde begründen. Daraus ergibt sich andererseits, dass im Verwaltungsverfahren nicht derart strenge prozessuale Anforderungen an den Beweisantrag (BVerwG, DÖV 1983, 647; BVerwG, InfAuslR 1983, 255; BVerwG, DVBl 1983, 1001; BVerwG, InfAuslR 1985, 80; BVerwG, 1985, 82) zu stellen sind wie im Verwaltungsprozess (Vor § 78 Rdn. 63 ff.). Da Beweisanträge eher die Funktion von *Beweisanregungen* haben und die Behörde ohnehin von Amts wegen zur Sachaufklärung bis hin zur Grenze der Zumutbarkeit (BVerwG, DÖV 1983, 647) verpflichtet ist, trifft sie die Pflicht, Anregungen des Antragstellers nachzugehen und aufzuklären. Reicht der Antragsteller *fremdsprachige Anträge*, Eingaben, Belege, Urkunden oder sonstige Schriftstücke ein, soll die Behörde unverzüglich die

Vorlage einer Übersetzung verlangen. Grundlage für die weitere Bearbeitung und Bescheidung der gestellten Anträge ist grundsätzlich die vom Antragsteller vorgelegte Übersetzung ins Deutsche (BVerwG, NVwZ-RR 1991, 109, 110). Legt er jedoch zur Antragsbegründung ein in einer gängigen Fremdsprache gefertigtes Schriftstück vor und ist dessen Text ohne größere Schwierigkeiten les- und verstehbar, hat die Behörde das Vorbringen auch ohne Vorlage einer Übersetzung zu beachten und seiner Entscheidung zugrunde zu legen (VG Frankfurt am Main, NVwZ-Beil. 1994, 63). Die Regelung, dass auf Kosten des Antragstellers Übersetzungen angefertigt werden (§ 23 Abs. 2 Satz 3 VwVfG), dürfte mit Art. 12 Abs. 1 Buchst. b) RL 2013/32/EU) unvereinbar sein. Danach trägt die öffentliche Hand die Kosten für den Dolmetscher. Das umfasst nicht nur die reine Übersetzungstätigkeit während der Anhörung, sondern auch die hiermit im Zusammenhang stehenden Dokumente, die der Antragsteller vorlegt. Das Bundesamt macht folglich von der Kostenregelung des § 23 Abs. 2 Satz 3 VwVfG regelmäßig keinen Gebrauch.

II. Methodische Anforderungen an die Ermittlung des Sachverhalts

In der Darlegungslast (§ 25 Rdn. 3) findet die behördliche Untersuchungspflicht 8 ihre Grenze. Bezogen auf die einzelnen Regelungsbereiche des Verfahrensgegenstands treffen den Antragsteller konkrete Darlegungslasten. Nach ständiger Rechtsprechung des BVerwG findet die Amtsermittlungspflicht ihre Grenze dort, wo das Sachvorbringen keinen tatsächlichen Anlass zu weiterer Sachaufklärung bietet (BVerwG, NVwZ-RR 1990, 379, 380). Ein derartiger Anlass besteht insbesondere dann nicht, wenn der Antragsteller unter Verletzung der ihn treffenden Darlegungspflichten (Rdn. 6 und 11) seine guten Gründe für eine ihn drohende Verfolgung nicht in »schlüssiger« Form – also mit genauen Einzelheiten und in sich stimmig – vorträgt (BVerwG, DVBl 1963, 145 = ArchVR 1963, 367; BVerwG, EZAR 630 Nr. 8; BVerwG, NVwZ-RR 1990, 379, 380). Das Bundesamt trifft insoweit jedoch eine *verfahrensrechtliche Fürsorgepflicht*, der in der Verwaltungspraxis nur unzureichend genügt wird. Dazu gehört, dass dem Antragsteller zunächst Gelegenheit gegeben wird, von sich aus den Sachverhalt im Gesamtkontext darzustellen. Es ist unzulässig, dass der Ermittler in die Darlegung der Fluchtgründe interveniert und unvermittelt Fragen zu völlig anderen Tatsachenkomplexen stellt (VG Bayreuth, Beschl. v. 09.02.2012 – B 3 S 12.30018) und im späteren Verlauf der Anhörung oder im Bescheid dem Antragsteller Vorhaltungen macht, er habe bestimmte wesentliche tatsächliche Gesichtspunkte bei der Darlegung des in Rede stehenden Komplexes nicht angegeben. Ferner führen die Vielzahl von Fragen zu Beginn der Anhörung, die der Aufklärung der für die Rückführung des Antragstellers erforderlichen Tatsachen dienen, zu erheblichen Irritationen und sind mit der *Verpflichtung zur loyalen und verständnisvollen Verhandlungsführung* (BVerfGE 94, 166, 204 = EZAR 632 Nr. 25 = NVwZ 1996, 678) unvereinbar. Wird bereits vor der Anhörung die Beschaffung von Personaldokumenten der jeweiligen Heimatländer veranlasst und werden zu diesem Zweck gezielte Fragen an den Antragsteller gerichtet, entstehen zwangsläufig Ängste, zwischen den deutschen und den Behörden des Herkunftslandes bestünden engere Kontakte und schränkt dies die Darlegungskompetenz und -bereitschaft erheblich ein. Auch kann eine derartige Methodik *retraumatisierende Folgen* herbeiführen.

9 Der Antragsteller befindet sich typischerweise in *Beweisnot*. Er ist als »Zeuge in eigener Sache« zumeist das einzige Beweismittel. Auf die Glaubhaftigkeit seiner Schilderung kommt es entscheidend an (BVerfGE 94, 166, 204 = EZAR 632 Nr. 25 = NVwZ 1996, 678). Andererseits hat die Behörde die Verfahrensherrschaft. Sie hat mögliche Widersprüche, Ungereimtheiten und sonstige Unklarheiten von Amts wegen aufzuklären. Wesentlich für eine verfahrensrechtlich einwandfreie Gestaltung der Anhörung im konkreten Einzelfall ist, dass der Antragsteller in einer seiner Person gemäßen Art und Weise zu Beginn der Anhörung über das ins Bild gesetzt wird, worauf es für ihn und die Entscheidung über sein Ersuchen ankommt, und dass der Bedienstete die Anhörung loyal sowie verständnisvoll führt (BVerfGE 94, 166, 204 = EZAR 632 Nr. 25 = NVwZ 1996, 678). Dem dienen die unionsrechtlichen Belehrungspflichten nach Abs. 1 Satz 2 (Rdn. 16 ff.). Ziel der Befragung ist die Ermittlung von Tatsachen. Anders als im Zivilprozess, in dem sich der Rechtspflegezweck des formalen Gleichheitsprinzips grundsätzlich im logisch richtigen Urteil über Erzählungen von Parteien erschöpft, wird im öffentlich-rechtlichen Verfahren über tatsächliche Geschehensabläufe geurteilt (*Lang*, VA 1961, 60, 65). Wegen des verfassungsrechtlichen Grundsatzes der Gesetzmäßigkeit der Verwaltung (Art. 20 Abs. 3 GG) besteht daher ein öffentliches Interesse an der Richtigkeit der der Sachentscheidung zugrunde liegenden tatsächlichen Feststellungen. Diesem öffentlichen Interesse dient der Untersuchungsgrundsatz nach Abs. 1 Satz 1.

10 Hieraus zieht das BVerwG den Schluss, dass ein Abstellen lediglich auf Wahrscheinlichkeiten bei der Tatsachenfeststellung unzulässig sei. Dies verletze den Wortlaut von § 108 Abs. 1 Satz 1 VwGO sowie das Prinzip freier Beweiswürdigung (BVerwGE 71, 180, 182 = EZAR 630 Nr. 17 = NVwZ 1985, 585 = InfAuslR 1985, 244). Vorher hatte es das Sachvorbringen jedoch am Maßstab der Glaubhaftmachung bewertet (BVerwG, DVBl 1963, 145). Das BVerwG will also auch hinsichtlich des individuellen Sachvortrags Gewissheit. Freilich erkennt es, dass es mit diesem Maßstab an das individuelle Sachvorbringen unerfüllbare Anforderungen stellt. Im Ergebnis wendet es daher weiterhin den Maßstab der Glaubhaftmachung, aber mit einer überschießenden Zuspitzung an: Der Ermittler dürfe keine unumstößliche Gewissheit verlangen, sondern muss sich in tatsächlich zweifelhaften Fällen mit einem *für das praktische Leben brauchbaren Grad von Gewissheit* begnügen und sich letztlich schlüssig werden, ob er dem Asylsuchenden glaubt. Damit wird eine *Plausibilitätsprüfung* der Verfolgungsbehauptungen unter dem *Deckmantel der Gewissheitsprüfung* vorgenommen (krit. hierzu *Marx*, ZAR 2012, 417, 419 f.). Nicht die Wahrheit der vom Flüchtling geschilderten Lebenswirklichkeit, sondern die *Wahrhaftigkeit* ihrer Kommunikationsweise bestimmt den flüchtlingsrechtlichen Erkenntnisprozess. Geht es im Strafprozess um die Überführung des Täters und damit um einen Gewissheitsmaßstab, der an belastende Zeugenaussagen anzulegen ist, erfordern Fairness und Gerechtigkeit, den Flüchtling nicht an einer niemals ergründbaren objektiven Wahrheit zu messen, sondern beweisrechtliche Standards anzuwenden, die sicherstellen, dass schutzbedürftige Personen von jenen getrennt werden können, die erkennbar unwahre Aussagen machen (*Marx*, ZAR 2012, 417, 420).

11 Die amtliche Befragungstechnik hat sich an diesen besonderen asylspezifischen Bedingungen zu orientieren. Verfassungsrechtliche Vorgaben (Art. 103 Abs. 1 GG) verbieten es, die aus soziokulturellen Verständnisproblemen resultierenden Defizite bei der Erfüllung der Darlegungslast zu übersehen und die auf Richtigkeit der Sachentscheidung zielende Amtsermittlungspflicht vorschnell beiseitezuschieben. Die Anforderungen an die behördliche Fragetechnik werden maßgeblich durch den verfahrensrechtlich bedeutsamen Unterschied zwischen *persönlichen Erlebnissen und Erfahrungen* des Antragstellers einerseits sowie den *allgemeinen Verhältnissen im Herkunftsland* des Asylsuchenden andererseits bestimmt (BVerwG, InfAuslR 1982, 156, 156 f.; BVerwG, InfAuslR 1983, 76, 77; BVerwG, InfAuslR 1984, 129; BVerwG, DÖV 1983, 207; BVerwG, BayVBl. 1983, 507; BVerwG, InfAuslR 1989, 350, 351; Rdn. 6, 8; § 25 Rdn. 5). Während den Antragsteller eine *uneingeschränkte Darlegungslast* mit Blick auf persönliche, von ihm wahrgenommene und erlebte Ereignisse trifft, ist er hingegen hinsichtlich der allgemeinen Verhältnisse im Herkunftsland in einer schwierigen Situation. Seine eigenen Kenntnisse und Erfahrungen sind häufig auf einen engeren Lebenskreis begrenzt und liegen stets einige Zeit zurück. Deshalb würde die Darlegungslast überdehnt, würde insofern ein lückenloser Tatsachenvortrag gefordert, der im Sinne der zivilprozessualen Verhandlungsmaxime schlüssig zu sein hätte. Insoweit muss es genügen, um zu weiteren Ermittlungen Anlass zu geben, dass der Vortrag des Antragstellers die *nicht entfernt liegende Möglichkeit* ergibt, dass ihm bei Rückkehr in sein Herkunftsland Verfolgung oder ein ernsthafter Schaden droht (§ 25 Rdn. 5). Erschwerend kommt hinzu, dass Asylsuchende zumeist *Vermutungen*, *schlüssige Annahmen* und *Berichte vom Hörensagen* als *feststehende Tatsachen* vortragen. Dies muss der Ermittler erkennen, seine Befragungstechnik darauf einstellen und den Antragsteller im Blick auf erkennbar ungewisse Tatsachen insbesondere nicht mit einer auf die Feststellung positiver Tatsachen gerichteten Beweislast beschweren. Gerade dieser Ermittlungsfehler ist in der Praxis des Bundesamtes wie auch der Verwaltungsgerichte besonders häufig und kann als struktureller bezeichnet werden.

12 Es ist die Pflicht des Ermittlers, *Vorhalte* zu machen und auf Widersprüche hinzuweisen, nachdem der Antragsteller den Sachverhalt zusammenhängend dargestellt hat (§ 18a dRn. 35). Derartige Vorhalte dienen ja gerade dazu, einerseits dem Antragsteller Gelegenheit zu geben, Fehler und Erinnerungslücken zu überprüfen, sowie andererseits, tragfähige Entscheidungsgrundlagen zu schaffen (BVerfG [Kammer], InfAuslR 1991, 85, 88; 1991, 94, 96 f.; 1992, 231, 233 f.; s.a. BVerfGE 94, 166, 204 = EZAR 632 Nr. 25 = NVwZ 1996, 678; BVerfG [Kammer], InfAuslR 1999, 273, 278 f.; BVerfG [Kammer], InfAuslR 2000, 254, 260; s.a. OVG Brandenburg, EZAR 631 Nr. 50; Vor § 78 Rdn. 43; § 78 Rdn. 142 ff.). Diese bereits nach dem deutschen Verfahrensrecht bestehende Verpflichtung wird durch Unionsrecht bekräftigt. Danach ist dem Antragsteller hinreichend Gelegenheit zu geben, die den Antrag begründenden Tatsachen möglichst vollständig vorzubringen. Dies schließt die Gelegenheit ein, sich zu fehlenden Angaben und/oder zu Abweichungen oder Widersprüchen in seinen Aussagen zu äußern (Art. 16 RL 2013/32/EU). Das Bundesamt hat deshalb Widersprüchen im persönlichen Sachvortrag ebenso nachzugehen wie es auf Vollständigkeit des Sachvorbringens hinzuwirken hat (OVG Saarland, InfAuslR 1983, 79; zur Würdigung von

Widersprüchen s. BVerwG, InfAuslR 1989, 349 = NVwZ 1990, 171 = Buchholz 402.25 § 1 AsylG Nr. 113; OVG MV, AuAS 2000, 221; s. auch VG Meiningen, NVwZ-RR 2000, 252). Ergeben sich zwischen dem bisherigen Vorbringen und dem in der Anhörung oder innerhalb des Vortrags in der persönlichen Anhörung Widersprüche in Ansehung erheblicher Tatsachenkomplexe, sind diese an Ort und Stelle durch Vorhalt aufzuklären.

13 Das BVerfG hat ausdrücklich hervorgehoben, dass bei gegebenem Anlass klärende und verdeutlichende Rückfragen zu stellen sind (BVerfGE 94, 166, 204 = EZAR 632 Nr. 25 = NVwZ 1996, 678). Unterbleiben derartige Vorhalte, obwohl diese sich dem Bundesamt hätten aufdrängen müssen, dürfen dadurch entstehende Ungereimtheiten und Unzulänglichkeiten in der Darstellung des Verfolgungs- und Fluchtgeschehens dem Antragsteller im Bescheid des Bundesamtes nicht zur Last gelegt werden, es sei denn, es handelt sich um derart wesentliche Fragen, dass man von einem durchschnittlich intellektuell veranlagten Asylsuchenden die Ausräumung derartiger Umstände aus eigener Initiative erwarten kann. Dies dürfte allerdings eher der Ausnahmefall sein. Daher ist die intellektuelle Unfähigkeit, einen Geschehensablauf im Zusammenhang zu schildern, sowohl bei der Sachverhaltsermittlung wie bei der Beweiswürdigung angemessen zu berücksichtigen (BVerwG, InfAuslR 1989, 349 = NVwZ 1990, 171 = Buchholz 402.25 § 1 AsylG Nr. 113). Nach den Erfahrungen mit der Ermittlungspraxis unterbleiben jedoch häufig Vorhalte zu entscheidungserheblichen Umständen. Es scheint sich hierbei um ein strukturelles Defizit zu handeln, das die Richtigkeits- und Plausibilitätsvermutung der behördlichen Entscheidung infrage stellt (s. hierzu *Marx*, ZAR 2012, 417, 422). Im schriftlichen Bescheid werden dem Antragsteller Unstimmigkeiten, Ungenauigkeiten und Widersprüche in seinem Sachvorbringen vorgehalten, ohne dass ihm in der Anhörung Gelegenheit eingeräumt wurde, auf eine entsprechende gezielte Frage konkret Stellung nehmen zu können. Ursächlich für dieses Verfahrensdefizit ist insbesondere auch das Auseinanderfallen von Ermittler und Entscheider (Rdn. 22), das allen ernsthaften Bemühungen der Amtsleitung, zu einer korrekte Handhabung der Vorhaltepflicht anzuleiten, zuwiderläuft. Unter diesen Voraussetzungen muss das Verwaltungsgericht sämtliche von ihm als entscheidungserheblich gewertete Tatsachenkomplexe aufklären und insoweit gezielte Fragen und Vorhalte an den Asylsuchenden richten, will es dem Einwand der Gehörsverletzung entgehen.

14 Ein typischer, weiterer weit verbreiteter Ermittlungsfehler folgt aus der unreflektierten Entgegennahme von mit Gewissheit vorgetragenen Erklärungen, die sachlogisch nur Mutmaßungen sein können. Nach den Erfahrungen mit der Ermittlungspraxis scheint es sich auch hierbei um ein strukturelles Defizit zu handeln, das die Schutzlücke zulasten Schutzbedürftiger vertieft, aber auch gravierende Folgen für den auf Plausibilität und Richtigkeitsgewähr angelegten Statusbescheid hat. Ermittler wie auch Verwaltungsrichter beachten häufig nicht, dass Asylsuchende bei der Darlegung ihres Verfolgungs- und Fluchtgeschehens nicht zwischen *positivem Wissen*, also *erlebnisfundierten Aussagen* einerseits, und *Mutmaßungen* andererseits differenzieren können. Vielmehr kleiden sie häufig Wissen von Hörensagen, tatsächliche Schlussfolgerungen, Einschätzungen eines möglichen Geschehensablaufs und Mutmaßungen in die Form positiven

Wissens. Daher erfordert ein derartiges Vorbringen stets Vorhalte (*Marx,* Probleme des Asyl- und Flüchtlingsrechts in der Verwaltungspraxis der Tatsachenfeststellung, S. 81; Marx, ZAR 2012, 417, 422). Geschuldet ist diese Darlegungsweise dem Drang, den Antragsteller verspüren, nach Möglichkeit jede der an sie gestellten Fragen positiv zu beantworten, um der Respektsperson, die der Ermittler für sie verkörpert, den ihm gebührenden Respekt zu erweisen. Zudem erleben sie die Anhörung als *Prüfungssituation.* Fragen, die nicht positiv beantwortet werden, senken aus ihrer Sicht die Erfolgschancen und werden als Beleg für Prüfungsversagen empfunden. Selten gibt daher ein Asylsuchender Nichtwissen zu, sondern versucht, in irgendeiner Weise den Fragenden mit einer ungefähren Antwort zufriedenzustellen. Dadurch werden jedoch häufig Ungereimtheiten und Widersprüche hervorgerufen. Ein sachgerecht und insbesondere wohlwollend ermittelnder Befrager erkennt derartige Situationen und kann durch Vorhalte herausfinden, was der Befragte tatsächlich weiß. Dieses strukturelle Defizit hat seinen Grund aber auch darin, dass Verfolgungsgefahren mit überwiegender Wahrscheinlichkeit drohen müssen, und ein nur als möglich dargestelltes Verfolgungsrisiko die Statusgewährung sperrt. Zwar dienen Tatsachenermittlungen der Erarbeitung von Prognosetatsachen, die mit Gewissheit feststehen müssen. Nichtwissen oder Mutmaßungen über bestimmte Ereignisse steht der Bildung der Überzeugungsgewissheit von den die Prognosebasis in ihrer Gesamtheit bildenden Tatsachen nicht entgegen, wenn der Entscheider aus dem Gesamtergebnis der Befragung den Schluss zieht, dass er dem Antragsteller glaubt (BVerwGE 71, 180, 182 = EZAR 630 Nr. 17 = NVwZ 1985, 685 = InfAuslR 1985, 244). Instinktiv fühlen Asylsuchende, dass sie bei dieser Glaubwürdigkeitsprüfung verlieren, wenn sie auf Fragen mit Nichtwissen reagieren.

Zudem unterbleibt die gebotene *Differenzierung* zwischen *Prognoseeinschätzungen* und der Erarbeitung der *Prognosetatsachen* in der Verwaltungspraxis häufig mit der Folge, dass die Einräumung von Nichtwissen als Beleg für die fehlende Glaubhaftigkeit der gemachten Angaben angesehen wird. Grund hierfür ist, dass bei der Erarbeitung der tatsächlichen Entscheidungsgrundlagen in methodisch unzulässiger Weise der Maßstab der überwiegenden Wahrscheinlichkeit angewandt wird. Soziokulturelle, aber auch verfahrensrechtliche Gründe führen daher typischerweise dazu, dass Mutmaßungen mit Gewissheit vorgetragen werden. Da wo ein eindeutiges Bekenntnis zum Nichtwissen gefordert wäre, kleiden Asylsuchende ihre Vermutungen und Spekulationen in Form positiven Wissens (Rdn. 14). Dies ist in aller Regel erkennbar und erfordert gezielte Rückfragen, die jedoch zumeist unterbleiben. Das Ergebnis ist ein widerspruchsvolles Sachvorbringen. Ein typischer Fehler in diesem Zusammenhang ist insbesondere, dass Asylsuchende die Umstände, die Anlass zu ihrer Gefährdung geben, als feststehende Tatsachen vortragen, obwohl sie erkennbar etwa aus der Festnahme eines politischen Gesinnungsgenossen lediglich Schlüsse ziehen können. Auch hier unterbleiben in aller Regel Nachfragen, die darauf abzielen, den Tatsachenstoff zu ermitteln, der erlebnisbezogenen Charakter hat. Die verfahrensrechtliche Fürsorgepflicht gebietet aber, dass Tatsachenbehauptungen, die aus sachlogischen Gründen nicht erlebnisfundiert sein können, als solche erkannt werden und der Antragsteller bei der Aufklärung der Kausalkette, also der Verdichtung der sich auf ihn zuspitzenden 15

Verfolgungsgefahr verständnisvoll geleitet und unterstützt und gegebenenfalls durch Vorhalte auf seinen Irrtum aufmerksam gemacht wird. Da der Sachvortrag indes vielen Ermittlern und Richtern als standardisiertes Muster erscheint, fehlt es häufig am guten Glauben und unterbleiben deshalb unterstützende und gezielte Rückfragen. Erlebnisfundiert ist regelmäßig lediglich das erste Teilstück der Kausalkette, etwa der warnende Anruf des Freundes oder einer Kontaktperson, das Nichterscheinen des Gesinnungsgenossen am vereinbarten Treffpunkt, die beobachtete oder von Dritten berichtete Festnahme von Freunden, die polizeiliche Warnung, sich politisch anzupassen. Die sich an dieses erlebnisbezogene Ereignis anschließenden Folgeereignisse sind regelmäßig dem eigenen Erfahrungsbereich des Asylsuchenden versperrt. Gleichwohl werden sie von diesen als feststehend behauptet, weil für sie die Preisgabe ihres Namens unter der Folter keine Möglichkeit, sondern Gewissheit ist. Hier öffnet sich die verfahrensrechtliche Einbruchstelle allgemeiner gesellschaftlicher Vorbehalte gegen Asylsuchende: Weil der gute Glaube an die Legitimität der Verfolgungsgründe häufig abhanden gekommen ist, erscheint das erlebnisbezogene erste Teilstück der Kausalkette als standardisiertes Verfolgungsvorbringen und unterbleibt häufig die mühevolle und schwierige Aufklärung des weiteren Verfolgungsgeschehens. Es läuft dem Gebot verständnisvoller und loyaler Aufklärung zuwider, als Mutmaßungen erkennbare Tatsachenbehauptungen, die vom Antragsteller als feststehende Tatsachen vorgetragen werden, nicht aufzuklären und den Bescheid mit hierauf aufbauenden Widersprüchen zu begründen. Häufig wird hierbei auch nicht bedacht, dass die in Gang gesetzte Kausalkette erst aufgrund der die allgemeinen Verhältnisse (Repressionsstrukturen) im Herkunftsland bestimmenden Umstände Konturen gewinnt, für die den Antragsteller eine lediglich eingeschränkte Darlegungslast trifft.

III. Belehrungspflichten des Bundesamtes (Abs. 1 Satz 2)

16 Durch das Richtlinienumsetzungsgesetz 2007 wurde Abs. 1 Satz 2 neu in die Vorschrift eingeführt. Diese setzt Art. 10 Abs. 1 Buchst. a) RL 2013/32/EU um (BT-Drucks. 16/5065, S. 411). Diese unionsrechtliche Norm bestimmt, dass Antragsteller in einer Sprache, deren Kenntnis vernünftigerweise vorausgesetzt werden kann, über ihre Rechte und Pflichten während des Verfahrens sowie darüber informiert werden, welche Folgen es haben kann, wenn sie ihren Verpflichtungen nicht nachkommen und nicht mit den Behörden zusammenarbeiten. Insbesondere sind Antragsteller über die Frist und die Möglichkeiten zu unterrichten, die ihnen zur Einhaltung der Darlegungslasten entsprechend Art. 4 RL 2011/95/EU auferlegt sind. Diese Informationen sind so rechtzeitig zu geben, dass sie die in der Qualifikationsrichtlinie garantierten Rechte in Anspruch nehmen und die in Art. 13 RL 2013/32/EU genannten Verpflichtungen (z.B. Pflicht zur Zusammenarbeit mit den Behörden, Meldepflicht und Pflicht zur Bekanntgabe des jeweiligen Aufenthaltsortes, Pflicht zur Aushändigung relevanter Dokumente) einhalten können. Demgemäß wird in Abs. 1 Satz 2 angeordnet, dass das Bundesamt unmittelbar nach der Antragstellung (§ 23) die ihm obliegenden Informationsverpflichtungen gegenüber dem Antragsteller erfüllt. Ferner erteilt es dem Antragsteller unentgeltlich verfahrenstechnische Auskünfte zum verwaltungsrechtlichen Asylverfahren, insbesondere

zum konkreten Verfahren unter Berücksichtigung der besonderen Umstände des Antragstellers (Art. 19 RL 2013/32/EU).

Aus der *verfahrensrechtlichen Fürsorge- und Vorhaltepflicht* folgen besondere Sorgfaltspflichten für die *Belehrung des Antragstellers* und die Verhandlungsführung, insbesondere auch für die Aufklärung entscheidungserheblicher Widersprüche. Zunächst ist alles zu vermeiden, was zu Irritationen und in deren Gefolge zu nicht hinreichend zuverlässigem Vorbringen in der Anhörung beim Bundesamt führen kann (BVerfGE 94, 166, 202). Ferner ist der Antragsteller zu Beginn der Anhörung über das ins Bild zu setzen, worauf es für ihn und die Entscheidung über sein Ersuchen ankommt. Dazu gehört auch, dass der Einzelentscheider die Anhörung *loyal sowie verständnisvoll* führt (BVerfGE 94, 166, 204 = EZAR 632 Nr. 25 = NVwZ 1996, 678). Nach Art. 12 Abs. 1 Buchst. a) RL 2013/32/EU gelten die Belehrungspflichten »während« und nicht nur zu Beginn des Verfahrens oder der Anhörung. Deshalb sind *situationsbezogene Belehrungen* erforderlich, damit der Antragsteller während seiner Darlegungen versteht, worauf es für die Behörde jeweils ankommt. In der Verwaltungspraxis haben Belehrungen indes eher standardisierten Charakter und werden regelmäßig schematisierend, nicht jedoch – ausgerichtet an den intellektuellen und soziokulturellen Besonderheiten des betroffenen Antragstellers – einzelfallbezogen und während der Anhörung im Verwaltungsverfahren jeweils situationsbezogen gehandhabt. 17

IV. Beweiswürdigung

Nach Art. 10 Abs. 3 Buchst. a) RL 2013/32/EU sind Asylanträge objektiv und unparteiisch zu prüfen und zu entscheiden. Im Zentrum der Beweiswürdigung steht der individuelle Sachvortrag und dessen Stimmigkeit und Widerspruchsfreiheit. Nach Art. 4 Abs. 3 RL 2011/95/EU sind Asylanträge individuell zu prüfen, wobei die »individuelle Lage und die persönlichen Umstände des Antragstellers einschließlich solcher Faktoren wie familiärer und sozialer Hintergrund, Geschlecht und Alter« zu berücksichtigen sind, um bewerten zu können, ob »in Anbetracht seiner persönlichen Umstände« die Handlungen, denen er ausgesetzt war oder ausgesetzt sein könnte, einer Verfolgung gleichzusetzen sind (Art. 4 Abs. 3 Buchst. c) RL 2011/95/EU). Es bedarf keines Nachweises für die Angaben des Antragstellers, wenn er sich offenkundig bemüht hat, seinen Antrag zu substanziieren und festgestellt wurde, dass seine Aussagen kohärent und plausibel sind und zu den für seinen Fall relevanten besonderen und allgemeinen Informationen nicht in Widerspruch stehen (Art. 4 Abs. 5 Buchst. a) und c) RL 2011/95/EU). Die Rechtsprechung hatte bereits in den 1980er Jahren allein den Tatsachenvortrag als Beweisgrundlage ausreichen lassen, sofern die Behauptungen des Antragstellers unter Berücksichtigung aller sonstigen Umstände in dem Sinne »glaubhaft« sind, dass sich die Behörde von ihrer Wahrheit überzeugen kann (BVerwGE 71, 180, 182 = EZAR 630 Nr. 17 = NVwZ 1985, 685 = InfAuslR 1985, 244; BVerwG, NVwZ 1990, 171 = InfAuslR 1989, 349). Daher gewinnen die Art seiner persönlichen Einlassung, seine Persönlichkeit, insbesondere Glaubwürdigkeit im Rahmen der Würdigung der begründeten Furcht vor Verfolgung entscheidendes Gewicht (BVerwG, DVBl 1963, 145). Dabei ist die Glaubhaftigkeit der Sachangaben nach 18 immanenten Kriterien, wie z.B. *logische Konsistenz, Strukturgleichheit, Konkretheit, individuelle Prägung* und *Detailreichtum, zu* beurteilen.

19 Grundvoraussetzung für eine sachgerechte Prüfung der Glaubhaftmachung und Würdigung ist aber, dass zuvor die Tatsachen verfahrensfehlerfrei festgestellt, also die aufgezeigten Grundsätze sachgerechter Tatsachenermittlung (Rdn. 8–17) beachtet worden sind. Die Art der Einlassung und der Eindruck von der Gesamtpersönlichkeit des Antragstellers ermöglichen dem Bundesamt eine konkrete Überprüfung der von ihm vorgetragenen Tatsachen. Die Erfahrung des anhörenden Ermittlers, die Geeignetheit seiner Fragetechnik, sein Wissen aus Parallelverfahren sowie die verständige Leitung und verfahrensrechtliche Fürsorge für den Antragsteller sind wichtige Erkenntnismethoden, um die Wahrheit der vorgetragenen persönlichen Erlebnisse überprüfen zu können. Andererseits gibt es keinen Erfahrungsgrundsatz, dass ein *widersprüchlicher Sachvortrag* als solcher bereits zur Unglaubwürdigkeit eines Asylsuchenden führt (OVG MV, AuAS 2000, 221; s. auch VG Meiningen, NVwZ-RR 2000, 252). Der Mangel objektiver Glaubhaftigkeit der Angaben des Antragstellers zum Verfolgungssachverhalt besagt zwar nicht, dass er persönlich unglaubwürdig ist. Die Statuszuerkennung entfällt aber dann, wenn die schlüssig vorgetragenen Tatsachen keinen Anhalt auf eine ihm drohende Verfolgung ergeben (BVerwG, InfAuslR 1989, 350). Für die Furcht vor Verfolgung sowie vor einem ernsthaften Schaden kommt es nicht allein darauf an, ob eine bestimmte Tatsache vom Antragsteller nur subjektiv als konkrete Bedrohung empfunden wird, sondern darauf, ob hierfür auch ausreichende objektive Anhaltspunkte bestehen, die ernsthafte Furcht vor Verfolgung oder einen ernsthaften Schaden hervorrufen können (BVerwG, InfAuslR 1989, 163). Auch wenn der Antragsteller in wesentlichen Prunkten unzutreffende Angaben macht, kann die Richtigkeit durch andere Quellen erwiesen werden (VGH BW, AuAS 2012, 9).

20 Auch bei Widersprüchen im Sachvorbringen kann deshalb der Darlegungslast genügt worden sein. So hat das BVerwG keine Einwände gegen die Anwendung eines Erfahrungssatzes, wonach die Befragung von Asylsuchenden aus anderen Kulturkreisen mit erheblichen Problemen verbunden ist und diese zudem von verschiedensten Stellen Hinweise erhalten, deren Bedeutung sie nicht verstehen und deren mögliche Auswirkungen sie nicht übersehen, von denen sie sich aber gleichwohl beeinflussen lassen. Wenn aus dieser Situation heraus häufig Widersprüche im Vortrag auftreten, dürfen diese nicht ohne Weiteres dem Antragsteller angelastet werden (BVerwG, InfAuslR 1989, 349 = NVwZ 1990, 171). Vielmehr lassen *nur nachgewiesene und unaufklärbare Widersprüche* oder Unrichtigkeiten *Rückschlüsse auf die Glaubhaftigkeit* seiner Angaben zu (BVerfG [Kammer], NVwZ-Beil, 1994, 51). Der Entscheider hat zu berücksichtigen, ob im Verfahren aufgetretene Widersprüche überzeugend aufgelöst worden sind. Diese Widersprüche müssen sich auf den *wesentlichen Kern des Verfolgungsvortrags* beziehen. Zwar liegt die *Beweislast* beim Antragsteller. Sind seine Angaben glaubhaft und verbleiben lediglich zu nicht das Kernvorbringen tragenden tatsächlichen Umständen Restzweifel, ist dem Antrag stattzugeben (*UNHCR*, Handbuch, Rn. 196, 203 f.). Zu bedenken ist auch, dass seine Angaben im Lichte der Fragestellungen zu bewerten sind (BVerfG [Kammer], InfAuslR 1991, 85, 88) und er in der Anhörung durch den Ermittler häufig angehalten wird, sich auf die Beantwortung

der an ihn gestellten Fragen zu beschränken. Die Gewichtung von Aussagen im Rahmen des Asylverfahrens ist eine Frage des Einzelfalls. Es gibt keine allgemeine Regel, dass die Aussage in der persönlichen Anhörung immer höheres Gewicht haben muss als weitere Aussagen an anderer Stelle (OVG MV, AuAS 2004, 225). Das Vorbringen kann ferner nicht allein deshalb als unglaubhaft eingestuft werden, weil der Antrag nicht unmittelbar nach der Einreise bei der Grenzbehörde gestellt worden ist (BVerfG [Kammer], InfAuslR 2004, 406, 407; § 13 Rdn. 23).

Die *Glaubwürdigkeit* der Person des Antragstellers ist grundsätzlich *kein sachgerechtes Erkenntnismittel*, weil es keine Persönlichkeitseigenschaft ›Glaubwürdigkeit‹ gibt. Dies ist eine Frage der freilich stets irrtumsanfälligen persönlichen Lebenserfahrung des Beurteilenden und des erforderlichen, oft aber fehlenden guten Glaubens an die Legitimität von Fluchtgründen. Eine Person, die ›glaubwürdig‹ erscheint kann ungewollt oder vorsätzlich nicht realitätsbezogene Angaben machen. Eine Person, die ›unglaubwürdig‹ erscheint, kann den Tatsachen entsprechende Angaben machen. Ob eine Person als ›glaubwürdig‹ eingeschätzt wird oder nicht, unterliegt dem Einfluss von allgemeinen und situativen persönlichen Einstellungen und kulturellen und historischen Kontextfaktoren. In der Verwaltungspraxis herrscht eine Tendenz vor, aus dem persönlichen Verhalten des Antragstellers alltagspsychologische Schlüsse auf die Glaubhaftigkeit seiner Angaben zu ziehen, obwohl in der Rechtspsychologie der Begriff der Glaubwürdigkeit, weil er eine allgemeine Persönlichkeitseigenschaft über verschiedene Situationen hinweg als konstant annimmt, nicht mehr verwendet wird. Dieses Persönlichkeitskonstrukt hat sich in der psychologischen Disziplin empirisch nicht belegen lassen. Vielmehr hat sich gezeigt, dass die Glaubhaftigkeit von Aussagen stark von situativen Momenten bestimmt ist. »Glaubwürdigkeit« ist keine konstante Persönlichkeitseigenschaft, sondern kann nur in Bezug auf einzelne Aussagen zu spezifischen Situationen festgestellt werden (*Brick*, Traumatisierte Flüchtlinge, 2002, S. 1). So wird etwa die Einschätzung, ob ein Antragsteller eine für ihn wesentliche religiöse Grundentscheidung getroffen hat und deshalb konvertiert ist, ohne Bewertung seiner Glaubwürdigkeit in dieser Frage nicht vorgenommen werden können. Aber auch insoweit ist Zurückhaltung geboten. Das Ausdrucksverhalten einer Person ist stark von seiner Persönlichkeit und seiner kulturellen Zugehörigkeit abhängig. Die Wahrnehmung und Interpretation des Ausdrucks ist deshalb besonders anfällig für Missverständnisse, umso mehr wenn der Ausdruck des Aussagenden von Rechtsanwendern interpretiert wird, deren kultureller Hintergrund nicht derselbe ist wie der des Beurteilenden (*Brick*, Traumatisierte Flüchtlinge, 2002, S. 121) Persönliche Alltagstheorien, Weltanschauungen und »Lebenserfahrung« führen vermehrt bei kulturfremden Personen zur Überschätzung der Unglaubhaftigkeit. Deshalb sind die Angaben des Antragstellers in der Verwaltungspraxis anhand einer *kriterienbezogenen Aussagenanalyse* zu beurteilen und ist auf das systemfremde Merkmal der persönlichen Glaubwürdigkeit weitgehend zu verzichten. 21

Gutachten und *Auskünfte* können bei der Einzelfallwürdigung erfahrensgemäß regelmäßig wenig weiterhelfen. Bei der Bewertung des Wahrheitsgehaltes der vorgetragenen persönlichen Erlebnisse kommt es zuallererst auf die Prüfung der Glaubhaftigkeit der Sachangaben an. Die Prüfung der Glaubhaftigkeit der individuellen Erlebnisse beruht 22 auf der freien, aus dem Gesamtergebnis der persönlichen Anhörung gewonnenen Überzeugung. Daher ist es geboten, dass der *Ermittler* mit dem *Sachentscheider identisch* ist (VG Frankfurt an der Oder, AuAS 2000, 126; VG Frankfurt am Main, NVwZ, NVwZ-Beil. 2001, 95 = AuAS 2001, 155; VG Göttingen, Asylmagazin 2012, 250; s. auch § 5 Rdn. 11). Ein Entscheider, der den Antragsteller nicht selbst angehört hat, ist gar nicht in der Lage zu beurteilen, ob die Art der persönlichen Einlassung des Asylsuchenden, die Reaktion auf bestimmte Fragen, also insbesondere nonverbale, nicht schriftlich festgehaltene Faktoren, seine Persönlichkeit, insbesondere seine Glaubwürdigkeit (Rdn. 21) die Würdigung und Prüfung rechtfertigen, dass er gute Gründe für die gehegt Furcht vor Verfolgung hat (BVerwG, DVBl 1963, 145). Nur aus dem unmittelbaren frischen Eindruck heraus, wie der Antragsteller konkret in der jeweiligen Situation die an ihn gestellten Fragen beantwortet hat, ob er etwa die Frage direkt, zögerlich, überlegt, direkt oder ausweichend beantwortet hat, kann die Glaubhaftigkeit der Sachangaben überprüft werden. Die Anhörungsniederschrift liefert die hierfür erforderliche Erkenntnisgrundlage nicht im Ansatz, weil die schriftliche Zusammenfassung das detaillierte und dynamische Frage- und Antwort-Zusammenspiel und den psychologischen Gesamtablauf nicht wiedergeben kann. Hinzu kommt die Verpflichtung des Bundesamtes im Rahmen seiner Verantwortlichkeit nach § 5 Abs. 1, dass Bescheidentwürfe, die Einwände gegen die Glaubhaftigkeit der Sachangaben anhand von Sachkomplexen beurteilen, die dem Antragsteller in der Anhörung nicht vorgehalten wurden, wegen Verletzung der Vorhaltepflicht (Rdn. 12 ff.) nicht zustellen darf, sondern dem Entscheider zur weiteren Bearbeitung zurückzugeben sind. Der mit der Anhörung nicht befasste Entscheider steht jedoch vor einer nicht lösbaren Aufgabe, weil er unter diesen Voraussetzungen den Bescheid nicht begründen kann und deshalb die Akte an den Ermittler zurückgeben muss. Diese aus verfassungsrechtlichen Gründen (Art. 103 Abs. 1 GG) erforderliche Verfahrensweise hätte jedoch erhebliche Verfahrensverzögerungen zur Folge, die ja durch Abgabe der Akte gerade verhindert werden sollen. Nach den bisherigen Erfahrungen beruhen Bescheide überwiegend auf Einwänden, die nicht vorgehalten wurden und ist im Regelfall der Entscheider nicht mit dem Ermittler identisch. Das Maus-Klick-Verfahren (elektronische Abgabe der Akte nach der Anhörung an eine andere Außenstelle) programmiert damit strukturell nicht behebbare Verfahrensfehler.

C. Persönliche Anhörung nach Abs. 1 Satz 3

I. Funktion des persönlichen Sachvorbringens

23 Wie schon § 12 Abs. 1 Satz 2 AsylG 1982 legt Abs. 1 Satz 3 die Pflicht des Bundesamtes zur persönlichen Anhörung fest, von der nur unter den im Gesetz genannten Voraussetzungen abgewichen werden darf bzw. abzusehen ist (Abs. 1 Satz 4 bis 6, § 25 Abs. 4 Satz 5, Abs. 6 Satz 1). Mit der zwingenden Anhörungspflicht, von der ausschließlich in den gesetzlich geregelten Ausnahmetatbeständen abgesehen werden kann, zog das AsylG 1982 die Folgen aus der vehementen Kritik der Rechtsprechung an der Regelpraxis der Sachentscheidung ohne Anhörung vor 1982 (BVerwG, InfAuslR 1982, 251; Hess. VGH, ESVGH 31, 259; VG Wiesbaden, InfAuslR 1981, 161). Auch das AsylG 1992 hielt an der zwingenden Anhörungspflicht fest. Diese folgt

auch zwingend aus Art. 14 Abs. 1 RL 2013/32/EU. Diese Verpflichtung gilt für alle Asylanträge, d.h. für die nach § 14 Abs. 1 und 2. Im Folgeantragsverfahren steht die Durchführung der Anhörung allerdings im Ermessen des Bundesamtes (§ 71 Abs. 3 Satz 3). Ein Verstoß gegen die zwingende Anhörungsverpflichtung führt zur Rechtswidrigkeit des gleichwohl erlassenen Bescheids (VG Düsseldorf, InfAuslR 2015, 35). Wird der Antragsteller nicht ordnungsgemäß zur Anhörung geladen, ist eine Entscheidung nach Aktenlage unzulässig (VG Frankfurt [Oder], AuAS 2015, 71). Nach Art. 14 Abs. 1 RL 2013/32/EU haben die Mitgliedstaaten Asylsuchenden Gelegenheit zu einer persönlichen Anhörung zu seinem Antrag zu geben. Diese soll in der Regel ohne die Anwesenheit von Familienangehörigen (Art. 15 Abs. 1 RL 2013/32/EU) und unter Bedingungen durchgeführt werden, die eine angemessene Vertraulichkeit gewährleisten (Art. 15 Abs. 1 RL 2013/32/EU). Ferner sind geeignete Maßnahmen zu treffen, damit eine zusammenhängende Darlegung der Asylgründe gewährleistet ist (Art. 15 Abs. 3 RL 2013/32/EU). Zu diesem Zweck ist sicherzustellen, dass der Ermittler keine Militär- oder Polizeiuniform trägt und befähigt ist, die persönlichen und allgemeinen Umstände des Antragstellers einschließlich seiner kulturellen Herkunft, Geschlechtszugehörigkeit, sexuellen Ausrichtung, Geschlechtsidentität oder Schutzbedürftigkeit berücksichtigt. Ferner ist – so weit wie möglich – grundsätzlich vorzusehen, dass die Anhörung auf Ersuchen des Antragstellers von einer Person gleichen Geschlechts durchgeführt wird. Bei Anhörung von Kindern ist die Anhörung kindergerecht durchzuführen (Art. 15 Abs. 3 RL 2013/32/EU).

Die *persönliche Anhörung* nach Abs. 1 Satz 3 ist das *zentrale Herzstück* des in dem auf 24
die Prüfung individueller Verfolgungsbehauptungen angelegten Verfahrens (BVerfGE 54, 341, 359 = EZAR 200 Nr. 1 = NJW 1980, 2641; BVerwG, DVBl 1963, 145; Hess. VGH, ESVGH 31, 259; OVG Hamburg, InfAuslR 1983, 187). Zugleich erfüllt die Anhörung die Funktion, den Antragsteller als Beteiligtem (§ 28 VwVfG) abschließend rechtliches Gehör zu gewähren (*Hailbronner*, AuslR B 2 § 24 AsylG Rn. 43). Werden aber nachträglich Tatsachen bekannt, die in der Anhörung nicht erörtert wurden, ist dem Antragsteller entsprechend § 28 VwVfG vor der abschließenden Entscheidung Gelegenheit zur Stellungnahme zu geben (*Bodenbender*, in: GK-AsylG II, § 24 AsylG Rn. 9). Art. 41 Abs. 2 GRCh umfasst das Recht jeder Person, vor einer für sie nachteiligen Maßnahme gehört zu werden und Zugang zu den Akten unter Wahrung des berechtigten Interesses der Vertraulichkeit zu erhalten. Das Recht auf Gehör garantiert jeder Person die Möglichkeit, im Verwaltungsverfahren, bevor eine für sie nachteilige Entscheidung ergeht, sachdienlich und wirksam ihren Standpunkt vorzutragen und dass die Verwaltung mit aller gebotenen Sorgfalt ihr Erklärungen zur Kenntnis nimmt, indem sie sorgfältig und unparteiisch alle relevanten Gesichtspunkte des Einzelfalls untersucht und ihre Entscheidung eingehend begründet (EuGH, NVwZ 2013, 59, 60 Rn. 83 ff. – *M.M.*). Im Asylverfahren fällt erschwerend ins Gewicht, dass das wichtigste Erkenntnismittel der Antragsteller selbst ist. Mit Rücksicht darauf kommt dem persönlichen Vorbringen und dessen Würdigung im Asylverfahren gesteigerte Bedeutung zu (BVerwGE 71, 180, 182 = InfAuslR 1985, 244 = BayVBl. 1985, 567; BVerwG, NVwZ 1990, 171 = InfAuslR 1989, 349). Beabsichtigt das Bundesamt den auf die Zuerkennung der Flüchtlings-

eigenschaft gerichteten Antrag abzulehnen, ist dem Antragsteller Gelegenheit zu geben zu dem Begehren auf Gewährung subsidiären Schutzes Stellung zu nehmen (EuGH, NVwZ 2013, 59, 60 f. Rn. 90 ff. – *M.M.*). Auch wenn sich diese Verpflichtung auf Mitgliedstaaten bezieht, die hinsichtlich der Flüchtlingseigenschaft und des subsidiären Schutzes zwei getrennte Verfahren eingeführt haben, ist die Asylbehörde gleichwohl verpflichtet, dem Antragsteller Gelegenheit einzuräumen, Stellung zu nehmen, wenn sie die geltend gemachten Übergriffe als nicht flüchtlingsrelevant bewertet, ob und inwieweit ihnen unter dem Gesichtspunkt subsidiären Schutzes Bedeutung zukommt.

II. Videoanhörung

25 Zur besseren Steuerung des Einsatzes eigenen Personals setzt das Bundesamt seit November 2010 in einigen Außenstellen zur Durchführung der Anhörung bezogen auf bestimmte Herkunftsländer (z.B. Georgien, Indien, Christen aus dem Irak, Kosovo, Makedonien, Serbien, Syrien und Vietnam mit Ausnahme von Christen) die Videokonferenztechnik der Bild- und Tonübertragung (Videoanhörung) ein. Sie darf bei unbegleiteten Minderjährigen, beim Vorbringen geschlechtsspezifischer Verfolgung, bei Hinweisen aus dem Akteninhalt auf Traumatisierungen oder andere schwerwiegende Erkrankungen sowie im Flughafenverfahren nicht eingesetzt werden und setzt das ausdrückliche Einverständnis des Antragstellers voraus. Ergeben sich während der Anhörung Anzeichen auf das Vorliegen eines Ausnahmefalls ist die Anhörung mittels Videokonferenztechnik abzubrechen (DA Asylverfahren [Videoanhörungen], Stand 04/12). Klar zu trennen von der Simultanbefragung mittels Videokonferenztechnik ist die Aufzeichnung der Anhörung auf Video- oder Tonband, wie sie in einigen Mitgliedstaaten praktiziert und von UNHCR wegen ihrer Beweis sichernden Funktion befürwortet wird (*Stamm*, Asylmagazin, 2012, 69, 70). Der Einsatz der Videokonferenztechnik wird von Flüchtlingsorganisationen wie auch vom Wissenschaftlichen Dienst des Bundestages kritisiert. Die Kritik macht sich insbesondere am Begriff der »persönlichen Anhörung« in Abs. 1 Satz 3 fest. Die Durchführung der Anhörung mittels Videokonferenztechnik vermittele dem Ermittler, der allerdings nach der DA mit dem Entscheider identisch sein muss, keinen »unmittelbaren«, sondern nur einen »mittelbaren« Eindruck des Antragstellers. Erforderlich sei jedoch sein Gesamteindruck (*Schröder*, Vereinbarkeit von Asylanhörungen mittels Videokonferenztechnik, in: DB, Wissenschaftliche Dienste, WD 3 – 3000 – 349/11, S. 10; *Stamm*, Asylmagazin 2012, 70, 72 f.; *Pro Asyl*, Presseerklärung v. 11.07.2011; *BAGFW*, Stellungnahme vom 30.01.2012, www.bagfw.de/Veröffentlichungen/Stellungnahmen). In der Rechtsprechung wird die Videokonferenztechnik mit dem Einwand abgelehnt, dass die audiovisuelle Anhörung im Rahmen eines Freiheitsentziehungsverfahrens keine geeignete Grundlage für die Beurteilung der Glaubwürdigkeit des Betroffenen vermittle (LG Augsburg, Beschl. v. 28.11.2011 – 052 T 3723/11). Die Bundesregierung hat demgegenüber diese Technik damit verteidigt, dass die Erfahrungen mit dieser als positiv zu beurteilen seien, insbesondere könnten die Entscheider dadurch effizienter eingesetzt werden (Antwort auf schriftliche Anfrage des Abgeordneten Winkler v. 23.06.2011).

Die Videokonferenztechnik ist mit Art. 17 Abs. 2 RL 2013/32/EU unvereinbar, da dort nur die Audio- oder audiovisuelle Aufzeichnung der Anhörung, nicht aber die Simultanbefragung mittels Videokonferenztechnik genannt wird. Diese Norm regelt den Einsatz der Videotechnik abschließend. Zudem läuft die Videokonferenztechnik dem unionsrechtlichen Erfordernis zuwider, dass Asylanträge objektiv und unparteiisch zu prüfen und zu entscheiden sind (Art. 10 Abs. 3 Buchst. a) RL 2013/32/EU). Wegen der daraus resultierenden überragenden Bedeutung der Prüfung der Glaubhaftigkeit individueller Sachangaben sowie der persönlichen Glaubwürdigkeit ist diese Technik nicht tragfähig. Im Rahmen der Videokonferenzanhörung können kaum die immanenten Kriterien des Aussageverhaltens, wie logische Konsistenz, Strukturgleichheit, Konkretheit, individuelle Prägung und Detailreichtum (Rdn. 18, 21) sachgerecht bewertet werden. Reformbestrebungen mit dem Ziel, die Videokonferenztechnik auch in Gerichtsverfahren einzuführen, werden deshalb zwar begrüßt, jedoch im Hinblick auf das Erfordernis der richterlichen Überzeugungsbildung für problematisch erachtet (*Prütting*, AnwBl. 2013, 330, 332). Die Prüfung der Glaubwürdigkeit etwa von Zeugen sei von erheblicher Bedeutung. Probleme könnten dadurch entstehen, dass der Richter durch den Einsatz einer Videokonferenz Einzelheiten der Körpersprache, der Art des Sprechens sowie bestimmte Detailreaktionen nicht wahrnehmen könne (*Prütting*, AnwBl. 2013, 330, 332). Dieser Einwand gilt im Asylverfahren im besonderen Maße. Hier kann die Verwendung dieser Technik häufig ein Hindernis für die Überzeugungsbildung sein, weil nonverbale Signale wie etwa Zittern oder nervöse Körperbewegungen, die zum Gesamteindruck gehören und indiziell auf erlittene traumatische Ereignisse hinweisen können, gar nicht wahrgenommen oder fehlerhaft gedeutet werden. Verschärfend fällt ins Gewicht, dass im Strafprozess bei Zweifeln an der Glaubwürdigkeit von Zeugen der Angeklagte freizusprechen ist, hingegen im Asylverfahren dem Antragsteller der Schutz versagt wird, wenn es ihm aufgrund des Einsatzes simultaner Videokonferenztechnik nicht gelingt, den Entscheider von der Wahrheit seines Sachvorbringens bei aufgetretenen Zweifeln zu überzeugen. Nicht überzeugend ist die Rechtfertigung der Bundesregierung, weil sie auf die Probleme der Glaubwürdigkeitsprüfung gar nicht eingeht, sondern einseitig allein auf Verwaltungseffizienz setzt. 26

III. Absehen von der Anhörung (Abs. 1 Satz 4 bis 6)

Wie schon § 12 Abs. 4 Nr. 1 AsylG 1982 erlaubt Abs. 1 Satz 4 Halbs. 1 das Absehen von der Anhörung, wenn das Bundesamt den Antragsteller als asylberechtigt anerkennen will. Abs. 1 Satz 5 wurde durch das Richtlinienumsetzungsgesetz 2013 eingeführt und erweitert diese bislang auf die Asylberechtigung bezogene Möglichkeit auf die Flüchtlingszuerkennung. Ferner kann nach § 25 Abs. 4 Satz 5 und Abs. 6 Satz 1 von der Anhörung abgesehen werden. Sind im einen Fall die Voraussetzungen der Statusvoraussetzungen bereits aufgrund des schriftlichen Vorbringens offensichtlich gegeben, zieht der Gesetzgeber im anderen die Konsequenzen aus der schwerwiegenden Verletzung der Mitwirkungspflichten (§ 25 Rdn. 26). Neben die Kannvorschriften treten zwingende Ausnahmeregelungen. Danach ist von der Anhörung abzusehen, wenn der Antragsteller nach seinen Angaben aus einem »sicheren Drittstaat« eingereist ist 27

(Abs. 1 Satz 4 Halbs. 2). Da derzeit keine »sicheren Drittstaaten« gelistet sind, ist diese Vorschrift ohne Bedeutung. In Dublin-Verfahren besteht eine zwingende Anhörungsverpflichtung (Art. 5 Abs. 1 Verordnung (EU) Nr. 604/2013). Ferner ist nach Abs. 1 Satz 6 von der Anhörung abzusehen, da in diesen Fällen der Ermittlungsschwerpunkt ohnehin auf dem Sachvorbringen der Eltern liegt und nicht erkannt werden kann, dass ein Kind unter sechs Jahren zu einem eigenständigen Sachvortrag in der Lage ist. Selbstverständlich können die Eltern schriftlich besondere auf das Kind bezogene Asylgründe vorbringen. Weitere Ausnahmen von der Anhörungspflicht nach allgemeinem Verwaltungsverfahrensrecht sind unzulässig (a.A. *Hailbronner,* AuslR B 2 § 24 AsylG Rn. 48). Die Gegenmeinung überzeugt nicht, weil die angeführten Beispiele im AsylG geregelt werden. Ein Verzicht auf die Anhörung ist zwar nicht zulässig, führt aber wegen Nichterscheinen zu Konsequenzen nach § 25 Abs. 4 Satz 5, Abs. 6 Satz 1. Taucht der Antragsteller unter, geht das Bundesamt nach § 33 vor.

28 Nach Unionsrecht durfte früher von der Anhörung abgesehen werden, wenn die Behörde bereits anhand der verfügbaren Beweismittel eine zuerkennende Entscheidung treffen konnte, sie bereits ein Treffen mit dem Antragsteller hatte, um ihn bei der Ausfüllung des Antrags und der Vorlage der hierfür wesentlichen Informationen nach Art. 4 Abs. 2 RL 2011/95/EU zu unterstützen, oder die Behörde aufgrund einer vollständigen Prüfung der vom Antragsteller vorgelegten Informationen der Auffassung war, dass der Antrag nach Art. 23 Abs. 4 Buchst. a), c), g), h) und j) RL 2005/85/EG unbegründet war. Ferner konnte auf die Anhörung verzichtet werden, wenn sie nach vernünftigem Ermessen nicht durchführbar, insbesondere wenn die Behörde zu der Auffassung gelangt war, dass der Antragsteller aufgrund dauerhafter Umstände, die sich seinem Einfluss entzogen, zu einer Anhörung nicht in der Lage war (Art. 12 Abs. 2 und 3 RL 2005/85/EG). Die Bundesrepublik hatte nicht alle Ausnahmeregelungen in Anspruch genommen. Einige waren im Hinblick auf das durch Art. 41 Abs. 2 GRCh gewährleistete Recht, vor einer negativen Entscheidung persönlich angehört zu werden (EuGH, NVwZ 2013, 59, 60 Rn. 83 ff.) – *M.M.*), fragwürdig. Folgerichtig regelt die seit 20.07.2015 geltende Änderungsrichtlinie, dass nur noch bei einer geplanten positiven Entscheidung oder in den Fällen dauerhafter Verhinderung von der Anhörung abgesehen werden kann (Art. 14 Abs. 2 RL 2013/32/EU).

D. Abschiebungsverbote nach § 60 Abs. 5 und 7 AufenthG (Abs. 2)

29 Abs. 2 beseitigte zunächst die bis zum Inkrafttreten des AsylG am 01.07.1992 unklare und verfahrensrechtlich höchst unerwünschte Aufsplitterung der behördlichen Zuständigkeiten. Aus der umfassenden Konzentration sämtlicher Kompetenzen auf eine Behörde für den Fall, dass ein Asylantrag i.S.d. § 13 Abs. 1 gestellt wird, folgte logischerweise die Aufgabenzuweisung in Abs. 2. Daher oblag dem Bundesamt nach Stellung des Asylantrags (§ 13) auch die Prüfung von Abschiebungsverboten nach § 60 Abs. 2 bis 5 und 7 AufenthG a.F. (VGH BW, NVwZ-Beil. 1997, 18, 19; Nieders. OVG, Urt. v. 21.01.1997 – 10 L 1313/96; OVG Hamburg, AuAS 1997, 153). Durch das Richtlinienumsetzungsgesetz 2013 sind die früher in § 60 Abs. 2, 3 und 7 Satz 2 AufenthG a.F. geregelten Abschiebungsverbote in § 4 Abs. 1 Satz 2 zum integralen Bestandteil des Asylantrags gemacht worden (§ 13 Abs. 2 Satz 1), sodass

Abs. 2 insoweit seine Funktion verloren hat. Nunmehr stellt er sicher, dass im Zusammenhang mit einem Antrag vom Bundesamt Abschiebungsverbote nach § 60 Abs. 5 und 7 AufenthG geprüft werden. Stellt der Antragsteller hingegen von vornherein einen isolierten Antrag auf Feststellung derartiger Verbote, bleibt es bei der originären Zuständigkeit der Ausländerbehörde für das erste wie für das zweite Verfahren. Das Bundesamt ist jedoch zwingend zu beteiligen (§ 72 Abs. 2 AufenthG). Es ist nicht nur zu beteiligen, wenn durch das Vorbringen eine klärungsbedürftige Frage hinsichtlich der allgemeinen Verhältnisse im Zielstaat aufgeworfen wird (so aber OVG Hamburg, EZAR NF 93 Nr. 6). Vielmehr hat der Gesetzgeber deshalb die Beteiligung des Bundesamtes vorgesehen, weil die Ausländerbehörden keine Erfahrungen und keine Schulung in der Beurteilung von Schlüssigkeit, Stimmigkeit und Widerspruchsfreiheit von menschenrechtswidrigen Abschiebungsverboten haben.

In der Sache sind die Ermittlungspflichten des Bundesamtes auf den Gegenstandsbereich nach § 60 Abs. 5 und 7 AufenthG, nicht aber auf den von § 60a Abs. 1 Satz 1 AufenthG erweitert worden (BVerwGE 114, 379, 382 = InfAuslR 2002, 48, 50). Nach der gesetzlichen Konzeption hat es Abschiebungsschutz nach § 60 Abs. 5 und 7 AufenthG immer, aber auch nur dann zu gewähren, wenn individuelle Gefahren im Sinne dieser Regelungen bestehen. Beruft sich der Antragsteller auf allgemeine Gefahren im Sinne von § 60 Abs. 7 Satz 5 AufenthG, die nicht nur ihm persönlich, sondern zugleich der ganzen Bevölkerung oder einer Bevölkerungsgruppe im Zielstaat drohen, soll der Abschiebungsschutz auch für den Einzelnen ausschließlich durch die generelle Regelung nach § 60a Abs. 1 Satz 1 AufenthG gewährt werden. Hat das Bundesamt das Vorliegen von Abschiebungsverboten lediglich im Blick auf den in der Abschiebungsandrohung bezeichneten Zielstaat geprüft, gebietet der Schutzzweck von Abs. 2, dass die Abschiebung in einen anderen Zielstaat erst erfolgt, wenn auch hinsichtlich dieses Staates die Prüfung eines Abschiebungsverbotes durch das Bundesamt erfolgt ist (OVG SA, AuAS 2008, 260, 261). Es bleibt für diese Prüfung auch dann zuständig, wenn es oder das Verwaltungsgericht von dessen Prüfung wegen eines Abschiebungsstopperlasses abgesehen hat (OVG NW, AuAS 2008, 233, 235). Das Bundesamt hat die Sachkompetenz für die Prüfung von Abschiebungsverboten nach § 60 Abs. 5 und 7 AufenthG kraft Gesetzes (Abs. 2) nur im Rahmen eines anhängig gemachten Asylverfahrens. Voraussetzung für die Aufgabenzuweisung nach Abs. 2 ist mithin die Stellung eines Antrags gem. § 13. Kommt es nicht zur Stellung eines Antrags, entsteht die Sachkompetenz des Bundesamtes von vornherein nicht (BayVGH, AuAS 1994, 161). Vielmehr bleibt es in diesen Fällen bei der ausländerbehördlichen Zuständigkeit (§ 72 Abs. 2 AufenthG). Dies gilt auch bis zur Stellung eines Asylantrags (BVerwG, InfAuslR 1998, 191, 192 = AuAS 1998, 91 = NVwZ 1998, 264). Würde auch in Fällen der Berufung auf Abschiebungsverbote nach § 60 Abs. 5 und 7 AufenthG ohne gleichzeitige Asylantragstellung die Sachkompetenz des Bundesamtes angenommen, wäre die Regelung in § 72 Abs. 2 AufenthG ohne Sinn. 30

E. Unterrichtungspflichten des Bundesamtes (Abs. 3)

Abs. 3 ist durch das Richtlinienumsetzungsgesetz 2007 ergänzt und strukturell umgestaltet worden. Neu hinzugekommen ist die Unterrichtungspflicht nach Abs. 3 31

Nr. 2b. Die Informationspflichten nach Abs. 3 Nr. 2a bestanden auch bereits vor der Gesetzesänderung. Funktion der unverzüglich – d.h. ohne schuldhaftes Zögern (§ 121 Abs. 1 BGB) – auszuübenden Unterrichtungspflicht des Bundesamtes gegenüber der Ausländerbehörde nach Abs. 3 Nr. 1 und 2a ist im Fall der Statuszuerkennung der wirksame Vollzug der Rechtsstellung und im Fall der Statusversagung die umfassende Vorbereitung der ausländerbehördlichen Entscheidung über die Erteilung der Duldungsbescheinigung nach § 60a Abs. 4 AufenthG. Zu den Unterrichtungspflichten gehören auch die zur Passbeschaffung erforderlichen Angaben (Abs. 3 Nr. 2a). Insoweit hat das Bundesamt die Ausländerbehörde über das Ergebnis etwaiger durchgeführter Maßnahmen zu unterrichten. Diesem umfassenden Zweck dienen die Benachrichtigungspflichten nach Abs. 3 Nr. 1 und 2a. Das Bundesamt hat seinerseits nicht die Kompetenz, die Duldungsbescheinigung selbst zu erteilen. Diese Aufgabe obliegt den Ausländerbehörden im Rahmen ihrer Vollstreckungsverwaltung. Diese müssen aber zur sachgemäßen Ausführung des Gesetzes durch die anordnende Behörde, die insoweit für die Prüfung der materiellen Grundlagen, welche die Reichweite der Vollstreckungstätigkeit der vollziehenden Behörde begrenzen, umfassend unterrichtet werden.

32 Die Unterrichtungspflicht nach Abs. 3 Nr. 2b verfolgt den Zweck, der Ausländerbehörde die Ausschlussgründe mitzuteilen, die der Erteilung einer Aufenthaltserlaubnis nach § 25 Abs. 3 Satz 2 Buchst. a) bis d) AufenthG entgegenstehen. Dabei handelt es sich regelmäßig um Fälle, die im Asylverfahren zum Ausschluss der Flüchtlingseigenschaft führen (§ 3 Abs. 2, Abs. 4 Halbs. 2, § 4 Abs. 2 und über die umfassende Erkenntnisse beim Bundesamt vorliegen (BT-Drucks. 16/5065, S. 411). Durch die Unterrichtungspflicht nach Abs. 3 Nr. 2b wird sichergestellt, dass die dem Bundesamt bekannten Ausschlussgründe von den Ausländerbehörden nicht übersehen werden. Diese Regelung steht im Zusammenhang mit § 72 Abs. 2 AufenthG und soll gewährleisten, dass die besondere Sachkunde und die Erkenntnisquellen des Bundesamtes auch in die Prüfung der Ausschlussgründe nach § 25 Abs. 3 Satz 2 Buchst. a) bis d) AufenthG durch die Ausländerbehörden einfließen (BT-Drucks. 16/5065, S. 411).

F. Informationspflicht des Bundesamtes nach Abs. 4

33 Abs. 4 ist durch das Richtlinienumsetzungsgesetz 2007 eingeführt worden und setzte Art. 23 Abs. 2 RL 2005/85/EG um (BT-Drucks. 16/5065, S. 411). Danach hatten die Mitgliedstaaten sicherzustellen, dass das Asylverfahren unbeschadet einer angemessenen und vollständigen Prüfung des Antrags so rasch wie möglich zum Abschluss gebracht wird. Demgemäß hatte das Bundesamt dem Antragsteller nach Ablauf von sechs Monaten auf Antrag mitzuteilen, bis wann voraussichtlich über den Antrag entschieden wird. Dieser Anspruch ist gerichtlich durchsetzbar (§ 74 Rdn. 62). Auch bereits vor Ablauf der Frist konnte der Antragsteller auf unverzügliche Entscheidung drängen. Abs. 4 erfolgte in Umsetzung von Art. 23 Abs. 2 RL 2005/85/EG und bezweckte, dass über den Antrag unverzüglich entschieden wurde. Daraus konnte das Bundesamt nicht ableiten, dass es vor Ablauf der Frist von sechs Monaten keine dementsprechende Pflicht traf. Art. 23 Abs. 2 RL 2005/85/EG enthielt keine Sechsmonatsfrist, sondern eine Verpflichtung zur unverzüglichen Sachentscheidung nach Abschluss der erforderlichen Ermittlungen. Das Richtlinienumsetzungsgesetz

2013 hat Abs. 4 nicht an die entsprechende Regelung von Art. 31 RL 2013/32/EU angepasst, weil die Änderungsrichtlinie erst nach Abschluss der Beratungen in Kraft getreten, aber seit dem 20.07.2015 anzuwenden ist. Art. 31 Abs. 2 RL 2013/32/EU bekräftigt die bisherige Rechtslage, enthält aber weitere detaillierte Regelungen. Zunächst wird der Fristbeginn auf den Tag festgelegt, ab dem sich der Antragsteller nach Durchführung des Dublin-Verfahrens im Bundesgebiet befindet und sein Antrag von der Asylbehörde bearbeitet wird. Die Sechsmonatsfrist kann im Fall tatsächlicher oder rechtlicher komplexer Frage oder wenn eine große Anzahl von Personen Asyl beantragt um weitere höchstens neun Monate, also auf insgesamt 15 Monate erweitert werden. Aber selbst dann darf die Frist noch um maximal weitere drei Monate überschritten werden, um eine angemessene und vollständige Prüfung des Asylantrags zu gewährleisten. Hinzu kommen weitere Ausnahmeregelungen in Art. 31 Abs. 3 RL 2013/32/EU. Angesichts der Großzügigkeit dieser Fristregelungen (so auch BVerwG, AuAS 2016, 119, 120; VGH BW, NVwZ 2016, 472, 473 = InfAuslR 2016, 125) in Verbindung mit den vagen Formulierungen der Voraussetzungen handelt es sich bei diesen unionsrechtlichen Vorgaben entgegen den vollmundigen Ankündigungen der Kommission aus Anlass des Inkrafttretens der Änderungsrichtlinie um völlig wirkungslose Fristregelungen.

§ 25 Anhörung

(1) [1]Der Ausländer muss selbst die Tatsachen vortragen, die seine Furcht vor Verfolgung oder die Gefahr eines ihm drohenden ernsthaften Schadens begründen, und die erforderlichen Angaben machen. [2]Zu den erforderlichen Angaben gehören auch solche über Wohnsitze, Reisewege, Aufenthalte in anderen Staaten und darüber, ob bereits in anderen Staaten oder im Bundesgebiet ein Verfahren mit dem Ziel der Anerkennung als ausländischer Flüchtling, auf Zuerkennung internationalen Schutzes im Sinne des § 1 Absatz 1 Nummer 2 oder ein Asylverfahren eingeleitet oder durchgeführt ist.

(2) Der Ausländer hat alle sonstigen Tatsachen und Umstände anzugeben, die einer Abschiebung oder einer Abschiebung in einen bestimmten Staat entgegenstehen.

(3) [1]Ein späteres Vorbringen des Ausländers kann unberücksichtigt bleiben, wenn andernfalls die Entscheidung des Bundesamtes verzögert würde. [2]Der Ausländer ist hierauf und auf § 36 Abs. 4 Satz 3 hinzuweisen.

(4) [1]Bei einem Ausländer, der verpflichtet ist, in einer Aufnahmeeinrichtung zu wohnen, soll die Anhörung in zeitlichem Zusammenhang mit der Asylantragstellung erfolgen. [2]Einer besonderen Ladung des Ausländers und seines Bevollmächtigten bedarf es nicht. [3]Entsprechendes gilt, wenn dem Ausländer bei oder innerhalb einer Woche nach der Antragstellung der Termin für die Anhörung mitgeteilt wird. [4]Kann die Anhörung nicht an demselben Tag stattfinden, sind der Ausländer und sein Bevollmächtigter von dem Anhörungstermin unverzüglich zu verständigen. [5]Erscheint der Ausländer ohne genügende Entschuldigung nicht zur Anhörung, entscheidet das Bundesamt nach Aktenlage, wobei auch die Nichtmitwirkung des Ausländers zu berücksichtigen ist.

(5) [1]Bei einem Ausländer, der nicht verpflichtet ist, in einer Aufnahmeeinrichtung zu wohnen, kann von der persönlichen Anhörung abgesehen werden, wenn der Ausländer einer Ladung zur Anhörung ohne genügende Entschuldigung nicht folgt. [2]In diesem Falle ist dem Ausländer Gelegenheit zur schriftlichen Stellungnahme innerhalb eines Monats zu geben. [3]Äußert sich der Ausländer innerhalb dieser Frist nicht, entscheidet das Bundesamt nach Aktenlage, wobei auch die Nichtmitwirkung des Ausländers zu würdigen ist. [4]§ 33 bleibt unberührt.

(6) [1]Die Anhörung ist nicht öffentlich. [2]An ihr können Personen, die sich als Vertreter des Bundes, eines Landes oder des Hohen Flüchtlingskommissars der Vereinten Nationen ausweisen, teilnehmen. [3]Anderen Personen kann der Leiter des Bundesamtes oder die von ihm beauftragte Person die Anwesenheit gestatten.

(7) [1]Über die Anhörung ist eine Niederschrift aufzunehmen, die die wesentlichen Angaben des Ausländers enthält. [2]Dem Ausländer ist eine Kopie der Niederschrift auszuhändigen oder mit der Entscheidung des Bundesamtes zuzustellen.

Übersicht — Rdn.

A. Funktion der Vorschrift

1 Die Vorschrift entspricht im Wesentlichen §§ 8 Abs. 2, 8a, § 12 Abs. 1 Satz 3, Abs. 3 bis 5 AsylG 1982 und regelt die nähere Gestaltung der persönliche Anhörung und die Darlegungslasten des Antragstellers. Das Recht auf persönliche Anhörung ist hingegen in § 24 Abs. 1 Satz 3 geregelt (§ 24 Rdn. 23 ff.). Abs. 1 regelt die Darlegungslasten zum internationalen Schutz, Abs. 2 zu den Abschiebungsverboten nach § 60 Abs. 5 und 7 AufenthG. Die Aufgabenerweiterung des Bundesamtes nach Antragstellung auf den zuletzt genannten Gegenstandsbereich folgt aus § 24 Abs. 2. Abs. 3 enthält Präklusionsvorschriften. Es besteht ein enger Sachzusammenhang mit dem Eilrechtsschutzverfahren (§ 36 Abs. 4 Satz 3). Abs. 4 regelt die zeitlichen Rahmenbedingungen für die Durchführung der Anhörung. Angesichts der extrem langen Bearbeitungszeiten des Bundesamtes kommt Abs. 4 derzeit keine

Bedeutung zu. Abs. 4 und 5 regeln zugleich die Folgen, die das Nichterscheinen zur Anhörung nach sich zieht. In Abs. 6 wird das Recht auf Teilnahme an der Anhörung für bestimmte Institutionen angesprochen. Abs. 7 schließlich zieht die innerstaatliche Folgerung aus dem unionsrechtlichen Anspruch auf Zusendung der Anhörungsniederschrift. Anders als das frühere Recht (§ 8 Abs. 4, § 12 Abs. 1 AsylG 1982) enthalten die Vorschriften der §§ 24 ff. nicht das Recht, einen Verfahrensbevollmächtigten zuziehen. Dieses Recht wird aber durch § 14 VwVfG und insbesondere durch Unionsrecht im Einzelnen ausgestaltet.

Bei der Anwendung des § 25 sind die in Art. 12 bis 25 RL 2013/32/EU geregelten unionsrechtlichen Verfahrensgarantien zu berücksichtigen. Art. 12 RL 2013/32/EU regelt das Recht des Antragstellers in einer ihm verständlichen Sprache unterrichtet und mithilfe eines Dolmetschers (§ 17) angehört zu werden (Art. 15 Abs. 3 Buchst. c) RL 2013/32/EU). Nach Art. 14 Abs. 1 RL 2013/32/EU ist dem Antragsteller Gelegenheit zu persönlichen Anhörung zu geben. Ferner regelt die Verfahrensrichtlinie eine Vielzahl von Garantien, auf die bei der persönlichen Anhörung Bedacht zu nehmen ist (§ 24 Rdn. 8 ff.). Geregelt wird insbesondere das Recht, einen Verfahrensbeistand zuzuziehen (Art. 20 bis 23 RL 2013/32/EU). Art. 4 Abs. 1 und 2 RL 2011/95/EU enthalten wesentliche Vorgaben zur Darlegungslast. Diese steht in einem verfahrensrechtlichen Spannungsverhältnis zu den behördlichen Untersuchungspflichten. Beide Fragen werden ausführlich in § 24 erörtert (§ 24 Rdn. 8 ff., 23 ff.). Im Nachfolgenden werden daher lediglich die dort nicht angesprochenen Fragen erörtert. 2

B. Umfang der Darlegungslast (Abs. 1 und 2)

Nach allgemeinem Verfahrensrecht sollen die Beteiligten bei der Ermittlung des Sachverhalts mitwirken sowie insbesondere die ihnen bekannten Tatsachen und Beweismittel angeben (§ 26 Abs. 2 Satz 1 und 2 VwVfG). Diese Verpflichtung folgt auch aus Art. 4 Abs. 2 RL 2011/95/EU (Hess.VGH, NVwZ-RR 2011, 125. Diese allgemeine Mitwirkungspflicht wird in Abs. 1 und 2 im besonderen Maße ausgestaltet und verbindlich festgelegt. Die dort aufgeführten Mitwirkungspflichten, die neben die allgemeinen Mitwirkungspflichten nach § 15 treten, begrenzen zugleich den Umfang der Amtsermittlungspflicht. Mit dieser begrenzenden Wirkung war die Darlegungslast bereits sehr früh in der Rechtsprechung entwickelt worden (BVerwG, Buchholz 402.24 Art. 1 GK Nr. 11; BVerwG, DVBl 1963, 145; BVerwG, InfAuslR 1982, 156; BVerwG, InfAuslR 1983, 76; BVerwG, DÖV 1983, 207; BVerwG, BayVBl. 1983, 507; BVerwG, InfAuslR 1984, 129; BVerwG, InfAuslR 1989, 350). Danach hat der Asylsuchende zunächst die Umstände darzutun, die nach den Erfahrungen des Lebens den Schluss auf die Wahrheit der behaupteten Tatsache der Furcht vor Verfolgung rechtfertigen (BVerwG, Buchholz 402.24 Art. 1 GK Nr. 11). Er hat schlüssig mit genauen Einzelheiten sowie umfassend die Verfolgungstatsachen vorzutragen (BVerwG, DVBl 1963, 145). Dabei ist aber auf die möglicherweise fehlende intellektuelle Fähigkeit, einen Geschehensablauf im Zusammenhang zu schildern, Bedacht zu nehmen (BVerwG, NVwZ 1990, 171; § 24 Rdn. 11 ff.). 3

4 Die Darlegungspflicht ist die wichtigste Mitwirkungspflicht des Antragstellers. Dadurch werden Umfang und Art der Sachaufklärung im Asylverfahren im konkreten Einzelfall festgelegt. Sie bestimmt auch die Reichweite des Untersuchungsgrundsatzes (§ 24 Rdn. 3 ff.), soweit die Asylberechtigung und der internationale Schutz sowie Abschiebungsverbote nach § 60 Abs. 5 und 7 AufenthG (Abs. 2) infrage stehen. Abs. 1 Satz 2 umschreibt ferner den weiteren Inhalt der Darlegungslast, der insbesondere auf die Möglichkeit der Anwendung von § 26a, § 29 Abs. 1, § 29 Abs. 1 Nr. 1a und § 71 zielt. Die früher im Zusammenhang mit der Darlegungslast geregelte Vorlagepflicht (§ 8 Abs. 1 Satz 3, § 12 Abs. 1 Satz 2 AsylG 1982) ist an anderer Stelle als allgemeine Mitwirkungspflicht geregelt (§ 15 Abs. 2 Nr. 5). Nach Art. 4 Abs. 1 RL 2011/95/EU ist der Antragsteller verpflichtet, so schnell wie möglich alle zur Antragsbegründung erforderlichen Angaben darzulegen. Hierzu zählen insbesondere Angaben des Antragstellers zu Alter, familiären und sozialen Verhältnissen – auch der betroffenen Verwandten – Identität, Staatsangehörigkeit(en), Land/Länder und Ort(en) des früheren Aufenthalts, früheren Asylanträgen, Reisewegen, Identitätsausweisen und Reisedokumenten sowie zu den Gründen für den Asylantrag und die Übergabe sämtlicher verfügbarer Unterlagen (Art. 4 Abs. 2 RL 2011/95/EU). Die Behörde ihrerseits hat sicherzustellen, dass die persönliche Anhörung unter Bedingungen erfolgt, die eine angemessene Vertraulichkeit gewährleistet. Ferner haben sie geeignete Maßnahmen zu ergreifen, dass die Anhörung unter Bedingungen durchgeführt wird, die dem Antragsteller eine umfassende Darlegung der Antragsgründe ermöglichen und die eingesetzten Ermittler befähigen sind, die persönlichen und allgemeinen Umstände des Antrags einschließlich der kulturellen Herkunft, der Geschlechtszugehörigkeit, der sexuellen Ausrichtung, der Geschlechtsidentität oder der Schutzbedürftigkeit zu berücksichtigen (RL 15 Abs. 2 und 3 RL 2013/32/EU). Ferner ist sicherzustellen, dass die Asylgründe möglichst vollständig dargelegt werden können. Dies schließt die Gelegenheit ein, sich zu fehlenden Angaben und/oder zu Abweichungen oder Widersprüchen in den Aussagen des Antragstellers zu äußern Art. 16 RL 2013/32/EU). Dem dient im besonderen Maße die Vorhaltepflicht (§ 24 Rdn. 12 ff.).

I. Eingeschränkte Darlegungslast

5 Um einer Überspannung der Grundsätze zur Darlegungslast zulasten Asylsuchender vorzubeugen, hatte das BVerwG bereits zu Beginn der achtziger Jahre zwischen *persönlichen Erlebnissen und Erfahrungen* des Antragstellers einerseits sowie den *allgemeinen Verhältnissen im Herkunftsland* des Asylsuchenden andererseits differenziert (BVerwG, InfAuslR 1982, 156, 156 f.; BVerwG, InfAuslR 1983, 76, 77; BVerwG, InfAuslR 1984, 129; BVerwG, DÖV 1983, 207; BVerwG, BayVBl. 1983, 507; BVerwG, InfAuslR 1989, 350, 351; BVerwG, EZAR 630 Nr. 8; § 24 Rdn. 11). Danach trifft den Antragsteller im Hinblick auf seine persönlichen Erlebnisse eine erhöhte Darlegungslast, welche den Untersuchungsgrundsatz begrenzt. Das Bundesamt braucht in keine Ermittlungen einzutreten, die durch das Sachvorbringen nicht veranlasst sind. Mit Blick auf die allgemeinen Verhältnisse im Herkunftsland ist der Antragsteller dagegen in einer schwierigen Situation. Seine eigenen Kenntnisse und Erfahrungen sind

häufig auf einen engeren Lebenskreis begrenzt und liegen stets einige Zeit zurück. Seine Mitwirkungspflicht würde überdehnt, würde auch insofern ein lückenlosen Tatsachenvortrag gefordert, der im Sinne der zivilprozessualen Verhandlungsmaxime schlüssig zu sein hätte. Insoweit muss es genügen, um zu weiteren Ermittlungen Anlass zu geben, wenn der Tatsachenvortrag des Antragstellers die nicht entfernt liegende Möglichkeit ergibt, dass ihm bei Rückkehr in seinen Herkunftsstaat Verfolgung oder ein ernsthafter Schaden droht.

Dem entspricht die *unionsrechtlich geregelte Darlegungslast.* Danach hat der Antragstelle alle zur Antragsbegründung erforderlichen Angaben darzulegen (Art. 4 Abs. 1 RL 2011/95/EU). Hingegen hat die Behörde alle mit dem Herkunftsland verbundenen Tatsachen, die im Entscheidungszeitpunkt relevant sind, einschließlich der Rechts- und Verwaltungsvorschriften des Herkunftsland und der Weise, in der sie angewandt werden, zu prüfen (Art. 4 Abs. 3 Buchst. a) RL 2011/95/EU). Der Antragsteller hat persönliche Umstände, Verhältnisse und Erlebnisse, die seiner Ansicht nach zu Repressalien Anlass geben (Abs. 1 Satz 1) oder Abschiebungsverbote (Abs. 2) begründen können, schlüssig sowie mit Blick auf zeitliche, örtliche und sonstige Umstände detailliert und vollständig darzulegen. Welcher Art diese Repressalien sind und mit welcher Wahrscheinlichkeit sie drohen, ist dagegen nicht Teil seiner Darlegungslast. Diesen offenen Fragen hat vielmehr das Bundesamt von Amts wegen gegebenenfalls durch Beweiserhebung nachzugehen (§ 24 Abs. 1 Satz 1). Es ist daher fehlerhaft, wenn das Bundesamt dem Antragsteller die Darlegungslast für die Beschaffung von Urteilen etc. aufbürdet, sofern er hierzu nicht in der Lage ist. Folgt aus dem schlüssigen Sachvortrag, dass gegen den Asylsuchenden im Herkunftsland strafrechtliche Verfolgungen durchgeführt werden, liegt die Beschaffung von Nachweisen nicht in seinem Verantwortungsbereich. Erbringt auch die Sachaufklärung keinen näheren Aufschluss, ist im Rahmen der freien Beweiswürdigung über diesen Gesichtspunkt zu entscheiden. Keinesfalls ist es zulässig, wegen nicht vorgelegter Nachweise den Antrag abzuweisen (Art. 4 Abs. 5 Buchst. a) RL 2011/95/EU). Für einen noch nicht handlungsfähigen Minderjährigen kann selbstverständlich sein gesetzlicher Vertreter mit Wirkung für und gegen den Minderjährigen handeln, wobei dieser – sofern er zu eigenem Sachvorbringen in der Lage ist – damit nicht ausgeschlossen ist (BVerwG, InfAuslR 1989, 350; § 12 Rdn. 18 ff.). 6

II. Umfang der Darlegungslast nach Abs. 2

Nach Abs. 2 hat der Antragsteller auch alle sonstigen Tatsachen und Umstände anzugeben, die einer Abschiebung in einen bestimmten Staat entgegenstehen. Die ihn hiermit treffende Darlegungslast bezog sich traditionell auf die *zielstaatsbezogenen Abschiebungsverbote* nach § 60 Abs. 2 bis 5 und 7 AufenthG a.F. Durch das Richtlinienumsetzungsgesetz 2013 wurde die Darlegungslast nach Abs. 1 auf die Gefahr eines drohenden »ernsthaften Schadens«, also auch auf den Gegenstandsbereich von § 4 Abs. 1 Satz 2 und damit auf die früheren Abschiebungsverbote nach § 60 Abs. 2, 3 und 7 Satz 2 AufenthG a.F. erweitert. Nunmehr bezieht die Darlegungslast nach Abs. 1 sich auf die Verfolgung und den ernsthaften Schaden, 7 hingegen die nach Abs. 2 auf die Abschiebungsverbote nach § 60 Abs. 5 und 7 AufenthG. Da diese im Zusammenhang mit einem Asylantrag vom Bundesamt zu prüfen sind (§ 24 Abs. 2), entspricht dem die Darlegungslast nach Abs. 2. In der Regel hat der Antragsteller jedoch bereits mit der Darlegungspflicht nach Abs. 1 wegen der engen Verzahnung zwischen asyl- und ausländerrechtlichen Verfahrensgegenständen in tatsächlicher und rechtlicher Hinsicht (BVerwGE 99, 38, 44 f. = EZAR 631 Nr. 41 = NVwZ 1996, 79; BVerwGE 101, 323, 325 = EZAR 200 Nr. 32 = NVwZ 1996, 1136; BVerwG, EZAR 631 Nr. 40) zugleich auch seiner Darlegungslast nach Abs. 2 genügt. Demgemäß hat Abs. 2 in der Verwaltungspraxis geringe Bedeutung. Die Darlegungslast nach Abs. 2 unterliegt denselben Grundsätzen wie die nach Abs. 1. Auch hier ist zwischen persönlichen Erlebnissen und den allgemeinen Verhältnissen (Rdn. 5) zu differenzieren. Zu den nach Abs. 2 darzulegenden Umständen gehören auch Angaben über die Zugehörigkeit zu einer besonders gefährdeten Personengruppe, der im Herkunftsstaat Gefahren nach Maßgabe des § 60 Abs. 7 Satz 1 AufenthG drohen.

III. Aussageverweigerungsrecht des Antragstellers

8 Der materielle Asylausschluss nach § 26a Abs. 1 Satz 1 ebenso wie die Ausschlussgründe nach § 3 Abs. 2, § 4 Abs. 2 aktualisieren mit verschärfter Brisanz die Frage des Aussageverweigerungsrechts. Die persönliche Erklärungspflicht nach Abs. 1 findet ihre Grenze in dem Grundsatz, dass niemand gezwungen werden kann, gegen sich selbst auszusagen (BVerfGE 38, 105, 113). Würde der Antragsteller durch genaue Schilderung seiner Einreise im Bundesgebiet ein strafbares Verhalten offenbaren, hat er jedenfalls gegenüber den Strafverfolgungsorganen ein Aussageverweigerungsrecht (dagegen *Hailbronner*, AuslR B 2 § 25 AsylG Rn. 14, wie hier wohl *Kepert*, InfAuslR 2012, 166, 170). Nach der Rechtsprechung dürfen allerdings die im Rahmen der Anhörung gemachten Angaben in einem Strafverfahren wegen Verstoßes gegen Einreise- und Aufenthaltsvorschriften verwertet werden (BGH, EZAR 255 Nr. 9; BGH, BGH, NJW 1990, 1926; a.A. OLG Hamburg, NJW 1985, 2541). Damit ist aber nicht gesagt, dass sich der Antragsteller selbst belasten müsste. Macht er keine Angaben zum Reiseweg und den damit zusammenhängenden Umständen, können ihm im Strafverfahren auch keine eigenen sich selbst belastende Angaben entgegengehalten werden. Die Frage hat jedoch inzwischen erheblich an Schärfe verloren, weil für die Durchführung des Dublin-Verfahrens die Eurodac-Verordnung die Mitgliedstaaten verpflichtet, irregulär Einreisende erkennungsdienstlich zu behandeln (Art. 9 Verordnung [EU] Nr. 603/2013). Andererseits dürfen in diesem Zusammenhang ermittelte Daten zu strafrechtlichen Zweck verwendet werden (Art. 5 Verordnung [EU] Nr. 603/2013). Anders als in den 1990er Jahren werden heute unzutreffende Angaben zum Reiseweg grundsätzlich nicht mehr im Rahmen der Beweiswürdigung des asylrechtlichen Kernvorbringens zulasten des Antragstellers bewertet. Vielmehr trennt das Bundesamt zwischen den Angaben zum Reiseweg und denen zum Kernvorbringen.

9 Im Hinblick auf die Mitgliedschaft in als terroristisch eingestuften Organisationen (§ 3 Abs. 2 Nr. 2 und 3, § 4 Abs. 2 Satz 2 Nr. 2 und 3) hat das Bundesamt

den Antragsteller darauf hinzuweisen, dass er keine ihn strafrechtlich belastende Aussagen machen muss. Auch im Übrigen steht dem Antragsteller ein Aussageverweigerungsrecht zu, etwa dann, wenn er im Rahmen der Darlegung exilpolitischer Aktivitäten oder der Zugehörigkeit zu exilpolitischen Gruppierungen sich selbst in strafrechtlicher Weise bezichtigen müsste (Botschaftsbesetzung, Hausfriedensbruch etc.). Auch hier darf Schweigen nicht gegen den Antragsteller gewertet werden. Ausweichendes Antworten ist andererseits nicht zu empfehlen, weil dadurch der Eindruck persönlicher Unglaubwürdigkeit entstehen kann. Dagegen kann eine klare und eindeutige Berufung auf das Aussageverweigerungsrecht hinsichtlich bestimmter, klar abgegrenzter Sachkomplexe durchaus den Eindruck der Glaubwürdigkeit verstärken. Angesichts der überragenden verfahrensrechtlichen Bedeutung der Darlegungspflicht ist aber vor einer extensiven Ausübung des Aussageverweigerungsrechts zu warnen. Im Hinblick auf § 60 Abs. 8 AufenthG muss der Antragsteller selbst entscheiden, ob er sich auf sein Aussageverweigerungsrecht beruft und damit möglicherweise seinen Statusanspruch gefährdet oder ob er strafrechtliche Konsequenzen in Kauf nimmt.

IV. Einsatz von Dolmetschern

Nach Art. 12 Abs. 1 Buchst. b) in Verb. mit Art. 14 RL 2013/32/EU ist ein Dolmetscher beizuziehen, damit der Antragsteller seinen Fall den zuständigen Behörden darlegen kann (§ 17). Die Behörde hat einen Dolmetscher auszuwählen, der eine angemessene Verständigung zwischen dem Antragsteller und dem Ermittler zu gewährleisten vermag. Dabei muss die Verständigung nicht zwingend in der vom Antragsteller bevorzugten Sprache stattfinden, wenn es eine andere Sprache gibt, deren Kenntnis vernünftigerweise vorausgesetzt werden kann und in der er sich verständigen kann (Art. 15 Abs. 3 Buchst. c) RL 2013/32/EU). Angesichts der hohen Anforderungen an die Darlegungslast ist jedoch dem Wunsch des Antragstellers auf die Wahl der maßgebenden Sprache zu entsprechen. Jedenfalls ist dieser bei Zweifeln an der Verständigung maßgebend. Soweit wie möglich ist ein *Dolmetscher gleichen Geschlechts* zuziehen, wenn der Antragsteller darum ersucht (Art. 15 Abs. 3 Buchst. c) RL 2013/32/EU). Ebenso soll die Anhörung durch einen Ermittler gleichen Geschlechts durchgeführt werden, wenn der Antragsteller darum ersucht (Art. 15 Abs. 3 Buchst. b) RL 2013/32/EU). Den Dolmetscher trifft eine besondere Verantwortung. Er hat bei auftretenden Zweifeln eine Unterbrechung des Diktats herbeizuführen und durch Rückfrage beim Antragsteller für Klarheit über den Inhalt der Angaben zu sorgen (OVG NW, EZAR 210 Nr. 14). Besteht der Ermittler auf unmittelbare Wiedergabe der Erklärungen des Antragstellers, weil er einen durch wiederholte Rückfragen geprägten Übersetzungsvorgang nicht überprüfen kann, trifft den Sprachmittler die Verpflichtung, den Ermittler auf Zweifel hinzuweisen, dass der Antragsteller die an ihn gestellte Frage richtig verstanden hat. Der Ermittler hat in diesem Fall entsprechend der *verfahrensrechtlichen Fürsorgepflicht* (§ 24 Rdn. 9, 15) die Frage so zu formulieren, dass sie für den Antragsteller verständlich wird. Für diesen Klärungsprozess haben Dolmetscher eine besondere Verantwortung. 10

V. Vertretung durch Verfahrensbevollmächtigten in der Anhörung

11 Der Antragsteller kann sich im Verfahren und insbesondere während der Anhörung (Abs. 4 Satz 4, § 18a Abs. 1 Satz 5, s. auch § 14 Abs. 3 Satz 2) durch einen Verfahrensbevollmächtigten oder Beistand vertreten lassen. Anders als früher enthält das AsylG bis auf die erwähnten Bestimmungen keine ausdrückliche Regelung der Vertretungsbefugnis. § 8 Abs. 4, § 12 Abs. 2 AsylG 1982 bestätigten jedoch lediglich das allgemeine, bereits in § 14 VwVfG geregelte Verfahrensrecht des Antragstellers, sich durch einen Verfahrensbevollmächtigten vertreten zu lassen (BVerwG, EZAR 210 Nr. 5 = BayVBl. 1991, 124). Nach Unionsrecht haben die Mitgliedstaaten dem Antragsteller zu gestatten, auf eigene Kosten einen Rechtsanwalt oder sonstigen nach ihrem Recht zugelassenen oder zulässigen Rechtsberater in wirksamer Weise in Fragen ihres Asylantrags zu konsultieren (Art. 20 RL 2013/32/EU). Im Fall einer ablehnenden Entscheidung stellen sie sicher, dass auf Antrag kostenlose Rechtsberatung und/oder -vertretung vorbehaltlich nationaler Regelungen gewährt wird. Sie dürfen aber die kostenlose Rechtsvertretung von einer Prüfung der Erfolgsaussichten des Rechtsbehelfs abhängig machen (Art. 2a Abs. 1 RL 2013/32/EU; § 83b Rdn. 4 ff., zur Bewilligung von PKH).

12 Nach Art. 22 Abs. 1 RL 2013/32/EU erhalten Antragsteller in allen Phasen des Verfahrens, auch nach einer ablehnenden Entscheidung, effektiv Gelegenheit, auf eigene Kosten einen Rechtsanwalt oder sonstigen nach ihrem Recht zugelassenen oder zulässigen Rechtsberater in wirksamer Weise in Fragen ihres Antrags zu konsultieren. Darüber hinaus können die Mitgliedstaaten Nichtregierungsorganisationen erlauben, Antragstellern im asylrechtlichen Verwaltungsverfahren einschließlich der Verfahren an der Grenze (Flughafenverfahren) Rechtsberatung und/oder -vertretung im Einklang mit nationalem Recht zu gewähren (Art. 22 Abs. 2 RL 2013/32/EU). Dadurch wird den Mitarbeitern der Wohlfahrtsverbände, die Verfahrensberatung in Aufnahmeeinrichtungen durchführen, die Möglichkeit eröffnet, an der persönlichen Anhörung teilzunehmen, wenn der Antragsteller nicht anwaltlich vertreten ist oder der Rechtsanwalt nicht an der Anhörung teilnimmt. Die Behörden haben dem Anwalt oder Rechtsberater Akteneinsicht zu gewähren (Art. 23 Abs. 1 RL 2013/32/EU) und zum Zwecke der Beratung Zugang zu Gewahrsamseinrichtungen und Transitzonen zu gewähren (Art. 23 Abs. 2 RL 2013/32/EU). Während der persönlichen Anhörung nach § 24 Abs. 1 Satz 3 hat der Antragsteller das Recht, dass sein Anwalt oder Rechtsberater an dieser teilnimmt (Art. 23 Abs. 3 UAbs. 1 RL 2013/32/EU).

13 Die für die Vertretung erforderliche Vollmacht (§ 164 Abs. 1, § 166 Abs. 2 BGB) wird durch Erklärung gegenüber dem zu Bevollmächtigenden oder gegenüber der Behörde erteilt. Sie kann auf Anfrage der Behörde schriftlich unter angemessener Fristsetzung nachgereicht werden (BVerwG, InfAuslR 1985, 166; s. hierzu im Einzelnen § 74 Rdn. 26 ff.). Das Vorliegen einer schriftlichen Vollmacht ist nicht Voraussetzung der Vertretungsbefugnis (VG Wiesbaden, InfAuslR 1990, 177; für das Gerichtsverfahren s. BVerwG, Beschl. v. 05.11.1992 – BVerwG 9 B 153.92). Ist ein Bevollmächtigter bestellt, verbietet § 14 Abs. 3 Satz 1 VwVfG grundsätzlich die unmittelbare Kontaktaufnahme der Behörde mit dem Asylsuchenden unter

Umgehung des Bevollmächtigten (s. aber Abs. 4 Satz 2; s. auch §§ 14 Abs. 3 Satz 2, § 18a Abs. 1 Satz 5, § 31 Abs. 1 Satz 4, § 50 Abs. 5 Satz 1). Nach § 7 Abs. 1 Satz 2 VwZG ist bei schriftlicher Vollmacht an den Bevollmächtigten zuzustellen (BVerwG, InfAuslR 1984, 90 = EZAR 610 Nr. 21; BVerwG, NVwZ 1985, 337; OVG Hamburg, InfAuslR 1990, 252; Hess. VGH, Hess. VGRspr. 1989, 59; Hess. VGH, Hess. VGRspr. 1991, 30; BayObLG, EZAR 135 Nr. 11 = InfAuslR 1988, 282; s. aber § 31 Abs. 1 Satz 4, § 50 Abs. 5 Satz 1). Bricht der Kontakt zum Antragsteller ab, bleibt der Vollmachtsvertrag wirksam. Maßgebend ist allein, ob der Vertrag im Innenverhältnis fortbesteht. Kann infolge *Abbruchs des Kontakts durch den Vertretenen* der Vertrag nicht wirksam gekündigt werden, ist weiterhin an den Bevollmächtigten zuzustellen (BVerwG, InfAuslR 1984, 90 = EZAR 610 Nr. 21; BVerwG, NVwZ 1985, 337; § 74 Rdn. 33). Verfahrenshandlungen bleiben diesem gegenüber mit Wirkung für und gegen den untergetauchten Antragsteller wirksam. Insbesondere beginnen auch die Rechtsbehelfsfristen zu laufen.

Es bestehen im Asylverfahren wegen der persönlichen Erklärungspflicht nach Abs. 1 14
und 2 Besonderheiten, weil die Erfüllung der Darlegungspflicht *unvertretbar* ist (Rdn. 23). Sie schließt sie aber auch nicht aus (BVerfG [Kammer], NVwZ-Beil. 1994, 50, 51). Der Bevollmächtigte kann während der Anhörung auf korrekte Befragung und ordnungsgemäße Protokollierung der Erklärungen der Angaben des Antragstellers dringen sowie generell auf ein ruhiges und sachliches Anhörungsklima hinwirken. Insbesondere hat er darauf zu achten, dass die Fragen dem Zweck der Anhörung dienlich sein können und die Anforderungen an die verfahrensrechtliche Fürsorgepflicht (§ 24 Rdn. 9) berücksichtigt werden. Gegebenenfalls muss der Bevollmächtigte selbst die notwendigen Vorhalte machen, damit der Antragsteller Gelegenheit erhält, Widersprüche, Ungereimtheiten und Unzulänglichkeiten von sich aus überzeugend auszuräumen. Auch kann er diesem unverständlich erscheinende Fragen präzisieren und insgesamt auf eine konkrete und erschöpfende Sachverhaltsermittlung bestehen. Die Behörde kann aber festlegen, dass der Rechtsanwalt erst am Schluss der persönlichen Anhörung eingreifen darf (Art. 23 Abs. 3 UAbs. 2 RL 2013/32/EU). Das Bundesamt hat die Verfahrensherrschaft (BVerwG, DVBl 1984, 1015), sodass es kein Recht des Bevollmächtigten gibt, seine Fragen zu einem bestimmten Zeitpunkt zu stellen (BVerwG, EZAR 210 Nr. 5). Es sind aber erhebliche zeitliche Verlängerungen der Anhörung zu besorgen, weil dem Anwalt bei dieser Verfahrensweise Gelegenheit zu geben ist, erneut den jeweiligen Kontext zum Gegenstand seiner Befragung zu machen, sodass sich an die behördliche Anhörung eine anwaltliche Anhörung anschließt (Vor § 78 Rdn. 50 ff.). Empfehlenswert ist es daher, jeweils nach Behandlung der einzelnen Sachkomplexe, dem Anwalt das Fragerecht einzuräumen. Zum Abschluss der behördlichen Befragung empfiehlt es sich, mit dem Ermittler zu erörtern, ob alle wesentlichen Tatsachenkomplexe ermittelt worden sind und auf eine entsprechende Protokollierung zu bestehen. Dadurch kann verhindert werden, dass das Bundesamt in der Anhörung nicht aufgeklärte Widersprüche zur Begründung des ablehnenden Bescheides heranzieht. Jedenfalls kann unter diesen Voraussetzungen in der Klagebegründung ein gravierender Verfahrensfehler gerügt und die Plausibilität und Richtigkeitsvermutung des behördlichen Bescheides erschüttert werden.

15 Soweit ein Bevollmächtigter die Voraussetzungen von § 14 Abs. 6 VwVfG erfüllt, kann er zurückgewiesen werden (Vor § 78 Rdn. 56 ff.). Die Zurückweisung ist dadurch gekennzeichnet, dass dem Bevollmächtigten ganz oder teilweise untersagt wird, in einem Verwaltungsverfahren als Vertreter des Beteiligten aufzutreten mit der Wirkung, dass in diesem Umfang seine Vertretungsmacht im Verhältnis zur Behörde beendet wird und er damit ihr gegenüber seine Rechtsstellung als Bevollmächtigter verliert. Dies folgt aus§ 14 Abs. 7 Satz 2 VwVfG. Danach sind Verfahrenshandlungen des Bevollmächtigten, die er nach der Zurückweisung vornimmt, unwirksam (BVerwG, EZAR 210 Nr. 5 = BayVBl. 1991, 124 = NVwZ 1991, 488). Die Rechtsprechung ist wohl dahin zu verstehen, dass der Rechtsanwalt hierdurch nicht in seinem »allgemeinen Rechtsstatus als Anwalt« berührt und er deshalb nicht in seinen eigenen Rechten verletzt wird (BVerwG, EZAR 210 Nr. 5).

C. Präklusion verspäteten Sachvorbringens (Abs. 3)

16 Nach Abs. 3 kann späteres Vorbringen unberücksichtigt bleiben, wenn andernfalls die Entscheidung verzögert würde. Eine entsprechende Regelung für das Gerichtsverfahren enthält § 74 Abs. 2 Satz 2 in Verb. mit § 87b Abs. 3 VwGO. Abs. 3 erstreckt die in § 8a Abs. 1 AsylG 1990 auf Abschiebungsverbote begrenzte Präklusionsregelung auch auf die in Abs. 1 geregelte Darlegungspflicht. Abs. 3 ist mit Unionsrecht nicht vereinbar, da es Art. 10 und 11 RL 2013/32/EU nicht zulässt dass verspätet vorgebrachte Tatsachen oder vorgelegte Beweismittel nach nationalem Recht unberücksichtigt bleiben. Nach dem Grundsatz richtlinienkonformer Auslegung darf daher Abs. 3 nicht angewandt werden. Jedenfalls ist das Ermessen des Bundesamtes bei der Entscheidung über die Zulassung verspäteten Vorbringens richtlinienkonform zu reduzieren. Die nationale Präklusionsnorm hat Wirkung für das Verwaltungsverfahren. Sie kann aber auch Auswirkungen auf den Eilrechtsschutz entfalten (§ 36 Abs. 4 Satz 3). Es handelt sich um eine formelle oder unechte Präklusion (*Brandt*, NVwZ 1997, 233). Die formelle Präklusion hat lediglich zur Folge, dass die Behörde die präkludierten Einwendungen im weiteren Verfahren nicht mehr berücksichtigen muss, indes in Erwägung ziehen darf. Der Antragsteller hat einen Anspruch auf fehlerfreie Ermessensausübung, ob sein Vorbringen noch entgegengenommen wird oder nicht (*Brandt*, NVwZ 1997, 233, 233 f.). Nach Unionsrecht ist zu seinen Gunsten zu entscheiden. Entscheidet das Bundesamt nicht unverzüglich nach der Anhörung – wie heute üblich – und gehen ihm ergänzende schriftliche Äußerungen vor der Sachentscheidung zu, die noch nicht Teil der Anhörung waren, hat es diese zu berücksichtigen. Deren Berücksichtigung steht im Übrigen im behördlichen Ermessen. Im Gerichtsverfahren verlangt § 77 Abs. 1 die Berücksichtigung des gesamten Sachvorbringens im Zeitpunkt der mündlichen Verhandlung bzw. der gerichtlichen Entscheidung. Abs. 3 hat in der Verwaltungspraxis nahezu keine Bedeutung.

17 Die Anwendung von Abs. 3 setzt voraus, dass der Antragsteller auf die Präklusionswirkung nach Abs. 3 Satz 1 sowie insbesondere darauf hingewiesen wurde, dass er mit späteren Vorbringen auch im Eilrechtsschutzverfahren präkludiert werden kann (Abs. 3 Satz 2 in Verb. mit § 36 Abs. 4 Satz 3; § 36 Rdn. 48 ff.). Der Hinweis nach Abs. 3 Satz 2 muss so rechtzeitig erfolgen, dass er noch seiner Darlegungspflicht

genügen kann. Der bloße Hinweis auf die Präklusionswirkung im Verwaltungs- und Eilrechtsschutzverfahren genügt nicht. Vielmehr ist der Antragsteller im Rahmen der Anhörung inhaltlich über die Folgen einer Verletzung seiner Mitwirkungspflichten zu belehren. Es muss sich ferner um späteres Vorbringen handeln, also um Tatsachen oder Beweismittel, die in der Anhörung mitgeteilt oder vorgelegt werden konnten. Soweit es sich um Tatsachen handelt, die dem Antragsteller nach der Anhörung bekannt geworden sind, findet Abs. 3 keine Anwendung (*Hailbronner*, AuslR B 2 § 25 AsylG Rn. 17; *Bodenbender*, in: GK-AsylG II, § 25 Rn. 14).

D. Durchführung der persönlichen Anhörung (Abs. 4 bis 7)

I. Funktion der Vorschriften des Abs. 4 bis 7

18 Wie schon § 12 Abs. 3 AsylG 1990 führt Abs. 4 die Praxis der *Direktanhörung* fort. Diese wird aber derzeit in der ursprünglich in Abs. 4 Satz 1 bis 3 konzipierten Form nicht praktiziert. Vielmehr werden Antragsteller nicht im zeitlichen Zusammenhang mit der Antragstellung angehört, sondern überwiegend erst Monate, teilweise ein Jahr und länger danach angehört. So betrug die Gesamtdauer des Verfahrens bis zur behördlichen Entscheidung im 2. Quartal 2013 7,9 Monate. Bei den Herkunftsländern, aus denen Antragsteller mit einer hohen Schutzquote Antrag stellen, war sie bedeutend länger, für Afghanistan 15,2, Iran 13,5 und Somalia 18.8 Monate (BT-Drucks. 17/14553, S. 9). Durch ÄnderungsG 1990 war seinerzeit in § 12 Abs. 3 AsylG 1990 eine komplizierte Benachrichtigungsregel eingefügt worden. Diese wird durch Abs. 4 beibehalten. Anders als nach altem Recht, welches die Durchführung der Direktanhörung in das behördliche Ermessen stellte, ordnet Abs. 4 Satz 1 als Regelpraxis die Direktanhörung für die der Wohnpflicht nach § 47 Abs. 1 Satz 1, Abs. 1a; § 30a Abs. 3 Satz 1 unterliegenden Antragsteller an. Mit dieser Regelung soll eine zügige Durchführung und Beendigung des Verfahrens erreicht werden. Abs. 4 und 5 regeln die zeitlichen Modalitäten der Ladung des Antragstellers und seines Bevollmächtigten, Abs. 4 für die der Wohnpflicht nach § 47 Abs. 1 Satz 1, Abs. 1a; § 30a Abs. 3 Satz 1 unterliegenden und Abs. 5 für die anderen Antragsteller. Letztere können also nach dem klaren Wortlaut und der Systematik des Gesetzes nicht im Wege der Direktanhörung angehört werden. Nach Art. 14 Abs. 1 RL 2013/32/EU wird dem Antragsteller Gelegenheit zu einer persönlichen Anhörung zu seinem Antrag gegeben, bevor eine Entscheidung getroffen wird. Weitere Regelungen zu den Modalitäten der Ladung und zur Durchführung der Anhörung enthält Unionsrecht nicht. Abs. 6 bestimmt, dass die Anhörung anders als das Gerichtsverfahren nicht öffentlich ist und bezeichnet die Personen, die zusätzlich zum Antragsteller an dieser teilnehmen können. In Abs. 7 wird der Anspruch auf Aushändigung der Anhörungsniederschrift geregelt.

II. Ladung zur persönlichen Anhörung (Abs. 4 und 5)

19 Wie schon § 12 Abs. 3 AsylG 1990 führt Abs. 4 die Praxis der *Direktanhörung* fort, sie wird aber derzeit nicht praktiziert (Rdn. 18) Die zunächst in § 12 Abs. 3 AsylG 1982 nicht vorgesehene Benachrichtigung des Antragstellers und seines Bevollmächtigten wurde in der Rechtsprechung kritisiert (OVG Hamburg, EZAR 226

Nr. 5; a.A. VG Berlin, Beschl. v. 21.05.1985 – VG 19 A 51.85; VG Mainz, InfAuslR 1990, 130; VG Wiesbaden, Beschl. v. 19.07.1990 – VIII/1 G 20336/90). Der Gesetzgeber hatte daraufhin mit § 12 Abs. 3 AsylG 1990 die in Abs. 4 beibehaltene Benachrichtigungsregelung eingeführt. Es bedarf keiner förmlichen Ladung des Antragstellers und seines Bevollmächtigten, wenn der Termin der Anhörung binnen Wochenfrist nach Antragstellung für Antragsteller im Sinne von § 14 Abs. 1 mitgeteilt wird (Abs. 4 Satz 3). Findet die Anhörung nicht im unmittelbaren zeitlichen Zusammenhang mit der Antragstellung nach Abs. 4 Satz 1 – also am selben Tag (Hess. VGH, Beschl. v. 26.03.1991 – 12 TG 2541/9) – statt, wird dem Antragsteller aber noch binnen Wochenfrist (Abs. 4 Satz 3) der Termin zur Anhörung mitgeteilt. Antragsteller und Bevollmächtigter sind zwar von Amts wegen nicht förmlich zu laden, aber zu benachrichtigen (Abs. 4 Satz 4). Nur wenn die Anhörung am Tag der Antragstellung stattfindet, entfällt selbst die Benachrichtigungspflicht nach Abs. 4 Satz 4. Für die Zustellung der Ladung gelten die Zustellungsvorschriften des § 10.

20 Abs. 4 Satz 3 und 4 sind mit Unionsrecht kaum vereinbar. Danach ist dem Rechtsanwalt stets in geeigneter Weise Gelegenheit zu geben, an der Anhörung teilzunehmen. Während die Mitgliedstaaten nach Art. 16 Abs. 4 RL 2005/85/EG lediglich vorsehen konnten, dass der Antragsteller sich bei der Anhörung von einem Rechtsanwalt oder sonstigen Rechtsberater begleiten lassen konnte, was aber seine vorherige Benachrichtigung einschließen dürfte, wird nunmehr in Art. 23 Abs. 3 UAbs. 1 RL 2013/32/EU zwingend geregelt, dass der Rechtsanwalt oder sonstige Rechtsberater an der Anhörung teilnimmt. Demgemäß hat das Bundesamt auch dann, wenn es am Tage der Antragstellung die Anhörung durchführen will, dem Rechtsanwalt Gelegenheit zu geben, an der Anhörung teilzunehmen. Dies setzt zunächst voraus, dass es von Amts wegen ermittelt, ob der Antragsteller anwaltlich vertreten ist. Ist dies der Fall, ist die Anhörung zu vertagen. Die Verwaltungspraxis verfährt traditionell nach diesen Grundsätzen. Doch sollte zur wirksamen Gestaltung unionsrechtlicher Vorgaben der Gesetzgeber in § 25 eine entsprechende Verpflichtung einführen.

21 Der Tag der Antragstellung nach § 23 ist nicht identisch mit dem Tag der Meldung bei der Aufnahmeeinrichtung nach § 22. Erst mit Vorsprache bei der Außenstelle des Bundesamtes, wird der Asylantrag wirksam gestellt. Die Regelung in Abs. 4 Satz 4 zielt damit auf den Zeitpunkt des persönlichen Erscheinens nach § 23 Abs. 1. Bei anwaltlich vertretenen Antragstellern ist dem Anwalt unter Berücksichtigung seiner Terminlage Gelegenheit zu geben, an der Anhörung teilzunehmen (Rdn. 20). Das Bundesamt hat nach Rücksprache mit ihm einen geeigneten Termin innerhalb einer Frist von einer Woche festlegen. Die Benachrichtigungspflicht ist gegenüber der früheren Regelung leicht modifiziert worden. Musste nach altem Recht die Anhörung binnen Wochenfrist nach dem Tag der Antragstellung stattfinden (§ 12 Abs. 3 Satz 2 AsylG 1990), reicht es nach Abs. 4 Satz 3 aus, wenn dem Antragsteller innerhalb dieser Frist der Termin zur Anhörung mitgeteilt wird. Die Anhörung selbst kann also nach Ablauf der Wochenfrist erfolgen, vorausgesetzt der Termin ist fristgemäß mitgeteilt worden. Während nach altem Recht bei genügender Entschuldigung ein erneuter Termin durchgeführt werden musste (§ 12 Abs. 3 Satz 5 AsylG 1990), verhält sich Abs. 4 Satz 5 zu dieser Frage nicht. Angesichts der hervorgehobenen Bedeutung, die

der persönlichen Anhörung im Asylverfahren zukommt, ist bei glaubhaft gemachter Entschuldigung im Sinne von Abs. 4 Satz 5 eine erneute Anhörung unverzüglich anzuberaumen. Dies folgt zwingend aus Unionsrecht Art. 14 Abs. 2 und 3 RL 2013/32/EU. Im Übrigen kann das Bundesamt anders als bei Abs. 5 Satz 2, ohne Gelegenheit zur schriftlichen Stellungnahme zu geben (Abs. 4 Satz 5), entscheiden. Dies ist weder mit Unionsrecht noch mit dem Grundsatz rechtlichen Gehörs vereinbar. Das Bundesamt darf nach nationalem Recht, hat aber aus unionsrechtlichen Gründen anders zu verfahren.

Abs. 5 Satz 1 setzt die Ladung des Antragstellers als selbstverständlich voraus und regelt lediglich die Folgen seines Nichterscheinens. Zu den Modalitäten und zeitlichen Bedingungen der Ladung enthält Abs. 5 keine Regelungen. Es gilt allgemeines Verwaltungsverfahrensrecht. Dies gilt auch für die Ladung des Anwalts. Auch ist Unionsrecht und ergänzend § 14 VwVfG zu beachten. Anders als Abs. 4 lässt Abs. 5 dem Bundesamt einen weiten Gestaltungsraum hinsichtlich der zeitlichen Durchführung der Anhörung. Die Norm beschränkt sich lediglich auf die Regelung der Folgen des Nichterscheinens des Antragstellers zur Anhörung. In der Verwaltungspraxis gibt die Zentrale die Akte an die nächstgelegene Außenstelle ab. Diese lädt den Antragsteller zur Anhörung und führt diese durch oder verfährt nach Abs. 5. Die Benachrichtigung oder Ladung des Antragstellers erfolgt sowohl nach Abs. 4 wie nach Abs. 5 unmittelbar durch das Bundesamt und nicht über die Aufnahmeeinrichtung (so aber *Bodenbender*, in: GK-AsylG II, § 25 Rn. 17). 22

III. Gestaltung der persönlichen Anhörung

Abs. 4 bis 7 enthalten keine Regelungen zum Ort und zur Gestaltung der Anhörung. Grundsätzlich ist die Anhörung durch die für den Antragsteller zuständige Außenstelle durchzuführen. So wird auch in der Verwaltungspraxis verfahren. Die einzelnen Verpflichtungen des Bundesamtes wie auch die des Antragstellers ergeben sich aus dem Untersuchungsgrundsatz und der Mitwirkungspflicht und Darlegungslast (§ 24 Rdn. 3 ff., 8 ff). Wird der Antragsteller durch einen Rechtsanwalt begleitet, muss er gleichwohl die erforderlichen Angaben zu seinen Asylgründen machen (Rdn. 14). Die Mitgliedstaaten können verlangen, dass der Antragsteller auch dann bei der Anhörung anwesend ist, wenn er durch einen Rechtsanwalt oder sonstigen Rechtsberater vertreten wird. So verfährt die Verwaltungspraxis. Ferner können sie die Anhörung auch dann durchführen, wenn der Rechtsanwalt nach ordnungsgemäßer Ladung bzw. Benachrichtigung nicht daran teilnimmt (Art. 23 Abs. 4 U Abs. 2 und 3 RL 2013/32/EU). 23

IV. Absehen von der Anhörung (Abs. 4 Satz 5, Abs. 5)

In den gesetzlich vorgeschriebenen Fällen (§ 24 Abs. 1 Satz 5; Abs. 4 Satz 5; Abs. 5 Satz 1, 3) kann von der Anhörung abgesehen werden (§ 24 Rdn. 27 ff.). Liegen die hierfür maßgeblichen Voraussetzungen nicht vor, hat das Bundesamt den Antragsteller anzuhören. Nach Art. 12 Abs. 6 RL 2005/85/EG konnten die Behörden bei ihrer Entscheidung über den Antrag berücksichtigen, dass der Antragsteller einer 24

Aufforderung zur persönlichen Anhörung nicht nachgekommen war, es sei denn, er hatte berechtigte Gründe für sein Fernbleiben vorgebracht. Ferner kann die Behörde nach Art. 28 Abs. 1 UAbs. 2 RL 2013/32/EU über den Antrag entscheiden, die Antragsprüfung einstellen oder den Antrag im Fall seiner Unbegründetheit ablehnen, wenn der Antragsteller den Aufforderungen zur Antragsbegründung im Sinne von Art. 4 RL 2011/95/EU oder einer Aufforderung zur persönlichen Anhörung nicht nachgekommen ist, es sei denn, er weist innerhalb einer angemessenen Frist nach, dass sein Versäumnis auf Umständen beruht, auf die er keinen Einfluss hatte, er untergetaucht ist oder seinen Aufenthaltsort oder Ort der Ingewahrsamnahme verlassen und nicht innerhalb angemessener Frist die zuständige Behörde kontaktiert hat oder seinen Melde- und anderen Mitteilungspflichten nicht innerhalb einer angemessenen Frist nachgekommen ist, es sei denn, er weist nach, dass dies auf Umständen beruht, auf die er keinen Einfluss hatte.

25 Nach diesen unionsrechtlichen Vorgaben sind Abs. 4 und 5 anzuwenden. Dabei ist im Hinblick auf das durch Art. 41 Abs. 2 GRCh gewährleistete Recht, vor einer negativen Entscheidung persönlich angehört zu werden (EuGH, NVwZ 2013, 59, 60 Rn. 83 ff. – *M.M.*), eine besonders sorgsame und zurückhaltende Rechtsanwendung angezeigt. Bei Antragstellern, die nach Abs. 4 anzuhören und ohne genügende Entschuldigung nicht zu Anhörung erschienen sind, entscheidet das Bundesamt nach Aktenlage, ohne Gelegenheit zur schriftlichen Stellungnahme einzuräumen. Bei Antragstellern, die nach Abs. 5 anzuhören und ohne genügende Entschuldigung nicht zu Anhörung erschienen sind, räumt das Bundesamt dem Antragsteller Gelegenheit zur Stellungnahme binnen Monatsfrist ein und entscheidet nach Aktenlage, wenn er sich nicht äußert. Ist die Entschuldigung ausreichend, ist in beiden Fällen die Anhörung erneut anzuberaumen und durchzuführen (*Hailbronner,* AuslR B 2 § 25 AsylG Rn. 33). Genügend entschuldigt ist das Nichterscheinen, wenn der Antragsteller krankheitsbedingt nicht zur Anhörung erscheinen konnte oder technische, von ihm nicht zu vertretende Mängel etwa bei der Zustellung der Ladung durch die Behörde oder seinem Rechtsanwalt oder Störungen der Transportwege aufgetreten waren. Auch die Verhinderung des Anwalts des Antragstellers ist ein hinreichender Entschuldigungsgrund, wenn er mit anwaltlichem Beistand angehört werden will (*Hailbronner,* AuslR B 2 § 25 AsylG Rn. 33). Die vorherige Benachrichtigung des Bundesamtes wird häufig nicht möglich sein, etwa bei plötzlich auftretender Krankheit oder in den anderen bezeichneten Fällen. Die Entschuldigung kann durch Vorlage ärztlicher Atteste und anderer Nachweise glaubhaft gemacht werden. Diese sollte bereits nach Möglichkeit vor dem anberaumten Termin, auf jeden Fall unverzüglich und in den Fällen des Abs. 5 innerhalb der Monatsfrist dargelegt werden.

26 In den Fällen des Abs. 4 entscheidet das Bundesamt bei unentschuldigtem Fernbleiben nach Aktenlage, wobei im Rahmen der freien Beweiswürdigung das Nichterscheinen zu berücksichtigen ist (Abs. 4 Satz 5). Allein aus der Tatsache des Nichterscheinens des Antragstellers zur Anhörung lässt sich in der konkreten Situation aber nicht ohne Weiteres auf eine mangelnde Mitwirkungsbereitschaft des Antragstellers schließen (BVerfG [Kammer], NVwZ-Beil. 1994, 50, 51). Deshalb ist ihm Gelegenheit zur schriftlichen Stellungnahme zu geben und ist er im Fall ausreichender Entschuldigung erneut zur

Anhörung zu laden. Das Bundesamt kann nach Fristablauf bei fehlender Stellungnahme das Verfahren einstellen (§ 33 Abs. 1 Nr. 1). Auch in den Fällen des Abs. 5 kann das Bundesamt nach § 33 vorgehen (Abs. 5 Satz 4). Es hat den Antragsteller aber auch hier auf die Folgen der fehlenden Mitwirkung einen Monat vorher hinzuweisen. Diese darf jedoch nicht ergehen, wenn der Antragsteller bereits eine schriftliche Asylbegründung eingereicht hat (VG Gelsenkirchen, AuAS 1993, 262; VG Schleswig, AuAS 1993, 166). Die schriftliche Stellungnahme muss eine umfassende und detaillierte Begründung des Asylantrags enthalten. Denn sie tritt in diesem Fall ja an die Stelle der Anhörung nach Abs. 1 Satz 3. Die Stellungnahme des Antragstellers sollte mit der Darlegung der Entschuldigungsgründe verbunden werden. Liegt ein Entschuldigungsgrund vor, hat das Bundesamt den Antragsteller anzuhören (Rdn. 25). Ansonsten liegt ein Verfahrensfehler vor, der im Fall der qualifizierten Asylablehnung regelmäßig zur Anordnung des Suspensiveffekts führt.

Die Folgen der Fristversäumnis sind gravierend: Unterbleibt die Stellungnahme innerhalb der Frist, entscheidet das Bundesamt nach Aktenlage. Hat es die Fristsetzung nach § 25 Abs. 5 Satz 2 zulässigerweise mit einer Belehrung nach § 33 Abs. 4 verbunden, gilt der Antrag nach fruchtlosem Ablauf der Monatsfrist als zurückgenommen mit der Folge der einwöchigen Ausreisefrist (§ 38 Abs. 2). Da die Anhörung nach § 25 Abs. 5 als gesetzliche Mitwirkungspflicht ausgestaltet ist (§ 25 Abs. 1), kann das Bundesamt im Fall ihrer gröblichen Verletzung den Antrag in der qualifizierten Form ablehnen (§ 30 Abs. 3 Nr. 5). Bei leichter Fahrlässigkeit darf der Antrag nicht als offensichtlich unbegründet abgelehnt werden (Bodenbender, in: GK-AsylG II, § 25 Rn. 23). 27

V. Nichtöffentlichkeit der Anhörung (Abs. 6)

Nach Abs. 6 Satz 1 ist die Anhörung nicht öffentlich. Nach Art. 15 Abs. 2 RL 2013/32/EU erfolgt die Anhörung unter Bedingungen, die eine angemessene Vertraulichkeit gewährleisten. Der nichtöffentliche Charakter der Anhörung im Verwaltungsverfahren stellt keine verfahrensrechtliche Besonderheit dar (§ 30 VwVfG). Sie ist zum Schutze des Antragstellers notwendig, um seine Angaben vor Weitergabe an die heimatlichen Behörden zu schützen. Dagegen ist der Ausschluss der Öffentlichkeit im Verwaltungsprozess nicht möglich. Dies wäre ein absoluter Revisionsgrund (§ 138 Nr. 5 VwGO). Die für das Verwaltungsverfahren maßgebenden Gründe für den Ausschluss der Öffentlichkeit gelten jedoch auch für den Verwaltungsprozess, können aber hier nicht prozessual geltend gemacht werden. Bei hochsensiblen Sachverhalten hat das Verwaltungsgericht aber die Möglichkeit, die informatorische Befragung des Klägers im Rahmen eines Erörterungstermins, bei dem lediglich der Grundsatz der Parteiöffentlichkeit zu berücksichtigen ist, durchzuführen. Dazu bedarf es aber eines rechtzeitigen Hinweises des Verfahrensbevollmächtigten. 28

Wie schon § 12 Abs. 5 AsylG 1982 erlaubt Abs. 6 die Teilnahme der in Satz 2 genannten Personen an der Anhörung. Die Teilnahme bedarf keiner behördlichen Genehmigung (*Bodenbender*, in: GK-AsylG II, § 25 Rn. 29), wird aber zweckmäßigerweise vorher angekündigt. Durch Richtlinienumsetzungsgesetz 2013 wurde der Hinweis auf den Sonderbevollmächtigten für Flüchtlingsfragen beim Europarat aufgehoben, 29 da es diese Funktion nicht mehr gibt (BT-Drucks. 17/13063, S. 9). Weitere Ausnahmen können durch den Präsidenten des Bundesamtes gestattet werden (Abs. 6 Satz 3). Eine entsprechende Delegation an den Einzelentscheider oder die Referatsleiter verbietet das Gesetz nicht. Sie ist auch angesichts der dezentralisierten Anhörungspraxis zweckmäßig. Die Teilnahme nach Abs. 6 Satz 3 bedarf der vorherigen Genehmigung. Nach Abs. 6 Satz 3 können auch Personen zugelassen werden, die der Antragsteller benannt oder zur Anhörung mitgebracht hat und von denen anzunehmen ist, dass sie die Anhörung nicht beeinträchtigen, sondern fördern können (*Bodenbender*, in: GK-AsylG II, § 25 Rn. 30), etwa weil sie ihn psychisch stützen können. Die zugelassenen Personen haben aber lediglich ein *Anwesenheitsrecht*, dürfen an der Anhörung aber nicht mitwirken, insbesondere keine ergänzenden Fragen an den Antragsteller stellen. Sie können dem Ermittler aber deutlich machen, dass aus ihrer Kenntnis und ihren vorhergehenden Gesprächen mit dem Antragsteller bestimmte Tatsachenkomplexe nicht sachgerecht dargelegt oder ermittelt wurden. Dagegen hat der Bevollmächtigte, aber auch der Unterbevollmächtigte ein Mitwirkungs-, insbesondere ein Fragerecht (Rdn. 14; Vor § 78 Rdn. 50 ff.).

VI. Anspruch auf Aushändigung der Anhörungsniederschrift (Abs. 7)

30 Die Mitgliedstaaten stellen sicher, dass über jede Anhörung ein schriftlicher Bericht angefertigt wird, der zumindest die vom Antragsteller vorgetragenen für den Antrag relevanten Informationen im Sinne von Art. 4 Abs. 2 RL 2011/95/EU enthält. Es ist entweder eine ausführliche und objektive Niederschrift mit allen wesentlichen Einzelheiten oder ein Wortprotokoll zu erstellen (Art. 17 Abs. 1 RL 2013/32/EU). Der Bedeutung des Verfahrens entsprechend ist das Wortlautprotokoll vorzuziehen (*Hailbronner*, AuslR B 2 § 25 AsylG Rn. 31). Ferner ist sicherzustellen, dass der Antragsteller und sein Rechtsanwalt Zugang zu dem Bericht erhalten (Art. 17 Abs. 5 UAbs. 1 RL 2013/32/EU). Demgemäß gewährt Abs. 7 Satz 2 dem Antragsteller einen Anspruch auf Zusendung der Anhörungsniederschrift. Nach der Änderungsrichtlinie ist ihm Gelegenheit zu geben, sich mündlich oder schriftlich zu Übersetzungsfehlern oder missverständlichen Formulierungen zu äußern und diese zu klären (Art. 17 Abs. 3 UAbs. 1 RL 2013/32/EU). Das Äußerungsrecht kann auch unmittelbar im Anschluss an die Anhörung unter Assistenz des Dolmetschers gewährt werden. Nach Art. 17 Abs. 5 UAbs. 1 RL 2013/32/EU ist die Niederschrift vor der Entscheidung zu übermitteln. § 36 Abs. 2 Satz 1 ist in diesem Sinne richtlinienkonform anzuwenden.

31 Nach Abs. 7 Satz 1 ist eine Niederschrift aufzunehmen, welche die wesentlichen Angaben des Antragstellers enthält. Die Mitgliedstaaten können festlegen, dass der Inhalt der Niederschrift von ihm zu genehmigen ist. Weigert er sich, werden die hierfür maßgeblichen Gründe in der Akte vermerkt (Art. 17 Abs. 4 RL 2013/32/EU). Die *Bedeutung des Protokolls* kann kaum überschätzt werden. Weder könnte der Eilrechtsschutzantrag nach § 36 Abs. 3 Satz 1 unverzüglich noch die Klage binnen Monatsfrist sinnvoll begründet werden, wenn die Niederschrift erst mit der Aktenübersendung bekannt würde. Die Begründung des Statusbescheids bezieht sich nahezu ausschließlich auf die Niederschrift,

sodass schon deshalb eine zweckentsprechende Verteidigung der Rechte von deren Kenntnis abhängig ist. Für den weiteren Verfahrensgang ist die Anhörungsniederschrift nach Abs. 7 die wesentliche Tatsachengrundlage, aufgrund deren das Gericht den Antragsteller mit Einwänden konfrontieren wird. Daher ist sorgfältig auf die vollständige und korrekte schriftliche Niederlegung der Angaben des Antragstellers zu achten. Außerdem muss die Anhörungsniederschrift auf Wunsch des Antragstellers sachdienliche Vermerke sowie von Amts wegen Beginn und Ende der Anhörung, den Ermittler sowie den Dolmetscher bezeichnen und gegebenenfalls festhalten, dass der Bevollmächtigte an der Anhörung teilgenommen hat. In der Niederschrift sind insbesondere auch die Erklärungen und Fragen des Bevollmächtigten sowie die entsprechenden Antworten des Antragstellers zu vermerken.

Zweckmäßigerweise unterzeichnen alle beteiligten Personen die Niederschrift. Diese muss die an der Anhörung teilnehmenden Personen vermerken und in welcher Sprache übersetzt wurde. Will der Antragsteller eine bestimmte Erklärung zu Protokoll geben, ist diese aufzunehmen und darf durch das Bundesamt nicht gegen den Willen des Antragstellers umformuliert werden. Erklärungen, Anträge und Hinweise des Anwalts sind ebenfalls zu vermerken. Ferner sind Besonderheiten im Ablauf der Anhörung, etwa Sprach- und Verständnisprobleme, Hinweise des Antragstellers auf Angst, Hemmungen, Weinen im Zusammenhang mit belastenden Ereignissen, aufzunehmen. Nach der Rechtsprechung muss die Anhörungsniederschrift zwar nicht allen für das gerichtliche Verfahren vorgesehenen Förmlichkeiten entsprechen (OVG NW, EZAR 210 Nr. 14). Sie muss jedoch wegen der überragenden Bedeutung für das weitere Verfahren die Erklärungen des Antragstellers zutreffend wiedergeben. Regelmäßig werden die Angaben des Antragstellers durch Formulierungen schriftlich festgehalten, deren Bedeutung und präzisen Sinngehalt er nicht einzuschätzen vermag. Es ist daher zu bedenken, dass das Protokoll amtliche Formulierungen enthält, deren – nachträgliche – gerichtliche Auslegungsmöglichkeit dem Ermittler selbst häufig nicht bewusst ist und auch nicht bewusst sein muss, die den weiteren verfahrensrechtlichen Fortgang des Asylantrags aber maßgeblich entscheiden können. Deshalb wird in der Rechtsprechung darauf hingewiesen, dass die Anhörungsniederschrift nicht ohne Weiteres als wirkliches Spiegelbild einer Anhörung gelten kann und daher bei der Würdigung der protokollierten Sachangaben des Antragstellers eine erhöhte Sensibilität angezeigt ist (VG Aachen, InfAuslR 1996, 422). Es sind im Übrigen persönliche Angaben des Antragstellers, die in amtliches – und bürokratisches – Deutsch übersetzt werden und die nicht immer präzise den Sinn wiedergeben müssen, den der Antragsteller mit ihnen verbindet. Ihm wird im Regelfall wegen der Sprachmittlung der auslegungsbedürftige und -fähige Sinn vieler Formulierungen auch nicht bewusst. Jedoch kommt es auf seine Sicht der Ereignisse an. Maßgebend für das Verfahren ist die vom Antragsteller befürchtete Verfolgung (BVerwGE 55, 82, 83 = DÖV 1978, 447 = DVBl 1978, 883 = BayVBl. 1978, 217 = EZAR 201 Nr. 3). Zwar hat der Ermittler die Verfahrensherrschaft (BVerwG, DVBl 1984, 1015) und nimmt er die Niederschrift auf. Aber es sind die Äußerungen des Antragstellers. Im Zweifel sind seine Angaben so zu protokollieren, wie er dies verlangt. 32

§ 26 Familienasyl und internationaler Schutz für Familienangehörige

(1) Der Ehegatte oder der Lebenspartner eines Asylberechtigten wird auf Antrag als Asylberechtigter anerkannt, wenn

1. die Anerkennung des Asylberechtigten unanfechtbar ist,
2. die Ehe oder Lebenspartnerschaft mit dem Asylberechtigten schon in dem Staat bestanden hat, in dem der Asylberechtigte politisch verfolgt wird,
3. der Ehegatte oder der Lebenspartner vor der Anerkennung des Ausländers als Asylberechtigter eingereist ist oder er den Asylantrag unverzüglich nach der Einreise gestellt hat und
4. die Anerkennung des Asylberechtigten nicht zu widerrufen oder zurückzunehmen ist.

(2) Ein zum Zeitpunkt seiner Asylantragstellung minderjähriges lediges Kind eines Asylberechtigten wird auf Antrag als asylberechtigt anerkannt, wenn die Anerkennung des Ausländers als Asylberechtigter unanfechtbar ist und diese Anerkennung nicht zu widerrufen oder zurückzunehmen ist.

(3) [1]Die Eltern eines minderjährigen ledigen Asylberechtigten oder ein anderer Erwachsener im Sinne des Artikels 2 Buchstabe j der Richtlinie 2011/95/EU werden auf Antrag als Asylberechtigte anerkannt, wenn

1. die Anerkennung des Asylberechtigten unanfechtbar ist,
2. die Familie im Sinne des Artikels 2 Buchstabe j der Richtlinie 2011/95/EU schon in dem Staat bestanden hat, in dem der Asylberechtigte politisch verfolgt wird,
3. sie vor der Anerkennung des Asylberechtigten eingereist sind oder sie den Asylantrag unverzüglich nach der Einreise gestellt haben,
4. die Anerkennung des Asylberechtigten nicht zu widerrufen oder zurückzunehmen ist und
5. sie die Personensorge für den Asylberechtigten innehaben.

[2]Für zum Zeitpunkt ihrer Antragstellung minderjährige ledige Geschwister des minderjährigen Asylberechtigten gilt Satz 1 Nummer 1 bis 4 entsprechend.

(4) [1]Die Absätze 1 bis 3 gelten nicht für Familienangehörige im Sinne dieser Absätze, die die Voraussetzungen des § 60 Absatz 8 Satz 1 des Aufenthaltsgesetzes oder des § 3 Absatz 2 erfüllen oder bei denen das Bundesamt nach § 60 Absatz 8 Satz 3 des Aufenthaltsgesetzes von der Anwendung des § 60 Absatz 1 des Aufenthaltsgesetzes abgesehen hat. [2]Die Absätze 2 und 3 gelten nicht für Kinder eines Ausländers, der selbst nach Absatz 2 oder Absatz 3 als Asylberechtigter anerkannt worden ist.

(5) [1]Auf Familienangehörige im Sinne der Absätze 1 bis 3 von international Schutzberechtigten sind die Absätze 1 bis 4 entsprechend anzuwenden. [2]An die Stelle der Asylberechtigung tritt die Flüchtlingseigenschaft oder der subsidiäre Schutz. [3]Der subsidiäre Schutz als Familienangehöriger wird nicht gewährt, wenn ein Ausschlussgrund nach § 4 Absatz 2 vorliegt.

(6) Die Absätze 1 bis 5 sind nicht anzuwenden, wenn dem Ausländer durch den Familienangehörigen im Sinne dieser Absätze eine Verfolgung im Sinne des § 3 Absatz 1

oder ein ernsthafter Schaden im Sinne des § 4 Absatz 1 droht oder er bereits einer solchen Verfolgung ausgesetzt war oder einen solchen ernsthaften Schaden erlitten hat.

Übersicht Rdn.

A. Funktion der Vorschrift

1 Die Vorschrift knüpft an § 7a Abs. 3 AsylG 1990 an. Eine Reihe von Rechtsfragen, die mit der am 15.10.1990 in Kraft getretenen Regelung über das Familienasyl in § 7a Abs. 3 AsylG 1990 die frühere Praxis beherrscht hatten, wurden durch die Rechtsprechung geklärt oder sind durch die Regelungen in § 26 gegenstandslos geworden. Die gesetzliche Begründung, wonach die ursprüngliche Vorschrift § 7a Abs. 3 AsylG 1990 entspricht (BT-Drucks. 12/2062, S. 32), greift daher zu kurz und wird dem Inhalt von § 26 nicht gerecht. Durch das ZuwG wurde 2005 Abs. 2 neu gefasst, da bei der gesetzlichen Einführung des Kinderasyls zunächst der Hinweis auf die Unanfechtbarkeit der Asylberechtigung des Stammberechtigten übersehen worden war. Die Neufassung von Abs. 2 verfolgt den Zweck, für die Erstreckung der Asylberechtigung auf die Kinder die Unanfechtbarkeit der Statusentscheidung gesetzlich anzuordnen (BT-Drucks. 14/7387, S. 101). Allerdings hatte das BVerwG diese Frage bereits vorher im Sinne der Neuregelung des Abs. 2 entschieden. Ferner wurde durch das ZuwG mit Wirkung zum 01.01.2005 in dem damals geltenden Abs. 4 das Konzept des Familienasyls auch auf Flüchtlinge übertragen. Wurde das damals neu eingeführte Institut zunächst »*Familienabschiebungsschutz*« genannt, wurde es durch das Richtlinienumsetzungsgesetz 2007 wegen der begrifflichen Neufassung des § 3 und im Blick auf die

Richtlinie 2004/83/EG in *»Familienflüchtlingsschutz«* umbenannt. Durch das Gesetz zur Umsetzung der Richtlinie 2011/95/EU ist § 26 erneut grundlegend umstrukturiert worden. Das Konzept des Familienstatus wurde in Umsetzung dieser Richtlinie auf alle international Schutzberechtigten (Abs. 5), also auch auf die Familienangehörigen von subsidiär Schutzberechtigten, ausgedehnt. Ferner wurde für Eltern und weitere Bezugspersonen minderjähriger lediger Asylberechtigter oder international Schutzberechtigter ebenfalls der abgeleitete Familienstatus eingeführt (Abs. 3). Außerdem wurde in Abs. 6 ein zusätzlicher Ausschlussgrund eingeführt. In diesen Fällen dürfte jedoch zumeist ein originärer Schutzanspruch bestehen.

2 Das BVerfG hat im Blick auf § 7a Abs. 3 AsylG 1990 unter Verweis auf den verfassungsrechtlich garantierten *Individualanspruch* auf Asylrecht festgestellt, Art. 6 Abs. 1 GG gewährleiste weder allein noch im Zusammenhang mit Art. 16 Abs. 2 Satz 2 GG 1949 ein Asylrecht von Familienangehörigen politisch Verfolgter (BVerfG [Kammer], NVwZ 1991, 978). Aus diesem Grund sollte durch § 7a Abs. 3 AsylG 1990 den Angehörigen von Asylberechtigten jedenfalls durch eine einfachgesetzliche Regelung die Rechtsstellung eines Asylberechtigten gewährt werden. Hieran knüpfen die Regelungen in § 26 an. Abs. 1 bis 3 und 5 bestätigen die bereits zum alten Recht entwickelte Rechtsprechung, wonach das Familienasyl *vollinhaltlich identisch* mit der Asylberechtigung ist und damit den Familienangehörigen eine *uneingeschränkte Asylberechtigung* vermittelt (BVerwG, EZAR 215 Nr. 2 = NVwZ 1992, 269 = InfAuslR 1992, 313; OVG NW, Beschl. v. 29.11.1990 – 16 A 10141/90; OVG, InfAuslR 1991, 316; BayVGH, Urt. v. 18.12.1990 – 19 CZ 90.30661; VGH BW, Urt. v. 12.11.1990 – A S 958/90; Rdn. 48 f.). Dies wurde auch durch das Unionsrecht bestätigt (Art. 23 RL 2011/95/EU). Begünstigt durch die Vorschrift wird nur die *Kernfamilie* (BVerwGE 89, 315, 318 = EZAR 215 Nr. 4 = NVwZ 1992, 987). Das sind der Ehegatte und minderjährige und ledige Kinder (Art. 2 Buchst. j) RL 2011/95/EU). In Abs. 3 wird über diesen Personenkreis hinausgegangen. Bereits die *Bevollmächtigtenkonferenz der Vereinten Nationen über die Rechtsstellung von Flüchtlingen und Staatenlosen*, auf der die GFK verabschiedet wurde, hatte in Anhang I der *Schlussakte* ausführliche Vorschläge zur Bewahrung und Herstellung der Familieneinheit gemacht. Zudem hat das Exekutivkomitee des UNHCR Programms insbesondere mit den *Empfehlungen Nr. 9 (XXVIII)* und *24 (XXXII)* die Staaten zu einer liberalen Anwendung der Grundsätze zur Familieneinheit in Fällen von Flüchtlingen aufgerufen. Empfehlung Nr. 24 (XXXII) (1981) empfiehlt den Vertragsstaaten, Angehörigen denselben Rechtsstatus wie dem als Flüchtling anerkannten Familienangehörigen einzuräumen und bei der Überprüfung von entsprechenden Nachweisen der besonderen Situation von Flüchtlingen Rechnung zu tragen. Nahezu alle Vertragsstaaten der GFK sind dieser Empfehlung gefolgt, soweit sie nicht bereits zuvor eine entsprechende Praxis gehandhabt hatten (*Nicolaus*, Die Zuerkennung des Konventionsflüchtlingsstatus, S. 169, 181). Die Bundesrepublik ist der Empfehlung sehr spät nachgekommen und hat das für Flüchtlinge vorgesehene Familienasyl zunächst bewusst nicht auf Konventionsflüchtlinge erstreckt und diesen Schritt erst durch Art. 3 Nr. 17 des ZuwG mit Wirkung zum 01.01.2005 vollzogen.

3 Funktion der Vorschriften über den abgeleiteten Status ist es, über die Anträge der Mitglieder einer Flüchtlingsfamilie möglichst rasch, einheitlich und ohne überflüssigen

Verwaltungsaufwand zu entscheiden, sobald der Antrag des Stammberechtigten entscheidungsreif ist. Eine weitere Funktion besteht darin, Behörden und Verwaltungsgerichte zu entlasten und von einer unter Umständen schwierigen Prüfung eigener Verfolgungsgründe der einzelnen Familienangehörigen abzusehen (BVerfG [Kammer], NVwZ 1991, 978; BVerwGE 89, 315, 318 = EZAR 215 Nr. 4 = NVwZ 1992, 987), um so zugleich auch die Bearbeitung der Anträge der einzelnen Familienangehörigen des Stammberechtigten zu beschleunigen. Daher besteht kein Anspruch, dass über den Antrag auf originäre Asylberechtigung oder internationale Schutzberechtigung entschieden wird. Der Familienangehörige kann daher eine *Prüfung eigener Verfolgungsgründe* nicht erreichen (BVerwGE 89, 315, 319 = EZAR 215 Nr. 4 = NVwZ 1992, 987; BVerwGE 106, 339, 343 = NVwZ 1998, 1085 = BVerwG, NVwZ 2009, 1308, 1311 = EZAR NF 67 Nr. 6; OVG NW, InfAuslR 1991, 316; VGH BW, InfAuslR 1993, 200; BayVGH, Urt. v. 18.12.1990 – 19 CZ 90.30661; Rdn. 44.).

Nach Art. 23 Abs. 1 RL 2011/95/EU tragen die zuständigen Behörden im Rahmen der Statuszuerkennung Sorge dafür, dass der Familienverband aufrechterhalten wird (s. hierzu ausführlich *Marx*, Handbuch zum Flüchtlingsschutz, 2. Aufl., 20, § 50 Rn. 6 ff.). Art. 2 Buchst. j) RL 2011/95/EU regelt den Familienbegriff. Die familiäre Beziehung muss bereits im Herkunftsland bestanden haben. Dem Ehegatten gleichgestellt wird der unverheiratete Partner, sofern das Recht des Mitgliedstaates entsprechende Rechtsvorschriften vorsieht. Die Bundesrepublik hat mit der Neufassung des Abs. 1 Nr. 2 durch das Richtlinienumsetzungsgesetz 2013 diese Gleichstellung vorgenommen. Ob früher § 27 Abs. 2 AufenthG im Hinblick auf den gleichgeschlechtlichen Lebenspartner eine Gleichstellung erlaubte (so *Hailbronner*, AuslR B 2 § 26 AsylG Rn. 20; a.A. *Bodenbender*, in: GK-AsylG II, § 26 Rn. 45), dürfte zweifelhaft gewesen sein, da § 27 Abs. 2 AufenthG lediglich spezifische Rechtsnormen, nicht jedoch § 26 in Bezug genommen hatte. Nunmehr hat der Gesetzgeber in Abs. 1 Nr. 2 das Ehegattenasyl auf Lebenspartner erstreckt. Ferner können die Mitgliedstaaten auch enge Verwandte einbeziehen, die im Zeitpunkt der Ausreise aus dem Herkunftsland innerhalb des Familienverbandes lebten und in diesem Zeitpunkt für ihren Unterhalt vollständig oder überwiegend auf den Stammberechtigten angewiesen waren (Art. 23 Abs. 5 RL 2004/83/EG). Die Bundesrepublik hat diese Erweiterung nicht eingeführt. Hingegen hat sie in Abs. 3 Satz 1 die Neuregelung von Art. 2 Buchst. j) dritter Spiegelstrich RL 2011/95/EU, die in Art. 2 Buchst. h) RL 2004/83/EG nicht vorgesehen war, umgesetzt und den abgeleiteten Status auf Eltern oder andere Erwachsene, die nach dem Recht oder der Praxis des Mitgliedstaates für den Minderjährigen verantwortlich sind, und in Abs. 3 Satz 2 auf minderjährige ledige Geschwister des minderjährigen Stammberechtigten erstreckt. 4

Nach Art. 23 Abs. 2 RL 2011/95/EU tragen die Mitgliedstaaten dafür Sorge, dass Familienangehörige von Flüchtlingen und subsidiär Schutzberechtigten gemäß den einzelstaatlichen Verfahren Anspruch auf die in Art. 24 bis 34 bezeichneten Rechte haben, sofern dies mit der persönlichen Rechtsstellung der Familienangehörigen vereinbar ist. Dies läuft im Ergebnis auf eine *automatische Erstreckung des Rechtsstatus* des Stammberechtigten auf die Familienangehörigen hinaus (Rdn. 48 f.). Denn nach Art. 23 Abs. 2 Satz 1 haben alle Familienangehörige, denen nicht aus eigenem Recht die 5

Flüchtlingseigenschaft oder der subsidiäre Schutzstatus zuerkannt wird, Anspruch auf die Rechte, die nach Art. 24 bis 35 der Richtlinie mit dem Flüchtlingsstatus verbunden sind. Sie haben also dieselben Rechte wie der stammberechtigte Familienangehörige. Der Genuss dieser Rechte ist allein an die Zuerkennung der Flüchtlingseigenschaft an den Stammberechtigten geknüpft. Art. 23 Abs. 2 UAbs. 2 RL 2004/83/EG räumte den Mitgliedstaaten Ermessen bei der Erstreckung des subsidiären Schutzes auf Familienangehörige ein. Wurde hiervon Gebrauch gemacht, war lediglich sicherzustellen, dass die gewährten Vergünstigungen einen angemessenen Lebensstandard sicherstellten (Art. 23 Abs. 2 UAbs. 3 RL 2004/83/EG). Eine Gleichbehandlung mit Flüchtlingen war nicht vorgesehen. Die Bundesrepublik hatte für Familienangehörige von subsidiär Schutzberechtigten bislang keinen abgeleiteten Rechtsstatus geregelt und damit von der Ermessensklausel keinen Gebrauch gemacht. Nunmehr dürfen Familienangehörige von subsidiär Schutzberechtigten nicht mehr schlechter gestellt werden als die Angehörigen von Flüchtlingen, da die frühere Ermessensklausel aufgehoben und durch zwingendes Recht ersetzt worden ist. Art. 23 Abs. 2 RL 2011/95/EU ordnet an, dass Flüchtlinge und subsidiär Schutzberechtigte gleich zu behandeln sind. Daher hat der Gesetzgeber durch das Richtlinienumsetzungsgesetz 2013 in Abs. 5 Familienangehörige von Flüchtlingen den subsidiär Schutzberechtigten rechtlich gleichgestellt. 3.

6 Abs. 1 bezeichnet die tatbestandlichen Voraussetzungen für das *Ehegattenasyl.* Die Voraussetzungen müssen *kumulativ* erfüllt sein (BVerwG, Beschl. v. 14.11.1990 – BVerwG 9 B 246.90). Abs. 5 bezieht sich für den internationalen Schutz für Familienangehörige auf Abs. 1. Das *Kinderasyl* in Abs. 2 sowie der abgeleitete Status für Eltern und vergleichbare Personen regeln zwar eigenständige Voraussetzungen. Diese sind jedoch teilweise identisch mit den Voraussetzungen nach Abs. 1. Die Ausschlussgründe nach Abs. 4 finden auf den in Abs. 1 bis 3 geregelten abgeleiteten Status Anwendung. Der internationale Schutz für Familienangehörige nach Abs. 5 verweist auf Abs. 4 und damit auf die dort geregelten Ausschlussgründe. Daher werden im Folgenden zunächst die gemeinsamen Voraussetzungen bzw. die für alle Formen des abgeleiteten Status maßgebenden Ausschlussgründe dargestellt. Anschließend werden die spezifischen Voraussetzungen der einzelnen Formen des abgeleiteten Status erörtert.

B. Unanfechtbarkeit der originären Statusgewährung (Abs. 1 Nr. 1)

7 Nach Abs. 1 Nr. 1 setzt die Gewährung des abgeleiteten Status zunächst voraus, dass die Statusberechtigung des Stammberechtigten unanfechtbar ist. Nach Abs. 5 in Verb. mit Abs. 1 Nr. 1 muss die Gewährung des internationalen Schutzes für den Stammberechtigten unanfechtbar sein. Für die anderen Formen des abgeleiteten Status wird dies in Abs. 2 und Abs. 3 Nr. 1 vorausgesetzt. Dieser Regelung liegt offensichtlich dieselbe Ratio zugrunde wie Abs. 1 Nr. 4. Aus der *akzessorischen Natur* des Familienasyls folgt, dass ihr Anknüpfungspunkt, die originäre Statusberechtigung, nicht im Streit stehen soll. Im Gesetzentwurf war Abs. 1 Nr. 1 nicht vorgesehen (BT-Drucks. 13/4948, S. 5). Vielmehr wurde sie im Laufe der Gesetzesberatungen eingefügt. Der Gesetzgeber hatte der entgegenstehenden Rechtsprechung des BVerwG damit die Grundlage entzogen. Danach war die Gewährung von Familienasyl nicht von der Bestands- oder Rechtskraft der Entscheidung über die Asylberechtigung

des Stammberechtigten abhängig (BVerwGE 89, 315, 317 = EZAR 215 Nr. 4 = NVwZ 1992, 987; dagegen *Henning/Wenzl*, EE-Brief 2/97, S. 2; *Bell*, Asylrecht im Wandel, S. 13, 33f.), sodass in der Verwaltungs- und Gerichtspraxis über die Anträge des Asylberechtigten sowie seiner Angehörigen gleichzeitig entschieden werden konnte. Zur Vermeidung von Statusdifferenzen kommt es damit auf die Unanfechtbarkeit der originären Statusberechtigung an (BVerwG, NVwZ 2009, 1308, 1311 = EZAR NF 67 Nr. 6).

Es kommt allein auf die formale Prüfung des Eintritts der Bestandskraft der origi- 8
nären Statusberechtigung an. Wurde der Asylantrag abgelehnt und verpflichtet das Verwaltungsgericht das Bundesamt, dem Stammberechtigten den Status zu gewähren, kann über den abgeleiteten Status erst nach Eintritt der Rechtskraft des Urteils entschieden werden. Das Verwaltungsgericht wird in derartigen Fällen aus pragmatischen Gründen das *Ruhen des Verfahrens*, soweit es die Familienmitglieder betrifft, anordnen. Insoweit empfiehlt sich die *Trennung der Verfahren* der Angehörigen vom Asylberechtigten. Nach dem Wortlaut von Abs. 1 Nr. 1 kommt es stets auf die Unanfechtbarkeit der (behördlichen) *Statuszuerkennung* an. Im Hinblick auf den Gesetzeszweck steht der unanfechtbaren Gewährung der originären Statusberechtigung eine rechtskräftige gerichtliche Verpflichtung zur Gewährung der originären Statusberechtigung gleich (BVerwG, NVwZ 2009, 1308, 1310 f. = EZAR NF 67 Nr. 6). Hat das Bundesamt gegen das verwaltungsgerichtliche Urteil keine Rechtsmittel eingelegt, ist es nach Eintritt der Rechtskraft zur Gewährung der originären Statusberechtigung verpflichtet und kann wegen Unanfechtbarkeit des Urteils zugleich über die Gewährung des abgeleiteten Status entscheiden (*Hailbronner*, AuslR B 2 § 26 AsylG Rn. 23; *Bodenbender*, in: GK-AsylG II, § 26, Rn. 27). Nach Eintritt der Rechtskraft des Urteils bedarf es hierzu an sich keiner gerichtlichen Verpflichtung, auch wenn das gerichtliche Verfahren in Ansehung der Familienangehörigen noch anhängig ist. Sofern die übrigen Voraussetzungen vorliegen, ist das Bundesamt vielmehr von Amts wegen verpflichtet, mit der Gewährung der originären Berechtigung zugleich auch den abgeleiteten Status zu gewähren. Mit dem Eintritt der Rechtskraft des Urteils ist es zur originären Statusgewährung verpflichtet, sodass im Zeitpunkt der behördlichen Entscheidung keine Zweifel an der Voraussetzung der Unanfechtbarkeit der originären Statusberechtigung bestehen. Dazu bedarf es weder einer gerichtlichen Empfehlung noch eines entsprechenden Abhilfeantrags. Das gerichtliche Verfahren erledigt sich durch die Gewährung des abgeleiteten Status. Gegebenenfalls hat das Verwaltungsgericht eine entsprechende behördliche Verpflichtung zugunsten des Angehörigen auszusprechen.

C. Bestand der familiären Gemeinschaft im Verfolgerstaat (Abs. 1 Nr. 2)

Abs. 1 Nr. 2 setzt voraus, dass die Ehe oder Lebenspartnerschaft mit dem Stammbe- 9
rechtigten bereits in dem Staat bestanden haben muss, in dem der Asylberechtigte politisch verfolgt wird (Verfolgerstaat). Abs. 5 verweist auf Abs. 1 Nr. 2, macht also die Gewährung des internationalen Schutzes an den Ehegatten oder Lebenspartner des international Schutzberechtigten ebenfalls von dieser Voraussetzung abhängig. Für die abgeleiteten Status zugunsten der Eltern wird dies in Abs. 3 Nr. 2 eigenständig geregelt. Für das Kinderasyl besteht diese Voraussetzung nicht, da im Vordergrund die

Abhängigkeit des Kindes von seinen Eltern steht und andernfalls im Transitstaat oder im Bundesgebiet geborene Kinder keinen abgeleiteten Status erhalten könnten. Die Verweisung in Abs. 5 auf Abs. 1 bis 3 schließt Abs. 2 ein, bei dem nicht vorausgesetzt wird, dass die familiäre Gemeinschaft mit dem Kind bereits im Herkunftsstaat bestanden haben muss. Ist der Verfolgerstaat mit dem Herkunftsstaat nicht identisch, stellt sich das Problem der fehlenden Schutzbedürftigkeit. Geht die Verfolgung nämlich nicht vom Heimatstaat, sondern von einem dritten Staat aus, wird die Asylberechtigung regelmäßig verneint und die Frage des Familienasyls stellt sich erst gar nicht (BVerwG, EZAR 206 Nr. 5).

10 Mit Ehe ist die mit Eheschließungswillen eingegangene, nach dem Recht des Verfolgerstaates anerkannte Lebensgemeinschaft gemeint. Fraglich ist, ob hierin auch das formelle Erfordernis der Registrierung der Ehe bei den zuständigen Behörden eingeschlossen ist (dagegen *Schnäbele*, in: GK-AsylG, § 26 Rn. 26). Dies wird vom Recht des jeweiligen Staates abhängig sein. Ist dort die formelle Registrierung nicht erforderlich, wird man diese nicht fordern können. Wird die Ehe dagegen nur unter Beachtung zwingender Formvorschriften nach dem Recht des Verfolgerstaates als wirksam angesehen, wird man deren Einhaltung verlangen müssen. Dieselben Grundsätze dürften für die Lebenspartnerschaft gelten. Eine ganz andere Frage betrifft den *Nachweis der Registrierung*. Hier kann vom Stammberechtigten nicht erwartet werden, dass er zur Sicherstellung des Anspruchs seines Ehegatten Kontakt mit den heimatlichen Behörden aufnimmt. Insoweit reicht *Glaubhaftmachung* aus, weil sich der *sachtypische Beweisnotstand* des Stammberechtigten auch auf den Ehegatten oder Lebenspartner erstreckt (*Bodenbender*, in: GK-AsylG II, § 26 Rn. 52). Auch Ehen, die vor den Behörden von Befreiungsorganisationen geschlossen werden, sind gültig und von den Staaten selbst dann anzuerkennen, wenn sie nach dem Recht des Herkunftsstaates nicht anerkannt werden (*Koisser/Nicolaus*, ZAR 1991, 31, 34; *Hailbronner*, AuslR B 2 § 26 AsylG Rn. 20; *Bodenbender*, in: GK-AsylG II, § 26 Rn. 47).

11 Während Abs. 1 Nr. 2 allein auf den *Ehebegriff* abstellt, fordert das BVerwG, dass im Verfolgerstaat eine *tatsächliche Lebensgemeinschaft* bestanden haben muss (BVerwG, EZAR 215 Nr. 5 = AuAS 1993, 58; so auch VGH BW, AuAS 1993, 12; BayVGH, EZAR 215 Nr. 7; *Hailbronner*, AuslR B 2 § 26 AsylG Rn. 38). Damit reicht das rein formale Eheband nicht aus. Begründet wird dies mit dem Grundgedanken des Familienasyls. Danach sei die Gewährung von Familienasyl an den Ehegatten auch wegen der *Nähe zum Verfolgungsgeschehen* und damit wegen der daraus gleichfalls für ihn herrührenden Gefahr gerechtfertigt (BVerwG, EZAR 215 Nr. 5). Zwar muss die Ehe nicht im Verfolgerstaat, vielmehr kann sie auch in einem Drittstaat geschlossen worden sein. Der Stammberechtigte muss sich jedoch nach der Eheschließung zu irgendeinem Zeitpunkt eine gewisse Dauer im Verfolgerstaat aufgehalten haben (VGH BW, Urt. v. 29.10.1992 – A 14 S 725/91, AuAS 1993, 12 [nur LS]; *Hailbronner*, AuslR B 2 § 26 AsylG Rn. 38; *Bodenbender*, in: GK-AsylG II, § 26 Rn. 47). Heiratet der Asylberechtigte in einem Drittstaat und kehren die Eheleute anschließend nicht zur Fortsetzung der Lebensgemeinschaft in den Verfolgerstaat zurück, kommt der Ehegatte daher nicht in den Genuss des abgeleiteten Status, sondern wird auf die aufenthaltsrechtlichen Vorschriften zum Familiennachzug verwiesen. Plausibel ist dies

nur dann, wenn die »Nähe zum Verfolgungsgeschehen« Interpretationsmaxime der Regelung in Abs. 1 Nr. 2 ist. Nach der Rechtsprechung ist ein enger *lokaler Bezug zum Verfolgerstaat* gefordert. Demgemäß vermittelt die *Ferntrauung* bzw. *Stellvertretertrauung* nur dann einen Anspruch, wenn die Ehegatten nach der Eheschließung im Verfolgerstaat noch zusammengelebt haben (VGH BW, AuAS 1993, 60; *Bodenbender*, in: GK-AsylG II, § 26 Rn. 50; a.A. VG Wiesbaden, EZAR 215 Nr. 8 = AuAS 1995, 33 = NVwZ-Beil. 1995, 14). Die Gegenmeinung führt zwar eine Reihe von plausiblen teleologischen Gründen an. Das BVerwG fordert aber, dass im Verfolgerstaat nicht lediglich das formale Band der Ehe, sondern eine *tatsächliche Lebensgemeinschaft* bestanden haben muss (BVerwG, EZAR 215 Nr. 5 = AuAS 1993, 58; so auch VGH BW, AuAS 1993, 12; BayVGH, EZAR 215 Nr. 7). Eine Ferntrauung kann nur dann berücksichtigt werden, wenn im Anschluss daran beide Eheleute noch eine gewisse Zeit im Verfolgerstaat eine eheliche Lebensgemeinschaft geführt haben. Mit Art. 23 RL 2011/95/EU ist diese Rechtsprechung nicht vereinbar.

Eine bestimmte Form des ehelichen Zusammenlebens sowie bestimmte Erfordernisse 12
an die Dauer des Bestandes des ehelichen Zusammenlebens im Verfolgerstaat setzt die Anwendung von Abs. 1 Nr. 2 nicht voraus. Maßgebend ist lediglich, dass im Verfolgerstaat eine Ehe, d.h. die mit Eheschließungswillen eingegangene, staatlich anerkannte Lebensgemeinschaft (BVerwG, EZAR 215 Nr. 5 = AuAS 1993, 58) geführt worden ist und diese dort eine gewisse Zeit bestanden hat. Der geforderte Zeitraum ist ein rein fiktiver. Weder dem Wortlaut noch dem Gesetzeszweck lassen sich hinreichend klare Kriterien für einen bestimmten Zeitraum für den Bestand der Lebensgemeinschaft entnehmen. Eine Ehe hat im Verfolgerstaat auch schon dann bestanden, wenn die Eheleute mit Eheschließungswillen eine Lebensgemeinschaft eingegangen sind, der Stammberechtigte aus Verfolgungsgründen aber bereits in der Hochzeitsnacht fliehen musste. Auslegungsprinzip ist insoweit die gewisse *Nähe des Ehegatten zum Verfolgungsgeschehen* und die daraus gleichfalls für ihn herrührende Gefahr (BVerwG, EZAR 215 Nr. 5). Verfolgungsbedingte Gründe können dazu geführt haben, dass einer der Ehegatten unmittelbar nach der Eheschließung versteckt leben und die Flucht vorbereiten musste. In einem derartigen Fall ist die Führung der ehelichen Lebensgemeinschaft bei Berücksichtigung des Gesetzeszwecks nicht Voraussetzung des Ehegattenasyls. Für die Nähe des Ehegatten zum Verfolgungsgeschehen ist nicht die Art und Weise sowie Dauer des ehelichen Zusammenlebens, sondern allein die Tatsache der Eheschließung und die dadurch bewirkte Nähe zum Verfolgungsgeschehen maßgebend. Auch eine in einem Drittstaat, ja selbst im Bundesgebiet geschlossene Ehe kann Familienasyl vermitteln, wenn die Eheleute nach der Eheschließung in den Verfolgerstaat zurückgekehrt sind und anschließend einer von ihnen dort verfolgt worden ist. Abs. 1 Nr. 2 setzt nicht die Eheschließung, sondern den Bestand der Ehe im Verfolgerstaat voraus.

Andererseits kommt es auf die *Staatsangehörigkeit des Ehegatten* nicht an (*Bodenbender*, 13
in: GK-AsylG II, § 26 Rn. 51; a.A. *Hailbronner*, AuslR B 2 § 26 AsylG Rn. 37), weil sonst staatenlose und Ehegatten mit einer anderen Staatsangehörigkeit, die im Verfolgerstaat gelebt haben, schutzlos wären (*Bodenbender*, in: GK-AsylG II, § 26 Rn. 51). Hat der Asylberechtigte mit einem Ehegatten anderer Staatsangehörigkeit im Verfolgerstaat zusammengelebt, genießt dieser Familienasyl, auch wenn hierfür im Einzelfall

kein Bedürfnis bestehen sollte. So genießt z.B. eine Französin, die im Iran mit einem asylberechtigten Iraner eine eheliche Lebensgemeinschaft geführt hat, Familienasyl, obwohl sie im Bundesgebiet z.B. als selbständig oder unselbständig Erwerbstätige Freizügigkeit genießt. Da die Richtlinie 2011/95/EU auf Unionsbürger keine Anwendung findet, können diese Grundsätze aber auf Ehegatten von Flüchtlingen, die Unionsbürger sind, nicht angewandt werden. Auch deutsche Ehegatten eines politisch Verfolgten oder Flüchtlings erhalten keinen abgeleiteten Status, da ein deutscher Staatsangehöriger nicht Grundrechtsträger nach Art. 16a Abs. 1 GG sein kann (s. auch § 72 Abs. 1 Nr. 3). Diese hier anklingenden Ungereimtheiten, die bereits § 7a Abs. 3 AsylG 1990 prägten, hat der Gesetzgeber bewusst nicht beseitigen wollen. Die Staatsangehörigkeit der Ehefrau ist daher ohne rechtliche Bedeutung bei der Entscheidung über das Familienasyl; es sei denn, der Ehegatte ist deutscher Staatsangehörigkeit oder Unionsbürger.

D. Kein Erfordernis des Ehebestandes im Zeitpunkt der behördlichen Entscheidung

14 Abs. 1 Nr. 2 stellt lediglich darauf ab, dass die Ehe im Verfolgerstaat bestanden haben muss. Daraus wird geschlossen, dass die Ehe im Zeitpunkt der Entscheidung über den Antrag bestehen müsse (BayVGH, EZAR 215 Nr. 7; *Birk/Repp*, ZAR 1992, 14, 18; *Bodenbender*, in: GK-AsylG II, § 26 Rn. 53; *Hailbronner*, AuslR B 2 § 26 AsylG Rn. 39). Andererseits soll dieser Ansicht nach eine zwischenzeitliche Scheidung und Wiederverheiratung unerheblich sein (*Bodenbender*, in: GK-AsylG II, § 26 Rn. 53; *Birk/Repp*, ZAR 1992, 14, 18; so auch BayVGH, EZAR 215 Nr. 7; VG Berlin, AuAS 1996, 188, 189). Begründet wird diese Ansicht mit dem Schutzgedanken des Familienasyls, der nach der Aufhebung der ehelichen Lebensgemeinschaft entfalle. Auch weise der Begriff »schon« in Abs. 1 Nr. 2 darauf hin, dass auch im Zeitpunkt der Entscheidung über den Antrag die Ehe noch bestehen müsse (*Birk/Repp*, ZAR 1992, 14, 18). Überzeugend ist diese Begründung nicht. Sie steht auch nicht in Übereinstimmung mit Art. 23 Abs. 2 RL 2011/95/EU). Die Gegenmeinung stellt allein den humanitären Zweck, für alle Angehörigen einen einheitlichen Status zu begründen, in das Zentrum der Erörterungen, behandelt jedoch den weiteren Zweck des Familienasyls, auch wegen der *Nähe des Ehegatten zum Verfolgungsgeschehen* (im Verfolgerstaat) und damit wegen der daraus gleichfalls für ihn herrührenden Gefahr (BVerwG, EZAR 215 Nr. 5), das Familienasyl zu gewähren, nicht. Diese Nähe wird jedoch durch eine Aufhebung und Scheidung der ehelichen Lebensgemeinschaft nicht zwangsläufig beseitigt.

15 Andererseits ist nach dieser Ansicht die zwischenzeitliche Scheidung unschädlich, sofern die Eheleute im Zeitpunkt der Sachentscheidung wieder verheiratet sind. Danach wäre es etwa unschädlich, wenn der Stammberechtigte in der Zwischenzeit mit einem anderen Partner und anschließend mit einem weiteren Partner die Ehe geschlossen und schließlich erneut den früheren Partner geheiratet hätte. Der Hinweis, dass aus den Begriff »schon« in Abs. 1 Nr. 2 das Erfordernis des Fortbestandes der ursprünglichen Ehe folge, ist weder zwingend noch steht er im Einklang mit der eigenen Ansicht, wonach die Unterbrechung der Ehe durch Scheidung unschädlich ist. Eine erneute Eheschließung nach Scheidung ist keine Fortsetzung der ersten Ehe,

sondern ein vollständiger Neuanfang nach einem dramatischen Bruch. Die Rechtsprechung versucht das Problem teilweise dadurch zu lösen, dass sie auf das Bestehen der familiären Beziehungen abstellt, ohne zugleich zu fordern, dass tatsächlich die inneren Bindungen einer ehelichen Lebensgemeinschaft noch *fort*bestehen. Jedenfalls sei dann Familienasyl zu gewähren, wenn die Ehegatten bereits in der Vergangenheit im Bundesgebiet gemeinsam zusammengelebt hätten (VG Neustadt, a.d. Weinstr., Urt. v. 09.09.1991 – 5 K 1359/91.NW), die Lebensgemeinschaft im Zeitpunkt der Entscheidung der Behörde oder des Gerichts jedoch nicht mehr bestehe. Dem ist zu folgen, da die Nähe zum Verfolgungsgeschehen durch ein *nachträgliches*, häufig auch exilbedingtes Auseinanderleben der Eheleute nicht beseitigt wird. Auch ist kaum anzunehmen, dass ein willkürhaft handelnder Staat ohne erniedrigende Demutsbezeugungen des Ehegatten von Letzterem ablassen wird.

E. Erfordernis der unverzüglichen Antragstellung (Abs. 1 Nr. 3)

Abs. 1 Nr. 3 nennt als weitere Voraussetzung für die Gewährung des Familienasyls, 16 dass der Ehegatte zugleich mit dem Asylberechtigten oder vorher bzw. unverzüglich nach der Einreise einen Asylantrag gestellt hat. Abs. 5 verweist auf Abs. 1, setzt dies also für die Angehörigen international Schutzberechtigter ebenfalls voraus. Abs. 3 Nr. 3 regelt diese Voraussetzung für Eltern lediger Asylberechtigter eigenständig. Für minderjährige ledige Kinder von Asylberechtigten und international Schutzberechtigten gilt das Erfordernis nicht, weil Abs. 2 nicht auf Abs. 1 Nr. 3 verweist. Reisen der Ehegatte, die Eltern oder das minderjährige ledige Geschwister vor der Gewährung der originären Statusberechtigung ein, gilt das Unverzüglichkeitsgebot nicht. Hier finden die allgemeinen Grundsätze Anwendung und kann eine verspätete Antragstellung im Rahmen der Beweiswürdigung berücksichtigt werden, begründet aber hinsichtlich der Gewährung des abgeleiteten Status keine Sperrwirkung. Der Gesetzeswortlaut ist insoweit eindeutig. Nur wenn der Betroffene nicht vor oder gleichzeitig mit dem Asylberechtigten eingereist ist, gilt das Unverzüglichkeitsgebot. Bei mehrmaligen Einreisen kommt es in diesem Fall auf die erste Einreise an. Stellt der Ehegatte nach der zweiten oder weiteren Einreise unverzüglich den Asylantrag, soll dies dem Erfordernis des Unverzüglichkeitsgebots nicht genügen (VG Augsburg, InfAuslR 2001, 102). Ist der Angehörige nicht zusammen mit dem Stammberechtigten oder vor ihm eingereist, hat er den Antrag unverzüglich nach seiner späteren Einreise zu stellen. Hat der Stammberechtigte mehrere Asylanträge gestellt, ist für die Frage, ob der Angehörige einen ersten Asylantrag vor oder gleichzeitig mit dem Stammberechtigten gestellt hat, der Antrag des Stammberechtigten maßgebend, der zu seiner Statuszuerkennung geführt hat (*Hailbronner*, AuslR B 2 § 26 AsylG Rn. 40). Bei einer früheren Einreise wird er eigene Verfolgungsgründe oder jedenfalls sippenhaftartige Gründe geltend machen. Nach Einreise des Stammberechtigten wird über diese individuellen Gründe keine eigenständige Entscheidung mehr getroffen (BVerwGE 89, 315, 319 = EZAR 215 Nr. 4 = NVwZ 1992, 987; BVerwGE 106, 339, 343 = NVwZ 1998, 1085 = BVerwG, NVwZ 2009, 1308, 1311 = EZAR NF 67 Nr. 6; Rdn. 44).

17 Es kommt für den Antragsbegriff nach Abs. 1 nicht darauf an, ob der Ehegatte ausdrücklich den abgeleiteten Status oder einen Asylantrag stellt. »*Unverzüglich*« heißt nach dem auch im öffentlichen Recht geltenden zivilrechtlichen Grundsätzen »*ohne schuldhaftes Verzögern*« (§ 121 Abs. 1 BGB). Hier ist kein strenger Maßstab angezeigt. Die früher für im Bundesgebiet geborene Kinder maßgebende Frist von zwei Wochen für die Antragstellung ist nicht maßgebend (*Bodenbender*, in: GK-AsylG II, § 26 Rn. 59). Der Unverzüglichkeit steht nicht entgegen, dass der Antragsteller nach seiner Einreise zunächst anwaltlichen Rat in Anspruch genommen hatte. Stets ist eine Berücksichtigung aller vorgebrachten sowie sonst erkennbaren Umstände des jeweiligen Einzelfalles unter Anlegung eines großzügigen Maßstabes angezeigt. Scheitert der Antrag auf Gewährung des abgeleiteten Status daran, dass er nicht unverzüglich gestellt worden ist, kann gleichwohl eine Statusgewährung aus eigenen individuellen Gründen in Betracht kommen. In einem derartigen Fall hat der Familienangehörige einen Anspruch auf individuelle Prüfung seiner vorgebrachten Verfolgungsgründe. Wird ihm unanfechtbar der Status zuerkannt, kann er seinerseits dem Ehegatten, auf den er sich zunächst mit seinem Antrag auf Familienasyl bezogen hatte, selbst den abgeleiteten Status vermitteln.

F. Kein Widerruf oder Rücknahme der Asylberechtigung des Stammberechtigten (Abs. 1 Nr. 4)

18 Die originäre Statusberechtigung muss fortdauern (Abs. 1 Nr. 4). Da Abs. 5 auf Abs. 1 verweist, gilt dies auch für Angehörige international Schutzberechtigter. Abs. 3 Nr. 4 regelt diese Voraussetzung für Eltern lediger Asylberechtigter eigenständig. Für minderjährige ledige Kinder von Asylberechtigten ist diese Voraussetzung in Abs. 2 geregelt. Dies gilt wegen der Verweisung von Abs. 5 auf Abs. 2 auch für minderjährige ledige Kinder international Schutzberechtigter. Aus der akzessorischen Natur des Familienasyls folgt das Erfordernis der Fortgeltung der Statusberechtigung des Stammberechtigten. Ebenso wenig wie das Familienasyl nach Abs. 1 Nr. 1 vor Eintritt der Unanfechtbarkeit gewährt werden kann, darf das bloße Vorliegen von Widerrufsgründen zum Anlass genommen werden, die Gewährung des Familienasyls zu versagen. Solange die originäre Statusberechtigung nicht unanfechtbar beseitigt worden ist, ist sie rechtlich auch geeignet, den abgeleiteten Status zu vermitteln. Abs. 1 Nr. 4 ist daher dahin zu präzisieren, dass nicht das bloße Vorliegen von Widerrufs- oder Rücknahmegründen nach § 73 der Gewährung des abgeleiteten Status entgegensteht, sondern erst die unanfechtbare Aufhebung der originären Statusberechtigung infolge Vorliegens von Widerrufs- oder Rücknahmegründen. Das Bundesamt darf also nicht von sich aus prüfen, ob Widerrufsgründe in Ansehung der originären Statusberechtigung vorliegen (offen gelassen BVerwGE 126, 27, 30 = NVwZ 2006, 1180 = AuAS 2006, 210). Vielmehr hat es bis zur Unanfechtbarkeit der Widerrufsentscheidung vom Fortbestand dieser Berechtigung auszugehen. Zudem ist zu bedenken, dass im Widerrufsverfahren häufig zwingende, auf früheren Verfolgungen beruhende Gründe einem Widerruf entgegenstehen können (§ 73 Abs. 1 Satz 3, Art. 11 Abs. 3 RL 2011/95/EU, Art. 1 C Nr. 5 Abs. 2, Nr. 6 Abs. 2 GFK). Im Zeitpunkt der Entscheidung über den Antrag auf Gewährung des abgeleiteten Status liegen daher Widerrufsvoraussetzungen

nicht offensichtlich vor. Es ist unzumutbar, das Verfahren auszusetzen, bis über den Widerruf unanfechtbar entschieden worden ist (a.A. *Bodenbender*, in: GK-AsylG II, § 26 Rn. 35). Für das Verwaltungsstreitverfahren ergibt sich keine abweichende Betrachtungsweise. Vielmehr hat auch das Verwaltungsgericht im Fall des Streits über das Vorliegen der tatbestandlichen Voraussetzungen für die Gewährung des Familienstatus von der Fortgeltung der originären Statusberechtigung auszugehen, solange diese nicht unanfechtbar widerrufen ist (offen gelassen BVerwGE 126, 27, 30 f. = NVwZ 2006, 1180 = AuAS 2006, 210).

Eine eigenständige verwaltungsgerichtliche Prüfungskompetenz in Ansehung der Widerrufsvoraussetzungen im Blick auf die Asylberechtigung besteht jedoch weder unmittelbar noch inzident. Dagegen wird eingewendet, angesichts des eindeutigen Gesetzeswortlaut bestehe für eine derartige Interpretation kein Raum (OVG Rh-Pf, InfAuslR 2001, 341). Soweit die Gegenmeinung davon ausgeht, dass die originäre Statusberechtigung unanfechtbar widerrufen ist, besteht kein Dissens. Ist jedoch noch kein Widerrufsverfahren eingeleitet worden, verbietet sich im Verfahren auf Familienasyl die Prüfung, ob die originäre Stammberechtigung noch andauert. Dagegen wendet die Gegenmeinung ein, der Gesetzgeber habe nur an die materielle, nicht jedoch allein an die formelle Rechtsposition des Stammberechtigten die Vermittlungsfähigkeit des Familienasyls angeknüpft (BayVGH, InfAuslR 2002, 261). Die Prüfung der Widerrufsvoraussetzung durch das Verwaltungsgericht stellt jedoch einen rechtsstaatlich unzulässigen Eingriff in die Kompetenz der Verwaltung dar. Diese ist insoweit nicht an irgendwelche Feststellungen und Aussagen des Verwaltungsgerichtes gebunden. Dies folgt auch daraus, dass sich die materielle Rechtskraft nach § 121 VwGO nicht auf den Stammberechtigten, der nicht Verfahrensbeteiligter im Prozess über die Gewährung des Familienasyls ist, erstreckt (*Koisser/Nicolaus*, ZAR 1991, 31, 36). Daher ist Abs. 1 Nr. 4 dahin auszulegen, dass *nur eine unanfechtbare Widerrufs- oder Rücknahmeentscheidung im Antragsverfahren auf Familienasyl zu berücksichtigen ist.* Eine Aussetzung des Verfahrens wäre rechtswidrig. Dem steht allerdings die Rechtsprechung des BVerwG entgegen. Danach liegt in derartigen Fallkonstellationen nahe, das *Familienasylverfahren* nach § 94 VwGO bis zur rechtskräftigen Entscheidung über den Widerruf *auszusetzen*, damit die Verfestigung unterschiedlicher Statusrechte vermieden wird (BVerwGE 126, 27, 31 = NVwZ 2006, 1180 = AuAS 2006, 210). 19

Allerdings kann im Einzelfall durchaus eine pragmatische Vorgehensweise angezeigt sein. Denn es ist zu berücksichtigen, dass der Antrag auf Gewährung des abgeleiteten Status dem Bundesamt Anlass geben kann, die Widerrufsvoraussetzungen zu prüfen, während dies beim Verzicht auf diesen Antrag häufig zunächst unterbleibt. Dies betrifft insbesondere Herkunftsstaaten, die in einer Umbruchssituation sind, in der sich gewisse rechtsstaatliche Strukturen und Tendenzen herausbilden. Der Antragsteller ist in derartigen Fällen gar nicht in der Lage, die internen Verfahrensabläufe innerhalb des Bundesamtes zu überschauen, geschweige denn hierauf Einfluss zu nehmen. Insbesondere Rechtsanwälte trifft hier eine eingehende Beratungspflicht. Sie haben den Asylsuchenden, der die Gewährung des Familienstatus beantragen will, gegebenenfalls auf die durch Änderung der tatsächlichen Verhältnisse im Herkunftsstaat folgenden Risiken für den Fortbestand der originären Statusberechtigung hinzuweisen. Der abgeleitete 20

Status ist dem Grunde und dem Fortbestand nach abhängig vom Fortbestand der originären Statusberechtigung. Tritt ein Erlöschenstatbestand (§ 72) oder Widerrufsgrund (§ 73 Abs. 1 Satz 1 Halbs. 2 und Satz 2) bezogen auf die originäre Statusberechtigung ein oder wird sie nach § 73 Abs. 2 zurückgenommen, muss auch der abgeleitete Status widerrufen werden. So wird bei Einbürgerung des Stammberechtigten der abgeleitete Status widerrufen (OVG NW, InfAuslR 2009, 366, 368; OVG Hamburg, InfAuslR 2013, 354 = AuAS 2013, 189 = NVwZ-RR 2013, 981 [LS]; Hess.VGH, AuAS 2011, 271, 272; *Hailbronner,* AuslR B 2 § 73 AsylG Rn. 5; *Funke-Kaiser,* in: GK-AsylG II, § 73 Rn. 42; a.A. VG Stuttgart, InfAuslR 2010, 470, 471), wenn der Familienangehörige keine eigenen Verfolgungsgründe geltend machen kann (§ 73 Abs. 2b Satz 2 letzter Halbs., S. 3 letzter Halbs.; § 73 Rdn. 105 ff.) oder für ihn der Widerruf nach § 73 Abs. 1 Satz 3 unzumutbar ist. Ist im Zeitpunkt der Entscheidung über den abgeleiteten Status die Einbürgerung wirksam vollzogen, fehlt es in diesem Zeitpunkt bereits an der erforderlichen Statusberechtigung des Stammberechtigten (Abs. 1 Satz 1 Halbs. 1).

G. Tod des Stammberechtigten während des Verfahrens

21 Nach der Rechtsprechung kann dem Minderjährigen beim *Tod* des stammberechtigten Elternteils vor der Entscheidung über seinen Antrag kein Asylrecht gewährt werden (OVG NW, Beschl. v. 19.09.1991 – 16 A 495/91.A; *Bodenbender*, in: GK-AsylG II, § 26 Rn. 88). Diese Rechtsfolge des Todes des Stammberechtigten hat auch Auswirkungen auf die Rechtsstellung des Ehegatten sowie auf die der Eltern und minderjährigen ledigen Geschwister des minderjährigen ledigen Asylberechtigten. Da der abgeleitete Status akzessorisch ist, wird man gegen diese Rechtsprechung keine Einwände erheben können. Allerdings sind geltend gemachte individuelle Verfolgungsgründe zu prüfen. Anders ist die Situation, wenn der Stammberechtigte nach der Gewährung des abgeleiteten Status verstirbt. Hier fehlt es an einem in § 73 geregelten Widerrufsgrund, sodass der Status nicht wegen des Todes des originär Stammberechtigten widerrufen werden kann. Der Tod des originär Stammberechtigten muss nicht zwangsläufig aufenthaltsbeendende Maßnahmen nach sich ziehen. So kann sich insbesondere in derartigen Fallgestaltungen die Feststellung eines dringenden humanitären Härtefalles (§ 23a Abs. 2 Satz 4 AufenthG) aufdrängen.

H. Einreise über einen Drittstaat

22 In der Rechtsprechung herrscht Streit darüber, ob die Einreise des Familienasyl begehrenden Antragstellers über einen sicheren Drittstaat der Gewährung von Familienasyl nach § 26 entgegensteht (dafür BVerfG [Kammer], NVwZ-Beil. 2000, 97, 98 = EZAR 215 Nr. 21; BVerwGE 104, 347, 349 = DÖV 1997, 922 = InfAuslR 1997, 422 = AuAS 1997, 240 [LS]; OVG NW, NVwZ-Beil. 1997, 21 = EZAR 215 Nr. 13 = DÖV 1997, 382 = AuAS 1997, 57; Hess.VGH, AuAS 1999, 44; VG Schleswig, NVwZ-Beil. 1997, 24 = AuAS 1997, 41; VG Gelsenkirchen, Urt. v. 22.02.1996 – 8 a K 673/94.A) oder Familienasyl zu gewähren ist (dafür OVG Rh-Pf, Urt. v. 26.10.1996 – 7 A 12233/96.OVG; VG Hannover, AuAS 1996, 203, 204; VG Koblenz, NVwZ-Beil. 1997, 56; VG München, InfAuslR 1994, 78, 79; ebenso Schnäbele, in: GK,

AsylG, § 26 Rn. 92; *Gerson*, InfAuslR 1997, 253, 255). Da derzeit keine »sicheren Drittstaaten« gelistet sind, kann diese Frage dahinstehen. Die Einreise des Familienangehörigen über einen Mitgliedstaat begründet die Zuständigkeit der Bundesrepublik für die Prüfung seines Asylantrags, wenn der Stammberechtigte im Bundesgebiet aufenthaltsberechtigt ist (Art. 9 Verordnung [EU] Nr. 604/2013). Ist über den Antrag des Stammberechtigten noch nicht durch das Bundesamt entschieden worden, folgt die Zuständigkeit der Bundesrepublik aus Art. 10 Verordnung (EU) Nr. 604/2013. In beiden Fällen ist in dem Asylantrag des einreisenden Angehörigen der Antrag auf Übernahme der Zuständigkeit der Bundesrepublik für diesen Antrag zu sehen.

Wer aus einem sonstigen Drittstaat einreist, in dem er vor Verfolgung sicher war, 23 wird nicht als asylberechtigt anerkannt (§ 27). Die Anwendung dieser Regelung auf den Familienangehörigen eines Asylberechtigten ist nicht gerechtfertigt (Hess.VGH, AuAS 2005, 143 [LS]; *Bodenbender*, in: GK-AsylG II, § 26 Rn. 44; a.A. *Hailbronner*, AuslR B 2 § 26 AsylG Rn. 14) und ist unvereinbar mit Art. 23 RL 2011/95/EU. Es ist dem Stammberechtigten aufgrund seiner Statusberechtigung nicht zuzumuten, die familiäre Lebensgemeinschaft mit seinen Familienangehörigen im sonstigen Drittstaat zu führen (VG Frankfurt am Main, AuAS 2000, 71, 72; *Bodenbender*, in: GK-AsylG II, § 26 Rn. 44), ganz abgesehen davon, dass in derartigen Fällen die Behörden des sonstigen Drittstaates die Rückübernahme der Antragsteller mit dem Hinweis auf die Statusberechtigung des Stammberechtigten und damit unter Hinweis auf die stärkeren Bindungen an die Bundesrepublik verweigern werden. Daher steht im konkreten Einzelfall das Vorliegen der Voraussetzungen nach § 27 und 29 der Gewährung des abgeleiteten Status nicht entgegen.

I. Ausschlussgründe (Abs. 4 Satz 2)

Nach Abs. 4 Satz 1 wird der abgeleitete Status weder in Form des Ehegattenasyls noch 24 des Minderjährigenasyls noch im Hinblick auf die Eltern des minderjährigen ledigen Asylberechtigten gewährt, wenn die Angehörigen – in ihrer Person – die Voraussetzungen des § 60 Abs. 8 Satz 1 oder Satz 3 (§ 3 Rdn. 82 ff.) AufenthG oder des § 2 Abs. 2 erfüllen. Der Gesetzgeber des Richtlinienumsetzungsgesetzes 2007 setzt damit Art. 23 Abs. 3 RL 2004/83/EG um (BT-Drucks. 16/5065, S. 412). Erfüllt der Angehörige des Stammberechtigten die Voraussetzungen dieser Vorschriften, wird er von der Gewährung des abgeleiteten Status ausgeschlossen. Das gilt wegen der Verweisung in Abs. 5 auf Abs. 4 auch für die Angehörigen international Schutzberechtigter. Der Ausschluss des Angehörigen erstreckt sich nicht auf den Stammberechtigten. Erfüllt er jedoch seinerseits die entsprechenden Ausschlussgründe, wird der Status widerrufen (§ 73 Abs. 1 Satz 1, Art. 14 Abs. 3 Buchst. a) RL 2011/95/EU).

J. Familienangehörige als Verfolgungsakteur (Abs. 6)

Nach Abs. 6 wird der nach den Abs. 1 bis 5 geregelte abgeleitete Status nicht gewährt, 25 wenn der Antragsteller den Stammberechtigten verfolgt oder ihn in sonstiger erheblicher Weise gefährdet, weil in diesem Fall kein berechtigtes Schutzinteresse besteht (BT-Drucks. 17/13063, S. 10). Wer denjenigen, von dem er Rechte ableiten will, verfolgt, ist nicht schutzbedürftig. Dieser Ausschlussgrund erfasst alle in den Abs. 1 bis 5 geregelten Formen akzessorischer Statusberechtigung und wurde durch das Richtlinienumsetzungsgesetz 2013 eingeführt. Derartige Fallkonstellationen kommen zwar sehr selten vor, erfordern aber aus Gründen der Rechtssicherheit eine Regelung. Sie können insbesondere in Form *geschlechtsspezifischer Verfolgung* eintreten, wenn etwa der Ehefrau wegen Bedrohung durch den Ehemann die Flüchtlingseigenschaft zuerkannt wird und sich anschließend der von Ausweisung wegen innerfamiliärer Gewaltausübung betroffene Ehemann auf den Anspruch auf Gewährung des abgeleiteten Status berufen will. Der Ausschlussgrund des Abs. 6 steht selbständig neben dem Ausschlussgrund nach Abs. 4 Satz 1. Erfasst werden Verfolgungshandlungen und -bedrohungen wie unmenschlicher Behandlung durch den Familienangehörigen (§§ 3a und 3b). Zwar verweist Abs. 6 auf Art. 1 A Nr. 2 GFK (§ 3 Abs. 1). Verfolgung i.S.d. Art. 1 A Nr. 2 GFK wird im Unionsrecht aber durch Art. 9 und 10 RL 2011/95/EU (§§ 3a und 3b) definiert. Ein ernsthafter Schaden wird insbesondere in Form unmenschlicher Behandlung (§ 4 Abs. 1 Satz 2 Nr. 2) erwachsen bzw. bestehen. Diese Handlungen können bereits im Herkunftsland, in einem dritten Staat (»ausgesetzt war«) oder im Bundesgebiet (»droht«) begangen worden sein.

26 Den umgekehrten Fall, dass der Stammberechtigte den Familienangehörigen verfolgt, hat der Gesetzgeber nicht geregelt. Für die herrschende Meinung, die für den Zeitpunkt der behördlichen Entscheidung das Bestehen einer ehelichen Lebensgemeinschaft voraussetzt (BayVGH, EZAR 215 Nr. 7; *Birk/Repp*, ZAR 1992, 14, 18; *Bodenbender*, in: GK-AsylG II, § 26 Rn. 53; *Hailbronner,* AuslR B 2 § 26 AsylG Rn. 39), ist in diesem Fall ein eigenständiger Verfolgungsgrund zu prüfen. Liegt allerdings eine Verfolgung oder ein ernsthafter Schaden vor oder droht dieser, besteht aus originärem Recht ein Anspruch auf originäre Statusberechtigung. Wird der Fortbestand der ehelichen Gemeinschaft im Zeitpunkt der Behördenentscheidung nicht vorausgesetzt, kann ungeachtet der Bedrohung durch den Stammberechtigten der abgeleitete Status gewährt werden. Wird das minderjährige ledige Kind von seinem stammberechtigten Elternteil verfolgt, ist entsprechend zu verfahren. Die Einleitung eines Widerrufsverfahrens im Hinblick auf den Stammberechtigten hindert bis zur unanfechtbaren Entscheidung nicht die Statusgewährung an den Angehörigen.

K. Ehegattenasyl (Abs. 1)

27 Ehe ist die mit Eheschließungswillen eingegangene, staatlich anerkannte Lebensgemeinschaft (BVerwG, NVwZ 1993, 792 = InfAuslR 1993, 152). Für die Beurteilung der Gültigkeit der Ehe ist grundsätzlich das Recht des Herkunftslandes maßgebend. Nach Völkerrecht sind aber z.B. auch Ehen, die vor den Behörden von Befreiungsorganisationen geschlossen werden, gültig und von den Staaten auch dann anzuerkennen, wenn sie nach dem Recht des Herkunftsstaates nicht anerkannt werden (*Koisser/Nicolaus*, ZAR 1991, 31, 34; *Hailbronner,* AuslR B 2 § 26 AsylG Rn. 20; a.A. *Bodenbender*, in: GK-AsylG II, § 26 Rn. 47). Da das für die Frage der Gültigkeit der Ehe maßgebende Recht der Bundesrepublik nicht maßgebend ist, sind z.B. auch Ehen als gültig zu betrachten, die nach deutschem Recht nichtig wären. Wird die *Mehrehe*

nach dem Recht des Staates, in dem die Ehe geschlossen wurde, anerkannt, muss das Ehegattenasyl allen Ehefrauen eines Asylberechtigten gewährt werden (*Nicolaus*, Die Zuerkennung des Konventionsflüchtlingsstatus, S. 169, 187; *Birk/Repp*, ZAR 1992, 14, 18; *Bodenbender*, in: GK-AsylG II, § 26 Rn. 46). Eine nach *islamischem Ritus geschlossene Ehe* wird bei der Entscheidung über das Ehegattenasyl nur dann berücksichtigt, wenn auch nach dem Heimatrecht eine rechtsgültige Ehe vorliegt (BVerwG, NVwZ 2005, 1191, 1192 = InfAuslR 2005, 397 = AuAS 2005, 188 – Syrien; OVG Saarland, InfAuslR 2002, 231, 232 – Algerien; OVG Rh-Pf, EZAR 15 Nr. 6 = InfAuslR 1993, 317 – Türkei; Nieders.OVG, AuAS 2005, 99 – Türkei; *Hailbronner*, AuslR B 2 § 26 AsylG Rn. 36; *Bodenbender*, in: GK-AsylG II, § 26 Rn. 46; a.A. Nieders.OVG, InfAuslR 2001, 387; s. auch VG Potsdam, AuAS 2013, 168). Begründet wird dies damit, dass § 1310 Abs. 1 Satz 1 BGB für eine wirksame Eheschließung in Deutschland voraussetze, dass sie vor einem Standesbeamten bekundet werde. Zwar genieße auch die *hinkende Ehe*, die zwar nicht nach deutschem Recht, aber nach dem Recht des ausländischen Verlobten rechtswirksam zustande gekommen sei, den Schutz des Art. 6 Abs. 1 GG. Erfordere das Heimatrecht des ausländischen Verlobten aber die staatliche Anerkennung einer nach islamischen Ritus im Bundesgebiet geschlossenen Ehe und werde der entsprechende Nachweis nicht geführt (Nieders.OVG, AuAS 2005, 99, 100), sei das Ehegattenasyl ausgeschlossen.

Nur die eheliche Lebensgemeinschaft, nicht aber ein *Verlöbnis* vermittelt das Ehegattenasyl (*Birk/Repp*, ZAR 1992, 14, 18; *Hailbronner*, AuslR B 2 § 36 AsylG Rn. 36; *Bodenbender*, in: GK-AsylG II, § 26 Rn. 45; a.A. *Koiser/Nicolaus*, ZAR 1991, 31, 34). Die Gegenmeinung wird damit begründet, dass verfolgungsbedingte Gründe der Eheschließung im Verfolgerstaat entgegengestanden haben können, sodass es ausreiche, wenn die Verlobten die Ehe spätestens im Bundesgebiet schließen. Zwar ist diese Begründung flüchtlingsrechtlich orientiert. Der Gesetzgeber hat mit dem Ehebegriff und dem Erfordernis des Ehebestandes im Verfolgerstaat jedoch klare Voraussetzungen vorgegeben, die ein Verlöbnis unter keinem denkbaren Gesichtspunkt erfüllen kann. Auch der unionsrechtliche Familienbegriff erfasst das Verlöbnis nicht (Art. 2 Buchst. j) RL 2011/95/EU). Die Eheschließung muss nachgewiesen, der Bestand der Ehe im Verfolgerstaat glaubhaft gemacht werden. Für beide Fragen gilt jedoch der *sachtypische Beweisnotstand*. Daher kann für den Nachweis der Ehe kein strenger Beweis gefordert werden. Vielmehr kann sie auch auf sonstige Weise bewiesen (VG Stuttgart, InfAuslR 1991, 224), also glaubhaft gemacht werden (*Bodenbender*, in: GK-AsylG II, § 26 Rn. 52). Der Beweisnotstand folgt aus den verfolgungs- und fluchtbedingten Umständen. Häufig können Personenstandsdokumente auf der Flucht nicht mitgenommen werden, sei es aus Zeitgründen oder sei es aus Gründen der persönlichen Sicherheit. In vielen Fällen fehlen auch Bezugspersonen im Herkunftsland, die Dokumente übermitteln können oder diese sind durch fluchtbedingte oder kriegerische Ereignisse vernichtet worden oder aus diesen Gründen nicht mehr auffindbar. Für die Frage, ob die Eheleute im Herkunftsland zusammengelebt haben, genügt der stimmige, in sich widerspruchsfrei und konsistente Vortrag. Werden gemeinsame Kinder mit genommen, bedarf es keiner weiteren Prüfung, sofern nicht ernsthafte Hinweise bestehen, dass diese nur als gemeinsame Kinder ausgegeben werden. 28

29 Durch das Richtlinienumsetzungsgesetz 2013 wurde in Abs. 1 Nr. 2 die Lebenspartnerschaft mit der Ehe gleichgestellt. Dies entspreche der Richtlinienvorgabe nach Art. 2 Buchst. j) erster Spiegelstrich RL 2011/95/EU (BT-Drucks. 17/3063, S. 10). Nach dieser Norm wird der »unverheiratete Partner« eingeschlossen, sofern das Recht des Mitgliedstaates entsprechende Rechtsvorschriften vorsieht. In Deutschland werden jedoch nur gleichgeschlechtliche Partner nach dem Lebenspartnerschaftsgesetz wie verheiratete Partner anerkannt. Darauf weist auch die gesetzliche Begründung hin. Nicht verheirateten Partnern verschiedenen Geschlechts kommt daher die Regelung nicht zugute. Die Partnerschaft mit dem Stammberechtigten muss bereits im Herkunftsland bestanden haben. Es bedarf daher etwa der Prüfung, ob der gleichgeschlechtliche Partner mit dem Stammberechtigten dort zusammen gelebt hat. Damit läuft die Regelung aber nahezu leer. Diese Voraussetzung steht auch mit Art. 23 RL 2011/95/EU nicht in Übereinstimmung. Wegen der häufig repressiven Verhältnisse in diesen Ländern kann die Partnerschaft aber versteckt geführt worden sein. Es bedarf nicht der staatlichen Anerkennung der Partnerschaft im Herkunftsland. Andernfalls liefe die Regelung vollständig leer, weil in der überwiegenden Mehrheit der – muslimischen – Herkunftsländer die gleichgeschlechtliche Lebenspartnerschaft nicht anerkannt wird (*Bodenbender*, in: GK-AsylG II, § 26 Rn. 45). Das Anerkennungserfordernis der Richtlinie bezieht sich auf das Recht des Mitgliedstaates. Nur die nicht verheirateten Partner, deren Beziehung nach dessen Recht anerkannt wird, können sich auf den erweiterten Begriff des Familienangehörigen beziehen. Abs. 1 Nr. 2 ist deshalb so zu verstehen, dass der Bestand der Lebenspartnerschaft im Herkunftsland als bewusst und gewollte Beziehung glaubhaft gemacht werden muss, jedoch nicht der Nachweis zu führen ist, dass diese im Herkunftsland anerkannt worden ist. Es genügt, dass beide Partner übereinstimmend und stimmig entsprechende Angaben machen. Wegen der Verfolgungsgefahr kann nicht verlangt werden, dass die Führung einer häuslichen Gemeinschaft nachgewiesen wird. Es muss nicht dargelegt werden, dass auch bei Gefahr der Verfolgung die Lebenspartnerschaft geführt wurde (vgl. EuGH, InfAuslR 2014, 17, 18 Rn. 46 – *X, Y und Z*; § 3b Rdn. 23, 25). Gefordert werden kann aber, dass die Beziehung im Herkunftsland gefestigt und als solche auch gewollt war. Flüchtige gleichgeschlechtliche Beziehungen erfüllen diese Voraussetzung nicht.

L. Minderjährigenasyl (Abs. 2)

30 Nach Abs. 2 wird ein im Zeitpunkt seiner Antragstellung *minderjähriges lediges Kind* eines Asylberechtigten auf Antrag als asylberechtigt anerkannt, wenn die Asylanerkennung des Stammberechtigten unanfechtbar und diese Anerkennung nicht zu widerrufen oder zurückzunehmen ist. Abs. 5 verweist für minderjährige ledige Kinder international Schutzberechtigter auf Abs. 2. Liegen in der Person des Minderjährigen Ausschlussgründe vor, wird er nach Abs. 4 Satz 1 ausgeschlossen. Ebenfalls ausgeschlossen wird er nach Abs. 6, wenn er den Stammberechtigten verfolgt oder ihm einen ernsthaften Schaden zufügt (Rdn. 25). Anders als nach früherem Recht und beim Ehegattenasyl wird keine Unverzüglichkeit der Antragstellung gefordert, weil diese Frage nunmehr in § 14a zureichend geregelt ist. Das Gesetz unterscheidet

auch nicht mehr danach, ob der Minderjährige im Bundesgebiet oder im Ausland oder vor oder nach der Gewährung der originären Statusberechtigung geboren ist. Weder wird vorausgesetzt, dass das minderjährige ledige Kind die Staatsangehörigkeit des stammberechtigten Elternteils besitzen noch, dass es im Verfolgerstaat mit diesem zusammen gelebt haben muss (VGH BW, AuAS 2002, 224, 225). Dies folgt auch aus dem insoweit klaren Wortlaut von Abs. 2. Es besteht eine Verpflichtung der Behörden, neugeborene Kinder zu registrieren und die erforderliche Geburtsurkunde auszustellen (*UNHCR*, NVwZ-Beil. 2004, 9). Es kommt nur das Kind des Stammberechtigten in den Genuss des Familienasyls, das im Zeitpunkt der Antragstellung das 18. Lebensjahr noch nicht vollendet hat (§ 2 BGB). Ist das Kind des Stammberechtigten im Zeitpunkt der Antragstellung nicht mehr minderjährig, kann Asylrecht oder internationaler Schutz nur unter der Voraussetzung eigener Verfolgungsgründe gewährt werden. Ist dies nicht der Fall, verhelfen auch die ausländerrechtlichen Vorschriften im Regelfall nicht zum Aufenthaltsrecht, da diese die Minderjährigkeit des Kindes des Asylberechtigten oder international Schutzberechtigten voraussetzen (§ 32 AufenthG). Im Einzelfall können aber die Voraussetzungen des § 36 Abs. 2 Satz 1 AufenthG für die Erteilung einer Aufenthaltserlaubnis erfüllt sein.

Abs. 2 kann nicht entnommen werden, ob nur die Kinder in den Genuss des Familienasyls 31 kommen können, die in Lebensgemeinschaft mit dem oder der Asylberechtigten bzw. dem Flüchtling leben. Nach der Rechtsprechung des BVerwG muss das Kindschaftsverhältnis nicht bereits im Verfolgerstaat bestanden haben. Die Kinder des Stammberechtigten müssen mithin nicht dessen Schicksal der Verfolgung und Flucht geteilt haben (BVerwG, NVwZ 1997, 1137, 1138 = DÖV 1997, 921; a.A. Hess.VGH, NVwZ-Beil. 2003, 21, 22 = AuAS 2003, 7; *Birk/Repp*, ZAR 1992, 14, 18). Anders als in Abs. 1 hat der Gesetzgeber in Abs. 2 die familiäre Lebensgemeinschaft nicht zur Voraussetzung des Familienasyls gemacht. Abs. 2 setzt voraus, dass das Kind des Asylberechtigten im Zeitpunkt der Antragstellung minderjährig und ledig sein muss (Rn. 9). Im Übrigen enthält der Begriff des Kindes in dieser Vorschrift keine Einschränkungen. Für die Auslegung und Anwendung des Abs. 2 ist damit der Begriff des Kindes im natürlichen und rechtlichen Sinne maßgebend. Daher sind alle ehelichen und nichtehelichen sowie natürlichen und adoptierten Kinder eines oder einer Asylberechtigten bzw. Flüchtlings anspruchsberechtigt (*Koisser/Nicolaus*, ZAR 1991, 31, 35; *Bodenbender*, in: GK-AsylG II, § 26 Rn. 65; *Hailbronner*, AuslR B 2 § 26 AsylG Rn. 51). Das Kindschaftsreformgesetz hat die Unterscheidung zwischen ehelichen und nichtehelichen Kindern aufgehoben. Auch das *Stiefkind* eines originär Asylberechtigten wird jedenfalls dann als statusberechtigt angesehen, wenn die leibliche Mutter ihre Statusberechtigung als Ehefrau eines Asylberechtigten oder Flüchtlings über Abs. 1 erlangt hat (VGH BW, InfAuslR 1993, 200 = AuAS 1993, 91; OVG NW, NVWZ-Beil. 1998, 70, 71; a.A. *Bodenbender*, in: GK-AsylG II, § 26 Rn. 66). Abs. 4 Satz 2 findet insoweit keine Anwendung. Damit wird nur ausgeschlossen, dass die abgeleitete Statusberechtigung nach Abs. 2 ihrerseits weitergegeben wird. Ist das Asylrecht über Abs. 1 vermittelt worden, findet Abs. 4 Satz 2 keine Anwendung (VGH BW, InfAuslR 1993, 200).

32 Nach Abs. 2 wird für die Gewährung des Familienasyls die Minderjährigkeit des Kindes des Stammberechtigten *im Zeitpunkt der Antragstellung* vorausgesetzt (*Hailbronner*, AuslR B 2 § 26 AsylG Rn. 46; *Bodenbender*, in: GK-AsylG II, § 26 Rn. 61). Die Minderjährigkeit ist in Übereinstimmung mit Art. 12 GFK nach deutschem Recht festzustellen (*Koisser/Nicolaus*, ZAR 1991, 31, 35). Es ist unschädlich, wenn der Antragsteller nach Antragstellung und vor Unanfechtbarkeit der Gewährung des Status volljährig wird oder heiratet (VG Schleswig, AuAS 2001, 226, 227). In der Rechtsprechung wird jedoch für den Fall, dass der sich auf das Kinderasyl berufende Kläger im Zeitpunkt seiner Antragstellung zwar bereits volljährig, aber aufgrund einer schweren psychotischen bzw. psychischen Erkrankung nicht prozess- und beteiligungsfähig ist, das Minderjährigenasyl zugesprochen. Aus der Zweckrichtung, minderjährigen Kindern einen vergleichbaren Rechtsstatus zu gewähren, folge, dass einem aufgrund seiner schweren Erkrankung im Hinblick auf die notwendige familiäre Einbindung und Betreuung einem Kleinkind ähnlicher Asylsuchender dem Schutz des Familienasyls unterfalle (VG Ansbach, AuAS 2002, 46, 47). Für die Gewährung des Minderjährigenasyls im Rahmen eines *Folgeantrags* ist die Minderjährigkeit des Kindes im Zeitpunkt der Stellung des *ersten Asylantrags* dann maßgebend, wenn über den Erstantrag erst mehrere Jahre im Rahmen einer gemeinsamen Klage aller Familienangehörigen nur für den Stammberechtigten positiv entschieden wurde und dabei die gleichzeitige Gewährung von Familienasyl für die anderen Familienmitglieder nur wegen der erforderlichen Unanfechtbarkeit der Asylanerkennung des Stammberechtigten ausgeschlossen war (VG Gießen, InfAuslR 2002, 274). Derartige Konstellationen dürften heute kaum noch vorkommen.

33 Nach Abs. 4 Satz 2 ist Voraussetzung für die Gewährung des Minderjährigenasyls, dass der stammberechtigte Elternteil nicht seinerseits das Minderjährigenasyl nach Abs. 2 erhalten hat. Nur ein nach Art. 16a Abs. 1 GG anerkannter Asylberechtigter oder nach § 1 Abs. 1 Nr. 2 Statusberechtigter kann das in Abs. 2 geregelte Minderjährigenasyl vermitteln. Wer hingegen selbst über Abs. 2 seine Statusberechtigung über das Minderjährigenasyl nach Abs. 2 erhalten hat, kann seinen Kindern nicht die Statusberechtigung weitergeben. Ist das Statusrecht über Abs. 1 oder Abs. 5 vermittelt worden, findet Abs. 4 Satz 2 hingegen keine Anwendung (VGH BW, InfAuslR 1993, 200 = AuAS 1993, 91; noch weiter gehend OVG NW, NVwZ-Beil. 1998, 70, 71; a.A. BVerwG, NVwZ 1994, 504; *Repp/Birk*, ZAR 1992, 14, 19). Die über das Ehegattenasyl erlangte Statusberechtigung kann also in Form des Minderjährigenasyls an die minderjährigen und ledigen Kinder weiter vermittelt werden. Die Gegenmeinung verweist auf Wortlaut, Systematik und Entstehungsgeschichte sowie Sinn und Zweck des § 26. Danach könne der abgeleitete Anspruch nicht von einem Ehegatten oder Elternteil hergeleitet werden, der seinerseits nur aufgrund des abgeleiteten Status statusberechtigt sei (BVerwG, NVwZ 1994, 504). Dies erscheint wenig überzeugend. Davon auszugehen ist, dass der Gesetzgeber die Ableitung des Familienasyls vom Minderjährigen auf dessen Kind unterbinden will (Abs. 4 Satz 2), weil er ein über Generationen hinweg vermitteltes Asylrecht offensichtlich für entbehrlich erachtet. In Fällen, in denen das Asylrecht derart lange Bestand hat, wird der originär Asylberechtigte in aller Regel die deutsche Staatsangehörigkeit erlangt haben und

seine Staatsangehörigkeit über § 4 Abs. 1 oder 3 Satz 1 StAG vermitteln. Denkbar ist auch, dass der Gesetzgeber die Ableitung des Minderjährigenasyls vom Ehegattenasyl deshalb nicht unterbinden will, um der Familie des Asylberechtigten ein möglichst umfassendes Integrationsangebot zu unterbreiten. Daher ist festzuhalten, dass nach Abs. 4 Satz 2 das Minderjährigenasyl nicht von einem Asylberechtigten übermittelt werden kann, der seine Asylberechtigung nach Abs. 2 über das Minderjährigenasyl erlangt hat. Von einem Elternteil, der seine Asylberechtigung über das Ehegattenasyl nach Abs. 1 erhalten hat, kann hingegen die Asylberechtigung an die minderjährigen und ledigen Kinder weiter vermittelt werden. Dies gilt auch für die internationale Schutzberechtigung (Abs. 5).

M. Eltern- und Geschwisterasyl (Abs. 3)

I. Funktion des Eltern- und Geschwisterasyls

Nach Abs. 3 Satz 1 werden Eltern eines minderjährigen ledigen Asylberechtigten oder ein anderer Erwachsener im Sinne von Art. 2 Buchst. j) RL 2011/95/EU auf Antrag als Asylberechtigte anerkannt. Minderjährigen ledigen Geschwistern des Asylberechtigten wird unter diesen Voraussetzungen ebenfalls die Asylberechtigung erteilt (Abs. 3 Satz 2). Diese Erweiterung des Familienasyls wurde durch das Richtlinienumsetzungsgesetz 2013 eingeführt. Sie wird mit der Richtlinienvorgabe nach Art. 2 Buchst. j) RL 2011/95/EU und dem Grundsatz der Gleichbehandlung begründet (BT-Drucks. 17/13063, S. 10). Nach Abs. 5 erstreckt sich diese Erweiterung auch auf Flüchtlinge, weil sie auf einer auf Flüchtlinge bezogenen Rechtsgrundlage beruht. Die Voraussetzungen nach Abs. 3 Nr. 1 bis 4 sind identisch mit denen nach Abs. 1 Nr. 1 bis 4. Danach muss die originäre Statusberechtigung unanfechtbar sein, die Familie bereits im Verfolgerstaat bestanden haben, die Einreise vor der Gewährung der originären Asylberechtigung erfolgt sein oder der Asylantrag unverzüglich nach der Einreise gestellt worden sein. Ferner darf die originäre Asylberechtigung nicht widerrufen oder zurückgenommen worden sein und dürfen keine Ausschlussgründe vorliegen sowie den Angehörigen durch den Minderjährigen keine Verfolgung oder ein ernsthafter Schaden drohen. Die Eltern oder der andere Erwachsene muss die Personensorge für den Asylberechtigten innehaben. Zur Erweiterung des Familienasyls auf Geschwister (Abs. 3 Satz 2) war der Gesetzgeber unionsrechtlich nicht verpflichtet. Geschwister werden in Art. 2 Buchst. j) RL 2011/95/EU) nicht als Familienangehörige erwähnt. Die Verpflichtung des Art. 23 Abs. 2 RL 2011/95/EU erstreckt sich daher nicht auf diese Personen. Abs. 3 Satz 2 verweist nur auf Abs. 3 Satz 1 Nr. 1 bis 4 und nicht auch auf Nr. 5. Das hat seinen Grund darin, dass aus rechtlichen Gründen, aber auch in der Lebenswirklichkeit die Ausübung der Personensorge nicht den Geschwistern obliegt, auch wenn die älteren in kinderreichen Familien häufig zur Entlastung der Eltern rein faktisch für die Erziehung der jüngeren Geschwister Verantwortung mit übernehmen. Das Erfordernis der *Ausübung der Personensorge* gilt daher *nicht* für das Geschwisterasyl. 34

II. Elternasyl (Abs. 3 Satz 1)

Das Gesetz verweist zunächst auf die Eltern, also leibliche Eltern im rechtlichen Sinne. 35
Einbezogen hierin ist auch der alleinstehende Elternteil, d.h. es müssen nicht beide

Elternteile den Antrag stellen. Will ein Elternteil den abgeleiteten Status nicht erwerben, etwa weil er Reisen in das Herkunftsland unternehmen will, sperrt dies nicht die Berufung des anderen Elternteils auf diesen Status. Die Gründe für den Verzicht des anderen Elternteils sind unerheblich. Zusätzlich zu den Voraussetzungen nach Abs. 3 Satz 1 Nr. 1 bis 4 müssen die Eltern die *Personensorge* innehaben (Abs. 3 Satz 1 Nr. 5). Auch die *Adoptiveltern*, sind begünstigt (VGH BW, InfAuslR 1993, 200 = AuAS 1993, 91; OVG NW, NVWZ-Beil. 1998, 70, 71). Dies folgt daraus, dass Ehelichkeit des Kindes für die Vermittlung des abgeleiteten Status nicht vorausgesetzt wird, ferner daraus, dass es sich um Erwachsene handelt, die nach dem nationalen Recht für die Person verantwortlich sind (Art. 2 Buchst. j)) dritter Spiegelstrich RL 2011/95/EU). Daher sind auch *Pflegeeltern* begünstigt. Zwar verbleibt die elterliche Sorge beim Pflegschaftsverhältnis bei den Eltern. Die Pflegeeltern sind jedoch berechtigt, in Angelegenheiten des täglichen Lebens zu entscheiden sowie den Inhaber der elterlichen Sorge in solchen Angelegenheiten zu vertreten. Sie sind ferner befugt, den Arbeitsverdienst des Kindes zu verwalten sowie Unterhalts-, Versicherungs-, Versorgungs- und sonstige Sozialleistungen für das Kind geltend zu machen und zu verwalten (§ 1688 Abs. 1 Satz 1 BGB). Außerdem sind sie bei Gefahr im Verzug dazu berechtigt, alle Rechtshandlungen vorzunehmen, die zum Wohl des Kindes notwendig sind (§ 1688 Abs. 1 Satz 2 in Verb. mit § 1629 Abs. 1 Satz 4 BGB). Pflegeeltern tragen also nach nationalem Recht »Verantwortung« für das Kind (Art. 2 Buchst. j)) dritter Spiegelstrich RL 2011/95/EU), sodass die Mitgliedstaaten zur Gewährung des abgeleiteten Status verpflichtet sind (Art. 23 Abs. 2 RL 2011/95/EU). Ist der Partner des natürlichen oder Elternteils im rechtlichen Sinne nicht mit diesem verheiratet, fehlt es nach deutschem Recht an einem Anknüpfungspunkt für die Elterneigenschaft, es sei denn, der Partner hat das Kind adoptiert.

36 Für die Anspruchsvoraussetzungen kommt es auf den Zeitpunkt der Antragstellung an. Bekräftigt wird dies durch Abs. 3 Satz 2 sowie durch die für das Minderjährigenasyl geltenden Grundsätze. Maßgebend ist also, dass im Zeitpunkt der Antragstellung der Eltern der Asylberechtigte noch minderjährig und ledig (*Hailbronner*, AuslR B 2 § 26 AsylG Rn. 46; *Bodenbender*, in: GK-AsylG II, § 26 Rn. 61) und unanfechtbar als Statusberechtigter anerkannt ist. Die Minderjährigkeit ist in Übereinstimmung mit Art. 12 GFK nach deutschem Recht festzustellen (*Koisser/Nicolaus*, ZAR 1991, 31, 35). Es ist unschädlich, wenn der Antragsteller nach Antragstellung und vor Unanfechtbarkeit der Gewährung des Status volljährig wird oder heiratet (VG Schleswig, AuAS 2001, 226, 227). Ferner müssen die Eltern mit dem Kind im Herkunftsland eine Familie gebildet haben. Diese muss nicht in Form der Hausgemeinschaft stattgefunden haben. Maßgebend ist, dass aufgrund der Gesamtumstände im konkreten Einzelfall zwischen dem Kind und seinen Eltern im Herkunftsland eine *Betreuungs- und Erziehungsgemeinschaft* (BVerfGE 31, 194, 205 ff) = FamRZ 1971, 421; BVerfGE 64, 180, 188 ff. = FamRZ 1983, 872) bestanden hat. Die Eltern oder ein Elternteil können berufs- oder verfolgungsbedingt das Kind in die Obhut eines Verwandten oder Bekannten gegeben und gleichwohl nach den Gesamtumständen ihre Elternfunktion wahrgenommen haben. Hat ein Elternteil über

längere Zeit nicht unmittelbar seine Betreuungs- und Erziehungsfunktion ausgeübt, muss dies nicht notwendigerweise bedeuten, dass kein Familienleben geführt wurde. Stets kommt es auf eine Gesamtbewertung der Umstände des Einzelfalls an.

Zusätzlich zu den Voraussetzungen nach Abs. 3 Satz 1 Nr. 1 bis 4 müssen die Eltern 37 im Bundesgebiet die *Personensorge* ausüben (Abs. 3 Satz 1 Nr. 5). Das Gesetz fordert lediglich, dass sie diese innehaben. Da der Zweck der Vorschrift der Minderjährigenschutz ist (BT-Drucks. 17/13063, S. 10), muss die Personensorge im Zeitpunkt der Antragsteller tatsächlich ausgeübt werden. Wegen der Bezugnahme in Abs. 3 Satz 1 Nr. 2 auf die in Art. 2 Buchst. j) dritter Spiegelstrich RL 2011/95/EU genannten Betreuungspersonen ist anders als im Aufenthaltsrecht (BVerwG, InfAuslR 1997, 303 = NVwZ-RR 1997, 657) nicht der rechtliche, sondern der tatsächliche Begriff der Personensorge maßgebend. Nach § 1626 Abs. 1 BGB haben der Vater und die Mutter das Recht und die Pflicht, für das minderjährige Kind zu sorgen *(elterliche Sorge)*. Die elterliche Sorge umfasst nach § 1626 Abs. 1 Satz 2 BGB die Sorge für die Person des Kindes *(Personensorge)* und das Vermögen des Kindes *(Vermögenssorge)*. *§* 1627 Satz 1 BGB regelt, wie die Eltern die elterliche Sorge *»auszuüben«* haben. Würde dies zur Voraussetzung des Status gemacht, würden die anderen Personen, die nach nationalem Recht oder Praxis für das Kind »verantwortlich« sind (Art. 2 Buchst. j) dritter Spiegelstrich RL 2011/95/EU), ohne aber sämtliche der in § 1626 Abs. 1 BGB geforderten Verantwortlichkeiten ausüben zu können, nicht begünstigt. Die Erweiterung des Familienasyls liefe jedenfalls für diejenigen Bezugspersonen leer, die nicht die Personensorge im rechtlichen Sinne ausüben, wohl aber Verantwortung für das Kind übernommen haben, leer. Entsprechend dem Zweck des Minderjährigenschutzes ist daher der im Unionsrecht maßgebende tatsächliche Begriff der Personensorge im Sinne der »Verantwortung« für das Kind zugrundezulegen. Jedenfalls folgt aus einer richtlinienkonformen Auslegung des Abs. 3 Satz 1, dass nur verlangt werden darf, dass die Bezugsperson nach nationalem Recht für das Kind »verantwortlich« (Art. 2 Buchst. j) dritter Spiegelstrich RL 2011/95/EU) ist. Schützenswerte Lebensverhältnisse zwischen der Betreuungsperson und dem Kind liegen daher regelmäßig vor, wenn dieses auf dessen dauernde Anwesenheit in seiner unmittelbaren Nähe angewiesen ist, eine gemeinsame Lebensführung in Form einer Beistandsgemeinschaft besteht und damit die Betreuungs- und Erziehungsperson Verantwortung für das Kind ausübt. Nach der Rechtsprechung kommt es darauf an, dass das erwachsene Familienmitglied gegenüber dem minderjährigen Kind Verantwortung für die Betreuung und Erziehung übernimmt, ihm Beistand im Lebensalltag gewährt und durch Zuwendungen Lebenshilfe leistet (OVG Sachsen, NVwZ-RR 2001, 689; VGH BW, NVwZ-RR 2003, 151 = InfAuslR 2003, 9).

III. Geschwisterasyl (Abs. 3 Satz 2)

Geschwister sind zunächst die leiblichen, aber auch die Geschwister im rechtlichen 38 Sinne wie etwa Adoptivgeschwister. Dies folgt aus einer systematischen Auslegung der Regelungen in Abs. 2 und Abs. 3 Satz 1. Daher vermitteln sich auch Adoptivkinder gegenseitig das Geschwisterasyl. Da Pflegekindern den Pflegeeltern das Familienasyl vermitteln (Rdn. 35 ff.), vermitteln sie folgerichtig auch den Kindern der Pflegeeltern das Geschwisterasyl. Für die Anspruchsvoraussetzungen kommt es auf den Zeitpunkt der Antragstellung an (Abs. 3 Satz 2 in Verb. mit Abs. 3 Satz 1 Nr. 3; Rdn. 32). Ferner müssen auch die anderen Voraussetzungen des Abs. 3 Satz 1 Nr. 1 bis 3 erfüllt, d.h. die originäre Statusberechtigung muss unanfechtbar, sie darf nicht widerrufen sein, und die Geschwister müssen im Herkunftsland miteinander zusammen gelebt haben. Insoweit ist im Interesse des Kindeswohls eine sachgerechte Auslegung angezeigt, etwa wenn die Kinder aus berufs- oder verfolgungsbedingten Gründen vorübergehend an Dritte, etwa Großeltern, Onkel, Tanten oder enge Freunde in Obhut gegeben worden waren. Maßgebend ist, dass aufgrund einer Gesamtwürdigung davon auszugehen ist, dass die Geschwister zusammen in einer Familie herangewachsen sind. Auch bei Kleinkindern ist insoweit ein sachgerechter Maßstab anzuwenden. Mit Art. 23 RL 2011/95/EU ist dieses Erfordernis aber nicht vereinbar. Die Ausschlussgründe sind ebenfalls zu beachten. Dies folgt aus den Verweisungen in Abs. 4 Satz 1 und Abs. 6 auf Abs. 3. Geschwister, die nach Abs. 3 Satz 2 in den Genuss des abgeleiteten Status gelangt sind, können ihrerseits nicht diesen Status an ihre Kinder vermitteln (Abs. 4 Satz 2 in Verb. mit Abs. 3 Satz 1). Wer also selbst seine Asylberechtigung über das Geschwisterasyl nach Abs. 3 Satz 2 erhalten hat, kann seinen Kindern nicht die Statusberechtigung vermitteln. Hat der Bruder oder die Schwester hingegen die Statusberechtigung aus eigenem Recht erworben, findet Abs. 4 Satz 2 in Verb. mit Abs. 3 Satz 2 keine Anwendung (VGH BW, InfAuslR 1993, 200 = AuAS 1993, 91; noch weiter gehend OVG NW, NVwZ-Beil. 1998, 70, 71).

N. Familienangehörige international Schutzberechtigter (Abs. 5)

39 Abs. 5 erstreckt das Schutzkonzept des Familienasyls auf Ehegatten und minderjährige ledige Kinder von Flüchtlingen und subsidiär Schutzberechtigten (Abs. 5 Satz 1 in Verb. mit Abs. 1 und 2) sowie auf minderjährige ledige Geschwister minderjähriger lediger Flüchtlinge und subsidiär Schutzberechtigter (Abs. 5 Satz 1 in Verb. mit Abs. 3 Satz 2). Kinder von Personen, die ihrerseits ihre Statusberechtigung nach Abs. 2 (Minderjährigenasyl) oder Abs. 3 Satz 2 (Geschwisterasyl) erlangt haben, können diesen Status nicht an ihre Kinder vermitteln (Abs. 5 Satz 1 in Verb. mit Abs. 4 Satz 2). An die Stelle der Asylberechtigung tritt nach Abs. 5 Satz 2 die Flüchtlingseigenschaft oder der subsidiäre Schutz. Ursprünglich vermittelte § 26 die Rechtsstellung eines Asylberechtigten nur an Angehörige von Asylberechtigten. *Konventionsflüchtlinge* konnten ihre Rechtsstellung daher nicht an Angehörige der Kernfamilie übertragen (BVerwG, NVwZ 1994, 504; BVerwG, NVwZ 1995, 391, 393 = InfAuslR 1995, 24; OVG NW, FamRZ 1992, 58; OVG NW, NVwZ 1994, 602, 604f; VGH BW, NVwZ-RR 1995, 112; VGH BW, InfAuslR 1996, 264). Dies widersprach dem internationalen Standard, der andererseits Vorbild für die Einführung des Familienasyls gewesen war (*Koisser/Nicolaus*, ZAR 1991, 31, 36). Der Gesetzentwurf zum 1. ZuwG enthielt keine Regelung zum abgeleiteten Status für Familienangehörige von Flüchtlingen (BT-Drucks. 14/7387, S. 38). Dagegen hatte der niedersächsische Gesetzentwurf vom 31.08.2000 (BR-Drucks. 522/60) die später in § 14a geregelte fingierte Antragstellung mit dem *Familienabschiebungsschutz* kombiniert. Der Gesetzgeber

reagierte auf die Kritik und übernahm im Änderungspaket der Regierungskoalition (BT-Innenausschuss 14/756 Teil 2, S. 36) die heute in Abs. 5 vorgesehene Regelung. Der Gesetzentwurf zum 2. ZuwG enthielt diese Regelung von Anfang an (BT-Drucks. 15/420, S. 42). Durch das Richtlinienumsetzungsgesetz 2007 wurde der Begriff *Familienflüchtlingsschutz* eingeführt. Darüber hinaus wurde durch Richtlinienumsetzungsgesetz 2013 der abgeleitete Status auf Angehörige *subsidiär Schutzberechtigter* erweitert. Der Gesetzgeber setzt damit die Verpflichtung nach Art. 23 Abs. 2 RL 2011/95/EU um, die für den abgeleiteten Status nicht mehr zwischen Flüchtlingen und subsidiär Schutzberechtigten differenziert. Dagegen enthielt Art. 23 Abs. 2 UAbs. 1 RL 2004/83/EG lediglich bezogen auf Flüchtlinge eine zwingende Verpflichtung, den abgeleiteten Status einzuführen, stellte die Ableitung für subsidiäre Schutzberechtigte hingegen in das nationale Ermessen (Art. 23 Abs. 2 UAbs. 2 RL 2004/83/EG). Der Gesetzgeber war der Verpflichtung mit § 26 Abs. 4 AsylVfG a.F. nachgekommen, hatte indes von seinem Ermessen zugunsten subsidiär Schutzberechtigter keinen Gebrauch gemacht. Nunmehr wird diese Schlechterstellung subsidiär Schutzberechtigter aufgrund zwingenden Unionsrechts beseitigt. Der Begriff Familienflüchtlingsschutz wurde aufgegeben und durch den eigenständigen, beide Personengruppen umfassenden etwas umständlichen Begriff »*Familienangehörige von international Schutzberechtigten*« ersetzt.

Durch die Einführung des abgeleiteten Status zugunsten Familienangehöriger subsidiär Schutzberechtigter soll dem in Art. 6 Abs. 1 GG verankerten und dem internationalen Flüchtlingsschutz immanenten Gedanken der *Familieneinheit* Rechnung getragen und deshalb die Möglichkeit geschaffen werden, auch diesen den gleichen Rechtsstatus wie dem originär Berechtigten zu verschaffen. Der Zweck von Abs. 5 besteht in der Schaffung eines der Rechtsstellung des originär Schutzberechtigten in jeder Hinsicht *rechtlich vergleichbaren Status* für die engen Angehörigen. In der Begründung zur Einführung des Familienflüchtlingsschutzes wurde darauf hingewiesen, dass wegen der Verbesserung der materiellen Entscheidungsgrundlagen eine Erweiterung des Kreises der Schutzbedürftigen erwartet wurde und dem durch Gewährung einer verbesserten Rechtsstellung Rechnung getragen werden sollte. Dem ist zu entnehmen, dass der Gesetzgeber eine großzügige Handhabung des Familienflüchtlingsschutzes bezweckte (BT-Innenausschuss 14/756 Teil 2, S. 36). Dasselbe gilt für die Einführung des abgeleiteten Status zugunsten Angehöriger subsidiär Schutzberechtigter. 40

Der berechtigte Personenkreis folgt aus den Bestimmungen in Abs. 1 bis 3. Berechtigt nach Abs. 5 Satz 2 sind der Ehegatte im Sinne von Abs. 1 Nr. 1, das minderjährige ledige Kind des international Schutzberechtigten im Sinne von Abs. 2, die Eltern oder ein nach nationalem Recht Verantwortung für den minderjährigen ledigen international Schutzberechtigten tragender Erwachsender im Sinne von Abs. 3 Satz 1 Halbs. 1 und dessen Geschwister im Sinne von Abs. 3 Satz 2. Die tatbestandlichen Voraussetzungen des Familienasyls nach Abs. 1 bis 3 gelten auch in diesem Zusammenhang (Abs. 5 Satz 1), d.h. die originäre Statusberechtigung darf weder unanfechtbar noch widerrufen oder zurückgenommen worden sein und der Antragsteller muss vor Gewährung der originären Statusberechtigung oder unverzüglich nach seiner Einreise den Asylantrag gestellt haben. Dies folgt aus der Verweisung in Abs. 5 Satz 1 auf 41

Abs. 1 Nr. 1, 3 und 4. Die Antragsfiktion (§ 14a) ist zu berücksichtigen (Rdn. 30). Aus Abs. 5 Satz 1 in Verb. mit Abs. 1 Nr. 2 und Abs. 3 Satz 2 folgt, dass Ehegatten, Eltern und vergleichbare Betreuungspersonen sowie Geschwister von minderjährigen ledigen originär Statusberechtigten mit diesem im Herkunftsland zusammen gelebt haben müssen. Für Kinder von Flüchtlingen und subsidiär Schutzberechtigten gilt dies nicht (Abs. 5 Satz 1 in Verb. mit Abs. 2). Eltern und vergleichbare Betreuungspersonen müssen die Personensorge für den minderjährigen ledigen Flüchtling oder subsidiär Schutzberechtigen ausüben (Abs. 5 Satz 1 in Verb. mit Abs. 3 Satz 1 Nr. 5). Die Ausschlussgründe nach § 3 Abs. 2 und § 60 Abs. 8 Satz 1 und Satz 3 AufenthG sind auf Familienangehörige von Flüchtlingen anzuwenden (Abs. 5 in Verb. mit Abs. 4 Satz 1). Für Angehörige subsidiär Schutzberechtigter sind die Ausschlussgründe des § 4 Abs. 2 zu berücksichtigen (Abs. 5 Satz 3). Auch der Ausschlussgrund nach Abs. 6 ist zu beachten (Abs. 6 in Verb. mit Abs. 5 Satz 1).

O. Verwaltungsverfahren

42 Ebenso wie § 7a Abs. 3 AsylG 1990 enthielt § 26 AsylG 1992 zunächst keine besonderen Verfahrensvorschriften. Während früher für das Familienasyl wegen des unklaren Wortlauts des § 7a Abs. 3 AsylG 1990 von einem Rechtsfolgenverweis ausgegangen und die Ausländerbehörde als zuständig für die Gewährung des Familienasyls angesehen wurde (*Koisser/Nicolaus*, ZAR 1991, 31, 32), war die ursprüngliche Regelung des § 26 AsylG 1992 von Anfang an eindeutig. Nach Abs. 1 Halbs. 1 handelt es sich beim Familienasyl um eine Asylberechtigung. Abs. 5 Satz 2 bezieht sich für den internationalen Schutz auf die Asylberechtigung. Hierfür ist nicht die Ausländerbehörde, sondern allein das Bundesamt zuständig (§ 31 Abs. 2 Satz 1, Abs. 5). Ferner folgt aus dem Hinweis auf den Antragsbegriff in Abs. 1 Nr. 3, Abs. 2, Abs. 3 Satz 1 Nr. 3 und Abs. 5 Satz 1 in Verb. mit Abs. 1 Nr. 3, Abs. 3 Satz 1 Nr. 3, dass es sich beim Antrag auf Gewährung von Familienasyl um einen Antrag i.S.d. § 13 oder § 14a handelt, für dessen Prüfung und Entscheidung ausschließlich das Bundesamt die Sachkompetenz hat. Der Gesetzgeber hat mit Art. 17 ZuwG in Abs. 1 und Abs. 2 und durch Verweisung auf Abs. 1 und 2 in Abs. 5 Satz 1 ausdrücklich geregelt, dass Familienasyl und Familienabschiebungsschutz nur *»auf Antrag«* gewährt wird. Dies wird erneut durch Abs. 3 Satz 1 Halbs. 1 bekräftigt. Wegen der zahlreichen komplizierten Rechtsfragen, die durch die Regelungen zum abgeleiteten Rechtsstatus aufgeworfen und die durch die Neuregelungen der Vorschrift zusätzlich verstärkt werden, ist diese Zuständigkeitsregelung auch sachgerecht.

43 In Abs. 1 Nr. 3, Abs. 2, Abs. 3 Satz 1 Nr. 3 und Abs. 5 Satz 1 in Verb. mit Abs. 1 Nr. 3, Abs. 3 Satz 1 Nr. 3 hat der Gesetzgeber für den abgeleiteten Status das Antragserfordernis geregelt. Es handelt sich nicht um einen besonderen, sondern um einen Antrag im Sinne von § 13 (VGH BW, Urt. v. 12.11.1990 – A S 958/90; OVG NW, ZAR 2007, 203 bzw. § 14a). Unerheblich ist, ob der Antragsteller den Antrag als Asylantrag oder als Antrag auf Gewährung von Familienasyl bezeichnet. Im einen wie im anderen Fall handelt es um einen Asylantrag, über den das Bundesamt nach den Vorschriften des AsylG zu entscheiden hat. Die Fallgestaltungen, in denen Angehörige vor dem späteren originär Statusberechtigten den Antrag stellen, weil dieser

noch gar nicht im Bundesgebiet ist, während des Asylverfahrens jedoch einreist, sind nicht selten. Hier führt das Bundesamt ein normales Asylverfahren durch, wird aber nach der Statusgewährung zugunsten des später nachgereisten Familienangehörigen das Verfahren nach den besonderen, auf den abgeleiteten Status gemünzten Vorschriften zu Ende führen. Der Angehörige muss aber zum Ausdruck bringen, dass er einen Asylantrag stellen will. Der abgeleitete Status kann nur gewährt werden, wenn sich dem schriftlich, mündlich oder auf andere Weise geäußerten Willen entnehmen lässt, dass im Bundesgebiet Schutz vor Verfolgung oder einem ernsthaften Schaden gesucht wird (§ 13 Abs. 1). Ein Antrag auf Erteilung der Aufenthaltserlaubnis oder Erteilung der Duldungsbescheinigung nach § 60a Abs. 4 AufenthG gegenüber der Ausländerbehörde erfüllt diese Voraussetzung nicht.

Nach der Rechtsprechung besteht im Hinblick auf die Asylberechtigung *kein Rechtsanspruch auf Prüfung eigener Verfolgungsgründe* in der Person des Familienangehörigen (BVerfG [Kammer], NVwZ 1991, 978; BVerwG, EZAR 215 Nr. 4 = NVwZ 1992, 987; OVG NW, InfAuslR 1991, 316; OVG NW, NVwZ-Beil. 1998, 70; VGH BW, InfAuslR 1993, 200; BayVGH, Urt. v. 18.12.1990 – 19 CZ 90.30661; *Hailbronner*, AuslR B 2 § 26 AsylG Rn. 10; *Bodenbender*, in: GK-AsylG II, § 26 Rn. 91). Vielmehr entscheidet die Behörde oder das Gericht bei Vorliegen der entsprechenden Voraussetzungen nur noch über den abgeleiteten Status und nicht über den Antrag auf originäre Asylberechtigung bzw. auf die Zuerkennung der Flüchtlingseigenschaft. Begründet wird dies damit, dass die Regelung über das Familienasyl den Behörden und Gerichten die Möglichkeit eröffne, von einer unter Umständen schwierigen Prüfung eigener Verfolgungsgründe der Angehörigen abzusehen (BVerwG, EZAR 215 Nr. 4). Diese Grundsätze gelten nicht für die Asylanträge der Angehörigen von international Schutzberechtigten und durften bereits den Angehörigen von Flüchtlingen nach Art. 23 Abs. 2 RL 2004/83/EG seit dem 06.10.2006 nicht mehr entgegen gehalten werden (*Bodenbender*, in: GK-AsylG II, § 26 Rn. 78; a.A. *Hailbronner*, AuslR B 2 § 26 AsylG Rn. 27). Art. 23 Abs. 2 RL 2011/95/EU steht unter dem Vorbehalt, dass der Antragsteller nicht die Voraussetzungen für die Gewährung des internationalen Schutzes erfüllt. Besteht er auf Prüfung dieser Voraussetzungen hat er einen unionsrechtlichen Anspruch darauf, dass diese Prüfung durchgeführt wird. Dies kann insbesondere hinsichtlich des Risikos, dass der originäre Status aufgehoben werden kann, sinnvoll sein, weil in diesen Fällen kaum noch die Glaubhaftigkeit zeitlich weit zurückliegender Verfolgungstatbestände auf Stimmigkeit und Vollständigkeit geprüft werden kann. Für den Fall des Widerrufs des Familienasyls ist den vorgebrachten individuellen Verfolgungstatbeständen im Einzelnen nachzugehen. Das Familienasyl lässt die Frage der eigenen individuellen Verfolgung nicht nur offen. Es ist vielmehr auch zu gewähren, wenn objektiv feststeht, dass Familienangehörige des originär Statusberechtigten nicht in eigener Person von Verfolgung bedroht sind und ihnen ein Asylgrund auch aufgrund der *Lehre von der Drittbetroffenheit* nicht zusteht (BVerwG, EZAR 215 Nr. 4). Insofern entfaltet das Familienasyl eine über das verfassungsrechtliche Asylrecht hinausgehende eigenständige rechtliche Bedeutung (BVerwG, EZAR 215 Nr. 4). Wird aber der Antrag des Familienangehörigen mangels Bestehen der gesetzlichen Voraussetzungen 44 abgelehnt, haben sie einen Anspruch auf Prüfung der vorgebrachten eigenen Verfolgungsgründe. Im Fall der gerichtlichen Verpflichtung zur Gewährung des originären Status an den Stammberechtigten wird bis zum Eintritt der Rechtskraft des Urteils das Verfahren der anderen Familienangehörigen ausgesetzt.

45 Grundsätzlich kann unter den Voraussetzungen des § 71 Abs. 1 Satz 1 in Verb. mit § 51 Abs. 1 bis 3 VwVfG der Antrag auf Gewährung des abgeleiteten Status auch im Wege des *Folgeantrags* gestellt werden (BVerwGE 101, 341 = NVwZ 1997, 688 = InfAuslR 1996, 420 = EZAR 215 Nr. 12; Nieders.OVG, NVwZ-Beil. 1996, 59; *Bodenbender*, in: GK-AsylG, § 26 Rn. 80). Hat der Asylsuchende im Laufe des Erstverfahrens seinen Antrag zurückgenommen oder ist der Antrag auf Gewährung des abgeleiteten Status wegen Fehlens der Voraussetzungen nach § 26 unanfechtbar abgelehnt worden, werden jedoch wohl nur unter besonderen Umständen Gründe für das Wiederaufgreifen des Verfahrens geltend gemacht werden können. Denkbar ist jedoch, dass der Asylsuchende nach seiner Einreise unverzüglich den Asylantrag stellt, dieser jedoch mangels Vorliegens eigener Verfolgungsgründe unanfechtbar abgelehnt wird. Erhält der Asylsuchende nachträglich Kenntnis davon, dass der Stammberechtigte bereits im Bundesgebiet lebt oder nach Abschluss seines Erstverfahrens eingereist ist, kann er im Wege des Folgeantrags den Asylantrag stellen. Beim Minderjährigenasyl wird jedoch in den Fällen, in denen der Antrag auf Familienasyl im Erstverfahren zurückgenommen worden war, vorausgesetzt, dass der Antragsteller im Zeitpunkt der Antragstellung im Folgeantragsverfahren noch minderjährig ist (BVerwGE 101, 341, 343). Anders liegt der Fall, wenn der Erstantrag des minderjährigen ledigen Kindes unanfechtbar abgelehnt worden war, bevor abschließend über die Statusberechtigung der Eltern entschieden worden war. In diesem Fall kommt es für den im Folgeantragsverfahren geltend gemachten Anspruch auf Gewährung von Minderjährigenasyl für die Minderjährigkeit und Ledigkeit auf den Zeitpunkt der Antragstellung im Erstverfahren an (BVerwGE 117, 283, 286) = InfAuslR 2003, 215 = AuAS 2003, 113). Erhält der Antragsteller erst nachträglich Kenntnis von den Tatsachen, die seinen Antrag nach Abs. 2 stützen, kann gegen diesen nicht eingewandt werden, die Regelung über die Minderjährigkeit im Zeitpunkt der Antragstellung nach Abs. 2 Satz 1 sollten den Antragsteller nicht gegen die Folgen eines zurückgenommen Asylantrags schützen (BVerwGE 101, 341, 343 = NVwZ 1997, 688 = InfAuslR 1996, 420 = EZAR 215 Nr. 12). Hat der Antragsteller erst nach Abschluss des Erstverfahrens von den nach Abs. 2 anspruchsbegründeten Tatsachen Kenntnis erlangt, kommt es daher für die Frage der Minderjährigkeit und Ledigkeit auf den Zeitpunkt der Antragstellung im Erstverfahren an.

46 Für das Folgeantragsverfahren ist andererseits die Fristbestimmung nach § 51 Abs. 3 VwVfG maßgebend (*Bodenbender*, in: GK-AsylG, § 26 Rn. 80). Nach der Rechtsprechung verändert sich die Sach- und Rechtslage für die Familienangehörigen i.S.d. § 26 durch den Eintritt der Unanfechtbarkeit des Statusgewährung zugunsten des Stammberechtigten (Nieders. OVG, NVwZ-Beil. 1996, 59, 60. Dies wird in Ansehung des Ehegattenasyls auch durch Abs. 1 Nr. 1 bestätigt. Erst ab diesem Zeitpunkt läuft die *Dreimonatsfrist*. Auch wenn aus der Rechtskraft eines verwaltungsgerichtlichen Urteils folgt, dass die materielle Asylberechtigung des Stammberechtigten danach nicht mehr bestritten werden kann, ändert dies jedoch nichts an einer gewissen

»Restungewissheit«, ob das Bundesamt die Statusberechtigung auch tatsächlich aussprechen und verpflichtungsgemäß den Statusbescheid erlassen wird. So kann es etwa bei Änderung der rechtlichen oder tatsächlichen Verhältnisse nach Eintritt der formellen Rechtskraft den Vollzug des Urteils verweigern. Dies rechtfertigt es, für den Lauf der Frist nach § 51 Abs. 3 VwVfG auch bei einem durch rechtskräftiges Urteil erlassenen Statusbescheid erst auf den Zeitpunkt der Zustellung des Bescheids abzustellen (Nieders. OVG, NVwZ-Beil. 1996, 59, 60f.).

P. Gerichtliches Verfahren

Die Klage auf Gewährung des abgeleiteten Status ist in Form der Verpflichtungsklage zu erheben. Es ist nicht nur nicht erforderlich, dass der Kläger seinen Antrag ausdrücklich auf § 26 bezieht. Vielmehr ist er wegen Abs. 5 Satz 2 auf die erstrebte Rechtsstellung nach Art. 16a Abs. 1 GG, § 3 Abs. 4 Halbs. 1 oder § 4 Abs. 1 Satz 1 zu richten (*Bodenbender*, in: GK-AsylG II, § 26 Rn. 93; *Birk/Repp*, ZAR 1992, 14, 17; a.A. OVG NW, InfAuslR 1991, 316). Auch im gerichtlichen Verfahren ist zu beachten, dass der Kläger im Fall des § 26 keinen Anspruch auf Prüfung eigener Verfolgungsgründe hat, sofern er die Asylberechtigung anstrebt (vgl. BVerwG, EZAR 215 Nr. 4 = NVwZ 1992, 987; OVG NW, InfAuslR 1991, 316; VGH BW, InfAuslR 1993, 200; BayVGH, Urt. v. 18.12.1990 – 19 CZ 90.30661). Dies gilt nicht, wenn er den internationalen Schutz begehrt (Rdn. 44). Wegen des Erfordernisses der Unanfechtbarkeit der originären Statusentscheidung setzt das Verwaltungsgericht das Verfahren des Angehörigen bis zum Eintritt der Unanfechtbarkeit der originären Statusberechtigung aus (VG Würzburg, AuAS 1998, 199, 200). Teilweise wird vertreten, bei gleichzeitiger Behandlung der Verfahren des Angehörigen und des Stammberechtigten habe das Verwaltungsgericht das Bundesamt auf die Gewährung des abgeleiteten Status unter der aufschiebenden Bedingung des Eintritts der Rechtskraft des Urteils im Verfahren des stammberechtigten Elternteils zu verpflichten und die gegen den Angehörigen verfügte Abschiebungsandrohung ohne eine derartige Bedingung aufzuheben (VG Freiburg, InfAuslR 2006, 433). Allerdings wird das Bundesamt in derartigen Fällen gehalten sein, zugleich mit der Statusgewährung zugunsten des Stammberechtigten den Angehörigen durch Gewährung des abgeleiteten Status klaglos zu stellen. Das Verfahren ist durch Beschluss einzustellen und der Bundesrepublik die Kosten aufzuerlegen, weil diese das die Erledigung herbeiführende Ereignis herbeigeführt hat (§ 161 Abs. 2 VwGO). 47

Q. Rechtsstellung

Nach Abs. 1 Halbs. 1 wird der Ehegatte eines Asylberechtigten als *Asylberechtigter* anerkannt. Zunächst enthielt § 26 Abs. 2 AsylG 1992 für die minderjährigen ledigen Kinder keine derart klare Regelung. Art. 17 Buchst. c) ZuwG stellte jedoch klar, dass Kinder als asylberechtigt anerkannt werden. Beide Rechtsinstitute beruhen strukturell auf einheitlichen Konzeptionen und bewirken identische Rechtsfolgen. Dem entspricht es, dass das Familienasyl *vollinhaltlich identisch* mit der Asylberechtigung ist und damit den Familienangehörigen eine *uneingeschränkte Asylberechtigung* vermittelt (BVerwG, EZAR 215 Nr. 2 = NVwZ 1992, 269 = InfAuslR 1992, 313; OVG NW, Beschl. v. 29.11.1990 – 16 A 10141/90; OVG, InfAuslR 1991, 316; 48

BayVGH, Urt. v. 18.12.1990 – 19 CZ 90.30661; VGH BW, Urt. v. 12.11.1990 – A 13 S 958/90). Demgemäß hat das Bundesamt nach § 31 Abs. 2 Satz 1 festzustellen, dass der Familienangehörige als Statusberechtigter anerkannt wird. Nach Abs. 5 Satz 2 tritt an die Stelle der Asylberechtigung die *Flüchtlingseigenschaft* (§ 3 Abs. 4 Halbs. 1) oder der subsidiäre Schutz (§ 4 Abs. 1 Satz 1). Die unanfechtbare Gewährung der originären Statusberechtigung hat damit im Hinblick auf Flüchtlinge die automatische Rechtsfolge, dass im Blick auf jeden einzelnen Angehörigen der abgeleitete Status gesondert und ausdrücklich zu treffen ist. Anknüpfend daran entsteht der Anspruch auf Erteilung der Aufenthaltserlaubnis für jeden begünstigten Angehörigen kraft Gesetzes (§ 25 Abs. 2 AufenthG). Im Blick auf Angehörige *subsidiär Schutzberechtigter* gelten dieselben Grundsätze. Anders als nach früheren Recht wird die subsidiäre Rechtsstellung nicht mehr durch die Ausländerbehörde gewährt. Vielmehr hat das Bundesamt nach § 31 Abs. 2 Satz 1 die Feststellung über die Gewährung des subsidiären Schutzes zu treffen. Diese steht nicht mehr wie früher im Ermessen (§ 31 Abs. 3 Satz 2 AsylVfG a.F.).

49 Kraft Gesetzes entsteht aufgrund der Feststellung nach Abs. 1 Satz 1 Halbs. 1 der Anspruch auf Erteilung der Aufenthaltserlaubnis nach § 25 Abs. 1 AufenthG für Angehörigen von Asylberechtigten. Ebenso entsteht aufgrund der Feststellung nach Abs. 5 Satz 2 kraft Gesetzes der Anspruch auf Erteilung der Aufenthaltserlaubnis nach § 25 Abs. 2 AufenthG für Angehörige von Flüchtlingen. Dies gilt ebenso für Angehöriger subsidiär Schutzberechtigter (§ 4 Rdn. 102 ff.). Anders als früher wird die Aufenthaltserlaubnis nicht mehr nach § 25 Abs. 3 AufenthG a.F. erteilt. Vielmehr sind international Schutzberechtigte und ihre Angehörigen rechtlich gleichgestellt mit der Folge, dass ihnen der uneingeschränkte Zugang zum Arbeitsmarkt kraft Gesetzes (§ 4 Abs. 2 Satz 1 AufenthG) eröffnet wird (§ 25 Abs. 2 Satz 2 in Verb. mit § 25 Abs. 1 Satz 4 AufenthG).

§ 26a Sichere Drittstaaten

(1) [1]Ein Ausländer, der aus einem Drittstaat im Sinne des Artikels 16a Abs. 2 Satz 1 des Grundgesetzes (sicherer Drittstaat) eingereist ist, kann sich nicht auf Artikel 16a Abs. 1 des Grundgesetzes berufen. [2]Er wird nicht als Asylberechtigter anerkannt. [3]S. 1 gilt nicht, wenn

1. der Ausländer im Zeitpunkt seiner Einreise in den sicheren Drittstaat im Besitz eines Aufenthaltstitels für die Bundesrepublik Deutschland war,

2. die Bundesrepublik Deutschland auf Grund von Rechtsvorschriften der Europäischen Gemeinschaft oder eines völkerrechtlichen Vertrages mit dem sicheren Drittstaat für die Durchführung des Asylverfahrens zuständig ist oder

3. der Ausländer auf Grund einer Anordnung nach § 18 Abs. 4 Nr. 2 nicht zurückgewiesen oder zurückgeschoben worden ist.

(2) Sichere Drittstaaten sind außer den Mitgliedstaaten der Europäischen Union die in Anlage I bezeichneten Staaten.

(3) [1]Die Bundesregierung bestimmt durch Rechtsverordnung ohne Zustimmung des Bundesrates, dass ein in Anlage I bezeichneter Staat nicht mehr als sicherer Drittstaat gilt, wenn Veränderungen in den rechtlichen oder politischen Verhältnissen dieses Staates die Annahme begründen, dass die in Artikel 16a Abs. 2 Satz 1 des

Grundgesetzes bezeichneten Voraussetzungen entfallen sind. [2]Die Verordnung tritt spätestens sechs Monate nach ihrem Inkrafttreten außer Kraft.

Anlage I

Norwegen

Schweiz

Übersicht Rdn.

A. Funktion der Vorschrift

Das BVerfG hat am 14.05.1996 mit insgesamt drei Urteilen (BVerfGE 94, 49 = NVwZ 1996, 700 = EZAR 208 Nr. 7 zu Art. 16a Abs. 2 GG; BVerfGE 94, 115 = NVwZ 1996, 691 = EZAR 207 Nr. 1 zu Art. 16a Abs. 3 GG; BVerfGE 94, 166 = NVwZ 1996, 678 = EZAR 632 Nr. 25 zu Art. 16a Abs. 4 GG) den Asylkompromiss, wie er verfassungsrechtlich in Art. 16a GG seinen Niederschlag gefunden hat, für verfassungskonform angesehen. Mit Spannung war insbesondere die verfassungsgerichtliche Bewertung der Drittstaatenregelung des Art. 16a Abs. 2 GG erwartet worden. Diese bildet das *Kernelement der Asylrechtskonzeption von 1993*, hat aber heute mangels Listung sicherer Drittstaaten in Anhang I keine Bedeutung mehr. Dies auch deshalb, weil anders als bei Abschiebungen in sichere Drittstaaten für den Verkehr unter den Mitgliedstaaten Eilrechtsschutz zu gewähren ist (Art. 27 Abs. 3 Verordnung [EU] Nr. 604/2013; § 34a Abs. 2). Die Vorschrift wird daher nicht mehr so ausführlich erläutert wie bislang. Das BVerfG hat mit der Konzeption der *»normativen Vergewisserung«* in erster Linie für den Gesetzgeber verfassungsrechtliche Anforderungen entwickelt. Auch deshalb erscheint es nicht angebracht, für die Rechtsanwendung nicht relevante Probleme ausführlich darzustellen. Nach Art. 36 Abs. 1 RL 2005/85/EG können die Mitgliedstaaten abweichend von Art. 27 RL 2005/85/EG, der eine individuelle Prüfung der Sicherheit des Asylsuchenden in einem Drittstaat anordnet, vorsehen, dass keine oder keine umfassende Prüfung des Asylantrags erfolgt, wenn eine zuständige Behörde anhand von Tatsachen festgestellt hat, dass der Asylsuchende aus einem sicheren Drittstaat unrechtmäßig in das Hoheitsgebiet des Mitgliedstaates einzureisen versucht oder eingereist ist. Für die Anwendung dieses Konzeptes definiert Art. 36 Abs. 2 RL 2005/85/EG als sicheren Drittstaat, einen Staat, der die 1

GFK ohne geographischen Vorbehalt ratifiziert hat und deren Bestimmungen einhält, über ein gesetzlich festgelegtes Asylverfahren verfügt, die EMRK ratifiziert und die darin enthaltenen Normen – einschließlich der Normen über wirksame Rechtsbehelfe – einhält und als solcher vom Rat nach Maßgabe des in Art. 36 Abs. 3 RL 2005/85/EG festgelegten Verfahrens bestimmt worden ist. An dieser Konzeption hält die Änderungsrichtlinie fest (Art. 39 RL 2013/32/EU) und verletzt deshalb Primärrecht (Rdn. 27). Das Unionsrecht kennt den Begriff des »ersten Asylstaates« (Art. 35 RL 2013/32/EU), vergleichbar mit § 27), das Konzept des »sicheren Drittstaates« (Art. 38 RL 2013/32/EU) sowie das Konzept des »sicheren europäischen Drittstaats« (Art. 39 RL 2013/32/EU). Anders als § 26a erfordern die letzten beiden Konzepte kein Parlamentsgesetz, sondern bezeichnen lediglich die für deren Anwendung erforderlichen Voraussetzungen nach dem Vorbild der ursprünglichen Verfahrensrichtlinie (§ 27 Rdn. 3).

B. Ausschluss der Asylberechtigung (Abs. 1 Satz 1 und 2)

I. Funktion des materiellen Asylausschlusses

2 Das vom verfassungsändernden Gesetzgeber gewählte Konzept der sicheren Drittstaaten *schränkt* den *persönlichen Geltungsbereich der Asylrechtsgewährleistung* des Art. 16a Abs. 1 GG ein. Abs. 1 Satz 1 wiederholt lediglich den Wortlaut von Art. 16a Abs. 2 Satz 1 GG und hat daher keine eigenständige Bedeutung. Wer aus einem sicheren Drittstaat anreist, bedarf des asylrechtlichen Schutzes nicht, weil er in dem Drittstaat Verfolgungsschutz hätte finden können. Demgemäß bestimmt Abs. 1 Satz 2, dass der Antragsteller nicht als Asylberechtigter anerkannt wird. Der Asylausschluss ist nicht davon abhängig, ob der Ausländer in den Drittstaat zurückgeführt werden kann oder soll. Ein Asylverfahren findet nicht statt. Es entfällt auch das als Vorwirkung eines grundrechtlichen Schutzes gewährleistete vorläufige Bleiberecht (BVerfGE 94, 49, 87 = NVwZ 1996, 700, 702, 704). Soll der Ausländer in den Drittstaat zurückgeführt werden, werden für ihn entsprechend der inhaltlichen Reichweite des Art. 16a Abs. 2 GG auch die materiellen Rechtspositionen, auf die sich ein Ausländer sonst gegen seine Abschiebung stützen könne (§ 51 Abs. 1, 53 AuslG 1990; jetzt § 60 Abs. 2, 3, 5 und 7 AufenthG, § 4 Abs. 1 Satz 2) nicht in Betracht kommen. Für den Geltungsbereich von Art. 3 EMRK hat der EGMR hingegen festgestellt, dass sich der Vertragsstaat eines multilateralen Zuständigkeitsabkommens durch Verweis auf die völkerrechtliche Zuständigkeit eines anderen Vertragsstaates nicht seiner eigenen aus Art. 3 EMRK folgenden völkerrechtlichen Verpflichtungen entledigen kann (EGMR, = InfAuslR 2000, 321, 323 NVwZ 2001, 301 = EZAR 933 Nr. 8 – *T.I.; Marx*, InfAuslR 2000, 313). Daher können Konflikte mit völkerrechtlichen Verpflichtungen nur vermieden werden, wenn das Konzept der normativen Vergewisserung hinreichend sicheren Refoulementschutz gewährleistet. Das Unionrecht erlaubt keine Anwendung einer unwiderleglichen Vermutung der Sicherheit im Drittstaat (EuGH, NVwZ 2012, 417, 421 Rn. 100-103, Art. 3a Abs. 3 RL 2013/32/EU; Rdn. 25).

II. Wegfall der normativen Vergewisserung (Ausnahmefälle)

Die umstrittenste Rechtsfrage im Zusammenhang mit der verfassungsrechtlichen Drittstaatenregelung betraf die Frage, ob und gegebenenfalls unter welchen Umständen dem Einzelnen die Möglichkeit einer Entkräftung der nach dem Wortlaut von Art. 16a Abs. 2 GG unwiderleglichen Vermutung der Sicherheit im Drittstaat gewährt werden muss. Im Ansatz geht das BVerfG davon aus, dass der Asylsuchende sich nicht darauf berufen könne, ein – niemals völlig auszuschließendes – behördliches Fehlverhalten im Drittstaat könne in seinem Fall zu einer Weiterschiebung in den Herkunftsstaat führen (BVerfGE 94, 49, 99 = NVwZ 1996, 700, 705, 707). Das BVerfG hat von diesem Grundsatz aber fünf Ausnahmen zugelassen. Diese wurden in der Literatur eher als theoretische Ausnahmen bezeichnet (*Schelter/Maaßen*, ZRP 1996, 408, 411; *Maaßen/de Wyl*, ZAR 1996, 158, 161; a, A. *Renner*, ZAR 1996, 103, 105; *Frowein/Zimmermann*, JZ 1996, 753, 758). Auf diese hat das BVerfG sich aber im Zusammenhang mit Überstellungen an Griechenland berufen (BVerfG [Kammer], NVwZ 2009, 1281 = InfAuslR 2009, 472 = AuAS 2009, 248; BVerfG [Kammer]; Beschl. v. 23.09.2009 – 2 BvQ 68/98; BVerfG [Kammer], Beschl. v. 9. 10 2009 – 2 BvQ 72/09; BVerfG [Kammer], Beschl. v. 5. 11 2009 – 2 BvQ 77/09; BVerfG [Kammer], Beschl. v. 13.11.2009 – 2 BvR 2603/09; BVerfG [Kammer], InfAuslR 2010, 82; BVerfG [Kammer], Beschl. v. 10.10.2009 – 2 BvR 2767/09; BVerfG [Kammer], Beschl. v. 22. 12 2009 – 2 BvR 2879/09). Die fachgerichtliche Rechtsprechung beruft sich auf diese im Fall von Überstellungen an Italien, Malta, Bulgarien, Rumänien und Ungarn. Überstellungen an Griechenland werden aufgrund eines wiederholt verlängerten Erlasses des Bundesinnenministeriums seit Anfang 2011 nicht mehr durchgeführt. 3

Die erste Ausnahmekategorie zielt auf Fälle, in denen Abschiebungsverbote nach § 60 Abs. 5 und 7 AufenthG durch Umstände begründet werden, die ihrer Eigenart nach nicht vorweg im Rahmen des Konzepts normativer Vergewisserung von Verfassung oder Gesetz wegen berücksichtigt werden können und damit von vornherein außerhalb der Grenzen liegen, die der Durchführung eines derartigen Konzeptes aus sich selbst heraus gesetzt sind. In derartigen Fällen hat die Bundesrepublik Schutz zu gewähren (BVerfGE 94, 49, 99 = NVwZ 1996, 700, 705). So kann sich ein Asylsuchender gegenüber einer Zurückweisung oder Rückverbringung in den Drittstaat auf das Abschiebungshindernis des § 53 Abs. 2 AuslG 1990 (jetzt § 60 Abs. 3 AufenthG, § 4 Abs. 1 Satz 2 Nr. 1) berufen, wenn ihm dort die *Todesstrafe* drohen sollte. Die zweite Ausnahme betrifft Sachverhalte, bei denen der Asylsuchende seiner Abschiebung in den Drittstaat § 60 Abs. 7 AufenthG etwa entgegenhalten kann, dass ihm dort eine erhebliche konkrete Gefahr droht, weil er Opfer eines Verbrechens zu werden droht und kein wirksamer Schutz besteht (BVerfGE 94, 49, 99 = NVwZ 1996, 700, 705; *Schelter/Maaßen*, ZRP 1996, 408, 411). Abschiebungsschutz ist in diesem Fall nicht nur dann zu bejahen, wenn der Drittstaat schutzunwillig ist, sondern bereits dann, wenn er gegenüber nicht politisch motivierten Straftaten dritter Personen schutzunfähig ist, da auch dieser Fall im Rahmen der normativen Vergewisserung nicht prüfungsrelevant ist (*Frowein/Zimmermann*, JZ 1996, 753, 758). Diese Ausnahmekategorie ist auch anwendbar, wenn die Organe des Drittstaates in Komplizenschaft mit kriminellen Organisationen handeln. Die dritte Ausnahmekategorie betrifft Fallgestaltungen, in 4 denen sich die für die Qualifizierung als sicher maßgeblichen Verhältnisse im Drittstaat schlagartig geändert haben und die gebotene Reaktion der Bundesregierung nach Abs. 3 hierauf noch aussteht (BVerfGE 94, 49, 99 = NVwZ 1996, 700, 705). Ihre Rechtfertigung findet diese Ausnahmekategorie wohl darin, dass das Konzept normativer Vergewisserung auf die Frage zielt, ob im Drittstaat »regelmäßig« die GFK und EMRK eingehalten werden (BVerfGE 94, 49, 93 = NVwZ 1996, 700, 704). Bei einer schlagartigen Veränderung der Verhältnisse kann diese bislang geltende Annahme jedoch für die absehbare Zukunft nicht mehr unterstellt werden. Dabei sind faktische wie auch rechtliche Veränderungen im Drittstaat zu berücksichtigen (*Frowein/ Zimmermann*, JZ 1996, 753, 758).

5 Die vierte Ausnahme zielt auf Situationen, in denen der Drittstaat den Schutzsuchenden verfolgt oder unmenschlich behandelt (Art. 3 EMRK). Diese Fallgruppe zielt auf den Ausnahmefall, in dem aus allgemein bekannten oder im Einzelfall offen zutage tretenden Umständen folgen kann, dass der Drittstaat sich – etwa aus Gründen besonderer politischer Rücksichtnahme gegenüber dem Herkunftsstaat – von seinen mit dem Beitritt zu beiden Konventionen eingegangenen und von ihm generell auch eingehaltenen Verpflichtungen löst und einem bestimmten Ausländer Schutz dadurch verweigert, dass er sich seiner ohne jede Prüfung seines Schutzgesuchs entledigen will (BVerfGE 94, 49, 100 = NVwZ 1996, 700, 705). Diese Ausnahme wird als wichtigste Fallgruppe bezeichnet. Hier mutiere der Drittstaat seinerseits zum Verfolgerstaat. Das BVerfG habe hiermit stillschweigend die Verpflichtungen der Bundesrepublik aus Art. 33 GFK und Art. 3 EMRK berücksichtigt und eine Einzelfallprüfung für den Fall als notwendig anerkannt, dass die Sicherheit im Drittstaat aufgrund besonderer – einzelfallbezogener – Umstände nicht als gewährleistet angesehen werden könne. Die Ausnahme sei unter Berücksichtigung von Art. 13 EMRK dahin zu verstehen, dass in allen Fällen, in denen der Einzelne einen »*arguable claim*« (»vertretbare Begründung«) einer Verletzung von Art. 3 EMRK im Drittstaat geltend machen könne, auch eine Art. 13 EMRK entsprechende Einzelfallprüfung erfolgen müsse, da andernfalls eine Verletzung von Art. 13 EMRK durch die Bundesrepublik programmiert sei (*Frowein/ Zimmermann*, JZ 1996, 753, 758; a.A. wohl *Hailbronner*, Reform des Asylrechts, S. 64; s. hierzu auch EGMR, InfAuslR 2000, 321, 323 = NVwZ 2001, 301 = EZAR 933 Nr. 8 – *T.I.*). In der Tat scheint das BVerfG mit dieser Ausnahmekategorie den aus Art. 3 und Art. 13 EMRK folgenden Verpflichtungen Genüge tun zu wollen. Der EGMR fordert, dass jemand, der eine Konventionsverletzung behauptet, ein Rechtsmittel vor einem nationalen Organ zur Verfügung haben muss, das über seine Behauptung entscheidet. Art. 13 EMRK garantiert eine wirksame Beschwerde jedem, der behauptet, dass seine Rechte und Freiheiten unter der Konvention verletzt worden sind (EGMR, EuGRZ 1979, 278, 287 Rn. 64 – *Klass*).

6 Schließlich können zwar nicht gegen den Erlass, jedoch gegen den Vollzug einer Abschiebungsanordnung *humanitäre und persönliche Gründe*, die zu einer Duldung gem. § 60a Abs. 2 Satz 1 AufenthG führen können, geltend gemacht werden (BVerfGE 94, 49, 95 = NVwZ 1996, 700, 704). Diese Fallgestaltung ist keine echte Ausnahmekategorie vom Konzept normativer Vergewisserung, sondern ein *inlandsbezogenes Vollstreckungshindernis* (s. auch § 29 Abs. 1 Nr. 1 Rdn. 103 ff.). Es wird

sich hierbei regelmäßig um krankheitsbedingte oder vergleichbare, lediglich vorübergehend den Vollzug hindernde Gründe handeln (*Krankheit, Schwangerschaft*). Nach der Rechtsprechung ist das Bundesamt nicht befugt, über inlandsbezogene Vollstreckungshindernisse, wie etwa enge familiäre Bindungen im Bundesgebiet, vorübergehende oder dauerhafte Reiseunfähigkeit oder eine erhebliche Suizidgefahr, zu entscheiden (VG Frankfurt am Main, AuAS 2002, 201, 202). Nach § 34a Abs. 1 ist hingegen nur das Bundesamt befugt, über derartige Hindernisse zu entscheiden (§ 29 Rdn. 102 ff.). Im Einzelfall kann darüber hinaus das vorübergehende Vollzugshindernis auch dauerhaften Charakter annehmen. Da die Abschiebungsanordnung erst ergehen darf, wenn die Abschiebung durchgeführt werden kann, hindert ein inlandsbezogenes Vollstreckungshemmnis für die Dauer seiner Wirkung den Erlass der Abschiebungsanordnung.

Eine Prüfung, ob der Rückführung oder Zurückweisung in den Drittstaat ausnahmsweise Hinderungsgründe entgegenstehen, kann der Asylsuchende nur erreichen, wenn es sich aufgrund bestimmter Tatsachen aufdrängt, dass er von einer der genannten Ausnahmekategorien betroffen ist. An die Darlegung werden strenge Anforderungen gestellt (BVerfGE 94, 49, 100 = NVwZ 1996, 700, 706). Unklar ist, welche Rechtsfolge eingreift, wenn eine der genannten Ausnahmekategorien dargelegt wird. Im Schrifttum wird darauf hingewiesen, dass in diesem Fall nicht die materielle Ausschlusswirkung des Art. 16a Abs. 2 Satz 1 GG aufgehoben werde, sondern dass für den konkreten Fall die Erstreckung der Ausschlusswirkung der Drittstaatenregelung auf sonstige Grundrechte entfalle (*Lübbe-Wolff*, DVBl 1996, 825, 831). Es entstehe kein vorläufiges Einreise- oder Bleiberecht. Vielmehr werde an Ort und Stelle geklärt werden müssen, ob eine Ausnahmesituation vorliege (*Hailbronner*, NVwZ 1996, 625, 627; *Maassen/de Wyl*, ZAR 1996, 158, 162). Hierzu kann auch die Kontaktaufnahme mit den zuständigen Behörden des sicheren Drittstaates gehören (BVerfGE 94, 49, 100). Die Zulassung der Einzelfallprüfung hat einerseits die Funktion, Umständen Rechnung zu tragen, die im Rahmen der abstrakt-generellen Festlegung des Gesetzgebers keine Berücksichtigung finden konnten. Andererseits soll sie den völkerrechtlichen Verpflichtungen der Bundesrepublik gerecht werden. Dies spricht dafür, dass eine Berufung auf Art. 16a Abs. 1 GG nicht zulässig ist. Systemwidrig ist dies dennoch, denn zumindest im Fall der schlagartigen Veränderung der Verhältnisse im Drittstaat führt dies zu einer nachträglichen Verfassungswidrigkeit mit der Folge, dass die Berufung auf das Asylrecht möglich sein muss (*Lübbe-Wolff*, DVBl 1996, 825, 831). 7

Die Konsequenz des materiellen Asylausschlusses nach Art. 16a Abs. 2 Satz 1 GG und des daraus folgenden Verbotes der Einzelfallprüfung ist die ausnahmslose Versagung des Zugangs zum Asylverfahren im Umfang des Anwendungsbereichs des Konzeptes der normativen Vergewisserung. Deshalb ist nach Ansicht des BVerfG § 31 Abs. 4 mit der Verfassung vereinbar (BVerfGE 94, 49, 102 = NVwZ 1996, 700, 708). Sie beschränke für den Fall der Ablehnung des Antrags nach § 26a den Inhalt des Bescheids auf die Feststellung des Nichtbestehens eines Asylrechts. Das entspreche dem normativen Vergewisserungskonzept, das die Drittstaatenregelung trage. Ebenso seien § 18 Abs. 2 Nr. 1, § 18a Abs. 1 Satz 6 und 34a Abs. 1 in Ausfüllung der Drittstaatenregelung ergangen und mit dem Grundgesetz vereinbar (BVerfGE 94, 49, 105 = 8

NVwZ 1996, 700, 707). Diese Vorschriften halten sich mithin im Rahmen der Verfassung. Bei Einreise aus einem sicheren Drittstaat kann der Ausländer sich nach Art. 16a Abs. 2 Satz 1 GG nicht auf das Asylgrundrecht berufen. Er hat daher nach der ausdrücklichen Feststellung des BVerfG keinen Anspruch auf Durchführung eines Asylverfahrens und damit auch kein vorläufiges Bleiberecht (BVerfGE 94, 49, 105 = NVwZ 1996, 700, 707). Der Gesetzgeber könne vorsehen, dass die Aufenthaltsbeendigung in den sicheren Drittstaat unmittelbar durchgeführt wird. Ist der sichere Drittstaat, aus dem der Flüchtling eingereist ist, identifizierbar, wird mithin ein Asylverfahren nicht durchgeführt. Vielmehr wird die Zurückweisung oder Abschiebung in diesen Staat unverzüglich vorgenommen. Derzeit sind jedoch keine sicheren Drittstaaten gelistet.

III. Ausnahmetatbestände nach Abs. 1 Satz 3

9 Nach Abs. 1 Satz 3 findet der materielle Asylausschluss unter den dort genannten Voraussetzungen keine Anwendung. Es handelt sich um drei Ausnahmekategorien. Diese gesetzlich geregelten Ausnahmen vom materiellen Asylausschluss des Abs. 1 Satz 1 sind nicht identisch mit den vom BVerfG entwickelten Ausnahmekategorien, die außerhalb des Konzepts normative Vergewisserung liegen (Rdn. 4 ff.). Obwohl in den Fällen des Abs. 1 Satz 3 der Asylsuchende aus einem sicheren Drittstaat eingereist ist, wird ihm die Berufung auf das Asylrecht nicht versagt, wenn er die Voraussetzungen einer der drei Ausnahmekategorien erfüllt. Unklar ist der rechtliche Charakter dieser Ausnahmetatbestände. In der Literatur wird vertreten, dass Art. 16a Abs. 2 GG zwar einen grundrechtlichen Asylanspruch ausschließe, den einfachen Gesetzgeber jedoch nicht hindere, unter bestimmten Voraussetzungen ausnahmsweise trotz der Einreise aus einem sicheren Drittstaat Asylsuchenden einen *einfachrechtlichen Anspruch auf Asyl* zu gewähren (*Giesler/Wasser*, Das neue Asylrecht, S. 35). Nach der Rechtsprechung wird dagegen die verfassungsrechtliche Drittstaatenregelung durchbrochen (Hess. VGH, NVwZ-RR 2003, 153 = AuAS 2003, 28), sodass die Ausnahmetatbestände zum grundrechtlichen Asylanspruch nach Art. 16a Abs. 1 GG zurückführen.

10 Nach Nr. 1 findet die Drittstaatenregelung keine Anwendung, wenn der Asylsuchende im Zeitpunkt der Einreise in den sicheren Drittstaat im Besitz eines Aufenthaltstitels für die Bundesrepublik (§ 4 AufenthG) ist. Die Regelung ist an die Zuständigkeitskriterien des SDÜ, DÜ sowie der Verordnung (EG) Nr. 343/2003 und Verordnung (EU) Nr. 604/2013 angelehnt, begründet aber eine eigenständige Ausnahmekategorie. Ist die Bundesrepublik wegen eines vor der Einreise erteilten Aufenthaltstitels nach Unionsrecht zuständig, findet nicht Nr. 1, sondern Nr. 2 von Abs. 1 Satz 3 Anwendung. Der Begünstigte nach Nr. 1 muss im Zeitpunkt der Einreise in den sicheren Drittstaat im Besitz des Aufenthaltstitels sein. Dieser darf also nicht erst in diesem Staat selbst ausgestellt worden sein. Mit dieser Regelung soll verhindert werden, dass die Drittstaatenregelung dadurch umgangen wird, dass erst im sicheren Drittstaat ein Aufenthaltstitel für die Bundesrepublik beantragt wird (*Giesler/Wasser*, Das neue Asylrecht, S. 35). Der Anwendung von Nr. 1 steht nicht entgegen, dass die Geltungsdauer des Aufenthaltstitels im Zeitpunkt der Einreise in das Bundesgebiet abgelaufen ist, vorausgesetzt, im Zeitpunkt der Einreise in den sicheren Drittstaat war dieser noch

gültig. Typischer Regelfall ist das vor der Einreise in den sicheren Drittstaat erteilte Besuchervisum. Grundsätzlich kommen aber alle Formen des Aufenthaltstitels nach § 4 Abs. 1 AufenthG in Betracht.

Nach Nr. 2 findet die Drittstaatenregelung keine Anwendung, wenn die Bundesrepublik aufgrund eines völkerrechtlichen Vertrages mit dem sicheren Drittstaat oder nach der Verordnung (EU) Nr. 604/2013 für die Durchführung des Asylverfahrens zuständig ist. Bei den völkerrechtlichen Vereinbarungen muss es sich nicht zwingend um multilaterale, sondern kann es sich auch um bilaterale Zuständigkeitsabkommen handeln. Hauptanwendungsfälle der Ausnahmekategorie von Nr. 2 waren das DÜ vom 15.06.1990 (BGBl. II 1994, S. 792) und das insoweit ebenfalls außer Kraft gesetzte SDÜ vom 19.06.1990 (BGBl. II 1993, S. 1010). Die Zuständigkeitskriterien des SDÜ waren nahezu identisch mit denen des DÜ. Die das DÜ ersetzende Verordnung (EG) Nr. 343/2003 (Dublin II-VO) und Verordnung (EU) Nr. 604/2013 (Dublin III-VO) lehnen sich ihrerseits an das DÜ an. Durch das Richtlinienumsetzungsgesetz 2007 wurde Nr. 2 sprachlich so gefasst, dass auch die Verordnung (EG) Nr. 343/2003 einbezogen wird (BT-Drucks. 16/5065, S. 412). Nr. 3 bezieht sich auf Fälle, in denen von einer Einreiseverweigerung oder Zurückschiebung abgesehen wird, weil das Bundesinnenministerium aus völkerrechtlichen Gründen oder zur Wahrung politischer Interessen der Bundesrepublik eine Anordnung nach § 18 Abs. 4 Nr. 2 erlassen hat (BT-Drucks. 12/4450, S. 20). In diesem Fall wird ein normales Asylverfahren durchgeführt und gilt der materielle Asylausschluss nach Abs. 1 Satz 1 nicht. Dem Antragsteller muss aber tatsächlich aufgrund einer Anordnung nach § 18 Abs. 4 Nr. 2 die Einreise ermöglicht worden sein, d.h. er muss sich bereits an der Grenze oder im grenznahen Raum als Asylsuchender offenbart haben. Ist er hingegen illegal eingereist, kommt eine Anordnung nach § 18 Abs. 4 Nr. 2 nicht in Betracht, sodass es auch bei den Rechtsfolgen des Abs. 1 Satz 1 und 2 bleibt, wenn der Antragsteller an sich zu dem von der Anordnung umfassten Personenkreis gehört (*Giesler/Wasser*, Das neue Asylrecht, S. 36). Eine Anordnung nach § 18 Abs. 4 Nr. 2 kann in Ausführung bilateraler und multilateraler Abkommen erfolgen. Auch kann mithilfe von § 18 Abs. 4 Nr. 2 den vom BVerfG entwickelten Ausnahmetatbeständen, die außerhalb der Konzeption der normativen Vergewisserung liegen, verfahrensrechtlich Rechnung getragen werden, soweit die Bundespolizei in diesen Fällen nicht bereits in analoger Anwendung des § 18 Abs. 1 für verpflichtet angesehen wird, den Asylsuchenden an die nächste Aufnahmeeinrichtung weiterzuleiten (so *Frowein/Zimmermann*, JZ 1996, 753, 759). 11

IV. Einreisebegriff nach Abs. 1 Satz 1

Nach Art. 16a Abs. 2 Satz 1 GG *wie auch* nach Abs. 1 Satz 1 setzt die Anwendung der Drittstaatenregelung voraus, dass der Asylsuchende aus einem sicheren Drittstaat in das Bundesgebiet »einreist«. Nach Ansicht des BVerfG erfordert der Einreisebegriff keine genaue Feststellung des sicheren Drittstaats bei Einreise über den Landweg: Die Drittstaatenregelung greift immer dann ein, wenn feststeht, dass der Flüchtling nur über (irgend-)einen der durch die Verfassung oder durch Gesetz bestimmten sicheren Drittstaaten in das Bundesgebiet eingereist sein kann (BVerfGE 94, 49, 94 = NVwZ 1996, 700, 704; BVerwGE 100, 23, 25 = NVwZ 1996, 197 = EZAR 208 Nr. 5 = 12

AuAS 1996, 83 [LS]; VGH BW, EZAR 208 Nr. 3; VGHBW, AuAS 1997, 115, 116; BayVGH, InfAuslR 1998, 82, 83; BayVGH, InfAuslR 1998, 248, 250; OVG NW, Urt. v. 30.09.1996 – 25 A 790/96.A; Hess.VGH, AuAS 1997, 160; VG Bayreuth, InfAuslR 1995, 37, 40; VG Bayreuth, NVwZ-Beil. 1995, 37; VG Hamburg, InfAuslR 1995, 430; VG Leipzig, EZAR 208 Nr. 4; VG Schleswig, AuAS 1994, 124, 125; *Hailbronner*, ZAR 1993, 107, 114; *Wollenschläger/Schraml*, JZ 1994, 61, 65; *Lehnguth/Maassen*, ZfSH/SGB 1995, 281, 285; *Schelter/Maaßen*, ZRP 1996, 408, 410; *Schieber*, VBlBW 1995, 344; *Möller/Schütz*, DVBl 1995, 864; *Scheder*, NVwZ 1996, 557; *Ruge*, NVwZ 1995, 733, 735 *Hailbronner*, ZAR 1993, 107, 114; *Wollenschläger/Schraml*, JZ 1994, 61, 65; *Lehnguth/Maassen*, ZfSH/SGB 1995, 281, 285; *Schelter/Maaßen*, ZRP 1996, 408, 410). Alle an die Bundesrepublik angrenzenden Staaten sind sichere Drittstaaten bzw. Mitgliedstaaten. Daher wird ein auf dem Landweg einreisender Ausländer von der Berufung auf Art. 16a Abs. 1 GG ausgeschlossen, auch wenn sein Reiseweg nicht im Einzelnen bekannt ist (BVerfGE 94, 49, 94 = NVwZ 1996, 700, 704). Der Drittstaat wird für »sicher« angesehen, wenn es dort möglich ist, ein Schutzgesuch tatsächlich anzubringen und dadurch die Verpflichtung der zuständigen Stelle zu begründen, hierüber nach vorgängiger Prüfung zu entscheiden (BVerfGE 94, 49, 91 = NVwZ 1996, 700, 703). Ein nachträglicher Zugang zum Verfahren nach Rückführung in den sicheren Drittstaat ist nicht Zweck der Drittstaatenregelung. Andererseits steht Art. 33 GFK der Abschiebung in den Verfolgerstaat entgegen (BVerfGE 94, 49, 97 = NVwZ 1996, 700, 705). Steht der bestimmte sichere Drittstaat nicht fest, ist der Asylantrag deshalb im Bundesgebiet zu behandeln.

13 Der sichere Drittstaat muss nicht die letzte Station vor der Einreise in das Bundesgebiet gewesen sein. Es reicht aus, dass der Asylsuchende sich im Verlauf seiner Reise irgendwann in einem sicheren Drittstaat befunden hat und dort Schutz hätte finden können. Er bedarf dann des Schutzes gerade in der Bundesrepublik nicht mehr, auch wenn er von dem sicheren Drittstaat seine Reise in das Bundesgebiet über Staaten fortgesetzt hat, für die Art. 16a Abs. 2 GG nicht gilt. Begründet wird dies damit, dass Art. 16a Abs. 2 GG dem Flüchtling die Möglichkeit der freien Wahl des Zufluchtslandes nehme (BVerfGE 94, 49, 94 = NVwZ 1996, 700, 704; VGH BW, AuAS 1997, 115, 116). Reist der Flüchtling nach Einreise in den sicheren Drittstaat in das Herkunftsland zurück und von dort mit dem Flugzeug direkt oder über einen sonstigen Drittstaat (§ 27 Abs. 1) in das Bundesgebiet ein, können diese Grundsätze keine Anwendung finden. Vielmehr reist der Flüchtling unmittelbar aus dem behaupteten Verfolgerstaat oder aus einem sonstigen Drittstaat in das Bundesgebiet ein. Durch die Rückkehr in das Herkunftsland wird die Reise beendet. Andererseits kann sich nicht auf Art. 16a Abs. 1 GG berufen, wer nach Asylbeantragung im Bundesgebiet in einen sicheren Drittstaat reist und dort tatsächlich Sicherheit erlangt hat und diese auch noch im Zeitpunkt der behördlichen oder gerichtlichen Entscheidung über das Asylgesuch genießt (BayVGH, EZAR 208 Nr. 8).

14 Für die Beurteilung der Frage, ob der Ausländer »aus« einem Drittstaat eingereist ist, ist von dem tatsächlichen Verlauf seiner Reise auszugehen. So findet Art. 16a Abs. 2 GG keine Anwendung, wenn der Ausländer den Drittstaat mit öffentlichen Verkehrsmitteln durchfahren hat, ohne dass es einen Zwischenhalt gegeben hat. Andererseits

greift Art. 16a Abs. 2 GG nach Wortlaut sowie Sinn und Zweck nicht erst dann ein, wenn sich der Asylsuchende im Drittstaat eine bestimmte Zeit aufgehalten hat. Vielmehr geht die Drittstaatenregelung davon aus, dass er den im Drittstaat ihm möglichen Schutz in Anspruch nehmen und dafür gegebenenfalls auch die von ihm geplante Reise unterbrechen muss (BVerfGE 94, 49, 94 = NVwZ 1996, 700, 704). Das Asylrecht beruht nicht vorrangig auf der Schutzbedürftigkeit des Flüchtlings, sondern leitet *aus dem Reiseweg und dem gewählten Transportmittel anspruchsvernichtende Folgen* ab (*Henkel*, NJW 1993, 2705). Dem Einwand des Betroffenen, er sei nicht aus einem sicheren Drittstaat »eingereist«, weil der Fluchthelfer ihm während des Aufenthaltes dort keine Möglichkeit gelassen hätte, einen Asylantrag anzubringen, lässt das BVerfG nicht gelten. Vielmehr braucht das Bundesamt diesem Vorbringen dann nicht nachzugehen, wenn nach den Umständen der tatsächliche Verlauf des geschilderten Aufenthaltes im Drittstaat keine begründeten Zweifel daran aufkommen lässt, dass er im Drittstaat ein Schutzgesuch hätte stellen können (BVerfGE 94, 49, 106 f.) = NVwZ 1996, 700, 707). Begründete Zweifel an einer derartigen Möglichkeit verpflichten das Bundesamt, ein Asylverfahren durchzuführen. Eine Berufung auf Art. 16a Abs. 2 GG ist dem Antragsteller jedoch versperrt. Mit der Festlegung eines Staates zum sicheren Drittstaat ist bereits festgestellt worden, dass die Möglichkeit der Asylbeantragung im Drittstaat besteht. Die *Unterbringung* etwa auf der *Ladefläche eines verplombten und versiegelten Transitfahrzeugs* nimmt dem Asylsuchenden zwar jegliche Möglichkeit, während der Durchreise durch den sicheren Drittstaat das Fahrzeug zu verlassen und Schutz zu beantragen. Gleichwohl wird auch in diesem Fall Art. 16a Abs. 2 Satz 1 GG angewandt (BVerwGE 105, 194, 195 f.) = EZAR 208 Nr. 12 = InfAuslR 1999, 313 = AuAS 1998, 67; OVG NW, AuAS 1997, 39, 49 = NVwZ 1997, 1143 = DVBl 1997, 919 [LS]; OVG Rh-Pf, Urt. v. 18.04.1997 – 10 A 12075/96.OVG; Hess.VGH, Beschl. v. 25.03.1998 – 3 UZ 1284/97. A; a.A. wohl *Zimmermann*, Das neue Grundrecht auf Asyl, S. 200 FN 238). Die herrschende Meinung will einen Wertungswiderspruch zugunsten des den Reiseweg verdunkelnden Antragstellers vermeiden und befürchtet ein Leerlaufen der Drittstaatenregelung (BVerwGE 105, 194, 195 ff.); OVG NW, AuAS 1997, 39, 49; OVG Rh-Pf, Urt. v. 18.04.1997 – 10 A 12075/96.OVG). Maßgebend sind jedoch stets die tatsächlichen Verhältnisse während der Reise, sodass für den Betroffenen während der Durchreise durch den sicheren Drittstaat tatsächlich die Möglichkeit der Schutzbeantragung bestanden haben muss.

Der *Flughafentransitaufenthalt* in einem sicheren Drittstaat ist zwar rechtlich keine Einreise in den Drittstaat. Er kann deshalb auch keine Einreise »aus« einem Staat, in dem man nicht eingereist ist, zur Folge haben. Das BVerfG entwickelt jedoch keinen rechtlichen Einreisebegriff, sondern geht vom tatsächlichen Verlauf der Reise aus (BVerfGE 94, 49, 94 = NVwZ 1996, 700, 704, 707); *Maaßen/de Wyl*, ZAR 1996, 158, 163; *Lehnguth*, ZfSH/SGB 1993, 281, 285; *Henkel*, NJW 1993, 2705, 2706; a.A. *Lübbe-Wolff*, DVBl 1996, 825, 832; *Zimmermann*, Das neue Grundrecht auf Asyl, S. 200). Andererseits verweist es auf die anfänglich geübte Praxis, die die Einreise aus einem sicheren (Transit-)Drittstaat aufgrund einer Zwischenlandung nicht als Einreise behandelte (BVerfGE 94, 115, 131 = NVwZ 1996, 691, 692). Ob damit lediglich 15 eine bestimmte Praxis beschrieben wird oder diesen Äußerungen normative Bedeutung zukommt, bleibt aber offen (so auch *Frowein/Zimmermann*, JZ 1996, 753, 757; *Renner*, ZAR 1996, 103, 105). Nach der fachgerichtlichen Rechtsprechung reist der Asylsuchende aber bei einem Aufenthalt im Transitbereich des Flughafens eines sicheren Drittstaates »aus« diesem Staat in das Bundesgebiet ein, weil er die Gelegenheit des Transitaufenthaltes dazu hätte nutzen können und müssen, dort ein Asylgesuch anzubringen (VG Frankfurt am Main, AuAS 1996, 162, 163; so auch Hess. VGH, NVwZ-Beil. 2001, 50 = AuAS 2001, 139). Die Drittstaatenregelung findet auch Anwendung, wenn der Asylsuchende auf dem *Seeweg* in das Bundesgebiet einreist und im sicheren Drittstaat das Schiff nicht verlassen hat (VG Bremen, NVwZ-Beil. 1994, 72; unklar BayVGH, InfAuslR 1998, 82, 83; BayVGH, InfAuslR 1998, 248, 249). Begründet wird dies damit, dass Häfen und Küstengewässer zum Staatsgebiet des sicheren Drittstaates gehörten. Insoweit entspreche der Anrainerstaat bei Einreise auf dem Landweg dem zuletzt angelaufenen Staat bei Einreise über See (VG Bremen, NVwZ-Beil. 1994, 72). Eingereist ist der Asylsuchende, wenn das Schiff die zum Hoheitsgebiet zählenden Küstengewässer der Bundesrepublik befährt. Er befindet sich unzweifelhaft auf deutschem Staatsgebiet, wenn er sich auf einem Schiff in einem deutschen Hafen aufhält (VG Bremen, NVwZ-Beil. 1996, 23, 24).

V. Darlegungslast bei behaupteter Einreise auf dem Luftwege

16 Für Asylsuchende, die aus einem sicheren Herkunftsstaat oder ohne gültigen Pass oder Passersatz auf dem Luftwege und insoweit nicht aus einem sicheren Drittstaat einreisen, ist das Flughafenverfahren vor der Einreise vorgesehen (§ 18a Abs. 1). Ferner sind sie nach § 13 Abs. 3 Satz 1 verpflichtet, an der Grenze um Asyl nachzusuchen, wenn sie ohne erforderliche Einreisedokumente einreisen. Kommt der Antragsteller dieser Obliegenheit nicht nach, wird er im Fall der persönlichen Meldung nicht an die für den Einreiseort zuständige Grenzbehörde verwiesen. Vielmehr hat er nach § 13 Abs. 3 Satz 2 unverzüglich bei einer Aufnahmeeinrichtung (§ 22) oder bei der Ausländerbehörde oder der Polizei (§ 19) um Asyl nachzusuchen (§ 13 Rdn. 19 ff.). Das Flughafenverfahren findet danach auf die Asylsuchenden keine Anwendung, die zwar bei der Einreise nicht im Besitz der erforderlichen Einreisedokumente sind, denen es jedoch – in aller Regel mithilfe von Fluchthelfern – gelingt, die Grenzübergangsstelle zu passieren. Da diese Personen nicht über den Landweg einreisen, darf ihnen Abs. 1 Satz 1 grundsätzlich nicht entgegengehalten werden, es sei denn, der letzte Abflughafen war in einem sicheren Drittstaat gelegen. Zwar sind sie vom Genuss des Asylrechts nicht ausgeschlossen, sofern sie die hierfür erforderlichen tatbestandlichen Voraussetzungen erfüllen. Sie sind jedoch mit der *Darlegungslast* hinsichtlich der behaupteten Einreise auf dem Luftwege belastet (BVerwGE 109, 174, 178 = AuAS 1999, 260, 262 = EZAR 208 Nr. 14 = NVwZ 2000, 81 = InfAuslR 1999, 526; BayVGH, InfAuslR 1998, 248, 249; Hess. VGH, InfAuslR 1999, 479; Hess. VGH, AuAS 1999, 44; OVG NW, AuAS 1998, 76, 77 *Hutzel*, Asylmagazin 4/1996, 4, 8).

17 Bei *behaupteter Einreise auf dem Luftwege* kann nicht allein aus dem *Fehlen von Flugunterlagen* auf eine Einreise auf dem Landweg geschlossen werden. Es ist allgemein bekannt, dass auf dem Luftwege einreisende Asylsuchende ihre Flugunterlagen

regelmäßig an die Fluchthelfer zurückgeben müssen, damit diese die Kosten für den nicht angetretenen Rückflug von den Reiseveranstaltern zurückerlangen können (OVG Rh-Pf, AuAS 1999, 67, 68; OVG NW, NVwZ-Beil. 1998, 86, 87; VGH BW, AuAS 2012, 9, 10). Weder kann allein der pauschale Vortrag der Weggabe von Flugunterlagen noch das Unvermögen, mit der Flugreise im Zusammenhang stehende Fragen zu beantworten, den Schluss rechtfertigen, die Einreise über einen Flughafen werde nur vorgespiegelt. Auch wird eine Beweisführungspflicht, deren Nichterfüllung die Einreise auf dem Luftwege und damit die Versagung des Asylrechts rechtfertigt, nicht anerkannt. Vielmehr muss das Gericht aufgrund der Angaben des Antragstellers die *erforderliche Überzeugungsgewissheit* erlangen, dass er auf dem Luftwege eingereist ist. Verbleiben *nicht ausräumbare Zweifel*, gehen diese zu dessen Lasten (BVerwGE 109, 174, 178 = AuAS 1999, 260, 262 = InfAuslR 1999, 526; Hess.VGH, NVwZ-RR 1997, 569, 570; BayVGH, InfAuslR 1998, 248, 249; BayVGH, AuAS 1998, 22; OVG Sachsen-Anhalt, EZAR 208 Nr. 9 = NVwZ-Beil. 1996, 85; Sächs.OVG, AuAS 2002, 42; Hess. VGH, NVwZ-RR 1997, 569, 570; Hess. VGH, AuAS 1999, 44; Hess. VGH, InfAuslR 1999, 479, 480; OVG NW, NVwZ-Beil. 1998, 86, 87; OVG NW, AuAS 1999, 66; OVG Rh-Pf., AuAS 1999, 67; OVG Rh-Pf, AuAS 1998, 23, BayVGH, AuAS 1998, 22, 23; OVG NW, NVwZ-Beil. 1998, 86, 87). Ob weitere Ermittlungen anzustellen sind, ist eine Frage der Ausübung tatrichterlichen Ermessens im Einzelfall. Anlass zu weiterer Aufklärung ist bspw. dann zu verneinen, wenn der Antragsteller *keine nachprüfbaren Angaben zu seiner Einreise* macht und es damit an einem Ansatzpunkt für weitere Ermittlungen fehlt. Macht er jedoch Angaben, hat das Verwaltungsgericht diese zu berücksichtigen. Es kann in diesem Zusammenhang insbesondere frei würdigen,

1. dass und aus welchen Gründen der Antragsteller mit falschen Reisedokumenten eingereist ist, 18
2. dass und warum er Reiseunterlagen, die für die Feststellung des Reiseweges bedeutsam sind, nach der Einreise weggegeben hat und 19
3. dass und weshalb er den Asylantrag nicht bei seiner Einreise an der Grenze, sondern Tage oder Wochen später an einem anderen Ort gestellt hat (BVerwG E 109, 174, 178ff.) = AuAS 1999, 260, 261 = InfAuslR 1999, 526). 20

Für die Glaubhaftigkeit der entsprechenden Angaben spricht die während des gesamten Verfahrens gleichbleibende, eingehende, plastische und detailreiche und mit den Erkenntnisquellen übereinstimmende Schilderung (OVG Rh-Pf, AuAS 1999, 67). Bereits aus der glaubwürdigen Schilderung der Vorfluchtgründe folgt ein »*Vorschuss auf Vertrauen*« im Blick auf die Darlegung des Reiseweges (OVG Rh-Pf, AuAS 1999, 67). Umgekehrt zieht die Rechtsprechung aus dem unglaubhaften Sachvorbringen zu den Einreisemodalitäten für den Asylsuchenden nachteilige Schlüsse auf die Glaubhaftigkeit des Verfolgungsvorbringens (OVG NW, AuAS 1999, 66; a.A. VGH BW, AuAS 2012, 9, 10). Dies ist angesichts der in über Jahrzehnten gesammelten Erfahrungen mit der Anwendung der Drittstaatenregelung jedoch nicht gerechtfertigt. Angaben zum Reiseweg sind angesichts der allgemein bekannten sich nach außen gegenüber Flüchtlingen abschließenden Praxis der Bundesrepublik ungeeignete Erkenntnismittel für die Bewertung des Verfolgungsvorbringens. Nach § 15 Abs. 1 Nr. 1 ist der Antragsteller persönlich verpflichtet, bei der Aufklärung des Sachverhaltes mitzuwirken. Er hat 21 die erforderlichen Angaben zum Reiseweg zu machen (§ 25 Abs. 1 Satz 2) und insbesondere alle erforderlichen Urkunden oder sonstige Unterlagen, die in seinem Besitz sind, den zuständigen Behörden vorzulegen, auszuhändigen und zu überlassen (§ 15 Abs. 2 Nr. 5). Erforderliche Urkunden in diesem Sinne sind insbesondere Flugscheine und sonstige Fahrscheine (§ 15 Abs. 3 Nr. 3). In aller Regel verlangen die Fluchthelfer derartige Urkunden jedoch vom Antragsteller zurück, um dadurch die Aufdeckung der mit hohen Strafsanktionen verbundenen Fluchthilfetatbestände zu erschweren. Ferner ist er nur zur Vorlage der Urkunden und Unterlagen verpflichtet, die im Zeitpunkt der persönlichen Meldung bei der zuständigen Behörde noch in seinem Besitz sind (§ 15 Abs. 2 Nr. 5). Angesichts dessen ist es nicht gerechtfertigt, den Nachweis der Einreise auf dem Luftwege von der Vorlage der Flugscheine und sonstigen Unterlagen abhängig zu machen (OVG SA, EZAR 208 Nr. 9; BayVGH, InfAuslR 1998, 248, 249; unklar OVG NW, AuAS 1998, 76, 77 VG Bayreuth, Urt. v. 20.02.2000 – B 6 K 99.30481; VG Schleswig, InfAuslR 2001, 197; vgl. auch BVerwG, AuAS 1999, 260, 262 = InfAuslR 1999, 526). Entscheidend ist, dass die Behörde sich nach der Sachverhaltsaufklärung die für die Entscheidung erforderliche Überzeugungsgewissheit vom Einreisetatbestand verschafft hat. Die Überzeugungsbildung ist fehlerhaft, wenn allein aus der Nichtvorlage von Flugunterlagen hergeleitet wird, der Asylsuchende sei nicht auf dem Luftwege eingereist (OVG SA, EZAR 208 Nr. 9 = NVwZ-Beil. 1996, 85, 86; Hess. VGH, NVwZ-RR 1997, 569, 570; VGH BW, AuAS 1997, 261; a.A. VG Magdeburg, Urt. v. 26.07.1996 – A 5 K 262/96; VG Ansbach, Urt. v. 13.03.1996 – AN 3 K 95.36744). Ein derartiger Schluss setzt voraus, dass zuvor alle anderen Möglichkeiten der Sachverhaltsaufklärung erschöpft sind.

C. Inhaltliche Prüfungspflicht bei Unmöglichkeit der Rückführung in den sicheren Drittstaat

22 Im Fall der Einreise aus einem sicheren Drittstaat steht es zur freien Disposition des Bundesamtes, ob es sich, ohne in eine Sachprüfung im Blick auf Verfolgungsgründe einzutreten, für die Abschiebung des Asylsuchenden in den sicheren Drittstaat entschließt oder diese prüft (VGH BW, EZAR 210 Nr. 9, S. 3; OVG NW, NVwZ 1997, 1141, 1142 = EZAR 223 N. 16; VG Düsseldorf, EZAR 631 Nr. 31; VG Koblenz. AuAS 1995, 152, 154; *Ruge*, NVwZ 1995, 733, 735; a.A. Hess.VGH, AuAS 1997, 47). Die Regelungen in § 31 Abs. 1 Satz 4, Abs. 4 eröffnen dem Bundesamt lediglich die Möglichkeit, den Antrag nur nach Abs. 1 Satz 1 abzulehnen, stellen mithin nur eine *mögliche Entscheidungsalternative* zur Verfügung. Das Bundesamt darf folglich auch bei festgestellter Einreise aus einem sicheren Drittstaat in eine sachliche Prüfung der Verfolgungsgründe eintreten und von einer Abschiebung in den sicheren Drittstaat absehen (VGH BW, EZAR 210 Nr. 9, S. 3). Freilich ist der Feststellungsanspruch auf § 3 Abs. 4 Halbs. 1, § 4 Abs. 1 Satz 1 und § 60 Abs. 5 und 7 AufenthG beschränkt (BVerfGE 94, 49, 97 = NVwZ 1996, 700, 705; BVerfG [Kammer], AuAS 1996, 243, 245 = NVwZ-Beil. 1997, 10; BVerfG [Kammer], BayVBl. 1997, 82, 83); BVerwGE 100, 23, 31 = NVwZ 1996, 197 = EZAR 208 Nr. 5 = AuAS 1996, 83 [LS]; Hess.VGH, NVwZ-Beil. 1996, 11, 14; Hess. VGH, NVwZ-RR 2003153, 154 = AuAS 2003, 28; OVG Rh-Pf, NVwZ-Beil. 1995, 53, 54 f.);

OVG NW, NVwZ 1997, 1141, 1143; OVG Thüringen, Beschl. v. 18.09.1996 – 3 ZO 487/96; VGH BW, NVwZ-Beil. 1995, 5; VGH BW, EZAR 210 Nr. 9, S. 3). Insoweit besteht allerdings kein Ermessen, sondern eine Verpflichtung zur Prüfung der Verfolgungsgründe. Andererseits ist die Berufung auf die Asylberechtigung auch dann versperrt, wenn der Antragsteller erhebliche Nachfluchtgründe vorbringt. Kann der sichere Drittstaat nicht festgestellt werden oder ist die Rückführung in diesen unmöglich, ist die Flüchtlingseigenschaft zuzuerkennen (Hess. VGH, NVwZ-RR 2003153, 154 = AuAS 2003, 28, 29).

Die Einreise über einen sicheren Drittstaat steht auch der Gewährung des abgeleiteten Status (§ 26) entgegen (BVerfG [Kammer], NVwZ-Beil. 2000, 97, 98 = EZAR 215 Nr. 21; BVerwGE 104, 347, 348 = DÖV 1997, 922 = InfAuslR 1997, 422 = NVwZ 1998, 1190 = AuAS 1997, 240 [LS]; Hess. VGH, AuAS 1999, 44; OVG NW, NVwZ-Beil. 1997, 21 = EZAR 215 Nr. 13 = DÖV 1997, 382 = AuAS 1997, 57; VG Schleswig, NVwZ-Beil. 1997, 24 = AuAS 1997, 41; VG Gelsenkirchen, Urt. v. 22.02.1996 – 8 a K 673/94.A; a.A. OVG Rh-Pf, Urt. v. 26.10.1996 – 7 A 12233/96.OVG; VG Hannover, AuAS 1996, 203, 204; VG Koblenz, NVwZ-Beil. 1997, 56; VG München, InfAuslR 1994, 78, 79; *Gerson*, InfAuslR 1997, 253, 255). Mangels Listung sicherer Drittstaaten ist diese Rechtsprechung überholt. Reisen Ehegatte und minderjährige Kinder eines Antragstellers, der sich im Bundesgebiet aufhält, über einen sicheren Drittstaat ein, begründet § 43 Abs. 3 zumindest ein formelles subjektives Recht auf ermessensfehlerfreie Entscheidung über den weiteren Aufenthalt im Bundesgebiet (BVerfG [Kammer], NVwZ-Beil. 1994, 9). § 44 Abs. 3 ergänzt § 34a Abs. 1 mit der Folge, dass das Bundesamt nicht zwingend § 34a anwenden muss, sondern nach Maßgabe des § 43 Abs. 3 nach Ermessen zu entscheiden hat. Gegen die dennoch erfolgte ablehnende Entscheidung des Bundesamtes ist Eilrechtsschutz eröffnet (BVerfG [Kammer], NVwZ-Beil. 1994, 9). 23

D. Sichere Drittstaaten (Abs. 2)

Als sichere Drittstaaten werden in Abs. 2 Mitgliedstaaten und die in Anlage I bezeichneten Staaten definiert. Der verfassungsunmittelbaren Erklärung der Mitgliedstaaten zu sicheren Drittstaaten beruht auf der Annahme, dass ein Ausländer in allen Mitgliedstaaten Schutz vor Verfolgung und Weiterschiebung finden kann (BVerfGE 94, 49, 88 = NVwZ 1996, 700, 703). Art. 16a Abs. 2 Satz 1 GG umfasst den jeweils aktuellen Bestand der Mitgliedstaaten. Wird ein durch Parlamentsgesetz nach Art. 16a Abs. 2 Satz 2 GG zum sicheren Drittstaat bestimmter Staat Mitgliedstaat der EU, beurteilt sich vom Wirksamwerden seines Beitritts an seine Eigenschaft als sicherer Drittstaat allein nach Art. 16a Abs. 2 Satz 1 GG. Die Anlage I zu § 26a wird insoweit gegenstandslos (BVerfGE 94, 49, 108 = NVwZ 1996, 700, 707). Mitgliedstaaten sind keine (sicheren) Drittstaaten. Bis auf Norwegen und die Schweiz sind deshalb nach geltendem Recht alle früheren sicheren Drittstaaten Mitgliedstaaten. Die noch gelisteten sicheren Drittstaaten sind mit der Union assoziiert und werden deshalb im gegenseitigen Rechtsverkehr wie Mitgliedstaaten behandelt. Bereits deshalb ist ihre Gleichstellung mit Drittstaaten fragwürdig. Nachdem das nationale Asyl- und Flüchtlingsrecht integraler Bestandteil des Unionsrechts geworden 24 ist, ist verfassungsrechtlicher Ort des Asylrechts nicht mehr Art. 16a GG, sondern Art. 23 GG. Die Drittstaatenregelung des Art. 16a Abs. 2 GG und damit Abs. 1 Satz 1 findet deshalb auf Asylsuchende, die aus Mitgliedstaaten oder mit der Union assoziierten Staaten einreisen, keine Anwendung. Vielmehr richtet sich die Zuständigkeit für die Behandlung ihres Antrags nach den Kriterien der Verordnung (EU) Nr. 604/2013.

25 Es ist in absehbarer Zukunft nicht zu erwarten, dass durch Parlamentsgesetz erneut Staaten gelistet werden. Die Funktion der verfassungsrechtlichen Drittstaatenregelung, der Ausschluss der Einzelfallprüfung und des Eilrechtsschutzes, lässt sich in der Union aufgrund primärrechtlicher Vorgaben nicht mehr durchsetzen (§ 34a Abs. 2). Eher beiläufig hat der EuGH festgestellt, dass eine *unwiderlegliche* Vermutung der Sicherheit nicht nur im Rechtsverkehr zwischen den Mitgliedstaaten, sondern auch bei der Anwendung nationaler Drittstaatenregelungen mit Unionsrecht unvereinbar ist. Eine derartige nationale Regelung stellt die Garantien infrage, mit denen Schutz und Beachtung der Grundrechte durch Union und Mitgliedstaaten sicherzustellen ist (EuGH, NVwZ 2012, 417, 421 Rn. 100 bis 103 – *N.S.*; s. hierzu *Hailbronner/Thym*, NVwZ 2012, 406, *Marx*, NVwZ 2012, 409). Der EuGH überprüft in diesem Zusammenhang Art. 39 RL 2013/32/EU, der den Mitgliedstaaten die Option einräumt, »*keine* oder keine umfassende« Prüfung der Sicherheit im Drittstaat vorzunehmen und stellt klar, dass derartige Klauseln nur nach Maßgabe des Unionsrechts beansprucht werden dürfen. Obwohl diese Norm die unwiderlegliche Sicherheitsvermutung zulässt, ist sie aufgrund der Vorgaben des EuGH grundrechtskonform im Sinne einer widerleglichen Vermutung zu korrigieren. Der Trend im Unionsrecht geht damit auf ein Asylrecht in der Union. Gegenüber international Schutzberechtigten, die aus anderen Mitgliedstaaten einreisen und um Asyl nachsuchen, bringt das Bundesamt derzeit aber die Drittstaatenregelung wieder in Anwendung. Aber auch insoweit ist eine Lösung über Unionsrecht angezeigt (§ 71a Rdn. 27 ff.).

E. Rechtsverordnung nach Abs. 3

26 Nach Abs. 3 hat die Bundesregierung *ohne Zustimmung* des Bundesrates die Anwendung des § 26a auf einen Staat vorübergehend auszusetzen, wenn dies Veränderungen in den rechtlichen oder politischen Verhältnissen dieses Staates erfordern (BT-Drucks. 12/4450, S. 21). Eine derartige Ermächtigung ist angesichts der Schwerfälligkeit des Gesetzgebungsverfahrens notwendig, um rasch und flexibel auf Veränderungen in den in Anlage I genannten Staaten reagieren zu können (*Giesler/Wasser*, Das neue Asylrecht, S. 37). Anlage I ist wegen des Beitritts dieser Staaten zur EU gegenstandslos geworden (BVerfGE 94, 49, 89; Rdn. 24). Die noch bezeichneten sind mit der EU assoziiert, sodass sich der Rechtsverkehr mit diesen nach der Verordnung (EU) Nr. 604/2013 regelt. Im Fall der schlagartigen Änderung der Verhältnisse im bislang sicheren Drittstaat sind zuständigen Behörden zur Beachtung des Refoulementschutzes nach Art. 33 Abs. 1 GG verpflichtet und dürfen sich unabhängig davon, ob eine Verordnung nach Abs. 3 erlassen wurde, nicht auf Abs. 1 Satz 1 berufen (BVerfGE 94, 49, 99). Die Geltungsdauer der Verordnung nach Abs. 3 Satz 1 ist auf sechs Monate begrenzt (Abs. 3 Satz 2). Wird der Gesetzgeber innerhalb dieser Frist nicht tätig, tritt die Verordnung nach Fristablauf automatisch wieder außer

Kraft (Abs. 3 Satz 2). Auch wenn innerhalb dieses Zeitraums keine Veränderung in den rechtlichen und politischen Verhältnissen eingetreten ist, gilt der betreffende Staat daher wieder als sicher und findet § 26a auf diesen wieder Anwendung, verpflichtet das Bundesamt aber gleichwohl zur Einzelfallprüfung, wenn sich die Verhältnisse im Vergleich zur allgemeinen Situation im Zeitpunkt des Erlasses der Verordnung nicht wesentlich verändert haben. Nur der Gesetzgeber kann mithin aus den veränderten Verhältnissen die Konsequenz ziehen und den bislang sicheren Staat aus der Anlage I herausnehmen. Allerdings kann das Bundesinnenministerium durch Anordnung nach § 18 Abs. 4 Nr. 2 im Fall des Untätigbleibens des Gesetzgebers auch über den Ablauf der in Abs. 3 Satz 2 genannten Frist hinaus die Anwendung von Abs. 1 Satz 1 und 2 ausschließen (Abs. 1 Satz 3 Nr. 3). Bei Fortbestand der gravierenden Veränderungen in den rechtlichen und politischen Verhältnissen ist es hierzu verpflichtet und dürfen auch nach Fristablauf keine Rückführungen in den betreffenden Drittstaat vollzogen werden.

§ 27 Anderweitige Sicherheit vor Verfolgung

(1) Ein Ausländer, der bereits in einem sonstigen Drittstaat vor politischer Verfolgung sicher war, wird nicht als Asylberechtigter anerkannt.

(2) Ist der Ausländer im Besitz eines von einem sicheren Drittstaat (§ 26a) oder einem sonstigen Drittstaat ausgestellten Reiseausweises nach dem Abkommen über die Rechtsstellung der Flüchtlinge, so wird vermutet, dass er bereits in diesem Staat vor politischer Verfolgung sicher war.

(3) [1]Hat sich ein Ausländer in einem sonstigen Drittstaat, in dem ihm keine politische Verfolgung droht, vor der Einreise in das Bundesgebiet länger als drei Monate aufgehalten, so wird vermutet, dass er dort vor politischer Verfolgung sicher war. [2]Das gilt nicht, wenn der Ausländer glaubhaft macht, dass eine Abschiebung in einen anderen Staat, in dem ihm politische Verfolgung droht, nicht mit hinreichender Sicherheit auszuschließen war.

Übersicht Rdn.

A. Funktion der Vorschrift

Die Vorschrift entspricht im Wesentlichen der Regelung des § 2 AsylG 1982 und begründet eine negative Anerkennungsvoraussetzung. Abs. 1 bestimmt, dass der Antragsteller, der in einem *»sonstigen Drittstaat«* sicher vor Verfolgung war, *nicht* als asylberechtigt *anerkannt* wird. Damit begründet diese Bestimmung eine *materielle* 1

Asylausschlussregelung (BayVGH, BayVBl. 1997, 663 = AuAS 1997, 104), sodass beim Vorliegen der tatbestandlichen Voraussetzungen des Abs. 1 die Prüfung der Verfolgungsbehauptungen nicht in Betracht kommt. Abs. 1 verwendet ausdrücklich den Begriff *»sonstige Drittstaaten«* und grenzt diese damit von den *»sicheren Drittstaaten«* nach § 26a ab. Während die »sicheren Drittstaaten« bereits durch die Verfassung oder durch Parlamentsgesetz festgelegt worden sind und deshalb eine unwiderlegbare Vermutung der Verfolgungssicherheit Anwendung findet (s. aber § 26a Rdn. 25), darf nach § 27 keine derartige Vermutungsregelung angewandt werden (s. auch Abs. 2 und 3). Vielmehr ist in jedem Einzelfall, streng bezogen auf die zugrunde liegenden besonderen Umstände, eine sorgfältige Prüfung des Voraufenthaltes geboten. Der Ausschluss vom Asylrecht folgt unmittelbar aus der Grundrechtsnorm: Das Gesetz darf die tatbestandlichen Voraussetzungen des Grundrechts und damit die Grenzen des Schutzbereiches *deklaratorisch* nachzeichnen. Es gibt in inhaltlicher Übereinstimmung mit der Grundrechtsnorm verlautbarend das wieder, was sich aus der Grundrechtsnorm ohnehin ergibt (BVerwGE 79, 347, 349 = EZAR 205 Nr. 9 = NVwZ 1988, 1136 = InfAuslR 1988, 297). Die *Schutzlosigkeit* des Asylsuchenden ist Voraussetzung des Asylanspruchs. Daher ist dem Tatbestand der Verfassungsnorm das *zusätzliche Merkmal* der Schutzlosigkeit *immanent* (BVerwG, NVwZ 1992, 380, 381). Der Gesetzgeber zeichnet mit derart generalisierenden und pauschalierenden Regelungen lediglich *nach*, was bereits in der Verfassungsnorm angelegt ist (BVerwG, NVwZ 1992, 380, 381). Die Funktion von Abs. 1 besteht also darin, bei Vorliegen seiner Voraussetzungen den Genuss des Asylrechts auszuschließen.

2 Das Bundesamt beschränkt seine Prüfung auf die tatbestandlichen Voraussetzungen der Verfolgungssicherheit im Drittstaat und hat den Antrag mit dieser Begründung abzulehnen, wenn es diese bejaht. Erlaubt das Offensichtlichkeitsurteil einerseits, von vornherein den Zugang zum Asylverfahren zu versagen, ist er andererseits bei *Zweifeln* zu eröffnen. Das Bundesamt darf sich nach der gesetzlichen Konzeption auf die für den materiellen Ausschlussgrund sprechenden Umstände konzentrieren und hat den Zweifeln nachzugehen. Sind diese Zweifel mit der erforderlichen Überzeugungsgewissheit aufgeklärt und steht danach die Verfolgungssicherheit fest, ist die Anerkennung zu versagen. § 30 findet jedoch keine Anwendung. Eine vorherige Prüfung der Verfolgung im Herkunftsstaat findet nicht statt. Diese Rechtsfolge folgt aus dem Wortlaut von Abs. 1 sowie aus dem Charakter der immanenten Asylausschlussregel. Während Abs. 1 lediglich eine in die Vergangenheit gerichtete Betrachtung nahe legt und damit lediglich die Umstände des Voraufenthaltes ins Blickfeld rücken, erfordert eine verfassungskonforme Anwendung des Verfahrensrechts auch eine in die Zukunft zielende Bewertung der zu erwartenden Verfolgungssicherheit nach Rückkehr in den betreffenden Drittstaat. Insofern ist jedoch Vieles streitig und unklar. *Wegen des Dubliner Systems hat diese Vorschrift erheblich an Bedeutung verloren* (s. auch *Hailbronner,* AuslR B 2 § 27 AsylG Rn. 1). Sie wird derzeit kaum noch angewandt. Sie hat *nur* Bedeutung für die *Asylanerkennung*. Für die Zuerkennung der Flüchtlingseigenschaft regelt § 29 die Frage, ob der Asylantrag unzulässig ist (BVerwGE 144, 127, 131 Rn. 15 = NVwZ-RR 2013, 431 = EZAR NF 68 Nr. 15).

Regelmäßig zielt § 27 auf Durchreisen und Voraufenthalte in *außereuropäischen Drittstaaten*. Der bloße Gebietskontakt in »sonstigen Drittstaaten« allein reicht anders als bei der Durchreise durch »sichere Drittstaaten« im Sinne von § 26a jedoch nicht aus. Vielmehr werden nach Abs. 1 besondere Voraussetzungen mit Blick auf Art und Dauer des Voraufenthaltes in derartigen Drittstaaten gestellt.

§ 27 schließt bei Vorliegen der tatbestandlichen Voraussetzungen die Berufung auf das Asylrecht nach Art. 16a Abs. 1 GG aus. Damit ist nicht zugleich auch die Berufung auf den Flüchtlingsschutz nach § 3 Abs. 4 Halbs. 1 ausgeschlossen (BVerwGE 144, 127, 131 Rn. 15 = NVwZ-RR 2013, 431 = EZAR NF 68 Nr. 15; *Ott*, in: GK-AsylG II, § 27 Rn. 14). Das Unionsrecht verfolgt im Hinblick auf den Begriff der Verfolgungssicherheit anders als das Asylrecht keinen materiell-rechtlichen, sondern einen verfahrensrechtlichen Ansatz (BVerwGE 144, 127, 131 f. Rn. 15 = NVwZ-RR 2013, 431 = EZAR NF 68 Nr. 15; s. hierzu § 29 Rdn. 3 ff., 117 ff.). Art. 34 Abs. 2 in Verb. mit Art. 35, 36 RL 2013/32/EU) ermöglicht den Mitgliedstaaten das »*Konzept des ersten Asylstaats*« sowie das »*Konzept des sicheren Drittstaates*« anzuwenden und einen Asylantrag als unzulässig abzulehnen. Nach Art. 33 Abs. 2 Buchst b) in Verb. mit Art. 35 RL 2013/32/EU) kann ein Antrag als unzulässig behandelt werden, wenn ein Drittstaat, der nicht Mitgliedstaat ist, den Antragsteller als Flüchtling anerkannt hat und er diesen Schutz weiterhin in Anspruch nehmen kann oder ihm in dem betreffenden Staat anderweitig ausreichender Schutz, einschließlich der Anwendung des Grundsatzes der Nicht-Zurückweisung, gewährt wird (*Konzept des ersten Asylstaats*). Nach Art. 33 Abs. 2 Buchst. c) in Verb. mit Art. 36 RL 2013/32/EU und Anhang I kann ein Antrag als unzulässig betrachtet werden, wenn dem Antragsteller in einem Drittstaat, der nicht Mitgliedstaat ist, keine Gefährdung von Leib und Freiheit aus den Gründen von Art. 1 A Nr. 2 GFK droht, Zugang zu einem Asylverfahren besteht und Refoulementschutz (Art. 34 GFK) sowie Schutz gegen drohende Folter sichergestellt ist (*Konzept des sicheren Drittstaats*). Zwar besteht keine begriffliche Kompatibilität des nationalen Rechts mit Unionsrecht. Mit dem in Abs. 2 geregelten Konzept der Sicherheit vor Verfolgung in einem »sonstigen Drittstaat« vergleichbar ist jedoch das »*Konzept des ersten Asylstaats*« (Art. 35 RL 2013/32/EU). Die Kriterien des Abs. 3 verweisen auf das »*Konzept des sicheren Drittstaates*« (Art. 36 RL 2013/32/EU). Das Konzept des »sicheren Drittstaates« nach § 26a wird durch Art. 39 RL 2013/32/EU unter dem Begriff des »*Konzeptes der sicheren europäischen Drittstaaten*« unionsrechtlich geregelt. Sekundärrechtlich ist es unzulässig zulässig, ohne Einzelfallprüfung der konkreten Sicherheit im Drittstaat einen Antrag als unzulässig zu behandeln (Art. 39 Abs. 3 RL 2013/32/EU). 3

B. Begriff der Verfolgungssicherheit (Abs. 1)

Wie nach § 2 AsylG 1982 reicht auch nach Abs. 1 allein der *objektiven* Tatbestand der Verfolgungssicherheit für den Asylausschluss aus (BVerfG [Kammer], EZAR 205 Nr. 16 = InfAuslR 1992, 226 = NVwZ 1992, 659; BVerwGE 77, 150, 152; 78, 332, 344; 79, 347, 251). Das Asylgrundrecht ist von seinem Ansatz darauf 4 gerichtet, vor Verfolgung *Flüchtenden* Zuflucht und Schutz zu gewähren. Daraus folgt ohne Weiteres, dass der Flüchtling, der gezwungen gewesen war, in begründeter Furcht vor einer auf Verfolgung beruhenden ausweglosen Lage sein Land zu verlassen, des Schutzes nicht mehr bedarf, wenn er *nicht mehr als Flüchtender* das *Bundesgebiet erreicht* (BVerfG [Kammer], EZAR 205 Nr. 16 = InfAuslR 1992, 226 = NVwZ 1992, 659). Das kann insbesondere dann der Fall sein, wenn er in einem Drittstaat, in dem er sich *vor* seiner Einreise in das Bundesgebiet *aufgehalten hat*, vor Verfolgung *hinreichend sicher* ist bzw. wäre *und* ihm dort jedenfalls auch keine anderen Nachteile und Gefahren drohten, die nach ihrer Intensität und Schwere einer asylerheblichen Rechtsgutbeeinträchtigung gleichkommen. Das BVerwG hatte hingegen zunächst die Ansicht vertreten, die Verfolgungsbetroffenheit oder der »Zustand des politisch Verfolgten« werde durch den in einem anderen Staat gewährten Schutz ebenso wenig beseitigt wie durch die Weiterreise in das Bundesgebiet (BVerwGE 75, 181, 185f.) = InfAuslR 1987, 126). Nachdem das BVerfG jedoch den Asylrechtsbegriff dahin ausgelegt hatte, dass er auf den vor politischer Verfolgung *Flüchtenden* zielt (BVerfGE 74, 51, 64 = EZAR 200 Nr. 18 = NVwZ 1987, 311 = InfAuslR 1987, 56) und 1987 der Gesetzgeber den Begriff des Verfolgungsschutzes durch den der Verfolgungssicherheit ersetzt hatte, änderte das BVerwG seine Rechtsprechung: Der Begriff der Verfolgungssicherheit sei schon von seinem Wortlaut her derart eindeutig, sodass auch ohne das Vorliegen der subjektiven Kriterien der Schutzsuche durch den Flüchtling und einer dementsprechenden Schutzgewährung durch den Zufluchtsstaat Verfolgungssicherheit bestehen könne, wenn in dem anderen Staat *objektiv* keine Verfolgungsgefahr drohe (BVerwGE 77, 150, 152 = EZAR 205 Nr. 4 = InfAuslR 1987, 126 = NVwZ 1987, 423 = Buchholz 402.25 § 2 AsylG Nr. 6). Der Asylanspruch bestehe nur solange, wie die *gegenwärtige Verfolgungsbetroffenheit* andauere. Ob dies der Fall sei, sei jedoch nicht vom Willen des Flüchtlings abhängig, vielmehr von objektiven Umständen. Es komme darauf an, ob der Flüchtling im Zufluchtsstaat vor der Zugriffsmöglichkeit des Verfolgerstaates sicher sei. Dies sei der Fall, wenn der Drittstaat den Flüchtling seinerseits nicht verfolge, nicht zurückweise und nicht in einen Staat abschiebe, in dem ihm politische Verfolgung drohe (BVerwGE 77, 150, 152 = EZAR 205 Nr. 4 = InfAuslR 1987, 126 = NVwZ 1987, 423 = Buchholz 402.25 § 2 AsylG Nr. 6). Dies allein reiche jedoch nicht aus. Das Asylrecht sei nicht auf bloßen Abschiebungsschutz beschränkt. Hinzu kommen müsse, dass der Drittstaat dem Flüchtling eine *Hilfestellung* auch zur Beseitigung oder Verhinderung der Umstände gewähre, die in der Person des Flüchtlings als Folgen der Verfolgung dadurch entstanden seien, dass er seinen Heimatstaat habe verlassen müssen oder nicht mehr dorthin zurückkehren könne (BVerwGE 78, 332, 344 f.) = EZAR 205 Nr. 6 = Buchholz 402.25 § 2 AsylG Nr. 7; BVerwG, InfAuslR 1989, 175). Dies folge aus dem Verfassungsrecht.

5 Der Asylausschluss wegen anderweitiger Sicherheit sei Ausdruck der *Subsidiarität des Asylrechts*. Fehle es an der erforderlichen Hilfestellung, greife der Grundsatz der Subsidiarität nicht ein (BVerwGE 78, 332, 345 f.). Die Prüfung der objektiven Verfolgungssicherheit wird in *drei Stufen* vollzogen:

1. Zunächst ist zu prüfen, ob im sonstigen Drittstaat objektiv *hinreichende Verfolgungssicherheit* und Schutz vor Abschiebung in den behaupteten Verfolgerstaat (*Verbot der Kettenabschiebung*) besteht. 6
2. Anschließend ist zu untersuchen, ob *staatlicher Schutz durch den Drittstaat* gegenüber *Gefahren*, die *von Dritten* ausgehen, insbesondere gegen *gezielte Entführungen durch Organe des Verfolgerstaates, gewährt* worden ist. 7
3. Schließlich ist zu prüfen, ob dem Flüchtling im sonstigen Drittstaat *erhebliche Nachteile oder Gefahren* drohten. 8

Wann eine neben den Abschiebungsschutz erforderliche Hilfestellung vorliegt, 9 hängt weitgehend von den Umständen des Einzelfalls ab. Das BVerwG hat hierzu folgende Abgrenzungsformel entwickelt: Allgemein ließe sich einerseits sagen, dass *keine Rechtsstellung* vorausgesetzt werde, *wie* sie der eines Asylberechtigten *im Bundesgebiet* entspreche. Auch sei *keine Integrationsmöglichkeit im Drittstaat* erforderlich. Vielmehr könne die Hilfestellung auch darin bestehen, dass dem Flüchtling durch den Drittstaat in ein anderes, endgültiges Zufluchtsland weitergeholfen werde (BVerwGE 78, 332, 346 = EZAR 205 Nr. 6 = InfAuslR 1988, 120). Andererseits fehlt es an der erforderlichen Hilfestellung, wenn der Flüchtling »im Drittstaat schlechthin keine Lebensgrundlage nach Maßgabe der dort bestehenden Verhältnisse hat«. Dies ist dann der Fall, wenn er *»im Drittstaat hilflos dem Tod durch Hunger und Krankheit ausgesetzt ist oder nichts anderes zu erwarten hat als ein Dahinvegetieren am Rande des Existenzminimums«* (BVerwGE 78, 332, 346 = EZAR 205 Nr. 6 = InfAuslR 1988, 120; BVerwG, EZAR 205 Nr. 8 = NVwZ 1988, 1035; BVerwG, EZAR 205 Nr. 11 = NVwZ 1990, 81; *Hailbronner,* AuslR B 2 § 27 AsylG Rn. 14 ff.; a.A. *Ott,* in: GK-AsylG II, § 27 Rn. 74 ff.; zum identischen Ansatz beim internen Schutz s. § 3e Rdn. 28). Der Drittstaat kann sich zur Beseitigung von Notlagen auch der Hilfe internationaler Organisation bedienen. Entscheidend ist auch insoweit, ob er bei *generalisierender Betrachtungsweise* eine, wenn auch bescheidene Lebensgrundlage finden kann. Versperrt der Drittstaat dem Flüchtling jedoch den *Zugang zum Arbeitsmarkt,* hindert er diese am Aufbau einer Lebensgrundlage (BVerwG, EZAR 205 Nr. 11 = NVwZ 1990, 81).

An der erforderlichen Hilfestellung im Drittstaat fehlt es auch, wenn der Flüchtling 10 infolge seiner Flucht sich dort hilflos erheblichen Gefahren für Leib oder Leben gegenübersieht, weil er in dem zugewiesenen Lager immer wieder *Luftangriffen* und *Bombardierungen* ausgesetzt ist. Dass derartige Gefährdungen im Drittstaat zu den Auswirkungen eines Bürgerkrieges gehören, ist für die Frage der Verfolgungssicherheit unerheblich (BVerwG, EZAR 205 Nr. 8 = NVwZ 1988, 1035; OVG Lüneburg, InfAuslR 1988, 301). Andererseits hat das BVerwG mit Blick auf ständig wiederkehrende Angriffe des Verfolgerstaates auf das Drittland festgestellt, kein Zufluchtsstaat könne einen lückenlosen Schutz vor Übergriffen des Verfolgerstaates bieten. Es sei deshalb ausreichend, wenn der Schutz der im Bereich des Drittstaates befindlichen Flüchtlinge aufs Ganze gesehen gewährleistet sei (BVerwG, Buchholz 402.25 § 2 AsylG Nr. 11). Bei generalisierender Betrachtung kann sicherlich kein Staat lückenlosen Schutz gewährleisten. Trägt der Asylsuchende jedoch bezogen auf seine Person vor, dass ihm infolge von Luftangriffen einer auswärtigen Macht oder einer internen

Bürgerkriegspartei bzw. wegen Angriffen des benachbarten oder nahegelegenen Verfolgerstaates der Drittstaat nicht die erforderliche Hilfestellung gewährt, ihm vielmehr schutzlos den Übergriffen und Angriffen ausgesetzt hat, hat er seiner Darlegungslast Genüge getan und ausreichend Umstände vorgetragen, die in seinem konkreten Fall den Schluss rechtfertigen, dass er im Drittstaat nicht hinreichend sicher vor Verfolgung gewesen war. Zusammenfassend ist festzuhalten: Im Drittstaat ist Verfolgungssicherheit gewährt worden, wenn dieser den Flüchtling nicht seinerseits verfolgt, nicht zurückweist und auch nicht in den behaupteten Verfolgerstaat abschiebt. Ferner erfordert eine verfassungskonforme Anwendung des § 27, dass der Flüchtling im Drittstaat über den bloßen Abschiebungsschutz hinaus in einem bestimmten Umfang eine soziale Hilfestellung erfährt. Zwar ist Abs. 1 objektiv auszulegen. Das BVerwG hat aber die Vorstellungen des Flüchtlings bei der Feststellung der objektiven Verfolgungssicherheit in einem gewissen Umfang mitberücksichtigt.

11 Hatte das BVerwG zunächst den Begriff der Verfolgungssicherheit objektiv ausgelegt und subjektive Vorstellungen bei der Schutzsuche nicht berücksichtigt (BVerwGE 77, 150, 152 = EZAR 205 Nr. 5 = InfAuslR 1987, 223 = NVwZ 1988, 812 = Buchholz 402.25 § 2 AsylG Nr. 6; dagegen BayVGH, Beschl. v. 04.06.1987 – Nr. 25 CZ 87.30484; a.A. OVG NW, Urt. v. 28.08.1987 – 19 A 10355/86; VGH BW, InfAuslR 1988, 25), schloss es sich später der weniger einschränkenden Meinung an (BVerwGE 78, 332 = EZAR 205 Nr. 6 = InfAuslR 1988, 120; offen gelassen BVerfG [Kammer], InfAuslR 1992, 227, 229 = EZAR 205 Nr. 16 = NwVZ 1992, 659). Aus dem objektiv zu verstehenden Begriff der Verfolgungssicherheit könne nicht geschlossen werden, dass schon jede Berührung mit dem Gebiet eines objektiv sicheren (»sonstigen«) Drittstaats vor der Einreise in das Bundesgebiet den Asylausschluss rechtfertige (BVerwGE 78, 332, 344 = EZAR 205 Nr. 6 = InfAuslR 1988, 120; BVerwG, InfAuslR 1989, 175; BayVGH, BayVBl. 1997, 663 = AuAS 1997, 104). Vielmehr sei das Asylrecht jedem Verfolgten *uneingeschränkt* garantiert, der *als Flüchtender* in das Bundesgebiet einreise. Dieser Zustand ändere sich nicht dadurch, dass er einen anderen Staat, der ihm Sicherheit bieten *könnte*, lediglich als *Fluchtweg* benutze (BVerwGE 78, 332, 344). Der Asylausschluss könne daher nur Anwendung finden, wenn die Flucht im Drittstaat ihr Ende gefunden habe und *kein Zusammenhang* mehr bestehe zwischen dem *Verlassen des Herkunftslandes* und der *Einreise in das Bundesgebiet.* Solange dieser Zusammenhang gegeben sei, bestehe ungeachtet eines Zwischenaufenthaltes in einem anderen, objektiv sicheren Staat in der Bundesrepublik Anspruch auf Asylrecht (BVerwGE 84, 115, 117 = EZAR 205 Nr. 12 = InfAuslR 1990, 93; BVerwG, InfAuslR 1990, 97; BVerwG, Buchholz 402.25 § 2 AsylG Nr. 14). Der Flüchtling müsse nicht bereits bei seinem Aufbruch im Herkunftsland den Willen gehabt haben, nicht im sonstigen Drittstaat zu bleiben. Der Asylausschluss komme nur bei jenen in Betracht, deren Flucht vor der Einreise in die Bundesrepublik bereits andernorts beendet gewesen sei. Dies könne nicht bereits daraus abgeleitet werden, dass der Flüchtende seinen Fuß auf den Boden des ihm Sicherheit bietenden Nachbarstaates setze. Der Fluchtweg sei vielmehr insgesamt darauf zu untersuchen, ob ein *Drittstaat nur als Zwischenstation* auf dem weiterführenden Fluchtweg gedient habe. Auch sei ihm grundsätzlich eine Überlegungszeit hinsichtlich des weiteren Weges in

die Freiheit zuzugestehen, und zwar ohne Rücksicht darauf, ob eine Weiterreise von vornherein geplant gewesen wäre (BVerwGE 84, 115, 117 f. = EZAR 205 Nr. 12 = InfAuslR 1990, 93; gegen VGH BW, Urt. v. 07.08.1989 – A 13 S 1288/88).

Der *Transitaufenthalt* ist also von der Verfolgungssicherheit i.S.d. Abs. 1 abzugrenzen 12 (*Hailbronner*, AuslR B 2 § 27 AsylG Rn. 8; a.A. *Ott*, in: GK-AsylG II, § 27 Rn. 72). Zwar belässt der bloße Wille eines Flüchtlings, gerade im Bundesgebiet Schutz zu finden, ihn nicht im Zustand der Flucht (BVerwGE 79, 347, 353 = EZAR 205 Nr. 9 = InfAuslR 1988, 297 = NVwZ 1988, 1136). Andererseits wird nicht verlangt, dass der Flüchtling bereits bei seinem Aufbruch im Heimatland feste Vorstellungen über sein endgültiges Fluchtland haben muss (BVerwGE 84, 115, 117 = EZAR 205 Nr. 12 = InfAuslR 1990, 93). Um im Einzelfall die gebotene Grenze zu ziehen, hat das BVerwG den Begriff des *stationären Charakters* entwickelt. Danach ist maßgebend, ob bei objektiver Betrachtungsweise aufgrund der gesamten Umstände, insbesondere des tatsächlich gezeigten Verhaltens des Flüchtlings während seines Zwischenaufenthalts im Drittstaat, dem *äußeren Erscheinungsbild* nach noch von einer Flucht gesprochen werden kann. Dies ist nicht mehr der Fall, wenn der Aufenthalt »stationären Charakter« angenommen hat (BVerwGE 79, 347, 353 = EZAR 205 Nr. 9 = InfAuslR 1988, 297 = NVwZ 1988, 1136; *Hailbronner*, AuslR B 2 § 27 AsylG Rn. 8; *Ott*, in: GK-AsylG II, § 27 Rn. 43f). Dabei kommt für die Feststellung eines stationären Charakters des Zwischenaufenthalts der Dauer des Aufenthaltes eine entscheidende Bedeutung zu. Je länger der Aufenthalt im Drittstaat dauert, umso mehr geht das äußere Erscheinungsbild einer Flucht verloren und schwindet der Zusammenhang zwischen dem Verlassen des Heimatstaats und der Einreise in das Bundesgebiet (BVerwGE 79, 347, 353 = EZAR 205 Nr. 9 = InfAuslR 1988, 297 = NVwZ 1988, 1136; Rdn. 16). Eine Flucht kann daher schon aufgrund bloßen Zeitablaufs in einem objektiv sicheren Drittstaat ihr Ende finden.

C. Wiederaufleben der Schutzbedürftigkeit

Wenn in einem Drittstaat die zunächst gewährte Verfolgungssicherheit durch *Widerruf, praktischen Entzug* oder *aus anderen Gründen* wieder entfällt *oder* eine solche 13 Entwicklung abzusehen ist, findet der Asylausschluss keine Anwendung (BVerwGE 75, 181, 184 = EZAR 205 Nr. 4 = InfAuslR 1987, 126 = NVwZ 1987, 423; BVerwGE 144, 127, 130 Rn. 13; zustimmend BVerfG [Kammer], EZAR 205 Nr. 16 = InfAuslR 1992, 226). Abs. 1 kann nur Anwendung finden, wenn die Verfolgungssicherheit im Drittstaat im Zeitpunkt der gerichtlichen Entscheidung noch andauert (§ 77 Abs. 1). Entstehen neue Gefährdungen durch die Abkehr von terroristischen Organisationen im Drittstaat, fällt die dort bestehende Verfolgungssicherheit weg (BVerwGE 144, 127, 130 Rn. 13 = NVwZ-RR 2013, 431 = EZAR NF 68 Nr. 15). Hat der Flüchtling im Drittstaat einen erfolglosen Asylantrag verfolgt, entfällt die zunächst gewährte Verfolgungssicherheit mit der endgültigen Ablehnung des Antrags. Die Schutzbedürftigkeit des Flüchtlings lebt wieder auf (BVerwG, Buchholz 402.24 § 28 AuslG Nr. 5). Allein der Asylantrag vermittelt also keine Verfolgungssicherheit, (BayVGH, BayVBl. 1985, 662). Welche Auswirkungen der erfolglos gebliebene Asylantrag im Drittstaat hat, kann nicht abstrakt beurteilt werden. Vielmehr ist eine konkrete, sämtliche Umstände des Einzelfalles berücksichtigende Betrachtung angezeigt (BVerwGE 69, 289, 294 = EZAR 205 Nr. 2 = NVwZ 1984, 732).

14 Abzugrenzen von den Fällen des *objektiven* Wegfalls der Verfolgungssicherheit aufgrund von Maßnahmen des Drittstaates sind Fallgestaltungen des *subjektiven* Wegfalls durch *freiwilligen Verzicht:* Dieser ist ebenso zu behandeln wie der Fortbestand der Verfolgungssicherheit mit der Folge, dass eine Asylanerkennung ausscheidet (BVerwGE 75, 181, 184 = EZAR 205 Nr. 4 = InfAuslR 1987, 126 = NVwZ 1987, 423; BVerwGE 144, 127, 130 Rn. 13). Das Gesetz fordert nicht als zusätzliche Voraussetzung des Verfolgungsschutzes, dass der Flüchtling in das Zufluchtsland wieder einreisen darf. Das bewusste Schweigen des Gesetzgebers kann daher nur so verstanden werden, dass der Asylausschluss auch dann Anwendung finden soll, wenn der »anderweitige Verfolgungsschutz« auch ohne die *nicht* erzwungene Ausreise des Betroffenen fortbestanden hätte (BVerwGE 75, 181, 184f.). Mit der *freiwilligen Aufgabe* des Verfolgungsschutzes im Drittstaat verliert mithin auch bei fehlender Rückkehrmöglichkeit der Flüchtling die Möglichkeit einer Asylanerkennung (BVerwGE 75, 181, 185 = EZAR 205 Nr. 4 = InfAuslR 1987, 126 = NVwZ 1987, 423). Missverständlich ist allerdings die Behauptung, das Erfordernis der Wiedereinreisemöglichkeit gehöre nicht zum Tatbestand der Verfolgungssicherheit im Drittstaat. Dem kann in dieser Pauschalität nicht gefolgt werden. Vielmehr ist ein Flüchtling nur dann in einem Drittstaat vor Verfolgung sicher, wenn für die Dauer der mutmaßlichen Verfolgungsgefahr im Herkunftsland die Sicherheit im Drittstaat besteht (BVerfG [Kammer], EZAR 205 Nr. 16 = InfAuslR 1992, 226, 229). Verweigert der Drittstaat z.B. die Wiedereinreise, obwohl er Besuchsreisen im Ausland erlaubt und der Flüchtling sich lediglich vorübergehend im Ausland aufgehalten hat, lebt die Schutzbedürftigkeit des Flüchtlings wieder auf. Der Aufenthalt des Flüchtlings im Drittstaat muss für die absehbare Zukunft gesichert sein und er muss dort solange Schutz erhalten, wie die Verfolgungsgefahr andauert (*Bethäuser*, ZAR 1992, 129). Die *erzwungene Ausreise* bzw. *willkürliche Versagung der Wiedereinreise* kommt daher in ihrer Wirkung dem Widerruf gleich und muss als praktischer Entzug der Verfolgungssicherheit gewertet werden.

D. Vermutungsregel des Abs. 2

15 Ebenso wie § 7 Abs. 3 AsylG 1982 enthält Abs. 2 eine besondere Vermutungsregelung. Ist ein Asylsuchender im Besitz eines von einem anderen Staat ausgestellten Reiseausweises nach Art. 28 GFK, wird vermutet, dass er in diesem Staat sicher vor Verfolgung war. *Allein* der *Besitz* des Reisedokuments begründet die Vermutungswirkung. Auf die Dauer des Aufenthaltes wie bei Abs. 3 Satz 1 kommt es nicht an. Nur der Besitz des Reiseausweises nach Art. 28 GFK begründet die Vermutungswirkung, nicht dagegen der Besitz eines Reiseausweises nach Art. 28 StlÜb oder der Besitz des Personalausweises nach Art. 27 GFK. Erst recht begründen andere Reisedokumente, etwa ein von einem Drittstaat ausgestelltes nationales Reisedokument, eine Flüchtlingskarte oder ein die Gewährung des Flüchtlingsstatus bestätigendes Dokument für den innerstaatlichen Rechtsverkehr nicht die Vermutungswirkung. Derartige Dokumente können aber bei der Beurteilung der Frage, ob der Aufenthalt im Drittstaat bereits stationären Charakter (Rdn. 12) angenommen hatte, berücksichtigt werden.

Obwohl Abs. 2 anders als Abs. 3 Satz 2 keine Widerlegungsregelung enthält, folgt aus dem Charakter der gesetzlichen Vermutungsregelung, dass eine Widerlegung zulässig sein muss (*Hailbronner,* AuslR B 2 § 27 AsylG Rn. 32; a.A. *Ott,* in: GK-AsylG II, § 27 Rn. 137). Art. 28 Abs. 1 Satz 2 GFK ist der typische Fall, in dem Gegenbeweis geführt werden kann. Hiernach können die Vertragsstaaten Flüchtlingen, die sich nicht rechtmäßig auf ihrem Hoheitsgebiet aufhalten, zur Ermöglichung der Weiterreise einen Reiseausweis ausstellen. Diese Zweckbindung geht aus dem Reisedokument nicht unmittelbar hervor. Daher ist entsprechenden Behauptungen des Flüchtlings nachzugehen und gegebenenfalls über das Auswärtige Amt zu klären, ob der Ausstellerstaat den Reiseausweis nach Satz 1 oder Satz 2 von Art. 28 Abs. 1 GFK ausgestellt hat.

E. Vermutungsregel des Abs. 3

16 Die mit altem Recht identische Vermutungsregel des Abs. 3 Satz 1 ist vom BVerwG hinreichend konkretisiert worden: Mit der *Vermutungsregel* wird davon ausgegangen, dass eine Frist von drei Monaten für eine Orientierung des Verfolgten nach dem Verlassen seines Heimatstaates *grundsätzlich* ausreicht. Ein *längerer als dreimonatiger Aufenthalt* in einem Drittstaat stellt daher nicht nur die *Vermutungsbasis* für eine erreichte Sicherheit vor der Verfolgungsgefahr im Herkunftsland dar. Ferner ist davon auszugehen, dass bei einem Aufenthalt des Verfolgten im Drittstaat von mehr als drei Monaten im Wege der Vermutung grundsätzlich auch davon auszugehen sein wird, dass die Flucht des Verfolgten – allein durch Zeitablauf – ihr Ende gefunden hat (BVerwGE 79, 347, 353f.) = EZAR 205 Nr. 9 = InfAuslR 1988, 297 = NVwZ 1988, 1136; dagegen *Bethäuser,* NVwZ 1989, 728, 729). Obwohl damit nur die Verfolgungssicherheit angesprochen wird, wird hieraus für die Frage der Fluchtbeendigung ebenfalls auf eine dem Flüchtling grundsätzlich zustehende Überlegungszeit hinsichtlich seines weiteren Weges in die Freiheit geschlossen, und zwar ohne Rücksicht darauf, ob eine Weiterreise von vornherein geplant war (BVerwGE 84, 115, 119 = EZAR 205 Nr. 12 = InfAuslR 1990, 93). Hieraus wird zwar umgekehrt nicht gefolgert, dass bei Aufenthalten von weniger als dreimonatiger Dauer eine Vermutung für das Fehlen einer Fluchtbeendigung spreche, wohl aber wird daraus geschlossen, dass in diesen Fällen zur Beurteilung der Frage, ob eine Flucht beendet ist, der bloße Zeitablauf für sich allein nicht entscheidend ist. Bei Aufenthalten von weniger als drei Monaten ist vielmehr eine Beendigung der Flucht in gleichem Maße möglich wie das Gegenteil. Ob das eine oder das andere anzunehmen ist, hängt von den Umständen des Einzelfalles ab (BVerwGE 79, 347, 354 = EZAR 205 Nr. 9 = InfAuslR 1988, 297 = NVwZ 1988, 1136; Rdn. 11 f., 17).

17 In erster Linie kommt es auf das *objektive äußere Verhalten* an, das der Flüchtling während seines Zwischenaufenthalts im Drittstaat an den Tag gelegt hat. Bittet er bei den zuständigen Stellen des Drittstaats um Aufnahme oder meldet er sich in einem Flüchtlingslager, beendet er seine Flucht, und zwar auch dann, wenn er anschließend nur eine kurze Zeitspanne im Lande bleibt (BVerwGE 79, 347, 354 = EZAR 205 Nr. 9 = InfAuslR 1988, 297 = NVwZ 1988, 1136). Weiterhin führen regelmäßig *alle Verhaltensweisen* zu einer Fluchtbeendigung, die die Eingliederung in die im Drittstaat bestehenden Verhältnisse zum Gegenstand hätten. Nimmt der Flüchtling z.B. eine auf Dauer angelegte Arbeit

an, eröffnet er einen Laden oder mietet er eine nach Maßgabe der Verhältnisse im Drittstaat zum dauernden Verbleib geeignete Wohnung an, ist seine Flucht in aller Regel auch dann beendet, wenn dies nach seinen Vorstellungen nur vorläufigen Charakter haben sollte. Auch kann je nach den Umständen des Einzelfalles die Annahme einer Fluchtbeendigung dann nahe liegen, wenn sich der Flüchtling, dessen Weiterreise sonst nichts entgegensteht, in einem Drittstaat mit gut ausgebautem und funktionsfähigem Verkehrssystem länger aufhält, als dies unter Berücksichtigung seiner Fremdheit im Lande zur Information über bestehende Verkehrsverbindungen notwendig ist (BVerwGE 79, 347, 354 = EZAR 205 Nr. 9 = InfAuslR 1988, 297 = NVwZ 1988, 113). Nach außen hervortretende subjektive Vorbehalte sowie der bloße innere Wille des Flüchtlings, gerade in der Bundesrepublik um Schutz zu suchen, belassen ihn nicht im Zustand der Flucht, sofern vom äußeren Erscheinungsbild nach nicht mehr von einer solchen gesprochen werden kann. Eine derartig objektive Betrachtungsweise lässt es andererseits aber nicht zu, ihn gleichsam an seinen zu Beginn der Flucht vorhandenen Vorstellungen über deren Abschluss festzuhalten, weil er nach seinem eigenen erklärten Willen zunächst nichts anderes vor Augen gehabt hat als das nächstliegende Nachbarland. Stattdessen kommt es darauf an, wie sich das Erscheinungsbild der Flucht nach ihrem gesamten Ablauf darstellt (BVerwGE 84, 115, 119 = InfAuslR 1990, 168; BVerwG, EZAR 205 Nr. 12 = InfAuslR 1990, 93). Aus diesem Ansatz folgt, dass in den Fällen, in denen die Absicht des Flüchtlings ursprünglich dahin geht, nicht über das Drittland hinaus weiter in die Bundesrepublik zu fliehen, nicht gleichsam abschließend und unabänderlich allein der bei Antritt der Flucht vorhandene Wille maßgeblich sein kann. Eine ursprünglich in der Absicht, in das Nachbarland und nicht weiter zu fliehen, geplante und angetretene Flucht endet bei richtigem Verständnis der subjektiven Vorstellungen des Flüchtlings nicht mit dem Grenzübertritt zum Nachbarland, wenn er seine Vorstellungen bis zur Ankunft im Nachbarland wieder ändert oder sich erst dort entschließt, seine Flucht fortzusetzen, bevor sein Aufenthalt durch Zeitablauf oder auf Eingliederung gerichtetes Verhalten stationären Charakter annimmt (BVerwGE 84, 115, 120 = EZAR 205 Nr. 9 = InfAuslR 1988, 297 = NVwZ 1988, 1136; a.A. VGH BW, Urt. v. 07.08.1988 – A 13 S 1288/88).

18 Hatte der Aufenthalt im Drittstaat keinen stationären Charakter, wird die Annahme eines Fluchtzusammenhangs nicht dadurch gehindert, dass der Entschluss zur Weiterreise erst nach Ankunft im Drittstaat gefasst wurde. Vor allem unter dem Eindruck eines akuten Verfolgungsdrucks wird der Fliehende in der Eile und den Wirren der Flucht häufig kein anderes Ziel haben als das Nachbarland und erst nach der Ankunft dort Überlegungen über seinen weiteren Verbleib anstellen. Folglich ist auch erst der nunmehr im sicheren Ausland gefasste Wille zum endgültigen Verbleib oder zur Weiterreise – wie er objektiv in der Verhaltensweise des Flüchtlings zum Ausdruck kommt – maßgebend (BVerwGE 84, 115, 120 = EZAR 205 Nr. 9 = InfAuslR 1988, 297 = NVwZ 1988, 1136). Im Blick auf einen nicht von der Vermutungsregel des Abs. 3 erfassten Zwischenaufenthalt von nicht mehr als drei Monaten sind damit eine Reihe von objektiven Kriterien entscheidend, nach Maßgabe deren vom äußeren Erscheinungsbild her auf eine Fluchtbeendigung geschlossen werden kann. Für die subjektive Flüchtlingssituation ist dabei entscheidend, dass dem Flüchtling – nach

einem objektivierten Maßstab – Zeit zur Planung der Weiterreise gelassen wird. Häufig bereitet die Ermittlung der genauen Tatumstände Probleme, sodass regelmäßig der Asylausschluss nach Abs. 1 erst bei einem mehr als dreimonatigen Zwischenaufenthalt im Drittstaat eingreift. Andererseits hat das BVerwG ausdrücklich an seiner früheren Rechtsprechung (BVerwG, Buchholz 402.22 Art. 1 GK Nr. 7) festgehalten, dass »eine Flucht nicht nach den Maßstäben eines normalen Reisenden beurteilt werden« kann (BVerwGE 79, 347, 355f.) = EZAR 205 Nr. 9 = InfAuslR 1988, 297 = NVwZ 1988, 1136; BVerwG, InfAuslR 1989, 175). Es sei deshalb zu eng, ausschließlich Aufenthalte auf einem Bahnhof, Flugplatz, einer Busstation oder Herberge am Straßenrand zur Übernachtung oder zum Warten auf die nächste Fahrgelegenheit als unschädliche Zwischenaufenthalte anzusehen. Der Flüchtling, der einen zwangsläufig entstehenden Aufenthalt im Drittstaat lediglich dazu benutzt, diese Hindernisse zu beseitigen, beendet seine Flucht nicht, sondern setzt sie nach dem Wegfall des Hindernisses fort. Zu diesen Hindernissen gehören insbesondere auch das *Fehlen der erforderlichen Ausweis- und Reisedokumente* sowie die Schwierigkeiten bei der Beschaffung der für eine Weiterreise erforderlichen Geldmittel (BVerwGE 79, 347, 355 = EZAR 205 Nr. 9 = InfAuslR 1988, 297 = NVwZ 1988, 1136). Ihr Ende findet die Flucht dann, wenn der Flüchtende nach Erreichen des Drittstaates *die Flucht dort als beendet ansieht* und – nunmehr des Verfolgungsdrucks ledig – den (endgültigen) Entschluss fasst und zu verwirklichen sucht, im Drittstaat zu bleiben. In diesem Fall kommen der – nach außen manifestierten – subjektiven Vorstellung und dem Bemühen um ihre Verwirklichung maßgebliche Bedeutung zu (BVerwGE 84, 115, 119 = EZAR 205 Nr. 12 = InfAuslR 1990, 93 = NVwZ 1990, 572). Werden die dabei gehegten Erwartungen des Flüchtlings später enttäuscht und entschließt er sich erst daraufhin zur Weiterreise, steht dies in aller Regel seiner Asylanerkennung entgegen. Wer sich selbst nicht mehr als auf der Flucht befindlich ansieht, ist es auch objektiv nicht mehr (BVerwGE 84, 115, 119f.) = EZAR 205 Nr. 9 = InfAuslR 1988, 297 = NVwZ 1988, 1136).

Dem Gesetzgeber bleibt es unbenommen, eine Vermutungsregel aufzustellen, wenn 19
ein Sachverhalt typischerweise den Schluss zulässt, dass der als vermutet bezeichnete Tatbestand eingetreten ist. Dies trifft für die Annahme des Gesetzgebers zu, dass eine Frist von einem Vierteljahr in aller Regel ausreicht, um sich nach dem Überschreiten der Grenzen des Verfolgerstaates über die im Drittstaat herrschenden Verhältnisse zu orientieren und sich über die weiter zu fassenden Entschlüsse klar zu werden (BVerwGE 84, 115, 121 = EZAR 205 Nr. 12 = InfAuslR 1990, 93 = NVwZ 1990, 572). Abs. 3 Satz 2 enthält jedoch ebenso wie § 2 Abs. 2 Satz 2 AsylG 1982 eine *Widerlegungsregelung*. Es wäre mit dem verfassungsrechtlich verbürgten Asylanspruch unvereinbar, wenn die Vermutung als unwiderleglich angesehen würde. Das gilt für den Fall, in dem der Flüchtling durch Umstände an einer verantwortlichen Entscheidung über seinen endgültigen Verbleib gehindert gewesen war, wie auch dann, wenn es ihm nicht möglich gewesen war, den Entschluss zur Weiterreise innerhalb der Frist von drei Monaten in die Tat umzusetzen. In beiden Fällen muss sich der Flüchtling grundsätzlich auf die Unmöglichkeit oder Unzumutbarkeit einer früheren Entscheidung oder Reisemöglichkeit innerhalb der Dreimonatsfrist berufen können (BVerwGE 84, 115, 121f. = EZAR 205 Nr. 12 = InfAuslR 1990, 93 = NVwZ 1990, 572). Die

Vermutungswirkung des Abs. 3 Satz 1 zielt nicht nur auf die Frage der Fluchtbeendigung, sondern insbesondere auf die Verfolgungssicherheit im Drittstaat.

F. Darlegungs- und Beweislast

20 Die Darlegungslast bezieht sich auf die Verfolgungssicherheit im Drittstaat. Die Tatsachengerichte haben ebenso wie bei der Prüfung der Verfolgungsbehauptungen auf den Zeitpunkt ihrer Entscheidung über den Asylantrag abzustellen (BVerfG [Kammer], EZAR 205 Nr. 16 = InfAuslR 1992, 226, 229; BVerwGE 75, 181, 183 f.); 77, 150, 153 f.); 78, 332, 341f.; *Ott*, in: GK-AsylG II, § 27 Rn. 126; a.A. Hess.VGH, Beschl. v. 15.03.1987 – X OE 418/82; VGH BW, EZAR 205 Nr. 7: Zeitpunkt des Eintreffens im Drittstaat maßgebend; krit. auch *Bethäuser*, ZAR 1992, 127; s. auch § 77 Abs. 1), und zwar sowohl im Hinblick auf die im Drittstaat *fortbestehende* Verfolgungssicherheit wie auch auf die dort vorhandene Existenzgrundlage (BVerfG [Kammer], EZAR 205 Nr. 16 = InfAuslR 1992, 226). Erforderlich ist eine in die Zukunft gerichtete Beurteilung, ob während der mutmaßlichen Dauer der Verfolgungsgefahr im Herkunftsland die Verfolgungssicherheit im Drittstaat gegeben war oder sein würde. Nur dann, wenn die Verfolgungssicherheit im Drittstaat ohne die Ausreise des Flüchtlings dort fortbestanden haben würde, greift der Asylausschluss ein (BVerfG [Kammer], EZAR 205 Nr. 16 = InfAuslR 1992, 226). Bei der Verfolgungssicherheit im Drittstaat handelt es sich nicht um ein lediglich in der Vergangenheit abgeschlossenes, sondern auch um ein in die Gegenwart und sogar in die Zukunft hineinwirkendes Ereignis (BVerwGE 75, 181, 183f.) = EZAR 205 Nr. 4 = InfAuslR 1987, 126 = NVwZ 1987, 423). Für die Anwendung von § 27 ist Voraussetzung, dass die Flucht im Drittstaat beendet worden war. Dies kann jedoch im Zeitpunkt des Eintreffens des Flüchtlings im Drittstaat noch gar nicht, sondern nur rückschauend beurteilt werden. Ferner hat die Prognose auch die im Entscheidungszeitpunkt fortdauernde Verfolgungssicherheit im Drittstaat mit zu berücksichtigen (BVerfG [Kammer], EZAR 205 Nr. 16 = InfAuslR 1992, 226; *Ott*, in: GK-AsylG II, § 27 Rn. 128). Dies gilt auch für die dortigen Lebensumstände (*Ott*, in: GK-AsylG II, § 27 Rn. 127). Mt Blick auf die positiven wie auch die negativen Voraussetzungen der Asylanerkennung ist damit ein einheitlicher Beurteilungszeitpunkt zugrunde zu legen. Es werden also alle Verfolgten vom Schutzbereich des Asylrechts ausgeschlossen, die in diesem Zeitpunkt Verfolgungssicherheit haben. Ausgeschlossen werden damit auch diejenigen, die erst *nach* der Asylantragstellung im Bundesgebiet Sicherheit vor Verfolgung durch einen anderen Staat erlangt hätten (BVerwG, NVwZ 1989, 673; BayVGH, BayVBl. 1997, 52; kritisch *Müller*, NVwZ 1997, 1084). Der Ausschluss aus dem Kreis der Asylberechtigten folge unmittelbar aus der Grundrechtsnorm, weil diese Schutzlosigkeit vor drohender Verfolgung voraussetzt (BVerwG, NVwZ 1989, 673).

21 Das BVerwG verlangt, dass der Asylsuchende in gleicher Weise wie hinsichtlich seiner die geltend gemachte Verfolgung betreffenden persönlichen Erlebnisse auch in Bezug auf die Umstände seines Aufenthalts im Drittstaat gehalten ist, einen in sich stimmigen Sachvortrag zu geben, der frei von Unklarheiten und Ungereimtheiten ist (BVerwGE 79, 347, 356 = EZAR 205 Nr. 9 = InfAuslR 1988, 297 = NVwZ 1988, 1136). Ein Vorbringen dürfe als unglaubhaft beurteilt werden, wenn es nicht überzeugend

aufgelöste Widersprüche enthalte. Weiterhin könne im Rahmen der Würdigung aller Umstände auch berücksichtigt werden, ob der Asylsuchende Dokumente vernichtet habe, die Aufschluss über die Dauer und den Grund seines Aufenthaltes im Drittstaat geben könnten (BVerwGE 79, 347, 356). Der Umstand, dass der Reisebegleiter die Reisedokumente einbehalten habe, rechtfertigte jedoch nicht die Anwendung dieser Regel. Denn in diesem Fall könne nicht davon gesprochen werden, dass der Asylsuchende schuldhaft die Aufklärung des Sachverhaltes erschwert hätte (BVerwG, InfAuslR 1990, 97; BVerwG, InfAuslR 1990, 168). Könne das Tatsachengericht die erforderliche Überzeugungsgewissheit von der Richtigkeit des Vortrags über den Aufenthalt des Asylsuchenden im Drittstaat nicht erlangen, bliebe dieser daher nach Dauer und Charakter ungeklärt, gehe dies zulasten des Antragstellers, weil seine Anerkennung voraussetze, dass er im Zustand der Flucht in das Bundesgebiet einreise. Dafür trage er die *materielle Beweislast* ebenso wie für die guten Gründe für die Verfolgungsfurcht (BVerwGE 79, 347, 356 = EZAR 205 Nr. 9 = InfAuslR 1988, 297 = NVwZ 1988, 1136; BVerwG, EZAR 202 Nr. 14; BVerwG, InfAuslR 1990, 206, 208; *Hailbronner,* AuslR B 2 § 27 AsylG Rn. 21; *Ott,* in: GK-AsylG II, § 27 Rn. 134; a.A. VGH BW, ESVGH 38, 35; VGH BW, InfAuslR 1988, 199: behördliche Beweislast für das Vorliegen des Ausnahmetatbestand des § 2 Abs. 1 AsylG 1982).

Mit Blick auf die Vermutung des Abs. 3 Satz 1 trifft den Antragsteller eine *besondere Darlegungslast.* Er hat nach den üblichen Grundsätzen die besonderen Umstände und Tatsachen konkret und erschöpfend darzulegen, die in seinem Fall dafür sprechen, dass trotz des über drei Monate dauernden Aufenthalts im Drittstaat dort seine Flucht wegen Unmöglichkeit oder Unzumutbarkeit der Weiterreise noch nicht beendet war. Abs. 3 Satz 2 stellt nur auf das Fehlen der Verfolgungssicherheit ab. Das BVerwG will jedoch auch mit Blick auf die Widerlegungsregelung seine Rechtsprechung zur Fluchtbeendigung angewandt wissen. Man wird diese offene Frage im Bereich der *Beweislastverteilung* lösen können: Beruft sich der Flüchtling auf eine im objektiv sicheren Drittstaat trotz eines länger als drei Monate dauernden Aufenthalts noch andauernde Flucht, trägt er die *Beweislast* für die Unerweislichkeit der behaupteten Tatsache. Dies folgt aus der gegen ihn sprechenden Vermutungsregelung des Abs. 3 Satz 1. Abs. 3 Satz 2 hat daneben den Fall vor Augen, dass der Drittstaat für den Flüchtling nach objektiven Grundsätzen nicht sicher ist. Hier trifft ihn zwar wegen seines über drei Monate dauernden Zwischenaufenthaltes eine besondere Darlegungslast. Er hat aber lediglich schlüssig darzulegen, dass ihm mit hinreichender Sicherheit im Drittstaat die Gefahr der Verletzung des Refoulementverbots drohte. 22

G. Nachfluchtgründe

Die durch freiwillige Ausreise entstehende Rechtsfolge der Asylversagung findet nicht nur dann Anwendung, wenn der Antragsteller sich auf Gründe beruft, die vor der Einreise in den Drittstaat entstanden sind (*Vorfluchtgründe*), sondern grundsätzlich auch für die in der Bundesrepublik *hinzukommenden* Gründe *(Nachfluchtgründe).* In welchem Umfang die Berufung auf diese Nachfluchtgründe ausscheidet, hat das BVerwG nicht abschließend entschieden. Jedenfalls gelten nach seiner Ansicht die genannten Grundsätze dann, wenn zwischen Vor- und Nachfluchtgründen eine so enge 23

Verknüpfung besteht, dass insgesamt von einem *einheitlichen Verfolgungsgrund* auszugehen ist (BVerwGE 77, 145, 154 = EZAR 205 Nr. 5 = NVwZ 1988, 812 = InfAuslR 1987, 223; BVerwGE 78, 332, 341f.) = NVwZ 1988, 737 = InfAuslR 1988, 120). Würden sich die Vor- und Nachfluchtgründe in ihrem Wesen nicht voneinander unterscheiden, sei die Feststellung gerechtfertigt, dass der Flüchtling wegen eben dieses Verfolgungstatbestands im Drittstaat sicher gewesen sei, sodass er im Hinblick auf die freiwillige Aufgabe dieses Schutzes nicht als Asylberechtigter anerkannt werden könne. Der einheitliche Verfolgungsgrund könne nicht gleichsam in verschiedene zeitliche Abschnitte aufgeteilt und für den Abschnitt nach Verlassen des Zufluchtlandes die Frage des anderweitigen Verfolgungsschutzes völlig neu und losgelöst von dem freiwillig aufgegebenen Schutz gestellt werden (BVerwGE 77, 145, 154f.) = EZAR 205 Nr. 5 = NVwZ 1988, 812 = InfAuslR 1987, 223).

24 Am einheitlichen Verfolgungsgrund fehlt es jedoch, wenn der Asylsuchende unverfolgt über einen sonstigen Drittstaat in das Bundesgebiet einreist und aufgrund von exilpolitischen Aktivitäten oder von anderen Nachfluchttatbeständen eine Verfolgungsgefahr begründet wird (BVerwG, EZAR 2 Nr. 15 = InfAuslR 1991, 310 = NVwZ 1992, 274; VGH BW, InfAuslR 1988, 199; Hess.VGH, Urt. v. 02.02.1989 – 13 UE 1942/84; *Hailbronner,* AuslR B 2 § 27 AsylG Rn. 27; unklar *Ott*, in: GK-AsylG II, § 27 Rn. 110). Die freiwillige Ausreise aus dem Drittstaat steht in diesen Fällen der Asylanerkennung nicht entgegen, vorausgesetzt, der Nachfluchtgrund ist asylbeachtlich. So liegt z.B. dann ein objektiver Nachfluchtgrund vor, wenn der Vater der Asylsuchenden im Bundesgebiet aufgrund exilpolitischer Betätigung eine Verfolgungsgefahr auch für seine Kinder verursacht (OVG NW, Urt. v. 02.04.1987 – 20 A 10099/86). Mag man dem Vater den Einwand der Unbeachtlichkeit entgegenhalten, für die Kinder ist die Verfolgungsgefahr jedenfalls objektiver Natur (OVG NW, Urt. v. 02.04.1987 – 20 A 10099/86). Ebenso kann das Asylrecht nicht deshalb versagt werden, weil der Flüchtling durch sein Verhalten Verfolgungsrisiken außerhalb des Drittstaates herbeigeführt hat und deshalb nicht wieder in diesen Drittstaat einreisen kann (VGH BW, Beschl. v. 26.04.1991 – A 16 S 1071/90). Der Asylausschluss nach Abs. 1 bezieht nur diejenigen Verfolgungsgefahren ein, die während der andauernden Verfolgungssicherheit im Drittstaat tatsächlich bestanden. Entstehen nach freiwilliger Aufgabe der objektiven Verfolgungssicherheit nachträglich neue, erhebliche Gefahren, wird ihre Asylrelevanz nicht wegen einer früheren Verfolgungssicherheit im Drittstaat beseitigt (BVerwG, EZAR 205 Nr. 15).

§ 27a (weggefallen)

§ 28 Nachfluchttatbestände

(1) [1]Ein Ausländer wird in der Regel nicht als Asylberechtigter anerkannt, wenn die Gefahr politischer Verfolgung auf Umständen beruht, die er nach Verlassen seines Herkunftslandes aus eigenem Entschluss geschaffen hat, es sei denn, dieser Entschluss entspricht einer festen, bereits im Herkunftsland erkennbar betätigten Überzeugung. [2]S. 1 findet insbesondere keine Anwendung, wenn der Ausländer sich auf

Grund seines Alters und Entwicklungsstandes im Herkunftsland noch keine feste Überzeugung bilden konnte.

(1a) Die begründete Furcht vor Verfolgung im Sinne des § 3 Absatz 1 oder die tatsächliche Gefahr, einen ernsthaften Schaden im Sinne des § 4 Absatz 1 zu erleiden, kann auf Ereignissen beruhen, die eingetreten sind, nachdem der Ausländer das Herkunftsland verlassen hat, insbesondere auch auf einem Verhalten des Ausländers, das Ausdruck und Fortsetzung einer bereits im Herkunftsland bestehenden Überzeugung oder Ausrichtung ist.

(2) Stellt der Ausländer nach Rücknahme oder unanfechtbarer Ablehnung eines Asylantrags erneut einen Asylantrag und stützt diesen auf Umstände, die er nach Rücknahme oder unanfechtbarer Ablehnung seines früheren Antrags selbst geschaffen hat, kann in einem Folgeverfahren in der Regel die Flüchtlingseigenschaft nicht zuerkannt werden.

Übersicht Rdn.

A. Funktion der Vorschrift

1 Die Vorschrift regelt wie § 1a AsylG 1982 die Beachtlichkeit von Nachfluchtgründen. Abs. 1 trägt der Rechtsprechung des BVerfG (BVerfGE 74, 51 = EZAR 200 Nr. 18 = NVwZ 1987, 311 = InfAuslR 1987, 56; s. hierzu: BVerwGE 77, 258 = EZAR 200 Nr. 19 = NVwZ 1987, 228 = InfAuslR 1987, 228) Rechnung. Seit Inkrafttreten des Richtlinienumsetzungsgesetzes 2007 regelt Abs. 1 die Voraussetzungen, unter denen bei Berufung auf Nachfluchttatbestände *Asylrecht* gewährt wird, während Abs. 1a und

2 in Umsetzung von Art. 5 RL 2011/95/EU die Voraussetzungen regeln, unter denen die Geltendmachung von Nachfluchtgründen die Zuerkennung der *Flüchtlingseigenschaft* nach § 3 Abs. 4 Halbs. 1 oder des subsidiären Schutzes nach § 4 Abs. 4 Satz 1 gerechtfertigt ist. Die Erweiterung auf den subsidiären Schutzstatus in Abs. 1a erfolgte durch das Richtlinienumsetzungsgesetz 2013. Dies beruht darauf, dass Art. 5 auch auf die subsidiären Schutz anwendbar ist (Art. 2 Buchst. a) in Verb. mit Art. 4 ff.). Mit Wirkung zum 01.01.2005 wurde zunächst lediglich Art. 5 Abs. 3 RL 2004/83/EG in § 28 Abs. 2 AsylVfG a.F. umgesetzt. Gegen diese Norm bestehen Bedenken, ob sie mit Art. 5 Abs. 3 RL 2011/95/EU vereinbar ist (Rdn. 30 ff.). Grundlegend ist die vom BVerfG geprägte Differenzierung zwischen *objektiven* und *subjektiven Nachfluchttatbeständen*, die sowohl für den asylrechtlichen Schutz (Abs. 1) wie auch für den Flüchtlingsschutz (Abs. 1a) von Bedeutung ist. Nur im ersten Fall sind nach der Flucht ins Ausland dort entstandene Verfolgungstatbestände beachtlich. Im zweiten Fall führen derartige Verfolgungsgefahren nur unter den besonderen Voraussetzungen von Abs. 1 zur Asylanerkennung und nach Maßgabe von Abs. 1a und 2 zur Zuerkennung der Flüchtlingseigenschaft.

B. Asylrechtliche Nachfluchtgründe (Abs. 1)

I. Anwendungsbereich von Abs. 1 Satz 1 Halbs. 1

2 Abs. 1 Satz 1 Halbs. 1 bestimmt, dass der Antragsteller regelmäßig nicht als Asylberechtigter anerkannt wird, wenn die Verfolgungsgefahr auf Umständen beruht, die er erst nach dem Verlassen seines Herkunftsstaates geschaffen hat. Daher ist nach dem Wortlaut der Vorschrift zwischen Verfolgungsgründen, die vor und nach der Ausreise entstanden sind, zu unterscheiden. Das Gesetz übernimmt die bereits seit Langem in der Rechtsprechung entwickelte Differenzierung zwischen *Vorfluchtgründen* und *Nachfluchtgründen*. Das BVerfG hat freilich ohne nähere Vertiefung dieser Frage als entscheidungserhebliche *Zeitgrenze für die Differenzierung* zwischen Vor- und Nachfluchtgründen den Zeitpunkt der *Einreise* in das Bundesgebiet bestimmt, sodass in Drittstaaten begründete Tatbestände noch dem Bereich der Vorfluchtgründe zuzuordnen wären. Danach kann nämlich politisch Verfolgter auch sein, wer erst *während seines Aufenthaltes in der Bundesrepublik* Verfolgungstatbestände durch eigenes Verhalten ausgelöst hat (BVerfGE 9, 174, 181 = DVBl 1959, 433 = JZ 1959, 283; BVerfG, NJW 1983, 1721; BVerfGE 74, 51, 56 f. = EZAR 200 Nr. 18 = NVwZ 1987, 311 = InfAuslR 1987, 56). Zugleich wird ein *kausaler Zusammenhang* zwischen *Verfolgung* und *Flucht* hergestellt, da das Asylrecht von seinem Ansatz her darauf gerichtet sei, dem vor politischer Verfolgung *Flüchtenden* Zuflucht und Schutz zu gewähren (BVerfGE 74, 51, 57 f., 64).

3 Das BVerwG *setzt für die Differenzierung* zwischen Vor- und Nachfluchtgründen hingegen wie nach Abs. 1a beim Tatbestand der *Ausreise* aus dem Herkunftsstaat an (BVerwG, EZAR 206 Nr. 5; so auch OVG Rh-Pf, Beschl. v. 21.11.1989 – 13 E 6/89; s. aber auch BVerwG, NVwZ 1992, 274). Das Element »Flucht« bzw. »Ausreise« bezeichne im System der asylrechtlichen Anspruchsvoraussetzungen dasjenige Verhalten, durch das der Asylsuchende *aus* der – zur politischen Verfolgung befähigenden – Gebietsgewalt

des Verfolgerstaates hinausgelange. Dieses Verhalten bestehe im Regelfall im *Überschreiten der territorialen Grenze des Verfolgerstaates*, da die räumliche Reichweite der Gebietsgewalt regelmäßig mit dem Staatsgebiet übereinstimme (BVerwG, EZAR 206 Nr. 5). Treffe das im Einzelfall aber deshalb nicht zu, weil der Verfolgerstaat auch auf Territorien *außerhalb seines Staatsgebietes* effektive Gebietsgewalt ausübe, gelange der Asylsuchende erst durch Ausreise – auch – aus dem besetzten Territorium aus der Gebietsgewalt des ihn verfolgenden Heimatstaates hinaus (BVerwG, EZAR 206 Nr. 5). Die Verfolgung weise noch den Charakter einer (Vor-) Verfolgung auf, wenn erst die Ausreise aus dem vom Heimatstaat beherrschten Drittstaat die »Flucht« bzw. »Ausreise« darstelle. Hier sei für die Ausreise die Verfolgung des Heimatstaats auf dem Territorium des Drittstaates ursächlich und reise der Betroffene, der sich dieser Verfolgung im Drittstaat entziehe, als Vorverfolgter aus (BVerwG, EZAR 206 Nr. 5). Danach ist grundsätzlich der *Zeitpunkt der Ausreise aus dem Verfolgerstaat* für die Unterscheidung in Vor- und Nachfluchtgründe maßgebend. Nur ausnahmsweise, wenn in dem Drittstaat, in dem der Flüchtling sich aufgehalten hat, der Herkunftsstaat *effektive Gebietsgewalt* (BVerwG, EZAR 206 Nr. 5) ausübt, ist der Zeitpunkt der Ausreise aus diesem maßgebend.

II. Beachtlichkeit objektiver Nachfluchttatbestände nach Abs. 1 Satz 1 Halbs. 1

Der Wortlaut von Abs. 1 Satz 1 Halbs. 1 differenziert im Hinblick auf nachträglich 4 entstandene Verfolgungsgefahren danach, ob sie auf Umständen beruhen, die der Antragsteller *»aus eigenem Entschluss geschaffen«* hat. Damit knüpft das Gesetz an die Rechtsprechung des BVerfG an und setzt die dogmatische Differenzierung zwischen objektiven und subjektiven Nachfluchttatbeständen voraus. Objektive Tatbestände führen ohne Einschränkung zum Genuss des Asylrechts. Das BVerfG versteht unter derartigen objektiven Nachfluchttatbeständen Vorgänge oder Ereignisse im Heimatland des Asylsuchenden, die dort *unabhängig* von seiner Person ausgelöst werden (BVerfGE 74, 51, 64 f. = EZAR 200 Nr. 18 = NVwZ 1987, 311 = InfAuslR 1987, 56; *Hailbronner*, AuslR B 2 § 28 AsylG Rn. 8 ff.; *Funke-Kaiser*, in: GK-AsylG II, § 28 Rn. 17 ff.). Deren Grundlage sei eine Änderung des politischen Systems im Herkunftsland oder der dortigen Strafgesetze in der Weise, dass nunmehr dem aus anderen Gründen im Gastland befindlichen Staatsangehörigen für den Fall seiner Rückkehr ins Heimatland Verfolgung drohe, z.B. wegen seiner früher dort gezeigten politischen Haltung oder wegen seiner Zugehörigkeit zu der nunmehr im Herkunftsstaat verfolgten Gruppe (BVerfGE 74, 51, 65 = EZAR 200 Nr. 18 = NVwZ 1987, 311 = InfAuslR 1987, 56).

Der Erlass die *religiöse Betätigung einschränkender Strafbestimmungen* nach der Aus- 5 reise des Asylsuchenden stelle daher einen objektiven Nachfluchttatbestand dar (BVerfGE 76, 143, 163 = EZAR 200 Nr. 20 = InfAuslR 1988, 87; s. auch BVerwG, EZAR 206 Nr. 4 = NVwZ-RR 1992, 274, Zugehörigkeit zur *Exilorganisation* ist bei Wandel des politischen Systems objektiver Nachfluchttatbestand; BVerwG, NVwZ 1992, 274, Nichtteilnahme an der Volkszählung und eine daran anknüpfende Verfolgung ist objektiver Nachfluchttatbestand). Bei diesen Tatbeständen fehlt es zwar am kausalen Zusammenhang zwischen Verfolgung und Flucht. Eine Flucht im eigentlichen Sinne liegt gar nicht vor. Jedoch läuft es Sinn und Zweck der Asylrechtsgewährleistung und auch ihrer humanitären Intention zuwider, in solchen Fällen die Asylanerkennung zu versagen. Die Verfolgungssituation ist ohne eigenes (neues) Zutun des Betroffenen entstanden. Es erscheint unzumutbar, ihn zunächst auf die Rückkehr in das Verfolgerland zu verweisen und ihm das Risiko aufzubürden, ob er der ihm widerfahrenden Verfolgung entfliehen und so die bislang nicht gegebene Flucht nachholen und damit die Asylanerkennung erreichen kann (BVerfGE 74, 51, 65 = EZAR 200 Nr. 18 = NVwZ 1987, 311 = InfAuslR 1987, 56).

6 Es ist nicht Voraussetzung objektiver Nachfluchttatbestände oder ihrer asylrechtlichen Erheblichkeit, dass sich das Verfolgung auslösende Geschehen im Heimatland verwirklicht. Auch Verhaltensweisen eines Dritten sowie Geschehnisse und Vorgänge im Zufluchtsland könnten asylrechtlich erhebliche objektive Nachfluchtgründe sein (BVerwGE 88, 92, 95 f. = EZAR 200 Nr. 8 = NVwZ 1992, 272; BVerwG, NVwZ 1993, 195). Der für die Frage der asylrechtlichen Erheblichkeit objektiver Nachfluchtgründe *schlechthin* bedeutsame Aspekt ist die *ratio legis* der Asylrechtsgewährleistung, nämlich die Unzumutbarkeit der Rückkehr, vorausgesetzt, die Verfolgungstatbestände werden ohne eigenes Zutun verwirklicht (BVerwGE 88, 92, 96 = EZAR 200 Nr. 8 = NVwZ 1992, 272). Ist dies aber die innere Rechtfertigung für die Erheblichkeit objektiver Tatbestände überhaupt, kann es nicht darauf ankommen, ob der objektive Tatbestand sich im Heimatstaat oder im Zufluchtsland verwirklicht hat. Der Hinweis auf Vorgänge oder Ereignisse im Herkunftsland ist deshalb nur *beispielhaft* zu verstehen (BVerwGE 88, 92, 96 = EZAR 200 Nr. 8 = NVwZ 1992, 272). Demgemäß stellt es einen erheblichen objektiven Nachfluchtgrund dar, wenn einem im Bundesgebiet wehrpflichtig gewordenen (iranischen) Asylsuchenden im Heimatstaat Bestrafung wegen *Wehrdienstentziehung* droht (VGH BW, AuAS 6/1992, S. 12; a.A. wohl OVG NW, Urt. v. 30.05.1990 – 16 A 10126/88). Das Betreiben des erfolgreichen Asylverfahrens eines Elternteils bedeutet für das Kind einen objektiven Nachfluchtgrund, wenn es zu dessen politischer Verfolgung führt. Der Elternteil, dessen Asylantrag die Verfolgung des Kindes ausgelöst hat, wird ungeachtet der ihm daraus erwachsenden Verfolgungsgefahr hingegen wegen Abs. 1 Satz 1 Halbs. 1 nicht als asylberechtigt anerkannt (BVerwGE 88, 92, 96 f. = EZAR 200 Nr. 8 = NVwZ 1992, 272). Er erlangt aber über § 26 Abs. 3 den abgeleiteten Status. Wird aufgrund praktizierter *Sippenhaft* in die Verfolgung des Handelnden einer seiner Angehörigen einbezogen, erlangt dieser die Asylanerkennung aufgrund der ihm drohenden Verfolgungsgefahr, die nicht auf von ihm selbst geschaffenen Nachfluchtgründen beruht (BVerwGE 88, 92, 96 f.; ebenso OVG NW, Beschl. v. 01.06.1988 – 16 B 20074/88; VGH BW, Urt. v. 19.03.1991 – A 16 S 114/90).

7 Die *Eheschließung* und Gestattung der christlichen Kindererziehung, die zeitlich nach dem Verlassen des Heimatlandes erfolgt, ist ein subjektiver Nachfluchtgrund, weil Heirat und Erziehung – wie sich von selbst versteht – stets subjektive Entscheidungen des Einzelnen aus eigenem, autonomen Entschluss sind (BVerwGE 90, 127, 129 f. = EZAR 206 Nr. 7; VGH BW, Beschl. v. 06.02.1990 – A 14 S 609/89; VG Kassel, InfAuslR 1996, 238). Derartige subjektive Nachfluchtgründe können aber beachtlich sein (BVerwGE 90, 127, 132 f.; a.A. VGH BW, Beschl. v. 06.02.1990 – A 14 Satz 609/89; Rdn. 9). Nimmt der Heimatstaat die Eheschließung einer Asylsuchenden

mit einem verfolgten und exilpolitisch aktiven Regimegegner, dessen Aktivitäten selbst asylrechtlich unerheblich sind, zum Anlass, diese unter dem Gesichtspunkt der Sippenhaft in die gegen den Ehegatten gerichtete Verfolgung mit einzubeziehen, handelt es sich für die Asylsuchende nicht um einen selbstgeschaffenen, sondern um einen objektiven Nachfluchtgrund (BVerwG, NVwZ 1992, 195 = InfAuslR 1991, 310; a.A. OVG Lüneburg, EZAR 206 Nr. 2) Ehegatten bilden keine asylrechtliche Einheit. Vielmehr ist für jeden Ehegatten jeweils individuell und ohne Berücksichtigung des Antrags des anderen die Frage der Asylberechtigung zu prüfen. Ergibt diese Prüfung, dass der eine Ehegatte infolge des im Bundesgebiet gezeigten Verhaltens des anderen Ehegatten in die Gefahr politischer Verfolgung gerät, kann diese nicht deshalb unberücksichtigt bleiben, weil das Verhalten des anderen Ehegatten dessen Asylanerkennung nicht rechtfertigt (BVerwG, NVwZ 1992, 195).

III. Subjektive Nachfluchtgründe (Abs. 1 Satz 1)

1. Funktion subjektiver Nachtfluchtgründe

8 Funktion von Abs. 1 ist es, die Nachfluchtgründe zu beschreiben, die nicht die Asylberechtigung zur Folge haben können. Die Asylberechtigung kann nur in Betracht kommen, »wenn die selbstgeschaffenen Nachfluchttatbestände sich als *Ausdruck und Fortführung* einer schon während des Aufenthaltes im *Heimatstaat vorhandenen und erkennbar betätigten festen Überzeugung* darstellen, mithin als Konsequenz einer *dauernden*, die eigene Identität prägenden und *nach außen kundgegebenen Lebenshaltung* erscheinen« (BVerfGE 74, 51, 66 = EZAR 200 Nr. 18 = NVwZ 1987, 311 = InfAuslR 1987, 56). Abs. 1 Satz 1 Halbs. 2, Diese Kriterien stellen kein abschließendes System unbeachtlicher Asylgründe dar. Sie sind vielmehr als eine Leitlinie für die Rechtsanwendung zu verstehen. Daher werden erhebliche von unerheblichen subjektiven Nachfluchtgründen nach Maßgabe von Fallgruppen abgegrenzt. Abs. 1 Satz 1 stellt den *Grundsatz* der Unbeachtlichkeit von Nachfluchttatbeständen auf und lässt *Ausnahmen* von diesem zu. Nicht zur Asylberechtigung führen jene Verfolgungstatbestände, die der Antragsteller *nach* Verlassen seines Herkunftslandes *aus eigenem Entschluss* geschaffen hat (BVerfGE 74, 51 = EZAR 200 Nr. 18 = NVwZ 1987, 311 = InfAuslR 1987, 56). Dies führt zwar nicht notwendig dazu, derartige Tatbestände von vornherein und ausnahmslos auszuschließen. Ihre Anerkennung kann aber nur für *Ausnahmefälle* in Betracht kommen, an die ein *besonders strenger Maßstab* angelegt wird. Dies gilt in *materieller* Hinsicht wie für *Darlegungslast* und *Beweisanforderungen* (BVerfGE 74, 51, 65 f. = EZAR 200 Nr. 18 = NVwZ 1987, 311 = InfAuslR 1987, 56). Ratio legis des Ausschlussgrunds ist, die *risikolose Verfolgungsprovokation* auszuschließen. Das eigene Verhalten *in der Absicht*, gezielt die Verfolgungsgefahr zur Erzwingung des Aufenthaltsrechts hervorzurufen, ist maßgebender Grund für die Versagung des Asylrechts.

9 Andererseits werden in der Rechtsprechung aus dem Gesichtspunkt der Verfolgungsprovokation bei der Verfolgungsprognose Erwägungen zugelassen, die nach der Zumutbarkeit eines Verhaltens fragen, das geeignet sei, die Gefahr einer politischen Verfolgung im Herkunftsstaat zu verringern. Die Schutzgewährung sei allerdings gleichwohl unerlässlich, wenn es verlässliche Prognosen einer ernst zu nehmenden

politischen Verfolgungsgefahr gebe, weil dann auch für den »Provokateur« die Rückkehr in den Herkunftsstaat unzumutbar werde (OVG NW, NVwZ-Beil. 1998, 12). In dem Sinne *objektiv*, dass die Verfolgung vom Herkunftsstaat ausgehen muss, sind alle Nachfluchttatbestände, seien sie gewillkürt oder nicht. Das Asylrecht will lediglich jenen objektiv drohenden Verfolgungsgefahren die Anerkennung versagen, die aus eigenem Willensentschluss zwecks Erzielung eines sonst nicht erreichbaren Aufenthaltsrechtes vom Antragsteller selbst herbeigeführt werden. Damit kann die Abgrenzung auf eine *wertende Betrachtung* nicht verzichten. Die innere Rechtfertigung für den Ausschluss gewillkürter Tatbestände ist vielmehr eine Wertentscheidung, nämlich die *rechtliche Verwerfung* der *risikolosen Verfolgungsprovokation.* Es müssen deshalb die Motive und Absichten des Antragstellers, die dieser bei dem die Verfolgung auslösenden Verhalten gehegt hatte, ermittelt und bewertet werden. Sind – wie im Regelfall – mehrere Motive auszumachen, kommt es auf eine Abwägung unter ihnen sowie auf deren Gewichtung gegeneinander an. Ist das *dominierende* Motiv die Erzwingung des Aufenthaltsrechtes, scheidet eine Asylanerkennung aus. Sind legitime Absichten, wie etwa Eheschließung, religiöse Überzeugung und Kindererziehung Auslöser der objektiven Verfolgungsgefahr, ist diese aus rechtlicher Sicht ein *objektiver Nachtfluchtgrund* (Rdn. 7). Maßgebend ist, ob die Entstehung des Verdachts dem Asylsuchenden über die bloße Ursächlichkeit seines Verhaltens hinaus aufgrund einer wertenden Betrachtung zurechenbar ist (BVerwG, NVwZ 1996, 86, 88).

2. Verfolgung wegen der politischen Überzeugung

10 Anlass der Entwicklung der Rechtsprechung des BVerfG war die Verfolgung wegen der vom Herkunftsstaat unterstellten abweichenden politischen Gesinnung. Für diesen klassischen Verfolgungstypus sind hinreichend sichere und klare Abgrenzungskriterien herausgearbeitet worden. Ausgangspunkt ist die allgemeine – *nicht* notwendig *abschließende* – Leitlinie, die im Hinblick auf die verschiedenen Fallgruppen selbstgeschaffener Nachfluchttatbestände, insbesondere für die Fallgruppe *exilpolitischer Betätigung* und *Zugehörigkeit zu Emigrantenorganisationen* noch näher zu präzisieren ist, dass eine Asylberechtigung in aller Regel nur dann in Betracht gezogen werden kann, wenn die selbst geschaffenen Tatbestände sich *»als Ausdruck* und *Fortführung* einer schon während des Aufenthalts im Heimatstaat *vorhandenen* und *erkennbar betätigten festen Überzeugung* darstellen, mithin als *notwendige Konsequenz* einer *dauernden, die eigene Identität prägenden und nach außen kundgegebenen Lebenserhaltung* erscheinen« (BVerfGE 74, 51, 66 = EZAR 200 Nr. 18 = NVwZ 1987, 311 = InfAuslR 1987, 56; Rdn. 8). An diese Rechtsprechung knüpft Abs. 1 Satz 1 Halbs. 2 an. Dabei ist ein innerer Zusammenhang zwischen der politischen Betätigung vor und nach dem Verlassen des Heimatlandes nach Maßgabe der entwickelten Grundsätze erforderlich. Den Antragsteller trifft hierfür eine *Darlegungslast.* Er muss daher hinreichend dartun, dass sich seine exilpolitische Tätigkeit als Fortführung einer entsprechenden, schon während des Aufenthaltes im Heimatstaat vorhandenen und betätigten festen Überzeugung darstellt. Es reicht aus, dass dieser geforderte Zusammenhang sonst erkennbar ist (BVerfGE 74, 51, 66 = EZAR 200 Nr. 18 = NVwZ 1987, 311 = InfAuslR 1987, 56). Das BVerfG hat wiederholt hervorgehoben, dass für den Nachweis der erkennbaren

Betätigung der politischen Überzeugung im Herkunftsland nicht notwendig verlangt werden kann, dass sie den dortigen Behörden bekannt geworden sein oder – weiter gehend – bereits den Charakter von Vorfluchtgründen (Rdn. 12) aufweisen muss. Zur Glaubhaftmachung einer solchen Betätigung genügt zwar nicht jede Behauptung, vielmehr ist an die Darlegungslast und Beweisanforderungen ein strenger Maßstab anzulegen (BVerfG [Kammer], InfAuslR 1989, 31; BVerfG [Kammer], InfAuslR 1990, 197; BVerfG [Kammer], InfAuslR 1991, 177; BVerwG, NVwZ 1991, 790 = InfAuslR 1991, 209, in BVerwGE 87, 187 insoweit nicht abgedruckt; noch a.A. BVerwG, Buchholz 402.225 § 1 AsylG Nr. 110). Abzugrenzen hiervon ist indes das Erfordernis, dass die exilpolitische Betätigung den Heimatbehörden bekannt geworden sein muss (BVerwG, NVwZ 1991, 790).

Zwischen der politischen Betätigung vor und nach der Ausreise muss ein *zeitlicher Zusammenhang* bestehen, sodass fraglich ist, welche Wirkung Zeiträume *politischer Passivität* im Heimatland wie auch im Bundesgebiet auf die Beachtlichkeit der exilpolitischen Betätigung haben. Nimmt der Antragsteller erst nach einem langjährigen Aufenthalt *in der Bundesrepublik* seine politischen Aktivitäten erneut wieder auf, müssen sich selbst geschaffene Nachfluchtgründe notwendigerweise als Fortführung einer schon im Herkunftsland vorhandenen und betätigten festen Überzeugung darstellen (BVerfG [Kammer], InfAuslR 1992, 142 = EZAR 206 Nr. 2; so auch BVerwG, InfAuslR 1988, 255 = NVwZ 1988, 1036; BVerwG, EZAR 200 Nr. 22; BVerwG, InfAuslR 1990, 127). Dies gilt auch bei einer *bereits im Herkunftsland vorhandenen* dauerhaften politischen Passivität, namentlich dann, wenn sich ihr eine längere Zeit politischer Inaktivität auch noch nach der Einreise in das Bundesgebiet anschließt. Die Wirkung der Unbeachtlichkeit infolge einer derartigen Passivität wird auch nicht grundsätzlich dadurch beseitigt, dass der Antragsteller in seinem Herkunftsland unter dem Eindruck erlittener Verfolgung (hier: Folter) »geschwiegen« hat. Insoweit kommt es auf die *besonderen Umstände* des Einzelfalles an (BVerfG [Kammer], EZAR 206 Nr. 6). Andererseits lässt allein das Absehen von einer Fortsetzung der bisherigen politischen Betätigung während des weiteren Aufenthaltes im Anschluss an erlittene Folterungen noch nicht ohne Weiteres den Schluss auf das Fehlen einer dauernden, die eigene Identität prägenden Lebenshaltung zu (BVerfG [Kammer], EZAR 206 Nr. 6). Auch ist zu untersuchen, ob sich der Antragsteller während der Zeit politischer Inaktivität im Herkunfts- oder im Zufluchtsland aufgehalten hat (BVerfG [Kammer], EZAR 206 Nr. 6). Allenfalls ein langjähriger Aufenthalt im Herkunftsland nach erlittener Verfolgung mag eine Regelvermutung für die individuelle Entscheidung, sich aus dem politischen Leben herauszuhalten, rechtfertigen. Jedoch ist bei Inaktivitäten im Herkunftsland eine sorgfältige Ermittlung der besonderen Einzelfallumstände geboten. Der Zusammenhang exilpolitischer Aktivitäten mit früheren politischen Betätigungen im Herkunftsland löst sich hingegen auf, wenn der Antragsteller zunächst über mehrere Jahre im Bundesgebiet inaktiv war (BVerwG, InfAuslR 1988, 255 = NVwZ 1988, 1036; BVerwG, EZAR 200 Nr. 22, 9 Jahre Passivität; BVerwG, EZAR 630 Nr. 27, 20 Jahre Passivität). Zeiträume politischer Enthaltsamkeit entfalten jedoch weder in die eine noch in die andere Richtung Indizwirkung. Ein »langjähriger« unpolitischer Aufenthalt im Gaststaat kann vielmehr bereits bei einem sich lediglich 11 über vier Jahre erstreckenden unpolitischen Verhalten vorliegen, es sei denn, besondere, eine andere Beurteilung rechtfertigende Umstände liegen vor (BVerwG, Buchholz 402.25 § 1 AsylG Nr. 131). Eine zunächst verständliche Zurückhaltung wegen Fraktionierungen der exilpolitischen Gruppierungen, in denen der Antragsteller aktiv gewesen ist, erklärt nicht, dass der Betroffene erst nach vier Jahren ein neues passendes Betätigungsfeld für seine politische Überzeugung sucht und findet (BVerwG, Buchholz 402.25 § 1 AsylG Nr. 131).

12 Neben dem gebotenen zeitlichen Zusammenhang bereitet die Bewertung von *Art und Umfang früherer politischer Aktivitäten* im Herkunftsland sowie die Frage Probleme, inwieweit die exilpolitische Tätigkeit mit der früheren inhaltlich übereinstimmen muss. Auch ein politisches Engagement von *untergeordneter Bedeutung*, kann je nach der individuellen Lebenshaltung des Betroffenen, den Umständen der Herausbildung seiner politischen Überzeugung, der Dauerhaftigkeit oder sonstigen seine Identität prägenden Umständen, die Betätigung einer festen politischen Überzeugung sein (BVerfG [Kammer], InfAuslR 1989, 31; BVerfG [Kammer], InfAuslR 1990, 197; BVerfG [Kammer], InfAuslR 1992, 142). Erforderlich ist insbesondere nicht, dass die politische Betätigung bereits eine staatliche Reaktion hervorgerufen haben muss, die den Charakter von Vorfluchtgründen gehabt hat (BVerfG [Kammer], InfAuslR 1989, 31; BVerfG [Kammer], InfAuslR 1990, 127; BVerfG [Kammer], InfAuslR 1990, 197; BVerfG [Kammer], InfAuslR 1992, 142; Rdn. 10). Es kommt also nicht auf einen wegen der Tätigkeit im Herkunftsland bereits entstandenen mehr oder weniger großen Gefährdungsgrad, sondern allein darauf an, dass sich die exilpolitische Tätigkeit des Antragstellers als notwendige Konsequenz einer dauernden, die eigene Identität prägenden und nach außen betätigten Lebenshaltung erweist (BVerfG [Kammer], InfAuslR 1990, 127). Daher kann auch bereits die gelegentliche Teilnahme an Demonstrationen und das Verteilen von Flugblättern und Zeitschriften für eine bestimmte Oppositionsgruppe im Herkunftsland den Schluss auf eine gefestigte politische Überzeugung nahe legen (BVerfG [Kammer], InfAuslR 1989, 31). In der bloßen Übermittlung fremden politischen Gedankenguts (des Vaters) durch *Botengänge* der Tochter, ohne dass die Übermittlerin sich dieses zu eigen macht, wird hingegen keine die eigene Identität prägende Lebenshaltung erkannt (BVerwG, InfAuslR 1988, 22; BVerwG, Buchholz 402.25 § 1 AsylG Nr. 79). Gerade die bewusste Inkaufnahme einer hohen Gefährdung aufgrund der Kurierdienste für eine nahestehende Person kann jedoch dafür sprechen, dass die Botin die Gesinnung des Absenders teilt, auch wenn sie dies nicht ausdrücklich hervorhebt und daher mehr der private Aspekt im Vordergrund zu stehen scheint.

13 Auch das *kulturelle Engagement*, das die Eigenständigkeit der eigenen Volksgruppe zum Ausdruck bringen soll (BVerfG [Kammer], InfAuslR 1990, 197) kann das Kontinuitätserfordernis erfüllen. Das bloße Interesse an kurdischer Kultur und kurdischen Gegenwartsproblemen reicht hingegen noch nicht aus (BVerwG, EZAR 201 Nr. 1). Diese Fallgruppe von Nachfluchtgründen ist dadurch gekennzeichnet, dass normalerweise *unpolitische* Ausdrucksformen der Volkskultur wie Gesang und Tanz wegen der Unterdrückung einer Volksgruppe durch den Staat *objektiv* eine *politische Qualität* annehmen können (BVerfG [Kammer], NVwZ 1992, 559). In derartigen Fällen kann

schon die Beteiligung an derartigen kulturellen Aktivitäten im Herkunftsland als ein politisches Bekenntnis zur eigenen Volksgruppe erscheinen und auch gemeint sein. Die erforderliche Festigkeit der Überzeugung, die zu einer die eigene Identität prägende Lebenshaltung geführt har, kann daran zu erkennen sein, dass der Antragsteller eine solche zum politischen Bekenntnis gewordene kulturelle Aktivität fortsetzt, nachdem der Staat bereits in seinem Fall eingeschritten gewesen war (BVerfG [Kammer], NVwZ 1992, 559).

Schließlich ist fraglich, ob der *Inhalt der früheren politischen Betätigung* mit dem der exilpolitischen Aktivitäten übereinstimmen muss. Das BVerfG hat lediglich aus seiner Leitlinie der *Kontinuität* die Forderung dahin abgeleitet, dass diese in Bezug auf dasjenige Merkmal bestehen muss, an das in asylerheblicher Weise angeknüpft wird (BVerfG [Kammer], InfAuslR 1990, 197). Das BVerwG entwickelt aus dem Erfordernis der Kontinuität die Forderung nach einer *prinzipiellen Übereinstimmung* des Inhalts der früher betätigten mit der fortgeführten Überzeugung. Die vor dem Verlassen des Herkunftslandes gezeigte politische Überzeugung müsse der Sache nach dieselbe sein, die auch im Aufenthaltsstaat an den Tag gelegt werde (BVerwG, NVwZ 1988, 1036 = InfAuslR 1988, 254; BVerwG, InfAuslR 1988, 255 = NVwZ 1988, 1036). Eine derartige Übereinstimmung der Überzeugung wird nicht bereits dadurch begründet, dass die Exilorganisation, welcher der Asylsuchende angehört, diejenige Regierung bekämpft, die auch die Organisation verboten hat, in welcher der Betreffende früher Mitglied gewesen ist (BVerwG, InfAuslR 1988, 254). Die Tatsache, dass die Regierung des Herkunftslandes einerseits von der Exilorganisation, in der sich der Antragsteller nunmehr betätigt, als Gegner bekämpft wird, und dass sie andererseits der Unterdrücker der Organisation sei, welcher der Betreffende früher angehört habe, mag zwar eine *äußere Verbindung* zwischen beiden Organisationen begründen. Eine Kontinuität der politischen Überzeugung ist damit allein aber noch nicht dargetan (BVerwG, InfAuslR 1988, 254). 14

3. Fluchtanlass »latente Gefährdungslage«

Neben der Fallgruppe der Kontinuität der politischen Überzeugung hat die fachgerichtliche Rechtsprechung die Fallgruppe der Flucht aus einer »latenten Gefährdungslage« entwickelt. Ausgangspunkt ist die *humanitäre Intention*, die der Asylrechtsgewährleistung zugrunde liegt, wonach demjenigen Schutz und Aufnahme zu gewähren ist, der sich in einer für ihn *»ausweglosen Lage«* befindet (BVerfGE 74, 51, 64 = EZAR 200 Nr. 18 = NVwZ 1987, 311 = InfAuslR 1987, 56). Hieran anknüpfend sind Fallgruppen entwickelt worden, in denen aufgrund *illegaler Ausreise* aus dem Herkunftsland oder infolge der *Asylantragstellung* dort die Gefahr der politischen Verfolgung ausgelöst wird. Diese Fallgruppen beruhen nicht auf dem Erfordernis der Kontinuität der politischen Überzeugung. Vielmehr wird hiermit die »allgemeine, nicht notwendig abschließende Leitlinie« in der Rechtsprechung des BVerfG fortentwickelt (BVerwGE 80, 131, 133 f. = EZAR 200 Nr. 21 = NVwZ 1989, 264 = InfAuslR 1988, 337; Rdn. 8). Im Fehlen einer ausweglosen Lage bei Nachfluchtgründen, und zwar im Zeitpunkt ihres Entstehens, liegt der wesentliche Umstand, der die prinzipielle Unerheblichkeit selbstgeschaffener Nachfluchtgründe begründet. Demgegenüber kann 15 eine derartige Unerheblichkeit nicht auch für solche subjektiven Nachfluchtgründe angenommen werden, bei denen im Zeitpunkt ihres Bestehens eine ausweglose Lage für den Antragsteller gegeben war (BVerwGE 80, 131, 134 = EZAR 200 Nr. 21 = NVwZ 1989, 264 = InfAuslR 1988, 337). Ähnlich wie bei einem Vorfluchtgrund kann auch bei Entstehung des subjektiven Nachfluchtgrunds, der durch den Asylantrag ausgelöst wird, für den Asylsuchenden eine ausweglose Lage bestanden haben, der subjektive Nachfluchtgrund also Folge einer im Heimatstaat vorhandenen Gefährdungslage gewesen sein (BVerwGE 81, 170, 171 f. = EZAR 200 Nr. 23 = NVwZ 1989, 777 = InfAuslR 1989, 319). Eine solche Gefährdungslage wird angenommen, wenn ihm bei Stellung des – politische Verfolgung nach sich ziehenden – Asylantrags oder während dessen Anhängigkeit – zeitweise – in seinem Heimatstaat *aus anderen Gründen* die Gefahr politischer Verfolgung droht (BVerwGE 81, 170, 172). Auch die aufgrund des illegalen Verlassens des Heimatlandes drohende Bestrafung wegen *Republikflucht* wird nach diesen Grundsätzen behandelt: Wer heimlich und unerkannt sein Land illegal verlässt, flieht nicht vor einer ihm drohenden Bestrafung, sondern ruft sie durch seine Ausreise erst hervor (BVerwG, InfAuslR 1989, 169 = EZAR 201 Nr. 17). Die Bestrafung wegen illegalen Verbleibens im Ausland nach (erlaubter) Ausreise wie jene wegen illegaler Ausreise werden durch die Asylrechtsnorm nur erfasst, wenn sich der Antragsteller vor seiner Ausreise aus politischen Gründen in einer Gefährdungslage befunden hat, die zumindest latent im Sinne einer zwar noch nicht mit beachtlicher Wahrscheinlichkeit drohenden, nach den gesamten Umständen jedoch auf absehbare Zeit auch nicht auszuschließenden politischen Verfolgung bestanden haben muss (BVerwG, InfAuslR 1989, 169 = EZAR 201 Nr. 17).

16 Es ist nicht erforderlich, dass der Asylantrag Folge einer im Heimatstaat vor der Ausreise mit beachtlicher Wahrscheinlichkeit drohenden Verfolgungsgefahr ist (BVerwGE 81, 170, 172 = EZAR 200 Nr. 23 = NVwZ 1989, 777 = InfAuslR 1989, 319). In diesem Fall tritt die durch die Nachfluchtbetätigung hervorgerufene Verfolgungsgefahr lediglich zu einer schon vorher bestehenden Verfolgungsgefahr hinzu. Für die Asylberechtigung ist die durch die Nachfluchtbetätigung hervorgerufene Verfolgungsgefahr dann letztlich nur von Bedeutung, wenn die andere aus den Vorfluchtgründen herrührende Verfolgungsgefahr im Zeitpunkt der Entscheidung nicht mehr besteht oder wegen zwischenzeitlich erlangter, dann aber wieder aufgegebener Verfolgungssicherheit im Drittstaat eine Asylanerkennung ausscheidet (BVerwG, Buchholz 402.25 § 1 AsylG Nr. 110). Vielmehr können auch *unterhalb der Schwelle der Verfolgungsgefahr liegende Gefährdungslagen*, die für die Asylbeantragung maßgebend waren, ausreichend sein, um die Erheblichkeit von Verfolgungsmaßnahmen zu begründen, die erst durch die Asylantragstellung selbst ausgelöst worden seien (BVerwGE 81, 170, 172 = EZAR 200 Nr. 23 = NVwZ 1989, 777 = InfAuslR 1989, 319). Lediglich subjektive Befürchtungen des Asylsuchenden, von politischer Verfolgung bedroht werden zu können, oder eine in dieser Hinsicht bestehende *bloße Möglichkeit* reichen jedoch nicht aus (BVerwGE 81, 170, 172 f.; BVerwG, Buchholz 402.25 § 1 AsylG Nr. 110). Es muss vielmehr aufgrund *objektiver Umstände* zumindest eine latente Gefährdungslage bestanden haben (BVerwGE 81, 170, 172 f. = EZAR 200 Nr. 23 = NVwZ 1989, 777 =

InfAuslR 1989, 319). Der Begriff der latenten Gefährdungslage ist also von bloßen subjektiven Befürchtungen und bloßen objektiven Möglichkeiten abzugrenzen.

Dieser Begriff hat also vorrangig *prognoserechtliche Funktion*. Unter einer latenten Gefährdungslage wird eine Lage verstanden, in der dem Antragsteller vor seiner Ausreise im Herkunftsland politische Verfolgung zwar *noch nicht* mit beachtlicher Wahrscheinlichkeit drohten, nach den gesamten Umständen jedoch *auf absehbare Zeit* auch *nicht hinreichend sicher* auszuschließen war, weil *Anhaltspunkte* vorlagen, die ihren Eintritt als *nicht ganz entfernt* (BVerwGE 81, 170, 173 = EZAR 200 Nr. 23 = NVwZ 1989, 777 = InfAuslR 1989, 319) und damit als durchaus *»reale« Möglichkeit* erscheinen ließen (BVerwG, Buchholz 402.25 § 1 AsylG Nr. 110). Die latente Gefährdungslage entspricht damit im Wesentlichen einer Situation, in die zurückzukehren einem Vorverfolgten nicht angesonnen werden kann (BVerwGE 81, 170, 173 = EZAR 200 Nr. 23 = NVwZ 1989, 777 = InfAuslR 1989, 319; BVerwG, Buchholz 402.25 § 1 AsylG Nr. 110). Eine in dieser Weise gekennzeichnete latente Gefährdungslage kann z.B. vorliegen, wenn sich der Antragsteller in seinem Heimatstaat durch regimekritische Äußerungen verdächtig gemacht hat, eine von der herrschenden Staatsdoktrin abweichende politische Überzeugung zu besitzen, ist aber nicht auf diesen Fall beschränkt. Eine nicht ganz entfernt liegende politische Verfolgungsgefahr kann auch dann gegeben sein, wenn ein Antragsteller, der sich in seinem Heimatstaat nicht politisch betätigt hat, dort aber aus sonstigen Gründen z.B. wegen seiner Herkunft, Abstammung oder seiner Volkszugehörigkeit, das Misstrauen der Behörden hervorgerufen hat. Je nach den konkreten Umständen des einzelnen Falles lässt sich in einer solchen Situation ein *plötzliches Umschlagen* in konkrete politische Verfolgung *auch aus geringfügigem Anlass* nicht hinreichend sicher ausschließen (BVerwGE 81, 170, 173 f. = EZAR 200 Nr. 23 = NVwZ 1989, 777 = InfAuslR 1989, 319). So begründe z.B. die Enttarnung des Vaters des Antragsteller als eines geheimen Helfers einer verfolgten Oppositionsgruppe die nicht ganz entfernt liegende Möglichkeit einer dieser Enttarnung folgenden Bestrafung des Antragstellers selbst, wenn auch dieser für diese Gruppe tätig gewesen sei (BVerwG, Buchholz 402.25 § 1 AsylG Nr. 116). Löst die Asylantragstellung die Verfolgung aus, muss aber die Gefährdung bereits vor der Einreise in das Bundesgebiet bestanden haben (BVerwG, NVwZ 1993, 193). Haben sich hingegen erst während des Asylverfahrens die innenpolitischen Verhältnisse im Herkunftsland geändert, ist der Asylantrag hingegen wegen Eintritts eines objektiven Nachfluchtgrundes, beachtlich (BVerwG, NVwZ 1993, 193, unter Hinweis auf BVerwGE 80, 131). Wird in diesem Fall ein objektiver Nachfluchtgrund angenommen, bedarf es nicht mehr der Prüfung des subjektiven Nachfluchtgrundes. 17

IV. Ausnahmetatbestand (Abs. 1 Satz 2)

Nach Abs. 1 Satz 2 findet Abs. 1 Satz 1 *insbesondere* keine Anwendung, wenn der Antragsteller sich aufgrund seines Alters und Entwicklungsstandes im Herkunftsland noch keine feste Überzeugung bilden konnte. Erkennbar knüpft die Vorschrift an die bereits früher entwickelte Rechtsprechung an und nennt lediglich einen Ausnahmefall, in dem der Grundsatz der Unerheblichkeit subjektiver Nachfluchttatbestände gem. Abs. 1 Satz 1 wegen atypischer Prägung des Nachfluchtverhaltens keine 18

Anwendung findet. Dies wird durch den Begriff *»insbesondere«* zum Ausdruck gebracht. Abs. 1 Satz 2 will offensichtlich jene atypischen Nachfluchttatbestände erfassen, die begrifflich vom Regelfall nach Abs. 1 Satz 1 nicht eingeschlossen werden, weil das Moment der »risikolosen Verfolgungsprovokation« (BVerfGE 74, 51, 64 = NVwZ 1991, 790) fehlt. Derartige atypische Nachfluchttatbestände waren zuvor bereits in der Rechtsprechung herausgearbeitet worden. Es kann angenommen werden, dass der Gesetzgeber mit der Verwendung des Begriffs »insbesondere« an diese Rechtsprechung anknüpfen wollte. Im Blick auf die ausdrücklich bezeichnete Personengruppe sind Besonderheiten des festgestellten Sachverhalts und dabei auch Alter und Entwicklungsprozess des Antragstellers zu berücksichtigen und dementsprechend die Differenziertheit der bereits vor Verlassen des Herkunftslandes gehegten politischen Überzeugung und deren Kundgabe alters- und entwicklungsgemäß zu bewerten (BVerfG [Kammer], Beschl. v. 08.03.1989 – 2 BvR 1627/87). Ein Asylgrund oder auch nur ein ihm vergleichbarer Zwang zum Verlassen des Herkunftslandes muss für die Erheblichkeit von Nachfluchtgründen im Allgemeinen nicht vorgelegen haben. In dem Fall, in dem ein politisch Verfolgter nicht aus politischen Gründen außer Landes gegangen und wegen seines jugendlichen Alters zur Gewinnung und Bekundung einer politischen Überzeugung noch nicht fähig gewesen war, ist die *fehlende Kontinuität unerheblich* (BVerfG [Kammer], Beschl. v. 20.12.1989 – 2 BvR 749/89; so auch BVerwG, InfAuslR 1991, 209 = NVwZ 1991, 790; VGH BW NVwZ-RR 1991, 329 = EZAR 206 Nr. 1; BayVGH, EZAR 206 Nr. 3). Von Bedeutung ist, ob der Antragsteller sich die altersangemessene Verinnerlichung politischer Geschehnisse aufgrund seines Alters und Entwicklungsstandes zu eigen machen konnte (BVerfG [Kammer], NVwZ 1992, 559; BVerfG [Kammer], EZAR 200 Nr. 29). Hieran anknüpfend erklärt Abs. 1 Satz 2 ansonsten für unerheblich angesehene Nachfluchtgründe in dem Fall für beachtlich, in dem der Antragsteller aufgrund seines Alters und Entwicklungsstandes im Heimatstaat noch keine gefestigte politische Überzeugung haben konnte.

19 Die auf erwachsene, lebenserfahrene Asylsuchende zugeschnittene Kontinuitätsforderung kann deshalb nicht ohne Weiteres auf solche minderjährigen Asylbewerber übertragen werden, die im Zeitpunkt der Ausreise aus ihrem Heimatstaat zu jung gewesen waren, um von ihnen aufgrund ihres geringen Lebensalters die Innehabung einer festen und nach außen erkennbar betätigten Überzeugung erwarten zu können (BVerwG, InfAuslR 1991, 209 = NVwZ 1991, 790, in BVerwGE 87, 187 insoweit nicht abgedruckt). Wann alters- und entwicklungsbedingt die Herausbildung einer festen politischen Überzeugung vorausgesetzt werden kann, kann nicht allgemein, sondern nur unter Berücksichtigung der individuellen Umstände in der Person des jeweiligen Asylsuchenden beantwortet werden. Dabei muss die Situation vor seiner Ausreise in den Blick genommen und ermittelt werden, ob der früher alters- und entwicklungsbedingt noch nicht zur Bildung eines festen politischen Urteils fähige Antragsteller mit seinen exilpolitischen Aktivitäten für etwas eintritt, das in engem Zusammenhang mit seiner Stellung als Staatsbürger seines Herkunftslandes, seiner Herkunft oder besonderer, sein politisches Wertverständnis prägende Erlebnisse im Herkunftsland steht (BayVGH, EZAR 206 Nr. 3). Der Zusammenhang der exilpolitischen Aktivitäten mit seinem Herkunftsland folgt daraus, dass der Asylsuchende

nur deshalb exilpolitisch tätig wird, weil er diese Tätigkeit in seinem Heimatstaat ohne unzumutbare Verfolgung nicht durchführen konnte (BayVGH, EZAR 206 Nr. 3).

Ein erheblicher Ausnahmefall kann neben dem namentlich genannten gegeben sein, wenn der subjektive Nachfluchttatbestand einen Anknüpfungspunkt im Herkunftsland des Antragstellers aufweist, wie dies z.B. bei einer dort entfalteten politischen Betätigung oder vorhandenen latenten Gefährdungslage der Fall ist. Es kommt *nicht* auf die Fortführung einer bereits im Herkunftsland betätigten festen Überzeugung an, wenn der Antragsteller nie in seinem Heimatstaat gelebt hat oder für die Innehabung einer festen politischen Überzeugung zu jung gewesen war (BVerwGE 90, 127, 131 = EZAR 206 Nr. 7 = NVwZ 1992, 893 = InfAuslR 1992, 258). Dies bedeutet, dass ein nach dem Verlassen des Heimatstaates aufgrund eigenen Entschlusses gezeigtes Verhalten, das eine Verfolgung auslöst, unter *atypischen* Umständen – insoweit ähnlich wie bei objektiven Nachfluchttatbeständen – auch *ohne jede Anknüpfung* an eine frühere Gefährdungslage oder ein sonstiges Verhalten erheblich sein kann. Das ist der Fall, wenn die zur grundsätzlichen Unerheblichkeit subjektiver Nachfluchttatbestände aufgestellten Rechtssätze ihrem Grundgedanken nach auf den gegebenen Sachverhalt nicht passen und bei wertender Betrachtung die asylrechtliche Erheblichkeit des geltend gemachten subjektiven Nachfluchtgrundes nach dem Sinn und Zweck der Asylrechtsverbürgung nicht gefordert ist (BVerwGE 90, 127, 131 = EZAR 206 Nr. 7 = NVwZ 1992, 893 = InfAuslR 1992, 258). Anders ist hingegen der Fall zu beurteilen, in dem der Antragsteller nicht wegen seiner Eheschließung verfolgt, sondern aus Anlass der Eheschließung unter dem Gesichtspunkt der *Sippenhaft* der gegen den Ehegatten gerichtete Verfolgungsgrund auf den Asylsuchenden durchschlägt. Hier liegt ein objektiver Nachfluchttatbestand vor (BVerwG, NVwZ 1993, 195 = Buchholz 402.25 § 1 AsylG Nr. 151). 20

Abs. 1 Satz 2 erstreckt die Erheblichkeit subjektiver Nachfluchtgründe auf jene Verhaltensweisen, die typischerweise nicht von dem die Unerheblichkeit von Nachfluchtverhalten begründenden Zweck erfasst werden. Daher ist eine *wertende Betrachtung* der dem Nachfluchtverhalten zugrunde liegenden *Motive* erforderlich. Verfolgt der Asylsuchende legitime, grund- und menschenrechtlich geschützte Zwecke und ist auch nicht ersichtlich, dass er vom gesicherten Ort aus damit die Verfolgung provozieren will, liegen die Voraussetzungen des atypischen Ausnahmefalles nach Satz 2 vor. Wer aus religiöser Überzeugung seinen *Glauben wechselt* oder sonstige – Verfolgung auslösende – *religiöse Aktivitäten* entfaltet, erfüllt zwar die Voraussetzungen eines subjektiven Nachfluchtgrundes, damit zugleich aber auch die des atypischen Ausnahmetatbestandes nach Abs. 1 Satz 2. 21

C. Nachfluchtgründe nach Art. 5 Abs. 1 und 2 RL 2011/95/EU (Abs. 1a)

I. Funktion von Nachfluchtgründen im Rahmen des internationalen Schutzes

Der Gesetzgeber hat mit Abs. 1a und 2 Art. 5 RL 2011/95/EU umgesetzt. Abs. 1a setzt Art. 5 Abs. 1 und 2 um und regeln damit, unter welchen Voraussetzungen bei 22 der Berufung auf Nachfluchtgründe die Flüchtlingseigenschaft oder der subsidiäre Schutzstatus zuerkannt werden kann. Anders als bei Abs. 1, der das Kontinuitätserfordernis zur Voraussetzung für die Beachtlichkeit subjektiver Nachfluchtgründe macht (Rdn. 10 ff.), geht Abs. 1a davon aus, dass bei dessen Vorliegen die Zuerkennung des internationalen Schutzes erleichtert wird. Auch wenn das Kontinuitätskriterium nicht nachgewiesen werden kann, kann daher – ohne dass eine den Antragsteller beschwerende Regelvermutung wie bei Abs. 1 Anwendung findet – dieser Schutz gewährt werden. Auch die gesetzliche Begründung weist auf diesen verfahrensrechtlichen Gesichtspunkt besonders hin (BT-Drucks. 16/5065, S. 413). Abs. 2 setzt Art. 5 Abs. 3 RL 2011/95/EU um und regelt die Beachtlichkeit von Nachfluchtgründen, die im Folgeantragsverfahren vorgebracht werden. Der Gesetzgeber hatte zunächst mit § 51 Abs. 1 AuslG 1990 auf den Hinweis des BVerfG reagiert, wonach nicht übersehen werden dürfe, dass das verfassungsrechtliche Asylrecht nicht die einzige Rechtsgrundlage für einen Aufenthalts- oder jedenfalls Abschiebungsschutz zugunsten von Verfolgten sei. Insbesondere bestehe für den Antragsteller gegenüber der Abschiebung in einen Staat, von dem ihm Verfolgung drohe – oder einen Drittstaat, der ihn in einen solchen Staat möglicherweise ausliefere – Schutz nach Maßgabe von Art. 33 Abs. 1 GFK. Diese völkerrechtliche Rechtsbindung sei selbstverständlich auch in *allen* Fällen von Nachfluchttatbeständen, die der Asylrelevanz ermangelten, zu beachten (BVerfGE 74, 51, 66 f. = EZAR 200 Nr. 18 = NVwZ 1987, 311 = InfAuslR 1987, 56; BVerfG [Kammer], Beschl. v. 18.06.1993 – 2 BvR 1815/92). Daneben sind weitere Abschiebungsverbote (BVerfGE 74, 51, 67 = EZAR 200 Nr. 18 = NVwZ 1987, 311 = InfAuslR 1987, 56), etwa Art. 3 EMRK, Art. 3 Übereinkommen gegen Folter, Art. 7 IPbpR, zu beachten. Abs. 1a bezieht sich nicht nur auf den Flüchtlingsschutz, sondern wendet die durch das Kontinuitätsmerkmal begründete Privilegierung auch auf den subsidiären Schutzstatus an.

23 Nach Art. 5 Abs. 1 RL 2011/95/EU kann die begründete Verfolgungsfurcht auf Ereignissen beruhen, nachdem der Antragsteller das Herkunftsland verlassen hat. Dieser Wortlaut wird in Abs. 1a Halbs. 1 wiederholt. Nach der Begründung des Vorschlags der Kommission (Kommissionsentwurf v. 12.09.2001, BR-Drucks. 1017/01, S. 17) sollen damit »*Sur place*« – Flüchtlinge geschützt werden. In den betreffenden Fällen benötigten die Antragsteller einen solchen Schutz erst, wenn sie sich bereits im Hoheitsgebiet der Mitgliedstaaten aufhielten. Nach der GFK kommt es darauf an, dass der Flüchtling »sich *außerhalb des Landes* befindet«, dessen Staatsangehörigkeit er besitzt bzw. in welchem er als Staatenloser seinen gewöhnlichen Aufenthalt hatte (Art. 1 A Nr. 2 GFK). Die Konvention macht damit zwischen Flüchtlingen »*sur place*« und denen, die aufgrund akuten Verfolgungsdrucks die Grenze des Herkunftslandes überqueren, keinen Unterschied (ausf. *Marx*, Handbuch zum Flüchtlingsschutz, 2. Aufl., 2012, S. 334 ff.). Dies steht mit der generellen Regel in Übereinstimmung, dass die Konvention auf Personen zielt, die sich außerhalb des Territoriums des Herkunftslandes aufhalten und aus Gründen der Konvention nicht in dieses zurückkehren können (*Hathaway*, The Law of Refugee Status, 1991, S. 33). Unvereinbar mit diesem allgemeinen völkerrechtlichen Grundsatz ist die die Auslegung und Anwendung von Abs. 1 prägende Ansicht des BVerfG, das Völkerrecht präge der kausale

Zusammenhang zwischen drohender Verfolgung und Flucht (BVerfGE 74, 51, 65 = EZAR 200 Nr. 18 = NVwZ 1987, 311 = InfAuslR 1987, 56). Demgemäß übernimmt Art. 5 Abs. 2 RL 2011/95/EU auch nicht die in Abs. 1 geregelten Einschränkungen des deutschen Recht.

Nach dem Handbuch von UNHCR wird eine Person, die in dem Zeitpunkt, in dem sie das Herkunftsland verließ, kein Flüchtling war, die aber zu einem späteren Zeitpunkt Flüchtling wird, als Flüchtling *»sur place«* bezeichnet. Ein Flüchtling *»sur place«* wird mithin Flüchtling aufgrund von *Ereignissen*, die sich *während seiner Abwesenheit in seinem Herkunftsland* ereignen. So könnten Diplomaten und andere Personen, die in offizieller Funktion im Ausland tätig seien, Kriegsgefangene, Studenten, Arbeitsmigranten und andere Personen während ihres Auslandsaufenthaltes um die Anerkennung ihrer Flüchtlingseigenschaft nachsuchen und als Flüchtlinge anerkannt werden (*UNHCR*, Handbuch, Rn. 95). Grundlegend für diese Personengruppe ist die Unterscheidung nach dem Fluchtanlass. Eine Person kann aufgrund von objektiven Veränderungen im Herkunftsland zum Flüchtling *»sur place«* werden (Rdn. 4 ff.). Diese Personengruppe wird von Art. 5 Abs. 1 RL 2011/95/EU und damit von Abs. 1a Halbs. 1 erfasst. Sie kann aber auch aufgrund von eigenen Handlungen zum Flüchtling *»sur place«* werden, z.B. wenn sie sich mit Personen assoziiert, die als Flüchtlinge anerkannt sind, oder wenn sie im Aufnahmeland ihre politische Überzeugung zum Ausdruck bringt (*UNHCR*, Handbuch, Rn. 96). Auf diese Personengruppe sind die Regelungen in Art. 5 Abs. 2 und 3 RL 2011/95/EU gemünzt. Maßgeblich für die Begriffsbestimmung ist insoweit wie bei Abs. 1 grundsätzlich der Zeitpunkt der Ausreise aus dem Herkunftsland, unter besonderen Umständen auch die Ausreise aus einem Drittstaat (Rdn. 2 f.). 24

Nach Art. 5 Abs. 1 RL 2011/95/EU kann die begründete Furcht vor Verfolgung auf *Ereignissen* beruhen, die eingetreten sind, nachdem der Antragsteller das Herkunftsland verlassen hat. Diese Vorschrift und damit auch Abs. 1a Halbs. 1 ist auf *seit der Ausreise eingetretene relevante Veränderungen* im Herkunftsland gemünzt. Der Status wird in diesem Fall gewährt, wenn die Veränderungen Anlass für die begründete Furcht des Antragstellers davor sind, Verfolgungen zu erleiden (Kommissionsentwurf v. 12.09.2001, BR-Drucks. 1017/01, S. 17). Objektive Nachfluchtgründe nach Art. 5 Abs. 1 RL 2011/95/EU erfassen etwa Diplomaten und andere Personen, die in offizieller Funktion im Ausland tätig sind, Kriegsgefangene (*UNHCR*, Handbuch, Rn. 95; Rdn. 24) und generell Personen, die während ihres Auslandsaufenthaltes durch objektive Veränderungen der allgemeinen Verhältnisse in ihrem Herkunftsland überrascht werden und aufgrund dieser Veränderungen für ihre Person eine begründete Furcht vor Verfolgung aus Gründen der Konvention hegen. Objektive Nachfluchtgründe zielen auf die klassische Kategorie der Flüchtlinge *»sur place«*. In diesem Fall ist der Antragsteller aus Gründen im Ausland, die in keinem Zusammenhang mit der internationalen Schutzbedürftigkeit stehen. Im Zeitpunkt der Ausreise aus dem Herkunftsland mag die Vorstellung vorgeherrscht haben, eine Urlaubs- oder Geschäftsreise im Ausland zu unternehmen oder dort ein Studium zu beginnen und anschließend in das Herkunftsland zurückzukehren. Infolge nachträglicher Veränderungen im Herkunftsland kann die ursprüngliche Rückkehrabsicht jedoch nicht realisiert werden, weil diese eine begründete Furcht vor Verfolgung zur Folge haben (*Hathaway*, The Law of 25

Refugee Status, 1991, S. 34) Weil die Konvention und Art. 5 Abs. 1 RL 2011/95/EU Flüchtlinge, die wegen begründeter Verfolgungsfurcht die Grenzen der Herkunftslandes überqueren, mit diesen *»Sur place«* – Flüchtlingen gleichstellen, finden im Blick auf die Asylbegehren dieser Personengruppe keine besonderen verfahrensrechtlichen Grundsätze Anwendung. Mit diesen Grundsätzen steht die deutsche Rechtsprechung von Ansatzpunkt her in Übereinstimmung (Rdn. 4 ff.).

II. Subjektive Nachfluchtgründe (Abs. 1a Halbs. 2)

26 Nach Art. 5 Abs. 2 RL 2011/95/EU kann die begründete Furcht vor Verfolgung auf *Aktivitäten des Antragstellers seit Verlassen des Herkunftslandes* beruhen. Damit erkennt die Richtlinie in Übereinstimmung mit der internationalen Staatenpraxis und dem internationalen Standard subjektive *»Sur place« – Flüchtlinge* an. Nicht in Übereinstimmung hiermit stand die Formulierung in § 28 Abs. 1a Halbs. 2 AsylVfG a.F., die auf die objektive Bedrohung und nicht wie Art. 5 Abs. 2 RL 2011/95/EU an den subjektiv zu verstehenden Begriff der Verfolgungsfurcht anknüpfte. Das Richtlinienumsetzungsgesetz 2013 hat jedoch in Abs. 1a den objektiven Begriff der Bedrohung durch den Begriff der begründeten Furcht vor Verfolgung ersetzt und damit den Wortlaut von Abs. 1a richtlinienkonform gefasst. Nach Art. 5 Abs. 1 RL 2011/95/EU kann eine Person zum Flüchtling *»sur place«* werden, z.B. wenn sie sich mit Personen assoziiert, die als Flüchtlinge anerkannt sind, oder wenn sie im Aufnahmeland ihre politische Überzeugung zum Ausdruck bringt (*UNHCR*, Handbuch, Rn. 96) Besonderer Bedacht ist in diesen Fällen auf die *Glaubwürdigkeit* des Antragstellers zu legen. In diesen Fällen ist es besonders wichtig, dass alle Einzelheiten sorgfältig auf die Wahrscheinlichkeit hin geprüft und analysiert werden, dass deswegen tatsächlich die Gefahr der Verfolgung im Herkunftsland droht.

27 Festzustellen ist, ob das Verhalten den Behörden des Herkunftslandes zur Kenntnis gelangt ist oder gelangen könnte und wie diese die Handlungen des Antragstellers in Wahrheit beurteilen werden (*UNHCR*, Handbuch, Rn. 96; *UNHCR*, Auslegung von Art. 1 GFK, April 2001, Rn. 34). Kann dies nicht festgestellt werden, kommt es darauf an, ob im Herkunftsland des Antragstellers die möglicherweise für die Behörden noch nicht erkennbar in Erscheinung getretene politische Überzeugung Verfolgungsgefahr ernsthaft befürchten lässt. Beruhen die politische Aktivitäten auf einer ernsthaften politischen Überzeugung, sind diese Ausdruck der politischen Identität des Antragstellers. Wie bei der religiösen kann auch bei der politischen Identität von ihm nicht verlangt werden, zur Abwendung der Verfolgung auf seine politischen Aktivitäten zu verzeichnen (BVerwGE 146, 67, 79 = NVwZ 2013, 936 = InfAuslR 2013, 300, 304 Rn. 29, für die religiöse Identität; § 3b Rdn. 6 f.). Die Frage des Verzichts auf die politische Betätigung stellt sich nicht, wenn den Behörden die exilpolitischen Aktivitäten des Betroffenen bekannt sind und sie ihn deshalb verfolgen werden. Er kann dann die Verfolgung auch durch Verzicht nicht mehr vermeiden. Demgegenüber kann die den Behörden nicht ersichtlich gewordene politische Orientierung des Antragstellers im Aufnahmeland dann bekannt werden, wenn sie im Herkunftsland fortgesetzt wird. Werden Träger der politischen Überzeugung des Antragstellers, die dieser in der Art und Weise wie dieser Ausdruck verleihen, im Herkunftsland verfolgt, rechtfertigt eine methodisch

sachgerechte, plausible und rationale Wahrscheinlichkeitsannahme den Schluss, dass er im Herkunftsland Verfolgung befürchten muss (BVerwGE 55, 82, 55 = EZAR 201 Nr. 3 = NJW 1978, 2463). Es kommt also nicht anders wie bei der religiösen auch bei der politischen Indentität darauf an, ob diese für den Antragsteller so wesentlich ist, dass er nicht gezwungen werden kann, auf diese zu verzichten (*Marx*, InfAuslR 2013, 308, 309). Für diese Verfolgungsprognose bedarf es zunächst der sorgfältigen Feststellung des Umfangs und des subjektiven Verständnisses des Antragstellers von seinen exilpolitischen Aktivitäten und anschließend der Prüfung der Situation der Personen im Herkunftsland, die dort in der Art und Weise wie der Antragsteller politisch aktiv sind. Im Blick auf die damit verbundene unvermeidbare Glaubwürdigkeitsprüfung erachtet die Staatenpraxis etwa im Vereinigten Königreich und in den Niederlanden eine Prüfung des »guten Glaubens« des Antragstellers in seine Handlungen für erforderlich. Ohne eine Glaubwürdigkeitsprüfung anhand objektiver Anhaltspunkte (BVerwG, InfAuslR 2013, 300, 304 Rn. 31) kann gar nicht festgestellt werden, ob die in den Aktivitäten des Antragstellers zum Ausdruck kommende politische Indentität so wesentlich für diesen ist, dass er nicht gezwungen werden kann, auf diese zu verzichten. Die Einschätzung dieser Identität ist Bestandteil der Analyse und liefert eine wichtige Information für die Statusentscheidung.

III. Regelvermutung der begründeten Verfolgungsfurcht (Abs. 1a Halbs. 2)

Art. 5 Abs. 2 Halbs. 1 RL 2011/95/EU stellt zunächst den allgemeinen Grundsatz auf, 28
dass die begründete Verfolgungsfurcht auf Aktivitäten des Antragstellers seit Verlassen des Herkunftslandes beruhen kann und steht insoweit in Übereinstimmung mit dem internationalen Standard (*Marx*, Handbuch zum Flüchtlingsschutz, 2. Aufl., 2012, S. 339 f.). Es sind alle Einzelheiten des Sachverhalts sorgfältig auf die Wahrscheinlichkeit hin zu prüfen und zu analysieren, ob deswegen tatsächlich die Gefahr der Verfolgung droht, und die Frage zu beantworten, ob die dargelegten Aktivitäten den Behörden des Herkunftslandes zur Kenntnis gelangt sind oder gelangen könnten und wie diese wahrscheinlich beurteilt werden (*UNHCR*, Handbuch, Rn. 96; *UNHCR*, Auslegung von Art. 1 GFK, April 2001, Rn. 34). Art. 5 Abs. Halbs. 2. 2 RL 2011/95/EU geht bei Vorliegen des Kontinuitätserfordernisses regelmäßig von einer begründeten Verfolgungsfurcht aus, während im Fall des Abs. 1 regelmäßig der Schutz zu versagen ist, wenn es nicht nachgewiesen wird. Die Vermutungswirkung trägt insbesondere dem Auslegungsprinzip Rechnung, dass die individuelle Lage und die persönlichen Umstände des Antragstellers besonders in den Blick zu nehmen sind (Art. 4 Abs. 3 Buchst. c) RL 2011/95/EU). Der Wortlaut von Abs. 1a spricht für eine *Regelvermutung*, da zwischen »begründeter« Furcht vor Verfolgung und den das Kontinuitätsmerkmal begründenden Aktivitäten im Ausland durch das Wort »insbesondere« ein unmittelbarer Zusammenhang hergestellt wird. Ebenso spricht die Begründung des Vorschlags der Kommission für eine Regelvermutung (a.A. *Hailbronner*, AuslR B 2 § 28 AsylG Rn. 32). Danach sind *»Sur place«* – Ansprüche leichter zu begründen, wenn es sich bei den Aktivitäten um das Kundtun von Überzeugungen handelt, die der Antragsteller bereits im Herkunftsland vertreten hat und weiterhin vertritt und deretwegen er internationalen Schutz benötigt. Die »Kontinuität ist hierbei zwar

nicht unbedingt eine Voraussetzung, ist jedoch ein *Indiz* auf die Glaubwürdigkeit« des Antragstellers (Kommissionsentwurf v. 12.09.2001, BR-Drucks. 1017/01, S. 17). In der Staatenpraxis betrifft das Kontinuitätsmerkmal etwa Fälle, in denen bereits vor der Ausreise latent vorhandene Gefährdungsrisiken durchaus den Ausreiseentschluss motiviert haben mögen, diese sich nach der Ausreise aber derart verschärfen, dass dem Antragsteller eine Rückkehr in das Herkunftsland nicht mehr zugemutet werden kann (*Hathaway*, The Law of Refugee Status, 1991, S. 34).

29 In diesem Zusammenhang bezeichnet die ausweglose Lage einen Ausnahmetatbestand von der prinzipiellen Unerheblichkeit subjektiver Nachfluchtgründe (BVerwGE 80, 131, 134 = EZAR 200 Nr. 21 = NVwZ 1989, 264 = InfAuslR 1988, 337). Diese wird aber nur angenommen, wenn der Ausreiseentschluss seinen Grund in einer »latenten Gefährdungslage« hatte. Kann dies nicht festgestellt werden, bleibt es bei der prinzipiellen Unbeachtlichkeit subjektiver Nachfluchtgründe. Derart schematisch und starr kann Art. 5 Abs. 2 RL 2011/95/EU nicht gehandhabt werden. Vielmehr ist die Regelvermutung anwendbar, wenn der Antragsteller vor der Ausreise bestimmte politische Aktivitäten entwickelt und nach der Ausreise die Situation im Herkunftsland sich derart verändert hat, dass er aus begründeter Furcht vor Verfolgung wegen dieser Aktivitäten nicht dorthin zurückkehren kann. Dies setzt keine latente Gefährdungslage im Zeitpunkt der Ausreise voraus. Fehlt es an der Kontinuität, kann anders als nach Abs. 1 der Antragsteller nach Abs. 1a dennoch eine begründete Furcht vor Verfolgung wegen seiner politischen Überzeugung haben. Gleiche Grundsätze gelten für die Feststellung des ernsthaften Schaden.

D. Folgeantragsverfahren (Abs. 2)

I. Funktion von Abs. 2

30 Durch Art. 3 Nr. 18 ZuwG hat der Gesetzgeber mit Wirkung zum 01.01.2005 unter den in Abs. 2 bezeichneten Voraussetzungen einen *materiellen Ausschlusstatbestand* für Nachfluchtgründe eingeführt, die nach dem Abschluss des Erstverfahrens entstanden sind und zur Durchführung eines weiteren Asylverfahrens geführt haben. Abs. 2 begründet damit *keine verfahrensrechtliche Sperrwirkung*. Das Bundesamt hat vielmehr den insoweit vorgebrachten Angaben des Antragstellers und von diesem bezeichneten Beweismitteln im vollen Umfang nachzugehen. Ergibt die Prüfung, dass aufgrund der nachträglich entstandenen Nachfluchtgründe mit beachtlicher Wahrscheinlichkeit Verfolgung im Herkunftsland droht, darf *in der Regel* weder der Asylstatus (Abs. 1 Satz 1) noch der Flüchtlingsstatus (Abs. 2) gewährt werden. Das Bundesamt kann jedoch den subsidiären Schutzstatus nach § 4 Abs. 1 Satz 1 gewähren oder die Feststellung nach § 60 Abs. 5 oder 7 AufenthG treffen. Art. 5 Abs. 3 RL 2011/95/EU erlaubt in diesen Fällen nicht den Ausschluss des subsidiären Schutzes. Daher durfte der Gesetzgeber auch nicht in Abs. 2 die Berufung auf diesen Status versagen. Abs. 2 bedarf der richtlinienkonformen Auslegung. Für die Beurteilung eines Asylantrags als Folgeantrag ist es nach deutschem Recht unerheblich, ob der Antragsteller sich zwischen den Anträgen ununterbrochen im Bundesgebiet aufgehalten hat (BVerwGE 77, 323, 324 = EZAR 224 Nr. 16 = NVwZ 1988, 258; OVG Bremen, InfAuslR 1986, 16; OVG NW,

Urt. v. 16.04.1985 – 17 B 20798/84; VGH BW, InfAuslR 1984, 249; BayObLG, NVwZ-Beil. 1998, 55; *Bell/von Nieding*, ZAR 1995, 119; § 71 Rdn. 9; § 71 Rdn. 8 f.). Da die Vorschrift nur darauf abstellt, dass der erneute Antrag nach Abschluss eines Asylverfahrens auf Umstände gestützt wird, die der Antragsteller selbst geschaffen hat, fallen nach dem Wortlaut der Vorschrift hierunter auch politische Aktivitäten, die der Antragsteller nach Rückkehr nach Abschluss des Erstverfahrens im Herkunftsland entfaltet hat. Demgegenüber erfordert Art. 5 Abs. 3, dass der Antragsteller diese Aktivitäten nach Verlassen des Herkunftslandes geschaffen hat. Ergibt sich aufgrund der im Herkunftsland entfalteten Aktivitäten die beachtliche Wahrscheinlichkeit einer Verfolgung, liegt ein Vorfluchtgrund vor und findet Abs. 2 AsylG keine Anwendung (BVerwGE 133, 31, 41 = EZAR NF 68 Nr. 2 = NVwZ 2009, 730 = InfAuslR 2009, 260).

Abs. 2 war während der Gesetzesberatungen umstritten. Gleichwohl ist der im Ge- 31
setzentwurf vorgeschlagene Wortlaut unverändert in Kraft getreten. Funktion des Ausschlusses ist es, den bislang bestehenden Anreiz zu nehmen, nach unverfolgter Ausreise und abgeschlossenem Asylverfahren aufgrund *»neugeschaffener Nachfluchtgründe«* ein Asylverfahren zu betreiben, um damit zu einem dauerhaften Aufenthalt zu gelangen. (BT-Drucks. 15/420, S. 110, ebenso BT-Drucks. 14/7387, S. 102). Durch das Richtlinienumsetzungsgesetz 2007 wurde Abs. 2 sprachlich neu gefasst, da hiermit Art. 5 Abs. 3 RL 2004/83/EG in Anspruch genommen wurde (BT-Drucks. 16/5065, S. 413). Es fehlt jedoch der dort geregelte Zusatz *»unbeschadet der GFK«*. Art. 5 Abs. 3 RL 2011/95/EU stellt es den Mitgliedstaaten unbeschadet der GFK frei, festzulegen, dass ein Folgeantragsteller in der Regel nicht als Flüchtling anerkannt wird, wenn die Verfolgungsgefahr auf Umständen beruht, die er nach Verlassen seines Herkunftslandes geschaffen hat. Es handelt sich damit um eine Freistellungsklausel. Die Mitgliedstaaten sind nicht verpflichtet, eine derartige Regelung einzuführen. Vielmehr wird es ihnen freigestellt, von dieser Möglichkeit Gebrauch machen. Ob die Mitgliedstaaten von ihrer Befugnis nach Art. 5 Abs. 3 Gebrauch machen, unterliegt ihrem Ermessen. Dieses bezieht sich auf das Verhältnis der Richtlinie zur nationalen Abweichungskompetenz, nicht hingegen auf die Ausgestaltung der nationalen abweichenden Regelung selbst. Hat sich ein Mitgliedstaat entschieden, von dem ihm gewährten Ermessen Gebrauch zu machen, kann er die nationale Regelung auch als zwingende einführen, muss allerdings Ausnahmen zulassen. Nach Art. 5 Abs. 3 »wird« im Regelfall nicht als Flüchtling anerkannt, wer sich im Folgeantragsverfahren auf subjektive Nachfluchtgründe beruft. Ob hiervon eine Ausnahme zugelassen wird, ist keine Ermessensentscheidung, sondern Auslegung und Anwendung eines unbestimmten Rechtsbegriffs.

Abs. 2 und 3 von Art. 5 RL 2011/95/EU müssen im Gesamtzusammenhang gese- 32
hen werden: Nach Abs. 2 Halbs. 1 kann die begründete Furcht vor Verfolgung auf Aktivitäten des Antragstellers seit Verlassen des Herkunftslandes beruhen. Derartige Aktivitäten können nach Abs. 3 in der Regel den Flüchtlingsstatus nicht begründen, wenn der Antragsteller einen Folgeantrag stellt. Unbeschadet dessen ist indes die GFK zu beachten. Zur Auslegung von Freistellungsklauseln des Unionsrechts sind die Grundrechtscharta sowie völkerrechtliche Normen heranzuziehen (EuGH, NVwZ 2006, 1033, § 52 f. – *EP gegen Rat der EU*; EuGH, InfAuslR 2010, 221 = NVwZ 2010, 697, Rn. 44 – *Chakroun*). Die Berufung auf Art. 5 Abs. 3 entbindet die

Mitgliedstaaten nicht von ihren Verpflichtungen aus der Grundrechtscharta und der Konvention. Vielmehr dürfen sie von dieser nur einen Gebrauch machen, der mit der überwiegenden Auslegung und Anwendung der Konvention in der Staatenpraxis übereinstimmt. Im Schrifttum wird kritisiert, die Entstehungsgeschichte von Art. 5 Abs. 3 werfe Zweifel auf, ob die Norm mit Völkerrecht vereinbar sei. Sie setze das objektive Bestehen einer Verfolgungsgefahr voraus, stelle es jedoch in das nationale Ermessen, die begründete Furcht des Folgeantragstellers vor dieser Verfolgung unberücksichtigt zu lassen. Werde der zentrale Aspekt der in der Konvention geregelten Verfolgung bedacht, gebe es keine Grundlage für eine Differenzierung zwischen Antragstellern, deren politische Aktivitäten sich bereits im Herkunftsland entwickelt, und jenen, die sich erst im Aufnahmeland politisch betätigt hätten (*Guy S. Goodwin-Gill/Jane McAdam*, The Refugee in International Law, 3. Aufl., 2007, S. 89). Damit werden Zweifel aufgeworfen, ob die Ausschlussklausel des Art. 5 Abs. 3 RL 2011/95/EU, obwohl sie zugleich einen Konventionsvorbehalt enthält, mit Völkerrecht vereinbar ist.

II. Voraussetzungen des Abs. 2

33 Abs. 2 setzt voraus, dass die Berufung auf nachträglich entstandene Nachfluchtgründe im Rahmen eines Folgeantrags (§ 71) erfolgt. Die Norm bezieht den Anwendungsbereich auf den »früheren Antrag«. Es muss sich also nicht um den Erstantrag handeln. Es können auch exilpolitische Aktivitäten sein, die in einem vorangegangenen Folgeantrag vorgebracht wurden. Wenn Abs. 2 Halbs. 1 bereits an den ersten Folgeantrag besondere Sanktionen anknüpft, muss dies erst recht für den zweiten und weiteren Folgeantrag gelten. Ob das neue Vorbringen als Folgeantrag zu bewerten ist, richtet sich nach den Vorschriften über den Folgeantrag (§ 71 Abs. 1 Satz 1 in Verb. mit § 51 Abs. 1 bis 3 VwVfG). Abs. 2 findet deshalb keine Anwendung, wenn nach unanfechtbarer Zurückweisung des Eilrechtsschutzantrags nach § 36 Abs. 3 im Hauptsacheverfahren Nachfluchtaktivitäten vorgetragen werden, die nach dem Zeitpunkt des Eintritts der Vollziehbarkeit der Abschiebungsandrohung entstanden sind. Diese Umstände sind mithilfe eines *Abänderungsantrags* (§ 80 Abs. 7 Satz 2 VwGO) geltend zu machen (§ 36 Rdn. 16 ff.). Wird diesem Antrag stattgegeben und im Hauptsacheverfahren die beachtliche Wahrscheinlichkeit der Verfolgung aufgrund nachträglich eingetretener Umstände festgestellt, wird das Bundesamt zur Zuerkennung der Flüchtlingseigenschaft verpflichtet, wenn nicht die Voraussetzungen für eine Asylanerkennung vorliegen. Anders liegt der Fall, wenn der Antragsteller nach Zurückweisung des Eilrechtsschutzantrags die asylrechtliche Klage zurücknimmt und der angefochtene Bescheid deshalb unanfechtbar wird. Hier findet Abs. 2 unmittelbar Anwendung. Erfolgte die Klagerücknahme auf Anregung des Verwaltungsgerichts und waren im Zeitpunkt der Abgabe der verfahrensbeendenden Prozesserklärung die veränderten Umstände noch nicht eingetreten oder dem Antragsteller noch nicht bekannt, dürfte ein atypisches Ausnahmegeschehen vorliegen (Abs. 2 Halbs. 2) und wird die Zuerkennung der Flüchtlingseigenschaft nicht gesperrt. Beruft der Antragsteller sich auf veränderte Umstände nach Abschluss des Erstverfahrens gegenüber der Ausländerbehörde, hat diese den Antragsteller unter Hinweis auf § 24 Abs. 2 auf den Folgeantrag zu verweisen. Ob das Vorbringen die Zuerkennung der Flüchtlingseigenschaft vermittelt,

kann erst im Rahmen der Sachentscheidung entschieden werden. Schließlich kann aufgrund der veränderten Umstände subsidiärer Schutz nach § 4 Abs. 1 Nr. 2 oder Abschiebungsschutz nach § 60 Abs. 5 AufenthG in Verb. mit Art. 3 EMRK begründet sein. Für eine entsprechende Prüfung ist die Ausländerbehörde nicht zuständig.

Abs. 2 findet nur Anwendung, wenn die Voraussetzungen für die Durchführung eines weiteren Asylverfahrens vorliegen (Abs. 2 Halbs. 2). Liegen diese nicht vor, bedarf es keiner materiellen Ausschlussregelung, da ein Verfahren erst gar nicht eingeleitet und die Aussetzung der Abschiebung (§ 71 Abs. 5 Satz 2 Halbs. 1) aufgehoben wird. Der Antragsteller hat schlüssig darzulegen, inwiefern die neuen exilpolitischen Aktivitäten geeignet sind, eine ihm *günstigere Entscheidung* herbeizuführen (vgl. *Mezger*, VBlBW 1995, 308, 309; *Hanisch*, DVBl 1983, 415, 420; s. hierzu § 71 Rdn. 75 ff.). Das Bundesamt darf jedoch lediglich prüfen, ob aufgrund der vorgebrachten veränderten tatsächlichen Umstände die *Möglichkeit* einer positiven Entscheidung des Bundesamtes besteht (BVerfG [Kammer], InfAuslR 1995, 19, 21; VGH BW, InfAuslR 1984, 249, 251). Zu weitgehend ist deshalb die Ansicht, hierzu gehöre auch die Darlegung, dass dem Antragsteller aufgrund der veränderten Umstände Verfolgung drohen könnte (so *Hanisch*, DVBl 1983, 415, 420). Dagegen fordert das BVerfG lediglich die Darlegung einer möglichen asylrechtlichen Relevanz (BVerfG [Kammer], InfAuslR 1995, 19, 21). Das BVerwG fordert für die Verfolgungsprognose die überwiegende Wahrscheinlichkeit der drohenden Verfolgung. Hingegen reicht es für die Darlegung der allgemeinen Verhältnisse aus, wenn der Antragsteller Tatsachen vorträgt, aus denen sich – ihre Wahrheit unterstellt – hinreichende Anhaltspunkte für eine *nicht entfernt liegende Möglichkeit* von Verfolgung ergeben (BVerwG, EZAR 630 Nr. 8; BVerwG, InfAuslR 1984, 129; § 25 Rdn. 5 ff.). Eine beachtliche neue Sachlage wird etwa mit dem Hinweis auf die Teilnahme an verschiedenen regierungsfeindlichen Kundgebungen und Demonstrationen sowie auf das Verfassen und Veröffentlichen regimekritischer Artikel in Exilzeitschriften geltend gemacht (BayVGH, NVwZ-Beil. 1997, 75, 77; VG Trier, Beschl. v. 06.01.1997 – 1 K 290/96.K). Ebenso ist die Unterstützung einer Exilorganisation in »besonders nachhaltiger und durchaus öffentlichkeitswirksamer Form« erst im Rahmen der Sachprüfung zu behandeln und begründet die beachtliche Gefahr von Verfolgung (VG Koblenz, Urt. v. 19.05.2000 – 8 K 3128/99.KO). Wird in der erforderlichen Form dargelegt, durch nachträgliche subjektive Handlungen des Antragstellers erscheine die Einleitung von Verfolgungsmaßnahmen als möglich, ist ein weiteres Asylverfahren durchzuführen. Obwohl nach dem Willen des Gesetzgebers mit dem Folgeantrag vorgebrachte erhebliche Nachfluchttatbestände im Regelfall keinen Flüchtlingsschutz, sondern subsidiären Schutz begründen, handelt es sich um einen Antrag i.S.d. § 71 und findet diese Vorschrift deshalb unmittelbar Anwendung. 34

III. Maßgeblicher Zeitpunkt für das Entstehen der exilpolitischen Aktivitäten im Sinne von Abs. 2

Maßgeblicher Zeitpunkt für die Anwendung von Abs. 2 ist der Zeitpunkt der Rücknahme oder der unanfechtbaren Ablehnung des früheren Antrags. Hat der Antragsteller den früheren Antrag freiwillig zurück genommen, werden alle exilpolitischen 35

Aktivitäten, die nach der verfahrensbeendenden Erklärung unternommen wurden, nach Maßgabe von Abs. 2 behandelt. Unanfechtbar abgelehnt ist der frühere Antrag, wenn das Verwaltungsgericht die hiergegen erhobene Klage abgewiesen hat und dadurch der angefochtene Bescheid unanfechtbar geworden ist. Exilpolitische Aktivitäten, die nach dem Zeitpunkt der Zustellung des Urteils oder im Fall eines Zulassungsantrags nach § 78 Abs. 4 nach Zustellung des zurückweisenden Beschlusses getätigt worden sind, unterfallen dem Anwendungsbereich von Abs. 2. Bezugspunkt für die Zulässigkeitsprüfung ist hierbei die letzte mündliche Verhandlung vor dem Verwaltungsgericht oder im Fall der Antragsrücknahme die persönliche Anhörung nach § 24 Abs. 1 Satz 2. Exilpolitische Aktivitäten, die in dem Zeitraum zwischen der persönlichen Anhörung bzw. der mündlichen Verhandlung und der Rücknahme, der Antragsablehnung bzw. der Zustellung des Urteils oder des Beschlusses im Rechtsmittelverfahren unternommen wurden, fallen nicht in den Anwendungsbereich von Abs. 2. Hierfür spricht, dass sich der Wortlaut von Abs. 2 Satz 1 ausdrücklich nur auf Aktivitäten, die »nach Rücknahme« oder nach dem Zeitpunkt der »unanfechtbaren Ablehnung des früheren Asylantrags« entstanden sind, bezieht. Aktivitäten, die vor diesem Zeitpunkt entfaltet wurden, jedoch aus verfahrensrechtlichen Gründen im ersten Asylverfahren nicht berücksichtigt werden konnten, lösen die Rechtsfolge des Abs. 2 Halbs. 2 nicht aus.

36 Beruft sich der Antragsteller auf nachträglich entstandene Gründe, die im engen Zusammenhang mit den im Erstverfahren geprüften Gründen stehen, findet Abs. 2 keine Anwendung. Abs. 2 betrifft nur exilpolitische Aktivitäten. Macht er hingegen Umstände geltend, die nach Abschluss des Erstverfahrens eingetreten und bekannt geworden sind und die die im Erstverfahren als unerheblich bewerteten Asylgründe nunmehr als entscheidungserheblich erscheinen lassen, findet Abs. 2 keine Anwendung. So kann etwa die Festnahme eines Parteifreundes, mit dem der Antragsteller vor seiner Flucht zusammengearbeitet hatte, oder die Durchsuchung der Wohnung des Antragstellers im Herkunftsland die früher vorgetragenen und als nicht beachtlich eingestuften politischen Aktivitäten in einem vollständig anderen Licht erscheinen lassen. Von der Natur her handelt es sich dabei nicht um Umstände im Sinne von Abs. 2 Satz 1. Immer dann, wenn zwischen dem neuen Vortrag des Antragstellers im Folgeantragsverfahren und dem früheren Sachvorbringen, das im Erstverfahren als unglaubhaft gewertet wurde, ein sachlogischer Zusammenhang besteht, kann Abs. 2 keine Anwendung finden. Von vornherein aus der Betrachtung fallen »neue Beweismittel« für »alte Tatsachen« (§ 51 Abs. 1 Nr. 2 VwVfG).

IV. Funktion des Konventionsvorbehalts (Art. 5 Abs. 3 Halbs. 1 RL 2004/83/EG)

37 Die Mitgliedstaaten können nach Art. 5 Abs. 3 der Richtlinie zwar festlegen, dass ein Antragsteller, der einen Folgeantrag stellt, in der Regel nicht als Flüchtling anerkannt wird, wenn die Verfolgungsgefahr auf Umständen beruht, die er selbst nach Verlassen des Herkunftslandes geschaffen hat. Diese Befugnis haben die Mitgliedstaaten allerdings nur »*unbeschadet der GFK*«. Der Konventionsvorbehalt ist umstritten. Er fehlt in Abs. 2. Nach dem *Grundsatz der richtlinienkonformen Anwendung* ist er jedoch zu berücksichtigen. Bislang hat sich der EuGH mit dem Konventionsvorbehalt nicht befasst.

Die Rechtsprechung sieht insoweit keine unionsrechtliche Zweifelsfrage und hat daher diese Frage auch nicht vorgelegt. Rechtsprechung anderer Mitgliedstaaten ist bislang nicht bekannt, weil wohl nur die Bundesrepublik Art. 5 Abs. 3 RL 2011/95/EU in Anspruch genommen hat. Nach dem BVerwG ist der Regelausschluss der Flüchtlingsanerkennung für nach Abschluss des Erstverfahrens selbst geschaffene Nachfluchtgründe mit den Regelungen der Konvention vereinbar und wirft auch hinsichtlich des Konventionsvorbehalts in Art. 5 Abs. 3 RL 2011/95/EU keine unionsrechtliche Zweifelsfrage auf. Zweifelhaft erscheine bereits, ob eine Furcht vor Verfolgung im Sinne von Art. 1 A Nr. 2 GFK überhaupt auf Fälle der risikolosen Verfolgungsprovokation im Aufnahmeland gestützt werden könne. Art. 33 Abs. 1 GFK garantiere dem von Verfolgung bedrohten Ausländer keinen bestimmten Status, sondern lediglich Abschiebungsschutz für die Dauer der Bedrohung. In diesem Sinne gewährten die Abschiebungsverbote des § 60 Abs. 2, 3, 5 und 7 AufenthG a.F. regelmäßig ausreichenden Schutz (BVerwGE 133, 31, 39 Rn. 17 ff. = EZAR NF 68 Nr. 2 = NVwZ 2009, 730 = InfAuslR 2009, 260; Nieders. OVG, InfAuslR 2006, 421, 423; BayVGH, Beschl. v. 10.06.2008 – 14 ZB 08.30211; Hess. VGH, Beschl. v. 11.10.2006 – 11 ZU 2803/05.A; VG Stuttgart, NVwZ 2006, 113, 114; VG Stuttgart, Urt. v. 18.04.2005 – A 11 K 12040/03; VG Göttingen, Urt. v. 13.03.2008 – 2 A 371/05.OVG NW, InfAuslR 2005, 489; *Funke-Kaiser,* in: GK-AsylG II, § 28 Rn. 57; *Mallmann,* ZAR 2011, 342, 344).

Diese Begründung überzeugt nicht (*Marx,* Handbuch zum Flüchtlingsschutz, 2. Aufl., 38
2012, S. 344 ff.). Der Schutz nach Art. 33 Abs. 1 GFK wird bereits durch Art. 21 RL 2011/95/EU gewährleistet. Es kann der Richtlinie kein Hinweis dafür entnommen werden, dass der Konventionsvorbehalt in Art. 5 Abs. 3 lediglich deklaratorische Wirkung hätte. Wenn eine Norm des Unionsrechts entgegen ihrem Wortlaut derart verkürzend ausgelegt werden soll, muss es hierfür zureichende Anhaltspunkte in der Richtlinie selbst geben. Die einschränkende Ansicht könnte deshalb nur überzeugen, wenn in Art. 5 Abs. 3 lediglich auf Art. 21 verwiesen worden wäre. Da dies nicht der Fall ist, ist davon auszugehen, dass der Konventionsvorbehalt in Art. 5 Abs. 3 eine über den bloßen Refoulementschutz hinausgehende Bedeutung hat und die Konvention mit allen Rechten zu beachten ist. Art. 33 Abs. 1 GFK bezieht sich auf Art. 1 A Nr. 2 GFK und damit auf den dort geregelten Flüchtlingsbegriff. Art. 1 A Nr. 2 GFK *schützt umfassend die politische Überzeugung* unabhängig von der Glaubwürdigkeit des Antragstellers, wenn ihm wegen politischer oder religiöser Aktivitäten Verfolgung droht. Weil die Manifestation oppositioneller Meinungen menschenrechtlich geschützt ist, ist die Fixierung auf gewillkürte Aktivitäten ohnehin nicht sachgerecht (*Hathaway,* The Law of Refugee Status, 1991, S. 37). Nur dann, wenn die Motive und die Person des Antragstellers aus Sicht des Herkunftsstaates unglaubwürdig sind und die zuständigen Behörden deshalb die öffentlichen Aktivitäten nicht ernst nehmen, sodass kein Verfolgungsrisiko droht, erlaubt die Konvention die Zurückweisung des Antrags. In diesem Fall fehlt es an *»guten Gründen«* für die Furcht vor Verfolgung.

Bereits das Handbuch von UNHCR weist in Ansehung subjektiver Nachfluchtgründe 39
auf das Gebot der sorgfältigen Untersuchung aller Umstände des Einzelfalls hin. Später hat UNHCR erneut bekräftigt, dass derartige Gründe die Frage der Glaubwürdigkeit

des Antragstellers aufwerfen würden, da nicht ausgeschlossen werden könnte, dass mit diesen Aktivitäten eine bestimmte Absicht verfolgt werde. In solchen Fällen sei es besonders wichtig, dass alle Einzelheiten sorgfältig auf ihre Wahrscheinlichkeit hin geprüft und analysiert würden, ob deswegen tatsächlich die Gefahr der Verfolgung drohe (*UNHCR*, Auslegung von Art. 1 GFK, April 2001, Rn. 34). Mit dem einschränkenden Zusatz »unbeschadet der GFK« in Art. 5 Abs. 3 ist dieser Begründung Rechnung getragen worden. Der Begriff der begründeten Furcht vor Verfolgung bringt das *Doppelerfordernis* der *persönlichen Glaubwürdigkeit* und der *glaubhaften*, auf guten Gründen beruhenden *Furcht* des Antragstellers ins Spiel. Herzstück der entsprechenden Prüfung ist, ob die »subjektive« Furcht begründet ist, ob also hinreichend zuverlässige Tatsachen und Umstände das Urteil rechtfertigen, dass der Antragsteller ernsthaft mit der Möglichkeit der Verfolgung rechnen muss (*Goodwin-Gill*, The Refugee in International Law, 2. Aufl., 1996, S. 41) Allerdings lässt Art. 20 Abs. 6 RL 204/83/EG eine Einschränkung der zu gewährenden Rechtsstellung zu, wenn die Verfolgung auf *asyltaktischem Verhalten* beruht. Ergibt jedoch die Prognoseprüfung, dass der Herkunftsstaat auch Aktivitäten ernst nimmt, die der Antragsteller provokativ unternommen hat, um sich ein Aufenthaltsrecht zu verschaffen, hat er hingegen gute Gründe für seine Furcht vor Verfolgung und steht Art. 5 Abs. 3 einer nationalen Regelung entgegen, die in diesem Fall den Konventionsschutz versagt.

40 In der Rechtsprechung der Vertragsstaaten wird ein Ausschluss des Schutzes für selbst geschaffene Nachfluchtgründe abgelehnt. Selbst wenn evident sei, dass die auf einem freien Willensentschluss beruhenden Äußerungen oder Aktivitäten vorrangig den Zweck verfolgt hätten, sich einen Asylgrund zu verschaffen, führe das aufgrund dessen ausgelöste Verfolgungsrisiko dazu, dass der Antragsteller unter den Schutz der Konvention falle. Die Vorinstanz verstehe die Konvention falsch, weil sie sich wegen des selbst geschaffenen Asylgrundes an der Berücksichtigung der Verfolgungsgefahr gehindert gesehen habe. Die zentrale Frage gehe dahin, ob der Antragsteller eine echte Furcht vor Verfolgung habe und ihm für den Fall der Rückkehr eine ernsthafte Verfolgung im Sinne der Konvention drohe (Australia Federal Court [1999] FCA 868 Rn. 28 bis 30 – *Mohammed*, mit Hinweis auf *Hathaway*, The Law of Refugee Status, 1991, S. 37; ebenso U.S. Court of Appeals, Seventh Circuit, F.2d [1992] – *Bastanipour*; British Court of Appeal [2000] Imm AR 96 Rn. 27 = IJRL 2000, 626 – *Danian*). Auch das BVerfG hat darauf hingewiesen, dass selbst geschaffene Nachfluchtgründe zwar der Asylrelevanz ermangeln könnten. Sie seien aber bei der Auslegung und Anwendung von Art. 33 Abs. 1 GFK zu berücksichtigen (BVerfGE 74, 51, 66 f. = EZAR 200 Nr. 18 = NVwZ 1987, 311 = InfAuslR 1987, 56; Rdn. 22). Art. 33 Abs. 1 GFK schließt den Flüchtlingsbegriff nach Art. 1 A Nr. 2 GFK ein, zu dessen einheitlicher Anwendung im Unionsgebiet die Richtlinie und damit auch Art. 5 verbindliche Regeln enthält.

41 Die Konvention behandelt die Frage subjektiver Nachfluchtgründe nicht ausdrücklich, sondern nur die Frage der Nachfluchtgründe als solche (Rdn. 23 ff.). Sie behandelt zudem weder die Frage des Missbrauchs noch wurde diese während der Beratungen diskutiert. Hingegen haben sich seit den 1960er Jahren nationale Gerichte hiermit auseinandergesetzt und besondere Regeln zur *Glaubwürdigkeitsprüfung* entwickelt.

Danach mag zwar eine *strengere Prüfung* der Glaubwürdigkeit des Antragstellers angezeigt sein. Es ist aber allgemein anerkannt, dass unabhängig von der Glaubwürdigkeit des Antragstellers die Flüchtlingseigenschaft zuzuerkennen ist, wenn dieser eine begründete Furcht vor Verfolgung geltend machen kann. Einen Ausschluss für selbst geschaffene Verfolgungsgründe kennt die Konvention nicht (Australia Federal Court [1999] FCA 868 Rn. 28 bis 30 – *Mohammed*; Australia Federal Court [2000] FCA 265 Rn. 12 – *Somaghi*; U.S. Court of Appeals, Seventh Circuit, F.2d [1992] – *Bastanipour*; British Court of Appeal [2000] Imm AR 96 Rn. 27 = IJRL 2000, 626 – *Danian*; Canada Federal Court [2003] F.C.J. No. 1591; FC 1266 Rn. 21 f. – *Ghasemian; UNHCR*, Handbuch und Kriterien zur Feststellung der Flüchtlingseigenschaft, 1979, Rn. 96; *UNHCR*, Auslegung von Art. 1 GFK, April 2001, Rn. 34; *Hathaway*, The Law of Refugee Status, S. 37; *Goodwin-Gill/McAdam*, The Refugee in International Law, 3. Aufl., 2007, S. 73 ff.; *Goodwin-Gill*, IJRL 2000, 663, 664, 670; *Löhr*, Die Qualifikationsrichtlinie: Rückschritt hinter internationale Standards?, S. 78 f.; *Zimmermann/Mahler*, in: *Zimmermann*, The 1951 Convention relating to the Status of Refugees and its 1967 Protocol, 2011, Article 1 A para 2 Rn. 133 ff.). Damit ist festzuhalten, dass Art. 5 Abs. 3 die Frage, ob die Berufung auf selbst geschaffene Nachfluchtgründe im Folgeantragsverfahren die Versagung der Flüchtlingseigenschaft rechtfertigt, nicht eindeutig beantwortet. Der Konventionsvorbehalt sowie die Entstehungsgeschichte von Art. 5 Abs. 2 und 3 in Verbindung mit der allgemeinen Auffassung über den Schutzumfang legen nahe, eine Auslegung zu wählen, die dem Schutzgedanken der Konvention gerecht wird. Die Mitgliedstaaten müssen bei der Berufung auf Ermessensklauseln völkerrechtliche Vorgaben beachten. Der Konventionsvorbehalt hat die Funktion, die aus Art. 1 A Nr. 2 GFK folgende Verpflichtung wirksam sicherzustellen (*effet utile*). Unabhängig davon, welche Motive im konkreten Einzelfall der Nachfluchtbetätigung zugrunde liegt, ist der Ausschluss des Flüchtlingsschutzes nur zulässig, wenn diese keine Verfolgung im Sinne von Art. 9 RL 2011/95/EU auslöst.

V. Funktion der Regelanordnung des Art. 5 Abs. 3 RL 2004/83/EG

Liegen die tatbestandlichen Voraussetzungen nach Abs. 2 vor, kann im Asylverfahren in der Regel die Flüchtlingseigenschaft nicht zuerkannt werden. Mit dieser Vorschrift hat der Gesetzgeber die *risikolose Verfolgungsprovokation* durch Nachfluchttatbestände *regelhaft* unter *Missbrauchsverdacht* gestellt. Für nach dem Zeitpunkt des Abschlusses des Erstverfahrens selbst geschaffene Nachfluchtgründe wird nach der Rechtsprechung des BVerwG ein Missbrauch der Inanspruchnahme des Flüchtlingsschutzes in der Regel vermutet. Damit erübrige sich ein positiver Nachweis des finalen Zusammenhangs zwischen selbst geschaffenem Nachfluchttatbestand und erstrebtem Flüchtlingsstatus im Einzelfall. Abs. 2 verlagert die *Substanziierungs-* sowie die *objektive Beweislast* auf den Antragsteller, dem die *Widerlegungslast* auferlegt werde (BVerwGE 133, 31, 37 = EZAR NF 68 Nr. 2 = NVwZ 2009, 730 = InfAuslR 2009. 260; BVerwGE 135, 49, 55 = NVwZ 2010, 383 = AuAS 2010, 55). Die Maßstäbe für die Abgrenzung des Regelausschlusses von einem Ausnahmefall sind aus dem vom Gesetzgeber gewählten Regelungsmodus sowie dem Zweck des Ausschlusstatbestandes zu entwickeln. Die Missbrauchsvermutung ist widerlegt, wenn der Antragsteller den 42

Verdacht ausräumen kann, er habe Nachfluchtaktivitäten nach Verfahrensabschluss nur oder aber vorrangig mit Blick auf die erstrebte Flüchtlingsanerkennung entwickelt oder intensiviert. Aus Art. 5 Abs. 2 und 3 der Richtlinie lässt sich entnehmen, dass das Kontinuitätskriterium nach außen betätigter politischer Überzeugung auch unionsrechtlich legitim ist und Indizwirkung entfalten kann, ohne jedoch allein zur Widerlegung der Vermutung auszureichen. Bleibt das Betätigungsprofil nach Abschluss des Erstverfahrens unverändert, liege die Annahme eines Missbrauchs eher fern (BVerwGE 133, 31, 38 = EZAR NF 68 Nr. 2 = NVwZ 2009, 730 = InfAuslR 2009. 260) Jedoch wird hier dem Antragsteller in diesem Fall regelmäßig entgegengehalten, dass sich die Sachlage (§ 51 Abs. 1 Nr. 1 VwVfG) nicht verändert hat.

43 Wird der Antragsteller jedoch erstmals exilpolitisch aktiv oder intensiviert er seine bisherigen Aktivitäten, muss er dafür gute Gründe anführen, um den Verdacht auszuräumen, dies sei vorrangig erfolgt, um die Voraussetzungen für eine Flüchtlingsanerkennung zu schaffen. Dazu sind seine Persönlichkeit und seine Motive für die erstmalig aufgenommen oder intensivierten Aktivitäten vor dem Hintergrund seines bisherigen Vorbringens und seiner Vorfluchterlebnis einer Gesamtwürdigung zu unterziehen (BVerwGE 133, 31, 38 = EZAR NF 68 Nr. 2 = NVwZ 2009, 730 = InfAuslR 2009. 260, *Mallmann*, ZAR 2011, 342, 343). Dass der Antragsteller sich im Herkunftsland aufgrund seines Alters noch keine gefestigte Überzeugung hat bilden können (Abs. 1 Satz 2), ist im Rahmen von Abs. 2 unerheblich. Schafft er in Kenntnis der Erfolglosigkeit eines oder gar mehrerer Asylverfahren einen Nachfluchtgrund, spricht vielmehr viel dafür, dass er den Missbrauchstatbestand erfüllt (BVerwGE 135, 49, 55 = NVwZ 2010, 383 = AuAS 2010, 55). In der Literatur wird eine Ausnahme zugelassen, wenn ein Antragsteller bei Ausreise aus seinem Herkunftsland »völlig unpolitisch« war, im Aufnahmestaat aber den »verbrecherischen Charakter des heimatlichen Regimes erkannt hat und er deshalb zu der glaubhaften sittlichen Überzeugung gekommen ist, sich gegen dieses zu betätigen« (*Funke-Kaiser* in: GK-AsylG II, § 28 Rn. 68).

E. Umfang der Darlegungslast

44 Da die Anerkennung subjektiver Nachfluchttatbestände nur für Ausnahmefälle in Betracht kommen kann (BVerfGE 9, 174, 181; 38, 398, 402), wird bezogen auf die *Darlegungslast* und *Beweisanforderungen* die Anwendung eines *besonders strengen Maßstabes* verlangt (BVerfGE 74, 51, 66 = EZAR 200 Nr. 18 = NVwZ 1987, 311 = InfAuslR 1987, 56; so auch BVerwGE 87, 187, 190 = NVwZ 1991, 790 = InfAuslR 1991, 209). Der bei Vorfluchtgründen eingreifende Beweis des ersten Anscheins gilt nicht. Vielmehr ist der *volle Beweis* zu erbringen (BVerwG, Buchholz 402.22 Art. 1 GK Nr. 12; BVerwG, Buchholz 402.22 Art. 1 GK Nr. 16; BVerwGE 55, 82, 86). Daher gehen nicht ausgeräumte Zweifel zulasten des Antragstellers (BVerwG, Buchholz 402.22 Art. 1 GK Nr. 16; BVerwG, Buchholz 402.24 § 28 AuslG Nr. 1). Dem lag und liegt das Bestreben zugrunde, Missbräuchen des Asylrechts entgegenzuwirken (BVerwGE 68, 171, 174 = EZAR 200 Nr. 9 = InfAuslR 1984, 85 = NVwZ 1984, 182). Auch das BVerfG scheint den besonders strengen Maßstab auf die Darlegungspflicht beziehen zu wollen, wenn es darauf hinweist, dass für die Vorgänge im Heimatland zur

Glaubhaftmachung nicht jede Behauptung genüge, vielmehr auch insoweit an Darlegungslast wie Beweisanforderungen ein besonders strenger Maßstab anzulegen sei (BVerfG [Kammer], InfAuslR 1989, 31; BVerfG [Kammer], Beschl. v. 23.02.1989 – 2 BvR 1415/88; BVerfG [Kammer], Beschl. v. 15.03.1990 – 2 BvR 496/89). Maßgebend ist die Gefahr der Verfolgung im Herkunftsland. Diese muss mit beachtlicher Wahrscheinlichkeit drohen. Hierfür kann der volle Beweis nicht gefordert werden. Insbesondere gibt es keinen allgemeinen Rechtssatz des Inhalts, entscheidungserhebliche Vorgänge außerhalb des Verfolgerstaates, hinsichtlich derer keine Beweisschwierigkeiten bestehen, müssten zuvor aufgrund von Beweiserhebungen bestätigt worden sein (BVerwG, Buchholz 402.25 § 1 AsylG Nr. 66). Ob die Verwaltungsgerichte hinsichtlich vorgetragener Umstände außerhalb des Herkunftslandes zu Nachforschungen und Beweiserhebungen verpflichtet sind, ist vielmehr von den Umständen des jeweiligen Einzelfalles abhängig. Sie müssen in Ermittlungen eintreten oder dem Kläger aufgeben, seinen Vortrag unter Beweis zu stellen, wenn dessen Vorbringen von anderen Beteiligten bestritten wird, wenn sie selbst Zweifel an dessen Richtigkeit hegen oder es aus sonstigen Gründen nicht für hinreichend überzeugend erachten (BVerwG, Buchholz 402.25 § 1 AsylG Nr. 66). Hingegen besteht in Asylverfahren wie auch sonst im Verwaltungsprozess kein Anlass zu Beweiserhebungen, wenn keiner der Beteiligten den Vortrag des Asylsuchenden über Vorgänge außerhalb des Verfolgerstaates bestreitet und das Gericht das Vorbringen für wahr hält (BVerwG, Buchholz 402.25 § 1 AsylG Nr. 66).

Es gelten die *allgemeinen Prognosegrundsätze*. Demgegenüber bezieht sich im Rahmen der Nachfluchtgründe die verschärfte Darlegungslast auf die Darlegung der Tatsachen, welche den Schluss auf die betätigte und gefestigte politische Überzeugung oder die latente Gefährdungslage im Heimatstaat rechtfertigen, wobei im Hinblick auf die die latente Gefährdungslage begründenden Umstände eine Beweislastumkehr eintritt. Schließlich trifft den Antragsteller mit Blick auf die selbst geschaffenen Nachfluchttatbestände nicht nur eine verschärfte Darlegungslast, sondern überdies die volle Beweispflicht. Der Antragsteller hat deshalb hinsichtlich der von ihm selbst geschaffenen Tatsachen im Aufenthaltsstaat etwa durch Zeugenaussagen, Mitgliedsbescheinigung, Presseartikel, Lichtbilder und andere Beweismittel vollen Beweis hierüber zu führen. Dabei wird man regelmäßig auch fordern können, dass das exilpolitische Engagement in bestimmter Weise besonders hervorgetreten sein muss (BayVGH, InfAuslR 1997, 134, 138; Hess. VGH, Urt. v. 30.11.1998 – 9 UE 1492/95; OVG NW, Urt. v. 16.04.1999 – 9 A 5338/98.A; OVG Rh-Pf., Beschl. v. 09.04.1998 – 7 A 10743/96.OVG; Nieders. OVG, Urt. v. 27.02.2001 – 5 L 685/00; VGH BW, Urt. v. 26.05.1997 – A 12 S 1467/95; VG Bremen, Urt. v. 03.02.2000 – 3 K 552/99.A; VG Frankfurt am Main, Urt. v. 24.09.1999 – 2 E 50224/97.A[1]; VG Köln, Urt. v. 14.12.2000 – 16 K 8161/97.A; VG Münster, Urt. v. 17.04.2000 – 5 K 2990/95.A – alle zum Iran; Hess. VGH, Urt. v. 24.01.1994 – 12 UE 200/91; Hess. VGH, Urt. v. 12 UE2621/94; Nieders. OVG, Urt. v. 29.10.1998 – 11 L 2657/96; OVG Rh-Pf, Urt. v. 02.09.1993 – 13 A 12238/91.OVG; OVG Rh-Pf, AuAS 1994, 7; OVG Rh-Pf, Urt. v. 27.07.2000 – 10 A 10128/01.OVG; VGH BW, Urt. v. 28.11.1996 – A 12 S 922/94 – alle zur Türkei; OVG NW, 26.06.1997 – 1 A 45

1402/97.A; OVG Rh-Pf, Urt. v. 13.12.1995 – 11 A 13385/95.OVG; VG Köln, Urt. v. 16.01.1996 – A 11 K 17213/93; VG Saarlouis, Urt. v. 30.07.1999 – 11 K 289/97.A – alle zur VR China). Je nach Art und Intensität des aufgebauten Überwachungs- und Spitzelsystems im Bundesgebiet sind insoweit im Blick auf den jeweiligen Herkunftsstaat spezifische Bewertungen angezeigt.

46 Ob aus diesen Tatsachen für den Antragsteller die Gefahr von Verfolgung folgt, ist neben der prognoserechtlichen Betrachtung auch von einer *Glaubhaftigkeitsprüfung* abhängig. Zu Recht weist das BVerfG darauf hin, dass bei der Glaubhaftigkeitsbeurteilung eine sorgfältig differenzierende Beurteilung angebracht sei. So darf aus der für die Vorfluchtgründe angenommenen Unglaubhaftigkeit der Sachaufgaben nicht ohne Weiteres auch auf die Unglaubhaftigkeit mit Blick auf die Nachfluchtgründe geschlossen werden (BVerfG [Kammer], InfAuslR 1993, 303). Im Ausland geübte Regierungskritik wird häufig zu empfindlichen Reaktionen des Heimatstaates führen. Dazu ist aber Voraussetzung, dass er diese Kritik auch ernst nimmt. Bestehen daher Zweifel an einer dem Nachfluchtverhalten zugrunde liegenden ernsthaften politischen Regimegegnerschaft erscheint eine staatliche Gegenreaktion häufig nicht wahrscheinlich. Der Prognoseprüfung vorausgeschaltet ist hier die persönliche Glaubwürdigkeitsprüfung. Zweifel an der Ernsthaftigkeit der politischen Überzeugung gehen dabei zulasten des Asylsuchenden (BVerwG, Buchholz 402.24 § 28 AuslG Nr. 1). Andererseits ist auch der *vermeintliche* Regimegegner asylrechtlich geschützt (BVerwGE 55, 82, 85 f. = NJW 1978, 1762 = DÖV 1978, 181; § 3b Abs. 2). Auch wenn die dem Nachfluchtverhalten zugrunde liegende politische Überzeugung zweifelhaft erscheinen mag, kann daher im Einzelfall je nach den politischen Verhältnissen im Herkunftsstaat die Prüfung geboten sein, ob nicht gleichwohl politische Verfolgungsmaßnahmen drohen.

§ 29 Unzulässige Anträge

(1) Ein Asylantrag ist unzulässig, wenn

1. ein anderer Staat

a) nach Maßgabe der Verordnung (EU) Nr. 604/2013 des Europäischen Parlaments und des Rates vom 26. Juni 2013 zur Festlegung der Kriterien und Verfahren zur Bestimmung des Mitgliedstaats, der für die Prüfung eines von einem Drittstaatsangehörigen oder Staatenlosen in einem Mitgliedstaat gestellten Antrags auf internationalen Schutz zuständig ist (ABl. L 180 vom 29.6.2013, Satz 31) oder

b) auf Grund von anderen Rechtsvorschriften der Europäischen Union oder eines völkerrechtlichen Vertrages

für die Durchführung des Asylverfahrens zuständig ist,

2. ein anderer Mitgliedstaat der Europäischen Union dem Ausländer bereits internationalen Schutz im Sinne des § 1 Absatz 1 Nummer 2 gewährt hat,

3. ein Staat, der bereit ist, den Ausländer wieder aufzunehmen, als für den Ausländer sicherer Drittstaat gemäß § 26a betrachtet wird,

4. ein Staat, der kein Mitgliedstaat der Europäischen Union und bereit ist, den Ausländer wieder aufzunehmen, als sonstiger Drittstaat gemäß § 27 betrachtet wird oder

eigenständig geregelt. Dementsprechend wurde § 29 Abs. 3 AsylVfG a.F. aufgehoben. Wegen der Aufhebung der das frühere Recht kennzeichnenden unterschiedlichen behördlichen Zuständigkeiten war die Kategorie des unbeachtlichen Asylantrags entbehrlich geworden. Zutreffend wies die Gesetzgeber im anderen Zusammenhang darauf hin, dass durch die Dublinregelung die auf sonstige Drittstaaten bezogene Verfahrenskonzeption entbehrlich geworden ist (BT-Drucks. 16/5065, S. 410). Mit dem Integrationsgesetz 2016 wurde der Begriff des »beachtlichen« Asylantrags vollständig aufgegeben und durch den Begriff des »unzulässigen« Asylantrags ersetzt, der nach geltendem Recht in Abs. 1 geregelt wird. § 27a AsylVfG a.F. wurde aufgehoben und die Dublinregelung in Abs. 1a überführt.

Nach dem früheren Verständnis war § 27 Rechtsgrundlage für den materiellen Asylausschluss und erlaubte § 29 AsylVfG a.F. bei Offensichtlichkeit des Eingreifens dieses Ausschlussgrundes die Möglichkeit der sofortigen Aufenthaltsbeendigung. Das BVerwG hat jedoch unter Hinweis auf die Richtlinien 2004/83/EG (2011/95/EU) und 2005/85/EG (2013/32/EU) klargestellt, dass § 27 nur für die Asylanerkennung Bedeutung hat, weil Art. 12 Abs. 1 RL 2011/95/EU einen Ausschluss von der Flüchtlingsanerkennung aus Gründen der Subsidiarität nur in Fällen des Schutzes oder Beistands einer Organisation oder Institution der Vereinten Nationen (Art. 1 D GFK) vorsehe. Die Möglichkeit anderweitig bestehender Verfolgungssicherheit werde nur in Art. 8 RL 2004/83/EG als interner Schutz, nicht aber im Hinblick auf die Verfolgungssicherheit in einem anderen Staat aufgegriffen. Das Unionsrecht verfolge insoweit keinen materiell-rechtlichen, sondern einen verfahrensrechtlichen Ansatz (BVerwGE 144, 127, 131 f. Rn. 15 = NVwZ-RR 2013, 431 = EZAR NF 68 Nr. 15; § 27 Rdn. 3). Art. 33 Abs. 2 in Verb. mit Art. 35, 38 RL 2013/32/EU ermöglicht den Mitgliedstaaten, das »*Konzept des ersten Asylstaats*« sowie das »*Konzept des sicheren Drittstaates*« anzuwenden und einen Asylantrag als unzulässig abzulehnen. Anders als in § 29 AsylVfG a.F. werden diese Fallkategorien im Unionsrecht als »*unzulässige Anträge*« bezeichnet. Der deutsche Gesetzgeber verwendete diesen Begriff indes für Anträge, für deren Behandlung ein anderer Mitgliedstaat zuständig ist (§ 27a AsylG). Diese Frage wird im Unionsrecht jedoch nicht in der Verfahrensrichtlinie, sondern in der Verordnung (EU) Nr. 604/2013 geregelt. Die Verfahrensrichtlinie findet erst Anwendung, wenn im zuständigen Mitgliedstaat das Asylverfahren eingeleitet wird. Der davor gelagerten Phase der Zuständigkeitsbestimmung liegt zwar auch ein Asylantrag zugrunde, weil dieser ja erst den Klärungsprozess in Gang setzt, in dem der zuständige Mitgliedstaat bestimmt wird. Das Unionsrecht verwendet für diese Phase jedoch keinen besonderen Antragsbegriff. § 29 AsylG in der geltenden Fassung regelt zwar alle Formen unzulässiger Anträge. Abs. 1 Nr. 4 bezieht sich aber weiterhin auf § 27 und damit auf den Begriff der »politischen Verfolgung«. § 27 wurde nicht geändert, sodass Abs. 1 Nr. 4 auf Flüchtlinge keine Anwendung findet.

Der Gesetzgeber hatte nach Auffassung des BVerwG in § 29 Abs. 1 AsylVfG a.F. das *Konzept des ersten Asylstaates* umgesetzt (BVerwGE 144, 127, 132 Rn. 16 = NVwZ-RR 2013, 431 = EZAR NF 68 Nr. 15). Damit wurde der frühere Anwendungsbereich der Vorschrift auf das Konzept des ersten Asylstaates eingeschränkt. Das Konzept des sicheren Drittstaates hatte der Gesetzgeber damit nicht in Anspruch genommen. Das in Art. 38 RL 2013/32/EU geregelte unionsrechtliche Konzept des sicheren Drittstaates darf nicht mit dem deutschen Konzept des sicheren Drittstaats verwechselt werden. Für das deutsche in § 26a geregelte Konzept des sicheren Drittstaats ist vielmehr Art. 39 RL 2013/32/EU unionsrechtliche Befugnisnorm.

Nunmehr hat der Gesetzgeber in Abs. 1 die einzelnen Formen unzulässiger Anträge nach Art. 33 RL 2013/32/EU ins nationale Recht überführt. Abs. 1 Nr. 1a regelt allerdings die Verfahren nach der Verordnung (EU) Nr. 604/2013 (Dublin-Regelung), die nicht Gegenstand der Verfahrensrichtlinie sind. Abs. 1 Nr. 1b übernimmt die zweite Fallgruppe des § 27a AsylVfG a.F., hatte aber mangels entsprechender Rechtsvorschriften der Union außer der Verordnung (EU) Nr. 604/201 wie auch mangels völkerrechtlicher Verträge, die die Zuständigkeit von Vertragsstaaten für die Behandlung von Asylanträgen regeln, keine Bedeutung. Abs. 1 Nr. 2, der Art. 33 Abs. 2 Buchst. a) RL 2013/32/EU umsetzt, bezieht sich auf in einem anderen Mitgliedstaat anerkannte Schutzberechtigte, die nicht nach der Verordnung (EU) Nr. 604/2013 behandelt werden. Abs. 1 Nr. 3 verweist wohl auf Art. 33 Abs. 2 Buchst. c) RL 2013/32/EU. Der dort in Bezug genommene Art. 38 der Verfahrensrichtlinie enthält jedoch keine § 26a vergleichbare Regelung. Vielmehr ist unionsrechtliche Grundlage der Drittstaatenregelung nach § 26a Art. 39 RL 2013/32/EU. Diese Vorschrift wird aber in Art. 33 der Richtlinie nicht als unzulässiger Antrag behandelt. Daher entbehrt Abs. 1 Nr. 3 einer unionsrechtlichen Grundlage.

B. Unzulässiger Antrag nach der Verordnung (EU) Nr. 604/2013 – Dublin-Verfahren (Abs. 1 Nr. 1a)

I. Funktion des Abs. 1 Nr. 1a

2 Abs. 1 Nr. 1a ist ein Antrag unzulässig, wenn ein anderer Mitgliedstaat nach Maßgabe der Verordnung (EU) Nr. 604/2013 für die Behandlung des Asylantrags zuständig ist. Für das geltende Recht enthält Abs. 1 Nr. 1a die Rechtsgrundlage für die Verweisung von Asylsuchenden an einen anderen Mitgliedstaat. § 34a regelt die Abschiebungsandrohung. § 34a regelt die Abschiebungsanordnung, also die nationale Form der Überstellung, einschließlich des Rechtsschutzes (Erläuterungen s. dort) gegen die Abschiebungsanordnung. Anders als § 29 Abs. 3 AsylVfG a.F., wonach die Verweisung an den zuständigen Drittstaat durch eine Abschiebungsandrohung nach § 35 Satz 2 AsylG durchgesetzt wurde, gegen die Eilrechtsschutz nach § 36 Abs. 3 gegeben war (vgl. § 36 Abs. 1), wird nach Zustimmung des zuständigen Drittstaates die Abschiebungsanordnung nach § 34a Abs. 1 Satz 1 erlassen, mit der Folge, dass bis 2013 der Eilrechtsschutz entfiel (§ 34a Abs. 2 AsylVfG a.F.). Seit dem 06.09.2013 wird Eilrechtsschutz gegen die Abschiebungsanordnung nach Maßgabe von § 34 Abs. 2 AsylVfG n.F. wieder zugelassen. Völkerrechtliche Verträge, die zunächst im Rahmen von § 29 Abs. 3 AsylVfG a.F. Anwendung fanden, waren insbesondere das Dubliner Übereinkommen (DÜ) vom 15.06.1990 (BGBl. II 1994, S. 792) und das Schengener Durchführungsübereinkommen (SDÜ) vom 19.06.1990 (BGBl. II 1993, S. 1010). Dies war die Rechtslage im Zeitpunkt der Entscheidung des BVerfG im Jahr 1996 (BVerfGE 94, 49, 86 = NVwZ 1996, 700, 702 = EZAR 208 Nr. 7). Das SDÜ war

am 26.03.1996 für die Erstunterzeichnerstaaten *Bundesrepublik, Frankreich* und die *Benelux-Staaten* sowie die später hinzugekommenen Staaten *Spanien* und *Portugal* in Kraft getreten (BGBl. II S. 242). Die Zuständigkeitskriterien des SDÜ waren nahezu identisch mit denen des Dubliner Übereinkommens (*Dublin I*). Die Kommission hatte 2001 den Vorschlag für eine Verordnung zur Zuständigkeitsbestimmung vorgelegt (BR-Drucks. 959/01, 08.11.2001). Dieser Vorschlag beruhte auf Art. 63 Abs. 1 Nr. 1a EGV und löste das multilaterale System des DÜ ab. Die hierauf aufbauende Verordnung (EG) Nr. 343/2003 (*Dublin II-VO*) war auf alle Asylanträge anwendbar, die nach dem 01.09.2003 gestellt wurden (Art. 29 Abs. 2). Dänemark beteiligte sich nicht an der Verordnung. Daher regelte sich der bilaterale Verkehr nach der DÜ (Erwägungsgrund Nr. 18 u. 19). Die Verordnung (EU) Nr. 604/2003 (*Dublin III-VO*) hat die Dublin II-VO abgelöst (s. hierzu *Marx*, ZAR 2014, 5). Sie ist am 19.07.2013 in Kraft getreten (Art. 39 Abs. 1). Die Verordnung (EG) Nr. 343/2003 wurde aufgehoben (Art. 48 Abs. 1). Auch diese Verordnung ist auf *Dänemark* nicht anwendbar (Erwägungsgrund Nr. 42), während sich das Vereinigte Königreich und Irland beteiligen (Erwägungsgrund Nr. 41). Das völkerrechtliche Zuständigkeitssystem, das bis 2003 durch völkerrechtliche Verträge geregelt war, wurde zwar vergemeinschaftet. Für Dänemark gilt aber weiterhin das DÜ. *Norwegen* und die *Schweiz* nehmen als mit der Union assoziierte Staaten am Dubliner Zuständigkeitssystem teil. Mit diesen Staaten regelt sich der Rechtsverkehr damit auf der Grundlage völkerrechtlicher Verträge.

Die Verordnung (EU) Nr. 604/2013 ist auf alle Asylanträge anwendbar, die ab dem 01.01.2014 gestellt werden (Art. 49 Abs. 2, BVerwG, Urt. v. 13.02.2014 – 10 C 6.13, Rn. 13). Werden der Asylantrag und das Übernahmeersuchen nach diesem Zeitpunkt gestellt, gilt die neue Verordnung. Wurde der Asylantrag und das Übernahmeersuchen vorher gestellt, ist die alte Verordnung anwendbar. Darüber hinaus gilt die Verordnung (EU) Nr. 604/2013 zwar ab dem 01.01.2014 für alle Gesuche um Aufnahme oder Wiederaufnahme von Antragstellers – ungeachtet des Zeitpunkts der Antragstellung -, dies aber nur dann, wenn sie nicht bereits vor diesem Zeitpunkt gestellt wurden (BVerwG, NVwZ-RR 2014, 487/88 = InfAuslR 2014, 233, EZAR NF 95 Nr. 33, mit Verweis auf BVerwGE 150, 29 Rn. 27). Nach Auffassung der Kommission gilt für den Fall, dass der Antrag vor, das Übernahmeersuchen jedoch erst nach dem 01.01.2014 gestellt wurde, hinsichtlich der Verfahrens (Fristen, Überstellungen und Rechtsschutz) die neue Verordnung, die Zuständigkeit wird jedoch nach der alten Verordnung bestimmt. Die Rechtsprechung wendet für die Anträge, die zwischen dem Inkrafttreten der neuen Verordnung am 17.07.2013 und dem 31.12.2013 gestellt wurden, zwar die Zuständigkeitskriterien der alten, im Übrigen aber die neue Verordnung an (VG Arnsberg, Beschl. v. 03.04.2014 – 11 L 235/14.A, mit Bezugnahme auf VG Stuttgart, Urt. v. 28.02.2014 – A 12 K 383/14 – juris). Bedeutung hat dies insbesondere für die Ersuchensfrist im Wiederaufnahmeverfahren (Art. 23 Abs. 2 Verordnung [EU] Nr. 604/2013) und das Verwaltungsverfahren. Das Zuständigkeitssystem der Verordnung beruht auf dem Prinzip, das ein Asylantrag in der Union *nur in einem Mitgliedstaat* gestellt werden kann (»*one chance only*«). Um dieses in Art. 3 Abs. 1 Satz 1 Verordnung (EU) Nr. 604/2013 3 festgelegte Prinzip umzusetzen, legt die Verordnung die *Kriterien zur Bestimmung des zuständigen Mitgliedstaates* fest. Diese stehen in einem *hierarchischen Verhältnis*. Für die Zuständigkeitsbestimmung wird von der Situation ausgegangen, die zu dem Zeitpunkt besteht, in dem erstmals der Asylantrag gestellt wird (Art. 7 Abs. 2). Der Mitgliedstaat, in dem der Asylantrag gestellt wurde, *prüft zunächst die Zuständigkeit*. Zu diesem Zweck führt er ein *persönliches Gespräch* mit dem Antragsteller durch (Art. 5). Die Zuständigkeitsprüfung unterliegt dem Beschleunigungsgrundsatz. Der prüfende Mitgliedstaat hat darauf zu achten, dass die unsichere Situation des Antragstellers nicht durch ein unangemessenes langes Verfahren verschlimmert wird (EuGH, NVwZ 2012, 417, 420 Rn. 98 – *N.S.*; EuGH, NVwZ 2013, 729 Rn. 35 – *Puid*). Nach vorbehaltlosem Eintritt in die inhaltliche Sachprüfung soll deshalb keine Unterbrechung durch Überstellung an einen anderen Mitgliedstaat mehr stattfinden, sodass in der Sachprüfung ein stillschweigender Eintritt in das Selbsteintrittsrecht nach Art. 17 Abs. 1 liegt (*Funke-Kaiser*, in: GK-AsylG II, § 27a Rn. 64).

4 Die Bezeichnung »unzulässiger Antrag« ist aus unionsrechtlicher Sicht nicht zielführend. Der Begriff unzulässiger Antrag bezeichnet im Unionsrecht nicht einen Antrag, für dessen Bearbeitung ein anderer Mitgliedstaat zuständig ist, sondern u.a. Anträge, die im Rahmen von nationalen Drittstaatenregelungen behandelt werden, also die Abschiebung in Nicht-Mitgliedstaaten zulassen (Art. 33 Abs. 2 Buchst. a) bis c) RL 2013/32/EU). Die Verfahrensrichtlinie findet erst Anwendung, wenn im zuständigen Mitgliedstaat das Asylverfahren eingeleitet wird. Der davor gelagerten Phase der Zuständigkeitsbestimmung liegt zwar auch ein Asylantrag zugrunde, weil dieser ja erst den Klärungsprozess in Gang setzt, in dem der zuständige Mitgliedstaat bestimmt wird. Das Unionsrecht verwendet für diese Phase jedoch keinen besonderen Antragsbegriff (§ 29).

5 Insbesondere NGOs haben das Dubliner System in der Vergangenheit wiederholt kritisiert, weil es lediglich als abstraktes Verfahren der Zuständigkeitsbestimmung konzipiert wurde, mit dem im Rahmen des europäischen Asylsystems ausschließlich die Frage der Zuständigkeit der Mitgliedstaaten für die Prüfung eines Asylantrags festgelegt wird. Maßgebend für die derzeitige Aufteilung der Zuständigkeit für Asylsuchende in der Union ist trotz seiner rechtlichen Nachrangigkeit mangels Eingreifens vorrangiger Kriterien in der überwiegenden Zahl der Fälle das nachrangige Zuständigkeitskriterium der *illegalen Einreise* (Art. 13 Verordnung [EU] Nr. 604/2013). Dieses grundlegende Prinzip prägte bereits die vorangegangene Verordnung und die vorgängigen multilateralen Verträge. Dort wo der Flüchtling erstmals illegal in das Unionsgebiet einreist, wird sein Asylantrag bearbeitet, wenn nicht vorrangige Zuständigkeitskriterien – unbegleitete Minderjährige, familiäre Bindungen, Besitz des Aufenthaltstitels eines Mitgliedstaates – zu berücksichtigen sind oder der um Schutz ersuchte Mitgliedstaat von seinem Selbsteintrittsrecht Gebrauch macht. In der Regel entscheidet aber mangels Relevanz vorrangiger Kriterien und mangels Inanspruchnahme des Selbsteintrittsrechts das nachrangige Kriterium der irregulären Einreise die Zuständigkeit des Mitgliedstaates (Rdn. 37 ff.). Da seit nahezu drei Jahrzehnten als Folge der gemeinsamen Politik der Bekämpfung der irregulären Einreise die ganz überwiegende Mehrzahl der Flüchtlinge in Europa illegal und ohne Personaldokumente einreist, führt dies in der Praxis dazu, dass die Flüchtlinge über die grenznahen

Mitgliedstaaten, derzeit insbesondere über *Griechenland, Malta, Italien; Bulgarien* und *Ungarn* in die Union einreist.

6 Die Mitgliedstaaten halten ungeachtet der absehbaren Folgen, die das Festhalten am Kriterium der irregulären Einreise hervorruft, an der Hierarchie der Zuständigkeitskriterien fest. Weder das Schengener noch das Dubliner System wurde ungeachtet primärrechtlicher Verpflichtungen (Art. 80 AEUV) als System der Solidarität konzipiert und kann daher auch nicht in diesem Sinne gehandhabt werden. Die Folge ist eine willkürliche Aufteilung der Flüchtlinge in der Union. Der Ort der irregulären Einreise ist Folge der von den Flüchtlingen nicht beeinflussbaren Fluchtrouten. Diese wiederum ändern sich in Abhängigkeit von den jahrzehntelangen, letztlich aber wirkungslosen Anstrengungen der Union zur Verhinderung des Zugangs von Asylsuchenden und Flüchtlingen in die Union. Das Zuständigkeitssystem der Union macht sich damit von bloßen Zufälligkeiten abhängig. Das Versäumnis der Union, ein solidarisches System der Aufteilung von Verantwortlichkeit aufzubauen, hat also handfeste politische Folgen. Da das Dubliner System lediglich als abstraktes Zuständigkeitsbestimmungsverfahren konzipiert wurde, setzt seine operative Umsetzung weder ein gemeinsames Asylverfahren noch einen einheitlichen Status in allen Mitgliedstaaten voraus. Der Lissaboner Vertrag verpflichtet die Mitgliedstaaten dazu, einheitliche Standards in allen Mitgliedstaaten zu schaffen (Art. 78 AEUV). Jedoch machte weder die Verordnung (EG) Nr. 343/2003 noch macht die Verordnung (EU) Nr. 604/2013 dies zur Voraussetzung für ihre Anwendung. Dieser Prozess begann erst nach dem Inkrafttreten der ersten Verordnung und ist bis heute nicht abgeschlossen. Die Kommission kritisiert, dass die Unterschiede in der Behandlung von Asylbegehren zwischen den Mitgliedstaaten fortbestehen. Grund hierfür seien die mangelhafte Umsetzung der Rechtsakte sowie unterschiedliche Ansätze bei der praktischen Durchführung (Mitteilung an das Europäische Parlament, den Rat, den Europäischen Wirtschafts- und Sozialausschuss und den Ausschuss der Regionen: Künftige Asylstrategie – Ein integriertes Konzept für EU-weiten Schutz, KOM[2008] 360, 17.06.2008, S. 3)

7 Die Verordnung (EU) Nr. 343/2013 will zwar das Dubliner System verbessern sowie insbesondere sicherstellen, dass die individuellen Bedürfnisse der Asylsuchenden vollständig berücksichtigt werden. Die immanenten Strukturmängel werden jedoch nicht angegangen. Ob die aufgrund der Rechtsprechung des EuGH (EuGH, NVwZ 2012, 417 – *N.S.*) notwendig gewordene Ausnahmeklausel des Art. 3 Abs. 2 UAbs. 2 Verordnung (EU) Nr. 604/2013, wonach die Überstellung an einen Mitgliedstaat, in dem »systemische Schwachstellen« im Asylverfahren und den Aufnahmebedingungen vorherrschen, diesen Mängeln entgegen wirken, erscheint höchst zweifelhaft. Angesichts der stillschweigend unterstellten Sicherheitsvermutung ist etwa die deutsche Rechtsprechung bei der Anwendung dieser Ausnahmeregelung auf einige Mitgliedstaaten – wie z.B. Italien, Ungarn, Malta und Bulgarien – gespalten. Das angestrebte Ziel, für die Mitgliedstaaten und die Betroffenen nachvollziehbare und gerechte Kriterien für die Bestimmung des zuständigen Mitgliedstaates zu schaffen (Erwägungsgrund Nr. 5 Verordnung [EU] Nr. 604/2013), wird dadurch unterlaufen, dass eine Grundvoraussetzung für das Funktionieren des Dubliner Systems nicht erfüllt ist, nämlich, dass Asylsuchende aufgrund einheitlicher gesetzlicher Grundlagen

und Praxis in allen Mitgliedstaaten grundsätzlich in der Lage sind, ein gleichwertiges Schutzniveau in verfahrens- wie materiellrechtlicher Hinsicht zu finden (*UNHCR*, Analyse der vorgeschlagenen Neufassung für die Dublin II-Verordnung und die Eurodac-Verordnung, März 2009, S. 3). Alle Mitgliedstaaten sind zwar verpflichtet, menschenrechtliche Standards beim Aufbau ihrer Asylsysteme zu beachten. Die Praxis ist jedoch weit von diesem Ziel entfernt.

8 Die Zuständigkeitskriterien des Dubliner Systems beruhen auf dem *Verursacherprinzip*. Derjenige Mitgliedstaat, der einen Aufenthaltstitel erteilt oder seine Grenzen nicht wirksam kontrolliert, hat die Verantwortung für die Aufnahme des Flüchtlings. Das Verursacherprinzip ist insbesondere aus dem Umweltrecht bekannt und soll demjenigen, der einen »Schaden« verursacht, die Verantwortung für dessen Beseitigung aufbürden. Die unreflektierte Übernahme dieses Prinzips in das Flüchtlingsrecht ist allein deshalb schon fragwürdig. Die Folgen verdeutlichen die hierdurch »verursachten« Gefahren für die Flüchtlinge. Denn wegen des Verursacherprinzips wenden insbesondere die betroffenen Grenzstaaten Maßnahmen an, die darauf abzielen, den Zugang zu ihrem Territorium oder zum Asylverfahren zu verhindern (*ECRE*, Sharing Responsibility for Refugee Protection in Europe: Dublin Reconsidered, March 2008, S. 16; *Weinzierl*, Flüchtlinge: Schutz und Abwehr in der erweiterten EU, 2005, S. 160; s. auch *Blake*, The Dublin Convention and Rights of Asylum Seekers in the European Union, in: Implementing Amsterdam,Guild/Harlow, 2001, S. 94 (108 ff.; *Marx*, EJML 2001, 7, 18 f.; *Schröder*, ZAR 2003, 126, 130). In den vergangenen drei Jahrzehnten hat sich ein Politikmuster herausgebildet, dass auf Defizite bei der Regelung der Einreise der Flüchtlinge in die Union und deren Verteilung innerhalb der Union zuallererst mit Maßnahmen zur Verschärfung der Grenzkontrolle reagiert wird, ohne wirksam sicherzustellen, dass schutzbedürftige Flüchtlinge identifiziert werden und einreisen dürfen. So wurde z.B. bei den langjährigen Verhandlungen über die Verordnung (EG) Nr. 343/2003 der Widerstand von Italien und Griechenland gegen das Zuständigkeitskriterium der illegalen Einreise dadurch aufgehoben, dass diesen Staaten verstärkte Hilfen bei der Grenzkontrolle versprochen wurden. Gleichzeitig wird der Druck auf die grenznahen Mitgliedstaaten verstärkt, wirksame Grenzkontrollen durchzuführen.

9 Politische Folge des Verursacherprinzips ist also eine nachhaltige Beschädigung des grundlegenden Prinzips des Refoulementschutzes für Flüchtlinge (Art. 33 Abs. 1 GFK). Das Verursacherprinzip bringt darüber hinaus eine flüchtlingsfeindliche Einstellung in den überlasteten Aufnahmegesellschaften hervor, die das europäische Asylsystem zu vergiften droht. Haben Fehler bei der Immigrationskontrolle die Verantwortung für die Aufnahme der Asylsuchenden zur Folge, werden Flüchtlinge von der Gesellschaft als »Strafe« für »nationales Versagen« wahrgenommen und nationalistische, den Menschenrechten, Demokratie und dem Integrationsprozess zuwiderlaufende Tendenzen hervorgebracht und verfestigt. Der Flüchtlingsschutz darf bereits deshalb nicht nach der Systemlogik der Immigrationskontrolle praktiziert werden. Vielmehr ist er nach Maßgabe der Regeln für völkerrechtlich geschützte Personen zu verwirklichen. Das Dubliner System hat von Anfang an diese grundlegende Verantwortung nach dem Völkerrecht negiert und ein europäisches Asylsystem hervorgebracht, das in erster Linie den *systemlogischen Sachzwängen der Immigrationskontrolle* folgte.

Anders als die frühere Verordnung, die nur auf Anträge anwendbar war, mit denen die Zuerkennung der Flüchtlingseigenschaft begehrt wurde (Art. 1, 2 Buchst. c) Verordnung [EG] Nr. 343/2003), bezeichnet der in Art. 1 Verordnung (EU) Nr. 604/2013 verwandte Begriff *»Asylantrag«* alle *Anträge auf internationalen Schutz* im Sinne von Art. 2 Buchst. h) RL 2011/95/EU, schließt also auch den subsidiären Schutz ein. Die Verordnung findet auf alle Anträge Anwendung, die ab dem 01.01.2014 in der Union gestellt werden (Art. 49 Abs. 2; Rdn. 3). Früher war das unionsrechtliche Zuständigkeitssystem nicht anwendbar, wenn der Asylantrag vor Erteilung der Zustimmung des ersuchten Mitgliedstaates zurückgenommen und auf den subsidiären Schutz beschränkt wurde (EuGH, InfAuslR 2012, 296, 297 = NVwZ 2012, 817 Rn. 39, 42, 47 – *Kastrati*; VG Frankfurt am Main, InfAuslR 2011, 366, 367 = AuAS 2011, 189; Sigmaringen, InfAuslR 2012, 237; VG München, Urt. v. 08.09.2010 – M 2 K 09.50582; *Hailbronner/Thiery*, ZAR 1997, 55, 58; *Löper*, ZAR 2000, 16, 17; a.A. Nieders.OVG, AuAS 2008, 114; VG Regensburg, NVwZ-RR 2004, 692, 693 = AuAS 2004, 213; VG Regensburg, Beschl. v. 09.02.2012 – RO 9 E 12.30035; VG Saarlouis, Beschl. v. 14.06.2010 – 10 L 528/10). Eine nach Erteilung der Zustimmung erfolgte Rücknahme des Antrags auf den subsidiären Schutz lässt dagegen das Zuständigkeitssystem unberührt (BVerwG, Urt. v. 22.03.2016 – 1 C 10.15, Rn. 19; BayVGH, InfAuslR 2015, 403, 404). Nach geltendem Recht kann diese Wirkung durch Beschränkung des Antrags auf den subsidiären Schutz nicht mehr erzielt werden. Wird der Asylantrag jedoch von vornherein oder nachträglich vor der Erteilung der Zustimmung durch den ersuchten Mitgliedstaat auf den nationalen subsidiären Schutz (§ 60 Abs. 5 und 7 AufenthG, Art. 3 EMRK) beschränkt, findet die Verordnung keine Anwendung. Für die ursprüngliche Beschränkung legt die Rechtsprechung den Antrag zwar objektiv aus, sodass ungeachtet der Erklärungen des Antragstellers der mit flüchtlingsrelevanten Umständen begründete Antrag als Asylantrag i.S.d. § 13 Abs. 1 ausgelegt wird (§ 13 Rdn. 3 ff.). Eine nachträgliche Beschränkung auf nationalen Abschiebungsverbote unterliegt jedoch der freien Disposition des Antragstellers und bewirkt, dass die Verordnung (EU) Nr. 604/2013 keine Anwendung findet, wenn die Beschränkung vor Erteilung der Zustimmung erfolgt. Insoweit ist aber auch die *fiktive Zustimmung* (Art. 22 Abs. 7, Art. 25 Abs. 2 Verordnung [EU] Nr. 604/2013) zu beachten. Im Übrigen ist fraglich, ob die Rechtsprechung zu Art. 13 Abs. 1 auf den autonom zu bestimmenden unionsrechtlichen Antragsbegriff nach Art. 1, Art. 2 Buchst. b), Art. 3 Abs. 1 Verordnung (EU) Nr. 604/2013 anwendbar ist. Beantragt der Antragsteller ausdrücklich keinen internationalen Schutz, kann unabhängig vom Antragsinhalt sein Begehren nicht als Antrag im unionsrechtlichen Sinne ausgelegt werden. Der Antragsteller wird nicht an den anderen Mitgliedstaat überstellt, sondern sein Antrag im Bundesgebiet behandelt. Hat er zuvor einen Asylantrag gestellt, bleibt das Bundesamt zuständig (§ 24 Abs. 2). Beschränkt er von vornherein den Antrag auf dieses Ziel, ist die Ausländerbehörde originär zuständig, hat aber das Bundesamt zu beteiligen (§ 72 Abs. 2 AufenthG). 10

Nicht anwendbar ist die Vorschrift auf die Asylanträge von Personen, die bereits in einem anderen Mitgliedstaat Flüchtlings- oder subsidiären Schutz erhalten haben und wegen der dortigen systemischen Mängel in den sozialen Bedingungen oder aus anderen Gründen weiterreisen und im Bundesgebiet den Asylantrag erneut stellen. Dies 11 betrifft derzeit insbesondere Flüchtlinge aus Italien und stellt die Verwaltungspraxis vor bislang nicht geklärte Probleme. Art. 1 Verordnung (EU) Nr. 604/2013 bestimmt wie die gleichlautende Vorläufernorm, dass die Verordnung die Kriterien für die Bestimmung des Mitgliedstaates festlegt, »der für die Prüfung« des vom Asylsuchenden in einem Mitgliedstaat »gestellten Antrags auf internationalem Schutz« zuständig ist. Da diese Prüfung bereits in einem Mitgliedstaat durchgeführt wurde, richtet sich die Rückführung dieser Personen nach Maßgabe bilateraler Rückübernahmeabkommen (*Pelzer*, Beilage zum Asylmagazin 2013/7–8, S. 29, 31). Andererseits verwehrt es Unionsrecht den Mitgliedstaaten nicht (Art. 33 Abs. 2 Buchst. b) RL 2013/32/EU), diese Anträge nach Maßgabe ihres nationalen Rechts zu behandeln (Art. 33 Abs. 2 Buchst. b) RL 2013/32/EU; s. hierzu im Einzelnen § 71a Rdn. 35 ff.). Vor einer Rückführung dieser Personen in den zuständigen Mitgliedstaat ist allerdings auf der Grundlage des jeweils maßgebenden Rückführungsabkommens die Zustimmung zur Übernahme einzuholen (§ 71a Rdn. 41). Das bereits im Dublin-Verfahren an diesen gerichtete Ersuchen berechtigt nicht zur Durchführung der Rückführung. Vielmehr ist auf der Grundlage des betreffenden Übernahmeabkommens und nach Maßgabe der dort geregelten Fristen erneut ein Ersuchen an diesen Mitgliedstaat zu richten. Ist die Ersuchensfrist abgelaufen, ist die Rückführung nicht mehr zulässig und darf deshalb die Abschiebungsanordnung nach § 34a Abs. 1 nicht erlassen bzw. muss sie werden.

II. Zuständigkeitskriterien (Art. 7 bis 17 Verordnung [EU] Nr. 604/2013)

1. Funktion der Zuständigkeitskriterien

12 Die Verordnung (EU) Nr. 604/2013 bestimmt die Kriterien zur Bestimmung des zuständigen Mitgliedstaats zur Behandlung des Asylantrags zunächst wie früher vorrangig nach Maßgabe der *Grundsatzes der Familieneinheit* (BVerfG [Kammer], AuAS 2001, 7, 8 = InfAuslR 2000, 364; VG Gießen, AuAS 2005, 70) und im Übrigen nach dem *Verursacherprinzip* (*Dörr*, DÖV 1993, 696, 701), d.h. es wird in diesem Fall geprüft, ob der Asylsuchende einen Aufenthaltstitel eines Mitgliedstaates besitzt. Ist dies nicht der Fall, kommt es auf die illegale Einreise an. Zielsetzung der Verordnung ist, dass immer nur ein Staat für die Prüfung des Asylbegehrens zuständig ist (Art. 3 Abs. 1). Damit soll verhindert werden, dass der Asylsuchende von einem Mitgliedstaat in den anderen abgeschoben wird, ohne dass sich einer dieser Staaten für zuständig erklärt (BVerfGE 94, 49, 86 = EZAR 208 Nr. 7 = NVwZ 1996, 700). An dieser Zielsetzung hat sich die Interpretation der Zuständigkeitskriterien und damit auch die Auslegung und Anwendung von § 27a auszurichten. Dieser Zielsetzung waren auch die vorangegangene Verordnung wie auch die früheren völkerrechtlichen Abkommen verpflichtet. Entsprechend dem Verursacherprinzip errichten die Zuständigkeitskriterien einen *hierarchisch gestaffelten Kriterienkatalog* (*Hailbronner/Thiery*, ZAR 1997, 55, 57; Huber, NVwZ 1998, 150, 151). Dabei sind die in Art. 8 bis 15 genannten Kriterien in der im Kapitel III bezeichneten Reihenfolge anzuwenden (Art. 7 Abs. 1). Nach Art. 7 Abs. 2 wird *von der Situation* ausgegangen, die *in dem Zeitpunkt* gegeben ist, in dem der Antragsteller seinen *Asylantrag zum ersten Mal* in einem Mitgliedstaat stellt. Lässt sich anhand der Kriterien der Verordnung die Zuständigkeit nicht feststellen, ist der erste Mitgliedstaat, in dem der Asylantrag gestellt

wurde, zuständig (Art. 3 Abs. 2 UAbs. 1 Verordnung [EU] Nr. 604/2013). Diese Auffangzuständigkeit war früher in Art. 13 Verordnung (EG) Nr. 343/2013 geregelt.

13 Erweist es sich wegen *systemischer Mängel* (Rdn. 45 ff.) als unmöglich, die Überstellung in den zuständigen Mitgliedstaat zu vollziehen, wird die Zuständigkeitsprüfung fortgesetzt und hat der Mitgliedstaat die Zuständigkeit zu übernehmen, wenn kein anderer Mitgliedstaat bestimmt werden kann (Art. 3 Abs. 2 UAbs. 2 und 3). Der prüfende Mitgliedstaat kann jedoch stets aufgrund der Ermessensklauseln nach Art. 17 die Zuständigkeit anstelle des zuständigen Mitgliedstaates übernehmen. Aufgrund der weitreichenden Mitwirkungspflichten, welche die Verordnung (EU) Nr. 604/2013 Asylsuchenden gewährleistet, die sich insbesondere auf die Zuständigkeitsprüfung beziehen, besteht ein *subjektives Recht auf sachgerechte Zuständigkeitsprüfung* (*Marx*, NVwZ 2014, 198, 199). Das betrifft die Zuständigkeitskriterien, die aus dem Verlauf der Reiseroute folgen. Der ersuchte Staat stimmt zu, wenn die für seine Zuständigkeit sprechenden Indizien kohärent, nachprüfbar und hinreichend detailliert sind (Art. 22 Abs. 5; Art. 23 Abs. 4; Art. 24 Abs. 2 und 5 Verordnung [EU] Nr. 604/2013). Die Überprüfungen werden auch anhand der Erklärungen des Antragstellers vorgenommen (Art. 21 Abs. 3 UAbs. 1, Art. 23 Abs. 4 UAbs. 1, Abs. 5 UAbs. 1), und fügt der ersuchende Mitgliedstaat zweckmäßigerweise die Niederschrift des persönlichen Gesprächs (Art. 5 Abs. 7), in dem der Reiseweg aufgeklärt wird, bei. »Um das Verfahren zur Bestimmung des zuständigen Mitgliedstaats zu erleichtern,« hat der Asylsuchende ein *subjektives Recht auf persönliche Anhörung* (Art. 5 Abs. 1; Rdn. 66), das zeitnah zu führen ist und den Zweck verfolgt, die für die sachgerechte Anwendung der Verordnung maßgebenden Umstände aufzuklären.

14 Die alte Verordnung verwies lediglich auf die Möglichkeit, nach nationalem Recht einen Rechtsbehelf zuzulassen (Art. 19 Abs. 2 Satz 3 Verordnung [EG] Nr. 343/2003). Umstritten war, ob aufgrund dieser Norm im nationalen Rechtsbehelfsverfahren Einfluss auf die sachgerechte Durchführung der Zuständigkeitsprüfung genommen werden konnte. Dies hat der EuGH mit dem Hinweis, dass die Zuständigkeitskriterien *die Beziehungen zwischen den Mitgliedstaaten regeln* (EuGH, NVwZ 2014, 208, 210 Rn. 56 – *Abdullahi*), wohl verneint. Nach der geltenden Verordnung ist jedoch wirksamer Rechtsschutz einschließlich transparenter Verfahren unter Zulassung von Eilrechtsschutz (Art. 27 Abs. 3 Verordnung [EU] Nr. 604/2013) zu gewährleisten und folgt aus Art. 5 Abs. 1, dass das subjektive Recht des Asylsuchenden auf das persönliche Gespräch (Rdn. 13) zur Ermittlung der Zuständigkeitskrititerien sich unmittelbar auf das bilaterale Zustimmungsverfahren bezieht. Daher darf dem Asylsuchenden für die Durchführung der Verordnung nicht mehr ein Recht auf Mitwirkung verwehrt werden. Zwar kann Rechtsschutz nur gewährt werden, wenn Rechte bestehen. Der Gerichtshof weist in *Abdullahi* aber darauf hin, dass die Verordnung gem. Art. 288 Abs. 2 AEUV allgemeine Geltung hat und daher schon ihrer Rechtsnatur und ihrer Funktion im Rechtsquellensystem des Unionsrechts nach Rechte der Einzelnen begründen kann, die die nationalen Gerichte schützen müssen (EuGH, NVwZ 2014, 208, 209 Rn. 48 – *Abdullahi*). Andererseits ist dem ersuchenden Mitgliedstaat die Berufung auf das *Prinzip gegenseitigen Vertrauens* verwehrt, wenn er den ersuchten Staat täuscht, dessen Vertrauen in die Vollständigkeit und Richtigkeit des

mit dem Ersuchen mitgeteilten Sachverhalts also missbraucht. Die mit der geltenden Verordnung verstärkten Mitwirkungsrechte des Einzelnen dienen daher auch dem Zweck, den ersuchten Staat vollständig über den Reiseverlauf zu informieren, um dadurch Täuschungshandlungen im gegenseitigen Rechtsverkehr der Mitgliedstaaten zu verhindern. Werden die Erklärungen des Einzelnen dem ersuchten Staat nicht vorgelegt, wird nicht nur das Vertrauen des Asylsuchenden, sondern auch das des ersuchten Staates verletzt (*Marx*, NVwZ 2014, 198, 200). Wird aber dem ersuchten Mitgliedstaat nicht der vollständige Reiseverlauf mitgeteilt, ist die Abschiebungsandrohung verfahrensfehlerhaft (VG Lüneburg, InfAuslR 2014, 376).

15 In *Puid* hat der Gerichtshof die Ansicht des Hess.VGH, dass nach Ausfall des an sich zuständigen Mitgliedstaats aus Art. 3 Abs. 2 der Verordnung eine Verpflichtung zum Selbsteintrittrecht bestehe, zurückgewiesen und lapidar erklärt, Art. 3 Abs. 2 könne eine solche Annahme nicht rechtfertigen. Wie in *N.S.* bereits festgestellt, sei vielmehr die Zuständigkeitsprüfung fortzusetzen (EuGH, NVwZ 2013, 129 Rn. 34 f. – *Puid*). In *Abdullahi* ging es darum, ob der Asylsuchende mit dem in Art. 19 Abs. 2 Verordnung (EG) Nr. 343/2003 zur Verfügung stehendem Rechtsbehelf eine sachgerechte Durchführung der Zuständigkeitsprüfung durchsetzen kann. Rechtsschutz und Vertrauensprinzip stehen in einem engen Zusammenhang. Zwar kann der Einzelne die Anwendung der Zuständigkeitskriterien nur unter dem Vorbehalt systemischer Mängel (Rdn. 45 ff.) nach Art. 3 Abs. 2 UAbs. 1 Verordnung (EU) Nr. 604/2013 im nationalen Rechtsbehelfsverfahren rügen. Er kann darüber hinaus aber mit dem wirksamen Rechtsbehelf des Art. 27 Abs. 1 insbesondere seine ihm in der Verordnung gewährten Rechte bei der Gestaltung des Zustimmungsverfahrens durchsetzen und eine sach- und fristgerechte Anwendung der Zuständigkeitskriterien durchsetzen. Fristvorschriften dienen dem Schutz des Einzelnen. Mitwirkungsrechte und Fristvorschriften zusammen gewährleisten, dass bei der Durchführung der Verordnung Grundrechte nicht verletzt werden. Da der EuGH in inzwischen gefestigter Rechtsprechung auf beschleunigte Durchführung der Prüfung drängt und in *Abdullahi* erneut auf das »Ziel einer zügigen Bearbeitung der Asylanträge« und insbesondere darauf hinweist, dass das Beschleunigungsgebot auch im »Interesse der Asylbewerber« (EuGH, NVwZ 201 4, 208, 209 Rn. 53, 59 – *Abdullahi*) ist, darf der ersuchende Mitgliedstaat nicht ohne Not die Zwei- oder Dreimonatsfrist (Art. 21 Abs. 1 Verordnung [EU] Nr. 604/2013) ausschöpfen. Kann der ersuchende Staat keine überzeugenden Gründe für eine Verzögerung angeben, verletzt er Rechte des Asylsuchenden und geht die Zuständigkeit wegen Fristverletzung auf diesen über.

16 Beruft sich der ersuchende Staat auf die *Zustimmungsfiktion* nach Art. 22 Abs. 7 oder Art. 24 Abs. 3, hat er aber unter Verletzung der Mitwirkungspflichten des Asylsuchenden den ersuchten Staat nicht zutreffend informiert, setzt er sich über geltendes Unionsrecht hinweg, wenn er dennoch die Überstellung vollzieht. Das Ersuchen hat Mitwirkungsrechte des Asylsuchenden und das Vertrauen des ersuchten Mitgliedstaates verletzt und ist unwirksam. Damit ist die Ersuchensfrist des Art. 21 Abs. 1 bzw. Art. 23 Abs. 2 überschritten und die Zuständigkeit geht auf den ersuchenden Staat über. Ebenso stellt sich die Rechtslage dar, *wenn der ersuchende den ersuchten Staat* unter Verletzung von Mitwirkungsrechten *täuscht* und dieser zustimmt. Eine Täuschungshandlung,

also ein unzureichendes, bewusst fehlerhaftes und unter Verletzung von Verfahrensvorschriften gestelltes Ersuchen ist unwirksam und hat stets zur Folge, dass die Ersuchensfrist überschritten und die Zuständigkeit auf den ersuchenden Staat übergeht. Auch die Rechtsprechung geht davon aus, dass eine Zuständigkeit des ersuchten Staates nur angenommen werden kann, wenn er »richtig und vollständig« über den gesamten Reiseweg des Asylsuchenden informiert wird. Andernfalls werde für den ersuchten Staat nicht ersichtlich, dass ein anderer Mitgliedstaat zuständig sei (VG Saarland, Beschl. v. 11.02.2014 – 3 L 95/14).

2. Vorrang familiärer Bindungen (Art. 8 bis 11 Verordnung [EU] Nr. 604/2013)

a) Funktion des Vorrangs

Finden auf familiäre Bindungen beruhende Kriterien Anwendung, haben diese bei der Zuständigkeitsbestimmung Vorrang gegenüber anderen Kriterien. Weder der Besitz eines Aufenthaltstitels noch die illegale Einreise sind daher für die Frage, welcher Mitgliedstaat zuständig ist, maßgebend. Die Verordnung (EU) Nr. 604/2013 behält zwar die frühere restriktive Praxis der Zusammenführung bei, lässt aber für die Anwendung behutsame Lockerungen zu. Bei der Auslegung und Anwendung der Vorschriften über die Zusammenführung ist darauf zu achten, dass diese im Einklang mit der EMRK und der Charta erfolgt. Daher ist die Achtung des Familienlebens ein vorrangiges Kriterieren (Erwägungsgrund 14). Ferner sollen Anträge von Familienangehörigen möglichst gemeinsam, also durch einen Mitgliedstaat behandelt werden, um sicherzustellen, dass diese sorgfältig geprüft werden, Entscheidungen kohärent sind und die Mitglieder einer Familie nicht voneinander getrennt werden (Erwägungsgrund 15). Wie früher wird die Familie nur zusammengeführt, wenn im angestrebten Mitgliedstaat bereits ein Familienmitglied ein Aufenthaltsrecht aufgrund der Statuszuerkennung besitzt oder über den Asylantrag eines Familienmitglieds noch keine erste Sachentscheidung getroffen ist (Art. 9 und 10 Verordnung (EU) Nr. 604/2013). Ergänzend gewinnt aber die humanitäre Klausel in Art. 17 Abs. 2 besondere Bedeutung (Rdn. 27 ff.). Darüber hinaus wird durch die Erweiterung der Verordnung auf den subsidiären Schutz der Begünstigtenkreis dadurch erweitert, dass ein Familienmitglied, das aufgrund des subsidiären Schutzstatus einen rechtmäßigen Aufenthalt im Aufnahmemitgliedstaat hat, die Zusammenführung vermittelt. Art. 9 bis 11 regeln im Einzelnen die Frage der Zusammenführung von Familienangehörigen. 17

Besonderes Gewicht legt die Verordnung auf den Schutz Minderjähriger, insbesondere unbegleiteter Minderjähriger (Rdn. 19 ff.) und räumt dabei dem *Kindeswohl* (EuGH, NVwZ-RR 2013, 735, 736 Rn. 59 – *MA, BT, DA*) hohe Priorität ein (Art. 6 und 8). Die Zuständigkeit für begleitete Minderjährige ist untrennbar mit der Zuständigkeit für die Behandlung des Asylantrags des Elternteils, mit dem der Minderjährige eingereist ist, verbunden (Art. 11). Für unbegleitete Minderjährige bestimmt sich die Zuständigkeit danach, wo sich ein Familienangehöriger rechtmäßig aufhält. Dabei wird dieser Begriff auf weitere Personen (Onkel, Tanten, Großeltern) erweitert. Im Hinblick auf die Anwendung der in Art. 6, 8 und 10 genannten Kriterien sind alle vorliegenden Indizien für den Aufenthalt von Familienangehörigen, Verwandten oder Personen jeder anderen verwandtschaftlichen Beziehung des Antragstellers im Hoheitsgebiet eines 18

Mitgliedstaates zu berücksichtigen, sofern sie vom Antragsteller vorgebracht werden, bevor ein anderer Mitgliedstaat dem Ersuchen stattgegeben hat (Art. 7; EuGH, NVwZ-RR 2013, 735, 736 Rn. 59 – *MA, BT, DA*). Zu diesem Zweck ist ein persönliches Gespräch durchzuführen (Art. 5 Abs. 1).

b) Unbegleitete Minderjährige (Art. 8 Verordnung [EU] Nr. 604/2013)

19 Ist das auf unbegleitete Minderjährige bezogene Kriterium anwendbar, sind andere Kriterien nachrangig. Ein unbegleiteter Minderjähriger ist ein Minderjähriger, der ohne Begleitung eines für ihn nach dem nationalen Recht oder den Gepflogenheiten des Aufnahmestaates verantwortlichen Erwachsenen in diesen einreist, solange er sich nicht tatsächlich in der Obhut eines solchen Erwachsenen befindet. Erfasst werden auch Minderjährige, die nach der Einreise dort ohne Begleitung zurückgelassen werden (Art. 2 Buchst. j) Verordnung [EU] Nr. 604/2013). In diesen Fällen, ist der Mitgliedstaat zuständig, in dem sich ein Familienangehöriger oder eines der Geschwister des unbegleiteten Minderjährigen rechtmäßig aufhält, sofern dies dem *Kindeswohl* entspricht (Art. 8 Abs. 1). Da es auf den Zeitpunkt der Antragstellung ankommt (Art. 7 Abs. 2), ist die *spätere Inobhutnahme* unerheblich (VG Minden, Beschl. v. 19.11.2013 – 10 L705/13.A; *Funke-Kaiser*, in: GK-AsylG II, § 27a Rn. 65). Ein rechtmäßiger Aufenthalt der Bezugsperson besteht auch, wenn diese einen noch nicht entschiedenen Asylantrag gestellt hat (Rdn. 20 f.). In diesem Zusammenhang erlegt Art. 6 den Behörden zum Schutze und zur wirksamen Rechtsvertretung des Minderjährigen eine Reihe von Verpflichtungen auf. Insbesondere hat der Mitgliedstaat, in dem der unbegleitete Minderjährige den Asylantrag stellt, so bald wie möglich von Amts wegen Ermittlungen durchzuführen, um geeignete Bezugspersonen in den Mitgliedstaaten zu ermitteln (Art. 6 Abs. 4). Es gilt der primärrechtlich entwickelte Grundsatz, dass Minderjährige nach Möglichkeit nicht in einen anderen Mitgliedstaat zu überstellen sind (EuGH, NVwZ-RR 2013, 735, 736 Rn. 55 – *MA, BT, DA*). Durchgängig stehen alle Regelungen unter dem Vorbehalt des Kindeswohls. Die Verordnung ist danach so zu verstehen, dass es für die Bestimmung des zuständigen Mitgliedstaats zwar nicht auf die Zustimmung des unbegleiteten Minderjährigen ankommt, es im Regelfall aber seinem Wohl entspricht, wenn er mit der Überstellung einverstanden ist.

20 Für die Zuständigkeit des Mitgliedstaates zur Behandlung des Asylantrags des unbegleiteten Minderjährigen legt die Verordnung ein differenziertes Konzept fest: Ist der Antragsteller ein verheirateter Minderjähriger, dessen Ehepartner sich nicht rechtmäßig in der Union aufhält, ist der Mitgliedstaat zuständig, in dem sich der Vater, die Mutter oder ein anderer Erwachsener, der nach dem Recht oder den Gepflogenheiten des Aufenthaltsstaates für den Minderjährigen verantwortlich ist, oder eines seiner Geschwister aufhält (Art. 8 Abs. 1), sofern es dem *Kindeswohl* dient. Rechtmäßig ist auch der Aufenthalt eines Asylbewerbers (*Filzwieser/Sprung*, Dublin II-Verordnung, 3. Aufl., S. 89; *Hailbronner*, AuslR B 2 § 27a AsylVfG Rn. 47; a.A. *Funke-Kaiser*, in: GK-AsylG II, § 27a Rn. 71) wie auch der geduldete Aufenthalt (*Hailbronner*, AuslR B 2 § 27a AsylVfG Rn. 47). Die Erklärung des Vaters, aufgrund der Trennung der Eltern sei das Verhältnis zwischen ihm und den Minderjährigen derzeit schwierig, steht der

Annahme, dass die Zusammenführung mit diesem dem Kindeswohl dient, nicht entgegen (VG Hannover, Beschl. v. 10.12.2009 – 13 B 6047/09). Auch Stiefgeschwister sind zu berücksichtigen. Es kommt nicht mehr wie nach früherem Recht (VG Saarlouis, Beschl. v. 31.05.2011 – 2 L 458/11) darauf an, dass der Bruder zum Vormund bestellt ist. Auch minderjährige Geschwister vermitteln die Zusammenführung. Sind derartige Bezugspersonen nicht vorhanden, hält sich aber ein Verwandter rechtmäßig in einem Mitgliedstaat auf und wird festgestellt, dass der Verwandte für den unbegleiteten Minderjährigen sorgen kann, wird dieser mit dem Verwandten zusammengeführt, wenn dies dem Kindeswohl entspricht. Der Aufnahmestaat des Verwandten wird damit zuständiger Mitgliedstaat (Art. 8 Abs. 2). Verwandte sind der volljähriger Onkel, die volljährige Tante oder ein Großelternteil (Art. 2 Buchst. h)). Halten sich Familienangehörige, Geschwister oder Verwandte in mehr als einem Mitgliedstaat auf, wird der zuständige Mitgliedstaat danach bestimmt, was dem Wohl des unbegleiteten Minderjährigen dient (Art. 8 Abs. 3). Dem Kindeswohl entspricht es, insbesondere auf die Geeignetheit zur Betreuung des Minderjährigen, frühere Bindungen und den Grad der verwandtschaftlichen Nähe und auf das Wohlergehen und die soziale Entwicklung des Minderjährigen unter besonderer Berücksichtigung seines persönlichen Hintergrunds abzustellen (Art. 6 Abs. 3 Buchst. b)).

Sind derartige Bezugspersonen nicht vorhanden, ist der Mitgliedstaat zuständig, 21 in dem der unbegleitete Minderjährige seinen Asylantrag gestellt hat, sofern es dem Kindeswohl entspricht (Art. 8 Abs. 4). Dies gilt, wenn die Bezugsperson keinen rechtmäßigen Aufenthalt hat. In der Rechtsprechung des EuGH, wurde diese im alten Recht umstrittene Frage kurz vor Inkrafttreten der Verordnung (EU) Nr. 604/2013 in diesem Sinne entschieden (EuGH, NVwZ-RR 2013, 735, 736 Rn. 60, 66 – *MA, BT, DA;* BVerwG, Urt. v. 16.11.2015 – 1 C 4.15). Wurde etwa im Mitgliedstaat der Einreise kein Asylantrag gestellt, darf dieser nicht wegen der Einreise als zuständiger Mitgliedstaat behandelt werden. Vielmehr folgt aus der Vorrangigkeit von Art. 8 Abs. 4 gegenüber Art. 13, dass der erstmals im Bundesgebiet gestellte Asylantrag die Zuständigkeit der Bundesrepublik begründet (VG Braunschweig, InfAuslR 2012, 200). Ist der im Staat der Einreise durch einen 14 Jahre alten Minderjährigen gestellte Asylantrag mangels Bestellung eines Vertreters nicht wirksam, kommt es auf den ersten wirksam gestellten Asylantrag im Bundesgebiet an (VG München, Beschl. v. 08.12.2012 – M 23 K 12.30477; a.A. München, Beschl. v. 21.02.2011 – M 11 K 11.30057; VG Saarlouis, Beschl. v. 22.08.2011 – 5 L 744/11). Nach der Gegenmeinung hätte ein Vormund in Italien den Asylantrag stellen müssen (VG München, Beschl. v. 21.02.2011 – M 11 K 11.30057). Nach Art. 8 Abs. 4 der Verordnung kommt es jedoch nicht auf die Möglichkeit, sondern darauf an, dass der Antrag tatsächlich gestellt wurde. Der Einwand, es sei auch dann nicht Sache deutscher Behörden, die Rechtmäßigkeit der Entscheidung ausländischer Staaten zu überprüfen oder infrage zu stellen, wenn im Mitgliedstaat, in dem der Asylantrag gestellt wurde, kein Vormund für die Antragstellung bestellt worden war (VG Saarlouis, Beschl. v. 22.08.2011 – 5 L 744/11), verkennt, dass die Mitgliedstaaten alle geeigneten Maßnahmen einschließlich der Bestellung eines Vormunds zu ergreifen haben (Art. 6 Abs. 4). Selbst dann, wenn der erste Asylantrag wirksam war, sollen unbegleitete Minderjährige grundsätzlich nicht in einen anderen Mitgliedstaat überstellt werden und darf das Zuständigkeitsbestimmungsverfahren nicht länger als unbedingt nötig verzögert werden (EuGH, NVwZ-RR 2013, 735, 736 Rn. 55 – *MA, BT, DA*). Ferner hat der ersuchende Staat nach Art. 10 Abs. 2 RL 2008/115/EG sich vor der Vollstreckung zu vergewissern, ob der Minderjährige im ersuchten Staat einem Mitglied der Familie, einem offiziellen Vormund oder einer geeigneten Aufnahmeeinrichtung übergeben werden kann (Hess. VGH, InfAuslR 2013, 82, 83 = AuAS 2013, 18; s. auch § 58 Abs. 1a AufenthG).

c) Zusammenführung von Familienangehörigen (Art. 9 bis 11 Verordnung [EU] Nr. 604/2013)

22 Die Vorschriften zur Zusammenführung in Art. 9 bis 11 beruhen auf dem Begriff des Familienangehörigen nach Art. 2 Buchst. g). Verordnung (EU) Nr. 604/2013 (s. hierzu *Welte*, InfAuslR 2016, 162) Dieser setzt begrifflich grundsätzlich voraus, dass die Mitglieder der Familie bereits im Herkunftsland zusammengelebt haben (krit. hierzu *Maiani/Hruschka*, ZAR 2014, 69, 73). Danach kann zunächst der Antragsteller mit seinem Ehegatten oder nicht verheirateten Partner, sofern dieser mit ihm eine dauerhafte Beziehung führt und mit dem nicht verheirateten Partner, sofern nach nationalem Recht nicht Paare ausländerrechtlich wie verheiratete Paare behandelt werden, zusammengeführt werden (Art. 2 Buchst. h) erster Spiegelstrich). Ob der Antragsteller mit einem nichtverheirateten oder gleichgeschlechtlichen Partner zusammengeführt werden kann, richtet sich nach dem Recht des Mitgliedstaates, dessen Zuständigkeit geprüft wird (*Funke-Kaiser*, in: GK-AsylG II, § 27a Rn. 79). Ist der bereits im Bundesgebiet lebende Familienangehörige in seiner Eigenschaft als international Schutzberechtigter aufenthaltsberechtigt (§ 25 Abs. 2 AufenthG), ist die Bundesrepublik für die Behandlung des Asylantrags der Familienangehörigen zuständig, sofern die Betroffenen dies schriftlich beantragen (Art. 9). Verlässt der Partner den Antragsteller oder reist er aus dem Mitgliedstaat, in dem der Antrag gestellt wurde, aus, bleibt es bei der Zuständigkeit nach Art. 9. Das gilt auch im Fall des Art. 10 (a.A. *Funke-Kaiser*, in: GK-AsylG II, § 27a Rn. 87). Die Gegenmeinung hält in diesem Fall die Zusammenführung nicht mehr für möglich, verkennt indes, dass es auf den Zeitpunkt der Antragstellung ankommt (Art. 7 Abs. 2). Findet Art. 9 Anwendung, kommt es nicht darauf an, ob die Partner bereits im Herkunftsland zusammengelebt haben. Nur für diesen Fall macht die Verordnung von diesem Erfordernis eine Ausnahme. Die Rechtsprechung hat die Vorläufernorm auch in dem Fall angewandt, in dem der im Bundesgebiet lebende Angehörige als Kontingentflüchtling im Besitz einer Niederlassungserlaubnis nach § 23 Abs. 2 AufenthG (jetzt Abs. 4 AufenthG) war (VG Meiningen, Urt. v. 21.10.2010 – 3 K20127/10 Me), nicht jedoch, wenn der Ehegatte lediglich im Besitz einer Aufenthaltserlaubnis nach anderen Rechtsvorschriften war.

23 Für die Zusammenführung der Angehörigen zu einem Mitglied, der im Aufnahmemitgliedstaat einen Asylantrag gestellt hat, über den noch keine Erstentscheidung getroffen wurde, gilt dies grundsätzlich nicht (Art. 10). Da der EuGH für die Auslegung sekundärrechtlicher Vorschriften primärrechtliche Grundsätze heranzieht und dabei die Rechtsprechung des EGMR berücksichtigt, der EGMR den »ausländerrechtlichen

Status« wie den »Flüchtlingsstatus« als »sonstigen Status« im Sinne von Art. 14 EMRK versteht und für die Diskriminierung auf die Situation vergleichbarer Gruppen mit einem derartigen Status abstellt (EGMR, Urt. v. 06.11.2012 – Nr. 22341/09, Rn. 47 ff. – *Hode and Abdi*), ist Art. 10 Abs. 1 grundrechtskonform auszulegen und darf deshalb das Erfordernis des Zusammenlebens im Herkunftsland der Zusammenführung nicht entgegen gehalten werden. Mit Erstentscheidung ist die erst inhaltliche Sachentscheidung gemeint (*Hailbronner,* AuslR B 2 § 27a AsylG Rn. 54; *Funke-Kaiser,* in: GK-AsylG II, § 27a Rn. 95). Soweit auf die Entscheidung, bei einem Zweit- oder Folgeantrag keine weiteres Verfahren durchzuführen, verwiesen wird (*Funke-Kaiser,* in: GK-AsylG II, § 27a Rn. 71), ist dies nur bei einem Zweitantrag zutreffend. Bei einem Folgeantrag wurde jedoch bereits im Erstverfahren eine erste Sachentscheidung getroffen.

Leben minderjährige Kinder im Bundesgebiet, kommt eine Zusammenführung der Eltern oder eines Erwachsenen, der nach nationalem Recht oder den Gepflogenheiten diesen gleichbehandelt wird, mit den Kindern in Betracht, sofern diese ledig sind, gleichgültig, ob es sich nach dem nationalen Recht um eheliche oder außerehelich geborene oder adoptierte Kinder handelt (Art. 2 Buchst. h) zweiter Spiegelstrich). Halten sich der Vater, die Mutter oder ein anderer Erwachsener, der nach dem Recht oder den Gepflogenheiten des Aufenthaltsstaates für den Minderjährigen verantwortlich ist, im Bundesgebiet auf, kann der ledige minderjährige Antragsteller mit diesen zusammengeführt werden (Art. 2 Buchst. h) dritter Spiegelstrich). Umgekehrt können diese Bezugsperson mit dem ledigen Minderjährigen, dem im Aufnahmemitgliedstaat internationaler Schutz gewährt wurde, zusammengeführt werden (Art. 2 Buchst. h) vierter Spiegelstrich). Besitzt der ledige Minderjährige diese Rechtsstellung nicht, richtete sich die Zusammenführung nach den Regelungen für unbegleitete Minderjährige (Rdn. 19 ff.). Nach Art. 11 Abs. 1 Buchst. a) der Verordnung ist die Trennung mehrerer Familienmitglieder und/oder unverheirateter minderjährige Geschwister, die gleichzeitig oder in so großer zeitlicher Nähe einen Asylantrag in demselben Mitgliedstaat stellen, zu vermeiden, und ist deshalb der Mitgliedstaat zuständig, der nach den Zuständigkeitskriterien für den größten Teil von ihnen zuständig ist. Für den Begriff der zeitlichen Nähe ist nicht allein die Verfahrensrationalität, sondern auch der *Grundsatz* maßgebend, dass *Familienmitglieder* möglichst *nicht getrennt* werden sollen (*Hailbronner,* AuslR B 2 § 27a AsylVfG Rn. 56). Auch wenn daher nicht mehr die Möglichkeit besteht, ein gemeinsames Verfahren durchzuführen, soll die Trennung vermieden werden: Andernfalls ist nach Buchst. b) der Mitgliedstaat zuständig, der hiernach für die Prüfung des von dem ältesten von ihnen gestellten Asylantrags zuständig ist. Damit ist die frühere Rechtsprechung, die gegen die Trennung der Familienmitglieder keine rechtlichen Bedenken hatte (BVerfG [Kammer], Beschl. v. 24.07.1998 – 2 BvR 99/97; VG Frankfurt am Main, InfAuslR 1996, 331; VG Gießen, NVwZ-Beil. 1996, 27; VG Berlin, Beschl. v. 25.04.1996 – VG 33 X 138/96; VG Ansbach, NVwZ-Beil. 2001, 61 = InfAuslR 2001, 247; zust. *Huber*, NVwZ 1996, 1069, 1074; *Hailbronner/Thiery*, ZAR 1997, 55, 57; *Löper*, ZAR 2000, 16, 22; dagegen *Achermann,* Schengen und Asyl, S. 79, 112; *Marx*, EJML 2001, 7, 22), überholt. 24

Liegen weder die Voraussetzungen nach Art. 9 bis 11 noch nach Art. 16 Abs. 1 und 17 Abs. 2 vor, kann aus inlandsbezogenen Erwägungen (Rdn. 99 ff.) die Überstellung 25 in den zuständigen Mitgliedstaat aus rechtlichen Gründen unzulässig sein. So geht die Rechtsprechung davon aus, dass die Überstellung rechtlich unzulässig ist, wenn eine häusliche Gemeinschaft des Antragstellers mit einem Elternteil im Bundesgebiet besteht (Nieders. OVG, Beschl. v. 13.10.2010 – 4 ME 14/10, 4 B 4/10) oder einem Elternteil das gemeinsame Sorgerecht zusteht (VG Kassel, Beschl. v. 10.07.2013 – 1 L 656/13.KS.A) oder persönliche Beziehungen zu im Bundesgebiet lebenden Kindern bestehen (VG Magdeburg, Beschl. v. 20.02.2008 – 9 B 434/07 MD; VG Würzburg, Beschl. v. 26.07.2007 – W 5 K 07.30121). In derartigen Fällen ist auch – etwa bei einem Kleinkind oder bei hohem Alter eines Familienangehörigen, Schwangerschaft oder schwerwiegenden Krankheitsgründen einschließlich psychischer Erkrankungen wegen der gemeinsamen Verfolgungs- und Fluchterlebnisse – zu prüfen, ob die Voraussetzungen der humanitären Klausel des Art. 16 Abs. 1 Verordnung (EU) Nr. 604/2013 vorliegen. Jedenfalls hat das Bundesamt bei der Überstellung von Familien mit Neugeborenen und Kleinkinder bis zum Alter von drei Jahren z.B. an Italien sicherzustellen, dass diese bei der Übergabe eine gesicherte Unterkunft erhält, um erhebliche Gesundheitsgefahren auszuschließen (VG Greifswald, AuAS 2016, 57, 58). Eine Anfrage an den Verbindungsbeamten des Bundesamtes bzw. des Innenministeriums des ersuchten Mitgliedstaates reicht insoweit nicht aus. Vielmehr ist die Anfrage unmittelbar an die zuständigen Behörden dieses Staates zu richten (BayVGH, Beschl. v. 11.05.2016 – 2 CB 15.30008).

d) Anwendung der humanitären Klauseln (Art. 16 Abs. 1 und 17 Abs. 2 Verordnung [EU] Nr. 604/2013)

26 Zusätzlich sind die humanitären Klauseln nach Art. 17 Abs. 2 und Art. 16 Abs. 1 Verordnung (EU) Nr. 343/2013, welche die humanitären Klauseln des Art. 15 Verordnung (EG) Nr. 3434/2004 abgelöst haben, zu beachten. Auch wenn diese im Ermessen stehen, darf die Behörde nicht ohne nähere Prüfung ihrer Voraussetzungen lediglich formal auf die vorrangigen Kriterien verweisen. Vielmehr hat sie entsprechend dem primärrechtlich verankerten Anspruch auf Achtung des Familienlebens (Art. 9 GRCh) vorrangig die Zusammenführung zu erwägen (Erwägungsgrund 14). Es besteht damit eine besondere Prüfungs- und Begründungspflicht. Die Behörde hat stichhaltige Gründe dafür zu bezeichnen, warum sie auf der Trennung der Angehörigen besteht oder eine Zusammenführung nicht für erforderlich erachtet. Auch sollen Anträge von Familienangehörigen möglichst gemeinsam, also durch einen Mitgliedstaat geprüft werden, um die Mitglieder einer Familie nicht voneinander zu trennen (Erwägungsgrund 15). War bislang streitig, ob die humanitäre Klausel nur auf die Zusammenführung anwendbar war oder auch die Trennung der Angehörigen verhindern sollte, regelt nunmehr Art. 17 Abs. 2 die Zusammenführung und Art. 16 sowohl die Zusammenführung wie auch die *Vermeidung der Trennung*. Dies beruht auf der Rechtsprechung des EuGH, der Art. 15 Abs. 2 Verordnung (EG) Nr. 343/2003 nicht nur auf die *Zusammenführung*, sondern auch auf die Fälle angewandt hat, in denen sich der Antragsteller bereits im unzuständigen Aufnahmemitgliedstaat befunden hatte (EuGH, NVwZ-RR 2013, 69, 70 Rn. 31 – *K.*)

Wie früher nach Art. 15 Abs. 1 Verordnung (EG) Nr. 343/2003 kann danach der Mitgliedstaat, in dem der Asylantrag gestellt wurde, einen anderen Mitgliedstaat ersuchen, den Antragsteller aus humanitären Gründen, die sich insbesondere aus den familiären oder kulturellen Kontext ergeben, aufzunehmen. In Betracht für die Anwendung kommen Personen jeder verwandtschaftlichen Beziehung. Einschränkend wurde abweichend von Art. 15 Abs. 1 Verordnung (EG) Nr. 343/2003 eingeführt, dass das Ersuchen nur vor der Erstentscheidung über den Antrag des Antragstellers gestellt werden darf (Art. 17 Abs. 2). Diese Einschränkung enthält Art. 16 Abs. 1 und 2 nicht. In Anbetracht der humanitären Zielsetzung der Normen ist grundsätzlich ein weites Verständnis des Begriffs »anderer Familienangehöriger« zugrunde zu legen (VGH BW, Urt. v. 26.02.2014 – A 3 S 698/13; VG Braunschweig, Beschl. v. 03.12.2013 – 8 B 590/13; VG Braunschweig, Beschl. v. 06.02.2014 – 8 A 589/13). Die betroffenen Personen müssen dem schriftlich zustimmen. Ferner können die Familienangehörigen nach Art. 16 Abs. 1 für die Zusammenführung wie auch gegen ihre Trennung einwenden, dass sie wegen *Schwangerschaft*, eines *neugeborenen Kindes*, *schwerer Krankheit* (VG Braunschweig, Beschl. v. 03.12.2013 – 8 B 590/13; VG Braunschweig, Beschl. v. 06.02.2014 – 8 A 589/13, beide: chronische Hepatitis C, Leberzirrhose), *ernsthafter Behinderung* oder *hohen Alters* aufeinander angewiesen sind. Hier sind insbesondere auch *psychische Erkrankungen* (VG Karlsruhe, Beschl. v. 25.10.2008 – A 3 K 1165/06; VG Cottbus, Beschl. v. 17.02.2014 – VG 3 L 315/13.A) wegen der gemeinsamen Verfolgungs- und Fluchterlebnisse zu berücksichtigen. Soweit eingewandt wird, allein dass eine »Unterstützung nützlich oder förderlich« sei, reiche nicht aus (VGH BW, Urt. v. 26.02.2014 – A 3 S 698/13), ist dies mit der zugleich hervorgehobenen »humanitären Zielsetzung« der humanitären Klausel kaum zu vereinbaren. Bei der Zusammenführung kommt es auf dieses Erfordernis nicht an (Art. 17 Abs. 2). Im wechselseitigen Verhältnis können sich – auch volljährige – Kinder und Eltern sowie Geschwister untereinander auf diese Vorschrift berufen. Ferner kommen auch andere Verwandtschaftsverhältnisse, wie etwa die Beziehung zwischen *Schwiegermutter* und *Schwiegertochter* (EuGH, NVwZ-RR 2013, 69, 70 Rn. 39 ff., – *K.*) oder generell *Beziehungen zwischen verschwägerten Verwandten* und auch Verwandtschaftsverhältnisse nicht ersten Grades für die Anwendung der humanitären Klausel in Betracht. Vorauszusetzen ist ein *intensives Abhängigkeitsverhältnis* (VG Braunschweig, Beschl. v. 06.02.2014 – 8 A 589/13). Der Verwandte, von dem der Antragsteller nicht getrennt oder mit dem er zusammen geführt werden will, muss sich rechtmäßig im Mitgliedstaat aufhalten. Die beteiligten Personen müssen im Herkunftsland zusammen gelebt haben und schriftlich zustimmen (Rdn. 29). Dem Antrag ist nach Art. 16 Abs. 1 der Verordnung in der Regel stattzugeben. Es bedarf zur Zurückweisung also der Angabe besonderer Gründe. 27

Bereits aus dem Wortlaut von Art. 16 Abs. 1 folgt, dass es auf ein Ersuchen des an sich zuständigen Mitgliedstaates zur Übernahme der Zuständigkeit des Aufenthaltsstaates nicht ankommt. Dies ergibt sich aus der Abgrenzung zu Art. 17 Abs. 2, der ein solches Ersuchen voraussetzt. Für die Vorläufernorm von Art. 16 Abs. 1 Verordnung (EU) Nr. 604/2013 hat der EuGH festgestellt, es komme allein auf die Darlegung der Hilfsbedürftigkeit im Sinne von Art. 15 Abs. 2 Verordnung (EG) Nr. 343/2003 28 an. Liegt diese vor, dürfen die zuständigen Behörden das Vorliegen dieser besonderen Situation nicht außer Acht lassen, sodass ein Ersuchen gegenstandslos geworden wäre. Unter diesen Umständen hätte ein solches Ersuchen »rein formalen Charakter« (EuGH, NVwZ-RR 2013, 69, 70 Rn. 51 – *K.*). Die Rechtsprechung zur alten Verordnung hatte bei der Notwendigkeit familiärer Unterstützung auf das Selbsteintrittsrecht nach Art. 3 Abs. 2 Nr. 343/2003 zurückgegriffen und eine Ermessensverdichtung angenommen (Nieders. OVG, InfAuslR 2012, 383, 384; VG Karlsruhe, Beschl. v. 25.10.2006 – A 3 K 1165/06).

29 Die Voraussetzung nach Art. 16 Abs. 1, dass die verwandtschaftlichen Beziehungen bereits im Herkunftsland bestanden haben müssen, erscheint nicht gerechtfertigt (*Janetzek*, Asylmagazin 2013, 2, 7). Im Blick auf miteinander verheiratete Flüchtlinge hat der EGMR unter Hinweis auf Art. 8 und 14 EMRK festgestellt, es dürfe bei deren Zusammenführung nicht danach unterschieden werden, ob diese bereits im Herkunftsland verheiratet waren oder nicht (EGMR, Urt. v. 06.11.2012 – Nr. 22341/09, Rn. 55 – *Hode and Abdi*). Aus der Begründung dieser Entscheidung folgt, dass der EGMR den »ausländerrechtlichen Status« wie den »Flüchtlingsstatus« als »sonstigen Status« im Sinne von Art. 14 EMRK versteht und für die Diskriminierung auf die Situation vergleichbarer Gruppen mit einem derartigen Status abstellt (EGMR, Urt. v. 06.11.2012 – Nr. 22341/09, Rn. 47 ff. – *Hode and Abdi*). Es gibt danach keinen sachlich gerechtfertigten Grund, für die Anwendung von Art. 16 Abs. 1 der Verordnung, danach zu unterscheiden, ob die Familienangehörigen bereits im Herkunftsland zusammen gelebt haben oder nicht. Zweck der Vorschrift ist, wegen einer aktuellen Hilfsbedürftigkeit der abhängigen Personen dem Familienmitglied die Hilfeleistung, Unterstützung und familiäre Fürsorge zu ermöglichen. Diese wiederum ist nicht deshalb weniger wirksam, weil die Verwandten im Herkunftsland nicht zusammen gelebt haben. Im Übrigen besteht diese Einschränkung bei der vergleichbaren Fallgestaltung noch Art. 17 Abs. 2 nicht. Da der EuGH für die Auslegung sekundärrechtlicher Vorschriften primärrechtliche Grundsätze heranzieht und dabei die Rechtsprechung des EGMR berücksichtigt, ist Art. 16 Abs. 1 Verordnung (EU) Nr. 604/2013 grundrechtskonform auszulegen und darf deshalb nicht das Erfordernis des Zusammenlebens die Anwendung sperren.

30 Die Rechtsprechung zur alten Verordnung hatte bei der Notwendigkeit familiärer Unterstützung auf das Selbsteintrittsrecht nach Art. 3 Abs. 2 Verordnung (EG) Nr. 343/2003 zurückgegriffen und eine Ermessensverdichtung angenommen (Nieders. OVG, InfAuslR 2012, 383, 384; VG Karlsruhe, Beschl. v. 25.10.2006 – A 3 K 1165/06). Diesen nunmehr nach Art. 16 Abs. 1 Verordnung (EU) Nr. 604/2013 möglichen Weg werden diejenigen einschlagen müssen, die Art. 16 Abs. 1 nicht grundrechtskonform auslegen und auf dem Erfordernis des familiären Bestands im Herkunftsland bestehen. Ein Selbsteintritt nach Art. 17 Abs. 1 kommt auch dann in Betracht, wenn für einen Familienangehörigen mangels Erteilung der Zustimmung die Überstellung nicht möglich ist, für die anderen, später eingereisten jedoch die Zustimmung erteilt wird (VG Ansbach, Urt. v. 28.11.2011 – AN 10 K 11.30345). Hier kann allerdings bei einem Kleinkind auch die Anwendung von Art. 16 Abs. 1 in Betracht kommen.

3. Ausstellung von Aufenthaltstiteln oder Visa (Art. 12 Verordnung [EU] Nr. 604/2013)

Besitzt der Asylbewerber einen gültigen Aufenthaltstitel oder ein gültiges Visum, ist der Mitgliedstaat zuständig, der den Aufenthaltstitel ausgestellt hat (Art. 12 Abs. 1 und 2). Aufenthaltstitel ist jede von den Behörden eines Mitgliedstaates erteilte Erlaubnis, mit der der Aufenthalt eines Drittstaatsangehörigen oder Staatenlosen in seinem Hoheitsgebiet gestattet wird, einschließlich der Dokumente, mit denen die Genehmigung des Aufenthalts im Hoheitsgebiet im Rahmen einer Regelung des vorübergehenden Schutzes oder bis zu dem Zeitpunkt, zu dem die eine Ausweisung verhindernden Umstände nicht mehr gegeben sind, nachgewiesen werden kann (Art. 2 Buchst. l) Halbs. 1). Die Ausstellung der *Duldung* reicht also aus. Da es auf die Gültigkeit der Duldung im Zeitpunkt der Asylantragstellung ankommt (Art. 7 Abs. 2), begründet eine durch die Bundesrepublik ausgestellte Duldung jedenfalls nicht ihre Zuständigkeit nach Art. 12 Abs. 1, da nach § 60a Abs. 5 Satz 1 AufenthG mit Ausreise die Duldung erlischt (*Funke-Kaiser,* in: GK-AsylG II, § 27a Rn. 98). Zumeist dürfte hier die Bundesrepublik aber zuständig sein, weil vorher ein Asylverfahren im Bundesgebiet betrieben wurde, es sei denn, der erfolglose Asylsuchende ist ausgereist und erst nach Ablauf von drei Monaten erneut in das Unionsgebiet eingereist (Art. 20 Abs. 5 UAbs. 2). In diesem Fall kommen die Zuständigkeitskriterien unabhängig von den Umständen des früheren Aufenthaltes im Unionsgebiet zur Anwendung. 31

Ausgenommen sind Visa und Aufenthaltstitel, die während der zur Zuständigkeitsbestimmung des Mitgliedstaates entsprechend der Verordnung erforderlichen Frist oder während der Prüfung eines Asylantrags erteilt wurden (Art. 2 Buchst. l) Halbs. 2). Visum ist die Erlaubnis oder Entscheidung eines Mitgliedstaates, die im Hinblick auf die Einreise zum Zwecke der Durchreise oder Einreise zum Zwecke eines Aufenthalts in diesem Mitgliedstaat oder in mehreren Mitgliedstaaten verlangt wird (Art. 2 Buchst. m)). Grundsätzlich reicht damit auch ein *Flughafentransitvisum* aus (*Hailbronner,* AuslR B 2 § 27a AsylVfG Rn. 35; *Funke-Kaiser,* in: GK-AsylG II, § 27a Rn. 100, 100; *Filzwieser/Sprung,* Dublin II-Verordnung, 3. Aufl., 2010, S. 98). Wird jedoch im Transitbereich eines Flughafens des Mitgliedstaats ein Asylantrag gestellt, ist dieser zuständig (Art. 15), wenn weder ein Visum einschließlich Transitvisum vorgelegt wird noch die illegale Einreise über einen anderen Mitgliedstaat nachgewiesen werden kann. Das für alle Schengen-Staaten gültige *Schengen-Visum ist* in der Praxis der häufigste Fall der Zuständigkeitsbegründung (BayVGH, NVwZ-Beil. 2001, 13, 14). Hat der Mitgliedstaat jedoch im Auftrag eines anderen Mitgliedstaates im Rahmen einer Vertretungsvereinbarung nach Art. 8 Visakodex das Visum ausgestellt, ist der vertretene Mitgliedstaat zuständig (Art. 8 Abs. 2 Satz 2 Verordnung [EU] Nr. 604/2013; VG Frankfurt am Main, NVwZ 2015, 1160). 32

Das Zuständigkeitskriterium nach Art. 12 beruht wie auch das nachrangige Kriterium der illegalen Einreise auf dem *Verursacherprinzip* (Rdn. 8 f.).Es soll dem das Visum ausstellenden Mitgliedstaat Veranlassung geben, die Visumvergabepraxis nach Möglichkeit so zu gestalten, dass Missbrauch ausgeschlossen wird. Dies bedeutet im Einzelnen, dass Art. 12 nicht anwendbar ist, wenn der Antragsteller mit einem *gefälschten* 33 *oder ungültigen Visum* einreist, das nicht durch den Mitgliedstaat ausgestellt wurde, der auf dem Visum bezeichnet ist. Das gilt auch, wenn ein gefälschtes Visum verwendet wird, das missbräuchlich durch einen Dritten derart hergestellt wurde, dass ein bestimmter Mitgliedstaat als Ausstellerstaat bezeichnet wird, ohne dass dieser das Visum ausgestellt hat. Hingegen steht der Umstand, dass Aufenthaltstitel oder Visum aufgrund einer falschen oder missbräuchlich verwendeten Identität oder nach Vorlage von gefälschten, falschen oder ungültigen Dokumenten erteilt wurde, der Zuständigkeitszuweisung an den ausstellenden Mitgliedstaat nicht entgegen. Kann dieser allerdings nachweisen, dass die betrügerische Handlung, bspw. die Fälschung oder Änderung des Dokumentes, erst nach der Ausstellung vorgenommen wurde, entfällt seine Zuständigkeit (Art. 12 Abs. 5). Ebenso ist Art. 12 nicht anwendbar, wenn das Visum im Zeitpunkt der Asylantragstellung (Art. 7 Abs. 2) ungültig ist (*Funke-Kaiser,* in: GK-AsylG II, § 27a Rn. 98, 100; *Filzwieser/Sprung,* Dublin II-Verordnung, 3. Aufl., 2010, S. 98). Das Verursacherprinzip rechtfertigt die Annahme der Zuständigkeit zwar aufgrund unzureichender Prüfung im Visumverfahren, nicht aber in dem Fall, in dem der Ausstellerstaat überhaupt keine Handlung vorgenommen hat. Kann nach den Kriterien des Art. 12 die Zuständigkeit nicht bestimmt werden, finden nachrangige Kriterien Anwendung, zumeist der Auffangtatbestand der Asylantragstellung (Art. 3 Abs. 2), es sei denn, der Staat der illegalen Einreise steht fest (Art. 13).

34 Besitzt der Antragsteller *mehrere gültige Aufenthaltstitel oder Visa,* ist der Mitgliedstaat zuständig, der den Aufenthaltstitel mit der *längsten Geltungsdauer* erteilt hat, oder bei gleichzeitiger Geltungsdauer der Mitgliedstaat, der den zuletzt ablaufenden Aufenthaltstitel erteilt hat (Art. 12 Abs. 3 Buchst. a)). Kann danach die Zuständigkeit nicht festgestellt werden, ist der Mitgliedstaat zuständig, der das zuletzt ablaufende Visum erteilt hat, wenn es sich um gleichartige Visa handelt (Art. 12 Abs. 3 Buchst. b)). *Gleichartige Visa* sind *Langzeit-, Kurzzeit-, Transit-* oder *Flughafentransitvisa* (*Filzwieser/Sprung,* Dublin II-Verordnung, 3. Aufl., 2010, S. 99). Bei nicht gleichartigen Visa ist der Mitgliedstaat zuständig, der das Visum mit der längsten Geltungsdauer erteilt hat, oder bei gleichzeitiger Geltungsdauer der Mitgliedstaat, der das zuletzt ablaufende Visum erteilt hat (Art. 12 Abs. 3 Buchst. c)). Hat der Antragsteller mehrere Visa gleichen Typs von verschiedenen Mitgliedstaaten, die zur gleichen Zeit ablaufen, wird in analoger Anwendung von Art. 12 Abs. 3 Buchst. a)) der Mitgliedstaat als zuständiger angesehen, der das Visum mit der längsten Gültigkeitsdauer ausgestellt hat (*Filzwieser/Sprung,* Dublin II-Verordnung, 3. Aufl., 2010, S. 99; *Funke-Kaiser,* in: GK-AsylG II, § 27a Rn. 98, 105).

35 Besitzt der Antragsteller nur einen oder mehrere Aufenthaltstitel, die mehr als zwei Jahre zuvor abgelaufen sind, oder ein oder mehrere Visa, die seit weniger als sechs Monaten abgelaufen sind, aufgrund deren er in das Hoheitsgebiet eines Mitgliedstaates einreisen konnte, gelten die in Art. 12 Abs. 3 Buchst. a) – c) festgelegten Grundsätze, solange der Antragsteller das Hoheitsgebiet der Mitgliedstaaten nicht verlassen hat (Art. 12 Abs. 4 UAbs. 1). Es muss also nicht geklärt werden, ob der Antragsteller tatsächlich aufgrund des Aufenthaltstitels oder Visums in den Aufenthaltsstaat einreisen durfte. Grundsätzlich muss der maßgebende Zweck also nicht ermittelt werden (*Funke-Kaiser,* in: GK-AsylG II, § 27a Rn. 98, 111; *Hailbronner,* AuslR B 2 § 27a

AsylVfG Rn. 36). Besitzt er einen oder mehrere Aufenthaltstitel, die mehr als zwei Jahre abgelaufen sind, oder ein oder mehrere Visa, die seit mehr als sechs Monaten abgelaufen sind, aufgrund deren er in das Hoheitsgebiet eines Mitgliedstaates einreisen konnte, ist der Mitgliedstaat zuständig, in dem der Asylantrag gestellt wird (Art. 12 Abs. 4 UAbs. 2). In der Praxis bedeutet dies, dass der Mitgliedstaat, in dem der Asylantrag gestellt wird, immer dann zuständig ist, wenn der Aufenthaltstitel mehr als zwei Jahre oder das Visum seit mehr als sechs Monaten abgelaufen ist (*Funke-Kaiser,* in: GK-AsylG II, § 27a Rn. 98, 108). Für die Fristberechnung ist auf den Zeitpunkt der Asylantragstellung abzustellen (VG Ansbach, NVwZ-Beil. 2001, 61 = InfAuslR 2001, 247; *Funke-Kaiser,* in: GK-AsylG II, § 27a Rn. 98, [108]).

Hat der Asylbewerber das Unionsgebiet verlassen, gelten für den erneut gestellten Asyl- 36
antrag die allgemeinen Zuständigkeitskriterien. Jeder auch der nur kurzfristige Fall der Ausreise aus dem Unionsgebiet ist relevant. Der Wortlaut von Art. 12 Abs. 4 ist eindeutig. Es wird weder eine Ausnahme bei lediglich kurzfristiger Ausreise noch bei der kurzfristigen Ausreise über internationale Gewässer, um einen anderen Mitgliedstaat zu erreichen, gemacht (*Funke-Kaiser,* in: GK-AsylG II, § 27a Rn. 98, 112; *Filzwieser/ Sprung,* Dublin II-Verordnung, 3. Aufl., 2010, S. 101; a.A. *Hailbronner,* AuslR B 2 § 27a AsylG Rn. 37). Die Regelung des Art. 12 Abs. 4 steht selbstständig neben Art. 20 Abs. 5 UAbs. 2, setzt also keine mindestens drei Monate dauernde Ausreise voraus. Die früher erteilten Aufenthaltstitel und Visa fallen als zuständigkeitsbegründende Kriterien im Fall der erneuten Einreise des Asylsuchenden weg. Zumeist wird in diesem Fall das Kriterium der illegalen Einreise die Zuständigkeit begründen.

4. Illegale Einreise oder Aufenthalt (Art. 13 Verordnung [EU] Nr. 604/2013)

Reist der Antragsteller aus einem Drittstaat kommend über die Land-, See- oder Luft- 37
grenze eines Mitgliedstaats ein, ist der Mitgliedstaat zuständig, in den er illegal eingereist ist (Art. 13 Abs. 1 Satz 1). Die irreguläre Binnenwanderung, die heute weit verbreitet ist, wird in Art. 13 Abs. 2 geregelt. Dies ist das in der Praxis häufigste Zuständigkeitskriterium (Rdn. 6). Entsprechende Feststellungen werden anhand der in Art. 22 Abs. 3, 23 Abs. 4 und 24 Abs. 5 UAbs. 1 bezeichneten Verzeichnisse einschließlich der Daten nach der Eurodac-Verordnung getroffen. Die Zuständigkeit endet zwölf Monate nach dem Tag des illegalen Grenzübertritts (Art. 13 Abs. 1 Satz 2). Ist ein Mitgliedstaat nicht länger zuständig oder kann er nach Art. 13 Abs. 1 die Zuständigkeit nicht festgestellt werden, wird jedoch festgestellt, dass der Antragsteller illegal in das Unionsgebiet eingereist ist oder können die Umstände der Einreise nicht festgestellt werden, ist der Mitgliedstaat zuständig, in dem sich der Antragsteller aufgrund von Beweismitteln oder Indizien nach den beiden in Art. 22 Abs. 3, 23 Abs. 4 und 24 Abs. 5 UAbs. 1 bezeichneten Verzeichnissen vor dem Zeitpunkt der Antragstellung während eines ununterbrochenen Zeitraums von mindestens fünf Monaten in einem Mitgliedstaat aufgehalten hat (Art. 13 Abs. 2 UAbs. 2). Hat sich der Antragsteller für Zeiträume von mindestens fünf Monaten in verschiedenen Mitgliedstaaten aufgehalten, ist der Mitgliedstaat, in dem er sich zuletzt aufgehalten hat, zuständig (Art. 10 Abs. 2 UAbs. 2). Dieses Kriterium ist wegen der seit den 1980er

Jahren typischen irregulären Einreise von Flüchtlingen und Asylsuchenden in Europa dasjenige, das zumeist die Zuständigkeit des Mitgliedstaats bestimmt.

38 Die Illegalität der Einreise wird grundsätzlich nach unionsrechtlichen Vorschriften und ergänzend nach nationalem Recht bewertet, insbesondere nach Maßgabe des Visa- und Grenzkodex. Ein illegaler Grenzübertritt liegt daher vor, wenn der Antragsteller bei der Einreise kein nach Unionsrecht erforderliches Visum besitzt oder mittels eines gefälschten Visums (Rdn. 33) einreist oder wenn die allgemeinen, für die Einreise erforderlichen Dokumente beim Grenzübertritt nicht vorliegen. Ein bloßer ordnungsrechtlicher Verstoß, z.B. die Grenzüberschreitung außerhalb zugelassener Zeiten, reicht nicht aus. Für den Grenzübertritt selbst reicht der faktische Vorgang aus. Auch ist unerheblich, ob dieser Vorgang selbst unter Strafe steht (*Filzwieser/Sprung,* Dublin II-Verordnung, 3. Aufl., 2010, S. 104; a.A. *Hailbronner,* AuslR B 2 § 27a AsylG Rn. 38; *Funke-Kaiser,* in: GK-AsylG II, § 27a Rn. 98, 117). Reist der Antragsteller nach illegaler Einreise in das Unionsgebiet wieder aus, ohne zuvor einen Asylantrag gestellt zu haben, und reist er erneut nach kurzer Frist in das Unionsgebiet über einen anderen Mitgliedstaat illegal ein, bleibt der erste Einreisestaat zuständiger Mitgliedstaat nach Art. 13 Abs. 1 Satz 1 (*Marx,* NVwZ 2014, 198, 199; a.A. *Filzwieser/Sprung,* Dublin II-Verordnung, 3. Aufl., 2010, S. 107; *Funke-Kaiser,* in: GK-AsylG II, § 27a Rn. 118). Die Gegenmeinung überzeugt nicht. Mit Einreise in das Unionsgebiet ist das auf der illegalen Einreise beruhende Kriterium verbraucht, wenn der Asylsuchende nicht zwischenzeitlich das Unionsgebiet für länger als drei Monate verlassen hat (Art. 20 Abs. 5 UAbs. 2).

39 Sind nach dem illegalen Grenzübertritt mindestens zwölf Monate vergangen, erlischt das Zuständigkeitskriterium. Regelmäßig regelt sich in diesem Fall, die Zuständigkeitsbegründung nach Art. 13 Abs. 2 und kommt es hierfür daher in der Regel auf die Asylantragstellung an (Art. 3 Abs. 2 UAbs. 1) an. Reist der Antragsteller nach Erteilung der Zustimmung durch den Einreisestaat weiter, bleiben dessen Verpflichtungen auch nach Ablauf von zwölf Monaten nach Grenzübertritt bestehen (*Filzwieser/Sprung,* Dublin II-Verordnung, 3. Aufl., 2010, S. 107), vorausgesetzt, das illegale Überschreiten von dessen Grenze wurde innerhalb von zwölf Monaten festgestellt und das Ersuchen um Übernahme gestellt. Unter diesen Voraussetzungen erlischt das Zuständigkeitskriterium nach Art. 13 Abs. 1 auch dann nicht, wenn der Antragsteller nach Ablauf von zwölf Monaten weiterreist. Art. 13 Abs. 2 UAbs. 1 knüpft Folgen an den illegalen Aufenthalt in einem Mitgliedstaat. Diesem Kriterium liegen zwei unterschiedliche Fallgestaltungen zugrunde: Entweder kann mangels Nachweises der Einreisestaat nicht identifiziert werden oder wegen der Zwölfmonatsregel ist die Zuständigkeit dieses Staates erloschen. Wird zwischenzeitlich durch einen Mitgliedstaat ein Aufenthaltstitel – etwa aus humanitären Gründen – erteilt, ist dieser nach Art. 12 der Verordnung zuständig. Für die Bestimmung der Zuständigkeit nach Art. 13 Abs. 2 muss ein mindestens ununterbrochener Aufenthalt von fünf Monaten in einem Mitgliedstaat derart nachgewiesen werden, dass die zuständigen Behörden von dem Aufenthalt des Asylsuchenden Kenntnis hatten oder gar den Aufenthalt wissentlich hingenommen oder geduldet haben (*Funke-Kaiser,* in: GK-AsylG II, § 27a Rn. 120 f.; *Hailbronner,* AuslR B 2 § 27a AsylG Rn. 39). Die in der Kommentarliteratur

angestellten Überlegungen zur Länge der Aufenthalte in zwischenzeitlichen Transitstaaten und zum Abreißen der Anknüpfungskette werfen komplizierte Fragen auf (*Funke-Kaiser,* in: GK-AsylG II, § 27a Rn. 124), können aber dahinstehen, weil in aller Regel wegen der fehlenden Nachweisbarkeit der Aufenthalte in Drittstaaten und deren jeweiliger Länge der Auffangtatbestand der Asylantragstellung Anwendung findet (*Hailbronner,* AuslR B 2 § 27a AsylG Rn. 39).

Hat der Antragsteller nach der nicht identifizierbaren Einreise oder nach Ablauf der Zwölfmonatsfrist in einem der Transitstaaten im Unionsgebiet jedoch einen Asylantrag gestellt, wird die Zuständigkeit dieses Transitstaates nach Art. 3 Abs. 2 UAbs. 1 begründet. Art. 13 Abs. 2 UAbs. 1 findet also nur Anwendung, wenn der Antragsteller in das Unionsgebiet illegal eingereist ist, der Einreisestaat nicht identifiziert werden kann oder die Frist von zwölf Monaten überschritten ist, der Asylsuchende sich in einem Transitstaat nicht nachweislich mindestens ununterbrochen fünf Monate aufgehalten hat, ohne einen Asylantrag zu stellen, anschließend innerhalb des Unionsgebiets verbleibt und in einen anderen Mitgliedstaat illegal einreist und dort einen Asylantrag stellt. In diesem Fall wird der Staat, in dem erstmals der Asylantrag gestellt wurde, nicht nach Art. 3 Abs. 2 UAbs. 1 zuständig, sondern kann auf den Transitstaat verweisen, in dem sich der Antragsteller länger als fünf Monate aufgehalten hat. 40

5. Visafreie Einreise (Art. 14 Verordnung [EU] Nr. 604/2013)

Reist der Antragsteller in einen Mitgliedstaat ein, in dem für ihn kein Visumzwang besteht, ist dieser für die Prüfung des Asylantrags zuständig (Art. 14 Abs. 1). Maßgebend für die visumfreie Einreise sind unionsrechtliche Vorschriften, insbesondere Anhang II der Verordnung (EG) Nr. 539/2001 (EGVisaVO). Angesichts der gemeinschaftlichen Verantwortung der Union für die visafreie Einreise ist die Betonung des Verursacherprinzips in der Kommentarliteratur (*Hailbronner,* AuslR B 2 § 27a AsylG Rn. 40; a.A. *Funke-Kaiser,* in: GK-AsylG II, § 27a Rn. 127) wenig überzeugend. Bei Zugrundelegung des Verursacherprinzips wäre die Union als Ganzes verantwortlich. Die Mitgliedstaaten dürfen nach Unionsrecht Drittstaatsangehörigen oder Staatenlosen, die aus einem vom Visumzwang befreiten Staat stammen und in das Unionsgebiet einreisen, grundsätzlich nicht die Einreise verweigern. Der typische Fall von Art. 14 Abs. 1 ist die Einreise in das Unionsgebiet über einen Mitgliedstaat, in dem für den Antragsteller kein Visumzwang besteht. Stellt er in diesem einen Asylantrag ist dieser für die Behandlung zuständig, sofern nicht eine Zuständigkeit nach vorrangigen Kriterien nach Art. 8 bis 11 in Betracht kommt. Reist der Asylsuchende nach Einreise über einen visumfreien Mitgliedstaat weiter und stellt er anschließend in einem Mitgliedstaat, in dem für ihn Visumpflicht besteht, den Asylantrag, ist der visumfreie Einreisemitgliedstaat nach Art. 14 Abs. 1 zuständig (*Filzwieser/Sprung,* Dublin II-Verordnung, 3. Aufl., 2010, S. 100). Da die Herkunftsländer, die von der Visumpflicht befreit sind, jedoch grundsätzlich für alle Mitgliedstaaten einheitlich bestimmt werden (s. hierzu *Westphal/Stoppa,* ZAR 2002, 315, 316, nur das Vereinigte Königreich und die Republik Irland beteiligen sich nicht an der gemeinsamen Visumpolitik), kommt ein derartiger Fall sehr selten vor. Weil der Antragsteller zumeist in beiden Mitgliedstaaten visumfrei ist, kommt in den Fällen der Weiterreise Art. 14 Abs. 2 zur Anwendung. 41

42 Der Grundsatz nach Art. 14 Abs. 1 findet keine Anwendung, wenn der Asylsuchende in einem anderen als den visumfreien Einreisestaat, in dem er ebenfalls von der Visumpflicht befreit ist, den Asylantrag stellt. In diesem Fall ist der zweite Mitgliedstaat zuständig (Art. 14 Abs. 2). Das gilt ungeachtet dessen, dass der Einreisestaat für die Kontrolle der Außengrenzen zuständig ist. Denn diesem kann nicht vorgeworfen werden, dass der legal einreisende Asylsuchende später im Unionsgebiet in irgendeinem Mitgliedstaat einen Asylantrag stellt (*Filzwieser/Sprung*, Dublin II-Verordnung, 3. Aufl., 2010, S. 110). Danach kann sich ein Asylsuchender aus einem visumfreien Herkunftsland grundsätzlich den Mitgliedstaat aussuchen, in dem er den Asylantrag stellen will. Antragsteller aus visumfreien Staaten sind indes in der Verwaltungspraxis kaum festzustellen. Reist der Asylsuchende aber über die Außengrenzen zunächst in einen Mitgliedstaat ein, in dem er nicht von der Visumpflicht befreit ist, und reist er anschließend in einen Mitgliedstaat weiter, in dem er vom Visumzwang befreit ist, ist wegen der Nachrangigkeit von Art. 14 gegenüber Art. 13 der Einreisestaat zuständiger Mitgliedstaat (*Funke-Kaiser*, in: GK-AsylG II, § 27a Rn. 130). In der Praxis wird sich eine derartige Reiseroute durch die Union kaum nachweisen lassen.

6. Asylantrag im Flughafentransitbereich (Art. 15 Verordnung [EU] Nr. 604/2013)

43 Stellt der Antragsteller den Antrag im internationalen Transitbereich des Flughafens eines Mitgliedstaats, ist dieser zuständig (Art. 15). Eine Einreise im rechtlichen Sinne in diesen Mitgliedstaat wird nicht vorausgesetzt. Was als Transitbereich anzusehen ist, richtet sich nach innerstaatlichen Gegebenheiten. Eine räumliche Absperrung ist nicht zwingend (*Hailbronner*, AuslR B 2 § 27a AsylG Rn. 43; *Funke-Kaiser*, in: GK-AsylG II, § 27a Rn. 132). Aufgrund des Vorrangprinzips begründet der im Transitbereich gestellte Asylantrag indes nur die Zuständigkeit des entsprechenden Mitgliedstaats, wenn die Zuständigkeit eines anderen Mitgliedstaates nach den vorrangigen Kriterien nicht festgestellt werden kann. Die Vorschrift bekräftigt den bereits in Art. 13 aufgestellten Grundsatz der Zuständigkeitsbegründung aufgrund illegaler Einreise. Ihr kommt keine eigenständige Bedeutung zu (*Filzwieser/Sprung*, Dublin II-Verordnung, 3. Aufl., 2010, S. 111). Vorrangige Kriterien, insbesondere Art. 8 bis 12, sind zu beachten. Stellt der Asylsuchende nicht im Transitbereich den Asylantrag, sondern reist er illegal ein und stellt er diesen erst in einem anderen Mitgliedstaat, wird sich regelmäßig die Einreise über den Transitbereich des Ersteinreisestaates nicht nachweisen lassen. Dann ist der Mitgliedstaat zuständig, in dem der Asylantrag gestellt wird (Art. 3 Abs. 2 UAbs. 1).

7. Auffangtatbestand der Asylantragstellung (Art. 3 Abs. 2 UAbs. 1 Verordnung [EU] Nr. 604/2013)

44 Kann nach den in Art. 8 bis 15 bezeichneten Kriterien der zuständige Mitgliedstaat nicht bestimmt werden, ist der erste Mitgliedstaat, in dem der Asylantrag gestellt wurde, für die Prüfung des Asylantrages zuständig (Art. 3 Abs. 2 UAbs. 1). Dieser Mitgliedstaat bleibt auch für weitere Asylanträge des Antragstellers zuständig (VG Wiesbaden, AuAS 2008, 57, 58). Verlässt der Antragsteller den zuständigen Mitgliedstaat und hält er sich anschließend länger als drei Monate außerhalb des Unionsgebietes auf, erlischt

jedoch die Zuständigkeit des bisherigen Mitgliedstaates (Art. 20 Abs. 5 UAbs. 2). Bei erneuter Einreise wird die Zuständigkeit nach Maßgabe der entsprechenden Kriterien in Art. 8 bis 15 und Art. 3 Abs. 1 UAbs. 1 neu bestimmt. Bereits in den vorstehenden Ausführungen wurde im Einzelnen auf die Situationen hingewiesen, in denen der Auffangtatbestand relevant wird. Der häufigste Anwendungsfall ist der, in dem die illegale Einreise über die Außengrenzen und die irreguläre Weiterwanderung innerhalb der Union nicht nachvollzogen und nachgewiesen werden kann (Rdn. 38 ff.). In diesem Fall ist der Mitgliedstaat zuständig, in dem im Verlaufe der irregulären Binnenwanderung erstmals der Asylantrag gestellt wird. Wird aber festgestellt, dass der Asylsuchende sich in einem Transitstaat länger als fünf Monate ununterbrochen aufgehalten hat, ist dieser nach Art. 13 Abs. 2 zuständig (*Funke-Kaiser,* in: GK-AsylG II, § 27a Rn. 134; Rdn. 40), da Art. 3 Abs. 2 UAbs. 1 nachrangig gegenüber Art. 13 Abs. 2 ist. Praktisch bedeutsam ist dies wegen der zumeist fehlenden Beweise zum Zwischenaufenthalt nicht.

8. Systemische Schwachstellen (Art. 3 Abs. 2 UAbs. 2 Verordnung [EU] Nr. 604/2013)

Die Verordnung (EG) Nr. 343/2003 enthielt keine materiellen Regelungen zum 45
Schutze des Einzelnen. Ein Rückgriff auf nationales Recht ist jedoch versperrt. Art. 16a Abs. 2 Satz 1Alt. 1 GG erklärt zwar die Mitgliedstaaten verfassungsunmittelbar für sicher. Als Folge der Übertragung der Zuständigkeit für das Asyl- und Flüchtlingsrecht auf die Union ist jedoch Art. 23 Abs. 1 GG die verfassungsrechtliche Grundlage für den Flüchtlingsschutz (*Zimmermann,* in: Berliner Kommentar zum Grundgesetz, Bd. 2, 2009, C Art. 16a, Rn. 236 f.; *Zimmermann,* NVwZ 1998, 450, 454; *Pieroth,* in: Jarass/Pieroth, Grundgesetz. Kommentar, 10. Aufl., 2009, Art. 16a Rn. 37; *Becker,* in: v. Mangoldt/Klein, Kommentar zum Grundgesetz, Bd. 1, 2005, Art. 16a Abs. 5 Rn. 229; *Schmahl,* ZAR 2001, 3, 11; a.A. *Pagenkopf,* in: Sachs, Grundgesetz. Kommentar, 5. Aufl., 2009, Art. 16a Rn. 106). Auch legt das Schweigen des Art. 16a Abs. 5 GG zur Zulässigkeit einer Übertragung des Asylrechts auf die Union die uneingeschränkte Anwendbarkeit des Art. 23 Abs. 1 GG nahe (*Fröhlich,* Das Asylrecht im Rahmen des Unionsrechts, 2011, S. 105 ff.). Mit der Überforderung des Asylsystems eines Mitgliedstaates verbundene transnationale Probleme sind daher nicht nach Art. 16a Abs. 2 GG, sondern vornehmlich auf der Ebene der Union zu lösen (BVerfGE 128, 224, 226). Erstmals regelt die Verordnung (EU) Nr. 604/2013 das Problem systemischer »Schwächen des Asylverfahrens und der Aufnahmebedingungen« im an sich zuständigen Mitgliedstaat. Die Fortsetzung der Zuständigkeitsprüfung steht nicht im Ermessen des prüfenden Mitgliedstaates. Diese wird vielmehr kraft Art. 3 Abs. 2 UAbs. 2 Verordnung (EU) Nr. 604/2013 angeordnet. Traditionell wurden die Zuständigkeitsbestimmungen so gehandhabt, dass es allein auf die tatsächliche Zustimmung des ersuchten Mitgliedstaates ankam. Für die Prüfung der Zuständigkeit war insbesondere nicht maßgebend, ob im ersuchten Mitgliedstaat die unionsrechtlichen Mindeststandards eingehalten wurden (VG Schwerin, NVwZ-Beil. 2002, 95 = AuAS 2002, 177). Diese Praxis hat wegen systemischer Mängel der Schutzstandards insbesondere Auswirkungen auf die Überstellungen an *Griechenland,* ferner an

Italien, Malta, Ungarn, Bulgarien und *Polen*. Im Blick auf Griechenland werden seit Januar 2011 durch Erlasse des BMI Überstellungen ausgesetzt (Rdn. 48). Nach Ansicht des EuGH dürfen Überstellungen nicht auf der Grundlage einer unwiderleglichen Vermutung, dass die Grundrechte des Asylbewerbers in dem für die Entscheidung über seinen Antrag normalerweise zuständigen Mitgliedstaat beachtet werden, durchgeführt werden, weil dies mit der Pflicht der Mitgliedstaaten zur *grundrechtskonformen Auslegung und Anwendung* der Verordnung Nr. 343/2003 unvereinbar ist (EuGH, NVwZ 2012, 417, 420 f. Rn. 99 ff. – *N.S.*; EuGH, NVwZ 2013, 129 Rn. 30 – *Puid; Hailbronner/Thym*, NVwZ 2012, 406; *Marx*, NVwZ 2012, 409). Da die Verordnung (EG) Nr. 343/2003 in dieser Frage nicht eindeutig war, berief sich der EuGH auf den Grundsatz der grundrechtskonformen Auslegung des Sekundärrechts. Die Besorgnis um den »Daseinsgrund der Union« veranlasst den EuGH zwar zu der Feststellung, dass der Verordnungsgeber ein »gegenseitiges Vertrauen« vorausgesetzt hat, aber eben kein blindes, das Asylsuchende in ihrer Not an der Rechtsfiktion der »Sicherheit« scheitern lässt. Die Grundrechte überlagern damit nationale Handlungsspielräume. Dies gilt auch für die Bestimmung des zuständigen Mitgliedstaates.

46 Art. 3 Abs. 2 UAbs. 2 Verordnung (EU) Nr. 604/2013 bestimmt, dass der Antragsteller nicht in den in sich zuständigen Mitgliedstaat überstellt werden darf, wenn es »wesentliche Gründe für die Annahme gibt, dass das Asylverfahren und die Aufnahmebedingungen für Antragsteller in diesem Mitgliedstaat systemische Schwachstellen aufweisen, die die Gefahr unmenschlicher oder entwürdigender Behandlung« im Sinne von Art. 4 GRCh (Art. 3 EMRK) mit sich bringen. Die Voraussetzungen müssen nicht kumulativ, sondern können auch alternativ vorliegen. Die Verletzung des Grundrechts aus Art. 4 GRCh wegen systemischer Mängel der Aufnahmebedingungen wird nicht dadurch zu einer Nichtverletzung, weil das Asylverfahren keine derartigen Mängel aufweist. Vielmehr kommt es nach der höchstrichterlichen Rechtsprechung in den Mitgliedstaaten auch nach der Verordnung auf ein tatsächliches Risiko an, nach der Überstellung unabhängig von Mängeln des Asylverfahrens oder der Aufnahmebedingungen einer Art. 3 EMRK zuwiderlaufenden Behandlung ausgesetzt zu werden (UK Supreme Court, [2014] UKSC 12 Rn. 42 ff., 52 ff., 66 ff.; Schweiz BVerwG, Urt. v. 09.12.2013 – Abteilung IV D-2408/2012; Rdn. 482 ff.). Die Überstellung in diesen Staat ist dann zwar nicht nach Art. 3 Abs. 2 UAbs. 2, wohl aber deshalb unzulässig, weil sie mit Primärrecht (Art. 4 GRCh) unvereinbar ist. Liegen die Voraussetzungen des Art. 3 Abs. 2 UAbs. 2 vor, sind die anderen Kriterien zu prüfen, ob ein anderer Mitgliedstaat zuständig sein kann. Kann die Zuständigkeit nicht bestimmt werden, wird der prüfende Mitgliedstaat zuständiger Mitgliedstaat. Diese Anordnung der Übernahme der Zuständigkeit ist zwingend. Die Verordnung regelt unmittelbar die Folgen einer nicht durchführbaren Überstellung, wenn in den an sich zuständigen Mitgliedstaat wegen systemischer Mängel nicht überstellt werden darf. Die Rechtsprechung hatte diesen Fall über das Selbsteintrittsrecht nach Art. 3 Abs. 2 Verordnung (EG) Nr. 343/2003 gelöst und dabei das Ermessen reduziert. Allerdings bleibt jedem Mitgliedstaat nach Maßgabe der Art. 35 ff. RL 2013/32/EU das Recht vorbehalten, den Antragsteller in einen sicheren Drittstaat abzuschieben (Art. 3 Abs. 3 Verordnung [EU] Nr. 604/2013). Der Antragsteller kann also nach Maßgabe

von § 29 in einen sonstigen Drittstaat abgeschoben werden. Diese Vorschrift ist aber auf den Fall des anderweitigen ausreichenden Schutzes beschränkt, da der Gesetzgeber in § 29 Abs. 1 allein das Konzept des ersten Asylstaates (Art. 35 RL 2013/32/EU) umgesetzt (BVerwGE 144, 127, 132 Rn. 16) und damit dessen Anwendungsbereich auf dieses Konzept eingeschränkt hat (§ 29 Rdn. 3 ff.). Diese Vorschrift wird derzeit in der Verwaltungspraxis nicht angewandt.

Der EuGH geht von einer *widerleglichen Vermutungswirkung* der Sicherheit der Mitgliedstaaten aus. Der Antragsteller kann im Widerlegungsvortrag nicht jegliche Verletzung eines Grundrechts durch den zuständigen Mitgliedstaat (EuGH, NVwZ 2012, 417, 419 Rn. 82 f., 84, 94 – *N.S.*), jedoch »systemische Mängel« des Asylverfahrens oder der Aufnahmebedingungen rügen. Es müssen also *strukturelle Störungen*, die ihre Ursache im Gesamtsystem des nationalen Asylsystems haben, *nicht aber planmäßige oder absichtlich herbeigeführte Funktionsstörungen* aufgezeigt werden (*Marx*, NVwZ 2012, 409, 411). Nicht jede Zuwiderhandlung gegen einzelne Bestimmungen des Asylsystems, selbst nicht jede Grundrechtsverletzung zerstört die Vermutungswirkung. Das bedeutet jedoch nicht, dass der EuGH bei Verletzungen von Art. 4 GRCh, die nicht systemisch bedingt sind, im konkreten Einzelfall die Vermutungswirkung unberührt hat lassen wollen (UK Supreme Court, [2014] UKSC 12 Rn. 42 ff., 52 ff., 66 ff.; Rn. 47). Mit dem Hinweis auf systemische Mängel verweist er auf strukturelle Störungen, die ihre Ursache im Gesamtsystem des nationalen Asylverfahrens haben. Systemische Mängel sind entweder solche, die *bereits im System selbst angelegt* sind und von denen Asylbewerber generell oder *bestimmte Gruppen von ihnen* deshalb nicht zufällig und im Einzelfall, sondern vorhersehbar und regelhaft betroffen sind oder aber tatsächliche Umstände, die dazu führen, dass ein theoretisch sachgerecht konzipiertes und nicht zu beanstandendes Aufnahme- und Asylsystem – aus welchen Gründen auch immer – *faktisch ganz oder in weiten Teilen* seine ihm zugedachte Funktion nicht mehr erfüllen kann und *weitgehend unwirksam* wird (VGH BW, InfAuslR 2014, 293, 296; VGH BW, InfAuslR 2015, 77, 78 f.). Es müssen also nicht »planmäßige« und »absichtlich« herbeigeführte Funktionsstörungen aufgezeigt werden. 47

Im Rahmen der Gefahrenprognose muss mit Überzeugungsgewissheit festgestellt werden, dass der Betroffene mit überwiegender Wahrscheinlichkeit aufgrund systemischer Mängel einer unmenschlichen Behandlung ausgesetzt wird. Derartige Mängel lassen sich also »wegen ihrer *systemimmanenten Regelhaftigkeit*« verlässlich prognostizieren. Daher setzt die Widerlegung voraus, dass diese Mängel »aufgrund größerer Funktionsstörungen regelhaft so defizitär sind, dass anzunehmen ist, dass dort auch dem Asylsuchenden im konkret zu entscheidenden Einzelfall mit beachtlicher Wahrscheinlichkeit unmenschliche Behandlung droht (BVerwG, NVwZ 2014, 1039, 1040 Rn.10, mit Anm. *Berlit*, jurisPR-BVerwG 12/2014 Nr. 3; VGH BW, InfAuslR 2014, 293, 296). Die beachtlich wahrscheinliche persönliche Betroffenheit kann einerseits *allein* aus den *generellen Verhältnissen*, nämlich im Falle grundlegender Mängel (VGH BW, AuAS 2012, 261, 262), die sich so auswirken, dass alle Asylsuchenden davon betroffen sind, folgen. Der Begriff der systemischen Schwachstelle ist jedoch nicht in der engen Weise zu verstehen, dass er geeignet sein muss, sich auf eine unüberschaubare Vielzahl von Antragstellern auszuwirken. Vielmehr liegt ein systemischer Mangel 48 auch dann vor, wenn er *von vornherein lediglich eine geringe Zahl von Asylbewerbern* betreffen kann, sofern er sich nur vorhersehbar und regelhaft realisieren wird und nicht gewissermaßen dem Zufall oder einer Verkettung unglücklicher Umstände bzw. Fehlleistungen von in das Verfahren involvierten Akteuren geschuldet ist (VGH BW InfAuslR 2015, 77, 78 f.). In diesem Fall muss er besondere Umstände vortragen, dass er von derartigen Mängeln betroffen ist (*Lübbe*, ZAR, 2014, 105 109). Für Spanien und Litauen wird die Annahme systemischer Mängel abgelehnt (VG Saarland, AuAS 2015, 224, 225 – *Spanien*; VG Regensburg, AuAS 2015, 47 – *Litauen*). Dagegen wird dies für *Ungarn* (VG Berlin, AuAS 2015, 55, 56; VG Düsseldorf, Urt. v. 28.09.2015 – 8 K 4999/15.A; VG Potsdam, Gerichtsbescheid v. 21.09.2015 – VG 4 K 1459/15.A; VG Potsdam, Beschl. v. 04.09.2015 – VG 4 L 886/15.A; VG Minden, Beschl. v. 01.09.2015 – 10 L 285/15.A; VG Minden, Beschl. v. 10.09.2015 – 3 L 806/15.A; VG Düsseldorf, Beschl. v. 03.09.2015 – 22 L 2944/15.A; VG Frankfurt am Main, Beschl. v. 08.099.2015 – 9 L 3057/15.F.A.; VG München, Beschl. v. 04.08.2015 – M 22 S 15.50169; VG Köln, Beschl. v. 16.07.2015 – 22 L 1302/15.A; VG Bremen, AuAS 2015, 115; VG Ansbach AuAS 2016, 132; VG Kassel AuAS 2016, 58, 59; VG Dresden, AuAS 2016, 66, 68; Österreich BVerwG, Urt. v. 27.08.2015 – Nr. 1105574; Österreich BVerwG, Urt. v. 07.09.2015 – W117 2113666-1/4E; offen gelassen BayVGH InfAusR 2016, 208) und *Bulgarien* (VG Oldenburg, Beschl. v. 24.06.2015 – 12 B 2278/15; VG Oldenburg, AuAS 2016, 48; VG Sigmaringen, Beschl. v. 01.04.2015 – A 3 K 381/15; VG Köln, Beschl. v. 24.06.2015 20 L 1294/15.A; VG Kassel, InfAuslR 2015, 33, 34; VG Potsdam, Beschl. v. 28.10.2014 – VG 4 L 955/14.A; VG Ansbach, Urt. v. 21.01.2015 – AN 3 K 14.50102, AN 14.50104; VG Gelsenkirchen, InfAuslR 2016, 209, 212 f.; VG Würzburg, AuAS 2016, 130, 131; a.A. VG Magdeburg, Beschl. v. 08.01.2015 – 9 B 435/14;) bejaht.Hinsichtlich der Republik *Slowakei* hat der Hess.VGH zur Klärung dieser Frage die Berufung zugelassen (Hess.VGH, Beschl. v. 18.05.2015 – 4 A 803/15.Z.A.).

49 Dem Sachvorbringen des Antragstellers, in seinem konkreten Fall drohe ihm im Fall der Überstellung in den zuständigen Mitgliedstaat eine unmenschliche Behandlung, ist also nachzugehen. Systemische Mängel zeigen lediglich einen eindeutigen Fall hierfür auf. Beruht die Verletzung von Art. 3 EMRK nicht auf systemischen Mängeln, hat der Mitgliedstaat Art. 17 Abs. 1 in Betracht zu ziehen und reduziert sich das Ermessen – sofern kein anderer Mitgliedstaat zuständig ist – zum Selbsteintritt. Der Erheblichkeit von Grundrechtsverletzungen nach Art. 4 GRCh (Art. 3 EMRK) aufgrund systemischer Mängel liegt die Rechtsprechung des EGMR zugrunde. Dieser hatte erstmals in *M.S.S.* aus dem Zusammenhang von Art. 13 und Art. 3 EMRK abgeleitet, dass der Asylsuchende, der sich gegenüber dem seinen Asylantrag prüfenden Mitgliedstaat auf die Gefahr der Verletzung des Refoulementverbotes nach Art. 3 EMRK durch den zuständigen Mitgliedstaat beruft, nicht belegen muss, dass dort in seinem Fall tatsächlich dieses Verbot verletzt wird. Seien den Behörden schwerwiegende Mängel des Asylverfahrens im zuständigen Mitgliedstaat aufgrund zuverlässiger und sachbezogener Berichte internationaler und nichtstaatlicher Organisationen bekannt, dürfe dem Asylsuchenden nicht die vollständige Beweislast dafür auferlegt

werden, dass das dortige Asylsystem in seinem Fall nicht wirksam sei. Der ersuchende Mitgliedstaat hätte vielmehr zu prüfen, auf welche Weise dort in der Praxis die Gesetzgebung angewandt werde. Komme er dieser Verpflichtung nach, werde ihm bei einer solchen Ausgangslage bekannt werden, dass der Asylsuchende im Fall der Überstellung ein tatsächliches und individuelles Risiko, Art. 3 EMRK zuwider behandelt zu werden, ausgesetzt sei. Der Umstand, dass eine große Anzahl von Asylsuchenden derselben Situation wie der Antragsteller ausgesetzt sei, verringere ein konkretes Risiko in keiner Weise (EGMR, Urt. v. 21.01.2011 – Nr. 30696/09, Rn. 351 ff., 359 – *M.S.S.*, in: NVwZ 2011, 413, 417 f. nicht vollständig abgedruckt). Unvereinbar hiermit ist die Rechtsprechung des BVerwG, wonach der Einzelne unterhalb der Schwelle systemischer Mängel der Überstellung nicht mit dem Einwand entgegentreten könne, in seinem Fall drohten eine unmenschliche oder erniedrigende Behandlung i.S.v. Art. 3 EMRK (BVerwG, NVwZ 2014, 1677, 1679; dagegen auch *Tiedemann*, NVwZ 2015, 121, 122, mit Bezugnahme auf EGMR, NVwZ 2014, 127 – *Tarakhel*).

Im Ergebnis verschiebt der EGMR bei systemischen Mängeln des Asylverfahrens im Zielstaat, die aufgrund zuverlässiger und konkreter sachbezogener Erkenntnisquellen bekannt sind, lediglich die *Beweislast* vom Asylsuchenden auf die Behörde. In anderen Fällen bedarf es der Darlegung eines tatsächlichen Risikos. Auch im Blick auf die Aufnahmebedingungen für Asylsuchende bezieht sich der EuGH auf *M.S.S.* Seit 1997 entwickelt sich der Beweisstandard zu Art. 3 EMRK dynamisch: 1997 hatte der EGMR in *D v. UK* am Beispiel eines an AIDS erkrankten Drogenkuriers Art. 3 EMRK vom Erfordernis eines gezielten, vorsätzlichen Handlungsbegriffs entkoppelt, vielmehr ausschließlich auf die gesundheitlichen Folgen der Abschiebung abgestellt, diesen Ansatz aber auf ganz außergewöhnliche Ausnahmefälle begrenzt (EGMR, EZAR 933 Nr. 6 = NVwZ 1998, 163 = InfAuslR 1997, 381, 383 = NVwZ 1997, 1127 Rn. 49 – D. v. *U.K.*). Elf Jahre später bestätigte die Große Kammer den besonderen Ausnahmecharakter dieses Ansatzes, der es nur zulasse, dem Vertragsstaat die Verantwortung für die medizinische Behandlung aufzuerlegen, wenn die »humanitären Gründe zwingend« gegen eine Abschiebung sprechen würden (EGMR, HRLJ 2008, 289, 295 = NVwZ 2008, 1334 Rn. 44 – *N.v.U.K.*). Wenige Monate nach *M.S.S.* nutzte der EGMR aber die Gelegenheit, am Beispiel der Unterbringung von Rückkehrern in Lagern für Binnenvertriebene in Somalia den *M.S.S.-Standard* auch in Abgrenzung zum Beweisstandard in *D.v.U.K.* zu konkretisieren und auf den hierfür maßgeblichen Unterschied hinzuweisen: Danach wird die erforderliche Prüfung deshalb nicht nach Maßgabe des *D.v.U.K.-Tests* (EGMR, EZAR 933 Nr. 6 = NVwZ 1998, 163 = InfAuslR 1997, 381, 383 = NVwZ 1997, 1127 Rn. 49 – *D. v. U.K.*), sondern anhand der in M.S.S. entwickelten Kriterien (EGMR, Urt. v. 21.01.2011 – Nr. 30696/09 Rn. 254 ff., NVwZ 2011, 413, 415 ff. – *M.S.S.*) durchgeführt, weil die humanitäre Krise durch die Konfliktparteien verursacht worden ist (EGMR, Urt. v. 21.01.2011 – Nr. 8319/07, 11449/07 Rn. 267 bis 292, 296 – *Sufi* und *Elmi*). 50

Für den denkbar weitreichendsten Fall, dass die Grundrechte aller Antragsteller in vergleichbarer Lage bedroht sind, hat der EGMR eine Klärung herbeigeführt: Ohne dass es auf die besonderen Umstände des Asylsuchenden (fehlende persönliche Unterscheidungsmerkmale) ankommt, muss dieser eine Zuwiderhandlung 51 gegen Art. 3 EMRK befürchten, wenn »systemische Mängel« des Asylverfahrens oder der Aufnahmebedingungen eine »unmenschliche oder erniedrigende Behandlung der an diesen Mitgliedstaat überstellten Asylbewerber« hervorrufen (EGMR, Urt. v. 21.01.2011 – Nr. 8319/07, 11449/07 Rn. 267 bis 292, 296 – *Sufi and Elmi*). Das Asylverfahren und die Aufnahmebedingungen sind unter diesen Voraussetzungen Gefährdungsfaktoren, die sich zu einem tatsächlichen Risiko verdichten, dass der konkrete Asylsuchende in seinem Grundrecht aus Art. 3 EMRK verletzt werden wird. Die Gefahrenprognose löst sich damit von der Person des Antragstellers (persönliche Unterscheidungsmerkmale) ab und entlastet ihn von der Darlegung konkreter Bedrohungen, die gezielt gegen seine Person gerichtet sind. Ist Letzteres der Fall, kommt es aber auf systemische Mängel des Verfahrens oder der Aufnahmebedingungen nicht an (*Marx*, NVwZ 2012, 410, 411 f.; UK Supreme Court, [2014] UKSC 12 Rn. 42 ff., 52 ff., 66 ff.; Rdn. 47). Eine Beschränkung der Widerlegungsmöglichkeit der Vermutungswirkung lediglich auf systemische Mängel unter Außerachtlassung eines ernsthaften personenspezifischen Gefährdungsrisikos, das seine Ursache nicht in derart systemischen Mängeln hat, würde Art. 3 EMRK und damit Art. 4 GRCh verletzen. Art. 3 EMRK steht nicht unter dem Vorbehalt »struktureller«, »systembedingter« Verletzungen, sondern allein unter dem Vorbehalt der Darlegung eines »ernsthaften Risikos« seiner Verletzung, unabhängig davon, auf welchen Gründen die drohende Zuwiderhandlung beruht. Eine hiervon abweichende Auslegung würde nicht mit der Rechtsprechung des EuGH übereinstimmen, weil dieser Bedeutung und Tragweite der Grundrechte der Charta in Übereinstimmung mit der Rechtsprechung des EGMR zu den entsprechenden Konventionsrechten bestimmt (EuGH, NVwZ 2012, 97, 100 Rn. 70 – *Derici*). Der Mitgliedstaat muss keine Stellungnahme von UNHCR einholen, wenn aus den Dokumenten von UNHCR hervorgeht, dass der an sich zuständige Mitgliedstaat gegen unionsrechtliche Asylvorschriften verstößt (EuGH, NVwZ 2013, 660, 662 Rn. 47 – *Halaf*). Daraus folgt zugleich, dass eine Stellungnahme von UNHCR einzuholen ist, wenn aus seinen Berichten, Richtlinien und sonstigen Verlautbarungen keine Informationen hierzu entnommen werden können.

9. Ermessensklauseln (Art. 17 Verordnung [EU] Nr. 604/2013)

a) Funktion der Ermessensklauseln

52 Die Verordnung (EU) hat das frühere in Art. 3 Abs. 2 und 3 und Art. 15 Verordnung (EG) Nr. 343/2003 enthaltene Konzept der Ermessensklauseln grundlegend umgestaltet. Die Souveränitätsklausel des Art. 3 Abs. 2 Verordnung (EG) Nr. 343/2003 wird nunmehr in Art. 17 Abs. 1 Verordnung (EU) Nr. 604/2013 aufgegriffen, die Drittstaatenregelung des Art. 3 Abs. 3 Verordnung (EG) Nr. 343/2003 in Art. 3 Abs. 3 Verordnung (EU) Nr. 604/2013, die in Art. 15 Abs. 1 Verordnung (EG) Nr. 343/2003 enthaltene humanitäre Klausel wird nunmehr durch Art. 17 Abs. 2 Verordnung (EU) Nr. 604/2013, die frühere Regelung des Art. 15 Abs. 2 Verordnung (EG) Nr. 343/2003 durch Art. 16 Abs. 1 Verordnung (EU) Nr. 604/2013 übernommen (s. hierzu im Einzelnen Rdn. 26 ff.). Im letzteren Fall bleibt es bei der *Regelanordnung*. Bei abhängigen Personen wird in der Regel die Zuständigkeit übernommen. Nur in atypischen Ausnahmesituationen kann diese verneint werden. Darlegungs- und

beweispflichtig hierfür ist der prüfende Mitgliedstaat. Bei Übernahme der Zuständigkeit für abhängige Personen nach Art. 16 Abs. 1 kommt es nicht auf die Zustimmung des an sich zuständigen Mitgliedstaates, wohl aber auf die des Antragstellers an.

Art. 16 Abs. 1 regelt den Fall, in dem sich der Antragsteller bereits im gewünschten Mitgliedstaat aufhält. Zwar wird dort auch der Fall der *Zusammenführung* angesprochen. Dies hat aber wohl eher die Funktion, den zuvor beschriebenen Kreis der abhängigen Personen und die *Vermeidung der Trennung* wie die Zusammenführung einheitlich im Kontext darzustellen. Schwerpunkt von Art. 16 Abs. 1 ist die Vermeidung der Trennung, während die näheren mit der Zusammenführung verbundenen Probleme eigenständig in Art. 16 Abs. 2 geregelt werden. Würde man dem Hinweis auf die Zusammenführung in Art. 16 Abs. 1 keine Bedeutung beimessen und diese ausschließlich im Kontext von Art. 16 Abs. 2 verorten, fehlte das Erfordernis des familiären Bestands bei der Zusammenführung, weil dieses im Text des Art. 16 Abs. 2 nicht, wohl aber in Art. 16 Abs. 1 erwähnt wird. Andererseits kommt es aus primärrechtlichen Gründen auf dieses Erfordernis nicht an (Rdn. 29). Nach Art. 16 Abs. 1 wird der Mitgliedstaat, in dem sich der Antragsteller mit dem abhängigen Familienmitglied bzw. der von einem Familienmitglied abhängige Antragsteller bereits aufhält, im Regelfall zuständig. Dies wird zwar anders als in Art. 17 Abs. 2 UAbs. 4 nicht ausdrücklich geregelt, folgt aber aus dem Kontext der Norm. Demgegenüber wird in Art. 16 Abs. 2 ausdrücklich angeordnet, dass der Mitgliedstaat, in dem der Antragsteller mit seinem Familienangehörigen zusammengeführt wird, zuständiger Mitgliedstaat wird. Vorausgesetzt wird hierbei, dass der Gesundheitszustand den Antragsteller nicht längerfristig daran hindert, in diesen Mitgliedstaat zu reisen. Eine vorübergehende Krankheit oder kurzfristige Reiseunfähigkeit ist unerheblich. Ausdrücklich regelt Art. 16 Abs. 2 Satz 3, dass der Mitgliedstaat, in dem der Antragsteller aufgrund seiner längerfristigen Krankheit verbleiben muss, nicht dazu verpflichtet werden kann, einen der Familienangehörigen in sein Hoheitsgebiet zu verbringen. Das schließt jedoch eine rechtliche Ermöglichung der Zusammenführung in diesem Mitgliedstaat nicht aus. Ein aktives Tun kann in diesem Zusammenhang aber nicht zum Gegenstand der Verpflichtung dieses Staates gemacht werden. 53

b) Selbsteintrittsrecht (Art. 17 Abs. 1 Verordnung [EU] Nr. 604/2013)

Wie früher nach Art. 3 Abs. 2 Verordnung (EG) Nr. 343/2003 kann nach Art. 17 Abs. 1 abweichend von Art. 3 Abs. 1 Verordnung (EU) Nr. 604/2013 jeder Mitgliedstaat den von einem Asylsuchenden gestellten Asylantrag nach Ermessen in der Sache prüfen, auch wenn er nicht für diese Prüfung zuständig ist. Hieraus folgt, dass auch von dem Grundsatz, dass der Antrag nur von einem Mitgliedstaat geprüft wird (Art. 3 Abs. 1 Satz 1), abgewichen werden kann. Der Umstand, dass im bislang zuständigen Mitgliedstaat das Asylverfahren bereits abgeschlossen war, steht deshalb der Inanspruchnahme des Selbsteintrittsrechts nicht entgegen. Das ist nur der Fall, wenn dort internationaler Schutz gewährt wurde, weil in diesem Fall die Verordnung nicht mehr anwendbar ist. Auch Art. 7 Abs. 2 steht der Ausübung des Selbsteintrittsrechts nicht entgegen, weil diese Norm im engen Zusammenhang mit Art. 3 Abs. 1 steht und es daher auf die Situation im Zeitpunkt der erstmaligen Asylantragstellung nicht ankommt. 54

Abzugrenzen hiervon ist die Ermessensklausel nach Art. 3 Abs. 3 Verordnung (EU) Nr. 604/2013. Hier überstellt der prüfende Mitgliedstaat nicht in den an sich zuständigen Mitgliedstaat, prüft den Asylantrag aber auch nicht in der Sache, sondern wendet seine nationale Drittstaatenregelung (Art. 35 ff. RL 2013/32/EU) an. Die Kommission begründete im Vorschlag zur alten Verordnung die Einführung des Selbsteintrittsrechts mit *»politischen, humanitären oder praktischen Erwägungen«*. Diese räumten einem Mitgliedstaat das Recht ein, abweichend von den festgelegten Kriterien die Zuständigkeit für einen bestimmten Asylsuchenden zu übernehmen. Die Übernahme nach dieser Klausel stehe im Ermessen des Mitgliedstaates. Die Klausel soll den Mitgliedstaaten im Rahmen der Prüfung der Zuständigkeitskriterien der Verordnung eine gewisse Flexibilität ermöglichen.

55 Obwohl die Zustimmung des Antragstellers zur Übernahme der Zuständigkeit nicht für erforderlich erachtet wird (*Filzwieser/Sprung*, Dublin II-Verordnung, 3. Aufl., 2010, S. 76; *Funke-Kaiser*, in: GK-AsylG II, § 27a Rn. 151), dürfte dies zumeist in seinem Interesse liegen, es sei denn, er verfolgt aus den Gründen des Art. 17 Abs. 2 oder Art. 16 Abs. 1 die Zusammenführung mit Familienangehörigen in einem anderen Mitgliedstaat. Die frühere Streitfrage, ob dem Asylsuchenden der zuständige Mitgliedstaat aufgezwungen werden kann, kann aber nunmehr sachgerecht gelöst werden. Die Kommission hält es nicht in jedem Fall für sachgerecht, allein in der Tatsache der Asylantragstellung einen Wunsch des Asylsuchenden zu erblicken, dass er damit zugleich auch um Übernahme der Zuständigkeit des angesprochenen Mitgliedstaates ersucht. Dies könne etwa der Fall sein, wenn Hinweise ersichtlich seien, dass er mit seinen in einem anderen Mitgliedstaat lebenden Familienangehörigen zusammenleben möchte (Commission of the European Communities, Commission Staff Working Document. Report from the Commission to the European Parliament and the Council on the evaluation of the Dublin system, SEC [2007] 742, 06.06.2007, S. 21). Bringt der Asylsuchende in Verbindung mit seinem Asylantrag zum Ausdruck, dass er mit seinen Verwandten zusammengeführt werden möchte, wird man aber das in Art. 16 Abs. 1 und Art. 17 Abs. 2 jeweils vorausgesetzte Erfordernis der schriftlichen Zustimmung als Ersuchen zur Anwendung dieser Bestimmungen verstehen müssen. Diesem Ersuchen muss der prüfende Mitgliedstaat im Fall des Art. 16 Abs. 1 in der Regel nachgehen. Im Fall des Art. 17 Abs. 2 muss er diesem ebenfalls nachgehen und kann sich dieser Verpflichtung nicht durch – stillschweigende – Ausübung des Selbsteintrittsrechts entziehen. Die Ausübung des Selbsteintrittsrechts ist nicht davon abhängig, dass der an sich zuständige Mitgliedstaat zustimmt oder überhaupt auf das Ersuchen eingeht (EuGH, NVwZ 2013, 660 Rn. 39 – *Halaf*).

56 Übt der prüfende Mitgliedstaat das Selbsteintrittsrecht aus, geht die Zuständigkeit in einem umfassenden Sinne auf ihn über, ohne dass es noch eines weiteren Aktes des bislang zuständigen Mitgliedstaats bedarf (Art. 17 Abs. 1 UAbs. 2 Satz 1 Verordnung (EU) Nr. 604/2013; *Funke-Kaiser*, in: GK-AsylG II, § 27a Rn. 146). Er wird zuständiger Mitgliedstaat und übernimmt die mit dieser Zuständigkeit einhergehenden, insbesondere in Art. 18 Abs. 1 vorgesehenen Pflichten (Art. 17 Abs. 1 UAbs. 2 Verordnung (EU) Nr.604/2013). Auch wenn im früher zuständigen Mitgliedstaat das Asylverfahren bereits abgeschlossen wurde, erlischt damit dessen Verpflichtung

aus Art. 18 Abs. 1 Buchst. d) auf Wiederaufnahme des Antragstellers. Die Zustimmung zur Zuständigkeitsübernahme durch diesen Mitgliedstaat ist nicht erforderlich. Vielmehr hat er diesen lediglich über die Übernahme der Zuständigkeit zu unterrichten (Art. 17 Abs. 1 UAbs. 2 Satz 2). Ob eine förmliche Übernahme der Zuständigkeit ergehen muss oder diese auch stillschweigend erfolgen (so *Funke-Kaiser*, in: GK-AsylG II, § 27a Rn. 148) oder nur in eindeutigen Fällen bejaht werden kann (so *Filzwieser/Sprung*, Dublin II-Verordnung, 3. Aufl., 2010, S. 76), ist umstritten. Insbesondere wird kritisiert, dass eine inhaltliche Sachprüfung nicht ohne Weiteres in eine stillschweigende Übernahme der Zuständigkeit umgedeutet werden könne (VG Schwerin, AuAS 1996, 227, 228; VG Arnsberg, Urt. v. 15.12.2009 – 4 K 1756/09.A; VG Hamburg, Beschl. v. 02.03.2010 – 15 AE 44/10; *Filzwieser/Sprung*, Dublin II-Verordnung, 3. Aufl., 2010, S. 76; *Hailbronner*, AuslR B 2 § 27a AsylG Rn. 64). Demgegenüber wird eingewandt, es komme auf die Art der Anhörung an. Werde der Antragsteller nicht bloß routinemäßig zu den Umständen des Reisewegs und der Einreise (Art. 5 Verordnung (EU) Nr. 604/2013), sondern auch zu den Asylgründen befragt, folge hieraus eine konkludente Ausübung des Selbsteintrittsrechts (BayVGH, InfAuslR 2010, 467, 468; VGH BW, InfAuslR 2014, 293; *Funke-Kaiser*, in: GK-AsylG II, § 27a Rn. 148; a.A. VG Berlin, Beschl. v. 02.04.2014 – VG 23 L 147.14.A). Diese Streitfrage ist nunmehr geklärt. Die Behörde hat den Antragsteller im Rahmen der Prüfung des zuständigen Mitgliedstaats persönlich dazu anzuhören, ob sich Familienmitglieder, Verwandte oder Personen jeder anderen verwandtschaftlichen Beziehung in den Mitgliedstaaten aufhalten, um diese Umstände bei seiner Entscheidung berücksichtigen zu können (Art. 5 Abs. 1 in Verb. mit Art. 4 Abs. 1 Buchst. c)). Beschränkt sich die Anhörung auf diesen Prüfungsgegenstand, wird man hierin keine stillschweigende Übernahme erkennen können. Ermittlungen zu den Asylgründen gehen aber über das nach Art. 5 Abs. 1 Gebotene hinaus und können nur dahin verstanden werden, dass das Selbsteintrittsrecht ausgeübt wird. Auch eine *unzumutbar lange Verzögerung des Überstellungsgesuchs* bewirkt die Selbsteintrittspflicht (Nieders.OVG, AuAS 2015, 271, 273; VG Braunschweig, InfAuslR 2014, 206, 207; VG Magdeburg, EZAR NF 95 Nr. 40 = ZAR 2015, 197 (LS Rn. 62). Zwar hat das BVerwG diese Frage grundsätzlich offen gelassen, aber im Blick auf eine Frist von elf Monaten von der Antragstellung bis zur Erteilung der Zustimmung keine Bedenken gegen die Überstellung gesehen (BVerwG, NVwZ 2016, 154, 156 Rn. 21).

Setzt der prüfende Mitgliedstaat sich über die persönlichen Wünsche des Antragstellers entgegen Art. 16 Abs. 1 und 17 Abs. 2 hinweg, muss er diesem Gelegenheit geben, seine dort geregelten Rechte durchzusetzen. Rechtsmittel sind zwar nur gegen eine Überstellung, nicht aber gegen eine stillschweigende Übernahme der Zuständigkeit gegeben (Art. 27). Da die humanitären Klauseln und das Selbsteintrittsrecht jedoch subjektiven Rechtscharakter haben (§ 34a Rdn. 14 ff.), was insbesondere auch durch die Regelanordnung in Art. 16 Abs. 1 bestätigt wird, muss der Mitgliedstaat dem Antragsteller nach seinem nationalen Recht Gelegenheit zur Einlegung von Rechtsmitteln gegen die stillschweigende Übernahme der Zuständigkeit geben. Andererseits wird man weiterhin in der inhaltlichen Prüfung der Asylgründe im Einverständnis des Antragstellers eine zulässige stillschweigende Übernahme der Zuständigkeit sehen 57 können. Die früher umstrittene Frage, ob nur der Mitgliedstaat, in dem sich der Asylsuchende aufhält, vom Selbsteintrittsrecht Gebrauch machen kann (*Filzwieser/Sprung*, Dublin II-Verordnung, 3. Aufl., 2010, S. 76), dürfte durch den Wortlaut von Art. 17 Abs. 1 hinreichend geklärt sein. Danach kann ein Mitgliedstaat nur für einen bei ihm gestellten Asylantrag die Zuständigkeit übernehmen. Die Verordnung ist im Lichte des Völkerrechts und damit des Grundsatzes des territorialen Asylrechts auszulegen. Ein Asylantrag setzt daher einen territorialen Kontakt zum Mitgliedstaat voraus. Leben die Bezugspersonen i.S.d. Art. 16 Abs. 1 und 17 Abs. 2 im Gebiet des Mitgliedstaates, in dem sich der Antragsteller aufhält, entscheidet dieser in eigener Zuständigkeit. Begehrt der Antragsteller die Zusammenführung mit diesen in einem anderen Mitgliedstaat, hat dieser nach Art. 16 Abs. 2 der Übernahme zuzustimmen, wenn die Voraussetzungen nach Art. 16 Abs. 1 erfüllt sind. Wird diese Frage von den beteiligten Mitgliedstaaten unterschiedlich bewertet, muss der Antragsteller seine Rechte gegen den Mitgliedstaat durchsetzen, der die Zusammenführung verweigert. Der Aufenthaltsstaat sollte während dieses Verfahrens sein Prüfungsverfahren aussetzen.

58 Grundsätzlich liegt es im Ermessen des prüfenden Mitgliedstaats, unter welchen Voraussetzungen er sein Selbsteintrittsrecht ausübt. Die Rechtsprechung interpretiert *Abdullahi* dahin, dass Art. 3 Abs. 2 Verordnung (EG) Nr. 343/2003 und somit auch Art. 17 Abs. 1 Verordnung (EU) Nr. 604/2013 grundsätzlich keine drittschützende Wirkung zukomme. Der Gerichtshof habe nunmehr im Sinne eines »*acte clair*« entschieden, dass sämtliche nicht grundrechtlich aufgeladenen Zuständigkeitsnormen (Art. 8 bis 11) gerichtlich nicht durchgesetzt werden könnten (VG Stuttgart, Urt. v. 28.02.2014 A 12 K 383/14). Ermessensklauseln vermittelten deshalb keine Rechte, weil sie jenseits der regulären Zuständigkeitskriterien niedergelegt seien (*Thym*, NVwZ 2013, 130, 131) Eine derart eindeutige Aussage kann der Rechtsprechung des Gerichtshofs nicht entnommen werden. Vielmehr hat die Verordnung gem. Art. 288 Abs. 2 AEUV allgemeine Geltung und kann daher schon ihrer Rechtsnatur und ihrer Funktion im Rechtsquellensystem des Unionsrechts nach Rechte der Einzelnen begründen, die die nationalen Gerichte schützen müssen (EuGH, NVwZ 2014, 208, 209 Rn. 48 – *Abdullahi*). Ob dies nur bei grundrechtlich relevanten Zuständigkeitsnormen angenommen werden kann, ist zweifelhaft. Auch wenn dies zuträfe, kann im modernen Rechtstaat staatliches Ermessen nicht ohne Berücksichtigung subjektiver Interessen zweckgemäß und sachgerecht ausgeübt werden. Der Gerichtshof hebt zwar hervor, dass das Selbsteintrittsrecht an keine besonderen Bedingungen geknüpft ist. Andererseits könne es der Mitgliedstaat aus *politischen, humanitären* oder *praktischen Erwägungen* in Anspruch nehmen (EuGH, NVwZ 2013, 660 Rn. 37 – *Halaf*). Humanitäre Erwägungen dienen aber rechtlich geschützten Interessen des Einzelnen. Ferner fördern objektive Kriterien entgegen einem etatistischen Rechtsverständnis nicht ausschließlich staatliche, sondern auch Interessen des Einzelnen (*Marx*, NVwZ 2014, 198, 200). Dies erweist bereits das die Zuständigkeitsprüfung beherrschende Beschleunigungsprinzip, das einer Situation entgegenwirken soll, in der Grundrechte der Asylsuchenden verletzt werden (EuGH, NVwZ 2012, 417, 420 f. Rn. 98, 108 ff. – *N.S.*; EuGH, NVwZ 2013, 129 Rn. 34 f. – *Puid*). Die Anwendung

objektiver Zuständigkeitskriterien schützt damit auch Interessen des Einzelnen, wie auch Erwägungsgrund Nr. 5 Verordnung (EU) Nr. 604/2013 erweist.

In *Puid* hat der Gerichtshof die Ansicht des Hess. VGH, dass nach Ausfall des an sich zuständigen Mitgliedstaats aus Art. 3 Abs. 2 Verordnung (EG) Nr. 343/2003 eine Verpflichtung zum Selbsteintrittrecht bestehe, zurückgewiesen und lapidar erklärt, diese Norm könne eine solche Annahme nicht rechtfertigen. Wie in *N.S.* bereits festgestellt, sei vielmehr die Zuständigkeitsprüfung fortzusetzen (EuGH, NVwZ 2013, 129 Rn. 26 f. – *Puid*). In *Abdullahi* ging es hingegen nicht um das Selbsteintrittsrecht, sondern darum, ob der Asylsuchende mit dem in Art. 19 Abs. 2 Verordnung (EG) Nr. 343/2003 zur Verfügung stehendem Rechtsbehelf eine sachgerechte Durchführung der Zuständigkeitsprüfung durchsetzen konnte. Vor der Antwort auf diese Frage macht der Gerichtshof zunächst deutlich, wie er die Vorlagefrage versteht. Grundsätzlich spricht eine Vermutung für die Entscheidungserheblichkeit der Fragen des nationalen Gerichts, die es zur Auslegung des Unionsrechts in dem rechtlichen und sachlichen Rahmen stellt, den es in eigener Verantwortung festlegt und dessen Richtigkeit der Gerichtshof nicht zu prüfen hat (EuGH, NVwZ-RR 2013, 735, 736 Rn. 37 – *Ma, BT, DA*; EuGH, NVwZ 2013, 660 Rn. 28 – *Halaf*). Dementsprechend stellt er fest, es sei zu klären, »in welchem Umfang« die Zuständigkeitskriterien »tatsächlich Rechte der Asylbewerber begründen, die die nationalen Gerichte schützen müssen.« Was die Reichweite des in Art. 19 Abs. 2 Verordnung (EG) Nr. 343/2003 vorgesehenen Rechtsbehelfs angehe, sei zu bedenken, dass die Verordnung gerade aufgrund des gegenseitigen Vertrauens erlassen worden sei. Dadurch solle die Behandlung der Asylanträge rationalisiert und verhindert werden, dass die staatlichen Behörden mehrere Anträge desselben Antragstellers bearbeiten müssten und das System dadurch stocke. Im vorliegenden Fall gehe es um die Entscheidung des Mitgliedstaats, in dem der Asylantrag gestellt worden sei, diesen nicht zu prüfen und die Antragstellerin in den zweiten Staat zu überstellen (EuGH, NVwZ 2014, 208, 209 Rn. 49, 51 bis 54, 60 – *Abdullahi*). Die Bedeutung des Selbsteintrittsrechts war aber nicht Gegenstand der Vorlagefragen. Aus diesem Überblick über die Rechtsprechung des Gerichtshofs wird zwar deutlich, dass er dem Zuständigkeitskriterium der illegalen Einreise eine besondere Bedeutung beimisst. Haben die Minderjährige und familiäre Bindungen schützenden Bestimmungen aus grundrechtlichen Erwägungen Vorrang gegenüber dem Kriterium der illegalen Einreise, können aber auch grundrechtlich geschützte Rechte wie die physische und psychische Unversehrtheit über das Selbsteintrittsrecht objektiven Zuständigkeitskriterien entgegengehalten werden. Die Rechtsprechung des Gerichtshofs ist nicht derart eindeutig jenseits vernünftiger Zweifel, dass das Selbsteintrittsrecht keine grundrechtlich geschützten Interessen zu berücksichtigen hat. Das Selbsteintrittsrecht kann vielmehr als Norm verstanden werden, die nicht lediglich verfahrensrechtliche Bedeutung hat, sondern als eine Zuständigkeitsnorm mit materiellem Gehalt (VG Düsseldorf, Urt. v. 10.12.2009 – 18 K 718/09.A). 59

Zur Bezeichnung des Selbsteintrittsrechts wird häufig der Begriff »*Souveränitätsklausel*« verwandt. Das bedeutet jedoch nicht, dass die Mitgliedstaaten rechtlich ungebunden, kraft eigener Souveränität den Asylantrag behandeln könnten. Der 60

Begriff der Souveränität ist insbesondere nicht gegen die Union gerichtet (Terhechte, EuZW 2009, 724, 728, 731). Vielmehr vollzieht die Wahrnehmung der Kompetenzen nach der Souveränitätsklausel sich als ein an Regeln und Vorgaben des Unionsrechts gebundener mitgliedschaftlicher Akt, der insbesondere im Interesse und zur Förderung des Unionsrechts auszuüben ist. Die Verfassung enthält ihrerseits durch die Leitidee der Europarechtsfreundlichkeit des Grundgesetzes (BVerfGE 123, 267/346) – *Lissabon*; kritisch hierzu *Terhechte* (EuZW 2009, 724, 728; *Dingemann*, ZEuS 2009, 491, 527; *Bergmann/Karpenstein*, ZEuS 2009, 529, 531 ff.), welche die Bundesrepublik Deutschland zur Mitwirkung an der europäischen Integration verpflichtet (*Voßkuhle*, NVwZ 2010, 1, 5; *Selmayr*, ZEuS 2009, 637, 644 ff.) den Auftrag, die Souveränitätsklausel im Interesse der Förderung des Gemeinsamen Europäischen Asylsystems anzuwenden (im Einzelnen *Marx*, Rechtsgutachten zu den verfassungs- und europarechtlichen Fragen im Hinblick auf Überstellungen an Mitgliedstaaten im Rahmen der Verordnung [EG] Nr. 343/2003, 2010, S. 81 ff.). Nach dem Überprüfungsbericht der Kommission haben die Mitgliedstaaten die Souveränitätsklausel aus unterschiedlichen Gründen in Anspruch genommen. Einige Mitgliedstaaten, etwa Finnland, Irland und Österreich, wendeten diese an, wenn eine Gefahr der Verletzung von Art. 3 EMRK drohe, d.h. sofern die Abschiebung in den anderen Mitgliedstaat als solche zu einer unmenschlichen Behandlung führen könnte. Mitgliedstaaten könnten darüber hinaus auch für den Fall die Zuständigkeit übernehmen, in dem die strenge Anwendung der Zuständigkeitsregelungen zu einem Auseinanderreißen der Familienangehörigen führen würde. Schließlich werde die Souveränitätsklausel manchmal auch in dem Fall angewandt, in dem die Überstellung unter Verletzung des Refoulementverbotes zu einer Kettenabschiebung führen würde. Andere Mitgliedstaaten, wie z.B. Deutschland und Italien, übten ihr Souveränitätsrecht aus mehr praktischen Erwägungen aus, z.B. in Fällen, in denen die beschleunigte Durchführung eines Asylverfahrens weniger Ressourcen erfordere als die Durchführung eines Verfahrens im Dubliner System (*Commission of the European Communities, Commission Staff* Working Document. Report from the Commission to the European Parliament and the Council on the evaluation of the Dublin system, SEC [2007] 742, 06.06.2007, S. 21). In ihrem Vorschlag für die nunmehr geltende Verordnung hält die Kommission zwar am bloßen Ermessenscharakter der Souveränitätsklausel fest, die Klausel solle jedoch um Härtegründe (*»compassionate reasons«*) erweitert werden (*Commission of the European Communities*, Proposal for a Regulation of the European Parliament and of the Council establishing the criteria and mechanisms for determining the Member State responsible for examining an application for international protection logded in one of the Member States by a third-country-national or a stateless person, COM[2008] 820, S. 35.). Im weiteren Gesetzgebungsprozess wurde dieser Vorschlag nicht aufgegriffen. Er entspricht jedoch einer weit verbreiteten Verwaltungspraxis, die auch unions- und konventionsrechtlich gefordert ist.

61 Allgemein wird davon ausgegangen, dass eine extensive Auslegung des Selbsteintrittsrechts unionsrechtswidrig wäre, bloße Verletzungen der in den Richtlinien geregelten Standards hierfür nicht ausreichten, sondern erst eine drohende Verletzung von Art. 3 EMRK (*Filzwieser/Sprung*, Dublin II-Verordnung, 3. Aufl., 2010,

S. 74 f.). Auch dürfe das Selbsteintrittsrecht nicht als eine Generalklausel für eine Zuständigkeitsübernahme angewandt werden, wenn besondere Schwierigkeiten bei der Überstellung wegen unzureichender Aufnahme- und Verfahrensbedingungen zu erwarten seien (*Hailbronner,* AuslR B 2 § 27a AsylG Rn. 63; gegen OVG NW, Beschl. v. 07.10.2009 – 8 B 1433/09.A, NVwZ 2009, 1571, 1573 = AuAS 2009, 273; OVG Saarland, Beschl. v. 20.08.2009 – 3 A 253/09, NVwZ-RR 2010, 31). Dieser Kritik ist nunmehr mit Art. 3 Abs. 2 UAbs. 2 (Rdn. 45 ff.) der Boden entzogen worden. Zutreffend ist, dass der Gerichtshof das *Prinzip des gegenseitigen Vertrauens* der Mitgliedstaaten hervorgehoben und daraus die Vermutung abgeleitet hat, dass die Behandlung der Asylsuchenden in den Mitgliedstaaten grundsätzlich in Übereinstimmung mit den Erfordernissen der Charta, der GFK und der EMRK steht (EuGH, NVwZ 2012, 417, 419 Rn. 79, 81 – *N.S.*; EuGH, NVwZ 2013, 129 Rn. 34 f. – Puid; EuGH, NVwZ 2014, 208, 209 Rn. 45 – *Abdullahi*). Daraus kann jedoch nicht geschlossen werden, dass nur bei Verletzungen im Sinne von Art. 4 GrCh die Ausübung des Selbsteintrittsrechts in Betracht kommen könnte. Andererseits ist in diesen Fällen das Ermessen nach Art. 3 Abs. 3 UAbs. 2 stets reduziert, wobei es nicht auf eine systemisch bedingte Grundrechtsverletzung, sondern auf eine tatsächliche Gefahr im Einzelfall, Art. 4 GRCh zuwider behandelt zu werden, ankommt (*Filzwieser/Sprung,* Dublin II-Verordnung, 3. Aufl., 2010, S. 75 K11; Rdn. 48 ff.). Der Anwendungsbereich von Art. 17 Abs. 1 geht jedoch weit über diesen engen Ansatz hinaus. Die auf die Rechtsprechung des EuGH zurückgehende enge Auslegung hat ihre sachliche Rechtfertigung, wenn die Rechtsverletzung aufgrund der allgemeinen Verhältnisse im zuständigen Mitgliedstaat droht. Hier hilft Art. 3 UAbs. 2 bei systemisch bedingten Verletzungen und eine Auslegung von Art. 17 Abs. 1, die auch eine im Einzelfall drohende, nicht systemisch bedingte Grundrechtsverletzung nach Art. 4 GRCh erfasst. Liegen jedoch in der Person des Asylsuchenden und/oder in seinem persönlichen oder familiären Umfeld verortete Umstände vor, ist das gegenseitige Vertrauen der Mitgliedstaaten gar nicht angesprochen, sondern vorrangig der Schutz des Einzelnen.

Ob das Selbsteintrittsrecht drittschützende Wirkung, also *subjektiven Charakter,* hat, 62
ist umstritten (Rdn. 56 ff.; § 34a Rdn. 14 ff.). In der Rechtsprechung wird dies grundsätzlich, wenn auch nur beschränkt auf Ausnahmefälle, bejaht (OVG SA, Urt. v. 02.10.2013 – 3 L 643/12; Nieders.OVG, InfAuslR 2016, 35, 36), insbesondere bei einer drohenden Verletzung von Art. 3 EMRK im Einzelfall (Schweiz BVerwG, Urt. v. 09.12.2013 – Abteilung IV D-2408/2012; Rn. 4.9.1). So drängt sich die Ausübung des Selbsteintrittsrechts auf, wenn die Überstellung humanitären Interessen des Asylsuchenden zuwiderläuft, weil *besonders schutzbedürftige Personen* im Sinne von Art. 21 RL 2013/33/EU, etwa *Minderjährige, unbegleitete Minderjährige, Behinderte, ältere Personen, Schwangere, erkrankte Personen mit Unterstützungsbedarf,* Personen mit *psychischen Störungen, ältere Personen, unterstützungsbedürftige Frauen, Familien mit kleinen Kindern, Alleinerziehende mit minderjährigen Kindern, Opfern des Menschenhandels,* Personen, die Folter, Vergewaltigung oder sonstige schwere Formen psychischer, physischer oder sexueller Gewalt einschließlich Geschlechtsverstümmelungen oder andere schwere Gewalttaten im Herkunftsland oder auf der Flucht erlitten haben, betroffen sind (*Hailbronner,* AuslR B 2 § 27a AsylG Rn. 62; *Funke-*

Kaiser, in: GK-AsylG II, § 27a Rn. 145). Auch bei einer ärztlich nachgewiesenen posttraumatischen Belastungsstörung, Suizidalität oder einer depressiven Episode ist das Ermessen reduziert (BayVGH, InfAuslR 2016, 206, 208 f. = AuAS 201, 72; 2016, 74, 75; VG Frankfurt am Main, NVwZ 2011, 764; VG Minden, Beschl. v. 03.01.2014 – 8 L 841/13.A; VG Würzburg, Urt. v. 17.12.2013 – W 3 K 11.30312). In diesem Fall wären sie bei der Überstellung mit besonderen Schwierigkeiten im an sich zuständigen Mitgliedstaat konfrontiert, also gegenüber anderen Asylsuchenden in vergleichbarer Lage in einer besonders schutzbedürftigen Situation. In diesen Fällen spricht Vieles für eine Ermessensausübung zugunsten des Antragstellers, wenn nicht sogar für eine Ermessensreduktion. Auch bei *unangemessener Verzögerung des Ersuchens* wird unter Hinweis auf Art. 18, 41 Abs. 1, 47 Abs. 2 Satz 1 GRCh eine Verpflichtung zum Selbsteintritt angenommen (Nieders.OVG, InfAuslR 2016, 35, 36; VG Gelsenkirchen, Beschl. v. 30.12.2013 – 5a L 1726/13.A; Rdn. 56). Eine feste Zeitgrenze hierfür wird aber nicht genannt. Vielmehr komme es auf die Umstände des Einzelfalles an. So seien die individuellen Lebensumstände des Betroffenen und insbesondere zu berücksichtigen, ob sein Asylantrag von einem Mitgliedstaat bereits sachlich entschieden worden sei, worin die Ursachen für die Notwendigkeit der Durchführung des Zuständigkeitsbestimmungsverfahrens und für die Verzögerungen dieses Verfahrens lägen und wessen Verantwortungsbereich diese zuzurechnen seien sowie ob und bejahendenfalls in welchem Zeitraum eine Überstellung in den zuständigen Mitgliedstaat möglich sei (Nieders.OVG, InfAuslR 2016, 35, 36). Jedenfalls ist eine Verfahrensdauer von elf Monaten von der Antragstellung bis zu Erteilung der Zustimmung nach Ansicht des BVerwG unbedenklich (BVerwG, Urt. v. 27.10.2015 – 1 C 32.14 Rn. 21). Art. 17 Abs. 1 hat auch eine Art. 16 Abs. 1 und Art. 17 Abs. 2 ergänzende Funktion, insbesondere wird die Ausübung von Art. 17 Abs. 1 nicht dadurch gesperrt, dass die Voraussetzungen des Art. 16 Abs. 1 und 2, Art. 17 Abs. 2 nicht vorliegen (EuGH, NVwZ 2013, 660 Rn. 39 – *Halaf*). Sind die dort geregelten Voraussetzungen erfüllt, kommt eine unmittelbare Anwendung dieser Normen in Betracht. Bestehen jedoch keine für die Anwendung dieser Normen erforderlichen verwandtschaftlichen Beziehungen im ersuchenden Mitgliedstaat, greift ergänzend Art. 17 Abs. 1 ein. Gerade die besonders schutzbedürftigen Personen im Sinne der Aufnahmerichtlinie haben einen Anspruch auf unverzüglich einsetzende Fürsorge, deren Wirksamkeit nicht durch belastende und ihre Not verschärfende Zuständigkeitsprüfungen und Überstellungen hinausgeschoben werden darf.

63 Bestehen zwar keine systemischen Schwächen im zuständigen Mitgliedstaat, droht aber im Blick auf die dortige mehrmonatige Inhaftierung und Misshandlung des Asylsuchenden eine Art. 3 EMRK zuwiderlaufende Behandlung im Einzelfall ist die Überstellung nach Art. 17 Abs. 1 unzulässig (Schweiz BVerwG, Urt. v. 09.12.2013 – Abteilung IV D-2408/2012; Rn. 4.9.1; Rdn. 47). Schließlich können ausländerrechtliche Gründe Anlass geben, das Selbsteintrittsrecht auszuüben. *Heiratet der Antragsteller* nach Einreise und erwirbt er dadurch dem Grunde nach ein Aufenthaltsrecht nach § 28 Abs. 1 Satz 1 Nr. 1 oder § 30 Abs. 1 AufenthG und hält er seinen Asylantrag aufrecht, kann er sich zwar nicht auf Art. 9 und 10 der Verordnung berufen, wenn der Ehegatte den dort bezeichneten Aufenthaltsstatus nicht besitzt (Rdn. 22 ff.). Allein

der in der Rechtsprechung übliche Verweis auf die formalen Zuständigkeitskriterien der Verordnung wird deren Zweck jedoch nicht gerecht. Es gibt keinen sachlich gerechtfertigten Grund, dem Antragsteller wegen seiner Eheschließung den Verzicht auf seinen internationalen Schutzanspruch zuzumuten. Andererseits ist es weder mit Art. 8 EMRK noch mit Art. 9 GRCh noch mit Art. 6 Abs. 1 und 2 GG vereinbar, dem Ehegatten allein aus formalen Gründen eine durch die Überstellung bedingte ungewisse Dauer der Trennung zuzumuten. Die Frage des weiteren Aufenthalts im Bundesgebiet kann in diesen Fällen nicht die Ausländerbehörde, sondern im Rahmen des Art. 17 Abs. 1 allein das Bundesamt entscheiden (*Funke-Kaiser,* in: GK-AsylG II, § 27a Rn. 150). Allein der unterschiedliche »ausländerrechtliche Status« des Ehegatten rechtfertigt keine unterschiedliche Behandlung beider Fälle (EGMR, Urt. v. 06.11.2012 – Nr. 22341/09, Rn. 47 ff. – *Hode* and *Abdi*). Es gibt danach keinen sachlich gerechtfertigten Grund, bei der Anwendung von Art. 16 Abs. 1 der Verordnung, danach zu unterscheiden, ob die Familienangehörigen bereits im Herkunftsland zusammen gelebt haben. Verfassungs-, unions- und konventionsrechtliche Gründe sprechen in diesem Fall für eine Übernahme der Zuständigkeit im Rahmen des Selbsteintrittsrechts nach Art. 17 Abs. 1. Wird aber nach der Einreise *im Bundesgebiet ein Kind* geboren wird oder lebt es bereits hier, für das der Antragsteller elterliche Verantwortung übernimmt, ist der für diesen zuständigen Mitgliedstaat auch für das Kind zuständig (Art. 20 Abs. 3 Verordnung (EU) Nr. 604/2013. Liegen in diesem Fall die Voraussetzungen des Art. 16 Abs. 1 (Rdn. 26 ff.) nicht vor, ist das Ermessen nach Art. 17 Abs. 1 zugunsten des Antragstellers reduziert.

c) Drittstaatenregelung (Art. 3 Abs. 3 Verordnung [EU] Nr. 604/2013)

Art. 3 Abs. 3 Verordnung (EU) Nr. 604/2013 lässt die Abschiebung des Antragstellers 64
in Drittstaaten nach Maßgabe von Art. 35 ff. RL 2013/32/EU zu. Für die Überstellung in Mitgliedstaaten ist diese Norm jedoch nicht vorgesehen. Bereits das Dubliner Übereinkommen regelte, dass im Verhältnis der Mitgliedstaaten untereinander die Regelungen des Übereinkommens den nationalen Drittstaatenregelungen vorgehen (*Löper,* ZAR 2000, 16, 19). Diese Praxis wurde mit Art. 3 Abs. 3 Verordnung (EG) Nr. 343/2003 und Art. 3 Abs. 3 Verordnung (EU) Nr. 604/2013 fortgesetzt. Im Verhältnis zu den Mitgliedstaaten gelten die Zuständigkeitskriterien der Art. 8 bis 17 und Art. 3 Abs. 2 UAbs. 2. Will der Mitgliedstaat die Überstellung in den zuständigen Mitgliedstaat nicht vollziehen, kann er entweder von seinem Selbsteintrittsrecht nach Art. 17 Abs. 1 (Rdn. 54 ff.) Gebrauch machen oder in den sicheren Drittstaat abschieben. Er hat dieses Recht auch dann noch, wenn der ersuchte Mitgliedstaat der Wiederaufnahme des Asylsuchenden zugestimmt hat (EuGH, NVwZ 2016, 753, 755 Rn. 53 – *Mirza/Ungarn*). Nach nationalem Recht kommen zwar sowohl »sichere Drittstaaten« (§ 26a) wie auch »sonstige Drittstaaten« (§ 29) für die Anwendung dieser Klausel in Betracht. Allerdings sind derzeit keine »sicheren Drittstaaten« gelistet (§ 26a Rdn. 1). Der Antragsteller kann aber nach Maßgabe von § 29 in einen sonstigen Drittstaat abgeschoben werden. Diese Vorschrift ist auf den Fall des anderweitigen ausreichenden Schutzes beschränkt, da der Gesetzgeber in § 29 Abs. 1 allein das Konzept des ersten Asylstaates umgesetzt (BVerwGE 144, 127, 132 Rn. 16) und damit

dessen Anwendungsbereich auf dieses Konzept eingeschränkt hat (§ 29 Rdn. 2 ff.). Die Vorschrift wird derzeit in der Verwaltungspraxis nicht angewandt.

65 In der Literatur wurde zu Art. 3 Abs. 3 Verordnung (EG) Nr. 343/2003 vertreten, die Frage, ob und unter welchen Voraussetzungen ein Verweis auf einen Drittstaat erfolgen könne, werde allein nach nationalem Recht geregelt (*Filzwieser/Sprung*, Dublin II-Verordnung, 3. Aufl., 2010, S. 77). Dies war aus primärrechtlichen Gründen schon damals nicht zutreffend und wird mit Art. 3 Abs. 3 Verordnung (EU) Nr. 604/2013 durch den Verweis auf die Schutzgarantien der Richtlinie 2013/32/EU auch für das geltende Recht nochmals ausdrücklich klargestellt. Die Mitgliedstaaten haben vielmehr ihre Drittstaatenregelungen in Übereinstimmung mit Unionsrecht auszuüben. Sie dürfen dabei von der Befugnis des Art. 39 Abs. 1 RL 2013/32/EU, die Sicherheit im Drittstaat nicht zu prüfen, aus primärrechtlichen Gründen keinen Gebrauch machen. Im Übrigen ist dem Antragsteller die Widerlegungsmöglichkeit einzuräumen (Art. 39 Abs. 3 RL 2013/32/EU). Auch bei der Anwendung der Drittstaatenregelungen ist daher eine unwiderlegliche Sicherheitsvermutung mit Unionsrecht unvereinbar. Eine derartige nationale Regelung stellt die Garantien infrage, mit denen der Schutz und die Beachtung der Grundrechte durch die Union und ihre Mitgliedstaaten sichergestellt werden sollen (EuGH, NVwZ 2012, 417, 421 Rn. 100 bis 103 – *N.S.*; s. hierzu *Marx*, NVwZ 2012, 409). Der EuGH bezog sich dabei auf Art. 36 RL 2005/85/EG, der den Mitgliedstaaten die Option einräumt, »keine oder keine umfassende« Prüfung der Sicherheit im Drittstaat vorzunehmen. Damit stellte er klar, dass derartige Klauseln nur nach Maßgabe des Unionsrechts beansprucht werden dürfen.

III. Verfahren zur Prüfung des zuständigen Mitgliedstaates

1. Ablauf des Zuständigkeitsprüfungsverfahrens

66 Das Verfahren zur Zuständigkeitsprüfung wird eingeleitet, sobald in einem Mitgliedstaat erstmals ein Asylantrag gestellt wird (Art. 20 Abs. 1). Dementsprechend prüfen die Mitgliedstaaten jeden Asylantrag, der in ihrem Hoheitsgebiet an ihrer Grenze oder in den Transitzonen gestellt wird (Art. 3). Der Asylantrag gilt als gestellt, wenn den zuständigen Behörden ein vom Antragsteller eingereichtes Formblatt oder ein behördliches Protokoll zugegangen ist. Bei einem nicht schriftlich gestellten Antrag sollte die Frist zwischen der Geltendmachung des Asylersuchens und der Erstellung eines Protokolls so kurz wie möglich sein (Art. 20 Abs. 2). Sobald der Antrag gestellt wird, unterrichten die zuständigen Behörden den Antragsteller über die Anwendung der Verordnung und insbesondere über deren Ziele, die Folgen einer weiteren Antragstellung in einem anderen Mitgliedstaat sowie die Folgen eines Umzugs in den zuständigen Mitgliedstaat, über die Kriterien, die für diese Prüfung maßgebend sind, das *persönliche Gespräch* in diesem Verfahren und die Möglichkeit, Angaben über die Anwesenheit von Familienangehörigen, Verwandten oder Personen jeder anderen verwandtschaftlichen Beziehung in den Mitgliedstaaten zu machen, einschließlich der (Glaubhaftmachungs- und Beweis-) Mittel, mit denen der Antragsteller diese Angaben machen kann, die Möglichkeit zur Einlegung eines Rechtsbehelfs gegen eine Überstellungsentscheidung und gegebenenfalls zur Beantragung einer Aussetzung des Verfahrens (Art. 4 Abs. 1 und 2). Dieser *Unterrichtungspflicht* ist im Rahmen des

persönlichen Gesprächs oder schriftlich in einer ihm verständlichen Sprache (Art. 4 Abs. 2 UAbs. 2) zu genügen. Die Belehrung ist aktenkundig zu machen. Kann die Unterrichtung nicht nachgewiesen werden, ist die Überstellung rechtswidrig und auszusetzen (VG Arnsberg, Beschl. v. 03.04.2014 – 11 L 235/14.A). Die derzeitige Praxis des Bundesamtes genügt diesen Anforderungen nicht. Informationspflichten und persönliches Gespräch (Art. 5 Abs. 1) dienen dem Ziel, alle für die Durchführung der Zuständigkeitsprüfung erforderlichen Informationen und Beweismittel möglichst zeitnah und erschöpfend zu erhalten. Nach Art. 5 Abs. 1 Satz 1 ist das persönliche Gespräch zwingend und kann nicht durch ein schriftliches Anhörungsverfahren ersetzt werden. Das folgt auch aus der Verpflichtung, eine Niederschrift über das persönliche Gespräch aufzunehmen (Art. 5 Abs. 6). Auch insoweit genügt die derzeige als Reisewegbefragung gestaltete Anhörung diesen Anforderungen nicht.

Die Verordnung unterscheidet in die *Übertragung* (Art. 19) und Übernahme der Zuständigkeit im Rahmen des *Aufnahme-* (Art. 21 und 22) und *Wiederaufnahmeverfahrens* (Art. 23 bis 25). Die Übertragung erfolgt kraft Verordnung wegen Erlöschens der Pflichten des bislang zuständigen Mitgliedstaates aus Art. 18 Abs. 1. Die Übernahme setzt die Angabe einer Willenserklärung des zuständigen Mitgliedstaats im Aufnahme- oder Wiederaufnahmeverfahren voraus. Im Aufnahmeverfahren prüft der Mitgliedstaat, bei dem erstmals der Asylantrag gestellt wird, welcher Mitgliedstaat für dessen Prüfung zuständig ist. Hingegen prüft im Wiederaufnahmeverfahren der Mitgliedstaat, bei dem ein erneuter Asylantrag gestellt wurde oder in dessen Gebiet der Betroffene sich unrechtmäßig aufhält, ob er ein Ersuchen an den zuständigen Mitgliedstaat um Wiederaufnahme des Antragstellers stellen kann (Art. 23 Abs. 1). In beiden Fällen führt der Mitgliedstaat, bei dem der Asylantrag gestellt wird, ein persönliches Gespräch mit dem Antragsteller durch (Rdn. 66). Dieses ist zwingend und zeitnah, in jedem Fall aber, bevor über die Überstellung entschieden wird, zu führen (Art. 5 Abs. 1 und 3). Nur wenn der Antragsteller flüchtig ist oder aufgrund der Unterrichtung bereits die sachdienlichen Angaben gemacht hat, sodass der zuständige Mitgliedstaat bestimmt werden kann, kann auf das persönliche Gespräch verzichtet werden. Dem Antragsteller ist aber abschließend Gelegenheit zu geben, alle erforderlichen Informationen vorzulegen, bevor über die Zuständigkeit entschieden wird (Art. 5 Abs. 2). Wie bei der Anhörung im Asylverfahren ist auch das persönliche Gespräch im Zuständigkeitsprüfungsverfahren in einer Sprache zu führen, die der Antragsteller versteht oder von der vernünftigerweise angenommen werden darf, dass er sie versteht. Erforderlichenfalls ist ein Dolmetscher hinzuzuziehen (Art. 5 Abs. 4). Es ist die Vertraulichkeit zu wahren (Art. 5 Abs. 5; s. hierzu § 25 Rdn. 10, 28 ff., Rdn. 10). Anschließend ist eine Niederschrift aufzunehmen und dem Antragsteller oder dem Rechtsbeistand oder sonstigen Berater zuzustellen (Art. 5 Abs. 6). 67

2. Übertragung der Zuständigkeit (Art. 19 Verordnung [EU] Nr. 604/2013)

a) Funktion der Übertragung der Zuständigkeit

Wurde früher die Übertragung der Zuständigkeit aufgrund eines Aufenthaltstitels, der freiwilligen Ausreise von mehr als drei Monaten aus dem Unionsgebiet oder der 68 behördlich veranlassten Ausreise (Art. 16 Abs. 2 bis 4 Verordnung [EG] Nr. 343/2003) im Rahmen des Aufnahme- und Wiederaufnahmeverfahren in Kapitel V der Verordnung (EG) Nr. 343/2003 geregelt, wird nunmehr die Übertragung in Kapitel V der Übernahme der Zuständigkeit im Rahmen des Aufnahme- und Wiederaufnahmeverfahrens (Kapitel VI) vorangestellt. Damit wird bereits in systematischer Hinsicht klargestellt, dass die Übertragung nicht Teil des Zuständigkeitsbestimmungsverfahrens nach Maßgabe der Kriterien nach Art. 7 ff. ist. Vielmehr wird in einem Fall die Zuständigkeit kraft Verordnung auf den Ausstellerstaat des Aufenthaltstitels übertragen. Für die anderen Fälle wird angeordnet, dass das Verfahren zur Bestimmung des zuständigen Mitgliedstaates nicht aufgrund der sich aus der früheren Einreise und dem früheren Aufenthalt ergebenden Kriterien, sondern wegen Erlöschens der sich aus dem Voraufenthalt ergebenden Verpflichtungen unabhängig hiervon erneut zu bestimmen ist.

b) Erteilung eines Aufenthaltstitels (Art. 19 Abs. 1 Verordnung [EU] Nr. 604/2013)

69 Erteilt der nicht zuständige Mitgliedstaat dem Antragsteller eine Aufenthaltserlaubnis, obliegen diesem die Pflichten nach Art. 18 Abs. 1, d.h. er wird kraft der Verordnung wegen der Erteilung zuständiger Mitgliedstaat. Die Pflichten des an sich zuständigen Mitgliedstaats erlöschen. Das Aufnahme- oder Wiederaufnahmeverfahren wird nicht eingeleitet. Art. 19 Abs. 1 enthält wie die Vorläufernorm keine Regelungen zur Art des Aufenthaltstitels insbesondere zur Dauer. Maßgebend ist die Begriffsbestimmung der Verordnung (Art. 2 Buchst. l)). Danach ist ein »Aufenthaltstitel« jede von den Behörden erteilte Erlaubnis, mit der der Aufenthalt eines Asylsuchenden im Hoheitsgebiet des Mitgliedstaats gestattet wird, einschließlich der Dokumente, mit denen die Genehmigung des Aufenthalts im Hoheitsgebiet im Rahmen einer Regelung des vorübergehenden Schutzes oder bis zu dem Zeitpunkt, zu dem die eine Ausreise hindernden Umstände nicht mehr gegeben sind, nachgewiesen werden kann (Halbs. 1). Da es sich um eine behördliche Genehmigung handelt, bleiben gesetzliche Erlaubnisse wie die Erlaubnis- und Fortgeltungsfiktion (§ 81 Abs. 3 und 4 AufenthG) und auch die Aufenthaltsgestattung (§ 55 AsylG) unberücksichtigt (*Funke-Kaiser,* in: GK-AsylG II, § 27a Rn. 185). Im Blick auf die Aufenthaltsgestattung wird dies durch den zweiten Halbsatz der Norm bekräftigt, wonach Visa und Aufenthaltstitel zum Zwecke der Durchführung des Zuständigkeitsbestimmungsverfahrens oder eines Asylverfahrens erteilt wurden, ausgenommen sind.

70 Der Fortgeltungsfiktion voran geht allerdings die Erteilung eines Aufenthaltstitels, sodass aufgrund dieser Erteilung die Zuständigkeit auf den Ausstellerstaat übertragen wurde. Im Fall der Erlaubnisfiktion dürfte zumeist der Fall der visumfreien Einreise vorliegen, sodass die Regeln des Art. 14 Anwendung finden (Rdn. 41 f.). Art. 19 Abs. 1 enthält keine Bestimmungen zur Art und Dauer des Aufenthaltstitels. Daher kommt es weder auf den rechtlichen Charakter des Aufenthaltstitels noch auf dessen Dauer an (*Funke-Kaiser,* in: GK-AsylG II, § 27a Rn. 185). Dies wird durch die Begriffsbestimmung der Verordnung bekräftigt, wonach auch die Duldungsbescheinigung (§ 60a Abs. 4 AufenthG) – also das Dokument, durch das der erlaubte Aufenthalt aufgrund der die Ausreise hindernde Umstände nachgewiesen wird – als

Aufenthaltstitel anzusehen ist. Daraus folgt, dass die Erteilung eines Aufenthaltstitels zur Folge hat, dass der Ausstellerstaat umfassend und endgültig in die Pflichten nach Art. 18 Abs. 1 eintritt und der an sich zuständige Mitgliedstaat aufgrund dessen von diesen Pflichten verbindlich freigestellt wird. Daher kann auch die Rücknahme wegen eines erschlichenen Aufenthaltstitels, auch wenn sie die Wirksamkeit des erteilten Aufenthaltstitels nach nationalem Recht rückwirkend beseitigt, die einmal nach Unionsrecht angeordnete Befreiung des an sich zuständigen Mitgliedstaates von den Pflichten des Art. 18 Abs. 1 nicht nachträglich wieder aufleben lassen. Dies würde auch dem Zweck der Verordnung, die Zuständigkeit rasch zu klären, zuwiderlaufen (*Funke-Kaiser*, in: GK-AsylG II, § 27a Rn. 185). Reist der Asylsuchende nach Erteilung des Aufenthaltstitels erneut in den an sich zuständigen Mitgliedstaat ein, ist dieser wegen Erlöschens der Pflichten aus Art. 18 Abs. 1 nicht zur Weiterführung des früheren Asylverfahrens verpflichtet (*Filzwieser/Sprung*, Dublin II-Verordnung, 3. Aufl., 2010, S. 132). Vielmehr kann er den Asylsuchenden an den Ausstellerstaat verweisen, aber auch von seinem Selbsteintrittsrecht Gebrauch machen.

c) Ausreise für mindestens drei Monate (Art. 19 Abs. 2 Verordnung [EU] Nr. 604/2013)

Die Pflichten des bislang zuständigen Mitgliedstaats nach Art. 18 Abs. 1 erlöschen, 71 wenn er nachweisen kann, dass der Antragsteller nach Einleitung des Asylverfahrens, Rücknahme oder Ablehnung des Antrags das Unionsgebiet für mindestens drei Monate verlassen hat (Art. 19 Abs. 2). Früher war aus. Art. 16 Abs. 3 Verordnung (EG) Nr. 343/2003 abgeleitet worden, dass der Antragsteller nach dem auch für das Asylvorbringen maßgebenden Beweismaß der Glaubhaftmachung den Aufenthalt außerhalb des Unionsgebiets glaubhaft machen kann, wozu bereits der Tatsachenvortrag ausreichen kann (VG Minden, Urt. v. 21.09.2010 – 10 K2080/10.A; VG Düsseldorf, Beschl. v. 01.10.2013 – 25 L 1872/13.A; VG Lüneburg, Beschl. v. 25.10.2013 – 4 B 57/13). Demgegenüber erlegte eine vereinzelte Mindermeinung dem Antragsteller auf, Nachweise über den Aufenthalt außerhalb des Unionsgebiets vorzulegen (VG Münster, InfAuslR 2008, 372, 374). Demgegenüber erlegt Art. 19 Abs. 2 dem (bislang) zuständigen Mitgliedstaat die Nachweispflicht hierfür auf. Der prüfende hat dem früher zuständigen Mitgliedstaat die entsprechenden Erklärungen des Asylsuchenden einschließlich etwaiger Beweismittel (Meldebescheinigungen, Reisetickets, Lichtbilder mit Datumsanzeigen etc.), die er im Rahmen der Informationspflichten und des persönlichen Gesprächs (Art. 4 und 5; Rdn. 66) ermittelt hat, nach Art. 31 vorzulegen, damit der früher zuständige Staat seiner Nachweispflicht genügen kann. Im Eilrechtsschutzverfahren ist zu prüfen, ob der ersuchende Mitgliedstaat diesen Pflichten nachgekommen ist und der ersuchte Mitgliedstaat prüfen konnte, ob der Asylsuchende sich mindestens drei Monaten außerhalb des Unionsgebiets aufgehalten hat. Unterlässt der ersuchende Mitgliedstaat die Mitteilung, dass sich der Antragsteller nach seinen Erklärungen länger als drei Monate außerhalb des Unionsgebiets aufgehalten hat, genügt das Ersuchen nicht den Formerfordernissen und rechtfertigt dies die Anordnung der aufschiebenden Wirkung (VG Lüneburg, Beschl. v. 25.10.2013 – 4 B 57/13).

72 Aus der Systematik von Abs. 2 und Abs. 3 des Art. 19 folgt, dass nur eine *freiwillige Ausreise* die Erlöschenswirkung des Art. 19 Abs. 2 auslöst (*Funke-Kaiser,* in: GK-AsylG II, § 27a Rn. 265; *Filzwieser/Sprung,* Dublin II-Verordnung, 3. Aufl., 2010, S. 133). Abs. 3 regelt im Verhältnis zu Abs. 2 die Ausreise aufgrund eines *Rückführungsbeschlusses* oder einer Abschiebungsandrohung. Abs. 3 UAbs. 2 stellt ausdrücklich klar, dass die vollzogene Abschiebung ein neues Verfahren zur Zuständigkeitsbestimmung auslöst. Im Fall des Verlassens des Hoheitsgebiets ordnet Abs. 2 UAbs. 2 diese Rechtsfolge an. Daraus wird geschlossen, dass die Dreimonatsregelung in jedem Fall der freiwilligen Ausreise zur Anwendung kommt, auch wenn sie nach einer Abschiebungsandrohung erfolgt (*Filzwieser/Sprung,* Dublin II-Verordnung, 3. Aufl., 2010, S. 133 f.). Aus der Verweisung in Abs. 2 auf Art. 18 Abs. 1 Buchst. c) und d) folgt jedoch, dass nur für die Asylsuchenden, die nach Rücknahme oder Ablehnung ihres Asylantrags im zuständigen Mitgliedstaat das Hoheitsgebiet verlassen haben, die Dreimonatsregel gilt. Eine Rücknahme wird zumeist wegen Verlassens des zuständigen Mitgliedstaats in Form der stillschweigenden Rücknahme (Art. 28 RL 3013/32/EU) erfolgt sein. Art. 18 Abs. 1 Buchst. c) Verordnung (EU) Nr. 604/2013 verwendet den Begriff »zurückgezogen hat« und schließt damit auch die Antragsteller ein, die ihren Antrag »stillschweigend« zurückgezogen haben. Kann der Mitgliedstaat nachweisen, dass er gem. Art. 28 RL 3013/32/EU das Asylverfahren eingestellt hat, handelt es sich im Fall der Wiedereinreise nach drei Monaten um einen Antragsteller nach Art. 18 Abs. 1 Buchst. c), sodass Art. 19 Abs. 2 auf diesen Anwendung findet. Hat der früher zuständige Mitgliedstaat nach Rücknahme oder Ablehnung des Asylantrags einen Rückführungsbeschluss oder eine Abschiebungsandrohung erlassen, findet nicht Abs. 2, sondern Abs. 3 UAbs. 1 von Art. 19 Anwendung, der keine Fristregelung für die Dauer der Abwesenheit vom Unionsgebiet enthält (Rdn. 74 ff.).

73 Reist der Asylsuchende in das Unionsgebiet ein, ohne einen Asylantrag zu stellen, und verlässt er es anschließend wieder, und reist nach Ablauf von drei Monaten erneut in das Unionsgebiet ein, ist die frühere Einreise unerheblich, weil kein Asylantrag gestellt wurde und deshalb die Pflichten nach Art. 18 Abs. 1 nicht ausgelöst werden konnten. Daher sind die Umstände der erneuten Einreise und der daran anschließende Aufenthalt maßgebend für die Zuständigkeitsbestimmung (*Funke-Kaiser,* in: GK-AsylG II, § 27a Rn. 267; *Filzwieser/Sprung,* Dublin II-Verordnung, 3. Aufl., 2010, S. 133). Ist der Antragsteller bei erneuter Einreise im Besitz eines gültigen Aufenthaltstitels, ist der Ausstellerstaat zuständig. Die Erlöschenswirkung wegen der freiwilligen Ausreise findet keine Anwendung. Der Titel muss noch gültig, darf also nicht aufgrund der Dauer des Aufenthalts außerhalb des Ausstellerstaates erloschen sein.

d) Erlass einer Abschiebungsanordnung (Art. 19 Abs. 3 Verordnung [EU] Nr. 604/2013)

74 Die Pflichten des bislang zuständigen Mitgliedstaats nach Art. 18 Abs. 1 erlöschen ferner, wenn dieser nachweisen kann, dass der Antragsteller nach Rücknahme oder Ablehnung des Asylantrags auf der Grundlage eines Rückführungsbeschlusses oder einer Abschiebungsanordnung das Unionsgebiet verlassen hat. Diese Regelung weicht von der Vorläufernorm des Art. 16 Abs. 4 Verordnung (EG) Nr. 343/2003 insoweit

ab, dass nicht mehr gefordert wird, dass der Mitgliedstaat die erforderlichen Vorkehrungen getroffen und auch tatsächlich umgesetzt haben muss, damit der Betroffene aufgrund der behördlichen Entscheidung in sein Herkunftsland oder in ein anderes Land, in das er sich rechtmäßig begeben konnte, zurückkehrt. Letzterer Staat konnte auch ein Mitgliedstaat sein. Nach geltendem Recht kommt es hingegen allein auf eine behördliche Entscheidung und den Nachweis an, dass der Betroffene aufgrund dessen das Unionsgebiet insgesamt verlassen hat. Wurde er abgeschoben, ordnet Abs. 3 UAbs. 2 an, dass ein neues Zuständigkeitsbestimmungsverfahren Anwendung findet, also auf die früher maßgebenden Kriterien nicht mehr zurückgegriffen werden darf. Hat der Betroffene das Unionsgebiet aufgrund der behördlichen Entscheidung freiwillig verlassen, findet nicht Abs. 2 Anwendung, sondern Abs. 3 UAbs. 1 von Art. 19 (Rdn. 75). Anwendung Insoweit wird angeordnet, dass in diesem Fall die Pflichten des früher zuständigen Mitgliedstaates nach Art. 18 Abs. 1 Buchst. c) und d) erloschen sind.

Aus einer systematischen Betrachtung von Art. 19 Abs. 3 und 4 folgt damit, dass nur bei einer *freiwilligen Ausreise*, die *nicht aufgrund eines Rückführungsbeschlusses* oder einer Abschiebungsanordnung erfolgt, Abs. 2 und damit die Dreimonatsregelung Anwendung findet. Dies sind typischerweise die Fälle, in denen der Asylsuchende nach Einleitung des Asylverfahrens aus dem zuständigen Mitgliedstaat ausgereist und in einen anderen Mitgliedstaat eingereist war, sich dort illegal aufgehalten oder nach erneuter Antragstellung von dort das Unionsgebiet verlassen hatte, ohne dass in einen der Mitgliedstaaten gegen ihn eine Abschiebungsanordnung ergangen war. In diesem Fall findet Art. 19 Abs. 2 Anwendung und hat nur die Wiedereinreise, die nach Ablauf von drei Monaten in das Unionsgebiet erfolgt, das Erlöschen der früheren Pflichten nach Art. 18 Abs. 1 zur Folge. Da im Bundesgebiet, in allen Fällen der Ausreise während eines Asylverfahrens die fiktive Rücknahmeregelung (§ 33) angewandt wird, findet Art. 19 Abs. 2 auf Asylsuchende, die sich nach Einreise aus einem anderen Mitgliedstaat zuletzt im Bundesgebiet aufgehalten und dort erneut Asyl beantragt hatten, keine Anwendung. Die Dreimonatsfrist gilt für diese Antragsteller nicht, vielmehr Art. 19 Abs. 3 in Verb. mit Art. 18 Abs. 1 Buchst. c) und d). 75

Wird im ersten oder im zweiten Mitgliedstaat eine aufenthaltsbeendende Maßnahme verfügt und reist der Asylsuchende aufgrund dessen aus dem Unionsgebiet aus, erlöschen stets die Pflichten des früher zuständigen Mitgliedstaats aus Art. 18 Abs. 1, im Fall der Abschiebung kraft Anordnung nach Art. 19 Abs. 3 UAbs. 2. Im Fall der freiwilligen Ausreise nach behördlicher Anordnung erlöschen nur die Pflichten des früher zuständigen Mitgliedstaats nach Art. 18 Abs. 1 Buchst. c) und d). Für die Antragsteller, die während der Prüfung des Antrags den früher zuständigen Mitgliedstaat verlassen und einen anderen Mitgliedstaat aufgesucht hatten, ohne zuvor im zuständigen Staat den Antrag zurückzunehmen oder vor einer Entscheidung über diesen, bleiben die Pflichten aus Art. 18 Abs. 1 Buchst. a) und b) nach erneuter Wiedereinreise des Betroffenen bestehen. Die Dreimonatsregel des Art. 19 Abs. 2 findet keine Anwendung. Relevant bleibt hier Art. 18 Abs. 2 Buchst. b), d.h. nach Wiedereinreise in das Unionsgebiet ist der früher zuständige Mitgliedstaat zur Wiederaufnahme verpflichtet, es sei denn, er kann nachweisen, dass er nach Ausreise des Asylsuchenden nach 76

Art. 28 RL 3013/32/EU vorgegangen ist, das Asylverfahren also wegen stillschweigender Rücknahme beendet hat. Dieses komplizierte Regelungsgeflecht verstetigt also die Zuständigkeit des Mitgliedstaats, der aus der Ausreise keine verfahrensrechtlichen Konsequenzen gezogen hat.

77 Dem früher zuständigen Mitgliedstaat bleibt jedoch die Beweisführung vorbehalten, dass der Antragsteller aufgrund eines Rückführungsbeschlusses oder einer Abschiebungsanordnung das Unionsgebiet erlassen hat. Diese kann auch der zweite oder weitere Mitgliedstaat erlassen haben. Art. 19 Abs. 3 UAbs. 1 enthält keine auf den früher zuständigen Mitgliedstaat bezogene Einschränkung. Gelingt ihm diese Beweisführung, bleiben nur seine Pflichten nach Art. 18 Abs. 1 Buchst. a) und b) bestehen. Von dieser Verpflichtung kann er sich durch eine Verfahrensbeendigung nach Art. 28 RL 3013/32/EU befreien. Geht der früher zuständige Mitgliedstaat in dieser Weise vor, ist das Ergebnis in allen Fällen der freiwilligen wie zwangsweise durchgesetzten Ausreise das Erlöschen der Zuständigkeit nach Art. 18 Abs. 1. Der erneute Asylantrag nach Wiedereinreise in das Unionsgebiet gilt als neuer Antrag, der ein neues Zuständigkeitsbestimmungsverfahren auslöst. Eine bestimmte Dauer der Abwesenheit ist nicht vorgesehen.

3. Aufnahmeverfahren (Art. 21 und 22 Verordnung [EU] Nr. 604/2013)

78 Wurde im zuständigen Mitgliedstaat kein Asylantrag gestellt, finden die Regelungen des Aufnahmeverfahrens Anwendung. Die Bestimmungen des Wiederaufnahmeverfahrens (Rdn. 81 ff.) finden hingegen Anwendung, wenn der Antragsteller im zuständigen Mitgliedstaat einen Asylantrag gestellt hat (BVerwG, NVwZ 2016, 67). Hält der Mitgliedstaat, in dem ein Asylantrag gestellt wurde, einen anderen Mitgliedstaat für zuständig, kann er so bald wie möglich, auf jeden Fall aber innerhalb von drei Monaten, im Fall eines Eurodac-Treffermeldung zwei Monate nach Antragstellung den anderen Mitgliedstaat ersuchen, den Antragsteller aufzunehmen (Art. 21 Abs. 1 UAbs. 1 und 2). Die Frist beginnt mit der Antragstellung, also in dem Zeitpunkt, in dem den zuständigen Behörden ein vom Antragsteller eingereichtes Formblatt oder ein behördliches Protokoll zugegangen ist, also im Fall der Meldung nach § 23 Abs. 1 Bei einem nicht schriftlich gestellten Antrag ist die Frist zwischen Geltendmachung des Asylersuchens und Erstellung eines Protokolls *so kurz wie möglich zu* halten (Art. 20 Abs. 2), in Haftfällen nach Möglichkeit noch am selben Tag (§ 18 Rdn. 50). Wird ein Eurodactreffer (Art. 14 Verordnung [EU] Nr. 603/2013) gemeldet, ist das Ersuchen nach Erhalt dieser Meldung gem. Art. 15 Abs. 2 Verordnung (EU) Nr. 603/2013 innerhalb von zwei Monaten zu stellen (Art. 21 Abs. 1 UAbs. 2). Wird das Ersuchen nicht innerhalb der jeweils maßgebenden Frist gestellt, ist der die Zuständigkeitsprüfung durchführende Mitgliedstaat für die Prüfung des Asylantrags zuständig (Art. 21 Abs. 1 UAbs. 3 Verordnung [EU] Nr. 604/2013). Die Verordnung enthält keine Regelungen zur Frist zwischen Geltendmachung des Asylersuchens und dem Abgleich mit dem Eurodac-System, sondern überlässt die Verfahrensgestaltung insoweit den Mitgliedstaaten. Aber auch hier gilt der Beschleunigungsgrundsatz (EuGH, NVwZ 2012, 417, 420 Rn. 96 – *N.S.*). Wird aufgrund mangelnder Vorkehrungen im nationalen Verfahren das Asylersuchen nicht alsbald als Asylantrag registriert und

unverzüglich eine Eurodacrecherche unternommen, muss sich der Mitgliedstaat Verzögerungen bei der Fristberechnung zurechnen lassen. Mangels entsprechender Regelungen wird man zwar keine starren Fristen festlegen können. Die Zweimonatsfrist für Eurodactreffer kann jedoch einen Hinweis geben. Die Zweimonatsfrist lässt erkennen, dass es dem Verordnungsgeber aufgrund der Rechtsprechung des EuGH auf eine zügige Durchführung des Verfahrens ankommt (Erwägungsgrund Nr. 5). Allerdings ist sie angesichts der durch den Eurodactreffer erzielten Eindeutigkeit ohnehin viel zu großzügig bemessen. Müssen erst noch Beweismittel geprüft werden, mag man hierfür eine derartige Frist noch für angemessen erachten. Zu bedenken ist jedoch, dass es beim maßgebenden Fristbeginn noch gar nicht um die Zuständigkeitsprüfung geht, sondern um die dieser vorangehenden Phase, in der der Antrag, durch den erst die Prüfungspflichten ausgelöst werden, gestellt wird. Hier treffen den Mitgliedstaat unmittelbar im Zusammenhang mit der Antragstellung Informationspflichten (Erwägungsgrund Nr. 18). Daher ist auch die Antragstellung unverzüglich zu ermöglichen. Bei unangemessener Verzögerung der Eurodacrecherche geht deshalb die Zuständigkeit auf den ersuchenden Staat über (Rn. 8, 56, 62).

Im *Dringlichkeitsverfahren*, d.h. in einem Verfahren, in dem der Asylantrag gestellt 79
wurde, nachdem die Einreise oder der Verbleib verweigert, der Asylsuchende wegen illegalen Aufenthalts festgenommen oder eine Abschiebungsanordnung zugestellt oder vollstreckt wurde, sind in dem Aufnahmegesuch die Gründe zu bezeichnen, die eine dringende Antwort rechtfertigen und anzugeben, innerhalb welcher Frist eine Antwort erwartet wird. Die Frist beträgt mindestens eine Woche (Art. 21 Abs. 2). In diesem Fall unternimmt der ersuchte Mitgliedstaat alle Anstrengungen, um die vorgegebene Frist einzuhalten. In Ausnahmefällen, in denen nachgewiesen werden kann, dass die Prüfung des Ersuchens besonders kompliziert ist, kann der ersuchte Mitgliedstaat seine Antwort nach Ablauf der vorgegebenen Frist, auf jeden Fall hat er sie jedoch innerhalb eines Monats zu erteilen. Der ersuchende Mitgliedstaat ist innerhalb der vorgegebenen Frist zu informieren, dass diese nicht eingehalten werden kann (Art. 22 Abs. 6 Satz 3). Hat das Bundesamt kein Dringlichkeitsverfahren beantragt und erlässt es vor Ablauf der Verschweigensfrist von zwei Monaten (Art. 22 Abs. 7) die Abschiebungsanordnung, ist diese rechtswidrig, weil noch nicht feststeht, dass sie durchgeführt werden kann (VG Oldenburg, Beschl. v. 11.03.2014 – 3 B 462/14; Rdn. 99 ff.).

Der ersuchte Mitgliedstaat nimmt die erforderlichen Überprüfungen vor und ent- **80**
scheidet über das Ersuchen um Aufnahme innerhalb von zwei Monaten (Art. 22 Abs. 1). Die Überprüfungen werden anhand des vom ersuchenden Mitgliedstaates vorgelegten Formblatts und der Beweismittel und Indizien nach Art. 22 Abs. 3 einschließlich der Erklärungen des Antragstellers vorgenommen (Art. 21 Abs. 3 UAbs. 1). Der ersuchende Staat fügt zweckmäßigerweise die Niederschrift des persönlichen Gesprächs (Art. 5 Abs. 6) bei. Art. 22 Abs. 3 unterscheidet in Beweismittel und Indizien. Können keine förmlichen Beweismittel, die nicht durch Gegenbeweis widerlegt werden können, vorgelegt werden, ist das Ersuchen anhand der vorgelegten Indizien zu prüfen. Obwohl sie anfechtbar sind, können sie in einigen Fällen nach der ihnen zugebilligten Beweiskraft ausreichen, wenn sie kohärent, nachprüfbar und

hinreichend detailliert sind, um die Zuständigkeit zu begründen (Art. 22 Abs. 5). Ihre Beweiskraft ist von Fall zu Fall zu bewerten (Art. 22 (Abs. 3). Es muss also eine beachtliche Wahrscheinlichkeit dafür vorliegen, dass der ersuchte Mitgliedstaat aufgrund der vorgelegten Indizien nach Maßgabe der Kriterien der Verordnung zuständig ist. Dies ist kein unionsrechtswidriges Beweismaß (so aber *Filzwieser/Sprung*, Dublin II-Verordnung, 3. Aufl., 2010, S. 145), sondern wird durch Unionsrecht gefordert (Art. 22 Abs. 5). Wird die Zustimmung erteilt, entfaltet sie für die Zuständigkeitsbegründung zur Durchführung des Asylverfahrens gleichsam konstitutive Wirkung (BayVGH, InfAuslR 2015, 403, 404). Wird innerhalb der Frist von drei Monaten im normalen, innerhalb von zwei Monaten im Verfahren mit Eurodactreffer oder innerhalb von einem Monat im Dringlichkeitsverfahren keine Antwort erteilt, gilt das Ersuchen als stattgegeben (*Zustimmungsfiktion*) und hat dies die Verpflichtung zur Folge, den Antragsteller aufzunehmen und angemessene Vorkehrungen für die Ankunft zu treffen (Art. 22 Abs. 7). Hierbei handelt es sich um eine absolute Frist. Es muss also eine beachtliche Wahrscheinlichkeit dafür vorliegen, dass der ersuchte Mitgliedstaat aufgrund der vorgelegten Indizien nach Maßgabe der Kriterien der Verordnung zuständig ist. Umstritten ist, ob der Antragsteller sich auf den Ablauf der Frist berufen kann (Rdn. 99 ff.).

4. Wiederaufnahmeverfahren (Art. 23 bis 23 Verordnung [EU] Nr. 604/2013)

81 Wurde im zuständigen Mitgliedstaat ein Asylantrag gestellt, finden die Bestimmungen des Wiederaufnahmeverfahrens Anwendung (BVerwG, NVwZ 2016, 67). Das Wiederaufnahmeverfahren wurde durch die geltende Verordnung grundlegend neu gestaltet und weitgehend dem Aufnahmeverfahren (Rdn. 78 ff.), insbesondere hinsichtlich der maßgebenden Fristen angepasst. Dem Verfahren liegt im typischen Ausgangsfall des Art. 23 ein Antrag zugrunde, der durch einen Antragsteller gestellt wurde, der bereits in einem anderen Mitgliedstaat einen Asylantrag gestellt hat. Der ersuchende Mitgliedstaat legt dem Ersuchen Beweismittel und Indizien im Sinne von Art. 22 Abs. 3 8 und/oder sachdienliche Angaben aus den Erklärungen des Asylsuchenden bei (Art. 23 Abs. 4 UAbs. 1 Verordnung (EU Nr. 604/2013, Art. 2 Verordnung (EU Nr. 118/2014). Aufgrund der Kriterien für die Zuständigkeit, insbesondere der in Art. 8 bis 11 sowie Art. 16 Abs. 1 und Art. 17 Abs. 2 genannten, kann aber auch ein anderer Mitgliedstaat für die Prüfung in Betracht kommen. Der Antragsteller hat entweder im prüfenden Mitgliedstaat einen – neuen – Asylantrag gestellt oder hält sich dort ohne Aufenthaltstitel auf, ohne einen Asylantrag zu stellen. Dabei unterscheidet die Verordnung drei verschiedene Fallgruppen von Antragstellern, nämlich jene, die während der Antragsprüfung den zuständigen Mitgliedstaat verlassen, während der Antragsprüfung ihren Antrag zurückgezogen oder nach Ablehnung des Antrags diesen Mitgliedstaat verlassen haben (Art. 23 Abs. 1 in Verb. mit Art. 18 Abs. 1 Buchst. b) bis c)). Art. 23 regelt das Verfahren für die Antragsteller, die einen – erneuten – Asylantrag gestellt haben, Art. 24 hingegen behandelt die Antragsteller, die sich, ohne einen Asylantrag zu stellen, dort ohne Aufenthaltstitel aufhalten. Nach der Überstellung in den ersuchten Mitgliedstaat hat der Antragsteller nicht das Recht, dass das Asylverfahren in dem Stadium wieder aufgenommen wird, in dem es eingestellt worden war (EuGH, NVwZ 2016, 753, 756 Rn. 68 – *Mirza/Ungarn*).

Wird ein erneuter Asylantrag gestellt, stellt der Mitgliedstaat für den Fall, dass ein Eurodactreffer nach Art. 9 Abs. 5 Verordnung (EU) Nr. 603/2013 erzielt wird, so bald wie möglich, auf jeden Fall aber innerhalb von zwei Monaten nach der Treffermeldung das Wiederaufnahmeersuchen (Art. 23 Abs. 2 UAbs. 1). Wird das Wiederaufnahmeersuchen auf andere Beweismittel als Angaben aus dem Eurodac-System gestützt, ist es innerhalb von drei Monaten, nachdem der Asylantrag gestellt wurde, an den ersuchten Mitgliedstaat zu richten. Da die Verordnung keine Regelungen zur Frist zwischen Geltendmachung des Asylersuchens und dem Abgleich mit dem Eurodacsystem enthält (Rdn. 78), muss sich der Mitgliedstaat Verzögerungen bei der Ermöglichung der Asylantragstellung im Rahmen der Fristberechnung zurechnen lassen. Zwar können hierfür keine starren Fristen festgelegt werden. Die Zweimonatsfrist für Eurodactreffer kann jedoch einen Hinweis dafür geben. Wird dem Antragsteller nicht innerhalb dieser Frist die förmliche Asylantragstellung ermöglicht, tritt daher die Rechtsfolge des Art. 23 Abs. 3 ein und geht die Zuständigkeit auf den säumigen Mitgliedstaat über. Da eine dem Art. 21 Abs. 2 korrespondierende Regelung im Wiederaufnahmeverfahren nicht vorgesehen ist, gibt es *kein Dringlichkeitsverfahren.* 82

Wird das Wiederaufnahmeersuchen nicht innerhalb der jeweils maßgebenden Frist gestellt, wird der prüfende Mitgliedstaat zuständig (Art. 23 Abs. 3). Die Auffassung, die mangels einer entsprechenden Regelung in Art. 20 Verordnung (EG) Nr. 343/2003 eine analoge Anwendung der für das Aufnahmeersuchen geltenden Fristregelung (Art. 17 Abs. 1 UAbs. 2 Verordnung [EG] Nr. 343/2003) abgelehnt hatte, vielmehr insoweit ein fristungebundenes Ersuchen für zulässig erachtete (VG Regensburg, Beschl. v. 10.10.2012 – RN 9 E 12.30323; VG Regensburg, Beschl. v. 05.07.2013 – RN 5 S 13.30273; VG Trier, Beschl. v. 30.07.2013 – 1 L 891/13.TR; VG Karlsruhe, Beschl. v. 11.07.2013 – 3 K 1276/13; VG Hannover, Beschl. v. 27.01.2014 – 5 B 7017/13; *Filzwieser/Sprung*, Dublin II-Verordnung, 3. Aufl., 2010, S. 171; *Funke-Kaiser*, in: GK-AsylG II, § 27a Rn. 210), ist damit überholt. Dagegen wurde bei unangemessener Verzögerung die Zuständigkeit der Bundesrepublik angenommen (VG Düsseldorf, Beschl. v. 01.10.2013 – 26 L 1872/13.A; VG Düsseldorf, Urt. v. 29.11.2013 – 25 K 7488/13.A; VG Hannover, Beschl. v. 22.11.2013 – 1 B 7304/13; VG Hannover, Beschl. v. 20.01.2014 – 1 B 200/14; VG Stuttgart, Urt. v. 28.02.2014 – A 12 K 383/14). Für das Ersuchen sind ein Formblatt und Beweismittel und Indizien nach Art. 22 Abs. 3 einschließlich der Erklärungen des Antragstellers zu verwenden (Art. 23 Abs. 4). Zweckmäßigerweise fügt der ersuchende Mitgliedstaat die Niederschrift des persönlichen Gesprächs (Art. 5 Abs. 7) bei (Rdn. 66) bei. Art. 22 Abs. 3 unterscheidet in Beweismittel und Indizien. Zumeist werden unter Hinweis auf den Eurodactreffer Beweismittel vorgelegt werden. Andernfalls sind Indizien vorzulegen. Obwohl sie anfechtbar sind, können sie in einigen Fällen nach der ihnen zugebilligten Beweiskraft ausreichen, wenn sie kohärent, nachprüfbar und hinreichend detailliert sind, um die Zuständigkeit zu begründen (Art. 22 Abs. 5). Ihre Beweiskraft ist von Fall zu Fall zu bewerten (Art. 22 Abs. 3). Es muss beachtlich wahrscheinlich sein, dass der ersuchte Mitgliedstaat aufgrund der vorgelegten Indizien zuständig ist (Rdn. 80). 83

84 Vor der Stellung des Ersuchens hat der prüfende Mitgliedstaat jedoch zu prüfen, ob er selbst oder ein anderer als der bislang zuständige Mitgliedstaat aufgrund der vorrangigen Kriterien in Art. 8 bis 11 sowie Art. 16 Abs. 1 und Art. 17 Abs. 2 zuständig ist. Insoweit können zwischen dem Zeitpunkt der ersten Asylantragstellung und dem der erneuten Antragstellung neue Ereignisse etwa durch die Einreise von Familienmitgliedern oder Verwandten in das Unionsgebiet, durch Krankheiten und dadurch bedingten Betreuungsbedarf oder aufgrund anderer Umstände aufgetreten sein. Art. 23 Abs. 1 regelt insoweit, dass der Mitgliedstaat prüfen muss, ob ein »anderer« Mitgliedstaat zuständig ist. Die Norm geht also davon aus, dass der prüfende Mitgliedstaat nicht lediglich prüft, ob der früher zuständige Mitgliedstaat weiterhin zuständig ist, sondern, welcher Mitgliedstaat nach Maßgabe der Hierarchie der Zuständigkeitskriterien für die Prüfung des jetzt in seinem Gebiet gestellten Antrags zuständig ist. Der bislang zuständige Mitgliedstaat bleibt als erster Mitgliedstaat, in dem der Asylantrag gestellt wurde, nur dann zuständig, wenn sich aufgrund der Kriterien der Verordnung die Zuständigkeit nicht bestimmen lässt (Art. 3 Abs. 2 UAbs. 1). Vorrangig sind daher insbesondere die Kriterien nach Art. 8 bis 11 und die Regelanordnung nach Art. 16 Abs. 1. Ferner verpflichten Art. 17 Abs. 1 und 2 zur sachgemäßen Ermessensprüfung.

85 Neu geregelt wurde in Art. 24 der Fall, dass sich der Antragsteller nach der Antragstellung, ohne einen Aufenthaltstitel zu besitzen, in einem anderen Mitgliedstaat aufhält und dort keinen Asylantrag stellt. Stellt er im Fall des behördlichen Aufgreifens oder später einen Asylantrag, wird der Asylantrag nach Maßgabe des Art. 23 behandelt. Ist die Monatsfrist seit Einreise verstrichen, wird es in Haft genommen (§ 14 Abs. 3 Satz 1 Nr. 4) Art. 24 Abs. 1 enthält keine Frist für die Antragstellung. Dieser kann also jederzeit gestellt werden. Wird kein Asylantrag gestellt, richtet sich das Verfahren nach Art. 24. Ist der Betreffende noch im Besitz eines gültigen Aufenthaltstitels oder einer sonstigen Aufenthaltsberechtigung des bisherigen Aufenthaltsstaates, ist er verpflichtet, sich unverzüglich in diesen zu begeben. Die noch gültige Bescheinigung über das asylverfahrensgebundene Aufenthaltsrecht (Art. 9 Abs. 1 RL 2013/32/EU) wird als »sonstige Aufenthaltsberechtigung« gewertet. Kommt der Betroffene seiner Ausreiseverpflichtung nicht nach, wird eine Rückkehrentscheidung gegen ihn erlassen. Abweichend hiervon kann der Mitgliedstaat jedoch so bald wie möglich, auf jeden Fall aber binnen zwei Monaten nach Erhalt des Eurodactreffers im Sinne von Art. 17 Abs. 5 Verordnung (EU) Nr. 603/2013, ein Ersuchen um Wiederaufnahme an den zuständigen Mitgliedstaat richten. Stützt sich das Ersuchen auf andere Beweismittel, ist es innerhalb von drei Monaten, nachdem der ersuchende Staat festgestellt hat, dass ein anderer Mitgliedstaat für den Antragsteller zuständig sein könnte, an diesen zu richten (Art. 24 Abs. 2).

86 Wird das Wiederaufnahmeersuchen nicht innerhalb der jeweils maßgebenden Frist gestellt, ist dem Betroffenen Gelegenheit zu geben, den Asylantrag zu stellen (Art. 24 Abs. 3). Der Regelung des Art. 24 Abs. 3 enthält aber keine Sperrwirkung gegen einen früheren Asylantrag. Sie enthält eine Verpflichtung für den Mitgliedstaat, schließt aber eine Berufung des Antragstellers auf Art. 24 Abs. 1 und damit auf die fristungebundene Möglichkeit der Antragstellung nicht aus. Es ist daher dem Antragsteller zu jedem Zeitpunkt nach seinem Aufgreifen zu ermöglichen, einen Asylantrag mit der

Folge zu stellen, dass in diesem Fall das in Art. 23 geregelte Verfahren (Rdn. 81 ff.) anzuwenden ist. Ist der Asylantrag des Betroffenen im ersten Mitgliedstaat »durch eine rechtskräftige Entscheidung« abgelehnt worden, kann der Aufenthaltsstaat diesen entweder um Wiederaufnahme ersuchen oder ein Rückkehrverfahren durchführen. Wird ein Wiederaufnahmeersuchen gestellt, finden die Bestimmungen der Richtlinie 2008/115/EG keine Anwendung (Art. 20 Abs. 4), sondern richtet sich das Verfahren nach Art. 24 Abs. 2 und 3. Auch in diesem Fall ist dem Betroffenen jederzeit zu ermöglichen, einen Asylantrag zu stellen.

Der ersuchte Mitgliedstaat nimmt die erforderlichen Überprüfungen vor und entscheidet so rasch wie möglich, in jedem Fall aber nicht später als einen Monat, nachdem er mit dem Ersuchen befasst wurde, über dieses. Stützt das Ersuchen sich auf Angaben aus dem Eurodac-System, verkürzt sich diese Frist auf zwei Wochen (Art. 25 Abs. 1). Dies gilt in beiden Fällen, also sowohl für das Wiederaufnahmeverfahren nach Antragstellung im zweiten oder weiteren Mitgliedstaat wie auch in dem Fall, in dem dieser beschließt, nicht nach der Rückführungsrichtlinie, sondern im Rahmen des Wiederaufnahmeverfahrens (Art. 24 Abs. 2) vorzugehen. Wird innerhalb der jeweils maßgebenden Frist keine Antwort erteilt, findet die Zustimmungsfiktion des Art. 25 Abs. 2 Anwendung und ist der Mitgliedstaat verpflichtet, den Betroffenen wieder aufzunehmen und angemessene Vorkehrungen für die Ankunft zu treffen. Erlässt das Bundesamt vor Ablauf der Verschweigensfrist von einem Monaten oder zwei Wochen (Art. 25 Abs. 2) die Abschiebungsanordnung, ist diese rechtswidrig, weil noch nicht feststeht, dass sie durchgeführt werden kann (VG Oldenburg, Beschl. v. 11.03.2014 – 3 B 462/14; Rdn. 79, 99). Umstritten ist, ob der Antragsteller sich auf den Ablauf der Frist berufen kann (Rdn. 99 ff.). 87

5. Überstellung (Art. 29 Verordnung [EU] Nr. 604/2013)

a) Anforderungen an die Überstellungsentscheidung (Art. 26 Verordnung [EU] Nr. 604/2013)

Stimmt der ersuchte Mitgliedstaat der Aufnahme oder Wiederaufnahme des Antragstellers zu oder findet die Zustimmungsfiktion Anwendung (Rdn. 80, 87), setzt der ersuchende Mitgliedstaat diesen von der Entscheidung in Kenntnis, ihn in den ersuchten Mitgliedstaat zu überstellen, sowie gegebenenfalls von der Entscheidung, den Asylantrag nicht zu prüfen. Anstelle des Asylsuchenden kann auch der Rechtsanwalt oder -beistand informiert werden (Art. 26 Abs. 1 Verordnung [EU] Nr. 604/2013; s. aber § 31 Abs. 1 Satz 4)). Die Entscheidung hat eine Rechtsbehelfsbelehrung einschließlich des Rechts, die aufschiebende Wirkung zu beantragen, und der maßgebenden Rechtsbehelfsfristen sowie Informationen über die Frist für die Durchführung der Überstellung mit erforderlichen Angaben über den Ort und den Zeitpunkt, an dem oder zu dem sich der Asylsuchende zu melden hat, wenn er sich auf eigene Initiative in den zuständigen Mitgliedstaat begibt, zu enthalten (Art. 26 Abs. 2 UAbs. 1). Es ist sicherzustellen, dass der Antragsteller zusammen mit der Überstellungsentscheidung Angaben zu Personen oder Einrichtungen erhält, die sie rechtlich beraten können, sofern diese Angaben nicht bereits erteilt wurden (Art. 26 Abs. 2 UAbs. 2). Wird der 88

Antragsteller nicht durch einen Anwalt oder Beistand vertreten, ist er in einer Sprache, die er versteht oder von der vernünftigerweise angenommen werden kann, dass er sie versteht, über die wesentlichen Elemente der Entscheidung, darunter stets über mögliche Rechtsbehelfe und die Rechtsbehelfsfristen, zu informieren (Art. 26 Abs. 3). Zweckmäßigerweise hat die Behörde in diesen Fällen also die Zustellung durch Zuziehung eines Dolmetschers und vorheriger Ladung des Antragstellers durchzuführen.

89 Im Bundesgebiet wird nach § 31 Abs. 1 Satz 4 vorgegangen und die Entscheidung unmittelbar an den Antragsteller zugestellt. Dem Anwalt oder Beistand soll und wird in der Verwaltungspraxis ein Abdruck zugeleitet (§ 31 Abs. 1 Satz 6). Die maßgebenden Fristen (§ 34a Abs. 2 Satz 1, § 74 Abs. 1 Halbs. 2) beginnen jedoch mit der Zustellung an den Antragsteller zu laufen. Die weiteren unionsrechtlichen Pflichten sind bislang nicht gesetzlich umgesetzt worden. § 31 Abs. 1 ist daher richtlinienkonform im Sinne der bezeichneten Pflichten (Rn. 88) anzuwenden. Enthält die Rechtsbehelfsbelehrung die vorgegebenen Hinweise, die für die Einlegung des Rechtsbehelfs einschließlich des Eilrechtsschutzantrags erforderlich sind, nicht, ist sie unrichtig erteilt und setzt die Rechtsbehelfsfrist nicht in Gang (BVerwG, NVwZ-RR 2000, 325; Hess. VGH, EZAR 633 Nr. 5; OVG NW, NVwZ-RR 1998, 595; OVG NW, InfAuslR 2005, 123; OVG MV, NVwZ-RR 2005, 578, 579). Das Bundesamt ist also gut beraten, in der Rechtsbehelfsbelehrung die erforderlichen Hinweise zu geben und/oder durch Zuziehung eines Dolmetschers die Zustellung an den Antragsteller persönlich durchzuführen und über die Rechtsbehelfsbelehrung eine Niederschrift aufzunehmen.

90 Der die Überstellung durchführende Mitgliedstaat übermittelt dem zuständigen Mitgliedstaat die personenbezogenen Daten des Antragstellers, soweit dies sachdienlich und relevant ist und nicht über das erforderliche Maß hinausgeht, allein zu dem Zweck, um es den zuständigen Behörden im ersuchten Mitgliedstaat gemäß dem innerstaatlichen Recht zu ermöglichen, den Antragsteller in geeigneter Weise zu unterstützen – unter anderem die zum Schutze ihrer lebenswichtigen Interessen unmittelbar notwendige medizinische Versorgung zu leisten – und um die Kontinuität des Schutzes und der Rechte nach der Verordnung und anderer einschlägiger Bestimmungen der asylrechtlichen Rechtsakte sicherzustellen. Diese Daten sind dem ersuchten Mitgliedstaat innerhalb einer angemessenen Frist vor der Überstellung zu übermitteln, damit die dort zuständigen Behörden ausreichend Zeit haben, erforderliche Maßnahmen zu ergreifen (Art. 31 Abs. 1). Ferner übermittelt der ersuchende dem ersuchten Mitgliedstaat sämtliche Informationen, die wesentlich für den Schutz der Rechte und der unmittelbaren besonderen Bedürfnisse des Antragstellers sind. Hierzu zählen insbesondere alle unmittelbaren Maßnahmen, die der ersuchte Staat ergreifen muss, um sicherzustellen, dass den besonderen Bedürfnissen des Antragstellers angemessen Rechnung getragen wird, einschließlich der gegebenenfalls unmittelbar erforderlichen medizinischen Versorgung, Kontaktdaten von Familienangehörigen, Verwandten oder Personen jeder anderen verwandtschaftlichen Beziehung im ersuchten Staat (Art. 31 Abs. 2).

91 Der die Überstellung durchführende Mitgliedstaat darf es also nicht allein bei der korrekten Zustellung der Überstellungsentscheidung belassen. Vielmehr hat er den

ersuchten Mitgliedstaat rechtzeitig über alle für die zum Schutze des Antragstellers erforderlichen Daten, aber auch nur über diese, umfassend zu informieren. Dies gilt in Besonderheit im Blick auf die medizinische Versorgung. Die Verordnung (EU) Nr. 604/2013 will ersichtlich die bisherige Praxis, bei der die zu überstellenden Personen weitgehend auf sich allein angewiesen waren, im Wege des besseren Verwaltungskooperation zwischen den beteiligten Mitgliedstaaten verbessern. Im Fall der zwangsweisen Durchführung der Überstellung wird der Mitgliedstaat diese Daten im Wege der kontrollierten oder begleiteten Ausreise an die Behörden des Zielstaates übermitteln, sodass sichergestellt ist, dass bei der Ankunft im Zielstaat die dort zuständigen Behörden umfassend informiert sind. Der vollziehende Mitgliedstaat stellt sicher, dass die Überstellung *in humaner Weise* und unter uneingeschränkter Wahrung der *Grundrechte* und der *Menschenwürde* durchgeführt wird (Art. 29 Abs. 1 UAbs. 2). Erforderlichenfalls stellt ein Laissez-passer aus. Der zuständige teilt dem vollziehenden Mitgliedstaat gegebenenfalls mit, dass der Antragsteller eingetroffen oder nicht innerhalb der vorgegebenen Frist erschienen ist (Art. 29 Abs. 1 UAbs. 3 und 4).

b) Durchführung der Überstellung (Art. 29 Verordnung [EU] Nr. 604/2013)

Die Überstellung des Antragstellers aus dem ersuchenden in den ersuchten Mitgliedstaat erfolgt nach den innerstaatlichen Rechtsvorschriften des ersuchenden Mitgliedstaates nach Abstimmung der beteiligten Staaten, sobald dies praktisch möglich ist und im Regelfall spätestens innerhalb einer Frist von sechs Monaten nach der Annahme des Aufnahme- oder Wiederaufnahmeersuchens durch den ersuchten Mitgliedstaat oder der endgültigen Entscheidung über einen Rechtsbehelf oder eine Überprüfung, wenn diese aufschiebende Wirkung gem. Art. 29 Abs. 1 UAbs. 1 Verordnung (EU) Nr. 604/2013 hat. Macht der ersuchende Mitgliedstaat von der Verschweigensfrist Gebrauch, beginnt die Überstellungsfrist mit dem Ablauf dieser Frist. Antwortet der ersuchte Staat nicht, endet also die Frist für die Überstellung nach Ablauf von acht Monaten, berechnet vom Zeitpunkt des Ersuchens (OVG NW, Beschl. v. 03.11.2015 – 13 A 2255/15.A). Die Frist kann höchstens auf ein Jahr verlängert werden, wenn die Überstellung aufgrund der Inhaftierung des Antragstellers nicht erfolgen konnte, oder höchstens 18 Monate, wenn der Asylantragsteller flüchtig ist (Art. 29 Abs. 2 Satz 2). Wird die Überstellung nicht innerhalb der Frist von sechs Monaten durchgeführt, ist der zuständige Mitgliedstaat nicht mehr zur Aufnahme oder Wiederaufnahme des Antragstellers verpflichtet. Er wird von seinen Pflichten nach Art. 18 Abs. 1 befreit. Die Zuständigkeit und damit auch die Pflichten nach Art. 18 Abs. 1 gehen auf den ersuchenden Mitgliedstaat über (Art. 29 Abs. 2). Dasselbe gilt, wenn die Jahresfrist bei inhaftierten oder die Achtzehnmonatefrist bei flüchtigen Antragstellern abgelaufen ist. Wurde der Antragsteller irrtümlich überstellt oder wird einem Rechtsbehelf gegen eine Überstellungsentscheidung stattgegeben, nimmt der Mitgliedstaat, der die Überstellung durchgeführt hat, die Person wieder auf (Art. 29 Abs. 3) und wird damit zuständiger Mitgliedstaat. 92

Mit den Überstellungsfristen enthält die Verordnung eine weiteres Zuständigkeitskriterium für den Fall, dass eine Überstellung entgegen dem Gebot, das Zuständigkeitsbestimmungsverfahren zügig durchzuführen (Erwägungsgrund Nr. 4), nicht innerhalb 93 der vorgesehenen Frist durchgeführt wird (VG Aachen, Urt. v. 25.07.2007 – 8 K 1913/05.A). Dies folgt aus Art. 19 Abs. 2 Satz 1. Die Frist beginnt mit der Annahme des Ersuchens (OVG Rh-Pf, InfAuslR 2016, 29, 30; BVerwG, Urt. v. 22.03.2016 – BVerwG 1 § 10.15 Rn. 16; BVerwG, Urt. v. 27.04.2016 – BVerwG 1 § C 24.15 Rn. 17.OVG NW, Urt. v. 10.03.2016 – 13 A 1657/15. A Rn. 31; *Funke-Kaiser,* in: GK-AsylG II, § 27a Rn. 192), also nicht erst mit der Zustellung an den Antragsteller. Bei unterbliebener Beantwortung des Ersuchens beginnt die Frist mit Ablauf der fingierten Frist (OVG Rh-Pf, InfAuslR 2016, 29,30). Regelmäßig wird das Datum der Zustimmung im behördlichen Bescheid mitgeteilt. Im Zweifel ist der maßgebende Zeitpunkt durch Akteneinsichtnahme festzustellen. Die Annahme wird vor dem Erlass der Überstellungsentscheidung gegenüber dem ersuchenden Mitgliedstaat erklärt. Die Fristverlängerung setzt eine ausdrückliche Entscheidung des ersuchenden Mitgliedstaates über die Verlängerung vor Ablauf der Sechsmonatsfrist voraus, die er im ausdrücklichen Einvernehmen mit dem ersuchten Mitgliedstaat zu treffen hat. Die Frist wird auch bei Vorliegen der maßgebenden Voraussetzungen also nicht automatisch verlängert (Thür.OVG, Beschl. v. 28.12.2009 – 3 EO 469/09; VG Münster, InfAuslR 2008, 372; VG Münster, Beschl. v. 30.12.2010 – 2 L 576/10.A; VG Braunschweig, Beschl. v. 05.10.2010 – 1 B 172/10; VG Hamburg, Urt. v. 15.03.2012 – 10 A 227/11; *Funke-Kaiser,* in: GK-AsylG II, § 27a Rn. 197. Es reicht nicht aus, dass der ersuchende den ersuchten Mitgliedstaat vor Fristablauf die Verzögerungsgründe mitteilt und eine Fristverlängerung geltend macht, wenn der ersuchte Mitgliedstaat hierauf schweigt (VG Hamburg, Urt. v. 15.03.2012 – 10 A 227/11; VG Braunschweig, Beschl. v. 05.10.2010 – 1 B 172/10; a.A. VG Berlin, Beschl v. 14.12.2009 – VG 33 L 260.09.A; *Funke-Kaiser,* in: GK-AsylG II, § 27a Rn. 233; aA; offen gelassen Thür. OVG, Beschl. v. 28.12.2009 – 3 EO 469/09; VG Münster, InfAuslR 2008, 372, 374; § 34a Rdn. 14 ff.).

94 Wird ein Rechtsbehelf gegen die Überstellungsentscheidung, dem aufschiebende Wirkung zukommt, eingelegt, beginnt die Überstellungsfrist erst nach der endgültigen Entscheidung über den Rechtsbehelf zu laufen (Art. 29 Abs. 1 UAbs. 1 letzter Halbs.). Zwar hat der Rechtsbehelf gegen die Überstellung nach § 75 Abs. 1 Satz 1 keine aufschiebende Wirkung. Art. 29 Abs. 1 UAbs. 1 letzter Halbs. nimmt aber entgegen seinem Wortlaut Art. 27 Abs. 3 insgesamt und damit alle drei Optionsklauseln in Bezug. Mit § 34a Abs. 2 hat der Gesetzgeber die Option nach Art. 27 Abs. 3 Buchst. c) gewählt, sodass durch die Einlegung eines Rechtsbehelfs und die Beantragung von Eilrechtsschutz die Überstellungsfrist unterbrochen wird und erst nach rechtskräftiger Entscheidung im Hauptsacheverfahren erneut zu laufen beginnt. Dies folgt aus der Rechtsprechung des EuGH, wonach die Frist nicht bereits mit dem Beschluss im Eilrechtsschutzverfahren beginnt, mit dem die Durchführung der Überstellung ausgesetzt wird, sondern erst ab der gerichtlichen Entscheidung, mit der über die Rechtmäßigkeit des Verfahrens entschieden wird und die damit der Durchführung nicht mehr entgegenstehen kann (EuGH, NVwZ 2009, 139, 140 = InfAuslR 2009, 139 = EZAR NF 96 Nr. 2 Rn. 42, 46 – *Petrosian*; Hess.VGH, AuAS 2011, 269, 270; VGH BW, AuAS 2012, 213, 215; OVG SA, Urt. v. 02.10.2013 – 3 L 643/12; OVG Sachsen, InfAuslR 2016, 65, 67; VG Oldenburg, Beschl. v. 21.01.2014 – 3 B 7136/13;

Funke-Kaiser, in: GK-AsylG II, § 27a Rn. 227; *Filzwieser/Sprung*, Dublin II-Verordnung, 3. Aufl., 2010, S. 165). Mit dem Eintritt der Rechtskraft des die Klage abweisenden Urteils beginnt daher die Frist zu laufen.

Wird aber der Eilrechtsschutzantrag zurückgewiesen und die Überstellung nicht 95 vollzogen und später der Klage stattgegeben, beginnt die Frist bereits mit der Zustimmung des ersuchten Mitgliedstaats (BVerwG, Urt. v. 27.04.2016 – BVerwG 1 § 24.15 Rn. 17; BVerwG, Urt. v. 22.03.2016 – BVerwG 1 § 10.15 Rn. 19; 0VG NW, Beschl. v. 03.11.2015 – 13 A 2255/15.A Rn. 13; VG Potsdam, Beschl. v. 18.02.2014 – VG 6 L 57/14.A; VG Oldenburg, Beschl. v. 21.01.2014 – 3 B 7136/13; a.A. OVG Sachsen, InfAuslR 2016, 65, 66; VG Stuttgart, Urt. v. 08.04.2010 – A 12 K 3445/09) zu laufen. Eine mittlere Position geht von einer *Ablaufhemmung* mit der Folge aus, dass sich die Frist um die Dauer des Eilrechtsschutzverfahrens verlängert (VGH BW, Urt. v. 27.08.2014 – A 11 S 1285/14). Für die Gegenmeinung, die für den Fristbeginn auf den Zeitpunkt der Zustellung des zurückweisenden Beschlusses abstellt, ist Art. 29 Abs. 1 UAbs. 1 und Abs. 2 Verordnung (EU) Nr. 604/2013 kein Anhalt zu entnehmen. Dies gilt auch für die mittlere Position. Beide Ansichten sind auch deshalb nicht plausibel, weil die Frist nach dem eindeutigen Wortlaut von Art. 29 Abs. 1 UAbs. 1 mit Annahme oder der endgültigen Entscheidung zu laufen beginnt. Eine dritte Option, etwa die Bekanntgabe des zurückweisenden gerichtlichen Beschlusses, wird weder hier noch in Art. 29 Abs. 2 Satz 2 genannt.

Im Fall der Inhaftierung des Asylsuchenden beträgt die Überstellungsfrist ein Jahr, 96 wenn die Verlängerung vereinbart wurde (Art. 29 Abs. 2 Satz 2Alt. 1). Die Frist wird nach Zustimmung des ersuchten Mitgliedstaats nicht um weitere zwölf Monate, sondern »*auf*« maximal zwölf Monate verlängert. *Inhaftierung* i.S.d. Art. 29 Abs. 2 Satz 2Alt. 1 ist *nicht* die *Abschiebungshaft* (*Filzwieser/Sprung*, Dublin II-Verordnung, 3. Aufl., 2010, S. 168; Rdn. 97). Die Verordnung enthält keinen Anreiz für die Mitgliedstaaten, die Möglichkeit der Haftanordnung zum Zwecke der Verlängerung der Überstellungsfrist zu missbrauchen. Unter Inhaftierung können daher nur *Untersuchungshaft* und *Strafvollzug* verstanden werden. Da die Zuständigkeitsbestimmungsverfahren so rasch wie möglich abgeschlossen werden sollen (Erwägungsgrund Nr. 5), wird bei länger dauernder Inhaftierung entweder die Ausübung des Selbsteintrittsrecht in Betracht kommen oder aber es kann dem an sich zuständigen Mitgliedstaat in diesen Fällen nicht verwehrt werden, die Fristverlängerung unter Hinweis auf die durch eine derartige Inhaftierung bedingte erhebliche Verzögerung einerseits und die Möglichkeit des ersuchten Mitgliedstaates, das Verfahren zügig in der Sache durchzuführen, andererseits, abzulehnen.

Ist der Asylsuchende flüchtig, beträgt die Überstellungsfrist 18 Monate (Art. 29 Abs. 2 97 Satz 2 Alt. 2, Rdn. 92). Dies führt aber nicht zu einem späteren Beginn der Sechsmonatsfrist. Vielmehr berechtigt dies lediglich zu einer Verlängerung auf insgesamt 18 Monate nach der ersten Zustimmung des ersuchten Mitgliedstaats (VG Münster, InfAuslR 2008, 372, 374; Rdn. 96). Die Frist wird nicht um weitere 18 Monate, sondern »auf« maximal 18 Monate verlängert. Taucht der Betroffene nach Ablauf der Maximalfrist von 18 Monaten auf, ist eine Überstellung nicht mehr zulässig. Meldet er sich vorher bei den zuständigen Behörden, ist er nicht mehr flüchtig und berechtigt dies zu einer Fristverlängerung auf zunächst sechs Monate, berechnet vom Zeitpunkt des Wiederauftauchens an. Die Maximalfrist von 18 Monaten deutet darauf hin, dass im Fall des Untertauchens eine erste Fristverlängerung auf bis zu sechs Monaten zulässig ist. Ist diese Frist jedoch verstrichen und der Betroffene erst anschließend »flüchtig«, ist die Überstellungsfrist bereits abgelaufen (VG Münster, InfAuslR 2008, 372, 374) und nach Art. 19 Abs. 2 Satz 1 die Zuständigkeit auf den ersuchenden Mitgliedstaat übergegangen. Ausgangspunkt ist die grundsätzliche Frist von sechs Monaten. In dieser Zeitspanne hat der vollziehende Mitgliedstaat ausreichend Gelegenheit die Überstellung durchzuführen (EuGH, NVwZ 2009, 139, 140 = InfAuslR 2009, 139 = EZAR NF 96 Nr. 2 Rn. 42, 46 – *Petrosian*).

98 Die Maximalfrist von 18 Monaten hat danach die Funktion, innerhalb dieses Zeitrahmens die Überstellung durchzuführen Nach dem Wiederauftauchen darf aber zunächst nur eine Verlängerung um sechs Monate vereinbart werden. Ist der Betroffene innerhalb dieser Zeit für die Behörde erreichbar und führt diese die Überstellung nicht durch, kann sie sich nach Ablauf der vereinbarten sechs Monate Verlängerung nicht auf die Frist von 18 Monaten berufen. »*Flüchtig*« im Sinne dieser Norm ist, wer sich *vorsätzlich und unentschuldigt der Abschiebung entzieht*. Dies ist nicht der Fall, wenn er für die Behörden auffindbar ist, sein Aufenthaltsort also bekannt ist (*Filzwieser/Sprung*, Dublin II-Verordnung, 3. Aufl., 2010, S. 168). Wird etwa den Behörden die Aufnahme des Asylsuchenden im *Kirchenasyl* gemeldet, ist er nicht flüchtig (BayVGH, InfAuslR 2016, 72). Auch wer etwa aus Krankheitsgründen am Tag der Überstellung stationär behandelt wird und dies den Behörden nicht mitteilt, ist nicht flüchtig. Dabei ist unerheblich, dass der Betroffene sich die der stationären Behandlung bedürftigen Verletzungen aus psychischen Krankheitsgründen selbst zugefügt hat (VG Hamburg, Urt. v. 15.03.2012 – 10 A 227/11). Allein die Tatsache, dass der Betroffene sich zum festgesetzten Termin nicht bei der zuständigen Behörde selbst gestellt hat, berechtigt nicht zur Annahme eines Untertauchens, wenn er durchgehend unter der der Behörde bekannten Adresse gemeldet war, dort auch tatsächlich gewohnt hat und auch im Übrigen andere Termine bei dieser stets wahrgenommen wurden (VG Berlin, Beschl. v. 14.12.2009 – VG 33 L 260/09.A). Auch wenn sich der Antragsteller bereits einmal dem Versuch der Überstellung entzogen hat, ist er nicht »flüchtig«, wenn er sich am vorgesehenen Tag des erneuten Überstellungsversuchs in der ihm zugewiesenen Unterkunft zurück gemeldet hat (VG Braunschweig, Beschl. v. 05.10.2010 – 1 B 172/10).

c) Rechtswirkung des Ablaufs der Überstellungsfrist

99 Zwar enthält die Verordnung (EU) Nr. 604/2013 klare Anordnungen zum Übergang der Zuständigkeit im Falle des Ablauf der Fristen (Rdn. 78, 83, 94). Nach Ansicht der Rechtsprechung begründen Fristüberschreitungen jedoch *kein subjektives Recht* (VGH BW, Urt. v. 26.02.2014 – A 3 S 698/13; Hess.VGH, AuAS 2014, 247, 248; Nieders.OVG, Urt. v. 25.06.2015 – 11 LB 248/14; Nieders.OVG, InfAuslR 2016, 35, 36; VG Stuttgart, Urt. v. 28.02.2014 A 12 K 383/14; VG Berlin, Beschl. v. 19.03.2014 – VG 33 L 90.14 A; a.A. VG Würzburg, Beschl. v. 09.04.2014 – W

2 S 14.50022; VG München, Urt. v. 23.06.2015 – M 17 K 14.50705; VG München, Urt. v. 26.11.2015 – M 2 K 15.50205; VG Minden, AuAS 2015, 140, 143; offen gelassen BVerwG, Urt. v. 27.04.2016 – 1 C 24.15 Rn. 2c NVwZ 2016, 154, 156). Das BVerwG schließt sich dieser Rechtsprechung jedenfalls für den Ablauf der Frist für das Aufnahmeersuchen an (BVerwG, Urt. v. 27.10.2015 – 1 C 32.14 Rn. 22 f.). Früher erkannte die Rechtsprechung überwiegend eine subjektive Rechtsverletzung in den Fällen an, in denen die Voraussetzungen für die Fristverlängerung nach der Verordnung nicht erfüllt sind (Thür. OVG, Beschl. v. 28.12.2009 – 3 EO 469/09; VG Ansbach, Urt. v. 16.04.2009 – AN 3 K 09.30012; VG Hannover, Beschl. v. 22.11.2013 – 1 B 7304/13; VG Meiningen, Beschl. v. 08.02.2010 – 8 E 20009/10 Me; VG Meiningen, Beschl. v. 19.02.2010 – 5 E 20022/10 Me; VG Münster, InfAuslR 2008, 372, 375; VG Sigmaringen, AuAS 2009, 152, 154 f.; VG Stuttgart, Beschl. v. 18.12.2012 – A 7 K 4330/12; *Funke-Kaiser,* in: GK-AsylG II, § 27a Rn. 199). Die herrschende Meinung macht dann eine Ausnahme, wenn die Zuständigkeit infolge Ablaufs der Überstellungsfrist auf die Bundesrepublik übergegangen und eine Überstellung in den ersuchten Mitgliedstaat nicht mehr möglich ist. In diesem Fall hat der Antragsteller einen Anspruch auf Durchführung des Asylverfahrens im Bundesgebiet, weil dem Zuständigkeitssystem zugrunde liegt, dass er ein durchsetzbares Recht haben muss, dass sein Antrag jedenfalls von einem Mitgliedstaat geprüft wird (BVerwG, Urt. v. 27.04.2016 – 1 C 24.15 Rn. 20; VGH BW, InfAuslR 2015, 363, 365; OVG NW, Urt. v. 16.09.2015 – 13 A 2159/14.A; OVG Sachsen, InfAuslR 2016, 65, 69; BayVGH, InfAuslR 2016, 72, 73 f; OVG Berlin – Brandenburg, Urt. v. 21.04.2016 – OVG 3 B 18/15). Die *Beweislast* dafür, dass der ersuchte Mitgliedstaat weiterhin aufnahmebereit ist, trägt die Behörde (OVG Sachsen, InfAuslR 2016, 65, 70). Teilweise wird diese Frage offen gelassen und aus dem materiellen verfassungsrechtlichen Asylrecht ein subjektives Recht abgeleitet (OVG NW, Urt. v. 16.09.2015 – 13 A 800/15. A Rn. 83; OVG NW, Urt. v. 10.03.2016 – 13 A 1657/15. A Rn. 56). Seit die Zuständigkeit auf die Bundesrepublik übergegangen, könne der Betroffene in dem Fall, in dem ihn kein subjektives Recht zuerkannt werde, sein durch Art. 18 GRCh und Art. 3 Verordnung (EU) Nr. 604/2013 gewährleistetes Recht auf Überprüfung seines Begehrens durch einen Mitgliedstaat nicht mehr wirksam durchsetzen (OVG Rh-Pf, InfAuslR 2016, 29, 33, mit Hinweisen auf Rspr.). Darüber hinaus wird vertreten, dass beim Übergang der Verantwortlichkeit auf die Bundesrepublik wegen Fristablaufs die Abschiebungsanordnung nach § 43 Abs. 2 VwVfG gegenstandslos wird (VG Frankfurt (Oder), AuAS 2015, 225, 226). Droht aber gleichwohl die Abschiebung (aus einem rechtlich nicht mehr existierenden Verwaltungsakt) kann die subjektive Rechtswirkung des Zuständigkeitsübergangs kaum mit guten Argumenten bestritten werden. Wurde im Klageverfahren die Überstellung aufgehoben, ist der Antrag des Bundesamtes auf Zulassung der Berufung jedenfalls dann unzulässig, wenn das Bundesamt wegen Fristablauf zuständig geworden ist (BayVGH, NVwZ-RR 2015, 914).

Der EuGH hatte in *Abdullahi* auf die objektiven Zuständigkeitskriterien abstellt, weil **100**
keine individuellen Besonderheiten geltend gemacht wurden. In derartigen, nicht schutzwürdige individuelle Belange berührenden Fällen kann der Asylsuchende seiner Überstellung nur systemische Mängel (Art. 3 Abs. 2 UAbs. 2 Verordnung [EU] Nr.

604/2013) entgegen halten. Eine darüber hinaus gehende Interpretation, dass Fristbestimmungen oder das Selbsteintrittsrecht nicht dem Schutz des Einzelnen dienen und im zwischenstaatlichen Verkehr keine den Einzelnen schützende Wirkung entfalten könnten, kann aus seiner Rechtsprechung nicht abgeleitet werden (s. auch § 34a Rdn. 13). *Abdullahi* gab schlichtweg keinen Anlass, diese Frage zu behandeln. Der EuGH beschränkt sich stets auf die ihm gestellten Fragen und vermeidet es, auch nur beiläufige Bemerkungen zu nicht angesprochenen Fragen zu machen. Andererseits folgt aus seiner Rechtsprechung, dass in allen Fällen, in denen aufgrund der Zuständigkeitsbestimmungen typische Individualschutzgüter infrage stehen und diese eine klare und eindeutige unionsrechtliche Verpflichtung der Mitgliedstaaten enthalten, Asylsuchende in der Lage sein müssen, sich auf zwingende Vorschriften zu berufen, um ihre Rechte gegenüber Gerichten geltend machen zu können (EuGH, Urt. v. 30.05.1991, Rs. C-361/88, Rn. 16 – *Kommission gegen Bundesrepublik*). Dies betrifft insbesondere die Bestimmungen Art. 8 bis 11 Verordnung [EU] Nr. 604/2013). Auch der für die Auslegung von Art. 17 Abs. 2 maßgebende »familiäre oder kulturelle Kontext« und die in Art. 16 Abs. 1 und 2 der Verordnung angesprochene Abhängigkeit der Familienangehörigen voneinander bringen subjektive Interessen ins Spiel.

101 Typische Beispiele für abstrakte Normen, die auch Interessen der Einzelnen dienen, stellen die Fristbestimmungen nach Art. 21 ff. und Art. 29 der Verordnung dar. Diese verfolgen zunächst das Ziel, es den betroffenen Mitgliedstaaten zu ermöglichen, sich im Hinblick auf die Durchführung der Überstellung des Asylsuchenden abzustimmen und zu diesem Zweck eine Frist zu bestimmen. Zugleich weist der Gerichtshof aber auch darauf hin, dass der Unionsgesetzgeber nicht die Absicht gehabt habe, dem Erfordernis der zügigen Bearbeitung der Asylanträge »den gerichtlichen Schutz zu opfern«. Die Auslegung des Art. 20 Abs. 1 Buchst. d) Verordnung (EG) Nr. 343/2003 dürfe folglich nicht zu dem Ergebnis führen, dass sich die Mitgliedstaaten, die Rechtsbehelfen aufschiebende Wirkung zuerkennen würden, im Rahmen der Einhaltung des Unionsrechts über die aufschiebende Wirkung der vorläufigen gerichtlichen Entscheidung hinwegsetzen müssten (EuGH, NVwZ 2009, 139, 140 = InfAuslR 2009, 139 = EZAR NF 96 Nr. 2 Rn. 40, 44, 48–51 – *Petrosian*). Hier wird der Zusammenhang zwischen den eher allgemeine Interessen der Mitgliedstaaten befördernden Fristbestimmungen und dem individuellen Rechtsschutz evident. Die Verordnung gibt weitere Hinweise auf den subjektiven Rechtscharakter der Fristbestimmungen. So geht im Fall des Fristablaufs die Zuständigkeit auf den ersuchenden Mitgliedstaat über (Art. 21 Abs. 1 UAbs. 3, Art. 23 Abs. 3, Art. 29 Abs. 2).

d) Inlandsbezogene Überstellungshindernisse

102 Die Abschiebungsanordnung darf erst erlassen werden, wenn feststeht, dass die Abschiebung durchgeführt werden kann (§ 34a Abs. 1 Satz 1). Es darf aber eine Abschiebungsandrohung erlassen werden (§ 34a Abs. 1 Satz 4). Die Abschiebungsanordnung – als Festsetzung eines Zwangsmittels – darf damit erst ergehen, wenn die Zulässigkeitsvoraussetzungen einer Abschiebung nach § 26a oder § 27a erfüllt sind (§ 34a Rdn. 4 f.). Denn sie ist die letzte Voraussetzung für die Anwendung des Zwangsmittels – hier der Abschiebung. Dies bedeutet, dass vor Erlass der Abschiebungsanordnung sowohl *zielstaatsbezogene Aspekte* wie auch der Abschiebung entgegenstehende *inländische Vollstreckungshindernisse* zu berücksichtigen sind, mitunter auch zu prüfen ist, ob die Abschiebung in den anderen Mitgliedstaat oder Drittstaat aus subjektiven, in der Person des Betroffenen liegenden Gründen – wenn auch nur vorübergehend – rechtlich oder tatsächlich unmöglich ist (VGH BW, Beschl. v. 31.05.2011 – A 11 S 1523/11, openJur 2012, 64252, mit weiteren Hinweisen; OVG MV, Beschl. v. 29.11.2004 – 2 M 299/04; Nieders. OVG, Asylmagazin 2012, 254, 255; VGH BW, InfAuslR 2011, 310, 311). Daher darf im Rahmen der Abschiebungsanordnung die Prüfungskompetenz nicht in zielstaats- und inlandsbezogene Hindernisse aufgespalten werden. In der Rechtsprechung wird dementsprechend geprüft, ob die anordnende Behörde *schwerwiegende Krankheitsgründe* (VG Sigmaringen, Beschl. v. 09.01.2014 – A 4 K 2775/13; VG Sigmaringen, Beschl. v. 13.01.2014 – A 4 K 2827/13), eine *bestehende Schwangerschaft* (zweifelnd VG Augsburg, Beschl. v. 16.01.2014 – Au 2 S 13.30459) oder z.B. eine *bevorstehende Eheschließung* als inlandsbezogene Vollstreckungshemmnisse in ihre Prüfung einbezogen hat. Regelmäßig beruhen die Hindernisse auf Gründen, die die Reiseunfähigkeit des Betroffenen zur Folge haben, insbesondere infolge *schwerwiegender psychischer Symptome* (VG Weimar, Beschl. v. 11.12.2009 – 7 E 20173/09 We; VG Düsseldorf, Beschl. v. 04.04.2013 – 27 L 2497/12.A; VG Düsseldorf, Beschl. v. 30.10.2007 – 21 K 3831/07; VG Stuttgart, Beschl. v. 08.11.2013 – A 3 K 4088/13; VG Stuttgart, Urt. v. 28.02.2014 – A 12 K 383/14; VG Meiningen, Beschl. v. 23.01.2014 – 8 E 20250/13 Me) oder einer *Risikoschwangerschaft* (Nieders. OVG, Asylmagazin 2012, 254, 256). Für die Familienangehörigen folgt unter diesen Voraussetzungen aus Art. 6 Abs. 1 GG die Zuständigkeit der Bundesrepublik (VG Sigmaringen, Beschl. v. 09.01.2014 – A 4 K 2775/13; VG Sigmaringen, Beschl. v. 13.01.2014 – A 4 K 2827/13). Unabhängig hiervon wird auch dann aus Art. 6 Abs. 1 GG ein inlandsbezogenes Überstellungshindernis abgeleitet, wenn die Durchführung eines Asylverfahrens in einem anderen Mitgliedstaat wegen der zeitlich nicht absehbaren Dauer dieses Verfahrens dem Betroffenen unzumutbare Belastung auferlegt (OVG Hamburg, Beschl. v. 03.12.2010 – 4 Bs 223/10).

Überwiegend behandelt die Rechtsprechung nicht die dauerhaften rechtlichen Fol- 103
gen eines inlandsbezogenen Vollstreckungshindernisses. Teilweise wird festgestellt, das Ermessen zum Selbsteintritt werde in diesen Fällen reduziert (OVG Hamburg, Beschl. v. 03.12.2010 – 4 Bs 223/10). Vereinzelt wird darauf hingewiesen, dass auch ein nur vorübergehendes Hindernis (OVG MV, Beschl. v. 29.11.2004 – 2 M 299/04) zu berücksichtigen sei, ohne die rechtlichen Folgen einer gerichtlichen Aussetzung der Durchführung der Überstellung näher zu behandeln. Nach § 34a Abs. 1 Satz 1 darf die Abschiebungsanordnung erst ergehen, wenn feststeht, dass die Abschiebung durchführbar ist. Solange Vollstreckungshindernisse nicht ausgeräumt werden können, darf die Abschiebungsanordnung nicht erlassen werden. Für diese Prüfung ist nicht die vollstreckende Behörde, sondern das Bundesamt zuständig (OVG MV, Beschl. v. 29.11.2004 – 2 M 299/04; OVG Hamburg, Beschl. v. 03.12.2010 – 4 Bs 223/10; VGH BW, InfAuslR 2011, 310, 311; Nieders.

OVG, Asylmagazin 2012, 254, 255; VG Düsseldorf, Beschl. v. 30.10.2007 – 21 K 3831/07.A; VG Weimar, Beschl. v. 11.12.2009 – 7 E 20173/09 We; VG Trier, Beschl. v. 05.03.2013 – 5 L 971/11.TR; VG Düsseldorf, Beschl. v. 04.04.2013 – 27 L 2497/12.A; VG Weimar, Beschl. v. 11.12.2009 – 7 E 20173/09 We; a.A. VG Hamburg, Beschl. v. 02.03.2010 – 15 AE 44/10; VG Düsseldorf, Beschl. v. 12.05.2010 – 13 L 761/10; VG Trier, Beschl. v. 30.07.2013 – 1 L 891/13.TR.). Der vorübergehende Charakter des Vollstreckungshindernisses kann je nach Dauer zufolge haben, dass die maximal auf sechs Monate begrenzte Überstellungsfrist des Art. 29 Abs. 1 UAbs. 1 Verordnung (EU) Nr. 604/2013 – beginnend mit der Annahme des Ersuchens (Rdn. 93) – abläuft und dadurch die Zuständigkeit für die Behandlung des Asylantrags auf die Bundesrepublik übergeht (Art. 29 Abs. 2 Verordnung [EU] Nr. 604/2013). Diese Rechtsfolge ist dem Rechtscharakter der Abschiebungsanordnung als letzte Stufe des Vollstreckungsverfahrens geschuldet. Sie darf nicht ergehen, wenn nicht geprüft wurde, ob gegebenenfalls zielstaatsbezogene Aspekte oder inländische Vollstreckungshindernisse der Abschiebung entgegenstehen, auch wenn bereits das Ersuchen angenommen wurde. Die CDU/CSU-Fraktion hatte bei den Beratungen des Richtlinienumsetzungsgesetzes 2013 bewusst darauf bestanden, dass trotz Zulassung des Eilrechtsschutzes als nationales Vollstreckungsmittel der unionsrechtlichen Überstellung nicht die erste Stufe des Vollstreckungsverfahrens, die Abschiebungsandrohung, sondern weiterhin die letzte Stufe, die Abschiebungsanordnung, beibehalten werden sollte. Damit werden auch die Folgen für die behördliche Zuständigkeit und die Durchführbarkeit der Verordnung in Kauf genommen. Das Bundesamt mag sich bei zielstaatsbezogenen Abschiebungshindernissen auf die Sicherheitsvermutung zurückziehen. Diese ist jedoch widerleglich (EuGH, NVwZ 2012, 417, 419 f. Rn. 81 86 – N.S.; EuGH, Urt. v. 14.11.2013 – Rs. C-4/11 Rn. 29 ff. – Puid; *Hailbronner/Thym*, NVwZ 2012, 406; *Marx*, NVwZ 2012, 409; Rdn. 65). Bei inlandsbezogenen Hindernissen können aber häufig einzelfallbezogene und nicht der Sicherheitsvermutung zuzuordnende Umstände relevant werden.

C. Unzulässiger Antrag im Sinne von Abs. 1 Nr. 1b

104 Nach Abs. 1 Nr. 1b ist ein Asylantrag unzulässig, wenn ein anderer Staat aufgrund von unionsrechtlichen Vorschriften oder eines völkerrechtlichen Vertrages für die Durchführung des Asylverfahrens zuständig ist, Diese Regelung war bereits in § 27a AsylG a.F. enthalten und hatte keine eigenständige Bedeutung, da außerhalb des Anwendungsbereichs der Verordnung (EU) Nr. 604/2013 keine Rechtsvorschriften der Union die Zuständigkeit für die Durchführung des Asylverfahrens regeln. Völkerrechtliche Verträge, die die Zuständigkeit für die Durchführung eines Asylverfahrens regeln, stellten früher das SDÜ und das Dubliner Übereinkommen (Dublin I) dar. Da auf Dänemark die Verordnung (EU) Nr. 604/2013 wie bereits der Verordnung (EG) Nr. 343/2003 nicht anwendbar ist (Erwägungsgrund Nr. 42 Verordnung (EU) Nr. 604/2013; Erwägungsgrund Nr. 7 Verordnung (EG) Nr. 343/2003), es aber zu den Unterzeichnerstaaten des Dubliner Übereinkommens gehört, ist an sich das Übereinkommen für Dänemark anwendbar. Es hat aber heute keine praktische Bedeutung mehr.

Zwischenstaatliche Rückübernahmeabkommen regeln nicht die Frage der Zuständigkeit für die Durchführung eines Asylverfahrens, sondern die Verpflichtung zur Übernahme von eigenen Staatsangehörigen und Drittstaatsangehörigen. Ob nach der Rückführung ein Asylverfahren durchgeführt wird, ist nicht Regelungsinhalt derartiger Verträge. In der Verwaltungspraxis haben derartige Verträge Bedeutung für die Übernahme im anderen Vertragsstaat anerkannter internationaler Schutzberechtigter. Verfahrensrechtlich werden diese Personen aber nach Abs. 1 Nr. 2 behandelt. Da in diesen Fällen häufig zunächst ein Verfahren nach der Verordnung (EU) Nr. 604/2013 durchgeführt worden ist und aufgrund der Antwort des ersuchten Mitgliedstaates bekannt wird, dass er in diesem bereits internationalen Schutz erhalten hat und deshalb mangels Anwendbarkeit der Verordnung die Zustimmung versagt wird, kann die Bundesrepublik sich zwar auf ein bestehendes Rückübernahmeabkommen beziehen. Ist aber die Frist für ein Übernahmeersuchen nach dem jeweils relevanten Abkommen abgelaufen, darf die Abschiebungsanordnung nicht mehr erlassen werden (VG Hamburg, Beschl. v. 03.12.2015 – 16 AE 5601/14; VG Arnsberg, Beschl. v. 29.01.2016 – 4 L 1160/15.A; beide zur einjährigen Ersuchensfrist nach Art. 7 Satz 2 deutsch-bulgarisches Rückübernahmeabkommen; VG Köln, Beschl. v. 24.11.2015 – 8 L 2284/14.A, zum Übereinkommen zwischen Belgien, Bundesrepublik Deutschland, Frankreich, Italien, Luxemburg, Niederlande, Polen und Spanien vom 29.03.1991, hier betreffend Spanien). 105

D. Unzulässiger Antrag im Sinne von Abs. 1 Nr. 2

I. Funktion der Vorschrift

Nach Abs. 1 Nr. 2 ist ein Asylantrag unzulässig, wenn ein anderer Mitgliedstaat dem Antragsteller bereits internationalen Schutz im Sinne von § 1 Abs. 1 Nr. 2 gewährt hat. Die Vorschrift setzt Art. 33 Abs. 2 Buchst. a) RL 2013/32/EU um. Auch nach deutschem Verfahrensrecht dürfen die Voraussetzungen des Flüchtlingsstatus, der bereits in einem anderen Mitgliedstaat gewährt wurde, nicht geprüft werden. Die flüchtlingsrelevante Prüfung der Verfolgung im Herkunftsland ist also gesperrt. Der Antrag auf Zuerkennung der Flüchtlingseigenschaft wie auch auf Gewährung des subsidiären Schutzes ist unzulässig (BVerwGE 150, 29, 41 Rn. 29 = NVwZ 2014, 1460 = InfAuslR 2014, 400; BVerwG, Beschl. 30.09.2015 – 1 B 51.15 Rn. 4). Bis zum Ablauf der Umsetzungsfrist der Änderungsrichtlinie 2013/32/EU am 20. Juli 2015 enthielt Unionsrecht mit Art. 25 Abs. 2 Buchst. a) RL 2005/85/EU lediglich eine Unzulässigkeitsregelung für den auf die Zuerkennung der Flüchtlingseigenschaft zielenden Asylantrag. Mit Art. 33 Abs. 2 Buchst. a) RL 2013/32/EU ist diese Regelung auch auf den auf die subsidiäre Schutzberechtigung gerichteten Antrag ausgedehnt worden. 106

Wurde im anderen Mitgliedstaat die Flüchtlingseigenschaft zuerkannt, folgt durch Umkehrschluss aus § 60 Abs. 1 Satz 3 AufenthG, dass das Bundesamt weder verpflichtet noch berechtigt ist, festzustellen, dass ein Abschiebungsverbot nach § 60 Abs. 1 Satz 1 AufenthG vorliegt. Zugunsten dieses Personenkreis besteht zwar das aus Art. 33 Abs. 1 GFK folgende und in § 60 Abs. 1 Satz 1 AufenthG umgesetzte Abschiebungsverbot. Es fehlt aber an einem hierauf gerichteten Feststellungsanspruch 107

(BVerwGE 147, 329, 339 = NVwZ 2014, 158, 160 Rn. 26 = InfAuslR 2014, 20; Nieders.OVG, InfAuslR 2006, 157, 158). Aus diesem Normzusammenhang wird geschlossen, das Abschiebungsverbot des § 60 Abs. 1 Satz 1 Aufenthalt sei erst im Rahmen der Abschiebungsandrohung zu beachten. Dabei wird aber offengelassen, ob das Bundesamt oder die Ausländerbehörde für den Erlass der Abschiebungsandrohung zuständig ist (*Treiber*, in: GK-AufenthG II, § 60 AufenthG Rn. 212). Diese Frage kann im Asylverfahren, das vom Trennungsprinzip zwischen anordnender und vollziehender Behörde geprägt ist, jedoch nicht offen bleiben. Sie hat zwar für die Feststellung eines Abschiebungsverbotes keine Bedeutung, weil ohnehin kein Sachbescheidungsinteresse an einer entsprechenden Feststellung besteht. In der Vollzugsphase beim Erlass der Abschiebungsandrohung bedarf sie jedoch der Klärung:

108 Im Ausgangspunkt gilt zwar, dass eine Abschiebungsandrohung zu erlassen ist, wenn ein Antragsteller, zu dessen Gunsten das Abschiebungsverbot des § 60 Abs. 1 Satz 1 AufenthG Anwendung findet, abgeschoben werden soll (§ 60 Abs. 10 Satz 1 AufenthG) und der Staat, in den nicht abgeschoben werden darf, also der Herkunftsstaat, zu bezeichnen ist (§ 60 Abs. 10 Satz 2 AufenthG). Rechtsgrundlage für den Erlass der Abschiebungsandrohung ist § 34, da ein Asylantrag gestellt wurde. Strukturell identisch ist die Rechtslage für subsidiär Schutzberechtigte, wie § 60 Abs. 2 AufenthG erweist. § 60 Abs. 2 Satz 1 AufenthG fingiert ein Abschiebungsverbot bezogen auf das Herkunftsland für die Fallgruppen des ernsthaften Schadens nach Art. 15 RL 2011/95/EU, der durch § 4 Abs. 1 Satz 1 umgesetzt wird. Durch Verweis auf § 60 Abs. 1 Satz 3 und 4 AufenthG ordnet § 60 Abs. 2 Satz 2 AufenthG an, dass Antragsteller, denen in einem Mitgliedstaat der subsidiäre Schutzstatus gewährt wurde, kein Sachbescheidungsinteresse an der Feststellung eines ernsthaften Schadens haben. Vielmehr wird durch diesen Verweisungsmechanismus ein Abschiebungsverbot nach § 60 Abs. 2 Satz 1 AufenthG in Verb. mit § 4 Abs. 1 Satz 2 AsylG im Blick auf das Herkunftsland gesetzlich fingiert. Zu dessen wirksamer Durchsetzung ist im Rahmen des Erlasses der Abschiebungsandrohung dieser Staat zu bezeichnen (§ 59 Abs. 3 Satz 2 AufenthG).

II. Vollzug aufenthaltsbeendender Maßnahmen (§ 34a Abs. 1 Satz 2)

109 Nach § 34a Abs. 1 Satz 2 ist auch dann eine Abschiebungsanordnung zu erlassen, wenn der Antragsteller in einem anderen Mitgliedstaat einen Asylantrag gestellt hat. Die Norm ist *lex specialis* gegenüber § 34 und auf in anderen Mitgliedstaaten anerkannte internationale Schutzberechtigte deshalb anwendbar, weil diese dort vor der Statusgewährung einen Asylantrag gestellt haben. Da somit eine Abschiebung in den anderen Mitgliedstaat grundsätzlich nur auf der Grundlage einer Abschiebungsanordnung erfolgen darf, muss die Abschiebung alsbald durchgeführt werden können. Dies ist nicht der Fall, wenn vorher keine Zustimmung dieses Staates zur Übernahme des Antragstellers eingeholt worden ist. Es kann aber eine Abschiebungsandrohung verfügt werden (§ 34a Abs. 1 Satz 4). Auch wenn das Bundesamt – wie zumeist – im ersten Durchgang die Zustimmung zur Übernahme des Betroffenen im Rahmen der Verordnung (EU) Nr. 604/2013 versagt hat, befreit es dies nicht von der Verpflichtung, auf der Grundlage eines zwischenstaatlichen Rückübernahmeabkommens erneut um die Übernahme zu ersuchen.

Mit Blick auf das fehlende Sachbescheidungsinteresse nach § 60 Abs. 1 Satz 3 oder § 60 Abs. 2 Satz 2 AufenthG wird die Prüfung einer Verfolgungshandlung und eines ernsthaften Schadens bezogen auf das Herkunftsland zwar gesperrt. Dem Sachvorbringen, das Grundrechtsverletzungen im anderen Mitgliedstaat zum Inhalt hat, ist jedoch nachzugehen. Diese Prüfung wird nicht verfahrensrechtlich gesperrt. Dies wäre ohnehin mit Unionsrecht unvereinbar. Daher ist der Widerlegungsvortrag des Antragstellers zuzulassen und diesem nachzugehen. Zwar kann nicht jegliche Verletzung eines Grundrechts durch den zuständigen Mitgliedstaat (EuGH, NVwZ 2012, 417, 419 Rn 82 f., 84, 94 – *N.S.*), wohl aber können »systemische Mängel« in den Lebensbedingungen für international Statusberechtigte im zuständigen Mitgliedstaat gerügt werden. Daraus folgt aber nicht, dass Verletzungen von Art. 4 GRCh, die nicht systemisch bedingt sind, im konkreten Einzelfall die Vermutungswirkung unberührt lassen. Systemische Mängel weisen auf strukturelle Störungen hin, die ihre Ursache im Gesamtsystem des nationalen Asylsystems haben. Damit ist diese Frage aber nicht erschöpfend geregelt. Vielmehr ist dem Sachvorbringen des Antragstellers, in seinem konkreten Fall drohe ihm im Fall der Abschiebung in den zuständigen Mitgliedstaat eine unmenschliche Behandlung, nachzugehen. Systemische Mängel zeigen lediglich einen eindeutigen Fall hierfür auf. Beruht die Verletzung von Art. 3 EMRK nicht auf systemischen Mängeln, schließt dies eine Prüfung einer individualbezogenen tatsächlichen Gefahr im anderen Mitgliedstaat nicht aus. Eine Beschränkung der Widerlegungsmöglichkeit der Vermutungswirkung lediglich auf systemische Mängel unter Außerachtlassung eines ernsthaften personenspezifischen Gefährdungsrisikos, das seine Ursache nicht in derart systemischen Mängeln hat, würde Art. 3 EMRK und damit Art. 4 GRCh verletzen. 110

III. Verantwortungsübergang nach dem Europäischen Übereinkommen über den Übergang der Verantwortung für Flüchtlinge vom 16. Oktober 1980

Für die in anderen Mitgliedstaaten anerkannten Flüchtlinge bietet sich auf mittlere Sicht eine flüchtlingsfreundlichere Lösung über das Europäische Übereinkommen über den Übergang der Verantwortung für Flüchtlinge vom 16.10.1980 an. Dieses ist von *Dänemark, Deutschland, Finnland, Italien*, den *Niederlanden, Norwegen, Polen, Portugal, Rumänien, Schweden*, der *Schweiz* und *Spanien* ratifiziert worden. Art. 2 dieses Übereinkommens enthält vier verschiedene Übergangstatbestände: Erstens geht die Verantwortung auf den Aufenthaltsstaat nach Ablauf von zwei Jahren des tatsächlichen und dauernden Aufenthalts mit Zustimmung von dessen Behörden über, zweitens, wenn der Aufenthaltsstaat den dauernden Aufenthalt gestattet hat, drittens, wenn zwar kein dauernder Aufenthalt gestattet, dem Flüchtling jedoch gestattet wurde, länger als für die Geltungsdauer seines Reiseausweises, d.h. auch nach Ablauf des im Reisedokument dokumentierten Rückkehrrechts auf seinem Staatsgebiet zu verbleiben oder viertens, wenn der Aufnahmestaat gegenüber dem Erststaat nicht mehr die Wiederaufnahme beantragen kann, also grundsätzlich sechs Monate nach Ablauf der Gültigkeit des Reisedokumentes (Denkschrift der Bundesregierung zum Übereinkommen, in: BAT-Drs. 12/6852, S. 15). 111

112 Beim ersten Übergangstatbestand kommt es auf einen dauernden Aufenthalt an. Vereinzelt wird in der Rechtsprechung festgestellt, sowohl § 11 GFK Anhang wie auch Art. 2 Abs. 1 des Übereinkommens erforderten einen rechtmäßigen Aufenthalt (VG Aachen, Beschl. v. 09.07.2010 – 8 L 151/10). Dies trifft zwar hinsichtlich § 11 GFK Anhang, nicht aber im Blick auf Art. 2 Abs. 1 Alt. 1 des Übereinkommens zu. So weist die Bundesregierung in ihrer Denkschrift zum Übereinkommen darauf hin, dass es auf einen dauernden Aufenthalt ankommt. Dass dieser auch rechtmäßig sein müsse, wird nicht gefordert (BT-Drs. 12/6852, S. 15). Auch der Europarat hat in seiner Begründung festgestellt, es komme auf einen tatsächlichen Aufenthalt mit behördlicher Zustimmung an. Diese müsse nicht notwendigerweise auf einem formalen Akt beruhen (*Council of Europe*, Explanatory Note to the European Agreement on Transfer of Responsibility for Refugees, http://conventions.coe.int/Treaty/EN/Reports/Html/107.htm, Rn 21). Eine derartige stillschweigende Zustimmung kann etwa bei einem gedulden (§ 60a Abs. 2 ff., Abs. 4 AufenthG) oder gestatteten Aufenthalt (§ 55 Abs. 1) angenommen werden. Ein zweijähriger geduldeter oder gestatteter Aufenthalt bewirkt danach den Verantwortungsübergang (*Lehmann*, Asylmagazin 2015, 4, 8). Auch als Folge der gerichtlichen Verpflichtung, die Abschiebung in den Herkunftsstaat zu unterlassen und aufgrund der Unmöglichkeit, die Abschiebung in den zuständigen Mitgliedstaat durchzuführen, ist von der Zustimmung der zuständigen Behörden mit dem tatsächlichen Aufenthalt auszugehen. Der Anspruch auf Ausstellung oder Verlängerung des Reiseausweises kann nach Fristablauf gerichtlich durchgesetzt werden. Die Aufenthaltserlaubnis kann nicht nach § 25 Abs. 2, wohl aber weiterhin nach § 25 Abs. 5 oder nach § 7 Abs. 1 Satz 3 AufenthG verlängert oder erstmals erteilt werden.

E. Unzulässiger Antrag im Sinne von Abs. 1 Nr. 3

113 Nach Abs. 1 Nr. 3 ist ein Asylantrag unzulässig, wenn ein anderer Staat bereit ist, den Antragsteller wieder aufzunehmen und dieser als »sicherer Drittstaat im Sinne des § 26a betrachtet wird. Die gesetzliche Begründung verhält sich nicht zu dieser Regelung. Der Verweis auf § 26a in Nr. 3 verdeutlicht, dass es dem Gesetzgeber darum geht, die verfassungsrechtliche Drittstaatenregelung des Art. 16a Abs. 2 GG in das System unzulässiger Anträge zu integrieren. Diesem Ansatz ist jedoch deshalb bereits kein Erfolg beschieden, weil es keine in Anlage I gelisteten Staaten mehr gibt, die als »sichere Drittstaaten« behandelt werden dürfen. Die derzeit gelisteten Drittstaaten Norwegen und Schweiz sind mit der Union assoziiert, sodass auf sie die Verordnung (EU) Nr. 604/2013 und damit Abs. 1 Nr. 1a Anwendung findet. Soweit auf Art. 16a Abs. 2 Satz 1 GG und damit auf die Mitgliedstaaten hingewiesen wird, unterfallen auch diese zwar der Drittstaatenregelung. Auch auf sie findet jedoch ebenfalls die Verordnung (EU) Nr. 604/2013 und damit Abs. 1 Nr. 1a Anwendung. Zwar hat das Bundesamt in der Vergangenheit auf in anderen Mitgliedstaaten anerkannte Schutzberechtigte die Drittstaatenregelung angewandt. Durch Abs. 1 Nr. 2 ist dieser Fall nunmehr jedoch einer Regelung zugeführt worden, die insoweit als *abschließend* zu verstehen ist.

114 Abs. 1 Nr. 3 kann auch deshalb nicht als Anwendungsvorschrift der verfassungsrechtlichen Drittstaatenregelung betrachtet werden, weil danach der »sichere Drittstaat«

bereit sein muss, den Antragsteller wieder aufzunehmen. Gerade dies wird aber bei § 26a nicht vorausgesetzt. Ebenso wenig wird gefordert, dass er im »sicheren Drittstaat« bereits aufgenommen worden sein muss. Da Nr. 3 den Begriff »wieder aufnehmen« verwendet, muss der Antragsteller vor seiner Einreise in das Bundesgebiet dort aufgenommen worden sein.

Unabhängig von diesen Einwänden kann Abs. 1 Nr. 3 auch deshalb nicht angewandt werden, weil die Regelung nicht unionsrechtskonform ist. Zwar verweisen weder diese noch die gesetzliche Begründung auf Art. 33 RL 2013/32/EU. Andererseits regelt diese unionsrechtliche Vorschrift die »unzulässigen Asylanträge« nach dem klaren Wortlaut von Art. 33 Abs. 1 RL 2013/32/EU *abschließend.*. Deshalb ist aufgrund des Anwendungsvorrangs Nr. 3 an die in dieser Norm vorgegebenen unionsrechtlichen Anforderungen gebunden. Die unionsrechtliche Freistellungsnorm für nationale Drittstaatenregelungen nach dem Modell des § 26a ist Art. 39 RL 2013/32/EU, der das »Konzept des sicheren europäischen Drittstaates« regelt. In Art. 33 der Richtlinie wird diese Norm jedoch nicht in Bezug genommen. Daraus ist zu folgern, dass die Mitgliedstaaten, die Konzepte »sicherer Drittstaaten« anwenden, diese nicht als »unzulässige Asylanträge« handhaben dürfen. Vielmehr ist die Richtlinie so zu verstehen, dass Art. 39 den Mitgliedstaaten zwar das Recht einräumt, nationale »sichere Drittstaatsregelungen« anzuwenden. In welcher verfahrensrechtlichen Form sie diese handhaben, bleibt jedoch ihnen überlassen. Als unzulässige Asylanträge dürfen sie jedoch nicht gehandhabt werden, weil dem Art. 33 der Richtlinie entgegensteht. 115

Selbst wenn der Gesetzgeber – unabhängig von diesen Bedenken – mit dem Verweis auf § 26a in Nr. 3 auf Art. 39 RL 2013/32/EU Bezug hat nehmen wollen, hat er sowohl Nr. 3 wie § 26a unionsrechtskonform anzuwenden, d.h. eine *unwiderlegliche Sicherheitsvermutung*, wie sie Art. 16a Abs. 2 Satz 1 und 2 GG und damit auch § 26a zugrundelegt, kennt das Unionsrecht nicht. Dies folgt ungeachtet des Wortlautes von Art. 39 Abs. 1 RL 2013/32/EU, wonach keine Prüfung der spezifischen Situation des Antragstellers erfolgen muss, aus Abs. 2 dieser Norm. Diese räumt dem Antragsteller die Möglichkeit ein, die Anwendung des Konzeptes des sicheren europäischen Drittstaates mit der Begründung anzufechten, dass der betreffende Drittstaat »für ihn in seiner besonderen Situation nicht sicher ist.« Dies geht zurück auf die. Rechtsprechung des EuGH, der mit Blick auf die Vorläuferform Art. 36 RL 2005/85/EG, die eine Art. 39 Abs. 2 RL 2013/32/EU vergleichbare Widerlegungsmöglichkeit nicht kannte, festgestellt hat, dass nationale Drittstaatenregelungen nicht nach Maßgabe einer unwiderleglichen Vermutungswissen konzipiert und gestaltet werden dürfen (EuGH, NVwZ 2012, 417, 421 Rn 103 = InfAuslR 2012, 108 – *N.S.*). Angesichts dieser Umstände muss die Regelung in Abs. 1 Nr. 3 als von vornherein gescheiterter Versuch bewertet werden, die verfassungsrechtliche Drittstaatenregelung zu revitalisieren. Dem Gesetzgeber scheint die Einsicht dafür zu fehlen, dass Unionsrecht seit 1993 eine andere Richtung eingeschlagen hat als er und unwiderlegliche Vermutungsregelungen Relikte einer isolationistischen Epoche der Bundesrepublik sind, im Raum der Sicherheit, der Freiheit und des Rechts aber keine Anerkennung mehr beanspruchen können. 116

F. Unzulässiger Antrag im Sinne von Abs. 1 Nr. 4

117 Nach Abs. 1 Nr. 4 ist ein Asylantrag unzulässig, wenn ein Drittstaat, der bereit ist, den Antragsteller wieder aufnehmen, als *»sonstiger Drittstaat«* gemäß § 27 betrachtet wird. Die Regelung bezieht sich auf § 27. Diese Norm ist durch das Integrationsgesetz 2016 nicht verändert worden. § 27 ist Rechtsgrundlage für den *materiellen Asylausschluss.* Das BVerwG hat unter Hinweis auf die Richtlinien 2004/83/EG (2011/95/EU) und 2005/85/EG (2013/32/EU) klargestellt, dass § 27 *nur für die Asylanerkennung* Bedeutung hat, weil Art. 12 Abs. 1 RL 2011/95/EU einen Ausschluss von der Flüchtlingsanerkennung aus Gründen der Subsidiarität nur in Fällen des Schutzes oder Beistands einer Organisation oder Institution der Vereinten Nationen (Art. 1 D GFK) vorsehe. Die Möglichkeit anderweitig bestehender Verfolgungssicherheit werde nur in Art. 8 RL 2011/95/EU als interner Schutz, nicht aber im Hinblick auf die Verfolgungssicherheit in einem anderen Staat aufgegriffen. Das Unionsrecht verfolge insoweit keinen materiell-rechtlichen, sondern einen verfahrensrechtlichen Ansatz (BVerwGE 144, 127, 131 f. Rn. 15 = NVwZ-RR 2013, 431 = EZAR NF 68 Nr. 15; § 27 Rn 3). Unabhängig hiervon sperrt der Begriff der *»politischen Verfolgung«* in § 27 Abs. 1 eine Integration des Konzepts des »sonstigen Drittstaates« in das unionsrechtliche Konzept »unzulässiger Asylanträge«, weil der Asylantrag nach Unionsrecht als »Antrag auf *internationalen Schutz«* zu verstehen ist (Art. 2 Buchst. h) RL 2011/95/EU; Art. 2 Buchst. b) RL 2013/32/EU). Dieser Antragsbegriff beruht auf dem völkerrechtlichen Flüchtlingsbegriff (Art. 2 Buchst. d) RL 2011/95/EU), der mit dem Begriff der »politischen Verfolgung« nicht kompatibel ist.

118 Sollte der Gesetzgeber beabsichtigt haben, nach dem unionsrechtlich geforderten Abschied von der sicheren Drittstaatenregelung des Art. 16a Abs. 2 GG das Konzept des sonstigen Drittstaates zu revitalisieren, muss auch dieser Versuch als gescheitert angesehen werden. Aus unionsrechtlicher Sicht hätte dies vorausgesetzt, dass er den Text von § 27 Abs. 1 der unionsrechtlichen Begrifflichkeit hätte anpassen müssen. Das hat er jedoch unterlassen. Der Begriff des sonstigen Drittstaates könnte bei einer begrifflichen Anpassung des § 27 an Unionsrecht in Art. 35 und 38 RL 2013/32/EU seinen unionsrechtlichen Bezugspunkt finden. Art. 35 enthält das Konzept des ersten Asylstaates. Danach kann ein Drittstaat als erster Asylstaat angesehen werden, wenn der Antragsteller dort als Flüchtling anerkannt wurde und er diesen Schutz weiterhin in Anspruch nehmen darf oder ihm anderweitig ausreichender Schutz einschließlich Refoulementschaft gewährt wird, vorausgesetzt, dass er von diesem Staat wieder aufgenommen wird. § 27 Abs. 1 und 2 gehen zwar in diese Richtung. Es fehlen aber die in Art. 35 Abs. 2 RL 2013/32/EU durch Verweis auf Art. 38 Abs. 1 RL 2013/32/EU bezeichneten Schutzstandards.

119 Art. 38 RL 2013/32/EU enthält das Konzept des sicheren Drittstaates. Dieses darf nur angewandt werden, wenn dem Antragsteller dort keine Gefährdung von Leben und Freiheit aus Gründen der Rasse, Religion, Nationalität, Zugehörigkeit zu einer bestimmten sozialen Gruppe oder der politischen Überzeugung, darüber hinaus kein

ernsthafter Schaden droht, der Refoulementschutz wirksam gewährleistet wird, dort keine Zuwiderhandlung gegen das Verbot der Folter oder grausamen, unmenschlichen oder erniedrigenden Behandlung zu befürchten und der Zugang zu einem Asylverfahren wirksam gewährleistet ist. Diesen Schutzstandard enthält § 27 nicht. Weder kann daher der deutsche Begriff des sonstigen Drittstaates nach § 27 in den unionsrechtlichen Begriff des unzulässigen Asylantrags integriert werden noch kann gegen einen Antragsteller nach Maßgabe des § 27 eine Abschiebungsandrohung nach § 35 verfügt werden.

Der Gesetzgeber hat in Abs. 1 Nr. 4 die frühere Dreimonatsregelung des § 29 Abs. 2 AsylG a.F. nicht wieder aufgegriffen. Danach war das Asylverfahren fortzusetzen, wenn die Rückführung nicht innerhalb von drei Monaten möglich war. Andererseits hat er festgelegt, dass das Bundesamt vor der Entscheidung über die Unzulässigkeit zu prüfen hat, ob der »sonstige Drittstaat« bereit ist, den Antragsteller wieder aufzunehmen. Das setzt voraus, dass es vergleichbar den Regelungen des Dublin-Verfahrens vor der Entscheidung, den Drittstaat um die Übernahme des Antragstellers ersuchen muss. Lehnt dieser das Ersuchen ab oder reagiert er überhaupt nicht, darf keine Unzulässigkeitsentscheidung ergehen. Die Bundesregierung weist darauf hin, es sei künftig zu klären, ob der Drittstaat bereit sei, den Antragsteller wieder aufzunehmen (Schriftliche Antwort des Parlamentarischen Staatssekretärs im Bundesinnenministerium Schröder an die Abgeordnete Jelpke vom 03.06.2016). Angesichts dieser klaren Regelung bedurfte es keine Dreimonatsregelung. Stimmt der Drittstaat der Übernahme zu, wird der Antragsteller dorthin zurück geführt. Stimmt er nicht zu oder schweigt er, ist der Asylantrag als zulässig zu behandeln und inhaltlich zu prüfen. Nach Maßgabe dieser Grundsätze kann Abs. 1 Nr. 4 aber nach geltendem Recht nicht angewandt werden, weil der Begriff des sonstigen Drittstaates nach § 27 mit Unionsrecht nicht vereinbar ist. 120

G. Unzulässiger Antrag im Sinne von Abs. 1 Nr. 5

Nach Abs. 1 Nr. 5 ist ein Asylantrag unzulässig, wenn im Falle eines Folgeantrags (§ 71) oder Zweitantrags (§ 71a) ein weiteres Asylverfahren nicht durchzuführen ist. Der Gesetzgeber hat hiermit kein neues Recht geschaffen, sondern lediglich der Vollständigkeit halber beide Antragsformen in das System der unzulässigen Asylanträge aufgenommen. Bereits nach früherem Recht wurden Folge- wie Zweitanträge dem System der unzulässigen Asylanträge zugeordnet, wenn kein weiteres Asylverfahren eingeleitet wurde. Liegen aber die Voraussetzungen des § 51 Abs. 1 bis 3 VwVfG vor, wird der Asylantrag inhaltlich geprüft. An dieser Rechtslage hat sich durch Abs. 1 Nr. 5 nichts geändert. 121

H. Verfahren bei unzulässigen Anträgen (Abs. 2 bis 4)

I. Persönliche Anhörung (Abs. 2)

Nach Abs. 2 Satz 1 hört das Bundesamt den Antragsteller persönlich zu den Unzulässigkeitsgründen nach Abs. 1 an. Es handelt sich also nicht um eine persönliche 122

Anhörung im Sinne von § 25 zu den Asylgründen, sondern um eine allein auf die Unzulässigkeitsgründe des Abs. 1 beschränkte Anhörung. Für die Anträge nach Abs. 1 Nr. 1a folgt die Verpflichtung zu einem persönlichen Gespräch bereits aus Art. 5 Verordnung (EU) Nr. 604/2013. Insofern hat Abs. 2 lediglich bestätigende Wirkung.

123 Für *Folgeanträge* besteht mit § 73 Abs. 3 Satz 3 eine Ermessensregelung. Auf diese nimmt Abs. 2 Satz 2 ausdrücklich Bezug. Abs. 2 Satz 2 hat damit insoweit ebenfalls lediglich bestätigende Wirkung. Im Blick auf § 73 Abs. 3 Satz 1 wird mit Abs. 2 Satz 2 der Schutz des Antragstellers verstärkt, da § 73 Abs. 3 Satz 1 lediglich eine Mitwirkungspflicht begründet, ohne dass der Antragsteller auf diese hingewiesen werden muss. Nach Abs. 2 Satz 2 ist er jedoch nunmehr ausdrücklich auf diese hinzuweisen. Unterbleibt der Hinweis, darf über die Zulässigkeit des Folgeantrags nicht entschieden werden bzw. ist eine ungeachtet dessen erfolgte Unzulässigkeitsentscheidung rechtswidrig und aufzuheben, mit der Folge, dass das Vollzugshemmnis des § 71 Abs. 5 Satz 2 Hs. 1 wieder in Kraft tritt.

124 Abs. 2 Satz 2 nimmt auch den Zweitantrag in Bezug. Die Anhörung ist hier jedoch zwingend (§ 71a Abs. 2 Satz 2 in Verb. mit § 24 Abs. 1 Satz 3). Die Anhörung steht also nicht im Ermessen des Bundesamtes. Der Wortlaut von Abs. 2 Satz 2 ist insoweit ungenau: Es heißt dort, zu den Gründen nach Abs. 1 Nr. 5 gibt das Bundesamt dem Antragsteller Gelegenheit zur Stellungnahme nach § 71 Abs. 3. Das bedeutet jedoch nicht, dass das Bundesamt nach Abgabe der Stellungnahme nach Aktenlage entscheiden darf. Vielmehr hat es zwingend den Antragsteller nach § 25 zu den Asylgründen anzuhören (§ 71a Abs. 2 Satz 2).

125 Die Anhörung nach Abs. 2 Satz 1 ist mit Ausnahme des Folgeantrags also in allen Fällen des Abs. 1 zwingend. Das Bundesamt hat den Antragsteller umfassend zu beraten, insbesondere hat es die Stellung von Anträgen oder Berichtigung von Erklärungen oder Anträgen anzuregen (§ 25 Abs. 1 Satz 1 VwVfG). Da die Antragsteller zumeist davon ausgehen, dass sie zu ihren Asylgründen angehört werden, hat das Bundesamt sie über den eingeschränkten Zweck der Anhörung vor der Abgabe von Erklärungen aufzuklären (§ 25 Abs. 1 Satz 2 VwVfG), damit diese sich auf die hierfür maßgeblichen Tatsachen, Umstände und Hinweise einstellen und entsprechende sachgerechte Erklärungen abgeben können.

126 Abs. 2 enthält keine Regelungen zur Ladung. Es gelten daher die Vorschriften des § 25 Abs. 4. Nur dann, wenn die Anhörung im zeitlichen Zusammenhang mit der Antragstellung nach § 23 Abs. 1 erfolgt, bedarf es keiner besonderen Ladung. Ist der Antragsteller jedoch anwaltlich vertreten und weist der Antragsteller das Bundesamt hierauf hin, hat er einen Anspruch auf Vertretung durch seinen Bevollmächtigten während der Anhörung (§ 14 Abs. 4 Satz 1 VwVfG) und hat das Bundesamt erneut den Antragsteller und seinen Bevollmächtigten zur Anhörung zu laden. Führt es gleichwohl die Anhörung durch, ist die Unzulässigkeitsentscheidung rechtswidrig und aufzuheben. Dies folgt auch aus § 45 Abs. 1 Nr. 3 VwVfG. Danach ist die Verletzung von Verfahrensvoschriften nur dann unbeachtlich, wenn die erforderliche Anhörung

nachgeholt wird. Da nach § 14 Abs. 4 Satz 1 VwVfG ohne den Bevollmächtigten die Anhörung nicht durchgeführt werden darf, ist sie nachzuholen. Unterbleibt dies, folgt im Umkehrschluss aus § 45 Abs. 1 Nr. 3 VwVfG, dass die Verletzung dieser Verfahrensnorm beachtlich ist und der Bescheid deshalb keinen rechtlichen Bestand haben kann. Wird die Anhörung nicht am Tag der Antragstellung durchgeführt, folgt bereits aus § 25 Abs. 4 Satz 4, dass der Antragsteller und sein Bevollmächtigter vorher zu verständigen sind.

II. Versäumnis der Teilnahme an der persönlichen Anhörung (Abs. 3)

Nach Abs. 3 entscheidet das Bundesamt nach Aktenlage, wenn der Antragsteller unentschuldigt nicht zur Anhörung erscheint. Dies ist jedoch nur zulässig, wenn er ordnungsgemäß zur Anhörung geladen bzw. über diese verständigt worden ist. Andernfalls darf sich das Bundesamt nicht auf Abs. 3 Satz 1 berufen. Anders als bei § 25 Abs. 5 Satz 2 verpflichtet Abs. 2 Satz 1 das Bundesamt nicht, dem unentschuldigt nicht zur Anhörung erschienenen Antragsteller Gelegenheit zur schriftlichen Stellungnahme innerhalb eines Monats zu geben. Die Regelung in § 25 Abs. 5 Satz 2 ist Ausdruck des Rechtsstaatsprinzips und verwirklicht den Anspruch auf Gewährleistung rechtlichen Gehörs. Deshalb ist auch bei der Anwendung von Abs. 3 Satz 1 dem Antragsteller Gelegenheit zur Stellungnahme einzuräumen. Die Monatsfrist des § 25 Abs. 2 ist allerdings nicht zwingend. Die Frist kann auch kürzer gestaltet werden. 127

Die Pflicht zur Einräumung einer Frist zur Stellungnahme folgt auch daraus, dass das Bundesamt ohne diese gar nicht prüfen kann, ob der Antragsteller die Anhörung ohne Verschulden versäumt hat. Ob ihm z.B. die Ladung oder Benachrichtigung nicht erreicht hat, er überraschend erkrankt und nicht in der Lage war, das Bundesamt unverzüglich hierauf hin zu weisen, wird dem Bundesamt erst bekannt, wenn dem Antragsteller im Falle des Nichterscheinens Gelegenheit zur Stellungnahme gegeben wird. 128

Abs. 3 Satz 1 darf nicht angewandt werden, wenn der Antragsteller *unverzüglich*, also ohne schuldhaftes Verzögern (§ 121 Abs. 1 BGB), nachweist, dass das Versäumnis auf Umstände zurückzuführen war, auf die er keinen Einfluss hatte (Abs. 3 Satz 2). Unverzüglich bedeutet, dass es auf die jeweils individuellen und sonstigen Gründen ankommt. Aus Abs. 3 Satz 2 folgt, dass das Bundesamt unabhängig davon, ob man es für verpflichtet erachtet, eine Frist zur Stellungnahme e einzuräumen, auf jeden Fall vor der Entscheidung über die Zulässigkeit verpflichtet ist, eine angemessene Zeit zuzuwarten, da dem Antragsteller ja durch Abs. 3 Satz 2 die Gelegenheit eingeräumt wird, unverzüglich die Verhinderungsgründe mitzuteilen. Würde unmittelbar nach dem Nichterscheinen die Entscheidung getroffen, würde das Bundesamt dem Antragsteller die gesetzlich eingeräumte Möglichkeit nehmen, die Verhinderungsgründe mitzuteilen. 129

Der Nachweis wird durch eine schlüssige und nachvollziehbare Stellungnahme geführt. Für eine Erkrankung kann ein Nachweis verlangt werden. Für den Fall der 130 fehlerhaften Zustellung oder Benachrichtigung kann der Antragsteller jedoch keinen Nachweis führen, da er die Ladung bzw. Benachrichtigung ja nicht erhalten hat. Es kommt daher stets auf die konkreten Umstände des Einzelfalls an, ob über die bloßen Erklärungen hinaus die Vorlage von Beweismitteln verlangt werden kann.

131 Ist der Nachweis geführt worden, wird das Verfahren fortgeführt (Abs. 3 Satz 3). Das bedeutet, dass die Zulässigkeitsprüfung fortgeführt wird. Abs. 3 Satz 3 hat nicht zur Folge, dass der Asylantrag inhaltlich geprüft werden könnte. Zunächst ist dessen Zulässigkeit zu prüfen. Ist das Versäumnis nach Abs. 3 Satz 1 ausreichend entschuldigt worden, wird also zunächst die Zulässigkeitsprüfung fortgesetzt und kann eine Unzulässigkeitsentscheidung, aber auch eine inhaltliche Prüfung des Asylantrags folgen.

III. Durchführung der Anhörung durch Bedienstete anderer Behörden (Abs. 4)

132 Nach Abs. 4 kann das Bundesamt die Anhörung nach Abs. 2 Satz 1 zur Zulässigkeit des Antrags auch dafür geschulten Bediensteten anderer Behörden übertragen. Diese Regelung ist mit Unionsrecht unvereinbar, soweit es nicht um die Anhörung nach Art. 5 Verordnung (EU) Nr. 604/2013 geht (Abs. 1 Nr. 1a). Nach Art. 4 Abs. 2 RL 2013/32/EU dürfen die Mitgliedstaat andere Behörden nur mit der Bearbeitung von Anträgen nach der Verordnung (EU) Nr. 604/2013 und mit der Gewährung oder Verweigerung der Einreise (Art. 43 RL 2013/32/EU) beauftragen. Diese Regelung ist abschließend und enthält keinen Hinweis auf die unzulässigen Anträge nach Art. 33 RL 2013/32/EU. Für die Bearbeitung derartiger Anträge ist daher ausschließlich die Asylbehörde (Art. 4 Abs. 1 RL 2013/32/EU), also das Bundesamt, zuständig. Abs. 4 darf daher außerhalb der Zuständigkeitsprüfung im Dublin-Verfahren nicht angewandt werden.

§ 29a Sicherer Herkunftsstaat; Bericht; Verordnungsermächtigung

(1) Der Asylantrag eines Ausländers aus einem Staat im Sinne des Artikels 16a Abs. 3 Satz 1 des Grundgesetzes (sicherer Herkunftsstaat) ist als offensichtlich unbegründet abzulehnen, es sei denn, die von dem Ausländer angegebenen Tatsachen oder Beweismittel begründen die Annahme, dass ihm abweichend von der allgemeinen Lage im Herkunftsstaat Verfolgung im Sinne des § 3 Absatz 1 oder ein ernsthafter Schaden im Sinne des § 4 Absatz 1 droht.

(2) Sichere Herkunftsstaaten sind die Mitgliedstaaten der Europäischen Union und die in Anlage II bezeichneten Staaten.

(2a) Die Bundesregierung legt dem Deutschen Bundestag alle zwei Jahre, erstmals zum 23. Oktober 2017 einen Bericht darüber vor, ob die Voraussetzungen für die Einstufung der in Anlage II bezeichneten Staaten als sichere Herkunftsstaaten weiterhin vorliegen.

(3) [1]Die Bundesregierung bestimmt durch Rechtsverordnung ohne Zustimmung des Bundesrates, dass ein in Anlage II bezeichneter Staat nicht mehr als sicherer Herkunftsstaat gilt, wenn Veränderungen in den rechtlichen oder politischen Verhältnissen dieses Staates die Annahme begründen, dass die in Artikel 16a Abs. 3 Satz 1 des Grundgesetzes bezeichneten Voraussetzungen entfallen sind. [2]Die Verordnung tritt spätestens sechs Monate nach ihrem Inkrafttreten außer Kraft.

Anlage II

Albanien

Bosnien und Herzegowina

Ghana

Kosovo

Mazedonien, ehemalige jugoslawische Republik

Montenegro

Senegal

Serbien

Übersicht Rdn.

A. Funktion der Vorschrift

1 § 29a nennt als besondere Gruppe »offensichtlich unbegründeter« Asylanträge (§ 30) den Asylantrag eines Antragstellers aus einem »sicheren Herkunftsstaat« (Art. 16a Abs. 2 Satz 1 GG). *Drittstaatenregelung* (Art. 16a Abs. 2 GG), *Flughafenverfahren* (§ 18a) und das *Konzept sicherer Herkunftsstaaten* sind *zentrale Schlüsselelemente* der Asylrechtsreform 1993. In der Praxis hatte es bis 2014 kaum noch Bedeutung. Es wurde vom BVerfG in einem der drei Urteile v. 14.05.1996 überprüft und bestätigt (BVerfGE 94, 115 = EZAR 207 Nr. 1 = NVwZ 1996, 691). § 29a enthält keine Kriterien für die Bestimmung eines sicheren Herkunftsstaates. Ermächtigungsgrundlage

und anzuwendende Kriterien sind unmittelbar in der Verfassung (Art. 16a Abs. 3 Satz 1 GG) geregelt. Das gesetzgeberische Verfahren zur Bestimmung eines sicheren Herkunftsstaates ist dem für die Bestimmung eines sicheren Drittstaates geltenden Verfahren nachgebildet worden. Abs. 2 verweist für die Bezeichnung sicherer Herkunftsstaaten auf Anlage II. Mit Wirkung vom 28.08.2007 werden alle *Mitgliedstaaten* als sichere Herkunftsstaaten behandelt (Abs. 2) Der ursprünglich in Anlage II erwähnte Staat Gambia war nach einem Militärputsch durch Gesetz vom 31.03.1995 (BGBl. I S. 430) von der Liste gestrichen worden. Bereits zuvor war die Anwendung der betreffenden Regelungen durch eine von der Bundesregierung nach Abs. 3 Satz 1 erlassene Rechtsverordnung suspendiert worden (BGBl. I 1994, S. 2480). Durch Verordnung vom 27.03.1996 (BGBl. I S. 551) war Senegal aus Anlage II heraus genommen worden. Da die Geltungsdauer der Verordnung auf sechs Monate befristet und der Gesetzgeber bis dahin nicht tätig geworden war, wird Senegal seit dem Fristablauf wieder als sicherer Herkunftsstaat behandelt (Abs. 3 Satz 2). Bis 2014 waren allein *Ghana* und *Senegal* gelistet. 2014, und 2016 wurden darüber hinaus folgende Staaten des Balkans in die Anlage II aufgenommen: *Albanien, Algerien, Bosnien und Herzegowina, Kosovo, Mazedonien, Marokko, ehemalige jugoslawische Republik, Montenegro, Serbien* (zu Serbien s. VGH BW, NVwZ-RR 2015, 791; VG Stuttgart, InfAuslR 2014, 356) und Tunesien. Die Berichtspflicht der Bundesregierung nach Abs. 2a wurde durch das Asylverfahrensbeschleunigungsgesetz 2015 eingeführt.

2 In Ausführung von Art. 16a Abs. 3 Satz 2 GG begründet Abs. 1 Halbs. 2 eine verfahrensrechtliche *Widerlegungsmöglichkeit.* Insoweit unterscheidet sich die Konzeption sicherer Herkunftsstaaten wesentlich von der verfassungsrechtlichen Drittstaatenregelung (Art. 16a Abs. 2 GG), die eine derartige Widerlegungsmöglichkeit gerade nicht enthält. Das anzuwendende Verfahren im Einzelfall selbst konzentriert sich auf die für das Eingreifen der Widerlegungsmöglichkeit maßgeblichen Tatsachen. Gelingt dem Antragsteller die Widerlegung der gegen ihn sprechenden Vermutung, ist dem Antrag stattzugeben. Gelingt ihm dies nicht, wird sein Antrag in der qualifizierten Form abgelehnt, sodass die besonderen Verfahrensvorschriften der §§ 30 und 36 Anwendung finden. Da die Kommentierung sich an den Rechtsanwender richtet, werden die für den Gesetzgeber nach Art. 16a Abs. 3 GG maßgebenden Kriterien zur Bestimmung sicherer Herkunftsstaaten nicht ausführlich erläutert.

3 Unionsrechtlich wurde das Konzept sicherer Herkunftsstaaten durch Art. 23 Abs. 4 Buchst. c) i) in Verb. mit Art. 29 bis 31 RL 2005/85/EG eingeführt. Die Regelungen waren nach Ansicht des EuGH unionsrechtskonform (EuGH, NVwZ-RR 2013, 334, 336 Rn. 77 – *D. und A.*). Anders als nach Art. 16a Abs. 3 Satz 1 GG, der für die Bestimmung eines Staates als sicherer Herkunftsstaat ein Parlamentsgesetz voraussetzt, wurde das unionsrechtliche Konzept sicherer Herkunftsstaaten aufgrund einer vom Rat beschlossenen »gemeinsamen Minimalliste« nach Maßgabe der in Anhang II der Richtlinie bezeichneten Kriterien konkretisiert. Zusätzlich wurde den Mitgliedstaaten nach Art. 30 RL 2005/85/EG die Befugnis übertragen, ihre nationale Konzeption sicherer Herkunftsstaaten beizubehalten oder einzuführen, sofern sie mit den Kriterien in Anhang II vereinbar war. Im Blick auf sichere Herkunftsstaaten konnten die Mitgliedstaaten beschleunigte Verfahren einführen (Art. 23 Abs. 4 Buchst. c) ii) RL 2005/85/

EG). Seit dem 20.07.2015 gilt die Änderungsrichtlinie zur Verfahrensrichtlinie. Art. 36 und 37 RL 2013/32/EU weichen von den bisherigen Regelungen insoweit ab, als dass der Rat keine Minimalliste beschließen muss. Vielmehr entscheiden die Mitgliedstaaten in eigener Zuständigkeit nach Maßgabe der in Anhang I bezeichneten Kriterien. Art. 31 Abs. 8 Buchst. b) RL 2013/32/EU enthält ein Beschleunigungselement.

In der Sache hat der Gerichtshof zu erkennen gegeben, dass er gegen die Regelung der sicheren Herkunftsstaaten selbst keine inhaltlichen Bedenken hat. So hat er zur Begründung für die Einführung vorrangiger und beschleunigter Verfahren ausdrücklich auf Erwägungsgrund Nr. 17 RL 2005/85/EG hingewiesen (EuGH, NVwZ-RR 2013, 334, 336 Rn. 72 – *D. und A.*). Danach können die Mitgliedstaaten einen Drittstaat als sicheren Herkunftsstaat betrachten. Inzwischen hat der Unionsgesetzgeber mit der Änderungsrichtlinie die doppelte Konzeption sicherer Herkunftsländer aufgegeben (Rdn. 3). Art. 36 Abs. 1 RL 2013/32/EU setzt lediglich voraus, dass ein Drittstaat nach der Richtlinie als sicherer Herkunftsstaat bestimmt werden kann, enthält aber anders als die ursprüngliche Richtlinie keine Ermächtigung an den Rat, eine für die Mitgliedstaaten verbindliche Minimalliste zu beschließen. Daneben wurde aber die nationale Ermächtigung in Form einer Stillstands- und Öffnungsklausel beibehalten (Art. 37 Abs. 1 RL 2013/32/EU). Daraus folgt, dass das Europäische Parlament an der Herkunftsstaatenregelung nicht mehr beteiligt werden kann, weil es keine gemeinsame, vom Rat zu beschließende europäische Liste sicherer Herkunftsstaaten mehr gibt. Vielmehr entsteht durch Zuweisung dieser Regelungsmaterie an die Mitgliedstaaten die Gefahr einer bunten Vielfalt unterschiedlicher nationaler Herkunftsstaatenregelungen. 4

Eine Vertiefung der Folgen dieser konzeptionellen Änderung des unionsrechtlichen Konzepts sicherer Herkunftsstaaten kann für die Frage des rechtlichen Maßstabs aber dahinstehen. Sowohl die frühere Befugnis des Rates wie auch die nationalen Regelungen, die aufgrund der Freistellungs- und Öffnungsklausel beibehalten oder eingeführt werden konnten, waren stets am Begriff der Verfolgungshandlung nach Art. 9 RL 2004/83/EG und der weiteren in Anhang II bezeichneten Kriterien auszurichten (Art. 29 Abs. 2, Art. 30 Abs. 1 RL 2005/85/EG). Es bedarf auch keiner Erörterung der Frage, ob der deutsche Gesetzgeber aktuell an die ursprüngliche oder bereits an die Änderungsrichtlinie gebunden ist, wenn er neue Herkunftsstaaten bestimmt. Auch die Änderungsrichtlinie verweist in der Stillstands- und Öffnungsklausel (Art. 37 Abs. 1 RL 2013/32/EU) auf den Begriff der Verfolgungshandlung nach Art. 9 RL 2011/95/EU (Anhang I Abs. 1). Der Begriff der Verfolgungshandlung in der Änderungsrichtlinie ist identisch mit dem der ursprünglichen Richtlinie. Damit ist festzuhalten, dass der nationale Gesetzgeber einen Drittstaat, den er als sicheren Herkunftsstaat in den Blick genommen hat, nicht vorrangig am Rechtsmaßstab des Art. 16a Abs. 3 Satz 1 GG zu prüfen, sondern die Verfassungsnorm im Rahmen der Stillstandsklausel am Begriff der Verfolgungshandlung im Sinne von Art. 9 RL 2011/95/EU zu messen hat. Durch Ersetzung des Begriffs »politische Verfolgung« durch den Begriff der Verfolgung i.S.d. § 3 Abs. 1 hat der Gesetzgeber 2016 diese Vorgaben ausdrücklich anerkannt. Wegen der in Anhang I der Richtlinie 2013/32/EU und dem dort hervorgehobenen Schutzerfordernis sind darüber hinaus auch zwingend die in § 3d (Art. 7 RL 2011/95/EU) 5 vorgegebenen Schutzstandards bei der Bestimmung eines sicheren Herkunftslandes zu berücksichtigen und darf der Blick nicht ausschließlich auf die Praxis politischer Verfolgung verengt werden. Durch die unionsrechtliche Entwicklung seit 1993 hat sich damit aufgrund des Rechtsanwendungsvorrangs eine entscheidende Änderung ergeben (so auch *Funke-Kaiser*, in: GK-AsylG II, § 29a Rn. 54). Gleichwohl bleibt der rechtliche Bezugsrahmen für den Gesetzgeber der Begriff der politischen Verfolgung nach Art. 16a Abs. 1 GG und der vom BVerfG lediglich auf staatliche Maßnahmen zugeschnittene Schutz des Art. 3 EMRK (BVerfGE 94, 115, 136 f. = EZAR 207 Nr. 1 = NVwZ 1996, 691). Da der Gesetzgeber den Text von Abs. 1 trotz mehrerer Gesetze zur Erweiterung der Liste nicht geändert hat, hat er damit zu erkennen gegeben, dass er seine Befugnis nach Art. 37 RL 2013/32/EU nicht in Anspruch genommen hat. Dementsprechend bezieht sich die Vermutungsregel nicht auf den Begriff der Verfolgungshandlung nach § 3a.

B. Funktion der Herkunftsstaatenregelung nach Art. 16a Abs. 3 Satz 1 GG in Verb. mit Abs. 1 Satz 1

6 Nach Art. 16a Abs. 3 Satz 1 GG in Verb. mit Abs. 1 Satz 1 ist der Asylantrag eines Asylsuchenden aus einem sicheren Herkunftsstaat als offensichtlich unbegründet abzulehnen, es sei denn, die vom Antragsteller angegebenen Tatsachen oder Beweismittel begründen die Annahme, dass ihm abweichend von der allgemeinen Lage politische Verfolgung droht. Art. 16a Abs. 3 GG in Verb. mit Art. 16a Abs. 4 GG enthält anders als Art. 16a Abs. 2 Satz 1 GG keine Beschränkung des persönlichen Geltungsbereichs des Grundrechts nach Art. 16a Abs. 1 GG und seines Schutzzieles, wohl aber eine Beschränkung seines verfahrensbezogenen Gewährleistungsinhalts (BVerfGE 94, 115, 132 = EZAR 207 Nr. 1 = NVwZ 1996, 691; *Lübbe-Wolff*, DVBl 1996, 825, 834; *Göbel-Zimmermann/Masuch*, InfAuslR 1996, 404, 410). Dies wird durch das systematische Verständnis von Abs. 3 und 4 zu Abs. 1 des Art. 16a GG bestätigt. Die Verfassung ermöglicht danach für Asylanträge von Antragstellern aus sicheren Herkunftsstaaten ein modifiziertes (verkürztes) Verfahren. Um dieses Ziel zu erreichen, sieht Art. 16a Abs. 3 GG eine »*Arbeitsteilung*« zwischen *Gesetzgeber* einerseits und *Behörden und Gerichten* im Rahmen des jeweiligen Einzelverfahrens andererseits vor (BVerfGE 94, 115, 133 = EZAR 207 Nr. 1 = NVwZ 1996, 691).

7 Allerdings decken sich die Begriffe in Art. 16a Abs. 1 GG und Art. 16a Abs. 3 Satz 1 GG infolge ihrer im jeweiligen Regelungszusammenhang unterschiedlichen Funktion nicht im vollen Umfang: Während Art. 16a Abs. 1 GG die Prüfung des Einzelfalles zum Inhalt hat, geht es in Art. 16a Abs. 3 Satz 1 GG um die Beurteilung der allgemeinen Situation (BVerfGE 94, 115, 134f.) = EZAR 207 Nr. 1 = NVwZ 1996, 691). Zwar gibt die Verfassung in Art. 16a Abs. 3 Satz 1 GG dem Gesetzgeber bestimmte Prüfkriterien vor. Eine eigenständige Prüfung der Verhältnisse in dem betreffenden Staat anhand der von der Verfassung vorgegebenen Prüfkriterien wird dadurch freilich nicht ersetzt (BVerfGE 94, 115, 139 = EZAR 207 Nr. 1 = NVwZ 1996, 691). Art. 16a Abs. 3 GG ist darauf gerichtet, für bestimmte Staaten im Wege einer vorweggenommenen generellen Prüfung durch den Gesetzgeber feststellen zu lassen, dass in ihnen allgemein keine politische Verfolgung stattfindet und daher die *widerlegliche*

Vermutung der offensichtlichen Unbegründetheit individueller Asylanträge aufgestellt werden kann (BVerfGE 94, 115, 135 = EZAR 207 Nr. 1 = NVwZ 1996, 691). Jedoch folgen aus dem Schutzziel des Asylgrundrechts nach Art. 16a Abs. 1 GG einerseits sowie der in Art. 16a Abs. 3 GG geregelten Funktion der Herkunftsstaatenregelung andererseits von der Verfassung vorgegebene Anforderungen, denen das Gesetz genügen muss (BVerfGE 94, 115, 141 ff.).

Das einen Staat zum sicheren Herkunftsstaat bestimmende Gesetz hat *grundrechtsausfüllenden Charakter*. Mit der Bestimmung eines Staates zum sicheren Herkunftsstaat wird die Bewertung der dortigen Situation und die darauf aufbauende Vermutung für eine unbestimmte Zahl einzelner Asylbewerber festgeschrieben (BVerfGE 94, 115, 141, 143) = EZAR 207 Nr. 1 = NVwZ 1996, 691). Art. 16a Abs. 3 Satz 1 GG ermächtigt den Gesetzgeber zu einer Modifizierung des Asylverfahrens: Zur Entlastung und Beschleunigung der Einzelprüfung von Asylanträgen werden Teilbereiche des Verfahrens zur Feststellung des Asylgrundrechts von den bisher dafür allein zuständigen Behörden und Gerichten auf den Gesetzgeber übertragen. Dieser soll aufgrund einer Prüfung und Beurteilung der für politische Verfolgung erheblichen Verhältnisse hinsichtlich einzelner Staaten vorab und allgemein die Feststellung treffen können, dass in diesem Staat generell weder politische Verfolgung noch unmenschliche oder erniedrigende Behandlung stattfindet. An diese generelle Feststellung knüpft die *Vermutung* an, dass ein einzelner aus einem solchen Staat kommender Asylbewerber *nicht politisch* verfolgt wird. Diese Vermutung führt in der Regel, soweit sie im Einzelfall nicht ausgeräumt wird, dazu, dass der Asylantrag *als offensichtlich unbegründet abgelehnt* wird und die gegen den Ausländer verfügte Aufenthaltsbeendigung sofort vollziehbar ist (BVerfGE 94, 115, 142 = EZAR 207 Nr. 1 = NVwZ 1996, 691). 8

Dem Gesetzgeber ist nach der in Art. 16a Abs. 3 GG vorgesehenen Aufgabenverteilung die *abstrakt-generelle Prüfung* und Bewertung der Verhältnisse im jeweiligen Staat als eigenständige Aufgabe anvertraut (BVerfGE 94, 115, 144 = EZAR 207 Nr. 1 = NVwZ 1996, 691). Hingegen umschreibt Art. 16a Abs. 3 Satz 1 GG die dem Bundesamt und den Gerichten bei der Bearbeitung des jeweiligen Einzelfalls im Rahmen der »Arbeitsteilung« auferlegte Aufgabe dahin, dass zu prüfen ist, ob der einzelne Asylbewerber Tatsachen vorgetragen hat, welche entgegen der Vermutung, die an seine Herkunft aus einem sicheren Staat anknüpft, die Annahme begründen, er werde dort gleichwohl politisch verfolgt. Mit der *Beschränkung* auf diese *Prüfungsaufgabe* wird das Verfahren im Einzelfall in bestimmter Weise geprägt (BVerfGE 94, 115, 134). Zweck der Herkunftsstaatenregelung ist es vor allem, das »Prüfprogramm« für Antragsteller aus derartigen Staaten abweichend von den sonst zu beachtenden Anforderungen wesentlich zu verkürzen, indem die Erkenntnisse und Erfahrungen im Blick auf diese Staaten »gewissermaßen in einer gesetzgeberischen Entscheidung gebündelt werden. Andererseits bleibt eine vertiefte Nachforschung und Aufklärung des Sachverhalts und der Verhältnisse in dem ›sicheren Herkunftsstaat‹ auch weiterhin geboten, wenn hierzu im Einzelfall Anlass besteht« (*Giesler/Wasser*, Das neue Asylrecht, S. 42). 9

C. Prüfkriterien zur Bestimmung eines sicheren Herkunftsstaates

10 Abs. 1 Satz 1 verweist auf Art. 16a Abs. 3 Satz 1 GG und beruht auf der Annahme, dass bei der Bestimmung des Herkunftsstaates zum sicheren Herkunftsstaat verfassungsrechtliche Vorgaben berücksichtigt wurden. Die Bestimmung eines Staates zum sicheren Herkunftsstaat nach Art. 16a Abs. 3 Satz 1 GG ist aufgrund der Rechtslage, der Rechtsanwendung und der allgemeinen politischen Verhältnisse in diesem Staat zu treffen. Nicht nur die innerstaatlichen Gesetze sowie die für das innerstaatliche Recht für verbindlich erklärten völkerrechtlichen Verträge zum Schutze der Menschenrechte sind in den Blick zu nehmen, sondern insbesondere auch die *Anwendung der Gesetze in der Praxis* vor dem Hintergrund der allgemeinen politischen Situation in diesem Staat. Dabei sind nach Art. 16a Abs. 3 Satz 1 GG nicht nur Verfolgungs-, sondern auch menschenrechtswidrige Tatbestände im betreffenden Staat von maßgeblicher Bedeutung. Zwar mag die Behandlung von Minderheiten häufig nicht die hohe Schwelle einer Verfolgung erreichen (s. aber Art. 9 Abs. 2 RL 2011/95/EU; § 3a Abs. 1 Nr. 2), jedoch als menschenrechtswidrig angesehen werden können. Die Verfassung gibt bestimmte Prüfkriterien vor, an denen die Entscheidung, ob ein Staat die Anforderungen für die Bestimmung zum sicheren Herkunftsstaat erfüllt, auszurichten ist. Einem Verwaltungsgericht, das in Ansehung der verfassungsrechtlichen Zulässigkeit der Einstufung eines Herkunftsstaates als sicher Bedenken hat, kann im Fall der Entscheidungserheblichkeit dieser Frage im Wege der *konkreten Normenkontrolle* (Art. 100 Abs. 1 GG) das Verfahren auszusetzen und die Entscheidung des BVerfG hierzu einholen. Der weite Entscheidungs- und Wertungsspielraum, der dem Gesetzgeber zusteht, lässt diesen Weg jedoch kaum als Erfolg versprechend erscheinen (*Göbel-Zimmermann/Masuch*, InfAuslR 1996, 404, 411).

11 Nach Art. 16a Abs. 3 Satz 1 GG kommt es maßgebend auf die Rechtslage und –anwendung in dem Herkunftsstaat an. Es lässt sich hierfür kein starrer, in jedem Gesetzgebungsverfahren gleichermaßen von Verfassungs wegen zu beachtender, etwa enumerativ darstellbarer Katalog von zu prüfenden Umständen ableiten. Vielmehr besteht die gesetzgeberische Aufgabe darin, sich anhand der von der Norm vorgegebenen Prüfkriterien aus einer Vielzahl einzelner Faktoren ein Gesamturteil über die für Verfolgungen bedeutsamen Verhältnisse im jeweiligen Staat zu bilden (BVerfGE 94, 115, 139 = EZAR 207 Nr. 1 = NVwZ 1996, 691). Mit welcher Intensität neben der Rechtslage auch die konkrete Rechtsanwendung in die Prüfung einbezogen werden muss, kann nicht abstrakt und generell bestimmt werden. Art. 16a Abs. 3 Satz 1 GG trägt dem Umstand Rechnung, dass die praktische Wirksamkeit geschriebener Normen nicht bereits mit ihrem Erlass gewährleistet ist. Maßgebend ist, zu welchen Ergebnissen eine Prüfung anhand der Rechtslage und der allgemeinen politischen Verhältnisse führt: Je mehr etwa rechtsstaatliche Grundsätze, die Bindung der Exekutive an die Gesetze sowie eine unabhängige Justiz (vgl. auch BVerfGE 94, 115, 138, 140 = EZAR 207 Nr. 1 = NVwZ 1996, 691) im jeweiligen Staat verankert sind, desto eher kann davon ausgegangen werden, dass Rechtslage und Rechtsanwendung sich im Wesentlichen decken. Als *Indiz* dafür, dass ein Staat die in Art. 16a Abs. 3 Satz 1 GG bezeichneten Standards in der täglichen Praxis achtet, kann auch seine Bereitschaft gelten, *unabhängigen internationalen Organisationen* zur Überwachung

21 Unterlässt die Bundesregierung die erforderliche Verordnung nach Abs. 3 Satz 1, kann im Wege der *Richtervorlage* die Herausnahme des betreffenden Landes aus der Liste durchgesetzt werden mit der Folge, dass Abs. 3 Satz 2 nicht anwendbar, sondern ein vollständig neues Gesetzgebungsverfahren in Gang zu setzen ist, wenn dieser bestimmte Staat wieder in die Anlage II aufgenommen werden soll. Angesichts des weitreichenden Entscheidungs- und Bewertungsspielraums dürfte ein derartiges Vorgehen jedoch kaum Erfolg versprechend sein. Da auch die Reaktion im Verordnungswege nach Abs. 3 Satz 1 eine gewisse Zeit benötigt, empfiehlt es sich, die Anwendung der Herkunftsstaatenregelungen in Ansehung des in Rede stehenden Staates bis zum Erlass der Verordnung auszusetzen. Jedenfalls ist in dieser Übergangsphase die Vermutungsschwelle hinsichtlich der Anforderungen an den Sachvortrag und weiterer Aufklärung gegebenenfalls bis auf Null herabzusetzen (*Giesler*/*Wasser*, Das neue Asylrecht, S. 43).

G. Verwaltungsverfahren

I. Funktion der Vermutungswirkung nach Art. 16a Abs. 3 Satz 2 GG

22 Das Verwaltungsverfahren unterscheidet sich von den übrigen Asylverfahren insbesondere durch die *Widerlegungsmöglichkeit* nach Abs. 1 Halbs. 2. Mit der Bestimmung eines Staates zum sicheren Herkunftsstaat wird die Bewertung der dortigen Situation und die darauf aufbauende Vermutung, dass ein Asylsuchender aus diesem Staat nicht verfolgt wird (Art. 16a Abs. 3 Satz 2 GG), für eine unbestimmte Zahl einzelner Asylbewerber festgeschrieben (BVerfGE 94, 115, 141 = EZAR 207 Nr. 1 = NVwZ 1996, 691). An die Feststellung des Gesetzgebers knüpft also die Vermutung an, dass ein Asylsuchender nicht verfolgt wird. Diese Vermutung führt in der Regel – d.h. sofern sie nicht im Einzelfall ausgeräumt wird – dazu, dass sein Asylbegehren als *offensichtlich unbegründet* abgelehnt wird und die gegen ihn verfügte Aufenthaltsbeendigung sofort vollziehbar ist (BVerfGE 94, 115, 142 = EZAR 207 Nr. 1 = NVwZ 1996, 691). Art. 16a Abs. 3 Satz 2 GG regelt in Verbindung mit den weiteren, das Verfahren betreffenden Regelungen in Art. 16a Abs. 4 Satz 1 GG die Folgewirkungen, die sich aus der gem. Art. 16a Abs. 3 Satz 1 GG in Gesetzesform getroffenen Feststellung für das Asylverfahren des aus einem sicheren Herkunftsstaat stammenden Antragstellers ergeben. Es wird vermutet, dass ein Antragsteller aus einem derartigen Staat nicht verfolgt wird, solange er nicht Tatsachen vorträgt, die die Annahme begründen, dass er entgegen dieser Vermutung verfolgt wird (BVerfGE 94, 115, 145 = EZAR 207 Nr. 1 = NVwZ 1996, 691).

23 Die in Art. 16a Abs. 3 Satz 2 GG aufgestellte Vermutung knüpft unmittelbar an die gesetzliche Bestimmung eines Staates zum sicheren Herkunftsstaat an. Ihr Inhalt geht dahin, dass der aus einem sicheren Herkunftsstaat stammende Asylsuchende »nicht verfolgt wird« (BVerfGE 94, 115, 145 = EZAR 207 Nr. 1 = NVwZ 1996, 691). Damit wird der dem Asylverfahren des Antragsteller zugrunde liegende Prüfungsgegenstand bezeichnet.

II. Reichweite der Vermutungswirkung nach Art. 16a Abs. 3 Satz 2 GG

24 Das Verwaltungsverfahren nach § 29a ist ein *normales Verwaltungsverfahren* mit allen Verfahrensgarantien. Die *persönliche Anhörung ist* zwingend vorgeschrieben (§ 24 Abs. 1

Satz 3), aber uunächst zu prüfen, ob der Antragsteller Staatsangehöriger eines Staates, der in der Anlage II verzeichnet ist, oder ein Unionsbürger ist. Bei einem *Staatenlosen* kommt es darauf an, ob er in einem dieser Staaten zuletzt seinen gewöhnlichen Aufenthalt gehabt hat. Abs. 1 Halbs. 1 differenziert nicht zwischen den Staatsangehörigen sowie den Staatenlosen aus diesem Staat (Art. 36 Abs. 1 Buchst. b) RL 2013/32/EU). Hat ein Antragsteller *mehrere Staatsangehörigkeiten* und ist ein Staat seiner Staatsangehörigkeit in der Anlage II verzeichnet, wird der Asylantrag nach dieser Vorschrift behandelt. Die Vermutung umfasst sämtliche Fälle der Verfolgung unabhängig davon, ob diese als Grundlage der Asylberechtigung (Art. 16a Abs. 1 GG) oder der Zuerkennung der Flüchtlingseigenschaft (§ 3 Abs. 4) dienen können. Dies folgt aus dem Wortlaut von Art. 16a Abs. 3 Satz 2 Halbs. 1 GG, da die Vermutungswirkung sich allein auf die Verfolgung bezieht (*Lübbe-Wolff*, DVBl 1996, 829, 835). Auch bei selbstgeschaffenen Nachfluchtgründen wird § 29a angewandt (BVerfGE 94, 115, 145 = EZAR 207 Nr. 1 = NVwZ 1996, 691). Hingegen erstreckt die Vermutungswirkung sich nicht auf den *subsidiären Schutz* (§ 4) und die *Abschiebungsverbote nach § 60 Abs. 5 und 7 AufenthG*. Nach dem Wortlaut der Norm wird – allein – vermutet, dass ein Antragsteller aus einem solchen Staat nicht politisch verfolgt wird (BVerfGE 94, 115, 146 = EZAR 207 Nr. 1 = NVwZ 1996, 691; *Huber*, NVwZ 1993, 736, 739; *Schoch*, DVBl 1993, 1161, 1165; *Hailbronner*, NVwZ 1996, 625, 628; Lübbe-Wolff, DVBl 1996, 829, 835; Wolff, DÖV 1996, 819, 823f.; *Maaßen/de Wyl*, ZAR 1997, 9, 10; *Göbel-Zimmermann/Masuch*, InfAuslR 1996, 404, 413; *Funke-Kaiser*, in: GK-AsylG II, § 29a Rn. 83; a.A. *Maaßen*, Die Rechtsstellung des Asylbewerbers im Völkerrecht, S. 220).

25 Zwar darf in dem betreffenden Staat keine unmenschliche oder erniedrigende Behandlung stattfinden, wenn dieser Staat als sicherer Herkunftsstaat bestimmt werden soll. Dagegen bezieht sich die Vermutung der Verfolgungsfreiheit nur auf die fehlende Verfolgung und nicht auf die unmenschlichen oder erniedrigenden Maßnahmen. Das entspricht auch der Funktion der Vermutung im konkreten Asylverfahren, das der Prüfung dient, ob dem Antragsteller Schutz vor politischer Verfolgung zu gewähren ist. Die in Art. 16a Abs. 3 Satz 1 GG geforderte Gewährleistung auch vor unmenschlicher oder erniedrigender Behandlung oder Bestrafung erfasst im Rahmen der abstrakt-generellen gesetzgeberischen Prüfung staatliches Handeln auch im Übergangsbereich zwischen politischer Verfolgung und sonstiger menschenrechtswidriger Behandlung. Die Verpflichtung, bei der Entscheidung über den Asylantrag das Vorliegen von sonstigen Abschiebungsverboten zu prüfen (§ 31 Abs. 3) bleibt mithin von der in Art. 16a Abs. 3 Satz 2 GG vorgesehenen Vermutung unberührt (BVerfGE 94, 115, 146 = EZAR 207 Nr. 1 = NVwZ 1996, 691).

26 Allerdings kann die der Bestimmung zum sicheren Herkunftsstaat zugrunde liegende generelle Beurteilung der Sicherheit vor unmenschlicher oder erniedrigender Bestrafung oder Behandlung im Einzelfall eine Rolle spielen (BVerfGE 94, 115, 148 = EZAR 207 Nr. 1 = NVwZ 1996, 691; zu weitgehend *Hailbronner*, NVwZ 1996, 625, 628; *Maaßen/de Wyl*, ZAR 1997, 9, 10). Allenfalls kann insoweit von einer im Verhältnis zur Vermutungswirkung nach Art. 16a Abs. 3 Satz 2 GG »abgeschwächten beweisrechtlichen Relevanz der Einstufung« ausgegangen werden (*Lübbe-Wolff*,

DVBl 1996, 829, 836; *Göbel-Zimmermann/Masuch*, InfAuslR 1996, 404, 413). Die generelle Berücksichtigung unmenschlicher oder erniedrigender Bestrafung oder Behandlung im Rahmen der Prüfkriterien nach Art. 16a Abs. 3 Satz 1 GG kann zwar in dem Sinne bei der inhaltlichen Vollprüfung des Schutzbegehrens nach § 60 Abs. 5 und 7 AufenthG von Bedeutung sein, dass sie im Rahmen der Prognosebeurteilung ein berücksichtigungswürdiger Prognosegesichtspunkt ist. Dies entbindet das Bundesamt – und zwar ohne Anwendung der Vermutungsregelung des Art. 16a Abs. 3 Satz 2 GG – jedoch nicht davon, Gefahren im Sinne von § 3a, § 4 Abs. 1 Satz 2 und § 60 Abs. 5 und 7 AufenthG im vollen Umfang festzustellen. Freiheit von den dort beschriebenen Gefahren wird nach Art. 16a Abs. 3 Satz 2 GG nicht vermutet. Folglich ist insoweit auch nichts zu widerlegen. Vielmehr erfolgen Vortrag und Prüfung dieser Umstände – rechtssystematisch gesehen – außerhalb des Widerlegungsverfahrens (*Schoch*, DVBl 1993, 1161, 1165.

Das BVerfG will nicht nur zielstaatsbezogene Abschiebungsverbote aus dem Anwen- 27
dungsbereich der Vermutungswirkung nach Art. 16a Abs. 3 Satz 2 GG herausnehmen. Dies folgt daraus, dass es die Formulierung »solche Abschiebungshindernisse, wie sie etwa in § 53 AuslG 1990 im Einzelnen aufgeführt sind«, gebraucht, welche unabhängig von der Frage einer Ausräumung der Vermutung zu prüfen seien (BVerfGE 94, 115, 148 = EZAR 207 Nr. 1 = NVwZ 1996, 691). Die Verwendung des Wortes »etwa« legt nahe, dass die Reichweite der Vermutung nach Art. 16a Abs. 3 Satz 2 GG nicht nur nicht zielstaatsbezogene Abschiebungsverbote erfassen soll, sondern dass sie auf alle rechtlichen Abschiebungsverbote im Sinne von § 60a Abs. 2 AufenthG keine Anwendung findet, sodass auch unmittelbare grundrechtliche Positionen nicht in den Anwendungsbereich des Art. 16a Abs. 3 Satz 2 GG fallen (*Funke-Kaiser*, in: GK-AsylG II, § 29a Rdn. 85; *Göbel-Zimmermann/Masuch*, InfAuslR 1996, 404, 413). Andererseits können im Rahmen des Asylverfahrens nur zielstaatsbezogene Abschiebungsverbote erheblich werden (§ 24 Abs. 2, 31 Abs. 3 Satz 1). und erstreckt sich die Vermutungswirkung nur auf die Asylberechtigung (Rdn. 5).

III. Anforderungen an den Widerlegungsvortrag

Abs. 1 Halbs. 2 verlangt in Ausführung von Art. 16a Abs. 3 Satz Halbs. 2, dass der 28
Antragsteller Tatsachen oder Beweismittel angeben muss, welche die Annahme begründen, dass ihm abweichend von der allgemeinen Lage im Herkunftsstaat Verfolgung droht. Die Widerlegungsoption nach Art. 16a Abs. 3 Satz 2 GG ist Teil des besonderen, verkürzten Verfahrens (BVerfGE 94, 115, 133, 142) = EZAR 207 Nr. 1 = NVwZ 1996, 691) nach Art. 16a Abs. 3 GG. Art. 16a Abs. 3 Satz 2 GG regelt – in Verbindung mit den weiteren, das Verfahren betreffenden Regelungen in Art. 16a Abs. 4 Satz 1 GG – die Folgewirkungen, die sich aus der gem. Art. 16a Abs. 3 Satz 1 GG in Gesetzesform getroffenen Feststellung für das Asylverfahren ergeben (BVerfGE 94, 115, 145). Die Vermutung steht unter dem Vorbehalt, dass der Antragsteller »Tatsachen vorträgt, die die Annahme begründen, dass er entgegen dieser Vermutung verfolgt wird« (Art. 16a Abs. 3 Satz 2 Halbs. 2 GG). Gelingt ihm ein solcher Vortrag, greift in seinem Einzelfall die Vermutung nicht ein und ist über den Asylantrag nach

den allgemeinen Vorschriften zu befinden. Gelingt ihm dies nicht, verbleibt es bei der verfahrensrechtlichen Folgerung gem. Art. 16a Abs. 4 Satz 1 GG in Verbindung mit Abs. 1. Der Asylantrag ist hinsichtlich der Asylberechtigung (Rdn. 5) als offensichtlich unbegründet abzulehnen (BVerfGE 94, 115, 146f.) = EZAR 207 Nr. 1 = NVwZ 1996, 691).

29 Zur Ausräumung der Vermutung ist nur ein Vorbringen zugelassen, das die Furcht vor politischer Verfolgung auf eine individuelle, den Antragsteller betreffende Verfolgungsgefahr stützt. Die Furcht vor politischer Verfolgung kann aber auch dann auf einer individuellen Verfolgung beruhen, wenn diese ihre Wurzel in allgemeinen Verhältnissen hat (BVerfGE 94, 115, 147 = EZAR 207 Nr. 1 = NVwZ 1996, 691). Stets kommt es darauf an, ob der Antragsteller für seine Person Verfolgung befürchtet (BVerwGE 85, 139, 145 = EZAR 202 Nr. 18 = InfAuslR 1990, 312; BVerwG 89, 162, 168 = EZAR 202 Nr. 22; BVerwG, InfAuslR 1989, 348). Bei allgemeinen Nachteilen, die jemand aufgrund genereller Zustände im Herkunftsland zu erleiden hat, fehlt es allerdings an diesen (BVerfGE 80, 315, 333 = EZAR 201 Nr. 20 = InfAuslR 1990, 21; BVerwG, DÖV 1979, 296; BVerwG, Buchholz 402.24 § 28 AuslG Nr. 18; BVerwG, InfAuslR 1986, 82). Mit dem Hinweis auf die allgemeinen Verhältnisse, die auch im Rahmen des Widerlegungsvortrags von Bedeutung sind, um die Gefahr individueller Verfolgung erkennen zu können, stellt das BVerfG erneut klar, dass das Asylrecht zwar nicht vor den allgemeinen Lebensumständen schützen soll, aus diesen jedoch im Rahmen des Widerlegungsvortrags nach Art. 16a Abs. 3 Satz 2 GG zu berücksichtigende individuelle Verfolgungsgefahren folgen können. Der Antragsteller muss nicht bereits Verfolgung erlitten haben. Vielmehr schützt das Asylrecht auch denjenigen, der vor *unmittelbar drohenden Verfolgungen* geflohen ist (BVerfGE 80, 315, 345 = EZAR 201 Nr. 20 = NVwZ 1990, 151 = InfAuslR 1990, 21). Ein dementsprechender Sachvortrag reicht mithin zur Entkräftung aus (*Lübbe-Wolff*, DVBl 1996, 829, 836).

30 *Die Vermutung der Verfolgungssicherheit wird widerlegt, wenn der Antragsteller die Umstände seiner Verfolgung schlüssig und substanziiert vorträgt* (BVerfGE 94, 115, 147 = EZAR 207 Nr. 1 = NVwZ 1996, 691; *Schoch*, DVBl 1993, 1161, 1165; *Frowein/Zimmermann*, JZ 1996, 753, 762; *Funke-Kaiser*, in: GK-AsylG II, § 29a Rn. 97; *Hailbronner*, AuslR B 2 § 29a AsylG Rn. 20). Der Vortrag muss vor dem Hintergrund der Feststellung des Gesetzgebers, dass im jeweiligen Land im Allgemeinen keine Verfolgung stattfindet, der Erkenntnisse zu den allgemeinen Verhältnissen im Staat und der Glaubwürdigkeit des Antragstellers glaubhaft sein. Zur Substanziierung trägt bei, wenn der Antragsteller die Beweismittel vorlegt oder benennt, die nach den Umständen von ihm erwartet werden können (BVerfGE 94, 115, 147 = EZAR 207 Nr. 1 = NVwZ 1996, 691; *Hailbronner*, AuslR B 2 § 29a AsylG Rn. 20). Soweit Abs. 1 abweichend vom Wortlaut des Art. 16a Abs. 3 Satz 2 GG für den Widerlegungsvortrag die Angabe von Tatsachen oder Beweismitteln verlangt, werden keine weiter gehenden Voraussetzungen aufgestellt. Der Antragsteller muss nicht beweisen, dass ihm abweichend von der allgemeinen Lage im Herkunftsstaat politische Verfolgung droht (BVerfGE 94, 115, 153; Genrich, VBlBW 1994, 182, 183). Dem genügt er umso weniger, je mehr er seine individuelle Furcht vor politischer Verfolgung auf allgemeine Verhältnisse stützt, da diese der gesetzlichen Kennzeichnung des Staates

als sicherer Herkunftsstaat entgegenstehen (BVerfGE 94, 115, 147). Allgemeine nach Entscheidung des Gesetzgebers eingetretene Umstände sind aber zu berücksichtigen (*Frowein/Zimmermann*, JZ 1996, 753, 762).

Ein substanziierter und glaubhafter Sachvortrag ist erforderlich, um die Prüfung 31 des Sachvorbringens einzuleiten (BVerfG [Kammer], InfAuslR 1989, 28; BVerfG [Kammer], EZAR 224 Nr. 24; BVerfG [Kammer], 1992, 122; BVerfG [Kammer], InfAuslR 1993, 300; BVerfG [Kammer], InfAuslR 1993, 304; BVerfG [Kammer], InfAuslR 1993, 229, 232; BVerfG [Kammer], NVwZ-RR 1994, 54). Dagegen ist nicht erforderlich, dass dieses im Hinblick auf die glaubhaft gemachte individuelle Situation des Antragstellers unter Berücksichtigung der allgemeinen Verhältnisse im Herkunftsstaat tatsächlich zutrifft, die Verfolgungsfurcht also begründet erscheinen lässt und die Annahme einer Verfolgung rechtfertigt (BVerfG [Kammer], InfAuslR 1993, 229, 232). Lediglich für den Fall, in dem das Sachvorbringen zwar glaubhaft und substanziiert, jedoch von vornherein nach jeder vertretbaren Betrachtung ungeeignet ist, zur Statusberechtigung zu verhelfen, darf die Einleitung eines Verfahrens verweigert werden (BVerfG [Kammer], InfAuslR 1993, 229, 232). Es findet eine dem Folgeantragsverfahren vergleichbare zweistufige Prüfung statt (*Funke-Kaiser*, in: GK-AsylG II, § 29a Rn. 93 ff.; *Hailbronner*, AuslR B 2 § 29a AsylG Rn. 22).

Die individuelle Verfolgung muss im Rahmen der *Schlüssigkeitsprüfung* also nicht 32 überwiegend wahrscheinlich im Sinne der allgemeinen Prognosegrundsätze sein (so aber VG Ansbach, Urt. v. 13.07.1993 – AN 12 K 91.41565; a.A. VG Stuttgart, Urt. v. 27.03.1995 – A 7 K 19345/93; *Genrich*, VBlBW 1994, 182, 183; *Funke-Kaiser*, in: GK-AsylG II, § 29a Rn. 93 ff.; *Hailbronner*, AuslR B 2 § 29a AsylG Rn. 22). Das Bundesamt trifft im Rahmen des Widerlegungsvortrag keine weitreichenden Sachaufklärungspflichten. Bereits deshalb dürfen in dieser Verfahrensphase die Grundsätze zur Glaubhaftmachung der Verfolgungsgefahr keine Anwendung finden. Vielmehr genügt es, wenn aufgrund der Angaben des Antragstellers die Möglichkeit einer ihn treffenden individuellen Verfolgungsgefahr plausibel erscheint. Es reicht aus, wenn ein den dargelegten Anforderungen entsprechender Vortrag geeignet ist, die Vermutung zu erschüttern (*Giesler/Wasser*, Das neue Asylrecht, S. 42). Dabei kommt dem Antragsteller im Rahmen der Sachentscheidung nach § 31 auch der für Vorverfolgte entwickelte *erleichterte Beweismaßstab* zugute (VG Stuttgart, Urt. v. 27.03.1995 – A 7 K 19345/93; Genrich, VBlBW 1994, 182). Diese Regelungstechnik entspricht dem üblichen Vorgehen bei widerleglichen Vermutungen. Danach ist eine Vermutung bereits durch einen schlüssigen Gegenvortrag erschüttert und muss dieser im Anschluss daran im normalen Verfahren auf seine Richtigkeit hin überprüft werden. So kann der mit der Furcht, als Homosexueller etwa im Kosovo verfolgt zu werden, begründete Asylantrag nicht in der qualifizierten Form abgelehnt werden (VG Regensburg, InfAuslR 2016, 170, 171).

Zwar sind besondere Darlegungsanforderungen im Blick auf Schlüssigkeit und 33 glaubhafte *Sachangaben angezeigt. Je allgemeiner der Antragsteller seinen Sachvortrag* gestaltet, um so eher ist daher die Annahme gerechtfertigt, dass seine Furcht auf allgemeinen Verhältnissen beruht, die der Gesetzgeber bereits berücksichtigt hat (BVerfGE

94, 115, 147 = EZAR 207 Nr. 1 = NVwZ 1996, 691). Gelingt dem Antragsteller jedoch die Benennung von Tatsachen und Umständen, die zwar in den allgemeinen Verhältnissen wurzeln, jedoch schlüssig ergeben, dass sie über die Belastungen und Erschwernisse hinausgehen, die dort allgemein herrschen, ist die Vermutung widerlegt. Die Berufung auf eine drohende – nicht an Verfolgungsgründe anknüpfende – unmenschliche oder erniedrigende Bestrafung oder Behandlung kann freilich die Vermutung fehlender Verfolgung nicht ausräumen. Sie kann indes in Einzelfällen im Zusammenhang mit anderen Sachangaben unterstützend als Indiz dafür herangezogen werden, dass dem Antragsteller auch politische Verfolgung droht (BVerfGE 94, 115, 147 = EZAR 207 Nr. 1 = NVwZ 1996, 69) oder die Feststellung zielstaatsbezogener Abschiebungsverbote rechtfertigen. Besondere Sorgfalt ist auf die Prüfung des Widerlegungsvortrags zu legen. Zwar hat das Bundesamt insoweit eine eingeschränkte Sachaufklärungspflicht. Es darf sich andererseits aber nicht lediglich auf die Entgegennahme des Sachvorbringens beschränken. Vielmehr hat es durch gezielte Fragen den Sachverhalt bereits in der Widerlegungsstation aufzuklären (Rdn. 34 ff.).

IV. Umfang der Sachaufklärung

34 Die Widerlegungsmöglichkeit nach Abs. 1 erfordert – soweit nicht verfahrensrechtliche Gründe entgegenstehen –, dass das Vorbringen des Antragstellers, das konkrete Behauptungen zu individuellen Verfolgungsgefahren enthält, von Bundesamt und Verwaltungsgericht zur Kenntnis genommen und im Einzelnen gewürdigt wird (BVerfG [Kammer], NVwZ-Beil. 1993, 1, 2 = InfAuslR 1993, 309; BVerfG [Kammer], AuAS 1994, 71; BVerfG [Kammer], AuAS 1995, 114, 115). Behörde und Gericht dürfen sich nicht mit dem Hinweis auf die allgemeine Situation im Herkunftsstaat der Prüfung entziehen, ob der Antragsteller die Vermutung für sich entkräftet hat. Dies erfordert, dass das Sachvorbringen – soweit es sich nicht lediglich in einer pauschalen Gegendarstellung zur Situation im Herkunftsstaat erschöpft, sondern konkrete Behauptungen zum Vorgehen der dortigen Behörden gegen politische Aktivitäten des Antragstellers enthält – zur Kenntnis genommen und im Einzelnen gewürdigt wird (BVerfG [Kammer], NVwZ-Beil. 1993, 1, 2). Gelingt es dem Antragsteller, die gegen ihn sprechende Vermutung auszuräumen, greifen allgemeine Verfahrens- und Ermittlungsgrundsätze des § 24 Abs. 1 ein, d.h. das Bundesamt hat auf der Grundlage des Sachvorbringens den Sachverhalt erschöpfend von Amts wegen aufzuklären und gegebenenfalls die erforderlichen Beweise zu erheben (*Giesler/Wasser*, Das neue Asylrecht, S. 42).

35 Die Würdigung des Sachvorbringens im Rahmen des Widerlegungsvortrags ist nach der Rechtsprechung des BVerfG im Ergebnis nach den gleichen Grundsätzen vorzunehmen, wie sie für offensichtlich unbegründete Asylanträge Anwendung finden (BVerfG [Kammer], AuAS 1994, 70; § 30 Rdn. 21 ff.). Wird z.B. der Überfall auf die Wohnung des Antragstellers nicht als politische Verfolgung gewertet, müssen die hierfür maßgeblichen Gründe offengelegt werden. Dies gilt umso mehr, wenn der Antragsteller eigene Erlebnisse *mit früheren Bediensteten der Verfolgungsbehörden substanziiert dargelegt* hat (BVerfG [Kammer], AuAS 1994, 70). Die Beurteilung, der Antragsteller habe nicht glaubhaft gemacht, dass ihm abweichend von der allgemeinen Lage im Herkunftsstaat politische Verfolgung droht, ist einzelfallbezogen zu erläutern (BVerfG

[Kammer], NVwZ-Beil. 1993, 1, 2). Diesem Erfordernis wird die Feststellung nicht gerecht, die allein darauf abstellt, dass die geltend gemachte Verfolgungsgefahr wegen Teilnahme an einer Demonstration deshalb für unglaubhaft bewertet wird, weil sie mit den allgemeinen Erkenntnissen über die Lage im Herkunftsland nicht übereinstimmt (BVerfG [Kammer], NVwZ-Beil. 1993, 1).

Während das BVerfG seine Rechtsprechung zu offensichtlich unbegründeten Asylanträgen insoweit unmittelbar anwendet, als es um die einzelfallbezogene Würdigung des Sachvorbringens geht, ist unklar, ob auf die Sachaufklärungspflicht dieselben Grundsätze wie bei § 30 Anwendung finden. Dem dürfte die Normstruktur des Abs. 1 entgegenstehen. Gelingt dem Antragsteller die Widerlegung nicht, ist sein Asylantrag als offensichtlich unbegründet abzulehnen, ohne dass es auf weitere materielle und verfahrensrechtliche Voraussetzungen nach § 30 noch ankommt. Wegen der Vermutungsregel nach Abs. 1 Halbs. 1 gilt gegenüber den offensichtlich unbegründeten Asylbegehren nach § 30 eine Besonderheit. Ist nach dem Sachvorbringen die gegen den Antragsteller sprechende Vermutung nicht entkräftet worden, ist der Antrag kraft Gesetzes offensichtlich unbegründet. Eine weitere Sachaufklärung findet nicht statt. Allerdings trifft das Bundesamt von Amts wegen die Sachaufklärungspflicht, durch gezielte Fragen zu ermitteln, ob der Antragsteller einen Sachverhalt vorträgt, der geeignet ist, die gegen ihn sprechende Vermutung zu widerlegen. Unterlässt es jegliche gezielte Frage, insbesondere wenn der Sachvortrag hierzu Anlass gibt, verletzt es seine Sachaufklärungspflicht. In diesem Fall ist das Offensichtlichkeitsurteil nicht gerechtfertigt, weil die hierfür maßgeblichen Grundlagen verfahrensfehlerhaft zustande gekommen sind. 36

H. Verfahrensrechtliche Besonderheiten

Wie das Bundesamt im Einzelnen das Verfahren gestaltet, ob es etwa zwischen dem Widerlegungsverfahren und dem sich im Fall der Wiederlegung der Vermutung anschließenden normalen Asylverfahren eine ausdrückliche *verfahrensrechtliche Trennung* vornimmt, wird nicht vorgeschrieben. Jedenfalls hat es im Fall des erfolgreichen Widerlegungsvortrags über den Asylantrag nach den allgemeinen Vorschriften zu entscheiden (BVerfGE 94, 115, 146f.) = EZAR 207 Nr. 1 = NVwZ 1996, 691). In der Verwaltungspraxis erfolgt der Übergang vom Widerlegungs- zum normalen Asylverfahren üblicherweise im Rahmen der persönlichen Anhörung, ohne dass dieser Übergang besonders gekennzeichnet wird. Andererseits erachtet das BVerfG es für zulässig, dass in dem Fall, in dem der Asylantrag bereits im Widerlegungsverfahren scheitert, das Verwaltungsgericht für die Bestätigung der kraft Gesetzes angeordneten Ablehnung des Asylantrags als offensichtlich unbegründet keine gesonderte Begründung gibt (BVerfGE 94, 115, 154 = EZAR 207 Nr. 1 = NVwZ 1996, 691). Hat der Antragsteller die Vermutung durch einen schlüssigen Sachvortrag widerlegt, gelten die allgemeinen Grundsätze zur Sachaufklärung. Das Bundesamt kann aber auch nach der Widerlegung der Vermutungswirkung unter den Voraussetzungen des § 30 den Asylantrag als offensichtlich unbegründet ablehnen (*Giesler/Wasser*, Das neue Asylrecht, S. 42; *Göbel-Zimmermann/Masuch*, InfAuslR 1996, 404, 413). Es handelt sich dann aber nicht um eine Asylablehnung nach Abs. 1 Halbs. 1, sondern nach § 30. 37

38 Das Gesetz kennt *keine Zulässigkeitsprüfung*. Widerlegt der Antragsteller die gegen ihn sprechende Vermutung nach Abs. 1 Halbs. 2, hat das Bundesamt den Sachverhalt weiter aufzuklären und eine Sachentscheidung nach § 31 zu treffen. Andererseits enthält das Gesetz keine Regelung für den Fall, dass dem Antragsteller die Widerlegung gelingt, das Bundesamt im Ergebnis aber den Antrag ablehnt, ohne dass die besonderen Voraussetzungen für die qualifizierte Asylablehnung erfüllt sind. Aus Abs. 1 könnte geschlossen werden, dass das Bundesamt nur *eine Entscheidungsalternative* hat: Entweder lehnt es den Asylantrag als offensichtlich unbegründet in der Sache ab, wenn dem Antragsteller die Widerlegung nicht gelingt, oder es gibt dem Asylantrag im Umfang des gestellten Antrags (§ 13) statt. Dies hätte zur Folge, dass in allen Fällen, in denen dem Antragsteller die Widerlegung gelingt, dem Antrag auch bereits in der Sache stattzugeben wäre. Eine derartige Verfahrensweise würde jedoch weder mit der gesetzgeberischen Intention noch mit der Gesetzessystematik zu vereinbaren sein. Wollte man an die gelungene Widerlegung automatisch die Antragsstattgabe knüpfen, müssten bereits entgegen dem Gesetz bei der Widerlegung die Grundsätze zur beachtlichen Wahrscheinlichkeit der Verfolgungsgefahr Anwendung finden. Dies käme aber im Ergebnis einer Abschaffung der Widerlegungsmöglichkeit gleich.

39 Daher hat das Bundesamt nach gelungener Widerlegung den Asylantrag im vollen Umfang wie einen normalen Antrag zu behandeln. Insbesondere hat es den Sachverhalt erschöpfend aufzuklären, bevor es seine Entscheidung trifft. Regelmäßig wird der *Übergang von der Widerlegungsstation zum normalen Verfahren in* der persönlichen Anhörung (§ 24 Abs. 1 Satz 2) erfolgen, ohne dass dies besonders angeordnet wird (Rn. 37). Vielmehr entscheidet das Bundesamt im Rahmen der Anhörung, ob dem Antragsteller die Widerlegung gelungen ist und klärt bejahendenfalls sogleich den Sachverhalt weiter auf. Das Bundesamt kann den Antrag in der Sache nach Maßgabe des § 30 in der qualifizierten Form aus anderen als den in Abs. 1 genannten Gründen oder aber als einfach unbegründet ablehnen. Es kann dem Antrag aber auch nach vollständiger Aufklärung des Sachverhalts in der Sache stattgeben. Stets hat es die Voraussetzungen des Flüchtlingsschutzes (§§ 3a ff.), auch des subsidiären Schutzes und der Abschiebungsverbote nach § 60 Abs. 5 und 7 AufenthG aufzuklären und mit Blick hierauf eine Feststellung zu treffen (*Funke-Kaiser*, in: GK-AsylG II, § 29a Rn. 111 ff.; *Hailbronner,* AuslR B 2 § 29a AsylG Rn. 24 ff.).

40 Für den Rechtsschutz gelten keine Besonderheiten. Stellt das Bundesamt fest, dass der Widerlegungsvortrag nicht den gesetzlichen Anforderungen genügt, erlässt es die Sachentscheidung in der qualifizierten Form nach Abs. 1 Halbs. 1 und erlässt die Abschiebungsandrohung nach § 34. Der Eilrechtsschutz richtet sich nach § 36 Abs. 3 und 4 (vgl. § 36 Abs. 1). Das BVerfG verweist ausdrücklich auf den Zusammenhang von Art. 16a Abs. 4 Satz 1 GG mit Abs. 1: Gelingt die Widerlegung der Vermutungswirkung nicht, verbleibt es bei der verfahrensrechtlichen Folgerung nach Art. 16a Abs. 4 Satz 1 GG in Verb. mit Abs. 1 (BVerfGE 94, 115, 146f.) = EZAR 207 Nr. 1 = NVwZ 1996, 691). Im Hinblick auf die Frage Verfolgung des Klägers aus einem sicheren Herkunftsstaat bestehen die nach Art. 16a Abs. 4 Satz 1 GG, § 36 Abs. 4 Satz 1 geforderten »ernstlichen Zweifel« an der Rechtmäßigkeit der Asylablehnung

dann und nur dann, wenn es dem Betroffenen gelingt, die hinsichtlich seiner Sicherheit vor politischer Verfolgung bestehende Vermutung zu entkräften (*Lübbe-Wolff*, DVBl 1996, 825, 836). In diesem Rahmen hat das Verwaltungsgericht zu prüfen, ob das Bundesamt das individuelle Sachvorbringen des Antragstellers überhaupt zur Kenntnis und fallbezogen gewürdigt hat. Ist dies nicht der Fall, bestehen »ernstliche Zweifel« an der Rechtmäßigkeit der Asylablehnung nach Abs. 1 Halbs. 1 (einschränkender (*Funke-Kaiser*, in: GK-AsylG II, § 29a Rn. 105 f.).

Das Verwaltungsgericht kann von den in § 36 Abs. 3 und 4 vorgesehenen Möglichkeiten der *Präklusion verspäteten Vorbringens* Gebrauch machen und muss den Sachverhalt auch nicht erschöpfend im Eilrechtsschutzverfahren aufklären. *Behördliche Aufklärungsdefizite* hat es selbst zu beheben (*Funke-Kaiser*, in: GK-AsylG II, § 29a Rn. 107). Für das Hauptsacheverfahren gelten die Einschränkungsmöglichkeiten des § 36 Abs. 3 und 4 allerdings nicht. Vielmehr hat das Verwaltungsgericht in diesem Verfahren den Sachverhalt erschöpfend nach den allgemeinen Grundsätzen aufzuklären (*Huber*, NVwZ 1993, 2705, 2709). Insbesondere hat es die Sache selbst *spruchreif* zu machen (*Funke-Kaiser*, in: GK-AsylG II, § 29a Rn. 101). Hat das Bundesamt den Asylantrag nach Abs. 1 Satz 1 abgelehnt, weil seiner Ansicht nach die Vermutungswirkung vom Asylsuchenden nicht entkräftet worden ist, weist das Verwaltungsgericht für den Fall, dass es die behördliche Auffassung teilt, die Klage ebenfalls als offensichtlich unbegründet nach § 78 Abs. 1 ab. Denn die Vermutungswirkung nach Abs. 1 erstreckt sich auch auf das gerichtliche Verfahren (*Rothfuß*, VBlBW 1994, 183). Teilt das Verwaltungsgericht die behördliche Auffassung hingegen nicht, stehen ihm sämtliche Entscheidungsalternativen je nach dem konkreten Sachverhalt offen. 41

§ 30 Offensichtlich unbegründete Asylanträge

(1) Ein Asylantrag ist offensichtlich unbegründet, wenn die Voraussetzungen für eine Anerkennung als Asylberechtigter und die Voraussetzungen für die Zuerkennung des internationalen Schutzes offensichtlich nicht vorliegen.

(2) Ein Asylantrag ist insbesondere offensichtlich unbegründet, wenn nach den Umständen des Einzelfalles offensichtlich ist, dass sich der Ausländer nur aus wirtschaftlichen Gründen oder um einer allgemeinen Notsituation zu entgehen, im Bundesgebiet aufhält.

(3) Ein unbegründeter Asylantrag ist als offensichtlich unbegründet abzulehnen, wenn
1. **in wesentlichen Punkten das Vorbringen des Ausländers nicht substantiiert oder in sich widersprüchlich ist, offenkundig den Tatsachen nicht entspricht oder auf gefälschte oder verfälschte Beweismittel gestützt wird,**
2. **der Ausländer im Asylverfahren über seine Identität oder Staatsangehörigkeit täuscht oder diese Angaben verweigert,**
3. **er unter Angabe anderer Personalien einen weiteren Asylantrag oder ein weiteres Asylbegehren anhängig gemacht hat,**

4. er den Asylantrag gestellt hat, um eine drohende Aufenthaltsbeendigung abzuwenden, obwohl er zuvor ausreichend Gelegenheit hatte, einen Asylantrag zu stellen,

5. er seine Mitwirkungspflichten nach § 13 Abs. 3 Satz 2, § 15 Abs. 2 Nr. 3 bis 5 oder § 25 Abs. 1 gröblich verletzt hat, es sei denn, er hat die Verletzung der Mitwirkungspflichten nicht zu vertreten oder ihm war die Einhaltung der Mitwirkungspflichten aus wichtigen Gründen nicht möglich,

6. er nach §§ 53, 54 des Aufenthaltsgesetzes vollziehbar ausgewiesen ist oder

7. er für einen nach diesem Gesetz handlungsunfähigen Ausländer gestellt wird oder nach § 14a als gestellt gilt, nachdem zuvor Asylanträge der Eltern oder des allein personensorgeberechtigten Elternteils unanfechtbar abgelehnt worden sind.

(4) Ein Asylantrag ist ferner als offensichtlich unbegründet abzulehnen, wenn die Voraussetzungen des § 60 Abs. 8 Satz 1 des Aufenthaltsgesetzes oder des § 3 Abs. 2 vorliegen oder wenn das Bundesamt nach § 60 Absatz 8 Satz 3 des Aufenthaltsgesetzes von der Anwendung des § 60 Absatz 1 des Aufenthaltsgesetzes abgesehen hat.

(5) Ein beim Bundesamt gestellter Antrag ist auch dann als offensichtlich unbegründet abzulehnen, wenn es sich nach seinem Inhalt nicht um einen Asylantrag im Sinne des § 13 Abs. 1 handelt.

Übersicht

A. Funktion der Vorschrift

Wie früher § 11 AsylG 1982 enthält § 30 die Rechtsgrundlage für ein besonders gestrafftes Asylverfahren für die Fälle, in denen nach Ansicht des Bundesamtes der Asylantrag offensichtlich unbegründet ist. Durch ÄnderungsG 1993 hat der Gesetzgeber zusätzlich zu den bereits zuvor in Abs. 2 definierten besonderen Fallgruppen mit Abs. 3 und 4 eine Erweiterung gesetzlich definierter Fallgestaltungen offensichtlich unbegründeter Anträge eingefügt. Es handelt sich bei den Fallgruppen nach Abs. 3 um Asylanträge, die nach Art. 16a Abs. 4 Satz 1 GG »als offensichtlich unbegründet gelten« (*Rennert*, DVBl 1994, 717, 720). Ebenso ist durch ÄnderungsG 1993 das Sonderverfahren bei offensichtlich unbegründeten Asylbegehren auf das Konzept der »sicheren Herkunftsländer« (§ 29a) erstreckt sowie im Zusammenhang mit dem Flughafenverfahren (§ 18a) verfahrensrechtlich besonders ausgestaltet worden. Unionsrecht ermöglicht den Mitgliedstaaten eine vorrangige oder beschleunigte Durchführung des Verfahrens, wenn der Antragsteller offensichtlich nicht als Flüchtling anzuerkennen ist (Art. 31 Abs. 8 Buchst. a) RL 2013/32/EU), enthält aber keine näheren Vorschriften zu diesem Verfahren. Durch das Richtlinienumsetzungsgesetz 2013 wurde in Abs. 2 der Hinweis auf »*kriegerische Auseinandersetzungen*« herausgenommen, um im Hinblick auf Art. 15 Buchst. c) RL 2011/95/EU (§ 4 Abs. 1 Buchst. c)) die Vorschrift mit Unionsrecht vereinbar zu gestalten (BT-Drucks. 17/13063, S. 11). 1

Das Offensichtlichkeitsurteil nach Abs. 1 zieht zwingend die Abschiebungsandrohung nach § 34 mit der Folge des Eilrechtsschutzverfahrens (§ 36 Abs. 3 und 4) nach sich. Das zuvor in § 11 Abs. 2, § 10 Abs. 2 und 3 AsylG 1982 geregelte gestraffte Sonderverfahren wurde in § 34 und § 36 beibehalten, aber leicht modifiziert. § 30 regelt die materiellen Voraussetzungen für das Offensichtlichkeitsurteil und die Anforderungen an dessen Feststellung. Abs. 1 enthält die allgemeinen materiellen Kriterien des Offensichtlichkeitsbegriffs. Abs. 2 nennt *Regelbeispiele*, die bei Vorliegen der hierfür maßgeblichen tatsächlichen Voraussetzungen *zwingend* die qualifizierte Asylablehnung nach sich ziehen. Die folgenden Absätze behandeln die Fälle, in denen das Asylbegehren als offensichtlich unbegründet gilt: Abs. 3 zählt *abschließend* die Fälle auf, in denen aus einer Verletzung verfahrensrechtlicher Mitwirkungspflichten auf das Offensichtlichkeitsurteil zu schließen ist. Abs. 5 ordnet systemfremd den seinem Inhalt nach nicht als Asylbegehren anzusehenden Antrag der Sonderkategorie offensichtlich unbegründeter Asylanträge zu. Ebenfalls systemfremd wird der Asylantrag als offensichtlich unbegründet definiert, wenn die Voraussetzungen für die Abschiebung Verfolgter nach § 60 Abs. 8 AufenthG (Art. 33 Abs. 2 GFK) festgestellt werden. Durch das Terrorismusbekämpfungsgesetz 2001 wurde Art. 1 F GFK in § 51 Abs. 3 Satz 2 AuslG 1990 (§ 60 Abs. 8 Satz 2 AufenthG, § 3 Abs. 2) aufgenommen. Damit sind völkerrechtliche Ausschlussgründe entgegen dem internationalen Standard (§ 3 2

Rdn. 81 f.) dem Konzept der offensichtlich unbegründeten Asylanträge zugeordnet worden. Abs. 4 letzter Halbs. wurde 2016 eingefügt.

3 Besondere Voraussetzungen sind an den *Umfang der Sachverhaltsaufklärung* zu stellen. In diesem Zusammenhang können insbesondere auf einer Verletzung dieser Amtspflicht beruhende *Verfahrensfehler* dem Offensichtlichkeitsurteil entgegenstehen. Die Annahme eines »offensichtlich unzulässigen Asylantrags« gibt es anders als im Klageverfahren (vgl. § 78 Abs. 1 Satz 1) nicht. Die zur Begründung in der Kommentarliteratur genannten entsprechenden Beispielsfälle lassen sich mühelos nach Maßgabe von Abs. 3 lösen oder können nach allgemeinen Grundsätzen gelöst werden. Das an das Offensichtlichkeitsurteil anknüpfende besondere Verfahren ist dagegen in anderen Vorschriften (§§ 18a, 34 und 36) geregelt. Auf die dortigen Erläuterungen wird verwiesen. Stets hat das Bundesamt auch bei Entscheidungen nach Abs. 1 den subsidiären Schutz (§ 4 Abs. 1 Satz 2) und Abschiebungsverbote nach § 60 Abs. 5 und 7 AufenthG zu prüfen (§ 31 Abs. 2 und 3 Satz 1).

4 Das BVerfG hatte bereits zum alten Recht gegen das Sonderverfahren für *eindeutig aussichtsloser Asylbegehren* keine verfassungsrechtlichen Bedenken, sofern bestimmte verfahrensrechtliche Mindestanforderungen beachtet würden (BVerfGE 56, 216, 236f.) = EZAR 221 Nr. 4 = DVBl 1981, 623 = DÖV 1981, 453 = NJW 1981, 1436 = BayVBl. 1981, 366 = JZ 1981, 339 = EuGRZ 1981, 306 = MDR 1981, 637). Das mit dem Asylantrag gesetzlich eintretende *»vorläufige Bleiberecht«* diene dem Ziel, einen möglicherweise Verfolgten einstweilen vor der behaupteten Verfolgung zu schützen. Zu anderen Zwecken seien das Asylverfahren und damit auch das vorläufige Bleiberecht nicht gedacht (BVerfGE 67, 43, 59 = JZ 1984, 735 = NJW 1984, 2028 = DVBl 1984, 673 = InfAuslR 1984, 215). Der Begriff der Offensichtlichkeit bezeichnet damit die *verfahrensrechtliche Schaltstelle* für die Trennung normaler Asylverfahren von gestrafften Sonderverfahren. Dabei erfordert die Funktion des § 30, das vorläufige Bleiberecht zu begrenzen, die Ausrichtung der Entscheidung an dem vorläufigen Bleiberecht, das Art. 16a Abs. 1 GG grundsätzlich jedem Antragsteller bis zum unanfechtbaren Abschluss seines Verfahrens gewährleistet (*Funke-Kaiser,* in: GK-AsylG, § 30 Rn. 6).

5 Mit Art. 16a Abs. 4 GG wurde das Sonderverfahren für offensichtlich unbegründete Asylbegehren 1993 auf eine verfassungsrechtliche Grundlage gestellt. Die Verfassung lässt es seitdem zu, die Voraussetzungen einer *eindeutigen Aussichtslosigkeit* (Rdn. 4) des Antrags *abstrakt* und *typisierend* zu umschreiben. Dabei ist eine materiell-rechtliche Regelung zu treffen, die der Bedeutung des Asylrechts und des aus ihm abgeleiteten vorläufigen Bleiberechts gerecht wird (BVerfGE 94, 115, 191 = EZAR 632 Nr. 25 = NVwZ 1996, 678; *Füerst,* NVwZ 2012, 213). Die Konzeption offensichtlich unbegründeter Asylbegehren hat mithin in Art. 16a Abs. 4 GG ihren verfassungsrechtlichen Ort. Ferner ermächtigt die Verfassung den Gesetzgeber, auch solche Fallgestaltungen wie offensichtlich unbegründete Fälle zu behandeln, in denen den Individualinteressen des Asylsuchenden Belange des Staates gegenüberstehen, die es in gleichem Maße wie in den anderen Fallgruppen rechtfertigen, das vorläufige Bleiberecht bereits vor einer bestandskräftigen Entscheidung über den Antrag zu

beenden (BVerfGE 94, 115, 191). Damit können die Fallgruppen nach Abs. 3 und 4 jedenfalls im Grundsatz ebenfalls aus Art. 16a Abs. 4 GG hergeleitet werden (*Rennert*, DVBl 1994, 717, 720). Das Bundesamt hat sich damit an den Vorgaben des § 30 auszurichten und darf einen Antrag nur dann nach dieser Vorschrift behandeln, wenn er offensichtlich unbegründet *ist* (Abs. 1 und 2) oder als offensichtlich unbegründet *gilt* (Abs. 3, 4 und 5).

Die Einstufung eines Antrags als offensichtlich unbegründet ist davon abhängig, dass nur solche Anträge in der qualifizierten Form abgelehnt werden, die sich *bei richtiger Rechtsanwendung* als *eindeutig aussichtslos* (Rdn. 4) darstellen. Ob es so ist, ist durch umfassende Würdigung der vorgebrachten oder sonst erkennbaren maßgeblichen Umstände unter Ausschöpfung aller vorliegenden oder zugänglichen Erkenntnismittel zu entscheiden. Das dabei *erforderliche Maß an Richtigkeitsgewissheit* kann jedenfalls nicht hinter den Anforderungen zurückbleiben, die an die Abweisung einer Klage als offensichtlich unbegründet zu stellen sind (BVerfGE 67, 43, 56f.) = JZ 1984, 735 = NJW 1984, 2028 = DVBl 1984, 673 = InfAuslR 1984, 215, unter Bezugnahme auf BVerfGE 65, 76, 95 ff.; Rdn. 13). Die Regelungen des Art. 16a Abs. 4 GG haben nur Auswirkungen auf das Eilrechtsschutzverfahren nach § 36 Abs. 3 und 4, nicht jedoch auf die materiellen und prozessualen Voraussetzungen einer Klageabweisung als offensichtlich unbegründet. Für diese gelten die materiellen und prozessualen besonderen Anforderungen unverändert fort (BVerfG [Kammer], NVwZ-Beil. 1995, 1; BVerfG [Kammer], InfAuslR 1997, 273, 275; BVerfG [Kammer], AuAS 1997, 55, 56; *Göbel-Zimmermann/Masuch*, InfAuslR 1996, 404, 405; § 78 Rdn. 11 ff.). Es ist von einem *einheitlichen Offensichtlichkeitsbegriff* des AsylG auszugehen (*Funke-Kaiser*, in: GK-AsylG, § 30 Rn. 9; *Schaeffer*, in: *Hailbronner*, AuslR, § 78 AsylG Rn. 10). Dies hat Auswirkungen auf die Verfahrensgestaltung. Obwohl § 30 im Hinblick auf die verfahrensrechtlichen Folgen seine verfassungsrechtliche Legitimation in Art. 16a Abs. 4 GG hat, hat diese Norm ausschließlich Bedeutung für das Eilrechtsschutzverfahren (*Giesler/Wasser*, Das neue Asylrecht, S. 44). Für das Verwaltungsverfahren gelten hingegen im Blick auf offensichtlich unbegründete Asylbegehren in prozessualer und materieller Hinsicht die in der Rechtsprechung des BVerfG entwickelten Anforderungen unverändert fort. 6

B. Voraussetzungen der qualifizierten Asylablehnung (Abs. 1)

I. Anwendungsbereich

Nach Abs. 1 darf der Antrag nur als offensichtlich unbegründet abgelehnt werden, wenn die Voraussetzungen für eine Asylanerkennung (Art. 16a Abs. 1 GG) *und* für die Zuerkennung der Flüchtlingseigenschaft (§ Abs. 4) *offensichtlich* nicht vorliegen. Ist der auf die Asylberechtigung zielende Antrag offensichtlich unbegründet, kann das mit Blick auf die Flüchtlingseigenschaft hingegen nicht festgestellt werden, darf der Antrag *insgesamt* nicht als offensichtlich unbegründet abgelehnt werden (BVerfG [Kammer], NVwZ 1994, 160, 162; BVerfG [Kammer], AuAS 1993, 273, 275; BVerfG [Kammer], NVwZ-Beil. 1997, 9, 10; BVerfG [Kammer], AuAS 1997, 55, 56). Lehnt das Bundesamt den Antrag gleichwohl qualifiziert ab, muss allein wegen 7

Gesetzesverletzung dem Eilrechtsschutzantrag stattgegeben werden. Eine qualifizierte Ablehnung kann nur nach einheitlichen Kriterien erfolgen. Daher sind die im Blick auf die Flüchtlingseigenschaft maßgeblichen Voraussetzungen keine anderen als die für die Asylanerkennung geltenden Kriterien der Offensichtlichkeit (BVerfG [Kammer], InfAuslR 2002, 146, 148).

8 Nach der Gesetzesbegründung stellt Abs. 1 lediglich klar, dass ein Antrag nur dann offensichtlich unbegründet ist, wenn auch offensichtlich ist, dass die Voraussetzungen für die Zuerkennung des internationalen Schutzes nicht vorliegen. Ist der Antrag nach § 13 Abs. 2 auf den Anspruch nach § 3 Abs. 4 Halbs. 1 beschränkt worden, kann dieser nur dann als offensichtlich unbegründet abgelehnt werden, wenn die Voraussetzungen der § 3a ff. offensichtlich nicht vorliegen (BT-Drucks. 12/2062, S. 32f.). Das Offensichtlichkeitsurteil ist im Hinblick auf die Flüchtlingseigenschaft regelmäßig nicht gerechtfertigt, wenn lediglich zweifelhaft ist, ob die Voraussetzungen der entsprechenden Voraussetzungen vorliegen, es andererseits aber z.B. offensichtlich ist, dass etwa die vorgebrachten subjektiven Nachfluchtgründe unerheblich sind oder in denen im Laufe des Verfahrens deutlich wird, dass der Voraufenthalt in einem Drittstaat offensichtlich sicher war. Da die Voraussetzungen der Flüchtlingseigenschaft weniger restriktiv als die für die Asylberechtigung sind, wird häufig das hierauf bezogene Offensichtlichkeitsurteil nicht zugleich auch die Voraussetzungen der Flüchtlingseigenschaft erfassen und darf daher der Antrag nicht nach Abs. 1 abgelehnt werden.

9 Der Antrag muss *insgesamt* offensichtlich unbegründet sein. Beruht der Antrag auf *mehreren Verfolgungsgefahren*, darf er nur qualifiziert abgelehnt werden, wenn für alle *je selbständig zu beurteilenden Verfolgungsgefahren* das Offensichtlichkeitsurteil getroffen werden kann (BVerfG [Kammer], NVwZ-Beil. 1994, 58, 59 = AuAS 1994, 222; BVerfG [Kammer], AuAS 1997, 55, 56; BVerfG [Kammer], NVwZ 1997, 9, 19; § 3a Abs. 1 Nr. 2). Das hat insbesondere auch Auswirkungen auf kumulative Verfolgungsgefahren (§ 3a Abs. 1 Nr. 2; § 3a Rdn. 12 ff.) Fehlt es im Bescheid hierzu an eigenständigen Darlegungen, muss die Begründung jedenfalls erkennen lassen, ob und aus welchen Gründen die zum offensichtlichen Nichtbestehen einer geltend gemachten Verfolgungsgefahr angestellten Erwägungen auch die anderen Gefahren betreffen sollen (BVerfG [Kammer], AuAS 1997, 55, 56; BVerfG [Kammer], NVwZ 1997, 9, 19). So müssen etwa die Voraussetzungen des Offensichtlichkeitsurteils hinsichtlich der behaupteten Vorfluchtgründe wie auch im Blick auf Nachfluchtgründe vorliegen (BVerfG [Kammer], NVwZ-Beil. 1994, 58, 59; BVerfG [Kammer], AuAS 1997, 55, 56; BVerfG [Kammer], NVwZ 1997, 9, 19. Wird der Antrag z.B. auf eine Reihe von jeweils für sich gewichtigen exilpolitischen Aktivitäten (etwa Teilnahme am Hungerstreik oder an einer Besetzungsaktion) gestützt, darf er nur dann qualifiziert abgelehnt werden, wenn das Offensichtlichkeitsurteil für jede dieser Aktivitäten verfahrensfehlerfrei getroffen werden kann. Wenn im Rahmen der Prognoseprüfung diese verschiedenen Gefahren nicht jeweils isoliert voneinander, sondern in einer zusammenschauenden Gesamtbewertung bewertet werden müssen (BVerwGE 82, 171, 173f.) = EZAR 200 Nr. 25 = NVwZ 1990, 267), ist zu bedenken, dass eines der behaupteten Verfolgungsrisiken zum Anlass von Verfolgungen genommen werden kann. Daher ist jeweils für jedes Risiko ein Offensichtlichkeitsurteil zu treffen.

Der Antrag ist nicht offensichtlich unbegründet, wenn der Antragsteller Anspruch auf Gewährung des *Familienasyl* oder *internationalen Schutzes für Familiengehörige* (§ 26) hat. Da der Anspruch nach § 26 unabhängig vom Vorliegen eigener Asylgründe ist, insbesondere kein Anspruch auf Prüfung eigener Verfolgungsgründe besteht (BVerwG, EZAR 215 Nr. 4 = NVwZ 1992, 987; OVG NW, InfAuslR 1991, 316; VGH BW, InfAuslR 1993, 200; § 26 Rdn. 44), folgt hieraus im Umkehrschluss, dass unabhängig davon, ob die Asylgründe des Familienangehörigen begründet, unbegründet oder gar offensichtlich unbegründet sind, der Anspruch nach § 26 durchgreift. Daher kann erst nach unanfechtbarer Ablehnung des Antrags des Stammberechtigten der akzessorische Antrag als offensichtlich unbegründet abgelehnt, ihm kann in diesem Fall aber auch stattgegeben werden. Auch wenn die gegen den Stammberechtigten gerichtete Abschiebungsandrohung vollziehbar geworden ist, liegt darin noch keine unanfechtbare Entscheidung über den akzessorischen Antrag. Der Antrag des Familienangehörigen darf auch dann nicht als offensichtlich unbegründet abgelehnt werden, wenn zwar das Eilrechtsschutzverfahren des Stammberechtigten unanfechtbar beendet, jedoch noch keine Entscheidung in der Hauptsache getroffen worden ist (*Funke-Kaiser*, in: GK-AsylG, § 30 Rn. 14; *Schaeffer*, in: *Hailbronner*, AuslR, § 78 AsylG Rn. 17). 10

Erst nach *unanfechtbaren* Abschluss des Asylverfahrens des Stammberechtigten, darf der Antrag des Familienangehörigen, sofern hierfür die Voraussetzungen erfüllt sind, qualifiziert abgelehnt werden (a.A. *Funke-Kaiser*, in: GK-AsylG, § 30 Rn. 14; *Schaeffer*, in: *Hailbronner*, AuslR, § 78 AsylG Rn. 17). Da im Verwaltungsstreitverfahren der gegen den Stammberechtigten gerichtete Bescheid aufgehoben werden kann, würde anschließend der akzessorische Antrag erfolgreich durchgreifen. Lehnt das Bundesamt den Antrag des Familienangehörigen als qualifiziert ab, bevor eine unanfechtbare negative Entscheidung über den Antrag des Stammberechtigten getroffen wurde, ist allein deshalb diese Entscheidung rechtswidrig. Es empfiehlt sich daher, das akzessorische Verfahren bis zum unanfechtbaren Abschluss des Verfahrens des Stammberechtigten auszusetzen. Dafür spricht auch § 43 Abs. 3. Umgekehrt kann allein wegen der qualifizierten Ablehnung des Antrags des Stammberechtigten nicht auf die offensichtliche Unbegründetheit des Antrags des Familienangehörigen geschlossen werden, da in diesem Fall Anspruch auf Prüfung eigener Verfolgungsgründe besteht (*Funke-Kaiser*, in: GK-AsylG, § 30 Rn. 14; Rdn. 10). 11

Abs. 1 nimmt auf den Asylantrag (§ 13 Abs. 1) Bezug. Den *subsidiären Schutz* und *Abschiebungsverbote (*§ 60 Abs. 5 und 7 AufenthG) erfasste das Offensichtlichkeitsurteil ursprünglich nicht (*Schaeffer*, in: *Hailbronner*, AuslR, § 78 AsylG Rn. 18). Es ist eine Entscheidung über die Abschiebungsverbote zu treffen (§ 31 Abs. 2 und 3). Wird der subsidiäre Schutz bejaht, besteht Anspruch auf Erteilung der Aufenthaltserlaubnis (§ 25 Abs. 2 AufenthG) wie im Fall der Zuerkennung des Flüchtlingsstatus. Angesichts dieser verfahrensrechtlichen Neuregelung darf der auf die Asylberechtigung und den Flüchtlingsstatus zielende Antrag nicht qualifiziert abgelehnt werden, wenn ein ernsthafter Schaden festgestellt wird. Der Gesetzgeber hat zwar in § 13 Abs. 1 und 2 den Antrag auf den internationalen und damit auf den subsidiären Schutz erweitert, in Abs. 1 hieraus jedoch keine Konsequenzen gezogen. Antrag nicht qualifiziert abgelehnt werden. Sind die Voraussetzungen des § 60 Abs. 5 oder 7 AufenthG verfüllt, darf 12 die Abschiebung nicht in den Zielstaat vollzogen werden. Vielmehr besteht grundsätzlich der aus § 25 Abs. 3 AufenthG folgende Anspruch auf Erteilung der Aufenthaltserlaubnis. Im Eilrechtsschutzverfahren ist zu prüfen, ob der subsidiäre Schutzanspruch oder das Bestehen von Abschiebungsverboten fehlerfrei verneint wurden. Da Art. 16a Abs. 4 Satz 1 GG und § 36 Abs. 4 Satz 1 den Begriff der ernstlichen Zweifel auf die Abschiebungsandrohung bezieht, ist bei solcherart Zweifeln an der Rechtmäßigkeit der Verneinung des subsidiären Schutzes oder der Feststellung zu § 60 Abs. 5 und 7 AufenthG dem Antrag stattzugeben (*Rennert*, DVBl 1994, 717, 722), auch wenn diese nicht die qualifizierte Antragsablehnung im Übrigen erfassen.

II. Materielle Kriterien des Offensichtlichkeitsurteils

1. Allgemeine Kriterien

13 Nach Abs. 1 ist ein Antrag im Sinne von § 13 Abs. 1 *offensichtlich* unbegründet, wenn die Voraussetzungen für eine Anerkennung als Asylberechtigter (Art. 16a Abs. 1 GG) sowie die Voraussetzungen für die Zuerkennung der Flüchtlingseigenschaft *offensichtlich* nicht erfüllt sind. Das für das Verwaltungsverfahren erforderliche Maß an Richtigkeitsgewissheit kann nicht hinter den Anforderungen zurückbleiben, die nach der Rechtsprechung des BVerfG für die Abweisung einer Klage als offensichtlich unbegründet entwickelt worden sind (BVerfGE 67, 43, 57 = JZ 1984, 735 = NJW 1984, 2028 = InfAuslR 1984, 215; BVerfG [Kammer], NVwZ-Beil. 1995, 1; BVerfG [Kammer], InfAuslR 1997, 273, 275; BVerfG [Kammer], AuAS 1997, 55, 56; *Giesler/Wasser*, Das neue Asylrecht, S. 44; *Funke-Kaiser*, in: GK-AsylG, § 30 Rn. 17; *Schaeffer*, in: *Hailbronner*, AuslR, § 78 AsylG Rn. 20; Rdn. 6). Ein Asylantrag ist danach offensichtlich unbegründet, wenn *nach vollständiger Erforschung des Sachverhalts* im maßgeblichen Zeitpunkt der Entscheidung des Bundesamtes an der Richtigkeit der *tatsächlichen Feststellungen* vernünftigerweise kein Zweifel bestehen kann *und* bei einem solchen Sachverhalt (nach dem Stand der Rechtsprechung und Lehre) sich die Verneinung des Asylanspruchs *geradezu aufdrängt* ((BVerfGE 65, 76, 96 = EZAR 630 Nr. 4 = InfAuslR 1984, 58; BVerfGE 71, 276, 293f.) = EZAR 631 Nr. 3 = NVwZ 1986, 459 = InfAuslR 1986, 159; BVerfG [Kammer], InfAuslR 2002, 146, 148; BVerwG, Buchholz 402.24 § 34 AuslG Nr. 1; BVerwG, DVBl 1983, 995; BVerfGE 65, 76, 96 = NJW 1983, 2929 = InfAuslR 1984, 58; BVerfGE 71, 276, 293 = EZAR 631 Nr. 3 = NVwZ 1986, 459 = InfAuslR 1986, 159).

14 Nur solche Anträge dürfen qualifiziert abgelehnt werden, die sich *bei richtiger Rechtsanwendung* als *»eindeutig aussichtslos«* darstellen (BVerfGE 67, 43, 56; Rdn. 4, 6) oder bei denen *offen zutage* liegt, dass ein Antragsteller in seinem Heimatstaat nicht verfolgt wird (BVerfGE 67, 43, 60). Aus begrifflicher Sicht macht es keinen Unterschied, dass in der Rechtsprechung unterschiedliche Formulierungen verwendet werden. Ob das Fehlen einer Verfolgung *»offen zutage liegt«* (BVerfGE 67, 43, 60) oder diese Erkenntnis sich *»geradezu aufdrängt«* (BVerwG, Buchholz 402.24 § 34 AuslG Nr. 1; BVerwG, DVBl 1983, 995), beim ersten Zusehen offen zutage liegt (VGH BW, EZAR 226 Nr. 3) oder ob *»keine vernünftigen Zweifel«* an der Erfolglosigkeit des Asylbegehrens bestehen (BVerfG [Kammer], NVwZ-Beil. 1997, 9; BVerwG, Buchholz 402.24 § 34

AuslG Nr. 1; BVerwG, DVBl 1983, 995; Hess.VGH, EZAR 226 Nr. 2; OVG NW, DÖV 1984, 892, OVG Saarland, InfAuslR 1983, 79; OVG Hamburg, InfAuslR 1983, 263), bezeichnet keinen materiellen Unterschied. Anders als § 78 Abs. 1 enthält § 30 keine Rechtsgrundlage für die Ablehnung eines Antrags als offensichtlich *unzulässig* (a.A. *Funke-Kaiser,* in: GK-AsylG, § 30 Rn. 29 ff.; *Schaeffer*, in: *Hailbronner,* AuslR, § 78 AsylG Rn. 34). Die Gegenmeinung setzt sich sowohl über den Wortlaut von Art. 16a Abs. 4 wie auch über den des Abs. 1 hinweg und ist auch im Übrigen nicht überzeugend. Die angeführten Beispiele des fehlenden Sachbescheidungsinteresses, der Einbürgerung, der Übernahme als Kontingentflüchtling oder der dauerhaften Rückkehr ins Herkunftsland sind teilweise gesetzlich geregelt und können insgesamt im Rahmen des AsylG gelöst werden. Insbesondere fehlt es am Funktionsprinzip des § 30, das durch den Antrag vermittelte vorläufige Bleiberecht unverzüglich zu beenden.

Die Offensichtlichkeit der Unbegründetheit eines Antrags beruht *nicht* auf einem *subjektiven Erlebnis- und Evidenzbegriff* (BVerfGE 65, 76, 96 = EZAR 630 Nr. 4 = NJW 1983, 2929 = InfAuslR 1984, 58). Unter Hinweis auf die Entstehungsgeschichte des § 32 Abs. 4 AsylG 1982 hat das BVerfG darauf hingewiesen, dass die lediglich »subjektive Einschätzung« der offensichtlichen Aussichtslosigkeit einer Klage mit einem nur formelhaften Hinweis auf dieses Ergebnis im Entscheidungstenor oder in den Urteilsgründen nicht genügt. Die *besondere Begründungspflicht* (§ 78 Rdn. 15 ff.) dient der Verobjektivierung des Offensichtlichkeitsurteils und damit der Vermeidung letztlich nicht kontrollierbarer subjektiver Evidenzerlebnisse (BVerfGE 65, 76, 96). Unter welchen Umständen sich ein Antrag als eindeutig aussichtslos erweisen kann, sodass sich seine Ablehnung geradezu aufdrängt, kann nicht abstrakt bestimmt werden, sondern bedarf der jeweiligen Beurteilung im Einzelfall (BVerfGE 65, 76, 96f.) = EZAR 630 Nr. 4 = NJW 1983, 2929 = InfAuslR 1984, 58; BVerfG [Kammer], NVwZ-Beil. 1995, 1). Hierzu hat das BVerfG hat besonders strenge Kriterien entwickelt, die zwischen *Gruppen- und Individualverfolgungen* differenzieren und die für die Auslegung und Anwendung von § 30 maßgebend sind. 15

2. Gruppenverfolgungen

Bei *kollektiv Verfolgten* kommt ein Offensichtlichkeitsurteil regelmäßig nur bei Fallgestaltungen in Betracht, denen eine *»gefestigte obergerichtliche Rechtsprechung«* zugrunde liegt. Dies schließt es zwar nicht aus, auch bei Fehlen einer derartigen Rechtsprechung ein offensichtlich unbegründetes Asylbegehren zugrunde zu legen. Dazu wird es aber regelmäßig »eindeutiger und widerspruchsfreier Auskünfte und Stellungnahmen sachverständiger Stellen« bedürfen (BVerfGE 65, 76, 97 = EZAR 630 Nr. 4 = NJW 1983, 2929 = InfAuslR 1984, 58; BVerfG [Kammer], NVwZ 1989, 746, 747; BVerfG [Kammer], NVwZ 1989, 747, 748; BVerfG [Kammer], InfAuslR 1990, 202, 204f.); BVerfG [Kammer], InfAuslR 1993, 114, 117f.); BVerfG [Kammer], InfAuslR 1995, 19, 21; BVerfG [Kammer], Beschl. v. 13.06.1986 – 2 BvR 1427/84; BVerfG [Kammer], Beschl. v. 23.02.1989 – 2 BvR 1415/88; *Funke-Kaiser,* in: GK-AsylG, § 30 Rn. 20 ff.; *Schaeffer*, in: *Hailbronner,* AuslR, § 78 AsylG Rn. 23, 28). Dabei ist die Geeignetheit der Auskünfte und Stellungnahmen jeweils 16 anhand der Rechtsprechung des BVerfG zur »gruppengerichteten Verfolgung« zu überprüfen (BVerfGE 83, 216, 230 ff. = EZAR 202 Nr. 20 = NVwZ 1991, 768 = InfAuslR 1991, 200; s. hierzu *Marx*, Handbuch zu Flüchtlingsschutz, 2. Aufl., 2012, S. 314 ff). Ferner kann eine gefestigte obergerichtliche Rechtsprechung die qualifizierte Ablehnung nicht hinreichend tragfähig begründen, wenn sich die *Sachlage* im Verfolgerstaat *geändert* und diese geänderte Sachlage in der Rechtsprechung noch nicht mit der erforderlichen Übereinstimmung berücksichtigt wurde (VG Gießen, AuAS 1994, 65) oder eine wesentliche Verschärfung der Situation in den in Bezug genommenen Entscheidungen noch gar nicht berücksichtigt werden konnte (BVerfG [Kammer], NVwZ-Beil. 1995, 1, 2 = AuAS 1995, 19).

17 Erforderlich ist eine übereinstimmende Rechtsprechung mehrerer Obergerichte, an der es fehlen kann, wenn die Behörde von früheren verwaltungsgerichtlichen Entscheidungen abweicht, ohne dass dies eine zwischenzeitlich Änderung der Auskunftslage geboten erscheinen lässt und im Zeitpunkt der Entscheidung ein abweichendes erstinstanzliches Urteil vorliegt (BVerfG [Kammer], Beschl. v. 13.06.1986 – 2 BvR 1427/84). Das BVerfG hat andererseits offen gelassen, ob das Offensichtlichkeitsurteil auch dann gerechtfertigt sein kann, wenn nicht nur die regelmäßig vorauszusetzende gefestigte obergerichtliche Rechtsprechung zu vergleichbaren Asylbegehren fehlt, sondern im Gegenteil divergierende obergerichtliche Rechtsprechung vorliegt. Jedenfalls sei dann gefordert, dass eindeutige und widerspruchsfreie Auskünfte und Stellungnahmen sachverständiger Stellen das Offensichtlichkeitsurteil rechtfertigen könnten (BVerfG [Kammer], NVwZ 1989, 747, 748). Ob eine vereinzelt gebliebene abweichende obergerichtliche Entscheidung der Feststellung, es liege für die Beurteilung einer kollektiven Verfolgungssituation eine gefestigte obergerichtliche Rechtsprechung vor, auch dann noch entgegensteht, wenn *danach* eine Reihe anderer Obergerichte in Kenntnis dieser Entscheidung oder sogar in ausdrücklicher Auseinandersetzung mit ihr die zugrundegelegten Erkenntnismittel anders gewürdigt und einen gegenteiligen Standpunkt vertreten haben, ist offen. Jedenfalls dann, wenn das Gericht in Übereinstimmung mit der Rechtsprechung des ihm übergeordneten Obergerichtes nicht der abweichenden, sondern der Mehrheitsmeinung folgt, ist das Offensichtlichkeitsurteil tragfähig (BVerfG [Kammer], Beschl. v. 04.03.1996 – 2 BvR 2409/95 u.a.).

18 Generell ist für das Offensichtlichkeitsurteil ein hinreichend sicheres Maß an Eindeutigkeit und Verlässlichkeit erforderlich, an dem es fehlt, wenn sich das Bundesamt zwar auf allgemein bekannte Meldungen und teilweise umfangreiche Berichte in der deutschsprachigen Presse bezieht, die zum Gegenstand der Entscheidung gemachten Auskünfte und Stellungnahmen sich zu der in Rede stehenden Frage aber überhaupt nicht verhalten (BVerfG [Kammer], NVwZ 1992, 561, 562; BVerfG [Kammer], InfAuslR 1991, 81, 84). Beruht die Entscheidung auf einer amtlichen Auskunft, dürfen ernstzunehmende Stellungnahmen anderer Stellen, die geeignet sind, deren Überzeugungskraft in erheblichen Punkten zu erschüttern, nicht entgegenstehen (BVerfG [Kammer], InfAuslR 1992, 300, 302f.); BVerfG [Kammer], InfAuslR 1993, 114; BVerfG [Kammer], InfAuslR 1993, 196, 199; BVerfG [Kammer], NVwZ 1994, 161). Stützt das Bundesamt sich andererseits außer auf ihm vorliegende, nicht näher bezeichnete Erkenntnisse auch auf eine überwiegende Rechtsprechung, bleibt Raum für

die Annahme, die in Rede stehende Frage werde in der Rechtsprechung jedenfalls nicht einheitlich verneint (BVerfG [Kammer], InfAuslR 1990, 202, 204f.).

Eine *widerspruchsfreie Auskunftslage* ist daher mit einer ausführlichen amtlichen Auskunft noch nicht belegt, wenn von anderen Seiten Auskünfte gegenüberstehen, die zu gegenteiligen Ergebnissen hinsichtlich der Lage einer bestimmten Volksgruppe kommen (BVerfG [Kammer], InfAuslR 1992, 300, 303). Bestehen zu einer bestimmten Frage einander widersprechende Auskünfte, bedarf es zumindest einer besonderen Begründung, warum trotzdem die Voraussetzungen für die qualifizierte Asylablehnung auch in diesem Punkt vorliegen (BVerfG [Kammer], NVwZ-Beil. 1997, 9, 10). Kommen im Asylverfahren zwei anerkannte Auskunftsstellen zu im Wesentlichen vergleichbaren Schlussfolgerungen, die im Gegensatz zu einer Schlussfolgerung einer anderen anerkannten Auskunftsstelle stehen, und ist die durch Auskünfte zu belegende maßgebliche Tatsachenfrage nicht bereits abschließend in der Rechtsprechung geklärt und keines der infrage stehenden Erkenntnismittel eindeutig ungeeignet oder unschlüssig, kann eine qualifizierte Ablehnung nur in Betracht kommen, wenn sich das Bundesamt mit den in Rede stehenden Erkenntnisquellen auseinandersetzt und in nachvollziehbarer Weise offen legt, aus welchen Gründen es sich einer von mehreren unterschiedlichen Auskünften anschließt und andere für nicht überzeugend hält. Nur dann kann bedenkenfrei eine widerspruchsfreie Auskunftslage bejaht werden (BVerfG (Kammer, InfAuslR 1995, 19, 22 = NVwZ-Beil. 1995, 3 = AuAS 1995, 9). Zu berücksichtigen ist auch, dass den Erkenntnismitteln eine Vielzahl von Einzelinformationen zugrunde liegen kann, die in der wertend zusammenfassenden Auskunft selbst nicht gesondert mitgeteilt werden (BVerfG (Kammer, InfAuslR 1995, 19, 22 = NVwZ-Beil. 1995, 3 = AuAS 1995, 9). 19

Ferner wird für das Offensichtlichkeitsurteil vorausgesetzt, dass die verwerteten Auskünfte und Stellungnahmen bzw. die zugrundegelegte Rechtsprechung als *noch hinreichend aktuell* zugrundegelegt werden können, sich also keine Anhaltspunkte dafür ergeben, dass mittlerweile Änderungen eingetreten sind, die Anlass geben, aktuellere Sachverhaltsfeststellungen zu treffen und gegebenenfalls eine ständige Spruchpraxis zu überdenken (BVerfG [Kammer], InfAuslR 1993, 196, 199 = NVwZ 1994, 62; wohl auch BVerfG [Kammer], InfAuslR 1995, 19, 22; Rdn. 28). Daher vermag – angesichts des Fehlens einer Auseinandersetzung mit möglichen aktuellen Änderungen – die pauschale Berufung auf eine fast ein Jahr alte Rechtsprechung zweier *Obergerichte das Offensichtlichkeitsurteil nicht zu tragen (BVerfG [Kammer],* InfAuslR 1993, 196, 199). Soll der Antragsteller bei regionaler Gruppenverfolgung auf eine *inländische Schutzalternative* verwiesen werden, setzt dies verlässliche Feststellungen darüber voraus, dass er dort nicht in eine ausweglose Lage gerät. Um eine derartige Schutzalternative als offensichtlich zu bejahen, darf sich das Bundesamt nicht mit der Feststellung begnügen, nach den Angaben des Antragstellers und den vorhandenen Erkenntnissen sei nicht ersichtlich, warum er nicht an irgendeinem Ort in seinem Herkunftsstaat – gegebenenfalls mithilfe Dritter – solle leben können. Vielmehr hat sich die Behörde in Wahrnehmung ihrer Aufklärungspflicht durch geeignete Fragen und Nachforschungen selbst davon überzeugen, dass eine 20 inländische Schutzalternative außerhalb vernünftiger Zweifel gegeben ist (BVerfG [Kammer], InfAuslR 1997, 273, 276).

3. Individuelle Verfolgungen

21 Bei Individualverfolgungen kann dann ein offensichtlich unbegründeter Antrag angenommen werden, wenn die im Einzelfall geltend gemachte Gefährdung des Antragstellers den *erforderlichen Grad der Verfolgungsintensität* nicht erreicht, die behauptete Verfolgungsgefahr *allein auf nachweislich gefälschten oder widersprüchlichen Beweismitteln* (Rdn. 46 ff.) beruht oder das Asylvorbringen sich *insgesamt als unglaubwürdig* erweist (BVerfGE 65, 76, 97 = EZAR 630 Nr. 4 = NJW 1983, 2929 = InfAuslR 1984, 58; BVerfG [Kammer], InfAuslR 1990, 199, 201f.); BVerfG [Kammer], InfAuslR 1991, 133, 135; BVerfG [Kammer], InfAuslR 1991, 185, 188; BVerfG [Kammer], InfAuslR 1993, 105, 107; s. auch Abs. 3 Nr. 1). Sind bei einem ausschließlich auf gefälschten oder widersprüchlichen Beweismitteln beruhenden Offensichtlichkeitsurteil eindeutige Feststellungen erforderlich, setzen die beiden anderen Fallgruppen auch bei der Bestimmung der materiellen Kriterien eine sorgfältige Analyse voraus. Aber selbst dann, wenn der Antragsteller gefälschte Beweismittel vorlegt, muss deshalb sein Antrag nicht insgesamt als offensichtlich unbegründet erscheinen (BVerfG [Kammer], InfAuslR 1992, 222, 226). Vielmehr können insoweit asylerhebliches glaubwürdiges Vorbringen einerseits und unglaubwürdiges andererseits nebeneinander bestehen (*Funke-Kaiser*, in: GK-AsylG, § 30 Rn. 28). Diese Fallgruppe hat der Gesetzgeber in Abs. 3 Nr. 1 besonders geregelt (Rdn. 46 ff.).

22 Bei der Annahme einer offensichtlich fehlenden Verfolgungsintensität ist zwischen der Frage der *Verfolgungsintensität* und der *Konkretisierung der Verfolgungsgefahr* zu differenzieren. Die Verfolgungsintensität betrifft die materiell-rechtliche Frage der Schwere und Intensität des Rechtsgütereingriffs. Dagegen entzieht sich die prognoserechtliche Frage der Konkretisierung der Verfolgung dem Offensichtlichkeitsurteil. Ob dem Asylsuchenden mit beachtlicher Wahrscheinlichkeit eine Verfolgungsgefahr droht, kann nur aufgrund einer verständigen Würdigung der gesamten Umstände seines Falles entschieden werden (BVerwGE 55, 82, 84 = NJW 1978, 1762). Mit Blick auf die Verfolgungsintensität begegnet die Annahme, Verhaftungen und Verhöre erreichten »von ihrem Zeitumfang wie auch von ihrer Qualität her nicht die erforderlich Eingriffsschwelle« erheblichen Bedenken (BVerfG [Kammer], InfAuslR 1991, 133, 135). Die Berufung auf eine der Einberufung zum Wehrdienst innewohnende politische Tendenz kann angesichts der besonderen Lage im Heimatland des Asylsuchenden nicht mit dem bloßen Hinweis auf eine allgemeine revisionsgerichtlich gefestigte Rechtsprechung zur Asylrelevanz der Wehrdienstverweigerung als offensichtlich unbegründet zurückgewiesen werden (BVerfGE 71, 276, 295f.) = EZAR 631 Nr. 3 = NVwZ 1986, 459 = InfAuslR 1986, 447).

23 Angesichts der komplexen und häufig auf den ersten Blick kaum eindeutig zu bewertenden individuellen Betroffenheit des Antragstellers ist bei der Bewertung der gebotenen Verfolgungsintensität große Zurückhaltung geboten. Dies gilt im besonderen Maße für lang *andauernde Verfolgungsprozesse*, für vielschichtige Sachverhalte, wie

etwa religiöse Repressalien oder Sanktionen in Reaktion auf die Wehrdienstverweigerung oder für kumulative Verfolgungsgefahren nach § 3a Abs. 1 Nr. 2, Art. 9 Abs. 1 Buchst. b) RL 2011/95/EU. So rechtfertigt etwa der Einwand, der insoweit glaubwürdige Asylsuchende könne gegenüber ungerechtfertigten Beschuldigungen des illegalen Waffenbesitzes in einem fairen Gerichtsverfahren seine Unschuld beweisen, nicht die qualifizierte Asylablehnung (VG Bayreuth, Beschl. v. 30.05.1995 – B 6 S 95.30697). Ebenso wenig ist eine Einstufung des Antrags als offensichtlich unbegründet zulässig, wenn eine sechs Tage dauernde Haft mit Behandlung durch Elektroschocks als glaubhaft gewertet wird (VG Ansbach, Urt. v. 03.03.1995 – AN 11 K 93.45446). Der Schwerpunkt liegt in der Praxis in diesem Zusammenhang daher auch in aller Regel auf der Beurteilung der Glaubhaftigkeit der Angaben des Antragstellers.

Das Offensichtlichkeitsurteil setzt ein Sachvorbringen voraus, das *insgesamt* als unglaubwürdig erscheinen muss (BVerfG [Kammer], InfAuslR 1990, 199, 201f.); BVerfG [Kammer], NVwZ 1992, 560, 561). Bestehen zwar »ganz erhebliche Zweifel an der Glaubwürdigkeit« des Antragstellers, wird diesem jedoch geglaubt, dass er »mannigfachen Nachstellungen und Feindseligkeiten verschiedener Personen« ausgesetzt gewesen war, hat er einen Sachverhalt glaubhaft gemacht, dem eine Relevanz zumindest nicht ohne Weiteres abgesprochen werden kann (BVerfG [Kammer], InfAuslR 1990, 199, 202). Dies ist auch der Fall, wenn das Vorbringen jedenfalls bezogen auf einen *erheblichen Sachkomplex nicht offensichtlich unerheblich ist (BVerfG [Kammer]*, InfAuslR 1990, 199, 202). Stets ist eine Auseinandersetzung mit dem konkreten Sachvorbringen erforderlich. Der bloße Hinweis auf eine angeblich langjährige Erfahrung, dass die Antragsbegründung Asylsuchender aus einem bestimmten Herkunftsland nach einem bekannten »*Strickmuster*« gefertigt und deshalb unwahr sei, vermag diese Auseinandersetzung nicht zu ersetzen Auch lässt eine derart pauschale Feststellung offen, woher die Behörde die Kenntnis besitzt, dass der Antragsteller nicht selbst erlebte Erlebnisse berichtet hat (BVerfG [Kammer], InfAuslR 1993, 105, 107). Wird ihm seine politische Betätigung nicht geglaubt, weil er bestimmte, auf die politischen Verhältnisse im Heimatland zielende Fragen nicht beantworten kann, ist das Offensichtlichkeitsurteil gleichwohl nicht gerechtfertigt, wenn die konkreten politischen Aktivitäten schlüssig dargelegt werden (BVerfG [Kammer], InfAuslR 1993, 105, 107). Vermag er jedoch z.B nicht den vollständigen Namen seiner Partei zu benennen, kann bei Hinzutreten weiterer die Glaubwürdigkeit des Antragstellers erschütternder Umstände eine konstruierte Verfolgungslegende unterstellt werden (BVerfG [Kammer], NVwZ-Beil. 1993, 2, 3), es sei denn, es können plausible Gründe für das fehlende Wissen angegeben werden. 24

Erforderlich ist, dass die Behörde den *Kern des Sachvorbringens* würdigt (BVerfG [Kammer], InfAuslR 1991, 85, 88; BVerfG [Kammer], NVwZ-Beil. 1993, 10; BVerfG [Kammer], InfAuslR 1994, 41, 42f.); BVerfG [Kammer], NVwZ-Beil. 1994, 51, 52; BVerfG [Kammer], Beschl. v. 01.12.1993 – 2 BvR 1506/93). Zielen etwa die aufgezeigten Widersprüche auf den Ort der Festnahme, die näheren Umstände der Verbringung zum Haftort sowie die Einzelheiten der Flucht, wird aber der Kern des Vorbringens, nämlich die Festnahme wegen Beteiligung an einer regierungsfeindlichen Demonstration mit anschließender körperlicher Misshandlung nicht angegriffen, 25 betreffen diese Widersprüche nicht die unmittelbaren Anspruchsvoraussetzungen und rufen nicht die Unschlüssigkeit des hierauf bezogenen Vorbringens hervor (BVerfG [Kammer], InfAuslR 1991, 85, 88). Dabei ist auch zu bedenken, dass die Äußerungen des Antragstellers im Verlaufe der Anhörung im Lichte der Fragestellung zu beurteilen sind. Wer gefragt wird, warum er nicht in ein nähergelegenes Gefängnis gebracht wurde, muss bei seiner Antwort, dass er »sofort« in das entfernter gelegene Gefängnis verbracht werden sollte, keinen Anlass sehen, die Route auch unter Berücksichtigung von kurzen Zwischenaufenthalten zu schildern, wenn es ihm um die Darlegung des Umstandes geht, dass von vornherein seine (endgültige) Haft am weiter entfernt gelegenen Haftort beabsichtigt gewesen sei. Ein Widerspruch im Blick auf den Transport vom Festnahme- bis zum Haftort kann daher nicht behauptet werden (BVerfG [Kammer], InfAuslR 1991, 85, 88).

26 Ergeben sich zwischen den Angaben der vom Bevollmächtigten eingereichten schriftlichen Begründung sowie den Angaben während der Anhörung Widersprüche, sind diese in der Anhörung durch *Vorhalt* aufzuklären (vgl. BVerfG [Kammer], InfAuslR 1991, 85, 88). Erhebliche Tatsachenkomplexe sind an Ort und Stelle durch *Vorhalte* aufzuklären (BVerfG [Kammer], InfAuslR 1991, 85; BVerfG [Kammer], InfAuslR 1992, 94, 95; BVerfG [Kammer], InfAuslR 1992, 231, 233; BVerfG [Kammer], InfAuslR 1999, 273, 278; BVerfG [Kammer], InfAuslR 2000, 254, 258; § 24 Rdn. 12 ff.; Vor § 78 Rdn. 144 ff.). Unterbleibt der gebotene Vorhalt, kann aus dem nicht aufgeklärten Widerspruch nicht die Offensichtlichkeit des Asylbegehrens abgeleitet werden. Auch muss der Sachkomplex, in Bezug auf den Widersprüche aufgetreten sind, in Bezug zum Gesamtgeschehen gesetzt und bewertet werden (BVerfG [Kammer], InfAuslR 1991, 85, 88) und ist eine Auseinandersetzung mit den *zentralen* und nicht von vornherein als unerheblich zu qualifizierenden Gesichtspunkten im Einzelnen erforderlich (BVerfG [Kammer], Beschl. v. 01.12.1993 – 2 BvR 1506/93).

27 Hält es das Bundesamt grundsätzlich für möglich, dass eine Teilnahme an spektakulären öffentlichkeitswirksamen Aktionen, wie Besetzungen und Hungerstreiks, zur Kenntnisnahme der Behörden des Herkunftslandes gelangen kann, ist es nicht mehr nachvollziehbar und in sich widersprüchlich, wenn es in dem ständigen Tragen eines Sandwiches durch den Antragsteller bei einer derartigen Aktion eine Aktivität sieht, die nicht hervorgehoben und auffällig ist. Ein derartiger Widerspruch zur selbst aufgestellten Prämisse entzieht der qualifizierten Asylablehnung die sachliche Grundlage (BVerfG [Kammer], Beschl. v. 09.08.1994 – 2 BvR 2576/93). In derartigen Fällen bedarf es näherer Darlegungen, warum etwa das Skandieren von Parolen mithilfe eines Megaphons keine öffentlichkeitswirksame herausgehobene Position darstellt (BVerfG [Kammer], AuAS 1997, 56, 57).

III. Verfahrensrechtliche Anforderungen

28 Neben den materiellen Voraussetzungen sind verfahrensrechtliche Anforderungen zu beachten, da die qualifizierte Ablehnung nur dann zulässig ist, wenn *nach vollständiger Erforschung des Sachverhalts* im maßgeblichen Zeitpunkt der Entscheidung des Bundesamtes an der Richtigkeit der *tatsächlichen Feststellungen* vernünftigerweise kein Zweifel

bestehen kann (BVerfGE 65, 76, 96 = EZAR 630 Nr. 4 = InfAuslR 1984, 58; BVerfGE 71, 276, 293f.) = EZAR 631 Nr. 3 = NVwZ 1986, 459 = InfAuslR 1986, 159; BVerfG [Kammer], InfAuslR 2002, 146, 148; BVerwG, Buchholz 402.24 § 34 AuslG Nr. 1; BVerwG, DVBl 1983, 995; BVerfGE 65, 76, 96 = NJW 1983, 2929 = InfAuslR 1984, 58; BVerfGE 71, 276, 293 = EZAR 631 Nr. 3 = NVwZ 1986, 459 = InfAuslR 1986, 159). Es sind mithin besondere Anforderungen an die Sachverhaltsermittlung zu stellen (BVerfG [Kammer], InfAuslR 1997, 273, 275; *Schaeffer*, in: *Hailbronner*, AuslR, § 78 AsylG Rn. 30). Wird die qualifizierte Antragsablehnung auf die Auswertung von Auskünften und Stellungnahmen gestützt, bedarf es – stets nach Maßgabe hinreichender Verlässlichkeit und Umfänglichkeit – der Feststellung einer *zweifelsfreien, widerspruchsfreien* und *hinreichend aktuellen Auskunftslage* (BVerfG [Kammer], InfAuslR 1995, 19, 21 = NVwZ-Beil. 1995, 3 = AuAS 1995, 9; Rdn. 17 ff.). Erst die qualifizierte Antragsablehnung bringt mit dem besonderen Eilrechtsschutzverfahren rechtsschutzverkürzende Elemente ins Spiel. Für das vorangehende Verwaltungsverfahren gelten aber die materiellen und prozessualen besonderen Anforderungen an den Begriff der Offensichtlichkeit unverändert fort (BVerfG [Kammer], NVwZ-Beil. 1995, 1; BVerfG [Kammer], InfAuslR 1997, 273, 275; BVerfG [Kammer], AuAS 1997, 55, 56). Das BVerfG hat ausdrücklich auch für das Sonderverfahren nach § 30 auf den *grundrechtlich gebotenen Verfahrensschutz* hingewiesen. Grundrechtsschutz ist weitgehend durch Verfahrensgestaltung zu gewährleisten. Die Grundrechte beeinflussen demgemäß nicht nur das gesamte materielle, sondern ebenso das Verfahrensrecht, soweit dieses für einen effektiven Grundrechtsschutz von Bedeutung ist (BVerfGE 65, 76, 94 = EZAR 630 Nr. 4 = NJW 1983, 2929 = InfAuslR 1984, 58, unter Hinweis auf BVerfGE 53, 30, 65). Dies gilt auch für das unionsrechtliche Grundrecht auf Asyl (Art. 18 GRCh) und damit für den Flüchtlingsschutz.

Da die wirksame Durchsetzung materieller Grundrechtsverbürgung eine dafür geeignete Verfahrensregelung voraussetzt, ist das Verfahrensrecht von verfassungsrechtlicher Relevanz (BVerfGE 65, 76, 94 = EZAR 630 Nr. 4 = NJW 1983, 2929 = InfAuslR 1984, 58, unter Hinweis auf BVerfGE 56, 216, 236 = EZAR 221 Nr. 4 = InfAuslR 1981, 152). Der Zweck des Sonderverfahrens erfordert es, dass das Bundesamt seine Entscheidung an dem gebotenen *vorläufigen Bleiberecht* ausrichtet. Dieses dient dem Ziel, einen möglicherweise Verfolgten einstweilen vor der behaupteten Verfolgung zu schützen. Er soll sich vorläufig im Bundesgebiet und damit in Sicherheit vor dem befürchteten Zugriff des angeblichen Verfolgerstaates aufhalten dürfen. Deshalb hat die Behörde sämtliches schriftliches und mündliches Vorbringen zur Kenntnis zu nehmen (OVG Saarland, InfAuslR 1983, 79) und auch konkret in der Entscheidung zu würdigen (BVerfG [Kammer], InfAuslR 1991, 85, 88; BVerfG [Kammer], InfAuslR 1993, 105, 107; BVerfG [Kammer], NVwZ 1992, 560). Die *Sammlung und Sichtung der tatsächlichen Grundlagen der Sachentscheidung* geht ihrer *wertenden Würdigung abtrennbar voraus* (BVerfG [Kammer], InfAuslR 1993, 146, 149). 29

Das Bundesamt hat auch vom Antragsteller mitgebrachte Presseartikel und andere Unterlagen über die Verfolgungssituation der Gruppe in seinem Herkunftsland im Einzelnen zu würdigen (BVerfG [Kammer], InfAuslR 1993, 105, 107). Besondere Bedeutung hat die *persönliche Anhörung* nach § 24 Abs. 1 Satz 2 (*Schaeffer*, in: 30

Hailbronner, AuslR, § 78 AsylG Rn. 31). Wird der Verfahrensbevollmächtigte zu dieser Anhörung nicht geladen oder anderweit verständigt oder treten bei der Anhörung oder sonst *Verfahrensfehler* auf, die sich auf die behördliche Entscheidung auswirken, ist das Offensichtlichkeitsurteil nicht gerechtfertigt (OVG Hamburg, EZAR 226 Nr. 5; OVG Hamburg, InfAuslR 1990, 252 = NVwZ-RR 1992, 442; wohl auch OVG Saarland, InfAuslR 1983, 79). Dies ist etwa der Fall, wenn trotz schlüssigen und vollständigen Sachvortrags wegen der unterbliebenen Anhörung des Antragstellers die Klärung des Sachverhalts als noch nicht abgeschlossen betrachtet werden könnte (OVG Hamburg, InfAuslR 1990, 252). Erhöhte Sensibilität ist in diesem Zusammenhang auch im Blick auf die Zuverlässigkeit der Anhörungsniederschrift angezeigt (§ 25 Rdn. 32), da dieses nicht ohne Weiteres als wirkliches Spiegelbild der Anhörung gelten kann (VG Aachen, AuAS 1996, 212, 213; s. auch § 25 Rdn. 37). Erklärungen anderer Asylsuchender (OVG Bremen, NVwZ 1986, 783) sowie beigezogene Erkenntnisse (BVerfG [Kammer], NVwZ-Beil. 1993, 19) dürfen nur verwerten werden, wenn der Antragsteller sich hierzu vorher äußern konnte.

31 Gestellte, substanziierte *Beweisanträge* indizieren Aufklärungsbedarf. So hat das BVerfG wiederholt die Bedeutung des Beweisantrags für die Sachaufklärung insbesondere bei offensichtlich unbegründeten Asylanträgen hervorgehoben (BVerfG [Kammer], InfAuslR 1991, 85, 88; BVerfG [Kammer], InfAuslR 1993, 196), jedoch offengelassen, ob eine in wesentlichen Punkten unzutreffende oder in nicht auflösbarer Weise widersprüchliche Darstellung der individuellen Verfolgungserlebnisses von der Pflicht enthebt, Beweisanträgen zum Verfolgungsvorbringen nachzugehen (BVerfG [Kammer], InfAuslR 1991, 85, 88; Vor § 78 Rdn. 75 ff.). Zielt der Antrag aber auf die Aufklärung der Verfolgungssituation einer bestimmten Gruppe in im Herkunftsland und behandeln vorliegende Erkenntnisse die Beweisfrage nicht erschöpfend, ist der Sachverhalt nicht aufgeklärt und das Offensichtlichkeitsurteil nicht gerechtfertigt (BVerfG [Kammer], NVwZ 1992, 560, 561). Hat er die *konkreten Lebensumstände* des Antragstellers im unmittelbaren lokalen und regionalen Bereich, aus dem dieser kommt, zum Gegenstand, wird der Antrag jedoch mit dem Hinweis, die *allgemeine Situation* im Zusammenhang mit einem bestimmten historischen Ereignis sei amtsbekannt, abgelehnt, ist der Sachverhalt gleichfalls nicht erschöpfend aufgeklärt (BVerfG [Kammer], InfAuslR 1993, 196, 199, zur Entwicklung nach dem Newrozfest nach dem 21.03.1992 in der Türkei). Diese Grundsätze wurden zwar für das gerichtliche Verfahren entwickelt, gelten jedoch auch für die behördliche Aufklärungspflicht.

IV. Besondere Begründungspflicht

32 Die Sachentscheidung nach § 31 selbst muss in ihrer Begründung klar erkennen lassen, weshalb der Asylantrag nicht als (schlicht) unbegründet, sondern als offensichtlich unbegründet abgelehnt worden ist (BVerfGE 67, 43, 57 = EZAR 632 Nr. 1 = InfAuslR 1984, 215; BVerfGE 71, 276, 293f.) = EZAR 613 Nr. 16 = NJW 1987, 1619; BVerfG [Kammer], InfAuslR 1992, 257). Dieser *besonderen Begründungspflicht* wird der bloß formelhafte Hinweis auf die Offensichtlichkeit des Asylbegehrens in der Bescheidbegründung nicht gerecht (BVerfGE 71, 43, 57 = InfAuslR 1986, 159; BVerfG [Kammer], AuAS 1993, 153, 154; BVerfG [Kammer], InfAuslR 1993, 146, 148f.);

BVerfG [Kammer], InfAuslR 1994, 41, 42). Diese für das Klageverfahren entwickelten Grundsätze gelten auch für das Verwaltungsverfahren (*Schaeffer*, in: *Hailbronner*, AuslR, § 78 AsylG Rn. 32). Was bereits für das – gerichtliche – Kontrollverfahren gilt, muss erst recht für den Gegenstand dieses Überprüfungsverfahrens, das Asylverfahren, gelten. Erforderlich ist eine detaillierte Auseinandersetzung mit den materiellen Kriterien des Offensichtlichkeitsbegriffs anhand der Umstände des konkreten Einzelfalles (BVerfG [Kammer], Beschl. v. 23.02.1989 – 2 BvR 1415/88).

Ist der Asylantrag auf mehrere vorgetragene Verfolgungsgründe gestützt, ergibt sich aus dem Gebot der umfassenden Darlegungspflicht, dass das Bundesamt zu sämtlichen Gründen darlegen muss, weshalb sich aus ihnen ein Asylanspruch offensichtlich nicht ergibt (BVerfG [Kammer], Beschl. v. 22.08.1990 – 2 BvR 642/90; Rdn. 9). Das gilt insbesondere bei kumulativen Verfolgungsrisiken (§ 3a Abs. 1 Nr. 2; § 30 Rdn. 12 ff.) Wegen des grundrechtlich gebotenen Verfahrensschutzes (Rdn. 23) sowie des strengen Gebotes der Sachaufklärung muss sich das Bundesamt daher mit sämtlichen vorgetragenen Asylgründen auseinandersetzen und darlegen, weshalb sich aus ihnen ein Asylanspruch offensichtlich nicht ergibt. Dies bedingt notwendig eine ausdrückliche Befassung mit jedem einzelnen Asylgrund (BVerfG [Kammer], Beschl. v. 22.08.1990 – 2 BvR 642/90). Ist durch Einholung einer amtlichen Auskunft Beweis erhoben worden, müssen sich die Entscheidungsgründe mit dem Ergebnis dieser Beweisaufnahme auseinandersetzen sowie insbesondere darlegen, aus welchen Gründen die Behauptungen des Antragstellers durch die amtliche Auskunft etwa unbestätigt geblieben oder widerlegt worden sind (BVerfG [Kammer], Beschl. v. 23.02.1989 – 2 BvR 1415/88). Beruht die Entscheidung auf amtlichen Auskünften, die bestimmte Kriterien für die Gefährdung einzelner Personengruppen enthalten, muss der Bescheid anhand dieser Kriterien konkret deutlich machen, aus welchen Gründen der Antragsteller offensichtlich den genannten Personengruppen nicht zugehörig ist (BVerfG [Kammer], Beschl. v. 06.08.1993 – 2 BvR 1654/93). 33

C. Regelbeispiele der offensichtlichen Unbegründetheit (Abs. 2

I. Funktion der Regelbeispiele

Nach Abs. 2 *ist* ein Antrag *insbesondere* offensichtlich unbegründet, wenn nach den Umständen des Einzelfalles offensichtlich ist, dass der Antragsteller *nur* aus *wirtschaftlichen Gründen* oder um einer *allgemeinen Notsituation* zu entgehen, den Antrag gestellt hat. Diese Vorschrift ist inhaltlich identisch mit § 11 Abs. 1 Satz 2 AsylG 1987. Mit dem Begriff »insbesondere« macht der Gesetzgeber deutlich, dass er keinen abschließenden Katalog gesetzlich definierter Fälle offensichtlich unbegründeter Asylanträge aufstellen will, die definierten Kategorien aber einen Anhalt für die Entwicklung weiterer Fallgestaltungen darstellen sollen. Aufgrund der Anknüpfung des unionsrechtlichen subsidiären Schutzes an »innerstaatliche bewaffnete Konflikte« (Art. 15 Buchst. c) RL 2011/95/EU, § 4 Abs. 1 Satz 2 Nr. 3; § 4 Rdn. 44 ff.) und der dadurch aufgeworfenen Vielzahl bislang ungeklärter Rechtsfragen für die Rechtsanwendung hatte Abs. 2 wegen des Abschiebungsschutzes im Fall des Eingreifens des subsidiären Schutzes bereits seit Ablauf der Umsetzungsfrist der ursprünglichen Richtlinie 34 am 06.10.2006 nahezu jegliche Relevanz eingebüßt. Sieben Jahre später hat auch der Gesetzgeber die entsprechende Konsequenz gezogen und den Hinweis auf eine »kriegerische Auseinandersetzung« in Abs. 2 gestrichen.

35 Auch Abs. 2 setzt ein Offensichtlichkeitsurteil voraus (BVerfG [Kammer], InfAuslR 2002, 146, 148). Der Hinweis auf die Einzelfallumstände soll einer schematisierenden Praxis vorbeugen, wenn auch die gesetzliche Begründung unscharf ist. So wird dort ausgeführt, ein aus wirtschaftlicher Notlage, der Arbeitslosigkeit oder wegen eines im Heimatstaat geführten Bürgerkrieges gestellter Asylantrag stelle nach der Rechtsprechung des BVerfG keine Verfolgungsgefahr dar (BT-Drucks. 10/3678, S. 5). So pauschal trifft diese Behauptung jedoch nicht zu. Dementsprechend wird den Regelbeispielen auch nur geringe praktische Bedeutung beigemessen (*Funke-Kaiser*, in: GK-AsylG, § 30 Rn. 35) und wird Abs. 2 in der Verwaltungspraxis kaum angewandt.

36 Neben dem Offensichtlichkeitsurteil verlangt Abs. 2 eine zu begründende sichere Überzeugung davon, dass nur die dort bezeichneten Aufenthaltsmotive vorliegen. Die vorausgesetzte Beziehung zum Aufenthalt im Bundesgebiet kann missverständlich wirken. In Wahrheit geht es um die Gründe des Asylantrags. Die qualifizierte Antragsablehnung ist nur dann zulässig, wenn neben den in Abs. 2 genannten Aufenthaltsmotiven keine asylrelevanten vorgetragen oder sonst ersichtlich sind (BVerfG [Kammer], InfAuslR 2002, 146, 148; *Schaeffer*, in: *Hailbronner*, AuslR, § 78 AsylG Rn. 37; *Funke-Kaiser*, in: GK-AsylG, § 30 Rn. 34). Es kann nicht *abstrakt* festgestellt werden, unter welchen Voraussetzungen ein Antrag offensichtlich aussichtslos erscheint. Vielmehr bedarf dies im Allgemeinen und mit Blick auf die Regelbeispiele im Besonderen der sorgfältigen Beurteilung im konkreten Einzelfall (BVerfGE 65,76, 96 = EZAR 630 Nr. 4 = InfAuslR 1984, 215). Ob es im Einzelfall so liegt, erfordert auch im Hinblick auf die Regelbeispiele eine umfassende Würdigung der vorgetragenen oder sonst erkennbaren maßgeblichen Umstände unter Ausschöpfung aller vorliegenden und zugänglichen Erkenntnisquellen (BVerfGE 67, 43, 56 = EZAR 632 Nr. 1 = NJW 1984, 2028 = InfAuslR 1984, 215). Auch die Bundesregierung hat in ihrer Stellungnahme auf das Gebot einer sorgfältigen Einzelfallprüfung hingewiesen (BT-Drucks. 10/3678, S. 8). Sachaufklärung und Bewertung haben sich also auf die *maßgeblichen Umstände* zu konzentrieren. Dies erfordert eine der Sachaufklärung vorausgehende dogmatische Klärung mit Blick auf die einzelnen Fallgruppen.

II. Wirtschaftliche Motive

37 Nach Abs. 2 ist ein Asylbegehren insbesondere offensichtlich unbegründet, wenn nach den Umständen des Einzelfalles offensichtlich ist, dass der Asylsuchende sich *nur* aus *wirtschaftlichen Gründen* im Bundesgebiet aufhält. Wirtschaftliche Not *an sich* ist zwar kein Asylgrund, weil Schutz vor Verfolgung nicht jedem, der in seiner Heimat benachteiligt wird und etwa in materieller Not leben muss, gewährt wird (BVerfGE 54, 341, 457 = EZAR 200 Nr. 1 = InfAuslR 1980, 338; BVerfGE 56, 216, 235 = EZAR 221 Nr. 4 = InfAuslR 1981, 152). Ernstliche Beeinträchtigungen der wirtschaftlichen und beruflichen Betätigungsfreiheit vermitteln jedoch Schutz. Dies ist der Fall, wenn die wirtschaftliche Existenz bedroht und damit jenes

Existenzminimum nicht mehr gewährleistet wird, das ein menschenwürdiges Dasein erst ausmacht (BVerwG, Buchholz 402.25 § 1 AsylG Nr. 75 = InfAuslR 1988, 22; ähnlich BVerwG, InfAuslR 1983, 60; BVerwG, InfAuslR 1983, 258; BVerwG, Buchholz 402.25 § 1 AsylG Nr. 104; auch BGH, RzW 1965, 238; s. hierzu *Marx*, Handbuch zum Flüchtlingsschutz, 2. Aufl., 2012, S. 52 ff.; § 3a Rdn. 27 ff.). Nur dann, wenn zur Überzeugungsgewissheit der Behörde feststeht, dass der Antragsteller *nur* aus wirtschaftlicher Not Asyl beantragt hat, ist der Antrag offensichtlich unbegründet (*Schaeffer*, in: *Hailbronner*, AuslR, § 78 AsylG Rn. 37). Ergeben sich jedoch aufgrund der vorgetragenen oder sonst erkennbaren Umstände Hinweise darauf, dass er aus Gründen der Konvention (Art. 10 Abs. 1 RL 2011/95/EU) gezielt in seiner wirtschaftlichen, beruflichen oder sozialen Existenz getroffen werden sollte, ist das Offensichtlichkeitsurteil sachlich nicht gerechtfertigt.

III. Allgemeine Notsituation

Der Antrag ist ferner offensichtlich unbegründet, wenn nach den Umständen des Einzelfalles offensichtlich ist, dass sich der Antragsteller im Bundesgebiet aufhält, um einer allgemeinen Notsituation zu entgehen (Abs. 2). Dieser Tatbestand zielt offensichtlich auf die Abgrenzung zwischen allgemeinen Notlagen und gezielten Eingriffen und damit insbesondere auf gegen religiöse und andere Minderheiten gerichtete Unterdrückungsprozesse. Gerade in diesem Zusammenhang wird die Praxis jedoch häufig vor besonders schwierige rechtliche Abgrenzungs- und Tatsachenfragen gestellt, sodass Zurückhaltung mit der Einstufung des Antrags als offensichtlich unbegründet angezeigt ist. Nur dann, wenn zur Überzeugung der Behörde zweifelsfrei feststeht, dass das Vorbringen nicht unter irgendeinem rechtlichen und tatsächlichen Gesichtspunkt erheblich sein kann, darf der Antrag qualifiziert abgelehnt werden. Gerade im Blick auf Minderheiten kann bereits die Beeinträchtigung als solche erheblich sein, etwa wenn religiöse Minderheiten in ihrem gesellschaftlichen und wirtschaftlichen Umfeld einem allgemeinen, auf ihre Ausgrenzung zielenden Klima dadurch ausgesetzt sind, dass sie aus Schlüsselpositionen im Staatsdienst entfernt werden oder der staatlich geduldete oder gar veranlasste wirtschaftliche Boykott für kleine Selbständige und Gewerbetreibende den wirtschaftlichen Ruin zur Folge hat (VG Köln, Urt. v. 25.05.1982 – 2 K 10443/80). Eine schwerwiegende Beeinträchtigung kann überdies auch in »ständigen, fein dosierten Benachteiligungen« erblickt werden (VG Schleswig, InfAuslR 1985, 99). 38

Insbesondere der *Kumulationsansatz* nach Art. 9 Abs. 1 Buchst. b) RL 2011/95/EU gebietet eine zurückhaltende Anwendung von Abs. 2 (*Funke-Kaiser*, in: GK-AsylG, § 30 Rn. 37; § 3a Rdn. 12 ff.). Die Funktion dieses Ansatzes besteht darin, diskriminierende Maßnahmen zu identifizieren, um die Frage beantworten zu können, ob diese in ihrer *Gesamtwirkung* (vgl. auch Art. 9 Abs. 2 Buchst. b) bis d) RL 2011/95/EU; § 3a Abs. 2 Nr. 2 bis 4) eine ausweglose Lage hervorrufen, also einer Verfolgung gleichkommen. Die entsprechenden Feststellungen können im Blick auf die Natur diskriminierender Verfolgungsmuster von Fall zu Fall unterschiedlich ausfallen (*Goodwin-Gill/McAdam*, The Refugee in International Law, 3. Aufl., 2007, S. 91 f.). Da es nach Abs. 2 auf die Umstände des Einzelfalls ankommt, sind diese sorgfältig zu 39 ermitteln. Auch das BVerwG hat Abstand davon genommen, Diskriminierung zu definieren sondern für das Verfahren der Sichtung und Sammlung der in Betracht kommenden Eingriffe der Praxis den Weg versperrt, bestimmte Maßnahmen, nur weil sie als solche jeweils für sich nicht die erforderliche Schwere aufweisen, aus dem Erkenntnisprozess auszuschließen. Zu dieser Änderung seiner Rechtsprechung sah sich das Gericht aufgrund unionsrechtlicher Vorgaben gezwungen. Früher hatte es den Kumulationsansatz zurückgewiesen: Eingriffe, die unterschiedliche Schutzgüter mit einer jeweils nicht erheblichen Intensität betreffen, also eine »Vielzahl diskriminierender ›Nadelstiche‹, seien auch in ihrer Gesamtwirkung keine Verfolgung. Mehrere für sich genommen jeweils nicht besonders schwere Beeinträchtigungen unterschiedlicher Rechtsgüter könnten zwar in ihrer Gesamtheit zu einer Benachteiligung und Unterdrückung in verschiedenen Lebensbereichen führen. Eine derartige Situation sei aber noch keine Verfolgung (BVerwG, NVwZ-RR 1995, 607).

40 An diesen Grundsätzen hält das BVerwG nicht mehr fest und leitet damit eine paradigmatische Änderung seiner Rechtsprechung ein. Es verwendet in diesem Zusammenhang den Begriff *Eingriffshandlungen* und weist auf »Menschenrechtsverletzungen wie sonstige schwerwiegende Repressalien, Diskriminierungen, Nachteile und Beeinträchtigungen« hin (BVerwGE 146, 67, 84 = NVwZ 2013, 936 = InfAuslR 2013, 306 Rn. 36 f.). Entscheidend ist, dass die Vielzahl »diskriminierender Nadelstiche« das allgemeine Maß des Hinnehmbaren überschreiten. Es ist damit festzuhalten, dass es für die Suche nach den Kriterien, anhand deren Diskriminierungen festgestellt werden können, entscheidend ist, dass der Asylsuchende aufgrund seiner Erlebnisse vor der Flucht für den Fall der Rückkehr befürchten muss, erneut durch eine auf ihn konkret zielende Praxis »diskriminierender Nadelstiche« in eine ausweglose Lage getrieben zu werden. Hat er eine derartige Praxis als Fluchtanlass glaubhaft gemacht, ist ihm die Flüchtlingseigenschaft zuzuerkennen, wenn sich die Situation in der Heimat nicht wesentlich geändert hat (Art. 4 Abs. 4 RL 2011/95/EU). Die früher übliche Methode, derartige dem Einzelnen gezielt zugefügte »Nadelstiche« als Teil eines auf eine bestimmte Minderheit zielenden Assimilierungsdrucks rechtlich zu neutralisieren, ist mit dem Kumulationsansatz nicht zu vereinbaren. Die Konvention schützt jene, deren Furcht vor Verfolgung *»begründet«* ist. Sie ist begründet, wenn eine Praxis »diskriminierender Nadelstiche« den Einzelnen in eine ausweglose Lage getrieben hatte (*Marx*, Asylmagazin 2013, 233).

D. Grobe Verletzung von Mitwirkungspflichten (Abs. 3)

I. Funktion des Abs. 3

41 Abs. 3 ist durch ÄnderungsG 1993 in § 30 eingeführt worden. Einige der Tatbestände wurden bereits vorher zur Rechtfertigung qualifizierter Antragsablehnung herangezogen. Insbesondere bei Nr. 1 bis 3 ist eine scharfe Trennung zwischen materiellen und verfahrensrechtlichen Gesichtspunkten kaum möglich (*Rennert*, DVBl 1994, 717, 720). Anders als Abs. 2, der Regelbeispiele enthält und Raum für die Entwicklung weiterer an den materiellen Kriterien der Regelbeispiele ausgerichtete Kategorien gibt, ist die Aufzählung in Abs. 3 *enumerativ*. Die Verletzung von

Mitwirkungspflichten nach § 15, die nicht in Abs. 3 Nr. 5 genannt sind, oder von anderen, nicht in Abs. 3 bezeichneten Mitwirkungspflichten, z.B. § 47 Abs. 3, § 50 Abs. 6, kann eine qualifizierte Antragsablehnung nicht stützen. Anders als bei Abs. 2, der das Offensichtlichkeitsurteil an materielle Voraussetzungen knüpft, ist Grundlage für die qualifizierte Antragsablehnung nach Abs. 3 die besonders schwerwiegende Verletzung von Mitwirkungspflichten. Die Formulierung, ein »unbegründeter Asylantrag« ist als »offensichtlich unbegründet« abzulehnen, stellt klar, dass dies nur zulässig ist, wenn sich der Antrag *in der Sache* als *unbegründet* erweist. Nur dann rechtfertigt die grobe Verletzung der Mitwirkungspflichten die qualifizierte Antragsablehnung. Abs. 3 enthält also besondere Fallgruppen, bei denen *unbegründete Anträge* zu *offensichtlich* unbegründeten *herabgestuft* werden (*Giesler/Wasser*, Das neue Asylrecht, S. 45; *Schaeffer*, in: *Hailbronner*, AuslR, § 78 AsylG Rn. 47; *Funke-Kaiser*, in: GK-AsylG, § 30 Rn. 45 ff.; VG Frankfurt am Main, NVwZ-Beil. 1999, 60). Stets ist daher zu prüfen, ob der Antragsteller die materiellen Voraussetzungen des Art. 16a Abs. 1 GG (BT-Drucks. 12/4450, S. 22) oder des §§ 3 ff. erfüllt. Folgt das Verwaltungsgericht nicht der behördlichen Auffassung, dass der Antrag nach Abs. 3 Nr. 1 als offensichtlich unbegründet abzulehnen ist, ist ihm eine Auswechselung der Rechtsgrundlagen verwehrt und kann es nicht die offensichtliche Unbegründetheit nach Abs. 1 unterstellen (*Fuerst*, NVwZ 2012, 213, 215 f.).

Art. 16a Abs. 4 GG weist auf »andere Fälle, die offensichtlich unbegründet sind oder als offensichtlich unbegründet gelten«, hin. Damit wird aber keine unbegrenzte Ermächtigung zur Festlegung beliebiger Fallgruppen offensichtlich unbegründeter Asylbegehren gegeben. Vielmehr ist der Inhalt der einfachgesetzlichen Fallkategorien des Abs. 3 im Lichte des Asylrechtsgarantie des Art. 16a Abs. 1 GG zu bestimmen. Die Fallgruppen des Abs. 3 haben ihren verfassungsrechtlichen Ort in dem in Art. 16a Abs. 4 Satz 1 GG genannten Begriff »als offensichtlich unbegründet *gelten*« (vgl. auch BT-Drucks. 12/4152, S. 4). Der Gesetzgeber darf damit *fiktiv* lediglich unterstellen, dass bestimmte Tatbestände den *Schluss* auf eine im Einzelfall gegebene »missbräuchliche Inanspruchnahme des Asylrechts« (BT-Drucks. 12/4152, S. 4) *nahelegen*. In allen Fällen des Abs. 3 sind daher stets die Verfolgungsgefahr und die –gründe sorgfältig zu prüfen (BT-Drucks. 12/4450, S. 22). Die Fallgruppen des Abs. 3 dürfen also nicht ohne inhaltliche Prüfung der vorgebrachten Asylgründe zum Anlass der qualifizierten Asylablehnung genommen werden. 42

Daraus ergeben sich eine Reihe von Folgerungen: Allein die Tatsache der groben Verletzung der Mitwirkungspflichten rechtfertigt nicht die qualifizierte Asylablehnung. Vielmehr kann auch verfolgt sein, der seine in Rede stehenden Mitwirkungspflichten *grob verletzt*. Für diese Prüfung gelten die allgemeinen Grundsätze zur umfassenden Sachverhaltsaufklärung einerseits sowie die Mitwirkungspflichten des Antragstellers andererseits (*Giesler/Wasser*, Das neue Asylrecht, S. 45). Abs. 3 enthält keine originären qualifizierten Ablehnungsgründe, sodass stets umfassend zu prüfen ist, ob der Antragsteller verfolgt ist (*Huber*, NVwZ 1993, 736, 741). Umgekehrt kommt es auf die Verletzung der Mitwirkungspflichten nicht an, wenn sich der Antrag bereits in der Sache nach Maßgabe der materiellen Kriterien in Abs. 1 und 2 als offensichtlich unbegründet erweist. Die Regelungen in Abs. 3 sind gegenüber den Vorschriften des 43

Abs. 1 und 2 *subsidiär* (*Giesler/Wasser*, Das neue Asylrecht, S. 45). Abs. 3 erfordert damit ein *zweistufiges Prüfungsverfahren* (*Funke-Kaiser*, in: GK-AsylG, § 30 Rn. 45 ff.): Auf der *ersten Stufe* ist umfassend und unter Berücksichtigung der aus Art. 16a Abs. 1 GG fließenden verfahrensrechtlichen Garantien festzustellen, ob der Antragsteller verfolgt ist. Ist dies der Fall, kommt es auf die Verletzung der Mitwirkungspflichten nicht an. Erweist sich hingegen der Antrag als unbegründet, ist auf der *zweiten Stufe* zu untersuchen, ob der unbegründete Antrag wegen Verletzung einer der in Abs. 3 genannten Mitwirkungspflichten in der qualifizierten Form abgelehnt werden kann (*Huber*, NVwZ 1993, 736, 741).

44 Abs. 3 normiert also eine *Sanktion* für die Verletzung von Mitwirkungspflichten. (*Rennert*, DVBl 1994, 717, 720). Aus dem Gebot restriktiver Auslegung (*Funke-Kaiser*, in: GK-AsylG, § 30 Rn. 46), folgt, dass nicht eine einfache, sondern nur eine *grobe* Verletzung dieser Pflichten die qualifizierte Antragsablehnung rechtfertigt. Dieser Gedanke liegt erkennbar der Fallkategorie nach Abs. 3 Nr. 6 zugrunde. Zwar verwendet lediglich Abs. 3 Nr. 5 den Begriff der *gröblichen* Verletzung. Den anderen Fallbeispielen ist bereits aus deren Natur heraus immanent, dass es sich stets um eine *schwerwiegende Verletzung* von Mitwirkungspflichten handeln muss. Der Gesetzgeber darf zwar Fallgruppen für ein vereinfachtes und beschleunigtes Verfahren festlegen. Er entfernte sich jedoch zunehmend von dem ihm durch Art. 16a Abs. 1 GG erteilten Regelungsauftrag, wenn er Verhaltensweisen sanktioniert, die einem Flüchtling nicht oder fairerweise nicht angelastet werden dürfen. Dem hat die Auslegung und Anwendung der Regelungen in Abs. 3 zu entsprechen (*Bergmann*, in: Bergmann/Dienelt, AuslR, 11. Aufl., 2016, § 30 AsylG Rn. 10), sodass nur die grobe Verletzung der Mitwirkungspflichten die Anwendung der Sanktion des Abs. 3 rechtfertigt. Im Übrigen trifft das Bundesamt keine Verpflichtung, zeitraubende und kostenaufwendige Ermittlungen zur Feststellung der Voraussetzungen nach Abs. 3 durchzuführen.

45 Die Ablehnung nach Abs. 3 Nr. 1 bis 6 sperrt die Erteilung eines Aufenthaltstitels (§ 10 Abs. 3 Satz 2 AufenthG). Bei den anderen Formen qualifizierter Antragsablehnung wie auch bei einfach unbegründeten Antragsablehnungen darf nur ein humanitärer Aufenthaltstitel nach §§ 22 ff. AufenthG erteilt werden (§ 10 Abs. 3 Satz 1 AufenthG). Diese Titelerteilungssperren werden nur im Fall eines gesetzlichen Anspruchs durchbrochen (§ 10 Abs. 3 Satz 3 AufenthG). Da der subsidiäre Schutz den Anspruch nach § 25 Abs. 2 AufenthG auslöst, ist die Sperre nicht anwendbar. Die Ermessensreduktion hebt die Sperrwirkung nicht auf. Offen ist, ob sie durch Regelanordnungen oder Sollnormen beseitigt wird (BVerwGE 132, 382, 387 ff. = NVwZ 2009, 789 = InfAuslR 2009, 224; BVerwG, EZAR NF 33 Nr. 23; gegen diese Rechtsprechung *Hailbronner*, AuslR, § 10 AufenthG Rn. 16). Dies betrifft die Abschiebungsverbote des § 60 Abs. 5 und 7 AufenthG, die den Sollanspruch auslösen (§ 25 Abs. 3 AufenthG). Humanitäre Gründe sprechen deshalb hier für die Durchbrechung. Zwar stellt der Wortlaut von § 10 Abs. 3 Satz 1 AufenthG auf den Verwaltungsbescheid ab. Schließt sich an den erfolgreichen Antrag nach § 36 Abs. 3 ein normales Asylverfahren an, entfällt der Zweck der Sperrwirkung. Auch wenn das Hauptsacheverfahren erfolglos endet, kann daher ein Aufenthaltstitel nach dem 5. Abschnitt des

2. Kapitels des AufenthG erteilt werden (*Schaeffer*, in: *Hailbronner*, AuslR, § 78 AsylG Rn. 49).

II. Verletzung der Darlegungspflichten (Abs. 3 Nr. 1)

1. Unsubstanziiertes oder widersprüchliches Vorbringen (Nr. 1 erste Alternative)

Nach Abs. 3 Nr. 1 wird der unbegründete Asylantrag qualifiziert abgelehnt, wenn das Sachvorbringen in wesentlichen Punkten unsubstanziiert oder in sich widersprüchlich ist, offenkundig den Tatsachen nicht entspricht oder auf gefälschten oder verfälschten Beweismitteln beruht. Die gesetzliche Begründung zu Nr. 1 bezieht sich im Wesentlichen auf die dargestellte Rechtsprechung des BVerfG (Rdn. 21 ff.). Nr. 1 schafft kein neues Recht. Vielmehr wird die verfassungsgerichtliche Rechtsprechung einfachgesetzlich für verbindlich erklärt. Nicht zutreffend ist, dass der Antrag im Allgemeinen bereits dann offensichtlich unbegründet ist, wenn dem Bundesamt keine Tatsachen bekannt sind, die eine andere Annahme rechtfertigten (BT-Drucks. 12/4450, S. 22). Das Bundesamt hat insbesondere im Rahmen der persönlichen Anhörung nach § 24 Abs. 1 Satz 2 durch Vorhalt und konkrete Fragen dem bislang nicht substanziierten oder in sich widersprüchlichen Sachvorbringen nachzugehen (Hess.VGH, ESVGH 31, 259; ähnlich BVerfG [Kammer], InfAuslR 1991, 85, 88; § 24 Rdn. 12 ff; § 24). Nr. 1 durchbricht nicht das Amtsermittlungsprinzip und ermächtigt nicht dazu, den Sachvortrag lediglich rezeptiv entgegenzunehmen, ohne die aufkommenden Zweifel an Ort und Stelle zu klären. Vielmehr ist zunächst nach allgemeinen Grundsätzen zu prüfen, ob der Antrag begründet oder unbegründet ist. 46

Das Urteil, dass ein Sachvorbringen *unsubstanziiert*, in sich *widersprüchlich* ist oder offenkundig nicht den Tatsachen entspricht, kann nur anhand einer Gesamtbetrachtung des Vorbringens und nur unter Bezugnahme auf *wesentliche Punkte* des Sachvorbringens getroffen werden. Dieses muss sich *»insgesamt«* als unglaubwürdig erweisen (BVerfGE 65, 76, 97 = EZAR 630 Nr. 4 = NVwZ 1983, 735 = InfAuslR 1984, 58; *Schaeffer*, in: *Hailbronner*, AuslR, § 78 AsylG Rn. 50, 53; *Funke-Kaiser*, in: GK-AsylG, § 30 Rn. 45 ff. Rn. 53). Eine Substanziierung ist anzunehmen, wenn der Antragsteller die in seine Erlebnissphäre fallenden Ereignisse unabhängig von ihrer materiellen Relevanz glaubhaft und lückenlos darlegen kann (*Fuerst*, NVwZ 2012, 213, 214). Widersprüchliches Vorbringen zu Tatsachen und Umständen, die im Einzelfall keine entscheidungserhebliche Bedeutung haben und nur Nebenaspekte oder untergeordnete Fragen betreffen, kann die qualifizierte Antragsablehnung nicht stützen (*Giesler/Wasser*, Das neue Asylrecht, S. 45). Bezugspunkt ist also stets der *Kern des Sachvorbringens* (BVerfG [Kammer], InfAuslR 1991, 85, 88; BVerfG [Kammer], NVwZ-Beil. 1994, 51, 52, Rn. 60). Damit unvereinbar ist die insbesondere im Flughafenverfahren geübte Praxis, aus Widersprüchen und Ungereimtheiten, die aus der Darlegung der Umstände des Reisewegs, der Einreise, des individuellen Lebensweges des Antragstellers oder seines sonstigen persönlichen oder familiären Hintergrundes folgen, qualifizierte Ablehnungsgründe nach Nr. 1 abzuleiten (*Funke-Kaiser*, in: GK-AsylG, § 30 Rn. 53; a.A. VG Augsburg, AuAS 2013, 30, 31). 47

Diese mögen Zweifel an der Glaubwürdigkeit des Antragstellers begründen, genügen jedoch allein also solche nicht, um den unbegründeten Antrag der verschärften Sanktion nach Nr. 1 zu unterwerfen. Derartige Ungereimtheiten und Widersprüche stützen bereits die Ablehnung des Antrags und können nicht, ohne Hinzutreten weiterer besonders gravierender Umstände die Folge des Nr. 1 auslösen.

48 Der Begriff »*wesentlich*« verweist auf eine qualitative Komponente, d.h. nur solche Unregelmäßigkeiten und Unvollständigkeiten dürfen berücksichtigt werden, die erheblich sind. Die Verwendung des Plurals in Nr. 1 hat zur Folge, dass die Widersprüchlichkeiten und Ungereimtheiten sich grundsätzlich auf mehrere »wesentliche Punkte« des Sachvorbringens beziehen müssen und nicht lediglich auf einen wesentlichen Umstand (*Funke-Kaiser*, in: GK-AsylG, § 30 Rn. 45 ff.; a.A. *Schaeffer*, in: *Hailbronner*, AuslR, § 78 AsylG Rn. 54). Zeichnet sich das Sachvorbringen zwar nicht durch Detailreichtum sowie lebensnahe und konkrete Schilderungen aus, ist es andererseits aber nicht so vage und wenig substanziiert, dass durchgreifende Zweifel an der Glaubwürdigkeit berechtigt wären, erfüllt es nicht die Voraussetzungen der Nr. 1 (VG Würzburg, Beschl. v. 24.03.1995 – W 7 S 95.30627). Zweifel an der Glaubwürdigkeit des Asylsuchenden können danach ein Offensichtlichkeitsurteil nur rechtfertigen, wenn offensichtlich ist, dass der vorgetragene Sachverhalt derart »grobe Lügen« enthält, dass dadurch die Glaubwürdigkeit des Antragstellers insgesamt zerstört wird (VG Aachen, AuAS 1996, 212). Bei der Bewertung ist zudem zu berücksichtigen, dass das Anhörungsprotokoll des Bundesamtes nicht ohne Weiteres als wirkliches Spiegelbild der Anhörung gelten kann (VG Aachen, AuAS 1996, 212, 213).

49 Die offenkundige Unvereinbarkeit des Sachvorbringens mit den Tatsachen kann sich nur aus dem Vergleich mit sicheren Feststellungen anderer Art über die allgemeine Lage im Herkunftsstaat ergeben (*Bergmann*, in: Bergmann/Dienelt, AuslR, 11. Aufl., 2016, § 30 AsylG Rn. 13). Hierfür trifft den Antragsteller nur eine eingeschränkte Darlegungslast (BVerwG, InfAuslR 1982, 156; BVerwG, InfAuslR 1983, 76; BVerwG, DÖV 1983, 207; BVerwG, InfAuslR 1989, 350; BVerwG, AuAS 1997, 127; § 24 Rdn. 11; § 25 Rdn. 5 f.). Das Vorbringen zu den allgemeinen Verhältnissen im Herkunftsland beruht häufig auf nicht gesicherten Annahmen und entspricht daher oftmals nicht den Tatsachen. Erkenntnisse zu allgemeinen Tatsachen wiederum beruhen regelmäßig auf einer zusammenfassenden Bewertung unterschiedlicher Tatsachen und Erfahrungen und stellen deshalb ebenso regelmäßig nur Annäherungen an die Wirklichkeit dar. Daher ist Zurückhaltung angezeigt. Im Blick auf individuelle Erlebnisse und Verhältnisse reicht es für die Anwendung von Nr. 1 nicht aus, dass einzelne Sachangaben des Asylsuchenden in diesem Zusammenhang nicht besonders wahrscheinlich erscheinen (VG Aachen, Beschl. v. 06.04.1996 – 4 L 442/95.A).

2. Gefälschte oder verfälschte Beweismittels (Nr. 1 zweite Alternative)

50 Die Vorlage *gefälschter* oder *verfälschter Beweismittel* kann nur dann die qualifizierte Antragablehnung stützen, wenn die behauptete Verfolgungsgefahr *allein* hierauf beruht (BVerfGE 65, 76, 97 = EZAR 630 Nr. 4 = NVwZ 1983, 735 = InfAuslR 1984, 58; Rdn. 23). Daher kann allein die nachgewiesene Fälschung von vorgelegten Dokumenten das Offensichtlichkeitsurteil nicht tragen (*Bergmann*, in: Bergmann/Dienelt, AuslR, 11. Aufl., 2016, § 30 AsylG Rn. 13; *Schaeffer*, in: *Hailbronner*, AuslR,

§ 78 AsylG Rn. 57), sondern allenfalls als Indiz für die Unbegründetheit des Antrags gewertet werden. Voraussetzung für die qualifizierte Antragsablehnung auch bei der Anwendung von Nr. 1 ist, dass sich das Antrag *insgesamt* als offensichtlich unbegründet erweist. Allein die Bezugnahme auf ein gefälschtes Dokument zur Rechtfertigung des Offensichtlichkeitsurteils ist daher nicht zulässig, wenn dieses sich nur auf einen Teilkomplex, nicht aber auf sämtliche mit dem Vorbringen geltend gemachte Asylgründe bezieht (BVerfG [Kammer], NVwZ-Beil. 1994, 58, 59 = AuAS 1994, 222).

In Betracht für die Anwendung von Nr. 1 kommen nur *Urkunden*. Das Prozessrecht 51 kennt keine »falschen Zeugen« (*Funke-Kaiser*, in: GK-AsylG, § 30 Rn. 75; *Schaeffer*, in: *Hailbronner*, AuslR, § 78 AsylG Rn. 57; *Bergmann*, in: Bergmann/Dienelt, AuslR, 11. Aufl., 2016, § 30 AsylG Rn. 13). Soll das Offensichtlichkeitsurteil auf gefälschte Urkunden gestützt werden, ist vor der qualifizierten Antragsablehnung die Echtheit des vorgelegten Dokuments zu überprüfen (Vor § 78 Rdn. 213 ff.). Umstritten ist, ob Verschulden des Antragstellers vorausgesetzt wird. Da eine grobe Verletzung von Mitwirkungspflichten und damit individuell vorwerfbares Verhalten zu bewerten ist, muss ihm dieses zum Vorwurf gemacht werden können. Häufig handeln die Antragsteller, denen Verwandte oder Bekannte derartige Urkunden übersenden, im guten Glauben und kann ihnen eine Täuschungsabsicht kaum nachgewiesen werden. Auch ist ihnen die Prüfung der Echtheit anders als dem Bundesamt zumeist nicht möglich. Nur wenn der Antragsteller erkannt hat oder hat erkennen können, dass die Urkunde falsch oder verfälscht ist, kann ihm ein Vorwurf gemacht werden (*Funke-Kaiser*, in: GK-AsylG, § 30 Rn. 77; a.A. *Schaeffer*, in: *Hailbronner*, AuslR, § 78 AsylG Rn. 57). Dies spricht dafür, den qualifizierten Ablehnungsgrund nur in eindeutigen Fällen heranzuziehen.

III. Täuschung über die Identität oder Staatsangehörigkeit (Nr. 2)

Nach Nr. 2 ist ein Antrag offensichtlich unbegründet, wenn der Antragsteller im 52 Verfahren über seine Identität oder Staatsangehörigkeit täuscht oder diese Angaben verweigert. Das individuelle Verfolgungsgeschehen kann wegen der erforderlichen Zuordnung zu einem Herkunftsland nur sachgerecht bewertet werden, wenn Identität und Staatsangehörigkeit bzw. Staatenlosigkeit des Antragstellers geklärt sind. Es ist ihm daher zuzumuten, spätestens gegenüber der für die Sachentscheidung zuständigen Behörde die Identität darzulegen oder die erforderlichen Angaben dazu zu machen (BT-Drucks. 12/4450, S. 22). Wegen der heute typischen Begleitumstände der Flucht nach Europa werden häufig zunächst unzutreffende Angaben zum Reiseweg und zur Identität gemacht. Maßgebend ist, dass rechtzeitig vor der Sachentscheidung – im Rahmen der persönlichen Anhörung nach § 24 Abs. 1 Satz 2 – die Identität und Staatsangehörigkeit bzw. Staatenlosigkeit offengelegt wird (*Schaeffer*, in: *Hailbronner*, AuslR, § 78 AsylG Rn. 60; *Funke-Kaiser*, in: GK-AsylG, § 30 Rn. 85; a.A. *Bergmann*, in: Bergmann/Dienelt, AuslR, 11. Aufl., 2016, § 30 AsylG Rn. 14). Das Gebot, zutreffende Angaben über die Identität und Staatsangehörigkeit zu machen, kann dann nicht gegen den Antragsteller eingewandt werden, wenn er sich mit dessen Erfüllung selbst belasten würde, früher falsche Angaben hierzu gemacht zu haben und diese Zuwiderhandlung noch nicht verjährt ist (LG Berlin, InfAuslR 2015, 323, 324).

53 Nr. 2 beruht auf der Annahme, dass der Antragsteller die Behörde *absichtlich* über seine wahre Identität oder Staatsangehörigkeit täuscht, weil er sich hierdurch etwa bessere Erfolgsaussichten im Asylverfahren verspricht. Soweit andere Personalien angegeben werden, wird regelmäßig zugleich Nr. 3 erfüllt sein. Dass ein Antragsteller allein deshalb unglaubwürdig sein soll, weil er angibt, keine Ausweisdokumente zu besitzen, begegnet allerdings erheblichen Zweifeln (BVerfG [Kammer], NVwZ 1992, 560, 561 = InfAuslR 1992, 75; BVerfG [Kammer], InfAuslR 1993, 105, 108). Der Antragsteller muss zu den Fragen seiner Staatsangehörigkeit bzw. seines ständigen Aufenthaltes als Staatenloser im Herkunftsland durch Vorlage entsprechender Personaldokumente den Nachweis seiner Herkunft führen. Ist er – wie üblich – ohne Reisedokumente eingereist, muss die Behörde sich anhand der Umstände des Falles, vor allem unter Würdigung seiner Einlassung schlüssig werden, ob er die behauptete Staatsangehörigkeit tatsächlich besitzt oder als Staatenloser aus einem bestimmten Staat eingereist ist (BVerwG, InfAuslR 1990, 238). Nr. 2 beruht – wie der Begriff »Verweigerung« verdeutlicht – auf *vorwerfbarem Verhalten* (*Schaeffer*, in: *Hailbronner*, AuslR, § 78 AsylG Rn. 59). Insbesondere staatliche Umwandlungsprozesse in der Herkunftsregion und dadurch bedingte Flucht im frühen Alter führen häufig dazu, dass Antragsteller zur Identität und Staatsangehörigkeit keine gesicherten Angaben machen können. Nur bei erheblichen Zweifeln an der geäußerten Identität des Antragstellers ist das Offensichtlichkeitsurteil tragfähig (BVerfG [Kammer], NVwZ-Beil. 1994, 1, 2; s. aber andererseits BVerfG [Kammer], NVwZ-Beil. 1994, 2, 3). Beruht der Behördenbescheid auf einer anderen Staatsangehörigkeit als der vom Antragsteller behaupteten, muss das Offensichtlichkeitsurteil auch insoweit gerechtfertigt sein (OVG Hamburg, InfAuslR 2002, 268).

IV. Mehrfachantragstellung unter verschiedenen Personalien (Nr. 3)

54 Nach Nr. 3 ist der Antrag als offensichtlich unbegründet abzulehnen, wenn der Antragsteller unter Angabe anderer Personalien einen weiteren Asylantrag oder ein weiteres Asylverfahren anhängig macht. Diese Bestimmung zielt auf den Fall, in dem der Antragsteller während des anhängigen Asylverfahrens unter Angabe anderer Personalien einen weiteren Antrag geltend macht. In diesem Fall ist der erste Antrag als offensichtlich unbegründet abzulehnen, *sofern* er unbegründet ist, während der weitere Asylantrag unzulässig ist und nicht zur Durchführung eines weiteren Asylverfahrens führt (BT-Drucks. 12/4450, S. 22). Das Gesetz differenziert zwischen »förmlicher Antragstellung« und Geltendmachung eines »weiteren Asylverfahrens« und will damit nicht nur die erneute förmliche Antragstellung während eines anhängigen Verfahrens, sondern auch die Fälle erfassen, in denen der Antragsteller während des laufenden Verfahrens bei der Polizei oder der Ausländerbehörde erneut um Asyl nachsucht (*Giesler/Wasser*, Das neue Asylrecht, S. 46). Die gesetzliche Begründung macht deutlich, dass auch in derart krassen Fällen der Täuschung die Sachverhaltserforschung nicht vernachlässigt werden darf. Vielmehr ist auch hier zunächst den Verfolgungsbehauptungen nachzugehen, bevor Nr. 3 angewendet werden kann (*Schaeffer*, in: *Hailbronner*, AuslR, § 78 AsylG Rn. 61).

55 Durch die erneute Antragstellung während des anhängigen Verfahrens wird *kein Folgeantrag* geltend gemacht. Voraussetzung für den Folgeantrag ist die unanfechtbare

Ablehnung des ersten Antrags (§ 71 Abs. 1 Satz 1). Bei der Fallgruppe nach Nr. 3 ist jedoch das (erste) Asylverfahren noch anhängig. Durch einen weiteren Antrag wird mithin in Wirklichkeit kein weiteres Verfahren eingeleitet. Alle Anträge im Sinne von § 13 und § 14, die von derselben Person gestellt werden, sind Teil eines einheitlichen Verfahrens (*Schaeffer*, in: *Hailbronner*, AuslR, § 78 AsylG Rn. 61; *Funke-Kaiser*, in: GK-AsylG, § 30 Rn. 88; *Bergmann*, in: Bergmann/Dienelt, AuslR, 11. Aufl., 2016, § 30 AsylG Rn. 14). Daher wird der weitere Antrag mangels Sachbescheidungsinteresse als unzulässig verworfen und der erste Antrag qualifiziert abgelehnt, wenn er in der Sache unbegründet ist (*Giesler/Wasser*, Das neue Asylrecht, S. 46). Im gerichtlichen Verfahren sind beide Verfahren zu verbinden und der zweite Antrag als Teil des Erstverfahrens zu behandeln. Voraussetzung für die Anwendbarkeit der Nr. 3 ist *vorwerfbares Verhalten*. Mehrfachanträge, die infolge eines Fehlers des Bundesamtes entstehen, rechtfertigen nicht die Anwendung von Nr. 3 (*Funke-Kaiser*, in: GK-AsylG, § 30 Rn. 90). Soweit eine Zurechnung erfolgt, wenn der Antragsteller diesen Fehler erkennt und ihn grob fahrlässig ausnutzt (*Funke-Kaiser*, in: GK-AsylG, § 30 Rn. 90), kann es sich nur um besonders gelagerte Ausnahmefälle handeln.

V. Antragstellung zur Abwendung einer drohenden Aufenthaltsbeendigung (Nr. 4)

Nach Nr. 4 wird der unbegründete Antrag qualifiziert abgelehnt, wenn der Antrag gestellt wird, um eine drohende Aufenthaltsbeendigung abzuwenden, obwohl ausreichend Gelegenheit bestand, einen Asylantrag zu stellen. Dies zielt auf Fallgestaltungen, in denen sich der Antragsteller bereits längere Zeit im Bundesgebiet aufgehalten (Nr. 5 in Verb. mit § 13 Abs. 3 Satz 2), also bereits im Bundesgebiet einen Aufenthalt begründet hat und erst nach Ablauf der Geltungsdauer des Aufenthaltstitels oder in einem Ausweisungsverfahren einen Antrag stellt (BT-Drucks. 12/4450, S. 22). Der Antragsteller zieht also *»in letzter Minute«* mit dem Antrag die *»Notbremse«* (*Giesler/Wasser*, Das neue Asylrecht, S. 46). Zumeist wird es sich um Fälle handeln, in denen der Aufenthalt bereits nicht mehr rechtmäßig ist. Bezweckt die Antragstellung allein, die Aufenthaltsbeendigung abzuwenden, ist der Antrag qualifiziert abzulehnen. Motiv für die Antragstellung kann aber auch eine begründete Furcht vor Verfolgung sein. Davon geht offensichtlich auch der Gesetzgeber aus. Ferner betrifft Nr. 4 auch sukzessive Antragstellungen von Familienangehörigen (s. aber Nr. 7). Allein die bezeichneten Umstände rechtfertigen noch nicht das Offensichtlichkeitsurteil. Vielmehr sind die Gründe für die verspätete Antragstellung aufzuklären. Die Absicht, der drohenden Aufenthaltsbeendung durch einen Antrag in asylfremder Absicht zu entgehen, ist eindeutig festzustellen. Diese kann zwar aus der zeitlichen Abfolge von Aufenthaltsbeendigung und anschließender Asylantragstellung folgen. Hinzukommen muss jedoch die gezielte *Absicht*, die drohende Aufenthaltsbeendigung abzuwenden (*Schaeffer*, in: *Hailbronner*, AuslR, § 78 AsylG Rn. 63; *Bergmann*, in: Bergmann/Dienelt, AuslR, 11. Aufl., 2016, § 30 AsylG Rn. 15). 56

Bei Studenten, Arbeitnehmern und anderen Antragstellern mit asylunabhängigen Aufenthaltstitel kann eine derartige Absicht nicht ohne Weiteres unterstellt werden. Denn es muss ermittelt werden, ob ausreichende Gelegenheit für eine frühere Asylantragstellung bestand. Anlass, einen Asylantrag zu stellen, gibt es solange nicht, wie ein gesicherter Aufenthalt besteht. Dies ist nicht erst bei einem unbefristeten 57

Aufenthaltstitel der Fall (*Funke-Kaiser*, in: GK-AsylG, § 30 Rn. 104; a.A. *Schaeffer*, in: *Hailbronner*, AuslR, § 78 AsylG Rn. 63). Auch ein auf absehbare Zeit gesichertes befristetes Aufenthaltsrecht gibt grundsätzlich keinen Anlass, einen Asylantrag zu stellen. Nr. 4 erfordert daher eindeutige Feststellungen mit Blick auf die dem Asylantrag zugrunde liegende (asylfremde) Absicht (*Schaeffer*, in: *Hailbronner*, AuslR, § 78 AsylG Rn. 66; *Funke-Kaiser*, in: GK-AsylG, § 30 Rn. 107) sowie das Fehlen einer Verfolgung und ist daher restriktiv auszulegen. Zu prüfen ist jeweils, ob sich früher überhaupt ein Bedürfnis für die Asylantragstellung ergeben oder ob ausreichend Gelegenheit zur Antragstellung bestanden hatte.

VI. Grobe Verletzung bestimmter Mitwirkungspflichten (Nr. 5)

58 Nach Nr. 5 ist der Antrag qualifiziert abzulehnen, wenn der Antragsteller bestimmte Mitwirkungspflichten gröblich verletzt hat. Die Vorschrift sanktioniert nicht die Verletzung aller Mitwirkungspflichten nach § 15, sondern nur den gröbliche Verletzung der Obliegenheiten nach § 13 Abs. 3 Nr. 2, § 15 Abs. 2 Nr. 3 bis 5 sowie § 25 Abs. 1. Es handelt sich im Einzelnen um die Verpflichtung des Antragstellers,

- sich im Fall der unerlaubten Einreise unverzüglich als Asylsuchender den zuständigen Behörden zu offenbaren (§ 13 Abs. 3 Satz 2),
- den gesetzlichen und behördlichen Anordnungen, sich bei bestimmten Behörden oder Einrichtungen zu melden oder dort persönlich zu erscheinen, Folge zu leisten (§ 15 Abs. 2 Nr. 3; s. aber auch § 20 Abs. 2 Satz 1, § 22 Abs. 3 Satz 2, § 23 Abs. 2 Satz 1),
- den Pass, Passersatz und alle erforderlichen Urkunden und sonstige in seinem Besitz befindlichen Unterlagen den zuständigen Behörden vorzulegen und zu überlassen (§ 15 Abs. 2 Nr. 4 und 5) und
- im Rahmen der persönlichen Anhörung selbst die anspruchsbegründenden Tatsachen vorzutragen und die erforderlichen Angaben, insbesondere über Reiseweg sowie Aufenthalte und Asylanträge in Drittstaaten, zu machen (§ 25 Abs. 1).

59 Der einfache Verstoß gegen diese Mitwirkungspflichten reicht nicht aus. Aus den Gesamtumständen des Einzelfalls muss vielmehr eine besonders schwerwiegende Verletzung dieser Obliegenheiten deutlich werden, die ohne Weiteres den Schluss auf die offensichtliche inhaltliche Unbegründetheit des Asylbegehrens indiziert. Hinreichende Bestimmtheit erlangt der Begriff »*gröblich*« mithin durch die Orientierung am Zweck der Vorschrift, nur solchen Antragstellern das »vorläufige Bleiberecht« vorzuenthalten, deren Verhalten während des Verfahrens ohne Weiteres den Schluss auf eine missbräuchliche oder aussichtslose Inanspruchnahme des Asylverfahrens zulässt (VG Karlsruhe, AuAS 2000, 166; VG Frankfurt am Main, InfAuslR 2011, 44; *Rennert*, DVBl 1994, 717, 720; *Schaeffer*, in: *Hailbronner*, AuslR, § 78 AsylG Rn. 68; *Funke-Kaiser*, in: GK-AsylG, § 30 Rn. 109; *Bergmann*, in: Bergmann/Dienelt, AuslR, 11. Aufl., 2016, § 30 AsylG Rn. 16). Versäumt der Antragsteller z.B. irrtümlich den Anhörungstermin, gibt er jedoch deutlich zu erkennen, wie wichtig es ihm ist, persönlich angehört zu werden, kann Nr. 5 nicht angewandt werden (VG Frankfurt am Main, InfAuslR 2011 = AuAS 2011, 22). Der Verstoß muss unter Berücksichtigung des Entscheidungsergebnisses von einigem Gewicht sein. Insbesondere bei

Verletzungen der Obliegenheiten nach § 13 Abs. 3 Satz 2 und § 15 Abs. 2 Nr. 3 wird regelmäßig die Grenze zwischen »einfachen« und »gröblichen« Pflichtverletzungen nicht einfach zu ziehen sein (*Giesler/Wasser*, Das neue Asylrecht, S. 46) und deshalb in aller Regel im Blick auf diese Tatbestände aus verfahrensökonomischen Gründen die qualifizierte Antragsablehnung unterbleiben.

Soweit nach der gesetzlichen Begründung regelmäßig die gröbliche Verletzung der Mitwirkungspflicht indiziert wird, wenn die Einreise über einen sicheren Drittstaat anhand der Umstände festgestellt werden kann, eine Identifizierung des bestimmten Drittstaates mangels Mitwirkung des Antragstellers aber nicht möglich ist (BT-Drucks. 12/4450, S. 22), kann Nr. 5 derzeit nicht angewandt werden, weil keine sicheren Drittstaaten gelistet sind. Norwegen und die Schweiz sind mit der Union assoziiert. Bei Einreisen aus diesen Ländern, findet daher die Verordnung (EU) Nr. 604/2013 Anwendung (§ 29 Abs. 1 Nr. 1). »Sonstige Drittstaaten« sind in der Praxis kaum relevant. Nur dann, wenn der Antrag sich in der Sache als unbegründet erweist, kann unter Umständen das Verschweigen des Reiseweges die Anwendung der Nr. 5 rechtfertigen. Aus den Gesamtumständen muss dem Antragsteller in einem derartigen Fall aber ein grober Pflichtverstoß nachgewiesen werden. Angesichts der Tatsache, dass nahezu alle Antragsteller ihren Reiseweg verschweigen oder hierzu keine konkreten Angaben machen können, bedarf es für eine derartige Feststellung aber besonderer Umstände (*Funke-Kaiser*, in: GK-AsylG, § 30 Rn. 110; weniger restriktiv *Schaeffer*, in: *Hailbronner*, AuslR, § 78 AsylG Rn. 67). 60

Der Antragsteller muss die gröbliche Pflichtverletzung zu vertreten haben (*Schaeffer*, in: *Hailbronner*, AuslR, § 78 AsylG Rn. 69; *Funke-Kaiser*, in: GK-AsylG, § 30 Rn. 115; *Bergmann*, in: Bergmann/Dienelt, AuslR, 11. Aufl., 2016, § 30 AsylG Rn. 16). Verschulden des Verfahrensbevollmächtigten wird ihm deshalb nicht zugerechnet (*Schaeffer*, in: *Hailbronner*, AuslR, § 78 AsylG Rn. 70; *Funke-Kaiser*, in: GK-AsylG, § 30 Rn. 119; *Bergmann*, in: Bergmann/Dienelt, AuslR, 11. Aufl., 2016, § 30 AsylG Rn. 16). Dringende Gründe, etwa Reiseunfähigkeit, Krankheit oder Schwangerschaft (BT-Drucks. 12/4450, S. 22) oder dringende familiäre Angelegenheiten wie die schwere Erkrankung naher Angehöriger stehen der Zurechnung entgegen (*Giesler/Wasser*, Das neue Asylrecht, S. 47). Verschweigen von Tatsachen im Asylverfahren kann etwa dadurch motiviert sein, Familienangehörige, nahe Verwandte, Bekannte oder politische Gesinnungsgenossen schützen zu wollen. Die Frage der Zumutbarkeit kann nicht generell, sondern nur individuell unter Berücksichtigung der konkreten Umstände des Einzelfalls bewertet werden. Zeit- und kostenaufwendige Ermittlungen sind zu vermeiden. Im Zweifel ist daher Nr. 5 nicht anzuwenden (*Giesler/Wasser*, Das neue Asylrecht, S. 47). Ist dem Bundesamt bekannt, dass der Antragsteller in einen anderen Mitgliedstaat überstellt wurde, darf es diesen nicht zur Anhörung über die zuletzt bekannt gegebene Adresse laden und anschließend das Verfahren nach Nr. 5 beenden (VG Stade, Beschl. v. 06.06.2011 – 6 B 688/11). 61

VII. Vollziehbare Ausweisungsverfügung nach § 53 und § 54 AufenthG (Nr. 6)

Nach Nr. 6 ist ein unbegründeter Antrag als offensichtlich unbegründet abzulehnen, wenn der Antragsteller nach § 53f. AufenthG sofort vollziehbar ausgewiesen ist. Die 62

Vorschrift verweist auf die schwerwiegenden Ausweisungstatbestände nach § 53 und § 54 AufenthG. Die Ausweisung muss mit der Anordnung der sofortigen Vollziehung verbunden sein. Im Allgemeinen haben Widerspruch und Klage gegen die Ausweisungsverfügung nämlich Suspensiveffekt (§ 84 Abs. 1 AufenthG). Dem bemühten Gedanke der Gefahrenabwehr trägt jedoch Art. 33 Abs. 2 GFK Rechnung. Völkerrechtlich stößt bereits die schematische Handhabung dieser Norm durch § 60 Abs. 8 AufenthG (Abs. 4) auf Bedenken. Eine Ausweisung allein nach § 53, § 54 AufenthG erfüllt nicht die Schwelle des Art. 33 Abs. 2 GG.

63 Maßgeblich für die Anwendung von Nr. 6 ist allein die Rechtsgrundlage, auf der die Ausweisungsverfügung beruht. Eine eigenständige ausweisungsrechtliche Bewertung des Ausweisungsanlasses ist dem Bundesamt untersagt. Die Ausweisung muss vor dem Erlass des Statusbescheids verfügt und vollziehbar geworden sein. Nachträglich darf sie nicht zum Anlass einer qualifizierten Ablehnung genommen werden (*Funke-Kaiser,* in: GK-AsylG, § 30 Rn. 125). Nr. 6 nimmt nach den Grundsätzen der »dynamischen Verweisung« auf die im Zeitpunkt der statusrechtlichen Sachentscheidung jeweils geltende Fassung des § 53, § 54 AufenthG Bezug (*Funke-Kaiser,* in: GK-AsylG, § 30 Rn. 127).

VIII. Nachträglicher Asylantrag des handlungsunfähigen Antragstellers (Nr. 7)

64 Nach Nr. 7 ist der Antrag als offensichtlich unbegründet abzulehnen, wenn er für einen handlungsunfähigen Antragsteller gestellt wird oder nach § 14a als gestellt gilt, nachdem zuvor Asylanträge der Eltern oder des allein personensorgeberechtigten Elternteils abgelehnt worden sind. Dieser zusätzliche qualifizierte Ablehnungsgrund steht im engen Zusammenhang mit § 14a und ist mit Wirkung zum 01.01.2005 durch Art. 19 Buchst. b) cc) des ZuwG eingeführt und durch das Richtlinienumsetzungsgesetz 2007 ergänzt worden. Nach § 14a Abs. 2 Satz 1 ist dem Bundesamt unverzüglich anzuzeigen, wenn ein lediges, minderjähriges Kind nach Einreise der Eltern einreist oder hier geboren wird. Wird dem Asylantrag der Eltern oder eines Elternteils stattgegeben, erhält das Kind den abgeleiteten Status nach § 26 Abs. 2 oder 5. Wird der Antrag der Eltern oder eines Elternteils abgelehnt, wird in aller Regel auch der Antrag des ledigen, unter 16 Jahre alten Kindes in derselben Form, also entweder als einfach oder offensichtlich unbegründet, abgelehnt.

65 Nr. 7 regelt zunächst die Fälle, in denen die Anzeigepflicht nach § 14a Abs. 2 Satz 1 verletzt worden ist und das Bundesamt von Einreise oder Geburt des Kindes keine Kenntnis erlangt und deshalb im Zusammenhang mit der Entscheidung über den Antrag der Eltern für das Kind keine Entscheidung getroffen hat. Nr. 7 erfasst jedoch alle handlungsunfähigen Antragsteller. Bevor das Bundesamt nach Nr. 7 vorgeht, hat es zunächst eigene Asylgründe des handlungsunfähigen Kindes zu prüfen (BT-Drucks. 15/420, S. 110). Dies kann etwa bei dem Kind, dem anders als seinem Elternteil im Herkunftsland Geschlechtsverstümmelung droht, relevant werden. Verneint die Behörde eine eigene Verfolgung des Kindes, hat es zu prüfen, ob diese in materieller Hinsicht offensichtlich nicht vorliegt oder sonst eine Anwendung des § 30 gerechtfertigt ist. Nach Nr. 7 darf es nicht vorgehen (*Funke-Kaiser,* in: GK-AsylG,

§ 30 Rn. 120). Wird der Antrag der Eltern oder des Elternteils als offensichtlich unbegründet abgelehnt, ist gleichwohl im Blick auf den Antrag des Kindes zu prüfen, ob sich auch dieser selbst als unbegründet erweist. Wurden für das Kind keine eigenständigen Asylgründe vorgebracht, erfasst jedoch das auf den Antrag der Eltern bezogene Offensichtlichkeitsurteil auch den Antrag des Kindes (*Bergmann*, in: Bergmann/Dienelt, AuslR, 11. Aufl., 2016, § 30 AsylG Rn. 18).

E. Vorliegen der Voraussetzungen des § 60 Abs. 8 AufenthG und des § 3 Abs. 2

Nach Abs. 4 ist der Antrag als offensichtlich unbegründet abzulehnen, wenn die Voraussetzungen des § 60 Abs. 8 AufenthG oder § 3 Abs. 2 vorliegen. Durch das am 01.01.2002 in Kraft getretene Terrorismusbekämpfungsgesetz ist § 51 Abs. 3 Satz 1 AuslG a.F. um Satz 2 ergänzt worden. Nach § 51 Abs. 3 Satz 1 AuslG a.F. (jetzt § 60 Abs. 8 AufenthG) – insoweit identisch mit Art. 33 Abs. 2 GFK – greift das Abschiebungsverbot für Flüchtlinge nicht ein, wenn der Antragsteller aus schwerwiegenden Gründen als eine Gefahr für die Sicherheit der Bundesrepublik anzusehen ist oder ein Gefahr deswegen bedeutet, weil er wegen eines Verbrechens oder besonders schweren Vergehens rechtskräftig zu einer Freiheitsstrafe von mindestens drei Jahren verurteilt worden ist. Ferner nimmt Abs. 4 die Ausschlussgründe des § 3 Abs. 2 in Bezug (zu den entsprechenden Voraussetzungen s. dort). Diese beruhen auf Art. 1 F GFK, können daher im Asylverfahren berücksichtigt werden. Anders verhält es sich mit § 60 Abs. 8 Satz 1 AufenthG (zu den entsprechenden Voraussetzungen s. Erläuterungen zu § 2). Dieser Norm liegt Art. 33 Abs. 2 GFK zugrunde und setzt damit den bereits gewährten Flüchtlingsstatus voraus. Der letzte Halbsatz in Abs. 4 wurde 2016 eingefügt und senkt die erforderliche Schwelle bei Sexual- und vergleichbaren Delikten auf ein Jahr Freiheitsstrafe. Aber auch hier muss wie bei § 60 Abs. 8 Satz 1 AufenthG eine *rechtskräftige* Verurteilung vorangegangen sein. Wegen der häufig schwierigen tatsächlichen Fragen und komplexen Abwägungsprobleme erfordert Abs. 4 eine besonders sensible Handhabung (*Funke-Kaiser*, in: GK-AsylG, § 30 Rn. 143). Im Rahmen eines Widerrufsverfahrens fehlt es jedoch an einer Rechtsgrundlage für die Anwendung von Abs. 4 (VG Hamburg, EZAR NF 62 Nr. 33, S. 5 f.). 66

Nach Art. 14 Abs. 5 RL 2011/95/EU können die Mitgliedstaaten in den in Art. 14 Abs. 4 RL 2011/95/EU bezeichneten Fällen entscheiden, dem Antragsteller die ihm an sich zustehende Rechtsstellung nicht zuzuerkennen, solange noch keine Entscheidung darüber gefasst worden ist. Der Sache nach handelt es sich um einen Ausschlussgrund (ausf. *Marx*, Handbuch zum Flüchtlingsschutz, 2. Aufl., 2012, S. 421 ff.). Nach der Formulierung handelt es sich um eine Freistellungsklausel und damit nicht um zwingendes Unionsrecht. Nationales Vorbild für die auf Druck der Bundesregierung eingeführte Ermessensklausel des Art. 14 Abs. 5 RL 2004/83/EG ist Abs. 4. Nach UNHCR ist Deutschland der einzige Mitgliedstaat, der Art. 14 Abs. 5 RL 2011/95/EU anwendet. Art. 33 Abs. 2 GFK sei nicht als – negatives – Tatbestandsmerkmal für die Feststellung des Flüchtlingsstatus konzipiert worden. Der Ausnahmetatbestand vom Refoulementverbot werden konventionswidrig den Ausschlussgründen des Art. 1 F GFK hinzugefügt (*UNHCR*, Asylum in the European Union. A study of the implementation of the Qualification Directive, 2007, S. 94). Demgegenüber 67 erkennt die deutsche Literatur keine völkerrechtliche Probleme (so *Funke-Kaiser,* in: GK-AsylG, § 30 Rn. 142).

68 Art. 14 Abs. 5 RL 2011/95/EU trägt allerdings dem Grundsatz Rechnung, dass eine Entscheidung über den Ausschluss ohne vorhergehende Prüfung der Flüchtlingseigenschaft unvereinbar mit dem Ziel und Zweck der Konvention (vgl. auch Art. 31 Abs. 1 WVRK) und der Staatenpraxis ist (UK Immigration Appeals Tribunal, (1995) Imm A. R. 494; Kanada Court of Appeal, *Moreno v. Canada,* (1993) 159 NR 210 (C. A.); US Board of Appeal, *Matter of Ballester-Garcia,* (1980), 17 I. & N. Dec. 592). Weil der Ausschluss der *extreme Ausnahmefall* ist, muss zunächst über die Flüchtlingseigenschaft entschieden werden. Erst die hierbei zu prüfenden Umstände erlauben eine Bewertung ihres Gewichts und ihrer Bedeutung auch im Blick auf die Ausschlussgründe. Die *wegen des besonderen Ausnahmecharakters strenge Prüfung der Ausschlussgründe* darf nicht in Zulässigkeits- oder beschleunigten Verfahren durchgeführt werden. Erst eine endgültige Entscheidung über den Ausschluss nach einer sorgfältigen Prüfung aller relevanten Umstände und Tatsachen entzieht dem Flüchtling den Abschiebungsschutz nach Art. 33 GFK (*UNHCR,* The Exclusion Clauses: Guidelines on their Application, 1 Dec. 1996, Nr. 84). Zwar setzt Abs. 4 eine sorgfältige Prüfung der Asylgründe voraus. Die gerichtliche Kontrolle in einem summarischen Verfahren stößt jedoch auf Bedenken. Auch verfassungsrechtliche Bedenken sprechen gegen Abs. 4, weil in die Grundrechtsgewährleistung kein *»ungeschriebener Polizeivorbehalt«* hinein interpretiert werden darf (*Rennert,* DVBl 1994, 717, 721; *Göbel-Zimmermann,* in: Handbuch des Ausländer- und Asylrechts, SystDarst IV Rn. 202; *Dienelt,* in: GK-AsylG, § 30 Rn. 131 ff.; a.A. *Schaeffer,* in: *Hailbronner,* AuslR, § 78 AsylG Rn. 87 ff.; *Funke-Kaiser,* in: GK-AsylG, § 30 Rn. 142).

F. Nicht geltend gemachtes Asylbegehren (Abs. 5)

69 Nach Abs. 5 ist der Asylantrag auch dann als offensichtlich unbegründet abzulehnen, wenn es sich seinem Inhalt nach nicht um einen Asylantrag i.S.d. § 13 Abs. 1 handelt. Die Gesetzesbegründung stellt einen beim Bundesamt gestellten Antrag, der seinem Inhalt nach *nicht* auf ein Ersuchen um Schutz vor Verfolgung gerichtet ist, einem offensichtlich unbegründeten Asylantrag gleich (BT-Drucks. 12/2062, S. 33). Da der Begriff des Asylantrags nach § 13 Abs. 1 durch das Richtlinienumsetzungsgesetz 2013 um den subsidiären Schutz erweitert wurde, gilt die Vorschrift an sich zwar auch für die tatbestandlichen Voraussetzungen des § 4 Abs. 1 Satz 2. Nach Abs. 1 kann aber der Antrag im Blick auf den subsidiären Schutz nicht qualifiziert abgelehnt werden (Rdn. 12). Abs. 5 ist aus anderen Gründen als Abs. 4 im Rahmen des § 30 systemfremd. Während Abs. 4 Fallgruppen ungeachtet ihres Verfolgungscharakters der Sonderkategorie offensichtlich unbegründeter Anträge zuordnet, rechnet Abs. 5 offensichtlich unbegründeten *Anträgen* auf Asyl Fallgestaltungen zu, die die Voraussetzungen des Antragsbegriffs nach § 13 Abs. 1 gar nicht erfüllen. Sind aber die tatbestandlichen Voraussetzungen des Antrags nicht erfüllt, darf an sich ein Asylverfahren nicht eingeleitet werden und könnte es deshalb auch gar nicht zur qualifizierten Antragsablehnung kommen. Abs. 5 schreibt jedoch einen anderen verfahrensrechtlichen Weg vor.

Die materiellen Kriterien der Fallgruppe ergeben sich negativ aus den für die Annahme eines Asylantrags maßgeblichen Voraussetzungen. Kann den Erklärungen des Antragstellers auch nicht der geringste Anhalt auf ein Schutzbegehren vor Verfolgung entnommen werden, liegt kein Asylantrag vor. Nach früherem Recht hatte der Antragsbegriff *Weichenfunktion.* Mit diesem Begriff wurde früher die Weiche gestellt, ob Asylverfahrens- oder allgemeines Ausländerrecht anzuwenden war (OVG NW, NVwZ-RR 1989, 390; OVG Rh-Pf, NJW 1977, 510). Bereits nach dem bis 1982 geltenden Verfahrensrecht wurde den Ausländerbehörden aber eine Befugnis zur *Schlüssigkeitsprüfung* abgesprochen (OVG Hamburg, MDR 1979, 433; OVG Hamburg, DVBl 1980, 99; BayVGH, Beschl. v. 28.02.1979 – Nr. 10 Cs-241//79). Von diesem entstehungsgeschichtlichen Ansatz aus wird die Funktion von Abs. 5 deutlich: Obwohl eigentlich kein Asylantrag vorliegt, sollen diese Verfahren – einem vom Gesetzgeber empfundenen praktischen Bedürfnis folgend – dem eingespielten und zügigen Sonderregime nach §§ 30, 34, 36 unterworfen werden. Die Ausländerbehörde darf weder die Voraussetzungen noch die Schlüssigkeit des geltend gemachten Antrags prüfen, sondern hat den Antragsteller gem. § 19 Abs. 1 Halbs. 2 an das Bundesamt weiterzuleiten (*Schaeffer*, in: *Hailbronner*, AuslR, § 78 AsylG Rn. 94; a.A. *Funke-Kaiser*, in: GK-AsylG, § 30 Rn. 127). Gleiches gilt für die Grenzbehörde. Die Ansicht, der Antragsteller, der zwar nicht inhaltlich, wohl aber formal ein Asylbegehren vorbringe, brauche nicht an das Bundesamt weiter geleitet werden (*Bergmann*, in: Bergmann/Dienelt, AuslR, 11. Aufl., 2016, § 30 AsylG Rn. 20), ist deshalb unzutreffend. Dadurch wird die Ausübung der Kompetenzprüfung des Bundesamtes verhindert. 70

G. Rechtsschutz

I. Klageverfahren

Für den Rechtsschutz in der Hauptsache gelten keine Besonderheiten. Insoweit wird auf die Erläuterungen zu § 74 verwiesen. Nach § 36 Abs. 1 in Verb. mit § 30 wird die Ausreisefrist auf eine Woche festgesetzt und hat die Klage keine aufschiebende Wirkung (§ 75). Da nach § 36 Abs. 3 Satz 1 der Eilrechtsschutzantrag binnen Wochenfrist zu stellen ist, beträgt auch die Klagefrist nur eine Woche (§ 74 Abs. 1 Halbs. 2). Zwar bleibt hiervon die Begründungsfrist von einem Monat (§ 74 Abs. 2 Satz 1) unberührt. Die Entscheidungsfristen in § 36 Abs. 3 Satz 5 ff. geben jedoch Anlass, den einstweiligen Rechtsschutzantrag vorher umfassend zu begründen. Der Streitgegenstand umfasst regelmäßig fünf Einzelfallregelungen des angefochtenen Bescheids: Die Versagung der Asylanerkennung, der Zuerkennung der Flüchtlingseigenschaft nach § 3 Abs. 4, des subsidiären Schutzes nach § 4, der Feststellung von Abschiebungsverboten nach § 60 Abs. 5 und 7 AuslG sowie die Abschiebungsandrohung. Für den Fall, dass das Bundesamt den Asylantrag nach Abs. 4 als offensichtlich unbegründet abgelehnt hat, ist die isolierte Anfechtungsklage, mit der das Bundesamt zur inhaltlichen Prüfung der Verfolgungsbehauptungen angehalten werden soll, statthaft (VG Freiburg, AuAS 1996, 90, 91). 71

II. Eilrechtsschutzverfahren (§ 36 Abs. 3 und 4)

72 Da die Klage gegen die Abschiebungsandrohung, die im Zusammenhang mit der qualifizierten Asylablehnung erlassen wird, keine aufschiebende Wirkung hat (§ 75), muss der Kläger Eilrechtsschutz zur weiteren Sicherstellung seines »vorläufigen Bleiberechtes« während des Klageverfahrens nach § 36 Abs. 3 und 4 beantragen. Insoweit wird auf die Erläuterungen zu § 36 verwiesen. In Fällen der qualifizierten Asylablehnung nach Abs. 1 oder Abs. 2 prüft das zuständige Verwaltungsgericht, ob »ernstliche Zweifel« (Art. 16a Abs. 4 Satz 1 GG, § 36 Abs. 4 Satz 1) an der Rechtmäßigkeit dieser Entscheidung bestehen. Hat das Verwaltungsgericht ernstliche Zweifel an dieser Entscheidung, kann nur in besonderen Ausnahmefällen das »vorläufige Bleiberecht« mit Hinweis auf einen der Tatbestände des Abs. 3 entzogen werden.

§ 30a Beschleunigte Verfahren

(1) Das Bundesamt kann das Asylverfahren in einer Außenstelle, die einer besonderen Aufnahmeeinrichtung (§ 5 Absatz 5) zugeordnet ist, beschleunigt durchführen, wenn der Ausländer

1. **Staatsangehöriger eines sicheren Herkunftsstaates (§ 29a) ist,**
2. **die Behörden durch falsche Angaben oder Dokumente oder durch Verschweigen wichtiger Informationen oder durch Zurückhalten von Dokumenten über seine Identität oder Staatsangehörigkeit offensichtlich getäuscht hat,**
3. **ein Identitäts- oder ein Reisedokument, das die Feststellung seiner Identität oder Staatsangehörigkeit ermöglicht hätte, mutwillig vernichtet oder beseitigt hat, oder die Umstände offensichtlich diese Annahme rechtfertigen,**
4. **einen Folgeantrag gestellt hat,**
5. **den Antrag nur zur Verzögerung oder Behinderung der Vollstreckung einer bereits getroffenen oder unmittelbar bevorstehenden Entscheidung, die zu seiner Abschiebung führen würde, gestellt hat,**
6. **sich weigert, der Verpflichtung zur Abnahme seiner Fingerabdrücke gemäß der Verordnung (EU) Nr. 603/2013 des Europäischen Parlaments und des Rates vom 26. Juni 2013 über die Einrichtung von Eurodac für den Abgleich von Fingerabdruckdaten zum Zwecke der effektiven Anwendung der Verordnung (EU) Nr. 604/2013 zur Festlegung der Kriterien und Verfahren zur Bestimmung des Mitgliedstaats, der für die Prüfung eines von einem Drittstaatsangehörigen oder Staatenlosen in einem Mitgliedstaat gestellten Antrags auf internationalen Schutz zuständig ist und über der Gefahrenabwehr und Strafverfolgung dienende Anträge der Gefahrenabwehr- und Strafverfolgungsbehörden der Mitgliedstaaten und Europols auf den Abgleich mit Eurodac-Daten sowie zur Änderung der Verordnung (EU) Nr. 1077/2011 zur Errichtung einer Europäischen Agentur für das Betriebsmanagement von IT-Großsystemen im Raum der Freiheit, der Sicherheit und des Rechts (ABl. L 180 vom 29.6.2013, Satz 1) nachzukommen, oder**
7. **aus schwerwiegenden Gründen der öffentlichen Sicherheit oder öffentlichen Ordnung ausgewiesen wurde oder es schwerwiegende Gründe für die Annahme**

gibt, dass er eine Gefahr für die nationale Sicherheit oder die öffentliche Ordnung darstellt.

(2) Macht das Bundesamt von Absatz 1 Gebrauch, so entscheidet es innerhalb einer Woche ab Stellung des Asylantrags. Kann es nicht innerhalb dieser Frist entscheiden, dann führt es das Verfahren als nicht beschleunigtes Verfahren fort.

(3) Ausländer, deren Asylanträge im beschleunigten Verfahren nach dieser Vorschrift bearbeitet werden, sind verpflichtet, bis zur Entscheidung des Bundesamtes über den Asylantrag in der für ihre Aufnahme zuständigen besonderen Aufnahmeeinrichtung zu wohnen. Die Verpflichtung nach Satz 1 gilt darüber hinaus bis zur Ausreise oder bis zum Vollzug der Abschiebungsandrohung oder -anordnung bei
1. **einer Einstellung des Verfahrens oder**
2. **einer Ablehnung des Asylantrags**
   a) nach § 29 Absatz 1 Nummer 4 als unzulässig,
   b) nach § 29a oder § 30 als offensichtlich unbegründet oder
   c) im Fall des § 71 Absatz 4.

Die §§ 48 bis 50 bleiben unberührt.

Übersicht Rdn.

A. Funktion der Vorschrift

Die Vorschrift wurde durch das Gesetz zur Einführung beschleunigter Asylverfahren 2016 (zweites Asylpaket) eingeführt und verfolgt das Ziel, für bestimmte Personengruppen, deren Asylanträgen geringe Erfolgsaussichten beigemessen wird (Abs. 1) ein beschleunigtes Verfahren durchzuführen. Abs. 1 stellt die Durchführung derartiger Verfahren in das *Ermessen* des Bundesamtes (»kann«). Es ist hierzu also nicht verpflichtet. Im Zusammenhang mit der Vorschrift wurde Abs. 5 in § 5 eingefügt (§ 5 Rdn. 17 ff.). Beschleunigte Verfahren nach dieser Vorschrift werden in besonderen Aufnahmeeinrichtungen nach § 5 Abs. 5 Satz 1 durch die dort eingerichteten 1

Außenstellen des Bundesamtes vorgenommen. Diese besonderen Aufnahmeeinrichtungen stehen also neben den (allgemeinen) Aufnahmeeinrichtungen (§ 44, § 47). Für die Personengruppen nach Abs. 1 tritt an die Stelle der Wohnpflicht nach § 47 Abs. 1 Satz 1 die Wohnpflicht in einer besonderen Aufnahmeeinrichtung nach § 5 Abs. 5. Die gesetzliche Begründung beruft sich auf Art. 31 Abs. 8 RL 2013/32/EU (BT-Drucks. 18/7538, Seite 16). Nach der Verfahrensrichtlinie sind die beschleunigten Verfahren allerdings im Einklang mit den Grundsätzen und Garantien nach Kapitel II der Richtlinie durchzuführen, d.h. es finden die für normale Verfahren geltenden Grundsätze und Garantien im vollen Umfang Anwendung.

2 Abs. 2 enthält eine Fristvorgabe für die beschleunigten Verfahren von einer Woche ab Asylantragstellung. Wird diese Frist nicht eingehalten, wird das beschleunigte als normales Verfahren fortgesetzt. Abs. 3 regelt die Wohnpflicht in der besonderen Aufnahmeeinrichtung bis zur Sachentscheidung des Bundesamtes. Damit tritt für die Antragsteller aus sicheren Herkunftsstaaten an die Stelle der Wohnpflicht des § 47 Abs. 1a die nach Abs. 3. Wird die Wochenfrist nach Abs. 2 Satz 1 nicht eingehalten, findet die Wohnverpflichtung nach § 47 Abs. 1a für diese Personengruppe Anwendung. Für alle Personengruppen nach Abs. 1 Halbs. 2 gilt während des Aufenthalts in der besonderen Aufnahmeeinrichtung das Verbot der Erwerbstätigkeit nach § 61 Abs. 1. Unbegleitete Minderjährige sind nach § 42 SGB VIII vom Jugendamt in Obhut zu nehmen und werden daher nicht in besonderen Aufnahmeeinrichtungen untergebracht (§ 12 Rdn. 26 ff.), sodass auch kein beschleunigtes Verfahren in Betracht kommt (BT-Drucks. 18/7538).

B. Ermessen (Abs. 1 erster Halbsatz)

3 Nach Abs. 1 Halbs. 1 »kann« das Bundesamt ein beschleunigtes Verfahren durchführen. Da über die Aufnahme in der besonderen Aufnahmeeinrichtung zu Beginn des Aufenthalts unmittelbar nach der Einreise, also noch vor der Registrierung und Entgegennahme des Antrags durch die zuständige Außenstelle (§ 23 Abs. 1) entschieden wird, ist die zuständige Außenstelle des Bundesamtes noch gar nicht an dieser Entscheidung beteiligt und kann sie folglich ihr Ermessen auch nicht ausüben. Das Verfahren muss daher so gestaltet werden, dass auch die zuständige Außenstelle an dem Verteilungsverfahren beteiligt wird. Diese wird jedoch erst mit der Entscheidung über die Unterbringung in einer besonderen Aufnahmeeinrichtung (§ 5 Abs. 5 Satz 2) bestimmt, sodass nicht die Außenstelle beteiligt werden kann. Andererseits erfordert zumindest die Anordnung für die in Abs. 1 Nr. 2, 3, 5 und 7 bezeichneten Personengruppen eine vorgängige Prüfung durch das Bundesamt darüber, ob die Voraussetzungen dieser Vorschriften erfüllt sind. Das Ermessen nach Abs. 1 Halbs. 1 wird deshalb nach einer Prüfung der Voraussetzungen nach Abs. 1 Halbs. 2 durch eine von der Zentrale des Bundesamtes bestimmte Stelle ausgeübt. Da Abs. 1 Halbs. 1 lediglich das Bundesamt erwähnt, ist damit keine Zuweisung der Entscheidung an die zuständige Außenstelle verbunden. Vielmehr wird allgemein dem Bundesamt und damit der Zentrale diese Aufgabe zugewiesen.

Bei der Entscheidung über ein beschleunigtes Verfahren handelt es sich nicht um einen Verwaltungsakt, sondern um eine *bloße organisatorische Maßnahme* ohne Außenwirkung. Allerdings stellt die *Weiterleitungsanordnung* nach § 20 Abs. 1 oder § 22 Abs. 1 Satz 2 ein Verwaltungsakt dar (VerfGH Berlin, InfAuslR 2014, 26, 27; VG Schwerin, AuAS 2003, 103; VG Gelsenkirchen, InfAuslR 2014, 122, 123 = AuAS 2014, 22; VG Magdeburg, InfAuslR 2014, 121; *Hailbronner,* AuslR B2 § 19 AsylG Rn. 11; *Funke-Kaiser,* in: GK-AsylG II, § 20 Rn. 4; § 20 Rdn. 5). Meldet sich der Asylsuchende bei einer Grenz-, allgemeinen Polizei-, Ausländerbehörde oder Aufnahmeeinrichtung (§ 18 Abs. 1 Halbs. 1; § 19 Abs. 1 Halbs. 1; § 22 Abs. 1 Satz 1) und erlässt diese unter den Voraussetzungen des Abs. 1 Halbs. 2 eine Weiterleitungsanordnung, die zuständige besondere Aufnahmeeinrichtung aufzusuchen, kann er gegen diese zwar Rechtsmittel einlegen und vorbringen, dass die Voraussetzungen des Abs. 1 Halbs. 2 nicht vorliegen. Die Entscheidung, ein beschleunigtes Verfahren durchzuführen, selbst ist aber lediglich eine behördliche Verfahrenshandlung, die nicht gesondert anfechtbar ist (§ 44a Satz 1 VwGO). Im Klageverfahren bzw. Eilrechtsschutzverfahren gegen die Sachentscheidung (§ 31) kann der Antragsteller zwar geltend machen, die Durchführung des beschleunigten Verfahrens in seinem Fall sei rechtswidrig gewesen. Liegen jedoch die Voraussetzungen des § 45 Abs. 1 Halbs. 2 VwVfG nicht vor, hat diese Entscheidung keine Auswirkungen auf die Rechtmäßigkeit der Sachentscheidung nach § 31. Die dem Antrag stattgebende gerichtliche Entscheidung gegen die Weiterleitungsanordnung zugunsten des Antragstellers hat jedoch mittelbar zur Folge, dass das beschleunigte Verfahren nicht durchgeführt werden darf. Gegen die Entscheidung im Eilrechtsschutzverfahren sind Rechtsbehelfe nicht gegeben (§ 80). 4

C. Betroffene Personengruppen (Abs. 1 zweiter Halbsatz)

I. Antragsteller aus »sicheren Herkunftsstaaten« (Nr. 1)

Nach Abs. 1 Halbs. 2 Nr. 1 ist ein beschleunigtes Verfahren durch zuführen, wenn der Antragsteller aus einem sicheren Herkunftsstaat (§ 29a) kommt. Durch Klärung und Identifizierung der Staatsangehörigkeit kann relativ einfach die Zugehörigkeit des Antragstellers zu dieser Personengruppe bestimmt werden. Während § 29a Abs. 1 Halbs. 1 nicht zwischen Staatsangehörigen und Staatenlosen aus einem sicheren Herkunftsstaat differenziert (§ 29a Rdn. 24 ff.), begrenzt Nr. 1 den Anwendungsbereich auf Staatsangehörige aus sicheren Herkunftsstaaten. Der Asylantrag eines Antragstellers, der in einem derartigen Staat seinen letzten gewöhnlichen Aufenthaltsort gehabt hat, aber *staatenlos* ist, kann deshalb nicht nach § 30a beschleunigt bearbeitet werden. Es ist daher vor der Entscheidung über die Zuweisung zu einer besonderen Aufnahmeeinrichtung die Staatsangehörigkeit des Antragstellers und damit vor der Einleitung des Asylverfahrens nach § 23 Abs. 1 zunächst dessen Staatsangehörigkeit zu klären. Kann diese nicht mit der erforderlichen Gewissheit (*Regelbeweismaß*) bestimmt werden, ist ein normales Verfahren durchzuführen und der Antragsteller in einer Aufnahmeeinrichtung nach § 47 Abs. 1 unterzubringen. Hat der Antragsteller mehrere Staatsangehörigkeiten und ist einer der Staaten seiner Staatsangehörigkeit in Anlage II bezeichnet, findet § 29a Anwendung (§ 29a Rdn. 24) und kann deshalb das beschleunigte Verfahren durchgeführt werden. 5

II. Täuschungshandlung nach Nr. 2

6 Nach Abs. 1 Halbs. 2 Nr. 2 ist ein beschleunigtes Verfahren durchzuführen, wenn der Antragsteller die Behörden durch falsche Angaben oder Dokumente oder durch Verschweigen wichtiger Informationen oder durch Zurückhaltung von Dokumenten über seine Identität oder Staatsangehörigkeit offensichtlich getäuscht hat. Die Voraussetzungen dieser Vorschrift sind im Wesentlichen identisch mit § 30 Abs. 3 Nr. 1 und 2 (§ 30 Rdn. 52 f.), sodass in diesen Fällen zumeist auch eine qualifizierte Sachentscheidung nach § 30 Abs. 3 Nr. 1 oder Nr. 2 getroffen werden wird, wenn im Laufe des Verwaltungsverfahrens festgestellt wird, dass die Voraussetzungen der Entscheidung nach Nr. 2 nicht nur offensichtlich vorliegen, sondern mit Gewissheit (Regelbeweismaß) feststehen. Die Voraussetzungen von Nr. 2 liegen nur dann vor, wenn *keine vernünftige Zweifel* daran bestehen, dass über die Identität oder Staatsangehörigkeit getäuscht wird. Angenommen werden kann das Vorliegen einer der drei Handlungsalternativen nur dann, wenn der Antragsteller vor seiner ersten Befragung über seine entsprechenden Mitwirkungspflichten belehrt worden ist.

7 Bedenken gegen die Vorschrift bestehen deshalb, weil die Prüfung ihrer Voraussetzungen gewissenhafte und sorgfältige Ermittlungen voraussetzen, diese aber erst im nachfolgenden Feststellungsverfahren durchgeführt werden. Andererseits verbietet sich angesichts des zumeist nach § 30 Abs. 3 Nr. 2 erforderlichen Offensichtlichkeitsbegriffs eine lediglich summarische Prüfung. Es muss sich also um besonders krasse Täuschungshandlungen handeln, die von Anfang an so offensichtlich auf eine Täuschung hinweisen, dass hieran keine Zweifel aufkommen können. Insbesondere die zweite Handlungsalternative dürfte daher kaum für die Durchführung beschleunigter Verfahren in Betracht kommen. Während die erste und dritte Alternative ein aktives Handeln des Asylsuchenden voraussetzen, liegt der zweiten ein passives Verhalten zugrunde. Die Täuschung muss sich anders als bei § 30 Abs. 3 Nr. 1 und 2 ausschließlich auf die *Identität* oder *Staatsangehörigkeit* beziehen. Der Antragsteller muss im Falle der ersten Alternative bei der Befragung *bewusst falsche Angaben* über seine Identität oder Staatsangehörigkeit machen. Stellt er von vornherein klar, dass er mit gefälschten Reisedokumenten und Personalien, die nicht zutreffend sind, eingereist ist und gibt bei der Befragung die richtigen an, liegen die Voraussetzungen der Nr. 1 nicht vor. Zumeist wird er die gefälschten Dokumente nicht bei sich führen, weil ihm diese von Fluchthelfern unmittelbar nach der Einreise abgenommen wurden. Es muss sich also um Fälle handeln, in denen der Antragsteller falsche Ausweisdokumente mit sich führt und diese bei der ersten Befragung vorlegt, um dadurch über seine Identität oder Staatsangehörigkeit zu täuschen. Die Behörde dürfte aber in diesem Stadium des Verfahrens zumeist nicht in der Lage sein, die wahre Identität oder Staatsangehörigkeit festzustellen. Die erste Alternative darf nur angenommen werden, wenn über die tatsächliche Identität oder Staatsangehörigkeit Gewissheit besteht.

8 Ein Verschweigen wichtiger Informationen, die sich auf die Identität oder Staatsangehörigkeit beziehen, kann nur angenommen werden, wenn die Behörde bereits über Informationen über die Identität oder Staatsangehörigkeit verfügt. Äußert sich der Antragsteller hierzu nicht, liegt kein Verschweigen vor. Es ist nicht ersichtlich, welche

Informationen er zurückhalten könnte, wenn die Behörde bereits Gewissheit über die Identität oder Staatsangehörigkeit hat. Hat die Behörde keine Informationen hierüber und macht der Antragsteller Angaben hierzu, kann ihm ein Verschweigen nicht vorgehalten werden. Es ist kaum vorstellbar, dass ein Antragsteller überhaupt keine Informationen über diese Frage liefert. Gibt er bewusst falsche an, ist die erste Alternative erfüllt. Da allein aus der Tatsache, dass ein Antragsteller angibt, keine Ausweisdokumente zu besitzen, nicht auf seine Unglaubwürdigkeit geschlossen werden kann (BVerfG [Kammer], NVwZ 1992, 560, 561 = InfAuslR 1992, 75; BVerfG [Kammer], InfAuslR 1993, 105, 108; § 30 Rdn. 53), rechtfertigt diese auch nicht die Durchführung des beschleunigten Verfahrens. Die dritte Alternative kann nicht bereits dann unterstellt werden, wenn der Antragsteller Dokumente mit sich führt und diese nicht unmittelbar bei der ersten Meldung übergibt. Dies kann auch seinen Grund darin haben, dass er über seine Mitwirkungspflichten nicht belehrt worden ist und deshalb nicht wusste, dass er mit sich geführte Dokumente unmittelbar bei der ersten Befragung herausgeben muss.

Die Annahme der Voraussetzungen der Nr. 2 ist nur gerechtfertigt, wenn zuvor in einer behördlichen Befragung sorgfältige und umfassende Ermittlungen zur Frage der Identität oder Staatsangehörigkeit zumeist durch Befragung des Antragstellers angestellt worden sind. Regelmäßig werden diese erst in der persönlichen Anhörung (§ 24 Abs. 1 Satz 3) durchgeführt. Soll das beschleunigte Verfahren angewandt werden, muss das Bundesamt durch geeignete organisatorische Maßnahmen sicherstellen, dass es selbst die Ermittlungen zu dieser Frage bereits vor der Antragstellung durchführt. Es hat den Antragsteller zu belehren und auf seine Mitwirkungspflichten nach § 15, soweit diese sich auf Angaben zur Identität oder Staatsangehörigkeit beziehen, zu belehren. 9

III. Vernichtung oder Beseitigung eines Identitäts- oder Reisedokumentes (Nr. 3)

Nach Abs. 1 Halbs. 2 Nr. 3 ist ein beschleunigtes Verfahren durchzuführen, wenn der Antragsteller ein Identitäts- oder Reisedokument, dass die Feststellung seiner Identität oder Staatsangehörigkeit ermöglicht hätte, mutwillig vernichtet oder beseitigt hat, oder die Umstände offensichtlich diese Annahme rechtfertigen. Diese Voraussetzungen liegen nicht vor, wenn der Antragsteller angibt, dass der Fluchthelfer die Identitäts- oder Reisedokumente an sich genommen hat. In diesem Fall fehlt es an den Voraussetzungen der Nr. 3, weil der Antragsteller ja nicht selbst das Dokument weggegeben, sondern der Fluchthelfer ihm dieses abgenommen hat. Darüber hinaus kann ihm in diesem Fall nicht der Vorwurf der Mutwilligkeit gemacht werden. Der Antragsteller muss also selbst Identitäts- oder Reisedokumente vernichtet oder beseitigt haben. Vernichtung bedeutet *Zerstören*, etwa durch Zerreißen des Dokumentes. Beseitigen kann in Form des Wegwerfens oder Versteckens erfolgen. *Mutwillig* bedeutet, dass der Antragsteller *nicht nur mit Vorsatz* handelt, sondern die *Intention* verfolgt, durch Vernichtung oder Beseitigung des Identitäts- oder Reisedokuments über seine Identität oder Staatsangehörigkeit zu täuschen. Insofern ist Nr. 3 eine besondere Handlungsalternative zu Nr. 2. Ein Verhalten mag rechtsmissbräuchlich sein. Es ist allein deshalb aber noch nicht zugleich auch mutwillig (OVG NW, InfAuslR 1984, 279, zu § 114 ZPO). 10

11 Nach dem Wortlaut von Nr. 3 muss es sich um ein Identitäts- oder Reisedokument handeln. Hierbei wird es sich um einen Personal- oder einen Reiseausweis handeln. Während der Begriff Reisedokument eindeutig ist und sich nur auf einen Reiseausweis beziehen kann, ist der Begriff Identitätsdokument offener. Erfasst sind alle Dokumente, die Aufschluss über die Identität oder Staatsangehörigkeit geben können, z.B. ein Führerschein, Studentenausweis, Dienstausweis oder sonstige Nachweise, die Aufschluss über die Identität geben. Sie müssen nicht zugleich auch Aufschluss über die Staatsangehörigkeit liefern, da der Wortlaut insoweit alternativ gefasst ist (»oder«). Feststellen kann die Behörde den Tatbestand nach Nr. 3 regelmäßig nur aufgrund der Erklärungen des Antragstellers. Räumt er eine Vernichtung oder Beseitigung nicht ein, müssen die näheren Umstände offensichtlich eine entsprechende Annahme rechtfertigen. Bei dieser Form der Feststellung ist Zurückhaltung angezeigt. Insbesondere darf nicht pauschal unterstellt werden, ohne Reisedokumente einreisende Asylsuchende hätten diese vor der Befragung vernichtet oder beseitigt. Da seit Jahrzehnten der ausweislos einreisende Asylsuchende der Regelfall ist, würde diese zur Folge haben, dass nahezu alle Asylanträge im beschleunigten Verfahren durchzuführen wären.

IV. Folgeantragsteller (Nr. 4)

12 Nach Abs. 1 Halbs. 2 Nr. 4 ist ein beschleunigtes Verfahren durchzuführen, wenn der Antragsteller einen Folgeantrag (§ 71) gestellt hat. Der Gesetzgeber hat § 71 nicht geändert. Danach hat der Antragsteller den Antrag bei der Außenstelle des Bundesamtes zu stellen, die der Aufnahmeeinrichtung zugeordnet ist, in der er während des früheren Asylverfahrens zu wohnen verpflichtet war (§ 71 Abs. 2 Satz 1). Da die beschleunigten Verfahren jedoch von der Außenstelle bearbeitet werden, die den besonderen Aufnahmeeinrichtungen zugeordnet sind (§ 5 Abs. 5 Satz 2), ergibt sich hieraus ein Widerspruch zwischen Nr. 4 und § 71 Abs. 2 Satz 1. Unklar ist, ob Folgeantragsteller der Wohnpflicht in einer besonderen Aufnahmeeinrichtung unterliegen. Nach § 71 Abs. 7 Satz 1 Halbs. 1 gilt die räumliche Beschränkung des früheren Asylverfahrens fort. Allerdings gilt dies nicht, wenn eine andere Entscheidung ergeht (§ 71 Abs. 7 Satz 1 Halbs. 2). Nr. 4 ordnet an, dass für die Aufnahme des Folgeantragstellers die besondere Aufnahmeeinrichtung zuständig ist. Nr. 4 stellt also eine andere Entscheidung in diesem Sinne dar. Dies bedeutet, dass nach geltendem Recht die Folgeantragstellung die Einweisung in eine besondere Aufnahmeeinrichtung zur Folge hat.

V. Verzögerung oder Behinderung der Vollstreckung (Nr. 5)

13 Nach Abs. 1 Halbs. 2 Nr. 5 ist ein beschleunigtes Verfahren durchzuführen, wenn der Antragsteller den Antrag nur zur Verzögerung oder Behinderung der Vollstreckung einer bereits getroffenen oder unmittelbar bevorstehenden Entscheidung, die zu seiner Abschiebung führen würde, gestellt hat. Die Vorschrift ist enger als § 30 Abs. 3 Nr. 4 gefasst. Danach wird ein Asylantrag als offensichtlich abgelehnt, wenn dieser gestellt wird, um eine drohende Aufenthaltsbeendigung abzuwenden. Nach Nr. 5 muss feststehen, dass der Antragsteller den Antrag »nur« zur Verzögerung oder Behinderung einer Vollstreckungsmaßnahme gestellt hat. Hat er gute Gründe für die Antragstellung, fehlt es an diesem Motiv. Der Antrag ist damit nicht »nur« zu Verfahrensverzögerung

oder -behinderung gestellt worden. Das Bundesamt muss also den Inhalt des Asylantrags prüfen, wenn es Nr. 5 anwenden will. Darüber hinaus muss er aufklären, warum der Antragsteller den Antrag nicht früher gestellt hat, wenn es annehmen will, dass der Antrag nur zur Verzögerung oder Behinderung gestellt wurde. Der Antragsteller mag darauf vertraut haben, dass seine Aufenthaltserlaubnis oder Duldung weiterhin verlängert werden wird und erst dann den Asylantrag gestellt haben, als ihm klar geworden war, dass dies nicht der Fall. Darüber hinaus muss ein Entscheidung getroffen worden sein, die zu seiner Abschiebung führen würde. Ob der bloße Erlass einer aufenthaltsbeendenden Maßnahme, etwa eine nachträgliche Befristung einer Aufenthaltserlaubnis oder eine Ausweisung, auch zur Abschiebung führt, ist im Zeitpunkt ihres Erlasses offen. Der Antragsteller kann hiergegen Rechtsmittel einlegen und Eilrechtsschutz beantragen, sodass offen ist, ob die Maßnahme auch vollstreckt werden kann. Auch eine Abschiebungsandrohung muss nicht zwingend zugleich auch die Abschiebung zur Folge haben. Auch gegen diese kann Rechtsschutz gewährt werden. Es wird sich daher um Fälle handeln, in denen die Vollstreckung bereits eingeleitet worden ist oder unmittelbar bevorsteht. Unmittelbar besteht sie vor, wenn alle Voraussetzungen für die Vollstreckung geklärt sind und die zuständige Behörde diese unverzüglich einleiten will.

VI. Weigerung gegen die Abnahme von Fingerabdrücken nach der Eurodac-Verordnung (Nr. 6)

Nach Abs. 1 Halbs. 2 Nr. 6 ist ein beschleunigtes Verfahren durchzuführen, wenn der Antragsteller sich weigert, der Verpflichtung zur Abnahme seiner Fingerabdrücke nach Art. 9 Verordnung (EU) Nr. 603/2013 (*Eurodac-Verordnung*) nachzukommen. Diese erkennungsdienstliche Behandlung dient der Durchführung des Zuständigkeitsbestimmungsverfahrens nach der Verordnung (EU) Nr. 604/2013. Demgegenüber führt die Weigerung, in das allgemeine erkennungsdienstliche Verfahren nach § 16 einzuwilligen, als solche nicht zur Durchführung eines beschleunigten Verfahrens. Allerdings wird grundsätzlich bei jedem Antragsteller zunächst das Zuständigkeitsbestimmungsverfahren durchgeführt. Dient die Identitätsfeststellung nach § 16 den Ermittlungen im Zuständigkeitsbestimmungsverfahren und verweigert der Antragsteller die Abnahme seiner Fingerabdrücke, liegen die Voraussetzungen der Nr. 6 vor. Ist die Zuständigkeit der Bundesrepublik zur Behandlung des Asylantrags offensichtlich, etwa weil der Antragsteller im Besitz eines Visums der Bundesrepublik oder sein Ehegatte oder anderer Familienangehöriger im Sinne von Art. 2 Buchst. g) Verordnung (EU) Nr. 604/2913 im Besitz des Status als international Schutzberechtigter oder noch keine Erstentscheidung in ihrem Asylverfahren ergangen (§ 29 Abs. 1 Nr. 1 Rdn. 22 ff.) ist oder ein unbegleiteter Minderjähriger (§ 29 Abs. 1 Nr. 1 Rdn. 19 ff.) Asyl beantragt (Art. 8 bis 10 Verordnung (EU) Nr. 604/2013), entfällt die erkennungsdienstliche Behandlung zum Zwecke des Zuständigkeitsbestimmungsverfahrens. In diesen Fällen führt die Weigerung, in das erkennungsdienstliche Verfahren einzuwilligen, nicht zur Durchführung eines beschleunigten Verfahrens und damit auch nicht zur Unterbringung in einer besonderen Aufnahmeeinrichtung (§ 46 Abs. 1 Satz 1). 14

Der Antragsteller ist vorher über den Zweck der erkennungsdienstlichen Behandlung zu belehren und insbesondere über die Folgen einer Weigerung. Die Belehrung 15 ist *aktenkundig* zu machen. Unterbleibt die Belehrung, ist die Durchführung eines beschleunigten Verfahrens rechtswidrig. Nur die Antragsteller, die sich im Rahmen des Zuständigkeitsbestimmungsverfahrens weigern, in die erkennungsdienstliche Behandlung einzuwilligen, werden in die besondere Aufnahmeeinrichtung eingewiesen. Während der Dauer der Unterbringung ist die Ausübung einer Erwerbstätigkeit nicht erlaubt (§ 61 Abs. 1). Die anderen Antragsteller, die im Rahmen der Verordnung (EU) Nr. 604/2013 überstellt werden sollen und sich nicht der erkennungsdienstlichen Behandlung verweigern, werden in die für sie zuständige allgemeine Aufnahmeeinrichtung eingewiesen und sind verpflichtet, dort bis zum Vollzug der Abschiebungsanordnung Wohnung zu nehmen (§ 47 Abs. 10). Während der Dauer der Unterbringung besteht ein Arbeitsverbot (§ 61 Abs. 1). Nr. 6 enthält keine Regelung über die Dauer der Wohnverpflichtung in der besonderen Aufnahmeeinrichtung. Die Regelung des § 47 Abs. 1a bezieht sich auf die Wohnverpflichtung nach § 47 Abs. 1, ist also auf die Antragsteller nach Nr. 6 nicht anwendbar. Will die zuständige Behörde die Fortdauer der Wohnverpflichtung in einer Aufnahmeeinrichtung durchsetzen, muss sie nach den ersten Maßnahmen im beschleunigten Verfahren die Anordnung aufheben und durch eine Anordnung nach § 47 Abs. 1 ersetzen. Zuständig ist die für die Unterbringung nach § 47 zuständige Landesbehörde. Das Bundesamt hat mit dieser Behörde eng zusammenzuarbeiten.

VII. Ausweisung aus schwerwiegenden Gründen der öffentlichen Sicherheit oder öffentlichen Ordnung oder Gefahr für die nationale Sicherheit oder öffentliche Ordnung (Nr. 7)

16 Nach Abs. 1 Halbs. 2 Nr. 7 ist ein beschleunigtes Verfahren durchzuführen, wenn der Antragsteller aus schwerwiegenden Gründen der öffentlichen Sicherheit oder öffentlichen Ordnung ausgewiesen wurde oder es schwerwiegende Gründe für die Annahme gibt, dass er eine Gefahr für die nationale Sicherheit oder öffentliche Ordnung darstellt. Die Vorschrift dient offensichtlich der *Gefahren- und Terrorismusabwehr* und lehnt sich an § 60 Abs. 8 Satz 1 AufenthG, § 3 Abs. 2 Nr. 2, § 4 Abs. 2 Nr. 2 an (§ 3 Rdn. 25 ff., § 4 Rdn. 73 ff.). Allerdings hat der Gesetzgeber auf die Dreijahresgrenze oder Einjahresgrenze des § 60 Abs. 8 Satz 1 und Satz 3 AufenthG verzichtet, d.h. es wird nicht automatisch ein beschleunigtes Verfahren durchgeführt, wenn der Antragsteller zu einer Freiheitsstrafe von mindestens einem oder drei Jahren verurteilt worden ist, wie umgekehrt, die Durchführung des beschleunigten Verfahrens nicht ein derartiges Strafmaß zwingend voraussetzt. Vielmehr ist in jedem Einzelfall sorgfältig zu ermitteln, ob er aus schwerwiegenden Gründen der öffentlichen Sicherheit oder Ordnung ausgewiesen wurde.

17 Insgesamt sind § 60 Abs. 8 Satz 1 und Satz 3 AufenthG, § 3 Abs. 2 Nr. 2, § 4 Abs. 2 Nr. 2 wie auch Nr. 7 an Art. 33 Abs. 2 GFK angelehnt. Ob ein Antragsteller aus schwerwiegenden Gründen der öffentlichen Sicherheit oder Ordnung ausgewiesen wurde, wird sich regelmäßig nicht unmittelbar aus dem Tenor der Ausweisungsverfügung, zumeist aber aus deren Begründung ergeben. Gleichwohl hat das Bundesamt vor der Entscheidung, ein beschleunigtes Verfahren durchzuführen, eine eigenständige Prüfung durchzuführen. Es darf sich nicht lediglich auf die Ausweisungsverfügung

stützen, sondern muss auch das Strafurteil heranziehen. Ob allein das Vorliegen besonders schwerwiegender Ausweisungsinteressen (§ 54 Abs. 1 AufenthG) die Anordnung nach Abs. 1 Halbs. 1 rechtfertigt, ist zweifelhaft. Ebenso zweifelhaft ist, ob angesichts des weiten Unterstützungsbegriffs der Rechtsprechung allein die Berufung auf das Ausweisungsinteresse nach § 54 Abs. 1 Nr. 2 AufenthG die Annahme einer Gefahr für die nationale Sicherheit oder öffentliche Ordnung rechtfertigt. Denn bei der Ausweisung von Flüchtlingen ist der Schutz von Art. 24 Abs. 1 UAbs. 1 RL 2011/95/EU zu beachten. Dieser gilt zwar erst für anerkannte Flüchtlinge. Der Antragsteller kann aber möglicherweise als Flüchtling anerkannt werden, sodass der Unterstützungsbegriff des § 54 Abs. 1 Nr. 2 AufenthG am Begriff der zwingenden Gründe nach Art. 24 Abs. 1 UAbs. 1 zu orientieren ist.

Zur Auslegung des Begriffs der zwingenden Gründe verweist der EuGH auf *Tsakouridis*. 18
Danach ist nicht die nationale, sondern die öffentliche Sicherheit maßgebend und muss das Funktionieren der Einrichtungen des Staates und seiner wichtigen öffentlichen Dienste sowie das Überleben der Bevölkerung beeinträchtigt sein oder die Gefahr einer erheblichen Störung der auswärtigen Beziehungen oder des friedlichen Zusammenlebens der Völker oder eine Beeinträchtigung der militärischen Interessen bestehen. Ferner müssen die Beeinträchtigungen einen »besonders hohen Schweregrad« aufweisen (EuGH, InfAuslR 2015, 357 (360 f.) Rn. 78 – *H.T.*, mit Verweis auf EuGH, InfAuslR 2011, 45 Rn. 41, 43f. – *Tsakouridis*, auf Vorlage des VGH BW, NVwZ-RR 2013, 981 (Ls)). Die Unterstützung muss sich auf eine konkrete terroristische Handlung beziehen und kann insbesondere dadurch geleistet werden, dass der Betroffene selbst eine derartige Handlung begangen hat, an der Planung, Entscheidung oder an der Anleitung anderer Personen zum Zwecke der Begehung solcher Handlungen beteiligt war oder diese finanziert oder anderen Personen die Mittel zu ihrer Begehung verschafft hat. Dabei bedeutet die Teilnahme an legalen Versammlungen und an Veranstaltungen wie z.B. dem kurdischen Neujahrsfest und das Sammeln von Spenden für die terroristische Organisation nicht notwendig, dass der Betroffene die Auffassung vertreten hätte, terroristische Handlungen seien legitim. Erst recht sind derartige Handlungen keine terroristische Handlungen (EuGH, InfAuslR 2015, 357, 360 f. Rn. 84; EuGH, InfAuslR 2011, 40, 42 Rn. 94 – *B.* und *D*; *Marx*, Aufenthalts-, Flüchtlings- und Asylrecht, 6. Aufl., 2016, § 7 Rn. 179).

Da Antragstellern, gegen die aus schwerwiegenden Gründen der öffentlichen Sicherheit eine Ausweisungsverfügung ergangen ist oder bei denen es schwerwiegende Gründe – etwa wegen des Vorwurfs der Unterstützung einer terroristischen Vereinigung – für die Annahme gibt, dass sie eine Gefahr für die nationale Sicherheit darstellen, häufig im Herkunftsland das tatsächliche Risiko von Folter oder unmenschlicher Behandlung droht, bestehen generell gegen Nr. 7 Bedenken. Zwar trifft den Antragsteller für das Bestehen dieses Risikos eine Darlegungslast. Ist das Vorbringen ausführlich, genau und folgerichtig und stützen Umstände die Glaubwürdigkeit des Antragstellers, geht die Beweislast auf die Behörde über (EGMR, NVwZ 2013, 631, 633 Rn. 164 f. – *El Masri*; § 4 Rdn. 40). Die auf dem Spiel stehenden Rechtsgüter haben ein sehr hohes Gewicht. Dies spricht dagegen, die Tatsachenermittlung und -würdigung in einem beschleunigten Verfahren durchzuführen. Vielmehr ist ein 19 normales Verfahren durchzuführen. Auch wenn Ausschlussgründe Anwendung finden können, beseitigt dies nicht den absoluten Schutz von Art. 3 EMRK.

D. Entscheidungsfrist (Abs. 2)

20 Die Sachentscheidung des Bundesamtes ergeht innerhalb einer Woche ab Stellung des Asylantrags (Abs. 2 Satz 1 in Verb. mit § 23 Abs. 1). Die *Wochenfrist* beginnt also nicht bereits mit der Aufnahme in der Aufnahmeeinrichtung, sondern erst mit dem Tag, an dem der Antragsteller nach Aufforderung durch diese förmlich seinen Asylantrag bei der dieser zugeordneten Außenstelle des Bundesamtes stellt. Über die Aufnahme in der besonderen Aufnahmeeinrichtung entscheidet das Bundesamt als solches. Dies muss nicht die nach der Aufnahme zuständige Außenstelle sein, da vor und während der Prüfung der Voraussetzungen des Abs. 1 Halbs. 2 noch keine Gewissheit darüber besteht, ob die Einweisung in eine besondere Aufnahmeeinrichtung erfolgt (Rdn. 3 f.). Aus diesem Grund und weil vor der Antragstellung die für den Antragsteller zuständige Außenstelle noch nicht bekannt ist, ist sie auch an der Entscheidung über die Aufnahme des Antragstellers in der besonderen Aufnahmeeinrichtung nicht beteiligt. Sie wird aber für die Bearbeitung seines Asylantrags zuständig, sobald dieser dort aufgenommen und bei ihr zwecks Antragstellung vorgesprochen hat. Entsprechend dem Beschleunigungsziel des § 30a hat die Aufnahmeeinrichtung dem Antragsteller unverzüglich den Termin zur Antragstellung mitzuteilen bzw. ist dieser zur unverzüglichen Antragstellung verpflichtet (§ 23 Abs. 1).

21 Kann die Außenstelle nicht innerhalb der Wochenfrist des Abs. 2 Satz 1 die Sachentscheidung treffen, hat sie das Verfahren als nicht beschleunigtes Verfahren durchzuführen (Abs. 2 Satz 2). Ist die Entscheidung nicht innerhalb der Wochenfrist ergangen, läuft die Frist ab. Der Zeitpunkt der Zustellung an den Antragsteller bzw. dessen Verfahrensbevollmächtigten wird zumeist nach diesem Zeitpunkt liegen. Die Vorschrift orientiert sich damit an § 18a Abs. 6 Nr. 2. Auch dort ist für den Fristablauf entscheidend, dass die Entscheidung innerhalb der dort gesetzten Frist ergeht. Ist die Wochenfrist abgelaufen und die Entscheidung noch nicht ergangen, wandelt sich das beschleunigte in ein normales Verfahren um. Nach der gesetzlichen Begründung kann es weiterhin in der besonderen Aufnahmeeinrichtung oder in einer anderen nach Maßgabe der §§ 44 ff. zu bestimmenden Aufnahmeeinrichtung durchgeführt werden (BT-Drucks. 18/7538, Seite 16). Nach der gesetzlichen Begründung muss daher bei der zweiten Alternative ein Erstverteilungsverfahren durchgeführt werden, bei dem über die für den Antragsteller zuständige Aufnahmeeinrichtung eine Entscheidung getroffen wird. Ist diese Entscheidung ergangen, ist die der Aufnahmeeinrichtung nach § 47 zugeordnete Außenstelle des Bundesamtes für die Behandlung des Asylantrags zuständig geworden. Ein weitere Behandlung des Asylantrags in der besonderen Aufnahmeeinrichtung ist mit dem Zweck von § 30a nicht vereinbar (Rdn. 20).

E. Wohnpflicht (Abs. 3)

22 Nach Abs. 3 Satz 1 sind Antragsteller, deren Asylanträge im beschleunigten Verfahren bearbeitet werden, verpflichtet, bis zur Entscheidung des Bundesamtes über den

Asylantrag (§ 31) in der für ihre Aufnahme zuständigen besonderen Aufnahmeeinrichtung zu wohnen. Die Vorschrift ist § 47 Abs. 1a nachgebildet und weicht von der Grundregel des § 47 Abs. 1 ab, wonach die Wohnpflicht in der allgemeinen Aufnahmeeinrichtung maximal bis zu sechs Monaten erstreckt werden darf (§ 47 Rdn. 7 f.). Während der Wohnpflicht nach Abs. 3 Satz 1 unterliegt der Antragsteller den räumlichen Beschränkungen nach § 56 (§ 59a Abs. 1 Satz 2). Ihm kommen damit die Vergünstigungen des § 59a Abs. 1 Satz 1 nicht zu. Die Ausübung einer Erwerbstätigkeit ist nicht gestattet (§ 61 Abs. 1). Der Gesetzgeber will mit Abs. 3 Satz 1 erreichen, dass die Rückführung unmittelbar aus der besonderen Aufnahmeeinrichtung erfolgen kann, wenn der Antrag abgelehnt worden ist (BT-Drucks. 18/7538). Legt der Antragsteller Rechtsmittel gegen die Sachentscheidung ein und liegt kein Fall des Abs. 3 Satz 2 vor, ist er aus der besonderen Aufnahmeeinrichtung zu entlassen. Dies folgt aus Abs. 3 Satz 2, der nur für die dort bezeichneten Fälle die Fortwirkung der Wohnpflicht anordnet. Außerdem ergibt sich dies aus Abs. 3 Satz 1 selbst, da die Wohnpflicht grundsätzlich nur bis zum Erlass der Sachentscheidung im Verwaltungsverfahren besteht. Unzutreffend geht die gesetzliche Begründung davon aus, dass der »Antrag aus den in der Norm näher bezeichneten Gründen abgelehnt« wird. Die in Abs. 1 Halbs. 2 bezeichneten Kriterien betreffen nur die Entscheidung für die Durchführung des beschleunigten Verfahrens, nicht aber die für die Sachentscheidung. Diese wird nach Maßgabe der in §§ 3a ff., § 4 Abs. 1 Satz 2, § 29a § 30, § 60 Abs. 5 und 7 AufenthG bezeichneten Kriterien getroffen.

Ist die Entscheidung nicht innerhalb der Wochenfrist des Abs.2 Satz 2 ergangen, entspricht es nicht mehr dem Sinn des Verfahrens nach § 30a, dass der Antragsteller weiterhin in der besonderen Aufnahmeeinrichtung verbleibt. Denn in diesem Fall kann nicht mit der vom Gesetz vorgesehenen Beschleunigung über den Asylantrag entschieden werden. Da der Sachverhalt offensichtlich weiterer Aufklärung bedarf, kann die Rückführung nicht unmittelbar aus der besonderen Aufnahmeeinrichtung vollzogen werden. Deshalb ist der Antragsteller einer allgemeinen Aufnahmeeinrichtung zuzuweisen oder kann er landesintern oder länderübergreifend verteilt werden. Es muss in diesem Fall also ein Erstverteilungsverfahren durchgeführt werden, innerhalb dessen die für ihn zuständige Aufnahmeeinrichtung und damit auch die zuständige Außenstelle des Bundesamtes bestimmt wird. 23

Nach Abs. 3 Satz 2 gilt die Wohnpflicht darüber hinaus bis zur Ausreise oder bis zum Vollzug der Abschiebungsandrohung oder -anordnung, wenn das Verfahren nach § 32 oder § 33 eingestellt wird, der Asylantrag als unzulässig (§ 29), nach § 29a oder § 30 als offensichtlich unbegründet abgelehnt wird oder das Bundesamt im Zusammenhang mit der Entscheidung nach § 71 Abs. 1 Satz 1 kein weiteres Verfahren durchzuführen, eine Abschiebungsandrohung erlässt (§ 71 Abs. 4, § 34 Abs. 1). Die Vorschrift ist § 47 Abs. 1a Satz 1 Halbs. 2 nachgebildet. Zwar verwendet die gesetzliche Begründung den Begriff »Rückführung« (BT-Drucks. 18/7538, Seite 16), also die zwangsweise Abschiebung. Abs. 3 Satz 2 geht aber davon aus, dass dem Antragsteller auch die – freiwillige – Ausreise zu ermöglichen ist. Aus dem Hinweis auf § 71 Abs. 4 folgt, dass bei einer Entscheidung nach § 71 Abs. 5 im Rahmen des Folgeantragsverfahrens die Wohnpflicht nicht über den Zeitpunkt der behördlichen Entscheidung hinaus verlängert werden kann. Hat der Eilrechtsschutzantrag gegen die behördliche 24

Entscheidung nach § 29, § 29a, § 30 oder § 71 Abs. 4 in Verb. mit § 34 Abs. 1 Erfolg, endet die Wohnpflicht (Abs. 3 Satz 3 in Verb. mit § 50 Abs. 1 Nr. 2).

25 Andere Fälle, in denen die Regelungen in § 48 bis § 50 Bedeutung erlangen (Abs. 3 Satz 3), sind kaum vorstellbar. Denkbar wäre, dass im beschleunigten Verfahren festgestellt wird, dass die Voraussetzungen für die Durchführung eines beschleunigten Verfahrens nicht vorliegen und zugleich eine Statusentscheidung zugunsten des Antragstellers ergeht. In diesem Fall endet die Wohnpflicht (Abs. 3 Satz 3 in Verb. mit § 48 Nr. 2). Erfüllt der Antragsteller die Voraussetzungen für die Erteilung einer Aufenthaltserlaubnis nach § 28 Abs. 1 Satz 1 Nr. 1 oder § 30 Abs. 1 AufenthG aufgrund einer Eheschließung, ist die Wohnpflicht unabhängig vom Ausgang des beschleunigten Verfahrens zu beenden (Abs. 3 Satz 3 in Verb. mit § 48 Nr. 3). Dies gilt auch, wenn die Abschiebungsandrohung zwar vollziehbar ist, die Abschiebung aber kurzfristig nicht möglich ist (Abs. 3 Satz 3 in Verb. mit § 49 Abs. 1).

§ 31 Entscheidung des Bundesamtes über Asylanträge

(1) [1]Die Entscheidung des Bundesamtes ergeht schriftlich. [2]Sie ist schriftlich zu begründen. Entscheidungen, die der Anfechtung unterliegen, sind den Beteiligten unverzüglich zuzustellen. [3]Wurde kein Bevollmächtigter für das Verfahren bestellt, ist eine Übersetzung der Entscheidungsformel und der Rechtsbehelfsbelehrung in einer Sprache beizufügen, deren Kenntnis vernünftigerweise vorausgesetzt werden kann; Asylberechtigte und Ausländer, denen internationaler Schutz im Sinne des § 1 Absatz 1 Nummer 2 zuerkannt wird oder bei denen das Bundesamt ein Abschiebungsverbot nach § 60 Absatz 5 oder 7 des Aufenthaltsgesetzes festgestellt hat, werden zusätzlich über die Rechte und Pflichten unterrichtet, die sich daraus ergeben. [4]Wird der Asylantrag nur nach § 26a oder § 29 Absatz 1 Nummer 1 abgelehnt, ist die Entscheidung zusammen mit der Abschiebungsanordnung nach § 34a dem Ausländer selbst zuzustellen. [5]Sie kann ihm auch von der für die Abschiebung oder für die Durchführung der Abschiebung zuständigen Behörde zugestellt werden. [6]Wird der Ausländer durch einen Bevollmächtigten vertreten oder hat er einen Empfangsberechtigten benannt, soll diesem ein Abdruck der Entscheidung zugeleitet werden.

(2) [1]In Entscheidungen über zulässige Asylanträge und nach § 30 Abs. 5 ist ausdrücklich festzustellen, ob dem Ausländer die Flüchtlingseigenschaft oder der subsidiäre Schutz zuerkannt wird und ob er als Asylberechtigter anerkannt wird. [2]In den Fällen des § 13 Absatz 2 Satz 2 ist nur über den beschränkten Antrag zu entscheiden.

(3) [1]In den Fällen des Absatzes 2 und in Entscheidungen über unzulässige Asylanträge ist festzustellen, ob die Voraussetzungen des § 60 Absatz 5 oder 7 des Aufenthaltsgesetzes vorliegen. [2]Davon kann abgesehen werden, wenn der Ausländer als Asylberechtigter anerkannt wird oder ihm internationaler Schutz im Sinne des § 1 Absatz 1 Nummer 2 zuerkannt wird.

(4) [1]Wird der Asylantrag nur nach § 26a als unzulässig abgelehnt, bleibt § 26 Absatz 5 in den Fällen des § 26 Absatz 1 bis 4 unberührt.

(5) Wird ein Ausländer nach § 26 Absatz 1 bis 3 als Asylberechtigter anerkannt oder wird ihm nach § 26 Absatz 5 internationaler Schutz im Sinne des § 1 Absatz 1 Nummer 2 zuerkannt, soll von der Feststellung der Voraussetzungen des § 60 Absatz 5 und 7 des Aufenthaltsgesetzes abgesehen werden.

(6) Wird der Asylantrag nach § 29 Absatz 1 Nummer 1 als unzulässig abgelehnt, wird dem Ausländer in der Entscheidung mitgeteilt, welcher andere Staat für die Durchführung des Asylverfahrens zuständig ist.

Übersicht Rdn.

A. Funktion der Vorschrift

1 Die Regelungen dieser Vorschrift entsprechen im Wesentlichen der Vorläufernorm des § 12 Abs. 6 AsylG 1982 und schreiben das *Entscheidungsprogramm des Bundesamtes* fest, in dem die Form der Sachentscheidung sowie die verschiedenen Regelungsgegenstände verbindlich vorgegeben werden. Die Vorschrift regelt nur die Gegenstände der materiellen Sachentscheidung, die am Abschluss des Verwaltungsverfahrens zu treffen sind. Ergänzend hierzu sind die Ermächtigungsgrundlagen für den Erlass aufenthaltsbeendender Verfügungen (§§ 34 ff.) zu sehen. Waren hierfür früher die Ausländerbehörden zuständig (§ 10 Abs. 2 und § 28 Abs. 1 AsylG 1982), ist entsprechend seiner umfassenden Zuständigkeit das Bundesamt (§ 5) nach geltendem Recht im Zusammenhang mit der Entscheidung über den Asylantrag für den Erlass aller asyl- und ausländerrechtlichen Entscheidungen einschließlich aufenthaltsbeendender Verfügungen zuständig.

2 Durch ÄnderungsG 1993 sind für Einreisetatbestände nach § 26a verschärfte Zustellungsvorschriften in Abs. 1 Satz 2 bis 5 eingefügt worden. Aufgrund des Richtlinienumsetzungsgesetz 2007 wurde Abs. 1 in Umsetzung der Art. 10 und 22 RL 2005/85/EG ergänzt. An deren Stelle sind Art. 11 und Art. 27 f. RL 2013/32/EU getreten. Darüber hinaus wurden durch dieses Gesetz Abs. 2 und 5 neu gefasst. Durch das Richtlinienumsetzungsgesetz 2013 wurde die Vorschrift redaktionell überarbeitet, um den um den internationalen Schutz insgesamt – Flüchtlings- und subsidiärer Schutz – erweitertem Antragsbegriff des § 13 Abs. 1 Rechnung zu tragen.

B. Formelle und inhaltliche Erfordernisse der Sachentscheidung (Abs. 1 Satz 1 und 2)

3 Wie früher § 12 Abs. 6 Satz 1 und 2 AsylG 1982 bestimmt Abs. 1 Satz 1, dass die Sachentscheidung *schriftlich* ergeht. Die Entscheidung trifft das Bundesamt (§ 5 Abs. 2 Satz 1). Auch Art. 11 RL 2013/32/EU schreibt die schriftliche Begründungspflicht einschließlich der Rechtsbehelfsbelehrung vor und regelt die unverzügliche Zustellungspflicht an die Beteiligten. Nach Art. 11 Abs. 2 RL 2013/32/EU sind die sachlichen und rechtlichen Gründe für die Ablehnung in der Entscheidung darzulegen. Insbesondere ablehnende Bescheide müssen die tragende Begründung der Entscheidung erkennen lassen. Die Einwände gegen die Glaubhaftigkeit des Sachvorbringens sind ausführlich darzulegen. Die allgemeinen Verfahrensvorschriften sind zu beachten (§ 69 Abs. 2 VwVfG). Dem Bescheid ist eine schriftliche Belehrung, wie der Bescheid angefochten werden kann, beizufügen. War diese Belehrung bereits zuvor schriftlich oder elektronisch erteilt worden, kann hiervon abgesehen werden (Art. 11 Abs. 2 Satz 2 RL 2013/32/EU). Nach innerstaatlichem Recht darf das Bundesamt von diesem Ermessen keinen Gebrauch machen, sondern ist dem Bescheid die Rechtsbehelfsbelehrung beizufügen (§ 59 VwGO). Die Frist beginnt nicht zu laufen, wenn die dem angefochtenen Urteil beigefügte *Rechtsmittelbelehrung unrichtig* ist (BVerwG, NVwZ-RR 2000, 325; Hess.VGH, EZAR 633 Nr. 5; OVG NW, NVwZ-RR 1998, 595; OVG NW, InfAuslR 2005, 123; OVG MV, NVwZ-RR 2005, 578, 579; VGH BW, Beschl. v. 01.06.1993 – A 12 Satz 874/93; VG Darmstadt, NVwZ 2000, 591; s. auch VGH MV, NVwZ-RR 2006, 77). An die Stelle der im AsylG geregelten Rechtsbehelfsfristen tritt die Jahresfrist des § 58 Abs. 2 VwGO

4 Wegen der einschneidenden Folgen und der Vorverlagerung des Rechtsschutzes in das Eilrechtsschutzverfahren gilt die Begründungspflicht im besonderen Maße für qualifizierte Antragsablehnungen nach § 30. Sind Beweisanträge zurückgewiesen worden, sind die Ablehnungsgründe in der Sachentscheidung konkret darzulegen. Zwar gelten die Formvorschriften des Abs. 1 Satz 1 und 2 nicht unmittelbar für die aufenthaltsbeendenden Verfügungen nach §§ 34 ff. Mit dem Verweis auf § 59 AufenthG in § 34 Abs. 1 Satz 1 wird aber klargestellt, dass diese Verfügungen ebenfalls schriftlich zu begründen sind. Da asylrechtliche Sachentscheidung und aufenthaltsbeendende Verfügung eng miteinander zusammenhängen, verdichtet sich die Sollvorschrift des § 59 Abs. 1 Satz 1 AufenthG zu einer zwingenden Verpflichtung, auch die Abschiebungsandrohung bzw. -anordnung schriftlich zu erlassen und schriftlich zu begründen. Regelmäßig folgen aber die tragenden Gründe für die Abschiebungsandrohung aus der asylrechtlichen Sachentscheidung, sodass eine kurze Begründung ausreicht. Dies gilt jedoch nicht für den Fall der Abschiebungsverbote nach § 60 Abs. 5 und 7 AufenthG. Die Entscheidung über das Vorliegen oder Nichtvorliegen dieser Abschiebungsverbote ist eine Sachentscheidung nach Abs. 1 Satz 1 (Abs. 3 Satz 1 Halbs. 2) und unterliegt daher unmittelbar den Formerfordernissen des § 31.

C. Zustellung der Sachentscheidung (Abs. 1 Satz 3 bis 6)

5 Nach Abs. 1 Satz 2 hat das Bundesamt die Sachentscheidung, die der Anfechtung unterliegt, und die Verfügung nach §§ 34 ff. an den Antragsteller zuzustelle.

Positive Statusentscheidungen können den Beteiligten danach durch einfache Bekanntgabe nach § 41 VwVfG mitgeteilt werden. § 34 Abs. 2 ordnet für den Regelfall den *Zustellungsverbund* an. Im Fall des § 26a und § 27 Abs. 1 Nr. 1 ist dieser zwingend (Abs. 1 Satz 4). Die Zustellung erfolgt nach Maßgabe des VwZG unter Berücksichtigung der Sondervorschriften des § 10. Wurde kein Bevollmächtigter für das Asylverfahren bestellt, ist abweichend vom allgemeinen Verfahrensrecht eine Übersetzung der Entscheidungsformel und der Rechtsbehelfsbelehrung in einer Sprache beizufügen, deren Kenntnis vernünftigerweise vom Antragsteller erwartet werden kann (Abs. 1 Satz 3 Halbs. 1, Art. 12 Abs. 1 Buchst. f) RL 2013/32/EU). Wird die Rechtsbehelfsbelehrung nicht in einer dem Antragsteller verständlichen Sprache erteilt, ist sie unrichtig und wird nicht in Gang gesetzt (BVerwG, NVwZ-RR 2000, 325; Hess.VGH, EZAR 633 Nr. 5; OVG NW, NVwZ-RR 1998, 595; OVG NW, InfAuslR 2005, 123; Rdn. 3). Abs. 1 Satz 3 Halbs. 2 legt in Umsetzung von Art. 22 RL 2011/95/EU eine behördliche Informationspflicht gegenüber dem Antragsteller hinsichtlich der mit dem jeweils gewährten Rechtsstatus verbundenen Rechte fest. Auch insoweit erfolgt die Information in einer Sprache, von der angenommen werden kann, dass die Betroffenen sie verstehen (Art. 22 RL 2013/32/EU). Unerlässlich ist auch eine Information über die Voraussetzungen, unter denen die Rechtsstellung wieder verloren geht (*Funke-Kaiser,* in: GK-AsylG II, § 31 Rn. 14).

Für die Sachentscheidung nach § 26a ist durch ÄnderungsG 1993 abweichend vom allgemeinem Verfahrensrecht eine besondere Zustellungsvorschrift eingeführt worden. Das Richtlinienumsetzungsgesetz 2007 hat diese Regelung durch Einfügung von § 29 Abs. 1 Nr. 1 auf Überstellungsverfahren nach der Verordnung Nr. 604/2013 erweitert. Dementsprechend wird nach Abs. 1 Satz 4 abweichend von § 7 Abs. 1 Satz 2 VwZG dem Antragsteller *persönlich* zugestellt. Der Bevollmächtigte oder Empfangsberechtigte erhält (nachträglich) einen Abdruck der Entscheidung. Durch den Zugang beim Bevollmächtigten wird nicht wirksam zugestellt (VG Frankfurt am Main, Beschl. v. 29.11.2013 – 8 L 4279/13.F.A.). Dies gilt auch für die Zuweisungsentscheidung (45a Abs. 5 Satz 1). Auch nachdem 2013 mit § 34a Abs. 2 der Eilrechtsschutz eingeführt wurde, ist weiterhin an den Antragsteller persönlich zuzustellen. Die Zustellung an den Verfahrensbevollmächtigten ist unwirksam. Der Mangel kann jedoch gem. § 8 VwZG geheilt werden (VG Oldenburg, AuAS 2013, 276). Anstelle des Bundesamtes kann auch die für die Durchführung der Abschiebung zuständige (Ausländer-)Behörde zustellen (Abs. 1 Satz 5). Die durch den Regelungszusammenhang dieser Zustellungsvorschriften aufgeworfenen Bedenken aus Art. 19 Abs. 4 GG, sind seit dem 06.09.2013 beseitigt. Danach ist dem Antragsteller Gelegenheit zu geben, Eilrechtsschutz zu beantragen und darf bei rechtzeitiger Beantragung innerhalb der Wochenfrist die Abschiebung nicht vollzogen werden (§ 34a Abs. 2 Satz 2). 6

D. Bedeutung der Sachentscheidung

Die asylrechtliche Sachentscheidung ist eine reine *Rechtsentscheidung*, bei der für Ermessenserwägungen kein Raum ist (BVerwGE 49, 211, 212 = EZAR 210 Nr. 1 = DÖV 1976, 94 = MDR 1976, 254; BVerwG, DVBl 1983, 33). Auch ein Beurteilungsspielraum wird nicht eingeräumt. Vielmehr ist die Sachentscheidung nach allgemeinen, 7 gerichtlich nachprüfbaren Maßstäben zu treffen (BVerwG, DVBl 1983, 33). Zwar steht Art. 16a Abs. 1 GG nicht unter Gesetzesvorbehalt, wohl aber wie Art. 16 Abs. 2 Satz 2 GG 1949 unter *Verfahrensvorbehalt* (BVerfGE 60, 253, 290 = EZAR 610 Nr. 14 = DVBl 1982, 888; JZ 1982, 596 = EuGRZ 1982, 394). Der asylrechtliche Statusbescheid ist vom Gesetz ausdrücklich als umfassende, abschließende und auf erschöpfender Sachaufklärung beruhende Sachentscheidung gewollt (BVerfGE 60, 253, 289f.). Nach der gesetzlichen Regelung ist diese, und nicht etwa eine gerichtliche Entscheidung, der *zentrale*, für die *Anerkennung der Statusberechtigung ausschlaggebende Akt* (BVerfGE 60, 253, 290). Die Statusentscheidung hat *»gleichsam konstitutive Wirkung«* (BVerfGE 60, 253, 295 = EZAR 610 Nr. 14 = DVBl 1982, 888; JZ 1982, 596), d.h. die Rechtsstellung wird im Asylverfahren faktisch erst zugeteilt (*Grimm*, NVwZ 1985, 865, 870). Nach Erwägungsgrund Nr. 21 RL 2011/95/EU hat die Zuerkennung der Flüchtlingseigenschaft allerdings bloße *deklaratorische Wirkung*.

8 Allein das Bundesamt, nicht aber das Verwaltungsgericht kann verbindlich die Asylanerkennung, die Flüchtlingseigenschaft, den subsidiären Schutzstatus und das Vorliegen von Abschiebungsverboten nach § 60 Abs. 5 oder 7 AufenthG feststellen (Hess. VGH, ESVGH 31, 259). Daher ist davon auszugehen, dass ein bestandskräftiger Ablehnungsbescheid des Bundesamtes auch nach der Verfassung grundsätzlich die *letztverbindliche* staatliche Entscheidung über die geltend gemachten Ansprüche darstellt. Eine verfassungsrechtlich hinreichende staatliche Feststellung der Statusberechtigung liegt mithin nicht erst mit der Entscheidung des Verwaltungsgerichtes vor. Diese ist lediglich eine *Kontroll*entscheidung, grundsätzlich aber nicht die Statusentscheidung in Bezug auf die begehrten Statusberechtigungen (BVerfGE 60, 253, 290 = EZAR 610 Nr. 14 = DVBl 1982, 888; JZ 1982, 596). Erst mit der sich aus zwingendem Recht ergebenden behördlichen Feststellung wird folglich das Bestehen der geltend gemachten Ansprüche festgestellt (Hess. VGH, ESVGH 31, 259). Unabhängig von der Statusentscheidung ist aber das Abschiebungs- und Zurückweisungsverbot zu beachten (BVerfG [Kammer], InfAuslR 1992, 226, 228f.); BVerwGE 49, 202, 205 = EZAR 103 Nr. 1 = NJW 1975, 2158; BVerwGE 62, 206, 210 = EZAR 221 Nr. 7 = InfAuslR 1981, 214; BVerwGE 69, 323, 325 = EZAR 200 Nr. 10 = NJW 1984, 2782).

E. Umfang der Sachentscheidung (Abs. 2)

I. Entscheidungsprogramm des Bundesamtes

9 Die Regelungen in Abs. 2 bis 5 beschreiben das *Entscheidungsprogramm* des Bundesamtes. Sie sind nicht systematisch gegliedert und erschweren daher das Verständnis der Struktur des Entscheidungsprogramms. Aus Abs. 2 Satz 1 in Verb. mit Abs. 3 Satz 1 folgt, dass nur bei zulässigen Asylanträgen eine Entscheidung über die *Asylberechtigung* oder den *internationalen Schutz* erfolgen kann. Wird diese Entscheidung nicht getroffen oder ist der Antrag unbeachtlich, ist eine Entscheidung über Abschiebungsverbote nach § 60 Abs. 5 und 7 AufenthG zu treffen (Abs. 3 Satz 1). Für Anträge, die nach § 26a die Berufung auf das Asylrecht oder den internationalen Schutz sperren, enthält Abs. 4 eine besondere Regelung. Aufgrund der Erweiterung des Antragsbegriffs trifft das Bundesamt auch die statusrechtliche Entscheidung zum

(unionsrechtlichen) subsidiären Schutz. Auf diesen kann nicht verzichtet werden (§ 13 Abs. 2 Satz 1), wohl aber auf die Asylberechtigung (§ 13 Abs. 2 Satz 2). Die unterschiedlichen Tatbestände des subsidiären Schutzes nach § 4 Abs. 1 Satz 2 bilden einen eigenständigen, vorrangig vor den nationalen Abschiebungsverboten des § 60 Abs. 5 und 7 AufenthG zu prüfenden Streitgegenstand (BVerwGE 134, 188, 190 Rn. 9 = EZAR NF 69 Nr. 7 = InfAuslR 2010, 404; BVerwGE 131, 198, 201 Rn. 11 ff. = EZAR NF 69 Nr. 7 = InfAuslR 2010, 404; BVerwGE 136, 360, 365 Rn. 16 f. = EZAR 69 Nr. 7 = InfAuslR 2010, 404; BVerwGE 137, 226, 229 Rn. 7 f. = InfAuslR 2010, 249; Hess. VGH, EZAR NF 66 Nr. 1, S. 4 f.; *Hoppe*, ZAR 2010, 164, 169). Wird subsidiärer Schutz begehrt und ist zugleich ein nachrangiges nationales Abschiebungsverbot erheblich, muss sich der Antragsteller nicht auf dieses verweisen lassen (BVerwGE 136, 360, 366 Rn. 17 f. = EZAR 69 Nr. 7 = InfAuslR 2010, 404; s. hierzu *Marx*, Handbuch zum Flüchtlingsschutz, 2. Aufl., 2012, S. 623).

Aus Abs. 2 Satz 1 folgt für den Fall der unbeschränkten Antragstellung, dass vorrangig über die Asylberechtigung und Flüchtlingseigenschaft zu entscheiden ist. Wurde der Antrag beschränkt, wird nur über die Flüchtlingseigenschaft entschieden. Aus der alternativen Fassung (»oder«) folgt, dass keine Entscheidung zum *subsidiären Schutz* zu treffen ist, wenn die Flüchtlingseigenschaft zuerkannt wird. Unionsrecht steht einer nationalen Regelung nicht entgegen, wonach über den subsidiären Schutzstatus erst dann zu entscheiden ist, wenn der Antrag auf Zuerkennung der Flüchtlingseigenschaft zurück gewiesen worden ist (EuGH, NVwZ-RR 2014, 621 – *H.N.*; § 74 Rdn. 50). Nur wenn diese versagt wird, ist eine Entscheidung über den subsidiären Schutz zu treffen. Wird dieser gewährt, entfällt eine Entscheidung über den nationalen subsidiären Schutz nach § 60 Abs. 5 und 7 AufenthG (Abs. 3 Satz 2). Die auch früher maßgebende Rangordnung zwischen Flüchtlings- und subsidiärem Schutz (§ 31 Abs. 2 Satz 1, Abs. 3 Satz 1 AsylVfG a.F.) wollte der Gesetzgeber ersichtlich nicht ändern. Die Neufassung des Abs. 2 ist lediglich redaktionelle Folge der Erweiterung des Antragsbegriffs (BT-Drucks. 17/13063, S. 11), hat jedoch nicht zur Folge, dass im Fall der Zuerkennung der Flüchtlingseigenschaft auch über den subsidiären Schutz zu entscheiden ist. Aus der alternativen Fassung des Abs. 2 Satz 1 folgt lediglich, dass dann über den subsidiären Schutz zu entscheiden ist, wenn die Flüchtlingseigenschaft nicht zuerkannt wird. Will das Bundesamt den Antrag im vollen Umfang ablehnen, hat es eine negative Entscheidung über die Asylberechtigung die Flüchtlingseigenschaft, den subsidiären Schutz sowie die Abschiebungsverbote nach § 60 Abs. 5 und 7 AufenthG zu treffen. 10

II. Zulässige Asylanträge (Abs. 2)

Das Bundesamt hat bei zulässigen Asylanträgen *stets* Feststellungen zur *Asylberechtigung* sowie zugleich zum internationalen Schutz zu treffen (Abs. 2 Satz 1), es sei denn, der Antragsteller hat von vornherein seinen Antrag gem. § 13 Abs. 2 ausdrücklich auf den Anspruch auf den internationalen Schutz beschränkt (Rn. 10). Die Einbeziehung des Nichtantrags (§ 30 Abs. 5) ist überflüssig. Handelt es sich nicht um einen Asylantrag, ist dieser nach § 30 Abs. 5 als offensichtlich unbegründet abzulehnen und das volle Entscheidungsprogramm zu beachten (*Bergmann*, in: Bergmann/Dienelt, AuslR, 11

11. AuslR, 2016, § 31 AsylG Rn. 2). Handelt es sich hingegen um einen Asylantrag, ist dieser wie jeder andere Asylantrag, der nicht unbeachtlich ist, zu behandeln und ist ebenfalls das gesamte Entscheidungsprogramm zu berücksichtigen.

12 Hat der Antragsteller den Asylantrag beschränkt, folgt aus der das Verwaltungsrecht beherrschenden Dispositionsbefugnis, dass *keine* Feststellung zur Asylberechtigung zu treffen ist. Denn diese Feststellung war nicht beantragt und stand damit nicht zur Disposition der Behörde. Hat der Antragsteller den Antrag nicht gem. § 13 Abs. 2 beschränkt, ist *stets* zu beiden Regelungsbereichen, d.h. zur Asylberechtigung wie auch zum internationalen Schutz eine Feststellung zu treffen. Tenoriert das Bundesamt lediglich, dass der Asylantrag abgelehnt wird, liegt keine vollständige Entscheidung vor, weil es an einer ausdrücklichen Feststellung über die Zuerkennung der Flüchtlingseigenschaft und des subsidiären Schutzes fehlt (VG Kassel, AuAS 2015, 250). Wird die Flüchtlingseigenschaft zuerkannt, entfällt eine Feststellung zum subsidiäre Schutz (Rdn. 10). Wird sie nicht zuerkannt, ist über den subsidiären Schutz zu entscheiden. Wird hierüber eine positive Entscheidung getroffen, kann auf eine Feststellung nach § 60 Abs. 5 und 7 AufenthG verzichtet werden (Abs. 3 Satz 2). In der Verwaltungspraxis wird überwiegend so verfahren.

III. Statusversagung und unbeachtliche Asylanträge (Abs. 3)

13 Nach Abs. 3 Satz 1 ist bei unzulässigen Asylanträgen (§ 29 Abs. 1) eine Entscheidung über das Vorliegen von Abschiebungsverboten nach § 60 Abs. 5 oder 7 AufenthG zu treffen. Hieraus folgt, dass bei beachtlichen Asylanträgen diese Verpflichtung entfällt. Dementsprechend hat Abs. 3 Satz 2 lediglich klarstellende Funktion: Wird der Antragsteller als Asylberechtigter anerkannt oder ihm internationaler Schutz gewährt, kann das Bundesamt nach Ermessen über die Abschiebungsverbote entscheiden. In der Verwaltungs- und Spruchpraxis der Verwaltungsgerichte wird hiervon abgesehen. Ist der Antrag unzulässig (§ 29 Abs. 1), ergeht keine Sachentscheidung nach Abs. 2 Satz 1. Vielmehr erlässt das Bundesamt die Abschiebungsandrohung nach § 35, ohne dass in der Sache selbst entschieden wird. Es hat jedoch kraft Abs. 3 Satz 1 Feststellungen zu § 60 Abs. 5 und 7 AufenthG zu treffen. Da keine Entscheidung in der Sache ergeht, kann diese Entscheidung auch nicht das Herkunftsland betreffen, sondern den sonstigen Drittstaat, in den die Rückführung für zulässig erachtet wird. Drohen im Zielstaat Gefahren im Sinne von § 60 Abs. 5 oder 7 AufenthG, ist dies festzustellen und ist die Rückführung in den Drittstaat ausgeschlossen (*Bergmann*, in: Bergmann/Dienelt, AuslR, 11. Aufl., 2016, § 31 AsylG Rn. 3; *Funke-Kaiser*, in: GK-AsylG II, § 31 Rn. 27 f.; *Schaeffer*, in: Hailbronner, AuslR B 2, § 31 AsylG Rn. 29). Die praktische Bedeutung dieser Regelung ist gering.

14 Anders als bei der Feststellung der Asylberechtigung oder des internationalen Schutzes, die eine Aufenthaltserlaubnis zur Folge hat (§ 25 Abs. 1 und 2 AufenthG), ergeht bei der Entscheidung über Abschiebungsverbote nach § 60 Abs. 5 und 7 AufenthG eine Abschiebungsandrohung nach § 34 (§ 59 Abs. 3 Satz 1 AufenthG). Deshalb ist zu prüfen, ob im Zielstaat der Abschiebung Hindernisse im Sinne von § 60 Abs. 5 und 7 AufenthG bestehen und in der Abschiebungsandrohung das Abschiebungsverbot

auf diesen Zielstaat zu beziehen (im Einzelnen § 34 Rdn. 23 ff.). Wird die Feststellung verweigert, muss die Klage nicht auf eines der Abschiebungsverbote beschränkt werden. Vielmehr handelt es sich bei § 60 Abs. 5 und 7 AufenthG um einen *einheitlichen Streitgegenstand* (BVerwGE 140, 319, 326 f. Rn. 17 = NVwZ 2012, 240). Daher gibt es zwischen beiden Verboten auch kein Rangverhältnis. Ist kein anderer Zielstaat der Abschiebung ersichtlich, in den abgeschoben werden kann, hat der Betroffene den Sollanspruch aus § 25 Abs. 3 AufenthG auf Erteilung der Aufenthaltserlaubnis.

Die Entscheidung des Bundesamtes über Abschiebungsverbote entfaltet gem. § 42 Satz 1 Bindungswirkung gegenüber der Ausländerbehörde. Durch sie wird eine rechtserhebliche Eigenschaft, nämlich dass der Abschiebung Hindernisse nach § 60 Abs. 5 und 7 AufenthG entgegenstehen, für die Ausländerbehörde verbindlich festgestellt (OVG Hamburg, NVwZ-Beil. 1996, 44, 45). Das Bundesamt ist für diese Prüfung nur zuständig, wenn Asyl und internationaler Schutz begehrt wird (§ 24 Abs. 2). Abschiebungsverbote nach § 60 Abs. 5 und 7 AufenthG, die außerhalb des Asylverfahrens beantragt werden, sind von der Ausländerbehörde nach vorheriger Beteiligung des Bundesamtes zu prüfen (§ 72 Abs. 2 AufenthG). Eine gesonderte Statusfeststellung erfolgt jedoch nicht. Vielmehr hat die positive Feststellung Auswirkungen auf das aufenthaltsrechtliche Verfahren. 15

IV. Einreise aus einem sicherem Drittstaat (Abs. 4)

Bei Einreise aus einem bestimmten *sicheren Drittstaat* wird der Asylantrag *nicht* in der Sache entschieden. Abs. 4 ist nach Ansicht des BVerfG mit dem Grundgesetz vereinbar (BVerfGE 94, 49, 112 = NVwZ 1996, 700, 708 = EZAR 208 Nr. 7). Zwar verwenden Abs. 1 Satz 4 sowie Abs. 4 für diesen Fall den Begriff der Antragsablehnung. Der Gesetzgeber ist bei seiner Wortwahl jedoch nicht präzise. Da dem Antragsteller das Asylrecht nicht zusteht (Art. 16a Abs. 2 Satz 1 GG), wird der Antrag in der Sache nicht abgelehnt (a.A. *Bergmann*, in: Bergmann/Dienelt, AuslR, 11. Aufl., 2016, § 31 AsylG Rn. 2). Vielmehr erfolgt in Ausführung der Verfassungsnorm des Art. 16a Abs. 2 Satz 1 GG lediglich die Feststellung, dass dem Antragsteller aufgrund seiner Einreise aus einem sicheren Drittstaat das Asylrecht nicht zusteht. Da derzeit Abschiebungen in »sichere« Drittstaaten mangels Listung derartiger Staaten nicht durchgeführt werden, sondern nur Überstellungen in Mitgliedstaaten, wird in der Verwaltungspraxis im Hinblick auf § 29 Abs. 1 Nr. 1 der Antrag als unzulässig abgelehnt. Dies hat zur Folge, dass abweichend vom Regelfall auch die Prüfung des internationalen Schutzes sowie von Abschiebungsverboten nach § 60 Abs. 1 Nr. 1 5 und 7 AufenthG entfällt (OVG NW, NVwZ 1997, 1141). Diese Entscheidung hat lediglich *deklaratorische Wirkung*. Mit ihr ist weder eine Prüfung der Zulässigkeit noch der Begründetheit des Antrags verbunden. Die Sachentscheidung nach Abs. 4 zieht automatisch die Abschiebungsanordnung nach § 34a Abs. 1 nach sich. Die besonderen Zustellungsvorschriften nach Abs. 1 Satz 4 bis 6 finden Anwendung. 16

Nach der Gesetzessystematik besteht ein enger Zusammenhang zwischen der Asylversagung wegen Einreise aus einem sicheren Drittstaat und der Anordnung der Abschiebung in diesen Staat. Eine derartige Anordnung kann nach § 34a Abs. 1 Satz 1 jedoch 17 nur ergehen, wenn *feststeht*, dass die Abschiebung in den sicheren Drittstaat durchgeführt werden kann. Nur unter dieser Voraussetzung ist es nach Sinn und Zweck der gesetzlichen Regelung gerechtfertigt, den Asylantrag ausschließlich unter Berufung auf § 26a abzulehnen und auf eine Prüfung des internationalen Schutzes sowie der Voraussetzungen von § 60 Abs. 5 und 7 AufenthG zu verzichten. Ist die Durchführung hingegen nicht möglich, ist ungeachtet der Einreise aus einem sicheren Drittstaat das volle Entscheidungsprogramm zu beachten (OVG NW, NVwZ 1997, 1141; Thür. OVG, AuAS 1997, 8, 9; *Bergmann*, in: Bergmann/Dienelt AuslR, 11. Aufl., 2016, § 31 AsylG Rn. 4; *Funke-Kaiser*, in: GK-AsylG II, § 31 Rn. 31). Nach Abs. 4 Halbs. 2 steht in diesen Fällen die Einreise aus einem sicheren Drittstaat der Gewährung des Familienasyls und internationalen Schutzes für Familienangehörige nach § 26 nicht entgegen, wenn die maßgeblichen Voraussetzungen erfüllt sind (BT-Drucks. 15/420, S. 110). Diese Regelung ist konsequent, da auch beim Stammberechtigten die Einreise aus einem sicheren Drittstaat der Zuerkennung der Flüchtlingseigenschaft nicht entgegensteht.

V. Durchführung der Verordnung (EU) Nr. 604/2013 (Abs. 6)

18 Abs. 6 wurde durch das Richtlinienumsetzungsgesetz 2007 neu in § 31 eingeführt. Es handelt sich um eine Ergänzung des Konzepts des unzulässigen Antrags (§ 29 Abs. 1 Nr. 1a) zwecks Durchführung der Verordnung (EU) Nr. 604/2013. Danach ist dem Antragsteller der für ihn zuständige Mitgliedstaat mitzuteilen. Abs. 6 entspricht der aus Art. 26 Abs. 1 Verordnung (EU) Nr. 604/2013 folgenden Verpflichtung. Unberührt bleiben die Verpflichtungen des Bundesamtes nach Abs. 1 und Art. 26 der Verordnung, den Bescheid zu begründen (BT-Drucks. 16/5065, S. 415) und die erforderlichen Informationen zur Durchführung der Überstellung sowie zur Einlegung von Rechtsmitteln und wirksamen Rechtsverteidigung (Art. 26 Abs. 2 der Verordnung) zu erteilen. Bei der Entscheidung über die Unzulässigkeit des Antrags handelt es sich nicht um eine Feststellung, sondern um eine *rechtsgestaltende Entscheidung* (BVerwG, InfAuslR 2016, 21, 21 f.; VGH BW, InfAuslR 2015, 77, 80; VG Frankfurt am Main, InfAuslR 2015, 239, 240).

19 Wenn ein *Zweitantrag* vorliegt, kann die Entscheidung nach Abs. 6 nicht als Entscheidung, wonach ein weiteres Asylverfahren nicht durchgeführt wird, aufrechterhalten oder in eine solche umgedeutet werden. Es bestehen gegenüber der Folgeantragssituation nach § 71 grundlegende Unterschiede. Im Zeitpunkt der Entscheidung nach Abs. 6 wegen Zuständigkeit eines anderen Mitgliedstaates wurde der Antrag nicht als Zweitantrag behandelt und auch nicht als solcher beschieden. Ferner bestehen im Zweitantragsverfahren umfangreichere Verfahrensgarantien, insbesondere auch nach § 25. Schließlich setzt die Abschiebungsandrohung nach § 71a Abs. 4 i.V.m. § 34 Abs. 1 voraus, dass eine negative Entscheidung über den Asylantrag getroffen wurde. Eine solche stellt die Entscheidung nach Abs. 6 aber nicht dar. Eine *Umdeutung* nach § 47 VwVfG kommt deshalb *nicht* in Betracht, weil die Entscheidung nach Abs. 6 und die über einen Zweitantrag in ihrer Zielsetzung unterschiedlich sind (VGH BW, EZAR NF 95 Nr. 44; OVG Rh-Pf, InfAuslR 2016, 29, 31; Nieders.OVG, NVwZ-RR 2016, 78 = InfAuslR 2016, 167; VG Frankfurt (Oder), AuAS 2015, 225, 226; VG Oldenburg, Urt. v. 04.05.2015 -1 A 154/15). Auch die *Abschiebungsanordnung*, die

zusammen mit der Entscheidung nach Abs. 6 erlassen wird, kann nicht in eine *Abschiebungsandrohung* umgedeutet werden (BVerwG, Beschl. v. 23.10.2015 – BVerwG 1 B 41.15), die aber bei einer negativen Entscheidung über einen Zweitantrag getroffen wird. Hat das Bundesamt die Zuständigkeit übernommen, muss es alle möglichen und zumutbaren Ermittlungen über den Ausgang des Verfahrens im anderen Mitgliedstaat unternehmen. Ist ihm dies nicht möglich, muss es entsprechend den unionsrechtlichen Vorgaben dem Antragsteller die Möglichkeit einräumen, das Verfahren fortzuführen, ohne dass es als Folge- oder Zweitantrag behandelt wird (VG Ansbach, AuAS 2015, 214, 215). Wird das Asylverfahren im ursprünglich zuständigen Mitgliedstaat wegen Nichtbetreibens ohne sachliche Prüfung eingestellt, liegt ebenfalls kein Zweitantrag vor, und der Antrag im Bundesgebiet ist umfassend zu prüfen (VG Cottbus, AuAS 2015, 48). Allein der Umstand, dass der Erfolg weiterer Ermittlungsbemühungen von der Mitwirkung ausländischer Behörden abhängt, begründet für sich noch keine Unzumutbarkeit (BVerwG, Beschl. v. 18.02.2015 – BVerwG 1 B 2.15).

F. Familienasyls sowie internationaler Schutz für Familienangehörige (Abs. 5)

Wird dem Antragsteller im Wege des Familienasyls oder des internationalen Schutzes 20 für Familienangehörige nach § 26 der Status gewährt, soll das Bundesamt für den Regelfall von der Feststellung nach § 60 Abs. 5 und 7 AufenthG absehen. Diese Regelung korrespondiert der für den Stammberechtigten geltenden Regelung des Abs. 3 Satz 2. Hat das Bundesamt von der Feststellung von Abschiebungsverboten abgesehen, wird auch das Verwaltungsgericht hierdurch gebunden (VGH BW, NVwZ-RR 1993, 383; VG Wiesbaden, InfAuslR 1993, 243). Zwar hat der Familienangehörige *keinen Rechtsanspruch auf Prüfung eigener Verfolgungsgründe* (BVerwG, EZAR 215 Nr. 4 = NVwZ 1992, 987; OVG NW, InfAuslR 1991, 316; VGH BW, InfAuslR 1993, 200; BayVGH, Urt. v. 18.12.1990 – 19 CZ 90.30661; OVG Saarland, Urt. v. 14.03.1996 – 1 R 12/96; § 26 Rdn. 44 ff.). Der abgeleitete Status wirkt jedoch wie der originäre Status (§ 26 Abs. 1 Halbs. 1, Abs. 5 Satz 2). Verpflichtet das Verwaltungsgericht das Bundesamt zur Gewährung des abgeleiteten Status, hebt es den Bescheid auf, sodass die belastenden Feststellungen nach § 60 Abs. 5 und 7 AufenthG beseitigt werden.

G. Anordnung eines Einreise- und Aufenthaltsverbots (§ 11 Abs. 7 AufenthG)

Zwar wird das Einreise- und Aufenthaltsverbot des § 11 Abs. 7 AufenthG in der Vor- 21 schrift nicht genannt. Nach § 75 Nr. 12 AufenthG ist das Bundesamt jedoch auch für die Befristung eines Einreise- und Aufenthaltsverbots nach § 11 Abs. 2 AufenthG im Fall einer Abschiebungsandrohung nach § 34, § 35 oder einer Abschiebungsanordnung nach § 34a sowie für die Anordnung und Befristung eines Einreise- und Aufenthaltsverbots nach § 11 Abs. 7 AufenthG zuständig. Im Zusammenhang mit der Entscheidung über einen Asylantrag kann sich die Frage der Befristung nicht stellen, wohl aber die Frage der Anordnung eines derartigen Verbots. Nach § 75 Nr. 12 AufenthG ist das Bundesamt aber für die Befristung eines Einreise- und Aufenthaltsverbotes nach § 11 Abs. 2 AufenthG im Falle einer Abschiebungsandrohung oder -anordnung (§§ 34 ff.) zuständig. Es handelt sich dabei um Entscheidungen aus früheren Verfahren, über deren Befristung außerhalb eines Verfahrens entschieden wird. Nach § 11 Abs. 7 Satz 1

Nr. 1 AufenthG kann das Bundesamt ein Einreise- und Aufenthaltsverbot gegen einen Antragsteller erlassen, dessen Antrag nach § 29a (*sicherer Herkunftsstaat*) bestandskräftig als offensichtlich unbegründet abgelehnt wurde, dem kein subsidiärer Schutz zuerkannt wurde, das Vorliegen der Voraussetzungen für ein Abschiebungsverbot nach § 60 Abs. 5 oder 7 AufenthG nicht festgestellt wurde und der keinen Aufenthaltstitel besitzt. Aus dieser Regelung folgt, dass im Zusammenhang mit der Sachentscheidung über den Asylantrag nach § 11 Abs. 7 Satz 1 Nr. 1 AufenthG kein Einreise- und Aufenthaltsverbot erlassen werden darf, weil zunächst der Eintritt der Bestandskraft der Sachentscheidung abgewartet werden muss. Die Versagung des subsidiären Schutzstatus und der Feststellung von Abschiebungsverboten nach § 60 Abs. 5 oder 7 AufenthG lassen den Erlass eines Einreise- und Abschiebungsverbots auch dann zu, wenn die Entscheidung nicht nach § 29a ergeht. Es erscheint aber ungereimt, in allen Fällen, in denen die weder die Flüchtlingseigenschaft noch subsidiärer Schutz zuerkannt noch eine Abschiebungsverbot festgestellt wurde, also in allen Fällen der offensichtlichen Unbegründetheit nach § 30 wie auch der einfachen Unbegründetheit den Erlass eines derartigen Verbots zuzulassen. Dann hätte es nicht des Hinweises auf § 29a sowie in Nr. 2 der Bezugnahme auf § 71 und § 71a bedurft. Auch würden wegen der Erfordernisses des Eintritts der Bestandskraft der Sachentscheidung nach § 29a Antragsteller aus sicheren Herkunftsstaaten gegenüber allen anderen Antragstellern, deren Antrag qualifiziert nach § 30 oder sogar lediglich als einfach unbegründet abgelehnt wird, privilegiert, weil hier nicht der Eintritt der Bestandskraft abgewartet werden müsste. § 11 Abs. 7 Satz 1 Nr. 1 AufenthG kann daher nur so verstanden werden, dass das Bundesamt nach Eintritt der Bestandskraft der Sachentscheidung nach § 29a ein Einreise- und Aufenthaltsverbot erlassen darf, wenn dem Betroffenen nicht subsidiärer Schutz gewährt und auch keine Abschiebungsverbote nach § 60 Abs. 5 oder 7 AufenthG festgestellt wurden und dieser auch nicht im Besitz eines Aufenthaltstitels ist.

22 Hat der Asylantrag nach § 71 oder § 71a bestandskräftig wiederholt nicht zur Durchführung eines weiteren Verfahrens geführt, darf nach § 11 Abs. 7 Satz 1 Nr. 2 AufenthG ebenfalls das Einreise- und Aufenthaltsverbot des § 11 Abs. 7 AufenthG angeordnet werden. Es muss also erstens wiederholt und zweitens bestandskräftig der Folge- oder Zweitantrag nicht zur Einleitung eines weiteren Verfahrens geführt haben. Diese Regelung hätte es nicht bedurft, wenn in allen Fällen, in denen der Antrag als offensichtlich unbegründet nach § 30 oder einfach unbegründet abgelehnt wird, der Erlass eines Verbotes nach § 11 Abs. 7 Satz 1 Nr. 1 AufenthG zulässig wäre. Das Bundesamt hat das Verbot zu befristen (§ 11 Abs. 7 Satz 2 AufenthG). Bei der erstmaligen Anordnung des Verbots soll die Frist ein Jahr, im Übrigen drei Jahre nicht überschreiten (§ 11 Abs. 7 Satz 3 und 4 AufenthG).

§ 32 Entscheidung bei Antragsrücknahme oder Verzicht

[1]Im Falle der Antragsrücknahme oder des Verzichts gemäß § 14a Abs. 3 stellt das Bundesamt in seiner Entscheidung fest, dass das Asylverfahren eingestellt ist und ob ein Abschiebungsverbot nach § 60 Absatz 5 oder 7 des Aufenthaltsgesetzes vorliegt. [2]In den Fällen des § 33 ist nach Aktenlage zu entscheiden.

Übersicht Rdn.

A. Funktion der Vorschrift

1 Die Vorschrift hat kein Vorbild im AsylG 1982. Sie soll verhindern, dass durch Antragsrücknahme oder Verzicht nach § 14a Abs. 3 die Aufenthaltsbeendigung verzögert werden kann. Deshalb soll das Bundesamt nach Antragsrücknahme oder Verzicht nach § 14a Abs. 3 auch die ausländerrechtliche Entscheidung nach § 34 Abs. 1 Satz 1 treffen (BT-Drucks. 12/2062, S. 33). Zugleich hat es dabei auch über Abschiebungsverbote nach § 60 Abs. 5 oder 7 AufenthG zu befinden. Nach Art. 27 Abs. 1 RL 2013/32/EU ist sicherzustellen, dass entweder die Antragsprüfung eingestellt oder der Antrag abgelehnt wird. Da Unionsrecht keine nationalen Abschiebungsverbote regelt, verhält es sich zu dieser Frage auch nicht.

2 Bei der Einstellungsverfügung handelt es sich um eine Sachentscheidung im Sinne von § 31 in der Form des § 32. Die Bundesrepublik hat nicht die unionsrechtlich eingeräumte Befugnis in Anspruch genommen, das Verfahren ohne förmliche Entscheidung zu beenden und lediglich einen Aktenvermerk hierüber in die Akte aufzunehmen (Art. 27 Abs. 2 RL 2013/32/EU). Satz 2 verweist auf die Rücknahmefiktion nach § 33 und stellt damit klar, dass auch im Fall der fiktiven Antragsrücknahme nach § 33 eine Entscheidung über das Vorliegen von Abschiebungsverboten nach § 60 Abs. 5 oder 7 AufenthG erforderlich ist. Das Gesetz honoriert die freiwillige Antragsrücknahme dadurch, dass das Bundesamt dem Antragsteller eine Ausreisefrist bis zu drei Monaten einräumen kann (§ 38 Abs. 3).

B. Dispositionsmaxime

3 Voraussetzung der besonderen Form der Sachentscheidung nach § 32 ist die Rücknahme des Asylantrags. Entsprechend der verwaltungsrechtlichen Dispositionsmaxime kann der Antragsteller über Beginn und Ende des Verwaltungsverfahrens frei verfügen. Die Einleitung des Verfahrens setzt einen Antrag voraus (§ 1 Abs. 1). Nimmt der Antragsteller diesen zurück, ist das Verfahren beendet. Die Verwaltung darf in der Sache nicht mehr entscheiden und lediglich festzustellen, dass das Verfahren durch Rücknahme eingestellt wird. Darüber hinausgehende Befugnisse hat die Behörde mangels Rücknahme des Antrags nicht. Das nach der gesetzlichen Begründung vorgesehene Verfahren, wonach in diesen Fällen gleichwohl die ausländerrechtliche Verfügung nach § 34 zu treffen ist, kann angesichts dieses das öffentliche Recht beherrschenden Grundsatzes an sich nicht überzeugen. Auch kann der Regelung des § 34 nicht entnommen werden, dass bei Antragsrücknahme die Verfügung zu erlassen

ist. Ein *Asylersuchen* kann nicht zurückgenommen werden (*Funke-Kaiser,* in: GK-AsylG II, § 32 Rn. 9; a.A. *Bergmann*, in: Bergmann/Dienelt, AuslR, 11. Aufl., 2016, § 32 AsylG Rn. 2), da Abs. 1 Satz 1 den Antragsbegriff in Bezug nimmt, nicht jedoch das vorgelagerte Asylersuchen.

4 In der Verwaltungspraxis wird die Abschiebungsandrohung erlassen, um einen wirksamen Vollstreckungstitel zu schaffen. Die Ausreisefrist beträgt eine Woche (§ 38 Abs. 2). Nach der Rechtsprechung erfasst der Antrag nach § 13 allein das auf die Asylberechtigung und die Zuerkennung des internationalen Schutzes gerichtete Begehren. Deshalb könne sich die Rücknahme nicht auf § 60 Abs. 5 und 7 AufenthG beziehen und habe die Behörde deshalb auch im Fall der Rücknahme eine Feststellung nach § 60 Abs. 5 und 7 AufenthG zu treffen (BayVGH, NVwZ-Beil. 1999, 67; *Funke-Kaiser,* in: GK-AsylG II, § 32 Rn. 8,10). In der Praxis wird die Feststellung mit der Abschiebungsandrohung verbunden. Da jedoch die in Satz 1 angeordnete Prüfung von Abschiebungsverboten nach § 60 Abs. 5 oder 7 AufenthG – wie sich aus § 59 Abs. 3 AufenthG ergibt – den Erlass einer Abschiebungsandrohung voraussetzt, wird man den erwähnten allgemeinen verfahrensrechtlichen Grundsatz für das Asyl- und Ausländerrecht wohl modifizieren müssen.

C. Rücknahme des Asylantrags

5 Die Rücknahme des Antrags beendet das Asylverfahren. Sie unterliegt den selben Voraussetzungen wie die Antragstellung, ist also gegenüber dem Bundesamt mündlich oder schriftlich zu erklären (*Funke-Kaiser,* in: GK-AsylG II, § 32 Rn. 11; *Bergmann,* in: Bergmann/Dienelt, AuslR, 11. Aufl., 2016, § 32 AsylG Rn. 3), kann aber gegenüber der Ausländerbehörde nicht wirksam erklärt werden. Ein sonst wie geäußerter Wille, wie bei der Antragstellung (§ 13 Abs. 1), reicht nicht aus. Der Schutzgedanke, der für die Antragstellung diesen weiten Ansatz gebietet, erfordert wegen der einschneidenden Folgen der Rücknahme die *schriftliche* oder die *Erklärung zur Niederschrift* (*Funke-Kaiser,* in: GK-AsylG II, § 32 Rn. 11; *Hailbronner,* AuslR B 2 § 32 AsylG Rn. 7; a.A. *Bergmann*, in: Bergmann/Dienelt, AuslR, 11. Aufl., 2016, § 32 AsylG Rn. 3). Wird sie gegenüber der Ausländerbehörde erklärt, hat diese eine Niederschrift aufzunehmen. Mit Zugang der Niederschrift beim Bundesamt wird die Rücknahme wirksam (*Funke-Kaiser,* in: GK-AsylG II, § 32 Rn. 13). Geht dem Bundesamt vorher ein Widerruf des Antragstellers zu, wird die Rücknahmeerklärung nicht wirksam (*Funke-Kaiser,* in: GK-AsylG II, § 32 Rn. 16; *Hailbronner,* AuslR B 2 § 32 AsylG Rn. 11).

6 Das Bundesamt trifft eine eingehende Beratungspflicht (§ 25 VwVfG). Wurde die Niederschrift bei der Ausländerbehörde aufgenommen, hat das Bundesamt nachzuweisen, dass die Belehrungspflicht eingehalten wurde. Die Behörde hat vor Abgabe der Erklärung insbesondere über die einschneidenden belastenden Folgen der Rücknahme (§ 34 und § 71 Abs. 1 Satz 1) aufzuklären. Sind die schriftlichen oder mündlichen Erklärungen des Antragstellers nicht eindeutig, ist der wirkliche Wille nach Maßgabe des § 133 BGB auszulegen. Aufgrund des Gewichts der betroffenen Rechte wird man eine ordnungsgemäße Belehrung als Wirksamkeitsvoraussetzung für die Rücknahme ansehen müssen (a.A. *Funke-Kaiser,* in: GK-AsylG II, § 32 Rn. 15).

Umstritten ist, ob die Rücknahmeerklärung *ex-tunc* oder *ex-nunc* wirkt (s. hierzu *Funke-Kaiser,* in: GK-AsylG II, § 32 Rn. 19). Die Bedeutung dieser Streitfrage ist für § 32 gering. Denn unabhängig vom rechtlichen Schicksal der nach der Antragstellung ergangenen statusrechtlichen Entscheidungen, sind stets die Abschiebungsverbote zu prüfen. Als verfahrensbeendende Erklärung kann die Rücknahme nicht widerrufen oder angefochten werden, es sei denn, der Antragsteller kann sich auf *arglistige Täuschung* oder *unzutreffende Empfehlung oder Beratung* berufen (*Funke-Kaiser,* in: GK-AsylG II, § 32 Rn. 18; *Hailbronner,* AuslR B 2 § 32 AsylG Rn. 14) und dies beweisen. Kein Fall des Widerrufs, sondern der Verhinderung des wirksamen Zugangs der Rücknahme ist der vorher eingegangene Widerruf bei der zuständigen Behörde (Rdn. 5).

D. Verzicht nach § 14a Abs. 3

Das Gesetz behandelt den Verzicht des gesetzlichen Vertreters des Kindes nach § 14a Abs. 3 auf die Durchführung eines Asylverfahrens nicht anders wie die Antragsrücknahme selbst. Mit der Einfügung dieser Fallgestaltung in § 32 soll sichergestellt werden, dass durch den Verzicht nach § 14a Abs. 3 keine verfahrensverzögernden Folgen bewirkt werden können. Vielmehr wird sichergestellt, dass auch im Fall des Verzichts das Bundesamt das Vorliegen der Voraussetzungen für die Abschiebungsaussetzung in Bezug auf das Kind zeitnah prüft (BT-Drucks. 15/420, S. 110). Wie im Fall der Antragsrücknahme besteht auch beim Verzicht eine umfassende behördliche Beratungs- und Belehrungspflicht. Insbesondere in dem Fall, in dem der gesetzliche Vertreter für sich selbst keine verfahrensbeendende Erklärung abgibt, sondern nur für das Kind, ergibt sich ein besonderer Belehrungsbedarf. Sind die schriftlichen oder mündlichen Erklärungen des Antragstellers nicht eindeutig, ist der wirkliche Wille nach Maßgabe des § 133 BGB auszulegen. 7

E. Sachentscheidung nach §§ 31 und 32

Die Sachentscheidung nach Rücknahme des Antrags ist eine Sachentscheidung i.S.d. § 31 Abs. 1 und hat lediglich *deklaratorische Bedeutung* (*Hailbronner,* AuslR B 2 § 32 AsylG Rn. 22 f.; *Funke-Kaiser,* in: GK-AsylG II, § 32 Rn. 23). Vor dem 1. Dezember 2013 ergangene Verfügungen bezogen sich nur auf die Flüchtlingsentscheidung, nicht hingegen auf den subsidiären Schutz. Daher kann der subsidiäre Schutzanspruch nach § 4 Abs. 1 weiter verfolgt werden (BVerwG, Urt. v. 13.02.2014 – BVerwG 10 C 6.13, Rn. 12). Die Verfügung geht mit einer Abschiebungsandrohung nach§ 34 einher (BVerwG, NVwZ-RR 2010, 454 = InfAuslR 2010, 263 = EZAR NF 52 Nr. 4). Die Entscheidung ergeht *schriftlich* (§ 31 Abs. 1 Satz 1), ist schriftlich zu begründen und den Beteiligten mit Rechtsbehelfsbelehrung zuzustellen (§ 31 Abs. 1 Satz 2). Dem Begründungserfordernis wird regelmäßig durch den Hinweis auf die Antragsrücknahme bzw. dem Verzicht Genüge getan. Die Verneinung von Abschiebungsverboten ist jedoch eingehend zu begründen. In der Sachentscheidung ist festzustellen, dass das Asylverfahren aufgrund der Rücknahme des Antrags oder des Verzichts auf Durchführung des Asylverfahrens eingestellt wird. In der Praxis des Bundesamtes wird überdies die Verfügung nach § 34 Abs. 1 Satz 1 erlassen. Erfolgt die Rücknahme oder 8 der Verzicht *nach der Zustellung der Sachentscheidung* nach § 31 Abs. 1 Satz 1, aber noch vor dem Zeitpunkt des Eintritts der Bestandskraft, ist die Sachentscheidung gegenstandslos. Das Verfahren ist durch die die Einstellung des Verfahrens feststellende Sachentscheidung nach § 32 zu beenden.

9 Dies gilt auch mit Blick auf ein anhängiges Verwaltungsstreitverfahren. Bis zum Eintritt der Bestandskraft der Sachentscheidung nach § 31 Abs. 1 Satz 1, die aufgrund des anhängigen Gerichtsverfahrens ja nicht eintreten kann, kann der Asylantrag zurückgenommen werden. Erst nach dem Zeitpunkt des Eintritts der Bestandskraft der Sachentscheidung nach § 31 Abs. 1 Satz 1 wegen Verzichts auf Rechtsmittel oder nach rechtskräftiger Abweisung der Verpflichtungsklage, kann über den Verfahrensgegenstand nicht mehr verfügt und folglich der Antrag nicht mehr zurückgenommen werden. Nimmt der Antragsteller den Asylantrag während des anhängigen Verwaltungsrechtsstreits zurück, wird der Streitgegenstand auf die Abschiebungsverbote des § 60 Abs. 5 und 7 AufenthG beschränkt (*Funke-Kaiser*, in: GK-AsylG II, § 32 Rn. 8; *Hailbronner*, AuslR B 2 § 32 AsylG Rn. 15). Will der Kläger auch insoweit das Verfahren beenden, muss er die Klage zurücknehmen. Hierfür bedarf er nach Antragstellung in der mündlichen Verhandlung der Zustimmung der Beklagten (§ 92 Abs. 1 Satz 2 VwGO).

F. Feststellung von Abschiebungsverboten nach § 60 Abs. 5 oder 7 AufenthG

10 Nach Satz 1 hat das Bundesamt zusammen mit der Einstellungsverfügung auch eine rechtsmittelfähige Entscheidung über das Vorliegen von Abschiebungsverboten nach § 60 Abs. 5 oder 7 AufenthG zu treffen. Die Rücknahme des Asylantrags umfasst allein die Asylanerkennung und die Zuerkennung des internationalen Schutzes. Dementsprechend kann sich die Rücknahme des Antrags nicht auch auf die Abschiebungsverbote des § 60 Abs. 5 oder 7 AufenthG beziehen (BayVGH, AuAS 1999, 128, 129; Rdn. 4). Das Bundesamt hat bei seiner Prüfung das bisherige Sachvorbringen zu berücksichtigen, soweit es entsprechend der Darlegungspflicht des § 25 Abs. 2 vorgetragen wurde. Auch wenn der Antragsteller seinen Sachvortrag nicht ausdrücklich nach § 25 Abs. 2 abgegeben hat, hat das Bundesamt auf der Grundlage des asylrechtlich relevanten Sachvorbringens (§ 25 Abs. 1) das Vorliegen von Abschiebungsverboten zu prüfen. Den Asylsuchenden ist der feinsinnige Unterschied zwischen der jeweiligen Natur des Sachvorbringens nach § 25 Abs. 1 oder 2 regelmäßig nicht bewusst. Auch sind beide Rechtsmaterien eng miteinander verschränkt.

11 Bei der Sachverhaltsermittlung hat das Bundesamt daher sämtliches Sachvorbringen und ihm sonst bekannte Umstände zu berücksichtigen. Ist aufgrund der ermittelten Tatsachen die Asylanerkennung oder die Zuerkennung des internationalen Schutzes geboten, ist die Behörde wegen der Rücknahme an einer entsprechenden Feststellung gehindert. Sie hat aber zwingend ein Abschiebungsverbot nach § 60 Abs. 5 oder 7 AufenthG festzustellen mit der Folge, dass die Abschiebung ausgesetzt wird. Verfolgungs- und abschiebungsrelevante Gefahren sind zwar nach ihren Voraussetzungen nicht identisch, weil letztere nicht an einen Verfolgungsgrund anknüpfen. Jeder

Verfolgungsgefahr ist aber eine abschiebungsrelevante Gefahr immanent. Umgekehrt rechtfertigt die Feststellung eines Abschiebungsverbots noch nicht ohne Weiteres die Annahme einer Verfolgungsgefahr.

Die Regelung in Satz 2 ist entbehrlich. Das Bundesamt entscheidet stets nach Aktenlage, wenn der Antragsteller nicht von sich aus Tatsachen und Umstände vorträgt und noch keine Anhörung nach § 24 Abs. 1 Satz 2 stattgefunden hat. Der das Verwaltungsrecht beherrschende Untersuchungsgrundsatz findet seine Grenze in der Darlegungspflicht des Antragstellers. Nimmt der Antragsteller den Antrag vor der Anhörung zurück, kann die Behörde aufgrund des bisherigen Sachvorbringens über Abschiebungsverbote nach Aktenlage entscheiden. Dabei hat sie ihr sonst erkennbare Umstände (etwa Hinweise von Bekannten, eine bestehende Rechtsprechung zu bestimmten Verfolgungstatbeständen sowie die Auskunftslage) auch ohne ausdrücklichen Sachvortrag des Antragstellers zu berücksichtigen. 12

G. Rechtsschutz

Die Abschiebungsandrohung und auch die Einstellungsverfügung kann wegen ihrer belastenden Wirkung binnen zwei Wochen (§ 74 Abs. 1 Halbs. 1) mit der *Anfechtungsklage* angegriffen werden (BVerwG, NVwZ 1996, 80, 81 = EZAR 631 Nr. 38; *Funke-Kaiser,* in: GK-AsylG II, § 32 Rn. 31). Wegen der besonderen Struktur des Asylverfahrens kommt eine auf die materiellen Ansprüche zielende Verpflichtungsklage nicht in Betracht (BVerwG, NVwZ 1996, 80, 81 = EZAR 631 Nr. 38 = DVBl 1995, 857 = AuAS 1995, 201). Das BVerwG hatte dies damit begründet, dass die verweigerte sachliche Prüfung vorrangig von der fachlichen Behörde durchzuführen sei. Zwar hat es für den Folgeantrag auf die gerichtliche Verpflichtung zur Herbeiführung der Spruchreife bestanden (BVerwGE 106, 171, 173 = NVwZ 1998, 861 = EZAR 631 Nr. 45). Ob diese Rechtsprechung auch bei gravierenden Ermittlungsdefiziten für die Verfahrenseinstellung Anwendung findet, ist bislang nicht geklärt. *Im Zweifel* sollte daher die *Verpflichtungsklage* auf die begehrten materiellen Ansprüche gerichtet werden. Richtet sich die Klage gegen die fehlerhafte Feststellung von Abschiebungsverboten, ist die Anfechtungsklage mit der Verpflichtungsklage auf Feststellung von Abschiebungsverboten nach § 60 Abs. 5 oder 7 AufenthG zu verbinden. Es handelt sich um einen einheitlichen Streitgegenstand (BVerwGE 140, 319, 326 f. Rn. 17 = NVwZ 2012, 240; § 31 Rdn. 14). Soll die Wirksamkeit der Rücknahmeerklärung angegriffen werden, ist Anfechtungsklage in Verbindung mit der Verpflichtungsklage auf Gewährung der begehrten materiellen Ansprüche zu erheben. Nimmt der Asylantragsteller während des anhängigen Asylstreitverfahrens den Asylantrag zurück, ist das Verfahren durch übereinstimmende Erledigungserklärung (§ 161 Abs. 2 VwGO) zu beenden. 13

Die Klage hat *keine aufschiebende Wirkung* (§ 75). Eilrechtsschutz kann nach § 80 Abs. 5 VwGO begehrt werden. § 36 findet weder unmittelbar noch analog Anwendung (*Funke-Kaiser,* in: GK-AsylG II, § 32 Rn. 34; *Hailbronner,* AuslR B 2, § 32 AsylG Rn. 27; *Bergmann,* in: Bergmann/Dienelt, AuslR, 11. Aufl., 2016, § 32 AsylG Rn. 9), weil die Abschiebungsandrohung, die das Bundesamt zusammen mit der 14

Einstellungsverfügung erlässt, nicht nach § 35, sondern nach § 34 ergeht und wegen Rücknahme des Asylantrags auch keine qualifizierte Antragsablehnung erfolgen darf. Nur in den Fällen des § 35 und der offensichtlichen Unbegründetheit des Asylantrags richtet sich der Eilrechtsschutz nach § 36. Der Antragsteller muss deshalb eine *Stillhaltezusage* beantragen. Das Abschiebungshindernis des § 36 Abs. 3 Satz 8 findet keine Anwendung. Gibt das Verwaltungsgericht dem Antrag nach § 80 Abs. 5 VwGO statt, ist das Verfahren fortzuführen. Dies rechtfertigt eine analoge Anwendung des § 37 Abs. 1 (s. dort).

§ 32a Ruhen des Verfahrens

(1) [1]Das Asylverfahren eines Ausländers ruht, solange ihm vorübergehender Schutz nach § 24 des Aufenthaltsgesetzes gewährt wird. [2]Solange das Verfahren ruht, bestimmt sich die Rechtsstellung des Ausländers nicht nach diesem Gesetz.

(2) Der Asylantrag gilt als zurückgenommen, wenn der Ausländer nicht innerhalb eines Monats nach Ablauf der Geltungsdauer seiner Aufenthaltserlaubnis dem Bundesamt anzeigt, dass er das Asylverfahren fortführen will.

Übersicht Rdn.

A. Funktion der Vorschrift

1 Die Vorschrift steht im Zusammenhang mit § 24 AufenthG und der Richtlinie 2001/55/EG über die Gewährung vorübergehenden Schutzes. Diese Richtlinie setzt Mindestnormen für die Gewährung vorübergehenden Schutzes fest. § 24 AufenthG ersetzt § 32a AuslG 1990. Da die Richtlinie bislang nicht angewandt worden ist, hat § 24 AufenthG und § 32a für die Praxis keine Bedeutung. Abs. 1 regelt die verfahrensrechtlichen Folgen, die sich an die Erteilung der Aufenthaltserlaubnis nach § 24 AufenthG *nach* Stellung des Asylantrags knüpfen. Für diesen Fall ordnet das Gesetz zwingend das Ruhen des Verfahrens an (Abs. 1 Satz 1). Abs. 2 regelt eine Rücknahmefiktion kraft Gesetzes für den Fall, dass nach Ablauf der Geltungsdauer der Aufenthaltserlaubnis nicht angezeigt wird, dass das Asylverfahren fortgesetzt werden soll.

B. Ruhen des Verfahrens kraft Gesetzes (Abs. 1 Satz 1)

2 Wird dem Asylsuchenden, der einen Antrag nach § 13 förmlich i.S.d. § 23 Abs. 1 oder einen Folgeantrag gestellt hat, nachträglich eine Aufenthaltserlaubnis nach § 24 AufenthG erteilt, hat er keinen Anspruch auf Fortführung des Asylverfahrens. Vielmehr knüpft Abs. 1 Satz 1 an die nachträgliche wirksame Erlangung der Aufenthaltserlaubnis nach § 24 AufenthG zwingend die Folge, dass das Verfahren ruht.

Eine derartige Anordnung des Ruhens des Verfahrens ist dem Verfahrensrecht fremd. Die Mitgliedstaaten können nach Art. 19 Abs. 1 RL 2001/55/EG vorsehen, dass die sich aus dem vorübergehenden Schutz ergebenden Rechte nicht mit dem Status eines Asylbewerbers, dessen Antrag geprüft wird, kumuliert werden. Nach Art. 17 Abs. 1 der Richtlinie ist zu gewährleisten, dass Personen, die vorübergehenden Schutz genießen, jederzeit einen Asylantrag stellen können. Wird eine Person, die für den vorübergehenden Schutz in Betracht kommt oder vorübergehenden Schutz genießt, nach Prüfung ihres Antrags nicht als Flüchtling anerkannt oder wird ihr gegebenenfalls keine andere Art von Schutz gewährt, haben die Mitgliedstaaten grundsätzlich sicherzustellen, dass die betreffende Person für die verbleibende Schutzdauer weiterhin vorübergehenden Schutz genießt oder in den Genuss dieses Schutzes gelangt (Art. 19 Abs. 2).

Die Bundesrepublik hat von ihrem Ermessen nach Art. 19 Abs. 1 RL 2003/55/EG Gebrauch gemacht. Dementsprechend bestimmt Abs. 1 Satz 1 dass das Asylverfahren ruht, solange vorübergehender Schutz gewährt wird. Nach dem Gesetzeswortlaut tritt diese verfahrensrechtliche Wirkung kraft Gesetz ein. Zur Klarstellung empfiehlt es sich jedoch, dass das Bundesamt dem Betroffenen einen entsprechenden schriftlichen Hinweis gibt. Voraussetzung für die Ruhensanordnung ist die Gewährung vorübergehenden Schutzes nach § 24 AufenthG. Nach § 24 Abs. 1 AufenthG dokumentiert der Besitz der Aufenthaltserlaubnis die Gewährung vorübergehenden Schutzes. Da nach der Richtlinie jederzeit der Zugang zum Asylverfahren offen zu halten ist, wurde durch Art. Nr. 9 Buchst. c) des ZuwG § 14 Abs. 3 AsylVfG a.F. aufgehoben. Diese Vorschrift bestimmte, dass Personen, die als Kriegs- oder Bürgerkriegsflüchtlinge Schutz genossen, keinen Asylantrag stellen konnten. Ebenso wurde aus diesem Grund durch Nr. 44 Buchst. a) des ZuwG § 71 Abs. 1 Satz 2 AsylVfG a.F. aufgehoben. Diese Vorschrift regelte, dass die Folgeantragsvorschriften Anwendung fanden, wenn zuvor Schutz nach § 32a AuslG 1990 Schutz gewährt worden war. 3

Abs. 1 wählt in Umsetzung von Unionsrecht einen anderen Weg. Zwar wird das Asylverfahren während der Dauer des Besitzes der Aufenthaltserlaubnis nach § 24 AufenthG nicht bearbeitet. Es wird aber nach Ablauf der Geltungsdauer der Aufenthaltserlaubnis fortgeführt. Der schwebende Antrag wird also nicht als Folgeantrag behandelt. Der Antragsteller kann jederzeit die Rechtsfolge des Abs. 1 Satz 1 auflösen, wenn er sein Asylverfahren weiter betreiben will. In diesem Fall muss er gegenüber der Ausländerbehörde eine Verzichtserklärung abgeben. Er kann auch nach Ablauf der Geltungsdauer auf die Verlängerungsoption verzichten und dem Bundesamt mitteilen, dass der Antrag weiter bearbeitet werden soll (Abs. 2). 4

C. Rechtsstellung während des Ruhens des Verfahrens (Abs. 1 Satz 2)

Solange das Asylverfahren ruht, bestimmt sich aufgrund der gesetzlichen Anordnung nach Abs. 1 Satz 2 die Rechtsstellung des Antragstellers nicht nach dem AsylG, sondern nach § 24 AufenthG. Das gesetzliche Aufenthaltsrecht nach § 55 Abs. 1 Satz 1 wird zwar während der Dauer des Besitzes der Aufenthaltserlaubnis nicht außer Kraft 5 gesetzt. Da der Antragsteller jedoch im Besitz einer Aufenthaltserlaubnis ist, hat er einen weitaus günstigeren aufenthaltsrechtlichen Status als ihm üblicherweise durch das Asylverfahren vermittelt wird (§§ 55 ff. einerseits und etwa § 24 Abs. 6 AufenthG andererseits). Wird die Rechtsstellung nach § 24 AufenthG beendet, lebt das gesetzliche Aufenthaltsrecht nach § 55 Abs. 1 Satz 1 wieder auf. Es bedarf aber hierfür der Anzeige nach Abs. 2

D. Fiktive Antragsrücknahme (Abs. 2)

6 Abs. 2 eröffnet dem Bundesamt die Möglichkeit, das Asylverfahren in vereinfachter Form abzuschließen. Voraussetzung ist, dass die Geltungsdauer der Aufenthaltserlaubnis nach § 24 AufenthG abgelaufen ist und der Betroffene nicht innerhalb eines Monats, gerechnet vom ersten Tag nach Ablauf der Geltungsdauer, dem Bundesamt anzeigt, dass er das Asylverfahren fortführen will. Darüber hinausgehende Erklärungen, insbesondere eine ergänzende Substanziierung des Sachvorbringens wird nicht gefordert. Abs. 2 begründet für den bislang nach § 24 AufenthG begünstigten Antragsteller die *Obliegenheit*, innerhalb eines Monats nach Ablauf der Geltungsdauer der Aufenthaltserlaubnis anzuzeigen, dass er das Verfahren fortführen will. Die Richtlinie 2001/55/EG verpflichtet die Mitgliedstaaten lediglich, Personen, die vorübergehend Schutz genießen, jederzeit den Zugang zum Asylverfahren offen zu halten (Art. 17 Abs. 1). Den entsprechenden Regelungen in Kapitel IV der Richtlinie kann kein Verbot entnommen werden, das die Mitgliedstaaten hindert, Präklusionsvorschriften einzuführen.

7 Abs. 2 setzt jedoch ein ruhendes Asylverfahren (Abs. 1 Satz 1) voraus. Wegen der in Abs. 2 geregelten einschneidenden Rechtsfolgen wird man deshalb eine *schriftliche Belehrung* durch das Bundesamt im Zusammenhang mit der Bestätigung über das Ruhens des Verfahrens, insbesondere über die Fristregelung und die verfahrensrechtliche Sanktion des Abs. 2 fordern müssen (*Funke-Kaiser,* in: GK-AsylG II, § 32a Rn. 11; *Hailbronner,* AuslR B 2 § 32a AsylG Rn. 13; *Nonnenmacher*, VBlBW 1994, 46, 50, für das frühere Recht). Diese bedarf der förmlichen Zustellung (*Hailbronner,* AuslR B 2 § 32a AsylG Rn. 13; a.A. *Funke-Kaiser,* in: GK-AsylG II, § 32a Rn. 11). Andernfalls entsteht die Mitwirkungspflicht nach Abs. 2 nicht. Im Zweifelsfall hat das Bundesamt den Nachweis über die Belehrung zu führen.

8 Verletzt der Antragsteller seine Obliegenheit nach Abs. 2, ordnet das Gesetz die *fiktive* Rücknahme des Antrags an. Gegen die Fristversäumnis kann der Antragsteller bei fehlendem Verschulden *Wiedereinsetzung* nach Maßgabe der Rechtsprechung des BVerwG beantragen (BVerwGE 121, 10, 12; *Hailbronner,* AuslR B 2 § 32a AsylG Rn. 17; s hierzu § 81 Rdn. 31 ff.). Das Bundesamt wird die Verfahrenseinstellung nach § 32 verfügen und diese im Regelfall mit einer Abschiebungsandrohung nach § 34 verbinden. Es hat in diesem Fall das Vorliegen von Abschiebungsverboten nach § 60 Abs. 5 oder 7 AufenthG zu prüfen und hierüber eine Entscheidung herbeizuführen (§ 32 Satz 1 Halbs. 2). Zu den entsprechenden Einzelfragen sowie insbesondere zum Rechtsschutz wird auf die Erläuterungen zu § 32 verwiesen.

§ 33 Nichtbetreiben des Verfahrens

(1) Der Asylantrag gilt als zurückgenommen, wenn der Ausländer das Verfahren nicht betreibt.

(2) Es wird vermutet, dass der Ausländer das Verfahren nicht betreibt, wenn er

1. einer Aufforderung zur Vorlage von für den Antrag wesentlichen Informationen gemäß § 15 oder einer Aufforderung zur Anhörung gemäß § 25 nicht nachgekommen ist,
2. untergetaucht ist oder
3. gegen die räumliche Beschränkung seiner Aufenthaltsgestattung gemäß § 56 verstoßen hat, der er wegen einer Wohnverpflichtung nach § 30a Absatz 3 unterliegt.

Die Vermutung nach Satz 1 gilt nicht, wenn der Ausländer unverzüglich nachweist, dass das in Satz 1 Nummer 1 genannte Versäumnis oder die in Satz 1 Nummer 2 und 3 genannte Handlung auf Umstände zurückzuführen war, auf die er keinen Einfluss hatte. Führt der Ausländer diesen Nachweis, ist das Verfahren fortzuführen. Wurde das Verfahren als beschleunigtes Verfahren nach § 30a durchgeführt, beginnt die Frist nach § 30a Absatz 2 Satz 1 neu zu laufen.

(3) Der Asylantrag gilt ferner als zurückgenommen, wenn der Ausländer während des Asylverfahrens in seinen Herkunftsstaat gereist ist.

(4) Der Ausländer ist auf die nach den Absätzen 1 und 3 eintretenden Rechtsfolgen schriftlich und gegen Empfangsbestätigung hinzuweisen.

(5) In den Fällen der Absätze 1 und 3 stellt das Bundesamt das Asylverfahren ein. Ein Ausländer, dessen Asylverfahren gemäß Satz 1 eingestellt worden ist, kann die Wiederaufnahme des Verfahrens beantragen. Der Antrag ist persönlich bei der Außenstelle des Bundesamtes zu stellen, die der Aufnahmeeinrichtung zugeordnet ist, in welcher der Ausländer vor der Einstellung des Verfahrens zu wohnen verpflichtet war. Stellt der Ausländer einen neuen Asylantrag, so gilt dieser als Antrag im Sinne des Satzes 2. Das Bundesamt nimmt die Prüfung in dem Verfahrensabschnitt wieder auf, in dem sie eingestellt wurde. Abweichend von Satz 5 ist das Asylverfahren nicht wieder aufzunehmen und ein Antrag nach Satz 2 oder Satz 4 ist als Folgeantrag (§ 71) zu behandeln, wenn

1. die Einstellung des Asylverfahrens zum Zeitpunkt der Antragstellung mindestens neun Monate zurückliegt oder
2. das Asylverfahren bereits nach dieser Vorschrift wieder aufgenommen worden war.

Wird ein Verfahren nach dieser Vorschrift wieder aufgenommen, das vor der Einstellung als beschleunigtes Verfahren nach § 30a durchgeführt wurde, beginnt die Frist nach § 30a Absatz 2 Satz 1 neu zu laufen.

(6) Für Rechtsbehelfe gegen eine Entscheidung nach Absatz 5 Satz 6 gilt § 36 Absatz 3 entsprechend.

Übersicht Rdn.

A. Funktion der Vorschrift

1 Die Vorschrift ist ohne Vorbild im AsylG 1982. Sie ist aber der früheren, für das Gerichtsverfahren geltenden Regelung des § 33 AsylG 1982 nachgebildet worden (BVerwGE 147, 329, 334 = EZAR NF 95 Nr. 29 = NVwZ 2014, 158 = InfAuslR 2014, 20 = ZAR 2014, 166, mit Anm. *Marx*, ZAR 2014, 169 Rn. 16) und hat diese besondere Form der Verfahrensbeendigung auch für das Verwaltungsverfahren eingeführt. Für dieses ist mit § 33 und für das Gerichtsverfahren mit § 81 damit ein besonders scharfes Instrument zur *Verfahrensbeschleunigung* geschaffen worden. Die früher geltende Frist von drei Monaten – für das Gerichtsverfahren – war für das Verwaltungs- wie für das Verwaltungsstreitverfahren einheitlich auf einen Monat verkürzt worden. Durch das Beschleunigungsgesetz 2016 wurde diese Systematik vollständig aufgegeben. Nunmehr gelten für das Verwaltungsverfahren ein allgemeiner Tatbestand (Abs. 1) und Vermutungstatbestände (Abs. 2), die ohne Betreibensaufforderung und Fristsetzung unmittelbar die fiktive Antragsrücknahme begründen, gegen die sich der Antragsteller nach Maßgabe von Abs. 5 und 6 wehren kann. Da die grundlegende Umstrukturierung der verwaltungsrechtlichen Rücknahmefiktion im engen Zusammenhang mit den beschleunigten Verfahren nach § 30a steht und diese Besonderheit im gerichtlichen Verfahren nicht gilt, ist § 81 nicht entsprechend der Neufassung dieser Vorschrift geändert worden. Während die früher geltende Regelung des § 33 AsylG 1982 von ihrem Charakter her als gesetzliche Fiktion der Verfahrenserledigung angesehen wurde (BVerwG, NVwZ 1984, 450; BVerwG, NVwZ 1985, 280), fingieren nunmehr die Regelungen in §§ 33 und 81 die Rücknahme des Antrags bzw. der Klage. Die 1997 in § 33 Abs. 3 AsylVfG a.F. eingeführte Zurückweisungsbefugnis ist durch das Beschleunigungsgesetz 2016 aufgehoben worden.

Unionsrecht lässt die fiktive Rücknahme zu. Nach Art. 28 RL 2013/32/EU dürfen die Behörden die Antragsprüfung einstellen oder den Asylantrag ablehnen, wenn ein vernünftiger Grund die Annahme rechtfertigt, dass der Antragsteller stillschweigend seinen Antrag zurückgenommen hat oder das Verfahren nicht weiter betreibt. Sie können auf diesem Weg insbesondere dann das Verfahren beenden, wenn der Antragsteller nicht zur persönlichen Anhörung erschienen ist und nicht der Nachweis geführt wird, dass ihm die Versäumnis nicht zuzurechnen, er untergetaucht ist oder seinen Aufenthaltsort verlassen und die zuständige Behörde nicht innerhalb einer angemessenen Frist kontaktiert hat oder seinen Melde- und Mitteilungspflichten nicht innerhalb angemessener Frist nachgekommen ist (Art. 28 Abs. 2 RL 2013/32/EU). Diese durch die Mitgliedstaaten überwiegend geübte Praxis hat im Rahmen der Durchführung der Verordnung (EU) Nr. 604/EU (Dublin III-VO) schutzverkürzende Folgen. Das Asylverfahren von Antragstellern, die nach Antragstellung den zuständigen Mitgliedstaat verlassen und im Bundesgebiet erneut Asyl beantragen, wird regelmäßig eingestellt. Zwar ist sicherzustellen, dass nach der Überstellung das Verfahren wieder aufgegriffen wird. Die Eröffnung unterliegt jedoch den Regelungen über den Folgeantrag (Art. 28 Abs. 2 UAbs. 1 in Verb. mit Art. 40 und 41 RL 2013/32/EU). Dies hat mangels Prüfung der Asylgründe im ersuchenden Staat und der nur eingeschränkten Prüfung im zuständigen Mitgliedstaat (s. auch § 71a) zur Folge, dass in der Union als Folge des Dubliner Systems Asylgründe nicht oder nur unzureichend inhaltlich geprüft werden. 2

Das BVerfG hatte die gerichtliche Betreibensaufforderung nach § 33 AsylG 1982 nicht beanstandet und diese insbesondere mit dem verfassungsrechtlichen Asylrecht und Art. 19 Abs. 4 GG für vereinbar erachtet (BVerfG [Vorprüfungsausschuss], NVwZ 1985, 33 = EZAR 630 Nr. 16; BVerfG [Kammer], NVwZ 1994, 62 = InfAuslR 1993, 307). Auch gegen § 81 hat es keine verfassungsrechtlichen Bedenken (BVerfG [Kammer], EZAR 630 Nr. 37 = InfAuslR 1999, 43 = NVwZ-Beil. 1999, 17; § 81 Rdn. 2), jedoch darauf hingewiesen, dass die Betreibensaufforderung anders als bloße Präklusionsvorschriften erheblich weiter gehende Konsequenzen mit sich bringt und dadurch der Auslegung und Anwendung der Vorschrift *Grenzen* gesetzt sind. Insbesondere ist ihr *»strenger Ausnahmecharakter«* zu beachten (BVerfG [Kammer], NVwZ 1993, 62, 63 = InfAuslR 1993, 307; BVerwG, AuAS 2003, 43, 44). Art. 19 Abs. 4 GG gebietet, dass die Anwendung einer Regelung über eine Verfahrensbeendigung aufgrund unterstellten Wegfalls des Rechtsschutzinteresses wegen der möglicherweise irreparablen Folgen an strenge Voraussetzungen geknüpft ist (BVerfG [Kammer], NVwZ 2013, 136, 137 f., zu § 92 Abs. 3 VwGO). Diese für das gerichtliche Verfahren geltenden Grundsätze gelten wegen der identischen Ausgangslage auch im Verwaltungsverfahren. Bereits deshalb ergeben sich gegen die Neuregelung der Vorschrift verfassungsrechtliche Bedenken. 3

Die frühere Betreibensaufforderung nach § 33 AsylVfG a.F. hatte verfassungsrechtliche Funktion. Denn sie durfte nur erlassen werden, wenn sachlich begründete Anhaltspunkte für einen Wegfall des Rechtsschutzinteresses des Antragstellers bestand, die den späteren Eintritt der Fiktion als gerechtfertigt erscheinen ließen. Solche Anhaltspunkte werden in Abs. 1 gar nicht, wohl aber in Abs. 2 genannt. Sind diese 4 gegeben, wird aber keine Betreibensaufforderung erlassen. Vielmehr gilt der Antrag in diesem Fall als zurückgenommen, ohne dass es einer Vorwarnung in Form der Betreibensaufforderung bedarf. Darüber hinaus stehen die fiktiven Rücknahmetatbestände des Abs. 2 teilweise nicht in einem Sachzusammenhang zu den auf die Darlegungslast bezogenen verfahrensrechtlichen Mitwirkungspflichten. Das BVerfG hat aber festgestellt, dass die Voraussetzungen für den Erlass einer Betreibensaufforderung insbesondere dann gegeben sind, wenn der Antragsteller seine verfahrensrechtlichen Mitwirkungspflichten nach § 25 Abs. 1 verletzt hat. Er hat das Verfahren aber nur dann nicht ordnungsgemäß betrieben, wenn er innerhalb der gesetzlichen Frist nicht substanziiert dargetan hat, dass und warum das Rechtsschutzbedürfnis trotz des Zweifels an seinem Fortbestehen, aus dem sich die Betreibensaufforderung ergeben hat, nicht entfallen ist. Nur wenn beide Voraussetzungen vorliegen, kann von einer willkürfreien, durch Sachgründe gerechtfertigten Beschränkung des Zugangs zum weiteren Verfahren gesprochen werden (BVerfG [Kammer], NVwZ-RR 1991, 443; BVerfG [Kammer], NVwZ 1994, 62, 63; BVerfG [Kammer], NVwZ 2013, 136, 138; BVerwG, BayVBl. 1986, 503; OVG Rh-Pf, NVwZ-Beil. 1998, 60; VGH BW, AuAS 2009, 91, 92).

5 Durch die Aufforderung zum Betreiben soll der Antragsteller darauf hingewiesen werden, dass die Rechtsfolge der Fiktion auch in seinem Fall droht, und ihm gleichzeitig Gelegenheit gegeben werden, die der gesetzlichen Fiktion zugrundeliegende Annahme im Einzelnen zu widerlegen (BVerwG, InfAuslR 1985, 278 = NVwZ 1986, 134 [nur LS]; BVerwG, EZAR 630 Nr. 28 = NVwZ-RR 1991, 443). Kann jedoch am Fortbestand des Rechtsschutzinteresses vernünftigerweise kein Zweifel bestehen, verfehlt eine Betreibensaufforderung ihren Sinn und vermag sie die Rechtsfolgen des Gesetzes nicht herbeizuführen (BVerwG, InfAuslR 1985, 278). Nur dann, wenn die Tatbestände des Abs. 2 diesen Schluss zwingend rechtfertigen würden, wären sie verfassungsrechtlich nicht bedenklich. Für den Erlass einer Betreibensaufforderung muss stets ein *bestimmter Anlass* gegeben sein, der geeignet ist, Zweifel in das Bestehen oder Fortbestehen des Rechtsschutzinteresses zu setzen (BVerwG, InfAuslR 1985, 278; BVerwG, BayVBl. 1986, 503; BVerwG, NVwZ-RR 1991, 443). Dies kann bei freiwilliger Ausreise des Klägers, durch Untertauchen im Bundesgebiet oder auch durch Abbruch des Kontaktes zu seinem Verfahrensbevollmächtigten in Betracht kommen (BVerwGE 71, 213; BVerwG, InfAuslR 2003, 77; OVG NW, AuAS 2006, 250). Ob die Vermutungstatbestände des Abs. 2 diesen Anforderungen gerecht werden, erscheint zweifelhaft. Jedenfalls ist der Wegfall der Betreibensaufforderung aus verfassungsrechtlicher Sicht bedenklich.

B. Wirkung der Rücknahmefiktion nach Abs. 1

6 Betreibt der Antragsteller das Verfahren nicht, erfüllt er insbesondere einen der Regeltatbestände des Abs. 2, gilt sein Antrag mit Fristablauf kraft gesetzlicher Anordnung als zurückgenommen (Abs. 1). Das Asylverfahren wird unmittelbar kraft Gesetzes beendet (BVerwG, Buchholz 402.25 § 33 Nr. 2; BVerwG, NVwZ 1984, 450). Dies ist die Rechtsfolge des Abs. 1. Die Einstellung des Verfahrens nach Abs. 5 Satz 1 hat deshalb keinen eigenen Regelungsgehalt. Die Wirksamkeit der Rücknahme bedarf

keiner Feststellung (BVerwGE 150, 29, 35 Rn. 18 = NVwZ 2014, 1460 = InfAuslR 2014, 400). Insoweit greift der Regelungszusammenhang von Abs. 1 und Abs. 5 Satz 1 den Wirkungsmechanismus von § 32 auf. Auch dort schließt sich an die – gewillkürte – Rücknahme des Asylantrags die deklaratorische Einstellung des Verfahrens an (§ 32 Rdn. 8). Dagegen hatten früher Rechtsprechung und Literatur die Ansicht vertreten, die Feststellung, dass das Asylverfahren eingestellt sei, sei für feststellende Verwaltungsakte typisch, nehme ihr aber nicht den Charakter eines Verwaltungsakts (OVG Hamburg, EZAR 210 Nr. 8; *Weirich*, VBlBW 1995, 185). Beim Vorliegen der Voraussetzungen des Abs. 1 und 2 stellt das Bundesamt das Asylverfahren ein (Abs. 5 Satz 1). Es handelt sich im Hinblick auf die Asylberechtigung und den internationalen Schutz nicht um eine Entscheidung in der Sache. Eine Ablehnung des Antrags in Fällen der tatsächlichen oder fiktiven Rücknahme des Asylantrags ist in § 33 nicht vorgesehen und auch nicht zulässig (OVG Hamburg, EZAR 210 Nr. 8). Vielmehr wird das Verfahren eingestellt (Abs. 5 Satz 1).

Die Behörde ist jedoch nach § 32, der im Hinblick auf den Rücknahmecharakter der Fiktion des Abs. 1 anzuwenden ist, verpflichtet, Abschiebungsverbote nach § 60 Abs. 5 und 7 AufenthG zu prüfen und eine Entscheidung darüber zu treffen, ob diese im Einzelfall vorliegen (*Funke-Kaiser*, in: GK-AsylG II, § 32 Rn. 38; § 32 Rdn. 10 ff.). Die Einstellungsverfügung wird in aller Regel zusammen mit der Verfügung nach § 34 Abs. 1 Satz 1 erlassen, um den Aufenthalt des Antragstellers unverzüglich beenden zu können. Vor dem 1. Dezember 2013 ergangene Einstellungsverfügungen bezogen sich nur auf die Flüchtlingsentscheidung, nicht hingegen auf den subsidiären Schutz. Daher kann der subsidiäre Schutzanspruch nach § 4 Abs. 1 weiter verfolgt werden (BVerwG, Urt. v. 13.02.2014 – BVerwG 10 C 6.13 Rn. 12; § 32 Rdn. 8). 7

C. Voraussetzungen der Rücknahmefiktion (Abs. 1 und 2)

I. Nichtbetreiben des Verfahrens nach Abs. 1

Abs. 1 definiert nicht, unter welchen Voraussetzungen im Einzelnen von einem Nichtbetreiben des Verfahrens auszugehen ist. Abs. 2 bezeichnet lediglich Vermutungstatbestände. Unklar ist, ob diese abschließend sind und deshalb daneben Abs. 1 keinen allgemeinen Tatbestand für das Nichtbetreiben des Verfahrens normiert. Nach der gesetzlichen Begründung ist nach den Kriterien des Abs. 2 eine gesonderte Betreibensaufforderung nicht mehr erforderlich. Über die vermuteten Gründe für ein Nichtbetreiben hinaus seien aber weitere Gründe für ein Nichtbetreiben nach Abs. 1 denkbar (BT-Drucks. 18/7538, Seite 11). Diese Auffassung ist mit Art. 28 Abs. 1 UAbs. 2 RL 2013/32/EU unvereinbar. Die dort genannten Tatbestände sind teilweise in Abs. 2 festgehalten. Abs. 2 geht aber noch darüber hinaus (Rdn. 10 ff.). Da keine Betreibensaufforderung ergehen muss, ist auch kaum vorstellbar, dass in anderen als den in Abs. 2 bezeichneten Fällen gewichtige und ernsthafte Anhaltspunkte, die das offensichtliche Desinteresse des Antragstellers am Betreiben seines Verfahrens belegen, ersichtlich sein können. Auch wenn er nach Abs. 4 belehrt worden ist, erscheinen ihm zunächst die ihm auferlegten Pflichten abstrakt, ohne dass er in diesen einen konkreten und ihn verpflichtenden Inhalt erkennen kann. Dies mag in den Fällen 8 des Abs. 2 anders sein. Doch auch hier ergeben sich Bedenken dagegen, dass ohne die Vorwarnfunktion der Betreibensaufforderung die gesetzliche Wirkung des Abs. 1 fingiert wird.

9 Die Verfahrenserledigung hatte ihren Grund im *offensichtlichen Desinteresse* des Antragstellers an seinem Verfahren. Daran knüpfte früher die Betreibensaufforderung an. Ihr Erlass musste daher stets aufgrund bestimmter Tatsachen gerechtfertigt sein (OVG NW, AuAS 1995, 203, 204; VG Münster, AuAS 1994, 191; OVG Hamburg, EZAR 210 Nr. 8; VG Karlsruhe, InfAuslR 2012, 156, 157 = AuAS 2012, 70; *Reimann*, VBlBW 1995, 178; vgl. hierzu auch § 81 Rdn. 5 ff.). Berechtigte Zweifel konnten sich aber nur aus der Verletzung einer Mitwirkungspflicht ergeben, die eine gesetzliche Grundlage hatte (BVerwGE 147, 329, 334 = EZAR NF 95 Nr. 2 = NVwZ 2014, 158 = InfAuslR 2014, 20 = ZAR 2014, 166 Rn. 17; BVerwGE 150, 29, 36 Rn. 19 = NVwZ 2014, 1460 = InfAuslR 2014, 400). Da die Vorschrift keine Betreibensaufforderung als Voraussetzung für den Eintritt der Verfahrenserledigung voraussetzt, hat das Bundesamt im Rahmen des Wiederaufnahmeverfahrens nach Abs. 5 zu prüfen, ob die Voraussetzungen für die gesetzliche Fiktion vorgelegen hatten. Die zunächst zu Recht begründeten Zweifel am Rechtsschutzbedürfnis dürfen im Zeitpunkt des Erlasses der Einstellungsverfügung nach Abs. 5 Satz 1 nicht weggefallen sein. Fehlt es an einem nachvollziehbaren Grund für die Annahme eines Desinteresses, ist diese rechtswidrig. § 33 ersetzt nicht die Verpflichtung des Bundesamtes, das *Verfahren zu fördern* und die Entscheidung *spruchreif* zu machen. Werden zu Unrecht Zweifel angenommen, darf das Verfahren nicht erledigt werden. Auch wenn die Zweifel nachträglich begründet werden, wird die Einstellungsverfügung dadurch nicht geheilt. Denn im Zeitpunkt ihres Erlasses lagen die Voraussetzungen nicht vor (*Funke-Kaiser*, in: GK-AsylG II, § 33 Rn. 14). Zweifel am Bestehen eines Sachbescheidungsinteresses müssen also im Zeitpunkt des Erlasses der Einstellungsverfügung noch bestehen. Entfallen sie vorher, weil der Antragsteller von sich aus die bislang versäumten Mitwirkungshandlungen – etwa die Angabe einer aktuellen ladungsfähigen Adresse, einer ergänzenden Begründung seines Antrags, eine Klarstellung umstrittener Sachfragen – erfüllt hat, darf das Verfahren nicht eingestellt werden.

II. Vermutung des Desinteresses am Verfahren (Abs. 2)

1. Vermutungstatbestände nach Abs. 2 Satz 1

a) Aufforderung zur Vorlage von Informationen nach § 15 (Abs. 2 Satz 1 Nr. 1 Alt. 1)

10 Nach Abs. 2 Satz 1 Alt. 1 wird vermutet, dass der Antragsteller das Verfahren nicht betreibt, wenn er einer Aufforderung zur Vorlage von für den Antrag wesentlichen Informationen nach § 15 nicht nachgekommen ist. Die Verfahrenseinstellung knüpft an eine ergangene ausdrückliche Aufforderung an den Antragsteller an, die mit einem Hinweis nach Abs. 4 verbunden ist. Der Fristbeginn ist durch einen Aktenvermerk zu dokumentieren (BT-Drucks. 18/7538, Seite 17). Dies bedeutet, dass das Bundesamt den Erlass einer Aufforderung, Informationen nach § 15 zu liefern, mit einer Belehrung nach Abs. 4 verbinden muss. Unterbleibt diese Belehrung, ist

die Verfahrenseinstellung nicht zulässig. Nicht die Verletzung aller Mitwirkungshandlungen nach § 15 begründet die Vermutungswirkung. Vielmehr müssen diese in einem erkennbaren Sachzusammenhang mit dem asylrechtlichen Feststellungsverfahren stehen und mit Art. 28 Abs. 1 UAbs. 2 Buchst. a) RL 2013/32/EU in Verb. mit Art. 4 RL 2011/995/EU vereinbar sein. Dies ist bei § 15 Abs. 2 Nr. 2, 3, 4, 6 und 7 sowie bei allen Mitwirkungspflichten nach § 15 Abs. 3 nicht der Fall. Daher darf nur eine Verletzung der Mitwirkungspflichten nach § 15 Abs. 2 Nr. 1 und 5, die auch in Art. 4 Abs. 2, Abs. 3 Buchst. b) und c) RL 2011/95/EU genannt sind, zum Anlass einer Einstellungsverfügung genommen werden. Im Blick auf § 15 Abs. 2 Nr. 7, wonach erkennungsdienstliche Maßnahmen zu dulden sind, hat das BVerwG auf die Verpflichtung des Antragstellers hingewiesen, im Vorfeld einer geplanten Fingerabdrucknahme alle Verhaltensweisen zu unterlassen, die die Auswertbarkeit seiner Fingerabdrücke beeinträchtigen oder vereiteln könnten. Die Verpflichtung des § 15 Abs. 2 Nr. 7 ist nur als Duldungspflicht normiert, soll aber erkennungsdienstliche Maßnahmen zur Auswertung im Eurodac-System ermöglichen und verpflichtet daher dazu, alle Maßnahmen zu unterlassen, die eine Identitätsfeststellung erschweren oder vereiteln. Hat der Antragsteller seine *Fingerkuppen manipuliert*, um die Identitätsfeststellung unmöglich zu machen, hält es das BVerwG für zulässig, dass das Verfahren nach § 32, § 33 Abs. 1 AsylVfG a.F. eingestellt wird (BVerwGE 147, 329, 335 f, 337, 339 = EZAR NF 95 Nr. 29 = NVwZ 2014, 158 = InfAuslR 2014, 20 = ZAR 2014, 166 Rn. 19, 22, 26; a.A. VG Kassel, Urt. v. 29.09.2011 – 1 K 693/11.KS.A; § 15 Rdn. 11 ff.). Daran knüpft zwar Abs. 2 Satz 1 Nr. 1 Alt. 1 an. Es fehlt jedoch in Art. 4 RL 2011/95/EU an einer Rechtsgrundlage für die Verfahrenseinstellung bei Verletzung dieser Mitwirkungspflicht.

b) Aufforderung zur Anhörung nach § 25 (Abs. 2 Satz 1 Nr. 1 Alt. 2)

Nach Abs. 2 Satz 1 Alt. 2 wird vermutet, dass der Antragsteller das Verfahren nicht betreibt, wenn er einer Aufforderung zur Anhörung nach § 25 nicht nachgekommen ist. Diese Regelung ist mit Art. 28 Abs. 2 Buchst. a) RL 2013/32/EU vereinbar. Auch hier knüpft die Verfahrenseinstellung an eine ergangene ausdrückliche Aufforderung an den Antragsteller an, die mit einem Hinweis nach Abs. 4 verbunden ist. Der Fristbeginn ist durch einen Aktenvermerk zu dokumentieren (BT-Drucks. 18/7538 Seite 17; Rdn. 10). Dies bedeutet, dass das Bundesamt den Erlass einer Aufforderung, zur Anhörung nach § 25 zu erscheinen, mit einer Belehrung nach Abs. 4 verbinden muss. Unterbleibt diese Belehrung, ist die Verfahrenseinstellung nicht zulässig. Nach altem Recht war der praktisch bedeutsamste Fall, in dem in der Verwaltungspraxis regelmäßig eine Betreibensaufforderung verfügt wurde, das Fernbleiben von der Anhörung. Generell ist die Verfahrenseinstellung nur gerechtfertigt, wenn das fehlende Interesse an der Weiterführung des Verfahrens für die Behörde erkennbar ist (BT-Drucks. 12/2062, S. 33). Es muss also stets ein bestimmter Anlass gegeben sein, der geeignet ist, Zweifel in das Interesse des Antragstellers auf Fortführung seines Verfahrens zu setzen (BVerwG, InfAuslR 1984, 278). Das Bundesamt darf daher nur dann das Verfahren einstellen, wenn der Antragsteller schriftlich zur Anhörung geladen und 11 darauf hingewiesen wurde, dass bei seinem Nichterscheinen das Verfahren eingestellt werden wird (Abs. 4).

12 Durch das Asylbeschleunigungsgesetz 2016 wurde § 25 Abs. 5 nicht geändert. Diese Vorschrift regelt die Folgen des Nichterscheinens zur Anhörung in den Fällen, in denen der Antragsteller nicht verpflichtet ist, in einer Aufnahmeeinrichtung zu wohnen. Aus dem Gesetzeszusammenhang von Abs. 2 Satz 1 Nr. 1 Alt. 2 mit § 25 Abs. 5 ist deshalb zu schließen, dass Abs. 2 Satz 1 Nr. 1 Alt. 2 nur dann Anwendung findet, wenn der Antragsteller in einer allgemeinen (§ 47) oder besonderen Aufnahmeeinrichtung (§ 30a) zu wohnen verpflichtet ist. Aber auch in diesen Fällen ist § 25 Abs. 4 Satz 5 zu beachten. Danach entscheidet das Bundesamt nach Aktenlage in der Sache, wenn der Antragsteller ohne genügende Entschuldigung nicht zur Anhörung erscheint. Aus dem Zusammenspiel von Abs. 2 Satz 1 Nr. 1 Alt. 2 mit § 25 Abs. 4 Satz 5 folgt, dass dem Antragsteller vor der Verfahrenseinstellung Gelegenheit einzuräumen ist, sein Nichterscheinen zu entschuldigen. Wird die Entschuldigung nicht für ausreichend erachtet, kann das Bundesamt entweder in der Sache nach Aktenlage entscheiden (§ 25 Abs. 4 Satz 5) oder das Verfahren einstellen (Abs. 5 Satz 1). Zwar eröffnet nur § 25 Abs. 5 Satz 4 die Möglichkeit, auch nach § 33 vorzugehen. Dem steht jedoch nicht entgegen, auch in den Fällen des § 25 Abs. 4 einen alternativen Entscheidungsmodus zuzulassen. Entscheidet das Bundesamt in der Sache, kann gegen die Entscheidung Klage erhoben werden. Stellt es das Verfahren ein, kann der Antragsteller die Wiederaufnahme des Verfahrens beantragen (Abs. 5 Satz 2).

13 Eine Anwendung des Abs. 2 Satz 1 Nr. 1 Alt. 2 ist unzulässig, wenn der Antragsteller seinen *Antrag bereits schriftlich begründet* hat (VG Schleswig, AuAS 1993, 166; VG Gelsenkirchen, AuAS 1993, 262; VG Weimar, Beschl. v. 15.12.1993 – 7 E 21545/93. We; a.A. VG Darmstadt, Beschl. v. 04.11.1993 – 8 G 10291/93.A; VG Münster AuAS 1994, 191). Die Verfahrenseinstellung darf nur ergehen, wenn der Antragsteller das Verfahren noch gar nicht ordnungsgemäß betrieben hat (VG Gelsenkirchen, AuAS 1993, 262). Hat er jedoch bereits eine schriftliche Antragsbegründung eingereicht, hat er das Verfahren auch betrieben. Ist die Anhörung – wie heute im Regelfall – auch nach Monaten nicht durchgeführt worden, hat das Bundesamt hierfür einzustehen und darf die Folgen nicht dem Antragsteller aufbürden. Da § 33 aber im engen Zusammenhang mit dem beschleunigten Verfahren nach § 30a steht, dürfte im Regelfall wegen der Wochenfrist des § 30a Abs. 2 noch keine schriftliche Begründung erfolgt sein. Vielmehr wird die Anhörung innerhalb der Wochenfrist nach Antragstellung gemäß § 23 Abs. 1 durchgeführt. Kann es innerhalb der Wochenfrist nicht entscheiden, wird das Verfahren als nicht beschleunigtes Verfahren fortgeführt (§ 30a Abs. 2 Satz 2). In diesem Fall scheidet regelmäßig eine Anwendung des Abs. 2 Satz 1 Nr. 1 Alt. 2 aus, wenn der Antrag begründet wurde und der Antragsteller nicht mehr in einer Aufnahmeeinrichtung zu wohnen verpflichtet ist. Ist das Bundesamt der Ansicht, dass die schriftliche Asylbegründung nicht ausreicht, kann es in diesen Fällen entweder nach § 25 Abs. 5 Satz 3 vorgehen oder es kann den Antragsteller konkret und detailliert zu einer weiteren Mitwirkung auffordern. Hat es aber bislang keine Anhörung

durchgeführt, hat es stets erneut einen Ladungsversuch durchzuführen und darf erst anschließend analog nach § 25 Abs. 5 Satz 2 vorgehen (*Funke-Kaiser,* in: GK-AsylG II, § 33 Rn. 21; *Hailbronner,* AuslR B 2, § 33 AsylG Rn. 12; *Bergmann,* in: Bergmann/Dienelt, AuslR, 11. Aufl., 2016, § 32 AsylG Rn. 2).

c) Untertauchen des Antragstellers (Abs. 2 Satz 1 Nr. 2)

Nach Abs. 2 Satz 1 Nr. 2 wird vermutet, dass der Antragsteller das Verfahren nicht betreibt, wenn er untergetaucht ist. Mit diesem Vermutungstatbestand verspricht sich der Gesetzgeber einen *Entlastungseffekt,* weil in diesen Fällen nach früherem Recht ein erheblicher zusätzlicher Aufwand erforderlich war, bevor in der Sache entschieden werden konnte. Die Regelung ist mit Art. 28 Abs. 1 UAbs. 2 Buchst. b) Alt. 1 RL 2013/32/EU vereinbar. Der Antragsteller gilt als untergetaucht, wenn er für die Behörden *nicht auffindbar* ist. Diese Sachverhalt ist *aktenkundig* zu machen (BT-Drucks. 18/7538, Seite 17). Daraus folgt, dass die Verfahrenseinstellung erst dann zulässig ist, wenn das Bundesamt versucht hat, den Aufenthaltsort des Antragstellers zu ermitteln. Von einem *Untertauchen* kann daher nicht schon dann ausgegangen werden, wenn die Adresse des Antragstellers unbekannt ist. Vielmehr hat die Behörde zunächst zu prüfen, ob er über die Folgen des § 33 belehrt wurde (Abs. 4). Auch wenn die Belehrung erfolgte, hat das Bundesamt zunächst zu ermitteln, ob der zuständigen Ausländerbehörde oder einer anderen öffentlichen Stelle die Adresse des Antragstellers bekannt ist, bevor es nach § 33 vorgeht (*Hailbronner,* AuslR B 2, § 33 AsylG Rn. 11; *Funke-Kaiser,* in: GK-AsylG II, § 33 Rn. 20). Solange das Bundesamt nicht die ihm zumutbaren und möglichen Anstrengungen unternommen hat, den Aufenthaltsort des Antragstellers zu ermitteln, ist dieser noch auffindbar. Kann die Verfahrenseinstellung nur aufgrund der wirksamen Fiktion des § 10 Abs. 2 ergehen, verbietet sich aus rechtsstaatlichen Gründen der Weg über § 33. Vielmehr ist stets eine Sachentscheidung nach § 31 geboten (*Funke-Kaiser,* in: GK-AsylG II, § 32 Rn. 19). 14

Zwar wird vertreten, dass durch die Belehrung nach § 10 Abs. 7 der Antragsteller darüber belehrt wird, dass das Bundesamt nach Abs. 1 vorgehen kann, wenn er diesem nicht stets die aktuelle Adresse anzeigt und damit sicherstellt, dass auftretende Zweifel am Interesse, das Verfahren zu betreiben, geklärt werden können (*Hailbronner,* AuslR B 2, § 33 AsylG Rn. 11). Der Gesetzgeber hat diese Ansicht aber bei der Neustrukturierung des § 33 nicht übernommen. Lediglich das Versäumnis, die aktuelle Adresse mitzuteilen, rechtfertigt auch nach Art. 28 Abs. 1 UAbs. 2 Buchst. b) Alt. 2 RL 2013/32/EU nicht den Erlass einer Verfahrenseinstellung. Hierfür wird vielmehr vorausgesetzt, dass der Antragsteller seinen Aufenthaltsort ohne behördliche Genehmigung verlassen und nicht innerhalb einer angemessenenen Frist die zuständige Behörde kontaktiert hat oder seinen Melde- und anderen Mitteilungspflichten nicht innerhalb einer angemessenen Frist nachgekommen ist. Stets ist also für alle Fallvarianten ein ungenehmigtes Verlassen des Aufenthaltsortes gefordert. 15

d) Verstoß gegen die räumliche Beschränkung nach § 56 (Abs. 2 Satz 1 Nr. 3)

16 Nach Abs. 2 Satz 1 Nr. 3 wird vermutet, dass der Antragsteller das Verfahren nicht betreibt, wenn er gegen die räumliche Beschränkung seiner Aufenthaltsgestattung gemäß § 56 verstoßen hat, der er wegen einer Wohnverpflichtung nach § 30a Abs. 3 unterliegt. Bereits aus dem Wortlaut folgt, dass diese Regelung nur für die Antragsteller gilt, die dem beschleunigten Verfahren nach § 30a unterliegen. Gleichwohl ergeben sich Bedenken gegen diese, weil der Verstoß gegen eine räumliche Beschränkung nicht ohne Hinzutreten weiterer Umstände die Annahme rechtfertigt, dass der Antragsteller kein Interesse an seinem Verfahren hat. Wenn mit der Zuwiderhandlung gegen eine räumliche Beschränkung ein Untertauchen des Antragstellers verbunden ist, kann das Bundesamt nach Nr. 2 vorgehen. Für diese Regelung fehlt es auch an einer Rechtsgrundlage in Art. 28 RL 2013/32/EU. Abs. 2 Satz 1 Nr. 3 darf daher wegen des *Gebotes der richtlinienkonformen Anwendung nationaler Regelungen* nicht angewandt werden. Die Vorschrift ist darüber hinaus nicht nur unverhältnismäßig, weil ein erforderlicher Sachzusammenhang zwischen einer Zuwiderhandlung gegen eine räumliche Beschränkung und einem Desinteresse am Verfahren nicht erkenntlich ist, sondern auch überflüssig. Jedenfalls hat das Bundesamt im Wiederaufnahmeverfahren (Abs. 5 Satz 2) die vom Antragsteller vorgebrachten Gründe für seine Zuwiderhandlung zu berücksichtigen.

2. Widerlegung der Vermutung (Abs. 2 Satz 2 bis 4)

17 Nach Abs. 2 Satz 2 gilt die Vermutung nach Satz 1 nicht, wenn der Antragsteller unverzüglich, d.h. ohne schuldhaftes Verzögern (§ 121 Abs. 1 BGB), nachweist, dass das Versäumnis, Mitwirkungshandlungen nach § 15 zu erfüllen, zur Anhörung nach § 25 zu erscheinen, das Untertauchen oder die Zuwiderhandlung gegen eine räumliche Beschränkung auf Umständen beruht, auf die er keinen Einfluss hatte. Daraus folgt, dass das Bundesamt vor dem Erlass der Einstellungsverfügung dem Antragsteller Gelegenheit einzuräumen hat, den Nachweis des fehlenden Verschuldens zu führen, bevor es die Einstellungsverfügung erlässt. Es hat daher den Antragsteller zunächst über die für ihn nachteilige Handlung zu informieren und ihm Gelegenheit zu geben, hierzu Stellung zu nehmen. Bringt er schlüssig vor, dass das Versäumnis auf Umständen beruht, auf die er keinen Einfluss hatte, ist das Verfahren fortzuführen. Der Antragsteller hat keinen Einfluss auf die in Rede stehende Handlung, wenn Dritte oder äußere Umstände ursächlich für diese sind. So kann er etwa durch einen Besucher in dessen Fahrzeug in eine Stadt außerhalb des räumlich beschränkten Bereichs mitgenommen worden sein, ohne dass er dies hat verhindern können, oder das Nichterscheinen zur Anhörung beruhte auf einer Zugverspätung oder einem -ausfall.

18 Führt der Antragsteller den Nachweis, dass die Tatbestände von Abs. 2 Satz 1 ohne sein Verschulden eingetreten sind, ist das Verfahren fortzuführen (Abs. 2 Satz 3; Rdn. 17). Eine Einstellungsverfügung darf nicht ergehen. Im Falle des beschleunigten Verfahrens beginnt die Wochenfrist des § 30a Abs. 2 Satz 1 erneut zu laufen (Abs. 2 Satz 3), d.h. dem Bundesamt wird erneut die Wochenfrist eingeräumt, das Verfahren

durchzuführen. Der Nachweis ist geführt, wenn die äußeren Umstände glaubhaft gemacht werden. Die Regelung beruht auf Art. 28 Abs. 1 UAbs. 2 Buchst. a) RL 20103/32/EU. In der Regel genügt ein in sich stimmiger und widerspruchsfreier Vortrag. Beweismittel sind nicht zwingend erforderlich, können aber die Prüfung erleichtern. Erlässt das Bundesamt ungeachtet des Vorbringens des Antragstellers die Einstellungsverfügung, kann der Antragsteller die Wiederaufnahme des Verfahrens gemäß Abs. 5 Satz 2 beantragen und im Falle der Zurückweisung des Antrags Klage beim zuständigen Verwaltungsgericht erheben.

D. Rückkehr in den Herkunftsstaat (Abs. 3)

Einen besonderen gesetzlich geregelten Fall der fingierten Antragsrücknahme enthält Abs. 3. Dieser wurde durch ÄnderungsG 1993 eingefügt und damit begründet, dass die Fiktion der Rücknahme bei Reisen in den Herkunftsstaat gerechtfertigt sei, weil der Antragsteller erkennbar selbst davon ausgehe, dass ihm dort keine Verfolgung drohe (BT-Drucks. 12/4450, S. 23). Der Gesetzgeber unterstellt wegen der angenommenen Rückkehr in den Herkunftsstaat das fehlende Sachentscheidungsinteresse (*Reimann*, VBlBW 1995, 178, 179). Die Rückreise in den Herkunftsstaat erscheint dem Gesetzgeber ein derart gewichtiges Indiz für das Desinteresse des Antragstellers an der Fortführung des Verfahrens, dass diese unmittelbar die Einstellung des Verfahrens begründet. Die Behörde hat daher von Amts wegen das Verfahren einzustellen, wenn es eindeutige Umstände gibt, die den zwingenden Schluss auf die Rückkehr des Antragstellers in seinen Herkunftsstaat gebieten (BT-Drucks. 12/4450, S. 23). 19

Der Wortlaut der Vorschrift wurde durch das Asylbeschleunigungsgesetz 2016 nicht verändert. Vielmehr wurde der frühere § 33 Abs. 2 AsylVfG a.F. lediglich nach Abs. 3 verschoben. Inhaltlich ist aber dadurch eine Änderung eingetreten, dass früher nach § 33 Abs. 3 AsylVfG a.F. der Antragsteller an der Grenze zurückzuweisen war, wenn er während des Asylverfahrens in seinen Herkunftsstaat zurückgekehrt war. Die gesetzliche Begründung enthält keinen Hinweis auf die Gründe für die Aufhebung des § 33 Abs. 3 AsylVfG a.F. Die fehlende Beteiligung des Bundesamtes (§ 33 Abs. 3 Satz 2 AsylVfG a.F.) vor Vollziehung der Zurückweisung nach früherem Recht verletzte Art. 4 Abs.1 RL 2013/32/EU (*Marx*, Kommentar zum AsylVfG, 8. Aufl., 2014, § 33 Rn. 29), da für Entscheidungen im noch anhängigen Asylverfahren nur die Asylbehörde zuständig ist. Aber auch Abs. 3 ist wie seine Vorläufernorm mit Art. 1 C Nr. 4 GFK und Art. 11 Abs. 1 Buchst. e) RL 2011/95/EU unvereinbar. Er bedarf auch im Blick auf § 72 Abs. 1 Nr. 1 und 1a einer völkerrechts- und verfassungskonformen Auslegung. Daher ist stets zu prüfen, ob in der Rückkehr eine *freiwillige Unterstellung* unter den Schutz des Herkunftsstaats gesehen werden kann (*Funke-Kaiser*, in: GK-AsylG II, § 33 Rn. 44; *Hailbronner*, AuslR B 2 § 32 AsylG Rn. 27 f.; offen gelassen Hess. VGH, NVwZ-Beil. 1999, 44). Ferner wird Art. 28 Abs. 1 RL 2013/32/EU verletzt, weil allein eine Reise ins Herkunftsland kein »vernünftiger Grund« für die Annahme einer stillschweigenden Antragsrücknahme ist. Insbesondere bei kurzfristigen Einreisen aus familiären oder moralischen Verpflichtungen (§ 72 Rdn. 21 ff.) verbietet sich eine derartige Annahme. 20

21 Die Fiktion der Rücknahme nach Abs. 3 setzt eine freiwillige Rückkehr in den Herkunftsstaat während des anhängigen Verwaltungsverfahren einschließlich eines Folge- oder Zweitantragsverfahrens voraus (OVG NW, Beschl. v. 15.11.1996 – 17 B 1433/96; VG Frankfurt am Main, NVwZ-Beil. 1996, 46, 47, Rn. 20). Hierfür spricht, dass es nicht Sinn der gesetzlichen Regelung des Abs. 3 sein kann, rechtstreues Verhalten – Befolgung einer gesetzlichen Ausreisepflicht oder vollziehbaren Abschiebungsandrohung – dadurch zu sanktionieren, dass die weitere rechtliche Verfolgung der Interessen vom Ausland aus unmöglich gemacht wird (OVG NW, Beschl. v. 15.11.1996 – 17 B 1433/96; offen gelassen VG Frankfurt am Main, NVwZ-Beil. 1996, 46, 47). Auch die Rückkehr während des anhängigen Rechtsstreits wird unter Abs. 3 subsumiert (*Funke-Kaiser*, in: GK-AsylG II, § 33 Rn. 46). Eine Rückkehr in den Herkunftsstaat ist dann nicht freiwillig, wenn sie zwangsweise im Wege der Abschiebung, Zurückschiebung oder Zurückweisung erfolgt. Herkunftsstaat ist der Staat der Staatsangehörigkeit oder bei Staatenlosen der Staat des letzten gewöhnlichen Aufenthalts. Wird der Antragsteller in einen Drittstaat zurückgewiesen, verweigern ihm die dortigen Behörden die Einreise und bietet ihm das Flugpersonal an, ihn entweder in das Bundesgebiet zurück oder in den Herkunftsstaat weiter zu bringen, beruht die Entscheidung für die Rückkehr in den Herkunftsstaat auf einem freiwilligen Entschluss des Antragstellers (VG Frankfurt am Main, NVwZ-Beil. 1996, 46, 47). Abs. 3 ist auf die Niederlassung in einem Drittstaat nicht anwendbar (*Funke-Kaiser*, in: GK-AsylG II, § 33 Rn. 50; a.A. VG Darmstadt, NVwZ-RR 2004, 302 = AuAS 2004, 47). Tod oder schwere Erkrankungen enger Angehöriger als Motiv für die Rückkehr rechtfertigt nicht die Annahme eines freiwilligen Rückkehrentschlusses (*Funke-Kaiser*, in: GK-AsylG II, § 33 Rn. 44; *Hailbronner*, AuslR B 2 § 32 AsylG Rn. 27; offen gelassen VG Frankfurt am Main, NVwZ-Beil. 1996, 46, 47; *Bergmann*, in: Bergmann/Dienelt AuslR, 11. Aufl., 2016, § 32 AsylG Rn. 7). Auch die Dauer der Rückreise ist von Bedeutung, weil sie Aufschluss über die maßgebenden Motive hierfür liefern kann (*Bergmann*, in: Bergmann/Dienelt, AuslR, 11. Aufl., 2016, § 32 AsylG Rn. 7).

22 Das praktische Problem bei der Anwendung von Abs. 3 besteht in der Schwierigkeit, den Nachweis zu führen, dass der Antragsteller in den Herkunftsstaat gereist ist (*Reimann*, VblBW 1995, 178, 179). Die *Beweislast* trägt die Behörde (*Funke-Kaiser*, in: GK-AsylG II, § 33 Rn. 51). Reist er nämlich nicht in diesen, sondern in einen Drittstaat ein, findet Abs. 3 keine Anwendung. Wie im Fall des Abs. 1 ergeht beim Vorliegen der Voraussetzungen nach Abs. 3 keine Entscheidung in der Sache. Vielmehr wird das Verfahren durch feststellenden Verwaltungsakt eingestellt. Das Bundesamt hat aber das Vorliegen von Abschiebungsverboten nach § 60 Abs. 5 und 7 AufenthG zu prüfen und hierüber zu entscheiden (§ 32 Rdn. 10 ff.). Anders als früher ist eine Belehrung über die Folgen von Abs. 3 vorgesehen (Abs. 4). Nachträglicher Streit über die tatsächliche Rückkehr in den Herkunftsstaat, ist zunächst im Wiederaufnahmeverfahren (Abs. 5 Satz 2) und anschließend im Rahmen des Anfechtungsprozesses mit dem auf die Fortführung des Verfahrens gerichteten Antrag zu erstreiten. Eilrechtsschutz kann über § 80 Abs. 5 VwGO erlangt werden. Ist das Verfahren unanfechtbar eingestellt, kann nur im Wege des Folgeantrags (§ 71) ein weiteres Schutzbegehren angebracht werden.

E. Belehrungspflicht nach Abs. 4

23 Nach Abs. 4 ist der Antragsteller auf die nach Abs. 1 und 3 eintretenden Rechtsfolgen schriftlich und gegen Empfangsbekenntnis hinzuweisen. Diese Belehrung erfolgt zweckmäßigerweise im zeitlichen Zusammenhang mit der Antragstellung nach § 23 Abs. 1. Einerseits müssen in der Belehrung die geforderten Mitwirkungspflichten nach Abs. 2 präzise konkretisiert, andererseits muss der Antragsteller darauf hingewiesen werden, dass bei Nichterfüllung der aufgezeigten Pflicht der Antrag als zurückgenommen gilt und eine Entscheidung in der Sache nicht ergeht (BVerwG, Buchholz 402.25 § 81 AsylG Nr. 1; BVerwGE 147, 329, 340 = EZAR NF 95 Nr. 29 = NVwZ 2014,158 = InfAuslR 2014, 20 = ZAR 2014, 166 Rn. 28; *Reimann*, VBlBW 1995, 178). Unberührt von der Belehrungspflicht nach Abs. 4 bleibt die Belehrungspflicht nach § 10 Abs. 7. Ferner ist der Hinweis erforderlich, dass das Bundesamt nach Aktenlage über etwaige Abschiebungsverbote ohne weitere Anhörung entscheidet. Fehlt dieser, ist der Bescheid auch dann rechtswidrig, wenn sich das Bundesamt vorbehält, über die Abschiebungsverbote zu einem späteren Zeitpunkt zu entscheiden (VG Düsseldorf, Beschl. v. 31.01.2014 – 6 K 7927/13.A). In anwaltlich nicht vertretenen Fällen hat das Bundesamt in einer dem Antragsteller verständlichen Sprache über den Inhalt der Vermutungstatbestände des Abs. 2 sowie über die Folgen der Einreise ins Herkunftsland zu belehren. Eines darüber hinausgehenden Hinweises auf den mit einer Einstellungsverfügung bei negativer Entscheidung über Abschiebungsverbote regelmäßig verbundenen Erlass einer Abschiebungsandrohung bedarf es nicht (BVerwGE 147, 329, 340 = EZAR NF 95 Nr. 29 = NVwZ 2014, 158 = InfAuslR 2014, 20 = ZAR 2014, 166 Rn. 28).

24 Die Anwendung der Rücknahmefiktion ist verfassungsrechtlich nur dann unbedenklich, wenn der Antragsteller zu Beginn des Verfahrens umfassend, verständlich und sachgerecht über seine Mitwirkungsobliegenheiten nach Abs. 2 und die Folgen derer Verletzung sowie die Folgen der Einreise ins Herkunftsland (Abs. 3) belehrt worden ist (BVerfG [Kammer], EZAR 210 Nr. 7 = NVwZ-Beil. 1994, 25 = InfAuslR 1994, 324; BVerfG [Kammer], NVwZ-Beil. 1994, 27; BVerfG [Kammer], AuAS 1994, 126; BVerfG [Kammer], EZAR 210 Nr. 11 = NVwZ-Beil. 1996, 81 = AuAS 1996, 196). Die in Abs.4 normierte Belehrungspflicht stellt *nicht* etwa nur eine *bloße Ordnungsvorschrift* dar, von deren Einhaltung auch abgesehen werden könnte (OVG Rh-Pf, InfAuslR 1988, 170). Vielmehr hat die Belehrung aufgrund zwingenden Rechtes zu erfolgen, dessen Verletzung den Erlass der Einstellungsverfügung sperrt (OVG Rh-Pf, InfAuslR 1988, 170; VG Gießen, AuAS 1994, 189; VG Neustadt a.d.W., NVwZ-Beil. 1994, 53). Die wirksame Funktion des Asylgrundrechts ist im besonderem Maße auf eine *geeignete verfahrensrechtliche Ausgestaltung* angewiesen. Es bedarf eines geordneten Verfahrens, in dem das Vorliegen der Anspruchsvoraussetzungen festgestellt werden kann. Das Verfahrensrecht gewinnt demnach verfassungsrechtliche Relevanz für den Schutz des Grundrechts (BVerfG (Kammer), NVwZ-Beil. 1994, 25, 26, unter Hinweis auf BVerfGE 87, 48, 61 f.; 60, 253, 294 ff.; BVerfG [Kammer], AuAS 1994, 126; s. hierzu auch BVerfGE 56, 216, 236).

25 Die *Behörde* hat gegebenenfalls die ordnungsgemäße Belehrung *nachzuweisen*. Fehlt das *Empfangsbekenntnis* in der Akte, steht dies dem Erlass der Verfahrenseinstellung entgegen. Denn das Eingreifen der besonderen Fiktionsvorschrift setzt voraus, dass der Antragsteller über die Rechtsfolgen der Handlungen nach Abs. 1 und 3 schriftlich und gegen Empfangsbekenntnis belehrt worden ist. Der Nachweis der erfolgten Belehrung nach Abs. 4 kann nicht durch den Verweis auf das Protokoll der persönlichen Anhörung erbracht werden. Abs. 4 erfordert für die ordnungsgemäße Belehrung eine schriftliche Empfangsbestätigung. Auch die Tatsache, dass der Antragsteller das Protokoll eigenhändig unterschrieben hat, ändert daran nichts. Denn dieses Protokoll einschließlich der Unterschrift des Antragstellers bestätigt von seinem Wortlaut her keinen Empfang (VG Meiningen, Gerichtsbescheid v. 19.07.1994 – 5 K 20105/94. Me; a.A. VG Wiesbaden, InfAuslR 1995, 87, 88).

F. Zustellung der Einstellungsverfügung (Abs. 5 Satz 1)

26 Liegen die Voraussetzungen des Abs. 1 oder Abs. 3 vor, stellt das Bundesamt das Verfahren ein (Abs. 5 Satz 1). Musste die frühere Betreibensaufforderung nach § 33 AsylVfG a.F. nicht förmlich zugestellt werden (BVerwG, U. v. 05.09.2013 – BVerwG 10 C 1.13 Rn. 28; *Funke-Kaiser*, in: GK-AsylG II, § 33 Rn. 28; a.A. OVG Hamburg, EZAR 210 Nr. 8; VG Minden, AuAS 1994, 251, 252; VG Meiningen, Gerichtsbescheid v. 19.07.1994 – 5 K 20105/94.Me.; VG Saarlouis, B. v. 19.08.1993 – 11 F 198/93.A; a.A. OVG NW, AuAS 1995, 203, 204; *Reimann*, VBlBW 1995, 178 (179); *Hailbronner*, AuslR B 2, § 33 AsylG Rn. 11; Rdn. 16), handelt es sich bei der Verfahrenseinstellung um eine Sachentscheidung im Sinne des § 31 (§ 32 Rdn. 8) und deshalb dem Antragsteller unverzüglich förmlich zuzustellen (§ 31 Abs. 1 Satz 2). Wird sie nicht förmlich zugestellt, ist das Verfahren nicht beendet.

G. Wiederaufnahme des Verfahrens nach Abs. 5

I. Voraussetzungen des Wiederaufnahmeverfahrens (Abs. 5 Satz 2 bis 5 und Satz 7)

27 Der Antragsteller, dessen Asylverfahren wegen des Vorliegens der Voraussetzungen des Abs. 1 oder Abs. 3 nach Abs. 5 Satz 1 eingestellt worden ist, hat nach Abs. 5 Satz 2 das Recht, die Wiederaufnahme des Verfahrens zu beantragen. Es handelt sich nicht um einen Folgeantrag, also einen Antrag auf Einleitung eines neuen Verfahrens nach unanfechtbarem Abschluss des vorangegangenen Asylverfahrens (§ 71), sondern um eine Fortführung des noch anhängigen Asylverfahrens (Abs. 5 Satz 5). Aus Abs. 5 Satz 5 folgt, dass anders als nach § 71 Abs. 1 das Verfahren fortgeführt wird. Denn es wird nicht geprüft, ob Wiederaufnahmegründe nach § 51 Abs. 1 VwVfG vorliegen und bejahendenfalls ein weiteres Verfahren eingeleitet. Vielmehr wird geprüft, ob die Voraussetzungen des Abs. 1 oder 3 und Umstände vorliegen, auf die der Antragsteller keinen Einfluss hatte. Ist dies der Fall, bedarf es keiner weiteren Prüfung, insbesondere keiner Prüfung von Wiederaufnahmegründen nach § 51 Abs. 1 VwVfG. Dies folgt auch aus Abs. 5 Satz 4 und Satz 6. Danach gilt ein Antrag auch dann als Wiederaufnahmeantrag nach Abs. 5 Satz 2, wenn der Antragsteller einen neuen Antrag stellt. Diese Regelung beruht auf Art. 28 Abs. 2 UAbs. 1 RL 20013/32/EU (Rdn. 28).

Abs. 5 enthält in Übereinstimmung mit Art. 28 Abs. 2 UAbs. 2 RL 2013/32/EU eine Frist von neun Monaten für den Antrag auf Wiederaufnahme (Rdn. 29), wenn auch rein faktisch die mit der Einstellung des Verfahrens begründete Abschiebungsgefahr Antragsteller dazu veranlassen, möglichst zügig den Antrag auf Wiederaufnahme zu stellen. Da nach Abs. 5 Satz 3 das Bundesamt die Prüfung in dem Verfahrensabschnitt vornimmt, in dem sie eingestellt wurde, ist die Aufenthaltsgestattung nicht erloschen (§ 67). Daher darf wegen des anhängigen Asylverfahrens und der damit verbundenen Aufenthaltsgestattung kraft Gesetzes der Antragsteller nicht abgeschoben werden. Die Einstellungsverfügung und die mit ihr verbundene Abschiebungsandrohung sind deshalb rechtlich nicht durchsetzbar. Sie sind aufzuheben, wenn dem Antrag auf Wiederaufnahme stattgegeben wird.

Abs. 5 Satz 2 ff. beruhen auf Art. 28 Abs. 2 UAbs. 1 RL 2013/32/EU. Danach haben die Mitgliedstaaten sicherzustellen, dass ein Antragsteller, der sich nach der Verfahrenseinstellung wieder bei der zuständigen Behörde meldet, berechtigt ist, um Wiedereröffnung des Verfahrens zu ersuchen oder einen neuen Antrag zu stellen. Im zweiten Fall finden die Regelungen über den Folgeantrag nach Art. 40 f. RL 2013/32/EU keine Anwendung. Der Gesetzgeber hat die erste Möglichkeit gewählt. Der unionsrechtlichen Verpflichtung, nicht die Regelungen über den Folgeantrag anzuwenden, wird mit Abs. 5 Satz 5 Rechnung getragen. Von der Möglichkeit einer Sperrwirkung nach Art. 28 Abs. 2 UAbs. 2 RL 2013/32/EU, nach Ablauf von neun Monaten die Wiedereröffnung zu versagen, hat der Gesetzgeber in Abs. 5 Satz 6 Nr. 1 mit der Einführung eines Ausschlussgrundes Gebrauch gemacht. Abs. 5 Satz 5 beruht auf Art. 28 Abs. 2 UAbs. 4 RL 2013/32/EU. Danach können die Mitgliedstaaten die Wiederaufnahme des Verfahrens in dem Verfahrensabschnitt gestatten, in dem es abgeschlossen wurde. War bereits die persönliche Anhörung durchgeführt worden, muss sie nicht wiederholt werden. Vielmehr kann nunmehr die Sachentscheidung getroffen werden. Um die Prüfung der Voraussetzungen nach Abs. 1 und 3 zu ermöglichen, empfiehlt sich jedoch eine hierauf bezogene persönliche Anhörung des Antragstellers. War noch keine persönliche Anhörung durchgeführt worden, ist sie nunmehr nachzuholen. Im Falle der beschleunigten Verfahren (§ 30a) beginnt die Wochenfrist des § 30a Abs. 2 Satz 1 erneut zu laufen (Abs. 5 Satz 7 Halbs. 2). 28

Der Antrag auf Wiederaufnahme des Verfahrens nach Abs. 5 Satz 2 ist bei der Außenstelle des Bundesamtes zu stellen, die der Aufnahmeeinrichtung zugeordnet ist, in welcher der Antragsteller vor der Einstellung des Verfahrens zu wohnen verpflichtet war (Abs. 5 Satz 3). Danach ist wie bei der Antragstellung nach § 14 Abs. 1, § 23 Abs. 1 eine schriftliche Antragstellung auf Wiederaufnahme nicht zulässig. Vielmehr hat der Antragsteller *persönlich* bei der zuständigen Außenstelle zu erscheinen und den Antrag zu stellen. Es empfiehlt sich aber bei der Antragstellung eine schriftliche Begründung vorzulegen, damit bei der behördlichen Prüfung des Wiederaufnahmeantrags alle aus Sicht des Antragstellers erforderlichen Tatsachen und Umstände berücksichtigt werden. Aus Abs. 5 Satz 3 folgt, dass die Verfahrenseinstellung nach § 33 für Antragsteller, die den Antrag nach § 14 Abs. 2 schriftlich bei der Zentrale des Bundesamtes zu stellen haben, nicht anwendbar ist. Vielmehr kann das Bundesamt von § 33 nur Gebrauch machen, 29 wenn der Antragsteller im Zeitpunkt des Erlasses der Einstellungsverfügung noch der Wohnverpflichtung nach § 47 oder § 30a Abs. 3 unterlag. Dies bedeutet, dass er auch weiterhin nach der persönlichen Antragstellung dieser Verpflichtung unterliegt, wenn nicht die Sechsmonatsfrist des § 47 Abs. 1 abgelaufen oder die Voraussetzungen des § 47 Abs. 1a oder § 30a Abs. 3 vorliegen.

II. Ausschluss des Wideraufnahmeverfahrens (Abs. 5 Satz 6)

30 Abweichend von Abs. 5 Satz 5 ist das Asylverfahren nicht wieder aufzunehmen und ein Antrag nach Abs. 5 Satz 2 oder Satz 4 auf Wiederaufnahme des Verfahrens als Folgeantrag nach § 71 zu behandeln, wenn im Zeitpunkt des Antrags der Zeitpunkt der Verfahrenseinstellung mindestens neun Monate zurückliegt oder das Asylverfahren bereits nach Abs. 5 aufgenommen worden war (Abs. 5 Satz 6). Mit dieser Regelung hat der Gesetzgeber Art. 28 Abs. 2 UAbs. 2 RL 2013/32/EU in Anspruch genommen. Danach braucht das Verfahren nicht wieder eröffnet werden, wenn seit der Einstellung der Antragsprüfung neun Monate verstrichen sind. Ferner darf vorgeschrieben werden, dass dieses Verfahren nur einmal wieder eröffnet werden braucht. Die Neunmonatsfrist beginnt mit der Bekanntgabe der Einstellungsverfügung. Dies steht in Übereinstimmung mit Art. 28 Abs. 2 UAbs. 1 und 2 RL 2013/32/EU. Danach ist für den Fristbeginn der Zeitpunkt der »Einstellung der Antragsprüfung« maßgebend. Mit der Bekanntgabe der Einstellungsverfügung nach Abs. 5 Satz 1 wird nach außen dokumentiert, dass die Antragsprüfung eingestellt worden ist. Für das Fristende sind die Vorschriften des § 187 bis § 193 BGB maßgebend (§ 31 Abs. 1 VwVfG). Fällt das Ende der Frist auf einen Sonntag, gesetzlichen Feiertag oder einen Sonnabend, endet die Frist mit dem Ablauf des nächstfolgenden Werktags (§ 31 Abs. 3 Satz 1 VwVfG). Im Falle des gesetzlichen Feiertages ist das Landesrecht maßgebend, d.h. in dem Bundesland, in dem die für den Antragsteller zuständige Außenstelle gelegen ist, muss der Tag, an dem an sich die Frist abläuft. als gesetzlicher Feiertag anerkannt sein.

31 Hatte der Antragsteller bereits einmal einen Antrag auf Wiederaufnahme des Verfahrens nach Abs. 5 Satz 2 oder 4 gestellt, kann er nicht erneut denselben Antrag noch einmal stellen. Voraussetzung für diesen zweiten Ausschlussgrund ist, dass das frühere Wiederaufnahmeverfahren bereits unanfechtbar abgeschlossen worden war. Abs. 5 Satz 6 Nr. 2 will verhindern, dass durch endlose Wiederaufnahmeverfahren das Verfahren in die Länge gezogen wird. Solange das Wiederaufnahmeverfahren nicht unanfechtbar abgeschlossen ist, kann der Antragsteller seine Einwände und Beweismittel in diesem Verfahren geltend machen. Das gilt auch, wenn die Wiederaufnahme zwar abgeschlossen, aber noch ein Rechtsbehelfsverfahren anhängig ist.

32 Liegt einer der beiden Ausschlussgründe vor, ist der Antrag auf Wiedereröffnung *von Amts wegen* als *Folgeantrag* nach Maßgabe des § 71 zu behandeln. Dies folgt mit hinreichender Klarheit aus dem Wortlaut von Abs. 5 Satz 6 Halbs. 1. Danach »ist« unter den Voraussetzungen des Abs. 5 Satz 6 Nr. 1 und 2 ein Antrag auf Wiederaufnahme »als Folgeantrag (§ 71) zu behandeln«. Das Bundesamt prüft den Antrag deshalb nicht nach Maßgabe des Abs. 2 oder Abs. 3, sondern nach § 71 Abs. 1 AsylG in

Verb. mit § 51 Abs. 1 bis 3 VwVfG, d.h. es wird ein neues Asylverfahren eingeleitet, wenn einer der Wiederaufgreifensgründe des § 51 Abs. 1 VwVfG innerhalb der Frist von drei Monaten (§ 51 Abs. 3 VwVfG) geltend gemacht wird. Da der Antragsteller insbesondere im Falle der Neunmonatsfrist möglicherweise bei Antragstellung nicht voraussehen kann, dass ein Ausschlussgrund vorliegt, ist ihm unter Darlegung der verfahrensrechtlichen Situation Gelegenheit zu geben, den Folgeantrag zu begründen. Liegen Wiederaufgreifensgründe vor, ist ein neues Asylverfahren einzuleiten. Ist dies nicht der Fall, kann die Abschiebung auf der Grundlage der mit der Einstellungsverfügung erlassenen Abschiebungsandrohung vollzogen werden. Bis zur Entscheidung des Bundesamtes über die Einleitung des Verfahrens dürfen keine Vollzugsmaßnahmen durchgeführt werden (Abs. 5 Satz 6 Halbs. 1 in Verb. mit § 71 Abs. 5 Satz 2 Halbs. 1). Liegt nur bei einem Ehegatten oder einem der Verwandten im Sinne des § 26 Abs. 1 bis 3 ein Ausschlussgrund vor, ist das Folgeantragsverfahren bis zur Entscheidung über den Antrag auf Wiedereröffnung des Verfahrens des anderen engen Verwandten auszusetzen und nach der asylrechtlichen Statusgewährung an diesen diese als neue Sachlage im Folgeantragsverfahren zu behandeln (§ 26 Rdn. 45). Dies gilt erst recht, wenn der Asylantrag des anderen Familienangehörigen nicht nach § 33 eingestellt, sondern ohne Einstellungsverfügung entschieden und ein asylrechtlicher Status gewährt wurde.

H. Rechtsschutz

Gegen die Einstellungsverfügung nach Abs. 5 Satz 1 kann die Wiederaufnahme 33
des Verfahrens beantragt werden (Abs. 5 Satz 2; Rdn. 27). Weist das Bundesamt die Wiederaufnahme ab, ergeht diese Entscheidung erneut in Form der Einstellung des Verfahrens nach Abs. 5 Satz 1. Hiergegen kann die *isolierte Anfechtungsklage* erhoben werden (BVerwG, NVwZ 1996, 80 = AuAS 1995, 201; BVerwG, EZAR 631 Nr. 38; BVerwG, Urt. v. 05.09.2013 – BVerwG 10 C 1.13 Rn. 14; BayVGH, NVwZ-Beil. 1997, 13; OVG Hamburg, EZAR 210 Nr. 8; OVG NW, EZAR 631 Nr. 33; OVG NW, Urt. v. 13.12.1994 – 13 A 267/94.A; OVG NW, Urt. v. 11.07.1997 – 21 A 461/96.A; OVG Schleswig, AuAS 1994, 118; VG Koblenz, InfAuslR 1994, 203; VG Freiburg, NVwZ 1994, 403; VG Aachen, Urt. v. 16.04.1996 – 5 K 501/93.A; VG Karlsruhe, InfAuslR 2012, 156, 157 = AuAS 2012, 70; *Ruge*, NVwZ 1995, 773, 736; *Weirich*, VBlBW 1995, 185; *Funke-Kaiser*, in: GK-AsylG II, § 33 Rn. 40; *Bergmann*, in: Bergmann/Dienelt, AuslR, 11. Aufl., 2016, § 33 AsylG Rn. 10; *Reimann*, VBlBW 1995, 178, 180; a.A. *Stegemeyer*, VBlBW 1995, 180, 181). Die Wirkung der Einstellungsverfügung erschöpft sich nicht nur in der verfahrensrechtlichen Folge der Verfahrenseinstellung, sondern verschlechtert die materielle Rechtslage des Antragstellers. Der Antragsteller muss daher die Aufhebung der Verfügung erreichen, wenn er eine Entscheidung über seinen Asylantrag erhalten will. Die Klagefrist wird nicht in Gang gesetzt, wenn der Antragsteller die Wiederaufnahme des Verfahrens beantragt (Abs. 5 Satz 2). Dies folgt daraus, dass der Gesetzgeber dem Antragsteller das Recht einräumt, vor der Einreichung der Klage die Wiederaufnahme des Verfahrens zu beantragen. Folglich kann dem Antragsteller, der zunächst die Wiederaufnahme beantragt und nach

Zurückweisung des Antrags die Klage erhebt, nicht entgegen gehalten werden, die Klagefrist des § 74 Abs. 1 sei bereits mit der Bekanntgabe der Einstellungsverfügung in Gang gesetzt worden.

34 Für den Antrag auf Wiederaufnahme legt Abs. 5 in Satz 6 Nr. 1 eine Frist von neun Monaten fest. Unklar ist, ob dem Antragsteller ein Wahlrecht eingeräumt wird, entweder den Wiederaufnahmeantrag zu stellen oder die Klage einzureichen. Art. 46 RL 2013/32/EU sieht keinen Rechtsbehelf gegen die Einstellung des Verfahrens, sondern nur den Rechtsbehelf gegen die Ablehnung der Wiederaufnahme der Prüfung eines Antrags nach der Einstellung gemäß Art. 27 und 28 vor (Art. 46 Abs. 1 Buchst. b) RL 2013/32/EU), d.h. zwischen die Klage und die Einstellungsverfügung wird der Wiederaufnahmeantrag geschaltet. Daraus ist zu schließen, dass dem Antragsteller kein Wahlrecht eingeräumt wird. Will er gegen die Einstellungsverfügung nach Abs. 5 Satz 1 vorgehen, muss er zunächst den Wiederaufnahmeantrag stellen. Hierfür sieht das Gesetz eine Frist von neun Monaten vor. Wird die Frist versäumt, wird der Antrag wegen des Vorliegens des Ausschlussgrundes nach Abs. 5 Satz 6 Nr. 1 als Folgeantrag behandelt. Entscheidet das Bundesamt über einen nicht durch Ausschlussgründe gesperrten Wiederaufnahmeantrag zulasten des Antragstellers, kann hiergegen die Anfechtungsklage erhoben werden.

35 Die Klage ist nur dann binnen Wochenfrist zu erheben, wenn der Wiederaufnahmeantrag nach Abs. Abs. 5 Satz 6 zurückgewiesen wird (Abs. 6 in Verb. mit § 36 Abs. 3, § 74 Abs. 1 Halbs. 2). Abs. 6 verweist nur in den Fällen des Abs. 5 Satz 6 auf § 36 Abs. 3 und damit auf die Wochenfrist dieser Vorschrift, die wiederum maßgebend für die Bestimmung der Klagefrist des § 74 Abs. 1 ist. Daraus ist zu schließen, dass in den Fällen, in denen der Wiederaufnahmeantrag nicht wegen Vorliegens von Ausschlussgründen, sondern deshalb zurückgewiesen wird, weil nach Ansicht des Bundesamtes die Einstellungsverfügung zu recht ergangen ist, die Klagefrist zwei Wochen beträgt und die Klage aufschiebende Wirkung hat. Abs. 6 verweist ausschließlich auf Abs. 5 Satz 6, nicht aber auf Abs. 5 Satz 1 bis 5. Die gesetzliche Begründung ist ungenau. Danach regelt Abs. 6 den vorzusehenden Rechtsbehelf gegen die Entscheidung, das Verfahren nicht wieder aufzunehmen (BT-Drucks. 18/7538, Seite 17). Dies trifft jedoch nicht zu. Abs. 6 bezieht sich ausschließlich auf eine Entscheidung nach Abs. 5 Satz 6. Der Antrag auf Wiederaufnahme kann aber nicht nur wegen des Vorliegens von Ausschlussgründen, sondern auch deshalb zurückgewiesen werden, weil die Voraussetzungen des Abs. 2 oder 3 vorliegen. In diesem Fall handelt es sich aber nicht um eine Entscheidung nach Abs. 5 Satz 6, sondern nach Abs. 5 Satz 1. Sollte die gesetzliche Begründung einen Sinn ergeben, müsste das Bundesamt in allen Fällen, in denen ein Wiederaufnahmeantrag gestellt wird und keine Ausschlussgründe vorliegen, über den Asylantrag in der Sache entscheiden, auch wenn seiner Auffassung nach die Voraussetzungen nach Abs. 2 oder 3 vorliegen. Dies ist jedoch mit Abs. 5 nicht vereinbar. Das Bundesamt nimmt die Prüfung in dem Verfahrensabschnitt wieder auf, in dem sie eingestellt wurde (Abs. 5 Satz 5), wenn die Voraussetzungen des Abs. 2 oder 3 nicht vorliegen. Liegen diese vor, erlässt es keine Entscheidung nach Abs. 5 Satz 6, wenn der Antrag auf Wiederaufnahme innerhalb der Neunmonatsfrist und erstmals gestellt wurde, sondern nach Abs. 5

Satz 1. Hiergegen kann innerhalb von zwei Wochen Klage erhoben werden. Für die Wochenfrist des § 74 Abs. 1 Halbs. 1 gibt es keine Rechtsgrundlage. Eine Einstellungsverfügung ist keine Entscheidung über den Asylantrag und damit auch keine qualifizierte Antragsablehnung nach § 30. Andere Fälle, in denen die Wochenfrist des § 36 Abs. 3 Anwendung findet, sind bei einer nicht auf Abs. 5 Satz 6 gestützten Verfahrenseinstellung nicht denkbar.

In den Fällen des Abs. 5 Satz 6 muss der Antragsteller nicht nur binnen Wochenfrist 36 Klage erheben, sondern innerhalb dieser Frist auch einen Antrag nach § 80 Abs. 5 VwGO stellen (Abs. 5 Satz 6 in Verb. mit § 36 Abs. 3 Satz 1), wenn er während des Klageverfahrens im Bundesgebiet bleiben möchte. Die Anordnung der aufschiebenden Wirkung der Klage hat nicht die Unwirksamkeit der Verfügung zur Folge, da § 37 Abs. 1 weder unmittelbar noch entsprechend Anwendung findet (BVerwG, NVwZ 1996, 80, 81). Eilrechtsschutz wird durch Beantragung der aufschiebenden Wirkung der Klage nach § 80 Abs. 5 VwGO erlangt und verpflichtet das Bundesamt zur Fortführung des Verfahrens (BVerwG, NVwZ 1996, 80, 81; OVG Schleswig, AuAS 1994, 118; VG Koblenz, InfAuslR 1994, 203; *Weirich*, VBlBW 1995, 185). Wird die Einstellungsverfügung aufgehoben, weil die Voraussetzungen des Abs. 2 oder Abs. 3 nicht vorliegen oder die wirksame Zustellung nicht nachgewiesen wird, sind auch die Feststellung, dass Abschiebungsverbote nach § 60 Abs. 5 und 7 AufenthG nicht vorliegen, sowie die Abschiebungsandrohung aufzuheben (BVerwG, NVwZ 1996, 80, 82). Das Verfahren ist fortzusetzen. Gibt das Verwaltungsgericht dem Antrag nach § 80 Abs. 5 VwGO statt, ist das Verfahren fortzuführen. Dies rechtfertigt eine analoge Anwendung des § 37 Abs. 1. Für die auf Feststellung der Abschiebungsverbote zielende Verpflichtungsklage (*Funke-Kaiser*, in: GK-AsylG II, § 33 Rn. 41; *Bergmann*, in: Bergmann/Dienelt, AuslR, 11. Aufl., 2016, § 33 AsylG Rn. 10) fehlt das Rechtsschutzinteresse. Wird die Einstellungsverfügung aufgehoben, wird die Abschiebungsandrohung und wegen des unauflöslichen Sachzusammenhangs (§ 59 Abs. 3 Satz 1 AufenthG) auch die Entscheidung, mit der Abschiebungsverbote verneint wurden, aufgehoben (BVerwG, NVwZ 1996, 80, 82) und das Bundesamt verpflichtet, das Verfahren fortzuführen. Da bislang der Sachverhalt nicht zureichend aufgeklärt wurde, kann die Entscheidung über Abschiebungsverbote nicht aufrechterhalten werden. Ob das Verwaltungsgericht auch ausnahmsweise durchentscheiden kann, hat das BVerwG offen gelassen, jedoch zu erkennen gegeben, dass dies dann in Betracht kommen kann, wenn etwa die erstrebten Ansprüche von der Einreise aus einem sicheren Drittstaat oder von der Einschätzung einer Gruppenverfolgungsgefahr abhänge (BVerwG, NVwZ 1996, 80, 81; so auch Nieders. OVG, Beschl. v. 16.10.1995 – 11 L 4170/95; a.A. OVG NW, Urt. v. 11.07.1997 – 21 A 461/96.A). Zu einer Entscheidung nach § 32, § 33 bei Einreise aus einem sicheren Drittstaat kann es jedoch nur kommen, wenn das Bundesamt nicht nach § 34a vorgehen darf, sondern in der Sache entschieden werden muss. Im Übrigen sind derzeit in Anhang I keine sicheren Drittstaaten gelistet. Erhebliche Aufklärungsdefizite lassen es daher angezeigt erscheinen, die Sache an das Bundesamt zurückzuverweisen.

Unterabschnitt 4 Aufenthaltsbeendigung

§ 34 Abschiebungsandrohung

(1) [1]Das Bundesamt erlässt nach den §§ 59 und 60 Absatz 10 des Aufenthaltsgesetzes eine schriftliche Abschiebungsandrohung, wenn

1. der Ausländer nicht als Asylberechtigter anerkannt wird,

2. dem Ausländer nicht die Flüchtlingseigenschaft zuerkannt wird,

2a. dem Ausländer kein subsidiärer Schutz gewährt wird,

3. die Voraussetzungen des § 60 Absatz 5 und 7 des Aufenthaltsgesetzes nicht vorliegen oder die Abschiebung ungeachtet des Vorliegens der Voraussetzungen des § 60 Absatz 7 Satz 1 des Aufenthaltsgesetzes ausnahmsweise zulässig ist und

4. der Ausländer keinen Aufenthaltstitel besitzt.

[2]Eine Anhörung des Ausländers vor Erlass der Abschiebungsandrohung ist nicht erforderlich. [3]Im Übrigen bleibt die Ausländerbehörde für Entscheidungen nach § 59 Absatz 1 Satz 4 und Absatz 6 des Aufenthaltsgesetzes zuständig.

(2) [1]Die Abschiebungsandrohung soll mit der Entscheidung über den Asylantrag verbunden werden. [2]Wurde kein Bevollmächtigter für das Verfahren bestellt, sind die Entscheidungsformel der Abschiebungsandrohung und die Rechtsbehelfsbelehrung dem Ausländer in eine Sprache zu übersetzen, deren Kenntnis vernünftigerweise vorausgesetzt werden kann.

Übersicht

A. Funktion der Vorschrift

1 Die Vorschrift hat zentrale Bedeutung für das Beschleunigungsziel des Gesetzes. Sie verwirklicht das Konzept einer umfassenden asyl- und ausländerrechtlichen Zuständigkeit des Bundesamtes. Abweichend von dem bis 1992 geltenden Asylverfahrensrecht folgt der negativen Statusentscheidung nicht mehr die Ausreiseaufforderung mit

einer darin zugleich enthaltenen Abschiebungsandrohung und Ausreisefrist durch die Ausländerbehörde (§ 28 AsylVfG 1982). Vielmehr wird nur noch die Abschiebungsandrohung durch das Bundesamt erlassen. Standen früher asylabhängige und – unabhängige Abschiebungshindernisse dem Erlass der ausländerrechtlichen Verfügung entgegen (§ 28 Abs. 1 Satz 2 AsylVfG 1982), unterblieb nach 1992 zunächst nur bei einer Asylanerkennung die Verfügung, war also auch bei Zuerkennung der Flüchtlingseigenschaft und Feststellung von Abschiebungsverboten zu erlassen. Das Richtlinienumsetzungsgesetz 2007 untersagte auch bei Zuerkennung der Flüchtlingseigenschaft die Abschiebungsanordnung. Durch das Richtlinienumsetzungsgesetz 2013 wurde diese Verbot auch auf den subsidiären Schutz (§ 4 Abs. 1 Satz 1), also auf die früheren Abschiebungsverbote des § 60 Abs. 2, 3 und 7 Satz 2 AufenthG a.F. und die Abschiebungsverbote des § 60 Abs. 5 und 7 AufenthG n.F. erstreckt, es sei denn, im Fall des Abschiebungsverbotes des § 60 Abs. 7 AufenthG ist die Abschiebung ausnahmsweise zulässig.

Abs. 1 Satz 1 stellt die *zentrale Rechtsgrundlage* für ausländerrechtliche Verfügungen bei 2
negativer Statusentscheidung im Asylverfahren in allen Fällen, in denen ein Ausländer keinen anderen Rechtstitel für seinen Aufenthalt als ein (erfolgloses) Asylverfahren hat, dar (BVerwGE 74, 189, 194 = EZAR 201 Nr. 9 = NVwZ 1986, 930 = InfAuslR 1986, 265; OVG NW, EZAR 223 Nr. 11; *Hailbronner,* AuslR B 2 § 34 AsylVfG Rn. 4; *Funke-Kaiser,* in: GK-AsylG II, § 34 Rn. 14 ff.). Selbst nach Eintritt der Unanfechtbarkeit der ablehnenden Statusentscheidung nach § 31 Abs. 1 Satz 1 bildet Abs. 1 Satz 1 noch die Rechtsgrundlage für aufenthaltsbeendende Maßnahmen (BVerwGE 74, 189, 194; Hess. VGH, NVwZ 1985, 67; NVwZ 1988, 569; OVG NW, EZAR 223 Nr. 11; VGH BW, NVwZ 1983, 629; VGH BW, VBlBW 1984, 121; InfAuslR 1985, 6). Abs. 1 Satz 1 geht § 59 Abs. 1 AufenthG als *spezielle Regelung* vor. Dem steht der Verweis auf § 59 und § 60 Abs. 10 AufenthG in Abs. 1 Satz 1 nicht entgegen. Diese Regelungen sind zur näheren Gestaltung des Verfahrens heranzuziehen. Das Verfahren richtet sich also nach allgemeinem Ausländerrecht, soweit das AsylG keine besonderen Regelungen enthält. Abs. 1 Satz 1 ist auch Rechtsgrundlage für die Abschiebungsandrohung bei qualifizierter Antragsablehnung (§ 30), nicht jedoch im Flughafenverfahren. Im Fall der Einreise über sichere Drittstaaten (§ 26a) und eines unzulässigen Asylantrags (§ 29 Abs. 1 Nr. 1) sieht das Gesetz nicht die Androhung, sondern die Anordnung der Abschiebung (§ 34a) vor. Im Fall unzulässiger Anträge (§ 29 Abs. 1) wird die Abschiebungsandrohung nach § 35 erlassen.

B. Funktion der Abschiebungsandrohung (Abs. 1 Satz 1)

Die Abschiebungsandrohung ist ein *selbstständig anfechtbarer Verwaltungsakt* (BVerwGE 3
49, 202, 209 = EZAR 103 Nr. 1 = NJW 1976, 490; BVerwG, DÖV 1978, 180; *Funke-Kaiser,* in: GK-AsylG II, § 34 Rn. 11; *Hailbronner,* AuslR B 2 § 34 AsylVfG Rn. 6) und als Maßnahme der Verwaltungsvollstreckung zur zwangsweisen Durchsetzung der Ausreisepflicht des Betroffenen als solche die erste Stufe im Vollstreckungsverfahren. Sie ist im Einzelfall von dem bloßen Hinweis auf die Ausreisepflicht und der Ankündigung einer Abschiebung abzugrenzen, insbesondere wenn bereits eine Abschiebungsandrohung verfügt worden war. Das Bundesamt kann aber im

Folgeantragsverfahren ungeachtet der bereits im Asylverfahren verfügten unanfechtbaren Abschiebungsandrohung im Wege des § 71 Abs. 4 eine erneute Abschiebungsandrohung erlassen. Die Abschiebungsandrohung nach § 59 AufenthG, auf die Abs. 1 Satz 1 Bezug nimmt, ist grundsätzlich keine Rückkehrentscheidung im Sinne von Art. 6 Abs. 1 RL 2008/115/EG, es sei denn, durch sie wird die Ausreisepflicht erst begründet (*Welte*, ZAR 424, 425). Das ist bei Abs. 1 Satz 1 zumeist der Fall. Daher ist die Abschiebungsandrohung nach Abs. 1 Satz 1 eine Rückkehrentscheidung (VGH BW, NVwZ-RR 2012, 492, 493; VGH BW, NVwZ-RR 2012, 412, 413; VGH BW, InfAuslR 2013, 98, 99). Die Abschiebungsandrohung als solche entfaltet aber *keine Sperrwirkung* (VGH BW, InfAuslR 2013, 98, 98), sondern erledigt sich grundsätzlich mit der Ausreise. Abs. 1 Satz 1 eröffnet kein Ermessen. Von der Norm kann daher auch in atypischen Ausnahmefällen nicht abgesehen werden (*Hailbronner*, AuslR, B 2, § 34 AsylVfG Rn. 6; *Bergmann*, in: Bergmann/Dienelt, AuslR, 11. Aufl., 2016, § 34 AsylG Rn. 10). Abweichend vom allgemeinem Ausländerrecht bedarf aber die Abschiebung stets der Abschiebungsandrohung. Dies folgt aus dem Zusammenhang der Regelungen der § 59 Abs. 3, § 60 Abs. 10 Satz 2 AufenthG und § 36 Abs. 3 Satz 8).

4 Die Abschiebungsandrohung dient der Abwendung der Vollstreckung, erfüllt also eine *Mahn- und Warnfunktion* und soll dem Betroffenen ankündigen, welche staatlichen Zwangsmaßnahmen er zu erwarten hat, wenn er nicht freiwillig seiner Ausreisepflicht innerhalb der gesetzten Frist nachkommt. Sie ist deshalb für eine Abschiebung ungeeignet, wenn der Betroffene vor ihrem Erlass ausgereist ist (BGH, InfAuslR 2015, 440, 441). Zugleich gibt die Abschiebungsandrohung dem Betroffenen Gelegenheit, innerhalb der Ausreisefrist seine Angelegenheiten vor einer Ausreise zu regeln, ohne dass er eine Zwangsmaßnahme gegenwärtigen muss und etwaige Abschiebungsverbote hinsichtlich des benannten Zielstaates im Rechtsschutzverfahren geltend zu machen (BVerwGE 110, 74, 79 f. = EZAR 044 Nr. 16 = InfAuslR 2000, 122 = AuAS 2000, 27), gibt dem Belasteten also Gelegenheit, wirksam Rechtsbehelfe einzulegen (*Funke-Kaiser*, in: GK-AsylG II, § 34 Rn. 10).

5 Nach § 59 Abs. 1 AufenthG soll die Abschiebung unter einer Fristsetzung angedroht werden. Die Abschiebungsandrohung ist jedoch nicht rechtswidrig und muss daher auch nicht notwendig aufgehoben werden, wenn die Fristsetzung rechtswidrig ist. Wird die verfügte *Ausreisefrist* als rechtswidrig aufgehoben, ist die verbleibende Abschiebungsandrohung nach der gesetzlichen Konzeption des § 59 Abs. 1 AufenthG zwar unvollständig, behält aber ihren Regelungsgehalt. Die Abschiebung kann lediglich nicht vollzogen werden, bevor die Behörde erneut eine Frist gesetzt hat und diese abgelaufen ist (BVerwG, NVwZ-Beil. 2001, 113, 114 = EZAR 224 Nr. 28, zu § 50 Abs. 1 AuslG 1990). Im Normalfall ist die Ausreisefrist auf einen Monat (§ 38 Abs. 1), bei qualifizierter Antragsablehnung und unbeachtlichen Anträgen (§ 36 Abs. 1) wie auch bei unzulässigen Anträgen auf eine Woche (§ 34a Abs. 2 Satz 1) festzusetzen. Im Fall der Antrags- oder Klagerücknahme kann aber eine Ausreisefrist bis zu drei Monaten eingeräumt werden (§ 38 Abs. 3). Im Fall des § 60 Abs. 1 AufenthG ist eine angemessene Ausreisefrist zu setzen (§ 60 Abs. 10 Satz 1 AufenthG). Dies betrifft jedoch nur die Fälle, in denen nach § 60 Abs. 8 AufenthG die Abschiebung zulässig ist.

Spätestens bei Beginn der in der Abschiebungsandrohung bestimmten Frist muss die vollziehbare Ausreisepflicht eingetreten sein (VGH BW, NVwZ-Beil. 1999, 84). Daher endet im Fall der Klageerhebung die Ausreisefrist einen Monat nach dem unanfechtbaren Abschluss des Klageverfahrens und darf im Eilrechtsschutzverfahren vor Unanfechtbarkeit der gerichtlichen Entscheidung die Abschiebung nicht durchgeführt werden (§ 36 Abs. 3 Satz 8). Nach Abs. 1 Satz 3 in Verb. mit § 59 Abs. 1 Satz 4 AufenthG kann aber die Ausländerbehörde die Ausreisefrist verlängern. Diese 2011 eingeführte Ergänzung geht auf Art. 7 Abs. 2 RL 2008/115/EG zurück und soll typischerweise Gründe – wie familiäre und soziale Bindungen – berücksichtigen, die nicht Gegenstand der Entscheidung des Bundesamts sind (*Bergmann*, in: Bergmann/Dienelt, AuslR, 11. Aufl., 2016, § 34 AsylG Rn. 1). Nach Ablauf der Fristverlängerung darf sie nicht mehr verlängert werden (§ 59 Abs. 1 Satz 8 AufenthG). 6

Eine *vorsorgliche Abschiebungsandrohung* für den Fall der unerlaubten Wiedereinreise sieht das Gesetz nur in § 18a Abs. 2 vor Die dort geregelte vorsorgliche Abschiebungsandrohung ist strikt auf dieses Verfahren bezogen, weil es für weitere Verfahrensgestaltungen im AsylG an einer Rechtsgrundlage für eine Androhung »auf Vorrat« fehlt (*Hailbronner,* AuslR B 2 § 34 AsylVfG Rn. 5; *Funke-Kaiser,* in: GK-AsylG II, § 34 Rn. 19; s. aber BVerwG, InfAuslR 2013, 42, 43). Diese lässt sich nicht aus Abs. 1 Satz 1 in Verb. mit § 59 AufenthG ableiten. Die Abschiebungsandrohung darf vielmehr erst nach einer negativen Entscheidung nach Maßgabe von Abs. 1 Satz 1 erlassen werden. Damit wird an eine Ausreisepflicht angeknüpft, die aus der Erfolglosigkeit des Asylantrags folgt. Es wird ein gegenwärtiger Aufenthalt im Bundesgebiet vorausgesetzt, der gegebenenfalls im Wege der Verwaltungsvollstreckung zu beenden ist (BVerwGE 124, 166, 170 = NVwZ 2006, 96 = InfAuslR 2006, 207; VG Chemnitz, Beschl. v. 15.07.2003 – A 8 K 908/03). Die Abschiebungsandrohung soll nicht für den Fall erneuter unerlaubter Wiedereinreise gewissermaßen für alle Zukunft die Abschiebung androhen. Nur bei einer unerlaubten Einreise mit anschließendem *Folgeantrag* wirkt sie fort (BVerwGE 124, 166, 168 f. = NVwZ 2006, 96 = InfAuslR 2006, 207; *Funke-Kaiser,* in: GK-AsylG II, § 34 Rn. 19; *Hailbronner,* AuslR B 2 § 34 AsylVfG Rn. 5; a.A. OVG NW, InfAuslR 2005, 400; § 71 Abs. 7 Satz 1). 7

Die Abschiebungsandrohung soll zusammen mit der Sachentscheidung zugestellt werden (§ 34 Abs. 2), kann aber auch nach Zustellung der Sachentscheidung getroffen werden. Die Abschiebungsandrohung kann zusammen mit der Verpflichtungsklage gegen die Sachentscheidung durch *Anfechtungsklage* angefochten werden. Da das Bundesamt für sämtliche Regelungen im Zusammenhang mit einem Asylantrag zuständig ist (§ 5 Abs. 2, § 24 Abs. 2, § 31), fasst es die verschiedenen Entscheidungen in einem Bescheid zusammen. Diese sind aber *jeweils verfahrensrechtlich selbstständige* und daher *jeweils selbstständig anfechtbare Verwaltungsakte.* Verschiedene Tenorierungen sind daher denkbar. So kann z.B. die Asylberechtigung versagt, aber die Flüchtlingseigenschaft zuerkannt oder es kann auch diese verneint, jedoch der subsidiäre Schutz gewährt oder auch dieser versagt, aber ein Abschiebungsverbot nach § 60 Abs. 5 oder 7 AufenthG festgestellt und die Abschiebung in einen Drittstaat unter Fristsetzung angeordnet werden. Auch können die auf Asylanerkennung und Flüchtlingsschutz gerichteten Anträge qualifiziert abgelehnt, aber Abschiebungsverbote nach § 60 Abs. 5 8 oder 7 AufenthG festgestellt werden. In allen Fällen, in denen ein Abschiebungsverbot festgestellt wird, ist in der Abschiebungsandrohung der Staat zu benennen, in den die Abschiebung untersagt ist (§ 59 Abs. 3 Satz 2 AufenthG).

9 Als Maßnahme der Zwangsvollstreckung unterliegt die Abschiebungsandrohung im allgemeinem Ausländerrecht dem Länderrecht. Im Allgemeinen ist in den Bundesländern die Frage des Suspensiveffektes unterschiedlich geregelt. § 75 Satz 1 ordnet hingegen für den Normalfall die *aufschiebende Wirkung* der Anfechtungsklage an. Im Eilrechtsschutzverfahren ist die Abschiebung ausgesetzt (§ 36 Abs. 3 Satz 8). Ungeklärt ist, ob im Fall des Nichtvollzugs der Abschiebungsandrohung eine Berufung auf den verfassungskräftigen Grundsatzes des Vertrauensschutzes zulässig ist. Dagegen wird eingewandt, dass die Abschiebung eines vollziehbar ausreisepflichtigen Ausländers nicht bloß ein »Recht« der Behörde darstelle, sondern eine ihr kraft Gesetzes obliegende Verpflichtung. Jedenfalls könne ein vollziehbar ausreisepflichtiger Ausländer, dessen Aufenthalt über mehrere Jahre geduldet worden sei, nicht darauf vertrauen, dass seine Ausreisepflicht nicht zwangsweise durchgesetzt werden könne (OVG NW, InfAuslR 2005, 399, 340).

C. Verwaltungsverfahren (Abs. 1 und 2)

I. Zuständigkeit des Bundesamtes (Abs. 1 Satz 1)

10 Allein das Bundesamt ist für den Erlass der Abschiebungsandrohung zuständig (Abs. 1 Satz 1). Die Begründung dieser Zuständigkeit beseitigt aus gesetzessystematischen Gründen grundsätzlich die Befugnis der Ausländerbehörde zum Erlass einer Abschiebungsandrohung (OVG NW, NVwZ-Beil. 2000, 18 = InfAuslR 2000, 138; *Hailbronner,* AuslR B 2 § 34 AsylVfG Rn. 8; *Funke-Kaiser,* in: GK-AsylG II, § 34 Rn. 14 ff.). Generell gilt, dass die Ausländerbehörde nur dann für den Erlass der Abschiebungsandrohung zuständig ist, wenn das Bundesamt im Fall der Statusversagung rechtlich am Erlass der Abschiebungsandrohung gehindert ist (*Funke-Kaiser,* in: GK-AsylG II, § 34 Rn. 22). Dies beschränkt sich jedoch auf wenige Ausnahmefälle. Durch die Aufteilung der Zuständigkeiten wird sichergestellt, dass die Voraussetzungen für den Erlass einer Abschiebungsandrohung im Zusammenhang mit einem Asylverfahren grundsätzlich nur in einem Verfahren von dem hierfür sachlich zuständigen Bundesamt überprüft werden und eine Doppelprüfung unterbleibt (OVG NW, NVwZ-Beil. 2000, 18). Nach Abs. 1 Satz 3 in Verb. mit § 59 Abs. 1 Satz 4 AufenthG kann aber die Ausländerbehörde die Ausreisefrist verlängern (Rdn. 6), anschließend aber nicht mehr verlängern (§ 59 Abs. 1 Satz 8 AufenthG). Hat die Ausländerbehörde vor Stellung des Asylantrags bereits eine Abschiebungsandrohung nach § 59 Abs. 1 AufenthG erlassen, erledigt sich diese aber allein aufgrund des Antrags nicht. Vielmehr bleibt sie für Maßnahmen zur Durchsetzung der Ausreisepflicht als solche zuständig (BVerwG, InfAuslR 1998, 191, 192 = NVwZ-RR 1998, 264 = EZAR 221 Nr. 9; VGH BW, EZAR 044 Nr. 14). Trotz wirksam verfügter Abschiebungsandrohung nach § 59 Abs. 1 AufenthG bewirkt der Asylantrag das gesetzliche Entstehen des Aufenthaltsrechts nach § 55 Abs. 1 Satz 1. Wird jedoch ein Folgeantrag gestellt, bleibt die Abschiebungsandrohung wirksam (§ 71 Abs. 5 Satz 1; Rdn. 6).

Die Zuständigkeit des Bundesamts entfällt nicht, wenn die Abschiebungsandrohung aufgehoben worden ist (OVG NW, NVwZ-Beil. 2000, 18 = InfAuslR 2000, 138; *Hailbronner,* AuslR B 2 § 34 AsylVfG Rn. 10). Eine erneute Abschiebungsandrohung ist aber nur zulässig, wenn die Abschiebung ungeachtet eines Abschiebungsverbots nach § 60 Abs. 7 AufenthG ausnahmsweise zulässig ist (Abs. 1 Satz 1 Nr. 3). Wurde eine auf § 26a oder § 29 Abs. 1 Nr. 1 gestützte Abschiebungsanordnung erlassen, bleibt das Bundesamt für den Erlass der Abschiebungsandrohung zuständig (*Funke-Kaiser,* in: GK-AsylG II, § 34 Rn. 20). Die Rücknahme des Asylantrags beseitigt nicht die Zuständigkeit des Bundesamtes (§ 38 Abs. 2) für den Erlass der Abschiebungsandrohung (*Hailbronner,* AuslR B 2 § 34 AsylVfG Rn. 9). Wird im Folgeantragsverfahren zur rechtlichen Klarstellung die Abschiebungsandrohung erneut angedroht, ist das Bundesamt zuständig (VG Karlsruhe, NVwZ-Beil. 2000, 21). Wurde im Asylverfahren eine Abschiebungsandrohung nach Abs. 1 erlassen, darf die Ausländerbehörde keine Abschiebungsandrohung nach § 59 Abs. 1 AufenthG verfügen (BayVGH, NVwZ-Beil. 2003, 73, 74; OVG NW, InfAuslR 2005, 399; Hess. VGH, NVwZ-Beil. 1998, 72 f.; *Hailbronner,* AuslR B 2 § 34 AsylVfG Rn. 9). 11

Das gilt nicht, wenn die sachliche Zuständigkeit des Bundesamtes nach einem – erfolglosen – Asylverfahren entfallen ist und zwischenzeitlich ein Aufenthaltstitel erteilt wurde. In diesem Fall erledigt sich die Abschiebungsandrohung nach Abs. 1 Satz 1 durch Erteilung des Aufenthaltstitels (BVerwG, EZAR 043 Nr. 41 = NVwZ-Beil. 2000, 25; OVG NW, InfAuslR 2005, 399; *Hailbronner,* AuslR B 2 § 34 AsylVfG Rn. 12; *Funke-Kaiser,* in: GK-AsylG II, § 34 Rn. 18). Im Fall des unanfechtbaren Widerrufs oder der Rücknahme der Statusberechtigung hat daher der Ausländerbehörde über die Abschiebungsandrohung zu entscheiden (BVerwGE 110, 111, 117 f.) = InfAuslR 2000, 125, 127 = EZAR 214 Nr. 11; BayVGH, NVwZ-Beil. 1999, 114 = InfAuslR 2000, 36; VG Stuttgart, AuAS 2006, 34, 35; *Hailbronner,* AuslR B 2 § 34 AsylVfG Rn. 4; *Funke-Kaiser,* in: GK-AsylG II, § 34 Rn. 17). Dies gilt auch, wenn im Zeitpunkt des Erlasses der Abschiebungsandrohung die Geltungsdauer des Aufenthaltstitel abgelaufen ist (*Funke-Kaiser,* in: GK-AsylG II, § 34 Rn. 17). 12

II. Anhörung (Abs. 1 Satz 2)

Die Anhörung des Asylsuchenden vor dem Erlass der Abschiebungsandrohung ist nicht erforderlich (Abs. 1 Satz 2). Die Abschiebungsankündigung der vollziehenden Behörde ist jedoch nur rechtmäßig, wenn sie an den Verfahrensbevollmächtigten erfolgt (VG Göttingen, InfAuslR 1999, 200). Das Absehen von der Anhörung wird damit begründet, dass den Antragsteller eine umfassende, Verfolgungstatsachen und Abschiebungsverbote umfassende Darlegungspflicht trifft (§ 25 Abs. 1 und 2). Ferner hat das Bundesamt den Antragsteller im Asylverfahren anzuhören (§ 24 Abs. 1 Satz 2) und erstreckt sich die Amtsermittlungspflicht des Bundesamtes auch auf die nach Abs. 1 Satz 1 zu berücksichtigenden Umstände. Jedoch verbietet Abs. 1 Satz 2 nicht die Anhörung (*Funke-Kaiser,* in: GK-AsylG, II, § 34 Rn. 90; *Hailbronner,* AuslR, B 2, § 34 AsylVfG Rn. 17; *Bergmann,* in: Bergmann/Dienelt, AuslR, 11. Aufl., 2016, § 34 AsylG Rn. 12). Es kann daher im Einzelfall durchaus eine erneute Anhörung sinnvoll sein. Insbesondere wenn nachträglich neue, im Rahmen von § 60 Abs. 5 oder 7 AufenthG 13 relevante Tatsachen bekannt werden sollten und daher eine neue Zielstaatsprüfung erforderlich ist, empfiehlt sich auch zur Entlastung der Verwaltungsgerichtsbarkeit ein derartiges Vorgehen.

III. Formelle Voraussetzungen

14 Die Abschiebungsandrohung ergeht *schriftlich* (*Funke-Kaiser,* in: GK-AsylG, II, § 34 Rn. 91; *Hailbronner,* AuslR, B 2, § 34 AsylVfG Rn. 16). Für die Formvorschriften verweist Abs. 1 Satz 1 auf § 59 Abs. 1 AufenthG. Die Abschiebungsandrohung bedarf daher der Schriftform (§ 77 Abs. 1) und ist zu begründen (§ 39 Abs. 1 Satz 1 VwVfG). Ein Mangel der Begründung ist wegen des bindenden Charakters der Abschiebungsandrohung jedoch grundsätzlich unerheblich (§ 46 VwVfG). Eine Verpflichtung zur *Rechtsbehelfsbelehrung* folgt aus § 59 VwGO. Da die Verfügung im Regelfall zusammen mit der Sachentscheidung zugestellt wird, ist sie *zuzustellen* (§ 31 Abs. 1 Satz 2 Halbs. 2). Ist für das Verfahren kein Verfahrensbevollmächtigter bestellt, sind Entscheidungsformel der Abschiebungsandrohung und Rechtsbehelfsbelehrung in einer Sprache zu übersetzen, deren Kenntnis vernünftigerweise vorausgesetzt werden kann (Abs. 2 Satz 2).

D. Voraussetzung der Abschiebungsandrohung (Abs. 1 Satz 1)

15 Die Abschiebungsandrohung ergeht nicht, wenn das Bundesamt den Antragsteller als Asylberechtigten anerkennt, ihm den internationalen Schutz – Flüchtlings- oder subsidiären Schutz – zuerkennt, die Voraussetzungen eines Abschiebungsverbots nach § 60 Abs. 5 oder 7 AufenthG vorliegen oder er einen Aufenthaltstitel besitzt. Alle Fälle einer – vollumfänglichen oder auch nur teilweisen – Statuszuerkennung stehen danach dem Erlass der Abschiebungsandrohung entgegen. Unabhängig hiervon darf sie nicht verfügt werden, wenn der Antragsteller im Besitz eines Aufenthaltstitels ist. Wird die Flüchtlingseigenschaft trotz Vorliegens der Voraussetzungen der § 3a ff. nicht zuerkannt, weil Ausschlussgründe (§ 3 Abs. 2) oder die Voraussetzungen des § 60 Abs. 8 AufenthG vorliegen, ist die Abschiebungsandrohung zwingend zu erlassen. Die Abschiebung darf jedoch nicht in den (Herkunfts-) Staat, in dem die Verfolgung droht, erfolgen. Dieser ist in der Abschiebungsandrohung zu bezeichnen (§ 60 Abs. 10 Satz 1 AufenthG).

16 Wird ein Abschiebungsverbot nach § 60 Abs. 7 AufenthG festgestellt, darf die Abschiebungsandrohung ausnahmsweise erlassen werden, wenn die Abschiebung zulässig ist (Abs. 1 Satz 1 Nr. 3 Halbs. 2). Da es sich um eine Soll-Norm handelt, kann bei atypischen Fallgestaltungen auch eine Abschiebung in Betracht kommen, z.B. wenn die Möglichkeit besteht, die Abschiebung in einen anderen Staat als den, in dem die Gefahr droht, durchzuführen. Dabei handelt es sich aber um *Ausnahmefälle* (BT-Drucks. 17/5470, S. 31). Wird die Sperrwirkung aufgrund einer grundrechtskonformen Auslegung der Vorschrift durchbrochen, unterbleibt die Abschiebungsandrohung (BT-Drucks. 17/5470, S. 31). Bei der Entscheidung über den Antrag auf Erteilung der Aufenthaltserlaubnis nach § 25 Abs. 3 AufenthG ist die

Ausländerbehörde an die Feststellung des Bundesamtes zu § 60 Abs. 7 AufenthG gebunden (BVerwGE 126, 192, 194 = NVwZ 2006, 1418 = InfAuslR 2007, 4.

17 Die Ausländerbehörde hat jedoch eigenständig zu prüfen, ob im Herkunftsland infolge einer allgemeinen Gefahrenlage eine extreme Gefahr für Leib und Leben besteht, die in verfassungskonformer Anwendung des § 60 Abs. 7 AufenthG zur Feststellung der tatbestandlichen Voraussetzungen nach dieser Norm hätte führen müssen, das Bundesamt eine solche Feststellung aber wegen Bestehens eines vergleichbaren Schutzes durch einen Abschiebestopp-Erlass, eine sonstige Erlasslage oder einer aus individuellen Gründen erteilte Duldung nicht treffen konnte (BVerwGE 114, 379 = NVwZ 2001, 1420 = InfAuslR 2002, 48; BVerwGE 115, 1 = NVwZ 2002, 101 = InfAuslR 2002, 52). Auch wenn das Bundesamt ausnahmsweise ungeachtet der Feststellung eines Abschiebungsverbots nach § 60 Abs. 7 AufenthG eine Abschiebungsandrohung erlassen hat, hat die Ausländerbehörde das Vorliegen eines atypischen Ausnahmefalles zu prüfen. Dieser ist nach dem Regelungszweck des § 25 Abs. 3 AufenthG zu bestimmen. Diese Norm will gewährleisten, dass Ausländern, die wegen eines förmlich festgestellten Abschiebungsverbotes auf absehbare Zeit nicht abgeschoben werden können, zur Vermeidung von Kettenduldungen regelmäßig eine Aufenthaltserlaubnis erteilt wird, durch die ihr Aufenthalt legalisiert und ihnen die Möglichkeit eingeräumt wird, bei fortdauernder Schutzbedürftigkeit eine dauerhafte Aufenthaltsposition in Form der Niederlassungserlaubnis nach § 26 Abs. 4 AufenthG zu erlangen (BVerwGE 124, 326, 331 ff. = InfAuslR 2006, 272 = NVwZ 2006, 711 = EZAR 33 Nr. 2). Ist also die Abschiebung auf absehbare Zeit undurchführbar, ist die Aufenthaltserlaubnis zu erteilen.

18 Ferner darf die Abschiebungsandrohung nicht erlassen werden, wenn der Antragsteller im *Entscheidungszeitpunkt* einen *Aufenthaltstitel besitzt* (Abs. 1 Satz 1 Nr. 4). Der bloße Anspruch auf die Erteilung eines Aufenthaltstitels entspricht nach allgemeiner Auffassung nicht dem Besitz einer solchen und steht deshalb dem Erlass der Abschiebungsandrohung nach Abs. 1 Satz 1 nicht entgegen (VGH BW, NVwZ-Beil. 1999, 84 = EZAR 044 Nr. 15; OVG MV, EZAR NF 52 Nr. 3; VG Oldenburg, Beschl. v. 27.08.1996 – 7 B 3284/96; *Funke-Kaiser,* in: GK-AsylG, II, § 34 Rn. 29; *Hailbronner,* AuslR, B 2, § 34 AsylVfG Rn. 21). Ein nach § 55 Abs. 2 nicht erloschener erlaubnisfreier Aufenthalt ist dem Besitz eines Aufenthaltstitels rechtlich gleichzustellen. Hingegen steht die Erlaubnisfiktion (§ 81 Abs. 3 oder 4 AufenthG) dem Besitz des Aufenthaltstitels nicht gleich (*Funke-Kaiser,* in: GK-AsylG, II, § 34 Rn. 37; *Hailbronner,* AuslR, B 2, § 34 AsylVfG Rn. 21). War der Antragsteller im Besitz eines Aufenthaltstitels und ist dieser nach § 51 Abs. 1 AufenthG etwa wegen zeitlicher Befristung, Widerruf oder Ausweisung erloschen, ist die Abschiebungsandrohung mangels wirksamen Besitzes eines Aufenthaltstitels zu erlassen. Im Fall der Aufhebung der entsprechenden Verfügung tritt jedoch eine Unterbrechung der Rechtmäßigkeit des Aufenthaltes nicht ein (§ 84 Abs. 2 Satz 3 AufenthG) und die Abschiebungsandrohung wird nachträglich rechtswidrig. Ferner erledigt sich die Abschiebungsandrohung mit Erteilung eines Aufenthaltstitels (BVerwG, EZAR 043 Nr. 41 = NVwZ-Beil. 2000, 25).

E. Bezeichnung des Zielstaates in der Abschiebungsandrohung

I. Funktion der Verweisungsregelung in Abs. 1 Satz 1 Halbs. 1

19 Mit der Verweisung auf § 59 und § 60 Abs. 10 AufenthG stellt Abs. 1 Satz 1 klar, dass die dort geregelten Rechtmäßigkeitsvoraussetzungen zu prüfen sind. Zwar erledigt sich eine bereits früher verfügte ausländerbehördliche Abschiebungsandrohung nicht allein aufgrund des Asylantrags (BVerwG, InfAuslR 1998, 191, 192 = NVwZ-RR 1998, 264 = EZAR 221 Nr. 39). Das Bundesamt hat jedoch für den Fall, dass die frühere Verfügung bestehen bleibt, die asylrechtlichen Sonderregelungen zur Bestimmung des Zielstaates zu beachten (§ 59 Abs. 3 Satz 2, § 60 Abs. 10 AufenthG). Früher erfolgte erst mit dem Vollzugsakt der Abschiebung die Konkretisierung des Zielstaates (OVG NW, DÖV 1975, 286; OVG Hamburg, NVwZ 1985, 65). Nach geltendem Recht soll der Zielstaat jedoch bereits in der Abschiebungsandrohung benannt werden (§ 59 Abs. 2 Halbs. 1 AufenthG). Der Verweis in Abs. 1 Satz 1 auf § 59 AuslG beruht wesentlich auf der gesetzlichen Konzeption der *Trennung von androhender und vollziehender Behörde.* Die Bezeichnung des Zielstaates und korrespondierend damit die Bezeichnung des Staates, in den keine Abschiebung erfolgen darf, soll nicht erst in der Vollzugsphase, sondern bereits im Rahmen der asylrechtlichen Prüfung durch die anordnende Behörde vorgenommen werden.

20 Das Bundesamt muss daher nach § 59 Abs. 2 Halbs. 1 AufenthG grundsätzlich den *Zielstaat der Abschiebung* festsetzen und darf diese Entscheidung nicht der vollziehenden Ausländerbehörde überlassen. Voraussetzung ist, dass weder Verfolgung droht noch Abschiebungsverbote bestehen. Für die Prüfung dieser Fragen fehlt der vollziehenden Behörde die Kompetenz. Allgemein gilt, dass nach § 59 Abs. 3 Satz 1 AufenthG Abschiebungsverbote dem Erlass der Abschiebungsandrohung nach § 59 Abs. 1 AufenthG nicht entgegenstehen (BVerwGE 118, 308, 310 = NVwZ 2004, 352 = InfAuslR 2004, 43 = AuAS 2004, 93). Hieraus zieht Abs. 1 Satz 1 die Konsequenz, dass als Folge der negativen Statusentscheidung bei fehlendem Besitz eines Aufenthaltstitels im Asylverfahren die Abschiebung anzudrohen ist. Zugleich ist darauf hinzuweisen, dass auch in einen anderen Staat abgeschoben werden darf, in den der Antragsteller einreisen darf *oder* der zu seiner Rückübernahme verpflichtet ist (§ 59 Abs. 2 Halbs. 2 AufenthG). Allerdings hat das Bundesamt vor dem Vollzug im Blick auf den in Aussicht genommenen Zielstaat das Vorliegen von Abschiebungsverboten nach § 60 Abs. 5 und 7 AufenthG zu prüfen.

II. Negative Bezeichnungspflicht (§ 59 Abs. 3 Satz 2 AufenthG)

21 Nach § 59 Abs. 3 Satz 2 AufenthG ist in der Abschiebungsandrohung der Staat zu bezeichnen, in den der Antragsteller *nicht* abgeschoben werden darf. Da nach geltendem Recht in allen Fällen der Statuszuerkennung die Abschiebungsandrohung unzulässig ist, stellt sich diese Frage nur noch in den wenigen Ausnahmefällen des Abs. 1 Satz 1 Nr. 3 (Rdn. 16). Eine Verletzung dieser Bezeichnungspflicht führt nach § 59 Abs. 3 Satz 3 AufenthG lediglich zur *teilweisen Rechtswidrigkeit* der Abschiebungsandrohung (BVerwGE 104, 260, 265 = EZAR 043 Nr. 21 = InfAuslR 1997, 341;

BVerwG, InfAuslR 2004, 323, 324; OVG MV, EZAR NF 52 Nr. 3). Ist jedoch im Fall eines *Staatenlosen* weder eine Abschiebung noch eine freiwillige Ausreise in das Land des gewöhnlichen Aufenthalts auf absehbare Zeit möglich, kann von der Prüfung von Abschiebungsverboten vollständig abgesehen werden (BVerwGE 118, 308, 310 = NVwZ 2004, 352 = InfAuslR 2004, 43 = AuAS 2004, 93). Damit entfällt auch die negative Bezeichnungspflicht, ohne dass die Abschiebungsandrohung dadurch rechtswidrig wäre. Es ist aber zulässig, eine »*Vorratsentscheidung*« zum Vorliegen von Abschiebungsverboten nach § 60 Abs. 5 oder 7 AufenthG im Blick auf bestimmte Zielstaaten zu treffen und diese auch in der Abschiebungsandrohung zu bezeichnen. Dadurch wird der Rechtsschutz für andere Zielstaatsbezeichnungen nicht ausgeschlossen (BVerwG, InfAuslR 2013, 42, 43).

Nur das Bundesamt darf zielstaatsbezogene Abschiebungsverbote prüfen. Soll nach Aufhebung der Zielstaatsbestimmung wegen Verletzung von § 60 Abs. 5 oder 7 AufenthG ein anderer Zielstaat geprüft werden, ist für die Prüfung der Abschiebungsverbote und damit auch für die Bestimmung des in Aussicht genommenen Zielstaats das Bundesamt zuständig (VGH BW, InfAuslR 1998, 18, 19; OVG Rh-Pf, NVwZ-RR 1998, 457; OVG SA, InfAuslR 2009, 40, 41; VG Stuttgart, AuAS 2006, 23, 24; VG Karlsruhe, InfAuslR 2006, 34 = AuAS 2006, 190; VG Karlsruhe, NVwZ-Beil. 2000, 21; a.A. VG Leipzig, NVwZ-Beil. 1998, 14, 15; offen gelassen BVerwGE 111, 343, 347 ff. = InfAuslR 2001, 46, 48;Rdn. 37). Stellt die Ausländerbehörde nachträglich einen aufnahmebereiten Staat fest, muss das Bundesamt durch *Neu- oder Ergänzungsbescheid* die Abschiebungsandrohung ändern und diesen Staat als Zielstaat bezeichnen. Da allein das Bundesamt anordnende Behörde ist, kann nur dieses die nachträgliche Zielstaatsangabe vornehmen. Die Feststellung der für diese Frage entscheidungserheblichen Tatsachen ist originäre Aufgabe des Bundesamts im Rahmen der sachlichen Prüfung des Asylantrags. 22

III. Positive Bezeichnungspflicht (§ 59 Abs. 2 AufenthG)

Das Bundesamt erlässt bei negativer Statusentscheidung und fehlendem Besitz eines Aufenthaltstitels die Abschiebungsandrohung. Da die negative Bezeichnungspflicht nur noch in wenigen Ausnahmefällen relevant wird (Rdn. 21), liegt der Schwerpunkt der Prüfung bei der Zielstaatsbestimmung in der positiven Bezeichnungspflicht (§ 59 Abs. 2 Halbs. 1 AufenthG). Die seit 1989 zunehmende Erosion der Staatlichkeit und die Neubildung von Staaten haben jedoch in der Praxis zu erheblichen Problemen geführt. Drei Problemkomplexe sind hier zu unterscheiden. So kann die Angabe des Zielstaates zu Problemen führen, weil der frühere Herkunftsstaat völkerrechtlich untergegangen und damit die Staatsangehörigkeit des Betroffenen unklar ist. Ferner bereiten die Fälle Probleme, in denen die Staatsangehörigkeit des Betroffenen aufgrund unzutreffender oder nicht glaubhafter Angaben nicht feststellbar ist. Schließlich kann die Bestimmung des Zielstaates deshalb Probleme aufwerfen, weil dieser zwar formal noch existent ist, aber keine effektive zentrale Staatsgewalt mehr aufweist. In diesem Fall stellt sich das Problem, ob die Zielstaatsangabe auf bestimmte Regionen im Zielstaat der Abschiebung beschränkt werden darf. 23

24 Aus völkerrechtlichen Gründen trifft den Staat der Staatsangehörigkeit eine Verpflichtung gegenüber dem Aufenthaltsstaat, auf Ersuchen seine eigenen Staatsangehörigen zu übernehmen. Daher ist vorrangig der Staat der Staatsangehörigkeit des Antragstellers als Zielstaat zu bezeichnen. Das Bundesamt muss im Rahmen der Sachverhaltsermittlung ohnehin die Frage der Staatsangehörigkeit als entscheidungserhebliche Frage prüfen und entsprechende Feststellungen treffen (BVerwG, Buchholz 402.25 § 1 AsylVfG Nr. 125; BVerwG, InfAuslR 1990, 238; BVerwG, InfAuslR 1996, 21; BVerwG, NVwZ 2005, 1328; BVerwG, NVwZ 2006, 99). Offen bleiben kann dies nur, wenn im Blick auf sämtliche als Staat der Staatsangehörigkeit in Betracht kommende Staaten das Vorliegen der § 3a ff. oder § 4 Abs. 1 Satz 2 entweder einheitlich bejaht oder verneint werden kann (BVerwG, EZAR 65 Nr. 1; BVerwG, NVwZ 2006, 99). Eine einwandfreie Rechtsanwendung setzt daher hinreichend verlässliche und bestimmte Angaben zum Staat der Staatsangehörigkeit voraus. Die Behörde darf sich insoweit nicht auf eine bloße »Plausibilitätsprüfung« beschränken (BVerwG, InfAuslR 1996, 21). Es handelt sich um eine gerichtlich überprüfbare Tatsachenfeststellung. Nur wenn die Staatsangehörigkeit des Antragstellers feststeht, kann – sofern die Staatenlosigkeit nicht eindeutig feststeht – geprüft werden, ob Abschiebungsverbote nach § 60 Abs. 5 oder 7 AufenthG bestehen (BVerwG, NVwZ-Beil. 1996, 57, 58).

25 Allerdings ist es nach der Rechtsprechung für die rechtliche Beurteilung der Rechtmäßigkeit der Abschiebungsandrohung grundsätzlich unerheblich, ob der Antragsteller die Staatsangehörigkeit des in der Abschiebungsandrohung angegebenen Zielstaats tatsächlich besitzt. Im Entscheidungszeitpunkt müsse nicht sicher sein, ob die Abschiebung aus rechtlichen oder tatsächlichen Gründen unmöglich sei (BVerwG, InfAuslR 1999, 73, 74; VGH BW, EZAR 044 Nr. 9; Hess. VGH, AuAS 1995, 31; BVerwG, InfAuslR 2013, 42, 43). Nicht der Herkunftsstaat, sondern der Staat, in den abgeschoben werden soll, sei zu bezeichnen. Daher könne es sich beim Zielstaat um jeden Staat handeln, in den eine Abschiebung tatsächlich und rechtlich möglich sei. Das Bundesamt wird nicht für verpflichtet gehalten, vor Erlass einer Abschiebungsandrohung lediglich zur Ermittlung eines in Betracht kommenden Zielstaates weitere Aufklärung zu betreiben. Vielmehr obliegt gem. § 59 Abs. 2 Satz 1 AufenthG die Klärung der rechtlichen und tatsächlichen Möglichkeit der Abschiebung in einen bestimmten Staat und die hierzu gegebenenfalls erforderliche Klärung der Staatsangehörigkeit grundsätzlich der Ausländerbehörde (BVerwGE 111, 343, 347 = InfAuslR 2001, 46, 48 = EZAR 044 Nr. 17 = AuAS 2001, 3 = NVwZ 2001, 98 [LS]).

26 Da nach allgemeinem Völkerrecht nur Herkunftsstaaten eine Verpflichtung zur Rückübernahme eigener Staatsangehöriger trifft, macht es jedoch Sinn, vorrangig diesen Staat zu bezeichnen. Andere Staaten sind zur Übernahme nur verpflichtet, wenn sie sich hierzu vertraglich oder im Einzelfall verpflichtet haben. Steht die Staatsangehörigkeit fest, ist der Staat der Staatsangehörigkeit in der Abschiebungsandrohung anzugeben. Zwar darf das Bundesamt diese Frage nicht durch Anfrage an die Heimatbehörden aufklären, da solcherart Beweiserhebungen schlichtweg untauglich wären (BVerwG, DVBl 1983, 1001; BVerwG, NVwZ 1989, 353). In der überwiegenden Mehrzahl der Verfahren wird diese Frage sich jedoch anhand objektiver Indizien und Tatsachen klären lassen. Verbleiben nicht auflösbare Zweifel, ist von der

Staatenlosigkeit des Asylsuchenden auszugehen. Nach Unanfechtbarkeit der ohne Zielstaatsangabe erlassenen Abschiebungsandrohung bestehen allerdings keine rechtlichen Bedenken mehr, diese Frage durch unmittelbaren Kontakt mit den heimatlichen Behörden aufzuklären und gegebenenfalls die Abschiebungsandrohung durch genaue Angabe des Herkunftsstaates zu ergänzen. Es verletzt das *Willkürverbot*, wenn der Antragsteller nicht die Staatsangehörigkeit des in der Abschiebungsandrohung bezeichneten Zielstaats besitzt oder der Abschiebungserfolg nicht sicher vorhergesagt werden kann (VG Gelsenkirchen, InfAuslR 2002, 217, 218). Auch belastet die Abschiebung in ein Land, zu dem der Antragsteller keine Bindungen aufgrund seiner Staatsangehörigkeit oder aufgrund eines längeren Aufenthalts besitzt und mit dem er auch anderweitig nicht wirtschaftlich oder familiär verbunden ist, diesen in unzumutbarer Weise unverhältnismäßig und stelle sich als willkürlich dar (VG Gelsenkirchen, InfAuslR 2002, 217, 218).

Einer Zielstaatsbestimmung »Palästina« oder »Israel (Westbank)« steht der Wortlaut von § 59 Abs. 2 Halbs. 1 AufenthG entgegen, wonach in der Abschiebungsandrohung der Staat zu bezeichnen ist, in den der Betroffene abzuschieben ist. Ein Staat Palästina existiert nicht (Hess. VGH, AuAS 2004, 64, 65; Nieders. OVG, NVwZ-RR 2004, 788; VG Aachen, InfAuslR 2001, 338). Ebenso wenig kann das »Westjordanland« als eigenständiges Staatsgebilde angesehen werden (Nieders. OVG, NVwZ-RR 2004, 788). Die Auffassung, es genüge, wenn ein räumlich klar abgrenzbares Gebiet bezeichnet werde, das selbst kein eigener Staat sein müsse, findet im Wortlaut des Gesetzes keine Stütze. 27

Bleibt die Frage der Staatsangehörigkeit nach Ausschöpfung aller Erkenntnismittel unaufklärbar, werden für das Vollstreckungsverfahren bereits in dessen erster Phase, dem Erlass der Abschiebungsandrohung, schwierige Probleme aufgeworfen. Die Angabe »*Herkunftsstaat*« als Zielstaatsbezeichnung ist keine ordnungsgemäße Zielstaatsbestimmung (BVerwGE 111, 343, 344 f. = InfAuslR 2001, 46, 47 = EZAR 044 Nr. 17 = AuAS 2001, 3 = NVwZ 2001, 98 [LS]; VG Gelsenkirchen, Urt. v. 23.04.1998 – 5a K 7021/92.A; VG Karlsruhe, Beschl. v. 16.01.1996 – A 3 K 10021/96; VG Magdeburg, Beschl. v. 15.05.1997 – B 2 K 424/97; *Hailbronner,* AuslR B 2 § 34 AsylVfG Rn. 64; a.A. OVG Hamburg, Beschl. v. 02.10.1996 – OVG Bs VI 212/96; OVG SA, AuAS 2000, 15; VG Schleswig, AuAS 1995, 105, 106; VG Karlsruhe, InfAuslR 1998, 91, 92; VG Leipzig, InfAuslR 1998, 92, 93 = NVwZ-Beil. 1998, 14; VG Schleswig, AuAS 2006, 134). Der Zielstaat ist regelmäßig namentlich zu bezeichnen. Die Bezeichnung »Herkunftsstaat« genügt diesen Anforderungen jedenfalls dann nicht, wenn sich auch aus den Gründen des Bescheides nicht ergibt, welcher konkrete Staat gemeint ist. Die Angabe »Herkunftsstaat« hat anders als die Bezeichnung eines konkreten Zielstaates *keinen Regelungscharakter*, sondern stellt lediglich einen *vorläufigen unverbindlichen Hinweis* dar, aus dem keine Rechtsfolgen erwachsen (BVerwGE 111, 343, 348 = InfAuslR 2001, 46, 48; OVG Sachsen, AuAS 2000, 15, 17). 28

Besondere Probleme bereitet das Problem des *untergegangenen Staates* und des tatsächlich nicht mehr existenten Herkunftsstaates. Die Bezeichnung eines anderen Staates als des – bisherigen – Herkunftsstaates hat Auswirkungen auf die Rechtmäßigkeit 29 der Abschiebungsandrohung, wenn der genannte Staat bei Erlass der Abschiebungsandrohung nicht mehr existent ist (Hess. VGH, AuAS 1995, 31; VGH BW, EZAR 022 Nr. 2; VGH BW, EZAR 044 Nr. 9; a.A. VGH BW, EZAR 044 Nr. 9). Ist die Effektivität der Staatsgewalt eingeschränkt und die Abschiebung nur in bestimmte Regionen zulässig, verlangt das Gebot effektiven Rechtsschutzes nicht, die Abschiebungsandrohung auf sichere Teile des Zielstaats zu begrenzen. Andererseits ist es unzulässig, den Antragsteller in eine Region des Zielstaats abzuschieben, in dem Gefahren drohen, die ein Abschiebungsverbot begründen. Es wird jedoch der Ausländerbehörde aufgegeben, sicherzustellen, dass der Antragsteller nicht in gefährliche Gebiete abgeschoben wird. Um dies zu vermeiden, hat die Behörde vor der Abschiebung die Ergebnisse des abgeschlossenen Asylverfahrens sorgfältig daraufhin zur Kenntnis zu nehmen, ob erhebliche Gefahren in Teilen des Abschiebungszielstaates drohen und der Antragsteller daher möglicherweise nur in bestimmten Gebieten sicher ist (BVerwGE 110, 74, 79 f. = EZAR 044 Nr. 16 = InfAuslR 2000, 122; Hess. VGH, Hess.JMBl. 1997, 654, 655) = AuAS 1997, 146 = NVwZ-Beil. 1997, 53 [LS]; VG Wiesbaden, AuAS 1996, 148, 149).

30 Nach der Rechtsprechung des BVerwG ist es daher bei nur regionaler Gefährdung und sicherer Erreichbarkeit von Orten internen Schutzes im Herkunftsstaat zulässig, den betreffenden Herkunftsstaat in der Abschiebungsandrohung *insgesamt* als Zielstaat zu bezeichnen. Unschädlich ist es andererseits, die gefahrenfreie Region mit einem Klammerzusatz dem Zielstaat hinzuzufügen. Droht etwa im Zentralstaat Verfolgung oder bestehen insoweit Abschiebungsverbote, nicht jedoch in einem anderen Teil und ist dieser erreichbar, ist in der Abschiebungsandrohung der Gesamtstaat anzugeben (BVerwGE 110, 74, 78 f. = EZAR 044 Nr. 16 = InfAuslR 2000, 122: »Abschiebung in den Irak (Nordirak)«). Notwendig ist der Klammerzusatz wegen der ausländerbehördlichen Prüfungspflicht jedoch nicht. Voraussetzung für den Erlass der Abschiebungsandrohung ist in diesem Fall nicht, dass das Bundesamt in seiner Begründung darauf hingewiesen hat, die Abschiebung in nicht sichere Regionen müsse unterbleiben (VGH BW, Beschl. v. 26.05.2000 – A 14 S 709/00). Hat sich ein Teil des Herkunftsstaates von diesem losgelöst und ist er als eigenständiger Staat völkerrechtlich anerkannt worden, beanstandet die Rechtsprechung die Zielstaatsbezeichnung nicht, wenn zwar der Zentralstaat genannt wird, Abschiebungsverbote aber auch im Blick auf das abgespaltene Gebiet geprüft wurden. Eine Abschiebung in den Zentralstaat ist dann aber unzulässig (VGH BW, AuAS 2008, 248, 250, »Kosovo« und Zielstaat »Bundesrepublik Jugoslawien«, mit unzureichenden völkerrechtlichen Erwägungen zum eigenständigen Staat Kosovo).

31 Kann der Antragsteller die gefahrenfreien Landesteile vom Ausland aus nicht erreichen und ist er für die Rückkehr folglich auf Orte oder Gebiete verwiesen, in denen ihm extreme Gefahren drohen, betrifft das Abschiebungsverbot notwendigerweise das gesamte Staatsgebiet, das in diesen Fällen nur auf bestimmten, mit unentrinnbaren Gefahren verbundenen Wegen zugänglich ist. In diesem Fall darf dieser Staat nicht bezeichnet werden (Hess. VGH, AuAS 1997, 146). Da die Bezeichnung eines Staates als Zielstaat der Abschiebung nur für zulässig erachtet wird, wenn es dort gefahrenfreie Regionen gibt und diese von außen erreichbar sind (BVerwGE 110, 74, 78 f. =

EZAR 044 Nr. 16 = InfAuslR 2000, 122), folgt daraus im Umkehrschluss, dass die Bezeichnung zu unterbleiben hat, wenn diese Voraussetzungen nicht bestehen. Da beim internen Schutz aber die Erreichbarkeit des internen Ausweichortes festgestellt werden muss (§ 3e Rdn. 10 ff. Rn. 7), stellen sich diese Probleme heute nicht mehr so wie früher.,

IV. Ausnahmen von der positiven Bezeichnungspflicht

Kann ein bestimmter Zielstaat der Abschiebung mangels Identifizierbarkeit des Herkunftsstaates nicht bezeichnet (Rdn. 23 ff.) und auch ein anderer aufnahmebereiter Staat nicht festgestellt werden, ist ein sachlicher Grund gegeben, der *ausnahmsweise* das Absehen von der Angabe eines Zielstaates nach § 59 Abs. 2 Halbs. 1 AufenthG rechtfertigt (BVerwGE 111, 343. 346 f. = InfAuslR 2001, 46, 47 = EZAR 044 Nr. 17 = AuAS 2001, 3 = NVwZ 2001, 98 [LS]; BVerwGE 118, 308, 312 = NVwZ 2004, 352 = InfAuslR 2004, 43 = AuAS 2004, 93; OVG Sachsen, AuAS 2000, 15, 16; OVG Berlin, NVwZ 2001, 948 [LS]; VG Leipzig, NVwZ-Beil. 1998, 14, 15). Weitere Ausnahmen werden für zulässig erachtet, wenn der Antragsteller keine Identitätsdokumente besitzt und nicht glaubhaft ist, dass er aus dem behaupteten Herkunftsland kommt (VG Schleswig, AuAS 1995, 105), den Herkunftsstaat durch wahrheitswidrige Angaben verschleiert oder der Antragsteller sich auf die Herkunft aus einem bestimmten Staat beruft, aber nicht abschließend geklärt werden kann, ob dies zutrifft, der frühere Herkunftsstaat untergegangen ist und Unklarheiten über die Rechtsnachfolge bestehen (*Hailbronner,* AuslR B 2 § 34 AsylVfG Rn. 52) oder wegen zerfallener Staatsstrukturen Zweifel an der Staatseigenschaft bestehen (VG Wiesbaden, AuAS 1996, 148, 149; *Hailbronner,* AuslR B 2 § 34 AsylVfG Rn. 52, wobei in diesem Fall aber völkerrechtlich weiterhin von einem Staat auszugehen ist). Allein der Hinweis auf möglicherweise in Betracht kommende Zielstaaten nach § 59 Abs. 2 Halbs. 2 AufenthG ersetzt jedoch nicht die Bezeichnung des Zielstaates und die damit im Zusammenhang stehenden konkreten Prüfungspflichten des Bundesamts. 32

Bei der Sollvorschrift des § 59 Abs. 2 AufenthG handelt es sich lediglich um eine *Vorgabe für das Handlungsprogramm* der Behörde im Sinne einer Ordnungsvorschrift. Vor allem die Regelung in § 59 Abs. 3 Satz 3 AufenthG zeigt, dass die Abschiebungsandrohung als solche bestehen bleibt, wenn in ihr rechtswidrig ein Zielstaat, in Bezug auf den Abschiebungsverbote vorliegen, bezeichnet wird. Aus dem Fehlen der Zielstaatsbestimmung kann daher nicht ohne Weiteres auf die Rechtswidrigkeit der Abschiebungsandrohung insgesamt geschlossen werden (BVerwGE 111, 343, 347 = InfAuslR 2001, 46, 47 = EZAR 044 Nr. 17 = AuAS 2001, 3 = NVwZ 2001, 98 [LS]; BVerwGE 118, 308, 310 = NVwZ 2004, 352 = InfAuslR 2004, 43 = AuAS 2004, 93; OVG Berlin, NVwZ 2001, 948 [LS]). § 59 Abs. 2 AufenthG sieht die Bezeichnung des Zielstaates nur für den Regelfall vor. Zielstaat wird zumeist der Staat sein, dessen Staatsangehörigkeit der Antragsteller besitzt, bei Staatenlosen der Staat des gewöhnlichen Aufenthalts. Je nach den Umständen kann aber auch ein sonstiger zur Aufnahme bereiter oder verpflichteter Drittstaat in Betracht kommen. Ist jedoch weder die Staatsangehörigkeit geklärt noch ein aufnahmebereiter Drittstaat erkennbar, liegen *besondere Umstände* vor, die ein Absehen von der Zielstaatsbezeichnung 33 rechtfertigen (BVerwGE 111, 343, 347 = InfAuslR 2001, 46, 47 = EZAR 044 Nr. 17 = AuAS 2001, 3 = NVwZ 2001, 98 [LS]; OVG Sachsen, AuAS 2000, 15, 17).

34 Die Angabe eines Zielstaates, in den eine Einreise des Antragstellers wegen *Verweigerung der Übernahme* nicht möglich ist, steht jedoch nicht nur der Angabe dieses Staats als Zielstaat entgegen, sondern führt zur Rechtswidrigkeit der Abschiebungsandrohung insgesamt, weil von dem Betreffenden ein Verhalten verlangt wird, dass er nicht erfüllen und die Behörde auch nicht zwangsweise durchsetzen kann (VG Ansbach, Urt. v. 05.04.1999 – AN 12 K 94.49667). So ist die Androhung der Abschiebung eines Staatenlosen in das Land des letzten gewöhnlichen Aufenthalts unzulässig, wenn er dort vor seiner Einreise kein gefestigtes Aufenthaltsrecht gehabt hat und ihm deshalb die Wiedereinreise nach dorthin nicht gestattet werden wird. Der Staat Israel darf nicht als Zielstaat bezeichnet werden, wenn der Antragsteller kurz nach seiner Geburt Israel verlassen und in Saudi-Arabien gelebt hat, dort aber ausgewiesen wurde und deshalb offensichtlich ist, dass die israelischen Behörden die Einreise nicht erlauben werden (VG Ansbach, Urt. v. 05.04.1999 – AN 12 K 94.49667). Daher ist die Abschiebung auf Dauer unmöglich und eine Aufenthaltserlaubnis (§ 25 Abs. 5 Satz 1 AufenthG) zu erteilen.

V. Hinweispflicht nach § 59 Abs. 2 Halbs. 2 AufenthG

35 Nach § 59 Abs. 2 Halbs. 2 AufenthG soll in der Abschiebungsandrohung darauf hingewiesen werden, dass der Antragsteller auch in einen anderen Staat – als den positiv bezeichneten Zielstaat – abgeschoben werden kann, wenn er in diesen einreisen darf oder dieser zu seiner Übernahme bereit ist. Begründet wird diese weitgehende Regelung damit, dass die androhende Behörde nicht in der Lage sei, abschließend alle für die Abschiebung in Betracht kommenden Zielstaaten zu benennen. Erweise sich beim Vollzug der Abschiebung, dass die Rückführung in den in der Androhung genannten Staat nicht möglich sei *oder* dass eine günstigere Abschiebungsmöglichkeit bestehe, solle die Abschiebung nicht daran scheitern, dass der andere Zielstaat nicht ebenfalls schon in der Androhung konkret benannt sei (BT-Drucks. 12/2062, S. 44). In der Verwaltungspraxis wird die Hinweispflicht häufig als Ersatz für die aus tatsächlichen Gründen nicht mögliche Durchführung der Abschiebung in den in der Abschiebungsandrohung genannten Zielstaat angesehen. Dies genügt jedoch nicht der Regelanforderung des § 59 Abs. 2 Halbs. 1 AufenthG. Danach ist ein konkreter (erster) Staat zu bezeichnen. Im *Gegensatz* zum bloßen »Hinweis« darauf, dass der Antragsteller auch in einen anderen Staat abgeschoben werden kann, nimmt die Verpflichtung zur Bezeichnung des Zielstaats an dem Reglungsinhalt der Abschiebungsandrohung teil und führt deshalb bei einer unrichtigen Bezeichnung des Zielstaates zu deren Rechtswidrigkeit (OVG Rh-Pf, AuAS 2000, 15, 16; offen gelassen BVerwGE 111, 343, 346 f. = InfAuslR 2001, 46, 47 = EZAR 044 Nr. 17 = AuAS 2001, 3 = NVwZ 2001, 98 [LS]).

36 Der Hinweis hat keinen Regelungscharakter (OVG SA, InfAuslR 2009, 40, 41 = AuAS 2008, 260). Vielmehr wird lediglich klargestellt, dass in den Fällen, in denen sich die Abschiebung in den bezeichneten Zielstaat als unmöglich erweist oder eine günstigere *Abschiebungsmöglichkeit* besteht, diese nicht daran scheitern soll, dass der

andere Zielstaat nicht ebenfalls schon in der Abschiebungsandrohung konkret bezeichnet ist (BVerwGE 111, 343, 347 f. = InfAuslR 2001, 46, 47 = EZAR 044 Nr. 17 = AuAS 2001, 3 = NVwZ 2001, 98 [LS]). Damit wird der Anschein erweckt, als erfülle der Hinweis auf die weiteren nach § 59 Abs. 2 Halbs. 2 AufenthG benannten Staaten bei Unmöglichkeit der Abschiebung in den zuerst angegebenen Zielstaat der Abschiebung eine zureichende Ersatzfunktion und könne ohne Weiteres auf jeden der in dem Hinweis in Bezug genommenen Staaten als Zielstaat der Abschiebung zurück gegriffen werden. In dem Hinweis wird jedoch regelmäßig kein bestimmter Staat ausdrücklich bezeichnet. Aus vollstreckungsrechtlicher Sicht ist der Hinweis auf andere Zielstaaten nach § 59 Abs. 2 Halbs. 2 AufenthG *nicht konstitutiver Teil der Abschiebungsandrohung* nach Abs. 1 Satz 1. Hinsichtlich solcher Staaten sind noch keine Abschiebungsverbote geprüft worden. Will die Ausländerbehörde in einen der Zielstaaten abschieben, muss zunächst das Bundesamt Abschiebungsverbote prüfen und mit verbindlicher, regelnder Wirkung den Zielstaat nach § 59 Abs. 2 Halbs. 1 AufenthG benennen (Hess.VGH, AuAS 1994, 266, 267; VGH BW, AuAS 1994, 168; VGH BW, InfAuslR 1998, 18, 19; OVG NW, AuAS 2009, 213, 214 f.; Rdn. 22). Dazu muss der Antragsteller aber keinen Folgeantrag stellen (so aber OVG NW, AuAS 2009, 213, 215). Die Gegenmeinung stellt selbst fest, dass die Zuständigkeit des Bundesamts nicht mit dem Abschluss des Asylverfahrens endet. Es hat daher von Amts wegen oder auf Antrag unter Mitwirkung des Betroffenen die Zielstaatsbestimmung zu überprüfen und gegebenenfalls zu ändern. Der Bescheid ist förmlich zuzustellen

Allein der *nicht verbindliche* Hinweis in der Abschiebungsandrohung lässt danach eine 37 Abschiebung in einen solchen nicht ausdrücklich benannten Staat nicht zu. Vielmehr bedarf es dazu einer ausdrücklichen Änderung bzw. Erweiterung der Abschiebungsandrohung (VGH BW, InfAuslR 1998, 18, 19 = NVwZ-RR 1998, 202 [LS]; Rdn. 22). Im Blick auf Staaten, die in der Abschiebungsandrohung (noch) nicht bezeichnet sind, hat die Behörde keine rechtlichen und tatsächlichen Abschiebungsverbote geprüft (VGH BW, InfAuslR 1998, 18, 19; OVG Rh-Pf, NVwZ-RR 1998, 457). Beim Vollzug der Abschiebungsandrohung nach Abs. 1 Satz 1 ist es also im Fall der Undurchführbarkeit der Abschiebung nicht der vollziehenden Ausländerbehörde überlassen, den Zielstaat aus eigener Zuständigkeit zu ändern. Bei der *Änderung der Zielstaatsangabe* handelt es sich um eine *wesentliche Regelung der Abschiebungsandrohung* (OVG Rh-Pf, AuAS 2000, 15, 16). Nur das Bundesamt darf die Abschiebungsandrohung nach Abs. 1 Satz 1 und damit auch die Zielstaatsbezeichnung ändern (BayVGH, InfAuslR 1996, 80, 81; OVG SA, InfAuslR 2009, 40, 41 = AuAS 2008, 260; VG Lüneburg, InfAuslR 2009, 86, 87; a.A. *Hailbronner,* in: AuslR B 2 § 34 AsylVfG Rn. 70; offen gelassen BVerwGE 111, 343, 347 f. = InfAuslR 2001, 46, 47 = EZAR 044 Nr. 17 = AuAS 2001, 3 = NVwZ 2001, 98 [LS]).

VI. Eilrechtsschutz

§ 36 regelt ausführlich das Eilrechtsschutzverfahren im Hinblick auf die erlassene, aber 38 noch nicht vollziehbare Abschiebungsandrohung nach Abs. 1 Satz 1. Auf die dortigen Erläuterungen wird deshalb, auch soweit es um den vorläufigen Rechtsschutz gegen die Abschiebungsandrohung geht, verwiesen. Im Blick auf die Form des Rechtsschutzes ist anzumerken, dass gegen die Abschiebungsandrohung grundsätzlich Eilrechtsschutz nach § 80 Abs. 5 VwGO zu beantragen ist. In diesem Zusammenhang ist auch gegen die fehlerhafte Angabe des Zielstaats nach § 59 Abs. 2 Halbs. 1 AufenthG vorzugehen. Ist kein Zielstaat angegeben, droht aber ungeachtet dessen die Abschiebung, ist der Antrag auf Festsetzung des Zielstaats mit einem Eilrechtsschutz analog § 80 Abs. 5 VwGO zu verbinden (wohl auch BayVGH, InfAuslR 1994, 30; VGH BW, InfAuslR 1993, 91, Antrag nach § 123 VwGO). Solange die Anfechtungsklage gegen die Abschiebungsandrohung anhängig ist, ist in allen Fällen Eilrechtsschutz nach § 80 Abs. 5 VwGO zu beantragen. Erst nach Eintritt der Unanfechtbarkeit stellt sich das Problem des vorbeugenden Rechtsschutzes nach § 123 VwGO.

39 Das Problem vorbeugenden Eilrechtsschutzes (*Vollstreckungsschutz*) stellt sich stets erst dann, wenn das Hauptsacheverfahren unanfechtbar abgeschlossen ist und deshalb Eilrechtsschutz gegen den Vollzug der Abschiebungsandrohung nicht mehr im Zusammenhang mit einem noch anhängigen Verfahren beantragt werden kann. Da die Rechtmäßigkeit der Abschiebungsandrohung und auch der Zielstaatsangabe nach § 59 Abs. 2 Halbs. 1 AufenthG unanfechtbar entschieden worden ist, kann regelmäßig vorbeugender Rechtsschutz nur gegen die vollziehende Ausländerbehörde und nur mit Einwänden gegen die Art und Weise sowie den Zeitpunkt der Abschiebung beantragt werden (VGH BW, AuAS 1994, 104, 105). Die Notwendigkeit der nachträglichen Zielstaatsbezeichnung (Rdn. 22) kann sich ergeben, weil möglicherweise erst nach Eintritt der Unanfechtbarkeit der Abschiebungsandrohung die Staatsangehörigkeit des Asylsuchenden eindeutig geklärt und deshalb der Staat der Staatsangehörigkeit erst jetzt als Zielstaat bestimmt werden kann oder der Zielstaat ausgewechselt werden soll. Sie kann ihren Grund auch darin haben, dass im abgeschlossenen Verfahren Gefährdungen auf dem Reiseweg in die ungefährdete Region innerhalb des Herkunftsstaates nicht zuverlässig ausgeschlossen werden konnten und deshalb die Abschiebung in diesen Staat nach § 60 Abs. 7 AufenthG unzulässig ist, mit der Folge, dass er auch nicht als Zielstaat der Abschiebung bezeichnet werden konnte (§ 59 Abs. 2 Halbs. 1, Abs. 3 Satz 2 AufenthG).

40 In einem solchen Fall, in dem die Abschiebungsandrohung um einen zusätzlichen Zielstaat erweitert oder der bisherige durch einen anderen Zielstaat ausgewechselt wird, liegt – wegen der essenziellen Bedeutung der Fristsetzung und des Festsetzung des Zielstaates – der Sache nach eine neue Abschiebungsandrohung vor. Deshalb entfaltet die Anfechtungsklage gegen den Rechtsträger des Bundesamtes *aufschiebende Wirkung* (BayVGH, InfAuslR 1994, 30, 31 VG Stuttgart, AuAS 2006, 23, 24). Die – auch nachträgliche – Festsetzung oder Auswechselung des Zielstaates ist wegen der Schutzvorschrift des § 59 Abs. 2 Halbs. 1 AufenthG notwendiger Bestandteil der Abschiebungsandrohung nach Abs. 1 Satz 1. Daher ist die erforderliche Prüfung und Entscheidung durch das Bundesamt zu treffen (Rdn. 22, 36). Da die nachträgliche Festsetzung oder Auswechselung des Zielstaates die zugrunde liegende Abschiebungsandrohung inhaltlich modifiziert, erlässt das Bundesamt einen *Ergänzungs- oder Neubescheid*, durch den der Zielstaat neu bestimmt oder erstmals festgesetzt wird (Rdn. 22). Die hiergegen gerichtete Anfechtungsklage hat keine aufschiebende Wirkung. Eilrechtsschutz ist über § 80 Abs. 5 VwGO zu erlangen.

Gegenstand des Eilrechtsschutzverfahrens ist ausschließlich die Rechtmäßigkeit der nunmehr festgesetzten Zielstaatsbestimmung. Es handelt sich damit nicht um ein Verfahren des vorbeugenden Rechtsschutzes gegen die Vollziehung der Abschiebungsandrohung, sondern um ein Eilrechtsschutzverfahren nach § 80 Abs. 5 VwGO im Zusammenhang mit einer Anfechtungsklage gegen eine Ordnungsverfügung.

Besteht nach dem rechtskräftigen Abschluss des Asylverfahrens berechtigter Anlass für die Annahme, dass die Abschiebung alsbald zu erwarten ist und hierbei eine Rückführung in nicht verfolgungsfreie oder auch sonst nicht sichere Gebiete des Zielstaats droht, kann der Antragsteller von der Ausländerbehörde die Bekanntgabe des beabsichtigten Reisewegs verlangen (BVerwGE 110, 74, 81 = EZAR 044 Nr. 16 = InfAuslR 2000, 122; VGH BW, Beschl. v. 26.05.2000 – A 14 S 709/00). Gegebenenfalls kann er einstweiligen Rechtsschutz in Anspruch nehmen, auch wenn sich die Ausländerbehörde weigern sollte, für eine bevorstehende Abschiebung den Weg bekannt zu geben. Die Ausländerbehörde ist in diesem Fall verpflichtet, die Inanspruchnahme einstweiligen Rechtsschutzes vor der Durchführung der Abschiebung zu ermöglichen (BVerwGE 110, 74, 80 = EZAR 044 Nr. 16 = InfAuslR 2000, 122, unter Verweis auf BVerfGE 94, 168, 216; ebenso VGH BW, Beschl. v. 26.05.2000 – A 14 S 709/00). 41

Rechtsschutz ist in diesen Fällen nach § 123 VwGO mit dem Ziel zu beantragen, den beabsichtigten Reiseweg bekannt zu geben. Nach Bekanntgabe des Reiseweges kann der Antragsteller gegebenenfalls erneut einstweiligen Rechtsschutz gegen die Abschiebung als solche gegenüber der Ausländerbehörde verlangen, wenn er begründete Einwände gegen die Sicherheit des vorgetragenen Reisewegs geltend machen kann. Je nach den Umständen des Einzelfalles kann er beide Rechtschutzziele auch in einem einheitlichen Verfahren zu erreichen versuchen. In diesem Fall ist aber glaubhaft zu machen, dass die Ausländerbehörde auf jeden Fall vollziehen wird. Anders liegt der Fall, in dem die Ausländerbehörde die Abschiebung in einen Staat plant, der nicht als Zielstaat in der Abschiebungsandrohung bezeichnet worden ist, weil im Blick auf diesen Staat Abschiebungsverbote bestehen. Sofern die Ausländerbehörde meint, nachträglich habe sich zu der gefahrenfreien Region ein Zugang eröffnet, bleibt sie infolge der Bindungswirkung an die Feststellung des Bundesamtes gebunden (vgl. § 42 Satz 1). Die Behörde hat insoweit keine eigenständige Prüfungskompetenz. In diesem Fall ist einstweiliger Rechtsschutz nach § 123 VwGO gegenüber der Ausländerbehörde mit dem Ziel zu beantragen, die Abschiebung zu untersagen. 42

§ 34a Abschiebungsanordnung

(1) [1]Soll der Ausländer in einen sicheren Drittstaat (§ 26a) oder in einen für die Durchführung des Asylverfahrens zuständigen Staat (§ 29 Absatz 1 Nummer 1) abgeschoben werden, ordnet das Bundesamt die Abschiebung in diesen Staat an, sobald feststeht, dass sie durchgeführt werden kann. [2]Dies gilt auch, wenn der Ausländer den Asylantrag in einem anderen auf Grund von Rechtsvorschriften der Europäischen Union oder eines völkerrechtlichen Vertrages für die Durchführung des Asylverfahrens zuständigen Staat gestellt oder vor der Entscheidung des Bundesamtes zurückgenommen hat. [3]Einer vorherigen Androhung und Fristsetzung bedarf es

nicht. [4]Kann eine Abschiebungsanordnung nach Satz 1 oder 2 nicht ergehen, droht das Bundesamt die Abschiebung in den jeweiligen Staaten an.

(2) [1]Anträge nach § 80 Absatz 5 der Verwaltungsgerichtsordnung gegen die Abschiebungsanordnung sind innerhalb einer Woche nach Bekanntgabe zu stellen. [2]Die Abschiebung ist bei rechtzeitiger Antragstellung vor der gerichtlichen Entscheidung nicht zulässig. [3]Anträge auf Gewährung vorläufigen Rechtsschutzes gegen die Befristung des Einreise- und Aufenthaltsverbotes nach § 11 Absatz 2 des Aufenthaltgesetzes sind innerhalb einer Woche nach Bekanntgabe zu stellen. [4]Die Vollziehbarkeit der Abschiebungsanordnung bleibt hiervon unberührt.

Übersicht Rdn.

A. Funktion der Vorschrift

1 Abs. 1 enthält eine selbstständige Rechtsgrundlage für den Erlass der Abschiebungsanordnung bei einer Einreise über einen »sicheren« Drittstaat und für die Durchführung der Verordnung (EU) Nr. 604/2013 (Dublin III-VO). Demgegenüber ist die Rechtsgrundlage für die Abschiebungsandrohung in allen anderen Verfahren in § 34 und bei unbeachtlichen Asylanträgen in § 35 geregelt. Zur Definition der »sicheren« Drittstaaten und deren Voraussetzungen wird auf die Erläuterungen zu § 26a und zur Verordnung (EU) Nr. 604/2013 auf die Erläuterungen zu § 29 verwiesen. Bei Einreise über einen »sicheren« Drittstaat sowie bei Überstellungen in einen Mitgliedstaat wird ein besonderes, von den allgemeinen Vorschriften abweichendes Verwaltungsverfahren durchgeführt. Der ursprünglich in § 34a Abs. 2 AsylVfG a.F. geregelte Ausschluss des Eilrechtsschutzes wurde als einfachgesetzliche Umsetzung von Art. 16a Abs. 2 Satz 3 GG angesehen. Mit Wirkung zum 06.09.2013 hat der Gesetzgeber in Umsetzung von Art. 27 Abs. 2 Verordnung (EU) Nr. 604/2013 für Überstellungen in Mitgliedstaaten den Eilrechtsschutz wieder eingeführt und strukturell an das Verfahren in § 36 Abs. 3 angeglichen.

Nach Abs. 1 Satz 1 erlässt das Bundesamt die Abschiebungsanordnung, wenn die Rückführungsmöglichkeit in den sicheren Drittstaat oder in den zuständigen Mitgliedstaat feststeht. In seinem grundlegenden Urteil vom 14.05.1996 hat das BVerfG festgestellt, dass Abs. 1 in Ausführung der Drittstaatenregelung des Art. 16a Abs. 2 GG ergangen und daher mit dem Grundgesetz vereinbar sei (BVerfGE 94, 49, 105 = EZAR 208 Nr. 7 = NVwZ 1996, 700, 707). Sei der Asylsuchende aus einem sicheren Drittstaat eingereist (§ 26a) und solle er dorthin abgeschoben werden, ordne das Bundesamt nach Abs. 1 die Abschiebung in diesen Staat an, sobald feststehe, dass sie durchgeführt werden könne. Da die verbliebenen »sicheren« Drittstaaten in Anlage II mit der EU assoziiert sind und deshalb wie Mitgliedstaaten behandelt werden (§ 26a), hat die Vorschrift an sich ihre Funktion verloren. Die in Abs. 1 anders als die als Androhung der Abschiebung nach § 34 und § 35 als Anordnung der Abschiebung geregelte Verfügung soll sicherstellen, dass der in Art. 16a Abs. 2 Satz 3 GG und in Abs. 2 einfachgesetzlich umgesetzte Eilrechtsausschluss wirksam durchgesetzt werden kann. Durch Änderung von Abs. 2 und Einführung eines Eilrechtsschutzverfahrens hat diese Funktion ihre Wirksamkeit verloren. Die Überstellung an den zuständigen Mitgliedstaat darf jedoch ungeachtet dessen nicht mit einer Abschiebungsandrohung, sondern nur mit der Abschiebungsanordnung durchgesetzt werden. 2

B. Verwaltungsverfahren (Abs. 1)

I. Behördliche Zuständigkeit

Nach Abs. 1 Satz 1 ist das Bundesamt für den Erlass der Abschiebungsanordnung zuständig. Mit der Begründung der Zuständigkeit des Bundesamtes entfällt insoweit aus gesetzessystematischen Gründen zugleich die Befugnis der Ausländerbehörde zum Erlass der Abschiebungsanordnung. Damit ist sichergestellt, dass die entsprechenden Voraussetzungen grundsätzlich nur in einem Verfahren, und zwar von dem hierfür allein zuständigen Bundesamt überprüft werden und eine vom Gesetz nicht gewollte Doppelprüfung vermieden wird (OVG NW, NVwZ-Beil. 2001, 32 = EZAR 210 Nr. 15 = AuAS 2000, 256). Die Zuständigkeit der Ausländerbehörde nach § 19 Abs. 3 und der Bundespolizei nach § 18 Abs. 2 Nr. 2 (hierzu § 18 Rdn. 24 ff.; § 19 Rdn. 10.) endet mit der Antragstellung nach § 23 Abs. 1. Die Zuständigkeit des Bundesamts bleibt unberührt, wenn die Abschiebungsanordnung wegen Undurchführbarkeit der Abschiebung aufgehoben und anschließend über die Abschiebungsandrohung zu entscheiden ist (OVG NW, NVwZ-Beil. 2001, 32 = EZAR 210 Nr. 15 = AuAS 2000, 256). 3

II. Rechtscharakter der Abschiebungsanordnung nach Abs. 1 Satz 1

Die Abschiebungsanordnung nach Abs. 1 Satz 1 ist ein *Verwaltungsakt* (*Hailbronner*, AuslR B 2 § 34a AsylVfG Rn. 7). Sie ersetzt die Abschiebungsandrohung. Ihr Erlass setzt voraus, dass der Antragsteller in den sicheren Drittstaat oder zuständigen Mitgliedstaat abgeschoben werden kann. Nur unter diesen Voraussetzungen ist es nach Sinn und Zweck der gesetzlichen Regelung gerechtfertigt, den Antrag unter Berufung auf § 26a und § 29 Abs. 1 Nr. 1 abzulehnen und von einer Prüfung der Abschiebungsverbote nach § 60 Abs. 1 bis 5 und 7 AufenthG abzusehen. Das Tatbestandsmerkmal 4

»sobald feststeht« erfasst nicht nur bereits bei Erlass der Abschiebungsanordnung vorliegende, sondern *auch nachträglich auftretende Abschiebungshindernisse.* Ist die Entscheidung über die Unzulässigkeit des Asylantrags bereits in Bestands- oder Rechtskraft erwachsen, ist nur von Bedeutung, ob eine Überstellung in den ersuchten Mitgliedstaat tatsächlich möglich ist (BVerwG, NVwZ 2016, 71, 72 Rn. 18 = InfAuslR 2016, 60). Ist eine solche Abschiebung nicht möglich, weil etwa der sichere Drittstaat oder zuständige Mitgliedstaat nicht festgestellt werden kann, ist der Erlass einer Abschiebungsanordnung ausgeschlossen (Thür. OVG, Beschl. v. 18.09.1996 – 3 ZO 487 96; OVG NW, Urt. v. 30.09.1996 – 25 A 790/96.A; OVG NW, NVwZ-Beil. 2001, 32 = EZAR 210 Nr. 15 = AuAS 2000, 256). Die Rechtmäßigkeit der Abschiebungsanordnung steht also unter dem *Vorbehalt* (»sobald«) ihrer *Durchsetzbarkeit.* Steht die Durchführung fest, ist die Anordnung zwingend zu erlassen. Wie nach § 34 und § 35 bleibt dem Bundesamt insoweit kein Ermessen. Einer vorherigen Androhung und Fristsetzung bedarf es aber nicht (Abs. 1 Satz 3). Nach Abs. 2 Satz 1 muss andererseits der Ausgang des Eilrechtsschutzverfahrens abgewartet werden. Wegen der häufig lediglich kurzfristigen Einreisemöglichkeiten in den Drittstaat erachtet der Gesetzgeber es für notwendig, auf die Androhung zu verzichten (BT-Drucks. 12/4450, S. 23). Für die Durchführung der Verordnung (EU) Nr. 604/2013 trifft dies nicht zu (§ 29 Abs. 1 Nr. 1 Rdn. 88). Abs. 1 Satz 1 erfordert die Bezeichnung des sicheren Drittstaates, in den abgeschoben werden soll, in der Abschiebungsanordnung (BVerwGE 100, 23, 31 = NVwZ 1996, 187 = EZAR 208 Nr. 5). Ist die Bezeichnung des sicheren Drittstaates nicht möglich, ist ein Asylverfahren mit vollen Verfahrensgarantien durchzuführen. Die Prüfung ist freilich auf den internationalen Schutz und die Abschiebungsverbote nach § 60 Abs. 5 und 7 AufenthG beschränkt. Nach der Verwaltungspraxis wurden aus generellen Erfahrungswerten über die Rückübernahmepraxis sicherer Drittstaaten regelmäßig Indizien auf die Feststellung der Durchführbarkeit der Abschiebung abgeleitet. Demgegenüber setzt die Durchführung der Verordnung (EU) Nr. 604/2013 die Zustimmung des ersuchten Mitgliedstaats voraus (Art. 22 und 25). Mangels Listung sicherer Drittstaaten in Anlage II werden derzeit keine Abschiebung in »sichere« Drittstaaten durchgeführt (§ 26a Rdn. 24). Daher erübrigt sich eine Vertiefung dieses Problems.

5 Abschiebungs*anordnung* und Abschiebungs*androhung* stellen unterschiedliche Maßnahmen dar, die nicht identisch sind. Insbesondere stellt sich eine Abschiebungsanordnung nicht als spezielle Ausformung einer Abschiebungsandrohung dar und ist eine Abschiebungsandrohung nicht als Minus in jeder Abschiebungsanordnung mitenthalten. Auch der Umstand, dass beide Maßnahmen auf das gleiche Ziel gerichtet sind, nämlich auf die Beendigung des Aufenthalts im Bundesgebiet, und teilweise identische Prüfungsinhalte bestehen, begründet keine Teilidentität in dem Sinne, dass die Ersetzung einer rechtswidrigen Abschiebungsanordnung durch eine Abschiebungsandrohung nicht zur vollständigen Erledigung der Abschiebungsanordnung führt. Dies folgt bereits daraus, dass die Abschiebungsandrohung anders als die Abschiebungsanordnung einer Fristsetzung bedarf. Außerdem soll in dieser zwar der Zielstaat der Abschiebung bezeichnet werden. Soweit keine Abschiebungsverbote bestehen, kann der Betroffene auf der Grundlage einer Abschiebungsandrohung aber auch in jeden anderen Staat abgeschoben werden, in den er ausreisen darf und der

zu seiner Rücknahme verpflichtet ist (§ 34 AsylG i.V.m. § 59 Abs. 2 und 3 AufenthG; § 34 Rdn. 23 ff.). Die Abschiebungsanordnung darf hingegen nach Abs. 1 keiner vorherigen Androhung und Fristsetzung und setzt voraus, dass die Abschiebung in den Zielstaat durchgeführt werden kann (BVerwG, Beschl. v. 23.10.2015 – BVerwG 1 B 41.15). Dementsprechend hat das Bundesamt in den Fällen, in denen nicht feststeht, dass alsbald die Abschiebung vollzogen und deshalb die Abschiebungsanordnung nach Abs. 1 Satz 1 nicht erlassen werden kann, die Abschiebungsandrohung nach Abs. 1 Satz 4 zu erlassen und den ersuchten Mitgliedstaat als Zielstaat zu bezeichnen. Sobald die Abschiebung durchgesetzt werden kann, wird deshalb nach Maßgabe der Abschiebungsandrohung vollzogen.

III. Funktion der Abschiebungsanordnung (Abs. 1 Satz 1 und 2)

Nach § 31 Abs. 4 stellt das Bundesamt fest, dass dem Antragsteller aufgrund seiner 6 Einreise aus dem betreffenden sicheren Drittstaat kein Asylrecht zusteht. Dies gilt auch für Überstellungen im Rahmen der Verordnung (EU) Nr. 604/2013 (Abs. 1 Satz 2). Nach Abs. 1 Satz 1 wird ferner ohne vorherige Androhung und ohne Fristsetzung (Abs. 1 Satz 3) die Abschiebung in diesen Staat angeordnet. Die Abschiebungsanordnung darf aber erst erlassen werden, wenn feststeht, dass die Abschiebung durchgeführt werden kann (Abs. 1 Satz 1). Die Abschiebungsanordnung – als Festsetzung eines Zwangsmittels – darf damit erst ergehen, wenn die Zulässigkeitsvoraussetzungen einer Abschiebung nach § 26a oder § 29 Abs. 1 Nr. 1 AsylG erfüllt sind (Rdn. 4). Denn sie ist die letzte Voraussetzung für die Anwendung des Zwangsmittels – hier der Abschiebung. Dies bedeutet, dass das Bundesamt vor Erlass der Abschiebungsanordnung gegebenenfalls sowohl *zielstaatsbezogene Aspekte* wie auch der Abschiebung entgegenstehende *inländische Vollstreckungshindernisse* zu berücksichtigen, mitunter auch zu prüfen hat, ob die Abschiebung in den anderen Mitgliedstaat oder Drittstaat aus subjektiven, in der Person des Betroffenen liegenden Gründen – wenn auch nur vorübergehend – rechtlich oder tatsächlich unmöglich ist (VGH BW, Beschl. v. 31.05.2011 – A 11 S 1523/11 – openJur 2012, 64252, mit weiteren Hinweisen; § 29 Abs. 1 Nr. 1 Rdn. 99). Dementsprechend wird in der Rechtsprechung auch geprüft, ob das Bundesamt etwa Krankheitsgründe, eine bestehende Schwangerschaft oder z.B. eine bevorstehende Eheschließung als inlandsbezogene Vollstreckungshemmnisse in seine Prüfung einbezogen hat.

Für diese Prüfung ist nicht die vollstreckende Behörde, sondern das Bundesamt zu- 7 ständig. Der vorübergehende oder mitunter auch länger dauernde Charakter des Vollstreckungshindernisses kann zur Folge haben, dass die maximal auf sechs Monate begrenzte Überstellungsfrist des Art. 29 Abs. 1 UAbs. 1 Verordnung (EU) Nr. 604/2013 – beginnend mit der Annahme des Ersuchens (zum Fristbeginn s. § 29 Abs. 1 Nr. 1 Rdn. 94 ff.) – abgelaufen ist und dadurch die Zuständigkeit für die Behandlung des Asylantrags auf die Bundesrepublik übergeht (Art. 29 Abs. 2 Verordnung [EU] Nr. 604/2013). Diese Rechtsfolge ist dem Rechtscharakter der Abschiebungsanordnung als letzte Stufe des Vollstreckungsverfahrens geschuldet. Andererseits darf sie nicht ergehen, solange nicht geprüft wurde, ob gegebenenfalls zielstaatsbezogene Aspekte oder inländische Vollstreckungshindernisse der Abschiebung entgegenstehen.

Das Bundesamt mag sich bei zielstaatsbezogenen Abschiebungshindernissen auf die Sicherheitsvermutung zurückziehen. Diese ist jedoch widerleglich (EuGH, NVwZ 2012, 417, 419 f.; Rdn. 81, 86 – *N.S.*). Bei inlandsbezogenen Hindernissen können aber häufig einzelfallbezogene und nicht der Sicherheitsvermutung zuzuordnende Umstände relevant werden.

8 Die Abschiebungsanordnung enthält zwei Regelungen: Die Feststellung, dass dem Antragsteller aufgrund seiner Einreise über den betreffenden Drittstaat oder wegen der Zuständigkeit eines anderen Mitgliedstaats kein Asylrecht zusteht. Ferner wird die Abschiebung in den »sicheren« Drittstaat oder zuständigen Mitgliedstaat angeordnet. Feststellungen zu möglichen Verfolgungstatbeständen, zum subsidiären Schutz oder zu Abschiebungsverboten werden grundsätzlich nicht getroffen. Nach Abs. 1 Satz 2 Halbs. 2 ist die Abschiebung auch dann anzuordnen, wenn der Antragsteller seinen Antrag vor der Entscheidung des Bundesamtes zurückgenommen hat. Die Funktion dieser Norm leuchtet nicht unmittelbar ein, da die Wirkungen der Rücknahme des Asylantrags nicht nach nationalem, sondern nach Unionsrecht zu beurteilen sind. Sollte Satz 2 auf die Fälle der Rücknahme des Antrags vor Erteilung der Zustimmung *zielen, bliebe er mangels Aufnahmeverpflichtung des ersuchten Mitgliedstaates* wegen Nichtanwendung der Verordnung (EuGH, InfAuslR 2012, 296, 297 = NVwZ 2012, 817 Rn. 39, 42, 47 – *Kastrati*; § 29 Rdn. 10) wirkungslos. Wird von vornherein kein Asylantrag, sondern unter Berufung auf § 60 Abs. 5 oder 7 AufenthG die Erteilung einer Aufenthaltserlaubnis beantragt, findet Abs. 1 Satz 1 keine Anwendung. In diesem Fall liegt aus unionsrechtlicher Sicht kein Asylantrag vor und die Verordnung (EU) Nr. 604/2013 findet keine Anwendung findet (§ 29 Rdn. 10). Nach dem Grundsatz *lex posterior* ist Abs. 1 Satz 2 Halbs. 2 die speziellere Regelung gegenüber § 32. Bei Rücknahme des Antrages sind also zwei Fallgruppen zu unterscheiden: 1. Der über einen »sicheren« Drittstaat eingereiste Antragsteller nimmt nach der Antragstellung seinen Antrag zurück. Das Bundesamt geht in diesem Fall nach Maßgabe von Satz 1 vor. 2. Kann die Einreise über den »sicheren« Drittstaat nicht nachgewiesen werden, geht das Bundesamt nach § 32 vor und hat Abschiebungsverbote zu prüfen. Die Ausreisefrist kann nach § 38 Abs. 3 bis zu drei Monaten verlängert werden.

9 § 34a enthält keine Regelungen für den Fall, dass die Durchführung der Abschiebung in den Drittstaat z.B. infolge Überschreitens der Rücknahmefristen oder wegen Passlosigkeit (s. hierzu OVG Berlin, InfAuslR 1994, 236) fehlschlägt. Die Überstellung in den zuständigen Mitgliedstaat ist rechtlich untersagt, wenn die Übernahmefrist abgelaufen ist (§ 29 Rdn. 93 ff.). Ist die Durchführung der Abschiebung in den sicheren Drittstaat nicht mehr möglich, steht Art. 16a Abs. 2 GG der Prüfung der Voraussetzungen des internationalen Schutzes und von Abschiebungsverboten nach § 60 Abs. 5 oder 7 AufenthG nicht entgegen (BVerfGE 94, 49, 97 = NVwZ 1996, 700, 705 = EZAR 208 Nr. 7; BVerfG [Kammer], AuAS 1996, 243, 245; BVerwGE 100, 23, 31 = EZAR 208 Nr. 5 = NVwZ 1996, 197 = InfAuslR 1996, 1; Hess.VGH, NVwZ-Beil. 1996, 11, 14; OVG RhPf, NVwZ 1995, 53, 54 f.; VGH, BW NVwZ-Beil. 1995, 5; VGH BW, EZAR 210 Nr. 9 Satz 3; Rdn. 5). Gleiches gilt für fehlgeschlagene Überstellungen in den zuständigen Mitgliedstaat. Da die Abschiebungsanordnung durch Abschiebung verbraucht ist,

darf das Bundesamt den Antragsteller, der nach der Abschiebung in den zuständigen Mitgliedstaat erneut einreist, nicht auf der Grundlage der bereits erlassenen Abschiebungsanordnung erneut abschieben (VG Frankfurt am Main, InfAuslR 2012, 36, 37). Vielmehr bedarf es des Erlasses einer erneuten Abschiebungsanordnung.

IV. Absehen von der persönlichen Anhörung (§ 24 Abs. 1 Satz 3 Halbs. 2)

Ist der Antragsteller nach seinen eigenen Angaben über einen sicheren Drittstaat eingereist, kann das Bundesamt von einer Anhörung absehen (§ 24 Abs. 1 Satz 4 Halbs. 2). Fehlen derartige Angaben, ist die Anhörung durchzuführen (*Hailbronner*, AuslR B 2 § 34a AsylVfG Rn. 31; *Funke-Kaiser*, in: GK-AsylG II, § 34a Rn. 30). Nach der Gesetzesbegründung dient die Anhörung nach § 24 der Ermittlung von Tatsachen, welche die Verfolgungsfurcht begründen. Da es in diesen Fällen auf eine individuelle Verfolgungsgefahr nicht ankomme, brauche auch keine Anhörung durchgeführt werden (BT-Drucks. 12/4450, S. 20). Die internen Erläuterungen des Bundesamtes empfehlen dem Einzelentscheider in diesem Zusammenhang die Unterrichtung der Ausländerbehörde, sofern nach seiner Einschätzung die Voraussetzungen für eine Entscheidung nach Abs. 1 Satz 1 vorliegen. Zweck dieser Unterrichtung ist es, dass die Ausländerbehörde sich unverzüglich mit der Bundespolizei in Verbindung setzt, die ihrerseits unverzüglich mit dem Drittstaat die Modalitäten der Abschiebung abstimmt. Mangels Listung »sicherer« Drittstaaten ist diese Vorschrift ohne Bedeutung. Bei der Durchführung der Verordnung gilt § 24 Abs. 1 Satz 4 nicht, da die Anhörung grundsätzlich zwingend ist (Art. 5 Abs. 1 Verordnung [EU] Nr. 604/2013). 10

V. Zustellung

Nach § 31 Abs. 1 Satz 4 Halbs. 2 ist die asylrechtliche Sachentscheidung zusammen mit der Abschiebungsanordnung zu erlassen. Sie wird dem Antragsteller persönlich zugestellt. Dem Bevollmächtigten soll ein Abdruck dieser Entscheidung zugestellt werden (§ 31 Abs. 1 Satz 6). Die Zustellung kann auch durch die Ausländerbehörde oder von der die Abschiebung durchführenden Behörde vorgenommen werden (§ 31 Abs. 1 Satz 5). § 31 Abs. 1 Satz 5 ist gegenüber § 7 Abs. 1 Satz 2 VwZG lex specialis. Dies wird damit begründet, wegen der kurzfristigen Rückkehrmöglichkeiten in Drittstaaten sei eine von den allgemeinen Zustellungsvorschriften abweichende Regelung für diese Fälle erforderlich (BT-Drucks. 12/4450, S. 23). Diese Begründung ist im Hinblick auf die großzügigen Überstellungsfristen für Verfahren nach der Verordnung (EU) Nr. 604/2013 (s. Art. 29) nicht tragfähig (§ 29 Abs. 1 Nr. 1 Rdn. 93 ff.). Abs. 2 Satz 2 verpflichtet die Behörde bis zur gerichtlichen Entscheidung im Eilrechtsschutzverfahren keine Vollstreckung durchzuführen. Dies schließt ein, dass dem Antragsteller Gelegenheit zur Einlegung von Rechtsbehelfen einzuräumen ist. Auch nachdem 2013 mit § 34a Abs. 2 der Eilrechtsschutz eingeführt wurde, ist weiterhin an den Antragsteller *persönlich* zuzustellen. Die Zustellung an den Verfahrensbevollmächtigten ist unwirksam. Der Mangel kann jedoch gem. § 8 VwZG geheilt werden (VG Oldenburg, AuAS 2013, 276). 11

C. Rechtsschutz

I. Funktion des Rechtsschutzes

12 Gegen die Abschiebungsanordnung kann Klage erhoben werden. Der früher geltende Ausschluss des Eilrechtsschutzes ist mit Wirkung vom 06.09.2013 aufgehoben worden. Abs. 2 gewährleistet nach geltendem Recht in Übereinstimmung mit Art. 27 Abs. 3 Buchst. c) Verordnung (EU) Nr. 604/2013 Eilrechtsschutz. Umstritten ist, ob bei der Anwendung der Verordnung (EU) Nr. 604/2013 subjektive Rechte verletzt werden können (Rdn.14 ff.; § 29 Abs. 1 Nr. 1 Rdn. 14, 54 ff.). Da das Bundesamt im bisherigen Verfahren nicht zur Sache angehört hat (§ 29 Rdn. 66), entscheiden die Verwaltungsgerichte bei Bestätigung des Eilrechtsbeschlusses im Hauptsacheverfahren – wie bereits überwiegend nach bisherigem Recht – nicht durch, sondern verpflichten das Bundesamt, das Asylverfahren durchzuführen. Dies ist jedoch umstritten (Rdn. 15). Rechtliche Beratung wird auf Antrag unentgeltlich (Art. 27 Abs. 6) im Rahmen des BerHG gewährt. Die unentgeltliche rechtliche Vertretung kann von einer Erfolgskontrolle des Rechtsbehelfs abhängig gemacht werden (Art. 27 Abs. 6 UAbs. 2; s. hierzu § 83b Rdn. 7).

13 Die Verordnung (EU) Nr. 604/2013 verfolgt durch konkrete Zuständigkeitsbestimmungen das Ziel, durch den Zugang zu einem Asylverfahren die schutzbedürftige Notlage der Asylsuchenden zu identifizieren und zu diesem Zweck innerhalb der Union zunächst ein verfahrensabhängiges Verbleiberecht (Art. 9 RL 2013/32/EU) und nach endgültiger Klärung der Schutzbedürftigkeit ein Aufnahmerecht (Art. 24 RL 2013/32/EU) sicherzustellen. Umstritten ist seit *Abdullahi*, ob es ein subjektives Recht auf sachgerechte Anwendung der objektiven Zuständigkeitskriterien gibt. Dies dürfte wohl mit der insoweit klaren Rechtsprechung des EuGH zur Verordnung (EG) Nr. 343/2003 nicht vereinbar sein. Die Verordnung (EU) Nr. 604/2013 hat jedoch mit der Gewährleistung weitreichender Mitwirkungspflichten, die sich insbesondere auf die Zuständigkeitsprüfung beziehen, die Rechtslage verändert und gewährt ein subjektives Recht auf sachgerechte Zuständigkeitsprüfung (*Marx*, NVwZ 2014, 198, 199; § 29 Abs. 1 Nr. 1 Rdn. 14 f.). Der Gerichtshof weist darauf hin, dass die Verordnung gem. Art. 288 Abs. 2 AEUV allgemeine Geltung hat und daher schon ihrer Rechtsnatur und ihrer Funktion im Rechtsquellensystem des Unionsrechts nach Rechte der Einzelnen begründen kann, die die nationalen Gerichte schützen müssen (EuGH, NVwZ 2014, 208, 209 Rn. 48 – *Abdullahi*). Objektive Kriterien dienen entgegen einem etatistischen Rechtsverständnis nicht ausschließlich staatlichen Interessen, sondern auch denen des Einzelnen. Dies erweist bereits das die Zuständigkeitsprüfung beherrschende Beschleunigungsprinzip, das einer Situation entgegenwirken soll, in der Grundrechte der Asylsuchenden verletzt werden (EuGH, NVwZ 2012, 417, 420 f. Rn. 98, 108 ff. – *N.S.*; EuGH, NVwZ 2013, 102 Rn. 34 f.– *Puid*). Die Anwendung objektiver Zuständigkeitskriterien schützt damit auch Interessen des Einzelnen, wie auch Erwägungsgrund Nr. 4 Verordnung (EG) Nr. 343/2003 und Erwägungsgrund Nr. 5 Verordnung (EU) Nr. 604/2013 erweisen.

14 Unabhängig davon, ob der Verordnung primär der Zweck der Zuständigkeitsverteilung zwischen den Mitgliedstaaten oder primär der Zweck zugeschrieben wird, jedem

Asylsuchenden nach Maßgabe des Rechtsstaatsprinzips und der internationalen Abkommen zum Schutze der Menschenrechte und Flüchtlinge den Zugang sowie die Durchführung eines Asylverfahrens zu sichern, wird in jedem Einzelfall der Asylsuchende durch eine an ihn gerichtete Überstellungsentscheidung stets unmittelbar persönlich betroffen und hat deshalb einen gerichtlich durchsetzbaren Anspruch auf die rechtmäßige Anwendung der Verordnung (*Weinzierl/Hruschka*, NVwZ 2009, 1540, 1542 f.). Bekräftigt wird dies durch Erwägungsgrund Nr. 19 und dem darin eingeschlossenen Hinweis auf das primärrechtliche Grundrecht auf effektiven Rechtsschutz (Art. 6 Abs. 1 EUV in Verb. mit Art. 47 GRCh). Die Zuständigkeitsbestimmungen der Verordnung beruhen auf »einer klaren und praktikablen Formel« für die Bestimmung des für die Behandlung des Asylbegehrens zuständigen Mitgliedstaates (Erwägungsgrund Nr. 4) und sind damit eindeutig, genau und unbedingt. Sie sind nicht um ihrer selbst willen, sondern zur raschen Identifizierung des zuständigen Mitgliedstaates und Durchführung eines Asylverfahrens zum Schutzes des Asylsuchenden erlassen worden. Daher kann sich der einzelne Asylsuchende vor den nationalen Gerichten auf die auch zu seinem Schutze erlassenen Zuständigkeitsbestimmungen berufen. Nach ihrer Rechtsnatur und ihrer Funktion im Rechtsquellensystem des Unionsrechts begründet die Verordnung also Rechte des Einzelnen, welche die nationalen Gerichte schützen müssen (EuGH, Urt. v. 17.09.2002, Rs. C-253/00, Rn. 27 – *Munoz* und *Superior Fruiticola*). Diese Rechte verkörpern europarechtliche Rechtspositionen, die nach allgemeinen europarechtlichen Grundsätzen sowie nach Art. 27 Abs. 3 Verordnung (EU) Nr. 604/2013 unbeschränkt vor nationalen Gerichten überprüfbar sein müssen. Eine Überstellung an einen anderen Mitgliedstaat kann deshalb die volle Wirksamkeit eines etwaigen Rechts, ein Asylverfahren in dem überstellenden Mitgliedstaat durchzuführen, hindern (*Weinzierl/Hruschka*, NVwZ 2009, 1540, 1542).

II. Klageanträge

Die Klage ist grundsätzlich nur als *isolierte Anfechtungsklage* statthaft (BVerwG, NVwZ 2016, 154, 155 Rn. 13 = InfAuslR 2016, 64; OVG SA, Urt. v. 02.10.2013 – 3 L 643/12; OVG NW, AuAS 2014, 118; OVG NW, Urt. v. 18.05.2016 – 13A 1657/15 A; Hess.VGH, Beschl. v. 17.11.2015 – 4 A 2117/14.Z.A.; VG Hamburg, Urt. v. 15.03.2012 – 10 A 227/11; VG Düsseldorf, Urt. v. 15.01.2010 – 11 K 9136/09.A; VG Karlsruhe, Urt. v. 03.03.2010 – A 4 K 4052/08; VG Trier, Urt. v. 18.05.2011 – 5 K 198/11.TR; VG Wiesbaden, Urt. v. 02.10.2012 – 7 K 1278/11.WI.A; VG Braunschweig, Urt. v. 06.12.2012 – 1 A 125/11; VG Gießen, Urt. v. 24.01.2013 – 6 K 1329/12.GI.A – AuAS 2013, 144 [nur LS]; VG München, Urt. v. 19.07.2013 – M 1 K 13.30169; VG Würzburg, Urt. v. 17.12.2013 – W 3 K 11.30312; VG Stuttgart, Urt. v. 28.02.2014 – A 12 K 383/14; a.A. VGH BW, AuAS 2012, 213, 217; VGH BW, Beschl. v. 05.02.2014 – A 3 S 2564/13; VGH BW, AuAS 2012, 261, 264). Das BVerwG hat allerdings die Revision zugelassen, um die Frage zu klären, ob Rechtsschutz nur im Wege der Anfechtungsklage oder im Wege der auf eine Flüchtlingsanerkennung gerichteten Verpflichtungsklage zu gewähren ist (BVerwG, Beschl. v. 25.08.2015 – BVerwG 1 B 34.15). Zwar ist im Fall der Klage gegen die Versagung eines gebundenen begünstigenden Verwaltungsakts regelmäßig die dem 15

Rechtsschutzbegehren des Klägers allein entsprechende Verpflichtungsklage die richtige Klageart mit der Konsequenz, dass das Verwaltungsgericht die Sache spruchreif zu machen hat (BVerwGE 106, 171, 173 = NVwZ 1998, 861, 862 = EZAR 631 Nr. 45 = AuAS 1998, 149). Grundsätzlich gilt dieser Grundsatz auch im Asylverfahren, kann im Fall einer fehlerhaften Ablehnung des Asylantrags als unzulässig im Sinne von § 29 Abs. 1 Nr. 1 jedoch grundsätzlich keine Anwendung finden, weil das Bundesamt im bisherigen Verfahren wegen des eingeschränkten Zwecks des persönlichen Gesprächs (Art. 5) grundsätzlich noch nicht zur Sache angehört hat. Da das Bundesamt aber seine Zuständigkeit für die begehrte Prüfung verneint und dementsprechend auch entsprechende Ermittlungen unterlassen hat, liefe es grundsätzlich der Aufgabenverteilung zwischen Exekutive und Judikative zuwider, letzterer nunmehr allein die vollständige Aufklärungslast zu übertragen. Dies liefe darauf hinaus, dass das Verwaltungsgericht anstelle der Behörde selbst entscheiden würde. Hat das Bundesamt allerdings in der Sache angehört, mag eine andere prozessuale Betrachtung geboten sein.

16 Grundsätzlich kann sich der Kläger auf die Anfechtungsklage beschränken. Wird aber mit der Klage die Ausübung des *Selbsteintrittsrechts* oder die Anwendung der *Ermessensklauseln* nach Art. 17 Abs. 1 und 2 der Verordnung verbunden, ist ein entsprechende Verpflichtungsantrag zu stellen (VG Wiesbaden, Urt v. 02.10.2012 – 7 K 1278/11. WI.A; VG München, Urt. v. 19.07.2013 – M 1 K 13.30169/12). In diesem Fall könnte das Rechtsschutzziel mit der isolierten Anfechtungsklage nicht durchgesetzt werden, wenn sich nicht von Amts wegen eine Ermessensreduktion oder die Regelanordnung nach Art. 16 Abs. 1 aufdrängt. Die herrschende Ansicht verkennt die prozessuale Auswirkung unionsrechtlich vorgegebener subjektiver Rechte. Sind diese als klare Ansprüche wie in Art. 8 bis 11 oder als Regelanspruch wie in Art. 16 Abs. 1 der Verordnung geregelt, erlangen diese durch Aufhebung des angefochtenen Bescheids rechtliche Wirksamkeit. Steht aber die Übernahme der Verantwortung im Ermessen des Bundesamtes wie in Art. 17 Abs. 1 und 2 ist, die Bescheidungsklage (§ 113 Abs. 5 Satz 2 VwGO) zu erheben. In den Fällen jedoch, in denen die Zuständigkeit wegen Fristüberschreitung (Art. 21 Abs. 1 UAbs. 3, Art. 23 Abs. 3, Art. 29 Abs. 2) oder systemischer Mängel im Asylverfahren oder bei den Aufnahmebedingungen (Art. 3 Abs. 2 UAbs. 2) und mangels Zuständigkeit eines anderen Mitgliedstaats kraft der Verordnung auf die Bundesrepublik übergeht, hat das Verwaltungsgericht diese Rechtsfolge auch ohne entsprechenden Antrag von Amts wegen auszusprechen. Verfolgt der Kläger mit seiner Klage die Zusammenführung mit Familienangehörigen, Verwandten oder vergleichbaren Bezugspersonen in einem anderen Mitgliedstaat nach Art. 16 Abs. 1 und 2 oder Art. 17 Abs. 2 der Verordnung, muss er einen entsprechenden Verpflichtungsantrag stellen.

17 Die Klage ist *innerhalb einer Woche* nach Bekanntgabe zu erheben (§ 74 Abs. 1 Halbs. 1). Der Gesetzgeber hat in § 74 Abs. 1 Halbs. 2 auf § 34a Abs. 2 hingewiesen. Auch der Eilrechtsschutzantrag ist innerhalb der Wochenfrist zu stellen (Rn. 23). Die Überstellung kann etwa wegen Reiseunfähigkeit oder Nichtberücksichtigung inlandsbezogener Vollstreckungshemmnisse oder wegen Ablaufs der Überstellungsfrist nicht durchführbar sein. In diesen Fällen hat der Asylsuchende ungeachtet der Versäumnis der Frist für den Eilrechtsschutz mit der Klage ein wirksames Mittel, seine Rechte durchzusetzen. Will die Behörde ungeachtet der bestehenden Reiseunfähigkeit die Überstellung vollziehen,

steht § 34a Abs. 2 Satz 1 nicht der Zulässigkeit des fristungebundenen vorbeugenden Vollstreckungsschutzes nach § 123 VwGO entgegen.

III. Funktion des Eilrechtsschutzes (Abs. 2)

Durch das Richtlinienumsetzungsgesetz 2013 wurde mit Wirkung zum 06.09.2013 der bis dahin auf Art. 16a Abs. 2 Satz 3 GG zurückgehende Eilrechtsschutzausschluss aufgehoben. Der Gesetzgeber war hierzu durch Art. 27 Abs. 3 Verordnung (EU) Nr. 604/2013 gezwungen worden, hat aber nicht nur für Überstellungen nach der Verordnung, sondern auch für Abschiebungen in »sichere« Drittstaaten Eilrechtsschutz zugelassen. Zwar schließt Art. 16 Abs. 2 Satz 3 GG nicht zwingend den Eilrechtsschutz aus. Nach Ansicht des BVerfG knüpft die Norm aber von Verfassungs wegen an den Ausschluss vom persönlichen Geltungsbereich des Asylgrundrechts und den damit einhergehenden Wegfall des vorläufigen Bleiberechts Rechtsfolgen für das Verfahren der Vollziehung von Maßnahmen, die den Ausländer in einen »sicheren« Drittstaat zurückführen sollten (BVerfGE 94, 49, 100 = EZAR 208 Nr. 7 = NVwZ 1996, 700, 706). Verfassungsrechtliche Bedenken bestehen jedoch bereits deshalb nicht, weil nach geltendem Recht keine »sicheren« Drittstaaten gelistet sind (§ 26a Rn. 24). Dem uneingeschränkten Zulassung des Eilrechtsschutzes immanent ist damit die Einsicht, dass die Drittstaatenregelung hinsichtlich ihres Kernelements, dem Eilrechtsausschluss, durch die unionsrechtliche Entwicklung überholt ist. 18

Für Überstellungen gilt ohnehin der *Rechtsanwendungsvorrang*. Der EuGH hat sich zwar nicht unmittelbar mit dem Eilrechtsschutz gegen Überstellungen auseinandergesetzt. Seine Rechtsprechung kann jedoch so verstanden werden, dass gegen Überstellungen wirksamer Eilrechtsschutz zu gewährleisten ist. Zwar richtet sich die Durchführung materiellen Unionsrechts grundsätzlich nach nationalem Recht. Wie Art. 3 Abs. 2 Verordnung (EG) Nr. 343/2003 die Ausübung des Selbsteintrittsrechts überließ auch Art. 19 Abs. 2 Verordnung (EG) Nr. 343/2003, der zwar den Eilrechtsschutz nicht ausschloss, aber auch nicht zwingend anordnete, dem Ermessen der Mitgliedstaaten. Dieselben Gründe aber, die dafür sprechen, das Ermessen im Rahmen des Selbsteintrittsrechts als ein »Element des Gemeinsamen Europäischen Asylsystems« zu werten (EuGH, NVwZ 2012, 417, 420 Rn. 68 – *N.S*), tragen auch die Annahme, dass der in das Ermessen gestellte Eilrechtsschutz nach Art. 19 Abs. 2 ein Element dieses Systems war und durch die Ausübung dieser Norm Unionsrecht im Sinne von Art. 51 Abs. 1 GRCh durchgeführt wurde (*Marx*, NVwZ 2012, 409, 411). Dafür spricht auch die ständige Rechtsprechung des EuGH, dass Ermessensklauseln nur übereinstimmend mit den Rechten der EMRK und der Charta der Grundrechte in Anspruch genommen werden dürfen (EuGH, NVwZ 2006, 1033, 1034 Rn. 58 ff. [62 f.] – *EP gegen Rat*; EuGH, InfAuslR 2010, 221 = NVwZ 2010, 697 Rn. 44 – *Chakroun*). Art. 19 Abs. 2 Verordnung (EG) Nr. 343/2003 war also nach dem Grundsatz der primärrechtskonformen Auslegung von Sekundärrecht nach Maßgabe von Art. 47 GRCh auszulegen. 19

Ein nationales Gericht, das Unionsrecht anzuwenden hat, muss in der Lage sein, einstweilige Anordnungen zu erlassen, um die volle Wirksamkeit der späteren 20

Gerichtsentscheidung über das Bestehen unionaler Rechte sicherzustellen (EuGH, Urt. v. 19.06.1990, Rs. C-213/89, Rn. 19 ff., Slg. 1990, I-02433 – *Factortame* u.a.; EuGH, Urt. v. 11.01.2001, Rs. C-1/99 Rn. 46 bis 48 – *Kofisa Italia Sr.*). Ein Gericht, das unter diesen Umständen einstweilige Anordnungen erlassen würde, wenn dem nicht eine Vorschrift des nationalen Rechts entgegenstünde, darf diese (nationale) Vorschrift nicht anwenden (EuGH, Urt. v. 19.06.1990, Rs. C-213/89, Rn. 21, Slg. 1990, I-02433 – *Factortame u.a.*). Aus dem aus allgemeinen Grundsätzen wie auch aus Art. 47 GRCh abgeleiteten *Grundrecht auf effektiven Rechtsschutz* folgt damit als immanenter Bestandteil dieses Grundrechts ein *grundrechtlicher Anspruch auf Eilrechtsschutz* auf Sicherstellung der vollen Wirksamkeit unionsrechtlich begründeter Rechtspositionen. § 34a Abs. 2 AsylVfG a.F. war also, soweit er den Eilrechtsschutz gegen Überstellungen ausschloss, mit Primärrecht unvereinbar. Die Verordnung (EU) Nr. 604/2013 hat mit Art. 27 Abs. 3 die Unsicherheit des abgelösten Sekundärrechts in der Frage der Zulässigkeit des Eilrechtsschutzausschlusses beseitigt und in Übereinstimmung mit Primärrecht zwingend angeordnet, dass gegen Überstellungen Eilrechtsschutz zu gewährleisten ist. Dem trägt Abs. 2 Rechnung.

21 Ein weiteres durchschlagendes Argument für die Sicherstellung des Eilrechtsschutzes gegen Überstellungen folgt daraus, dass der EuGH *N.S* in den konventionsrechtlichen Kontext stellt: Der vorlegende britische Court of Appeal wollte geklärt wissen, ob der Schutz, der einer von der Verordnung (EG) Nr. 343/2003 erfassten Person durch Art. 1, 18 und 47 GRCh gewährt werde, weiter reiche als der Schutz nach Art. 3 EMRK. Zur Beantwortung dieser Frage weist der EuGH auf die nach dem Ergehen des Vorlagebeschlusses ergangene Entscheidung *M.S.S.* hin. In dieser bestätigt der EGMR seine gefestigte Rechtsprechung, wonach »jeder Hinweis, wonach die Abschiebung in ein anderes Land den Beschwerdeführer einer Art. 3 EMRK zuwiderlaufenden Gefahr aussetzen werde, nach Art. 13 EMRK eine vollständige und sorgfältige Überprüfung erfordere« (EGMR, NVwZ 2011, 413, 418 = InfAuslR 2011, 221 Rn. 387 – *M.S.S.*). Diese Überprüfung könne nicht als nachrangige Verpflichtung behandelt werden, weil die Staaten eine Person nicht abschieben dürften, ohne zuvor ihre Beschwerde, dass die Abschiebung Art. 3 EMRK zuwiderliefe, so strikt wie möglich zu prüfen. Da das belgische Eilrechtsschutzverfahren diese Anforderungen nicht erfüllt habe, sei Art. 13 i.V.m. Art. 3 EMRK verletzt worden (EGMR, NVwZ 2011, 413, 418 = InfAuslR 2011, 221 Rn. 387 ff. – *M.S.S*, mit Verweis auf EGMR, Urt. v. 05.02.2002 – Nr. 51564/99, Rn. 81 bis 83, – *Conka*. EGMR, Urt. v. 26.04.2007 – Nr. 25389/05, Rn. 66 bis 67 – *Gebremedhin*; so bereits EGMR, Urt. v. 11.12.2000 – Nr. 42502/06, Rn. 102 – *Muminov*). Diese Ausführungen entsprechen der gefestigten Rechtsprechung des EGMR zum Eilrechtsschutz nach Art. 13 EMRK. Indem der EuGH auf die Ausführungen in *M.S.S.* verweist, welche die Verpflichtungen Belgiens im Zusammenhang mit Art. 3 EMRK betreffen, macht er damit zugleich auch die Ausführungen zu Art. 13 EMRK zum Inhalt des Unionsrechts.

22 Art. 27 Abs. 3 Verordnung (EU) Nr. 604/2013 stellt den Mitgliedstaaten frei, in welcher Form sie den Eilrechtsschutz gegen Überstellungen regeln wollen. Sie können in ihrem nationalen Recht regeln, dass sich Antragsteller aufgrund des Rechtsbehelfs bis zum Abschluss des Verfahrens im Hoheitsgebiet aufhalten dürfen (Buchst. a)). Dies

wäre der Weg über § 80 Abs. 1 Satz 1 VwGO, § 75 Satz 1. Sie können auch regeln, dass die Überstellung automatisch ausgesetzt wird und diese Aussetzung innerhalb einer angemessenen Frist endet, innerhalb deren das Gericht darüber entschieden hat, ob eine aufschiebende Wirkung gewährt wird (Bucht. b)). Schließlich kann geregelt werden, dass Betroffenen die Möglichkeit einzuräumen ist, bei einem Gericht innerhalb einer angemessenen Frist eine Aussetzung der Überstellung bis zum Abschluss des Rechtsbehelfs zu beantragen (Buchst. c)). Für diesen im nationalen Verwaltungsprozessrecht mit § 80 Abs. 5 VwGO geregelten Weg hat der Gesetzgeber sich mit Abs. 2 Satz 1 entschieden.

IV. Eilrechtsschutzantrag nach § 80 Abs. 5 VwGO (Abs. 2 Satz 1)

Nach Abs. 2 Satz 1 ist der Antrag gegen die Abschiebungsanordnung nach Abs. 1 Satz 1 *innerhalb einer Woche* nach Bekanntgabe zu stellen (Rdn. 17). Für die Anfechtungsklage gilt die Wochenfrist des § 74 Abs. 1 Halbs. 2. Der Antrag ist beim zuständigen Verwaltungsgericht zu stellen. Anders als im Flughafenverfahren (§ 18a Abs. 4 Satz 2) kann der Antrag nicht bei der Behörde gestellt werden. Auch wenn der Antragsteller von der Bundespolizei zur wirksamen Durchführung des Verfahrens nach der Verordnung (EU) Nr. 604/2013 an das Bundesamt zu verweisen ist (§ 18 Rdn. 27 f., 51), ist das daraufhin eingeleitete Zuständigkeitsbestimmungsverfahren kein Verfahren nach § 18a, weil nicht in der Sache entschieden wird. § 18a Abs. 4 Satz 2 findet daher keine Anwendung, sodass der Antrag weder beim Bundesamt noch bei der Bundespolizei, sondern nur beim Verwaltungsgericht gestellt werden kann. Diese Behörden können aber eine Niederschrift über die Antragstellung aufnehmen, vom Antragsteller unterzeichnen lassen und dem Verwaltungsgericht zuleiten. 23

Bei rechtzeitiger Antragstellung ist die Abschiebung vor der gerichtlichen Entscheidung im Eilrechtsschutzverfahren nicht zulässig (Abs. 2 Satz 2). Dieses gesetzliche Vollstreckungshindernis entspricht dem in § 36 Abs. 3 Satz 8 geregelten *Vollzugshindernis*. Aus dem Gesetzeswortlaut folgt, dass auch vor der Antragstellung beim Verwaltungsgericht das Vollstreckungshindernis Anwendung findet, da die Abschiebung vor der gerichtlichen Entscheidung nicht zulässig ist. Wird die Wochenfrist versäumt, kann bei mangelndem Verschulden *Antrag auf Wiedereinsetzung gestellt* werden. In diesem Fall dürfte aber Abs. 2 Satz 2 nicht unmittelbar Anwendung finden. Es kann jedoch der Antrag analog § 80 Abs. 5 VwGO auf Feststellung gestellt werden, dass die Klage gegen die Abschiebungsanordnung aufschiebende Wirkung hat. Hilfsweise kann ein Antrag auf Gewährung von Eilrechtsschutz nach § 123 VwGO gegen die Vollstreckungsbehörde gestellt werden. Es besteht aber auch die Möglichkeit, den Antrag zu stellen, dass das Verwaltungsgericht durch gesonderten Verfahrensbeschluss über den Wiedereinsetzungsantrag entscheidet. Kommt es diesem nach, wird der Mangel der Fristversäumnis geheilt und das gesetzliche Vollstreckungshemmnis des Abs. 2 Satz 2 tritt unmittelbar ein (*Hailbronner*, AuslR B 2 § 36 AsylVfG Rn. 37). Kommt das Verwaltungsgericht dem nicht unverzüglich nach, bleiben nur die anderen Möglichkeiten. 24

25 Abs. 2 regelt das Eilrechtsschutzverfahren unabhängig von dem Verfahren nach § 36 Abs. 3 und 4. Daher finden weder die dort geregelten gerichtlichen Entscheidungsfristen noch die Präklusionsregelungen noch die Anforderungen an die gerichtliche Prüfung und Entscheidung Anwendung. Vielmehr ist über den Antrag nach § 80 Abs. 5 VwGO nach allgemeinen verwaltungsprozessualen Grundsätzen und nicht nach Maßgabe des Begriffs ernstlicher Zweifel zu entscheiden (VG Braunschweig, InfAuslR 2014, 35; VG Lüneburg, InfAuslR 2014, 376; VG Hannover, Beschl. v. 22.11.2013 – 1 B 7403/13 VG Minden, Beschl. v. 19.11.2013 – 10 L 705/13.A). Daher sind die einander widerstreitenden Interessen gegeneinander abzuwägen. Hierbei sind der Zweck des Gesetzes und der Grundsatz der Verhältnismäßigkeit zu beachten. Im Rahmen der Abwägung kommt dem voraussichtlichen Ausgang des Hauptsacheverfahrens besondere Bedeutung zu. Je größer die Erfolgsaussichten, desto geringer sind die an das Aussetzungsinteresse zu stellenden Anforderungen. Umgekehrt wiegt das öffentliche Interesse umso schwerer, je größer die Wahrscheinlichkeit ist, dass die angefochtene Verfügung rechtmäßig ist. Eine Beschränkung des Eilrechtsschutzes, dass Eilrechtsschutz nur dann in Anspruch genommen werden kann, wenn systemische Mängel im Asylverfahren oder in den Aufnahmebedingungen vorliegen, besteht nicht (VG Lüneburg, InfAuslR 2014, 376; § 29 Abs. 1 Nr. 1 Rdn. 47 ff.).

26 Der Antragsteller kann im Eilrechtsschutzverfahren entsprechend seinen subjektiven Rechten nach der Verordnung (EU) Nr. 604/2013 (Rdn. 13 ff.) Einwände gegen die fehlerhafte Anwendung der Zuständigkeitskriterien, die Überschreitung der maßgebenden Fristen für die Stellung des Ersuchens und die Durchführung der Überstellung wie auch insbesondere gegen die fehlerhafte Anwendung der Schutznormen zugunsten Minderjähriger, der Familieneinheit wie auch gegen die rechtswidrige Anwendung der Regelanordnung des Art. 16 Abs. 1 Verordnung (EU) Nr. 604/2013 und die fehlerhafte Anwendung der Ermessensklauseln des Art. 16 Abs. 2 und Art. 17 Abs. 1und 2 Verordnung (EU) Nr. 604/2013 geltend machen. Sind die Einwände gegen die Anwendung der Zuständigkeitskriterien und die Einhaltung der Fristregelungen nach summarischer Prüfung gerechtfertigt, hat das Verwaltungsgericht dem Antrag zu entsprechen. Bei den Ermessensklauseln wird häufig eine Ermessensreduktion (§ 29 Abs. 1 Nr. 1 Rdn. 26 ff.) in Betracht kommen. Allerdings hat die Anordnung der aufschiebenden Wirkung nicht den verbindlichen Übergang der Zuständigkeit für die Behandlung des Asylantrag auf die Bundesrepublik zur Folge, weil diese die Überstellungsfrist lediglich hemmt (s. hierzu § 29 Abs. 1 Nr. 1 Rdn. 94). Das BVerfG klärt derzeit, ob im Hinblick auf die Entscheidung des EGMR *Tarakhel* (NVwZ 2015, 127) eine Erklärung des Bundesamtes im Eilrechtsschutzverfahren ausreicht, um eine für die Überstellung nach Italien erforderliche Zusicherung einzuholen und ohne diese eine Überstellung nicht durchgeführt werden darf (BVerfG [Kammer], InfAuslR 2015, 309, 310 = EZAR NF 65 Nr. 19; BVerfG [Kammer], NVwZ 2015, 1286 = EZAR NF 65 Nr. 20).

V. Eilrechtsschutzantrag nach § 123 VwGO

27 Will der Antragsteller trotz einer bestandskräftig gewordenen Abschiebungsanordnung eine nachträgliche Veränderung der Sachlage, etwa ein krankheitsbedingtes Abschiebungsverbot, geltend machen, muss er in unmittelbarer Anwendung des § 51 Abs. 1

Nr. 1 VwVfG einen Antrag beim Bundesamt auf Wiederaufgreifen des Verfahrens stellen und gegebenenfalls im Hauptsacheverfahren im Wege der Verpflichtungsklage eine Sachentscheidung erzwingen. Eilrechtsschutz ist gemäß § 123 Abs. 1 Satz 1 VwGO gegen das Bundesamt mit dem Antrag anzustreben, den Anspruch auf Wiederaufgreifen vorläufig zu sichern. Hingegen hat die Ausländerbehörde als Vollstreckungsbehörde keine eigene Entscheidungskompetenz im Blick auf die vorläufige Aussetzung der Vollziehung wegen eines nachträglich geltend gemachten (zielstaatsbezogenen) Abschiebungsverbotes oder Duldungsgrundes, solange die Abschiebungsanordnung nicht aufgehoben worden ist. Ein gleichwohl auf die Verpflichtung der Ausländerbehörde gerichteter Antrag nach § 123 VwGO ist regelmäßig nicht erforderlich und wird als rechtsmissbräuchlich gewertet (BayVGH, EZAR NF 95 Nr. 43 = ZAR 2015, 279). Ist die Abschiebungsanordnung noch nicht bestandskräftig geworden, muss der Antragsteller im Eilrechtsschutzverfahren nach § 80 Abs. 5 VwGO das krankheitsbedingte Abschiebungsverbot gegen das Bundesamt geltend machen (§ 29 Abs. 1 Nr. 1 Rdn. 102 ff.). Unzutreffend ist, dass nach Eintritt der Bestandskraft der Abschiebungsanordnung für inlandsbezogene Vollstreckungshemmnisse der Ausländerbehörde die Zuständigkeit fehlt. Dies trifft zwar bis zum Eintritt der Bestandskraft zu, aber nicht für die sich anschließende Phase. Ist das krankheitsbedingte Abschiebungsverbot allerdings zielstaatsbezogener Natur, ist vor und nach Eintritt der Bestandskraft der Abschiebungsanordnung allein das Bundesamt zuständig (§ 24 Abs. 2). Der Antrag zielt auf die vorläufige Sicherung des Anspruchs auf Wiederaufgreifen des Verfahrens. Zugleich ist zu beantragen, das Bundesamt zu verpflichten, der zuständigen Ausländerbehörde mitzuteilen, dass ein Verfahren auf Wiederaufgreifen eingeleitet worden ist (§ 71 Rdn. 126).

D. Vollzug der Überstellung

Die Verordnung (EU) Nr. 604/2013 gibt ebenso wie ihre Vorläuferin keine Rangfolge hinsichtlich der drei von ihr vorgesehenen Überstellungsmodalitäten vor. Möglich ist danach eine Überstellung auf Initiative des Antragstellers innerhalb einer vorgegebenen Frist (Art. 26 Abs. 2 UAbs. 1), eine begleitete Überstellung und eine bis zur Übergabe an die Behörden des zuständigen Mitgliedstaates zuständigen Mitgliedstaates eskortierte Überstellung (Art. 29 Abs. 1 UAbs. 2). Nach der Rechtsprechung des BVerwG obliegt es der Regelungskompetenz des ersuchenden Mitgliedstaates, in welcher Form er die Überstellung vollzieht. Ein genereller Vorrang der Überstellung auf Initiative des Antragstellers ergebe sich auch nicht daraus, dass Art. 26 Abs. 2 Verordnung (EU) Nr. 604/2013 Mitteilungspflichten für den Fall der Überstellung auf eigene Initiative regele. Denn diese würden lediglich ausdrücklich nur für den Fall normiert, dass dem Antragsteller diese Möglichkeit eingeräumt werde (»gegebenenfalls«). Auf Art. 7 RL 2008/115/EG könne er sich deshalb nicht berufen, weil die Verordnung (EU) Nr. 604/2013 hinsichtlich der Modalitäten einer Überstellung *lex specialis* gegenüber den Vorschriften der Rückführungsrichtlinie seien. Die Regelungen der Verordnung zur Überstellung dienten dem Zweck, dass der Antragsteller im Rahmen eines behördlich überwachten Verfahrens den Behörden des ersuchten Mitgliedstaates übergeben werde oder sich selbst bei diesen melde. Erst mit dem Eintreffen bei der zuständigen Behörde sei die Überstellung vollzogen. Bis zu diesem Zeitpunkt laufe 28 die Überstellungsfrist. Eine freiwillige Ausreise im Sinne von Art. 7 RL 2008/115/EG könne den von den Regelungen der Verordnung erstrebten Übergang der Verantwortlichkeit auf den zuständigen Mitgliedstaat nicht begründen. § 34a diene der Gewährleistung einer den Regelungen der Verordnung entsprechenden Überstellung eines Antragstellers und damit dem Funktionieren des einheitlichen europäischen Asylsystems (BVerwG, InfAuslR 2016, 21, 22 f. = NVwZ 2016, 67; BVerwG, NVwZ 2016, 71, 72 Rn. 15 = InfAuslR 2016, 60; ähnlich VGH BW, NVwZ 2014, 1466; VGH BW, Urt. v. 27.08.2014 – A 11 S 1285/14).

29 Ausdrücklich verwendet das BVerwG den Begriff »*Regel-Ausnahme-System*« zugunsten der behördlich überwachten Überstellung. Allerdings könne im Einzelfall auch die Überstellung ohne behördliche Überwachung geeignet sein, einen Antragsteller fristgerecht in die Obhut der Behörden im zuständigen Mitgliedstaat zu bringen. Das sei z.B. denkbar in Fällen der von ihm gewünschten Familienzusammenführung in dem anderen Mitgliedstaat. Die Initiative hierzu müsse jedoch vom Antragsteller ausgehen und er müsse sich vorbehaltlich einer entgegenstehenden Regelung (etwa Art. 30 Abs. 3 Verordnung (EU) Nr. 604/2013) grundsätzlich auch die finanziellen Mittel für die Ausreise beschaffen. Erscheine nach Prüfung der Umstände des konkreten Falles eine rechtzeitige Überstellung auch bei einer selbst organisierten Ausreise gesichert, müsse die für den Vollzug zuständige Ausländerbehörde dem Antragsteller diese Möglichkeit einräumen. Der Antragsteller, der im Einzelfall seine Überstellung ohne Verwaltungszwang durchsetzen will, muss gegen die Vollstreckungsbehörde ein zweites gerichtliches Verfahren (»*Verdoppelung von Rechtsbehelfen*«) einleiten (BVerwG, InfAuslR 2016, 21, 24 Rn. 26 = NVwZ 2016, 67; BVerwG, NVwZ 2016, 71, 72). Nach der Durchführung des gerichtlichen Verfahrens gegen die Abschiebungsanordnung muss also ein weiteres Verfahren durchgeführt werden. Da zumeist die Vollstreckung bereits eingeleitet worden sein dürfte, ist Eilrechtsschutz gemäß § 123 VwGO zu beantragen. In der Hauptsache dürfte Verpflichtungsklage auf Ermöglichung der freiwilligen Ausreise zu erheben sein.

E. Eilrechtsschutz gegen die Befristung (Abs. 2 Satz 3)

30 Nach Abs. 2 Satz 3 ist der Eilrechtsschutzantrag gegen die Befristung eines Einreise- und Aufenthaltsverbotes innerhalb einer Woche zu stellen. Auch die Klage ist innerhalb einer Woche zu erheben (§ 74 Abs. 1 Halbs. 2). Für die Anordnung eines Einreise- und Aufenthaltsverbotes nach § 11 Abs. 1 und 6 AufenthG fehlt dem Bundesamt hingegen die Kompetenz (§ 31 Rdn. 21 f.). § 30 Abs. 3 Satz 10 wiederholt die Regelung des Abs. 2 Satz 3 (§ 3 Rdn. 59 ff.).

31 Eine etwaige beim Erlass der Abschiebungsanordnung festgesetzte Sperrfrist nach § 11 AufenthG hat keine Geltung für Fälle der Überstellung ohne Verwaltungszwang nach Art. 7 Abs. 1 Verordnung (EU) Nr. 604/2013. Denn nur eine vollzogene Abschiebung bewirkt ein Einreise- und Aufenthaltsverbot nach § 11 Abs. 1 AufenthG. Die Abschiebungsanordnung allein reicht hierfür nicht aus. Ferner kann die nachträgliche Reduzierung einer festgesetzten Sperrfrist bei Kooperation des Antragstellers im Rahmen einer zwangsweisen Überstellung geboten sein, die im Einzelfall sogar zu einer Reduzierung auf Null führen kann (BVerwG, InfAuslR 2016, 21, 23 Rn. 24; BVerwG, NVwZ

2016, 71). Da im Zeitpunkt der Entscheidung über die Abschiebungsanordnung nicht feststeht, dass die Überstellung zwangsweise durchgeführt wird, fehlt dem Bundesamt in diesem Fall stets die Zuständigkeit für den Erlass eines Einreise- und Aufenthaltsverbotes. Während das BVerwG für zwangsweise durchgeführte Rückführungen wohl davon ausgeht, dass diese eine Sperrwirkung auslösen, wird in der instanzgerichtlichen Rechtsprechung in der Rückführung keine Rückkehrentscheidung gesehen, sodass auch keine Sperrwirkung ausgelöst werde (VG Hamburg, InfAuslR 2015, 389, 390; VG Düsseldorf, InfAuslR 2015, 465, 466). Das Bundesamt braucht bei einer zwangsweisen Durchführung der Überstellung nicht den Zeitpunkt und den Ort nennen, zu dem bzw. an dem sich der Antragsteller zu melden hat, wenn er sich auf eigene Initiative in den zuständigen Mitgliedstaat begibt. Allerdings entspricht es dem Ziel der Transparenz des Verfahrens, wenn das Bundesamt den Betroffenen auch ohne ausdrückliche Rechtspflicht auf die Möglichkeit der Beantragung einer Überstellung auf eigene Initiative bzw. der Ausländerbehörde nach Art. 7 Abs. 1 Verordnung (EU) Nr. 604/2013 hinweist (BVerwG, InfAuslR 2016, 21, 24 Rn. 30; OVG SH, NVwZ-RR 2015, 678).

§ 35 Abschiebungsandrohung bei Unzulässigkeit des Asylantrags

In den Fällen des § 29 Absatz 1 Nummer 2 und 4 droht das Bundesamt dem Ausländer die Abschiebung in den Staat an, in dem er vor Verfolgung sicher war.

Übersicht Rdn.

A. Funktion der Vorschrift

1 Die Vorschrift enthält die spezielle Rechtsgrundlage für aufenthaltsbeendende Maßnahmen bei unzulässigen Asylanträgen und steht deshalb in engem Zusammenhang mit § 29 und dem dort geregelten unzulässigen Asylantrag nach Abs. 1 Nr. 2 und 4. Dazu gehört zwar auch der Folgeantrag (§ 71). Dieser enthält jedoch eigenständige Regelungen zur Aufenthaltsbeendigung. Andererseits wurde zunächst zusätzlich zu der Fallgestaltung der offensichtlichen Verfolgungssicherheit in einem sonstigen Drittstaat (§ 29 Abs. 1 in Verb. mit § 27) der Asylantrag, für dessen Behandlung die unionsrechtliche Zuständigkeit eines anderen Mitgliedstaates gegeben war, als unbeachtlicher Antrag behandelt (§ 29 Abs. 3 Satz 1 AsylVfG a.F.). Durch das Richtlinienumsetzungsgesetz 2007 wurde dieser Sachverhalt in § 29 Abs. 1 Nr. 1 AsylVfG a.F. als »unzulässiger Asylantrag« geregelt mit der Folge, dass der Eilrechtsschutz in diesen Fällen aufgehoben (vgl. § 34a AsylVfG a.F.), inzwischen aber wieder eingeführt wurde. 2016 wurde § 27a aufgehoben und die Überstellung nach Maßgabe der Verordnung (EU) Nr. 604/2013 in § 29 Abs. 1 Nr. 1 geregelt. Der Eilrechtsschutz gegen die Abschiebungsandrohung ist in § 36 geregelt. Rechtsbehelfe in der Hauptsache richten

sich nach den Vorschriften der §§ 74 ff. Der unbeachtliche Asylantrag und damit auch § 35 haben heute kaum noch praktische Relevanz.

B. Funktion der Abschiebungsandrohung nach Satz 1

2 Abs. 1 Satz 1 ist im Verhältnis zu § 34 Abs. 1 Satz 1 *spezielle Rechtsgrundlage* für den Erlass der Abschiebungsandrohung bei unzulässigen Anträgen nach § 29 Abs. 1 Nr. 2 und 4. Grundsätzlich gelten aber für Erlass und Inhalt der Verfügung die Grundsätze des § 34 (*Hailbronner,* AuslR B 2 § 35 AsylVfG Rn. 2; unklar *Funke-Kaiser,* in: GK-AsylG II, § 35 Rn. 7 ff.; s. hierzu § 34 Rdn. 3 ff.). Nach geltendem Recht darf die Bundespolizei nur noch bei Einreisen aus »sicheren«, nicht aber aus »sonstigen« Drittstaaten und zwecks Durchführung der Verordnung (EU) Nr. 604/2013 den Asylsuchenden zurückweisen (§ 18 Abs. 2 Nr. 1 und 2). Die Abschiebungsandrohung nach Satz 1 ist zwingende Rechtsfolge der Feststellung der Unzulässigkeit des Asylantrags (§ 29 Abs. 1 Nr. 2 und 4; § 29 Rdn. 106 ff., 117 ff.). Daher geht dem Erlass der Abschiebungsandrohung eine Prüfung und Entscheidung über die Unzulässigkeit des Antrags nach § 29 Abs. 1 Nr. 2 und 4 durch das Bundesamt voraus. Diese Entscheidung stellt einen Verwaltungsakt dar, muss aber und wird auch regelmäßig nicht gesondert kenntlich gemacht. Vielmehr ist die Entscheidung über die Unzulässigkeit des Antrags nach § 29 Abs. 1 Nr. 2 und 4 Bestandteil der Abschiebungsandrohung nach Satz 1 (wohl auch *Funke-Kaiser,* in: GK-AsylG II, § 35 Rn. 26; offen gelassen *Hailbronner,* AuslR B 2 § 35 Rn. 5).

3 In der Abschiebungsandrohung ist der Staat zu bezeichnen, in den der Asylsuchende nicht abgeschoben werden darf (§ 59 Abs. 3 Satz 2 AufenthG). Dies folgt aus der ergänzenden Anwendung von § 35 und damit von § 59 Abs. 3 Satz 2 AufenthG. Ist die Rückführung in den »sonstigen« Drittstaat möglich, ist dieser Staat zu bezeichnen. Ist die Rückführung in diesen Staat oder in einen anderen Staat, in dem der Antragsteller vor Verfolgung sicher ist, nicht möglich, hat von vornherein die Feststellung der Unzulässigkeit zu unterbleiben und ist das Verfahren fortzusetzen. Wegen der *positiven Bezeichnungspflicht* des § 59 Abs. 3 Satz 2 AufenthG ist daher kein Fall denkbar, in dem eine Abschiebungsandrohung mit fehlerhafter Zielstaatsbezeichnung aufrechterhalten werden darf.

4 Das Bundesamt hat nach § 29 Abs. 1 Nr. 2 und 4 zu prüfen, ob der Antragsteller im »sonstigen« Drittstaat offensichtlich vor Verfolgung sicher war und im Entscheidungszeitpunkt weiterhin ist (*Bergmann,* in: Bergmann/Dienelt, AuslR, 11. Aufl., 2016, § 35 AsylG Rn. 3; *Funke-Kaiser,* in: GK-AsylG II, § 35 Rn. 11; a.A. *Hailbronner,* AuslR B 2 § 35 AsylVfG Rn. 9). Ferner sind nach § 31 Abs. 3 Satz 1 *zwingend* Abschiebungsverbote nach § 60 Abs. 5 und 7 AufenthG bezogen auf den »sonstigen Drittstaat zu prüfen, und hat das Bundesamt hierüber eine Entscheidung zu treffen (*Funke-Kaiser,* in: GK-AsylG II, § 35 Rn. 8). Die Gefahr der Verfolgung und das Vorliegen von Abschiebungsverboten bezogen auf den Herkunftsstaat bleiben offen. Die Prüfung ist insoweit auf den Zielstaat der Abschiebung, also auf den »sonstigen« Drittstaat, beschränkt (wohl auch *Funke-Kaiser,* in: GK-AsylG, § 35 Rn. 16). Jedoch hat das Bundesamt auch im Hinblick auf eine

mögliche Verfolgung, einen möglichen ernsthaften Schaden wie auch hinsichtlich eines möglichen Abschiebungsverbots nach § 60 Abs. 5 oder 7 AufenthG bezogen auf den Herkunftsstaat zu prüfen, ob der »sonstige« Drittstaat den Antragsteller möglicherweise in den Herkunftsstaat weiterschiebt. Dies folgt insbesondere aus Art. 3 des Übereinkommens gegen Folter und aus Art. 3 EMRK (Ausschuss gegen Folter, HRLJ 1994, 164, 168– *Mutombo*; EGMR, InfAuslR 2000, 321, 323 f. = EZAR 933 Nr. 8 = NVwZ 2001, 301–*T.I.*; *Marx*, InfAuslR 2000, 313; zur entsprechenden Spruchpraxis der früheren EKMR *Alleweldt*, EJIL 1993, 360, 373 FN 80; *Marx*, IJRL 1995, 383, 394). Ist die Gefahr der Verletzung des Refoulementverbots durch den »sonstigen« Drittstaat nicht sichergestellt, ist § 29 und damit auch § 35 unanwendbar (so auch *Funke-Kaiser*, in: GK-AsylG II, § 35 Rn. 9; a.A. *Hailbronner*, AuslR B 2 § 35 AsylVfG Rn. 9; *Bergmann*, in: Bergmann/Dienelt, AuslR, 11. Aufl., 2016, § 35 AsylG Rn. 4, die allerdings beide eine Rückführung in den Drittstaat unter diesen Voraussetzungen für unzulässig erachten).

C. Verwaltungsverfahren

Das Bundesamt hat den Antragsteller anzuhören (§ 29 Abs. 2 Satz 1). Zwar ist nach 5
der ergänzend anzuwendenden Vorschrift des § 34 Abs. 1 Satz 2 vor Erlass der Abschiebungsandrohung eine Anhörung nicht erforderlich. Diese Regelung bezieht sich jedoch ausschließlich auf die ordnungsbehördliche Verfügung, nicht hingegen auf die statusrechtliche Entscheidung des Bundesamtes (so auch *Funke-Kaiser*, in: GK-AsylG, § 35 Rn. 20). Ist die Rückführung in den sonstigen Drittstaat von vornherein nicht möglich und kommt auch keine Rückführung in einen sonstigen Staat, in dem der Asylsuchende vor Verfolgung sicher ist, in Betracht, unterbleibt die Abschiebungsandrohung. Das Asylverfahren ist fortzuführen. Ist die Rückführung in den sonstigen Drittstaat oder in einen anderen Staat, in dem keine Verfolgung droht, möglich, erlässt das Bundesamt die Abschiebungsandrohung. Die Ausreisefrist beträgt eine Woche (§ 36 Abs. 1). Das Bundesamt hat dem Antragsteller zusammen mit der Sachentscheidung eine Kopie des Inhalts der Akte zu übersenden (§ 36 Abs. 2 Satz 1). Eilrechtsschutz richtet sich nach § 36 Abs. 3 und 4 (s. dort).

Ist die Rückführung in den sonstigen Drittstaat nicht möglich, ist das Asylverfah- 6
ren fortzuführen. Das Gesetz enthält keine Regelung über die sich hieraus für die Abschiebungsandrohung ergebenden Folgen in derartigen Fällen. Lediglich für den Fall der gerichtlichen Stattgabe des Eilrechtsschutzantrags wird angeordnet, dass die Feststellung der Unzulässigkeit des Antrags unwirksam wird (§ 37 Abs. 1 Satz 1). Entfallen jedoch nachträglich die Voraussetzungen für die Rechtmäßigkeit der Abschiebungsandrohung, hat das Bundesamt auch die Abschiebungsandrohung aufzuheben. Dies folgt daraus, dass keine ausdrückliche Feststellung der Unzulässigkeit getroffen wird, sondern diese Bestandteil der Abschiebungsandrohung ist. Das Bundesamt hat daher festzustellen, dass das Verfahren fortgeführt und die Abschiebungsandrohung aufgehoben wird. § 59 Abs. 3 Satz 3 AufenthG ist nicht anwendbar, da es nicht um eine gerichtliche Feststellung von Abschiebungsverboten, sondern um die Unmöglichkeit der Rückführung nach § 29 Abs. 1 Nr. 4 geht.

D. Rechtsschutz

7 Gegen die Abschiebungsandrohung ist *Anfechtungsklage* zu erheben (*Funke-Kaiser,* in: GK-AsylG II, § 35 Rn. 26 *Hailbronner,* AuslR B 2 § 35 AsylVfG Rn. 13). Ob hier anders als bei der Verfahrenseinstellung nach § 32 die gerichtliche Verpflichtung zur *Herbeiführung der Spruchreife* (BVerwGE 106, 171, 173 = NVwZ 1998, 861 = EZAR 631 Nr. 45) relevant wird, ist unklar. Jedenfalls wird aus § 37 Abs. 1 Satz 2 gefolgert, dass die Verpflichtungsklage grundsätzlich unzulässig ist (*Funke-Kaiser,* in: GK-AsylG II, § 35 Rn. 28; *Hailbronner,* AuslR B 2 § 35 AsylVfG Rn. 13). Da vor Erlass der Abschiebungsandrohung der Antragsteller grundsätzlich auch zur Sache angehört wurde, dürften gravierende Ermittlungsdefizite regelmäßig nicht belegt werden können. Da aber § 37 Abs. 1 Satz 2 an den aufhebenden gerichtlichen Beschluss die Folge der Fortführung des Verwaltungsverfahrens knüpft, muss dem Bundesamt Gelegenheit gegeben werden, eine Entscheidung in der Sache zu treffen.

8 *Eilrechtsschutz* kann nach § 80 Abs. 5 VwGO i.V.m. § 36 Abs. 3 und 4 erlangt werden. Der in Art. 16a Abs. 4 Satz 1 GG geregelte Begriff der *»ernstlichen Zweifel«* sowie die weiteren in Art. 16a Abs. 4 GG enthaltenen Rechtsschutzverkürzungen beziehen sich zwar nur auf offensichtlich unbegründete Asylanträge. Aus dem einfachgesetzlich geregelten Regelungszusammenhang der Vorschriften des § 36 Abs. 3 und 4 i.V.m. § 36 Abs. 1 und § 35 folgt jedoch, dass der in § 36 Abs. 4 Satz 1 vorgesehene Begriff der »ernstlichen Zweifel« auch im Eilrechtsschutzverfahren Anwendung findet, das sich an die Ablehnung des Asylantrags wegen Unzulässigkeit anschließt (§ 36 Rdn. 51 ff.). Prüfungsgegenstand sind die Voraussetzungen des § 29 Abs. 1 Nr. 2 und 4. Während des Eilrechtsschutzverfahrens ist die Abschiebung kraft Gesetzes ausgesetzt (§ 36 Abs. 3 Satz 8). Hat der Antragsteller die Frist nach § 36 Abs. 3 Satz 1 schuldhaft versäumt und ist die Rückführung aber wegen fehlender Aufnahmebereitschaft nicht möglich, ist ein einstweiliger Anordnungsantrag nach § 123 VwGO zur Verhinderung der Vollziehung der Abschiebung zulässig.

§ 36 Verfahren bei Unzulässigkeit nach § 29 Absatz 1 Nummer 2 und 4 und bei offensichtlicher Unbegründetheit

(1) In den Fällen der Unzulässigkeit nach § 29 Absatz 1 Nummer 2 und 4 und der offensichtlichen Unbegründetheit des Asylantrags beträgt die dem Ausländer zu setzende Ausreisefrist eine Woche.

(2) [1]Das Bundesamt übermittelt mit der Zustellung der Entscheidung den Beteiligten eine Kopie des Inhalts der Asylakte. [2]Der Verwaltungsvorgang ist mit dem Nachweis der Zustellung unverzüglich dem zuständigen Verwaltungsgericht zu übermitteln.

(3) [1]Anträge nach § 80 Abs. 5 der Verwaltungsgerichtsordnung gegen die Abschiebungsandrohung sind innerhalb einer Woche nach Bekanntgabe zu stellen; dem Antrag soll der Bescheid des Bundesamtes beigefügt werden. [2]Der Ausländer ist hierauf hinzuweisen. [3]§ 58 der Verwaltungsgerichtsordnung ist entsprechend anzuwenden. [4]Die Entscheidung soll im schriftlichen Verfahren ergehen; eine mündliche

Verhandlung, in der zugleich über die Klage verhandelt wird, ist unzulässig. [5]Die Entscheidung soll innerhalb von einer Woche nach Ablauf der Frist des Absatzes 1 ergehen. [6]Die Kammer des Verwaltungsgerichts kann die Frist nach Satz 5 um jeweils eine weitere Woche verlängern. [7]Die zweite Verlängerung und weitere Verlängerungen sind nur bei Vorliegen schwerwiegender Gründe zulässig, insbesondere wenn eine außergewöhnliche Belastung des Gerichts eine frühere Entscheidung nicht möglich macht. [8]Die Abschiebung ist bei rechtzeitiger Antragstellung vor der gerichtlichen Entscheidung nicht zulässig. [9]Die Entscheidung ist ergangen, wenn die vollständig unterschriebene Entscheidungsformel der Geschäftsstelle der Kammer vorliegt. [10]Anträge auf Gewährung vorläufigen Rechtsschutzes gegen die Befristung des Einreise- und Aufenthaltsverbots durch das Bundesamt nach § 11 Absatz 2 des Aufenthaltsgesetzes und die Anordnung und Befristung nach § 11 Abs. 7 des Aufenthaltsgesetzes sind innerhalb einer Woche nach Bekanntgabe zu stellen. [11]Die Vollziehbarkeit der Abschiebungsandrohung bleibt hiervon unberührt.

(4) [1]Die Aussetzung der Abschiebung darf nur angeordnet werden, wenn ernstliche Zweifel an der Rechtmäßigkeit des angegriffenen Verwaltungsaktes bestehen. [2]Tatsachen und Beweismittel, die von den Beteiligten nicht angegeben worden sind, bleiben unberücksichtigt, es sei denn, sie sind gerichtsbekannt oder offenkundig. [3]Ein Vorbringen, das nach § 25 Abs. 3 im Verwaltungsverfahren unberücksichtigt geblieben ist, sowie Tatsachen und Umstände im Sinne des § 25 Abs. 2, die der Ausländer im Verwaltungsverfahren nicht angegeben hat, kann das Gericht unberücksichtigt lassen, wenn andernfalls die Entscheidung verzögert würde.

Übersicht Rdn.

A. Funktion der Vorschrift

1 Die Vorschrift regelt das Eilrechtsschutzverfahren bei unzulässigen Anträgen im Sinne von § 29 Abs. 1 Nr. 2 und 4 und offensichtlich unbegründeten Asylanträgen (§ 30). In diesen Fällen droht das Bundesamt die Abschiebung an (§ 34, § 35) und hat zwingend eine Ausreisefrist von einer Woche festzusetzen (Abs. 1). Anders als nach dem bis 1982 geltenden Recht steht die Fristsetzung damit nicht mehr im behördlichen Ermessen. Kernelement des Beschleunigungskonzepts ist das in Abs. 3 und 4 besonders gestaltete Eilrechtsschutzverfahren, das wesentliche Grundzüge des alten, in § 10 Abs. 3 AsylVfG 1982 geregelten Verfahrens übernimmt. Anders als das frühere Recht, das die für das Eilrechtsschutzverfahren maßgebliche Abschiebungsandrohung und dieses Verfahren selbst in einer gemeinsamen Vorschrift regelte (§ 10 Abs. 2 und 3, § 11 Abs. 2 in Verb. mit § 10 Abs. 2 und 3 AsylVfG 1982), ist die jetzige Verfahrensgestaltung unübersichtlich: Für unbeachtliche Anträge regelt § 35 die Abschiebungsandrohung. Demgegenüber enthält für offensichtlich unbegründete Anträge die auch für normale Verfahren maßgebliche Vorschrift des § 34 die Eingriffsgrundlage für die Abschiebungsandrohung. War die Fristsetzung früher in der Eingriffsgrundlage selbst vorgesehen (§ 10 Abs. 2 Satz 2, § 11 Abs. 2 AsylVfG 1982), ist sie heute in Abs. 1 geregelt. Demgegenüber ist die für normale Verfahren geltende Fristsetzung in § 38 vorgeschrieben.

2 Das bereits durch § 36 AsylVfG 1992 verschärfte Eilrechtsschutzverfahren wurde bereits 1993 weiter verschärft und umfassend neu geregelt. Die in § 36 enthaltenen Regelungen setzen auf einfachgesetzlicher Ebene ebenso wie die Vorschriften des Flughafenverfahrens (§ 18a) Art. 16a Abs. 4 GG um. Durch Urteil vom 14.05.1996 hat das BVerfG diese Regelungen für verfassungsrechtlich unbedenklich erklärt (BVerfGE 94, 166 = EZAR 632 Nr. 25 = NVwZ 1996, 678). Zwar findet das Eilrechtsschutzverfahren nach § 36 nicht auf das *Flughafenverfahren* Anwendung. § 18a regelt jedoch ein eigenständiges, weitgehend dieser Vorschrift nachgebildetes Eilrechtsschutzverfahren (§ 18a Rdn. 56 ff.). Hingegen regelt § 34a Abs. 2 für unzulässige Anträge ein eigenständiges Eilrechtsschutzverfahren, das nur teilweise an die Sonderregelungen des § 36 angelehnt ist. Durch das Asylverfahrensbeschleunigungsgesetz 2015 wurden Abs. 3

Satz 10 und 11 eingefügt, die im engen Sachzusammenhang mit § 34a Abs. 2 Satz 3 steht (§ 34a Rdn. 30 f.).

Art. 46 Abs. 4 RL 2013/32/EU verpflichtet die Mitgliedstaaten Fristen und sonstige 3 Vorschriften festzulegen, die erforderlich sind, damit der Antragsteller sein Recht auf einen wirksamen Rechtsbehelf wahrnehmen kann. Ferner haben sie die Möglichkeit eines Rechtsbehelfs oder von Sicherungsmaßnahmen vorzusehen, wenn der Rechtsbehelf in der Hauptsache nicht zur Folge hat, dass der Antragsteller sich bis zur Entscheidung über den Rechtsbehelf im Mitgliedstaat aufhalten darf. Sie können auch ein von Amts wegen eingeleitetes Rechtsbehelfsverfahren vorsehen (Art. 46 Abs. 4 UAbs. 1 Satz 1 RL 2013/32/EU). Zur Klarstellung regelt die Änderungsrichtlinie, dass die Wahrnehmung des einstweiligen Rechtsbehelfs durch die Fristen weder unmöglich gemacht noch erschwert werden dürfen (Art. 46 Abs. 4 UAbs. 1 Satz 2 RL 2013/32/EU). Wurde der Antrag wegen Verletzung von Mitwirkungspflichten im Sinne von Art. 31 Abs. 8 RL 2013/32/EU als offensichtlich unbegründet abgelehnt (Art. 32 Abs. 2 RL 2013/32/EU), ist das Gericht entweder auf Antrag des Antragstellers oder von Amts wegen befugt, zu entscheiden, ob dieser im Hoheitsgebiet verbleiben darf, wenn die gerichtliche Entscheidung das Verbleiberecht (Art. 9 Abs. 1 RL 2013/32/EU) beendet und es in diesem Fall bis zur Entscheidung über den Rechtsbehelf im nationalen Recht nicht vorgesehen ist (Art. 46 Abs. 6 RL 2013/32/EU). Dem wird § 75 Satz 1 im Grundsatz gerecht. Die Ausnahmen in Art. 46 Abs. 6 RL 2013/32/EU sind jedoch bedeutend enger gefasst als nationales Verfahrensrecht zulässt. Hierzu wird auf die Kommentierung zu § 30 hingewiesen. So dürfen seit dem 20.07.2015 nur noch die nach dem Grundsatz der richtlinienkonformen Auslegung in § 30 Abs. 3 geregelten Fälle als offensichtlich unbegründet abgelehnt werden. Dies hat Folgen für den Anwendungsbereich des Eilrechtsschutzes nach Abs. 1.

Der EuGH hat festgestellt, dass der Grundsatz des effektiven gerichtlichen Schutzes 4 der Rechte, die die Rechtsordnung der Union dem Einzelnen verleiht, erfordert, dass ein Rechtsweg zur Verfügung steht, der die Wahrung der ihm durch das Unionsrecht verliehenen Rechte gewährleistet. Dieser muss nicht aus zwei Instanzen bestehen. In beschleunigten Verfahren ist zu gewährleisten, dass die Gründe, aus denen die Asylbehörde den Antrag als unbegründet abgelehnt hat, im Rechtsbehelfsverfahren einer eingehenden Prüfung durch den nationalen Richter zugänglich sind. Dieser muss die Stichhaltigkeit der Gründe prüfen können, aus denen die Behörden den Antrag als unbegründet oder missbräuchlich anzusehen. Auch die gegenüber den normalen Verfahren kürzere Rechtsbehelfsfrist ist unbedenklich, wenn sie tatsächlich ausreicht um einen wirksamen Rechtsbehelf vorzubereiten und einzureichen. Bei einer Frist von 15 Tagen erachtet der EuGH diese Voraussetzung für gegeben (EuGH, NVwZ 2011, 1380, 1382 ff. Rn. 56 ff., 65 ff. – *Diouf*). Die Wochenfrist des Abs. 1 und 3 Satz 1 und 5 dürfte mit Art. 46 Abs. 4 UAbs. 1 Satz 2 RL 2013/32/EU kaum vereinbar sein, da sie die Ausübung des Rechts auf Wahrnehmung von Eilrechtsschutz insbesondere auch unter Berücksichtigung der restriktiven Aufenthaltsvorschriften häufig unmöglich macht, jedenfalls unzumutbar erschwert. Hier besteht seit dem 20.07.2015 ein zu lösender Regelungsbedarf. Die Bundesrepublik hat mit Abs. 3 Satz 1 die erste Alternative des Art. 46 Abs. 6 RL 2013/32/EU in Anspruch genommen. Die unverständlich formulierte Vorschrift soll wohl sicherstellen, dass ein Entscheidung im Asylverfahren geboten ist, wenn das weitere Verbleiberecht andernfalls nach nationalen Vorschriften nicht gewährleistet ist. Da nach § 75 in Fällen des Abs. 1 die Klage keine aufschiebende Wirkung hat, ist eine Entscheidung im Eilrechtsschutzverfahren erforderlich.

B. Ausreisefrist (Abs. 1)

5 Nach Abs. 1 beträgt die Ausreisefrist in den Fällen der Unbeachtlichkeit und der offensichtlichen Unbegründetheit des Asylantrags zwingend *eine Woche*. Der zwingende Charakter der Fristbestimmung in Verbindung mit der Kürze der Frist sind wesentliche Vorgaben für die Gestaltung des nachfolgenden Eilrechtsschutzverfahrens. Schon zum alten Recht wurde vereinzelt eine einwöchige Frist für ausreichend erachtet (VGH BW, Beschl. v. 01.10.1985 – A 13 S 640/85; kritisch *Rennert*, DVBl 1994, 717, 721). Die einwöchige Ausreisefrist und die hieran anknüpfende einwöchige Klage- und Antragsfrist (§ 74 Abs. 1 Halbs. 2) sowie die einwöchige Entscheidungsfrist im Regelfall (Abs. 3 Satz 5) sind wesentliche Schlüsselelemente des Beschleunigungskonzepts, aber unionsrechtlich nicht mehr tragfähig (Rdn. 4). Die Konsequenzen der zwingenden Fristsetzung werden vor dem Hintergrund der früheren Rechtslage verständlich. Da § 10 Abs. 1 AsylVfG 1982 vorsah, dass die Ausreisefrist mindestens zwei Wochen betragen sollte, war eine individuelle Prüfung familiärer und anderer persönlicher Bindungen im Einzelfall geboten und bei Ermessensausfall allein aus diesem Grund die Verfügung aufzuheben (Hess. VGH, ESVGH 34, 99). Die zwingende Regelung des Abs. 1 steht nunmehr bei unbeachtlichen und offensichtlich unbegründeten Anträgen der Berücksichtigung individueller Besonderheiten im Einzelfall entgegen. Nach über 20 Jahren Erfahrungen mit der Handhabung dieser Vorschrift kann aber festgestellt werden, dass sich das Beschleunigungskonzept bereits wegen der extrem langen Verwaltungsverfahren überholt hat, gleichwohl aber im Zweifel § 36 restriktiv gehandhabt wird.

6 Einer *nachträglichen Verlängerung der Ausreisefrist* (*Hailbronner*, AuslR B 2 § 36 AsylVfG Rn. 9; s. hierzu BVerwG, DVBl 1983, 997) steht Abs. 1 entgegen. Im Fall der Antragstellung auf Eilrechtsschutz wird die Ausreisefrist lediglich *gehemmt*, jedoch *nicht unterbrochen*. Endet die gesetzliche Aussetzung als Folge der Zurückweisung des Eilrechtsschutzantrags bedarf es daher keiner erneuten Fristsetzung (*Funke-Kaiser*, in: GK-AsylG II, § 36 Rn. 12). Gibt das Verwaltungsgericht dem Antrag jedoch statt, endet die Ausreisefrist 30 Tage nach unanfechtbarem Abschluss des Verfahrens (§ 37 Abs. 2 Satz 2, Abs. 2 Satz 2). Dies gilt auch, wenn das Verwaltungsgericht im Hauptsacheverfahren den Asylantrag nicht als offensichtlich unbegründet, sondern nur als einfach unbegründet bewertet (VGH BW, AuAS 1998, 144). Bei den als unbeachtlich behandelten Asylanträgen wird die Abschiebungsandrohung nach § 35 und damit auch die Ausreisefrist unwirksam (§ 37 Abs. 1 Satz 2; § 35 Rdn. 6).

C. Funktion des Eilrechtsschutzverfahrens

7 Wie schon das AsylVfG 1982 enthielt die Neugestaltung des Asylverfahrensrechts 1992 vom allgemeinen Verfahrensrecht abweichende Sonderregelungen zum Eilrechtsschutz

(§ 36 Abs. 2 AsylVfG 1992). Diese betrafen insbesondere die gesetzlichen Fristsetzungen. 1993 wurde in Umsetzung von Art. 16a Abs. 4 GG (BVerfGE 94, 166, 189 ff. = EZAR 632 Nr. 25 = NVwZ 1996, 678) das Eilrechtsschutzverfahren umfassend sowohl materiell wie prozessual umgestaltet. *Richterliche Entscheidungsfristen* (Abs. 3 Satz 5 ff.) und weitere, bis dahin unbekannte Beschleunigungselemente wurden eingeführt. Andererseits wird abweichend vom allgemeinen Verwaltungsprozessrecht z.B. die zwingende *Aktenübersendungspflicht* (Abs. 2) und das Verbleiberecht während des anhängigen Verfahrens ausdrücklich gesetzlich geregelt (Abs. 3 Satz 8). Anders als früher wird in § 36 kein Eilrechtsschutz gegen die Verweigerung der Entgegennahme des Asylantrages geregelt. Eilrechtsschutz im Rahmen eines Folgeantrag ist nur teilweise in § 36 geregelt (s. hierzu die Erläuterungen zu § 71).

Gegenstand des Eilrechtsschutzes ist nach Abs. 3 Satz 1 die Abschiebungsandrohung 8 nach § 34 und § 35. Das BVerfG hält daran fest, dass Anknüpfungspunkt der richterlichen Prüfung und Entscheidung im Eilrechtsschutzverfahren die Frage sein muss, ob das Bundesamt zu Recht den Antrag als unbeachtlich oder als offensichtlich unbegründet abgelehnt hat (BVerfGE 94, 166, 193 f. = EZAR 632 Nr. 25 = NVwZ 1996, 678; s. auch BVerfGE 67, 43, 61 = EZAR 632 Nr. 1 = InfAuslR 1984, 215). Verfassungsrechtliche Grundlage der Vorschriften in Abs. 3 und 4 ist Art. 16a Abs. 4 GG. Die Regelungen in Abs. 3 betreffen die prozessuale Ausgestaltung des Eilrechtsschutzverfahrens. Abs. 4 enthält *materielle Prüfkriterien* und regelt den Umfang der *gerichtlichen Ermittlungstiefe*. Abs. 3 und 4 knüpfen an Abs. 1 an, sodass die Regelungen des § 36 nicht nur auf offensichtlich unbegründete Asylbegehren (§ 30), sondern auch auf unzulässige Anträge (§ 29 Abs. 1) Anwendung finden. Soweit eingewandt wird, die strengen Voraussetzungen nach Art. 16a Abs. 4 Satz 1 GG seien auf unbeachtliche Anträge nicht anwendbar (Huber, NVwZ 1993, 736, 742), ist diese Frage wegen der praktischen Bedeutungslosigkeit derartiger Anträge nicht zu vertiefen.

Nach altem Recht war in § 10 Abs. 5 AsylVfG 1982 ausdrücklich ein Rechtsbehelf 9 für den Fall vorgesehen, dass die zuständige Behörde sich weigerte, den Asylantrag an das Bundesamt weiterzuleiten. Dieser Rechtsbehelf umfasste auch den Rechtsschutz gegen die Verweigerung der Entgegennahme des Antrages. Da der Asylantrag nach geltendem Recht beim Bundesamt zu stellen ist (§ 14 Abs. 2, § 23 Abs. 1), entfällt die früher bestehende Weiterleitungspflicht und wird deshalb wohl ein besonderer Rechtsbehelf gegen die Verweigerung der Antragsentgegennahme für überflüssig erachtet. Weigert sich die um Aufnahme gebetene Aufnahmeeinrichtung, die Meldung als Asylsuchender entgegen zu nehmen, kann hiergegen jedoch ein Antrag nach § 123 VwGO gestellt werden. Hiermit wird eine verfahrensrechtliche Begünstigung, nämlich Zulassung zum Asylverfahren, welche die vorherige Aufnahme durch die zuständige Aufnahmeeinrichtung (§ 23 Abs. 1) sowie die Aufnahmeverpflichtung der zuerst angesprochenen Aufnahmeeinrichtung (§ 22 Abs. 1) voraussetzt, erstrebt, für die nach allgemeiner Meinung der Weg über § 123 VwGO vorgesehen ist (Hess. VGH, ESVGH 38, 76; Hess. VGH, NVwZ 1988, 274; OVG Hamburg, NVwZ 1983, 434; OVG Lüneburg, NVwZ 1987, 1110). In der Hauptsache ist daher Verpflichtungsklage auf Entgegennahme der Meldung als Asylsuchender zu erheben. Der für § 123 VwGO erforderliche Anordnungsgrund kann unterstellt werden. Die Wochenfrist findet mangels spezialgesetzlicher Regelung dieses Rechtsbehelfs keine Anwendung finden.

D. Übermittlungspflicht (Abs. 2)

10 Abs. 2 Satz 1 verpflichtet das Bundesamt, den Beteiligten mit der Zustellung eine Kopie des Inhalts der Asylakte zu übermitteln sowie den Verwaltungsvorgang mit dem Nachweis der Zustellung unverzüglich dem zuständigen Verwaltungsgericht zu übermitteln. Damit soll Verzögerungen entgegengewirkt werden, die durch die Aktenübersendung an das Gericht und die Gewährung von Akteneinsicht entstehen könnten. Dem Verwaltungsgericht solle der Verwaltungsvorgang des Bundesamtes bereits bei Eingang eines etwaigen Antrags auf Eilrechtsschutz vorliegen (BT-Drucks. 12/4450, S. 24), sodass, ausreichende richterliche Kapazität vorausgesetzt, unmittelbar mit der Bearbeitung des Antrags begonnen werden kann (*Giesler/ Wasser*, Das neue Asylrecht, S. 49). Abs. 2 Satz 1 verfolgt das Ziel, die Akteneinsicht entbehrlich zu machen (BT-Drucks. 12/4450, S. 24). Da nach Abs. 2 Satz 2 die Akten dem Gericht jedoch vollständig vorgelegt werden müssen (*Hailbronner*, AuslR B 2 § 36 AsylVfG Rn. 20; *Funke-Kaiser*, in: GK-AsylG II, § 36 Rn. 13), ersetzt der Übermittlungsanspruch der Beteiligten nach Satz 1 nicht das Akteneinsichtsrecht. Während das Bundesamt im Allgemeinen unverzüglich im Anschluss an die Anhörung dem Antragsteller bzw. seinem Bevollmächtigten eine Ausfertigung der Anhörungsniederschrift übermittelt (§ 25 Abs. 7 Satz 2), stellt es diese bei qualifizierten Antragsablehnungen regelmäßig erst zusammen mit dem Bescheid zu. Dadurch wird eine sorgfältige Vorbereitung der Rechtsmittel erschwert. Insbesondere werden dadurch schriftliche Gegenvorstellungen, die geeignet sein können, einer qualifizierten Ablehnung vorbeugend die Grundlage zu entziehen, unmöglich gemacht. Abs. 2 Satz 1 enthält zwar lediglich die Verpflichtung, (spätestens) zum Zeitpunkt der Zustellung den Akteninhalt und damit auch dessen wichtigsten Bestandteil, die Anhörungsniederschrift, zu übermitteln. Dies schließt aber nicht die vorherige Übermittlung aus.

E. Rechtsmittelbelehrung (Abs. 3 Satz 2)

11 Nach Abs. 3 Satz 1 gelten die *verschärften Zustellungsvorschriften* nach § 10. Nach Abs. 3 Satz 2 ist in der Rechtsmittelbelehrung auf die besonderen Rechtsbehelfs- und Antragsfristen des Abs. 3 Satz 1 hinzuweisen. Ist diese fehlerhaft oder unterblieben, läuft anstelle der Wochenfrist des Abs. 3 Satz 1 die Jahresfrist nach § 58 Abs. 2 VwGO (Abs. 3 Satz 3). So kann z.B. in der Belehrung ein unzuständiges Gericht oder eine unzutreffende Adresse des zuständigen Gerichts angegeben worden sein. Die unrichtig oder unvollständig erteilte Rechtsbehelfsbelehrung hat zur Folge, dass Klage und Antrag innerhalb der Jahresfrist zulässig sind. Sie hat jedoch nicht die Rechtswidrigkeit der Verfügung selbst zur Folge. Bei Fristversäumnis kann jedoch ein Wiedereinsetzungsantrag in Betracht kommen, der aber nicht ohne Weiteres die Aussetzungswirkung des Abs. 3 Satz 8 zur Folge hat (Rdn. 25 f.). Die Belehrung sollte auch auf die Obliegenheit des Antragstellers, den angefochtenen Bescheid des Bundesamtes dem Antrag beizufügen, hinweisen. Damit soll insbesondere die Zuordnung des Antrags zum beim Verwaltungsgericht bereits vorliegenden Verwaltungsvorgang erleichtert

werden. Die Verletzung dieser Obliegenheit ist jedoch unschädlich (Giesler/Wasser, Das neue Asylrecht, S. 49 f.).

F. Fristgebundenheit des Eilrechtsschutzantrags (Abs. 3 Satz 1)

I. Prozessuale Funktion der Wochenfrist (Abs. 3 Satz 1)

Wie das alte Recht (§ 10 Abs. 3 Satz 3 AsylVfG 1982) legt Abs. 3 Satz 1 abweichend vom allgemeinen Verwaltungsprozessrecht für den Eilrechtsschutzantrag eine einwöchige Antragsfrist fest. Nach § 74 Abs. 1 Halbs. 2 ist auch die Klage innerhalb dieser Frist zu erheben. Wird die Frist versäumt, wird die Abschiebungsandrohung vollziehbar. Die gegen die Abschiebungsandrohung gerichtete Anfechtungsklage hat keine aufschiebende Wirkung (§ 75). Will der Antragsteller für das weitere Verfahren sein Verbleiberecht sicherstellen, muss er daher binnen Wochenfrist den Antrag auf Anordnung der aufschiebenden Wirkung seiner Anfechtungsklage gegen die Abschiebungsandrohung nach § 80 Abs. 5 VwGO stellen (Abs. 3 Satz 1). Genügte früher auch die Antragstellung bei der Ausländerbehörde (§ 10 Abs. 3 Satz 4 AsylVfG 1982), kann der Antrag nach geltendem Recht nur beim zuständigen Verwaltungsgericht gestellt werden (BT-Drucks. 12/2062, S. 33). Eine § 18a Abs. 4 Satz 2 entsprechende Sonderregelung fehlt in Abs. 3. Nur bei rechtzeitiger Antragstellung wird die Abschiebung bis zum rechtskräftigen Abschluss des Eilrechtsschutzverfahrens ausgesetzt (Abs. 3 Satz 8). Diese Regelungen gelten auch für Eilrechtsschutzanträge gegen die Befristung des Einreise- und Aufenthaltsverbotes nach § 11 Abs. 2 AufenthG und die Anordnung und Befristung nach § 11 Abs. 7 AufenthG. Auch hier ist der Eilrechtsschutz binnen Wochenfrist zu beantragen (Abs. 3 Satz 10) und wird die Klagefrist ebenfalls auf eine Woche verkürzt (§ 74 Abs. 1 Halbs. 2). Dies gilt jedoch nicht allgemein für derartige Anträge, sondern nur, wenn sie im Zusammenhang mit Rechtsbehelfen gegen die qualifizierte Antragsablehnung eingelegt werden. Dies folgt aus dem Gesetzeskontext. Ist bei einfach unbegründeter Antragsablehnung zur Sicherstellung des weiteren Verbleiberechts des Antragstellers kein Eilrechtsschutz erforderlich (§ 75 Abs. 1), finden die Regelungen des § 36 und damit auch Abs. 3 Satz 10 und 11 keine Anwendung. 12

Der *Wiedereinsetzungsantrag* begründet *keinen Abschiebungsschutz.* Aus verfassungsrechtlicher Sicht ist die Rechtsschutzverkürzung bedenklich. Art. 19 Abs. 4 GG gebietet die wirksame Sicherstellung effektiven Rechtsschutzes. Bereits die Wochenfrist nach Abs. 3 Satz 1 begegnet erheblichen Bedenken, bedarf jedenfalls rechtsschutzverstärkender Korrekturen. Für den Fall der schuldhaften Fristversäumnis kann daher kein Eilrechtsschutz nach Abs. 3 beantragt werden. Es bleibt bei nachträglich bekannt werdenden Umständen nur der Weg, Eilrechtsschutz über § 123 VwGO gegen die Ausländerbehörde beim hierfür zuständigen Gericht zu beantragen (BayVGH, NVwZ-Beil. 1994, 67 = AuAS 1994, 204; VG Gießen, AuAS 1993, 228; *Funke-Kaiser,* in: GK-AsylG II, § 36 Rn. 22; a.A. OVG Hamburg, AuAS 1993, 70, 71). Bei schuldloser Fristversäumnis kann hinsichtlich Klage und Eilrechtsschutz Wiedereinsetzung beantragt werden. Das Gericht darf nicht offen lassen, ob der gestellte Wiedereinsetzungsantrag voraussichtlich Erfolg haben wird (BayVGH, NVwZ-Beil. 1994, 67 = AuAS 1994, 204). Bis zur Entscheidung über den Wiedereinsetzungsantrag besteht 13 eine Rechtsschutzlücke. Ob die Empfehlung zur unverzüglichen isolierten Entscheidung über den Wiedereinsetzungsantrag gem. § 173 VwGO in Verb. mit § 238 Abs. 1 S. 2 ZPO wirksamen Rechtsschutz sicherstellt (*Hailbronner,* AuslR B 2 § 36 AsylVfG Rn. 37; *Funke-Kaiser,* in: GK-AsylG II, § 36 Rn. 40), ist fraglich. Gegebenenfalls ist Eilrechtsschutz nach § 123 VwGO in Verbindung mit dem *Antrag auf Stillhaltezusage* zu stellen, damit bis zur Entscheidung über den Wiedereinsetzungsantrag wirksamer Rechtsschutz sichergestellt ist.

II. Begründung des Eilrechtsschutzantrags

14 Der Gesetzgeber des ÄnderungsG 1993 erachtet die 1992 eingeführte Begründungsfrist (§ 36 Abs. 2 Satz 2 AsylVfG 1992) nicht mehr für erforderlich. Im Hinblick auf die richterlichen Entscheidungsfristen (Abs. 3 Satz 5 ff.), den strengen Prüfungsmaßstab (Abs. 4 Satz 1) und die in Abs. 4 Satz 2 und 3 vorgesehenen Beschränkungen des Untersuchungsgrundsatzes ist der Antragsteller jedoch zu möglichst umfassendem und insbesondere unverzüglichem Vortrag gehalten (BT-Drucks. 12/4450, S. 24). Daher sollten zur zweckentsprechenden Rechtsverteidigung bereits mit dem Eilrechtsschutzantrag sämtliche Tatsachen und Beweismittel angegeben werden. Mit späterem Sachvorbringen ist der Antragsteller zwar nicht mehr wie früher präkludiert (§ 36 Abs. 2 Satz 4 AsylVfG 1992), das Verwaltungsgericht kann jedoch nach Abs. 4 Satz 3 ein im Verwaltungsverfahren verspätetes Sachvorbringen (§ 25 Abs. 3) auch im Eilrechtsschutzverfahren unberücksichtigt lassen. Wegen des hohen Rangs der geltend gemachten Ansprüche sollte jedoch *zurückhaltend* mit der Präklusionsvorschrift umgegangen werden (wohl auch *Rennert,* DVBl 1994, 717, 722).

15 Zwar hindert das Gesetz das Verwaltungsgericht nicht, bereits vor Ablauf der Frist nach Abs. 3 Satz 5 zu entscheiden. Vielmehr geht diese Norm davon aus, dass die Entscheidung »innerhalb« von einer Woche nach Ablauf der einwöchigen Ausreisefrist getroffen werden »soll«. Es spricht jedoch viel dafür, dem Antragsteller zur möglichst umfassenden Begründung seines Rechtsschutzbegehrens entgegen zu kommen und deshalb nicht unmittelbar nach Ablauf der Wochenfrist zu entscheiden. Dagegen spricht bereits, dass das Bundesamt seit Jahren das Beschleunigungsziel des Gesetzes aus den Augen verloren hat. Gegebenenfalls ist das Verwaltungsgericht darauf hinzuweisen, dass der Antrag innerhalb der Frist nach Abs. 3 Satz 5 begründet werden wird.

III. Abänderungsantrag (§ 80 Abs. 7 Satz 2 VwGO)

1. Funktion des Abänderungsantrags

16 Die Fristgebundenheit des Antrags nach § 80 Abs. 5 VwGO verfolgt den Zweck der Verfahrensbeschleunigung. Spätere Abänderungsanträge nach § 80 Abs. 7 Satz 2 VwGO werden dadurch jedoch nicht ausgeschlossen, vorausgesetzt, der Antrag nach Abs. 3 Satz 1 im Eilrechtsschutzverfahren war nicht verfristet (OVG NW, EZAR 632 Nr. 13; VG Gießen, AuAS 1994, 228; ähnl. *Leiner,* NVwZ 1994, 239, 242; *Hailbronner,* AuslR, § 80 AsylVfG Rn. 44). Hat der Antragsteller die Frist des Abs. 3 Satz 1 nicht beachtet, kann er Eilrechtsschutz nicht im Wege des Abänderungsverfahrens, sondern bei Geltendmachung veränderter Umstände (§ 60a Abs. 2 AufenthG), auf

die er sich im Zeitpunkt der Wochenfrist des Abs. 3 Satz 1 noch nicht berufen konnte, nur im Wege des § 123 VwGO gegenüber der Ausländerbehörde erlangen (VG Gießen, AuAS 1996, 156). Auch gegen den Beschluss nach § 123 VwGO kann der Abänderungsantrag oder aber ein erneuter Antrag nach § 123 VwGO gestellt werden (BVerfG [Kammer], Beschl. v. 23.10.2007 – 2 BvR 542/07). Der Abänderungsantrag ist ungeachtet des *Beschwerdeausschlusses* (§ 80) zulässig (Hess. VGH, EZAR NF 98 Nr. 16 = ZAR 2007, 72). Jedoch erstreckt sich der Beschwerdeausschluss (§ 80) auch auf das Abänderungsverfahren (VGH BW, AuAS 2002, 48; zum früheren Recht OVG NW, EZAR 632 Nr. 11; Hess. VGH, AuAS 8/1992, S. 12). Zuständig für die Entscheidung über den Abänderungsantrag ist das Gericht der Hauptsache (§ 80 Abs. 7 Satz 1 VwGO). Dies ist im asylrechtlichen Eilrechtsschutzverfahren der *Einzelrichter* (§ 76 Abs. 1 Satz 1; *Leiner*, NVwZ 1994, 239, 242).

Der Antragsteller kann nach § 80 Abs. 7 Satz 2 VwGO die Änderung oder Aufhebung 17 des ursprünglichen Beschlusses nach § 80 Abs. 5 VwGO wegen *veränderter* oder im ursprünglichen Verfahren ohne Verschulden nicht geltend gemachter *Umstände* beantragen. Gegenstand des Abänderungsverfahrens ist die Prüfung, ob eine zuvor im Verfahren nach § 80 Abs. 5 VwGO getroffene gerichtliche Entscheidung über die Bestätigung der sofortigen Vollziehbarkeit einer Abschiebungsandrohung ganz oder teilweise geändert oder aufgehoben werden soll. Dabei geht es nicht um die ursprüngliche Richtigkeit der im vorangegangenen Verfahren getroffenen Entscheidung (Nieders. OVG, AuAS 2009, 186. Die Möglichkeit der *Anhörungsrüge* (§ 152a VwGO) schließt zwar die erfolgreiche Geltendmachung einer Gehörsverletzung im auf Antrag erfolgenden Abänderungsverfahren (§ 80 Abs. 7 Satz 2 VwGO) aus, lässt aber die Befugnis des Gerichts zur Abänderung von Amts wegen (§ 80 Abs. 7 Satz 1 VwGO) unberührt (Hess.VGH, InfAuslR 2015, 53, 54 = AuAS 2015, 14). Das Abänderungsverfahren ist kein Rechtsmittelverfahren, sondern ein gegenüber dem Ausgangsverfahren nach § 80 Abs. 5 VwGO *selbstständiges* und *neues Verfahren* des Eilrechtsschutzes, in dem eine abweichende Entscheidung der aufschiebenden Wirkung der Klage nur mit Wirkung für die Zukunft getroffen werden kann (VGH BW, NVwZ 1996, 603, 604; Sächs. OVG, DVBl 1996, 118).

Für die Frage, ob der Antragsteller im ursprünglichen Verfahren entscheidungserheb- 18 liche Umstände ohne Verschulden nicht geltend machen konnte, dürfte vom Verschuldensmaßstab des § 60 Abs. 1 VwGO auszugehen sein (*Schoch*, NVwZ 1992, 1121, 1132). Die Präklusionsvorschrift des § 74 Abs. 2 Satz 2 findet keine Anwendung. Das ergibt sich bereits aus dem Unterschied zwischen Abs. 4 Satz 2 und § 74 Abs. 2 Satz 2. Dies rechtfertigt die Annahme, dass Abs. 4 Satz 2 nicht die Möglichkeit eröffnen soll, Tatsachen und Beweismittel endgültig aus dem Eilrechtsschutzverfahren auszuschließen. Zudem führte eine Präklusion auch für das Abänderungsverfahren zu einer bedenklichen Überbeschleunigung des Verfahrens (*Leiner*, NVwZ 1994, 239, 242).

§ 80 Abs. 7 Satz 1 VwGO eröffnet die Möglichkeit, eine *abändernde Entscheidung von* 19 *Amts wegen* anzuregen. Bei einer Entscheidung von Amts wegen brauchen sich weder rechtlich noch tatsächlich die Umstände geändert haben. Das Gericht kann vielmehr auch bei unveränderten Umständen zu einer Änderung seiner Auffassung kommen (VGH BW, NVwZ 1996, 603, 604; Redeker, NVwZ 1991, 526, 528; Schoch, NVwZ 1991, 1121, 1123; a.A. Hess. VGH, NVwZ-RR 1997, 446; OVG NW, NVwZ 1999, 894). Nach der Gegenmeinung ist dagegen die Abänderung nicht völlig in das Belieben des Gerichts gestellt, da auch Beschlüsse nach § 80 Abs. 5 VwGO wegen ihrer Vollstreckungsfähigkeit einer gewissen »inneren Festigkeit« bedürften. Eine Abänderung von Amts wegen komme deshalb nur in Betracht, wenn bei gleichbleibenden Umständen etwa die *Rechtslage jetzt anders beurteilt* werde, die *Interessenabwägung korrekturbedürftig* erscheine (Hess. VGH, NVwZ-RR 1997, 446, 447) oder wenn gewichtige Gründe dafür sprächen, den Belangen der materiellen Einzelfallgerechtigkeit und inhaltlichen Richtigkeit den Vorrang vor Rechtssicherheit und Vertrauensschutz einzuräumen (OVG NW, NVwZ 1999, 894). Anders als der Abänderungsantrag steht damit die Abänderung von Amts wegen im pflichtgemäßen, nach der Mehrheitsmeinung von keinen weiteren Voraussetzungen abhängigen Ermessen des Gerichts, das nach den gleichen Grundsätzen auszuüben ist, wie sie für das Verfahren nach § 80 Abs. 5 VwGO maßgebend sind (VGH BW, NVwZ 1996, 603, 604). Der Antragsteller hat jedoch keinen Anspruch darauf, dass das Gericht ohne Vorliegen der Voraussetzungen des § 80 Abs. 7 Satz 2 VwGO sein Ermessen nach § 80 Abs. 7 Satz 1 VwGO fehlerfrei ausübt (OVG Hamburg, NVwZ 1995, 1004, 1005). Angesichts der zwingenden materiellen und prozessualen asylrechtlichen Vorschriften dürfte dieser Weg daher in aller Regel kaum Erfolg versprechend sein, sodass effektiver Rechtsschutz nur unter den Voraussetzungen des § 80 Abs. 7 Satz 2 VwGO zu erlangen ist.

2. Zulässigkeitsgründe für den Abänderungsantrag (§ 80 Abs. 7 Satz 2 VwGO)

20 Der Abänderungsantrag kann wegen einer *veränderten Sachlage* gestellt werden. Davon ist auszugehen, wenn sich die Umstände, also die tatsächlichen Voraussetzungen, von denen der Einzelrichter bei seinem Beschluss nach § 80 Abs. 5 VwGO ausgegangen war, nachträglich geändert haben. Der Abänderungsantrag kann auf jedes neue Vorbringen gestützt werden. Voraussetzung ist *nicht*, dass sich die *Sach- oder Rechtslage geändert* hat (VGH BW, NJW 1970, 165; OVG Rh-Pf, NVwZ-RR 2003, 315; s. auch BVerfG, NVwZ-Beil. 1998, 81), vielmehr kann auch eine sich bereits abzeichnende Änderung der Gesetzeslage im Abänderungsverfahren berücksichtigt werden (OVG NW, NVwZ 1983, 353). Ebenso kann eine *Änderung der höchstrichterlichen Rechtsprechung* in Verbindung mit gewichtigen Bedenken im Schrifttum, die gegen eine bisher geltende Rechtsansicht geltend gemacht werden, die Änderung des ursprünglichen Beschlusses angezeigt erscheinen lassen (BFH, BStBl. II 1981, S. 99, 100). Weniger einschränkend wird in der obergerichtlichen Rechtsprechung bei sich »nachträglich ergebenden Änderungen der höchstrichterlichen Rechtsprechung« oder der »Klärung von umstrittenen Rechtsfragen« die Statthaftigkeit des Abänderungsantrags bejaht (BayVGH, NVwZ-Beil. 2000, 116, 117). Auch eine nachträgliche Entscheidung des EGMR, die Einfluss auf die Feststellung von Abschiebungsverboten nach § 60 Abs. 5 und 7 AufenthG haben kann, rechtfertigt die Abänderungsentscheidung (BVerfG [Kammer], AuAS 2008, 226, 227). Dagegen bedeutet eine Klageabweisung

keine Veränderung der Rechtslage i.S.v. § 80 Abs. 7 Satz 2 VwGO (BayVGH, NVwZ-RR 2015, 198, 199).

Bezogen auf asylrechtliche Tatsachenfragen kann auch die gefestigte Rechtsprechung eines Obergerichtes zur Beurteilung der Gefährdung einer bestimmten Personengruppe einen veränderten Umstand darstellen (BVerfG [Kammer], NVwZ-Beil. 1997, 25). Vereinzelt gebliebene abweichende obergerichtliche Entscheidungen können allerdings dann nicht berücksichtigt werden, wenn dem eine überwiegende obergerichtliche Rechtsprechung entgegensteht, die durch das BVerwG bekräftigt worden ist (BVerfG [Kammer], NVwZ-Beil. 1997, 25). Ferner kann eine den Abänderungsantrag rechtfertigende veränderte Prozesslage eintreten, wenn nachträglich etwa im Blick auf die Gefährdung bestimmter Personengruppen neue Stellungnahmen sachverständiger Stellen bekannt werden (VG Ansbach, Beschl. v. 26.08.1994 – AN 12 S 94.44555) oder wenn das Verwaltungsgericht im Hauptsacheverfahren eine Beweisaufnahme angeordnet hat, um hinsichtlich etwaiger Abschiebungsverbote eine aktualisierte Auskunftslage zu erhalten, jedenfalls dann, wenn sich die Lage im Herkunftsland des Asylsuchenden fortlaufend verändert und ihre Stabilität durch eine während des Hauptsacheverfahrens anhaltende kriegerische Auseinandersetzung beeinflusst werden kann (VG Hannover – Kammern Hildesheim –, Beschl. v. 30.05.1995 – 1 B 784/95.Hi). 21

Auch eine *Änderung der Prozesslage* rechtfertigt den Abänderungsbeschluss (VGH BW, NJW 1970, 165; Hess. VGH, NVwZ-RR 1989, 590; OVG MV, NVwZ-RR 2006, 365, 366). Dies kann angenommen werden, wenn etwa früher nicht verfügbare Urkunden und damit möglicherweise entscheidungserhebliche neue Beweismittel vorgelegt werden, die deshalb eine Änderung der Prozesslage bewirken, weil sie die für die Beurteilung der Glaubhaftigkeit der Angaben des Antragstellers wesentlichen tatsächlichen Grundlagen infrage stellen (Hess. VGH, NVwZ-RR 1989, 590). Eine veränderte Sach- und Rechtslage ist jedenfalls auch dann anzunehmen, wenn eine *neue ärztliche Stellungnahme* vorgelegt wird, »die bereits bestehende medizinische Probleme präziser darstellt« und dabei deutlich macht, dass »die nach Auffassung des Arztes medizinisch wesentlichen Umstände in der zuvor getroffenen gerichtlichen Entscheidung nicht oder nur unzureichend erkannt worden sind« (BVerfG [Kammer], Beschl. v. 23.10.2007 – 2 BvR 542/02). Ebenso stellt ein *psychologisches Gutachten* über andauernde Persönlichkeitsveränderungen nach Extrembelastungen mit depressiver Gewichtung und Suizidgefahr einen veränderten Umstand dar (VG Hannover, Beschl. v. 18.12.2003 – 11 B 5570/03). 22

Ferner kann auch eine *substanziierte Gehörsrüge* den Abänderungsantrag zulässig und begründet machen (BVerfG [Kammer], Beschl. v. 05.02.2003 – 2 BvR 153/02). Im Hinblick auf die Subsidiarität der Verfassungsbeschwerde hat das BVerfG darauf hingewiesen, dass im Abänderungsverfahren Verletzungen des rechtlichen Gehörs korrigieren werden können. Zugleich biete dieses Verfahren auch Gelegenheit, andere mutmaßliche verfassungsrechtliche Mängel zu beseitigen, die mit einem Gehörsverstoß nicht notwendig in Zusammenhang stehen müssten. Insoweit sei die Verfassungsbeschwerde subsidiär (BVerfG [Kammer], NVwZ-Beil. 1998, 81). Unter diesen Voraussetzungen ist deshalb der Abänderungsantrag statthaft. 23

3. Interessenabwägung

24 Erst für die im Abänderungsverfahren vorzunehmende Interessenabwägung kommt es entscheidend auf die Einschätzung der Erfolgsaussicht des Hauptsacheverfahrens an (BVerwG, InfAuslR 1994, 395; VGH BW, NJW 1970, 165). Ist die angefochtene Verfügung offensichtlich rechtmäßig, überwiegt das öffentliche Interesse an der sofortigen Vollziehbarkeit der Abschiebungsandrohung das entgegenstehende Interesse des Antragstellers (VGH BW, NVwZ 1996, 603, 604). Es muss also eine *hohe Gewissheit* bestehen, dass mit der Zurückweisung des Antrags ein materieller Anspruch auf Gewährung von Abschiebungsschutz nicht verletzt wird (BVerfGE 94, 166, 190 = EZAR 632 Nr. 25 = NVwZ 1996, 678). Droht danach dem Antragsteller bei Versagung des Eilrechtsschutzes eine erhebliche, über Randbereiche hinausgehende Verletzung in seinen Grundrechten, die durch eine der Klage stattgebende Entscheidung nicht mehr beseitigt werden kann, ist – erforderlichenfalls unter eingehender tatsächlicher und rechtlicher Prüfung des im Hauptsacheverfahren geltend gemachten Anspruchs – Eilrechtsschutz zu gewähren, es sei denn, dass ausnahmsweise überwiegende, besonders gewichtige Gründe entgegenstehen (BVerfGE 79, 69, 75).

G. Vollstreckungshemmnis (Abs. 3 Satz 8)

25 Wie nach § 10 Abs. 3 Satz 7 AsylVfG 1982 ist Abs. 3 Satz 8 die Abschiebung bei rechtzeitiger Antragstellung vor der gerichtlichen Entscheidung nicht zulässig. Aus dem Wortlaut folgt, dass innerhalb der Antragsfrist und nach fristgemäßem Antrag kraft Gesetzes wie im Flughafenverfahren auch (§ 18a Rdn. 67) ein Vollstreckungshemmnis eintritt. Die vollziehende Ausländerbehörde, die selbst am Verfahren nicht beteiligt ist, hat den Ablauf der Wochenfrist abzuwarten. Wegen der Sperrwirkung von Abs. 3 Satz 8 hat sie sich vor der Vollstreckung Gewissheit zu verschaffen, ob der Rechtsschutzantrag rechtzeitig gestellt worden ist. Bei rechtzeitiger Antragstellung ist bis zum unanfechtbaren Abschluss des Eilrechtsschutzverfahrens von Vollstreckungsmaßnahmen abzusehen. Da die Beschwerde ausgeschlossen ist (§ 80), entfällt nach erstinstanzlicher Antragszurückweisung das Abschiebungshindernis. Wurde die Frist versäumt, kann der Wiedereinsetzungsantrag mit dem Eilrechtsschutzantrag nach § 123 VwGO gegen die Ausländerbehörde verbunden werden (Rdn. 16).

26 Im Fall der Antragszurückweisung bedarf es keiner neuen Fristsetzung. Die Ausreisefrist nach Abs. 1 wurde durch den Eilrechtsschutzantrag lediglich unterbrochen (§ 59 Abs. 1 Satz 6 AufenthG). Nach Wiedereintritt der Vollziehbarkeit bedarf es daher keiner erneuten Fristsetzung, auch wenn die Vollziehbarkeit erst nach Ablauf der Ausreisefrist entfällt (BVerfG, NJW 1987, 3076). Daher wird auch keine die Abschiebungshaft untersagende Sperre begründet (BVerfG, NJW 1987, 3076; OVG Rh-Pf, InfAuslR 1989, 72; BayOblG, EZAR 135 Nr. 11; unklar Hess. VGH, InfAuslR 1989, 74). Vielmehr bleibt die Abschiebungsandrohung wirksam (BVerwG, DVBl 1986, 842). Die Behörde hat allerdings für den Regelfall vor der zwangsweisen Durchführung der Abschiebung nach Wegfall der Sperrwirkung des Abs. 3 Satz 8 dem Betroffenen *Gelegenheit zur freiwilligen Ausreise* zu geben (BVerwG, DVBl 1986, 842).

H. Verfahrensrechtliche Ausgestaltung des Eilrechtsschutzverfahrens (Abs. 3)

I. Gerichtliche Entscheidungsfristen (S. 5 bis 7)

Über den Eilrechtsschutzantrag soll der Einzelrichter innerhalb einer Woche nach Ablauf der Rechtsbehelfsfrist des Abs. 3 Satz 1 entscheiden. Dies dürfte kaum mit Art. 46 Abs. 4 UAbs. 1 Satz 2 RL 2013/32/EU vereinbar sein. Die Vorschrift verliert auch wegen der ein Jahr und länger dauernden Verfahren ihre innere Überzeugungskraft, wenn man diese überhaupt je angenommen haben sollte (zweifelnd auch *Hailbronner,* AuslR B 2 § 36 AsylVfG Rn. 58; *Funke-Kaiser,* in: GK-AsylG II, § 36 Rn. 105). Auch wenn der Antrag vor Fristablauf gestellt wird, beginnt die Entscheidungsfrist erst nach Ablauf der Rechtsbehelfsfrist nach Satz 1 zu laufen. Kann der Einzelrichter die Entscheidungsfrist nicht einhalten, ist eine erstmalige Verlängerung um eine Woche durch Verlängerungsbeschluss der Kammer ohne besondere Begründung möglich (S. 6). Wegen der Überlastung der Gerichte erachtet es die Rechtsprechung für zulässig, eine sofortige Fristverlängerung um »weitere Wochen« anzuordnen (VG Stuttgart, NVwZ-Beil. 1994, 23 = InfAuslR 1994, 247; a.A. *Leiner,* NVwZ 1994, 239). Soweit in der Literatur auch für die erste Verlängerung eine sachliche Rechtfertigung gefordert wird, wird für erforderlich erachtet, den Beteiligten regelmäßig eine kurze Stellungnahme zu ermöglichen und zu warten, bis die Verwaltungsvorgänge eingingen. Dies ist eine prozessuale Selbstverständlichkeit (Art. 103 Abs. 1 GG). Auch könnte kurzfristig die Durchführung eines Erörterungstermins in Betracht kommen (*Leiner,* NVwZ 1994, 239, 241). 27

Die zweite und weitere Verlängerungen sind nur bei schwerwiegenden Gründen zulässig, insbesondere wenn eine außergewöhnliche Belastung des Gerichts eine frühere Entscheidung nicht möglich macht (S. 7). Gründe für die zweite und weitere Verlängerung um eine Woche nach Satz 7 können sich aus der Arbeitssituation wie aus dem konkreten Verfahren ergeben. Mit dem Grund »außergewöhnliche Belastung des Gerichts« wird auf die objektive Arbeitssituation in der Kammer oder im Dezernat des Einzelrichters verwiesen. Verlängerungsgründe können sich ferner aus eine für erforderlich erachteten weiteren Sachverhaltsaufklärung ergeben. Ein Verlängerungsgrund soll nicht darin zu sehen sein, dass auf die Zusendung der Verwaltungsvorgänge zugewartet wird (*Leiner,* NVwZ 1994, 239, 241). Ohne Aktenkenntnis ist eine Entscheidung aus rechtsstaatlichen Gründen und wegen Art. 103 Abs. 1 GG unzulässig (s. aber Abs. 2 Satz 1). Die Ansicht, fehlende Vertretung sei kein Verlängerungsgrund (*Leiner,* NVwZ 1994, 239, 241), ist unvereinbar mit Unionsrecht (Art. 22 RL 2013/32/EU). Sofern objektiv die Vollziehung etwa wegen Passlosigkeit oder weil vorübergehend oder auf unabsehbare Zeit die Verbindungswege zum Zielstaat unterbrochen sind und die Abschiebung wegen tatsächlicher Unmöglichkeit ausgesetzt ist (§ 60a Abs. 2 Satz 1 AufenthG), besteht ohnehin kein Eilbedürfnis (a.A. *Giesler/Wasser,* Das neue Asylrecht, S. 50 f.). Die Kammer darf eine vom Einzelrichter angeordnete Beweisaufnahme nicht auf ihre Sachgerechtigkeit und Erforderlichkeit überprüfen (*Giesler/Wasser,* Das neue Asylrecht, S. 50). Sie hat aus verfassungsrechtlichen Gründen strikt die Autonomie des Einzelrichters zu beachten und darf keine inhaltliche Prüfung vornehmen, ob etwa eine richterliche Anordnung zur weiteren Sachverhaltsaufklärung oder eine 28

Terminsbestimmung zum Erörterungstermin erforderlich oder auch nur sinnvoll ist (*Funke-Kaiser,* in: GK-AsylG, II, § 36 Rn. 56).

29 Der erste *Verlängerungsantrag* ist also an keine besonderen Voraussetzungen gebunden. Hingegen bedarf jede weitere Verlängerung einer qualifizierten Rechtfertigung (*Leiner,* NVwZ 1994, 239, 241). Die Anzahl der möglichen Verlängerungen ist unbegrenzt. Über den Verlängerungsantrag entscheidet, wie aus Satz 6 folgt, die Kammer (*Huber,* NVwZ 1993, 736, 741; *Leiner,* NVwZ 1994, 239, 241). Die Zuständigkeit des Einzelrichters wird davon nicht berührt (*Giesler/Wasser,* Das neue Asylrecht, S. 50). Bei der Entscheidung ist zu bedenken, dass das rechtliche Gehör nicht in unzumutbarer Weise erschwert werden darf. Zu berücksichtigen ist insbesondere, dass die Zeit bis zum Fristablauf nicht allein zur Bearbeitung des konkreten Verfahrens aufgewandt werden kann (BVerfG [Kammer], Beschl. v. 05.02.2003 – 2 BvR 153/02). Ein *telefonischer Verlängerungsantrag* kann ausreichen (BVerfG [Kammer], Beschl. v. 05.02.2003 – 2 BvR 153/02). Üblich ist die auf einer generellen Absprache unter den Mitgliedern der Kammer beruhende Praxis, die Verlängerungsentscheidung dem Einzelrichter im konkreten Einzelfall zu überlassen, dessen Verlängerungsentscheidung also im Voraus stillschweigend zu genehmigen. Der Verlängerungsbeschluss ist nicht zuzustellen, da § 56 Abs. 1 VwGO nur Fristen meint, die von den Zustellungsempfängern zu beachten sind, nicht aber solche, die das Gericht selbst zu berücksichtigen hat (*Leiner,* NVwZ 1994, 239). Entscheidungsfristen sind zwar bloße interne Verfahrensbestimmungen ohne Außenwirkung oder Überprüfungsmöglichkeiten. Die Handhabung darf jedoch die Rechtsverteidigung nicht unzumutbar erschweren (Art. 46 Abs. 4 UAbs. 1 Satz 2 RL 2013/32/EU).

30 Vereinzelt werden die Regelungen in Satz 5 bis 7 »als schwer verfassungswidrig« bezeichnet, weil der Einzelrichter der Kammer gegenüber in jeder einzelnen Sache den geltend gemachten Zeitaufwand rechtfertigen müsse und in dem Fall, in dem die Kammer dem Einzelrichter nicht folge, der Richter ungeachtet des Standes der richterlichen Überzeugungsbildung zur sofortigen Entscheidung gezwungen werde (*Ruge,* NVwZ 1995, 733, 735 f.; *Schoch,* DVBl 1993, 1161, 1169; a.A. *Leiner,* NVwZ 1994, 239, 240). Die Stellungnahmen der Praktiker im Anhörungsverfahren waren einhellig ablehnend und ließen eine besondere, teilweise peinlich berührende Empfindlichkeit deutlich werden: Der »pauschale und gleichzeitig subjektbezogene Vorwurf, nicht unverzüglich zu entscheiden, tangiere« die Richter schwer, »weil er schuldhafte Dienstpflichtverletzungen in größerem Umfang« unterstelle (*Renner,* Stellungnahme an den BT-Innenausschuss v. 18.03.1993, S. 16; *ders.,* ZAR 1993, 118). Es handele sich um einen »beispiellosen Eingriff in die richterliche Entscheidungsfreiheit« (*Hund,* Stellungnahme an den BT-Innenausschuss v. 17.03.1993, S. 3; ähnl. *Schmidt,* Stellungnahme an den BT-Innenausschuss v. 18.03.1993, S. 3; *Kurscheidt,* Stellungnahme an den BT-Innenausschuss v. 17.03.1993, S. 6).

31 Der Gesetzgeber hat diese wie auch andere vorgetragene gewichtige Bedenken nicht zum Anlass genommen, Korrekturen am ursprünglichen Entwurf vorzunehmen. Vielmehr sind die Regelungen über die Entscheidungsfristen so wie vorgeschlagen Gesetz geworden. Begründet werden sie damit, dass durch sie eine unverzügliche

Entscheidung sichergestellt werden solle. Der in Abs. 3 Satz 5 bestimmte Zeitraum von einer Woche sei notwendig, aber regelmäßig auch ausreichend, um dem Gericht eine Entscheidung über den Aussetzungsantrag zu ermöglichen. Die Entscheidung könne rasch ergehen, weil die Verwaltungsvorgänge bei Antragseingang bereits zur Verfügung stünden, der Prüfungsumfang eingeschränkt sei und die schriftlichen Entscheidungsgründe nicht innerhalb der Wochenfrist des Satz 5 vorliegen müssten (BT-Drucks. 12/4450, S. 24). Ob der eingeschränkte Prüfungsumfang tatsächlich derart kurze Entscheidungsfristen erlaubt, ist abhängig von der Auslegung von Abs. 4. Häufig beruhen angebliche Glaubhaftigkeitsbedenken auf verfahrensfehlerhaft durchgeführten Anhörungen. Die Gerichte haben daher oft Anlass, die Verwaltungsvorgänge besonders kritisch zu überprüfen und gegebenenfalls durch Anhörung im Eilrechtsschutzverfahren entgegen der Regel des Abs. 3 Satz 4 den Sachverhalt aufzuklären.

Für die Begründung des Eilrechtsschutzantrags kann Fristverlängerung beantragt 32
werden. Der Einzelrichter hat unter Berücksichtigung des Anspruchs auf rechtliches Gehör nach Art. 103 Abs. 1 GG vor einer Entscheidung zu prüfen, ob den Verfahrensbeteiligten das rechtliche Gehör gewährt wurde. Dieser Anspruch wird insbesondere verletzt, wenn die vor der Entscheidung gesetzte Frist zur Äußerung nicht ausreicht (BVerfG [Kammer], InfAuslR 2003, 244, 247 = NVwZ 2003, 859). Der Einzelrichter hat zu bedenken, dass auch bei einem gewissenhaften und seine Rechte und Pflichten sachgemäß wahrnehmenden Bevollmächtigten eine gewisse Zeit vergeht, bevor er tatsächlich von der Fristsetzung tatsächlich Kenntnis erlangt. Insbesondere ist typischerweise bestehender Arbeitsbelastung durch andere Verfahren – wie sie das BVerfG bei den Verwaltungsgerichten anerkennt (Rdn. 29) -, Beratungen und sonstige berufliche Tätigkeiten zu berücksichtigen. Es kann nicht davon ausgegangen werden, die Zeit bis zum Fristablauf werde allein zur Bearbeitung und Klärung der Tatsachen- und Rechtsfragen im konkreten Verfahren aufgewendet.

Zudem ist eine schnelle telefonische Erreichbarkeit des Antragstellers, dem im Asyl- 33
verfahren zentralen Verfahrenssubjekt, dessen Angaben in aller Regel ausschlaggebende Bedeutung für den Verfahrensausgang zukommt, für Besprechungen und Rückfragen aufgrund seiner Unterbringung in Aufnahmeeinrichtungen oder Gemeinschaftsunterkünften regelmäßig nicht ohne Weiteres gegeben (BVerfG [Kammer], InfAuslR 2003, 244, 247 = NVwZ 2003, 859). Wird eine zu kurze Frist zur Antragsbegründung gesetzt, dürfen an den Verlängerungsantrag keine strengen Formerfordernisse gestellt werden. Unabhängig davon, ob eine Pflicht zur Verlängerung einer richterlichen Frist besteht, wird der Grundsatz des rechtlichen Gehörs verletzt, wenn das Gericht, bei dem ein Fristverlängerungsantrag eingeht, zur Hauptsache entscheidet, ohne zuvor den Antrag auf Fristverlängerung beschieden zu haben (BVerfG [Kammer], InfAuslR 2003, 244, 247 = NVwZ 2003, 859).

II. Entscheidung im schriftlichen Verfahren (S. 4 Halbs. 1)

Die Entscheidung im Eilrechtsschutzverfahren soll im schriftlichen Verfahren ergehen 34
(S. 4 Halbs. 1). Dies entspricht einer weitgehend geübten Praxis. Kritische Stimmen aus der Richterschaft bezweifeln deshalb die Notwendigkeit einer ausdrücklichen

gesetzlichen Regelung (*Renner*, ZAR 1993, 118, 125. Entscheidungsfristen und die Sollanordnung des schriftlichen Verfahrens verfolgen gleichermaßen die Beschleunigung des Verfahrens. Satz 4 Halbs. 1 schließt die Anhörung im Eilverfahren nicht aus (so auch *Leiner*, NVwZ 1994, 239, 241). Bestehen Zweifel, die nach Aktenlage nicht auszuräumen sind, muss entweder dem Antrag stattgegeben oder eine persönliche Anhörung (Erörterungstermin) durchgeführt werden. Je nach Sachlage kann es geboten sein, Beweis zu erheben oder dem Antragsteller Gelegenheit zur persönlichen Anhörung im Eilrechtsschutzverfahren zu geben (BVerfGE 67, 43, 62 = EZAR 632 Nr. 1 = NJW 1984, 2082 = InfAuslR 1984, 215). Zwar hat das Gericht regelmäßig nach Aktenlage – aufgrund der Bescheide und Protokolle der Behörden einerseits und der schriftsätzlichen Äußerungen des Asylsuchenden andererseits – zu entscheiden und soll es keine eigenen Sachverhaltsermittlungen durchführen (BVerfGE 94, 166, 194 = EZAR 632 Nr. 25 = NVwZ 1996, 678). Andererseits können Fehler des Bundesamtes bei der Sachverhaltsermittlung und Beweiswürdigung Anlass sein, den Antragsteller persönlich anzuhören (BVerfGE 94, 166, 206 = EZAR 632 Nr. 1 = NJW 1984, 2082 = InfAuslR 1984, 215). In der gerichtlichen Praxis wird von dieser Möglichkeit nahezu kein Gebrauch gemacht.

III. Verbindungsverbot des Satz 4 Halbs. 2

35 Nach Abs. 3 Satz 4 Halbs. 2 ist eine mündliche Verhandlung, in der zugleich über die Klage verhandelt wird, unzulässig. Die gesetzliche Begründung wendet sich ausdrücklich gegen die bis dahin teilweise geübte Praxis, das Eilrechtsschutzverfahren zusammen mit dem Hauptsacheverfahren als eine Art »beschleunigtes Gesamtverfahren« zu betreiben (BT-Drucks. 12/4450, S. 24). Damit scheint die Rechtsprechung des BVerfG, wonach die Vorziehung der mündlichen Verhandlung in der Hauptsache für zulässig erachtet wurde, wenn sich die Herbeiführung der Spruchreife in absehbarer Zeit absehen lasse (BVerfGE 78, 7, 18 f. = EZAR 631 Nr. 4; dafür auch VGH BW, DÖV 1986, 297; dagegen OVG Hamburg, NVwZ 1984, 744; s. auch *Kosminder*, InfAuslR 1985, 140), nicht mehr zulässig zu sein. Es liegt auf der Hand, dass eine derartige Verfahrensweise dem gesetzgeberischen Beschleunigungsziel entgegensteht. Bei Vorziehung der Hauptsache und anschließender Klageabweisung verbleiben Rechtsbehelfsmöglichkeiten nach § 78, während die erstinstanzliche Zurückweisung des Antrags wegen § 80 den sofortigen Eintritt der Vollziehbarkeit der Abschiebungsandrohung zur Folge hat. Andererseits wird eingewandt, das Gericht könne nach Satz 4 Halbs. 2 durchaus in der Hauptsache mündlich verhandeln und anschließend über den Eilrechtsschutzantrag entscheiden, ohne hiermit gegen das Gesetz zu verstoßen (*Abel*, Stellungnahme an den BT-Innenausschuss v. 18.03.1993, S. 2). Auch könne das Gesetz nicht verhindern, dass über die Klage zwar nicht gleichzeitig, jedoch anschließend mündlich verhandelt wird (*Renner*, Stellungnahme an den BT-Innenausschuss v. 18.03.1993, S. 16).

36 S. 4 Halbs. 2 muss als verunglückt, sachlich nicht gerechtfertigt und historisch überholt angesehen werden und bringt auch in der Sache wenig. Das Verbindungsverbot ist weder veranlasst noch sachgerecht (*Renner*, ZAR 1993, 118, 125) und kann etwa dadurch umgangen werden, dass über den Eilrechtsschutzantrag erst im Anschluss

an die mündliche Verhandlung zur Hauptsache entschieden wird (dagegen *Giesler/Wasser*, Das neue Asylrecht, S. 50). Satz 4 Halbs. 2 verhindert andererseits in relativ eindeutig gelagerten Fällen ein beschleunigtes Gesamtverfahren. Ergeben sich nach Aktenlage »mehr als geringe Zweifel« an den behördlichen Tatsachenfeststellungen (BVerfGE 94, 166, 193 = EZAR 632 Nr. 1 = NJW 1984, 2082 = InfAuslR 1984, 215), ist bei einem ansonsten relativ einfach gelagerten Sachverhalt dem Gericht die Terminierung der mündlichen Verhandlung zur Klärung dieser Zweifel verwehrt. Untersagt ist ihm in diesem Fall jedoch nicht die persönliche Anhörung des Antragstellers im Rahmen des Eilrechtsschutzverfahrens. Sieht es hiervon aber ab, muss dem Antrag stattgegeben werden. Wie auch immer das Verhältnis von Hauptsache und Eilrechtsschutzverfahren gestaltet wird, bei »nicht geringen Zweifeln« mit Blick auf die festgestellten Tatsachen und die behördliche Beweiswürdigung ist entweder dem Antrag stattzugeben oder aber ein Termin zur persönlichen Anhörung anzuberaumen.

IV. Prozessuale Bedeutung der Entscheidungsformel (S. 9)

Nach Satz 9 ist die Entscheidung ergangen, wenn die vollständig unterschriebene Entscheidungsformel der Geschäftsstelle der Kammer vorliegt. Zwar trifft diese Bestimmung noch keine Regelung über die Bekanntgabe der gerichtlichen Entscheidung. Zur Wirksamkeit bedarf sie wie auch sonst der ordnungsgemäßen Bekanntgabe an die Beteiligten (*Renner*, ZAR 1993, 118, 125). Satz 9 bewirkt aber die *interne Unabänderlichkeit der Entscheidung* (*Rennert*, DVBl 1994, 717, 722; s. hierzu § 173 VwGO in Verb. mit § 318 ZPO) und beseitigt die Vollzugshemmung von Satz 8. Diese Funktion von Satz 9 hat insbesondere für das Flughafenverfahren erhebliche Bedeutung (§ 18a Abs. 4 Satz 7 in Verb. mit Abs. 3 Satz 9) und hatte aus diesem Grund auch innerhalb des Senats des BVerfG einen heftigen Streit ausgelöst (BVerfGE 94, 166, 208 ff., 223 ff. = EZAR 632 Nr. 1 = NJW 1984, 2082 = InfAuslR 1984, 215). Zwar ist eine mit ordentlichen Rechtsmitteln nicht mehr anfechtbare letztinstanzliche Gerichtsentscheidung von Verfassungs wegen nicht zwingend mit einer Begründung zu versehen (BVerfGE 50, 287, 289 f.; zurückhaltender BVerfGE 81, 97, 106). Es kann aber nicht geprüft werden, ob eine Verfassungsbeschwerde unzulässig oder offensichtlich unbegründet ist, wenn die schriftliche Begründung nicht bekannt ist (BVerfGE 88, 185, 186 = NVwZ 1993, 767; *Huber*, NVwZ 1993, 736, 742; *Schoch*, DVBl 1993, 1161, 1170). 37

S. 9 trifft zwar keine Bestimmung über die Bekanntgabe. Jedoch kann der Beschluss – gegebenenfalls ohne Begründung – zugestellt werden, d.h. die Wirksamkeit des Beschlusses tritt unabhängig von der Begründung ein (*Rennert*, DVBl 1994, 717, 722; *Renner*, ZAR 1993, 118, 123). Gerichtsentscheidungen werden grundsätzlich mit Verkündung oder mit Aufgabe zur Post zwecks Zustellung wirksam (§ 56 VwGO, § 173 VwGO in Verb. mit § 329 ZPO). Beschlüsse im Eilrechtsschutzverfahren sind daher den Beteiligten gleichzeitig zuzustellen. Eine *vorherige einseitige telefonische Vorbenachrichtigung* an die vollziehende Behörde ist weder durch § 83a gedeckt noch mit dem Grundsatz der prozessualen Waffengleichheit vereinbar (*Rennert*, DVBl 1994, 717, 722; *Korber*, NVwZ 1983, 85). § 83a soll lediglich die gerichtliche Unterrichtung der nicht am Verfahren beteiligten Ausländerbehörde überhaupt erst 38 ermöglichen, sagt jedoch nichts über den Zeitpunkt dieser Benachrichtigung. Sie ist daher erst nach der Bekanntgabe des Beschlusses an die Beteiligten anwendbar (*Rennert*, DVBl 1994, 717, 722; *Korber*, NVwZ 1983, 85).

I. Prozessuale und materielle Anforderungen an die gerichtliche Entscheidung (Abs. 4)

I. Funktion des Art. 16a Abs. 4 GG

39 Die Regelungen des Abs. 4 beruhen auf Art. 16a Abs. 4 GG und schränken den Prüfungsumfang in sachlicher Hinsicht wie auch im Blick auf die berücksichtigungsfähigen Tatsachen und Beweismittel ein. Ferner werden den Verwaltungsgerichten weitreichende Präklusionsvorschriften eingeräumt (*Giesler/Wasser*, Das neue Asylrecht, S. 51). Nach Art. 16a Abs. 4 GG können in Fällen der offensichtlichen Unbegründetheit des Asylantrags qualifizierte Anforderungen an die Aussetzung der Vollziehung gestellt und der Prüfungsumfang sowie die Berücksichtigung verspäteten Vorbringens vor den Verwaltungsgerichten eingeschränkt werden (*Giesler/Wasser*, Das neue Asylrecht, S. 19). Dem tragen die Regelungen in Abs. 4 Rechnung. Das BVerfG hat seine frühere Rechtsprechung (BVerfGE 67, 43 = EZAR 632 Nr. 1 = InfAuslR 1984, 215) im Lichte dieser verfassungsrechtlichen Entwicklung deutlich modifiziert, jedoch nicht vollständig aufgegeben (BVerfGE 94, 166, 190 ff.). Das BVerfG beschreibt die Funktion des Art. 16a Abs. 4 GG dahin, dass durch diese Norm i.V.m. Art. 16a Abs. 3 GG das vorläufige Bleiberecht des Asylsuchenden beschränkt werden soll (BVerfGE 94, 166, 190 f.). Durch Art. 16a Abs. 4 GG solle in Fällen offensichtlich unbegründeter Asylanträge die Reichweite der fachgerichtlichen Prüfung im Eilrechtsschutzverfahren gegenüber den früheren Vorgaben der Rechtsprechung (BVerfGE 67, 43, 61 f.) zurückgenommen werden. Die Norm nehme die Garantie des Art. 19 Abs. 4 GG auf und gestalte sie »wegen des massenhaften Zustroms asylbegehrender Ausländer um« (BVerfGE 94, 166, 193 f.).

40 Art. 16a Abs. 4 GG begrenzt den verfahrensrechtlichen Schutzbereichs der Asylrechtsgewährleistung, die der einfache Gesetzgeber konkretisieren darf (BVerfGE 94, 166, 190 = EZAR 632 Nr. 25 = NVwZ 1996, 678; *Giesler/Wasser*, Das neue Asylrecht, S. 19). Das Schutzziel des Grundrechts auf Asyl wird freilich durch die verfahrensrechtlichen Regelungen des Art. 16a Abs. 4 GG materiell nicht eingeschränkt (BVerfGE 94, 166, 182 = EZAR 632 Nr. 25 = NVwZ 1996, 678). Die Sonderverfahren nach § 18a und § 36 dienen ebenso wie das reguläre Asylverfahren der Feststellung, ob dem Antragsteller das in Art. 16a Abs. 1 GG gewährleistete Grundrecht zusteht. Nur derjenige, dem es auf Antrag in einem rechtlich geregelten Prüfungsverfahren zuerkannt wird, kommt in den Genuss des Asylrechts (BVerfGE 94, 166, 199). Der Antragsteller muss einen förmliche Feststellungsakt erwirken und notfalls erstreiten, um sein Asylgrundrecht geltend machen zu können. Daher ist eine für die Feststellung des Asylrechts geeignete Verfahrensregelung auch verfassungsrechtlich von Bedeutung (BVerfGE 94, 166, 199 f. = EZAR 632 Nr. 25 = NVwZ 1996, 678). Verfahren, die mit gleichsam konstitutiver Wirkung die Geltendmachung einer grundrechtlichen Gewährleistung regeln, müssen von Verfassungs wegen sachgerecht, geeignet und

zumutbar sein. Dies kann auch besondere, vom allgemeinen Verwaltungsverfahren abweichende Ausgestaltungen erfordern.

Dem Gesetzgeber kommt dabei im Blick auf Organisation und Verfahren ein weiter Gestaltungsspielraum zu. Aus den materiellen Grundrechten lassen sich hierfür nur elementare, rechtsstaatlich unverzichtbare Verfahrensanforderungen ableiten (BVerfGE 94, 166, 200 = EZAR 632 Nr. 25 = NVwZ 1996, 678, mit Hinweis auf BVerfGE 56, 216, 236 = EZAR 221 Nr. 4 = InfAuslR 1981, 152; BVerfGE 60, 253, 295 f. = EZAR 610 Nr. 14 = NJW 1982, 2425). Auch für die Auslegung und Anwendung von Art. 16a Abs. 4 GG sind die Grundsätze der *verfahrensorientierten Grundrechtsinterpretation* maßgebend. Danach bedarf das Grundrecht auf Asylrecht geeigneter Organisationsformen und Verfahrensregelungen sowie einer grundrechtskonformen Anwendung des Verfahrensrechts, soweit dies für einen effektiven Grundrechtsschutz von Bedeutung ist (BVerfGE 56, 216, 235 f. = EZAR 221 Nr. 4 = InfAuslR 1981, 152). Zwar steht das Asylgrundrecht unter *Verfahrensvorbehalt*. Das Feststellungsverfahren *regelt* lediglich das Asylrecht, *beschränkt* es jedoch *nicht* (BVerfGE 60, 253, 295 = EZAR 610 Nr. 14 = NJW 1982, 2425). Der Gesetzgeber darf das Grundrecht daher nicht in seinem sachlichen Gehalt einschränken, sondern nur die Grenzen offen legen, die in dem Begriff der Grundrechtsnorm selbst schon enthalten sind (BVerfGE 48, 127, 163; 69, 1, 23). 41

Das Verwaltungsgericht hat die Einschätzung des Bundesamtes, dass der geltend gemachte Asylanspruch offensichtlich nicht besteht, zum Gegenstand der Prüfung zu machen. Bei Berücksichtigung des Schutzzieles des Asylgrundrechts ist es einem Antragsteller freilich nur dann zuzumuten, sein Rechtsschutzbegehren vom Heimatstaat aus zu verfolgen, wenn sein Antrag als offensichtlich unbegründet beurteilt wird (BVerfGE 94, 166, 192 = EZAR 632 Nr. 25 = NVwZ 1996, 678). Auch wenn bei der Ausgestaltung des Asylverfahrens verfassungsrechtlich abgestützte Gemeinwohlbelange berücksichtigt werden, muss der Gesetzgeber sicherstellen, dass der Staat den wirklich Verfolgten ein Bleiberecht aus Gründen des Verfolgungsschutzes gewährt (BVerfGE 94, 166, 200, unter Hinweis auf BVerfGE 54, 341, 357, 76, 143, 157 f., 80, 315, 333). Diese am Grundrecht auf Asyl ausgerichtete Rechtsprechung lässt sich auch auf den Flüchtlings- und subsidiären Schutz übertragen. Dieser ist zwar nicht in der Verfassung, wohl aber in Art. 18 GRCh verankert und steht andererseits in einem engen Zusammenhang mit Art. 16a Abs. 1 GG und betrifft wie das Grundrecht auf Asyl das Grundrecht auf Leben und Unversehrtheit. 42

II. Prüfungsgegenstand im Eilrechtsschutzverfahren

Als Gegenstand des Eilrechtsschutzverfahrens bezeichnet Abs. 3 Satz 1 die Abschiebungsandrohung. Soweit die qualifizierte Antragsablehnung zum Erlass der Verfügung geführt hat, muss Anknüpfungspunkt der gerichtlichen Überlegungen zur Frage der Bestätigung oder Verwerfung des Sofortvollzugs jedoch die Prüfung sein, ob der Antrag zu Recht als offensichtlich unbegründet abgelehnt worden ist (BVerfGE 67, 43, 61 = EZAR 632 Nr. 1 = NJW 1984, 2082 = JZ 1984, 735 = DVBl 1984, 673 = InfAuslR 1984, 215; BVerfGE 94, 166, 192 = EZAR 632 Nr. 25 = NVwZ 1996, 678; *Fuerst*, 43

NVwZ 2012, 213). Nur bei Richtigkeit des Offensichtlichkeitsurteils überwiegt das Interesse an der Abschiebung vor unanfechtbarer Antragsablehnung das individuelle Verbleibsinteresse (BVerfGE 67, 43, 61 = EZAR 632 Nr. 1 = NJW 1984). Daher ist die Einschätzung des Bundesamtes, dass der geltend gemachte Anspruch offensichtlich nicht besteht, zum Gegenstand der Prüfung zu machen (BVerfGE 94, 166, 192 = EZAR 632 Nr. 25 = NVwZ 1996, 678). Wegen der hohen Bedeutung der asylrechtlichen Schutzgüter findet also auch unter der Geltung von Art. 16a Abs. 4 GG bei der Überprüfung der Rechtmäßigkeit der Abschiebungsandrohung im Eilrechtsschutzverfahren ein *unmittelbarer Prüfungsdurchgriff* auf die asylrechtliche Sachentscheidung statt, freilich ohne dass diese dadurch selbst zum Verfahrensgegenstand wird.

III. Reichweite der gerichtlichen Ermittlungspflicht (Abs. 4 Satz 2)

44 Art. 16a Abs. 4 GG verfolgt ausdrücklich das Ziel, den Prüfungsumfang im Eilrechtsschutzverfahren einzuschränken (BT-Drucks. 12/4152, S. 4). Praktisch meint dies wohl die *Ersetzung der Amtsaufklärung durch den Beibringungsgrundsatz* (krit. hierzu auch *Gusy*, Jura 1993, 505, 512). Im öffentlichen Recht, das vom Grundsatz der Gesetzmäßigkeit der Verwaltung beherrscht wird (Art. 20 Abs. 3 GG), zielt die gerichtliche Kontrolle jedoch auf die Richtigkeit der behördlichen Tatsachenfeststellungen. Auch wenn sich im Laufe der Rechtsentwicklung zwischen der Verhandlungsmaxime und dem Untersuchungsgrundsatz gewisse Annäherungen ergeben haben, darf diese grundsätzliche Unterscheidung nicht unberücksichtigt bleiben und deshalb der Untersuchungsgrundsatz nicht zu einem bloßen Beibringungsgrundsatz umgestaltet werden. Andererseits schafft Art. 16a Abs. 4 Satz 1 GG eine eigenständige Grundlage für die Einschränkung des Prüfungsumfangs und die Zurückweisung verspäteten Vorbringens (BVerfGE 94, 166, 192 f. = EZAR 632 Nr. 25 = NVwZ 1996, 678). Nach Abs. 4 Satz 2 bleiben Tatsachen und Beweismittel, die von den Beteiligten nicht angegeben werden, unberücksichtigt. Dies beruht auf Art. 16a Abs. 4 Satz 1 Halbs. 2 GG. Danach kann der Prüfungsumfang im Eilrechtsschutzverfahren eingeschränkt werden. Regelmäßig führt daher das Verwaltungsgericht keine eigenen Ermittlungen durch, sondern entscheidet nach Aktenlage auf der Grundlage des Sachvorbringens (BVerfGE 94, 166, 192 = EZAR 632 Nr. 25 = NVwZ 1996, 678).

45 Das im Asylrecht mit Art. 16a Abs. 4 GG vorgegebene Beschleunigungsziel steht damit in einer gewissen Spannung zum Prinzip der Gesetzmäßigkeit der Verwaltung, dem der Untersuchungsgrundsatz nach § 86 Abs. 1 VwGO ja Rechnung trägt. Um das Spannungsverhältnis nicht vollständig zulasten rechtsstaatlicher Grundsätze aufzulösen, darf die verfassungsgerichtliche Rechtsprechung jedenfalls nicht dahin verstanden werden, dass das Verwaltungsgericht nicht von sich aus Erkenntnisse zu berücksichtigen habe, die vom Antragsteller nicht eingeführt werden, weil er sie gar nicht kennt. Im Blick auf allgemeine Verhältnisse im Herkunftsland verlangt das BVerwG keinen lückenlosen, also schlüssigen Tatsachenvortrag im Sinne der zivilprozessualen Verhandlungsmaxime. Vielmehr besteht Anlass zu weiteren Ermittlungen, wenn der Tatsachenvortrag die nicht entfernt liegende Möglichkeit ergibt, dass Verfolgung droht (BVerwG, InfAuslR 1982, 156; BVerwG, InfAuslR 1983, 76; BVerwG, DÖV 1983, 207; BVerwG, InfAuslR 1989, 350; § 25 Rdn. 5). Unabhängig vom

Tatsachenvortrag hat das Gericht damit von Amts wegen alle ihm bekannten Erkenntnismittel zu berücksichtigen.

Abs. 4 Satz 2 wird jedoch als Verbot interpretiert, im Eilrechtsschutzverfahren neuen Anhaltspunkten zu Entwicklungen im Herkunftsstaat nachzugehen, zu denen bislang keine oder möglicherweise veraltete Auskünfte und Gutachten vorliegen. Die Entscheidung sei allein anhand der bestehenden Auskunftslage zu treffen, fortgeschrieben allenfalls durch übereinstimmende Presseberichte. Die Auskunftslage sei regelmäßig gerichtsbekannt und Presseberichte bewirkten die Offenkundigkeit des Berichteten. Eine Ausnahme gelte, wenn der Antragsteller substanziierte Tatsachen vortrage. Auch diese Vorschrift liege auf der mit Art. 16a Abs. 4 Satz 1 GG vorgegebenen Linie der *Vergröberung der Prüfungsdichte* (*Rennert*, DVBl 1994, 717, 722). Auch wenn für das Eilrechtsschutzverfahren andere Maßstäbe gelten als im normalen Verfahren, in dem die Entscheidung auf der Grundlage aktueller und hinreichend zuverlässiger Erkenntnisse zu ergehen hat, kann dieser Ansicht in ihrer Rigidität nicht gefolgt werden. Sie verkennt auch die tatsächlichen Praxisprobleme. In aller Regel werden Anträge im Hinblick auf das individuelle Sachvorbringens als offensichtlich unbegründet abgelehnt (§ 30 Abs. 3 Nr. 1). Weil das Sachvorbringen im hohen Maße widersprüchlich, ungereimt oder vage ist, wird der Antrag qualifiziert abgelehnt. Hier kann dem Antragsteller eine gesteigerte Darlegungslast auferlegt und erwartet werden, dass er die aufgeworfenen und begründeten Zweifel an der Glaubhaftigkeit seiner Angaben im Einzelnen und in nachvollziehbarer sowie schlüssiger und konkretisierter Weise ausräumt. 46

Gelingt dem Antragsteller dies nicht, gewinnen in aller Regel die verfügbaren Erkenntnismittel mangels Entscheidungserheblichkeit keine prozessuale Bedeutung. Gelingt ihm aber die Ausräumung der Zweifel an der Glaubhaftigkeit seiner Angaben, kann dem Eilrechtsschutzantrag der Erfolg nicht mit der Begründung versagt werden, zu den behaupteten Ereignissen gebe es keine Erkenntnisse. Vielmehr sind die neuesten Erkenntnisse über Entwicklungen im Herkunftsland zu verwerten sowie der Widerlegungsvortrag im Blick auf Zweifel an der Glaubhaftigkeit der Aussagen oder der Glaubwürdigkeit der Person fehlerfrei zu würdigen um der Bedeutung und Tragweite des Grundrechts auf Asyl gerecht zu werden (BVerfGE 94, 166, 195 = EZAR 632 Nr. 25 = NVwZ 1996, 678). Das Gericht hat also den Sachverhalt im Hauptsacheverfahren aufzuklären und deshalb dem Eilrechtsschutzantrag stattzugeben. Nur in dem Fall, in dem auch bei einem glaubhaften Sachvorbringen das Fehlen einer Verfolgung mangels entscheidungserheblicher Asylgründe offen zutage liegt (BVerfGE 67, 43, 60 = EZAR 632 Nr. 1 = InfAuslR 1984, 215), kann der Antrag zurückgewiesen werden. Vom Antragsteller kann erwartet werden, dass er detailliert und vollständig die aufgezeigten Widersprüche und die als vage eingeschätzten Sachangaben konkret ausräumt. Bleiben aufgrund des unzureichenden Widerlegungsvortrags die Zweifel an der Glaubwürdigkeit unausgeräumt, unterbleibt mangels Entscheidungserheblichkeit eine Berücksichtigung der allgemeinen und besonderen Verhältnisse. Weder vom Antragsteller angegebene noch gerichtsbekannte Tatsachen können in diesem Fall einen Einfluss auf die gerichtliche Entscheidung gewinnen. 47

IV. Präklusion verspäteten Sachvorbringens (Abs. 4 Satz 3)

48 Nach Abs. 4 Satz 3 kann das Gericht ein Vorbringen des Antragstellers unberücksichtigt lassen, das nach § 25 Abs. 3 im Verwaltungsverfahren unberücksichtigt geblieben ist, wenn andernfalls die Entscheidung verzögert würde. Der praktische Wert dieser Vorschrift ist fraglich. Gerichtliche Entscheidung und Anhörung des Bundesamtes stehen im engen zeitlichen Zusammenhang. Regelmäßig geht es um Fälle *»gesteigerten Vorbringens«*. Auf derartige Darlegungsdefizite kann aber nicht mit formalen Ausschlussvorschriften reagiert werden. Vielmehr bilden sie ein Element bei der Bildung der richterlichen Überzeugungsbildung (§ 108 Abs. 1 Satz 1 VwGO). Der *»verspätete« Sachvortrag* im Eilrechtsschutzverfahren wird insbesondere die Widerlegung aufgeworfener Zweifel an der Glaubwürdigkeit des Antragstellers oder der Glaubhaftigkeit seiner Angaben betreffen. Dem Antragsteller wird häufig erst aufgrund der Begründung im angefochtenen Bescheid bewusst, dass seine Angaben für andere nicht verständlich oder unvollständig sind. Häufig werden ihm auch Zweifel gegen seine Glaubwürdigkeit oder die Glaubhaftigkeit seiner Angaben erst im Bescheid entgegengehalten, ohne dass ihm in der Anhörung ein entsprechender Vorhalt (§ 25 Rdn. 12 ff.) gemacht worden ist.

49 In diesen Fällen kann dem Antragsteller nur durch ein »gesteigertes« Vorbringen die Widerlegung der Zweifel gelingen. Regelmäßig wird es jedenfalls im typischen Fall des § 30 Abs. 3 Nr. Nr. 1 um die Auseinandersetzung mit dem bisherigen Sachvorbringen gehen. Ein Verzögerungseffekt für den Fall der Berücksichtigung neuer Tatsachen und Argumente kann in derartigen Fällen deshalb nicht eintreten, weil das Gericht im Rahmen der freien Beweiswürdigung den Widerlegungsvortrag angemessen zu würdigen hat. Dass in den auf Schnelligkeit angelegten und hintereinander geschalteten Verfahren der Verwaltung und des Gerichts Beweismittel verspätet angegeben werden, dürfte eher die Ausnahme sein. Regelmäßig wird der Antragsteller von sich aus sämtliche Beweismittel vorlegen. Im Übrigen steht die Nichtberücksichtigung im Ermessen des Verwaltungsgerichts. Es gibt also keine zwingende Pflicht, verspätetes Sachvorbringen nicht zu berücksichtigen, auch wenn es verfahrensverzögernde Wirkung hätte.

50 Das Gericht darf nur das Vorbringen unberücksichtigt lassen, das bereits im Verwaltungsverfahren rechtmäßig zurückgewiesen wurde, insbesondere nach ausreichender Belehrung. War im Verwaltungsverfahren die Belehrung unterblieben (§ 25 Abs. 3 Satz 2), darf das verspätete Sachvorbringen im Eilrechtsschutzverfahren nicht unberücksichtigt bleiben (*Giesler/Wasser*, Das neue Asylrecht, S. 52 f.). Bei der Zurückweisung im Eilrechtsschutzverfahren ist ein strenger Maßstab anzulegen. Unzulässig wäre etwa die Zurückweisung eines Vorbringens, dessen rechtserhebliche Bedeutung mit nur geringem Zeitaufwand anhand der dem Gericht verfügbaren Erkenntnisquellen abgeklärt werden kann (*Giesler/ Wasser*, Das neue Asylrecht, S. 52).

V. Prüfungsmaßstab »ernstliche Zweifel« (Abs. 4 Satz 1)

51 Nach Art. 16a Abs. 4 Satz 1 GG, Abs. 4 Satz 1 darf die Abschiebung nur ausgesetzt werden, wenn »ernstliche Zweifel« an der Rechtmäßigkeit des angefochtenen Verwaltungsakts bestehen. Abs. 4 Satz 2 lässt dem Verwaltungsgericht keinen Spielraum. Es

darf die Abschiebung nicht aussetzen, wenn keine »ernstlichen Zweifel« an der Rechtmäßigkeit der Abschiebungsandrohung bestehen. Art. 16a Abs. 4 GG nimmt das im Asylgrundrecht wurzelnde Recht des Asylsuchenden auf das vorläufige Bleiberecht ein Stück weit zurück. Der Vollzug aufenthaltsbeendender Maßnahmen wird durch das Verwaltungsgericht nur ausgesetzt, wenn »ernstliche Zweifel« an der Rechtmäßigkeit bestehen. Die dem zugrunde liegende Abwägung zwischen den Individual- und Gemeinwohlbelangen erfolgt unter Bedingungen, unter denen bereits eine *»hohe Gewissheit«* besteht, dass mit der Zurückweisung des Asylgesuchs ein materieller Asylanspruch nicht verletzt wird (BVerfGE 94, 166, 190 = EZAR 632 Nr. 25 = NVwZ 1996, 678). Der Begriff der »ernstlichen Zweifel« ist im Zusammenhang der Gesamtregelung des Art. 16a GG eigenständig zu bestimmen (BVerfGE 94, 166, 194 = EZAR 632 Nr. 25 = NVwZ 1996, 678). Maßgeblich ist *nicht* ein – wie auch immer zu qualifizierender – *innerer Zustand des Zweifelns*, dessen Intensität nicht messbar ist. Es kommt vielmehr auf das Gewicht der Faktoren an, die Anlass zu Zweifeln geben. *»Ernstliche Zweifel«* i.S.d. Art. 16a Abs. 4 Satz 1 GG liegen dann vor, wenn erhebliche Gründe dafür sprechen, dass die Maßnahme einer rechtlichen Prüfung *wahrscheinlich nicht standhält* (BVerfGE 94, 166, 194 = EZAR 632 Nr. 25 = NVwZ 1996, 678).

Die Evidenzkontrolle des alten Rechts (BVerfGE 67, 43, 57 = EZAR 632 Nr. 1 = 52 InfAuslR 1984, 215; Hess.VGH, EZAR 226 Nr. 2; VGH BW, EZAR 226 Nr. 3; OVG NW, DÖV 1984, 892), die auf die materielle Richtigkeit des Behördenbescheids gerichtet war, ist ersichtlich nicht der Maßstab des Art. 16a Abs. 4 Satz 1 GG. Andererseits kommt es bei der Prüfung »ernstlicher Zweifel« nicht auf die Intensität des inneren Zustands des Zweifels (Rdn. 51) an. Vielmehr ist allein darauf abzustellen, ob gewichtige, gegen die Rechtmäßigkeit des Offensichtlichkeitsurteils sprechende Gründe zutage treten, sodass die Maßnahme einer rechtlichen Prüfung wahrscheinlich nicht standhält. Damit wird der Begriff der »ernstlichen Zweifel« für die Verwaltungsgerichte verbindlich definiert (*Hailbronner*, NVwZ 1996, 625, 629). Bei der vom Richter zu treffenden Wahrscheinlichkeitsprognose, ob erhebliche Gründe dafür sprechen, dass die Ablehnung des Antrags als offensichtlich unbegründet einer Prüfung voraussichtlich nicht standhält, ist insbesondere das Gewicht der Rechtsgüter zu beachten, welche nach dem substanziierten Vortrag des Betroffenen bedroht sind (*Frowein/Zimmermann*, JZ 1996, 753, 762).

Erhebliche Gründe, die für einen Erfolg im Hauptsacheverfahren sprechen, sind da- 53 mit nicht weit vom früheren Maßstab der Richtigkeitskontrolle entfernt. Denn »ernstliche Zweifel« bestehen nur dann nicht, wenn eine »hohe Gewissheit« dafür spricht, dass ein materieller Asylanspruch nicht verletzt wird (BVerfGE 99, 166, 190 = EZAR 632 Nr. 25 = NVwZ 1996, 678). Zwar will das BVerfG den früheren Maßstab durch ein Abwägungsgebot zwischen den individuellen Interessen und dem Gemeinwohl ersetzen (BVerfGE 94, 166, 191, 200 = EZAR 632 Nr. 25 = NVwZ 1996, 678). Das individuelle Interesse an einem vorläufigen Bleiberecht ist jedoch bereits dann zu bejahen, wenn vernünftige Zweifel an der Richtigkeit der zu prüfenden Behördenentscheidung dargelegt werden, sodass diese voraussichtlich einer Prüfung nicht standhält. *Bezugspunkt der Wahrscheinlichkeitsprognose* ist *nicht* der *Erfolg in der Hauptsache* wie i.R.d. § 80 Abs. 4 Satz 3 VwGO. Wäre dies der Fall, müsste bereits im vorgeschalteten

Eilrechtsschutzverfahren summarisch geprüft werden, ob der Antrag »begründet« ist. In diesem Verfahren geht es jedoch allein um die Frage, ob die Feststellung, dass der Antrag »offensichtlich« unbegründet ist, wahrscheinlich einer Prüfung nicht standhält. Er mag im Ergebnis unbegründet sein. Darauf zielt die Prüfung jedoch nicht. Allein die *Sperrwirkung der Offensichtlichkeit* ist Gegenstand des Eilrechtsschutzverfahrens.

54 Wurde der Antrag nach § 30 Abs. 3 abgelehnt, ist die gerichtliche Überprüfung im Eilrechtsschutzverfahren allein auf die Frage beschränkt, ob die Voraussetzungen des § 30 Abs. 3 zutreffend bejaht worden sind (*Giesler/Wasser*, Das neue Asylrecht, S. 52). Bestehen insoweit ernstliche Zweifel, ist das Verwaltungsgericht gehindert, die qualifizierte Ablehnung nach § 30 Abs. 3 auf eine offensichtliche Unbegründetheit in der Sache zu stützen (VG Frankfurt am Main, NVwZ-Beil. 1999, 60; VG Frankfurt am Main, Beschl. v. 08.10.1999 – 5 G 50731/99.A[3]; VG Darmstadt, NVwZ-Beil. 2000, 47). Andernfalls würde das Verwaltungsgericht die ausschließlich auf § 30 Abs. 3 gestützte Offensichtlichkeitsentscheidung des Bundesamts nicht anhand des in Abs. 4 vorgegebenen Prüfungsmaßstabs überprüfen, sondern dessen Einschätzung, der Antrag sei in der Sache einfach unbegründet, nachträglich korrigieren. Dafür fehlt dem Verwaltungsgericht indes die Prüfungskompetenz (VG Frankfurt am Main, NVwZ-Beil. 1999, 60; VG Frankfurt am Main, Beschl. v. 08.10.1999 – 5 G 50731/99.A[3]; VG Darmstadt, NVwZ-Beil. 2000, 47).

VI. Prozessuale Bedeutung von Verfahrensverstößen im Verwaltungsverfahren

55 Ferner hat das Verwaltungsgericht im Eilrechtsschutzverfahren zu prüfen, ob etwaige Verfahrensverstöße des Bundesamtes ernstliche Zweifel an der Rechtmäßigkeit der Behördenentscheidung begründen (BVerfGE 94, 166, 206 = EZAR 632 Nr. 25 = NVwZ 1996, 678). Auch nach früherem Recht waren Verfahrensfehler zu beachten, sodass deshalb das Offensichtlichkeitsurteil nicht gerechtfertigt sein konnte (OVG Hamburg, EZAR 226 Nr. 5; OVG Hamburg, InfAuslR 1990, 252; OVG Saarland, InfAuslR 1983, 79). Zwar soll sich das Verwaltungsgericht grundsätzlich auf ein schriftliches Verfahren (Abs. 3 Satz 4 Halbs. 1) beschränken (BVerfGE 94, 166, 194 = EZAR 632 Nr. 25 = NVwZ 1996, 678). Ein Fehler des Bundesamtes bei der Sachverhaltsermittlung und Beweiswürdigung kann jedoch Anlass sein, den Antragsteller im Eilrechtsschutzverfahren *persönlich anzuhören* (BVerfGE 94, 166, 206 = EZAR 632 Nr. 25 = NVwZ 1996, 678; BVerfGE 67, 43, 62 = EZAR 632 Nr. 1 = InfAuslR 1984, 215). Allerdings muss der Verfahrensfehler Anlass für die persönliche Anhörung sein. Dass in anderen Fällen, etwa bei fehlerhafter Wertung des Sachvorbringens ebenfalls eine Anhörung durchgeführt werden kann, dürfte nicht zweifelhaft sein (so auch *Göbel-Zimmermann/Masuch*, InfAuslR 1996, 404, 415). Das schriftliche Verfahren stellt lediglich den Regelfall dar (BVerfGE 94, 166, 194), von dem nach Ermessen des Gerichts Ausnahmen zugelassen sind. Zieht das Verwaltungsgericht Erkenntnisquellen, die den Beteiligten nicht aus vorangegangenen Verfahren bekannt sind, bei, bedarf es zur Vermeidung einer Verletzung des Gehörsrechts grundsätzlich eines entsprechenden Hinweises (VGH BW, NVwZ-RR 2014, 664).

VII. Berücksichtigung von Abschiebungsverboten nach § 60 Abs. 5 und 7 AufenthG

Im Eilrechtsschutzverfahren ist schließlich auch zu prüfen, ob das Bundesamt zu Recht das Vorliegen von Abschiebungsverboten nach § 60 Abs. 5 und 7 AufenthG verneint hat. Zwar kann dies den gesetzlichen Regelungen in § 36 nicht unmittelbar entnommen werden. Andererseits verweist Abs. 4 Satz 3 auf die Präklusionsvorschrift des § 25 Abs. 3, die sich auch auf die Abschiebungsverbote des § 60 Abs. 5 und 7 AufenthG bezieht. Auch aus dem Gesamtzusammenhang der Regelungen des Abs. 3 und 4 mit denen des § 37 folgt die Erheblichkeit von Abschiebungsverboten im Eilrechtsschutzverfahren. Dementsprechend wird in der gerichtlichen Praxis im Eilrechtsschutzverfahren überprüft, ob das Bundesamt fehlerfrei das Bestehen von Abschiebungsverboten nach § 60 Abs. 5 und 7 AufenthG verneint hat. Art. 16a Abs. 4 Satz 1 GG und Abs. 4 Satz 1 beziehen den Begriff der »ernstlichen Zweifel« auch auf die Abschiebungsandrohung und damit auch auf die Feststellung des Bundesamtes zu § 60 Abs. 5 und 7 AufenthG (*Rennert*, DVBl 1994, 717, 722; zur Ermittlungstiefe in Ansehung der Abschiebungsverbote im Eilrechtsschutzverfahren, s. BVerfG (Kammer), BayVBl. 1997, 177, 178). Andererseits bleibt die Rechtmäßigkeit der Abschiebungsandrohung von der Feststellung des Verwaltungsgerichts, dass ein Abschiebungsverbot besteht, insoweit unberührt (§ 59 Abs. 3 Satz 2 AufenthG). 56

Die Prüfung im Eilrechtsschutzverfahren erstreckt sich daher auch auf die *Zielstaatsangabe* in der Abschiebungsandrohung. Verneint das Bundesamt das Vorliegen von Abschiebungsverboten, wird es insbesondere die Abschiebung in den Herkunftsstaat anordnen. Folge der anderslautenden gerichtlichen Feststellung ist daher, dass die Abschiebungsandrohung »insoweit« rechtswidrig ist, als in ihr der Staat, in den nicht abgeschoben werden darf, nicht bezeichnet ist (§ 59 Abs. 3 Satz 2 AufenthG). Da regelmäßig im Eilrechtsschutzverfahren die Frage eines aufnahmebereiten Drittstaates nicht mit der erforderlichen hinreichenden Verlässlichkeit geprüft werden kann und dies auch nicht Aufgabe des Verwaltungsgerichtes ist, ist die Abschiebung auszusetzen. Selbstverständlich haben die die Einschätzung des Antrags als »offensichtlich« unbegründet rechtfertigenden Erwägungen auch Auswirkung auf die Frage, ob dem Antragsteller im Herkunftsstaat Gefahren i.S.d. § 60 Abs. 5 und 7 AufenthG drohen. Scheitert ein Antragsteller an der Hürde des § 30 Abs. 3 Nr. 1, führt dies regelmäßig zur Verneinung von Abschiebungsverboten, die individueller Natur sind. 57

Gibt das Verwaltungsgericht dem Antrag nur deshalb statt, weil seiner Ansicht nach Abschiebungsverbote nach § 60 Abs. 5 oder 7 AufenthG vorliegen, ist fraglich, ob dadurch die Abschiebungsandrohung insgesamt nach § 37 Abs. 1 Satz 1 unwirksam wird. Dagegen könnte sprechen, dass nach § 37 Abs. 3 die Regelungen des § 37 Abs. 1 und 2 nicht gelten, wenn aufgrund der gerichtlichen Entscheidung die Abschiebung in einen der in der Abschiebungsandrohung bezeichneten Staaten vollziehbar wird. Da der enge Zusammenhang zwischen der Abschiebungsandrohung und der Zielstaatsangabe jedoch regelmäßig eine erneute Abschiebungsandrohung erforderlich macht, spricht eher Vieles dafür, dass in dem Fall, in dem die Abschiebung nur deshalb ausgesetzt wird, weil nach den Feststellungen des Verwaltungsgerichtes Abschiebungsverbote bestehen, die Abschiebungsandrohung nach § 37 Abs. 1 Satz 1 unwirksam 58 wird. Die Wirkung einer Eilrechtsschutzentscheidung endet im Übrigen mit der Erledigung in der Hauptsache (BayVGH, NVwZ-RR 2007, 286).

J. Eilrechtsschutz gegen ein Einreise- und Aufenthaltsverbot (Abs. 3 Satz 10 und 11)

59 Nach Abs. 3 Satz 10 sind Anträge auf Eilrechtsschutz gegen die Befristung des Einreise- und Aufenthaltsverbots durch das Bundesamt nach § 11 Abs. 2 AufenthG und die Anordnung und Befristung nach § 11 Abs. 7 AufenthG innerhalb einer Woche nach Bekanntgabe zu stellen. Diese Regelung steht im Zusammenhang mit § 34a Abs. 2 Satz 3. Das Gesetz verweist sowohl auf § 11 Abs. 2 und § 11 Abs. 7 AufenthG und lehnt sich damit an die Aufgabenzuweisung in § 75 Nr. 12 AufenthG an. Allerdings darf das Bundesamt nur nach § 11 Abs. 7 AufenthG ein Einreise- und Aufenthaltsverbot anordnen (§ 34a Rdn. 30). Das ist der Fall, wenn der Asylantrag nach § 29a als offensichtlich unbegründet abgelehnt und auch kein subsidiärer Schutz zuerkannt oder ein Abschiebungsverbot nach § 60 Abs. 5 oder 7 AufenthG festgestellt wurde oder ein Antrag nach § 71 oder § 71a bestandskräftig wiederholt nicht zur Durchführung eines weiteren Asylverfahrens geführt hat. Die Frage einer Befristung eines derartigen Verbotes nach § 11 Abs. 2 AufenthG stellt sich nur, wenn für dessen Anordnung auch das Bundesamt zuständig ist. Das ist der Fall, wenn sie im Zusammenhang mit einer Abschiebungsandrohung nach § 34, § 35 angeordnet wird. Aber auch dann ist § 11 AufenthG zu beachten. Danach ist das Bundesamt für den Erlass eines Einreise- und Aufenthaltsverbotes ausschließlich nach § 11 Abs. 7 AufenthG zuständig. Dieses ist von Amts wegen durch das Bundesamt zu befristen (§ 11 Abs. 2 AufenthG). Es ist deshalb ungereimt, wenn in Abs. 3 Satz 10 erneut die Befristung nach § 11 Abs. 7 AufenthG genannt wird. Die Anordnung des Einreise- und Aufenthaltsverbots erfolgt allein nach § 11 Abs. 7. Diese Vorschrift ist nicht die Rechtsgrundlage für die Befristung, vielmehr § 11 Abs. 2 AufenthG (§ 11 Abs. 7 Satz 2 AufenthG).

60 Nach § 11 Abs. 7 Satz 1 Nr. 1 AufenthG kann das Bundesamt ein Einreise- und Aufenthaltsverbot gegen einen Antragsteller erlassen, dessen Antrag nach § 29a (sicherer Herkunftsstaat) bestandskräftig als offensichtlich unbegründet abgelehnt wurde, dem kein subsidiärer Schutz zuerkannt wurde, das Vorliegen der Voraussetzungen für ein Abschiebungsverbot nach § 60 Abs. 5 oder 7 AufenthG nicht festgestellt wurde und der keinen Aufenthaltstitel besitzt. Aus dieser Regelung folgt, dass im Zusammenhang mit der Sachentscheidung über den Asylantrag nach § 11 Abs. 7 Satz 1 Nr. 1 AufenthG kein Einreise- und Aufenthaltsverbot erlassen werden darf, weil zunächst der Eintritt der Bestandskraft der Sachentscheidung abgewartet werden muss. Die Versagung des subsidiären Schutzstatus und der Feststellung von Abschiebungsverboten nach § 60 Abs. 5 oder 7 AufenthG lassen den Erlass eines Einreise- und Abschiebungsverbots auch dann zu, wenn die Entscheidung nicht nach § 29a ergeht. Es erscheint aber ungereimt, in allen Fällen, in denen die weder die Flüchtlingseigenschaft noch subsidiärer Schutz zuerkannt noch eine Abschiebungsverbot festgestellt wurde, also in allen Fällen der offensichtlichen Unbegründetheit nach § 30 wie auch der einfachen Unbegründetheit den Erlass eines derartigen Verbots zuzulassen (§ 31 Rdn. 20 f.). Dann hätte es nicht des Hinweises auf § 29a sowie in § 11 Abs. 7 Nr. 2 AufenthG der

Bezugnahme auf § 71 und § 71a bedurft. Auch würden wegen der Erfordernisses des Eintritts der Bestandskraft der Sachentscheidung nach § 29a Antragsteller aus sicheren Herkunftsstaaten gegenüber allen anderen Antragstellern, deren Antrag qualifiziert nach § 30 oder sogar lediglich als einfach unbegründet abgelehnt wird, privilegiert, weil hier nicht der Eintritt der Bestandskraft abgewartet werden müsste. § 11 Abs. 7 Satz 1 Nr. 1 AufenthG kann daher nur so verstanden werden, dass das Bundesamt nach Eintritt der Bestandskraft der Sachentscheidung nach § 29a ein Einreise- und Aufenthaltsverbot erlassen darf, wenn dem Betroffenen nicht subsidiärer Schutz gewährt und auch keine Abschiebungsverbote nach § 60 Abs. 5 oder 7 AufenthG festgestellt wurden und dieser auch nicht im Besitz eines Aufenthaltstitels ist.

Hat der Asylantrag nach § 71 oder § 71a *bestandskräftig* wiederholt nicht zur Durchführung eines weiteren Verfahrens geführt, darf nach § 11 Abs. 7 Satz 1 Nr. 2 AufenthG ebenfalls das Einreise- und Aufenthaltsverbot des § 11 Abs. 7 AufenthG angeordnet werden. Es muss also erstens wiederholt und zweitens bestandskräftig der Folge- oder Zweitantrag nicht zur Einleitung eines weiteren Verfahrens geführt haben. Diese Regelung hätte es nicht bedurft, wenn in allen Fällen, in denen der Antrag als offensichtlich unbegründet nach § 30 oder einfach unbegründet abgelehnt wird, der Erlass eines Verbotes nach § 11 Abs. 7 Satz 1 Nr. 1 AufenthG zulässig wäre. Das Bundesamt hat das Verbot zu befristen (§ 11 Abs. 7 Satz 2 AufenthG). Bei der erstmaligen Anordnung des Verbots soll die Frist ein Jahr, im Übrigen drei Jahre nicht überschreiten (§ 11 Abs. 7 AufenthG). 61

Lehnt das Bundesamt den Asylantrag nach § 30 oder als unbeachtlich ab, ist hiergegen der Eilrechtsschutz nach Maßgabe des § 36 eröffnet. Werden in diesem Zusammenhang auch Rechtsbehelfe gegen die Anordnung oder Befristung des Einreise- oder Aufenthaltsverbotes eingelegt, wird hierdurch kein weiter gehender Eilrechtsschutz als nach Abs. 3 zugelassen. Deshalb wird der Eilrechtsschutz den Regelungen dieser Vorschrift unterworfen. Der Antrag ist innerhalb einer Woche zustellen (Abs. 3 Satz 1). Bei rechtzeitiger Antragstellung ist eine Abschiebung vor der gerichtlichen Entscheidung nicht zulässig (Abs. 3 Satz 8). Die Frage der Vollziehbarkeit der Abschiebungsandrohung (Abs. 3 Satz 11) stellt sich erst nach der Zurückweisung des Antrags auf Gewährung von Eilrechtsschutz gegen die Abschiebungsanordnung. In diesem Fall soll durch den Eilrechtsschutzantrag gegen die Befristung keine darüber hinausgehende Wirkung eintreten. Für Anträge auf Befristung oder Aufhebung des Einreise- und Aufenthaltsverbots (§ 11 Abs. 2 und 4 AufenthG), die nicht im Zusammenhang mit dem Erlass einer Abschiebungsanordnung entschieden werden, gelten die Regelungen des Abs. 3 Satz 10 und 11 nicht. Vielmehr richtet sich in diesen Fällen der Rechtsschutz nach Maßgabe des § 74 ff. 62

K. Eilrechtsschutz nach § 32 BVerfGG

I. Einschränkung des verfassungsgerichtlichen Eilrechtsschutzes im Eilrechtsschutzverfahren nach Abs. 3

Aus Anlass der Überprüfung der Asylrechtsreform 1993 hat das BVerfG klargestellt, 63
dass im Asylrecht den *Verwaltungsgerichten* primär die *Aufgabe des Grundrechtsschutzes*

zukomme (BVerfGE 94, 166, 213 ff. = EZAR 632 Nr. 25 = NVwZ 1996, 678; zur Verfassungsbeschwerde Vor § 78 Rdn. 219 ff.), da nach den ihm durch Verfassung und Gesetz zuerkannten Funktionen und seiner gesamten Organisation das BVerfG weder dazu berufen noch in der Lage ist, einen in gleichem Maße zeit- und sachnahen vorläufigen Individualrechtsschutz zu gewährleisten wie die Fachgerichtsbarkeit. Der ihm übertragene Grundrechtsschutz setzt die Existenz einer die Grundrechte achtenden und schützenden Fachgerichtsbarkeit voraus, die im Allgemeinen dafür sorgt, dass Grundrechtsverletzungen und deren Folgen ohne Anrufung des BVerfG abgeholfen wird. Diesen Rechtsschutz im Rechtswege vermag das BVerfG nicht zu ersetzen, sondern allenfalls nach dem *Prinzip der Subsidiarität* ergänzen (BVerfGE 94, 166, 216 f. = EZAR 632 Nr. 25 = NVwZ 1996, 678). Asylsuchenden wird es jedoch nicht untersagt, den im fachgerichtlichen Eilrechtsschutzverfahren ergangenen Beschluss des Verwaltungsgerichtes mit der Verfassungsbeschwerde anzugreifen. Ebenso steht es ihm frei, den Erlass einer einstweiligen Anordnung (§ 32 BVerfGG) mit dem Ziel zu beantragen, ihm bis zum Abschluss des fachgerichtlichen Verfahrens in der Hauptsache oder doch jedenfalls den Verbleib auf dem Flughafengelände bis zur Entscheidung über die Verfassungsbeschwerde zu gestatten (BVerfGE 94, 166, 212). Diesen Grundsatz hat das BVerfG wiederholt bekräftigt und hervorgehoben, dass der verfassungsgerichtliche Eilrechtsschutz im Asylverfahren nicht von vornherein ausgeschlossen ist (z.B. BVerfG [Kammer], AuAS 2008, 226, 227).

64 Insbesondere im asylrechtlichen Flughafenverfahren verbleibt dem BVerfG bis zum Abflug des Antragstellers meist nicht die Zeit, sei es über die Beschwerde selbst, sei es über den einstweiligen Anordnungsantrag zu entscheiden. In solcher Lage hat das BVerfG zwar gelegentlich die zuständigen Grenzschutzbehörden informell um einen Aufschub des Vollzugs der Einreiseverweigerung gebeten. Die nach Art. 93 Abs. 1 Nr. 4a GG gegebene Rechtslage ist indes nicht so zu verstehen, dass sie dem Beschwerdeführer unter allen Umständen die Möglichkeit gewährleistet, vor Vollzug des angegriffenen Hoheitsaktes eine Entscheidung des BVerfG zu erhalten (BVerfGE 94, 166, 212 = EZAR 632 Nr. 25 = NVwZ 1996, 678). Die *Verfassungsbeschwerde* ist nach ständiger Rechtsprechung des BVerfG *kein zusätzlicher Rechtsbehelf* zum fachgerichtlichen Verfahren, vielmehr ein besonderes Rechtsschutzmittel zur prozessualen Durchsetzung der Grundrechte, mithin ein *außerordentlicher Rechtsbehelf*. Mit der Verfassungsbeschwerde ist nicht eine Ergänzung des fachgerichtlichen Rechtsschutzes, nicht ein weiterer Rechtszug, sondern ein Rechtsinstitut geschaffen worden, das in einem *außerhalb des Rechtsweges* angesiedelten außerordentlichen Rechtsbehelfsverfahren eine Überprüfung am Maßstab der Grundrechte ermöglicht. Es sichert die Beachtung der Grundrechte nur nachträglich, gewissermaßen rückblickend (BVerfGE 94, 166, 214 = EZAR 632 Nr. 25 = NVwZ 1996, 678). Die Verfassungsbeschwerde hat deshalb auch *keine aufschiebende Wirkung* (BVerfGE 94, 166, 213).

65 Im Eilrechtsschutzverfahren nach Abs. 3 kommt hinzu, dass durch Art. 16a Abs. 4 GG der Rechtsschutz nach Art. 19 Abs. 4 GG modifiziert und schon insoweit verfassungsgerichtlicher Eilrechtsschutz nur eingeschränkt zugelassen wird und dies nicht ohne Auswirkungen auf die nach § 32 BVerfGG vorzunehmende Abwägung der widerstreitenden Interessen bleiben kann. Daher kommt in Fällen, in denen der

Asylantrag als offensichtlich unbegründet abgelehnt wird, eine einstweilige Anordnung kaum in Betracht (BVerfG [Kammer], AuAS 2008, 226, 227, mit Hinweis auf BVerfGE 94, 166, 218 f. = EZAR 632 Nr. 25 = NVwZ 1996, 678). Ob der Eilrechtsschutz nach § 32 BVerfGG zum verfassungsgerichtlichen Kernbestand gehört, hat das BVerfG offengelassen. Jedenfalls lässt sich seiner Ansicht nach aus dieser Regelung nicht folgern, das BVerfG müsse unter allen Umständen in die Lage versetzt werden, im Fall einer »möglichen Grundrechtsverletzung« die Vollstreckung des Hoheitsaktes zu verhindern (BVerfGE 94, 166, 215 = EZAR 632 Nr. 25 = NVwZ 1996, 678). Anders als der von Art. 19 Abs. 4 GG geprägte vorläufige Rechtsschutz im fachgerichtlichen Verfahren ist das einstweilige Anordnungsverfahren nach § 32 BVerfGG nicht darauf angelegt, möglichst lückenlosen Schutz vor dem Eintritt auch endgültiger Folgen der sofortigen Vollziehung hoheitlicher Maßnahmen zu bieten. Demgemäß können die Effektivitätsanforderungen, die sich aus Art. 19 Abs. 4 GG für den Eilrechtsschutz im Rechtswege ergeben, nicht im gleichen Maße für den verfassungsgerichtlichen Rechtsschutz nach § 32 BVerfGG gelten (BVerfGE 94, 166, 216).

Die Minderheit im Senat hat diese Entscheidung deutlich kritisiert und der Mehrheit vorgehalten, sie beschränke damit das Schutzziel des Einzelnen von vornherein im Wesentlichen auf Genugtuung. Hieran werde deutlich, dass der Senat den das je individuelle Grundrecht des einzelnen Rechtssubjekts schützenden Rechtsbehelf der Verfassungsbeschwerde weitgehend entwerte (BVerfGE 94, 166, 229). Art. 93 I Nr. 4a GG, § 13 Nr. 8a, §§ 90 ff. BVerfGG würden die Verfassungsbeschwerde wegen der Verletzung des Asylgrundrechts gewährleisten. Sie diene auch dem individuellen Schutz des einzelnen Grundrechts aus Art. 16a Abs. 1 GG. Gerade für den Bereich dieses Grundrechts liege die Möglichkeit eines schwerwiegenden und irreparablen Nachteils für den Beschwerdeführer auf der Hand. Sein grundrechtlicher Abschiebungsschutz gehe im vollen Umfang endgültig verloren (BVerfGE 94, 166, 230 f. = EZAR 632 Nr. 25 = NVwZ 1996, 678). Die Mehrheitsmeinung hat Befürworter gefunden (*Hailbronner*, NVwZ 1996, 625, 630; *Schelter/Maaßen*, ZRP 1996, 408, 413; *Tomuschat*, EuGRZ 1996, 381, 385; dagegen *Alleweldt*, NVwZ 1996, 1074, 1075; *Goebel-Zimmermann/Masuch*, InfAuslR 1996, 404, 416; *Frowein/Zimmermann*, JZ 1996, 753, 763; *Lübbe-Wolff*, DVBl 1996, 825, 840 f.; *Wolff*, DÖV 1996, 819, 825; *Rozek*, DVBl 1997, 519, 525 f.; *Groß/Kainer*, DVBl 1997, 1315, 1318; *Huber*, NVwZ 1997, 1080, 1083 f.). 66

II. Schiebeanordnung

Die Verfassungsbeschwerde hat keine aufschiebende Wirkung (BVerfGE 94, 166, 213 67
= EZAR 632 Nr. 25 = NVwZ 1996, 678; BVerfG [Kammer], NVwZ-Beil. 1996, 9; Rdn. 64; S. zum Eilrechtsschutz nach § 32 BVerfGG s. *Lechner/Zuck*, BVerfGG. Kommentar, § 32 Rn. 41 ff.; *Hänlein*, AnwBl. 1995, 116, 119; *Rozek*, DVBl 1997, 519, 523; Rdn. 60). Das BVerfG kann jedoch auf Antrag oder von Amts wegen eine sog. Schiebeanordnung zur Sicherung eines in der Sache vor dem BVerfG dann später durchzuführenden Eilrechtsschutzverfahrens erlassen (BVerfGE 85, 127, 128; 88, 185, 186 f.). An eine derartige Anordnung sind jedoch strenge Voraussetzungen zu stellen. So ist zu fordern, dass der Beschwerdeführer den verfassungsgerichtlichen Eilrechtsschutzantrag

nicht nur rechtzeitig stellt, sondern grundsätzlich auch begründet (BVerfG [Kammer], NVwZ-Beil. 1996, 9). Im asylrechtlichen Eilrechtsschutzverfahren nach Abs. 3 hat das BVerfG – soweit bekannt – bislang von dieser Möglichkeit keinen Gebrauch gemacht.

68 Es gibt *keine Notkompetenz* des einzelnen Richters. Auch gibt es keine gerichtsinternen Vorkehrungen für einen Notdienst (*Hänlein*, AnwBl. 1995, 116, 119). Stillhaltezusagen werden im Allgemeinen nicht eingeholt. Wer die Verfassungsbeschwerde mit dem Antrag auf Erlass einer einstweiligen Anordnung verbindet, sollte das Risiko eines solchen Vorgehens für die Verfassungsbeschwerde bedenken. Das BVerfG muss schnell entscheiden. Eine tiefreichende Auseinandersetzung mit den Argumenten des Beschwerdeführers wird dadurch möglicherweise verhindert (*Lechner/Zuck*, BVerfGG. Kommentar, § 32 Rn. 42). Deshalb sollte nur in nicht von der Hand zu weisenden Notfällen der Antrag nach § 32 BVerfGG gestellt werden. Manchmal kann auch durch eine *Petition* beim Landtag oder durch eine *Stillhaltezusage* der zuständigen Ausländerbehörde das mit dem verfassungsprozessualen Eilrechtsschutz verfolgte Anliegen erreicht werden. Das BVerfG trifft grundsätzlich keine gesonderte Entscheidung über den Eilrechtsschutzantrag, sondern entscheidet zugleich in der Sache. Es tenoriert in diesen Fällen, dass die Verfassungsbeschwerde nicht zur Entscheidung angenommen wird und sich damit der Antrag auf Erlass einer einstweiligen Anordnung erledigt hat oder umgekehrt, dass die Verfassungsbeschwerde zur Entscheidung angenommen und ihr stattgegeben wird und sich dadurch der Antrag auf Erlass einer einstweiligen Anordnung erledigt hat.

69 Eilrechtsschutzantrag und Verfassungsbeschwerde haben daher nur Erfolgsaussicht, wenn beide zusammen mit vollständiger Begründung eingereicht werden. Da das BVerfG Abs. 3 Satz 9 für verfassungsrechtlich unbedenklich erachtet (BVerfGE 94, 166, 208 ff.), kann mit Hinweis auf diese Norm die fehlende Begründung des Antrags nicht gerechtfertigt werden. Darüber hinaus muss der Beschwerdeführer darlegen, dass die aufenthaltsbeendende Maßnahme derart vollzogen wird, dass es ihm nicht rechtzeitig möglich war, einstweiligen Rechtsschutz beim BVerfG zu beantragen. Wer etwa nach Zustellung der mit der Verfassungsbeschwerde angegriffenen gerichtlichen Entscheidung mit der Beschwerde und dem Eilrechtsschutzantrag noch 18 Tage zuwartet, hat nicht alles ihm Zumutbare getan, um rechtzeitig einstweiligen Rechtsschutz durch das BVerfG zu erlangen (BVerfG [Kammer], NVwZ-Beil. 1995, 9, 10). Ein Hinweis auf die Monatsfrist des § 93 Abs. 1 Satz 1 BVerfGG verfängt in einem derartigen Fall mithin nicht.

III. Folgenabwägung im Sinne von § 32 BVerfGG

70 Bei der Folgenabwägung wird vorausgesetzt, dass die Verfassung mit der Abwägung zwischen dem öffentlichen Interesse am Sofortvollzug der behördlichen Entscheidung, die Folge eines offensichtlich unbegründeten Asylbegehrens sei, und dem Individualinteresse Art. 19 Abs. 4 GG bereits modifiziert und insoweit schon verwaltungsgerichtlichen Rechtsschutz nur eingeschränkt zugelassen hat (Rdn. 61). Dies bleibt nicht ohne Auswirkungen auf die nach § 32 BVerfGG vorzunehmende Abwägung der widerstreitenden Interessen, zumal von dieser Vorschrift ohnehin nur

unter Anlegung eines strengen Maßstabs zurückhaltend Gebrauch gemacht werden darf (BVerfGE 94, 166, 218 f. = EZAR 632 Nr. 25 = NVwZ 1996, 678; zustimmend *Tomuschat*, EuGRZ 1996, 381, 385; *Hailbronner*, NVwZ 1996, 625, 630). Damit verliert jedenfalls für die Verfahren nach § 18a Abs. 4 und § 36 Abs. 3 und 4 die Verfassungsbeschwerde als Mittel der Sicherung des Grundrechtsschutzes im Einzelfall ihre Bedeutung. Nicht erfasst von dieser Rechtsprechung ist allerdings die Verfassungsbeschwerde gegen die qualifizierte Klageabweisung nach § 78 Abs. 1 (so ausdr. BVerfG [Kammer], NVwZ-Beil. 1997, 9; so auch *Treiber*, Asylmagazin 1/97, S. 4). Damit dürfte auch der Eilrechtsschutzantrag nach § 32 BVerfGG, der im Zusammenhang mit einer derartigen Verfassungsbeschwerde erforderlich werden kann, nicht von der einschränkenden Rechtsprechung des BVerfG erfasst werden.

Für den Antrag auf Erlass einer einstweiligen Anordnung nach § 32 BVerfGG kommt es im Allgemeinen darauf an, ob dieser zur Abwehr schwerer Nachteile oder aus einem anderen wichtigen Grunde zum gemeinen Wohl geboten ist. Dabei haben die Gründe, die für die Verfassungswidrigkeit des angegriffenen Hoheitsaktes vorgetragen werden, grundsätzlich außer Betracht zu bleiben, es sei denn, die Verfassungsbeschwerde erweist sich von vornherein als unzulässig oder offensichtlich unbegründet (Rdn. 68). Bei offenem Ausgang des Verfassungsbeschwerdeverfahrens muss das BVerfG die Folgen, die eintreten würden, wenn eine einstweilige Anordnung nicht erginge, die Verfassungsbeschwerde aber Erfolg hätte, gegenüber den Nachteilen abwägen, die entstünden, wenn die begehrte einstweilige Anordnung erlassen würde, der Verfassungsbeschwerde der Erfolg aber versagt würde (BVerfGE 82, 54, 57; 88, 185, 186; 89, 98, 99 f.; 89, 101, 103; 89, 106, 107; 89, 109, 110 f.; BVerfG [Kammer], NVwZ-Beil. 1999, 19 = AuAS 1999, 34; s. hierzu: *Hänlein*, AnwBl. 1995, 116, 120). Während diese Kriterien bei Verfassungsbeschwerdeverfahren außerhalb des Anwendungsbereichs der Eilrechtsschutzverfahren nach Abs. 3 also weiterhin von Bedeutung sein dürften, kann auch in Verfahren nach Abs. 3 in Verb. mit § 80 Abs. 5 VwGO in besonderen Ausnahmefällen der Eilrechtsschutzantrag nach § 32 BVerfGG erfolgreich sein. 71

So hat die zuständige Kammer in Anknüpfung an die restriktive Rechtsprechung des Senates eine einstweilige Anordnung im Flughafenverfahren mit der Begründung erlassen, dass eine einstweilige Maßnahme dann veranlasst sein könne, wenn sie aufgrund einer Abwägung zwischen dem Individualinteresse des Beschwerdeführers und dem öffentlichen Interesse am Sofortvollzug auch unter Berücksichtigung der begrenzten Effektivität der Verfassungsbeschwerde, des in Art. 16a Abs. 4 GG verankerten Beschleunigungsgebots und der daraus folgenden Vorgewichtung der abwägungserheblichen Belange ausnahmsweise dringend geboten sei. Dies setze voraus, dass sich selbst bei einer nur vorläufigen materiellen Prüfung des unterbreiteten Sachverhalts am Maßstab der Verfassung ergebe, die gegen die Entscheidung des Verwaltungsgerichts bereits erhobene oder noch zu erhebende Verfassungsbeschwerde werde aller Wahrscheinlichkeit nach zur Entscheidung anzunehmen sein und sich als offensichtlich begründet erweisen (BVerfG [Kammer], AuAS 1997, 44). 72

Anders als im allgemeinen Anordnungsverfahren, in dem lediglich eine negative Erfolgskontrolle erfolgt, um von vornherein unzulässige oder offensichtlich unbegründete 73

Verfassungsbeschwerden auszuscheiden, wird hier also eine positive Erfolgskontrolle unter sehr strengen Voraussetzungen vorgenommen. Die Prognose muss ergeben, dass die Beschwerde nicht nur angenommen, sondern sich im Ergebnis auch als offensichtlich begründet erweisen wird. Nur bei sehr eindeutigen Sachverhaltskonstellationen dürfte daher der Eilrechtschutzantrag im asylrechtlichen Eilrechtsschutzverfahren nach Abs. 3 Erfolg versprechen. Dabei ist es Aufgabe des BVerfG zu überprüfen, ob die Entscheidung des Verwaltungsgerichts, dass ernstliche Zweifel an der Beurteilung des Asylbegehrens als offensichtlich unbegründet nicht bestehen, verfassungsrechtlich zu beanstanden ist, nicht hingegen eine eigene Beurteilung daraufhin vorzunehmen, ob ein Verlust des Asylanspruchs droht (BVerfG [Kammer], AuAS 1997, 44).

§ 37 Weiteres Verfahren bei stattgebender gerichtlicher Entscheidung

(1) [1]Die Entscheidung des Bundesamtes über die Unzulässigkeit nach § 29 Absatz 1 Nummer 2 und 4 des Antrags und die Abschiebungsandrohung werden unwirksam, wenn das Verwaltungsgericht dem Antrag nach § 80 Abs. 5 der Verwaltungsgerichtsordnung entspricht. [2]Das Bundesamt hat das Asylverfahren fortzuführen.

(2) Entspricht das Verwaltungsgericht im Falle eines als offensichtlich unbegründet abgelehnten Asylantrags dem Antrag nach § 80 Abs. 5 der Verwaltungsgerichtsordnung, endet die Ausreisefrist 30 Tage nach dem unanfechtbaren Abschluss des Asylverfahrens.

(3) Die Absätze 1 und 2 gelten nicht, wenn auf Grund der Entscheidung des Verwaltungsgerichts die Abschiebung in einen der in der Abschiebungsandrohung bezeichneten Staaten vollziehbar wird.

Übersicht **Rdn.**

A. Funktion der Vorschrift

1 Die Vorschrift regelt die Folgen stattgebender Beschlüsse und lehnt sich dabei im Wesentlichen an die Vorschrift des § 10 Abs. 4 AsylVfG 1982 an, berücksichtigt jedoch die 1992 eingeführte Struktur der Aufgabenverteilung zwischen Bundesamt und Ausländerbehörde. Sie betrifft Eilrechtsschutz gegen die Ablehnung eines Asylantrags als offensichtlich unbegründet oder unzulässig sowie Fälle des § 29 Abs. 1 und von Entscheidungen im Folgeantragsverfahren nach § 71 Abs. 4 bzw. Zweitantrags nach § 71a Abs. 5 und unzulässige Anträge, kurz, alle Verfahren, in denen nach einer Entscheidung nach Maßgabe des AsylG der Eilrechtsschutzantrag nach § 80 Abs. 5 VwGO erfolgreich war. Der erfolgreiche Eilrechtsschutzantrag nach § 34a Abs. 2 richtet sich zwar nicht gegen eine Abschiebungsandrohung, sondern gegen eine Abschiebungsanordnung. Es erscheint jedoch eine analoge Anwendung von Abs. 1 angezeigt (Rdn. 5). Abs. 1 regelt die Folgen stattgebender Gerichtsbeschlüsse mit Blick auf unzulässige

Asylanträge und Abs. 2 im Hinblick auf offensichtlich unbegründete Asylbegehren. Eine besondere Regelung enthält Abs. 3 hinsichtlich der Abschiebungsverbote des § 60 Abs. 5 und 7 AufenthG für den Fall der Vollziehbarkeit der Abschiebungsandrohung aufgrund einer gerichtlichen Entscheidung.

B. Unwirksamkeit der Abschiebungsandrohung nach § 35 (Abs. 1)

Wie nach altem Recht (§ 10 Abs. 4 Satz 2 AsylVfG 1982) regelt Abs. 1 über die allgemeinen Wirkungen der Entscheidung nach § 80 Abs. 5 VwGO hinaus, dass die Abschiebungsandrohung nach § 35 unwirksam wird. Im Hauptsacheverfahren tritt die Erledigung ein (*Funke-Kaiser*, in: GK-AsylG, § 37 Rn. 4). Während wegen des Grundsatzes der Zweispurigkeit der behördlichen Zuständigkeiten im alten Recht das Gesetz eine ausländerbehördliche Weiterleitungspflicht festlegte (§ 10 Abs. 4 Satz 1 AsylVfG 1982), begründet Abs. 1 Satz 2 eine Pflicht des Bundesamtes, das Verfahren fortzuführen. Bei Feststellung der Unzulässigkeit nach § 29 Abs. 1 Nr. 2 und Nr. 4 wird die Entscheidung nach Abs. 1 Satz 1 Halbs. 1 ebenfalls unwirksam. Die *Anfechtungsklage* ist damit *erledigt* (OVG Hamburg, NVwZ 1984, 744). Daher bedarf es keiner Erledigungserklärung (*Funke-Kaiser*, in: GK-AsylG, § 37 Rn. 4; *Bergmann*, in: Bergmann/Dienelt, AuslR, 11. Aufl., 2016, § 37 AsylG Rn. 3; a.A. *Hailbronner*, AuslR B 2 § 37 AsylVfG Rn. 3) Gleichwohl war der Kläger gezwungen gewesen, im Zusammenhang mit dem Eilrechtsschutz Klage gegen die Abschiebungsandrohung zu erheben. Eine darüber hinausgehende Verpflichtungsklage hinsichtlich der Ansprüche nach § 3 Abs. 4 Halbs. 1, § 4 Abs. 1 Satz 1und § 60 Abs. 5 und 7 AufenthG war dagegen wegen Abs. 1 Satz 2 nicht erforderlich. § 59 Abs. 3 Satz 3 AufenthG findet keine Anwendung. Abs. 3 ist jedoch zu berücksichtigen. Die gerichtliche Stattgabe ergreift im Regelfall, sofern Abs. 3 keine Anwendung findet, den gesamten Bescheid nach § 35. 2

Durch die kraft Gesetzes eintretende Unwirksamkeit der dem Eilrechtsschutzverfahren zugrunde liegenden Verfügung verliert das Rechtsschutzverfahren nicht seinen Charakter als Mittel des Eilrechtsschutzes, das in Abhängigkeit zum Hauptsacheverfahren steht (BVerfGE 78, 7, 18 = EZAR 631 Nr. 4). Denn das Rechtsschutzbegehren zielt auf die Anordnung der vom Gesetz zunächst ausgeschlossenen aufschiebenden Wirkung (§ 75). Hat dieses Erfolg, knüpft das Gesetz daran die Folge, dass die Abschiebungsandrohung unwirksam wird (Abs. 1 Satz 1). Damit tritt zwar die gleiche Wirkung ein, wie bei einer stattgebenden Entscheidung im Hauptsacheverfahren. Dies ist jedoch Folge der gesetzlich besonders angeordneten Folge der Entscheidung im Eilrechtsschutzverfahren. Diese Wirkung betrifft und ändert nicht den Gegenstand dieses Verfahrens selbst. Dieser bleibt gem. § 80 Abs. 5 VwGO allein die Entscheidung über die Gewährung von Eilrechtsschutz (BVerfGE 78, 7, 18 = EZAR 631 Nr. 4). Unerheblich ist, aus welchen Gründen die uneingeschränkte Antragsstattgabe erfolgt. Die Rechtsfolge des Abs. 1 Satz 1 tritt etwa auch dann ein, wenn die aufschiebende Wirkung der Anfechtungsklage angeordnet wurde, weil der Antragsteller im Zeitpunkt des Erlasses der Abschiebungsandrohung im Besitz eines Aufenthaltstitels (§ 34 Abs. 1 Nr. 4) war (*Bergmann*, in: Bergmann/Dienelt, AuslR, 11. Aufl., 2016, § 37 AsylG Rn. 6; *Funke-Kaiser*, in: GK-AsylG, § 37 Rn. 7). 3

4 Abs. 1 Satz 2 ist im *Folgeantragsverfahren* entsprechend anwendbar. Wird dem Antrag nach § 80 Abs. 5 VwGO (§ 71 Abs. 4) stattgegeben, wird das Verfahren fortgeführt (BayVGH, EZAR 212 Nr. 9 = NVwZ-RR 1995, 608; BayVGH, EZAR 630 Nr. 32; a.A. BVerwG, NVwZ 1996, 80, 81; VGH BW, VBlBW 1997, 111, 112; *Scherer*, VBlBW 1995, 175, 176; *Harms*, VBlBW 1995, 264, 266; *Hailbronner*, AuslR B 2 § 37 AsylVfG Rn. 6). Da das BVerwG für das Folgeantragsverfahren die gerichtliche Verpflichtung zur *Herbeiführung der Spruchreife* fordert (BVerwGE 106, 171, 172 ff. = NVwZ 1998, 861, 862 = EZAR 631 Nr. 45 = AuAS 1998, 149; § 71 Rdn. 116), ist seine frühere, entgegenstehende Rechtsprechung überholt. Abs. 1 ist auch analog auf die Verfahrenseinstellung nach § 32, § 33 anzuwenden: Die Anfechtungsklage hat keine aufschiebende Wirkung, sodass Antrag nach § 80 Abs. 5 VwGO zu stellen ist. Im Fall der Stattgabe wird das Verfahren fortgeführt. Dies rechtfertigt die analoge Anwendung von Abs. 1 (BVerwG, NVwZ 1996, 80, 81 = EZAR 631 Nr. 38 = DVBl 1995, 857 = AuAS 1995, 201; VG Koblenz, InfAuslR 1994, 203, 204; VG Neustadt a.d. Weinstr., InfAuslR 1994, 205, 206; VG Aachen, U. 16.04.1996 – 5 K 501/93.A; VG Würzburg, Gerichtsbescheid v. 14.07.1994 – W 8 K 93.32323; a.A. OVG Hamburg, EZAR 210 Nr. 8; OVG NW, EZAR 631 Nr. 33; *Funke-Kaiser*, in: GK-AsylG, § 37 Rn. 10; *Hailbronner*, AuslR B 2 § 37 AsylVfG Rn. 7). Nach der Gegenmeinung unterliegt der Eilrechtsschutz in diesem Fall jedoch nicht § 36 Abs. 3 und 4. Es ist von einer planwidrigen Regelungslücke auszugehen. Denn im Fall des § 32, § 33 ist nach Stattgabe des Eilrechtsschutzantrags ebenfalls das Verwaltungsverfahren wie im Fall des Abs. 1 Satz 2 fortzuführen. Im Rahmen der abschließenden Sachentscheidung prüft das Bundesamt das volle Entscheidungsprogramm und damit auch § 34.

5 Nach seinem Wortlaut erfasst Abs. 1 nicht die *Abschiebungsanordnung* nach § 34a Abs. 1. Der Gesetzgeber hat den Eilrechtsschutz nach § 34a Abs. 2 in der Endphase der Gesetzesberatungen eingefügt, die Konsequenzen dieser Entscheidung aber nicht erschöpfend geregelt. Zwar wird die Abschiebungsanordnung als Vollstreckungsmittel beibehalten, gleichwohl aber der Eilrechtsschutz zugelassen und die Abschiebung bis zur gerichtlichen Entscheidung ausgesetzt (§ 34a Abs. 2 Satz 2). Damit liegt eine mit der Abschiebungsandrohung nach § 35 identische Rechtslage vor und kann von einer planwidrigen Regelungslücke ausgegangen werden. Dies rechtfertigt die analoge Anwendung von Abs. 1 auf den Fall, in dem das Verwaltungsgericht dem Eilrechtsschutzantrag nach § 34a Abs. 2 Satz 1 in Verb. mit § 80 Abs. 5 VwGO entspricht. Auch hier wird analog Abs. 1 Satz 1 die Entscheidung nach § 31 Abs. 1 Satz 4 und die Abschiebungsanordnung nach § 34a Abs. 1 unwirksam. Wie bei § 29 i.V.m. § 35 wurde auch im Falle des § 27a i.V.m. § 34a Abs. 1 keine Entscheidung in der Sache getroffen und ist diese nachzuholen (Rdn. 6). Die Anfechtungsklage erledigt sich. Das Bundesamt hat das Verfahren analog Abs. 1 Satz 2 fortzuführen.

C. Verlängerung der Ausreisefrist des § 36 Abs. 1 (Abs. 2)

6 Das Gesetz regelt die Folgen des stattgebenden Gerichtsbeschlusses bei unbeachtlichen und offensichtlich unbegründeten Asylanträgen unterschiedlich. Da das Beachtlichkeitsurteil die Zulässigkeit des Antrags betrifft und daher Regelungsgegenstand nicht die materiellen Ansprüche des Klägers sind, ist die hierauf gerichtete Prüfung

und Entscheidung bei gerichtlicher Verwerfung dieses Urteils nachzuholen. Anders ist die Rechtslage beim offensichtlich unbegründeten Antrag. Hier werden durch die Sachentscheidung nach § 31 Abs. 1 Satz 1 bereits die materiellen Ansprüche verneint. Anders als im Fall des Abs. 1 Satz 2 kann das Bundesamt das Verfahren nicht fortführen. Durch die qualifizierte Entscheidung ist es bereits abgeschlossen. Die Abschiebungsandrohung wurde angefochten und wird im Hauptsacheverfahren überprüft und deshalb durch Stattgabe des Eilrechtsschutzantrags nicht unwirksam. Vielmehr wandelt sich dadurch das bisherige Sonderverfahren in ein normales Verfahren mit der Folge um, dass die *Ausreisefrist* kraft Gesetzes (Abs. 2 Halbs. 2) der Regelung in § 38 Abs. 1 angeglichen und *auf 30 Tage verlängert* wird. Dies gilt auch dann, wenn das Verwaltungsgericht im Hauptsacheverfahren anders als das Bundesamt den Asylantrag nicht als offensichtlich, sondern nur als einfach unbegründet bewertet. In diesem Fall hebt es die einwöchige Ausreisefrist auf, sodass die Monatsfrist nach Abs. 2 Halbs. 2 Anwendung findet. Einer erneuten Fristsetzung durch das Bundesamt bedarf es nicht (VGH BW, AuAS 1998, 144).

Abs. 2 ist identisch mit der Regelung in § 11 Abs. 3 AsylVfG 1982 und differenziert nicht danach, aus welchen Gründen dem Antrag stattgegeben worden war (Hess. VGH, NVwZ 1989, 793; *Funke-Kaiser,* in: GK-AsylG, § 37 Rn. 12; *Hailbronner,* AuslR B 2 § 37 AsylVfG Rn. 9). Da ein Abschiebungsverbot nach § 60 Abs. 5 und 7 AufenthG dem Erlass der Abschiebungsandrohung nicht entgegensteht, bleibt diese bei nur teilweiser Anordnung der aufschiebenden Wirkung wirksam (§ 59 Abs. 3 Satz 3 AufenthG). Die Folgen regeln sich nach Abs. 3. Die Verfügung kann auch deshalb rechtswidrig sein, weil ein bestehender Aufenthaltstitel (§ 34 Abs. 1 Satz 1) nicht beachtet worden ist oder eine unzuständige Behörde entschieden hat (Hess.VGH, NVwZ 1989, 793). In diesen Fällen richten sich die Folgen der Antragsstattgabe nach Abs. 2. 7

D. Abschiebungsverbote nach § 60 Abs. 5 und 7 AufenthG (Abs. 3)

Abs. 3 setzt eine Abschiebungsandrohung voraus, mit der die Abschiebung in mehrere bestimmte Länder für zulässig erklärt wurde (vgl. § 59 Abs. 2 Halbs. 2 AufenthG, vgl. auch § 59 Abs. 3 Satz 2 AufenthG) und zielt damit allein auf Abschiebungsverbote nach § 60 Abs. 5 und 7 AufenthG (BT-Drucks. 12/2062, S. 34). Zwar ist dann regelmäßig der *Zielstaat* zu bezeichnen (§ 59 Abs. 2 Halbs. 1 AufenthG). Die Abschiebung in einen anderen Staat ist indes zulässig, wenn sich nachträglich herausstellt, dass der Antragsteller in diesen einreisen darf oder dieser zu seiner Rückübernahme verpflichtet ist (§ 59 Abs. 2 Halbs. 2 AufenthG). Dies erfordert jedoch eine nachträgliche Zielstaatsbestimmung durch das Bundesamt durch ergänzenden oder Neubescheid (so auch *Funke-Kaiser,* in: GK-AsylG, § 37 Rn. 13; s. auch § 34 Rdn. 22). Abs. 3 rechtfertigt keine Vorratsverwaltung für einen unbestimmten Zeitraum, ist vielmehr notwendiges Korrelat zur offenen Regelung in § 59 Abs. 2 Halbs. 2 AufenthG. Das Gericht muss sich im Zeitpunkt seiner Entscheidung (§ 77 Abs. Abs. 1) klar werden, ob es wegen eines bestehenden Abschiebungsverbotes nach § 60 Abs. 5 oder 7 AufenthG die Abschiebung in keinen Staat, in einen bestimmten oder in mehrere bestimmte Staaten für zulässig erachtet. Daher muss im Beschluss hinreichend deutlich gemacht werden, hinsichtlich 8 welchen Zielstaats die Abschiebungsandrohung weiterhin vollziehbar ist (*Funke-Kaiser,* in: GK-AsylG, § 37 Rn. 22; *Hailbronner,* AuslR B 2 § 37 AsylVfG Rn. 15; unklar *Bergmann,* in: Bergmann/Dienelt, AuslR, 11. Aufl., 2016, § 37 AsylG Rn. 7).

9 Abs. 3 schließt die Anwendung von Abs. 1 und 2 nur unter engen Voraussetzungen aus (*Hailbronner,* AuslR B 2 § 37 AsylVfG Rn. 15; *Bergmann,* in: Bergmann/ Dienelt, AuslR, 11. Aufl., 2016, § 37 AsylG Rn. 8) und hat durch die Reduzierung der Abschiebungsverbot auf § 60 Abs. 5 und 7 AufenthG durch das Richtlinienumsetzungsgesetz 2013 erneut an Bedeutung verloren. Abs. 3 erfordert, dass in der Abschiebungsandrohung der Zielstaat konkret benannt worden ist (§ 59 Abs. 2 Halbs. 1 AufenthG). Hat das Bundesamt keinen Staat bezeichnet, findet Abs. 3 von vornherein keine Anwendung. Auch wenn die aufschiebende Wirkung angeordnet wird, weil die Feststellung der Unzulässigkeit nach § 29 Abs. 1 bzw. das Offensichtlichkeitsurteil nach § 30 rechtlichen Bedenken begegnet, ist Abs. 3 von vornherein unanwendbar. Abs. 3 ermöglicht ausschließlich in dem Fall, in dem der Eilrechtsbeschluss allein wegen des Vorliegens von Abschiebungsverboten nach § 60 Abs. 5 und 7 AufenthG ergeht, eine nachträgliche Korrektur und setzt voraus, dass im Eilrechtsschutzverfahren die Wertung der Unzulässigkeit nach § 29 Abs. 1 (§ 35 Satz 1) oder nach § 30 (§ 34) nicht infrage gestellt wird, aber Abschiebungsverbote nach § 60 Abs. 5 oder 7 AufenthG vorliegen. Teilt das Gericht die Feststellung des Bundesamtes nicht, greifen Abs. 1 oder 2 ein. Abs. 3 ist nicht anwendbar.

10 Es kann sein, dass das Bundesamt bereits Abschiebungsverbote festgestellt hat oder das Verwaltungsgericht diese bejaht. Im ersten Fall hat das Bundesamt die Verfügung nach § 34 oder § 35 erlassen und hat sich das Verwaltungsgericht im Fall der Bestätigung der Entscheidung über die Unzulässigkeit des Antrags oder des Offensichtlichkeitsurteils (§ 29 Abs. 1, § 30) auf die Überprüfung der Bezeichnungspflicht (§ 59 Abs. 3 Satz 2 AufenthG; § 34 Rdn. 8 ff.) sowie der Beachtung der Sollvorschrift des § 59 Abs. 2 Halbs. 1 AufenthG beschränkt. Im zweiten Fall hat das Verwaltungsgericht ebenfalls § 59 Abs. 3 Satz 2 AufenthG zu berücksichtigen. Ist eine Abschiebung nicht möglich, weil § 59 Abs. 3 Satz 2 AufenthG entgegensteht, ordnet das Gericht die aufschiebende Wirkung an. Die Verfügung selbst bleibt wirksam (§ 59 Abs. 3 Satz 3 AufenthG). Ihre Vollziehung ist jedoch nicht zulässig. Diese Wirkung der Abschiebungsverbote folgt aus dem Regelungszusammenhang von Abs. 3 und § 59 AufenthG: Bei Abschiebungsverboten ist die Abschiebungsandrohung lediglich nach Maßgabe von § 59 Abs. 3 Satz 2 AufenthG beschränkt. Kann ein Staat, in den abgeschoben werden darf, nicht festgestellt werden, bleibt die Vollziehung unzulässig. Wird jedoch ein oder werden mehrere Staaten nach § 59 Abs. 2 Halbs. 1 AufenthG bezeichnet und genügt dies den Anforderungen des § 59 Abs. 3 Satz 2 AufenthG, kann nach Eintritt der Vollziehbarkeit der Abschiebungsandrohung als Folge der Zurückweisung des Eilrechtsschutzantrags in einen dieser Staaten abgeschoben werden.

11 Abs. 3 findet nur Anwendung, wenn allein Abschiebungsverbote nach § 60 Abs. 5 und 7 AufenthG festgestellt worden sind und die Frage der Vollziehung zu überprüfen ist. Scheitert die anschließende Vollziehung, besteht Anspruch auf Erteilung der Aufenthaltserlaubnis nach § 25 Abs. 3 AufenthG, wenn auch im Hauptsacheverfahren

die Zielstaatsbezeichnung hinsichtlich des anderen Staates, mit Blick auf den das Verwaltungsgericht nicht die Vollziehbarkeit bejaht hat, bestätigt wird. Die vollziehende Ausländerbehörde kann nicht von sich aus die Zielstaatsbezeichnung auswechseln. Hierfür ist allein das Bundesamt zuständig (*Funke-Kaiser*, in: GK-AsylG, § 37 Rn. 21; Rdn. 8, § 34 Rdn. 22).

§ 38 Ausreisefrist bei sonstiger Ablehnung und bei Rücknahme des Asylantrags

(1) [1]In den sonstigen Fällen, in denen das Bundesamt den Ausländer nicht als Asylberechtigten anerkennt, beträgt die dem Ausländer zu setzende Ausreisefrist 30 Tage. [2]Im Falle der Klageerhebung endet die Ausreisefrist 30 Tage nach dem unanfechtbaren Abschluss des Asylverfahrens.

(2) Im Falle der Rücknahme des Asylantrags vor der Entscheidung des Bundesamtes beträgt die dem Ausländer zu setzende Ausreisefrist eine Woche.

(3) Im Falle der Rücknahme des Asylantrags oder der Klage oder des Verzichts auf die Durchführung des Asylverfahrens nach § 14a Absatz 3 kann dem Ausländer eine Ausreisefrist bis zu drei Monaten eingeräumt werden, wenn er sich zur freiwilligen Ausreise bereit erklärt.

Übersicht

A. Funktion der Vorschrift

Diese Vorschrift entspricht im Wesentlichen der Regelung in § 28 Abs. 2 AsylVfG 1982, lässt aber über die zwingende *Monatsfrist* nach Abs. 1 hinaus der Behörde anders als nach früherem Recht für die Bestimmung der Ausreisefrist keinen Spielraum. Die Ausnahmen von der Monatsfrist betreffen unbeachtliche und offensichtlich unbegründete Anträge (§ 36 Abs. 1), unzulässige Anträge (§ 34a Abs. 2 Satz 1), gegebenenfalls Folgeanträge (§ 71 Abs. 4 in Verb. mit § 36 Abs. 1) sowie die Fälle nach Abs. 2. Hier beträgt die Ausreisefrist lediglich eine Woche (§ 36 Abs. 1). Wird dem Eilrechtsschutzantrag im Fall des unbeachtlichen und unzulässigen Antrags stattgegeben, wird regelmäßig mit der Abschiebungsandrohung auch die Fristsetzung unwirksam (§ 37 Abs. 1 Satz 1). Bei offensichtlich unbegründeten Anträgen hat die Stattgabe des Eilrechtsschutzantrags eine mit Abs. 1 Satz 2 identische Regelung zur Folge (§ 37 Abs. 2). 1

Abs. 3 ist erst im Zuge der Gesetzesberatungen eingefügt worden und soll die Bereitschaft des Asylsuchenden zur freiwilligen Rücknahme des Asylantrags fördern. Abs. 3 2 ist auch auf das gerichtliche Verfahren anwendbar (*Funke-Kaiser*, in: GK-AsylG, § 38 Rn. 1; *Hailbronner*, AuslR B 2 § 38 AsylVfG Rn. 1) und soll die Verlängerung der Ausreisefrist auch noch im Klageverfahren ermöglichen (BT-Drucks. 12/2718, S. 24). Nicht die prozessuale Klagerücknahme, sondern die verwaltungsrechtliche Antragsrücknahme ermöglicht die Anwendung von Abs. 3. Anschließend ist die Klage zurückzunehmen. Durch Richtlinienumsetzungsgesetz 2013 wurden die Verzichtsfälle des § 14a Abs. 3 in Abs. 3 einbezogen, um auch insoweit einen Anreiz zu setzen.

B. Fristsetzung bei einfach unbegründeter Ablehnung des Asylantrags (Abs. 1)

I. Fristsetzung bei Verzicht auf Rechtsmittel (Abs. 1 Satz 1)

3 Nach Abs. 1 Satz 1 beträgt die Ausreisefrist einen Monat, wenn das Bundesamt den Antragsteller nicht als Asylberechtigten anerkennt. Die gesetzliche Formulierung ist ungenau. Die Fristsetzung nach Abs. 1 Satz 1 ist von der einwöchigen Fristregelung für offensichtlich unbegründete Asylanträge nach § 36 Abs. 1 und von den anderen Fällen der einwöchigen Fristsetzung (Rdn. 1) abzugrenzen, die eine qualifizierte Form der – auf die Asylberechtigung wie auf die Zuerkennung der Flüchtlingseigenschaft zielenden – Ablehnung des Asylantrags darstellen. Auch aus gesetzessystematischen Gründen ist an den Antragsbegriff nach § 13 Abs. 1 anzuknüpfen, sodass Abs. 1 Satz 1 dahin zu ergänzen ist, dass auch im Fall der einfach unbegründeten Ablehnung des Antrags auf Gewährung des internationalen Schutzes die Ausreisefrist einen Monat beträgt. Damit wird auch die einfach unbegründete Ablehnung der begehrten Zuerkennung der Flüchtlingseigenschaft (*Funke-Kaiser*, in: GK-AsylG, § 38 Rn. 2; *Hailbronner*, AuslR B 2 § 38 AsylVfG Rn. 3; *Bergmann*, in: Bergmann/Dienelt, AuslR, 11. Aufl., 2016, § 38 AsylG Rn. 2) wie auch Ablehnung des erstrebten subsidiären Schutzstatus, auf den § 30 ohnehin nicht gemünzt ist, eingeschlossen. Nach Abs. 1 Satz 2 endet in all diesen Fällen die Ausreisefrist 30 Tage nach unanfechtbarem Abschluss des Asylverfahrens.

4 Während § 34 Abs. 1 Satz 1 Rechtsgrundlage sowohl für offensichtlich unbegründete wie auch für einfach unbegründete Ablehnungen ist, ist die Fristsetzung unterschiedlich geregelt. Im ersten Fall beträgt die Ausreisefrist eine Woche (§ 36 Abs. 1); im zweiten Fall endet sie einen Monat nach Unanfechtbarkeit der Abschiebungsandrohung (Abs. 1 Satz 1). Legt der Asylsuchende im letzteren Fall keinen Rechtsbehelf gegen die Verfügung ein, wird diese nach Ablauf von zwei Wochen nach Zustellung (§ 74 Abs. 1 Halbs. 1) bestandskräftig. Stellt er im ersten Fall keinen Eilrechtsschutzantrag wird der Bescheid nach Ablauf einer Woche bestandskräftig. Unklar ist, ob in entsprechender Anwendung von Abs. 1 Satz 2 erst mit dem Eintritt der Unanfechtbarkeit der Abschiebungsandrohung die Ausreisefrist oder ob sie bereits mit dem Zeitpunkt der Zustellung zu laufen beginnt. Zwar beginnt nach Abs. 1 Satz 1 die Ausreisefrist mit dem Zeitpunkt der Zustellung. Ob im Fall des Verzichts auf Klageerhebung die Vollziehbarkeit der Abschiebungsandrohung nach einem Monat eintritt (so *Funke-Kaiser*, in: GK-AsylG, § 38 Rn. 9; *Hailbronner*, AuslR B 2 § 38 AsylVfG Rn. 6; *Bergmann*, in: Bergmann/Dienelt, AuslR, 11. Aufl., 2016, § 38 AsylG Rn. 3), ist jedoch zweifelhaft. Die strenge Auffassung ist prozessökonomisch wenig sinnvoll. Der Betroffene kann jederzeit fristgemäß Klage erheben und diese unverzüglich zurücknehmen und

dadurch in den Genuss der Dreimonatsfrist nach Abs. 3 (Rdn. 11) gelangen. Ist die Ausreisefrist abgelaufen, ist die Verfügung vollziehbar. Der Asylsuchende wird abgeschoben, wenn er nicht freiwillig ausreist (§ 58 Abs. 1 AufenthG).

II. Fristsetzung bei Klageerhebung (Abs. 1 Satz 2)

Erhebt der Antragsteller Klage, hat dieses aufschiebende Wirkung. Dies folgt für die 5 Anfechtungsklage aus § 75 Satz 1 und für die isolierte Verpflichtungsklage aus Abs. 1 Satz 2. Ist der Verwaltungsrechtsstreit unanfechtbar abgeschlossen, endet die Ausreisefrist 30 Tage nach Eintritt der Rechtskraft des Urteils (Abs. 1 Satz 2). Darüber hinaus beträgt in allen Fällen, in denen das Bundesamt nachträglich die Abschiebungsandrohung erlässt (§ 34 Abs. 2), die Ausreisefrist nach Erhebung der Anfechtungsklage 30 Tage nach Unanfechtbarkeit der Klageabweisung (VG Stuttgart, AuAS 2006, 23). Auch wenn das Bundesamt die Zielstaatsbestimmung auswechselt oder ergänzt, hat die Anfechtungsklage aufschiebende Wirkung nach § 75 Satz 1 und beträgt die Ausreisefrist 30 Tage (VG Stuttgart, AuAS 2006, 23, 24). Verweigert das Bundesamt die Asylanerkennung, erkennt es aber den internationalen Schutz zu, unterbleibt die Abschiebungsandrohung (§ 34 Abs. 1). Nur im Fall des § 3 Abs. 2, § 4 Abs. 2 und § 60 Abs. 8 AufenthG hat die Klage gegen die Abschiebungsandrohung keinen Suspensiveffekt (§ 75 Abs. 2). Wird dem Antrag nach § 80 Abs. 5 VwGO stattgegeben, endet nach Abs. 1 Satz 2 die Ausreisefrist 30 Tage nach unanfechtbarem Abschluss des Verfahrens.

III. Zwingende Fristbestimmung nach Abs. 1 Satz 1 und 2

Anders als nach altem Recht beträgt die Fristsetzung nach Abs. 1 Satz 1 und 2 *zwingend* 30 Tage. Die Berücksichtigung individueller Besonderheiten für die Fristgestaltung ist nicht zulässig. Dies begegnet im Hinblick auf Art. 7 Abs. 2 RL 2008/115/EG Bedenken (*Bergmann*, in: Bergmann/Dienelt, AuslR, 11. Aufl., 2016, § 38 AsylG Rn. 3) und bedarf wegen der unionsrechtlichen Verpflichtung, aufgrund besonderer Umstände des Einzelfalls die Regelfrist von einem Monat zu verlängern, der Überprüfung. Nach unanfechtbarem Abschluss des Asylverfahrens ist der rechtmäßige Aufenthalt beendet, sodass die Rückführungsrichtlinie Anwendung findet (Erwägungsgrund Nr. 5 RL 2008/115/EG). Die Monatsfrist beginnt mit dem Zeitpunkt der Unanfechtbarkeit der Zustellung (Abs. 1 Satz 1) und nach Klageerhebung 30 Tage nach Eintritt der Unanfechtbarkeit der Klage, also mit der Zustellung der abschließenden gerichtlichen Entscheidung (Abs. 1 Satz 2). Nach Ablauf der Monatsfrist ist die Abschiebungsandrohung vollziehbar. Empfehlenswert und in der Praxis üblich ist der behördliche Hinweis auf den Fristablauf. Es kann vernünftigerweise nicht erwartet werden, dass der Kläger – wegen der regelmäßig langen Verfahrensdauer – nach so langer Zeit noch den präzisen Fristablauf erinnert. Häufig wird er auch keine genauen Vorstellungen über den Zeitpunkt der Zustellung des Urteils haben. Daher ist auch weiterhin anzuempfehlen, den Antragsteller nach Abschluss des Verfahrens gesondert auf den Ausreisetermin hinzuweisen. 6

Hierin ist keine erneute Fristsetzung entgegen der zwingenden Regelung von Abs. 1 7 Satz 2 zu sehen. Vielmehr verschafft sich die Ausländerbehörde damit Gewissheit über die freiwillige Bereitschaft zur Ausreise (§ 58 Abs. 1 Halbs. 1 AufenthG). Allein der Umstand der Nichtausreise nach Fristablauf rechtfertigt angesichts der oben geschilderten Umstände des Verfahrensablaufes nicht die Annahme, der Betroffene werde nicht freiwillig ausreisen und auch nicht die Grundlage für die Ausländerbehörde, ein Einreise- und Aufenthaltsverbot nach § 11 Abs. 6 AufenthG zu erlassen. Ein konkretes Indiz für die Verweigerung der Ausreise wäre allerdings, wenn trotz eines Hinweises auf den Ausreisetermin keine Ausreise festgestellt werden kann. Daher sollte durch Zusendung einer entsprechend gestalteten *Grenzübertrittsbescheinigung* gesondert auf diesen Termin hingewiesen werden.

8 Einen Sonderfall regelt § 43 Abs. 3 für Ehegatten und minderjährige Kinder. Endet das Asylverfahren eines Familienangehörigen zu einem früheren Zeitpunkt als das der übrigen Angehörigen, wird zwar nicht die vom Bundesamt gesetzte Ausreisefrist verlängert, jedoch darf die Ausländerbehörde über das Fristende nach Abs. 1 Satz 1 hinaus die Abschiebung aussetzen (*Hailbronner*, AuslR B 2 § 38 AsylVfG Rn. 8). Der Familienangehörige, dessen Verfahren früher beendet ist, erhält nach Fristablauf in entsprechender Anwendung eine Duldungsbescheinigung nach § 60a Abs. 4 AufenthG. § 43 Abs. 3 trägt Art. 6 Abs. 1 und 2 GG Rechnung und ist im Hinblick auf die Aussetzung der Abschiebung nicht abschließend, d.h. auch andere rechtliche oder tatsächliche Vollstreckungshindernisse (§ 60a Abs. 2 AufenthG) können eine Verlängerung der Ausreisefrist rechtfertigen.

C. Antragsrücknahme vor der Sachentscheidung (Abs. 2)

9 Entsprechend der gesetzlich geregelten Fristsetzung von einer Woche (Rdn. 1 bestimmt Abs. 2, dass die Ausreisefrist im Fall der Rücknahme des Asylantrages vor der Zustellung der Sachentscheidung eine Woche beträgt. Auch diese Regelung begegnet im Hinblick auf Art. 7 Abs. 2 RL 2008/115/EG Bedenken (Rdn. 6). Aus der Privilegierung der freiwilligen Ausreise in Abs. 3 folgt, dass Abs. 2 auf die fingierte Rücknahme nach § 33 Abs. 1 gemünzt ist. Abs. 2 erscheint jedoch wenig sachgerecht, weil der Antragsteller nach Abs. 3 den Antrag jederzeit vor der Entscheidung zurücknehmen kann (Rdn. 11). Ob angesichts dessen allein die fehlende Mitwirkung im Verfahren, die ja durchaus in Rückkehrüberlegungen ihren Grund haben kann, die Anwendung des verschärften Verfahrens anstelle von Abs. 3 rechtfertigt, erscheint zweifelhaft. Auch hier ist § 43 Abs. 3 zu berücksichtigen (Rdn. 8) und hat die Ausländerbehörde aus zwingenden rechtlichen und tatsächlichen Gründen die Ausreisefrist zu verlängern (vgl. § 60a Abs. 2 AufenthG).

10 Das Bundesamt geht im Fall der Rücknahme des Antrags vor der Zustellung der Sachentscheidung nach Maßgabe von § 32 vor und verfügt regelmäßig zugleich die Abschiebungsandrohung nach § 34. Dies setzt voraus, dass die Voraussetzungen des § 32 (s. dort) erfüllt sind. Da Bundesamt hat Abschiebungsverbote nach § 60 Abs. 5 und 7 AufenthG zu prüfen (§ 32). Gegen die im Zusammenhang mit der Rücknahme des Asylantrags verfügte Verfahrenseinstellung kann Anfechtungsklage erhoben werden. Diese hat allerdings keine aufschiebende Wirkung (vgl. § 75 Abs. 1 Satz 1). Daher muss Antrag auf Anordnung der aufschiebenden Wirkung gestellt werden. § 36 Abs. 3 und 4 findet keine Anwendung (*Funke-Kaiser*, in: GK-AsylG, § 38 AsylVfG Rn. 19).

D. Antrags- oder Klagerücknahme oder Verzicht nach § 14a Abs. 3 (Abs. 3)

11 Abs. 3 privilegiert Antragsteller, die sich freiwillig zur Rücknahme ihres Antrags oder ihrer Klage bereit oder nach § 14a Abs. 3 den Verzicht erklären. Hierdurch sollen gerichtliche Vergleichsbemühungen erleichtert werden (*Funke-Kaiser,* in: GK-AsylG, § 38 Rn. 9; *Hailbronner,* AuslR B 2 § 37 AsylVfG Rn. 6; *Bergmann*, in: Bergmann/Dienelt, AuslR, 11. Aufl., 2016, § 38 AsylG Rn. 6). Abs. 3 ist in jeder Verfahrensphase anwendbar. Daher kann auch im Verwaltungsverfahren von dieser Möglichkeit Gebrauch gemacht werden (*Funke-Kaiser,* in: GK-AsylG, § 38 Rn. 14; *Hailbronner,* AuslR B 2 § 37 AsylVfG Rn. 11; *Bergmann*, in: Bergmann/Dienelt, AuslR, 11. Aufl., 2016, § 38 AsylG Rn. 6). Durch Abs. 3 ist die bisherige Rechtsprechung des BVerwG, dass im Fall des Verzichts nach § 14a Abs. 3 nach Maßgabe von § 38 Abs. 1 Satz 1 die Ausreisefrist einen Monat beträgt (BVerwG, InfAuslR 2010, 464, 465), überholt.

12 Es versteht sich ohne Weiteres, dass Grundlage einer derartigen Verfahrensweise die *freie* Willensentscheidung des Antragstellers sein muss. Das Bundesamt und die Ausländerbehörde treffen besondere Belehrungspflichten (§ 25 VwVfG), insbesondere ist auf die Folgen der Rücknahme des Antrags hinzuweisen und alles zu unterlassen, was die freiwillige Willensentscheidung und die dieser zugrunde liegende Einsichtsfähigkeit beeinträchtigen könnte. Eine *Anfechtung der Rücknahmeerklärung* ist entsprechend den Grundsätzen zur Unwiderruflichkeit von Prozesserklärungen im Verwaltungsprozess (s. hierzu § 74 Rdn. 90 ff.) nicht zulässig, wohl aber die Stellung eines Folgeantrages unter den in § 71 geregelten Voraussetzungen. Die Freiwilligkeit der Ausreise ist nicht für sich durchsetzbar. Bei Nichtausreise erfolgt die Abschiebung nach § 58 Abs. 1 AufenthG (*Bergmann*, in: Bergmann/Dienelt, AuslR, 11. Aufl., 2016, § 38 AsylG Rn. 7).

§ 39

(weggefallen)

§ 40 Unterrichtung der Ausländerbehörde

(1) [1]Das Bundesamt unterrichtet unverzüglich die Ausländerbehörde, in deren Bezirk sich der Ausländer aufzuhalten oder Wohnung zu nehmen hat, über eine vollziehbare Abschiebungsandrohung und leitet ihr unverzüglich alle für die Abschiebung erforderlichen Unterlagen zu. [2]Das Gleiche gilt, wenn das Verwaltungsgericht die aufschiebende Wirkung der Klage wegen des Vorliegens der Voraussetzungen des § 60 Absatz 5 oder 7 des Aufenthaltsgesetzes nur hinsichtlich der Abschiebung in den betreffenden Staat angeordnet hat und das Bundesamt das Asylverfahren nicht fortführt.

(2) Das Bundesamt unterrichtet unverzüglich die Ausländerbehörde, wenn das Verwaltungsgericht in den Fällen des § 38 Absatz 2 die aufschiebende Wirkung der Klage gegen die Abschiebungsandrohung anordnet.

(3) Stellt das Bundesamt dem Ausländer die Abschiebungsanordnung (§ 34a) zu, unterrichtet es unverzüglich die für die Abschiebung zuständige Behörde über die Zustellung.

Übersicht **Rdn.**

A. Funktion der Vorschrift

1 Die Vorschrift zieht die verfahrensrechtliche Konsequenz aus dem das Gesetz beherrschenden Trennungsprinzip zwischen anordnender und vollziehender Behörde (BT-Drucks. 12/2062, S. 44). Die dem Bundesamt auferlegten Unterrichtungspflichten sollen sicherstellen, dass die für den Vollzug zuständige Ausländerbehörde unverzüglich die für die Durchführung einer Abschiebung erforderlichen Informationen erhält (BT-Drucks. 12/2062, S. 34). Insbesondere hat es die Ausländerbehörde über den Zeitpunkt des Eintritts der Unanfechtbarkeit der negativen Sachentscheidung und über den Zeitpunkt des Eintritts der Rechtskraft der gerichtlichen Entscheidung über die Vollziehbarkeit der Abschiebungsandrohung zu unterrichten. Stellt der Antragsteller einen Folgeantrag, hat das Bundesamt zur Sicherstellung des Aufenthaltsrechts während der Beachtlichkeitsprüfung und für den Fall der Feststellung der Unbeachtlichkeit des Folgeantrags die Ausländerbehörde entsprechend zu informieren (§ 71 Abs. 5 Satz 2).

B. Unterrichtungsverpflichtung nach Abs. 1 Satz 1

I. Zuständige Ausländerbehörde (Abs. 1 Satz 1)

2 Die Regelungen in Abs. 1 bis 3 zählen im Einzelnen die Unterrichtungspflichten des Bundesamtes auf. Es unterrichtet nach Abs. 1 Satz 1 die Ausländerbehörde, in deren Bezirk der Antragsteller sich aufzuhalten oder Wohnung zu nehmen hat. Die örtlich zuständige Ausländerbehörde ergibt sich aus den Regelungen in § 56. Die zuständige Ausländerbehörde kann das Bundesamt den Akten entnehmen. Hält der Antragsteller sich mit oder ohne behördliche Erlaubnis vorübergehend nicht im Bezirk der örtlich zuständigen Ausländerbehörde auf, unterrichtet das Bundesamt ungeachtet dessen die zuständige Ausländerbehörde. Es obliegt dieser, sich zur Durchführung aufenthaltsbeendender Maßnahmen mit der Behörde, in deren Bezirk der Antragsteller sich tatsächlich aufhält, ins Benehmen zu setzen. Zuständig für die Durchführung der Maßnahmen bleibt aber die in Abs. 1 Satz 1 genannte Ausländerbehörde (§ 71 Abs. 1 Satz 1 AufenthG).

II. Vollziehbare Abschiebungsandrohung nach Abs. 1 Satz 1

Abs. 1 Satz 1 nennt zuallererst die vollziehbare Abschiebungsandrohung. Die Abschiebungsandrohung kann nach Durchführung eines normalen Verfahrens im Fall des Absehens von Rechtsmitteln wegen Ablaufs der Ausreisefrist des § 38 Abs. Satz 1 vollziehbar werden. Diese Rechtsfolge kann auch aufgrund der erstinstanzlichen Zurückweisung eines Eilrechtsschutzantrags nach § 36 Abs. 3 Satz 1 und des danach eintretenden Ablaufs der Wochenfrist des § 36 Abs. 1 in Verfahren eines unbeachtlichen oder offensichtlich unbegründeten Antrags oder eines unzulässigen Antrags nach § 34a Abs. 2 Satz 1 eintreten. Das Gleiche gilt im Fall des § 71 Abs. 4. Geht das Bundesamt nach § 71 Abs. 5 vor, wird die Vollziehbarkeit gehemmt. Nach Entscheidung, dass kein weiteres Verfahren durchgeführt wird, wird die Abschiebungsandrohung wieder vollziehbar. Das Bundesamt hat die Ausländerbehörde unverzüglich hierüber zu unterrichten. 3

Das AsylG enthält ein lückenloses System, dass in allen Fällen, in denen das Asylverfahren in den verschiedenen Verfahrensstadien erfolglos beendet wird, das Bundesamt eine Abschiebungsandrohung zu verfügen hat und diese mit endgültigem Abschluss des Hauptsache- oder Eilrechtsschutzverfahrens vollziehbar wird. Auf den hiernach eintretenden Zeitpunkt der Vollziehbarkeit bezieht sich die in Abs. 1 Satz 1 geregelte Unterrichtungspflicht des Bundesamtes. Abs. 1 Satz 1 stellt auf den Zeitpunkt des Eintritts der Vollziehbarkeit der Abschiebungsandrohung ab (*Hailbronner*, in: GK-AsylG, § 40 Rn. 5; a.A. *Treiber*, in: GK-AsylG II, § 40 Rn. 27). Auf diesen Zeitpunkt bezieht sich die Informationsverpflichtung des Bundesamtes. Allerdings werden in der Verwaltungspraxis der Ausländerbehörden bereits vorher vom Bundesamt alle das Asylverfahren betreffenden Vorgänge übermittelt. 4

III. Umfang der Unterrichtungsverpflichtung nach Abs. 1 Satz 1

Die Unterrichtung hat nach Abs. 1 Satz 1 unverzüglich, d.h. ohne schuldhaftes Verzögern (§ 121 Abs. 1 BGB), zu erfolgen. Durch das Asylverfahrensbeschleunigungsgesetz 2015 wurde der Zusatz »oder Wohnung zu nehmen hat« eingefügt. Dies wird damit begründet, dass auch nach Wegfall der Wohnverpflichtung nach § 47 Abs. 1 die entsprechende Information an die nach dem Aufenthaltswechsel zuständig Ausländerbehörde weiterzugeben sind (BR-Drucks. 446/15, S. 44). Mit der Unterrichtung leitet das Bundesamt der Ausländerbehörde alle für die Abschiebung erforderlichen Unterlagen zu (Abs. 1 Satz 1). Ergänzt wird diese Regelung durch die in § 24 Abs. 3 geregelten Unterrichtungspflichten des Bundesamtes gegenüber der Ausländerbehörde. Regelmäßig befindet sich der Pass in der Akte der Ausländerbehörde und ist diese, nicht jedoch das Bundesamt, für die Beschaffung der erforderlichen Reisedokumente zuständig. Es wird sich regelmäßig um Urkunden und Unterlagen handeln, die für die Feststellung der Staatsangehörigkeit von Bedeutung sein können (§ 15 Abs. 3 Nr. 1) oder – bei geplanter Rückführung in einen Drittstaat – die in § 15 Abs. 3 Nr. 2 genannten Dokumente. Von Bedeutung sind auch die für den Nachweis der Beförderungspflicht des Flugunternehmens maßgeblichen Dokumente (§ 15 Abs. 3 Nr. 3). Regelmäßig befinden sich aber auch diese Unterlagen bereits im Original in der ausländerbehördlichen Akte (vgl. auch § 21). 5

IV. Anordnung der aufschiebenden Wirkung (Abs. 1 Satz 2)

6 Abs. 1 Satz 2 erstreckt die Unterrichtungspflicht auf den Fall, in dem das Verwaltungsgericht den Suspensiveffekt wegen eines Abschiebungsverbots nach § 60 Abs. 5 oder 7 AufenthG nur hinsichtlich der Abschiebung in den betreffenden Staat angeordnet hat und das Bundesamt das Verfahren nicht fortführt. Es kann sich hier nur um unbeachtliche Asylanträge handeln. Nur in diesen Verfahren sind Fallgestaltungen denkbar, in denen das Verwaltungsverfahren nicht fortgeführt wird (§ 29 Abs. 2 Satz 1), das Verwaltungsgericht aus den Gründen des § 60 Abs. 5 oder 7 AufenthG aber Bedenken gegen die – zumeist wohl den »sonstigen Drittstaat« betreffenden – Zielstaatsbestimmung der Abschiebungsandrohung nach § 35 hat. In allen anderen Fällen, in denen das Verwaltungsgericht die aufschiebende Wirkung wegen § 60 Abs. 5 oder 7 AufenthG anordnet, bleibt nach der Anordnung der aufschiebenden Wirkung das Hauptsacheverfahren anhängig. Das betrifft Verfahren, in denen das Bundesamt den Asylantrag in der qualifizierten Form abgelehnt (§ 30), das Verwaltungsgericht im Eilrechtsschutzverfahren aber wegen eines Abschiebungsverbots nach § 60 Abs. 5 oder 7 AufenthG den Suspensiveffekt angeordnet hat.

7 Die Abschiebungsandrohung hat unter Berücksichtigung des § 59 Abs. 2 Halbs. 1 AufenthG zu ergehen (§ 34 Abs. 1 Satz 1). Daher hat das Bundesamt auch Ermittlungen und Feststellungen über einen aufnahmebereiten Drittstaat durchzuführen. Hierauf erstreckt sich der Umfang der gerichtlichen Überprüfung. Das Bundesamt hat die Ausländerbehörde daher auch über diesen aufnahmebereiten Drittstaat zu informieren bzw. darüber, dass ein derartiger Staat nicht festgestellt werden kann und deshalb nach § 59 Abs. 2 Halbs. 1 AufenthG von der Bezeichnung eines Zielstaates abgesehen worden und die Abschiebungsandrohung nicht vollziehbar ist. Im Regelfall wird ein aufnahmebereiter Drittstaat i.S.d. § 59 Abs. 2 Halbs. 1 AufenthG kaum festzustellen sein. Auch wenn die Abschiebungsandrohung im Blick auf die Staaten, in die der Betreffende einreisen darf oder die zu seiner Rückübernahme bereit sind (§ 59 Abs. 2 Halbs. 2 AufenthG), wirksam bleibt (§ 59 Abs. 3 Satz 3 AufenthG), ist sie ohne Zielstaatsangabe nach § 59 Abs. 2 Halbs. 1 AufenthG nicht vollziehbar. Der Ausländerbehörde ist deshalb der Versuch der Abschiebung in einen dieser in § 59 Abs. 2 Halbs. 2 AufenthG genannten Staaten untersagt (a.A. *Treiber*, in: GK-AsylG II, § 40 Rn. 55).

C. Unterrichtungsverpflichtung nach Abs. 2

8 Nach Abs. 2 unterrichtet das Bundesamt unverzüglich die zuständige Ausländerbehörde (Abs. 1 Satz 1), wenn das Verwaltungsgericht im Fall des § 38 Abs. 2 die aufschiebende Wirkung der Anfechtungsklage gegen die Abschiebungsandrohung anordnet. Da § 36 weder unmittelbar noch analog Anwendung findet (*Funke-Kaiser,* in: GK-AsylG II, § 32 Rn. 34; *Hailbronner,* AuslR B 2, § 32 AsylVfG Rn. 27; *Bergmann*, in: Bergmann/Dienelt, AuslR, 11. Aufl., 2016, § 32 AsylG Rn. 9) hat die Klage keine aufschiebende Wirkung (§ 75), Der Antragsteller muss zur Verhinderung der Abschiebung durch die Ausländerbehörde, die ja durch das Bundesamt über den Eintritt der Vollziehbarkeit informiert wurde, eine *Stillhaltezusage* beantragen. Diese wird im Allgemeinen erteilt.

Abs. 2 zielt ersichtlich auf den Fall, in dem das Bundesamt von einer Rücknahme des Asylantrags ausgeht, die Sachentscheidung nach § 32 mit der Folge der einwöchigen Ausreisefrist erlässt und über die hierfür maßgeblichen tatsächlichen Voraussetzungen gestritten wird. Werden im Eilrechtsschutzverfahren (§ 38 Abs. 2 in Verb. mit § 36 Abs. 1, 3 und 4) die tatbestandlichen Voraussetzungen der Rücknahme verneint, wird die aufschiebende Wirkung der Klage gegen die Abschiebungsandrohung angeordnet. Das Asylverfahren ist fortzusetzen und die Ausländerbehörde hierüber zu unterrichten.

D. Abschiebungsanordnung nach § 34a (Abs. 3)

Eine besondere Unterrichtungspflicht enthält Abs. 3. Hierbei handelt es sich um eine Folgeänderung aus § 34a. Das Bundesamt unterrichtet die Ausländerbehörde in allen Fällen, in denen es die Zustellung selbst durchführt, über die Zustellung der Abschiebungsanordnung (BT-Drucks. 12/4450, S. 24). Zwar kann auch die für die Durchführung der Abschiebung zuständige Behörde die Zustellung durchführen (§ 31 Abs. 1 Satz 5). Abs. 3 hat aber seine frühere Funktion vollständig verloren. Der eigentliche Grund für die Regelung in Abs. 3 war, dass der Zeitpunkt der Zustellung der Abschiebungsanordnung nach § 34a Abs. 1 wegen § 34a Abs. 2 AsylVfG a.F. mit dem Zeitpunkt der Vollziehbarkeit der Abschiebungsanordnung zusammenfiel. Da nach geltendem Recht Gelegenheit zur Beantragung von Eilrechtsschutz einzuräumen und die Abschiebung vor der gerichtlichen Entscheidung unzulässig ist (§ 34a Abs. 2 Satz 2), hat Abs. 3 keine Bedeutung mehr. Vielmehr richtet sich die Informationspflicht nach Maßgabe von Abs. 1. 9

§ 41

(weggefallen)

§ 42 Bindungswirkung ausländerrechtlicher Entscheidungen

[1]Die Ausländerbehörde ist an die Entscheidung des Bundesamtes oder des Verwaltungsgerichts über das Vorliegen der Voraussetzungen des § 60 Absatz 5 oder 7 des Aufenthaltsgesetzes gebunden. [2]Über den späteren Eintritt und Wegfall der Voraussetzungen des § 60 Abs. 4 des Aufenthaltsgesetzes entscheidet die Ausländerbehörde, ohne dass es einer Aufhebung der Entscheidung des Bundesamtes bedarf.

Übersicht Rdn.

A. Funktion der Vorschrift

1 S. 1 regelt die Bindungswirkung der Feststellung von Abschiebungsverboten nach § 60 Abs. 5 und 7 AufenthG für die Ausländerbehörden. Die Bindungswirkung der Entscheidung über die Asylberechtigung und den internationalen Schutz ist hingegen in § 6 geregelt. Diese bindet anders als nach Satz 1 nicht nur die Ausländerbehörden, sondern alle Behörden. Dies ist dort für Leistungsansprüche erforderlich. An die Feststellung nach § 60 Abs. 5 und 7 AufenthG knüpfen hingegen regelmäßig keine Leistungsansprüche an. Eine Regelung der Bindungswirkung aufenthaltsbeendender Maßnahmen des Bundesamts ist nicht erforderlich. Aus der das Asylverfahrensrecht beherrschenden *Trennung* zwischen der *behördlichen Zuständigkeit für die Anordnung aufenthaltsbeendender Maßnahmen* einerseits und dem *Vollzug dieser Maßnahmen* andererseits folgt, dass die Zuständigkeit der Ausländerbehörden insoweit allein auf die Verwaltungsvollstreckung reduziert ist. Anders als nach § 6 Satz 1, der die Bindungswirkung der statusrechtliche Entscheidung über die Asylberechtigung und den internationalen Schutz für alle anderen Behörden, insbesondere Leistungsbehörden, anordnet, ist Adressat von Satz 1 ausschließlich die Ausländerbehörde. Nur diese ist für die Vollstreckung aufenthaltsbeendender Maßnahmen zuständig.

2 Die Sachkompetenz für den Erlass der Abschiebungsandrohung bzw. Abschiebungsanordnung als erstem Teil des Vollstreckungsverfahrens obliegt dem Bundesamt. Die Zuständigkeit der Ausländerbehörden ist lediglich auf die weitere Durchführung des Vollstreckungsverfahrens begrenzt. Andererseits wirkt der Feststellungsakt des Bundesamtes nach § 60 Abs. 5 und 7 AufenthG nur im Verhältnis zwischen den Verfahrensbeteiligten (§ 121 VwGO), also zwischen der Bundesrepublik und dem Asylsuchenden, entfaltet mithin keine rechtliche Wirkung im Verhältnis zu der nicht am Verfahren beteiligten Ausländerbehörde. Deshalb stellt Satz 1 sicher, dass die Feststellung eines Abschiebungsverbots nach § 60 Abs. 5 oder 7 AufenthG auch der Ausländerbehörde gegenüber rechtliche Wirkung entfaltet, obwohl dieser wegen der Kompetenzzuweisung an das Bundesamt eine eigene Prüfung untersagt ist (*Treiber*, in: GK-AsylG, II, § 42 Rn. 3). Lediglich hinsichtlich der Durchbrechung der Bindungswirkung für das Auslieferungsverfahrens enthält Satz 2 vergleichbar der Regelung in § 6 Satz 2 eine Abweichung von dieser Regel.

B. Bindungswirkung nach Satz 1

I. Inhalt der Bindungswirkung nach Satz 1

3 Die Ausländerbehörde ist an die Feststellung eines Abschiebungsverbots nach § 60 Abs. 5 oder 7 AufenthG ohne Ausnahme gebunden (BT-Drucks. 12/2062, S. 34). Satz 1 stellt damit vergleichbar der Regelung in § 6 Satz 1 eine Grundsatzregel auf, die zunächst auch für das Abschiebungsverbot des § 60 Abs. 4 AufenthG gilt. Aus Satz 2 kann im Umkehrschluss entnommen werden, dass mit Ausnahme des Abschiebungsverbots nach § 60 Abs. 4 AufenthG die Ausländerbehörde auch bei *nachträglichem Wegfall* des Abschiebungsverbots an die Entscheidung des Bundesamtes gebunden ist. Die Bindungswirkung der Feststellung entfällt ferner im Verfahren

der Abschiebungsanordnung nach § 58a AufenthG (§ 58a Abs. 3 Satz 3 Halbs. 2 AufenthG). Sie umfasst nach herrschender Meinung *positive* und *negative Feststellungen* (OVG Berlin, Beschl. v. 28.01.1994 – OVG 8 S 383.93; OVG Hamburg, NVwZ-RR 1998, 456 f. = AuAS 1998, 139; VGH BW, EZAR 043 Nr. 43; VGH BW, NVwZ-Beil. 2001, 8; *Hailbronner*, AuslR B 2 § 42 AsylVfG Rn. 6; *Bergmann*, in: Bergmann/Dienelt, AuslR, 11. Aufl., 2016, § 42 AsylG Rn. 6; *Treiber*, in: GK-AsylG, § 42 Rn. 28 f.; a.A. BayVGH, EZAR 224 Nr. 26; VG Sigmaringen, NVwZ-Beil. 1999, 5, 6; *Heinhold*, InfAuslR 1994, 411, 419 f.; offen gelassen BayVGH, InfAuslR 1996, 80, 81), sei es aufgrund eigener Prüfung und Feststellung sei es aufgrund gerichtlicher Verpflichtung.

Die herrschende Meinung räumt ein, der Gesetzeswortlaut sei insoweit nicht eindeutig. 4
Es solle aber vermeiden werden, dass die Ausländerbehörde im Anschluss an ein unanfechtbar abgeschlossenes Asylverfahren mit für den Antragsteller negativem Ergebnis zur Prüfung von Abschiebungsverboten verpflichtet werden könne (*Treiber*, in: GK-AsylG, § 42 Rn. 28 f.). Diese Begründung ist nicht überzeugend. Auch hat eine Entscheidung der Streitfrage keinen praktischen Nährwert: Verneint das Bundesamt die Voraussetzungen von § 60 Abs. 5 oder 7 AufenthG und ist diese Feststellung bestandskräftig geworden, steht § 24 Abs. 2 der erneuten Prüfung von Abschiebungsverboten durch die Ausländerbehörde entgegen. Nur das Bundesamt kann eine nochmalige Berufung auf ein Abschiebungsverbot prüfen. Da die positive Feststellung nicht angefochten werden kann, bedarf es auch keiner Vertiefung der Frage, ob die Bindungswirkung den Eintritt der Bestandskraft voraussetzt (dagegen *Hailbronner*, AuslR B 2 § 42 AsylVfG Rn. 8). Im Fall der negativen Feststellung kann diese angefochten werden. Eine Bindungswirkung für das Verwaltungsgericht besteht nicht. Die Begründung der Bindungswirkung setzt die Durchführung eines Verfahrens und eine verbindliche feststellende Regelung voraus. Das Verwaltungsgericht kann im Hauptsacheverfahren eine entsprechende Feststellung nicht treffen (BVerwG, NVwZ-Beil. 1996, 57, 58; BVerwG, InfAuslR 2000, 125, 126 = NVwZ 2000, 575 = EZAR 214 Nr. 11; BVerwG, AuAS 2008, 8; OVG Hamburg, NVwZ-Beil. 1996, 44, 45; OVG NW, NVwZ-RR 1996, 421 = AuAS 1996, 81; VGH BW, EZAR 043 Nr. 12; Thür. OVG, AuAS 1996, 236; a.A. *Bergmann*, in: Bergmann/Dienelt, AuslR, 11. Aufl., 2016, § 42 AsylG Rn. 4), sondern hierzu das Bundesamt lediglich verpflichten. Aber auch die Gegenmeinung kommt zu dem Ergebnis, dass im Eilrechtsschutzverfahren im Rahmen der Prüfung des Anordnungsanspruchs lediglich eine summarische Erfolgsprüfung, nicht aber eine vorläufige Feststellung eines Abschiebungsverbots in Betracht kommt.

Für den Fall, dass das Bundesamt zwar ein Abschiebungsverbot nach § 60 Abs. 5 oder 5
7 AufenthG festgestellt, den Staat, auf den dieses sich bezieht, jedoch in der Abschiebungsandrohung nicht bezeichnet hat, soll nach der Kommentarliteratur bereits vor der entsprechenden Aufhebung der Verfügung durch das Verwaltungsgericht (§ 59 Abs. 3 Satz 3 AufenthG) von der Ausländerbehörde das Abschiebungsverbot nach § 60 Abs. 5 und 7 AufenthG beachtet werden (*Treiber*, in: GK-AsylG, § 42 Rn. 23 f.). Das gesetzliche Aufenthaltsrecht (§ 55 Abs. 1 Satz 1) erlischt jedoch erst im Zeitpunkt der Vollziehbarkeit der Abschiebungsandrohung (§ 67 Abs. 1 Nr. 4). Da eine Abschiebungsandrohung ohne Zielstaatsangabe nicht vollziehbar ist, wird unabhängig davon,

ob die Bindungswirkung auch vor der Unanfechtbarkeit der Entscheidung nach § 31 Abs. 3 Satz 1 eintritt, durch das gesetzliche Aufenthaltsrecht nach § 55 Abs. 1 Satz 1 Abschiebungsschutz gewährleistet.

6 Ausdrücklich ordnet § 73 Abs. 3 an, dass allein das Bundesamt zur Entscheidung über Widerruf oder Rücknahme mit Blick auf die Abschiebungsverbote nach § 60 Abs. 5 und 7 AufenthG berufen ist. Aus dem fehlenden Hinweis auf § 60 Abs. 4 AufenthG in § 73 Abs. 3 in Verbindung mit Satz 2 folgt, dass die Ausländerbehörde an die Feststellung eines Abschiebungsverbots nach § 60 Abs. 5 und 7 AufenthG so lange gebunden ist, wie diese nicht in einem förmlichen Widerrufsverfahren aufgehoben worden ist. Eine spätere Änderung der Sach- oder Rechtslage hebt deshalb die Bindungswirkung nicht auf (*Bergmann*, in: Bergmann/Dienelt, AuslR, 11. Aufl., 2016, § 42 AsylG Rn. 7). Vielmehr kann sie außer in den Fällen des § 60 Abs. 4 AufenthG nur durch ein förmliches Verfahren durch das Bundesamt selbst aufgehoben werden.

II. Maßgeblichkeit der Entscheidung des Bundesamtes

7 Die Bindungswirkung bezieht sich auf die Entscheidungen des Bundesamtes. Das Bundesamt ist nach § 24 Abs. 2 nach Stellung eines Asylantrages für die Prüfung von Abschiebungsverboten zuständig und trifft die Sachentscheidung nach § 31 Abs. 3 Satz 1. Die in Satz 1 geregelte Bindungswirkung ergreift ferner auch die aufgrund gerichtlicher Verpflichtungsurteile festgestellten Abschiebungsverbote. Nur das Bundesamt und nicht das Verwaltungsgericht kann eine entsprechende Feststellung treffen (Rdn. 4).Für die Klageart der *Verpflichtungsklage* sprechen systematische Gründe (Thür. OVG, AuAS 1996, 236; VGH BW, EZAR 043 Nr. 12; OVG NW, NVwZ-RR 1996, 421, 422). Für die Wirkung der Bindungswirkung nach Satz 1 ist es daher unerheblich, ob das Bundesamt aufgrund eigener Sachprüfung oder aufgrund gerichtlicher Feststellung die Sachentscheidung nach § 31 Abs. 3 Satz 1 getroffen hat. In beiden Fällen liegt eine Sachentscheidung vor.

8 Die Bindungswirkung des Satz 1 kann nur soweit gehen wie die Kompetenz des Bundesamtes nach § 24 Abs. 2 reicht. § 31 Abs. 3 Satz 1 gibt dem Bundesamt lediglich die Sachkompetenz, im Zusammenhang mit einem Asylverfahren auch Regelungen über Abschiebungsverbote nach § 60 Abs. 5 und 7 AufenthG zu treffen. Wird kein Asylantrag gestellt, sondern werden Abschiebungsverbote nach § 60 Abs. 5 und 7 AufenthG unabhängig von einem Asylantrag geltend gemacht, entsteht keine Sachkompetenz des Bundesamtes. Daher ist dieses auch nicht zur Entscheidung über diese Abschiebungsverbote außerhalb des Asylverfahrens berufen. Die Bindungswirkung nach Satz 1 kann nicht eintreten. Stellt der Betroffene keinen Asylantrag, hat die Ausländerbehörde vor der Vollziehung aufenthaltsbeendender Maßnahmen nach vorheriger Beteiligung des Bundesamtes Abschiebungsverbote nach § 60 Abs. 5 und 7 AufenthG in eigener Zuständigkeit zu prüfen (§ 72 Abs. 2 AufenthG). Eine unabhängig von einem Asylantrag bestehende isolierte Zuständigkeit des Bundesamtes für die Prüfung der Abschiebungsverbote nach § 60 Abs. 5 und 7 AufenthG hat der Gesetzgeber

nicht vorgesehen. Es bleibt damit auch insoweit bei der originären Zuständigkeit der Ausländerbehörde.

9 Hat die Ausländerbehörde bereits in einem früheren Stadium Abschiebungsverbote nach § 60 Abs. 5 oder 7 AufenthG geprüft und zugunsten des Antragstellers festgestellt, ist sie an die Bestandskraft ihrer Feststellungen nach allgemeinem Verwaltungsverfahrensrecht gebunden. Bei nachträglichem Wegfall der für die Feststellung des Abschiebungsverbote maßgeblichen Voraussetzungen kann sie aus eigener Zuständigkeit die Feststellung widerrufen. Regelmäßig stellen die Ausländerbehörden jedoch nicht in einem förmlichen Verfahren Abschiebungsverbote fest. Vielmehr werden diese im ausländerbehördlichen Verfahren lediglich inzidenter geprüft.

III. Rechtsfolge der Bindungswirkung nach Satz 1

10 Die Feststellung des Bundesamtes, dass Abschiebungsverbote nach § 60 Abs. 5 oder 7 AufenthG vorliegen, *bindet* nach Satz 1 lediglich die *Ausländerbehörde.* Danach besteht anders als nach § 6 Satz 1 *keine generelle Verbindlichkeit* dieser Entscheidung in allen anderen Angelegenheiten, in denen das Vorliegen von Abschiebungsverboten erheblich ist (*Treiber*, in: GK-AsylG, § 42 Rn. 42; Rdn. 1). Anders als die statusrechtliche Entscheidung über die Asylberechtigung und den internationalen Schutz, die positive Leistungsansprüche begründet, hat die zunächst bloß negatorisch wirkende Feststellung eines Abschiebungsverbots nach § 60 Abs. 5 oder 7 AufenthG keine darüber hinausgehenden Rechtsfolgen. Deshalb konnte sich der Gesetzgeber auf die bindende Anordnung an die Ausländerbehörde nach Satz 1 beschränken. Satz 2 durchbricht allerdings im Hinblick auf das Abschiebungsverbot nach § 60 Abs. 4 AufenthG die Bindungswirkung nach Satz 1. Grundsätzlich gilt sie so lange, wie das Bundesamt die Wirksamkeit nicht durch Widerruf oder Rücknahme (§ 73 Abs. 3) beseitigt hat. Bis dahin ist die Ausländerbehörde an die Feststellung des Bundesamtes nach § 60 Abs. 5 und 7 AufenthG gebunden.

C. Durchbrechung der Bindungswirkung im Auslieferungsverfahren (S. 2)

11 S. 2 ordnet an, dass die Ausländerbehörde über den späteren Eintritt und Wegfall des Abschiebungsverbots nach § 60 Abs. 5 und 7 AufenthG entscheidet, ohne dass es einer Aufhebung der Entscheidung durch das Bundesamt bedarf. Festzuhalten ist aber, dass das Bundesamt im Rahmen seiner Sachkompetenz nach § 31 Abs. 3 Satz 1 zunächst über alle Abschiebungsverbote des § 60 Abs. 5 und 7 AufenthG eine in Bestandskraft erwachsende Einzelfallregelung trifft. An diese ist die Ausländerbehörde im Vollstreckungsverfahren gebunden. Will sie sich über die Bestandskraft hinwegsetzen, setzt dies eine bestandskräftige Aufhebung der Sachentscheidung nach § 31 Abs. 3 Satz 1 durch das Bundesamt im Rahmen eines Widerrufsverfahrens (§ 73 Abs. 3) voraus. Lediglich für das Abschiebungsverbot nach § 60 Abs. 4 AufenthG verlangt § 73 Abs. 3 keinen Widerruf. § 60 Abs. 4 AufenthG verbietet die Abschiebung nur bis zur Entscheidung über die Auslieferung. Von seiner Natur her kann die Feststellung des Abschiebungsverbots nach § 60 Abs. 4 AufenthG damit auch nicht widerrufen werden. Dies rechtfertigt ein vereinfachtes Verfahren.

12 Nachträglich eingetreten ist das Abschiebungsverbot nach § 60 Abs. 4 AufenthG, wenn bei den zuständigen Strafverfolgungsbehörden ein *förmliches Auslieferungsersuchen* oder ein mit der Ankündigung des Auslieferungsersuchens verbundenes Festnahmeersuchen eingeht. Weggefallen ist das Abschiebungsverbot, wenn das OLG die Auslieferung für zulässig erklärt und die Bundesregierung diese bewilligt hat. Das Abschiebungsverbot nach § 60 Abs. 4 AufenthG ist lediglich ein *vorübergehendes* Abschiebungsverbot *formeller Art* (VGH BW, InfAuslR 1994, 27). Die Vorschrift soll den *Vorrang des Auslieferungsverfahrens* sichern. Hieraus leitet die Rechtsprechung ab, dass die Abschiebungssperre mithin *auflösend bedingt* durch die – positive oder negative – Entscheidung des OLG über die Zulässigkeit der Auslieferung sei (VGH BW, InfAuslR 1994, 27). Diese Ansicht greift jedoch zu kurz und verkennt die besondere Eigenart des Auslieferungsverfahrens. Aus völkerrechtlicher Sicht kommt es auf die Bewilligungsentscheidung der Bundesregierung und nicht auf die zeitlich vorausliegende innerstaatliche Entscheidung des Strafgerichts an. Aus dem *Verbot der verschleierten Auslieferung* (Rdn. 14) folgt vielmehr, dass die auflösende Bedingung erst mit der Bewilligung der Auslieferung durch die Bundesregierung eintritt.

13 Die Ausländerbehörde entscheidet aus eigener Zuständigkeit über den Eintritt wie über den Wegfall des Abschiebungsverbots des § 60 Abs. 4 AufenthG. Tritt dieses nach der Sachentscheidung des Bundesamts ein, hat die Ausländerbehörde aus eigener Sachkompetenz im Rahmen des Vollstreckungsverfahrens zu prüfen, ob das anhängige Auslieferungsverfahren der Abschiebung entgegensteht. Die Bindungswirkung nach Satz 1 reicht nur so weit wie der Regelungsbereich nach § 31 Abs. 3 Satz 1. Wird kein Asylantrag gestellt, ist die Ausländerbehörde unmittelbar durch § 60 Abs. 4 AufenthG gebunden. War dem Bundesamt das Auslieferungsverfahren nicht bekannt oder war es im Zeitpunkt seiner Sachentscheidung noch nicht anhängig, konnte es das Abschiebungsverbot nach § 60 Abs. 4 AufenthG bei seiner Entscheidung auch nicht berücksichtigen. Die Regelung in Satz 2 verpflichtet die Ausländerbehörde, das ihr aufgrund des Sachvorbringens oder sonst bekannt werdende Auslieferungsverfahren im Rahmen des Vollstreckungsverfahrens zu berücksichtigen. Ein Ermessen steht ihr nicht zu.

14 Soll der Auszuliefernde zum Zwecke der Strafverfolgung oder Vollstreckung einem anderen Staat zugeführt werden, kommt hierfür allein die Auslieferung, nicht aber eine aufenthaltsbeendende Maßnahmen in Betracht. Eine andere Verfahrensweise würde gegen das *Verbot der verschleierten Auslieferung* verstoßen (*Buschbeck*, Verschleierte Auslieferung durch Ausweisung, S. 31 ff.; *Ruidisch*, Einreise, Aufenthalt und Ausweisung im Recht der Bundesrepublik Deutschland, S. 221 ff.; OVG NW, OVGE 24, 158). Das Abschiebungsverbot des § 60 Abs. 4 AufenthG untersagt die Vollziehung aufenthaltsbeendender Maßnahmen *bis zur Entscheidung über die Auslieferung*. Erst wenn die Bundesregierung die Auslieferung bewilligt hat, darf die Auslieferung durchgeführt werden. Eine Abschiebung ist aber auch in diesem Fall nicht zulässig. Abschiebung einerseits und Auslieferung andererseits verfolgen unterschiedliche Zwecke. Die Auslieferung ist ein zwischenstaatliches Rechtshilfeverfahren. Die Abschiebung ist dagegen eine innerstaatliche Sicherungsmaßnahme des Aufenthaltsstaates, die allein dessen innerstaatlichen Bedürfnissen entspricht (BayVGH, VGH n.F. 24, 123). Bei

der Auslieferung wird der Verfolgte im Fall der Bewilligung stets an die Behörden des ersuchenden Staates übergeben. Dagegen ist die Abschiebung lediglich die zwangsweise Entfernung des Ausländers aus dem Gebiet des Aufenthaltsstaates.

Eine Abschiebung anstelle einer Auslieferung kann daher völkerrechtlich bedenklich sein. § 60 Abs. 4 AufenthG hat keine eigenständige Bedeutung. Vielmehr ergibt sich schon aus dem Verbot der verschleierten Auslieferung, dass während eines förmlichen Auslieferungsersuchens oder eines mit der Ankündigung eines Auslieferungsersuchens verbundenen Festnahmeersuchens die Abschiebung untersagt ist. Hat das Bundesamt keine Abschiebungsverbote festgestellt, hindert das nachträgliche Auslieferungsersuchen gleichwohl die Durchführung der Abschiebung. Unklar ist, was mit dem Wegfall des Hindernisses nach Satz 2 gemeint ist. Bewilligt die Bundesregierung die Auslieferung, wird der Betreffende ausgeliefert. Satz 2 ist überflüssig, da über die Auslieferung nicht nach abschiebungsrechtlichen, sondern ausschließlich nach auslieferungsrechtlichen Gesichtspunkten entschieden wird. Bewilligt die Bundesregierung die Auslieferung nicht, darf der Betreffende nicht in den ersuchenden Staat ausgeliefert werden. Diese politische Entscheidung hindert grundsätzlich auch die Abschiebung in den ersuchenden Staat, da hierfür regelmäßig Auslieferungsverbote (Folter, Todesstrafe) maßgebend sind, die auch im Recht des Abschiebungsschutzes erheblich sind. Wird die Auslieferung aus politischen Gründen nicht bewilligt, dürfte regelmäßig eine Entscheidung nach § 23 Abs. 1 AufenthG getroffen werden. 15

§ 43 Vollziehbarkeit und Aussetzung der Abschiebung

(1) War der Ausländer im Besitz eines Aufenthaltstitels, darf eine nach den Vorschriften dieses Gesetzes vollziehbare Abschiebungsandrohung erst vollzogen werden, wenn der Ausländer auch nach § 58 Abs. 2 Satz 2 des Aufenthaltsgesetzes vollziehbar ausreisepflichtig ist.

(2) [1]Hat der Ausländer die Verlängerung eines Aufenthaltstitels mit einer Gesamtgeltungsdauer von mehr als sechs Monaten beantragt, wird die Abschiebungsandrohung erst mit der Ablehnung dieses Antrags vollziehbar. [2]Im Übrigen steht § 81 des Aufenthaltsgesetzes der Abschiebung nicht entgegen.

(3) [1]Haben Familienangehörige im Sinne des § 26 Absatz 1 bis 3 gleichzeitig oder jeweils unverzüglich nach ihrer Einreise einen Asylantrag gestellt, darf die Ausländerbehörde die Abschiebung vorübergehend aussetzen, um die gemeinsame Ausreise der Familie zu ermöglichen. [2]Sie stellt dem Ausländer eine Bescheinigung über die Aussetzung der Abschiebung aus.

Übersicht Rdn.

A. Funktion der Vorschrift

1 Die Vorschrift regelt die Zulässigkeit aufenthaltsbeendender Maßnahmen nach § 34 bis § 35 in ihrem Verhältnis zu einem Aufenthaltstitel nach allgemeinem Ausländerrecht. Nach dem bis 1982 geltenden Recht waren die hier angesprochenen Fragen in § 28 Abs. 7 AuslG 1982 geregelt. Danach fand die nach allgemeinem Ausländerrecht üblicherweise eintretende *Fiktionswirkung* einer beantragten Aufenthaltsgenehmigung (§ 69 Abs. 2 und 3 AuslG 1990) nach unanfechtbarem Abschluss eines erfolglos durchgeführten Asylverfahrens keine Anwendung. Nunmehr ist diese Fallgestaltung in Abs. 2 Satz 2 geregelt. Während § 34 bis § 35 die Zulässigkeit aufenthaltsbeendender Maßnahmen und § 36 bzw. § 34a Abs. 2 den hiergegen möglichen Eilrechtsschutz regelt, enthält § 43 generelle Regelungen über die Vollziehbarkeit einer nach § 34 bis § 35 verfügten aufenthaltsbeendenden Maßnahme unter Berücksichtigung allgemeiner ausländerrechtlicher Vorschriften.

B. Vollziehbarkeit der Ausreisepflicht nach Abs. 1

I. Anwendungsbereich von Abs. 1

2 Nach Abs. 1 darf für den Fall, dass der Antragsteller im Besitz eines Aufenthaltstitels war, die Abschiebungsandrohung nach § 34 und § 35 erst vollzogen werden, wenn er auch nach § 58 Abs. 2 Satz 2 AufenthG vollziehbar ausreisepflichtig ist. Da die Abschiebungsanordnung in Abs. 1 nicht in Bezug genommen wird, gilt dies für diese nicht. Die Abschiebung setzt eine *vollziehbare Ausreisepflicht* des Antragstellers voraus. Die Abschiebungsandrohung ist grundsätzlich vollziehbar, wenn die Ausreisefrist nach § 36 Abs. 1 oder § 38 abgelaufen ist. Das Eilrechtsschutzverfahren nach § 36 Abs. 3 und 4 führt lediglich zur Unterbrechung der Frist (§ 51 Abs. 6 AufenthG). Nach unanfechtbarem Abschluss dieses Verfahrens bedarf es daher keiner erneuten Fristsetzung. War der Antragsteller im Besitz eines Aufenthaltstitels (§ 4 AufenthG), darf eine nach § 34, § 35 vollziehbare Abschiebungsandrohung nicht vollzogen werden, wenn der Antragsteller nicht auch nach § 58 Abs. 2 Satz 2 AufenthG vollziehbar ausreisepflichtig ist. Abs. 1 stellt also für die Fälle, in denen ein anderes ausländerbehördliches Verfahren zur Aufenthaltsbeendigung noch anhängig ist, klar, dass eine im Asylverfahren erlassene Abschiebungsandrohung erst vollzogen werden darf, wenn die Voraussetzungen des § 58 Abs. 2 Satz 2 AufenthG gegeben sind (BT-Drucks. 12/2062, S. 34).

3 Abs. 1 ist im Zusammenhang damit zu sehen, dass eine Abschiebungsandrohung nach dem AsylG nicht ergehen darf, wenn der Antragsteller im Zeitpunkt der Entscheidung des Bundesamtes im Besitz eines Aufenthaltstitels ist (§ 34 Abs. 1 Satz 1 Nr. 4). Der

Antragsteller kann aus einer Vielzahl von asylunabhängigen Gründen während des Asylverfahrens in den Besitz des Aufenthaltstitels gelangt sein (*Hailbronner*, AuslR B 2 § 43 AsylVfG Rn. 5; *Bergmann*, in: Bergmann/Dienelt, AuslR, 11. Aufl., 2016, § 43 AsylG Rn. 3). Hier ist insbesondere an eine Eheschließung mit deutschen Staatsangehörigen (§ 28 Abs. 1 Satz 1 Nr. 1 AufenthG) oder Ausländern mit verfestigtem Aufenthaltsstatus (§ 30 Abs. 1 AufenthG) oder daran zu denken, dass während des Aufenthalts ein deutsches Kind des Betreffenden geboren wurde, für das diesem die Personensorge obliegt (vgl. § 28 Abs. 1 Satz 1 Nr. 3 AufenthG). Auch in diesen Fällen darf keine Abschiebungsandrohung verfügt werden (§ 34 Abs. 1 Satz 1 Nr. 4). In diesen wie in allen Fällen, in denen der Antragsteller im Zeitpunkt der Entscheidung über die Abschiebungsandrohung im Besitz eines Aufenthaltstitels war, findet Abs. 1 keine Anwendung.

Läuft hingegen die Geltungsdauer des Aufenthaltstitels nach Abschluss des Asylver- 4
fahrens ab, findet § 34, § 35 keine Anwendung. Vielmehr ist der Aufenthalt nach allgemeinem Ausländerrecht zu beenden. Dem steht die frühere Rechtsprechung des BVerwG zu § 28 AsylVfG 1982 nicht entgegen. Zwar hatte das BVerwG in der Regelung des § 28 Abs. 1 AsylVfG 1982 die spezielle Rechtsgrundlage für aufenthaltsbeendende Maßnahmen in allen Fällen gesehen, in denen der Antragsteller keinen anderen Rechtstitel für seinen Aufenthalt hatte als sein erfolglos gebliebenes Asylverfahren (BVerwGE 74, 189, 194 = EZAR 201 Nr. 9 = InfAuslR 1986, 229). Auch kam es nicht darauf an, ob im Entscheidungszeitpunkt der Asylbescheid unanfechtbar war oder nicht. Sobald dem Antragsteller aber unabhängig vom Asylverfahren der Aufenthalt rechtlich ermöglicht wurde, konnte § 28 Abs. 1 Satz 1 AsylVfG 1982 nicht mehr als Rechtsgrundlage für aufenthaltsbeendende Maßnahmen herangezogen werden (BVerwGE 74, 189, 194 f.). Hiermit ist die Rechtslage nach § 34 Abs. 1 Satz 1 vergleichbar. Besitzt der Antragsteller im Zeitpunkt des Verfahrensabschlusses einen Aufenthaltstitel, darf die Abschiebungsandrohung nicht erlassen werden. Ein Rückgriff auf § 34 ist bei nachträglichem Ablauf der Geltungsdauer des Aufenthaltstitels nicht zulässig (§ 34 Rdn. 18 ff.). Das Bundesamt hat zum Zeitpunkt seiner Sachentscheidung zugleich auch die Voraussetzungen der Abschiebungsandrohung zu prüfen. Liegen die hierfür maßgeblichen Voraussetzungen in diesem Zeitpunkt nicht vor, darf es die Abschiebungsandrohung weder zu diesem noch zu irgendeinem anderen Zeitpunkt erlassen.

Zuständig für aufenthaltsbeendende Maßnahmen ist in diesen Fällen vielmehr die 5
Ausländerbehörde. Sie ist bei der Prüfung aufenthaltsbeendender Maßnahmen allerdings insbesondere an die Entscheidung des Bundesamtes über das Vorliegen von Abschiebungsverboten nach § 60 Abs. 5 und 7 AufenthG gebunden (§ 42 Satz 1). Abs. 1 ist damit erkennbar auf den Fall gemünzt, in dem der Antragsteller zwar früher im Besitz eines Aufenthaltstitels war, diesen im Zeitpunkt der Entscheidung des Bundesamtes über die Abschiebungsandrohung jedoch nicht mehr besitzt. Abs. 1 regelt die *Parallelität* von nebeneinander laufenden *Verfahren* mit dem Ziel der *Aufenthaltsbeendigung*. Das anderweitige aufenthaltsbeendende Verfahren kann bereits im Zeitpunkt der Entscheidung nach § 34, § 35 anhängig, es kann aber auch nachträglich eingeleitet worden sein. Die gesetzliche Begründung verweist auf ein »anderweitiges

ausländerbehördliches Verfahren zur Aufenthaltsbeendigung« und damit insoweit insbesondere auf das Ausweisungsverfahren (BT-Drucks. 12/2062, S. 34). Abs. 1 kann also nicht auf den Fall Anwendung finden, in dem der Antragsteller im Zeitpunkt der Entscheidung über die Abschiebungsandrohung nach § 34 noch im Besitz des Aufenthaltstitels war. Denn die Ausweisung führt mit Bekanntgabe unmittelbar den nicht rechtmäßigen Aufenthalt herbei (§ 51 Abs. 1 Nr. 5 AufenthG). Vielmehr ist der Anwendungsbereich von Abs. 1 auf die Fälle begrenzt, in denen bereits im Zeitpunkt der Entscheidung des Bundesamtes über die Abschiebungsandrohung oder erst nachträglich ein allgemeines ausländerrechtliches Verfahren zur Aufenthaltsbeendigung anhängig war bzw. eingeleitet worden ist.

II. Rechtsfolge von Abs. 1

6 In diesen Fällen erlässt das Bundesamt die Abschiebungsandrohung nach Maßgabe der § 34, § 35. Zugleich führt die Ausländerbehörde ihrerseits nach allgemeinem Ausländerrecht Maßnahmen zur Aufenthaltsbeendigung durch. Sofern im allgemeinen ausländerrechtlichen Verfahren die Abschiebungsandrohung bzw. Ausweisung vor der Vollziehbarkeit der asylverfahrensrechtlichen Abschiebungsandrohung vollziehbar wird, besteht kein Bedürfnis für eine Sonderregelung. Abs. 1 findet keine Anwendung (*Funke-Kaiser,* in: GK-AsylG II, § 43 Rn. 6). Vielmehr darf die Abschiebungsandrohung nach § 34, § 35 unabhängig von der Vollziehbarkeit der allgemeinen ausländerrechtlichen aufenthaltsbeendenden Maßnahme erst vollzogen werden, wenn diese ihrerseits ebenfalls vollziehbar geworden ist. Umgekehrt ordnet Abs. 1 an, dass auch beim Eintritt der Vollziehbarkeit der Abschiebungsandrohung nach § 34, § 35 die Ausländerbehörde diese erst vollziehen darf, wenn die nach allgemeinem Ausländerrecht erlassene aufenthaltsbeendende Maßnahme vollziehbar geworden ist (BT-Drucks. 12/2062, S. 34). Wann dies der Fall ist, hat die Ausländerbehörde nach Maßgabe des § 58 Abs. 2 Satz 2 AufenthG zu entscheiden (Abs. 1).

C. Antrag auf Verlängerung des Aufenthaltstitels (Abs. 2 Satz 1)

7 Während Abs. 1 eine Sonderregelung für die Fälle trifft, in denen der Antragsteller zwar früher im Besitz eines Aufenthaltstitels war, im Zeitpunkt der Entscheidung nach § 34, § 35 jedoch ein aufenthaltsbeendendes Verfahren anhängig ist (Rdn. 2 ff.), regelt Abs. 2 die Frage, welche *Rechtswirkung* einem Antrag auf Verlängerung des Aufenthaltstitels im Zeitpunkt des Erlasses der asylverfahrensrechtlichen Abschiebungsandrohung zukommt. Diese Differenzierung wird aus den verunglückt formulierten Vorschriften von Abs. 1 und 2 nicht deutlich. Eine gesetzessystematische Interpretation legt sie jedoch nahe. Abs. 1 und 2 stehen in einem wie im anderen Fall dem Erlass der asylverfahrensrechtlichen Abschiebungsandrohung nicht entgegen. Hat der Antragsteller im Zeitpunkt der Entscheidung des Bundesamtes keinen Aufenthaltstitel, hat dieses unter den Voraussetzungen der § 34, § 35 *zwingend* die Abschiebungsandrohung zu erlassen. Abs. 1 und 2 setzen damit eine bereits verfügte Abschiebungsandrohung voraus. Während Abs. 1 bei der Regelung der Vollziehbarkeit der nach allgemeinem Ausländerrecht ergangenen aufenthaltsbeendenden Maßnahme Vorrang einräumt, enthält Abs. 2 Satz 1 eine Privilegierung des Antrags auf Verlängerung des

Aufenthaltstitels von mehr als sechs Monaten. Abs. 2 Satz 2 übernimmt hingegen die frühere Regelung des § 28 Abs. 7 AsylVfG 1982.

Abs. 2 stellt klar, dass der bloße *Antrag* auf Verlängerung des Aufenthaltstitels nicht den Erlass der Abschiebungsandrohung hindert. Vielmehr wird die Vollziehbarkeit der asylverfahrensrechtlichen Abschiebungsandrohung über die Ausreisefrist der § 36 Abs. 1 und § 38 hinaus auf den Zeitpunkt der Ablehnung des Verlängerungsantrags und damit auf die Beendigung der Fortgeltungsfiktion nach § 81 Abs. 4 AufenthG hinausgeschoben. Gefordert wird aber, dass der Aufenthaltstitel, dessen Verlängerung beantragt wird, eine *Gesamtgeltungsdauer von mehr als sechs Monaten* hat. Die Mindestgeltungsdauer von sechs Monaten ist ein wesentliches Merkmal der Vorschriften des AsylG (§ 14 Abs. 2 Satz Nr. 1, § 43 Abs. 2 Satz 1, § 55 Abs. 2 Satz 1). Dies wird insbesondere Studenten und Arbeitnehmer betreffen. Lehnt die Ausländerbehörde den Verlängerungsantrag ab, wird die Abschiebungsandrohung nach § 34, § 35 vollziehbar, vorausgesetzt, die hierfür maßgeblichen asylverfahrensrechtlichen Spezialvorschriften sind erfüllt. 8

Wird im Fall der Ablehnung des Verlängerungsantrags Eilrechtsschutz beantragt, findet Abs. 1 Anwendung. Bis zum Eintritt der Vollziehbarkeit der mit der Ablehnung des Verlängerungsantrags zugleich verfügten Abschiebungsandrohung nach § 59 Abs. 1 AufenthG darf eine nach § 34, § 35 vollziehbare Abschiebungsandrohung nicht vollzogen werden (Abs. 1). Abs. 2 Satz 1 ist auf den *Verlängerungsantrag* gemünzt, setzt also den vorherigen *Besitz* eines Aufenthaltstitels voraus. Ist dessen Geltungsdauer im Zeitpunkt der Entscheidung über die Abschiebungsandrohung nach § 34, § 35 abgelaufen, erlässt das Bundesamt zwar die Verfügung. Diese darf aber erst vollzogen werden, wenn auch eine vollziehbare Ausreisepflicht nach § 58 Abs. 2 Satz 2 AufenthG besteht (Abs. 1). Beantragt der Antragsteller nach Ablehnung seines Verlängerungsantrags Eilrechtsschutz gegen die sofortige Vollziehung der Abschiebungsandrohung nach § 59 Abs. 1 AufenthG mit einem Antrag nach § 80 Abs. 5 VwGO, wird diese erst nach unanfechtbarer Entscheidung des Eilrechtsschutzantrags vollziehbar. Bis zu diesem Zeitpunkt ist der Antragsteller nicht nach § 58 Abs. 2 Satz 2 AufenthG ausreisepflichtig. Im allgemeinen ausländerrechtlichen Eilrechtsschutzverfahren findet § 80 keine Anwendung. Daher kann Beschwerde nach § 146 Abs. 1 VwGO erhoben werden. 9

Vor dem Hintergrund dieser Rechtslage wird Abs. 2 Satz 1 verständlich. Hierdurch wird angeordnet, dass bis zur ausländerbehördlichen Entscheidung über den Verlängerungsantrag die asylverfahrensrechtliche Abschiebungsandrohung nicht vollzogen werden darf. Beantragt der Antragsteller im aufenthaltsrechtlichen Verlängerungsverfahren Eilrechtsschutz gegen die sofortige Vollziehung der Abschiebungsandrohung nach § 59 Abs. 1 AufenthG, ist er für die Dauer des Eilrechtsschutzverfahrens kraft Abs. 1 gegen Abschiebung geschützt. Der Wortlaut von Abs. 2 Satz 1 ist eindeutig: Mit behördlicher Ablehnung des ausländerrechtlichen Verlängerungsantrags tritt Vollziehbarkeit der asylverfahrensrechtlichen Abschiebungsandrohung ein. Dem Antrag auf Verlängerung muss der Besitz eines Aufenthaltstitels vorausgegangen sein. Wie lange dieser gültig war, ist unerheblich. Abs. 1 stellt an den als Abs. 2 Satz 1 allein auf 10 den Besitz des Aufenthaltstitels ab, verlangt also nicht eine bestimmte Geltungsdauer. Wird der Verlängerungsantrag durch die Ausländerbehörde abgelehnt, hindert der Eilrechtsschutzantrag den Eintritt der Vollziehbarkeit nach § 58 Abs. 2 Satz 2 AufenthG, sodass Abschiebungsschutz nach Abs. 1 eingreift.

11 Die Stattgabe des auf das allgemeine Ausländerrecht bezogenen Eilrechtsschutzantrags bewirkt demgegenüber nicht rückwirkend den Eintritt der Fiktionswirkung nach § 81 Abs. 4 AufenthG. Die Stattgabe des Antrags nach § 80 Abs. 5 VwGO hat lediglich die Aussetzung der Abschiebung zur Folge (Vollziehbarkeitshemmung), hebt dagegen nicht die für die Anwendung des § 81 Abs. 4 AufenthG maßgebende Behördenentscheidung auf. Die Ablehnung des Verlängerungsantrags wird durch die Eilrechtsschutzentscheidung nicht aufgehoben. Die Versagungsverfügung wird erst nach ihrer unanfechtbarer Aufhebung aufgehoben (§ 84 Abs. 2 Satz 3 AufenthG). Die gerichtliche Aussetzung der Abschiebung hindert jedoch den Eintritt der vollziehbaren Ausreisepflicht nach § 58 Abs. 2 Satz 2 AufenthG, sodass in diesem Fall Abschiebungsschutz nach Abs. 1 gegeben ist. Die Stattgabe des Eilrechtsschutzantrags hat nach Abs. 1 unmittelbar zur Folge, dass die nach § 34, § 35 verfügte Abschiebungsandrohung nicht vollzogen werden darf. Erst wenn im Hauptsacheverfahren unanfechtbar die Versagungsverfügung bestätigt wird, darf die asylrechtliche Abschiebungsandrohung vollzogen werden (§ 58 Abs. 2 Satz 2 AufenthG).

D. Bedeutung der Fortgeltungsfiktionswirkung nach § 81 Abs. 4 AufenthG (Abs. 2 Satz 2)

12 Abs. 2 Satz 2 übernimmt die Regelung des § 28 Abs. 7 AsylVfG 1982 und ist so zu verstehen, dass über die in Abs. 1 und Abs. 2 Satz 1 geregelten Fälle hinaus, die Vollziehbarkeit der Abschiebungsandrohung nach § 34, § 35 nicht hinausgeschoben wird. Damit kann der im Asylverfahren erfolglos gebliebene Antragsteller nicht durch *erstmalige Beantragung* eines Aufenthaltstitels die Abschiebung verzögern. Vielmehr beseitigt Abs. 2 Satz 2 die ansonsten nach § 81 Abs. 2 AufenthG eintretende Fortgeltungsfiktionswirkung (§ 55 Abs. 2 Satz 1). Wird die Verlängerung eines bereits erteilten Aufenthaltstitels mit einer Gesamtgeltungsdauer von mehr als sechs Monaten beantragt, greift Abs. 2 Satz 1 ein. Der Ausschluss der Fiktionswirkung nach Abs. 2 Satz 2 soll verhindern, dass der gescheiterte Asylsuchende seine Ausreiseverpflichtung und die ergangene Abschiebungsandrohung durch die *erstmalige Stellung* eines Antrags auf Erteilung eines Aufenthaltstitels unterlaufen, d.h. gegenstandslos machen und damit seinen Aufenthalt im Bundesgebiet verlängern kann (OVG Hamburg, EZAR 221 Nr. 31 = NVwZ-RR 1989, 50; *Hailbronner,* AuslR B 2 § 43 AsylVfG Rn. 14). Allerdings wird für den Antrag auf Erteilung eines Aufenthaltstitels ein rechtmäßiger Aufenthalt vorausgesetzt (§ 81 Abs. 3 und 4 AufenthG). Aufgrund der 2005 geänderten Regelung der Erlaubnisfiktion dürfte Abs. 2 Satz 2 bedeutungslos geworden sein.

E. Aussetzung der Abschiebung zugunsten der Ehegatten und Kinder (Abs. 3)

I. Funktion des Abs. 3

Abs. 3 Satz 1 gibt der Ausländerbehörde die Möglichkeit, bei unterschiedlichem Verlauf der Asylverfahren der einzelnen Familienangehörigen »entgegen den Vorschriften des AufenthG« durch Aussetzung der Abschiebung eine »gemeinsame Ausreise der Familie zu ermöglichen« (BT-Drucks. 12/2062, S. 34). Abs. 3 hat also eine gewisse kompensatorische Funktion für die strikten Regelungen über den Erlass der Abschiebungsandrohung sowie die Setzung der Ausreisefrist nach den asylverfahrensrechtlichen Spezialvorschriften. Zwar muss der Grundsatz der Familieneinheit nach dem Willen des Gesetzgebers, der insoweit an die Rechtsprechung anknüpft (BVerwG, DVBl 1981, 775; BVerwG, NVwZ 1985, 50; OVG Berlin, EZAR 221 Nr. 33), in dieser Verfahrensphase nicht berücksichtigt werden. Denn nach der Rechtsprechung ist es *nicht ermessensfehlerhaft*, dem öffentlichen Interesse an der »Eindämmung des Zustroms von Ausländern« Vorrang vor dem individuellen Verbleibsinteresse des Angehörigen zu geben und ihm aus diesem Grund eine vorübergehende Trennung von der Familie ohne Weiteres zuzumuten (BVerwG, DVBl 1981, 775; BVerwG, NVwZ 1985, 50; BVerwG, Beschl. v. 13.08.1990 – BVerwG 9 B 100.90; VGH BW, DVBl 1981, 841; VGH BW, ESVGH 32, 36; OVG Berlin, EZAR 221 Nr. 33; s. auch BVerwG, InfAuslR 1998, 213, 216 = EZAR 020 Nr. 8). 13

Diese Grundsätze gelten darüber hinaus nicht nur für den Zuzug von Familienangehörigen, sondern auch dann, wenn der Ehegatte ebenfalls ein Asylverfahren betrieben hat und nach dessen erfolglosem Ausgang ausreisen soll, obwohl das Asylverfahren des Ehepartners noch anhängig ist (BVerwG, NVwZ 1985, 50). Art. 6 Abs. 1 GG gebietet grundsätzlich nicht, mit der Durchsetzung der Ausreisepflicht des Ehegatten zuzuwarten, bis das Verfahren des anderen Ehepartners abgeschlossen ist. Vielmehr kann einem Ehegatten zugemutet werden, vor dem anderen auszureisen (BVerwG, Beschl. v. 13.08.1990 – BVerwG 9 B 100.90). Allerdings ist die Zumutbarkeit der vorübergehenden Trennung unter Berücksichtigung des *Prinzips der Verhältnismäßigkeit* zu bewerten (BVerwG, Beschl. v. 13.08.1990 – BVerwG 9 B 100.90). Daher ist in den Fällen, in denen der unanfechtbare Abschluss des Asylverfahrens des Ehepartners nicht absehbar ist, der weitere Aufenthalt des bereits im Bundesgebiet lebenden anderen Ehepartners zu ermöglichen (OVG NW, Beschl. v. 17.07.1981 – 18 B 1060/81; OVG Rh-Pf, Beschl. v. 18.03.1987 – 13 B 118/87; 17.03.1987 – 13 B40/87; wohl auch OVG Berlin, EZAR 221 Nr. 33). 14

Die Durchsetzung der Abschiebungsandrohung gegenüber dem erfolglos gebliebenen Familienangehörigen kann überdies gegen Art. 8 EMRK verstoßen, sodass ein Vollstreckungshindernis (§ 60a Abs. 2 Satz 1 AufenthG) entsteht (VG Düsseldorf, Beschl. v. 29.05.1991 – 7 L 603/91; a.A. Nieders. OVG, AuAS 1997, 119, 120). Die Rechtsprechung hat die nach Art. 8 Abs. 2 EMRK zu prüfende *Notwendigkeit* eines Eingriffs in das Grundrecht auf Familieneinheit nach Art. 8 Abs. 1 EMRK jedenfalls für den Fall verneint, in dem aus anderen Gründen ein Anspruch auf die 15

Erteilung eines Aufenthaltstitels (vgl. §§ 27 ff. AufenthG) gegeben ist (VG Düsseldorf, Beschl. v. 29.05.1991 – 7 L 603/91). Allgemein wird man sagen können, dass bei nicht absehbarem Abschluss des Verfahrens des anderen Familienangehörigen die Durchsetzung der Ausreisepflicht eine nicht nur vorübergehende Trennung zur Folge hat, die im Hinblick auf Art. 8 Abs. 2 EMRK problematisch erscheint. Ferner begründet der erfolgreiche Abschluss des Asylverfahrens des Angehörigen, dessen Verfahren noch anhängig ist, den Anspruch auf den abgeleiteten Rechtsstatus nach§ 26. Eine Abschiebung der anderen Familienangehörigen würde die Option auf diese Rechtstellung zunichte machen und ist deshalb unzulässig. Dem trägt Abs. 3 Rechnung und erlaubt der Ausländerbehörde, zwecks Gestaltung der gemeinsamen Ausreise die Abschiebung auszusetzen. Dabei ist aus den genannten Gründen regelmäßig von einer Ermessensreduktion auszugehen.

II. Voraussetzungen des Abs. 3 Satz 1

16 Maßgebend ist, dass das Asylverfahren eines der in Abs. 3 Satz 1 bezeichneten Familienangehörigen noch nicht beendet ist. Die Vorschrift trägt zunächst dem Grundsatz der Familieneinheit im Hinblick auf die *Kernfamilie* Rechnung, also der Beziehung zwischen Ehegatten und der Beziehung zwischen den Eltern bzw. einem Elternteil und den minderjährigen ledigen Kindern. Durch den 2013 erfolgte Verweis auf § 26 Abs. 1 bis 3 wird klargestellt, dass alle dort bezeichneten Angehörigen, also etwa auch der Vormund (Abs. 3 Satz 1 Halbs. 1) und minderjährige ledige Geschwister einschließlich Stiefgeschwister (Abs. 3 Satz 2) einbezogen werden. Bei einem volljährigen, wegen erlittener Folter im Herkunftsland an Autismus erkrankten Sohn kann sich unmittelbar aus § 60 Abs. 5 AufenthG in Verb. mit Art. 8 EMRK ein Abschiebungshindernis für die Mutter ergeben (VG Saarlouis, Beschl. v. 22.10.1999 – 1 F 78/99.A).

17 Ferner wird vorausgesetzt, dass die Familienangehörigen jeweils *unverzüglich* nach ihrer Einreise oder im Fall der gemeinsamen Einreise gleichzeitig einen Asylantrag gestellt haben. Durch Einführung der *Antragsfiktion* (§ 14a) hat diese Einschränkung an Bedeutung verloren. Fehlt es am Merkmal der Unverzüglichkeit, kann bei Pflegebedürftigkeit des noch im Asylverfahren befindlichen Familienangehörigen ein Verbleibrecht des anderen Angehörigen unmittelbar aus § 60a Abs. 2 AufenthG hergeleitet werden (VG Lüneburg, Beschl. v. 14.10.1998 – 3 B 318/98). Dasselbe gilt für den umgekehrten Fall, in dem der zur Ausreise verpflichtete Familienangehörige pflegebedürftig ist. Voraussetzung für die Anwendung der Ermessensvorschrift ist nicht die gemeinsame Einreise aller Familienangehörigen. Vielmehr können die verschiedenen Familienangehörigen auch zu verschiedenen Zeitpunkten, selbst nach erheblichen Zeitabständen, eingereist sein. Sie müssen aber jeweils unverzüglich nach ihrer Einreise den Asylantrag gestellt haben. Ist das Kind im Bundesgebiet geboren, muss der Asylantrag »unverzüglich« nach der Geburt gestellt worden sein, wenn sich andere Familienangehörige nach Abs. 3 später auf das noch anhängige Asylverfahren des Kindes berufen wollen. Das Bundesamt leitet aber ohnehin von Amts wegen das Asylverfahren ein (§ 14a Abs. 2 Satz 1). Insoweit ist zwar kein überzogener Maßstab

anzuwenden. Bei einer Antragstellung nach Ablauf von sieben Monaten nach der Geburt geht die Rechtsprechung indes von einer mutwilligen Verzögerung des Antrags aus (VG Braunschweig, NVwZ-Beil. 1997, 80). Aufgrund der fingierten Asylantragstellung nach § 14a Abs. 2 Satz 3 ist dieses Problem überholt.

In der Verwaltungspraxis wird im Allgemeinen ein *Folgeantragsverfahren* nicht berücksichtigt, d.h. ist das Folgeantragsverfahren beendet, kann sich der davon betroffene Antragsteller nicht mehr auf das anhängige Asylverfahren seiner Angehörigen berufen, selbst wenn diese noch ihr erstes Asylverfahren betreiben. So hat etwa die Rechtsprechung keine Bedenken dagegen, dem vollziehbar ausreisepflichtigen Familienangehörigen, der sich auf den noch nicht entschiedenen Folgeantrag seiner Ehefrau und den in der qualifizierten Form abgelehnten Erstantrag des gemeinsamen Kindes beruft, die Rückkehr in den Heimatstaat zuzumuten (Nieders. OVG, AuAS 1997, 119, 120). Diese Verwaltungspraxis scheint jedenfalls für zulässige Folgeanträge nicht gerechtfertigt zu sein. Zuständig für die Entscheidung über den Aussetzungsantrag ist die Ausländerbehörde, die für den Vollzug der Abschiebungsandrohung zuständig ist. Danach richtet sich auch die Gerichtszuständigkeit (§ 52 Nr. 2 Satz 3 Halbs. 1 VwGO). Dies gilt auch dann, wenn der Aufenthalt des anderen Familienangehörigen auf den Zuständigkeitsbereich einer anderen Ausländerbehörde räumlich beschränkt ist (VG Gießen, AuAS 1998, 8, 9). 18

III. Behördliche Ermessensausübung nach Abs. 3

Die Ausländerbehörde entscheidet nach *pflichtgemäßem Ermessen* über die Aussetzung der Abschiebung. Dabei hat sie regelmäßig dem gesetzlich vorgegebenen öffentlichen Interesse an einer gemeinsamen Gestaltung der Ausreise Rechnung zu tragen. Im Regelfall ist daher das Ermessen *zugunsten des Antragstellers* auszuüben (*Funke-Kaiser,* in: GK-AsylG II, § 43 Rn. 22; a.A. VG Koblenz, Beschl. v. 05.08.1994 – 3 L 3173/94. KO; *Hailbronner,* AuslR B 2 § 43 AsylVfG Rn. 23; *Bergmann,* in: Bergmann/Dienelt, AuslR, 11. Aufl., 2016, § 43 AsylG Rn. 8). Das öffentliche Interesse wird insbesondere durch die Grundrechte und den Verhältnismäßigkeitsgrundsatz eingeschränkt. Regelmäßig wird ein erhebliches individuelles Interesse an der Ermöglichung der gemeinsamen Ausreise bestehen, welches das öffentliche Vollzugsinteresse auch deshalb überwiegt, weil das Individualinteresse nicht auf dauernden, sondern lediglich auf vorübergehenden Verbleib im Bundesgebiet gerichtet ist. Zu bedenken ist auch, dass der Schutz der Familie bei nicht nur kurzen, überschaubaren Trennungszeiten berührt wird. Ist auf Monate hinaus der Aufenthalt des anderen Familienangehörigen wegen des noch anhängigen Asylverfahrens rechtlich zu ermöglichen, wird die Schwelle der zumutbaren Belastungen überschritten, wenn dem vollziehbar ausreisepflichtigen Familienangehörigen der weitere Aufenthalt im Bundesgebiet untersagt wird (Hess. VGH, Beschl. v. 24.06.1996 – 10 TG 2557/95). 19

Rechtsfolge der Ermessensausübung ist die Aussetzung der Abschiebung (Abs. 3 Satz 1). Auch wenn mit Blick auf die übrigen Familienangehörigen die Abschiebungsandrohungen unanfechtbar vollziehbar sind, darf die Behörde daher solange die 20

Abschiebung aussetzen, bis auch hinsichtlich des letzten Familienmitglieds die Abschiebungsandrohung vollziehbar geworden ist (*Hailbronner*, AuslR B 2 § 43 AsylVfG Rn. 25).

§ 43a

(weggefallen)

§ 43b

(weggefallen)

Abschnitt 5 Unterbringung und Verteilung

§ 44 Schaffung und Unterhaltung von Aufnahmeeinrichtungen

(1) Die Länder sind verpflichtet, für die Unterbringung Asylbegehrender die dazu erforderlichen Aufnahmeeinrichtungen zu schaffen und zu unterhalten sowie entsprechend ihrer Aufnahmequote die im Hinblick auf den monatlichen Zugang Asylbegehrender in den Aufnahmeeinrichtungen notwendige Zahl von Unterbringungsplätzen bereitzustellen.

(2) Das Bundesministerium des Innern oder die von ihm bestimmte Stelle teilt den Ländern monatlich die Zahl der Zugänge von Asylbegehrenden, die voraussichtliche Entwicklung und den voraussichtlichen Bedarf an Unterbringungsplätzen mit.

(3) § 45 des Achten Buches Sozialgesetzbuch (Artikel 1 des Gesetzes vom 26. Juni 1990, BGBl. I S. 1163) gilt nicht für Aufnahmeeinrichtungen. Träger von Aufnahmeeinrichtungen. Träger von Aufnahmeeinrichtungen sollen sich von Personen, die in diesen Einrichtungen mit der Beaufsichtigung, Betreuung, Erziehung oder Ausbildung Minderjähriger oder mit Tätigkeiten, die in vergleichbarer Weise geeignet sind, Kontakt zu Minderjährigen aufzunehmen, betraut sind, zur Prüfung, ob sie für die aufgeführten Tätigkeiten geeignet sind, vor deren Einstellung oder Aufnahme einer dauerhaften ehrenamtlichen Tätigkeit und in regelmäßigen Abständen ein Führungszeugnis nach § 30 Absatz 5 und § 30a Absatz 1 des Bundeszentralregistergesetzes vorlegen lassen. Träger von Aufnahmeeinrichtungen dürfen für die Tätigkeiten nach Satz 2 keine Personen beschäftigen oder mit diesen Tätigkeiten ehrenamtlich betrauen, die rechtskräftig wegen einer Straftat nach den §§ 171, 174 bis 174c, 176 bis 180a, 181a, 182 bis 184g, 225, 232 bis 233a, 234, 235 oder 236 des Strafgesetzbuchs verurteilt worden sind. Nimmt der Träger einer Aufnahmeeinrichtung Einsicht in ein Führungszeugnis nach § 30 Absatz 5 und § 30a Absatz 1 des Bundeszentralregistergesetzes, so speichert er nur den Umstand der Einsichtnahme, das Datum des Führungszeugnisses und die Information, ob die das Führungszeugnis betreffende Person wegen einer in Satz 3 genannten Straftat rechtskräftig verurteilt worden ist. Der Träger einer Aufnahmeeinrichtung darf diese Daten nur verändern und nutzen, soweit dies zur Prüfung der Eignung einer Person für die in Satz 2 genannten Tätigkeiten erforderlich ist. Die Daten sind vor dem Zugriff Unbefugter zu schützen. Sie sind unverzüglich zu löschen, wenn im Anschluss an die Einsichtnahme keine Tätigkeit nach Satz 2 wahrgenommen wird. Sie sind spätestens sechs Monate nach der letztmaligen Ausübung einer in Satz 2 genannten Tätigkeit zu löschen.

Übersicht Rdn.

A. Funktion der Vorschrift

1 Die Vorschrift beseitigte einen vor 1992 lang andauernden Streit zwischen Bund und Ländern. Sie soll die erste Zielvorstellung des Gesetzes verwirklichen (BT-Drucks. 12/2062, S. 34). Danach schaffen die Bundesländer die Voraussetzungen – unter Festlegung eines Schlüssels, aus dem sich die von jedem Land vorzuhaltende Kapazität ergibt, für zentrale Gemeinschaftsunterkünfte, die über ausreichende Kapazitäten verfügen (BT-Drucks. 12/2062, S. 26). Die Gesetzesterminologie weicht insoweit von dem in der Begründung genannten Begriff Gemeinschaftsunterkunft (vgl. § 53) ab. Die Verpflichtung nach Abs. 1 bezieht sich aber nach dem Wortlaut auf *Aufnahmeeinrichtungen* i.S.d. §§ 5 Abs. 5, 30a, 44 ff. Für *Gemeinschaftsunterkünfte* gibt es keine dem Abs. 1 entsprechende Verpflichtung. Hier bleibt es bei der auch im alten Recht (§ 23 AsylVfG 1982) enthaltenen Regelanordnung (§ 53 Abs. 1 Satz 1).

2 Mit Abs. 1 wurde 1992 erstmals eine gesetzliche Verpflichtung der Länder zur Aufnahme von Asylsuchenden in dem vom Gesetz vorgeschriebenen Umfang (§ 45) festgelegt. Zum Rechtszustand vor Erlass des AsylVfG 1982 hatte das BVerwG kritisch angemerkt, dass angesichts der sprunghaften Zunahme der Zahlen der Asylbewerber die Vorschrift des § 40 AuslG 1965, wonach den unmittelbar aus dem Herkunftsland einreisenden Asylsuchenden der Aufenthalt beschränkt auf den Bezirk des Sammellagers (damals beim Bundesamt in Zirndorf) erlaubt war, aus tatsächlichen Gründen ins Leere ging (BVerwGE 62, 206, 212 = EZAR 221 Nr. 7 = Buchholz 402.24 § 28 AuslG Nr. 29 = DÖV 1981, 712 = DVBl 1981, 1097 = NJW 1981, 712 = MDR 1981, 1045). Die Anwendungspraxis zu § 40 AuslG 1965 wurde schon bald nach 1965 außer Kraft gesetzt. Asylbewerber verblieben mangels eines festgelegten Verteilerschlüssels in dem Bezirk der Ausländerbehörde, in dem sie zu Beginn des Verfahrens ihren Asylantrag gestellt hatten. Hieraus zog bereits § 23 AsylVfG 1982 die Konsequenz und bestimmte, dass Asylbewerber in der Regel in Gemeinschaftsunterkünften untergebracht werden sollten. *Mittelbar* wurde mit dem in § 22 Abs. 2 AsylVfG 1982 vorgesehenen Verteilerschlüssel die Verpflichtung der Länder festgelegt, im Rahmen des Verteilungsverfahrens ihnen zugewiesene Asylbewerber aufzunehmen. Mangels einer klaren *unmittelbaren* gesetzlichen Verpflichtung gab es auch nach 1982 immer wieder über Grund und Umfang der Aufnahmeverpflichtung Streit zwischen den Ländern und innerhalb der Länder zwischen den Kreisen bzw. kreisfreien Städten und der jeweiligen Landesregierung.

3 Mit § 46 Satz 2 hat der Gesetzgeber einen festen Schlüssel festgelegt und den bis 1992 bestehenden Streit durch § 44 bis § 46 beseitigt: Abs. 1 enthält den Rechtsgrund für die Aufnahmeverpflichtung der Länder. Die Regelungen in §§ 45 ff. legen den Umfang dieser Verpflichtung im Einzelnen fest. Der in der gesetzlichen Begründung genannte Schlüssel bzw. die in Abs. 1 bezeichnete *Aufnahmequote* ist in § 45 geregelt. Diese Aufnahmequote ist insbesondere bei der Bestimmung der zuständigen Aufnahmeeinrichtung von entscheidungserheblicher Bedeutung (§ 46 Abs. 1 Satz 1, Abs. 2

Satz 2, Abs. 5). Der bis zum 30.06.1992 geltende Verteilerschlüssel für die »alten Bundesländer« (§ 22 Abs. 2 Nr. 2 AsylVfG 1982) beruhte demgegenüber nicht auf einer gesetzlichen Bestimmung, sondern auf einer Verwaltungsvereinbarung der »alten« Bundesländer vom 02.07.1982, die am 01.08.1982 in Kraft getreten war. § 22 Abs. 2 Nr. 1 AsylVfG 1982 trug Art. 1 Abs. 1 des Einigungsvertrags Rechnung, wonach die »neuen« Bundesländer 20 % der Asylbewerber aufzunehmen hatten.

B. Aufnahmeverpflichtung der Bundesländer (Abs. 1)

I. Umfang der Aufnahmeverpflichtung

Nach Abs. 1 sind die Länder verpflichtet, für die Unterbringung der Asylbewerber die hierzu *erforderlichen* Aufnahmeeinrichtungen zu schaffen und zu unterhalten. Dagegen wird eingewandt, die Länder treffe keine entsprechende gesetzliche Verpflichtung. Vielmehr stehe die Vorschrift einer Kooperation der Länder nicht entgegen (*Hummel*, DVBl 2008, 84, 92. Gegen diese Ansicht steht der Gesetzeswortlaut. Das Gesetz will mit Abs. 1 die Ressourcen verfügbar machen, die notwendig sind, damit während der Zeitspanne der Wohnverpflichtung nach § 47 Abs. 1 die verfahrensrechtliche Filterfunktion entsprechend der zweiten Zielvorstellungen des AsylG, nämlich binnen zwei Wochen die Eilrechtsschutzverfahren zu einem endgültigen Abschluss zu bringen (BT-Drucks. 12/2062, S. 26), effektiv durchgesetzt werden kann. Zwar gibt der Gesetzgeber mit der Frist von sechs Monaten in § 47 Abs. 1 Satz 1 zu erkennen, dass er die ursprüngliche Zielvorstellung nicht für realisierbar erachtet. Mit den richterlichen Entscheidungsfristen in § 36 Abs. 3 Satz 5 bis 7, durch ÄnderungsG 1993 eingeführt, verdeutlicht er jedoch, dass die Maximalfrist nach Möglichkeit nicht ausgeschöpft werden soll. Zwar hat sich durch die sehr langen Verfahrensdauern heute die tatsächliche Situation geändert, nicht jedoch die gesetzliche Konzeption der Unterbringung und Verteilung. Für besondere Aufnahmeeinrichtungen gelten besondere Vorschriften (s. § 30a Abs. 2). 4

Abs. 1 ist zwingend. Den Ländern wird damit, wie insbesondere auch aus § 46 Abs. 5 folgt, der Einwand der »begrenzten Ressourcen« genommen. Sie haben diese kraft gesetzlicher Anordnung zu schaffen. Der Umfang der Verpflichtung ergibt sich aus Abs. 1 in Verb. mit § 45. Danach haben die Länder die erforderlichen Unterbringungskapazitäten zu schaffen und zu unterhalten. Das einzelne Bundesland hat im Rahmen seiner in § 45 festgelegten Aufnahmequote die im Hinblick auf den monatlichen Zugang von Asylbewerbern in den Aufnahmeeinrichtungen notwendige Zahl von Unterbringungsplätzen bereitzustellen (Abs. 1). Diese Zahl bestimmt sich damit zunächst nach dem monatlichen Gesamtzugang an Asylsuchenden, der Aufnahmequote des Landes sowie der durchschnittlichen Aufenthaltsdauer der Asylsuchenden in den Aufnahmeeinrichtungen (BT-Drucks. 12/2062, S. 34f.). 5

Aus dem Gesamtzusammenhang der §§ 44 bis 49 folgt damit der genaue Umfang der gesetzlichen Vorhaltungspflicht nach Abs. 1. Letztlich entscheidend ist die Aufnahmequote nach § 45. Werden Asylantragsteller durch die länderübergreifende Verteilung einem anderen Bundesland zugewiesen, hat dies ebenfalls Einfluss auf den Umfang der aktuellen Verpflichtung nach Abs. 1 (§ 52). Demgegenüber wird durch 6 die landesinterne Verteilung im Anschluss an die Beendigung der Wohnpflicht nach § 47 Abs. 1 am aktuellen Umfang der Bereithaltungspflicht nichts verändert. Wie das jeweilige Land im Einzelnen seiner Verpflichtung nach Abs. 1 gerecht wird, ist ihm überlassen. Jedenfalls hat es mindestens eine Aufnahmeeinrichtung einzurichten. Es kann die Aufnahmeeinrichtung auch in eine Zentrale und mehrere Nebenstellen aufteilen.

II. Begriff der Aufnahmeeinrichtung nach Abs. 1

7 Nach Abs. 1 sind die Länder verpflichtet, für die Unterbringung der Asylbewerber die hierzu *erforderlichen* Aufnahmeeinrichtungen zu schaffen und zu unterhalten. Das Gesetz regelt den Grund und den Umfang der Aufnahmeverpflichtung der Bundesländer anhand des Begriffs der Aufnahmeeinrichtung, definiert den Begriff der Aufnahmeeinrichtung selbst aber nicht. Dieser Begriff wird an zahlreichen Stellen des Gesetzes verwendet und bezieht sich auf die Unterbringung unmittelbar einreisender Antragsteller während der ersten Verfahrensphase (§ 47 Abs. 1 Satz 1). Die Abgrenzung zwischen Aufnahmeeinrichtung und Gemeinschaftsunterkunft ist nach rein rechtlichen und nicht nach phänomenologischen Gesichtspunkten vorzunehmen. Anhand äußerer Umstände kann der Unterschied zwischen beiden Unterbringungsformen nicht erkannt werden: Alle Asylbewerber, die nach § 14 Abs. 1 ihren Asylantrag zu stellen haben, sind verpflichtet, in einer Aufnahmeeinrichtung zu wohnen (§ 47 Abs. 1 Satz 1). Die hierzu erforderlichen Kapazitäten haben die Länder bereitzustellen (Abs. 1). Es kann sich um eine allgemeine oder in den Fällen des § 5 Abs. 5 in Verb. mit § 30a Abs. 1 um eine besondere Aufnahmeeinrichtung handeln.

8 Es gibt keine Bestimmung darüber, wie viele Aufnahmeeinrichtungen ein Land zu schaffen hat. Aus § 46 Abs. 5 folgt lediglich, dass *mindestens eine Aufnahmeeinrichtung* bereitzuhalten ist. Einen gewissen Anhalt zur Gestaltung der Größe einer Einrichtung enthält möglicherweise § 5 Abs. 3 Satz 1. Die dort genannte Belegungszahl von 500 Plätzen lässt darauf schließen, welche Vorstellungen der Gesetzgeber bei der Schaffung von Abs. 1 gehabt hatte. Als Bundesgesetzgeber wollte er den Ländern jedoch weder in die eine noch in die andere Richtung zwingende Vorgaben machen. Es gibt dementsprechend weder gesetzliche Vorgaben über Mindest- oder Maximalbelegungszahlen noch über die Art der Ausstattung der Einrichtungen. Es kam dem Bundesgesetzgeber in erster Linie darauf an, für die erste Verfahrensphase die Unterbringung der Asylbewerber durch klare gesetzliche, an die Länder gerichtete Verpflichtungen sicherzustellen. Damit der Unterbringung in einer Aufnahmeeinrichtung zugleich eine Entscheidung über die weitere Aufenthaltsbestimmung während des Verfahrens getroffen wird (§ 46 Abs. 1 und 2), ist das Land für die weitere Unterbringung ohnehin zuständig. Wie es diese Verpflichtung im Einzelnen erfüllt, ist Sache des Landes. Insoweit gibt der Bundesgesetzgeber lediglich die Sollanordnung nach § 53 Abs. 1 Satz 1 vor.

9 Verfassungsrechtlich haben die Länder bei der Umsetzung ihrer Verpflichtung nach Abs. 1 im besonderen Maße das *Menschenwürdegebot* (VGH BW, InfAuslR 1982, 143; VGH BW, NVwZ 1986. 783; OVG NW, InfAuslR 1986, 219; *Funke-Kaiser,* in:

GK-AsylG II, § 44 Rn. 16; *Bergmann*, in: Bergmann/Dienelt, AuslR, 11. Aufl., 2016, § 44 AsylG Rn. 2; vgl. auch BVerfG [Kammer], AuAS 1994, 20, zur Unterbringung am Flughafen) sowie die Grundrechte zu beachten und einen angemessenen Standard zu gewährleisten (Art. 18 Abs. 1 Buchst. b) RL 2013/33/EU). Auch wenn die Dauer der Unterbringung in der Einrichtung regelmäßig nur kurz ist und die voraussichtliche Dauer der Unterbringung in der Rechtsprechung als zulässiges Abgrenzungskriterium anerkannt ist (OVG NW, Beschl. v. 10.05.1988 – 16 B 20989/87), ergeben sich aus der Menschenwürdegarantie (Art. 1 Abs. 1 GG) gewisse Mindestbedingungen für eine menschenwürdige Unterbringung in einer Aufnahmeeinrichtung. Zu bedenken ist auch, dass die Unterbringung unmittelbar an die Einreise anschließt und die Flüchtlinge daher häufig noch im besonderen Maße unter den *traumatischen Verfolgungs- und Fluchterlebnissen* leiden. Daher sollte die Belegungszahl die Zahl von 500 nicht übersteigen.

Aus der staatlichen *Fürsorgepflicht* (OVG NW, InfAuslR 1986, 219) folgt, dass die 10
Länder das Wohnen in der Aufnahmeeinrichtung so auszugestalten haben, dass ein menschenwürdiges Wohnen insbesondere auch frei von *rassistischen, sexuellen und anderen Belästigungen und Übergriffen* möglich ist. Dies wird aus unionsrechtlicher Sicht durch die behördliche Verpflichtung bekräftigt, dafür Sorge zu tragen, dass Gewalt in den Einrichtungen, Übergriffe und geschlechtsbezogene Gewalt einschließlich sexueller Übergriffe und Belästigungen verhindert wird (Art. 18 Abs. 4 Buchst. b) RL 2013/33/EU). Mit Abs. 3 Satz 1 hat der Gesetzgeber im Übrigen bestimmt, dass auch asylsuchende Jugendliche – nicht jedoch unbegleitete minderjährige Kinder – in einer Aufnahmeeinrichtung untergebracht werden dürfen (vgl. aber auch § 14 Abs. 2 Nr. 3; Rdn. 12; § 12 Rdn. 26 ff.).

C. Unterrichtungsverpflichtung des Bundesinnenministeriums (Abs. 2)

Nach Abs. 2 hat das Bundesinnenministerium oder die von ihm bestimmte Stelle den 11
Ländern monatlich die Zahl der Zugänge von Asylsuchenden, die voraussichtliche Entwicklung und den voraussichtlichen Bedarf an Unterbringungsplätzen mitzuteilen. Da der Umfang der Aufnahmeverpflichtung nach Abs. 1 vom aktuellen Zugang an Asylsuchenden abhängig ist, ist diese Unterrichtungspflicht Grundlage für die hierauf aufbauenden Planungen der Länder (BT-Drucks. 12/2062, S. 35). Das Gesetz lässt dem Bundesinnenministerium bei der Delegation freie Hand. Wegen des engen Sachzusammenhangs und der bestehenden engen Zusammenarbeit zwischen den Ländern und der zentralen Verteilungsstelle nach § 46 Abs. 2 Satz 1 spricht Vieles dafür, diese Stelle mit der Unterrichtungspflicht zu beauftragen.

D. Keine Anwendung von § 45 SGB VIII (Abs. 3 Satz 1)

Nach Abs. 3 gilt § 45 SGB VIII nicht für Aufnahmeeinrichtungen. Damit verweist 12
Abs. 3 Satz 1 auf die geltende Fassung von § 45 SGB VIII. Nach § 45 SGB VIII bedarf der Träger einer ganztägig oder für einen Teil des Tages betriebenen Kinder- oder Jugendhilfeeinrichtung für den Betrieb einer behördlichen Genehmigung. Abs. 3 Satz 1 stellt jedoch ausschließlich vom Erfordernis der Erlaubnis frei. Eine irgendwie geartete

Lockerung oder gar Freistellung von den materiell-rechtlichen Verpflichtungen der zuständigen Jugendämter ist damit nicht verbunden. Minderjährige dürfen aber nur dann in einer Aufnahmeeinrichtung untergebracht werden, wenn sie in Begleitung ihrer Eltern einreisen und um Asyl nachsuchen. Unbegleitete Minderjährige dürfen demgegenüber nicht in einer Aufnahmeeinrichtung untergebracht werden (Rdn. 10, § 12 Rdn. 26 ff.).

E Einstellung und Überwachung des Betreuungspersonals (Abs. 3 Satz 2 bis 8)

13 Nach Abs. 3 Satz 2 bis 8 wird eine Sollanordnung für die Träger der allgemeinen und besonderen *Aufnahmeeinrichtungen* eingeführt, sich von den Beschäftigten und dauerhaft ehrenamtlichen Helfern, die die in Abs. 3 Satz 2 aufgezählten kinder- und jugendnahen Tätigkeiten wahrnehmen, ein *erweitertes Führungszeugnis* vorlegen zu lassen, um sich auf diese Weise ein umfassendes Bild von diesen Personen zu beschaffen. Ausgestellt wird dieses, wenn es für eine kinder- und jugendnahe Tätigkeiten benötigt wird (§ 30a Abs. 1 Nr. 2 Buchst. b) und c) BZRG [BT-Drucks. 18/7538, S. 17 f.]). Diese Verpflichtung gilt auch für öffentliche und freie Träger von *Gemeinschaftsunterkünften* (§ 53 Abs. 3 in Verb. mit Abs. 3 Satz 2). Anders als die gesetzliche Begründung, nach der eine entsprechende Pflicht hierzu besteht, legt Abs. 3 Satz 2 jedoch nur eine Sollanordnung fest. Diese erscheint mit der Funktion dieser Regelung und insbesondere mit der Ausschlussvorschrift nach Abs. 3 Satz 3 unvereinbar. Das Kindeswohl ist bei der Unterbringung von Asylsuchenden vorrangig zu beachten (Art. 23 Abs. 2 RL 2013/33/EU). Mit dieser unionsrechtlichen Verpflichtung steht die Einführung lediglich einer Sollanordnung nicht in Übereinstimmung.

14 Durch den Ausschluss in Abs. 3 Satz 3 wird sichergestellt, dass die in den Aufnahmeeinrichtungen untergebrachten Kinder und Jugendlichen nicht durch Personen betreut werden, wenn dem Träger der Aufnahmeeinrichtung bekannt ist, dass sie in der Vergangenheit strafrechtlich durch *Gewalt- und Sexualdelikte* aufgefallen sind. In ein erweitertes Führungszeugnis werden nämlich auch Bagatelldelikte aus diesem Deliktbereich, d.h. insbesondere einmalige Verurteilungen von bis zu 90 Tagessätzen Geldstrafe bzw. drei Monaten Freiheitsstrafe aufgenommen (BT-Drucks. 18/7538, S. 17 f.). Unabhängig von der Pflicht, bei der Einstellung die Vorlage eines erweiterten Führungszeugnisses zu verlangen, sind Personen von der Betreuung von Kindern und Jugendlichen auch dann ausgeschlossen, wenn nachträglich bekannt wird, dass sie ein Gewalt- oder Sexualdelikt begangen haben und dieses noch nicht im BZR gespeichert ist bzw. erst nach der Aufnahme der Tätigkeiten begangen wurde. Nach der gesetzlichen Begründung darf einerseits die Betreuung von Kindern und Jugendlichen in den Aufnahmeeinrichtungen auch nicht durch lediglich vorübergehende ehrenamtliche Helfer wahrgenommen werden, andererseits soll die nur sporadische oder gelegentliche Hilfe Ehrenamtlicher nicht erschwert werden. So soll z.B. ein hin und wieder erfolgender Einsatz als Deutschlehrer durch pensionierte Lehrkräfte von Abs. 3 Satz 2 nicht erfasst werden. Dementsprechend legt Abs. 3 Satz 2 letzter Halbs. lediglich für dauerhaft tätige ehrenamtliche Helfer eine Überwachungspflicht fest. Dies ist mit dem *Vorrang des Kindeswohls* nicht vereinbar. Jedenfalls dann, wenn dem Träger einer Aufnahmeeinrichtung bekannt wird, dass ein nur sporadisch tätig werdender

Ehrenamtlicher Gewalt- oder Sexualdelikte begangen hat, darf er nicht weiter zur Betreuung von Kindern und Jugendlichen zugelassen werden. Abs. 3 Satz 4 bis 8 ordnet im Einzelnen Schutzvorkehrungen zur Datenerfassung-, speicherung, -veränderung, -nutzung und -löschung fest. Die sechsmonatige Speicherungsfrist wird damit begründet, dass ehrenamtlich Tätigen dadurch eine vorübergehende Unterbrechung und anschließend voraussetzungslose Wiederaufnahme der Tätigkeit ermöglicht werden soll (BT-Drucks. 18/7538, S. 18).

§ 45 Aufnahmequoten

(1) [1]Die Länder können durch Vereinbarung einen Schlüssel für die Aufnahme von Asylbegehrenden durch die einzelnen Länder (Aufnahmequote) festlegen. [2]Bis zum Zustandekommen dieser Vereinbarung oder bei deren Wegfall richtet sich die Aufnahmequote für das jeweilige Kalenderjahr nach dem von dem Büro der Gemeinsamen Wissenschaftskonferenz im Bundesanzeiger veröffentlichten Schlüssel, der für das vorangegangene Kalenderjahr entsprechend Steuereinnahmen und Bevölkerungszahl der Länder errechnet worden ist (Königsteiner Schlüssel).

(2) [1]Zwei oder mehr Länder können vereinbaren, das Asylbegehrende, die von einem Land entsprechend seiner Aufnahmequote aufzunehmen sind, von einem anderen Land aufgenommen werden. [2]Eine Vereinbarung nach Satz 1 sieht mindestens Angaben zum Umfang der von der Vereinbarung betroffenen Personengruppe sowie einen angemessenen Kostenausgleich vor. [3]Die Aufnahmequote nach Absatz 1 wird durch eine solche Vereinbarung nicht berührt.

Übersicht Rdn.

A. Funktion der Vorschrift

Die Vorschrift hat ihr Vorbild in § 22 Abs. 2 AsylVfG 1982. Ihr kommt jedoch in Anbetracht der unmittelbaren gesetzlichen Verpflichtung der Länder zur Bereithaltung der erforderlichen Unterbringungskapazitäten (§ 44 Abs. 1) sowie mit Blick auf die Bestimmung der zuständigen Aufnahmeeinrichtung (§ 46 Abs. 1 Satz 1, Abs. 2 Satz 2) eine erheblich stärkere Bedeutung als nach früherem Recht zu: Die in der Vorschrift geregelte *Aufnahmequote* ist allein maßgebend für den Umfang der gesetzlichen Aufnahmeverpflichtung der Länder nach § 44 Abs. 1. Dies wird auch durch Abs. 2 Satz 3 bekräftigt. Die Aufnahmequote ist das vorrangige entscheidungserhebliche Kriterium bei der Bestimmung der zuständigen Aufnahmeeinrichtung für die Aufnahme des Asylbewerbers (§ 46 Abs. 1 Satz 1, Abs. 2 Satz 2). Auch wenn das Land keine freien Kapazitäten mehr hat, entscheidet die Aufnahmequote über die Aufnahmeverpflichtung des Landes (§ 46 Abs. 5). Die Vorschrift legt nur den Umfang der gesetzlichen Verpflichtung des Landes 1 nach § 44 Abs. 1 fest. Verpflichtungen des einzelnen Asylsuchenden selbst werden durch diese Regelung nicht begründet. Erst durch die Aufnahme in der Aufnahmeeinrichtung nach § 46 Abs. 1 Satz 1 und die damit verbundene Wohnpflicht nach § 47 Abs. 1 Satz 1 und die Aufenthaltsbeschränkung nach § 56; § 59b werden Verpflichtungen für den einzelnen Asylbewerber geschaffen. Für unbegleitete Minderjährige regelt § 42c SGB VIII eine eigenständige Aufnahmequote (Rdn. 8).

B. Aufnahmequoten (Abs. 1)

2 Nach der gesetzlichen Begründung übernimmt Abs. 1 Satz 1 die früheren nach § 22 Abs. 2 AsylVfG 1982 in Verb. mit Art. 1 Abs. 1 des Einigungsvertrags maßgeblichen Quoten, freilich auf- oder abgerundet auf eine Dezimalstelle (BT-Drucks. 12/2062, S. 35). Abs. 1 Satz 1 räumt damit den Ländern die Möglichkeit ein, einen von Satz 2 abweichenden Verteilungsschlüssel festzulegen, jedoch wurde ein derartiger Schlüssel bislang nicht vereinbart, sodass die Verteilung der Asylsuchenden auf die Länder sich nach Abs. 1 Satz 2 richtet (*Hailbronner,* AuslR B 2 § 45 AsylVfG Rn. 2). Abweichend davon können zwei oder mehr Länder vereinbaren, Asylsuchende aufzunehmen, ohne dass dadurch die Aufnahmequote berührt wird (Abs. 2). § 1 der Verwaltungsvereinbarung vom 02.07.1982 ging für die frühere Praxis davon aus, dass mit dieser eine »annähernd gleiche Belastung der Länder« mit der Aufnahme und Unterbringung von Asylsuchenden erstrebt werden sollte. In diesem Rahmen gibt der für das Verteilungsverfahren maßgebliche Schlüssel einen der Leistungsfähigkeit der Länder angepassten Maßstab ab (BVerwG, Buchholz 402.25 § 20 AsylVfG Nr. 2 = DÖV 1985, 403).

3 Nach Abs. 1 Satz 2 wird den Ländern kraft gesetzlicher Anordnung bis zum Zustandekommen der Aufnahmequote nach Abs. 1 Satz 1 der sog. *Königsteiner Schlüssel* vorgegeben. Abs. 1 Satz 2 ist durch das am 01.01.2005 in Kraft getretene ZuwG geändert worden. Die Regelung war im Gesetzentwurf nicht vorgesehen, sondern wurde erst im Vermittlungsverfahren eingefügt. Bis dahin wurden in Abs. 1 Satz 2 selbst die Aufnahmequoten der einzelnen Bundesländer bestimmt. Abs. 1 Satz 2 verweist damit auf ein in einem gänzlich anderen Zusammenhang und zu einem anderen Zweck erstelltes Regelwerk. Dabei handelt es sich um einen von der Bund-Länder-Kommission für Bildungsplanung und Forschungsförderung ermittelten und festgelegten Schlüssel zur Verteilung von Förder- und Finanzierungsmitteln auf die Länder. Dieser Schlüssel selbst beruht auf einem bereits im Mai 1949 zwischen den Ländern geschlossenen Abkommen, dem Königsteiner Schlüssel (*Funke-Kaiser,* in: GK-AsylG II, § 44 Rn. 9). Aktuell (BAnz Nr. 192 vom 18.12.2009, S. 4309) gelten folgende Aufnahmequoten:

4	Baden-Württemberg	12,80360 %
	Bayern	15,12261 %
	Berlin	5,02713 %
	Brandenburg	3,12187 %
	Bremen	0,94509 %
	Hamburg	2,59469 %
	Hessen	7,20546 %

Mecklenburg-Vorpommern	2,10312 %
Niedersachsen	9,33271 %
Nordrhein-Westfalen	21,32127 %
Rheinland-Pfalz	4,81566 %
Saarland	1,23602 %
Sachsen	5,22478 %
Sachsen-Anhalt	2,97690 %
Schleswig-Holstein	3,34533 %
Thüringen	2,83276 %

C. Ländervereinbarungen (Abs. 2)

Nach Abs.2 Satz 1 können zwei oder mehr Länder vereinbaren, dass Asylbewerber, die von einem Land entsprechend seiner Aufnahmequote aufzunehmen sind, von einem anderen Land aufgenommen werden. Damit bestehen rechtliche Rahmenbedingungen, um die Möglichkeiten zur gegenseitigen Unterstützung der Bundesländer bei der Unterbringung von Asylbewerbern zu verbessern, um die Unterbringung auch außerhalb der jeweiligen Landesgrenzen der zur Aufnahme verpflichteten Länder auf der Basis von Vereinbarungen zu regeln (BR-Drucks. 446/15, S. 44). Damit können die Bundesländer *vorübergehende Engpässe* bei den Unterbringungsmöglichkeiten überbrücken oder aus logistischen und Kostengründen an einzelnen Standorten größere Einheiten herstellen (*Kluth*, ZAR 2015, 337, 339). Die Vorschrift regelt die Beziehungen zwischen den beteiligten Ländern. Gegenüber den Asylbewerbern wird durch Verteilung nach § 46 Abs. 2 geregelt, dass sie in der Aufnahmeeinrichtung des Landes, das die Zuständigkeit für sie vertraglich übernommen hat, zu wohnen verpflichtet sind (§ 46 Abs. 2a Satz 2). Damit wird die Vereinbarung bereits bei der Bestimmung des zuständigen Landes im Rahmen der Erstverteilung erheblich. 5

Im Blick auf § 46 Abs. 1 ergeben sich Bedenken, ob zwei oder mehr Länder eines der Kriterien für die Bestimmung der zuständigen Aufnahmeeinrichtung, nämlich die Bearbeitungskapazitäten des Bundesamtes außer Acht lassen dürfen. Zuständig ist die Aufnahmeeinrichtung, des Landes, das die Verpflichtung zur Aufnahme übernommen hat (§ 46 Abs. 2a Satz 1). Es handelt sich nicht um eine länderübergreifende Verteilung. Diese ist ohnehin nur auf Antrag des Asylbewerbers zulässig (§ 51 Abs. 2 Satz 1). Eine nachträgliche Umverteilung des Asylbewerbers aufgrund einer Vereinbarung nach Abs. 2 Satz 1 nach Zuweisung in ein bestimmtes Bundesland ist rechtlich nicht zulässig, weil das AsylG hierfür keine Rechtsgrundlage enthält. Durch Auflage nach § 60 Abs. 2 Satz 1 Nr. 3 kann lediglich die Wohnsitznahme im Bezirk einer anderen Ausländerbehörde desselben Bundeslandes verpflichtend geregelt werden, nicht aber die Wohnsitznahme im Bezirk einer Ausländerbehörde eines anderen Bundeslandes. 6

Abs. 2 Satz 2 bestimmt, dass eine Vereinbarung nach Abs. 2 Satz 1 mindestens Angaben zum Umfang der von der Vereinbarung betroffenen Personengruppe und einen 7 angemessenen Kostenausgleich zwischen den beteiligten Ländern vorsehen muss. Dadurch soll über den Umfang der Verpflichtung sowie auch über die Kostenfolgen Klarheit geschaffen werden. Abs. 2 Satz 3 bestimmt, dass die Aufnahmequote durch eine derartige Vereinbarung nicht berührt wird. Da es sich um eine Regelung der Beziehungen zwischen den beteiligten Ländern handelt, haben diese Regelungen auf die betroffenen Asylbewerber keine Auswirkungen. Lässt sich ein Land auf die vertragliche Verpflichtung ein, mehr Asylbewerber aufzunehmen, als es nach der Quote nach Abs. 1 Satz 1 aufzunehmen verpflichtet ist, kann es nicht nachträglich durch Auflage bestimmen, dass die betroffenen Asylbewerber in dem Land Wohnung zu nehmen haben, auf dessen Quote diese angemeldet wurden. Das betroffene Land muss sich im Zeitpunkt des Abschlusses der Vereinbarung überlegen, ob es die sich daraus ergebenden Folgen voraussehen und übernehmen kann. Zwar kann es die Vereinbarung aufkündigen oder im Konsensverfahren mit den beteiligten Ländern abändern. Auf die dem Land bis dahin zugewiesenen Asylbewerber hat dies jedoch keine Auswirkungen.

D. Aufnahmequote für Minderjährige (§ 42c SGB VIII)

8 Nach § 42c Abs. 1 SGB VIII können die Länder durch Vereinbarung einen Schlüssel als Grundlage für die Verteilung unbegleiteter Minderjähriger (§ 12 Rdn. 28 ff.) festlegen. Bis zum Zustandekommen dieser Vereinbarung oder bei deren Wegfall richtet sich die Aufnahmequote für das jeweilige Land nach dem Königsteiner Schlüssel (Rn. 4) und nach dem Ausgleich für den Bestand der Anzahl unbegleiteter Minderjähriger, denen am 1. November 2015 in den einzelnen Bundesländern Jugendhilfe gewährt wurde. Ist die Durchführung des Verteilungsverfahrens etwa aus den in § 42b Abs. 4 SGB VIII bezeichneten Gründen ausgeschlossen, wird die Anzahl der im jeweiligen Bundesland verbliebenen unbegleiteten Minderjährigen auf die Aufnahmequote nach § 42c Abs. 1 SGB VIII angerechnet. Gleiches gilt, wenn der örtliche Träger eines anderen Landes die Zuständigkeit für die Inobhutnahme eines unbegleiteten Minderjährigen von dem nach § 88a Abs. 2 SGB VIII örtlich zuständigen Träger übernimmt (§ 42c Abs. 2 SGB VIII). Nach § 88a Abs. 2 SGB VIII wird nach der Zuweisungsentscheidung die für die Verteilung von unbegleiteten Minderjährigen zuständigen Stelle nach Landesrecht bestimmt. Ist die Verteilung wegen § 42b Abs. 4 SGB VIII ausgeschlossen, bleibt die Zuständigkeit des örtlichen Trägers für die vorläufige Inobhutnahme bestehen. Diese Regelung soll Familienzusammenführungen oder Wohnortwechsel wegen medizinischer Versorgung ermöglichen (*Espenhorst/Schwarz*, Asylmagazin 2015, 408, 410).

§ 46 Bestimmung der zuständigen Aufnahmeeinrichtung

(1) Für die Aufnahme eines Ausländers, bei dem die Voraussetzungen des § 30a Absatz 1 vorliegen, ist die besondere Aufnahmeeinrichtung (§ 5 Absatz 5) zuständig, die über einen freien Unterbringungsplatz im Rahmen der Quote nach § 45 verfügt und bei der die ihr zugeordnete Außenstelle des Bundesamtes Asylanträge aus dem Herkunftsland des Ausländers bearbeitet. Im Übrigen ist die Aufnahmeeinrichtung zuständig, bei der der Ausländer sich gemeldet hat, wenn sie über einen

freien Unterbringungsplatz im Rahmen der Quote nach § 45 verfügt und bei der die ihr zugeordnete Außenstelle des Bundesamtes Asylanträge aus dem Herkunftsland des Ausländers bearbeitet. Liegen die Voraussetzungen der Sätzte 1 und 2 nicht vor, ist die nach Absatz 2 bestimmte Aufnahmeeinrichtung für die Aufnahme des Ausländers zuständig. Bei mehreren nach Satz 1 in Betracht kommenden besonderen Aufnahmeeinrichtungen (§ 5 Absatz 5) gilt Absatz 2 für die Bestimmung der zuständigen Aufnahmeeinrichtung entsprechend.

(2) [1]Eine vom Bundesministerium des Innern bestimmte zentrale Verteilungsstelle benennt auf Veranlassung einer Aufnahmeeinrichtung dieser die für die Aufnahme des Ausländers zuständige Aufnahmeeinrichtung. [2]Maßgebend dafür sind die Aufnahmequoten nach § 45, in diesem Rahmen die vorhandenen freien Unterbringungsplätze und sodann die Bearbeitungsmöglichkeiten der jeweiligen Außenstelle des Bundesamtes in Bezug auf die Herkunftsländer der Ausländer. [3]Von mehreren danach in Betracht kommenden Aufnahmeeinrichtungen wird die nächstgelegene als zuständig benannt.

(2a) Ergibt sich aus einer Vereinbarung nach § 45 Abs. 2 Satz 1 eine von den Absätzen 1 und 2 abweichende Zuständigkeit, so wird die nach der Vereinbarung zur Aufnahme verpflichtete Aufnahmeeinrichtung mit der tatsächlichen Aufnahme des Ausländers zuständig. Soweit nach den Unterlagen möglich, wird die Vereinbarung bei der Verteilung nach Abs. 2 berücksichtigt.

(3) [1]Die veranlassende Aufnahmeeinrichtung teilt der zentralen Verteilungsstelle nur die Zahl der Ausländer unter Angabe der Herkunftsländer mit. [2]Ausländer und ihre Familienangehörigen im Sinne des § 26 Absatz 1 bis 3 sind als Gruppe zu melden.

(4) Die Länder stellen sicher, dass die zentrale Verteilungsstelle jederzeit über die für die Bestimmung der zuständigen Aufnahmeeinrichtung erforderlichen Angaben, insbesondere über Zu- und Abgänge, Belegungsstand und alle freien Unterbringungsplätze jeder Aufnahmeeinrichtung unterrichtet ist.

(5) Die Landesregierung oder die von ihr bestimmte Stelle benennt der zentralen Verteilungsstelle die zuständige Aufnahmeeinrichtung für den Fall, dass das Land nach der Quotenregelung zur Aufnahme verpflichtet ist und über keinen freien Unterbringungsplatz in den Aufnahmeeinrichtungen verfügt.

Übersicht Rdn.

A. Funktion der Vorschrift

1 Die Vorschrift hat im AsylVfG 1982 kein Vorbild. Das AsylVfG 1992 hat eine gegenüber dem früheren Recht grundverschiedene Unterbringungs- sowie Verteilungskonzeption eingeführt. § 46 findet nur auf Antragsteller Anwendung, die verpflichtet sind, in einer allgemeinen oder besonderen Aufnahmeeinrichtung zu wohnen (§ 47 Abs. 1, Abs. 1a, § 30a Abs. 3 in Verb. mit § 14 Abs. 1). Der Vorschrift kommt für die Festlegung der Aufnahmeeinrichtung sowie die behördlichen Zuständigkeiten im Asylverfahren eine Schlüsselfunktion zu: Die für die Aufnahme des Antragstellers zuständige allgemeine Aufnahmeeinrichtung bestimmt sich nach Abs. 1 Satz 2 oder 2. Regelmäßig befindet sich in dieser eine Außenstelle des Bundesamtes. Mit der Bestimmung der zuständigen Aufnahmeeinrichtung wird zugleich auch die für die Bearbeitung des Asylantrags zuständige Außenstelle bestimmt (Abs. 1 Satz 1 und 2, Abs. 2 Satz 2 in Verb. mit § 23). Durch das Asylverfahrensbeschleunigungsgesetz 2016 wurde Abs. 1 dahin verändert, dass auch die besonderen Aufnahmevereinbarungen (§ 5 Abs. 5), in denen die Asylanträge beschleunigt bearbeitet werden, in die Vorschrift einbezogen werden. Dadurch soll sichergestellt werden, dass Asylsuchende,deren Anträge, die im beschleunigten Verfahren bearbeitet werden, nur in den besonderen Aufnahmeeinrichtungen untergebracht werden, solange diese über die entsprechenden Kapazitäten verfügen und die Quote eingehalten wird (BT-Drucks. 18/7538, S. 16). Der Asylsuchende hat sich nach der Meldung in der Aufnahmeeinrichtung zur förmlichen Antragstellung bei der für ihn zuständigen Außenstelle des Bundesamtes aus eigener Initiative unverzüglich oder – wie derzeit im Regelfall – nach Aufforderung der Aufnahmeeinrichtung zu melden (§ 23 Abs. 1). Wurde nach früherem Recht die Zuweisungsentscheidung nach der Asylantragstellung verfügt (§ 22 Abs. 5 Satz 1 AsylVfG 1982), ist nach geltendem Recht mit der Bestimmung der zuständigen Aufnahmeeinrichtung bereits das Bundesland, das den Antragsteller aufzunehmen hat, bestimmt worden. Da die Verteilung in eine besondere Aufnahmeeinrichtung der Verteilung in das nicht beschleunigte Verfahren vorangeht, wird sie in Abs. 1 Satz 1 als erstes genannt. Der Gesetzgeber hat ausdrücklich ein neues Verteilungsverfahren zur gleichmäßigen Auslastung der zur Verfügung stehenden Sammelunterkünfte sicherstellen wollen (BT-Drucks. 12/2062, S. 26). Daraus folgt die bundesweite Verteilung gleich zu Beginn des Verfahrens, die als solche jedoch nicht mehr erkenntlich wird (vgl. BT-Drucks. 12/2062, S. 26).

2 Diese gesetzgeberischen Vorgaben werden durch § 46 umgesetzt. Die gesetzliche Terminologie unterscheidet dabei zwischen »*Aufnahmeeinrichtungen*« (§ 30a, § 44 Abs. 1, § 46, § 47, § 48, § 49, § 50 Abs. 1, § 51) einerseits sowie »*Gemeinschaftsunterkünften*« (§ 53) andererseits. Der in der gesetzlichen Begründung verwendete Begriff »Sammelunterkunft« ist dem Gesetz fremd. Nach Beendigung der Wohnverpflichtung nach § 47 Abs. 1, Abs. 1 a, § 30a Abs. 3 folgt die landesinterne Verteilung (§ 50). Anschließend kann eine – korrigierende – länderübergreifende Verteilung in Betracht (§ 51) kommen. Für Antragsteller, deren Verfahren im beschleunigten Verfahren bearbeitet werden, besteht grundsätzlich eine Wohnverpflichtung in der besonderen Aufnahmeeinrichtung bis zur freiwilligen oder zwangsweise durchgesetzten Ausreise (§ 47 Abs. 1a Satz 1, § 30a Abs. 3 Satz 2). Die reibungslose Durchführung des

»Erstverteilungsverfahren« setzt voraus, dass in allen Ländern erforderliche Aufnahmekapazitäten vorhanden sind (BT-Drucks. 12/2718, S. 59). Diesem Zweck dienen die Vorschriften der §§ 45 ff. Die Verteilung wird entsprechend der in der Gesetzesbegründung zitierten Parteienvereinbarung vom Oktober 1991 durch eine zentrale Einrichtung des Bundes unter Beteiligung der Bundesländer mithilfe eines computergestützten Systems gesteuert, das vor allem bei Engpässen schnell und flexibel reagieren kann (BT-Drucks. 12/2062, S. 26). Abs. 2 trägt dieser Vereinbarung Rechnung. Die in § 46 zum Ausdruck kommenden Zielvorstellungen des Gesetzgebers beruhen auf der »Idee der kurzen Wege«, d.h. dem komplexen Gebilde einer ausreichenden Zahl von Aufnahmeeinrichtungen, in denen die Asylbewerber zunächst untergebracht werden, verbunden mit angeschlossenen Außenstellen des Bundesamtes, in denen die Asylanträge wegen der tatsächlichen Anwesenheit der Asylbewerber vor Ort schnell geprüft werden können (BT-Drucks. 12/2718, S. 59).

B. Zuständige Aufnahmeeinrichtung (Abs. 1 bis 5)

I. Regeln für die Bestimmung der zuständigen Aufnahmeeinrichtung

3 Die Regelungen zur Bestimmung der zuständigen Aufnahmeeinrichtung gehen davon aus, dass zunächst die für die Bearbeitung von Asylanträgen im beschleunigten Verfahren (§ 5 Abs. 5, § 30a) zuständige besondere Aufnahmeeinrichtung bestimmt wird (Abs. 1 Satz 1). Sowohl für die Bestimmung der besonderen wie für die Bestimmung der allgemeinen Aufnahmeeinrichtung kommt es jeweils auf freie Unterbringungsplätze wie auf die Bearbeitungskapazitäten des Bundesamtes bezogen auf das Herkunftsland des Antragstellers an (Abs. 1 Satz 1 und 2). Für die Bestimmung der allgemeinen Aufnahmeeinrichtung ist nach Abs. 1 Satz 2 die vom Asylsuchenden zuerst aufgesuchte Aufnahmeeinrichtung zuständig (Abs. 1 Satz 2; vgl. auch § 22 Abs. 1 Satz 1). Ist die vom Asylsuchenden aufgesuchte Aufnahmeeinrichtung mangels der in Abs. 1 Satz 1 und 2 bezeichneten Voraussetzungen nicht zuständig, ist die durch die zentrale Verteilungsstelle nach Abs. 2 bestimmte Aufnahmeeinrichtung zuständig (Abs. 1 Satz 3 und 4). Sowohl für die Zuständigkeitsbestimmung nach Abs. 1 Satz 1 und 2 wie für die nach Abs. 2 Satz 1 müssen drei Kriterien *kumulativ* erfüllt sein:

1. Die Aufnahmeverpflichtung des Landes im Rahmen der Aufnahmequote (§ 45);
2. Ein zur Verfügung stehender Unterkunftsplatz (Abs. 1 Satz 1 und 2);
3. Die Bearbeitungsmöglichkeiten der Außenstelle des Bundesamtes bezogen auf das Herkunftsland des Antragstellers (Abs. 1 Satz 1 und 2 und Abs. 2 Satz 2).

4 Fehlt es an der zweiten, nicht aber an der ersten Voraussetzung, trifft Abs. 5 eine Sonderregelung. Die zuerst aufgesuchte Aufnahmeeinrichtung (§ 22 Abs. 1 Satz 1) ist zuständig für die Veranlassung der Erstverteilung (Abs. 2 Satz 1, Abs. 3). Zu diesem Zweck hat sie gegenüber der Verteilungsstelle bestimmte Unterrichtungspflichten (Abs. 3 Satz 1). Die Zuständigkeitskriterien sind abstrakt-genereller Art. Zwei oder mehr Länder können jedoch durch Vereinbarung abweichende Regelungen treffen, durch die auch die für die betroffenen Asylbewerber zuständige Aufnahmeeinrichtung geändert wird (Abs. 2a Satz 1). Reisen Ehegatten sowie Eltern und ihre minderjährigen ledigen Kinder sowie andere begünstigte Familienangehörige zusammen ein und

melden sie sich bei der Aufnahmeeinrichtung, sind sie als Gruppe zu melden (Abs. 3 Satz 2) und bei der weiteren Bearbeitung als solche zu behandeln. Lebt bereits ein Angehöriger im Bundesgebiet oder reisen die einzelnen Angehörigen zu verschiedenen Zeitpunkten ein, wird in der Verwaltungspraxis das familiäre Band zunächst nicht berücksichtigt. Jedoch ist nach Beendigung der Wohnverpflichtung diesem Umstand zwingend Rechnung zu tragen (§ 50 Abs. 4 Satz 5, § 51 Abs. 1).

II. Zuständigkeit der Aufnahmeeinrichtung (Abs. 1 Satz 1 und 2)

5 Nach Abs. 1 Satz 1 ist für Antragsteller, bei denen die Voraussetzungen des § 30a vorliegen, die besondere Aufnahmeeinrichtung (§ 5 Abs. 5) für seine Aufnahme zuständig, wenn dort ein freier Unterkunftsplatz vorhanden ist und die der Aufnahmeeinrichtung zugeordnete Außenstelle des Bundesamtes Anträge aus dem Herkunftsland des Asylbewerbers bearbeitet, dort somit die erforderlichen sachkundigen Entscheider und Sprachmittler zur Verfügung stehen (BT-Drucks. 12/2062, S. 35). Für die Antragsteller, deren Anträge im allgemeinen Verfahren bearbeitet werden, gelten ebenfalls diese Voraussetzungen. Zusätzlich wird bestimmt, dass das Bundesland im Rahmen seiner Aufnahmequote (§ 45) zur Aufnahme des Asylbewerbers verpflichtet sein muss (Abs. 1 Satz 2). Da die Verfahren nach § 30a nicht in jedem Bundesland durchgeführt werden, fehlt in Abs. 1 Satz 1 dieses Erfordernis. Die Voraussetzung müssen kumulativ vorliegen. Ist eine von diesen nicht gegeben, wird die zuständige Aufnahmeeinrichtung auf Antrag der zuerst aufgesuchten Aufnahmeeinrichtung durch die zentrale Verteilungsstelle nach Abs. 2 Satz 1 bestimmt (Abs. 1 Satz 3). Zwei oder mehr Länder können jedoch durch Vereinbarung eine andere Aufnahmeeinrichtung bestimmen (§ 45 Abs.2). In diesem Fall wird die nach der Vereinbarung zuständige Aufnahmeeinrichtung mit der tatsächlichen Aufnahme des Asylbewerbers zuständig (Abs. 2a Satz1). Die Entscheidung des Asylsuchenden im Falle des Abs. 1 Satz 2, welche Aufnahmeeinrichtung er aufsuchen will, steht ihm grundsätzlich frei; es sei denn, er hat einer Weisung der Grenzbehörde (§ 18 Abs. 1) oder der Polizei- oder Ausländerbehörde (§ 19 Abs. 1) Folge zu leisten (§ 20 Abs. 1). Die zuerst um Aufnahme ersuchte allgemeine Aufnahmeeinrichtung oder auch die besondere Aufnahmeeinrichtung, an die der Asylsuchende verweisen wurde, darf den Asylsuchenden, der nach Maßgabe des § 14 Abs. 1 den Asylantrag zu stellen hat, nicht zurückweisen. Wird im letzteren Fall nachträglich festgestellt, dass eine andere besondere Aufnahmeeinrichtung zuständig ist, wird er an diese verwiesen. Auch wenn der Asylsuchende sich vor der Meldung nicht im Bezirk der Ausländerbehörde aufgehalten hat, in dem die aufgesuchte Aufnahmeeinrichtung liegt, besteht Aufnahmepflicht (§ 22 Abs. 1 Satz 2 Halbs. 1).

6 Die Zuständigkeitskriterien nach Abs. 1 Satz 1 und 2 sind abstrakt-genereller Art. Deshalb hat der Gesetzgeber keine Veranlassung gesehen, weitere Voraussetzungen – wie etwa das Erfordernis des tatsächlichen Aufenthaltes – zu verlangen. Andererseits bleiben bei der Erstverteilung die persönlichen Verhältnisse des Asylbewerbers unberücksichtigt (s. aber § 49 Abs. 2). Selbst eine posttraumatische Belastungsstörung kann nach der Rechtsprechung in diesem Stadium des Verfahrens nicht geltend gemacht werden (VG Schleswig, Beschl. v. 25.11.1994 – 3 B 369/94). Es nützt dem Asylsuchenden daher letztlich wenig, wenn er nicht die nächstgelegene, sondern eine andere

Aufnahmeeinrichtung aufsucht. Allenfalls dann, wenn innerhalb des Bundeslandes eine Außenstelle des Bundesamtes Asylanträge aus dem Herkunftsland des Asylsuchenden bearbeitet und das Land nach der Quotenregelung des § 45 zur Aufnahme verpflichtet ist, kann er mit seiner Meldung bei dieser das Bundesland bestimmen, in dem er während des Asylverfahrens seinen Aufenthalt zu nehmen hat (vgl. auch Abs. 5). In aller Regel wird der Asylsuchende jedoch keine entsprechenden Kenntnisse haben. Nach Mitteilung der zuständigen Aufnahmeeinrichtung gibt die Aufnahmeeinrichtung, die der Asylsuchende zuerst aufgesucht hat, dem Asylsuchenden auf, sich zur zuständigen Aufnahmeeinrichtung zu begeben (§ 22 Abs. 2 Halbs. 1 Alt. 2). Der Asylsuchende hat der Anordnung unverzüglich Folge zu leisten.

III. Zuständigkeit der nach Maßgabe von Abs. 1 Satz 2 bestimmten Aufnahmeeinrichtung

Nach Abs. 1 Satz 2 ist die von der *zentralen Verteilungsstelle* (Abs. 2 Satz 1) benannte 7
Aufnahmeeinrichtung für die Aufnahme des Asylbewerbers zuständig, wenn die Aufnahmeeinrichtung, in der dieser sich gemeldet hat, unzuständig ist. Regelmäßig veranlasst die zuerst aufgesuchte Aufnahmeeinrichtung durch Meldung nach Abs. 3 Satz 1 die Bestimmung der zuständigen Aufnahmeeinrichtung durch die Verteilungsstelle. Abs. 2 Satz 1 regelt das hierfür maßgebliche interne Verwaltungsverfahren. Demgegenüber nennt Abs. 2 Satz 2 die entscheidungserheblichen Kriterien. Das Verfahren wird durch die Meldung nach Abs. 3 Satz 1 eingeleitet. Die veranlassende Aufnahmeeinrichtung, die in aller Regel zugleich die zuerst aufgesuchte, aber unzuständige, andererseits zur vorübergehenden Aufnahme des Asylsuchenden verpflichtete Aufnahmeeinrichtung (Rdn. 6) ist, teilt der zentralen Verteilungsstelle nicht die Personalien des Asylbewerbers, sondern lediglich die Zahl der zur Erstverteilung bestimmten Asylsuchenden unter Angabe des jeweiligen Herkunftslandes mit (Abs. 3 Satz 1). Daraufhin informiert die zentrale Verteilungsstelle die veranlassende Aufnahmeeinrichtung über die zuständige Aufnahmeeinrichtung (Abs. 2 Satz 1).

Die zentrale Verteilungsstelle ermittelt die zuständige Aufnahmeeinrichtung nach 8
generell-abstrakten Kriterien bzw. nach Maßgabe einer Vereinbarung nach § 45 Abs. 2 (Abs. 2a Satz 2). Da die gesetzliche Begründung in diesem Zusammenhang auf die allgemeinen Aufnahmeeinrichtungen »des jeweiligen Landes« verweist (BT-Drucks. 12/2062, S. 35), ist vorher im Falle des Abs. 1 Satz 2 aus der Reihe der in Betracht kommenden Bundesländer das zuständige Land zu bestimmen. Dies ergibt sich auch aus Abs. 5. Zuerst soll das gemäß seiner Verpflichtung nach § 45 zuständige Bundesland bestimmt werden. Verfügt das zur Aufnahme bestimmte Bundesland über keine freien Unterbringungskapazitäten, hat die Landesregierung oder die von ihr bestimmte Stelle der Verteilungsstelle die zuständige Aufnahmeeinrichtung mitzuteilen (Abs. 5). Die *Mitwirkung der Verteilungsstelle* ist lediglich ein *verwaltungsinterner Vorgang*. Aufgrund der Mitteilung der Verteilungsstelle nach Abs. 2 Satz 1 erlässt die veranlassende Aufnahmeeinrichtung die Weiterleitungsverfügung gegenüber dem Asylbewerber (§ 22 Abs. 1 Satz 2 Halbs. 1Alt. 2). Dieser hat der Verfügung unverzüglich Folge zu leisten (§ 20 Abs. 2), will er die Folgen der § 22 Abs. 3 Satz 2, § 66 Abs. 1 Nr. 1, § 67 Abs. 1 Nr. 2 vermeiden. Bei der Anordnung nach § 22 Abs. 1 Satz 2

handelt es sich um einen Verwaltungsakt im Sinne von § 35 VwVfG (§ 20 Rdn. 5). Hiergegen bestehen Rechtsschutzmöglichkeiten.

C. Berücksichtigung der Familieneinheit (Abs. 3 Satz 2)

9 Aus dem generell-abstrakten Charakter der Zuständigkeitsbestimmungen des Abs. 1 Satz 1 und Abs. 2 Satz 2 und 3 sowie Abs. 5 folgt, dass für die Dauer der Wohnverpflichtung der Trennung der Familieneinheit gesetzlich Vorschub geleistet wird. Nur für den Fall, dass Ehegatten und Eltern sowie die weiteren in § 26 Abs. 1 bis 3 bezeichneten Verwandten mit ihren minderjährigen ledigen Kindern zusammen einreisen und um Asyl nachsuchen, hat die veranlassende Aufnahmeeinrichtung die Familienangehörigen als Gruppe anzumelden (Abs. 3 Satz 2). Entsprechend dem in § 26 Abs. 1 bis 3 verwandten Angehörigenbegriff ist dieser auch für die Erstverteilung zu berücksichtigen. Melden sich die Familienangehörigen vorher bei der Grenz-, Polizei- oder Ausländerbehörde, dürfen sie nicht auseinander gerissen und etwa verschiedenen Aufnahmeeinrichtungen zugewiesen werden. Diese Interpretation von Abs. 3 Satz 2 folgt aus dem Gesetzeswortlaut und aus Art. 6 Abs. 1 und 2 GG sowie Art. 8 Abs. 1 EMRK. Ist der *Grundsatz der Familieneinheit* bei der Bestimmung der zuständigen Aufnahmeeinrichtung zu berücksichtigen, ist ihm erst recht im Rahmen der Weiterleitungsanordnung Rechnung zu tragen. Auch nach Art. 18 Abs. 5 RL 2013/33/EU haben die Behörden sicherzustellen, dass minderjährige Kinder zusammen mit ihren Eltern untergebracht werden. Ferner ist so weit wie möglich Sorge zu tragen, dass abhängige erwachsene Antragsteller mit besonderen Bedürfnissen bei der Aufnahme gemeinsam mit nahen volljährigen Verwandten untergebracht werden, die sich bereits im Mitgliedstaat aufhalten und die für sie nach nationalem Recht oder den Gepflogenheiten des Mitgliedstaats verantwortlich sind (Art. 18 Abs. 5 RL 2013/33/EU).

10 Befindet sich im Zeitpunkt der Meldung nach Abs. 1 Satz 2 einer der in Abs. 3 Satz 2 genannten Familienangehörigen erlaubt im Bundesgebiet, ist das Gesetz so zu verstehen, dass dies bei der Bestimmung der zuständigen Aufnahmeeinrichtung nicht berücksichtigt wird. Diesem Gesichtspunkt ist allerdings im Rahmen des nachträglichen Verteilungsverfahrens (§ 50 Abs. 4 Satz 5, § 51 Abs. 1) zwingend Rechnung zu tragen. Die Zeitspanne nach § 47 Abs. 1 ist in diesem Fall auf das gebotene Mindestmaß zu verkürzen. Ist die Anhörung durchgeführt worden, ist unverzüglich die Zuweisungsverfügung zu erlassen. Da derzeit die Anhörung häufig erst nach über einem Jahr und länger stattfindet, ist unverzüglich zu entscheiden. Auch im Fall der Vollziehbarkeit der Abschiebungsandrohung vor Ablauf der Sechsmonatsfrist nach § 47 Abs. 1 ist dem Asylbewerber zur Ermöglichung der gemeinsamen Ausreise der weitere Aufenthalt im Bundesgebiet regelmäßig zu ermöglichen (§ 43 Abs. 3).

D. Unterrichtungsverpflichtung nach Abs. 4

11 Nach Abs. 4 haben die Länder sicherzustellen, dass die zentrale Verteilungsstelle jederzeit über die für die Erfüllung ihrer Aufgaben nach Abs. 2 erforderlichen Informationen verfügt. Abs. 4 enthält eine an die Bundesländer gerichtete gesetzliche Verpflichtung (BT-Drucks. 12/2062, S. 35). Diese umfasst insbesondere auch die erforderlichen

Angaben über Zu- und Abgänge, Belegungsstand sowie alle freien Unterbringungskapazitäten jeder Aufnahmeeinrichtung, um ein möglichst effektives Funktionieren der Verteilungsstelle nach Abs. 2 Satz 1 zu gewährleisten. Der Gesetzgeber hat keine entsprechende Verpflichtung für den Bund festgelegt, die jeweils aktuellen Bearbeitungskapazitäten der Außenstellen des Bundesamtes an die Verteilungsstelle zu melden. Häufig ändern sich nämlich aufgrund von personellen Umstrukturierungen und kurzfristigen Abordnungen die Bearbeitungsmöglichkeiten der Außenstellen mit Blick auf die jeweiligen Herkunftsländer. Der Umstand allein, dass die Verteilungsstelle nach Abs. 2 Satz 1 wie das Bundesamt im Geschäftsbereich des Bundesinnenministeriums liegt, gewährleistet noch nicht den gebotenen Informationsaustausch.

Ist das Bundesland bestimmt und liegt nicht der Sonderfall des Abs. 5 vor, hat die zentrale Verteilungsstelle die Aufnahmeeinrichtungen des bestimmten Bundeslandes mit freien Unterbringungskapazitäten in den Blick zu nehmen. Die Länder sind verpflichtet, die Verteilungsstelle jederzeit mit den erforderlichen Angaben zu versorgen (Abs. 4). Erst im dritten Schritt sind schließlich die Bearbeitungsmöglichkeiten der jeweiligen Außenstelle des Bundesamtes in den Aufnahmeeinrichtungen mit freien Kapazitäten mit Blick auf die jeweiligen Herkunftsländer zu berücksichtigen. Welche Bedeutung diesem Gesichtspunkt zukommt, erscheint insbesondere auch im Hinblick auf die fehlende entsprechende Unterrichtungsverpflichtung des Bundesinnenministeriums gegenüber der zentralen Verteilungsstelle nach Abs. 2 Satz 1 fraglich. Kommen nach diesem abgestuften Bestimmungssystem mehrere Aufnahmeeinrichtungen in Betracht, wird die der veranlassenden Aufnahmeeinrichtung nächstgelegene Aufnahmeeinrichtung als zuständige benannt (Abs. 2 Satz 3). 12

E. Funktion des Verfahrens nach Abs. 5

Nach Abs. 5 benennt die Landesregierung oder die von ihr bestimmte Stelle der zentralen Verteilungsstelle nach Abs. 2 Satz 1 die zuständige Aufnahmeeinrichtung für den Fall, dass das Land nach der Quotenregelung des § 45 zur Aufnahme verpflichtet ist, indes über keinen freien Unterbringungsplatz in den bestehenden Aufnahmeeinrichtungen verfügt. Abs. 5 ist dahin zu verstehen, dass das zur Aufnahme verpflichtete Bundesland ungeachtet seiner erschöpften Kapazitäten den Unterbringungsplatz zur Verfügung stellen muss (BT-Drucks. 12/2062, S. 35). Der gleichmäßigen Belastung der Bundesländer ist bereits bei der Quotenregelung des § 45 Rechnung getragen worden. Deshalb soll mit Abs. 5 der Praxis entgegengewirkt werden, dass ein Land sich mit dem Hinweis auf angebliche Überbelastungen seiner Verpflichtung entziehen kann. Es hat für diesen Fall der Verteilungsstelle eine bestimmte Aufnahmeeinrichtung unabhängig von den Bearbeitungskapazitäten der jeweiligen Außenstelle des Bundesamtes zu benennen. Die Regelung des Abs. 5 verlangt, dass die Landesregierung bzw. die beauftragte Stelle der zentralen Verteilungsstelle generell eine bestimmte Aufnahmeeinrichtung mitteilt (BT-Drucks. 12/2062, S. 35). Es soll dadurch im Einzelfall ein zeitaufwendiges Abstimmungsverfahren vermieden werden. 13

Die Landesregierung kann ihrer Verpflichtung nach Abs. 5 dadurch genügen, dass sie von vornherein, auch ohne dass ihre Kapazitäten erschöpft sind, rein vorsorglich eine 14 bestimmte Aufnahmeeinrichtung der zentralen Verteilungsstelle gegenüber benennt. Tritt der akute Notfall ein, wird die Verteilungsstelle die zuständige Aufnahmeeinrichtung nicht nach Maßgabe von Abs. 2 Satz 2 und 3 benennen, sondern die nach Abs. 5 bezeichnete Aufnahmeeinrichtung als zuständige Aufnahmeeinrichtung bestimmen. Jedenfalls hat sie im akuten Notfall, wenn ihre aktuellen Unterbringungskapazitäten erschöpft sind, der Verteilungsstelle die bestimmte Aufnahmeeinrichtung anzuzeigen. Hat die Landesregierung rein vorsorglich die Aufnahmeeinrichtung benannt, muss sie im akuten Notfall die Verteilungsstelle unterrichten, damit anstelle des Verfahrens nach Abs. 2 Satz 2 und 3 das Verfahren nach Abs. 5 Anwendung finden kann.

F. Rechtsschutz

15 Der Asylsuchende hat die nach Abs. 1 Satz 2 für ihn zuständige Aufnahmeeinrichtung aufzusuchen. Die Aufnahmeeinrichtung, in der er sich gemeldet hat (Abs. 1 Satz 2), erlässt die Weiterleitungsanordnung nach § 20 Abs. 1 Satz 2. Der Asylsuchende ist verpflichtet, dieser unverzüglich Folge zu leisten (§ 20 Abs. 2). Er kann gegen diese *Anfechtungsklage* erheben. Diese hat keine aufschiebende Wirkung (§ 75 Abs. 1). Die Weiterleitungsverfügung stellt einen Verwaltungsakt dar und begründet ein subjektiv-öffentliches Recht. Der Asylsuchende hat einen gerichtlich durchsetzbaren Anspruch auf Berücksichtigung seiner individuellen Interessen (VerfGH Berlin, InfAuslR 2014, 26, 27; VG Schwerin, AuAS 2013, 103; VG Gelsenkirchen, InfAuslR 2014, 122, 123 = AuAS 2014, 22; VG Magdeburg, InfAuslR 2014, 121; *Hailbronner*, AuslR B 2 § 19 AsylVfG Rn. 11; *Funke-Kaiser*, in: GK-AsylG II, § 19 Rn. 20; Rdn. 4; *Bergmann*, in: Bergmann/Dienelt, AuslR, 11. Aufl., 2016, § 46 AsylG Rn. 9; a.A. VG Arnsberg, InfAuslR 1996, 37; VG Schleswig, Beschl. v. 25.11.1994 – 3 B 369/94; *Hailbronner*, AuslR B 2 § 46 AsylVfG Rn. 16; s. auch § 20 Rdn. 5). Auch die Rechtsprechung zur früheren Weiterleitungsanordnung des § 22 Abs. 8 AsylVfG 1982 ging wie selbstverständlich davon aus, dass diese die Merkmale eines Verwaltungsakts aufwies (BVerwG, EZAR 221 Nr. 36 = NVwZ 1993, 276; OVG Hamburg, EZAR 228 Nr. 19).

16 Mit der Bestimmung der zuständigen Aufnahmeeinrichtung wird zunächst verwaltungsintern eine Aufenthaltsbestimmung im konkreten Einzelfall getroffen. Damit wird aber der Aufenthalt des Asylsuchenden auf den Bezirk der Ausländerbehörde, in deren Bereich die als zuständig bestimmte Aufnahmeeinrichtung gelegen ist, beschränkt (§ 56 Abs. 1). Diese verwaltungsinterne Festlegung der Aufnahmeeinrichtung sowie des räumlich beschränkten Bereichs wird nach außen – gegenüber dem Asylbewerber – durch die Weiterleitungsanordnung rechtsgestaltend umgesetzt (BVerwG, EZAR 221 Nr. 36). Will der Asylsuchende nicht lediglich in der Aufnahmeeinrichtung bleiben, in der er sich gemeldet hat, sondern will er erreichen, dass er einer Aufnahmeeinrichtung zugewiesen wird, in der sich bereits seine Verwandten befinden, muss er *Verpflichtungsklage* gegen die Weiterleitungsanordnung erheben (*Funke-Kaiser*, in: GK-AsylG II, § 46 Rn. 4).

§ 47 Aufenthalt in Aufnahmeeinrichtungen

(1) [1]Ausländer, die den Asylantrag bei einer Außenstelle des Bundesamtes zu stellen haben (§ 14 Abs. 1), sind verpflichtet, bis zu sechs Wochen, längstens jedoch bis zu sechs Monaten, in der für ihre Aufnahme zuständigen Aufnahmeeinrichtung zu wohnen. [2]Das Gleiche gilt in den Fällen des § 14 Absatz 2 Satz 1 Nummer 2, wenn die Voraussetzungen dieser Vorschrift vor der Entscheidung des Bundesamtes entfallen.

(1a) [1]Abweichend von Abs. 1 sind Ausländer aus einem sicheren Herkunftsstaat (§ 29a) verpflichtet, bis zur Entscheidung des Bundesamts über den Asylantrag und im Fall der Ablehnung des Asylantrags nach § 29a als offensichtlich unbegründet oder nach § 29 Absatz 1 Nummer 1 als unzulässig bis zur Ausreise oder bis zum Vollzug der Abschiebungsandrohung oder – anordnung in der für ihre Aufnahme zuständigen Aufnahmeeinrichtung zu wohnen. [2]Die §§ 48 bis 50 bleiben unberührt.

(2) Sind Eltern eines minderjährigen ledigen Kindes verpflichtet, in einer Aufnahmeeinrichtung zu wohnen, so kann auch das Kind in der Aufnahmeeinrichtung wohnen, auch wenn es keinen Asylantrag gestellt hat.

(3) Für die Dauer der Pflicht, in einer Aufnahmeeinrichtung zu wohnen, ist der Ausländer verpflichtet, für die zuständigen Behörden und Gerichte erreichbar zu sein.

(4) [1]Die Aufnahmeeinrichtung weist den Ausländer innerhalb von 15 Tagen nach der Asylantragstellung möglichst schriftlich und in einer Sprache, deren Kenntnis vernünftigerweise vorausgesetzt werden kann, auf seine Rechte und Pflichten nach dem Asylbewerberleistungsgesetz hin. [2]Die Aufnahmeeinrichtung benennt in dem Hinweis nach Satz 1 auch, wer dem Ausländer Rechtsbeistand gewähren kann und welche Vereinigungen den Ausländer über seine Unterbringung und medizinische Versorgung beraten können.

Übersicht Rdn.

A. Funktion der Vorschrift

Die Vorschrift hat kein Vorbild im AsylVfG 1982, weil das alte Recht auf grundsätzlich anderen konzeptionellen Vorstellungen als das geltende AsylG beruhte. Die Verpflichtungen der Vorschrift bauen auf den Zielvorstellungen des Gesetzes auf, 1 unmittelbar einreisende Asylsuchende ausnahmslos in Aufnahmeeinrichtungen unterzubringen, Eilrechtsschutzverfahren innerhalb weniger Wochen unanfechtbar abzuschließen und aufenthaltsbeendende Maßnahmen unverzüglich durchzuführen (BT-Drucks. 12/2062, S. 26 ff.). Diesem gesetzgeberischen Ziel trägt die Fristregelung in Abs. 1 Satz 1 Rechnung. Die Verpflichtung nach § 47 treffen nur Antragsteller, die den Asylantrag nach § 14 Abs. 1 zu stellen haben. Für eine bestimmte Gruppe der Antragsteller, die den Antrag nach § 14 Abs. 2 Satz 1 Nr. 2 geltend zu machen haben, enthält Abs. 1 Satz 2 eine Sonderregelung. Die für die Aufnahme des Asylsuchenden zuständige Aufnahmeeinrichtung wird nach Maßgabe von § 46 Abs. 1 Satz 1, Abs. 2 Satz 2 bestimmt. Zur wirksamen Durchsetzung der Vorschrift bestimmt § 23 Abs.1, dass der Asylantrag erst mit der persönlichen Meldung bei der der Aufnahmeeinrichtung zugeordneten Außenstelle – also im Anschluss an die Meldung bei der zuständigen Aufnahmeeinrichtung – förmlich gestellt werden kann. Bis zu diesem Zeitpunkt handelt es sich lediglich um ein »*Nachsuchen um Asyl*« (§ 18 Abs. 1 Halbs. 1, § 19 Abs. 1 Halbs. 1), das keine Bearbeitungspflichten des Bundesamtes auslöst.

2 Stellt der Asylsuchende nicht binnen zwei Wochen nach dem Erlass der *Weiterleitungsanordnung* den Asylantrag, erlischt die Aufenthaltsgestattung (§ 67 Abs. 1 Nr. 2). Sie lebt mit wirksamer Asylantragstellung wieder auf (§ 67 Abs. 2). Allerdings wird heute aus von den Asylsuchenden nicht zu vertretenden Gründen der Antrag erst Monate nach der Meldung bei der zuständigen Aufnahmeeinrichtung bei der dieser zugeordneten Außenstelle des Bundesamtes gestellt und hat der Gesetzgeber diese Praxis mit dem Ankunftsnachweis nach § 63a gebilligt, wenn nicht sogar gefördert. Der Asylsuchende kann zur Aufenthaltsermittlung und in den polizeilichen Fahndungshilfsmitteln ausgeschrieben werden, wenn er nicht binnen einer Woche nach Erlass der Weiterleitungsanordnung in der zuständigen Aufnahmeeinrichtung eintrifft (§ 66 Abs. 1 Nr. 1). Bei Pflichtverletzung wird das Asylverfahren eingestellt (§ 22 Abs. 3 Satz 1, § 23 Abs. 2 Satz 1). Damit hat der Gesetzgeber eine Bandbreite effektiver Maßnahmen geschaffen, um die Wohnverpflichtung nach Abs. 1 durchzusetzen. Diese Verpflichtung besteht kraft Gesetzes (Abs. 1 Satz 1). Demgegenüber ist nach der Entlassung aus der Aufnahmeeinrichtung eine derartige Wohnverpflichtung durch behördliche Auflage (§ 60 Abs. 2) besonders anzuordnen. In einem wie im anderen Fall wird hierdurch die Bewegungsfreiheit nicht verändert (§ 56). Während der Dauer der Wohnverpflichtung nach Abs. 1 und Abs. 1a sowie § 3a Abs. 3 Satz 1 darf die Erwerbstätigkeit nicht zugelassen werden. Überschreitet im Falle des Abs. 1a indes die Dauer des Aufenthalts in der Aufnahmeeinrichtung die Dauer von neun Monaten, folgt aus Art. 15 Abs. 1 RL 2013/33/EU die Verpflichtung, den Zugang zum Arbeitsmarkt zu eröffnen (*Thym*, NVwZ 2015, 1625, 1627).

B. Wohnverpflichtung (Abs. 1)

I. Inhalt der Wohnverpflichtung

3 Abs. 1 Satz 1 verpflichtet den Asylsuchenden, in der Aufnahmeeinrichtung zu wohnen. Unberührt hiervon bleibt die Regelung der räumlichen Beschränkung nach § 56 Abs. 1 Satz 1. Das gesetzliche Aufenthaltsrecht des Asylbewerbers nach § 55 Abs. 1

Satz 1 entsteht mit dem »*Nachsuchen um Asyl*« (§ 13 Rdn. 6 f.). Kraft Gesetzes entsteht das gesetzliche Aufenthaltsrecht von vornherein beschränkt auf den Bezirk der Ausländerbehörde, in dem die für die Aufnahme des Asylbewerbers nach § 46 Abs. 1 Satz 1, Abs. 2 Satz 1 zuständige Aufnahmeeinrichtung liegt (§ 56 Abs. 1). An dieser räumlichen Beschränkung ändert auch die Wohnverpflichtung nach Abs. 1 Satz 1 nichts. Während der Dauer der Unterbringung in der Aufnahmeeinrichtung darf der Asylbewerber auch dann keine Erwerbstätigkeit ausüben, wenn sie die Dauer von drei Monaten überschreitet (§ 61 Abs. 1). Antragsteller aus sicheren Herkunftsstaaten (§29a) dürfen während der gesamten Dauer des Asylverfahrens keine Erwerbstätigkeit ausüben (§ 61 Abs. 2 Satz 4).

II. Verpflichteter Personenkreis

Die Verpflichtung nach Abs. 1 Satz 1 trifft nur Antragsteller im Sinne von § 14 Abs. 1, 4
d.h. unmittelbar in das Bundesgebiet einreisende Asylsuchende. Abs. 1 Satz 2 stellt klar, dass die Antragsteller nach § 14 Abs. 2 Satz 1 Nr. 2 nicht der Wohnverpflichtung nach Abs. 1 Satz 1 unterliegen. Befindet sich der Asylbewerber im Zeitpunkt der Antragstellung in Haft, im sonstigem öffentlichen Gewahrsam oder in einer der in § 14 Abs. 2 Satz 1 Nr. 2 genannten Einrichtungen, hat er den Asylantrag schriftlich bei der Zentrale des Bundesamtes zu stellen. Die Gewahrsams- oder Unterbringungsform nach § 14 Abs. 2 Satz 1 Nr. 2 verdrängt die Wohnverpflichtung nach Abs. 1 Satz 1 für den Fall, dass die Voraussetzungen nach § 14 Abs. 2 Satz 1 Nr. 2 im Zeitpunkt der Sachentscheidung des Bundesamtes noch fortbestehen (Abs. 1 Satz 2). Wird der Antragsteller jedoch vor der Sachentscheidung aus der Haft bzw. Einrichtung entlassen, entsteht mit dem Zeitpunkt des Entlassungsdatums kraft Gesetzes die Wohnverpflichtung nach Abs. 1 Satz 1. Dies gilt nicht, wenn zugleich ein anderer der in § 14 Abs. 2 Satz 1 Nr. 1 und 3 genannten Gründe in der Person des Asylbewerbers vorliegt. Maßgeblich für die Entstehung der Wohnverpflichtung nach Abs. 1 Satz 2 sind danach zwei zeitliche Kriterien: Lediglich bis zur Zustellung der Sachentscheidung des Bundesamtes kann die Verpflichtung nach Abs. 1 Satz 1 begründet werden. Nach dem Zeitpunkt der Zustellung des Bundesamtes kann die Wohnverpflichtung nicht mehr entstehen.

Der Asylsuchende verbleibt in dem Bundesland, in dem der Haft- oder Einrich- 5
tungsort liegt und wird analog § 50 im Wege der landesinternen Verteilung einem bestimmten Bezirk zugewiesen. Für Klage und Eilrechtsschutzantrag ist das Verwaltungsgericht zuständig, in dessen Bezirk der Haft- oder Einrichtungsort liegt. Die für § 52 Nr. 2 Satz 3 VwGO erforderliche behördliche Zustimmung wird fingiert (Hess. VGH, EZAR 611 Nr. 9). Andererseits ist für den in Abs. 1 Satz 2 genannten Wegfall der Voraussetzungen des § 14 Abs. 2 Satz 1 Nr. 2 der Zeitpunkt der Entlassung aus der Haft oder einer der dort genannten Einrichtungen maßgebend. Das Gesetz enthält keine besondere Bestimmung über die zuständige Aufnahmeeinrichtung für den Fall des Abs. 1 Satz 2. Daher finden die allgemeinen Kriterien nach § 46 Anwendung. Nach Entlassung aus der Haft oder aus einer der sonstigen in § 14 Abs. 2 Satz 1 Nr. 2 bezeichneten Einrichtungen hat die Aufnahmeeinrichtung den Asylbewerber aufzunehmen, die für ihn zuständig ist (§ 46 Abs. 1 Satz 1). Hat er sich

vorher bei der Polizei oder Ausländerbehörde gemeldet, leitet diese ihn nach Maßgabe des § 19 Abs. 1 weiter. Der Asylsuchende hat der Weisung ebenso wie der Weisung der zuerst aufgesuchten Aufnahmeeinrichtung nach § 22 Abs. 1 Satz 2 in Verb. mit § 46 Abs. 1 Satz 2 unverzüglich Folge zu leisten (§ 20 Abs. 1). Minderjährige Kinder unterliegen nicht der Wohnverpflichtung, wenn ihre Eltern nicht im Bundesgebiet leben (VG Hamburg, NVwZ-Beil. 2002, 13, 14). Minderjährige, unbegleitete Asylsuchende dürfen generell nicht in einer Aufnahmeeinrichtung untergebracht werden (§ 12 Rdn. 26 ff.).

6 Der Verpflichtung nach Abs. 1 Satz 1 trifft nicht *Folgeantragsteller* (VG Gießen, AuAS 2002, 106). § 71 Abs. 2 Satz 1 enthält lediglich eine behördliche Zuständigkeitsregelung, ohne damit zugleich eine aufenthaltsbestimmende Wirkung zu entfalten. Vielmehr gilt der Aufenthalt des Antragstellers während der Prüfung der Beachtlichkeit des Antrags mit den früheren Beschränkungen fort (§ 71 Abs. 7 Satz 1). Allerdings besteht Wohnverpflichtung in einer besonderen Aufnahmeeinrichtung (§ 30a Abs. 1 Nr. 4, Abs. 3 Satz 1; § 30a Rdn. 12, 27 ff.).

III. Dauer der Wohnverpflichtung

7 Nach Abs. 1 Satz 1 beträgt die Dauer des Aufenthaltes des Asylsuchenden in der Aufnahmeeinrichtung *bis zu sechs Wochen*, jedoch *höchstens sechs Monate*. Die Verlängerung von drei auf sechs Monate wurde durch das Asylverfahrensbeschleunigungsgesetz 2015 eingefügt. Es handelt sich um gesetzlich zwingende Zeitvorgaben. Dieser Zeitraum wurde gewählt, damit in Einzelfällen, in denen gewisse zeitliche Überschreitungen der Verfahrensdauern unvermeidlich sind, das Verfahren und gegebenenfalls eine Rückführung nicht durch einen zwischenzeitlichen Umzug verzögert werden (BT-Drucks. 12/2062, S. 36). Der maßgebliche Zeitpunkt für den Beginn der Wohnverpflichtung nach Abs. 1 Satz 1 ist das Eintreffen des Asylsuchenden in der für seine Aufnahme zuständigen Aufnahmeeinrichtung (Abs. 1 Satz 1). Meldet er sich in einer Aufnahmeeinrichtung nach § 46 Abs. 1 Satz 1 und leitet diese ihn gem. § 22 Abs. 1 Satz 2 in Verb. mit § 46 Abs. 1 Satz 2, Abs. 2 an die für seine Aufnahme zuständige Aufnahmeeinrichtung weiter, beginnen die Fristen erst mit dem Zeitpunkt des Eintreffens des Asylsuchenden in der Aufnahmeeinrichtung zu laufen.

8 In der Regel soll der Asylsuchende die Aufnahmeeinrichtung innerhalb des Sechswochenzeitraumes verlassen (BT-Drucks. 12/2062, S. 36). Die Maximalfrist von sechs Monaten darf in keinem Fall überschritten werden. Sie ist die äußerste Grenze der Wohnverpflichtung (VG Aachen, InfAuslR 1994, 80). Die Fristbestimmungen haben nicht bloßen Programmcharakter. Jedenfalls hat der Asylsuchende im Fall des Überschreitens der Maximalfrist einen Rechtsanspruch auf Entlassung (*Hailbronner*, AuslR B 2 § 47 AsylVfG Rn. 8; *Funke-Kaiser*, in: GK-AsylG II, § 47 Rn. 9; a.A. *Bergmann*, in: Bergmann/Dienelt, AuslR, 11. Aufl., 2016, § 47 AsylG Rn. 3). Eine Verlängerung der Wohnverpflichtung ist nach dem Gesetz mit Ausnahme der Fälle nach Abs. 1a nicht vorgesehen. Weder die gesetzlich zulässige Höchstdauer noch die Regeldauer sollen andererseits voll ausgeschöpft werden, vielmehr das Verfahren so gestaltet werden, dass regelmäßig eine Entlassung innerhalb von sechs Wochen möglich ist. Die

Zeitvorgaben nach Abs. 1 Satz 1 sind gesetzlich zwingende Beendigungsgründe der Wohnverpflichtung. Daneben treten die in § 48, § 49 und § 50 Abs. 1 Satz 1 genannten Beendigungsgründe. Unabhängig davon kommen nach §§ 48 ff. Beendigungsgründe hinzu, die teils verfahrensrechtlicher Art (§ 48 Nr. 2, § 49 Abs. 1, § 50 Abs. 1), teilweise in anderen Umständen begründet sind.

C. Antragsteller aus sicheren Herkunftsstaaten oder im Dublin-Verfahren (Abs. 1a)

Nach Abs. 1a Satz 1 sind Antragsteller aus sicheren Herkunftsstaaten, also aus Albanien, Bosnien und Herzegowina, Ghana, Kosovo, Mazedonien, ehemalige jugoslawische Republik, Montenegro, Senegal und Serbien (Anlage II) sowie Antragsteller, in Bezug auf die ein Zuständigkeitsbestimmungsverfahren nach der Verordnung (EU) Nr. 604/2013 durchgeführt wird, abweichend von Abs. 1 verpflichtet, bis zur Entscheidung des Bundesamtes über den Asylantrag und im Falle der Ablehnung des Antrags nach § 29a als offensichtlich unbegründet oder nach § 29 Abs.1 Nr. 1 als unzulässig bis zur Ausreise oder bis zum Vollzug der Abschiebungsandrohung oder -anordnung in der für ihre Aufnahme zuständigen Aufnahmeeinrichtung zu wohnen. Die Fristregelungen des Abs. 1 gelten nicht. Abs. 1a enthält *eigenständige Fristregelungen* für den dort bezeichneten Personenkreis. Hiermit soll Personen ohne flüchtlingsrechtlich relevanten Schutzbedarf eine abschließende und im Ergebnis schnellere Bearbeitung der Asylverfahren sowie eine raschere Beendigung des Aufenthalts gewährleistet werden (*Kluth*, ZAR 2015, 337, 339; VG Würzburg, AuAS 2016, 71). Eine Rechtspflicht der Länder zur Unterbringung dieser Personen besteht aber nicht (BR-Drucks. 446/15, S. 44). Dem steht jedoch die Verpflichtung des Antragstellers nach Abs.1a Satz 1 entgegen. Durch den Hinweis auf § 29a wird klargestellt, dass diese Regelung nicht für Antragsteller gilt, deren Antrag nach § 30 als offensichtlich unbegründet abgelehnt wird. Wird dem Antragsteller aus einem sicheren Herkunftsstaat die Flüchtlingseigenschaft oder der subsidiäre Schutzstatus zuerkannt, endet die Verpflichtung nach Abs. 1a Satz 1 (448 Nr. 1). Wird Abschiebungsschutz nach § 60 Abs. 5 oder 7 AufenthG gewährt, ist die Abschiebung kurzfristig unzulässig und endet deshalb die Wohnverpflichtung (Abs. 1a Satz 2 in Verb. mit § 49 Abs. 1). 9

Dasselbe gilt für Antragsteller, die im Rahmen der Verordnung (EU) Nr. 604/2013 10 in einen anderen Mitgliedstaat überstellt werden sollen und gegen die deshalb eine Abschiebungsanordnung (§ 34a Abs. 1) erlassen worden ist. In allen Fällen des Abs. 1a Satz 1 wird zunächst auf die Entscheidung des Bundesamtes abgestellt. Ist diese für den Antragsteller positiv, endet die Wohnverpflichtung (Rdn. 9). Dies gilt auch in dem Fall, in dem das Bundesamt das Dublin-Verfahren beendet und ein nationales Asylverfahren einleitet. Dadurch wird die Unzulässigkeitsentscheidung beseitigt. In den anderen, also für den Antragsteller negativen Fällen der Entscheidung ist zwar das Asylverfahren beendet. Das Gesetz stellt aber für die Dauer der Wohnverpflichtung auf die (freiwillige) Ausreise oder den Vollzug der Abschiebungsandrohung oder -anordnung ab. Kann etwa wegen inlandsbezogener Vollstreckungshemmnisse oder anderer rechtlicher oder tatsächlicher Abschiebungshindernisse (§ 60a Abs. 2 Satz 1

AufenthG) die Abschiebung nicht vollzogen werden, endet die Wohnverpflichtung (Abs. 1a Satz 2 in Verb. mit § 49 Abs. 1). Die Zeitvorgaben nach Abs. 1a Satz 1 sind gesetzlich zwingende Gründe, die unabhängig von Abs. 1 die Dauer der Unterbringung in einer Aufnahmeeinrichtung regeln. Nach Abs. 1a Satz 2 sind aber die in § 48, § 49 und § 50 Abs. 1 Satz 1 genannten Beendigungsgründe zu beachten. Unabhängig davon kommen nach §§ 48 ff. Beendigungsgründe hinzu, die teils verfahrensrechtlicher Art (§ 48 Nr. 2, § 49 Abs. 1, § 50 Abs. 1), teilweise in anderen Umständen begründet sind.

D. Berücksichtigung minderjähriger lediger Kinder (Abs. 2)

11 Abs. 2 enthält eine Sonderregelung für minderjährige ledige Kinder, die keinen Asylantrag gestellt haben. Generell sind zusammen einreisende Ehegatten sowie Eltern und ihre minderjährigen ledigen Kinder wie auch sonstige Verwandte i.S.d. § 26 Abs. 1 bis 3 als Gruppe anzumelden und ist mit Blick auf ihre Wohnverpflichtung nach Abs. 1 Satz 1 der gemeinsame Aufenthalt in der Aufnahmeeinrichtung zu ermöglichen (§ 46 Abs. 3 Satz 2). Es ist der Verwandtenbegriff nach § 26 Abs. 1 bis 3 maßgebend. Der später einreisende Familienangehörige hat jedoch für die Dauer der Wohnverpflichtung nach Abs. 1 Satz 1 keinen Anspruch auf Berücksichtigung der Familieneinheit. Abs. 2 berücksichtigt die frühere Rechtsprechung. Danach stand die Tatsache, dass das Kind des Asylsuchenden kein Asylverfahren betrieb, der Anwendung der Vorschriften über das Verteilungsverfahren nicht entgegen (Hess. VGH, Beschl. v. 27.06.1986 – 10 TH 1302/86). Große praktische Bedeutung hat Abs. 2 bislang kaum entfalten können. Anders als nach § 2 Abs. 2 Nr. 1 AuslG 1965 bedürfen regelmäßig alle Ausländer unabhängig von ihrem Alter eines Aufenthaltstitels (§ 4 Abs. 1 Satz 1 AufenthG). Eine besondere praktische Bedeutung, die dieser Vorschrift zukommen könnte, ist nicht zu erkennen. Ist das Kind nicht freizügigkeitsberechtigt oder hat es keinen Aufenthaltstitel, greift ohnehin die Antragsfiktion ein (§ 14a Abs. 1).

E. Mitwirkungspflicht des Antragstellers (Abs. 3)

12 Abs. 3 begründet die verfahrensrechtliche Obliegenheit, während der Dauer der Wohnverpflichtung für die zuständigen Behörden und Gerichte erreichbar zu sein. Dadurch wird nicht der Aufenthalt des Asylsuchenden auf den Bereich der Aufnahmeeinrichtung beschränkt. Vielmehr ist dieser auf den Bezirk der Ausländerbehörde, in dem sich die Einrichtung befindet, begrenzt (§ 56 Abs. 1). Abs. 3 begründet lediglich eine *verfahrensrechtliche Obliegenheit*, nicht jedoch die räumliche Beschränkung des Aufenthalts. Dadurch soll lediglich die Erreichbarkeit des Asylsuchenden gewährleistet werden (BT-Drucks. 12/2062, S. 36), ohne dass damit zugleich festgelegt wird, welche Sanktionen den Asylsuchenden bei Verletzung seiner Mitwirkungspflicht treffen. Folglich kann aus Abs. 3 keine Verpflichtung zur dauernden physischen Anwesenheit in der Aufnahmeeinrichtung sowie in deren unmittelbarer Nähe hergeleitet werden (*Hailbronner*, AuslR B 2 § 47 AsylVfG Rn. 12; *Bergmann*, in: Bergmann/Dienelt, AuslR, 11. Aufl., 2016, § 47 AsylG Rn. 7). Bei Verstoß gegen die Mitwirkungspflicht nach Abs. 3 können den Asylsuchenden die verfahrensrechtlichen Folgen der § 10 Abs. 4 Satz 4, § 33 Abs. 1, § 36 Abs. 3 Satz 1, § 74 Abs. 1 und 2 und § 81 treffen.

Insbesondere die Regelung in § 10 Abs. 4 Satz 4 gibt einen Anhalt über den Inhalt der Mitwirkungspflicht. Diese Vorschrift regelt lediglich die erleichterte Zustellung in der Aufnahmeeinrichtung. Mehr als durch diese Regelung wird dem Asylsuchenden auch nicht durch Abs. 3 abverlangt:

Nach dem Eintreffen in der Aufnahmeeinrichtung hat der Asylsuchende sich zu dem von der Aufnahmeeinrichtung genannten Termin bei der Außenstelle des Bundesamtes zu melden (§ 23 Abs. 1). Insoweit bedarf es keines Rückgriffs auf Abs. 3. Wird der Antragsteller noch am Tag der Asylantragstellung angehört, hat er zur Anhörung zu erscheinen. Auch insoweit wird die verfahrensrechtliche Mitwirkungspflicht durch die besondere Regelung des § 25 Abs. 4 Satz 2 konkretisiert. Ein besonderes Bedürfnis für die Anwendung von Abs. 3 besteht auch insoweit nicht. Wird der Antragsteller – wie bei Antragstellern, die nicht aus sicheren Herkunftsstaaten kommen, allgemein üblich – nicht am Tag der Antragstellung angehört, ist er unverzüglich vorher von dem Anhörungstermin zu verständigen (§ 25 Abs. 4 Satz 4). Ist er innerhalb der maßgeblichen Wochenfrist des § 25 Abs. 4 Satz 3 nicht erreichbar, treffen ihn die verfahrensrechtlichen Folgen des § 25 Abs. 4 Satz 5. Im Übrigen gelten für sämtliche behördlichen und gerichtlichen Zustellungen die besonderen Zustellungsvorschriften des § 10 Abs. 4. Ein eigenständiger Regelungsbedarf für die Vorschrift des Abs. 3 ist in Anbetracht dieser effektiven und umfassenden verfahrensrechtlichen Sondervorschriften nicht erkennbar. Dem nach Abs. 1 und Abs. 1a verpflichteten Asylbewerber kann vom Bundesamt das vorübergehende Verlassen des nach § 56 Abs. 1 Satz 1 räumlich beschränkten Bereichs nach Maßgabe des § 57 Abs. 1 und 2 erlaubt werden bzw. ist ihm kraft Gesetzes das vorübergehende Verlassen gestattet (§ 57 Abs. 3 Satz 1). Im letzteren Fall besteht Anzeigepflicht (§ 57 Abs. 3 Satz 2). 13

F. Informationspflichten gegenüber dem Asylantragsteller (Abs. 4)

Abs. 4 wurde durch das Richtlinienumsetzungsgesetz 2007 neu eingeführt und setzt Art. 5 Abs. 1 RL 2003/9/EG um. Dadurch soll gewährleistet werden, dass die Aufnahmeeinrichtung dem Asylsuchenden die nach Art. 5 RL 2013/33/EU vorgesehenen Informationen mit den jeweiligen regionalen Anschriften erteilt. Er soll in einer für ihn verständlichen Sprache möglichst schriftlich belehrt werden, unter welchen Voraussetzungen er Ansprüche, insbesondere nach dem AsylbLG, hat und welche Pflichten damit für ihn verbunden sind (BT-Drucks. 16/5065, S. 417). Da nach Unionsrecht und auch nach Abs. 4 Satz 1 die Belehrung innerhalb von 15 Tagen nach Antragstellung zu erfolgen hat, hat damit die zuerst vom Antragsteller aufgesuchte Aufnahmeeinrichtung die *Belehrungspflicht* zu erfüllen (*Hailbronner,* AuslR B 2 § 47 AsylVfG Rn. 15; *Funke-Kaiser,* in: GK-AsylG II, § 47 Rn. 18). Insbesondere zu Beginn des Verfahrens besteht der Anspruch des Asylsuchenden auf umfassende Information, insbesondere auch über die mit der Erstverteilung verbundenen Belastungen. Zwar verweist Abs. 4 Satz 1 auf die »Asylantragstellung« und damit auf die Meldung bei der zuständigen Außenstelle nach Aufnahme in der Aufnahmeeinrichtung (§ 23 Abs. 1) und verwendet auch Art. 5 Abs. 1 RL 2013/33/EU den Begriff Antragstellung. Die Aufnahmerichtlinie unterscheidet aber nicht zwischen Asylersuchen und Asylantrag (vgl. Art. 2 Buchst. a) RL 2013/33/EU), sodass bereits mit Anbringung des Asylersuchens bei der 14 ersten Aufnahmeeinrichtung von einem »Antrag« i.S.d. Art. 5 Abs. 1 RL 2013/33/EU auszugehen ist. Dafür spricht auch, dass die Informationspflichten möglichst unverzüglich nach Ankunft des Asylsuchenden im Aufnahmemitgliedstaat erfüllt und nicht durch ein Verteilungssystem verzögert werden sollen.

15 Um sich über seine Aufnahmebedingungen beraten zu lassen, sind dem Asylsuchenden von der zuständigen Aufnahmeeinrichtung auch die Anschriften von Rechtsanwälten und Vereinigungen mitzuteilen, die auf die Beratung von Asylbewerbern spezialisiert sind (BT-Drucks. 16/5065, S. 417). Durch die Information über Rechtsanwälte soll auch eine *unverzügliche Verfahrensberatung* gewährleistet werden. Rechtsanwälten ist Zugang zur Aufnahmeeinrichtung zu gewähren. Daher darf die persönliche Anhörung (§ 25 Abs. 1 Satz 2), auch wenn sie in Form der Direktanhörung innerhalb einer Woche nach Asylantragstellung erfolgt (§ 25 Abs. 4 Satz 3), nicht durchgeführt werden, ohne dass dem Antragsteller zuvor Gelegenheit gegeben wurde, mit einem Rechtsanwalt Kontakt aufzunehmen. Dies folgt auch aus Art. 23 Abs. 2 RL 2013/32/EU.

G. Rechtsschutz

16 Gegen die Überschreitung der gesetzlich zulässigen Höchstdauer von sechs Monaten nach Abs. 1 Satz 1 in Verb. mit §§ 48 bis 50 stehen dem belasteten Asylbewerber Rechtsschutzmöglichkeiten zur Verfügung. Hiervon zu unterscheiden sind die Rechtsschutzmöglichkeiten, die der Asylbewerber gegen eine auf § 46 Abs. 1 Satz 2 beruhende Weiterleitungsanordnung nach § 22 Abs. 1 Satz 2 hat (§ 46 Rdn. 15 f.). Abs. 1 begründet die Verpflichtung des Asylbewerbers, in der zuständigen Aufnahmeeinrichtung zu wohnen. Diese Verpflichtung endet nach Abs. 1 Satz 1 spätestens nach sechs Monaten (BT-Drucks. 12/2062, S. 36). Beginn und Ende der Verpflichtung sind demnach nach dem Gesetzeswortlaut sowie der Begründung eindeutig geregelt. Nur im Umfang der Verpflichtung wird der Asylbewerber belastet. Demzufolge muss er auch Rechtsschutzmöglichkeiten haben, wenn er über den gesetzlich zwingend geregelten Umfang hinaus in Anspruch genommen wird. Der Wohnverpflichtung korrespondiert also ein *subjektives Recht* des Asylbewerbers, nicht über Gebühr in Anspruch genommen zu werden.

17 Ergreift die Aufnahmeeinrichtung keine Vorkehrungen, den Antragsteller spätestens zum Zeitpunkt der Erreichung der Maximalfrist zu entlassen, kann er einen einstweiligen Anordnungsantrag auf Entlassung beim Verwaltungsgericht stellen (VG Aachen, InfAuslR 1994, 80). Örtlich zuständig ist das Verwaltungsgericht, in dessen Bezirk die Aufnahmeeinrichtung gelegen ist. Es ist Verpflichtungskklage und nicht Feststellungsklage zu erheben (*Hailbronner,* AuslR B 2 § 48 AsylVfG Rn. 9; *Funke-Kaiser,* in: GK-AsylG II, § 47 Rn. 21). Die bloße Feststellung der Rechtswidrigkeit der weiteren Unterbringung nützt dem Kläger nichts. Demgegenüber kann er mit der Verpflichtungsklage seine Entlassung aus der Aufnahmeeinrichtung durchsetzen. Daher ist Verpflichtungsklage sowie ein einstweiliger Anordnungsantrag (§ 123 VwGO) zu stellen. Diese Rechtsbehelfe richten sich gegen das Bundesland, das für die Aufnahmeeinrichtung verantwortlich ist.

Gesetzliche Folge des stattgebenden Eilantrags ist die Entlassung aus der Aufnahmeeinrichtung. Daran schließt sich die landesinterne bzw. länderübergreifende Verteilung nach §§ 50 ff. an. Bis zum Erlass der Zuweisungsverfügung nach § 50 Abs. 4 Satz 1 ist dem Asylsuchenden der Aufenthalt im Bezirk der Ausländerbehörde gestattet, in dem die Aufnahmeeinrichtung liegt (§ 56 Abs. 1 Satz 1), es sei denn, die Verteilung erfolgt unmittelbar im Anschluss an die Entlassung aus der Aufnahmeeinrichtung. An der räumlichen Beschränkung der Aufenthaltsgestattung ändert sich also nichts, wohl aber endet die Wohnverpflichtung nach Abs. 1 Satz 1. Der zuständige Sozialhilfeträger ist für die anderweitige Unterbringung verantwortlich. Ob die Ausländerbehörde für die Interimsphase bis zum Erlass der Zuweisungsverfügung nach § 60 Abs. 2 vorgehen darf, ist zweifelhaft. Jedenfalls darf sie mit dieser Auflagenermächtigung nicht die gesetzlich zulässige Höchstdauer nach Abs. 1 Satz 1 verlängern und die Verpflichtung, in der bisherigen Aufnahmeeinrichtung zu bleiben, anordnen. 18

§ 48 Beendigung der Verpflichtung, in einer Aufnahmeeinrichtung zu wohnen

Die Verpflichtung, in einer Aufnahmeeinrichtung zu wohnen, endet vor Ablauf von sechs Monaten, wenn der Ausländer

1. **verpflichtet ist, an einem anderen Ort oder in einer anderen Unterkunft Wohnung zu nehmen,**
2. **als Asylberechtigter anerkannt ist oder ihm internationaler Schutz im Sinne des § 1 Absatz 1 Nummer 2 zuerkannt wurde oder**
3. **nach der Antragstellung durch Eheschließung oder Begründung einer Lebenspartnerschaft im Bundesgebiet die Voraussetzungen für einen Rechtsanspruch auf Erteilung eines Aufenthaltstitels nach dem Aufenthaltsgesetz erfüllt.**

Übersicht Rdn.

A. Funktion der Vorschrift

Die Vorschrift regelt die Beendigungsgründe im Hinblick auf die Wohnverpflichtung nach § 47 Abs. 1 und Abs. 1a, § 30 Abs. 3 Satz 1 (BT-Drucks. 12/2062, S. 36). Diese beenden kraft Gesetzes die Wohnverpflichtung und sind *enumerativer* Natur. Die gesetzliche Wohnverpflichtung endet aber nicht nur nach Maßgabe von § 48, sondern auch nach § 47 Abs. 1 Satz 1 und Abs. 1a Satz 1 mit Erreichen der gesetzlich zulässigen Höchstdauer von sechs Monaten oder einer positiven Sachentscheidung im Falle des § 47 Abs. 1a Satz 1 sowie nach § 49 und nach § 50 Abs. 1 Satz 1 unter den dort jeweils genannten Voraussetzungen. Andererseits sind die Regelungen in dieser 1

Vorschrift in engem Sachzusammenhang mit § 47 Abs. 1 Satz 1 zu sehen. Sie bezeichnen die Gründe, aus denen bereits vor Erreichen der Maximalfrist von sechs Monaten oder auch nur der Regelfrist von sechs Wochen die Verpflichtung nach § 47 Abs. 1 Satz 1 endet. Die Vorschrift wurde durch ÄnderungsG 1993 in Nr. 1 und 2 und auch in der Folgezeit wiederholt redaktionell neu gefasst, zuletzt durch das Asylverfahrensbeschleunigungsgesetz 2015.

B. Beendigungsgründe

I. Wohnortwechsel (Nr. 1)

2 Nach Nr. 1 endet die Verpflichtung nach § 47 Abs. 1 Satz 1 mit der Zuweisung eines anderen Wohnortes oder einer anderen Unterkunft. *Hauptfall* ist nach der gesetzlichen Begründung der Fall der *landesinternen Verteilung* nach § 50 (BT-Drucks. 12/2062, S. 36). Durch die Fassung der Vorschrift aufgrund des ÄnderungsG 1993 ist der Inhalt dieses Beendigungsgrundes nicht verändert worden (BT-Drucks. 12/4450, S. 25). Der Sinn dieser Vorschrift bleibt jedoch verschlossen. Da die Beendigung der Wohnverpflichtung angeordnet wird, können Wohnortwechsel während der Dauer der fortbestehenden Wohnverpflichtung etwa durch Zuweisung an eine Nebenstelle der Aufnahmeeinrichtung nicht gemeint sein. Durch die landesinterne Zuweisung wird nicht ohne Weiteres eine in Nr. 1 angesprochene Verpflichtung begründet. Vielmehr kann die zuständige Ausländerbehörde nach pflichtgemäßem Ermessen nach Vollzug der Zuweisungsverfügung (§ 50 Abs. 5 Satz 1) durch Auflage eine in Nr. 1 angesprochene Verpflichtung (§ 60 Abs. 2) anordnen. Eine derartige Auflagenpraxis ist aber nicht zwingend und kann sich im Übrigen auch an die länderübergreifende Verteilung (§ 51) anschließen.

3 Man wird mit dieser verunglückten Gesetzesformulierung pragmatisch umgehen müssen. Sinn der Vorschrift ist ein lückenloser Übergang von der Wohnverpflichtung nach § 47 Abs. 1 Satz 1 zu der durch die Zuweisungsverfügung angeordneten veränderten Aufenthaltsbestimmung. Man wird kaum annehmen können, dass der Gesetzgeber die Wohnverpflichtung nach § 47 Abs. 1 Satz 1 so lange aufrechterhalten will, bis eine Auflage nach § 60 Abs. 2 verfügt worden ist. Da eine derartige Auflage häufig nicht angeordnet wird, würde die Wohnverpflichtung entgegen der gesetzlich zulässigen Höchstgrenze nach § 47 Abs. 1 Satz 1 bis zum unanfechtbaren Abschluss des Asylverfahrens bzw. bis zum Zeitpunkt der Vollziehbarkeit der Abschiebungsandrohung fortdauern, wenn nicht ein Fall nach Nr. 2, 3, § 49 oder § 50 Abs. 1 vorliegt. Dies ist nur nach § 30a Abs. 3 Satz 1 und § 47 Abs. 1a Satz 1 zulässig. Ein gesetzlicher Widerspruch zwischen § 47 Abs. 1 Satz 1 einerseits sowie Nr. 1 andererseits für den Fall, dass keine Auflage nach § 60 Abs. 2 angeordnet wird, ist jedoch nicht zwingend. Vielmehr ist Nr. 1 in engem Sachzusammenhang mit der Regelfrist des § 47 Abs. 1 Satz 1 zu sehen. Regelmäßig soll der Aufenthalt in der Aufnahmeeinrichtung innerhalb der Frist von sechs Wochen beendet werden (BT-Drucks. 12/2062, S. 36). Damit wird auch die Bearbeitung des Antrags durch das Bundesamt im zeitlichen Umfang beeinflusst. Ist die Anhörung vor Ablauf der Regelfrist durchgeführt worden und wird die Abschiebungsandrohung nicht innerhalb dieser Frist vollziehbar, ist der Aufenthalt

nach § 47 Abs. 1 Satz 1 zu beenden. Die Beendigung der Wohnverpflichtung erfolgt durch die Zuweisungsverfügung nach § 50 Abs. 4 Satz 1. Mit dem Erlass der Zuweisungsverfügung erfolgt eine neue Aufenthaltsbestimmung. Damit wird kraft Gesetzes die Wohnverpflichtung beendet. Für diese Ansicht spricht auch die Regelung in § 50 Abs. 1.

Generell ist damit für die Auslegung und Anwendung von Nr. 1 festzuhalten: Mit dieser Vorschrift soll ein *lückenloser Übergang* von der bislang bestehenden Wohnverpflichtung nach § 47 Abs. 1 Satz 1 zur veränderten räumlichen Beschränkung der Aufenthaltsgestattung nach § 56 Abs. 1 aufgrund der Zuweisungsverfügung nach § 50 Abs. 4 Satz 1 erreicht werden. Würde man allein auf den verunglückten Wortlaut von Nr. 1 abstellen, liefe diese Vorschrift ins Leere oder wäre sie gar unvereinbar mit § 47 Abs. 1 Satz 1, da sie die Beendigung der Wohnverpflichtung von der Anordnung einer Auflage nach § 60 Abs. 1 abhängig machen würde und für den Fall, dass eine derartige Anordnung nicht ergeht, die Wohnverpflichtung entgegen der zwingenden Regelung des § 47 Abs. 1 Satz 1 andauerte oder nur nach Maßgabe der Regelungen des § 49 und § 50 Abs. 1 beendet werden könnte, wenn nicht ein Fall nach Nr. 2 oder 3 vorliegt. Der Gesetzeswortlaut ist jedoch nicht zwingend in diesem Sinne. Auch sind gesetzliche Wertungswidersprüche zu vermeiden. Vielmehr ist nach dem Zweck der Vorschrift davon auszugehen, dass ein lückenloser Übergang von der Verpflichtung nach § 47 Abs. 1 Satz 1 zum Aufenthaltsstatus nach § 56 Abs. 1 erreicht werden soll. 4

II. Statusentscheidung (Nr. 2)

Nach Nr. 2 endet die Wohnverpflichtung nach § 47 Abs. 1 Satz 1 mit der Bekanntgabe der positiven Statusentscheidung. Die Anknüpfung der Beendigung der Wohnverpflichtung auch an § 3 Abs. 4 Halbs. 1 ist durch Art. 3 Nr. 31 ZuwG mit Wirkung zum 01.01.2005 eingeführt und mit dem Richtlinienumsetzungsgesetz 2007 sprachlich an die Neustrukturierung von § 3 angepasst worden. Mit Richtlinienumsetzungsgesetz 2013 wurde dieser Beendigungsgrund um die subsidiäre Schutzstatusentscheidung erweitert und zugleich für alle Formen der positiven Statusentscheidung das Erfordernis der Unanfechtbarkeit aufgehoben. Dies war nach Abschaffung der Institution des Bundesbeauftragten für Asylangelegenheiten im Jahr 2005 eine seit langem überfällige Entscheidung. Eine Umverteilung nach Bekanntgabe der Statusentscheidung kommt nicht mehr in Betracht (OVG Sachsen, NVwZ-Beil. 2003, 93). 5

III. Aufenthaltserlaubnisanspruch durch Eheschließung (Nr. 3)

Nach Nr. 3 endet kraft Gesetzes die Wohnverpflichtung nach § 47 Abs. 1 Satz 1, wenn der Antragsteller durch Eheschließung im Bundesgebiet die Voraussetzungen für einen Rechtsanspruch auf Erteilung einer Aufenthaltserlaubnis nach § 28 Abs. 1 Satz 1 Nr. 1, § 30 Abs. 1 AufenthG oder auf Erteilung einer Aufenthaltskarte nach § 5 Abs. 2 FreizügG/EU erlangt hat. Der fehlende Hinweis auf den unionsrechtlichen Aufenthaltstitel beruht offensichtlich auf einem Redaktionsversehen. Unabhängig vom Wortlaut der Nr. 3 entsteht der unionsrechtliche Anspruch kraft unionalen Verfassungsrechts. Er darf nicht durch räumliche Beschränkungen eingeschränkt werden. 6

Entsteht der Anspruch auf Erteilung eines Aufenthaltstitels vor der Asylantragstellung, entsteht regelmäßig keine Wohnverpflichtung nach § 47 Abs. 1 Satz 1 (§ 14 Abs. 2 Satz 1 Nr. 1). Zwar ist nach § 14 Abs. 2 Satz 1 Nr. 1 der Besitz des Aufenthaltstitels Voraussetzung für die Befreiung von der Wohnverpflichtung nach § 47 Abs. 1 Satz 1. Der Gesetzgeber ging aber wohl davon aus, dass in diesen Fällen mit der Asylantragstellung zugewartet wird, bis der Aufenthaltstitel erteilt wird. Aus diesem Grund darf das Bundesamt in derartigen Fällen das Zuwarten bei der Beweiswürdigung nicht zulasten des Antragstellers bewerten. Die unionsrechtliche Aufenthaltskarte ist ohnehin deklaratorischer Natur

7 Maßgebend für die Entstehung des Beendigungsgrundes ist nicht die förmliche Erteilung der Aufenthaltserlaubnis, sondern der Zeitpunkt der Entstehung des Anspruchs, d.h. die Eheschließung im Bundesgebiet. Auf dieses Auslegungsergebnis deutet auch der Gesetzeswortlaut hin, der nicht an die formelle Erteilung des Aufenthaltstitels, sondern an das Entstehen der hierfür maßgeblichen Voraussetzungen anknüpft. Andere Rechtsansprüche als die nach § 28 Abs. 1 Satz 1 Nr. 1, § 30 Abs. 1 AufenthG sind nicht ersichtlich. Ist der Antragsteller illegal und ohne Reisedokumente eingereist, hindert allein dies zwar nicht die Begründung des Anspruchs auf die Aufenthaltserlaubnis. Da die Durchsetzung dieses Anspruchs im Inland jedoch die Ausübung von Ermesse voraussetzt (§ 5 Abs. 2 Satz 2 Alt. 1 AufenthG, § 39 Nr. 3 AufenthV) entsteht zunächst kein Anspruch, sodass die Voraussetzungen von Nr. 3 nicht vorliegen (*Hailbronner,* AuslR B 2 § 48 AsylVfG Rn. 7; *Funke-Kaiser,* in: GK-AsylG II, § 48 Rn. 12) Nach dem Wortlaut werden *Eheschließungen im Ausland* nicht von Nr. 3 erfasst. Weist der Antragsteller eine Eheschließung im Ausland nach, die zur Entstehung eines Rechtsanspruchs nach § 28 Abs. 1 Satz 1 Nr. 1, § 30 Abs. 1 AufenthG führt, ist Nr. 3 analog anzuwenden, da von einer planwidrigen Regelungslücke auszugehen ist.

C. Rechtsschutz

8 Gegen die Verweigerung der Entlassung aus der Aufnahmeeinrichtung kann *Feststellungsklage* (§ 43 VwGO) erhoben werden. Da der Beendigungstatbestand kraft Gesetzes eintritt, kann der Antragsteller seine Rechte nicht durch eine Gestaltungs- oder Leistungsklage, sondern nur durch die Feststellungsklage verfolgen (*Hailbronner,* AuslR B 2 § 48 AsylVfG Rn. 9; *Bergmann,* in: Bergmann/Dienelt, AuslR, 11. Aufl., 2016, § 48 AsylG Rn. 7). Eilrechtsschutz kann über § 123 VwGO erlangt werden. Ein Anordnungsgrund liegt in allen Fällen vor: Der Asylberechtigte hat nach § 25 Abs. 1 AufenthG und der international Schutzberechtigte nach § 25 Abs. 2 AufenthG einen Rechtsanspruch auf Erteilung der Aufenthaltserlaubnis. Ähnlich ist die Rechtslage in den Fällen der Nr. 3. Hier überlagert das Aufenthaltsrecht aus § 28 Abs. 1 Satz 1 Nr. 1, § 30 Abs. 1 AufenthG das gesetzliche Aufenthaltsrecht des § 55 Abs. 1 Satz 1 (vgl. auch § 55 Abs. 2) und entfällt die räumliche Beschränkung, sodass auch keine Zuweisung erfolgt. In den Fällen der Nr. 1 bleibt die Rechtsstellung zwar im Wesentlichen unverändert. Ein Anordnungsanspruch kann hier jedoch regelmäßig als glaubhaft gemacht angesehen werden, weil mit Entlassung aus der Aufnahmeeinrichtung die bis dahin sehr beschränkten Handlungsmöglichkeiten erweitert werden. Im Fall der Nr. 1 schließt sich an die erfolgreiche Eilrechtsentscheidung der Aufenthalt im bisherigen

Bezirk der Ausländerbehörde, in den anderen beiden Fällen der Aufenthalt am erstrebten Wohnort an. Die in Anspruch genommene Ausländerbehörde ist aber nicht an die gerichtliche Entscheidung gebunden, sodass gegebenenfalls weitere Rechtsbehelfe erforderlich werden können.

§ 49 Entlassung aus der Aufnahmeeinrichtung

(1) Die Verpflichtung, in der Aufnahmeeinrichtung zu wohnen, ist zu beenden, wenn eine Abschiebungsandrohung vollziehbar und die Abschiebung kurzfristig nicht möglich ist oder wenn dem Ausländer eine Aufenthaltserlaubnis nach § 24 des Aufenthaltsgesetzes erteilt werden soll.

(2) Die Verpflichtung kann aus Gründen der öffentlichen Gesundheitsvorsorge sowie aus sonstigen Gründen der öffentlichen Sicherheit oder Ordnung oder aus anderen zwingenden Gründen beendet werden.

Übersicht Rdn.

A. Funktion der Vorschrift

1 Die Vorschrift steht in engem Sachzusammenhang mit § 47 Abs. 1 Satz 1, § 48 und § 50 Abs. 1. In allen Fällen geht es um die Beendigung der Wohnverpflichtung nach § 47 Abs. 1 Satz 1 und Abs. 1a. Während § 47 Abs. 1 Satz 1 eine Maximalfrist festlegt, deren Überschreitung den weiteren Aufenthalt in der Aufnahmeeinrichtung rechtswidrig werden lässt, die Beendigungsgründe in § 48 diesen Aufenthalt kraft Gesetzes beenden, verpflichtet § 49 ebenso wie § 50 Abs. 1 Satz 1 die zuständige Aufnahmeeinrichtung, von Amts wegen den weiteren Aufenthalt in der Aufnahmeeinrichtung zu beenden. Abs. 1 ist durch ÄnderungsG 1993 dahin erweitert worden, dass Begünstigte nach § 32a Abs. 1 und 2 AuslG 1993 zu entlassen sind. Nachdem die Aufnahme zur Gewährung *vorübergehenden Schutzes* durch die Richtlinie 2001/55/EG geregelt und mit § 24 AufenthG die entsprechende innerstaatliche Umsetzungsnorm geschaffen worden war, wurde mit Art. 3 Nr. 33 ZuwG mit Wirkung zum 01.01.2005 der Wortlaut des § 49 Abs. 1 der neuen Rechtslage angepasst. Während der Asylsuchende unter den Voraussetzungen des Abs. 1 einen Entlassungsanspruch hat, steht die Entlassung nach Abs. 2 im pflichtgemäßen Ermessen der Behörde.

B. Tatsächliche Unmöglichkeit der Abschiebung (Abs. 1 erster Halbsatz)

2 Nach Abs. 1 Halbs. 1 ist die Wohnverpflichtung nach § 47 Abs. 1 Satz 1 und Abs. 1a wie auch nach § 30a Abs. 3 Satz 1 zu beenden, wenn eine Abschiebungsandrohung zwar vollziehbar, die Durchführung kurzfristig aber nicht möglich ist. Dieser

Tatbestandsalternative liegt eine Abschiebungsandrohung nach § 34 Abs. 1 Satz 1 in Verb. mit § 36 Abs. 1 zugrunde, über deren Vollziehbarkeit im Eilrechtsschutzverfahren nach § 36 Abs. 3 und 4 eine unanfechtbare Entscheidung getroffen wurde. In diesem Verfahren sind auch die Abschiebungsverbote nach § 60 Abs. 5 und 7 AufentG und die Rechtmäßigkeit der Bestimmung des Zielstaates der Abschiebung (§ 59 Abs. 2 und 3 Satz 2 AufenthG) gerichtlich überprüft worden. Der Beendigungsgrund schließt auch die vollziehbare Abschiebungsanordnung nach § 34a Abs. 1 Satz 1 ein, weil Gesetzessystematik und Fallgestaltung identisch mit der nach § 34, § 36 sind und insoweit von einer planwidrigen Gesetzeslücke auszugehen ist. Die Abschiebung ist nach Überprüfung im Eilrechtsschutzverfahren zwar aus *rechtlichen Gründen* zulässig, ihre Durchführung scheitert jedoch an *tatsächlichen Hindernissen*, etwa daran, dass noch *Reisedokumente* zu besorgen sind (BT-Drucks. 12/2062, S. 36), die *Reisefähigkeit* aus gesundheitlichen oder Gründen einer *Schwangerschaft* nicht gegeben ist oder Flug- und andere Verbindungen zum Zielland unterbrochen sind (VGH BW, AuAS 1994, 104). In all diesen Fällen ist die weitere Unterbringung in der Aufnahmeeinrichtung nach deren Zweckbestimmung nicht mehr gerechtfertigt.

3 Nach der gesetzlichen Begründung tritt der Beendigungsgrund nach Abs. 1 Halbs. 1 auch ein, wenn die Landesregierung gem. § 60a Abs. 1 Satz 1 AufenthG die Abschiebung ausgesetzt hat (BT-Drucks. 12/2062, S. 36). In diesen Fällen ist die an sich vollziehbare Abschiebungsandrohung aus rechtlichen Gründen auszusetzen. Ferner ist die Abschiebung kurzfristig nicht möglich, wenn andere Familienangehörige noch ein Asylverfahren betreiben und die für die Aufnahmeeinrichtung zuständige Ausländerbehörde nach pflichtgemäßem Ermessen nach Maßgabe des § 43 Abs. 3 über die Aussetzung der Abschiebung zu entscheiden hat. Gibt die Behörde dem Antrag statt, kann die Abschiebung kurzfristig nicht vollzogen werden. Die Wohnverpflichtung nach § 47 Abs. 1 Satz 1 und Abs. 1a wie § 30a Abs. 3 Satz 1 ist zu beenden. Die Verteilung erfolgt zum Wohnort des oder der Familienangehörigen. Im Regelfall gilt aber, dass diese Tatbestandsalternative auf die Fälle der tatsächlichen Unmöglichkeit der Abschiebung zielt.

4 Nach dem Gesetzeswortlaut ist für das Entstehen des Beendigungsgrundes maßgebend, dass im Zeitpunkt der Vollziehung die Abschiebung *kurzfristig* nicht möglich ist. Nicht entscheidend ist, ob das Abschiebungshindernis vorübergehender oder dauerhafter Art ist. Funktion der Tatbestandsalternative ist es, die Aufnahmekapazitäten im Interesse neu einreisender Asylsuchender freizuhalten (BT-Drucks. 12/2062, S. 36). Ob das Hindernis nur kurzfristig vorliegt, ist nach der Regelanordnung des § 47 Abs. 1 Satz 1 zu beurteilen. Danach soll der Aufenthalt in der Aufnahmeeinrichtung in der Regel sechs Wochen nicht überschreiten (BT-Drucks. 12/2062, S. 36). Ist im Zeitpunkt der Vollziehung absehbar, dass das Abschiebungshindernis innerhalb der nächsten sechs Wochen nicht behoben werden kann, ist der Aufenthalt in der Aufnahmeeinrichtung zu beenden. Der Aufenthalt in der Aufnahmeeinrichtung ist auf jeden Fall nach Erreichen der in § 47 Abs. 1 Satz 1 geregelten Maximalfrist von drei Monaten zu beenden, unabhängig davon, ob die Behörde der Ansicht ist, die Abschiebung könne kurzfristig vollzogen werden. Kann im Zeitpunkt des Eintritts der Dreimonatsfrist die Abschiebung nicht vollzogen werden, weil ein tatsächliches

Abschiebungshindernis oder andere der Abschiebung entgegenstehende Gründe vorliegen, hat die Aufnahmeeinrichtung den Asylbewerber zu entlassen. Im anschließenden Verteilungsverfahren ist die zuständige Ausländerbehörde zu bestimmen, die für die weitere Vollziehung und damit auch für die Prüfung des Wegfalls des Abschiebungshindernisses verantwortlich ist.

C. Aufenthaltsgewährung nach § 24 AufenthG (Abs. 1 zweiter Halbsatz)

Nach Abs. 1 Halbs. 2 ist der Aufenthalt in der Aufnahmeeinrichtung zu beenden, wenn eine Aufenthaltserlaubnis nach § 24 AufenthG erteilt werden soll. Der Asylsuchende muss einer Personengruppe zuzurechnen sein, die aufgrund eines Beschlusses des Rates der EU gemäß der Richtlinie 2001/55/EG begünstigt wird. Stellt der Ausländer keinen Asylantrag oder nimmt er diesen zurück, finden auf ihn das AsylG und damit auch dessen aufenthaltsrechtlichen Vorschriften keine Anwendung mehr. Die Richtlinie ist bislang in keinem Einzelfall angewendet worden. Daher ist dieser Beendigungsgrund ohne Bedeutung. 5

D. Entlassung zur Gefahrenabwehr oder aus Härtegründen (Abs. 2)

Nach Abs. 2 *kann* aus Gründen der öffentlichen Gesundheitsvorsorge sowie aus sonstigen Gründen der öffentlichen Sicherheit oder Ordnung oder aus anderen zwingenden Gründen die Wohnverpflichtung nach § 47 Abs. 1 Satz 1 beendet werden. Gründe der öffentlichen Gesundheitsvorsorge ergeben sich insbesondere aus dem Infektionsschutzgesetz (IfSG). Zur Abwehr von ansteckenden Krankheiten und Seuchen kann deshalb die Wohnverpflichtung beendet werden. Da diese Beendigung vorrangig im öffentlichen Interesse liegt, wird man ein individuell berücksichtigenswertes Interesse nicht ohne Weiteres unterstellen können. Ist mit der Krankheit jedoch eine *erhebliche individuelle Gesundheitsgefährdung* verbunden, die durch einen weiteren Aufenthalt in der Aufnahmeeinrichtung verstärkt wird, ist dies im Rahmen der Ermessensausübung zu berücksichtigen. Auch wenn der Asylsuchende aus erheblichen gesundheitlichen Gründen auf die *Lebenshilfe der Familienangehörigen angewiesen* ist, ist er zu entlassen. 6

Gründe der öffentlichen Sicherheit oder Ordnung dürften vorrangig aus *gewalttätigen Auseinandersetzungen* innerhalb der Aufnahmeeinrichtung oder aus Angriffen oder aus der Drohung mit Übergriffen von außen durch rechtsextremistische Gruppen resultieren. Aus der staatlichen *Fürsorgepflicht* (OVG NW, InfAuslR 1986, 219) folgt, dass die Länder das Wohnen in der Aufnahmeeinrichtung so auszugestalten haben, dass ein menschenwürdiges Wohnen insbesondere auch frei von rassistischen, sexuellen und anderen Belästigungen und Übergriffen möglich ist (§ 44 Rdn. 10). Die Behörden haben dafür Sorge zu tragen, dass Gewalt in den Einrichtungen, Übergriffe und geschlechtsbezogene Gewalt einschließlich sexueller Übergriffe und Belästigungen verhindert werden (Art. 18 Abs. 4 Buchst. b) RL 2013/33/EU). Die Entlassung aus *»anderen zwingenden Gründen«* wurde auf Vorschlag des Innenausschusses in das Gesetz eingefügt (BT-Drucks. 12/2718, S. 28). Dadurch soll es ermöglicht werden, in *besonders gelagerten Härtefällen* die Wohnverpflichtung beenden zu können (BT-Drucks. 12/2718, S. 61). Die mit dem Aufenthalt in einer Aufnahmeeinrichtung 7 allgemein verbundenen Folgen sind dagegen hinzunehmen. Aus *gesundheitlichen, familiären* oder anderen gewichtigen Gründen können jedoch außergewöhnliche Belastungen für den Einzelnen resultieren, deren Nichtberücksichtigung zu gravierenden Nachteilen führen würde. Flüchtlinge leiden nach ihrer Ankunft häufig im besonderen Maße unter traumatischen Verfolgungs- und Fluchterlebnissen.

8 Die Entlassung nach Abs. 2 beendet die Wohnverpflichtung nach § 47 Abs. 1 Satz 1 und 1a, § 30a Abs. 3 Satz 1. Auch wenn die Behörde z.B. den gewalttätigen Störer aus Gründen der öffentlichen Sicherheit oder den an einer ansteckenden Krankheit leidenden Asylsuchenden aus Gründen der öffentlichen Gesundheitsvorsorge aus der Aufnahmeeinrichtung entfernen will, kann dies nicht durch Überweisung an eine andere Aufnahmeeinrichtung, sondern nur durch Beendigung der Verpflichtung nach § 47 Abs. 1 Satz 1 insgesamt erfolgen. Anders als im Fall der zwingenden Beendigungsgründe nach Abs. 1 hat die Behörde über die Beendigung der Wohnverpflichtung im Rahmen des Abs. 2 nach *pflichtgemäßem Ermessen* zu entscheiden. Je stärker dabei das öffentliche Gesundheits- oder Sicherheits- und Ordnungsinteresse im Vordergrund steht, desto größeres Gewicht darf diesem bei der Ermessensausübung gegeben werden. Andererseits überwiegen die individuellen Schutzbelange insbesondere bei den Härtegründen.

E. Rechtsschutz

9 Anders als bei den Beendigungsgründen des § 48 wird die Wohnverpflichtung nach § 49 nicht kraft Gesetzes, sondern durch *behördliche Anordnung* aufgrund zwingender gesetzlicher Vorschriften (Abs. 1) oder nach behördlichem Ermessen (Abs. 2) beendet. Die Anordnung hat zur Folge, dass der Antragsteller mit Ausnahme der nach § 24 AufenthG begünstigten Asylsuchenden in das Verteilungsverfahren nach Maßgabe der §§ 50 ff. einbezogen wird. Die Beendigung erfolgt daher nicht durch Auflage nach § 60 Abs. 2 (*Funke-Kaiser,* in: GK-AsylG II, § 49 Rn. 5; a.A. *Hailbronner,* AuslR B2 § 49 AsylVfG Rn. 3; *Bergmann,* in: Bergmann/Dienelt, AuslR, 11. Aufl., 2016, § 49 AsylG, Rn. 6). Die Anordnung durch Auflage nach § 60 Abs. 2 setzt die vorherige Durchführung des Verteilungsverfahrens und damit die Bestimmung der für den weiteren Aufenthalt zuständigen Ausländerbehörde voraus. Solange nicht feststeht, welche Ausländerbehörde zuständig ist, kann § 60 Abs. 2 keine Anwendung finden. Im Zeitpunkt der behördlichen Beendigung der Wohnverpflichtung ist die zuständige Ausländerbehörde aber noch nicht bekannt.

10 Gegen die Weigerung der Behörde, die Wohnverpflichtung durch die begehrte Anordnung zu beenden, ist *Verpflichtungsklage* zu erheben (*Funke-Kaiser,* in: GK-AsylG II, § 49 Rn. 15; a.A.; *Bergmann,* in: Bergmann/Dienelt, AuslR, 11. Aufl., 2016, § 49 AsylG, Rn. 6. Es gelten dieselben Grundsätze wie bei der Anwendung des § 60 Abs. 2 (§ 60 Rdn. 31). Die Anfechtungsklage (so *Stiegeler,* in: Hofmann/Hoffmann, AuslR. Handkommentar, § 49 AsylVfG Rn. 6; *Hailbronner,* AuslR B2 § 49 AsylVfG Rn. 11) setzt eine behördliche Anordnung voraus. Diese wird in den Fällen des § 49 jedoch verweigert. Die Verpflichtung zielt auf den Erlass der behördlichen Anordnung, die Wohnverpflichtung nach § 47 Abs. 1 Satz 1 oder Abs. 1a bzw. § 30a Abs. 3 Satz 1 zu

beenden. Im Fall der Stattgabe knüpft sich hieran automatisch das Verteilungsverfahren (§ 50 Abs. 1 Satz 2), sodass insoweit ein besonderer Antrag nicht gestellt werden muss. Die Klage richtet sich gegen die zuständige Aufnahmeeinrichtung und nicht gegen die Ausländerbehörde. Liegt ein Anordnungsgrund vor, kann *Eilrechtsschutz* nach § 123 VwGO beantragt werden.

§ 50 Landesinterne Verteilung

(1) [1]Ausländer sind unverzüglich aus der Aufnahmeeinrichtung zu entlassen und innerhalb des Landes zu verteilen, wenn das Bundesamt der zuständigen Landesbehörde mitteilt, dass

1. **nicht oder nicht kurzfristig entschieden werden kann, dass der Asylantrag unzulässig oder offensichtlich unbegründet ist und ob die Voraussetzungen des § 60 Absatz 5 oder 7 des Aufenthaltsgesetzes in der Person des Ausländers oder eines seiner Familienangehörigen im Sinne des § 26 Absatz 1 bis 3 vorliegen, oder**
2. **das Verwaltungsgericht die aufschiebende Wirkung der Klage gegen die Entscheidung des Bundesamtes angeordnet hat.**

[2]Eine Verteilung kann auch erfolgen, wenn der Ausländer aus anderen Gründen nicht mehr verpflichtet ist, in der Aufnahmeeinrichtung zu wohnen.

(2) Die Landesregierung oder die von ihr bestimmte Stelle wird ermächtigt, durch Rechtsverordnung die Verteilung zu regeln, soweit dies nicht durch Landesgesetz geregelt ist.

(3) Die zuständige Landesbehörde teilt innerhalb eines Zeitraumes von drei Arbeitstagen dem Bundesamt den Bezirk der Ausländerbehörde mit, in dem der Ausländer nach einer Verteilung Wohnung zu nehmen hat.

(4) [1]Die zuständige Landesbehörde erlässt die Zuweisungsentscheidung. [2]Die Zuweisungsentscheidung ist schriftlich zu erlassen und mit einer Rechtsbehelfsbelehrung zu versehen. [3]Sie bedarf keiner Begründung. [4]Einer Anhörung des Ausländers bedarf es nicht. [5]Bei der Zuweisung ist die Haushaltsgemeinschaft von Familienangehörigen im Sinne des § 26 Absatz 1 bis 3 zu berücksichtigen.

(5) [1]Die Zuweisungsentscheidung ist dem Ausländer selbst zuzustellen. [2]Wird der Ausländer durch einen Bevollmächtigten vertreten oder hat er einen Empfangsbevollmächtigten benannt, soll ein Abdruck der Zuweisungsentscheidung auch diesem zugeleitet werden.

(6) Der Ausländer hat sich unverzüglich zu der in der Zuweisungsverfügung angegebenen Stelle zu begeben.

Übersicht Rdn.

A. Funktion der Vorschrift

1 Die Vorschrift ist den Regelungen des § 22 Abs. 5, Abs. 6 Satz 1, Abs. 7, 8 und 9 Satz 2 AsylVfG 1982 nachgebildet. Das Verteilungsverfahren wurde jedoch gegenüber dem bis 1992 geltenden Verfahren umstrukturiert. Da die Erstverteilung auf das Bundesland bereits mit der Bestimmung der zuständigen Aufnahmeeinrichtung erfolgt, regelt § 50 lediglich das an den Aufenthalt in der Aufnahmeeinrichtung anschließende landesinterne Verteilungsverfahren. Die in § 51 geregelte länderübergreifende Verteilung war im ursprünglichen Gesetzentwurf nicht vorgesehen (BT-Drucks. 12/2062, S. 37), entspricht indes der bis dahin geübten Verwaltungspraxis. Sie geht auf eine Anregung der Bundesländer zurück (BT-Drucks. 12/2718, S. 58f.). § 50 regelt einheitlich das Verfahren für die *landesinterne* (§ 50) wie für die *länderübergreifende Verteilung* (§ 51). Abs. 1 enthält im Hinblick auf den Aufenthalt in einer Aufnahmeeinrichtung zusätzlich zu § 47 Abs. 1 Satz 1, § 48 und § 49 Beendigungsgründe.

B. Beendigung der Wohnverpflichtung nach § 47 Abs. 1 Satz 1 und Abs. 1a (Abs. 1)

I. Funktion der Beendigungsgründe des Abs. 1 Satz 1 zweiter Halbsatz

2 Asylsuchende sind unverzüglich aus der Aufnahmeeinrichtung (§ 47 Abs. 1 Satz 1) zu entlassen und innerhalb des Landes zu verteilen, wenn die Voraussetzungen des Abs. 1 Satz 1 Halbs. 2 vorliegen. Sind die Voraussetzungen des § 51 Abs. 1 erfüllt, knüpft die länderübergreifende Verteilung an die Beendigung der Wohnverpflichtung an. Die Entlassungsgründe nach Abs. 1 Satz 1 sind weitere, zu den Beendigungsgründen der § 47 Abs. 1 Satz 1, § 48 und § 49 hinzu tretende Tatbestände, die zur Beendigung der Wohnverpflichtung nach § 47 Abs. 1 Satz 1, Abs. 1a order § 30a Abs. 3 Satz 1 führen. Nach Abs. 1 Satz 2 »kann« die Verteilung auch erfolgen, wenn aus anderen als den in Abs. 1 Satz 1 genannten Gründen die Wohnverpflichtung endet. Unklar ist damit das genaue Verhältnis zwischen der Beendigung der Wohnverpflichtung nach § 47 Abs. 1 Satz 1 sowie der Anwendung der Vorschriften über das Verteilungsverfahren. Davon

ausgegangen werden kann andererseits, dass in allen Fällen an die Beendigung der Wohnverpflichtung in der Aufnahmeeinrichtung der weitere, allein durch das Asylverfahren bedingte Aufenthalt über das Verteilungsverfahren geregelt werden soll.

Nach Abs. 1 Satz 1 teilt das Bundesamt unverzüglich der zuständigen Landesbehörde 3 nach Abs. 2 das Vorliegen eines der Tatbestände der Nr. 1 und 2 mit. Die Mitteilungspflicht bezieht sich nicht auf den Tatbestand des Abs. 1 Satz 2. Dies hat seinen Grund wohl darin, dass die dort erfassten Fallgestaltungen teilweise auf Beendigungsgründe zielen, die nicht im spezifischen Verfahrensablauf begründet sind. Allerdings trifft dies auch auf einige andere Beendigungsgründe, etwa § 48 Nr. 2, zu. Das Bundesamt ist daher generell gehalten, zur sachgerechten Anwendung der gesetzlichen Vorschriften durch die Aufnahmeeinrichtung dieser die hierfür erforderlichen Angaben mitzuteilen. Die zuständige Landesbehörde ist an die Mitteilung nach Abs. 1 Satz 1 Halbs. 1 gebunden und veranlasst unverzüglich (vgl. Abs. 3) die Einleitung des Verteilungsverfahrens. Wird die Zuweisungsverfügung nach Abs. 4 Satz 1 erlassen, erlischt damit zugleich die Wohnverpflichtung nach § 47 Abs. 1 Satz 1 und Abs. 1a wie auch § 30a Abs. 3 Satz 1. Endet die Wohnverpflichtung durch bloßen Zeitablauf nach Maßgabe des § 47 Abs. 1 Satz 1. durch Eintritt des gesetzlichen Tatbestandes nach § 48 Nr. 1 oder aufgrund einer behördlichen Anordnung nach § 49, trifft die zuständige Aufnahmeeinrichtung die Mitteilungspflicht gegenüber der zuständigen Landesbehörde.

II. Durchführung des normalen Asylverfahrens (Abs. 1 Satz 1 Nr. 1)

Nach Nr. 1 ist der Antragsteller aus der Aufnahmeeinrichtung zu entlassen, wenn 4 nicht oder nicht kurzfristig entschieden werden kann, dass der Asylantrag unzulässig (§ 29 Abs. 1 Nr. 1), unbeachtlich (§ 27) oder offensichtlich unbegründet (§ 30) ist und ob Abschiebungsverbote nach § 60 Abs. 5 oder 7 AufenthG in der Person des Asylbewerbers oder seiner dort genannten Angehörigen vorliegen. Diese Vorschrift wie auch die übrigen Tatbestände nach Abs. 1 Satz 1 sind im Zusammenhang mit der Zielvorstellung des Gesetzes zu sehen, »Asylanträge von Asylbewerbern, die für eine Anerkennung als Asylberechtigter offensichtlich nicht in Frage kommen, künftig in einem Zeitraum von ca. sechs Wochen rechtskräftig« zu entscheiden und den Aufenthalt zu beenden (BT-Drucks. 12/2062, S. 25). Dementsprechend soll die Wohnverpflichtung nach § 47 Abs. 1 Satz 1 und Abs. 1a sowie § 30a Abs. 3 Satz 1 unverzüglich beendet werden, wenn von vornherein offensichtlich ist, dass der Antrag weder unzulässig ist noch aus den Gründen des § 29 Abs. 1 Nr. 1 als unbeachtlich noch nach Maßgabe der § 29a, § 30 in der qualifizierten Form abgelehnt werden kann. Aber auch wenn eine derartige Entscheidung als möglich erscheint, jedoch Anhaltspunkte dafür vorliegen, dass in der Person des Antragstellers oder seiner Angehörigen i.S.d. § 26 Abs. 1 bis 3 Abschiebungsverbote nach § 60 Abs. 5 oder 7 AufenthG vorliegen, soll das Bundesamt die unverzügliche Beendigung der Wohnverpflichtung sowie die Verteilung veranlassen. Die Wohnverpflichtung endet auch dann, wenn Abschiebungsverbote nach § 60 Abs. 5 oder 7 AufenthG nicht in der Person des Antragstellers, sondern in der Person seiner Familienangehörigen vorliegen (vgl. BT-Drucks. 12/4450, S. 25).

Die Unmöglichkeit einer unverzüglichen Entscheidung kann überdies auch auf objek- 5 tiven Umständen beruhen, etwa Arbeitsüberlastung der Außenstelle des Bundesamtes,

Probleme bei der Sachaufklärung oder Verzögerungen bei der Durchführung der Anhörung. Kann etwa nicht binnen *Wochenfrist* (§ 25 Abs. 4 Satz 3) die Anhörung durchgeführt werden, entfällt ein wesentliches Beschleunigungselement des Asylverfahrens und stellt sich die Frage, ob ungeachtet dessen die weitere Anwendung der auf diesen besonderen Beschleunigungselementen aufbauenden Vorschriften noch gerechtfertigt ist. Zwar gibt die Regelfrist von sechs Wochen in § 47 Abs. 1 Satz 1 einen Anhalt dafür, was nach Nr. 1 als nicht mehr kurzfristig anzusehen ist. Dies gilt jedoch nur für die Verzögerungen, die auf objektiven Umständen beruhen. Ergibt sich von vornherein aus dem Sachvorbringen des Antragstellers, dass eine Entscheidung nach § 29 Abs. 1 Nr. 1, § 29a oder § 30 nicht möglich erscheint und auch eine Statusentscheidung nicht ohne Weiteres in Betracht kommen kann, ist unabhängig von den Fristvorgaben des § 47 Abs. 1 Satz 1 die sofortige Entlassung angezeigt.

6 Nr. 1 kann generell so verstanden werden, dass in den Fällen, in denen eine schnelle Entscheidung aus Gründen, die in dem individuellen Sachvorbringen liegen oder auf objektiven Umständen beruhen, nicht möglich erscheint und ein normales Asylverfahren durchzuführen ist, die weitere Bearbeitung des Antrags außerhalb der Aufnahmeeinrichtung erfolgen soll. Stellt sich etwa im Rahmen der Direktanhörung nach § 25 Abs. 4 heraus, dass die Voraussetzungen nach Nr. 1 nicht vorliegen, sollte diese abgebrochen und das weitere Verfahren nach der Zuweisung fortgesetzt werden. Damit wird dem gesetzgeberischen Anliegen Rechnung getragen, die bestehenden Aufnahmekapazitäten möglichst frühzeitig für neu einreisende Asylbewerber freizuhalten (BT-Drucks. 12/2062, S. 36).

III. Anordnung der aufschiebenden Wirkung der Anfechtungsklage gegen die Abschiebungsandrohung (Abs. 1 Satz 1 Nr. 2)

7 Nach Nr. 2 ist der Antragsteller unverzüglich aus der Aufnahmeeinrichtung zu entlassen, wenn das Verwaltungsgericht die aufschiebende Wirkung der Klage gegen die Entscheidung des Bundesamtes angeordnet hat. Da in den Fällen des § 38 Abs. 1 die aufschiebende Wirkung der Klage kraft Gesetzes eintritt (§ 75 Abs. 1), zielt Nr. 2 ersichtlich auf Verfahren, in denen das Bundesamt nach § 29, § 29a, § 30 in Verb. mit § 36 Abs. 1 vorgeht und das Verwaltungsgericht dem Eilrechtsschutzantrag stattgegeben hat. Nr. 2 ist die prozessuale Kehrseite von Nr. 1. Nr. 2 liegt ein Antrag zugrunde, über den das Bundesamt nach § 29a oder § 30 entschieden hat, die Entscheidung vom Verwaltungsgericht aber mit Verbindlichkeit allein für das Eilrechtsschutzverfahren nicht bestätigt worden ist. Auch hier ist abzusehen, dass wegen der Notwendigkeit der Fortführung des Asylverfahrens (§ 37 Abs. 1 Satz 2) oder des durchzuführenden Hauptsacheverfahrens (§ 37 Abs. 2) die Regelfrist von sechs Wochen nach § 47 Abs. 1 Satz 1 oder die Fristen nach § 30a Abs. 3 bei Weitem überschritten werden wird und deshalb mit der Zustellung der gerichtlichen Entscheidung die unverzügliche Entlassung aus der Aufnahmeeinrichtung geboten ist.

8 Hat das Bundesamt entgegen der Ratio der Nr. 1 den Antrag während der Wohnverpflichtung nach § 47 Abs. 1 Satz 1 nach Maßgabe des § 38 Abs. 1 entschieden, ist ebenfalls die unverzügliche Entlassung aus der Aufnahmeeinrichtung geboten. Diese

Fallgestaltung wird zwar vom Wortlaut der Nr. 2 nicht erfasst, sie ergibt sich aber aus einem Umkehrschluss und daraus, dass der Gesetzgeber den weiteren Aufenthalt in der Aufnahmeeinrichtung offensichtlich nicht für angemessen erachtet, wenn der Asylantrag in der einfachen Form abgelehnt wird. Angesichts der langen Bearbeitungszeiten sind derartige Verfahren allerdings kaum denkbar. Da mangels entgegenstehender Anhaltspunkte davon auszugehen ist, dass der Antragsteller Klage erheben wird, ist nicht erst mit dem Zeitpunkt der Klageerhebung, sondern bereits mit der Zustellung die Wohnverpflichtung zu beenden. Hat der Antragstelle vor der Zustellung nicht von der Möglichkeit des § 38 Abs. 3 Gebrauch gemacht, ist von seinem fortbestehenden Rechtverfolgungswillen auszugehen. Dies folgt auch aus der unverzüglichen Entlassungsverpflichtung. Zur Vermeidung unnötiger Probleme sollte in Zweifelsfällen unverzüglich nach Zustellung Klage erhoben werden.

IV. Funktion von Abs. 1 Satz 2

Nach dem Wortlaut von Abs. 1 Satz 1 ist nur in den Fällen nach Nr. 1 und 2 das Verteilungsverfahren durchzuführen. In den anderen Fällen, in denen die Wohnverpflichtung nach § 47 Abs. 1 Satz 1 endet, kann gem. Abs. 1 Satz 2 das Verteilungsverfahren durchgeführt werden. Diese Vorschrift war im AsylVfG 1992 und auch im ursprünglichen Entwurf zum ÄnderungsG 1993 (BT-Drucks. 12/4450, S. 8) nicht enthalten. Sie wurde erst aufgrund der Empfehlung des Innenausschusses eingeführt (BT-Drucks. 12/4984, S. 21). Abs. 1 Satz 2 ist in der gesetzgeberischen Konzeption begründet, dass an die Beendigung der Wohnverpflichtung regelmäßig das Verteilungsverfahren anschließen soll, die Entlassungsgründe in Abs. 1 Satz 1 andererseits nicht abschließender Natur sind, der Aufenthalt in der Aufnahmeeinrichtung vielmehr auch nach Maßgabe der § 47 Abs. 1 Satz 1, § 48f. beendet wird. Die Wohnverpflichtung endet einerseits durch bloßen Zeitablauf nach Maßgabe des § 47 Abs. 1 Satz 1, durch Eintritt eines Beendigungsgrundes nach § 48 sowie durch einen Aufhebungsgrund nach § 49. Die Tatbestände der § 47 Abs. 1 Satz 1, §§ 48 ff. sind mit den Tatbeständen des Abs. 1 Satz 1 nicht identisch. Abs. 1 Satz 2 kann nicht so verstanden werden, dass es im behördlichen Ermessen steht, ob in den Fällen der § 47 Abs. 1 Satz 1, §§ 48 ff. das Verteilungsverfahren durchzuführen ist. Vielmehr ist in allen Fällen, in denen die Wohnverpflichtung vor unanfechtbarem Verfahrensabschluss oder Vollziehbarkeit der Abschiebungsandrohung endet und der Status des Asylbewerbers nicht aus anderen Gründen beendet ist, das Verteilungsverfahren durchzuführen. 9

Abs. 1 Satz 2 ist dahin zu verstehen, dass das Verteilungsverfahren ohne Ausnahme Anwendung findet, wenn nicht das Asylverfahren vor Beendigung der Wohnverpflichtung unanfechtbar abgeschlossen oder die Abschiebungsandrohung unanfechtbar vollziehbar geworden ist oder der Beendigungsgrund aus seiner Natur heraus der Anwendung der asylverfahrensrechtlichen Aufenthaltsvorschriften entgegensteht. Dies bedeutet im Einzelnen: Endet die Wohnverpflichtung durch bloßen Fristablauf nach § 47 Abs. 1 Satz 1 und ist das Asylverfahren noch anhängig sowie die Abschiebungsandrohung noch nicht unanfechtbar vollziehbar, steht es nicht im behördlichen Ermessen, ob das Verteilungsverfahren durchzuführen ist. Vielmehr ist seine Einleitung nach Abs. 1 Satz 2 geboten. Tritt ein gesetzlicher Beendigungsgrund nach § 48 Nr. 1 ein, ist 10 die Verteilung ebenso wie in den Fällen des § 49 Abs. 1 Satz Alt. 2 vorzunehmen. In den Fällen des § 48 Nr. 2 und 3 findet demgegenüber das asylspezifische Aufenthaltsrecht und damit das Verteilungsverfahren keine Anwendung.

11 Durch die Verwendung des Wortes »kann« in Abs. 1 Satz 2 wird der Behörde kein Ermessen eingeräumt. Vielmehr wird damit zum Ausdruck gebracht, dass nicht in allen Fällen der Beendigung der Wohnverpflichtung das Asylverfahren weitergeführt wird oder die aufenthaltsrechtlichen Vorschriften des AsylG Anwendung finden. Ist dies nicht der Fall, kann das Verteilungsverfahren nicht durchgeführt werden. Unterliegt der Antragsteller hingegen den Aufenthaltsvorschriften der §§ 55 ff. und ist die Abschiebungsandrohung nicht unanfechtbar vollziehbar oder die Abschiebung kurzfristig nicht möglich, hat die Behörde nach Beendigung der Wohnverpflichtung das Verteilungsverfahren nach Abs. 1 Satz 2 durchzuführen. Ein Ermessen ist ihr insoweit unter keinem denkbaren Gesichtspunkt eingeräumt.

C. Verteilungsverfahren (Abs. 2 bis 6)

I. Funktion des Verteilungsverfahrens

12 Abs. 2 bis 6 regelt das Verteilungsverfahren. Dieses schließt nicht nur die *landesinterne* Verteilung nach § 50, sondern auch die *länderübergreifende* Verteilung nach § 51 ein. In allen Fällen, in denen die Wohnverpflichtung nach § 47 Abs. 1 Satz 1 beendet wird und der weitere Aufenthalt des Asylsuchenden nach Maßgabe der §§ 55 ff. beschränkt bleibt, wird das Verteilungsverfahren nach Abs. 2 bis 6 durchgeführt. Entlassung und Verteilung sind ein einheitlicher Prozess. Um einen nahtlosen Übergang der Unterbringung zu gewährleisten, erfolgt im Anschluss an den Aufenthalt in der Aufnahmeeinrichtung die Verteilung, damit der Antragsteller seiner Verpflichtung, »Wohnung zu nehmen« (Abs. 3), nachkommen kann (*Hailbronner,* AuslR B 2 § 50 AsylVfG Rn. 9; *Bergmann*, in: Bergmann/Dienelt, AuslR, 11. Aufl., 2016, § 50 AsylG Rn. 10). Im zugewiesenen Bundesland nimmt er im Regelfall in einer Gemeinschaftsunterkunft Wohnung. Die Beendigung der Unterbringung in der Aufnahmeeinrichtung wird durch die Zuweisungsverfügung in Gang gesetzt. Dadurch wird der räumliche Geltungsbereich der Aufenthaltsgestattung auf den Bezirk der Ausländerbehörde beschränkt, in dem der Wohnort liegt (§ 56 Abs. 2). Der betroffene Personenkreis wird durch die Mitteilung des Bundesamtes nach Abs. 1 Satz 1 bestimmt. Einige Bundesländer, so etwa das Bundesland Hessen (§ 1 Abs. 2 LAG), haben wegen eines nicht auf andere Weise oder nicht rechtzeitig abwendbaren *Unterbringungsnotstand* in der zuständigen Aufnahmeeinrichtung, die Zuweisung von Personen angeordnet, die beabsichtigen, einen Asylantrag zustellen. Dies führt allerdings zu Problemen in der Verwaltungspraxis, da etwa von den Ausländerbehörden dem Bundesamt mitgeteilte Vorabzuweisungen mangels Asylantrag und damit fehlender Akten nicht zugeordnet werden können. Rechtlich ist diese Praxis zweifelhaft, weil auf diesen Personenkreis § 50 keine Anwendung findet und damit für die Zuweisung eine Rechtsgrundlage fehlt.

13 In den Fällen des Abs. 1 Satz 2 erfolgt die Bestimmung des zuzuweisenden Ortes durch die Mitteilung der Aufnahmeeinrichtung. Nach abgeschlossenem Asylverfahren kann

weder eine landesinterne noch eine länderübergreifende Verteilung nach den Vorschriften des AsylG durchgeführt werden. Vielmehr sind räumliche Beschränkungen nach Maßgabe des AufenthG anzuordnen (OVG Sachsen, AuAS 2003, 225, 226 = NVwZ-Beil. 2003, 93; OVG Sachsen, InfAuslR 2004, 341; Thür. OVG, NVwZ-Beil. 2003, 89; Thür. OVG, InfAuslR 2004, 336; OVG NW, NVwZ-Beil. 2000, 82, 83; VG Leipzig, EZAR 223 Nr. 17; VG Düsseldorf, InfAuslR 2004, a.A. OVG Rh-Pf, AuAS 2004, 130, 131; Hess. VGH, AuAS 2006, 257, 258). Die Gegenmeinung verweist auf die fortwirkende räumliche Beschränkung nach § 56 Abs. 2 auch nach Verfahrensabschluss (Hess. VGH, AuAS 2006, 257, 258; OVG NW, AuAS 2011, 176, 177. Der Antragsteller, der nach Abschluss des Asylverfahrens einem anderen Bundesland zugewiesen werden will, muss Antrag auf Erweiterung der räumlichen Beschränkung der Duldung stellen. Demgegenüber versperrt eine vereinzelt gebliebene Meinung dem Antragsteller nach Abschluss des Asylverfahrens jegliche Möglichkeit der nachträglichen Umverteilung (Thür. OVG, NVwZ-Beil. 2003, 89, 90).

Die Zuweisungsverfügung bleibt bei unanfechtbarer Ablehnung des Asylantrages bis 14 zum ausländerbehördlichen Vollzug wirksam. Sie wird jedoch gegenstandslos, wenn dem Betroffenen ein asylunabhängiger Aufenthaltstitel eingeräumt wird (OVG Sachsen, AuAS 2003, 225, 226 = NVwZ-Beil. 2003, 93). Insoweit reicht auch ein sonstwie geartetes Verbleiberecht aus (OVG NW, Beschl. v. 30.01.1997 – 25 B 2973/96, für die Duldung nach § 55 AuslG 1990). Für Folgeantragsteller wird kein neues Verteilungsverfahren durchgeführt (vgl. § 71 Abs. 8; s. aber § 30a Abs. 1 Nr. 4). Die frühere Rechtsprechung (OVG Hamburg, EZAR 611 Nr. 8) ist damit durch den Gesetzgeber ausdrücklich bestätigt worden.

Anders als § 22 Abs. 10 Satz 1 AsylVfG 1982 enthält § 50 keine ausdrückliche Ver- 15 pflichtung, die aufgrund der Verteilung zugewiesenen Personen unverzüglich aufzunehmen. Die Aufnahmeverpflichtung des Bundeslandes ist in § 44 Abs. 1 geregelt. Nur soweit nach Maßgabe der Aufnahmequote nach § 45 eine Verpflichtung des Landes zur Aufnahme des Antragstellers besteht, darf es bei der Bestimmung der zuständigen Aufnahmeeinrichtung berücksichtigt werden. Aus dieser 1992 eingeführten Konzeption des Verteilungsverfahrens und der darauf aufbauenden Regelungstechnik des Gesetzes ergibt sich, dass die Aufnahmeverpflichtung des Landes in § 50 nicht mehr geregelt werden braucht. Vielmehr wird mit der Bestimmung der zuständigen Aufnahmeeinrichtung – beruhend auf der in § 44 Abs. 1 geregelten Aufnahmeverpflichtung nach Maßgabe der in § 45 enthaltenen Aufnahmequote – bereits die Verpflichtung des Bundeslandes zur Aufnahme des Asylsuchenden im konkreten Einzelfall aktualisiert. An die Entlassung aus der Aufnahmeeinrichtung schließt sich im Rahmen dieser Verpflichtung die landesinterne Verteilung an (Abs. 1). Dazu teilt die zuständige Landesbehörde dem Bundesamt innerhalb von drei Arbeitstagen nach der Entscheidung über die konkrete Zuweisung den Bezirk der Ausländerbehörde mit, in dem der Asylsuchende nach seiner Verteilung Wohnung zu nehmen hat (Abs. 3). Die unbestimmte, vorläufige Zuweisung zu einem Kreis oder einer Gemeine reicht nicht. Vielmehr muss der konkrete Wohnort festgelegt werden (*Hailbronner,* AuslR B 2 § 50 AsylVfG Rn. 12), nicht jedoch die konkrete Wohnadresse. Wird er nach Beendigung der Wohnverpflichtung nach Maßgabe des § 51 einem anderen Bundesland zugewiesen, wird dies auf die Aufnahmequote (§ 45) angerechnet (§ 52).

16 In Anlehnung an § 22 Abs. 9 Satz 2 AsylVfG 1982 bestimmt Abs. 2, dass die Landesregierung oder die von ihr bestimmte Stelle ermächtigt wird, durch Rechtsverordnung die Verteilung zu regeln, soweit dies nicht durch Landesgesetz geregelt ist. Das Landesgesetz hat also Vorrang (*Hailbronner,* AuslR B 2 § 50 AsylVfG Rn. 11). Inhalt dieser Regelungskompetenz ist einerseits die Gestaltung des auf Abs. 1 beruhenden landesinternen Verteilungsverfahrens, andererseits die Verteilung der Asylsuchenden, die dem Land im Rahmen der länderübergreifenden Verteilung zugewiesen werden. Diese sind ebenfalls innerhalb des Landes nach Maßgabe der für die landesinterne Verteilung bestehenden Vorschriften zu verteilen. Sinn der Regelungskompetenz nach Abs. 2 ist die Gestaltung einer dezentralen Unterbringung der Asylsuchenden. Die 1992 durchgeführte Umstrukturierung des Verteilungsverfahrens erforderte jedoch eine Angleichung der zum früheren Recht verabschiedeten Ländervorschriften an das geltende Recht. Die Länder hatten seit 1982 die Verpflichtung, das landesinterne Verteilungsverfahren zu regeln. Während § 22 Abs. 9 Satz 2 AsylVfG 1982 ausschließlich auf die Möglichkeit einer Rechtsverordnung verwies, hatten zahlreiche Länder das Verfahren durch Gesetz geregelt. Dem trägt Abs. 2 Rechnung.

17 Gegenstand einer Rechtsverordnung nach § 22 Abs. 9 Satz 2 AsylVfG 1982 (jetzt Abs. 2) ist eine Regelung zur *Verteilung der Asylsuchenden innerhalb des Landes.* Sie bietet damit in erster Linie die Handhabe, *für das jeweilige Bundesland* einen *eigenen Verteilungsschlüssel* zu bilden und die davon betroffenen Stellen – vornehmlich die Gebietskörperschaften – zu verpflichten, die aufgrund der landesinternen Verteilung zugewiesenen Personen unverzüglich aufzunehmen (BVerwGE 69, 295, 300 = EZAR 222 Nr. 2 = NVwZ 1984, 799 = InfAuslR 1984, 239; a.A. Hess. VGH, EZAR 228 Nr. 6 = NVwZ 1986, 149). Die Gegenmeinung erachtet es andererseits für unerlässlich, dass für eine landesinterne Verteilung die zuständige Behörde bestimmt wird (Hess. VGH, EZAR 228 Nr. 2). Auch im geltenden Bundesrecht wird die Aufnahmeverpflichtung der Gebietskörperschaften nicht unmittelbar geregelt. Fraglich ist auch, ob dem Bundesgesetzgeber in dieser das Kommunalrecht der Länder berührenden Regelungsmaterie überhaupt eine Regelungskompetenz zusteht (zweifelnd auch Hess. VGH, EZAR 228 Nr. 6; s. auch NWVerfGH, NVwZ 1996, 1100, zur Regelungskompetenz des Landesgesetzgebers im Hinblick auf de-facto-Flüchtlinge). Aus diesem Grund ist wohl auch der Gesetzgeber in Abs. 2 einer Festlegung in dieser Frage ausgewichen. Abs. 3 und 4 Satz 1 setzen nicht nur die Einrichtung einer zuständigen Landesbehörde voraus. Vielmehr sind diese Vorschriften wohl auch dahin zu verstehen, dass sie einen gesetzlichen Auftrag zur Schaffung der zuständigen Landesbehörde enthalten. Damit ist der Bundesgesetzgeber jedenfalls insoweit einer wesentlichen Forderung der Rechtsprechung (vgl. Hess. VGH, EZAR 228 Nr. 2) gefolgt.

18 Wurde früher eine den Asylsuchenden verpflichtende Zuweisungsentscheidung zur Verwirklichung des landesinternen Verteilungsverfahrens aufgrund von Landesrecht erlassen (vgl. BVerwGE 69, 295, 300 = EZAR 222 Nr. 2 = NVwZ 1984, 799 = InfAuslR 1984, 239), regelt nach geltendem Recht das Bundesgesetz selbst diese

Kompetenz (Abs. 4) und bedarf es auch nicht wie früher einer Verweisungstechnik (§ 22 Abs. 9 Satz 3 in Verb. mit Abs. 8 AsylVfG 1982), um die Verpflichtung zur Befolgung der Zuweisungsverfügung anzuordnen (Abs. 6). Dies ist unmittelbare Folge der 1992 neu eingeführten Konzeption des Verteilungsverfahrens. Es kommt für die Befolgungspflicht des Asylbewerbers nach Abs. 6 nicht darauf an, in welchem Umfang die einzelnen Gebietskörperschaften gegenüber dem Land zur Aufnahme verpflichtet sind. Für den Asylsuchenden ist vielmehr nur von Bedeutung, nach welchen materiellen Kriterien die Verteilung stattfindet und in welcher Form und mit welchem Inhalt sie ihm gegenüber Verbindlichkeit erlangt (Hess. VGH, EZAR 228 Nr. 6). Dies ist in den Vorschriften des Abs. 4 und 5 geregelt.

II. Umverteilungsverfahren

Die Vorschriften des AsylG enthalten ebenso wenig wie die frühere Regelung des § 22 19
AsylVfG 1982 eine ausdrückliche Regelung über das Verfahren zur *nachträglichen* Umverteilung des Asylbewerbers. Nachträglich ist das Verfahren, weil bereits eine Zuweisungsentscheidung im Anschluss an den Aufenthalt in der Aufnahmeeinrichtung (Abs. 1 Satz 1) ergangen war und der Antragsteller aufgrund nachträglich eingetretener Umstände die Zuweisung zu einem anderen Ort innerhalb oder außerhalb des Bundeslandes erstrebt. Die Rechtsprechung hatte die Rechtsgrundlage für die aus unterschiedlichen Gründen im Laufe eines Asylverfahrens vorzunehmende Umverteilung in § 22 AsylVfG 1982 gesehen (VGH BW, EZAR 228 Nr. 10; VG Braunschweig, Urt. v. 13.11.1991 – 6 A 61091/91). Rechtsgrundlage der Umverteilung ist daher Abs. 4 Satz 1. Die Umverteilung kann einerseits allein im öffentlichen Interesse liegen (OVG NW, EZAR 228 Nr. 7). Sie wird aber zumeist aufgrund besonders gelagerter individueller Interessen des Asylsuchenden beantragt (VGH BW, EZAR 228 Nr. 10). Die Umverteilung steht grundsätzlich im behördlichen Ermessen und setzt eine Zustimmung der jeweils betroffenen Behörden voraus. Wird die Umverteilung durch die Behörde veranlasst, hat diese den Asylbewerber vorher anzuhören (OVG NW, EZAR 228 Nr. 7). Beantragt der Asylbewerber die Umverteilung, werden die maßgeblichen Gründe mit dem Antrag vorgebracht, sodass die Frage, ob das Recht auf Gehör zu gewähren ist, dahinstehen kann.

Auf den Antrag auf nachträgliche Umverteilung sind die Vorschriften über das Wie- 20
deraufgreifen des Verfahrens nach § 51 VwVfG nicht anwendbar. Da die an die Beendigung der Wohnverpflichtung nach § 47 Abs. 1 Satz 1 anknüpfende Zuweisungsverfügung ohne schriftliche Begründung und ohne Gewährung des rechtlichen Gehörs (Abs. 4 Satz 2 f.) erlassen und in Anbetracht der unverzüglichen Einleitung der Verteilung nach der Mitteilung des Bundesamtes (Abs. 1 Satz 1) der Asylsuchende regelmäßig nicht über seine Rechte belehrt wird, fehlt eine rechtsstaatlich einwandfrei festgestellte Tatsachenbasis als Bezugspunkt für die Anwendung des § 51 Abs. 1 VwVfG. Ob eine veränderte Sach- oder Rechtslage oder neue Beweismittel vorliegen, kann deshalb nicht beurteilt werden. Zudem sind für die Zuweisung regelmäßig abstrakt-generelle Kriterien maßgebend. Für individuell berücksichtigungswerte Gesichtspunkte als Vergleichsbasis für § 51 Abs. 1 VwVfG ist dabei kein Raum. Angesichts dessen muss dem Asylsuchenden mit dem Umverteilungsantrag Gelegenheit

gegeben werden, seinen individuellen Interessen Geltung zu verschaffen. In der Sache selbst ist der Umverteilungsantrag nach den für die erstmals erlassene Zuweisungsverfügung maßgeblichen Entscheidungskriterien zu beurteilen (VGH BW, EZAR 228 Nr. 10; VG Braunschweig, Urt. v. 13.11.1991 – 6 A 61091/91; Rdn. 24 ff.). Für die behördliche Zuständigkeit gelten die allgemeinen Kriterien (Rdn. 21).

III. Zuständige Behörde

21 Nach Abs. 4 Satz 1 erlässt die zuständige Landesbehörde die Zuweisungsverfügung. Aus dem Zusammenhang der Regelungen in Abs. 1 Satz 1, Abs. 2, 3 und 4 Satz 1 folgt, dass die *Landesbehörde des Landes*, dem der Asylsuchende im Rahmen der Bestimmung der zuständigen Aufnahmeeinrichtung *zugewiesen wurde*, die für den Erlass der Zuweisungsverfügung zuständige Behörde ist. Eine Sonderregelung gilt für die *länderübergreifende Verteilung*. Hier ist die *Landesbehörde des Bundeslandes*, für das der *weitere Aufenthalt begehrt* wird (§ 51 Abs. 2 Satz 2), zuständig. Die örtliche *Gerichtszuständigkeit* wird hierdurch *nicht verändert*. Da der Antrag auf Zuweisung an einen bestimmten Ort erst nach Beendigung der Wohnverpflichtung gestellt werden kann, fehlt es bis dahin an der behördlichen Kompetenz zum Erlass der Zuweisungsverfügung (VG Schleswig, Beschl. v. 25.11.1994 – 3 B 369/94). Wird im Wege der nachträglichen Umverteilung die Zuweisung beantragt, kommt es für die Behördenzuständigkeit darauf an, ob eine Umverteilung innerhalb des Bundeslandes begehrt wird, in dem sich der Asylsuchende bereits aufhält. In diesem Fall bleibt es bei der Zuständigkeit nach Abs. 4 Satz 1. Wird der Aufenthalt in einem anderen Bundesland beantragt, ist die Landesbehörde des Bundeslandes für die Entscheidung über die Umverteilung zuständig, in dem der Aufenthalt begehrt wird (§ 51 Abs. 2 Satz 2).

IV. Zuweisungsentscheidung (Abs. 4 und 5)

1. Formelle Anforderungen (Abs. 4 und 5)

22 Abweichend von § 28 VwVfG, aber in Übereinstimmung mit § 22 Abs. 5 Satz 4 AsylVfG 1982 bestimmt Abs. 4 Satz 4, dass vor Erlass der Zuweisungsentscheidung eine Anhörung des Asylbewerbers nicht stattfindet. Dies wurde schon mit Blick auf § 22 Abs. 5 Satz 4 AsylVfG 1982 verfassungsrechtlich nicht beanstandet (Hess. VGH, EZAR 228 Nr. 3; OVG Hamburg, EZAR 228 Nr. 1). Die Zuweisungsentscheidung ist zwar schriftlich zu erlassen (Abs. 4 Satz 2), bedarf jedoch keiner Begründung (Abs. 4 Satz 3) und ist dem Asylsuchenden *persönlich zuzustellen* (Abs. 5 Satz 1). Dem Verfahrensbevollmächtigten wird ein Abdruck der Entscheidung zugeleitet (Abs. 5 Satz 2). Die Zuweisung ist nur dann hinreichend bestimmt, wenn zweifelsfrei die Zuweisung zu einer bestimmten Gebietskörperschaft angeordnet wird (*Bergmann*, in: Bergmann/Dienelt, AuslR, 11. Aufl., 2016 § 50 AsylG Rn. 17). Die der Verfahrensbeschleunigung dienenden formellen Regelungen zur Gestaltung der Zuweisungsentscheidung hat für den Asylsuchenden den Nachteil, dass er erst im anschließenden Verwaltungsprozess die leitenden Ermessensgesichtspunkte erfährt. Denn erst im gerichtlichen Aussetzungsverfahren sind die das Ermessen leitenden Gesichtspunkte substanziiert vorzutragen, um dem Gericht eine Überprüfung zu ermöglichen

(Hess. VGH, EZAR 228 Nr. 3; Hess.VGH, NVwZ 1986, 148; Hess. VGH, InfAuslR 1987, 98; Hess. VGH, EZAR 228 Nr. 8; Hess. VGH, ESVGH 39, 225). Daher kann zur Vermeidung unnötiger Prozesse durchaus die Anhörung des Asylsuchenden angezeigt sein.

Die Zuweisungsentscheidung ist mit einer *Rechtsbehelfsbelehrung* zu versehen (Abs. 4 Satz 2 Halbs. 2). Unterbleibt diese oder ist sie unrichtig, tritt an die Stelle der Zweiwochenfrist des § 74 Abs. 1 die Jahresfrist des § 58 Abs. 2 VwGO. Insbesondere bei der länderübergreifenden Verteilung kann es mit Blick auf die Angabe des zuständigen Verwaltungsgerichts zu Fehlern kommen. Während nach § 22 Abs. 5 AsylVfG 1982 eine bestimmte Form der Bekanntgabe der Zuweisungsentscheidung nicht vorgeschrieben war (Hess. VGH, Hess. VGRspr. 1985, 9), wird nach Abs. 5 Satz 1 angeordnet, dass die Verfügung zuzustellen ist. Maßgebend für den Beginn der Rechtsbehelfsfrist ist die persönliche Zustellung an den Asylsuchenden (Abs. 5 Satz 1). Da dieser in einer Aufnahmeeinrichtung untergebracht ist (Abs. 1 Satz 1), gelten die verschärften Zustellungsvorschriften nach § 10 Abs. 4. Die Zustellung gilt am dritten Tag nach Übergabe an die Aufnahmeeinrichtung als bewirkt (§ 10 Abs. 4 Satz 4 Halbs. 2). 23

2. Materielle Entscheidungskriterien der Zuweisungsverfügung

a) Allgemeine Ermessensgrundsätze

Die Zuweisungsentscheidung steht mit Ausnahme des Abs. 4 Satz 2 grundsätzlich im weiten Ermessen der Behörde. Allerdings fehlen in Abs. 4 Satz 1 jegliche Hinweise auf Ermessenskriterien. Vorrangig ist sicherlich das grundsätzlich besonders gewichtige öffentliche Anliegen, die Lasten, die mit der Aufnahme von Asylsuchenden hinsichtlich deren Unterbringung, Verpflegung und Überwachung verbunden sind, gleichmäßig auf die Bundesländer und Gemeinden zu verteilen (OVG NW, EZAR 228 Nr. 7 = NVwZ 1992, 200 = InfAuslR 1992, 34; OVG NW, NVwZ 1992, 810; OVG NW, Beschl. v. 24.06.1992 – 17 B 559/92.A; OVG Sachsen, EZAR 228 Nr. 20 = AuAS 1999, 215; VG Düsseldorf, AuAS 2014, 202). Mit der Festlegung der Aufnahmequote, die im Rahmen der Bestimmung der zuständigen Aufnahmeeinrichtung für die Aufnahmeverpflichtung des Landes maßgebend ist (§ 46 Abs. 1 Satz 1, Abs. 2 Satz 2), ist dem Interesse der Bundesländer an gleichmäßiger Belastung bereits genügt. Im Rahmen der Zuweisungsverfügung kommt es daher nur noch auf das Interesse der Gebietskörperschaften des Landes an gleichmäßiger Belastung an. Der Asylbewerber hat in diesem Rahmen grundsätzlich weder einen Anspruch auf bestimmte Zuweisung (§ 55 Abs. 1 Satz 2) noch wird ihm eine Einflussnahme auf die Auswahl der Gemeinde zugestanden (OVG NW, EZAR 228 Nr. 7; OVG NW, NVwZ 1992, 810; VG Düsseldorf, AuAS 2014, 202). Seinen individuellen Interessen ist jedoch angemessen Rechnung zu tragen. 24

Soweit festgestellt wird, der den Zuweisungsbehörden eingeräumte weite Ermessensspielraum diene nicht der Wahrung der Interessen des Asylbewerbers (OVG NW, EZAR 228 Nr. 7; OVG NW, NVwZ 1992, 810; a.A. Hess. VGH, EZAR 228 Nr. 16; Hess.VGH, InfAuslR 1991, 54), betrifft dies lediglich den Einwand, der Asylsuchende könne zulässigerweise nicht rügen, seine Verteilung entspreche nicht 25 dem Verteilerschlüssel oder seine Aufenthaltsgemeinde habe ihr Aufnahmesoll noch nicht erfüllt (OVG NW, NVwZ 1992, 810). Stets ist jedoch der *Verhältnismäßigkeitsgrundsatz* und das *Gleichbehandlungsgebot* zu beachten (OVG NW, NVwZ 1992, 810; OVG NW, Beschl. v. 24.06.1992 – 17 B 559/92.A). Zwar regelt weder die ursprüngliche noch die Änderungsrichtlinie zur Aufnahme von Asylbewerbern die Verteilung innerhalb des Mitgliedstaates (Art. 7 RL 2003/9/EG/Art. 7 RL 2013/33/EU), weil außer der Bundesrepublik kein anderer Mitgliedstaat hieran ein Interesse hat. Die Verpflichtung, Asylsuchenden ein menschenwürdiges Leben zu ermöglichen (Erwägungsgrund Nr. 11 RL 2013/33/EU), hat jedoch zur Folge, dass Entscheidungen der Behörden nicht ohne Berücksichtigung individueller Interessen der Asylsuchenden getroffen werden dürfen.

26 Die zuständige Landesbehörde ist gem. § 40 VwVfG verpflichtet, das ihr eingeräumte Ermessen entsprechend dem Zweck der Ermächtigung auszuüben und die gesetzlichen Grenzen des Ermessens einzuhalten (Hess. VGH, EZAR 228 Nr. 16). Dem korrespondiert der *Anspruch* des Asylsuchenden *auf ermessensfehlerfreie Entscheidung* über seine Zuweisung (Hess. VGH, EZAR 228 Nr. 16; Hess. VGH, InfAuslR 1991, 54). Mit § 55 Abs. 1 Satz 2 verfügt die Zuweisungsbehörde im Rahmen von Abs. 4 Satz 1 über eine gesetzliche Vorentscheidung, die es ihr in rechtlich einwandfreier Weise ermöglicht, in weitem Umfang Belange der Asylsuchenden dem öffentlichen Interesse an einer möglichst raschen und reibungslosen Verteilung der Asylbewerber unterzuordnen (Hess. VGH, EZAR 228 Nr. 16). Daraus folgt jedoch nicht, dass die Behörde ihre Entscheidung ohne Erwägung der konkreten Umstände des Einzelfalles oder gar willkürlich treffen könnte (Hess. VGH, EZAR 228 Nr. 16; OVG NW, NVwZ 1992, 810; *Bergmann*, in: Bergmann/Dienelt, AuslR, 11. Aufl., 2016, § 50 AsylG Rn. 20; *Hailbronner*, AuslR, § 50 AsylVfG Rn. 20). Vielmehr hat sie zu prüfen, ob die getroffene Entscheidung angesichts der konkreten Umstände des jeweiligen Einzelfalls den Grundsätzen der Verhältnismäßigkeit und – sofern der Sachverhalt dafür Anhaltspunkte bietet – des Vertrauensschutzes entspricht. Wegen ihres Verfassungsrangs beanspruchen diese Grundsätze Beachtung bei jeder Maßnahme der öffentlichen Gewalt, mithin auch im Rahmen von behördlichen Ermessensentscheidungen nach Abs. 4 Satz 1, bei denen der der Behörde eingeräumte weite Spielraum nicht der pflichtgemäßen Berücksichtigung aller derjenigen persönlichen Belange dient, die die Lebensumstände eines um Asyl nachsuchenden Ausländers vielfältig prägen (OVG NW, NVwZ 1992, 810).

27 Der Asylsuchende kann erfolgreich die Verletzung des Gleichbehandlungsgebotes rügen, wenn die Zuweisungsbehörde bestimmte persönliche Merkmale oder Gegebenheiten zum Anlass genommen hat, sie in ständiger Verwaltungspraxis zugunsten des betroffenen Personenkreises zu berücksichtigen (OVG NW, NVwZ 1992, 810). Unterschiedliche Lebensbedingungen hinsichtlich der Unterbringung, der Gemeinschaft mit Landsleuten, Hilfs- und Betreuungsangeboten, kirchlichen und kulturellen Einrichtungen und der Freizeitgestaltung in den verschiedenen Gebietskörperschaften sind jedoch durch die gemeindliche Selbstverwaltung bedingt und nicht so bedeutsam, dass sie bei einer am Gerechtigkeitsgedanken orientierten Betrachtungsweise Beachtung verlangen können (OVG Hamburg, NVwZ 1991, 397 = EZAR 228 Nr. 13; ähnl. VG Bremen, Beschl. v. 24.06.1991 – 3 V-As 200/91).

Die Rechtsprechung stellt insoweit nicht auf die jeweiligen Lebensverhältnisse der Bundesbürger, sondern auf die allgemeinen Lebensbedingungen von Asylsuchenden ab (OVG NW, NVwZ 1992, 810). Auch die durch die Zuweisungsverfügung bedingte *Trennung vom bisherigen Verfahrensbevollmächtigten* ist danach unbedeutsam, sofern eine Vertretung dadurch nicht unmöglich gemacht wird (OVG Hamburg, NVwZ 1991, 397).

Da die Zuweisungsbehörde im Verwaltungsprozess die für die Zuweisungsverfügung maßgeblichen Ermessensgesichtspunkte offen legen muss (Hess. VGH, EZAR 228 Nr. 3; Hess. VGH, EZAR 228 Nr. 5; Hess. VGH, InfAuslR 1987, 98; Hess. VGH, ESVGH 39, 25), hat sie im Hinblick auf einen Antrag auf länderübergreifende Verteilung auch darzulegen, dass beim Ausgleichen eines Ungleichgewichts zwischen den betroffenen Ländern die Trennung des Antragstellers von der Bezugsperson im anderen Land nicht zu vermeiden ist. Hierzu ist es notwendig, die bei der Verteilung angewendeten Kriterien – wie etwa Nationalität, Geschlecht, Alter, Verfolgtengruppe – bekanntzugeben und zu erläutern, um die Annahme einer ermessenswidrigen Auswahl auszuschließen (Hess. VGH, EZAR 228 Nr. 3). Dabei hat die Behörde auch ihr Verteilungskonzept darzulegen (Hess. VGH, ESVGH 39, 225; *Bergmann*, in: Bergmann/Dienelt, AuslR, 11. Aufl., 2016, § 50 AsylG Rn. 20). Der Hinweis der Behörde auf die damit verbundenen praktischen Schwierigkeiten verfängt nicht (Hess. VGH, EZAR 228 Nr. 8). 28

Grundsätzlich ist anerkannt, dass die zuständige Behörde bei der Verteilung *gesundheitliche Gründe zu* berücksichtigen hat (Hess. VGH, EZAR 228 Nr. 5 = NVwZ 1986, 148; Hess. VGH, EZAR 228 Nr. 8; OVG Hamburg, InfAuslR 1986, 97; OVG Hamburg, InfAuslR 2007, 9; VGH BW, EZAR 228 Nr. 10 = NVwZ-RR 1989, 503; VG Leipzig, NVwZ-RR 2000, 323, 324 = EZAR 228 Nr. 21, VG Lüneburg, InfAuslR 1998, 43, 44; VG Lüneburg, Urt. v. 13.10.2004 – 1 A 271/04; VG Potsdam, InfAuslR 1995, 259, 260; VG Düsseldorf, Urt. v. 06.03.1995 – 19 K 5358/94.A). Die Herauslösung des Asylsuchenden aus gewachsenen Bindungen verfestigt und verschlimmert das psychische Leiden und kann insgesamt zu einem bedrohlichen irreparablen Krankheitszustand führen (OVG Hamburg, InfAuslR 1986, 97; VG Leipzig, NVwZ-RR 2000, 323, 324 = EZAR 228 Nr. 21, VG Lüneburg, InfAuslR 1998, 43, 44). Auch die *Betreuung durch ein Behandlungszentrum für Folteropfer* kann zur Ermessensreduktion jedenfalls dann führen, wenn die Asylsuchende durch wiederholt erlebte Folterungen schwere gesundheitliche Schäden erlitten und bereits eine sich voraussichtlich über längere Zeit hinziehende ärztliche Behandlung begonnen hat (VG Potsdam, InfAuslR 1995, 259). 29

Der Einzelfall muss über die bei vielen Asylsuchenden aufgrund der Verfolgungs- und Fluchterlebnisse und des neuen sozialen – typischerweise – fremden kulturellen Umfeldes sowie der aufenthaltsbeschränkenden Maßnahmen und der Ungewissheit über den Ausgang des Asylverfahrens therapiebedürftigen Auswirkungen psychischer wie psychosomatischer Art hinausgehen (Hess.VGH, EZAR 228 Nr. 8; VG Lüneburg, Urt. v. 13.10.2004 – 1 A 271/04). Andererseits ist das Erfordernis der Pflegebedürftigkeit zu ungenau. Es muss ausreichen, wenn ärztlicherseits ein *schweres* 30 *psychisches Leiden* und darüber hinaus bestätigt wird, dass die Nähe von Familienangehörigen den Heilungsprozess erleichtern und verbessern wird (VG Leipzig, NVwZ-RR 2000, 323, 324 = EZAR 228 Nr. 21, VG Lüneburg, InfAuslR 1998, 43, 44; VG Lüneburg, Urt. v. 13.10.2004 – 1 A 271/04). Unterscheidet sich die psychische Erkrankung von der typischen Situation eines alleinstehenden Asylbewerbers und ist beim Verbleib in der bisherigen Situation eine Verfestigung oder gar Verschlechterung der Erkrankung zu erwarten, ist das Ermessen reduziert. Dies gilt auch dann, wenn unter diesen Voraussetzungen am bisherigen Aufenthaltsort eine ausreichende medizinische und psychologische Versorgung gewährleistet ist, der Heilungsprozess aber in der Nähe von Familienangehörigen erleichtert und verbessert wird (VG Lüneburg, Urt. v. 13.10.2004 – 1 A 271/04). Allein der Umstand, dass der Antragsteller bis zu seiner Asylantragstellung in einem bestimmten Ort gewohnt hat und dort integriert war, führt jedoch nicht zu einer Ermesseneinschränkung (VG Düsseldorf, AuAS 2014, 202, 203).

31 Nach der Rechtsprechung begründet die Tatsache, dass der Asylsuchende außerhalb des räumlich beschränkten Bereichs eine *Arbeitsstelle* besitzt, keinen berücksichtigungswerten, besonders gelagerten humanitären Härtegrund (BVerfG, EZAR 221 Nr. 22; Hess. VGH, Beschl. v. 23.09.1994 – 10 UZ 2463/94). Die gesetzlichen Voraussetzungen für eine Ermesseneinschränkung können durch den Hinweis auf eine vorhandene Arbeitsstelle sicherlich kaum dargelegt werden. Andererseits ist es der Behörde nicht untersagt, im Rahmen der pflichtgemäßen Ermessensausübung dem staatlichen Interesse an der Verringerung der sozialen Lasten Rechnung zu tragen und deshalb in einem derartigen Fall das Ermessen zugunsten des Asylsuchenden auszuüben. Im Einzelfall ist jedoch eine von diesen Grundsätzen abweichende Beurteilung angezeigt, wie etwa im Fall des drohenden unwiederbringlichen Verlustes spezieller Fähigkeiten im erlernten und zuvor ausgeübten Beruf (BVerfG, EZAR 221 Nr. 22). Deshalb ist über den mit einer gewünschten Arbeitsaufnahme begründeten Antrag nach pflichtgemäßem Ermessen zu entscheiden, sodass bei Ermessensausfall die Antragsablehnung rechtswidrig ist. Nur besonders gelagerte Ausnahmetatbestände vermögen danach andererseits das behördliche Ermessen in die vom Asylsuchenden gewünschte Richtung zu lenken.

b) Anspruch auf Zusammenführung (Abs. 4 Satz 5)

32 Nach Abs. 4 Satz 5 ist bei der Zuweisungsentscheidung die *Haushaltsgemeinschaft von Familienangehörigen im* Sinne von § 26 Abs. 1 bis 3 zu berücksichtigen. Insoweit besteht kein Ermessen (Hess. VGH, ESVGH 39, 72; OVG MV, Urt. v. 30.01.2003 – 3 L 209/00). Art. 12 RL 2013/33/EU verpflichtet die Behörden die Familieneinheit während des Asylverfahrens so weit wie möglich zu wahren. Daher muss bereits zu Beginn des Verfahrens die Zusammenführung der Familie gewährleistet werden (*Pelzer/ Pichl*, Asylmagazin 2015, 331, 333). Zwar will die Rechtsprechung in »seltenen Fällen für atypische Ausnahmegestaltungen« Ausnahmen zulassen. Dies betrifft jedoch Fälle, in denen die Zuweisung an den Ort begehrt wird, an dem der Familienangehörige, der keinen Asylantrag gestellt hat, seinen gewöhnlichen Aufenthalt hat (OVG MV, Urt. v. 30.01.2003 – 3 L 209/00). Aber auch in diesem Fall kann ein atypisches

Ausnahmegeschehen nur dann angenommen werden, wenn »z.B. die Integration der Kinder an einem anderen Ort ebenso gut gewährleistet wäre oder hiergegen keine Bedenken bestünden« sowie darüber hinaus das gesetzliche Ziel »möglichst gleichmäßiger Verteilung« berücksichtigt wird (OVG MV, Urt. v. 30.01.2003 – 3 L 209/00). Diese Rechtsprechung dürfte aber mit der Aufnahmerichtlinie nicht mehr vereinbar sein. Die Ausweitung von der Kernfamilie auf den weiten Familienbegriff wurde durch Richtlinienumsetzungsgesetz 2013 eingeführt. Umfasst sind neben *Ehegatten* und *minderjährigen ledigen Kindern* (§ 26 Abs. 1 und 2) *minderjährige ledige Geschwister* (§ 26 Abs. 3 Satz 2) sowie andere Erwachsene im Sinne von Art. 2 Buchst. j) RL 2011/95/EU). Eltern sind leibliche Eltern im rechtlichen Sinne. Einbezogen sind auch der *alleinstehende Elternteil*, die *Adoptiveltern* (VGH BW, InfAuslR 1993, 200 = AuAS 1993, 91; OVG NW, NVWZ-Beil. 1998, 70, 71 und *Pflegeeltern* (§ 26 Rdn. 34 ff.).

Für die Anspruchsberechtigung ist der unionsrechtliche Familienbegriff (Art. 2 33 Buchst. d) RL 2013/33/EU) maßgebend. Erfasst werden durch diesen der Ehegatte und der nicht verheiratete Partner, der mit dem Asylsuchenden eine dauerhafte Beziehung führt, soweit nach nationalem Recht nicht verheiratete Paare ähnlich wie verheiratete Paare behandelt werden. Das ist bei verschiedengeschlechtlichen Verbindungen nach deutschem Recht nicht der Fall, wohl aber bei gleichgeschlechtlichen Paaren. Auch die im Herkunftsland als rechtswirksam geschlossene Mehrehe ist zu berücksichtigen, es sei denn, sie soll erst im Bundesgebiet hergestellt werden (VG Darmstadt, NVwZ-Beil. 2003, 23, 24). Ferner ist der Erwachsene, der nach dem Recht oder den Gepflogenheiten des Mitgliedstaats für den minderjährigen, ledigen Antragsteller verantwortlich ist, zu berücksichtigen [Art. 2 Buchst. c)] 3. Spiegelstrich RL 2013/33/EU). Dem trägt die Verweisung auf § 26 Abs. 3 Satz 1 Rechnung. Daher ist auch die Beziehung zwischen *Vormund* und *Mündel* zu berücksichtigen. Die durch den Gesetzgeber fixierten Sonderbeziehungen verleihen den Rechtsbeziehungen ein ähnlich hohes Gewicht wie die Haushaltsgemeinschaft der Kernfamilie (Hess. VGH, ESVGH 39, 225). Die Vormundschaft beschränkt sich nicht nur auf die gesetzliche Vertretung des Mündels (§ 1793 Satz 1 BGB), sondern umfasst die gesamte elterliche Personensorge für das Kind (§ 1793 Satz 2; § 1800 in Verb. mit § 1626 Abs. 2; § 1631 bis § 1633 BGB) sowie auch das Umgangsrecht mit einem minderjährigen Kind (VG Neustadt a.d.W., InfAuslR 2003, 37). Mit der Ansicht, die Bestellung zum Vormund sei nur zu asylverfahrensrechtlichen Zwecken erfolgt, würde deshalb die Tragweite dieser Sonderbeziehungen verkannt (Hess. VGH, ESVGH 39, 225).

Nach Art. 18 Abs. 2 Buchst. a) RL 2013/33/EU ist bei der Gestaltung der Aufnahme- 34 bedingungen der *Schutz des Familienlebens* untergebrachter Asylbewerber zu gewährleisten. Ferner ist dafür Sorge zu tragen, dass minderjährige Kinder von Asylbewerbern zusammen mit ihren Eltern oder dem erwachsenen sorgeberechtigten Familienmitglied untergebracht werden. »Abhängige erwachsene Antragsteller mit besonderen Bedürfnisse« sind bei der Aufnahme gemeinsam mit nahen volljährigen Verwandten, die nach dem Recht oder den Gepflogenheiten des Mitgliedstaats für diesen verantwortlich sind, unterzubringen. Anders als bei den Regelungen der § 47 Abs. 2, Abs. 1 Nr. 1 und § 51 Abs. 1 und abweichend von Art. 2 Buchst. c) RL 2013/33/EU wurde nach § 50 Abs. 4 Satz 5 AsylVfG a.G. nicht gefordert, dass das Kind ledig sein muss. Durch Verweisung auf § 26 Abs. 2 in Abs. 4 Satz 2 ist diese Vergünstigung entfallen. Es dürfte sich aber wohl um ein redaktionelles Versehen handeln. Anders als § 51 Abs. 1, bei dem die Zuweisung zu einem bestimmten Familienangehörigen erstrebt wird, betrifft Abs. 4 Satz 2 die gemeinsame Verteilung und den anschließenden Aufenthalt während des gesamten Verfahrens. Insoweit dürfte aus dem Schutzgebot zugunsten des Familienlebens (Art. 18 Abs. 2 Buchst. a) RL 2013/33/EU) ein *Verbot der nicht gerechtfertigten Trennung* der Familienangehörigen folgen. Dies wird durch die Verpflichtung bekräftigt, bei der Unterbringung die »Situation von schutzbedürftigen Personen« zu berücksichtigen (Art. 18 Abs. 3 RL 2013/33/EU). Aufgrund der besonders belastenden Umstände des gemeinsamen Verfolgungs- und Fluchterlebnisses sind auch volljährige Kinder besonders schutzwürdig und auf den Schutz ihrer Familie angewiesen (*Bergmann*, in: Bergmann/Dienelt, AuslR, 11. Aufl., 2016, § 50 AsylG Rn. 23) und trifft sie eine Trennung von dieser unangemessen hart.

35 Die Familienangehörigen im Sinne von § 26 Abs. 1 bis 3 werden nur dann berücksichtigt, wenn das *gemeinsame Zusammenleben* angestrebt wird. Reisen sie zusammen ein (§ 46 Abs. 3 Satz 2), kann dies ohne Weiteres unterstellt werden. Lebt ein Familienangehöriger bereits im Bundesgebiet, darf der Wille zur gemeinsamen Lebensführung nicht verneint werden; es sei denn, die Behörde hat konkrete hiergegen sprechende Umstände festgestellt. Anders als im Fall der Kernfamilie und vergleichbarer Beziehungen kann nicht verlangt werden, dass Vormund und Mündel zusammenleben müssen. Vielmehr kommt es darauf an, dass der Vormund seine gesetzlichen Pflichten sachgerecht wahrnehmen kann. Besitzt der Familienangehörige, mit dem die Zusammenführung angestrebt wird, eine nicht asylverfahrensbedingte Aufenthaltserlaubnis, darf diese nicht mit der Erwägung versagt werden, dass dadurch die Verpflichtung zur Unterbringung in einer Gemeinschaftsunterkunft umgangen werde (*Bergmann*, in: Bergmann/Dienelt, AuslR, 11. Aufl., 2016, § 50 AsylG Rn. 23; *Funke-Kaiser*, in: GK-AsylG II, § 50 Rn. 33). Die Anforderungen an das Bestehen einer Hausgemeinschaft dürfen nicht überzogen werden. Zu berücksichtigen ist, dass nach der Flucht grundsätzlich ein gemeinsamer Haushalt noch nicht eingerichtet werden konnte. Maßgebend für das Bestehen einer Hausgemeinschaft im Sinne von Abs. 4 S. 2 ist daher ein schutzbedürftiges tatsächliches Zusammenleben der Familienangehörigen (*Hailbronner*, AuslR, B 2 § 50 AsylVfG Rn. 25; *Funke-Kaiser*, in: GK-AsylG II, § 50 Rn. 33).

36 Umstritten ist der Anspruch des Asylsuchenden auf Zusammenführung, wenn Ehefrau und Kind selbst kein Asylverfahren betreiben und nur einen fiktiven Aufenthaltstitel haben, sofern es der gesamten Familie möglich ist, in dem durch Zuweisung bestimmten Ort einen gemeinsamen Haushalt zu führen und keine zwingenden Gründe ersichtlich sind, aus denen ein Familienmitglied an seinem bisherigen Aufenthaltsort bleiben muss (dagegen Hess. VGH, ESVGH 39, 72; Hess. VGH, Beschl. v. 27.02.1986 – 10 TH 1302/86; OVG Hamburg, EZAR 28 Nr. 15; OVG Sachsen, EZAR 228 Nr. 20 = AuAS 1999; *Bergmann*, in: Bergmann/Dienelt, AuslR, 11. Aufl., 2016, § 50 AsylG Rn. 26; dafür OVG MV, Urt. v. 30.01.2003 – 3 L

209/00; VG Oldenburg, NVwZ-Beil. 2002, 12). Gewichtige Belange der Kinder, die an ihrem gegenwärtigen Wohnort die Schule besuchen und sich dort auch im Übrigen eingewöhnt haben (VGH BW, EZAR 228 Nr. 10) sprechen für eine Zusammenführung am Ort des Kindes. Maßgebend ist stets der Grad der Schutzbedürftigkeit der konkreten Haushaltsgemeinschaft. Dies ist letztlich von den Umständen des Einzelfalles abhängig. Insbesondere die Einschulung der Kinder und ihre Integration in die Umgebung sprechen dagegen, ihnen einen Umzug zuzumuten (VGH BW, EZAR 228 Nr. 10). Lebt das Kind in einem Kinderheim, ist der Anspruch auf ungestörten Kontakt der Familienmitglieder untereinander zu berücksichtigen (VG Köln, Beschl. v. 09.07.1992 – 8 L 314/92.A).

Zwar ist nach Abs. 4 Satz 5 lediglich die Haushaltsgemeinschaft der Familienangehörigen im Sinne von § 26 Abs. 1 bis 3 zu berücksichtigen. Demgegenüber verweist § 51 Abs. 1 auch auf *»sonstige humanitäre Gründe von vergleichbarem Gewicht«*. Allgemein wird aber angenommen, dass auch andere schutzwürdige familiäre und familienähnliche Bindungen und humanitäre Gründe bei der Anwendung von Abs. 4 Satz 2 zu berücksichtigen sind (Hess. VGH, Beschl. v. 06.06.1994 – 10 UZ 1594; VG Freiburg, VBlBW 1997, 112, 113; VG Lüneburg, InfAuslR 1998, 43, 44; VG Oldenburg, NVwZ-Beil. 2002, 12; *Hailbronner,* AuslR, B 2 § 50 AsylVfG Rn. 27 ff.; *Funke-Kaiser,* in: GK-AsylG II, § 50 Rn. 37; *Bergmann*, in: Bergmann/Dienelt, AuslR, 11. Aufl., 2016, § 50 AsylG Rn. 27 f.). Aus dem bloßen Vergleich zwischen Abs. 4 Satz 5 und § 51 Abs. 1 allein kann keinesfalls geschlossen werden, der Gesetzgeber habe die Berücksichtigung humanitärer Härtegesichtspunkte bei der landesinternen Verteilung untersagen wollen. Es ist bei Abs. 4 Satz 5 auch kein strengerer Maßstab anzuwenden (VG Lüneburg, InfAuslR 1998, 43, 44; a.A. *Hailbronner,* AuslR, B 2 § 50 AsylVfG Rn. 27 ff.; *Bergmann*, in: Bergmann/Dienelt, AuslR, 11. Aufl., 2016, § 50 AsylG Rn. 27). Weder der Wortlaut noch die Gesetzessystematik, aber erst recht nicht die Gesetzesmaterialien erlauben eine derartige Feststellung. Vielmehr kommt es auf das zwischen den Familienmitgliedern bestehende Abhängigkeitsverhältnis an. Insbesondere *Krankheit*, *Schwangerschaft*, *Alter*, *Gebrechlichkeit* oder sonstige Gesichtspunkte *besonderer Betreuungsbedürftigkeit* sprechen für ein Zusammenführung (*Funke-Kaiser,* in: GK-AsylG II, § 50 Rn. 37). Aus unionsrechtlicher Sicht ist maßgebend, dass abhängige erwachsene Antragsteller mit besonderen Bedürfnissen der Unterstützung bedürfen (Art. 18 Abs. 3 RL 2013/33/EU, Rn. 34). 37

Dass in anderen Kulturen verwandtschaftlichen Seitensträngen größere Bedeutung beigemessen wird als in der europäischen Kleinfamilie und der gemeinsamen Glaubensausübung bspw. innerhalb der jesidischen Glaubensgemeinschaft ein höherer Stellenwert zukommt als in anderen Glaubensrichtungen, rechtfertigt nach herrschender Ansicht nicht die Zusammenführung zu Mitgliedern der *Großfamilie* (VGH BW, EZAR 228 Nr. 9; a.A. VG Wiesbaden, InfAuslR 1988, 31). Für die Gegenmeinung sind Jesiden eine nach religiösen Gesichtspunkten in Kasten gegliederte Gemeinschaft und liegt es deshalb auf der Hand, dass zwischen dem Antragsteller und seinen hier lebenden Angehörigen ein Verhältnis besteht, dass ein ähnlich hohes Gewicht wie die Kernfamilie hat (VG Wiesbaden, InfAuslR 1988, 31). Generell wird jedoch 38

Verwandtschaftsbeziehungen zu Onkel, Tanten, Vettern oder Cousinen nur in besonders gelagerten Ausnahmefällen ein vergleichbares Gewicht wie Angehörigen der Kernfamilie beigemessen (Hess. VGH, NVwZ 1986, 148 = EZAR 228 Nr. 5; Hess. VGH, InfAuslR 1987, 98; VGH BW, EZAR 228 Nr. 9). Minderjährige und ledige Geschwister sind jedoch zusammenzuführen (Abs. 4 Satz 2 in Verb. mit § 26 Abs. 3 Satz 2)

39 – Besonderen Schutz genießen unbegleitete Minderjährige. Diese dürfen weder in einer Aufnahmeeinrichtung noch in einer Gemeinschaftsunterkunft untergebracht werden (VG Leipzig, NVwZ-Beil. 1995, 422; zur Unterbringung minderjähriger Asylsuchender s. auch *Jockenhövel-Schiecke*, ZAR 1987, 171, 173 ff.; *Goebel-Zimmermann*, InfAuslR 1995, 166, 170). Unbegleitete Minderjährige werden ab dem Zeitpunkt der Zulassung ins Bundesgebiet bis zum Zeitpunkt der Aufenthaltsbeendigung nach Art. 24 Abs. 2 RL 2013/33/EU nach folgender Rangordnung aufgenommen bei erwachsenen Verwandten,
– in einer Pflegefamilie,
– in Aufnahmezentren mit speziellen Einrichtungen für Minderjährige,
– in anderen für Minderjährige geeigneten Unterkünften.

40 Lebt ein Verwandter im Bundesgebiet oder hat das Jugendamt eine Pflegefamilie bestimmt, ist bereits im Rahmen der Erstverteilung sicherzustellen, dass der unbegleitete Minderjährige bei diesem Wohnung nehmen kann oder an dessen Wohnort zugewiesen wird. Wird der Aufenthalt des Verwandten nachträglich bekannt oder die Pflegefamilie nach der Erstverteilung bestimmt, besteht ein Rechtsanspruch auf Zuweisung wie auch auf Umverteilung. Erst mit Vollendung des 18. Lebensjahres ist die Unterbringung Minderjähriger in Aufnahmezentren zulässig (§ 12 Rdn. 26 ff.). Dies ist aber nur zulässig, wenn es dem *Kindeswohl* entspricht. Daher ist die Möglichkeit der *Familienzusammenführung* vorrangig und sind Wohlergehen und soziale Entwicklung des Minderjährigen unter besonderer Berücksichtigung seines Hintergrunds, Erwägungen der Sicherheit und Gefahrenabwehr, insbesondere wenn es sich bei dem Minderjährigen um ein Opfer von Menschenhandel handeln könnte, besonders zu berücksichtigen (Art. 24 Abs. 2 UAbs. 2 in Verb. mit Art. 23 Abs. 2 RL 2013/33/EU).

D. Befolgungspflicht (Abs. 6)

41 Der Antragsteller hat der Zuweisungsverfügung nach der Zustellung unverzüglich, ohne schuldhaftes Verzögern, Folge zu leisten (Abs. 6). Es kann auch eine konkrete Frist gesetzt werden, die sich im Rahmen der gesetzlichen Vorgabe halten muss und diese nicht unterschreiten darf (*Funke-Kaiser*, in: GK-AsylG II, § 50 Rn. 39). Die Klage (Rdn. 44) hindert nicht den Vollzug (§ 75 Abs. 1). Der Antrag nach § 80 Abs. 5 VwGO ist zwar zulässig, in der Praxis aber nicht üblich. In der Verfügung wird lediglich die Ausländerbehörde der Gebietskörperschaft benannt, der der Asylbewerber zur Aufnahme zugewiesen ist (Hess. VGH, EZAR 228 Nr. 6). Zu dieser hat er sich zu begeben. Dort wird anschließend die Verpflichtung zur Wohnungsnahme konkretisiert. Auf die Befolgungspflicht findet § 59 Anwendung. Die Art und Weise der Befolgung der Verpflichtung ist daher nicht in das Belieben des

Antragstellers gestellt. Es kann ihm auch die Benutzung eines Sammeltransports auferlegt werden (*Hailbronner,* AuslR, B 2 § 50 AsylVfG Rn. 33; *Funke-Kaiser,* in: GK-AsylVfG II, § 50 AsylVfG Rn. 39; *Bergmann,* in: Bergmann/Dienelt, AuslR, 11. Aufl., 2016, § 50 AsylG Rn. 32). Anders als nach dem bis 1982 geltenden Recht, das keine Rechtsgrundlage für die Anordnung des Reisewegs und des Beförderungsmittels enthielt (Hess. VGH, EZAR 228 Nr. 6), wird für das geltende Recht in § 59 Abs. 1 geregelt, dass die Befolgungspflicht durch *Anwendung unmittelbaren Zwangs* durchgesetzt werden kann. Die *Anordnung freiheitsentziehender Maßnahmen* ist dadurch *nicht* gedeckt (*Hailbronner,* AuslR, B 2 § 50 AsylVfG Rn. 34). Die Androhung ist zwar nicht erforderlich, aber aus Gründen der Verhältnismäßigkeit angezeigt (*Funke-Kaiser,* in: GK-AsylG II, § 50 Rn. 41). Krankheits- und andere dringende Hinderungsgründe sind zu berücksichtigen (*Hailbronner,* AuslR, B 2 § 50 AsylVfG Rn. 43; *Funke-Kaiser,* in: GK-AsylG II, § 50 Rn. 41). Die Nichtbefolgung der Befolgungspflicht ist strafbar (§ 85 Nr. 1).

E. Verteilung unbegleiteter Minderjähriger (§ 42b SGB VIII)

42 Für unbegleitete Minderjährige (§ 12 Rdn. 21 ff.) wurde mit Wirkung zum 1. November 2015 erstmals ein Verteilungsverfahren geregelt. Danach benennt das Bundesverwaltungsamt innerhalb von zwei Werktagen nach Anmeldung eines unbegleiteten Minderjährigen (§ 12 Rn. 18 ff.) zur Verteilung durch die zuständige Landesstelle das zu dessen Aufnahme verpflichteten Bundeslandes (§ 42b Abs. 1 Satz 1 SGB VIII). Maßgebend ist die Aufnahmequote nach § 42c SGB VIII (§ 42b Abs. 1 Satz 2 SGB VIII; § 45 Rdn. 8). Das für die *vorläufige Inobhutnahme* des Minderjährigen zuständige Jugendamt (§ 42a, § 88a SGB VIII) muss seinerseits innerhalb von sieben Werktagen nach der Aufnahme diese an die zuständige Landesstelle melden (§ 42a Abs. 4 Satz 1 SGB VIII), die ihrerseits innerhalb von drei Werktagen dem Bundesverwaltungsamt den Minderjährigen zur Verteilung anzumelden oder den Ausschluss wegen Vorliegens von Ausschlussgründen nach § 42b Abs. 4 SGB VIII anzuzeigen hat (§ 42a Abs. 4 Satz 2 SGB VIII). Im Rahmen der Aufnahmequote soll vorrangig das Bundesland für die Verteilung benannt werden, in dessen Bereich das Jugendamt liegt, das den Minderjährigen nach § 42a SGB VIII vorläufig in Obhut genommen hat. Hat dieses Land die Aufnahmequote bereits erfüllt, soll das nächstgelegene Bundesland benannt werden (§ 42b Abs. 2 SGB VIII). Der Gesetzestext ist eindeutig. Nicht das nach der Aufnahmequote nächste Bundesland (so aber wohl *Espenhorst/Schwarz,* Asylmagazin 2015, 408, 410), sondern das geografisch nächstgelegene Bundesland, das sein Aufnahmequote noch nicht erfüllt hat, soll benannt werden. Nach der Benennung des Landes durch das Bundesverwaltungsamt hat die zuständige Landesstelle innerhalb von zwei Werktagen den Minderjährigen einem Jugendamt innerhalb des Bundeslandes zuzuweisen (§ 42b Abs. 3 Satz 1 SGB VIII). Maßgebend für die landesinterne Zuweisung sind die spezifischen Schutzbedürfnisse und Bedarfe des unbegleiteten Minderjährigen (§ 42b Abs. 3 Satz 3 SGB VIII).

43 Das für die vorläufige Inobhutnahme des unbegleiteten Minderjährigen zuständige Jugendamt hat vor der Meldung an die zuständige Landesstelle zu prüfen, ob Ausschlussgründe nach § 42b Abs. 4 SGB VIII vorliegen. Die Durchführung eines

Verteilungsverfahrens ist danach *ausgeschlossen*, wenn durch dessen Durchführung das *Wohl des unbeleiteten Minderjährigen* gefährdet würde, dessen *Gesundheitszustand* die Durchführung eines Verteilungsverfahrens innerhalb von 14 Werktagen nach Beginn der vorläufigen Inobhutnahme nicht zulässt, dessen Zusammenführung mit einem Verwandten kurzfristig erfolgen kann, z.B. aufgrund der Kriterien nach Art. 8 bis 11 Verordnung (EU) Nr. 604/2013 (Dublin III-VO), und dies dem Kindeswohl entspricht oder die Durchführung des Verteilungsverfahrens nicht *innerhalb von einem Monat* nach Beginn der vorläufigen Inobhutnahme erfolgt. Nach § 42b Abs. 5 SGB VIII dürfen *Geschwister nicht getrennt* werden, es sei denn, das Kindeswohl erfordert eine Trennung. Dies dürfte aber nur in *extremen Ausnahmefällen* angenommen werden können, etwa wenn aufgrund belastbarer Tatsachen Gewissheit besteht, dass der Minderjährige nach der Zuweisung durch seinen Bruder oder seine Schwester mit hoher Wahrscheinlichkeit an Leib und Leben gefährdet wäre. Dazu müssen sichere Erkenntniss im Blick auf den oder die Brüder bzw. die Schwester oder Schwestern vorliegen. Im Übrigen sollen unbegleitete Minderjährige im Rahmen der Aufnahmequote (§ 45 Rn. 8) nach Durchführung des Verteilungsverfahrens gemeinsam nach § 42 SGB VIII in Obhut genommen werden, wenn das Kindeswohl dies erfordert. Dies ist für den Regelfall anzunehmen.

F. Rechtsschutz

44 Gegen die nach Abs. 4 Satz 1 verfügte Zuweisung kann der Antragsteller *Anfechtungsklage* erheben. Die betroffene Gebietskörperschaft kann sich gegen die landesinterne Verteilung nach Landesrecht wehren (BayVGH, EZAR 228 Nr. 14; Hess. VGH, EZAR 228 Nr. 12; OVG NW, EZAR 221 Nr. 9; OVG NW, EZAR 221 Nr. 16; *Hailbronner*, AuslR, B 2 § 50 AsylVfG Rn. 36; *Bergmann*, in: Bergmann/Dienelt, AuslR, 11. Aufl., 2016, § 50 AsylG Rn. 34; a.A. *Funke-Kaiser*, in: GK-AsylG II, § 50 Rn. 42). Auch gegen die Zuweisungsentscheidung gegenüber unbegleiteten Minderjährigen (Rdn. 42 f.) ist kein Widerspruch gegeben, und hat die Klage gegen diese keine aufschiebende Wirkung (§ 42b Abs. 7 SGB VIII). Mit der Anfechtungsklage kommt der Asylsuchende aber nicht zum Ziel. Ein Verbleiben am jetzigen Ort ist wegen der Beendigung der Wohnverpflichtung nach § 47 Abs. 1 Satz 1 rechtlich nicht mehr zulässig (Abs. 1). Daher muss er *Verpflichtungsklage* auf Zuweisung in die gewünschte Gemeinde erheben (*Hailbronner*, AuslR, B 2 § 50 AsylVfG Rn. 38; *Bergmann*, in: Bergmann/Dienelt, AuslR, 11. Aufl., 2016, § 50 AsylG Rn. 35) und diese gegebenenfalls mit einem einstweiligen Anordnungsantrag nach § 123 VwGO zu verbinden. Das *Rechtsschutzbedürfnis* entfällt nicht dadurch, dass im Zeitpunkt der Antragstellung die dem Antragsteller in der Zuweisungsverfügung gesetzte Befolgungsfrist verstrichen ist (Hess. VGH, EZAR 228 Nr. 2). Es entfällt auch nicht deshalb, weil er seiner Befolgungspflicht (Abs. 6) Folge geleistet hat. Maßgeblicher Zeitpunkt für die Beurteilung der Sach- und Rechtslage ist der Zeitpunkt der gerichtlichen Entscheidung (Hess. VGH, EZAR 228 Nr. 2).

45 Örtlich zuständiges Verwaltungsgericht ist das Gericht, in dessen Bezirk der Antragsteller im Zeitpunkt der Rechtshängigkeit der Klage mit behördlicher Zustimmung seinen Aufenthalt zu nehmen hat (BVerwG, InfAuslR 1985, 149). Maßgeblich ist insoweit die

Bescheinigung über die Aufenthaltsgestattung (BVerwG, InfAuslR 1985, 149; s. auch Thür. OVG, AuAS 2004, 179; § 74 Rdn. 129 ff.). Da nach Abs. 1 Satz 1 bis zum Zeitpunkt der Entlassung aus der Aufnahmeeinrichtung die Wohnverpflichtung nach § 47 Abs. 1 Satz 1 besteht, ist das Verwaltungsgericht zuständig, in dessen Bezirk die Aufnahmeeinrichtung liegt. Wird die Umverteilung zu einem späteren Zeitpunkt beantragt, ist das Verwaltungsgericht zuständig, in dessen Bezirk der Asylbewerber mit Zustimmung der Ausländerbehörde seinen Aufenthalt zu nehmen hat. Es dürfte aber wohl nur in den Fällen der Ermessensreduktion ein Anordnungsanspruch glaubhaft gemacht werden können. Während früher im länderübergreifenden Verteilungsverfahren im Verwaltungsprozess das Bundesland, in dem die Aufnahme begehrt wurde, notwendig beizuladen war (VGH BW, EZAR 228 Nr. 10), richtet sich nach geltendem Recht die Verpflichtungsklage gegen das Bundesland, in dem Aufnahme begehrt wird (§ 51 Abs. 2 Satz 2). Eine Beiladung des Bundeslandes, in dem der Asylbewerber zum Aufenthalt verpflichtet ist, ist nicht zulässig. Denn dessen rechtliche Interessen werden durch die begehrte Zuweisung nicht berührt. Maßgeblicher Zeitpunkt für die Beurteilung der Sach- und Rechtslage ist der Zeitpunkt der gerichtlichen Entscheidung (§ 77 Abs. 1).

§ 51 Länderübergreifende Verteilung

(1) Ist ein Ausländer nicht oder nicht mehr verpflichtet, in einer Aufnahmeeinrichtung zu wohnen, ist der Haushaltsgemeinschaft von Familienangehörigen im Sinne des § 26 Absatz 1 bis 3 oder sonstigen humanitären Gründen von vergleichbarem Gewicht auch durch länderübergreifende Verteilung Rechnung zu tragen.

(2) [1]Die Verteilung nach Absatz 1 erfolgt auf Antrag des Ausländers. [2]Über den Antrag entscheidet die zuständige Behörde des Landes, für das der weitere Aufenthalt beantragt ist.

Übersicht Rdn.

A. Funktion der Vorschrift

1 Die in der Vorschrift geregelte länderübergreifende Verteilung richtet sich nach den verfahrensrechtlichen Vorschriften des § 50. Auch das Verwaltungsverfahren ist in § 50 geregelt. Abs. 2 enthält jedoch eine Sonderregelung für die behördliche Zuständigkeit (§ 50 Rdn. 21). Im Gesetzentwurf war diese Vorschrift ebenso wenig wie § 50 Abs. 4 Satz 5 vorgesehen (BT-Drucks. 12/2062, S. 14). Auf Empfehlung des Innenausschusses wurden § 50 Abs. 4 Satz 5 sowie die Regelung über das länderübergreifende Verfahren eingeführt (BT-Drucks. 12/2718, S. 29). Eine besondere Begründung hierfür ist den Gesetzesmaterialien nicht zu entnehmen (BT-Drucks. 12/2718, S. 58f.). Die länderübergreifende Verteilung wird auf die *Aufnahmequote* nach § 45

angerechnet (§ 52). Nach abgeschlossenem Asylverfahren kann die Zuweisungsverfügung nicht mehr auf § 51 gestützt werden (OVG Sachsen, AuAS 2003, 225, 226 = NVwZ-Beil. 2003, 93; OVG NW, NVwZ-Beil. 2000, 82, 83; Thür. OVG, NVwZ-Beil. 2003, 89; VG Leipzig, EZAR 223 Nr. 17; VG Düsseldorf, InfAuslR 2004, 342; a.A. OVG Rh-Pf, AuAS 2004, 130, 131; § 50 Rdn. 13. In diesem Fall ist bei der zuständigen Ausländerbehörde eine Änderung der räumlichen Beschränkung der Duldung zu beantragen.

B. Verfahren (Abs. 2)

2 Das Verfahren der länderübergreifenden Verteilung ist in § 50 Abs. 1 bis 4 geregelt (§ 50 Rdn. 19 f.). Anders als im Rahmen der landesinternen Verteilung ist die länderübergreifende Verteilung antragsabhängig (Abs. 2 Satz 1). Über diesen Antrag entscheidet die zuständige Landesbehörde des Bundeslandes, in dem der Asylantragsteller Aufnahme begehrt (Abs. 2 Satz 2), und erlässt die Zuweisungsverfügung nach Maßgabe des § 50 Abs. 4 Satz 1. Der Antragsteller ist verpflichtet, der Verfügung *unverzüglich* – also ohne schuldhaftes Verzögern (§ 121 BGB) – Folge zu leisten (§ 50 Abs. 6, § 50 Rdn. 41). Zur Durchsetzung der Befolgungspflicht kann die Behörde Maßnahmen nach § 59 ergreifen. Da die Zuweisung auf Antrag erfolgt, wird es hierzu regelmäßig keinen Anlass geben. Da unklar ist, ob die Verfahrensvorschriften des § 50 Abs. 1 bis 6 unmittelbar oder lediglich analog (*Bergmann*, in: Bergmann/Dienelt, AuslR, 11. Aufl., 2016, § 50 AsylG Rn. 8) Anwendung finden, kann der Antragsteller bei Verletzung der Befolgungspflicht nicht bestraft werden. Strafrechtlich ist eine Analogie zuungunsten des Angeklagten verboten. § 85 Nr. 1 enthält andererseits keinen Verweis auf § 51.

3 Die länderübergreifende Verteilung findet *unmittelbar* im Anschluss an die Beendigung der Wohnverpflichtung nach § 47 Abs. 1 Satz 1 statt (Abs. 1). Für den Zusammenhang zwischen der Beendigung der Wohnverpflichtung und der Durchführung der länderübergreifenden Verteilung sind die zu § 50 Abs. 1 maßgeblichen Grundsätze zu beachten (§ 50 Rdn. 4 ff.). Da das landesinterne Verteilungsverfahren ohne Gewährung rechtlichen Gehörs durchgeführt (§ 50 Abs. 4 Satz 4) und die beschleunigte Anwendung der Verteilungsvorschriften des § 50 häufig dazu führen wird, dass der Antragsteller seinen Antrag nach Abs. 2 Satz 1 nicht rechtzeitig stellen kann, ist im Wege der *Umverteilung* (§ 50 Rdn. 19 f.) die länderübergreifende Verteilung nach Maßgabe von Abs. 1 vorzunehmen. § 51 VwVfG findet keine Anwendung.

C. Rechtsanspruch nach Abs. 1

4 Der Antragsteller – auch der Folgeantragsteller (VG Ansbach, InfAuslR 1998, 250, 251) – hat unter den Voraussetzungen des Abs. 1 einen *Rechtsanspruch* auf Zuweisung zum begehrten Aufnahmeort. Nach Abs. 1 ist der *Haushaltsgemeinschaft von Familienangehörigen* im Sinne von § 26 Abs. 1 bis 3 (§ 50 Rdn. 32 ff.) durch länderübergreifende Verteilung Rechnung zu tragen (§ 50 Rdn. 19 f.). Der Rechtsanspruch nach Abs. 1 ist die Konsequenz aus dem abstrakt-generellen Charakter der Kriterien zur Bestimmung der zuständigen Aufnahmeeinrichtung (§ 46 Abs. 1 Satz 1,

Abs. 2 Satz 2), welche die persönlichen Bindungen des Antragstellers zunächst unberücksichtigt lassen. Der unterschiedliche Wortlaut von § 50 Abs. 4 Satz 5 (»ist… zu berücksichtigen«) und Abs. 1 (»ist… Rechnung zu tragen«) rechtfertigt keine unterschiedlichen Rechtsfolgen (*Jobs*, in: GK-AsylG II, § 51 Rn. 2; a.A. OVG Sachsen, EZAR 228 Nr. 20 = AuAS 1999, 215; *Hailbronner*, AuslR, B 2 § 51 AsylVfG Rn. 16; *Bergmann*, in: Bergmann/Dienelt, AuslR, 11. Aufl., 2016, § 51 AsylG Rn. 4). Der unterschiedliche Wortlaut weist im einen wie im anderen Fall auf die Gewährung eines Rechtsanspruchs hin. Die Gesetzesmaterialen sind insoweit unergiebig. Durch die zwingenden unionsrechtlichen Verpflichtungen zur Berücksichtigung des Familienlebens (§ 50 Rdn. 33) ist dieser Streit überholt. Nur in den Fällen, in denen der bereits hier lebende Familienangehörige keine rechtlich geschützten Bindungen am Aufenthaltsort hat, ist ihm der Umzug zuzumuten.

Liegen »*humanitäre Härtegründe*« (s. im Einzelnen hierzu § 50 Rdn. 37 f.) vor, besteht 5
ebenfalls ein Rechtsanspruch auf Durchführung der länderübergreifenden Verteilung. Dies folgt aus dem Wortlaut von Abs. 1. Weil eine Nichtberücksichtigung humanitärer Härtegründe im Fall der länderübergreifenden Verteilung wegen der großen Entfernungen kaum durch die Zulassung besuchsweiser Kontakte ausgeglichen werden kann, hat der Gesetzgeber zwischen der Kernfamilie und den humanitären Härtegründen keinen Unterschied machen wollen. Im einen wie im andern Fall besteht ein Anspruch auf Erlass der Zuweisungsverfügung. Da im Rahmen des § 50 Abs. 4 Satz 5 in Anlehnung an die bereits früher zu § 22 Abs. 6 Satz 1 AsylVfG 1982 entwickelte Rechtsprechung das Vorliegen eines Härtegrundes zur Ermessensreduktion führt, ist in rechtlicher Sicht letztlich kein wesentlicher Unterschied zwischen § 50 Abs. 4 Satz 5 und Abs. 1 auszumachen.

D. Rechtsschutz

Der Rechtsschutz im Fall der länderübergreifenden Verteilung ist nach Maßgabe der 6
für die landesinterne Verteilung maßgebenden Grundsätze (§ 50 Rdn. 44 f.) zu gewähren. Wird der Zuweisungsbescheid erlassen, ohne dass der vorher gestellte Antrag nach Abs. 2 Satz 1 berücksichtigt wird, kann zwar *Anfechtungsklage* erhoben und *Eilrechtsschutz* über § 80 Abs. 5 VwGO erlangt werden. Wird die Zuweisungsverfügung nach § 50 Abs. 5 Satz 1 zugestellt, kann innerhalb der maßgeblichen Rechtsbehelfsfrist von zwei Wochen (§ 74 Abs. 1 Halbs. 1) zur Fristwahrung zwar ebenfalls Anfechtungsklage erhoben werden und hat der Antragsteller einen *Abhilfeanspruch* dahin, dass die Behörde die begehrte Verfügung erlässt. Mit dem Antrag nach § 80 Abs. 5 VwGO kann der Asylbewerber jedoch nicht die einstweilige länderübergreifende Verteilung erreichen (§ 50 Rdn. 42). Da ein weiterer Aufenthalt in der Aufnahmeeinrichtung nicht mehr zulässig ist, kommt der Antragsteller mit der Anfechtungsklage nicht zum Ziel. Daher ist stets *Verpflichtungsklage* zu erheben und diese mit dem einstweiligen Anordnungsantrag nach § 123 VwGO zu verbinden (§ 50 Rdn. 44).

Ist die Zuweisungsverfügung bestandskräftig geworden, kann der Antragsteller seinen 7
Antrag nach Abs. 2 Satz 1 im Wege der *Umverteilung* (§ 50 Rdn. 19 f.) stellen. Gegen die Versagung der begehrten Verfügung ist Verpflichtungsklage zu erheben. Diese kann mit dem einstweiligen Anordnungsantrag nach § 123 VwGO verbunden werden. Es

dürfte aber wohl nur in den Fällen der Ermessensreduktion ein Anordnungsgrund glaubhaft gemacht werden können. Im Rechtsschutzverfahren besteht bei der länderübergreifenden Verteilung die Besonderheit, dass sich die Klage gegen das Land richtet, in dem Aufnahme begehrt wird, es sei denn, der Asylbewerber klagt unmittelbar gegen die im Rahmen der landesinternen Verteilung erlassene Zuweisungsverfügung nach § 50 Abs. 4 Satz 1, weil er innerhalb des Bundeslandes die Wohnsitznahme zu seinen Verwandten oder aus humanitären Gründen erstrebt. Örtlich zuständiges Verwaltungsgericht ist das Gericht, in dessen Bezirk der Antragsteller mit behördlicher Zustimmung seinen Aufenthalt hat (§ 50 Rdn. 43).

§ 52 Quotenanrechnung

Auf die Quoten nach § 45 wird die Aufnahme von Asylbegehrenden in den Fällen des § 14 Absatz 2 Satz 1 Nummer 2 und 3, des § 14a sowie des § 51 angerechnet.

Übersicht Rdn.

A. Funktion der Vorschrift

1 Die Vorschrift hat im AsylVfG 1982 kein ausdrückliches Vorbild. Es entsprach jedoch einer weit verbreiteten Praxis, dass Asylsuchende, die in dem Bundesland, in dem sie sich gemeldet hatten, verblieben (§ 8 Abs. 1 Satz 1, § 22 AsylVfG 1982), auf die maßgebliche *Aufnahmequote* nach § 22 Abs. 2 AsylVfG 1982 angerechnet wurden, dies auch dann, wenn sie im behördlichen Einvernehmen nachträglich umverteilt wurden. § 52 kann deshalb als gesetzliche Bestätigung dieser früheren Verwaltungspraxis verstanden werden. Im Gesetzentwurf war diese Vorschrift zunächst nicht vorgesehen (vgl. BT-Drucks. 12/2062, S. 14). Ihre Einfügung in das Gesetz ging auf Anregung der Bundesländer zurück und wurde im Bericht des Innenausschusses vorgeschlagen (BT-Drucks. 12/2718, S. 29, 58 f.).

B. Quotenanrechnung

2 Die Vorschrift enthält einen *besonderen Berechnungsmodus* für die Bestimmung der nach § 45 maßgeblichen *Aufnahmequote* (§ 45 Rdn. 2 ff.). Die in § 45 geregelte Aufnahmequote ist maßgeblich für den Umfang der gesetzlichen Verpflichtung der Bundesländer nach § 44 Abs. 1, die erforderlichen Unterbringungskapazitäten für die Erstaufnahme von Asylsuchenden bereitzuhalten. Sie ist überdies entscheidungserheblich für die Bestimmung der zuständigen Aufnahmeeinrichtung (§ 46 Abs. 1 Satz 1, Abs. 2 Satz 2, Abs. 5). Damit die gleichmäßige Auslastung der Länder gewährleistet wird, muss eine Regelung für die Fälle gefunden werden, in denen durch *länderübergreifende Verteilung* nach § 51 sowie durch die Aufnahmeverpflichtung nach § 14 Abs. 2 Satz 1 Nr. 3 und § 14a die tatsächliche Belastung der Länder verändert wird,

ohne dass dies bereits in den Regelungen des § 46 berücksichtigt wird. Die Aufnahmequote bestimmt regelmäßig den tatsächlichen Umfang der Aufnahmeverpflichtung (§ 44 Rdn. 4 ff.). Da mit der Bestimmung der zuständigen Aufnahmeeinrichtung nach § 46 zugleich eine Entscheidung über die Aufnahmeverpflichtung des jeweiligen Bundeslandes getroffen wird, bedarf es für den Normalfall keiner besonderen Anrechnungsregel. Vielmehr kann der Umfang der Verpflichtung unmittelbar aus den Regelungen der §§ 45 ff. abgelesen werden. Mit der Bestimmung der zuständigen Aufnahmeeinrichtung ist zugleich auch das Bundesland bestimmt worden, das für die Dauer des Asylverfahrens zur Aufnahme verpflichtet ist (§ 46 Rdn. 5 ff.). Die landesinterne Verteilung beeinflusst die Aufnahmequote nicht und bleibt deshalb in dieser Vorschrift unberücksichtigt.

Demgegenüber wird durch die länderübergreifende Verteilung (§ 50 Rdn. 19 f.) die durch die Bestimmung der zuständigen Aufnahmseinrichtung nach § 46 festgelegte Aufnahmequote nachträglich verändert. Dem trägt die Vorschrift Rechnung. Die besondere Hervorhebung von § 14 Abs. 2 Satz 1 Nr. 3 und § 14a hat ihren Grund darin, dass der betreffende Antragsteller mangels Wohnverpflichtung nach § 47 Abs. 1 Satz 1 nicht in die Erstverteilung nach § 46 einbezogen wird und sein Antrag nicht die nach § 45 maßgebliche Aufnahmequote beeinflusst. Zur gleichmäßigen Auslastung der Bundesländer enthält die Vorschrift deshalb eine auf § 14 Abs. 2 Satz 1 Nr. 3 und § 14a zielende Korrekturregelung. Auch Antragsteller nach § 14 Abs. 2 Satz 1 Nr. 2 werden nach Maßgabe des § 47 Abs. 1 Satz 2 in das Erstverteilungsverfahren einbezogen. Für länger dauernde Gewahrsamsfälle wurde offensichtlich kein Regelungsbedarf gesehen. Dies gilt auch für Antragsteller nach § 14 Abs. 2 Satz 1 Nr. 1, die einen Aufenthaltstitel mit einer Gesamtgeltungsdauer von mehr als sechs Monaten haben. Hier überwiegt der verfahrensunabhängige Aufenthaltszweck, sodass eine Einbeziehung in das Verteilungsverfahren nicht für notwendig erachtet wird. Die obligatorische Anrechnung auf die Quote hat zur Folge, dass ihre Erfüllung oder Überschreitung einer länderübergreifenden Verteilung nicht entgegensteht (*Jobs*, in: GK-AsylG II, § 52 Rn. 4; *Hailbronner*, AuslR, B 2 § 52 AsylVfG Rn. 4; *Bergmann*, in: Bergmann/Dienelt, AuslR, 11. Aufl., 2016, § 52 AsylG Rn. 2). 3

C. Verfahren

Zuständige Behörde für die Koordinierung der Anrechnung nach Maßgabe dieser Vorschrift ist das Bundesinnenministerium oder die von diesem bestimmte Stelle (§ 44 Abs. 2). Die Delegation wird wegen der ohnehin bestehenden Sachkompetenz zweckmäßigerweise an die zentrale Verteilungsstelle nach § 46 Abs. 2 Satz 1 erfolgen. Eine § 46 Abs. 4 vergleichbare Informationspflicht der Länder hat der Gesetzgeber für entbehrlich gehalten. Da die für die Anrechnung nach § 52 maßgeblichen Daten eine entlastende Wirkung auf das begünstigte Land haben, wurde die Regelung einer Unterrichtungspflicht offensichtlich für überflüssig gehalten, weil man davon ausging, dass die Länder aus eigener Initiative diese Daten mitteilen. 4

§ 53 Unterbringung in Gemeinschaftsunterkünften

(1) [1]Ausländer, die einen Asylantrag gestellt haben und nicht oder nicht mehr verpflichtet sind, in einer Aufnahmeeinrichtung zu wohnen, sollen in der Regel in Gemeinschaftsunterkünften untergebracht werden. [2]Hierbei sind sowohl das öffentliche Interesse als auch Belange des Ausländers zu berücksichtigen.

(2) [1]Eine Verpflichtung, in einer Gemeinschaftsunterkunft zu wohnen, endet, wenn das Bundesamt einen Ausländer als Asylberechtigten anerkannt oder ein Gericht das Bundesamt zur Anerkennung verpflichtet hat, auch wenn ein Rechtsmittel eingelegt worden ist, sofern durch den Ausländer eine anderweitige Unterkunft nachgewiesen wird und der öffentlichen Hand dadurch Mehrkosten nicht entstehen. [2]Das Gleiche gilt, wenn das Bundesamt oder ein Gericht einem Ausländer internationalen Schutz im Sinne des § 1 Absatz 1 Nummer 2 zuerkannt hat. [3]In den Fällen der Sätze 1 und 2 endet die Verpflichtung auch für die Familienangehörigen im Sinne des § 26 Absatz 1 bis 3 des Ausländers.

(3) § 44 Abs. 3 gilt entsprechend.

Übersicht Rdn.

A. Funktion der Vorschrift

1 Die Vorschrift ist dem in § 23 AsylVfG 1982 vorgegebenen Modell nachgebildet worden. Während Asylsuchende, die ihren Antrag nach Maßgabe des § 14 Abs. 1 zu stellen haben, zu Beginn des Verfahrens verpflichtet sind, in der zuständigen Aufnahmeeinrichtung zu wohnen (§ 47 Abs. 1 Satz 1), regelt § 53 die nähere Ausgestaltung des Aufenthaltes der Asylsuchenden für den weiteren Verlauf des Verfahrens. Die Bestimmung gilt für Asylsuchende, die nicht oder nicht mehr der Wohnverpflichtung nach § 47 Abs. 1 Satz 1, Abs. 1a oder § 30a Abs. 3 Satz 1 unterliegen (Abs. 1 Satz 1). An die Unterbringung in der Aufnahmeeinrichtung (»nicht mehr verpflichtet sind«) schließt sich danach die Unterbringung in Gemeinschaftsunterkünften an. Unabhängig hiervon können Asylsuchende, die zum Verfahrensbeginn nicht in einer Aufnahmeeinrichtung untergebracht wurden (»nicht… verpflichtet sind«), in Gemeinschaftsunterkünfte eingewiesen werden. Die Einweisung erfolgt durch eine *Auflage* nach § 60 Abs. 2. Abs. 1 Satz 1 legt wie § 23 Abs. 1 Satz 1 AsylVfG 1982 eine *Sollanordnung* fest. Abs. 3 wurde im Gesetzgebungsverfahren eingefügt (BT-Drucks. 12/2718, S. 29). Zwar eröffnen Art. 17 und 18 RL 2013/33/EU bei der Gestaltung der Aufnahmebedingungen einen weiten Spielraum. Für die zwangsweise Unterbringung in Gemeinschaftsunterkünften ist die unionsrechtliche Rechtsgrundlage jedoch zweifelhaft (§ 60 Rdn. 4).

Die Maßnahme nach Abs. 1 ist weder eine sozialhilferechtliche Unterbringungsleistung der Sozialbehörde noch eine Obdachlosenunterbringung durch die allgemeine Polizeibehörde (*Bergmann*, in: Bergmann/Dienelt, AuslR, 11. Aufl., 2016, § 53 AsylG Rn. 11). Zuständige Behörde ist die Ausländerbehörde (§ 60 Abs. 3). Die Behörde kann sich auch der Hilfe von *Privaten* bedienen. Allerdings ist sie dadurch nicht ihrer *Fürsorgepflicht* (OVG NW, InfAuslR 1987, 219) gegenüber Asylsuchenden enthoben. Vielmehr trifft die Behörde eine Überprüfungspflicht, die sich auf die persönliche Zuverlässigkeit des Betreibers, des eingesetzten Betreuungspersonals und sonstige Einrichtungsbedingungen sowie insbesondere auf das allgemeine Verhalten des Personals gegenüber den Asylbewerbern bezieht. Stellt der private Betreiber bekannt gewordene Missstände nicht ab, muss die Behörde gegebenenfalls den zugrunde liegenden Vertrag kündigen und die Wohnverpflichtung gegenüber den betroffenen Asylbewerbern aufheben. 2

B. Persönlicher Anwendungsbereich der Vorschrift (Abs. 1 Satz 1 und Abs. 3)

Nach Abs. 1 Satz 1 sollen Asylsuchende, die *nicht* oder *nicht mehr* der Wohnverpflichtung nach § 47 Abs. 1 Satz 1, Abs. 1a oder § 30a Abs. 3 Satz 1 unterfallen, in der Regel in Gemeinschaftsunterkünften untergebracht werden. Die Norm steht in engem Zusammenhang mit der Wohnverpflichtung nach § 47 Abs. 1 Satz 1. Antragsteller, welche dieser unterliegen, kann die Ausländerbehörde nach der Verteilung durch Auflage nach § 60 Abs. 2 verpflichten, in einer bestimmten Gemeinschaftsunterkunft Wohnung zu nehmen (Rdn. 1). Die gesetzliche Wohnverpflichtung wird für diesen Personenkreis durch die behördlich angeordnete Wohnverpflichtung nach § 60 Abs. 2 abgelöst. Zwar unterliegen Antragsteller, die nach § 14 Abs. 2 den Asylantrag zu stellen haben, nicht der in § 47 Abs. 1 Satz 1 normierten Wohnverpflichtung. Abs. 1 Satz 1 bestimmt jedoch auch für diesen Personenkreis, dass er regelmäßig in einer Gemeinschaftsunterkunft unterzubringen ist. Dies gilt jedoch nur, wenn der Antragsteller kein verfahrensunabhängiges Aufenthaltsrecht besitzt und sich zur Rechtmäßigkeit seines Aufenthaltes allein auf den gestellten Asylantrag berufen kann. Hat er einen Aufenthaltstitel mit einer Gesamtgeltungsdauer von mehr als sechs Monaten (§ 14 Abs. 2 Satz 2 Nr. 1), darf die behördliche Anordnung nach § 60 Abs. 2 erst ergehen, wenn die Geltungsdauer des Aufenthaltstitels abgelaufen und nicht erneuert worden ist (vgl. auch § 55 Abs. 2 Satz 2). Für Antragsteller im Sinne von § 14 Abs. 2 Satz 1 Nr. 2 kann die zuständige Ausländerbehörde nach Entlassung aus der Haft oder aus einer der anderen in dieser Vorschrift genannten Einrichtungen die auf Abs. 1 Satz 1 zielende Wohnverpflichtung durch Auflage nach § 60 Abs. 2 anordnen. 3

Mit Abs. 3 hat der Gesetzgeber bestimmt, dass auch *Jugendliche – nicht* jedoch *unbegleitete Kinder* – in einer Aufnahmeeinrichtung untergebracht werden dürfen (§ 12 Rdn. 26 ff.). Ob die Zustimmung der Jugendbehörde erforderlich ist, kann Abs. 3 nicht entnommen werden (vgl. auch § 14 Abs. 2 Satz 1 Nr. 3). Nach § 45 Abs. 1 Satz 1 SGB VIII bedarf der Träger einer ganztägig oder für einen Teil des Tages betriebenen Kinder- oder Jugendhilfeeinrichtung für den Betrieb einer behördlichen Genehmigung. Gemeinschaftsunterkünfte sind keine Einrichtungen der Kinder- und Jugendhilfe. Kinder und Jugendliche bedürfen im besonderen Maße der Betreuung. 4

Abs. 3 will und kann die Betreiber von Gemeinschaftsunterkünften nicht von ihren entsprechenden Verpflichtungen freistellen. Darüber hinaus regelt § 45 SGB VIII ausschließlich die Genehmigungsbedürftigkeit einer Kinder- oder Jugendhilfeeinrichtung. Damit werden die Jugendämter nicht aus ihrer gesetzlichen Verpflichtung entlassen, dafür Sorge zu tragen, dass bei dem Betrieb einer Gemeinschaftsunterkunft im besonderen Maße auf die Bedürfnisse von Kindern und Jugendlichen Rücksicht genommen wird. Geschlechts- und altersspezifische Aspekte sowie die Situation von schutzbedürftigen Personen sind bei der Unterbringung unbegleiteter Minderjähriger zu berücksichtigen (Art. 18 Abs. 3 RL 2013/33/EU).

C. Begriff der Gemeinschaftsunterkunft (Abs. 1 Satz 1)

5 Das Gesetz unterscheidet zwischen der *Aufnahmeeinrichtung* nach § 47 Abs. 1 Satz 1 und § 5 Abs. 5 iVm § 30a einerseits sowie der *Gemeinschaftsunterkunft* nach § 53 andererseits. Nach Beendigung der Wohnverpflichtung gem. § 47 Abs. 1 Satz 1 soll zwar der weitere Aufenthalt durch Unterbringung in Gemeinschaftsunterkünften geregelt werden, jedoch nur im Rahmen der vorhandenen Kapazitäten. Die Abgrenzung zwischen Aufnahmeeinrichtungen und Gemeinschaftsunterkünften wird nach rein rechtlichen, nicht aber nach phänomenologischen Gesichtspunkten vorgenommen. Anhand äußerer Umstände kann der Unterschied zwischen beiden Unterbringungsformen nicht erkannt werden (§ 44 Rdn. 7). Die Behörde darf andererseits bei der Entscheidung nach Abs. 1 nicht auf vorhandene Kapazitäten in Aufnahmeeinrichtungen zurückgreifen. Denn es besteht eine Verpflichtung, die erforderlichen Kapazitäten in Aufnahmeeinrichtungen für neu ankommende Asylsuchende freizuhalten (BT-Drucks. 12/2062, S. 36). Daher stößt es auf Bedenken, wenn die Behörde einen bestimmten Gebäudekomplex für beide Zwecke nutzt (a.A. *Bergmann*, in: Bergmann/Dienelt, AuslR, 11. Aufl., 2016, § 53 AsylG Rn. 5).

6 Der *Begriff der Gemeinschaftsunterkunft* ist im Gesetz nicht geregelt. Gemeint ist die Bereitstellung einer Unterkunft für Asylsuchende zu *gemeinschaftlichen Wohnzwecken*. Die Behörde kann dabei auf vorhandene Kapazitäten in ihrem Bezirk zurückgreifen, muss also nicht erst besondere Unterkünfte für den Zweck nach Abs. 1 einrichten. Ob in der Unterkunft auch andere gemeinschaftliche Leistungen, etwa Gemeinschaftsverpflegung, angeboten werden, ist für den Begriff der Gemeinschaftsunterkunft ohne Bedeutung (*Hailbronner*, AuslR B 2 § 53 AsylVfG Rn. 11). Werden jedoch in einer Unterkunft auch andere Personen als Asylsuchende untergebracht oder dient diese auch dem anderweitigen Wohnen und Übernachten wie etwa in Hotels und Pensionen, handelt es sich nicht um eine Gemeinschaftsunterkunft. Es muss sich stets um eine durch die Ausländerbehörde (§ 60 Abs. 3) nach Maßgabe des § 60 Abs. 2 angeordnete Unterbringung handeln.

7 Welche *Mindestbedingungen* im Einzelnen für die Größe und Beschaffenheit der Unterkunft gelten, ist im Gesetz nicht geregelt. Die Rechtsprechung gewährt der Behörde jedoch insoweit einen *extrem weiten Gestaltungsspielraum*. Die materiellen Bedingungen müssen einem Lebensstandard entsprechen, der die Gesundheit und den Lebensunterhalt gewährleistet (Art. 17 Abs. 2 RL 2013/33/EU). Die Unterbringung muss

einen angemessenen Standard und den Schutz des Familienlebens gewährleisten. Minderjährige Kinder sind zusammen mit den Eltern oder dem erwachsenen Familienmitglied, dem die Betreuung obliegt, unterzubringen. Die Behörde hat dafür Sorge zu tragen, dass Gewalt in der Unterkunft verhindert wird (Art. 18 Abs. 2 bis 5 RL 2013/33/EU; § 44 Rdn. 10). Die Art und Weise der Unterbringung muss dem verfassungsrechtlichen *Menschenwürdegebot* entsprechen. Es wird aber nicht für unzumutbar angesehen, dass die anderen Mitbewohner verschiedene Volks- und Staatsangehörigkeiten besitzen (VGH BW, AuAS 1994, 132; VG Hamburg, AuAS 1999, 153 s. auch VG Freiburg, VBlBW 1997, 112). Für eine Beurteilung der Wohnverhältnisse am Maßstab der Menschenwürde sind neben der zur ausschließlichen Eigennutzung verfügbaren Flächengröße eine Vielzahl weiterer Faktoren zu berücksichtigen, welche die physische und psychische Wohnsituation prägen. Hierzu gehören vor allem die Ausstattung mit sanitären und anderen Versorgungseinrichtungen, die Qualität und Anordnung der Möblierung, die Benutzbarkeit von Gemeinschaftsräumen, der Bauzustand, die für Raumempfinden und Beweglichkeit relevante Raumaufteilung einschließlich der Korridore und Treppen, die Gesamtgröße der Unterkunft, ihre Wohnlage, die Persönlichkeit der Mitbewohner und andere Umstände (VGH BW, NVwZ 1986, 783).

Die Rechtsprechung hat keine Bedenken dagegen, dass der einem alleinstehenden 8
Asylbewerber mit fünf weiteren Personen zur Verfügung stehende Wohn- und Schlafraum lediglich rund 35 m^2 beträgt (OVG NW, Beschl. v. 10.05.1988 – 16 B 20989/87; so auch VG Freiburg, VBlBW 1997, 112, 114; VG Hamburg, AuAS 1999, 153, 154). Dies sei in Verbindung mit den vorhandenen weiteren Gemeinschaftsräumen geeignet, »einem alleinstehenden jungen Mann ein angemessenes und menschenwürdiges Obdach zu bieten« (OVG NW, Beschl. v. 10.05.1988 – 16 B 20989/87). Dadurch werde der Asylbewerber zwar in seiner persönlichen Lebensführung erheblich beeinträchtigt. Der Asylbewerber könne aber nicht etwa eine anteilige bzw. von ihm ausschließlich nutzbare Wohnfläche von acht Quadratmetern beanspruchen (OVG NW, Beschl. v. 10.05.1988 – 16 B 20989/87). Eine solche ***absolute Mindestgrenze*** für den Unterbringungsbedarf, wie sie in Nordrhein-Westfalen für das Obdachlosenwesen früher vorgeschrieben gewesen sei, lasse sich *nicht* ziehen (OVG NW, Beschl. v. 10.05.1988 – 16 B 20989/87; so auch VG Freiburg, VBlBW 1997, 112, 114. Damit wird den Behörden ein bedenklich weiter optimaler Handlungsspielraum gegeben: Maßgebend für den Wohnbedarf ist die Gesamtheit der Umstände (OVG NW, Beschl. v. 10.05.1988 – 16 B 20989/87). Einen allgemeingültigen Maßstab, an dem abzulesen wäre, bis zu welcher Mindestgröße ein Wohnraum noch als menschenwürdig anzusehen ist, gibt es nicht (VGH BW, NVwZ 1986, 783). Vielmehr dürfen auch die insbesondere im Herkunftsland geltenden Maßstäbe für eine menschenwürdige Unterkunft Berücksichtigung finden (VG Freiburg, VBlBW 1997, 112, 114 = AuAS 1996, 213 = NVwZ-Beil. 1997, 15 (LS).

Der einem Ehepaar mit einem Kind im Säuglingsalter zur ausschließlichen Eigen- 9
nutzung zugeteilte Raum von 11,28 m^2 genügt nach der Rechtsprechung den Anforderungen an ein menschenwürdiges Wohnen (VGH BW, NVwZ 1986, 783; a.A. VG Ansbach, Urt. v. 25.09.1986 – AN 12 E 86.31465). Das Wohnen ist zwar

ersichtlich beengt, allein darin kann jedoch weder eine Gesundheitsbeeinträchtigung noch ein Verstoß gegen die Menschenwürdegarantie gesehen werden (VGH BW, NVwZ 1986, 783). Nach der Gegenmeinung muss den Ehegatten zumindest ein nicht von ihren Kindern mitbewohnter Raum jedenfalls dann zur Verfügung stehen, wenn es sich nicht um Kleinkinder, sondern um Kinder im Schulalter handelt. Nicht zuletzt erscheine auch der einer Familie mit mehreren Kindern insgesamt überlassene Wohnraum von 16 m^2 Wohnfläche – ungeachtet der mitbenutzbaren Nebenräume – zu gering. Als unterste und insoweit dem Ermessensspielraum der Ausländerbehörde entzogene Grenze an Wohnfläche für eine vierköpfige Familie müssen 24 m^2 angesehen werden (VG Ansbach, Urt. v. 25.09.1986 – AN 12 E 86.31465). Jedenfalls darf eine vierköpfige Familie nicht auf unbestimmte Zeit auf die Nutzung eines einzigen Wohnraums mit etwa 20 m^2 neben der Nutzung oder Mitbenutzung sanitärer Einrichtungen verwiesen werden (Nieders. OVG, InfAuslR 2004, 84, 85.

D. Behördliche Ermessensentscheidung (Abs. 1)

10 Abs. 1 stellt *keine Rechtsgrundlage* für die Unterbringung in Gemeinschaftsunterkünften dar, sondern ist eine *ermessenslenkende Vorschrift*. Ermächtigungsgrundlage zur Umsetzung des Abs. 1 ist § 60 Abs. 2. Weitere Eingriffsgrundlagen zur Regelung der Unterbringung der Asylsuchenden enthält das Gesetz nicht. Will der Landesgesetzgeber über die Wohnverpflichtung des § 60 Abs. 2 hinausgehende Verpflichtungen schaffen, muss er dies durch Gesetz regeln. Verwaltungsvorschriften reichen zur Regelung dieser Frage nicht aus. Rechtsgrundlage für derartige Vorschriften ist weder Abs. 1 noch § 60 Abs. 2. Soweit *Hausordnungen* erlassen werden, können sie keine den einzelnen Asylbewerber verpflichtende Ge- und Verbote begründen. Dazu bedarf es stets einer Anordnung nach § 60 Abs. 1 durch die zuständige Ausländerbehörde (§ 60 Abs. 3).

11 Nach Abs. 1 Satz 1 sollen Asylsuchende in der Regel in Gemeinschaftsunterkünften untergebracht werden. Die Behörde entscheidet über die Unterbringung nach pflichtgemäßem *Ermessen*. Dabei ist jedoch auf *atypische Fallgestaltungen* Bedacht zu nehmen (VG Potsdam, AuAS 2000, 154). Hierfür nennt Abs. 1 Satz 2 den anzuwendenden Maßstab. In dieser Ermessenslenkung erschöpft sich der Inhalt von Abs. 1. Insbesondere verpflichtet Abs. 1 Satz 1 Länder und Gemeinden nicht, Gemeinschaftsunterkünfte einzurichten. Sind in ihrem Bezirk die erforderlichen Unterbringungsplätze in Gemeinschaftsunterkünften vorhanden, hat die Ausländerbehörde die Regelanordnung nach Abs. 1 Satz 1 zu beachten. Insoweit darf sie keine von der gesetzgeberischen Grundsatzentscheidung abweichende Entscheidung im konkreten Einzelfall treffen. Abs. 1 enthält andererseits aber keine Verpflichtung, die für die Unterbringung von Asylsuchenden notwendigen Aufnahmekapazitäten durch Einrichtung von Gemeinschaftsunterkünften zu schaffen. Vielmehr überlässt es die Vorschrift den Ländern und Gemeinden selbst, wie sie die Unterbringung von Asylsuchenden im Einzelnen regeln. Nur für den Fall, dass ausreichende Aufnahmekapazitäten in Gemeinschaftsunterkünften verfügbar sind, enthält Abs. 1 eine das behördliche Ermessen lenkende Regelung.

12 Die Sollanordnung des Abs. 1 Satz 1 Halbs. 2 ist *verfassungsrechtlich unbedenklich* (BVerfG (Vorprüfungsausschuss), EZAR 221 Nr. 21 = NJW 1983, 405 = BayVBl.

1983, 754). Die mit der Unterbringung in Gemeinschaftsunterkünften *typischerweise verbundenen Beschränkungen* sind nach dem BVerfG – auch vor dem Hintergrund der völkerrechtlichen Verpflichtungen der Bundesrepublik – grundsätzlich erforderlich, um im Interesse derjenigen Flüchtlinge, die letztlich bestandskräftig anerkannt würden, das Asylverfahren von Belastungen freizuhalten, für das es weder gedacht noch geeignet sei (BVerfG [Vorprüfungsausschuss], EZAR 221 Nr. 21). Gegen diese *generalpräventive* Zweckrichtung der Vorschrift werden zu Recht Bedenken erhoben (*Bergmann*, in: Bergmann/Dienelt, AuslR, 11. Aufl., 2016, § 53 AsylG Rn. 8; Rdn. 14). Angesichts der extrem langen asylverfahrensrechtlichen Bearbeitungsdauer verliert sie zunehmend an Überzeugungskraft. Es wird allgemein davon ausgegangen, dass es keine willkürliche Schlechterstellung gegenüber anderen sich im Bundesgebiet aufhaltenden Ausländern darstellt, wenn denjenigen, denen der Aufenthalt ausschließlich wegen ihres Asylantrags gestattet ist, besondere Maßnahmen wie nach § 60 und § 53 zugemutet werden. Abs. 1 Satz 2 stellt jedoch klar, dass die Ausländerbehörde eine Ermessensentscheidung zu treffen hat und hierbei an das *Verhältnismäßigkeitsgebot* (BVerwGE 69, 295, 299, 302) = EZAR 222 Nr. 2 = NVwZ 1984, 799 = InfAuslR 1984, 239) gebunden ist.

Die Ausländerbehörde hat vor der Anordnung der Auflage nach § 60 Abs. 2 in jedem 13
Einzelfall Ermessen auszuüben. Das Gesetz nennt für die Ermessensausübung Anhaltspunkte, gibt aber keine festen Regeln vor. Nach der Grundregel des Abs. 1 Satz 2 sind dabei sowohl das öffentliche Interesse wie auch individuelle Belange des Asylsuchenden zu berücksichtigen. Die Berufung auf Gründe der *öffentlichen Sicherheit* und *Ordnung* ist zulässig (OVG Bremen, EZAR 221 Nr. 37). Die Behörde hat aber die Tatsachengrundlage für ihre Entscheidung durch hinreichende Ermittlungen zu schaffen (BayVGH, EZAR 222 Nr. 6). Sie hat ferner den *Verhältnismäßigkeitsgrundsatz* zu beachten (BVerwGE 69, 295, 299, 302) = EZAR 222 Nr. 2 = NVwZ 1984, 799 = InfAuslR 1984, 239). Nach dem verfassungskräftigen Prinzip der Verhältnismäßigkeit sind Eingriffe in die Freiheitssphäre ungeachtet einer bestehenden gesetzlichen Ermächtigung *nur dann und nur insoweit zulässig*, als sie zum Schutze öffentlicher Interessen unerlässlich sind.

Die *gewählten Mittel müssen dabei stets in einem vernünftigen* Verhältnis zum angestreb- 14
ten Erfolg stehen (BVerwGE 69, 295, 302 = EZAR 222 Nr. 2 = NVwZ 1984, 799 = InfAuslR 1984, 239). Der mit der Wohnverpflichtung angestrebte Erfolg ist der *Abschreckungsgedanke* (BVerfG [Vorprüfungsausschuss], EZAR 221 Nr. 21; 15). Da nach den bisherigen Erfahrungen dieser Gesetzeszweck nicht tragfähig ist, ergeben sich Bedenken gegen die Unterbringung nach Abs. 1 insbesondere auch unter Berücksichtigung der langen Verfahrensdauern aus dem Grundsatz der Verhältnismäßigkeit (Rn. 12 Abs. 1 Satz 2 begründet *keinen Vorrang des öffentlichen Interesses vor den privaten Belangen* (*Bergmann*, in: Bergmann/Dienelt, AuslR, 11. Aufl., 2016, § 53 AsylG Rn. 13, a.A. *Hailbronner*, AuslR B 2 § 53 AsylVfG Rn. 15 f.). Die in Abs. 1 Satz 2 angeführten Interessen können verschiedenartiger Natur sein, müssen aber im Einzelfall die behördliche Entscheidung tragen können. Die Behörde darf z.B. die *allgemeine Wohnungsnot, Kostengesichtspunkte*, aber auch *Sicherheitsgesichtspunkte* berücksichtigen. Nicht ausreichend ist jedoch der Wunsch des Vermieters nach Räumung

der von dem Asylsuchenden gemieteten Wohnung oder das Bestreben des Betreibers einer Gemeinschaftsunterkunft nach einer optimalen Auslastung seiner Kapazitäten.

15 Es wird *keine* behördliche *Dispositionsfreiheit*, Asylantragsteller nach freiem Belieben von einer Gemeinschaftsunterkunft in eine andere zu verlegen (BayVGH, EZAR 222 Nr. 6), anerkannt. Vielmehr dürfen sie nur dann in eine andere Gemeinschaftsunterkunft verlegt werden, wenn dies erforderlich ist (Art. 18 Abs. 6 RL 2013/33/EU). Zwar erlaubt es die an Sinn und Zweck des Gesetzes orientierte Ermessensausübung, die Unterbringung von Asylbewerbern möglichst flexibel zu handhaben, um z.B. Über- und Unterbelegungen einzelner Unterkünfte auszugleichen oder um zerstrittene Gruppen von Asylantragstellern auseinander zu bringen. Es ist jedoch in jedem Fall eine die öffentlichen und privaten Interessen berücksichtigende Ermessensentscheidung zu treffen (BayVGH, EZAR 222 Nr. 6). Insbesondere der *Kostengesichtspunkt* kann der Anordnung nach § 60 Abs. 2 entgegenstehen. Zwar wird lediglich in Abs. 2 Satz 1 der Kostenfaktor erwähnt. Daraus kann jedoch nicht gefolgert werden, die Grundsätze sparsamer Haushaltsführung würden im Übrigen keine Anwendung finden. Vielmehr folgt aus Abs. 2 Satz 1, dass der öffentlichen Hand durch die gewählte Form der Unterbringung keine unnötigen Mehrkosten entstehen sollen. Zumindest in dem Fall, in dem der Behörde durch die private Unterbringung des Asylbewerbers nachweislich Kosten erspart werden, sprechen deshalb öffentliche Interessen gegen die Auflagenanordnung (*Bergmann*, in: Bergmann/Dienelt, AuslR, 11. Aufl., 2016, § 53 AsylG Rn. 17).

16 Die Ausländerbehörde hat die öffentlichen Interessen mit der individuellen Situation des Asylsuchenden abzuwägen. Sie hat dabei insbesondere der Dauer und Art seines bisherigen Aufenthaltes *außerhalb* einer Gemeinschaftsunterkunft sowie dem *Maß der Integration in die bisherige Umgebung* Rechnung zu tragen (VGH BW, EZAR 221 Nr. 26; § 60 Rdn. 16 ff.). Als von der Behörde zu berücksichtigende *private Belange* kommen grundsätzlich alle schützenswerten Interessen des Asylsuchenden in Betracht. Insbesondere hat die Behörde den verfassungsrechtlichen Grundsatz von *Ehe und Familie* sowie die *kulturellen, religiösen, gesundheitlichen* und sonstigen *existenziellen Bedürfnisse* des Asylbewerbers zu beachten (OVG NW, InfAuslR 1986, 219). Bei Flüchtlingen können *ernsthafte psychische Belastungen* gegen eine Unterbringung sprechen (*Hailbronner*, AuslR B 2 § 53 AsylVfG Rn. 17). Zugunsten *besonders schutzbedürftiger Personen* (Minderjährige, unbegleitete Minderjährige, Behinderte, ältere Personen, Schwangere, Alleinerziehende mit minderjährigen Kindern, Personen, die Folter, Vergewaltigung oder sonstige schwere Formen psychischer, physischer oder sexueller Gewalt erlitten haben) finden besondere Schutznormen Anwendung (Art. 17 Abs. 2 UAbs. 2 in Verb. mit Art. 21 RL 2013/33/EU). Bei *sexistischen* oder *rassistischen Belästigungen* hat die Maßnahme nach § 60 Abs. 2 gegen die Betroffenen zu unterbleiben (Art. 18 Abs. 4 Art. 21 RL 2013/33/EU; s. auch § 44 Rdn. 10, § 49 Rdn. 7). Es spricht jedoch nichts dagegen, gegen die Verantwortlichen nach § 60 Abs. 2 vorzugehen.

17 Eine Sondersituation, die ein Abweichen von der allgemeinen Regel erfordert, kann auch aus den Verhältnissen in der jeweiligen Unterkunft folgen. Auch wenn diese

im Allgemeinen nicht zu beanstanden sind, können sie im Einzelfall aufgrund der besonderen individuellen Verhältnisse unzumutbar sein. So kann etwa für Familien die Unterbringung unzumutbar sein, wenn nicht ausreichender Wohnraum vorhanden ist. Eine vierköpfige Familie darf nicht auf unbestimmte Dauer auf die Nutzung eines einzigen Wohnraums mit etwa 20 m^2 Grundfläche verwiesen werden (Nieders. OVG, InfAuslR 2004, 84, 85). Die Möglichkeit des Zurückziehens muss zumindest psychisch gefährdeten Personen möglich sein (*Bergmann*, in: Bergmann/Dienelt, AuslR, 11. Aufl., 2016, § 53 AsylG Rn. 19). Auch die nach den gegebenen Umständen alsbald mit hoher Wahrscheinlichkeit zu erwartende positive Statusentscheidung kann einer Auflagenanordnung entgegenstehen (BayVGH, EZAR 461 Nr. 9). Auch wenn die mit der abseitigen Lage einer Unterkunft verbundenen Schwierigkeiten im Allgemeinen hinzunehmen sind, hat die Behörde die damit für eine Familie mit Kleinkindern verbundenen Erschwernisse beim Einkaufen und der ärztlichen Versorgung zu berücksichtigen. Hier werden häufig kurzfristige Arztbesuche und kurzfristige Beschaffung von Lebensmitteln und Medikamenten erforderlich, welche die Annahme einer atypischen Ausnahmesituation rechtfertigen (VG Braunschweig, Urt. v. 13.11.1991 – 6 A 61091/91).

E. Beendigung der Wohnverpflichtung nach Abs. 1 Satz 1 (Abs. 2)

Abs. 2 entspricht § 23 Abs. 2 AsylVfG 1987. Bis dahin gab es keine gesetzlich geregelte zeitliche Begrenzung der Wohnverpflichtung. Vielmehr hatte die Behörde lediglich den *Grundsatz der Verhältnismäßigkeit* (BVerwGE 69, 295, 299, 302) = EZAR 222 Nr. 2 = NVwZ 1984, 799 = InfAuslR 1984, 239) zu beachten, der im geltenden Recht auch unabhängig von den Fallgruppen des Abs. 2 Berücksichtigung fordert. Daher kann sich bei länger dauerndem Asylverfahren aus diesem Grundsatz ein Anspruch auf Aufhebung der Wohnverpflichtung nach Abs. 1 Satz 1 ergeben, da mit zunehmender Dauer des Asylverfahrens die individuellen gegenüber den öffentlichen Interessen erstarken (*Hailbronner,* AuslR B 2 § 53 AsylVfG Rn. 5). Wann diese zeitliche Grenze im Einzelfall erreicht ist, kann nicht abstrakt bestimmt werden. Zwar gilt die räumliche Beschränkung nach dem Erlöschen der Aufenthaltsgestattung fort (§ 59a Abs. 2 Satz 1) und kann daher an sich auch an der Unterbringung in der Gemeinschaftsunterkunft festgehalten werden (*Funke-Kaiser,* in: GK-AsylG II, § 67 Rn. 3.1; a.A. *Hailbronner,* AuslR B 2 § 67 AsylVfG Rn. 24). Gründe der Verhältnismäßigkeit sprechen jedoch regelmäßig gegen eine Fortdauer der Verpflichtung. Nach Erteilung einer humanitären Aufenthaltserlaubnis z.B. nach § 25 Abs. 5 AufenthG kann die Wohnverpflichtung nicht aufrechterhalten werden (*Wolff,* in: Hofmann/Hoffmann, AuslR. Handkommentar, § 67 AsylVfG Rn. 10). 18

Die Wohnverpflichtung endet nach Abs. 2 Satz 1, wenn das Bundesamt den Antragsteller als asylberechtigt anerkannt hat oder ihm internationalen Schutz zuerkannt wurde oder wenn es durch ein Verwaltungsgericht hierzu verpflichtet wurde, die Entscheidung jedoch noch nicht rechtskräftig geworden ist. Auch die Gewährung der Asylberechtigung im Wege des Familienasyls wie auch die Zuerkennung des internationalen Schutzes für Familienangehörige nach § 26 ist eine asylrechtliche Statusentscheidung. Der Anspruch auf Aufhebung der Wohnverpflichtung folgt aus Abs. 2 19

Satz 3. Der Behörde steht kein Ermessen zu. Sind die tatbestandlichen Voraussetzungen des Abs. 2 erfüllt, endet die Wohnverpflichtung (Abs. 2 Satz 1). Die diese begründende Wohnauflage nach § 60 Abs. 2 ist aufzuheben. Die hierfür maßgeblichen tatsächlichen Voraussetzungen hat die Behörde festzustellen. Diese behördlichen Feststellungen unterliegen in tatsächlicher und rechtlicher Hinsicht der vollständigen gerichtlichen Kontrolle.

20 Begünstigt sind die in § 26 Abs. 1 bis 3 bezeichneten Familienangehörigen. Die Wohnverpflichtung endet mit Zustellung des Statusbescheids oder mit Verkündung oder Zustellung des verwaltungsgerichtlichen Urteils. Erfolgt die Verpflichtung zur Statusgewährung erst im Berufungsverfahren, besteht ebenfalls der Aufhebungsanspruch. Jedoch dürfte wegen der Länge der Verfahrensdauer in diesem Fall bereits vorher aus dem Verhältnismäßigkeitsgrundsatz ein Aufhebungsanspruch entstanden sein (Rdn. 18).

21 Der Aufhebungsanspruch nach Abs. 2 ist vom Nachweis einer anderweitigen Unterkunft abhängig. An diesen dürfen keine besonderen Anforderungen gestellt werden. Der Nachweis eines Mietevertrags ist nicht zwingend, sofern die Möglichkeit des Vertragsabschlusses gegeben ist (*Hailbronner,* AuslR B 2 § 53 AsylVfG Rn. 27). Insbesondere finden die allgemeinen aufenthaltsrechtlichen Vorschriften zum Wohnraumerfordernis (§ 2 Abs. 4 AufenthG) *keine* Anwendung. Der Einwand nicht ausreichenden Wohnraums würde angesichts der Rechtsprechung, die keine absoluten Grenzen für die Größe des in einer Gemeinschaftsunterkunft zur Verfügung zu stellenden Wohnraums akzeptieren will (Rdn. 7 ff.), gegen Treu und Glauben verstoßen. Die anderweitige Unterkunft muss zum Wohnen geeignet sein. Auch die *unentgeltliche* Überlassung einer anderweitigen Wohnung reicht aus. Nehmen Verwandte oder Freunde den Antragsteller in ihrer Wohnung unentgeltlich auf, darf die Aufhebung nicht verweigert werden. Bei entgeltlicher Wohnraumüberlassung kann die Behörde den Erlass der Aufhebungsverfügung nicht von der Vorlage des Mietvertrags abhängig machen, weil die Eingehung einer rechtlichen Verbindlichkeit erst zumutbar ist, wenn eindeutig Klarheit über den Aufhebungsanspruch besteht.

22 Die *anderweitige Unterkunft* kann auch *außerhalb des zugewiesenen Aufenthaltsbezirks* liegen (*Bergmann,* in: Bergmann/Dienelt, AuslR, 11. Aufl., 2016, § 53 AsylG Rn. 27; *Hailbronner,* AuslR B 2 § 53 AsylVfG Rn. 28). In diesem Fall ist aber die vorherige Zusage für die Änderung der räumlichen Beschränkung (§ 60 Abs. 2) einzuholen. Ist die landesinterne oder gar länderübergreifende Verteilung erforderlich, hat der Antragsteller im Wege der *nachträglichen Umverteilung* die Zuweisung in den Aufenthaltsbezirk, in dem die Unterkunft liegt, zu beantragen (§ 50 Rdn. 19 f.). Angesichts der mit der weiteren Gemeinschaftsunterbringung verbundenen psychischen Belastungen sowie auch unter Berücksichtigung der für den Antragsteller positiven asylrechtlichen Statusentscheidung dürften regelmäßig *humanitäre Härtegründe* (§ 50 Abs. 4 Satz 5, § 51 Abs. 1) die beantragte Zuweisung rechtfertigen.

23 Die Behörde kann die Entlassung aus der Gemeinschaftsunterkunft mit dem Einwand der dadurch entstehenden Mehrkosten für die öffentliche Hand verweigern (Abs. 2 Satz 1 Halbs. 2). Abzustellen ist auf eine *Gesamtrechnung.* Angesichts der für einen

Unterbringungsplatz in der Gemeinschaftsunterkunft zu veranschlagenden Gesamtkosten (einschließlich Verwaltung, Sicherheitsdienste und Betreuung) dürfte eine Privatunterkunft in aller Regel billiger sein (*Bergmann*, in: Bergmann/Dienelt, AuslR, 11. Aufl., 2016, § 53 AsylG Rn. 28). Die Kosten, die Wohlfahrtsorganisationen für die anderweitige Unterbringung aufbringen müssen, sind nur anzurechnen, wenn die Behörde die öffentliche Finanzierung der durch die Organisation bereitgestellten Wohnung darlegen kann. Kosten, die etwa durch Hilfe von Verwandten und Bekannten entstehen, sind keine der öffentlichen Hand entstehenden Kosten.

F. Rechtsschutz

Die Behörde hat die Wohnverpflichtung nach § 60 Abs. 2 aufzuheben. Die hierfür maß- 24
geblichen tatbestandlichen Voraussetzungen ergeben sich unmittelbar aus dem Gesetz. Für den Nachweis der anderweitigen Unterkunft ist der Asylbewerber beweispflichtig (*Hailbronner,* AuslR B 2 § 53 AsylVfG Rn. 36). Demgegenüber hat die Behörde die Beweislast für den Mehrkosteneinwand zu tragen. *Rechtsschutz* gegen die behördliche Verweigerung der Aufhebung der Auflage nach § 60 Abs. 2 ist im Wege der *Verpflichtungsklage* (*Bergmann,* in: Bergmann/Dienelt, AuslR, 11. Aufl., 2016, § 53 AsylG Rn. 33) und gegebenenfalls bei Vorliegen eines Anordnungsgrundes durch einen *einstweiligen Anordnungsantrag* nach § 123 VwGO zu erlangen (§ 60 Rdn. 31). Da nach der Rechtsprechung die das Aufenthaltsrecht des Asylsuchenden gestaltende Auflage *modifizierenden Charakter* hat (BVerwGE 69, 290, 295 = EZAR 222 Nr. 2 = NVwZ 1984, 799 = InfAuslR 1984, 239), kann das begehrte Antragsziel nicht durch eine Anfechtungsklage (so aber *Hailbronner,* AuslR B 2 § 53 AsylVfG Rn. 34). erreicht werden. Erstrebt wird die Neuerteilung einer Bescheinigung nach § 63 Abs. 1 ohne die belastende Auflage nach § 60 Abs. 2, die bislang die Wohnverpflichtung begründet hatte.

§ 54 Unterrichtung des Bundesamtes

Die Ausländerbehörde, in deren Bezirk sich der Ausländer aufzuhalten oder Wohnung zu nehmen hat, teilt dem Bundesamt unverzüglich
1. die ladungsfähige Anschrift des Ausländers,
2. eine Ausschreibung zur Aufenthaltsermittlung
mit.

Übersicht Rdn.

A. Funktion der Vorschrift

§ 54 soll sicherstellen, dass das Bundesamt unverzüglich von der zuständigen Aus- 1
länderbehörde über den Verbleib des Asylantragsteller unterrichtet wird (BT-Drucks. 12/2062, S. 36) und erlegt dieser zu diesem Zweck bestimmte Unterrichtungspflichten

gegenüber dem Bundesamt auf. Dem korrespondieren andererseits Unterrichtungspflichten des Bundesamtes gegenüber der zuständigen Ausländerbehörde (§ 40). Unabhängig von diesen Vorschriften enthält das Gesetz an verschiedenen Stellen gegenseitige behördliche Unterrichtungspflichten (z.B. § 20 Abs. 1, § 44 Abs. 2, § 46 Abs. 4). Schließlich schafft § 83a die Rechtsgrundlage für die Unterrichtung der Ausländerbehörde durch das Verwaltungsgericht. Zweck dieser Vorschrift ist die effektive Durchführung des Asylverfahrens.

B. Zuständige Ausländerbehörde

2 Adressat der Verpflichtung nach § 54 ist die Ausländerbehörde, in deren Bezirk der Antragsteller sich aufgrund der Zuweisungsverfügung nach § 50 Abs. 4 Satz 1 aufzuhalten oder Wohnung zu nehmen hat. In den Fällen des § 14 Abs. 2 ist dies die Ausländerbehörde, in deren Bezirk sich der Antragsteller tatsächlich aufhält (§ 56 Abs. 1), im Übrigen die nach § 60 Abs. 3 Satz 5 ff. zuständige Ausländerbehörde. Diese führt die Akten und hat den besten Überblick über die erforderlichen Daten. Die Vorschrift schließt die gegenseitige Unterrichtung zwischen den Ausländerbehörden nicht aus. So wird die Ausländerbehörde, in deren Bezirk der Antragsteller aufgegriffen wird, hierüber die zuständige Ausländerbehörde unterrichten.

C. Inhalt der Unterrichtungspflichten

3 § 54 nennt zwei besondere Unterrichtungspflichten. Damit das Bundesamt Ladungen, Asylbescheide und sonstige Mitteilungen wirksam zustellen kann, trifft die zuständige Ausländerbehörde die Verpflichtung, dem Bundesamt unverzüglich die ladungsfähige *Adresse des Asylantragsteller mitzuteilen*. Das Bundesamt hat in diesem Fall Zustellungen an die von der Ausländerbehörde mitgeteilte Adresse vorzunehmen. Bedeutung hat dies insbesondere im Fall der Zuweisung nach Beendigung der Wohnverpflichtung nach § 47 Abs. 1 Satz 1, Abs. 1a bzw. § 30a Abs. 3 Satz 1. Bis zum Erlass der Zuweisungsentscheidung gilt die Zustellungserleichterung nach § 10 Abs. 4. Nach deren Erlass hat sich der Antragsteller unverzüglich zur als zuständig bestimmten Ausländerbehörde zu begeben (§ 50 Abs. 6). Kommt er dieser Verpflichtung ohne schuldhaftes Verzögern (§ 121 Abs. 1 BGB) nach, trifft die Ausländerbehörde die unverzügliche Unterrichtungspflicht nach Nr. 1.

4 Ferner hat die Ausländerbehörde das Bundesamt nach Nr. 2 unverzüglich über eine Ausschreibung zur Aufenthaltsermittlung zu unterrichten (§ 66). Auch diese Unterrichtungspflicht hat vorrangig verfahrensbeschleunigende Funktion. Der ausländerbehördlichen Verpflichtung nach Nr. 2 korrespondiert keine dementsprechende Pflicht der Aufnahmeeinrichtung, obwohl diese z.B. die Weiterleitungsverfügung erlässt (§ 22 Abs. 1 Satz 2). Ein Vorgehen des Bundesamtes nach § 33 ist in diesen Fällen allerdings nicht zulässig, da erst mit der Meldung bei der zuständigen Außenstelle des Bundesamtes der Asylantrag wirksam gestellt wird (§ 23 Abs. 1) und ein Antrag nur als zurückgenommen gelten kann, der wirksam gestellt worden ist. Die Unterrichtungspflicht nach Nr. 2 zielt vorrangig auf die Anwendung von § 66 Abs. 1 Nr. 1 und § 67 Abs. 1 Nr. 2.

Abschnitt 6 Recht des Aufenthalts während des Asylverfahrens

§ 55 Aufenthaltsgestattung

(1) [1]Einem Ausländer, der um Asyl nachsucht, ist zur Durchführung des Asylverfahrens der Aufenthalt im Bundesgebiet ab Ausstellung des Ankunftsnachweises gemäß § 63a Absatz 1 gestattet (Aufenthaltsgestattung). [2]Er hat keinen Anspruch darauf, sich in einem bestimmten Land oder an einem bestimmten Ort aufzuhalten. [3]In den Fällen, in denen kein Ankunftsnachweis ausgestellt wird, entsteht die Aufenthaltsgestattung mit der Stellung des Asylantrags.

(2) [1]Mit der Stellung eines Asylantrags erlöschen eine Befreiung vom Erfordernis eines Aufenthaltstitels und ein Aufenthaltstitel mit einer Gesamtgeltungsdauer bis zu sechs Monaten sowie die in § 81 Abs. 3 und 4 des Aufenthaltsgesetzes bezeichneten Wirkungen eines Antrags auf Erteilung eines Aufenthaltstitels. [2]§ 81 Abs. 4 des Aufenthaltsgesetzes bleibt unberührt, wenn der Ausländer einen Aufenthaltstitel mit einer Gesamtgeltungsdauer von mehr als sechs Monaten besessen und dessen Verlängerung beantragt hat.

(3) Soweit der Erwerb oder die Ausübung eines Rechts oder einer Vergünstigung von der Dauer des Aufenthalts im Bundesgebiet abhängig ist, wird die Zeit eines Aufenthalts nach Absatz 1 nur angerechnet, wenn der Ausländer als Asylberechtigter anerkannt ist oder ihm internationaler Schutz im Sinne des § 1 Absatz 1 Nummer 2 zuerkannt wurde.

Übersicht Rdn.

A. Funktion der Vorschrift

Die Vorschrift hat ihr Vorbild in § 19 AsylVfG 1982 und übernimmt die früheren Bestimmungen des § 22 Abs. 1 AsylVfG 1982. Wie § 19 Abs. 1 AsylVfG 1982 begründet Abs. 1 Satz 1 ein *gesetzliches Aufenthaltsrecht für die Dauer des Asylverfahrens*. Abs. 1 Satz 1 ist einfachgesetzlicher Ausdruck der asylrechtlichen Schutzwirkung, wonach mit Blick auf den Abschiebungs- und Verfolgungsschutz die Statusgewährung *deklaratorischer Natur* ist. Mit der Geltendmachung des Asylersuchens greift nach Abs. 1 1

Satz 1 das gesetzliche Aufenthaltsrecht ein. Im Fall der unanfechtbaren Statusentscheidung entsteht der Anspruch auf den Aufenthaltstitel (§ 25 Abs. 1 und 2 AufenthG). Wird der Antrag unanfechtbar abgelehnt und stehen die Abschiebungsverbote des § 60 Abs. 1 Satz 1, Abs. 2, 3, 5 und 7 AufenthG der Abschiebung nicht entgegen, endet das Aufenthaltsrecht (§ 67 Abs. 1 Nr. 4 und 6). Abs. 1 Satz 1 regelt die Bedingungen für die *Entstehung* des asylverfahrensabhängigen Aufenthaltsrechts, hingegen § 67 die Voraussetzungen, unter denen das verfahrensabhängige Aufenthaltsrecht erlischt. Abs. 1 Satz 2 bestimmt wie früher § 22 Abs. 1 AsylVfG 1982, dass der Asylsuchende keinen Anspruch darauf hat, sich während der Dauer des Asylverfahrens in einem bestimmten Bundesland oder an einem bestimmten Ort aufzuhalten. Abs. 1 Satz 3 ist Folge der durch ÄnderungsG 1993 eingeführten Drittstaatenkonzeption (BT-Drucks. 12/4450, S. 26).

2 Wie früher § 19 Abs. 4 und 5 AsylVfG 1982 regelt Abs. 2 das Verhältnis der Aufenthaltsgestattung zum Aufenthaltstitel nach § 4 AufenthG. Abs. 3 enthält wie § 19 Abs. 3 AsylVfG 1982 die Voraussetzungen, unter denen die Dauer des Asylverfahrens auf den Erwerb oder die Ausübung eines Rechts oder einer Vergünstigung angerechnet wird. Abs. 3 steht in Übereinstimmung mit der Rechtsprechung des BVerfG, dass erst der Statusfeststellung »*gleichsam konstitutive Wirkung*« zukommt (BVerfGE 60, 253, 295 = EZAR 610 Nr. 14 = NJW 1982, 2425). Sie wurde durch das Richtlinienumsetzungsgesetz 2013 auf alle international Schutzberechtigten erweitert. Zugleich wurde das Erfordernis der Unanfechtbarkeit der Statusentscheidung aufgegeben. Gesetzessystematisch hätte die in § 55 geregelte Materie im Dritten Abschnitt des Gesetzes behandelt werden müssen. Dort werden auch die Voraussetzungen festgelegt, nach Maßgabe deren ein Anspruch auf Zuweisung an einem bestimmten Ort besteht (§ 50 Abs. 4 Satz 5, § 51 Abs. 1).

3 Die Vorschrift ist aus unionsrechtlicher Sicht grundsätzlich bedenkenfrei. Nach Art. 9 Abs. 1 Satz 1 RL 2013/32/EU dürfen Asylsuchende ausschließlich zum Zwecke des Asylverfahrens solange im Mitgliedstaat verbleiben, bis unanfechtbar über den Asylantrag entschieden ist. Die Bleibeberechtigung vermittelt keinen Anspruch auf einen Aufenthaltstitel (Art. 9 Abs. 1 Satz 2 RL 2013/32/EU). Das gesetzliche Aufenthaltsrecht nach § 55 Abs. 1 Satz 1 ist dementsprechend rechtlich kein Aufenthaltstitel i.S.d. § 4 AufenthG. Die Bestimmungen des § 10 AufenthG und § 14 Abs. 2 Satz 1 Nr. 1, § 43 Abs. 1 und 2 und § 55 Abs. 2 und 3 regeln das Verhältnis der Aufenthaltsgestattung zum Aufenthaltstitel. Die Aufhebung der freien Wahl des Wohnsitzes nach Abs. 1 Satz 2 findet in Art. 7 Abs. 1 RL 2013/33/EU ihre Grundlage. Danach dürfen die Mitgliedstaaten Asylsuchende einem bestimmten Gebiet zuweisen. In diesem dürfen sie sich frei bewegen. Das zugewiesene Gebiet darf die unveräußerliche Privatsphäre nicht beeinträchtigen und muss hinreichenden Raum dafür bieten, dass Gewähr für die Inanspruchnahme aller Vorteile aus der Aufnahmerichtlinie gegeben ist. Auch wenn der Aufnahmemitgliedstaat nicht zuständig für die Behandlung des Antrags ist, hat er dem Antragsteller bis zur tatsächlichen Überstellung an den zuständigen Mitgliedstaat die in der Richtlinie 2013/33/EU vorgesehenen Leistungen zu gewähren (EuGH, NVwZ 2012, 1529 = EZAR NF 87 Nr. 33 = ZAR 2013, 125 [LS] – *Cimade*).

Aus verfassungsrechtlicher Sicht reist der Ausländer, der unter Berufung auf das Asylrecht unmittelbar aus dem behaupteten Verfolgerland einreist, nicht illegal, sondern *unter Inanspruchnahme eines ihm verbürgten Grundrechts* ein (BVerwG, DVBl 1981, 775 = DÖV 1982, 39; BVerwG, BayVBl. 1981, 538). Ihm darf der illegale Grenzübertritt nicht zum Vorwurf gemacht werden (BVerwG, DÖV 1978, 180; BVerwG, DVBl 1981, 775; BVerwG, NVwZ 1984, 591). Die *Effektivität des Asylgrundrechts* verlangt daher, dass eine bestehende Visumspflicht oder andere Einreisevoraussetzung die Asylgewährung nicht hindert (BVerwG, DÖV 1978, 180). Das Asylgrundrecht gebietet, den unmittelbar aus dem Verfolgerstaat einreisenden Asylsuchenden Einreise und Aufenthalt zum Zwecke der Klärung ihrer Statusberechtigung nicht zu verwehren (BVerwG, NVwZ 1984, 591 = InfAuslR 1984, 224). Dementsprechend knüpft Abs. 1 Satz 1 an die bloße Geltendmachung des asylrechtlichen Schutzbegehrens (§ 18 Abs. 1 Halbs.1, § 19 Abs. 1 Halbs.1) das gesetzliche Aufenthaltsrecht an. Daran ändert nichts, dass erst zu einem späteren Zeitpunkt die Bescheinigung über die Gestattung (§ 63 Abs. 1) erteilt wird. Diese Bescheinigung hat bloße *deklaratorische Funktion* (BVerwGE 79, 291, 295 = EZAR 222 Nr. 7 = InfAuslR 1988, 251) mit Blick auf ein bereits bestehendes gesetzliches Aufenthaltsrecht. Bis dahin besteht Anspruch auf die Ausstellung des Ankunftsnachweises (§ 63a). 4

B. Entstehung der Aufenthaltsgestattung (Abs. 1 Satz 1)

Nach Abs. 1 Satz 1 ist dem Ausländer, der *um Asyl nachsucht*, der Aufenthalt im Bundesgebiet zur Durchführung des Asylverfahrens gestattet. Das Eingreifen des Aufenthaltsschutzes setzt also nicht die wirksame Asylantragstellung nach § 23 Abs. 1 voraus. Vielmehr reicht die Geltendmachung des bloßen Schutzbegehrens, d.h. das Nachsuchen um Asyl, bei einer amtlichen Stelle, die mit ausländerrechtlichen Fragen befasst ist, für das Eingreifen des Aufenthaltsschutzes aus (BayOblG, NVwZ 1993, 811 = InfAuslR 1993, 240; *Hailbronner,* AuslR B 2 § 55 AsylVfG Rn. 12; *Bodenbender*, in: AsylG II, § 55 Rn. 17; *Bergmann*, in: Bergmann/Dienelt, AuslR, 11. Aufl., 2016, § 55 AsylG Rn. 6; § 13 Rdn. 6 f.). Eine Ausnahme hiervon gilt in den Fällen, in denen kein Ankunftsnachweis (§ 63a) ausgestellt wird. Hier entsteht die Aufenthaltsgestattung mit der Antragstellung nach § 23 Abs. 1 (Abs. 1 Satz 3). Der Abschiebungsschutz gilt jedoch bereits mit dem Zeitpunkt der Einreise. Das Gesetz unterscheidet strikt zwischen dem *Nachsuchen um Asyl* (§ 18 Abs. 1 Halbs. 1, § 18a Abs. 1 Satz 1, § 19 Abs. 1 Halbs. 1.) einerseits sowie der *Asylantragstellung* (§ 14, § 23 Abs. 1) andererseits. Das gesetzliche Aufenthaltsrecht nach Abs. 1 Satz 1 ist der wirksamen Asylantragstellung zeitlich vorgelagert, um den durch die verfassungsrechtliche Asylgarantie geforderten Abschiebungs- und Verfolgungsschutz (BVerwGE 49, 202, 205f. = EZAR 134 Nr. 1 = NJW 1976, 490; BVerwGE 62, 206, 210 = EZAR 221 Nr. 7 = InfAuslR 1981, 214; BVerwGE 69, 323, 325 = EZAR 200 Nr. 10 = NJW 1984, 2782) wie auch die unionsrechtliche Verbleibsberechtigung (Rdn. 3) effektiv zu gewährleisten. Das Aufenthaltsrecht entsteht jedoch nur, wenn das geltend gemachte Schutzbegehren als Asylantrag im Sinne von § 13 Abs. 1 qualifiziert werden kann. Maßgebend ist, dass die vorgebrachten Erklärungen rechtlich als Antrag auf Gewährung der Asylberechtigung oder Zuerkennung des internationalen Schutzes bewertet werden können (§ 13 Rdn. 2 ff.). 5

6 Die gesetzliche Begründung zu Abs. 1 weist auf die Besonderheit des gesetzlichen Aufenthaltsrechts hin. Während früher die wirksame Begründung der Aufenthaltsgestattung die Asylantragstellung voraussetzte (§ 19 Abs. 1 AsylVfG 1982), entsteht nach Abs. 1 Satz 1 das gesetzliche Aufenthaltsrecht bereits mit dem Asylersuchen an der Grenze, gegenüber der Ausländerbehörde oder der allgemeinen Polizeibehörde (BT-Drucks. 12/2062, S. 36 f.). Auch wenn ein Asylantrag noch nicht wirksam gestellt worden ist, begründet bereits das Asylersuchen kraft Gesetzes das Aufenthaltsrecht und wird der Ankunftsnachweis (§ 63a Rdn. 4) ausgestellt. Ein Nachsuchen um Asyl im Sinne von Abs. 1 Satz 1 liegt nicht nur dann vor, wenn das Asylbegehren an eine Grenz- oder Polizeibehörde gerichtet ist, sondern jedenfalls auch dann, wenn sich der Schutzbegehrende damit an eine andere amtliche Stelle wendet, die mit ausländerrechtlichen Aufgaben befasst ist. Dazu gehört auch das Amtsgericht, das über einen Antrag auf Anordnung der Abschiebungshaft zu entscheiden hat (BayObLG, NVwZ 1993, 811 = InfAuslR 1993, 240).

7 Kann das Schutzbegehren nicht als Asylantrag im Sinne von § 13 Abs. 1 gewertet werden, ergeben die Erklärungen jedoch, dass Schutz vor den in § 60 Abs. 5 und 7 AufenthG bezeichneten Gefahren begehrt wird, entsteht ein einfach-gesetzliches Abschiebungshindernis nach diesen Bestimmungen, für dessen Prüfung die Ausländerbehörde zuständig ist, wenn diese nicht als Asylbegehren gewertet werden können (§ 72 Abs 2 AufenthG). Dieser Schutz wird durch *völkerrechtliche Schutznormen* (Art. 3 EMRK; Art. 7 IPbüR; Art. 3 Übereinkommen gegen Folter) verstärkt. Die enge Verzahnung zwischen dem asylrechtlichen und dem ausländerrechtlichen Abschiebungsschutz in tatsächlicher und rechtlicher Hinsicht (BVerwGE 99, 38, 44f. = EZAR 631 Nr. 41 = NVwZ 1996, 79; BVerwGE 101, 323, 325; BVerwG, EZAR 631 Nr. 40) steht einer umfassenden inhaltlichen Prüfung der rechtlichen Natur des Schutzbegehrens entgegen. Vielmehr ist *im Zweifel* davon auszugehen, dass die Voraussetzungen für die Asylberechtigung oder den internationalen Schutz geltend gemacht wird.

C. Rechtsnatur der Aufenthaltsgestattung nach Abs. 1 Satz 1

8 Abs. 1 Satz 1 enthält ein *zweckgebundenes Aufenthaltsrecht*: Dem Asylsuchenden ist der Aufenthalt im Bundesgebiet *zur Durchführung des Asylverfahrens* gestattet (*Aufenthaltsgestattung*). Abs. 1 Satz 1 begründet ein *asylspezifisches verfahrensabhängiges Aufenthaltsrecht*, das eigenständiger Natur und kein Aufenthaltstitel im Sinne von § 4 AufenthG ist. Der Gesetzgeber des AsylVfG 1982 hatte mit der Schaffung eines asylverfahrensabhängigen Aufenthaltsrechts für Asylbewerber die Konsequenz aus der vorangegangenen Rechtsprechung gezogen. Auch Art. 7 Abs. 1 RL 2013/32/EU (Rdn. 3) stellen klar, dass die verfahrensabhängige Bleibeberechtigung keinen Anspruch auf einen Aufenthaltstitel vermittelt. Das verfassungsrechtlich verbürgte Asylrecht vermittelt einen *Rechtsanspruch* auf Aufenthaltsgewährung (BVerfGE 49, 168, 183f. = EZAR 100 Nr. 3 = NJW 1978, 2446). Die in der Verfassung enthaltenen Worte »genießen Asylrecht« sind dahin *weit* zu verstehen, dass den im Bundesgebiet aufgenommenen Verfolgten grundsätzlich die Voraussetzungen eines *menschenwürdigen Daseins* geschaffen werden sollen, wozu in erster Linie ein *gesicherter Aufenthalt* sowie die Möglichkeit

zu beruflicher und persönlicher Entfaltung gehörten (BVerwGE 49, 202, 206 = EZAR 134 Nr. 1 = NJW 1976, 490). Inwieweit und unter welchen Voraussetzungen sowie Vorbehalten *über den Kernbereich des Verfolgungsschutzes hinaus* Rechte vermittelt werden, kann dem Asylrechtsbegriff nicht unmittelbar entnommen werden. Insoweit ist das verfassungsrechtlich verbürgte Asylgrundrecht eine *»offene Norm«*, die zwar eine Grundregel gibt, im Übrigen jedoch einen ergänzenden *Regelungsauftrag* an den Gesetzgeber enthält. Diesem steht ein *erhebliches Maß* an Gestaltungsfreiheit zur Verfügung, im Rahmen dessen er auch andere Zwecke und Werte der Rechtsordnung zu berücksichtigen hat (BVerwGE 49, 202, 206; 62, 206, 211 = EZAR 21 Nr. 7 = NJW 1981, 712 = MDR 1981, 1045).

Dem Asylsuchenden wird bis zur Klärung seiner Statusberechtigung von Verfassungs wegen der Schutz zuteil, der nötig ist, damit das ihm möglicherweise zustehende Recht nicht gefährdet oder vereitelt wird. Deshalb kann der Asylsuchende den verfassungsrechtlich garantierten Verfolgungsschutz *im selben Maße* beanspruchen *wie ein Statusberechtigter* (BVerwGE 62, 206, 211 = EZAR 21 Nr. 7 = NJW 1981, 712), kann hingegen nicht verlangen, auch aufenthaltsrechtlich bereits in jeder Hinsicht wie ein Statusberechtigter gestellt zu werden. Insoweit ist die *verfahrensrechtliche Bedeutung des Asylgrundrechts* (Art. 16a Abs. 1 GG; Art. 18 GRCh 12) zu beachten. Sie gebietet, das Asylverfahren und die Rechtsstellung des Asylbewerbers während des Verfahrens so zu gestalten, dass der Asylsuchende seinen behaupteten Asylanspruch *ohne unzumutbare Erschwernisse* geltend machen und verfolgen kann (BVerwGE 62, 206, 211f. = EZAR 21 Nr. 7 = NJW 1981, 712). Zumindest den aus dem Herkunftsland eingereisten Asylsuchenden darf daher zwecks Durchführung des Verfahrens und Sicherung des Anspruchs in der Regel der Aufenthalt im Bundesgebiet nicht verwehrt werden (BVerwGE 62, 206, 212). 9

Der Gesetzgeber des § 19 Abs. 1 AsylVfG 1982 wie auch der des Abs. 1 Satz 1 hat sich an dieser Rechtsprechung orientiert: Der Aufenthalt des Asylbewerbers ist *zum Zwecke der Durchführung des Asylverfahrens* gestattet (Abs. 1 Satz 1). Damit erkennt der Gesetzgeber die *verfahrensrechtliche Schutzwirkung des Asylgrundrechts* in *aufenthaltsrechtlicher Hinsicht* an. Das *vorläufige Bleiberecht* des Asylsuchenden ist Folge der *Vorwirkung des verfassungsrechtlichen und unionsrechtlichen Asylgrundrechts*. Dieses gewährt ein Aufenthaltsrecht insoweit, als es zur Durchführung des Asylverfahrens unter für den Asylbewerber zumutbaren Bedingungen notwendig ist (BVerfGE 80, 68, 73 f. = InfAuslR 1989, 243). Das BVerwG hat indes die aufenthaltsrechtliche Schutzwirkung nur für jene Asylsuchende anerkannt, die *unmittelbar* aus dem behaupteten Verfolgerstaat einreisen (BVerwGE 62, 206, 212 = EZAR 21 Nr. 7 = NJW 1981, 712). Bei der Bestimmung der Unmittelbarkeit der Einreise sind jedoch die für das Merkmal der *Fluchtbeendigung* (§ 27 Rdn. 17 ff.) maßgeblichen Kriterien zugrunde zu legen. Auch Asylsuchende, die über sonstige Drittstaaten i.S.d. § 27 Abs. 1 im Zustand der Flucht einreisen, reisen deshalb unmittelbar aus dem Verfolgerstaat ein. 10

Das Gesetz gewährt zunächst *allen* Asylsuchenden das vorläufige gesetzliche Bleiberecht. Ist der Antrag unzulässig, ist die Abschiebung anzudrohen (§ 29 Abs. 1, § 35 Satz 1) und endet das Aufenthaltsrecht mit Zurückweisung des Eilrechtsschutzantrags 11

(§ 67 Abs. 1 Nr. 4 in Verb. mit § 36 Abs. 3 Satz 8). Eine besondere Regelung greift bei der Einreise über einen sicheren Drittstaat (§ 26a) ein (Abs. 1 Satz 3). Im Übrigen erlischt das gesetzliche Aufenthaltsrecht mit der Unanfechtbarkeit der Entscheidung des Bundesamtes (§ 67 Abs. 1 Nr. 6). Stellt der Asylsuchende anschließend einen *Folgeantrag*, wird die Vollziehung bis zur Entscheidung des Bundesamtes über dessen Erheblichkeit ausgesetzt (§ 71 Abs. 5 Satz 2 Halbs. 1). Da der Aufenthalt nur zur Durchführung des Asylverfahrens gestattet wird, begründet der Folgeantrag nicht das Aufenthaltsrecht nach Abs. 1 Satz 1 (*Hailbronner*, AuslR B 2 § 55 AsylVfG Rn. 23; *Bergmann*, in: Bergmann/Dienelt, AuslR, 11. Aufl., 2016, § 55 AsylG Rn. 9 f.; a.A. *Bodenbender*, in: AsylG II, § 55 Rn. 30). Nach Einleitung des Verfahrens greift Abs. 1 Satz 1 unmittelbar ein. Der Aufenthalt des Folgeantragstellers ist kraft Gesetzes gestattet. Er hat jedoch die Wohnpflicht nach § 30a Abs. 1 Nr. 4, Abs. 3 Satz 1. Der Aufenthalt des *Zweitantragstellers* wird während der Dauer der Zulässigkeitsprüfung lediglich geduldet (§ 71a Abs. 1).

12 Die Aufenthaltsgestattung ist räumlich nach Maßgabe des § 56 beschränkt und kann mit Auflagen versehen werden (§ 60 Abs. 1). Der Asylsuchende erhält zunächst die Bescheinigung nach § 63a Abs. 1 und nach Antragstellung (§ 23 Abs. 1) die nach § 63. Wird einer der Tatbestände des § 67 erfüllt, erlischt die Aufenthaltsgestattung kraft Gesetzes. Ist die Aufenthaltsgestattung erloschen, weil der Asylsuchende innerhalb von zwei Wochen nach dem Asylersuchen noch keinen wirksamen Asylantrag gestellt hat (§ 67 Abs. 1 Nr. 2), lebt sie mit wirksamer Asylantragstellung nach § 23 Abs. 1 wieder auf (§ 67 Abs. 2). Die Aufenthaltsgestattung steht unter den Voraussetzungen des § 53 Abs. 4 AufenthG der *Ausweisung* des Asylsuchenden nicht entgegen. Die Ausweisung beseitigt jedoch grundsätzlich nicht das gesetzliche Aufenthaltsrecht nach Abs. 1 Satz 1 (§ 67 Abs. 1). Die Aufenthaltsgestattung macht den Aufenthalt des Asylsuchenden rechtmäßig. Eine nach ausländerrechtlichen Bestimmungen begründete Ausreisepflicht wird gegenstandslos und eine bereits ergangene Abschiebungsandrohung rechtswidrig. Ferner begründet sie ein *Abschiebungshafthindernis* (§ 14 Abs. 3).

D. Beschränkung der Aufenthaltsgestattung (Abs. 1 Satz 2)

13 Nach Abs. 1 Satz 2 hat der Asylsuchende keinen Anspruch darauf, sich in einem bestimmten Land oder an einem bestimmten Ort aufzuhalten. Aus unionsrechtlicher Sicht ist dies grundsätzlich bedenkenfrei (Rdn. 3). Nur in den Fällen des § 50 Abs. 4 Satz 5 und § 51 Abs. 1 hat er einen Anspruch auf Zuweisung an einen bestimmten Ort (Abs. 1 Satz 2). Das gesetzliche Aufenthaltsrecht vermittelt zwar einen Anspruch darauf, zur Durchführung des Asylverfahrens im Bundesgebiet leben zu dürfen. Nach § 56 Abs. 1 ist dieses Recht jedoch von vornherein räumlich auf den Bezirk der Ausländerbehörde beschränkt, in dem die für die Aufnahme des Asylsuchenden zuständige Aufnahmeeinrichtung liegt. Nach Entlassung aus der Aufnahmeeinrichtung ist der Aufenthalt auf den Bezirk der dann zuständigen Ausländerbehörde beschränkt (§ 56 Abs. 2). Damit soll dem *grundsätzlich besonders gewichtigen öffentlichen Anliegen* Rechnung getragen werden, die Lasten, die mit der Aufnahme von Asylbewerbern hinsichtlich deren Unterbringung, Verpflegung und Überwachung verbunden sind,

gleichmäßig auf die Bundesländer und Gemeinden zu verteilen (OVG NW, EZAR 228 Nr. 7 = NVwZ 1992, 200 = InfAuslR 1992, 34; OVG NW, NVwZ 1992, 810; OVG NW, Beschl. v. 24.06.1992 – 17 B 559/92.A).

14 Der behördliche Ermessensspielraum ist weit. Der Asylsuchende hat grundsätzlich weder einen Anspruch auf bestimmte Zuweisung (Abs. 1 Satz 2) noch wird ihm eine Einflussnahme auf die Auswahl der Gemeinde zugestanden (OVG NW, EZAR 228 Nr. 7; OVG NW, NVwZ 1992, 810). Mit Abs. 1 Satz 2 hat die Zuweisungsbehörde eine gesetzliche Vorentscheidung an der Hand, die es ihr in rechtlich einwandfreier Weise ermöglicht, in weitem Umfang Belange der Asylsuchenden dem öffentlichen Interesse an einer möglichst raschen und reibungslosen Verteilung der Asylbewerber unterzuordnen (Hess.VGH, EZAR 228 Nr. 16). Daraus folgt jedoch nicht, dass die Behörde ihre Entscheidung ohne Erwägung der konkreten Umstände des Einzelfalles oder gar willkürlich treffen könnte (Hess.VGH, EZAR 228 Nr. 16; OVG NW, NVwZ 1992, 810). Vielmehr hat sie zu prüfen, ob die getroffene Entscheidung angesichts der konkreten Umstände des jeweiligen Einzelfalls den *Grundsätzen der Verhältnismäßigkeit* und – sofern der Sachverhalt dafür Anhaltspunkte bietet – des *Vertrauensschutzes* entspricht (OVG NW, NVwZ 1992, 810). Darüber hinaus kann der Asylsuchende erfolgreich die Verletzung des *Gleichbehandlungsgebotes* rügen, wenn die Zuweisungsbehörde bestimmte persönliche Merkmale oder Gegebenheiten zum Anlass genommen hat, sie in ständiger Verwaltungspraxis zugunsten des betroffenen Personenkreises zu berücksichtigen (OVG NW, NVwZ 1992, 810).

E. Einreise über einen sicheren Drittstaat nach § 26a (Abs. 1 Satz 3)

15 Nach Abs. 1 Satz 3 erwirbt der Antragsteller das Aufenthaltsrecht des Abs. 1 Satz 1 im Fall der *unerlaubten Einreise* aus einem *sicheren Drittstaat* (§ 26a) erst mit der Stellung eines Asylantrags (§ 14, § 23 Abs. 1). Anders als im Normalfall, in dem das Aufenthaltsrecht bereits mit dem Asylersuchen begründet wird, will der Gesetzgeber bei unerlaubter Einreise aus einem sicheren Drittstaat die Entstehung des Aufenthaltsrechtes davon abhängig machen, dass dem Antragsteller die Stellung des Asylantrags gelingt. Bis dahin besteht ein rechtlicher *Schwebezustand.* Wird der Antragsteller vorher durch die Ausländerbehörde zurückgeschoben (§ 19 Abs. 3 AsylG in Verb. mit § 15 AufenthG), entsteht das Aufenthaltsrecht nicht. Abs. 1 Satz 3 ist eine Folgeänderung im Hinblick auf § 19 Abs. 3 (BT-Drucks. 12/4450, S. 26). Wie im Fall des § 19 Abs. 3 wird eine *unerlaubte* Einreise aus einem »sicheren« Drittstaat vorausgesetzt. In den Fällen des § 26a Abs. 1 Satz 3 Nr. 1 liegt eine erlaubte Einreise vor, sodass schon die tatbestandlichen Voraussetzungen des Abs. 1 Satz 3 nicht erfüllt sind. Im Fall des § 26a Abs. 1 Satz 3 Nr. 2 ist die Bundesrepublik völkerrechtlich zur Durchführung des Asylverfahrens verpflichtet. Zwar entsteht nicht das gesetzliche Aufenthaltsrecht nach Abs. 1 Satz 1. Der Aufenthalt des Antragstellers gilt aber mit dem Zeitpunkt des Schutzersuchens kraft Gesetzes als geduldet (§ 71a Abs. 3 Satz 1). Die ist unvereinbar mit Art. 9 Abs. 1 Satz 1 RL 2013/32/EU, weil die Verfahrensrichtlinie auf alle Asylsuchende Anwendung findet, für deren Antrag der Aufnahmemitgliedstaat zuständig ist.

16 Das Aufenthaltsrecht entsteht nach Abs. 1 Satz 3 mit der wirksamen Antragstellung nach § 23 Abs. 1. Damit ist nicht gesagt, dass keine Abschiebungsmaßnahmen zulässig wären. Vielmehr stellt das Bundesamt fest, dass dem Antragsteller aufgrund seiner Einreise aus einem sicheren Drittstaat kein Asylrecht zusteht (§ 31 Abs. 1 Satz 4). Ist die Abschiebung durchführbar, erlässt es die Abschiebungsanordnung (§ 34a Abs. 1). Dagegen kann Eilrechtsschutz beantragt werden (§ 34a Abs. 2). Das Aufenthaltsrecht erlischt mit Bekanntgabe der Abschiebungsanordnung (§ 67 Abs. 1 Nr. 5) an den Antragsteller (§ 31 Abs. 1 Satz 4). Ist die Abschiebung nicht durchführbar, darf diese nicht verfügt werden. Das Aufenthaltsrecht bleibt bestehen (§ 67 Abs. 1 Nr. 5). Mangels Listung »sicherer« Drittstaaten findet Abs. 1 Satz 3 aber keine Anwendung. Für Antragsteller, die an einen anderen Mitgliedstaat überstellt werden sollen, findet die Verordnung (EU) Nr. 604/2003 Anwendung. Danach ist die Überstellung nur in einem geordneten Verfahren zulässig und hat der Antragsteller bis zum Vollzug die Bleibeberechtigung (Art. 26, 29 Verordnung [EU] Nr. 604/2003). Auch wenn der Aufnahmemitgliedstaat nicht zuständig für die Behandlung des Antrags ist, hat er dem Antragsteller bis zur tatsächlichen Überstellung an den zuständigen Mitgliedstaat die in der Richtlinie 2013/33/EU vorgesehenen Leistungen zu gewähren (EuGH, NVwZ 2012, 1529 = EZAR NF 87 Nr. 33 = ZAR 2013, 125 (LS) – *Cimade*.

F. Verhältnis der Aufenthaltsgestattung zu einem Aufenthaltstitel (Abs. 2)

I. Funktion des Abs. 2

17 Abs. 2 lehnt sich an § 19 Abs. 5 AsylVfG 1982 an (BT-Drucks. 12/2062, 37). Mit der Antragstellung erlöschen kraft Gesetzes alle Aufenthaltstitel mit einer Gesamtgeltungsdauer bis zu sechs Monaten und eine Befreiung vom Erfordernis eines Aufenthaltstitels sowie die in § 81 Abs. 3 und 4 AufenthG geregelte Erlaubnisfiktion (Abs. 2 Satz 1). Funktion des Abs. 2 Satz 1 ist es, alle kurzfristigen Besuchsaufenthalte gleich zu behandeln (BT-Drucks. 12/2062, 37). Die Frist von sechs Monaten ist auch für andere Gestaltungen des Verfahrens maßgebend (§ 14 Abs. 2 Satz 1 Nr. 1, § 43 Abs. 2 Satz 1), um die Beziehung zwischen dem asylverfahrensabhängigen Aufenthaltsrecht zum allgemeinen Aufenthaltsrecht eindeutig zu gestalten. Abs. 2 verdeutlicht, dass der Aufenthaltstitel in bestimmten Fällen an die Stelle der Aufenthaltsgestattung nach Abs. 1 Satz 1 tritt. Da sich Abs. 2 Satz 1 an die früheren Regelungen über das Verhältnis von Aufenthaltsgestattung und allgemeinem Aufenthaltsrecht anlehnt (BT-Drucks. 12/2062, S. 37; § 43 Rdn. 2 ff., 7 ff.), bleibt *unabhängig* von den Wirkungen des verfahrensunabhängigen Aufenthaltstitels der Aufenthalt kraft Gesetzes gestattet. Lediglich die Beschränkungen der Aufenthaltsgestattung kommen solange nicht zum Tragen, wie der Aufenthaltstitel gültig ist (BT-Drucks. 9/1630, S. 21). Stets hat die Ausländerbehörde unabhängig von der Entscheidung über den Verlängerungsantrag das gesetzliche Aufenthaltsrecht des Abs. 1 Satz 1 zu beachten.

II. Umfang der Erlöschensregelung des Abs. 2 Satz 1

18 Hat der Antragsteller *im Zeitpunkt* der Antragstellung einen Aufenthaltstitel mit einer Gesamtgeltungsdauer bis zu sechs Monaten oder hat er nach der Einreise

einen Verlängerungsantrag mit der aufenthaltsrechtlichen Folge des § 81 Abs. 3 oder 4 AufenthG gestellt, erlöschen die bisher erworbenen aufenthaltsrechtlichen Positionen kraft Gesetzes (Abs. 2 Satz 1). Gegen den Wortlaut geht die Literatur davon aus, dass die Aufenthaltserlaubnis nicht erst mit der Asylantragstellung, sondern bereits mit dem Nachsuchen um Asyl erlischt (*Hailbronner* AuslR B 2 § 55 AsylVfG Rn. 33; *Bergmann*, in: Bergmann/Dienelt, AuslR, 11. Aufl., 2016, § 55 AsylG Rn. 13). Praktische Bedeutung hat diese Streitfrage nicht. Während der Geltungsdauer des Aufenthaltstitels kann der innere Vorsatz, Asylantrag zu stellen, ohne sich in äußeren Handlungen zu manifestieren, nicht erkannt werden. Der Asylantrag ist bei der nach dem Gesetz zuständigen Außenstelle des Bundesamtes zu stellen (§ 14 Abs. 1 in Verb. mit § 23 Abs. 1). Maßgebend ist, dass der Antragsteller *insgesamt* einen Aufenthaltstitel mit einer Gesamtgeltungsdauer bis zu *sechs Monaten* besitzt (*Wolff*, in: Hofmann/Hofmann, AuslR. Handkommentar, § 55 AsylVfG Rn. 8). Ist die Gesamtgeltungsdauer von vornherein länger als sechs Monate und beträgt sie im Zeitpunkt des Verlängerungsantrags nicht mehr sechs Monate, erlischt die Fiktion nicht. Die Vorschrift stellt nicht auf den Zeitpunkt der Asylantragstellung, sondern darauf ab, dass der Aufenthaltstitel mehr als sechs Monate Gültigkeitsdauer hat, unabhängig davon, zu welchem Zeitpunkt während der Geltungsdauer der Antrag gestellt wird. Allerdings muss die Geltungsdauer des Aufenthaltstitels im Zeitpunkt der Antragstellung nach andauern (§ 14 Rdn. 9 f.). Das rechtliche Schicksal des Aufenthaltstitels richtet sich nach allgemeinen aufenthaltsrechtlichen Vorschriften (vgl. auch § 43 Abs. 1 und 2).

Abs. 2 Satz 1 will kurzfristige Besuchsaufenthalte nicht privilegieren. Nicht maßgebend ist, welcher Zweck dem Besuchsaufenthalt zugrundeliegt. Reist der Ausländer jedoch etwa mit einem Visum zu Studienzwecken ein und stellt er im Anschluss an die Einreise den Asylantrag, unterfällt er der Regelung des Abs. 2 Satz 1, da das Visum in aller Regel eine Geltungsdauer von drei Monaten hat. Eine derartige Fallgestaltung ist jedoch praxisfremd. Denn im Anschluss an die Einreise wird dem mit einem Visum eingereisten studierwilligen Ausländer eine Aufenthaltserlaubnis mit einer Gesamtgeltungsdauer von mehr als sechs Monaten erteilt. Stellt er anschließend den Asylantrag, erlischt die Aufenthaltserlaubnis nicht. Dem Gesamtzusammenhang der Regelungen in Abs. 2 in Verb. mit § 10 AufenthG kann entnommen werden, dass zwar die *Verlängerung* des Aufenthaltstitels durch den Asylantrag nicht ausgeschlossen, wohl aber die *erstmalige Beantragung* eines Aufenthaltstitels nach der Asylantragstellung aufenthaltsrechtlich schädlich ist (§ 10 Abs. 1 AufenthG). 19

III. Fortgeltung des Aufenthaltstitels nach Abs. 2 Satz 2

Nach Abs. 2 Satz 2 bleibt § 81 Abs. 4 AufenthG unberührt, wenn der Antragsteller einen Aufenthaltstitel mit einer Gesamtgeltungsdauer von mehr als sechs Monaten besessen und dessen Verlängerung beantragt hat. In diesem Fall tritt also die Erlöschenswirkung nach Abs. 2 Satz 1 nicht ein. Hat der Antragsteller etwa als Student oder Werkvertragsarbeitnehmer einen Aufenthaltstitel mit einer Gesamtgeltungsdauer von mehr als sechs Monaten besessen und anschließend die Verlängerung beantragt und 20 stellt er vor Erteilung der Verlängerung den Asylantrag, findet Abs. 2 Satz 2 Anwendung. Die Fortgeltungsfiktion nach § 81 Abs. 4 AufenthG erlischt nicht. Vielmehr hat die Ausländerbehörde nach Maßgabe ausländerrechtlicher Bestimmungen über den Verlängerungsantrag zu entscheiden. Dabei darf sie den gestellten Asylantrag im Rahmen ihrer Ermessensausübung nicht zulasten des Antragstellers bewerten (§ 1a Abs. 2 AufenthG). Hat die Behörde z.B. in der Vergangenheit wiederholt die Aufenthaltserlaubnis zu Studienzwecken verlängert und sind keine Anhaltspunkte dafür erkennbar, dass der Antragsteller sein Studium nicht ernsthaft betreibt, hat sie ungeachtet des gestellten Asylantrags die Bewilligung zu verlängern.

21 Regelmäßig treten dann Probleme auf, wenn zwar die für die Erteilung des Aufenthaltstitels maßgeblichen Gründe fortbestehen, die zuständige Auslandsvertretung des Antragstellers sich jedoch weigert, den nationalen Reiseausweis zu verlängern. In aller Regel verweigern die Ausländerbehörden in derartigen Fällen mit Hinweis auf § 3 Abs. 1, 45 Abs. 1 Nr. 4 AufenthG die Verlängerung des Antrags. Stellt der Antragsteller, der einen Aufenthaltstitel mit einer Gesamtgeltungsdauer von mehr als sechs Monaten besessen und dessen Verlängerung beantragt hat, vor Entscheidung über den Verlängerungsantrag den Asylantrag, erlischt seine aufenthaltsrechtliche Position *nicht* kraft Gesetzes. Vielmehr hat die Ausländerbehörde ungeachtet des gestellten Asylantrags den Verlängerungsantrag zu bescheiden (§ 10 Abs. 2 AufenthG). Der Asylantrag ist nach § 14 Abs. 2 Satz 1 Nr. 1 schriftlich beim Bundesamt zu stellen. Wird das Asylverfahren vor der Entscheidung über den Verlängerungsantrag unanfechtbar negativ beendet oder die Abschiebungsandrohung nach § 34 vollziehbar, ist diese erst vollziehbar, wenn der Verlängerungsantrag abgelehnt worden ist (§ 43 Abs. 2). In diesem Fall bleiben dem Betroffenen die Rechtsschutzmöglichkeiten des allgemeinen Ausländerrechts erhalten. § 80 findet auf das allgemeine Ausländerrecht keine Anwendung.

22 Hat der Antragsteller, der im Besitz eines Aufenthaltstitels mit einer Gesamtgeltungsdauer von mehr als sechs Monaten war, einen Antrag auf Verlängerung des Aufenthaltstitels gestellt, bleibt seine aufenthaltsrechtliche Position durch einen danach gestellten Asylantrag unberührt (Abs. 2 Satz 2). Wird der Asylantrag unanfechtbar abgelehnt und die Abschiebungsandrohung nach § 34 vollziehbar, darf die Abschiebung erst durchgeführt werden, wenn der Betroffene auch nach § 50 Abs. 2 AufenthG ausreisepflichtig ist (§ 43 Abs. 1). Stellt der Ausländer, der einen Aufenthaltstitel von mehr als sechs Monaten besessen hat, erst nach Ablauf dessen Geltungsdauer den Verlängerungsantrag, findet Abs. 2 Satz 2 ebenfalls Anwendung. Allein der Ablauf der Geltungsdauer des Aufenthaltstitels begründet nicht die Ausreisepflicht nach § 50 Abs. 1 AufenthG. Dazu bedarf es erst einer Ablehnung des Verlängerungsantrags, wenn vor Ablauf der Geltungsdauer der Verlängerungsantrag gestellt wurde.

G. Anrechnung von Aufenthaltszeiten (Abs. 3)

23 Nach Abs. 3 wird die Dauer einer asylverfahrensabhängigen Aufenthaltsgestattung mit Blick auf den Erwerb oder die Ausübung eines Rechts oder einer Vergünstigung,

sofern eine bestimmte Dauer des Aufenthalts im Bundesgebiet hierfür entscheidend ist, nur angerechnet, wenn der Antragsteller unanfechtbar als Asylberechtigter anerkannt oder ihm internationaler Schutz zuerkannt wurde. Zunächst privilegierte Abs. 3 nur die Asylberechtigung. 2005 wurde auch die Flüchtlingseigenschaft und 2013 der subsidiäre Schutz einbezogen. Abs. 3 bezieht sich auch auf *Altfälle*. Wurde vor dem 01.01.2005 die Flüchtlingseigenschaft oder vor 2013 der subsidiäre Schutzstatus zuerkannt, sind die Zeiten des Asylverfahrens anzurechnen. War der Antragsteller während des Asylverfahrens im Besitz eines asylunabhängigen Aufenthaltstitels, ist diese Zeit auch im Fall eines erfolglosen Asylverfahrens anzurechnen (*Hailbronner*, AuslR B 2 § 55 AsylG Rn. 37; *Bergmann*, in: Bergmann/Dienelt, AuslR, 11. Aufl., 2016, § 55 AsylG Rn. 17; *Bodenbender*, in: AsylG II, § 55 Rn. 75; *Wolff*, in: Hofmann/Hofmann, AuslR. Handkommentar, § 55 AsylG Rn. 11). Abs. 3 erfasst *alle rechtlichen Sachbereiche*, bei denen es auf eine bestimmte Dauer des Aufenthaltes im Bundesgebiet ankommt, z.B. § 26 Abs. 4 Satz 1 AufenthG, § 4 Abs. 3 Satz 1, § 10 Abs. 1 Satz 1 StAG Entweder ist die Aufenthaltszeit für die Erfüllung der tatbestandlichen Voraussetzungen oder für die Ermessensausübung von Bedeutung.

H. Rechtsschutz

§ 55 regelt Beginn, Ende und Umfang des asylverfahrensabhängigen Aufenthaltsrechts. Dieses wird durch die Bescheinigung nach § 63 dokumentiert. Der Rechtsschutz gegen die Verweigerung der Erteilung oder der Verlängerung bzw. den Entzug der Aufenthaltsgestattung richtet sich daher nach Maßgabe des § 63 (§ 60 Rdn. 31). Gegen die Versagung der Ausstellung der Ankunftsnachweise (§ 63a), der Bescheinigung über die Aufenthaltsgestattung (§ 63), gegen inhaltliche Beschränkungen und gegen die mit dieser verbundene Auflagen können Rechtsmittel eingelegt werden. Die Klage hat keinen Suspensiveffekt, sodass Eilrechtsschutz entweder nach § 80 Abs. 5 oder § 123 VwGO gegeben ist. 24

§ 56 Räumliche Beschränkung

(1) Die Aufenthaltsgestattung ist räumlich auf den Bezirk der Ausländerbehörde beschränkt, in dem die für die Aufnahme des Ausländers zuständige Aufnahmeeinrichtung liegt.

(2) Wenn der Ausländer verpflichtet ist, in dem Bezirk einer anderen Ausländerbehörde Aufenthalt zu nehmen, ist die Aufenthaltsgestattung räumlich auf deren Bezirk beschränkt.

Übersicht Rdn.

A. Funktion der Vorschrift

1 Das Vorbild für § 56 ist § 20 Abs. 1 AsylVfG 1982. Wegen der besonderen verfahrensrechtlichen Zuständigkeitsbestimmungen der § 14, §§ 46 ff. enthält das geltende Recht gegenüber dem früheren jedoch einige Modifizierungen: Der Aufenthalt des Antragstellers im Sinne von § 14 Abs. 1 ist nach Maßgabe des Abs. 1 beschränkt. Durch das Rechtsstellungsverbesserungsgesetz 2014 wurde § 56 Abs. 1 Satz 2 AsylVfG a.F. aufgehoben, sodass das Aufenthaltsrecht der Antragsteller im Sinne von § 14 Abs. 2 nicht mehr räumlich beschränkt ist. Abs. 2 sollte ursprünglich gestrichen werden, wurde jedoch beibehalten. Wiederholte Verstöße gegen die räumliche Beschränkung sind grundsätzlich nicht strafbar, es sei denn, die Ausländerbehörde hat eine räumliche Beschränkung nach Maßgabe von § 59b angeordnet (§ 85 Abs. 1 Nr. 2). Einmalige Verstöße sind in diesem Fall bloß ordnungswidrig (§ 86 Abs. 1).

2 Die Vorschrift gestaltet das Aufenthaltsrecht des § 55 Abs. 1 Satz 1. Das *vorläufige Bleiberecht* ist *Ausdruck der Vorwirkung des verfassungs – und union rechtlich verbürgten Asylrechts*, gewährt ein Aufenthaltsrecht aber nur insoweit, wie es zur Durchführung des Asylverfahrens unter für Asylsuchende *zumutbaren* Bedingungen notwendig ist (BVerfGE 80, 68, 73f. = InfAuslR 1989, 243). Diese an einer wirksamen Durchsetzung der grundrechtlichen Asylverbürgung ausgerichteten Überlegungen (BVerfGE 80, 182, 187 = EZAR 355 Nr. 6 = NVwZ 1989, 951) lassen daher gesetzlich angeordnete Beschränkungen des Aufenthaltsrechts zu (BVerfGE 77, 364, 36 ff.; 80, 68, 73 f. = InfAuslR 1989, 243; 80, 182, 187 = EZAR 355 Nr. 6 = NVwZ 1989, 951; BVerfG, NVwZ 1983, 603 = BayVBl. 1983, 655). Verfassungsrechtlicher Maßstab ist das auch für Fremde geltende *Grundrecht auf die freie Entfaltung der Persönlichkeit* (Art. 2 Abs. 1 GG). Die räumliche Beschränkung ist in diesem Sinne eine verfassungsmäßige Beschränkung der allgemeinen Handlungsfreiheit (BVerfG, NVwZ 1983, 603). Kraft Gesetzes entsteht das Aufenthaltsrecht *von vornherein* nach Maßgabe des § 55 räumlich beschränkt. Einer besonderen ordnungsbehördlichen Verfügung bedarf es nicht (BVerfG, NVwZ 1983, 603 = BayVBl. 1983, 655). Es wird nicht nur eine ständige Wohnsitznahme, sondern der Aufenthalt des Asylsuchenden schlechthin erfasst (BVerfG, NVwZ 1983, 603). Durch Auflage kann der Aufenthalt in verfassungsrechtlich unbedenklicher Weise (BVerfGE 77, 364, 366) weiter beschränkt werden (§ 60). Der Asylsuchende erhält über sein räumlich beschränktes Aufenthaltsrecht zunächst den Ankunftsnachweis nach § 63a (Rdn. 8) und nach Antragstellung (§ 23 Abs. 1) die Bescheinigung nach § 63 Abs. 1. Sondergenehmigungen zum vorübergehenden Verlassen des räumlich beschränkten Bereichs enthalten die Vorschriften der §§ 57 f.

3 Angesichts des räumlichen Umfangs der Beschränkung handelt es sich bei der gesetzlich angeordneten Aufenthaltsbeschränkung nicht um einen Eingriff in die durch Art. 2 Abs. 2 GG geschützte Freiheit der Person (BVerfG, NVwZ 1983, 603; BVerfGE 96, 10, 21 = DVBl 1997, 895 = EZAR 222 Nr. 8 = BayVBl. 1997, 559), da dieses Grundrecht die tatsächliche Bewegungsfreiheit lediglich im Rahmen der allgemeinen Rechtsordnung schützt. Daher umfasst sein Gewährleistungsinhalt von vornherein nicht eine Befugnis, sich überall aufhalten und überall hin bewegen zu dürfen

(BVerfGE 96, 10, 21. Die Regelungen über die Aufenthaltsbeschränkungen sind mit Art. 2 Abs. 1 GG in Verbindung mit dem Grundsatz der Verhältnismäßigkeit vereinbar, da sie Teil eines Bündels von Maßnahmen sind, mit denen der Gesetzgeber auf das Ansteigen der Zahl der Asylsuchenden reagiert hat. Einer räumlichen Beschränkung der Aufenthaltsgestaltung hat der Gesetzgeber besondere sicherheits- und ordnungspolitische, aber auch sozial- und arbeitsmarktpolitische Bedeutung beigemessen. Der Gesetzgeber kann vor diesem Hintergrund zur Erreichung der Gemeinwohlbelange der gleichmäßigen Verteilung der mit der Aufnahme von Asylsuchenden verbundenen Aufgaben sowie der jederzeitigen Erreichbarkeit des Asylantragstellers für die Zwecke des Verfahrens und dessen beschleunigte Durchführung ohne Überschreitung des ihm eingeräumten Einschätzungs- und Beurteilungsspielraums den Aufenthalt von Asylsuchenden beschränken. Die Regelungen über die räumliche Beschränkung der Aufenthaltsgestattung verstoßen nicht gegen das Asylgrundrecht (BVerfG, NVwZ 1983, 603; BVerfGE 77, 364, 367; 80, 68, 73f. = InfAuslR 1989, 243; BVerfGE 80, 182, 186f. = EZAR 355 Nr. 6 = NVwZ 1989, 951).

Nach Unionsrecht dürfen Asylbewerber sich im Hoheitsgebiet des Aufnahmemitgliedstaates oder in einem von diesem Mitgliedstaat zugewiesenen Gebiet frei bewegen (Art. 7 Abs. 1 RL 2013/33/EU). Damit steht die Vorschrift im Einklang. Die räumliche Beschränkung der Aufenthaltsrechts von Asylsuchenden verletzt auch nicht Art. 2 EMRK Prot. Nr. 4. Die Vertragsstaaten dürfen die Voraussetzungen festlegen, welche für den »rechtmäßigen Aufenthalt« einer Person im Gebiet des Vertragsstaates gefordert werden. Die Konventionsbestimmung gewährt einem Ausländer nicht das Recht auf freie Wahl seines Wohnsitzes in einem Staat, dessen Staatsangehörigkeit er nicht besitzt. Sie hat auch keinen Einfluss auf die Voraussetzungen, unter denen einer Person der Aufenthalt in einem Staat erlaubt wird (EGMR, Urt. v. 20.11.2007 – Nr. 44294/04 – *Omwenyeke*, mit Hinweis auf EGMR, Urt. v. 09.10.2003 – Nr. 69405/01 – *Federova u.a.*; EGMR, Urt. v. 09.11.2000 – Nr. 60654/00 – *Sisojevy u.a.*; § 85 Rdn. 8). Daher kann der Aufenthalt von Ausländern, denen zwecks Entscheidung über den gestellten Antrag auf Erteilung eines Aufenthaltstitels lediglich vorübergehend der Aufenthalt in einem begrenzten Teil des Staatsgebietes des Vertragsstaates gestattet wird, nur solange als »rechtmäßig« betrachtet werden, wie sie die hierfür festgelegten Bedingungen beachten. Ein Ausländer, der ohne behördliche Erlaubnis den ihm zugewiesenen Bereich des Staatsgebietes verlässt, hält sich nicht »rechtmäßig« in diesem auf und kann sich daher nicht auf sein Recht auf Bewegungsfreiheit gem. Art. 2 EMRK Prot. Nr. 4 berufen (EGMR, Urt. v. 20.11.2007 – Nr. 44294/04 – *Omwenyeke*). Diese europäische Perspektive wird durch die Entstehungsgeschichte von Art. 26 GFK nicht getragen. Danach dürfen Asylsuchende nach der Zulassung zum Staatsgebiet keinen anderen Beschränkungen als Ausländern im Allgemeinen unterworfen werden (*Marx*, in: Zimmermann, The 1951 Convention Relating to the Status of Refugees and its 1967 Protocol. A Commentary, 2011, Article 26 Rn. 66). 4

Generell stellte sich die Frage, ob es politisch sinnvoll war, die Bewegungsfreiheit von Asylsuchenden in der rigiden Form wie früher einzuschränken, weil die mittel- bis langfristigen Folgen für Asylsuchende häufig unzumutbar waren, die Art und Weise 5 der Unterbringung aber auch der gesellschaftlichen Akzeptanz nicht förderlich war. Versuche aus dem Bundestag (Antrag der Fraktion Bündnis 90/Die Grünen vom 29.09.2013 – BT-Drucks. 17/3065) wie auch aus einigen Bundesländern, die räumlichen Beschränkungen aufzuheben oder einzuschränken, blieben zunächst erfolglos. Innerhalb der Union ist die Bundesrepublik der einzige Mitgliedstaat, der die Bewegungsfreiheit von Asylsuchenden derart restriktiv gestaltet. Die hierzu erforderlichen Freistellungsklauseln in den Rechtsakten der Union sind maßgeblich im Blick auf die deutsche Rechtslage durch die Bundesregierung durchgesetzt worden. Durch das Rechtsstellungsverbesserungsgesetz 2014 hat der Gesetzgeber zwar nicht die Residenzpflicht (§ 60 Abs. 1) aufgehoben, aber mit § 59a, § 59b behutsame Lockerungen der Bewegungsfreiheit von Asylsuchenden eingeführt, die er aber bereits wenig später mit § 47 Abs. 1 und 1a, § 30a teilweise zurückgenommen hat.

B. Umfang der räumlichen Beschränkungen (Abs. 1)

I. Inhalt des gesetzlich beschränkten Aufenthaltsrechts

6 Nach Abs. 1 entsteht das Aufenthaltsrecht nach § 55 Abs. 1 Satz 1 von vornherein kraft Gesetzes nur räumlich beschränkt. Beschränkt ist der tatsächliche, nicht der gewöhnliche Aufenthalt (*Wingerter*, in: Hofmann/Hofmann, AuslR. Handkommentar, § 56 AsylG Rn. 3). Der Asylsuchende kann jedoch noch keinen gewöhnlichen Aufenthalt begründen (*Bodenbender*, in: GK-AsylG II, § 56 Rn. 13). Die gesetzlich vorgesehene Beschränkung der Aufenthaltsgestattung auf einen bestimmten Aufenthaltsbezirk verhindert oder erschwert bereits von vornherein, dass der Asylsuchende Handlungen und Tätigkeiten vornimmt, die über den reinen asylverfahrensrechtlich begrenzten Zweck des Aufenthaltsrechts hinausgehen. Die insoweit offenen Gesetzesvorschriften dürfen aber nicht dahin ausgelegt und angewandt werden, dass innerhalb des räumlich beschränkten Bereichs alle Handlungen und Tätigkeiten des Asylsuchenden unter *präventivem Erlaubnisvorbehalt* stehen. Ein derartiger Vorbehalt gilt vielmehr zunächst nur für das Verlassen des räumlich beschränkten Bezirks (BVerfGE 96, 10, 24 = DVBl 1997, 895, 896). Daher berechtigt der Aufenthalt im räumlichen Bezirk zunächst zu allen nicht verbotenen Handlungen und Tätigkeiten. Es ist Sache der Ausländerbehörde, unter Berücksichtigung des *Verhältnismäßigkeitsgrundsatzes* und *Übermaßverbots* mithilfe der Auflagenermächtigung nach § 60 im konkreten Einzelfall weitere Einschränkungen des Wohnsitzes vorzunehmen (*Bodenbender*, in: GK-AsylG II, § 56 Rn. 19; a.A. VG Düsseldorf, InfAuslR 1984, 46). Nach Ablauf von drei Monaten Aufenthalt entfällt grundsätzlich die räumliche Beschränkung nach § 56 (§ 59a Abs. 1), wenn nicht die Sechsmonatsfrist des § 47 Abs. 1 Satz 1 ausgeschöpft wird.

7 Abs. 1 gilt grundsätzlich für die Antragsteller, die verpflichtet sind, ihren Antrag nach § 14 Abs. 1 in Verb. mit § 23 Abs. 1 bei der Außenstelle des Bundesamtes zu stellen. Ist der Antragsteller verpflichtet, den Asylantrag bei einer Außenstelle des Bundesamtes zu stellen (§ 14 Abs. 1), ist die Aufenthaltsgestattung räumlich auf den Bezirk der Ausländerbehörde beschränkt, in dem die für seine Aufnahme nach § 46 zuständige Aufnahmeeinrichtung liegt (BT-Drucks. 12/2062, S. 37). In diesem Fall entsteht das

Aufenthaltsrecht des § 55 Abs. 1 Satz 1 als solches zwar bereits mit der Geltendmachung des Asylersuchens gegenüber jeder Behörde, die mit ausländerrechtlichen Fragen befasst ist. Die Bestimmung über die räumliche Beschränkung nach Abs. 1 Satz 1 findet jedoch erst Anwendung, wenn Klarheit über die zuständige Aufnahmeeinrichtung nach § 46 besteht.

Unklar war früher, wie in der Zeit zwischen der ersten Geltendmachung des Asylersuchens gegenüber der Grenz-, Polizei-, Ausländerbehörde oder Aufnahmeeinrichtung sowie der wirksamen Asylantragstellung nach Maßgabe des § 23 Abs. 1 – nach vorheriger Bestimmung der zuständigen Aufnahmeeinrichtung (§ 46 Abs. 1 Satz 2) – das gesetzliche Aufenthaltsrecht gestaltet war. Diese Phase wird nunmehr durch die Bescheinigung nach § 63a geregelt (Rdn. 2). Abs. 1 setzt voraus, dass die zuständige Aufnahmeeinrichtung nach § 46 Abs. 1 und damit zugleich die zuständige Außenstelle des Bundesamtes bestimmt worden ist. Der Antragsteller hält sich im Zeitpunkt der Ermittlung der zuständigen Aufnahmeeinrichtung in der zunächst aufgesuchten Aufnahmeeinrichtung auf, die häufig nicht die zuständige Aufnahmeeinrichtung nach § 46 Abs. 1 ist. Erst mit dem Zeitpunkt der Bestimmung der zuständigen allgemeinen oder besonderen Aufnahmeeinrichtung wird kraft Gesetzes der Aufenthalt des Antragstellers auf den Bezirk der Ausländerbehörde beschränkt, in dem die als zuständig ermittelte Aufnahmeeinrichtung gelegen ist. Mit dem Zeitpunkt der Bestimmung der zuständigen Aufnahmeeinrichtung nach § 46 Abs. 1 tritt daher die gesetzliche Beschränkung nach Abs. 1 ein. 8

Bis zum Zeitpunkt der Bestimmung der zuständigen Aufnahmeeinrichtung greift Abs. 1 also nicht ein. Bis dahin ist das Aufenthaltsrecht des Asylbewerbers nicht räumlich beschränkt. Daher kann auch kein auf eine räumliche Beschränkung bezogenes strafbares Verhalten angenommen werden (§ 85 Nr. 2). Ist die zuständige Aufnahmeeinrichtung nach § 46 Abs. 1 ermittelt worden, wird das Aufenthaltsrecht des § 55 Abs. 1 Satz 1 nach Abs. 1 auf den Bezirk der Ausländerbehörde, in dem diese gelegen ist, beschränkt. Der Antragsteller hat die zuständige Aufnahmeeinrichtung aufzusuchen und kann unter den Voraussetzungen des § 66 Abs. 1 Nr. 1 nach einer Woche zur Aufenthaltsermittlung und Fahndung ausgeschrieben werden. Nach Ablauf von zwei Wochen erlischt die Aufenthaltsgestattung, wenn der Antragsteller nicht bei der zuständigen Aufnahmeeinrichtung erscheint und bei der zuständigen Außenstelle des Bundesamtes den Asylantrag stellt (§ 67 Abs. 1 Nr. 2), es sei denn, der behördlich bestimmte Termin zur Antragstellung (§ 23 Abs. 1) liegt außerhalb der Zweiwochenfrist (§ 67 Abs. 1 Satz 2). Sie trifft nach Antragstellung (§ 23 Abs. 1) wieder in Kraft (§ 67 Abs. 2). 9

Die räumliche Beschränkung nach Abs. 1 ist abhängig vom Aufenthalt in der Aufnahmeeinrichtung. Während der Dauer des Aufenthalts in der Aufnahmeeinrichtung besteht Wohnpflicht nach § 47 Abs. 1 Satz 1, Abs. 1a oder § 30a Abs. 3 Satz 1 kraft Gesetzes. Endet die Verpflichtung, in der Aufnahmeeinrichtung zu wohnen (§ 48, § 49), erfolgt im Wege der landesinternen (§ 50) oder länderübergreifenden Verteilung (§ 51) die Zuweisung. Der Asylantragsteller ist verpflichtet, sich unverzüglich zu der in der Zuweisungsverfügung angegebenen Stelle zu begeben (§ 50 10

Abs. 4). Im Fall der Zuwiderhandlung macht er sich strafbar (§ 85 Nr. 1). Mit der Zuweisungsentscheidung wird zugleich der Bezirk der Ausländerbehörde festgelegt, auf den der Aufenthalt des Antragstellers nach Abs. 2 räumlich beschränkt wird. Während die Bescheinigung über die Aufenthaltsgestattung (§ 63 Abs. 1) erst nach der förmlichen Antragstellung (§ 23 Abs. 1) erteilt wird, erhält der Asylsuchende mit der Geltendmachung seines Asylersuchens gegenüber der Grenz-, Polizei-, Ausländerbehörde oder Aufnahmeeinrichtung (§ 18 Abs. 1 Halbs. 1, § 19 Abs. 1 Halbs. 1, § 22 Abs. 1) die Bescheinigung über die Meldung als Asylsuchender (§ 63a).

II. Betretensverbot nach Abs. 1

11 Nach der Rechtsprechung stellt Abs. 1 auch die Rechtsgrundlage dafür dar, das Betreten eines bestimmten Bezirks zu untersagen (VGH BW, AuAS 1997, 263; a.A. VGH BW, NVwZ-RR 1998, 680 = AuAS 1998, 81; *Bodenbender*, in: GK-AsylG II, § 59 Rn. 6: Rechtsgrundlage für Betretensverbot ist § 59). Die Ausländerbehörde sei befugt, in Konkretisierung einer sich für den Asylsuchenden bereits nach Abs. 1 ergebenden Rechtspflicht, den ihm zugewiesenen räumlich beschränkten Bereich nicht zu verlassen, unter Rückgriff auf die polizeiliche Generalklausel ein Betretensverbot für einen außerhalb dieses Bereiches liegenden räumlich beschränkten Bezirk zu erlassen, ohne hieran durch die spezielleren Regelungen des § 46 Abs. 1 AufenthG gehindert zu sein. Jedenfalls sei der Rückgriff auf die polizeiliche Generalermächtigung dann nicht ausgeschlossen, wenn allein mit Mitteln des Polizeirechts bekämpfbare Aspekte der Gefahrenabwehr hinzukämen und sich die zuständige Polizeibehörde auch hierauf stütze (VGH BW, AuAS 1997, 263; VGH BW, NVwZ-RR 1998, 680 = AuAS 1998, 81; *Hailbronner*, AuslR B 2 § 56 AsylG Rn. 15). Ein derartiges Betretensverbot könne etwa damit begründet werden, den Kontakt des Asylsuchenden zur Drogenszene zu unterbinden. Die Polizei habe dabei im konkreten Einzelfall zu prüfen, ob das Betretensverbot geeignet, erforderlich und verhältnismäßig im Sinne einer Mittel-Zweck-Relation zur Bekämpfung der polizeilichen Gefahr sei. Habe der Asylsuchende sich wiederholt ohne entsprechende Ausnahmegenehmigungen in Bereichen der örtlichen Drogenszene aufgehalten und sei ein solches Verhalten auch für die Zukunft zu befürchten, sei das Betretensverbot geeignet und erforderlich, den Betreffenden von weiteren Kontakten zur Drogenszene abzuhalten (VGH BW, AuAS 1997, 263).

12 Diese Rechtsprechung überdehnt den Wortlaut von Abs. 1. Die Vorschrift stellt keine Eingriffsgrundlage für ein Betretensverbot dar. Vielmehr beschränkt sie von vornherein räumlich den Aufenthalt des Asylsuchenden, ohne dass es eines dazwischen geschalteten behördlichen Vollzugsaktes bedarf. Das Betretensverbot ist darüber hinaus überflüssig, da bereits kraft Gesetzes der Aufenthalt außerhalb des nach § 56 räumlich beschränkten Bezirks und damit auch in dem Bezirk, auf den sich das Betretensverbot bezieht, untersagt ist und die Vorschriften der §§ 85 f. effektive Sanktionsmittel zur Durchsetzung der räumlichen Beschränkung enthalten. Die Behörde kann daher nur nach den allgemeinen polizeirechtlichen Vorschriften vorgehen. Für Betretensverbote bezogen auf bestimmte örtlich begrenzte Bezirke innerhalb des räumlich beschränkten

Bereichs nach § 56 bietet § 60 Abs. 1 die erforderliche Eingriffsgrundlage (§ 60 Rdn. 3). Im Übrigen kann die Behörde bei einem hinreichenden Tatverdacht eines Verstoßes gegen das Betäubungsmittelgesetz eine aufenthaltsbeschränkende Anordnung nach § 59b Abs. 1 Nr. 2 erlassen.

III. Wechsel des räumlich beschränkten Bereichs (Abs. 2)

Ist der Asylsuchende verpflichtet, im Bezirk einer anderen Ausländerbehörde Aufenthalt zu nehmen, ist der Aufenthalt räumlich auf deren Bezirk beschränkt (Abs. 2). Unklar ist die Reichweite dieser Vorschrift. Zunächst beschränkt Abs. 1 während des Aufenthalts in der Aufnahmeeinrichtung (§§ 48 ff.) den Aufenthalt auf den Bezirk der zuständigen Ausländerbehörde. Es bedarf nicht der vorherigen Erteilung der Bescheinigung nach § 63 Abs. 1. Wird der Asylsuchende in der Zuweisungsverfügung verpflichtet, im Bezirk einer anderen Ausländerbehörde Aufenthalt zu nehmen, tritt an die Stelle der räumlichen Beschränkung auf den Bezirk der bisher zuständigen Ausländerbehörde nach Abs. 1 die räumliche Beschränkung auf den Bezirk der durch die Zuweisungsentscheidung bestimmten Ausländerbehörde nach Abs. 2 (*Bodenbender*, in: GK-AsylG II, § 56 Rn. 18). Im Regelfall wird es sich um eine Verteilung im Anschluss an die Entlassung aus der Aufnahmeeinrichtung handeln (*Bergmann*, in: Bergmann/Dienelt, AuslR, 11. Aufl., 2016, § 56 AsylG Rn. 7). Nach der gesetzlichen Begründung entspricht Abs. 2 § 20 Abs. 1 Satz 2 AsylVfG 1982 (BT-Drucks. 12/2062, S. 15). Hiermit wird also eine Rechtsgrundlage dafür geschaffen, dass der Aufenthalt des Antragstellers im Fall der Verpflichtung, in dem Bezirk einer anderen Ausländerbehörde Aufenthalt zu nehmen, auf den Bezirk dieser Ausländerbehörde räumlich beschränkt wird. Abs. 2 ist mithin der gesetzliche Grund für alle Aufenthaltsbeschränkungen, die Folge einer Verteilungs- und Zuweisungsentscheidung sind. Der Gesetzgeber hält Abs. 2 für erforderlich, um eine lückenlose Übergangsregelung der räumlichen Beschränkung zu gewährleisten. Ebenso wenig wie nach früherem Recht (§ 20 Abs. 2 Satz 2 AsylVfG 1982) stellt Abs. 2 eine Rechtsgrundlage für die behördliche Anordnung an den Asylsuchenden dar, im Bezirk einer anderen Ausländerbehörde desselben Bundeslandes Aufenthalt zu nehmen (vgl. auch Hess. VGH, EZAR 228 Nr. 6; VGH BW, EZAR 221 Nr. 26). Eine derartige Anordnung ist allein nach Maßgabe des § 60 Abs. 2 Satz 1 Nr. 3 zulässig. Hat die Behörde den Aufenthalt etwa zur Ausübung einer Beschäftigung auch außerhalb ihres Zuständigkeitsbereichs zugelassen, hält sich der Asylbewerber während der Durchreise zum zugelassenen Ort nicht unerlaubt in den durchquerten Bezirken auf (*Bodenbender*, in: GK-AsylG II, § 56 Rn. 16). 13

C. Rechtsschutz

Ebenso wenig wie § 55 als Eingriffsgrundlage angesehen werden kann, stellt § 56 eine Ermächtigungsgrundlage für behördliche Anordnungen dar. Vielmehr handelt es sich in beiden Fällen um gesetzliche Ausgestaltungen des Aufenthaltsrechts von Asylsuchenden, die für ihr Wirksamwerden keines behördlichen Vollzugsaktes bedürfen. Rechtsschutz kann erst gegen behördliche Auflagen nach § 60 unter den dafür geregelten Voraussetzungen erlangt werden (§ 60 Rdn. 31). 14

§ 57 Verlassen des Aufenthaltsbereichs einer Aufnahmeeinrichtung

(1) Das Bundesamt kann einem Ausländer, der verpflichtet ist, in einer Aufnahmeeinrichtung zu wohnen, erlauben, den Geltungsbereich der Aufenthaltsgestattung vorübergehend zu verlassen, wenn zwingende Gründe es erfordern.

(2) Zur Wahrnehmung von Terminen bei Bevollmächtigten, beim Hohen Flüchtlingskommissar der Vereinten Nationen und bei Organisationen, die sich mit der Betreuung von Flüchtlingen befassen, soll die Erlaubnis unverzüglich erteilt werden.

(3) [1]Der Ausländer kann Termine bei Behörden und Gerichten, bei denen sein persönliches Erscheinen erforderlich ist, ohne Erlaubnis wahrnehmen. [2]Er hat diese Termine der Aufnahmeeinrichtung und dem Bundesamt anzuzeigen.

Übersicht Rdn.

A. Funktion der Vorschrift

1 § 57 regelt das Verlassen des Bereichs der räumlich beschränkten Aufenthaltsgestattung während der Zeit der Verpflichtung, in einer Aufnahmeeinrichtung zu wohnen (§ 56 Abs. 1 Satz 1 in Verb. mit § 47 Abs. 1 Satz 1). Sie lehnt sich an § 25 AsylVfG 1982 an, berücksichtigt aber die besondere Situation des Aufenthalts in der Aufnahmeeinrichtung (§ 47 Abs. 1 und Abs. 1a §§ 48 ff.; BT-Drucks. 12/2062, S. 37). Nach Beendigung der Wohnverpflichtung nach § 47 Abs. 1 richtet sich die Erlaubniserteilung zum vorübergehenden Verlassen des zugewiesenen Bereichs nach § 58. Vorübergehend ist kurzfristig. Immer wiederkehrende kurzfristige Aufenthalte fallen nicht unter diesen Begriff (*Bodenbender*, in: GK-AsylG II, § 57 Rn. 5). Eine nähere Begriffsklärung ist jedoch nicht erforderlich, da auch das unerlaubte kurzfristige Verlassen des beschränkten Bereichs unzulässig ist. Wie im Rahmen des § 58 hat die zuständige Behörde über den gestellten Antrag nach *pflichtgemäßem Ermessen* zu entscheiden. Das betrifft indes nur Abs. 1. *Rechtsschutz* gegen die Versagung der Erlaubnis nach Abs. 1 bis 3 richtet sich nach den für § 58 maßgeblichen Grundsätzen (s. im Einzelnen Rdn. 30 zu § 58). Nach Art. 7 Abs. 5 UAbs. 1 RL 2013/33/EU kann Asylbewerbern eine befristete Verlassensgenehmigung erteilt werden. Diese Entscheidung ist Fall für Fall, objektiv und unparteiisch zu treffen und im Fall der Ablehnung zu begründen. Einer Genehmigung bedarf es nicht, wenn der Asylbewerber bei Behörden und Gerichten erscheinen muss (Art. 7 Abs. 5 UAbs. 2 RL 2013/33/EU). Abs. 1 ist unvereinbar mit Unionsrecht, weil eine Beschränkung auf »zwingende Gründe« unzulässig ist.

B. Funktion der Erlaubnistatbestände

Die Erlaubnistatbestände der Vorschrift haben ihr Vorbild in § 25 Abs. 1 bis 3 AsylVfG 1982 und sind nahezu identisch mit § 58 Abs. 1 bis 3. Anders als in § 25 Abs. 1 AsylG 1987 und in § 58 Abs. 1 fehlt allerdings der Erlaubnisgrund der »*unbilligen Härte*«. Dies hat seinen Grund in den Besonderheiten der Wohnverpflichtung nach § 47 Abs. 1 Satz 1und Abs. 1a sowie § 30a Abs. 3 Satz 1. Der Gesetzgeber erachtet die Beschränkung auf die »*zwingenden Gründe*« (s. hierzu im Einzelnen § 58 Rdn. 11 ff.) im Hinblick auf den zeitlich befristeten Aufenthalt des Antragstellers in der Aufnahmeeinrichtung und die Notwendigkeit einer zügigen Durchführung des Asylverfahrens für sachgerecht (BT-Drucks. 12/2062, S. 37). Dies spricht eher für eine restriktive Auslegung der Sondergenehmigung nach Abs. 1, nicht jedoch des Ausnahmetatbestandes nach Abs. 2. Abs. 1 ist allerdings mit Art. 7 Abs. 5 UAbs. 2 RL 2013/33/EU unvereinbar, weil es für eine Beschränkung auf »zwingende Gründe« im Unionsrecht keine Rechtsgrundlage gibt (Rdn. 1). 2

Der Aufenthalt des der Wohnverpflichtung nach § 47 Abs. 1 Satz 1, Abs. 1a, § 30a Abs. 3 Satz 1 unterliegenden Antragstellers ist räumlich auf den Bezirk der Ausländerbehörde beschränkt, in dem die für seine Aufnahme zuständige Aufnahmeeinrichtung gelegen ist (§ 56 Abs. 1 Satz 1). Insoweit ist die Rechtslage nicht anders als im Fall des § 58. In beiden Fällen ist der Aufenthalt räumlich auf den Bezirk der zuständigen Ausländerbehörde beschränkt. Während im einen Fall kraft Gesetzes die Wohnpflicht nach § 47 Abs. 1 Satz 1, Abs. 1a oder § 30a Abs. 3 Satz 1 und damit auch die Beschränkung nach § 56 Abs. 1 Satz begründet wird, nimmt im anderen Fall die Ausländerbehörde durch Auflage nach § 60 Abs. 2 Satz 1 die Beschränkung vor. Im einen wie im anderen Fall wird durch die Wohnpflicht nicht die in § 56 geregelte Bewegungsfreiheit weiter eingeschränkt. Während die Erlaubniserteilung nach § 58 großzügig gestaltet werden kann, unterliegt die Ermessensausübung des Bundesamtes nach § 57 jedoch besonderen, mit der Wohnpflicht des § 47 Abs. 1 Satz 1, Abs. 1a oder § 30a Abs. 3 Satz 1 zusammenhängenden Beschränkungen. 3

C. Zuständige Behörde

Nach Abs. 1 Halbs. 1 ist anders als im Fall des § 58 nicht die Ausländerbehörde, sondern das Bundesamt zuständige Behörde für die Erlaubniserteilung nach Abs. 1 und 2. Obwohl das Gesetz die räumliche Beschränkung nach § 56 Abs. 1 Satz 1 an den Bezirk der Ausländerbehörde knüpft und die in der Vorschrift geregelte Rechtsmaterie typisches ausländerbehördliches Handeln bezeichnet, wird das Bundesamt aus *verfahrensorientierten Zweckmäßigkeitsgründen* mit der Zuständigkeit für die Erlaubniserteilung beauftragt. Zwar wird das Bundesamt nur in Abs. 1 erwähnt. Aus der Erwähnung des Bundesamtes in Abs. 3 Satz 2 und auch aus dem Gesetzeszweck (Rdn. 2) folgt jedoch, dass das Bundesamt umfassend für die Erlaubniserteilung nach § 57 zuständig ist. Dementsprechend verfährt auch die Verwaltungspraxis. 4

Der Antragsteller hat zu gegenwärtigen, dass er insbesondere bei der Reise aus »zwingendem Grund« nach Abs. 1, die ja mehrere Tage dauern kann, Zustellungen nach 5

Maßgabe von § 10 Abs. 4 gegen sich gelten lassen muss. Andererseits wird man dem Bundesamt untersagen müssen, während des von ihm genehmigten Verlassens der Aufnahmeeinrichtung Zustellungen vorzunehmen. Das Gleiche wird man bei vorheriger Anzeige nach Abs. 3 Satz 2 annehmen müssen. Stellt das Bundesamt gleichwohl zu, obwohl ihm aufgrund dieser Umstände die Abwesenheit des Antragstellers bekannt ist, ist dem *Wiedereinsetzungsantrag* stattzugeben. Insbesondere im Eilrechtsschutzverfahren ist das anwaltliche Beratungsgespräch zur Vorbereitung der Begründung des Eilantrags unerlässlich.

D. Sondergenehmigung nach Abs. 1

6 Nach Abs. 1 kann das Bundesamt aus *»zwingenden Gründen«* (s. hierzu § 58 Rdn. 11 ff.) eine Sondergenehmigung zum Verlassen des räumlich beschränkten Bezirks erteilen. Der Antragsteller ist aus verfahrensrechtlichen Gründen während der Dauer der Wohnverpflichtung nach § 47 Abs. 1 Satz 1, Abs. 1a oder § 30a Abs. 3 Satz 1 gehalten, für die zuständigen Behörden und Gerichte erreichbar zu sein (§ 47 Abs. 3). Hieraus folgen für die Ausübung des Ermessens nach Abs. 1 bestimmte ermessenslenkende Erwägungen. Dies gilt aber nicht für Abs. 2. Nach der Rechtsprechung kann die Sondergenehmigung auch zur Förderung des Asylverfahrens aus »zwingenden Gründen« erteilt werden (BVerwG, EZAR 222 Nr. 4; *Bodenbender*, in: GK-AsylG II, § 57 Rn. 17; a.A. VGH BW, EZAR 222 Nr. 1). Nicht nur Abs. 2 und 3 erlaubt zu verfahrensfördernden Zwecken das vorübergehende Verlassen des Bezirks (so aber VGH BW, EZAR 222 Nr. 1), sondern auch Abs. 1. Dem Antragsteller kann etwa zur Beschaffung von anderweitig nicht zu besorgenden Beweismitteln die Sondergenehmigung nach Abs. 1 erteilt werden. Wegen der relativen Kürze der Wohnverpflichtung und zur Vermeidung von verfahrensverzögernden Effekten wird das Bundesamt im Rahmen des Abs. 1 aber kaum *Auslandsreisen* zulassen.

E. Anspruch auf Erlaubniserteilung nach Abs. 2

7 Nach Abs. 2 soll das Bundesamt die Erlaubnis zur Wahrnehmung von Terminen bei dem Bevollmächtigten, beim UNHCR und den anderen in der Vorschrift genannten Einrichtungen erteilen (s. auch § 58 Rdn. 19 ff.). Soweit unter Hinweise auf den Charakter als Sollvorschrift dem Bundesamt bei Darlegung besondere Gründe die Versagung der Genehmigung eingeräumt wird (BVerfGE 96, 10, 23 = DVBl 1997, 895 = BayVBl. 1997, 559 = EZAR 222 Nr. 8; *Bodenbender*, in: GK-AsylG II, § 57 Rn. 38 f.; *Hailbronner*, AuslR B 2 § 57 AsylG Rn. 17; *Bergmann*, in: Bergmann/Dienelt, AuslR, 11. Aufl., 2016, § 57 AsylG Rn. 16) ist diese Rechtsprechung überholt. Nach Unionsrecht besteht für die Zulassung der Verbindungsaufnahme zum UNHCR kein Ermessen. Vielmehr ist diese zu gewährleisten (Art. 12 Abs. 1 Buchst. c) RL 2013/32/EU). Ebenso steht die Zulassung des Kontakts zum Rechtsanwalt nicht im Ermessen. Vielmehr ist nach Art. 20 Abs. 1 RL 2013/32/EU dem Antragsteller zu gestatten, einen Rechtsanwalt oder sonstigen Rechtsbeistand zu konsultieren. Gerade zu Beginn des Asylverfahrens ist im besonderen Maße anwaltliche Beratung notwendig. Das Bundesamt kann nicht auf im beschränkten Bereich ansässige Rechtsanwalt verweisen

(*Bodenbender*, in: GK-AsylG II, § 57 Rn. 34). Dies verletzt das *Prinzip der freien Advokatur* und Art. 20 Abs. 1 RL 2013/32/EU. Abs. 2 ist daher richtlinienkonform als Anspruchsnorm zu handhaben. Die Genehmigung zur Konsultation des Anwalts ist angesichts der kurzen Fristen des Gesetzes noch am Tag der Antragstellung zu erteilen (*Wingerter*, in: Hofmann/Hofmann, AuslR. Handkommentar, § 57 AsylG Rn. 4).

F. Erlaubnisfreie Terminswahrnehmung nach Abs. 3

Die erlaubnisfreie Terminswahrnehmung nach Abs. 3 Satz 1 ist identisch mit § 58 8
Abs. 3 (s. auch § 58 Rdn. 22). Die Terminswahrnehmung bedarf mithin keiner behördlichen Erlaubnis. Vielmehr ist das zweckgebundene Verlassen nach Abs. 3 Satz 1 bereits kraft Gesetzes erlaubt. Der *Behördenbegriff* ist *weit* zu verstehen. Auch *Konsulate* fallen hierunter (*Hailbronner*, AuslR B 2 § 57 AsylG Rn. 21; *Bergmann*, in: Bergmann/Dienelt, AuslR, 11. Aufl., 2016, § 55 AsylG Rn. 10). Der Begünstigte muss nicht den direkten Weg zur Behörde oder zum Gericht wählen und jedwede sonstige Erledigung bei Gelegenheit eines solchen Termins unterlassen (BayVGH, InfAuslR 2015, 294, 295). Anders als im Fall des § 58 Abs. 3 hat der Antragsteller nach Abs. 3 Satz 2 die Termine der Aufnahmeeinrichtung sowie dem Bundesamt anzuzeigen, damit diese Stellen ihrerseits ihre Terminplanung entsprechend gestalten können. Daraus wird man entnehmen können, dass regelmäßig *vor* der Terminswahrnehmung der *Anzeigepflicht* genügt werden soll. Zwingend ist dies nach dem Gesetzeswortlaut aber nicht. Es reicht daher auch aus, wenn der Asylbewerber nachträglich seiner Mitwirkungspflicht genügt (so auch *Wingerter*, in: Hofmann/Hofmann, AuslR. Handkommentar, § 57 AsylG Rn. 5; *Hailbronner*, AuslR B 2 § 57 AsylG Rn. 22; *Bodenbender*, in: GK-AsylG II, § 57 Rn. 42, auf Ausnahmefälle begrenzt). Jedenfalls wird durch den Verstoß gegen die Anzeigepflicht nach Abs. 3 Satz 2 der erlaubnisfreie Aufenthalt außerhalb des räumlich beschränkten Bezirks nicht zu einem unerlaubten. Der Verstoß bleibt daher sanktionslos.

§ 58 Verlassen eines zugewiesenen Aufenthaltsbereichs

(1) [1]Die Ausländerbehörde kann einem Ausländer, der nicht oder nicht mehr verpflichtet ist, in einer Aufnahmeeinrichtung zu wohnen, erlauben, den Geltungsbereich der Aufenthaltsgestattung vorübergehend zu verlassen oder sich allgemein in dem Bezirk einer anderen Ausländerbehörde aufzuhalten. [2]Die Erlaubnis ist zu erteilen, wenn hieran ein dringendes öffentliches Interesse besteht, zwingende Gründe es erfordern oder die Versagung der Erlaubnis eine unbillige Härte bedeuten würde. [3]Die Erlaubnis wird in der Regel erteilt, wenn eine nach § 61 Absatz 2 erlaubte Beschäftigung ausgeübt werden soll oder wenn dies zum Zwecke des Schulbesuchs, der betrieblichen Aus- und Weiterbildung oder des Studiums an einer staatlichen oder staatlich anerkannten Hochschule oder vergleichbaren Ausbildungseinrichtung erforderlich ist. [4]Die Erlaubnis bedarf der Zustimmung der Ausländerbehörde, für deren Bezirk der allgemeine Aufenthalt zugelassen wird.

(2) Zur Wahrnehmung von Terminen bei Bevollmächtigten, beim Hohen Flüchtlingskommissar der Vereinten Nationen und bei Organisationen, die sich mit der Betreuung von Flüchtlingen befassen, soll die Erlaubnis erteilt werden.

(3) Der Ausländer kann Termine bei Behörden und Gerichten, bei denen sein persönliches Erscheinen erforderlich ist, ohne Erlaubnis wahrnehmen.

(4) [1]Der Ausländer kann den Geltungsbereich der Aufenthaltsgestattung ohne Erlaubnis vorübergehend verlassen, wenn ein Gericht das Bundesamt dazu verpflichtet hat, den Ausländer als Asylberechtigten anzuerkennen, ihm internationalen Schutz im Sinne des § 1 Absatz 1 Nummer 2 zuzuerkennen oder die Voraussetzungen des § 60 Absatz 5 oder 7 des Aufenthaltsgesetzes festzustellen, auch wenn diese Entscheidung noch nicht unanfechtbar ist. [2]Satz 1 gilt entsprechend für Familienangehörige im Sinne des § 26 Absatz 1 bis 3.

(5) Die Ausländerbehörde eines Kreises oder einer kreisangehörigen Gemeinde kann einem Ausländer die allgemeine Erlaubnis erteilen, sich vorübergehend im gesamten Gebiet des Kreises aufzuhalten.

(6) Um örtlichen Verhältnissen Rechnung zu tragen, können die Landesregierungen durch Rechtsverordnung bestimmen, dass sich Ausländer ohne Erlaubnis vorübergehend in einem die Bezirke mehrerer Ausländerbehörden umfassenden Gebiet, dem Gebiet des Landes oder, soweit Einvernehmen zwischen den beteiligten Landesregierungen besteht, im Gebiet eines anderen Landes aufhalten können.

Übersicht **Rdn.**

A. Funktion der Vorschrift

1 Die Vorschrift entspricht § 25 AsylVfG 1982 und regelt das Verlassen des nach § 56 räumlich beschränkten Bereichs der Aufenthaltsgestattung mit Blick auf Asylbewerber,

die nicht mehr der Wohnverpflichtung des § 47 Abs. 1 unterliegen. Für die dieser Wohnverpflichtung unterfallende Personen enthält § 57 die freilich tatbestandlich enger gefassten Voraussetzungen für ein Verlassen des räumlich beschränkten Bereichs (*Sondergenehmigung*). So fehlt z.B. in § 57 Abs. 1, der Erlaubnistatbestand der »unbilligen Härte«. Maßgebend für die Anwendung des § 58 ist allein die Beendigung der Wohnverpflichtung nach § 30a Abs. 3 Satz 1, § 47 Abs. 1, 1a, § 48, § 49 und § 50 Abs. 1. Ob im Anschluss daran durch Auflagen nach § 60 Abs. 2 die auf die Gemeinschaftsunterkunft bezogene Wohnsitzauflage verfügt wird, ist für die Anwendung des § 58 unerheblich. Verlässt der Asylbewerber unerlaubt den räumlich beschränkten Bereich, muss er mit straf- oder ordnungswidrigkeitsrechtlichen Konsequenzen (§§ 85 f.) sowie mit vorläufiger Festnahme und Haftbefehl (§ 59 Abs. 2) rechnen.

Aus verfassungsrechtlicher Sicht sind die Vorschriften über die Erlaubniserteilung als notwendige gesetzgeberische Maßnahme mit Art. 2 Abs. 1 GG vereinbar und werden dem *Verhältnismäßigkeitsgrundsatz* gerecht (BVerfGE 96, 10, 21 = DVBl 1997, 895, 896 = BayVBl. 1997, 559 = EZAR 222 Nr. 8). Eine sachgerechte Behandlung der Ausnahmemöglichkeiten erfordert, dass das Ziel der Auflockerung der strikten Vorschriften über die räumliche Beschränkung der Aufenthaltsgestattung mithilfe der Sondertatbestände in Rechnung gestellt wird. Nur dann ist eine übermäßige Beschränkung der persönlichen Entfaltungsfreiheit des Asylsuchenden nicht zu besorgen. Das *Übermaßverbot* wird nicht dadurch verletzt, dass der Asylsuchende in fast jedem Einzelfall eines beabsichtigten Aufenthaltes außerhalb des gestatteten Bereichs vorher eine behördliche Erlaubnis einholen muss. Solange er seine *berechtigten Belange* im Einzelfall durchsetzen kann, wird er durch ein »*präventives Prüfungsverfahren*« nicht in zumutbarer Weise belastet (BVerfGE 96, 10, 24 = EZAR 222 Nr. 8 = DVBl 1997, 895, 896). Diese verfassungsrechtlichen Leitlinien sind von der Behörde bei der Betätigung ihres Ermessens zu berücksichtigen. Aber auch die Gründe des Abs. 1 Satz 2 müssen sich an Art. 7 Abs. 5 UAbs. 1 RL 2013/33/EU messen lassen (§ 57 Rdn. 1). Abs. 1 Satz 1 ist deshalb richtlinienkonform auszulegen und anzuwenden. 2

Der EGMR sieht in dem Genehmigungsvorbehalt keinen Verstoß gegen Art. 2 EMRK Prot. Nr. 4. Es bleibe den Vertragsstaaten überlassen, die Voraussetzungen festzulegen, welche für den »rechtmäßigen Aufenthalt« einer Person im Gebiet des Vertragsstaates gefordert werden. Die Konventionsbestimmung könne nicht dahin verstanden werden, dass sie einem Ausländer das Recht auf freie Wahl seines Wohnsitzes in einem Staat gewähre, dessen Staatsangehörigkeit er nicht besitze. Solange daher die Genehmigungspraxis nach § 58 nicht willkürlich gehandhabt werde, könnten gegen diese Vorschrift aus Art. 2 EMRK Prot. Nr. 4 keine Bedenken hergeleitet werden (EGMR, Urt. v. 20.11.2007 – Nr. 44294/04 – *Omwenyeke;* § 56 Rdn. 4). 3

B. Erlaubnistatbestände nach Abs. 1

I. Funktion der Erlaubnistatbestände

Wie § 25 AsylVfG 1982 differenziert § 58 zwischen einer behördlichen Sondergenehmigung zum Verlassen (Abs. 1 und 2) sowie dem kraft Gesetzes erlaubten 4 vorübergehenden Aufenthalt außerhalb des beschränkten Bezirks (Abs. 3). Ursprünglich durfte nach § 25 Abs. 1 AsylVfG 1982 die Sondergenehmigung nur aus *zwingenden Gründen* erteilt werden. Der Tatbestand der *unbilligen Härte* ist 1987 in das AsylG eingeführt und durch Abs. 1 übernommen worden. Zusätzlich ist durch ÄnderungsG 1993 der Erlaubnisgrund des *»dringenden öffentlichen Interesses«* neu eingefügt worden. Die behördliche Auslegung und Anwendung der als unbestimmte Rechtsbegriffe gestalteten Erlaubnistatbestände unterliegt der vollen gerichtlichen Kontrolle (Hess.VGH, EZAR 221 Nr. 34 = NVwZ-RR 1990, 514). 2005 wurden die früher bereits als Ermessensbelange bezeichneten Tatbestände in Abs. 1 Satz 2 als Rechtsanspruch ausgestaltet. Die frühere entgegenstehende Rechtsprechung (OVG Hamburg, NVwZ 1983, 174) ist überholt. Neu eingeführt in das Gesetz wurde zudem die Differenzierung in Abs. 1 Satz 1 zwischen dem lediglich vorübergehenden Verlassen sowie der allgemeinen Erlaubnis, sich im Bezirk der benachbarten Ausländerbehörde aufzuhalten. Für beide Erlaubnisformen gelten die drei aufgeführten Gründe. Das »dringende öffentliche Interesse« wird aber wohl eher bei der allgemeinen Erlaubnis zum Aufenthalt im Nachbarbezirk Berücksichtigung finden. Die Erlaubnis wird nur zum vorübergehenden Verlassen des beschränkten Bezirks erteilt. Vorübergehend ist kurzfristig. Immer wiederkehrende kurzfristige Aufenthalte fallen nicht unter diesen Begriff (*Bodenbender*, in: GK-AsylG II, § 57 Rn. 5). Eine nähere Begriffsklärung ist jedoch nicht erforderlich, da bereits das unerlaubte kurzfristige Verlassen des beschränkten Bereichs unzulässig ist.

5 Die zuständige Ausländerbehörde hat über den gestellten Antrag im Fall des Abs. 1 Satz 1 nach *pflichtgemäßem Ermessen* zu entscheiden. Nach Art. 7 Abs. 5 UAbs. 1 RL 2013/33/EU kann Asylbewerbern eine befristete Verlassensgenehmigung erteilt werden. Diese Entscheidung ist Fall für Fall, objektiv und unparteiisch zu treffen und im Fall der Ablehnung zu begründen. Einer Genehmigung bedarf es nicht, wenn der Asylbewerber bei Behörden und Gerichten erscheinen muss Art. 7 Abs. 5 UAbs. 1 RL 2013/33/EU. Sie haben nach Art. 7 Abs. 1 UAbs. 1 RL 2013/33/EU Vorsorge für ein Verfahren zu treffen, um Asylbewerbern eine befristete Genehmigung zum Verlassen des beschränkten Aufenthaltsrecht zu erteilen. Anders als § 57 Abs. 1 Halbs. 2. dürfte Abs. 1 mit Unionsrecht vereinbar sein, weil nach Abs. 1 Satz 1 das Ermessen nicht restriktiv gebunden und nach Satz 2 ein Rechtsanspruch gewährt wird.

II. »Vorübergehendes Verlassen« und »allgemeiner Aufenthalt« (Abs. 1 Satz 1 und 4)

6 Nach Abs. 1 Satz 1 Halbs. 2 kann das »vorübergehende Verlassen« des nach § 56 beschränkten Bereiches aus den Gründen des Abs. 1 Satz 1 und 2 zugelassen werden. Der Begriff des »vorübergehenden Verlassens« kann nicht abstrakt bestimmt werden. Vielmehr kommt es auf den Zweck der Sondergenehmigung an. Wird das Verlassen wiederholt und für längere Zeiträume beantragt, kann diesem Antrag regelmäßig nur durch Zulassung des allgemeinen Aufenthaltes außerhalb des beschränkten Bezirks entsprochen werden. Es kommt es auf den Zweck der Sondergenehmigung an. Es spricht jedoch nichts dagegen, dem Antragsteller eine Erlaubnis aus den Gründen des Abs. 1 Satz 1 und 2 aus demselben Grund zu genau bestimmten kurzfristigen

Zeiträumen auch *wiederholt zu erteilen.* Die Zulassung des allgemeinen Aufenthaltes ist seit 2011 nicht mehr auf den angrenzenden Bezirk beschränkt. Nach der gesetzlichen Begründung soll mit der Erlaubnis nach Abs. 1 Satz 1 die Wohnsitznahme im anderen Bezirk ermöglicht werden (BT-Drucks. 12/4984, S. 49). Es handelt sich damit um einen *Daueraufenthalt* (*Bodenbender*, in: GK-AsylG II, § 58 Rn. 6; *Hailbronner*, AuslR B 2 § 58 AsylG Rn. 6; *Bergmann*, in: Bergmann/Dienelt, AuslR, 11. Aufl., 2016, § 58 AsylG Rn. 3). Nach dem Gesetzeswortlaut kann eine derartige Erlaubnis aus sämtlichen Gründen des Abs. 1 Satz 1 und 2 erteilt werden. Die Zulassung des Aufenthalts im Bezirk einer anderen Ausländerbehörde im Fall des »*Unterbringungsnotstands*« regelt Abs. 1 Satz 2, 1. Alt. Diese Norm hat jedoch keinen abschließenden Charakter.

Will die zuständige Ausländerbehörde den Aufenthalt im Bezirk einer Ausländerbe- 7
hörde allgemein zulassen, bedarf sie hierzu der Zustimmung dieser Ausländerbehörde (Abs. 1 Satz 4). Davon zu unterscheiden ist die Erlaubnis zum vorübergehenden Aufenthalt aufgrund einer Rechtsverordnung im Bezirk mehrerer Ausländerbehörden nach Abs. 6. Die Regelung der behördlichen Zuständigkeiten sind in Abgrenzung zu § 60 Abs. 2 Satz 1 Nr. 3 zu bestimmen. Während nach § 60 Abs. 2 Satz 1 Nr. 3 die Behörde durch Auflage die Verpflichtung des Asylsuchenden, im Bezirk einer anderen Ausländerbehörde desselben Landes Wohnung zu nehmen, begründen kann und damit wohl die behördliche Zuständigkeit verändert wird (§ 56 Abs. 2), wird durch ein Vorgehen nach Abs. 1 Satz 1 die behördliche Zuständigkeit nicht verändert (*Hailbronner*, AuslR B 2 § 58 AsylG Rn. 10; *Bergmann*, in: Bergmann/Dienelt, AuslR, 11. Aufl., 2016, § 58 AsylG Rn. 4; *Wingerter*, Hofmann/Hoffmann, AuslR. Handkommentar, § 58 AsylG Rn. 3). Wie das Beispiel der Stadtstaaten erweist, gehört der Nachbarbezirk zu einem anderen Bundesland. Hätte der Gesetzgeber die behördliche Zuständigkeit verändern wollen, hätte er daher einen Verweis auf das länderübergreifende Verteilungsverfahren (§ 51) in Abs. 1 aufnehmen müssen.

Die genehmigende Behörde hat daher lediglich vorher die Zustimmung der zustän- 8
digen Ausländerbehörde des angrenzenden Bezirks zum erweiterten Aufenthalt des Asylbewerbers in deren Bezirk einzuholen. Wird diesem zugestimmt, kann sie die Erlaubnis erteilen. Wird die Zustimmung verweigert, muss sie versuchen, in Verhandlungen mit der zuständigen Behörde des angrenzenden Bezirks zu einer einvernehmlichen Lösung zu gelangen. Nach der Erlaubniserteilung bleibt die bisherige Behörde zuständig. Es handelt sich nicht um eine Zuständigkeitsverschiebung nach § 56 Abs. 2 (§ 56 Rdn. 13). Diese dürfte wohl nur bei der *Verpflichtung des Asylantragstellers*, im Bezirk einer anderen Ausländerbehörde Aufenthalt zu nehmen, eintreten. Im Fall des Abs. 1 Satz 1 handelt es sich demgegenüber um eine den Asylantragsteller begünstigende *Erlaubnis*. Schon vom Wortlaut her kann § 56 Abs. 2 keine Anwendung finden. Da der Aufenthalt auf den Bezirk der bisher zuständigen Ausländerbehörde beschränkt bleibt und die Beschränkung nur sachbezogen erweitert wird, ohne die Zuständigkeit zu verändern, bedarf es keiner länderübergreifenden Umverteilung, vielmehr lediglich der Einholung der Zustimmung der anderen Ausländerbehörde für die Erweiterung der Beschränkung.

III. Sondergenehmigung wegen eines »dringenden öffentlichen Interesses« (Abs. 1 Satz 2 Alt. 1)

9 Nach Abs. 1 Satz 2 Alt. 1 kann die Erlaubnis zum vorübergehenden Verlassen auch erteilt werden, wenn hieran ein »dringendes öffentliches Interesse« besteht. Die Regelung war weder im AsylG 1992 noch im Gesetzentwurf 1993 (BT-Drucks. 12/4450, S. 8) vorgesehen und wurde auf Vorschlag des Innenausschusses eingeführt und damit begründet, dass insbesondere die Stadtstaaten, auf deren Gebiet der Aufenthalt von Asylbewerbern räumlich beschränkt ist, immer weniger in der Lage seien, auf ihrem Gebiet Unterbringungsmöglichkeiten zu schaffen. Liegenschaften in angrenzenden Gemeinden, die von diesen für eine Asylbewerberunterbringung angeboten würden oder gar im Eigentum der Stadtstaaten stehen würden, könnten trotz dringenden Bedürfnisses nicht genutzt werden, weil die bestehenden gesetzlichen Regelungen allenfalls ein vorübergehendes Verlassen erlaubten. Die Ergänzung des Abs. 1 Satz 2 soll deshalb aus dringendem öffentlichen Interesse (*Unterbringungsnotstand*) eine allgemeine Ausweitung der räumlichen Beschränkung auf den angrenzenden Bezirk einer Ausländerbehörde ermöglichen (BT-Drucks. 12/4984, S. 49). Damit knüpft der Erlaubnisgrund an Umstände außerhalb der Person des Asylsuchenden an und kann insbesondere bei einer *ständigen Unterbringung* (*Bergmann*, in: Bergmann/Dienelt, AuslR, 11. Aufl., 2016, § 58 AsylG Rn. 9) von Asylantragstellern außerhalb des Bezirks der zuständigen Ausländerbehörde in Betracht kommen. Vor allem in Stadtstaaten besteht ein besonderes Bedürfnis, Liegenschaften in angrenzenden Bezirken, die zu einem anderen Bundesland gehören, für die Unterbringung der zugewiesenen Asylbewerber zu nutzen. Sie ist aber nicht auf diese Gründe beschränkt. Sie kann auch in anderen Notfällen, etwa bei Naturkatastrophen, Anwendung finden (*Bodenbender*, in: GK-AsylG II, § 58 Rn. 10)

10 Zwar kann die Erlaubnis zum allgemeinen Aufenthalt im angrenzenden Bezirk aus sämtlichen, in Abs. 1 Satz 2 genannten Gründen zugelassen werden. Im Vordergrund steht jedoch der Erlaubnisgrund des »dringenden öffentlichen Interesses«. Die Erlaubnis bedarf in diesem Fall jedoch der Zustimmung der Ausländerbehörde, für deren Bezirk der allgemeine Aufenthalt zugelassen wird (Abs. 1 Satz 4). Da es sich nach Abs. 1 Satz 2 auch im Fall des »dringenden öffentlichen Interesses« um eine antragsbedürftige »Erlaubnis« handelt (*Bodenbender*, in: GK-AsylG II, § 58 Rn. 9; *Wingerter*, in: Hofmann/Hoffmann, AuslR, § 58 Rn. 3), kann die Behörde den Asylsuchenden nicht zwingen, Aufenthalt im Nachbarbezirk zu nehmen. Will sie ihr Vorhaben zwangsweise durchsetzen, muss sie nach § 60 Abs. 2 Satz 1 Nr. 3, § 56 Abs. 2 vorgehen. Dies ist den Behörden der Stadtstaaten jedoch nicht möglich, da die Anordnung nach § 60 Abs. 2 Satz 1 Nr. 3 auf den Bereich des jeweiligen Bundeslandes begrenzt bleibt. Hätte der Gesetzgeber den »Unterbringungsnotstand« anders beheben wollen, wäre eine Regelung im Zusammenhang mit § 60 angezeigt gewesen. Abs. 1 Satz 2 gewährt dem Asylantragsteller eine Erlaubnis, sodass schon deshalb der Behörde jedenfalls eine Zwangsunterbringung im Nachbarbezirk nicht erlaubt ist. Da der Aufenthalt des Asylbewerbers *zusätzlich* auf den *gesamten Bezirk* der Ausländerbehörde ausgeweitet wird (BT-Drucks. 12/4984, S. 49), kann es im Einzelfall für Asylbewerber aber Vorteile mit sich bringen, dem behördlichen Vorschlag zu folgen.

IV. Sondergenehmigung aus zwingenden Gründen (Abs. 1 Satz 2Alt. 2)

Die Sondergenehmigung ist nach Abs. 1 Satz 2 Alt. 2 zu erteilen, wenn dies ein »zwingender Grund« erfordert. Die tatbestandlichen Voraussetzungen der »zwingenden Gründe« sind verwaltungsgerichtlich voll überprüfbar (Hess.VGH, EZAR 221 Nr. 34). »Zwingende Gründe« sind nur solche, die *objektiv* von erheblichem Gewicht und darüber hinaus *subjektiv* in der Person des Asylbewerbers *zwingend* sind und deren Anerkennung bei gehöriger Abwägung weder dem Zweck der Aufenthaltsgestattung noch dem Sinn und Zweck der aufenthaltsbeschränkenden Vorschriften entgegensteht (VGH BW, EZAR 222 Nr. 1; Hess.VGH, EZAR 221 Nr. 34; OVG Hamburg, DÖV 1982, 913; OVG Rh-Pf, EZAR 222 Nr. 5; *Bodenbender*, in: GK-AsylG II, § 57 Rn. 12; *Hailbronner*, AuslR B 2 § 57 AsylG Rn. 10). Sie setzen zumindest ein *wichtiges Interesse des Antragstellers* an der beabsichtigten Reise voraus (BVerwG, EZAR 222 Nr. 4). Dieses ist nicht gegeben, wenn durch eine Reise, die der Förderung des Asylverfahrens des Asylbewerbers dienen soll, nicht einmal »möglicherweise« Material für das Asylverfahren beschafft werden kann. Unter solchen Umständen beeinträchtigt die Verneinung eines »zwingenden Grundes« auch nicht das rechtlich geschützte Interesse des Asylbewerbers (Art. 16a Abs. 1, 19 Art. 4 GG), sein Asylverfahren ohne zumutbare Erschwernisse zu verfolgen (BVerwG, EZAR 222 Nr. 4). Desgleichen wird ein vorübergehendes Verlassen des beschränkten Bereichs jedenfalls dann nicht »erfordert«, wenn ihm unschwer anderweitig Rechnung getragen werden kann (BVerwG, EZAR 222 Nr. 4). Das ist etwa dann der Fall, wenn etwa die Möglichkeit offen steht, auch in dem ihm zugewiesenen Aufenthaltsbezirk den mit der beantragten Sondergenehmigung erstrebten Zweck zu erfüllen. 11

Nach der Rechtsprechung kommt eine zwingende Genehmigung nur in *außergewöhnlichen schicksalhaften Lebenslagen* in Betracht, etwa wenn *unabweisbare persönliche Belange* – die notwendige Behandlung einer Krankheit ist z.B. nur außerhalb des Bezirks der Aufenthaltsgestattung möglich – oder *unabweisbare, namentlich familiäre Ereignisse* vorgetragen werden – wie etwa *Tod* oder *Krankheit eines nahen Verwandten* –, die üblicherweise als so gewichtig angesehen werden, dass die Verweigerung der Erlaubnis zum Verlassen des Bezirks der Aufenthaltsgestattung auch bei Berücksichtigung der Zwecke des Asylverfahrens unzumutbar wäre (VGH BW, EZAR 222 Nr. 1). Im Blick darauf, dass ein Prüfkriterium die Erforderlichkeit der Sondergenehmigung ist (*Hailbronner*, AuslR B 2 § 57 AsylG Rn. 14), bleibt bei dieser Auslegung für diese Prüfung wie auch für Ermessenserwägungen kein Raum mehr. Im Ergebnis kann dieser Streit aber dahinstehen, da derart strikte Einschränkungen der Genehmigung unionsrechtswidrig (Rdn. 2; § 57 Rdn. 1) sind. 12

V. Sondergenehmigung wegen »unbilliger Härte« (Abs. 1 Satz 2 Alt. 3)

Nach Abs. 1 Satz 2 Alt. 3 ist die Sondergenehmigung zu erteilen, wenn deren Versagung eine »unbillige Härte« bedeuten würde. Wegen der engen tatbestandlichen Voraussetzungen, welche die Rechtsprechung für die Sondergenehmigung aus »zwingendem Grund« entwickelt hat, hat der Gesetzgeber 1987 den Genehmigungsgrund der »unbilligen Härte« eingeführt, der durch das AsylG 1992 unverändert 13 übernommen wurde. Dieser hat nach der Rechtsprechung eine *gewisse Ausgleichsfunktion*. Die Versagung der Sondergenehmigung bereits unterhalb der Hürde des »zwingenden Grundes« kann daher eine »unbillige Härte« bedeuten (Hess. VGH, EZAR 221 Nr. 34; *Bergmann*, in: Bergmann/Dienelt, AuslR, 11. Aufl., 2016, § 58 AsylG Rn. 9). Die Generalklausel der »unbilligen Härte« dient als Mittel zum Ausgleich von Unstimmigkeiten der generalisierenden gesetzlichen Normierung und erfüllt die Funktion eines *Auffangtatbestands*, sodass eine »unbillige Härte« weitaus eher vorliegen kann als zwingende Gründe das Verlassen erfordern. Der Begriff der »unbilligen Härte« ist ein unbestimmter Rechtsbegriff und als solcher gerichtlich voll überprüfbar (Hess.VGH, EZAR 221 Nr. 34). Mit diesem Erlaubnisgrund soll eine weitgehende Berücksichtigung der persönlichen Lebensumstände und Interessen des Asylbewerbers ermöglicht werden, sodass eine »unbillige Härte« bereits vorliegen kann, wenn die Vorenthaltung der Erlaubnis den Asylbewerber im Einzelfall *unverhältnismäßig schwer* treffen würde. Dabei ist auch auf die bisherige Dauer des Asylverfahrens Bedacht zu nehmen (BVerfGE 96, 10, 24f. = DVBl 1997, 895, 896 = BayVBl. 1997, 559 = EZAR 222 Nr. 8; Hess.VGH, EZAR 221 Nr. 34).

14 Die Sondergenehmigung wird auch dann erteilt, wenn die Gründe ausschließlich oder überwiegend im persönlichen Bereich des Antragstellers liegen. Durch Berücksichtigung »unbilliger Härten« soll sichergestellt werden, dass persönliche Interessen des Antragstellers stärker zur Geltung gelangen können und unvertretbare Härten, die durch eine zu enge Auslegung des Begriffs des »zwingenden Grundes« eintreten können, vermieden werden. Sind die tatbestandlichen Voraussetzungen des Härtebegriffs erfüllt, zwingt allein dies zur Erteilung der begehrten Sondergenehmigung. Die entgegenstehende Rechtsprechung (Hess.VGH, EZAR 221 Nr. 34) ist durch die Erstarkung der »unbilligen Härte« zum Rechtsanspruch überholt. Eine »unbillige Härte« kann etwa dann in der Versagung der Sondergenehmigung liegen, wenn der Antragsteller ein *Zusammentreffen mit seiner Familie im Ausland* beabsichtigt, die Notwendigkeit eines derartigen Treffens ärztlicherseits nachgewiesen ist und die Ausländerbehörde Bedenken gegen die Einreise des Familienangehörigen in das Bundesgebiet hat (VG Wiesbaden, InfAuslR 1992, 194). Dies gilt auch für das Aufsuchen von Zeugen zu verfahrensfördernden Zwecken. Grundsätzlich kann die Sondergenehmigung aus den Gründen des Abs. 1 Satz 2 auch zur Durchführung von *Auslandsreisen* erteilt werden (BVerwG, EZAR 222 Nr. 4; Hess.VGH, EZAR 221 Nr. 34). Die Realisierung eines hierauf gerichteten Wunsches kann jedoch an dem Fehlen gültiger Reisedokumente und Einreiseerlaubnisse scheitern

15 Streit herrschte früher in der Rechtsprechung, ob sich aus einer *exilpolitischen Betätigungsabsicht* des Antragstellers, etwa außerhalb des zugewiesenen Bereichs an einer politischen Versammlung oder Demonstration teilzunehmen, ein »zwingender Grund« im Sinne des Gesetzes ergeben kann. Weder allgemeines Ausländerrecht noch asylverfahrensrechtliche Sondervorschriften untersagen die politische Betätigung des Asylbewerbers. Dies gelte auch für Demonstrationen gegen die Politik des jeweiligen Heimatstaates (Hess.VGH, EZAR 222 Nr. 3; a.A. *Reichel*, ZAR 1986, 121). Dagegen wurde eingewandt, dass eine Sondergenehmigung aus Gründen der Teilnahme an politischen Demonstrationen nur bei Vorliegen zwingender, unabweisbarer

Gründe erteilt werde dürfe. Von einem solchermaßen zwingenden Grund könne aber nur dann die Rede sein, wenn sich der Asylbewerber in dem ihm zugewiesenen Bereich nicht mehr angemessen artikulieren könnte (OVG Rh-Pf, EZAR 222 Nr. 5). Lediglich vernünftige, d.h. ausreichend stichhaltige und gewichtige oder beachtliche Gründe seien nicht zwingender Natur (OVG Rh-Pf, EZAR 222 Nr. 5). Ihre Nichtberücksichtigung kann aber eine »unbillige Härte« sein. Auch für das geltende Recht wird vereinzelt davon ausgegangen, dass die gewünschte Teilnahme an einer exilpolitischen Veranstaltung *regelmäßig* keinen zwingenden Grund darstelle, der die Erteilung einer Sondergenehmigung rechtfertigte (VG Gera, NVwZ-Beil. 2000, 9 = InfAuslR 2000, 49).

Maßgebend für die Erteilung der Genehmigung zur politischen Betätigung sind jedoch nicht zwingende Gründe. Vielmehr ist zur Vermeidung unbilliger Härten den berechtigten Interessen des Antragstellers auf politische Betätigung Rechnung zu tragen. Daher ist die Genehmigung zu erteilen, wenn der Antragsteller sich im Bundesgebiet bereits politisch betätigt hat und sich bereits geraume Zeit im Bundesgebiet aufhält (*Bodenbender*, in: GK-AsylG II, § 58 Rn. 15; *Hailbronner*, AuslR B 2 § 58 AsylG Rn. 9). Auch die begehrte Teilnahme an Veranstaltungen zur *gemeinsamen Religionsausübung mit Glaubensangehörigen* lässt angesichts des auch Asylsuchenden zustehenden Grundrechts der Religionsfreiheit (Art. 4 Abs. 1 und 2 GG, Art. 9 EMRK) die Versagung der Sondergenehmigung regelmäßig als »unbillige Härte« erscheinen (*Germann*, ZAR 2008, 177). Wegen der Erstarkung zum Rechtsanspruch kann das Interesse des Asylsuchenden nicht mehr mit öffentlichen Interessen abgewogen werden, die freie Reiseaktivität der Asylsuchenden zu unterbinden. Es besteht vielmehr ein Rechtsanspruch auf Erteilung der Erlaubnis zum Besuch nachgewiesener, örtlich und zeitlich bestimmter religiöser Veranstaltungen. 16

Weitere eine unbillige Härte begründende Umstände sind nach der Rechtsprechung die *Teilnahme an einem Skilehrgang*, der für alle achten Klassen der von der Asylbewerberin besuchten Schule durchgeführt wird (Hess.VGH, EZAR 221 Nr. 34). Einen gewichtigen Grund wird man grundsätzlich für alle *schulischen Veranstaltungen* annehmen können. Auch in der über zwei Jahre dauernden Versagungspraxis, den *Besuch* eines außerhalb des zugewiesenen Bezirks lebenden *nahen Angehörigen* zu unterbinden, ist eine »unbillige Härte« zu sehen (VG Karlsruhe, Beschl. v. 17.08.1989 – A 13 K 426/88). Für die Beurteilung sind keine starren Zeitgrenzen maßgebend. Das nicht nur lediglich kurzfristige Vorenthalten der Pflege verwandtschaftlicher oder freundschaftlicher Beziehungen kann häufig zu schwerwiegenden psychischen Folgen für den benachteiligten Asylbewerber führen. Ferner ist nach Unionsrecht bei der Gestaltung der materiellen Aufnahmebedingungen dem Schutz des Familienlebens angemessen Rechnung zu tragen (Art. 18 Abs. 2 Buchst. a) RL 2013/33/EU). 17

VI. Sondergenehmigung wegen Beschäftigung oder Schulbesuch (Abs. 1 Satz 3)

Die Genehmigung ist nach Abs. 1 Satz 3 in der Regel zu erteilen, wenn eine nach § 61 Abs. 2 erlaubte Beschäftigung ausgeübt werden soll oder wenn dies zum Zwecke des 18

Schulbesuchs, der betrieblichen Aus- und Weiterbildung oder des Studiums an einer staatlichen oder staatlich anerkannten Hochschule oder vergleichbaren Ausbildungseinrichtung erforderlich ist. Der Antragsteller bedarf zur Ausübung einer Beschäftigung einer nach § 61 Abs. 2 Satz 1 mit Zustimmung der zuständigen Arbeitsagentur erteilten Beschäftigungserlaubnis. Durch die Vorschrift wird die bislang umstrittene Frage geklärt, ob ungeachtet des verfahrensabhängigen Zwecks der Aufenthaltsgestattung die Aufnahme einer Ausbildung oder eines Studium zulässig ist. Allerdings muss der Lebensunterhalt aus eigenen Mitteln finanziert werden. Jedoch darf angesichts der Regelanordnung nicht unter Hinweis auf den verfahrensabhängigen Aufenthaltszweck die Genehmigung versagt werden. Vielmehr sind in der Person des Antragstellers liegende Gründe zu bezeichnen, die so gewichtig sind, dass sie das regelmäßig bestehende Interesse an der Genehmigung ausnahmsweise verdrängen. Der Aufenthalt muss nicht im angrenzenden Bezirk, sondern kann in jedem anderen Bezirk des jeweiligen Bundeslandes zu dem in Abs. 1 Satz 3 bezeichneten Zweck erstrebt werden. Der Aufenthalt im Bezirk einer anderen Ausländerbehörde bedarf deren Zustimmung (Abs. 1 Satz 4; Rdn. 7). Wird die Ausübung der Beschäftigung oder die Aufnahme eines Studiums oder einer Ausbildung in einem anderen Bundesland angestrebt, gilt nichts anderes. Da der Aufenthalt auf den Bezirk der bisher zuständigen Ausländerbehörde beschränkt bleibt und die Beschränkung nur sachbezogen erweitert wird, ohne die Zuständigkeit zu verändern, bedarf es keiner länderübergreifenden Umverteilung, vielmehr lediglich der Einholung der Zustimmung der anderen Ausländerbehörde für die Erweiterung der Beschränkung.

C. Wahrnehmung von Terminen (Abs. 2)

19 Wie früher § 25 Abs. 2 AsylVfG 1982 bestimmt Abs. 2, dass die Ausländerbehörde die Erlaubnis zum Verlassen des beschränkten Bereichs erteilen *soll*, wenn der Asylbewerber außerhalb des räumlich beschränkten Bereichs einen *Termin* bei seinem *Bevollmächtigten*, beim *UNHCR* (s. auch § 9 Abs. 1) und bei Organisationen, die sich mit der Betreuung von Flüchtlingen befassen, wahrnehmen will (§ 57 Rdn. 7). Soweit unter Hinweis auf den Charakter als Sollvorschrift dem Bundesamt bei Darlegung besondere Gründe die Versagung der Genehmigung eingeräumt wird (BVerfGE 96, 10, 23 = DVBl 1997, 895 = BayVBl. 1997, 559 = EZAR 222 Nr. 8; *Bodenbender*, in: GK-AsylG II, § 57 Rn. 38 f.; *Hailbronner*, AuslR B 2 § 57 AsylG Rn. 17; *Bergmann*, in: Bergmann/Dienelt, AuslR, 11. Aufl., 2016, § 57 AsylG Rn. 16) ist diese Rechtsprechung überholt. Nach Unionsrecht besteht für die Zulassung der Verbindungsaufnahme zum UNHCR kein Ermessen. Vielmehr ist diese zu gewährleisten (Art. 12 Abs. 1 Buchst. c) RL 2013/32/EU). Ebenso steht die Zulassung des Kontakts zum Rechtsanwalt nicht im Ermessen. Vielmehr ist nach Art. 20 Abs. 1 RL 2013/32/EU dem Antragsteller zu gestatten, einen Rechtsanwalt oder sonstigen Rechtsbeistand zu konsultieren. Das Bundesamt kann nicht auf im beschränkten Bereich ansässige Rechtsanwalt verweisen (*Bodenbender*, in: GK-AsylG II, § 57 Rn. 34). Dies verletzt das Prinzip der freien Advokatur und Art. 20 Abs. 1 RL 2013/32/EU. Abs. 2 ist daher richtlinienkonform als Anspruchsnorm zu handhaben. Die Genehmigung zur Konsultation des Anwalts ist angesichts der kurzen Fristen des Gesetzes noch

am Tag der Antragstellung zu erteilen (*Wingerter*, in: Hofmann/Hofmann, AuslR. Handkommentar, § 57 AsylG Rn. 4).

Die Versagung darf *nicht* zur *Unzeit* erfolgen. So wäre die Unterbindung der Kontaktaufnahme zum Rechtsanwalt unter keinen denkbaren Umständen zulässig, wenn dadurch die fristgebundene Klagebegründung (§ 74 Abs. 2 Satz 1) oder gar die Begründung des Eilrechtsschutzantrags nach § 34a Abs. 2 Satz 1, § 36 Abs. 3 Satz 1 vereitelt oder erschwert würde. Anders als beim erlaubnisfreien Tatbestand nach Abs. 3 ist nach Abs. 2 zwar ein *Genehmigungsantrag* gefordert. Auf die Erteilung besteht jedoch ein Anspruch. Nimmt der Asylsuchende den gebotenen Termin ohne Erlaubnis wahr, treffen ihn gegebenenfalls die Konsequenzen nach §§ 59, 85 f. Zur Gewährleistung einer verfassungskonformen Handhabung von Abs. 2 ist zu bedenken, dass das Aufenthaltsrecht des Asylantragstellers während des Verfahrens so zu gestalten ist, dass er seinen geltend gemachten Asylanspruch *ohne unzumutbare Erschwernisse* verfolgen kann (BVerwGE 62, 206, 212 = EZAR 221 Nr. 7 = InfAuslR 1981, 214). Umfang und Grenzen der behördlichen Gestaltungsfreiheit werden durch das verfassungsrechtlich gewährleistete »vorläufige Bleiberecht« bestimmt, das ein Aufenthaltsrecht *insoweit* gewährt, *als es zur Durchführung des Asylverfahrens* unter für den *Asylbewerber zumutbaren Bedingungen notwendig* ist (BVerfGE 80, 68, 73f. = InfAuslR 1989, 243). Zu den wesentlichen Bestandteilen eines verfassungsmäßig garantierten Rechts gehört die effektive Durchsetzbarkeit (BVerfGE 39, 276, 294, stdg. Rspr.). Die Grundrechte gewähren *unmittelbar* einen Anspruch auf verfassungskonforme Gestaltung des *Verwaltungsverfahrens* (BVerfGE 53, 30, 65; 56, 216, 235f.; s. auch BVerfGE 52, 391, 407). Das Verfahren und seine effektive Anwendung im Einzelfall hat damit *Komplementärfunktion für die Durchsetzung des materiellen Rechts* (BVerfGE 73, 289, 296). 20

Im Lichte dieser verfassungsgerichtlichen Rechtsprechung ist zu bedenken, dass die wirksame Durchsetzung des Asylgrundrechts *überragendes Gewicht* hat, das in aller Regel andere Interessen überwiegt (BVerfGE 77, 364, 368). Die in Abs. 2 genannten Stellen und Personen haben für die effektive Durchsetzung des Asylanspruchs eine hervorgehobene Bedeutung. Insbesondere die Herstellung und Aufrechterhaltung des *Kontaktes zum Rechtsanwalt* darf durch die Behörde weder vereitelt noch erschwert werden (Rdn. 19 f.). Die anwaltliche Vertretung ist dann zwingend zuzulassen, wenn wegen der besonderen persönlichen oder sachlichen Umstände die Nichtzulassung für den Rechtsuchenden Rechtsnachteile zur Folge haben würde, die durch ein nachträgliches Verfahren nicht mehr behoben werden können (BVerwG, NJW 1984, 715; so auch OVG Hamburg, NJW 1976, 205). Dementsprechend ist die Erlaubnis bereits schon zur *Anbahnung des Auftrags* zu erteilen. Dem Antrag auf Erteilung der Genehmigung zur Konsultation von UNHCR oder des Rechtsanwalts ist daher stattzugeben. Der vorherige schriftliche Nachweis darf regelmäßig nicht gefordert werden, es sei denn, konkrete Umstände begründen den Verdacht des Missbrauchs. Häufig vergewissern sich die Ausländerbehörden beim Rechtsanwalt auch telefonisch, ob der behauptete Termin vereinbart ist. Zwar fehlt in Abs. 2 anders als in § 57 Abs. 2 die Verpflichtung zur *unverzüglichen* Entscheidung über den Antrag. Angesichts der strengen Darlegungspflichten sowie der kurzen Begründungsfristen sind Anträge aber nach Abs. 2 noch am Tag der Antragstellung zu entscheiden. 21

D. Erlaubnisfreie Terminswahrnehmung (Abs. 3)

22 Ebenso wie nach § 57 Abs. 3 und § 25 Abs. 3 AsylVfG 1982 kann der Asylbewerber nach Abs. 3 ohne behördliche Erlaubnis den räumlich beschränkten Bereich zur Wahrnehmung von Terminen bei *Behörden* und *Gerichten* verlassen, wenn sein *persönliches Erscheinen erforderlich* ist (§ 57 Rdn. 8). Das zweckgebundene Verlassen nach Abs. 3 Satz 1 ist kraft Gesetzes erlaubt. Der Behördenbegriff ist weit zu verstehen. Auch Konsulate fallen hierunter (*Hailbronner*, AuslR B 2 § 58 AsylG Rn. 21; *Bergmann*, in: Bergmann/Dienelt, AuslR, 11. Aufl., 2016, § 55 AsylG Rn. 5). Abs. 3 erstreckt sich auf alle Fälle, in denen z.B. das persönliche Erscheinen angeordnet ist, sowie auf die Fälle, in denen es wegen der besonderen Bedeutung des Verfahrens für den Asylantragsteller *sachdienlich* ist, den Termin persönlich wahrzunehmen (BT-Drucks. 9/1630, S. 23). Es bedarf danach nicht einer förmlichen Ladung zu einer förmlichen Anhörung. Vielmehr wird die Erlaubnisfreiheit auf alle Termine erweitert, für die das persönliche Erscheinen des Asylantragstellers erforderlich ist. Das betrifft insbesondere die persönliche Anhörung (§ 24 Abs. 1 Satz 3), aber auch die mündliche Verhandlung oder einen Erörterungstermin im gerichtlichen Verfahren. Verfahrensbeteiligte haben Anspruch auf Teilnahme an der Verhandlung. Die erlaubnisfreie Terminswahrnehmung soll sicherstellen, dass die räumliche Beschränkung des Aufenthaltsrechts die Durchsetzung bestehender Ansprüche nicht hindert (BVerfGE 96, 10, 25 = DVBl 1997, 895 = BayVBl. 1997, 559 = EZAR 222 Nr. 8). Daher ist die Genehmigungsfreiheit nicht von der förmlichen Anordnung der Teilnahme abhängig (*Bodenbender*, in: GK-AsylG II, § 57 Rn. 41; *Hailbronner*, AuslR B 2 § 58 AsylG Rn. 20). Anders als im Fall des § 57 Abs. 3 Satz 2 besteht keine Anzeigepflicht (*Bodenbender*, in: GK-AsylG II, § 58 Rn. 22; *Hailbronner*, AuslR B 2 § 58 AsylG Rn. 12). Der Begünstigte muss nicht den direkten Weg zur Behörde oder zum Gericht wählen und jedwede sonstige Erledigung bei Gelegenheit eines solchen Termins unterlassen (BayVGH, InfAuslR 2015, 294, 295).

E. Erlaubnisfreies Verlassen (Abs. 4)

23 In Anlehnung an § 25 Abs. 4 AsylVfG 1982 bestimmt Abs. 4, dass der Asylbewerber, der einer der in der Vorschrift bezeichneten begünstigten Personengruppen zugehörig ist, den räumlich beschränkten Bezirk auch *ohne behördliche Erlaubnis vorübergehend* verlassen darf. Der Begriff des »vorübergehenden Verlassens« kann nicht abstrakt bestimmt werden (Rdn. 6). Anders als bei Abs. 1 Satz 1 Halbs. 2 bedarf es keiner vorherigen behördlichen Erlaubnis. Vielmehr ist dem privilegierten Personenkreis kraft Gesetzes das vorübergehende Verlassen des beschränkten Bereichs erlaubt. Dieser Personenkreis kann sich nicht nur in angrenzenden Bezirken oder nur im jeweiligen Bundesland, sondern *im gesamten Bundesgebiet* ohne behördliche Erlaubnis vorübergehend aufhalten. Allerdings wird durch Abs. 4 noch nicht die Niederlassungsfreiheit gewährleistet. Vielmehr bleibt der gewöhnliche Aufenthalt des Asylbewerbers auf den nach § 56 räumlich beschränkten Bereich begrenzt. Dort hat er seinen Wohnsitz zu nehmen. Die Behörde kann durch Auflagen nach § 60 Abs. 2 Satz 1 den Aufenthalt weiter inhaltlich einschränken. Davon unberührt bleibt jedoch das Recht des

Asylbewerbers, jederzeit und ohne Angabe von Gründen vorübergehend den zugewiesenen Bezirk zu verlassen. Es bedarf keines Erlaubnisgrundes wie in den vorhergehenden Absätzen. Der Grund für die Vergünstigung ist vielmehr abstrakt-genereller Art, nämlich ein noch nicht rechtskräftiger gerichtlicher Verpflichtungsausspruch. Die Vorschrift des Abs. 4 gewährt also in gewissen Grenzen ein *Freizügigkeitsrecht.*

Durch Richtlinienumsetzungsgesetz 2013 wurde Abs. 4 auf alle Personen erweitert, 24 die im gerichtlichen Verfahren eine Statusfeststellung erstritten haben, das Verpflichtungsurteil jedoch noch nicht rechtskräftig ist. Nicht nur Asylberechtigte, sondern alle international Schutzberechtigten werden privilegiert. Da unmittelbar im Verwaltungsverfahren gewährte Statusentscheidungen die Gewährung der Rechtsstellung und damit grundsätzlich Freizügigkeit im Bundesgebiet zur Folge haben (§ 25 Abs. 1 und 2), bedarf es für davon begünstigte Personen keine besondere Befreiung mehr. Auch wenn das – nicht rechtskräftige – Urteil zur Feststellung von Abschiebungsverboten nach § 60 Abs. 5 oder 7 AufenthG verpflichtet, wird die Privilegierung begründet (Abs. 4 Satz 1 Halbs. 1 Alt. 3). Begünstigt werden auch Familienangehörige im Sinne von § 26 Abs. 1 bis 3. Das Familienasyl und der internationale Schutz für Familienangehörige erfordern die Unanfechtbarkeit der Statusentscheidung in Ansehung des Stammberechtigten (§ 26 Abs. 1 Nr. 1, Abs. 2, Abs. 3 Satz 1 Nr. 1, Abs. 5 Satz 1), sodass eine unmittelbare Anwendung von Abs. 4 Satz 1 zugunsten der Angehörigen nicht in Betracht kommt. Zum Ausgleich bezieht Abs. 4 Satz 2 auch die Familienangehörigen in die Privilegierung ein.

Die Privilegierung wird nicht erst mit dem Tag der Zustellung des schriftlichen Ur- 25 teils, sondern mit Verkündung (§ 116 Abs. 1 VwGO) begründet, es sei denn, die Verkündung wird durch die Zustellung ersetzt (§ 116 Abs. 2 VwGO). Bereits mit Verkündung wird das Urteil unabänderlich (*Bodenbender,* in: GK-AsylG II, § 58 Rn. 24). Das gilt auch für die Feststellung von Abschiebungsverboten nach § 60 Abs. 5 und 7 AufenthG. Nicht erfasst sind damit die Feststellung inlandsbezogener Vollstreckungshemmnisse. Auch wenn die das Privileg begründende Behörden- oder Gerichtsentscheidung nachträglich – im Berufungsverfahren – wieder aufgehoben wird, bleibt nach dem eindeutigen Gesetzeswortlaut der Kläger bis zum Zeitpunkt der Unanfechtbarkeit der negativen Statusentscheidung im Besitz der Vergünstigung nach Abs. 4 (*Bodenbender,* in: GK-AsylG II, § 58 Rn. 25).

F. Aufenthalt im Kreisgebiet (Abs. 5)

Nach Abs. 5 kann wie früher nach § 25 Abs. 5 AsylG 1987 die Ausländerbehörde 26 eines Kreises oder einer kreisangehörigen Gemeinde *allgemein* die *Erlaubnis* erteilen, sich *vorübergehend* im gesamten Gebiet des Kreises aufzuhalten. Der Daueraufenthalt ist allerdings ausgeschlossen. Vielmehr bleibt dieser auf den zugewiesenen Bezirk beschränkt (*Hailbronner,* AuslR B 2 § 58 AsylG Rn. 14; *Bodenbender,* in: GK-AsylG II, § 58 Rn. 32; *Bergmann,* in: Bergmann/Dienelt, AuslR, 11. Aufl., 2016, § 58 AsylG Rn. 11). Hiermit sollen Unzuträglichkeiten und Beschwernisse in Landkreisen beseitigt werden, die darauf beruhen, dass innerhalb des Kreises eine kreisangehörige Gemeinde mit eigener Ausländerbehörde gelegen und der Aufenthalt auf den Bezirk dieser Gemeinde beschränkt (§ 56) ist. Andererseits ist Abs. 5 nicht auf den Fall der kreisfreien Stadt innerhalb eines Landkreises gemünzt. Nach dem Gesetzeswortlaut kann die Ausländerbehörde der kreisfreien Stadt nicht den Aufenthalt im gesamten Kreisgebiet zulassen. Wohl aber kann umgekehrt die Ausländerbehörde des Landkreises den Aufenthalt in der innerhalb des Kreisgebietes gelegenen kreisfreien Stadt allgemein zulassen. Die Zustimmung der Ausländerbehörde der kreisfreien Stadt ist nicht erforderlich. Hier kann die Rechtsverordnung nach Abs. 6 weiterhelfen. Der Erlass einer Rechtsverordnung nach Abs. 6 macht ohnehin die Erteilung einer allgemeinen Erlaubnis nach Abs. 5 entbehrlich.

27 Abs. 5 trägt örtlichen Besonderheiten Rechnung, die dadurch geprägt sind, dass die Infrastruktur der Region die kommunalen Gebietsgrenzen überschreitet. Zwar wird wie bei Abs. 4 nicht die Residenzpflicht aufgehoben, jedoch die (vorübergehende) Bewegungsfreiheit auf das gesamte Kreisgebiet erweitert. Es ist aber die vorherige Genehmigung erforderlich. Die Ausländerbehörde der kreisangehörigen Gemeinde hat die *allgemeine Erlaubnis* zum vorübergehenden Aufenthalt im Kreisgebiet nach *pflichtgemäßem Ermessen* zu erteilen. Ermessensmaßstäbe enthält Abs. 5 nicht. Andererseits ist der vorübergehende Aufenthalt nicht davon abhängig, dass einer der in Abs. 1 bis 3 genannten Gründe vorliegt (*Hailbronner*, AuslR B 2 § 58 AsylG Rn. 15; *Bodenbender*, in: GK-AsylG II, § 58 Rn. 32; *Bergmann*, in: Bergmann/Dienelt, AuslR, 11. Aufl., 2016, § 58 AsylG Rn. 12) hat. Die Zustimmung der anderen Ausländerbehörde ist nicht erforderlich. Nach dem Gesetzeswortlaut handelt es sich nicht um die Erlaubnis zum *einmaligen Verlassen* des beschränkten Bereichs. Hat die Behörde einmal die Erlaubnis erteilt, ist der vorübergehende Aufenthalt im gesamten Kreisgebiet im Rahmen der Befristung nach § 63 Abs. 2 erlaubt. Eine vertiefende Erörterung der Maßstäbe für das Ermessen (s. hierzu *Bodenbender*, in: GK-AsylG II, § 58 Rn. 32) erscheint entbehrlich, da in der Verwaltungspraxis regelmäßig nach Abs. 6 die Bewegungsfreiheit im Verordnungswege auf das gesamte Bundesland ausgedehnt wird. Abs. 5 hat damit kaum noch praktische Bedeutung.

G. Aufenthalt in mehreren Bezirken (Abs. 6)

28 Wie bereits § 25 Abs. 6 AsylG 1987, enthält auch Abs. 6 eine Rechtsgrundlage für den Erlass einer *Rechtsverordnung der Landesregierung*. Danach kann der vorübergehende Aufenthalt in einem die Bezirke mehrerer Ausländerbehörden umfassenden Bezirk – regelmäßig der Zuständigkeitsbezirk des Regierungspräsidiums oder der Bezirksregierung – durch Rechtsverordnung – also abstrakt-generell – erlaubt werden. Auch hier sind die örtlichen Verhältnisse, insbesondere die Besonderheiten in Ballungsgebieten, maßgebend für den Erlass der Verordnung. Durch die Erweiterungsmöglichkeit auf das gesamte Bundesland und seit 2011 sogar unter der Voraussetzung des Einvernehmens der betroffenen Landesregierungen auf mehrere Bundesländer hat die ursprüngliche Begründung für die Erweiterung der Beschränkung ihre Bedeutung weitgehend verloren. Wie bei Abs. 4 ist damit der vorübergehende, nicht jedoch der gewöhnliche Aufenthalt im zugelassenen Bereich ohne behördliche Erlaubnis zugelassen. Die Wohnverpflichtung bleibt auf den räumlich beschränkten Bezirk nach § 56 begrenzt. Während Abs. 4 die Bewegungsfreiheit auf das gesamte Bundesgebiet erstreckt, ist im

Fall des Abs. 6 der vorübergehende Aufenthalt in dem in der Verordnung bezeichneten Bezirk allgemein erlaubt. Im Unterschied zu Abs. 5 ist aber auch nach Abs. 6 wie nach Abs. 4 eine besondere behördliche Erlaubnis nicht erforderlich. Der vorübergehende Aufenthalt außerhalb des beschränkten Bereichs ist vielmehr bereits aufgrund der Rechtsverordnung nach deren Maßgabe erlaubt. Der entsprechende Vermerk in der Bescheinigung nach § 63 Abs. 1 hat lediglich deklaratorische Wirkung.

Eine Ermächtigung, die Vergünstigung des Abs. 6 lediglich bestimmten Personengruppen zuteil werden zu lassen, kann der Vorschrift nicht entnommen werden (unklar *Bodenbender*, in: GK-AsylG II, § 58 Rn. 35; *Bergmann*, in: Bergmann/Dienelt, AuslR, 11. Aufl., 2016, § 58 AsylG Rn. 14). Vielmehr verwendet Abs. 6 den Begriff »Ausländer« ohne irgendwelche personenspezifische oder sonstige sachliche Einschränkungen. Durchweg erfassen die Vorschriften des Gesetzes (z.B. § 55 Abs. 1 Satz 1, § 56 Abs. 2, § 57 Abs. 1 und 3, § 58 Abs. 1, 2 bis 5, § 59 Abs. 2, § 60 Abs. 2, § 61 Abs. 1, § 62 Abs. 1, § 63 Abs. 1, §§ 64 ff.) mit diesem Begriff den »Asylantragsteller« allgemein und unabhängig von besonderen Merkmalen. Eine Rechtsverordnung, welche die Vergünstigung lediglich auf bestimmte Personengruppen von Asylantragstellern beschränkte, wäre durch die gesetzliche Ermächtigung nicht gedeckt und rechtswidrig. Hat die Ausländerbehörde im Einzelfall Bedenken gegen die Gewährleistung der Freizügigkeit nach Abs. 6, bleibt es ihr unbenommen, nach § 60 Abs. 1 gegen den einzelnen Asylbewerber vorzugehen. 29

H. Rechtsschutz

Gegen die Versagung der behördlichen Erlaubnis nach Abs. 1, 2 und 5 kann *Verpflichtungsklage* erhoben werden. In dringenden Eilfällen kann *einstweiliger Rechtsschutz* über § 123 VwGO erlangt werden. Der Anordnungsanspruch wird in den Fällen des Abs. 1 und 2 wegen der Unaufschiebbarkeit des Reisezwecks regelmäßig gegeben sein (Hess. VGH, EZAR 222 Nr. 2; Hess.VGH, EZAR 221 Nr. 34 = NVwZ-RR 1990, 514; *Bodenbender*, in: GK-AsylG II, § 57 Rn. 46; *Hailbronner*, AuslR B 2 § 57 AsylG Rn. 24). Wird dem Asylbewerber von der Behörde das erlaubnisfreie Verlassen nach Abs. 3, 4 und 6 bestritten, kann gegebenenfalls *Feststellungsklage* zusammen mit dem einstweiligen Anordnungsantrag nach § 123 VwGO erhoben werden. Verweigert die Behörde des angrenzenden Bezirks (vgl. Abs. 1 Satz 4) ihre Zustimmung, muss der Asylsuchende den Rechtsträger der Ausländerbehörde verklagen, die für ihn örtlich zuständig ist. Im Prozess wird der Rechtsträger der Ausländerbehörde nach Abs. 1 Satz 2 notwendig beigeladen (*Hailbronner*, AuslR B 2 § 58 AsylG Rn. 18 f.; *Bodenbender*, in: GK-AsylG II, § 58 Rn. 38; *Bergmann*, in: Bergmann/Dienelt, AuslR, 11. Aufl., 2016, § 58 AsylG Rn. 16). 30

§ 59 Durchsetzung der räumlichen Beschränkung

(1) [1]Die Verlassenspflicht nach § 12 Abs. 3 des Aufenthaltsgesetzes kann, soweit erforderlich, auch ohne Androhung durch Anwendung unmittelbaren Zwangs durchgesetzt werden. [2]Reiseweg und Beförderungsmittel sollen vorgeschrieben werden.

(2) Der Ausländer ist festzunehmen und zur Durchsetzung der Verlassenspflicht auf richterliche Anordnung in Haft zu nehmen, wenn die freiwillige Erfüllung der Verlassenspflicht, auch in den Fällen des § 56 Abs. 3, nicht gesichert ist und andernfalls deren Durchsetzung wesentlich erschwert oder gefährdet würde.

(3) Zuständig für Maßnahmen nach den Absätzen 1 und 2 sind
1. die Polizeien der Länder,
2. die Grenzbehörde, bei der der Ausländer um Asyl nachsucht,
3. die Ausländerbehörde, in deren Bezirk sich der Ausländer aufhält,
4. die Aufnahmeeinrichtung, in der der Ausländer sich meldet, sowie
5. die Aufnahmeeinrichtung, die den Ausländer aufgenommen hat.

Übersicht Rdn.

A. Funktion der Vorschrift

1 Die Vorschrift ist ohne Vorbild im AsylVfG 1982 und dient der Beschleunigung des Asylverfahrens (BT-Drucks. 12/2062, S. 37). Nach § 56 entsteht das Aufenthaltsrecht des Asylbewerbers von vornherein räumlich beschränkt und ist dieser nach § 12 Abs. 3 AufenthG verpflichtet, den Teil des Bundesgebiets, in dem er sich ohne behördliche Erlaubnis der für ihn zuständigen Ausländerbehörde befindet, zu verlassen. Die Befolgung der Verlassenspflicht soll mit besonderen Mitteln durchgesetzt werden. Hinzu treten Sanktionen nach §§ 85 f. Da die räumliche Beschränkung stets zumindest auf den Bezirk einer Ausländerbehörde, in den Fällen des § 58 Abs. 1 Satz 1 sogar zusätzlich auf den einer weiteren Ausländerbehörde bezogen ist, kann die Vorschrift nicht herangezogen werden, um Auflagen nach § 60 durchzusetzen. Insoweit gelten besondere Regelungen. Die Zwangsmittel des § 59 beziehen sich daher auf die kraft Gesetzes bestehende räumliche Beschränkung des § 56, nicht aber auf die durch behördliche Auflagen verfügten weiteren Einschränkungen des Aufenthaltsrechtes des Asylbewerbers. Unionsrechtlich ist die Bewegungsfreiheit eingeschränkt (Art. 7 Abs. 1 RL 2013/33/EU). Die Durchsetzung der räumlichen Beschränkung bleibt nationalem Recht überlassen. Ergänzend kann Verwaltungsvollstreckungsrecht der Länder heran gezogen werden (*Bodenbender,* in: GK-AsylG II, § 59 Rn. 5). Unmittelbarer Zwang darf aber nur dann mit Haft verbunden werden, wenn Haftgründe im nationalen

Recht geregelt sind (Art. 8 Abs. 1 UAbs. 2 RL 2013/33/EU). Abs. 2 regelt dementsprechend einen spezifischen auf die Durchsetzung der räumlichen Beschränkung bezogenen *Haftgrund*.

Nach § 59 sollen *räumliche Beschränkungen* nach § 56 wirksam durchgesetzt werden. 2
Hingegen dient die Vorschrift *nicht* dazu, die *Befolgungspflichten* (z.B. § 18 Abs. 1 Satz 1, § 19 Abs. 1, § 20 Abs. 1, § 22 Abs. 1 Satz 2, § 50 Abs. 4 Satz 1, Abs. 6) durchzusetzen (*Bodenbender*, in: GK-AsylG II, § 59 Rn. 15; a.A. *Wolff*, in: Hofmann/Hoffmann, AuslR. Handkommentar, § 59 AsylG Rn. 1) oder die Verpflichtung zur Wohnsitznahme in der Aufnahmeeinrichtung sicherzustellen (*Hailbronner*, AuslR B 2 § 59 AsylG Rn. 5) oder Auflagen nach § 60 Abs. 2 Nr. 1 und 2 durchzusetzen (*Wolff*, in: Hofmann/Hoffmann, AuslR. Handkommentar, § 59 AsylG Rn. 2; a.A. *Bergmann*, in: Bergmann/Dienelt, AuslR, 11. Aufl., 2016, § 59 AsylG Rn. 4). Zuwiderhandlungen gegen Auflagen können unmittelbar aufgrund der Auflagenermächtigung durchgesetzt werden. Bei Nichtbefolgung der Weiterleitungsanordnung erlischt unter den Voraussetzungen des § 67 Abs. 1 Nr. 2 die Aufenthaltsgestattung. Nach Maßgabe des § 66 ist die Ausschreibung zur Aufenthaltsermittlung zulässig. Die Vorschrift wird für unentbehrlich angesehen, um der illegalen Binnenwanderung von Asylbewerbern vorbeugen zu können. Daher sollen unbotmäßige Asylbewerber unverzüglich zurückgeführt werden (BT-Drucks. 12/2062, S. 37). Der der räumlichen Beschränkung zuwiderlaufende Aufenthalt setzt *keine Dauerhaftigkeit* voraus (*Bodenbender*, in: AsylG II, § 59 Rn. 14). Durch den Verweis auf § 56 Abs. 3 in Abs. 2 wird die Anwendung der Vorschrift auch nach Abschluss des Asylverfahrens sichergestellt.

B. Anwendung unmittelbaren Zwangs (Abs. 1 Satz 1)

Abweichend von § 13 Abs. 1 Satz 1 VwVG sowie vom allgemeinem Polizeirecht 3
kann die zuständige Behörde nach Abs. 3 nach Maßgabe von Abs. 1 Satz 1 die Verlassenspflicht durch unmittelbaren Zwang *ohne vorherige Androhung* durchsetzen. Die Verlassenspflicht umfasst den unerlaubten Aufenthalt außerhalb des räumlich beschränkten Bereichs während der gesamten Dauer des Asylverfahrens. Es bedarf daher keines »Betretensverbots«. Um die Verlassenspflicht möglichst effektiv durchsetzen zu können, räumt Abs. 1 Satz 1 der zuständigen Behörde Erleichterungsmöglichkeiten bei der Durchsetzung der räumlichen Beschränkung ein. Von diesen muss sie nicht Gebrauch machen. Nach Abs. 1 Satz 1 hat die Behörde *Ermessen* auszuüben, im Rahmen dessen insbesondere zu prüfen ist, ob die an sich notwendige Androhung ausnahmsweise entfallen kann, weil anders die räumliche Beschränkung nicht durchgesetzt werden kann. Damit ist in zweifacher Weise Ermessen auszuüben: Zunächst ist zu prüfen, ob die Anwendung unmittelbaren Zwangs überhaupt erforderlich ist. Wird dies bejaht, ist zu prüfen, ob es erforderlich ist, von der Androhung unmittelbaren Zwangs abzusehen (Abs. 1 Satz 1). Auf beiden Stufen ist im besonderen Maße der *Verhältnismäßigkeitsgrundsatz* zu beachten (OVG Hamburg, EZAR 228 Nr. 19).

Die zuständige Behörde hat stets zu prüfen, ob den Asylantragsteller weniger belas- 4
tende Eingriffe nicht denselben Erfolg bewirken können. Im Rahmen der Prüfung

der Erforderlichkeit ist im Einzelnen eine auf tatsächlichen Annahmen beruhende Prognose zu treffen. Die pauschale Verdächtigung, der Asylbewerber werde seine Verlassenspflicht nicht befolgen, ohne dass dies durch besondere, in der Person der Asylantragsteller liegende Umstände gerechtfertigt ist, reicht für die Anwendung unmittelbaren Zwangs nicht und schon gar nicht für das Absehen von der Androhung aus. Der Asylantragsteller hat seine Verlassenspflicht im Übrigen *ohne schuldhaftes Verzögern* (§ 121 Abs. 1 BGB) zu erfüllen. Es ist daher vor der Anwendung unmittelbaren Zwangs stets zu prüfen, ob die Verzögerung der Erfüllung der Verlassenspflicht auf schuldhaftem Verhalten beruht. Dies setzt eine Beurteilung der Umstände des Einzelfalles voraus (Hess.VGH, NVwZ 1986, 149; *Bodenbender*, in: GK-AsylG II, § 59 Rn. 16; *Bergmann*, in: Bergmann/Dienelt, AuslR, 11. Aufl., 2016, § 59 AsylG Rn. 4; bedeutend weiter gehend *Hailbronner,* AuslR B 2 § 59 AsylG Rn. 6). Die Nichtbefolgung der Verlassenspflicht mag zwar eine gewisse Indizwirkung für schuldhaftes Verhalten entfalten. Ohne das Hinzutreten weiterer Umstände kann schuldhaftes Verhalten aber nicht unterstellt werden (*Bergmann*, in: Bergmann/Dienelt, AuslR, 11. Aufl., 2016, § 59 AsylG Rn. 5; *Wolff*, in: Hofmann/Hoffmann, AuslR. Handkommentar, § 59 AsylG Rn. 4). Für die Prüfung der Erforderlichkeit der Zwangsanwendung ist darüber hinaus auch entsprechend dem Gesetzeszweck vorher stets zu prüfen, ob durch die Nichterfüllung der Verlassenspflicht verfahrensverzögernde Wirkungen eintreten oder eine Binnen*wanderung* verfestigt wird. Kann dies nicht festgestellt werden, fehlt es bereits an der Erforderlichkeit für die Anwendung unmittelbaren Zwangs.

5 Die Art und Weise der Anwendung unmittelbaren Zwangs richtet sich nach den Vorschriften des Gesetzes über den unmittelbaren Zwang nach den entsprechenden länderrechtlichen Regelungen. Soweit diese die Ausübung nur Polizeivollzugsbeamten übertragen, ermächtigt Abs. 3 darüber hinaus auch die in Nr. 3 bis 5 bezeichneten Behörden (*Bodenbender*, in: AsylG II, § 59 Rn. 20). Nach Ermessen ist zu entscheiden, welche zulässige Mittel angewandt werden. Zur Durchsetzung dürften in erster Linie unmittelbare körperliche Einwirkung in Betracht kommen (*Bodenbender*, in: GK- AsylG II, § 59 Rn. 20; *Wolff*, in: Hofmann/Hoffmann, AuslR. Handkommentar, § 59 AsylG Rn. 3). Vorher ist jedoch stets zu prüfen, ob weniger einschneidende Mittel nicht auch zum Erfolg führen können

C. Reiseweg und Beförderungsmittel (Abs. 1 Satz 2)

6 Nach Abs. 1 Satz 2 soll die zuständige Behörde dem Asylbewerber Reiseweg und Beförderungsmittel vorschreiben. Zulässigkeit von Zwang einerseits und Bestimmung von Reiseweg und Beförderungsmittel andererseits unterliegen unterschiedlichen Voraussetzungen und bedürfen jeweils getrennter Prüfung. Ist es jedoch erforderlich, die Verlassenspflicht mit Zwangsmaßnahmen durchzusetzen, wird es kaum Bedenken begegnen, wenn nach Abs. 1 Satz 2 vorgegangen wird. Umgekehrt ist ein Abweichen von der Regel gefordert, wenn die Voraussetzungen für die Anwendung unmittelbaren Zwangs nicht vorliegen. Stets ist jedoch zu prüfen, ob im Einzelfall auch so verfahren werden soll und muss zumindest begründet werden, warum dem begründeten Wunsch des Asylantragstellers, aus eigener Initiative und mit eigenen Mitteln

der Verlassenspflicht Folge zu leisten, nicht entsprochen werden kann. Gibt es keine Anhaltspunkte dafür, dass er seiner Pflicht nicht Folge leisten wird, kann von der Regelanordnung abgewichen werden. Die Anordnung darf sie aber erst treffen, wenn sie vorgebrachte konkrete und gewichtige Umstände in der Person des Asylantragstellers, die auf eine Befolgung der Verlassenspflicht schließen lassen, geprüft hat.

D. Verbringungshaft (Abs. 2)

Unter den in Abs. 2 genannten Voraussetzungen ist die Festnahme und auf richterliche Anordnung Haft zulässig. Unmittelbarer Zwang darf unionsrechtlich dann mit Haft verbunden werden, wenn Haftgründe im nationalen Recht geregelt sind (Art. 8 Abs. 1 UAbs. 2 RL 2013/33/EU). Dem trägt Abs. 2 Rechnung und regelt einen spezifischen auf die Durchsetzung der räumlichen Beschränkung bezogenen Haftgrund. Die Zwangsmittel können unter den Voraussetzungen des Abs. 2 auch nach Abschluss des Asylverfahrens angewandt werden (§ 56 Abs. 3). Vor der Festnahme sind die Voraussetzungen des Festnahmegrundes zu prüfen. Es muss mit hinreichender Sicherheit feststehen, dass die freiwillige Erfüllung der Verlassenspflicht nicht gesichert ist, und die Annahme gerechtfertigt sein, dass die Durchsetzung ohne Festnahme und Inhaftierung wesentlich erschwert oder gefährdet würde (Abs. 2 Halbs. 2). Im persönlichen Verhalten des Asylbewerbers müssen konkrete Anhaltspunkte dafür sprechen, dass er seiner Verlassenspflicht freiwillig nicht nachkommen wird. Regelmäßig rechtfertigen entsprechende eindeutige Äußerungen des Asylantragstellers diesen Schluss. Weigert er sich, der Verlassenspflicht nachzukommen, ist die freiwillige Erfüllung nicht gesichert. Zusätzlich ist aber zu prüfen, ob die Durchsetzung der Verlassenspflicht ohne Festnahme und Haft wesentlich erschwert oder gefährdet sein würde (*Hailbronner,* AuslR B 2 § 59 AsylG Rn. 11). Nicht ausreichend ist es, dass er keine rechtzeitigen Vorkehrungen für die Reise unternimmt. Lediglich passives Verhalten reicht nicht aus (a.A. *Bergmann,* in: Bergmann/Dienelt, AuslR, 11. Aufl., 2016, § 59 AsylG Rn. 8, der andererseits aber konkrete Anhaltspunkte fordert). Hinzukommen müssen eindeutige Erklärungen und sonstige Umstände, die den Schluss als zwingend erscheinen lassen, er werde seiner Verlassenspflicht nicht freiwillig Folge leisten. 7

Die Haft unterliegt dem *Richtervorbehalt* des Art. 104 Abs. 2 GG (Abs. 2 Halbs. 1). Die Verbringungshaft unterliegt der Prüfung der *Unverhältnismäßigkeit* auch im Hinblick auf die damit verbundene Verlängerung der Dauer des damit verbundenen Freiheitseingriffs (BVerfG [Kammer], InfAuslR 2008, 358, 359). Vor Stellung des Haftantrags ist daher stets zu prüfen, ob lediglich die freiheitsbeschränkende (Festnahme) oder darüber hinaus auch freiheitsentziehende Maßnahmen (Haft) erforderlich sind. Die erforderliche Abgrenzung ist von der Intensität des Eingriffs abhängig. Ist die Festnahme mit einem längeren Festhalten verbunden, weil die Durchsetzung der Verlassenspflicht nicht unverzüglich erfolgen kann, ist Haft zu beantragen. Die nach § 42 Abs. 2 Satz 3 Halbs. 2 BPolG zulässige *Maximalfrist von vier Tagen* darf angesichts der anders gearteten Voraussetzungen nach Abs. 2 nicht ausgeschöpft werden (*Bergmann,* in: Bergmann/Dienelt, AuslR, 11. Aufl., 2016, § 59 AsylG Rn. 7 f.). Nach der gesetzlichen Begründung sind Festnahme und Haft erforderlich, wenn der Zeitraum zwischen Sistierung und Abfahrt des nächsten Beförderungsmittels zeitlich 8 so lang ist, dass die Maßnahmen insgesamt nicht mehr nur unmittelbarer Zwang, sondern schon Freiheitsentziehung ist (BT-Drucks. 12/2062, S. 37). Dies bedeutet jedoch nicht, dass Festnahme und Inhaftierung stets zulässig sind. Vorher ist vielmehr zu prüfen, ob diese Maßnahmen angewandt werden dürfen. Erst wenn dies bejaht wird, ist zu prüfen, ob zur Durchsetzung der Verlassenspflicht zusätzlich Festnahme und Haft geboten sind. Mit der Anwendung unmittelbaren Zwangs unvermeidbar verbundene Einschränkungen der Bewegungsfreiheit können auch für den Fall einer länger dauernden begleiteten Rückreise nicht ohne Weiteres als Freiheitsentziehung gewertet werden. Zieht sich die Festnahme vor Beginn des Rücktransports jedoch über einen längeren Zeitraum hin, ist die richterliche Haftanordnung zu beantragen (*Hailbronner,* AuslR B 2 § 59 AsylG Rn. 14; restriktiver *Wolff,* in: Hofmann/Hoffmann, AuslR. Handkommentar, § 59 AsylG Rn. 6, bereits Unterbrechungen während der Reise machen den Rücktransport zur Freiheitsentziehung). Der Haftrichter hat die ausländerbehördlichen Akten beizuziehen (BVerfG [Kammer], InfAuslR 2008, 358, 359).

E. Zuständige Behörden (Abs. 3)

9 Nach Abs. 3 sind für die Maßnahmen nach Abs. 1 und 2 nicht nur die allgemeinen Polizeibehörden (Abs. 3 Nr. 1), sondern darüber hinaus auch die Ausländerbehörden und die Aufnahmeeinrichtungen (Abs. 3 Nr. 3, 4 und 5) zuständig. Die Zuständigkeit bestehen parallel (*Hailbronner,* AuslR B 2 § 59 AsylG Rn. 15). Die Bundespolizei (Abs. 3 Nr. 2) ist nur dann zuständig, wenn der Asylbewerber dort um Asyl nachsucht (§ 18, § 18a). Insbesondere in diesen Fällen ist es nach den Erfahrungen der Vergangenheit kaum denkbar, dass Maßnahmen nach Abs. 1 und 2 notwendig werden könnten. Zuständig ist nicht nur die nach § 56 Abs. 1 und 2 für die Behandlung des Asylbewerbers verantwortliche Ausländerbehörde, sondern jede Ausländerbehörde, in deren Bezirk der Asylbewerber sich tatsächlich aufhält (Abs. 3 Nr. 3). Entsprechendes gilt auch für die Aufnahmeeinrichtungen (Abs. 3 Nr. 4 und 5). Die Außenstellen des Bundesamtes haben keine Zuständigkeit.

F. Rechtsschutz

10 Die Anwendung unmittelbaren Zwangs an sich ist keine Freiheitsentziehung (Rdn. 8). Haft ist jedoch stets als freiheitsentziehender Eingriffe zu verstehen. Geht mit der Anwendung unmittelbaren Zwangs Festnahme und Inhaftierung einher und dauert die Inhaftnahme länger, ist der Festgenommene spätestens vor Ablauf des darauf folgenden Tages dem zuständigen Richter vorzuführen, der über die Anordnung der Haft entscheidet (Art. 104 Abs. 2 GG). Haft bedarf nach § 417 FamFG des Antrags der zuständigen Verwaltungsbehörde Abs. 3). Das Vorliegen eines zulässigen Antrags ist *Verfahrensvoraussetzung* und in jeder Lage des Verfahrens zu prüfen (BGH, NVwZ 2010, 919, 920 = InfAuslR 2010, 380; BGH, NVwZ 2010, 919, 920 = InfAuslR 2010, 1508, 1509; *Hoppe,* ZAR 209, 210; *Drews/Fritsche,* NVwZ 2011, 527, 528; s. hierzu im Einzelnen Erläuterungen zu § 14).

§ 59a Erlöschen der räumlichen Beschränkung

(1) [1]Die räumliche Beschränkung nach § 56 erlischt, wenn sich der Ausländer seit drei Monaten ununterbrochen erlaubt, geduldet oder gestattet im Bundesgebiet aufhält. [2]Die räumliche Beschränkung erlischt abweichend von Satz 1 nicht, solange die Verpflichtung des Ausländers, in der für seine Aufnahme zuständigen Aufnahmeeinrichtung zu wohnen, fortbesteht.

(2) [1]Räumliche Beschränkungen bleiben auch nach Erlöschen der Aufenthaltsgestattung in Kraft bis sie aufgehoben werden, längstens aber bis zu dem in Absatz 1 bestimmten Zeitpunkt. [2]Abweichend von Satz 1 erlöschen räumliche Beschränkungen, wenn der Aufenthalt nach § 25 Absatz 1 Satz 3 oder § 25 Absatz 2 Satz 2 des Aufenthaltsgesetzes als erlaubt gilt oder ein Aufenthaltstitel erteilt wird.

Übersicht Rdn.

A. Funktion der Vorschrift

1 Die Vorschrift wurde durch das Gesetz zur Verbesserung der Rechtsstellung von asylsuchenden und geduldeten Ausländern vom 23. Dezember 2014 (*Rechtsstellungsverbesserungsgesetz*) neu in das Gesetz eingeführt und regelt einheitlich die Erlöschensgründe für eine kraft Gesetzes (§ 56 Abs. 1) bestehende räumliche Beschränkung. Durch das Asylverfahrensbeschleunigungsgesetz 2015 wurde Satz 2 in 1 Abs. 1 angefügt. Abs. 1 Satz 1 bestimmt, dass die räumliche Beschränkung kraft Gesetzes erlischt, wenn sich der Asylantragsteller seit drei Monaten ununterbrochen, erlaubt, geduldet oder gestattet im Bundesgebiet aufhält. Damit entfällt im Falle des Abs. 1 Satz 1 auch die Strafbarkeit nach § 85 Nr. 2. Die Verletzung der Bestimmungen über die räumlichen Beschränkungen innerhalb der ersten drei Monate ist auch anders als früher nicht ordnungswidrig (§ 86). Nach Abs. 1 Satz 2 erlischt die räumliche Beschränkung nicht, solange die Wohnverpflichtung nach § 47 Abs. 1 Satz 1 und Abs. 1a Satz 1 sowie § 36a Abs. 3 Satz 1 fortbesteht. Da nach § 47 Abs. 1 Satz 1 die maximale Dauer auf sechs Monate ausgeweitet und in den Fällen des Abs. 1a Satz 1 und 43c Abs. 3 Satz 1 bis zur Ausreise oder zum Vollzug der Abschiebungsandrohung oder -anordnung besteht, wird in diesen Fällen die durch Abs. 1 Satz 1 begründete Vergünstigung einschneidend verschlechtert. Die Dauer der räumlichen Beschränkung soll der Wohnverpflichtung nach § 47 Abs. 1 und Abs. 1a angepasst werden (BR-Drucks. 446/15, S. 45). Abs. 2 Satz 1 regelt, dass räumliche Beschränkungen auch nach Erlöschen der Aufenthaltsgestattung (§ 67) in Kraft bleiben, bis sie aufgehoben werden, längstens aber bis zu dem Zeitpunkt, in dem sich der Betroffene drei Monate ununterbrochen, erlaubt, geduldet oder gestattet im Bundesgebiet aufhält. Von diesem Grundsatz macht Abs. 2 Satz 2 eine Ausnahme, wenn der Aufenthalt nach § 25 Abs. 1 Satz 3 oder § 25 Abs. 2 Satz 2 AufenthG als erlaubt gilt oder ein Aufenthaltstitel

erteilt wird. Diese Durchbrechung privilegiert Asylberechtigte, Flüchtlinge und subsidiär Schutzberechtigte unmittelbar nach der Bekanntgabe der Statuszuerkennung (Alt. 1) wie auch nach Erteilung der Aufenthaltserlaubnis (Alt. 2).

2 Kirchen und Wohlfahrtsverbände haben von jeher die strikten Aufenthaltsbeschränkungen zulasten der Asylbewerber kritisiert. Der Forderung nach Aufhebung der Residenzpflicht ist der Gesetzgeber jedoch nicht nachgekommen. Es bleibt auch dabei, dass keine freie Wahl des Wohnsitzes (§ 55 Abs. 1 Satz 2) besteht. Für die ersten drei Monate nach Einreise bleibt es bei den früheren Beschränkungen, insbesondere der Wohnpflicht in der Aufnahmeeinrichtung (§ 47 Abs. 1). Die Residenzpflicht selbst, also die Verpflichtung, nach der Entlassung aus der Aufnahmeeinrichtung in einer bestimmten Gemeinde Wohnung zu nehmen (§ 55 Abs. 1 Satz 2), bleibt bestehen. Jedoch entfallen alle sonstigen Beschränkungen drei Monate nach der Einreise (Abs. 1 Satz 1), können aber bei Straffälligkeit oder unmittelbar bevorstehenden aufenthaltsbeendenden Maßnahmen erneut angeordnet werden (§ 59b). Wird der Asylbewerber aus der Aufnahmeeinrichtung entlassen, unterliegt er daher bis zum Ablauf der Dreimonatsfrist den traditionellen Beschränkungen, bedarf also für das Verlassen des räumlich beschränkten Bereichs einer vorherigen behördlichen Erlaubnis (§ 58). Es gelten die Gründe, die nach § 58 das Verlassen des Bezirks während des Aufenthalts in der Aufnahmeeinrichtung zulassen, erweitert um Härtegründe (§ 59b Abs. 2).

B. Erlöschen der räumlichen Beschränkung (Abs. 1)

3 Nach Abs. 1 erlöscht die räumliche Beschränkung nach § 56 bis § 59, wenn sich der Betroffene seit drei Monaten ununterbrochen erlaubt, geduldet oder gestattet im Bundesgebiet aufhält. Ein *erlaubter Aufenthalt* ist jedenfalls ein Aufenthalt aufgrund einer Aufenthaltserlaubnis. Da diese in aller Regel nicht räumlich beschränkt erteilt wird, hat die Vorschrift für diese Fälle kaum praktische Bedeutung. Allerdings begründet der rechtmäßige Aufenthalt aufgrund eines Schengen-Visums grundsätzlich einen erlaubten Aufenthalt im Sinne von Abs. 1 Satz 1, wenn sich hieran ein Asylverfahren anschließt. Auch wenn das Visum aufgrund falscher Angaben erlangt wurde, wird der Aufenthalt aufgrund dieses Visums angerechnet, weil nach dem Gesetz ja auch der geduldete Aufenthalt ausreicht (*Hailbronner,* AuslR, B 2 § 59a AsylG Rn. 8; Rdn. 4).

4 Abs. 1 Satz 1 schließt auch den *geduldeten Aufenthalt* ein. Nach dem Gesetzeswortlaut kommt es allein auf die kraft Gesetzes (§ 60a Abs. 2 Satz 1 AufenthG) begründete Duldung, nicht hingegen auf den Besitz der Duldungsbescheinigung (§ 60a Abs. 4 AufenthG) an (wohl a.A. *Hailbronner,* AuslR, B 2 § 59a AsylG Rn. 9, der auf die »förmliche« Duldung abstellt). Praktisch relevant ist der geduldete Aufenthalt für die Anwendung von Abs. 1 Satz 1, wenn der Asylantragsteller vor der Meldung als Asylsuchender bereits einen dreimonatigen oder kürzeren Zeitraum im Bundesgebiet verbracht hat (*Hailbronner,* AuslR, B 2 § 59a AsylG Rn. 9). Da Abs. 1 sowohl den geduldeten wie auch den gestatteten Aufenthalt umfasst, können bei der Berechnung der Dreimonatsfrist beide Formen des Aufenthaltes zusammengerechnet werden, vorausgesetzt, es handelt sich um einen ununterbrochenen Aufenthalt im Bundesgebiet.

Der gestattete Aufenthalt wird durch den Tatbestand des *Nachsuchens* um Asyl kraft Gesetzes begründet (§§ 18 Abs. 1, 19 Abs. 1, § 22 Abs. 1 iVm § 55 Abs. 1 Satz 1). Es kommt also weder auf den Zeitpunkt der förmlichen Antragstellung (§ 23 Abs. 1) noch auf den Besitz der Bescheinigung (§ 63). Der Nachweis der Ersuchens um Asyl kann durch die Meldung bei der Polizei oder Ausländerbehörde (§ 19 Abs. 1) geführt werden. Regelmäßig weisen diese Behörden den Asylsuchenden jedoch mündlich auf die nächst gelegene Aufnahmeeinrichtung hin und stellen hierüber weder eine Bescheinigung aus noch wird hierüber ein schriftlicher Vorgang angelegt. Der Betroffene kann aber durch Zeugenbeweis den Nachweis des Asylersuchens gegenüber diesen Behörden führen. Spätestens durch Meldung bei der zuerst aufgesuchten oder zuständigen Aufnahmeeinrichtung (§ 22 Abs. 1) wird eine Aktenvorgang angelegt und ist der *Ankunftsnachweis* (§ 63a) auszustellen. Die nicht zuständige Aufnahmeeinrichtung erlässt eine Weiterleitungsanordnung, die zuständige nimmt den Asylsuchenden auf. 5

Der Asylsuchende muss sich *ununterbrochen* während einer Zeitdauer von drei Monaten *erlaubt, geduldet oder gestattet* im Bundesgebiet aufgehalten haben. Die bezeichneten Aufenthaltsformen können auch zusammen gerechnet werden. Der Betroffene darf aber während dieses Zeitraums das Bundesgebiet nicht verlassen haben. Daher wird ein Voraufenthalt nicht berücksichtigt, wenn er nach diesem das Bundesgebiet nicht nur kurzfristig verlassen hat. Meldet sich der Betroffene als Asylsuchender, wird der unmittelbar davor im Bundesgebiet bestehende erlaubte oder geduldete Voraufenthalt nicht berücksichtigt, weil die Meldung die Aufenthaltsgestattung begründet. Abs. 1 Satz 1 setzt nicht voraus, dass sich der Asylsuchende am zugewiesenen Aufenthaltsort ständig aufhält und dort erreichbar ist (*Hailbronner,* AuslR, B 2 § 59a AsylG Rn. 6). Die Gegenmeinung überzeugt nicht, weil dem Gesetz für diese kein Anhalt entnommen werden kann. Hat sich der Asylsuchende über längere Zeit nicht am zugewiesenen Ort aufgehalten, muss er allerdings im Zweifelsfall Beweis führen, dass er sich weiterhin im Bundesgebiet aufgehalten hat. Da der Aufenthalt des Asylsuchenden gestattet ist und die Aufenthaltsgestattung nur nach Maßgabe von § 67 Abs. 1 erlischt, tritt keine Unterbrechung des gestatteten Aufenthalts ein, solange kein Erlöschenstatbestand nach dieser Norm Anwendung findet. 6

Nach Abs. 1 Satz 1 erlischt die räumliche Beschränkung nach § 56 nach Ablauf von drei Monaten. Nach Abs. 1 Satz 2 erlischt die räumliche Beschränkung jedoch nicht, solange die Wohnverpflichtung nach § 47 Abs. 1 Satz 1 und Abs. 1a Satz 1 fortbesteht. Da nach § 47 Abs. 1 Satz 1 die maximale Dauer auf sechs Monate ausgeweitet und in den Fällen des Abs. 1a Satz 1 und § 3aa Abs. 3 Satz 1 bis zur Ausreise oder zum Vollzug der Abschiebungsandrohung oder -anordnung besteht, wird in diesen Fällen die durch Abs. 1 Satz 1 begründete Vergünstigung einschneidend verschlechtert. Die Dauer der räumlichen Beschränkung soll der Wohnverpflichtung nach § 47 Abs. 1 und Abs. 1a angepasst werden (BR-Drucks. 446/15, S. 45). 7

C. Fortdauer der räumlichen Beschränkung (Abs. 2 Satz 1)

Nach Abs. 2 Satz 1 bleiben räumliche Beschränkungen auch nach dem Erlöschen der Aufenthaltsgestattung (§ 67) in Kraft bis sie aufgehoben werden. Diese Regelung 8 ersetzt § 56 Abs. 3 AsylVfG a.F., der durch das Rechtsstellungsverbesserungsgesetz 2014 aufgehoben wurde. Die Fortgeltungsregelung gilt für die kraft Gesetzes (§ 56) und die behördlich angeordnete Beschränkung (§ 59b). Anders als früher setzt Abs. 2 Satz 1 Halbs. 1 aber eine zeitliche Begrenzung von drei Monaten für die Fortdauer der räumlichen Beschränkung fest. Die Erlöschensgründe werden abschließend in § 67 Abs. 1 bezeichnet. Bleiben etwa die räumlichen Beschränkungen deshalb in Kraft, weil der Asylsuchende nicht innerhalb von zwei Wochen nach der Meldung als Asylsuchender den Asylantrag gestellt hat (§ 23 Abs. 1) und deshalb die Aufenthaltsgestattung erlischt (§ 67 Abs. 1 Nr. 2), wird die räumliche Beschränkung nach Abs. 2 Satz 1 Halbs. 2 in Verb. mit Abs. 1 nach Ablauf von drei Monaten seit der Meldung als Asylsuchender aufgehoben. Da der Aufenthalt ununterbrochen gestattet sein muss, beginnt die Dreimonatsfrist an sich erst mit der Meldung als Asylsuchenden. Dem Asylbewerber muss die Versäumnis aber zurechenbar sein. Andere Fälle, in denen die Aufenthaltsgestattung vor Ablauf von drei Monaten nach Meldung als Asylsuchender erlischt, sind etwa die Zurückweisung des Eilrechtsschutzantrags im Falle der qualifizierten Antragsablehnung oder der Abschiebungsanordnung nach § 34a (§ 67 Abs. 1 Nr. 4 und 5) vor dem Ablauf der Dreimonatsfrist. Wird die vollziehbare Ausreisepflicht in diesen Fällen nicht vollzogen oder kann sie wegen tatsächlicher Abschiebungshindernisse (§ 60a Abs. 2 Satz 1 AufenthG) nicht durchgesetzt werden, entfallen die räumlichen Beschränkungen nach Ablauf der Dreimonatsfrist. Da der gestattete und geduldete Aufenthalt zusammengerechnet werden (Rdn. 6), ist keine Unterbrechung eingetreten, sodass auch in diesen Fällen die Frist mit der Meldung als Asylsuchender zu laufen beginnt.

9 Da nach Abs. 2 Satz 1 im Asylverfahren angeordnete räumliche Beschränkungen auch nach Abschluss des Asylverfahrens zunächst fortgelten (Hess. VGH, AuAS 2006, 257, 258; OVG Hamburg, InfAuslR 2006, 32, 35; OVG NW, AuAS 2010, 176, 177), bedarf es keiner erneuten Anordnung der räumlichen Beschränkung nach Maßgabe von § 12 Abs. 2 Satz 2 AufenthG. Abs. 2 Satz 1 Halbs. 1 ersetzt § 12 Abs. 2 Satz 2 AufenthG. § 56 Abs. 3 AsylVfG a.F. reagierte auf die Rechtsprechung, wonach mit Eintritt der Rechtskraft bzw. Bestandskraft der negativen Statusentscheidung die räumliche Beschränkung entfiel (OVG Rh-Pf, NVwZ-Beil. 2004, 21; VG Leipzig, EZAR 223 Nr. 17; a.A. OVG NW, InfAuslR 2001, 165, 166 = NVwZ-Beil. 2001, 20 = AuAS 2001, 92; OVG Rh-Pf, AuAS 2004, 130, 131). Wie nach § 56 Abs. 3 AsylVfG a.F. erlischt auch nach Abs. 2 Satz 1 die räumliche Beschränkung nicht mit der Aufenthaltsgestattung nach dem rechtskräftigen Abschluss des Asylverfahrens. Vielmehr bleibt sie solange in Kraft, bis sie aufgehoben wird oder der erfolglose und vollziehbar ausreisepflichtige, aber noch nicht ausgereiste Asylbewerber einen Aufenthaltstitel erhalten hat (Hess. VGH, AuAS 2006, 257, 258) oder die Dreimonatsfrist abgelaufen ist (Abs. 2 Satz 1 Halbs. 2). Mit Ausreise erlischt jedoch die räumliche Beschränkung. Dies gilt bereits für den Ausreisevorgang. Die Durchquerung von Bezirken, in denen der beschränkte Aufenthalt nicht zulässig ist, auf dem Weg zum Grenzübergang, ist daher erlaubt (*Wingerter*, in: Hofmann/Hofmann, AuslR. Handkommentar, § 56 AsylG Rn. 3).

Zwar hatte die frühere abweichende Rechtsprechung für die räumliche Beschränkung auf § 12 Abs. 2 Satz 2 AufenthG zurück gegriffen. Abs. 2 Satz 1 Halbs. 1 ist jedoch *lex specialis* gegenüber dieser Norm (Rdn. 9). Daneben ist § 12 Abs. 2 Satz 2 AufenthG nicht anwendbar (*Bodenbender*, in: GK-AsylG II, § 56 Rn. 24). Auch die Erteilung einer Duldung hat auf den Fortbestand der räumlichen Beschränkung keinen Einfluss (OVG NW, AuAS 2010, 176, 177; a.A. *Bergmann*, in: Bergmann/Dienelt, AuslR, 11. Aufl., 2016, § 56 AsylG Rn. 10). Die Änderung der räumlichen Beschränkung setzt die Durchführung eines Verteilungsverfahrens voraus. An die Stelle der bisherigen tritt die für den neuen Aufenthaltsort maßgebende räumliche Beschränkung. Die für den ursprünglichen Aufenthaltsort zuständige Ausländerbehörde ist nicht befugt, die räumliche Beschränkung aufzuheben (OVG Hamburg, InfAuslR 2006, 32, 35). Will der erfolglos gebliebene Asylantragsteller etwa wegen nachträglicher Eheschließung eine Umverteilung in ein anderes Bundesland erreichen, kann er wegen Abs. 2 Satz 1 Halbs. 1 keinen Antrag auf Änderung einer Duldung stellen, sondern muss zur Überwindung der Beschränkung des § 61 Abs. 1 Satz 1 AufenthG eine länderübergreifende Verteilung zum geplanten Aufenthaltsort gemäß § 51 beantragen. Denn nach Abs. 2 Satz 1 in Verb. mit Abs. 1 Satz 1 ist die Erteilung einer bloßen Duldung nicht geeignet, die fortdauernde räumliche Beschränkung der erloschenen Aufenthaltsgestattung ebenfalls zum Erlöschen zu bringen (Hess. VGH, AuAS 2006, 257, 258; a.A. OVG NW, InfAuslR 2006, 64, 69). Die einschneidenden Folgen dieser früheren Rechtslage werden nach geltendem Recht jedoch dadurch abgemildert, dass nach Ablauf von drei Monaten nach der Meldung als Asylsuchender auch in diesen Fällen die räumlichen Beschränkungen wegfallen. Dies folgt im Übrigen auch aus § 61 Abs. 1b AufenthG). 10

Stellt der Asylsuchende nach Abschluss des Asylverfahrens einen Antrag auf Aufenthaltserlaubnis z.B. nach § 25 Abs. 3 oder 5 AufenthG, gelten nach Abs. 2 Satz 1 Halbs. 1 bis zur Entscheidung über diesen Antrag die im Asylverfahren angeordneten räumlichen Beschränkungen bis zur Erreichung der Dreimonatsfrist fort (Abs. 2 Satz 1 Halbs. 2) fort. Wird dem Antrag vor Ablauf der Dreimonatsfrist stattgegeben, löst sich das Aufenthaltsrecht vom spezifischen Aufenthaltsrecht nach § 55 ff. Damit erlöschen auch die im Asylverfahren angeordneten räumlichen Beschränkungen. In diesen Fällen bedarf es mithin keiner behördlichen Aufhebung der räumlichen Beschränkung. Vielmehr entsteht das Aufenthaltsrecht nach § 25 Abs. 3 und 5 AufenthG anders als im Fall des § 55 Abs. 1 Satz 1 ohne räumliche Beschränkung. Nach Erteilung der Aufenthaltserlaubnis kann die Ausländerbehörde nur noch nach § 12 Abs. 2 Satz 2 AufenthG vorgehen. 11

D. Fortdauer der räumlichen Beschränkung nach Abs. 2 Satz 2

Von dem Fortgeltungsgrundsatz nach Abs. 2 Satz 1 Halbs. 1 macht Abs. 2 Satz 2 eine Ausnahme, wenn der Aufenthalt nach § 25 Abs. 1 Satz 3 oder § 25 Abs. 2 Satz 2 AufenthG als erlaubt gilt oder ein Aufenthaltstitel erteilt wird. Diese Durchbrechung privilegiert Asylberechtigte, Flüchtlinge und subsidiär Schutzberechtigte unmittelbar nach der Bekanntgabe der Statuszuerkennung (Alt. 1) wie auch nach Erteilung der Aufenthaltserlaubnis (Alt. 2). Im ersten Fall kommt es nicht auf die Antragstellung auf 12

Erteilung der Aufenthaltserlaubnis an. Ist der Antragsteller als Asylberechtigter anerkannt oder wurde ihm internationaler Schutz zuerkannt, erlischt kraft Gesetzes die im Asylverfahren angeordnete räumliche Beschränkung mit Wirkung der Antragstellung auf Erteilung der Aufenthaltserlaubnis (Abs. 2 Satz 2 in Verb. mit § 25 Abs. 1 Satz 3, Abs. 2 Satz 2 AufenthG). § 25 Abs. 1 Satz 1 AufenthG stellt allein auf die Statusentscheidung ab. Hieran knüpfen die Fiktionsregelungen des § 25 Abs. 1 Satz 3 und Abs. 2 Satz 2 AufenthG an. Die Erlaubnisfiktion nach § 25 Abs. 1 Satz 3 und Abs. 2 Satz 2 AufenthG ist lex specialis gegenüber der *Erlaubnisfiktion* nach § 81 Abs. 3 und 4 AufenthG und gilt kraft Gesetzes ohne räumliche Beschränkung. Einer räumlichen Beschränkung steht Art. 26 GFK entgegen, es sei denn, die Ausländerbehörde geht entsprechend der für alle Ausländer geltenden Anordnungsbefugnis nach § 12 Abs. 2 Satz 2 AufenthG vor.

E. Rechtsschutz

13 Ebenso wenig wie § 55 als Eingriffsgrundlage angesehen werden kann, stellt § 56 eine Ermächtigungsgrundlage für behördliche Anordnungen dar. Vielmehr handelt es sich in beiden Fällen um gesetzliche Ausgestaltungen des Aufenthaltsrechts von Asylsuchenden, die für ihr Wirksamwerden keines behördlichen Vollzugsaktes bedürfen. Rechtsschutz kann erst gegen behördliche Auflagen nach § 60 unter den dafür geregelten Voraussetzungen erlangt werden (§ 60 Rdn. 31). Diese begründen aber keine räumlichen Beschränkungen, sondern regeln die Gestaltung des Wohnsitzes (Rdn. 8). Auch wenn die Ausländerbehörde eine Auflage nach § 60 verfügt, entfallen die räumlichen Beschränkungen nach Abs. 1 Satz 1. Diese kraft Gesetzes angeordnete Rechtswirkung bedarf keines behördlichen Begründungsaktes. Beruft sich die Behörde auf eine Fortgeltung der Beschränkung nach Abs. 2 Satz 1 Halbs. 1 ist diese Frage in dem entsprechenden Verfahren als Vorfrage zu klären.

§ 59b Anordnung der räumlichen Beschränkung

(1) Eine räumliche Beschränkung der Aufenthaltsgestattung kann unabhängig von § 59a Absatz 1 durch die zuständige Ausländerbehörde angeordnet werden, wenn

1. **der Ausländer wegen einer Straftat, mit Ausnahme solcher Straftaten, deren Tatbestand nur von Ausländern verwirklicht werden kann, rechtskräftig verurteilt worden ist,**
2. **Tatsachen die Schlussfolgerung rechtfertigen, dass der Ausländer gegen Vorschriften des Betäubungsmittelgesetzes verstoßen hat, oder**
3. **konkrete Maßnahmen zur Aufenthaltsbeendigung gegen den Ausländer bevorstehen.**

(2) Die §§ 56, 58, 59 und 59a Absatz 2 gelten entsprechend.

Übersicht Rdn.

A. Funktion der Vorschrift

Die Vorschrift wurde durch das Gesetz zur Verbesserung der Rechtsstellung von asylsuchenden und geduldeten Ausländern vom 23. Dezember 2014 (*Rechtsstellungsverbesserungsgesetz*) neu in das Gesetz eingeführt und regelt die Anordnungsbefugnis der zuständigen Ausländerbehörde, trotz Aufhebung der räumlichen Beschränkung nach § 59a Abs. 1 die Aufenthaltsgestattung räumlich zu beschränken. Die Ausübung der behördlichen Befugnis setzt den Ablauf der Dreimonatsfrist nach § 59a Abs. 1 voraus. Innerhalb dieser Frist bedarf es keiner behördlichen Anordnung (a.A. *Hailbronner*, AuslR, B 2 § 59b AsylG Rn. 3), weil der Aufenthalt bereits nach § 56 räumlich beschränkt ist. Eine doppelte, also gesetzlich und behördlich angeordnete Beschränkung ist nicht nur überflüssig, vielmehr kann eine bereits gesetzlich eingetretene räumliche Beschränkung nicht zusätzlich behördlich räumlich beschränkt werden. Eine Wohnsitzauflage nach § 60 begründet keine räumliche Beschränkung der Bewegungsfreiheit, sondern regelt ausschließlich die Wohnsitzpflicht. Eine weiter gehende Beschränkung als auf den Bezirk der Ausländerbehörde (§ 56) ist nach § 59b nicht zulässig (Rdn. 3). Dafür spricht insbesondere der Verweis in Abs. 2 auf § 56 (*Hailbronner*, AuslR, B 2 § 59b AsylG Rn. 5) 1

Eine räumliche Beschränkung kann gegen einen Asylbewerber nicht nach § 12 Abs. 2 Satz 2 AufenthG verfügt werden (§ 59a Rdn. 9 und 10). Vielmehr ist §59b *lex specialis* gegenüber dieser Norm (a.A. *Hailbronner*, AuslR, B 2 § 59b AsylG Rn. 3). Der Anwendungsbereich der Vorschrift wird nicht erst nach dem Erlöschen der Aufenthaltsgestattung (§ 67 Abs. 1) eröffnet, sondern nach Ablauf der Dreimonatsfrist (Abs. 1 Satz 1 in Verb. mit § 59a Abs.1). Auch wenn die Aufenthaltsgestattung bereits erloschen und die Dreimonatsfrist abgelaufen ist, kann die Behörde nach § 59b vorgehen. Die Aufenthaltsgestattung muss daher im Zeitpunkt der behördlichen Anordnung nicht mehr bestanden haben (a.A. *Hailbronner*, AuslR, B 2 § 59b AsylG Rn. 3). 2

Der Verweis in Abs. 2 auf § 56 stellt klar, dass durch eine Anordnung nach Abs. 1 nur eine räumliche Beschränkung auf den Bezirk der Ausländerbehörde zulässig ist (Rn. 1). Durch Verweis auf § 58 wird klargestellt, dass eine Sondergenehmigung nach dieser Norm erteilt werden darf bzw. ein Verlassen des räumlich beschränkten Bereichs zur Wahrnehmung von Terminen bei Behörden und Gerichten ohne Erlaubnis zulässig ist, wenn das persönliche Erscheinen erforderlich ist (Abs. 2 in Verb. mit § 58 Abs. 3). Die Anordnung der räumlichen Beschränkung kann durch Anwendung unmittelbaren Zwangs durchgesetzt werden (Abs. 2 in Verb. mit § 59). Wird dem Betroffenen die Flüchtlingseigenschaft oder der subsidiäre Schutzstatus zuerkannt, erlischt die behördlich angeordnete räumliche Beschränkung (Abs. 2 in Verb. mit § 59a Abs. 2 Satz 2). Ein Verweis auf § 57 ist nicht erforderlich, weil während der gesamten Zeit des Aufenthaltes in der Aufnahmeeinrichtung die räumliche Beschränkung fortgilt (§ 59a Abs. 1 Satz 2; Rdn. 7). 3

B. Voraussetzungen der behördlichen Anordnung

Die Behörde muss vor dem Erlass der Anordnung Ermessen ausüben. Dazu hat sie zunächst zu prüfen, ob die tatbestandlichen Voraussetzungen des Abs. 1 erfüllt sind. 4

Diese müssen mit Gewissheit feststehen. Eine Anordnung aufgrund von Mutmaßungen, Schlussfolgerungen oder bloßen Verdächtigungen ist unzulässig. Vielmehr hat die Behörde den Sachverhalt im konkreten Einzelfall sorgfältig zu ermitteln und muss sie den Betroffenen vorher anhören (§ 28 VwVfG). Da eine andernfalls nach Ablauf von drei Monaten bestehende Bewegungsfreiheit aufgehoben wird, bedarf die räumliche Beschränkung im Rahmen der Abwägung hinsichtlich ihrer Geeignetheit und Erforderlichkeit zur Erreichung des mit ihr verfolgten Zwecks einer besonderen Begründung. Sie darf auch nicht unverhältnismäßig sein. Insbesondere wenn der Betroffene sich bereits längere Zeit im Bundesgebiet aufhält und eine räumliche Beschränkung zu einer Beeinträchtigung fest etablierter persönlicher, beruflicher oder sonstiger Beziehungen führen würde, kann eine Einschränkung der Bewegungsfreiheit unverhältnismäßig sein (*Hailbronner,* AuslR, B 2 § 59b AsylG Rn. 3). Es kommt darüber hinaus bei Nr. 1 auch auf die Art der konkreten Umstände der Straftat, die Art der Beteiligung des Betroffenen und das Maß seiner Schuld an. Bei der Prüfung der Geeignetheit der Anordnung trifft die Behörde eine konkrete Begründungspflicht, dass mit dieser weitere Straftaten wirksam bekämpft werden können.

5 Abs. 1 nennt drei Tatbestände, in denen die Behörde eine Anordnung verfügen kann. Nach Nr. 1 kann die Anordnung ergehen, wenn der Betroffene rechtskräftig wegen einer Straftat verurteilt worden ist. Ausgenommen sind Straftaten, die nur von Ausländern begangen werden können, wie z.B. § 95 AufenthG, § 85. Nach Nr. 1 kann mit Ausnahme dieser Straftaten bei allen anderen Straftaten unabhängig davon, ob die Strafe zur Bewährung ausgesetzt worden ist oder nicht oder wie hoch das Strafmaß ist, die Anordnung erlassen werden. Insbesondere *bei geringfügigen Straftaten* ist im Rahmen des Ermessens jedoch eine besonders sorgfältige Prüfung angezeigt, ob die Anordnung erforderlich und geeignet ist, um die Begehung weiterer Straftaten auszuschließen. Es kann nicht pauschal unterstellt werden, dass die Begehung einer Straftat ein Indiz für eine missbräuchliche Inanspruchnahme des vorläufigen Bleiberechts ist (so *Hailbronner,* AuslR, B 2 § 59b AsylG Rn. 6). Für eine derart weitgehende Annahme bedarf es vielmehr konkreter Anhaltspunkte. Da zu prüfen ist, ob die Anordnung zwecktauglich ist, also nicht von vornherein völlig ungeeignet erscheint, dürfte die Anordnung zumeist nicht zulässig sein. Es lässt sich kaum begründen, dass der Betroffene Straftaten nicht auch im Geltungsbereich der räumlichen Beschränkung begehen kann. Ebenso wenig kann angenommen werden, dass lange zurückliegende Verurteilungen die Prognose rechtfertigen, dass der Betroffene erneut straffällig wird. Daher bedarf einer *Wiederholungsgefahr* (*Rosenstein,* ZAR 2015, 226, 228).

6 Nach Nr. 2 reicht anders als bei Nr. 1 bereits aus, dass Tatsachen die Schlussfolgerung rechtfertigen, dass der Betroffene gegen Vorschriften des Betäubungsmittelgesetzes verstoßen hat. Die Tatsachen müssen aber mit Gewissheit feststehen, verwertbar sein, um dem Betroffenen vorgehalten werden zu können und im Zweifelsfall auch belegt werden können (BT-Drucks. 18/3444, S. 6). Erforderlich ist, dass gegen den Betroffenen bereits *staatsanwaltschaftliche Ermittlungen* eingeleitet worden sind und die Ausländerbehörde die *Ermittlungsakte beigezogen* hat. Es stellt sich aber die Frage, wie in den Fällen, in denen kein hinreichender Tatverdacht besteht und daher

eine strafrechtliche Verurteilung nicht erfolgt, die ermessensfehlerfreie Anordnung der räumlichen Beschränkung gerechtfertigt werden kann. Tatsachen, die nachweisbar wären, liegen nicht vor. Andernfalls wäre es zu einer Anklageerhebung gekommen. Auf bloße Vermutungen kann aber die Anordnung nicht gestützt werden. Auch müssen die Drogendelikte im engen zeitlichen Zusammenhang mit der Anordnung stehen (*Rosenstein,* ZAR 2015, 226, 228 f.).

Nach Nr. 3 kann die Anordnung ergehen, wenn aufenthaltsbeendende Maßnahmen 7
gegen den Betroffenen konkret bevorstehen. Die Ausländerbehörde muss also bereits konkrete Schritte zur Beendigung des Aufenthaltes eingeleitet haben. Solange das Asylverfahren nicht unanfechtbar beendet oder im Falle der qualifizierten Antragsablehnung oder des nicht eingeleiteten Folgeantrags der beantragte Eilrechtsschutz unanfechtbar zurück gewiesen worden ist, dürfen keine konkreten Schritte zur Beendigung des Aufenthaltes eingeleitet werden. Aber auch nach negativem Abschluss des Asylverfahrens kann der Betroffene möglicherweise noch eine Aufenthaltsperspektive etwa nach § 25 Abs. 5, § 25a oder § 25b AufenthG verfolgen oder eine Eingabe an die zuständige Härtefallkommission (§ 23a AufenthG) eingereicht haben. In diesen Fällen kann nicht davon ausgegangen werden, dass aufenthaltsbeendende Maßnahmen konkret bevorstehen. Allein die mit der Ablehnung eines Asylantrags verbundene Abschiebungsandrohung ist noch kein konkretes Indiz für eine bevorstehende Abschiebung. Im Falle der Klageerhebung findet der Suspensiveffekt Anwendung (§ 75 Abs. 1). Entfaltet die Klage keine aufschiebende Wirkung (§ 75 Abs. 2), ist der unanfechtbare Abschluss des Eilrechtsschutzverfahrens abzuwarten, bevor konkrete Schritte zur Beendigung des Aufenthaltes eingeleitet werden dürfen (§ 34a Abs. 2 Satz 2; § 36 Abs. 3 Satz 8). Erforderlich ist stets, dass bereits konkrete Schritte zur Aufenthaltsbeendigung eingeleitet worden sind, also z.B. organisatorische Maßnahmen zur Vorbereitung der Abschiebung, Organisation der Rückführung, Beschaffung von Heimreisedokumenten (*Hailbronner,* AuslR, B 2 § 59b AsylG Rn. 11).

C. Rechtsschutz

Gegen die Anordnung kann *Anfechtungsklage* erhoben werden. Zugleich kann der *Antrag auf Anordnung der aufschiebenden Wirkung* der Klage nach § 80 Abs. 5 VwGO 8
gestellt werden. Die Rechtsprechung des BVerwG (BVerwGE 79, 291, 295 = EZAR 222 Nr. 7 = NVwZ 1988, 941 = InfAuslR 1988, 251) ist hier nicht anwendbar, weil es nicht darum geht, eine Aufenthaltsgestattung ohne räumliche Beschränkung auszustellen. Vielmehr fallen nach § 59a Abs. 1 Satz 1 die räumlichen Beschränkungen nach Ablauf von drei Monaten Kraft Gesetzes weg. Wird die behördlich angeordnete räumliche Beschränkung aufgehoben, bleibt es bei der kraft Gesetzes aufgehobenen räumlichen Beschränkung nach § 59a Abs. 1 Satz 1. Der Betroffene erstrebt also keine Bescheinigung der Aufenthaltsgestattung mit einer anderen Beschränkung oder Auflage, sondern allein die Aufhebung der Anordnung. Wird diese aufgehoben, hat die Behörde die Gesetzeslage zu bestätigen. Diese Bestätigung hat lediglich deklaratorischen Charakter.

§ 60 Auflagen

(1) [1]Ein Ausländer, der nicht oder nicht mehr verpflichtet ist, in einer Aufnahmeeinrichtung zu wohnen, und dessen Lebensunterhalt nicht gesichert ist (§ 2 Absatz 3 des Aufenthaltsgesetzes), wird verpflichtet, an dem in der Verteilentscheidung nach § 50 Absatz 4 genannten Ort seinen gewöhnlichen Aufenthalt zu nehmen (Wohnsitzauflage). [2]Findet eine länderübergreifende Verteilung gemäß § 51 statt, dann ergeht die Wohnsitzauflage im Hinblick auf den sich danach ergebenden Aufenthaltsort. [3]Der Ausländer kann den in der Wohnsitzauflage genannten Ort ohne Erlaubnis vorübergehend verlassen.

(2) [1]Ein Ausländer, der nicht oder nicht mehr verpflichtet ist, in einer Aufnahmeeinrichtung zu wohnen, und dessen Lebensunterhalt nicht gesichert ist (§ 2 Absatz 3 des Aufenthaltsgesetzes), kann verpflichtet werden,

1. **in einer bestimmten Gemeinde, in einer bestimmten Wohnung oder Unterkunft zu wohnen,**
2. **in eine bestimmte Gemeinde, Wohnung oder Unterkunft umzuziehen oder**
3. **in dem Bezirk einer anderen Ausländerbehörde desselben Landes seinen gewöhnlichen Aufenthalt und Wohnung oder Unterkunft zu nehmen.**

[2]Eine Anhörung des Ausländers ist erforderlich in den Fällen des Satzes 1 Nummer 2, wenn er sich länger als sechs Monate in der Gemeinde, Wohnung oder Unterkunft aufgehalten hat. [3]Die Anhörung gilt als erfolgt, wenn der Ausländer oder sein anwaltlicher Vertreter Gelegenheit hatte, sich innerhalb von zwei Wochen zu der vorgesehenen Unterbringung zu äußern. [4]Eine Anhörung unterbleibt, wenn ihr ein zwingendes öffentliches Interesse entgegensteht.

(3) [1]Zuständig für Maßnahmen nach Absatz 1 Satz 1 ist die nach § 50 zuständige Landesbehörde. [2]Die Wohnsitzauflage soll mit der Zuweisungsentscheidung nach § 50 verbunden werden. [3]Zuständig für Maßnahmen nach Absatz 1 Satz 2 ist die nach § 51 Absatz 2 Satz 2 zuständige Landesbehörde. [4]Die Wohnsitzauflage soll mit der Verteilungsentscheidung nach § 51 Absatz 2 Satz 2 verbunden werden. [5]Zuständig für Maßnahmen nach Absatz 2 ist die Ausländerbehörde, in deren Bezirk die Gemeinde oder die zu beziehende Wohnung oder Unterkunft liegt.

Übersicht — Rdn.

A. Funktion der Vorschrift

Die Vorschrift hat ihr Vorbild in § 20 Abs. 2 Satz 1 bis 6 AsylVfG 1982 (BT-Drucks. 12/2062, Satz 38). Der Asylsuchende erwirbt mit Geltendmachung seines Asylersuchens ein asylverfahrensabhängiges Aufenthaltsrecht (§ 55 Abs. 1 Satz 1), das von vornherein nach Maßgabe des § 56 räumlich beschränkt entsteht und bis zum Eintritt eines der Erlöschenstatbestände (§ 67) fortdauert. Die Vorschrift ermächtigt die zuständigen Behörden (Abs. 3), durch Auflagen (Abs. 1) das Aufenthaltsrecht in inhaltlicher Hinsicht weiter gehend zu gestalten. Dadurch wird aber nur die Wohnsitzverpflichtung inhaltlich bestimmt. Die räumliche Beschränkung auf den zugewiesenen Bezirk bleibt unverändert (*Grünewald*, in: GK-AsylG II, § 60 Rn. 5). Ein besonderes Auflagenverbot enthält § 61 Abs. 2 für die Erwerbstätigkeit. Das Erwerbstätigkeitsverbot wird ergänzend durch Auflagenanordnung nach Abs. 1 gestaltet. Abs. 2 gibt der Ausländerbehörde ferner die Möglichkeit, den räumlich beschränkten Aufenthalt durch Wohnsitzauflagen zu gestalten. Verfassungsrechtliche Bedenken hiergegen bestehen nicht (BVerfGE 77, 364, 366). In der Bescheinigung über die Aufenthaltsgestattung nach § 63 Abs. 1 finden die inhaltlichen, räumlichen und zeitlichen Entscheidungen nach Maßgabe von § 55 Abs. 1 Satz 1, § 56 und § 60 Abs. 1 und 2 ihren Niederschlag. Diese wird gegenüber dem betroffenen Asylbewerber mit dem Inhalt, wie er sich aus der Bescheinigung ergibt, als Verwaltungsakt wirksam (BVerwGE 79, 291, 295 = EZAR 222 Nr. 7 = NVwZ 1988, 941 = InfAuslR 1988, 251). 1

Die allgemeine Auflagenermächtigung nach Abs. 1 ist nur gegenüber den Antragstellern anwendbar, die nicht mehr der Wohnpflicht nach § 47 Abs. 1 Satz 1 unterliegen. Dies hat der Gesetzgeber des Rechtsstellungsverbesserungsgesetzes 2014 durch Änderung von Abs. 1 ausdrücklich klargestellt. Zuständig für die ausländerrechtliche Behandlung der Asylsuchenden, die der Wohnpflicht nach § 47 Abs. 1 Satz 1 unterliegen, ist das Bundesamt, wie auch aus § 57 Abs. 1, § 63 Abs. 3 Satz 1 folgt (a.A. *Hailbronner*, AuslR B 2 § 60 AsylG Rn. 3; *Bergmann*, in: Bergmann/Dienelt, AuslR, 11. Aufl., 2016, § 60 AsylG Rn. 2). Für die Phase der Unterbringung in der Aufnahmeeinrichtung ist von einer umfassenden ausländerrechtlichen Zuständigkeit des Bundesamtes auszugehen. Da das Bundesamt in Abs. 3 nicht aufgeführt ist, kann daher auch Abs. 1 während der Unterbringungsphase nach § 47 Abs. 1 Satz 1, Abs. 1a; § 30a Abs. 3 Satz 1 keine Anwendung finden. Die Auflagenermächtigung nach Abs. 2 ist gegenüber der Wohnverpflichtung des § 47 Abs. 1 Satz 1 unterliegende Antragsteller schon deshalb nicht anwendbar (*Hailbronner*, AuslR B 2 § 60 AsylG Rn. 4; *Bergmann*, in: Bergmann/Dienelt, AuslR, 11. Aufl., 2016, § 60 AsylG Rn. 3), weil der mit Abs. 2 verfolgte Zweck bereits mit der Verpflichtung nach § 47 Abs. 1 Satz 1 Abs. 1a oder § 30a Abs. 3 Satz 1 erreicht wird. Eine weiter gehende Verpflichtung könnte mit Abs. 2, wäre er gegenüber den der Wohnverpflichtung nach § 47 Abs. 1 Satz 1 unterliegenden Antragsteller anwendbar, nicht mehr durchgesetzt werden. 2

3 Die frühere allgemeine Auflagenbefugnis des § 60 Abs. 1 AsylVfG a.F. ist durch das Rechtsstellungsverbesserungsgesetz 2014 aufgehoben worden, Auflagen zur Erreichung asylverfahrensrechtlicher Zwecke sind nur noch in Form wohnsitzbeschränkender Auflagen nach § 60 zulässig. Ein Rückgriff auf § 12 Abs. 2 AufenthG ist unzulässig (*Hailbronner,* AuslR B 2 § 60 AsylG Rn. 4). Auflage ist eine Bestimmung zu einem Verwaltungsakt die dem durch diesen Begünstigten ein Tun, Dulden oder Unterlassen vorschreibt (BVerwGE 64, 285, 286 = EZAR 221 Nr. 18 = DVBl 1982, 306 = DÖV 1982, 451 = NVwZ 1982, 191; § 36 Abs. 2 Nr. 4 VwVfG). Der Verwaltungsakt, auf den sich die Auflage nach Abs. 1 bezieht, ist die Bescheinigung über die Aufenthaltsgestattung nach § 63 Abs. 1 (BVerwGE 79, 290, 294 = EZAR 222 Nr. 7 = NVwZ 1988, 941 = InfAuslR 1988, 251). Abs. 1 gibt der Behörde eine allgemeine gesetzliche Auflagenermächtigung an die Hand. Es handelt sich um selbständige, nicht um modifizierende Auflagen. Der gesetzliche begründete Bestand der Aufenthaltsgestattung wird nicht berührt (*Bergmann,* in: Bergmann/Dienelt, AuslR, 11. Aufl., 2016, § 60 AsylG Rn. 2). Die Auflage muss ihre Rechtfertigung im Zweck des Gesetzes und der vom Gesetzgeber gewollten Ordnung der Materie finden. Sie darf nicht aufenthaltsrechtlich nicht relevanten Zwecken dienen und muss öffentliche Interessen schützen (BVerwGE 64, 285, 288 = EZAR 221 Nr. 18 = InfAuslR 1982, 86; *Grünewald,* in: GK-AsylG II, § 60 Rn. 2). Bereits aus diesem Funktionsprinzip folgt, dass die auf die zügige Durchführung des Statusverfahrens bezogene Auflagenermächtigung gegenüber Asylberechtigten (§ 2) und international Schutzberechtigten Flüchtlingen (§ 3 Abs. 4 Halbs. 1, § 4 Abs. 1 Satz 1) nicht angewandt werden darf. Wegen Art. 23 GFK ist die Wohnsitzbeschränkung gegenüber Flüchtlingen grundsätzlich völkerrechtlich unzulässig (BVerwGE 111, 200, 203 = NVwZ 2000, 1414; VG Braunschweig, InfAuslR 2002, 127, 128; *Marx,* in: Zimmermann, The 1951 Convention Relating to the Status of Refugees and its 1967 Protocol. A Commentary, 2011, Article 26 Rn. 53). Die Unzulässigkeit der Anwendung des § 60 gegenüber diesen Personenkreis folgt aber nicht nur aus funktionalen, verfassungs- und völkerrechtlichen sondern bereits aus gesetzessystematischen Gründen. Die Auflagenermächtigung nach § 60 ist Teil des Ersten Unterabschnittes des Gesetzes und bezieht sich folglich lediglich auf den »Aufenthalt während des Asylverfahrens«.

4 Nach Art. 7 Abs. 2 RL 2013/33/EU kann aus Gründen des öffentlichen Interesses, der öffentlichen Ordnung oder wenn es für die reibungslose Bearbeitung und wirksame Überwachung des Asylantrags erforderlich ist, ein Beschluss über den Wohnsitz des Asylbewerbers gefasst werden. Abs. 1 stimmt danach mit Unionsrecht überein. Die Norm ermächtigt die Behörden insbesondere dazu, dem Asylbewerber einen bestimmten *Ort* zuzuweisen, wenn dies aus rechtlichen Gründen oder aus Gründen der öffentlichen Ordnung erforderlich ist. Eine Verlegung ist jedoch nur zulässig, wenn dies notwendig ist. Gegen Abs. 2 Satz 1 können deshalb unionsrechtliche Bedenken nicht angemeldet werden, sofern bei der Rechtsanwendung das strikte Erforderlichkeitsprinzip beachtet wird. Für die darüber hinausgehende Verpflichtung, in einer bestimmten Unterkunft zu wohnen (Abs. 2 Nr. 1 und 2) ist die unionsrechtliche Grundlage jedoch fragwürdig. Art. 7 RL 2013/33/EU) regelt Einschränkungen der

Bewegungsfreiheit. Diese wird durch die Wohnauflage nicht eingeschränkt. Für eine derart weitreichende Einschränkung wie die Verpflichtung, in einer bestimmten Unterkunft zu nehmen, fehlt jedoch eine unionsrechtliche Rechtsgrundlage. Diese hätte im Rahmen der allgemeinen Bestimmungen zu materiellen Aufnahmebedingungen geregelt werden müssen. Art. 17 und 18 RL 2013/33/EU) sehen indes eine zwangsweise Einweisung in eine Gemeinschaftsunterkunft nicht vor und enthalten auch keine entsprechende Ermessensklausel.

Aus dem Wortlaut dieser Norm, insbesondere aus ihrer Änderung folgt damit, dass 5 zwar ein Beschluss über den Aufenthaltsort nach Art. 7 Abs. 2 RL 2013/33/EU zulässig ist. Nach nationalem Recht hat der Gesetzgeber diesen Beschluss mit § 56 getroffen. Weiter gehende Einschränkungen der Bewegungsfreiheit dürfen jedoch nicht mehr aufenthaltsrechtlich, sondern nur noch leistungsrechtlich durchgesetzt werden. Daraus folgt, dass Abs. 2 seit Ablauf der Umsetzungsfrist am 20.07.2015 aus unionsrechtlichen Gründen nicht mehr angewandt werden darf. Darüber hinaus haben die Behörden bei der Entscheidung über den Wohnort das Familienleben, insbesondere die Schutzbedürftigkeit von minderjährigen Kindern (Art. 21 RL 2013/33/EU) wie auch die von Opfern von Gewalt (Art. 21 RL 2013/33/EU) zu berücksichtigen.

B. Wohnauflage nach Abs. 1

Abs. 1 wurde durch das Rechtsstellungsverbesserungsgesetz 2014 grundlegend neu 6 gestaltet und definiert die Wohnsitzauflage. Die Verpflichtung nach Abs. 1 entsteht nicht kraft Gesetzes, sondern erst nach Zustellung der Wohnsitzauflage. Wie sich aus Abs. 3 Satz 1 ergibt, ist zusätzlich zum Zuweisungsbescheid die Wohnsitzauflage in Form eines Verwaltungsaktes zu erlassen (*Hailbronner,* AuslR B 2 § 60 AsylG Rn. 8). Nach Abs. 1 Satz 1 ist der Ausländer, der nicht mehr der Residenzpflicht nach § 47 Abs. 1 Satz 1, Abs. 1a oder § 30a Abs. 3 Satz 1 unterliegt, verpflichtet, an dem in der Verteilungsentscheidung (§ 50) genannten Ort seinen gewöhnlichen Aufenthalt zu nehmen (Wohnsitzauflage). Findet eine länderübergreifende Verteilung (§ 51) statt, ergeht die Wohnsitzauflage im Blick auf den sich dadurch ergebenden Aufenthaltsort (Abs. 1 Satz 2). In sonstigen Fällen kann eine Wohnsitzauflage aus Gründen des öffentlichen Interesses angeordnet werden (Abs. 1 Satz 3). etwa Überbelegung einer Unterkunft oder zu starke Belastung einzelner Gemeinden, aber auch in der Person des Asylsuchenden, etwa Bedrohungen anderer Mitbewohner (BayVGH, EZAR 221 Nr. 41), haben. Wird als Grund für den zwangsweisen Erlass der Auflage Überbelegung angeführt, kann sich aus dem Verhältnismäßigkeitsgrundsatz ergeben, dass der Gemeinde bis zum Abbau der Überbelegung neue Asylsuchende nicht mehr zugewiesen werden dürfen. Die Behörde hat deshalb im Einzelnen darzulegen, aus welchen Gründen die Neuaufnahme von Asylsuchenden nicht vorübergehend ausgesetzt werden kann. Gelingt ihr dies nicht, ist die Anordnung rechtswidrig. Jedenfalls ist diese Maßnahme ein milderes Mittel als die gegen den Willen des Asylantragstellers verfügte Auflage nach Abs. 2. Abs. 1 regelt ausschließlich die Wohnsitzauflage, also die Bedingungen, unter denen Asylsuchende Wohnung an dem bestimmten Ort zu nehmen haben. Die räumliche Beschränkung ihres Aufenthaltsrechts regelt § 60 nicht, vielmehr § 56 und § 59b. Dementsprechend stellt Abs. 1 Satz 4 klar, dass der Betroffene den in der Wohnauflage genannten Ort ohne Erlaubnis vorübergehend verlassen kann (Abs. 1 Satz 4). Nach Ablauf von drei Monaten seit der Geltendmachung seines Asylersuchens erlischt grundsätzlich die räumliche Beschränkung des Aufenthaltsrechts (§ 59a Abs.1), nicht aber die Wohnauflage.

7 Die Anordnung der Auflage steht nicht im behördlichen *Ermessen.* Vielmehr besteht eine Verpflichtung des Asylantragstellers nach Abs. 1 und wird der Behörde dementsprechend für die Wohnauflage keine Ermessen eingeräumt. Zweck der gewährten Rechtsstellung ist es, den Aufenthalt während des Asylverfahrens so zu gestalten, dass die behaupteten Ansprüche ohne unzumutbare Erschwernisse geltend gemacht und verfolgt werden können (BVerfGE 80, 182, 187 = EZAR 355 Nr. 6 = NVwZ 1989, 951; BVerwGE 62, 206, 211f. = EZAR 221 Nr. 7 = InfAuslR 1981, 214; BVerwGE 64, 285, 289f. = EZAR 221 Nr. 18 = InfAuslR 1982, 86). Die Auflage darf jedoch den verfahrensrechtlichen Zweck des Aufenthaltsrechts nicht gefährden und insbesondere nicht dazu führen, dass die geltend gemachten Ansprüche unzumutbar erschwert oder vereitelt werden. Auch darf die Auflage keine den Aufenthalt beendende Wirkung entfalten (BVerwGE 64, 285, 290 = EZAR 221 Nr. 18 = InfAuslR 1982, 86).

8 Abs. 1 verpflichtet den Asylsuchenden, seinen gewöhnlichen Aufenthalt an dem durch die Wohnsitzauflage bestimmten Ort zu nehmen. Von einem gewöhnlichen Aufenthalt ist im Allgemeinen auszugehen, wenn ein Ausländer nicht nur vorübergehend, sondern auf unabsehbare Zeit an dem zugewiesenen Ort lebt, die Beendigung des Aufenthaltes mithin ungewiss ist (BVerwG, InfAuslR 1996, 19 = EZAR 277 Nr. 5 = NVwZ 1996, 717 = AuAS 1996, 18; BVerwGE 122, 199, 202 = EZAR 72 Nr. 2 = NVwZ 2005, 707 = InfAuslR 2005, 215; VGH BW, AuAS 2004, 247, 248). Nicht erforderlich ist hingegen, dass der Aufenthalt mit Willen der Ausländerbehörde auf grundsätzlich unbeschränkte Zeit angelegt ist und sich zu einer voraussichtlich dauernden Niederlassung verfestigt hat (BVerwG, InfAuslR 1996, 19 = EZAR 277 Nr. 5 = NVwZ 1996, 717 = AuAS 1996, 18; BVerwGE 122, 199 [202] = EZAR 72 Nr. 2 = NVwZ 2005, 707 = InfAuslR 2005, 215). Auf Abs. 1 angewandt, bedeutet dies, dass der Betroffene für grundsätzlich unbeschränkte Zeit entsprechend der Wohnsitzauflage in seinem Aufenthalt beschränkt wird. Der Ort des gewöhnlichen Aufenthalts ist nicht eine bestimmte Gemeinde, Unterkunft oder Wohnung, sondern der Bezirk der Ausländerbehörde. Dies folgt aus dem Regelungszusammenhang von Abs. 1 und 2. Ausreichend für die Wohnsitzbegründung ist neben der Erfüllung der Meldepflicht, der tatsächliche Aufenthalt am zugewiesenen Ort (*Hailbronner,* AuslR B 2 § 60 AsylG Rn. 8, 11). Nach Abschluss des Asylverfahrens endet grundsätzlich die Verpflichtung nach Abs. 1.

C. Wohnauflage nach Abs. 2

I. Funktion der Wohnauflage (Abs. 2 Satz 1)

9 Wie früher § 20 Abs. 2 AsylVfG 1982 gibt Abs. 2 in modifizierter Form der Ausländerbehörde (Abs. 3 Satz 1) die Möglichkeit, den Wohnsitz des Asylbewerbers aus bestimmten Gründen festzusetzen. Die unionsrechtliche Zulässigkeit ist zweifelhaft

(Rdn. 4). Die Behörde wird lediglich dazu ermächtigt, die Wohnsitznahme in einer bestimmten Gemeinde oder Unterkunft durch Auflage anzuordnen. Damit wird eine entsprechende *Residenzpflicht* begründet. Der Aufenthalt des Asylsuchenden bleibt jedoch nach Maßgabe des § 56, § 59a, § 59b erlaubt, er hat also Bewegungsfreiheit im Bezirk der für ihn zuständigen Ausländerbehörde und gegebenenfalls darüber hinaus nach Maßgabe von § 58. *Dauernde physische Präsenz* des Asylsuchenden in der Unterkunft ist deshalb *nicht erforderlich.* Auch § 85 Nr. 2 verweist auf die räumliche Beschränkung nach § 56. Mit der Auflage wird also die räumliche Beschränkung nach § 56 nicht weiter eingeengt, sondern insbesondere mit Blick auf die Regelanordnung nach § 53 die Aufenthaltsgestattung mit einer bestimmten Wohnsitzauflage inhaltlich konkretisiert. Abs. 2 stellt regelmäßig die ordnungsrechtliche Rechtsgrundlage für die Verpflichtung, Wohnung in einer *Gemeinschaftsunterkunft* (§ 53) zu nehmen, dar. Hingegen enthält § 53 Abs. 1 eine ermessenslenkende Bestimmung für die Ausländerbehörde. Nr. 1 ermächtigt zum Erlass der (erstmaligen) *Wohnauflage,* Nr. 2 räumt der Behörde die Möglichkeit ein, die *Umzugsauflage* zu verfügen. Nr. 3 enthält die Ermächtigung zum Erlass der *Verlegungsauflage* (mit Blick auf den Bezirk einer anderen Ausländerbehörde desselben Bundeslandes).

Die Auflage steht im behördlichen *Ermessen.* Grundsätzlich bleibt es zunächst bei 10
der nach Abs. 1 angeordneten Wohnsitzauflage bezogen auf einen bestimmten Ort. Ist der Lebensunterhalt nach Maßgabe des § 2 Abs. 3 AufenthG gesichert, darf die Ausländerbehörde keine Auflage nach Abs. 2 erlassen. Bei der überwiegenden Mehrzahl der Asylantragsteller ist der Lebensunterhalt jedoch nicht gesichert. Die Auflage muss ihre Rechtfertigung im Zweck des Gesetzes und der vom Gesetzgeber gewollten Ordnung der Materie finden. Sie darf nicht aufenthaltsrechtlich nicht relevanten Zwecken dienen und muss öffentliche Interessen schützen (BVerwGE 64, 285, 288 = EZAR 221 Nr. 18 = InfAuslR 1982, 86). Die Wohnauflage ist von der Zuweisung einer Wohnung bei Obdachlosigkeit aufgrund der polizeilichen Generalklausel zu unterscheiden. Während die Auflage zwangsweise den Aufenthalt in einer bestimmten Einrichtung anordnet, eröffnet die Einweisung eines Obdachlosen die Möglichkeit, die Unterkunft in Anspruch zu nehmen, begründet aber keine Verpflichtung, dort tatsächlich Wohnung zu nehmen (VGH, NVwZ-RR 1995, 326, 327; OVG Bremen, InfAuslR 1994, 65, 67 = EZAR 221 Nr. 37; *Hailbronner,* AuslR B 2 § 60 AsylG Rn. 12). Zwar hindert Abs. 2 nach allgemeiner Ansicht unter Hinweis auf die Störereigenschaft die Polizeibehörden nicht daran, auf polizeirechtlicher Grundlage *obdachlose Asylsuchende* in andere Einrichtungen als Gemeinschaftsunterkünfte einzuweisen (OVG Bremen, InfAuslR 1994, 65, 66 = EZAR 221 Nr. 37; *Grünewald,* in: GK-AsylG II, § 60 Rn. 37). Da hierdurch aber keine Verpflichtung begründet wird, kann diese Maßnahme auch nicht zwangsweise durchgesetzt werden. Unionsrecht verpflichtet die Behörden, Unterbringungszentren, die einen angemessenen Standard gewährleisten, oder Privathäuser, Wohnungen, Hotels oder andere für die Unterbringung geeignete Räumlichkeiten zur Verfügung zu stellen (Art. 18 Abs. 1 RL 2013/33/EU). § 60 und § 53 regeln abschließend die ordnungsrechtlichen Grundlagen für die Unterbringung von Asylsuchenden. Die Behörden sind verpflichtet, die erforderlichen Kapazitäten bereit zu halten, wenn sie Asylantragstellern nicht die freie Wohnungswahl überlassen

wollen. Wird dieses Recht eingeschränkt, kann nicht andererseits auf Rechtsgrundlagen außerhalb des AsylG zurück gegriffen werden, wenn die Behörden nicht genügend Kapazitäten für die Unterbringung von Asylsuchenden bereit stellen.

II. Grundsätze für die Ausübung des behördlichen Ermessens

11 Die Rechtsprechung räumt dem öffentlichen Interesse an der Unterbringung von Asylantragstellern in Gemeinschaftsunterkünften Vorrang vor deren privaten Interessen ein. Danach soll diesen sowohl für ihre Person wie auch möglichen künftigen Antragstellern vor Augen geführt werden, dass mit dem Antrag vor dessen unanfechtbarer Stattgabe kein Aufenthalt wie im allgemeinen Ausländerrecht vermittelt wird. Die mit der Unterbringung in Gemeinschaftsunterkünften typischerweise verbundenen Beschränkungen sind auch unter Berücksichtigung völkerrechtlicher Verpflichtungen grundsätzlich erforderlich, um im Interesse derjenigen Flüchtlinge, die bestandskräftig anerkannt werden, das Asylverfahren von Belastungen freizuhalten, für die es weder gedacht noch geeignet ist (BVerfG [Vorprüfungsausschuss], *EZAR* 221 Nr. 21). Die Gründe für eine Auflage nach Abs. 2, soweit damit die Verpflichtung zur Wohnsitznahme in einer Gemeinschaftsunterkunft begründet werden soll, sind also weitreichend. Die Wohn-, Umzugs- oder Verlegungsauflage kann ihren Grund in *öffentlichen Interessen*, etwa Überbelegung einer Unterkunft oder zu starke Belastung einzelner Gemeinden, aber auch *in der Person* des Asylsuchenden, etwa Bedrohungen anderer Mitbewohner (BayVGH, EZAR 221 Nr. 41), haben. Wird als Grund für den zwangsweisen Erlass der Auflage Überbelegung angeführt, kann sich aus dem *Verhältnismäßigkeitsgrundsatz* ergeben, dass der Gemeinde bis zum Abbau der Überbelegung neue Asylsuchende nicht mehr zugewiesen werden dürfen. Die Behörde hat deshalb im Einzelnen darzulegen, aus welchen Gründen die Neuaufnahme von Asylsuchenden nicht vorübergehend ausgesetzt werden kann. Gelingt ihr dies nicht, ist die Anordnung rechtswidrig. Jedenfalls ist diese Maßnahme ein milderes Mittel als die gegen den Willen des Asylbewerbers verfügte Auflage nach Abs. 2.

12 Als Gründe, die in der Person des Asylbewerbers liegen, kommen etwa Streitigkeiten zwischen den Bewohnern einer Unterkunft in Betracht. Bei *sexuellen* oder *rassistisch* bedingten *Belästigungen* kann sich einerseits ein Rechtsanspruch auf Verlegung der von diesen Übergriffen Betroffenen ergeben (OVG NW, InfAuslR 1987, 219). Die *Fürsorgepflicht* kann es aber auch gebieten, den Störer durch Auflage in eine andere Unterkunft zu verlegen (BayVGH, EZAR 221 Nr. 41). Die Behörden sind verpflichtet, dafür Sorge zu tragen, dass Übergriffe und geschlechtsbezogene Gewalt einschließlich sexueller Übergriffe und Belästigungen in Unterbringungseinrichtungen verhütet wird (Art. 18 Abs. 4 RL 2013/33/EU; s. auch § 44 Rdn. 44; § 49 Rdn. 11; § 53 Rdn. 16). Opfer von Gewalt haben einen unionsrechtlich begründeten Fürsorgeanspruch, der das Ermessen auf Null reduziert (*Hailbronner*, AuslR B 2 § 60 AsylG Rn. 18). Zugunsten besonders schutzbedürftiger Personen (*Minderjährige, unbegleitete Minderjährige, Behinderte, ältere Personen, Schwangere, Alleinerziehende mit minderjährigen Kindern, Personen, die Folter, Vergewaltigung oder sonstige schwere Formen psychischer, physischer oder sexueller Gewalt erlitten* haben) finden besondere Schutznormen Anwendung (Art. 17 Abs. 2 UAbs. 2 in Verb. mit Art. 21 RL 2013/33/EU). Dies

kann es gebieten, von der Unterbringung in Gemeinschaftsunterkünften abzusehen. Wird durch Vorlage eines *ärztlichen Attestes* glaubhaft gemacht, dass die Einweisung in eine Gemeinschaftsunterkunft aus *gesundheitlichen Gründen* auf Bedenken stößt, hat die Wohnsitzauflage zu unterbleiben (BayVGH, Beschl. v. 27.06.1988 – Nr. 12 CE 88.00808; VG Ansbach, Urt. v. 25.09.1986 – AN 12 E 86.31465; VG Stuttgart, Urt. v. 09.12.1996 – A 14 K 14045/96; *Wolff*, in: Hofmann/Hoffmann, AuslR. Handkommentar, § 60 AsylG Rn. 13). Daher können auch ernsthafte psychische Belastungen gegen eine Unterbringung sprechen (*Hailbronner*, AuslR B 2 § 53 AsylG Rn. 17). Ebenso hat bei fortgeschrittener *Schwangerschaft* die Einweisung zu unterbleiben (VGH BW, Beschl. v. 20.04.1983 – A 12 S 14/82).

Die Verlegung *gegen den Willen* der Betroffenen unterliegt dem *Verhältnismäßigkeitsgrundsatz* (BVerwGE 69, 295, 302 = EZAR 222 Nr. 2 = NVwZ 1984, 799; *Grünewald*, in: GK-AsylG II, § 60 Rn. 36). Auch wenn der Erlass der Auflage grundsätzlich im behördlichen Ermessen steht, ist die Begründung an das strikte Prinzip der *Erforderlichkeit* gebunden (Art. 18 Abs. 6 RL 2013/33/EU). Die frühere Ansicht, hinter dem öffentlichen Interesse an einer möglichst wirtschaftlichen Versorgung und Betreuung der Asylbewerber müssten grundsätzlich die persönlichen Interessen der Bewohner einer Einrichtung an einem dauerhaften Verbleib in der einmal zugewiesenen Unterkunft zurücktreten (OVG Berlin, EZAR 461 Nr. 8), ist mit diesen Grundsätzen unvereinbar. Eingriffe in die Freiheitssphäre sind nur dann und nur insoweit zulässig, als sie zum Schutz öffentlicher Interessen unerlässlich sind. Die gewählten Mittel müssen in einem vernünftigen Verhältnis zu dem mit der Auflage angestrebten Erfolg stehen (BVerwGE 69, 295, 302 = EZAR 222 Nr. 2 = NVwZ 1984, 799). Zwar haben Asylsuchende kein Recht, sich während der Dauer des Asylverfahrens an einem bestimmten Ort aufzuhalten (§ 55 Abs. 1 Satz 2). Jedoch gebieten das *Erforderlichkeitsprinzip* und das *Willkürverbot*, dass der individuellen Situation von Asylantragstellern, insbesondere der Dauer und Art des bisherigen Aufenthalts außerhalb einer Gemeinschaftsunterkunft und dem Maß der Integration in die bisherige Umgebung Rechnung getragen wird (VGH BW, EZAR 221 Nr. 26). 13

Zwar kann im Rahmen der Ermessensentscheidung entsprechend gewichtet werden, dass dem Asylbewerber kein Anspruch auf Aufenthalt an einem bestimmten Ort zusteht. Dies befreit jedoch nicht von der Verpflichtung, die *Tatsachengrundlage* für die Ermessensentscheidung durch *hinreichende Ermittlungen* zu schaffen. *Unfundierte Verdächtigungen* rechtfertigen nicht die belastende Verlegungsauflage, wohl aber staatsanwaltschaftliche Ermittlungsergebnisse, die durch Beiziehung der Strafakten gewonnen werden (BayVGH, EZAR 221 Nr. 41; *Bergmann*, in: Bergmann/Dienelt, AuslR, 11. Aufl., 2016, § 60 AsylG Rn. 8). Grundsätzlich hat die Behörde nach pflichtgemäßem Ermessen die geeigneten und erforderlichen Abhilfemaßnahmen zu treffen. Kann sie die Störer ermitteln, hat sie regelmäßig durch Auflage nach Abs. 2 gegen diese vorgehen. Häufig wird sich die Situation in der Unterkunft jedoch derart zugespitzt haben, dass den von rassistischen oder sexuellen Angriffen und Belästigungen betroffenen Asylantragstellern der weitere Aufenthalt in der Gemeinschaftsunterkunft nicht mehr zumutbar ist. Hier kann es die individuelle Situation insbesondere bei besonders schutzbedürftigen Personen (Rdn. 12) erfordern, nicht durch Auflage nach Abs. 2 die Verpflichtung, in einer 14 anderen Gemeinschaftsunterkunft zu wohnen, anzuordnen, sondern den Asylantragstellern das Wohnen außerhalb der Gemeinschaftsunterkunft zu ermöglichen.

15 Nach § 50 Abs. 4 Satz 5 und § 51 Abs. 1 ist bei der Zuweisung die Haushaltsgemeinschaft von *Familienangehörigen* i.S.d. § 26 Abs. 1 bis 3 zu berücksichtigen (§ 5a). Ist dieser Gesichtspunkt bei der Zuweisungsentscheidung zu beachten, darf ihm nach der Zuweisung nicht durch Erlass der Auflage nach Abs. 2 zuwidergehandelt werden (*Hailbronner,* AuslR B 2 § 60 AsylG Rn. 15). Allenfalls für einen sehr kurzen, nach Wochen bemessenen Zeitraum kann aus administrativen Gründen eine vorübergehende, durch die Durchführung der Zuweisungsentscheidung bedingte Trennung hingenommen werden (VGH BW, Beschl. v. 20.04.1983 – A 12 S 14/82). Dies folgt auch aus Art. 18 Abs. 2 Buchst. a) RL 2013/33/EU. Diese Trennung ist jedoch durch die auf die Herstellung der Lebensgemeinschaft gerichtete Zuweisungsentscheidung bedingt. Keinesfalls kann durch Auflage nach Abs. 2 eine bestehende Lebensgemeinschaft auseinander gerissen und ein Aufenthalt der einzelnen Familienangehörigen an verschiedenen Wohnorten angeordnet werden.

III. Wohnauflage (Abs. 2 Satz 1 Nr. 1)

16 Nach Nr. 1 kann der Asylbewerber verpflichtet werden, in einer bestimmten Gemeinde, einer bestimmten Wohnung oder Unterkunft zu wohnen. Während Abs. 1 zunächst lediglich die Verpflichtung regelt, an dem bestimmten Ort seinen gewöhnlichen Aufenthalt zu nehmen, wird der Behörde durch Abs. 2 Nr. 1 die Möglichkeit eingeräumt, die Modalitäten der Wohnsitznahme weiter zu beschränken. Der nach Abs. 1 bestimmte Ort ist der Bezirk der Ausländerbehörde (§ 50 Abs. 3). Mit Nr. 1 Alt. 1 wird die Ausländerbehörde ermächtigt, den präzisen Gemeindewohnort oder sogar eine bestimmte Wohnung oder Unterkunft festzulegen. Es handelt sich um die *erstmalige Anordnung* einer derartigen Auflage. Diese erfolgt regelmäßig nach der Verteilung und Zuweisung in den Bezirk der zuständigen Ausländerbehörde. Mit »bestimmter Unterkunft« ist insbesondere die Gemeinschaftsunterkunft (§ 53 Abs. 1) gemeint. Die Anordnung kann sich aber auch auf jede andere Unterkunft, etwa auf eine von der Gemeinde angemietete Wohnung oder Hotelunterkunft, beziehen. Sie begründet nur die Verpflichtung, in einer bestimmten Gemeinde oder bestimmten Unterkunft zu wohnen, verwehrt es dem Asylantragsteller zugleich, eine selbst oder von privaten Dritten ausgesuchte Wohnung auf dem freien Wohnungsmarkt zu beziehen (*Hailbronner,* AuslR B 2 § 60 AsylG Rn. 13; *Wolff,* in: Hofmann/Hoffmann, AuslR. Handkommentar, § 60 AsylG Rn. 15). Mit der Auflage, in einer bestimmten Gemeinde Wohnung zu nehmen, kann der Betroffene innerhalb der Gemeinde frei die Wohnung wählen (*Hailbronner,* AuslR B 2 § 60 AsylG Rn. 24). In aller Regel werden noch keine besonderen berücksichtigungswerten Bindungen entstanden sein. Etwas anderes gilt jedoch, wenn in den bisher ohne Wohnsitzbeschränkung erlaubten Aufenthalt nachträglich durch eine Auflage nach Abs. 2 Satz 1 Nr. 1 eingegriffen wird. Hier ist insbesondere die Art des bisherigen Aufenthalts außerhalb einer Gemeinschaftsunterkunft zu berücksichtigen (VGH BW, EZAR 221 Nr. 26; BayVGH. EZAR 222 Nr. 6). Im Übrigen ist das Ermessen naturgemäß sehr weit und sind die dargestellten Ermessensgrundsätze zu beachten.

IV. Umzugsauflage (Abs. 2 Satz 1 Nr. 2)

Nach Nr. 2 kann die zuständige Ausländerbehörde durch Auflage anordnen, dass der Asylantragsteller in eine bestimmte Gemeinde oder in eine bestimmte Unterkunft *umzuziehen* und dort Wohnung zu nehmen hat. Aus dem Gesetzeswortlaut und der Abgrenzung zu Nr. 1 folgt, dass vor der Umzugsauflage bereits eine Wohnauflage nach Nr. 1 ergangen war und dem Asylantragsteller nunmehr aufgegeben wird, von einer Gemeinde in eine andere Gemeinde (innerhalb des Bezirks der Ausländerbehörde) oder innerhalb derselben Gemeinde von einer Unterkunft in eine andere umzuziehen. Hat er bisher ohne Wohnsitzbeschränkung innerhalb des Bezirks der Ausländerbehörde gewohnt, richtet sich die Wohnsitzauflage nach Abs. 2 Satz 1 Nr. 1. Hier ist insbesondere zu beachten, dass der Asylantragsteller nur dann in eine andere Einrichtung verlegt werden darf, wenn dies erforderlich ist (Art. 18 Abs. 6 RL 2013/33/EU). Während die Wohnauflage angesichts der Regelanordnung des § 53 Abs. 1 zumeist keiner besonderen Begründung bedarf, ist bei der Umzugsauflage die besondere individuelle Situation des Asylbewerbers – insbesondere Dauer und Art seines bisherigen Aufenthalts sowie das Maß der Integration in seine bisherige Umgebung – zu berücksichtigen (VGH BW, EZAR 221 Nr. 26; *Bergmann*, in: Bergmann/Dienelt, AuslR, 11. Aufl., 2016, § 60 AsylG Rn. 7). 17

Die Umzugsauflage wird sich in aller Regel auf eine Gemeinschaftsunterkunft beziehen. Sie kann aber auch die Verpflichtung zur Wohnsitznahme in jeder anderen Unterkunft zum Inhalt haben. Anlass für den Erlass der Umzugsauflage können äußere Umstände, etwa die Überbelegung der Gemeinde oder der Unterkunft sein. Hier gebietet der *Verhältnismäßigkeitsgrundsatz*, zunächst weniger einschneidende Mittel in Betracht zu ziehen. So kann etwa der Zuzug weiterer Asylantragsteller in die Gemeinde bzw. die Zuweisung weiterer Asylantragsteller in die Unterkunft bis zum Abbau der Überbelegung vorübergehend ausgesetzt werden (Rdn. 12). Der Grund für die Auflage kann auch in der Person des Asylbewerbers liegen. Wird die Umzugsanordnung mit einer Gefährdung von Mitbewohnern und Einrichtungsgegenständen begründet, trifft die Behörde eine genaue Aufklärungs- und Darlegungspflicht (Rdn. 11). 18

V. Verlegungsauflage (Abs. 2 Satz 1 Nr. 3)

Nr. 3 ermächtigt die Ausländerbehörde, den Asylantragsteller zu verpflichten, in dem Bezirk einer *anderen Ausländerbehörde desselben* Landes Aufenthalt und Wohnung zu nehmen. Hiermit kann einer Praxis des *unwürdigen Abschiebens* von Asylantragstellern von einem Aufenthaltsbezirk zum anderen Vorschub geleistet werden (*Grünewald*, in: GK-AsylG II, § 60 Rn. 71). Nach Ansicht des BVerwG erstreckt sich die Sachkompetenz der Ausländerbehörde aber nicht lediglich auf aufenthaltsrechtliche Entscheidungen mit Wirkung ausschließlich für den eigenen Bezirk. Weder aus allgemeinem Verwaltungsrecht noch aus besonderen asylverfahrensrechtlichen Vorschriften folgt eine derartig Auslegung. Mit dem Vollzug der Auflage, den Asylantragsteller in eine Gemeinschaftsunterkunft *außerhalb* ihres eigenen Bezirks einzuweisen, gibt die anordnende Behörde aber ihre Zuständigkeit an die für dessen neuen Aufenthalt zuständige Ausländerbehörde ab (BVerwGE 69, 295, 298f., 302 = DÖV 1985, 403 = 19

InfAuslR 1984, 239 = NVwZ 1984, 799; ebenso BayVGH, Beschl. v. 13.02.1984 – Nr. 21 CS 83 C.1016; VGH BW, Beschl. v. 17.04.1984 – A 12 S 69/84; a.A. dagegen BayVGH, InfAuslR 1984, 23; VGH BW, EZAR 221 Nr. 6; OVG Hamburg, EZAR 611 Nr. 8). Eine Zuweisungsverfügung im landesinternen Verteilungsverfahren ist nicht Voraussetzung dafür, dass die Ausländerbehörden die ihnen unmittelbar bundesrechtlich übertragenen Befugnisse zur Regelung des Aufenthaltsrechts wahrnehmen dürften, noch ist sie geeignet, diese ausländerbehördlichen Befugnisse in der Sache einzuschränken (BVerwGE 69, 295, 300f.). Daher kann die Auflage rechtlich auch nicht als landesinterne Zuweisung verstanden werden (*Hailbronner,* AuslR B 2 AsylG Rn. 31; a.A. *Grünewald*, in: GK-AsylG II, § 60 Rn. 71; *Wolff*, in: Hofmann/Hoffmann, AuslR. Handkommentar, § 60 AsylG Rn. 19).

20 Die Behörde hat aber nach Nr. 3 nicht die Befugnis, anzuordnen, dass der Asylantragsteller im Bezirk einer anderen Ausländerbehörde eines *anderen Bundeslandes* Wohnung zu nehmen hat (unklar BayVGH, EZAR 221 Nr. 41). Konnte diese Befugnis früher aus der Rechtsprechung des BVerwG hergeleitet werden (BVerwGE 69, 295, 300 = EZAR 222 Nr. 2 = NVwZ 1984, 799), unterbindet das Gesetz ein derartiges Verfahren seit 1987. Derartige Regelungen sind im Rahmen des *länderübergreifenden Verteilungsverfahrens* auf Antrag (§ 51) zu treffen. Ob die nunmehr zuständige Ausländerbehörde anschließend gegenüber dem Asylbewerber nach Abs. 2 Satz 1 Nr. 2 vorgeht, unterfällt ausschließlich ihrer Sachkompetenz. Insoweit hat die die Auflage nach Nr. 3 anordnende Behörde keine Befugnis. Sie kann die Verlegung in den Bezirk einer anderen Ausländerbehörde anordnen, jedoch nicht bestimmen, mit welchen Beschränkungen das Aufenthaltsrecht des Asylantragstellers anschließend ausgestaltet werden soll.

D. Verwaltungsverfahren

I. Zuständige Behörde für Maßnahmen nach Abs. 1 Satz 2 (Abs. 3)

21 Zuständige Behörde für die Anordnung von Auflagen nach § 60 ist die Ausländerbehörde, auf deren Bezirk der Aufenthalt des Asylbewerbers nach Maßgabe des § 56 räumlich beschränkt ist (Abs. 3, s. auch Rn. 26). Daher darf das Bundesamt keine Auflagen verfügen. Zwar hat es die Zuständigkeit für die Ausstellung und Befristung der Bescheinigung nach § 63 Abs. 1, solange der Asylbewerber in der Aufnahmeeinrichtung zu wohnen verpflichtet ist (§ 63 Abs. 3 Satz 1). Aus Abs. 3 folgt aber, dass das Bundesamt weiter gehende Befugnisse nicht hat. § 63 Abs. 3 Satz 3 kann dem Bundesamt keine Zuständigkeiten einräumen, für die Abs. 3 ausdrücklich der Ausländerbehörde die Verantwortung auferlegt. Mit dem Vollzug der Verlegungsauflage nach Abs. 2 Satz 1 Nr. 3 gibt die anordnende Ausländerbehörde ihre Zuständigkeit an die für den neuen Aufenthalt zuständige Ausländerbehörde ab (Rdn. 24).

II. Anhörung des Asylsuchenden (Abs. 2 Satz 2 bis 4)

22 Wie nach früherem Recht ist vor der Anordnung nach Abs. 1 *keine Anhörung* vorgeschrieben. Die Anhörungsvorschriften in Abs. 2 Satz 2 bis 4 beziehen sich ausschließlich auf die Anordnung nach Abs. 2 Satz 1 Nr. 2, nicht jedoch auf die Auflage nach

Abs. 1. Abs. 1 selbst enthält keine Regelungen über die Anhörung des Asylsuchenden. Abs. 2 Satz 2 ist deshalb dahin zu verstehen, dass eine Anhörung im Fall des Abs. 1 stets entbehrlich, die ergänzende Anwendung des § 28 VwVfG des jeweiligen Bundeslandes also ausgeschlossen ist. Der Ausschluss der Anhörung ist verfassungsrechtlich nicht unbedenklich und auch wegen des Prozessrisikos für die Behörde nicht empfehlenswert. Jedenfalls unterbindet das Gesetz nicht die Anhörung. Keinesfalls ist die Behörde berechtigt, entsprechendes Sachvorbringen des Asylantragstellers nicht zur Kenntnis zu nehmen. Wird konkret dargelegt, dass der beabsichtigte Eingriff den Asylantragsteller etwa aus gesundheitlichen, familiären oder vergleichbaren Gründen besonders belastet, hat sie dieses Vorbringen bei ihrer Ermessensausübung zu berücksichtigen. Ungeachtet des Ausschlusses der Anhörung trifft sie eine umfassende Sachaufklärungspflicht (BayVGH, EZAR 222 Nr. 6; Rdn. 19).

Vor der Anordnung einer Auflage nach Abs. 2 Satz 1 Nr. 2 ist eine Anhörung durchzuführen, wenn der Asylantragsteller sich länger als *sechs Monate* in der Gemeinde oder Unterkunft aufgehalten hat (Abs. 2 Satz 2 Halbs. 2). Damit wird der Rechtsprechung (VGH BW, EZAR 221 Nr. 26; Rdn. 22) Rechnung getragen, wonach das Maß der Integration in die bisherige Umgebung zu berücksichtigen ist. Ohne »Vorwarnung« des Asylantragstellers ist daher die Auflagenanordnung nicht zulässig. Ein sachlicher Grund dafür, dass in den Fällen des Abs. 2 Satz 1 Nr. 1 und Nr. 3 eine Anhörung anders als vor der Anordnung nach Abs. 2 Satz 1 Nr. 2 entbehrlich sein könnte, ist nicht ersichtlich. Die Vorschrift ist daher dahin korrigierend auszulegen und anzuwenden, dass regelmäßig bei allen drei Tatbestandsalternativen von Abs. 2 Satz 1 die vorherige Anhörung angezeigt ist. Durch die Anhörung kann im Übrigen ein Eilrechtsschutzverfahren vermieden werden. Nach Abs. 2 Satz 3 wird fingiert, dass die Anhörung als erfolgt gilt, wenn innerhalb von zwei Wochen nach Zustellung des Anhörungsschreibens keine Gegenäußerung vom Bevollmächtigten oder vom Asylbewerber selbst erfolgt. Kündigt die Behörde die beabsichtigte Verlegung nicht schriftlich an, trifft sie die *Beweislast* für die Einräumung des Anhörungsrechts nach Abs. 2 Satz 2 im nachfolgenden Prozess. Sie hat die konkrete Verlegungsabsicht und die dafür maßgeblichen Gründe im Einzelnen mitzuteilen, damit das Äußerungsrecht effektiv wahrgenommen werden kann. Fälle, in denen ausnahmsweise eine Anhörung unterbleiben kann (Abs. 2 Satz 4), sind kaum denkbar. 23

III. Zwangsweise Durchsetzung der Auflage

Die Ausländerbehörden können die Befolgung der verfügten Auflage gegebenenfalls im Wege des *Verwaltungszwangs* nach dem jeweiligen Landesvollstreckungsgesetz durchsetzen. Der eingelegte Rechtsbehelf gegen die Auflage nach Abs. 1 hindert die Vollstreckung nicht (§ 75). Der einstweilige Anordnungsantrag sollte jedoch von der Behörde beachtet werden. Notfalls ist beim Gericht anzuregen, unverzüglich zu entscheiden. Von den möglichen Zwangsmitteln scheidet die *Ersatzvornahme* naturgemäß aus. Die Androhung und Festsetzung von *Zwangsgeld* erscheint wenig Erfolg versprechend. Die *Androhung und Durchführung unmittelbaren Zwangs* verletzt in aller Regel das *Übermaßverbot*. Nach dem Gesetz gibt es mildere, letztlich weitaus effektivere Mittel, um die Auflage durchzusetzen. 24

25 Wird einer Verfügung nach Abs. 2 Satz 1 innerhalb einer Woche nicht Folge geleistet, kann die Ausländerbehörde den Asylbewerber zur *Aufenthaltsermittlung* im Ausländerzentralregister und in den *Fahndungshilfsmitteln* der Polizei ausschreiben (§ 66 Abs. 1 Nr. 3). Vorausgesetzt wird jedoch, dass der Aufenthaltsort des Verpflichteten unbekannt ist (§ 66 Abs. 1 Halbs. 1), sodass dieses Mittel nicht weiterhilft, wenn der Asylbewerber sich weigert, den bisherigen Aufenthaltsort zu verlassen. Bevor in derartigen Fällen unmittelbarer Zwang angedroht und angewendet wird, ist die Wirkung anderer, milderer Mittel abzuwarten. Mit der Anordnung der Auflage verbunden ist die Einstellung von Sozialhilfeleistungen durch den bisherigen Sozialhilfeträger. In aller Regel befolgen die Asylbewerber schon aus diesem Grund die Auflage. Dass die Androhung und Anwendung unmittelbarer Polizeigewalt gegenüber Asylantragstellern erforderlich wird, dürfte sich auf besonders extrem gelagerte Ausnahmefälle beschränken. Verlässt der Asylantragsteller die bisherige Unterkunft und erscheint er nicht am zugewiesenen Aufenthaltsort, kann die Behörde nach Maßgabe des § 66 vorgehen.

IV. Zuständige Behörde für Maßnahmen nach Abs. 1 Satz 1 (Abs. 3)

26 Zuständig für die Auflage nach Abs. 1 Satz 1 ist die nach § 50 zuständige Landesbehörde. Für die länderübergreifende Verteilung ist nach Abs. 3 Satz 2 die Behörde des Landes zuständig, in dem der Aufenthalt zu nehmen ist (§ 50 Abs. 2 Satz 2). In beiden Fällen ist die Landesbehörde zuständig, in dem der Aufenthalt zu nehmen ist. Das ist bei der landesinternen Verteilung die Landesbehörde des Bundeslandes, in dem sich der Asylsuchende bereits befindet, bei der länderübergreifenden Verteilung die zuständige Behörde des Landes, in dem der Aufenthalt zu nehmen ist Die Behörde soll die Wohnsitzauflage mit der Zuweisungsentscheidung verbinden. Es handelt sich nach dem Gesetzeswortlaut nicht um einen Zustellungsverbund. Vielmehr soll die zuständige Landesbehörde beide selbständig anfechtbaren Verfügungen in einem Bescheid zusammenfassen. Da es sich um eine Sollanordnung handelt, darf hiervon nur in atypischen Fällen abgewichen werden, etwa wenn zwar die landesinterne Verteilung bereits erfolgen kann, für die Wohnsitzauflage aber noch weitere Abklärungen erforderlich sind (*Hailbronner*, AuslR B 2 § 60 AsylG Rdn. 34).

27 Für Maßnahmen nach Abs. 2 ist die Ausländerbehörde zuständig, in deren Bezirk die zu beziehende Wohnung oder Unterkunft liegt. In den Fällen des Abs. 2 Satz 1 Nr. 1 und 2 ist danach die Ausländerbehörde zuständig, in deren Bezirk sich der Betroffene bereits aufhält. Im Falle der Nr. 3 ist hingegen die Ausländerbehörde des Bezirkes zuständig, in dem er seinen gewöhnlichen Aufenthalt und Wohnung oder Unterkunft zu nehmen hat. Die bisher zuständige Behörde muss sich danach mit der Behörde des zukünftigen Wohnsitzes in Verbindung setzen, damit diese die Auflage gegenüber dem Asylsuchenden verfügen kann (s. auch Rdn. 21).

E. Rechtsschutz

28 Für den *Gerichtsstand* ergeben sich keine Besonderheiten in den Fällen des Abs. 1 sowie des Abs. 2 Satz 1 Nr. 1 und Nr. 2. Im Fall des Abs. 2 Satz 1 Nr. 3 ist Rechtsschutz bei dem Verwaltungsgericht zu beantragen, das für den Bezirk der Ausländerbehörde

zuständig ist, in dem der Asylbewerber verpflichtet ist, Wohnung zu nehmen. Während gegen die angeordnete Zuweisungsverfügung Rechtsschutz selbständig durchgesetzt werden kann, kann unter Berücksichtigung der Rechtsprechung gegen die Wohnauflage nach Abs. 2 nur zusammen mit dem Haupt-Verwaltungsakt (§ 63 Abs. 1) durch *Verpflichtungsklage* auf Erlass einer Bescheinigung nach § 63 Abs. 1 – ohne beschränkende Auflage – vorgegangen werden. Gegebenenfalls ist einstweiliger Rechtsschutz über § 123 VwGO zu beantragen. Soweit die Gegenmeinung die Anfechtungsklage und dementsprechend den Antrag nach § 80 Abs. 5 VwGO für die richtigen Rechtsbehelfe ansieht (*Bergmann*, in: Bergmann/Dienelt, AuslR, 11. Aufl., 2016, § 60 AsylG Rn. 13; *Grünewald*, in: GK-AsylG II, § 60 Rn. 98 ff.; *Hailbronner*, AuslR B 2 § 60 AsylG Rn. 23; *Wolff*, in: Hofmann/Hoffmann, AuslR. Handkommentar, § 60 AsylG Rn. 24) wäre ihr an sich aus rechtssystematischen Gründen zuzustimmen. Sie setzt sich jedoch mit der entgegenstehenden Rechtsprechung des BVerwG (BVerwGE 79, 291, 295 = EZAR 222 Nr. 7 = NVwZ 1988, 941 =InfAuslR 1988, 251) nicht auseinander. Berücksichtigt man aus pragmatischen Gründen diese Rechtsprechung, kann der Gegenmeinung nicht gefolgt werden.

§ 61 Erwerbstätigkeit

(1) Für die Dauer der Pflicht, in einer Aufnahmeeinrichtung zu wohnen, darf der Ausländer keine Erwerbstätigkeit ausüben.

(2) [1]Im Übrigen kann einem Asylbewerber, der sich seit drei Monaten gestattet im Bundesgebiet aufhält, abweichend von § 4 Abs. 3 des Aufenthaltsgesetzes die Ausübung einer Beschäftigung erlaubt werden, wenn die Bundesagentur für Arbeit zugestimmt hat oder durch Rechtsverordnung bestimmt ist, dass die Ausübung der Beschäftigung ohne Zustimmung der Bundesagentur für Arbeit zulässig ist. [2]Ein geduldeter oder rechtmäßiger Voraufenthalt wird auf die Wartezeit nach Satz 1 angerechnet. [3]Die §§ 39, 40 Absatz 1 Nummer 1 und Absatz 2 und die §§ 41 und 42 des Aufenthaltsgesetzes gelten entsprechend. [4]Einem Ausländer aus einem sicheren Herkunftsstaat gemäß § 29a, der nach dem 31. August 2015 einen Asylantrag gestellt hat, darf während des Asylverfahrens die Ausübung einer Beschäftigung nicht erlaubt werden.

Übersicht **Rdn.**

A. Funktion der Vorschrift

Die Vorschrift hat im AsylVfG 1982 kein Vorbild. Der Zugang zum Arbeitsmarkt 1
wurde über die allgemeine Auflagenermächtigung des § 20 Abs. 2 Satz 1 AsylVfG

1982 geregelt. Abs. 1 enthält für die Dauer der Wohnverpflichtung nach § 47 Abs. 1 Satz 1 und für Antragsteller aus sicheren Herkunftsländern (*Albanien, Bosnien und Herzegowina, Ghana, Kosovo, Mazedonien, ehemalige jugoslawische Republik, Montenegro, Senegal, Serbien*) sowie für Antragsteller, in Bezug auf die ein Zuständigkeitsbestimmungsverfahren nach der Verordnung (EU) Nr. 604/2013 durchgeführt wird, während der gesamten Zeit des Asylverfahrens (§ 47 Abs. 1a) ein Arbeitsverbot. Überschreitet die Wohnverpflichtung nach § 47 Abs. 1a die Dauer von neun Monaten, ist der Zugang zum Arbeitsmarkt zuzulassen (Art. 15 Abs. 1 RL 2013/33/EU). Aus Abs. 2 Satz 1 folgt für die Zeit nach der Entlassung aus der Aufnahmeeinrichtung bis zum Ablauf von insgesamt drei Monaten seit Geltendmachung des Asylersuchens ein Arbeitsverbot, wenn die Entlassung aus der Aufnahmeeinrichtung vor Ablauf der Dreimonatsfrist des Abs. 2 Satz 1 erfolgt. Wird die maximal zulässige Dauer von sechs Monaten (§ 47 Abs. 1 Satz 1) ausgeschöpft, kann sich der Betroffene während dieser Zeit nicht auf die Dreimonatsfrist des Abs. 2 Satz 1 berufen. § 61 regelt lediglich deklaratorisch das Verbot der Erwerbstätigkeit (Abs. 1). Die Vorschrift selbst ermächtigt nicht, die Aufenthaltsgestattung zu beschränken. Vielmehr folgt aus § 4 Abs. 3 AufenthG, dass Ausländer keine Beschäftigung ausüben dürfen, wenn der Aufenthaltstitel nicht dazu berechtigt. Die Aufenthaltsgestattung ist rechtlich kein Aufenthaltstitel (§ 4 Abs. 1 AufenthG). § 4 Abs. 3 Satz 3 AufenthG eröffnet die Zulassung zum Arbeitsmarkt abweichend von § 4 Abs. 3 Satz 1 und 2 AufenthG aufgrund eines Gesetzes. Dieses Gesetz stellt Abs. 2 Satz 1 dar. Die Vorschrift ist damit durch die nachträgliche Rechtsentwicklung überholt worden, da es wegen § 4 Abs. 3 AufenthG keiner Verbotsanordnung bedarf (*Hailbronner*, AuslR B 2 § 61 AsylG Rn. 1).

2 Im Hinblick auf § 4 Abs. 3 Satz 3 AufenthG ist Abs. 2 Satz 1 allerdings erforderlich. Bis zum Inkrafttreten des ZuwG und damit der Regelungen in § 4 Abs. 3 AufenthG konnte die Aufnahme einer nichtselbständigen Erwerbstätigkeit immer dann versagt werden, wenn der Betroffene nicht als Asylberechtigter anerkannt war oder eine entsprechende gerichtliche Verpflichtung ergangen war. Die Wartezeit nach Abs. 2 Satz 1 (BSG, EZAR 316 = NVwZ 1990, 197 = InfAuslR 1989, 310; s. auch *Füglein*, ZAR 2013, 282; umfassend von *Harbou*, Asylmagazin 2015, 324) beginnt mit der Einreise und nicht erst mit dem Zeitpunkt der Entlassung aus der Aufnahmeeinrichtung (Rdn. 1). Ein geduldeter oder rechtmäßiger Voraufenthalt ist bei der Berechnung zu berücksichtigen. Abs. 2 wurde durch das Richtlinienumsetzungsgesetz 2007 und das Asylverfahrensbeschleunigungsgesetz 2015 neu gefasst. Durch Richtlinienumsetzungsgesetz 2013 wurde die Wartezeitenregelung in Umsetzung von Art. RL 2013/33/EU von zwölf auf neun Monate und durch das Gesetz zur Einstufung bestimmter Herkunftsländer von 2014 von neun auf drei Monate verkürzt. Abs. 2 Satz 3 wurde durch das Asylverfahrensbeschleunigungsgesetz 2015 neu gefasst und erweitert.

3 Die Einschränkung der Beschäftigung nach Abs. 1 und Abs. 2 ist mit Unionsrecht vereinbar. Nach Art. 11 Abs. 1 RL 2003/9/EG wurde ein mit der Einreichung des Asylantrags beginnender Zeitraum festgelegt, »in dem der Asylbewerber keinen Zugang zum Arbeitsmarkt« hatte. Die Dauer des Beschäftigungsverbots lag im Ermessen der Mitgliedstaaten. Demgegenüber regelt nunmehr Art. 15 Abs. 1 RL 2013/33/EU, dass spätestens neun Monate nach der Antragstellung Zugang zum Arbeitsmarkt zu

gewähren ist, sofern bis dahin noch keine erstinstanzliche Entscheidung getroffen wurde und die Verzögerung nicht dem Antragsteller zur Last gelegt werden kann. Dem trägt Abs. 2 Satz 1 Rechnung. Nach Abs. 2 Satz 1 steht die Beschäftigung unter *Zustimmungsvorbehalt.* Dieser beruht auf Art. 15 Abs. 2 UAbs. 1 RL 2013/33/EU. Der Vorbehalt muss jedoch einen »*effektiven Arbeitsmarktzugang* für Antragsteller« sicherstellen und beschränkt das Ermessen der Arbeitsverwaltung. Diese kann aber aus Gründen der Arbeitsmarktpolitik den Vorrang von Unions- und EWR-Bürgern sowie Drittstaatsangehörigen mit rechtmäßigen Aufenthalt einwenden (Art. 15 Abs. 2 UAbs. 2 RL 2013/33/EU). Erst nach insgesamt 15 Monaten Aufenthalt entfällt die Vorrangprüfung vollständig (§ 32 Abs. 5 Nr. 2 BeschV). Für einige Personengruppen entfällt sie nach Ablauf der Dreimonatsfrist des Abs. 2 Satz 1 vollständig (Rdn. 7).

B. Beschäftigungsverbot nach Abs. 1

Nach Abs. 1 trifft Asylantragsteller, die der Wohnverpflichtung nach § 47 Abs. 1 Satz 1 4
Abs. 1a oder § 30a Abs. 3 Satz 1 unterliegen, für die Dauer der Unterbringung ein *ausnahmsloses Beschäftigungsverbot.* Erfolgt die Entlassung vor Ablauf der Dreimonatsfrist des Abs. 2 Satz 1 folgt aus dieser Norm eine Beschäftigungsverbot bis zum Ablauf dieser Frist, wobei der geduldete oder rechtmäßige Voraufenthalt aber angerechnet wird (Abs. 2 Satz 2).Verboten ist jede selbständige und nichtselbständige Tätigkeit sowie der Erwerb beruflicher Kenntnisse, Fertigkeiten oder Erfahrungen im Rahmen betrieblicher Berufsbildung (§ 7 Abs. 2 SGB IV). Nicht umfasst sind *ehrenamtliche karitative, politische, religiöse* und *kulturelle Tätigkeiten* und *Gefälligkeitsdienste,* wie etwa bloße Nachbarschaftshilfe (*Hailbronner,* AuslR B 2 § 61 AsylG Rn. 7; *Grünewald,* in: GK- AsylG II, § 61 Rn. 12) und *familiäre Hilfe.* Abs. 1 richtet sich einerseits an die Arbeitsverwaltung und andererseits an die zuständige Außenstelle des Bundesamtes. Für die Dauer der Wohnverpflichtung wird kraft Gesetzes die Beschäftigung untersagt. Eine behördlichen Anordnung für ein entsprechendes Verbot bedarf es nicht (Rdn. 1). Die Arbeitsverwaltung darf die Zustimmung zur Beschäftigung des Asylsuchenden nicht erteilen. Dies wird in die Bescheinigung nach § 63 eingetragen. Die Eintragung hat lediglich deklaratorische Wirkung.

Das Verbot darf die Dauer von sechs Monaten nicht überschreiten (§ 47 Abs. 1 Satz 1) 5
Für Antragsteller aus sicheren Herkunftsstaaten (*Albanien, Bosnien und Herzegowina, Ghana, Kosovo, Mazedonien, ehemalige jugoslawische Republik, Montenegro, Senegal, Serbien*), für Antragsteller, bei denen ein Zuständigkeitsbestimmungsverfahren nach der Verordnung (EU) Nr. 604/2013 anhängig ist, gilt es allerdings während des gesamten Asylverfahrens und darüber hinaus bis zur Ausreise oder dem Vollzug der Abschiebungsandrohung oder -anordnung (§ 47 Abs. 1a). Das gleiche gilt im beschleunigten Verfahren (§ 30a Abs. 3). Aus § 60a Abs. 6 Satz 1 Nr. 3 AufenthG folgt, dass das Verbot des Abs. 2 Satz 3 Halbs. 2 nur während des Verwaltungsverfahrens gilt und im Falle der Antragsablehnung der Versagungsgrund des § 60a Abs. 6 Satz 1 N. 3 AufenthG das Erwerbstätigkeitsverbot regelt. Die Frist nach Abs. 2 Satz 1 beginnt mit der Meldung des Asylsuchenden in der für ihn zuständigen Aufnahmeeinrichtung (*Grünewald,* in: AsylG II, § 61 Rn. 9) und nicht erst mit der Stellung des Asylantrags nach § 23 Abs. 1, weil nicht die Asylantragstellung, sondern die Wohnverpflichtung nach § 47 Abs. 1

Satz 1 für den Fristbeginn maßgebend ist. Mit Beendigung der Wohnverpflichtung (§ 48, § 49, § 50 Abs. 1), auch wenn sie vor Ablauf der Frist von sechs Monaten erfolgt, wird das Verbot des Abs. 1 durch die Wartezeitenregelung nach Abs. 2 Satz 1 ersetzt (VG Aachen, InfAuslR 1994, 80; *Grünewald*, in: AsylG II, § 61 Rn. 10). Gegen *Folgeantragsteller* kann zwar ein Beschäftigungsverbot angeordnet werden (BayVGH, EZAR 632 Nr. 3; BayVGH, BayVBl. 1986, 435). Ihnen kann aber im Rahmen einer Ermessensentscheidung eine Beschäftigungserlaubnis erteilt werden (*Grünewald*, in: AsylG II, § 61 Rdn. 32), soweit nicht die Voraussetzungen des § 33 BeschV erfüllt sind. Da sie aber in der besonderen Aufnahmeeinrichtung untergebracht werden (§ 30a Abs. 1 Nr. 4), findet das Beschäftigungsverbot des Abs. 1 Anwendung.

C. Beschäftigungserlaubnis für Asylsuchende (Abs. 2)

I. Funktion der Beschäftigungserlaubnis (Abs. 2 Satz 1)

6 Grundsätzlich darf die Beschäftigung nur zugelassen werden, wenn der Antragsteller im Besitz eines Aufenthaltstitels ist (§ 4 Abs. 3 Satz 1 AufenthG). Dies gilt nicht, wenn ihm aufgrund eines Gesetzes die Erwerbstätigkeit ohne Besitz eines Aufenthaltstitels gestattet ist (§ 4 Abs. 3 Satz 2 AufenthG). Abs. 2 Satz 1 ist ein derartiges Gesetz und ist so zu verstehen, dass nach Ablauf eines ununterbrochenen Aufenthalts von drei Monaten bei der zuständigen Ausländerbehörde die Erteilung einer Beschäftigungserlaubnis beantragt werden kann. Nicht unterbrochen wird die Aufenthaltsgestattung, wenn dem Antragsteller erlaubt wird, den räumlich beschränkten Bereich vorübergehend zu verlassen oder sich allgemein im angrenzenden Bezirk aufzuhalten (§ 58 Abs. 1). Auch wenn der vorübergehende Auslandsaufenthalt gestattet wurde, hat dies keine Unterbrechung zur Folge (*Hailbronner*, AuslR B 2 § 61 AsylG Rn. 15; a.A. *Grünewald*, in: GK-AsylG II, § 61 Rn. 17). Abs. 2 Satz 1 hebt lediglich das Erwerbstätigkeitsverbot auf. Vor Erteilung der Beschäftigungserlaubnis im konkreten Einzelfall muss die Ausländerbehörde jedoch die Zustimmung der Bundesagentur für Arbeit einholen (Abs. 2 Satz 1 in Verb. mit §§ 39 ff. AufenthG). Stimmt diese zu, ist durch Erlaubnis der nähere Inhalt der Beschäftigung nach Maßgabe der Zustimmung der Arbeitsverwaltung zu regeln. Nach Ablauf von 15 Monaten Aufenthalt entfällt die Vorrangprüfung (§ 32 Abs. 5 Nr. 2 BeschV), nicht jedoch die Arbeitsplatzprüfung. Keiner Zustimmung bedarf die Ausübung eines Praktikums nach § 22 Abs. 1 Nr. 2 Mindestlohngesetz, einer Berufsausbildung in einem staatlich anerkannten oder vergleichbar geregelten Beruf, einer Beschäftigung Hochqualifizierter und der weiteren in § 2 Abs. 1 BeschV bezeichneten Berufsgruppen, die Ausübung eines Praktikums im Rahmen eines von der EU oder bilateralen Entwicklungszusammenarbeit finanziell geförderten Programms (§ 15 Nr. 2 BeschV), die Ausübung der in § 22 Nr. 3 bis 5 BeschV bezeichneten Tätigkeiten, die Teilnahme an internationalen Sportveranstaltungen (§ 23 BeschV) oder eine Beschäftigung von Ehegatten, Lebenspartner, Verwandten und Verschwägerten ersten Grades eines Arbeitgebers in dessen Betrieb, wenn der Arbeitgeber mit diesen in häuslicher Gemeinschaft lebt (§ 32 Abs. 2, 4 BeschV). Nach vier Jahren ununterbrochen gestatteten (oder geduldeten) Aufenthalts entfällt die Zustimmungspflicht (§ 32 Abs. 3 und 4 BeschV). Keiner Zustimmung bedarf nach § 32 Abs. 5 BeschV schließlich die Ausübung einer Tätigkeit von Asylantragstellern mit einem

anerkannten oder vergleichbaren ausländischen Hochschulabschluss in einem akademischen Mangelberuf (Medizin, Natur- und Ingenieurwissenschaften, Mathematik, IT), sofern ein Jahresgehalt von mindestens 37.128 € bezogen wird (§ 32 Abs. 5 Nr. 1 in Verb. mit § 2 Abs. 2 BeschV). Dies gilt auch, wenn eine mindestens zweijährige anerkannte Berufsausbildung im Bundesgebiet abgeschlossen wurde und eine der Ausbildung entsprechende Beschäftigung aufgenommen werden soll (§ 32 Abs. 5 Nr. 1 in Verb. mit § 6 Abs. 1 BeschV) oder bei einer abgeschlossenen ausländischen und als gleichwertig anerkannten Berufsausbildung eine entsprechende Beschäftigung in einem Mangelberuf (derzeit Krankenpflege) gemäß der aktuellen Positivliste der Bundesagentur für Arbeit (*www.arbeitsagentur.de/positivliste*) aufgenommen werden soll (§ 32 Abs. 5 Nr. 1 in Verb. mit § 6 Abs. 2 BeschV).

Das ausländerrechtliche Verbot der Erwerbstätigkeit ist mit der Verfassung vereinbar 7
(BVerfG [Vorprüfungsausschuss], EZAR 221 Nr. 21 = NJW 1984, 559; BVerwG, DÖV 1982, 40; BSG, EZAR 316 Nr. 2; OVG NW, DÖV 1981, 29). Es verstößt weder gegen das Willkürverbot (Art 3 Abs. 1 GG) noch gegen das verfassungsrechtlich verbürgte Asylrecht (BVerwG, DÖV 1982, 40; BSG, EZAR 316 Nr. 2) und verletzt auch nicht die verfassungsrechtliche Eigentumsgarantie des Art 14 GG (BVerwG, EZAR 221 Nr. 19). Daher unterliegt bis zur verbindlichen Statusfeststellung die Verpflichtung der Ausländerbehörden, Asylantragstellern die berufliche und persönliche Entfaltung zu ermöglichen, Einschränkungen (OVG NW, EZAR 316 Nr. 2). Das Verbot der Erwerbstätigkeit darf mit *einwanderungspolitischen Ziele* gerechtfertigt werden (BVerwG, EZAR 221 Nr. 17 = DÖV 1982, 40; BVerwG, DVBl 1981, 1110 = BayVBl. 1981, 328 = InfAuslR 1981, 328; BVerwG, EZAR 221 Nr. 19 = VBlBW 1983, 331; BVerwGE 38, 90, 93; 56, 254, 270; 56, 273, 280; BayVGH, BayVBl. 1986, 435; OVG NW, DÖV 1981, 29; VGH BW, VBl. BW 1984, 88; BSG, EZAR 316 Nr. 2 = InfAuslR 1990. 90; LSG Darmstadt, NJW 1981, 541; LSG Darmstadt, NJW 1981, 543). Auflagen, die eine Erwerbstätigkeit des Ausländers untersagen, dürfen zu aufenthaltsrechtlichen Zwecken – etwa zur Verhinderung einer Verfestigung des erlaubten Aufenthalts von Asylbewerbern, zur Abwehr des Zustroms von Personen, die nicht wegen Verfolgung, sondern zum Zwecke der Arbeitsaufnahme einreisen – erlassen werden (BSG, EZAR 316 Nr. 2). Diese Erwägungen tragen das absolute Beschäftigungsverbot nach Abs. 1 und die Wartezeitenregelung nach Abs. 2 Satz 1. Nach deren Ablauf kann angesichts der Entscheidung des Gesetzgebers, Asylantragstellern nach drei Monaten den Zugang zum Arbeitsmarkt zu eröffnen (Abs. 2 Satz 1), die Versagung der Beschäftigungserlaubnis nicht mehr mit ausländerpolitischen Erwägungen aufrechterhalten werden. Zulässig sind allein noch arbeitsmarktpolitische Einwände (Art. 15 Abs. 2 RL 2013/33/EU).

Aus Abs. 2 Satz 1 folgt eine dreimonatige Wartezeit für Asylbewerber. Die für Abs. 2 8
Satz 1 maßgebende Frist beginnt mit dem geltend gemachten Asylersuchen (§ 18 Abs. 1 Halbs. 1; § 19 Abs. 1 Halbs. 1; § 22 Abs. 1). Mit Wirkung von diesem Zeitpunkt an ist der Aufenthalt nach § 55 Abs. 1 Satz 1 gestattet. Anders als die Antragstellung nach § 23 Abs. 1 lässt sich dieser Zeitpunkt häufig nicht zuverlässig ermitteln. Daher sind die Erklärungen des Antragstellers zur Geltendmachung des Asylersuchens und entsprechende behördliche Feststellungen heranzuziehen. Die Dauer der Wohnverpflichtung

nach § 47 Abs. 1 Satz 1 und ein geduldeter oder rechtmäßiger Voraufenthalt sind bei der Berechnung der Frist anzurechnen. Während die Ausländerbehörde früher befugt war, durch Auflage nach § 60 Abs. 1 AsylVfG a.F. die Wartezeitenregelung abzusichern (BayOblG, AuAS 1997, 275, 276), ist ihr nach geltendem Recht diese Möglichkeit versperrt. § 60 Abs. 1 enthält keine allgemeine Auflagebefugnis mehr, sondern nur noch die Befugnis, eine Wohnsitzauflage zu erlassen § 32 Abs. 5 Nr. 2 Beschl; Rn7). Diese hat angesichts des gesetzlichen Verbots des § 4 Abs. 3 AufenthG aber lediglich deklaratorische Wirkung. Nach Ablauf der Frist von drei Monaten endet die Wartezeit. Dem Asylbewerber ist auf Antrag nach Zustimmung der Arbeitsverwaltung die Beschäftigungserlaubnis zu erteilen. Nach Ablauf von 15 Monaten Aufenthalt im Bundesgebiet entfällt sie vollständig (§ 32 Abs. 5 Nr. 2 BeschV; Rdn. 7).

9 Die Bundesagentur für Arbeit hat das Konzept »*Produktinformation Perspektiven für Flüchtlinge*« – (*PerF*) für Asylbewerber und geduldete Personen wie auch für Asylberechtigte, Flüchtlinge und subsidiär Schutzberechtigte entwickelt, um insbesondere Asylbewerber rechtzeitig an den Arbeitsmarkt heranzuführen, berufsfachliche Kenntnisse, Fähigkeiten und Fertigkeiten festzustellen, berufsfachliche Sprachkenntnisse zu vermitteln, Perspektiven aufzuzeigen und Bewerbungsaktivitäten zu unterstützen. Der Kurs dauert insgesamt zwölf Wochen. Kernbereich ist ein betrieblicher Praxisteil, in dem die Kursteilnehmer in einem Betrieb mitarbeiten und dort ihre beruflichen Kompetenzen erproben können. Die *Kursteilnahme* gilt nicht als Beschäftigung, sodass für die Teilnahme *keine Beschäftigungserlaubnis* erforderlich ist. Voraussetzung ist lediglich die Vermittelbarkeit auf dem Arbeitsmarkt, sodass nach Ablauf von drei Monaten Aufenthalt im Bundesgebiet bzw. nach Entlassung aus der Aufnahmeeinrichtung die Teilnahme am Kurs zulässig ist. Nähere Informationen zur Teilnahme erteilen die lokalen Arbeitsagenturen.

II. Ermessenskriterien für die Zustimmung

10 Der Zustimmungsvorbehalt nach Abs. 2 Satz 1 hat den »effektiven Arbeitsmarktzugang« für den Antragsteller sicherzustellen. Vorrang haben aus Gründen der Arbeitsmarktpolitik *Unions- und EWR-Bürger sowie Drittstaatsangehörigen* mit rechtmäßigen Aufenthalt (Art. 15 Abs. 2 UAbs. 2 RL 2013/33/EU). Nach dieser Maßgabe sind die Zustimmungskriterien des § 39 Abs. 2 AufenthG anzuwenden. § 40 Abs. 1 Nr. 1 und Abs. 2, § 41 und § 42 AufenthG finden Anwendung. Soweit zu § 61 Abs. 2 AsylVfG a.F. vertreten wurde, grundsätzlich bestehe das Arbeitsverbot auch nach Ablauf der Wartezeit fort (*Bergmann*, in: Bergmann/Dienelt, AuslR, 11. Aufl., 2016, § 61 AsylG Rn. 6) oder der Asylsuchende habe lediglich einen Anspruch auf fehlerfreie Ausübung des Ermessens (*Hailbronner*, AuslR B 2 § 61 AsylG Rn. 18; *Grünewald*, in: GK-AsylG II, § 61 Rn. 24 ff.; *Wolff*, in: Hofmann/Hoffmann, AuslR. Handkommentar, § 61 AsylG Rn. 9), ist diese Ansicht unvereinbar mit Art. 15 Abs. 1 RL 2013/33/EU. Vorbehaltlich der Zustimmung ist daher drei Monate nach Antragstellung der Zugang zum Arbeitsmarkt zu erlauben. Zwar hat der Gesetzgeber die unionsrechtliche Vorgabe durch die Dreimonatsfrist unterschritten. Er hat sich hierbei aber vom Unionsrecht leiten lassen, sodass das Arbeitsverbot nicht über die Dreimonatsfrist hinaus verlängert werden kann.

Unterbringung in Aufnahmeeinrichtungen und Gemeinschaftsunterkünften soll deshalb aus Gründen der öffentlichen Gesundheitsvorsorge eine generelle gesetzliche Grundlage für die Gesundheitsuntersuchung geschaffen werden (BT-Drucks. 12/2062, Satz 38). Auch Unionsrecht erlaubt die medizinische Untersuchung von Asylbewerbern aus Gründen der öffentlichen Gesundheit (Art. 13 RL 2013/33/EU). Asylbewerber haben die ärztliche Untersuchung zu dulden. Die *Anordnung der ärztlichen Untersuchung* ist ein *Verwaltungsakt* (Rdn. 12).

Die Verpflichtung zur Duldung der ärztlichen Untersuchung trifft alle Asylantragsteller, die der Wohnpflicht nach § 47 Abs. 1 Satz 1, Abs. 1a Satz 1 bzw. § 30a Abs. 3 Satz 1 oder der Verpflichtung, in einer Gemeinschaftsunterkunft Wohnung zu nehmen (§ 53), unterliegen (Abs. 1 Satz 1). Auf Antragsteller, die nach § 14 Abs. 2 nicht verpflichtet sind, in einer Aufnahmeeinrichtung zu wohnen, ist Abs. 1 Satz 1 nicht anwendbar. Besteht Verdacht auf übertragbare Krankheiten, kann die Behörde aber nach § 25 Infektionsschutzgesetz (IfSG) gegen diese einschreiten und hat sie das Ergebnis der Untersuchung auch dem Bundesamt mitzuteilen (Abs. 2 Satz 2). Abs. 1 Satz 1 schafft hingegen die Rechtsgrundlage für eine generelle Untersuchung aller der Wohnverpflichtung nach § 47 Abs. 1 Satz 1, § 30a Abs. 3 Satz 1 und § 53 unterliegende Personen. Konkrete Verdachtsmomente auf übertragbare Krankheiten sind nicht erforderlich (*Grünewald*, in: GK-AsylG II, § 62 Rn. 3; *Wolff*, in: Hofmann/Hoffmann, AuslR. Handkommentar, § 62 AsylG Rn. 3). Ferner ist Abs. 1 Satz 1 auch auf Personen anwendbar, bei denen nachträglich die Wohnverpflichtung nach § 47 Abs. 1 Satz 1 oder § 53 entsteht (vgl. § 14 Abs. 2 Satz 1 Nr. 2 in Verb. mit § 47 Abs. 1 Satz 2). 2

B. Anordnung und Umfang der ärztlichen Untersuchung (Abs. 1 Satz 1 Halbs. 2)

Nach Abs. 1 Satz 1 Halbs. 2 sind die Asylsuchenden, die der Wohnverpflichtung nach § 47 Abs. 1 Satz 1, Abs. 1a Satz 1 und § 53 unterliegen, verpflichtet, eine ärztliche Untersuchung zu dulden. Die gesetzliche Verpflichtung, die ärztliche Untersuchung zu dulden, greift in das Grundrecht auf körperliche Unversehrtheit (Art. 2 Abs. 2 Satz 1 GG) ein. Folgerichtig wird daher in § 89 Abs. 1 in Ausführung des verfassungsrechtlichen Zitiergebots (Art. 19 Abs. 1 Satz 2 GG) dieses Grundrecht bezeichnet. Zwar folgt die *Duldungspflicht* bereits aus dem Gesetz (Abs. 1 Satz 1 Halbs. 2). Sie bedarf jedoch im Einzelfall der Konkretisierung durch Verwaltungsakt, mit dem dem Antragsteller aufgegeben wird, die ärztliche Untersuchung zu dulden. Schriftform ist nicht vorgeschrieben. Die *Anordnung* ist jedoch *schriftlich* zu bestätigen, wenn der Antragsteller ein berechtigtes Interesse hieran hat (§ 37 Abs. 1 Satz 2 VwVfG). Dies kann etwa der Fall sein, wenn der Verpflichtete eine fehlerhafte Untersuchung rügt und Schadensersatzansprüche geltend machen will. 3

Zuständige Behörde für die Anordnung nach Abs. 1 Satz 1 ist die Aufnahmeeinrichtung, im Fall des § 53 die zuständige Ausländerbehörde. Abweichend von der umfassenden ausländerrechtlichen Zuständigkeit der Außenstelle des Bundesamtes im Hinblick auf die der Wohnverpflichtung nach § 30a Abs. 3 Satz 1, § 47 Abs. 1 Satz 1 und Abs. 1a Satz 1 unterliegenden Asylsuchenden, folgt aus Abs. 2 Satz 1 die 4

Zuständigkeit der Aufnahmeeinrichtung. Die Anordnung liegt nicht im behördlichen Ermessen. Vielmehr handelt es sich um eine gebundene Entscheidung. Hingegen steht der Umfang der ärztlichen Untersuchung im behördlichen Ermessen (*Grünewald*, in: GK-AsylG II, § 62 Rn. 8; Wolff, in: Hofmann/Hoffmann, AuslR. Handkommentar, § 62 AsylG Rn. 2). Die zuständige Behörde kann den Vollzug der Anordnung gegebenenfalls im Wege des Verwaltungszwangs nach dem jeweiligen Verwaltungsvollstreckungsgesetz des Landes durchsetzen (*Grünewald*, in: GK-AsylG II, § 62 Rn. 17; *Wolff*, in: Hofmann/Hoffmann, AuslR. Handkommentar, § 62 AsylG Rn. 6). Von der Natur der Sache her scheidet die Ersatzvornahme ebenso wie die Androhung und Festsetzung eines Zwangsgeldes als wenig Erfolg versprechend aus. Im extremen Ausnahmefall kann die Anordnung durch Androhung und Anwendung unmittelbaren Zwangs durchgesetzt werden. In aller Regel genügt aber bereits die bloße Androhung, um der Anordnung den erforderlichen Respekt zu verschaffen.

5 Die Untersuchung erstreckt sich auf *übertragbare Krankheiten* einschließlich einer Röntgenaufnahme der Atemorgane (Abs. 1 Halbs. 2). Untersuchungen, die sich nicht auf übertragbare Krankheiten beziehen, bedürfen der Zustimmung des Asylsuchenden (*Hailbronner*, AuslR B 2 § 62 AsylG Rn. 10). Eine übertragbare Krankheiten ist eine durch Krankheitserreger oder deren toxische Produkte, die unmittelbar oder mittelbar auf den Menschen übertragen werden, verursachte Krankheit (§ 2 Nr. 3 IfSG). Zu dulden sind äußere Untersuchungen, Blutentnahmen, Abstriche von Haut und Schleimhäuten und die Röntgenaufnahme der Atmungsorgane. Den genauen Umfang der Untersuchung bestimmt die oberste Landesbehörde (Abs. 1 Satz 2), die auch den die Untersuchung durchführenden Arzt bestimmt. Sie kann diese Befugnisse auch auf eine andere Stelle übertragen (Abs. 1 Satz 2). Untersuchungen sind durch einen Arzt durchzuführen. Dieser kann Hilfspersonen hinzuziehen (*Grünewald*, in: GK-AsylG II, § 62 Rn. 11). Zwar enthält das Gesetz keine Bestimmung darüber, ob nur gleichgeschlechtliche Personen die Untersuchung durchführen dürfen. Darf aber bereits die Durchsuchung nur von gleichgeschlechtlichen Personen durchgeführt werden (§ 15 Abs. 4 Satz 2), spricht Vieles dafür, dass dies erst recht für den weiter gehenden Eingriff der ärztlichen Untersuchung gelten muss (*Wolff*, in: Hofmann/Hoffmann, AuslR. Handkommentar, § 62 AsylG Rn. 4; a.A. *Grünewald*, in: GK-AsylG II, § 62 Rn. 11). Nicht erforderlich ist hingegen, dass der untersuchende Arzt gleichgeschlechtlich ist (*Wolff*, in: Hofmann/Hoffmann, AuslR. Handkommentar, § 62 AsylG Rn. 4). Die vom Arzt hinzugezogenen Hilfspersonen (s. auch § 90) müssen jedoch das gleiche Geschlecht wie die verpflichtete Person haben. Zwar besteht hinsichtlich des Arztes kein Ablehnungsrecht, aber eine besondere Begründung der zuständigen Behörde, wenn sie ungeachtet der Ablehnung an der Beauftragung des ausgewählten Arztes festhalten will (*Hailbronner*, AuslR B 2 § 62 AsylG Rn. 11).

6 Ohne Zustimmung des Asylbewerbers darf die Untersuchung grundsätzlich nicht auf eine mögliche *HIV-Infektion* oder *Aids-Erkrankung* ausgeweitet werden. Daher ist vor der Untersuchung die hierfür erforderliche Zustimmung einzuholen. Wird sie verweigert, darf die Untersuchung grundsätzlich nicht auf diese Krankheitsaspekte erstreckt werden. Ein generell praktizierter Zwangstest ist wie auch im allgemeinen Ausländerrecht ohne die Bezeichnung von aus konkreten Tatsachen abgeleiteten

Verdachtsmomenten nicht zulässig (*Marx*, Aids und Ausländerrecht, S. 211, 221; *Wolff*, in: Hofmann/Hoffmann, AuslR. Handkommentar, § 62 AsylG Rn. 3; a.A. *Rittstieg*, Ausländerrechtliche Maßnahmen aus Anlass von Aids, S. 193, 201; *Hailbronner*, AuslR B 2 § 62 AsylG Rn. 7; *Bergmann*, in: Bergmann/Dienelt, AuslR, 11. Aufl., 2016, § 62 AsylG Rn. 2). Unzutreffend geht die Gegenmeinung davon aus, dass ein Zwangstest nicht als besonders schwerwiegende Belastung angesehen werden könne. Die legitimen Aufklärungsbedürfnisse der Allgemeinheit und der unmittelbaren Umgebung des Betroffenen hätten stärkeres Gewicht. Gegen einen Zwangstest sprechen erhebliche rechtsstaatliche Gründe. Die hierin liegende Pauschalverdächtigung einer ganzen Personengruppe ist nicht vertretbar. Die bloße Zugehörigkeit etwa zur Gruppe der Homo- oder Bisexuellen für sich allein, ohne das Hinzutreten zusätzlicher konkreter Umstände, erlaubt nicht die Anordnung eines Zwangstests (*Schenke*, Die Bekämpfung von Aids als verfassungsrechtliches und polizeirechtliches Problem, S. 113). Jedenfalls darf eine HIV-Infektion nicht ohne Weiteres zum Anlass aufenthaltsbeendender Maßnahmen genommen werden (VGH BW, InfAuslR 1987, 236).

C. Mitteilungspflicht nach Abs. 2

Das Ergebnis der ärztlichen Untersuchung ist der für die Unterbringung zuständigen Behörde mitzuteilen (Abs. 2 Satz 1). Dies ist die Aufnahmeeinrichtung (§ 46 Abs. 1 Satz 1) oder die Ausländerbehörde (§ 60 Abs. 3). Das Untersuchungsergebnis ist ein dem persönlichen Lebensbereich zuzuordnendes Geheimnis wie auch ein personenbezogenes Datum. Daher sind für die Mitteilung die besonderen Anforderungen an den Datenschutz im Gesundheitswesen zu beachten (*Grünewald*, in: GK-AsylG II, § 62 Rn. 13). Insoweit ist von Bedeutung, dass die Einführung des § 62 auf eine Empfehlung des Bundesbeauftragten für den Datenschutz zurückgeht (BT-Drucks. 12/2062, S. 38). Die Mitteilung darf nur zusammengefasste Ergebnisse der Untersuchung enthalten. Die Angabe näherer Einzelheiten ist unzulässig (*Grünewald*, in: GK-AsylG II, § 62 Rn. 13; *Hailbronner*, AuslR B 2 § 62 AsylG Rn. 12; *Bergmann*, in: Bergmann/Dienelt, AuslR, 11. Aufl., 2016, § 62 AsylG Rn. 3; *Wolff*, in: Hofmann/Hoffmann, AuslR. Handkommentar, § 62 AsylG Rn. 2). Es handelt sich um eine *behördliche Verpflichtung zur Auskunftserteilung*. Die untersuchende Stelle wird durch Abs. 2 befugt, das Geheimnis bzw. die personenbezogenen Daten der zuständigen Behörde mitzuteilen. Diese hat die Zweckbindung der Mitteilung zu beachten (*Bergmann*, in: Bergmann/Dienelt, AuslR, 11. Aufl., 2016, § 62 AsylG Rn. 3). Offenbart werden nur das Ergebnis der Untersuchung, also ob und gegebenenfalls an welchen übertragbaren Krankheiten der Asylbewerber leidet. Wurden keine übertragbaren Krankheiten festgestellt, ist allein dies mitzuteilen (*Grünewald*, in: GK-AsylG II, § 62 Rn. 14). 7

Das Ergebnis der ärztlichen Untersuchung darf *nicht* in eine *Ausländerdatei* aufgenommen werden. Dies folgt auch aus § 3 AZRG und§ 64, § 65 AufenthV. Die zuständige Behörde darf die Untersuchungsergebnis nicht an andere Behörden weiterleiten. Soweit eine Weiterleitung an die zuständige Ausländerbehörde für unzulässig erachtet wird (*Grünewald*, in: GK-AsylG II, § 62 Rn. 15), wird allerdings verkannt, dass diese im Blick auf Asylantragsteller, die in Gemeinschaftsunterkünften (§ 53) untergebracht sind, ohnehin zuständige Behörde ist (§ 60 Abs. 3). 8

9 Wird bei der ärztlichen Untersuchung nach Abs. 1 Satz 1 der Verdacht oder das Vorliegen einer meldepflichtigen Krankheit nach § 6 IfSG oder eine Infektion mit einem Krankheitserreger nach § 7 IfSG festgestellt, ist das Ergebnis nicht nur der zuständigen Aufnahmeeinrichtung oder Ausländerbehörde (Abs. 2 Satz 1), sondern auch dem Bundesamt mitzuteilen (Abs. 2 Satz 2). Auch insoweit gelten aber die für Abs. 2 Satz 1 maßgebenden Einschränkungen (Rdn. 7). Die in Abs. 2 Satz 2 geregelte Datenübermittlung soll dem Bundesamt dabei helfen, mögliche Gesundheitsrisiken für seine Mitarbeiter zu erkennen und entsprechende Schutzmaßnahmen zu entwickeln (BR-Drucks. 446/15, S. 45). Dieser Zweck der Vorschrift beschränkt die Mitteilung auf zusammengefasste Ergebnisse der Untersuchung. Die Angabe näherer Einzelheiten ist unzulässig. Es gelten vielmehr die allgemeinen datenschutzrechtlichen Bestimmungen. Eine Antragstellung beim Bundesamt (§ 23 Abs. 1) ist auch weiterhin vor der Durchführung der Untersuchung möglich (BR-Drucks. 446/15, S. 45).

D. Anspruch auf gesundheitliche Versorgung (Art. 13 RL 2003/9/EG/Art. 19 RL 2013/33/EU)

10 Traditionell beschränkt das AsylG sich im Blick auf die Gesundheitsvorsorge auf die Schaffung einer Eingriffsgrundlage für Untersuchungen. Ansprüche auf gesundheitliche Versorgung sind im AsylbLG geregelt. Die Aufnahmerichtlinie verpflichtet den Gesetzgeber indes, nicht nur das AsylbLG zu ändern, sondern zugunsten *besonders schutzbedürftiger Personen* (Art. 22 Abs. 1 RL 2013/33/EU) eine *Bedarfsprüfung* (Art. 22 Abs. 1 RL 2013/33/EU) vorzunehmen. Asylsuchenden haben generell Anspruch zumindest auf die Notversorgung und die unbedingt erforderliche Behandlung von Krankheiten. Sofern sie besondere Bedürfnisse haben, ist die »erforderliche medizinische oder sonstige Hilfe, einschließlich erforderlichenfalls einer geeigneten psychologischen Betreuung« zu gewährleisten (Art. 19 Abs. 2 RL 2013/33/EU). Weder das Richtlinienumsetzungsgesetz 2007 noch das Richtlinienumsetzungsgesetz 2013 noch das AsylBLG haben diese seit 2003 bestehenden unionsrechtlichen Vorgaben vollständig umgesetzt. Die Kommentarliteratur schweigt zu dieser Frage. Es ist deshalb entsprechend dem Anwendungsvorrang unmittelbar auf die entsprechenden Rechtspositionen der Richtlinie zurückzugreifen.

11 Nach Art. 5 Abs. 1 RL 2013/33/EU sind Antragsteller nach Meldung innerhalb einer Frist von höchstens 15 Tagen über ihre Rechte auf medizinische Versorgung (Art. 19 Abs. 1 RL 2013/33/EU) zu informieren. Zunächst sind die Adressaten der Informationspflichten zu identifizieren. Dies setzt voraus, dass innerhalb der Frist von 15 Tagen die *Bedarfsprüfung* nach Art. 22 Abs. 1 RL 2013/33/EU) durchzuführen ist. Art. 22 Abs. 1 RL 2013/33/EU verpflichtet die zuständigen Behörden, festzustellen, ob ein Antragsteller besondere Bedürfnisse hat und welcher Art diese sind. Diese Beurteilung ist innerhalb einer angemessenen Frist nach der Antragstellung durchzuführen. Ferner haben diese Personen auch dann einen Betreuungsanspruch, wenn die besonderen Bedürfnisse erst in einer späteren Phase zutage treten. Es sind damit zunächst die Bedürftigen zu identifizieren und anschließend der Umfang und die Art des jeweiligen Bedarfs zu ermitteln (*Saborowski*, Asylmagazin 2015, 242, 243). Weder nach der früheren noch nach der aktuellen Aufnahmerichtlinie sind die Vorschriften für die

Bedarfsprüfung (zur Praxis in den Ländern s. (*Saborowski*, Asylmagazin 2015, 242, 243 ff.) umgesetzt worden. Da die Umsetzungsfrist für die Richtlinie 2013/33/EU am 20.Juli 2015 abgelaufen ist, haben Asylbewerber einen unmittelbaren Anspruch auf Zugang zu einer ihrer besonderen Bedürftigkeit entsprechenden Behandlung (*Pelzer/Pichl*, Asylmagazin 2015, 331, 335). Dieser darf *nicht auf die »unerlässliche Versorgung«* (§ 6 Abs. 1 AsylbLG) reduziert werden, sondern umfasst die *»erforderliche«* medizinische oder sonstige Hilfe (Art. 19 Abs. 2 RL 2013/33/EU).

Besonders schutzbedürftige Personen sind zunächst *»Minderjährige, unbegleitete Minderjährige, Behinderte, ältere Menschen, Schwangere, Alleinerziehende mit minderjährigen Kindern, Opfer des Menschenhandels, Personen mit schweren körperlichen Erkrankungen, Personen mit psychischen Störungen und Personen, die Folter, Vergewaltigung oder sonstige schwere Formen psychischer, physischer oder sexueller Gewalt* erlitten haben, wie z.B. *Opfer der Verstümmelung weiblicher Genitalien«* (Art. 21 RL 2013/33/EU). Im Blick auf die Bedarfsprüfung ist zu Beginn des Verfahrens zunächst ein niedrigschwelliges dolmetschergestütztes Beratungsgespräch zwecks einer ersten Erhebung der die psychosoziale Gesundheit betreffenden Tatsachen durch entsprechend geschulte Fachkräfte durchzuführen. Wird hierbei eine besondere Schutzbedürftigkeit festgestellt, schließt sich eine dolmetschergestützte somatische und psychiatrische bzw. psychologische Diagnostik an. Das Asylverfahren sollte in diesem Fall zunächst ausgesetzt und erst dann wieder angerufen werden, wenn Klarheit über die Schäden, welche durch Folter, Vergewaltigung und andere schwere Gewalttaten zugefügt wurden, und die gebotenen verfahrensrechtlichen Konsequenzen besteht. 12

E. Rechtsschutz

Die Anordnung der ärztlichen Untersuchung ist ein *Verwaltungsakt*, gegen den *Anfechtungsklage* und *Eilrechtsschutz* nach § 80 Abs. 5 VwGO zulässig ist. Da die Anordnung sofort vollziehbar ist, hat die hiergegen gerichtete Klage keinen Suspensiveffekt. Gegenstand der Klage können insbesondere Modalitäten der Untersuchung im Einzelfall, insbesondere Einwände gegen den beauftragten Arzt, sein (*Hailbronner*, AuslR B 2 § 62 AsylG Rn. 13; *Grünewald*, in: GK-AsylG II, § 62 Rn. 23; *Wolff*, in: Hofmann/Hoffmann, AuslR. Handkommentar, § 62 AsylG Rn. 6; Rdn. 5). 13

§ 63 Bescheinigung über die Aufenthaltsgestattung

(1) [1]Dem Ausländer wird nach der Asylantragstellung innerhalb von drei Arbeitstagen eine mit den Angaben zur Person und einem Lichtbild versehene Bescheinigung über die Aufenthaltsgestattung ausgestellt, wenn er nicht im Besitz eines Aufenthaltstitels ist. [2]Im Falle des Absatzes 3 Satz 2 ist der Ausländer bei der Asylantragstellung aufzufordern, innerhalb der Frist nach Satz 1 bei der zuständigen Ausländerbehörde die Ausstellung der Bescheinigung zu beantragen.

(2) [1]Die Bescheinigung ist zu befristen. [2]Solange der Ausländer verpflichtet ist, in einer Aufnahmeeinrichtung zu wohnen, beträgt die Frist längstens drei und im Übrigen längstens sechs Monate.

(3) [1]Zuständig für die Ausstellung der Bescheinigung ist das Bundesamt, solange der Ausländer verpflichtet ist, in einer Aufnahmeeinrichtung zu wohnen. [2]Im Übrigen ist die Ausländerbehörde zuständig, auf deren Bezirk die Aufenthaltsgestattung beschränkt ist oder in deren Bezirk der Ausländer Wohnung zu nehmen hat. [3]Auflagen und Änderungen der räumlichen Beschränkung sowie deren Anordnung (§ 59b) können auch von der Behörde vermerkt werden, die sie verfügt hat.

(4) Die Bescheinigung soll eingezogen werden, wenn die Aufenthaltsgestattung erloschen ist.

Die Bescheinigung enthält folgende Angaben:
1. **das Datum der Ausstellung des Ankunftsnachweises gemäß § 63a Absatz 1 Satz 2 Nummer 12 und**
2. **das Datum der Asylantragstellung.**

(5) Im Übrigen gilt § 78a Absatz 5 des Aufenthaltsgesetzes entsprechend.

Übersicht

A. Funktion der Vorschrift

1 Die Vorschrift hat ihr Vorbild in § 20 Abs. 4 und 5 AsylVfG 1982 (BT-Drucks. 12/2062, S. 38). Zu trennen ist zwischen der gesetzlichen Begründung des Aufenthalts (§ 55 Abs. 1 Satz 1) einerseits sowie dem Rechtsanspruch nach Abs. 1 auf Ausstellung der behördlichen Bescheinigung des Aufenthaltsrechts andererseits. Das Aufenthaltsrecht ist nach Entstehungsgrund, Umfang und Wegfall unabhängig von der Bescheinigung (*Hailbronner,* AuslR B 2 § 63 AsylG Rn. 5). Vielmehr bestätigt diese lediglich den gesetzlichen Tatbestand nach § 55 Abs. 1 Satz 1 in seiner Ausgestaltung nach § 56 einschließlich möglicher Auflagen (§ 60). Abs. 1 wurde durch das Richtlinienumsetzungsgesetz 2007 Art. 6 Abs. 1 RL 2003/9/EG angepasst und ist auch mit Art. 6 Abs. 1 RL 2013/33 EU vereinbar. Die Aufenthaltsgestattung (§ 55 Abs. 1 Satz 1) entsteht kraft Gesetzes mit der Geltendmachung des Asylersuchens. Bis dahin ist ihm ein Ankunftsnachweis nach § 63a auszustellen. Der Anspruch nach Abs. 1 Satz 1 entsteht erst nach der Antragstellung (§ 23 Abs. 1). Während der Dauer des Asylverfahrens genügt der Antragsteller seiner Ausweispflicht mit der Bescheinigung nach Abs. 1 Satz 1 (§ 64). Die Regelungen in § 78a Abs. 5 AufenthG über Vordruckmuster und deren inhaltliche Anforderungen gelten entsprechend (Abs. 5). Bis zur Entscheidung, ein Asylverfahren einzuleiten, haben Folgeantragsteller keinen Anspruch auf Ausstellung der Bescheinigung (*Hailbronner,* AuslR B 2 § 63 AsylG Rn. 11; *Funke-Kaiser,* in: GK-AsylG II, § 63 Rn. 17; *Wolff,* in: Hofmann/Hoffmann, AuslR. Handkommentar, § 63 AsylG Rn. 4). Ihnen wird in der Praxis eine Duldungsbescheinigung nach § 60 Abs. 4 AufenthG ausgestellt.

Nach Art. 6 RL 2013/33/EU ist innerhalb von drei Tagen nach Antragstellung eine Bescheinigung auszustellen, die den Namen des Antragstellers enthält und den Rechtsstatus als Antragsteller bestätigt oder bescheinigt, dass dieser sich im Hoheitsgebiet des Aufnahmemitgliedstaats aufhalten darf, solange der Antrag zur Entscheidung anhängig ist oder geprüft wird (Abs. 1 UAbs. 1). Die Bescheinigung muss so lange gültig sein, wie der Aufenthalt im Hoheitsgebiet gestattet ist. Ist es dem Antragsteller nicht gestattet, sich innerhalb des gesamten Hoheitsgebiets oder eines Teils davon frei zu bewegen, ist dies ebenfalls in der Bescheinigung zu vermerken (Abs. 1 UAbs. 2). Danach sind die Beschränkungen nach § 56 in die Bescheinigung einzutragen. Mit der Bescheinigung wird nicht notwendigerweise die Identität des Antragstellers bescheinigt (Abs. 3). Die Behörden können einem Antragsteller ein Reisedokument ausstellen, wenn schwerwiegende humanitäre Gründe seine Anwesenheit in einem anderen Staat erfordern (Abs. 5). Art. 6 Abs. 5 RL 2013/33/EU wurde nicht umgesetzt, wie sich aus § 65 Abs. 2 ergibt. Die in der Literatur beklagte Unmöglichkeit, dass Asylbewerber keine Auslandsreisen durchführen könnten (*Bergmann*, in: Bergmann/Dienelt, AuslR, 11. Aufl., 2016, § 63 AsylG Rn. 4; *Wolff*, in: Hofmann/Hoffmann, AuslR. Handkommentar, § 63 AsylG Rn. 6; a.A. *Hailbronner*, AuslR B 2 § 63 AsylG Rn. 8), wird durch Unionsrecht behoben. § 5 AufenthV ist richtlinienkonform in diesem Sinne auszulegen. Der Antragsteller darf auch vor Zuerkennung des Status nicht allein deshalb unnötigen oder unverhältnismäßigen Auflagen in Bezug auf Dokumente oder sonstige verwaltungsrechtliche Aspekte unterworfen werden, weil er internationalen Schutz beantragt hat (Art. 6 Abs. 6 RL 2013/33/EU). Die letztgenannte Bestimmung war in Art. 6 RL 2003/9/EG nicht enthalten. 2

B. Rechtsnatur der Bescheinigung nach Abs. 1

Die Bescheinigung nach Abs. 1 hat nicht lediglich deklaratorische Bedeutung, sondern enthält für das Bleiberecht des Antragstellers in inhaltlicher, räumlicher und zeitlicher Hinsicht Regelungen im Einzelfall und ist damit *Verwaltungsakt* (BVerwGE 79, 291, 293 f. = EZAR 222 Nr. 7 = NVwZ 1988, 941 = NJW 1989, 769 = InfAuslR 1988, 251; *Bergmann*, in: Bergmann/Dienelt, AuslR, 11. Aufl., 2016, § 63 AsylG Rn. 2; a.A. OVG Berlin, InfAuslR 1987, 262; BGH, AuAS 1996, 190, *Funke-Kaiser*, in: GK-AsylG II, § 63 Rn. 11). Da die in der Bescheinigung anzugebende, von der Behörde nach Maßgabe von Abs. 2 festzulegende Geltungsdauer, aber auch die in § 60 im Einzelfall anzuordnenden Beschränkungen die Bescheinigung in zeitlicher Hinsicht begrenzt, soweit nicht etwas anderes bestimmt ist, enthält die Befristung Elemente einer unmittelbaren Regelung, weil sie die Behörde grundsätzlich berechtigt und verpflichtet, nach Ablauf der Frist über die Fortdauer, Änderung oder Aufhebung der getroffenen Maßnahme erneut zu entscheiden (BVerwGE 79, 290, 295 = EZAR 222 Nr. 7 = NVwZ 1988, 941 = InfAuslR 1988, 251). Die inhaltlichen, räumlichen und zeitlichen Entscheidungen im Blick auf die Aufenthaltsgestattung und ihre Maßgaben finden ihren Niederschlag in der kraft Gesetzes auszustellenden und dem Antragsteller auszuhändigenden und damit i.S.d. § 41 Abs. 1 Satz 1 VwVfG bekanntzugebenden Bescheinigung. Diese wird gegenüber dem Antragsteller gem. § 43 Abs. 1 VwVfG mit dem Inhalt wirksam, wie er sich aus der Bescheinigung ergibt (BVerwGE 79, 291, 295 = EZAR 222 Nr. 7 = NVwZ 1988, 941 = InfAuslR 1988, 251). 3

4 Nach der Gegenmeinung ist der Aufenthalt kraft Gesetzes gestattet und wird folglich nicht durch Verwaltungsakt eingeräumt. Zwar könne das gesetzlich eingeräumt Aufenthaltsrecht durch beschränkende Verwaltungsakte modifiziert werden. Dadurch werde aber nicht der deklaratorische Charakter der Bescheinigung verändert, die lediglich als Legitimationspapier diene und den Status dokumentiere. Damit fehle es an einem konstitutiven Merkmal des Verwaltungsaktbegriffs (OVG Berlin, InfAuslR 1987, 262). Dem hält das BVerwG entgegen, angesichts der Bedeutung der Bescheinigung sei eine strikte Trennung zwischen den für den Asylantragsteller potenziell verbindlichen Entscheidungen der Behörde mit Regelungsgehalt gem. § 55, § 56 und § 60 einerseits und einer gesondert hiervon erteilten, bloß deklaratorisch wirkenden Bescheinigung über die Gestattung des Aufenthalts andererseits gesetzlich weder vorgesehen noch möglich (BVerwGE 79, 291, 295 = EZAR 222 Nr. 7 = NVwZ 1988, 941 = InfAuslR 1988, 251). Die Behörde habe nicht nur eine Rechtspflicht zur Erteilung der Bescheinigung überhaupt, sondern erteile sie nur mit den räumlichen, inhaltlichen und zeitlichen Konkretisierungen, mit denen der Aufenthalt des Asylantragstellers im Einzelfall in Betracht kommt (BVerwGE 79, 291, 295 f. = EZAR 222 Nr. 7 = NVwZ 1988, 941 = InfAuslR 1988, 251). Nach Unionsrecht ist das gesetzliche Aufenthaltsrecht des Asylbewerbers in Art. 9 Abs. 1 RL 2013/32/EU einerseits geregelt und die Bescheinigung dieses Rechts in Art. 6 RL 2013/33/EU, die lediglich dieses Recht bestätigt. Die Regelung des Aufenthaltsanspruchs und dessen Dokumentation in verschiedenen Richtlinien sowie der Wortlaut von Art. 6 RL 2013/33/EU geben eher der Gegenmeinung Recht und sollte dem BVerwG Anlass für die Überprüfung seiner Rechtsprechung geben.

5 Nach der Rechtsprechung ist die Bescheinigung nach Abs. 1 eine *öffentliche Urkunde* i.S.d. § 271 StGB (BGH, AuAS 1996, 190; zustimmend *Funke-Kaiser,* in: GK-AsylG II, § 63 Rn. 9; a.A. OLG Karlsruhe, InfAuslR 2008, 371; kritisch *Hailbronner,* AuslR B 2 § 62 AsylG Rn. 15) und erstreckt sich der öffentliche Glaube dabei auch auf die Beurkundung der Identität des Antragstellers. Auch wenn sie auf den eigenen Angaben des Asylsuchenden beruht, kann sie daher zum Nachweis von Tag und Ort der Geburt genügen. Die Bescheinigung genügt deshalb auch zur Vorstellung bei der theoretischen und *praktischen Fahrprüfung* (Hess. VGH, InfAuslR 2015, 409, 411) und nach Auffassung des BMI und der Bundesanstalt für Finanzdienstleistungsaufsicht (BaFin) zur *Kontoeröffnung bei einer Bank* (BMI, Erlass v. 03.06.2015. Eine rechtliche Unterscheidung zwischen solchen Bescheinigungen, die aufgrund einer sorgfältigen Überprüfung etwa anhand mitgeführter Personaldokumente des Antragstellers, und anderen, die ohne genauere Überprüfungsmöglichkeiten nur anhand der Angaben des Antragstellers ausgestellt werden, sei unzulässig. Andernfalls könnten deutsche Behörden dem Betroffenen auch nach Statusgewährung kein Identifikationsdokument ausstellen, das öffentlichen Glauben genieße. Denn eine zuverlässigere Identifizierung der Person des Antragstellers sei in Problemfällen auch später kaum möglich (BGH, AuAS 1996, 190, 191). Dem hält die Gegenmeinung entgegen, dass sich der öffentliche Glaube der Bescheinigung nicht auf die Personalangaben bezieht, die allein auf den Angaben des Antragstellers beruhen (OLG Karlsruhe, InfAuslR 2008, 371). Aus unionsrechtlicher Sicht wird mit dieser nicht notwendigerweise die Identität des Antragstellers bescheinigt (Art. 6 Abs. 3 RL 2013/33/EU). Die Bescheinigung hat weder die Funktion eines Reiseausweises

noch eines Passersatzes. Dem Antragsteller wird eine mit den Angaben zu seiner Person und seinem Lichtbild versehene Bescheinigung ausgestellt, sofern er nicht im Besitz eines Aufenthaltstitels (§ 4 AufenthG) ist (Abs. 1 Satz 1). Die räumliche Beschränkung nach § 56 und § 59b sowie weitere Auflagen (§ 60) sind in der Bescheinigung festzuhalten. Sie ist nach Maßgabe des Abs. 2 zu befristen und soll eingezogen werden, wenn die Aufenthaltsgestattung erloschen ist (Abs. 4).

C. Ausstellung der Bescheinigung (Abs. 1 in Verb. mit Abs. 5)

Nach Abs. 1 Satz 1 wird dem Antragsteller nach der Antragstellung die Bescheinigung 6
über die Aufenthaltsgestattung erteilt. Nach Abs. 5 gelten die Formerfordernisse des § 78a Abs. 5 AufenthG entsprechend. Durch die damit vorgeschriebene Verwendung einheitlicher Muster soll *Manipulationen vorgebeugt* werden (BT-Drucks. 14/7386, S. 60). Aus der eindeutigen gesetzlichen Formulierung in Abs. 1 folgt ein Rechtsanspruch des Begünstigten auf Ausstellung der Bescheinigung. Unionsrechtlich wird dies durch Art. 6 Abs. 1 RL 2013/33/EU bestätigt. Der behördlichen Rechtspflicht auf Erteilung der Bescheinigung entspricht ein *Rechtsanspruch* des Antragstellers *auf Ausstellung* der Bescheinigung mit der jeweils für ihn maßgeblichen räumlichen, inhaltlichen und zeitlichen Beschränkung. Mit der Bescheinigung genügt der Asylbewerber seiner *Ausweispflicht* (§ 64 Abs. 1). Abs. 1 Satz 1 geht für die Berechnung der Dreitagesfrist vom Zeitpunkt der Meldung bei der zuständigen Außenstelle des Bundesamtes nach § 23 Abs. 1 aus. Maßgebend sind Arbeitstage, sodass Sonntage und gesetzliche Feiertage nicht mitgezählt werden. Die Aufnahmerichtlinie stellt für den Fristbeginn ebenfalls auf die Antragstellung ab (Art. 6 Abs. 1 RL 2013/33/EU). Allerdings ist ihr eine Differenzierung zwischen Asylersuchen und Antragstellung fremd. Sofern die Ausländerbehörde für die Ausstellung der Bescheinigung zuständig ist, ist eine fristgemäße Aushändigung der Bescheinigung nur sichergestellt, wenn sich der Antragsteller rechtzeitig bei der Ausländerbehörde meldet. Hierauf ist er bei der Antragstellung hinzuweisen (BT-Drucks. 16/5065, S. 419).

Die Bescheinigung wird nach Maßgabe von Abs. 2 befristet. Dies folgt aus dem Cha- 7
rakter des *vorläufigen Bleiberechts* (BVerfGE 67, 43, 59 = EZAR 632 Nr. 1 = InfAuslR 1984, 215; BVerfGE 80, 68, 73 f. = InfAuslR 1989, 243; BVerfGE 80, 182, 187 = EZAR 355 Nr. 6 = NVwZ 1989, 951). Durch diese Befristung soll bewirkt werden, dass der Asylantragsteller nicht untertaucht, sondern zur Prüfung der Fortdauer des Asylverfahrens und der Aufrechterhaltung, Änderung oder Aufhebung von Beschränkungen regelmäßig mit der Behörde Kontakt aufnimmt (BVerwGE 79, 291, 294 = EZAR 222 Nr. 7 = NVwZ 1988, 941 = InfAuslR 1988, 251). Jedoch wird mit der Befristung das gesetzliche Bleiberecht während der Dauer eines nicht bestands- oder rechtskräftig abgeschlossenen Asylverfahrens nicht berührt (BVerwGE 79, 291, 295). Vielmehr werden die Erlöschenstatbestände der Aufenthaltsgestattung in § 67 geregelt und knüpft die Vorschrift über die Einziehung nach Abs. 4 an die Erlöschensregelungen an. Die Befristung hat damit ausschließlich Kontrollfunktion. Die Aufenthaltsgestattung selbst entsteht in aller Regel vor dem Zeitpunkt der Ausstellung der Bescheinigung und endet unabhängig von der Befristung nach Maßgabe der Regelungen in

§ 67. Ungeachtet dessen bleiben räumliche Beschränkungen über diesen Zeitpunkt hinaus bestehen (§ 59a Abs. 2).

8 Die Aufenthaltsgestattung nach § 55 Abs. 1 Satz 1 ist damit in ihrem Bestand unabhängig von der Bescheinigung nach Abs. 1. Auch wenn daher die Bescheinigung nicht rechtzeitig nach Abs. 2 verlängert wird, wird während des nicht bestands- oder rechtskräftig abgeschlossenen Asylverfahrens mit Ausnahme der vollziehbaren Abschiebungsandrohung der Aufenthalt dadurch nicht unrechtmäßig (BVerwGE 79, 290, 295 = NVwZ 1988, 941 = InfAuslR 1988, 251). Die Bescheinigung ist während der Dauer der Wohnverpflichtung nach § 30a Abs. 3 Satz 1, § 47 Abs. 1 Satz 1 und Abs. 1a Satz 1 längstens für drei Monate und im Übrigen für längstens sechs Monate zu befristen (Abs. 2 Satz 2). Obwohl der Gesetzgeber des Asylverfahrensbeschleunigungsgesetzes 2015 die maximale Dauer der Wohnverpflichtung nach § 47 Abs. 1 Satz 1 auf sechs Monate erweitert hat, hat er Abs. 2 Satz 2 nicht verändert. Nur in besonders gelagerten Fällen kann die Frist von sechs Monaten unterschritten werden. Die Bescheinigung ist von Amts wegen zu verlängern, eines besonderen Verlängerungsantrags des Asylbewerbers bedarf es nicht. Die kurze Fristsetzung während des Aufenthaltes in der Aufnahmeeinrichtung ist der Höchstdauer der Wohnpflicht angepasst.

D. Entziehung der Bescheinigung (Abs. 4)

9 Nach Abs. 4 soll die Bescheinigung eingezogen werden, wenn die Aufenthaltsgestattung erloschen (§ 67) ist. Da nach § 67 das Aufenthaltsrecht erlischt, soll die zuständige Behörde die Bescheinigung nach Abs. 1 einziehen. Zugleich wird sie den Antragsteller auf seine Ausreisepflicht hinweisen. Der gesetzlichen Begründung kann nicht entnommen werden, aus welchen Gründen die Einziehungsregelung nach Abs. 4 nicht entsprechend den materiellen Erlöschensgründen nach § 67 zwingend ausgestaltet worden ist. Möglicherweise soll der zuständigen Behörde zur Gestaltung der Ausreise eine gewisse Flexibilität eingeräumt werden (s. z.B. § 43 Abs. 3). Abs. 4 bezieht sich nicht auf den Fall des § 67 Abs. 1 Nr. 2, da in diesem Fall die Bescheinigung noch nicht erteilt worden ist und im Fall der nachträglichen Antragstellung das gesetzliche Aufenthaltsrecht wieder auflebt (§ 67 Abs. 2). Zuständig für die Einziehung ist regelmäßig die Ausländerbehörde (Abs. 3 Satz 2). Hat die zuständige Behörde zu Unrecht die Bescheinigung verlängert, obwohl die Voraussetzungen nach § 67 erfüllt sind, ist dies zwar ein rechtswirksamer Verwaltungsakt, die Behörde kann jedoch die Herausgabe der Bescheinigung verlangen. Hat sie allerdings in Kenntnis des Erlöschensgrundes und damit in Kenntnis der vollziehbaren Ausreisepflicht die Bescheinigung verlängert, kann diese Maßnahme in eine Duldungserteilung umgedeutet werden (a.A. *Hailbronner,* AuslR B 2 § 63 AsylG Rn. 5).

E. Behördliche Zuständigkeit (Abs. 3)

10 Solange die Wohnverpflichtung nach § 30a Abs. 3 Satz 1, § 47 Abs. 1 Satz 1 und Abs. 1a Satz 1 besteht, ist das Bundesamt für die Ausstellung der Bescheinigung zuständig (Abs. 3 Satz 1). Da die Länge der Wohnfrist (§ 47 Abs. 1 Satz 1) regelmäßig mit der erstmaligen Befristung (Abs. 2 Satz 2 Halbs. 2Alt. 1) übereinstimmt, wird das

Bundesamt im Regelfall keine Veranlassung für eine weitere Befristung haben. Erlischt die Aufenthaltsgestattung während der Dauer der Wohnverpflichtung z.B. nach § 67 Abs. 1 Nr. 3 oder Nr. 4, ist das Bundesamt für die Einziehung nach Abs. 4 zuständig. Auflagen und Änderungen der räumlichen Beschränkung kann es nicht verfügen (Abs. 3 Satz 3). Dies folgt mit Blick auf Auflagen aus § 60 Abs. 3. Danach fehlt dem Bundesamt für diese Fragen die behördliche Zuständigkeit. Im Übrigen bezieht sich Abs. 3 Satz 3 auf Abs. 2 Satz 1. Daher hat das Bundesamt die Befugnis nach Abs. 3 Satz 3 allenfalls während der Dauer der Wohnverpflichtung nach § 47 Abs. 1 Satz 1.

Nach der Entlassung aus der Aufnahmeeinrichtung ist die durch Zuweisungsverfügung bestimmte Ausländerbehörde für die Ausstellung, Befristung, Einziehung der Bescheinigung und für die in Abs. 3 Satz 3 sowie Abs. 4 vorgesehenen Maßnahmen zuständig (Abs. 3 Satz 2). Auch nach Wegfall der Wohnverpflichtung nach § 47 Abs. 1 muss eine Ausländerbehörde für die Ausstellung der Bescheinigung zuständig sein (BR-Drucks. 446/15, S. 45). Es ist stets nur eine Ausländerbehörde für die ausländerrechtliche Behandlung des Asylbewerbers zuständig (§ 60 Abs. 3 Satz 5 ff.). Wird der Asylbewerber verpflichtet, im Bezirk einer anderen Ausländerbehörde Aufenthalt zu nehmen, wird die Aufenthaltsgestattung auf deren Bezirk beschränkt (§ 56 Abs. 1). Zugleich endet die Zuständigkeit der bisher zuständigen Behörde. Zuständig wird die Ausländerbehörde, in deren Bezirk der Asylbewerber zum Aufenthalt verpflichtet worden ist (§ 60 Rdn. 24). Diese ist nunmehr auch die nach Abs. 3 Satz 2 zuständige Ausländerbehörde. 11

F. Rechtsschutz

Wird die Bescheinigung zu Unrecht eingezogen, etwa weil das Bundesamt eine fehlerhafte Mitteilung über die angebliche Beendigung des Asylverfahrens an die Ausländerbehörde abgibt, kann hiergegen *Verpflichtungsklage* (*Hailbronner,* AuslR B 2 § 63 AsylG Rn. 25; *Bergmann,* in: Bergmann/Dienelt, AuslR, 11. Aufl., 2016, § 63 AsylG Rn. 8; *Wolff,* in: Hofmann/Hoffmann, AuslR. Handkommentar, § 63 AsylG Rn. 9; a.A. *Funke-Kaiser,* in: GK-AsylG II, § 63 Rn. 33, allgemeine Leistungsklage) erhoben und mit einem Eilrechtsschutzantrag nach § 123 VwGO verbunden werden. Wegen der Ausweispflicht nach § 64 ist regelmäßig der Anordnungsgrund zu bejahen. Das BVerwG hat offen gelassen, ob durch die Einziehung (BVerwGE 79, 290, 297 = NVwZ 1988, 941 = InfAuslR 1988, 251) eine rechtliche oder faktische Beschwer eingetreten ist. Die fehlerhafte Einziehung verneint aber mit verbindlicher Wirkung im Einzelfall die objektiv nicht bestehende Ausreisepflicht des Asylbewerbers (BVerwGE 79, 290, 297 = EZAR 222 Nr. 7 = NVwZ 1988, 941 = InfAuslR 1988, 251). Allein die verbindliche Klärung der Rechtslage verschafft dem Belasteten jedoch noch keinen Herausgabeanspruch. Dieser ist vielmehr mit der Verpflichtungsklage durchzusetzen. 12

§ 63a Bescheinigung über die Meldung als Asylsuchender

(1) [1]Einem Ausländer, der um Asyl nachgesucht hat und nach den Vorschriften des Asylgesetzes oder des Aufenthaltsgesetzes erkennungsdienstlich behandelt worden ist, aber noch keinen Asylantrag gestellt hat, wird unverzüglich eine Bescheinigung

über die Meldung als Asylsuchender (Ankunftsnachweis) ausgestellt. [2]Dieses Dokument enthält folgende sichtbar aufgebrachte Angaben:

1. **Name und Vornamen,**
2. **Geburtsname,**
3. **Lichtbild,**
4. **Geburtsdatum,**
5. **Geburtsort,**
6. **Abkürzung der Staatsangehörigkeit,**
7. **Geschlecht,**
8. **Größe und Augenfarbe,**
9. **zuständige Aufnahmeeinrichtung,**
10. **Seriennummer der Bescheinigung (AKN-Nummer),**
11. **ausstellende Behörde,**
12. **Ausstellungsdatum,**
13. **Unterschrift des Inhabers,**
14. **Gültigkeitsdauer,**
15. **Verlängerungsvermerk,**
16. **das Geschäftszeichen der Registerbehörde (AZR-Nummer),**
17. **Vermerk mit den Namen und Vornamen der begleitenden minderjährigen Kinder und Jugendlichen,**
18. **Vermerk, dass die Angaben auf den eigenen Angaben des Inhabers beruhen,**
19. **Vermerk, dass der Inhaber mit dieser Bescheinigung nicht der Pass- und Ausweispflicht genügt,**
20. **maschinenlesbare Zone und**
21. **Barcode.**

[3]Die Zone für das automatische Lesen enthält die in Satz 2 Nummer 1, 4, 6, 7, 10 und 14 genannten Angaben, die Abkürzung »MED«, Prüfziffern und Leerstellen. [4]Der automatisch erzeugte Barcode enthält die in Satz 3 genannten Angaben, eine digitale Signatur und die AZR-Nummer. [5]Die Unterschrift durch ein Kind ist zu leisten, wenn es zum Zeitpunkt der Ausstellung des Ankunftsnachweises das zehnte Lebensjahr vollendet hat.

(2) [1]Die Bescheinigung nach Absatz 1 ist auf längstens sechs Monate zu befristen. [2]Sie soll ausnahmsweise um jeweils längstens drei Monate verlängert werden, wenn

1. **dem Ausländer bis zum Ablauf der Frist nach Satz 1 oder der verlängerten Frist nach Halbsatz 1 kein Termin bei der Außenstelle des Bundesamtes nach § 23 Absatz 1 genannt wurde,**
2. **der dem Ausländer nach § 23 Absatz 1 genannte Termin bei der Außenstelle des Bundesamtes außerhalb der Frist nach Satz 1 oder der verlängerten Frist nach Halbsatz 1 liegt oder**
3. **der Ausländer den ihm genannten Termin aus Gründen, die er nicht zu vertreten hat, nicht wahrnimmt.**

(3) [1]Zuständig für die Ausstellung, Änderung der Anschrift und Verlängerung einer Bescheinigung nach Absatz 1 ist die Aufnahmeeinrichtung, auf die der Ausländer

verteilt worden ist, sofern nicht die dieser Aufnahmeeinrichtung zugeordnete Außenstelle des Bundesamtes eine erkennungsdienstliche Behandlung des Ausländers oder die Verarbeitung seiner personenbezogenen Daten vornimmt. [2]Ist der Ausländer nicht mehr verpflichtet in der Aufnahmeeinrichtung zu wohnen, ist für die Verlängerung der Bescheinigung die Ausländerbehörde zuständig, in deren Bezirk der Ausländer sich aufzuhalten verpflichtet ist oder Wohnung zu nehmen hat; besteht eine solche Verpflichtung nicht, ist die Ausländerbehörde zuständig, in deren Bezirk sich der Ausländer tatsächlich aufhält.

(4) [1]Die Gültigkeit der Bescheinigung nach Absatz 1 endet mit Ablauf der Frist nach Absatz 2 Satz 1 oder der verlängerten Frist nach Absatz 2 Satz 2, mit Ausstellung der Bescheinigung über die Aufenthaltsgestattung nach § 63 oder mit dem Erlöschen der Aufenthaltsgestattung nach § 67. [2]Bei Ausstellung der Bescheinigung über die Aufenthaltsgestattung wird die Bescheinigung nach Absatz 1 eingezogen. [3]Zuständig für die Einziehung ist die Behörde, welche die Bescheinigung über die Aufenthaltsgestattung ausstellt.

(5) Der Inhaber ist verpflichtet, der zuständigen Aufnahmeeinrichtung, dem Bundesamt oder der Ausländerbehörde unverzüglich
1. **den Ankunftsnachweis vorzulegen, wenn eine Eintragung unrichtig ist,**
2. **auf Verlangen den Ankunftsnachweis beim Empfang eines neuen Ankunftsnachweises oder der Aufenthaltsgestattung abzugeben,**
3. **den Verlust des Ankunftsnachweises anzuzeigen und im Falle des Wiederauffindens diesen vorzulegen,**
4. **auf Verlangen den Ankunftsnachweis abzugeben, wenn er eine einwandfreie Feststellung der Identität des Nachweisinhabers nicht zulässt oder er unerlaubt verändert worden ist.**

Übersicht

A. Funktion der Vorschrift

Die Vorschrift wurde durch das Asylverfahrensbeschleunigungsgesetz 2015 (Asylpaket I) 1 neu in das Gesetz eingefügt und bereits durch das Datenaustauschverbesserungsgesetz 2015 wieder geändert. Die ursprüngliche Einführung wurde damit begründet, dass dem Asylsuchenden schon nach bisherigem Recht eine Bescheinigung über die Meldung als Asylsuchender (BüMA) ausgestellt worden sei. Diese diene ausschließlich dem Nachweis, dass dieser beabsichtige, einen Asylantrag zu stellen und berechtigt sei, sich zur für seine Aufnahme und Unterbringung zuständigen Aufnahmeeinrichtung zu begeben. Um zu verhindern, dass Asylsuchende, bei denen sich die Asylantragstellung (§ 23

Abs. 1) über den Zeitraum von einer Woche (§ 66 Abs. 1 Nr. 1) verzögere, ohne den Nachweis für ihre Eigenschaft als Asylsuchender blieben, werde die BüMA gesetzlich geregelt und die Vorschriften für ihren Inhalt, ihre Erteilung und ihr Erlöschen festgelegt. Der Charakter der BüMA ändere sich durch die vorgenommenen Regelungen nicht. Sie diene weiterhin nur als Nachweis, dass der Inhaber als Asylsuchender registriert worden und berechtigt sei, sich zu der im Dokument bezeichneten Aufnahmeeinrichtung zu begeben, um dort bei der Außenstelle des Bundesamtes einen Asylantrag zu stellen. Die BüMA habe nur geringen Beweiswert im Rechtsverkehr, da sie *ohne dokumententechnische Sicherungselemente* wie etwa *Wasserzeichen* ausgestellt werde. Sie könne auch weiterhin nicht zur Identifizierung des Betroffenen dienen und gelte dementsprechend auch nicht als Passersatz (BR-Drucks. 446/15, S. 45 f.). An die Stelle der BüMA ist aufgrund des Datenaustauschverbesserungsgesetzes der *Ankunftsnachweis* getreten. In der Sache selbst hat sich dadurch nichts geändert.

2 Die Begründung im Asylverfahrensbeschleunigungsgesetz überzeugt nicht. Das bisherige Recht kannte keine BüMA. Vielmehr verleiht der Gesetzgeber nachträglich einer Praxis Gesetzesrang, die grundlegende Prinzipien des AsylG zuwiderlief: Meldet sich der Asylsuchende bei den Polizei- oder Ausländerbehörden, ist er verpflichtet, unverzüglich die nächstgelegene Aufnahmeeinrichtung aufzusuchen (§ 19 Abs. 1, § 20 Abs. 1). Diese nimmt ihn auf oder leitet ihn an die für ihn zuständige Aufnahmeeinrichtung weiter (§ 22 Abs. 1 Satz 2). Nach der Aufnahme ist der Asylsuchende verpflichtet, unverzüglich oder zu dem von der Aufnahmeeinrichtung bestimmten Termin bei der Außenstelle des Bundesamtes zur Asylantragstellung zu erscheinen (§ 23 Abs. 1). In den letzten Jahren wurde es den Asylsuchenden unmöglich gemacht, sich aus eigener Initiative unverzüglich bei der Außenstelle zu melden, weil diese häufig erst nach Monaten, teilweise sogar nach zwölf Monaten und länger bereit war, den Asylsuchenden als Antragsteller zu registrieren und einen Vorgang anzulegen. Dementsprechend ging die Praxis nach der zweiten Option vor. Die im Gesetz angeordnete unverzügliche Verpflichtung des Asylsuchenden blieb unbeachtet. An ihre Stelle trat der von der Aufnahmeeinrichtung in Absprache mit der Außenstelle des Bundesamtes genannte Termin. Die Bescheinigung über die Aufenthaltsgestattung kann erst nach der förmlichen Antragstellung bei der Außenstelle ausgestellt werden (§ 63 Abs. 1 Satz 1), obwohl die Aufenthaltsgestattung kraft Gesetzes mit dem Asylersuchen begründet wird (§ 55 Abs. 1 Satz 1).

3 Erwächst dem Asylsuchenden damit kraft Gesetzes ein Recht auf die Aufenthaltsgestattung, wird ihm die Bescheinigung aber erst nach der Antragstellung ausgestellt und diese durch eine früher vom Gesetz nicht vorgesehene Praxis zeitlich weit hinaus geschoben. Nunmehr wird nach Abs. 1 Satz 1 eine Bescheinigung über die Meldung als Asylsuchender ausgestellt, obwohl kraft Gesetzes der Aufenthalt gestattet ist. Der Ankunftsnachweis bescheinigt damit auch nach geltendem Recht einen vom Gesetz nicht vorgesehenen faktischen Wartestatus: Wer Asylsuchender ist, dessen Aufenthalt ist gestattet. Dementsprechend ist ihm eine Bescheinigung über diesen Status auszustellen. Da § 63 dies aber von der förmlichen Asylantragstellung (§ 23 Abs. 1) abhängig macht, ist dem Asylsuchenden unverzüglich die Stellung des Asylantrags zu ermöglichen. Einen Ankunftsnachweis braucht er hierfür nicht, wenn ihm die

unverzügliche Antragstellung ermöglicht wird. Der Ankunftsnachweis leistet vielmehr einer dem Gesetz zuwiderlaufenden Verwaltungspraxis Vorschub, die Antragstellung zeitlich weit hinauszuschieben. Ob die Fristbestimmungen in Abs. 2 in der Lage sind, diese Verwaltungspraxis wirksam zu beseitigen, bleibt abzuwarten (unkritisch hierzu *Kluth*, ZAR 2015, 337, 339). Dagegen spricht bereits, dass die ursprüngliche Befristung auf einen Monat bereits wenig später durch das Datenaustauschverbesserungsgesetz auf drei Monate (Abs. 2 Satz 2 Halbs. 1) verlängert wurde. Darüber hinaus enthält die Verlängerungsmöglichkeit nach Abs. 2 Satz 2 Nr. 1 keine zeitliche Höchstgrenze, kann also eine exzessiv ausufernde Praxis nicht verhindern. Nach der um Monate hinausgeschobenen Antragstellung soll dann nach dem Gesetz alles sehr schnell gehen. Die persönliche Anhörung soll im zeitlichem Zusammenhang mit der Antragstellung erfolgen (§ 25 Abs. 4 Satz 1), nach Möglichkeit aber *innerhalb einer Woche* (§ 25 Abs. 4 Satz 3). In der Verwaltungspraxis wurden und werden diese Fristvorgaben jedoch nur bei Antragstellern aus den Staaten des Westbalkans beachtet, im Übrigen aber missachtet. Asylsuchende warten in der Regel zwischen sechs und 20 Monaten und länger auf den Termin zur Anhörung.

4 Der Gesetzgeber hat mit dem Ankunftsnachweis einen Status ohne materielle Grundlage geschaffen: Die Aufenthaltsgestattung wird durch das Asylersuchen begründet. Sie erlischt, wenn der Asylsuchende nicht innerhalb von zwei Wochen, nachdem er um Asyl nachgesucht hat, noch keinen Asylantrag gestellt hat (§ 67 Abs. 1 Nr. 2). Nicht die Bescheinigung (§ 63), sondern die Aufenthaltsgestattung, die durch das Asylersuchen begründet wird (§ 55 Abs. 1 Satz1), erlischt. Nach § 67 Abs. 1 Satz 2 erlischt die Aufenthaltsgestattung indes nicht, wenn der dem Asylsuchenden genannte Termin für die Antragstellung nach der Zweiwochenfrist liegt. Aus diesem Gesetzeszusammenhang wird deutlich, dass der gestattete Aufenthalt nach außen sowohl – vor der Antragstellung – durch den Ankunftsnachweis wie – nach der Antragstellung – durch die Bescheinigung über die Aufenthaltsgestattung dokumentiert wird. Der Ankunftsnachweis bescheinigt den Status des Asylsuchenden, dessen Aufenthalt kraft Asylersuchens gestattet ist, dem eine Bescheinigung hierüber jedoch vor der Antragstellung verweigert wird. Im Ergebnis bescheinigt der Auskunftsnachweis damit die Unfähigkeit des Gesetzgebers und der Verwaltungspraxis, für Außenstehende klare und nachvollziehbare Regelungen über den Status des Asylsuchenden zu schaffen.

5 Andererseits ist allein die durch das Asylersuchen begründete Aufenthaltsgestattung unabhängig davon, ob sie durch eine Bescheinigung nach § 63 oder § 63a bestätigt wird, für die Anrechnungsregel des § 55 Abs. 3 maßgebend. Soweit der Erwerb oder die Ausübung eines Rechts oder einer Vergünstigung von der Dauer des Aufenthalts im Bundesgebiet abhängig ist, wird daher die Zeit seit dem Zeitpunkt des Asylersuchens nur angerechnet, wenn der Betroffene als Asylberechtigter anerkannt ist oder ihm internationaler Schutz zuerkannt wurde. Demgegenüber wird auf die erforderliche Fünfjahresfrist nach § 26 Abs. 4 AufenthG für den Erwerb der Niederlassungserlaubnis nur die Zeit des Asylverfahrens angerechnet (§ 26 Abs. 4 Satz 3 AufenthG). Das Asylverfahren setzt hingegen die Antragstellung nach § 23 Abs. 1 voraus. Für den Erwerb der Aufenthaltserlaubnis nach § 25a oder § 25b AufenthG kommt es hingegen auf den gestatteten Aufenthalt, also auf die Zeit seit dem ersten Asylersuchen und

nicht erst auf die Antragstellung nach § 23 Abs. 1 an. Darüber hinaus knüpfen viele sozialrechtliche Regelungen an den Besitz der Bescheinigung nach § 63 an.

6 Es bestehen ferner unionsrechtliche Bedenken gegen die Bescheinigung. Nach Art. 6 Abs. 1 UAbs. 1 RL 2013/33/EU tragen die Mitgliedstaaten dafür Sorge, dass dem Antragsteller innerhalb von drei Tagen nach dem gestellten Antrag auf internationalen Schutz eine Bescheinigung ausgehändigt wird, die auf seinem Namen ausgestellt ist und seinen Rechtsstatus als Antragsteller bestätigt oder bescheinigt, dass er sich im Hoheitsgebiet des Mitgliedstaats aufhalten darf. Wird der Antrag bei einer anderen als der zuständigen Stelle gestellt, ist zu gewährleisten, dass innerhalb der folgenden *sechs Arbeitstage* der Asylantrag förmlich gestellt werden kann (Art. 6 Abs. 1 UAbs. 2 RL 2013/32/EU). Beantragt eine größere Zahl von Asylsuchenden Asyl, kann die Frist auf *zehn Arbeitstage* verlängert werden (Art. 6 Abs. 5 RL 2013/32/EU). Nach Art. 2 Buchst. a) RL 2013/33/EU bezeichnet der Begriff »Antrag auf internationalen Schutz« einen Antrag i.S.v. Art. 2 Buchst. h) RL 2011/95/EU. Nach dieser Norm ist der »Antrag auf internationalen Schutz« das »Ersuchen« eines Drittstaatsangehörigen um Schutz durch einen Mitgliedstaat, wenn davon ausgegangen werden kann, dass der Antragsteller die Zuerkennung des Flüchtlingsstatus oder die Gewährung des subsidiären Schutzstatus anstrebt. Der Antragsbegriff des Unionsrechts wird also nicht erst mit der förmlichen Antragstellung, sondern bereits mit dem Asylersuchen erheblich. Der Ankunftsnachweis nach Abs. 1 wird dem nicht gerecht, da er nicht den Rechtsstatus des Antragstellers bestätigt, sondern lediglich seine Meldung als Asylsuchender. Im Übrigen kennt das Unionsrecht nur die Bescheinigung nach Art. 6 RL 2013/33/EU über die Antragstellung und nicht eine Bescheinigung über einen davor gelagerten Status.

B. Voraussetzungen für die Ausstellung des Ankunftsnachweises (Abs. 1)

7 Nach Abs. 1 Satz 1 wird einem Ausländer, der um Asyl nachgesucht, aber noch keinen Asylantrag gestellt hat und der nach den Vorschriften des AsylG oder des AufenthaltsG erkennungsdienstlich behandelt worden ist, unverzüglich – also ohne schuldhaftes Verzögern (§ 121 Abs. 1 BGB) – ein Ankunftsnachweis ausgestellt. Um Asyl kann bei einer Grenzbehörde (§ 18 Abs. 1), bei einer Ausländerbehörde oder bei der Polizei eines Landes (§ 19 Abs. 1) oder auch bei einer Aufnahmeeinrichtung (§ 22 Abs. 1) nachgesucht werden. Zuständig für die Ausstellung des Ankunftsnachweises ist aber nur die Aufnahmeeinrichtung, auf die der Asylsuchende verteilt worden ist, und die Ausländerbehörde, nicht jedoch das Bundesamt (Abs. 3 Satz 1, Rdn. 12). Die Bescheinigung enthält Angaben zur Person und ein Lichtbild des Asylsuchenden, die Bezeichnung der Aufnahmeeinrichtung, auf die er verteilt worden ist, sowie die weiteren in Abs. 1 Satz 2 bezeichneten Angaben. Mit den in Abs. 1 Satz 2 bezeichneten Daten wird ein *»Kerndatensystem im Ausländerzentralregister«* geschaffen (BT-Drucks. 18/7043, S. 4). Dadurch soll eine schnelle und flächendeckende Registrierung von Personen erreicht werden, die als Asylsuchende, Flüchtlinge oder unerlaubt ins Bundesgebiet einreisen. Ein möglichst valider Überblick über die Zahl der ins Bundesgebiet einreisenden Personen, ihre schnellst mögliche identitätssichernde Erfassung sowie ein verbesserter, frühzeitiger Datenaustauch der beteiligten Behörden wird entscheidend dafür angesehen, dass die Anzahl nicht registrierter Asyl- und Schutzsuchender reduziert

wird und eine jederzeitige Identifizierung ermöglicht werden kann, Möglichkeiten der Identitätstäuschung eingeschränkt, Mehrfacherhebungen der Daten von betroffenen Personen vermieden, Asylverfahren beschleunigt bearbeitet werden, eine gerechte Verteilung auf die Bundesländer stattfinden und frühzeitig durch die Sicherheitsbehörden überprüft werden kann, ob und gegebenenfalls welche Personen nicht wegen eines Schutzbedürfnisses, sondern aus anderen Motiven unerlaubt eingereist sind (BT-Drucks. 18/7043, S. 2)

Der Ankunftsnachweis dient ausschließlich dem *Nachweis der Registrierung*. Um zu verhindern, dass Asylsuchende, bei denen sich die Asylantragstellung (§ 23 Abs. 1) über den Zeitraum von einer Woche (§ 66 Abs. 1 Nr. 1) hinaus verzögert, ohne den Nachweis für ihre Eigenschaft als Asylsuchender bleiben, wird der Ankunftsnachweis gesetzlich geregelt und die Vorschriften für ihren Inhalt, ihre Erteilung und ihr Erlöschen festgelegt (Rdn. 1). Die Bescheinigung dient nur als Nachweis, dass der Inhaber als Asylsuchender registriert worden ist. Seiner Ausweispflicht kann er damit nicht genügen. Der Ankunftsnachweis stellt trotz des Aufdrucks einer maschinenlesbaren Zone (MRZ) nach Vorgaben der ICAO kein Reisedokument dar (BT-Drucks. 18/7043, S. 42). Er hat nur *geringen Beweiswert* im Rechtsverkehr, da er ohne dokumententechnische Sicherungselemente wie etwa Wasserzeichen ausgestellt wird. Während die BüMA nicht zur Identifizierung des Betroffenen diente und dementsprechend auch nicht als Passersatz (BR-Drucks. 446/15, S. 45 f.), wird aufgrund des Ankunftsnachweises durch die sichtbare Anbringung von Angaben zur Person auf dem Dokument eine »nahezu eindeutige Identifikation der vorlegenden Person mit der als Inhaber ausgewiesenen Person ermöglicht.« Da die Seriennummer dieses Dokumentes auch im Ausländerzentralregister gespeichert wird, kann in Zweifelsfällen darüber Klarheit gewonnen werden (BT-Drucks. 18/7043, S. 42). Nach der gesetzlichen Begründung beruht die in der Bescheinigung wieder gegebene Identität ausschließlich auf den Angaben ihres Inhabers. Auch die Bescheinigung über die Aufenthaltsgestattung beruht auf den Angaben des Antragstellers. Die Identität wird erst im Rahmen des Asylverfahrens aufgeklärt. Die erkennungsdienstliche Behandlung ist bereits im Rahmen des Asylersuchens zu sichern (§ 16 Abs. 1 Satz 1) und wird in Abs. 1 Satz 1 für die Ausstellung des Ankunftsersuchens vorausgesetzt. Nach Abs. 1 Satz 4 ist der Ankunftsnachweis zusätzlich mit einem *Barcode* zu versehen, der als maschinell prüfbares Echtheitsmerkmal die Fälschungssicherheit erhöht und durch die enthaltene Ausländerzentralregister-Nummer die Möglichkeit eines erleichterten Zugangs zum jeweiligen Datensatz des Ausländerzentralregisters schafft (BT-Drucks. 18/7043, S. 42). Die in Abs. 1 Satz 5 durch ein Kind nach Vollendung des 10. Lebensjahres zu leistende Unterschrift betrifft Kinder in Begleitung von Erziehungsberechtigten. Für unbegleitete minderjährige Flüchtlinge ist die Ausstellung eines Ankunftsersuchens nicht erforderlich, da sich bei diesem Personenkreis der Verfahrensablauf deutlich anders gestaltet (BT-Drucks. 18/7043, S. 42). 8

C. Geltungsdauer der Bescheinigung (Abs. 2)

Nach Abs. 2 Satz 1 ist die Bescheinigung auf *längstens sechs Monate* zu befristen. Diese Grundregel wird mit praktischen Bedürfnissen begründet. Verlängerungen nach Abs. 2 Satz 2 sind zwar um jeweils längstens drei Monate zulässig, sollen jedoch auf 9

Ausnahmesituationen beschränkt werden und sind nur zulässig, wenn der Asylsuchende aus von ihm nicht zu vertretenden Gründen gehindert ist, den Asylantrag innerhalb der bestimmten Frist zu stellen (BR-Drucks. 446/15, S. 46). Da Abs. 2 Satz 1 eine Grundregel festlegt und Satz 2 auf den Ausnahmefall abstellt, ist dieser konkret zu begründen. Dafür werden in den Ziffern 1 bis 3 drei abschließende Ausnahmefälle bezeichnet. Der enumerative Charakter der drei Fallgruppen folgt einerseits aus der Hervorhebung, dass nur »ausnahmsweise« eine Verlängerung zulässig ist, andererseits daraus, dass das Wort »insbesondere« bewusst nicht eingefügt wurde. Damit handelt es sich also nicht um Regelbeispiele, sondern um *abschließende Ausnahmefälle*. Nicht in Übereinstimmung mit diesem strengen Ausnahmecharakter steht der Charakter der Ausnahmevorschrift als Sollnorm. Damit kann die Dreimonatsfrist durchbrochen werden, wenn einer der drei Tatbestände von Satz 2 vorliegt. Die bloße Erfüllung eines der drei Fallgruppen führt also zur Verlängerung, die Ausnahme zur Regel entsprechend der früheren Praxis. Der Gesetzgeber hat die ursprünglich auf einen Monat festgesetzte Maximalfrist mit dem Datenaustauschverbesserungsgesetz 2015 auf drei Monate erweitert. Die Verlängerungsmöglichkeit nach Abs. 2 Satz 2 wurde nicht aufgehoben, d.h. ungeachtet der Bezeichnung der Dreimonatsfrist als »maximale Gültigkeitsdauer« (BT-Drucks. 18/7043, S. 43) kann diese nach Abs. 2 Satz 2 auch über diese Frist hinaus, und zwar um jeweils drei Monate verlängert werden.

10 Nach Abs. 2 Satz 2 Nr. 1 soll die Dreimonatsfrist verlängert werden, wenn der Asylsuchende bis zu deren Ablauf keinen Termin zur Antragstellung nach § 23 Abs. 1 erhalten hat. Nr. 2 ist nahezu identisch mit Nr. 1. In beiden Fällen liegt der Termin außerhalb der Dreimonatsfrist. Bei Nr. 1 wurde innerhalb dieser Frist noch kein Termin genannt, sondern nach Fristablauf. Bei Nr. 2 wurde der Termin zwar innerhalb der Dreimonatsfrist genannt, er liegt jedoch wie bei Nr. 1 außerhalb dieser Frist. In beiden Fällen hat der Asylsuchende die Verzögerung nicht zu vertreten. Nr. 3 zielt damit auf einen Sachverhalt, in dem der innerhalb der Dreimonatsfrist liegende Termin zwar genannt wurde, der Asylsuchende ihn aber aus von ihm nicht zu vertretenden Gründen, etwa Krankheit, Niederkunft, Verkehrsunfall, polizeiliche Überprüfung, verkehrstechnische Gründe, Bahnverspätung, nicht einhalten konnte.

11 Nach Abs. 2 Satz 2 Halbs. 1 soll der Ankunftsnachweis um jeweils zwei Wochen verlängert werden. Eine maximale Anzahl der Verlängerungsoptionen wird nicht festgelegt. Der Gesetzgeber widerspricht sich damit selbst. Einerseits »ist« die Bescheinigung auf längstens drei Monate zu befristen (Abs. 2 Satz 1). Andererseits »soll« um »jeweils« drei Monate verlängert werden, wenn die Voraussetzungen einer der drei Fallgruppen erfüllt sind. Bei der dritten Fallgruppe wird sicherlich keine weitere Verlängerung eingeräumt, es sei denn, es handele sich um eine länger dauernde Krankheit, die zugleich wegen einer stationären Behandlung oder der Art der Krankheit die Reiseunfähigkeit des Asylsuchenden zur Folge hat. Mit der Hinweis auf »jeweils« und dem Sollcharakter der Vorschrift wird indes die frühere Verwaltungspraxis und das Auseinanderklaffen zwischen dem Recht auf Aufenthalt (§ 55 Abs. 1 Satz 1) und der entsprechenden Bescheinigung (§ 63) fortgeschrieben und dem Bundesamt weiterhin eine Verfahrensweise ermöglicht, die mit dem das Asylverfahren beherrschenden Beschleunigungsgrundsatz unvereinbar ist.

D. Zuständige Behörden (Abs. 3)

Zuständig für die Ausstellung, Änderung der Anschrift und Verlängerung des Ankunftsnachweises ist die Aufnahmeeinrichtung, auf die der Asylsuchende verteilt worden ist, und die dieser Aufnahmeeinrichtung zugeordnete Außenstelle des Bundesamtes unter den in Abs. 3 Satz 1 genannten Voraussetzungen (Rdn. 13). Diese Regelung ist ungereimt. Das Bundesamt wird erst nach der förmlichen Antragstellung (§ 23 Abs. 1) zuständig. Bis dahin besteht kein Aktenvorgang, sodass auch kein Ankunftsnachweis ausgestellt werden kann. Hat der Asylsuchende indes den Asylantrag gestellt, ist ihm eine Bescheinigung nach § 63 über die Aufenthaltsgestattung auszustellen. Für die Verlängerung ist auch die Ausländerbehörde zuständig, in deren Bezirk der Asylsuchende sich aufzuhalten verpflichtet ist oder Wohnung zu nehmen hat. Aus der gesetzlichen Formulierung folgt, dass in dieser Phase auch die Aufnahmeeinrichtung die Verlängerung erteilen kann 12

Abs. 3 Satz 1 Halbs. 2 erfasst die Fälle, in denen vor der Antragstellung nach § 23 Abs. 1 bei der Außenstelle des Bundesamtes bereits die personenbezogenen Daten erfasst worden sind. In diesen Fällen ist der Asylsuchende in der Aufnahmeeinrichtung aufgenommen worden und wartet dort auf den Termin zur Asylantragstellung. Die Zuständigkeitsregelung des Abs. 3 Satz 1 Halbs. 2 betrifft danach den Fall, in dem das Bundesamt bereits vor der Asylantragstellung nach § 23 Abs. 1 die personenbezogenen Daten erfasst hat. Ob sie diese aufgrund der mitgeteilten Informationen der Aufnahmeeinrichtung oder im Rahmen einer persönlichen Befragung erfasst hat, ist unklar. Eine persönliche Befragung vor der Antragstellung ist allerdings nicht üblich. In den Fällen des Abs. 3 Satz 1 Halbs. 2 kann auch das Bundesamt die Bescheinigung ausstellen und verlängern. Andernfalls wird sie durch die Aufnahmeeinrichtung ausgestellt und verlängert. 13

E. Erlöschen der Bescheinigung (Abs. 4)

Die Gültigkeit der Bescheinigung endet entweder nach Ablauf der Dreimonatsfrist des Abs. 2 Satz 1 oder der nach Abs. 2 Satz 2 verlängerten Frist oder mit Ausstellung der Bescheinigung über die Aufenthaltsgestattung (§ 63) oder mit dem Erlöschen der Aufenthaltsgestattung nach § 67 (Abs. 4 Satz 1). Wird vor Ablauf der Dreimonats- oder der verlängerten Frist die Bescheinigung nach § 63 ausgestellt, endet die Gültigkeit der Bescheinigung unabhängig von der bezeichneten Gültigkeitsdauer. Die dritte Alternative des Abs. 4 Satz 1 betrifft Zurückweisungen oder Zurückschiebungen nach § 18 Abs. 2, 3 (§ 67 Abs. 1 Nr. 1 und 2), wenn diese Maßnahmen nicht zeitlich unmittelbar nach dem Asylersuchen durchgeführt werden. Auch wenn der Asylsuchende nicht zum mitgeteilten Termin zur Antragstellung erscheint, erlischt die Aufenthaltsgestattung (§ 67 Abs. 1 Satz 2) und damit die Bescheinigung nach Abs. 1 (Abs. 4 Satz 1 Alt. 3). Stellt er den Antrag nach Ablauf der Zweiwochenfrist des § 67 Abs. 1 Satz 1 Nr. 2, tritt die Aufenthaltsgestattung wieder in Kraft (§ 67 Abs. 2). Der Asylsuchende hat Anspruch auf die Ausstellung der Bescheinigung nach § 63. Das Bundesamt hat die Antragstellung zu ermöglichen und darf sich nicht auf das Erlöschen der Aufenthaltsgestattung berufen. Eine Verweigerung der Antragstellung läuft 14

§ 67 Abs. 2 zuwider. Die anderen Erlöschenstatbestände des § 67 Abs. 1 Satz 1 sind im Rahmen der Abs. 4 Satz 1 nicht relevant.

15 Bei Ausstellung der Bescheinigung über die Aufenthaltsgestattung (§ 63) wird die Bescheinigung nach Abs. 1 eingezogen (Abs. 4 Satz 2). Zuständig für die Einziehung ist die Behörde, die die Bescheinigung nach § 63 ausstellt (Abs. 4 Satz 3). Wird die Bescheinigung nach § 63 in der Aufnahmeeinrichtung ausgestellt, ist das Bundesamt für die Einziehung zuständig (Abs. 4 Satz 1) sein. In den Fällen, in denen der Asylsuchende bereits verteilt worden ist, ist die zuständige Ausländerbehörde für die Ausstellung der Bescheinigung nach § 63 zuständig (Abs. 4 Satz 3).

F. Verpflichtungen des Asylsuchenden (Abs. 5)

16 Der Asylsuchende ist nach Abs. 5 Nr. 1 verpflichtet, der zuständigen Aufnahmeeinrichtung, dem Bundesamt oder der Ausländerbehörde unverzüglich, d.h. ohne schuldhaftes Zögern (§ 121 Abs. 1 BGB), den Ankunftsnachweis vorzulegen, wenn eine Eintragung unrichtig ist. Da das Bundesamt entgegen dem Gesetzeswortlaut für die Ausstellung des Ankunftsnachweises nicht zuständig ist (Rdn. 12), besteht diese Verpflichtung nicht gegenüber dem Bundesamt, jedoch gegenüber der Aufnahmeeinrichtung oder der Ausländerbehörde. Auf Verlangen dieser Behörden hat der Asylsuchende den Ankunftsnachweis beim Empfang eines neuen Ankunftsnachweises oder der Aufenthaltsgestattung abzugeben (Abs. 5 Nr. 2). Wird er hierzu nicht aufgefordert, besteht diese Verpflichtung nicht. Ferner ist der Asylsuchende verpflichtet, den Verlust des Ankunftsnachweises anzuzeigen und im Falle des Wiederauffindens diesen vorzulegen (Abs. 5 Nr. 3). Lässt der Ankunftsnachweis eine einwandfreie Feststellung der Identität des Asylsuchenden nicht zu oder ist er unerlaubt verändert worden, hat der Asylsuchende diesen auf Verlangen der Aufnahmeeinrichtung oder der Ausländerbehörde vorzulegen (Abs. 5 Nr. 4). Diese Behörden stellen dem Asylsuchenden nach Klarstellung der Identität einen neuen Ankunftsnachweis mit den korrigierten Daten aus. Die Beschädigung des Ankunftsnachweises ist wie im Personalausweis- und Passrecht als Veränderung im Sinne von Abs. 5 Nr. 4 zu beurteilen (BT-Drucks. 18/7043, S. 43).

§ 64 Ausweispflicht

(1) Der Ausländer genügt für die Dauer des Asylverfahrens seiner Ausweispflicht mit der Bescheinigung über die Aufenthaltsgestattung.

(2) Die Bescheinigung berechtigt nicht zum Grenzübertritt.

Übersicht

A. Funktion der Vorschrift

1 Wie früher § 27 AsylVfG 1982 enthält die Vorschrift eine *ausländerrechtliche Sonderregelung* für Asylbewerber. Da Antragsteller nach Stellung des Antrags regelmäßig ihren mitgeführten Pass oder Passersatz hinterlegen müssen (§ 15 Abs. 2 Nr. 4; vgl. auch § 65 Abs. 1), können sie ihrer nach § 3 Abs. 1 AufenthG bestehenden Passpflicht nicht genügen. Daher ordnet Abs. 1 an, dass Antragsteller für die Dauer des Asylverfahrens ihre Ausweispflicht mit der Bescheinigung nach Abs. 1 erfüllen. Reisen ins Ausland sind mit dieser Bescheinigung nicht zulässig (Abs. 2). Insoweit kann der Asylbewerber den Antrag auf vorübergehende Herausgabe seines Passes oder Passersatzes stellen (§ 65 Abs. 2). Ist er ohne Pass oder Passersatz eingereist ist, kann ihm ein Reisedokument nach § 5 AufenthV ausgestellt werden. Die Bescheinigung nach § 63 Abs. 1 besitzt die Funktion eines Ausweises (Abs. 1; s. aber § 63 Rdn. 5), mit dem sich der Asylsuchende i.S.d. § 111 OWiG von Behörden, aber auch im Rechtsverkehr von Privaten identifizieren lassen kann (BGH, AuAS 1996, 190, 192). Der Asylsuchende soll und kann *überall dort*, wo es um seine Identität gehe, mit der Urkunde Beweis darüber führen (BGH, AuAS 1996, 190, 192). Die Bescheinigung dokumentiert aber nicht notwendigerweise die Identität des Antragstellers (Art. 6 Abs. 3 RL 2013/33/EU).

2 Abs. 1 bestimmt, dass der Antragsteller für die Dauer des Asylverfahrens mit der Bescheinigung nach § 63 Abs. 1 der Ausweispflicht genügt. Wird die Bescheinigung eingezogen, weil ein Erlöschenstatbestand eingetreten ist (§ 63 Abs. 4 in Verb. mit § 67), findet Abs. 1 keine Anwendung mehr. Bis zum Eintritt eines der Erlöschenstatbestände des § 67 Abs. 1 genügt der Antragsteller mit der Bescheinigung nach § 63 Abs. 2 jedoch seiner Ausweispflicht. Daher darf die Behörde ihn während der Dauer des Asylverfahrens nicht auffordern, gegenüber der zuständigen Auslandsvertretung die Verlängerung der Gültigkeitsdauer oder die Neuausstellung des Reiseausweises zu beantragen. Lediglich unter den strengen Voraussetzungen des § 15 Abs. 2 Nr. 4 darf die zuständige Stelle unter bestimmten engen Voraussetzungen (§ 15 Rdn. 20) von Amts wegen Maßnahmen zur Beschaffung des Reiseausweises einleiten. Die Gestaltung der Bescheinigung richtet sich nach dem in der Anlage 12 zur AufenthV abgedruckten Muster. Folgeantragsteller haben erst nach der Einleitung des Asylverfahrens einen Anspruch auf Ausstellung der Bescheinigung. Bis dahin genügen sie ihrer Ausweispflicht mit der Duldungsbescheinigung (§ 48 Abs. 2 in Verb. mit § 60a Abs. 4 AufenthG). Zweitantragsteller können sich nicht auf die Vorschrift berufen (§ 71a Abs. 3 Satz 1; s. aber Rdn. 6 f.).

B. Ausweispflicht des Asylsuchenden (Abs. 1)

3 Auch Asylbewerber unterliegen der allgemeinen Verpflichtung nach § 3 Abs. 1 AufenthG, wonach Ausländer, die in das Bundesgebiet einreisen oder sich darin aufhalten wollen, einen gültigen Pass besitzen müssen. Führt der Antragsteller bei Einreise oder Antragstellung seinen Pass oder Passersatz mit sich, hat er diesen den mit der Ausführung des Gesetzes betrauten Behörden auszuhändigen und zu überlassen (§ 15 Abs. 2 Nr. 4). Er kann nach Übergabe an die zuständige Behörde dadurch seiner

an sich auch für ihn bestehenden Verpflichtung nach § 3 Abs. 1 AufenthG nicht nachkommen. Aus diesem Grund bestimmt Abs. 1, dass der Antragsteller seiner Verpflichtung aus § 3 Abs. 1 AufenthG durch die Bescheinigung nach § 63 genügt. Dies gilt unabhängig davon, ob er bei Antragstellung seine Identität nachgewiesen oder keine Dokumente vorgelegt hat (*Hailbronner,* AuslR B 2 § 64 AsylG Rn. 3). Denn mit der Bescheinigung wird nicht notwendigerweise die Identität nachgewiesen (Art. 6 Abs. 3 RL 2013/33/EU). Mit abgelaufener Geltungsdauer kann der Pass- oder Ausweispflicht nicht genügt werden (*Hailbronner,* AuslR B 2 § 64 AsylG Rn. 3). Solange kein Erlöschenstatbestand eingetreten ist, besteht aber ein Verlängerungsanspruch. Dies gilt auch bei abgelaufener Geltungsdauer. Bei der Bescheinigung handelt es nicht um einen Passersatz (§ 4 AufenthV). Vielmehr regelt Abs. 1 einen eigenen Tatbestand des Nachweises der Passpflicht.

4 Bis zur Erteilung der Bescheinigung nach § 63 Abs. 1 ist der Antragsteller zwar wegen der Hinterlegungspflicht nach § 15 Abs. 2 Nr. 4 oder deswegen, weil er ohne gültigen Pass oder Passersatz eingereist ist, nicht im Besitz des an sich erforderlichen Passes oder Passersatzes nach § 3 Abs. 1 AufenthG. Das Aufenthaltsrecht des § 55 Abs. 1 Satz 1 verdrängt jedoch entgegenstehende aufenthaltsrechtliche Vorschriften und gewährt mit dem Zeitpunkt der Geltendmachung des Asylersuchens kraft Gesetzes ein Aufenthaltsrecht zugunsten von Asylbewerbern, das nicht vom Besitz eines gültigen Pass oder Passersatzes abhängig ist. Der ohne gültigen Pass oder Passersatz einreisende Asylsuchende kann sich auf Art. 31 Abs. 1 GFK berufen (*Grahl-Madsen,* The Status of Refugees in International Law, Bd. 2, Leyden 1972, S. 212 bis 215). Dementsprechend macht sich der mit einem gefälschten oder ohne Pass einreisende Asylsuchende nicht strafbar (AG Hann. Münden, InfAuslR 1987, 172; AG Frankfurt am Main-Höchst, Strafverteidiger 1988, 306 = InfAuslR 1988, 204; a.A. AG München, Urt. v. 16.05.1983 – 62 Ds 461 Js 164560/83 Jug. 65; AG Bergheim, Urt. v. 04.06.1984 – 43 Ds 22 Js 547/83; AG Helmstedt, Urt. v. 20.03.1985 – 6 Cs 139 Js 14955/84; *Funke-Kaiser,* in: GK-AsylG II, § 64 Rn. 4). Zwar ist ein derartiges Verhalten an sich strafbar (§ 95 Abs. 1 Nr. 1 und 3 AufenthG). Es findet jedoch der Rechtfertigungsgrund des Art. 31 Abs. 1 GFK Anwendung (§ 95 Abs. 5 AufenthG).

5 Asylbewerber mit einem Aufenthaltstitel (§ 63 Abs. 1 Halbs. 2) genügen ihrer Ausweispflicht mit ihrem gültigen nationalen Reiseausweis. Die Hinterlegungspflicht nach § 15 Abs. 2 Nr. 4 ist lediglich vorübergehender Natur. In aller Regel besteht daher behördliche Herausgabepflicht nach § 65 Abs. 1. Läuft die Geltungsdauer des Reiseausweises während der Dauer des Asylverfahrens ab, kann die Beantragung der Verlängerung der Geltungsdauer nicht empfohlen werden (Rdn. 9). Die übliche Verwaltungspraxis, dem Antragsteller in diesen Fällen die Bescheinigung mit ihren räumlichen und zeitlichen Beschränkungen (63 Abs. 1) auszuhändigen, ist nicht gerechtfertigt. Anders als nach dem bis 1990 geltenden Recht erlischt das Aufenthaltsrecht bei Ablauf der Gültigkeitsdauer des Passes nicht automatisch kraft Gesetzes. Der Widerruf des Aufenthaltstitels (§ 52 Abs. 1 Nr. 1 AufenthG) kommt nicht in Betracht. Vielmehr hat die Behörde auf Antrag die Bescheinigung über den Aufenthaltstitel (§ 48 Abs. 2 AufenthG) auszustellen.

C. Duldungsbescheinigung für Zweitantragsteller (§ 71a Abs. 3 Satz 2 in Verb. mit Abs. 1)

Die früher übliche und vom BVerwG gerügte Praxis der Erteilung von Duldungsbescheinigungen (BVerwGE 62, 206, 213 f. = EZAR 221 Nr. 7 = InfAuslR 1981, 214) ist durch die Regelungen des § 55 Abs. 1 Satz 1, § 56, § 63 Abs. 1 und § 64 beseitigt worden. Zweitantragsteller erhalten jedoch lediglich eine Duldung (§ 71a Abs. 3 Satz 1). § 56 bis § 67 werden lediglich entsprechend angewandt (§ 71a Abs. 3 Satz 3). § 55 Abs. 1 Satz 1 wird in § 71a Abs. 3 Satz 3 und auch anderer Stelle nicht in Bezug genommen. Die entsprechende Anwendung von § 63 Abs. 1 und § 64 Abs. 1 bedeutet nicht, dass der Antragsteller eine Bescheinigung über die Aufenthaltsgestattung erhält und damit seiner Ausweispflicht genügt. Was ihm nicht gewährt wird, kann ihm auch nicht bescheinigt werden. Vielmehr ordnet der Gesetzgeber damit an, dass dem Zweitantragsteller für die Dauer des Asylverfahrens eine mit Lichtbild versehene Duldungsbescheinigung nach Maßgabe von § 48 Abs. 2, § 60a Abs. 4 AufenthG zu erteilen ist und er damit seiner Ausweispflicht genügt. 6

Diese Regelungen sind mit Art. 6 Abs. 1 RL 2013/33/EU unvereinbar. Unionsrecht unterscheidet im Blick auf den Anspruch auf die Bescheinigung nicht zwischen Antragsteller und Zweitantragsteller. Ferner genügt die Ausstellung einer bloßen Duldungsbescheinigung auch nicht den Anforderungen an das verfassungsrechtlich verbürgte Asylrechts (BVerwGE 62, 206, 213 = EZAR 221 Nr. 7 = InfAuslR 1981, 214). Eine Duldung beseitigt die Ausreisepflicht nicht, sondern lässt sie unberührt (BVerwGE 62, 206, 214). Auch wenn dem Zweitantragsteller das verfassungsrechtlich verbürgte Asylrecht nicht zustehen mag (Art. 16a Abs. 2 Satz 1 GG, § 26a Abs. 1, § 71a Abs. 1 Satz 1), hat er doch einen einfach-gesetzlichen Anspruch auf Asylrecht (§ 26a Abs. 1 Satz 2 Nr. 2; § 71a). 7

D. Auslandsreisen (Abs. 2)

Die Bescheinigung nach § 63 Abs. 1 berechtigt nicht zum Grenzübertritt (Abs. 2). Sie wird von anderen Staaten nicht als Reisedokument anerkannt. Die Bescheinigung verliert mit der Ausreise nicht ihre Gültigkeit. Vielmehr darf sie nur unter den Voraussetzungen der § 63 Abs. 4, § 67 Abs. 1 eingezogen werden. Nach Art. 6 Abs. 5 RL 2013/33/EU kann aus »schwerwiegenden humanitären Gründe« eine Auslandsreise erlaubt werden § 65 Rdn. 7; *Hailbronner,* AuslR B 2 § 64 AsylG Rn. 10; *Funke-Kaiser,* in: GK-AsylG II, § 64 Rn. 7; dagegen *Bergmann,* in: Bergmann/Dienelt, AuslR, 11. Aufl., 2016, § 64 AsylG Rn. 4). Die Gegenmeinung verkennt den nach Art. 6 Abs. 5 RL 2013/33/EU bestehenden Anspruch auf fehlerfreie Ermessensausübung. Die Erlaubnis ist aber nicht nur auf »extreme Ausnahmefälle« (so *Hailbronner,* AuslR B 2 § 64 AsylG Rn. 8) beschränkt. Für eine derart extreme Auslegung kann dem Wortlaut von Art. 6 Abs. 5 RL 2013/33/EU kein Anhalt entnommen werden. Insbesondere schwerwiegende Erkrankungen naher Verwandte und Todesfälle in einem Drittstaat kommen insoweit in Betracht. Der Herkunftsstaat scheidet insoweit aus, da dieser Bezugspunkt für die Prüfung der Verfolgungshandlung ist. Entsprechend dem soziokulturellen Kontext des Asylbewerbers darf der Familienbegriff nicht zu eng gefasst 8 werden. Darüber hinaus kommen auch nahestehende Personen, die vergleichbar Verwandten in einer engen Beziehung zum Asylbewerber stehen, als Bezugspunkt für die Prüfung der humanitären Gründe in Betracht.

9 Unklar ist, welche Rechtsgrundlage für die Passausstellung für die Antragsteller, die keinen oder keinen gültigen Pass besitzen, in Betracht kommt. Sofern die Gültigkeitsdauer des nach § 15 Abs. 2 Nr. 4 abgegebenen Passes noch nicht abgelaufen ist, kann der Pass zur Ermöglichung der Auslandsreise vorübergehend herausgeben werden (§ 65 Abs. 2). Denkbar ist, dass der Asylbewerber einen Reiseausweis bei der heimatlichen Auslandsvertretung beantragt. Ob aus dem Umstand der Passbeantragung auf eine fehlende Verfolgungsgefahr zu schließen ist, muss in freier Beweiswürdigung entschieden werden (BVerwGE 78, 152, 157), wobei sicherlich auch die besondere Not des Asylsuchenden (BVerwGE 89, 232, 237 = EZAR 211 Nr. 3 = NVwZ 1992, 679; § 72 Rdn. 12 ff.) berücksichtigt werden muss. Das Risiko einer durch die Passbeantragung veranlassten Ablehnung des Asylantrags ist jedoch erheblich und sollte deshalb nicht eingegangen werden (*Hailbronner,* AuslR B 2 § 64 AsylG Rn. 9; *Funke-Kaiser,* in: GK-AsylG II, § 64 Rn. 7). Unzutreffend ist, dass es für Asylbewerber keine Rechtsgrundlage für die Ausstellung eines Reiseausweises gibt (*Bergmann,* in: Bergmann/Dienelt, AuslR, 11. Aufl., 2016, § 64 AsylG Rn. 4; *Wolff,* in: Hofmann/Hoffmann, AuslR. Handkommentar, § 64 AsylG Rn. 6). Vielmehr sind die entsprechenden Vorschriften richtlinienkonform anzuwenden. Mit dem Hinweis auf den Reiseausweis nach § 6 Satz 1 Nr. 4 AufenthG (*Hailbronner,* AuslR B 2 § 64 AsylG Rn. 10; *Funke-Kaiser,* in: GK-AsylG II, § 64 Rn. 7) ist dem Antragsteller allerdings nicht gedient, da dieser auf das Inland beschränkt ist. Vielmehr kann die Behörde ein Reisedokument nach § 5 AufenthV oder einen Notreiseausweis nach § 13 Abs. 3 AufenthV ausstellen.

§ 65 Herausgabe des Passes

(1) Dem Ausländer ist nach der Stellung des Asylantrags der Pass oder Passersatz auszuhändigen, wenn dieser für die weitere Durchführung des Asylverfahrens nicht benötigt wird und der Ausländer einen Aufenthaltstitel besitzt oder die Ausländerbehörde ihm nach den Vorschriften in anderen Gesetzen einen Aufenthaltstitel erteilt.

(2) [1]Dem Ausländer kann der Pass oder Passersatz vorübergehend ausgehändigt werden, wenn dies in den Fällen des § 58 Abs. 1 für eine Reise oder wenn es für die Verlängerung der Gültigkeitsdauer oder die Vorbereitung der Ausreise des Ausländers erforderlich ist. [2]Nach Erlöschen der räumlichen Beschränkung (§ 59a) gilt für eine Reise Satz 1 entsprechend.

Übersicht **Rdn.**

A. Funktion der Vorschrift

Abs. 1 lehnt sich an § 26 Abs. 1 Satz 3 AsylVfG 1982 an (BT-Drucks. 12/2062, S. 38). 1
Die früher in § 26 Abs. 1 Satz 1 AsylVfG 1982 enthaltene Passhinterlegungspflicht ist nach geltendem Recht in § 15 Abs. 2 Nr. 4 geregelt. Funktion des § 65 ist allein die Regelung der Passherausgabe. Die Vorschrift legt allein die Voraussetzungen fest, unter denen der Asylbewerber Anspruch auf Herausgabe seines nach § 15 Abs. 2 Nr. 4 hinterlegten Reiseausweises hat. Die generelle Pflicht zur Herausgabe einbehaltener Unterlagen und damit auch eines einbehaltenen Passes ist in § 21 Abs. 5 geregelt. Abs. 2 regelt die Herausgabe für eine Auslandsreise (§ 64 Rdn. 8 f.), ferner die Herausgabe zur Verlängerung der Geltungsdauer, um die Ausreise vorzubereiten. Ein hierauf bezogenes Herausgabeverlangen setzt aber den Eintritt eines Erlöschenstatbestandes nach § 67 Abs. 1 voraus.

B. Rechtsanspruch auf Passherausgabe (Abs. 1)

Nach Abs. 1 ist dem Asylbewerber der Pass oder Passersatz auszuhändigen, wenn er im 2
Besitz eines Aufenthaltstitels ist oder er einen Anspruch hierauf hat. Dies betrifft in aller Regel Antragsteller, die nach § 14 Abs. 2 Satz 1 Nr. 1 im Zeitpunkt der Antragstellung einen Aufenthaltstitel mit einer Gesamtgeltungsdauer von mehr als sechs Monaten besitzen. Damit diese ihrer Ausweispflicht nach § 3 Abs. 1 AufenthG genügen können, haben sie den in Abs. 1 geregelten Rechtsanspruch auf unverzügliche Herausgabe ihres Reiseausweises. Unschädlich ist es, wenn dessen Geltungsdauer abgelaufen ist, da dem Antragsteller die Möglichkeit nicht verwehrt werden darf, die Verlängerung zu beantragen (*Funke-Kaiser,* in: GK-AsylG II, § 65 Rn. 6; *Wolff,* in: Hofmann/Hoffmann, AuslR. Handkommentar, § 65 AsylG Rn. 3). Die Erlaubnisfiktion nach § 81 Abs. 3 Satz 1 AufenthG vermittelt keinen Titelbesitz. Hingegen steht die Fortgeltungsfiktion nach § 81 Abs. 4 Satz 1 AufenthG dem Besitz eines Aufenthaltstitels rechtlich gleich (*Funke-Kaiser,* in: GK-AsylG II, § 65 Rn. 11; *Wolff,* in: Hofmann/Hoffmann, AuslR. Handkommentar, § 65 AsylG Rn. 3). Erst nach Versagung der beantragten Erteilung oder Verlängerung des Aufenthaltstitels entfallen die Voraussetzungen des Rechtsanspruchs nach Abs. 1. Solange dessen Voraussetzungen vorliegen, hat die Behörde kein Ermessen. Anders ist die Rechtslage nach Abs. 2. Hier hat die Behörde nach Ermessen über den Herausgabeantrag zu entscheiden.

Erteilt die Ausländerbehörde nachträglich nach Vorschriften in anderen Gesetzen ei- 3
nen Aufenthaltstitel und wird der Pass oder Passersatz nicht für die weitere Durchführung des Asylverfahrens benötigt, besteht ebenfalls ein Rechtsanspruch auf Herausgabe des Passes. Es wird sich um Fälle handeln, in denen nach Asylantragstellung, etwa wegen Eheschließung mit einem deutschen (§ 28 Abs. 1 Satz 1 Nr. 1 AufentG) oder mit einem ausländischen Staatsangehörigen (§ 30 Abs. 1 AufenthG), ein gesetzlicher Aufenthaltsanspruch entsteht. Das Asylverfahren sperrt nicht die Erteilung (§ 10 Abs. 1 AufenthG). Auch in diesen Fällen hat der Antragsteller einen Rechtsanspruch auf Herausgabe seines gültigen Reiseausweises und darf die Herausgabe nicht von der Rücknahme des Asylantrags abhängig machen. Ist die Geltungsdauer des Reiseausweises abgelaufen oder der Antragsteller ohne gültigen Reiseausweis eingereist, kann der Herausgabeanspruch schon von seiner Natur her nicht entstehen. Die Kontaktaufnahme mit der heimatlichen Auslandsvertretung zwecks Beantragung eines Reiseausweises

bzw. der Verlängerung der Geltungsdauer des Reisedokumentes ist mit einem erheblichen verfahrensrechtlichen Risiko verbunden (§ 64 Rdn. 9) und kann deshalb nicht empfohlen werden. In den Fällen, in denen der Antragsteller einen Rechtsanspruch auf Erteilung eines Aufenthaltstitels hat, ist daher auf Antrag die Bescheinigung über den Aufenthaltstitel (§ 48 Abs. 2 AufenthG) zu erteilen.

4 Nach Abs. 1 ist der zunächst zu Untersuchungszwecken nach § 15 Abs. 2 Nr. 4 einbehaltene Pass dem Antragsteller herauszugeben, wenn dieser für die weitere Durchführung des Asylverfahrens nicht benötigt wird und der Asylsuchende einen Aufenthaltstitel besitzt. Im Regelfall wird die ermittelnde Behörde den Pass oder Passersatz nach der durchgeführten Untersuchung kopieren und anschließend an den Antragsteller herauszugeben, es sei denn, es handelt sich um ein gefälschtes Dokument. Nur für den Fall, dass konkrete Indizien dafür bestehen, dass der Pass oder Passersatz nachträglich manipuliert oder sonstwie missbräuchlich benutzt worden ist, darf die zuständige Behörde das Dokument zu Untersuchungszwecken einbehalten. Der Untersuchungszweck bestimmt hierbei die Dauer der Einziehung. Nach Abschluss der Ermittlungen ist der Pass unverzüglich herauszugeben; es sei denn, die Ermittlungen führen zu dem Ergebnis, dass der Pass gefälscht ist. Antragsteller, die im Zeitpunkt der Antragstellung einen Aufenthaltstitel besitzen, werden in aller Regel einen gültigen Reiseausweis besitzen. Ohne besonderen Anlass wird daher kein Grund für die Durchführung von Ermittlungen bestehen. Vielmehr hat die Behörde unmittelbar nach Einsichtnahme in den Pass oder Passersatz und dessen Ablichtung im Rahmen der Meldung oder der Anhörung den Pass wieder herauszugeben.

5 Zuständige Behörde ist mit Ausnahme des Falles, in dem nachträglich ein Anspruch auf Erteilung eines Aufenthaltstitels entsteht (Rdn. 3), das Bundesamt. Der Antragsteller im Sinne von § 14 Abs. 2 Satz 1 Nr. 1 hat den Asylantrag beim Bundesamt zu stellen. Werden im Rahmen der Anhörung Anhaltspunkte erkennbar, die eine Untersuchung des Reisedokumentes erforderlich machen, hat das Bundesamt die Ermittlungen durchzuführen. Im Regelfall wird es jedoch im Rahmen der Anhörung den Pass oder Passersatz des Asylantragstellers einsehen, ablichten und anschließend unverzüglich an den Antragsteller herausgeben (Rdn. 4). Die Ausländerbehörde muss über die Tatsache der Asylantragstellung nicht informiert sein. Antragsteller, die während des Verfahrens über einen Aufenthaltstitel verfügen, werden die Ausländerbehörde häufig nicht unterrichten. Jedenfalls trifft sie keine dementsprechende Verpflichtung. Auch hat das Bundesamt keine Unterrichtungspflicht, solange keine vollziehbare Abschiebungsandrohung verfügt worden (§ 40 Abs. 1 Satz 1) oder einer der anderen Tatbestände des § 40 eingetreten ist. Hat das Bundesamt den Pass zur Untersuchung einbehalten, wird es diesen nach Abschluss der notwendigen Ermittlungen regelmäßig über die zuständige Ausländerbehörde an den Antragsteller herausgeben. Es kann diesen aber auch unmittelbar an den Antragsteller zurücksenden.

C. Passherausgabe nach Ermessen (Abs. 2)

6 Abs. 2 Satz 1 unterscheidet zwei Fallgestaltungen, bei denen die Behörde nach pflichtgemäßem Ermessen über das Herausgabeverlangen zu vorübergehenden Zwecken zu entscheiden hat. Im ersten Fall (Abs. 2 Halbs. 2 Alt.1) ist bereits mit der Erteilung

der Sondergenehmigung nach § 58 Abs. 1 Satz 1 nach pflichtgemäßem Ermessen die notwendige Entscheidung getroffen worden. Hierbei hat die Behörde die besonderen humanitären Härtegründe bereits umfassend geprüft und deren Vorliegen bejaht. In diesem Fall ist das Ermessen reduziert und der Pass oder Passersatz herauszugeben (*Hailbronner,* AuslR B 2 § 65 AsylG Rn. 11; *Wolff,* in: Hofmann/Hoffmann, AuslR. Handkommentar, § 65 AsylG Rn. 4). Der Herausgabeanspruch setzt aber voraus, dass die Wohnverpflichtung nach § 47 Abs. 1 und Abs. 1a beendet ist. Denn Abs. 2 Satz 1 verweist nur auf § 58 Abs. 1, nicht jedoch zugleich auch auf § 57 Abs. 1, sodass die Passherausgabe zwecks Ermöglichung einer Auslandsreise während der Dauer der Verpflichtung, in einer Aufnahmeeinrichtung zu wohnen, nicht zulässig ist.

Nach Rückkehr aus dem Ausland ist der Pass zurückzugeben, es sei denn, es liegen 7 inzwischen die tatbestandlichen Voraussetzungen nach Abs. 1 vor. Dies kann ausnahmsweise der Fall sein, wenn der Antragsteller im Ausland geheiratet und dadurch etwa einen gesetzlichen Aufenthaltsanspruch (z.B. § 28 Abs. 1 Satz Nr. 1, § 30 Abs. 1 AufenthG) erworben hat. In allen anderen Fällen ergibt sich aus der durch das Gesetz geregelten vorübergehenden Herausgabemöglichkeit, dass das Reisedokument unverzüglich nach der Rückkehr zurückzugeben ist. Die Behörde wird regelmäßig vor Herausgabe des Passes Vorsorge mittels einer schriftlichen Verpflichtungserklärung zur unverzüglichen Rückgabe des Passes nach Rückkehr treffen. Für Inlandsreisen besteht der Herausgabeanspruch nicht, da der Asylbewerber seiner Ausweispflicht mit der Bescheinigung nach § 63 Abs. 1 genügt (§ 64 Abs. 1).

Die Behörde hat ferner nach pflichtgemäßem Ermessen über den Herausgabean- 8 spruch zu entscheiden, wenn es für die Verlängerung der Gültigkeitsdauer oder die Ausreisevorbereitung erforderlich ist (Abs. 2 Satz 1 Halbs. 2 Alt. 2 und 3). Die zweite Alternative steht im engen Zusammenhang mit der dritten, da ein Herausgabeantrag zwecks Verlängerung der Geltungsdauer des Reisedokumentes regelmäßig notwendig werden wird, um die Ausreise vorzubereiten. Dies kann etwa im Fall der freiwilligen Rücknahme des Asylantrags (§ 32, § 38 Abs. 3) in Betracht kommen. Solange das Asylverfahren noch anhängig ist, kann wegen des erheblichen verfahrensrechtlichen Risikos ein Herausgabeantrag zwecks Verlängerung der Geltungsdauer des Reisedokumentes nicht empfohlen werden (§ 64 Rdn. 9). Eine Verpflichtung, den Pass verlängern zu lassen, kann nicht auf Abs. 2 Satz 1 gestützt werden (*Hailbronner,* AuslR B 2 § 65 AsylG Rn. 14; *Wolff,* in: Hofmann/Hoffmann, AuslR. Handkommentar, § 65 AsylG Rn. 5). Dies ist nur unter den Voraussetzungen des § 15 Abs. 2 Nr. 6 zulässig. Nach Erlöschen der räumlichen Beschränkung (§ 59a Abs. 1) gilt für eine Reise Abs. 2 Satz 1 entsprechend (Abs. 2 Satz 2). Andererseits ist für die Aushändigung des Passes zu den in Abs. 2 Satz 1 genannten Zwecken unerheblich, ob die räumliche Beschränkung noch besteht oder bereits weggefallen ist (BR-Drucks. 446/15, S. 46).

D. Rechtsschutz

Gegen die Verweigerung der Herausgabe des Passes oder Passersatzes kann *Verpflichtungs-* 9 *klage* erhoben und gegebenenfalls nach § 123 VwGO der einstweilige Anordnungsantrag auf Herausgabe des Passes gestellt werden (*Funke-Kaiser,* in: GK-AsylG II, § 65 Rn. 24 f.; *Hailbronner,* AuslR B 2 § 65 AsylG Rn. 16; Bergmann, in: Bergmann/Dienelt, AuslR,

11. Aufl., 2016, § 65 AsylG Rn. 10; Wolff, in: Hofmann/Hoffmann, AuslR. Handkommentar, § 65 AsylG Rn. 7). Im Fall des Abs. 1 besteht ein Rechtsanspruch auf Herausgabe des Passes, sodass der Anordnungsanspruch bei Vorliegen der Voraussetzungen nach Abs. 1 gegeben ist. Dasselbe trifft bei Ermessensreduktion im Fall des Abs. 2 zu. Gegen die unzulässige Einziehung des Passes oder Passersatzes ist Anfechtungsklage zulässig, die keine aufschiebende Wirkung hat. Erforderlichenfalls ist ein Eilrechtsschutzantrag nach § 80 Abs. 5 VwGO auf Anordnung der aufschiebenden Wirkung der Anfechtungsklage zu stellen.

§ 66 Ausschreibung zur Aufenthaltsermittlung

(1) Der Ausländer kann zur Aufenthaltsermittlung im Ausländerzentralregister und in den Fahndungshilfsmitteln der Polizei ausgeschrieben werden, wenn sein Aufenthaltsort unbekannt ist und er

1. **innerhalb einer Woche nicht in der Aufnahmeeinrichtung eintrifft, an die er weitergeleitet worden ist,**
2. **die Aufnahmeeinrichtung verlassen hat und innerhalb einer Woche nicht zurückgekehrt ist,**
3. **einer Zuweisungsverfügung oder einer Verfügung nach § 60 Abs. 2 Satz 1 innerhalb einer Woche nicht Folge geleistet hat oder**
4. **unter der von ihm angegebenen Anschrift oder der Anschrift der Unterkunft, in der er Wohnung zu nehmen hat, nicht erreichbar ist;**

die in Nummer 4 bezeichneten Voraussetzungen liegen vor, wenn der Ausländer eine an die Anschrift bewirkte Zustellung nicht innerhalb von zwei Wochen in Empfang genommen hat.

(2) [1]Zuständig, die Ausschreibung zu veranlassen, sind die Aufnahmeeinrichtung, die Ausländerbehörde, in deren Bezirk sich der Ausländer aufzuhalten oder Wohnung zu nehmen hat, und das Bundesamt. [2]Die Ausschreibung darf nur von hierzu besonders ermächtigten Personen veranlasst werden.

Übersicht **Rdn.**

A. Funktion der Vorschrift

1 § 66 hat im AsylVfG 1982 kein Vorbild. Durch die Vorschrift soll der Befolgung aufenthalts- und verfahrensrechtlicher Pflichten des Asylbewerbers mit besonderen polizeirechtlichen Hilfsmitteln Nachdruck verliehen werden. Sie hat aber offensichtlich auch die Funktion, die unverzügliche Aufenthaltsbeendigung effektiv sicherzustellen, wie sich aus Abs. 1 letzter Halbs. ergibt. Die Anwendung der Fahndungshilfsmittel setzt stets voraus, dass der Aufenthaltsort des Asylbewerbers unbekannt ist (BT-Drucks. 12/2062, S. 38). Hinzu kommen müssen die weiteren gesetzlichen Erfordernisse des Abs. 1 Nr. 1 bis 4. Unter bestimmten Voraussetzungen kann zugleich

auch Strafbarkeit (§ 85 Abs. 1) eintreten. Die *Ausschreibung* ist *kein Verwaltungsakt* (Nieders. OVG, EZAR NF 50 Nr. 10 = ZAR 2015, 194 = AuAS 2015, 51, mit Bezug auf die Ausschreibung zur Festnahme nach § 50 Abs. 6 Satz 1 AufenthG).

Art. 13 Abs. 2 Buchst. a) und c) RL 2013/32/EU enthält zwar Verpflichtungen der Asylbewerber, sich unverzüglich oder zu einem bestimmten Zeitpunkt bei den zuständigen Behörden zu melden sowie so rasch wie möglich Änderungen des Aufenthaltsortes mitzuteilen, jedoch keine Rechtsgrundlage für die Einleitung polizeilicher Fahndungsmaßnahmen. Art. 31 Abs. 4 bis 7 RL 2013/33/EU knüpft nicht einmal verfahrensrechtliche Folgen an die Verletzung dieser Verpflichtungen. Ebenso wird die Verpflichtung nach Art. 7 Abs. 5 RL 2013/33/EU, stets die aktuelle Adresse mitzuteilen, nicht mit derartigen Sanktionen verknüpft. Vielmehr können im Fall des Aufgreifens nach sorgfältiger Prüfung des Einzelfalls Kürzungen der Sozialleistungen angeordnet werden (Art. 20 Abs. 6 RL 2013/33/EU). Die unionsrechtliche Rechtsgrundlage für die Maßnahmen der Vorschrift ist daher fragwürdig (offen gelassen *Hailbronner,* AuslR B 2 § 66 AsylG Rn. 3). 2

B. Voraussetzungen der Ausschreibung (Abs. 1)

Grundlegende Voraussetzung für die Anwendung der Vorschrift in allen Tatbestandsalternativen ist, dass der *Aufenthaltsort unbekannt* ist. Hierbei handelt es sich um eine objektive Voraussetzung. Weder kommt es auf Verschulden des Asylbewerbers noch auf die Gründe an, die hierfür maßgebend sind. Die Ausschreibung kann im Ausländerzentralregister als *Suchvermerk* (§ 5 AZRG) oder in den Fahndungslisten der Polizei des Landes oder der Bundespolizei (§ 30 Abs. 2 BPolG) vorgenommen werden. Die zuständige Behörde hat vor Veranlassung der Maßnahmen nach Abs. 1 zunächst zu versuchen, den Aufenthaltsort anhand der ihr nach § 10 Abs. 1 bekannten Anschrift zu ermitteln (Funke-Kaiser, in: GK-AsylG II, § 66 Rn. 8; *Bergmann,* in: Bergmann/Dienelt, AuslR, 11. Aufl., 2016, § 66 AsylG Rn. 2; Wolff, in: Hofmann/Hoffmann, AuslR. Handkommentar, § 66 AsylG Rn. 2; a.A. *Hailbronner,* AuslR B 2 § 66 AsylG Rn. 6). Sie hat deshalb zunächst Rückfragen bei den anderen in Abs. 2 genannten Stellen zu halten. Diese Verpflichtung folgt insbesondere auch aus Abs. 1 Nr. 4. Diese Regelung ist so auszulegen, dass die veranlassende Behörde zunächst die Erreichbarkeit des Asylbewerbers unter der von diesem angegebenen Adresse zu überprüfen und hierbei auch das Wissen anderer Behörden abzufragen hat. Auch die Gegenmeinung erachtet eine derartige Vergewisserung jedenfalls für zweckmäßig (*Hailbronner,* AuslR B 2 § 66 AsylG Rn. 7). 3

Hat die Behörde Kenntnis vom tatsächlichen Aufenthaltsort, ist dieser jedoch mit der vom Asylbewerber zuletzt angegebenen Adresse nicht identisch, darf sie keine Maßnahmen nach Abs. 1 einleiten. Ein derartiges Verhalten mag im Einzelfall Anlass geben, nach § 30 zu entscheiden (§ 30 Abs. 3 Nr. 5 in Verb. mit § 15 Abs. 2 Nr. 3) oder Ermittlungsmaßnahmen mit Blick auf § 85 Abs. 1 zu veranlassen. Ein Vorgehen nach Abs. 1 ist in einem derartigen Fall jedoch unzulässig. Ist der Aufenthaltsort unbekannt, müssen zusätzlich die weiteren Voraussetzungen nach Abs. 1 Nr. 1 bis 4 geprüft werden. Liegen diese vor, hat die zuständige Behörde (Abs. 2) nach pflichtgemäßem Ermessen zu entscheiden, ob sie nach Abs. 1 vorgehen will. Dies ergibt sich aus der 4

Verwendung des Wortes »kann« in Abs. 1 Halbs. 1. Die zuständige Behörde veranlasst nach pflichtgemäßem Ermessen unter den Voraussetzungen von Abs. 1 Halbs. 2 die Ausschreibung im Ausländerzentralregister (§ 2 Abs. 2 Nr. 6, § 5 Abs. 1 AZRG).

5 Bei den zusätzlichen Erfordernissen des Abs. 1 Nr. 1 bis 4 sind ausschließlich die tatsächlichen Umstände und Vorgänge maßgebend (*Bergmann*, in: Bergmann/Dienelt, AuslR, 11. Aufl., 2016, § 66 AsylG Rn. 3). Allerdings ist bei der Anwendung von Abs. 1 Nr. 2 zu bedenken, dass rechtlich eine Wohnverpflichtung des Asylsuchenden nach § 47 Abs. 1 Satz 1, § 30a Abs. 3 Satz 1 bestehen muss. Kehrt er nach kurzer Zeit zurück, unterbleibt die Ausschreibung (*Funke-Kaiser*, in: GK-AsylG II, § 66 Rn. 16; *Wolff*, in: Hofmann/Hoffmann, AuslR. Handkommentar, § 66 AsylG Rn. 3; a.A. *Hailbronner*, AuslR B 2 § 66 AsylG Rn. 10). Die Gegenmeinung kann schon deshalb nicht überzeugen, weil die Ausschreibung zu unterbleiben hat, wenn ihr Zweck erfüllt ist (Rdn. 6). Es kommt stets nur auf das tatsächliche Eintreffen (Abs. 1 Nr. 1), Zurückkehren (Abs. 1 Nr. 2), Folgeleisten einer wirksamen und vollziehbaren Zuweisungsverfügung (Abs. 1 Nr. 3) oder die tatsächliche Erreichbarkeit (Abs. 1 Nr. 4) an. Während die Regelungen in Abs. 1 Nr. 1 bis 3 lediglich eine Frist von einer Woche erfordern, ist nach Abs. 1 Nr. 4 eine Frist von zwei Wochen (Abs. 1 letzter Halbs.) maßgebend. Im Fall des Abs. 1 Nr. 1 *erlischt* unter den Voraussetzungen des § 67 Abs. 1 Nr. 2 auch die *Aufenthaltsgestattung*. Die Ausschreibung nach Nr. 2 setzt rechtlich eine Wohnverpflichtung nach § 30a Abs. 3 Satz 1, § 47 Abs. 1 Satz 1, Abs. 1a voraus (*Funke-Kaiser*, in: GK-AsylG II, § 66 Rn. 17; *Hailbronner*, AuslR B 2 § 66 AsylG Rn. 10). Ist der Asylsuchende stationär behandelt worden, setzt die Ausschreibung voraus, dass er sich auch nach angemessener Frist nicht zurück gemeldet und die zuständige Behörde bei der Krankenhausverwaltung oder anderen geeigneten Stellen über den Verbleib Erkundigungen eingezogen hat.

6 Ist der mit der Ausschreibung verfolgte Zweck erreicht, etwa weil der Asylsuchende in der Aufnahmeeinrichtung eintrifft (Abs. 1 Nr. 1) oder wieder zurückkehrt (Abs. 1 Nr. 2) oder der Zuweisungsverfügung verspätet Folge leistet und am angegebenen Bestimmungsort eintrifft (Abs. 1 Nr. 3) oder unter der von ihm angegebenen Adresse erreichbar ist (Abs. 1 Nr. 4), ist die *Ausschreibung rückgängig zu machen*, da deren Zweck erfüllt ist (§ 8 Abs. 1 Satz 2, § 36 Abs. 2 Satz 2 AZRG, § 18 Abs. 4 AZRG-DV). Da es für die Anwendung von Abs. 1 auf ein Verschulden des Asylbewerbers nicht ankommt, können im Fall des Abs. 1 Nr. 4 die Voraussetzungen eines *Wiedereinsetzungsantrags* gegeben sein, wenn mit dem abzuholenden Schriftstück eine gesetzliche Frist in Gang gesetzt worden ist. In derartigen Fällen wird das Schriftstück entweder nach § 10 Abs. 4 oder außerhalb der Aufnahmeeinrichtung im Wege der Ersatzzustellung zugestellt. Den Antragsteller trifft im Hinblick auf seine gesetzlichen Mitwirkungspflichten jedoch eine besonders strenge Darlegungslast, wenn er für ihn bestimmte Schriftstücke nicht rechtzeitig abholt.

C. Zuständige Behörden (Abs. 2)

7 Nach Abs. 2 Satz 1 dürfen die Ausländerbehörde, die Aufnahmeeinrichtung sowie das Bundesamt die Ausschreibung veranlassen. Zuständig ist die Ausländerbehörde, in deren Bezirk der Asylbewerber sich aufzuhalten oder Wohnung zu nehmen hat (Abs. 2

Satz 1), also die nach § 60 Abs. 2 zuständige Ausländerbehörde. Auch nach Wegfall der Residenzpflicht nach § 30a Abs. 3 Satz 1, § 47 Abs. 1, Abs. 1a wird damit die behördliche Zuständigkeit für eine behördliche Aufenthaltsermittlung geregelt. Das Bundesamt ist ebenfalls zuständig und wird insbesondere in den Fällen des Abs. 1 Nr. 1 und 4 die Ausschreibung veranlassen. Da in derartigen Fällen auch stets eine Zuständigkeit der Ausländerbehörde oder Aufnahmeeinrichtung gegeben ist, hat das Bundesamt zur Vermeidung von Kompetenzkonflikten eng mit diesen Behörden zusammen zu arbeiten und ist vorrangig die Behörde zuständig, die auch im konkreten Verfahrensabschnitt zuständig für die ausländerrechtliche Behandlung des Asylsuchenden ist. Daher ist das Bundesamt nur im Fall der Nr. 2 vorrangig zuständig. Die Ausschreibung selbst darf nur von hierzu durch die zuständige Behörde besonders ermächtigten Personen veranlasst werden (Abs. 2 Satz 2). Verletzungen hieraus folgender Verpflichtungen bewirken nicht die Unwirksamkeit der Ausschreibung (*Funke-Kaiser*, in: GK-AsylG II, § 66 Rn. 30; *Hailbronner*, AuslR B 2 § 66 AsylG Rn. 17).

D. Rechtsschutz

Da es sich bei den Maßnahmen der Vorschrift um einen *Realakt* handelt, ist grund- 8
sätzlich *kein Rechtsschutz* gegeben (Nieders. OVG, AuAS 2015, 51 = EZAR NF 50 Nr. 10). Hingegen kann gegen die Verweigerung der Löschung *Verpflichtungsklage* erhoben (VG Köln, NVwZ-RR 2003, 676 = InfAuslR 2003, 266; *Funke-Kaiser*, in: GK-AsylG II, § 66 Rn. 39; *Hailbronner*, AuslR B 2 § 66 AsylG Rn. 20; *Wolff*, in: Hofmann/Hoffmann, AuslR. Handkommentar, § 66 AsylG Rn. 8; BVerwG, NVwZ 2004, 626, zum datenschutzrechtlichen Berichtigungsanspruch) und Eilrechtsschutz gemäß § 123 VwGO beantragt werden (Nieders. OVG, AuAS 2015, 51 = EZAR NF 50 Nr. 10).

§ 67 Erlöschen der Aufenthaltsgestattung

(1) Die Aufenthaltsgestattung erlischt,

1. **wenn der Ausländer nach § 18 Abs. 2 und 3 zurückgewiesen oder zurückgeschoben wird,**
2. **wenn der Ausländer innerhalb von zwei Wochen, nachdem ihm der Ankunftsnachweis ausgestellt worden ist, noch keinen Asylantrag gestellt hat,**
3. **im Falle der Rücknahme des Asylantrags mit der Zustellung der Entscheidung des Bundesamtes,**
4. **wenn eine nach diesem Gesetz oder nach § 60 Abs. 9 des Aufenthaltsgesetzes erlassene Abschiebungsandrohung vollziehbar geworden ist,**
5. **mit der Vollziehbarkeit einer Abschiebungsanordnung nach § 34a,**

5a. **mit der Bekanntgabe einer Abschiebungsanordnung nach § 58a des Aufenthaltsgesetzes,**

6. **im Übrigen, wenn die Entscheidung des Bundesamtes unanfechtbar geworden ist.**

Liegt in den Fällen des § 23 Abs. 1 der dem Ausländer genannte Termin bei der Außenstelle des Bundesamts nach der sich aus Satz 1 Nummer 2 ergebenden Frist,

dann erlischt die Aufenthaltsgestattung nach dieser Bestimmung erst, wenn der Ausländer bis zu diesem Termin keinen Asylantrag stellt.

(2) Die Aufenthaltsgestattung tritt wieder in Kraft, wenn
1. **ein nach § 33 Absatz 5 Satz 1 eingestelltes Verfahren wieder aufgenommen wird, oder**
2. **der Ausländer den Asylantrag nach Ablauf der in Absatz 1 Nummer 2 oder Satz 2 genannten Frist stellt.**

Übersicht **Rdn.**

A. Funktion der Vorschrift

1 Die Vorschrift lehnt sich an die Grundsätze des § 20 Abs. 3 AsylVfG 1982 an (BT-Drucks. 12/2062, S. 38), erweitert aber teilweise die Erlöschensgründe. Anders als nach früherem Recht erlischt die Aufenthaltsgestattung nicht mehr kraft Gesetzes, wenn der Asylbewerber aus schwerwiegenden Gründen der öffentlichen Sicherheit oder Ordnung sofort vollziehbar oder unanfechtbar ausgewiesen wird. Vielmehr ist die Ausweisung gegen Asylbewerber aufschiebend bedingt (§ 53 Abs. 4 AufenthG). Sicherheitsinteressen wird durch § 18 Abs. 2 Nr. 3 Rechnung getragen, wie aus Abs. 1 Nr. 1 erfolgt. Der Erlöschenstatbestand der Nr. 5 ist durch ÄnderungsG 1993 eingefügt worden, um der Drittstaatenkonzeption (§ 26a, § 34a) Rechnung zu tragen (BT-Drucks. 12/4450, S. 26). Durch ÄnderungsG 1997 wurde der Erlöschenstatbestand des § 67 Abs. 1 Nr. 1a AsylVfG a.F., der sich auf die früher in § 33 Abs. 3 AsylVfG a.F. geregelte Zurückweisung bezog, eingeführt. Da das Asylverfahrensbeschleunigungsgesetz 2016 diese Zurückweisungsbefugnis aufgehoben hat, wurde auch die früherer Regelung des § 67 Abs. 1 Nr. 1a AsylVfG a.F. aufgehoben. Abs. 1 Satz 1 Nr. 5a wurde durch das ZuwG eingeführt und Abs. 1 Satz 1 Nr. 5 durch das Asylverfahrensbeschleunigungsgesetz 2015 leicht verändert. Abs. 1 Satz 2 wurde durch dieses Gesetz neu eingeführt. Die Erlöschenstatbestände des Abs. 1 Satz 1 sind *abschließender Natur* (Rdn. 3). Unionsrecht regelt keine Erlöschenstatbestände, sondern bestimmt lediglich, dass Antragsteller bis zum erstinstanzlichen Verfahren über den Asylantrag ein Aufenthaltsrecht haben (Art. 9 Abs. 1 RL 2013/32/EU). Der Begriff

des »erstinstanzlichen Verfahrens« bezieht sich auf das Verwaltungsverfahren nach Kapitel III der Richtlinie. Für das Rechtsbehelfsverfahren wird die Gestaltung des weiteren Aufenthalts des Antragstellers ebenfalls gewährleistet, sofern nicht Sonderverfahren Anwendung finden (Art. 46 Abs. 5 RL 2013/32/EU).

B. Erlöschenstatbestände (Abs. 1)

I. Funktion der Erlöschenswirkung (Abs. 1 Satz 1 Halbs. 1)

Ebenso wie das Aufenthaltsrecht des Asylsuchenden kraft Gesetzes (§ 55 Abs. 1 2
Satz 1) entsteht (BVerfGE 77, 364, 366; BVerwGE 62, 206, 213 = EZAR 221 Nr. 7 = InfAuslR 1981, 214; § 55 Abs. 1 Satz 1), erlischt es nach Maßgabe von Abs. 1 Satz 1 kraft Gesetzes und bedarf es hierzu keines feststellenden Verwaltungsaktes (*Hailbronner*, AuslR B 2 § 67 AsylG Rn. 2; *Funke-Kaiser*, in: GK-AsylG II, § 67 Rn. 2; *Bergmann*, in: Bergmann/Dienelt, AuslR, 11. Aufl., 2016, § 67 AsylG Rn. 2; *Wolff*, in: Hofmann/Hoffmann, AuslR. Handkommentar, § 67 AsylG Rn. 1). Vielmehr ergibt sich die Erlöschenswirkung unmittelbar aus dem Gesetz selbst. Diese tritt aber regelmäßig als Folge eines vorangegangenen unanfechtbar oder sofort vollziehbar gewordenen Verwaltungsaktes ein. Solange einer der Erlöschenstatbestände des Abs. 1 Satz 1 nicht erfüllt ist, besteht die Aufenthaltsgestattung fort. Auch wenn die Geltungsdauer der Bescheinigung nach § 63 Abs. 1 abgelaufen, jedoch keiner der Erlöschenstatbestände eingetreten ist, besteht weiterhin das gesetzliche Aufenthaltsrecht. Das zeigen insbesondere die Beispiele des Abs. 2. Maßgebend ist das objektiv bestehende Aufenthaltsrecht des Asylbewerbers (BVerwGE 79, 291, 296 = EZAR 222 Nr. 7 = InfAuslR 1988, 251) und nicht die Bescheinigung nach § 63 Abs. 1. Dieses Recht überlagert selbst ein asylunabhängiges Aufenthaltsrecht (§ 63 Abs. 1). Wird daher ein derartiges Recht vor dem Eintritt eines Erlöschenstatbestandes beendet, aktualisiert sich das Aufenthaltsrecht des § 55 Abs. 1 (§ 43 Abs. 1und 2).

Die Erlöschenstatbestände des Abs. 1 Satz 1 sind asylspezifischer Natur und haben 3
abschließenden Charakter (Rn. 1). Daneben sind ausländerrechtliche oder allgemeine verwaltungsverfahrensrechtliche Vorschriften über den Widerruf des Aufenthaltstitels (§ 52 AufenthG, § 49 VwVfG) sowie die Erlöschenstatbestände des § 51 Abs. 1 AufenthG nicht, auch nicht analog oder ergänzend anwendbar (*Funke-Kaiser*, in: GK-AsylG II, § 67 Rn. 2). Die Vorschrift zeichnet das vorläufige Bleiberecht des Asylbewerbers (BVerfGE 56, 231, 243 f. = EZAR 221 Nr. 4 = NJW 1981, 1436 = InfAuslR 1981, 152; BVerfGE 67, 43, 56 = EZAR 632 Nr. 1 = InfAuslR 1984, 215; BVerfGE 80, 68, 73 f. = InfAuslR 1989, 243) nach und legt asylspezifische Erlöschenstatbestände fest, die dieses vorläufige Bleiberecht beenden. Außerhalb des Anwendungsbereichs von Abs. 1 Satz 1 gibt es keinen Rechtsgrund, der den Aufenthalt des Asylbewerbers rechtlich beenden kann. Dies folgt auch aus der Regelung des Verhältnisses von Aufenthaltsgestattung und Ausweisung. Eine Ausweisung darf grundsätzlich nur aufschiebend bedingt, unter dem Vorbehalt, dass das Asylverfahren unanfechtbar ohne Asylanerkennung oder Zuerkennung des internationalen Schutzes abgeschlossen wird (§ 53 Abs. 4 Satz 1 AufenthG), verfügt werden. Wie Abs. 1 Satz 1 Nr. 4 macht § 53 Abs. 4 Satz 1 AufenthG hiervon eine Ausnahme, wenn die Abschiebungsandrohung nach §§ 34 ff. vollziehbar geworden ist.

C. Erlöschenstatbestände nach Abs. 1 Satz 1 Halbs. 2

I. Zurückweisung und Zurückschiebung (Abs. 1 Satz 1 Nr. 1)

4 Nach Abs. 1 Satz 1 Nr. 1 erlischt die Aufenthaltsgestattung, wenn der Asylbewerber nach § 18 Abs. 2 und 3 zurückgewiesen oder zurückgeschoben wird. Obwohl diese Maßnahmen regelmäßig unmittelbar im Anschluss an den Einreiseversuch durchgeführt werden, bedarf es einer Regelung über das Erlöschen der Aufenthaltsgestattung. Denn das gesetzliche Aufenthaltsrecht entsteht mit dem Ersuchen um Asyl (§ 55 Abs. 1 Satz 1 in Verb. mit § 18 Abs. 1 Satz 1). Verweigert die Grenzbehörde auf der Grundlage von § 18 Abs. 2 und 3 die Einreise, erlischt die Gestattung mit dem Zeitpunkt des Vollzugs der Zurückweisung (*Hailbronner,* AuslR B 2 § 67 AsylG Rn. 2; *Bergmann*, in: Bergmann/Dienelt, AuslR, 11. Aufl., 2016, § 67 AsylG Rn. 3; *Wolff*, in: Hofmann/Hoffmann, AuslR. Handkommentar, § 67 AsylG Rn. 1; a.A. *Funke-Kaiser,* in: GK-AsylG II, § 67 Rn. 5). Dies folgt aus dem Wortlaut der Nr. 1. Bis zum Zeitpunkt des Vollzugs der Zurückweisung kann sich der Asylbewerber auf sein gesetzlich gewährtes Aufenthaltsrecht berufen und dessen Beachtung auch gerichtlich geltend machen. Die Gegenmeinung beruht auf einer praxisfremden Annahme. Regelmäßig wird der Vollzug einreiseverweigernder Maßnahmen nicht durch einen weiteren Bescheid nach Erlass der Maßnahme angeordnet.

5 Im Fall der unerlaubten Einreise aus einem sicheren Drittstaat begründet erst die förmliche Antragstellung das Aufenthaltsrecht (*Funke-Kaiser,* in: GK-AsylG II, § 67 Rn. 6; *Bergmann*, in: Bergmann/Dienelt, AuslR, 11. Aufl., 2016, § 67 AsylG Rn. 3; offen gelassen *Hailbronner,* AuslR B 2 § 67 AsylG Rn. 6). Die Drittstaatenregelung ist jedoch mangels Listung sicherer Drittstaaten nur noch im Rahmen des Dublin-Verfahrens relevant. Da der Durchführung des Zuständigkeitsbestimmungsverfahrens die förmliche Antragstellung nach § 23 Abs. 1 vorgeschaltet ist, entsteht spätestens in diesem Zeitpunkt die Aufenthaltsgestattung. Diese besteht bis zum Vollzug der Abschiebungsanordnung fort (Rdn. 5). Nach § 34a Abs. 2 Satz 1 ist die Beantragung von Eilrechtsschutz zu ermöglichen. Im Fall des § 18a gilt nichts anderes. Auch hier wird die Aufenthaltsgestattung nicht erst mit der förmlichen Antragstellung nach § 23 Abs. 1 (so aber *Funke-Kaiser,* in: GK-AsylG II, § 67 Rn. 6; *Bergmann*, in: Bergmann/Dienelt, AuslR, 11. Aufl., 2016, § 67 AsylG Rn. 3; offen gelassen *Hailbronner,* AuslR B 2 § 67 AsylG Rn. 6), sondern bereits mit dem Asylersuchen begründet und erlischt das Aufenthaltsrecht mit Vollzug der Einreiseverweigerung als Folge der Vollziehbarkeit der Abschiebungsandrohung nach unanfechtbarer Ablehnung des Eilrechtsschutzantrags (Nr. 4).

II. Verspätete Asylantragstellung (Abs. 1 Satz 1 Nr. 2, Satz 2 und Abs. 2)

6 Nach Nr. 2 erlischt die Aufenthaltsgestattung, wenn der Asylbewerber innerhalb von zwei Wochen nach dem Zeitpunkt der Ausstellung des Ankunftsnachweises (§ 63a) noch keinen Asylantrag gestellt hat (§ 14 Abs. 1, § 23 Abs. 1). Die Regelung ist unionsrechtlich fragwürdig, weil Art. 31 Abs. 8 Buchst. h) RL 2013/32/EU bei der Versäumung der frühestmöglichen Antragstellung allein die Möglichkeit eines beschleunigten Verfahrens vorsieht, aber keine aufenthaltsrechtlichen Sanktionen. Nr. 2 liegt der Fall des § 14 Abs. 1 zugrunde. Antragsteller im Sinne von § 14 Abs. 2 haben den Antrag schriftlich

beim Bundesamt zu stellen und unterliegen damit der in dieser Vorschrift vorausgesetzten Pflicht zur Antragstellung nach § 23 Abs. 1 nicht (*Hailbronner,* AuslR B 2 § 67 AsylG Rn. 12; *Wolff,* in: Hofmann/Hoffmann, AuslR. Handkommentar, § 67 AsylG Rn. 4; a.A. *Funke-Kaiser,* in: GK-AsylG II, § 67 Rn. 13). Zwar trifft den Antragsteller nach der Entlassung aus dem öffentlichen Gewahrsam aufgrund einer Anordnung die Befolgungspflicht nach § 20 Abs. 1. Nach dem Wortlaut von Nr. 2 wird an die Nichtbefolgung der Verpflichtung nach § 20 Abs. 1 an sich aber keine Erlöschenswirkung geknüpft.

Die Erlöschenstatbestände sind objektiv auszulegen und einer erweiternden Ausle- 7
gung nicht zugänglich. Demgegenüber werden Antragsteller im Sinne von § 14 Abs. 1 nach der Geltendmachung ihres Ersuchens gegenüber der Grenzbehörde (§ 18 Abs. 1 Halbs. 1), der allgemeinen Polizei- oder der Ausländerbehörde (§ 19 Abs. 1 Halbs. 1) oder der zuerst aufgesuchten Aufnahmeeinrichtung (§ 22 Abs. 1 Satz 1) an die für ihre Aufnahme zuständige Aufnahmeeinrichtung weitergeleitet (§ 22 Abs. 1 Satz 2). Der Asylbewerber hat der Weiterleitung unverzüglich (§ 121 Abs. 1 BGB) Folge zu leisten (§ 20 Abs. 1) und anschließend den Antrag bei der zuständigen Außenstelle des Bundesamtes (§ 23 Abs. 1) zu stellen. Liegt der dem Asylsuchenden von der Aufnahmeeinrichtung genannte Termin zur Antragstellung bei der Außenstelle des Bundesamtes (§ 23 Abs. 1) nach Ablauf der Zweiwochenfrist, erlischt die Aufenthaltsgestattung nur dann, wenn er bis zu diesem Termin keinen Asylantrag stellt (Abs. 1 Satz 2). Aus Abs. 1 Satz 2 folgt, dass sie vor dem genannten Termin nicht erlischt, auch wenn die Zweiwochenfrist bereits abgelaufen ist. Aber auch im Falle des Erlöschens wegen Nichterscheinens zum Termin tritt die Aufenthaltsgestattung wieder in Kraft, wenn der Asylsuchende den Asylantrag nach § 23 Abs. 1 stellt (Abs. 2 Nr. 2).

Trifft der Asylbewerber nicht innerhalb von einer Woche in der zuständigen Aufnahme- 8
einrichtung ein, können Maßnahmen nach § 66 eingeleitet werden (§ 66 Abs. 1 Nr. 1). Nach Nr. 2 erlischt die Aufenthaltsgestattung, wenn der Asylbewerber *innerhalb von zwei Wochen* nach dem Zeitpunkt der Weiterleitung nicht zur Antragstellung gem. § 23 Abs. 1 erscheint. Auf § 23 Abs. 1 ist Nr. 2 nicht anwendbar, weil der Antragsteller aus eigener Initiative nicht zugelassen wird, viel mehr der Asylsuchende nach Aufforderung der Aufnahmeeinrichtung den Asylantrag stellen kann. Das Eingreifen des Erlöschenstatbestandes ist zwar von objektiven Umständen und an sich nicht von irgendwelchen weiteren Voraussetzungen abhängig. Bei außerhalb der Sphäre des Asylbewerbers liegenden Gründen, wie etwa unklarer Zuständigkeit, Überlastung der Aufnahmeeinrichtung, oder bei unverschuldeter Säumigkeit, z.B. aus Krankheitsgründen, Reiseunfähigkeit, ergeben sich jedoch Bedenken gegen eine rein objektive Auslegung (*Hailbronner,* AuslR B 2 § 67 AsylG Rn. 11 f.; *Bergmann,* in: Bergmann/Dienelt, AuslR, 11. Aufl., 2016, § 67 AsylG Rn. 5; a.A. *Funke-Kaiser,* in: GK-AsylG II, § 67 Rn. 15). Liegt der mitgeteilte Termin nach Ablauf der Wochenfrist, ist Abs. 1 Satz 2 zu beachten (Rdn. 7). Auch wenn der Asylsuchende durch die weiterleitende Behörde nicht ordnungsgemäß belehrt worden ist, knüpft Nr. 2 allein an den Ablauf der Zweiwochenfrist die Erlöschenswirkung an. Die Frist ist extrem kurz, wenn etwa bedacht wird, dass der Asylsuchende von der Grenz- oder Polizeibehörde häufig zunächst an die nächstgelegene Aufnahmeeinrichtung (§ 18 Abs. 1, § 19 Abs. 1) und von dieser nach Ablauf mehrerer Tage an die für die Aufnahme zuständige Aufnahmeeinrichtung erneut weitergeleitet wird.

9 Aus Abs. 2 wird jedoch deutlich, dass die Erlöschenswirkung nach Nr. 2 lediglich vorübergehender Natur ist und der Gesetzgeber mit dieser Regelung wohl in allererster Linie disziplinierende Zwecke verfolgt. Auch nach Ablauf der Frist der Nr. 2 haben die Behörden den völker- und verfassungsrechtlichen Refoulementschutz (BVerfG, EZAR 205 Nr. 16 = InfAuslR 1992, 226; BVerwGE 49, 202, 205 f.; 62, 206, 210; 69, 323, 325) zu beachten. Die förmliche Antragstellung darf nicht durch eine aufenthaltsbeendende Maßnahme vereitelt werden. Unschwer wird an dem durch die weiterleitende Behörde ausgestellten und vom Asylsuchenden mitgeführten Ankunftsnachweis (§ 63a) zu erkennen sein, dass die angetroffene oder aufgegriffene Person ein Asylbewerber ist, dem Refoulementschutz zugutekommt. Dieser wirkt unmittelbar und unabhängig von Nr. 2. Dem Asylsuchenden ist daher alle erdenkliche Hilfestellung zu geben, damit er seinen Asylantrag gem. § 23 Abs. 1 stellen kann. Aus dem Regelungszusammenhang von Nr. 2 mit Abs. 2 Nr. 2 folgt, dass auch nach Fristablauf die Abschiebung unzulässig ist. Vielmehr ist Gelegenheit zur Antragstellung zu verschaffen.

III. Rücknahme des Asylantrags (Abs. 1 Satz 1 Nr. 3)

10 Im Fall der Rücknahme des Asylantrags tritt die Erlöschenswirkung mit der Zustellung der Entscheidung des Bundesamtes ein (Nr. 3). Schon aus der Gesetzesformulierung wird deutlich, dass anders als nach altem Recht nicht ausschließlich die gewillkürte Rücknahme (§ 20 Abs. 3 Nr. 2 AsylVfG 1982), sondern auch die fingierte Rücknahme nach § 33 von Nr. 3 erfasst wird. Erfolgt die Rücknahme in Kenntnis der Tragweite der Entscheidung und unbeeinflusst durch Drohung, Täuschung oder Zwang können gegen die Erlöschensregelung rechtliche Bedenken kaum erhoben werden. In derartigen Fällen wird die Behörde zudem regelmäßig die Ausreisefrist von drei Monaten (§ 38 Abs. 3) gewähren, sodass mit Eintritt der Erlöschenswirkung die Ausreisepflicht nicht unmittelbar vollziehbar ist. Erheblichen Bedenken begegnet die Regelung jedoch im Fall der fingierten Rücknahme nach § 33 Abs. 1. Hier ist der Asylsuchende bis zur Entscheidung des Bundesamtes über die Wiederaufnahme des Verfahrens (§ 33 Abs. 5 Satz 5) ohne aufenthaltsrechtlichen Schutz wie auch Abs. 2 Nr. 1 verdeutlicht. Maßgebend ist nicht der Zeitpunkt der Rücknahmeerklärung oder der Eintritt der Rücknahmefiktion, sondern die Zustellung der Einstellungsverfügung (*Funke-Kaiser,* in: GK-AsylG II, § 67 Rn. 17; *Hailbronner,* AuslR B 2 § 67 AsylG Rn. 15; *Wolff,* in: Hofmann/Hoffmann, AuslR. Handkommentar, § 67 AsylG Rn. 5).

11 Im Hinblick auf Art. 16a Abs. 1 GG sprechen erhebliche Bedenken gegen Nr. 3 (a.A. *Funke-Kaiser,* in: GK-AsylG II, § 67 Rn. 18; *Hailbronner,* AuslR B 2 § 67 AsylG Rn. 15). Das vorläufige Bleiberecht tritt nämlich nur dort zurück, wo ein eindeutig aussichtsloser Asylantrag vorliegt (BVerfGE 67, 43, 56 = EZAR 632 Nr. 1 = InfAuslR 1984, 215) und wenn diese Frage in einem vorgezogenen Eilrechtsschutzverfahren geklärt worden ist (BVerfGE 67, 43, 61 f.). Dementsprechend greift in den Fällen, die der Gesetzgeber als eindeutig aussichtslos definiert, bis zur Unanfechtbarkeit der gerichtlichen Entscheidung im Eilverfahren ein gesetzliches Abschiebungshindernis ein (§ 36 Abs. 3 Satz 8), das erst nach dem Eintritt der Unanfechtbarkeit der ablehnenden gerichtlichen Eilentscheidung und der damit eintretenden Vollziehbarkeit der Abschiebungsandrohung die Aufenthaltsgestattung erlischt (Nr. 4). Hingegen knüpft

Nr. 3 allein an die Zustellung der Entscheidung die Erlöschenswirkung, sodass kein gesetzliches Abschiebungshindernis für die Dauer des Eilrechtsschutzverfahrens vergleichbar der Regelung in § 36 Abs. 3 Satz 8 eingreift. Jedenfalls ist dem Asylbewerber während des durch die Entscheidung nach § 33 Abs. 5 Satz 1 veranlassten Eilrechtsschutzverfahrens der Aufenthalt unmittelbar kraft Verfassungsrechts zu gestatten (*Hailbronner,* AuslR B 2 § 67 AsylG Rn. 15; *Funke-Kaiser,* in: GK-AsylG II, § 67 Rn. 18; *Wolff,* in: Hofmann/Hoffmann, AuslR. Handkommentar, § 67 AsylG Rn. 5).

V. Vollziehbare Abschiebungsandrohung (Abs. 1 Satz 1 Nr. 4)

Nach Nr. 4 erlischt die Aufenthaltsgestattung, wenn eine gem. § 34, § 35 oder nach § 60 Abs. 9 AufenthG verfügte Abschiebungsandrohung vollziehbar geworden ist. Die Vollziehbarkeit der Ausreisepflicht allein genügt also nicht (*Funke-Kaiser,* in: GK-AsylG II, § 67 Rn. 19; *Hailbronner,* AuslR B 2 § 67 AsylG Rn. 16; *Bergmann,* in: Bergmann/Dienelt, AuslR, 11. Aufl., 2016, § 67 AsylG Rn. 7; *Wolff,* in: Hofmann/Hoffmann, AuslR. Handkommentar, § 67 AsylG Rn. 9). Vorausgegangen ist in diesem Fall stets ein Eilrechtsschutzverfahren, in dem über die Aussetzung der Abschiebung entschieden worden und mit Unanfechtbarkeit der gerichtlichen Entscheidung im Eilrechtsschutzverfahren die Abschiebungsandrohung vollziehbar geworden ist. Mit dem Zeitpunkt des Eintritts der Unanfechtbarkeit des gerichtlichen Beschlusses erlischt die Aufenthaltsgestattung. Wird im Hauptsacheverfahren die Abschiebungsandrohung unanfechtbar, erlischt die Aufenthaltsgestattung nach Nr. 6. Aus dem Wortlaut von Nr. 4 folgt, dass es stets um eine Abschiebungsandrohung geht, die gegen einen Asylantragsteller i.S.d. § 13 Abs. 1 ergangen ist. Nr. 4 setzt damit voraus, dass entweder eine Abschiebungsandrohung nach § 34 Abs. 1 Satz 1, § 35 in Verb. mit § 36 Abs. 1 oder nach § 59 Abs. 1 in Verb. mit § 60 Abs. 9 AufenthG ergangen und vollziehbar geworden ist, weil Rechtsmittel nicht eingelegt wurden oder die Abschiebungsandrohung nach erfolgloser Durchführung des Eilrechtschutzverfahrens vollziehbar geworden ist. 12

§ 60 Abs. 9 AufenthG schafft eine besondere Rechtsgrundlage für die Abschiebungsandrohung aus den Gründen des § 3 Abs. 2 und § 60 Abs. 8 AufenthG, setzt aber voraus, dass der Adressat der Abschiebungsandrohung ein Asylantragsteller ist. Die Abschiebungsanordnung erfolgt auf der Grundlage von § 59 AufenthG und wird nach Landesrecht vollstreckt (*Funke-Kaiser,* in: GK-AsylG II, § 67 Rn. 19; *Hailbronner,* AuslR B 2 § 67 AsylG Rn. 16; *Wolff,* in: Hofmann/Hoffmann, AuslR. Handkommentar, § 67 AsylG Rn. 9). Da Rechtsmittel deshalb keine aufschiebende Wirkung haben (§ 75 Abs. 2 Satz 1), ist die Beantragung von Eilrechtsschutz zu ermöglichen (*Wolff,* in: Hofmann/Hoffmann, AuslR. Handkommentar, § 67 AsylG Rn. 9). 13

VI. Vollziehbare Abschiebungsanordnung nach § 34a (Abs. 1 Satz 1 Nr. 5)

Nach Nr. 5 erlischt die Aufenthaltsgestattung kraft Gesetzes in dem Zeitpunkt, in dem die Abschiebungsanordnung vollziehbar wird, also nach Zurückweisung des Eilrechtsschutzantrags. Auch dem Fall des unzulässigen Asylantrags (§ 29 Abs. 1 Nr. 1) geht die vorherige Antragstellung voraus und entsteht nach § 55 Abs. 1 Satz 3 das 14 gesetzliche Aufenthaltsrecht des § 55 Abs. 1 Satz 1 (*Funke-Kaiser*, in: GK-AsylG II, § 67 Rn. 21; *Hailbronner*, AuslR B 2 § 67 AsylG Rn. 16; *Bergmann*, in: Bergmann/Dienelt, AuslR, 11. Aufl., 2016, § 67 AsylG Rn. 8). Erst wenn hinreichend sicher ist, dass die Abschiebung tatsächlich durchführbar ist (§ 34a Abs. 1 Satz 1), darf die Abschiebungsanordnung ergehen (*Hailbronner*, AuslR B 2 § 67 AsylG Rn. 16; *Wolff*, in: Hofmann/Hoffmann, AuslR. Handkommentar, § 67 AsylG Rn. 7). Mit der persönlichen Zustellung an den Asylbewerber (§ 31 Abs. 1 Satz 2) erlischt abweichend vom früheren Recht die Aufenthaltsgestattung noch nicht, sondern erst mit deren Vollziehbarkeit. Der Gesetzgeber hat damit den Widerspruch zwischen Nr. 4 und 5 aufgelöst und für beide Fälle den *Eintritt der Vollziehbarkeit* als Zeitpunkt für die Erlöschenswirkung festgesetzt. Bis zu diesem Zeitpunkt besteht das gesetzliche Aufenthaltsrecht und ist es von Behörden und Gerichten zwingend zu beachten.

VII. Bekanntgabe der Abschiebungsanordnung nach § 58a AufenthG (Abs. 1 Nr. 5a)

15 Nach Nr. Nr. 5a erlischt die Aufenthaltsgestattung kraft Gesetzes in dem Zeitpunkt, in dem dem Antragsteller die Abschiebungsanordnung nach § 58a AufenthG bekannt gegeben wird. Anders als bei Nr. 4 und 5 wird nicht an die Vollziehbarkeit angeknüpft. Die Vorschrift ist durch das ZuwG 2005 eingefügt worden. Zwar wird der Vollzug der Abschiebungsanordnung bis zur Entscheidung des BVerwG über den vorläufigen Rechtsschutz ausgesetzt (§ 58a Abs. 4 Satz 3 AufenthG). Gleichwohl erlischt nach Nr. 5a die Aufenthaltsgestattung mit Bekanntgabe der Abschiebungsanordnung. Die Vorschrift findet keine Anwendung, wenn die Abschiebungsanordnung außerhalb des Asylverfahrens angewendet wird. In diesem Fall erlischt der Aufenthaltstitel ebenfalls mit Bekanntgabe der Abschiebungsanordnung nach § 51 Abs. 1 Nr. 5a AufenthG.

VIII. Unanfechtbarkeit der Sachentscheidung nach § 31 (Abs. 1 Nr. 6)

16 Nach Nr. 6 erlischt die Aufenthaltsgestattung in dem Zeitpunkt, in die Sachentscheidung des Bundesamtes (§ 31 Abs. 1 Satz 1) unanfechtbar wird. Nur negative, nicht auch positive Entscheidungen werden eingeschlossen (a.A. *Funke-Kaiser*, in: GK-AsylG II, § 67 Rn. 22; *Hailbronner*, AuslR B 2 § 67 AsylG Rn. 10; *Bergmann*, in: Bergmann/Dienelt, AuslR, 11. Aufl., 2016, § 67 AsylG Rn. 9; *Wolff*, in: Hofmann/Hoffmann, AuslR. Handkommentar, § 67 AsylG Rn. 8). Die Gegenmeinung ist wenig überzeugend. Aus unionsrechtlicher Sicht begründen positive Statusentscheidungen den Aufenthaltsanspruch (Art. 24 RL 2011/95/EU). Dem trägt die Fiktionswirkung des § 25 Abs. 2 Satz 2 in Verb. mit § 25 Abs. 1 Satz 3 AufenthG Rechnung. Allenfalls bei ausschließlicher Feststellung eines Abschiebungsverbots nach § 60 Abs. 5 und 7 AufenthG mag die Abschiebung zulässig sein. Zumeist fehlt es jedoch an einem aufnahmebereiten Drittstaat, sodass der Sollanspruch des § 25 Abs. 3 Satz 1 AufenthG Anwendung findet. Die Unanfechtbarkeit tritt nach Ablauf von zwei Wochen nach Zustellung ein, wenn kein Rechtsmittel eingelegt wird (§ 74 Abs. 1 Satz 1 Halbs. 1). Wird Klage erhoben, erlischt die Aufenthaltsgestattung nach Durchführung des Hauptsacheverfahrens im Zeitpunkt des Eintritts der Rechtskraft des Urteils (Nr. 6), der zugleich den Zeitpunkt der Unanfechtbarkeit des Behördenbescheids bestimmt.

Dies ist im Fall des qualifizierten Klageabweisung nach § 78 Abs. 1 Satz 1 der Zeitpunkt der Verkündung oder Zustellung des Urteils und im Übrigen der Zeitpunkt der Zustellung des zurückweisenden Beschlusses nach § 78 Abs. 5 Satz 1 oder der des Ablaufs der Rechtsbehelfsfrist des § 78 Abs. 4 Satz 1. Vollziehbar ist die Ausreisepflicht indes erst nach Ablauf der Monatsfrist nach Zustellung (§ 50 Abs. 2 AufenthG in Verb. mit § 38 Abs. 1 Satz 2).

Nr. 6 zielt auf die Sachentscheidung nach § 31 Abs. 1 Satz 1. Im Zeitpunkt der Unanfechtbarkeit dieser Entscheidung wird auch die Abschiebungsandrohung nach § 34 Abs. 1 Satz 1 unanfechtbar. Hat die Abschiebungsandrohung die einwöchige Ausreisefrist (§ 36 Abs. 1) zur Folge, erlischt die Aufenthaltsgestattung nicht mit Unanfechtbarkeit der Entscheidung in der Hauptsache, sondern im Zeitpunkt der Vollziehbarkeit der Abschiebungsandrohung nach Zurückweisung des Eilrechtsschutzantrags (Nr. 4). Wird dem Eilrechtsschutzantrag stattgegeben, wird die Abschiebungsandrohung unwirksam (§ 37 Abs. 1 Satz 1) und erlischt im Fall der unanfechtbaren Klageabweisung die Aufenthaltsgestattung nach Maßgabe von Nr. 6. Vollziehbar wir die Ausreisepflicht auch in diesen Fällen erst nach Ablauf der Monatsfrist (§ 50 Abs. 2 AufenthG in Verb. mit § 37 Abs. 2). 17

D. Folgeantragsteller

Stellt der Asylbewerber nach Unanfechtbarkeit der Antragsablehnung (Nr. 6) bzw. nach Eintritt der Vollziehbarkeit der Abschiebungsandrohung (Nr. 4) einen Folgeantrag (§ 71), entsteht nicht ohne Weiteres das gesetzliche Aufenthaltsrecht des § 55 Abs. 1 Satz 1 erneut, sondern nur dann, wenn aufgrund des Folgeantrags ein weiteres Asylverfahren durchgeführt wird (§ 71 Abs. 1 Satz 1 in Verb. mit § 55 Abs. 1 Satz 1). Zwischen dem Zeitpunkt des Erlöschens der Aufenthaltsgestattung im Erstverfahren (Nr. 4 oder 6) und der Feststellung der Zulässigkeit des Folgeantrags ist die Abschiebung lediglich gesetzlich ausgesetzt (§ 71 Abs. 5 Satz 2) und der Folgeantragsteller unterliegt der Wohnverpflichtung nach § 30a Abs. 3 Satz 1. Werden Wiederaufgreifensgründe verneint, entfällt das gesetzliche Abschiebungshindernis nach § 71 Abs. 5 Satz 2. Der Asylbewerber ist zur unverzüglichen Ausreise verpflichtet. Der Folgeantrag, auch der unbeachtliche, verschiebt jedoch wegen § 71 Abs. 5 Satz 2 den Zeitpunkt, ab dem die Ausreisepflicht vollziehbar wird. Reist der Antragsteller nach Vollziehbarkeit der Abschiebungsandrohung (Nr. 4) aus und stellt er nach Wiedereinreise einen Folgeantrag, obwohl die Hauptsache im Erstverfahren noch anhängig ist, lebt das gesetzliche Aufenthaltsrecht nur dann wieder auf, wenn der Abänderungsantrag nicht eindeutig ohne Aussicht auf Erfolg ist (BVerfG, NVwZ 1987, 1068 = ZfSH/SGB 1987, 537). Im Grunde genommen liegt ein Folgeantrag nicht vor, da das Erstverfahren noch nicht abgeschlossen ist. Andererseits ist das aus dem Erstverfahren folgende Aufenthaltsrecht nach Nr. 4 erloschen. 18

E. Wirkungen des Erlöschens

Nach dem Eintritt eines der Erlöschenstatbestände des Abs. 1 Satz 1 finden die allgemeinen aufenthaltsrechtlichen Vorschriften Anwendung (§ 43 Abs. 1 und 2). 19

Sofern der Asylbewerber nicht einen Aufenthaltstitel besitzt, ist er unmittelbar zur Ausreise verpflichtet (§ 50 Abs. 1 AufenthG). Die Verpflichtung setzt nicht erst mit Ablauf der Ausreisefrist ein (*Hailbronner,* AuslR B 2 § 67 AsylG Rn. 2; *Funke-Kaiser,* in: GK-AsylG II, § 67 Rn. 23; *Bergmann,* in: Bergmann/Dienelt, AuslR, 11. Aufl., 2016, § 67 AsylG Rn. 11; *Wolff,* in: Hofmann/Hoffmann, AuslR. Handkommentar, § 67 AsylG Rn. 9). Vollziehbar ist die Ausreisepflicht aber erst mit Ablauf der gesetzten Ausreisefrist (§ 50 Abs. 2 AufenthG). Andernfalls liefen die Fristregelungen in § 36 Abs. 1 und § 38 leer. Die der Aufenthaltsgestattung innewohnenden Beschränkungen bestehen fort (OVG Berlin, InfAuslR 2001, 165, 166; *Hailbronner,* AuslR B 2 § 67 AsylG Rn. 24; *Funke-Kaiser,* in: GK-AsylG II, § 67 Rn. 3.1; *Wolff,* in: Hofmann/Hoffmann, AuslR. Handkommentar, § 67 AsylG Rn. 10; a.A. VG Leipzig, EZAR 223 Nr. 17; *Bergmann,* in: Bergmann/Dienelt, AuslR, 11. Aufl., 2016, § 67 AsylG Rn. 11). Zwar wirken räumliche Beschränkungen nach dem Erlöschen der Aufenthaltsgestattung fort (§ 59a Abs. 2 Satz 1) und kann daher an sich auch an der Unterbringung in der Gemeinschaftsunterkunft festgehalten werden (*Funke-Kaiser,* in: GK-AsylG II, § 67 Rn. 3.1; a.A. *Hailbronner,* AuslR B 2 § 67 AsylG Rn. 24; § 53 Rdn. 18). Gründe der Verhältnismäßigkeit sprechen jedoch regelmäßig gegen eine Fortdauer der Verpflichtung. Nach Erteilung einer humanitären Aufenthaltserlaubnis z.B. nach § 25 Abs. 5 AufenthG entfällt die Wohnverpflichtung (*Wolff,* in: Hofmann/Hoffmann, AuslR. Handkommentar, § 67 AsylG Rn. 10).

21 Die Bescheinigung über die Aufenthaltsgestattung soll eingezogen werden (§ 63 Abs. 4). Den Asylbewerber trifft eine entsprechende Herausgabepflicht. Der weitere Aufenthalt ist unrechtmäßig. § 95 Abs. 1 Nr. 1 AufenthG ist jedoch dahin auszulegen, dass der Asylbewerber erst dann einen Straftatbestand erfüllt, wenn er nicht unverzüglich ausreist, obwohl ihm dies tatsächlich möglich war. Eine (zwangsweise) Abschiebung darf regelmäßig nur durchgeführt werden, wenn die freiwillige Erfüllung der Ausreisepflicht nicht gesichert erscheint (§ 58 Abs. 1 AufenthG). Trifft die Ausländerbehörde eine negative Prognose, kann sie unter den Voraussetzungen des § 62 Abs. 3 AufenthG beim Amtsgericht die Sicherungshaft beantragen.

§ 68 AsylG

(weggefallen)

§ 69 AsylG

(weggefallen)

§ 70 AsylG

(weggefallen)

Abschnitt 7 Folgeantrag, Zweitantrag

§ 71 Folgeantrag

(1) [1]Stellt der Ausländer nach Rücknahme oder unanfechtbarer Ablehnung eines früheren Asylantrags erneut einen Asylantrag (Folgeantrag), so ist ein weiteres Asylverfahren nur durchzuführen, wenn die Voraussetzungen des § 51 Abs. 1 bis 3 des Verwaltungsverfahrensgesetzes vorliegen; die Prüfung obliegt dem Bundesamt. [2]Das Gleiche gilt für den Asylantrag eines Kindes, wenn der Vertreter nach § 14a Abs. 3 auf die Durchführung eines Asylverfahrens verzichtet hatte.

(2) [1]Der Ausländer hat den Folgeantrag persönlich bei der Außenstelle des Bundesamtes zu stellen, die der Aufnahmeeinrichtung zugeordnet ist, in der er während des früheren Asylverfahrens zu wohnen verpflichtet war. [2]Wenn der Ausländer das Bundesgebiet zwischenzeitlich verlassen hat, gelten die §§ 47 bis 67 entsprechend. [3]In den Fällen des § 14 Abs. 2 Satz 1 Nr. 2 oder wenn der Ausländer nachweislich am persönlichen Erscheinen gehindert ist, ist der Folgeantrag schriftlich zu stellen. [4]Der Folgeantrag ist schriftlich bei der Zentrale des Bundesamtes zu stellen, wenn

1. die Außenstelle, die nach Satz 1 zuständig wäre, nicht mehr besteht,
2. der Ausländer während des früheren Asylverfahrens nicht verpflichtet war, in einer Aufnahmeeinrichtung zu wohnen.

[4]§ 19 Abs. 1 findet keine Anwendung.

(3) [1]In dem Folgeantrag hat der Ausländer seine Anschrift sowie die Tatsachen und Beweismittel anzugeben, aus denen sich das Vorliegen der Voraussetzungen des § 51 Abs. 1 bis 3 des Verwaltungsverfahrensgesetzes ergibt. [2]Auf Verlangen hat der Ausländer diese Angaben schriftlich zu machen. [3]Von einer Anhörung kann abgesehen werden. [4]§ 10 gilt entsprechend.

(4) Liegen die Voraussetzungen des § 51 Abs. 1 bis 3 des Verwaltungsverfahrensgesetzes nicht vor, sind die §§ 34, 35 und 36 entsprechend anzuwenden; im Falle der Abschiebung in einen sicheren Drittstaat (§ 26a) ist § 34a entsprechend anzuwenden.

(5) [1]Stellt der Ausländer, nachdem eine nach Stellung des früheren Asylantrags ergangene Abschiebungsandrohung oder -anordnung vollziehbar geworden ist, einen Folgeantrag, der nicht zur Durchführung eines weiteren Verfahrens führt, so bedarf es zum Vollzug der Abschiebung keiner erneuten Fristsetzung und Abschiebungsandrohung oder -anordnung. [2]Die Abschiebung darf erst nach einer Mitteilung des Bundesamtes, dass die Voraussetzungen des § 51 Abs. 1 bis 3 des Verwaltungsverfahrensgesetzes nicht vorliegen, vollzogen werden, es sei denn, der Ausländer soll in den sicheren Drittstaat abgeschoben werden.

(6) [1]Absatz 5 gilt auch, wenn der Ausländer zwischenzeitlich das Bundesgebiet verlassen hatte. [2]Im Falle einer unerlaubten Einreise aus einem sicheren Drittstaat (§ 26a) kann der Ausländer nach § 57 Abs. 1 und 2 des Aufenthaltsgesetzes dorthin zurückgeschoben werden, ohne dass es der vorherigen Mitteilung des Bundesamtes bedarf.

(7) [1]War der Aufenthalt des Ausländers während des früheren Asylverfahrens räumlich beschränkt, gilt die letzte räumliche Beschränkung fort, solange keine andere Entscheidung ergeht. [2]Die §§ 59a und 59b gelten entsprechend. [3]In den Fällen der Absätze 5 und 6 ist für ausländerrechtliche Maßnahmen auch die Ausländerbehörde zuständig, in deren Bezirk sich der Ausländer aufhält.

(8) Ein Folgeantrag steht der Anordnung von Abschiebungshaft nicht entgegen, es sei denn, es wird ein weiteres Asylverfahren durchgeführt.

Übersicht Rdn.

A. Funktion der Vorschrift

1 Die Regelungen in § 71 haben ihr Vorbild in § 14 AsylG 1982. Das System des Folgeantrags nach geltendem Recht ist mit dem früheren Recht jedoch nur noch bedingt strukturell vergleichbar. Während früheres Recht den Folgeantrag strukturell als eine der Fallgruppen des »unbeachtlichen Asylantrags« und damit wie den offensichtlich sicheren Voraufenthalt in einem Drittstaat als einen Prüfungsgesichtspunkt im Rahmen der Zulässigkeit eines gestellten Asylantrags behandelte, wird der Folgeantrag nach geltendem Recht einem besonderen verfahrensrechtlichen Regime als Teil der Vollzugsphase nach Abschluss des Asylverfahrens unterstellt. Zwar wird der Folgeantrag in einem besonderen Gesetzesabschnitt zusammen mit dem 1993 erstmals eingeführten Zweitantrag behandelt. Die Regelungen in Abs. 5 verdeutlichen aber, dass der Folgeantrag gesetzessystematisch eigentlich dem 4. Unterabschnitt des zweiten Abschnitts, d.h. den Regelungen über die Aufenthaltsbeendigung zuzuordnen ist.

2 In Übereinstimmung mit altem Recht definiert Abs. 1 Satz 1 den Folgeantrag und verweist ebenso wie das frühere Recht zur Beantwortung der Frage seiner Rechtserheblichkeit auf die allgemeinen verfahrensrechtlichen Vorschriften des § 51 Abs. 1 bis 3 VwVfG über das Wiederaufgreifen des Verfahrens. Während früher diese Frage verfahrensrechtlich im Rahmen der Beachtlichkeitsprüfung behandelt wurde, ist sie im geltenden Recht im Rahmen der Vollziehung der Abschiebungsandrohung von Bedeutung. Nur wenn einer der Wiederaufnahmegründe des § 51 Abs. 1 VwVfG durchgreift, wird ein weiteres Verfahren durchgeführt (Abs. 1 Satz 1). Bis zur entsprechenden Feststellung ist die Abschiebung lediglich ausgesetzt (Abs. 5 Satz 2). Eilrechtsschutz ist bei behördlicher Ablehnung der Durchführung eines weiteren Verfahrens nur unter erschwerten Voraussetzungen zu erreichen. Außerdem entscheidet nunmehr das Bundesamt und nicht mehr wie früher die Ausländerbehörde über die Rechtserheblichkeit des Folgeantrags.

3 Durch Art. 3 Nr. 44 Buchst. c) ZuwG ist die Zweijahresfrist in § 71 Abs. 5 Satz 1 AsylVfG a.F. mit Wirkung zum 01.01.2005 aufgehoben worden. Daher wird

grundsätzlich in allen Folgeantragsverfahren die Entscheidung, kein weiteres Verfahren durchzuführen, nicht mit einer erneuten Abschiebungsandrohung verbunden. Vielmehr kann die Ausländerbehörde aus der unanfechtbaren (Abs. 1 Satz 1 Halbs. 1) Abschiebungsandrohung des Asylverfahrens vorgehen. Der Eilrechtsschutz richtet sich ausschließlich nach § 123 VwGO. Das Bundesamt kann jedoch auch nach Abs. 4 vorgehen und im Rahmen der Entscheidung über den Folgeantrag eine Abschiebungsandrohung erlassen. In diesem Fall richtet sich der Abschiebungsschutz nach § 80 Abs. 5 VwGO (Abs. 4 in Verb. mit § 36 Abs. 3 Satz 1). Durch das Richtlinienumsetzungsgesetz 2007 ist die früher in Abs. 5 Satz 2 Halbs. 2 vorgesehene eigenständige Prüfungskompetenz der Ausländerbehörde wegen Unvereinbarkeit mit Art. 32 RL 2005/85/EG aufgehoben worden (BT-Drucks. 16/5065, S. 419). In der Verwaltungspraxis hat diese Bestimmung ohnehin keine praktische Bedeutung.

4 Nach Unionsrecht kann für den Fall, dass der Antragsteller »weitere Angaben vorbringt« oder einen Folgeantrag stellt, im Rahmen der Prüfung des früheren Antrags oder der Prüfung der Entscheidung, gegen die ein Rechtsbehelf eingelegt wurde, geprüft werden, inwieweit die zuständigen Behörden in diesem Rahmen alle Elemente, die den weiteren Angaben oder dem Folgeantrag zugrunde liegen, berücksichtigen (Art. 40 Abs. 1 RL 2013/32/EU). Dies setzt einen anhängigen Antrag voraus. Nach deutschem Verfahrensrecht ist es möglich und sogar geboten, im anhängigen Verwaltungsverfahren oder Rechtstreit weitere Angaben vorzubringen. Dazu bedarf es keines Folgeantrags. Jedoch kann ein besonderes Verfahren eingeführt werden, wenn eine Person einen Folgeantrag stellt, nachdem ihr früherer Antrag zurückgenommen, nicht weiter betrieben wurde oder eine Entscheidung über ihren früheren Antrag ergangen ist. Dies kann auch davon abhängig gemacht werden, dass erst eine rechtskräftige Entscheidung ergangen sein muss (Art. 32 Abs. 2 RL 2005/85/EG). In der ab 20.07.2015 umzusetzenden Änderungsrichtlinie 2013/32/EU fehlt eine korrespondierende Regelung. Die Richtlinie definiert den Begriff Folgeantrag weder in Art. 40 Abs. 1 noch in Art. 33 Abs. 2 Buchst. d) RL 2013/32/EU, sondern setzt ihn voraus. Abs. 1 von Art. 40 kann nur so verstanden werden, dass »weitere Angaben« entweder im anhängigen Verfahren oder in einem Verfahren, das durch einen Folgeantrag eingeleitet wird, geprüft werden. Da anders als nach Art. 32 Abs. 2 RL 2005/85/EG die fakultative Möglichkeit, die Zulässigkeit des Folgeantrags von einer »rechtskräftigen Entscheidung« abhängig zu machen, fehlt, bleibt diese Frage offen. Andererseits können die Mitgliedstaaten vorsehen, dass der Folgeantrag nur dann geprüft wird, wenn der Antragsteller ohne eigenes Verschulden nicht in der Lage war, das weitere Vorbringen im früheren Verfahren insbesondere durch Wahrnehmung seines Rechts auf einen wirksamen Rechtsbehelf vorzubringen (Art. 40 Abs. 4 RL 2013/32/EU).

B. Definition des Folgeantrags

I. Allgemeine Merkmale des Folgeantrags

5 Wie § 14 Abs. 1 AsylG 1982 enthält Abs. 1 Satz 1 Halbs. 1 eine Definition des Folgeantrags. Jeder nach Rücknahme oder unanfechtbarer Ablehnung eines früheren

Antrags erneut gestellte Antrag im Sinne von § 13 ist ein Folgeantrag. Das Bundesamt muss über einen Antrag entschieden haben. Wurde im vorangegangenen Verfahren nicht in der Sache entschieden, weil sich der Antragsteller nicht zur festgesetzten Frist in der Außenstelle des Bundesamtes gemeldet hatte, fehlt es an einer Entscheidung in der Sache und ist nach Art. 28 RL2013/32/EU das Verfahren wieder zu eröffnen, ohne dass die Bestimmungen über den Folgeantrag Anwendung finden (VG Düsseldorf, NVwZ 2016, 90). Anknüpfungspunkt nach Abs. 1 Satz 1 ist der frühere Asylantrag. Damit wird auf den Begriff des Asylantrags nach § 13 Abs. 1 verwiesen. Auch ein erneuter Antrag auf Zuerkennung der Flüchtlingseigenschaft (§ 3 Abs. 4 Halbs. 1) oder des subsidiären Schutzes (§ 4 Abs. 1 Satz 1) ist nach Maßgabe von Abs. 1 Satz 1 Halbs. 1 zu behandeln. Demgegenüber werden die Abschiebungsverbote nach § 60 Abs. 5 und 7 AufenthG nicht vom Antragsbegriff nach § 13 erfasst (s. aber § 24 Abs. 2, § 31 Abs. 3). Insoweit ist eine gesonderte Betrachtungsweise geboten (s. hierzu Rdn. 95 ff.). Der Folgeantrag selbst ist ebenfalls ein Antrag i.S.d. § 13 (VGH BW, InfAuslR 1996, 303, 304; *Hailbronner,* AuslR B 2 § 71 AsylG Rn. 17). Auch die Entscheidung des Bundesamtes nach Abs. 1 Satz 1 letzter Halbs., ein weiteres Asylverfahren nicht durchzuführen, ist eine unanfechtbare Ablehnung i.S.d. Abs. 1 Satz 1 Halbs. 1 (*Funke-Kaiser,* in: GK-AsylG, II, § 71 Rn. 10). Jeder weitere Folgeantrag nach Ablehnung des Antrags, ein weiteres Asylverfahren durchzuführen, wird daher nach § 71 behandelt. Da dem Antrag auf Gewährung von Familienasyl und internationalen Schutz für Familienangehörige (§ 26) ein Antrag nach § 13 Abs. 1 zugrunde liegt, ist ein weiterer Antrag ein Folgeantrag. Umgekehrt kann nach Ablehnung des Antrags der abgeleitete Status auch nach Abs. 1 Satz 1 beantragt werden (Nieders. OVG, NVwZ-Beil. 1996, 59, 60; *Funke-Kaiser,* in: GK-AsylG, § 71 Rn. 10).

Die erste Alternative des Abs. 1 Satz 1 Halbs. 1 zielt auf die Rücknahme des Asylan- 6
trags: Stellt der Antragsteller nach Rücknahme eines früheren Antrags erneut einen Asylantrag, handelt es sich um einen Folgeantrag. Wird ein Folgeantrag jedoch vor der Rücknahme des Antrags im Erstverfahren gestellt, zeitigt dieser rechtlich keine Wirkung. Vielmehr handelt es sich um Sachvorbringen, das im Erstverfahren zu berücksichtigen ist (*Funke-Kaiser,* in: GK-AsylG, II, § 71 Rn. 14 ff.; *Hailbronner,* AuslR B 2 § 71 AsylG Rn. 10). Von der Rücknahme nach Abs. 1 Satz 1 Halbs. 1 ist die Rücknahme i.S.d. § 73 Abs. 2 zu trennen. Gemeint ist nicht die von Amts wegen durchgeführte Rücknahme des Statusbescheids durch das Bundesamt, sondern die auf einer freien Willensentscheidung beruhende oder kraft Gesetzes (§ 33 Abs. 1) bewirkte Rücknahme des Asylantrags durch den Antragsteller. Abs. 1 Satz 1 Halbs. 1 knüpft ferner ersichtlich an § 14 Abs. 1 Satz 1 Halbs. 1 AsylG 1982 an und zielt damit auf die Rücknahme des Erstantrags durch den Antragsteller während des anhängigen Verwaltungsverfahrens (BT-Drucks. 9/875, S. 17). § 33 Abs. 1 ordnet als Folge des Nichtbetreibens des Asylverfahrens die fingierte Rücknahme des Asylantrags an. Die Vorschriften über die fingierte Rücknahme des Asylantrags (§ 33) unterfallen dem Begriff der Rücknahme nach Abs. 1 Satz 1 Halbs. 1 (VG Darmstadt, NVwZ-Beil. 1999, 88). Es liegt schon begrifflich eine Rücknahme nach Abs. 1 Satz 1 Halbs. 1 vor, wenn auch eine fingierte als Folge des Nichtbetreibens des Verfahrens, sodass § 71 Anwendung findet. Im Fall der Betreibensaufforderung des § 81 gilt demgegenüber

die Klage als zurückgenommen und der angegriffene Verwaltungsakt erwächst in Bestandskraft. Damit gilt der im Erstverfahren gestellte Antrag nicht als zurückgenommen, sondern als unanfechtbar abgelehnt.

7 Entsprechend der das Verwaltungsverfahren beherrschenden Dispositionsbefugnis kann der Antragsteller jederzeit das Verwaltungsverfahren durch Rücknahme seines Antrags beenden. Er muss im Asylverfahrensrecht hierfür die verfahrens- und aufenthaltsrechtlichen Konsequenzen übernehmen. Denn nach Rücknahme seines Antrags kann ein neuer Antrag nur noch unter den Voraussetzungen des § 51 Abs. 1 bis 3 VwVfG zur Einleitung eines neuen Verfahrens führen. Auch wenn das Asylverfahren durch die Erklärung des gesetzlichen Vertreters nach § 14a Abs. 3 durch Rücknahme beendet wird, ist jedes weitere Vorbringen des Vertretenen als Folgeantrag zu behandeln (Abs. 1 Satz 2). Allerdings lässt Unionsrecht die Behandlung eines weiteren Antrags als Folgeantrag nur unter der Voraussetzung zu, dass der Betroffene im Erstverfahren eingewilligt hat, dass sein Antrag Teil des Antrags des gesetzlichen Vertreter ist (Art. 40 Abs. 5 Buchst. a) RL 2013/32/EU). Danach kann ein nach Verfahrensbeendigung nach Maßgabe des § 14a gestellter Antrag nicht als Folgeantrag angesehen werden (a.A. *Hailbronner,* AuslR B 2 § 71 AsylG Rn. 16; *Müller*, in: Hofmann/Hoffmann, AuslR. Handkommentar § 71 AsylG Rn. 15). Vielmehr ist dieser als Erstantrag zu behandeln. Fraglich ist, ob auch dann von einem Folgeantrag auszugehen ist, wenn die Rücknahme des Erstantrags vor der Anhörung nach § 25 erfolgt ist. Nach der Rechtsprechung setzt die Beurteilung einer geänderten Sach- oder Rechtslage oder eines neuen Beweismittels eine einmal festgestellte Sach- und Rechtslage als Bezugsbasis für die Beurteilung der Erheblichkeit des Folgeantrags voraus. Die Sachlage wird im Asylverfahren jedoch erst in der persönlichen Anhörung festgestellt (VG Schleswig, Beschl. v. 20.09.1982 – 14 D 38/82; VG Hamburg, InfAuslR 1984, 255; wohl auch BayVGH, EZAR 210 Nr. 12; a.A. *Funke-Kaiser,* in: GK-AsylG § 71 Rn. 23 ff.; *Hailbronner,* AuslR B 2 § 71 AsylG Rn. 21). In Fällen, in denen im Asylverfahren eine Anhörung nicht stattgefunden hat, sei es nicht möglich, eine Gegenüberstellung des vom Bundesamt ermittelten Sachverhalts mit dem Sachvorbringen im Folgeantragsverfahren anhand des *§ 51 Abs. 1 VwVfG vorzunehmen. Obwohl diese Fallkonstellation vom* Gesetzeswortlaut nicht ausdrücklich geregelt wird, folgt aus der Verweisung auf § 51 Abs. 1 VwVfG, dass es sich in derartigen Fällen nicht um einen Folgeantrag handelt (VG Hamburg, InfAuslR 1984, 255; wohl auch BayVGH, EZAR 210 Nr. 12). Die Gegenmeinung hat zwar die herrschende Verwaltungspraxis für sich, ist jedoch wenig überzeugend.

8 Abs. 1 Satz 1 Halbs. 1 enthält kein ungeschriebenes Tatbestandsmerkmal, dass ein innerer zeitlicher und sachlicher Zusammenhang zwischen Asyl- und Folgeantragsverfahren erforderlich wäre (Hess. VGH, EZAR 226 Nr. 8). Das Sachvorbringen im Erstverfahren ist jedoch für die Prüfung der Beachtlichkeit der Wiederaufgreifensgründe von Bedeutung. Denn ob Wiederaufgreifensgründe durchgreifen können, bedarf grundsätzlich auch einer Berücksichtigung der im Asylverfahren vorgebrachten Verfolgungsgründe. Nach herrschender Ansicht ist eine rein *phänomenologische Betrachtungsweise* maßgebend: Jeder nach unanfechtbarem Abschluss

des Asylverfahrens oder Rücknahme gestellte Antrag wird als Folgeantrag behandelt. Weder ist ein zeitlicher Zusammenhang zum Asylverfahren erforderlich noch differenzieren die Sondervorschriften über den Folgeantrag danach, ob der Antragsteller nach Abschluss des Asylverfahrens das Bundesgebiet verlassen hat oder nicht (BVerwGE 77, 323, 324 = EZAR 224 Nr. 16 = NVwZ 1988, 258;OVG Bremen, InfAuslR 1986, 16; OVG NW, Urt. v. 16.04.1985 – 17 B 20798/84; VGH BW, InfAuslR 1984, 249; BayObLG, NVwZ-Beil. 1998, 55; *Bell/von Nieding*, ZAR 1995, 119; *Bergmann*, in: Bergmann/Dienelt, AuslR, 11. Aufl., 2016, § 71 AsylG Rn. 12). Deshalb finden nach Abs. 6 Satz 1 die Regelungen des Abs. 5 über die Vollziehbarkeit der Abschiebungsandrohung auch dann Anwendung, wenn der Antragsteller zwischenzeitlich das Land verlassen hat. Auch § 33 Abs. 2 wird als gesetzgeberische Bestätigung dafür gesehen, dass der Folgeantrag auch dann Anwendung findet, wenn der Antragsteller nach Abschluss des ersten Verfahrens in den Herkunftsstaat zurückgereist ist (VG Darmstadt, NVwZ-Beil. 1999, 88). Der Antragsteller reist jedoch nicht illegal ein (OLG Düsseldorf, Beschl. v. 19.11.1997 – 2 Ss 326/97 – 103/97 II).

Der Begriff des Folgeantrags knüpft damit allein daran an, dass bereits früher ein 9
Antrag gestellt worden war, der zurückgenommen oder unanfechtbar abgelehnt worden ist. Anknüpfungspunkt ist allein eine unanfechtbare Entscheidung über einen vorangegangenen Asylantrag. Unerheblich ist, aus welchen Gründen die Ablehnung erfolgte. Ob die Unanfechtbarkeit im Verwaltungsverfahren als Folge des nicht fristgemäß oder überhaupt nicht eingelegten Rechtsmittels oder als Folge einer rechtskräftigen Gerichtsentscheidung eingetreten ist, ist unerheblich. Demgegenüber ist nach allgemeinem Verfahrensrecht die Behörde befugt, einen nicht im gerichtlichen, sondern im Verwaltungsverfahren bestandskräftig gewordenen Bescheid jederzeit zugunsten des Betroffenen erneut aufzugreifen (BVerwGE 25, 241, 242; BVerwG, NJW 1976, 340f.). Lediglich im Blick auf den im gerichtlichen Verfahren unanfechtbar gewordenen Behördenbescheid steht ihr diese Befugnis nicht ohne Weiteres zu. Beim Wiederaufgreifen eines Verfahrens geht es grundsätzlich darum, die Bestandskraft oder Rechtskraft einer einmal getroffenen behördlichen Entscheidung zu durchbrechen. Dafür stellt das Gesetz für bestimmte Fälle ein gesondertes Verfahren zur Verfügung. Insoweit tritt der Grundsatz der Rechtssicherheit zurück (*Kemper*, NVwZ 1985, 872, 873).

II. Neues Sachvorbringen vor Eintritt der Unanfechtbarkeit der Asylablehnung

Eine der häufigsten Fallgestaltung in der Verwaltungspraxis ist, dass der Antrag im 10
Asylverfahren in der qualifizierten Form nach § 30 abgelehnt wurde und das Eilrechtsschutzverfahren nach § 36 Abs. 3 und 4 erfolglos verlaufen ist. In diesem Fall ist regelmäßig das Hauptsacheverfahren noch anhängig, sodass neue Tatsachen und Beweismittel in dieses Verfahren einzuführen sind. Solange die Antragsablehnung nicht unanfechtbar ist, ist die förmliche Folgeantragstellung nach dem eindeutigen Wortlaut von Abs. 1 Satz 1 Halbs. 1 unzulässig. Die Klagerücknahme zwecks Herbeiführung der Unanfechtbarkeit der Antragsablehnung, um neue Tatsachen und Beweismittel im Wege des Folgeantragsverfahren vorbringen zu können, ist eine riskante

Prozessstrategie, da die Zulässigkeit neuen Vorbringens am Verschuldenstatbestand (§ 51 Abs. 2 VwVfG) scheitern kann. War im Zeitpunkt des Auftretens neuer Tatsachen oder des Bekanntwerdens neuer Beweismittel das Asylverfahren in der Hauptsache noch anhängig, muss sich der Antragsteller auf dieses verweisen lassen (BVerfG [Kammer], NVwZ 1987, 487). Die Verweisung auf diesen Weg scheitert nicht daran, dass der Eilrechtsschutzantrag wegen Fristversäumnis zurückgewiesen wurde (BVerfG [Kammer], NVwZ 1987, 487; Nieders. OVG, NVwZ-RR 1989, 276).

11 Folgt aus der zeitlichen Abfolge von Zurückweisung des Eilrechtsschutzantrags im Asylverfahren, der Klagerücknahme und der (anschließenden) Folgeantragstellung, dass der Antragsteller sich *planmäßig* und *mutwillig* die Möglichkeit genommen hat, eine etwa eintretende, ihm günstige Änderung der Sach- oder Rechtslage nach unanfechtbarem Abschluss des Eilrechtsschutzverfahrens im Klageverfahren geltend zu machen oder verfügbar werdende Urkunden in diesem Verfahren vorzulegen, wird ihm *grobes Verschulden* im Sinne von § 51 Abs. 2 VwVfG vorgeworfen (Hess. VGH, ESVGH 38, 118 = EZAR 224 Nr. 17; *Funke-Kaiser,* in: GK-AsylG § 71 Rn. 14 ff.; *Hailbronner,* AuslR B 2 § 71 AsylG Rn. 12; *Müller*, Hofmann/Hoffmann, AuslR. Handkommentar § 71 AsylG Rn. 11). Dies gilt jedoch nicht, wenn der Antragsteller nach Zurückweisung des Eilrechtsschutzantrags auf Empfehlung oder Anraten des Verwaltungsgerichts die Klage zurückgenommen hat. Werden nach Zurückweisung des Eilrechtsschutzantrages neue Tatsachen und Beweismittel bekannt, ist deshalb zur Vermeidung der Folge des § 51 Abs. 2 VwVfG im Erstverfahren der *Abänderungsantrag* nach § 80 Abs. 7 Satz 2 VwGO zu stellen (s. hierzu § 36 Rn. 16 ff.). Nach Art. 40 RL 2013/32/EU ist die Zulässigkeit des Folgeantrags nicht von einer »rechtskräftigen Entscheidung« abhängig. Andererseits können die Mitgliedstaaten vorsehen, dass der Folgeantrag nur dann geprüft wird, wenn der Antragsteller ohne eigenes Verschulden nicht in der Lage war, das weitere Vorbringen im früheren Verfahren insbesondere durch Wahrnehmung seines Rechts auf einen wirksamen Rechtsbehelf vorzubringen (Art. 40 Abs. 4 RL 2013/32/EU). Davon hat der Gesetzgeber mit § 51 Abs. 2 VwVfG Gebrauch gemacht.

12 Zwar folgt im Falle des Abs. 4 iVm § 36 Abs. 3 Satz 1 aus der *Fristgebundenheit des Eilrechtsschutzes*, dass spätere Abänderungs- oder Aufhebungsanträge grundsätzlich ausgeschlossen sind (VGH BW, DÖV 1986, 296). Jedoch gilt dies nicht, wenn der Eilantrag nicht verfristet war (OVG NW, EZAR 632 Nr. 13). Wurde der Eilrechtsschutz fristgemäß beantragt, entstehen aber nach Antragszurückweisung Wiederaufnahmegründe nach § 51 Abs. 1 VwVfG, ist der Abänderungsantrag unter den Voraussetzungen des § 80 Abs. 7 Satz 2 VwGO zulässig (OVG NW, EZAR 632 Nr. 13; Hess. VGH, EZAR 224 Nr. 17). Auch in den Fällen des verfristeten Antrags im Asylverfahren sind neue Tatsachen und Beweismittel weiterhin im Hauptsacheverfahren einzuführen. Zugleich ist gegebenenfalls ein Eilrechtsschutz nach § 123 VwGO zu beantragen (VG Gießen, AuAS 1994, 228) verbunden mit einem Antrag auf *Stillhaltezusage* (Art. 13 RL 2008/115/EG). Zwar lösen derartige Anträge nicht den Abschiebungsschutz nach § 36 Abs. 3 Satz 8 aus. Nach der positiven gerichtlichen Entscheidung wird die Abschiebung jedoch ausgesetzt (Hess. VGH, EZAR 224 Nr. 17).

III. Neues Sachvorbringen während des Berufungszulassungsverfahrens (§ 78 Abs. 4)

Besondere Verfahrensprobleme bereiten Fallgestaltungen, in denen die mündliche Verhandlung im Erstverfahren durchgeführt oder über den Zulassungsantrag nach § 78 Abs. 4 Satz 1 noch nicht entschieden worden ist, aber vor Zustellung oder während des Antragsverfahrens Wiederaufnahmegründe entstehen und die Gefahr besteht, dass die Frist des § 51 Abs. 3 Satz 1 VwVfG während des anhängigen Antragsverfahrens abläuft. Aus § 51 Abs. 1 Nr. 2 VwVfG folgt die verfahrensrechtliche Mitwirkungspflicht, neue Tatsachen und Beweismittel vorrangig im Erstverfahren einzuführen (BVerfG [Kammer], NVwZ 1987, 487). Dies muss verfahrensrechtlich aber noch möglich gewesen sein (BVerfG [Kammer], NVwZ 1987, 487; OVG MV, AuAS 1997, 223, 224; Rn. 58). War z.B. die mündliche Verhandlung im Asylverfahren bereits durchgeführt worden, ist dem Antragsteller nicht zuzumuten, mit Blick auf nach Abschluss der Verhandlung auftretende neue Tatsachen und Beweismittel die Wiedereröffnung des Verfahrens zu beantragen (VGH BW, Beschl. v. 23.01.1987 – A 13 S 814/86). Eine gerichtliche Wiedereröffnungspflicht ist auf extreme Ausnahmefälle beschränkt. Wird der *Wiedereröffnungsantrag* (§ 78 Rn. 170 ff.; Rn. 83) auf ein Vorbringen gestützt, das noch nicht Gegenstand des bisherigen Verfahrens war und deshalb in der mündlichen Verhandlung auch nicht berücksichtigt werden konnte, macht das Gericht von der Ermessensermächtigung des § 104 Abs. 3 Satz 2 VwGO in aller Regel zweckentsprechenden Gebrauch, wenn es die Wiedereröffnung ablehnt (VGH BW, Beschl. v. 23.01.1987 – A 13 S 814/86). In diesem Fall ist dem Antragsteller der Weg über Abs. 1 Satz 1 Halbs. 1 eröffnet und von einem zulässigen Folgeantrag auszugehen (*Funke-Kaiser*, in: GK-AsylG, II, § 71 Rn. 61 ff.; *Hailbronner*, AuslR B 2 § 71 AsylG Rn. 11). Anders liegt der Fall, wenn ihm vom Verwaltungsgericht ein Schriftsatzrecht nach § 283 ZPO eingeräumt worden ist. In diesem Fall bestehen keine Bedenken, den Antragsteller auf diesen Weg zu verweisen. 13

Der Folgeantrag ist kein außerordentliches Rechtsmittel, mit dem jederzeit eine vermeintlich unrichtige Sachentscheidung im Erstverfahren korrigiert werden kann (Nieders. OVG, NVwZ-RR 1989, 276, zur Frage, ob und inwieweit das Sachvorbringen als nicht neu zurückzuweisen ist, weil es bereits im Wiedereinsetzungsverfahren gegen die Versäumung der Klagefrist vorgetragen worden war, s. BVerfG [Kammer], NVwZ-Beil. 1994, 49). Andererseits wird ihm nicht zugemutet, von allen nur irgend in Betracht kommenden prozessualen Möglichkeiten unabhängig davon Gebrauch zu machen, ob sie auch tatsächlich eine ernsthafte Erfolgschance bieten (VGH BW, Beschl. v. 23.01.1987 – A 13 S 814/86). Die zur Zulässigkeit der Verfassungsbeschwerde entwickelten besonders strengen Grundsätze können nicht ohne Weiteres auf den Folgeantrag übertragen werden. Daher ist der Antragsteller zur Wahrung seiner Rechte nach Abs. 1 Satz 1 Halbs. 1 auch nicht gehalten, den Zulassungsantrag nach § 78 Abs. 4 Satz 1 zu stellen (VGH BW, Beschl. v. 23.01.1987 – A 13 S 814/86; a.A. VGH BW, EZAR 633 Nr. 21; VGH BW, InfAuslR 1994, 290). Das gilt im gleichen Maße für die revisionsrechtliche Zulassungsbeschwerde (§ 133 VwGO). Vielmehr kann der Antragsteller das ihn benachteiligende Urteil des Verwaltungsgerichts rechtskräftig werden lassen und sein neues Sachvorbringen mit dem Folgeantrag geltend machen. Treten 14 während des Revisionsverfahrens neue Tatsachen und Beweismittel auf, sind diese daher mithilfe des Folgeantrags vorzubringen (BVerwG, InfAuslR 1985, 22).

15 Generell kann damit festgehalten werden: Der Antragsteller ist gehalten, sämtliche Tatsachen und Beweismittel im Erstverfahren geltend zu machen, solange ihm dies prozessual möglich und zumutbar ist. Freilich dürfen an diese prozessuale Mitwirkungspflicht keine überhöhten Anforderungen gestellt werden. Insbesondere muss aus der Natur der Sache heraus die Geltendmachung neuen Sachvorbringens im Asylverfahren überhaupt noch möglich gewesen sein. Weder mit dem Zulassungsantrag nach § 78 Abs. 4 Satz 1 noch mit der Zulassungsbeschwerde nach § 133 Abs. 1 VwGO können neue Tatsachen und Beweismittel in das Verfahren eingeführt werden. Das gilt ungeachtet der prozessualen Möglichkeit, die Grundsatzberufung auf ungeklärte Tatsachenfragen zu stützen (BVerwGE 70, 24 = Buchholz 402.25 § 32 AsylG Nr. 4 = NVwZ 1985, 159 = InfAuslR 1985, 119; Hess. VGH, NVwZ 1983, 237; VGH BW, EZAR 633 Nr. 2; InfAuslR 1983, 260; OVG Hamburg, DÖV 1983, 648; InfAuslR 1983, 262). Auch in diesen Fällen entscheidet das Berufungsgericht bzw. das BVerwG auf der Grundlage der es insoweit bindenden tatsächlichen Feststellungen des letztinstanzlichen Urteils. Legt der Antragsteller im Asylverfahren Rechtsbehelfe ein, die von ihrer Natur her das Vorbringen neuer Tatsachen und Beweismittel ausschließen, muss es das Verfahrensrecht ihm ermöglichen, neues Sachvorbringen in geeigneter Weise geltend zu machen. Auch das Unionsrecht erlaubt es nur, die Zulässigkeit des Folgeantrags davon abhängig zu machen, dass weitere Angaben mit einem »wirksamen« Rechtsbehelf im Erstverfahren vorgebracht werden können (Art. 40 Abs. 4 RL 2013/32/EU). »Neues Vorbringen« wird im Zulassungsverfahren indes nicht berücksichtigt.

16 Lässt das Berufungsgericht die Berufung zu, bedarf es keines Folgeantrags. Ein möglicherweise eingeleitetes Folgeantragsverfahren wird damit unzulässig und ist einzustellen. Ein etwaig ergangener Sachbescheid wäre durch das Bundesamt von Amts wegen oder auf eine isolierte Anfechtungsklage hin aufzuheben. Vielmehr muss der Antragsteller alle neu eintretenden Tatsachen und Beweismittel bis zum Schluss der Berufungsverhandlung geltend machen. Dies gilt jedoch nicht für das Revisionsverfahren. Hier wird der Antragsteller von vornherein auf den Folgeantrag verwiesen (BVerwG, InfAuslR 1985, 22). Weist das Berufungsgericht den Zulassungsantrag zurück, ist die Antragsablehnung im Asylverfahren unanfechtbar. Stellt der Antragsteller anschließend den Folgeantrag, kann ihm nicht die Versäumnis der Frist des § 51 Abs. 3 VwVfG entgegengehalten werden. Zu einem früheren Zeitpunkt konnte der Folgeantrag aus verfahrensrechtlichen Gründen nicht gestellt werden, weil der frühere Asylantrag noch nicht unanfechtbar abgelehnt war. Früher wurde vereinzelt vorgeschlagen, unter analoger Anwendung der Vorschriften über den Folgeantrag in derartigen Fällen auch schon vor unanfechtbarer Ablehnung des Erstantrags den Folgeantrag zuzulassen (VG Schleswig, Beschl. v. 20.09.1982 – 14 D 38/82). Es ist jedoch zweifelhaft, ob angesichts des eindeutigen Wortlautes von Abs. 1 Satz 1 Halbs. 1 ein derartiges Verfahren zulässig ist. Ebenso dürfte eine aufschiebend bedingte Antragstellung derart, dass mit Zurückweisung des Zulassungsantrags die Bedingung für den Folgeantrag eintritt, kaum mit den das Verwaltungsverfahren beherrschenden Grundsätzen vereinbar

sein. Vielmehr ist erst nach unanfechtbarer Zurückweisung des Zulassungsantrags die Folgeantragstellung zulässig ist und *beginnt erst mit dem Eintritt der Unanfechtbarkeit die Frist* des § 51 Abs. 3 VwVfG zu laufen (BVerwG, NVwZ 2009, 595, 596 = InfAuslR 2009, 171 = AuAS 2009, 94; OVG MV, AuAS 1997, 223, 224 = NVwZ-RR 1998, 140; VG Gießen, NVwZ-Beil. 1998, 62, 63; *Hailbronner,* AuslR B 2 § 71 AsylG Rn. 11).

IV. Antrag nach Aufhebung oder Erlöschen der Statusberechtigung

Ist dem Antragsteller im Erstverfahren die Asylberechtigung oder internationale Schutzberechtigung zuerkannt worden, reist er nachträglich in sein Herkunftsland zurück, kann ein Widerrufsgrund nach § 73 Abs. 1 Satz 1 oder – wenn mit der Rückkehr die freiwillige Entgegennahme des nationalen Reiseausweises des Herkunftslandes verbunden ist – ein Erlöschensgrund (§ 72 Abs. 1 Nr. 1) erfüllt sein. Eine durch Widerruf oder kraft Erlöschens aufgehobene Statusentscheidung ist aber bereits begrifflich keine Ablehnung des Asylantrags. Der neue Antrag darf daher nicht als Folgeantrag behandelt werden (VG Gießen, AuAS 2003, 190, 192; VG Frankfurt am Main, InfAuslR 2009, 318, 319; VG Freiburg, AuAS 2011, 12; a.A. *Funke-Kaiser,* in: GK-AsylG, II, § 71 Rn. 77 ff.; *Hailbronner,* AuslR B 2 § 71 AsylG Rn. 31; *Müller*, Hofmann/Hoffmann, AuslR. Handkommentar § 71 AsylG Rn. 8). Gegebenenfalls können in dem anhängig gemachten Verfahren auch sachliche Einwände gegen das Vorliegen des Widerrufs- oder Erlöschensgrundes mit der Folge geltend gemacht werden, dass bei behördlicher oder gerichtlicher Bestätigung der Antrags festzustellen ist, dass der ursprüngliche Statusbescheid durch die zwischenzeitliche Rückkehr in den Herkunftsstaat nicht erloschen ist. Der Gesetzgeber hat für die Definition des Folgeantrags zwei tatbestandliche Alternativen festgelegt: Jeder erneute Asylantrag nach Rücknahme des Erstantrags oder nach unanfechtbarer Asylablehnung wird als Folgeantrag mit der Folge der besonderen aufenthaltsrechtlichen Konsequenzen nach § 71 behandelt. Ein nach einem erfolgreichen Asylantrag ergangener Widerruf oder das Erlöschen hat keinen Bezug zu einem abgelehnten Antrag. 17

Demgegenüber wird in der Kommentarliteratur auch für den Fall, in dem die bestandskräftig gewordene Rechtsstellung eines Asylberechtigten oder eines Flüchtlings erlischt (§ 72), widerrufen oder zurückgenommen wird (§ 73), ein anschließendes erneutes Schutzbegehren als Folgeantrag angesehen. Zwar setze der Gesetzeswortlaut nach Abs. 1 Satz 1 Halbs. 1 eine unanfechtbare Asylablehnung voraus. Bei genauerem Hinsehen ergebe sich jedoch, dass auch im Fall des Erlöschens, des Widerrufs oder der Rücknahme der Asylantrag abgelehnt werde (*Funke-Kaiser,* in: GK-AsylG, II, § 71 Rn. 77 ff.; *Hailbronner,* AuslR B 2 § 71 AsylG Rn. 31; *Müller*, Hofmann/Hoffmann, AuslR. Handkommentar § 71 AsylG Rn. 8). Eine derartige Auslegung verletzt den Grundsatz, dass einer Norm durch Auslegung nicht eine ihrem Wortlaut entgegengesetzte Bedeutung beigemessen werden darf. Auch ist diese Ansicht mit den Grundsätzen des allgemeinen Verwaltungsverfahrens unvereinbar. Eine vom Wortlaut des Abs. 1 Satz 1 geforderte Ablehnung des Antrags ist das verfahrensrechtliche Gegenteil eine Stattgabe. Mit unanfechtbarer Entscheidung über den Antrag zugunsten 18 des Antragstellers ist das Verwaltungsverfahren beendet. Der Antrag lebt nicht sozusagen im latenten Zustand weiter und wieder auf, wenn von Amts wegen geprüft wird, ob der einmal gewährte Status erloschen ist oder aufgehoben werden soll. Im ersten Fall tritt die Rechtsfolge bereits kraft Gesetzes ein. Durch die Anordnung nach § 72 wird der gewährte unanfechtbare Status beseitigt, nicht jedoch der der Statusgewährung zugrunde liegende Antrag abgelehnt. Im Widerrufsfall wird von Amts wegen ein Verfahren eingeleitet, das weder von seiner Struktur noch von seinem Gegenstand her als Fortsetzung des Feststellungsverfahrens bewertet werden kann, sondern darauf gerichtet ist, zu prüfen, ob die Voraussetzungen für die Beseitigung eines an sich unanfechtbaren Status vorliegen.

19 Aus diesen Erwägungen kann bei veränderte Sachlage ein Antrag auf Aufhebung eines auf § 73 Abs. 1 oder 2 beruhenden Widerrufs oder einer Rücknahme, der auf Beseitigung des belastenden Verwaltungsaktes zielt, mit dem die bislang innegehabte Statusberechtigung vernichtet wurde, nicht als Folgeantrag behandelt werden. Vielmehr zielt ein derartiger Antrag auf die Wiedererlangung der Statusberechtigung im Sinne einer Wiederherstellung des Status quo ante. Das behördliche Prüfprogramm folgt hier aus § 48, § 49 VwVfG, gegebenenfalls nach einer vorgeschalteten Prüfung aus § 51 Abs. 5 VwVfG. Entsprechend allgemeinen Rechtsgrundsätzen, dass die Behörde zuständig ist, die den Verwaltungsakt erlassen hat, ist das Bundesamt für die Behandlung dieses Antrags zuständig. Die Rechtsprechung prüft in diesen Fällen die Voraussetzungen des § 51 Abs. 1 VwVfG (VG Freiburg, InfAuslR 2010, 217, 218).

V. Doppelantrag unter Angabe anderer Personalien

20 Stellt der Asylsuchende unter Angabe anderer Personalien einen weiteren Asylantrag, ohne dass das Asylverfahren durch Antragsrücknahme beendet worden ist, liegt kein wirksamer Folgeantrag vor (BayVGH, EZAR 210 Nr. 12; OVG Rh-Pf, AuAS 1997, 179; VGH BW, InfAuslR 1996, 303, 304; *Funke-Kaiser,* in: GK-AsylG, II, § 71 AsylG Rn. 18 ff.; *Bergmann*, in: Bergmann/Dienelt, AuslR, 11. Aufl., 2016, § 71 AsylG Rn. 11; *Müller*, Hofmann/Hoffmann, AuslR. Handkommentar § 71 AsylG Rn. 12). Das Sachvorbringen im Doppelantrag kann als ergänzendes Vorbringen im Erstverfahren gewertet werden (BayVGH, EZAR 210 Nr. 12). Es handelt sich deshalb letztlich um ein einheitliches Asylverfahren. Es ist jedoch fraglich, ob der Antragsteller durch Rücknahme des Antrags im Asylverfahrens dem Doppelantrag rechtliche Wirksamkeit, freilich unter den Voraussetzungen des § 71, verleihen kann. Dagegen wird eingewandt, die Existenz des noch nicht beschiedenen Doppelantrags könne den Folgeantragsteller nicht davor bewahren, dass sein Aufenthalt in Anknüpfung an die jetzt unanfechtbar gewordene Antragsablehnung beendet werde (Hess. VGH, Beschl. v. 10.01.1985 – 10 TH 2325/84; offengelassen OVG Rh-Pf, AuAS 1997, 179). Angesichts dessen sei eine erweiternde Auslegung der Vorschriften über den Folgeantrag mit dem umgekehrten Ziel, den vor unanfechtbarer Ablehnung des Erstantrags gestellten Doppelantrag als Folgeantrag zu behandeln und auf seiner Grundlage aufenthaltsbeendende Maßnahmen ergreifen zu können, weder zulässig noch überhaupt erforderlich (Hess. VGH, Beschl. v. 10.01.1985 – 10 TH 2325/84; *Funke-Kaiser,* in:

GK-AsylG, II, § 71 Rn. 18 ff.; s. auch VG Berlin, InfAuslR 1997, 139). Wird der Antrag nach unanfechtbarem Abschluss des Erstverfahrens unter anderem Namen gestellt, finden diese Grundsätze keine Anwendung. Vielmehr ist ein derartiger Antrag wirksam gestellt, jedoch in aller Regel offensichtlich unbegründet (§ 30 Abs. 3 Nr. 3), sodass das Bundesamt die weitere Durchführung eines Asylverfahrens ohne Weiteres ablehnen kann.

Beim Doppelantrag ist mithin zu differenzieren. Einerseits kann der Doppelantrag während des anhängigen Asylverfahrens gestellt und zugleich der Asylantrag des Erstverfahrens zurückgenommen worden sein. Wird die wahre Sachlage bekannt, kann der Folgeantrag ohne Weiteres abgelehnt werden, es sei denn, der Antragsteller konkretisiert im Zusammenhang mit der Aufdeckung der tatsächlichen Umstände den geltend gemachten Wiederaufgreifensgrund, und die vorgebrachten neuen Umstände erfüllen objektiv die Voraussetzungen nach § 51 Abs. 1 VwVfG sowie die formellen Vorschriften des § 51 Abs. 2 und 3 VwVfG. Darüber hinaus kann der Doppelantrag während des anhängigen Asylverfahrens gestellt werden, ohne dass eine Rücknahme des Erstantrags erfolgt. Wird der Erstantrag zurückgenommen, verbietet Abs. 1 Satz 1 Halbs. 1 nicht automatisch die Nichtberücksichtigung des mit dem Doppelantrag vorgetragenen Sachvorbringens. Hier wird der Antragsteller sich allerdings entgegenhalten lassen müssen, dass er sein neues Sachvorbringen im Erstverfahren hätte einbringen können (§ 51 Abs. 2 VwVfG; Art. 40 Abs. 4 RL 2013/32/EU), sodass der Folgeantrag deshalb regelmäßig abzulehnen ist (BayVGH, EZAR 210 Nr. 12). Wird die wahre Sachlage erst im Verwaltungsrechtsstreit bekannt, steht der Klage gegen den Bescheid, der auf den weiteren Antrag hin erlassen wurde, die Unanfechtbarkeit der Antragsablehnung im Verfahren, das auf den ersten Antrag durchgeführt wurde, entgegen (*Funke-Kaiser*, in: GK-AsylG, II, § 71 Rn. 20). 21

C. Verwaltungsverfahren

I. Mehrstufigkeit des Verwaltungsverfahren

Das Folgeantragsverfahren durchläuft *drei Stufen:* Zunächst hat das Bundesamt die Zulässigkeit des Folgeantrags zu prüfen (BayVGH, NVwZ-Beil. 1997, 75; BayVGH, Urt. v. 17.09.1997 – 8 ZB 97.31910; a.A. *Hailbronner*, AuslR B 2 § 71 AsylG Rn. 35, *Funke-Kaiser*, in: GK-AsylG, II, § 71 Rn. 132 f., zwei Stufen). Ob der Antrag zulässig ist, ist abhängig davon, dass im Blick auf die begehrte Asylberechtigung oder internationale Schutzberechtigung (§ 3 Abs. 4 Halbs. 1, § 4 Abs. 1 Satz 1) die Voraussetzungen einer der in § 51 Abs. 1 VwVfG genannten Wiederaufnahmegründe vorliegen sowie der Antrag auch im Übrigen die Zulässigkeitsvoraussetzungen nach § 51 Abs. 2 und 3 VwVfG erfüllt. Im Rahmen der Zulässigkeitsprüfung wird mithin auf der ersten Stufe geprüft, ob der bezeichnete Wiederaufgreifensgrund zulässigerweise nach § 51 Abs. 1 VwVfG geltend gemacht werden kann, der Antragsteller ohne grobes Verschulden außerstande war, diesen im Erstverfahren einzuführen und ob er ihn fristgemäß nach § 51 Abs. 3 VwVfG vorgebracht hat (Thür. OVG, NVwZ-Beil. 2003, 19, 21). Jedoch kann auch ein nach § 51 Abs. 1 bis 3 VwVfG unzulässiger Folgeantrag wegen Eingreifens von Abschiebungsverboten nach § 60 Abs. 5 und 7 AufenthG rechtliche 22

Wirkungen entfalten. Den formellen Anforderungen entspricht der Antrag, sofern die Voraussetzungen nach § 51 Abs. 1 bis 3 VwVfG vorliegen, sodass die Bestandskraft durchbrochen und in eine erneute Sachprüfung im Umfang der geltend gemachten Wiederaufnahmegründe eingetreten, mithin ein »weiteres Asylverfahren durchgeführt« (vgl. Abs. 1 Satz 1) wird.

23 Das Verfahren wird also nach Prüfung der formellen Voraussetzungen von der ersten in die zweite Verfahrensstufe übergeleitet (BayVGH, NVwZ-Beil. 1997, 75; Thür. OVG, NVwZ-Beil. 2003, 19, 21; zum alten Recht BVerwGE 77, 323, 326 = EZAR 224 Nr. 16 = NVwZ 1996, 258). Anschließend ist auf der zweiten Prüfungsstufe zu prüfen, ob der berücksichtigungsfähige Sachvortrag insgesamt oder jedenfalls in Teilen schlüssig vorgetragen, mithin geeignet ist, ein Wiederaufgreifen zu rechtfertigen. Dabei genügt schon die Möglichkeit einer günstigeren Entscheidung aufgrund der geltend gemachten Wiederaufnahmegründe (Thür. OVG, NVwZ-Beil. 2003, 19, 21). Wird dies bejaht, handelt es sich um einen zulässigen Folgeantrag. Das Bundesamt tritt bezogen auf die zulässigen Wiederaufnahmegründe in die dritte Verfahrensphase ein und prüft die materiellen Voraussetzungen der Asylberechtigung und/oder des internationalen Schutzes (Thür. OVG, NVwZ-Beil. 2003, 19, 21; VG Lüneburg, NVwZ-RR 2004, 218). In dieser Verfahrensphase erfolgt die Prüfung und Entscheidung in der Sache. Allerdings wird in der Verwaltungspraxis eine präzise verfahrensrechtliche Abstufung zwischen Zulässigkeits- und Sachprüfung nicht vorgenommen, sodass die zweite und dritte Stufe zusammen fallen. Wird im Folgeantragsverfahren der Status gewährt, kann weder dem Verfahrensablauf noch dem Bescheid selbst entnommen werden, ob eine derartige verfahrensrechtliche Abstufung durchgeführt worden ist. Eine Antragsablehnung erfolgt hingegen in aller Regel nicht in der Sache, sondern wegen Unzulässigkeit des Antrags, d.h. die Prüfung gelangt erst gar nicht in die zweite Stufe.

24 Nach altem Recht hatte der Übergang von der zweiten zur dritten Phase seinen Grund in der getrennten Behördenzuständigkeit nach dem AsylG 1982. Lagen die Voraussetzungen des § 51 Abs. 1 bis 3 VwVfG vor, war der Folgeantrag beachtlich und die Ausländerbehörde hatte den Folgeantrag an das Bundesamt weiterzuleiten. Die Feststellung der Beachtlichkeit des Folgeantrags anhand der Kriterien des § 51 Abs. 1 bis 3 VwVfG war danach nicht identisch mit der Prüfung der Begründetheit des Folgeantrags (BVerwGE 77, 323, 326 = EZAR 224 Nr. 16 = NVwZ 1996, 258). Auch wenn heute allein das Bundesamt über beide Fragen entscheidet, führt diese verfahrensrechtliche Vereinheitlichung nicht zugleich auch zu einer inhaltlichen Verschmelzung der Wiederaufgreifensgründe mit den materiellen Gründen. Vielmehr hat sich an der früheren Rechtslage nichts geändert (*Bergmann*, in: Bergmann/Dienelt, AuslR, 11. Aufl., 2016, § 71 AsylG Rn. 17). In der Zulässigkeitsprüfung darf also nicht die Prüfung der Begründetheit des geltend gemachten materiell-rechtlichen Anspruchs vorgenommen und damit die Zulässigkeit des Folgeantrags von überhöhten Voraussetzungen abhängig gemacht werden. Ausgehend hiervon hat das BVerfG für das geltende Recht ausdrücklich festgestellt, dass eine präzise Differenzierung zwischen der »Beachtlichkeits- oder Relevanzprüfung« und der eigentlichen Sachprüfung geboten ist. Verfassungsrechtlich nicht zu beanstanden sei es, wenn die Zulässigkeitsprüfung

auf das beschränkt werde, was der Antragsteller vortrage (BVerfG [Kammer], EZAR 212 Nr. 11).

Im ersten Verfahrensabschnitt (zweite Stufe) geht es nach der Rechtsprechung des BVerfG zunächst darum, festzustellen, ob das Asylverfahren wieder aufgenommen werden muss, also die erforderlichen Voraussetzungen für die Durchbrechung der Bestandskraft des Erstbescheids erfüllt sind. Dafür genüge bereits ein schlüssiger Sachvortrag, der freilich nicht von vornherein nach jeder vertretbaren Betrachtungsweise ungeeignet sein dürfe, zur Statusgewährung zu verhelfen. Es genüge mithin schon die Möglichkeit einer günstigeren Entscheidung aufgrund der geltend gemachten Wiederaufnahmegründe (BVerfG [Kammer], EZAR 212 Nr. 11, mit Verweis auf BVerfG [Kammer], InfAuslR 1993, 229). Danach kann im Rahmen der Zulässigkeitsprüfung nicht die Glaubhaftmachung der Wiederaufgreifensgründe gefordert werden. Vielmehr genügt es, wenn die vorgetragenen Gründe es möglich erscheinen lassen, dass ein günstigeres Ergebnis als im Erstverfahren erzielt werden kann. Die schlüssige Darlegung der Erfolgseignung kann erst im nachfolgenden Verfahrensabschnitt erfolgen. Nur dann, wenn das substanziierte Vorbringen nach jeder vertretbaren und denkbaren Betrachtung materiell-rechtlich völlig ungeeignet ist, ist ein Wiederaufgreifen rechtsmethodisch unzulässig (VG Lüneburg, InfAuslR 2000, 47). Ebenso wenig reicht die lediglich theoretische Möglichkeit einer für den Antragsteller positiven Entscheidung aus. Vielmehr muss die neue Sachlage objektiv geeignet sein, dieses Ergebnis herbeizuführen (VGH BW, AuAS 2000, 152, 153. 25

Ist festgestellt, dass die Voraussetzungen des § 51 Abs. 1 bis 3 VwVfG vorliegen, hat der Antragsteller einen verfassungsrechtlichen Anspruch auf eine erneute (dritte Stufe) umfassende Sachprüfung (BVerfG [Kammer], EZAR 212 Nr. 11). In diesem Verfahrensabschnitt prüft das Bundesamt – gegebenenfalls nach weiteren Sachverhaltsermittlungen –, ob dem Folgeantrag stattzugeben ist (BayVGH, NVwZ-Beil. 1997, 75). Die Mehrstufigkeit des Folgeantragsverfahrens macht auch deshalb Sinn, weil bis zur Entscheidung darüber, ob ein weiteres Asylverfahren durchzuführen ist, eine Anhörung nicht stattfindet. Wird ein weiteres Asylverfahren durchgeführt, handelt es sich um ein normales Asylverfahren, sodass der Antragsteller nach Maßgabe des § 25 anzuhören ist. Die Ermessensregelung in Abs. 3 Satz 3 bezieht sich lediglich auf die Zulässigkeitsprüfung. In der Verwaltungspraxis wird der Antragsteller bereits regelmäßig in der ersten Verfahrensphase informatorisch angehört. Kann er keinen zulässigen Wiederaufnahmegrund darlegen, wird kein Asylverfahren durchgeführt. Aufgrund der informatorischen Befragung kann aber auch eine Entscheidung in der Sache erfolgen. Das Bundesamt vermeidet es aber bewusst, die Anhörung als »persönliche Anhörung« zu bezeichnen. Vielmehr verwendet es den Begriff »*informatorische Befragung*«. Würde es diese Befragung bereits als »persönliche Anhörung« bezeichnen, müsste es in der Sache entscheiden und eine erneute Abschiebungsandrohung erlassen, sodass die Option der effektiven Vollstreckung nach Abs. 5 nicht mehr bestehen würde (Rdn. 53). 26

Abs. 1 Satz verwendet abweichend vom früheren Recht nicht den Begriff des »beachtlichen Folgeantrages« (*Bell*, NVwZ 1995, 24, 25), sondern lässt die Bezeichnung offen. Der Beachtlichkeitsbegriff wird nur noch im Zusammenhang mit § 29 27 angewendet. Da das Gesetz den Folgeantrag im Anschluss an das beendete Asylverfahren regelt (Rn. 1), ist er gesetzessystematisch Teil des Vollstreckungsverfahrens und damit einer Differenzierung in Beachtlichkeit und Unbeachtlichkeit nicht zugänglich. Für die Verfahrensphase vor der Einleitung des weiteren Verfahrens bietet das Gesetz damit keinen eigenständigen Begriff an. Man kann insoweit von »zulässigen« (BayVGH, NVwZ-*Beil.* 1997, 75), »verfahrensrelevanten« (*Funke-Kaiser,* in: GK-AsylG, § 71 Rn. 2) oder von »hinreichenden« (*Bell,* NVwZ 1995, 24, 25) Anträgen sprechen. Hier wird in Anknüpfung an § 51 VwVfG und Art. 40 Abs. 2 und 5 RL 2013/32/EU (Rn. 28) in zulässige und unzulässige Folgeanträge differenziert (so auch BVerfG [Kammer], EZAR 212 Nr. 11). Nach wie vor unklar sind der präzise verfahrensrechtliche Übergang von der Zulässigkeitsprüfung zur Neueröffnung des Verfahrens einerseits sowie die Maßnahmen, die sich an den negativen Abschluss der Zulässigkeitsprüfung anschließen andererseits. Hier beseitigt das BVerwG mit seiner Rechtsprechung (BVerwGE 106, 171, NVwZ 1998, 861, 862f. = EZAR 631 Nr. 45 = AuAS 1998, 149) nicht die bereits bestehende Unklarheit.

28 Auch nach Unionsrecht ist ein dreistufiges Verfahren vorgesehen (VG Lüneburg, NVwZ-RR 2006, 727, 728). Zunächst unterliegt der Antrag einer »ersten Prüfung«, ob »neue Elemente oder Erkenntnisse« in Ansehung der Voraussetzungen für die Flüchtlingseigenschaft vorgebracht werden (Art. 40 Abs. 2 RL 2013/32/EU). Tragen diese Elemente oder Erkenntnisse »erheblich zu der Wahrscheinlichkeit« bei, dass der Antragsteller als Flüchtling anzuerkennen ist, wird der Antrag wie ein Erstantrag geprüft (Art. 40 Abs. 3 RL 2013/32/EU). Nach Art. 33 Abs. 2 Buchst. d) RL 2013/32/EU ist der Folgeantrag unzulässig, wenn »keine neuen Umstände oder Erkenntnisse« zu der Frage, ob dem Antragsteller internationaler Schutz i.S.d. Richtlinie 2011/95/EU zuzuerkennen ist, »zutage treten« oder von ihm vorgebracht werden. Damit wird zusätzlich zur Darlegungslast bereits für die Zulässigkeitsprüfung eine behördliche Untersuchungspflicht festgelegt. Wird die Zulässigkeit des Antrags bejaht, ist zu prüfen, ob die neuen Elemente oder Erkenntnisse »erheblich zu der Wahrscheinlichkeit beitragen«, dass der Antragsteller als internationaler Schutzberechtigter anzuerkennen ist. Wird dies bejaht, wird der Antrag nach den Regeln, die für das normale Verfahren gelten, weiter geprüft (Art. 40 Abs. 4). Wird der Folgeantrag nicht weiter geprüft, wird er als »unzulässig« betrachtet (Art. 40 Abs. 5). Er wird in diesem Fall nicht inhaltlich geprüft (Art. 33 Abs. 1).

II. Antragstellung

1. Behördliche Zuständigkeit (Abs. 2)

29 Auch der Folgeantrag ist ein Antrag im Sinne von § 13 Abs. 1 (Abs. 1 Satz 1 Halbs. 1). Erst der Antrag führt dazu, dass das Bundesamt ein Verwaltungsverfahren durchführt. Er ist auch bestimmend für das anschließende behördliche und gerichtliche Verfahren. Nach früherem Recht führte die Ausländerbehörde die Beachtlichkeitsprüfung durch und leitete die aus ihrer Sicht beachtlichen Folgeanträge an das Bundesamt weiter (§ 8 Abs. 1 Satz 1 AsylG 1982). Dieses behandelte anschließend den beachtlichen Folgeantrag wie einen normalen Asylantrag und war deshalb zur umfassenden Sachaufklärung verpflichtet (§ 12 Abs. 1 AsylG 1982). Demgegenüber ist nach geltendem Recht das

Bundesamt nicht nur für die eigentliche Sachprüfung (§ 24), sondern auch für die Entscheidung, ob ein weiteres Asylverfahren einzuleiten ist (Abs. 1 Satz 1 Halbs. 2), zuständig. Es prüft damit auch die Zulässigkeit des Folgeantrags, insbesondere auch, ob die Voraussetzungen für das Wiederaufgreifen des Verfahrens nach § 51 Abs. 1 bis 3 VwVfG hinreichend dargelegt worden sind.

2. Form der Antragstellung (Abs. 2)

30 Das Gesetz unterscheidet zwischen der persönlichen Antragstellung bei der Außenstelle des Bundesamtes (Abs. 2 Satz 1) und der schriftlichen Antragstellung (Abs. 2 Satz 2 und 3). Im Hinblick auf die schriftliche Antragstellung ist der Antrag in den Fällen des Abs. 2 Satz 2 bei der zuständigen Außenstelle und im Fall des Abs. 2 Satz 3 bei der Zentrale des Bundesamtes in Nürnberg zu stellen. Danach ist der Folgeantrag abweichend von den allgemeinen Zuständigkeitsvorschriften schriftlich bei der Zentrale des Bundesamtes zu stellen, wenn die Außenstelle, die nach Satz 1 zuständig wäre, nicht mehr besteht oder der Asylsuchende während des früheren Asylverfahrens keiner Verpflichtung nach § 47 Abs. 1 unterlag. Meldet sich der Antragsteller persönlich bei der Außenstelle, obwohl er den Antrag nach Abs. 2 schriftlich zu stellen hat, wird er dort auf die schriftliche Antragstellung verwiesen. Die Auffassung, es stehe im Ermessen des Bundesamtes, ob die Außenstelle den Antrag entgegennehmen kann (Bell/von Nieding, ZAR 1995, 119, 122), wird durch die Verwaltungspraxis nicht getragen. Solange im Fall der persönlichen Meldepflicht der Antrag nicht bei der zuständigen Außenstelle gestellt worden ist oder die in Anspruch genommene Außenstelle nach Rücksprache mit der an sich zuständigen Außenstelle ihre Zuständigkeit nicht bejaht hat, ist der Antrag nicht wirksam gestellt (so auch *Funke-Kaiser*, in: GK-AsylG, II, § 71 Rn. 104.1). Solange ist die Abschiebung nicht kraft Gesetzes ausgesetzt (Abs. 5 Satz 2 Halbs. 1). Dasselbe gilt für den Fall der schriftlichen Antragstellung. Nimmt die Außenstelle oder die Zentrale des Bundesamtes den schriftlich gestellten Antrag nicht entgegen, weil sie sich nicht für zuständig hält, ist der Folgeantrag nicht wirksam gestellt worden. Der Antragsteller muss unverzüglich in der gesetzlich vorgesehenen Form seinen Antrag stellen, um sich auf das gesetzliche Abschiebungshindernis des Abs. 5 Satz 2 Halbs. 1 berufen zu können. Entsteht Streit über die Zuständigkeitsfrage, hat gegebenenfalls das Verwaltungsgericht im Rahmen eines einstweiligen Anordnungsverfahrens nach § 123 VwGO die Frage der Zuständigkeit der entsprechenden Außenstelle oder des Bundesamtes zu klären. Während dieses Verfahrens dürfte in analoger Anwendung von Abs. 5 Satz 2 Halbs. 1 von einem gesetzlichen Abschiebungshindernis auszugehen sein.

3. Persönliche Antragstellung (Abs. 2 Satz 1)

31 Abs. 2 Satz 1 bestimmt, dass der Antragsteller den Antrag persönlich bei der Außenstelle des Bundesamtes zu stellen hat, welche der Aufnahmeeinrichtung zugeordnet ist, in der er während des früheren Asylverfahrens zu wohnen verpflichtet war. Hat er inzwischen das Bundesgebiet verlassen, gelten die § 47 bis § 67 entsprechend (Abs. 2 Satz 2). Dadurch soll erreicht werden, dass derartige Folgeantragsteller verpflichtet sind, in der Aufnahmeeinrichtung zu wohnen (BR-Drucks. 446/15, S. 47). Das AsylG

1992 bestimmte ursprünglich, dass der Folgeantrag beim (zentralen Sitz) des Bundesamtes zu stellen war. Die 1993 eingeführte Neuregelung soll das persönliche Erscheinen des Folgeantragstellers gewährleisten, damit das Bundesamt etwaige Rückfragen sofort erledigen und umgehend entscheiden kann (BT-Drucks. 12/4450, S. 26). Die Zuständigkeitsregelung des Abs. 2 Satz 1 knüpft an die frühere Rechtsprechung an, die festgelegt hatte, dass anders als beim Erstantrag nicht die für den tatsächlichen Aufenthaltsort des Antragstellers maßgebliche Behörde, sondern die Behörde des Wohnortes, die zuletzt infolge der Zuweisungsverfügung im Erstverfahren bestimmt worden war, zuständig für die Bearbeitung des Folgeantrags war. Damit sollte ein Wechsel des Wohnortes nach Abschluss des Asylverfahrens in der Hoffnung, dadurch eine dem Antragsteller günstigere Entscheidungs- und Spruchpraxis erreichen zu können, unterbunden werden. Die einmal zuständig gewordene Ausländerbehörde blieb deshalb für die gesamte Dauer des Erstverfahrens und auch im weiteren Verfahren jedenfalls für die Folgeanträge zuständig, die vor der Abschiebung oder der freiwilligen Ausreise gestellt worden waren (BVerwGE 80, 313, 316 = EZAR 24 Nr. 20 = NVwZ 1989, 473; BVerwG, NVwZ 1989, 476; OVG Hamburg, EZAR 224 Nr. 15; EZAR 611 Nr. 8; Hess. VGH, ESVGH 37, 234; Beschl. v. 09.07.1987 – 10 TG 1758/87 unter Abweichung von der früheren entgegengesetzten Rechtsprechung, s. Hess. VGH, Beschl. v. 11.07.1985 – 10 TG 1244/85). Nach geltendem Recht gewährleistet § 59a Abs. 2 Satz 1 die Fortdauer der räumlichen Beschränkung (Abs. 7 Satz 2) und sichert Abs. 7 Satz 1 den Fortbestand der früheren Zuständigkeiten. Nunmehr unterliegt der Folgeantragsteller der Wohnpflicht in der besonderen Aufnahmeeinrichtung (§ 30a Abs. 1 Nr. 4, Abs. 3 Satz 2), sofern eine solche eingerichtet wurde.

32 Abs. 2 Satz 1 knüpft an die frühere Rechtsprechung an. Grundsätzlich wird die im Asylverfahren begründete behördliche Zuständigkeit im weiteren Asylverfahren nicht verändert. Darauf weisen auch Abs. 7 Satz 1 und Abs. 2 Satz 4 hin. Da die nach Abs. 2 Satz 1 zuständige Außenstelle bekannt ist, würde die Anwendung der in § 19 Abs. 1 geregelten Verweisungspflicht an die nächstgelegene Aufnahmeeinrichtung verfahrensverzögernde und auch im Übrigen verwaltungsmäßig unerfreuliche Folgen mit sich bringen. Jedoch führt Abs. 2 Satz 1 infolge des veränderten asylspezifischen Aufenthalts- und Zuweisungsrechts gegenüber dem früheren Recht einige Modifizierungen ein. Richtete sich die behördliche Zuständigkeit nach altem Recht nach der zuletzt ergangenen Zuweisungsverfügung, bestimmt sich nunmehr die behördliche Zuständigkeit nach § 14 Abs. 1, § 46 und § 30a Abs. 1 Nr. 4, Abs. 3 Satz 1.

33 Der Antragsteller kann deshalb nicht bei der Außenstelle des Bundesamtes, die für seinen tatsächlichen Wohnort zuständig ist, den Folgeantrag stellen. Der Wortlaut von Abs. 2 Satz 1 ist eindeutig: Zuständig ist zunächst die Außenstelle des Bundesamtes, die den Erstantrag bearbeitet hat. Hat der Antragsteller mit behördlicher Erlaubnis im Erstverfahren seinen Wohnsitz verändert, muss er an sich gleichwohl persönlich bei der zuständigen Außenstelle des Erstverfahrens erscheinen. Zuständig wird aber die Außenstelle, die der besonderen Aufnahmeeinrichtung zugeordnet ist, bei der der Folgeantragsteller sich zu melden hat (§ 30a Abs. 1 Nr. 4). Zuständig für die Vollziehung bleibt aber an sich die durch die letzte Zuweisungsverfügung bestimmte Ausländerbehörde (§ 60 Abs. 3). An diese richtet das Bundesamt seine Mitteilung nach Abs. 5

Satz 2 Halbs. 1. Durch die Bestimmung der besonderen Aufnahmeeinrichtung kann sich aber eine andere ausländerbehördliche Zuständigkeit ergeben.

4. Schriftliche Antragstellung bei der zuständigen Außenstelle des Bundesamtes (Abs. 2 Satz 2)

Befindet sich der Folgeantragsteller in Haft oder im sonstigen öffentlichen Gewahrsam, in einem Krankenhaus, einer Heil- und Pflegeanstalt oder in einer Jugendhilfeeinrichtung, oder ist er z.B. infolge Krankheit oder aus anderen dringenden Gründen am persönlichen Erscheinen gehindert, ist der Folgeantrag bei der nach Abs. 2 Satz 1 zuständigen Außenstelle des Bundesamtes schriftlich zu stellen. Der Antrag ist ferner schriftlich bei der zuständigen Außenstelle zu stellen, wenn der Antragsteller nachweislich etwa infolge Krankheit am persönlichen Erscheinen gehindert ist (Abs. 2 Satz 2 Halbs. 1 Alt. 2). Abweichend von Abs. 2 Satz 1 ist die wirksame Antragstellung hier also nicht vom persönlichen Erscheinen des Antragstellers abhängig. Vielmehr genügt die schriftliche Antragstellung bei der nach Abs. 2 Satz 1 zuständigen Außenstelle des Bundesamtes (Abs. 2 Satz 3 Halbs. 2). Zumeist wird aber auch hier anschließend die Einweisung in eine besondere Aufnameeinrichtung folgen (§ 30a Abs. 1 Nr. 4). 34

Unklar sind die Rechtsfolgen der Verweisung in Abs. 2 Satz 2 auf § 14 Abs. 2 Satz 1 Nr. 2. Würde man mit Blick auf den in § 14 Abs. 2 Satz 1 Nr. 2 bezeichneten öffentlichen Gewahrsam auf den Zeitpunkt der Erstantragstellung abstellen, wäre unklar, bei welcher Außenstelle des Bundesamtes der Antrag schriftlich zu stellen ist. Eine Bestimmung der zuständigen Außenstelle war im Erstverfahren ja nicht erfolgt. Daher findet auf diese Fälle die Zuständigkeitsbestimmung des Abs. 2 Satz 4 Halbs. 1 mit der Maßgabe Anwendung, dass in allen Fällen, in denen der öffentliche Gewahrsam nach § 14 Abs. 2 Satz 1 Nr. 2 bis zur Sachentscheidung im Asylverfahren fortbestand (§ 47 Abs. 1 Satz 2, § 14 Abs. 2 Satz 1 Nr. 2), auch der Folgeantrag schriftlich beim Bundesamt zu stellen ist. Besteht der öffentliche Gewahrsam im Zeitpunkt der Folgeantragstellung, enthält Abs. 2 Satz 3 eine Rechtsfolgenverweisung: Zuständig ist die Außenstelle nach Abs. 2 Satz 1, wenn im Asylverfahren die Zuständigkeit nach § 14 Abs. 1 begründet war (*Funke-Kaiser,* in: GK-AsylG, II, § 71 Rn. 102). Dem Gesetzgeber dürfte entgangen sein, dass durch eine nachträgliche Verteilung die nach Abs. 2 Satz 3 zuständige Außenstelle eine vom Gewahrsamsort weit entfernt liegende sein kann. In Anbetracht des eindeutigen Wortlautes könnte eine korrigierende Auslegung jedoch nur contra legem vorgenommen werden und ist deshalb unzulässig. Bestand im Zeitpunkt der Erstantragsstellung wie im Zeitpunkt der Folgeantragstellung der öffentliche Gewahrsam, greift Abs. 2 Satz 3 mangels einer bereits erfolgten Bestimmung der Außenstelle im Erstverfahren ebenfalls nicht ein. Vielmehr ist der Folgeantrag schriftlich beim Bundesamt zu stellen (Abs. 2 Satz 2). 35

5. Schriftliche Antragstellung bei der Zentrale des Bundesamtes (Abs. 2 Satz 3)

In den Fällen des Abs. 2 Satz 3 ist der Folgeantrag schriftlich bei der Zentrale des Bundesamtes in Nürnberg zu stellen. Die Zuständigkeitsregelung in Abs. 2 Satz 3 Nr. 1 hat ihren Grund in dem damaligen Rückgangs der Asylbewerberzahlen, die zu einem 36

Abbau von Außenstellen des Bundesamtes geführt hatte (BT-Drucks. 13/3471). Mit Abs. 2 Satz 3 Nr. 2 wird kein neues Recht geschaffen, sondern die frühere Regelung des § 71 Abs. 2 Satz 3 Alt. 1 AsylVfG a.F. übernommen. Im Übrigen folgt diese Zuständigkeitsbegründung zwangsläufig aus der Zuständigkeitsanordnung nach Abs. 2 Satz 1. Daneben haben die Folgeantragsteller, die im Asylverfahren nach § 14 Abs. 2 Satz 1 den Antrag bei der Zentrale des Bundesamtes zu stellen hatten, auch den Folgeantrag bei der Zentrale zu stellen. Auch diese Personen unterlagen im Asylverfahren nicht der Verpflichtung nach § 47 Abs. 1. Wer daher im Asylverfahren einen Aufenthaltstitel mit einer Gesamtgeltungsdauer von mehr als sechs Monaten besaß (§ 14 Abs. 2 Satz 1 Nr. 1) oder im amtlichen Gewahrsam nach § 14 Abs. 2 Satz 1 Nr. 2 gewesen war, hat auch den Folgeantrag bei der Zentrale des Bundesamtes zu stellen.

6. Inhaltliche Anforderungen an den Folgeantrag (Abs. 3)

37 Abs. 3 Satz 1 regelt bestimmte Mindestangaben, die im Folgeantrag anzugeben sind. Danach hat der Antragsteller seine aktuelle Adresse sowie die Tatsachen und Beweismittel anzugeben, auf die er seinen weiteren Antrag stützt. Damit soll dem Bundesamt insbesondere die Durchführung der Zulässigkeitsprüfung nach Abs. 1 Satz 1 Halbs. 2 in Verb. mit § 51 Abs. 1 bis 3 VwVfG ermöglicht werden. Dies ist auch im Interesse des Antragstellers, den im Hinblick auf die einzelnen Wiederaufgreifensgründe eine besondere Darlegungspflicht trifft, die aber nicht überspannt werden darf (BVerfG [Kammer], EZAR 212 Nr. 11). Da nach Abs. 2 Satz 1 im Grundsatz die persönliche Vorsprache des Folgeantragstellers bei der zuständigen Außenstelle Voraussetzung für die Antragstellung ist, andererseits über die Frage der Durchführung einer persönlichen Anhörung in der Phase der Zulässigkeitsprüfung Unklarheit herrscht, diese jedenfalls in der Verwaltungspraxis häufig nicht erfolgt (Abs. 3 Satz 3), ist dem Antragsteller nach der persönlichen Meldung Gelegenheit zu geben, schriftlich den Folgeantrag zu begründen (Abs. 3 Satz 2). Abs. 3 Satz 1 präkludiert nicht spätere Angaben des Antragstellers, soweit diese im Rahmen des § 51 Abs. 3 VwVfG zulässigerweise vorgebracht werden können. Soweit insoweit auf die Präklusionsregeln des § 25 Abs. 3, § 36 Abs. 4, § 74 Abs. 2 hingewiesen wird (*Funke-Kaiser*, in: GK-AsylG, II, § 71 Rn. 106), ist das *Willkürverbot* zu beachten. Mit diesem ist es unvereinbar, Umstände, die im Asylverfahren wegen Fristversäumnis nach § 74 Abs. 2 Satz 1 nicht berücksichtigt worden sind, im Folgeantragsverfahren als nicht »neu« zurückzuweisen (BVerfG [Kammer], NVwZ-Beil. 1994, 49, 50.

38 Auf Verlangen hat der Antragsteller die notwendigen Angaben schriftlich zu machen (Abs. 3 Satz 2). Das Bundesamt ist danach verpflichtet, bei der persönlichen Antragstellung zu prüfen, ob die Angaben zu den Wiederaufgreifensgründen vollständig sind. Ist dies nicht der Fall, hat es dem Antragsteller angemessene Zeit zur schriftlichen Begründung des Antrags einzuräumen. Eine Entscheidung über die Zulässigkeit des Folgeantrags, die ohne Einräumung einer zureichenden Zeit zur Begründung des Antrags, sei es im Rahmen einer persönlichen Anhörung oder durch schriftliche Begründung, getroffen wird, leidet an einem schweren Verfahrensfehler. Zwar wird in der Verwaltungspraxis erwartet, dass der Antragsteller von vornherein in seinem Antrag alle erforderlichen Angaben macht und Beweismittel bezeichnet, um das Bundesamt

in die Lage zu versetzen, die Zulässigkeit der geltend gemachten Wiederaufgreifensgründe zu prüfen. Insbesondere bei anwaltlich nicht vertretenen Asylsuchenden trifft das Bundesamt indes eine besondere Verpflichtung (vgl. § 25 VwVfG), den Antragsteller bei seiner persönlichen Meldung auf die ihn treffenden Darlegungs- und Mitwirkungspflichten hinzuweisen. Im Fall der schriftlichen Antragstellung hat es den Antragsteller schriftlich auf die ihn treffenden Darlegungspflichten hinzuweisen. Zwar ist das Bundesamt nicht befugt, seiner Prüfung andere als vom Antragsteller selbst geltend gemachte Gründe für das Wiederaufgreifen des Verfahrens zugrunde zu legen (BVerwG, NVwZ 1989, 161, 162; a.A. OVG NW, NVwZ-Beil. 1997, 68, 69). Art. 33 Abs. 2 Buchst. d) RL 2013/32/EU verpflichtet die Behörde jedoch, von Amts wegen zu prüfen, ob »neue Umstände oder Erkenntnisse« zu der Frage, ob dem Antragsteller internationaler Schutz i.S.d. Richtlinie 2011/95/EU zuzuerkennen ist, »zutage treten« (Rn. 28). Für eine sachgerechte Beurteilung, ist das Bundesamt daher verpflichtet, unabhängig von den persönlichen Erklärungen hierauf zielende Fragen an den Antragsteller zu stellen. Die Verpflichtung besteht nicht erst in der fakultativen Anhörung (Abs. 3 Satz 3), sondern unmittelbar im Rahmen der persönlichen Meldung oder nach der schriftlichen Antragstellung.

III. Zulässigkeitsprüfung (§ 51 Abs. 1 bis 3 VwVfG)

1. Funktion der Zulässigkeitsprüfung

Nach Abs. 1 Satz 1 Halbs. 2 wird ein weiteres Asylverfahren nur durchgeführt, wenn die Voraussetzungen des § 51 Abs. 1 bis 3 VwVfG vorliegen. Strukturell ist diese Vorschrift mit § 14 Abs. 1 Satz 1 AsylG 1982 vergleichbar. Während jedoch früher ein Folgeantrag, der die Voraussetzungen des § 51 Abs. 1 bis 3 VwVfG erfüllte, der Gruppe der beachtlichen Asylanträge zugeordnet wurde, wird er nach geltendem Recht als zulässiger Folgeantrag behandelt. Der Folgeantrag wird damit nicht mehr im Rahmen der Zulässigkeitsprüfung des Asylantrags relevant (Rn. 29). Der Gesetzgeber will den Folgeantrag offensichtlich als Abschiebungshindernis besonderer Art (Abs. 5 und 6) behandeln und damit von vornherein deutlich machen, dass ein gestellter Folgeantrag lediglich geeignet ist, vorübergehend die Abschiebung zu verhindern. Diese dogmatische Strukturveränderung hat insbesondere Auswirkungen auf die Gestaltung des Rechtsschutzes (Rn. 115 ff.). 39

Inhaltlich ist Abs. 1 Satz 1 mit § 14 Abs. 1 AsylG 1982 identisch. Ein weiteres Asylverfahren wird nur durchgeführt, wenn die Voraussetzungen des § 51 Abs. 1 bis 3 VwVfG vorliegen. Erstmals führte das AsylG 1982 das Rechtsinstitut des Folgeantrags ein. Bis dahin war nach Maßgabe des § 36 AuslG 1965 zwischen einem Neu- oder Zweitantrag und einem Wiederaufnahmeantrag zu unterscheiden. Neue Tatsachen i.S.d. § 36 AuslG 1965 waren solche, durch die der frühere zur Begründung des Sachverhalts vorgetragene Sachverhalt nachträglich erhärtet, ergänzt oder verändert wurde. Neue Beweismittel waren solche, durch die bereits früher vorgebrachte (alte) Tatsachen nachträglich bewiesen werden sollten. Demgegenüber war ein Neu- oder Zweitantrag dadurch gekennzeichnet, dass ein völlig neuer Lebenssachverhalt, der sich mit dem der ablehnenden Entscheidung zugrunde liegenden allenfalls am 40

Rande berührte, vorgebracht und erstmals ein Asylanspruch aus Gründen hergeleitet wurde, über die bis dahin noch nicht entschieden worden war (BVerwG, Buchholz 402.25 § 14 AsylG Nr. 2; BayVGH, Urt. v. 13.04.1978 – Nr. 98 XII 76; *Kemper*, NVwZ 1985, 872, 873). § 14 AsylG 1982 unterstellte beide Fallgruppen dem Regime des Folgeantrags (BVerwG, NVwZ 1985, 899; OVG NW, NVwZ 1985, 415) und unterwarf sie einheitlich den strengen Anforderungen nach § 51 Abs. 1 bis 3 VwVfG. Demgegenüber kannte die bis 1982 geltende Rechtslage keine im Zusammenhang mit neuem Sachvorbringen eingreifende Verschuldens- und Präklusionsregelungen. An die seit 1982 geltende Rechtslage knüpft § 71 an.

41 Die Wiederaufgreifensgründe nach § 51 Abs. 1 VwVfG dienen als Maßstab für die Frage, ob die Rechts- oder Bestandskraft der Sachentscheidung des Erstverfahrens durchbrochen wird. Das Interesse an der Rechtsbeständigkeit einer Entscheidung muss nach § 51 Abs. 1 VwVfG dem *rechtsstaatlich bedeutsamen Richtigkeitsinteresse* weichen, wenn zum Zwecke einer gerechteren Entscheidungsfindung ein Verwaltungsverfahren wiederaufzugreifen und auf neuer Tatsachen- oder Beweisgrundlage eine von dem rechtskräftig bestätigten Erstbescheid abweichende, dem Antragsbegehren entsprechende Verwaltungsentscheidung zu treffen ist (BVerwGE 82, 272, 274). Liegen aufgrund der Darlegungen des Antragstellers Gründe für ein Wiederaufgreifen des Verfahrens vor, verliert der Folgeantrag als verfahrensrechtliche Sonderkategorie seine Funktion. Er wandelt sich in ein normales Asylverfahren um. Ob dies der Fall ist, ist davon abhängig, ob Wiederaufnahmegründe nach § 51 Abs. 1 VwVfG geltend gemacht werden. Nur wenn die Wiederaufnahme des Verfahrens darüber hinaus nach Maßgabe des § 51 Abs. 1 bis 3 VwVfG geboten ist, also kein Verschulden (§ 51 Abs. 2 VwVfG) und keine Präklusion (§ 51 Abs. 3 VwVfG) zulasten des Antragstellers Anwendung finden, ist ein neues Asylverfahren durchzuführen. Damit wird auch beim Folgeantrag eine Zulässigkeitsprüfung durchgeführt. Was den Folgeantrag verfahrensrechtlich vom normalen Asylantrag unterscheidet, ist gerade diese Zulässigkeitsprüfung.

42 Abs. 1 Satz 1 verweist auf die Wiederaufnahmegründe des § 51 Abs. 1 VwVfG. Zentrale Bedeutung in der Praxis haben die Wiederaufnahmegründe nach § 51 Abs. 1 Nr. 1 und 2 VwVfG, d.h. die *neue Sach- oder Rechtslage* sowie *neue Beweismittel*. Der Wiederaufnahmegrund nach § 51 Abs. 1 Nr. 3 in Verb. mit § 580 ZPO verweist auf die Fälle, in denen die Sachentscheidung im Erstverfahren aufgrund falscher Aussagen von Beteiligten oder aufgrund von Zeugenaussagen mittels strafbarer Handlungen (Täuschung) oder durch Amtspflichtverletzungen zustande gekommen war. Für das Asylverfahren ist dieser Wiederaufnahmegrund ohne praktische Bedeutung. Auf die entsprechende Kommentarliteratur wird verwiesen. Das BVerwG hat darauf hingewiesen, dass dem Asylsuchenden ferner neben der Möglichkeit des Folgeantrags zusätzlich zur Beseitigung der Rechtskraft des klageabweisenden Urteils auf jeden Fall der Weg der *Wiederaufnahmeklage* (§ 153 VwGO in Verb. mit § 584 Abs. 1 ZPO) unter den dort bezeichneten Voraussetzungen offen stehe (BVerwG, DÖV 1983, 209 = NVwZ 1983, 172 = InfAuslR 1983, 81). Ändert sich nach Erlass eines rechtskräftigen Verpflichtungsurteils die Sach- und Rechtslage, kann die Behörde an sich die Vollstreckungsgegenklage (§ 167 Abs. 1 Satz 1 VwGO in Verb. mit § 767 ZPO)

erheben (BVerwGE 70, 272,229 = NVwZ 1985, 563; BVerwGE 117, 44, 45 = NVwZ 2003, 214). Bis zur Rechtskraft eines stattgebenden Urteils im Verfahren nach § 767 ZPO ist die Behörde an die gerichtliche Verpflichtung (§ 121 VwGO) gebunden (*Gaentzsch*, NVwZ 2008, 950). Im Asylrecht ist dem Bundesamt der Weg über § 767 ZPO jedoch durch § 73 versperrt.

Die Bezugnahme in Abs. 1 Satz 1 auf § 51 Abs. 1 bis 3 VwVfG ist nicht als Rechts- 43
folgen-, sondern als *Tatbestandsverweisung* zu verstehen. (*Funke-Kaiser*, in: GK-AsylG, § 71 Rn. 132). Denn die Voraussetzungen für die Durchführung eines weiteren Asylverfahrens richten sich ausschließlich nach § 51 Abs. 1 bis 3 VwVfG, die Rechtsfolgen hingegen nach dem AsylG (Abs. 4 bis 6). Diese Differenzierung führt im Verwaltungsverfahren zu einer Abschichtung innerhalb der Tatbestandsvoraussetzungen und der Rechtsfolgen des § 51 Abs. 1 VwVfG, nämlich zwischen der Prüfung der Wiederaufgreifensgründe und deren Zulässigkeit einerseits und der davon zu trennenden inhaltlichen Sachprüfung andererseits. Dies wirkt sich auf die Stufen des Verwaltungsverfahrens aus (Rn. 22 ff.). Werden die Voraussetzungen nach § 51 Abs. 1 bis 3 VwVfG bejaht, wird die Bestandskraft der Sachentscheidung im Asylverfahren durchbrochen und in eine erneute Sachprüfung im Umfang der geltend gemachten Wiederaufnahmegründe eingetreten. Das Verfahren wird dann von der zweiten in die dritte Verfahrensstufe übergeleitet (BVerfG [Kammer], EZAR 212 Nr. 11; BVerwGE 77, 323, 326 = EZAR 224 Nr. 16 = NVwZ 1996, 258; BayVGH, NVwZ-Beil. 1997, 75; Rdn. 22). In Abs. 1 Satz 1 wird der in § 51 Abs. 2 VwVfG geregelte Verschuldensbegriff in Bezug genommen. Dies führt häufig zu komplizierten und schwierig zu lösenden Problemen. Schließlich ist die Frist von drei Monaten (§ 51 Abs. 3 VwVfG) für die Geltendmachung der Wiederaufnahmegründe zu beachten.

2. Umfang der Darlegungslast

Das Verfahren wird nach Prüfung der formellen Voraussetzungen von der ersten in 44
die zweite Verfahrensstufe übergeleitet (BayVGH, NVwZ-Beil. 1997, 75; Thür. OVG, NVwZ-Beil. 2003, 19, 21). Auf der zweiten wird im Blick auf § 51 Abs. 1 Nr. 1 VwVfG geprüft, ob der berücksichtigungsfähige Sachvortrag insgesamt oder jedenfalls in Teilen schlüssig vorgetragen, mithin geeignet ist, ein Wiederaufgreifen zu rechtfertigen. Dabei genügt schon die *Möglichkeit einer günstigeren Entscheidung* aufgrund der geltend gemachten Wiederaufnahmegründe (Thür. OVG, NVwZ-Beil. 2003, 19, 21). Nach Unionsrecht ist nach der ersten Prüfung, ob neue Elemente oder Erkenntnisse zutage treten oder vorgebracht werden, zu prüfen, ob diese erheblich zu der Wahrscheinlichkeit beitragen, dass dem Antragsteller internationaler Schutz zuerkannt werden kann. Wird diese bejaht, wird in der dritten Phase das neuen Vorbringen inhaltlich geprüft (Art. 40 Abs. 3 RL 2013/32/EU; Rn. 28). Für die Zulässigkeitsprüfung dürfen daher nicht die an die inhaltliche Prüfung des Vorbringens zu stellenden Anforderungen an die Darlegungslast zugrunde gelegt werden. Vielmehr werden Darlegungen für die Prüfung gefordert, ob überhaupt Wiederaufnahmegründe vorliegen und diese die Wahrscheinlichkeit begründen können, dass nach der inhaltlichen Prüfung die internationale Schutzberechtigung zuzuerkennen ist.

45 Diesen unionsrechtlichen Vorgaben trägt die Rechtsprechung grundsätzlich Rechnung. Danach ist Grundvoraussetzung für die *Erheblichkeit* der *neuen Sachlage* ein *schlüssiger*, also ein *substanziierter* und *widerspruchsfreier* Tatsachenvortrag. Auch das BVerfG hat festgestellt, es reiche aus, wenn der Antragsteller eine Änderung der Sach- oder Rechtslage im Verhältnis zu der der früheren Asylentscheidung zugrunde gelegten Sachlage *glaubhaft* und *substanziiert* vorträgt (BVerfG [Kammer], InfAuslR 1993, 229, 232; BVerfG [Kammer], NVwZ-RR 1994, 56; BVerfG [Kammer], EZAR 212 Nr. 11; so schon BVerfG [Kammer], InfAuslR 1989, 28; BVerfG [Kammer], EZAR 224 Nr. 22; BVerfG [Kammer], InfAuslR 1992, 122; BVerfG [Kammer], InfAuslR 1993, 300; BVerfG [Kammer], InfAuslR 1993, 304 = DVBl 1994, 38; BVerfG [Kammer], NVwZ 1992, 1083; ebenso BVerwG, EZAR 224 Nr. 16 = NVwZ 1988, 258; BVerwG, Buchholz 402.25 § 14 AsylG Nr. 9; Hess. VGH, ESVGH 38, 235; EZAR 25 Nr. 5; BayVGH, EZAR 225 Nr. 3; OVG Hamburg, NVwZ 1985, 512; OVG Hamburg, InfAuslR 1986, 332; OVG Hamburg, EZAR 224 Nr. 14; VGH BW, InfAuslR 1984, 249). Dagegen erfordere die Annahme eines durchgreifenden Wiederaufnahmegrundes nicht, dass der neue Sachvortrag unter Berücksichtigung der allgemeinen Verhältnisse im behaupteten Verfolgerstaat tatsächlich zutreffe, die Verfolgungsfurcht begründet erscheinen lasse und die Annahme einer relevanten Verfolgung rechtfertige (BVerfG [Kammer], InfAuslR 1993, 229, 232). Lediglich wenn das Sachvorbringen zwar glaubhaft und substanziiert, jedoch von vornherein nach jeder vertretbaren Betrachtung ungeeignet sei, zur Statusberechtigung zu verhelfen, dürfe die Einleitung eines weiteren Asylverfahrens verweigert werden (BVerfG [Kammer], InfAuslR 1993, 229, 232).

46 Das Beweismaß der Glaubhaftmachung ist freilich auch entscheidungserheblich für die inhaltliche Sachentscheidung, sodass unklar ist, welchen Inhalt der Maßstab der Glaubhaftmachung im Rahmen der Schlüssigkeitsprüfung des Folgeantrags hat. Auch der im Unionsrecht angewandte Maßstab der »erheblichen Wahrscheinlichkeit« für die Zulässigkeitsprüfung erfordert eine Präzisierung des Inhalts der Darlegungslast. Nicht zugrunde gelegt werden können die Anforderungen an die Substanziierungspflicht, die bei der Begründetheit des Anspruchs zugrunde zu legen sind. Gegenstand der inhaltlichen Sachprüfung ist, ob das Sachvorbringen in sich stimmig und hinreichend konkretisiert ist, um eine individuelle asylerhebliche Verfolgungsgefahr annehmen zu können. Für die Zulässigkeitsprüfung reicht demgegenüber die schlüssige Darlegung einer veränderten Sachlage aus. Danach muss aus dem substanziierten und glaubhaften Sachvorbringen folgen, dass sich die im früheren Verfahren zugrunde gelegte Sachlage tatsächlich geändert hat. Dagegen kann nicht gefordert werden, dass sich zur Überzeugung der Behörde die Sachlage tatsächlich verändert hat oder gar die Verfolgungsfurcht begründet ist (BVerfG [Kammer], InfAuslR 1993, 229, 232; *Funke-Kaiser*, in: GK-AsylG, § 71 Rn. 147 ff.).

47 Der schlüssige Sachvortrag setzt damit einerseits die glaubhafte und schlüssige Darlegung derjenigen Umstände voraus, die sich nach Abschluss des Erstverfahrens geändert haben (*Mezger*, VBlBW 1995, 308, 309). Hierzu gehört auch ein auf die individuelle Situation des Asylsuchenden bezogenes Sachvorbringen. Lediglich pauschale und wenig konkretisierte sowie nicht nachvollziehbare allgemeine

Schilderungen reichen nicht aus. Vielmehr wird man die Darlegung eines lebensnahen und in sich stimmigen Sachverhaltes unter Angabe von Einzelheiten sowie die Ausräumung im Erstverfahren aufgetretener Widersprüche und Ungereimtheiten erwarten können (a.A. VG Koblenz, AuAS 1996, 84). Im Blick auf die gegenüber den früheren Tatsachen veränderte Sachlage ist damit ein Unterschied zum Beweismaß der Glaubhaftmachung, wie es für die Sachentscheidung gefordert wird, kaum noch auszumachen. Man wird also vom Folgeantragsteller eine dichte und in sich stimmige Darlegung der Umstände erwarten können, die eine veränderte Sachlage ergeben. Andererseits findet im Rahmen der Schlüssigkeitsprüfung eine umfassende Glaubhaftigkeitsprüfung, soweit diese etwa das allgemeine Verhalten des Asylsuchenden und sonstige relevante Umstände einbezieht, nicht statt (*Funke-Kaiser*, in: GK-AsylG, II, § 71 Rn. 160).

Besteht *zwischen* dem *neuen Vortrag* im Folgeantrag und dem *früheren Sachvorbringen*, 48 das im Asylverfahren als unglaubhaft gewertet wurde, ein *sachlogischer Zusammenhang*, kann von einem glaubhaften und substanziierten Sachvortrag nur die Rede sein, wenn detailliert dargelegt wird, dass und weshalb der Vortrag im Erstverfahren doch zutraf (OVG NW, Beschl. v. 14.10.1997) – 25 A 1384/97; Rn. 67). Die neuen Tatsachen stehen häufig im engen Zusammenhang mit den bereits geprüften alten Tatsachen. Daher sind im Rahmen der Schlüssigkeitsprüfung auch die im Asylverfahren vorgebrachten Tatsachen in die Gesamtschau einzubeziehen. Die früheren tatsächlichen Feststellungen dürfen in diesem Zusammenhang sogar infrage gestellt werden (*Funke-Kaiser*, in: GK-AsylG, § 71 Rn. 149). Hieraus folgt, dass das Bundesamt nicht unter Hinweis auf die materielle Rechtskraftwirkung der verwaltungsgerichtlichen Feststellungen (§ 121 VwGO) bzw. unter Berufung auf die Bestandskraft des Erstbescheids eine Auseinandersetzung mit dem Vorbringen im Asylverfahren unterbinden darf. Vielmehr wird vom Antragsteller erwartet, dass er sich mit den als unglaubhaft gewerteten Angaben konkret und detailliert auseinandersetzt und im Einzelnen deutlich macht, ob und in welcher Weise das neue Sachvorbringen die früheren Zweifel an seinen Angaben auszuräumen vermag.

Ferner hat der Antragsteller schlüssig darzulegen, inwiefern die veränderten tatsäch- 49 lichen Umstände geeignet sind, eine ihm günstigere Entscheidung herbeizuführen (*Mezger*, VBlBW 1995, 308, 309; *Hanisch*, DVBl 1983, 415, 420). Aus unionsrechtlicher Sicht wird zusätzlich zur schlüssigen Darlegung des Wiederaufgreifensgründe die Darlegung gefordert, dass diese »erheblich zu der Wahrscheinlichkeit beitragen« dass der Antragsteller als international Schutzberechtiger anzuerkennen ist (Art. 40 Abs. 3 RL 2013/32/EU). Nach der Rechtsprechung ist zu prüfen, ob aufgrund der vorgebrachten veränderten tatsächlichen Umstände die Möglichkeit einer positiven Entscheidung des Bundesamtes besteht (BVerfG [Kammer], InfAuslR 1995, 19, 21; VGH BW, InfAuslR 1984, 249, 251; Hanisch, DVBl 1983, 415, 420). Gefordert wird lediglich die Darlegung einer möglichen rechtlichen Relevanz der Wiederaufnahmegründe (BVerfG [Kammer], InfAuslR 1995, 19, 21). Unionsrecht verlangt keinen strengeren Maßstab. Nicht gefordert ist die »erhebliche Wahrscheinlichkeit«, dass der Status zuerkannt wird, sondern die Darlegung, dass die vorgebrachten neuen Umstände oder Erkenntnisse zu der Wahrscheinlichkeit einer Statuszuerkennung »erheblich beitragen«

können. Dieser Maßstab ist hinreichend offen und lässt den Mitgliedstaaten ausreichend Beurteilungsspielraum. Da in dieser Prüfungsphase nicht gefordert wird, dass die Wiederaufgreifensgründe inhaltlich die Statuszuerkennung tragen, muss nicht dargelegt werden, dass eine überwiegende Wahrscheinlichkeit für eine Verfolgung oder einen ernsthaften Schaden spricht.

50 Zur Konkretisierung der Darlegungslast hinsichtlich neuer Beweismittel knüpft die Rechtsprechung an die Darlegungslast zu neuen Tatsachen an und fordert auch insoweit einen glaubhaften und substanziierten Sachvortrag (BVerfG [Kammer], InfAuslR 1992, 122; OVG NW, Urt. v. 14.10.1997 – 25 A 1384/97.A). Im Rahmen der Zulässigkeitsprüfung dürfe daher auch eine Glaubhaftigkeitsprüfung erfolgen (BVerfG [Kammer], InfAuslR 1992, 122; so auch OVG Rh-Pf, Urt. v. 06.07.1988 – 13 A 103/87), wobei auch widersprüchliches Sachvorbringen im Erstverfahren im Rahmen der Zulässigkeitsprüfung berücksichtigt werden darf (OVG NW, Urt. v. 14.10.1997 – 25 A 1384/97.A). Nach § 51 Abs. 1 Nr. 2 VwVfG muss der Antragsteller darlegen, dass das neue Beweismittel im Erstverfahren eine für ihn günstigere Entscheidung herbeigeführt haben würde. Aus dem Antrag muss sich daher ergeben, dass das neue Beweismittel im Zusammenhang mit dem Sachvorbringen geeignet erscheint, dem Antrag zum Erfolg zu verhelfen (BVerwG, DVBl 1982, 998 = NJW 1982, 2204). Es ist Sache des Antragstellers, die Eignung des Beweismittels für eine ihm günstigere Entscheidung schlüssig darzulegen. Das Beweismittel muss geeignet sein, die Richtigkeit gerade derjenigen Feststellungen infrage zu stellen, die für die Entscheidung im Asylverfahren tragend waren. Dies ist schlüssig vorzutragen. Unterlässt der Antragsteller dies, handelt die Behörde rechtmäßig, wenn sie dem Antrag nicht weiter nachgeht, sondern ihn als unzulässig ablehnt (BVerwG, DVBl 1982, 998).

51 Zum schlüssigen Sachvortrag gehört damit die Bezeichnung des Beweismittels, also die Darlegung, dass das bezeichnete Erkenntnismittel die Überzeugung von der Existenz oder Nichtexistenz von Tatsachen begründen kann (BVerwGE 95, 86, 90; BVerwG, NVwZ 1995, 388). Dieser muss sich also auf eine beweisbedürftige, insbesondere auch ausreichend substanziierte Tatsache beziehen. An dieser Voraussetzung fehlt es z.B., wenn der Antrag im Asylverfahren nicht mangels Berücksichtigung des Beweismittels oder wegen fehlender Glaubhaftmachung der durch das Beweismittel zu belegenden individuellen Gründe des Antragstellers abgelehnt worden war, sondern aus anderen tatsächlichen oder rechtlichen Gründen. Wird z.B. im Folgeantrag lediglich eine Behauptung urkundlich belegt, die bereits im Asylverfahren als unerheblich oder unzureichend gewürdigt wurde, ist das neue Beweismittel nicht geeignet, eine dem Antragsteller günstigere Entscheidung herbei zu führen. Stehen die Ausführungen zur Bedeutung des angebotenen Beweismittels im Widerspruch zu den diesbezüglichen Sachangaben im Erstverfahren, ist der Folgeantrag unschlüssig (VG Stuttgart, Urt. v. 07.06.1994 – A 17 K 16348/93). Auch hier ist aber strikt zwischen der Schlüssigkeitsprüfung und der Begründetheitsprüfung zu unterscheiden. So ist etwa eine Auskunft des Bundesinnenministeriums zum Strafnachrichtenaustausch geeignet, eine dem Antragsteller günstigere Entscheidung herbeizuführen. Darauf, ob sie dem Antrag zum Erfolg verhilft, kommt es im Rahmen der Schlüssigkeitsprüfung nicht an (OVG Rh-Pf, NVwZ-Beil. 2000, 84, 85.

3. Persönliche Anhörung (Abs. 3 Satz 3)

Die Durchführung der persönlichen Anhörung steht im Ermessen des Bundesamtes (Abs. 3 Satz 3). Andererseits hat der Antragsteller auf behördliches Verlangen den Antrag schriftlich zu begründen (Abs. 3 Satz 2). Hat das Bundesamt Zweifel an der Schlüssigkeit des Vorbringens, muss es jedenfalls bei einem hinreichend konkretisierten Antrag die persönliche Anhörung durchführen (VG Arnsberg, Beschl. v. 19.01.1994 – 7 L 2322/93.A.). Aus der grundsätzlichen Anwendbarkeit der Vorschriften des Zweiten Abschnittes folgt darüber hinaus, dass das Bundesamt im Fall der persönlichen Anhörung nach Maßgabe der Regelungen in § 25 Abs. 5 Satz 2 ff. den Verfahrensbevollmächtigen vorher benachrichtigen muss. Jedenfalls in den Fällen, in denen der Antragsteller nach Abschluss des ersten Verfahrens in das Herkunftsland zurückgekehrt ist und sich auf dort entstandene, gegenüber den im Asylverfahren vorgebrachten Gründen neue Verfolgungstatsachen beruft, mag zwar formal ein Folgeantrag vorliegen. Von der Sache her besteht jedoch kein Unterschied zu einem erstmals in das Bundesgebiet einreisenden Asylsuchenden. Daher darf in diesen Fällen von der Ermessensregelung des Abs. 3 Satz 3 nicht zulasten des Antragstellers Gebrauch gemacht werden (so auch VG Frankfurt am Main, AuAS 2002, 214, 215 = InfAuslR 2003, 119; VG Stuttgart, AuAS 2003, 22, 23f.). Hat das Bundesamt die Akte des Asylverfahrens vernichtet, fehlt es an der Vergleichsbasis für die Prüfung der Zulässigkeit. Daher ist die persönliche Anhörung durchzuführen (VG Frankfurt am Main, InfAuslR 2012, 386 = AuAS 2012, 249). Nach der internen Dienstanweisung des Bundesamtes ist grundsätzlich auch dann eine persönliche Anhörung durchzuführen, wenn der Antragsteller vorträgt, traumatisiert zu sein. Zur Substanziierung sind entsprechende ärztliche Stellungnahmen vorzulegen. Ergibt sich nach der Anhörung, dass eine Traumatisierung offensichtlich vorliegt, besteht nach der internen Dienstanweisung kein weiterer Ermittlungsbedarf. In diesen Fällen ist dem Antrag zu entsprechen. Umgekehrt soll nicht weiter ermittelt werden, wenn sich nach Durchführung der persönlichen Anhörung ergibt, dass offensichtlich keine Traumatisierung besteht. 52

Auch für das Folgeantragsverfahren kommt damit der persönlichen Anhörung des Antragstellers besonderes Gewicht zu. Dabei kommt es für die Frage nach der Notwendigkeit der persönlichen Anhörung wesentlich darauf an, ob die dargelegten Wiederaufgreifensgründe eine rechtsfehlerfreie Entscheidung in die eine oder in die andere Richtung zulassen. Bei individuell gearteten Wiederaufnahmegründen wird man aus dem Regelungszusammenhang von Abs. 3 Satz 2 und 3 ableiten können, dass bei Zweifeln die persönliche Anhörung durchzuführen ist (a.A. *Bell*, NVwZ 1995, 24, 27). Bleibt der Antragsteller der beabsichtigten Anhörung ohne genügende Entschuldigung fern, kann das Bundesamt ohne Einräumung einer schriftlichen Äußerungsmöglichkeit in der Sache entscheiden (VG Gießen, AuAS 2005, 9). In der Verwaltungspraxis unterscheidet das Bundesamt jedoch nicht zwischen der Zulässigkeits- und der Sachprüfung. Die Anhörung bezieht sich vorrangig auf die Sachprüfung. Demgegenüber kommt es für die Zulässigkeitsprüfung zunächst auf die Erfüllung der Darlegungslast an. Entscheidet sich das Bundesamt für die Anhörung, ist es jedoch noch nicht festgelegt, ob die Wiederaufnahmegründe tragfähig sind. Bewusst wird der Begriff der Anhörung i.S.d. § 25 vermieden, um 53 die Option einer negativen Zulässigkeitsentscheidung offen zu halten (Rdn. 26). Hat das Bundesamt erstmals über das Vorliegen von Abschiebungsverboten nach § 60 Abs. 5 und 7 AufenthG zu befinden (Rn. 95 ff.), besteht grundsätzlich eine Pflicht zur persönlichen Anhörung (VG Frankfurt am Main, InfAuslR 2012, 386, 387 = AuAS 2012, 249).

4. Änderung der Sach- und Rechtslage (§ 51 Abs. 1 Nr. 1 VwVfG)

a) Funktion des Wiederaufnahmegrundes

54 Der in § 51 Abs. 1 Nr. 1 VwVfG geregelte Wiederaufnahmegrund ist in der Praxis der wichtigste Grund für das Wiederaufgreifen des Verfahrens. Danach ist das Verfahren wiederaufzugreifen, wenn sich nachträglich die dem Verwaltungsakt des Asylverfahrens zugrunde liegende Sach- und Rechtslage zugunsten des Betroffenen geändert hat. Auch Tatsachen, die zwar während des Asylverfahrens eingetreten, den Beteiligten aber nicht bekannt waren, sind zu berücksichtigen (*Funke-Kaiser,* in: GK-AsylG, II, § 71 Rn. 144). Um eine rechtserhebliche Änderung feststellen zu können, ist ein Vergleich des neuen Vorbringens mit den im Asylverfahren festgestellten und die Entscheidung tragenden Tatsachen erforderlich. Die *Änderung der Sachlage* betrifft dem Beweis zugängliche *Tatsachen*, also konkrete Vorgänge oder Zustände in der Vergangenheit oder Gegenwart, die sinnlich wahrnehmbar in die Wirklichkeit getreten sind (Thür. OVG, NVwZ-Beil. 2003, 19, 21. Art. 33 Abs. 2 Buchst. d] RL 2013/32/EU verwendet in diesem Zusammenhang den Begriff der »zutage getretenen« »neuen Elemente«. Dazu gehören innere und äußere Tatsachen. Äußere Tatsachen in diesem Sinne etwa exilpolitischen Aktivitäten können eine Demonstration, die Verteilung von Flugblättern, die Besetzung eines Parteibüros oder ein Hungerstreik sein. Innere Tatsachen kann etwa die geänderte religiöse oder politische Überzeugung des Antragstellers sein, die sich nach außen hin durch entsprechende Äußerungen erklärend manifestiert (BVerwGE 146, 67, 79 Rn. 31 = EZAR NT 62 Nr. 28 = NVwZ 2013, 936 = InfAuslR 2013, 300; Thür. OVG, NVwZ-Beil. 2003, 19, 21).

55 Eine scharfe Trennung zwischen der Sach- und Rechtslage kann im Asylrecht nicht vollzogen werden, da *Änderungen der Rechtslage im* Herkunftsstaat keine Änderung der Rechtslage, sondern eine Änderung der Sachlage darstellen. Generell kann eine »neue« Sachlage immer dann angenommen werden, wenn sich im Herkunftsland des Antragstellers nachträglich die Verfolgungssituation in erheblicher Weise verändert hat. Dies kann Folge bloß objektiver administrativer oder von Rechtsänderungen, aber auch Folge der Anwendung des schon im Asylverfahren zugrunde gelegten Rechts im Herkunftsstaat im Blick auf neu auftretende subjektive Handlungen des Antragstellers sein. Rechtsänderungen im Sinne von § 51 Abs. 1 Nr. 1 VwVfG zielen allein auf das deutsche Recht. Änderungen der Rechtslage im Herkunftsstaat, wie etwa Antiterror-, Ausnahme- und Notstandsgesetze, sind daher keine Rechtsänderungen im Sinne dieser Vorschrift, sondern Änderungen der Sachlage. Entscheidungen nationaler Gerichte, welche die Verfolgungssituation religiöser Minderheiten verschärfen, haben z.B. eine Änderung der Sachlage zur Folge (VG Göttingen, Beschl. v. 04.08.1994 – 2 B 2250/94).

Änderungen der Sach- und Rechtslage im Sinne von § 51 Abs. 1 Nr. 1 VwVfG sind nach der Rechtsprechung nur als Nachfluchtgrund vorstellbar (Hess. VGH, EZAR 225 Nr. 5 = InfAuslR 1990, 133; VGH BW, InfAuslR 1986, 34; OVG Lüneburg, Beschl. v. 02.07.1987 – 11 OVG B 201/87; OVG NW, Beschl. v. 13.02.1987 – 16 B 20814/85). Das ist aber nur für den Fall zutreffend, dass der Antragsteller nach unanfechtbarer Ablehnung seines Asylantrags nicht in sein Herkunftsland zurückgekehrt ist. Hält sich der Antragsteller hingegen eine gewisse Zeit oder länger nach der Rückkehr in seinem Herkunftsland auf und wird dort erneut von Verfolgungsmaßnahmen betroffen oder bedroht und sucht er deshalb erneut im Bundesgebiet Schutz vor Verfolgung, beruft er sich mit dem Folgeantrag auf Vorfluchtgründe. Weil Gesetz und Rechtsprechung unabhängig davon, ob der Antragsteller nach Abschluss des Asylverfahrens in das Herkunftsland zurückgekehrt ist oder nicht, die Regelungen über den Folgeantrag anwenden, kann nicht sämtliches tatsächliche Vorbringen im Folgeantrag als Nachfluchtgrund bewertet werden. Vielmehr gelten für die Differenzierung zwischen Vor- und Nachfluchtgründen die allgemeinen Grundsätze. Wer etwa behauptet, nach seiner Rückkehr in sein Herkunftsland wegen eigener oder der Aktivitäten seiner Ehefrau für eine Oppositionspartei inhaftiert worden zu sein, beruft sich auf eine Vorverfolgung, die nachträglich – nach Abschluss des Asylverfahrens – entstanden ist (BVerfG [Kammer], InfAuslR 1995, 342, 343; VG Arnsberg, Beschl. v. 19.01.1994 – 7 L 2322/93.A). 56

Nicht jede Veränderung der Verhältnisse im Herkunftsland kann zur Begründung des Folgeantrags herangezogen werden. Vielmehr müssen die vorgebrachten nachträglichen Umstände individuelle Auswirkungen auf den Antragsteller haben, sodass eine von der früheren Entscheidung abweichende Beurteilung möglich erscheint (*Mezger*, VBlBW 1995, 308, 309). Beruft sich der Folgeantragsteller auf kollektive Verfolgungsgefahren, reichen insoweit die bereits aufgrund des Asylverfahrens getroffenen Feststellungen im Blick auf die Zugehörigkeit des Antragstellers zur kollektiv gefährdeten Personengruppe aus. Die Zulässigkeitsprüfung erstreckt sich mithin im Rahmen des § 51 Abs. 1 Nr. 1 VwVfG auf die Frage, ob der Antragsteller eine nachträglich entstandene und ihn individuell betreffende Sach- oder Rechtslage geltend macht, ob diese Tatsachen von rechtserheblicher Bedeutung, also im rechtlichen Sinne geeignet sind und ob aus den neuen Tatsachen und Umständen die Möglichkeit einer positiven Einschätzung des Asylbegehrens folgt (VGH BW, InfAuslR 1984, 249, 251. 57

Zeitlicher Bezugspunkt für die Zulässigkeitsprüfung ist der Zeitpunkt der Sachentscheidung des Bundesamtes im Asylverfahren oder der Tag der letzten mündlichen Verhandlung der letzten Tatsacheninstanz (BVerwG, Buchholz 402.24 § 28 AuslG Nr. 7; BVerwG, DÖV 1979, 903; VGH BW, InfAuslR 1986, 34; *Funke-Kaiser*, in: GK-AsylG, II, § 71 Rn. 141). Dies hat seinen Grund darin, dass in aller Regel nach Abschluss der mündlichen Verhandlung neue Tatsachen in das Verwaltungsstreitverfahren nicht mehr eingeführt werden können (Rdn. 13 ff.). Hieraus folgt, dass auch mit Blick auf während des Antragsverfahrens nach § 78 Abs. 4 oder des Beschwerdeverfahrens (§ 133 Abs. 1 VwGO) neu auftretende Tatsachen für die Beurteilung ihrer Erheblichkeit auf den Zeitpunkt des Tags der letzten mündlichen Verhandlung abzustellen ist. Während dieser Verfahren neu entstehender Tatsachenstoff ist mit dem 58

Folgeantrag geltend zu machen (BVerwG, InfAuslR 1985, 22; Rdn. 13 ff.). Auszugehen ist von den tatsächlichen Feststellungen im bestandskräftigen Behördenbescheid oder – im Fall der Klageerhebung – von den tatsächlichen Feststellungen der letzten gerichtlichen Tatsacheninstanz.

b) Berufung auf Nachfluchtgründe

59 Für das Folgeantragsverfahren ist nicht anders wie für das Asylverfahren die Differenzierung zwischen objektiven und subjektiven Nachfluchtgründen (s. hierzu § 28 2 ff.) zugrunde zu legen. Objektive Nachfluchtgründe sind im Rahmen von § 51 Abs. 1 Nr. 1 VwVfG die nachträgliche Veränderung der Verhältnisse im Herkunftsland dergestalt, dass es nunmehr nach dem Sachvorbringen als möglich erscheint, dass die Mitgliedschaft in einer Oppositionspartei – anders als während der Dauer des Asylverfahrens – zu konkreten Gefahren für die persönliche Freiheit führen kann (BVerfG [Kammer], InfAuslR 1995, 19, 21 = AuAS 1995, 9 = NVwZ-Beil. 1995, 3). Ebenso liegt es, wenn sich abweichend von den Feststellungen im Asylverfahren inzwischen die Veränderungen der politischen Repressionsstrukturen herausgebildet haben (VG Gießen, NVwZ-Beil. 1997, 69: zu den Taliban in Afghanistan) oder wenn die Rechtsprechung aufgrund der Verschärfung der Verhältnisse im Herkunftsland nach Auswertung einschlägiger Erkenntnismittel anders als im Asylverfahren nunmehr davon ausgeht, dass auch unverfolgt ausgereiste Asylsuchende aus diesen Gründen bei Rückkehr mit sie persönlich treffenden Gefahren rechnen müssen (VG Freiburg, InfAuslR 1994, 166). Die nachträgliche Eheschließung mit einer deutschen Staatsangehörigen, die ursprünglich dieselbe Staatsangehörigkeit wie der Antragsteller gehabt hatte, begründet zwar als solche keinen erheblichen subjektiven Nachfluchtgrund (VG Ansbach, AuAS 2013, 179). Wird hierdurch jedoch eine Verfolgungsgefahr begründet (s. hierzu *Marx*, Handbuch zum Flüchtlingsschutz, 2. Aufl., 2012, S. 259 f.), ist sie geeignet, die Statusberechtigung zu vermitteln.

60 Nachträgliche exilpolitische wie auch religiöse Aktivitäten stellen die Mehrzahl der geltend gemachten Wiederaufgreifensgründe dar. Durch Teilnahme z.B. an kulturkritischen regimefeindlichen Theateraufführungen oder an regierungsfeindlichen Kundgebungen und Demonstrationen wie auch durch das Verfassen und Veröffentlichen regimekritischer Artikel in Exilzeitschriften wird eine beachtliche neue Sachlage dargelegt (BVerwGE 133, 31, 32 Rn. 10 = NVwZ 2009, 383 = InfAuslR 2009, 260 = EZAR NF 68 Nr. 2; BVerwGE 135, 49, 52 Rn. 13 = NVwZ 2010, 383 = AuAS 2010, 55; BayVGH, NVwZ-Beil. 1997, 75, 77; VG Trier, Beschl. v. 06.01.1997 – 1 K 290/96.K). Insoweit ist aber auch § 28 Abs. 2 zu beachten. Es ist sorgfältig zu prüfen, ob aufgrund exilpolitischer Aktivitäten die Gefahr von Verfolgung droht. Insoweit reicht es für die Prüfung der Zulässigkeitsvoraussetzungen aus, dass aufgrund der vorgetragenen politischen oder religiösen Aktivitäten eine günstigere Entscheidung als möglich erscheint (VG Würzburg, AuAS 2013, 273, 275). Dabei dürfen die Anforderungen an die Darlegungslast für die Zulässigkeitsprüfung nicht überspannt werden (BVerfG [Kammer], EZAR 212 Nr. 11). Ob vorgebrachte subjektive Aktivitäten als ernsthaft erscheinen um ein beachtliches Verfolgungsinteresse auszulösen und das eingerichtete Überwachungs-, Spitzel- und Denunziationssystem der Botschaft des

Herkunftsstaates so geartet ist, dass nur herausgehobene Aktivitäten in das Blickfeld der Verfolgungsbehörden geraten, kann nicht im Rahmen der Zulässigkeitsstation, sondern muss im Asylverfahren geprüft werden. Das bedarf einer umfassenden Sachaufklärung und Beweiserhebung. Nur wenn die vorgetragenen Aktivitäten nach jeder vertretbaren Betrachtung von vornherein als ungeeignet erscheinen, den geltend gemachten Anspruch zu tragen, dürfen sie bereits in der Zulässigkeitsprüfung als unerheblich bewertet werden (BVerfG [Kammer], EZAR 212 Nr. 11).

c) Änderung der asylrechtlichen Rechtsprechung

Nach wie vor umstritten ist, ob und in welchem Umfang die Änderung der asylrechtlichen Rechtsprechung als Änderung der Rechtslage i.S.d. § 51 Abs. 1 Nr. 1 VwVfG anzusehen ist. Das BVerfG hat ohne nähere Vertiefung dieser Rechtsfrage jedenfalls einer geänderten Rechtsprechung des BVerfG eine Bedeutung nicht absprechen wollen (BVerfG [Kammer], InfAuslR 1991, 20 = EZAR 224 Nr. 21). Die generelle Rechtsprechung der einzelnen Senate des BVerwG zu dieser Frage ist uneinheitlich. Einerseits wird vertreten, ein »bloßer Wandel in der Rechtsauffassung, insbesondere in der Auslegung unbestimmter Rechtsbegriffe« sei aus Gründen der Rechtssicherheit unbeachtlich (BVerwGE 2, 380, 395f.). Das BVerwG hat sich in seiner asylrechtlichen Rechtsprechung zu dieser Frage nicht eindeutig geäußert, sondern eher lapidar festgestellt, die Änderung der Rechtsprechung erst- und zweitinstanzlicher Gerichte könne in einem bundesrechtlich geregelten revisionsgerichtlich überprüfbaren Sachbereich wie dem des Asylrechts einer Änderung der »Rechtslage« im Sinne von § 51 Abs. 1 Nr. 1 VwVfG nicht gleichgestellt werden (BVerwG, EZAR 212 Nr. 6 = NVwZ 1989, 161; BVerwG, NVwZ-RR 1994, 119; VGH BW, Urt. v. 02.10.1986 – A 13 S 307/85; Hess. VGH, NVwZ-RR 1996, 713; s. auch *Stelkens*, NVwZ 1982, 492, zur generellen Bedeutung der Änderung der höchstrichterlichen Rechtsprechung als Wiederaufgreifensgrund nach § 51 Abs. 1 Nr. 1 VwVfG). Dies gelte auch mit Blick auf die Änderung der höchstrichterlichen Rechtsprechung (BVerwGE 28, 122, 126 f.); BVerwG, NJW 1981, 2595 m.w.H.; BVerwG, InfAusR 1995, 355, 356). Auch für die Rechtsprechung des EGMR könne insoweit nichts anderes gelten (BVerwG, InfAuslR 1995, 355, 356. 61

Die Rechtsprechung, welche eine Änderung in der Auffassung der Gerichte generell nicht als Änderung der Rechtslage versteht (so Hess. VGH, InfAuslR 1984, 253; OVG NW, Beschl. v. 07.03.1986 – 20 B 20440/85), kann in dieser Pauschalität keinen Bestand haben. Zwar können obergerichtliche Entscheidungen nicht einer authentischen Gesetzesauslegung durch den Gesetzgeber gleichgesetzt werden. Anders ist dies jedoch bei der höchstrichterlichen Rechtsprechung (VGH BW, Urt. v. 02.10.1986 – A 13 S 307/85). Diese bedeutet mehr als ein bloßer Wandel (BVerwGE 17, 256, 260). Maßgebend ist, ob gerade die jeweils anzuwendende Vorschrift inzwischen eine geänderte Auffassung erfahren hat. Dagegen genügt es nicht, wenn sich die Rechtsprechung zu einer anderen, einen gleichen oder ähnlichen Interessenkonflikt regelnden Vorschrift gewandelt hat (BVerwGE 35, 234, 237). Jedoch können diese allgemeinen Grundsätze nicht ohne Weiteres auf das Asylrecht übertragen werden (BVerwG, InfAuslR 1995, 355, 356). Jedenfalls Änderungen, Klarstellungen oder Präzisierungen 62 in der Rechtsprechung des BVerwG sowie des BVerfG kommen einer Änderung der Rechtslage gleich.

63 Die Änderung der Rechtsprechung wird allgemein unter dem Gesichtspunkt der Änderung der Rechtslage i.S.d. § 51 Abs. 1 Nr. 1 VwVfG diskutiert (z.B. *Stelkens*, NVwZ 1982, 492, 494; BVerwG, NVwZ 1989, 161, 162; VG Sigmaringen, Urt. v. 27.09.1996 – A 5 K 10219/94). Dies wird den asylverfahrensrechtlichen Besonderheiten jedoch kaum gerecht, da Tatsachenfragen im Asylrecht sehr eng mit der Auslegung und Anwendung von Rechtsfragen verbunden sind. So können sich insbesondere bei der Bewertung der Verfolgungssituation kollektiv gefährdeter Gruppen, bei der Einschätzung der asylrechtlich erheblichen allgemeinen Verhältnisse im Herkunftsland aufgrund der Auskünfte, Stellungnahmen und Gutachten Ansichten in der Rechtsprechung ändern (VG Gießen, NVwZ-Beil. 1997, 69; VG Freiburg, InfAuslR 1994, 166; a.A. VG Braunschweig, Urt. v. 24.09.1996 – 5 A 5168/94). Von Bedeutung in diesem Zusammenhang auch, dass das BVerfG nach Verkündung seiner Afghanistan-Entscheidung vom 10.08.2000 (BVerfG [Kammer], EZAR 2002 Nr. 30 = InfAuslR 2000, 521 = NVwZ 2000, 1165) den Präsidenten des Bundesamtes sowie die Verfahrensbevollmächtigten der Beschwerdeführer der noch anhängigen Verfahren zu Afghanistan auf die Möglichkeit des Folgeantrags verwies und die Rücknahme der Verfassungsbeschwerde anregte. Auch das BVerfG sieht es damit als selbstverständlich an, dass jedenfalls Präzisierungen verfassungsgerichtlicher Vorgaben zur Auslegung und Anwendung der asylrechtlichen Entscheidungsgrundlagen prozessual als neue Sach- und Rechtslage i.S.d. § 51 Abs. 1 Nr. 1 VwVfG behandelt werden können.

64 Es muss sich nicht um die verfassungsgerichtliche Klärung bislang strittiger asylrechtlicher Fragen durch den zuständigen Senat handeln. Vielmehr reicht die Berufung auf eine Kammerentscheidung aus, durch welche eine bereits entschiedene Grundsatzfrage des zuständigen Senates im Blick auf die bislang uneinheitliche Behandlung tatsächlicher Fragen erläutert und präzisiert wird. Änderungen der asylrechtlichen Rechtsprechung gewinnen deshalb nicht vorrangig unter dem rechtlichen Gesichtspunkt der Änderung der Rechtslage, sondern regelmäßig insbesondere unter dem der Änderung der Sachlage Bedeutung (so auch *Funke-Kaiser*, in: GK-AsylG, II, § 71 Rn. 176; a.A. *Hailbronner*, AuslR B 2 § 71 AsylG Rn. 62, erheblich sind nur Änderungen wesentlicher Grundsätze in der Rechtsprechung des BVerfG; *Bergmann*, in: Bergmann/Dienelt, AuslR, 11. Aufl., 2016, § 71 AsylG Rn. 25, erheblich nur Entscheidungen mit Bindungswirkung nach § 31 BVerfGG; *Müller*, in: Hofmann/Hoffmann, AuslR. Handkommentar, § 71 AsylG Rn. 24, erheblich nur Entscheidungen des BVerfG und BVerwG). Insoweit wird man fordern müssen, dass nicht lediglich einige Verwaltungsgerichte bestimmte tatsächliche Entwicklungen anders einschätzen als die überwiegende Mehrheit in der Rechtsprechung. Vielmehr wird man eine gewisse Tendenz innerhalb der Rechtsprechung darlegen müssen, die aufgrund einer Auswertung verfügbarer Erkenntnisquellen eine Bewertung bestimmter tatsächlicher allgemeiner Entwicklungen im Herkunftsland des Asylsuchenden vornimmt, welche zu von früheren Bewertungen und Einschätzungen abweichenden Ergebnissen kommt.

5. Neue Beweismittel (§ 51 Abs. 1 Nr. 2 VwVfG)

a) Funktion des Wiederaufnahmegrundes

65 Das Bundesamt hat ein weiteres Asylverfahren durchzuführen, wenn der Antragsteller neue Beweismittel vorlegt, die im Asylverfahren eine ihm günstigere Entscheidung herbeigeführt haben würden (Abs. 1 Satz 1 in Verb. mit § 51 Abs. 1 Nr. 2 VwVfG). Es genügt die Darlegung, dass das Beweismittel für eine günstigere Entscheidung geeignet, also geeignet ist, die Richtigkeit gerade der Feststellungen infrage zu stellen, die für die Entscheidung im Asylverfahren tragend waren. Eine gut begründete nachvollziehbare und schlüssige Darlegung, dass ein Element der tragenden Tatsachenfeststellung bei Berücksichtigung des neuen Beweismittels anders ausgefallen wäre, ist ausreichend (BVerwG, NVwZ-RR 2015, 357; *Funke-Kaiser,* in: GK-AsylG, II, § 71 Rn. 189 f.; *Bergmann*, in: Bergmann/Dienelt, AuslR, 11. Aufl., 2016, § 71 AsylG Rn. 27; a.A. *Hailbronner,* AuslR B 2 § 71 AsylG Rn. 65). Die Gegenmeinung ist nicht überzeugend, weil sie eine Darlegung der sicheren Überzeugung von der Eignung des Beweismittels fordert. Dies ist jedoch der Maßstab für die inhaltliche Entscheidung im Anschluss an die Zulässigkeitsprüfung. Betreffen »neue Tatsachen« nach der unanfechtbaren Statusentscheidung nachträglich eintretende Ereignisse, beziehen sich »neue Beweismittel« auf bereits im Asylverfahren entschiedene Sachverhalte (*Bergmann*, in: Bergmann/Dienelt, AuslR, 11. Aufl., 2016, § 71 AsylG Rn. 26). Beweismittel hinsichtlich neuer Sachverhalte können sich nach dem Gesetzeswortlaut (»herbeigeführt haben würden«) nicht auf neue Beweismittel im Sinne von § 51 Abs. 1 Nr. 2 VwVfG beziehen. Der Beurteilung im Rahmen des § 51 Abs. 1 Nr. 2 VwVfG liegen damit stets *»alte Tatsachen«* zugrunde, hinsichtlich deren *»neue Beweismittel«* angegeben werden. Bezieht sich das »neue« Beweismittel auf »neue« oder »bisher nicht bekannte Tatsachen«, handelt es sich um einen Fall nach § 51 Abs. 1 Nr. 1 VwVfG (BVerfG [Kammer], EZAR 212 Nr. 11, S. 7, *Funke-Kaiser,* in: GK-AsylG, II, § 71 Rn. 187; *Müller*, Hofmann/Hoffmann, AuslR. Handkommentar § 71 AsylG Rn. 25). Art. 33 Abs. 2 Buchst. d) RL 2013/32/EU umschreibt den Begriff der »neuen Beweismittel« mit dem Begriff »neue Erkenntnisse«. Ob dadurch die Behörde verpflichtet wird, in eine neue inhaltliche Sachprüfung einzutreten, ist abhängig davon, ob diese »erheblich zu der Wahrscheinlichkeit beitragen«, dass der Antragsteller als international Schutzberechtigter anzuerkennen ist Art. 40 Abs. 3 RL 2013/32/EU.

66 § 51 Abs. 1 Nr. 2 VwVfG zielt also auf neue Beweismittel für alte Tatsachen. Neben Beweismitteln, die während des Asylverfahrens noch nicht existierten, ordnet die Rechtsprechung auch solche den neuen Beweismitteln zu, die zwar damals schon vorhanden waren, ohne grobes Verschulden des Antragstellers aber nicht oder nicht rechtzeitig beigebracht werden konnten (BVerwG, NJW 1985, 280; BVerwG, NJW 1982, 2204 = DVBl 1982, 998; BVerwGE 70, 110,113 = NJW 1985, 280; BVerwG, NVwZ 1995, 388; BVerwG, EZAR 201 Nr. 24; BVerwGE 95, 86, 90; BVerwG, NVwZ-RR 2015, 357; VGH BW, NVwZ 1985, 331, 332; *Bergmann*, in: Bergmann/Dienelt, AuslR, 11. Aufl., 2016, § 71 AsylG Rn. 26). Zutreffend wird eingewandt, dass die Qualität des neuen Beweismittel im Hinblick auf § 51 Abs. 2 VwVfG unabhängig vom Verschulden zu bewerten ist (*Funke-Kaiser,* in: GK-

AsylG, II, § 71 Rn. 179). Unionsrecht spricht für die Kritik, da nach Art. 40 Abs. 4 RL 2013/32/EU ebenso wie nach § 51 Abs. 2 VwVfG das Verschulden gesondert zu prüfen ist. Zwar ist das neue Beweismittel vorrangig in das erste Verfahren einzuführen. Dem Antragsteller muss dies aber verfahrensrechtlich noch möglich gewesen sein (BVerfG, NVwZ 1987, 487). Demgegenüber geht das BVerfG bei *Beweismitteln für bisher nicht bekannte Tatsachen* von einer »*Kombination*« aus Nr. 1 und 2 von § 51 Abs. 1 VwVfG aus (BVerfG [Kammer], EZAR 212 Nr. 11, S. 7). § 51 Abs. 1 Nr. 1 VwVfG ist auf neue Tatsachen gemünzt. Neue Beweismittel, die sich auf neue Tatsachen beziehen, sind daher im Zusammenhang mit dem Wiederaufnahmegrund nach § 51 Abs. 1 Nr. 1 VwVfG geltend zu machen. Das neue Beweismittel darf verfahrensrechtlich nicht isoliert behandelt werden. Vielmehr wird das Verwaltungsverfahren im Fall eines in zulässiger Weise geltend gemachten neuen Beweismittels in die Lage zurückversetzt, in der es sich vor Erlass der letzten Verwaltungsentscheidung befunden hat. Deshalb ist neben dem neuen Beweismittel der gesamte bis dahin entstandene Verfahrensstoff zu berücksichtigen und in der Antragsbegründung im Hinblick auf das neue Beweismittel entsprechend aufzubereiten (BVerwG, NVwZ-RR 1993, 667).

b) Neue Beweismittel im Sinne von § 51 Abs. 1 Nr. 2 VwVfG

67 Als neue Beweismittel kommen grundsätzlich alle Urkunden in Betracht, die nach § 26 VwVfG als Beweismittel anerkannt sind. Um als »neu« eingeordnet zu werden darf es sich nicht um ein Beweismittel handeln, das bereits im abgeschlossenen Verfahren verwertet wurde (*Funke-Kaiser,* in: GK-AsylG, II, § 71 Rn. 180). Als neue Beweismittel können insbesondere auch *Privaturkunden* den Folgeantrag tragen. *Briefe von Verwandten* (BVerfG, NVwZ 1987, 487; BVerwG, DVBl 1984, 571; BVerwG, Buchholz 402.25 § 27 AsylG Nr. 1). Freunden oder Bekannten sowie von einem Rechtsanwalt im Herkunftsland sind als schriftliche Verkörperung eines Gedankens Privaturkunden, die grundsätzlich im Wege des Urkundenbeweises zu würdigen sind. Zwar besteht in der Verwaltungs- und Gerichtspraxis eine Tendenz, derartige Beweismittel als *Gefälligkeitsschreiben* zu werten. Sie sind jedenfalls nicht von vornherein generell untaugliche Beweismittel (VG Freiburg, InfAuslR 1998, 37, 40; *Funke-Kaiser,* in: GK-AsylG, II, § 71 Rn. 196; *Hailbronner,* AuslR B 2 § 71 AsylG Rn. 66; s. hierzu auch Vor § 78 Rdn. 206 ff.). Soweit die Geeignetheit derartiger Privaturkunden in Zweifel gezogen werden (BayVGH, Beschl. v. 13.08.1996 – 25 C 86.30735; *Deibel,* InfAuslR 1984, 114, 120; *Ritter,* NVwZ 1986, 29, 30), wird auf die bestehende Unsicherheit über Urheberschaft und Wahrheitsgehalt dieser Urkunden hingewiesen. Dies betrifft jedoch deren Beweiswert und bezeichnet keinen stichhaltigen Grund, derartigen Beweismitteln von vornherein die Tauglichkeit abzusprechen. Besondere Anforderungen sind an die Darlegungslast zu legen. Der Antragsteller hat sich detailliert und konkret mit seinem früheren Sachvorbringen auseinander zu setzen, wenn das vorgelegte Beweismittel Tatsachen unter Beweis stellt, die aufgrund seiner früheren Angaben als unglaubhaft gewertet wurden (Rdn. 48). Hierbei ist im Einzelnen darzulegen, aus welchen Gründen nach seiner Auffassung das Beweismittel geeignet ist, die bisherige Wertung in Zweifel zu ziehen. Ferner ist auch der *Übermittlungsweg* der Urkunde darzulegen.

Praktische Bedeutung können im Folgeantragsverfahren auch *öffentliche Urkunden* wie etwa *Haftbefehle* (BVerfG [Kammer], InfAuslR 1992, 122) oder *Gerichtsurteile*, sowie sämtliche erdenklichen Urkunden gewinnen, die geeignet sind, mit Blick auf das individuelle Verfolgungsvorbringen den Nachweis der Richtigkeit zu erbringen. Für ausländische Urkunden gilt die *Vermutungswirkung* des § 437 Abs. 1 ZPO nicht. Nur beglaubigte Abschriften beweisen nach § 418 ZPO den vollen Beweis der darin bezeugten Tatsachen (BVerwG, NJW 1987, 1158; BGH, NJW 1962, 1770, 1171). Im Asylverfahren werden jedoch in aller Regel keine beglaubigten Abschriften vorgelegt. Ebenso wie im Blick auf Privaturkunden hat sich der Antragsteller detailliert und konkret mit seinem früheren Sachvorbringen auseinander zu setzen, wenn das vorgelegte Beweismittel Tatsachen unter Beweis stellt, die aufgrund seiner früheren Angaben als unglaubhaft gewertet wurden. Auch insoweit ist im Einzelnen darzulegen, aus welchen Gründen nach Auffassung des Antragstellers das Beweismittel geeignet ist, die bisherige Wertung in Zweifel zu ziehen. Wegen der *Echtheitsprüfung* (Vor § 78 Rdn. 213 ff.) sind insbesondere Darlegungen zum Übermittlungsweg geboten. 68

Unklar ist, ob und in welchem Umfang *länderspezifische Gutachten* von Sachverständigen und Auskunftsstellen als neue Beweismittel i.S.d. § 51 Abs. 1 Nr. 2 VwVfG anzusehen sind. Im Grundsatz ist anerkannt, dass Sachverständigengutachten (Vor § 78 Rdn. 144 ff.) die Funktion neuer Beweismittel haben können, sofern sie nach Abschluss des Asylverfahrens erstellt und neue, seinerzeit nicht bekannte Tatsachen verwerten und selbst auf neuen Tatsachen beruhen (BVerwGE 82, 272, 277; 95, 86, 90; BVerwG, NVwZ 1995, 388, 389; *Funke-Kaiser,* in: GK-AsylG, II, § 71 Rn. 183; *Bergmann*, in: Bergmann/Dienelt, AuslR, 11. Aufl., 2016, § 71 AsylG Rn. 26; *Müller*, Hofmann/Hoffmann, AuslR. Handkommentar § 71 AsylG Rn. 29; eher ablehnend *Hailbronner,* AuslR B 2 § 71 AsylG Rn. 64 f.; offen gelassen BVerwG, EZAR 212 Nr. 6 = NVwZ 1989, 161). Durch diese einschränkenden Voraussetzungen wird dem Bedürfnis Rechnung getragen, der im Bereich wertender Beurteilungen und Einschätzungen erwachsenden Missbrauchsmöglichkeit vorzubeugen, durch immer weitere gutachtliche Äußerungen als »neue Beweismittel« ein Verfahren ständig wieder aufgreifen zu können (BVerwGE 82, 272, 277; 95, 86, 90). Der Eignung einer Stellungnahme zu bestimmten Fragen steht nicht entgegen, wenn sie sich nicht bloß auf die Wiedergabe von Tatsachen beschränken. Beweismittel sind Erkenntnismittel, die die Überzeugung von der Existenz oder Nichtexistenz von Tatsachen begründen können. Zu diesen Tatsachen zählen auch Werturteile, über die wie über sonstige Tatsachen Beweis erhoben werden kann (BVerwGE 82, 272, 276). Grundsätzlich kommt länderspezifischen Gutachten sachinformierter Stellen und Personen aber die Qualität neuer Beweismittel zu (OVG Berlin, Beschl. v. 12.06.1986 – OVG 8 S 207.86; OVG Rh-Pf, NVwZ-Beil. 2000, 84, 85; VG Köln, InfAuslR 1982, 313 = NVwZ 1983, 15; VG Stade, Beschl. v. 08.12.1982 – 5 VG 85/82; so auch *Funke-Kaiser,* in: GK-AsylG, § 71 Rn. 184 ff.). 69

Ein nachträglich erstattetes Gutachten kann zwar nicht die Sachlage verändern, wohl aber deren tatsächliche Aufklärung erleichtern. Länderspezifische Gutachten haben im Asylverfahren eine überragende Bedeutung. Die Verfasser derartiger Gutachten 70 bekunden mit diesen nicht eigene Wahrnehmungen, sondern teilen ihre Einschätzung der gegenwärtigen und gegebenenfalls möglichen zukünftigen Entwicklung der Verfolgungssituation in einem bestimmten Land mit (BVerwG, Beschl. v. 18.01.1984 – BVerwG 9 CB 444.81). Ob jemand als verfolgt anzusehen ist, ist davon abhängig, ob die in die Zukunft gerichtete Verfolgungsprognose den Schluss hierauf rechtfertigt. Ohne länderspezifische Gutachten könnten Bundesamt und Verwaltungsgerichte in aller Regel eine derartige Prognose gar nicht treffen. Eine bestimmte Auskunfts- und Gutachtenlage ist deshalb regelmäßig für die Asylentscheidung ausschlaggebend. Dies rechtfertigt es umgekehrt, bei einer nachträglich veränderten Erkenntnislage aufgrund neu bekannt gewordener Gutachten das Verfahren wiederaufzugreifen. Angesichts der überragenden prozessualen Bedeutung der Gutachten und Auskünfte im Asylverfahren wird bei einer nachträglich veränderten Auskunftslage die Überzeugungsgewissheit von der Richtigkeit der unanfechtbaren Erstentscheidung derart erschüttert, dass an dieser ohne erneute Überprüfung nicht festgehalten werden kann. Da im Asylverfahren Sachverständige ihre Feststellungen stets aus einer Vielzahl unterschiedlicher Informationsquellen erhalten und daher regelmäßig jeweils nur unterschiedliche Schattierungen und Aspekte einer komplexen Realität mitteilen, ist es gerechtfertigt, grundsätzlich von einem weiten Begriff des neuen Beweismittels auszugehen, sofern bestimmte qualitative Voraussetzungen wie Nachvollziehbarkeit, Zuverlässigkeit und Unvoreingenommenheit erfüllt sind. Von Bedeutung ist insoweit auch, dass Sachverständigengutachten und Beweismittel, die in anderen Verfahren eingeholt wurden, als selbständige und zulässige Beweismittel behandelt werden (BVerwG, BayVBl. 1985, 377; BVerwG, DVBl 1985, 577 = InfAuslR 1985, 147; BVerwG, InfAuslR 1986, 74; BVerwG, InfAuslR 1989, 351; BVerwG, InfAuslR 1990, 97; BVerwG, EZAR 630 Nr. 22; Vor § 78 Rdn. 173).

71 Auch der *Rechtsprechung der Instanzgerichte* zu Tatsachenfragen kann eine neuen Beweismitteln gleichzuachtende verfahrensrechtliche Bedeutung beigemessen werden (a.A. *Funke-Kaiser*, in: GK-AsylG, II, § 71 Rn. 186). Ein Wandel in der Rechtsprechung der Tatsacheninstanzen zu bestimmten länderspezifischen Verfolgungstatbeständen und Personengruppen beruht auf einer umfassenden und eingehenden Auswertung von neuen Erkenntnissen. So hat das BVerwG wiederholt darauf hingewiesen, dass das Gericht, wenn es sich nicht lediglich zur Bekräftigung seiner eigenen rechtlichen Schlussfolgerungen auf andere Gerichtsentscheidungen beruft, sondern sich auch auf tatsächliche Feststellungen anderer Gerichte bezieht, diese ordnungsgemäß in das Verfahren einzuführen hat (BVerwGE 67, 83, 84; BVerwG, InfAuslR 1984, 20; BVerwG, InfAuslR 1985, 278; BVerwG, DÖV 1986, 612; BVerwG, NVwZ 1989, 249). Der Kläger kann sogar die Einführung ihm günstiger Gerichtsentscheidungen mit Blick auf die tatsächlichen Feststellungen im Wege des Urkundenbeweises beantragen (BVerwG, InfAuslR 1990, 1619). Dies rechtfertigt es, tatsächliche Feststellungen anderer Gerichte im Wiederaufnahmerecht als Beweismittel anzusehen.

c) Medizinische Gutachten und Stellungnahmen

72 Zwar wurden in der früheren Rechtsprechung Zweifel geäußert, ob medizinische Gutachten Beweismittel darstellen können, da keine Tatsachen, sondern nur Ansichten

und Bekundungen des Sachverständigen mitgeteilt werden (BVerwGE 11, 124, 127; BayVGH, DVBl 1978, 116). Diese vereinzelt gebliebene Rechtsprechung kann jedoch als überholt angesehen werden. Insbesondere die vorherrschende Sensibilität gegenüber behaupteten *Folterungen* und *Traumatisierungen* haben in der Verwaltungs- und Gerichtspraxis eine deutliche Änderung bewirkt. So werden heute in der Rechtsprechung *psychologische Gutachten* als neue Beweismittel anerkannt (BVerwG, InfAuslR 2006, 485, 486; OVG NW, InfAuslR 2006, 487, 489; BVerwG, 2008, 142, 143 = NVwZ 2008, 330; VG Frankfurt am Main, NVwZ-Beil. 2002, 29, 30; VG München, NVwZ-RR 2002, 230, 231; VG Neustadt, NVwZ-Beil., 2001, 45, 46; *Funke-Kaiser,* in: GK-AsylG, II, § 71 Rn. 185; *Müller,* Hofmann/Hoffmann, AuslR. Handkommentar § 71 AsylG Rn. 31; s. auch Vor § 78 Rdn. 143 ff.). Das BVerfG misst dem »*Gesprächsprotokoll einer Psychologin*«, das gerade auf die Ausräumung der vom Gericht gerügten Glaubwürdigkeitszweifel und auf widerspruchsfreie Substanzierung des Sachvortrags zielt, einen Beweiswert bei (BVerfG [Kammer], NVwZ-Beil. 1998, 9, 10). Ferner geht das BVerfG von einer veränderten Sach- und Rechtslage aus, wenn eine neue ärztliche Stellungnahme vorgelegt wird, »die bereits bestehende medizinische Probleme präziser darstellt« und dabei deutlich macht, dass »die nach Auffassung des Arztes medizinisch wesentlichen Umstände in der zuvor getroffenen gerichtlichen Entscheidung nicht oder nur unzureichend erkannt worden sind« (BVerfG [Kammer], Beschl. v. 23.10.2007 – 2 BvR 542/02). Ebenso stellt ein psychologisches Gutachten über andauernde Persönlichkeitsveränderungen nach Extrembelastungen mit depressiver Gewichtung und Suizidgefahr einen veränderten Umstand dar (VG Hannover, Beschl. v. 18.12.2003 – 11 B 5570/03). Darüber hinaus kann auch der Rechtsprechung des EGMR entnommen werden, dass in dieser medizinische Gutachten zum Beweis der behaupteten Folterungen als erheblich bewertet werden (EGMR, EZAR 933 Nr. 2 = NJW 1991, 3079 = InfAuslR 1991, 217 – *Cruz Varas*; EGMR, EZAR 933 Nr. 8 = NVwZ 2001, 301 = InfAuslR 2000, 321 – *T.I.*).

In der Verwaltungspraxis wird ein psychologisches Gutachten als »neues Beweismittel« behandelt, wenn es auf neuen Tatsachen beruht oder wegen Sprachschwierigkeiten, fehlender Vertrauensbasis, fehlender Geldmittel sowie der Residenzpflicht nicht beigebracht werden konnte, vorausgesetzt, das Gutachten genügt wissenschaftlichen Anforderungen und enthält insbesondere die für die Überprüfung erforderlichen Anknüpfungstatsachen (*Treiber*, Fallgruppen traumatisierter Flüchtlinge im Asylverfahren, S. 20; *Lösel/Bender*, Anforderungen an psychologische Gutachten, S. 187; *Haenel,* ZAR 2003, 18; *Birck*, Traumatisierte Flüchtlinge, S. 75 ff.; s. auch VG München, NVwZ-RR 2002, 230, 231, zu den Anforderungen an ein Gutachten). Für die Geltendmachung einer psychischen Erkrankung im Rahmen der Antragstellung (Vor § 78 Rdn. 148 ff.) reicht ein Attest oder eine Stellungnahme aus. Insofern besteht die Funktion der Stellungnahme darin, die Behauptung des Antragstellers über eine psychische Erkrankung zu unterstützen. Eine vorgelegte ärztliche Bescheinigung, durch die dem Antragsteller eine psychische Erkrankung attestiert wird, gibt nicht erst dann Anlass zur weiteren Sachaufklärung, wenn sie in jeder Hinsicht den an ein zur Beweisführung geeignetes Sachverständigengutachten zu stellenden Anforderungen genügt (OVG NW, NVwZ-RR 2005, 507 = AuAS 2005, 93). Vielmehr kann 73 die Behörde schon dann gehalten sein, den Sachverhalt unter Inanspruchnahme ärztlichen Sachverstandes weiter aufzuklären, wenn zwar keine ärztliche Bescheinigung vorliegt, sich aber die Annahme einer schwerwiegenden psychischen Erkrankung aufgrund besonderer Einzelfallumstände aufdrängt. Fehlen derartige, für die Behörde erkennbare Umstände, gibt die Vorlage einer ärztlichen Bescheinigung Anlass, das Vorliegen eines Abschiebungsverbotes unter der Voraussetzung in Betracht zu ziehen, dass sie substanziiert und in für die Behörde nachvollziehbarer Weise ernstliche Anhaltspunkte für das Vorliegen einer psychischen Erkrankung aufzeigt, dass dem Antragsteller gesundheitliche Beeinträchtigungen der für die Anwendung von § 60 Abs. 7 Satz 2 AufenthG vorausgesetzten Schwere drohen und nicht etwa bloße Befindlichkeitsstörungen zu erwarten sind (OVG NW, NVwZ-RR 2005, 507 = AuAS 2005, 93)

74 Nicht verlangt werden kann, dass bereits die Stellungnahme Befundtatsachen und Ausführungen zur Methode der Tatsachenermittlung bezeichnet. Sofern bereits in der Antragsbegründung Angaben zur fachlichen medizinischen Beurteilung des Krankheitsbildes (Diagnose) und eine Beurteilung der Folgen gefordert werden, die aus der krankheitsbedingten Situation voraussichtlich folgen (prognostische Diagnose), (VGH BW, NVwZ-Beil. 2003, 98, 99 = InfAuslR 2003, 423), werden die Anforderungen an die Antragsbegründung überdehnt. Der Antrag ist lediglich auf Schlüssigkeit, nicht aber auf Stimmigkeit und Widerspruchsfreiheit zu überprüfen. Verbleiben Zweifel am Bestehen eines krankheitsbedingten Abschiebungsverbotes, ist von Amts wegen zu ermitteln und ein Gutachten zur behaupteten psychischen Erkrankung einzuholen. Vor Einholung eines Gutachtens dürfen auch schlüssige Ausführungen zur Ursache und zum Umfang des Krankheitsbildes gefordert werden. Kann aber die Möglichkeit nicht ausgeschlossen werden, dass eine psychische Erkrankung vorliegt, ist von Amts wegen zu ermitteln. Allenfalls dann, wenn die Antragsbegründung unauflösbare Widersprüche enthält, die auch durch eine Beweiserhebung nicht ausgeräumt werden können, dürfen Ermittlungen abgelehnt werden. Keinesfalls erlaubt das Verfahrensrecht, dass bereits an die Antragsbegründung Anforderungen, die den anerkannten wissenschaftlichen Anforderungen genügende Erläuterungen enthält oder sich mit anderen abweichenden ärztlichen Stellungnahmen auseinandersetzt, gestellt werden (*Marx*, Juristische Anforderungen an die Begutachtung von Asylklägern, die an traumatischen Folgen von Folter oder unmenschlicher oder erniedrigender Behandlung oder Bestrafung leiden, S. 75,107 ff.). Ist die Antragsbegründung unzureichend, ist dem Antragsteller Gelegenheit zu geben, sich konkret und sachbezogen zu bestehenden Zweifeln zu äußern. Erst wenn auch auf behördliche Aufforderung keine Angaben gemacht werden, die eine psychische Erkrankung schlüssig beschreiben, darf die Durchführung des Verfahrens versagt werden.

d) Exilpolitische Aktivitäten

75 Exilpolitische Aktivitäten sind zwar in erster Linie als neue Tatsachen im Sinne von § 51 Abs. 1 Nr. 1 VwVfG relevant (Rdn. 60). Im Einzelfall können im Blick auf bereits im Asylverfahren vorgebrachte Nachfluchtgründe auch nachträglich Beweismittel

bekannt werden, die nach § 51 Abs. 1 Nr. 2 VwVfG als neues Beweismittel zu behandeln sind. So hat das BVerfG ein deutsches Strafurteil, das zur Begründung eines Folgeantrags vorgelegt wurde, als neues Beweismittel behandelt (BVerfG [Kammer], EZAR 212 Nr. 11). Das Strafurteil behandelte die Überwachungstätigkeit des syrischen Geheimdienstes in Deutschland und wurde deshalb grundsätzlich als geeignet angesehen, die Gefährdungsrelevanz exilpolitischer Aktivitäten zu belegen. Handelt es sich um ein gem. § 267 Abs. 4 StPO abgekürztes Urteil, darf das Bundesamt seine Bedeutung nicht auf den im Urteil mitgeteilten Sachverhalt reduzieren. Vielmehr sind die Strafakten von Amts wegen beizuziehen, wenn der Antragsteller als nicht am Verfahren Beteiligter nicht in der Lage ist, in den Besitz der Akten zu gelangen (BVerfG [Kammer], EZAR 212 Nr. 11).

In der Rechtsprechung werden Auskünfte des Bundesinnenministeriums über den 76
Strafnachrichtenaustausch mit den türkischen Behörden über die Verurteilung eines kurdischen Asylsuchenden wegen seiner Teilnahme an einer Autobahnblockade, die im Erstverfahren mangels Beweisbarkeit als nicht erheblich gewertet wurde, als neues Beweismittel anerkannt (OVG Rh-Pf, NVwZ-Beil. 2000, 84, 85). Da die Verurteilung bereits im Asylverfahren vorgetragen, jedoch nicht als beachtlich wahrscheinlich gewertet wurde, dass die türkischen Behörde hiervon Kenntnis erlangt haben konnten, stellt die Auskunft zu der im Asylverfahren nicht allgemein bekannten Praxis des Strafnachrichtenaustausches ein neues Beweismittel dar. Dass nach einer Unterrichtung der türkischen Behörden über die Verurteilung des Asylsuchenden im Bundesgebiet diesen Behörden die Verurteilung bekannt ist, bedarf keiner Belege. Die Auskunft ist daher ein Beweismittel zum Bekanntwerden strafgerichtlicher Verurteilungen und nicht dazu, dass der Strafnachrichtenaustausch zur Folge hat, dass die Verurteilungen bekannt werden (OVG Rh-Pf, NVwZ-Beil. 2000, 84, 85.

e) Anforderungen an die Antragsbegründung beim Zeugenbeweis

Entsprechend den prozessualen Anforderungen gehören zur substanziierten An- 77
tragsbegründung beim Zeugenbeweis Ausführungen dazu, welche Erkenntnisse über konkrete Geschehensabläufe von dem angebotenen Beweismittel zu erwarten sind (OVG Bremen, NVwZ 1984, 58). Stehen die Tatsachenbehauptungen, die das (neue) Beweismittel bestätigen soll, zueinander in Widerspruch, ist es nicht geeignet, eine dem Antragsteller günstigere Entscheidung herbeizuführen (OVG Bremen, NVwZ 1984, 58). So wird in der Rechtsprechung ein schlüssiger Sachvortrag verneint, wenn der Antragsteller im Folgeantrag darlegt, er werde in der Türkei wegen Unterstützung der PKK gesucht, diese Angaben im Asylverfahren aber als unglaubhaft gewertet wurden (OVG NW, Beschl. v. 14.10.1997 – 25 A 1384/97.A). Ein Beweisangebot zu einem Beweisthema, das einen tatsächlichen Komplex betrifft, der bislang als unglaubhaft angesehen wurde, darf jedoch nicht als unsubstanziiert zurückgewiesen werden (BVerfG [Kammer], InfAuslR 1990, 199, 202; s. auch Vor § 78 Rdn. 184 ff.). Vielmehr reicht es für den schlüssigen Sachvortrag aus, wenn der Antragsteller Zeugen benennt und darlegt, dass diese etwa bestätigen können, dass er vor der Ausreise festgenommen und gefoltert worden ist (VG Stuttgart, Urt. v. 23.06.1999 – A 6 K 11092/99).

f) Anforderungen an die Antragsbegründung beim Urkundenbeweis

78 Entsprechend den prozessualen Anforderungen sind zur substanziierten Antragsbegründung beim Urkundenbeweis Ausführungen zur Echtheit der Urkunde förderlich, sofern dies dem Antragsteller möglich ist (Vor § 78 Rdn. 211 f.). Ausdrücklich hat das BVerfG jedoch ausufernden Tendenzen der fachgerichtlichen Rechtsprechung entgegengehalten, dass die Prüfung des Beweiswertes einer vorgelegten Urkunde im Rahmen der Zulässigkeitsprüfung nicht überdehnt werden darf. Versucht der Folgeantragsteller, mittels Vorlage einer Urkunde Glaubwürdigkeitszweifel aus dem ersten Asylverfahren konkret auszuräumen, darf bei der Schlüssigkeitsprüfung der Beweiswert der Urkunde nicht mit dem bloßen Hinweis auf die gerade zu widerlegenden Glaubwürdigkeitszweifel verneint werden. Eine derartige Argumentation läuft erkennbar dem Sinn und Zweck des § 51 Abs. 1 Nr. 2 VwVfG zuwider. Bei Verneinung des Beweiswertes hinreichend zuverlässiger und für sich tragfähige Aussagen ist Zurückhaltung geboten (BVerfG [Kammer], InfAuslR 1992, 122). Im Rahmen der Schlüssigkeitsprüfung erfordert die Wertung, dass eine vorgelegte Urkunde »eindeutig gefälscht« und damit ungeeignet ist, eine für Tatsachenfeststellungen im Asylrecht maßgebende Verlässlichkeit (BVerfG [Kammer], InfAuslR 1991, 89, 92; VG Meiningen, AuAS 1997, 262 = NVwZ-Beil. 1997, 88 [LS]; *Müller*, Hofmann/Hoffmann, AuslR. Handkommentar § 71 AsylG Rn. 27; Vor § 78 Rdn. 213 ff.).

79 Zur schlüssigen Darlegung der Geeignetheit des neuen Beweismittels hat der Antragsteller im Folgeantrag den Übermittlungsweg der Urkunde (OVG NW, EZAR 632 Nr. 5) und schlüssig die Vorgänge und Ereignisse, auf die sich die Urkunde bezieht, darzulegen. Stehen die Ausführungen hierzu im Widerspruch zu den entsprechenden Sachangaben im Asylverfahren und wird dieser nicht überzeugend ausgeräumt, kann der Folgeantrag als unschlüssig abgelehnt werden. Daher ist Gelegenheit einzuräumen, etwaige aus Sicht der Behörde aufgetretene Widersprüche und Ungereimtheiten überzeugend auszuräumen. Werden die Erklärungen von der Behörde nicht zur Kenntnis genommen und die Schlüssigkeit allein mit dem Hinweis auf die Widersprüche verneint, wird das rechtliche Gehör des Antragstellers verletzt. Andererseits ist evident, dass das Beweismittel ungeeignet ist, wenn die vorgelegte Urkunde das Gegenteil dessen aussagt, was der Antragsteller selbst vorträgt. Generell ist jedoch festzuhalten, dass eine umfassende Würdigung von Urkunden im Rahmen der Schlüssigkeitsprüfung nicht stattfindet. Maßgebend ist allein deren Eignung für eine günstigere Entscheidung (*Funke-Kaiser*, in: GK-AsylG, § 71 Rn. 196).

6. Präklusion nach § 51 Abs. 2 VwVfG

80 Nach Abs. 1 Satz 1 in Verb. mit § 51 Abs. 2 VwVfG ist der Antrag nur zulässig, wenn der Antragsteller ohne »grobes Verschulden« außerstande war, den Wiederaufnahmegrund, insbesondere durch Rechtsbehelf, im Asylverfahren geltend zu machen. Art. 40 Abs. 4 RL 2013/32/EU erlaubt den Mitgliedstaaten in diesem Zusammenhang, den Folgeantrag nicht zu prüfen, wenn der Antragsteller infolge eigenen Verschuldens die neuen Elemente oder Erkenntnisse im bisherigen Verfahren nicht vorgebracht hat. Mit § 51 Abs. 2 VwVfG macht die Bundesrepublik von dieser

Ermessensklausel Gebrauch, führt aber einen schärferen Verschuldensmaßstab ein. Von der Sache her hat der Verschuldenseinwand beim Wiederaufnahmegrund der geänderten Sach- oder Rechtslage regelmäßig keine Bedeutung. *Grobes Verschulden* setzt voraus, dass dem Antragsteller das Bestehen eines Grundes, z.B. das Vorhandensein einer Urkunde bekannt war oder sich den Umständen nach *aufdrängen musste* und er sich trotzdem unter Verletzung jeglicher einem ordentlichen Verfahrensbeteiligten zumutbaren Sorgfaltspflichten, insbesondere unter Verletzung seiner Mitwirkungslast nicht weiter darum sorgte (BayVGH, DVBl 1978, 114, 115; VGH BW NVwZ 1986, 225). Das Vorliegen eines Beweismittels, etwa das Vorhandensein einer Urkunde (Fahndungsliste, Haftbefehl) muss dem Antragsteller während der Anhängigkeit des Asylverfahrens positiv bekannt gewesen sein oder dies musste sich ihm nach den ihm bekannten Umständen aufdrängen. Wegen der für den Antragsteller in aller Regel nicht einsehbaren Verfahrensabläufe dürfen keine strengen Maßstäbe an die Sorgfaltspflichten gestellt werden (*Funke-Kaiser*, in: GK-AsylG, II, § 71 Rn. 203) und ist auch zu bedenken, dass nach § 51 Abs. 2 VwVfG nur grobes Verschulden berücksichtigt werden darf.

Der Grad des Verschuldens wird maßgeblich von der Obliegenheit des Antragstellers 81
bestimmt, an der Ermittlung des Sachverhalts mitzuwirken, und ist nach Art und Umfang von den ihm im Asylverfahren erteilten behördlichen Hinweisen, Empfehlungen und Belehrungen abhängig. Eine *posttraumatische Belastungsstörung* kann aber ursächlich dafür gewesen sein, dass im Asylverfahren die Asylgründe nicht substanziiert und glaubhaft dargelegt wurden. In diesem Fall muss das vorgelegte psychologische Gutachten etwa nachvollziehbare Aussagen über Ursachen und Auswirkungen der posttraumatischen Belastungsstörung und zu den Gründen für die Darlegungsstörungen enthalten. Weist das Gutachten insoweit Mängel auf, kann ein behaupteter *Suizidversuch* aber gleichwohl Indizwirkung dafür entfalten, dass es dem Antragsteller im Asylverfahren nicht möglich war, zu den dort aufgeworfenen Fragen sachgerecht Stellung zu nehmen (VG Augsburg, AuAS 2002, 251, 252). Nach der Rechtsprechung muss der Antragsteller ferner während des Asylverfahrens ihm zumutbare Möglichkeiten zur Aufklärung des Sachverhalts z.B. dadurch ausgeschöpft haben, dass er – soweit ihm dies möglich ist – den Kontakt mit dem Herkunftsland aufrecht erhält und sich so über ihn betreffende Verfolgungsmaßnahmen auf dem Laufenden zu halten (Hess. VGH, InfAuslR 1990, 133, 134; zustimmend *Hailbronner*, AuslR B 2 § 71 AsylG Rn. 55; *Müller*, Hofmann/Hoffmann, AuslR. Handkommentar § 71 AsylG Rn. 3). Dagegen ist einzuwenden, dass erstens die Darlegungslast nicht ohne Weiteres mit einer Beweismittelbeschaffungspflicht angereichert werden darf. Zweitens müssen verfahrensrechtliche Obliegenheiten grob verletzt worden sein. Daran wird es regelmäßig bei der Verletzung von Beschaffungspflichten fehlen. Die Unterlassung der Beschaffung von Beweismitteln kann eine Vielzahl von Gründen haben, z.B. Furcht, Kontaktpersonen oder Verwandte zu gefährden, Unsicherheit, ob dem Folgeantragsteller nicht aus falsch verstandener Freundschaft gefälschte Dokumente zugespielt werden (Rdn. 67). Drittens trifft die Behörde die Beweislast für die Präklusion (a.A. *Funke-Kaiser*, in: GK-AsylG, § 71 Rn. 285). Viertens wird allgemein die Zulässigkeit der Vorlage von Privaturkunden skeptisch bewertet (Rdn. 67).

82 Bezieht sich der Aussagegehalt der mit dem Folgeantrag vorgelegten Privaturkunde (Brief von Verwandten, Bekannten oder Rechtsanwalt) auf nachträglich entstandene Tatsachen, kann die Zulässigkeit der Vorlage nicht mit dem Hinweis auf das Verschulden verneint werden. Hier liegt der Schwerpunkt der Schlüssigkeitsprüfung vielmehr auf den hierzu abgegebenen Erklärungen des Antragstellers, um die Relevanz des Dokumentes für den Verfolgungsvortrag beurteilen zu können. Bei der Vorlage fremdsprachiger Schreiben muss innerhalb der Frist von drei Monaten die Geeignetheit für eine dem Antragsteller günstigere Entscheidung sowie die Einhaltung der Frist substanziiert dargelegt werden (Hess. VGH, NVwZ-Beil. 2000, 93). Die Vorlage einer Bescheinigung über die Mitgliedschaft in einer Exilorganisation dürfte regelmäßig bereits im Asylverfahren möglich gewesen sein, es sei denn, der Beitritt erfolgte erst nach Abschluss des Asylverfahrens. In diesem Fall wird jedoch eine strenge Glaubwürdigkeitsprüfung in Ansehung der nunmehr vorgebrachten exilpolitischen Tätigkeiten bereits im Rahmen der Zulässigkeitsstation erfolgen (*Funke-Kaiser,* in: GK-AsylG, § 71 Rn. 221).

83 Das *Verschulden des Bevollmächtigten* wird dem Antragsteller zugerechnet (BVerfG, NVwZ 1987, 487; § 74 Rdn. 107 ff.). Hat der Antragsteller etwa dem Verfahrensbevollmächtigten eine Urkunde zwecks Einführung in das Verfahren übergeben oder ihm mit der Bitte um ergänzenden Sachvortrag bestimmte ihn betreffende Tatsachen mitgeteilt, die dieser nicht weitergeleitet hat, muss die Einführung dieser Tatsachen oder die Vorlage des Beweismittels im Folgeantragsverfahren an § 51 Abs. 2 VwVfG nicht notwendig scheitern. Zwar wird dem Antragsteller regelmäßig vorgehalten, dass er bei dem Bevollmächtigten habe nachfragen müssen, ob dieser seine Bitte ausgeführt hatte. Die Anforderungen an die Kommunikationspflichten des von seinem Bevollmächtigten abhängigen Antragstellers dürfen aber nicht überdehnt werden (*Funke-Kaiser,* in: GK-AsylG, II, § 71 Rn. 205). Zwar hat der Antragsteller neue Tatsachen und Beweismittel grundsätzlich im Asylverfahren geltend zu machen. War in diesem Zeitpunkt das Asylverfahren in der Hauptsache noch anhängig, muss er sich auf dieses verweisen lassen (BVerfG, NVwZ 1987, 487). Jedoch begründet das Versäumnis, die Wiedereröffnung der mündlichen Verhandlung zu beantragen, kein grobes Verschulden (*Funke-Kaiser,* in: GK-AsylG, II, § 71 Rn. 214.1). Bei Versäumung der Klagefrist ist der Antragsteller nur mit dem neuen Vortrag präkludiert, der die bis zum Ablauf der Klagefrist eingetretenen neuen Umstände betrifft (*Funke-Kaiser,* in: GK-AsylG, II, § 71 Rn. 214.; Rdn. 13). Wurde vom Wiedereinsetzungsantrag deshalb abgesehen, weil eigenes oder Verschulden des Bevollmächtigten vorlag, kann allein deshalb nicht grobes Verschulden unterstellt werden.

84 Nach allgemeiner Ansicht ist der Folgeantrag wegen groben Verschuldens unzulässig, wenn der Wiederaufgreifensgrund im früheren Verfahren nicht durch Rechtsbehelf geltend gemacht worden war. Die *Nichtausschöpfung des Instanzenzugs im Erstverfahren* kann dem Antragsteller indes nicht ohne weiteres als Verschulden angelastet werden (Rdn. 13 ff.). Der Antragsteller ist zur Wahrung seiner Rechte nach Abs. 1 Satz 1 Halbs. 1 nicht ausnahmslos gehalten, den Zulassungsantrag (§ 78 Abs. 4 Satz 1) zu stellen (VGH BW, Beschl. v. 23.01.1987 – A 13 S 814/86; VGH BW, EZAR 633 Nr. 21 = NVwZ-RR 1993, 581; VGH BW, InfAuslR 1994, 290; *Funke-*

Kaiser, in: GK-AsylG, II, § 71 Rn. 216; a.A. VGH BW, Beschl. v. 23.01.1987 – A 13 S 814/86; *Hailbronner*, AuslR B 2 § 71 AsylG Rn. 58; offen gelassen OVG Rh-Pf, NVwZ-Beil. 2000, 84, 85). Das gilt im gleichen Maße für die Zulassungsbeschwerde nach § 133 VwGO. Die Gegenmeinung verwechselt die Zulässigkeitsvoraussetzungen des Folgeantrags mit denen für die Verfassungsbeschwerde und verkennt darüber hinaus, dass angesichts der extrem geringen Erfolgsquote und der sehr weiten Bandbreite der Bewertung der Zulassungsgründe des § 78 Abs. 3 Nr. 1 und 2 nur in außergewöhnlichen Fällen der Vorwurf groben Verschuldens gemacht werden kann, für den dem Charakters der Präklusion entsprechend die Behörde die Beweislast trägt. Treten während des Revisionsverfahrens neue Tatsachen und Beweismittel auf, sind diese stets mithilfe des Folgeantrags vorzubringen (BVerwG, InfAuslR 1985, 22; *Bergmann*, in: Bergmann/Dienelt, AuslR, 11. Aufl., 2016, § 71 AsylG Rn. 22). Im Revisionsverfahren können nur rechtliche, nicht jedoch tatsächliche Grundsatzfragen gerügt werden.

7. Antragsfrist (§ 51 Abs. 3 VwVfG)

Der Folgeantrag muss nach § 51 Abs. 3 VwVfG innerhalb einer Frist von drei Monaten gestellt werden. Innerhalb dieser Frist müssen die Zulässigkeitsvoraussetzungen schlüssig dargelegt werden (Hess. VGH, NVwZ-Beil. 2000, 93). Ob die Antragsfrist auch für ein gerichtliches Verfahren, in dem Wiederaufgreifensgründe geltend gemacht werden (*Hailbronner*, AuslR B 2 § 71 AsylG Rn. 47; *Bergmann*, in: Bergmann/Dienelt, AuslR, 11. Aufl., 2016, § 71 AsylG Rn. 21), gilt, ist fraglich. Die in Bezug genommene Rechtsprechung (BVerwGE 92, 278 = EZAR 201 Nr. 24 = InfAuslR 1993, 357 = NVwZ 1993, 788) verhält sich zu dieser Frage nicht. Für die Prüfung der Zulässigkeitsgründe im Prozess (Rdn. 115 ff.), mag die Ansicht zutreffen. Tritt jedoch das Verwaltungsgericht in die Sachprüfung ein, sind zwar die allgemeinen Präklusionsregelungen, ist aber nicht § 51 Abs. 2 VwVfG anwendbar. Die Frist beginnt mit dem Tag, an dem der Antragsteller von dem Wiederaufnahmegrund positiv Kenntnis erlangt hat (§ 51 Abs. 3 Satz 2 VwVfG). Die Kenntnis muss sich auf die Tatsachen, die dem Grund für das Wiederaufgreifen zugrunde liegen, beziehen. Nicht erforderlich ist dagegen, dass der Antragsteller die Tatsachen rechtlich zuverlässig als Grund für das Wiederaufgreifen beurteilt. Vorauszusetzen ist jedoch, dass er zumindest in groben Umrissen die mögliche Erheblichkeit der Tatsachen für das Asylverfahren erkennt (*Funke-Kaiser*, in: GK-AsylG, § 71 Rn. 225; *Müller*, Hofmann/Hoffmann, AuslR. Handkommentar § 71 AsylG Rn. 34; Mezger, VBlBW 1995, 308, 309). Nach allgemeiner Ansicht steht *Kennenmüssen* (Fahrlässigkeit) *positiver Kenntnis* nicht gleich. Auch grobe Fahrlässigkeit reicht nicht aus (*Funke-Kaiser*, in: GK-AsylG, § 71 Rn. 225). Anders als nach Art. 34 Abs. 2 Buchst. b) RL 2005/85/EG, wonach die Mitgliedstaaten Fristen für die Vorlage neuer Informationen festlegen konnten, fehlt diese Ermessensklausel bei den Verfahrensvorschriften des Art. 42 RL 2013/32/EU. Aus der Entwicklungsgeschichte der Änderungsrichtlinie folgt daher, dass seit Ablauf der Umsetzungsfrist am 20.07.2015 (Art. 51 Abs. 1 RL 2013/32/EU) § 51 Abs. 3 VwVfG nicht mehr angewandt werden darf. 85

Die Fristwahrung nach § 51 Abs. 3 Satz 1 ist Zulässigkeitsvoraussetzung für den Folgeantrag. Dies führt in den Fällen zu prozessualen Komplikationen, in denen der 86

Antragsteller während des anhängigen Erstverfahrens Kenntnis von einem Wiederaufnahmegrund erlangt, diesen aber aus prozessualen Gründen im früheren Verfahren nicht einführen konnte (Rdn. 10 ff., 13 ff., 213 ff.). Voraussetzung für den Fristbeginn ist, dass es dem Antragsteller tatsächlich und rechtlich möglich ist, einen Folgeantrag zu stellen (OVG MV, AuAS 1997, 223, 224 = NVwZ-RR 1998, 140). Wegen Abs. 1 Satz 1 Halbs. 1 ist aber die Stellung des Folgeantrags erst nach unanfechtbarer Ablehnung des Antrags im Asylverfahren zulässig. Daher beginnt die Frist erst in dem Zeitpunkt, in dem die Stellung des Folgeantrags rechtlich zulässig ist (BVerwG, NVwZ 2009, 595, 596 = InfAuslR 2009, 171 = AuAS 2009, 94; OVG MV, AuAS 1997, 223, 224 = NVwZ-RR 1998, 140; VG Gießen, NVwZ-Beil. 1998, 62, 63; *Hailbronner,* AuslR B 2 § 71 AsylG Rn. 51; Rdn. 15 f.). Bis dahin ist die Frist gehemmt (*Schirp*, NVwZ 1996, 559, 560; OVG Rh-Pf, NVwZ-Beil. 2000, 84, 85; VG Wiesbaden, AuAS 2004, 138; gegen OVG NW, NVwZ-RR 1990, 518). Rechtlich unzulässig ist die Antragstellung ferner, wenn sich der Antragstellers nicht im Bundesgebiet aufhält. Mit dem Grundgesetz und dem durch § 3 Abs. 4 Halbs. 1 und § 4 Abs. 1 Satz 1 gewährten internationalen Schutz ist es unvereinbar, § 51 Abs. 3 Satz 1 VwVfG so zu handhaben, dass die Berufung auf neue Umstände versagt bleibt, wenn seit deren Eintreten bis zur Wiedereinreise in das Bundesgebiet mehr als drei Monate verstrichen sind. Die Frist einhalten kann der Antragsteller nur, wenn es während der drei Monate verfahrensrechtlich zulässig ist, einen Folgeantrag zu stellen. Das aber ist so lange nicht der Fall, wie er sich im Ausland aufhält (OVG MV, AuAS 1997, 223; VG Berlin, NVwZ-Beil. 1995, 85, 86; *Funke-Kaiser,* in: GK-AsylG, II, § 71 Rn. 232; *Hailbronner,* AuslR B 2 § 71 AsylG Rn. 52; *Müller*, Hofmann/Hoffmann, AuslR. Handkommentar § 71 AsylG Rn. 34). Daher beginnt in derartigen Fällen die Frist erst mit dem Zeitpunkt der Einreise in das Bundesgebiet zu laufen. Familienasyl oder internationaler Schutz für Familienangehörige kann in rechtlich zulässiger Weise erst mit dem Eintritt der Unanfechtbarkeit der Statusberechtigung des Stammberechtigten, also ab dem Zeitpunkt der Zustellung dieses Bescheids geltend gemacht werden (*Funke-Kaiser,* in: GK-AsylG, § 71 Rn. 228).

87 Ist der Antrag auf *mehrere* – in zeitlichen Abständen vorgebrachte – *Wiederaufgreifensgründe* gestützt, gilt für jeden Grund eine jeweils selbständig zu berechnende Dreimonatsfrist (BVerwG, NVwZ 1990, 788; BVerwG, NVwZ 1993, 359; BVerwG, NVwZ 1995, 388; VG Meiningen, InfAuslR 2006, 159, 160; *Funke-Kaiser,* in: GK-AsylG, § 71 Rn. 236; *Bergmann,* in: Bergmann/Dienelt, AuslR, 11. Aufl., 2016, § 71 AsylG Rn. 26; *Hailbronner,* AuslR B 2 § 71 AsylG Rn. 46 f.; *Müller,* Hofmann/Hoffmann, AuslR. Handkommentar § 71 AsylG Rn. 34; Rdn. 103). Die jeweils gesondert zu prüfende Ausschlussfrist gilt nicht nur für im Verwaltungsverfahren, sondern auch für bei Gericht neu vorgebrachte Wiederaufgreifensgründe (Thür. OVG, NVwZ-Beil. 2003, 19, 21; VG Meiningen, InfAuslR 2006, 159, 160). Soweit sich aber der Grund für das Wiederaufgreifen aus mehreren Einzelsachverhalten zusammensetzt, die zu verschiedenen Zeitpunkten entstanden oder dem Antragsteller nicht im selben Zeitpunkt bekannt geworden sind, wie dies insbesondere bei *exilpolitischen Aktivitäten* der Fall ist, ist eine differenzierende Betrachtung geboten. Einzelne neue Tatsachen, die zur Antragsbegründung nachgeschoben werden und lediglich einen

bereits rechtzeitig geltend gemachten Wiederaufgreifensgrund bestätigen, wiederholen, erläutern oder konkretisieren, also *nicht qualitativ neu* sind, d.h. nicht aus dem Rahmen der bisher für das Wiederaufgreifen angeführten Umstände fallen und damit keinen neuen Wiederaufgreifensgrund – wie z.B. die Übernahme herausgehobener Funktionen in einer Exilorganisation, in der der Antragsteller bisher nur als einfaches Mitglied beteiligt oder untergeordnet tätig war – darstellen, brauchen innerhalb der Antragsfrist nicht vorgebracht werden (BVerwG, NVwZ 1998, 861, 863 = EZAR 631 Nr. 45 = AuAS 1998, 149; so auch Thür. OVG, NVwZ-Beil. 2003, 19, 20). Die vorausgesetzte Trennung zwischen untergeordneten und herausgehobenen Aktivitäten ist jedoch häufig nicht ohne Weiteres möglich. Bei Dauersachverhalten ist vielmehr stets die Gesamtbewertung aller vorgebrachten Umstände und Tatsachen maßgebend.

Häufig waren bereits im Asylverfahren oder in weiteren Verfahren exilpolitische Aktivitäten vorgebracht, aber als nicht zureichend bewertet worden. Werden lediglich neue Tatsachen und Beweismittel eingeführt, die sich in ihrer rechtlichen Qualität nicht von den bereits dem Grunde nach geprüften Tatsachen unterscheiden, fehlt es regelmäßig an der Schlüssigkeit einer veränderten Sachlage. Innerhalb der Antragsfrist ist darzulegen, dass die Aktivitäten des Antragstellers seit der letzten Tatsachenprüfung im vorangegangenen Verfahren einen »*Qualitätssprung*« erfahren haben (BVerfG [Kammer], Beschl. v. 12.02.2008 – 2 BvR 1262/07; Thür. OVG, NVwZ-Beil. 2003, 19, 21; VG Meiningen, InfAuslR 2006, 159, 160; *Funke-Kaiser*, in: GK-AsylG, § 71 Rn. 226). Dies ist z.B. der Fall, wenn sich der Demonstration ein Hungerstreik anschließt oder der Antragsteller eine andere Rolle einnimmt, z.B. bei einer Podiumsdiskussion nunmehr als Redner auftritt (Thür. OVG, NVwZ-Beil. 2003, 19, 21), sich mithin insgesamt in besonders nachhaltiger und öffentlichkeitswirksamer Form für seine Organisation eingesetzt hat (VG Koblenz, Urt. v. 19.05.2000 – 8 K 3128/99. KO). Ein derartiger »Qualitätssprung«, setzt die Frist nach § 51 Abs. 3 Satz 1 VwVfG erneut in Gang (BVerfG [Kammer], NVwZ-RR 2008, 507, 508). Bei Aktivitäten in Gestalt von dauerhaften Tatbeständen, wie etwa Mitgliedschaften in Vereinigungen oder Redakteurstätigkeiten kann der »Qualitätssprung« jedoch kaum präzise ermittelt werden (VG Hannover, Beschl. v. 12.02.1997 – 8 B 5976/96; VG Lüneburg, InfAuslR 2000, 47), weil dieser sich in aller Regel prozesshaft entwickelt. Hier werden stets Aktivitäten innerhalb der Frist geltend gemacht werden können (BayVGH, Urt. v. 17.09.1997 – 8 ZB 97.31910). Andererseits erfordert der innere Sachzusammenhang, die vor Fristbeginn entfalteten Aktivitäten in einem einheitlichen Gesamtzusammenhangs zu berücksichtigen, weil sie lediglich unselbständige Teile eines exilpolitischen Gesamtverhaltens darstellen (BayVGH, NVwZ-Beil. 1997, 75, 76). Für die Folgeanträge, mit denen erstmals exilpolitische Aktivitäten, vorgebracht werden, bedarf es daher nicht des Nachweises eines Qualitätssprungs. Nur in den Fällen, in denen im vorangegangenen Verfahren bereits derartige Aktivitäten als unerheblich bewertet wurden, wird man diesen Nachweis fordern können. In solchen Fällen eines sich entwickelnden Geschehens erscheint es aber sachgerecht, für den Fristbeginn den Zeitpunkt festzusetzen, ab dem der Antragsteller bei objektiver Betrachtungsweise von einer entscheidungserheblichen Veränderung seiner Aktivitäten ausgehen konnte (*Mezger*, VBlBW 1995, 308, 310). 88

89 Bei der *Konversion* handelt es sich ebenfalls um einen Dauersachverhalt. Die Frist beginnt erst dann zu laufen, wenn sich die Hinwendung zur neuen Religion soweit konkretisiert hat, dass nach außen hin eine neue Qualität erkennbar ist. Diese kann häufig der Zeitpunkt der *Taufe* (VG Düsseldorf, Urt. v. 06.07.2010 – 16 K 5092/09), können aber auch andere Ereignisse (Bekanntwerden der Konversion im Herkunftsland) oder prozesshafte Entwicklungen, z.B. eine sich vertiefende religiöse Überzeugung oder Praxis, sein. Auch der Hinweis auf *Erkrankungen* verweist regelmäßig, insbesondere bei psychischen Erkrankungen, auf einen Dauersachverhalt. Allein der Beginn einer Behandlung begründet dabei wegen unklarer Beschwerden ohne entsprechende Diagnose regelmäßig nicht die Obliegenheit, unverzüglich den Folgeantrag zu stellen (BVerfG [Kammer], NVwZ 2007, 2007, 1046, 1047 = AuAS 2007, 41). Da § 71 jedoch nur für die Asylberechtigung und den internationalen Schutz unmittelbar anwendbar ist, können nur traumatische Erkrankungen, die nachträglich auf der Grundlage einer schlüssig begründeten und nachvollziehbaren fachärztlichen Diagnose Aufschluss über die Darlegungsstörungen liefern, im Rahmen des § 71 relevant werden. Hier kann die fachärztliche Diagnose als neues Beweismittel für alte Tatsachen (Rdn. 72 ff.) zu einem Wiederaufgreifen des Verfahrens Anlass geben. Als Zeitpunkt für den Fristbeginn ist auf den Zeitpunkt abzustellen, in dem der Facharzt nach seinem Ermessen erstmals eine schriftliche Diagnose zu den Darlegungsstörungen erstellen kann. Wenn die ärztliche Stellungnahme zum Zwecke der schlüssigen Darlegung eines Abschiebungsverbots nach § 60 Abs. 7 AufenthG eingeführt wird, ist § 71 unanwendbar, sondern unmittelbar § 51 Abs. 1 bis 3 VwVfG. Wird in diesem Fall die Frist versäumt, bleibt der Antrag nach § 51 Abs. 5 VwVfG zulässig (Rdn. 98 ff.).

90 Bei schuldloser Fristversäumnis kann *Wiedereinsetzung* nach § 32 VwVfG beantragt werden. § 51 Abs. 3 VwVfG enthält keine gesetzliche Ausschlussfrist (*Funke-Kaiser,* in: GK-AsylG, § 71 Rn. 120; *Hailbronner,* AuslR B 2 § 71 AsylG Rn. 47). Während die Antragsfrist nach § 51 Abs. 3 Satz 1 VwVfG drei Monate beträgt, muss der Antrag auf Wiedereinsetzung innerhalb von zwei Wochen nach Wegfall des Hindernisses gestellt werden (§ 32 Abs. 2 Satz 1 VwVfG). Die die schuldlose Fristversäumnis nach § 51 Abs. 3 Satz 1 VwVfG begründenden Tatsachen sind zwar nicht innerhalb der Frist von zwei Wochen glaubhaft zu machen (§ 32 Abs. 2 Satz 2 VwVfG), jedoch unverzüglich vorzunehmen. Innerhalb der Zweiwochenfrist ist die versäumte Handlung nachzuholen (§ 32 Abs. 2 Satz 3 VwVfG), also der Folgeantrag zu stellen. Es empfiehlt sich, innerhalb dieser Frist die Wiederaufnahmegründe nach Maßgabe der erörterten Mitwirkungspflichten schlüssig und substanziiert darzulegen. Verschulden des Verfahrensbevollmächtigten bei der Fristversäumnis nach § 51 Abs. 3 Satz 1 VwVfG wird dem Antragsteller nicht zugerechnet, da eine prinzipielle Anwendbarkeit des § 166 Abs. 1 BGB im Folgeantragsverfahren kaum zu sachegerechten Ergebnissen führt. Bis zur Folgeantragstellung ist zudem auch kein Verfahren beim Bundesamt anhängig, in dem eine Vertretung stattfindet, sodass auch eine Erstreckung des Verschuldenstatbestandes auf den Vertretenen nicht möglich erscheint (*Mezger*, VBlBW 1995, 308, 310; *Funke-Kaiser,* in: GK-AsylG, § 71 Rn. 121.1).

8. Schlüssigkeitsprüfung des Bundesamtes

Aus dem Umfang der Darlegungslast folgt der Maßstab für die Schlüssigkeitsprüfung. 91
Das BVerfG und die fachgerichtliche Rechtsprechung hatten die im Rahmen von § 14 AsylG 1982 geltenden geringeren Anforderungen an die Darlegungslast im Rahmen der Schlüssigkeitsprüfung gegenüber der inhaltlichen Sachentscheidung insbesondere aus den unterschiedlichen Behördenzuständigkeiten abgeleitet und eine »Asylerfolgswürdigung« dem Bundesamt vorbehalten. Sinn der Kompetenzverteilung zwischen Bundesamt und Ausländerbehörde bei der Behandlung von Folgeanträgen sei es, die eigentliche asylrechtliche Beurteilung beim Bundesamt zu konzentrieren (BVerfG [Kammer], InfAuslR 1993, 229, 233). Die Mehrstufigkeit des Verfahrens (BVerfG [Kammer], EZAR 212 Nr. 11; OVG NW, NVwZ-Beil. 1997, 68, 69; Rdn. 22 ff.) hat zur Folge dass das Bundesamt zunächst eine Schlüssigkeitsprüfung durchzuführen hat, in der es zu prüft, ob der Antragsteller entsprechend seiner Darlegungslast fristgerecht und schlüssig, d.h. glaubhaft, substanziiert und in sich widerspruchsfrei eine veränderte Sach- und Rechtslage dargelegt hat und den Darlegungen darüber hinaus auch zumindest ein schlüssiger Ansatz für eine mögliche Verfolgungsgefahr oder eine ernsthafte Schädigung entnommen werden kann. Dies ist nicht der Fall, wenn die vorgetragenen Umstände von vornherein nach jeder vernünftigerweise vertretbaren Betrachtungsweise ungeeignet sind, zur Statusberechtigung zu verhelfen (BVerfG [Kammer], InfAuslR 1993, 229, 232; BVerfG [Kammer], EZAR 212 Nr. 11; BayVGH, NVwZ-Beil. 1997, 75; Hess. VGH, ESVGH 38, 235; OVG Hamburg, NVwZ 1985, 512; OVG Hamburg, InfAuslR 1986, 332; OVG NW, NVwZ 1984, 329; VGH BW, InfAuslR 1984, 249; VG Ansbach, InfAuslR 1996, 374). Es wird sich hierbei aber umbesonders gelagerte Ausnahmefälle handeln.

So ist z.B. im Rahmen der Schlüssigkeitsprüfung kein Raum für die Beurteilung 92
der Frage, ob den als schlüssig dargelegten Tatsachenbehauptungen flüchtlingserhebliche Bedeutung zukommt (BVerfG [Kammer], EZAR 224 Nr. 22; BVerwG, EZAR 224 Nr. 16; OVG Lüneburg, Beschl. v. 02.07.1987 – 11 OVG B 201/87; VGH BW, InfAuslR 1984, 249). Diese Frage ist vielmehr im weiteren erfahren zu prüfen und zu entscheiden. Zu weitgehend ist auch die Ansicht, im Rahmen der Schlüssigkeitsprüfung sei zu prüfen, ob aufgrund einer gefestigten obergerichtlichen Rechtsprechung oder eindeutiger und widerspruchsfreier Auskünfte und Stellungnahmen sachverständiger Stellen eine asylerhebliche Verfolgung aufgrund des geltend gemachten Anlasses zu befürchten sei (OVG Hamburg, NVwZ 1985, 512). Die Anforderungen an die Darlegungslast im Rahmen der Schlüssigkeitsprüfung sind weder identisch mit den für die qualifizierte Sachentscheidung maßgeblichen Kriterien noch darf überprüft werden, ob die Verfolgung zu befürchten ist. Nach Art. 40 Abs. 3 RL 2013/32/EU müssen die neuen Elemente oder Erkenntnisse lediglich erheblich zu der Wahrscheinlichkeit beitragen können, dass dem Antragsteller die internationale Schutzberechtigung zuerkannt werden kann (VG Lüneburg, NVwZ-RR 2006, 727, 728). Ist der Folgeantrag nach Maßgabe dieser Grundsätze schlüssig, ist nach Abs. 1 Satz 1 ein neues Asylverfahren einzuleiten. Im anschließenden Verfahrensschritt wird anknüpfend an die Schlüssigkeitsprüfung die Begründetheit des geltend gemachten Anspruchs geprüft (Rdn. 22 ff.). Das Bundesamt hat also zu prüfen, ob das neue Sachvorbringen im Hinblick auf den glaubhaft

gemachten individualbezogenen Sachverhalt unter Berücksichtigung der allgemeinen Verhältnisse im Herkunftsland tatsächlich zutrifft, die Verfolgungsfurcht oder die Gefahr der ernsthaften Schadens begründet erscheinen lässt (BVerfG [Kammer], InfAuslR 1993, 304, 305 = DVBl 1994, 38; BVerfG [Kammer], EZAR 212 Nr. 11; BayVGH, NVwZ-Beil. 1997, 75; VG Ansbach, InfAuslR 1996, 374, 376).

93 Ob das Bundesamt den Übergang von der Schlüssigkeits- zur Begründetheitsprüfung kenntlich machen muss, hat Auswirkungen auf den Rechtsschutz. Gibt es dem Antrag in der Sache statt, kann es sicherlich durchentscheiden. Hält es den Antrag nicht für schlüssig, lehnt es die weitere Durchführung eines Verfahrens ab. Das geltende Recht hat die verfahrensrechtliche Ausgangssituation beim Folgeantrag gegenüber früher also nicht verändert. Nicht mehr die Ausländerbehörde, sondern das Bundesamt prüft die Schlüssigkeit des neuen Vorbringens und beurteilt in diesem Rahmen zunächst, ob Wiederaufnahmegründe nach § 51 Abs. 1 VwVfG vorliegen. Lediglich die Behördenzuständigkeit ist geändert worden. Nach geltendem Recht prüft die für die eigentliche Sachentscheidung zuständige Behörde auch die Zulässigkeit des Antrags. Bei dieser Überprüfung wendet sie jedoch nicht bereits die für die Prüfung der Begründetheit des Antrags geltenden materiellen Kriterien an. Unterstützt wird diese Betrachtungsweise auch durch die gesetzlichen Vorschriften: Das Bundesamt prüft zunächst lediglich, ob der Folgeantrag nach Maßgabe des § 51 Abs. 1 bis 3 VwVfG zulässig ist (Abs. 1 Satz 1). Vor Abschluss der Zulässigkeitsprüfung ist die Abschiebung ausgesetzt (Abs. 5 Satz 2 Halbs. 1). Im Rahmen dieser Zulässigkeitsprüfung beurteilt das Bundesamt jedoch nicht bereits, ob aufgrund des neuen Sachvortrags der Antragsteller statusberechtigt ist. Dies würde der gesetzgeberischen Intention, zunächst im Rahmen der Zulässigkeitsprüfung zulässige von den unzulässigen Anträgen abzugrenzen und im letzteren Fall die vollziehbare Abschiebungsandrohung nach Mitteilung des Bundesamtes unverzüglich durchzusetzen (Abs. 5 Satz 1), zuwiderlaufen.

94 Zunächst prüft das Bundesamt daher die Schlüssigkeit des neuen Sachvorbringens. Erachtet es das neue Sachvorbringen nicht für schlüssig, teilt es der Ausländerbehörde mit, dass die Voraussetzungen des § 51 Abs. 1 bis 3 VwVfG nicht vorliegen (Abs. 5 Satz 2 Halbs. 1). Folge hiervon ist die Vollziehung der Abschiebungsandrohung durch die Ausländerbehörde. Erachtet das Bundesamt den Folgeantrag für schlüssig, führt es ein weiteres Verfahren durch (Abs. 1 Satz 1). Erst wenn das Bundesamt den Folgeantrag nach Maßgabe des § 51 Abs. 1 bis 3 VwVfG für zulässig ansieht, tritt es im Anschluss hieran in die eigentliche Sachprüfung ein (Rdn. 22 ff.). Dieser Gesetzlage entsprechend darf das Bundesamt nicht bereits bei der Zulässigkeitsprüfung die erst für die eigentliche Sachentscheidung maßgeblichen Anforderungen an die Darlegungslast zugrunde legen. Vielmehr hat es bei der Prüfung der Zulässigkeit wie nach früherem Recht lediglich eine Schlüssigkeitsprüfung vorzunehmen.

9. Prüfung von Abschiebungsverboten nach § 60 Abs. 5 und 7 AufenthG

a) Funktion der Abschiebungsverbote im Folgeantragsverfahren

95 Das Bundesamt ist für die Prüfung einer erneuten Berufung auf Abschiebungsverbote nach § 60 Abs. 5 und 7 AufenthG unabhängig davon zuständig, ob diese zusammen

mit einem auf die Asyl- oder internationale Schutzberechtigung gerichteten Antrag oder isoliert geltend gemacht werden (BVerwGE 111, 77, 79= NVwZ 2000, 940 = InfAuslR 2000, 410 = EZAR 212 Nr. 10 = AuAS 2000, 154; BVerwG, NVwZ2000,941; OVG Rh-Pf, NVwZ-Beil. 1999,45; VGH BW, NVwZ-RR 2000,323; Nieders. OVG, AuAS 2001, 140; OVG NW, NVwZ-Beil. 1997, 77, 78; VGH BW, AuAS 1993, 105, 106; VG Freiburg, NVwZ-Beil. 1996, 88 = AuAS 1996, 237; VG Berlin, NVwZ-Beil. 1996, 70; VG Ansbach, InfAuslR 1996, 374, 375; VG Saarlouis, Beschl. v. 14.05.1993 – 10 F 17/93; a.A. OVG SH, InfAuslR 1993, 279, 280; BayVGH, BayVBl. 1995, 695, 696 = EZAR 224 Nr. 26; VG Würzburg, AuAS 1995, 155, 156; VG Sigmaringen, NVwZ-Beil. 1999, 5; *Hailbronner,* AuslR B 2 § 71 AsylG Rn. 87; *Funke-Kaiser,* in: GK-AsylG, § 71 Rn. 259 ff.; *Müller,* Hofmann/Hoffmann, AuslR. Handkommentar § 71 AsylG Rn. 47). Da die früheren Abschiebungsverbote des § 60 Abs. 2, 3 und 7 Satz 2 AufenthG a.F. nach geltendem Recht Inhalt des internationalen Schutzes (§ 4 Abs. 1 Satz 2) sind, werden diese anders als früher seit dem 01.12.2013 unmittelbar nach Abs. 1 Satz 1 mit dem Folgeantrag geltend gemacht. Daher ist die Berufung auf den Schutz nach § 4 Abs. 1 Satz 1 kein Folge-, sondern ein Asylantrag (BVerwG, NVwZ 2012, 244, 245 = EZAR NF 96 Nr. 5), auch wenn bereits einmal auf Antrag auf Feststellung von Abschiebungsverboten nach § 60 Abs. 2, 3 und 7 Satz 2 AufenthG a.F. geprüft wurde. Vor dem 01.12.2013 konnte der unionsrechtliche Schutzstatus in diesen Fällen nicht beantragt werde. Vielmehr regelte die Ausländerbehörde nach der Feststellung der Abschiebungsverbote den weiteren Status.

Das Bundesamt ist nur zuständig, wenn vor der Berufung auf die Abschiebungsver- 96
bote des § 60 Abs. 5 und 7 AufenthG ein Asylverfahren durchgeführt wurde worden war (§ 24 Abs. 2). Andernfalls ist bei erneuter Berufung auf diesen Schutz die Ausländerbehörde zuständig, die nach vorheriger Beteiligung des Bundesamtes (§ 72 Abs. 2 AufenthG) über diesen Antrag entscheidet. Ist der Folgeantrag unzulässig und wird kein weiteres Asylverfahren durchgeführt, hat das Bundesamt daher vor einer abschließenden Sachentscheidung auf Antrag oder von Amts wegen eigenständig Abschiebungsverbote zu prüfen und darüber zu entscheiden (BVerwGE 111, 77, 80 =, NVwZ 2000, 940 = InfAuslR 2000, 410 = EZAR 212 Nr. 10 = AuAS 2000, 154; BVerwG, NVwZ 2000, 941, 942; OVG Rh-Pf, NVwZ-Beil. 1999, 45; VGH BW, NVwZ-RR 2000, 323; a.A. VGH BW, AuAS 2000, 201). Dies folgt auch daraus, dass es im Rahmen des Abs. 5 als Ausländerbehörde tätig wird und aus Anlass des Folgeantrags auch die Zielstaatsbestimmung der im Asylverfahren erlassenen Abschiebungsandrohung zu prüfen hat (OVG Rh-Pf, NVwZ-Beil. 1999, 45; VGH BW, NVwZ-RR 2000, 323; § 34 Rdn. 22). Allein die formale Abweisung eines Folgeantrags aus verfahrensrechtlichen Gründen hebt nicht den aus anderen Gründen bestehenden zwingenden Abschiebungsschutz auf.

Der Anspruch auf Wiederaufgreifen des Verfahrens hinsichtlich der Abschiebungs- 97
verbote folgt unmittelbar aus § 51 VwVfG. Weder unmittelbar noch mittelbar findet § 71 Anwendung (BVerwGE 111, 77, 81 f. = NVwZ 2000, 940, 941 = InfAuslR 2000, 410 = EZAR 212 Nr. 10; Nieders. OVG, AuAS 2001, 140); OVG Hamburg, AuAs 2011, 117, 118; VG Berlin, NVwZ-Beil. 1996, 70; *Hailbronner,* AuslR B 2 § 71 AsylG Rn. 88; *Funke-Kaiser,* in: GK-AsylG, § 71 Rn. 266; *Bergmann,* in: Bergmann/

Dienelt, AuslR, 11. Aufl., 2016, § 71 AsylG Rn. 42; *Müller*, Hofmann/Hoffmann, AuslR. Handkommentar § 71 AsylG Rn. 49). Das Vollstreckungshemmnis nach Abs. 5 Satz 2 Halbs. 1 ist nicht anwendbar. Während der Zulässigkeitsprüfung des Folgeantrags ist es jedoch von der Ausländerbehörde zu beachten. Lehnt das Bundesamt die Durchführung des Asylverfahrens ab, trifft es zugleich auch eine Entscheidung über die Zulässigkeit des erneuten Antrags nach § 60 Abs. 5 und 7 AufenthG. Hier ist die prozessuale und ausländerrechtliche Situation identisch mit der beim unzulässigen Folgeantrag. Anders ist dies jedoch bei der isolierten erneuten Beantragung des Schutzes nach § 60 Abs. 5 und 7 AufenthaltG. Hat das Bundesamt im Asylverfahren bereits unanfechtbar festgestellt, dass Abschiebungsverbote nicht bestehen, kann auf den Folgeantrag hin eine erneute Prüfung und Entscheidung nur unter den Voraussetzungen des § 51 Abs. 1 bis 3 VwVfG für ein Wiederaufgreifen des Verfahrens erfolgen (BVerwGE 111, 77, 81 = NVwZ 2000, 940, 941 = InfAuslR 2000, 410 = EZAR 212 Nr. 10 = AuAS 2000, 154; VGH BW, NVwZ-RR 2000, 323; VGH BW, AuAS 1999, 117). Dies gilt auch dann, wenn sich der Antragsteller auf Abschiebungsverbote beruft, die erst nach Abschluss des ersten Asylverfahrens eingetreten sind. Die Entscheidung über Abschiebungsverbote ist aus Gründen der Rechtssicherheit und Rechtsklarheit auf Dauer angelegt. Späteren Entwicklungen kann grundsätzlich nicht ohne entsprechende Aufhebung bzw. Änderung der früheren Entscheidung des Bundesamtes Rechnung getragen werden (BVerwGE 111, 77, 81 = NVwZ 2000, 940, 941 = InfAuslR 2000, 410 = EZAR 212 Nr. 10). Da in aller Regel die Durchführung des Asylverfahrens wegen Fehlens der Voraussetzungen des § 51 Abs. 1 bis 3 VwVfG abgelehnt worden war, dürfte regelmäßig auch eine Prüfung und Entscheidung der Abschiebungsverbote an diesen Voraussetzungen scheitern. Der Antragsteller hat aber in diesen Fällen die Möglichkeit, ein Wiederaufgreifen des Verfahrens nach § 51 Abs. 5 VwVfG zu beantragen (Rdn. 98 ff.). In all diesen Fällen muss er sich bei der Ausländerbehörde vergewissern, ob sie die Zulässigkeitsentscheidung abwartet, andernfalls im Wege des § 123 VwGO vorbeugenden Vollstreckungsschutz beantragen.

b) Wiederaufgreifen nach § 51 Abs. 5 VwVfG

98 Da eine erneute Prüfung und Entscheidung des Bundesamtes zu § 60 Abs. 5 und 7 AufenthG nur unter den Voraussetzungen des § 51 VwVfG für ein Wiederaufgreifen des Verfahrens erfolgen kann (BVerwGE 111, 77, 80 f. NVwZ 2000, 940, 941 = InfAuslR 2000, 410 = EZAR 212 Nr. 10 = AuAS 2000, 154; VGH BW, NVwZ-RR 2000, 323; VGH BW, AuAS 1999, 117; Rdn. 97), ist hier anders als nach Abs. 1 Satz 1 Halbs. 2 § 51 VwVfG insgesamt – also einschließlich der in § 51 Abs. 5 VwVfG eröffneten Korrekturmöglichkeiten im Fall einer etwa drohenden Verletzung elementarer Menschenrechte – in den Blick zu nehmen, sofern in einem vorangegangenen Verfahren die Voraussetzungen jener Schutznormen schon einmal verneint worden waren (BVerfG [Kammer], InfAuslR 2000, 459, 461 = NVwZ 2000, 907 = EZAR 212 Nr. 12 = AuAS 2000, 197; BVerfG [Kammer], NVwZ 207, 1046, 1047; BVerwG, InfAuslR 2000, 16, 18 = EZAR 043 Nr. 39 = NVwZ 2000, 204; BVerfG [Kammer], AuAS 2007, 41, 42; BVerwGE 111, 77, 82 = NVwZ 2000, 940, 941 = InfAuslR 2000, 410 = AuAS 2000, 154 = EZAR 212 Nr. 10; OVG NW,

AuAS 2002, 142, 143; Nieders. OVG, AuAS 2001, 141, 142; OVG Rh-Pf, NVwZ-Beil. 1999, 45, 46; VGH BW, AuAS 2000, 45, 46; VG Neustadt a.d. Weinstr., NVwZ-Beil. 2001, 45, 46; s. auch BVerwGE 95, 86, 92 =NVwZ 1995, 388, 389. Diese verfahrensrechtliche Situation steht in Übereinstimmung mit Unionsrecht. Danach können die Mitgliedstaaten gemäß den nationalen Rechtsvorschriften einen Folgeantrag weiter prüfen, wenn es andere Gründe gibt, aus denen das Verfahren wieder aufgenommen werden muss (Art. 32 Abs. 5 RL 2005/85/EG). Zwar fehlt eine ausdrückliche Ermessensklausel in der Änderungsrichtlinie. Bei der Festlegung der Zulässigkeitsvoraussetzungen wird den Mitgliedstaaten jedoch weites Ermessen eingeräumt (Art. 43 Abs. 1 UAbs. 1 Satz 1 RL 2013/32/EU).

Die obsiegende Behörde ist nicht gehindert, einen rechtskräftig abgesprochenen An- 99
spruch zu erfüllen, wenn sie erkennt, dass der Anspruch tatsächlich besteht und das rechtskräftige Urteil unzutreffend ist (BVerwG, InfAuslR 2000, 16, 18; vgl. auch BVerwGE 78, 332, 340; BVerfG [Kammer], EZAR 212 Nr. 7 = NVwZ 1989, 141 = InfAuslR 1989, 65; *Kemper*, NVwZ 1985, 872, 875). Grundsätzlich besteht ein Anspruch auf fehlerfreie Ermessensausübung (BVerfG [Kammer], NVwZ 207, 1046, 1047, mit Hinweis auf BVerwGE 111, 77, 82 = NVwZ 2000, 940). Das Bundesamt ist zur Abänderung der früheren Entscheidung befugt, wenn sie sich als inhaltlich unrichtig erweist, handelt im Rahmen pflichtgemäßer Ermessensausübung aber grundsätzlich rechtmäßig, wenn es eine erneute Prüfung eines Anspruchs ablehnt, über den bereits eine gerichtliche Entscheidung getroffen worden ist (OVG SA, AuAS 2010, 226, 227). Die Rechtskraft eines verwaltungsgerichtlichen Urteils hat jedoch zu weichen, wenn ein Festhalten an diesem »zu einem schlechthin unerträglichen Ergebnis führen würde«. Das ist insbesondere anzunehmen, wenn der Antragsteller andernfalls einer erheblichen Gefahr für Leib oder Leben, insbesondere einer extremen Gefahrensituation im Herkunftsstaat ausgesetzt wäre (§ 60 Abs. 7 Satz 1 AufenthG) und die geltend gemachten Umstände zuvor behördlicherseits und gerichtlich noch nicht geprüft worden sind (BVerwG, InfAuslR 2000, 16, 18 = EZAR 043 Nr. 39 = NVwZ 2000, 204; BVerwG, NVwZ 1995, 388, 389; BVerwGE 122, 103, 108 = EZAR 95 Nr. 1 = NVwZ 2005, 462 = InfAuslR 2005, 120, 122; OVG NW, AuAS 2002, 142, 143).

Bei drohender Verletzung elementarer Menschenrechte (OVG Rh-Pf, NVwZ 100
Beil. 1999, 45, 46), insbesondere bei drohender Todesstrafe (VG Wiesbaden, InfAuslR 2002, 275, 276), drohender Folter (BVerwGE 111, 77, 83 = NVwZ 2000, 940, 941 = InfAuslR 2000, 410 = AuAS 2000, 154 = EZAR 212 Nr. 10) ist daher stets das Ermessen reduziert. Liegen die Voraussetzungen des § 60 Abs. 5 und 7 AufenthG vor, ist daher stets das Ermessen reduziert. Demgegenüber verlangt die Rechtsprechung eine darüber hinausgehende Gefahrenintensität im Sinne einer »extremen allgemeinen Gefahr« (BVerwG, NVwZ 2005, 462, 463 = InfAuslR 2005, 120 = EZAR NF 95 Nr. 1; *Müller*, in: Hofmann/Hoffmann, AuslR. Handkommentar § 71 AsylG Rn. 49).

Das Bundesamt ist sowohl auf Antrag berechtigt, aber »von Amts wegen« auch 101
verpflichtet, das Verfahren nach § 51 Abs. 5 VwVfG wieder aufzugreifen (BVerfG [Kammer], InfAuslR 2000, 459, 461 = NVwZ 2000, 907 = EZAR 212 Nr. 12 =

AuAS 2000, 197; BVerwGE 78, 332, 340 = NVwZ 1988, 737; Nieders. OVG, AuAS 2001, 140, 142; *Funke-Kaiser,* in: GK-AsylG, § 71 Rn. 260; a.A. VGH BW, 2000, 201,202). Die gegenteilige, auf prozessuale Einwände gestützte Gegenmeinung steht mit dieser Rechtsprechung nicht in Übereinstimmung. Allerdings hat das Bundesamt von sich aus, ohne konkrete und erschöpfende Darlegung der nachträglich entstandenen zwingenden Gründe keinen Anlass, von Amts wegen in eine erneute Sachprüfung einzutreten. Aus Gründen des effektiven Verfahrensschutzes empfiehlt sich deshalb ein ausdrücklich auf § 51 Abs. 5 VwVfG in Verb. mit § 60 Abs. 5 und 7 AufenthG bezogener sowie detailliert und ausführlich begründeter Antrag. Durch interne Dienstanweisung ist geregelt, dass bei einer schweren, im Herkunftsland nicht behandelbaren Krankheit, einer drohenden Genitalverstümmelung sowie insbesondere einer behaupteten Traumatisierung ein Wiederaufgreifen von Amts wegen zu prüfen ist (s. auch Vor § 78 Rdn. 148 ff.).

102 Trotz der im Asylverfahren erfolgten Zurechnung des *Verschuldens des Bevollmächtigten* kann der Asylsuchende nach der Rechtsprechung des BVerfG zumindest Abschiebungsschutz nach § 60 Abs. 5 und 7 AufenthG – gegebenenfalls im Wege gerichtlicher Nachprüfung – nach § 51 Abs. 1 in Verb. mit § 48 Abs. 1 VwVfG erlangen (BVerfG [Kammer], NVwZ 2000, 907, 909 = EZAR 212 Nr. 12 = AuAS 2000, 197; ebenso BVerwG, AuAS 2003, 94, 95; VGH BW, NVwZ-RR 2000, 261, 262). Das BVerfG hat in diesem Zusammenhang ausdrücklich seine bisherige Rechtsprechung zum Anwaltsverschulden (§ 74 Rdn. 107 ff.) im Blick auf die für den Asylsuchenden tief greifenden Folgen einer Überprüfung unterzogen: Erwachse aufgrund anwaltlichen Verschuldens die Feststellung, dass die Voraussetzungen für die Zuerkennung der Flüchtlingseigenschaft nicht gegeben seien, in Bestandskraft, führe auch in einem solchen Fall die Zurechnung des Verschuldens des Bevollmächtigten nicht zu schlechterdings unerträglichen Ergebnissen (BVerfG [Kammer], NVwZ 2000, 907, 908; vgl. auch BayVGH, AuAS 2001, 185, 186). Der Asylsuchende könne auch nach rechtskräftigem Abschluss seines Asylverfahrens zumindest ausländerrechtlichen Abschiebungsschutz erlangen. Das BVerwG habe entschieden, dass eine erneute Prüfung des Vorbringens nicht im Wege des Folgeantrags zulässig sei, weil Anwaltsverschulden keinen Wiederaufgreifensgrund i.S.d. § 51 Abs. 1 VwVfG darstelle. Die Entscheidung zu Abschiebungsverboten unterliege indes nicht den eingeschränkten und strengen Voraussetzungen des § 51 Abs. 1 bis 3 VwVfG. Nach der Rechtsprechung besteht eine Verpflichtung des Bundesamtes zum Wiederaufgreifen im Sinne einer Ermessensreduktion, wenn kein eigenes Verschulden an der Fristversäumnis vorliegt und substanziiert rechtliche und/oder tatsächliche Bedenken gegen die Richtigkeit der früheren Antragsablehnung geltend gemacht werden (VGH BW, NVwZ-RR 2000, 261, 262.

10. Entscheidungsprogramm des Bundesamtes (Abs. 4 bis 6)

a) Durchführung des Asylverfahrens

103 Liegen die Voraussetzungen nach Abs. 1 Satz 1 in Verb. mit § 51 Abs. 1 bis 3 VwVfG vor, folgt das maßgebliche Entscheidungsprogramm des Bundesamts aus der Bezugnahme auf die allgemein für die Durchführung von Asylverfahren geltenden und konzipierten Vorschriften (so auch Art. 40 Abs. 3 RL 2013/32/EU). Das Bundesamt

hat die Ausländerbehörde zu benachrichtigen, dass das Asylverfahren durchgeführt wird, und prüft die Asyl- und internationale Statusberechtigung. Ist der Folgeantrag auf mehrere selbständige Gründe gestützt, betrifft der in zulässiger Weise geltend gemachte Wiederaufgreifensgrund jedoch nur einen von ihnen, unterliegt der Antrag lediglich hinsichtlich dieses Grunds erneuter Sachprüfung und ist im Übrigen unbeachtlich. Bei einem auf mehrere Gründe gestützten Antrag ist daher eine erneute Sachprüfung in vollem Umfang nur zulässig, wenn hinsichtlich eines jeden der Gründe die Voraussetzungen des § 51 Abs. 1 bis 3 VwVfG gegeben sind (BVerwG, EZAR 212 Nr. 4; Thür. OVG, NVwZ-Beil. 2003, 19, 21; Rdn. 87). Eine zu strikte Trennung der verschiedenen Gründe ist jedoch nicht sachgerecht. Der zur Prüfung gestellte Sachverhalt erfordert eine zusammenfassende Bewertung und kann nicht in selbständig nebeneinander stehende und voneinander isolierte Bestandteile zerlegt werden (BVerwGE 55, 82, 84 = DÖV 1978, 447 = DVBl 1978, 883 = BayVBl. 1978, 217 = NJW 1978, 2463 = Buchholz 402.24 § 28 AuslG Nr. 11 = EZAR 201 Nr. 3). Insbesondere bei mehreren selbständigen Verfolgungsgründen (Art. 10 Abs. 1 Buchst. b) RL 2011/95/EU) ist eine isolierte Prüfung einzelner Gründe verfehlt. Maßgebend ist vielmehr, dass der Antragsteller durch einen der geltend gemachten Gründe betroffen wird. Wegen der Einheitlichkeit des zugrunde liegenden Lebenssachverhaltes ist daher das Verfahren im Ganzen wieder aufzugreifen (Hess. VGH, EZAR 226 Nr. 8; OVG NW, Beschl. v. 24.07.1987 – 18 B 21031/86).

Bei der erneuten Sachprüfung wird grundsätzlich auch früheres Sachvorbringen des 104 Antragstellers berücksichtigt. Zunächst ist der präzise Inhalt eines etwaigen Urteils im Asylverfahren zu ermitteln. Die Behörde ist durch die Rechtskraft des Urteils nur in dem Umfang an einer erneuten Überprüfung der materiellen Ansprüche gehindert, wie er bereits Gegenstand des Verfahrens war (BVerwG, EZAR 212 Nr. 6 = NVwZ 1989, 161; Hess. VGH, EZAR 226 Nr. 8). Zwar bindet die Rechtskraft des Urteils die Beteiligten nach Maßgabe der sie tragenden Urteilsgründe (BVerwGE 80, 313, 320) und sind im Folgeantragsverfahren die Beteiligten auch identisch. Dies steht einer Berücksichtigung früheren Vorbringens aber nicht im Wege, soweit aufgrund dessen erst Bedeutung und Umfang der neuen Sachlage und insbesondere auch die hieraus für die Glaubhaftigkeit der Sachangaben maßgeblichen tatsächlichen Entscheidungsgrundlagen sachgerecht ermittelt werden können (BVerwG, EZAR 212 Nr. 4; Thür. OVG, NVwZ-Beil. 2003, 19, 21). Die rechtskräftigen Feststellungen können aber im Übrigen bei der zusammenfassenden Bewertung des Sachvorbringens unter Beachtung ihrer Bindungswirkung mitberücksichtigt werden. Keine Bindung besteht an Feststellungen in Beschlüssen etwa im Eilrechtsschutzverfahren sowie an bestandskräftige Feststellungen des Bundesamtes. Für den Wiederaufgreifensgrund nach § 51 Abs. 1 Nr. 2 VwVfG gelten diese Grundsätze ohnehin nicht, da dessen eigentliche Bedeutung ja gerade darin besteht, dass aufgrund des neuen Beweismittels die alten Tatsachen einer erneuten Sachprüfung unterzogen werden.

b) Abschiebungsandrohung bei unzulässigem Folgeantrag

Liegen die Voraussetzungen des § 51 Abs. 1 bis 3 VwVfG nicht vor, ist nach pflicht- 105 gemäßem Ermessen zu prüfen, ob nach Abs. 4 Halbs. 1 in Verb. mit §§ 34 ff. die

Abschiebungsandrohung erlassen wird. Diese ist mit einer einwöchigen Ausreisefrist zu verbinden (§ 36 Abs. 1). Die Bezugnahme in Abs. 4 Halbs. 1 auf § 35 bedeutet, dass das Bundesamt die Einleitung eines weiteren Verfahrens ablehnen kann, weil der Folgeantrag nach § 29 Abs. 1 Nr. 5 unzulässig ist. Diese Verweisung ist erforderlich, weil ein Folgeantrag begrifflich auch angenommen wird, wenn der Antragsteller nach Abschluss des ersten Verfahrens ausgereist ist und zur erneuten Antragstellung einreist (BVerwGE 77, 323, 324 = EZAR 224 Nr. 16 = NVwZ 1988, 258; OVG Bremen, InfAuslR 1986, 16; OVG NW, Urt. v. 16.04.1985 – 17 B 20798/84; VGH BW, InfAuslR 1984, 249; BayObLG, NVwZ-Beil. 1998, 55; *Bell/von Nieding*, ZAR 1995, 119; s. auch Abs. 6 Satz 1; Rdn. 8). § 29 ist jedoch heute ohne Bedeutung. Liegen die Voraussetzungen für den Erlass einer Abschiebungsanordnung nach § 34a Abs. 1 wegen der Einreise aus einem sicheren Drittstaat vor, wird die Abschiebungsanordnung (Abs. 4 Halbs. 2 in Verb. mit § 34a Abs. 1 Satz 1) erlassen. Eine Mittelung an das Bundesamt erfolgt nicht (Abs. 6 Satz 2 Halbs. 2). Mangels Listung sicherer Drittstaaten ist diese Vorschrift ohne Bedeutung. Unzulässig ist der Erlass einer Abschiebungsandrohung nach § 34a Abs. 1 in Verb. mit § 29 Abs. 1 Nr. 1, weil die Bundesrepublik zuständig ist. Nach § 31 Abs. 3 Satz 1 ist eine Entscheidung über Abschiebungsverbote (§ 60 Abs. 5 bis 7 AufenthG) zu treffen und nach § 34 die Abschiebungsandrohung mit den Vorgaben nach § 59 Abs. 2 und 3 AufenthG zur Zielstaatsbestimmung zu erlassen. Nach Abs. 3 Satz 4 sind die Regelungen des § 10 über die Zustellung entsprechend anwendbar. Der Antragsteller hat deshalb seine ladungsfähige Anschrift anzugeben und ist erneut auf seine Verpflichtungen nach § 10 hinzuweisen und entsprechend schriftlich und gegen Empfangsbekenntnis zu belehren (Abs. 3 Satz 3 in Verb. mit § 10 Abs. 7). Unter diesen Voraussetzungen kann das Bundesamt im Folgeantragsverfahren nach § 10 Abs. 2 vorgehen.

c) Entscheidung nach Abs. 5 Satz 2 1 Halbsatz

106 Für die Frage, ob zugleich mit der Entscheidung, ein weiteres Verfahren nicht durchzuführen, eine erneute Abschiebungsandrohung zu erlassen war, war früher die Frist von zwei Jahren nach § 71 Abs. 5 Satz 1 Halbs. 1 AsylVfG a.F. maßgebend. Da nach geltendem Recht diese Frist nicht mehr besteht, liegt es allein im pflichtgemäßen Ermessen, ob das Bundesamt nach Abs. 4 vorgeht und eine neue Abschiebungsandrohung erlässt, etwa weil begründete Zweifel an der Rechtmäßigkeit der Abschiebungsandrohung des Erstverfahrens bestehen, oder ob es das Verfahren nach Abs. 5 wählt. Die Entscheidung ist zuzustellen (OVG NW, NVwZ-Beil. 1997, 77, 78). Zwar enthält Abs. 1 Satz 1 Halbs. 2 lediglich den Begriff der »Prüfung«. Das Ergebnis der negativen Prüfung setzt jedoch wegen Art. 19 Abs. 4 GG den Erlass einer gerichtlichen überprüfbaren Entscheidung voraus (*Scherer*, VBlBW 1995, 175, 176). Da behördeninterne Informationspflichten nicht anerkannte Grundsätze des Verwaltungshandelns beseitigen können, steht Abs. 5 Satz 2 nicht entgegen. Die Weigerung des Bundesamtes, ein weiteres Asylverfahren durchzuführen, ist der Sache nach eine Ablehnung nicht anders wie die Verneinung der Statusberechtigung nach Bejahung der Zulässigkeitsvoraussetzungen (OVG NW, AuAS 1997, 141, 142). Das Bundesamt tenoriert die Sachentscheidung wie folgt: »Der Antrag auf Durchführung eines weiteren Verfahrens

wird abgelehnt«. Dies gilt auch, wenn der Folgeantrag zurückgenommen wird (*Bell/von Nieding*, ZAR 1995, 119, 125). Zugleich teilt das Bundesamt der zuständigen Ausländerbehörde mit, dass die Voraussetzungen nach § 51 Abs. 1 bis 3 VwVfG nicht vorliegen (Abs. 5 Satz 2). Die Ausländerbehörde wird anschließend unverzüglich die Ausreisepflicht durchsetzen. Gegebenenfalls ist eine Entscheidung über Abschiebungsverbote nach § 60 Abs. 5 und 7 AufenthG zu treffen (s. auch Rdn. 95 ff.).

Die Entscheidung, dass die Voraussetzungen nach § 51 Abs. 1 bis 3 VwVfG nicht vorliegen, bedeutet, dass der Aufenthalt bereits im Zeitpunkt der Stellung des Folgeantrags nicht gestattet war. Das gesetzliche Aufenthaltsrecht nach § 55 Abs. 1 Satz 1 war mit Vollziehbarkeit der Abschiebungsandrohung im Asylverfahren (§ 67 Abs. 1 Nr. 4) bzw. mit der unanfechtbaren Ablehnung des Asylantrags (§ 67 Abs. 1 Nr. 6) kraft Gesetzes erloschen. Durch den Folgeantrag war die Vollziehung lediglich kraft Gesetzes vorübergehend ausgesetzt (Abs. 5 Satz 2 Halbs. 1). Mit der Entscheidung, ein weiteres Asylverfahren nicht durchzuführen, aktualisiert sich erneut die Ausreisepflicht. Zugleich teilt das Bundesamt der zuständigen oder der Ausländerbehörde des tatsächlichen Aufenthaltsortes (Abs. 7 Satz 2) mit, dass die Voraussetzungen des § 51 Abs. 1 bis 3 VwVfG nicht vorliegen (Abs. 5 Satz 2 Halbs. 1). Die Ausländerbehörde setzt unverzüglich die Ausreisepflicht durch. Es bedarf zur Vollziehung keiner erneuten Fristsetzung (Abs. 5 Satz 1). Abs. 5 Satz 1 setzt voraus, dass eine »nach Stellung des früheren Asylantrages« ergangene Abschiebungsandrohung oder -anordnung vollziehbar geworden ist, und findet auch Anwendung, wenn der Antragsteller zwischenzeitlich ausgereist war (Abs. 6 Satz 1). Wurde der Asylantrag als offensichtlich unbegründet abgelehnt und hat das Verwaltungsgericht dem Eilrechtsschutzantrag stattgegeben, ist die Abschiebungsandrohung nach Ablauf der in § 37 Abs. 2 genannten Frist vollziehbar geworden. Die Abschiebungsandrohung muss nach Stellung des Asylantrags durch das Bundesamt erlassen worden sein. Eine von der Ausländerbehörde verfügte Abschiebungsandrohung nach § 59 Abs. 1 AufenthG führt nicht zur Anwendung des Abs. 5 Satz 1. Vielmehr ist stets nach Abs. 4 Halbs. 1 die Abschiebungsandrohung zu verfügen (OVG NW, AuAS 1997, 64, 65; vgl. auch OVG Rh-Pf, AuAS 1995, 118, 119). 107

D. Rechtsstellung des Folgeantragstellers

Den Regelungen in § 71 kann nicht unmittelbar entnommen werden, welche Rechtsstellung der Antragsteller während der Phase der Zulässigkeitsprüfung hat. Aus Abs. 1 Satz 1 in Verb. mit § 55 Abs. 1 Satz 1 kann lediglich hergeleitet werden, dass nach der Entscheidung, ein weiteres Verfahren durchzuführen, d.h. nach Entscheidung über die Zulässigkeit des Antrags, bis zum unanfechtbaren Abschluss des Verfahrens zur Durchführung des Asylverfahrens (§ 55 Abs. 1 Satz 1) kraft Gesetzes der Aufenthalt gestattet ist (OLG Karlsruhe, NVwZ 1993, 811, 813; BayObLG, NVwZ-Beil. 1998, 55; OLG Düsseldorf, Beschl. v. 19.11.1997 – 2 Ss 326/97 – 103/97 II; VG Bremen, NVwZ-Beil. 1996, 56; *Hailbronner*, AuslR B 2 § 71 AsylG Rn. 95; *Müller*, in: Hofmann/Hoffmann, AuslR. Handkommentar, § 71 AsylG Rn. 45; *Bell/Henning*, ZAR 1993, 37, 38). Dies folgt auch aus dem Regelungszusammenhang von (Art. 40 Abs. 3 und Art. 7 Abs. 1 RL 2013/32/EU), Das für die Phase der inhaltlichen Prüfung vorausgesetzte Verbleibsrecht nach Art. 7 Abs. 1 RL 2013/32/EU wird insbesondere 108 auch dadurch hervorgehoben, dass Art. 41 RL 2013/32/EU mit »Ausnahmen vom Recht auf Verbleib bei Folgeanträgen« übertitelt ist und den Mitgliedstaaten lediglich für bestimmte Fälle die Befugnis einräumt, hiervon Ausnahmen zuzulassen. Kraft Gesetzes gelten vorbehaltlich einer anderen behördlichen Entscheidung räumliche Beschränkungen des Asylverfahrens (§§ 55 ff.) während des weiteren Verfahrens fort (Abs. 7 Satz 1). § 59a und § 59b gelten entsprechend (Abs. 7 Satz 2). Damit finden auch die Regelungen zum Wegfall bzw. zur Anordnung einer räumlichen Beschränkung auf die fortgeltende räumliche Beschränkung Anwendung. War dem Antragsteller nach Abschluss des Asylverfahrens aber ein Aufenthaltstitel erteilt worden, wird die räumliche Beschränkung durchbrochen (Abs. 7 Satz 1 Halbs. 2). Es fehlt es an einer wirksamen Aufenthaltsbeschränkung nach dem Asylverfahrensrecht (VG Braunschweig, AuAS 1998, 33). Stellt der Antragsteller nunmehr einen Folgeantrag, finden die räumlichen Beschränkungen des Erstverfahrens keine Anwendung. Die behördliche Zuständigkeit bleibt hiervon aber unverändert (Rdn. 33). Abs. 7 Satz 1 ist identisch mit § 71 Abs. 5 Satz 1 AsylG 1992. Wie diese Vorschrift wird der Zweck verfolgt, der besonderen Belastung einzelner Bundesländer durch illegale Binnenwanderung entgegenzuwirken (BT-Drucks. 12/2062, S. 39). Es bleibt daher bei den früheren Regelungen über die Zuweisung, ausländerbehördliche Zuständigkeit und die inhaltlich bestimmte Aufenthaltsgestattung (§ 56 Abs. 3 Satz 1).

109 Unklar ist die Rechtsstellung während der Zulässigkeitsprüfung. Abs. 2 Satz 1 regelt nicht die Aufenthaltspflicht während der Zulässigkeitsprüfung, sondern lediglich die behördliche Zuständigkeit für die Bearbeitung des wirksam gestellten Folgeantrags. § 30a Abs. 3 Satz 1 ordnet die Wohnverpflichtung in der Aufnahmeeinrichtung für Folgeantragsteller an. Wegen der Besonderheiten des Folge- und Zweitantragsverfahrens (§ 71a Abs. 3) kommt während der Zulässigkeitsprüfung die entsprechende Anwendung des § 63 Abs. 1 nicht in Betracht (VG Bremen, NVwZ-Beil. 1996, 56). Zwar wird in der Rechtsprechung vereinzelt vertreten, es spreche Vieles dafür, den Aufenthalt während der Zulässigkeitsprüfung nach den Vorschriften über die Aufenthaltsgestattung zu regeln (VGH BW, InfAuslR 1993, 200; VG Schleswig, EZAR 224 Nr. 24). Andererseits soll es beim bloßen Hinweis auf den Abschiebungsschutz nach Abs. 5 Satz 2 Halbs. 1 bleiben. Eine Duldung komme deshalb nicht in Betracht, weil dieser eine vollziehbare Abschiebung zugrunde liege. Diese habe lediglich vollstreckungsrechtliche Funktion (VG Oldenburg, InfAuslR 1993, 203). Nach §63a Abs. 1 handelt es sich beim Folgeantragsteller aber um einen Asylsuchenden und hat er deshalb Anspruch auf Ausstellung des Ankunftsnachweises.

110 Allgemein wird davon ausgegangen, dass während der Zulässigkeitsprüfung eine Bescheinigung nach § 63 Abs. 1 nicht erteilt werden darf (VG Bremen, NVwZ-Beil. 1996, 56; *Bell/Henning*, ZAR 1993, 37, 38; *Bell/von Nieding*, ZAR 1995, 119, 121; *Hailbronner*, AuslR B 2 § 71 AsylG Rn. 94; *Funke-Kaiser*, in: GK-AsylG, II, § 71 R. 112.1; *Müller*, in: Hofmann/Hoffmann, AuslR. Handkommentar, § 71 AsylG Rn. 44; *Göbel-Zimmermann*, in: Huber, Handbuch des Ausländer- und Asylrechts, SystDarst IV Rn. 247; a.A. VG Schleswig, EZAR 224 Nr. 24; VG Hamburg, AuAS 1994, 22; offengelassen VGH BW, AuAS 1994, 105, 106; VG Freiburg, NVwZ-Beilage 2/1994, 15). Nach Meldung beim Bundesamt macht sich der

Folgeantragsteller nicht gem. § 85 Nr. 2 strafbar (OLG Stuttgart, NVwZ-Beil. 2000, 23, 24). Während der Dauer der Zulässigkeitsprüfung wird zwar der Anspruch auf Erteilung der Duldungsbescheinigung nach § 60a Abs. 4 AufenthG anerkannt (OLG Düsseldorf, Beschl. v. 19.11.1997 – 2 Ss 326/97 – 103/97 II; *Müller*, in: Hofmann/Hoffmann, AuslR. Handkommentar, § 71 AsylG Rn. 44; a.A. VG Oldenburg, InfAuslR 1993, 203; offen gelassen *Hailbronner,* AuslR B 2 § 71 AsylG Rn. 94). Mit § 63a ist jedoch nunmehr eine überzeugendere Lösung vorzuziehen.

Zur Erleichterung der Durchführung der Abschiebung nach negativer Zulässigkeitsprüfung, also nach Wegfall des Vollstreckungshemmnisses (Abs. 5 Satz 2 Halbs. 1), ist auch die Ausländerbehörde des tatsächlichen Aufenthaltsortes für die Vollziehung aufenthaltsbeendender Maßnahmen zuständig (Abs. 7 Satz 3). Dadurch soll eine zulässige und mögliche Abschiebung nicht durch unnötige Transporte verzögert werden (BT-Drucks. 12/2062, S. 39). Stets hat die vollziehende Behörde jedoch die Entscheidung über einen Eilrechtsschutzantrag abzuwarten (Rdn. 22 ff.). Stellt der Antragsteller den Folgeantrag an der Grenze, darf er vor dem Abschluss der Zulässigkeitsprüfung nicht zurückgewiesen werden (VG Ansbach, InfAuslR 1995, 426; VG München, InfAuslR 1996, 161 = EZAR 220 Nr. 4; *Funke-Kaiser,* in: GK-AsylG, II, § 71 Rn. 91; a.A. *Hailbronner,* AuslR B 2 § 71 AsylG Rn. 98). Dies folgt aus dem völkerrechtlichen Refoulementschutz (Art. 33 GFK, Art. 3 EMRK) und dem gesetzlichen Zusammenhang der Vorschriften in § 18, § 18a. Dem Antragsteller ist daher die Stellung des Folgeantrags zu ermöglichen. Die Zurückschiebungsbefugnis nach Abs. 6 Satz 2 Halbs. 2 ist ohne Bedeutung, weil keine sicheren Mitgliedstaaten gelistet sind. Der Folgeantrag an der Grenze durch einen Antragsteller, für den ein anderer Mitgliedstaat zuständig ist, wird nicht nach Abs. 6 Satz 2, sondern nach der Verordnung (EU) Nr. 604/2013 behandelt. Auch wenn die Bundesrepublik früher für die Behandlung des Asylantrags zuständig war, besteht die Aufnahmepflicht nach Art. 18 Abs. 1 nur dann, wenn sich der Antragsteller nicht länger als drei Monate außerhalb des Unionsgebiets aufgehalten hat (Art. 19 Abs. 2 UAbs. 1 Verordnung (EU) Nr. 604/2013). 111

E. Sicherungshaft (Abs. 8)

Da Folgeantragsteller wegen Abs. 5 Satz 2 Halbs. 1 nicht sofort vollziehbar ausreisepflichtig sind, befreit Abs. 8 von diesem Erfordernis, nicht jedoch von der Prüfung der für die Anordnung der Abschiebungshaft erforderlichen Voraussetzungen nach § 62 Abs. 3 AufenthG (OLG Frankfurt am Main, InfAuslR 1986, 69; OLG Frankfurt am Main, JMBl. 1988, 274; a.M. KG, InfAuslR 1986; *Bergmann*, in: Bergmann/Dienelt, AuslR, 11. Aufl., 2016, § 71 AsylG Rn. 51). Abs. 8 gilt nicht nur für den Folgeantrag selbst, sondern für alle aufgrund des Folgeantrags ergehenden Entscheidungen, sofern nicht ein weiteres Asylverfahren durchgeführt wird oder eine vorläufige verwaltungsgerichtliche Maßnahme die Anordnung von Abschiebungshaft hindert (OLG Düsseldorf, InfAuslR 1995, 233, 235; BayObLG, EZAR 048 Nr. 18). Das Vollstreckungshemmnis des Abs. 5 Satz 2 Halbs. 1 hindert zwar nicht die Anordnung von Abschiebungshaft (OLG Karlsruhe, NVwZ 1993, 811, 813; ebenso zu § 36 Abs. 3 Satz 8 BVerfG, NJW 1987, 3076; BayObLG, EZAR 135 Nr. 11 = InfAuslR 1988, 282; OVG Rh-Pf, NVwZ-RR 1989, 441 = InfAuslR 1989, 72; a.A. Hess. 112

VGH, InfAuslR 1989, 74), ist aber bei der erforderlichen Prognose nach § 62 Abs. 3 Satz 3 AufenthG zu berücksichtigen (BGH, InfAuslR 2011, 25, 26).

113 Die Haftvoraussetzungen nach § 62 Abs. 3 AufenthG (s. hierzu § 14 Rdn. 41 ff.) sind erfüllt, wenn der Folgeantragsteller die im Asylerfahren erlassene Abschiebungsandrohung nicht befolgt hat, sondern untergetaucht ist, um sich dem behördlichen Zugriff zu entziehen (OLG Düsseldorf, Beschl. v. 02.08.1995 – 3 Wx 232/95). Trägt er aber glaubhaft vor, er sei zwischenzeitlich ausgereist und mit der Absicht, einen Folgeantrag zu stellen, erneut unerlaubt eingereist, fehlt es an den Haftvoraussetzungen (OLG Düsseldorf, Beschl. v. 02.08.1995 – 3 Wx 232/95; *Müller*, in: Hofmann/ Hoffmann, AuslR. Handkommentar, § 71 AsylG Rn. 44). § 62 Abs. 3 Satz 1 Nr. 2 AufenthG ist nicht erfüllt, wenn er der zuständigen Meldestelle den Aufenthaltswechsel angezeigt oder jedenfalls die ordnungsbehördliche Anmeldung veranlasst, nicht aber die Ausländerbehörde hierüber verständigt hat (BVerfG, EZAR 048 Nr. 36 = InfAuslR 1994, 342). Nach Abs. 8 Halbs. 2 darf nach der Entscheidung über die Zulässigkeit des Folgeantrags die Abschiebungshaft nicht mehr angeordnet werden. Der Haftantrag ist zurückzuweisen (*Hailbronner*, AuslR B 2 § 71 AsylG Rn. 114). Bereits angeordnete Haft ist mit dem Zeitpunkt der Mitteilung des Bundesamtes nach Abs. 5 Satz 2 unverzüglich aufzuheben. Unabhängig hiervon darf die Haft nur für längstens sechs Monate angeordnet werden darf (BayOblG, InfAuslR 1994, 53). Der Anordnung von Sicherungshaft steht nicht entgegen, dass das Bundesamt im Zusammenhang mit der Entscheidung über die Unzulässigkeit des Folgeantrags erneut eine Ausreisefrist gesetzt hat (OLG Düsseldorf, InfAuslR 1995, 233, 235).

114 Lediglich die einstweilige Anordnung im Rahmen des Eilrechtsschutzverfahrens stand nach der früheren Rechtsprechung der Anordnung von Sicherungshaft grundsätzlich nicht entgegen (BayObLG, EZAR 048 Nr. 18). Diese Entscheidung hindert die Abschiebung jedoch für einen nicht absehbaren Zeitraum. Lediglich dann, wenn feststeht, dass innerhalb der nächsten drei Monate die mündliche Verhandlung durchgeführt werden kann, erscheine die Anordnung von Abschiebungshaft noch vertretbar (BVerfG [Kammer], NVwZ-Beil. 1996, 17, 18; BVerfG [Kammer], InfAuslR 2000, 221, 222). Da das Verwaltungsgericht die Sache spruchreif zu machen hat (Rdn. 116 ff.), wird es in aller Regel innerhalb dieser Frist nicht zu einer endgültigen gerichtlichen Entscheidung kommen, sodass die Haft nicht aufrechterhalten werden darf (*Hailbronner*, AuslR B 2 § 71 AsylG Rn. 116; *Bergmann*, in: Bergmann/ Dienelt, AuslR, 11. Aufl., 2016, § 71 AsylG Rn. 51). Der Umstand, dass ein aufnahmebereiter Drittstaat nicht gefunden werden kann, ist bei der Anwendung von § 62 Abs. 3 Satz 3 AufenthG dann zu berücksichtigen, wenn der Antragsteller von sich aus alles ihm Mögliche unternommen hat, um zur Klärung seiner Identität beizutragen (OLG Düsseldorf, InfAuslR 1995, 233, 234). Die Ausländerbehörde darf während der Zulässigkeitsprüfung oder der verwaltungsgerichtlichen Prüfung nicht mit der Vorbereitung aufenthaltsbeendender Maßnahmen abwarten. Vielmehr hat sie zur Wahrung des haftrechtlichen Beschleunigungsgebotes bereits während dieser Verfahrensphase die hierfür notwendigen Maßnahmen einzuleiten. Kann ihr insoweit ein Versäumnis vorgeworfen werden, darf die Haft nicht aufrecht erhalten werden (OLG Celle, InfAuslR 2004, 247, 248).

F. Rechtsschutz

I. Hauptsacheverfahren

Für die Gerichtszuständigkeit gelten die allgemeinen Vorschriften (s. hierzu § 74 Rdn. 5 ff.). Da die räumliche Beschränkung fortwirkt (Abs. 7 Satz 1), änderte sich bislang grundsätzlich nichts an der früheren örtlichen Gerichtszuständigkeit. Durch Einweisung in die besondere Aufnahmeeinrichtung (§ 30a Abs. 1 Nr. 4, Abs. 3 Satz 1) kann aber eine andere Gerichtszuständigkeit begründet werden. Der Verfahrensgegenstand weist Besonderheiten auf: Hat das Bundesamt die Zulässigkeitsvoraussetzungen bejaht oder nicht geprüft und ein weiteres Asylverfahren durchgeführt, prüft das Verwaltungsgericht im Rahmen des Klageverfahren gegen den Bescheid in der Sache selbständig die Zulässigkeitsvoraussetzungen. In die sachliche Prüfung der mit dem Folgeantrag vorgebrachten Asylgründe kann es erst eintreten, wenn es die positive Zulässigkeitsprüfung des Bundesamtes bestätigt. Erachtet es diese für nicht rechtmäßig, weist es die Klage im vollen Umfang ab (BVerwGE 78, 332, 335 = InfAuslR 1988, 120, 121; Thür. OVG, NVwZ-Beil. 2003, 19, 21; OVG NW, AuAS 1997, 141, 142; *Funke-Kaiser,* in: GK-AsylG, II, § 71 Rn. 288 ff.). Auch wenn das Bundesamt einen Folgeantrag irrtümlich als Erstantrag behandelt hat, sind ungeachtet dessen im Hauptsacheverfahren die Voraussetzungen des Abs. 1 Satz 1 zu prüfen (OVG NW, NVwZ-Beil. 1998, 73). Die Voraussetzungen des Wiederaufnahmegrundes nach § 51 Abs. 1 Nr. 1 VwVfG müssen im Zeitpunkt der gerichtlichen Entscheidung noch vorliegen. Ein ursprünglich im Laufe des Wiederaufnahmeverfahrens zulässiger Wiederaufnahmegrund muss also in diesem Zeitpunkt noch bestehen (VGH BW, AuAS 2000, 152, 154. Andererseits kann während des anhängigen Verwaltungsstreitverfahrens ein neuer, selbständiger Wiederaufgreifensgrund unter Berücksichtigung der Voraussetzungen des § 51 Abs. 2 und 3 VwVfG in das laufende Verfahren eingeführt werden (BVerwG, NVwZ 1995, 388), sodass ein ursprünglich unzulässiger Folgeantrag dadurch zulässig werden kann (OVG NW, Beschl. v. 25.02.1997 – 25 A 720/97.A; OVG NW, Beschl. v. 14.10.1997 – 25 A 1384/97.A. VG Stuttgart, Urt. v. 29.01.1999 – A 19 K 15345/97, mit Bezugnahme auf VGH BW, Urt. v. 29.06.1992 – A 16 S 3077/90). 115

Hat das Bundesamt die Zulässigkeitsvoraussetzungen verneint, prüft das Verwaltungsgericht zunächst die Rechtmäßigkeit dieser Entscheidung. Erachtet es diese nicht für rechtmäßig, darf es nach § 113 Abs. 5 Satz 1 VwGO nicht gewissermaßen mit zurückverweisender Wirkung dem Bundesamt die Prüfung und Feststellung der Anspruchsvoraussetzungen aufgeben, sondern hat es die notwendigen Prüfungen und Feststellungen selbst vorzunehmen und anschließend *in der Sache zu entscheiden.* Daher kann auch nicht lediglich auf »Wiederaufgreifen« geklagt und vom Verwaltungsgericht »isoliert« über die Frage, ob das Verfahren wiederaufzugreifen ist, entschieden werden (BVerwGE 106, 171, 173 = NVwZ 1998, 861, 862 = EZAR 631 Nr. 45 = AuAS 1998, 149; BVerwG, NVwZ 2005, 462, 463 = InfAuslR 2005, 120 = EZAR NF 95 Nr. 1; gegen BayVGH, NVwZ-Beil. 1997, 75; BayVGH, EZAR 212 Nr. 9; BayVGH, EZAR 630 Nr. 32; OVG NW, NVwZ-RR 1996, 549; OVG NW, NVwZ-Beil. 1997, 77, 79; OVG Schleswig, Beschl. v. 07.06.1995 – 4 L 132/95; 116

VG Freiburg, AuAS 1996, 90, 91; VG Berlin, NVwZ-Beil. 1996, 96 = AuAS 1996, 225; VG Gießen, NVwZ-Beil. 1998, 62; offen gelassen (BVerfG [Kammer], InfAuslR 1995, 342, 343). Bei elementaren Verfahrensfehlern, etwa wenn die persönliche Anhörung nicht durchgeführt wird, obwohl der Antragsteller konkret vorgetragen hat, nach seiner Abschiebung ins Herkunftsland Verfolgungen ausgesetzt gewesen zu sein, wird jedoch die *isolierte Anfechtungsklage* mit dem Ziel, das Bundesamt zur Nachholung der versäumten Verfahrenshandlung zu verpflichten, für zulässig erachtet (VG Darmstadt, NVwZ-Beil. 2003, 110 = AuAS 2003, 214).

117 Streitgegenstand des Klageverfahrens ist die sachliche Ablehnung des Folgeantrags. Klagen auf Verpflichtung des Bundesamtes auf Durchführung des Verfahrens, sind dahin auszulegen, dass es zur Zuerkennung der materiellen Ansprüche und zur Feststellung eines Abschiebungsverbots nach § 60 Abs. 5 und 7 AufenthG verpflichtet wird (BVerwGE 106, 171, 173 ff. = NVwZ 1998, 681, 682; *Hailbronner,* AuslR B 2 § 71 AsylG Rn. 104; *Bergmann*, in: Bergmann/Dienelt, AuslR, 11. Aufl., 2016, § 71 AsylG Rn. 46; *Müller,* Hofmann/Hoffmann, AuslR. Handkommentar § 71 AsylG Rn. 56; a.A. *Funke-Kaiser,* in: GK-AsylG, II, § 71 Rn. 296). Die inhaltliche Prüfung des Verwaltungsgerichts muss den Anforderungen an die Ermittlungen zum Tatbestand der Verfolgung gerecht werden. Diese müssen danach einen hinreichenden Grad an Verlässlichkeit aufweisen und auch dem Umfang nach, bezogen auf die besonderen Gegebenheiten im Asylbereich, zureichend sein (BVerfG [Kammer], InfAuslR 1995, 19, 21 = NVwZ-Beil. 1995, 3 = AuAS 1995, 9). Durch Art. 16a Abs. 4 GG ist damit keine Einschränkung des gerichtlichen Prüfungsumfangs für das Hauptsacheverfahren eingetreten. Andererseits wird in derartigen Fällen die gerichtliche Kontrolle in das Eilrechtsschutzverfahren vorverlegt, sodass auch die Grundsätze zum eingeschränkten Prüfungsumfang Anwendung finden. Jedenfalls in den Fällen, in denen das Bundesamt den Folgeantrag nicht im Rahmen der Zulässigkeitsprüfung, sondern nach Durchführung eines weiteren Verfahrens abgelehnt hat, gelten die strengen verfassungsrechtlichen Anforderungen an die Ermittlungstiefe. Dies folgt auch daraus, dass das weitere Verfahren ein normales und daher auch prozessual und materiell-rechtlich wie ein solches zu behandeln ist.

II. Eilrechtsschutzverfahren

1. Eilrechtsschutz nach Abs. 4 in Verb. mit § 36 Abs. 3 und 4

118 Wird die Entscheidung, kein weiteres Asylverfahren durchzuführen, mit einer erneuten Abschiebungsandrohung verbunden, ist nach Abs. 4 Halbs. 1 Eilrechtsschutz nach § 36 Abs. 3 und 4 zu beantragen. Dass die Klage keine aufschiebende Wirkung hat, ist mit Art. 46 RL 2013/32/EU vereinbar (EuGH, NVwZ 2016, 452, 453 Rn. 56 ff. – *Fall*) Die Anordnung der aufschiebenden Wirkung der Klage gegen die Abschiebungsandrohung nach § 80 Abs. 5 VwGO (BVerwGE 114, 122, 126 = NVwZ-Beil. 2001, 113, 114 = EZAR 224 Nr. 28) ist innerhalb einer Woche (§ 36 Abs. 3 Satz 1) zu beantragen. Anfechtungs- und Verpflichtungsklage sind ebenfalls innerhalb dieser Frist zu erheben (§ 74 Abs. 1 Halbs. 2). Dies gilt auch dann, wenn ungeachtet einer noch vollziehbaren Abschiebungsandrohung aus anderen Verfahren eine erneute Abschiebungsandrohung

erlassen wird. Durch den Erlass einer neuen Abschiebungsandrohung wurde eine erneute Sachprüfung vorgenommen und damit ein neuer Verwaltungsakt erlassen, der im vollen Umfang den Rechtsschutz eröffnet (BVerwGE 13, 99, 101). Von der früheren Abschiebungsandrohung gehen keine rechtlichen Wirkungen mehr aus. Auf diese darf die Ausländerbehörde sich nicht berufen. Vielmehr hat sie das Vollstreckungshemmnis (Abs. 4 in Verb. mit § 36 Abs. 3 Satz 8) zu beachten. Wird die Durchführung eines weiteren Verfahrens ohne Erlass einer Abschiebungsandrohung versagt, erweckt die Rechtsmittelbelehrung aber den Eindruck, der Antrag auf Anordnung des aufschiebenden Wirkung der Klage müsse binnen Wochenfrist gestellt werden, ist ein in diesem Sinne gestellter Rechtsschutzantrag unzulässig, wenn eindeutig die Voraussetzungen nach Abs. 5 Satz 1 erfüllt sind. Lediglich die Kostenfolge trifft das Bundesamt (VG Darmstadt, NVwZ-Beil. 1996, 55). Durch unrichtige Rechtsmittelbelehrung wird ein unrichtiges Rechtsmittel nicht zulässig (BVerwGE 33, 209, 211). § 80 ist aber nicht anwendbar. Vielmehr läuft die Jahresfrist des § 58 Abs. 2 VwGO für den richtigen Rechtsbehelf. Da der Vollzug droht, ist der Eilrechtsschutz nach § 123 VwGO unverzüglich zu beantragen. Auf Antrag ist die richterliche Fristsetzung (§ 36 Abs. 3 Satz 5 ff.) so zu bestimmen, dass Einsicht in die Akten des Asylverfahrens ermöglicht werden kann (BVerfG [Kammer], Beschl. v. 05.02.2003 – 2 BvR 153/02). Gegenstand des Eilrechtsschutzes ist zwar die Abschiebungsandrohung. Es findet aber ein inhaltlicher Prüfungsdurchgriff auf die materiellen Ansprüche statt. Der Suspensiveffekt der Klage ist anzuordnen, wenn ihr Erfolg wie Misserfolg gleichermaßen wahrscheinlich ist (VG Lüneburg, NVwZ-RR 2004).

2. Eilrechtsschutz im Verfahren nach Abs. 5 Satz 2 erster Halbsatz

Wird die Durchführung des weiteren Verfahrens abgelehnt und keine Abschiebungs- 119
androhung erlassen, ist die Abschiebungsandrohung des Asylverfahrens vollziehbar. Ihre rechtliche Wirksamkeit bleibt auch dann erhalten, wenn der Antragsteller zwischenzeitlich das Bundesgebiet verlassen hat (VGH BW, AuAS 2002, 104, 105). Nach Abs. 5 Satz 2 Halbs. 1 darf die Abschiebung erst nach der Mitteilung des Bundesamtes an die Ausländerbehörde, dass kein weiteres Verfahren durchgeführt wird, vollzogen werden. Nach herrschender Meinung kommt dem verwaltungsinternen Mitwirkungsakt keine Außenwirkung zu (VG Frankfurt am Main, AuAS 1996, 142; VG Freiburg, 632 Nr. 32; NVwZ 1995, 197; VG Köln, EZAR 224 Nr. 25; VG Münster, AuAS 1993, 143; VG Sigmaringen, NVwZ-Beil. 1996, 30; Bell/von *Nieding*, ZAR 1995, 119, 124; *Schütze*, VBlBW 1995, 346, 348). Sie knüpft zwar an eine bereits früher vollziehbar gewordene Ausreisepflicht an, die von dem Folgeantrag unberührt bleibt (*Bell/von Nieding*, ZAR 1995, 119, 124). Jedoch untersagt Abs. 5 Satz 2 Halbs. 1 den zwangsweisen Vollzug der Ausreiseverpflichtung. Gibt das Verwaltungsgericht dem Antrag statt, aktualisiert sich das gesetzliche Vollstreckungshindernis des Abs. 5 Satz 2 Halbs. 1 erneut. Während des anhängigen Eilrechtsschutzverfahrens gebietet Art. 19 Abs. 4 GG, dem Antragsteller ausreichend Gelegenheit und Zeit zu geben, um Eilrechtsschutz nachzusuchen (VG Stuttgart, InfAuslR 2003, 359, 360 = NVwZ-Beil. 2003, 112). Gegebenenfalls ist *vorbeugender Rechtsschutz* gegen die Ausländerbehörde gem. § 123 VwGO

zu beantragen (Hess. VGH, InfAuslR 1983, 330; InfAuslR 1986, 234; Hess. VGH, ESVGH 38, 118 = EZAR 224 Nr. 17; OVG Bremen, InfAuslR 1984, 247; OVHG SA, AuAS 2011, 114, 115; a.A. OVG NW, Beschl. v. 11.02.1985 – 19 B 20003/85, analoge Anwendung von § 80 Abs. 5 VwGO).

120 In Anknüpfung an die Funktion der verwaltungsinternen Mitteilung vertritt die überwiegende Rechtsprechung die Ansicht, dass in den Fällen der ablehnenden Sachentscheidung ohne gleichzeitigen Erlass der Abschiebungsandrohung *Eilrechtsschutz nach § 123 VwGO* gegen die zuständige Außenstelle des Bundesamtes, mit dem Inhalt zu beantragen ist, diese im Wege der einstweiligen Anordnung zum *Widerruf der Mitteilung an die Ausländerbehörde* bzw. zur Unterlassung oder Rückgängigmachung einer Mitteilung zu verpflichten (BVerfG [Kammer], InfAuslR 1999, 256, 259 = EZAR 632 Nr. 31 = NVwZ-Beil. 1999, 49; OVG Hamburg, EZAR 632 Nr. 34 = AuAS 2001, 10 = NVwZ-Beil. 2001, 9 [LS]; OVG NW, AuAS 2000, 107, 108 = EZAAR 632 Nr. 33; Thür. OVG, EZAR 632 Nr. 32 = NVwZ-Beil. 2000, 38; VGH BW, NVwZ-Beil., 2001, 8 = AuAS 2000, 238 = EZAR 632 Nr. 35; OVG Berlin, Beschl. v. 28.01.1994 – OVG 8 S 383.93; VG Darmstadt, NVwZ-Beil. 1995, 31 = JMBl. Hessen 1995, 38; VG Darmstadt, EZAR 632 Nr. 29; VG Freiburg, NVwZ 1995, 197; VG Sigmaringen, NVwZ-Beil. 1996, 30; VG Berlin, Beschl. v. 04.08.1995 – VG 33 X 222/95; VG Frankfurt am Main, Beschl. v. 10.01.1996 – 10 G 32237/96.A[2]; VG Münster, Beschl. v. 08.11.1994 – 1 L 1305/94.A; VG Würzburg, EZAR 632 Nr. 17; *Funke-Kaiser,* in: GK-AsylG, II, § 71 Rn. 315; *Hailbronner,* AuslR B 2 § 71 AsylG Rn. 108; a.A. VG Frankfurt am Main, AuAS 1995, 190; VG Frankfurt am Main, AuAS 1996, 142; VG Freiburg, NVwZ-RR 1995, 354; VG Kassel, NVwZ-Beil. 1995, 30; VG Köln, EZAR 224 Nr. 25; VG Aachen, Beschl. v. 08.03.1995 – 7 L 119/95.A; offengelassen: VG Osnabrück, NVwZ-Beil. 1994, 61). Das Bundesamt sei für die Prüfung der Zulässigkeitsvoraussetzungen zuständig. Mit der Mitteilung entfalle zwar das Vollzugshemmnis des Abs. 5 Satz 2 Halbs. 1 und werde der Antragsteller dadurch belastet. Die Anordnung der aufschiebenden Wirkung setze jedoch stets das Vorliegen eines Verwaltungsaktes voraus. Die hierfür erforderliche Regelung könne in dem formlosen Mitteilungsschreiben nach Abs. 5 Satz 2 Halbs. 1 nicht gesehen werden (VG Frankfurt am Main, AuAS 1996, 142; VG Freiburg, NVwZ 1995, 197; VG Köln, EZAR 224 Nr. 25; VG Münster, AuAS 1993, 143; VG Sigmaringen, NVwZ-Beil. 1996, 30; VG Berlin, Beschl. v. 04.08.1995 – CG 33 X 222/95; *Bell/von Nieding,* ZAR 1995, 119, 124).

121 Zwar droht durch das Bundesamt keine Abschiebung. Wegen der grundsätzlichen Trennung von sachentscheidender und vollziehender Behörde ergeben sich jedoch besondere verfahrensrechtliche Konstellationen, wie gerade das Beispiel des Abs. 5 Satz 2 Halbs. 1 verdeutlicht. Gegen die Ausländerbehörde muss aber stets Eilrechtsschutz möglich bleiben, da dieser die tatsächliche Durchführung der Abschiebung obliegt und sie daher den Zeitpunkt der Abschiebung bestimmt. Dies ist insbesondere dann der Fall, wenn angesichts der konkreten Umstände des Falls nicht angenommen werden kann, dass das Bundesamt noch rechtzeitig die Ausländerbehörde zwecks Verhinderung des Vollzugs informieren kann (VG Darmstadt, NVwZ-Beil. 1995, 31; *Funke-Kaiser,* in: GK-AsylG, II, § 71 Rn. 317.1; *Hailbronner,* AuslR

B 2 § 71 AsylG Rn. 111). Es muss aber ein Anordnungsgrund glaubhaft gemacht werden (VG Sigmaringen, NVwZ-Beil. 1996, 30). Eilrechtsschutz nach § 123 VwGO gegen die Ausländerbehörde kann auch beantragt werden, wenn bereits während der Zulässigkeitsprüfung ein Vollzug der Abschiebungsandrohung konkret zu besorgen ist (*Hailbronner*, AuslR B 2 § 71 AsylG Rn. 112).

Mit dem Eilrechtsschutzantrag ist zugleich ein Antrag auf Einholung einer *Stillhaltezusage* (Art. 31 RL 2008/115/EG) mit dem Inhalt an das Verwaltungsgericht zu richten, die zuständige Außenstelle des Bundesamtes darauf hinzuweisen, der vollziehenden Ausländerbehörde mitzuteilen, dass das Verwaltungsgericht im Blick auf den anhängigen Eilrechtsschutzantrag davon ausgeht, dass bis zur Entscheidung im Eilrechtsschutzverfahren der Vollzug ausgesetzt wird. Antragsgegner ist nicht der Rechtsträger der Ausländerbehörde, sondern die Bundesrepublik Deutschland, vertreten durch die zuständige Außenstelle des Bundesamtes. Es sind keine Fristbestimmungen zu beachten. Jedoch folgt aus der Natur der Sache, dass zur Verhinderung der Abschiebung möglichst unverzüglich Rechtsschutz zu beantragen ist. Wird das Bundesamt zum Widerruf der Mitteilung verpflichtet, ist die Ausländerbehörde an diesen Widerruf gemäß Abs. 5 Satz 2 Halbs. 1 gebunden (OVG NW, AuAS 2000, 107, 108; VG Frankfurt am Main, Beschl. v. 10.01.1996 – 10 G 32237/95.A(2)). Es ist ein *Anordnungsgrund*, also eine unmittelbar bevorstehende Abschiebung, auch für den gegen das Bundesamt gerichteten Antrag nach § 123 VwGO glaubhaft zu machen. Am Anordnungsgrund fehlt es, wenn der Antragsteller *untergetaucht* ist (BVerfG [Kammer], EZAR 622 Nr. 37). 122

Nach der Rechtsprechung kann zwar das durch einen Rechtsanwalt eingelegte eindeutige Rechtsmittel vom Verwaltungsgericht regelmäßig nicht umgedeutet werden (BVerwG, NJW 1962, 883; OVG Bremen, InfAuslR 1983, 84, 85; BayVGH, NJW 1982, 1474). In der Gerichtspraxis wird jedoch auch bei anwaltlich vertretenen Asylsuchenden von Amts wegen eine *Umdeutung* des einstweiligen Antrags vorgenommen (Thür. OVG, EZAR 632 Nr. 32 = NVwZ-Beil. 2000, 38; VG Sigmaringen, NVwZ-Beil. 1996, 30, 31; VG Osnabrück, NVwZ-Beil. 1994, 61, 62). Jedenfalls erfordert es der verfassungsrechtlich gewährleistete Rechtsschutz (Art. 19 Abs. 4 GG), dass das Verwaltungsgericht eine Änderung des Antrags anregt, bevor es diesen als unzulässig zurückweist (BVerfG [Kammer], InfAuslR 1999, 256, 259 = EZAR 632 Nr. 31 = NVwZ-Beil. 1999, 49; VG Osnabrück, NVwZ-Beil. 1994, 61, 62). Da inzwischen aber der Streit in der Rechtsprechung über die zutreffende Wahl des Rechtschutzes überwiegend geklärt ist, sollte bei Zweifeln sowohl gegenüber dem Bundesamt wie auch gegenüber der Ausländerbehörde ein Antrag auf Eilrechtsschutz nach § 123 VwGO gestellt werden. Im Blick auf das Bundesamt richtet sich der Antrag auf Widerruf der Mitteilung nach Abs. 5 Satz 2 Halbs. 1 bzw. auf Mitteilung, dass ein Asylverfahren anhängig ist, gegenüber der Ausländerbehörde auf Unterlassung des Vollzugs aufenthaltsbeendender Maßnahmen nach § 123 VwGO. Dabei kann der Antrag gegenüber der Ausländerbehörde auch hilfsweise gestellt werden. Allerdings ist zu beachten, dass es sich um verschiedene Antragsgegner handelt. 123

3. Prüfungsumfang im Eilrechtsschutzverfahren

124 Für den Eilrechtsschutz nach Abs. 4 wie nach Abs. 5 sind die Beschränkungen nach Art. 16a Abs. 4 Satz 1 GG zu berücksichtigen. Die aufschiebende Wirkung der Anfechtungsklage bzw. die Aussetzung der Abschiebung kann daher nur angeordnet werden, wenn *»ernstliche Zweifel«* an der Rechtmäßigkeit des angegriffenen Verwaltungsakts dahin bestehen, dass die Voraussetzungen des Abs. 1 Satz 1 in Verb. mit § 51 Abs. 1 bis 3 VwVfG nicht vorliegen (BVerfG [Kammer], InfAuslR 1999, 256, 259 = EZAR 632 Nr. 31 = NVwZ-Beil. 1999, 49; OVG Hamburg, EZAR 632 Nr. 34 = AuAS 2001, 10 = NVwZ-Beil. 2001, 9 [LS]; VGH BW, VBlBW 1997, 111, 112; VG Darmstadt, EZAR 632 Nr. 29; *Hailbronner,* AuslR B 2 § 71 AsylG Rn. 105). Dagegen muss im normalen Eilrechtsschutzverfahren die gerichtliche Entscheidung unter Bedingungen erfolgen, unter denen bereits eine »hohe Gewissheit« besteht, dass mit der Zurückweisung des Antrags ein materieller Anspruch nicht verletzt wird (BVerfGE 94, 166, 190 = NVwZ 1996, 678 = EZAR 632 Nr. 25). Lediglich »geringe Zweifel« reichen hierfür nicht aus. »Ernstliche Zweifel« liegen vielmehr vor, wenn erhebliche Gründe dafür sprechen, dass die Maßnahme einer rechtlichen Prüfung wahrscheinlich nicht standhält (BVerfGE 94, 166, 193f.).

125 Umstritten sind die Folgen bei Stattgabe des Eilrechtsschutzantrags. Einerseits wird vertreten, das Verfahren sei entsprechend § 37 Abs. 1 Satz 2 fortzuführen (BayVGH, EZAR 212 Nr. 9 = NVwZ-RR 1995, 608; BayVGH, EZAR 630 Nr. 32; VG Schleswig, Beschl. v. 08.09.1994 – 5 B 129/94; a.A. VGH BW, VBlBW 1997, 111, 112; *Scherer,* VBlBW 1995, 175, 176; *Harms,* VBlBW 1995, 264, 266; offengelassen BVerwGE 106, 171, 173 ff. = NVwZ 1998, 681, 682f. = EZAR 631 Nr. 45 = AuAS 1998, 149; *Hailbronner,* AuslR B 2 § 71 AsylG Rn. 113). Dagegen wird eingewandt, der Gesetzgeber habe in bewusster und erkennbarer Abkehr von der früheren Rechtslage den Folgeantrag nicht in das bisherige System der unbeachtlichen Asylanträge eingeordnet und damit davon abgesehen, diesen in § 37 Abs. 1 einzubeziehen. Die auf einer rechtswidrigen Verneinung der Voraussetzungen des § 51 Abs. 1 bis 3 VwVfG beruhende Abschiebungsandrohung werde daher erst mit der Stattgabe der Anfechtungsklage aufgehoben (*Harms,* VBlBW 1995, 264, 267). Für den Fall des erfolgreichen Antrags nach § 80 Abs. 5 VwGO wendet das BVerwG § 37 Abs. 2 an (BVerwGE 114, 122, 127 f. = NVwZ-Beil. 2001, 113, 114 = EZAR 224 Nr. 28). Man wird für den Fall der Stattgabe des Eilrechtsschutzantrags sowohl im Rahmen des Abs. 4 wie auch des Abs. 5 aus gesetzessystematischen und -teleologischen Gründen von einer analogen Anwendung des § 37 Abs. 2 auszugehen haben, sodass in diesem Fall die Ausreisefrist einen Monat nach dem unanfechtbaren Abschluss des Folgeantragsverfahrens endet. Für die analoge Anwendung von § 37 Abs. 2 spricht insbesondere, dass Gesetzeszweck und materielle Prüfkriterien des Eilrechtsschutzverfahrens im Blick auf den Folgeantrag identisch mit dem in der qualifizierten Form abgelehnten Asylantrag sind.

4. Eilrechtsschutz im Verfahren nach § 51 Abs. 5 VwVfG

126 In den Fällen, in denen der Antrag auf Wiederaufgreifen nach § 51 Abs. 5 VwVfG abgelehnt wird, ist Abs. 5 Satz 2 Halbs. 1 nicht unmittelbar anwendbar. Vielmehr ist

§ 51 VwVfG unmittelbar anwendbar (§ 1 Abs. 1 Nr. 1 VwVfG). Erst die Entscheidung über die Aufhebung der im Rahmen des Asylverfahrens getroffenen negativen Feststellung zu § 60 Abs. 5 und 7 AufenthG ist eine Entscheidung nach dem AsylG. Dies folgt im Umkehrschluss aus § 73 Abs. 3. Darf die positive Entscheidung über Abschiebungsverbote (§ 60 Abs. 5 und 7 AufenthG) nur vom Bundesamt abgeändert werden, gilt dies auch für die negative Entscheidung. In der Praxis wird daher Eilrechtsschutz gegen das Bundesamt gewährt (Nieders. OVG, AuAS 2005, 58, 59; OVG NW, AuAS 2004, 155, 156; Hess. VGH, EZAR 98 Nr. 17; OVG Hamburg, AuAS 2011, 117; VG Stuttgart, NVwZ-Beil. 2003, 95). Danach ist dieses analog Abs. 5 Satz 2 Halbs. 1 im Wege der *einstweiligen Anordnung nach § 123 VwGO* zu verpflichten, der zuständigen Ausländerbehörde mitzuteilen, dass Abschiebungsverbote nach § 60 Abs. 5 und 7 AufenthG geprüft werden und deshalb eine Abschiebung bis zum Abschluss des Verfahrens nicht vollzogen werden darf. Darüber hinaus ist eine *Stillhaltezusage* zu beantragen. Die entsprechende Empfehlung kann das Verwaltungsgericht aber nur an das Bundesamt mit dem Inhalt richten, diese an die zuständige Ausländerbehörde zu übermitteln. Sollte die Ausländerbehörde während des anhängigen Verfahrens oder auch nach der Anordnung der einstweiligen Anordnung die Abschiebung durchführen wollen, ist Eilrechtsschutz nach § 123 VwGO gegen die örtlich zuständige oder die zentrale Ausländerbehörde zu beantragen.

Erlässt das Bundesamt im Zusammenhang mit der Verweigerung der Durchführung 127 eines neuen, auf die isolierte Feststellung von Abschiebungsverboten nach § 60 Abs. 5 und 7 AufenthG gerichteten Antrags zugleich eine Abschiebungsandrohung, ist Eilrechtsschutz nach § 80 Abs. 5 VwGO gegen das Bundesamt zu beantragen. Bejaht das Verwaltungsgericht im Prozess keine Verpflichtung zum Wiederaufgreifen, sondern lediglich einen Anspruch auf ermessensfehlerfreie Entscheidung des Bundesamtes, ist es nicht verpflichtet, gleichsam auf Vorrat abschließend darüber zu befinden, ob die frühere unanfechtbare Sachentscheidung zu § 60 Abs. 5 und 7 AufenthG rechtswidrig war oder nachträglich rechtswidrig geworden ist (OVG NW, AuAS 2002, 142, 143). Andererseits ist es nicht gehindert, einen Anspruch auf fehlerfreie Ermessensentscheidung über das Wiederaufgreifen mit der Begründung zu verneinen, dass bereits im Zeitpunkt der gerichtlichen Entscheidung feststehe, dass ein wieder aufgegriffenes Verfahren erfolglos bleiben müsse (OVG NW, AuAS 2002, 142, 143). Liegt ein Abschiebungsverbot nach § 60 Abs. 7 AufenthG vor, ist das Ermessen im Rahmen des § 51 Abs. 5 VwVfG auf Null reduziert (VG Stuttgart, InfAuslR 2009, 175 = NVwZ-RR 2009, 353 [LS], gegen BVerwGE 127, 33 = NVwZ 2007, 712).

§ 71a Zweitantrag

(1) Stellt der Ausländer nach erfolglosem Abschluss eines Asylverfahrens in einem sicheren Drittstaat (§ 26a), für den Rechtsvorschriften der Europäischen Gemeinschaft über die Zuständigkeit für die Durchführung von Asylverfahren gelten oder mit dem die Bundesrepublik Deutschland darüber einen völkerrechtlichen Vertrag geschlossen hat, im Bundesgebiet einen Asylantrag (Zweitantrag), so ist ein weiteres Asylverfahren nur durchzuführen, wenn die Bundesrepublik Deutschland für die

Durchführung des Asylverfahrens zuständig ist und die Voraussetzungen des § 51 Abs. 1 bis 3 des Verwaltungsverfahrensgesetzes vorliegen; die Prüfung obliegt dem Bundesamt.

(2) [1]Für das Verfahren zur Feststellung, ob ein weiteres Asylverfahren durchzuführen ist, gelten die §§ 12 bis 25, 33, 44 bis 54 entsprechend. [2]Von der Anhörung kann abgesehen werden, soweit sie für die Feststellung, dass kein weiteres Asylverfahren durchzuführen ist, nicht erforderlich ist. [3]§ 71 Abs. 8 gilt entsprechend.

(3) [1]Der Aufenthalt des Ausländers gilt als geduldet. [2]Die §§ 56 bis 67 gelten entsprechend.

(4) Wird ein weiteres Asylverfahren nicht durchgeführt, sind die §§ 34 bis 36, 42 und 43 entsprechend anzuwenden.

(5) Stellt der Ausländer nach Rücknahme oder unanfechtbarer Ablehnung eines Zweitantrags einen weiteren Asylantrag, gilt § 71.

Übersicht Rdn.

A. Funktion der Vorschrift

1 Die Vorschrift wurde 1993 eingeführt und vom Gesetzgeber als notwendige Folge des Art. 16a Abs. 5 GG gewertet (BT-Drucks. 12/4450, S. 27). Sie ist im Zusammenhang mit § 18 Abs. 4 Nr. 1 und § 22a zu sehen. Auch § 71a bezweckt wie diese Vorschriften die Durchführung bi- und multilateraler völkerrechtlicher Abkommen der Bundesrepublik Deutschland mit anderen Staaten. Wie § 18 Abs. 4 Nr. 1, § 26a Abs. 1 Satz 3 Nr. 3 und § 22a regelt § 71a den Fall, dass die Bundesrepublik für die Behandlung des Asylantrags zuständig ist. Hat der Asylsuchende aber bereits in einem Mitgliedstaat oder Vertragsstaat ein Asylverfahren erfolglos durchlaufen, wird das Asylverfahren im Bundesgebiet nicht nach § 22a, sondern nach § 71a durchgeführt. In diesem Fall ist ein weiteres Verfahren nur durchzuführen, wenn die Voraussetzungen des § 51 Abs. 1 bis 3 VwVfG vorliegen. Verfahren und materielle Kriterien sind dem in § 71 geregelten Folgeantrag nachgebildet. Wurde in einem anderen Mitgliedstaat kein Asylverfahren betrieben, sondern ersucht dieser um Übernahme der Zuständigkeit

der Bundesrepublik nach den Kriterien der Verordnung (EU) Nr. 604/2013, wird nach der Überstellung das Verfahren nach den allgemeinen Vorschriften durchgeführt (§ 22a Satz 1 Halbs. 2). Durch das Richtlinienumsetzungsgesetz 2007 wurde § 71a in Angleichung an die Verordnung (EG) Nr. 343/2003 sprachlich neu gefasst (s. bereits OLG Celle, InfAuslR 2004, 397) und in Konsequenz der entsprechenden Änderung des § 71 Abs. 5 Satz 2 die ausländerbehördliche Prüfungskompetenz in Umsetzung der Richtlinie 2005/85/EG aufgehoben. Zwar verweist Abs. 1 nicht nur auf die Verordnung (EU) Nr. 604/2013, sondern auch auf »sichere« Drittstaaten. Mangels Listung derartiger Staaten (§ 29 Abs. 1 Nr. 1 Rdn. 24) ist daher rechtlicher Bezugsrahmen der Vorschrift ausschließlich die Verordnung.

Abs. 1 Halbs. 2 setzt die Bestimmung der unionsrechtlichen Zuständigkeit des Mitgliedstaates, der für die Behandlung des Asylantrags zuständig ist und in diesem Zusammenhang die Zuständigkeit der Bundesrepublik für die Prüfung des Antrags voraus, obwohl der Antragsteller bereits in einem anderen Mitgliedstaat ein Asylverfahren erfolglos betrieben hat. Demgegenüber behandelt § 22a den Fall, in dem im anderen Mitgliedstaat kein Asylantrag geprüft, sondern die Bundesrepublik durch diesen um Übernahme der Zuständigkeit ersucht wurde. Ob die Bundesrepublik einen Asylantrag erneut prüfen darf, obwohl er bereits im zuständigen Mitgliedstaat behandelt wurde, richtet sich nach der Verordnung (EU) Nr. 604/2013 und nicht nach § 71a. Davon zu trennen ist aber die ganz andere Frage, ob die Bundesrepublik nach Übernahme der Zuständigkeit nach unionsrechtlichen Vorschriften überhaupt befugt ist, den Asylantrag wie einen Folgeantrag zu behandeln, obwohl der Antragsteller bislang im Bundesgebiet keinen Asylantrag gestellt hatt. Diese Frage stellt sich nur dann nicht, wenn der Antragsteller in der Vergangenheit in der Bundesrepublik und nachträglich in einem anderen Mitgliedstaat im unmittelbaren Anschluss oder auch nach längerer Ausreise aus dem Unionsgebiet ebenfalls einen Asylantrag gestellt hat, der dort abgelehnt wurde. In diesem Fall kann die Bundesrepublik nach Übernahme den Antrag wegen der früheren Antragstellung unmittelbar als Folgeantrag behandeln (Rdn. 9 f.). Hat der Antragsteller hingegen in der Vergangenheit zu keinem Zeitpunkt einen Asylantrag im Bundesgebiet gestellt, ist fraglich, ob dieser nach Übernahme der Zuständigkeit durch die Bundesrepublik als Folgeantrag behandelt werden darf. 2

B. Unvereinbarkeit des »Zweitantrags« mit Unionsrecht

Die Kommentarliteratur setzt sich mit der Frage der unionsrechtlichen Verankerung des § 71a nicht auseinander. Wie selbstverständlich wird vielmehr die Befugnis der Bundesrepublik vorausgesetzt, einen »Zweitantrag« im nationalen Recht zu regeln. Eine hierfür erforderliche Rechtsgrundlage in der Richtlinie 2013/32/EU wird in der Literatur aber nicht bezeichnet (*Funke-Kaiser,* in: GK-AsylG, II, § 71a Rn. 8 ff.; *Hailbronner,* AuslR B 2 § 71 AsylG Rn. 4 ff.; *Hailbronner,* AuslR B 2 § 71a AsylG Rn. 9; *Bergmann*, in: Bergmann/Dienelt, AuslR, 11. Aufl., 2016, § 71a AsylG Rn. 5 ff.; *Bruns*, Hofmann/Hoffmann, AuslR. Handkommentar § 71a AsylG Rn. 1). Auch die Rechtsprechung vermeidet ganz überwiegend eine unionsrechtliche Prüfung der Rechtsgrundlage des § 71a (VG Bayreuth, Beschl. v. 30.10.2013 – B 3 S 13.30280; VG Ansbach, Beschl. v. 23.05.2013 – AN 2 S 13.30271; VG Gießen, 3

Beschl. v. 29.07.2013 – 6 L 1091/13.GI.A; VG Gießen, Beschl. v. 16.09.2013 – 6 K 1415/12.GI.A, 6 K 959/13.GI.A; 6 K 1092/13.GI.A; VG Magdeburg, Urt. v. 07.06.2013 – 5 A 268/12 MD). Allein das VG München hat sich bislang mit der unionsrechtlichen Vereinbarkeit der Vorschrift befasst (VG München, Urt. v. 21.01.2013 – M 11 K 12.306.30; VG München, Urt. v. 07.02.2013 – M 11 K 12.306.61) und behauptet, § 71a finde in Art. 32 Abs. 2 und 3 RL 2005/85/EG seine Rechtsgrundlage (VG München, Urt. v. 21.01.2013 – M 11 K 12.306.30). Es laufe dem Sinn und Zweck der Richtlinie zuwider, wenn die Möglichkeit zum Vortrag von Asylgründen im Rahmen eines Folgeantrags davon abhängen würde, ob das frühere, bereits abgeschlossene Asylverfahren im selben oder vielmehr in einem anderen Mitgliedstaat durchgeführt würde. Aus Art. 25 Abs. 1 und 2 RL 2005/85/EG folge lediglich im Umkehrschluss, dass die Zuerkennung des erstrebten Rechtsstatus in einem Mitgliedstaat nicht die Ablehnung eines Asylantrags als »unzulässig« in einem anderen Mitgliedstaat rechtfertige. Die Vorschrift verbiete dagegen nicht eine nur eingeschränkte Prüfung eines Folgeantrags in einem anderen Mitgliedstaat (VG München, Urt. v. 07.02.2013 – M 11 K 12.306.61).

4 § 71a muss im Zusammenhang mit der Binnenwanderung von Asylsuchenden und international Schutzberechtigten im Unionsgebiet gesehen werden (Rdn. 27 ff.). Hat der Asylsuchende zunächst in einem anderen Mitgliedstaat einen Asylantrag gestellt, ist jedoch die Bundesrepublik etwa wegen Erteilung eines Visums oder anderer vorrangiger Kriterien zuständig, regelt sich die Binnenwanderung nach der Verordnung (EU) Nr. 604/2013 und national nach § 22a. Hat der Asylsuchende in einem anderen Mitgliedstaat erfolglos ein Asylverfahren durchlaufen und die Bundesrepublik anschließend die Zuständigkeit übernommen, regelt sich das Verfahren nach § 71a. Für die in Abs. 1 angeordnete Gleichstellung des erfolglosen Antrags im anderen Mitgliedstaat mit dem erfolglosen Antrag im Bundesgebiet kann die Bundesrepublik sich nicht auf Unionsrecht berufen. Werden nachträglich »weitere Angaben«, »neue Elemente oder Erkenntnisse« vorgebracht, erlaubt Unionsrecht nur dann eine durch besondere Zulässigkeitsvoraussetzungen eingeschränkte Prüfung, wenn »*in demselben Mitgliedstaat*« weitere Angaben vorgebracht oder ein Folgeantrag gestellt wird Art. 40 Abs. 1 RL 2013/32/EU). Werden diese in einem anderen Mitgliedstaat geltend gemacht, kann sich dieser für eine eingeschränkte Prüfung dieser Gründe nicht auf diese Normen berufen. Über den eindeutigen Wortlaut der Vorschrift hilft die telelogische Auslegung nicht hinweg. Ein Asylantrag in einem anderen Mitgliedstaat ist begrifflich, verfahrensrechtlich und inhaltlich etwas anderes als ein Asylantrag in demselben Mitgliedstaat. Dass die Änderungsrichtlinie 2013/32/EU in Art. 40 Abs. 1 am Erfordernis der Antragstellung in demselben Mitgliedstaat festgehalten hat, verbietet jegliche dieser eindeutigen Bekräftigung entgegenstehende teleologische Spekulation. Auch andere unionsrechtliche Normen ermöglichen keine eingeschränkte Prüfung in diesen Fällen. Die Verordnung (EU) Nr. 604/32 regelt nicht das Asylverfahren, sondern legt ausschließlich fest, welcher Mitgliedstaat für die Durchführung des Asylverfahrens zuständig ist, enthält aber keine unionsrechtlichen Vorgaben für die anschließende Gestaltung des Asylverfahrens.

5 Weder ist zutreffend, dass die Frage der Rechtsgrundlage der Zuständigkeit dahingestellt bleiben kann, noch dass ein erfolglos abgeschlossenes Verfahren in einem

anderen Mitgliedstaat mit einem erfolglos im Bundesgebiet abgeschlossenen Asylverfahren gleichgestellt werden darf (so *Hailbronner*, AuslR B 2 § 71a AsylG Rn. 9; *Bergmann*, in: Bergmann/Dienelt, AuslR, 11. Aufl., 2016, § 71a AsylG Rn. 5). Vielmehr sind für beide Fragen zunächst unionsrechtliche Rechtsgrundlagen zu prüfen. § 71a kann erst Anwendung finden, wenn die Verpflichtung des bisherigen Mitgliedstaats zur Wiederaufnahme nach Art. 18 Abs. 1 der Verordnung erloschen ist (so *Hailbronner*, AuslR B 2 § 71a AsylG Rn. 7). Die Rechtsgrundlage für die Zuständigkeit der Bundesrepublik kann daher nicht dahingestellt bleiben. Vielmehr setzt Abs. 1 Halbs. 2 diese Prüfung voraus (Rdn. 2). Hat der andere Mitgliedstaat die Zuständigkeit übernommen und reist der Asylsuchende nach der Antragstellung aus, besteht die Zuständigkeit fort. Unerheblich ist, ob der Antragsteller vor oder nach der negativen Entscheidung ausgereist ist. Im einen wie im anderen Fall folgt die Aufnahmepflicht aus Art. 18 Abs. 1 Verordnung (EU) Nr. 604/2013. Die Rechtsgrundlage für die Zuständigkeit der Bundesrepublik kann also nicht dahingestellt bleiben. Vielmehr muss aus der Verordnung die Zuständigkeit der Bundesrepublik Deutschland für die Behandlung des Asylantrags folgen. Diese kann ungeachtet des erfolglosen Antrags im anderen Mitgliedstaat auf diese übergegangen sein, weil die *Ersuchensfrist* (Art. 22 Abs. 2 UAbs. 1 Verordnung [EU] Nr. 604/2013) oder die *Überstellungsfrist* (Art. 29 Abs. 2 Verordnung [EU] Nr. 604/2013) abgelaufen ist oder wegen Ausübung des Selbsteintrittsrechts (Art. 17 Abs. 1 UAbs. 2 Verordnung [EU] Nr. 604/2013) oder weil der Antragsteller sich zwischenzeitlich länger als drei Monate außerhalb des Unionsgebiets aufgehalten hat (Art. 20 Abs. 5 UAbs. 2 Verordnung [EU] Nr. 604/2013).

In all diesen Fällen ist die Bundesrepublik nach Unionsrecht nicht nur befugt, sondern 6
sogar verpflichtet, den Asylantrag zu prüfen. Die Gleichstellung des erfolglosen Verfahrens in einem anderen Mitgliedstaat mit einem erfolglos im Bundesgebiet durchlaufenen Verfahren muss aber nach der Richtlinie 2013/32/EU erlaubt sein. Dies ist jedoch nicht der Fall. Angesichts des eindeutigen Wortlauts von Art. 40 Abs. 1 RL 2013/32/EU vermag auch der Hinweis auf Art. 33 Abs. 1 und 2 RL 2013/32/EU nicht zu überzeugen. Ob diese Vorschrift eine nur eingeschränkte Prüfung eines Folgeantrags in einem anderen Mitgliedstaat zulässt (VG München, Urt. v. 07.02.2013 – M 11 K 12.306.61), ist nicht erheblich, weil der *weitere* Asylantrag in der Union in einem *anderen* Mitgliedstaat – nach erfolgloser Erstantragstellung – *nicht* als *unzulässiger* Antrag behandelt wird. Als unzulässig kann der weitere Asylantrag in der Union nur dann behandelt werden, wenn der erste Antrag die Zuerkennung die Zuerkennung der internationalen Schutzberechtigung (Art. 33 Abs. 2 Buchst. b) RL 2013/32/EU) zur Folge hat. Angesichts des keine alternative Auslegung zulassenden eindeutigen Wortlauts von Art. 40 Abs. 1 RL 2013/32/EU können weder teleologische noch gesetzessystematische Erwägungen die unionsrechtswidrige nationale Zulässigkeitsprüfung nach Abs. 1 Halbs. 2 in Verb. mit § 51 Abs. 1 bis 3 VwVfG retten. Vielmehr ist Abs. 1 *richtlinienkonform* dahin auszulegen und anzuwenden, dass die Durchführung eines »Zweitantrags« im Unionsgebiet *nicht* von der *vorgängigen Prüfung der Voraussetzungen des § 51 Abs. 1 bis 3 VwVfG* abhängig ist, wenn dieser nicht in dem Mitgliedstaat geprüft wird, der bereits den ersten Asylantrag behandelt hat.

7 Entstehungsgeschichtlich wurde § 71a im Zusammenhang mit Art. 16a Abs. 5 GG eingeführt (Rdn. 1). Damals gab es noch keine unionsrechtlichen Normen zur Behandlung von Asylanträgen. Der Gesetzgeber hat nach Ablauf der Umsetzungsfrist der ursprünglichen VerfahrenRL am 01.12.2007 (Art. 44 RL 2005/85/EG) versäumt, § 71a an die veränderte Rechtslage in den Union anzupassen. Daher ist der Antrag eines Asylsuchenden, der bislang im Bundesgebiet keinen Asylantrag gestellt hat, ungeachtet dessen, dass er in einem anderen Mitgliedstaat bereits einen Asylantrag gestellt hat, nach den allgemeinen Vorschriften zu behandeln. § 22a regelt die Frage, dass die Bundesrepublik für die Behandlung des Antrags aufgrund unionsrechtlicher Zuständigkeitskriterien zuständig ist. Zumeist wird es sich um den ersten Asylantrag im Bundesgebiet handeln. In diesem Fall finden keine Sondervorschriften Anwendung. Das Unionsrecht kennt den Begriff »Zweitantrag« nicht. Stellt der Antragsteller im Unionsgebiet einen zweiten Antrag, handelt es sich um einen »Folgeantrag«, wenn er in demselben Mitgliedstaat gestellt wird, in dem der erste Asylantrag geprüft wurde. Stellt er den zweiten Antrag in einem anderen Mitgliedstaat, ist dieser nach Maßgabe von Kapitel II der Richtlinie zu behandeln, weil es der erste Asylantrag in dem nunmehr zuständigen Mitgliedstaat ist. Damit hat § 71a vollständig seine Funktion eingebüßt.

C. Voraussetzungen des Zweitantrags (Abs. 1 erster Halbsatz)

8 Abs. 1 setzt voraus, dass die Bundesrepublik für die Durchführung des Asylverfahrens zuständig ist, ein Wiederaufnahmegrund vorliegt (Halbs. 2) und ein Asylverfahren im anderen Mitgliedstaat oder sicheren Drittstaat vor der Einreise in das Bundesgebiet erfolglos abgeschlossen war (Halbs. 1). Mangels Listung sicherer Drittstaaten (§ 26a Rdn. 24) ist ausschließlicher Bezugspunkt von Abs. 1 Halbs. 1 der erfolglose Asylantrag in einem anderen Mitgliedstaat. Die Voraussetzung der Zuständigkeit der Bundesrepublik folgt aus der Verordnung (EU) Nr. 604/2013. Hat der Mitgliedstaat, in dem zuerst der Antrag gestellt wurde, die Annahme verweigert, wird das Bundesamt gleichwohl um Übernahme ersuchen. Wird das Ersuchen abgelehnt, ist die Bundesrepublik zuständig (Art. 23 Abs. 3 Verordnung [EU] Nr. 604/2013). Macht das Bundesamt von der Zustimmungsfiktion (Art. 22 Abs. 7, 25 Abs. 2 Verordnung [EU] Nr. 604/2013) Gebrauch und scheitert die Überstellung, ist die Bundesrepublik zuständig (Art. 29 Abs. 2 Verordnung [EU] Nr. 604/2013). Wurde der Antrag nachträglich zurückgenommen, besteht die Aufnahmepflicht nach Art. 18 Abs. 1 Buchst. c) Verordnung (EU) Nr. 604/2013. Scheitert auch hier die Übernahme, ist die Bundesrepublik zuständig (Art. 29 Abs. 2 Verordnung [EU] Nr. 604/2013). Hat der zunächst zuständige Mitgliedstaat den Asylantrag abgelehnt und stellt der Betroffene in einem anderen Mitgliedstaat einen weiteren Asylantrag, kann der Mitgliedstaat, in dem dieser Antrag gestellt wird, wählen, ob er das Wiederaufnahmeverfahren einleitet oder im Wege des Selbsteintrittsrechts die Zuständigkeit für den Asylantrag übernimmt. Zwar kann der Asylantrag grundsätzlich nur einmal in der Union gestellt werden. Nach Art. 17 Abs. 1 Verordnung (EU) Nr. 604/2013 übernimmt jedoch der das Selbsteintrittsrecht ausübende Mitgliedstaat alle Pflichten des bisher zuständigen Mitgliedstaates (Art. 17 Abs. 1 UAbs. 2 Satz 1 Verordnung [EU] Nr. 604/2003), so auch die für die Behandlung des Asylantrags.

In all diesen Fällen besteht die in Abs. 1 Halbs. 2 vorausgesetzte Zuständigkeit der Bundesrepublik. Hier liegen also zwei Asylanträge vor: einerseits der Asylantrag, den der bisher zuständige Mitgliedstaat bearbeitet hat, andererseits der Asylantrag in dem die Zuständigkeit übernehmenden Mitgliedstaat. Obwohl der Asylantrag im ersten Staat endgültig abgelehnt worden war, ist der das Selbsteintrittsrecht ausübende Mitgliedstaat nunmehr für die Bearbeitung des Asylantrags zuständig, d.h. der bereits unanfechtbar in einem Mitgliedstaat negativ beschiedene Asylantrag hindert den Mitgliedstaat, in dem ein weiterer Asylantrag gestellt wird, nicht daran, den Asylantrag entgegen zu nehmen und zu bearbeiten. Vielmehr tritt er in dessen Verpflichtungen ein. Dies folgt aus Art. 17 Abs. 1 UAbs. 2 Satz 1 in Verb. mit Art. 18 Abs. 1 Buchst. c) und d) Verordnung (EU) Nr. 604/2013. Zu den Verpflichtungen des bisher zuständigen Mitgliedstaates hätte es etwa gehört, einen von dem Betroffenen gestellten Folgeantrag zu behandeln. Art. 17 Abs. 1 UAbs. 1 Verordnung (EU) Nr. 604/2013 lässt aber offen, ob der erneut gestellte Antrag als Folgeantrag zu behandeln ist. Diese Frage regelt die Verfahrensrichtlinie. Danach wird nur der Asylantrag, der in dem Mitgliedstaat, in dem bereits ein Asylantrag gestellt wurde, als Folgeantrag bezeichnet (Art. 40 Abs. 1 RL 2013/32/EU), nicht aber ein zweiter Asylantrag in einem anderen Mitgliedstaat (Rdn. 5, 7). Die Verwaltungsgerichte wenden § 71a gleichwohl an, begründen dies jedoch nicht. 9

Der Antragsteller muss ferner nach Abs. 1 Halbs. 1 im anderen Mitgliedstaat ein Asylverfahren betrieben haben. Diese Frage ist nach den Verordnungen des Dubliner Systems zu beantworten (*Hailbronner,* AuslR B 2 § 71a AsylG Rn. 13). Soweit behauptet wird, ob und welche Verfahrensgarantien im anderen Mitgliedstaat angewandt wurden, sei unerheblich (*Funke-Kaiser,* in: GK-AsylG, II, § 71a Rn. 11), wird verkannt, dass nur ein Verfahren in Betracht kommen kann, das unionsrechtlichen Regeln gerecht wird. Diese werden nach Maßgabe der Richtlinie 2013/32/EU vorgegeben. Es muss allerdings ein Asylverfahren durchgeführt worden sein, das in der jeweils geltenden Verordnung begrifflich vorgegeben wird. Alle Asylanträge, die in der Union bis spätestens zum 31.12.2013 gestellt wurden, zielten ausschließlich auf die Zuerkennung der Flüchtlingseigenschaft (Art. 2 Buchst. c) Verordnung (EG) Nr. 343/2003). Wurde im anderen Mitgliedstaat subsidiärer Schutz nach Art. 15 RL 2011/95/EU oder subsidiärer nationaler Schutz beantragt, wurde kein Asylverfahren im Sinne von Abs. 1 Halbs. 1 durchgeführt (*Funke-Kaiser,* in: GK-AsylG, II, § 71a Rn. 8 ff.; *Hailbronner,* AuslR B 2 § 71 AsylG Rn. 4 ff.; *Hailbronner,* AuslR B 2 § 71a AsylG Rn. 10; a.A. VG München, Urt. v. 21.01.2013 – M 11 K 12.306.30). § 71a ist nicht anwendbar. Der Antrag wird nach den allgemeinen Regelungen des AsylG als erster Asylantrag behandelt. 10

Wurde der Asylantrag in der Union nach dem 01.01.2014 gestellt, war Verfahrensgegenstand im anderen Mitgliedstaat der Antrag auf Zuerkennung internationalen Schutzes (Art. 2 Buchst. b) Verordnung (EU) Nr. 604/2013), also Flüchtlingsschutz und subsidiärer Schutz nach Art. 15 RL 2011/95/EU. Nur wenn der Antragsteller im anderen Mitgliedstaat lediglich nationalen subsidiären Schutz beantragt hatte, wurde dort kein Asylverfahren i.S.d. Abs. 1 Halbs. 1 durchgeführt. Der Asylantrag im Bundesgebiet wird nach den allgemeinen Regeln behandelt. Maßgebend für die Anwendung der Verordnung (EU) Nr. 604/2013 ist der erstmals in der Union nach 11 dem 31.12.2013 (Art. 49 Abs. 2 Verordnung [EU] Nr. 604/2013) gestellte Asylantrag. Wurde der Antrag im anderen Mitgliedstaat vor diesem Zeitpunkt gestellt, verändert die erneute Antragstellung in der Union nicht den Antragsbegriff. Maßgebend für die Anwendung der jeweils maßgebenden Verordnung ist der erstmals in der Union gestellte Asylantrag. Dieser umfasste vor dem 1. Januar 2014 nicht den subsidiären Schutz. Die weitere Asylantragstellung im Unionsgebiet nach diesem Zeitpunkt führt nicht zur Anwendung der Verordnung (EU) Nr. 604/2013, weil dieser im Bundesgebiet gestellte Antrag nicht erstmals in der Union gestellt wird, sondern bereits vorher im anderen Mitgliedstaat geltend gemacht wurde.

12 Der Asylantrag im anderen Mitgliedstaat muss rechtskräftig abgelehnt worden sein (*Hailbronner,* AuslR B 2 § 71a AsylG Rn. 15). Wurde der Antrag förmlich oder stillschweigend zurückgenommen (Art. 27 f. RL 2013/32/EU), wurde er nicht abgelehnt (VG Hannover, Beschl. v. 03.12.2015 – 1 B 2993/15). § 71a findet keine Anwendung. Dies gilt auch, wenn das Recht des ersuchten Mitgliedstaates für den Fall der Rückkehr des Asylsuchenden eine Wiedereröffnun- oder Fortführungsmöglichkeit vorsieht, dem Vorbringen nicht auf neue Gründe beschränkt wird und die zuständige Behörden diesen Staates sich bereit erklären, das Asylverfahren als Erstverfahren fortzuführen (BayVGH, NVwZ 2016, 625, 627f.). Die inhaltliche Ablehnung des Asylantrags im anderen Mitgliedstaat hat keine Tatbestandswirkung (so aber *Funke-Kaiser,* in: GK-AsylG, II, § 71a Rn. 12). Unionsrecht kennt keine unionsweite Rechtswirkung nationaler asylrechtlicher Entscheidungen, die nach Maßgabe unionsrechtlicher Regelungen durchgeführt werden. Nicht die Tatbestandswirkung der Entscheidung anderer Mitgliedstaaten, sondern die Entscheidung des deutschen Gesetzgebers, auf in anderen Mitgliedstaaten getroffene negative Statusentscheidungen verfahrensrechtliche Sonderregelungen anzuwenden, ist maßgebend für die Anwendung von Abs. 1 auf den weiteren Asylantrag in der Union und nicht eine angebliche Tatbestandswirkung der Entscheidung des anderen Mitgliedstaates. Unionsrecht behandelt die unterschiedlichen Formen der Verfahrensbeendigung einheitlich. Ob der Antrag vor der Entscheidung zurückgenommen wurde, der Antragsteller unmittelbar nach der Antragstellung oder nach der angefochtenen negativen Entscheidung oder nach der rechtskräftigen negativen Entscheidung ausgereist ist, stets wird die Wiederaufnahmepflicht des anderen Mitgliedstaates begründet (Art. 18 Abs. 1 Buchst. b) bis d) Verordnung (EU) Nr. 604/2013). Wird nachträglich im Bundesgebiet die Bundesrepublik aufgrund der Regelungen der jeweils maßgebenden Verordnung für die Behandlung eines neuen Antrags zuständig, tritt sie im vollen Umfang in die Verpflichtungen des bisher zuständigen Mitgliedstaates ein. Sie muss das Verfahren aber nicht in dem Stadium fortsetzen, in dem es im anderen Mitgliedstaat beendet wurde. Die Verordnung enthält keine verfahrensrechtlichen Vorgaben, sondern allein Zuständigkeitsregelungen. Es ist daher für die Aufnahmepflicht nach Art. 18 Abs. 1 Verordnung (EU) Nr. 604/2013 unerheblich, ob der Antrag im anderen Mitgliedstaat zurückgenommen oder abgelehnt wurde. Erheblich ist diese Frage aber für die Anwendung von Abs. 1.

13 Der Asylantrag, der nach Ablehnung eines Asylantrags in einem anderen Mitgliedstaat gestellt wird, wird schließlich nur dann inhaltlich geprüft, wenn die Zulässigkeitsvoraussetzungen des § 51 Abs. 1 bis 3 VwVfG schlüssig dargelegt werden (Abs. 1

Halbs. 2). Der Asylantrag ist jedoch nach Maßgabe der Richtlinie 2013/32/EU durchzuführen. Für eine der inhaltlichen Prüfung des Antrags vorgeschaltete Zulässigkeitsprüfung enthält das Unionsrecht keine Rechtsgrundlage (Rdn. 2 ff., 5, 7). Bei der Anwendung von § 71a darf also aufgrund des Grundsatzes der richtlinienkonformen Auslegung nationalen Rechts keine Zulässigkeitsprüfung durchgeführt werden. Dies ist auch sachgerecht. Erstens ist eine Tatbestandswirkung nationaler Asylentscheidung anderer Mitgliedstaaten im Unionsrecht nicht anerkannt (Rdn. 12). Es besteht damit auch nicht das verfahrensrechtliche Hindernis einer rechtskräftigen Entscheidung des Erstverfahrens, die nur nach Maßgabe von § 51 Abs. 1 bis 3 VwVfG durchbrochen werden könnte (§ 71 Rdn. 41). Bereits aus diesem Grund kann der Antrag nicht mit einem Folgeantrag geleichgestellt werden.

Zweitens fehlt die Vergleichsbasis als Folie für die Prüfung der Zulässigkeitsprüfung. 14 Das Bundesamt zieht in Verfahren nach § 71a in aller Regel nicht die Akten des anderen Mitgliedstaates bei, sondern führt die Zulässigkeitsprüfung aufgrund der Angaben des Antragstellers zum Verlauf, dem Sachvorbringen und Entscheidungsgründen im anderen Mitgliedstaat durch. Der Antragsteller wird in aller Regel den Verfahrensablauf im anderen Mitgliedstaat nicht durchschaut haben und deshalb auch keine verlässlichen Angaben zur Feststellung der Vergleichsbasis als Grundlage der Zulässigkeitsprüfung machen können. Seine Rezeption der inhaltlichen Ablehnungsgründe und sein Erinnerungsvermögen sind häufig erheblich eingeschränkt. Häufig ist ihnen nicht einmal bewusst, dass die im Rahmen der erkennungsdienstlichen unterzeichneten Vordrucke eine asylrechtliche Antragserklärung (z. B. Bulgarien, Polen, Ungarn) darstellen. Eine Zulässigkeitsentscheidung, die auf einer derart unzuverlässigen Tatsachenbasis getroffen wird, kann für ein nach rechtsstaatlichen Grundsätzen durchzuführendes Verfahren keine Grundlage sein (BayVGH, NVWZ 2016 625, 626).

D. Verwaltungsverfahren

Zuständig für die Behandlung des Zweitantrags ist das Bundesamt (Abs. 1 letzter 15 Halbs.). Welche Außenstelle des Bundesamtes für diese Prüfung zuständig ist, ergibt sich aus den für das Asylverfahren geltenden Vorschriften des § 14 Abs. 1 und §§ 46 ff. 30a (Abs. 2 Satz 1). Gegenüber dem für Erstantragsteller geltenden Verfahren ergeben sich damit keine abweichenden Besonderheiten. Die Grenzbehörde darf den Zweitantragsteller wie einen Erstantragsteller nach Maßgabe des § 18 zurückweisen. Der Antragsteller kann von der Ausländerbehörde in einen sicheren Drittstaat zurückgeschoben werden (§ 19 Abs. 3 Satz 1). Da kein sicherer Drittstaat gelistet ist, sind diese Vorschriften ohne Bedeutung. Weder die Grenzbehörde noch die Ausländerbehörde führen die Verordnung (EU) Nr. 604/2013 durch, sondern allein das Bundesamt (Art. 20 Abs. 2 Verordnung [EU] Nr. 604/2013; § 5 Abs. 1 in Verb. mit § 29 Abs. 1 Nr. 1). Der Antragsteller wird wie auch andere Antragsteller den besonderen Regeln des Flughafenverfahrens nach § 18a unterworfen. Den Asylantrag hat er nach Maßgabe von § 14 und § 23 zu stellen (Abs. 2 Satz 1).

Abs. 2 Satz 1 verweist für die Ausgestaltung des Verwaltungsverfahrens auf zentra- 16 le für das Asylverfahren geltende Vorschriften. Nach der gesetzlichen Begründung ziehen die Verweisungsvorschriften des Abs. 2 Satz 1 die notwendigen Konsequenzen daraus, dass der Antragsteller erstmals als Asylsuchender im Bundesgebiet in Erscheinung tritt. Deshalb sei es notwendig, »ihn zunächst wie einen Erstantragsteller zu behandeln« (BT-Drucks. 12/4450, S. 27). Dementsprechend werden die allgemeinen verfahrensrechtlichen Vorschriften der § 12 bis § 25 und § 33 für entsprechend anwendbar erklärt. Mit der Verweisung in Abs. 2 Satz 1 auf die Vorschriften der § 12 bis § 25 und § 44 bis § 54 bringt das Gesetz mithin zum Ausdruck, dass der Antragsteller grundsätzlich wie ein Erstantragsteller zu behandeln ist. Der Gesetzgeber berücksichtigt damit offensichtlich die aufgezeigten praktischen Probleme und ordnet für den Regelfall – anders als beim Folgeantrag (§ 71 Abs. 3 Satz 3) – die persönliche Anhörung des Antragstellers an (Abs. 2 in Verb. mit § 25). Nur wenn die Anhörung zur Feststellung der Voraussetzungen des Abs. 1 Halbs. 1 nicht erforderlich ist, kann von der Anhörung abgesehen werden (Abs. 2 Satz 2). Dann müssen jedoch die Akten des anderen Mitgliedstaats beigezogen werden, weil anders die Zulässigkeitsprüfung gar nicht durchgeführt werden kann. Darüber hinaus ist das Absehen von der persönlichen Anhörung unvereinbar mit Unionsrecht, weil im Asylverfahren grundsätzlich eine Anhörung durchzuführen ist und die zulässigen Ausnahmegründe (Art. 12 Abs. 2 RL 2005/85/EG/Art. 14 Abs. 2 RL 2013/32/EU) nicht vorliegen.

17 Das Bundesamt hat zunächst zu prüfen, ob überhaupt ein Zweitantrag vorliegt, die Voraussetzungen des Abs. 1 also erfüllt sind. Eine sachgerechte Prüfung setzt ferner voraus, dass das Bundesamt Kenntnis von den Entscheidungsgründen der Ablehnung des Antrags im anderen Mitgliedstaat hat. Verzichtet es darauf, den mühevollen, zeitaufwendigen und wegen der erforderlichen Übersetzung kostenintensiven Weg der Beiziehung der Akten des anderen Mitgliedstaates einzuschlagen (Rdn. 16), hat es den Antrag wie einen Erstantrag zu behandeln (*Funke-Kaiser*, in: GK-AsylG, II, § 71a Rn. 27). Soweit ersichtlich, verfährt die Verwaltungspraxis auch entsprechend. Mangels Überprüfbarkeit kommt weder dem Verschuldenstatbestand (§ 51 Abs. 2 VwVfG) noch der Präklusionswirkung des § 51 Abs. 3 VwVfG praktische Bedeutung zu. Nach Unionsrecht dürfen diese Vorschriften ohnehin nicht angewandt werden (Rdn. 2 ff., 12 f.). Das weitere Verfahren nach der Zulässigkeitsprüfung richtet sich nicht mehr nach § 71a, sondern nach den allgemeinen Verfahrensvorschriften des Gesetzes. Insoweit ist die Rechtslage mit der des Folgeantrags vergleichbar. Die Regelungen in § 71 und 71a enthalten lediglich besondere Vorschriften für die Ausgestaltung des Verfahrens bis zur Entscheidung, ob ein weiteres Asylverfahren durchzuführen ist. Dementsprechend sind die einzelnen verfahrensrechtlichen Vorschriften in § 71a auf diese Verfahrensphase beschränkt.

18 Mit der Verweisung in Abs. 2 Satz 1 auf § 24 Abs. 2 wird dem Bundesamt aufgegeben, im Rahmen seiner Entscheidung nach Abs. 1 auch die Abschiebungsverbote des § 60 Abs. 5 und 7 AufenthG zu prüfen. Die Verweisung in Abs. 4 auf §§ 42 ff. und damit zugleich auf § 60 Abs. 5 und 7 AufenthG (§ 42) ist deshalb notwendig, weil § 71a nicht auf die Bestimmungen über die Sachentscheidung (§ 31) verweist. An die Stelle der die Abschiebungsverbote regelnden Kompetenznorm des § 31 Abs. 3 tritt damit Abs. 4, soweit dort die Regelungen in §§ 42 ff. in Bezug genommen werden. Auch wenn das Bundesamt das Verfahren nach Abs. 1 nicht einleitet, hat es stets das

Vorliegen von Abschiebungsverboten zu prüfen. Hierauf hat es insbesondere in der persönlichen Anhörung Bedacht zu nehmen.

E. Rechtsstellung des Antragstellers (Abs. 3)

Der Aufenthalt des Antragsteller gilt als geduldet (Abs. 3 Satz 1). Ihm die Duldungsbescheinigung nach § 60a Abs. 4 AufenthG auszustellen. Solange noch offen ist, ob ein Asylverfahren durchgeführt wird, soll dem Antragsteller damit nicht die Rechtsstellung eines Asylbewerbers zustehen (BT-Drucks. 12/4450, S. 27). Die Duldung unterliegt den Regelungen der § 56 bis § 67, also insbesondere der räumlichen Beschränkung (§ 56, § 59a f.) und den Erlöschenstatbeständen des § 67. Aus Abs. 3 Satz 1 kann entgegen der herrschenden Meinung (*Hailbronner,* AuslR B 2 § 71a AsylG Rn. 31; *Funke-Kaiser,* in: GK-AsylG, II, § 71a Rn. 31; *Bergmann,* in: Bergmann/Dienelt, AuslR, 11. Aufl., 2016, § 71a AsylG Rn. 3; offen gelassen *Bruns,* Hofmann/Hoffmann, AuslR. Handkommentar § 71a AsylG Rn. 10) nicht geschlossen werden, dass der Antrag kein Aufenthaltsrecht nach § 55 Abs. 1 Satz 1 vermittelt. Nach positiver Zulässigkeitsprüfung wird aber auch nach herrschender Meinung das Aufenthaltsrecht des § 55 Abs. 1 vermittelt (*Hailbronner,* AuslR B 2 § 71a AsylG Rn. 31; *Funke-Kaiser,* in: GK-AsylG, II, § 71a Rn. 31; *Bergmann,* in: Bergmann/Dienelt, AuslR, 11. Aufl., 2016, § 71a Rn. 3; *Bruns,* Hofmann/Hoffmann, AuslR. Handkommentar § 71a AsylG Rn. 10). 19

Auch Abs. 3 Satz 1 ist unvereinbar mit Unionsrecht, da nach Art. 9 Abs. 1 RL 2013/32/EU jeder Antragsteller ein Verbleibsrecht im Aufnahmemitgliedstaat hat und eine gesetzliche Duldung den unionsrechtlich vorgeschrieben Anspruch auf einen rechtmäßigen Aufenthalt ja gerade verneint. Abs. 3 Satz 1 darf daher nicht angewandt werden. Vielmehr ist dem Antragsteller von Anfang an die Bescheinigung nach § 63 auszustellen. Ausnahmen vom Verbleibsrecht sieht das geltende Unionsrecht nicht vor. Zwar werden Richtlinie 2013/32/EU Ausnahmen vom Verbleibsrecht in bestimmten eng gefassten Fällen geregelt (Art. 41 Abs. 1). Diese Ausnahmen beziehen sich jedoch auf Folgeantragsteller und können daher nicht auf Antragsteller nach § 71a angewandt werden (Rdn. 5, 7). Darüber hinaus sind die Ausnahmen nach Art. 41 Abs. 1 2013/32/EU auf Verletzung von Mitwirkungspflichten und weitere Folgeanträge in demselben Mitgliedstaat, nicht aber auf die Zulässigkeitsvoraussetzungen des § 51 Abs. 1 bis 3 VwVfG genützt. 20

F. Abschiebungsandrohung (Abs. 4 in Verb. mit § 34 Abs. 1 Satz 1)

Die Verweisungen in Abs. 4 sind ungenau. Die Verweisung auf § 34a ergibt keinen Sinn. § 34a setzt den Einreisetatbestand des § 26a Abs. 1 Satz 1 voraus. Liegen die Voraussetzungen des § 26a Abs. 1 Satz 1 vor, kann bereits aus begriffslogischen Gründen kein Zweitantrag vorliegen, da in diesem Fall nicht die Bundesrepublik, sondern der andere Mitgliedstaat zuständig ist, also die Voraussetzungen nach Abs. 1 nicht vorliegen (*Hailbronner,* AuslR B 2 § 71a AsylG Rn. 28; a.A. *Funke-Kaiser,* in: GK-AsylG, II, § 71a Rn. 34). Auch die Verweisung auf § 35 ergibt keinen Sinn. Im Rahmen der Zulässigkeitsprüfung des § 71a wird nicht der Verfolgungstatbestand ermittelt. Dementsprechend 21 wird § 29 in § 71a auch nicht in Bezug genommen. Die Abschiebungsandrohung nach § 35 setzt aber voraus, dass die Voraussetzungen des § 29 erfüllt sind. Deshalb kann § 35 im Rahmen des Abs. 4 keine Anwendung finden.

22 Liegen die Voraussetzungen für die Durchführung eines Asylverfahrens nach Abs. 1 Halbs. 1 nicht vor, erlässt das Bundesamt die Abschiebungsandrohung nach Abs. 4 in Verb. mit § 34 Abs. 1 Satz 1 mit *einwöchiger Ausreisefrist* (Abs. 4 in Verb. mit § 36 Abs. 1). Da die Anwendung von § 51 Abs. 1 bis 3 VwVfG unionsrechtswidrig ist (Rdn. 2 ff., 5, 7), darf auch Abs. 4 nicht angewandt werden. Vielmehr darf die Abschiebungsandrohung erst nach erschöpfender inhaltlicher Sachaufklärung erlassen werden. Da anders als beim Folgeantrag mangels Voraufenthaltes im Bundesgebiet eine bereits rechtskräftige vollziehbare Abschiebungsandrohung (§ 71 Abs. 5 Satz 1) nicht vorliegt, ist stets eine Abschiebungsandrohung zu erlassen (*Hailbronner,* AuslR B 2 § 71a AsylG Rn. 28; *Bruns,* Hofmann/Hoffmann, AuslR. Handkommentar § 71a AsylG Rn. 10). Gegen die Vollziehung der Abschiebungsandrohung kann der Antragsteller Eilrechtsschutz nach Maßgabe der besonderen Vorschriften des Abs. 4 in Verb. mit § 36 Abs. 3 und 4 beantragen. Aber auch insoweit greift der Einwand der Unvereinbarkeit mit Unionsrecht durch.

G. Erneuter Zweitantrag (Abs. 5)

23 Nach Abs. 5 wird ein wiederholter Zweitantrag dem Folgeantrag uneingeschränkt gleichgestellt. Abs. 5 lehnt sich an § 71 Abs. 1 Satz 1 an. Nicht nur die unanfechtbare Ablehnung, sondern auch die Rücknahme des Zweitantrags aus eigenem Entschluss führt zur uneingeschränkten Anwendung des § 71. Die Entscheidung nach Abs. 1, kein Asylverfahren durchzuführen, wird wie eine Sachablehnung behandelt (OVG NW, AuAS 1997, 141, 142). § 71a nimmt jedoch § 31 nicht in Bezug. Liegen die Voraussetzungen des Abs. 1 Halbs. 1 nicht vor und wird kein Asylverfahren durchgeführt, wird nach Abs. 4 in Verb. mit § 34 Abs. 1 Satz 1 die Abschiebungsandrohung erlassen. Aus rechtlicher Sicht wird der Zweitantrag aber nicht abgelehnt. Mit der Abschiebungsandrohung wird vielmehr inzidenter entschieden, dass der Antrag unzulässig ist. Gemeint ist mit Abs. 5 wohl der als Zweitantrag gestellte Antrag, der zur Einleitung eines Verfahrens geführt hat und wie ein Antrag nach § 13 Abs. 1 geprüft und entschieden worden ist. Wird dieser Antrag nach Durchführung des Verfahrens zurückgenommen oder wird er unanfechtbar abgelehnt und anschließend ein weiterer Antrag gestellt, findet § 71 jedoch unmittelbar Anwendung. Der Sondervorschrift des Abs. 5 bedarf es nicht.

24 Wird die Einleitung des Verfahrens verweigert oder nimmt der Antragsteller seinen Antrag vor einer entsprechenden Entscheidung zurück und stellt er im Anschluss daran einen weiteren Antrag, kann Abs. 5 ebenso wenig unmittelbar Anwendung finden. Mit Rücknahme des Zweitantrags vor Entscheidung über die Verfahrenseröffnung ist das Bundesamt wegen der das Verfahrensrecht beherrschenden Dispositionsbefugnis an einer Sachentscheidung gehindert. § 32 findet im Zusammenhang des § 71a keine Anwendung (Abs. 2 Satz 1). Der Aufenthalt wird nach allgemeinem Ausländerrecht beendet. Stellt der Antragsteller nunmehr einen erneuten Antrag, liegen die Voraussetzungen des Abs. 1 Halbs. 1 nicht vor. Es dürfte aber mit Blick auf die Rücknahme zur Vermeidung

einer Rechtsschutzlücke eine analoge Anwendung von Abs. 5 und damit eine Bezugnahme auf die Vorschriften über den Folgeantrag in Betracht kommen. Eine unmittelbare Anwendung der für Erstanträge geltenden Vorschriften dürfte den gesetzgeberischen Zielvorstellungen widersprechen. Andererseits kann Abs. 5 entnommen werden, dass in derartigen Fällen nicht jeglicher Verfahrens- und Rechtsschutz versagt wird.

Wird die Einleitung des Verfahrens verweigert, erlässt das Bundesamt die Abschiebungs- 25 androhung nach Abs. 4 in Verb. mit § 34. Neue Tatsachen und Beweismittel sind in diesem Fall vorrangig im Eilrechtsschutzverfahren nach § 36 Abs. 3 und 4 geltend zu machen (§ 51 Abs. 2 VwVfG). Nach unanfechtbarer Entscheidung über die Vollziehbarkeit der Abschiebungsandrohung kann die Vollziehung nur durch einen Abänderungsantrag nach § 80 Abs. 7 Satz 2 VwGO (§ 71 Rdn. 11; § 36 Rdn. 16 ff.) verhindert werden, weil das Hauptsacheverfahren noch anhängig ist und dies einem erneuten Antrag entgegensteht. Daraus folgt, dass Abs. 5 auf die Sachentscheidung nach Einleitung des Verfahrens zielt und für die Fälle der Rücknahme des Zweitantrags vor der Entscheidung über die Verfahrenseröffnung eine analoge Anwendung des Abs. 5 angezeigt ist. Wird nach Antragstellung das Asylverfahren durchgeführt und im Anschluss daran der Antrag abgelehnt, finden die Vorschriften des § 71 auf den erneut gestellten Asylantrag unmittelbar Anwendung. Abs. 5 ist nur im Fall des erneuten Asylantrags nach Verweigerung der Durchführung eines Asylverfahrens oder der Rücknahme des Zweitantrags vor der Entscheidung über die Einleitung eines Verfahrens anwendbar. Die aufgeführten zahlreichen verfahrensrechtlichen Ungereimtheiten (so auch *Funke-Kaiser,* in: GK-AsylG, II, § 71a Rn. 37) verdeutlichen erneut, dass § 71a ein Fremdkörper im Gemeinsamen Europäischen Asylsystem ist (Rdn. 2 ff., 5, 7) und deshalb nicht angewandt werden darf.

H. Rechtsschutz

Abs. 4 nimmt mit der Verweisung auf § 36 das dort geregelte vorläufige Eilrechts- 26 schutzverfahren (§ 36 Abs. 3 und 4) in Bezug. Auch diese Vorschrift verletzt Unionsrecht, weil die Voraussetzungen für gerichtliche Sonderverfahren nicht vorliegen. Art. 46 Abs. 5 RL 2013/32/EU enthält zwar Sonderregelungen für Eilrechtsschutzverfahren, § 71a erfüllt die hierfür maßgeblichen Voraussetzungen jedoch nicht. Die Abschiebungsandrohung kann mit der *Anfechtungsklage* angegriffen werden, die mit der *Verpflichtungsklage* (BVerwGE 106, 171, 173 = NVwZ 1998, 681 = 631 Nr. 45 = AuAS 1998, 149; (*Hailbronner,* AuslR B 2 § 71a AsylG Rn. 38; *Funke-Kaiser,* in: GK-AsylG, II, § 71a Rn. 40) auf die materiellen Ansprüche zu verbinden ist. *Eilrechtsschutz* kann nach § 80 Abs. 5 VwGO erlangt werden.

I. Antragsteller mit internationaler Schutzberechtigung in einem anderen Mitgliedstaat

I. Problemaufriss

In den letzten Jahren ist ein Problem aufgetreten, das bei der Entwicklung des Gemein- 27 samen Europäischen Asylsystems (GEAS) nicht vorhergesehen wurde, die *Binnenwanderung* international Schutzberechtigter innerhalb der Union. Insbesondere in Bulgarien, Griechenland, Italien, Malta und Ungarn werden systemische Mängel bei der Gewährung des Status festgestellt. Dies hat zur Folge, dass die Statusberechtigten in andere Mitgliedstaaten weiterreisen und dort erneut Asyl beantragen. Ist der Antrag in einem Mitgliedstaat positiv beschieden worden, hat das GEAS grundsätzlich seine Funktion erfüllt. Die Qualifikationsrichtlinie, die den Rechtsstatus regelt, und die Daueraufenthaltsrichtlinie, die die unionsweite Mobilität nach Ablauf eines fünfjährigen Aufenthalts im Aufnahmemitgliedstaat zum Gegenstand hat, regeln für die Personengruppe zwar weiterhin den Status, nicht hingegen die auf das Asylverfahren bezogenen Rechtsakte, wie etwa die Verordnung (EU) Nr. 604/2003 sowie die Verfahrens- und Aufnahmerichtlinie.

28 Im Übergangsprozess von der Verordnung (EG) Nr. 343/2003 zur Verordnung (EU) Nr. 604/2013 wird die Binnenwanderung rechtskräftig anerkannter subsidiär Schutzberechtigter weiterhin nach der alten Verordnung geregelt, nicht jedoch die Weiterwanderung von Flüchtlingen. Im Rahmen der Binnenwanderung sind subsidiär Schutzberechtigte, deren Asylantrag im statusgewährenden Mitgliedstaat vor dem 31.12.2013 gestellt wurde und die anschließend weiterreisen, Asylsuchende (Rdn. 11). Nach den Kriterien der alten Verordnung blieb ihr Asylantrag ohne Erfolg. Denn nur ein auf die Zuerkennung der Flüchtlingseigenschaft gerichteter Antrag gailt als Asylantrag nach Art. 2 Buchst. c) Verordnung(EG) Nr. 343/2003. Wem im zuständigen Mitgliedstaat aufgrund eines vor dem Stichtag gestellten Asylantrags nicht der Flüchtlingsstatus, jedoch der subsidiäre Schutzstatus zuerkannt wurde, bleibt daher aus unionsrechtlicher Sicht Asylsuchender. Wandert er weiter, wird er wie ein Asylsuchender den Regelungen der alten Verordnung unterworfen. Seine Binnenwanderung bleibt also denselben Regeln unterworfen, die die Binnenwanderung rechtskräftig abgelehnter Asylsuchender bestimmen. Im Übergangsprozess regelt die Verordnung (EG) Nr. 343/2003 daher weiterhin die Binnenwanderung beider Personengruppen. Dies ermöglicht eine Regelung der Weiterwanderung nach den Regelungen der Verordnung. Denn den Mitgliedstaaten wird ermöglicht, nach deren Regelungen vorzugehen, etwa auch selbst in die Zuständigkeit einzutreten. Nach deutschem Verfahrensrecht hat dies für die Anwendung von § 71a Bedeutung.

29 Die Übergangsperiode wird noch geraume Zeit dauern: Die in Kraft getretene neue Verordnung für die Asylanträge Geltung entfaltet, die nach dem 31.12.2013 in der Union gestellt werden (Art. 49 Abs. 2 Verordnung [EU] Nr. 604/2013). Die Dauer der Asylverfahren in den einzelnen Mitgliedstaaten und die Zeitspanne, die der Betroffene anschließend für die Entscheidung zur Weiterwanderung benötigt, bestimmen also darüber, wie lange die alte Verordnung noch praktische Wirksamkeit haben wird. Für Flüchtlinge ändert sich durch den Übergangsprozess nichts. Ihre Weiterwanderung darf bereits jetzt nicht nach dem GEAS behandelt werden. Die subsidiär Schutzberechtigten, die nach dem 31.12.2013 in das Unionsgebiet einreisen und nach Statusgewährung weiterreisen, werden hingegen nicht mehr den Regelungen des GEAS unterworfen. Ist dieses System nicht mehr anwendbar, werden in verfahrens- wie statusrechtlicher Hinsicht Fragen aufgeworfen, für die bislang weder unionsrechtlich noch im deutschen Recht annähernd zufriedenstellende Lösungen entwickelt wurden. Daher werden bei der nachfolgenden Darstellung die einzelnen verfahrens- und statusrechtlichen Fragen jeweils nach den unterschiedlichen Personengruppen abgeschichtet.

II. Binnenwanderung Asylsuchender und Altfälle subsidiär Schutzberechtigter

Für die Fälle erfolgloser Asylanträge in der Union hat das GEAS zwar klare Vorgaben getroffen, die allerdings in der Bundesrepublik durch die Einführung einer Zulässigkeitsprüfung dem Unionsrecht zuwider umgesetzt werden (Rdn. 5 ff.). Vollständig ungeklärt ist, ob im Fall des erfolgreichen Asylantrags in einem Mitgliedstaat, der die Zuerkennung eines Rechtsstatus als Flüchtling oder als subsidiär Schutzberechtigter zum Ergebnis hat, ein weiterer Asylantrag in einem anderen Mitgliedstaat gestellt werden darf und ob dieser Mitgliedstaat durch den bereits gewährten Rechtsstatus gehindert ist, erneut über den Antrag zu entscheiden und den Flüchtlings- oder subsidiären Status zuzuerkennen. Die Rechtsprechung hat die hier angesprochene Frage bislang nicht zureichend geklärt. Einige der bislang bekannten Fälle wurden wegen systemischer Mängel in den nationalen Asylsystemen im Wege der *Durchbrechung der Konzepts der normativen Vergewisserung* entschieden (zu Italien: VG Freiburg, AuAS 2011, 178; VG Freiburg, InfAuslR 2011,215; VG Karlsruhe, Beschl. v. 28.03.2012 – A 9 K 2917/11; VG; zu Ungarn: VG Hannover, Beschl. v. 15.07.2013 – 4 B 5542/13; VG Sigmaringen, Beschl. v. 08.10.2013 – A 3 K 2768/13), also nicht nach Unions-, sondern nach deutschem Verfassungsrecht. Einige Verwaltungsgerichte haben Abschiebungsverbote im Blick auf das Herkunftsland (VG München, Urt. v. 21.01.2013 – M 11 K 12.30630; VG München, Urt. v. 07.02.2013 – M 11 K 12.30661; VG Regensburg, Urt. v. 02.08.2012 – RO 7 K 12.30025, alle zu Somalia), aber auch im Blick auf den Mitgliedstaat zuerkannt (VG Gießen, Urt. v. 16.09.2013 – 6 K 1415/13.GI.A, 6 K 959/12.GI.A6 K 1092/13.GI.A, zu Italien). Zumeist wird aber einer Lösung der verzwickten Probleme ausgewichen und allein die Abschiebungsanordnung aufgehoben (VG Regensburg, Urt. v. 02.08.2012 – RO 7 K 12.30025). 30

Die Verordnung (EU) Nr. 604/2013 ist auf Asylanträge anwendbar, die nach dem 31.12.2013 in der Union gestellt werden (Art. 49 Abs. 2; Rdn. 28 f). Anders als die Vorläuferverordnung, die lediglich den Antrag auf Zuerkennung der Flüchtlingseigenschaft unionsrechtlichen Zuständigkeitsregelungen unterworfen hatte (Art. 1 in Verb. mit Art. 2 Buchst. b) Verordnung (EG) Nr. 343/2003), erfasst sie auch den Antrag auf Gewährung subsidiären Schutzes (Art. 1 in Verb. mit Art. 2 Buchst. b) Verordnung (EU) Nr. 604/2013). Für Asylanträge, die bis zum 31.12.2013 in der Union gestellt wurden, ist dies hingegen anders. Hat der zuständige Mitgliedstaat zwar nicht die Flüchtlingseigenschaft zuerkannt, aber den subsidiären Schutzstatus gewährt, ist der Asylantrag im Sinne von Art. 16 Abs. 1 Buchst. e) Verordnung (EG) Nr. 343/2003 erfolglos geblieben. Im Bundesgebiet ist grundsätzlich § 71a anwendbar (Rdn. 10), wenn die Bundesrepublik die Zuständigkeit übernimmt. Die Aufnahmeverpflichtung wirkt fort, weil der Antrag auf Zuerkennung der Flüchtlingseigenschaft rechtskräftig abgelehnt wurde (Art. 16 Abs. 1 Buchst. e) Verordnung (EG) Nr. 343/2003). Übt der Mitgliedstaat, aber die Bundesrepublik in dem der weitere Asylantrag gestellt wurde, das Selbsteintrittsrecht nach Art. 3 Abs. 2 Satz 1 Verordnung (EG) Nr. 343/2003 aus oder überschreitet er die Überstellungsfrist von sechs Monaten, wird er zuständiger Mitgliedstaat (Art. 3 Abs. 2 Satz 2, Art. 19 Abs. 3 Verordnung [EG] Nr. 343/2003). Nach deutschem Recht kann der Antrag nach § 71a behandelt werden. Es darf in diesem Fall jedoch keine Abschiebungsanordnung nach § 34a erlassen werden, weil dies 31 voraussetzt, dass die Überstellung in den zuständigen Mitgliedstaat durchgeführt werden kann (VG München, Urt. v. 14.08.2013 – M 11 S 13.307). Da dessen Aufnahmepflicht aber wegen Ausübung des Selbsteintrittsrechts erloschen ist, ist die Überstellung unzulässig. Mangels Listung sicherer Drittstaaten (§ 26a Rdn. 24) kann auch nicht in einen anderen Staat abgeschoben werden. Möglich ist es, im Rahmen der Prüfung des Asylantrags die Abschiebungsandrohung nach Abs. 4 in Verb. mit § 34 zu erlassen und in diesem Rahmen Abschiebungsverbote im Blick auf das Herkunftsland zu prüfen. werden diese festgestellt, kann zwar die Abschiebungsandrohung erlassen werden (§ 59 Abs. 3 Satz 3 AufenthG). Sie ist aber hinsichtlich des Herkunftslandes nicht vollstreckbar (VG München, Urt. v. 07.02.2013 – M 11 K 12.30661, für Somalia). Dieses ist in der Abschiebungsandrohung zu bezeichnen (§ 59 Abs. 3 Satz 2 AufenthG).

32 Diese ausschließlich nationale Verfahrenslösung der deutschen Rechtsprechung ist in ihrer Ausgestaltung jedoch nicht unionsrechtskonform. Nach der Richtlinie 2013/32/EU ist die vorgeschaltete Zulässigkeitsprüfung nur bei einem erneuten Asylantrag im selben Mitgliedstaat zulässig (Art. 40; Rdn. 5 ff.). Aus unionsrechtlicher Sicht darf der Asylantrag zwar im Blick auf im Herkunftsland bestehende Gefahren geprüft werden. Die richtlinienkonforme Handhabung des § 71a setzt aber eine vollinhaltliche und nicht lediglich eine nach Maßgabe des § 51 Abs. 1 bis 3 VwVfG beschränkte Prüfung voraus. Nach Art. 33 Abs. 2 Buchst. a) RL 2013/32/EU fehlt es darüber hinaus auch an einer unionsrechtlichen Grundlage, den Antrag als »unzulässig« zurückzuweisen. Der Weg über die Abschiebungsandrohung mit einwöchiger Fristsetzung nach Abs. 4 in Verb. mit § 34, § 36 Abs. 3 und 4 ist daher versperrt. Die Kategorien unzulässiger Anträge (Art. 25 Abs. 2 RL 2005/85/EG) beziehen sich auf Antragsteller mit Flüchtlingsstatus, den ein anderer Mitgliedstaat zuerkannt hat (Buchst. a), und im Übrigen auf Voraufenthalte in Drittstaaten und auf Fälle, in denen im betreffenden Mitgliedstaat ein dem Flüchtlingsstatus vergleichbarer Status gewährt (Buchst. d) und e)) oder ein identischer Asylantrag gestellt wurde (Buchst. f). Auch Art. 26, der das Konzept des »ersten Asylstaats« (Buchst. a) normiert, ist unanwendbar. Ob dieses Konzept nicht nur auf Drittstaaten, sondern auch auf Mitgliedstaaten anwendbar ist, mag dahinstehen, liegen doch dessen Voraussetzungen nicht vor: Zwar kann ein Staat als erster Asylstaat behandelt werden, wenn dem Antragsteller dort »anderweitig ausreichender Schutz« gewährt wird, vorausgesetzt, er wird von diesem Staat wieder aufgenommen (Art. 26 Abs. 1 Buchst. b) RL 2005/85/EG). Für den Antrag wurde jedoch vor der Durchführung des Asylverfahrens nach § 71a die Zuständigkeit übernommen. Die andernfalls bestehende Aufnahmepflicht nach Art. 16 Abs. 1 Buchst. e) Verordnung (EG) Nr. 343/2003 des ersten Staates war damit erloschen (Rdn. 31). Art. 26 Abs. 1 Buchst. b) RL 2005/85/EG ist nicht anwendbar.

33 Nach Umsetzung der Änderungsrichtlinie 2013/32/EU kann auch der Antrag des Antragstellers, dem im anderen Mitgliedstaat subsidiärer Schutz gewährt wurde, als »unzulässiger Antrag« behandelt werden (Art. 33 Abs. 2 Buchst. a) 2013/32/EU). Bis zu einer gesetzgeberischen Umsetzung sperrt Unionsrecht aber die Anwendung beschleunigter Verfahren (Abs. 4 in Verb. mit § 36). Vielmehr ist der Antrag nach allgemeinen Vorschriften zu behandeln und abzuschließen und in der abschließenden Entscheidung das vollständige Entscheidungsprogramm (§ 31) zu beachten. In diesem Rahmen kann ungeachtet der Versagung des Flüchtlingsstatus im anderen Mitgliedstaat

auch der Flüchtlingsstatus zuerkannt werden. Art. 25 Abs. 1 RL 2005/85/EG befreit nur dann von der Verpflichtung, die Voraussetzungen der Flüchtlingseigenschaft zu prüfen, wenn dieser in einem anderen Mitgliedstaat zuerkannt wurde (Art. 25 Abs. 2 Buchst. a) RL 2005/85/EG). Dies ist bei Antragstellern, die im anderen Mitgliedstaat lediglich subsidiären, aber keinen Flüchtlingsschutz erhalten haben, aber gerade nicht der Fall. Auch der unionsrechtliche subsidiäre Schutzstatus nach § 4 Abs. 1 Satz 1 AsylG kann gewährt werden. Demgegenüber hat das BVerwG festgestellt, dass die Zuerkennung der *Flüchtlingseigenschaft* in einem anderen Mitgliedstaat der erneuten Zuerkennung der Flüchtlingseigenschaft wie auch der Feststellung *subsidiären Schutzes* oder eine hieran anknüpfenden Erteilung einer Aufenthaltstitels entgegensteht. Ein gleichwohl gestellter Antrag sei unzulässig (BVerwGE 150, 29, 41 Rn. 29 = NVwZ2014, 1460 = InfAuslR 2014, 400). Dies wird dahin verstanden, dass auch die Feststellung eines *nationalen Abschiebungsverbotes* für unzulässig erachtet wird, wenn dem Antragsteller in einem anderen Mitgliedstaat die Flüchtlingseigenschaft zuerkannt oder subsidiärer Schutz gewährt worden sei (BayVGH, NVwZ-RR 2016, 158) Diese Grundsätze gelten nicht, wenn zwar subsidiärer Schutz im anderen Mitgliedstaat, aber *nicht* der Flüchtlingsstatus zuerkannt wurde. Das BVerwG hebt ausdrücklich hervor, es habe nicht den Rechtsgrundsatz entwickelt, dass »jede Form einer im Ausland bereits erfolgten Zuerkennung internationalen Schutzes den Ausschluss einer nochmaligen materiellen Prüfung im Bundesgebiet zur Folge« habe (BVerwG, NVwZ 2015, 1779 Rn. 6; ebenso VGH BW, InfAuslR 2015, 310, 311 f.).

Unionsrecht enthält weder Regelungen zur unionsweiten Verbindlichkeit einer in einem Mitgliedstaat getroffenen Statusentscheidung noch allgemeine Regelungen zur Prüfung der Voraussetzungen von Anträgen, die bereits in einem anderen Mitgliedstaat zu einer Statusgewährung geführt haben. Andererseits verbietet es den Mitgliedstaaten grundsätzlich nicht, solche Anträge zu prüfen. Nach Umsetzung von Art. 33 Abs. 2 Buchst. a) RL 2013/32/EU entfällt aber die auf die Voraussetzungen des subsidiären Schutzstatus bezogene Prüfungspflicht. Verboten ist die entsprechende Prüfung wiederum nicht. Stets sind nationale Abschiebungsverbote im Blick auf den Herkunfts- wie auch auf andere Staaten zu prüfen. § 60 Abs. 5 AufenthG nimmt Art. 3 EMRK in Bezug und ist daher inhaltlich mit Art. 15 Buchst. b) RL 2011/95/EU bis auf eine wesentliche Einschränkung identisch. Verpflichtet Art. 3 EMRK zur Prüfung tatsächlicher Gefahren in allen in Betracht kommenden Zielstaaten und damit auch im Blick auf den anderen Mitgliedstaat, verengt Art. 15 Buchst. b) der Richtlinie den Prüfungsumfang auf das Herkunftsland. Das Abschiebungsverbot des § 60 Abs. 7 AufenthG wird vom EGMR ebenfalls als nationale Transformation von Art. 3 EMRK verstanden (EGMR, EZAR 933 Nr. 8 = NVwZ 2001, 301 = InfAuslR 2000, 321 – T.I.). Wird also ein tatsächliches Risiko im Sinne von Art. 3 EMRK im anderen Mitgliedstaat oder im Herkunftsland festgestellt, ist die Aufenthaltserlaubnis nach § 25 Abs. 3 Satz 1 AufenthG zu erteilen. Dieses muss nicht auf systemischen Mängeln, sondern kann im konkreten Einzelfall auch auf persönlichen Unterscheidungsmerkmalen beruhen, wenn deshalb eine tatsächliche Gefahr droht, einer Art. 3 EMK zuwiderlaufenden Behandlung im Zielstaat der Abschiebung ausgesetzt zu werden. 34

Abschnitt 8 Erlöschen der Rechtsstellung

§ 72 Erlöschen

(1) Die Anerkennung als Asylberechtigter und die Zuerkennung der Flüchtlingseigenschaft erlöschen, wenn der Ausländer

1. sich freiwillig durch Annahme oder Erneuerung eines Nationalpasses oder durch sonstige Handlungen erneut dem Schutz des Staates, dessen Staatsangehörigkeit er besitzt, unterstellt,

1a. freiwillig in das Land, das er aus Furcht vor Verfolgung verlassen hat oder außerhalb dessen er sich aus Furcht vor Verfolgung befindet, zurückgekehrt ist und sich dort niedergelassen hat,

2. nach Verlust seiner Staatsangehörigkeit diese freiwillig wiedererlangt hat,

3. auf Antrag eine neue Staatsangehörigkeit erworben hat und den Schutz des Staates, dessen Staatsangehörigkeit er erworben hat, genießt oder

4. auf sie verzichtet oder vor Eintritt der Unanfechtbarkeit der Entscheidung des Bundesamtes den Antrag zurücknimmt.

(2) Der Ausländer hat einen Anerkennungsbescheid und einen Reiseausweis unverzüglich bei der Ausländerbehörde abzugeben.

Übersicht Rdn.

A. Funktion der Vorschrift

1 Wie § 15 AsylG 1982 regelt § 72 die Erlöschenstatbestände. Anders als beim Widerruf oder der Rücknahme nach § 73 wird über die Aufhebung des gewährten Rechtsstatus nicht vorgängig in einem Verwaltungsverfahren entschieden. Vielmehr wird angeordnet, dass die bislang gewährte Rechtsstellung bei Eingreifen der Erlöschenstatbestände kraft Gesetzes erlischt. Anders als nach früherem Recht (§ 16 Abs. 1 Satz 1 Nr. 2 AsylG 1982) gibt der Verzicht auf die Statusberechtigung nicht mehr lediglich Anlass zur Einleitung eines Widerrufsverfahrens. Nach Abs. 1 Nr. 4 führt diese Erklärung vielmehr zum Erlöschen des Status kraft Gesetzes. § 72 ist im Wesentlichen

§ 15 AsylG 1982 nachgebildet worden. Vorbild ist Art. 1 C GFK (BT-Drucks. 9/875, S. 18) und Art. 11 Abs. 1 Buchst. a) bis d) RL 2011/95/EU. Nach Art. 11 Abs. 2 RL 2011/95/EU sind die Erlöschenstatbestände jedoch in einem behördlichen Verfahren zu prüfen. § 72 ist daher *richtlinienkonform* in diesem Sinne anzuwenden (a.A. *Hailbronner,* AuslR B 2 § 72 AsylG Rn. 1). Der in Art. 16 RL 2011/95/EU auf die subsidiäre Statusberechtigung bezogene Erlöschenstatbestand wird durch die 2013 eingeführte Widerrufsvorschrift des § 73b umgesetzt. Der Widerruf des Feststellung nach § 60 Abs. 5 und 7 AufenthG wird in § 73 Abs. 3 geregelt (VGH BW, NVwZ-Beil. 1999, 108, 109 = AuAS 1999, 213). § 72 greift lediglich die Verlustgründe des Art. 1 C Nr. 1 bis 4 GFK (Art. 11 Abs. 1 Buchst. a) bis d) RL 2011/95/EU) auf, während die Verlustgründe des Art. 1 C Nr. 5 und 6 GFK und Art. 11 Abs. 1 Buchst. e) und f) RL 2011/95/EG innerstaatlich in Form des Widerrufs Anwendung finden.

Die Qualifikationsrichtlinie fasst in Art. 11 die Ausschlussgründe zusammen und 2 orientiert sich dabei ersichtlich an den Ausschlussgründen in Art. 1 C GFK (*Marx,* Handbuch zum Flüchtlingsschutz, 2. Aufl., 2012, S. 447 ff.). Die Konvention behandelt die *Verlustgründe (Erlöschensgründe)* in Art. 1 C vor den *Ausschlussgründen* des Art. 1 D bis F. Ebenso werden in der Richtlinie die Verlustgründe (Art. 11) vor den Ausschlussgründen (Art. 12), andererseits jedoch die mit den Verlustgründen im Zusammenhang stehenden Aberkennungs- und Beendigungsgründe in Art. 14 geregelt. Die Konvention enthält keine Statusgewährungsnorm, sondern setzt voraus, dass die Statusgewährung nach dem nationalen Recht der Vertragsstaaten geregelt wird. Sowohl die Konvention (Art. 1 C Nr. 1 bis 4 GFK) wie auch das UNHCR-Statut (Art. V Nr. 4) erlauben die Verlustfeststellung, wenn der bislang Berechtigte durch eigene Handlungen, wie durch Schutzunterstellung, Wiedererlangung der Staatsangehörigkeit seines Herkunftslandes, Erlangung der Staatsangehörigkeit eines anderen Staates oder dauerhafte Niederlassung im Herkunftsland, zu erkennen gibt, dass er keine begründete Furcht vor Verfolgung mehr hegt, oder wenn die für die Statusgewährung maßgebenden Gründe entfallen sind. Die Konvention geht davon aus, dass unter diesen Voraussetzungen keine Schutzbedürftigkeit mehr besteht,

Die Feststellung des Verlustes setzt voraus, dass die Handlung des Flüchtlings *freiwillig* 3 erfolgt. Dies setzt eine freie und bewusste Willensbildung und -betätigung voraus, an der es fehlt, wenn der Flüchtling im maßgeblichen Zeitpunkt der Willensbetätigung unzurechnungsfähig ist (Nieders. OVG, EZAR NF 68 Nr. 1). Der französische Delegierte, der die Klausel in die Diskussion einführte, begründete dies damit, dass ein Flüchtling seinen Status nur verliere, wenn er dies ausdrücklich wünsche und diesen Zweck durch eine Reihe von freiwilligen Handlungen verfolge (Rochefort, U.N. Doc. E/AC.7/SR. 160, S. 7, zitiert bei *Hathaway,* The Law of Refugee Status, 1991, S. 193) Deshalb müssen zur Feststellung der Freiwilligkeit der Handlungen sämtliche Umstände bei der Kontaktaufnahme des Flüchtlings mit den Behörden seines Herkunftslandes berücksichtigt werden, z.B. sein Alter, der Zweck seiner Kontaktaufnahme, ob die Kontaktaufnahme erfolgreich war, ob sie wiederholt wurde und welche Vorteile sie tatsächlich für den Flüchtling gebracht hat (*Goodwin-Gill/McAdam,* The Refugee in International Law, 3. Aufl., 2007, S. 1379). Die Motivation des Flüchtlings wie auch das Verständnis des Schutzkonzepts sind wichtige Kriterien für die Bewertung der Verlustgründe nach Art. 1 C Nr. 1 bis 4 GFK, die im engen Zusammenhang mit der Flüchtlingsdefinition in Art. 1 A Nr. 2 GFK stehen (*Kneebone/O'Sullivan*, in: Zimmermann, The 1951 Convention relating to the Status of Refugees and its 1967 Protocol, 2011, Article 1 C Rn. 479).

4 Allein die Freiwilligkeit der Willensentscheidung reicht nicht aus. Vielmehr müssen die Handlungen des Flüchtlings darüber hinaus auch darauf gerichtet sein, erneut den Schutz seiner Interessen durch das Herkunftsland zu erlangen (*Hathaway*, The Law of Refugee Status, 1991, S. 193; *Goodwin-Gill/McAdam*, The Refugee in International Law, 3. Aufl., 2007, S. 136). Deshalb scheiden die üblichen, rein technischen Formen der Kontaktaufnahme, wie z.B. Anfragen nach Schulzeugnissen oder beruflichen Nachweisen, Identitäts- und anderen Personaldokumenten als Anzeichen auf eine beabsichtigte Schutzunterstellung aus, weil diese durch bloße Notwendigkeiten, nicht aber vom Wunsch auf Wiedererlangung des Schutzes beeinflusst werden (*Hathaway*, The Law of Refugee Status, 1991, S. 193). Das völkerrechtliche Schutzkonzept bezieht alle Umstände des konkreten Einzelfalls ein, um die Feststellung treffen zu können, ob die Freiwilligkeit und Motivation des Flüchtlings Ausdruck für die Wiederherstellung normaler Beziehungen zwischen dem Flüchtling und seinem Herkunftsland sind (*Goodwin-Gill/McAdam*, The Refugee in International Law, 3. Aufl., 2007, S. 136). Aus dem Zusammenhang der Regelungen in Art. 14 Abs. 1, 2 und Art. 11 RL 2011/95/EU folgt, dass die Frage, ob im konkreten Einzelfall Erlöschensgründe Anwendung finden, jeweils einer vorgängigen Prüfung bedarf. Danach ist »in jedem Einzelfall nachzuweisen«, dass Erlöschensgründe vorliegen (Rdn. 40 ff.) Zwar beenden die Erlöschensgründe *ipso facto* mit dem Eintritt eines der Erlöschensgründe den Flüchtlingsstatus. Ob im Einzelfall die Erlöschensgründe erfüllt sind, bedarf jedoch jeweils einer besonders sorgfältigen Einzelfallprüfung.

B. Unterstellung unter den Schutz des Staates der Staatsangehörigkeit (Abs. 1 Nr. 1)

I. Voraussetzungen des Erlöschensgrundes

5 Abs. 1 Nr. 1 setzt Art. 11 Abs. 1 Buchst. a) RL 2011/95/EU um. Diese Norm ist Art. 1 C Nr. 1 GFK nachgebildet. Die Beendigungsklausel zielt auf einen Flüchtling, der im Besitz einer Staatsangehörigkeit ist, sich außerhalb des Landes seiner Staatsangehörigkeit aufhält und dort freiwillig dem Schutz seines Herkunftslandes unterstellt. Abzugrenzen hiervon ist der Fall, in dem der Flüchtling in das Land, dessen Staatsangehörigkeit er besitzt, zurückkehrt und sich dort niederlässt. Diesen Fall regelt Abs. 1 Nr. 1a in Umsetzung von Art. 1 C Nr. 4 GFK und Art. 11 Abs. 1 Buchst. d) RL 2011/95/EU. Ein Flüchtling, der die Behörden des Herkunftslandes freiwillig um eine Form des ausschließlich Staatsangehörigen des betreffenden Landes gewährten diplomatischen Schutzes ersucht und diesen Schutz auch erlangt, bedarf nicht länger des Flüchtlingsstatus (Begründung des Kommissionsentwurfs, KOM[2001]510 v. 12.09.2001, S. 27). Die Funktion des Verlustgrundes erschließt sich aus der Überlegung, dass ein Flüchtling, der sich freiwillig erneut dem Schutz

des Landes, dessen Staatsangehörigkeit er besitzt, unterstellt hat, nicht mehr auf den internationalen Schutz angewiesen ist (*UNHCR*, Handbuch über Verfahren und Kriterien zur Feststellung der Flüchtlingseigenschaft, 1979, Rn. 118). In diesem Fall ist der Flüchtling noch im Besitz der früheren Staatsangehörigkeit und bezieht sich durch eine eindeutige freiwillige Handlung auf diese, um deren Schutz erneut geltend zu machen. Hat er in der Zwischenzeit – nach der Statusgewährung – die Staatsangehörigkeit eines dritten Staates erworben, ist der Flüchtlingsstatus bereits nach Nr. 3 erloschen.

Die Anwendung des Verlustgrundes des Nr. 1 ist von drei Voraussetzungen abhängig: 6
- der Flüchtling muss bei der Unterschutzstellung in freier Willensentscheidung handeln (Freiwilligkeit, Rn. 3 f., 7 f.),
- der Flüchtling muss in der Absicht handeln, sich mit seinen Handlungen erneut dem Schutz des Staates seiner Staatsangehörigkeit zu unterstellen (Absicht) und
- der Flüchtling muss diesen Schutz auch tatsächlich erhalten (erneute Inanspruchnahme).

Handelt der Flüchtling nicht freiwillig, hört er nicht auf Flüchtling zu sein. Kam der 7 Kontakt zwischen dem Flüchtling und der diplomatischen Vertretung seines Herkunftslandes zufällig zustande, ist es unwahrscheinlich, dass er tatsächlich beabsichtigte, sich dem Schutz des Staates seiner Staatsangehörigkeit zu unterstellen. Die Anwendung des Verlustgrundes setzt voraus, dass der Flüchtling freiwillig (Rdn. 3 f., 8 ff..) und in der Absicht, durch seine Handlung erneut den Schutz seines Herkunftslandes in Anspruch zu nehmen, handelt. Auch wenn diese Voraussetzungen vorliegen, dem Flüchtling aber der Schutz tatsächlich nicht gewährt wird, findet der Erlöschensgrund keine Anwendung (*UNHCR*, Note on the Cessation Clauses v. 30 Mai 1997 – EC/47/SC/CRP.30, S. 1; Kommissionsentwurf, KOM[2001]510 v. 12.09.2001, S. 27). Freiwilligkeit beruht auf subjektiven Absichten und schließt Zwang jedweder Art aus. Zwang kann von den Behörden des Herkunftsstaates, eines Drittstaates, der Bundesrepublik oder von privaten Dritten ausgehen. Der ausgeübte Zwang muss nicht unwiderstehlich sein. Andererseits beseitigt nicht jede äußere Einwirkung auf die Motivation des Flüchtlings die Freiheit der Willensbildung. Die überragende Frage ist jedoch, ob der erlangte Schutz tatsächlich wirksam ist (Rdn. 15 ff.). Freiwilligkeit und Absicht der erneuten Schutzunterstellung sind die wesentlichen Elemente dieses Verlustgrundes. Deshalb bedarf es bei der Feststellung der Freiwilligkeit der Willensentscheidung einer sorgfältigen Prüfung (*Kneebone/O'Sullivan*, in: Zimmermann, The 1951 Convention relating to the Status of Refugees and its 1967 Protocol, 2011, Article 1 C Rn. 58, unter Hinweis auf *Hathaway*, The Law of Refugee Status, 1991, S. 192 ff.).

Handelt der Flüchtling nicht freiwillig, erlischt der Flüchtlingsstatus nicht. Wird der 8 Flüchtling von einer Behörde des Aufnahmestaates angewiesen, gegen seinen Willen eine Handlung vorzunehmen, die als erneute Inanspruchnahme des Schutzes des Staates seiner Staatsangehörigkeit ausgelegt werden kann, findet Nr. 1 keine Anwendung (*UNHCR*, Handbuch über Verfahren und Kriterien zur Feststellung der Flüchtlingseigenschaft, 1979, Rn. 120). Nach der Rechtsprechung setzt die freiwillige Unterschutzstellung die Annahme eines »Vorteils« durch den Heimatstaat voraus, insbesondere in Form der Passerlangung oder -verlängerung, ferner die (subjektive) Freiwilligkeit dieser Annahme und darüber hinaus, dass die Vornahme der Handlung objektiv als eine solche Unterschutzstellung zu werten ist (BVerwGE 89, 231, 235 f. = EZAR 211 Nr. 3 = NVwZ 1992, 679; VGH BW, NVwZ-Beil. 1999, 108, 109 = AuAS 1999, 213; *Funke-Kaiser,* in: GK-AsylG, II, § 72 Rn. 16; *Hailbronner,* AuslR B 2 § 72 AsylG Rn. 9). Art. 1 C Nr. 1 GFK hat keinen Strafcharakter und darf nicht gegen Flüchtlinge angewandt werden, deren begründete Verfolgungsfurcht fortbesteht (*Kneebone/O'Sullivan,* in: Zimmermann, The 1951 Convention relating to the Status of Refugees and its 1967 Protocol, 2011, Article 1 C Rn. 58, unter Hinweis auf *Grahl-Madsen,* The Status of Refugees in International Law, Bd. 1, 1966, S. 391).

9 Der Flüchtling muss durch seine Handlungen zum Ausdruck bringen, dass er sich durch diese erneut dem Schutz seines Herkunftslands unterstellen will. Die bloße Inanspruchnahme einer Dienstleistung der Auslandsvertretung des Heimatstaates zur Überwindung bürokratischer Hindernisse für Amtshandlungen von Behörden des Aufnahmestaates erfüllt nicht den Tatbestand des Verlustgrundes. Deshalb scheiden die üblichen, rein technischen Formen der Kontaktaufnahme, wie z.B. Anfragen nach Schulzeugnissen oder beruflichen Nachweisen, Identitäts- und anderen Personaldokumenten als Anzeichen auf eine beabsichtigte Schutzunterstellung aus, weil diese durch bloße Notwendigkeiten, nicht aber vom Wunsch auf Wiedererlangung des Schutzes beeinflusst werden (Rdn. 3 f.). Lediglich *Routinekontakte* zur Vertretung des Herkunftslandes, um bestimmte Nachweise zu personenstandsrechtlichen oder Ausbildungszwecken zu erlangen, bedeuten keine Schutzunterstellung (*Hathaway,* The Law of Refugee Status, 1991, S. 193).

10 Der Rechtsverlust tritt nicht bei der Erwirkung von Amtshandlungen einer Auslandsvertretung des Herkunftslandes ein, die sich in einem einmaligen, für die Beziehung zu diesem Land unerheblichen Vorgang erschöpfen. *Vorübergehende, rein »technische Kontakte«* zu derartigen Stellen ändern nichts an der fortbestehenden Schutzbedürftigkeit des Flüchtlings, der sich in Wahrheit dem Herkunftsland nicht wieder zugewandt hat (BVerwGE 89, 231, 237 = EZAR 211 Nr. 3 = NVwZ 1992, 679; *Funke-Kaiser,* in: GK-AsylG, II, § 72 Rn. 23; *Hailbronner,* AuslR B 2 § 72 AsylG Rn. 12). Diese Kontakte können durch Umstände, auf die der Flüchtling keinen Einfluss hat, erforderlich werden. So kann er z.B. gezwungen sein, die *Scheidung* in seinem Herkunftsland zu betreiben, da andernfalls die Scheidung international nicht anerkannt wird. Eine derartige Handlung kann nicht als »freiwillige Wiederinanspruchnahme des Schutzes« angesehen werden und bewirken, dass der Flüchtlingsstatus erlischt (*UNHCR,* Handbuch über Verfahren und Kriterien zur Feststellung der Flüchtlingseigenschaft, 1979, Rn. 110). Der Flüchtlingsstatus erlischt vielmehr erst dann, wenn der Flüchtling die rechtlichen Beziehungen zu seinem Heimatstaat dauerhaft wiederherstellt: Entzogen wird der gewährte Rechtsstatus jenen Flüchtlingen, die sich den diplomatischen Schutz gleichsam »auf Vorrat« sichern, ohne dass die Erledigung bestimmter administrativer Angelegenheiten sie hierzu nötigt, oder jenen, die sich selbst »ohne Not« wieder in dessen schützende Hand begeben (BVerwGE 89, 231, 237 = EZAR 211 Nr. 3 = NVwZ 1992, 679). Viele Flüchtlinge suchen die Auslandsvertretung aus administrativer Notwendigkeit auf, ohne damit zugleich

politische Loyalität und Vertrauen gegenüber dem Herkunftsland zum Ausdruck zu bringen (*Hathaway*, The Law of Refugee Status, 1991, S. 192).

Typisches und in Nr. 1 besonders angeführtes Beispiel für die Schutzunterstellung ist die Passbeantragung bei der diplomatischen Vertretung des Herkunftslandes. Umstritten ist, ob der Tatsache der *Passbeantragung* eine Indizwirkung auf die Schutzunterstellung zukommt. Nach UNHCR begründet diese Umstand zwar eine derartige Indizwirkung, gegen die der Flüchtling allerdings Beweise vorbringen kann, welche die Annahme der Freiwilligkeit widerlegen (*UNHCR*, Handbuch über Verfahren und Kriterien zur Feststellung der Flüchtlingseigenschaft, 1979, Rn. 121; *Hailbronner*, AuslR B 2 § 72 AsylG Rn. 8). Diese Position findet Unterstützung in der Literatur, wonach die Beantragung und Ausstellung des Passes oder die Verlängerung der Geltungsdauer bei Fehlen gegenteiliger Anhaltspunkte eine Vermutung begründen, dass kein weiterer Flüchtlingsschutz mehr benötigt wird. Verstärkt werde diese Vermutung durch den Gebrauch des Passes insbesondere zur Einreise in sein Herkunftsland (*Goodwin-Gill/Jane McAdam*, The Refugee in International Law, 3. Aufl., 2007, S. 136) Auch die Rechtsprechung weist der freiwilligen Annahme eines nationalen Passes eine Indizwirkung zu, dass sich der Betroffene damit erneut dem Schutz seines Heimatstaates unterstellen will. Die für die Freiwilligkeit der Passannahme sprechende *Regelvermutung* kann aber durch konkretes Sachvorbringen widerlegt werden (VGH BW, NVwZ-Beil. 1999, 108, 109 = AuAS 1999, 213). 11

Die Gegenmeinung kritisiert diese Position als zu formal. Der Flüchtling habe selten Furcht davor, vom Personal der Auslandsvertretung verfolgt zu werden. Vielmehr sei stets zu prüfen, ob er ungeachtet der Passbeantragung weiterhin Verfolgung für den Fall der Rückkehr ins Herkunftsland befürchte. Zu viele Flüchtlinge erneuerten ihre nationalen Reisedokumente als Routineangelegenheit, ohne dabei die rechtlichen Konsequenzen dieser Handlung zu bedenken (*Hathaway*, The Law of Refugee Status, 1991, S. 192) Auch stünden der Regelvermutung allgemein anerkannte Grundsätze entgegen, wonach die Behörde die Beweislast für die Anwendung eines Verlustgrundes trage (*Kneebone/O'Sullivan*, in: Zimmermann, The 1951 Convention relating to the Status of Refugees and its 1967 Protocol, 2011, Article 1 C Rn. 56). Der Gegenmeinung ist bereits aus verfahrensrechtlichen Gründen der Vorzug zu geben, da für den Verlust eines Status die Behörde die *Beweislast* trägt. Angesichts der Vielschichtigkeit möglicher Motive für die Passbeantragung und vielfältiger administrativer Zwänge sind widerlegbare Vermutungsregeln nicht sachgerecht. Sie erschweren eine sorgfältige Aufklärung der Situation des Flüchtlings hinsichtlich der Freiwilligkeit wie auch der verfolgten Absichten. Freiwilligkeit kann insbesondere nicht unterstellt werden, wenn die Passverlängerung eigenmächtig durch die Heimatbehörde vorgenommen wurde (Hess. VGH, AuAS 1994, 201). Vielmehr wird vorausgesetzt, dass mit der Inanspruchnahme der Dienste des Herkunftslandes die Absicht des Flüchtlings verbunden ist, dass dieser seine Interessen im Ausland schützt und er dadurch einen erheblichen Vorteil erhält. Erst hiermit gibt er zu erkennen, dass er keine Verfolgungsfurcht mehr vor seinem Heimatstaat hegt. Erforderlich ist jedoch ein eigener Willensentschluss, ohne dass Umstände dazu zwingen, die im konkreten Fall einer begründeten 12

Furcht vor Verfolgung vergleichbar sind (BT-Drucks. 9/875, S. 18; so schon BGH, DVBl 1966, 113; OLG Köln, RzW 1964, 469).

13 Die Einreise mit dem internationalen Reiseausweis in den Herkunftsstaat führt nicht automatisch zum Erlöschen des gewährten Status. Allerdings werden *mehrmalige Einreisen und Aufenthalte im Herkunftsstaat* unter Benutzung des internationalen Reiseausweises Anlass geben, ein behördliches Prüfungsverfahren zur Feststellung der Voraussetzungen nach Nr. 1a durchzuführen. Die Einreise in das Herkunftsland mit einem nationalen Reiseausweis, der bereits im Zeitpunkt der Einreise zum Zwecke des Asylersuchens im Besitz des Antragstellers war, unterfällt nach der Rechtsprechung dem Begriff der »sonstigen Handlungen« VG Gießen, InfAuslR 2001, 243, 244; Rdn. 19).

14 Bei der Prüfung ist zwischen *Asylsuchenden* und anerkannten Flüchtlingen zu differenzieren. Asylsuchende erhalten zunächst keinen Reiseausweis und werden häufig gezwungen, die Verlängerung der Geltungsdauer des Reiseausweises bei der konsularischen Vertretung zu beantragen. Hier kann von vornherein keine Freiwilligkeit oder ein Wille auf Schutzunterstellung angenommen werden. Hingegen erhalten anerkannte Flüchtlinge einen internationalen Reiseausweis nach Art. 28 GFK (vgl. auch Art. 25 Abs. 1 RL 2011/95/EU), der ihnen einen gesicherten internationalen Rechtsstatus und im Einzelnen aufgeführte Rechte in ihrem gewöhnlichen Aufnahmeland, aber auch auf Reisen in andere Länder sichert (BVerfGE 52, 391, 403 = EZAR 150 Nr. 1 = JZ 1980, 24 = NJW 1980, 516 = DVBl 1980, 447 = BayVBl. 1980, 79). Aber auch hier können Notwendigkeiten, etwa eine beabsichtigte Eheschließung oder eine Einreise in das Herkunftsland zwecks Unterstützung eines engen Verwandten bei der Flucht, zur Beantragung eines nationalen Passes zwingen. Anders als bei Asylsuchenden darf zwar insoweit ein strengerer Maßstab angelegt werden. Im einen wie im anderen Fall ist aber die Aufstellung einer Vermutungswirkung nicht gerechtfertigt.

II. Wirksame Schutzgewährung

15 Liegen die Voraussetzungen der Schutzunterstellung vor, wird dem Flüchtling aber der Schutz tatsächlich nicht gewährt, findet der Erlöschensgrund keine Anwendung (*UNHCR*, Note on the Cessation Clauses v. 30 Mai 1997 – EC/47/SC/CRP.30, S. 1; Kommissionsentwurf, KOM[2001]510 v. 12.09.2001, S. 27). Der häufigste Fall der erneuten Schutzunterstellung ist der, dass ein Flüchtling beabsichtigt, in das Land seiner Staatsangehörigkeit zurückzukehren. Durch den bloßen Antrag auf Repatriierung hört er jedoch nicht auf, Flüchtling zu sein. Während die Schutzunterstellung eine freiwillige Handlung des Flüchtlings voraussetzt, wird dadurch die überragende Voraussetzung des Verlustgrundes, dass er dadurch tatsächlich wirksamen Schutz durch die Behörden seines Herkunftslandes erhalten haben muss, nicht beseitigt. Art. 1 C Nr. 1 GFK erfordert einen *objektiven Test* und erfordert die Prüfung, ob unabhängig von den Motiven des Flüchtlings die Verfolgung fortbesteht (*Kneebone/O'Sullivan*, in: Zimmermann, The 1951 Convention relating to the Status of Refugees and its 1967 Protocol, 2011, Article 1 C Rn. 51, unter Hinweis auf *Grahl-Madsen*, The Status of Refugees in International Law, Bd. 1, 1966, S. 379, 391). Auch das BVerwG setzt

voraus, dass der Flüchtling den Schutz des Staates der Staatsangehörigkeit tatsächlich erlangt haben muss. Allein der freiwillige Entschluss zur Kontaktaufnahme mit dem Heimatstaat reicht danach nicht aus. Vielmehr muss durch die Kontaktaufnahme eine dauerhafte Rechtsbeziehung zum Heimatstaat wiederhergestellt werden. Ob nach diesen Grundsätzen der Flüchtling nicht mehr unfähig oder unwillig ist, sich dem Schutz des Staates seiner Staatsangehörigkeit zu unterstellen, ist nach einem objektiven Maßstab zu bewerten (BVerwGE 89, 231, 239 = EZAR 211 Nr. 3 = NVwZ 1992, 679).

Zusätzlich ist zu prüfen, ob der dem Flüchtling ausgestellte Pass tatsächlich zur Inanspruchnahme der vollen Rechte, die aus der Staatsangehörigkeit folgen, berechtigt, z.B., ob er damit berechtigt ist, frei in sein Herkunftsland ein- und auszureisen (*Goodwin-Gill/McAdam*, The Refugee in International Law, 3. Aufl., 2007, S. 137). Die Ausstellung des Passes hat nicht automatisch die Schutzgewährung durch das Herkunftsland zur Folge. Wie die Entstehungsgeschichte der Konvention verdeutlicht, vertrat die Mehrzahl der Delegierten die Auffassung, dass nicht allein die Freiwilligkeit der Schutzunterstellung ausreicht, sondern der Schutz auch tatsächlich gewährt worden sein muss. *Freiwilligkeit, Schutzwille* und *effektive Schutzgewährung* sind *konzeptionelle Bestandteile* des *Verlustgrundes.* Ihre Funktion besteht darin, zu vermeiden, dass der Flüchtling erneuter Verfolgung ausgesetzt wird (*Hathaway*, The Law of Refugee Status, 1991, S. 192). Unklar ist die Position von UNHCR in diesem Zusammenhang. Danach mag ein Flüchtling freiwillig den Pass seines Herkunftslandes erworben haben, weil er die Absicht hatte, entweder freiwillig in sein Land zurückzukehren oder den Schutz des Herkunftslandes in Anspruch zu nehmen, jedoch weiterhin außerhalb dieses Landes zu bleiben. Mit dem Erhalt eines solchen Dokumentes höre er normalerweise auf, ein Flüchtling zu sein. Gebe er im Folgenden jede der beiden erwähnten Absichten auf, müsse die Flüchtlingseigenschaft erneut festgestellt werden und der Flüchtling darlegen, dass keine grundlegende Änderung der Verhältnisse, die ihn ursprünglich zum Flüchtling gemacht hatten, eingetreten ist (*UNHCR,* Handbuch über Verfahren und Kriterien zur Feststellung der Flüchtlingseigenschaft, 1979, Rn. 123). Bevor eine derartige Prüfung erforderlich wird, ist jedoch zunächst zu prüfen, ob überhaupt wirksamer Schutz gewährt wurde. Ist dies nicht der Fall, bedarf es keiner erneuten Prüfung der Verfolgungsgefahr. 16

Der Verlustgrund beruht auf der Annahme, dass der Flüchtling mit der erneuten Schutzunterstellung zu erkennen gibt, dass er aus seiner Sicht keine begründete Furcht vor Verfolgung mehr hegt. Das kann jedoch auf einem Irrtum beruhen. Freiwilligkeit, Schutzwille und effektive Schutzgewährung sind miteinander zusammenhängende konzeptionelle Bestandteile des Verlustgrundes (Rdn. 16) und haben die Funktion, zu vermeiden, dass der Flüchtling erneuter Verfolgung ausgesetzt wird. Besteht daher die Verfolgungsgefahr fort, ist es unerheblich, dass der Flüchtling bei der Schutzunterstellung irrtümlich die Vorstellung hegte, er sei sicher vor Verfolgung. Nach UNHCR muss in derartigen Fällen die Verfolgungsgefahr nicht notwendigerweise entfallen, jedoch müsse die Flüchtlingseigenschaft erneut festgestellt werden. Es sei aber lediglich darzulegen, dass keine grundlegende Änderung der Verhältnisse, welche für die Statusgewährung ursächlich gewesen seien, eingetreten sei (*UNHCR,* Handbuch über Verfahren und Kriterien zur Feststellung der Flüchtlingseigenschaft, 1979, Rn. 123). 17

Das BVerwG macht die dauerhafte Wiederherstellung der rechtlichen Beziehungen zum Heimatstaat zur Voraussetzung, geht damit im Ergebnis davon aus, dass der (objektive) Wegfall der Verfolgungsgefahr maßgebend ist. Die dauerhafte Wiederherstellung rechtlicher Bindungen zum Herkunftsstaat kommt in der Sache dem Wegfall der Verfolgungsgefahr gleich. Um das Erfordernis dauerhafter Bindungen zu bejahen, bedarf es zuallererst der Prüfung, ob die Verfolgungsgefahr entfallen ist. Allein der freiwillige Entschluss zur Kontaktaufnahme mit Behörden des Herkunftslandes genüge nicht, um einen Wegfall der Verfolgungsgefahr zu unterstellen. Vielmehr müsse durch die Kontaktaufnahme eine dauerhafte Rechtsbeziehung zum Heimatstaat wiederhergestellt werden. Dies sei ein gewichtiges Indiz dafür, dass dem Flüchtling keine Verfolgung mehr drohe (BVerwGE 89, 231, 239 = EZAR 211 Nr. 3 = NVwZ 1992, 679).

18 Nach Nr. 1 und Art. 11 Abs. 1 Buchst. a) RL 2011/95/EU und Art. 1 C Nr. 1 GFK muss der Flüchtling sich unter Berufung auf die Staatsangehörigkeit, die er *»besitzt«* durch irgendeine eindeutige Handlung erneut freiwillig dem Schutz des Herkunftslandes unterstellen. Wurde der Flüchtling nach der Ausreise aus seinem Herkunftsland ausgebürgert oder war er bereits im Zeitpunkt seiner Ausreise aus dem Land, in dem er seinen gewöhnlichen Aufenthaltsort hatte, staatenlos, kann Art. 11 Abs. 1 Buchst. a) RL 2004/83/EG auf ihn keine Anwendung finden. Dieser Erlöschenstatbestand kann daher auf *staatenlose Asylberechtigte* oder *staatenlose Flüchtlinge* keine Anwendung finden (VGH BW, AuAS 1997, 240; *Funke-Kaiser,* in: GK-AsylG, II, § 72 Rn. 11). Durch die Gewährung des Flüchtlingsstatus wird der Flüchtling nicht staatenlos. Dies ist – unabhängig von der Gewährung der Rechtsstellung – nur der Fall, wenn er durch den Staat seiner Staatsangehörigkeit ausgebürgert wird. Die *Ausbürgerung* selbst kann zwar Ausdruck einer an Verfolgungsgründe anknüpfenden Verfolgung sein (BVerwG, Buchholz 402. 25 § 1 AsylG Nr. 30; BVerwG, InfAuslR 1986, 76; § 3b Rdn. 12). Der Flucht folgt jedoch nicht stets und automatisch die Ausbürgerung nach. Von dieser Staatenpraxis gehen Art. 11 Abs. 1 Buchst. a) RL 2011/95/EU und Art. 1 C Nr. 1 GFK aus. Der Erlöschenstatbestand findet deshalb weder auf diejenigen Flüchtlinge Anwendung, die bereits als Staatenlose einreisen, noch auf jene, denen nachträglich die Staatsangehörigkeit entzogen wird (VGH BW, AuAS 1997, 240 = InfAuslR 1997, 223).

C. Niederlassung im Herkunftsland (Abs. 1 Nr. 1a)

19 Die Statusberechtigung erlischt nach Nr. 1a, wenn der Flüchtling freiwillig in das Land, das er aus Furcht vor Verfolgung verlassen hat oder außerhalb dessen er sich befindet, zurückgekehrt ist und sich dort niedergelassen hat. Dieser Verlustgrund beruht auf Art. 1 C Nr. 4 GFK sowie Art. 11 Abs. 1 Buchst. d) RL 2011/95/EU und erfasst sowohl Personen, die im Besitz einer Staatsangehörigkeit sind, wie auch staatenlose Flüchtlinge. Die Klausel betrifft Flüchtlinge, die in ihr Herkunftsland oder das Land ihres früheren gewöhnlichen Aufenthaltes zurückgekehrt sind und nicht bereits im Aufnahmestaat aufgrund der anderen Beendigungsklauseln ihre Flüchtlingseigenschaft verloren haben (*UNHCR,* Handbuch über Verfahren und Kriterien zur Feststellung der Flüchtlingseigenschaft, 1979, Rn. 133). Der Verlustgrund bezieht sich seinem eindeutigen Wortlaut nach nur auf das Erlöschen eines bereits gewährten

Rechtsstatus (BVerwGE 78, 152, 154 f. = EZAR 202 Nr. 11 = InfAuslR 1988, 19 = NVwZ 1988, 160; BVerwG, EZAR 112 Nr. 5 = InfAuslR 1988, 317; OVG NW, Urt. v. 01.10.1984 – 20 A 10123/83; VG Köln, NVwZ 1983, 498). Die Rückkehr und erneute Begründung eines dauerhaften Aufenthaltes in dem Staat, in Bezug auf den früher begründete Furcht vor Verfolgung gehegt worden war, ist das wohl eindeutigste Anzeichen dafür, dass ein Flüchtling dort keine Furcht vor Verfolgung mehr hat. Hiermit bringt er auf unmissverständliche Weise seine Bereitschaft zum Ausdruck, auf die Schutzbereitschaft seines Herkunftslandes zu vertrauen (*Hathaway*, The Law of Refugee Status, 1991, S. 197).

Der ursprüngliche Entwurf der Konvention stellte lediglich auf die Rückkehr des Flüchtlings ab. Der Ad-hoc-Ausschuss lehnte diesen Vorschlag jedoch ab, weil nicht nur freiwillige Rückkehrer, sondern auch gegen ihren Willen zurückgebrachte Flüchtlinge erfasst worden wären (Hinweise bei *Hathaway*, The Law of Refugee Status, 1991, S. 197 f.). Deshalb wurde das Erfordernis der subjektiven Freiwilligkeit der Rückkehr und das der objektiven Niederlassung eingefügt, um sicherzustellen, dass nur Personen ihren Flüchtlingsstatus verlieren, die sich aus freiem Willensentschluss erneut in ihrem Herkunftsland niedergelassen haben. Dementsprechend sind die Anforderungen an die Feststellung der Freiwilligkeit der Niederlassung sehr hoch: Die bloße Rückkehr in das Herkunftsland reicht nicht aus. Vielmehr muss sich aus den Gesamtumständen der Rückreise und des Aufenthaltes im Herkunftsland ergeben, dass der Flüchtling nach seiner Ankunft nicht die Absicht hat, in sein Aufnahmeland zurückzukehren (*Goodwin-Gill/McAdam*, The Refugee in International Law, 3. Aufl., 2007, S. 138; *Kneebone/O'Sullivan*, in: Zimmermann, The 1951 Convention relating to the Status of Refugees and its 1967 Protocol, 2011, Article 1 C Rn. 65 ff.; Kommissionsentwurf, KOM[2001]510 v. 12.09.2001, S. 28; zur Niederlassung Satz auch § 3e Abs. 1 Nr. 2; § 3e Rdn. 13 ff.). Bleibt unmittelbar nach der Rückkehr noch offen, ob eine derartige Absicht besteht, kann erst aufgrund der Umstände der folgenden Zeit beurteilt werden, ob der freiwilligen Rückkehr die dauerhafte Niederlassung folgt und nicht mehr die Absicht besteht, in das Aufnahmeland zurückzukehren. Nur unter diesen Umständen bewirken Rückkehr und Niederlassung ein Ende des Flüchtlingsstatus, weil der Betreffende sich dann nicht mehr mit guten Gründen darauf berufen kann, im Herkunftsland Furcht vor Verfolgung zu hegen (*Kneebone/ O'Sullivan*, in: Zimmermann, The 1951 Convention relating to the Status of Refugees and its 1967 Protocol, 2011, Article 1 C Rn. 74, *Grahl-Madsen*, The Status of Refugees in International Law, Bd. 1, 1966, S. 378). 20

Die *dauerhafte Rückkehr* in das Herkunftsland rechtfertigt regelmäßig den Schluss auf den *Wegfall der Verfolgungsgefahr* (BVerwGE 112, 80, 87 = NVwZ 2001, 335, 336 = InfAuslR 2001, 532 = EZAR 214 Nr. 13; VGH BW, EZAR 214 Nr. 1; BayVGH, Beschl. v. 11.09.1962 – Nr. 87 VIII 62; VG Hamburg, InfAuslR 1980, 131; VG Gießen, NVwZ-Beil. 2000, 29). Ob die Rückkehr des Flüchtlings ins Herkunftsland als dauerhaft angesehen werden kann, ist im konkreten Einzelfall anhand *objektiver Kriterien* zu prüfen. Regelmäßige Besuche im Herkunftsland über eine längere Zeitdauer stehen der Niederlassung insbesondere dann gleich, wenn Sozialleistungen und Einrichtungen in Anspruch genommen werden, die normalerweise Staatsangehörigen des Herkunftslandes vorbehalten sind (Kommissionsentwurf, 21

KOM[2001]510 v. 12.09.2001, S. 27). Beweiskräftiges Indiz für das Bekanntwerden der Rückkehr des Flüchtlings ist regelmäßig die dauerhafte Niederlassung oder die behördlich genehmigte Einreise in das Herkunftsland in Verbindung mit einer ungefährdeten Ein- und Ausreise über offizielle Grenzübergangsstellen (VGH BW, EZAR 214 Nr. 1; VG Gießen, NVwZ-Beil. 2000, 29, 30; VG Göttingen, InfAuslR 2000, 37, 38). Die Rückreise muss nach ihrer Dauer, ihrem Anlass, der Art der Einreise sowie dem Ort des Aufenthaltes im Herkunftsland Grund für die Annahme bietet, in ihr dokumentiere sich ein Fortfall der Verfolgungsfurcht (VG Düsseldorf, Urt. v. 22.03.2000 – 16 K 3261/99.A).

22 Umgekehrt reicht der *nur kurzfristige,* etwa zwei Monate dauernde Aufenthalt im Herkunftsland, wenn sich daraus nicht auf eine erhebliche nachträgliche Änderung der dortigen Verhältnisse schließen lässt, nicht aus (BVerwG, NVwZ 2001, 335, 336 = InfAuslR 2001, 532 = EZAR 214 Nr. 13; *Funke-Kaiser,* in: GK-AsylG, II, § 72 Rn. 25 f.; *Hailbronner,* AuslR B 2 § 72 AsylG Rn. 16). Die Rechtsprechung hatte schon sehr früh allein in der Tatsache der Rückkehr kein Indiz für den Wegfall der Furcht vor Verfolgung gesehen (BayVGH, Beschl. v. 11.09.1962 – Nr. 87 VIII 62; VG Hamburg, InfAuslR 1980, 131). Allerdings wurde in der Rückkehr ohne äußeren Zwang und in der Aufnahme einer Beschäftigung in einem Staatsbetrieb ein Grund erkannt, der auf einen Wegfall der Furcht vor Verfolgung schließen lässt, ungeachtet des inneren Vorbehalts des Flüchtlings, irgendwann in die Bundesrepublik zurückkehren zu wollen (BayVGH, Beschl. v. 11.09.1962 – Nr. 87 VIII 62). Für den Fall, dass die frühere Verfolgung vom Staat ausging, ist erforderlich, dass die *Rückkehr* des Flüchtlings den zuständigen Behörden des Herkunftslandes *bekannt geworden* sein muss und diese dennoch keine Maßnahmen gegen den Rückkehrer ergriffen haben (VGH BW, EZAR 214 Nr. 1; VG Gießen, NVwZ-Beil. 2000, 29, 30).

23 Bei dem aufgrund seiner Zugehörigkeit zu einer verfolgten Gruppe als verfolgt angesehenen Flüchtling muss ferner hinzukommen, dass er auch durch *nichtstaatliche Akteure* keine Bedrohungen und Gefahren mehr zu befürchten hat. Aus einer lediglich vorübergehenden Rückkehr in den Herkunftsstaat ergibt sich hingegen noch keine hinreichend zuverlässige Grundlage für die Feststellung, dass ihm keine Verfolgungsgefahr mehr droht. Bei einem Gruppenverfolgten oder von nichtstaatlichen Akteuren verfolgten Flüchtling ist deshalb die Kenntnis seines Aufenthaltes seitens der Behörden noch kein hinreichendes Indiz für den Wegfall der Furcht vor Verfolgung. Auch hier vermittelt erst die dauerhafte Niederlassung im Herkunftsland die Grundlage für die Prognose, dass die weitere Anwendung der Vermutung eigener Verfolgung aufgrund der Gruppenzugehörigkeit nicht mehr gerechtfertigt ist. Hieraus folgt, dass eine *schematisierende Anwendung* des Verlustgrundes den Sinn des Flüchtlingsschutzes *verfehlt.* Maßgebend für die Statusgewährung ist die begründete Furcht vor Verfolgung. Erforderlich ist, dass der Herkunftsstaat innerhalb des Gebietes, in das der Flüchtling einreist, wirksame Herrschaftsgewalt ausübt (BayVGH, InfAuslR 1998, 519; VG Magdeburg, InfAuslR 2000, 40, 43). Andernfalls fehlt es am Willen des Flüchtlings, sich erneut dem Schutz des Herkunftslandes zu unterstellen (*Hailbronner,* AuslR B 2 § 72 AsylG Rn. 15; *Wolff,* in: Hofmann/Hoffmann, AuslR. Handkommentar, § 72 AsylG Rn. 15).

Die auf Dauer ausgerichtete Niederlassung im Herkunftsland ist ein gewichtiges Indiz für den Wegfall dieser Furcht. Ergibt die Prüfung, dass den Behörden des Herkunftslandes die Niederlassung des Flüchtlings bekannt geworden ist und sie dies nicht zum Anlass für Verfolgungsmaßnahmen genommen haben, steht fest, dass der durch staatliche Behörden verfolgte Flüchtling des Schutzes nicht mehr bedarf. Er kann deshalb für seine Verfolgungsfurcht keine guten Gründe mehr vorbringen. Es muss deshalb sorgfältig untersucht werden, ob bei länger dauernden und häufigeren Aufenthalten im Herkunftsland zu Verwandtenbesuchen oder Geschäftszwecken auf eine Beendigung des Flüchtlingsstatus geschlossen werden kann. An irgendeinem Punkt schlagen derartige Besuche indes in eine dauerhafte Niederlassung um. Während ein gelegentlicher, nur nach Wochen bemessener Besuchsaufenthalt als solcher zu kurz ist, um daraus auf die dauerhafte Niederlassung zu schließen, wird ein regelmäßiger Aufenthalt im Herkunftsland Zweifel an einem fortdauernden Bedürfnis, Schutz im Ausland zu gewähren, aufkommen lassen. Unter solchen Umständen trägt der Flüchtling ausnahmsweise die *Beweislast* dafür, dass weiterhin kein wirksamer nationaler Schutz gegen Verfolgungen verfügbar ist (*Hathaway,* The Law of Refugee Status, 1991, S. 199). 24

Nr. 1a und Art. 11 Abs. 1 Buchst. d) RL 2004/83/EG verlangen in Anknüpfung an Art. 1 C Nr. 4 GFK, dass die Rückkehr in den Herkunftsstaat *freiwillig* erfolgen muss. Insoweit gelten die allgemeinen Grundsätze zur *Freiwilligkeit* (Rdn. 7 ff.). Weil die Klausel ausdrücklich Freiwilligkeit voraussetzt, ist es evident, dass allein der bloße Aufenthalt im Herkunftsland nicht automatisch zum Verlust des Status führt. Das Erfordernis der Freiwilligkeit ist deshalb im Sinne einer Rückkehr in das Herkunftsland zu verstehen, mit dem Ziel, dort dauernden Wohnsitz zu nehmen. Deshalb ist zwischen lediglich kurzfristigen und dauerhaften Aufenthalten zu differenzieren (Rdn. 22). Es wird also ein subjektives (Freiwilligkeit der Rückkehr) wie ein objektives Element (Niederlassung mit dauerhaften Charakter) vorausgesetzt (Rdn. 20). Wer lediglich das persönliche Sicherheitsrisiko im Herkunftsland überprüfen will, lässt sich nicht dauerhaft im Herkunftsland nieder (*Hathaway,* The Law of Refugee Status, 1991, S. 199). Die Anwendung des Verlustgrundes setzt deshalb eine freiwillige Rückkehr in dauerhafter Niederlassungsabsicht voraus. Reist der Flüchtling lediglich vorübergehend in sein Herkunftsland ein, ohne sich dort dauerhaft niederzulassen, und kehrt er anschließend in den Aufnahmestaat zurück, beendet dies nicht ipso facto den Flüchtlingsstatus (*Weis,* du droit international 1960, 928, 978; *Goodwin-Gill/McAdam,* The Refugee in International Law, 3. Aufl., 2007, S. 138). 25

Besucht ein Flüchtling sein Herkunftsland und bedient sich dabei nicht eines Passes dieses Landes, sondern verwendet er z.B. einen vom Aufnahmestaat ausgestellten Reiseausweis, kehrt er nicht mit der Absicht der Niederlassung zurück (*UNHCR,* Handbuch über Verfahren und Kriterien zur Feststellung der Flüchtlingseigenschaft, 1979, Rn. 134). Stets ist sorgfältig zu prüfen, ob der Flüchtling z.B. nur deshalb in sein Heimatland reisen wollte, um kranke Verwandte oder Freunde zu besuchen oder nahestehenden Personen bei der Flucht zu helfen. Derartigen Fallkonstellationen trägt Art. 1 C Nr. 4 dadurch Rechnung, dass die Flüchtlingseigenschaft erst dann erlischt, wenn der Flüchtling in das Herkunftsland »zurückgekehrt ist und sich dort niedergelassen hat« 26

(BVerwGE 89, 231, 237 = EZAR 211 Nr. 3 = NVwZ 1992, 679; Schweizerische Asylrekurskommission, EMARK 1996 Nr. 11; Schweizerische Asylrekurskommission, EMARK 1996 Nr. 12; VG Gießen, NVwZ-Beil. 2000, 29, 30; VG Düsseldorf, Urt. v. 22.03.2000 – 16 K 3261/99.A; *Hathaway*, The Law of Refugee Status, 1991, S. 198). Von vornherein fehlt es am Erfordernis der freiwilligen Rückkehr, wenn er durch Arglist oder Drohung – etwa mit Blick auf im Herkunftsland lebende nahe Angehörige – seitens der heimatlichen Regierung zur Rückkehr veranlasst oder durch Abschiebung dorthin verbracht wird (*Hathaway*, The Law of Refugee Status, 1991, S. 197 f.). Die in derartigen Fällen regelmäßig nach der Rückkehr erfolgende Festnahme oder Verhaftung belegt im Übrigen den Fortbestand der Verfolgungsgefahr. Wer daher nur kurzfristig in den Herkunftsstaat eingereist ist, sich etwa dort versteckt gehalten und auch im Übrigen hinreichende Vorkehrungen gegen ein behördliches Bekanntwerden seines Aufenthaltes getroffen hat, verliert nicht den gewährten Rechtsstatus. Aber auch, wenn der Flüchtling sich nicht vor dem befürchteten Zugriff der Behörden versteckt hält, lässt Art. 1 C Nr. 4 GFK die Beendigung des Flüchtlingsstatus erst zu, wenn er mit den heimatlichen Behörden freiwillig Kontakt aufgenommen hat (Schweizerische Asylrekurskommission, EMARK 1996 Nr. 9). Dabei kann die vorübergehende Rückkehr in ein Gebiet, das unter dem Schutz der Vereinten Nationen von lokalen Behörden verwaltet wird und dem Einflussbereich der Zentralregierung entzogen ist, nicht als Kontaktaufnahme mit den heimatlichen Behörden angesehen werden (Schweizerische Asylrekurskommission, EMARK 1996 Nr. 9, zu den Schutzzonen im Norden des Irak; VG Gießen, NVwZ-Beil. 2000, 29, 30; Satz auch BVerwG, NVwZ 2001, 335, 336 = InfAuslR 2001, 532 = EZAR 214 Nr. 13; VG Göttingen, InfAuslR 2000, 37, 389).

D. Wiedererlangung der früheren Staatsangehörigkeit (Abs. 1 Nr. 2)

27 Nach Nr. 2 erlischt die Statusberechtigung, wenn der Flüchtling nach dem Verlust seiner früheren Staatsangehörigkeit diese freiwillig wieder erlangt hat. Diese Regelung beruht auf Art. 1 C Nr. 2 GFK und Art. 11 Abs. 1 Buchst. b) RL 201/95/EU. Nach der Begründung des Vorschlags der Kommission zur Qualifikationsrichtlinie begründet die Wiedererlangung der früheren Staatsangehörigkeit *de iure* allein noch nicht die Anwendung der Beendigungsklausel. Vielmehr muss der Wiedererlangung ein freiwilliger Akt des Flüchtlings, der auf die Wiedererlangung der früheren Staatsangehörigkeit gerichtet ist, zugrunde liegen (Begründung des Kommissionsentwurfs, KOM[2001]510 v. 12.09.2001, S. 27). Der Verlustgrund kann daher nur eintreten, wenn der Flüchtling seine frühere Staatsangehörigkeit wegen seiner Flucht oder aus anderen Gründen verloren hat. In aller Regel behalten Flüchtlinge jedoch ihre Staatsangehörigkeit, sodass ein Verlustgrund nach Nr. 2 und Art. 11 Abs. 1 Buchst. b) RL 2011/95/EU rechtlich nicht eintreten kann. Auf *staatenlose Flüchtlinge* ist der Erlöschenstatbestand nicht anwendbar (VGH BW, InfAuslR 1997, 223, 224 = AuAS 1997, 240 (LS); *Hathaway*, The Law of Refugee Status, 1991, S. 197).

28 Nr. 2 regelt den Fall, dass der Flüchtling seine frühere Staatsangehörigkeit – zumeist die des Herkunftslandes – wieder erlangt und beruht auf der Annahme, dass damit die Gründe für die Verfolgungsfurcht nachträglich entfallen sind und aus diesem Grund

der internationale Schutz nicht mehr erforderlich ist. Der Wortlaut von Art. 1 C Nr. 2 GFK ist eindeutig. Die Staatsangehörigkeit, die der Flüchtling früher gehabt hat, muss wieder erworben werden. Hat er *mehrere Staatsangehörigkeiten* gehabt, musste er im Blick auf jeden Staat der Staatsangehörigkeit eine begründete Verfolgungsfurcht geltend machen (Art. 1 A Nr. 2 Abs. 2 GFK). Der Staat, von dem der Flüchtling nach Art. 1 C Nr. 2 GFK die Staatsangehörigkeit wiedererwirbt, kann nur der Staat sein, aus dem er wegen begründeter Furcht vor Verfolgung geflohen ist oder in den er aus diesen Gründen nicht zurück kehren konnte (*UNHCR*, Note on the Cessation Clause, 30.05.1997, Rn. 13). Von Nr. 2 abzugrenzen ist Nr. 3. Im Fall der Nr. 3 kann die auf den Staat der früheren Staatsangehörigkeit bezogene Verfolgungsfurcht noch fortbestehen und wird dies auch häufig der Fall sein. Die Schutzbedürftigkeit ist jedoch entfallen, weil nunmehr ein neuer Staat den Schutz des Flüchtlings durch Gewährung der Staatsangehörigkeit übernommen hat.

Der Neuerwerb der früheren Staatsangehörigkeit setzt wie im Rahmen der Nr. 1 einen 29 auf einem *freien Willensentschluss* (Rdn. 7 ff.) beruhenden Erwerbsakt voraus. Anders als lediglich die freiwillige Inanspruchnahme diplomatischen Schutzes nach Art. 1 C Nr. 1 GFK, die hinsichtlich der wirksamen Schutzgewährung häufig nicht eindeutig ist, begründet die erneute Entscheidung, die Staatsangehörigkeit des Staates, in dem die Verfolgung drohte, in Anspruch zu nehmen, durchgreifende Zweifel, ob weiterhin eine Schutzbedürftigkeit besteht. Weil die Staatsangehörigkeit im Allgemeinen als verbindendes Band zwischen dem Einzelnen und dem Staat verstanden wird, wird dem Flüchtling, der freiwillig die frühere Staatsangehörigkeit wieder erlangt, die *Beweislast* dafür auferlegt, dass er wegen fortbestehender oder neu eintretender Verfolgung nicht in Sicherheit in das Land seiner früheren und erneuten Staatsangehörigkeit zurückkehren kann.

Wird die Staatsangehörigkeit *kraft Gesetzes* z.B. wegen Eheschließung oder kraft eines 30 Erlasses gewährt, bedeutet dies nicht notwendigerweise, dass der Erwerb freiwillig ist, es sei denn, die Staatsangehörigkeit wird freiwillig oder stillschweigend angenommen. Niemand hört allein deshalb auf, ein Flüchtling zu sein, weil er die Wahl hat, seine frühere Staatsangehörigkeit erneut zu erwerben, es sei denn, er hat von dieser Möglichkeit auch tatsächlich Gebrauch gemacht (*UNHCR*, Handbuch über Verfahren und Kriterien zur Feststellung der Flüchtlingseigenschaft, 1979, Rn. 128). Es reicht nicht aus, dass der Flüchtling die frühere Staatsangehörigkeit hätte wieder erwerben können, wenn er diese tatsächlich nicht erworben hat (s. auch Art. 4 Abs. 3 Buchst. e, RL/2011/95/EU). Der überragende Zweck von Art. 1 C Nr. 2 GFK ist es, den Flüchtlingsstatus zu beenden, wenn aufgrund eines freiwilligen Erwerbsaktes tatsächlich wieder eine Normalisierung der Beziehungen zwischen Flüchtling und Herkunftsland eingetreten ist (*Hathaway*, The Law of Refugee Status, 1991, S. 196). Wird die frühere Staatsangehörigkeit kraft Gesetzes verliehen und hat der Flüchtling eine *Ausschlagungsoption*, wird die Nichtinanspruchnahme der Ausschlagungsoption als freiwilliger Erwerbsakt gewertet, wenn nachgewiesen werden kann, dass er in voller Kenntnis der Gesetzeslage von seiner Ausschlagungsoption keinen Gebrauch gemacht hat, es sei denn, es kann besondere Umstände geltend machen, wonach es tatsächlich nicht seine Absicht war, seine frühere Staatsangehörigkeit wieder zu erlangen (*UNHCR*,

Handbuch über Verfahren und Kriterien zur Feststellung der Flüchtlingseigenschaft, 1979, Rn. 128; *Hailbronner,* AuslR B 2 § 72 AsylG Rn. 23). Die Ausschlagungsoption muss aber tatsächlich bestanden haben. Im Hinblick auf die zeitlichen und örtlichen Voraussetzungen muss es für den Flüchtling auch möglich gewesen sein, die Option auszuschlagen. Nur unter diesen Voraussetzungen begründet die fehlende Ausschlagung eine Vermutung der Freiwilligkeit.

31 Der Nachweis der Wiedererlangung der früheren Staatsangehörigkeit ist zugleich Nachweis für die Wiedererlangung des Schutzes dieses Staates bzw. für die Normalisierung der Beziehung des Flüchtlings zu diesem Staat und führt deshalb zur Beendigung des Flüchtlingsstatus. Liegen die Voraussetzungen der Schutzunterstellung an sich vor, wird dem Flüchtling aber der Schutz tatsächlich nicht gewährt, findet der Erlöschensgrund keine Anwendung (*Hathaway,* The Law of Refugee Status, 1991, S. 197; Rdn. 15 ff.). Allein der Antrag auf Wiedererwerb der früheren Staatsangehörigkeit reicht für das Eintreten der Erlöschenswirkung nicht aus. Vielmehr setzt der Wortlaut von Nr. 2 voraus, dass der Flüchtling die frühere Staatsangehörigkeit »wiedererlangt hat«.

32 Hat ein Flüchtling seine Staatsangehörigkeit verloren und unternimmt er Bemühungen, diese wieder zu erlangen, findet der Erlöschenstatbestand nur Anwendung, wenn neben der Freiwilligkeit des Antrags auf Wiedererwerb die erlangte Staatsangehörigkeit effektiv ist. Allein die Wiedererlangung der Staatsangehörigkeit *de iure* führt nicht zur Anwendung der Erlöschensklausel. Der freiwillige Erwerbsakt muss vielmehr durch die *aktuelle Wiederbelebung der früheren Beziehungen* zwischen dem Flüchtling und seinem früheren Staat der Staatsangehörigkeit ergänzt werden (*UNHCR,* Note on the Cessation Clauses v. 30.05.1997, Rn. 13). Ferner muss die frühere Staatsangehörigkeit effektiv gewesen sein (Rdn. 15 ff.). Der aus der Staatsangehörigkeit fließende Schutz, der dem Flüchtling durch Entzug der Staatsangehörigkeit genommen wurde, muss wirksam und für den Flüchtling darüber hinaus auch verfügbar sein. Diese Voraussetzung ist insbesondere in den Fällen von Bedeutung, in denen die Verfolgung in Form der Entlassung aus der Staatsangehörigkeit erfolgte (*UNHCR,* Note on the Cessation Clauses v. 30.05.1997, Rn. 13).

E. Erwerb einer neuen Staatsangehörigkeit (Abs. 1 Nr. 3)

33 Nach Nr. 3 erlischt die Statusberechtigung, wenn der Flüchtling eine neue Staatsangehörigkeit erworben hat und den Schutz des Landes, dessen Staatsangehörigkeit er erworben hat, genießt. Nr. 3 beruht auf Art. 1 C Nr. 3 GFK und Art. 11 Abs. 1 Buchst. c) RL 2011/95/EU. Gewöhnlich erwirbt ein Flüchtling die Staatsangehörigkeit des Landes, in dem er seinen Wohnsitz hat. Nr. 3 ist daher auch auf die Einbürgerung im Bundesgebiet anwendbar (OVG NW, InfAuslR 2009, 366, 367; OVG Hamburg, NVwZ-RR 2013, 981; Hess. VGH, AuAS 2011, 271; VG Stuttgart, InfAuslR 2010, 470; *Hailbronner,* AuslR B 2 § 72 AsylG Rn. 9; a.A. *Bergmann,* in: Bergmann/Dienelt. AuslR, 11. Aufl., 2016, § 72 AsylG Rn. 24). In bestimmten Fällen kann jedoch ein Flüchtling die Staatsangehörigkeit eines anderen Staates erwerben. Erwirbt er diese Staatsangehörigkeit, endet sein Flüchtlingsstatus ebenfalls, vorausgesetzt, der Besitz

der neuen Staatsangehörigkeit beinhaltet auch den Schutz des betreffenden Landes (*UNHCR*, Handbuch über Verfahren und Kriterien zur Feststellung der Flüchtlingseigenschaft, 1979, Rn. 130). Auf Staatenlose ist dieser Verlustgrund anwendbar, weil auch staatenlose Flüchtlinge eine neue Staatsangehörigkeit erwerben können. Wie beim Wiedererwerb der früheren Staatsangehörigkeit beruht auch dieser Verlustgrund auf dem Grundsatz, dass eine Person, die den Schutz des Staates ihrer früheren oder neuen Staatsangehörigkeit genießt, nicht schutzbedürftig ist. Häufig wird bei Flüchtlingen, die nicht staatenlos sind, die frühere Staatsangehörigkeit noch bestehen. Hat der Flüchtling sich vor Erlangung einer neuen Staatsangehörigkeit bereits durch eine eindeutige und freiwillige Handlung erneut dem Schutz des Staates, dessen Staatsangehörigkeit er noch besitzt, unterstellt, ist der Flüchtlingsstatus bereits nach Nr. 1 und 2 erloschen. Der Erwerb einer weiteren Staatsangehörigkeit, etwa die des Aufnahmestaates, hat unter diesen Umständen keine flüchtlingsrechtlichen Folgen. Nach dem Staatsangehörigkeitsrecht des dritten Staates wird dem Betroffenen in diesem Fall jedoch häufig abverlangt werden, zunächst auf seine frühere Staatsangehörigkeit zu verzichten. Bei Flüchtlingen wird hingegen häufig Mehrstaatigkeit hingenommen (z.B. § 12 Abs. 1 Nr. 6 StAG), sodass der Flüchtling, der im Besitz der früheren Staatsangehörigkeit ist, eine weitere, zumeist die des Aufnahmestaates erwirbt.

Der Wortlaut von Nr. 3 enthält wie Art. 11 Abs. 1 Buchst. c) RL 2011/95/EU anders 34
als die vorhergehenden Erlöschenstatbestände keinen Hinweis auf die Freiwilligkeit des Antrags auf Erwerb der neuen Staatsangehörigkeit. Auch die Kommentarliteratur stellt bei diesem Erlöschensgrund nicht auf die Freiwilligkeit des Erwerbsaktes ab. Art. 1 C Nr. umfasse sowohl den *freiwilligen* wie den *unfreiwilligen Erwerbsakt* wie auch den automatischen Erwerb einer Staatsangehörigkeit (*Goodwin-Gill/McAdam*, The Refugee in International Law, 3. Aufl., 2007, S. 138; *Kneebone/O'Sullivan*, in: Zimmermann, The 1951 Convention relating to the Status of Refugees and its 1967 Protocol, 2011, Article 1 C Rn. 65 ff.). In der Regel erfolgt der Erwerb einer neuen Staatsangehörigkeit aber durch Einbürgerung, sodass dem staatsangehörigkeitsrechtlichen Erwerbsakt ein freiwilliger Willensentschluss zugrunde liegt. Bei anderen Erwerbstatbeständen ist eher zu prüfen, ob durch die erworbene Staatsangehörigkeit wirksamer Schutz vermittelt wird (Rdn. 15 ff.). Im deutschen Recht kommt das Erfordernis der Freiwilligkeit im Antragserfordernis nach Nr. 3 zum Ausdruck. Voraussetzung für das Eingreifen des Erlöschenstatbestandes ist eine formelle Antragstellung. Eine antragslose Einbürgerung durch dritte Staaten ist kaum vorstellbar, es sei denn, durch Eheschließung mit einem Staatsangehörigen des Drittstaates wird automatisch die Staatsangehörigkeit dieses Staates verliehen. Einverständnis oder Zustimmung zu einem sonstigen Staatsangehörigkeitserwerb ist nach deutschem Recht mithin nicht ausreichend, sodass etwa eine Zwangseinbürgerung oder der Staatsangehörigkeitserwerb kraft Gesetzes unerheblich ist. Zwar fehlt in Art. 11 Abs. 1 Buchst. c) RL 2011/95/EU das Antragserfordernis. Die Mitgliedstaaten dürfen günstigere Normen jedoch beibehalten (Art. 3 RL 2011/95/EU). Eine zwingende dieser Besserstellung entgegenstehende Regelung kann der Richtlinie nicht entnommen werden.

Nach dem eindeutigen Wortlaut von Nr. 3 und Art. 1 C Nr. 3 GFK sowie Art. 11 Abs. 1 35
Buchst. c) RL 2011/95/EU muss mit dem Erwerb der neuen Staatsangehörigkeit eine

effektive Schutzgewährung durch den Staat der Staatsangehörigkeit verbunden sein. Der Verlustgrund setzt voraus, dass der Besitz der neuen Staatsangehörigkeit auch den Schutz des betreffenden Landes beinhaltet (*UNHCR*, Handbuch über Verfahren und Kriterien zur Feststellung der Flüchtlingseigenschaft, 1979, Rn. 130; Rdn. 15 ff.). Allein der Erwerb der Staatsangehörigkeit *de iure* begründet noch nicht die Anwendung des Verlustgrundes. Vielmehr muss der Schutz durch das Land der neuen Staatsangehörigkeit auch gewährleistet sein. Diese Einschränkung folgt aus den Worten »und den Schutz des Landes, dessen Staatsangehörigkeit er erworben hat, genießt« (Kommissionsentwurf, KOM[2001]510 v. 12.09.2001, S. 279). Der effektive Schutz der Staatsangehörigkeit setzt mehr als die bloße Abwesenheit von Furcht vor Verfolgung voraus. Vielmehr müssen die mit der Staatsangehörigkeit verbundenen grundlegenden Rechte, insbesondere das Recht auf Rückkehr und Aufenthalt im Staat der Staatsangehörigkeit, gewährleistet sein (*Goodwin-Gill*/McAdam, The Refugee in International Law, 3. Aufl., 2007, S. 138; *Kneebone*/*O'Sullivan*, in: Zimmermann, The 1951 Convention relating to the Status of Refugees and its 1967 Protocol, 2011, Article 1 C Rn. 65 ff.).

36 In der Begründung des Vorschlags der Kommission wird unter Bezugnahme auf das Handbuch von UNHCR darauf hingewiesen, dass je nach den Umständen der flüchtlingsrechtliche Schutzstatus wieder aufleben kann, wenn dieser aufgrund des Erwerbs einer neuen Staatsangehörigkeit beendet wurde und anschließend die neu erworbene Staatsangehörigkeit verloren geht (Kommissionsentwurf, KOM[2001]510 v. 12.09.2001, S. 27; *UNHCR*, Handbuch über Verfahren und Kriterien zur Feststellung der Flüchtlingseigenschaft, 1979, Rn. 132). Auf Personen, die ihre neu erworbene Staatsangehörigkeit wieder verlieren, zielt die Beendigungsklausel nicht, solange die für die Statusgewährung maßgebenden Gründe fortbestehen (*Weis*, du droit international 1960, 928, 976). Nach der Begründung der Richtlinie wie auch dem Handbuch von UNHCR kommt es in derartigen Fällen auf die Umstände, die zum Verlust der Staatsangehörigkeit führten, für die Entscheidung der Frage an, ob der Flüchtlingsstatus wieder auflebt. Unter diesen Voraussetzungen bedarf es damit keiner erneuten asylrechtlichen Schutzbeantragung, sondern lediglich der Darlegung der Gründe, die zum Verlust der Staatsangehörigkeit geführt haben. Davon zu unterscheiden ist der Fall, dass der Flüchtling nachträglich begründete Furcht vor Verfolgung in Bezug auf das Land der jetzigen Staatsangehörigkeit geltend macht. Dies stellt eine gänzlich neue Situation dar, sodass die Frage der Rechtsstellung als Flüchtling im Blick auf das Land der jetzigen Staatsangehörigkeit neu beantwortet werden muss (*UNHCR*, Handbuch über Verfahren und Kriterien zur Feststellung der Flüchtlingseigenschaft, 1979, Rn. 131; *UNHCR*, Note on the Cessation Clauses v. 30 Mai 1997, Rn. 18).

37 Hiervon wiederum abzugrenzen ist der Fall, dass zwar eine neue Staatsangehörigkeit erworben wird, der Flüchtling bezogen auf diesen Staat jedoch von vornherein begründete Furcht vor Verfolgung hegt. Der für die Anwendung von Art. 1 C Nr. 3 GFK erforderliche »wirksame Schutz« umfasst insbesondere das Fehlen einer begründeten Furcht vor Verfolgung (*Kneebone*/*O'Sullivan*, in: Zimmermann, The 1951 Convention relating to the Status of Refugees and its 1967 Protocol, 2011, Article 1 C

Rn. 67, unter Hinweis auf *Grahl-Madsen*, The Status of Refugees in International Law, Bd. 1, 1966, S. 396). Deshalb sind in derartigen Fällen die Voraussetzungen des Verlustgrundes von vornherein nicht erfüllt. Auch UNHCR verweist den Betroffenen nur dann auf ein neues Asylbegehren, wenn nach dem Erwerb der neuen Staatsangehörigkeit begründete Furcht vor Verfolgung geltend gemacht wird. Es ist kaum vorstellbar, dass ein derartiger Fall bei einem auf einem vorhergehenden Einbürgerungsbegehren beruhenden Erwerbsakt eintreten kann. Denn ein Flüchtling wird kaum die Staatsangehörigkeit eines Staates von sich aus freiwillig anstreben, durch den oder in dem er von vornherein Verfolgung befürchtet. Vielmehr können derartige Fallgestaltungen wohl nur beim automatischen Erwerb der Staatsangehörigkeit auftreten, bei dem es auf einen entgegenstehenden Willen des Flüchtlings nicht ankommt. Andererseits verdeutlichen diese Fälle, dass es auch bei Art. 1 C Nr. 3 GFK zumeist auf die Freiwilligkeit ankommt. Ist dem automatischen Erwerb aber nicht von vornherein eine begründete Furcht vor Verfolgung immanent, tritt der Verlustgrund unabhängig vom entgegenstehenden Willen ein. Häufig wird der Flüchtling in derartigen Fällen aber je nach der Länge des bisherigen Aufenthaltes im Aufnahmestaat einen Aufenthaltsanspruch geltend machen können, wenn ein anderer als dieser Staat dem Flüchtling automatisch die Staatsangehörigkeit verleiht.

F. Freiwilliger Verzicht auf die Statusberechtigung (Abs. 1 Nr. 4)

Nach Nr. 4 erlischt die Statusberechtigung, wenn der Betreffende auf sie verzichtet oder vor Eintritt der Unanfechtbarkeit der Entscheidung des Bundesamtes den Asylantrag zurücknimmt. Die Beschränkung des Verzichts entweder auf die Asylberechtigung oder den Flüchtlingsstatus ist unzulässig. Sie führt zur Unwirksamkeit des Verzichts (*Hailbronner,* AuslR B 2 § 72 AsylG Rn. 27; *Bergmann*, in: Bergmann/Dienelt. AuslR, 11. Aufl., 2016, § 72 AsylG Rn. 26). Der als Erlöschenstatbestand geregelte Statusverzicht war früher Widerrufsgrund (§ 16 Abs. 1 Satz 1 Nr. 2 AsylG 1982). Nr. 4 umfasst auch die Antragsrücknahme nach positiver Statusentscheidung vor Eintritt der Unanfechtbarkeit. Der gesetzlichen Begründung lassen sich für diese Regelung keine Gründe entnehmen (BT-Drucks. 12/2062, S. 39). Sie ist ungereimt, da eine nicht bestandskräftige Statusentscheidung nicht erlöschen kann. Nimmt der Antragsteller nach positiver Statusentscheidung vor Eintritt der Unanfechtbarkeit den Antrag zurück, macht er Gebrauch von seiner ihm verfahrensrechtlich zur Verfügung stehenden Dispositionsbefugnis. Der Antrag ist gegenstandslos. Der anhängige Verwaltungsrechtsstreit wird durch Erledigungserklärung beendet. Die Rücknahme nach Erlass des Statusbescheides berechtigt das Bundesamt jedenfalls nicht, nach § 32 vorzugehen. Es ist für die weitere ausländerbehördliche Behandlung des Flüchtlings nicht mehr zuständig, wohl aber für die offene Feststellung nach § 60 Abs. 5 und 7 AufenthG. 38

Die *einseitig empfangsbedürftige Verzichtserklärung* ist gegenüber dem Bundesamt abzugeben. Sie kann aber auch gegenüber der Ausländerbehörde erfolgen (*Funke-Kaiser,* in: GK-AsylG II, § 72 Rn. 34), sofern das Bundesamt als Adressat der Erklärung eindeutig bestimmt ist. Die Erklärung muss *eindeutig* sein und *unmissverständlich* den *Verzichtswillen* zum Ausdruck bringen. Die Behörde, gegenüber der Erklärungen nach 39

Nr. 4 abgegeben werden, trifft eine umfassende und *gesteigerte Belehrungspflicht* (§ 25 Satz 1 VwVfG). Dies ist aktenkundig zu machen. Das Bundesamt muss sich Fehler der Ausländerbehörde bei der Belehrung zurechnen lassen. Dies folgt aus dem Rechtsstaatsprinzip in Verbindung mit der aus dem Sozialstaatsprinzip folgenden Betreuungs- und Fürsorgepflicht, die anders als die Auskunftspflicht (§ 25 Satz 2 VwVfG) keine vorherige Anfrage voraussetzt, sondern von Amts wegen zu erfüllen ist. Daher gibt eine beabsichtige Verzichtserklärung Anlass zu einem rechtlichen Hinweis auf die Folgen des Verzichts nach Nr. 4 (VGH BW, NVwZ 2006, 1305 = AuAS 2007, 65; *Hailbronner,* AuslR B 2 § 72 AsylG Rn. 28; *Funke-Kaiser,* in: GK-AsylG II, § 72 Rn. 36; *Bergmann*, in: Bergmann/Dienelt. AuslR, 11. Aufl., 2016, § 72 AsylG Rn. 27). Hierbei sind auch alternative Aufenthaltsmöglichkeiten (z.B. § 9, § 26 Abs. 4 AufenthG) zu behandeln. Ist pflichtwidrig die Belehrung unterblieben, ist der spätere Widerruf eines Aufenthaltstitels wegen Nichtberücksichtigung der Folgenbeseitigungspflicht ermessensfehlerhaft (VGH BW, NVwZ 2006, 1305 = AuAS 2007, 65). Dieser Grundsatz ist entsprechend auf Nr. 4 anzuwenden.

G. Verwaltungsbehördliches Prüfungsverfahren

40 Abs. 1 Halbs. 1 ordnet das automatische Erlöschen kraft Gesetzes an, sodass dem Eintritt der Erlöschenswirkung bei einer strikten Wortlautauslegung kein Verwaltungsverfahren vorgeschaltet wird. Entsprechende behördliche Feststellungen haben nach der obergerichtlichen Rechtsprechung lediglich deklaratorische, jedoch keine konstitutive Wirkung (OVG Hamburg, NVwZ-Beil. 2001, 110). Dagegen setzt der wirksame Widerruf bzw. die Rücknahme die Durchführung eines Verwaltungsverfahrens voraus (§ 73 Abs. 4). Das BVerwG hat Bedenken gegen das fehlende Prüfungsverfahren für nicht stichhaltig erachtet (BVerwGE 89, 231, 235 = EZAR 211 Nr. 3 = NVwZ 1992, 679). Diese Rechtsprechung ist überholt. Nach Art. 11 Abs. 2 RL 2011/95/EU ist ein behördliches Prüfungsverfahren durchzuführen (Rdn. 4). Zwar hebt diese Vorschrift den »Wegfall der Umstände-Klausel« des Art. 11 I Buchst. e) und f) RL 2011/95/EU hervor. Abs. 2 von Art. 11 RL 2011/95/EU ist aber dahin zu verstehen, dass im Blick auf sämtliche Tatbestände des Abs. 1 dem Eintritt des Verlustgrundes ein behördliches Prüfungsverfahren vorzuschalten ist (a.A. *Hailbronner,* AuslR B 2 § 72 AsylG Rn. 1) und für die »Wegfall der Umstände-Klausel« insoweit ausdrücklich besondere Kriterien vorgegeben werden. Dies wird durch Art. 14 RL 2011/95/EU bestätigt. Danach ist ein behördliches Prüfungsverfahren durchzuführen (Abs. 2), wenn der Flüchtling nicht mehr statusberechtigt aufgrund der Tatbestände des Art. 11 ist (Abs. 1).

41 Insbesondere Abs. 1 Bucht. d) von Art. 11 RL 2011/95/EU (Nr. 1a) kann ohne eine vorgängige Prüfung nicht sinnvoll ausgelegt und angewandt werden. Ob der Flüchtling freiwillig und dauerhaft in sein Herkunftsland zurückgekehrt ist, bedarf einer *sorgfältigen* und *umfassenden Prüfung* sämtlicher konkreten Umstände des Einzelfalles. Das gilt für das Erfordernis der Freiwilligkeit wie auch für die objektiven Umstände. Deshalb ist Abs. 1 Halbs. 1 in Verb. mit Abs. 2 nach dem Grundsatz richtlinienkonformer Auslegung so anzuwenden, dass dem Herausgabeverlangen eine Prüfung der Voraussetzungen des in Betracht kommenden Erlöschenstatbestands vorauszugehen

hat. Der Verlust der Statusberechtigung muss deshalb in Ansehung der hierfür maßgebenden tatsächlichen Voraussetzungen so eindeutig gegeben sein, dass kein Zweifel besteht. Etwaige Zweifel an der Freiwilligkeit der entsprechenden Entscheidung wie auch am Fortbestand der Verfolgungsgefahr müssen bei der Prüfung der Voraussetzungen des jeweiligen Erlöschenstatbestands ausgeräumt werden. So kann es etwa am Eintritt der Erlöschenswirkung nach Abs. 1 Halbs. 1 deshalb fehlen, weil die Behörde unzutreffend von einer freiwilligen Unterschutzstellung (Nr. 1) oder von einer freiwilligen Wiedererlangung der früheren Staatsangehörigkeit (Nr. 2) ausgeht oder diese dem Statusberechtigten aufgedrängt oder ohne sein Wissen erworben wurde. Auch ist zu überprüfen, ob die neu erworbene Staatsangehörigkeit tatsächlich mit einer effektiven Schutzgewährung (Rdn. 15 ff.) durch den Staat der neuen Staatsangehörigkeit verbunden ist.

H. Rechtsfolgen der Erlöschenstatbestände (Abs. 1 Halbs. 1)

Nach Abs. 1 Halbs. 1 erlischt die Statusberechtigung *ex nunc* (*Hailbronner,* AuslR B 2 § 72 AsylG Rn. 4), wenn einer der fünf Erlöschenstatbestände eintritt. Der Katalog der Erlöschensgründe ist enumerativ. Das Erlöschen bewirkt den Verlust der damit verbundenen Rechtspositionen auch für die Zukunft (*Hailbronner,* AuslR B 2 § 72 AsylG Rn. 31; *Bergmann,* in: Bergmann/Dienelt. AuslR, 11. Aufl., 2016, § 72 AsylG Rn. 29). Vom Eintritt der Erlöschenswirkung ist die Frage, welche Rechtsfolgen sich an den Eintritt des Erlöschenstatbestandes knüpfen, zu unterscheiden. Da die dem Familienangehörigen eines Statusberechtigten gewährte Rechtsstellung der Sache nach ebenfalls eine Statusberechtigung ist, findet Abs. 1 Halbs. 1 auch auf die im Rahmen des Familienasyls und des internationalen Schutzes für Familienangehörige gewährte Statusberechtigung Anwendung: Erfüllt also der Statusberechtigte, dem diese Berechtigung über § 26 vermittelt worden ist, einen der Erlöschenstatbestände nach Abs. 1 Halbs. 2, erlischt die akzessorische Statusberechtigung nach Abs. 1 Halbs. 1 *ausschließlich* für seine Person. Tritt hingegen beim »stammberechtigten« Statusberechtigten ein Erlöschenstatbestand ein, erlischt nicht automatisch die Statusberechtigung der Familienangehörigen. Vielmehr wird nach Maßgabe des § 73 Abs. 2b ein Widerrufsverfahren eingeleitet. Bei Verzicht nach Nr. 4 darf der nachträgliche erneute Asylantrag nicht nach § 71 behandelt werden (*Hailbronner,* AuslR B 2 § 72 AsylG Rn. 28). 42

I. Herausgabeanspruch nach Abs. 2

Nach Abs. 2 hat der Betreffende seinen Statusbescheid und Reiseausweis unverzüglich bei der zuständigen Ausländerbehörde abzugeben. Die Ausländerbehörde setzt den Herausgabeanspruch durch *Verwaltungsakt* durch. Es handelt sich nicht lediglich um schlichtes Verwaltungshandeln (so aber *Funke-Kaiser,* in: GK-AsylG II, § 72 Rn. 39). Dagegen sprechen bereits die besonders strengen Ermittlungs- und Belehrungspflichten und die daraus folgende Forderung nach Rechtsklarheit. Anders als beim Widerruf (§ 73), bei dem der Betroffene grundsätzlich (s. aber § 75 Abs. 2 Satz 1 und 2) bis zur unanfechtbaren Widerrufs- bzw. Rücknahmeentscheidung im Besitz seiner Rechtsstellung im vollen Umfang bleibt, tritt bei Erfüllung eines der in Abs. 1 43

Halbs. 2 geregelten Erlöschenstatbestände die Erlöschenswirkung kraft Gesetzes ein. Ein vorhergehendes Verwaltungsverfahren ist in § 72 nicht geregelt, ist jedoch wegen des Grundsatzes der richtlinienkonformen Auslegung nationalen Rechts durchzuführen (Rdn. 40 f.). Das Erlöschen der Statusberechtigung hebt nicht automatisch den bestehenden Aufenthaltstitel auf (*Hailbronner,* AuslR B 2 § 72 AsylG Rn. 32; *Bergmann,* in: Bergmann/Dienelt. AuslR, 11. Aufl., 2016, § 72 AsylG Rn. 30). Vielmehr kann dieser lediglich nach § 52 Abs. 1 Nr. 4 AufenthG widerrufen werden. Bei der Ermessensausübung hat die Ausländerbehörde insbesondere die Länge des bisherigen Aufenthaltes im Bundesgebiet sowie das Maß der sonstigen Integration in die hiesigen Lebensverhältnisse zu berücksichtigen. Ein nach den allgemeinen Vorschriften bestehender Aufenthaltsanspruch bleibt von der Erlöschenswirkung unberührt. Die übrigen auf der gewährten Rechtsstellung beruhenden Vergünstigungen werden nach Maßgabe der speziellen Rechtsvorschriften oder nach § 49 VwVfG widerrufen.

J. Rechtsschutz

44 Nach der Rechtsprechung sind gegen den Eintritt der Rechtsfolge keine Rechtsbehelfe zulässig. Doch besteht, sofern ein Verwaltungsakt ergangen ist, der das Erlöschen des Rechtsstatus ausdrücklich feststellt, die gerichtliche Anfechtungsmöglichkeit. Ferner kann mit der Anfechtungsklage gegen eine aufenthaltsbeendende Verfügung das Erlöschen der Rechtstellung inzidenter zur Prüfung gestellt werden. Auch kann mit der *Feststellungsklage* das Ziel verfolgt werden, das Nichterlöschen der Statusberechtigung verbindlich festzustellen. In allen Fällen kann das Rechtsschutzinteresse des Betroffenen an der Klärung seines Status nicht zweifelhaft sein. Das Subsidiaritätsprinzip des § 43 Abs. 2 VwGO greift nicht ein, da der Rechtsverlust *ipso iure* eintritt (BVerwGE 89, 231, 235 = EZAR 211 Nr. 3 = NVwZ 1992, 679; *Funke-Kaiser,* in: GK-AsylG II, § 72 AsylG Rn. 32; *Bergmann,* in: Bergmann/Dienelt. AuslR, 11. Aufl., 2016, § 72 AsylG Rn. 33). Wird Anfechtungsklage gegen die Ausländerbehörde erhoben, ist inzidenter das Vorliegen der tatbestandlichen Voraussetzungen des in Rede stehenden Erlöschenstatbestandes nach Abs. 1 Halbs. 2 zu überprüfen. Fraglich ist aber, ob wegen der kraft Gesetzes eintretenden Erlöschenswirkung in dem behördlichen Verlangen eine Beschwer liegt. Wird diese Frage verneint, läuft der Anfechtungsprozess leer. Ohne nähere Vertiefung dieser Problematik hat das BVerwG jedoch die *Anfechtungsklage* für den Fall, dass die Behörde mithilfe eines Verwaltungsaktes das Erlöschen des Rechtsstatus festgestellt hat, als richtige Klageform bezeichnet (BVerwGE 89, 231, 235 = EZAR 211 Nr. 3 = NVwZ 1992, 679).

45 Weist die Ausländerbehörde lediglich auf die gesetzliche Verpflichtung nach Abs. 2 sowie auf die Ausreisepflicht nach § 50 Abs. 1 AufenthG hin, ist strittig, ob hierin ein Verwaltungsakt zu sehen ist (offengelassen in BVerwG, Buchholz 402.24 § 12 AuslG Nr. 2; Satz aber BVerwGE 89, 231, 235 = EZAR 211 Nr. 3 = NVwZ 1992, 679). Mit dem Hinweis auf die gesetzliche Pflicht nach Abs. 2 wird zugleich auch das Erlöschen des Rechtsstatus festgestellt. Hiergegen kann Feststellungsklage erhoben werden. Zwar ist an sich lediglich die Ausländerbehörde passivlegitimiert. Da einerseits der Feststellung der Erlöschenswirkung ein behördliches Prüfungsverfahren voranzugehen hat, andererseits das Bundesamt für die Statusfeststellung zuständig war, kann

die Feststellungsklage auch gegen den Rechtsträger des Bundesamtes gerichtet werden (Nieders. OVG, InfAuslR 2007, 82).

Droht die Abschiebung ohne förmliche Entscheidung, ist analog § 80 Abs. 5 VwGO aus dem Gesichtspunkt des *faktischen Vollzugs* Eilrechtsschutz gegeben. Nach der Rechtsprechung ist die sofortige Vollziehung untersagt, solange strittig ist, ob sich ein Flüchtling auf Art. 32 und 33 GFK berufen kann (BVerwGE 7, 231, 236 = DVBl 1959, 112). Solange die Erlöschenswirkung nach Abs. 1 Halbs. 1 nicht feststeht, ist fraglich, ob der besondere Rechtschutz nach Art. 32 und 33 GFK Anwendung findet. Im Fall von Abs. 1 Nr. 4 wird ohnehin der aus diesen Vorschriften folgende völkerrechtliche Schutz nicht beseitigt. Das Verbleibsrecht besteht bis zur unanfechtbaren Klärung der Rechtsstellung. Ohne Einreiseerlaubnis einreisende Asylsuchende und Flüchtlinge sind nicht zur Ausreise verpflichtet (BVerwG, DÖV 1978, 181; BVerwG, DVBl 1981, 775; BVerwG, NVwZ 1984, 591). Solange der Erlöschenstatbestand nicht unanfechtbar festgestellt worden ist, kann daher auch nicht die Ausreise durchgesetzt werden. 46

§ 73 Widerruf und Rücknahme der Asylberechtigung und der Flüchtlingseigenschaft

(1) [1]Die Anerkennung als Asylberechtigter und die Zuerkennung der Flüchtlingseigenschaft sind unverzüglich zu widerrufen, wenn die Voraussetzungen für sie nicht mehr vorliegen. [2]Dies ist insbesondere der Fall, wenn der Ausländer nach Wegfall der Umstände, die zur Anerkennung als Asylberechtigter oder zur Zuerkennung der Flüchtlingseigenschaft geführt haben, es nicht mehr ablehnen kann, den Schutz des Staates in Anspruch zu nehmen, dessen Staatsangehörigkeit er besitzt, oder wenn er als Staatenloser in der Lage ist, in das Land zurückzukehren, in dem er seinen gewöhnlichen Aufenthalt hatte. [3]Satz 2 gilt nicht, wenn sich der Ausländer auf zwingende, auf früheren Verfolgungen beruhende Gründe berufen kann, um die Rückkehr in den Staat abzulehnen, dessen Staatsangehörigkeit er besitzt oder in dem er als Staatenloser seinen gewöhnlichen Aufenthalt hatte.

(2) [1]Die Anerkennung als Asylberechtigter ist zurückzunehmen, wenn sie auf Grund unrichtiger Angaben oder infolge Verschweigens wesentlicher Tatsachen erteilt worden ist und der Ausländer auch aus anderen Gründen nicht anerkannt werden könnte. [2]Satz 1 ist auf die Zuerkennung der Flüchtlingseigenschaft entsprechend anzuwenden.

(2a) [1]Die Prüfung, ob die Voraussetzungen für einen Widerruf nach Absatz 1 oder eine Rücknahme nach Absatz 2 vorliegen, hat spätestens nach Ablauf von drei Jahren nach Unanfechtbarkeit der Entscheidung zu erfolgen. [2]Liegen die Voraussetzungen für einen Widerruf oder eine Rücknahme vor, teilt das Bundesamt dieses Ergebnis der Ausländerbehörde spätestens innerhalb eines Monats nach dreijähriger Unanfechtbarkeit der begünstigenden Entscheidung mit. [3]Andernfalls kann eine Mitteilung an die Ausländerbehörde entfallen. [4]Der Ausländerbehörde ist auch mitzuteilen, welche Personen nach § 26 ihre Asylberechtigung oder Flüchtlingseigenschaft von dem Ausländer ableiten und ob bei ihnen die Voraussetzungen für einen

Widerruf nach Absatz 2b vorliegen. [5]Ist nach der Prüfung ein Widerruf oder eine Rücknahme nicht erfolgt, steht eine spätere Entscheidung nach Absatz 1 oder Absatz 2 im Ermessen, es sei denn, der Widerruf oder die Rücknahme erfolgt, weil die Voraussetzungen des § 60 Abs. 8 Satz 1 des Aufenthaltsgesetzes oder des § 3 Abs. 2 vorliegen oder weil das Bundesamt nach § 60 Absatz 8 Satz 3 des Aufenthaltsgesetzes von der Anwendung des § 60 Absatz 1 des Aufenthaltsgesetzes abgesehen hat.

(2b) [1]In den Fällen des § 26 Absatz 1 bis 3 und 5 ist die Anerkennung als Asylberechtigter und die Zuerkennung der Flüchtlingseigenschaft zu widerrufen, wenn die Voraussetzungen des § 26 Absatz 4 Satz 1 vorliegen. [2]Die Anerkennung als Asylberechtigter ist ferner zu widerrufen, wenn die Anerkennung des Asylberechtigten, von dem die Anerkennung abgeleitet worden ist, erlischt, widerrufen oder zurückgenommen wird und der Ausländer nicht aus anderen Gründen als Asylberechtigter anerkannt werden könnte. [3]In den Fällen des § 26 Absatz 5 ist die Zuerkennung der Flüchtlingseigenschaft zu widerrufen, wenn die Flüchtlingseigenschaft des Ausländers, von dem die Zuerkennung abgeleitet worden ist, erlischt, widerrufen oder zurückgenommen wird und dem Ausländer nicht aus anderen Gründen die Flüchtlingseigenschaft zuerkannt werden könnte.

(2c) Bis zur Bestandskraft des Widerrufs oder der Rücknahme entfällt für Einbürgerungsverfahren die Verbindlichkeit der Entscheidung über den Asylantrag.

(3) Bei Widerruf oder Rücknahme der Anerkennung als Asylberechtigter oder der Zuerkennung der Flüchtlingseigenschaft ist zu entscheiden, ob die Voraussetzungen für den subsidiären Schutz oder die Voraussetzungen des § 60 Absatz 5 oder 7 des Aufenthaltsgesetzes vorliegen.

(4) [1]Die beabsichtigte Entscheidung über einen Widerruf oder eine Rücknahme nach dieser Vorschrift oder nach § 48 des Verwaltungsverfahrensgesetzes ist dem Ausländer schriftlich mitzuteilen und ihm ist Gelegenheit zur Äußerung zu geben. [2]Ihm kann aufgegeben werden, sich innerhalb eines Monats schriftlich zu äußern. [3]Hat sich der Ausländer innerhalb dieser Frist nicht geäußert, ist nach Aktenlage zu entscheiden; der Ausländer ist auf diese Rechtsfolge hinzuweisen.

(5) Mitteilungen oder Entscheidungen des Bundesamtes, die eine Frist in Lauf setzen, sind dem Ausländer zuzustellen.

(6) Ist die Anerkennung als Asylberechtigter oder die Zuerkennung der Flüchtlingseigenschaft unanfechtbar widerrufen oder zurückgenommen oder aus einem anderen Grund nicht mehr wirksam, gilt § 72 Abs. 2 entsprechend.

Übersicht **Rdn.**

A. Funktion der Vorschrift

Die Vorschrift regelt die Aufhebung der Asylberechtigung und des Flüchtlingsstatus. 1
Demgegenüber werden in § 73a die Aufhebung ausländischer Statusentscheidungen, in § 73b die des subsidiären Schutzes und in § 73c die der nationalen Abschiebungsverbote behandelt. Abs. 1 regelt wie § 49 VwVfG den Widerruf rechtmäßiger Sachentscheidungen, hingegen Abs. 2 wie § 48 VwVfG die Rücknahme rechtswidriger Entscheidungen Abs. 1 und 2 verdrängen diese Normen im Umfang ihres Regelungsbereiches. Der Widerruf ist gerechtfertigt, wenn die Voraussetzungen für die Statusberechtigung im Zeitpunkt der Entscheidung zwar vorgelegen haben und die

Statusentscheidung deshalb in diesem Zeitpunkt rechtmäßig war, aber nachträglich ihre Voraussetzungen entfallen sind (BVerwG, EZAR 214 Nr. 2 = InfAuslR 1990, 245 = NVwZ 1990, 774; a.A. BVerwG, NVwZ-RR 1997, 741). Hingegen ist die Statusberechtigung zurückzunehmen, wenn sie aufgrund unrichtiger Angaben oder infolge Verschweigens wesentlicher Tatsachen erteilt worden ist und der bislang Statusberechtigte nicht aus anderen Gründen statusberechtigt ist (Abs. 2). Die ursprünglichen Regelungen in § 73 waren im Wesentlichen identisch mit § 16 AsylG 1982. Durch ÄnderungsG 1990 war bereits der nach § 51 Abs. 1 AuslG 1990 gewährte Abschiebungsschutz in die Widerrufsregelung einbezogen worden. An dessen Stelle ist der Widerruf des Flüchtlingsstatus (§ 3 Abs. 4 Halbs. 1) getreten. Das Familienasyl sowie die internationale Schutzberechtigung für Familienangehörige (§ 26) wird nach Abs. 2b widerrufen. Da durch das Richtlinienumsetzungsgesetz 2013 der subsidiären Schutzstatus (§ 4 Satz 1) eingeführt wurde, wurde in § 73b eine hierauf bezogene Aufhebungsvorschrift eingefügt. Im Rahmen der Aufhebung der Asylberechtigung und des Flüchtlingsstatus ist die im Rahmen der Entscheidung über die Statusberechtigung offengelassene Prüfung des subsidiären Schutzes und der Abschiebungsverbote (§ 60 Abs. 5 und 7 AufenthG, § 31 Abs. 2 Satz 1, 2. Alt. und Abs. 3) nachzuholen (Abs. 3). Das Abschiebungsverbot des § 60 Abs. 4 AufenthG wird nach § 42 Satz 2 beseitigt.

2 Durch das Richtlinienumsetzungsgesetz 2007 wurde § 73 zur Umsetzung von Art. 11 und 14 RL 2004/83/EG grundlegend umgestaltet. Insbesondere wurde in Abs. 1 Satz 2 die »*Wegfall der Umstände-Klausel*« (Art. 1 C Nr. 5 und Nr. 6 GFK, Art. 11 Abs. 1 Buchst. e) und f) RL 2004/83/EG) eingeführt und bestimmt, dass die humanitäre Klausel des Abs. 1 Satz 3 sich nur auf die »Wegfall der Umstände-Klausel« bezieht (BT-Drucks. 16/5065, S. 420). Das BVerwG hatte die nationale Umsetzung zum Anlass genommen, seine frühere Rechtsprechung zur »Wegfall der Umstände-Klausel« (BVerwGE 124, 276 = NVwZ 2006, 707 = InfAuslR 2006, 244 = AuAS 2006, 92) einer Überprüfung im Hinblick auf ihre unionsrechtliche Vereinbarkeit zu unterziehen. Der EuGH hat den spiegelbildlichen Ansatz der deutschen Rechtsprechung im Wesentlichen bestätigt (EuGH, InfAuslR 2010, 188, 190 = NVwZ 2010, 505 = AuAS 2010, 150 Rn. 69 bis 71 – *Abdulla*). Im engen Zusammenhang mit Widerruf und Rücknahme (Abs. 1 und Abs. 2) stehen die Erlöschensregelungen in § 72. Während Widerruf und Rücknahme der Statusberechtigung die Durchführung eines Verwaltungsverfahrens voraussetzen (Abs. 4), erlischt nach § 72 der gewährte Status bei Eingreifen eines Erlöschenstatbestandes ohne vorgängiges Verwaltungsverfahren kraft Gesetzes. Dagegen ist nach Art. 11 Abs. 2 in Verb. mit Art. 14 Abs. Abs. 2 RL 2011/95/EU für alle Beendigungsgründe des Art. 1 C GFK ein vorgängiges Verwaltungsverfahren durchzuführen (§ 72 Rdn. 40 ff.; umstritten). Abs. 6 verweist auf die Herausgabepflicht nach § 72 Abs. 2 (§ 72 Rdn. 43).

3 Mit Wirkung zum 01.01.2005 wurde die obligatorische Widerrufsprüfung durch § 73 Abs. 2a AsylVfG a.F. eingeführt, die in engem Sachzusammenhang mit § 26 Abs. 3 AufenthG steht. Danach war im jeden Einzelfall vor Erteilung der Niederlassungserlaubnis eine Einschaltung des Bundesamtes obligatorisch. Durch das

Asylverfahrensbeschleunigungsgesetz 2015 wurde diese obligatorische Prüfung aufgehoben. Nach geltendem Recht muss das Bundesamt nicht obligatorisch eingeschaltet werden. Vielmehr wird die Niederlassungserlaubnis nur dann nicht erteilt, wenn das Bundesamt von sich aus mitteilt, dass die Widerrufs- oder Rücknahmevoraussetzungen vorliegen (Abs. 2a Satz 2). 2007 wurde das Bundesamt ferner nach Abs. 7 verpflichtet, Widerrufsprüfungen nach Abs. 2a im Blick auf Statusbescheide, die vor dem Inkrafttreten des ZuwG unanfechtbar geworden waren, bis spätestens zum 31.12.2008 durchzuführen. 2005 wurde ferner Abs. 2c, der im engen Zusammenhang mit dem das deutsche Staatsangehörigkeitsrecht beherrschenden Grundsatz der Vermeidung von Mehrstaatigkeit steht, eingeführt. Da nach § 12 Abs. 1 Satz 2 Nr. 6 StAG der Besitz des internationalen Reiseausweises eine zwingende Ausnahme von diesem Grundsatz festlegt, ist die Einbürgerungsbehörde vor einer Entscheidung über die Einbürgerung verpflichtet, beim Bundesamt nachzufragen, ob ein Aufhebungsverfahren anhängig ist und bis zum Abschluss dieses Verfahrens die Entscheidung über die Einbürgerung auszusetzen.

Eine freie Aufhebung wirksam gewordener Verwaltungsakte, also eine Aufhebung, die nicht den hierfür maßgeblichen gesetzlichen Anforderungen entspricht, ist unzulässig (BVerwG, InfAuslR 1990, 245, 246 = NVwZ 1990, 774 = EZAR 214 Nr. 2; VG Hannover, InfAuslR 2000, 43). Die Aufhebung von Verwaltungsakten, die durch Bekanntgabe wirksam geworden sind, bleiben unabhängig von der dem Adressaten durch sie verliehenen Rechtsposition gem. § 43 Abs. 2 VwVfG wirksam, solange und soweit sie nicht zurückgenommen, widerrufen, anderweitig aufgehoben oder durch Zeitablauf oder auf andere Weise erledigt sind (BVerwG, InfAuslR 1990, 245, 246). Dies ist dem verfassungsrechtlich verankerten Grundsatz geschuldet, dass der festgestellte Tatbestand der Verfolgung auf objektiven Voraussetzungen beruht (BVerfGE 54, 341, 358 = DÖV 1981, 21 = DVBl 1981, 115 = EuGRZ 1980, 556 = JZ 1981, 804 = BayVBl. 1980, 717 = EZAR 200 Nr. 1). Eine Beseitigung der Statusentscheidung durch Zeitablauf ist denklogisch nicht möglich: Die gewährte Statusentscheidung ist nicht befristet oder auflösend bedingt. Eine Erledigung »auf andere Weise« ist grundsätzlich nicht denkbar. Für den Spezialfall der Beendigung des Rechtsstatus trotz Fortdauerns der Verfolgung enthält § 72 abschließende Regelungen, etwa der Eintritt des Erlöschenstatbestandes nach § 72 Abs. 1 Nr. 3 wegen des Eingreifens des Schutzes durch eine neue Staatsangehörigkeit. Bei einer Änderung der Sach- und Rechtslage bleibt der Statusbescheid wirksam und erledigt sich nicht von selbst. Vielmehr ist der Bescheid nach allgemeinem Verwaltungsverfahrensrecht zu widerrufen oder abzuändern (*Kluth*, NVwZ 1990, 608, 612). Nur im Fall des Todes des Begünstigten, der nach allgemeinem Verwaltungsverfahrensrecht eine Erledigung des Verwaltungsaktes zur Folge hat (BVerwGE 84, 274, 275 f.), erledigt sich der Statusbescheid. Im Allgemeinen Verwaltungsverfahren erledigt sich der Bescheid darüber hinaus auch durch Verzicht (BVerwG, NVwZ 1990, 464) oder durch Antragsrücknahme (BVerwGE 30, 185, 187; BVerwG, NJW 1980, 1120, 1121; BVerwG, NJW 1988, 275; *Stelkens*, ZAR 1985, 15, 17). Beide Fälle sind im Asylverfahrensrecht speziell geregelt: Verzicht auf die Statusberechtigung und Antragsrücknahme vor Eintritt der Unanfechtbarkeit des Statusbescheid bewirken kraft Gesetzes das Erlöschen 4 des Verwaltungsaktes (§ 72 Abs. 1 Nr. 4). Die Antragsrücknahme vor der Sachentscheidung ist in § 32 geregelt.

5 Die Anwendung von Abs. 1 bis Abs. 3 erfordert nicht, dass der Statusbescheid bereits unanfechtbar geworden sein muss. Andernfalls hätte das Bundesamt die Möglichkeit, bis zum Eintritt der Bestandskraft seiner Entscheidung »frei« über die einmal getroffene Entscheidung zu verfügen. Dies ist jedoch mit den gesetzlichen Vorschriften unvereinbar (BVerwG, InfAuslR 1990, 245, 246 = NVwZ 1990, 774 = EZAR 214 Nr. 2). Wäre das Bundesamt bis zum Eintritt der Bestandskraft seines Bescheides frei, über diesen nach Gutdünken zu verfügen, wäre der Hinweis der Rechtsprechung auf das Erfordernis der nachträglich entstandenen Widerrufsvoraussetzungen nicht erforderlich (vgl. BVerwG, NVwZ-RR 1997, 741 = EZAR 214 Nr. 7 = AuAS 1997, 240 (LS); VGH BW, VBlBW 1997, 151, 152; VG Ansbach, InfAuslR 1996, 372, 373). Daher setzt die Anwendung der Widerrufsregelung auch nicht die Unanfechtbarkeit des Statusbescheids voraus (VG Frankfurt am Main, NVwZ-Beil. 1996, 61, 62; VG Ansbach, InfAuslR 1996, 372, 373). Vielmehr zwingt bereits die Bekanntgabe der Statusentscheidung das Bundesamt nach § 43 Abs. 2 VwVfG dazu, nur nach Maßgabe der gesetzlichen Vorschriften die in Betracht gezogene Aufhebung durchzuführen (BVerwG, InfAuslR 1990, 245, 246).

6 Anders als im Fall des noch anfechtbaren positiven Statusbescheids versperrt ein *rechtskräftiges Verpflichtungsurteil* bei gleichbleibender Sach- und Rechtslage den Zugriff auf die in Abs. 1 bis 3 geregelten Kompetenzen. Die Behörde hat deshalb auch ein seiner Meinung nach unrichtiges rechtskräftiges Urteil zu erfüllen und den Statusbescheid zu erlassen (BVerwGE 108, 30, 33 = EZAR 214 Nr. 10 = InfAuslR 1999, 143 = NVwZ 1999, 302; BVerwGE 108, 30, 32 f. = EZAR 214 Nr. 10 = InfAuslR 1999, 143 = NVwZ 1999, 302 = AuAS 1999, 79; VGH BW, NVwZ 2001, 460; VG Freiburg, NVwZ-Beil. 104; VG Frankfurt am Main, NVwZ-Beil. 2003, 109, 110; a.A. BayVGH, AuAS 2001, 23, 24; Rdn. 87). Zweck des § 121 VwGO ist es zu verhindern, dass die aus einem festgestellten Tatbestand hergeleitete Rechtsfolge, über die durch Urteil entschieden worden ist, bei unveränderter Sach- und Rechtslage erneut – mit der Gefahr unterschiedlicher Ergebnisse – zum Gegenstand eines Verfahrens zwischen den selben Beteiligten gemacht wird (BVerwGE 108, 30, 32 f. = EZAR 214 Nr. 10 = InfAuslR 1999, 143 = NVwZ 1999, 302; Rdn. 10 ff.). Vor Aufhebung eines gerichtlich angeordneten Statusbescheids ist daher zu prüfen, ob die Rechtskraft der Gerichtsentscheidung der Aufhebung des Statusbescheides entgegensteht. Ist dies der Fall, kann die Aufhebung erst erfolgen, wenn die rechtskräftige Entscheidung in dem dafür vorgesehenen Verfahren (vgl. § 153 VwGO) beseitigt worden ist (BVerwGE 108, 30, 34 = EZAR 214 Nr. 10 = InfAuslR 1999, 143 = NVwZ 1999, 302).

7 Der Widerruf des Statusbescheides, der auf einer rechtskräftigen Gerichtsentscheidung beruht, ist deshalb nicht schon dann zulässig, wenn das Verwaltungsgericht die Statusberechtigung zu Unrecht bejaht hat, sondern nur bei einer nachträglichen Änderung der für das Urteil maßgeblichen Sach- und Rechtslage, also dann, wenn aufgrund veränderter Umstände nach Erlass des Urteils die für diese Berechtigung maßgeblichen Voraussetzungen nachträglich weggefallen sind und damit der Widerruf zulässig

ist (BVerwG, NVwZ 1999, 302; BVerwGE 108, 30, 34 f. = EZAR 214 Nr. 10 = InfAuslR 1999, 143 = NVwZ 1999, 302; Hess. VGH, NVwZ-RR 1994, 234; VGH BW, InfAuslR 1989, 139, 140; VGH BW, NVwZ 2001, 460; VG Freiburg, NVwZ-Beil. 2001, 104; VG Gießen, NVwZ-Beil. 2000, 19, 20; a.A. VGH BW, InfAuslR 1989, 139; BayVGH, AuAS 2001, 23, 24; unklar BayVGH, EZAR 214 Nr. 6). Das Bundesamt bleibt daher solange zum Erlass des Statusbescheides verpflichtet, solange das Urteil nicht im Wege der *Nichtigkeits-* oder *Restitutionsklage* (§ 153 VwGO in Verb. mit §§ 578 ff. ZPO) aufgehoben wird (BVerwGE 108, 30, 34 = EZAR 214 Nr. 10 = InfAuslR 1999, 143 = NVwZ 1999, 302; VGH BW, NVwZ 2001, 460; VG Freiburg, NVwZ-Beil. 2001, 104). Die Verwaltung ist insbesondere nicht befugt, die Erfüllung eines rechtskräftigen Verpflichtungsurteils allein unter Berufung auf eine wesentliche Änderung der Sach- und Rechtslage zu unterlassen und zu diesem Zweck eine Vollstreckungsabwehrklage nach § 167 VwGO, § 767 ZPO zu erheben (BVerwGE 118, 174, 179 f. = EZAR 214 Nr. 15 = NVwZ 2004, 113 = AuAS 2004, 56).

In Abweichung vom früheren Recht ist das Bundesamt verpflichtet, *»unverzüglich«* über den Widerruf zu entscheiden (BVerwG, NVwZ-RR 1997, 741 = EZAR 214 Nr. 7 = AuAS 1997, 240 (LS); Hess. VGH, NVwZ-Beil. 2003, 74, 78; VGH BW, AuAS 1997, 162, 163; OVG Rh-Pf, InfAuslR 2000, 468; VG Frankfurt am Main, InfAuslR 2000, 469; VG Gießen, AuAS 2004, 70, 71; Schenk, Asylrecht und Asylverfahrensrecht, Rn. 211). Die Fristregelung des § 48 Abs. 4 in Verb. mit § 49 Abs. 2 Satz 2 VwVfG ist nicht anwendbar (BVerwGE 112, 80, 91 = NVwZ 2001, 335 = InfAuslR 2001, 532 = EZAR 214 Nr. 13; OVG Rh-Pf, InfAuslR 2000, 468; offen gelassen VGH BW, InfAuslR 2003, 455 = NVwZ-Beil. 2003, 101 = AuAS 2003, 274). Unionsrecht ist insoweit offen (Art. 11 Abs. 1 in Verb. mit Art. 14 Abs. 1 RL 2011/95/EU). Das *Unverzüglichkeitsgebot* dient nach herrschender Ansicht *ausschließlich* dem *öffentlichen Interesse* (BVerwG, NVwZ-RR 1997, 741 = EZAR 214 Nr. 7 = AuAS 1997, 240 (LS); BVerwGE 124, 276, 288 = NVwZ 2006, 707 = InfAuslR 2006, 244; BVerwG, NVwZ 2006, 1420; BVerwG, NVwZ 2007, 1089, 1091 = InfAuslR 2007, 401 = AuAS 2007, 164, BVerwG, NVwZ 2007, 1330 = InfAuslR 2007, 401 = EZAR NF 95 Nr. 15 = AuAS 2007, 225; Hess. VGH, NVwZ-Beil. 2003, 74, 78; VGH BW, AuAS 1997, 162, 163; OVG Rh-Pf, InfAuslR 2000, 468; a.A. VG Frankfurt am Main, InfAuslR 2000, 469, 472; VG Stuttgart, NVwZ-Beil. 2003, 78 = InfAuslR 2003, 261 = AuAS 2003, 82). Nach Auffassung des BVerfG ist die herrschende Meinung weder willkürlich noch sonst verfassungsrechtlich bedenklich (BVerfG [Kammer], Beschl. v. 23.07.2004 – 2 BvR 1056/04). Demgegenüber ist nach der Mindermeinung das Vertrauen des Betroffenen geschützt. Sei ein Widerruf nach Veränderung der tatsächlichen Verhältnisse auf gesicherter Prognosegrundlage möglich und unterbleibe über mehrere Jahre, sei Abs. 1 Satz 1 »im Sinne einer das Vertrauen des Adressaten schützenden Ausschlussfrist« auszulegen. 8

Der herrschenden Rechtsprechung kann dann nicht gefolgt werden, wenn die Prognosetatsachen tatsächlich hinreichend zuverlässig einen Widerruf der Statusentscheidung zulassen, das Bundesamt indes keine organisatorischen, planmäßigen und 9 systematischen Vorkehrungen zur Einleitung des Widerrufs getroffen hat. Wartet es dagegen eine noch nicht abgeschlossene Entwicklung ab und leitet es lediglich in Einzelfällen Widerrufsverfahren ein, wird man einen Vertrauenstatbestand nicht annehmen können. Erst wenn sich die Situation nachhaltig stabilisiert hat, darf der Widerruf verfügt werden. Dabei handelt es sich jedoch um einen prozesshaften Vorgang, sodass das Unverzüglichkeitsgebots nicht an ein bestimmtes zeitliches Moment angeknüpft werden kann. Diesem Gebot korrespondiert damit die Verpflichtung, bei instabilen allgemeinen Verhältnissen mit dem Widerruf zuzuwarten bis eine hinreichend verlässliche Prognose möglich ist. Andererseits hat bei der Anwendung des Ausschlussgrundes nach § 60 Abs. 8 AufenthG das Gebot restriktiver Auslegung zur Folge, dass der Widerruf nur aufgrund hinreichend zuverlässiger Tatsachen zulässig ist. Bei Anordnung der Unterbringung nach § 64, § 67 Abs. 2 StGB wegen Kokain- und Alkoholsucht kann deshalb die Gefahrensprognose erst nach Abschluss des Maßregelvollzugs getroffen werden (a.A. OVG NW, AuAS 2013, 67, 68).

B. Widerruf der Asylberechtigung und des Flüchtlingsstatus (Abs. 1)

I. Funktion des Widerrufs im Asylverfahren

10 Nach Abs. 1 Satz 1 sind die Asylberechtigung und Zuerkennung der Flüchtlingseigenschaft unverzüglich zu widerrufen, wenn die Voraussetzungen für sie nicht mehr vorliegen. Die Widerrufsregelung des Abs. 1 Satz 1 erfasst damit auch den isolierten Widerruf der Zuerkennung der Flüchtlingseigenschaft in den Fällen, in denen kein Asylrecht gewährt worden war, etwa weil der Asylsuchende darauf verzichtet hatte (§ 31 Abs. 2 Satz 2). Abs. 1 Satz 2 setzt die unionsrechtliche Wegfall-der-Umstände-Klausel (Art. 11 Abs. 1 Buchst. e) und f) RL 2011/95/EU) um. Die Formulierung »insbesondere« lässt darauf schließen, dass der Gesetzgeber auch andere Widerrufsgründe ins Auge gefasst hat. Ferner erachtet das BVerwG in gefestigter Rechtsprechung neben Abs. 1 für den Widerruf auch den Rückgriff auf § 49, § 48 VwVfG für zulässig. Daher kann auch eine Statusberechtigung, deren *Voraussetzungen von Anfang an nicht vorgelegen* hatten, widerrufen werden, wenn sich die Sachlage nachträglich geändert hat (BVerwGE 112, 80, 88 f. = NVwZ 2001, 335, 337 = InfAuslR 2001, 532 = EZAR 214 Nr. 13 = AuAS 2001, 18; *Hailbronner,* AuslR B 2 § 73 AsylG Rn. 6). Weder der Wortlaut noch die Entstehungsgeschichte des § 73 und ihrer Vorläufernorm haben abschließenden Charakter. Andererseits rechtfertigt *ausschließlich* der *Wegfall der Verfolgung* den Widerruf (BVerwG, EZAR 214 Nr. 13; BVerwGE 124, 276, 282 ff. = NVwZ 2006, 707 = InfAuslR 2006, 244 = AuAS 2006, 92). Danach können neben Abs. 2 zwar die allgemeinen Vorschriften über Rücknahme und Widerruf angewandt werden. Im Blick auf den Widerruf hat Abs. 1 jedoch abschließenden Charakter. Nach der früheren Rechtsprechung hat § 73 insgesamt abschließenden Charakter (BayVGH, EZAR 214 Nr. 9; OVG Rh-Pf, NVwZ-Beil. 2001, 9, 10 f. = AuAS 2000, 138; OVG Rh-Pf, InfAuslR 2000, 468 = AuAS 2000, 82; VG Frankfurt am Main, NVwZ-Beil. 1996, 61, 62 = AuAS 1996, 106; VG Hannover, InfAuslR 2000, 43, 44; VG Düsseldorf, Urt. v. 22.03.2000 – 16 K 3261/99.A; VG Wiesbaden, Beschl. v. 07.11.1996 – 6/1 E 30060/96; *Marx,* Kommentar zum AsylVfG, 5. Aufl., 2003, § 73 Rn. 8; *Bergmann,* in: Bergmann/Dienelt,

AuslR, 11. Aufl., 2016, § 73 AsylG Rn. 21; GK-AsylG, § 16 Rn. 9; noch offen gelassen BVerwG, InfAuslR 1990, 245, 246 = EZAR 214 Nr. 2, zu § 16 AsylG 1982; BVerwG, NVwZ-RR 1997, 741, zu Abs. 1; *Stelkens,* ZAR 1985, 15, 16 f.).

Der Widerruf muss mit Unionsrecht in Übereinstimmung stehen. Die Mitgliedstaa- 11
ten sind daher für den Fall, dass sie den Statusbescheid aufheben wollen, an Art. 14 Abs. 1 RL 2011/95/EU gebunden. Danach ist der Widerruf zulässig, wenn der Betroffene gem. Art. 11 RL 2011/95/EU nicht länger Flüchtling ist. Art. 11 enthält abschließend die Erlöschensgründe. Buchst. a) bis d) werden in § 72 geregelt. Zulässig ist daher nur noch der Widerruf wegen Wegfall der verfolgungsbegründenden Umstände nach Buchst. e) und f). Die nationalen Widerrufsgründe müssen also mit den Wegfall-der-Umstände-Klauseln in Übereinstimmung gebracht werden können. Einer Erweiterung der Widerrufskompetenz auf andere Fälle steht der Vorrang des Unionsrechts entgegen. So ist etwa bei nachträglicher Eröffnung einer Rückführungsmöglichkeit in den »sonstigen Drittstaat« der Widerruf mit Unionsrecht unvereinbar. Dagegen erachtete das BVerwG früher in diesem Fall den Widerruf für zulässig (BVerwG, InfAuslR 1989, 166). Soweit die Rechtsprechung den Widerruf rechtswidriger Bescheide für zulässig erachtet, handelt es sich um Fälle, in denen von vornherein keine Verfolgungsgefahr bestand, aber dennoch der Status zuerkannt wurde und diese Entscheidung nicht auf einem fehlerhaften Verhalten des Asylsuchenden i.S.d. Abs. 2 beruht. Nach Ansicht des BVerwG ist es unerheblich, ob der Statusbescheid rechtmäßig oder rechtswidrig erfolgt ist, da auch rechtswidrige Statusbescheide zu widerrufen sind (BVerwGE 112, 80, 85 f. = NVwZ 2001, 335 =, NVwZ 2001, 335 = InfAuslR 2001, 532 = EZAR 214 Nr. 13 = AuAS 2001, 18; bekräftigt BVerwGE 140, 161, 167 Rn. 18 = NVwZ 2012, 1042 = AuAS 2012, 42; ebenso BayVGH, EZAR 214 Nr. 9; Hess. VGH, NVwZ-Beil. 2003, 74, 75; OVG SA, Urt. v. 26.01.2000 – A 1 S 174/99). Da nach Art. 14 Abs. 1 RL 2011/95/EU der Widerruf zulässig ist, wenn der Betroffene »nicht länger Flüchtling ist«, wird die Aufhebung des Bescheids zulasten eines Betroffenen, der von vornherein nicht die Voraussetzungen der Flüchtlingseigenschaft erfüllt hat, unionsrechtlich kaum beanstandet werden können.

Der Widerruf ist rechtmäßig, wenn die für den Statusbescheid maßgebende Verfol- 12
gungsgefahr aufgrund einer *grundlegenden Veränderung der allgemeinen Verhältnisse im Herkunftsland nachträglich entfallen* ist (BVerwG, EZAR 214 Nr. 3; BVerwGE 112, 80 = NVwZ 2001, 335 = InfAuslR 2001, 532 = EZAR 214 Nr. 13 = AuAS 2001, 18; Hess. VGH, NVwZ-Beil. 2003, 74, 76; OVG Rh-Pf, NVwZ-Beil. 2001, 9, 10 = AuAS 2000, 140; OVG SA, Urt. v. 26.01.2000 – A 1 S 174/99). Dies setzt einen Vergleich der Verfolgungssituation vor und nach Erlass des Statusbescheids voraus (OVG SA, Urt. v. 26.01.2000 – A 1 S 174/99). Trifft der Statusbescheid keine konkreten Feststellungen zu den maßgeblichen verfolgungsbegründenden Umständen, sondern bezieht er sich pauschal auf den vom Betroffenen »geschilderten Sachverhalt«, gibt die Behörde gleichsam in einer Art Meistbegünstigung zu seinen Gunsten zu erkennen, dass alles von diesem Vorgebrachte tragend für die Entscheidung ist (VG Stuttgart, AuAS 2009, 101, 102). Zeitlicher Anknüpfungspunkt für die Prüfung, ob die Verfolgung nachträglich weggefallen ist, ist der *Zeitpunkt,* in dem der *Statusbescheid erlassen* wurde. Beruht er auf einem rechtskräftigen Urteil, ist auf

den Zeitpunkt abzustellen, in dem dieses ergangen ist. Ein rechtskräftiges Urteil, das zur Zuerkennung der Flüchtlingseigenschaft geführt hat, steht dem Widerruf nicht entgegen, wenn nach dem für das Urteil relevanten Zeitpunkt neue erhebliche Tatsachen eingetreten sind, die sich so wesentlich von den früher maßgeblichen Umständen unterscheiden, dass eine erneute Sachentscheidung gerechtfertigt ist (Rdn. 6 f.). Unerheblich ist dabei, ob die Statuszuerkennung rechtswidrig oder rechtmäßig war, weil Anknüpfungspunkt für den Widerruf eine Veränderung der tatsächlichen Situation, nicht aber die rechtliche Bewertung der ursprünglichen Statuszuerkennung ist (BVerwG, NVwZ 2014, 664, 665 Rn. 11 = InfAuslR 2014200, mit Anm. *Schoch*, NVwZ 2014, 667). Abzustellen ist auf die Sach- und Rechtslage im Zeitpunkt der letzten mündlichen Verhandlung (§ 77 Abs. 1). Alle späteren Tatsachen sind von dem rechtskräftigen Urteil und damit auch von dem in Erfüllung eines solchen Urteils ergehenden Statusbescheids regelmäßig nicht erfasst (BVerwGE 118, 174, 177 f. = EZAR 214 Nr. 15 = NVwZ 2004, 113 = AuAS 2004, 56; BVerwGE 140, 161, 166 Rn. 16 = NVwZ 2012, 1042 = AuAS 2012, 42; BVerwGE 142, 91, 97 Rn. 16; BVerwG, AuAS 2012, 153, 154; Nieders. OVG, AuAS 2002, 90, 91; Nieders. OVG, NVwZ-RR 2012, 777; OVG NW, AuAS 2008, 103, 104; VG Frankfurt am Main, AuAS 2003, 142, 143). Ob eine Veränderung eingetreten ist, beurteilt sich nicht allein nach dem im Statusbescheid vom Bundesamt zugrunde gelegten Sachverhalt, sondern nach den im maßgeblichen zeitlichen Anknüpfungspunkt im Verfolgerstaat tatsächlich herrschenden objektiven Verhältnissen (BVerwGE 112, 80, 84 = NVwZ 2001, 335, 336 = InfAuslR 2001, 532 = EZAR 214 Nr. 13; Hess. VGH, AuAS 2005, 12). Ist im Vergleich zu den im maßgeblichen Zeitpunkt tatsächlich herrschenden Verhältnissen keine wesentliche oder grundlegende Veränderung eingetreten, ist der Widerruf unzulässig.

13 Der Widerruf ist unzulässig, wenn eine nachträglich bekannt gewordene neue Erkenntnislage dem Erlass des Statusbescheides entgegen gestanden hätte (BVerwGE 112, 80 82 f.) = NVwZ 2001, 335 = InfAuslR 2001, 532 = EZAR 214 Nr. 13 = AuAS 2001, 18; Bay VGH, AuAS 2001, 23; VG Magdeburg, InfAuslR 2000, 40). Erst recht ist ein Widerruf unzulässig, wenn nachträglich festgestellt wird, dass die *ursprüngliche Verfolgungsprognose falsch* (VGH BW, NVwZ 2001, 460; Hess. VGH, NVwZ-Beil. 2003, 74, 75) oder sonstwie von Anfang an fehlerhaft gewesen ist, wenn die Verfolgungsgefahr fortdauert (OVG SA, Urt. v. 26.01.2000 – A 1 S 174/99; a.A. VG Koblenz, InfAuslR 1995, 428, 429; VG Ansbach, InfAuslR 1996, 372, 373). Eine fehlerhafte Statusentscheidung rechtfertigt nicht den Widerruf, wenn nicht zugleich festgestellt werden kann, dass ein Widerrufsgrund vorliegt (BVerwGE 112, 80, 82 = NVwZ 2001, 335 = InfAuslR 2001, 532 = EZAR 214 Nr. 13; BVerwG, NVwZ-RR 1997, 741). Nach der Rechtsprechung kommt in diesen Fällen jedoch eine ergänzende Anwendung von § 48 VwVfG in Betracht. Erkenne das Bundesamt die Rechtswidrigkeit der Statusgewährung, stehe ihm regelmäßig ein weites, auch etwaige Erwägungen zur Verfahrensökonomie einschließendes Ermessen bei der Frage zu, ob es überhaupt ein Rücknahmeverfahren einleite. Hierbei habe es stets auch zu erwägen, ob die Statusentscheidung mit Rückwirkung oder nur mit Wirkung für die Zukunft zurückgenommen werden solle. Auch habe es Anhaltspunkten einer

Ermessensreduzierung nachzugehen (BVerwGE 112, 80, 91 f. = NVwZ 2001, 335 = InfAuslR 2001, 532 = EZAR 214 Nr. 13; BVerwG, NVwZ-RR 1997, 741; Hess. VGH, NVwZ-Beil. 2003, 74, 78). Diese Rechtsprechung ist wegen Art. 14 Abs. 1 in Verb. mit Art. 11 Abs. 1 RL 2011/95/EU überholt.

II. Inhalt und Umfang der »Wegfall-der-Umstände-Klauseln« (Abs. 1 Satz 2)

1. Unionsrechtlicher Bezugsrahmen (Art. 11 Abs. 1 Buchst. e) und f) RL 2011/95/EU)

14 Nach Art. 1 C Nr. 5 und 6 GFK erlischt der Flüchtlingsstatus, wenn es der Flüchtling nach Wegfall der Umstände, aufgrund deren er als Flüchtling anerkannt worden ist, nicht mehr ablehnen kann, den Schutz des Herkunftslandes in Anspruch zu nehmen (s. hierzu im Einzelnen *Marx*, Handbuch zum Flüchtlingsschutz, 2. Aufl., 2012, S. 447 ff.). Art. 6 A Buchst. c) und f) UNHCR-Statut enthalten ähnliche Bestimmungen und ermächtigen UNHCR, förmliche Erklärungen zur allgemeinen Beendigung der Flüchtlingseigenschaft spezifischer Flüchtlingsgruppen abzugeben. Die Funktion des Verlustgrundes besteht darin, das Vorrecht der Staaten zu sichern, den Flüchtlingsstatus zu beenden, wenn diese aufgrund einer Einschätzung der Veränderung der allgemeinen Verhältnisse im Herkunftsland zu der Überzeugung gelangen, dass dort wieder Schutz für den Flüchtling verfügbar ist. Wie der Beitrag des französischen Delegierten auf der Bevollmächtigtenkonferenz verdeutlicht, verfolgen die Klauseln nach ihrer Entstehungsgeschichte den Zweck, dem Herkunftsland erneut die Verantwortung für den Flüchtling zuzuweisen, wenn es wieder als glaubwürdiger Hüter der Rechte des Flüchtlings angesehen werden kann, um dadurch die Aufnahmeländer zu entlasten (*Rochefort,* U.N. Doc. A/CONF.2SR.28, S. 12 ff.). Art. 11 Abs. 1 Buchst. e) und f) RL 2011/95/EU orientieren sich an Art. 1 C Nr. 5 und Nr. 6 GFK, wonach aufgrund »grundlegender Änderungen der objektiven Umstände im Herkunftsland« die Flüchtlingseigenschaft erlischt. Abs. 1 Satz 2 übernimmt diesen Wortlaut. Für diesen Verlustgrund hat sich der Begriff »Wegfall-der-Umstände-Klauseln« oder »allgemeine Beendigungsklauseln« durchgesetzt (*UNHCR,* NVwZ-Beil. 2003, 57; *UNHCR,* AuAS 2005, 211). Das Unionsrecht orientiert sich am Handbuch von UNHCR und an der Staatenpraxis. Wie Art. 1 C Nr. 5 GFK zielt Art. 11 Abs. 1 Buchst. e) RL 2011/95/EU auf Flüchtlinge, die noch im Besitz einer Staatsangehörigkeit sind, während Art. 11 Abs. 1 Buchst. f) RL 2011/95/EU wie Art. 1 C Nr. 6 GFK staatenlose Flüchtlinge erfasst.

15 Die »Umstände« im Sinne von Art. 1 C Nr. 5 und Nr. 6 GFK zielen auf *»grundlegende Veränderungen* im Herkunftsland, aufgrund deren man annehmen kann, dass der Anlass für die Furcht vor Verfolgung nicht mehr länger besteht« (*UNHCR,* Handbuch über Verfahren und Kriterien zur Feststellung der Flüchtlingseigenschaft, 1979, Rn. 135). Ob eine relevante Veränderung eingetreten ist, bestimmt sich nach den im rechtskräftigen Urteil oder Statusbescheid zugrunde gelegten Tatsachen, denen die Lage im maßgebenden Entscheidungszeitpunkt (§ 77 Abs. 1) gegenüber zu stellen ist (BVerwG, InfAuslR 2014, 200, Rn. 11). Die Beendigung des Flüchtlingsstaus führt zum Verlust der damit verbundenen Rechte und kann zudem zu einer Rückführung der Flüchtlinge in ihr Herkunftsland führen. Deshalb ist eine sorgfältige

Einzelfallprüfung grundlegende Voraussetzung für die Beendigung des Flüchtlingsstatus (BVerwG, AuAS 2012, 153, 155; OVG MV, EZAR NF 60 Nr. 5; Nieders. OVG, AuAS 2010, 80, 81). Dies wird auch dadurch hervorgehoben, dass der Verlustgrund individualbezogen ist. Nach dem Wortlaut von Art. 1 C Nr. 5 und 6 GFK muss die Veränderung der allgemeinen Verhältnisse auf die individuelle Situation des Flüchtlings (»Wegfall der Umstände, aufgrund deren, er als Flüchtling anerkannt worden ist«) bezogen werden. Die zentralen Fragen im Rahmen der Überprüfung beziehen sich auf die individuelle Situation des Flüchtlings. Die erste Frage zielt auf die Prüfung, ob aufgrund der veränderten Situation der tatsächlichen Verhältnisse im Herkunftsland das Verfolgungsrisiko für den Flüchtling beseitigt wurde und darüber hinaus nunmehr effektiver Schutz für ihn dort verfügbar ist. Nur unter diesen Umständen kann es der Flüchtling vernünftigerweise nicht mehr ablehnen, den im Herkunftsland für ihn verfügbaren Schutz in Anspruch zu nehmen (*Goodwin-Gill/McAdam,* The Refugee in International Law, 3. Aufl., 2007, S. 139 f.). Nach dem Handbuch von UNHCR weist der Begriff »Umstände« »auf grundlegende Veränderungen im Herkunftsland«, aufgrund derer angenommen werden kann, dass der individuelle Anlass für die Flucht nicht mehr länger besteht. Eine bloße – möglicherweise vorübergehende – Veränderung der Umstände, die für die Flucht des Flüchtlings mitbestimmend waren, aber kein wesentliche Veränderung der Umstände mit sich brachten, reicht für die Anwendung der Beendigungsklauseln nicht aus (*UNHCR,* Handbuch über Verfahren und Kriterien zur Feststellung der Flüchtlingseigenschaft, 1979, Rn. 135).

16 Hieran knüpft die Begründung des Vorschlags der Kommission an. Danach müssen die veränderten Umstände im Herkunftsland »so tiefgreifend und dauerhaft sein, dass die begründete Furcht des Flüchtlings gegenstandslos wird« (Kommissionsentwurf, KOM[2001]510 v. 12.09.2001, S. 28; ebenso *Goodwin-Gill/McAdam,* The Refugee in International Law, 3. Aufl., 2007, S. 139). Auch nach der Rechtsprechung des EuGH haben sich die Behörden im Blick auf die *individuelle Lage des Flüchtlings* zu vergewissern, dass die veränderten Umstände die Ursachen beseitigt haben, die für die Flüchtlingsanerkennung maßgebend waren (EuGH, InfAuslR 2010, 188, 190 = NVwZ 2010, 505 = AuAS 2010, 150 Rn. 69 f. – *Abdulla*). Lediglich der Hinweis auf die Verbesserung der allgemeinen Lage im Herkunftsland genügt damit nicht, folgt hieraus nicht, dass auch die Umstände, welche die Furcht des Flüchtlings vor Verfolgung begründeten, weggefallen sind (*Kneebone/O'Sullivan,* in: Zimmermann, The 1951 Convention relating to the Status of Refugees and its 1967 Protocol, 2011, Article 1 C Rn. 172; *Goodwin-Gill/McAdam,* The Refugee in International Law, 3. Aufl., 2007, S. 139; *Fitzpatrick/Bondom,* Cessation of refugee protection, 2001, S. 491, 514; *UNHCR,* Handbuch über Verfahren und Kriterien zur Feststellung der Flüchtlingseigenschaft, 1979, Rn. 135). So können bei einer grundlegenden Änderung der Umstände individuelle Besonderheiten in der Person des Flüchtlings Anlass geben, anders als bei anderen Flüchtlingen aus dem betreffenden Herkunftsland die allgemeinen Beendigungsklauseln nicht anzuwenden. Bei ethnischen Konflikten wird erfahrungsgemäß eine echte Versöhnung häufig nur schwer zu erreichen sein (*UNHCR,* NVwZ-Beil. 2003, 57, 59). Ferner ist bei staatenlosen Flüchtlingen zu bedenken, dass

diese unabhängig von der veränderten Sachlage auch in der Lage sein müssen, in das Land des gewöhnlichen Aufenthaltes zurückzukehren. Dies dürfte oft nicht möglich sein (*UNHCR*, Handbuch über Verfahren und Kriterien zur Feststellung der Flüchtlingseigenschaft, 1979, Rn. 139).

2. Grundlegende Veränderung der Umstände

17 Nach dem Wortlaut von Art. 1 C Nr. 5 und 6 GFK wie auch der Richtlinie muss die Veränderung der allgemeinen Verhältnisse auf die individuelle Situation (Rdn. 20 ff.) des Flüchtlings (»Wegfall der Umstände, aufgrund deren, er als Flüchtling anerkannt worden ist«) bezogen werden. Daher ist eine sorgfältige Prüfung der veränderten Umstände erforderlich, um zu entscheiden, ob sich aufgrund dessen der Flüchtling nicht mehr auf eine begründete Furcht vor Verfolgung berufen kann (*Goodwin-Gill/McAdam,* The Refugee in International Law, 3. Aufl., 2007, S. 139 f.). Da viele Flüchtlinge ungeachtet bestehender Sicherheitsrisiken in ihr Herkunftsland zurückkehren, ohne dass offiziell ein Wegfall der den Schutz rechtfertigenden Umstände erklärt worden ist, gibt UNHCR wegen der Befürchtung vorschneller staatlicher Widerrufsverfahren Erklärungen nach Art. 6 A Buchst. c) und f) UNHCR-Statuts selten ab (*UNHCR,* NVwZ-Beil. 2003, 57, 58). Es ist zu berücksichtigen, dass der Flüchtlingsschutz »umfassende und dauerhafte Lösungen« zum Ziel hat und dieser Anspruch des Flüchtlings Gegenstand und Zweck der allgemeinen Beendigungsklauseln prägt (*UNHCR,* NVwZ-Beil. 2003, 57, 58). Zahlreiche Beschlüsse des Exekutivkomitees des Programms von UNHCR bekräftigen, dass die Konvention und die Grundsätze des Flüchtlingsschutzes dauerhafte Lösungen für Flüchtlinge anstreben (z.B. *UNHCR* ExCom, Beschluss Nr. 29 [XXXIV] [1983]; *UNHCR* ExCom, Beschluss Nr. 50 [XXXIX] [1988]; *UNHCR* ExCom, Beschluss Nr. 58 [XL] [1989]; *UNHCR* ExCom, Beschluss Nr. 79 [XLVII] [1996]; *UNHCR* ExCom, Beschluss Nr. 81 [XLVIII] [1997]; *UNHCR* ExCom, Beschluss Nr. 85 [XLIX] [1998]; *UNHCR* ExCom, Beschluss Nr. 87 [L] [1999]; *UNHCR* ExCom, Beschluss Nr. 90 [LI] [2001]). Deshalb empfiehlt das Exekutivkomitee den Staaten »bei jeder Entscheidung über die Anwendung der Beendigungsklauseln, die sich auf den ›Wegfall der Umstände‹ stützt, sorgfältig den grundlegenden Charakter der Veränderungen im Heimat- oder Herkunftsland einschließlich der generellen Menschenrechtssituation und der besonderen Ursachen für die Verfolgungsfurcht« zu beurteilen, »um auf objektive und nachprüfbare Weise sicherzustellen, dass die Situation welche die Zuerkennung der Flüchtlingseigenschaft rechtfertigte, nicht länger existiert« (*UNHCR* ExCom, Beschluss Nr. 69 [XLIII] [1992]).

18 Nach Art. 11 Abs. 2 RL 2011/95/EU sind die allgemeinen Beendigungsklauseln anhand dieser Kriterien auszulegen und anzuwenden. Die Anwendung der allgemeinen Beendigungsklauseln hat eine dauerhafte Lösung zum Ziel. Deren Anwendung darf nicht dazu führen, dass Flüchtlinge mit einem unsicheren Aufenthaltsstatus im Aufnahmeland leben müssen. Ebenso wenig darf die Anwendung der Beendigungsklauseln dazu führen, dass Flüchtlinge zur Rückkehr in instabile Verhältnisse gezwungen werden, da dies die Wahrscheinlichkeit einer dauerhaften Lösung verringern würde und darüber hinaus zusätzliche oder erneute Instabilität andernfalls

sich bessernder Verhältnissen verursachen und damit die Gefahr neuer Flüchtlingsbewegungen verwirklichen könnte. Deshalb gilt der Grundsatz, dass sich die Verhältnisse im Herkunftsland »grundlegend und dauerhaft« geändert haben müssen, bevor die allgemeinen Beendigungsklauseln angewendet werden können (*UNHCR*, NVwZ-Beil. 2003, 57, 58). Eine automatische Beendigung des Flüchtlingsstatus mit Hinweis auf die generelle Verbesserung der allgemeinen Situation reicht also nicht aus. Vielmehr ist stets zu prüfen, ob aufgrund dessen die Gründe für die Furcht des betreffenden Flüchtlings vor Verfolgung beseitigt worden ist. In dieser Frage besteht in der Rechtsprechung und im Schrifttum Übereinstimmung. Bei Veränderung der für die Verfolgungsfurcht maßgebenden Umstände steht lediglich fest, dass sich die den Anlass für die Flucht bildenden Umstände verändert haben und die Furcht des Flüchtlings vor dieser Verfolgung nicht mehr begründet ist. Ob allein dies für die Statusbeendigung ausreicht oder ob darüber hinaus auch effektiver Schutz für den Flüchtling verfügbar sein muss, ist die in der Staatenpraxis am heftigsten umstrittene Frage, die auch durch die Rechtsprechung des EuGH nicht beendet worden ist. Eine Lösung ist aus der Konvention zu entwickeln.

19 Allgemein wird davon ausgegangen, dass der Flüchtlingsstatus nur dann beendet werden darf, wenn die Umstände, aufgrund deren der Flüchtling anerkannt worden ist, sich grundlegend und dauerhaft verändert haben. Das Exekutivkomitees des Programms von UNHCR empfiehlt den Vertragsstaaten, »sorgfältig den grundlegenden Charakter der Veränderungen im Heimat- oder Herkunftsland einschließlich der generellen Menschenrechtssituation und der besonderen Ursache für die Verfolgungsfurcht« in den Blick zu nehmen, »um auf objektive und nachprüfbare Weise sicherzustellen, dass die Situation, welche die Zuerkennung des Flüchtlingsstatus rechtfertigte, nicht länger existiert.« Hierbei sei »unabdingbare Grundlage« für die Anwendung der allgemeinen Beendigungsklauseln, »der *grundlegende, stabile* und *dauerhafte Charakter der Veränderungen*« (*UNHCR* ExCom Nr. 69 [XLIII] [1992]). Daraus leitet UNHCR in seinen Positionen zur Anwendung der Beendigungsklauseln ab, dass die Beendigung der Flüchtlingseigenschaft erst dann in Betracht kommt, wenn sich die Verhältnisse im Herkunftsland des Flüchtlings
- grundlegend und
- dauerhaft verändert haben und aufgrund dieser Veränderungen sichergestellt ist,
- dass der Betroffene im Herkunftsstaat *effektiven Schutz erlangen kann* (*UNHCR*, AuAS 2005, 211, 212).

20 Das Erfordernis der grundlegender Natur der Änderungen beruht auf dem Wortlaut der Beendigungsklauseln, da dies nur angewandt werden dürfen, wenn es der Betroffene aufgrund der Änderungen »nicht mehr ablehnen kann, den Schutz« des Herkunftslandes »in Anspruch zu nehmen« (Art. 1 C Nr. 5 Satz 1 und Nr. 6 Satz 1 GFK). Die entsprechenden Ermittlungen erfassen die objektiven Verhältnisse im Herkunftsland (UK House of Lords [1998] 1 All ER 193 Rn. 165 – *Sivakumaran et. al.*) und nehmen ihren Ausgang bei der individuelle Situation des Flüchtlings im Zeitpunkt der Statuszuerkennung. Art. 11 Abs. 2 RL 2011/95/EU setzt eine erhebliche Änderung der maßgebenden Umstände voraus. Zu prüfen sind nach Art. 4 Abs. 3 Buchst. a) RL 2011/95/EU insbesondere Rechts- und Verwaltungsvorschriften im Herkunftsland

und die Art und Weise, in der sie angewandt werden, sowie der Umfang, in dem in diesem die Achtung grundlegender Menschenrechte gewährleistet ist (EuGH, InfAuslR 2010, 188, 190 = NVwZ 2010, 505 = AuAS 2010, 150 Rn. 69 bis 71 – *Abdulla*). Nach der Begründung des Vorschlags der Kommission wird ein grundlegender Wandel von entscheidender politischer und sozialer Bedeutung vorausgesetzt, der zu stabilen Machtstrukturen geführt hat, die sich von denen unterscheiden, aufgrund deren der Flüchtling eine begründete Furcht vor Verfolgung hatte. Ein *umfassender politischer Wandel* ist das offenkundigste Beispiel für eine tiefgreifende Veränderung der Umstände. Durchführung demokratischer Wahlen, Verkündung einer Amnestie, Aufhebung repressiver Gesetze, Zerschlagung früherer Strukturen und Reformanstrengungen zur Beachtung und Anwendung der Menschenrechte können auf einen »solchen Übergang hindeuten« (Kommissionsentwurf, KOM[2001]510 v. 12.09.2001, S. 28; *Goodwin-Gill/McAdam,* The Refugee in International Law, 3. Aufl., 2007, S. 139). Zu prüfen ist, in welchem Umfang die politischen Veränderungen im Herkunftsland die die Flucht auslösenden Umstände beseitigt haben (*UNHCR,* AuAS 2005, 211, 212).

Diese Auslegung wird durch die Entstehungsgeschichte der Konvention getragen. 21 Auf der Bevollmächtigtenkonferenz wies der französische Delegierte darauf hin, dem Aufnahmestaat könne es nicht mehr zugemutet werden, weiterhin die Verantwortung für den Flüchtling zu tragen, wenn das Herkunftsland sich zu einem demokratischen System gewandelt habe (*Rochefort,* U.N.Doc. A/CONF.2/SR.28, S. 139). Daraus folgt, dass die Änderung von grundlegender politischer Bedeutung in dem Sinne sein muss, dass die politischen Machtstrukturen, unter denen die frühere Verfolgung ausgeübt wurde, nicht mehr bestehen. Allein eine relative Beruhigung der Lage in einem unverändert repressiven System ist deshalb ebenso wenig ausreichend wie der Umstand, dass eine demokratische Regierung eingerichtet wurde. Allein eine formale Änderung der staatlichen Strukturen beseitigt noch nicht die begründete Furcht des Flüchtlings vor der früheren Verfolgung. Vielmehr kommt es darauf an, in welchem Umfang die demokratische Wahl einer Regierung zu wirklichen Veränderungen der Menschenrechtssituation geführt haben (*Hathaway,* The Law of Refugee Status, 1991, S. 201; *Goodwin-Gill/McAdam,* The Refugee in International Law, 3. Aufl., 2007, S. 140 f.). Es reicht also nicht aus, dass der Staat lediglich nicht die Menschenrechte verletzt. Vielmehr muss er effektive Schutzvorkehrungen treffen, damit die Menschen ihre Rechte ausüben können und vor Übergriffen geschützt sind (Art. 7 Abs. 2 RL 2011/95/EU). Die Änderung der Umstände muss daher zu einem wirksamen System des Schutzes gegen Verfolgungen im Herkunftsland geführt haben. Lediglich formale Änderungen der Verhältnisse reichen nicht aus.

Derartige Entwicklungen müssen zu einer wirklichen Schutzfähigkeit und -bereit- 22 schaft zugunsten des Flüchtlings im Herkunftsland geführt haben. Auch wenn sich ein repressives in ein demokratisches System gewandelt hat, de facto die Macht jedoch in der Hand der früheren Machtinhaber bleibt oder die Sicherheitsbehörden unverändert Menschenrechte verletzen, fehlt es an einer effektiven Änderung der Umstände (*Hathaway,* The Law of Refugee Status, 1991, S. 202.). Nach der Begründung des Vorschlags der Kommission ist eine »tief greifende Veränderung der Umstände« nicht mit »einer Verbesserung der Lage im Herkunftsland gleichbedeutend.« Es sei daher zu prüfen, ob es zu einem grundlegenden Wandel von entscheidender politischer oder sozialer Bedeutung gekommen sei, der zu stabilen Machtstrukturen geführt habe, die sich von denen unterschieden, aufgrund deren der Flüchtling eine begründete Furcht vor Verfolgung gehabt habe (Kommissionsentwurf, KOM[2001]510 v. 12.09.2001, S. 28). Zwar kann die spontane Rückkehr von Flüchtlingen in ihr Herkunftsland, wenn sie in größerem und dauerhaften Umfang stattfindet, Indiz für Änderungen sein, die sich im Herkunftsland ereignen oder ereignet haben. Ist es jedoch wahrscheinlich, dass es aufgrund der Rückkehr der ehemaligen Flüchtlinge zu neuen Spannungen im Herkunftsland kommt, kann dies auf das Fehlen wirksamer, fundamentaler Änderungen hinweisen (*UNHCR,* NVwZ-Beil. 2003, 57, 59; *UNHCR,* Note on the Cessation Clauses v. 30 Mai 1997, Rn. 20). Soweit eine besondere Ursache für die Verfolgungsfurcht festgestellt wurde (Rdn. 20 f.), hat die Beseitigung dieser Ursache eine größere Bedeutung als die Änderung anderer Umstände. Häufig sind indes die Entwicklungen in einem Land miteinander verknüpft, seien es bewaffnete Konflikte, schwere Menschenrechtsverletzungen, schwere Diskriminierungen von Minderheiten oder das Fehlen von Rechtsstaatlichkeit, sodass die Veränderung eines Umstandes zur Verbesserung anderer Umstände führt. Daher müssen alle entscheidenden Faktoren berücksichtigt werden.

23 Eine *Ende der Kampfhandlungen*, umfassende politische Veränderungen und eine Rückkehr zu Friede und Stabilität sind typischen Situationen, die die Anwendung der allgemeinen Beendigungsklauseln zulassen (*UNHCR,* NVwZ-Beil. 2003, 57, 58). Hingegen weisen die *Verkündung einer Amnestie,* die Aufhebung repressiver Gesetze oder die Zerschlagung früherer Strukturen lediglich auf einen Übergang zu grundlegenden Änderungen hin (Kommissionsentwurf, KOM[2001]510 v. 12.09.2001, S. 28; *Goodwin-Gill/McAdam,* The Refugee in International Law, S. 139), rechtfertigen als solche aber noch nicht die Anwendung der Beendigungsklauseln (VG Stuttgart, NVwZ-RR 2010, 207). In Übereinstimmung mit diesen Grundsätzen haben sich nach der Rechtsprechung des EuGH die Behörden im Blick auf die individuelle Lage des Flüchtlings zu vergewissern, ob durch die veränderten Umstände die für die Flüchtlingsanerkennung maßgebenden Ursachen beseitigt worden sind. Nach Art. 7 Abs. 2 RL 2011/95/EU ist zu prüfen, ob die Schutzakteure tatsächlich Schutz bieten können, geeignete Schritte eingeleitet haben, um die Verfolgung zu verhindern, dass sie demgemäß insbesondere über wirksame Rechtsvorschriften zur Ermittlung, Strafverfolgung und Ahndung von Verfolgungshandlungen verfügen und der Flüchtling Zugang zu diesem Schutz haben wird. Für diese Nachprüfung haben sie die Funktionsweise der Institutionen, Behörden und Sicherheitskräfte einerseits und aller Gruppen oder Einheiten des Herkunftslandes, die durch ihr Handeln oder Unterlassen für Verfolgungen gegenüber dem Flüchtling ursächlich werden können, andererseits zu beurteilen. Bei religiöser Verfolgung muss gewährleistet sein, dass der Glaube nach Rückkehr frei von Diskriminierungen praktiziert werden kann (VG Freiburg, AuAS 2009, 9, 11, verneint für Yeziden in der Türkei).

24 Auch nach der Rechtsprechung des BVerwG ist mit dem Begriff »Wegfall der Umstände« im Sinne von Art. 1 C Nr. 5 Abs. 1 und Nr. 6 Abs. 1 GFK, aufgrund derer die Anerkennung erfolgt, »eine nachträgliche erhebliche und nicht nur

vorübergehende Änderung der für die Anerkennung maßgeblichen Verhältnisse« zu verstehen (BVerwGE 124, 276, 283 f. = NVwZ 2006, 707 = InfAuslR 2006, 244 = AuAS 2006, 92; BVerwGE 140, 22, 28 Nr. 17 = InfAuslR 2011, 408; BVerwGE 146, 31, 39 Rn. 20 = NVwZ-RR 2013, 571; BVerwG, EZAR NF 60 Nr. 6 = InfAuslR 2008, 183 = AuAS 2008, 118; BVerwG, NVwZ 2006, 1420, 1421; *Berlit*, NVwZ 2012, 193, 196 ff.). Es muss eine prinzipiell schutzmächtige Herrschaftsgewalt im Sinne von Art. 7 Abs. 1 RL 2011/95/EU im Herkunftsland vorhanden sein und darf, anders als nach der bisherigen Rechtsprechung des BVerwG, dem Flüchtling auch kein ernsthafter Schaden im Sinne von Art. 15 RL 2011/95/EU und keine sonstigen Gefahren etwa im Hinblick auf die allgemeine Sicherheitslage oder allgemeine Lebensbedingungen drohen (BVerwG, InfAuslR 2008, 183 = AuAS 2008, 118). Bei der Prüfung der veränderten Umstände ist die Gesamtheit des Herkunftslandes in Betracht zu ziehen. Die Flüchtlingseigenschaft kann nur dann beendet werden, wenn die Grundlage für die Verfolgung entfallen ist, ohne dass der Flüchtling in bestimmte sichere Regionen des Landes zurückkehren muss, um vor Verfolgung sicher zu sein. *Änderungen* im Herkunftsland, die *nur einen Teil des Staatsgebietes* betreffen, rechtfertigen daher grundsätzlich nicht die Beendigung der Flüchtlingseigenschaft (*UNHCR*, NVwZ-Beil. 2003, 57, 59). Ebenso ist die Tatsache, dass der Flüchtling sich im Herkunftsland nicht frei bewegen oder niederlassen kann, ein Indiz dafür, dass die Änderungen nicht grundlegender Natur sind (*UNHCR*, NVwZ-Beil. 2003, 57, 59).

3. Dauerhafte Veränderung der Umstände

25 Die Veränderungen müssen dauerhaft (*UNHCR* ExCom Nr. 69 [XLIII] [1992]), dürfen also nicht nur vorübergehend sein (Art. 11 Abs. 2 RL 2011/95/EU). Der Flüchtlingsstatus darf *nicht vorschnell* während eines politischen Übergangsprozesses, vielmehr erst dann beendet werden, wenn vernünftigerweise erwartet werden kann, dass die grundlegenden Änderungen wahrscheinlich von Dauer sein werden. Diese Voraussetzung ist Ausdruck des prospektiven Charakters der Flüchtlingsdefinition (*Hathaway*, The Law of Refugee Status, 1991, S. 203). Nach der *Schutzlehre* soll wirksamer Schutz gegen zukünftige Risiken sichergestellt werden. Das Schutzbedürfnis entfällt daher nur, wenn es sich bei der früheren Verfolgung um einen in der Vergangenheit abgeschlossenen Vorgang handelt. So wie die Schutzlehre danach fragt, ob nicht nur im Augenblick der Statusentscheidung Risiken bestehen, sondern in absehbarer Zeit mit deren Verwirklichung zu rechnen ist, so fragt sie bei der Beendigung dieses Status, ob es feststeht, dass in absehbarer Zeit mit einer Verwirklichung von ernsthaften Risiken vernünftigerweise nicht mehr zu rechnen ist. Eine dauerhafte Änderung der politischen Situation im Herkunftsland kann erst festgestellt werden, wenn nach einer Phase der Konsolidierung vernünftigerweise nicht mehr mit dem Wiederaufleben der ursprünglichen Fluchtgründe gerechnet werden kann (*UNHCR*, AuAS 2005, 211, 212). Entwicklungen, die bedeutende und grundlegende Änderungen andeuten, müssen sich zunächst konsolidieren, bevor eine Entscheidung zur Statusbeendigung getroffen werden kann.

26 Gelegentlich kann bereits nach relativ kurzer Zeit beurteilt werden, ob grundlegende und dauerhafte Änderungen stattgefunden haben. Dies ist der Fall, wenn z.B.

friedliche Änderungen im Rahmen eines verfassungsmäßigen Verfahrens sowie freie und gerechte Wahlen mit einem echten Wechsel der Regierung stattfinden, die der Achtung der fundamentalen Menschenrechte verpflichtet ist, und wenn im Land eine relevante politische und wirtschaftliche Stabilität gegeben ist (*UNHCR,* NVwZ-Beil. 2003, 57, 59). Dagegen bedarf im Fall der gewaltsam herbeigeführten Veränderung der politischen Verhältnisse im Herkunftsland, z.B. durch einen *Umsturz* des bisherigen politischen Regimes oder dem *militärischen Sieg einer Bürgerkriegspartei,* die Feststellung des dauerhaften Charakters einer längeren und sorgfältigen Beobachtung der Entwicklungen vor Ort (*UNHCR,* NVwZ-Beil. 2003, 57, 59; *UNHCR,* AuAS 2005, 211, 212). Einerseits besteht in diesen Fällen in besonderem Maße die Gefahr der Entstehung neuer Verfolgungs- und Fluchtgründe, wenn sich bspw. die gewaltsam an die Macht gelangte Gruppierung nicht eindeutig zur Einhaltung grundlegender Menschenrechte verpflichtet oder diese nicht wirksam durchzusetzen vermag. Andererseits besteht in solchen Situationen auch ein erhöhtes Risiko einer Umkehr der eingeleiteten Veränderungen (*UNHCR,* AuAS 2005, 211, 212). Die Richtlinien von UNHCR zur Anwendung der allgemeinen Beendigungsklauseln enthalten keine genauen Zeitvorgaben für die Konsolidierungsphase, weil keine klaren Regelungen zur Dauer dieser Phase entwickelt werden können (*UNHCR,* Note on the Cessation Clauses v. 30 Mai 1997, Rn. 22). Dies ist sachgerecht, weil der grundlegende und dauerhafte Charakter der Veränderungen von einer Vielzahl besonderer historischer, politischer, regionaler und sonstiger Umstände abhängig ist und deshalb jedes Herkunftsland aufgrund seiner besonderen spezifischen Bedingungen bewertet werden muss.

27 Die Lösung des Problems liegt im Verfahrensrecht (Rdn. 45 ff.), da nach Art. 14 Abs. 2 RL 2011/95/EU die Behörde die Beweislast für die grundlegende und dauerhafte Änderung der Verhältnisse trifft (*Goodwin-Gill/McAdam,* The Refugee in International Law, S. 142 f.; Kommissionsentwurf, KOM[2001]510 v. 12.09.2001, S. 29; *Kneebone/O'Sullivan,* in: Zimmermann, The 1951 Convention relating to the Status of Refugees and its 1967 Protocol, 2011, Article 1 C Rn. 85 ff.). Für den Wiederaufbau des Landes muss daher genügend Zeit eingeräumt werden. Friedensverhandlungen zwischen gegnerischen militanten nichtstaatlichen Gruppierungen oder zwischen diesen und der Regierung müssen sorgfältig überwacht werden. Dies ist besonders wichtig, wenn Konflikte zwischen verschiedenen Volksgruppen bestanden hatten, da in derartigen Fällen eine echte Versöhnung erfahrungsgemäß häufig nur schwer zu erreichen ist. Solange die *landesweite Versöhnung* nicht fest verankert und ein echter Landesfrieden wiederhergestellt ist, sind die eingetretenen politischen Veränderungen möglicherweise nicht von Dauer (*UNHCR,* NVwZ-Beil. 2003, 57, 59). Generell ist festzuhalten, dass Änderungen, die sich in einem friedlichen, verfassungsgemäßen und demokratischen Prozess vollziehen, mit Garantien für den Schutz der Menschenrechte und unter der Herrschaft des Gesetzes, in einer relativ kurzen Periode bewertet werden können. Wo sich hingegen Änderungen im kriegerischen Prozess vollziehen, in dem die Konfliktbeteiligten sich noch nicht ausgesöhnt und die Rückkehr von Flüchtlingen neue Konflikte und Tötungen verursacht haben – wie z.B. in Afghanistan seit 2001 und Irak seit 2003 –, das neue Regime noch nicht effektive Herrschaftsgewalt

über das gesamte Land erlangt hat und keine wirksamen Vorkehrungen zum Schutze der Menschenrechte bestehen, ist die Beobachtungsphase ungleich länger.

Solange kein nationaler Versöhnungsprozess eingeleitet wurde und die politischen Veränderungen nicht sicher und unveränderbar sind, können diese nicht als dauerhaft angesehen werden (*UNHCR,* Note on the Cessation Clauses v. 30 Mai 1997, Rn. 22). Insbesondere in Situationen, in denen das Herkunftsland infolge bewaffneter Konflikte in unterschiedliche Zonen fragmentiert ist und in keiner dieser Zonen effektive Schutzstrukturen aufgebaut worden sind, fehlt es an einer wirksamen dauerhaften Schutzbereitschaft und -fähigkeit als Voraussetzung für die Anwendung der Beendigungsklauseln. Wenn in derartigen Situationen die Verhältnisse in einem Teil des Landes als grundlegende Änderungen erscheinen, muss eine ausreichende Zeit zugewartet werden, bevor ein Urteil über deren Stabilität und Dauerhaftigkeit getroffen werden kann. Lediglich kurze Perioden des Friedens in einer oder mehreren Regionen des Herkunftslandes sind keinesfalls ausreichend. Wenn ein friedlicher Teil des Herkunftslandes von Teilen umgeben ist, in denen kriegerische Auseinandersetzungen herrschen, müssen die grundlegenden Änderungen sich zunächst stabilisieren, bevor ein Urteil über deren Dauerhaftigkeit in dieser Region wie auch im gesamten Land getroffen werden kann (*UNHCR,* Note on the Cessation Clauses v. 30 Mai 1997, Rn. 26). 28

Auch nach der Rechtsprechung des EuGH muss nach Art. 11 Abs. 2 RL 2011/95/EU festgestellt werden, ob die Veränderung der Umstände »erheblich und nicht nur vorübergehend« ist. Die Faktoren, welche die Furcht des Flüchtlings vor Verfolgung begründeten, müssen als dauerhaft beseitigt angesehen werden können. Die Beurteilung der Veränderung der Umstände als erheblich und nicht nur vorübergehend setzt das Fehlen begründeter Befürchtungen voraus, Verfolgungen ausgesetzt zu sein, die schwerwiegende Verletzungen der Menschenrechte im Sinne von Art. 9 der Richtlinie darstellen. Festgestellt werden muss, dass die Schutz bietenden Akteure, im Hinblick auf die zu beurteilen sei, ob tatsächlich eine Veränderung der Umstände eingetreten ist, gem. Art. 7 Abs. 1 RL 2011/95/EU entweder der Staat selbst oder Parteien oder Organisationen einschließlich internationaler Organisationen sind, die den Staat oder einen wesentlichen Teil des Staatsgebietes beherrschen. Schutz kann dabei auch mittels der Anwesenheit multinationaler Truppen sichergestellt werden (EuGH, InfAuslR 2010, 188, 190 = NVwZ 2010, 505 = AuAS 2010, 150 Rn. 73–75 – *Abdulla*). 29

4. Wiederherstellung wirksamer Schutzstrukturen

a) Funktion des »spiegelbildlichen Ansatzes«

UNHCR und die Literatur leiten aus der Konvention das zusätzliche Erfordernis ab, dass vor der Beendigung des Flüchtlingsstatus nicht lediglich wirksamer Schutz gegen die früheren Verfolgungen sichergestellt sein muss, sondern im Entscheidungszeitpunkt *im Herkunftsland insgesamt effektive und dauerhafte Schutzstrukturen* bestehen müssen. Dagegen behandelt die Rechtsprechung europäischer und einiger anderer Vertragsstaaten das Schutzerfordernis in Art. 1 C Nr. 5 und 6 GFK spiegelbildlich zum Schutzkonzept des Art. 1 A Nr. 2 GFK, sodass nach dieser Auffassung 30 kein Schutzbedürfnis für den Flüchtling mehr besteht, wenn die Umstände, welche die frühere Verfolgung ausgelöst haben, weggefallen sind. Dass die Situation im Herkunftsland im Übrigen unsicher und fragil ist, wird nach dieser Auffassung von dem beiden Normen zugrunde liegenden Schutzkonzept nicht erfasst. Bislang gibt es zur »Wegfall-der-Umstände«-Klauseln nur wenig Rechtsprechung in den Vertragsstaaten, sodass in dieser Frage kaum eine entsprechende gewohnheitsrechtliche Übung, die nach Art. 31 Abs. 3 Buchst. b) WVRK Bedeutung erlangen könnte, angenommen werden kann (s. hierzu ausführlich *Marx*, Handbuch zum Flüchtlingsschutz, 2. Aufl., 2012, S. 455). Auf den ersten Blick scheint sich der EuGH dieser Rechtsprechung der wenigen Vertragsstaaten angeschlossen zu haben. Diese bedarf jedoch einer näheren Untersuchung.

31 Nach UNHCR ist die Frage, ob der Flüchtling aufgrund der Veränderungen im Herkunftsland effektiven nationalen Schutz erlangen kann, zentral für die Prüfung. Erforderlich hierfür sei die Etablierung einer funktionsfähigen Regierung und grundlegender Verwaltungsstrukturen, wie sie z.B. ein funktionierender Rechtsstaat erfordere, sowie eine angemessene Infrastruktur, innerhalb derer die Bewohner ihre Rechte ausüben könnten, einschließlich des Rechts auf eine Existenzgrundlage. Eine rein physische Sicherheit für Leib und Leben sei nicht ausreichend (*UNHCR*, NVwZ-Beil. 2003, 57, 59; *UNHCR*, AuAS 2005, 211, 212 f.). Insbesondere die allgemeine Menschenrechtssituation im Herkunftsland sei ein gewichtiges Indiz für die Beurteilung, ob effektiver Schutz verfügbar sei. Den folgenden Kriterien kommt nach den Richtlinien von UNHCR zur Beendigung der Flüchtlingseigenschaft bei der entsprechenden Beurteilung eine besondere Bedeutung zu:

- Stand der demokratischen Entwicklung im Land einschließlich der Durchführung freier und gerechter Wahlen.
- Beitritt zu Menschenrechtsabkommen und Zulassung unabhängiger nationaler oder internationaler Organisationen zur freien Überprüfung der Einhaltung der Menschenrechte.
- Eine vorbildliche Beachtung von Menschenrechten sei nicht erforderlich. Allerdings müssten bedeutende Verbesserungen vorliegen.
- Minimale Voraussetzungen seien dafür die Beachtung des Rechts auf Leben und Freiheit sowie des Verbots der Folter, fairer Gerichtsverfahren und des Zugangs zu den Gerichten sowie unter anderem die Gewährleistung des Schutzes der fundamentalen Grundrechte der Meinungs-, Vereinigungs- und Religionsfreiheit.
- Wichtige und speziellere Indizien seien Amnestien, die Aufhebung freiheitsberaubender Gesetze und der Abbau ehemaliger Geheimdienststrukturen (*UNHCR*, NVwZ-Beil. 2003, 57, 59; *Fitzpatrick/Bondom*, Cessation of refugee protection, 2001, S. 491, 536).

32 Die Literatur stimmt dieser Position überwiegend zu. Sei kein derartiger Schutz wirksam und verfügbar, scheide eine von Art. 1 C Nr. 5 und 6 GFK vorausgesetzte Schutzunterstellung schon rein logisch aus. Vor diesem Hintergrund sei die Möglichkeit der Schutzunterstellung nicht bloßes Spiegelbild des für die Flüchtlingsanerkennung fehlenden Schutzes des Herkunftslandes (*Salomons/Hruschka*, ZAR 2004, 386, 390). Die Bestimmungen der Konvention seien anhand von Art. 31 Abs. 1 WVRK nach Treu

und Glauben in Übereinstimmung mit der gewöhnlichen, den Bestimmungen in ihrem Zusammenhang zukommenden Bedeutung und im Lichte ihres Ziels und Zwecks auszulegen. Das Erfordernis der Wiederherstellung wirksamer Schutzstrukturen folge aus dem Schutzzweck der Konvention ebenso wie aus dem Wortlaut von Art. 1 C Nr. 5 und 6 GFK, wonach vorausgesetzt werde, dass es der Flüchtling nur unter den dort bezeichneten Voraussetzungen »nicht mehr ablehnen kann, den Schutz des Landes in Anspruch zu nehmen« (*Löhr*, NVwZ 2006, 1021, 1022 f.; *Löhr*, Die Qualifikationsrichtlinie, S. 47, 80). Die für die Auslegung verbindliche englische Formulierung *»have ceased to exist«* beschreibe einen umfassenden und endgültigen Zustand. Diese Auslegung werde durch den Schutzzweck gestützt (*Löhr*, NVwZ 2006, 1021, 1022 f.). Eine zu frühe Rückkehr könne Flüchtlinge erneuter Verfolgungsgefahr aussetzen (*UNHCR*, NVwZ-Beil. 2003, 57, 58). Das Erfordernis grundlegender Änderungen beziehe sich auf die Gründe der Flucht und darauf, ob spätere Entwicklungen die Verfolgungsgefahren beseitigt haben würden und ob nunmehr wirksamer Schutz im Herkunftsland verfügbar sei. Nur unter diesen Voraussetzungen könne es der Flüchtling vernünftigerweise nicht mehr ablehnen, den Schutz seines Landes in Anspruch zu nehmen (*Goodwin-Gill/McAdam*, The Refugee in International Law, 3. Aufl., 2007, S. 140 ff.).

Bislang wird der spiegelbildliche Ansatz nur in der australischen, britischen und deut- 33
schen Rechtsprechung vertreten. Nach der angelsächsischen Rechtsprechung setzt Art. 1 C Nr. 5 GFK nicht voraus, dass eine bedeutende, effektive und dauerhafte Veränderung der Verhältnisse im Herkunftsland eingetreten, sondern lediglich, dass aufgrund der Änderung der Umstände die Furcht des Flüchtlings nicht länger begründet ist. Art. 1 A Nr. 2 und 1 C Nr. 5 GFK verfolgten den Zweck, dem Flüchtling den Aufenthalt im Aufnahmeland solange zu ermöglichen, wie die Furcht vor Verfolgung begründet sei. Zwar könne in Betracht gezogen werden, festzustellen, ob die Änderung der Umstände bedeutend, wirksam und dauerhaft sei. Der Zweck der Prüfung bestehe jedoch lediglich darin, zu untersuchen, ob der Flüchtling bei Berücksichtigung dieser Änderung immer noch eine begründete Furcht vor Verfolgung geltend machen könne (Australia Federal Court (2005) FCAFC 136 Rn. 52 – *QAAH;* Australia Federal Court (2005) FCA 161 Rn. 30 – *NBEM;* UK House of Lords (1998) 1 All ER 193 Rn. 165 – *Sivakumaran et. al.;* UK House of Lords (1999) 1 AC 293, 306 – *Adnan;* UK House of Lords (2005) UKHL 19 Rn. 56 – *Hoxha*). In diese Richtung geht auch die deutsche Rechtsprechung, nach der eine spiegelbildliche Betrachtung geboten ist, sodass der Begriff »Schutz des Landes« nach Art. 1 C Nr. 5 Abs. 1 GFK keine andere Bedeutung als »Schutz dieses Landes« in Art. 1 A Nr. 2 GFK habe. Schutz sei bezogen auf die Verfolgung aus Gründen der GFK. Da Art. 1 C Nr. 5 Abs. 1 GFK die Beendigung des Flüchtlingsstatus im Anschluss an Art. 1 A Nr. 2 GFK regele, könne mit »Schutz« nur der Schutz vor Verfolgung gemeint sein (BVerwGE 124, 276, 284 = NVwZ 2006, 707 = InfAuslR 2006, 244 = AuAS 2006, 92; BVerwG, EZAR NF 60 Nr. 6, S. 13 = InfAuslR 2008, 183 = AuAS 2008, 118; BVerwG, NVwZ 2011, 944, 945 = AuAS 2011, 107 (LS); Nieders. OVG, NVwZ-RR 2004, 614 = AuAS 2004, 153; VGH BW, NVwZ-RR 2004, 790; BayVGH, InfAuslR 2005, 43, 44).

34 Nach der Rechtsprechung des EuGH ist der Schutz, der in Art. 1 C Nr. 5 GFK gemeint ist, derjenige, der bis dahin gefehlt hat, d.h. der Schutz vor Verfolgung. Die Flüchtlingseigenschaft erlösche daher, wenn der Flüchtling in seinem Herkunftsland nicht mehr Umständen ausgesetzt erscheine, welche die Unfähigkeit dieses Landes belegten, Schutz vor Verfolgungen sicherzustellen. Ein solches Erlöschen impliziere, dass durch die Änderung der Umstände die Ursachen, die zu der Anerkennung als Flüchtling geführt hätten, beseitigt worden seien. Die Behörden müssten sich im Licht des Art. 7 Abs. 2 der Richtlinie im Hinblick auf die individuelle Lage des Flüchtlings vergewissern, dass die Schutzakteure die erforderlichen Schutzvorkehrungen eingeleitet hätten und er im Fall des Erlöschens seiner Flüchtlingseigenschaft Zugang zu diesem Schutz habe. Die Veränderung der Umstände sei erheblich und nicht nur vorübergehend (Art. 11 Abs. 2 RL 2011/95/EU), wenn die Faktoren, die die Furcht vor Verfolgung begründet hätten, als dauerhaft beseitigt angesehen werden könnten (EuGH, InfAuslR 2010, 188, 190 = NVwZ 2010, 505 = AuAS 2010, 150 Rn. 68 ff., 73 – *Abdulla;* hiergegen *Bank,* NVwZ 2011, 401). Der EuGH stellt also unter Hinweis auf Art. 7 Abs. 2 der Richtlinie auf die Fähigkeit der Schutzakteure ab, um zu beurteilen, ob »tatsächlich eine Veränderung der Umstände« eingetreten ist, und stellt hierbei einen Zusammenhang zwischen Art. 7 Abs. 2 und Art. 11 Abs. 2 RL 2011/95/EU her. Seine Rechtsprechung könnte folglich dahin interpretiert werden, dass nur bei einer erheblichen und dauerhaften Änderung der Umstände nicht mehr zu besorgen ist, dass die früheren Verfolgungen weiterhin drohen. Andererseits stellt der Gerichtshof jedoch klar, dass eine Beantwortung der Frage, ob die Sicherheitslage stabil sei und die allgemeinen Lebensbedingungen das Existenzminimum gewährleisteten, sich nicht mehr stelle, wenn die Faktoren, welche die Verfolgungsfurcht begründeten, als dauerhaft beseitigt angesehen werden können (EuGH, InfAuslR 2010, 188, 190 = NVwZ 2010, 505 = AuAS 2010, 150 Rn. 77, 73 – *Abdulla*).

35 Die Rechtsprechung des EuGH legt den Schwerpunkt der Prüfung auf die Schutzakteure und in diesem Zusammenhang insbesondere auch auf internationale Organisationen. Der Gerichtshof vermeidet andererseits eine Auseinandersetzung mit der Frage, ob die Beendigung des Flüchtlingsstatus eine Wiederherstellung wirksamer Schutzstrukturen voraussetzt. Fraglich ist aber, ob aus diesem Schweigen auf eine Ablehnung dieser Position geschlossen werden kann (*Errera,* IJRL 2011, 521, 535). Generalanwalt *Mazak* hatte in seinen Schlussanträgen die Ansicht vertreten, dass die Beendigung des Flüchtlingsstatus von zwei Voraussetzungen abhängig sei, zwischen denen ein innerer Zusammenhang bestehe. Festzustellen sei, dass die Umstände, aufgrund deren der Flüchtling anerkannt worden sei, weggefallen seien und das Herkunftsland sowohl in der Lage wie auch willens sei, den Flüchtling zu schützen. Genüge allein die Feststellung des Wegfalls der Umstände, aufgrund deren eine Person als Flüchtling anerkannt worden sei, wäre die Formulierung in Art. 1 C Nr. 5 GFK »nicht mehr ablehnen kann, den Schutz des Landes in Anspruch zu nehmen, dessen Staatsangehörigkeit er besitzt«, völlig überflüssig. Das Erlöschen der Flüchtlingseigenschaft beruhe daher darauf, dass es im Herkunftsland zu einer Veränderung der Umstände gekommen sei, die es dem Betroffenen erlaube, den Schutz dieses Landes tatsächlich in Anspruch

zu nehmen (*Mazák*, Schlussanträge in den verbundenen Rechtssachen C-175/08 u.a. Rn. 46 f. – *Abdulla*).

Der spiegelbildliche Ansatz verkennt, dass Art. 1 C GFK im Rahmen des Gesamtkontextes von Art. 1 GFK, dessen Teil die Beendigungsklauseln sind, auszulegen ist. Dies wirft die Frage der Bedeutung der Begriffe »nationaler Schutz« und »Wegfall der Umstände« auf. Vor diesem Hintergrund läuft der spiegelbildliche Ansatz der Funktion und dem Ziel von Art. 1 C GFK zuwider und stimmt nicht mit der Anwendung von Art. 1 C Nr. 1 bis 4 GFK überein (*Kneebone/O'Sullivan,* in: Zimmermann, The 1951 Convention relating to the Status of Refugees and its 1967 Protocol, 2011, Article 1 C Rn. 153 f., 158 ff.). Wortlaut und Entstehungsgeschichte der Beendigungsklauseln des Art. 1 C Nr. 5 und 6 GFK, die Systematik der Konventionsbestimmungen sowie ihr Ziel und Zweck sprechen gegen den spiegelbildliche Ansatz. Dieser verkürzt das besondere Erfordernis, dass nach Art. 1 C Nr. 5 Satz 1 Halbs. 2 GFK zusätzlich zum Wegfall der Umstände, die die Furcht vor Verfolgung begründeten, zu prüfen ist, ob es der Flüchtling zumutbarerweise ablehnen kann, den Schutz des Herkunftslandes in Anspruch zu nehmen, auf die Frage des Schutzes vor der früheren Verfolgung. Die behauptete Symmetrie zwischen Art. 1 A Nr. 2 GFK und Art. 1 C Nr. 5 GFK besteht nur im Blick auf den Halbs. 1 von Art. 1 C Nr. 5 GFK, nämlich auf den Wegfall der Umstände, welche die frühere Verfolgung verursacht haben. Aus dem zweiten Absatz dieser Norm folgt jedoch das zusätzliche Erfordernis, zu prüfen, ob es der Flüchtling aufgrund der veränderten Umstände nunmehr ablehnen kann, den Schutz des Herkunftslandes in Anspruch zu nehmen. Anders als die angelsächsische Rechtsprechung unterstellt, gibt es keine *zwingende Symmetrie* zwischen dem *Schutzbegriff in Art. 1 C Nr. 2* einerseits und *Art. 1 C Nr. 5 Satz 1* GFK andererseits. Gegen diese Symmetrie spricht der Wortlaut des Art. 1 C Nr. 5 Satz 1 Halbs. 2 GFK. Bei einer spiegelbildlichen Betrachtung hätte es des zweiten Halbsatzes nicht bedurft. 36

Der EuGH und die Rechtsprechung, welche den spiegelbildlichen Ansatz vertreten, können den Widerspruch nicht auflösen, dass sie den Zugang zu einem Schutzsystem ungeachtet dessen prüfen, dass die Umstände, welche die frühere Verfolgung ausgelöst und ihr Fortdauern bewirkt haben, weggefallen sind. Muss einerseits der Zugang zu einem nationalen Schutzsystem geprüft werden, wird aber andererseits die Prüfung dieses Zugangs ausschließlich auf die Umstände beschränkt, welche die Verfolgungsfurcht begründet haben, folgt hieraus, dass diese Umstände nicht vollständig weggefallen sind. In diesem Fall dürfen aber die Beendigungsklauseln nicht angewandt werden. Die Beschränkung auf die früheren Umstände, welche die Verfolgungsfurcht begründet haben, ist also keine Anwendung des Art. 1 C Nr. 5 GFK, sondern eine dieser Anwendung vorgelagerte Prüfung. Sind die für die Verfolgungsfurcht ausschlaggebenden Umstände noch vollständig oder auch nur teilweise vorhanden, sind sie nicht weggefallen. Es kommt weder zur Anwendung von Art. 1 C Nr. 5 GFK noch zur Anwendung von Beweislastregeln. Dieser den spiegelbildlichen Ansatz prägende logische Widerspruch verdeutlicht, dass der Wortlaut von Art. 1 C Nr. 5 Satz 1 Halbs. 2 GFK nicht den Schutz gegen die frühere Verfolgung meint, sondern einen übergreifenden Schutz. 37

38 Diese Wortlautauslegung findet Bestätigung im Zweck der Konvention im Allgemeinen und in dem der Beendigungsklauseln im Besonderen. Die Konvention verfolgt den Zweck, bei Wegfall des nationalen Schutzes wegen begründeter Furcht vor Verfolgung dem Flüchtling internationalen Schutz zu gewähren. Die internationale Gemeinschaft der Vertragsstaaten tritt also an die Stelle des Herkunftslandes und kann die Verantwortung für den Flüchtling erst dann wieder an das Herkunftsland übertragen, wenn dort wirksame Schutzstrukturen aufgebaut worden sind und der Flüchtling Zugang zu diesen hat. Sind nur die Umstände weggefallen, welche Anlass zur Statusgewährung gegeben hatten, bestehen jedoch im Herkunftsland keine effektiven Schutzstrukturen, dürfen die Aufnahmestaaten sich nicht vorschnell ihrer Verantwortung für den Flüchtling entledigen (*Marx,* InfAuslR 2005, 218, 219). Der Einwand, der Schutz des Art. 1 C Nr. 5 GFK beziehe sich nicht »auf den Schutz vor allgemeinen – wenn auch erhöhten – Lebensrisiken« (*Groh,* ZAR 2009, 1, 7), ist vor diesem Hintergrund nicht überzeugungskräftig. Bestehen »erhöhte Lebensrisiken« darf der Aufnahmestaat die Verantwortung für den Flüchtling nicht auf das Herkunftsland übertragen.

b) Wiederherstellung wirksamer Schutzstrukturen gegen die früheren Verfolgungsgefahren

39 Die vom EuGH bestätigte angelsächsische und deutsche Auslegung der Beendigungsklauseln kann nicht als gewohnheitsrechtliche Übung im Sinne von Art. 31 Abs. 3 Buchst. b) WVRK gewertet werden. Allerdings haben die Mitgliedstaaten wegen des unionsrechtlichen Anwendungsvorrangs ihre nationale Praxis an der Rechtsprechung des Gerichtshofs auszurichten. Aufgrund dessen ist das Risiko, dass der spiegelbildliche Ansatz sich zu einer gewohnheitsrechtlichen Regel entwickeln könnte, nicht von der Hand zu weisen. Andererseits ist dieser Ansatz seinerseits nicht so eindeutig, wie es auf den ersten Blick erscheint. Denn der Widerspruch, der die spiegelbildliche Position prägt, (Rdn. 37 f., 40 f.), ist aus der Binnensicht dieses Ansatzes kein Widerspruch. Diese Erkenntnis ermöglicht eine Versöhnung beider unterschiedlichen Sichtweisen:

40 Wird der Schwerpunkt der Prüfung auf den Wegfall der Umstände, welche die dem Flüchtling drohenden Verfolgungsrisiken bewirkt haben, gelegt, besteht ein Widerspruch, wenn gleichwohl nach Wegfall dieser Verfolgungsrisiken weiterhin der Zugang zum Schutzsystem geprüft wird. Sind diese Risiken weggefallen, bedarf es keine Prüfung des Zugangs. Nur wenn Risiken fortbestehen, bedarf es dieser Prüfung. Der EuGH setzt jedoch bei der Schutzfähigkeit an und prüft die »Umstände, die die Unfähigkeit oder umgekehrt die Fähigkeit des Herkunftslandes belegen, Schutz vor Verfolgungshandlungen sicherzustellen.« Folglich erlischt die Flüchtlingseigenschaft, wenn der Flüchtling in seinem Herkunftsland nicht mehr Umständen ausgesetzt erscheint, die die Unfähigkeit belegen, seinen Schutz vor Verfolgungen sicherzustellen, die aus Gründen der Konvention gegen seine Person gerichtet würden (EuGH, InfAuslR 2010, 188, 190 = NVwZ 2010, 505 = AuAS 2010, 150 Rn. 73 – *Abdulla;* so auch BVerwG, EZAR NF 60 Nr. 6 = InfAuslR 2008, 183 = AuAS 2008, 118; *Wittkopf,* ZAR 2010, 170, 172; Satz auch *Errera,* IJRL 2011, 521, 535). Dementsprechend wird das Schutzsystem anhand des Maßstabs des Art. 7 Abs. 2 RL 2011/95/EU und

insbesondere der Zugang zu diesem sorgfältig geprüft und werden die Mitgliedstaaten angehalten, sich unter Berücksichtigung der individuellen Lage des Flüchtlings zu vergewissern, dass die Schutzakteure wirksamen Schutz bieten können. Nach der Logik des Ansatzes des Gerichtshofes müssen danach die Umstände, welche die für den Flüchtling bedrohlichen objektiven Verfolgungsrisiken hervorgerufen haben, nicht weggefallen sein, um die Beendigungsklauseln anzuwenden. Vielmehr kann auch bei Fortbestand dieser Umstände der Flüchtlingsstatus nicht mehr aufrechterhalten werden, wenn die spezifischen »Umstände«, die bislang die Schutzunfähigkeit und damit die begründete Furcht des Flüchtlings vor Verfolgung bewirkt haben, »weggefallen« sind.

Die Literatur verhält sich nicht zu einem derart differenzierenden Ansatz, sondern verweist lediglich generell auf die Umstände, die bislang die Verfolgungsfurcht begründet haben (*Goodwin-Gill/McAdam*, The Refugee in International Law, 3. Aufl., 2007, S. 139 f.; *Hathaway*, The Law of Refugee Status, 1991, S. 201 f.; *Kneebone/O'Sullivan*, in: Zimmermann, The 1951 Convention relating to the Status of Refugees and its 1967 Protocol, 2011, Article 1 C Rn. 172). Auch die Empfehlung Nr. 69 (XLIII) des Exekutivkomitees des Programms von UNHCR von 1992 verweist nur allgemein auf »die Situation, welche die Zuerkennung des Flüchtlingsstatus rechtfertigte.« Im Handbuch wird zwar ein Zusammenhang zwischen der Veränderung der Umstände und dem »Anlass« für die Flucht hergestellt (*UNHCR*, Handbuch über Verfahren und Kriterien zur Feststellung der Flüchtlingseigenschaft, 1979, Rn. 135). Anlass kann aber auch die fehlende Schutzgewährung sein. Hingegen stellen die Richtlinien zu den Beendigungsklauseln von UNHCR klar, dass die »Fluchtgründe«, welche zur Flüchtlingsanerkennung geführt haben (Nr. 10), zu prüfen sind. Zu trennen hiervon ist nach Nr. 15 die Beurteilung, ob wirksamer Schutz verfügbar ist (*UNHCR*, Richtlinien zum Internationalen Schutz: Beendigung der Flüchtlingseigenschaft i.S.d. Art. 1 C (5) und (6) des Abkommens von 1951 über die Rechtsstellung der Flüchtlinge (»Wegfall der Umstände« – Klauseln) vom 10.02.2002). 41

Wird die Wiederherstellung der Schutzfähigkeit des Herkunftslandes zum Ausgangspunkt der Prüfung genommen, ist eine besonders sorgfältige Prüfung der früheren Akteure, von denen die Verfolgung ausgegangen war, geboten (BVerwGE 140, 22, 29 Nr. 20 = InfAuslR 2011, 408). Ob Schutzstrukturen bestehen, setzt zunächst eine Beurteilung der Gefahren voraus, die Anlass zur Flucht gegeben hatten, um beurteilen zu können, ob diese fortbestehen, aber nunmehr anders als früher wirksame Schutzstrukturen bestehen. Erst eine präzise Identifizierung dieser Gefahren, ihrer Schwere, der Art und Weise sowie der Faktoren, durch welche diese Gefahren verursacht wurden (Verfolgungsakteure), ermöglicht eine Prüfung, ob diese fortbestehen und in welchem Umfang gegen diese nunmehr wirksamer Schutz im Herkunftsland verfügbar ist. Auch der spiegelbildliche Ansatz ist daher gehalten, die früheren Verfolgungen und deren Fortbestand sorgfältig zu prüfen, d.h. die Prüfung konzentriert sich insbesondere auf die Frage, ob diese Gefahren dauerhaft weggefallen sind. Die angelsächsische Rechtsprechung prüft in diesem Zusammenhang die Umstände, die im Zeitpunkt der Entscheidung über die Flüchtlingseigenschaft, im Herkunftsland vorgeherrscht und die Furcht vor Verfolgung ausgelöst hatten. Hatten etwa die Verfolger im damaligen 42

Zeitpunkt weite Bereiche des Staatsgebietes beherrscht, ist aber ihr Einfluss im Zeitpunkt der Entscheidung über die Beendigung des Flüchtlingsstatus weitgehend zurück gedrängt worden, reicht die Feststellung nicht aus, dass es für die Verfolger keine realistische Chance auf Rückeroberung der Macht gibt. Vielmehr muss die Behörde sorgfältig prüfen, ob und in welchem Umfang Aktivitäten innerhalb der Reststrukturen der früheren Verfolger im Herkunftsland, insbesondere in der Herkunftsregion des Flüchtlings, weiterhin beobachtet werden und ob die Regierung fähig ist, hiergegen wirksamen Schutz zu gewähren. Ist die Situation noch immer instabil und die Regierung nicht in der Lage, den Flüchtling gegen die Verfolger zu schützen, haben sich die Umstände, aufgrund deren er als Flüchtling anerkannt wurde, nicht verändert (Australia Federal Court [2005] FCAFC 136 Rn. 73 ff. – *QAAH*, zu den Taliban in Afghanistan).

43 Auch nach dem spiegelbildlichen Ansatz ist damit eine Beendigung des Flüchtlingsstatus erst dann zulässig, wenn sich die Umstände, aufgrund deren der Flüchtling anerkannt wurde, grundlegend und dauerhaft verändert haben, die Sicherheitssituation also stabil ist und die politischen Machtstrukturen, unter denen früher die Verfolgung ausgeübt wurde, nicht mehr bestehen. Sind aber noch *Reststrukturen der früheren Verfolgungsakteure* aktiv, löst dies *Zweifel* an der wirksamen Fähigkeit der Schutzakteure, gegen diese Schutz zu gewähren, aus. Solange es diesen nicht gelingt, die aus diesen Strukturen hervorgehenden Risiken vollständig zu beseitigen, spricht viel dagegen, dass es ihnen gelungen ist, ein wirksames Schutzsystem zu errichten. Es geht hier nicht um allgemeine Gefahren, z.B. aufgrund von Kriegen, Revolutionen oder Naturkatastrophen, die als solche unerheblich sind (BVerwG, EZAR NF 60 Nr. 6, S. 9 = AuAS 2008, 118). Vielmehr bedürfen derart allgemeine Gefahren einer sorgfältigen Analyse, ob in diesen auch Aktivitäten von Restbeständen früherer Verfolgungsakteure zum Ausdruck kommen. Ist dies der Fall, ist die Veränderung der Verhältnisse nicht dauerhaft und wird dadurch die Schutzfähigkeit infrage gestellt. Das Schutzbedürfnis entfällt daher erst dann, wenn *frühere Verfolgungsstrukturen* als ein *in der Vergangenheit abgeschlossener Prozess* erscheinen. Gerade in fragilen und historisch nicht abgeschlossenen Übergangsprozessen, wie z.B. in Afghanistan und im Irak wie auch in vielen afrikanischen Staaten, kann auch nach dem spiegelbildlichen Ansatz solange nicht ein Wegfall der Umstände angenommen werden, wie nicht ein effektives Schutzsystem hervorgebracht wurde und die früheren Machtstrukturen wirksam aufgelöst worden sind. Dabei geht es nicht um einen lückenlosen Schutz gegen jede denkbare Form von Menschenrechtsverletzungen, sondern um einen wirksamen Schutz gegen Verfolgungen, die aus den Restbeständen der früheren Machtstrukturen hervorgehen können.

44 Die Beurteilung der Veränderung der Umstände als »erheblich und nicht nur vorübergehend« setzt danach das Fehlen einer begründeter Befürchtung voraus, Verfolgungen ausgesetzt zu sein, die schwerwiegende Menschenrechtsverletzungen darstellen (EuGH, InfAuslR 2010, 188, 190 = NVwZ 2010, 505 = AuAS 2010, 150 Rn. 73 – *Abdulla*). Die Prüfung ist also nicht ausschließlich auf den Wegfall der Verfolgungsgefahr beschränkt, sondern erfasst die Faktoren, die für die frühere Verfolgung von Bedeutung waren. Diese sind im Einzelnen zu analysieren, bevor ein Schluss auf den qualifizierten Charakter der Änderungen möglich ist (Australia Federal Court [2005]

FCAFC 136 Rn. 73 ff. – *QAAH*). Da der Gerichtshof die Schutzunfähigkeit zum Ausgang nimmt, sind im Beendigungsverfahren auch die Faktoren zu prüfen, die im Statusverfahren für die fehlende Schutzfähigkeit, z.B. Mangel an Rechtsstaatlichkeit, allgemein schwaches Niveau der Achtung der Menschenrechte, ursächlich waren (*Bank,* NVwZ 2011, 401, 405). Ob der Gerichtshof diese Konsequenz ziehen wollte, ist indes fraglich (*Wittkopf,* ZAR 2010, 170, 173). Aus der Forderung nach einer grundlegenden und dauerhaften Änderung der die frühere Verfolgung begründenden Verhältnisse folgt jedoch, dass erst die Hervorbringung wirksamer Schutzstrukturen Zweifel an der Schutzfähigkeit gegen frühere Verfolgungen beseitigen (*Hathaway,* The Rights of Refugees under International Law, 2005, S. 925). Es geht beiden Ansätzen also darum, in historischen Übergangsprozessen den Flüchtlingsstatus nicht vorschnell zu beenden. Zutreffend weisen Rechtsprechung und Literatur darauf hin, dass diese Frage letztlich durch ein angemessenes Verfahren gelöst werden muss (Australia Federal Court [2005] FCAFC 136 Rn. 69 – *QAAH; Goodwin-Gill/McAdam,* The Refugee in International Law, 3. Aufl., 2007, S. 143; *Kneebone/O'Sullivan,* in: Zimmermann, The 1951 Convention relating to the Status of Refugees and its 1967 Protocol, 2011, Article 1 C Rn. 176).

5. Nachweislast

Während der Status nur zuerkannt werden darf, wenn der Flüchtling die Behörde überzeugen kann, dass er eine begründete Furcht vor Verfolgung hat, darf er nicht entzogen werden, wenn nicht aufgeklärt werden kann, ob nunmehr Schutzfähigkeit und -bereitschaft besteht (Australia Federal Court [2005] FCAFC 136 Rn. 69 – *QAAH*). Die *Beweislast,* dass tatsächlich eine grundlegende und dauerhafte Änderung der Umstände, aufgrund deren der Flüchtling anerkannt wurde, eingetreten ist, liegt danach bei der Behörde (UK House of Lords (2005) UKHL 19 Rn. 66 – *Hoxha;* Australia Federal Court (2005) FCAFC 136 Rn. 56, 69 – *QAAH; Fitzpatrick/Bondom,* Cessation of refugee protection, 2001, S. 491, 515). Nach deutschem Verfahrensrecht geht es hierbei nicht um nicht aufklärbare Tatsachen. Die Tatsachen sind vielmehr nach dem Regelbeweis festzustellen. In der anschließenden Beweiswürdigung können auf der Grundlage dieser Tatsachen jedoch nicht ausräumbare Zweifel aufkommen, ob die Änderung der Umstände grundlegend und nicht nur vorübergehend ist, die Regierung also tatsächlich in der Lage ist, wirksamen Schutz gegen Bedrohungen sicherzustellen, die noch immer aus den Restbeständen früherer Machtstrukturen hervorgehen können (Rdn. 42 ff.). Es geht um ein Abwägen von Wahrscheinlichkeiten, also darum, ob es wahrscheinlich ist, dass die Restbestände früherer Machtstrukturen tatsächlich beseitigt oder geeignete Schutzstrukturen hervorgebracht wurden, die nunmehr gegen eine Wiederholung früherer Verfolgungen Schutz gewährleisten (*Goodwin-*Gill/*McAdam,* The Refugee in International Law, 3. Aufl., 2007, S. 143; *Kneebone/O'Sullivan,* in: Zimmermann, The 1951 Convention relating to the Status of Refugees and its 1967 Protocol, 2011, Article 1 C Rn. 179 ff.). Kann diese Frage nicht eindeutig beantwortet werden, darf der Status nicht entzogen werden. In diesem Sinne wird diese Frage durch das nationale Recht der Vereinigten Staaten, des Vereinigten Königreichs und von Kanada geregelt (Hinweise bei *Kneebone/O'Sullivan*, in: Zimmermann, 45

The 1951 Convention relating to the Status of Refugees and its 1967 Protocol, 2011, Article 1 C Rn. 182 ff.).

46 Danach trifft die Behörde die »Beweislast« *(»evidential burden«)*. Sie hat nachzuweisen, dass der Flüchtling sicher zurückkehren kann. Behauptet sie, dass ein vormals instabiles Land nunmehr sicher geworden ist, hat sie zureichende Beweismittel für diese Behauptung vorzulegen (UK House of Lords [2005] UKHL 19 Rn. 66 – *Hoxha*). Es handelt sich also nicht um Tatsachen, die nicht aufgeklärt werden können, sondern um aus die aus diesen zu ziehenden Schlussfolgerungen, ob sich aufgrund der feststehenden Tatsachen die Verhältnisse tatsächlich so grundlegend und dauerhaft verändert haben, dass der Flüchtling nunmehr sicher zurückkehren kann. Verbleiben Zweifel an der Sicherheit, kann also nach der Bewertung der verschiedenen Risikofaktoren nicht gesagt werden, ob eine Rückkehr in Sicherheit möglich ist, darf der Status nicht beendet werden. Nach dem EuGH ist bei der Beurteilung, ob aufgrund der festgestellten Umstände die Furcht des Betroffenen begründet erscheint, Art. 4 Abs. 4 RL 2011/95/EU anzuwenden. Diese Situation stelle sich zunächst und insbesondere bei der Statuszuerkennung. Die solchen Verfolgungen oder Bedrohungen zukommende Beweiskraft sei unter der aus Art. 9 Abs. 3 RL 2011/95/EU folgenden Voraussetzung zu berücksichtigen, dass eine Verknüpfung mit dem früheren Verfolgungsgrund vorliege (EuGH, InfAuslR 2010, 188, 190 = NVwZ 2010, 505 = AuAS 2010, 150 Rn. 94 bis 96 – *Abdulla*). Auch die deutsche Rechtsprechung hatte bislang nach Wahrscheinlichkeitsgraden abgewogen und die negative Verfolgungsprognose auf den Widerruf angewandt (BVerwG, EZAR 214 Nr. 3; BVerwGE 124, 277, 281 = NVwZ 2006, 707 = InfAuslR 2006, 244; VG Stuttgart, AuAS 2010, 203). Dies ist der Prognosemaßstab des Art. 4 Abs. 4 RL 2011/95/EU. Wurde der Statusbescheid erlassen, weil der Betroffene Verfolgung erlitten hat oder als ihm bevorstehend hat befürchten müssen, sind die für seine Furcht vor Verfolgung maßgeblichen tatsächlichen Voraussetzungen nur dann weggefallen, wenn er für seine Person vor künftiger Verfolgung hinreichend geschützt ist. Ernsthafte Zweifel am wirksamen Schutz vor erneuten Verfolgung schließen den Widerruf aus. Dieser ist nur zulässig, wenn wegen zwischenzeitlicher Veränderungen mit hinreichender Sicherheit wirksamer Schutz gegen eine Wiederholung der Verfolgung gewährleistet ist. Ändert sich nachträglich lediglich die Beurteilung der Verfolgungslage, ist der Widerruf von vornherein unzulässig (OVG NW, AuAS 2008, 237, 238 – Sri Lanka).

Das BVerwG hat jedoch einen überraschenden Schwenk vollzogen. Unionsrechtlich gelte beim Flüchtlingsschutz für die Verfolgungsprognose ein einheitlicher Prognosemaßstab, auch wenn der Flüchtling bereits Vorverfolgung erlitten habe. Aus der konstruktiven Spiegelbildlichkeit von Anerkennungs- und Erlöschensprüfung folge, dass sich der Maßstab der Erheblichkeit für die Veränderung der Umstände danach bestimme, ob noch eine beachtliche Wahrscheinlichkeit einer Verfolgung bestehe. Die Richtlinie 2011/95/EU regele in Art. 14 Abs. 2 nur diesen einen Wahrscheinlichkeitsmaßstab zur Beurteilung der Verfolgungsgefahr unabhängig davon, in welchem Stadium – Zuerkennung oder Erlöschen der Flüchtlingseigenschaft – diese geprüft wird (BVerwGE 140, 22, 30 f. Rn. 22 f. = InfAuslR 2011, 408, 410; BVerwGE 140, 161, 169 Rn. 23 = NVwZ 2012, 1042 = AuAS 2012, 42 [LS]; *Wittkopf*, ZAR 2010, 170, 175). Weder beantwortet das BVerwG die Frage, welche Funktion Art. 4 Abs. 4 RL 2011/95/EU bei einer derartigen Auslegung überhaupt noch hat, noch ist zutreffend, dass allein Art. 14 Abs. 2 RL 2011/95/EU die Beweislastverteilung regelt. Vielmehr wendet der EuGH bei einem gleichartigen Verfolgungsgrund Art. 4 Abs. 4 RL 2011/95/EU an und bestätigt damit die internationale Übung wie auch die bisherige deutsche Rechtsprechung (EuGH, InfAuslR 2010, 188, 190 = NVwZ 2010, 505 = AuAS 2010, 150 Rn. 94–96 – *Abdulla*). Unklar bleibt, was das BVerwG mit dem Hinweis auf die Nachweispflicht nach Art. 14 Abs. 2 und die tatsächliche Vermutungswirkung des Art. 4 Abs. 4 der Richtlinie, die für die Statusaufhebung maßgebend seien, besagen will, wenn es zugleich auf den auf einer »tatsächlichen Gefahr« (Art. 3 EMRK) beruhenden einheitlichen Maßstab der beachtlichen Wahrscheinlichkeit verweist. Angesichts eines derart fundamentalen Schwenks seiner bisherigen Rechtsprechung hätte mehr Klarheit erwartet werden können. So ist die These eines einheitlichen Prognosemaßstabs weder nachvollziehbar noch wirkt sie überzeugend:

War der Flüchtling von Verfolgung betroffen oder bedroht, spricht nach Art. 4 Abs. 4 48
eine Vermutung dafür, dass seine Furcht vor Verfolgung begründet ist bzw. er »tatsächlich Gefahr« läuft, erneut Verfolgung zu erleiden, es sei denn, »stichhaltige Gründe« sprechen dagegen. Beim Fehlen stichhaltiger Gründe kommt also nach Unionsrecht verfahrensrechtlich den früheren Verfolgungen oder Bedrohungen eine Beweiskraft zu (EuGH, InfAuslR 2010, 188, 190 = NVwZ 2010, 505 = AuAS 2010, 150 Rn. 94 – *Abdulla*), aufgrund deren die auf dem Prognosemaßstab des Art. 3 EMRK beruhende »tatsächliche Gefahr« erwiesen ist. Es bedarf nicht des individuellen Nachweises einer überwiegenden Wahrscheinlichkeit erneuter Verfolgung. Zweifel am Wiederaufleben der früheren Verfolgung sperren die Beendigung des Status. Nach Art. 14 Abs. 2 RL 2011/95/EU ist in jedem Einzelfall nachzuweisen, dass der Betroffene nach Maßgabe von Art. 14 Abs. 1 in Verb. mit Art. 11 RL 2011/95/EU nicht länger Flüchtling ist. Der Vorschlag der Kommission enthält die Formulierung, dass der Mitgliedstaat die Beweislast für das Vorliegen der tatbestandlichen Voraussetzungen der allgemeinen Beendigungsklauseln trägt (Kommissionsentwurf, KOM[2001]510 v. 12.09.2001, S. 56). Die Flüchtlingseigenschaft erlischt nur dann, wenn der Flüchtling in seinem Herkunftsland nicht mehr Umständen ausgesetzt erscheint, die die Unfähigkeit belegen, seinen Schutz vor Verfolgungen sicherzustellen, die aus Gründen der Konvention gegen seine Person gerichtet würden (*Errera*, IJRL 2011, 521, 535). Daher ist sorgfältig zu prüfen, ob und in welchem Umfang Reststrukturen der früheren Verfolger weiterhin bestehen und die Regierung fähig ist, gegen Verfolgungen oder Bedrohungen, die von diesen Verfolgern ausgehen können, wirksamen Schutz zu gewähren (Rdn. 42 f.). Ist die Situation noch immer instabil und die Regierung nicht in der Lage, den Flüchtling gegen die Verfolger zu schützen, haben sich die Umstände, aufgrund deren er als Flüchtling anerkannt wurde, nicht verändert (Australia Federal Court [2005] FCAFC 136 Rn. 73 ff. – *QAAH*, zu den Taliban in Afghanistan).

Die Beweislastregel des Art. 14 Abs. 2 RL 2011/95/EU steht in Übereinstimmung mit 49
dem internationalen Standard. Auch das BVerwG fordert von der Behörde den Nachweis, dass im maßgeblichen Zeitpunkt nicht nur lediglich kurzzeitig keine begründete Furcht vor Verfolgung mehr besteht. Die erforderliche dauerhafte Veränderung

verlange den Behörden vielmehr den Nachweis der tatsächlichen Grundlagen für die Prognose ab, dass sich die Veränderung der Umstände als stabil erweise, d.h. der Wegfall der verfolgungsbegründenden Umstände auf absehbare Zeit anhalte. Insbesondere nach dem Sturz einer Regierung könne eine Veränderung in der Regel nur dann als dauerhaft angesehen werden, wenn im Herkunftsland ein Staat oder ein sonstiger Schutzakteur vorhanden sei, der geeignete Schritte eingeleitet habe, um die der Statusgewährung zugrunde liegende Verfolgung wirksam zu verhindern (BVerwGE 140, 22, 32 Rn. 24 = InfAuslR 2011, 408, 411). Die Prognose muss Aussagen dazu enthalten, ob die Änderungen wesentlich sind (BVerwGE 142, 91, 96 Rn. 13). Ändert sich im Nachhinein lediglich die Beurteilung der Verfolgungslage, ist der Widerruf nicht gerechtfertigt (OVG NW, AuAS 2008, 237, 238). Der Statusentzug ist nur zulässig, wenn dem Betroffenen »nachhaltiger Schutz« geboten wird, nicht erneut mit beachtlicher Wahrscheinlichkeit Verfolgungen ausgesetzt zu werden. So wie die Wahrscheinlichkeitsbewertung eine qualifizierte Betrachtungsweise im Sinne der Gewichtung und Abwägung aller Umstände erfordert, gilt dies auch für das Kriterium der Dauerhaftigkeit. Je größer das Risiko einer auch unterhalb der Schwelle der beachtlichen Wahrscheinlichkeit verbleibenden Verfolgung ist, desto nachhaltiger muss die Stabilität der Verhältnisse sein und prognostiziert werden können. Auch beim Fortbestand eines Regimes sind an die Dauerhaftigkeit hohe Anforderungen zu stellen (BVerwGE 140, 22, 32 Rn. 24 = InfAuslR 2011, 408, 411).

6. Neuartige Verfolgungsgründe

50 Der Widerruf unterbleibt, wenn anderweitige Gründe für eine Zuerkennung der Flüchtlingseigenschaft vorliegen. Hierfür ist auf die Sach- und Erkenntnislage im Zeitpunkt der Widerrufsentscheidung abzustellen (BVerwG, NVwZ 2014, 664, 665 Rn. 11). Insbesondere im Fall der gewaltsam herbeigeführten Veränderung der politischen Verhältnisse im Herkunftsland, z.B. durch einen Umsturz des bisherigen politischen Regimes oder den militärischen Sieg einer Bürgerkriegspartei, bedarf die Feststellung des dauerhaften Charakters der Änderung der Umstände einer längeren und sorgfältigen Beobachtung der Entwicklungen vor Ort (*UNHCR*, NVwZ-Beil. 2003, 57, 59; *UNHCR*, AuAS 2005, 211, 212). Einerseits besteht in diesen Fällen in besonderem Maße die Gefahr der Entstehung neuer Verfolgungs- und Fluchtgründe, wenn sich bspw. die gewaltsam an die Macht gelangte Gruppierung nicht eindeutig zur Einhaltung grundlegender Menschenrechte verpflichtet oder diese nicht wirksam durchzusetzen vermag. Andererseits besteht in solchen Situationen auch ein erhöhtes Risiko einer Umkehr der eingeleiteten Veränderungen (*UNHCR*, AuAS 2005, 211, 212). Früher hatte das BVerwG den allgemeinen Prognosemaßstab der beachtlichen Wahrscheinlichkeit angewandt, wenn dem »Betroffenen keine Verfolgungswiederholung im engeren Sinne droht, sondern eine gänzlich neue und andersartige Verfolgung, die in keinem inneren Zusammenhang mit der früheren mehr steht« (BVerwG, NVwZ 2006, 1420, 1422; BVerwG, NVwZ 2007, 1330, 1331 = InfAuslR 2007, 401 = AuAS 2007, 225; so auch OVG NW, EZAR 69 Nr. 1; OVG Rh-Pf, AuAS 2007, 60; offen gelassen BVerwG, EZAR 214 Nr. 3; BVerwGE 124, 276, 281 = NVwZ 2006, 707 = InfAuslR 2006, 244 = AuAS 2006, 92; BVerwG, NVwZ 2011, 944, 945 = AuAS 2011, 107 (LS); so auch *Groh*, ZAR 2009, 1, 7).

Nach dem EuGH kann bei einer derartigen Fallgestaltung Art. 4 Abs. 4 RL 2011/95/EU anwendbar sein, wenn frühere Verfolgungen oder Bedrohungen vorliegen und eine Verknüpfung mit dem in diesem Stadium geprüften Verfolgungsgrund aufwiesen. Dies könne insbesondere der Fall sein, wenn der Flüchtling einen anderen Verfolgungsgrund als den im Anerkennungsverfahren festgestellten geltend mache und er vor seinem ursprünglichen Antrag Verfolgungen oder Bedrohungen ausgesetzt gewesen sei, die aus diesem anderen Grund gegen ihn gerichtet gewesen seien, er diese damals aber nicht geltend gemacht habe oder nach der Ausreise Verfolgungen oder Bedrohungen aus dem bezeichneten Grund ausgesetzt gewesen sei und diese im Herkunftsland ihren Ursprung hätten (EuGH, InfAuslR 2010, 188, 190 = NVwZ 2010, 505 = AuAS 2010, 150 Rn. 96 – *Abdulla*). Der EuGH wendet also die Beweiskraft früherer Verfolgungen oder Bedrohungen an, wenn der andere Verfolgungsgrund bereits im Anerkennungsverfahren hätte berücksichtigt werden können, der Flüchtling diesen aber nicht vorgebracht hatte, weil er bereits aus anderen Gründen anerkannt wurde. In diesem Fall soll er nicht des Privilegs der Beweiskraftwirkung verlustig gehen, weil ihm wegen der aus anderen Gründen erfolgten Anerkennung kein Vorwurf der fehlenden Mitwirkung gemacht werden kann. Probleme dürfte die nachträgliche Beweisführung, dass der andere Verfolgungsgrund im Anerkennungsverfahren bereits bestanden hatte, bereiten. Dies betrifft insbesondere den abgeleiteten Status, der ohne Prüfung eigener Verfolgungsgründe gewährt worden war (§ 26 Rdn. 44). Im zweiten Fall handelt es sich um objektive Nachfluchtgründe, die seit der Ausreise aus dem Herkunftsland bis zur Entscheidung über die Beendigung des Flüchtlingsstatus eingetreten sind, also nicht zwingend bereits im Zeitpunkt der Statusentscheidung vorgelegen haben müssen. 51

In dem Fall hingegen, in dem der Flüchtling unter Berufung auf die für die Zuerkennung der Flüchtlingseigenschaft maßgebenden Verfolgungsrisiken einwendet, dass nach dem Wegfall der Umstände, aufgrund deren er als Flüchtling anerkannt worden ist, andere Tatsachen eingetreten sind, die eine Furcht vor Verfolgung aus dem gleichen Grund befürchten lassen, richtet sich die Prognoseprüfung nicht nach Art. 4 Abs. 4, sondern nach Art. 11 Abs. 2 RL 2011/95/EU. In diesem Fall ist zu prüfen, ob die behauptete Veränderung der Umstände, z.B. das Verschwinden eines Verfolgers und das anschließende Auftreten eines anderen Verfolgers hinreichend erheblich ist, um die Furcht des Flüchtlings vor Verfolgung nicht mehr als begründet ansehen zu können (EuGH, InfAuslR 2010, 188, 190 = NVwZ 2010, 505 = AuAS 2010, 150 Rn. 96 – *Abdulla*). Damit bestätigt der EuGH die frühere Rechtsprechung des BVerwG, zugleich aber wird die These des BVerwG, im Unionsrecht gelte ein »einheitlicher Prognosemaßstab«, widerlegt. 52

7. Humanitäre Klausel (Abs. 1 Satz 3)

a) Funktion der humanitären Klausel

Die humanitäre Klausel des Art. 1 C Nr. 5 Satz 2 und Nr. 6 Satz 2 GFK (s. hierzu *Marx*, Handbuch zum Flüchtlingsschutz, 2. Aufl., 2012, S. 466 ff.) beruht auf der Überzeugung, dass es für den Flüchtling aufgrund des Charakters früherer 53

Verfolgungen auch dann, wenn sie abgeschlossen sind, unzumutbar sein kann, in sein Herkunftsland zurückzukehren. Bereits das IRO-Statut enthielt in Abschnitt C Nr. 1 Buchst. a) (iii) eine vergleichbare Regelung. Das UNHCR-Statut materialisiert die humanitäre Klausel durch eine Erweiterung der Flüchtlingsdefinition, indem es in Art. 6 A (ii) den Zusatz »aus anderen Gründen als der persönlichen Bequemlichkeit« (*Weis*, Du droit international 1960, 928, 980) anfügt. Ursprünglich wurde eine Formulierung vorgeschlagen, wonach eine Rückkehr aus anderen als Gründen der »persönlichen Zweckmäßigkeit« (»reasons other than personal convenience«) unzumutbar sein kann. Diese Formel erschien jedoch als zu unbestimmt. Durch die Klausel sollte die Beendigung des Flüchtlingsstatus insbesondere jüdischer Flüchtlinge aus Deutschland und Österreich abgewendet werden, nachdem in den Herkunftsländern demokratische Systeme etabliert worden waren. Die Unzumutbarkeit der Rückkehr älterer allein stehender Flüchtlingsfrauen wurde hingegen kontrovers diskutiert, weil bei einer Ausweitung dieser Klauseln eine unangemessene Belastung der Aufnahmeländer befürchtet wurde (UN Doc. A/CONF.2/SR.28, S. 10 bis 17). Aus dieser Entstehungsgeschichte wird abgeleitet, dass die Verfasser der Konvention den psychologischen Faktor, der mit früheren Verfolgungen verbunden ist, berücksichtigen wollten. Ein Flüchtling, der durch die Regierung seines Herkunftslandes verfolgt worden sei, könne ungeachtet der Beendigung dieser Regierung ein fehlendes Vertrauen in sein Herkunftsland haben und eine Abneigung dagegen, mit seinen Bürgern identifiziert zu werden (*Robinson*, Convention relating to the Status of Refugees, 1953, S. 52 f.).

54 Die humanitäre Klausel verfolgt danach nicht den Zweck, mit Rücksicht auf familiäre Umstände oder Altersgebrechlichkeit Flüchtlingen generell Hilfe zukommen zu lassen. Vielmehr sollen nur zwingende Gründe in Betracht gezogen werden, die mit früheren Verfolgungen verbunden sind (*Hathaway*, The Law of Refugee Status, 1991, S. 204). Derartige Gründe sind z.B. die psychologisch begründete Distanz des Flüchtlings zum Herkunftsland, die ihn dort treffende fortdauernde negative Einstellung der Bevölkerung und die Ansichten und persönlichen Umstände des Flüchtlings, nicht jedoch bloße wirtschaftliche Motive oder Gründe persönlicher Zweckmäßigkeit (*Grahl-Madsen*, The Status of Refugees in International Law, Volume I, 1966, S. 410 ff.). Die humanitären Klauseln des Art. 1 C Nr. 5 Satz 2 und Nr. 6 Satz 2 GFK beziehen sich danach auf die besondere Lage von Flüchtlingen, die in der Vergangenheit unter sehr schwerer Verfolgung zu leiden hatten und deren Flüchtlingseigenschaft nicht notwendigerweise beendet wird, auch wenn sich in ihrem Herkunftsland grundlegende und dauerhafte Änderungen vollzogen haben. Dem liegt die Überzeugung zugrunde, dass von jemandem, der selbst – oder dessen Familie – besonders schwere Verfolgung zu erdulden hatte, nicht erwartet werden kann, dass er in sein Herkunftsland zurückkehrt. Auch wenn im Herkunftsland eine Änderung des Regimes stattgefunden hat, bedeutet dies nicht stets auch eine völlige Änderung in der Haltung der Bevölkerung, noch bedeutet sie, in Anbetracht der Erlebnisse in der Vergangenheit, dass sich der psychische Zustand des Flüchtlings völlig geändert hat (*UNHCR*, Handbuch über Verfahren und Kriterien zur Feststellung der Flüchtlingseigenschaft, 1979, Rn. 136).

Nach den Vorstellungen der Verfasser der Konvention sollten mit der humanitären Klausel damit zwei Ziele berücksichtigt werden: Einerseits wurde es als legitim angesehen, dass jemand, für den die Rückkehr in das Land, in dem die frühere Verfolgung stattgefunden hatte, eine seelische Belastung bedeutet, nicht zurückkehren muss. Andererseits sollte der Situation von Flüchtlingen Rechnung getragen werden, die durch private Akteure verfolgt worden waren und deren Einstellung ungeachtet der vollzogenen Änderungen im Herkunftsland sich nicht notwendigerweise geändert hat (*Hathaway*, The Law of Refugee Status, 1991, S. 203 f.). Das Exekutivkomitee des Programms von UNHCR interpretiert die Klausel dahin, dass »Härtefälle« vermieden werden sollten und empfiehlt, dass die Staaten einen angemessenen und bereits erworbene Rechte absichernden Aufenthaltsstatus für Personen erwägen, die zwingende, auf früheren Verfolgungen beruhende Gründe haben, um die erneute Inanspruchnahme des Schutzes ihres Herkunftslandes zu verweigern (Empfehlung Nr. 69 [XLVIII] [1992]). 55

Die humanitäre Klausel in Art. 1 C Nr. 5 Abs. 2 und Nr. 6 Abs. 2 GFK bezieht sich zwar nach dem Wortlaut nur auf statutäre Flüchtlinge (*Weis*, Du droit international 1960, 928, 980). Die einschränkende Ansicht hat sich jedoch in der Staatenpraxis nicht allgemein durchgesetzt. Zwar wird ihre Ausweitung über statutäre Flüchtlinge hinaus in der britischen und australischen Rechtsprechung abgelehnt (UK House of Lords (2005) UKHL 19 Rn. 12 ff. – *Hoxha*; UK Supreme Court (2002) EWCA Civ 1403 Rn. 23 – *Hoxha*; Australia Federal Court (2005) FCAFC 136 Rn. 57 – *QAAH*), sodass eine gewohnheitsrechtliche Praxis der Klauselerweiterung (so *Goodwin-Gill/McAdam*, The Refugee in International Law, 3. Aufl., 2007, S. 148) fraglich erscheint (dagegen *Hathaway*, The Rights of Refugees, 2005, S. 942 f.). Das House of Lords vermochte keine klare und weitverbreitete Praxis festzustellen, welche erforderlich ist, um über den Wortlaut der Bestimmungen des Art. 1 C Nr. 5 Satz 2 und Nr. 6 Satz 2 GFK hinaus die Klausel auch auf Flüchtlinge nach Art. 1 A Nr. 2 GFK anzuwenden (UK House of Lords [2005] UKHL 19 Rn. 26 – *Hoxha*). Dies hindert die Vertragsstaaten andererseits aber nicht daran, sie als Grundlage anzusehen, um die Betroffenen weiterhin aus zwingenden, auf früheren Verfolgungen beruhenden Gründen als Flüchtlinge zu behandeln (*Goodwin-Gill McAdam*, The Refugee in International Law, 3. Aufl., 2007, S. 148 f.). Traditionell gehen UNHCR und die Staaten davon aus, dass die *humanitären Klauseln* Ausdruck eines *»generellen humanitären Grundsatzes«* des Flüchtlingsrechts sind (Kommissionsentwurf, KOM(2001)510 v. 12.09.2001, S. 28; *UNHCR*, Handbuch über Verfahren und Kriterien zur Feststellung der Flüchtlingseigenschaft, Rn. 136; *UNHCR*, Exekutivkomitee, Empfehlung Nr. 65 [XLII] [1991]; Lisbon Expert Roundtable, Mai 2001, Global Consultation on International Protection, Summary Conclusions – Cessation of Refugee Status; UNHCR, NVwZ-Beil. 2003, 57, 59; *Milner*, IJRL 2004, 91, 96 ff.; *Fitzpatrick/Bondom*, Cessation of refugee protection, 2001, S. 491, 517; BVerwGE 124, 276, 290 = NVwZ 2006, 707 = InfAuslR 2006, 244 = AuAS 2006, 92). Die Anwendung auf individuelle Flüchtlinge ist eher eine neuere Entwicklung der Klausel, die eine sehr unterschiedliche Anwendungspraxis hervorgebracht hat (*Kneebone/O'Sullivan*, in: Zimmermann, The 1951 Convention relating to the Status of Refugees and its 1967 Protocol, 2011, Article 1 C Rn. 81). Insbesondere 56

Australien und Deutschland (Abs. 1 Satz 3) haben in den letzten Jahren diese Klauseln extensiv angewandt (*O'Sullivan*, IJRL 2008, 586, 587). Der EuGH hat die deutsche Praxis bestätigt (EuGH, InfAuslR 2010, 188 = NVwZ 2010, 505 = AuAS 2010, 150 – *Abdulla*). Art. 11 Abs. 1 Buchst. e) und f) RL 2004/83/EG hatte die humanitäre Klausel nicht übernommen. Die Änderungsrichtlinie 2011/95/EU hat sie jedoch in Art. 11 Abs. 3 eingeführt.

b) Inhalt der humanitären Klausel

57 Die Anwendung der humanitären Klausel setzt voraus, dass die nach Art. 11 Abs. 1 Buchst. e) und f) RL 2011/95/EU maßgeblichen Voraussetzungen für die Anwendung der allgemeinen Beendigungsklauseln vorliegen, sodass an einer grundlegenden und dauerhaften Änderung sowie der effektiven Schutzgewährung im Herkunftsland kein Zweifel besteht. Unter Berücksichtigung der früheren Verfolgungen erlischt gleichwohl aus humanitären Erwägungen die Flüchtlingseigenschaft nicht, wenn der Flüchtling oder seine Familienangehörigen einer »außergewöhnlichen menschenverachtenden Verfolgung ausgesetzt waren« und deshalb von ihnen aus »zwingenden Gründen« eine Rückkehr in ihr Herkunftsland nicht erwartet werden kann. Darunter fallen z.B. Personen, die interniert oder inhaftiert, Opfer von Gewalt einschließlich sexuellen Missbrauchs waren oder Gewaltanwendung gegen Familienangehörige ansehen mussten und schwer traumatisierte Personen. Diese Flüchtlinge hatten schwerwiegende Verfolgung erlitten, unter anderem auch durch Teile der örtlichen Bevölkerung. Deshalb kann von ihnen vernünftigerweise nicht erwartet werden, zurückzukehren. Auch Kinder sollten vor diesem Hintergrund besonders berücksichtigt werden, da gerade sie sich häufig auf »zwingende Gründe« berufen können, wegen derer sie die Rückkehr in ihr Herkunftsland ablehnen (*UNHCR*, NVwZ-Beil. 2003, 57, 59).

58 Es muss sich um »zwingende Gründe« handeln. Die humanitäre Klausel trägt der »*psychischen Sondersituation*« jener Personen Rechnung, die besonders schwere, nachhaltig wirkende Verfolgungen erlitten haben und denen es deshalb selbst lange Zeit danach – auch ungeachtet veränderter Verhältnisse – nicht zumutbar ist, in den früheren Verfolgerstaat zurückzukehren. Bei den traumatischen Folgewirkungen liegt der Schwerpunkt auf der subjektiven Situation des Flüchtlings, also auf »psychischen Blockaden«, die der Rückkehr etwa deshalb entgegenstehen, weil er unter einem Langzeittrauma leidet oder er oder Angehörige von schwerwiegenden Verfolgungen, insbesondere von Foltermaßnahmen, betroffen oder bedroht waren (Schweizerische Asylrekurskommission, EMARK 1996, Nr. 10). Bei den objektiven Auswirkungen darf kein enger Maßstab angelegt werden. Zwar legt die Formulierung »zwingende Gründe« eine objektive Auslegung nahe. Ob eine besonders schwere, nachhaltig wirkende Verfolgung anzunehmen ist, ist jedoch in erster Linie von der besonderen psychischen Situation des Flüchtlings abhängig. Dabei kann die Entscheidung je nach der besonderen individuellen Situation des Flüchtlings unterschiedlich ausfallen. Die humanitäre Klausel enthält eine einzelfallbezogene Ausnahme unter der Voraussetzung, dass sich »aus dem konkreten Flüchtlingsschicksal besondere Gründe ergeben, die eine Rückkehr unzumutbar erscheinen lassen.« Maßgeblich sind somit

Nachwirkungen früherer Verfolgungen, auch wenn sie bereits abgeschlossen sind und aus ihnen für die Zukunft keine Verfolgungsgefahr mehr folgt. Der Rückkehr müssen gegenwärtig zwingende Gründe entgegenstehen, d.h. eine Rückkehr muss unzumutbar sein. Diese Gründe müssen zudem auf der früheren Verfolgung beruhen (BVerwGE 124, 276, 290 = NVwZ 2006, 707 = InfAuslR 2006, 244 = AuAS 2006, 92; BVerwG, NVwZ 2006, 1420, 1421; BVerwG, NVwZ 2007, 1089, 1092 = InfAuslR 2007, 401 = AuAS 2007, 164; VGH BW, EZAR 214 Nr. 1; OVG NW, EZAR 69 Nr. 1). Dementsprechend findet die humanitäre Klausel Anwendung, wenn eine verfolgungsbedingte Traumatisierung bzw. sonstige psychische Erkrankung glaubhaft gemacht wird (VG Göttingen, Urt. v. 14.01.2004 – 1 A 26/04; VG Göttingen Urt. v. 14.12.2004 – 2 A 171/04; VG Braunschweig, Urt. v. 12.11.2004 – 6 A 58/04).

59 Es ist nicht gerechtfertigt, die humanitäre Regelungen nur auf die Flüchtlinge anzuwenden, die bereits früher eine Verfolgung »erlitten« hatten (so aber VGH BW, EZAR 214 Nr. 1). Art. 1 C Nr. 5 Satz 2 und Nr. 6 Satz 2 GFK will mit dem Verweis auf »frühere Verfolgungen« entsprechend dem Zentralbegriff der »begründeten Verfolgungsfurcht« nach Art. 1 A Nr. 2 GFK auch die frühere Furcht vor drohender Verfolgung erfassen. Dies folgt auch aus dem Wortlaut von Art. 11 Abs. 2 RL 2011/95/EU. Dem entspricht es, dass der Begriff der Vorverfolgung auch unmittelbar bevorstehende Verfolgungen umfasst (BVerfGE 80, 315, 345 EZAR 201 Nr. 20 = NVwZ 1990, 151 = InfAuslR 1990, 21), eine bereits erlittene Vorverfolgung also nicht zwingend voraussetzt. Nicht jede auftretende Beeinträchtigung ist ausreichend Vielmehr muss es sich um Gründe einer gewissen Schwere und Tragweite handeln. Ein Widerruf hat danach immer dann zu unterbleiben, wenn schwere physische oder psychische Schäden vorliegen, die infolge der bereits erlittenen Verfolgung oder Verfolgungsbedrohung entstanden sind und die sich bei einer Rückkehr in das Herkunftsland wesentlich verschlechtern (Hess. VGH, InfAuslR 2003, 400, 401). Dagegen schützt die humanitäre Klausel nicht gegen allgemeine Gefahren. Die lediglich allgemein gehaltene, nicht durch konkrete Umstände begründete Befürchtung, eine Rückkehr an den Ort der früheren Verfolgung und eine Begegnung mit den früheren Verfolgern oder Repräsentanten der verfolgenden Gruppe sei unzumutbar (Hess. VGH, Beschl. v. 30.06.2005 – 7 UZ 891/05.A), reicht deshalb nicht.

60 Es können aus der Klausel auch keine allgemeine, von den Voraussetzungen des Art. 1 C Nr. 5 Abs. 2 und Nr. 6 Abs. 2 GFK losgelösten Zumutbarkeitskriterien hergeleitet werden, die einem Widerruf des Statusbescheids entgegenstehen (BVerwGE 124, 276, 290 = NVwZ 2006, 707 = InfAuslR 2006, 244 = AuAS 2006, 92; BVerwG, NVwZ 2006, 1420, 1421; BVerwG, NVwZ 2007, 1089, 1092 = InfAuslR 2007, 401 = AuAS 2007, 164). Die Ansicht, bei der Anwendung der humanitären Klausel müsse berücksichtigt werden, dass der Flüchtling bei einer Rückkehr »schlechthin keine ein Existenzminimum gewährleistende Lebensgrundlage mehr finden kann« (VG Saarlouis, Urt. v. 24.11.2004 – 10 K 442/02.A.), ist überholt. Soweit die Anwendung der humanitären Klausel ungeachtet einer glaubhaft gemachten verfolgungsbedingten Traumatisierung deshalb abgelehnt wird, aufgrund veränderter Verhältnisse sei nicht mehr die Möglichkeit zu besorgen, dass der Flüchtling seinen früheren Verfolgern begegne (VG Kassel, Urt. v. 08.02.2005 – 4 E 3390/03.A;

ähnlich VG Gießen, AuAS 2004, 70, 71), beruht dies auf einer grundlegenden Verkennung der Funktion der humanitären Klausel. Deren Anwendung setzt ja gerade eine Änderung der Regimes voraus und beruht auf der Überlegung, dass dies nicht immer auch eine völlige Änderung der Haltung der Bevölkerung zur Folge hat oder in Anbetracht der Erlebnisse des Flüchtlings in der Vergangenheit, sich »der psychische Zustand des Flüchtlings völlig geändert hat«. Es kommt entsprechend dem Charakter des Flüchtlingsbegriffs auf die subjektive Sichtweise des Flüchtlings an. Entscheidend sind die nach objektiven Grundsätzen zu ermittelnden schweren und nachhaltig auf diesen einwirkenden Folgen der früheren Verfolgung (VGH BW, EZAR 214 Nr. 1). Ob und wie intensiv diese Wirkungen sind, muss zunächst aus der Sicht des Betroffenen bewertet werden.

c) Kausalität zwischen früherer Verfolgung und Unzumutbarkeit der Rückkehr

61 Der Flüchtling muss sich auf zwingende, auf früheren Verfolgungen beruhende Gründe berufen können, um den Schutz seines Herkunftslandes abzulehnen (Art. 1 C Nr. 5 Abs. 2 und Nr. 6 Abs. 2 GFK). Zwischen der früheren Verfolgung und der Unzumutbarkeit der Rückkehr muss ein kausaler Zusammenhang bestehen (BVerwGE 124, 276, 290 = NVwZ 2006, 707 = InfAuslR 2006, 244 = AuAS 2006, 92; OVG NW, EZAR 69 Nr. 1) Dementsprechend fordert die Rechtsprechung, dass schwere physische oder psychische Schäden vorliegen müssen, die infolge der bereits erlittenen Verfolgung entstanden sind und die sich bei einer Rückkehr in das Herkunftsland wesentlich verschlechtern. In diesem Sinne nicht kausale humanitäre Gründe und solche des Vertrauensschutzes sind deshalb unerheblich (Hess. VGH, InfAuslR 2003, 400, 401; VG Gießen, AuAS 2004, 70, 71). Ist der Flüchtling etwa vor der Ausreise Jahre lang inhaftiert gewesen und dadurch psychisch zerstört, ist ihm eine Rückkehr in seinen Herkunftsstaat nicht zuzumuten. Dies ist erst recht anzunehmen, wenn der Betroffene inzwischen ein fortgeschrittenes Alter erreicht hat und es ihm deshalb und wegen der früheren Verfolgung nicht zuzumuten ist, im Herkunftsland eine neue Existenz aufzubauen (VG Düsseldorf, Urt. v. 03.01.2001 – 25 K 7305/96.A). Es kommt allein darauf an, ob die frühere – objektive – Verfolgung kausal für die derzeitige – subjektive – psychische Belastung des Flüchtlings ist. Dass sich inzwischen im Herkunftsland die Verhältnisse geändert haben, ist unerheblich. Dem humanitären Charakter der humanitären Klausel entsprechend sind unabhängig von den allgemeinen Verhältnissen im Herkunftsland zwingende, kausale Härtegründe zu berücksichtigen. Es ist ausschließlich zu prüfen, ob die fortbestehende Traumatisierung durch Folter, Demütigungen und Drohungen durch Verfolgungsakteure im Sinne von § 3c verursacht wurde. Wegen des unmittelbar ursächlichen Zusammenhangs zwischen der erlittenen Verfolgung und der weiter bestehenden schweren psychischen Erkrankung des Flüchtlings wird daher unabhängig von den im Zeitpunkt der Entscheidung im Herkunftsland objektiv herrschenden Verhältnissen die Zumutbarkeitsklausel angewandt (VG Göttingen, Urt. v. 02.07.2004 – 3 A 95/04; ebenso VG Göttingen, Urt. v. 02.07.2004 – 3 A 3502/02, für Klägerin aus dem Sandzak).

62 Die Anwendung der humanitären Klausel ist von den Voraussetzungen des Art. 15 RL 2011/95/EU (§ 4 Abs. 1 Satz 2) abzugrenzen, auch wenn die insoweit zu

berücksichtigen Umstände sich teilweise überschneiden können. Die Voraussetzungen des subsidiären Schutzes unterscheiden sich jedoch so wesentlich von den Voraussetzungen der humanitären Klausel, dass die gesonderte Überprüfung auch dann nicht entfällt, wenn der humanitäre Schutz nicht durchgreift (Hess. VGH, InfAuslR 2003, 400, 401; VG Göttingen, Urt. v. 05.05.2004 – 2 A 171/04; VG Würzburg, Urt. v. 20.08.2004 – W 7 K 04.30411). Während die humanitäre Klausel allein auf den Kausalzusammenhang zwischen der früheren Verfolgung und der andauernden schweren psychischen Belastung des Flüchtlings abstellt und weder eine gegenwärtige Gefahr für Leib und Leben noch voraussetzt, dass die zwingenden Gründe die Schwere des »ernsthaften Schadens« aufweisen, muss nach Art. 15 RL 2011/95/EU gegenwärtig ein ernsthafter Schaden drohen. Deshalb wird die Verwaltungspraxis, die im Fall schwerer psychischer Langzeitwirkungen zwar den Statusbescheid aufhebt, jedoch subsidiären Schutz gewährt, weder den humanitären Klauseln noch den strengeren materiellen Erfordernissen des Art. 15 RL 2011/95/EU gerecht.

III. Nachträglich eintretende Ausschlussgründe

1. Funktion des Widerrufsgrundes

Nach der gesetzlichen Begründung findet Abs. 1 Satz 1 auch dann Anwendung, 63
wenn nachträglich Ausschlussgründe eintreten, z.B. wenn der Flüchtling nach der Statusgewährung Straftaten nach § 3 Abs. 2 oder § 60 Abs. 8 AufenthG begeht (BT-Drucks. 16/5065, S. 420). Der Widerruf darf nur erfolgen, wenn die tatsächlichen Voraussetzungen für die Statusfeststellung nicht mehr vorliegen (BVerwG, EZAR 214 Nr. 3; BVerwGE 112, 80, 82 = NVwZ 2001, 335 = InfAuslR 2001, 532 = EZAR 214 Nr. 13; BVerwG, NVwZ 2005, 89, 90 = AuAS 2005, 5; OVG Rh-Pf, NVwZ-Beil. 2001, 9, 19). Voraussetzung der Statusgewährung ist jedoch, dass keine Ausschlussgründe vorliegen. Treten derartige Gründe nachträglich auf, liegen die Statusvoraussetzungen nicht mehr vor (BVerwGE 146, 31, 35 Rn. 11 = NVwZ-RR 2013, 571). Diese Grundsätze werden auch auf die Statusgewährung nach § 51 Abs. 1 AuslG 1990; der Vorläufernorm des § 60 Abs. Satz 1 AufenthG, angewandt (VG Freiburg, AuAS 2014, 107). Eine Änderung der Verhältnisse im Sinne von Abs. 1 Satz 1 liegt daher nicht nur dann vor, wenn aufgrund veränderter Verhältnisse im Herkunftsland keine Verfolgung mehr droht, sondern auch, wenn nachträglich von dem Flüchtling eine Gefahr im Sinne von § 60 Abs. 8 AufenthG für die Sicherheit der Bundesrepublik Deutschland oder für die Allgemeinheit ausgeht (BVerwGE 124, 276, 288 = NVwZ 206, 707 = InfAuslR 2006, 244 = AuAS 2006, 92; Satz auch BVerwGE 122, 271, 284 = EZAR 51 Nr. 2 = NVwZ 2005, 704 = InfAuslR 2005, 276; OVG NW, NVwZ 2004, 757, 758; BVerwGE 146, 31, 35 Rn. 11 = NVwZ-RR 2013, 571). Droht im Herkunftsland Folter, ist im Rahmen des Widerrufsverfahrens ein Abschiebungsverbot nach § 60 Abs. 5 AufenthG festzustellen (VG Freiburg, AuAS 2014, 107, 108).

Art. 14 Abs. 3 Buchst. a) RL 2011/95/EU macht die Ausschlussgründe nach 64
Art. 12 RL 2011/95/EU zum Gegenstand des Verfahrens. Praktische Bedeutung hat lediglich Art. 12 Abs. 2 und 3 RL 2011/95/EU. Verbrechen gegen den Frieden,

Kriegsverbrechen, Verbrechen gegen die Menschlichkeit, schwere nichtpolitische Verbrechen (§ 3 Rdn. 17 ff.) sowie Zuwiderhandlungen gegen Ziele und Grundsätze der Vereinten Nationen (§ 3 Rdn. 35 ff.) sind nach Statuszuerkennung zwingend zu berücksichtigen und führen zur Aufhebung des Statusbescheides, sofern den Betroffenen eine persönliche Verantwortung hierfür trifft. Es muss deshalb ein behördliches Prüfungsverfahren vor der Aufhebung des Status durchgeführt werden. Art. 14 Abs. 3 Buchst. a) RL2011/95/EU zielt auf zwei unterschiedliche verfahrensrechtliche Situationen: Nach der ersten Alternative bestanden die Ausschlussgründe bereits im Zeitpunkt der Statusentscheidung, waren der Behörde jedoch nicht bekannt. Die Norm begründet eine Verpflichtung zur Aufhebung des Statusbescheides unabhängig davon, wann die Ausschlussgründe entstanden sind (BVerwGE 139, 272, 280 f. Rn. 23 = NVwZ 2011, 1456 = EZAR NF 68 Nr. 11). Sofern die Nichtkenntnis der Behörde auf dem Verschweigen des Antragstellers beruht, ist Art. 14 Abs. 3 Buchst. a) RL 2011/95/EU *lex specialis* gegenüber Art. 14 Abs. 3 Buchst. b) RL 201195/EU, obwohl dessen Voraussetzungen ebenfalls gegeben sind. Das bedeutet, dass der Statusbescheid in diesem Fall nach Abs. 2 zurückzunehmen ist (Rdn. 74 ff.). Die Behörde muss feststellen, dass im Blick auf sämtliche Elemente des Ausschlusstatbestandes eine falsche Darstellung gegeben wurde oder wesentliche Tatsachen verschwiegen wurden.

65 Nach Art. 14 Abs. 3 Buchst. b) RL 2011/95/EU wird der Flüchtlingsstatus aberkannt, beendet oder dessen Verlängerung versagt, wenn festgestellt wird, dass eine falsche Darstellung oder das Verschweigen von Tatsachen seinerseits, einschließlich der Verwendung gefälschter Dokumente, für die Zuerkennung der Flüchtlingseigenschaft maßgebend war. Es handelt sich um den klassischen Fall der verwaltungsrechtlichen Rücknahme und um eine zwingende Norm des Unionsrechts, also nicht um eine Freistellungsklausel. Auch das Handbuch von UNHCR weist darauf hin, dass nachträglich Fakten bekannt werden können, wonach eine Person nie hätte als Flüchtling anerkannt werden dürfen, z.B. könne erst später bekannt werden, dass der Flüchtlingsstatus nur durch die falsche Darstellung wesentlicher Fakten erlangt worden sei, die betreffende Person eine andere Staatsangehörigkeit besitze, oder eine der Ausschlussklauseln zum Tragen gekommen wäre, wenn alle relevanten Fakten bekannt gewesen wären. In derartigen Fällen werde gewöhnlicherweise der Flüchtlingsstatus aufgehoben (*UNHCR*, Handbuch über Verfahren und Kriterien zur Feststellung der Flüchtlingseigenschaft, 1979, Rn. 117; *UNHCR*, Kommentar zur Richtlinie 2004/83/EG, Mai 2005, S. 28). Das im Handbuch bezeichnete Fallbeispiel der Ausschlussgründe wird im Unionsrecht jedoch anders geregelt. Beruht die fehlende Kenntnis der Behörde von einem Ausschlussgrund (Art. 12 Abs. 2 RL 2011/95/EU) auf dem Verschweigen des Antragstellers, ist Art. 14 Abs. 3 Buchst. a) RL 2011/95/EU lex specialis gegenüber Art. 14 Abs. 3 Buchst. b) RL 2004/83/EG, obwohl dessen Voraussetzungen ebenfalls gegeben sind (Rdn. 64).

66 Nach der zweiten Alternative des Art. 14 Abs. 3 Buchst. a) RL2011/95/EU handelt es sich um nachträglich eintretende Ausschlussgründe. Waren diese bereits im Zeitpunkt der Statusentscheidung bekannt, findet die erste Alternative Anwendung (Rdn. 64 f.). Daher kann es sich nur um nach der Statusentscheidung entstandene Tatsachen handeln, welche die Anwendung der Ausschlussgründe rechtfertigen. Es

ist z.B. denkbar, dass ein Flüchtling nach Zuerkennung der Flüchtlingseigenschaft innerhalb oder außerhalb des Aufnahmestaates ein Verbrechen gegen den Frieden, ein Kriegsverbrechen oder Verbrechen gegen die Menschlichkeit begeht. Da derartige Verbrechen in aller Regel im Zusammenhang mit einem bewaffneten Konflikt verübt werden, dürfte ein derartiger Ausschlussgrund bei einem Verbleiben des Flüchtlings im Mitgliedstaat kaum denkbar sein. Allerdings können auch vom Aufnahmestaat aus über moderne Kommunikationsmittel Leitungsfunktionen über bewaffnete Einheiten ausgeübt und dabei Kriegsverbrechen begangen werden (s. hierzu BVerwGE 139, 272, 284 Rn. 230 = NVwZ 2011, 1456 = EZAR NF 68 Nr. 11 – Präsident des *FDLR*). Ein Flüchtling kann darüber hinaus auch im Aufnahmestaat nach Zuerkennung der Flüchtlingseigenschaft Handlungen begehen, die den Zielen und Grundsätzen der Vereinten Nationen zuwiderlaufen.

Der Gesetzgeber hat die unionsrechtliche Norm in Abs. 1 Satz 1 umgesetzt. Aus dem unionsrechtlichen Anwendungsvorrang folgt, dass die Mitgliedstaaten den Flüchtlingsstatus aberkennen, beenden oder nicht verlängern, wenn nachträglich bekannt wird, dass der Flüchtling wegen eines Ausschlussgrundes hätte ausgeschlossen werden müssen (Art. 12 Abs. 2 Buchst. a) bis c) RL 2011/95/EU) oder ausgeschlossen ist (Art. 12 Abs. 2 Buchst. a) und c) RL 2011/95/EU). Der Wortlaut der unionsrechtlichen Norm ist zwingend. Aus völkerrechtlicher Sicht bestehen im Hinblick auf Art. 1 F Buchst. a) und c) GFK keine Bedenken, da es insoweit unerheblich ist, wann die dort bezeichneten Handlungen begangen wurden. Daher können gegen Art. 14 Abs. 3 Buchst. a) RL 2011/95/EU, soweit dieser Art. 12 Abs. 2 Buchst. a) und c) RL 2011/95/EU in Bezug nimmt, keine Einwände erhoben werden. Nach UNHCR müssen schwere nichtpolitische Straftaten (Art. 1 F Buchst. b) GFK) außerhalb des Aufnahmestaates vor dem Zeitpunkt der Aufnahme begangen worden sein. Werden sie nach der Aufnahme verübt, kann gegebenenfalls Art. 32 und 33 Abs. 2 GFK angewandt werden (vgl. aber Art. 14 Abs. 5 RL 2011/95/EU). Weder Art. 1 F Buchst. b) noch Art. 32 noch Art. 33 Abs. 2 GFK erlauben, die Flüchtlingseigenschaft zu beenden, wenn der Flüchtling im Zeitpunkt der Statusentscheidung die Kriterien der Flüchtlingseigenschaft erfüllt hat. Soweit es sich um schwerwiegende nichtpolitische Straftaten handelt, ist Art. 14 Abs. 3 Buchst. a) RL 2011/95/EU so zu verstehen, dass er sich auf Straftaten bezieht, die vor dem Zeitpunkt der Aufnahme außerhalb des Aufnahmestaates begangen worden sind (*UNHCR*, Kommentar zur Richtlinie 2004/83/EG, Mai 2005, S. 29). Deshalb darf jedenfalls Art. 1 F Bucht. b) GFK nicht angewandt werden, es sei denn neue Tatsachen – im Blick auf Vorgänge vor der Einreise des Flüchtlings – werden nachträglich bekannt (*Klug*, German Yearbook of International Law 2004, 594, 615). 67

2. Ausschlussgründe nach § 60 Abs. 8 AufenthG

Gegen die Einbeziehung von § 60 Abs. 8 AufenthG durch Abs. 1 Satz 1 bestehen Bedenken (§ 3 Rdn. 79 ff.). Das BVerwG begegnet diesen mit einer restriktiven Auslegung, um insbesondere den Schutz des Völkerrechts gegen eine Abschiebung in den Verfolgerstaat zu gewährleisten und nicht zu relativieren (BVerwGE 146, 31, 36 Rn. 14 = NVwZ-RR 2013, 571). Damit wird aber weder den strukturellen Einwänden, insbesondere dem Einwand Rechnung getragen, dass die Abschiebung nach Art. 33 Abs. 2 68

GFK im Ermessen steht, indes der Widerruf nach Abs. 1 Satz 1 zwingend ist. Unionsrecht schreibt indes keine zwingend Anwendung des Ausschlussgrundes vor (Art. 14 Abs. 4 RL 2011/95/EU). Eine völkerrechtskonforme Auslegung des Unionsrechts hat zur Folge, dass die Mitgliedstaaten aufgrund von Art. 14 Abs. 4 RL 2011/95/EU nicht eine zwingende Widerrufsregelung wie in Abs. 1 Satz 1 regeln, sondern nur im Wege des Ermessens über den Widerruf entscheiden dürfen. Die Abschiebung in das Herkunftsland ist nur bei besonders gefährlichen Straftaten zulässig (BVerwGE 146, 31, 36 Rn. 15 = NVwZ-RR 2013, 571). Damit sind jedoch die Bedenken gegen Art. 14 Abs. 4 RL 2011/95/EU und Abs. 1 Satz 1 nicht ausgeräumt.

69 Aus völkerrechtlicher Sicht darf Art. 14 Abs. 3 Buchst. a) RL 2011/95/EU, auf den Art. 14 Abs. 4 RL 2011/95/EU sich bezieht, nur dann wegen der Begehung eines schwerwiegenden nichtpolitischen Verbrechens angewandt werden, wenn dieses bereits vor der Aufnahme im Mitgliedstaat begangen wurde, jedoch im Zeitpunkt der Statusentscheidung nicht bekannt war. Werden derartige Straftaten nach Gewährung des Status begangen, finden Art. 32 und Art. 33 Abs. 2 GFK Anwendung. Auch das BVerwG hat klargestellt, dass schwere nichtpolitische Verbrechen nach Art. 1 F Bucht. b) GFK vor der Aufnahme als Flüchtling begangen sein müssen (BVerwGE 139, 272, 280 Rn. 22 = NVwZ 2011, 1456 = EZAR NF 68 Nr. 11). Deshalb dürfen Verbrechen dieser Art, die nach der Aufnahme begangen wurden, anders als Verbrechen nach Art. 1 F Buchst. a) GFK oder Zuwiderhandlungen nach Art. 1 F Buchst. c) GFK (§ 3 Abs. 2), nicht zum Anlass der nachträglichen Aufhebung des Statusbescheids gemacht werden. Die Behörde kann deshalb nur nach Art. 33 Abs. 2 GFK (§ 60 Abs. 8 AufenthG) vorgehen, hat dabei aber zwingend Art. 3 EMRK zu beachten.

70 Art. 12 Abs. 2 Buchst. b) RL 2011/95/EU enthält einen von Art. 1 F Buchst. b) GFK abweichenden Wortlaut. Bestimmt Art. 1 F Buchst. b) GFK, dass Personen ein Verbrechen »*außerhalb des Aufnahmelandes* begangen haben müssen, bevor sie dort als Flüchtling aufgenommen wurden«, regelt Art. 12 Buchst. b) RL 2011/95/EU, dass das Verbrechen »vor dem Zeitpunkt der Ausstellung eines Aufenthaltstitels aufgrund der Zuerkennung der Flüchtlingseigenschaft« begangen worden sein muss, wendet damit den Ausschlussgrund des Art. 1 F Buchst. b) GFK entgegen seinem Wortlaut auf Verbrechen an, die außerhalb des Aufnahmelandes vor der Zuerkennung der Flüchtlingseigenschaft begangen wurden (vgl. auch § 3 Abs. 2 Satz 1 Nr. 2). Der Begriff »vor der Einreise« erfasst nicht die zeitliche Phase von der Einreise bis zur formalen Anerkennung. Der englische Begriff »*Admission*« (*Zulassung zum Staatsgebiet*) beinhaltet die tatsächliche physische Anwesenheit im Aufnahmeland. Zudem wirkt die Zuerkennung des Flüchtlingsstatus lediglich deklaratorisch und nicht konstitutiv (*UNHCR*, Background Note on the Application of the Exclusion Clauses, S. 16; *Weis*, Du droit international 1960, 928, 944).

71 Die Freistellungsklauseln sind sehr umstritten, weil Zweifel an ihrer völkerrechtlichen Vereinbarkeit bestehen (Rdn. 68 f.). Sie sind auf Druck der Bundesrepublik in die Richtlinie eingefügt worden (*Klug*, German Yearbook of International Law 2004, 594, 615). Zwar können die Konventionsstaaten unter den Voraussetzungen des Art. 33 Abs. 2 GFK einen Flüchtling in sein Herkunftsland abschieben.

Sie dürfen deshalb jedoch nicht den Flüchtlingsstatus aufheben. Art. 14 Abs. 4 RL 2011/95/EU birgt das Risiko wesentlicher Änderungen der Ausschlussgründe der Konvention in sich, indem Art. 33 Abs. 2 GFK (Einschränkung des Refoulementverbotes) den in Art. 1 F GFK enthaltenen Ausschlussgründen (Art. 12 Abs. 2 RL 2011/95/EU) als weiterer Ausschlussgrund hinzugefügt wird (*UNHCR*, Kommentar zur Richtlinie 2004/83/EG, Mai 2005, S. 30; *Klug*, German Yearbook of International Law 2004, 594, 616). Nach der Konvention dienen die Ausschlussgründe und die Einschränkung des Refoulementschutzes unterschiedlichen Zwecken. Art. 1 F GFK enthält eine abschließende Aufzählung von Ausschlussgründen, die auf dem Verhalten des Antragstellers beruhen. Die Ausschlussgründe beruhen auf der Überzeugung, dass gewisse Handlungen so schwerwiegend sind, dass die Täter keinen internationalen Schutz verdienen. Darüber hinaus soll das Flüchtlingsrecht nicht einer Bestrafung von schwerwiegenden Straftätern im Wege stehen. Dagegen regelt Art. 33 Abs. 2 GFK die Behandlung von Flüchtlingen und die Definition der Umstände, unter denen diese dennoch abgeschoben werden können. Der Zweck dieser Vorschrift besteht in der Gewährleistung der Sicherheit des Aufnahmestaates oder der Allgemeinheit. Die Norm knüpft an die Bewertung an, dass der Flüchtling im Fall einer rechtskräftigen Verurteilung wegen eines Verbrechens oder eines besonders schweren Vergehens als eine *Gefahr für die Sicherheit des Aufnahmestaates* oder für die Allgemeinheit angesehen wird (*UNHCR*, Kommentar zur Richtlinie 2004/83/EG, Mai 2005, S. 30).

Art. 33 Abs. 2 GFK wurde jedoch nicht verfasst, um einen Grund für die Beendigung 72
der Flüchtlingseigenschaft zu schaffen. Die Gleichsetzung der Ausnahmen vom Refoulementschutz nach Art. 33 Abs. 2 GFK mit den Ausschlussgründen des Art. 1 F GFK ist deshalb unvereinbar mit der Konvention und führt darüber hinaus zu einer falschen Auslegung beider Konventionsnormen (*UNHCR*, Kommentar zur Richtlinie 2004/83/EG, Mai 2005, S. 30). Nach der Rechtsprechung des EuGH sind zur Auslegung von Freistellungsklauseln des sekundären Unionsrechts die Grundrechtscharta sowie völkerrechtliche Verträge zum Menschenrechtsschutz heranzuziehen (EuGH, NVwZ 2006, 1033, § 52 f. – *EP gegen Rat der EU*). Soweit den Mitgliedstaaten danach ein Ermessensspielraum verbleibt, sind sie an völkerrechtliche Verpflichtungen gebunden. Die Berufung auf die Freistellungsklauseln des Art. 14 Abs. 4 und 5 RL 2011/95/EU entbindet die Mitgliedstaaten damit nicht von ihren entsprechenden Verpflichtungen aus der Grundrechtscharta und der Konvention. Vielmehr dürfen sie von dieser nur einen Gebrauch machen, der mit den Grundsätzen übereinstimmt, welche nach dem Völkerrecht zu beachten sind. Während sich die Mitgliedstaaten bei der Heranziehung der EMRK für die Anwendung von Freistellungsklauseln auf die Rechtsprechung des EGMR beziehen können, fehlt bei der Heranziehung der GFK ein verbindlicher Interpretationsmechanismus, sondern ist die Staatenpraxis maßgebend (Art. 31 Abs. 3 Buchst. b) WVRK). UNHCR hat keine der Rechtsprechung des EGMR vergleichbare Funktion für die Auslegung der Konvention. So besteht die Gefahr, dass sich durch Art. 14 Abs. 4 und 5 RL 2011/95/EU eine Staatenpraxis entwickelt, die insgesamt das Verhältnis zwischen Ausschlussgründen und der Ausnahme vom Refoulementschutz verändern kann.

73 Nach der Rechtsprechung ist der Widerruf nur bei besonders gefährlichen Tätern zulässig (§ 3 Rdn. 82 ff.). Nicht die abstrakte Strafdrohung, sondern die konkret verhängte Freiheitsstrafe ist maßgebend. Ist ein Flüchtling rechtskräftig zu einer (Einzel-)Freiheitsstrafe von mindestens drei Jahren verurteilt worden, ist unter Berücksichtigung aller Umstände des Einzelfalls weiter zu prüfen, ob diese Verurteilung die Annahme rechtfertigt, dass er tatsächlich eine Gefahr für die Allgemeinheit darstellt. Es reicht nicht aus, wenn lediglich mehrere Taten geringeren oder mittleren Gewichts im Rahmen eines einzigen Strafverfahrens oder – wenn eine frühere Strafe noch nicht vollstreckt ist – im Wege eine nachträglichen Gesamtstrafenbildung abgeurteilt worden sind (BVerwGE 146, 31, 37 Rn. 15 f. = NVwZ-RR 2013, 571; OVG NW, AuAS 2013, 67, 68). § 60 Abs. 8 Satz 3 AufenthG ist nicht anwendbar. Im Rahmen der Gefahrenprognose sind Entscheidungen nach § 57 Abs. 1 StGB zu berücksichtigen. Die Vollstreckung der Restfreiheitsstrafe zur Bewährung stellt ein wesentliches Indiz für das Fehlen einer Wiederholungsgefahr dar. Zwar wird insoweit eine Bindung der Behörde an die strafrichterliche Prognose abgelehnt (OVG NW, AuAS 2013, 67, 68). Ihr kommt aber auch unter Berücksichtigung der gebotenen restriktiven Anwendung des § 60 Abs. 8 AufenthG eine besondere Bedeutung zu. Die Wiederholungsgefahr setzt die Gefahr der Begehung einer gleichartigen Straftat voraus. Ist der Betroffene zehn Jahre nach der letzten Verurteilung wegen eines Drogendelikts insoweit nicht erneut straffällig geworden, rechtfertigten nachträglich begangene andersgeartete Delikte nicht ohne Weiteres die Annahme einer Wiederholungsgefahr (VG Stuttgart, InfAuslR 2010, 470, 472). Die restriktive Anwendung des Widerrufsgrundes hat auch zur Folge, dass der Widerruf nur aufgrund hinreichend zuverlässiger Tatsachen zulässig ist. Bei Anordnung der Unterbringung nach § 64, § 67 Abs. 2 StGB wegen Kokain- und Alkoholsucht kann deshalb die Gefahrensprognose erst nach Abschluss des Maßregelvollzugs getroffen werden (a.A. OVG NW, AuAS 2013, 67, 68).

C. Rücknahme der Asylberechtigung und des Flüchtlingsstatus (Abs. 2)

I. Funktion der Rücknahme im Asylverfahren

74 Nach Abs. 2 ist die Statusberechtigung zurückzunehmen, wenn sie aufgrund unrichtiger Angaben oder infolge Verschweigens wesentlicher Tatsachen erteilt worden ist und der Betreffende auch aus anderen Gründen nicht anerkannt werden könnte. Abs. 2 Satz 1 umfasst die Asylberechtigung und Abs. 2 Satz 2 die Zuerkennung der Flüchtlingseigenschaft. Abs. 2 liegt die Annahme zugrunde, dass die Voraussetzungen für die Feststellung der Statusberechtigung von vornherein nicht vorgelegen haben und aufgrund unrichtiger oder unvollständiger Angaben des Asylsuchenden eine – rechtswidrige – Statusentscheidung bewirkt wurde (BVerwG, EZAR 214 Nr. 2 = InfAuslR 1990, 245; BVerwGE 108, 30, 33 ff. = EZAR 214 Nr. 10 = NVwZ 1999, 302). Die Rücknahme hat nach Abs. 2 Satz 1 Halbs. 2 zu unterbleiben, wenn der Statusbescheid auch aus anderen Gründen gerechtfertigt wäre. Nach Art. 14 Abs. 3 Buchst. b) RL 2011/95/EU ist der Statusbescheid unter den dort genannten Voraussetzungen zurückzunehmen. Die Norm unterscheidet zwei Fallgestaltungen: Das Vorbringen einer falschen Darstellung oder das Verschweigen von Tatsachen einerseits sowie die

Verwendung gefälschter Dokumente andererseits. In der Staatenpraxis ist der Fall der falschen Darstellung allgemein anerkannt. Teilweise wird dies als einziger Rücknahmegrund im Flüchtlingsrecht geregelt. Ergänzend finden allgemeine verfahrensrechtliche Vorschriften Anwendung (*Kapferer*, Cancellation of Refugee Status, March 2003, S. 6). Art. 14 Abs. 3 Buchst. b) RL 2011/95/EU hat abschließenden Charakter. Nur unter den in dieser Norm genannten Voraussetzungen ist die Rücknahme eines Statusbescheids zulässig. Ein Ermessen für andere Rücknahmegründe wird den Mitgliedstaaten nicht eingeräumt.

Nach der Rechtsprechung gelten die Bestimmungen des allgemeinen Verwaltungsrechts über Rücknahme (§ 48 VwVfG) neben Abs. 2 (BVerwGE 112, 80, 88) = NVwZ 2001, 335, 337 = InfAuslR 2001, 532 = EZAR 214 Nr. 13 = AuAS 2001, 18; BVerwGE 115, 118; BVerwG, NVwZ 2007, 1330 = InfAuslR 2007, 401 = AuAS 2007, 225; OVG NW, AuAS 2002, 141, 142; VG Braunschweig, Urt. v. 18.08.2004 – 6 A 807/02; a.A. OVG Rh-Pf, NVwZ-Beil. 2001, 9, 10 = AuAS 2000, 138; OVG Rh-Pf, InfAuslR 2000, 468 = AuAS 2000, 82; OVG NW, NVwZ-Beil. 2002, 93; BayVGH, EZAR 214 Nr. 9). Weder der Wortlaut noch die Entstehungsgeschichte des Abs. 2 oder seiner Vorläufernorm § 16 Abs. 2 AsylG 1982 würden einen Anhaltspunkt für einen abschließenden Charakter geben. Abs. 2 verschärfe lediglich die Regelung des § 48 VwVfG, weil das Rücknahmeermessen in eine Rücknahmepflicht für die Fallgruppe unrichtiger Angaben oder verschwiegener Tatsachen umgewandelt werde (BVerwGE 112, 80, 89 = NVwZ 2001, 335, 337 = InfAuslR 2001, 532 = EZAR 214 Nr. 13). Der zwingende Charakter der Rücknahme steht in Übereinstimmung mit Art. 14 Abs. 3 RL 2011/95/EU. Die Rücknahme der Flüchtlingsanerkennung trotz rechtskräftiger Verpflichtung zur Zuerkennung dieses Status ist in Ausnahmefällen geboten, wenn das Urteil unrichtig ist, die Unrichtigkeit dem vom Urteil Begünstigten bekannt ist und besondere Umstände hinzutreten, die die Ausnutzung des Urteils als sittenwidrig erscheinen lassen. Solche Umstände liegen jedenfalls dann vor, wenn das Gericht über den Kern des Verfolgungsgeschehens gezielt getäuscht wurde, insbesondere über die Identität und die Staatsangehörigkeit des Betroffenen sowie über die Verfolgungsakteure. Eine lediglich objektiv falsche Tatsachengrundlage des Verpflichtungsurteils reicht anders als beim Widerruf nicht aus (BVerwG, NVwZ 2014, 664, 666 Rn. 20 = InfAuslR 2014200, mit Anm. *Schoch*, NVwZ 2014, 667). 75

Das Bundesamt kann auch unabhängig von den Voraussetzungen des Abs. 2 nach § 48 VwVfG den Bescheid nach pflichtgemäßem Ermessen aufheben. Das Rücknahmeermessen kann sowohl in Ansehung von positiven wie von rechtsversagenden Bescheiden ausgeübt werden. Das Verwaltungsgericht kann darüber hinaus den Widerruf nach § 47 VwVfG in eine Rücknahme *umdeuten* (BVerwGE 112, 80, 88 ff. = NVwZ 2001, 335, 337 = InfAuslR 2001, 532 = EZAR 214 Nr. 13; BVerwGE 108, 30, 35 = EZAR 214 Nr. 10 = InfAuslR 1999, 143 = NVwZ 1999, 302; BVerwGE 108, 30, 33 ff. = EZAR 214 Nr. 10 = NVwZ 1999, 302). Aus unionsrechtlicher Sicht sprechen gegen eine günstigere Regelung keine Bedenken. Allerdings ist eine Rücknahme nur unter den in Art. 14 Abs. 3 Buchst. b) RL 201195/EU bezeichneten Voraussetzungen zulässig. Hatte das BVerwG zunächst 76 die Jahresfrist nach § 48 Abs. 4 Satz 1 VwVfG berücksichtigt (BVerwGE 112, 80, 88 ff. = NVwZ 2001, 335, 337; BVerwG, InfAuslR 2014, 200, 201, Rn. 15; dagegen OVG NW, AuAS 2002, 141, 142), hat es später festgestellt, dass § 73 keine Rücknahmefrist kenne (BVerwG, NVwZ 2014, 664, 665 Rn. 15 = InfAuslR 2014, 200). Ein Bescheid, der unzutreffend auf Abs. 2 beruht, weil dem Statusberechtigten das dort bezeichnete Verhalten nicht nachgewiesen werden kann, kann als Widerrufsbescheid nach Abs. 1 Satz 1 aufrechterhalten werden, wenn die Voraussetzungen des Widerrufs nach Abs. 1 Satz 1 Halbs. 2 erfüllt sind. Rücknahme und Widerruf sind als gebundene Entscheidungen auf ein und dasselbe Ziel gerichtet seien, nämlich die Aufhebung des Statusbescheides mit Wirkung für die Zukunft (BayVGH, AuAS 1997, 273, 274 f. = EZAR 214 Nr. 8). Allerdings ist die Umdeutung nur zulässig, wenn der Betroffene kein Flüchtling mehr ist (Art. 14 Abs. 1 in Verb. mit Art. 11 Abs. 1 RL 2011/95/EU).

II. Voraussetzungen der Rücknahme

77 Nach Art. 14 Abs. 3 Buchst. b), 1. Alt. RL 2011/95/EU wird der Flüchtlingsstatus aufgehoben, wenn eine falsche Darstellung oder das Verschweigen von Tatsachen für die Statusgewährung ausschlaggebend war. In der Staatenpraxis besteht im Blick auf die Voraussetzungen des Rücknahmegrundes wegen falscher Darstellung oder Verschweigen von Tatsachen Übereinstimmung darin, dass

78 1. die Angaben des Betroffenen in objektiver Hinsicht unzutreffend gewesen sein müssen,

79 2. eine Kausalität zwischen den Angaben und der Statusentscheidung bestehen und

80 3. der Betroffene die Absicht gehabt haben muss, die zuständigen Behörden irrezuführen (*Kapferer*, Cancellation of Refugee Status, March 2003, S. 7).

81 Alle drei Elemente müssen *kumulativ* festgestellt werden. Daher ist der Nachweis zu führen, dass die Darstellung des Betroffenen objektiv nicht zutreffend war, sich auf die maßgebenden tatsächlichen Entscheidungsgrundlagen bezog und die Absicht der Irreführung bestand. Die Kausalität muss feststehen. Bloße Zweifel genügen nicht (VG Gießen, AuAS 1998, 166, 168; (*Bergmann*, in: Bergmann/Dienelt. AuslR, 11. Aufl., 2016, § 73 AsylG Rn. 23). Der Nachweis unrichtig gemachter Angaben wird sich im Regelfall nicht führen lassen, weil die Statusentscheidung vorrangig auf den Angaben des Asylantragstellers beruht und dieser im Nachhinein aus Eigeninteresse den wahren Sachverhalt wohl kaum offenbaren wird. Auch sind die Anforderungen an die Darlegungslast besonders hoch und insbesondere sehr komplex, sodass die Fälle bewusst falscher oder unterlassener wesentlicher Angaben eher selten sind. Auch wenn es für die objektive Unrichtigkeit oder das objektive Unterlassen wesentlicher Angaben insoweit auf ein Verschulden des Asylsuchenden nicht ankommt (*Bergmann*, in Bergmann/Dienelt. AuslR, 11. Aufl., 2016, § 73 AsylG Rn. 23; *Funke-Kaiser*, in: GK-AsylG II, § 73 Rn. 32), dürften die Fälle der objektiven Unrichtigkeit eher selten sein. Darüber hinaus trifft das Bundesamt die für die Rücknahmevoraussetzungen (VG Gießen, AuAS 1998, 166, 168). Wohl auch aus diesen Gründen wird Abs. 2 in der Verwaltungspraxis eher zurückhaltend angewandt.

Nach nationalem Recht kommt es für die Rücknahme allein auf die objektive Rechtswidrigkeit an. Demgegenüber setzt Unionsrecht eine Täuschungshandlung voraus. Daher ist die Rücknahme nach Abs. 2 unzulässig, wenn ein Verfahrensfehler vorliegt und dieser darauf beruht, dass der Behörde wesentliche Tatsachen im Entscheidungszeitpunkt deshalb nicht bekannt waren, weil sie die Ermittlungen nicht korrekt geführt hat. Es fehlt in diesen Fällen aber auch nach nationalem Recht an der Kausalität. Wurden die Ermittlungen nicht sachgerecht geführt, bewirkt allein die Täuschungshandlung nicht den Erlass des Statusbescheids. Im Grunde genommen betrifft diese verfahrensrechtliche Regel alle Aufhebungs- und Ausschlussgründe unabhängig davon, ob der Betroffene die entsprechenden Tatsachen verschwiegen hat oder nicht (*Kapferer*, Cancellation of Refugee Status, March 2003, S. 25, S. 13 bis 16; *Marx*, Handbuch zum Flüchtlingsschutz, 2. Aufl., 2012, S. 481 f.). Die abweichende Verwaltungspraxis in Deutschland (BVerwGE 112, 80, 88 ff. = NVwZ 2001, 335, 337 = InfAuslR 2001, 532 = EZAR 214 Nr. 13; VG Koblenz, InfAuslR 1995, 428, 429 steht mit dieser Regel nicht in Übereinstimmung (*Kapferer*, Cancellation of Refugee Status, March 2003, S. 25). 82

Soweit Informationen und Tatsachen, die im Entscheidungszeitpunkt den Behörden nicht bekannt waren, zu beurteilen sind, kann es sich um Tatsachen handeln, die in diesem Zeitpunkt noch nicht existierten oder den Behörden nicht bekannt waren. Sofern die Informationen im Entscheidungszeitpunkt noch nicht existierten, kann die Behörde ein Prüfungsverfahren einleiten und ermitteln, ob dies darauf beruht, dass dem Betroffenen die entsprechenden Tatsachen, auf die sich die neuen Informationen beziehen, bekannt waren und er sie absichtlich verschwiegen hat. Beziehen sich die neuen Informationen auf neu entstandene Tatsachen, die dem Betroffenen naturgemäß im Entscheidungszeitpunkt nicht bekannt sein konnten, kann die Anwendung der allgemeinen Beendigungsklauseln (Art. 11 Abs. 1 Buchst. e) und f) RL 2011/95/EU) in Betracht kommen. Bei neuen Informationen ist daher zwischen Rücknahme und Anwendung der allgemeinen Beendigungsklauseln zu unterscheiden: Beziehen neue Informationen sich auf im Entscheidungszeitpunkt bestehende Tatsachen und waren diese dem Betroffenen bekannt, ist ein Rücknahmeverfahren einzuleiten. Beziehen sie sich dagegen auf nachträgliche Tatsachen, ist die Anwendung der Beendigungsklauseln zu prüfen. Zu prüfen ist dabei stets, ob die Behörde die neuen Informationen hätte ermitteln können. In der Staatenpraxis ist allgemein anerkannt, dass kein Rücknahmeverfahren eingeleitet werden darf, wenn neue Informationen im Entscheidungszeitpunkt deshalb nicht bekannt waren, weil die Behörde entsprechende tatsächliche Ermittlungen entgegen ihrer Amtsermittlungspflicht unterlassen hatte, obwohl ihr dies möglich war und von ihr nach den Umständen auch erwartet werden konnte (*Kapferer*, Cancellation of Refugee Status, March 2003, S. 25). Hier fehlt es an einer vom Unionsrecht vorausgesetzten Täuschungshandlung des Betroffenen. 83

Zwischen der falschen Darstellung des Betroffenen und der Statusgewährung muss *Kausalität* bestehen. Hat der Betroffene etwa in Bezug auf bestimmte Sachverhaltselemente, z.B. im Blick auf bestimmte Vorfluchtgründe, eine falsche Darstellung gegeben, beruht die Statusentscheidung jedoch auf anderen Gründen, etwa auf weiteren zutreffend geschilderten Vorfluchtgründen oder auf exilpolitischen Aktivitäten, fehlt 84 es an der erforderlichen Kausalität der Täuschungshandlung des Betroffenen. Schließlich muss nachgewiesen werden, dass der Betroffene die Behörde *absichtlich irregeführt* hat. An dieser Voraussetzung kann es fehlen, wenn dieser wegen eines traumatischen Erlebnisses nicht zum vollständigen Sachvortrag in der Lage war oder ihm wegen der zwischen den Verfolgungsereignissen und dem Zeitpunkt der Anhörung verstrichenen Zeit bestimmte Vorgänge nicht oder nicht mehr vollständig erinnerlich waren. In derartigen Fällen fehlt es an der Absicht der Irreführung und ist die Rücknahme unzulässig (*UNHCR*, Note on Burden and Standard of Proof in Refugee Claims, December 1998, Rn. 9; Satz auch *UNHCR*, Auslegung von Art. 1 GFK, April 2001, Rn. 10). Erwähnt der Betroffene einen Umstand, der möglicherweise die Versagung der Flüchtlingseigenschaft zur Folge haben kann, unterlässt die Behörde jedoch pflichtwidrig weitere Ermittlungen und erkennt sie diesem die Flüchtlingseigenschaft zu, fehlt es an der Absicht der Irreführung (*Kapferer*, Cancellation of Refugee Status, March 2003, S. 7, unter Hinweis auf VGH (Österreich), Urt. v. 25.04.1995 – 94/20/0779).

85 Nach Art. 14 Abs. 3 Buchst. b), 2. Alt. RL 2011/95/EU ist der Status zurückzunehmen, wenn die »Verwendung gefälschter Dokumente« für die Zuerkennung der Flüchtlingseigenschaft maßgebend war. Hier wird der Status mit unrichtigen Angaben im Sinne von Abs. 2 bewirkt. An dieser Voraussetzung fehlt es von vornherein, wenn falsche Dokumente verwandt werden, um aus dem Herkunftsland fliehen und in den Aufnahmestaat einreisen zu können (*UNHCR*, Kommentar zur Richtlinie 2004/83/EG, Mai 2005, S. 29; *Kapferer*, Cancellation of Refugee Status, March 2003, S. 9 f.), vorausgesetzt der Betroffene offenbart anschließend seine wahre Identität. Regelmäßig verbleiben die gefälschten Reisedokumente im Besitz des Fluchthelfers, sodass bereits deshalb der Täuschungstatbestand nicht erfüllt ist. Die Vorlage gefälschter Reisedokumente ist in der Regel nicht als Beweismittel für die behauptete Verfolgungsgefahr geeignet. Dadurch kann also die Statusentscheidung regelmäßig nicht bewirkt werden. Dass ein Asylsuchender allein deshalb unglaubwürdig sein soll, weil er angibt, keine Ausweisdokumente zu besitzen, begegnet nach dem BVerfG erheblichen Zweifeln (BVerfG [Kammer], NVwZ 1992, 560, 561 = InfAuslR 1992, 75; BVerfG [Kammer], InfAuslR 1993, 105, 108). Darüber hinaus folgt aus Art. 31 Abs. 1 GFK, dass Flüchtlinge zur Verwendung gefälschter Reisedokumente gezwungen sein können (*UNHCR*, Kommentar zur Richtlinie 2004/83/EG, Mai 2005, S. 29). Die Vorlage gefälschter oder verfälschter Beweismittel trägt die Versagung der Statusentscheidung nur, wenn die behauptete Verfolgungsgefahr allein hierauf beruht (BVerfGE 65, 76, 97 = EZAR 630 Nr. 4 = NVwZ 1983, 735 = InfAuslR 1984). Die Bezugnahme allein auf ein gefälschtes Dokument zur Rechtfertigung der Statusversagung ist daher nicht zulässig, wenn dieses sich nur auf einen Teilkomplex, nicht aber auf sämtliche mit dem Asylvorbringen geltend gemachte Gründe bezieht (BVerfG [Kammer], NVwZ-Beil. 1994, 58, 59 = AuAS 1994, 222).

86 Nach der Rechtsprechung treten neben die Rücknahmepflicht für die Fallgruppe unrichtiger Angaben oder verschwiegener Tatsachen nach Abs. 2 die weiteren in § 48 Abs. 2 VwVfG geregelten Fallgruppen – etwa die der Drohung oder Bestechung oder die der Kenntnis oder grob fahrlässigen Unkenntnis des Asylantragstellers von der Unrichtigkeit der Statusgewährung. Hinzu kommen die sonstigen Fälle, in denen

die Statusgewährung aus nicht dem Asylsuchenden zuzurechnenden Gründen – etwa wegen einer falschen Einschätzung der Gefährdungslage oder rechtsirriger Annahme der Statusvoraussetzungen seitens des Bundesamtes – von Anfang an rechtswidrig ist (BVerwGE 112, 80, 88 ff. = NVwZ 2001, 335, 337 = InfAuslR 2001, 532 = EZAR 214 Nr. 13; VG Koblenz, InfAuslR 1995, 428, 429). Diese Rechtsprechung ist teilweise überholt. Grob fahrlässige Unkenntnis kommt der absichtlichen Irreführung nicht gleich. Eine falsche Einschätzung der Gefährdungslage oder rechtsirrige Annahme der Statusvoraussetzungen beruht nicht auf einer Täuschungshandlung.

Umstritten ist, ob im Fall der *Mehrfachantragstellung* wegen Täuschung über die per- 87
sönliche Identität der Statusbescheid auch dann zurücknehmen ist, wenn er aufgrund eines rechtskräftigen Urteils erlassen wurde (dafür BVerwG, InfAuslR 2014, 200, 202, Rn. 19 ff.; BayVGH, EZAR 214 Nr. 6; dagegen VG Gießen, AuAS 1998, 166, 168; VG Freiburg, NVwZ-Beil. 2001, 104). Nach der Gegenmeinung kann die Rechtskraftwirkung des Urteils nur im Wege und unter den eng begrenzten Voraussetzungen der Restitutionsklage (§ 580 ZPO) oder im Wege einer auch im Verwaltungsprozess möglichen, auf § 826 BGB gestützten Klage durchbrochen werden (VG Gießen, AuAS 1998, 166, 168). Dieser Auffassung hatte sich das BVerwG zunächst angeschlossen. Danach versperrt die sachliche Reichweite der Rechtskraft des Urteils der Behörde die Aufhebung des Statusbescheids. Es spreche Vieles dafür, einerseits bei der Statusgewährung und andererseits bei der Aberkennung ein und desselben Anspruchs zumindest von einer teilweisen Identität der Streitgegenstände auszugehen. Daraus folge, dass vor der Aufhebung eines gerichtlich angeordneten Statusbescheids stets zu prüfen sei, ob die Rechtskraft des Urteils der Aufhebung des Statusbescheids entgegenstehe. Sei dies der Fall, könne die Aufhebung nur in den engen Grenzen des § 153 VwGO erfolgen (BVerwGE 108, 30, 34 = EZAR 214 Nr. 10 = InfAuslR 1999, 143 = NVwZ 1999, 302; BVerwGE 115, 118, 120 = InfAuslR 2002, 205; Rdn. 6 f.). Allerdings hindert eine spätere Änderung der Sach- und Rechtslage die Behörde nicht an der Aufhebung des Statusbescheides. Hat sie den Bescheid wegen unrichtiger Angaben zurückgenommen, ist bei veränderten tatsächlichen Verhältnissen eine *Umdeutung* in einen Widerruf nach Abs. 1 nicht ausgeschlossen (BVerwGE 108, 30, 35 = EZAR 214 Nr. 10 = InfAuslR 1999, 143 = NVwZ 1999, 302), sofern der Betroffene aufgrund der veränderten Verhältnisse nicht mehr Flüchtling ist (Art. 14 Abs. 1 RL 2011/95/EU). Später hat es klargestellt, die Rücknahme sei in Ausnahmefällen zulässig, wenn die Unrichtigkeit den von dem Urteil Begünstigten bekannt sei und besondere Umstände hinzutreten würden, die die Ausnutzung des Urteils als sittenwidrig erscheinen ließen. Derartige Umstände lägen vor, wenn das Verwaltungsgericht über den Kern des Verfolgungsvorbringens gezielt getäuscht worden sei, insbesondere über die Identität und Staatsangehörigkeit des Asylantragstellers sowie die Verfolgungsakteure. Andererseits rechtfertige nicht jede – auch gezielte – Täuschung über untergeordnete, weniger gewichtige oder gar nicht ergebnisrelevante Umstände des Verfolgungsvortrags die Rücknahme (BVerwG, InfAuslR 2014, 200, 202, Rn. 20).

Hat das Bundesamt infolge eines redaktionellen Versehens, etwa weil es irrtümlich von 88
der Rechtskraft des Verpflichtungsurteils ausgegangen ist, die Statusentscheidung getroffen, kann es diese nicht, ohne dass die Voraussetzungen nach Abs. 1 Satz 1 Halbs. 2

vorliegen, widerrufen (BVerwG, InfAuslR 1990, 245, 246 f. = NVwZ 1990, 774 = EZAR 214 Nr. 2; VG Frankfurt am Main, NVwZ-Beil. 1996, 61, 62 = AuAS 1996, 106; Hess. VGH, NVwZ-Beil. 2003, 74, 75). Der versehentlich erlassene Statusbescheid kann aber nicht nach Abs. 1 Halbs. 1 widerrufen werden, in dem das Bundesamt etwa durch Verpflichtungsurteil nur zur Zuerkennung der Flüchtlingseigenschaft verpflichtet worden ist, sich aber irrtümlich verpflichtet glaubte, auch den Asylstatus zu gewähren (VGH BW, NVwZ 2001, 460; VG Freiburg, NVwZ-Beil. 2001, 104; VG Wiesbaden, Beschl. v. 07.11.1996 – 6/1 E 30060/96; a.A. BayVGH, 2001, 23, 24). Den im Zeitpunkt der Statusgewährung nicht handlungsfähigen Asylantragsteller rechnet die Rechtsprechung das Handeln Dritter zu (BVerwG, InfAuslR 2014, 200, 201, Rn. 17).

89 Nach dem Grundsatz der *doppelten Deckung* hat die Rücknahme zu unterbleiben, wenn der Betroffene aus anderen Gründen anerkannt werden müsste. Liegen etwa die Voraussetzungen nach § 26 vor, ist die Rücknahme untersagt (Nieders. OVG, NVwZ-RR 2005, 570; *Hailbronner,* AuslR B 2, § 73 AsylG Rn. 61; *Funke-Kaiser,* in: GK-AsylG II, § 73 Rn. 35). Diese Gründe sind formlos aktenkundig zu machen.

III. Rechtsfolgen der Rücknahme

90 Die Rücknahme nach Abs. 2 wirkt *ex tunc* (VG Braunschweig, Urt. v. 18.08.2004 – 6 A 807/02). Haben die Voraussetzungen für die Statusgewährung von Anfang an nicht vorgelegen, war der Statusbescheid auch von Anfang an rechtswidrig (BVerwGE 112, 80, 90 = EZAR 214 Nr. 10 = InfAuslR 1999, 143 = NVwZ 1999, 302). Demgegenüber eröffnet § 48 VwVfG ein *Rücknahmeermessen.* Erkennt das Bundesamt die Rechtswidrigkeit der Statusgewährung, steht ihm regelmäßig ein weites, auch etwaige Erwägungen zur Verfahrensökonomie und angewachsene Integrationsgesichtspunkte einschließendes Ermessen bei der Frage zu, ob es überhaupt ein Ermessen ausübt oder den Statusbescheid aufrechterhält (BVerwGE 112, 80, 91 f. = EZAR 214 Nr. 10 = InfAuslR 1999, 143 = NVwZ 1999, 302). Das Rücknahmeermessen nach § 48 VwVfG wird damit nicht für die Vergangenheit ausgeübt (VG Braunschweig, Urt. v. 18.08.2004 – 6 A 807/02) und wirkt ex nunc (*Hailbronner,* AuslR B 2, § 73 AsylG Rn. 99). Die rückwirkende Rücknahme erscheint im Blick auf Art. 14 Abs. 3 RL 2011/95/EU bedenklich. Der Wortlaut dieser Norm dürfte eher für eine Wirkung ex nunc sprechen.

D. Fristgebundene Überprüfung (Abs. 2a)

I. Funktion der Überprüfung

91 2005 wurde in Abs. 2a eine obligatorische Widerrufsprüfung eingeführt. Dadurch sollte erreicht werden, dass »die Vorschriften über den Widerruf und die Rücknahme, die in der Praxis bis dahin weitgehend leergelaufen waren, an Bedeutung gewinnen« (BT-Drucks. 15/420, S. 112, so schon BT-Drucks. 14/7387, S. 103). Die Widerrufs- und Rücknahmeregelungen sind zwingender Natur. Abs. 2a in seiner früheren Form bekräftigte lediglich, was ohnehin gesetzlich vorgeschrieben war (BVerwGE 128, 119, 203 Rn. 111 = NVwZ 2007, 1089, 1090 = AuAS 2007, 164). Andererseits

wies die Rechtsprechung der früheren Widerrufspraxis lediglich den Charakter einer internen behördlichen Überprüfungspflicht zu, welche – auch wenn sie bereits vor 2005 durchgeführt worden ist – die obligatorische Überprüfungspflicht nach Abs. 2a nicht ersetzen konnte (BVerwG, NVwZ 2009, 328, 329). Die innerhalb von drei Jahren geforderte obligatorische Überprüfung stand im engen sachlichen Zusammenhang mit den humanitären Verfestigungsregelungen. Asylberechtigten und Flüchtlingen war nach drei Jahren Besitz der Aufenthaltserlaubnis eine Niederlassungserlaubnis zu erteilen, wenn das Bundesamt mitgeteilt hatte, dass die Voraussetzungen für einen Widerruf oder eine Rücknahme nicht vorlagen (§ 26 Abs. 3 AufenthG). Beantragte der Statusberechtigte die Niederlassungserlaubnis, hatte die Ausländerbehörde beim Bundesamt anzufragen, ob ein Widerrufs- oder Rücknahmeverfahren eingeleitet worden war (§ 26 Abs. 3 Halbs. 2 AufenthG). Erteilte das Bundesamt eine negative Auskunft, wurde unter Absehen von den allgemeinen Voraussetzungen des § 9 Abs. 2 AufenthG die Niederlassungserlaubnis nach § 26 Abs. 3 AufenthG erteilt.

Funktion der obligatorischen Widerrufsprüfung war es danach, vor der Verfesti- 92
gung des Aufenthaltsrechts Statusberechtigter den Fortbestand der Berechtigung zu überprüfen und nach negativem Abschluss der obligatorischen Überprüfung, die Verfestigung zuzulassen. Nach der Negativentscheidung bedurfte es im Fall einer späteren Aufhebung einer Ermessensentscheidung des Bundesamtes (BVerwG, NVwZ 2009, 328, 329). Während der Dreijahresfrist des Abs. 2a Satz 1 Halbs. 2 musste der Statusberechtigte bei Wegfall der Statusvoraussetzungen regelmäßig mit dem Widerruf des Statusbescheides rechnen Er genoss jedenfalls in diesem Zeitraum kein schutzwürdiges Vertrauen hinsichtlich der Aufrechterhaltung seines Statusbescheides (BVerwGE 128, 119, 205 Rn. 15 = NVwZ 2007, 1330, 1331 = InfAuslR 2007, 401 = AuAS 2007, 225). Nach Durchführung der Negativprüfung genoss der Statusberechtigte Vertrauensschutz, dass über seinen gewährten Status nicht mehr nach Abs. 1 Satz 1, sondern nur noch nach § 73 Abs. 2a Satz 4 AsylVfG a.F. entschieden wurde, es sei denn, es traten nachträglich Ausschlussgründe nach § 3 Abs. 2 oder § 60 Satz 8 AufenthG ein.

§ 73 Abs. 2a Satz 1 AsylVfG a.F. erteilte einen bindenden Auftrag an die Behörde, 93
der sich lediglich auf Fälle bezog, in denen bei Inkrafttreten dieser Vorschrift – am 1. Januar 2005 – keine Aufhebung des Statusbescheids erfolgt war (BVerwGE 124, 276, 291 = NVwZ 2006, 707 = InfAuslR 2006, 244 = AuAS 2006, 92; BVerwGE 128, 119, 204 Rn. 14 Rn. 11 = NVwZ 2007, 1330, 1331 = InfAuslR 2007, 401 = AuAS 2007, 225; BVerwG, NVwZ 2009, 328, 329). Anders als bei Asylberechtigten, deren unbefristete Aufenthaltserlaubnis am 01.01. 2005 nach § 68 Abs. 1 AsylVfG a.F. nach § 101 Abs. 1 Satz 1 AufenthG in eine Niederlassungserlaubnis nach § 26 Abs. 3 AufenthG überführt wurde und bei denen folglich kein Verfahren nach Abs. 2a durchgeführt werden darf und über den Widerruf nur noch nach Ermessen gem. Abs. 2a Satz 5 Halbs. 2 entschieden werden kann, fand die obligatorische Widerrufsprüfung auf Flüchtlinge uneingeschränkt Anwendung. In diesen Fällen wurde die Aufenthaltsbefugnis nach § 70 Abs. 1 AsylVfG a.F. in eine befristete Aufenthaltserlaubnis (§ 25

Abs. 2 Satz 1 AufenthG) überführt (§ 101 Abs. 2 AufenthG), sodass keine Niederlassungserlaubnis nach § 26 Abs. 3 AufenthG die Anwendung von Abs. 2a sperrte (BVerwGE 124, 276, 291 = NVwZ 2006, 707 = InfAuslR 2006, 244 = AuAS 2006, 92; BVerwG, NVwZ 2009, 328, 329; a.A. VG Köln, NVwZ-RR 2006, 67). Zur endgültigen Klärung dieser Altfälle wurde deshalb mit Abs. 7 eine befristete obligatorische Überprüfungsaktion angeordnet (Rdn. 102 ff.).

94 Durch das Asylverfahrensbeschleunigungsgesetz 2015 wurde die obligatorische Prüfungspflicht aufgehoben. Nach geltendem Recht muss das Bundesamt nicht obligatorisch eingeschaltet werden. Vielmehr wird die Niederlassungserlaubnis nur dann nicht erteilt, wenn das Bundesamt von sich aus mitteilt, dass die Widerrufs- oder Rücknahmevoraussetzungen vorliegen (Abs. 2a Satz 2). Die geänderte Fassung des Abs. 2a Satz 2 und 3 dient der Entlastung des Bundesamts. Zugleich erfolgt dadurch eine Anpassung an § 26 Abs. 3 AufenthG. Danach wird Asylberechtigten und Flüchtlingen nach dreijährigem Besitz einer Aufenthaltserlaubnis eine Niederlassungserlaubnis abweichend von den Voraussetzungen des § 9 Abs. 2 AufenthG erteilt, es sei denn, das Bundesamt hat mitgeteilt, dass die Voraussetzungen für den Widerruf oder die Rücknahme vorliegen. Dementsprechend passt Abs. 2a Satz 2 und 3 die Mitteilungspflicht an. Die Monatsfrist dient der Rechtssicherheit, da die Ausländerbehörde so den Zeitpunkt bestimmen kann, ab wann sie davon ausgehen kann, dass eine entsprechende Mitteilung nicht mehr erfolgt (BR-Drucks. 446/15, S. 47). Die gesetzliche Begründung ist richtig, soweit ausgeführt wird, dass die Niederlassungserlaubnis erteilt wird, wenn keine Mitteilung des Bundesamts erfolgt. Es ist Aufgabe des Bundesamts, von sich aus die Dreijahresfrist zu beachten. Versäumt sie diese und ist die Niederlassungserlaubnis erteilt worden, kann der Status nur noch nach Abs. 2a Satz 5 nach Ermessen aufgehoben werden.

95 Unzutreffend ist die gesetzliche Begründung jedoch, soweit festgestellt wird, dass die Ausländerbehörde von sich aus den Zeitpunkt bestimmen kann, ab dem sie davon ausgehen kann, dass keine Mitteilung mehr erfolgen wird. § 26 Abs. 3 AufenthG begründet nach drei Jahren Besitz der Aufenthaltserlaubnis nach § 25 Abs. 1 und 2 AufenthG und anschließender Monatsfrist (Abs. 2a Satz 2) eine Amtspflicht, die Niederlassungserlaubnis zu erteilen. Frei wählen kann die Ausländerbehörde den Zeitpunkt für die Erteilung der Niederlassungserlaubnis nicht. Es besteht nicht lediglich ein Anspruch auf Erteilung der Niederlassungserlaubnis »zu einem beliebigen Zeitpunkt«, sondern auch auf Legalisierung des aufenthaltsrechtlichen Status für die Vergangenheit (BVerfG [Kammer], InfAuslR 2012, 317 Rn. 15; BVerfG, NVwZ 1999, 306; BVerwG, NVwZ 1996, 1225, 1226 = InfAuslR 1996, 168 = EZAR 017 Nr. 9; BVerwG, NVwZ 1998, 191, 192 = EZAR 015 Nr. 15; BVerwG, NVwZ 1999, 306 = InfAuslR 1999, 69 = AuAS 1999, 26; VGH BW, InfAuslR 1998, 485; ebenso *Richter*, NVwZ 1999, 726, 727; *Marx*, Aufenthalts-, Asyl- und Flüchtlingsrecht. Handbuch, 5. Aufl., 2015, S. 135; dagegen *Renner*, NVwZ 1993, 729, 733). Daher sollte der Antragsteller vor Ablauf der Dreijahresfrist die Erteilung der Niederlassungserlaubnis beantragen. Ist die Monatsfrist des Abs. 2a Satz 2 abgelaufen, ist diese zu erteilen. Er kann bei Vorliegen der gesetzlichen Voraussetzungen für einen in der Vergangenheit

liegenden Zeitraum nach der Antragstellung die unbefristete Verlängerung beanspruchen, wenn er ein schutzwürdiges Interesse hieran hat (BVerwG, NVwZ 2009, 1431; BVerwG, NVwZ 1999, 306 = InfAuslR 1999, 69 = AuAS 1999, 26; VGH BW, InfAuslR 1998, 485, 486; VGH BW, AuAS 2011, 14). Dieses ist stets zu bejahen, wenn es für die weitere aufenthaltsrechtliche Stellung erheblich sein kann (BVerwG, NVwZ 2009, 1431; VGH BW, AuAS 2011, 14, 15). Für subsidiär Schutzberechtigte gelten diese Grundsätze nicht, da § 26 Abs. 3 AufenthG nur die erste Alternative von § 25 Abs. 2 AufenthG einschließt. Sie können die Niederlassungserlaubnis nur nach § 26 Abs. 4 AufenthG erlangen, müssen also den Nachweis für das Spracherfordernis (B 1), der Sicherung der Lebensunterhalts, des ausreichenden Wohnraums, der Altersvorsorge und des Integrationskures erbringen (§ 26 Abs. 4 Satz 2 in Verb. mit § 9 Abs. 2 Satz 1 Nr. 2, 3, 7, 8 und 9 AufenthG).

II. Prüfung nach Abs. 2a Satz 1

Die Überprüfung war ursprünglich als *Anprüfung* ausgestaltet worden. Spätestens 96 nach Ablauf von drei Jahren sollte geprüft werden, ob Widerrufs- oder Rücknahmevoraussetzungen vorliegen. Dies bedeutete zunächst eine kurze Anprüfung. Nach geltendem Recht entfällt eine derartige Anprüfung. Vielmehr prüft das Bundesamt aus gegebenen Anlass im vollen Umfang die Voraussetzungen des Widerrufs oder der Rücknahme. Bejaht es diese teilt es der zuständigen Ausländerbehörde das Ergebnis spätestens vor Ablauf der Monatsfrist mit (Abs. 2a Staz 2 und 3). Die Bekanntgabe der Entscheidung an den Betroffenen kann später erfolgen. Liegen die Voraussetzungen nicht vor, kann die Mitteilung an die Ausländerbehörde entfallen (Satz 3). Stets ist eine individualbezogene, sämtliche die konkrete Person des Statusberechtigten und seinen Einzelfall betreffenden Tatsachen und Umstände geboten. Das schließt nicht aus, Erkenntnisse zu berücksichtigen, die auf eine ganze Personengruppe bezogen sind (*Hailbronner,* AuslR B 2, § 73 AsylG Rn. 92). Ergeben sich im Rahmen der Prüfung Anhaltspunkte, darf das Bundesamt sich regelmäßig nicht lediglich auf die verfügbaren Erkenntnismittel beschränken, sondern hat die Zweifel am Fortbestand der Statusberechtigung durch Zuziehung aktueller Erkenntnisse aufzuklären.

Die Überprüfung nach Abs. 2a Satz 1 ist innerhalb der sich an die Dreijahresfrist 97 des § 26 Abs. 3 AufenthG anschließende Monatsfrist des Satz 2 durchzuführen. Der Widerruf kann nicht zeitlich unbegrenzt, sondern nur in diesem Zeitraum erfolgen (BVerwG, NVwZ 2007, 1330 = InfAuslR 2007, 401 = AuAS 2007, 225). Damit wird dem Bundesamt ein bestimmter, auf die Besonderheiten des Asyl- und Ausländerrechts abgestimmter zeitlicher Rahmen vorgegeben, der nach dem Sinn und Zweck der Regelung erkennbar abschließend ist und nicht durch weitere (allgemeine) Fristen, wie etwa die Jahresfrist nach § 49 Abs. 2 Satz 2, § 48 Abs. 4 Satz 1 VwVfG wieder verengt werden sollte (BVerwGE 128, 24 = NVwZ 2007, 1330 = InfAuslR 2007, 401 = AuAS 2007, 225). Gegebenenfalls ist gegen die Ausländerbehörde Untätigkeitsklage zu erheben, nachdem der Betroffene den Antrag nach § 26 Abs. 3 AufenthG gestellt hat (Rdn. 95).

III. Informationspflichten des Bundesamtes (Abs. 2a Satz 2 und 3)

98 Nach Abs. 2a Satz 2 unterrichtet das Bundesamt die zuständige Ausländerbehörde über das Ergebnis der Ermittlungen, wenn die Voraussetzungen des Widerrufs oder der Rücknahme vorliegen. Die Informationspflichten stellen sicher, dass die Niederlassungserlaubnis nach § 26 Abs. 3 AufenthG erteilt werden kann. Sie bestehen nicht nur gegenüber der Ausländerbehörde, sondern auch gegenüber dem Betroffenen. Der Ausländerbehörde ist auch mitzuteilen, welche Personen nach § 26 ihre Asylberechtigung oder Flüchtlingseigenschaft von dem Stammberechtigten ableiten und ob bei ihnen die Voraussetzungen für einen Widerruf nach Abs. 2b vorliegen (Abs. 2a Satz 4). Durch Abs. 2a Satz 4 soll gewährleistet werden, dass § 26 Abs. 3 AufenthG weiterhin auch für Berechtigte nach § 26 gilt, sofern deren Rechtsstellung nicht nach Abs. 2b widerrufen worden ist (BT-Drucks. 16/5065, S. 420). Dem Betroffenen ist eine verfahrensrechtliche Mitwirkungsmöglichkeit einzuräumen. Dem wird entgegengehalten, die Erwägungen, die zu der Negativentscheidung geführt hätten, müssten nicht in vertrauensbegründender Weise nach außen dringen (OVG NW, Beschl. v. 21.04.2008 – 8 A 1102/08.A). Zutreffend ist, dass die interne Mitteilung die Erteilung der Niederlassungserlaubnis durch die Ausländerbehörde sperrt. Soll der Statusbescheid aber aufgehoben werden, ist die Entscheidung dem Betroffenen gegenüber bekanntzugeben. Unterbleibt dies, wird die intern angekündigte Aufhebung nicht rechtlich wirksam. In diesem Fall verliert auch diese von vornherein ihre rechtliche Wirkung. Wird die Aufhebung intern angekündigt, gegen den Betroffenen aber nicht wirksam vollzogen, steht sie der Erteilung der Niederlassungserlaubnis nicht entgegen. Vielmehr hat der Betroffene einen rückwirkenden Anspruch auf Erteilung bezogen auf die Monatsfrist des Abs. 2a Satz 2 (Rdn. 95).

IV. Ermessensprüfung (Abs. 2a Satz 5)

99 Nach Abs. 2a Satz 5 wird dem Bundesamt für eine nach Ablauf der Dreijahresfrist zuzüglich der Monatsfrist des Abs. 2a Satz 2 beabsichtigte Widerrufs- oder Rücknahmeentscheidung Ermessen eingeräumt. Die Vorschrift durchbricht damit die zwingenden Regeln des Abs. 1 Satz 1 und 2 sowie Abs. 2 Satz 1. Hat der Statusberechtigte inzwischen die Niederlassungserlaubnis nach § 26 Abs. 3 AufenthG erlangt, wird durch eine Aufhebung der Statusberechtigung die Rechtsstellung zunächst nicht verändert. Vielmehr hat die Ausländerbehörde nach Ermessen darüber zu entscheiden, ob sie die Niederlassungserlaubnis (§ 52 Abs. 1 Satz 1 Nr. 4 AufenthG) widerrufen will. Da die Niederlassungserlaubnis die möglichst vollständige Integration bezweckt, wird aber ein ausländerrechtlicher Widerruf in aller Regel unzulässig sein.

100 Nicht geregelt hatte der Gesetzgeber zunächst, nach welchen Ermessenskriterien das Bundesamt über den Widerruf oder die Rücknahme zu entscheiden hat. Mit dem Hinweis auf § 60 Abs. 8 AufenthG hat er später zu erkennen gegeben, dass unterhalb der dadurch aufgezeigten Schwelle das Ermessen zugunsten der Betroffenen auszuüben ist. Der Hinweis auf § 60 Abs. 8 Satz 3 AufenthG hat zur Folge, dass in den dort bezeichneten Sexual- und vergleichbaren Delikten die Aufhebung des Bescheides erfolgen soll. Umstritten ist, Umstritten ist, ob im Rahmen der Ermessensprüfung

zwischen den für die Aufrechterhaltung der Statusberechtigung einerseits und den die aufenthaltsrechtliche Rechtsstellung betreffenden Gründen andererseits zu trennen ist (dafür *Hailbronner*, AuslR B 2, § 73 AsylG Rn. 95; a.A. VG Karlsruhe, Urt. v. 06.07.2010 – A 8 K 406/10; VG Ansbach, Urt. v. 13.09.2012 – AN 4 K 12.30190), mit der Folge, dass das Bundesamt die Integration des Statusberechtigten nicht in die Ermessensprüfung einstellen dürfte. Nach der Gegenmeinung sind derartige Umstände jedenfalls bei einer unverändert unsicheren Situation im Herkunftsland zu beachten. Die restriktive Ansicht räumt zwar ein, dass eine Prüfung der individuellen Situation des Statusberechtigten zu dem Ergebnis führen kann, dass die Rückkehr bei der gebotenen Abwägung öffentlicher und individueller Interessen unzumutbar erscheint, erachtet aber den Entzug der Statusberechtigung und der hieraus folgenden Rechte gleichwohl für zulässig. Allerdings komme dem durch die Erteilung der Niederlassungserlaubnis vermittelten Vertrauensschutz ein rechtlich geschütztes Interesse zu (*Hailbronner*, AuslR B 2, § 73 AsylG Rn. 95). Sachfremd ist die Erwägung, dass wegen der Straffälligkeit der Kinder des Statusberechtigten, die ihre Statusberechtigung nicht vom Vater ableiten, dessen Statusberechtigung zu entziehen ist (VG Ansbach, Urt. v. 13.09.2012 – AN 4 K 12.30190).

Weder der Wortlaut noch der Gesetzeszusammenhang stützen die enge Auffassung, die im Übrigen einen rechtlich geschützten Vertrauenstatbestand anerkennt. Dieser geht auf einen Fortbestand der Niederlassungserlaubnis nach § 26 Abs. 3 AufenthG. Nicht sachgerecht erscheint es daher, zwar die Statusberechtigung, nicht aber die Niederlassungserlaubnis zu entziehen. Vielmehr besteht ein rechtlich geschützter Vertrauenstatbestand auf Fortsetzung der Verfestigung und der ihr zugrunde liegenden Statusberechtigung, das nur bei besonders ernsthaften Integrationsstörungen außer Acht gelassen werden darf. Daher kann nach Erteilung der Niederlassungserlaubnis nur noch bei nachträglich eintretenden Ausschlussgründen der Statusbescheid aufgehoben werden. Zwar hat das Bundesamt nach Abs. 4 Halbs. 2 in diesen Fällen zwingend den Statusbescheid aufzuheben. Andererseits folgt aus Abs. 4 Halbs. 2, dass nur bei vergleichbar gelagerten schwerwiegenden Straftaten oder Sicherheitsgefährdungen eine Aufhebung nach Ermessen erfolgen darf. Ferner führt das Vorliegen der subsidiären Schutzberechtigung und von Abschiebungsverboten nach § 60 Abs. 5 und 7 AufenthG dazu, dass der Widerruf zu unterbleiben hat, wenn nicht Ausschlussgründe Anwendung finden. 101

E. Widerruf des Familienasyls und des internationalen Schutzes für Familienangehörige (Abs. 2b)

I. Funktion der Vorschrift

Nach Abs. 2b Satz 2 und 3 ist die abgeleitete Statusberechtigung (§ 26) zu widerrufen, wenn der Statusbescheid des Stammberechtigten erlischt, widerrufen oder zurückgenommen wird und dem Betroffenen nicht aus anderen Gründen die Statusberechtigter zuerkannt werden kann. Ferner ist nach Abs. 2b Satz 1 iVm § 26 Abs. 4 der abgeleitete Status zu widerrufen, wenn nachträglich Ausschlussgründe in der Person des Familienangehörigen nach § 3 Abs. 2 oder § 60 Abs. 8 AufenthG 102 eintreten. Hat der Familienangehörige vor Gewährung des Status entsprechende Tatsachen verschwiegen, kommt eine Rücknahme nach Abs. 2 in Betracht. Wird hingegen dem Stammberechtigten wegen nachträglich entstandener Ausschlussgründe die Berechtigung entzogen, wird der Widerruf des abgeleiteten Status nach Abs. 2b Satz 2 oder Satz 3 behandelt. Der abgeleitete Status ist dem Grunde und dem Fortbestand nach abhängig vom Fortbestand der originären Statusberechtigung. Tritt ein Erlöschenstatbestand (§ 72) oder Widerrufsgrund (Abs. 1 Satz 1 Halbs. 2 und Satz 2) bezogen auf die originäre Statusberechtigung ein oder wird sie nach Abs. 2 zurückgenommen, muss auch der abgeleitete Status widerrufen werden. So wird bei *Einbürgerung des Stammberechtigten* der abgeleitete Status widerrufen (OVG NW, InfAuslR 2009, 366, 368; OVG Hamburg, InfAuslR 2013, 354 = AuAS 2013, 189 = NVwZ-RR 2013, 981 [Ls]; Hess. VGH, AuAS 2011, 271, 272; *Hailbronner,* AuslR B 2 § 73 AsylG Rn. 5; *Funke-Kaiser,* in: GK-AsylG II, § 73 Rn. 42; a.A. VG Stuttgart, InfAuslR 2010, 470, 471), wenn der Familienangehörige keine eigenen Verfolgungsgründe geltend machen kann (Abs. 2b Satz 2 letzter Halbs., S. 3 letzter Halbs.) oder für ihn der Widerruf nach Abs. 1 Satz 3 unzumutbar ist. Zwar bezieht Abs. 1 Satz 3 sich nur auf die Wegfall-der-Umstände-Klausel nach Abs. 1 Satz 2. Da aber die im Wege des abgeleiteten Status Berechtigten bislang keinen Anspruch auf Prüfung eigener Verfolgungsgründe hatten (§ 26 Rdn. 44), ist diese Prüfung im Widerrufsverfahren nach Abs. 2b nachzuholen. Auch beim *Tod des Stammberechtigten* wird in der Rechtsprechung vom Erlöschen der Statusberechtigung und damit vom Widerruf des abgeleiteten Status ausgegangen (OVG Saarland, AuAS 2014, 262). Die Fünfjahresfrist des § 35 Abs. 3 StAG ist auf Abs. 2b nicht übertragbar (OVG Hamburg, NVwZ-RR 2013, 981). Ist im Zeitpunkt der Entscheidung über den abgeleiteten Status die Einbürgerung wirksam vollzogen, fehlt es in diesem Zeitpunkt an der erforderlichen Statusberechtigung des Stammberechtigten (§ 26 Abs. 1 Satz 1 Halbs. 1; § 26 Rdn. 20).

103 Der Widerruf der Statusberechtigung erlangt damit beim abgeleiteten Status in zweifacher Weise Bedeutung: Der Gewährung des abgeleiteten Status steht von vornherein entgegen, wenn der Status des Stammberechtigten zu widerrufen (§ 26 Abs. 1 Nr. 4, Abs. 5) ist. Unanfechtbarkeit des Widerrufs des Stammberechtigten wird nicht vorausgesetzt (*Hailbronner,* AuslR B 2 § 73 AsylG Rn. 57; *Funke-Kaiser,* in: GK-AsylG II, § 73 Rn. 40). Davon zu trennen ist die Frage, unter welchen Umständen der bereits gewährte abgeleitete Status nach Abs. 2b widerrufen werden muss. Abs. 2b hat nicht die einschränkende Rechtsprechung übernommen, wonach die Erlöschenstatbestände des § 72 ohne Weiteres auf das Familienasyl durchgreifen (BVerwG, EZAR 215 Nr. 2; krit. hierzu *Renner,* ZAR 1992, 35). Vielmehr bedarf es auch bei der kraft Gesetzes zum Erlöschen gebrachten originären Statusberechtigung (§ 72 Abs. 1), in Ansehung der Familienangehörigen der Durchführung eines (Widerrufs-)Verwaltungsverfahrens (Abs. 2b). Dabei besteht unter den Voraussetzungen des Abs. 2b allerdings eine Widerrufsverpflichtung (OVG Rh-Pf, InfAuslR 2000, 468, 469). Umgekehrt darf ein Widerruf des originären Statusberechtigung nicht erfolgen, wenn der Stammberechtigte seine Rechtsstellung auch im Rahmen der abgeleiteten Statusberechtigung geltend machen kann (Nieders. OVG, NVwZ-RR 2005, 570 = AuAS 2005, 82, 83 = AuAS 2005, 44, 45)

Erst nach Unanfechtbarkeit der Widerrufsentscheidung ist ebenso wie beim Widerruf nach Abs. 1 die abgeleitete Statusberechtigung beendet. Mit Abs. 2b Satz 2 letzter Halbs. und Satz 3 letzter Halbs. zieht der Gesetzgeber die Konsequenz aus dem Antragsbegriff des § 26, der eine eigenständige Prüfung eigener Verfolgungsgründe verbietet (BVerwGE 89, 314, 319 = EZAR 215 Nr. 4 = NVwZ 1992, 987; OVG NW, InfAuslR 1991, 316; VGH BW, InfAuslR 1993, 200; OVG Rh-Pf, InfAuslR 2000, 468, 469; BayVGH, Urt. v. 18.12.1990 – 19 CZ 90.30661; § 26 Rdn. 44). Weil der abgeleitete Status erst nach Beendigung des originären Status widerrufen werden darf (BVerwG, InfAuslR 2006, 390, 391), ist der gleichzeitige Widerruf der originären und der abgeleiteten Statusberechtigung nicht zulässig (a.A. OVG Rh-Pf, AuAS 2005, 129, 130). Es wäre mit dem verfassungsrechtlichen Asylrecht unvereinbar, einem Familienangehörigen, der in seinem Verfahren substanziiert eigene Verfolgungsgründe vorgetragen hat, das weitere Asylrecht vorzuenthalten (BVerwG, EZAR 215 Nr. 2; ähnlich *Koisser/Nicolaus*, ZAR 1991, 31, 34). Gleiches gilt für den Flüchtlingsstatus. Kommt aber unverändert die Aufrechterhaltung des abgeleiteten Status aus anderen Gründen in Betracht, kommt die Berufung auf eigene Verfolgungsgründe nicht in Betracht (Nieders. OVG, NVwZ-RR 2005, 570; *Hailbronner,* AuslR B 2 § 73 AsylG Rn. 61). Andererseits steht es dem Widerruf nicht entgegen, wenn zwar im Zeitpunkt der Zuerkennung des abgeleiteten Status eigene Verfolgungsgründe vorgelegen hatten, diese indes im Zeitpunkt der Entscheidung über den Widerrufs dieses Status nicht mehr vorliegen (OVG Rh-Pf, InfAuslR 2000, 468, 469). Den Problemen, die aus dem zunehmenden zeitlichen Abstand von den fluchtauslösenden Umständen für die Darlegung folgen, sind angemessen zu berücksichtigen. Hat das Bundesamt im Asylverfahren eigenständige Verfolgungsgründe nicht ermittelt, gehen Zweifel zu seinen Lasten. In diesem Zusammenhang kann auch die humanitäre Klausel nach Abs. 1 Satz 3 Bedeutung erlangen. Anhaltspunkte auf psychische Belastungen sind deshalb besonders sorgfältig aufzuklären (Rdn. 57 ff.). Auch exilpolitische Aktivitäten sind zu berücksichtigen. 104

II. Voraussetzungen des Widerrufs

Die Widerrufsgründe nach Abs. 2b sind abschließend. Der Gesetzgeber hat die einschränkende Rechtsansicht des BVerwG, der Begriff »Voraussetzungen« in der Widerrufsregelung des § 16 Abs. Satz 1 AsylG 1982 umfasse neben den Statusvoraussetzungen den Ehebestand sowie die Minderjährigkeit (BVerwG, EZAR 215 Nr. 2; *Birk/Repp*, ZAR 1992, 14, 18; a.A. *Bierwirth,* Die Familienasylregelung des § 7a III AsylG, S. 229, 244; *Renner*, ZAR 1992, 38) nicht übernommen. Das BVerwG hat diese Ansicht allerdings nicht näher präzisiert und auch eher beiläufig geäußert. Wäre diese Ansicht zutreffend, müsste mit Erreichung der Volljährigkeit oder der Eheschließung des Minderjährigen der abgeleitete Status widerrufen werden. Der abgeleitete Status entartete für den betroffenen Ehegatten zum Sanktionsmittel für mangelndes Wohlverhalten gegenüber dem anderen Ehepartner und knüpfte an die nach Art. 6 Abs. 1 und 2 GG gewährleistete Eheschließungsfreiheit unverhältnismäßige Folgen. Der Begriff »ferner« in Abs. 2b Satz 2 kann die einschränkende Ansicht nicht stützen. Dies wird insbesondere aus der Entwicklung der Vorschrift bis heute deutlich. Nach 105 geltendem Recht hat die Verwendung des Wortes »ferner« in Satz 2 die Bedeutung, dass zusätzlich (»ferner«) zu dem im Satz 1 genannten Widerrufsgrund der Widerruf nach Satz 2 in Betracht kommen kann. In Satz 3 fehlt der Hinweis vollständig. Wäre die einschränkende Ansicht richtig, wäre die abgeleitete Statusberechtigung, nicht aber der abgeleitete Flüchtlingsstatus vom Fortbestand der Ehe und Minderjährigkeit abhängig.

106 Da sich die Widerrufsgründe des Abs. 1 Satz 1 Halbs. 2 ausschließlich auf die nachträgliche Entstehung von Ausschlussgründen bezogen auf den Stammberechtigten beziehen, kann Abs. 1 Satz 1 Halbs. 2 auf den nachträglichen Wegfall der spezifischen Voraussetzungen des abgeleiteten Status nicht angewandt werden. Die Beendigung des abgeleiteten Status kann deshalb ausschließlich auf die Gründe des Abs. 2b (nachträglicher Eintritt von Ausschlussgründen, Widerruf, Erlöschen und Rücknahme der originären Statusberechtigung) gestützt werden. Wird die Ehe geschieden oder werden die Kinder volljährig, bleibt der abgeleitete Status wirksam (VGH BW, VBlBW 1991, 229; VG Sigmaringen, InfAuslR 2006, 496; *Hailbronner,* AuslR B 2 § 73 AsylG Rn. 59; *Funke-Kaiser,* in: GK-AsylG II, § 73 Rn. 39). In diesem Sinne verfährt auch die Verwaltungspraxis. Abs. 2b hat aus gesetzessystematischen und telelogischen Gründen speziellen Charakter und regelt abschließend die Befugnis der Behörde, den abgeleiteten Status zu beenden. Ist die originäre Statusberechtigung erschlichen worden, hat deren Rücknahme nach Abs. 2 den Widerruf des abgeleiteten Status nach Abs. 2b Satz 2 und Satz 3 zur Folge. Hat der Familienangehörige über die tatbestandlichen Voraussetzungen des abgeleiteten Status, etwa über die gültige Ehe oder über die Verwandtschaftsbeziehung des Kindes, getäuscht, ist der abgeleitete Status nach Abs. 2 Satz 1 zurückzunehmen.

F. Einschränkung der Bindungswirkung (Abs. 2c)

107 Nach Abs. 2c entfällt für Einbürgerungsverfahren (§§ 8 ff. StAG) die Bindungswirkung nach § 4 (BayVGH, AuAS 2004, 10; VG Hannover, NVwZ-Beil. 2002, 63, 64). Diese Regelung war in der ersten Runde des ZuwG nicht vorgesehen. Sie wird in der Gesetzesbegründung nicht erläutert. Funktion der Regelung ist es, im Einbürgerungsverfahren die Statusberechtigten so zu stellen, als wäre der Statusbescheid nicht ergangen. Die Folge ist, dass das Einbürgerungsverfahren ausgesetzt wird. Insbesondere zielt die Vorschrift auf die Ausnahmeregelung des § 12 Abs. 1 Nr. 6 StAG. In der Verwaltungspraxis liegen die Einbürgerungsvoraussetzungen regelmäßig ohnehin vor, sodass die eigentliche Funktion der Vorschrift in der Sicherstellung einer rigiden Praxis der Vermeidung von Mehrstaatigkeit liegt. Wegen der häufig erheblichen Schwierigkeiten bei der Entlassung aus der bisherigen Staatsangehörigkeit führt Abs. 2c zu unnötigen administrativen Problemen. Abzustellen ist auf den Zeitpunkt des Eintritts der Bestandskraft der Aufhebungsentscheidung. Das Aufhebungsverfahren muss bereits eingeleitet sein (VG Hannover, NVwZ-Beil. 2002, 63, 64; a.A. *Hailbronner,* AuslR B 2 § 73 AsylG Rn. 98). Angesichts der häufig langen Bearbeitungszeiten des Bundesamtes ist dem Betroffenen, dessen Einbürgerungsanspruch ansonsten entscheidungsreif ist, ein längeres Zuwarten nicht zuzumuten. Allenfalls wird dem Bundesamt nach Anfrage der Einbürgerungsbehörde eine kurze angemessene Prüfungsfrist eingeräumt

werden können. Ergibt der erste Blick in die Akte nicht, dass die Aufhebungsvoraussetzungen vorliegen könnten und zieht die Behörde ungeachtet dessen die Prüfung unangemessen lang hin, ist Abs. 2c nicht anwendbar. Abs. 2c bezieht sich auf den Widerruf der Asylberechtigung und der Flüchtlingseigenschaft. Aus der 2013 eingefügten Regelung in § 73b Abs. 4 folgt aus der Verweisung auf Abs. 2c, dass der Gesetzgeber auch das auf den subsidiären Schutz bezogene Aufhebungsverfahren in den Anwendungsbereich der Vorschrift einbezieht.

G. Subsidiärer Schutzstatus und Abschiebungsverbote nach § 60 Abs. 5 und 7 AufenthG (Abs. 3)

Abs. 3 wurde durch das Richtlinienumsetzungsgesetz 2013 geändert. Bis dahin re- 108
gelte Abs. 3 die Aufhebung von Abschiebungsverboten nach § 60 Abs. 2, 3, 5 oder 7 AufenthG a.F., ließ aber die Frage, ob im Rahmen der Prüfung der Aufhebung des Statusbescheids das Vorliegen von Abschiebungsverboten zu prüfen ist, offen. Diese Verpflichtung wird nunmehr mit Abs. 3 angeordnet. Hingegen wird die Aufhebungsvorschrift des § 73 Abs. 3 AsylVfG a.F. durch § 73b und § 73c abgelöst. In § 73b wird die Aufhebung des subsidiären Schutzstatus nach § 4 Abs. 1 Satz 1, also die Aufhebung der Abschiebungsverbote nach § 60 Abs. 2, 3 und 7 Satz 2 AufenthG a.F., und in § 73c die Aufhebung der Abschiebungsverbote nach § 60 Abs. 5 und 7 AufenthG n.F. geregelt. Früher stellte es die Rechtsprechung dem Bundesamt frei, ob im Zusammenhang mit der Aufhebung der Statusberechtigung auch Feststellungen zu § 60 Abs. 2, 3, 5 und 7 AufenthG a.F. zu prüfen waren (BVerwG, DVBl 1996, 624 = VBlBW 1996, 255 = BVerwG, InfAuslR 1996, 322 = EZAR 240 Nr. 6 = AuAS 1996, 166; BVerwG, NVwZ-Beil. 1999, 113, 114 = InfAuslR 1999, 373; BVerwGE 124, 276, 284 f. = NVwZ 2006, 707 = InfAuslR 2006, 244 = AuAS 2006, 92; BVerwG, NVwZ 2007, 1330, 1331 = InfAuslR 2007, 401 = AuAS 2007, 225; VGH BW, EZAR 214 Nr. 4; OVG NW, EZAR 69 Nr. 1; a.A. BayVGH, NVwZ-Beil. 1996, 61). Das Bundesamt hat nach Abs. 3 nunmehr im Rahmen der Prüfung des Aufhebungsverfahrens nach Abs. 1 bis 2c stets zu prüfen, ob subsidiärer Schutz nach § 4 Abs. 1 zu gewähren ist oder Abschiebungshindernisse nach § 60 Abs. 5 und 7 AufenthG vorliegen. Begründet ist dies in der verfahrensrechtlichen Struktur des § 31 Abs. 2 und 3, wonach bei Zuerkennung der Asylberechtigung und des Flüchtlingsstatus die Entscheidung über den subsidiären Schutzstatus entfällt (§ 31 Abs. 2 Satz 1) und davon abgesehen werden kann, eine Entscheidung über Abschiebungsverbote nach § 60 Abs. 5 und 7 AufenthG zu treffen (§ 31 Abs. 3 Satz 2). Daher ist nunmehr im Aufhebungsverfahren die entsprechende Prüfung nachzuholen, wenn die Asylberechtigung und die Zuerkennung der Flüchtlingseigenschaft aufgehoben wird. Aus verfahrensrechtlicher Sicht ist Abs. 3 spiegelbildlich zu § 31 Abs. 2 Satz 1 und Abs. 3 Satz 2 zu sehen.

Das Bundesamt wird regelmäßig für die Prüfung nach Abs. 3 auf die Anhörungsnie- 109
derschrift des Asylverfahrens und gegebenenfalls auf die gerichtlichen Unterlagen im Asylverfahren zuziehen. Zumeist dürften die dortigen Angaben aber für die aktuelle Prüfung überholt sein. Da über den subsidiären Schutz und die Abschiebungsverbote auf der Grundlage aktueller Entscheidungsgrundlagen zu entscheiden hat, ist

regelmäßig die persönliche Anhörung durchzuführen. Lediglich eine schriftliche Anhörung (Abs. 4 Satz 2) reicht nicht aus (Rdn. 114). Wird der Widerrufsbescheid nach § 73 im Verwaltungsrechtsstreit aufgehoben, ist nach der Rechtsprechung die damit verbundene negative Feststellung zum subsidiären Schutz und zu den Abschiebungsverboten (deklaratorisch) aufzuheben. Diese Feststellung werde infolge des Eintritts der Rechtskraft des Urteils gegenstandslos, weil im Regelfall davon auszugehen sei, dass das Bundesamt die Entscheidung nur treffe, wenn das weiter reichende Schutzziel nicht eingreife (OVG NW, InfAuslR 2008, 409, 411). Diese prozessökonomische Betrachtung verkennt, dass jedenfalls nach § 31 Abs. 3 Satz 2 nicht zwingend von der Feststellung zu den Abschiebungsverboten abzusehen ist. Hat das Bundesamt daher im Aufhebungsverfahren das Vorliegen von Abschiebungsverboten durch eine verbindliche Regelung verneint, bedarf es ungeachtet der prozessualen Behandlung von Abschiebungsverboten im normalen Verfahren einer ausdrücklichen gerichtlichen Aufhebung.

H. Verwaltungsverfahren (Abs. 4 und Abs. 5)

I. Funktion des Verwaltungsverfahrens

110 In Abs. 4 bis 6 regeln einheitliche Grundsätze für das Widerrufs- und Rücknahmeverfahren. Es macht daher verfahrensrechtlich keinen Unterschied, ob über Widerruf oder Rücknahme des Status oder von Abschiebungsverboten nach § 60 Abs. 5 und 7 AufenthG entschieden wird. Abs. 4 und 5 enthalten besondere, von den allgemeinen asylverfahrensrechtlichen Vorschriften abweichende Regelungen. Die allgemeinen verfahrensrechtlichen Vorschriften des Gesetzes werden insoweit verdrängt, wie Abs. 4 und 5 hiervon abweichende Sonderregelungen enthalten, etwa für die behördeninterne Zuständigkeit, den amtswegigen Verfahrenscharakter, die Anhörung und die Zustellung. Früher war für die Aufhebung des Statusbescheids der Leiter des Bundesamtes oder ein von ihm beauftragter Bediensteter zuständig (§ 73 Abs. 4 Satz 1 AsylVfG a.F.). Dies war in der früheren Weisungsunabhängigkeit der Einzelentscheider (§ 5 Abs. 2 Satz 1 AsylVfG a.F.) begründet, die für das Widerrufsverfahren nicht galt. Da nach geltendem Recht für alle Entscheidungen im Asylverfahren das Bundesamt als solches zuständig ist, ist für die Zuständigkeit keine besondere Vorschrift mehr erforderlich. Wegen der häufig schwierigen Sach- und Rechtsfragen empfiehlt es sich, Einzelentscheider mit der Bearbeitung der Verfahren zu betrauen. Dies entspricht auch der herrschenden Verwaltungspraxis. Mit Rücksicht auf die erforderliche Sachkunde sind Einzelweisungen nicht angebracht. Über die Einleitung des Verfahrens wird von Amts wegen entschieden. Dies folgt bereits aus Abs. 1 Satz 1, Abs. 2 Satz 1 und insbesondere aus Abs. 2a Satz 1. Danach wird das Verfahren eröffnet, wenn die Voraussetzungen für die Statusgewährung nicht mehr vorliegen oder Hinweise auf das Vorliegen der Voraussetzungen des Abs. 2 Satz 1 bekannt werden. Allerdings rechtfertigt nicht jegliche Änderung der tatsächlichen Verhältnisse die Einleitung eines Widerrufsverfahrens, sondern nur solche Änderungen, die sich wesentlich von den früher maßgeblichen Umständen unterscheiden (BVerwGE 115, 118 = EZAR 631 Nr. 53 = NVwZ 2002, 345 = InfAuslR 2002, 207).

II. Anhörung

Anders als nach früherem Recht ist keine zwingende persönliche Anhörung vorgeschrieben. Vielmehr findet ein schriftliches Anhörungsverfahren statt (Abs. 4 Satz 1 und 2). In der Aufforderung (Abs. 4 Satz 2) ist der Betroffene auf die Möglichkeit der Entscheidung nach Aktenlage ohne seine Anhörung hinzuweisen (Abs. 4 letzter Halbs.). Fehlt es an diesem Hinweis, ist die Aufforderung rechtswidrig ergangen. Das Verwaltungsgericht wird hierüber aber für den Fall der Bestätigung des Widerrufs nach § 46 VwVfG hinweg gehen. Die Aufforderung muss ferner einen Hinweis auf die Monatsfrist des Abs. 4 Satz 2 enthalten. Aus Abs. 4 und 5 kann nicht entnommen werden, dass die persönliche Anhörung untersagt ist. Vielmehr kann auf eine Anhörung verzichtet werden (BT-Drucks. 12/2062, S. 39). Die Behörde ist gut beraten, die persönliche Anhörung anzuordnen, wenn sich aus den Akten Unklarheiten ergeben oder die Stellungnahme nach Abs. 4 Satz 2 hierzu Anlass gibt. In aller Regel kann über das Bestehen humanitärer Härtegründe nach Abs. 1 Satz 3 wegen der erforderlichen subjektiven Betrachtungsweise nicht ohne persönliche Anhörung entschieden werden. Auch werden im Asylverfahren die insoweit maßgebenden Umstände regelmäßig nicht aufgeklärt, da allein das objektive Vorliegen einer Verfolgungsgefahr, nicht jedoch die dadurch ausgelöste subjektive Belastung im Zentrum des erkenntnisleitenden Interesses steht. Darüber hinaus kann sich die subjektive Belastung erst nach Erlass des Statusbescheids entscheidungserheblich entwickelt oder verschärft haben. 111

Das Bundesamt kann die Mitteilung nach Abs. 4 Satz 2 mit einer Aufforderung zur schriftlichen Stellungnahme verbinden. Während es die Mitteilung nach Abs. 4 Satz 1 dem Betroffenen überlässt, ob er sich äußern will, zwingt ihn die Aufforderung nach Abs. 4 Satz 2 zur Vermeidung rechtlicher Nachteile zur Reaktion. Der Empfänger der Anhörungsmitteilung muss tatsächlich in der Lage sein, seinen Mitwirkungspflichten nach Abs. 4 Satz 2 und 3 nachzukommen. Voraussetzung für den nach Abs. 4 Satz 2 maßgebenden Fristbeginn ist, dass es dem Adressaten tatsächlich und rechtlich möglich ist, hierauf zu reagieren (OVG MV, AuAS 1997, 223, 224 = NVwZ-RR 1998, 140). Daher beginnt die Frist nach Abs. 4 Satz 2 erst in dem Augenblick, in dem dem Betroffenen die Abgabe einer Stellungnahme tatsächlich möglich ist (OVG MV, AuAS 1997, 223, 224 = NVwZ-RR 1998, 140; VG Gießen, NVwZ-Beil. 1998, 62, 63). Bis dahin ist die Frist gehemmt (vgl. *Schirp*, NVwZ 1996, 559, 560; OVG Rh-Pf, NVwZ-Beil. 2000, 84, 85; VG Wiesbaden, AuAS 2004, 138; gegen OVG NW, NVwZ-RR 1990, 518). 112

Wählt das Bundesamt ein Verfahren ohne persönliche Anhörung, hat es den Betroffenen auf die beabsichtigte Entscheidung hinzuweisen und ihm Gelegenheit zur Äußerung zu geben (Abs. 4 Satz 2). Die Absicht des Widerrufs ist unter konkreter Bezeichnung der hierfür maßgebenden Tatsachen sachbezogen und schriftlich zu begründen, um den Betroffenen in die Lage zu versetzen, hierauf bezogen konkrete Gegenvorstellungen vorzutragen, die entweder zur Einstellung des Verfahrens, zur persönlichen Anhörung oder auch unmittelbar zum Widerruf führen können. In der derzeitigen Verwaltungspraxis werden jedoch regelmäßig lediglich länderunspezifische 116 standardisierte Anhörungsmitteilungen verwendet, die den Betroffenen zumeist im Unklaren über die für die Einleitung eines Widerrufsverfahrens maßgeblichen Gründe lassen.

III. Zustellung

114 Die verschärften Zustellungsvorschriften des § 10 finden auf das Verfahren nach Abs. 4 keine Anwendung (BayVGH, EZAR NF 68 Nr. 5 = AuAS 2010, 90, 92; VG Oldenburg, InfAuslR 2007, 82, 83; *Funke-Kaiser*, in: GK-AsylG, II, § 73 Rn. 72; *Wolff*, in: Hofmann/Hoffmann, AuslR. Handkommentar, § 73 AsylG Rn. 54; a.A. *Hailbronner*, AuslR B 2 § 73 AsylG Rn. 89; *Bergmann*, in: Bergmann/Dienelt, AuslR, 11. Aufl., 2016 § 73 AsylG Rn. 30; § 10 Rdn. 42), da diese auf das anhängige Asylverfahren ausgerichtet sind (§ 10 Abs. 1) und dem AsylG nicht zu entnehmen ist, dass den Statusberechtigten jedenfalls nach dem Eintritt der Unanfechtbarkeit der Entscheidung eine Verpflichtung träfe, die Feststellungsbehörde fortwährend über jeglichen Adressenwechsel zu informieren. Auch die einschneidenden Folgen der Widerrufsentscheidung sprechen dafür, die Zustellung nach den allgemeinen Vorschriften durchzuführen. Kann das Bundesamt die Adresse des Empfängers der Anhörungsmitteilung nicht ermitteln, hat es nach allgemeinen Vorschriften öffentlich zuzustellen (§ 10 VwZG). Der Aufenthaltsort des Empfängers ist nicht bereits unbekannt, wenn die Behörde seine Anschrift nicht kennt. Die Anschrift muss vielmehr allgemein unbekannt sein. Deshalb trifft die Behörde *verschärfte Aufklärungspflichten*. Sie hat sich durch sorgfältige und sachdienliche Bemühungen um Aufklärung des Aufenthaltsortes Gewissheit darüber zu verschaffen, dass der Aufenthaltsort des Empfängers allgemein unbekannt ist. Insoweit kommen nicht nur Anfragen an das Einwohnermeldeamt, andere Registerbehörden oder auch sonstige über die Verhältnisse des Zustellungsempfängers möglicherweise informierte Ämter oder Behörden, sondern bspw. auch Erkundigungen bei privaten Dritten (Nachbarn, Angehörige) oder etwa auch bei den örtlichen Postdienststellen in Betracht (VG Oldenburg, InfAuslR 2007, 82, 83, mit Hinweis auf BVerwG, Buchholz 340 § 15 VwZG). Ist dem Bundesamt die Adresse des Betroffenen im Ausland bekannt, darf es nicht nach § 10 VwZG, sondern muss es nach § § 9 VwVfG vorgehen.

115 Leidet die öffentliche Zustellung an einem Mangel, ist nicht wirksam zugestellt. Erlangt der Zustellungsempfänger etwa aus Anlass einer Vorsprache bei der Ausländerbehörde Kenntnis von dem Bescheid, muss er Klage erheben. Die Klagefrist hat wegen des *Zustellungsmangels* noch nicht zu laufen begonnen (VG Oldenburg, InfAuslR 2007, 82, 89. Dem Betroffenen kann insoweit lediglich der Einwand der Klageverwirkung entgegengehalten werden. Im Fall der wirksamen Zustellung ist dem Adressaten der Anhörungsmitteilung bei tatsächlicher Unmöglichkeit *Wiedereinsetzung* in den vorigen Stand (§ 32 VwVfG) zu gewähren. Ihm kann nicht vorgehalten werden, er hätte einen Empfangsbevollmächtigten bestellen oder dem Bundesamt jederzeit seine aktuelle ladungsfähige Adresse mitzuteilen. An das Verschulden können daher anders als im Asylverfahren keine hohen Anforderungen gestellt werden. Nach Kenntnisnahme der Anhörungsmitteilung ist innerhalb von zwei Wochen der Wiedereinsetzungsantrag zu stellen (§ 32 Abs. 2 Satz 1 VwVfG).

Innerhalb dieser Frist ist die Mitwirkungspflicht nach Abs. 4 Satz 2 zu erfüllen (§ 32 Abs. 2 Satz 3 VwVfG). Die Monatsfrist des Abs. 4 Satz 2 findet im Wiedereinsetzungsverfahren keine Anwendung.

IV. Entscheidungsprogramm des Bundesamtes

Kommt das Bundesamt nach Durchführung des Anhörungsverfahrens zu dem Schluss, dass die Widerrufs- oder Rücknahmevoraussetzungen nicht vorliegen, stellt es das Verfahren ein. Es handelt sich nicht um eine Einstellung des Verfahrens nach § 32, da Anlass der Einstellung nicht die Zurücknahme des Asylantrags, sondern die Entscheidung des Bundesamtes ist, dass ein Aufhebungsgrund nicht vorliegt. Daher erschöpft sich in der Verfahrenseinstellung der Umfang der Entscheidung. Fraglich ist, ob der Entscheidung Außenwirkung zukommt. Jedenfalls der Betroffene hat nach Durchführung des Anhörungsverfahrens einen Anspruch darauf, über die Verfahreneinstellung benachrichtigt zu werden. In den Fällen des Abs. 2a ist die Ausländerbehörde stets über die Einstellung des Anprüfungsverfahrens zu informieren (Abs. 2a Satz 2). Sind die Voraussetzungen für den Widerruf oder die Rücknahme erfüllt, erlässt das Bundesamt den Widerrufs- oder Rücknahmebescheid (Abs. 1 oder Abs. 2). Abs. 2a enthält keine Rechtsgrundlage für den Bescheid, sondern eine behördliche Verpflichtung zu Prüfung, ob ein Bescheid nach Abs. 1 oder 2 erlassen werden soll. § 73 enthält keine näheren Ausführungen zu den formellen Erfordernissen der Entscheidung. Daher sind ergänzend die Regelungen nach § 31 Abs. 1 Satz 1 und 2 heranzuziehen. Der Bescheid ergeht schriftlich, ist schriftlich zu begründen und den Beteiligten zuzustellen (s. auch Abs. 5). 116

Der Widerruf oder die Rücknahme der Statusbescheids hat zum Inhalt, dass die Statusberechtigung oder die Feststellung eines Abschiebungsverbots nach § 60 Abs. 5 und 7 AufenthG vollständig aufgehoben wird. Eine nur teilweise Aufhebung des Statusbescheids ist mit Abs. 1 Satz 1 nicht vereinbar. Es handelt sich bei der Aufhebung nach § 73 um eine *gebundene Entscheidung* (BayVGH, AuAS 1997, 273, 275). Das Bundesamt ist im Fall der Aufhebung des Statusbescheids nicht befugt, eine Abschiebungsandrohung nach § 34 zu erlassen, da die entsprechenden Voraussetzungen nicht vorliegen. Vielmehr hat sich das Bundesamt im Aufhebungsverfahren allein auf die Regelung der Aufhebung der Statusberechtigung zu beschränken. Es kann allerdings seine Entscheidung mit der *Anordnung der sofortigen Vollziehung* nach § 80 Abs. 2 Satz 1 Nr. 4 VwGO verbinden (§ 75 Abs. 2 Satz 3). Zuständig für den Erlass aufenthaltsbeendender Maßnahmen nach der Aufhebung des Statusbescheides ist ausschließlich die Ausländerbehörde (*Funke-Kaiser*, in: GK-AsylG, II, § 73 Rn. 80; *Wolff*, in: Hofmann/Hoffmann, AuslR. Handkommentar, § 73 AsylG Rn. 57 f.; *Hailbronner*, AuslR B 2 § 73 AsylG Rn. 85; *Bergmann*, in: Bergmann/Dienelt, AuslR, 11. Aufl., 2016 § 73 AsylG Rn. 31). Sie wird im Rahmen ihrer Entscheidung zu prüfen haben, ob sie ein ausländerrechtliches Widerrufsverfahren einleitet und in diesem Zusammenhang eine Abschiebungsandrohung nach § 59 Abs. 1 AufenthG erlässt (BayVGH, InfAuslR 2000, 36 = NVwZ-Beil. 1999, 114 = EZAR 210 Nr. 13 = AuAS 1999, 225). Dies gilt auch, wenn das Bundesamt den Statusbescheid vor dem Eintritt seiner Unanfechtbarkeit aufhebt. Auch in diesem Fall liegen die tatbestandlichen Voraussetzungen 117 nach § 34 Abs. 1 Satz 1 nicht vor. Wird die Feststellung nach § 60 Abs. 5 und 7 AufenthG aufgehoben, wird das dem Vollzug der im Asylverfahren erlassenen Abschiebungsandrohung entgegenstehende Abschiebungsverbot beseitigt (§ 59 Abs. 3 Satz 1 AufenthG). Hat die Ausländerbehörde allerdings – wie im Regelfall – eine Aufenthaltserlaubnis erteilt (§ 25 Abs. 3 Satz 1 AufenthG), ist die Abschiebungsandrohung gegenstandslos geworden.

I. Herausgabepflicht (Abs. 6)

118 Wie bereits nach altem Recht (§ 16 Abs. 3 Satz 2 in Verb. mit § 15 Abs. 2 AsylG 1982) trifft den durch eine Widerrufs- oder Rücknahmeentscheidung nach Abs. 1 oder Abs. 2 Betroffenen nach Abs. 6 entsprechend § 72 Abs. 2 die Pflicht, den Statusbescheid zusammen mit dem Reiseausweis unverzüglich bei der Ausländerbehörde abzugeben. Die Herausgabepflicht war im AsylG 1992 zunächst nicht geregelt, obwohl es hierfür ein gesetzliches Vorbild im AsylG 1982 gab. 1993 wurde dieses Versäumnis beseitigt. Im Gesetzentwurf war aber zunächst die Regelung der Herausgabepflicht übersehen worden (BT-Drucks. 12/4450, S. 9). Erst auf Empfehlung des Innenausschusses wurde Abs. 6 in die Vorschrift eingefügt (BT-Drucks. 12/4984, S. 24). Die Herausgabepflicht entsteht *kraft Gesetzes* (Abs. 6 in Verb. mit § 72 Abs. 2). Das behördliche Herausgabeverlangen stellt deshalb keinen Verwaltungsakt dar, sondern ist als Maßnahme der Verwaltungsvollstreckung anzusehen (*Funke-Kaiser,* in: GK-AsylG, II, § 73 Rn. 82; *Wolff,* in: Hofmann/Hoffmann, AuslR. Handkommentar, § 73 AsylG Rn. 56; *Hailbronner,* AuslR B 2 § 73 AsylG Rn. 103). Auf Abs. 3 ist Abs. 6 nicht gemünzt. Denn die Feststellung eines Abschiebungsverbotes nach § 60 Abs. 5 oder 7 AufenthG führt nicht zur Ausstellung eines Reiseausweises nach Art. 28 GFK. Daher wird § 60 Abs. 5 und 7 AufenthG in Abs. 6 auch nicht erwähnt.

119 In Übereinstimmung mit der früheren Rechtsprechung (BayVGH, DÖV 1980, 51) sowie mit allgemeinen verfahrensrechtlichen Grundsätzen entsteht im Regelfall die Herausgabepflicht nach Abs. 6 erst *nach der Unanfechtbarkeit* der Entscheidung im Aufhebungsverfahren. Während das frühere Recht diese Frage offen gelassen hatte (§ 16 Abs. 3 Satz 3 AsylG 1982), ist nach dem Wortlaut von Abs. 6 der Eintritt der Unanfechtbarkeit des Statusbescheides zwingende Voraussetzung für das Herausgabeverlangen. Erst wenn die Statusentscheidung rechtswirksam aufgehoben worden ist, entsteht grundsätzlich die gesetzlich geregelte unverzügliche Herausgabepflicht gegenüber der Ausländerbehörde, sofern nicht nach Maßgabe von § 75 Abs. 2 Satz 2 und Satz 3 die sofortige Vollziehung angeordnet worden ist. Andererseits folgt dies aus der Überlegung, dass der Bestand der Rechtsstellung vom Fortbestand der die Verfolgung begründenden Voraussetzungen abhängig ist (BVerwG, Buchholz 402.25 § 16 AsylG Nr. 1). Der Widerruf wirkt grundsätzlich *ex nunc,* und zwar erst im Zeitpunkt des Eintritts der Unanfechtbarkeit. Dies wird einerseits aus Abs. 6 Alt. 1 für den Regelfall durch den Hinweis auf die Unanfechtbarkeit der Entscheidung deutlich. Erst wenn die Statusentscheidung rechtswirksam aufgehoben worden ist, entsteht im Regelfall die gesetzlich geregelte unverzügliche Herausgabepflicht gegenüber der Ausländerbehörde, sofern nicht nach Maßgabe von § 75 Abs. 2

Satz 2 und Satz 3 die sofortige Vollziehung angeordnet worden ist. Andererseits folgt dies aus der Überlegung, dass der Bestand der Rechtsstellung vom Fortbestand der die Verfolgung begründenden Voraussetzungen abhängig ist (BVerwG, Buchholz 402.25 § 16 AsylG Nr. 1).

Im Umkehrschluss folgt daraus, dass die Rechtsstellung im Regelfall solange nicht entzogen werden darf, wie über den Fortbestand oder den Wegfall der Verfolgungsgefahr keine unanfechtbare Entscheidung vorliegt. Erst mit Unanfechtbarkeit treten die Verlustfolgen ein (BayVGH, BayVGH, DÖV 1980, 51; VGH BW, InfAuslR 2001, 410, 411; Rdn. 119). Während des anhängigen Verwaltungsstreitverfahrens bleibt der Betroffene grundsätzlich im Besitz seiner Rechtsstellung. Vor dem Eintritt der Unanfechtbarkeit darf die Ausländerbehörde grundsätzlich auch nicht den akzessorischen Aufenthaltsstatus nach Maßgabe des § 52 Abs. 1 Satz 1 Nr. 4 AufenthG aufheben (BVerwGE 117, 380, 383 f. = EZAR 019 Nr. 19 = NVwZ 2003, 1275 = InfAuslR 2003, 324 = AuAS 2003, 182) und den Bescheid und Reiseausweis herausverlangen. Sie kann aber nach Art. 28 Abs. 1 Satz 1 GFK bei »zwingenden Gründen der öffentlichen Sicherheit und Ordnung« (s. hierzu § 3 Rdn. 92) das grundsätzlich gewährte Recht auf grenzüberschreitende Freizügigkeit auch bereits während der Dauer der Statusberechtigung einschränken und dadurch den Aufenthalt des Flüchtlings auf sein Staatsgebiet beschränken. 120

J. Rechtsschutz

Gegen Widerruf und Rücknahme kann der Betroffene *Anfechtungsklage* erheben. 121
Der Widerspruch ist ausgeschlossen (§ 11). Die Anfechtungsklage hat im Regelfall *aufschiebende Wirkung* (§ 75 Abs. 1). Zwar finden die gesteigerten Mitwirkungspflichten nach § 15 im Anfechtungsprozess wegen des Widerrufs keine Anwendung. Der Kläger ist aber nach allgemeinem Verwaltungsprozessrecht (§ 86 Abs. 1 Satz 1 Halbs. 2 VwGO) gehalten, die Gründe darzulegen, die gegen die Aufhebung des Statusbescheids sprechen (VG Frankfurt am Main, AuAS 1997, 95, 96). Durch § 77 Abs. 1 wird klargestellt, dass für die Beurteilung der Sach- und Rechtslage im Anfechtungsprozess der Zeitpunkt der letzten mündlichen Verhandlung maßgebend ist. Demgegenüber hatte das BVerwG für das frühere Recht beiläufig auf den »Zeitpunkt des Widerrufs« hingewiesen (BVerwG, EZAR 214 Nr. 2 = InfAuslR 1990, 245). Durch § 77 Abs. 1, der für Streitigkeiten nach dem AsylG und damit auch für § 73 auf den Zeitpunkt der letzten mündlichen Verhandlung abstellt, hat der Gesetzgeber jedoch eine eindeutige verfahrensrechtliche Regelung getroffen. Voraussetzung für die Aufhebung des Widerrufs- oder Rücknahmebescheides ist, dass der Kläger durch einen diesem Bescheid anhaftenden Rechtsfehler in seinen Rechten verletzt ist (BVerwG, NVwZ-RR 1997, 741 = EZAR 214 Nr. 7 = AuAS 1997, 240 [LS]).

Wird die sofortige Vollziehung durch Gesetz oder die Behörde angeordnet (§ 75 125
Satz 2 und 3), kann hiergegen die Anordnung bzw. Wiederherstellung der aufschiebenden Wirkung der Anfechtungsklage gem. § 80 Abs. 5 VwGO beantragt werden. Der Eilrechtsschutzantrag ist nicht fristgebunden, sondern kann jederzeit gestellt

werden. Wird dem Antrag stattgegeben, entfällt die Herausgabepflicht nach Abs. 6 und wird die Ausländerbehörde gehindert, aufenthaltsbeendende Maßnahmen nach § 52 Abs. 1 Satz 1 Nr. 4 AufenthG in die Wege zu leiten. Wird der Antrag abgelehnt, kann hiergegen keine Beschwerde eingelegt werden (§ 80).

§ 73a Ausländische Anerkennung als Flüchtling

(1) [1]Ist bei einem Ausländer, der von einem ausländischen Staat als Flüchtling im Sinne des Abkommens über die Rechtsstellung der Flüchtlinge anerkannt worden ist, die Verantwortung für die Ausstellung des Reiseausweises auf die Bundesrepublik Deutschland übergegangen, so erlischt seine Rechtsstellung als Flüchtling in der Bundesrepublik Deutschland, wenn einer der in § 72 Abs. 1 genannten Umstände eintritt. [2]Der Ausländer hat den Reiseausweis unverzüglich bei der Ausländerbehörde abzugeben.

(2) [1]Dem Ausländer wird die Rechtsstellung als Flüchtling in der Bundesrepublik Deutschland entzogen, wenn die Voraussetzungen für die Zuerkennung der Flüchtlingseigenschaft nicht oder nicht mehr vorliegen. [2]§ 73 gilt entsprechend.

Übersicht

A. Funktion der Vorschrift

1 § 73a füllt eine bis zur Einführung der Vorschrift bestehende Gesetzeslücke, um die Rechtsstellung derjenigen Flüchtlinge, die in einem anderen Staat als Flüchtling nach der GFK anerkannt und anschließend von der Bundesrepublik etwa nach § 22 AufenthG übernommen worden sind, beenden zu können. In einem derartigen Fall geht die Verantwortung für den Flüchtling nach § 11 GFK-Anhang auf die Bundesrepublik Deutschland über. Die Statusentscheidung des anderen Staat gilt in diesem Fall auch in der Bundesrepublik Deutschland (BT-Drucks. 13/4948, S. 11). Es wird sich regelmäßig um enge Familienangehörige von Personen handeln, die im Bundesgebiet als Statusberechtigte anerkannt wurden. Generell sind Flüchtlinge nach der GFK, die im Bundesgebiet leben und im Besitz eines Aufenthaltstitels sind, betroffen. Der *völkerrechtliche Zuständigkeitswechsel* richtet sich nicht nur nach § 11 GFK-Anhang, sondern auch nach Art. 2 Abs. 1 Satz 1 des Europäischen Übereinkommens über den Übergang der Verantwortung für Flüchtlinge (§ 71a Rdn. 49 ff.). Nur nach diesen Vorschriften ist ein Übergang der völkerrechtlichen Zuständigkeit auf einen anderen Staat möglich. Die Gesetzesüberschrift ist allerdings irreführend. Regelungsgegenstand der Vorschrift ist nicht die Anerkennung einer ausländischen Statusentscheidung, sondern deren Beendigung.

B. Voraussetzungen des völkerrechtlichen Zuständigkeitswechsels

Lässt sich ein im Ausland anerkannter Flüchtling nach der GFK *rechtmäßig* im Bundesgebiet nieder, geht nach § 11 GFK-Anhang die Verantwortung für die Ausstellung eines neuen Reiseausweises auf die zuständige Behörde desjenigen Gebietes über, bei welcher der Flüchtling seinen Antrag zu stellen berechtigt ist. Voraussetzung für die Anwendung von § 11 GFK-Anhang und damit für den Eintritt des völkerrechtlichen Zuständigkeitswechsels ist damit der Begriff des »*rechtmäßigen Aufenthaltes*«. Nach der Rechtsprechung des BVerwG setzt dieser Begriff eine »besondere Beziehung des Betroffenen zu dem Vertragsstaat durch eine *mit dessen Zustimmung begründete Aufenthaltsverfestigung*« voraus. Danach genügt nicht die faktische Anwesenheit, selbst wenn sie den Behörden der Bundesrepublik bekannt ist und von diesen hingenommen wird (BVerwGE 88, 254, 267 = EZAR 232 Nr. 1 = InfAuslR 1991, 305; *Kemper*, ZAR 1992, 112, 115; *Sauer*, InfAuslR 1993, 134, 138). Damit hat das BVerwG nicht die Rechtsansicht von UNHCR bestätigt, wonach der Begriff des rechtmäßigen Aufenthaltes nicht stillschweigend eine dauerhafte mit Zustimmung der zuständigen Behörden erfolgte Niederlassung voraussetzt (*UNHCR*, InfAuslR 1988, 161, 165; *Rossen*, ZAR 1988, 20, 25 f.; *Bierwirth*, ArchVR 1991, 295, 350). Das BVerwG hat diese Begriffsbestimmung ausdrücklich für die innerstaatliche Auslegung und Anwendung der GFK vorgenommen. Sämtliche Aufenthaltstitel nach § 4 AufenthG kommen danach in Betracht. 2

Unabhängig von den Regelungen des Anhangs zur GFK gilt nach Art. 2 Abs. 1 Satz 1 des *Europäischen Übergangsübereinkommen* (Rdn. 1; § 71a Rdn. 49 ff.) die Verantwortung für den Flüchtling nach Ablauf von zwei Jahren des *tatsächlichen* und *dauernden* Aufenthaltes im Gebiet des Vertragsstaates mit Zustimmung von dessen Behörden oder zu einem früheren Zeitpunkt als übergegangen, wenn dieser Staat dem Flüchtling gestattet hat, entweder dauernd oder länger als für die Gültigkeitsdauer des Reiseausweises in seinem Hoheitsgebiet zu bleiben. Das Übereinkommen ist für die Bundesrepublik am 01.10.1994 in Kraft getreten (BGBl. II S. 2646). Es soll für die Mitgliedstaaten des Europarates eine Vielzahl inhaltlich stark differierender bilateraler Abkommen zu diesem Problembereich klären und den Vertragsstaaten zugleich die Entscheidungsfreiheit darüber offen halten, ob sie einen aus einem anderen Vertragsstaat eingereisten Flüchtling dauerhaft aufnehmen wollen (Denkschrift der Bundesregierung, in: BT-Drucks. 12/6852, S. 14). Damit beseitigt das Übereinkommen im gegenseitigen Rechtsverkehr der Vertragsstaaten die sich aus der Auslegung und Anwendung des Anhangs zur GFK ergebenden Unklarheiten. 3

Die zentrale Vorschrift des Art. 2 des Übereinkommens enthält vier alternative und abschließende Übergangstatbestände. Danach geht die Verantwortung auf den Aufenthaltsstaat über, wenn der Flüchtling sich mit Billigung der Behörden dieses Staates *zwei Jahre* in diesem aufgehalten hat (Art. 2 Abs. 1 Satz 1Alt. 1). Die Billigung bezieht sich allein auf den Aufenthalt. Als Rechtsfolge knüpft die Vorschrift an diese zwei Jahre dauernde Billigung den Übergang der Verantwortlichkeit. Nach Art. 2 Abs. 1 Satz 2 läuft die Frist erst ab Kenntnis der Behörden. Ein Verantwortungsübergang ohne die zumindest stillschweigende Billigung des Aufenthaltsstaates ist daher 4 ausgeschlossen (BT-Drucks. 12/6852, S. 15). Die Frist wird nicht unterbrochen durch Abwesenheitsdauern von jeweils bis zu drei Monaten, wenn diese zusammen nicht mehr als ein halbes Jahr Abwesenheit ergeben (Art. 2 Abs. 2 Buchst. d)). Aufenthaltszwecke lediglich vorübergehender Natur werden allerdings nicht berücksichtigt (Art. 2 Abs. 2 Buchst. a) bis c)). Der zweite Übergangstatbestand ist unabhängig von der Länge der Aufenthaltsdauer erfüllt, wenn der Aufenthaltsstaat den dauernden Aufenthalt gestattet hat (Art. 2 Abs. 1 Satz 1 Alt. 2). Ferner findet ein Übergang statt, wenn der Aufenthaltsstaat zwar keinen dauernden Aufenthalt erlaubt, dem Flüchtling jedoch gestattet hat, länger als für die Geltungsdauer des Reiseausweises auf seinem Hoheitsgebiet zu verbleiben (Art. 2 Abs. 1 Satz 1 Alt. 3). Schließlich erfolgt der Übergang in dem Zeitpunkt, in dem die Bundesrepublik gegenüber dem bisher völkerrechtlich zuständigen Staat nicht mehr die Wiederaufnahme beantragen kann (Art. 2 Abs. 3), d.h. grundsätzlich *sechs Monate* nach Ablauf der Gültigkeit des Reiseausweises (Art. 4 Abs. 1).

C. Erlöschen der Rechtsstellung nach der GFK (Abs. 1)

5 Nach Abs. 1 Satz 1 erlischt die von einem anderen Staat gewährte Rechtsstellung als Flüchtling, wenn einer der in § 72 geregelten Erlöschenstatbestände eintritt. Damit handelt es sich um eine *Rechtsgrundverweisung*, (*Funke-Kaiser*, in: GK-AsylG, II, § 73a Rn. 10; *Hailbronner*, AuslR B 2 § 73a AsylG Rn. 5). Es werden also keine weiteren, über den Umfang der in § 72 geregelten Tatbestände hinausgehenden Beendigungsgründe geschaffen. Da Art. 1 C GFK unabhängig davon, ob der Flüchtling im Niederlassungsstaat anerkannt worden ist, Anwendung findet (BT-Drucks. 13/4948, S. 11), sind völkerrechtliche Bedenken gegen Abs. 1 Satz 1 nicht zu erkennen. Ist einer der Umstände, der nach § 72 die Erlöschenswirkung zur Folge hat, erfüllt, erlischt die Rechtsstellung kraft Gesetzes nach Abs. 1 Satz 1. § 72 regelt danach im Einzelnen den Rechtsgrund für das Erlöschen. Hingegen ist in Abs. 1 Satz 1 die Rechtsfolge geregelt. Die Wirkung tritt ebenso wie im Fall des § 72 Abs. 1 nach Abs. 1 Satz 1 *kraft Gesetzes* ein. Anders als nach § 73 und nach Abs. 2 ist damit im Fall des Abs. 1 Satz 1 der Eintritt der Beendigungsfolge nicht von einem vorhergehenden Verwaltungsverfahren abhängig. Zu den Voraussetzungen der Erlöschenstatbestände im Einzelnen wird auf die Erläuterungen zu § 72 hingewiesen.

6 Der Flüchtling ist nach Abs. 1 Satz 2 verpflichtet, den Reiseausweis unverzüglich bei der zuständigen Ausländerbehörde abzugeben. Wie im Fall des § 72 Abs. 2, dem die Regelung in Abs. 1 Satz 2 nachgebildet ist, entsteht die Herausgabepflicht kraft Gesetzes. Anders als im Fall des § 72 Abs. 2 hat der Flüchtling nur den Reiseausweis, nicht zugleich auch den Statusbescheid herauszugeben. Im Regelfall dürfte der Flüchtling nicht im Besitz der ausländischen Behördenentscheidung sein, sodass eine Regelung der Herausgabepflicht des Bescheides nicht sinnvoll erscheint. Der Flüchtling hat den von einem ausländischen Staat ausgestellten Reiseausweis an die Ausländerbehörde herauszugeben. Dieser ist an diesen Staat zurückzugeben, wenn dies ausdrücklich im Reiseausweis vermerkt ist (BT-Drucks. 13/4948, S. 11). Da die Auslandsvertretungen den Reiseausweis nur für eine maximale Zeitdauer von sechs Monaten verlängern dürfen (§ 6 Nr. 2 GFK-Anhang) und im Fall des Übergangs der völkerrechtlichen

Zuständigkeit auf die Bundesrepublik diese ohnehin für die Ausstellung des Reiseausweises zuständig wird (§ 11 GFK-Anhang), dürfte der Flüchtling regelmäßig im Besitz eines von deutschen Behörden ausgestellten Reiseausweises sein. Nur in den Fällen, in denen die Geltungsdauer des von dem ursprünglich zuständigen Staat ausgestellten Reiseausweises noch nicht abgelaufen und vor diesem Zeitpunkt bereits sowohl der Übergang der völkerrechtlichen Zuständigkeit auf die Bundesrepublik wie auch der Erlöschenstatbestand eingetreten ist, entsteht die behördliche Verpflichtung zur Zurücksendung des Reiseausweises an den Staat, der früher völkerrechtlich zuständig war. Mit dem Übergang der Verantwortung nach § 11 GFK-Anhang und der Ausstellung eines Reiseausweises durch die Ausländerbehörde ist diese unabhängig davon, ob die Rechtsstellung beendet ist oder nicht, verpflichtet, den Reiseausweis an den ausländischen Staat zurückzusenden, wenn sich dieser in dem Reiseausweis dieses Recht vorbehalten hat.

D. Entziehung der Rechtsstellung nach der GFK (Abs. 2)

Nach Abs. 2 Satz 1 ist die Rechtsstellung als Flüchtling nach der GFK zu entziehen, wenn die Voraussetzungen für die Zuerkennung der Flüchtlingseigenschaft nicht mehr vorliegen. Nach der gesetzlichen Begründung lehnt sich Abs. 2 Satz 1 an § 73 an. Abs. 2 Satz 1 vermeidet den Begriff des Widerrufs, weil bereits der Wortsinn dieses Begriffs nahe legt, dass eine Rechtsstellung aufgehoben werden muss, die zuvor gewährt worden ist. Dies ist in den Fällen des Abs. 2 Satz 1 jedoch nicht der Fall. Der Bundesrepublik fehlt die Zuständigkeit dafür, den von einem anderen Staat gesetzten Rechtsakt zu widerrufen. Deshalb hat der Entzug nach Abs. 2 Satz 1 nur für den Geltungsbereich des AsylG Bedeutung. Da andererseits die völkerrechtliche Zuständigkeit von dem ursprünglich zuständigen Staat auf die Bundesrepublik übergegangen ist, ist kaum vorstellbar, dass sich der Betroffene nach der Entziehung der Rechtsstellung nach Abs. 2 Satz 1 gegenüber dem ursprünglich zuständigen Staat noch auf den von diesem gewährten Status berufen kann. 7

Nach dem Wortlaut von Abs. 2 Satz 1 ist die Entziehung nur zulässig, wenn die Voraussetzungen für die Zuerkennung der Flüchtlingseigenschaft nicht *mehr* vorliegen. Es handelt sich damit um die Fälle des *nachträglichen Wegfalls der Verfolgungsgefahr*, die auch bei der Auslegung und Anwendung von § 73 Abs. 1 Inhalt und Umfang der Widerrufsgründe bestimmen (§ 73 Rdn. 10 ff.). Die Entziehung nach Abs. 2 Satz 1 ist nicht in Anlehnung an § 73 Abs. 2 zulässig (so aber *Funke-Kaiser,* in: GK-AsylG, II, § 73a Rn. 12). Die Gegenmeinung verkennt, dass der Bundesrepublik die völkerrechtliche Kompetenz, die Rechtmäßigkeit eines ausländischen Rechtsaktes zu überprüfen, fehlt. Unabhängig davon stellten sich kaum überwindbare Beweisprobleme angesichts der Überlegung, dass alle Vertragsstaaten der GFK in Betracht kommen. Daher geht Abs. 2 Satz 1 einen pragmatischen Weg. Unabhängig davon, ob der Status zu Recht oder zu Unrecht zuerkannt wurde, soll er jedenfalls dann nicht mehr aufrechterhalten werden, wenn die tatsächlichen Voraussetzungen für die Zuerkennung er Flüchtlingseigenschaft nicht mehr bestehen. Da die Bundesrepublik aufgrund von § 11 GFK-Anhang die völkerrechtliche Zuständigkeit für den Flüchtling übernommen hat, ist sie auch berechtigt, nach ihrem innerstaatlichen 8

Recht den Fortbestand des Rechtsstatus zu regeln, vorausgesetzt, Art. 1 C GFK wird berücksichtigt.

9 Die Entziehung nach Abs. 2 Satz 1 stellt einen *Verwaltungsakt* dar. Anders als im Fall des Abs. 1 Satz 1 setzt die Entziehung der Rechtsstellung die vorherige Durchführung eines Verwaltungsverfahrens voraus. Aus Abs. 2 Satz 2 in Verb. mit § 73 Abs. 4 bis 5 folgt die Zuständigkeit des Bundesamtes nach Maßgabe des in den Verweisungsnormen geregelten Widerrufsverfahrens. Eine *schriftliche* Anhörung genügt nicht, da das Bundesamt die für die frühere Statusgewährung maßgebenden Gründe nicht kennt und daher insbesondere auch nicht die zwingend zu berücksichtigenden humanitären Gründe nach § 73 Abs. 1 Satz 3 (§ 73 Rdn. 53 ff.) beurteilen kann. Im schriftlichen Verfahren können derartige Gründe kaum sachgerecht ermittelt werden. Dazu bedarf es vielmehr einer näheren Aufklärung der »früheren Verfolgungen« durch die *persönliche Anhörung des Flüchtlings*. Im Übrigen gelten die Formvorschriften, die auch im Widerrufsverfahren Anwendung finden (Abs. 2 Satz 2 in Verb. mit § 73 Abs. 5, § 31 Abs. 1 Satz 1 und 2; § 73 Rdn.113 ff.). Wie im Widerrufsverfahren trifft den Flüchtling die Herausgabepflicht nach § 73 Abs. 6 grundsätzlich nach der Unanfechtbarkeit der asylrechtlichen Aufhebungsentscheidung (Abs. 2 Satz 2; § 73 Rdn. 121).

E. Rechtsschutz

10 Wie im Fall des Erlöschens ist kein Rechtsschutz gegen das Erlöschen der Rechtsstellung nach Abs. 1 Satz 1 gegeben, da der Rechtsstatus kraft Gesetzes beendet wird. Zur effektiven Durchsetzung des *Herausgabeanspruchs* nach Abs. 1 Satz 2 wird die Ausländerbehörde regelmäßig einen Verwaltungsakt erlassen, gegen den Rechtsschutz mithilfe der *Anfechtungsklage* erlangt werden kann (BVerwG 89, 232, 235 = EZAR 211 Nr. 3 = NVwZ 1992, 679). Gegen die Entziehung der Rechtsstellung ist die *Anfechtungsklage* zulässig. Zu den einzelnen Voraussetzungen des Rechtsschutzes wird auf die entsprechenden Erläuterungen in §§ 72, 73 verwiesen.

§ 73b Widerruf und Rücknahme des subsidiären Schutzes

(1) [1]Die Gewährung des subsidiären Schutzes ist zu widerrufen, wenn die Umstände, die zur Zuerkennung des subsidiären Schutzes geführt haben, nicht mehr bestehen oder sich in einem Maß verändert haben, dass ein solcher Schutz nicht mehr erforderlich ist. [2]§ 73 Absatz 1 Satz 3 gilt entsprechend.

(2) Bei Anwendung des Absatzes 1 ist zu berücksichtigen, ob sich die Umstände so wesentlich und nicht nur vorübergehend verändert haben, dass der Ausländer, dem subsidiärer Schutz gewährt wurde, tatsächlich nicht länger Gefahr läuft, einen ernsthaften Schaden im Sinne des § 4 Absatz 1 zu erleiden.

(3) Die Zuerkennung des subsidiären Schutzes ist zurückzunehmen, wenn der Ausländer nach § 4 Absatz 2 von der Gewährung subsidiären Schutzes hätte ausgeschlossen werden müssen oder ausgeschlossen ist oder eine falsche Darstellung oder

das Verschweigen von Tatsachen oder die Verwendung gefälschter Dokumente für die Zuerkennung des subsidiären Schutzes ausschlaggebend war.

(4) § 73 Absatz 2b Satz 3 und Absatz 2c bis 6 gilt entsprechend.

Übersicht Rdn.

A. Funktion der Vorschrift

1 Die Vorschrift wurde durch das Richtlinienumsetzungsgesetz 2013 eingeführt. Sie löst die frühere Aufhebungsvorschrift des § 73 Abs. 3 AsylVfG a.F. ab, die den Widerruf der Abschiebungsverbote des § 60 Abs. 2, 3 5 und 7 AufenthG a.F. regelte. Die Abschiebungsverbote des § 60 Abs. 2, 3, und 7 Satz 2 AufenthG a.F. werden nach geltendem Recht in § 4 Abs. 1 Satz 2 behandelt und bilden die tatbestandlichen Voraussetzungen für die Gewährung des subsidiären Schutzstatus. Die Aufhebung der Abschiebungsverbote des § 60 Abs. 5 und 7 AufenthG n.F. wird hingegen in § 73c geregelt. Der subsidiäre Schutzstatus kann im Asylverfahren, er kann aber auch im Rahmen des Aufhebungsverfahrens nach § 73 Abs. 3 festgestellt worden sein. Abs. 1 und 2 regeln den Widerruf und Abs. 3 die Rücknahme des subsidiären Schutzstatus. Ebenso wie nach § 73 Abs. 1 und 2 wird auch im Blick auf den subsidiären Schutzstatus zwischen der Aufhebung rechtmäßiger Verwaltungsakte durch Widerruf und der Beseitigung rechtswidriger Verwaltungsakte durch Rücknahme unterschieden. Die Vorschrift setzt die Aufhebungsvorschriften der Qualifikationsrichtlinie um (s. hierzu *Marx*, Handbuch zum Flüchtlingsschutz, 2. Aufl., 2012, S. 612 ff.). Abs. 2 enthält in Übereinstimmung mit Art. 19 in Verb. mit Art. 16 RL 2011/95/EU einen Auslegungsgrundsatz für den Widerruf nach Abs. 1. Durch die Verweisungsnorm in Abs. 4 wird sichergestellt, dass der abgeleitete Status nach § 26 Abs. 5 ebenfalls aufgehoben werden kann. Die Aufhebungskompetenz nach § 73c ist weiter gefasst wie die nach § 73 Abs. 1 und 2, sodass ein Bedürfnis für eine ergänzende Anwendung allgemeiner Vorschriften (§ 48, § 49 VwVfG) nicht zu erkennen ist

B. Widerruf des subsidiären Schutzstatus (Abs. 1 und 2)

I. Funktion der Vorschriften

2 Nach Abs. 1 ist die Gewährung des subsidiären Schutzes zu widerrufen, wenn die Umstände, die zur Zuerkennung des subsidiären Schutzstatus geführt haben, nicht

mehr bestehen oder sich in einem Maße verändert haben, dass ein solcher Schutz nicht mehr erforderlich ist. Damit werden die Verlustgründe des Art. 16 RL 2011/95/EU im deutschen Recht geregelt. Ebenso wie der Flüchtlingsschutz nach Art. 11 RL 2011/95/EU kann der subsidiäre Schutzstatus nach Maßgabe von Art. 16 RL 2011/95/EU erlöschen. Art. 16 Abs. 1 RL 2011/95/EU beschränkt sich auf lediglich einen der flüchtlingsrechtlich relevanten Verlustgründe des Art. 1 C GFK für den Widerruf des subsidiären Schutzes, nämlich auf die »Wegfall der Umstände« – Klausel. Danach bleibt »der subsidiäre Schutzstatus so lange bestehen, bis die zuständigen Behörden nachgewiesen haben, dass ein solcher Schutz nicht mehr benötigt wird, weil der Grund für die Schutzgewährung weggefallen ist.« Aus verfahrensrechtlicher Sicht bestimmt Art. 19 Abs. 1 RL 2011/95/EU, dass bei Vorliegen der Voraussetzungen des Art. 16 der Richtlinie die zuständigen Behörden den subsidiären Schutzstatus entziehen. Dem trägt Abs. 1 Rechnung. Die auf die Wiedererlangung des diplomatischen Schutzes bezogenen Erlöschensgründe des Art. 1 C Nr. 1 bis 3 GFK (Art. 11 Abs. 1 Buchst. a) bis c) RL 2011/95/EU) sind in Art. 16 Abs. 1 RL 2011/95/EU nicht übernommen worden, weil der subsidiäre Schutzstatus anders als der Flüchtlingsstatus nicht im Wegfall des diplomatischen Schutzes, sondern in der Drohung eines ernsthaften Schadens seinen Grund hat.

3 Der Verlustgrund der *dauerhaften Niederlassung im Herkunftsland* (Art. 1 C Nr. 4 GFK, Art. 11 Abs. 1 Buchst. d) RL 2011/95/EU) kann hingegen sicherlich ein Indiz auf den Wegfall der Umstände, die den drohenden ernsthaften Schaden begründet hatten (Abs. 2), liefern. Allein die Einreise und lediglich nur kurzfristige Aufenthalte im Herkunftsland bewirken aber nicht ohne Weiteres den Wegfall des subsidiären Schutzstatus, vielmehr grundsätzlich nur die dortige dauerhafte Niederlassung (§ 72 Rdn. 19 ff.). Insofern ist zu bedenken, dass bei Übergriffen durch nichtstaatliche Akteure diesen der Aufenthalt des Betroffenen im Herkunftsland nicht bekannt geworden sein muss. Abs. 1 Satz 2 bezieht die humanitäre Klausel des § 71 Abs. 1 Satz 3 (s. hierzu im Einzelnen § 73 Rdn. 53 ff.) in die Widerrufsprüfung des subsidiären Schutzes ein. Damit wird Art. 16 Abs. 3 RL 2011/95/EU umgesetzt. Dies ist sachgerecht, weil auch bei fehlender Anknüpfung an einen der Verfolgungsgründe des § 3b die psychologisch begründete Distanz zum Herkunftsland (§ 73 Rdn. 54) für den Betroffenen die Rückkehr in sein Herkunftsland aus den gleichen Gründen wie für einen Flüchtling unzumutbar machen kann. Maßgebend sind die ihn dort treffende fortdauernde negative Einstellung der Bevölkerung und die Ansichten und persönlichen Umstände des Betroffenen, nicht jedoch bloße wirtschaftliche Motive oder Gründe persönlicher Zweckmäßigkeit (*Grahl-Madsen*, The Status of Refugees in International Law, Volume I, 1966, S. 410 ff.).

II. Voraussetzungen des Widerrufs

4 Nach Abs. 1 und 2 ist der subsidiäre Schutz zu widerrufen, wenn die Umstände, die zur Zuerkennung des subsidiären Schutzstatus geführt haben, nicht mehr bestehen oder sich in einem Maße verändert haben, dass ein derartiger Schutz nicht mehr

erforderlich ist. Durch neue Tatsachen muss sich eine andere Grundlage für die Gefahrenprognose eines ernsthaften Schadens (§ 4 Abs. 1 Satz 1) ergeben (BVerwG, NVwZ 2012, 451, 452 = AuAS 2012, 36 [Ls]). Es wird eine nicht nur vorübergehende und grundlegende Änderung der Umstände gefordert, die dem Test genügen muss, dass der bislang Schutzberechtigte tatsächlich nicht länger Gefahr läuft, einen ernsthaften Schaden zu erleiden (Abs. 2). Diese Regelung lehnt sich an die Wegfall-der-Umstände Klausel des Art. 1 C Nr. 5 und 6 GFK (Art. 11 Abs. 1 Buchst. e) und f) RL 2011/95/EU) an und wird in Art. 16 Abs. 2 RL 2011/95/EU vorgegeben (§ 73 Rdn. 17 ff.). Ob die Umstände weggefallen sind oder sich so verändert haben, dass die Schutzbedürftigkeit entfällt, ist davon abhängig, dass der bislang Schutzberechtigte *tatsächlich* nicht länger Gefahr läuft, einen ernsthaften Schaden zu erleiden (Art. 16 Abs. 2 RL 2011/95/EU). Es muss eine solcherart Veränderung der Verhältnisse eingetreten sein, dass subsidiärer Schutz nicht mehr erforderlich ist. Zwar werden beide Voraussetzungen in Abs. 1 alternativ geregelt. Bei der Anwendung von Abs. 1 ist jedoch zu berücksichtigen, dass die Umstände sich so *»verändert«* haben müssen, dass tatsächlich keine Gefahr mehr besteht, einen ernsthaften Schaden – aus welchen Gründen auch immer – zu erleiden (Abs. 2). Die Auslegungsregel in Abs. 2 schließt beide Alternativen des Abs. 1 ein. Nicht der »bloße Wegfall«, sondern erst die »Veränderung der Umstände« wird nach der Auslegungsregel des Abs. 2 für den Eintritt der Erlöschenswirkung nach Abs. 1 vorausgesetzt (*Marx*, Handbuch zum Flüchtlingsschutz, 2. Aufl., 2012, S. 614).

Der Prozess »eines *umfassenden politischen Wandels*« in Richtung auf eine *»tiefgreifende Veränderung der Umstände«* (Kommissionsentwurf, in: BR-Drucks. 1017/01, S. 30; § 73 Rdn. 19 ff.) ist danach maßgebend für die Entscheidung, ob der subsidiäre Schutzstatus entfallen ist. Bei der Anwendung von Abs. 1 und 2 ist danach in Anlehnung an die allgemeinen flüchtlingsrechtlichen Beendigungsklauseln des Art. 11 Abs. 1 Buchst. e) und f) RL 2011/95/EU zu berücksichtigen, dass der subsidiäre Schutz *»umfassende* und *dauerhafte Lösungen«* zum Ziel hat und dieser Anspruch des Berechtigten Gegenstand und Zweck der allgemeinen Beendigungsklauseln prägt (*UNHCR*, NVwZ-Beil. 2003, 57, 58). Die Art ihrer Anwendung darf nicht dazu führen, dass die bislang Berechtigten zur Rückkehr in instabile Verhältnisse gezwungen werden (*UNHCR*, NVwZ-Beil. 2003, 57, 58). Dies verringert die Wahrscheinlichkeit einer dauerhaften Lösung und verursacht darüber hinaus zusätzliche oder erneute Instabilität andernfalls sich bessernder Verhältnissen. Deshalb gilt der Grundsatz, dass sich die Verhältnisse im Herkunftsland *»grundlegend* und *dauerhaft«* geändert haben müssen, bevor die allgemeinen Beendigungsklauseln angewendet werden können. Wie beim Wegfall des Flüchtlingsschutzes muss die Änderung der allgemeinen Verhältnisse grundlegend und dauerhaft sein (§ 73 Rdn. 25 ff.). Ob darüber hinaus auch wieder wirksame Schutzstrukturen bestehen müssen (§ 73 Rdn. 30 ff.) ist in dem Umfang maßgebend, wie es die Feststellung rechtfertigt, dass der bislang Schutzberechtigte *tatsächlich* nicht länger Gefahr läuft, einen ernsthaften Schaden zu erleiden. Es ist selbstredend, dass bei Eintritt neuartiger Umstände, die eine erneute Gewährung des subsidiären Schutzstatus erfordern (§ 73 Rdn. 50 ff.), der subsidiäre Schutzstatus nicht widerrufen werden darf. 5

6 Aus der *konstruktiven Spiegelbildlichkeit* der Voraussetzungen für die Prüfung der Voraussetzungen der Statuszuerkennung und dessen Aufhebung folgt, dass sich der Maßstab der Erheblichkeit für die Veränderung der Umstände danach bestimmt, ob noch eine *beachtliche Wahrscheinlichkeit eines ernsthaften Schadens* besteht (BVerwGE 140, 22, 30 f. Rn. 22 f. = NVwZ 2011, 463 = InfAuslR 2011, 408, 410; BVerwGE 140, 161, 169 Rn. 23 = NVwZ 2012, 1042 = AuAS 2012, 42 [LS]; *Wittkopf*, ZAR 2010, 170, 175; § 73 Rdn. 30 ff.). War der Berechtigte von einem ernsthaften Schaden betroffen oder bedroht, spricht nach Art. 4 Abs. 4 RL 2011/95/EU eine *Vermutung* dafür, dass weiterhin ein ernsthafter Schaden droht, der Berechtigte also »*tatsächlich Gefahr*« läuft, erneut einen ernsthaften Schaden zu erleiden, es sei denn, »*stichhaltige Gründe*« sprechen dagegen. Beim Fehlen stichhaltiger Gründe kommt also nach Unionsrecht verfahrensrechtlich dem früheren ernsthaften Schaden oder entsprechenden Bedrohungen eine *Beweiskraft* zu (EuGH, InfAuslR 2010, 188, 190 = NVwZ 2010, 505 = AuAS 2010, 150 Rn. 94 – *Abdulla*), aufgrund deren die auf dem Prognosemaßstab des Art. 3 EMRK beruhende »tatsächliche Gefahr« erwiesen ist. Es bedarf nicht des individuellen Nachweises einer überwiegenden Wahrscheinlichkeit, dass erneut ein ernsthafter Schaden droht. Zweifel am Wiederaufleben oder Fortbestehen des ernsthaften Schadens sperren die Beendigung des subsidiären Schutzstatus. Der Hinweis auf die »tatsächliche Gefahr« in Abs. 2 hat zur Folge, dass in jedem Einzelfall nachzuweisen ist, dass der Betroffene nicht länger subsidiärer Schutzberechtigter ist. Die Beweislastregel in Abs. 2 lehnt sich an Art. 3 EMRK an und setzt Art. 16 Abs. 2 RL 2011/95/EU um.

C. Rücknahme des subsidiären Schutzstatus (Abs. 3)

7 Abs. 3 regelt den Wegfalls des Status einerseits wegen *nachträglich auftretender Ausschlussgründe des § 4 Abs. 2* und anderseits in Anlehnung an die Voraussetzungen der § 73 Abs. 2 für die Rücknahme des Flüchtlingsstatus. Die zweite Alternative macht die traditionellen Rücknahmegründe (§ 73 Rdn. 77 ff.) zum Gegenstand des Verfahrens. Beide Alternativen setzen Art. 19 Abs. 3 RL 2011/95/EU um. Die weiteren fakultativen Ausschlussgründe nach Art. 19 Abs. 2 in Verb. mit Art. 17 Abs. 3 RL 2011/95/EU hat der Gesetzgeber nicht umgesetzt. Deren Umsetzung steht im Ermessen, während Art. 19 Abs. 3 RL 2011/95/EU zwingenden Charakter hat. Nach Abs 2 Alt. 1 ist der subsidiäre Schutzstatus zu entziehen, wenn der Schutzberechtigte nach Zuerkennung des Status gem. § 4 Abs. 2 hätte ausgeschlossen werden müssen oder ausgeschlossen wird. Damit wird der Ausschlussgrund des Art. 19 Abs. 3 Buchst. a) RL 2011/95/EU, der eine unionsrechtliche Verpflichtung enthält, umgesetzt. Inhaltlich verweist verweist Abs. 3 Alt. 3 auf § 4 Abs. 2, also auf die dort geregelten Ausschlussgründe (s. hierzu § 4 Rdn. 73 ff.). Abs. 3 Alt. 1 zielt auf zwei unterschiedliche verfahrensrechtliche Situationen: Während nach der ersten Konstellation Ausschlussgründe bereits *im Zeitpunkt der Statusentscheidung* bestanden, der Behörde jedoch nicht bekannt waren, sind sie nach der zweiten erst nachträglich entstanden. Die Norm begründet eine Verpflichtung zur Aufhebung des Statusbescheides unabhängig davon, wann die Ausschlussgründe entstanden

sind (BVerwGE 139, 272, 280 f. Rn. 23 = NVwZ 2011, 1456 = EZAR NF 68 Nr. 11).

Nach Abs. 3 Alt. 2 wird der subsidiäre Status unter den dort bezeichneten Voraussetzungen zurück genommen. Diese Alternative unterscheidet in zwei Rücknahmegründe: Das *Vorbringen einer falschen Darstellung* oder das *Verschweigen von Tatsachen* einerseits und die *Verwendung gefälschter Dokumente* andererseits (§ 73 Rdn. 83 ff.). Nur unter den in Abs. 3 Alt. 2 genannten Voraussetzungen ist die Rücknahme des subsidiären Schutzes nach Art. 19 Abs. 3 Buchst. b) RL 2011/95/EU zulässig. Für andere Rücknahmegründe des nationalen Rechts wird den Mitgliedstaaten ein Ermessen nicht eingeräumt. Soweit die Rechtsprechung bislang für die Rücknahme zusätzlich auf § 48 VwVfG zurückgegriffen hat (BVerwGE 112, 80, 88 ff. = NVwZ 2001, 335, 337 = InfAuslR 2001, 532 = EZAR 214 Nr. 13), ist sie durch Unionsrecht überholt worden. Der Rücknahmegrund falsche Darstellung oder Verschweigen von Tatsachen liegt vor, wenn die Angaben des Betroffenen in objektiver Hinsicht unzutreffend sind, *Kausalität* zwischen den Angaben und der Statusentscheidung besteht und der Betroffene die Absicht gehabt hat, die zuständigen Behörden irrezuführen (*Kapferer*, Cancellation of Refugee Status, March 2003, S. 7). Die drei Merkmale müssen kumulativ festgestellt und nachgewiesen werden, dass die Darstellung des Betroffenen objektiv nicht zutreffend war, sich auf die maßgebenden tatsächlichen Entscheidungsgrundlagen bezog und die Absicht der Irreführung bestand (§ 73 Rdn. 77 ff.). Die Rücknahme ist unzulässig, wenn ein Verfahrensfehler vorliegt und dieser darauf beruht, dass der Behörde wesentliche Tatsachen im Entscheidungszeitpunkt deshalb nicht bekannt waren, weil sie die Ermittlungen nicht korrekt geführt hat. Hier fehlt es an einer vom Unionsrecht vorausgesetzten Täuschungshandlung (§ 73 Rdn. 82). 8

Im Grundsatz bezieht die verfahrensrechtliche Regel alle Aufhebungs- und Ausschlussgründe ein, und zwar unabhängig davon, ob der Betroffene die entsprechenden Tatsachen verschwiegen hat oder nicht (*Kapferer*, Cancellation of Refugee Status, March 2003, S. 7). Demgegenüber ist nach der Rechtsprechung die Statusgewährung auch bei nicht dem Betroffenen zuzurechnenden Gründen von Anfang an rechtswidrig, etwa wegen einer falschen Einschätzung der Gefährdungslage oder aufgrund rechtsirriger Annahme der Statusvoraussetzungen seitens des Bundesamtes (BVerwGE 112, 80, 88 ff. = NVwZ 2001, 335, 337 = InfAuslR 2001, 532 = EZAR 214 Nr. 13). Da in diesen Fällen die Voraussetzungen Art. 19 Abs. 3 Buchst. b), Alt. 7 RL 2011/95/EU nicht vorliegen, ist wegen des enumerativen Charakters dieser Norm (Rdn. 8) die Rücknahme unzulässig. Der Rücknahmegrund der »Verwendung gefälschter Dokumente« liegt von vornherein nicht vor, wenn diese für die Zuerkennung des subsidiären Schutzstatus nicht maßgebend war. Die Verwendung muss kausal für die Statusgewährung gewesen sein. So kann die Vorlage *gefälschter* oder *verfälschter Beweismittel* die Rücknahme der Statusentscheidung nur tragen, wenn diese *allein* auf dem unter Beweis gestellten behaupteten ernsthaften Schaden beruhte (BVerfGE 65, 76, 97 = EZAR 630 Nr. 4 = NVwZ 1983, 735 = InfAuslR 1984). Die Bezugnahme allein auf ein gefälschtes Dokument zur Rechtfertigung der Statusversagung ist daher nicht zulässig, wenn dieses sich nur auf einen Teilkomplex, 9 nicht aber auf sämtliche mit dem Sachvorbringen geltend gemachten Schädigungsgründe bezieht (BVerfG [Kammer], NVwZ-Beil. 1994, 58, 59 = AuAS 1994, 222). Die Rücknahmegründe sind von der Behörde sorgfältig und umfassend zu prüfen (Rdn. 12).

D. Aufhebung des subsidiären Schutzberechtigung für Familienangehörige (Abs. 4)

10 Nach Abs. 4 ist § 73 Abs. 2b Satz 3 auf die Aufhebung des subsidiären Schutzes entsprechend anzuwenden. Dies bedeutet, dass nach Abs. 4 in Verb. mit § 73 Abs. 2b Satz 3 der abgeleitete subsidiäre Schutzstatus (§ 26 Abs. 5) zu widerrufen ist, wenn der subsidiäre Statusbescheid des Stammberechtigten erlischt, widerrufen oder zurückgenommen wird und dem Betroffenen nicht aus anderen Gründen die Statusberechtigter zuerkannt werden kann. Abs. 4 nimmt nicht § 73 Abs. 2b Satz 1 in Bezug. Diese Frage wird unmittelbar in Abs. 3 geregelt. Ist nach § 73 Abs. 2b Satz 1 der abgeleitete Status zu widerrufen, wenn nachträglich Ausschlussgründe in der Person des Familienangehörigen nach § 4 Abs. 2 oder § 60 Abs. 8 AufenthG eintreten, regelt Abs. 3 Alt. 1, dass unter diesen Voraussetzungen der abgeleitete Status zurückzunehmen ist. Hat der Familienangehörige vor Gewährung des Status entsprechende Tatsachen verschwiegen, wird über die Rücknahme ebenfalls nach Abs. 2 entschieden. Wird hingegen dem originär Statusberechtigten wegen nachträglich entstandener Ausschlussgründe die Berechtigung entzogen, wird der Widerruf des abgeleiteten Status nach Abs. 4 in Verb. mit § 73 Abs. 2b Satz 3 behandelt. Der abgeleitete Status ist dem Grunde und dem Fortbestand nach abhängig vom Fortbestand der originären Statusberechtigung. Die Fünfjahresfrist des § 35 Abs. 3 StAG ist auf Abs. 4 in Verb. mit § 73 2b Satz 3 nicht übertragbar (OVG Hamburg, NVwZ-RR 2013, 981). Der Widerruf erlangt damit beim abgeleiteten Status in zweifacher Weise Bedeutung: Der Gewährung des abgeleiteten Status steht von *vornherein* entgegen, wenn der Status des Stammberechtigten zu widerrufen (§ 26 Abs. 1 Nr. 4, Abs. 5) ist. Unanfechtbarkeit des Widerrufs des Stammberechtigten wird nicht vorausgesetzt (*Hailbronner,* AuslR B 2 § 73 AsylG Rn. 57; *Funke-Kaiser,* in: GK-AsylG II, § 73 Rn. 40). Demgegenüber ist er nach Abs. 3 zurückzunehmen, wenn nachträglich in der Person des Familienangehörigen Ausschlussgründe auftreten.

11 Erst nach Unanfechtbarkeit der Widerrufsentscheidung ist ebenso wie beim Widerruf nach Abs. 1 die abgeleitete Statusberechtigung beendet. Mit Abs. 4 in Verb. mit § 73 Abs. 2b Satz 3 letzter Halbs. zieht der Gesetzgeber die Konsequenz aus dem Antragsbegriff des § 26, der eine eigenständige Prüfung eines ernsthaften Schaden im Blick auf den Familienangehörigen verbietet (BVerwGE 89, 314, 319 = EZAR 215 Nr. 4 = NVwZ 1992, 987; OVG NW, InfAuslR 1991, 316; VGH BW, InfAuslR 1993, 200; OVG Rh-Pf, InfAuslR 2000, 468, 469; BayVGH, Urt. v. 18.12.1990 – 19 CZ 90.30661; § 26 Rdn. 44). Es wäre mit der Funktion des subsidiären Schutzes unvereinbar, einem Familienangehörigen, der in seinem Verfahren substanziiert eigene Gefährdungsgründe vorgetragen hat, den weiteren Fortbestand des Status vorzuenthalten (BVerwG, EZAR 215 Nr. 2). Kommt aber unverändert die Aufrechterhaltung des abgeleiteten Status aus anderen Gründen in Betracht, ist die Berufung auf eigene Verfolgungsgründe nicht zulässig (Nieders.

OVG, NVwZ-RR 2005, 570; *Hailbronner,* AuslR B 2 § 73 AsylG Rn. 61). Andererseits steht es dem Widerruf nicht entgegen, wenn zwar im Zeitpunkt der Zuerkennung des abgeleiteten Status Gründe für eine eigene Gefährdung vorgelegen hatten, diese indes im Zeitpunkt der Entscheidung über den Widerrufs dieses Status nicht mehr vorliegen (OVG Rh-Pf, InfAuslR 2000, 468, 469). Die Probleme, die aus dem zunehmenden zeitlichen Abstand von den ursprünglichen Umständen für die Darlegung folgen, sind angemessen zu berücksichtigen. Hat das Bundesamt im Asylverfahren eigenständige Gefährdungsgründe nicht ermittelt, gehen Zweifel zu seinen Lasten. In diesem Zusammenhang kann auch die humanitäre Klausel nach Abs. 1 Satz 2 iVm § 73 Abs. 1 Satz 3 Bedeutung erlangen. Anhaltspunkte auf psychische Belastungen sind deshalb besonders sorgfältig aufzuklären.

E. Verwaltungsverfahren

Nach Abs. 4 sind die Regelungen in § 73 Abs. 2c bis Abs. 6 auf die Aufhebung 12 des subsidiären Schutzes entsprechend anzuwenden. Das Verfahren wird durch das Bundesamt durchgeführt (§ 73 Rdn. 113 ff.). Die Anhörung steht zwar im Ermessen (§ 73 Rdn. 114), muss jedoch bei der Prüfung, ob aus anderen Gründen der Status aufrechterhalten werden kann, zwingend durchgeführt werden. Die Anhörungsmitteilung ist formell zuzustellen (§ 73 Rdn. 117). Kommt das Bundesamt nach Durchführung des Anhörungsverfahrens zu dem Schluss, dass die Widerrufs- oder Rücknahmevoraussetzungen nicht vorliegen, stellt es das Verfahren ein. Es handelt sich nicht um eine Einstellung des Verfahrens nach § 32, da Anlass der Einstellung nicht die Zurücknahme des Asylantrags, sondern die Entscheidung des Bundesamtes ist, dass ein Aufhebungsgrund nicht vorliegt (§ 73 Rdn. 119). Daher erschöpft sich in der Verfahrenseinstellung der Umfang der Entscheidung. Fraglich ist, ob der Entscheidung Außenwirkung zukommt. Jedenfalls der Betroffene hat nach Durchführung des Anhörungsverfahrens einen Anspruch darauf, über die Verfahrenseinstellung benachrichtigt zu werden (§ 73 Rdn. 119). Der Widerruf oder die Rücknahme des Statusbescheids hat zum Inhalt, dass die subsidiäre Statusberechtigung vollständig aufgehoben wird. Das Bundesamt ist im Fall der Aufhebung des Statusbescheids nicht befugt, eine Abschiebungsandrohung nach § 34 zu erlassen, da die entsprechenden Voraussetzungen nicht vorliegen. Vielmehr hat es sich im Aufhebungsverfahren allein auf die Regelung der Aufhebung der abgeleiteten Statusberechtigung zu beschränken. Es kann Entscheidung mit der Anordnung der sofortigen Vollziehung nach § 80 Abs. 2 Satz 1 Nr. 4 VwGO verbinden (§ 75 Abs. 2 Satz 2 Zuständig für den Erlass aufenthaltsbeendender Maßnahmen nach unanfechtbarer Aufhebung des Statusbescheides ist ausschließlich die Ausländerbehörde (*Funke-Kaiser,* in: GK-AsylG, II, § 73 Rn. 80; *Wolff,* in: Hofmann/Hoffmann, AuslR. Handkommentar, § 73 AsylG Rn. 57 f.; *Hailbronner,* AuslR B 2 § 73 AsylG Rn. 85; *Bergmann,* in: Bergmann/Dienelt, AuslR, 11. Aufl., 2016 § 73 AsylG Rn. 31). Sie wird im Rahmen ihrer Entscheidung zu prüfen haben, ob sie ein ausländerrechtliches Widerrufsverfahren einleitet und in diesem Zusammenhang eine Abschiebungsandrohung nach § 59 Abs. 1 AufenthG erlässt (BayVGH, InfAuslR 2000, 36 = NVwZ-Beil. 1999, 114 =

EZAR 210 Nr. 13 = AuAS 1999, 225). Nach Unanfechtbarkeit der Aufhebungsentscheidung ist der Statusbescheid herauszugeben (Abs. 4 in Verb. mit § 73 Abs. 6 (§ 73 Rdn. 121).

F. Rechtsschutz

13 Gegen Widerruf und Rücknahme des subsidiären Schutzes kann der Betroffene *Anfechtungsklage* erheben (§ 73 Rdn. 124). Der Widerspruch ist ausgeschlossen (§ 11). Die Anfechtungsklage hat *aufschiebende Wirkung* (§ 75 Abs. 1). Zwar finden die gesteigerten Mitwirkungspflichten nach § 15 im Anfechtungsprozess wegen des Widerrufs keine Anwendung. Der Kläger ist aber nach allgemeinem Verwaltungsprozessrecht (§ 86 Abs. 1 Satz 1 Halbs. 2 VwGO) gehalten, die Gründe darzulegen, die gegen die Aufhebung des Statusbescheids sprechen. Für die Beurteilung der Sach- und Rechtslage ist der Zeitpunkt der letzten mündlichen Verhandlung maßgebend (§ 77 Abs. 1).

§ 73c Widerruf und Rücknahme von Abschiebungsverboten

(1) Die Feststellung der Voraussetzungen des § 60 Absatz 5 oder 7 des Aufenthaltsgesetzes ist zurückzunehmen, wenn sie fehlerhaft ist.

(2) Die Feststellung der Voraussetzungen des § 60 Absatz 5 oder 7 des Aufenthaltsgesetzes ist zu widerrufen, wenn die Voraussetzungen nicht mehr vorliegen.

(3) § 73 Absatz 2c bis 6 gilt entsprechend.

Übersicht **Rdn.**

A. Funktion der Vorschrift

1 Die Vorschrift wurde durch das Richtlinienumsetzungsgesetz 2013 eingeführt. Sie löst die frühere Aufhebungsvorschrift des § 73 Abs. 3 AsylVfG a.F. ab, die den Widerruf der Abschiebungsverbote des § 60 Abs. 2, 3, 5 und 7 AufenthG a.F. regelte. Die Abschiebungsverbote können im Asylverfahren, aber auch im Rahmen des Aufhebungsverfahrens nach § 73 Abs. 3 festgestellt worden sein. Die Entscheidung über Abschiebungsverbote nach § 60 Abs. 5 und 7 AufenthG ist zurückzunehmen, wenn sie fehlerhaft ist, und zu widerrufen, wenn die Voraussetzungen nachträglich entfallen sind. Die Aufhebung des subsidiären Schutzstatus nach § 4 Abs. 1 Satz 1 (früher § 60 Abs. 2, 3 und 7 Satz 2 AufenthG a.F.) wird seit 2013 eigenständig in § 73b behandelt. Ebenso wie bei § 73 Abs. 1 und Abs. 2 wird auch im Blick auf die Abschiebungsverbote zwischen der Aufhebung rechtmäßiger Verwaltungsakte durch

Widerruf (Abs. 2) und der Beseitigung rechtswidriger Verwaltungsakte durch Rücknahme (Abs. 1) unterschieden. Die Aufhebungskompetenz nach Abs. 1 ist weiter gefasst wie die nach § 73 Abs. 1 und 2, weil eine *umfassende Rücknahmepflicht für fehlerhafte Verwaltungsakte* angeordnet wird (OVG Rh-Pf, NVwZ-Beil. 2001, 9, 10 = AuAS 2000, 138; VG Hannover, InfAuslR 2000, 43, 44; VG Ansbach, InfAuslR 2000, 45, 46). Für eine ergänzende Anwendung allgemeiner Vorschriften (§ 48, § 49 VwVfG) ist daher ein Bedürfnis nicht zu erkennen (VG Ansbach, InfAuslR 2000, 45; *Bergmann*, in: Bergmann/Dienelt, AuslR, 11. Aufl., 2016, § 73 AsylG Rn. 25; *Hailbronner*, AuslR B 2 § 73 AsylG Rn. 75; *Funke-Kaiser*, in: GK-AsylG, II, § 73 Rn. 44; *Wolff*, in: Hofmann/Hoffmann, AuslR. Handkommentar, § 73 AsylG Rn. 47; offen gelassen BVerwG, NVwZ 2012, 451, 452 = AuAS 2012, 36 [LS]). Jedenfalls findet die Ausschlussfrist des § 49 Abs. 2 Satz 2 VwVfG bei der Anwendung von Abs. 3 keine Anwendung (BVerwG, NVwZ 2012, 451, 452 = AuAS 2012, 36 [LS]; OVG NW, AuAS 2011, 32).

Abs. 3 erfasst nicht das Abschiebungsverbot nach § 60 Abs. 4 AufenthG. Für dieses enthält § 42 Satz 2 eine Sondervorschrift. Danach entscheidet die Ausländer- 2
behörde über den späteren Wegfall des Abschiebungsverbotes nach § 60 Abs. 4 AufenthG. Eine Aufhebung des Feststellungsbescheides durch das Bundesamt nach § 73c ist hierfür nicht Voraussetzung (*Hailbronner*, AuslR B 2 § 73 AsylG Rn. 76; *Wolff*, in: Hofmann/Hoffmann, AuslR. Handkommentar, § 73 AsylG Rn. 47). Insoweit hat § 42 Satz 2 letzter Halbs. lediglich erläuternde Funktion. Das Bundesamt hat zwar in seiner Sachentscheidung nach § 31 Abs. 3 Satz 1 auch über das Abschiebungsverbot des § 60 Abs. 4 AufenthG eine Regelung zu treffen. Der weitere rechtliche Fortbestand dieses Abschiebungsverbotes ist jedoch der Kompetenz des Bundesamtes entzogen worden. Daher ist dieses Abschiebungsverbot in Abs. 1 nicht aufgeführt. Der einschränkende Zusatz in § 42 Satz 2 letzter Halbs. wäre deshalb nicht erforderlich gewesen. Vielmehr enthält § 42 Satz 2 eine abschließende Zuständigkeitsregelung zugunsten der Ausländerbehörde. Von der isolierten Aufhebung der Feststellung von Abschiebungsverboten nach § 60 Abs. 5 und 7 AufenthG nach Maßgabe der Vorschrift zu trennen ist die Frage, ob mit der Aufhebung des Statusbescheids nach § 73 Abs. 1 und Abs. 2 zugleich auch eine Regelung zu den Abschiebungsverboten des § 60 Abs. 5 und 7 AufenthG zu treffen ist. Dies wird in § 73 Abs. 3 geregelt (§ 73 Rdn. 111 f.). Nicht geregelt hat der Gesetzgeber die Aufhebung der Abschiebungsverbote nach § 60 Abs. 2, 3, 5 und 7 AufenthG, die nicht im Asylverfahren festgestellt wurden. Dies hat seinen Grund darin, dass die originär zuständige Ausländerbehörde über diese keine Statusentscheidung getroffen, sondern diese im Rahmen der Prüfung aufenthaltsbeendender Maßnahmen lediglich inzident geprüft hat.

B. Rücknahme (Abs. 1)

Durch Abs. 1 wird die Aufhebung ermöglicht, wenn das Abschiebungsverbot objektiv fehlerhaft festgestellt wurde. Die Bestandskraft wird im öffentlichen Interes- 3
se mit der Folge durchbrochen, dass der materiellen Gerechtigkeit Vorrang vor der Rechtssicherheit eingeräumt wird. Maßgebend ist allein, dass die Voraussetzungen

des Abschiebungsverbots objektiv nicht vorliegen (OVG NW, AuAS 2011, 32, 33; VG Freiburg, NVwZ-RR 1999, 683, 684) oder der Bescheid von vornherein fehlerhaft ist. Lagen sie ursprünglich vor und sind sie nachträglich entfallen, findet Abs. 2 Anwendung. Unter Fehlerhaftigkeit im Sinne der ersten Alternative ist nichts anderes als Rechtswidrigkeit i.S.d. § 48 VwVfG zu verstehen. Danach muss die zugrunde liegende Entscheidung von der Rechtsordnung nicht gedeckt sein (§ 73 Rdn. 82). Die Anwendung des Grundsatzes des Vertrauensschutzes wird abgelehnt (OVG NW, AuAS 2011, 32, 33; *Hailbronner,* AuslR B 2 § 73 AsylG Rn. 77; *Funke-Kaiser,* in: GK-AsylG, II, § 73 Rn. 45; *Wolff,* in: Hofmann/Hoffmann, AuslR. Handkommentar, § 73 AsylG Rn. 48). Zuallererst verweist Abs. 1 auf die traditionellen Gründe für die Rücknahme, die auch die Anwendung des § 73b Abs. 2 Alt. 2 leiten (§ 73 Rdn. 50, § 73 Rdn. 77).

4 Das Bundesamt ist nicht befugt, ein *rechtskräftig gewordenes Urteil* in seinem Ausspruch zu ändern (BVerwGE 110, 111, 116 = InfAuslR 2000, 125 = NVwZ 2000, 575 = EZAR 214 Nr. 11 = AuAS 2000, 104; BVerwGE 115, 118, 120). Das BVerwG hatte den Fall eines gerichtlichen *Feststellungsurteils* zu entscheiden und deutete den fehlerhaften Widerruf der verwaltungsgerichtlichen Feststellung in einen Widerruf nach § 73 Abs. 3 AsylVfG a.F. um (§ 73 Rdn. 111). Dieser Fall wird also nunmehr in Abs. 2 behandelt (Rdn. 6). Eine *spätere obergerichtliche oder höchstrichterliche Rechtsprechung,* welche die dem rechtskräftigen Urteil zugrunde liegende *Sachlage anders bewertet,* stellt jedoch keine neue Sachlage dar, welche die Feststellung eines Abschiebungsverbotes nachträglich fehlerhaft macht. Es erweist sich lediglich, dass die vom Verwaltungsgericht getroffene Verfolgungsprognose fehlerhaft war. Dies kann aber gerade wegen der Rechtskraft des Urteils vom Bundesamt nicht über Abs. 1 korrigiert werden (BVerwG, InfAuslR 2002, 207, 209). Das gilt auch, wenn erst *nachträglich bekannt gewordene oder neu erstellte Erkenntnismittel* die Verhältnisse im Zeitpunkt des Ergehens des rechtskräftigen Urteils anders bewerten (VGH BW, InfAuslR 2001, 406, 407; VG Freiburg, NVwZ-RR 1999, 683, 684).

C. Widerruf (Abs. 2)

5 Die Feststellung des Abschiebungsverbotes nach § 60 Abs. 5 oder 7 AufenthG ist zu widerrufen, wenn die Voraussetzungen nicht mehr vorliehen (Abs. 2). Über den Widerruf ist in Anlehnung an die für § 73 Abs. 1 Satz 2 und § 73b Abs. 2 maßgebenden Grundsätze zu entscheiden. Durch neue Tatsachen muss sich eine andere Grundlage für die Gefahrenprognose bei dem jeweiligen Abschiebungsverbot ergeben (BVerwG, NVwZ 2012, 451, 452 = AuAS 2012, 36 [Ls]). Es wird eine nicht nur vorübergehende und grundlegende Änderung der Umstände gefordert, die dem Test genügen muss, dass der bislang Begünstigte tatsächlich nicht länger Gefahr läuft, einen ernsthaften Schaden zu erleiden (§ 73 Rdn. 16 ff., § 73b Rdn. 4). Durch Abs. 1 wird also die Aufhebung ermöglicht, wenn ein Abschiebungsverbot objektiv nicht mehr besteht (VG Ansbach, InfAuslR 2000, 45; VG Gießen, AuAS 2004, 70, 72). Maßgebend ist allein, dass die Voraussetzungen des Abschiebungsverbots objektiv nicht mehr vorliegen (OVG NW, AuAS 2011, 32, 33; VG Freiburg, NVwZ-RR 1999, 683, 684). Die Behörde muss sorgfältig prüfen, ob und in welchem Umfang die Voraussetzungen für

das Abschiebungsverbot nicht mehr vorliegen. Dabei hat sie die *tatsächlichen Grundlagen* für die Prognose offenzulegen, dass sich die Veränderung der Umstände als stabil erweist und der Wegfall der maßgebenden Umstände auf absehbare Zeit anhält (BVerwGE 140, 22, 29 ff. Rn. 20 ff =NVwZ 2011, 463 = InfAuslR 2011, 408, 411 = EZAR NF 60 Nr. 14). Die Anwendung des Grundsatzes des Vertrauensschutzes im Rahmen des Abs. 2 wird abgelehnt (OVG NW, AuAS 2011, 32, 33; *Hailbronner*, AuslR B 2 § 73 AsylG Rn. 77; *Funke-Kaiser*, in: GK-AsylG, II, § 73 Rn. 45; *Wolff*, in: Hofmann/Hoffmann, AuslR. Handkommentar, § 73 AsylG Rn. 48). Abs. 2 enthält anders als § 73b Abs. 1 Satz 2 *keine humanitäre Härteklausel* (VG Ansbach, InfAuslR 2000, 45, 46; VG Gießen, AuAS 2004, 70, 72). Allein der Verzicht des Betroffenen auf ein bereits festgestelltes Abschiebungsverbot berechtigt das Bundesamt nicht zur Aufhebung dieser Feststellung (VG Darmstadt, NVwZ-Beil. 2003, 93, 94). Dies folgt bereits aus dem zwingenden, antragsunabhängigen Charakter der Verbote (§ 32, § 33).

Das Bundesamt ist nicht befugt, ein *rechtskräftig gewordenes Urteil* in seinem Ausspruch 6
zu ändern (BVerwGE 110, 111, 116 = InfAuslR 2000, 125 = NVwZ 2000, 575 = EZAR 214 Nr. 11 = AuAS 2000, 104; BVerwGE 115, 118, 120). Das BVerwG hatte den Fall eines gerichtlichen *Feststellungsurteils* zu entscheiden und deutete den fehlerhaften Widerruf der verwaltungsgerichtlichen Feststellung in einen Widerruf nach § 73 Abs. 3 AsylVfG a.F. um. Abs. 2 hat diese Vorschrift abgelöst. Das Bundesamt sei an dem Widerruf des rechtskräftigen Feststellungsurteils aber nicht gehindert, weil alle rechtskräftigen Urteile unter einem »*Geltungsvorbehalt des Fortbestehens der zugrunde gelegten Sach- und Rechtslage*« stünden (BVerwGE 110, 111, 116; so auch VGH BW, InfAuslR 2001, 406, 407; VG Darmstadt, NVwZ-Beil. 2003, 93, 94; Hess. VGH, InfAuslR 2008, 147, 148; a.A. VG Hamburg, AuAS 1998, 262). Hat dagegen das Verwaltungsgericht das Bundesamt durch Verpflichtungsurteil zur Feststellung eines Abschiebungsverbotes verpflichtet und hat sich nach dem Erlass des Urteils die Sach- und Rechtslage nicht geändert, kommt ein Widerruf nach Abs. 2 nicht in Betracht (BVerwG, InfAuslR 2002, 207, 208 f.; VGH BW, InfAuslR 2001, 406; VG Freiburg, NVwZ-RR 1999, 683). Sofern es auf die allgemeinen politischen Verhältnisse im Herkunftsland des Asylsuchenden ankommt, sind diese naturgemäß ständigen Änderungen unterworfen. Eine Lösung der Bindung an ein rechtskräftiges Urteil kann daher nur eintreten, wenn die *nachträgliche Änderung der Sachlage* entscheidungserheblich ist (BVerwGE 115, 118 = EZAR 631 Nr. 53 = NVwZ 2002, 345 = InfAuslR 2002, 207, 209).

Das ist nur dann der Fall, wenn nach dem für das rechtskräftige Urteil maßgebli- 7
chen Zeitpunkt neue für die Streitentscheidung erhebliche Tatsachen eingetreten sind, die sich *so wesentlich von den früher maßgeblichen Umständen unterscheiden*, dass auch unter Berücksichtigung des Zwecks der Rechtskraft eines Urteils eine erneute Entscheidung durch die Verwaltung oder ein Gericht gerechtfertigt ist. Es muss sich mithin um einen »*jedenfalls in wesentlichen Punkten neuen Sachverhalt*« handeln (BVerwG, InfAuslR 2002, 207, 209; Satz auch § 73b Abs. 2). Der bloße Zeitablauf stellt grundsätzlich keine erhebliche Änderung der Sachlage dar. Die Erheblichkeit der Sachlagenänderung ist nicht notwendigerweise davon abhängig, dass

die Behörde, welche die mögliche Rechtskraftbindung prüft, auf der Grundlage des neuen Sachverhalts zu einem anderen Ergebnis kommt als das Gericht im rechtskräftigen Urteil (BVerwGE 110, 111, 116 = InfAuslR 2000, 125 = NVwZ 2000, 575 = EZAR 214 Nr. 11 = AuAS 2000, 104; BVerwG, InfAuslR 2002, 207, 209). Damit stellt auch eine *spätere obergerichtliche oder höchstrichterliche Rechtsprechung*, welche die dem rechtskräftigen Urteil zugrunde liegende *Sachlage anders bewertet*, keine neue Sachlage dar. Es erweist sich lediglich, dass die vom Verwaltungsgericht getroffene Verfolgungsprognose fehlerhaft war. Dies kann aber gerade wegen der Rechtskraft des Urteils vom Bundesamt nicht über Abs. 2 korrigiert werden (BVerwG, InfAuslR 2002, 207, 209). Das gilt auch, wenn erst *nachträglich bekannt gewordene oder neu erstellte Erkenntnismittel* die Verhältnisse im Zeitpunkt des Ergehens des rechtskräftigen Urteils anders bewerten (VGH BW, InfAuslR 2001, 406, 407; VG Freiburg, NVwZ-RR 1999, 683, 684).

8 Allerdings lässt nicht jegliche nachträgliche Änderung der Verhältnisse im Abschiebezielstaat die Rechtskraftwirkung eines verwaltungsgerichtlichen Urteils entfallen. Der *Zeitablauf allein* stellt *keine wesentliche Veränderung* dar (Rdn. 7). Mit zunehmender Dauer der seit dem rechtskräftigen Urteil vergangenen Zeit besteht aber in asylrechtlichen Streitigkeiten Grund für die Annahme, dass sich die entscheidungserhebliche Sachlage geändert haben könnte (BVerwGE 115, 118, 121 = EZAR 631 Nr. 53 = NVwZ 2002, 345 = InfAuslR 2002, 207, 209). Auch bei einer späteren tatsächlichen Entwicklung, die sich von der vorangegangenen, der Feststellung des Abschiebungsverbotes zugrunde liegenden Sachlage nicht entscheidungserheblich unterscheidet, ist der Widerruf nicht gerechtfertigt. Würde jede Erstellung von – zwangsläufig neuen – Erkenntnismitteln über die nachträgliche Entwicklung im Herkunftsland, auch wenn die vorangegangene Entwicklung und damit auch die Einschätzung der Gefährdungslage lediglich »fortgeschrieben« wird, eine Änderung der Sachlage darstellen, liefe § 121 VwGO im Asylprozess in weitem Umfang praktisch leer und könnte seiner Zweckbestimmung, im Interesse des Rechtsfriedens und der Rechtssicherheit neue Verfahren und widerstreitende gerichtliche Entscheidungen zu verhindern, nicht gerecht werden (VGH BW, InfAuslR 2001, 406, 407 f.). Nur eine *»nennenswerte« Verbesserung der Menschenrechtslage* rechtfertigt deshalb den Widerruf. Diese ist nicht schon immer dann anzunehmen, wenn neue Erkenntnis- oder Beweismittel über nachträgliche Ereignisse oder Entwicklungen vorliegen, sondern nur dann, wenn sich aus ihnen eine *nennenswerte Änderung der Gefahrenlage* ergibt (VGH BW, InfAuslR 2001, 406, 407 f.), die der ergangenen Feststellung nach § 60 Abs. 5 und 7 AufenthG nachträglich die tatsächliche Grundlage entzieht (vgl. auch Art. 16 Abs. 1 RL 2004/83 EG).

D. Verwaltungsverfahren (Abs. 3)

9 Nach Abs. 3 sind die Regelungen in § 73 Abs. 2c bis Abs. 6 auf die Aufhebung der Abschiebungsverbote entsprechend anzuwenden. Anders als bei § 73c Abs. 4 wird § 73 Abs. 2b nicht in Bezug genommen, weil bei Abschiebungsverboten ein abgeleiteter Status gesetzlich nicht geregelt wird. Das Verfahren wird durch das Bundesamt durchgeführt (§ 73 Rdn. 113). Die *Anhörung* steht zwar im *Ermessen*

(§ 73 Rdn. 114), sollte jedoch bei Zweifeln durchgeführt werden. Die Anhörungsmitteilung ist formell *zuzustellen* (§ 73 Rdn. 117). Kommt das Bundesamt nach Durchführung des Anhörungsverfahrens zu dem Schluss, dass die Widerrufs- oder Rücknahmevoraussetzungen nicht vorliegen, stellt es das Verfahren ein. Es handelt sich nicht um eine Einstellung des Verfahrens nach § 32, da Anlass der Einstellung nicht die Zurücknahme des Asylantrags, sondern die Entscheidung des Bundesamtes ist, dass ein Aufhebungsgrund nicht vorliegt (§ 73 Rdn. 119). Daher erschöpft sich in der Verfahrenseinstellung der Umfang der Entscheidung. Fraglich ist, ob der Entscheidung Außenwirkung zukommt. Jedenfalls der Betroffene hat nach Durchführung des Anhörungsverfahrens einen Anspruch darauf, über die Verfahrenseinstellung benachrichtigt zu werden (§ 73 Rdn. 119). Der Widerruf oder die Rücknahme des Abschiebungsverbotes hat zum Inhalt, dass die Feststellung des Abschiebungsverbots vollständig aufgehoben wird. Das Bundesamt ist im Fall der Aufhebung des Statusbescheids nicht befugt, eine Abschiebungsandrohung nach § 34 zu erlassen, da die entsprechenden Voraussetzungen nicht vorliegen. Vielmehr hat es sich im Aufhebungsverfahren allein auf die Regelung der Aufhebung des Abschiebungsverbotes zu beschränken. Es kann die Entscheidung nicht mit der Anordnung der sofortigen Vollziehung nach § 80 Abs. 2 Satz 1 Nr. 4 VwGO verbinden (§ 75 Abs. 2 Satz 3), da § 75 Abs. 2 Satz 2 nicht auf § 73 c verweist. Zuständig für den Erlass aufenthaltsbeendender Maßnahmen nach der unanfechtbaren Aufhebung des Statusbescheides ist ausschließlich die Ausländerbehörde (*Funke-Kaiser*, in: GK-AsylG, II, § 73 Rn. 80; *Wolff*, in: Hofmann/Hoffmann, AuslR. Handkommentar, § 73 AsylG Rn. 57 f.; *Hailbronner*, AuslR B 2 § 73 AsylG Rn. 85; *Bergmann*, in: Bergmann/Dienelt, AuslR, 11. Aufl., 2016 § 73 AsylG Rn. 31). Sie wird im Rahmen ihrer Entscheidung zu prüfen haben, ob sie ein ausländerrechtliches Widerrufsverfahren einleitet und in diesem Zusammenhang eine Abschiebungsandrohung nach § 59 Abs. 1 AufenthG erlässt (BayVGH, InfAuslR 2000, 36 = NVwZ-Beil. 1999, 114 = EZAR 210 Nr. 13 = AuAS 1999, 225). Nach Unanfechtbarkeit der Aufhebungsentscheidung ist der Statusbescheid herauszugeben (Abs. 4 in Verb. mit § 73 Abs. 6 (§ 73 Rdn. 121).

E. Rechtsschutz

Gegen Widerruf und Rücknahme des Abschiebungsverbotes kann der Betroffene *Anfechtungsklage* erheben (§ 73 Rdn. 124). Der Widerspruch ist ausgeschlossen (§ 11). 10
Die Anfechtungsklage *aufschiebende Wirkung* (§ 75 Abs. 1; Rdn. 9). Zwar finden die gesteigerten Mitwirkungspflichten nach § 15 im Anfechtungsprozess wegen des Widerrufs keine Anwendung. Der Kläger ist aber nach allgemeinem Verwaltungsprozessrecht (§ 86 Abs. 1 Satz 1 Halbs. 2 VwGO) gehalten, die Gründe darzulegen, die gegen die Aufhebung des Abschiebungsverbots sprechen. Für die Beurteilung der Sach- und Rechtslage ist der Zeitpunkt der letzten mündlichen Verhandlung maßgebend (§ 77 Abs. 1).

Abschnitt 9 Gerichtsverfahren

§ 74 Klagefrist, Zurückweisung verspäteten Vorbringens

(1) Die Klage gegen Entscheidungen nach diesem Gesetz muss innerhalb von zwei Wochen nach Zustellung der Entscheidung erhoben werden; ist der Antrag nach § 80 Abs. 5 der Verwaltungsgerichtsordnung innerhalb einer Woche zu stellen (§ 34a Abs. 2 Satz 1 und 3, 36 Abs. 3 Satz 1 und 10), ist auch die Klage innerhalb einer Woche zu erheben.

(2) [1]Der Kläger hat die zur Begründung dienenden Tatsachen und Beweismittel binnen einer Frist von einem Monat nach Zustellung der Entscheidung anzugeben. 2§ 87b Abs. 3 der Verwaltungsgerichtsordnung gilt entsprechend. [2]Der Kläger ist über die Verpflichtung nach Satz 1 und die Folgen der Fristversäumung zu belehren. [3]Das Vorbringen neuer Tatsachen und Beweismittel bleibt unberührt.

Übersicht Rdn.

A. Funktion der Vorschrift

Die Regelungen über das asylspezifische Gerichtsverfahren in § 74 und den nachfolgenden Bestimmungen finden nur auf Klagen gegen Entscheidungen nach diesem Gesetz Anwendung und weichen erheblich vom allgemeinen Verwaltungsprozess und auch von den Vorschriften in §§ 30 ff. AsylVfG 1982 über das Gerichtsverfahren ab. Die Verkürzung der Klagefrist in Abs. 1 sowie die Begründungsfrist in Abs. 2 ist durch das AsylVfG 1992 eingeführt worden. Die Präklusionsbestimmung in Abs. 2 Satz 2 war im ursprünglichen Gesetzentwurf schärfer gefasst worden (BT-Drucks. 12/2062, S. 40). Auf Vorschlag des Innenausschusses wurde der Hinweis auf § 87b Abs. 3 VwGO in Abs. 2 Satz 2 eingefügt (BT-Drucks. 12/2718, S. 38). Die Vorschriften verfolgen verfahrensbeschleunigende Ziele. 1

Abs. 1 Halbs. 1 verwendet den Begriff der »*Klage gegen Entscheidungen nach diesem Gesetz*«, sodass Zweifel aufkommen, ob die Entscheidung ihre Rechtsgrundlage im AsylG haben muss oder auch in Rechtsvorschriften außerhalb dieses Gesetzes finden kann. Früher hatte das BVerwG den Begriff der »Rechtsstreitigkeiten nach diesem Gesetz« in § 32 AsylVfG 1982 so ausgelegt, dass er alle gerichtlichen Streitigkeiten erfasste, die ihre rechtliche Grundlage im AsylG hatten. Ob dies so sei, richte sich allein danach, auf welche Rechtsvorschrift die Behörde ihre Maßnahme tatsächlich gestützt habe. Sei dies eine solche des AsylG, liege eine Streitigkeit nach dem AsylG vor. Sei die Maßnahme hingegen auf eine andere Rechtsvorschrift gestützt, liege eine Rechtsstreitigkeit nach dem AsylG nicht vor (BVerwG, NVwZ 1993, 276). An dieser Auffassung hält das BVerwG wegen der durch das AsylVfG 1992 erfolgten Verzahnung mit ausländerrechtlichen Vorschriften sowie der umfassenden Zuständigkeit des Bundesamtes (§ 5, § 31, § 34) nicht mehr fest. Vielmehr kommt es darauf an, ob Rechtsstreitigkeiten über Entscheidungen erfasst werden, die das Bundesamt in Wahrnehmung der ihm durch das AsylG übertragenen Aufgaben getroffen hat (BVerwG, AuAS 1996, 186, 187 = EZAR 633 Nr. 27). Die besonderen Regelungen für das Gerichtsverfahren, die bei Streitigkeiten »nach diesem Gesetz« anzuwenden sind, erfassen die Klagen, mit denen sich Asylantragsteller gegen Entscheidungen des Bundesamtes 2 wenden, die ihre Rechtsgrundlage im AsylG haben. Dass eine Entscheidung sich auch auf andere Rechtsgrundlagen stützt, grenzt sie aus dem Kreis der Entscheidungen »nach diesem Gesetz« nicht aus.

3 Der Begriff der Rechtsstreitigkeit »nach diesem Gesetz« umfasst Entscheidungen über Asylanträge, mit denen über die Asylberechtigung, die Flüchtlingseigenschaft, den subsidiären Schutz (§ 4 Abs. 1 Satz 1), Abschiebungsverbote nach § 60 Abs. 5 und 7 AufenthG (VGH BW, NVwZ-Beil. 1998, 25, 26 = InfAuslR 1998, 193 = AuAS 1998, 31) entschieden wurde, wie auch Entscheidungen wie Abschiebungsandrohung (§ 34, § 35), Abschiebungsanordnung (§ 34a) und Einreise- und Aufenthaltsverbote (§ 11 Abs. 7 AufenthG). Die Verweisung im AsylG auf Vorschriften des AufenthG steht dem nicht entgegen (BVerwG, AuAS 1996, 186, 187 = EZAR 633 Nr. 27). Wurden Abschiebungsverbote nach § 60 Abs. 5 und 7 AufenthG von der Ausländerbehörde in eigener Zuständigkeit verneint (§ 72 Abs. 2 AufenthG), handelt es sich nicht um eine Streitigkeit nach dem AsylG. Wie eng der Zusammenhang zwischen den Vorschriften des AsylG und denen außerhalb dieses Gesetzes sein muss, ist nicht abschließend geklärt (BVerwG, AuAS 1996, 186, 187 = EZAR 633 Nr. 27 = NVwZ-RR 1997, 255). Ob etwa auf den Rechtsstreit über eine im Zusammenhang mit einer Rechtsstreitigkeit nach dem AsylG begehrte Aussetzung der Abschiebung ebenfalls die besonderen Vorschriften des §§ 74 ff. Anwendung finden, hatte das BVerwG zunächst offen gelassen, jedoch später entschieden, dass die auf die Aussetzung der Abschiebung gerichtete Klage im Anschluss an ein erfolglos durchgeführtes Asylverfahren grundsätzlich keine Streitigkeit nach dem AsylG begründet (BVerwG, NVwZ 1998, 299, 300 = InfAuslR 1998, 15 = AuAS 1998, 29; VGH BW, NVwZ-Beil. 1998, 25; OVG Frankfurt [Oder], NVwZ-Beil. 1998, 75; a.A. Hess. VGH, NVwZ-Beil. 1998, 45, 46; OVG Hamburg, NVwZ-Beil. 1998, 96; OVG Rh-Pf, AuAS 1998, 153; s. hierzu auch BVerfG [Kammer], NVwZ 1998, 272).

4 Unionsverfassungsrecht gewährleistet ein »Recht auf einen wirksamen Rechtsbehelf« (Art. 47 Abs. 1 GRCh). Dementsprechend ist nach Art. 46 RL 2013/32/EU sicherzustellen, dass Asylantragsteller das Recht auf einen wirksamen Rechtsbehelf vor einem Gericht gegen flüchtlingsrechtliche Entscheidungen haben. Die nähere Ausgestaltung des Verfahrens überlässt es den Mitgliedstaaten. Lediglich die Betreibensaufforderung wird in Art. 46 Abs. 11 RL 2013/32/EU geregelt. Art. 46 Abs. 4 RL 2013/32/EU verpflichtet die Mitgliedstaaten aber, angemessene Fristen festzulegen. Die Klagefrist nach Abs. 1 dürfte wohl angemessen sein, wohl kaum aber die Dreitagesfrist des § 18a Abs. 4 Satz 1. Das Recht auf Verbleib während des Gerichtsverfahrens wird ausdrücklich festgelegt (Art. 46 Abs. 5 RL 2013/32/EU). Auch während des Eilrechtsschutzverfahren gegen der Zurückweisung des Asylantrags als offensichtlich unbegründet wird das Verbleibsrecht vorgeschrieben (Art. 46 Abs. 8 RL 2013/32/EU).

B. Klageverfahren

I. Örtlich zuständiges Verwaltungsgericht (§ 52 Nr. 2 Satz 3 VwGO)

5 Die Klage muss bei dem örtlich zuständigen Verwaltungsgericht erhoben werden. Bei der örtlichen Zuständigkeit handelt es sich um eine von Amts wegen zu beachtende

Prozessvoraussetzung (BVerwG, NVwZ-RR 1995, 300, 301. Nach § 52 Nr. 2 Satz 3 VwGO ist in Streitigkeiten nach diesem Gesetz und wegen Verwaltungsakten der Ausländerbehörde gegen Asylsuchende das Verwaltungsgericht zuständig, in dessen Bezirk der Asylantragsteller mit Zustimmung der zuständigen Ausländerbehörde entweder seinen Wohnsitz oder in Ermangelung dessen seinen Aufenthalt hat oder seinen letzten Wohnsitz oder Aufenthalt hatte. § 52 Nr. 2 Satz 3 VwGO ist mit höherrangigem Recht vereinbar, da eine vermeidbare Ungenauigkeit bei der Bestimmung des gesetzlichen Richters (Art. 101 Abs. 1 GG) nicht gegeben und eine gezielte Einflussnahme der Behörden auf den Gerichtsstand von Asylsuchenden nicht zu befürchten ist (BVerwG, InfAuslR 1983, 76). Maßgebend für die den Gerichtsstand begründende behördliche Zustimmung ist die Bescheinigung über die Aufenthaltsgestattung nach § 63 (BVerwG, BayVBl. 1986, 504; OVG Hamburg, EZAR 611 Nr. 5). Ist die Unterbringung in der Aufnahmeeinrichtung (§ 30a Abs. 3 Satz 1; § 47 Abs. 1 Satz 1, Abs. 1a) angeordnet, ist das Verwaltungsgericht zuständig, in dessen Bezirk diese sich befindet. Ordnet Landesrecht Außenstellen und Gemeinschaftsunterkünfte einer Einrichtung, die im Bezirk eines anderen Verwaltungsgerichtes gelegen ist, zu, ist das Verwaltungsgericht zuständig, in dessen Bezirk sich die Aufnahmeeinrichtung befindet (VG Darmstadt, Beschl. v. 22.03.1994 – 1 E 31245/94.A [2]; VG Frankfurt am Main, NVwZ-Beil. 2001, 95). § 52 Nr. 2 Satz 3 VwGO ist dann nicht anwendbar, wenn der Rechtsstreit sich auf eine den Asylantragsteller begünstigende Maßnahme der Ausländerbehörde, wie z.B. die Erteilung einer Duldung nach altem Recht, bezieht, und zwar unabhängig davon, ob das Asylverfahren noch anhängig ist oder nicht (OVG Bremen, EZAR 611 Nr. 10 = InfAuslR 1989, 355).

Maßgebend für die Beurteilung der örtlichen Zuständigkeit ist der Zeitpunkt der 6
Rechtshängigkeit, d.h. der Zeitpunkt des Eingangs der Klage beim Gericht (BVerwG, InfAuslR 1985, 149; BVerwG, BayVBl. 1986, 504). Insbesondere in den Fällen, in denen während der *Klagefrist* eine *Zuweisungsentscheidung* (§§ 50 f.) erlassen wird, ist zu prüfen, welches Verwaltungsgericht örtlich zuständig ist. Die nachträgliche länderübergreifende Umverteilung bewirkt wegen des Grundsatzes *perpetuatio fori* keine Änderung der gerichtlichen Zuständigkeit (Thür. OVG, AuAS 1997, 24). Entscheidend für die Bestimmung des Gerichtsstandes ist ausschließlich die Zustimmung der Ausländerbehörde, die in dem der Klageerhebung vorangegangenen Verteilungsverfahren im Hinblick auf den Kläger örtlich zuständige Ausländerbehörde geworden ist. Erklärt die für den Asylsuchenden zuständige Ausländerbehörde in einer über die Beantragung von Asyl ausgestellten Bescheinigung (§ 63), eine Wohnsitznahme in der Gemeinde, in er sich tatsächlich aufhält, sei erforderlich, liegt darin die maßgebliche behördliche Zustimmung auch dann, wenn sich der Asylantragsteller nach einer vorangegangenen Zuweisungsentscheidung an einem anderen Ort aufhalten sollte (BVerwG, BayVBl. 1986, 504).

Aus der Maßgeblichkeit der Bescheinigung über die Aufenthaltsgestattung für die ge- 7
richtliche Zuständigkeit wird abgeleitet, dass auch nach einer Zuweisungsentscheidung die bisherige Ausländerbehörde der Anknüpfungspunkt für die Bestimmung des Gerichtsstandes bleibe, wenn die nunmehr zuständig gewordene Behörde noch nicht die Bescheinigung nach § 63 ausgestellt habe. Begründet wird dies damit, dass – solange

der Asylkläger durch die durch diese Entscheidung zuständig gewordene Ausländerbehörde nicht die Bescheinigung über die Aufenthaltsgestattung erlangt habe – die in der bisher erteilten Aufenthaltsgestattung erklärte behördliche Zustimmung maßgebend bleibe (OVG Hamburg, EZAR 611 Nr. 5). Dem kann nicht zugestimmt werden: Mit Zustellung der Zuweisungsverfügung durch persönliche Aushändigung (§ 50 Abs. 5 Satz 1) ist der Asylantragsteller zur unverzüglichen Befolgung der Verfügung verpflichtet (§ 50 Abs. 6). Ab diesem Zeitpunkt geht die Zuständigkeit von der bisherigen auf die Ausländerbehörde über, die durch die Zuweisungsverfügung zuständig geworden ist. Die veränderte Zuständigkeit wird nicht durch die Ausstellung der Bescheinigung, sondern durch die Zuweisungsverfügung begründet.

8 Wird der Kläger im Bezirk einer Ausländerbehörde aufgegriffen und dort in *Untersuchungshaft* genommen oder zu Haftzwecken in den Bezirk der Ausländerbehörde überstellt, ist regelmäßig davon auszugehen, dass dies mit dem Einverständnis der Ausländerbehörde erfolgt (Hess. VGH, EZAR 611 Nr. 9), sodass die Zuständigkeit des Verwaltungsgerichts begründet wird, in dessen Bezirk der amtliche Gewahrsam durchgeführt wird. Es kommt damit auf die Zustimmung der Ausländerbehörde an, in deren Bezirk der Asylkläger im Zeitpunkt der Klageerhebung seinen Wohnsitz oder Aufenthaltsort gehabt hat. Dagegen ist nicht die Zustimmung der früheren Ausländerbehörde maßgebend (Hess. VGH, EZAR 611 Nr. 9; s. OVG Sachsen, AuAS 2014, 92, 93, zum gewöhnlichen Aufenthalt in Haftfällen). Nach § 52 Nr. 2 Satz 3 VwGO verdrängt der gegenwärtige Wohnsitz oder Aufenthalt den früheren Wohnsitz oder Aufenthalt, sofern der spätere Wohnsitz oder Aufenthalt mit Zustimmung der nunmehr zuständig gewordenen Ausländerbehörde genommen worden ist (Hess. VGH, EZAR 611 Nr. 9).

9 Anders liegt der Fall, wenn der Asylsuchende *unerlaubt* den ihm zugewiesenen Aufenthaltsbereich *verlässt* und in einem anderen Bundesland aufgegriffen und zwecks Rückführung festgenommen wird. Hier ist das Verwaltungsgericht örtlich zuständig, in dessen Bezirk der Asylsuchende mit Zustimmung der Ausländerbehörde seinen Aufenthalt zu nehmen hat (VG Berlin, InfAuslR 1994, 379, 380). Diese Rechtsprechung ist zwar für den Sonderfall der Durchführung von Haft entwickelt worden. Die hierfür maßgebliche Begründung trifft aber auch auf den Fall des Erlasses der Zuweisungsentscheidung vor Ablauf der Klagefrist zu. Auch wenn das Bundesamt den angefochtenen Bescheid an die ihm zuletzt vom Kläger mitgeteilte Adresse zustellt, begründet dies dann nicht die örtliche Zuständigkeit des für den Zustellungsort zuständigen Verwaltungsgerichts, wenn der Kläger sich dort ohne Zustimmung der Ausländerbehörde aufhält. In diesem Fall bleibt es bei der Zuständigkeit des Gerichts, in dessen Bezirk der Kläger mit Zustimmung der Ausländerbehörde seinen Wohnsitz zu nehmen hat (VG Gießen, NVwZ-Beil. 1994, 62).

10 Liegen bei einem *Folgeantrag* die Voraussetzungen des § 71 Abs. 7 Satz 1 vor, wonach eine räumliche Beschränkung im Folgeantragsverfahren fortgilt, ist das Verwaltungsgericht örtlich zuständig, in dessen Bezirk der Antragsteller gem. § 71 Abs. 7 Satz 1 seinen Aufenthalt zu nehmen hatte (VG Schleswig, AuAS 1993, 228). Fehlt es im Fall der Erteilung eines Aufenthaltstitels an einer wirksamen Aufenthaltsbeschränkung und damit an einer darin zum Ausdruck kommenden für die Anwendung von § 52

Nr. 2 Satz 3 VwGO maßgebenden behördlichen Zustimmung, wird vereinzelt davon ausgegangen, dass es an den Voraussetzungen dieser Vorschrift fehle, sodass sich deshalb die Zuständigkeit wegen § 52 Nr. 3 Satz 3 nach § 52 Nr. 5 VwGO richte, mit der Folge, dass das VG Ansbach örtlich zuständig ist (VG Braunschweig, AuAS 1998, 33). Diese Ansicht mutet verkrampft an und übersieht, dass in der Erteilung des Aufenthaltstitels die erforderliche behördliche Zustimmung zu sehen ist und dies die gerichtliche Zuständigkeit ändert, wegen § 71 Ab. 2 Satz 1 aber nicht die Zuständigkeit der früher zuständigen Außenstelle des Bundesamts. Allerdings unterliegen nach geltendem Recht Folgeantragsteller der Wohnpflicht nach § 30a Abs. 3 Satz 1 und ist diese maßgebend für die gerichtliche Zuständigkeit.

II. Verweisungsantrag

Gem. § 17b Abs. 1 Satz 2 GVG, § 83 VwGO bleiben nach Klageerhebung beim örtlich unzuständigen Gericht und dessen Verweisung des Rechtsstreits an das zuständige Gericht die Wirkungen der Rechtshängigkeit bestehen. Aus dem asylverfahrensrechtlichen Beschleunigungsziel folgt keine abweichende Regelung (BayVGH, AuAS 2000, 137). Anders ist der Fall zu beurteilen, in dem die Klage bei einem Gericht eingeht, an das sie nach dem Willen des Klägers nicht gerichtet ist. In diesem Fall ist eine wirksame Klageerhebung bei einem unzuständigen Gericht gerade nicht gegeben. Die *schuldhafte Erhebung* der Klage bei einem *unzuständigen Gericht* erhält danach die Rechtshängigkeit nicht (OVG Rh-Pf, NJW 1981, 1005; OVG Rh-Pf, NVwZ-RR 1996, 181f.; VGH BW, NJW 1988, 222; BayVGH, AuAS 2000, 137; Hess. VGH, AuAS 2006, 188). Unterzeichnet der Rechtsanwalt die Klageschrift, ohne zu bemerken, dass die Bürokraft die Bezeichnung des Gerichts eigenmächtig geändert hat, trägt er dafür die volle Verantwortung (OVG SA, NVwZ-RR 2004, 385). Wird eine an ein unzuständiges Verwaltungsgericht adressierte Klage im umschlossenen Umschlag beim zuständigen Verwaltungsgericht eingereicht und von diesem ungeöffnet an den Adressaten weiter geleitet, entsteht keine prozessualer Anknüpfungspunkt für die Rechtshängigkeit (Hess. VGH, AuAS 2006, 188). § 17b Abs. 1 Satz 2 GVG ist damit nur anwendbar, wenn die Klage bei einem Gericht eingeht, bei dem sie nach dem *Willen des Klägers* eingereicht werden sollte, dieses Gericht indes unzuständig ist. 11

Die Rechtshängigkeit der Sache bei einer Klage, die zwar an das örtlich zuständige Gericht adressiert ist, jedoch bei einem unzuständigen Gericht eingereicht wird (OVG NW, NJW 1996, 334 = AuAS 1995, 251f.), bleibt nicht erhalten. Das Gericht, bei dem das Schriftstück eingeht, obwohl es dort nicht eingehen sollte, ist zu einer prozessualen Behandlung weder verpflichtet noch überhaupt berechtigt, sondern allenfalls gehalten, die Eingabe zurückzusenden oder weiterzuleiten (OVG SA, NVwZ-RR 2004, 385, 386; OVG Rh-Pf, NVwZ-RR 2008, 655). Die versehentliche Zuleitung an ein anderes als das angesprochene Gericht unterscheidet sich damit qualitativ nicht von einem sonstigen *Irrläufer* des Schriftstückes an einen beliebigen Dritten. Im Gegensatz zum Rechtsirrtum, der zur Anrufung des falschen Gerichts führt und den der Gesetzgeber nachsichtig behandelt hat, ist die versehentliche Zuleitung ebenso wenig fristunschädlich wie eine sonstige Nachlässigkeit bei der Übermittlung fristgebundener Schriftstücke (OVG NW, NJW 1996, 334). 12

13 Ist Klage trotz ordnungsgemäßer Rechtsbehelfsbelehrung beim unzuständigen Verwaltungsgericht erhoben worden, ist Antrag auf Verweisung an das zuständige Verwaltungsgericht zu stellen. Dies gilt auch für das Eilrechtsschutzverfahren (BayVGH, NVwZ-RR 1993, 668; BayVGH, NJW 1997, 1251 = NVwZ 1997, 577; OVG Berlin, NVwZ-RR 1998, 464, 465; VG Berlin, InfAuslR 1994, 379). Nach Klagerücknahme darf eine Verweisung nicht mehr angeordnet werden. Anderes gilt, wenn das Ruhen des Verfahrens beantragt worden ist (Nieders. OVG, NVwZ-RR 2010, 660). Die Verweisung erhält, auch wenn sie erst nach Ablauf der Rechtsmittelfrist erfolgt, die Rechtshängigkeit der Sache (BGH, NJW 1986, 2255; OVG Rh-Pf, NVwZ-RR 1996, 181; OVG NW, NJW 1996, 334 = AuAS 1995, 251). Dies folgt unmittelbar aus dem Gesetz (§ 83 VwGO in Verb. mit § 17b Abs. 1 Satz 2 GVG). Der Beschluss, mit dem sich das Verwaltungsgericht für unzuständig erklärt (§ 83 VwGO in Verb. mit § 17a Abs. 2 Satz 3 GVG) und den Rechtsstreit an das nach seiner Auffassung zuständige Verwaltungsgericht verweist, ist für dieses analog § 17a Abs. 2 Satz 3 GVG bindend. Die Durchbrechung der Bindungswirkung ist allenfalls bei »extremen Verstößen« denkbar (BVerwG, NVwZ 1995, 372; BVerwG, NVwZ 2008, 917; BFH, NVwZ-RR 2006, 296, mit Anm. *Steinhauff*, juris Praxis-Report 8+9/2005, 93; Hess. VGH, NVwZ-RR 1996, 611, 612), etwa dann, wenn für den Verweisungsbeschluss jede gesetzliche Grundlage fehlt, er auf Willkür beruht, wenn die unter Verstoß gegen die Zuständigkeitsbestimmungen erfolgte Verweisung zu funktionswidrigen Folgen führen würde (Hess. VGH, NVwZ-RR 1995, 611, 612) oder wenn der Verweisungsbeschluss auf einer Verletzung rechtlichen Gehörs beruht (BayObLG, AnwBl. 2/2003, 120). Extreme Verstöße mögen im Übrigen etwa dann anzunehmen sein, wenn mit der Verweisung zugleich eine Verkürzung des Instanzenzugs einherginge (Hess. VGH, NVwZ-RR 1995, 611, 612).

14 Das Verwaltungsgericht hat bei umstrittener örtlicher Zuständigkeit in analoger Anwendung des § 17a GVG grundsätzlich nur zwei Optionen. Es kann entweder seine eigene Zuständigkeit vorab aussprechen (§ 17a Abs. 3 GVG) oder nach § 17a Abs. 2 GVG seine Unzuständigkeit erklären und den Rechtsstreit an das örtlich zuständige Verwaltungsgericht verweisen (BVerwG, NVwZ-RR 1995, 611, 612). Weder Wortlaut noch Sinn und Zweck des Gesetzes erlauben es hingegen, dass das angerufene Gericht seine eigene Unzuständigkeit feststellt, ohne zugleich eine bindende Verweisung an das zuständige Gericht auszusprechen. Das gilt auch für die *isolierte Unzuständigkeitserklärung* nach bereits erfolgter bindender Verweisung, die ausschließlich zu dem Zweck erfolgt, die Möglichkeit einer Vorlage beim BVerwG nach § 53 Abs. 1 Nr. 5, Abs. 2 VwGO zu eröffnen. Ein solcher Beschluss stellt sich nämlich als Versuch dar, sich der Bindungswirkung aus § 17a Abs. 2 Satz 3 GVG zu entziehen (BVerwG, NVwZ 1995, 372). Die *Bindungswirkung des Verweisungsbeschlusses* erstreckt sich im Fall von Haupt- und Hilfsantrag nur auf den Hauptantrag, nicht aber auf das hilfsweise geltend gemachte Begehren. Entfällt nach Wegfall des ursprünglichen Hauptantrags durch Klagerücknahme die prozessuale Verbindung von Haupt- und Hilfsantrag, unterliegt die Frage der Zuständigkeit für den ehemaligen Hilfsantrag einer erneuten Überprüfung. Eine Zurückverweisung des vormaligen Hilfsantrags wird zulässig (VG Koblenz, NVwZ-RR 2005, 752).

Unterlässt das Verwaltungsgericht eine Vorabentscheidung über den Rechtsweg nach § 17a Abs. 3 Satz 2 GVG, kann das Rechtsmittelgericht die Zulässigkeit des beschrittenen *Rechtswegs prüfen (BayVGH, NVwZ-RR 1993, 668; BayVGH,* NVwZ 1997, 577 = NJW 1997, 1251; OVG Rh-Pf, NVwZ-RR 1993, 668). Das Gericht, das über ein Rechtsmittel gegen eine Entscheidung in der Hauptsache entscheidet, prüft jedoch nicht, ob der beschrittene Rechtsweg zulässig ist (§ 17a Abs. 5 GVG). Im Rahmen des § 83 Satz 1 VwGO bedeutet dies, dass das Berufungsgericht bei der Überprüfung des erstinstanzlichen Urteils von einer in dem Urteil ausdrücklich oder stillschweigend bejahten örtlichen Zuständigkeit des betreffenden Verwaltungsgerichts ohne Weiteres auszugehen hat (BVerwG, NVwZ-RR 1995, 300, 301; offengelassen Thür. OVG, AuAS 1997, 24). Auch wenn sich erst im Antragsverfahren nach § 78 Abs. 4 herausstellen sollte, dass das erstinstanzliche Verwaltungsgericht örtlich unzuständig ist, darf daher das Berufungsgericht die Sache nicht an das örtlich zuständige Berufungsgericht verweisen. 15

Im Konfliktfall kann gem. § 53 Abs. 1 Nr. 5 VwGO das Obergericht die Zuständigkeit des Verwaltungsgerichts bestimmen. Allein der Umstand, dass die Vorschrift des § 52 Nr. 2 Satz 3 VwGO im konkreten Verfahren verschiedene Auslegungsmöglichkeiten zulässt, die jeweils zu verschiedenen Gerichtsständen führen, rechtfertigt die Anrufung des nächsthöheren Gerichts nicht. Die Entscheidung, welcher Auslegung der Vorrang gebührt, obliegt allein dem mit der Sache befassten Gericht (Hess. VGH, AuAS 1994, 48). Seine Entscheidung ist für das Gericht, an das der Rechtsstreit verwiesen worden ist, hinsichtlich des Rechtswegs bindend (§ 17a Abs. 2 Satz 3 GVG). Einer Streitschlichtung durch das Obergericht bedarf es deshalb nicht. Anders liegt der Fall, wenn verschiedene Gerichte, von denen eines für den Rechtsstreit zuständig ist, sich rechtskräftig für unzuständig erklärt haben. Hier entscheidet das Berufungsgericht den negativen Kompetenzkonflikt (§ 53 Abs. 1 Nr. 5 VwGO). Bei einem *negativen rechtswegübergreifenden Kompetenzkonflikt* bestimmt dasjenige oberste Bundesgericht, das einem der beteiligten Gerichte übergeordnet ist und zuerst angerufen wird, das *zuständige Gericht (BVerwG, NVwZ 2008, 917; OVG Berlin-Brandenburg,* NVwZ-RR 2014, 288, Verweisungsbeschluss des LG ist bindend für das VG). Im *negativen Kompetenzkonflikt mehrerer unzuständiger Gerichte und ausschließlicher Zuständigkeit eines dritten Gerichts,* der von § 53 Abs. 1 Nr. 5 VwGO nicht erfasst wird, bestimmt das Berufungsgericht in entsprechender Anwendung des § 53 Abs. 1 Nr. 5 VwGO das zuständige Gericht (Hess. VGH, NVwZ-RR 1995, 611, 612). Entsteht anhand einer landesrechtlichen Zuständigkeitsregelung Streit über die örtliche Zuständigkeit der Verwaltungsgerichte, besteht ein sachliches Bedürfnis für eine obergerichtliche Bestimmung des örtlich zuständigen Verwaltungsgerichtes unter entsprechender Anwendung des § 53 Abs. 3 Satz 1 in Verb. mit § 53 Abs. 1 Nr. 3 VwGO (Thür. OVG, Beschl. v. 15.04.2004 – 1 SO 79/04). 16

III. Formerfordernisse der Klage

1. Klageerhebung

Die Klage ist beim örtlich zuständigen Verwaltungsgericht (Rdn. 5 ff.) innerhalb der Klagefrist schriftlich zu erheben (§ 81 Abs. 1 Satz 1 VwGO). Für einen *Rechtsmittelverzicht* ist eine Verzichtserklärung im gleichen Abschnitt wie die Bestätigung des 17

Empfangs etwa eines Ausweisdokuments und ohne von diesem abgesetzt zu sein, nicht wirksam (VG Karlsruhe, InfAuslR 2015, 14). Die *fehlerhafte Rechtsmittelbelehrung* setzt die Klagefrist nicht in Gang (§ 78 Rdn. 222). Damit eine Rechtsbehelfsbelehrung ihre Hinweis- und Belehrungsfunktion erfüllen kann, genügt es nicht, dass der Adressat die schriftliche Rechtsbehelfsbelehrung zum Lesen erhält. Sie ist vielmehr in Papierform auszuhändigen und ihm mitzugeben (VG Karlsruhe, InfAuslR 2015, 14). Die Klage kann zur Niederschrift des Urkundsbeamten erhoben werden (§ 81 Abs. 1 Satz 2 VwGO). Dieser hat den anwaltlich nicht vertretenen Kläger sachgerecht zu belehren und insbesondere auch auf die Notwendigkeit mehrerer Klageanträge sowie gegebenenfalls auf die Erforderlichkeit der Stellung eines Eilrechtsschutzantrags nach § 34a Abs. 2 Satz 1 oder § 36 Abs. 3 Satz 1 hinzuweisen. Die schriftliche Klage ist in deutscher Sprache abzufassen (§ 55 VwGO, § 184 GVG). Das gilt auch für den der deutschen Sprache nicht mächtigen Asylkläger (BVerwG, NJW 1990, 3103; a.A. BayVGH, NJW 1976, 1048; FG Saarland, NJW 1989, 3112; s. hierzu auch *Ebner*, DVBl 1971, 341; *Vogler*, NJW 1985, 1764). Die Gegenmeinung verweist auf das Zusammenwachsen des Rechts- und Wirtschaftslebens innerhalb der Länder der EU und interpretiert § 184 GVG zeitgemäß dahin, dass eine in einer der maßgebenden Amtssprachen der EU abgefasste Klageschrift, die innerhalb der Klagefrist beim Gericht eingeht, jedenfalls dann als fristwahrend zu behandeln ist, wenn das Gericht aufgrund eigener Sprachkenntnisse in der Lage ist, einem Begehren nachzugehen und ihm auch nachgegangen ist oder wenn das Gericht unverzüglich eine Übersetzung veranlassen kann oder eine solche von der Partei unverzüglich nachgereicht wird (FG Saarland, NJW 1989, 3112; BayVGH, NJW 1976, 1048). Danach ist der Gebrauch einer der Amtssprachen der EU ausreichend. Nicht vorausgesetzt ist, dass der Verfahrensbeteiligte Bürger der EU ist.

18 Die Klage muss den *Kläger*, den *Beklagten* und den *Gegenstand des Klagebegehrens* bezeichnen (§ 82 Abs. 1 Satz 1 VwGO). Sie soll nach Maßgabe der jeweiligen Klageart (Rdn. 48 ff.) einen *bestimmten Antrag* enthalten (§ 82 Abs. 1 Satz 2 VwGO). Genügt die Klage diesem Erfordernis nicht, kann der Vorsitzende oder Berichterstatter dem Kläger für die Ergänzung eine *Frist mit ausschließender Wirkung* setzen (§ 82 Abs. 2 Satz 1 VwGO). Es genügt, wenn das Ziel des Klagebegehrens aus der Tatsache der Einlegung des Rechtsmittels allein oder in Verbindung mit den während der Rechtsmittelfrist abgegebenen Erklärungen erkennbar ist (BVerwGE 58, 299, 300 f., unter Hinweis auf BVerwGE 13, 94, 95). Im Asylprozess genügt es daher regelmäßig, dass sich nach dem gegebenenfalls sachdienlich durch Auslegung (§ 86 Abs. 3, § 88 VwGO) zu ermittelnden Sinn des Klagebegehrens ergibt, dass der Kläger die Aufhebung des Bescheides und die umfassende Gewährung der im Verwaltungsverfahren geltend gemachten Ansprüche begehrt. Nur wenn das Begehren widersprüchlich ist, hat der Vorsitzende oder Berichterstatter den Kläger zur Klarstellung seines Begehrens auffordern. Erfolgt diese nicht innerhalb der gesetzten Frist, ist die Klage unzulässig (BFH, NVwZ-RR 1999, 815).

19 Folgt aus den Klageanträgen und den innerhalb der Rechtsmittelfrist eingereichten Unterlagen (beigefügter angefochtener Bescheid) hinreichend deutlich das mit dem Klagebegehren verfolgte Ziel, dürfen erst in der mündlichen Verhandlung gestellte

Anträge nicht als Klageänderungen behandelt werden, sondern sind diese auch nach Ablauf der Rechtsmittelfrist noch als zulässige Klageerweiterungen zu behandeln (BFH, NVwZ-RR 1998, 408). Dass die präzise Bezeichnung der einzelnen Ansprüche nicht Voraussetzung für eine ordnungsgemäße Klageerhebung ist, folgt aus § 82 Abs. 1 Satz 2, Abs. 2 VwGO, wonach die Klage nur einen bestimmten Antrag enthalten »soll« (OVG SH, NVwZ 1992, 385). In dem Antrag auf Zuerkennung der Asylberechtigung (§ 3 Abs. 4 Halbs. 1) ist bei sachdienlicher Auslegung das Begehren auf Verpflichtung der Beklagten auf Gewährung des Flüchtlingsschutzes enthalten. Die Asylberechtigung enthält als Kernelement die für den Flüchtlingsschutz maßgebenden Voraussetzungen. Beantragt der Kläger die uneingeschränkte Aufhebung des Bescheids des Bundesamtes, jedoch schriftsätzlich lediglich die Verpflichtung auf Asylanerkennung und erst in der mündlichen Verhandlung die Verpflichtung auf Zuerkennung internationalen Schutzes und auf Feststellung von Abschiebungsverboten, ist die Klage in Ansehung der späteren Anträge nicht als verfristet anzusehen (OVG Hamburg, NVwZ-Beil. 1998, 44, 45 = AuAS 1998, 115). Diese Rechtsprechung hat das BVerfG ausdrücklich bekräftigt und darauf hingewiesen, dass dem Verwaltungsgericht nach § 88 VwGO die Aufgabe auferlegt wird, das Rechtsschutzziel des Beteiligten zu ermitteln. Die Bestimmung stelle zugleich klar, dass es auf das wirkliche Begehren des Beteiligten ankomme, nicht aber auf die Fassung der Anträge. In diesem Rahmen müsse eine ausdrücklich gewählte Klageart auch umgedeutet werden. Nach § 86 Abs. 3 VwGO habe das Gericht darauf hinzuwirken, dass Unklarheiten bei Anträgen und tatsächlichen Angaben beseitigt würden (BVerfG [Kammer], NVwZ 2016, 238, 241 Rn. 37 ff.).

Nur wenn der Kläger sein Begehren ausdrücklich auf die Zuerkennung der Flücht- 20
lingseigenschaft oder auf den subsidiären Schutz oder auf die Feststellung von Abschiebungsverboten beschränkt, darf das Verwaltungsgericht über das Begehren nicht hinausgehen (§ 88 VwGO). Bei einer offenen, nicht auf die Anspruchsgrundlagen verweisenden Formulierung, die aber eine uneingeschränkte Aufhebung des Bescheides und eine dem korrespondierende Formulierung um Zuerkennung der Flüchtlingseigenschaft enthält, kann das Begehren sachdienlich ausgelegt werden. Gegebenenfalls ist der Kläger nach § 82 Abs. 2 Satz 1 VwGO zur Erläuterung aufzufordern. Der Kläger hat in diesem Fall zur Bestimmung des Klagegegenstandes substanziiert darzulegen, inwieweit der angefochtene Verwaltungsakt rechtswidrig ist und ihn in seinen Rechten verletzt (BFH, NVwZ-RR 1999, 815). Da im Asylprozess die Klage ohnehin innerhalb der Monatsfrist des § 74 Abs. 2 Satz 1 die Klage zu begründen ist, wird sich eine prozessleitende Verfügung zumeist erübrigen. Vielmehr kann regelmäßig aus der Klagebegründung hinreichend konkret der Inhalt des Klagebegehrens ermittelt werden. Abweichend von § 82 Abs. 1 Satz 3 VwGO ordnet Abs. 2 Satz 1 nämlich an, dass die Klage innerhalb einer bestimmten Frist zu begründen ist.

2. Klageerhebung durch Telefax

Zur Einlegung von Rechtsmitteln dürfen moderne Textübermittlungssysteme, wie z.B. 21
Telefax, verwandt werden (BVerfG [Kammer], NJW 2007, 2838 = NVwZ 2007, 1421; BVerwG, EZAR 205 Nr. 10 = NVwZ 1989, 673; BVerwG, AuAS 1997, 218; Hess.

VGH, NVwZ 1992, 1212; Hess. VGH, AuAS 1996, 46, 47; VGH BW, ESVGH 39, 320; OVG Hamburg, NVwZ 1997, 1139; OVG NW, NVwZ 1991, 582; OVG NW, NJW 1996, 334 = AuAS 1995, 251; OVG Rh-Pf, AuAS 1998, 126; BAG, NJW 1989, 1822; BAG, NZA 1990, 985; BGH, NJW 1989, 598; EBE/ BGH 1989, 365; BGH, NJW 1994, 1879; BayVerfGH, NJW 1993, 1125; EGH Hamm, BRAK-Mitt. 4/1990, 249; zweifelnd VG Frankfurt am Main, HessVGRspr. 1993, 71; VG Wiesbaden, NJW 1994, 537 = NVwZ 1994, 403 [LS]). Zwar fehlt die eigenhändige Unterzeichnung, da es sich lediglich um eine auf fernmeldetechnischem Weg übermittelte Fotokopie des am Absendeort verbliebenen, eigenhändig unterschriebenen Originals des Schriftsatzes handelt. Die Vorlage einer als Telebrief oder Telekopie übermittelten Fotokopie des eigenhändig unterschriebenen Originalschriftsatzes sichert die verlässliche Zuordnung dieser Eingabe an eine bestimmte Person als Urheber und gewollte Prozesserklärung und nicht als bloßer Entwurf und genügt dem Erfordernis der eigenhändigen Unterschrift (BVerwG, EZAR 205 Nr. 10). Die durch Telefax übermittelte Klageschrift kann durch *Handzeichen* unterzeichnet sein. Eine Unterzeichnung mittels *Faksimilestempel* genügt nicht (Rdn. 36 f.). Die mit einer vervielfältigten – ursprünglich eigenhändigen – Unterschrift versehene Klageschrift eröffnet eine verlässliche Überprüfung der Urheberschaft des Schriftstückes. Demgegenüber ermöglicht ein Faksimilestempel Missbrauchsmöglichkeiten, sodass dies dem Erfordernis der Schriftlichkeit nicht gerecht wird (VG Wiesbaden, NJW 1994, 403 = NVwZ 1994, 403 [LS].

22 Eine durch Telefax übermittelte Klageschrift entspricht den Formerfordernissen nur, wenn sie einem *Empfangsgerät des Gerichts* zugeht oder einem Empfangsgerät der Post und von dort auf postalischem Weg (Telebrief) dem Gericht zugeleitet wird (BAG, NZA 1990, 985; BGH, BRAK-Mittl. 2010, 128, 129). Sie muss aber an das richtige Gericht adressiert sein (BGH, BRAK-Mittl. 2010, 128, 129; Rdn. 11 ff.). Der Rechtsanwalt genügt seiner Pflicht zur wirksamen Ausgangskontrolle aber nur, wenn er sein Personal anweist, nach einer Übermittlung per Fax anhand des *Sendeprotokolls zu überprüfen*, ob der Schriftsatz vollständig an das *richtige* Verwaltungsgericht übermittelt worden ist. Der Abgleich der auf dem Sendeprotokoll ausgedruckten Faxnummer hat anhand einer zuverlässigen Ausgangskontrolle (Rdn. 126) zu erfolgen (BGH, AnwBl 2015, 1058). Die Nachsendung des Originalschriftsatzes als Briefsendung begründet kein neues Verfahren (Hess. VGH, NVwZ 1992, 1212). Diese Zusendung ist deshalb geboten, weil die durch Telefax übermittelte Klageschrift unleserlich sein kann und zudem die Klageschrift die für die Beteiligten erforderlichen Ausfertigungen enthalten muss. Bei Wahl des Telefaxgeräts einer *gemeinsamen Post- und Faxannahmestelle mehrerer Gerichte* und Behörden ist der Schriftsatz rechtzeitig eingegangen, wenn die Faxnummer einer anderen im Gerichtsverbund einbezogenen Stelle gewählt wird (BGH, AnwBl. 2013, 554). Der Rechtsanwalt muss die Möglichkeit einer Störung seines Gerätes bedenken (OLG München, NJW 1991, 303; zur Wiedereinsetzung s. Rdn. 129 ff.). Die »bloße Möglichkeit«, dass das Empfangsgerät unerkannt funktionsunfähig sein könnte, muss ihn aber nicht veranlassen, andere Formen der Übertragung zu wählen oder sich durch fernmündliche Nachfrage des Eingangs bei Gericht zu versichern (OVG Sachsen, NJW 1996, 2251; VGH BW, NJW 1994, 538 =

NVwZ 1994, 390 [LS]; a.A. OLG Rostock, NJW 1996, 1831, 1832; LG Darmstadt, NJW 1993, 2448). Enthält der Absendebericht den Vermerk »OK«, kann der Kläger davon ausgehen, dass die Klage innerhalb der Frist dem Gericht in der erforderlichen schriftlichen Form zugeht (BVerfG [Kammer], NJW 2007, 2838 = NVwZ 2007, 1421). Das Faxgerät des Anwalts muss die Uhrzeit zuverlässig angeben. Ist es nicht dafür ausgelegt, selbständig einen stetigen Abgleich mit der gesetzlichen Zeit vorzunehmen, ist regelmäßig eine Überprüfung der gesetzlich Zeiteinstellung erforderlich (BGH, BRAK-Mitt. 2011, 139).

Die Verantwortung für den *verspäteten Bericht* liegt ausschließlich *in der Sphäre des Gerichts,* wenn das Empfangsgerät aufgrund eines technischen Defekts den gespeicherten Text nicht ausdruckt, ohne dass dies für den Absender erkennbar ist. In diesem Fall kann der Absender davon ausgehen, die Klage werde innerhalb der Frist dem Gericht zugehen (OVG Sachsen, NJW 1996, 2251; VGH BW, NJW 1994, 538). Daher ist von Amts wegen Wiedereinsetzung in den vorigen Stand zu gewähren (VGH BW, NJW 1994, 538; OVG NW, AuAS 2013, 140). Der Absender kann sich einen Einzelnachweis über den Sendevorgang ausdrucken lassen, der die ordnungsgemäße Übermittlung belegt oder Störungen anzeigt (BGH, BRAK-Mitt. 2010, 212; OLG Rostock, NJW 1996, 1831, 1832). Erst wenn dieser die Störung anzeigt, besteht für den Absender Anlass, innerhalb der Klagefrist nach anderen Übermittlungswegen Ausschau zu halten. Eine unlesbar oder verstümmelt zu den Akten gelangte fernschriftliche Klageschrift, deren Inhalt sich erst nachträglich feststellen lässt, ist mit ihrem vollständigen Inhalt – einschließlich der Unterzeichnung – als eingegangen anzusehen, wenn die Ursache für den Mangel der Lesbarkeit und Vollständigkeit in der Sphäre des Gerichts liegt. Entsprechendes gilt auch bei der Übermittlung durch Telefax (BGH, MDR 1995, 310 = NJW 1994, 1881; BGH, MDR 1988, 961; LG Dortmund, NJW 1996, 1832, 1833). Die Grenze des Zumutbaren ist überschritten, wenn die Verantwortung für Risiken und Unsicherheiten bei der Entgegennahme rechtzeitig in den Gewahrsam des Gerichts gelangter fristwahrender Schriftstücke auf den Bürger abgewälzt wird und die Ursache hierfür allein in der Sphäre des Gerichts zu finden ist [BVerfGE 69, 381, 385f.]; s. auch BVerfG [Kammer], NJW 2007, 2838 = NVwZ 2007, 1421). 23

Deshalb ist von einem rechtzeitigen Eingang eines fristgebundenen Schriftsatzes bei Gericht auszugehen, wenn dieser vollständig durch elektronische Signale vom Sendegerät des Absenders zum Empfangsgerät des Gerichts übermittelt worden ist, dort aber lediglich infolge technischer *Störungen* – etwa eines *Papierstaus* – unvollständig fehlerfrei und unverstümmelt ausgedruckt worden ist, vorausgesetzt, sein Inhalt ist einwandfrei ermittelbar, was aufgrund der Nachsendung des Originals des Schriftsatzes überprüft werden kann (BGH, MDR 1995, 310). Etwas anders gilt nur, wenn ein Papierstau am Empfangsgerät dazu führt, dass die Verbindung während der Übermittlung abbricht und die vollständige Signalübermittlung nicht stattfinden kann (BGH, MDR 1991, 1193; BGH, MDR 1995, 310). Liegt der Fehler in der Übermittlung ausschließlich in der Sphäre des Gerichts, ist von einem rechtzeitigen Eingang auszugehen ist, sodass es keiner Wiedereinsetzung bedarf (so aber VGH BW, NJW 1994, 538). Nur wenn der technische Fehler während des Übermittlungsvorgangs auftritt und 24 die Verbindung abbricht, besteht Anlass, etwa durch Aufgabe eines Blitz-Telegramms oder Beauftragung eines privaten, überörtlichen Kurierdienstes (vgl. Hess. VGH, AuAS 1996, 46, 48) den Schriftsatz rechtzeitig dem Gericht zuzuleiten. Scheitert der Übersendungsversuch, weil das Empfangsgerät des Gerichts mit anderen Telefaxsendungen belegt ist, darf der Versuch nicht vorschnell aufgegeben werden (BGH, AnwBl. 2012, 95). Kann jedoch keine Störung des Empfangsgerät des Gerichts festgestellt werden, ist die anwaltliche Versicherung, mit der Übermittlung des fristwahrenden Schriftstücks um 23.45 Uhr begonnen zu haben, unerheblich (BGH, AnwBl 2015, 655). Vielmehr müssen Rechtsmittelführer einen über die voraussichtliche Dauer des eigentlichen Faxübermittlungsvorgangs hinausgehenden *Zeitpuffer von etwa 20 Minuten einkalkulieren*, der dem Umstand Rechnung trägt, dass das Empfangsgerät gerade in den Abend- und Nachtstunden wegen anderer ebenfalls fristgebundener Sendungen belegt sein kann (BVerwG, NVwZ-RR 2015, 392; Rdn. 119).

25 Zur Vermeidung nachträglichen Streits empfiehlt es sich, sich nach Absendung der Klageschrift durch telefonische Anfrage beim Gericht des fristgemäßen Eingangs zu vergewissern. Der Rechtsanwalt muss durch organisatorische Anweisungen sicherstellen, dass die für das angeschriebene Gericht zutreffende Telefaxnummer verwendet und anhand des Sendeberichtes eine entsprechende Kontrolle vorgenommen wird (BVerwG, NVwZ 2004, 1007; BayVGH, NVwZ 2013, 600). Das Gericht verletzt andererseits seine Hinweis- und Aufklärungspflicht, wenn es den Kläger nicht darauf hinweist, dass seine Klageschrift nicht vollständig per Fax bei ihm eingegangen ist (BFH, NVwZ-RR 2004, 80). Andererseits ist anerkannt, dass einem anwaltlich nicht vertretenen Verfahrensbeteiligten, der aufgrund einer fehlerhaften Auskunft des Telefonansagedienstes die Telefax-Nummern des Erst- und Berufungsgerichtes vertauscht, auf Antrag Wiedereinsetzung in den vorigen Stand zu gewähren ist, wenn für ihn keine besonderen Anhaltspunkte für eine Verwechselungsgefahr bestanden (Hess. VGH, NJW 2001, 3722 = NVwZ 2002, 108).

IV. Zulässigkeitsvoraussetzungen

1. Vorlage der Vollmacht

26 § 67 Abs. 3 Satz 1 VwGO bestimmt, dass der Bevollmächtigte eine schriftliche Vollmacht einzureichen hat. Hierbei handelt es sich um eine vom Gericht *von Amts wegen* zu beachtende *Sachentscheidungsvoraussetzung*, deren Nichtbeachtung zur *Unzulässigkeit der Klage* führt (BFH, NVwZ-RR 2000, 263). Für eine Zustellung an Bevollmächtigte reicht es danach nicht aus, dass tatsächlich ein Vertretungsverhältnis besteht. Vielmehr muss hinzu kommen, dass das Gericht auch davon Kenntnis erlangt, dass ein Bevollmächtigter für das Verfahren bestellt ist (OVG NW, NVwZ-RR 2002, 234, 235). Die schriftliche Vollmacht kann auch durch einen Vertreter unterzeichnet sein, in Bezug auf den die Voraussetzungen der Duldungsvollmacht vorliegen (OVG NW, NVwZ-RR 2004, 72). Aus § 67 Abs. 3 Satz 2 Halbs. 1 VwGO folgt andererseits, dass die Wirksamkeit der Klage *nicht* vom *gleichzeitigem Nachweis* der Vollmacht abhängig ist (BVerwG, InfAuslR 1985, 166). Der Umstand allein, dass die Vollmacht weder zusammen mit dem Rechtsbehelf noch später nachgereicht wurden,

berechtigt das Gericht noch nicht, den Rechtsbehelf nach Ablauf einer gewissen Frist als unzulässig zurückzuweisen (BVerwG, InfAuslR 1985, 166). Das Gericht darf keine Überraschungsentscheidungen treffen. Die Bezugnahme auf eine dem Gericht bereits vorliegende Vollmacht genügt, wenn diese Bestandteil der Akten eines anderen Spruchkörpers dieses Gerichts ist (BFH, NVwZ-RR 1998, 528). Unabhängig hiervon begeht der Rechtsanwalt eine Pflichtverletzung, wenn er von einer Weisung seines Mandanten, kein Rechtsmittel einzureichen, eigenmächtig abweicht (BGH, AnwBl 2015, 1058).

Gerade im Hinblick auf die *Möglichkeit einer Nachreichung* muss dem Bevollmächtig- 27
ten deshalb zu erkennen gegeben werden, dass die Vollmacht bisher nicht vorgelegt wurde, dies jedoch zur Beurteilung der Zulässigkeit des Rechtsbehelfs für erforderlich erachtet wird. Insbesondere bei rechtlich nicht vorgebildeten Bevollmächtigten kann es sich empfehlen, entsprechend § 67 Abs. 3 Satz 2 Halbs. 2 VwGO eine Frist zu setzen. Dieser kommt keine ausschließende Wirkung, sondern eine gesteigerte Warnfunktion in dem Sinne zu, dass nach Fristablauf mit der Entscheidung über die Zulässigkeit des Rechtsbehelfs nicht mehr zugewartet werden braucht (BVerwG, InfAuslR 1985, 166). Wird aber nach wiederholter gerichtlicher Erinnerung und Hinweises auf die Folgen der Nichteinreichung die Vollmacht nicht vorgelegt und stellt sich heraus, dass der Rechtsanwalt den Rechtsbehelf lediglich fristwahrend im vermuteten Interesse des Auftraggebers erhoben hat, ist dieser mit der Folge abzuweisen, dass dem Rechtsanwalt die Kosten des Verfahrens aufzuerlegen sind (BVerwG, NJW 1960, 593; s. aber § 83b Abs. 1). Nach Zustellung des Prozessurteils kann er sich nicht darauf berufen, die im Verwaltungsverfahren vorgelegte Vollmacht habe seine Prozessvertretung mit abgedeckt (BSG, NJW 2001, 2652 = NVwZ 2001, 1198 [LS]).

Für die gerichtliche Aufforderung, eine Prozessvollmacht vorzulegen, ist im Allgemei- 28
nen ausreichend, dass diese angefordert wird (BVerwG, InfAuslR 1985, 166). Die Ausschlussfrist kann sofort nach Klageeingang gesetzt werden. Eine *Frist von drei Wochen* ist nicht unangemessen (BFH, NVwZ-RR 2000, 263). Das Gericht soll innerhalb kurzer Frist nach Klageerhebung feststellen können, ob die Sachentscheidungsvoraussetzungen vorliegen (BFH, NVwZ-RR 2000, 263). Hat der Prozessbevollmächtigte Vollmacht vorgelegt, kann andererseits aus dem Schweigen des Klägers auf eine Aufforderung des Gerichts, wegen dessen Zweifel an der Bevollmächtigung hierzu Stellung zu nehmen, nicht auf einen Widerruf der einmal erteilten Vollmacht geschlossen werden (BFH, NVwZ-RR 1999, 280; BFH, NVwZ-RR 2000, 192; BFH, NVwZ 2002, 639, 640). Hat der Kläger eine umfassende Vollmacht vorgelegt, darf das Gericht aus dem Schweigen des Klägers auf eine gerichtliche Aufforderung, sein Einverständnis mit der Klageerhebung zu erklären, nicht folgern, dem Bevollmächtigten sei keine Vollmacht erteilt worden. Nachdem der Kläger umfassend Vollmacht erteilt hat, besteht für ihn nur dann Anlass, sich dem Gericht gegenüber zu äußern, falls er mit der Klageerhebung nicht einverstanden ist und die Vollmacht widerrufen will (BFH, NVwZ-RR 1999, 280).

Die § 67 Abs. 3 VwGO ergänzende Vorschrift des § 88 ZPO ist wegen des im Verwaltungs- 29
prozessrecht stark ausgeprägten Untersuchungsgrundsatzes in der Weise anzuwenden,

dass beim Auftreten eines Rechtsanwaltes als Prozessbevollmächtigten eine Prüfung der Vollmacht von Amts wegen grundsätzlich nicht, wohl aber dann stattfindet, wenn besondere Umstände dazu Anlass geben, die Bevollmächtigung des Anwalts in Zweifel zu ziehen (BVerwG, InfAuslR 1985, 166). Die schriftliche Vollmacht muss wie eine Willenserklärung i.S.d. § 126 BGB *vom Auftraggeber unterzeichnet* sein (BVerwG, InfAuslR 1983, 309). Im Rahmen von § 126 BGB ist es unerheblich, in welcher Reihenfolge Text und Unterschrift gesetzt werden. *Blankounterschriften* oder zunächst unvollständig ausgefüllte Vollmachtsformulare, denen zur Herstellung des Bezugs zum konkreten Rechtsstreit erst später ein Text vorgestellt wird, sind formwirksam (BVerwG, InfAuslR 1983, 309; BFH, NVwZ-RR 1997, 387, 388; BFH, NVwZ 1998, 662, 663; BFH, NVwZ-RR 2001, 347). Es reicht aus, wenn der Prozessbevollmächtigte das Vollmachtsformular zwar unvollständig belässt, den notwendigen Bezug zum konkreten Rechtsstreit aber dadurch herstellt, dass er das Formular einem eingereichten Schriftsatz anheftet (BFH, NVwZ-RR 1997, 387, 388; BFH, NVwZ-RR 2001, 347; BFH, NVwZ 2002, 639, 640). Es ist zulässig, dass der Auftraggeber seinem Rechtsanwalt mehrere unterschriebene, aber unausgefüllte Vollmachtsformulare übergibt und ihn ermächtigt, sie nach eigener Entscheidung von Fall zu Fall zu ergänzen – erst dadurch entsteht die konkrete Prozessvollmacht – und zu verwerten (BVerwG, InfAuslR 1983, 309; BFH, NVwZ 2002, 639, 640). Auch eine bereits vor Jahren erteilte Vollmacht bleibt unter diesen Voraussetzungen wirksam (BFH, NVwZ 1998, 662, 663; BFH, NVwZ-RR 1999, 80; BFH, NVwZ 2002, 639, 640). Ebenso ist eine *undatierte Vollmacht* wirksam (BFH, NVwZ 2002, 639, 640). Gegebenenfalls ist eine unzureichend ausgefüllte Vollmachtsurkunde im Zusammenhang mit dem eingereichten Schriftsatz auszulegen (BFH, NJW 1998, 264; BFH, NVwZ 2002, 639, 640).

30 Abzugrenzen von der Blankovollmacht ist der Fall, in dem eine Vollmacht, die einen Vertretungstatbestand bezeichnet, um den es im anhängigen Verfahren nicht geht, vorgelegt wird. Die Vollmacht – auch eine Blankovollmacht – muss stets den *Vertretungstatbestand präzise bezeichnen*. Dies ist bei einer Vollmacht, die in einem Verfahren vorgelegt wird, das auf Verlängerung des Aufenthaltstitels gerichtet ist und den Vermerk »Aufenthaltsrechtliche Angelegenheiten« enthält, der Fall (Hess. VGH, InfAuslR 2002, 76, 77. Weist die Vollmacht umfassend auf die Bevollmächtigung »wegen Asylangelegenheiten, Aufenthaltsgestattung, Ausländerrecht« hin und wird sie zwar im Eilrechtsschutzverfahren gegen die Ausländerbehörde, nicht aber im asylrechtlichen Klageverfahren vorgelegt, wird vereinzelt für das Klageverfahren eine nicht ordnungsgemäße Bevollmächtigung angenommen (OVG NW, NVwZ-RR 2002, 234, 235). Dem kann nur zugestimmt werden, wenn verschiedene Gerichte oder Spruchkörper für die Verfahren zuständig sind und nicht – wie etwa beim Folgeantragsverfahren ein innerer Zusammenhang zwischen beiden Verfahren evident ist.

31 Ist ein Bevollmächtigter für das Verfahren bestellt, sind Zustellungen oder Mitteilungen des Gerichts an diesen zu richten (§ 67 Abs. 3 Satz 3 VwGO). Das Gericht soll an den Verfahrensbevollmächtigten in Anerkennung der besonderen Stellung des Rechtsanwalts als Organ der Rechtspflege die *Zustellung durch Empfangsbekenntnis* vornehmen (Thür. OVG, AuAS 1999, 195, 196; OVG MV, NVwZ 2002, 113). Das Empfangsbekenntnis erbringt als öffentliche Urkunde vollen Beweis dafür, dass der

VGRsp. 1995, 31, 32; Rdn. 21). Dem Erfordernis der Schriftlichkeit kann jedoch auch *ohne eigenhändige Namenszeichnung* genügt sein, wenn sich aus anderen Anhaltspunkten eine der Unterschrift vergleichbare Gewähr für die Urheberschaft und den Willen ergeben, das Schreiben in den Rechtsverkehr zu bringen (BVerwGE 30, 274, 277 ff.; BVerwGE 81, 32, 35, BVerwG, NVwZ 1989, 555 = NJW 1989, 1175; BVerwG, NJW 2003, 1544 = AuAS 2003, 102 = NVwZ 2003, 997 [LS]; VGH BW, ESVGH 39, 320). Entscheidend ist, ob dies aus dem bestimmten Schriftsatz allein oder in Verbindung mit den ihn begleitenden Umständen hinreichend sicher folgt, ohne dass darüber Beweis erhoben werden müsste. Aus Gründen der Rechtssicherheit kann dabei nur auf die dem Gericht bei Eingang des Schriftsatzes erkennbaren oder bis zum Ablauf der Frist bekannt gewordenen Umstände abgestellt werden (BVerwG, NJW 2003, 1544 = AuAS 2003, 102 = NVwZ 2003, 997 [LS]; BGH, AnwBl. 2010, 140). Werden Urheberschaft und Rechtsverkehrswille bereits aus dem bestimmten Schriftsatz ersichtlich, bedarf es keines weiteren fristgebundenen Vortrags. Dieser ist nur erforderlich, wenn erst aus begleitenden, dem Gericht nicht ohne Weiteres erkenntlichen Umständen Urheberschaft und Rechtsverkehrswille erschlossen werden können.

Abzugrenzen ist von der *Paraphe* oder von *Abkürzungen*. Zwar wird ein *Handzeichen* 37
nicht als Unterschrift anerkannt (EGH Hamm, BRAK-Mitt. 4/1990, 249; Rdn. 21). Als Unterschrift ist jedoch ein aus Buchstaben einer üblichen Schrift bestehendes Gebilde zu fordern, das nicht lesbar zu sein braucht. Erforderlich, aber auch genügend ist das Vorliegen eines die Identität des Unterschreibenden ausreichend kennzeichnenden Schriftzugs, der individuelle und entsprechend charakteristische Merkmale aufweist, sich als Wiedergabe eines Namens darstellt und die Absicht einer vollen Unterschriftsleistung erkennen lässt, selbst wenn er nur flüchtig niedergelegt und von einem starken Abschleifungsprozess gekennzeichnet ist und die Nachahmung erschwert. Unter diesen Voraussetzungen kann selbst ein vereinfachter und nicht lesbarer Namenszug als Unterschrift anzuerkennen sein (BFH, AnwBl. 2006, 76). Der Schriftzug muss die Absicht erkennen lassen, eine volle Unterschrift zu leisten und die Schriftstücke nicht lediglich mit einer Paraphe oder Abkürzung abzuzeichnen (BFH, AnwBl. 2006, 76). Ferner entspricht eine mit eingescannter Unterschrift unterzeichnete Klage den Schriftformerfordernis, wenn sie von einem Bevollmächtigten an einen Dritten mit der tatsächlich ausgeführten Weisung elektronisch übermittelt wird, sie auszudrucken und per Telefax an das Gericht zu übermitteln (BFH, BRAK-Mitt. 2010, 257).

Es widerspricht dem Grundsatz des fairen Verfahrens, wenn das Verwaltungsgericht 38
erstmals vier Jahre nach Klageerhebung den Kläger, der seine Klageschrift nicht unterzeichnet hatte, danach befragt, ob er den Briefumschlag beschriftete habe, wenn dieser bei der gerichtlichen Geschäftsabwicklung vernichtet worden war (OVG Brandenburg, AuAS 2000, 200). Da der Briefumschlag einen Anhaltspunkt dafür hätte liefern können, ob dem Schriftlichkeitserfordernis trotz der fehlenden Unterschrift durch einen handschriftlichen Absendervermerk Genüge getan worden ist, darf die in die Sphäre des Gerichts fallende Vernichtung des Umschlags nicht dem Kläger angelastet und ihm eine eventuelle Verfristung der Klage entgegengehalten werden (OVG Brandenburg, AuAS 2000, 200). Es bedarf deshalb keines Wiedereinsetzungsantrags. Vielmehr ist die Klage wegen der in die Sphäre des Gerichts fallenden Nichtaufklärbarkeit

des fristgemäßen Eingangs als fristgerecht eingegangen zu behandeln. Eine Heilung des Mangels der Unterschrift durch Vollziehung nach Ablauf der Rechtsbehelfsfrist ist nicht möglich (OVG NW, NVwZ 1991, 582).

3. Bezeichnung der ladungsfähigen Anschrift des Klägers

39 Zur ordnungsgemäßen Klageerhebung und zur Bezeichnung des Klägers gehört grundsätzlich auch die Angabe der ladungsfähigen Adresse des Klägers, d.h. der Adresse, unter der er tatsächlich zu erreichen ist (Hess. VGH, NVwZ-RR 1996, 179, 180; OVG NW, NVwZ-RR 1997, 390; BayVGH, AuAS 2003, 164, 165; OVG Hamburg, AuAS 2006, 219, 220 = InfAuslR 2007, 10; VGH BW, NVwZ-RR 2006, 151). Die Pflicht zur Angabe der Wohnanschrift entfällt, wenn ihre Erfüllung unmöglich oder unzumutbar ist (BVerwG, NJW 1999, 2608 = NVwZ 1999, 1107; s. aber BVerfG [Kammer], EZAR 630 Nr. 37 = InfAuslR 1999, 43 = NVwZ-Beil. 1999, 17). Unterbleibt die Angabe der ladungsfähigen Adresse im Klagerubrum, darf die Klage nicht ohne Weiteres als unzulässig abgewiesen werden, sondern ist der Kläger nach § 87b in Verb. mit § 82 Abs. 2 VwGO unter Fristsetzung zur Bezeichnung der ladungsfähigen Adresse aufzufordern (OVG NW, NVwZ-RR 1997, 390; BayVGH, AuAS 2003, 164, 165). Dies gilt aber nicht, wenn während des Verfahrens oder später im Berufungsverfahren die Wohnanschrift des Klägers unbekannt wird (a.A. OVG Hamburg, AuAS 2006, 219, 220f.; BayVGH, InfAuslR 2008, 131). Die Angabe, der Kläger sei über seinen Prozessbevollmächtigten jederzeit erreichbar, genügt dem bezeichneten Erfordernis grundsätzlich nicht (BayVGH, AuAS 2003, 164, 165;, NVwZ-Beil. 2003, 37; vgl. auch OVG NW, AuAS 2002, 91, 92; Thür. OVG, InfAuslR 2000, 19, 20; VGH BW, AuAS 1998, 119, 120.

40 § 82 Abs. Abs. 1 VwGO erfordert bei natürlichen Personen in der Regel die Angabe der Wohnanschrift und ihre Änderung. Die Wohnanschrift ist nur anzugeben, wenn sie sich nicht bereits aus den Akten ergibt, sonstwie bekannt ist oder sich auf andere Weise ohne Schwierigkeiten ermitteln lässt. Erforderlichenfalls ist dem Kläger ein Hinweis zu geben. Lebt er im Ausland, genügt die Angabe der Anschrift im Ausland (BVerwGE 117, 380, 383 = EZAR 019 Nr. 19 = NVwZ 2003, 1275 = InfAuslR 2003, 324 = AuAS 2003, 182). Entspricht die Klage den in § 82 Abs. 1 VwGO genannten Voraussetzungen nicht, hat der Vorsitzende oder Berichterstatter den Kläger zu der erforderlichen Ergänzung innerhalb einer bestimmten Frist aufzufordern (BVerwG, NJW 1999, 2608 = NVwZ 1999, 1107 [LS]; BayVGH, AuAS 2003, 164, 165; OVG Hamburg, AuAS 2006, 219, 220 = InfAuslR 2007, 10). Im Rechtsmittelverfahren muss der Kläger nicht ausdrücklich benannt werden. Es genügt, wenn sich die Person des Klägers aus der Rechtsmittelschrift oder aus anderen dem Verwaltungsgericht innerhalb der Rechtsmittelfrist vorgelegten Unterlagen ergibt. Die Person des Rechtsmittelführers muss innerhalb der Rechtsmittelfrist für das Gericht erkennbar werden. Die Rechtsmittelschrift muss lediglich die Angabe enthalten, für wen und gegen wen das Rechtsmittel eingelegt werde (BGH, NJW 1994, 1879).

41 Im Klageverfahren ist hingegen die ladungsfähige Adresse in der Klageschrift anzugeben. Dies dient der Individualisierbarkeit und Identifizierbarkeit des Klägers. Jedenfalls

der Prozessbevollmächtigte muss die ladungsfähige Adresse kennen. Ist auch dies nicht der Fall, verletzt der Kläger eine ihm obliegende prozessuale Mitwirkungspflicht, welche eine Prozessabweisung zur Folge hat (OVG NW, NVwZ-RR 1997, 390: BayVGH, AuAS 2003, 164, 165). Die Pflicht zur Angabe der Wohnungsanschrift entfällt nur dann, wenn ihre Erfüllung unmöglich oder unzumutbar ist. Die maßgebenden Gründe für eine Ausnahme von der Verpflichtung zur Angabe einer ladungsfähigen Anschrift, etwa nur schwer zu beseitigende Probleme bei der Beschaffung der für die Angabe der Anschrift erforderlichen Informationen, sind dem Gericht innerhalb der Ausschlussfrist des § 82 Abs. 2 Satz 2 VwGO mitzuteilen (BayVGH, AuAS 2003, 164, 165). Insbesondere die Abschiebung des Klägers im Flughafenverfahren oder auch in anderen Verfahren, etwa nach der Verordnung (EU) Nr. 604/2013, rechtfertigt als solche keine Zweifel am Fortbestand des Rechtsschutzinteresses (VGH BW, NVwZ-RR 2009, 503, 504; VG Stuttgart, InfAuslR 2009, 175). In diesen Fällen darf das Verwaltungsgericht wegen der durch die Abschiebung bedingten Kommunikationsprobleme zwischen dem Kläger und seinem Bevollmächtigten keine unzumutbaren oder unerfüllbaren Anforderungen aufstellen.

Tritt der Asylsuchende im Asylverfahren unter falschen Namen auf, wird der Bescheid 42
auch dann wirksam zugestellt, wenn er an den Kläger unter seinen falschen Namen gerichtet wird. Voraussetzung für eine wirksame Bekanntgabe nach § 43 Abs. 1 Satz 1 VwVfG ist lediglich, dass der Kläger als Adressat wirklich existiert unabhängig davon, dass er unter falschen Namen aufgetreten ist. Dies berührt seine tatsächliche Identität, auf die es allein ankommt, nicht (BayVGH, EZAR 210 Nr. 12). Dementsprechend kann der Kläger unter dem Namen, den er dem Bundesamt angegeben hat und unter dem der Bescheid an ihn zugestellt worden ist, Klage erheben. Eine ganz andere Frage betrifft wegen des Risikos der qualifizierten Klageabweisung (§ 78 Abs. 1) die Notwendigkeit, zur Durchsetzung des Klageanspruchs die Identitätstäuschung im Rahmen der Klagebegründung offenzulegen und die hierfür maßgeblichen Gründe plausibel und überzeugend darzulegen.

Zweifel am Fortbestand des Rechtsschutzinteresses können daraus folgen, dass 43
der Kläger das *Bundesgebiet verlassen* hat (BVerwG, InfAuslR 1985, 278; BVerwG, Buchholz 402.25 § 33 AsylVfG Nr. 10; BVerwG, NVwZ-RR 1991, 443; BVerwG, AuAS 2003, 43, 44, Hess. VGH, EZAR 631 Nr. 34, S. 4 = InfAuslR 1995, 78 = AuAS 1995, 22; s. § 81 Rdn. 13 ff.). Grundsätzlich beseitigt das endgültige Verlassen des Bundesgebietes jedoch nicht das Rechtsschutzbedürfnis (Hess. VGH, InfAuslR 1990, 291, unter Bezugnahme auf BVerwGE 81, 164 = EZAR 205 Nr. 10 = NVwZ 1989, 673). In der Ausreise des Klägers nach wirksamer Asylantragstellung und Klageerhebung in ein anderes Land kann jedenfalls dann nicht die Aufgabe des ernsthaften subjektiven Interesses an einer gerichtlichen Entscheidung über die begehrte Statusberechtigung gesehen werden, wenn der ausgereiste Kläger die Klage ordnungsgemäß weitertreibt, unter Nennung nachvollziehbarer Gründe ausdrücklich sein fortbestehendes Interesse an Erlangung eines Verpflichtungsurteils bekundet und jederzeit in die Bundesrepublik zurückkehren könnte. Solange die dem gerichtlichen Urteil eigenen Wirkungen rechtlich möglich und auch nur mithilfe des Gerichts, eben durch richterliche Entscheidung, erreichbar sind, kann ein objektives Interesse am Ergehen

dieser Entscheidung grundsätzlich nicht verneint werden (BVerwGE 81, 164, 166 = EZAR 205 Nr. 10 = NVwZ 1989, 673 = Buchholz 402.25 § 2 AsylVfG Nr. 9). Einem Kläger, der freiwillig in einen dritten Staat ausreist, in den sich zuvor der Ehepartner nach erfolglosem eigenem Asylverfahren begehen hat, und der dort bei seinem Ehepartner Aufnahme findet, fehlt jedoch das Rechtsschutzbedürfnis an der Fortführung des Klageverfahrens (VG Darmstadt, AuAS 2004, 47 = NVwZ-RR 2004, 302).

44 Kehrt der Asylkläger in den behaupteten Verfolgerstaat zurück, muss dies nicht ohne Weiteres den Wegfall des Interesses an der Fortführung des Rechtsstreites indizieren. Es sind Fälle denkbar, in denen ein Flüchtling in sein Herkunftsland reist, um Verwandten oder Freunden bei der Flucht zu helfen. Erst im Fall der Rückkehr und dauerhaften Niederlassung entfällt die Flüchtlingseigenschaft (BVerwGE 89, 231, 237 = EZAR 211 Nr. 3 = NVwZ 1992, 679; s. § 72 Rdn. 19 ff.). Diesen materiellen Grundsätzen kommt auch prozessuale Bedeutung zu. So begründet allein die Tatsache, dass der Kläger aus tatsächlichen Gründen aufgrund des freiwilligen Entschlusses, das Bundesgebiet zu verlassen, außerstande ist, von einer ihm zustehenden Statusberechtigung Gebrauch zu machen, nicht den Wegfall des Rechtsschutzbedürfnisses. Vielmehr kann allenfalls dann ein derartiger Wegfall unterstellt werden, wenn der Kläger den von ihm gewählten Zufluchtsstaat freiwillig und nicht nur vorübergehend verlässt (Hess. VGH, Urt. v. 13.11.1986 – 100 E 108/83; so auch Hess. VGH, Hess. VGRspr. 1988, 41).

45 Ein *Untertauchen des Klägers* kann den Wegfall des Rechtsschutzbedürfnisses indizieren (BVerwGE 101, 323, 327f.) = InfAuslR 1996, 418 = NVwZ 1997, 1136; Hess. VGH, AuAS 2000, 211, 212; VGH BW, AuAS 1998, 119, 120; Thür. OVG, InfAuslR 2000, 19, 20; OVG NW, NVwZ-RR 2005, 508; s. hierzu auch BVerfG [Kammer], EZAR 622 Nr. 37). Auch unabhängig von den strengen Voraussetzungen des § 81 kann ein Wegfall eines ursprünglich gegebenen Rechtsschutzinteresses unterstellt werden, wenn das Verhalten des Verfahrensbeteiligten Anlass zu der Annahme bietet, dass ihm an einer Sachentscheidung des Gerichts nicht mehr gelegen ist (BVerfG [Kammer], EZAR 630 Nr. 37 = InfAuslR 1999, 43 = NVwZ-Beil. 1999, 17; Thür. OVG, InfAuslR 2000, 19, 20). Will das Gericht an ein Verhalten eines Beteiligten während eines Verfahrens die weitreichende Folge einer Abweisung der Klage als unzulässig mangels Rechtsschutzinteresses und damit die Verweigerung des Rechtsschurzes in der Sache knüpfen, ohne den Beteiligten vorher auf Zweifel am fortbestehenden Rechtsschutzinteresse hinzuweisen und ihm Gelegenheit zu geben, sie auszuräumen, müssen konkrete Anhaltspunkte vorliegen, die den sicheren Schluss zulassen, dass den Beteiligten an einer Sachentscheidung des Gerichts in Wahrheit nicht mehr gelegen ist (BVerfG [Kammer], EZAR 630 Nr. 37 = InfAuslR 1999, 43 = NVwZ-Beil. 1999, 17).

46 Hieraus folgt, dass ein »Untertauchen« des Asylklägers lediglich ein Indiz auf den Wegfall des Rechtsschutzinteresses sein kann (BVerfG [Kammer], EZAR 630 Nr. 37 = InfAuslR 1999, 43 = NVwZ-Beil. 1999, 17; BVerwGE 101, 323, 327 f.); = InfAuslR 1996, 418 = NVwZ 1997, 1136; Hess. VGH, AuAS 2000, 211, 212; VGH BW, AuAS 1998, 119, 120; Thür. OVG, InfAuslR 2000, 19, 20; VGH BW, AuAS 1998, 119, 120 = NVwZ-Beil. 1998, 72 [LS]; s. auch § 81 Rdn. 13 ff.). Erst unter den Voraussetzungen eines *beharrlichen Verschweigens des Aufenthaltsortes* wegen der

damit einhergehenden groben Verletzung der Mitwirkungspflichten des Klägers kann das Rechtsschutzinteresse verneint werden (Hess. VGH, Hess. VGRspr. 1988, 41; Hess. VGH, Hess. VGRspr. 1988, 47; Hess. VGH, AuAS 2000, 211, mit zahlreichen Hinweisen; VGH BW, AuAS 1998, 119, 120; s. auch BVerfG [Kammer], AuAS 1996, 31, zum *Kirchenasyl*). Das Verwaltungsgericht hat deshalb zunächst den Verfahrensbevollmächtigten aufzufordern (§ 82 Abs. 2 Satz 1 VwGO), die ladungsfähige Adresse des Klägers mitzuteilen (Nieders. OVG, NVwZ-Beil. 2003, 37). Erst nach mehreren fruchtlosen Aufforderungen und ohne dass zureichende Gründe für die Unmöglichkeit oder Unzumutbarkeit bezeichnet werden, die ladungsfähige Adresse des Klägers mitzuteilen, kann die Klage als unzulässig abgewiesen werden (Hess. VGH, Hess. VGRspr. 1988, 41; Hess. VGH, Hess. VGRspr. 1988, 47; Hess. VGH, AuAS 2000, 211; VGH BW, AuAS 1998, 119, 120.

Im Eilrechtsschutzverfahren kann daher dem untergetauchtem Antragsteller kein 47
einstweiliger Rechtsschutz gewährt werden: Wird er unter der angegebenen Adresse nicht angetroffen und ist aufgrund hinreichender Indizien der Schluss gerechtfertigt, dass er sich dort nicht mehr tatsächlich aufhält, wird ihm unter der Voraussetzung, dass der Verfahrensbevollmächtigte wiederholt ergebnislos zur Angabe der aktuellen Wohnschrift aufgefordert worden ist, ein Rechtsschutzinteresse an dem Begehren auf Abschiebungsschutz abgesprochen, d.h. der Anordnungsgrund ist nicht glaubhaft gemacht (Thür. OVG, EZAR 620 Nr. 9; OVG NW, NVwZ-RR 2007, 508; OVG Sachsen, NVwZ-RR 2010, 500). Dies ist verfassungsrechtlich nicht zu beanstanden, weil dem Antragsteller die Möglichkeit bleibt, unter Offenbarung seines Aufenthaltsorts erneut um gerichtlichen Rechtsschutz nachzusuchen (BVerfG [Kammer], InfAuslR 2000, 67; BVerfG [Kammer], NVwZ-Beil. 2001, 17). Dies trifft jedoch nach § 34a Abs. 2 Satz 1 und § 36 Abs. 3 Satz 1 in asylrechtlichen Eilrechtsschutzverfahren nicht zu.

V. Klagearten im Asylprozess

1. Asylberechtigung und Flüchtlingseigenschaft

Lehnt das Bundesamt den nach § 13 Abs. 1 gestellten Antrag auf Asylanerkennung 48
und Zuerkennung der Flüchtlingseigenschaft ab, ist *Verpflichtungsklage* zu erheben (BVerfGE 54, 341, 360 = EZAR 200 Nr. 1 = InfAuslR 1980, 338; BVerwG, NVwZ 1982, 630). Diese richtet sich gegen die Bundesrepublik Deutschland, endvertreten durch den Präsidenten des Bundesamtes bzw. den Leiter der zuständigen Außenstelle des Bundesamtes. Mit dem Klageantrag wird die Bundesrepublik Deutschland verpflichtet, den Kläger als Asylberechtigten anzuerkennen und ihm die Flüchtlingseigenschaft zuzuerkennen. Der auf Asylanerkennung zielende Antrag enthält – bei uneingeschränkter Anfechtung – immanent den auf internationalen Schutz und die Feststellung von Abschiebungsverboten nach§ 60 Abs. 5 und 7 AufenthG zielenden Klageantrag (OVG Hamburg, NVwZ-Beil. 1998, 44, 45 = AuAS 1998, 115). Gegen die Ablehnung der abgeleiteten Statusberechtigung (§ 26) ist ebenfalls Verpflichtungsklage auf Gewährung dieses Status zu erheben. Die Verpflichtungsklage kann auch in Form der fristungebundenen *Untätigkeitsklage* nach § 75 VwGO erhoben werden

(VGH BW, EZAR 043 Nr. 12; Rdn. 62). Das Verwaltungsgericht darf das Verfahren in diesem Fall nicht bis zu einer Entscheidung der Behörde aussetzen (Hess. VGH, NVwZ-RR 201, 288). Die nachträgliche negative Entscheidung des Bundesamtes wird kraft Gesetzes bzw. von Amts wegen in das anhängige Verfahren einbezogen. Eines Klageantrags bedarf es nicht (VG Gießen, Beschl. v. 13.05.2013 – 7 K 2360/11. GI, mit Hinweisen). Dieser sollte jedoch gestellt werden. Wegen Identität des Streitgegenstandes darf nicht eine weitere Klage erhoben und die bereits eingereichte zurückgenommen werden (Rdn. 63).

49 Da die Zuerkennung der Flüchtlingseigenschaft nicht von einer Asylanerkennung abhängig ist (BVerwGE 96, 24, 27 = EZAR 631 Nr. 29), sind beide Anspruchsgrundlagen *prozessual selbständig* und damit *isoliert voneinander durchsetzbar*. Die Anerkennung als Asylberechtigter begründet wegen § 60 Abs. 1 Satz 2 AufenthG den Abschiebungsschutz nach § 60 Abs. 1 Satz 1 AufenthG (OVG NW, EZAR NF 98 Nr. 24). Wird die Flüchtlingseigenschaft zuerkannt, jedoch nicht die Asylberechtigung und hiergegen Klage erhoben, wird die Zuerkennung der Flüchtlingseigenschaft bestandskräftig. Der Kläger befindet sich während des Asylprozesses in keiner anderen verfahrensrechtlichen Situation wie zu Beginn des Verwaltungsverfahrens. Er kann von vornherein entsprechend seiner Verfügungsbefugnis seinen Antrag auf die Zuerkennung der Flüchtlingseigenschaft gegenständlich beschränken (§ 13 Abs. 2 Satz 2) und bis zur Sachentscheidung jederzeit den auf die Asylberechtigung gerichteten Antrag zurücknehmen, sodass das Bundesamt allein noch eine Entscheidung nach § 3 Abs. 4 Halbs. 1 zu treffen hat (§ 31 Abs. 2 Satz 2). Wird lediglich die Flüchtlingseigenschaft zuerkannt, genießt der Asylsuchende nach Eintritt der Unanfechtbarkeit die Rechtsstellung eines Flüchtlings (§ 3 Abs. 4 Halbs. 1). Verfolgt er mit der Verpflichtungsklage das Ziel der Gewährung der Asylberechtigung, bleibt ihm die bereits gewährte Rechtsstellung erhalten. Wird der Asylantrag voll umfänglich abgelehnt und verfolgt der Kläger zunächst beide Rechtsschutzziele, kann er jederzeit während des anhängigen Prozesses durch entsprechende teilweise Klagerücknahme den Streitgegenstand auf die Zuerkennung der Flüchtlingseigenschaft beschränken.

2. Subsidiärer Schutz (§ 4 Abs. 1 Satz 1)

50 Der subsidiäre Schutz nach § 4 Abs. 1 Satz 1 ist zwar *nachrangig* gegenüber der Zuerkennung der Flüchtlingseigenschaft (§ 31 Abs. 2 Satz 1), bildet andererseits aber einen eigenständigen, vorrangig vor den verbleibenden nationalen Abschiebungsverboten des § 60 Abs. 5 und 7 AufenthG zu prüfenden Streitgegenstand (BVerwGE 134, 188, 190 f. Rn. 9 = EZAR NF 66 Nr. 72 = InfAuslR 2010, 404; BVerwGE 131, 198, 201 Rn. 11 ff.; BVerwGE 136, 360, 365 Rn. 16 f. = EZAR NF 69 Nr. 7 = NVwZ 2010, 196; BVerwGE 137, 226, 229 Rn. 7 f. = InfAuslR 2010, 249). Bei den Tatbeständen des § 4 Abs. 1 Satz 2 handelt es sich um einen *einheitlichen, in sich nicht weiter teilbaren Streitgegenstand* (BVerwGE 140, 319, 326 Rn. 10 = NVwZ 2012, 240; Hess. VGH, EZAR NF 66 Nr. 1, S. 4 f.; *Hoppe*, ZAR 2010, 164, 169). Unionsrecht steht einer nationalen Regelung nicht entgegen, wonach über den subsidiären Schutzstatus erst dann zu entscheiden ist, wenn der Antrag auf Zuerkennung der Flüchtlingseigenschaft zurück gewiesen worden ist (EuGH,

NVwZ-RR 2014, 621 – *H.N.*; § 31 Rdn. 10). Begehrt der Antragsteller subsidiären Schutz und steht ihm zugleich ein nachrangiges nationales Abschiebungsverbot zu, muss er sich nicht auf dieses verweisen lassen (VG Düsseldorf, NVwZ-RR 2011, 707. Auch wenn ihm aufgrund des nachrangigen Abschiebungsverbots ein Aufenthaltstitel nach § 25 Abs. 3 AufenthG erteilt wurde, hat er weiterhin Anspruch auf Gewährung subsidiären Schutzes (BVerwGE 136, 360, 366 Rn. 17 f. = EZAR 69 NF Nr. 7 = InfAuslR 2010, 404). Das gilt selbst dann, wenn der Kläger über ein nationales Abschiebungsverbot in den Besitz einer Niederlassungserlaubnis nach § 26 Abs. 4 AufenthG gelangt ist (BVerwG, NVwZ 2012, 454 Rn. 12 = EZAR NF 69 Nr. 12).

Auch wenn der Kläger kein bestimmtes Rangverhältnis kenntlich macht, muss das 51
Gericht – entsprechend der typischen Interessenlage des Schutzsuchenden – den Klageantrag dahin auslegen, dass primär über den subsidiären Schutz entschieden wird (BVerwGE 137, 226, 230 Rn. 10 = InfAuslR 2010, 249; Hess. VGH, EZAR NF 66 Nr. 1, S. 4 f.). Nach gefestigter Rechtsprechung stehen die einzelnen Ansprüche nach dem erkennbaren Regelungszweck des AsylG und des AufenthG in einem bestimmten Rangverhältnis in dem Sinne, dass Schutz vor geltend gemachten Gefahren im Herkunftsland vorrangig auf der jeweils den umfassenderen Schutz vermittelnden Stufe zu gewähren ist (BVerwGE 104, 260, 262 = InfAuslR 1997, 420, 421; BVerwGE 114, 16, 27 = InfAuslR 2001, 353 = EZAR 202 Nr. 31; BVerwGE 115, 111, 117 = EZAR 631 Nr. 52 = NVwZ 2002, 343; BVerwGE 115, 267, 272 = NVwZ 2002, 855; BVerwGE 116, 326, 328f. = EZAR 631 Nr. 57 = NVwZ 2003, 356 = InfAuslR 2003, 74; BVerwG, Beschl. v. 24.05.2000 – BVerwG 9 B 144.00; BVerwG, InfAuslR 2004, 43, 44; BVerwG, InfAuslR 2003, 74, 75 = AuAS 2003, 30; EZAR 631 Nr. 57 = NVwZ 2003, 356 = InfAuslR 2003, 74; VGH BW, AuAS 2000, 190, 191). Hatte das Bundesamt vor der gesetzlichen Umsetzung des Art. 15 RL 2004/83/EG durch das Richtlinienumsetzungsgesetz am 28.08.2007 nicht über den subsidiären Schutz entschieden, war dieser Schutz im anhängigen Verwaltungsstreit automatisch angewachsen (BVerwGE 136, 360, 365 Rn. 16 = EZAR 69 Nr. 7 = InfAuslR 2010, 404; BVerwG, NVwZ 2012, 244[245] Rn. 14 = EZAR NF 96 Nr. 5; BVerwG, NVwZ 2012, 454 Rn. 11 = EZAR NF 69 Nr. 12). Die nationalen Abschiebungsverbote bleiben unbeschieden, wenn subsidiärer Schutz durchgreift. Hat das Verwaltungsgericht das Anwachsen subsidiären Schutzes in Übergangsfällen nicht berücksichtigt und ist die Rechtshängigkeit dieses Teils des Streitgegenstands entfallen, kann dieses unbeschieden gebliebene Begehren beim Bundesamt geltend gemacht werden (BVerwG, NVwZ 2012, 454, 455 Rn. 14 ff. = EZAR NF 69 Nr. 12, mit Verweis auf BVerwGE 95, 269, 274 = EZAR 230 Nr. 3 = NVwZ 1994, 497 = InfAuslR 1994, 196).

3. Abschiebungsverbote nach § 60 Abs. 5 und 7 AufenthG

Gegen die Verneinung von Abschiebungsverboten ist *Verpflichtungsklage* mit dem In- 52
halt zu erheben, die Bundesrepublik Deutschland zu verpflichten, festzustellen, dass Abschiebungsverbote nach § 60 Abs. 5 und 7 AufenthG in der Person des Klägers im Blick auf den betreffenden Zielstaat vorliegen. Wegen der Zielstaatsbezogenheit der Abschiebungsverbote ist anders als bei der Asylberechtigung und dem internationalen Schutz der betreffende *Zielstaat zu bezeichnen*. Für einen Antrag auf Verpflichtung der

Ausländerbehörde, die Voraussetzungen des § 60 Abs. 5 und 7 AufenthG förmlich festzustellen, fehlt das Rechtsschutzbedürfnis, wenn zuvor kein förmliches Asylbegehren beim Bundesamt geltend gemacht worden ist (VG Darmstadt, AuAS 2004, 256). Grundsätzlich darf sich das Verwaltungsgericht nach Durchführung eines Asylverfahrens in einem gegen das Bundesamt gerichteten Verfahren nicht der Prüfung entziehen, ob Abschiebungsverbote vorliegen. Dies gilt jedenfalls dann, wenn das Bundesamt darüber entschieden hat und es im gerichtlichen Verfahren hierauf ankommt (BVerwGE 118, 308, 311 = InfAuslR 2004, 43, 44 = NVwZ 2004, 352 = AuAS 2004, 93). Auch in Fällen, in denen wenig oder keine Aussicht besteht, den Betroffenen in absehbarer Zeit abschieben zu können, ist das Bundesamt ermächtigt und regelmäßig auch gehalten, eine Feststellung zu § 60 Abs. 5 und 7 AufenthG zu treffen und diesem damit eine gerichtliche Überprüfung einer derartigen Feststellung zu eröffnen (BVerwG, AuAS 2008, 8, 10). Wegen § 25 Abs. 3 Satz 1 AufenthG besteht hierauf ein für das spätere aufenthaltsrechtliche Verfahren bedeutsamer Anspruch (BVerwG, AuAS 2008, 8, 10).

53 Der lediglich auf die Asylberechtigung und den internationalen Schutz zielende Klageantrag enthält – bei uneingeschränkter Anfechtung – den auf § 60 Abs. 5 und 7 AufenthG gerichteten Klageantrag in sich (OVG Hamburg, NVwZ-Beil. 1998, 44, 45 = AuAS 1998, 115). Das Verpflichtungsbegehren ist sachdienlich dahin auszulegen, dass die Feststellung nur hinsichtlich des Staates oder der Staaten begehrt wird, für die eine negative Feststellung nach § 60 Abs. 5 und 7 AufenthG getroffen worden ist oder in Betracht kommt (BVerwG, AuAS 2002, 130, 131 = InfAuslR 2002, 284 = NVwZ 2002, 855; BVerwG, AuAS 2008, 8, 9). Ist der auf die Asylberechtigung oder die Zuerkennung des internationalen Schutzes gerichtete Klageantrag erfolgreich, wird die im angefochtenen Bescheid enthaltende Feststellung, dass Abschiebungsverbote nach § 60 Abs. 5 und 7 AufenthG nicht vorliegen, in aller Regel gegenstandslos (BVerwGE 116, 326, 331 = EZAR 631 Nr. 57 = NVwZ 2003, 356 = InfAuslR 2003, 74). Andererseits wird das nationale Abschiebungsverbot des § 60 Abs. 5 AufenthG in Bezug auf Art. 3 EMRK nicht durch § 4 Abs. 1 Satz 2 Nr. 2 verdrängt (BVerwGE 146, 12, 27 Rn. 36 = InfAuslR 2013, 242).

54 Während über den weiter gehenden Schutz nur einheitlich entschieden werden kann, ist über die Abschiebungsverbote im Blick auf die einzelnen in Betracht kommenden Zielstaaten jeweils gesondert und gegebenenfalls mit unterschiedlichem Ergebnis zu entscheiden (BVerwG, AuAS 2008, 8, 9). Deshalb darf das Verwaltungsgericht den Kläger nicht darauf verweisen, dass er die ihm in einem Staat seiner Staatsangehörigkeit drohenden Gefahren durch freiwillige Ausreise in den anderen Staat seiner Staatsangehörigkeit abwenden könne (BVerwG, AuAS 2008, 8, 9, hier Nordkorea und Südkorea). Das Verwaltungsgericht ist durch Antrag zu zwingen, ein Verpflichtungsurteil auszusprechen. Hebt es die Abschiebungsandrohung teilweise auf, weil hinsichtlich des Zielstaats Abschiebungsverbote vorliegen, ohne das Bundesamt zur Feststellung entsprechender Abschiebungsverbote zu verpflichten, hindert die Rechtskraft der Entscheidung nicht, in einem nachträglichen Verfahren festzustellen, dass keine Abschiebungsverbote bestehen (BVerwGE 115, 111, 114 ff. = InfAuslR 2002, 205). Hebt das Bundesamt zwar die Abschiebungsandrohung auf, weigert es sich jedoch,

die Feststellung zu treffen, dass ein Abschiebungsverbot besteht, ist der entsprechende Feststellungsanspruch mit der Verpflichtungsklage zu verfolgen.

Der Klageantrag braucht lediglich den Normenzusammenhang des § 60 Abs. 5 und 7 AufenthG als solchen zu benennen. Es ist weder empfehlenswert noch werden die Gerichte durch § 88 VwGO daran gehindert, einen auf einzelne Absätze zielenden Antrag auf andere Regelungen des § 60 Abs. 5 und 7 AufenthG zu erstrecken. Deshalb ist das Verwaltungsgericht im Fall eines auf umfassenden verwaltungsgerichtlichen Rechtsschutzes gerichteten Klageantrags daran gehindert, lediglich eine Teilprüfung eines einzelnen Rechtsgrundes innerhalb des Prüfungsprogrammes des § 60 Abs. 5 und 7 AufenthG vorzunehmen (BVerwG, Beschl. v. 24.03.2000 – BVerwG 9 B 144.00; BayVGH, NVwZ-Beil. 2002, 60). Bei Abs. 5 und 7 von § 60 AufenthG handelt es sich um einen einheitlichen, in sich nicht weiter teilbaren Streitgegenstand (BVerwGE 140, 319, 326 Rn. 16 = NVwZ 2012, 240). Zwischen beiden Abschiebungsverboten kann nicht von vornherein eine wasserdichte Scheidewand errichtet werden. Das Verwaltungsgericht hat hingegen ebenso wie das Bundesamt im Urteil das jeweils infrage kommende Abschiebungsverbot des § 60 Abs. 5 oder 7 AufenthG anzugeben (a.A. Hess. VGH, NVwZ-Beil. 84, 85; Hess. VGH, AuAS 1997, 215, 216). 55

Der Verpflichtungsantrag auf Feststellung von Abschiebungsverboten ist hilfsweise zu stellen, wenn mit der Verpflichtungsklage zugleich die Asylberechtigung und die Zuerkennung internationalen Schutzes begehrt werden. Diese Ansprüche sowie der Anspruch auf Feststellung von Abschiebungsverboten bilden entweder eigenständige oder jedenfalls rechtlich abtrennbare Streitgegenstände und stehen nach dem erkennbaren Regelungszweck des AsylG und des AufenthG in einem bestimmten Rangverhältnis in dem Sinne, dass Schutz vor geltend gemachten Gefahren im Heimatstaat vorrangig auf der jeweils den umfassenderen Schutz vermittelnden Stufe zu gewähren ist (Rdn. 51). In der Rechtsprechung ist seit Langem anerkannt, dass es auch nach § 44 VwGO zulässig ist, mehrere Klagebegehren nicht nur kumulativ, sondern auch eventualiter (hilfsweise) in der Weise anhängig zu machen, dass das Verwaltungsgericht unter der auflösenden Bedingung einer Abweisung des Hauptantrags über den Hilfsantrag zu entscheiden hat. Dies hat zur Folge, dass ein Hilfsantrag, über den die Vorinstanz nicht zu entscheiden brauchte, weil sie dem Hauptantrag entsprochen hat, durch das Rechtsmittel des Beklagten gegen seine Verurteilung nach dem Hauptantrag ebenfalls und automatisch in der Rechtsmittelinstanz anfällt (BVerwGE 104, 260, 262 = InfAuslR 1997, 420, 421 = NVwZ 1997, 1132 = AuAS 1997, 250). 56

Das Rechtsschutzbedürfnis für eine auf § 60 Abs. 7 AufenthG bezogene Klage entfällt, wenn und soweit eine ausländerrechtliche Erlasslage dem Kläger »einen vergleichbaren wirksamen Schutz vor Abschiebung vermittelt.« Es kommt ausschließlich darauf an, ob der Erlass im maßgeblichen Zeitpunkt besteht und anwendbar ist (BVerwGE 114, 379 = NVwZ 2001, 1420 = InfAuslR 2002, 48; OVG Sachsen, InfAuslR 2005, 85; OVG Sachsen, AuAS 2005, 149, 150; BayVGH, Beschl. v. 05.04.2004 – 6 ZB 04.30267; OVG NW, AuAS 2008, 233, 234. 57

4. Verfahrenseinstellung nach §§ 32 und 33

58 Gegen die Verfahrenseinstellung nach § 32, § 33 ist die *isolierte Anfechtungsklage* zu erheben (BVerwG, NVwZ 1996, 80 = AuAS 1995, 201; BayVGH, NVwZ-Beil. 1997, 13; OVG SH, AuAS 1994, 118; VG Koblenz, InfAuslR 1994, 203; VG Freiburg, NVwZ 1994, 403; Ruge, NVwZ 1995, 773, 736; a.A. *Stegemeyer*, VBlBW 1995, 180, 181). Ist die Einstellung des Verfahrens zu Unrecht ergangen, ordnet das Verwaltungsgericht auf Antrag zu Unrecht ergangen, ordnet das Verwaltungsgericht auf Antrag nach § 80 Abs. 5 VwGO die aufschiebende Wirkung der Anfechtungsklage an und verpflichtet das Bundesamt zur Fortführung des Verfahrens (OVG SH, AuAS 1994, 118; VG Koblenz, InfAuslR 1994, 203; § 33 Abs. 5 Satz 2). Die Wirkung der Einstellungsverfügung erschöpft sich nicht nur in der verfahrensrechtlichen Folge der Verfahrenseinstellung, sondern verschlechtert die materielle Rechtslage des Klägers. Der Asylsuchende muss daher die Aufhebung der Verfügung erreichen, wenn er eine Entscheidung über seinen Antrag erhalten will (BVerwG, NVwZ 1996, 80f.). Auch die Anordnung der aufschiebenden Wirkung der Klage führt nicht zur Unwirksamkeit der Einstellungsverfügung, da § 37 Abs. 1 weder unmittelbar noch entsprechend Anwendung findet. Nach § 33 Abs. 5 Satz 2 kann der Kläger binnen neun Monaten die Wiederaufnahme des Verfahrens beantragen. Wird dem Antrag stattgegeben, erledigen sich Klage und Eilrechtschutzantrag.

59 Wird die Einstellungsverfügung aufgehoben, für ist auch die Feststellung, dass Abschiebungsverbote nach § 60 Abs. 5 und 7 AufenthG nicht vorliegen, sowie die Abschiebungsandrohung aufzuheben (BVerwG, NVwZ 1996, 80, 82). Ob ausnahmsweise das Verwaltungsgericht auch durch entscheiden kann, hat das BVerwG ausdrücklich offen gelassen, jedoch zu erkennen gegeben, dass dies dann in Betracht kommen kann, wenn etwa der Asylanspruch von der Einreise aus einem sicheren Drittstaat oder von der in gefestigter Rechtsprechung erfolgten Einschätzung einer Gruppenverfolgungsgefahr abhänge (BVerwG, NVwZ 1996, 80, 81; so auch Nieders. OVG, Beschl. v. 16.10.1995 – 11 L 4170/95). Zu einer Entscheidung nach § 32, § 33 bei Einreise aus einem sicheren Drittstaat kann es jedoch nur kommen, wenn das Bundesamt nicht nach § 34a vorgehen kann, sondern in der Sache entschieden werden muss. Mangels Listung sicherer Drittstaaten ist dieses Problem nicht relevant.

5. Zurückverweisung an das Bundesamt

60 Leidet die Sachentscheidung an schwerwiegenden Aufklärungsdefiziten, braucht das Verwaltungsgericht nicht selbst die Spruchreife herbeizuführen. Vielmehr kann es die Sache an das Bundesamt zurückverweisen, um diesem Gelegenheit zu geben, eine den Streitstoff erschöpfende Sachentscheidung zu treffen (VG Frankfurt am Main, InfAuslR 1994, 336; VG Aachen, Urt. v. 01.08.1996 – 4 K 1098/94.A; VG München, Beschl. v. 15.04.1996 – M 24 K 96.50695; a.A. BayVGH, NVwZ-RR 1994, 695; BayVGH, NVwZ-Beil. 1997, 13; BayVGH, Beschl. v. 25.05.1994 – 24 AA 94.30877; so auch *Ruge*, NVwZ 1995, 773, 736). Das BVerwG hatte früher im Blick auf die asylverfahrensrechtlichen Sondervorschriften der §§ 28 ff. AuslG 1965 die Auffassung vertreten, das Verwaltungsgericht habe auch in Fällen fehlerhafter Sachaufklärung durch

das Bundesamt von sich aus die Sache spruchreif zu machen und zu diesem Zweck die anspruchserheblichen Tatsachen zu ermitteln und Beweis zu erheben. Eine Zurückverweisung an das Bundesamt sei ihm daher verwehrt (BVerwG, NVwZ 1982, 630; Hess. VGH, ESVGH 31, 259; a.A. VG Wiesbaden, InfAuslR 1981, 161; *Schlink/Wieland*, DÖV 1982, 426, 434; *Creutzfeld*, NVwZ 1982, 88, 89). Diese Rechtsprechung hat das BVerwG für das Folgeantragsverfahren erneut bestätigt (BVerwGE 106, 171, 173 = NVwZ 1998, 681 = EZAR 631 Nr. 45).

Andererseits hat das BVerwG unter Hinweis auf § 113 Abs. 3 VwGO auf den Rechtsgedanken hingewiesen, dass die Verwaltungsgerichte bei der Kontrolle eines rechtlich gebundenen Verwaltungsaktes nicht in jedem Fall die Spruchreife herbeiführen müssen, sondern bei *erheblichen Aufklärungsdefiziten* zunächst der Behörde Gelegenheit geben können, eine den Streitstoff erschöpfende Sachentscheidung zu treffen. Wenn nicht allein diese allgemeinen Erwägungen, so stehe doch die besondere – auf Beschleunigung und Konzentration auf eine Behörde gerichtete – Ausgestaltung des Asylverfahrens im Fall versäumter Sachentscheidung durch das Bundesamt der Annahme entgegen, dass nur eine auf die Statusberechtigung gerichtete Verpflichtungsklage in Betracht käme (BVerwG, NVwZ 1996, 80, 81 = AuAS 1995, 201). Die zu § 32, § 33 entwickelte Rechtsprechung kann durchaus verallgemeinert werden. Eine Beschränkung auf reine Formalentscheidungen (so BayVGH, NVwZ-Beil. 1997, 13, 14) ist nicht gerechtfertigt und kann auch der Rechtsprechung des BVerwG nicht entnommen werden. Für das Folgeantragsverfahren verlangt das BVerwG jedoch ausdrücklich, dass das Verwaltungsgericht selbst die Spruchreife herbeizuführen habe (BVerwGE 106, 171, 173 = NVwZ 1998, 861, 862 = EZAR 631 Nr. 45 = AuAS 1998, 149; Rdn. 60). 61

6. Untätigkeitsklage (§ 75 VwGO)

Anders liegt der Fall, wenn das Bundesamt trotz mehrmaliger Erinnerung untätig bleibt. Hier kann Verpflichtungsklage in Form der Untätigkeitsklage (§ 75 VwGO) erhoben werden (VGH BW, EZAR 043 Nr. 12; zum Rechtsschutz bei Untätigkeit des Verwaltungsgerichts s. VerfGH Berlin, NVwZ 1997, 785). Bei der Beurteilung der Zulässigkeit der Untätigkeitsklage kommt es auf die *»zureichenden Gründe«* an, die es rechtfertigen können, dass das Bundesamt nicht in angemessener Frist die Sachentscheidung treffen kann. Dabei gewinnen die Überlastung des Bundesamtes sowie die Besonderheiten des Rechtsgebietes zwar erheblichen Einfluss auf die Bewertung (vgl. VG Aachen, InfAuslR 1995, 71). Reagiert das Bundesamt auf Erinnerungen überhaupt nicht oder bezeichnet es für die Verzögerung keine plausiblen und nachvollziehbaren Gründe, ist die Klage zulässig. Andererseits stellt § 24 Abs. 4 keine Spezialvorschrift zu § 75 VwGO dar und bewirkt daher auch keine Modifizierung dieser Norm, dass vor Erhebung der Untätigkeitsklage zunächst zwingend ein Antrag nach § 24 Abs. 4 an das Bundesamt zu stellen wäre, mitzuteilen, wann mit einer Sachentscheidung zu rechnen ist (VG Osnabrück, Urt. v. 14.10.2015 – 5 A 390/15). In Asylverfahren wird aber gleichwohl angesichts der Belastungen des Bundesamtes allein die Berufung auf die Dreimonatsfrist des § 75 Satz 2 VwGO nicht zureichend sein. Maßgebend für die Zulässigkeit der Klage ist nicht der Zeitpunkt der Klageerhebung, sondern der der 62 gerichtlichen Entscheidung. Ob »zureichende Gründe« für die Verzögerung vorliegen, ist stets anhand der erkennbaren Umstände des Einzelfalls zu beurteilen. Es besteht nach § 24 Abs. 4 ein gerichtlich durchsetzbarer Auskunftsanspruch. Dem steht § 44a VwGO nicht entgegen (VGH BW, NVwZ 2016, 472, 473 = VG München, NVwZ 2016, 486, 487).

63 Reagiert das Bundesamt nach Ablauf der Dreimonatsfrist auf wiederholte Erinnerungen überhaupt nicht oder nur ausweichend, ist die Verpflichtungsklage zulässig (VG München, NVwZ 2016, 486, 487 = NVwZ-RR 2016, 276). Vereinzelt wird aus dem Grundsatz des effektiven und damit auch unverzüglichen Rechtsschutzes abgeleitet, dass das Verwaltungsgericht auch ohne mündliche Verhandlung der Verpflichtungsklage stattgeben könne, wenn die für die Schutzgewährung sprechenden Gründe offensichtlich seien (VG Aachen, InfAuslR 1996, 237: Gefährdung gebildeter Frauen in Afghanistan). Wird im anhängigen Verwaltungsrechtsstreit der ablehnenden Bescheid zugestellt, darf die Klage nicht zurückgenommen werden (Rdn. 48). Vielmehr sind im anhängigen Prozess die erforderlichen Anträge gegen den Bescheid zu stellen und dieser fortzuführen. Einer Klage gegen den Bescheid steht die Rechtshängigkeit entgegen, da der Streitgegenstand identisch ist. Sie wird daher als unzulässig zurückgewiesen. Ist andererseits aber die Untätigkeitsklage zurückgenommen worden, kann über den mit der weiteren Klage bezeichneten Streitgegenstand nicht mehr entschieden werden.

7. Abschiebungsandrohung (§ 34 und § 35) und Abschiebungsanordnung (§ 34a)

64 Gegen die Abschiebungsandrohung (§ 34 und § 35) sowie Abschiebungsanordnung (§ 34a) ist *Anfechtungsklage* zu erheben. Diese richtet sich gegen die Bundesrepublik Deutschland, da das Bundesamt die Abschiebungsandrohung erlässt. Nach § 34 Abs. 2 soll die Abschiebungsandrohung zusammen mit der Sachentscheidung nach § 31 verbunden werden. Dies ist heute in aller Regel der Fall. Eines ausdrücklichen Aufhebungsantrags bedarf es nicht, wenn im Blick auf die verweigerten materiellen Ansprüche Verpflichtungsklage erhoben wird. Es reicht aus, wenn zusammen mit den Verpflichtungsanträgen die Aufhebung des belastenden Bescheids des Bundesamtes beantragt wird. Nach der obergerichtlichen Rechtsprechung wird der Kläger nicht in eigenen Rechten i.S.d. § 113 Abs. 1 Satz 1 VwGO verletzt, wenn die *Zielstaatsbestimmung* fehlerhaft ist (Hess. VGH, AuAS 2004, 64, 65; Nieders. OVG, NVwZ-RR 2004, 788, 789, beide zur Zielstaatsbestimmung »Palästina«). Dem kann nicht gefolgt werden, weil über die den Schutz eigener Rechte dienenden Abschiebungsverbote nach § 60 Abs. 5 und 7 AufenthG nicht ohne den in Rede stehenden Zielstaat entschieden werden kann und wegen des Verbotes der Kettenabschiebung der Zielstaatsbestimmung Individualschutzcharakter zukommt.

C. Klagefrist (Abs. 1)

65 Abweichend von der im früheren Asylverfahrensrecht sowie im allgemeinen Verwaltungsprozessrecht geregelten Klagefrist von einem Monat für Anfechtungs- und Verpflichtungsklagen (§ 74 VwGO), ist nach Abs. 1 Halbs. 1 die Klage gegen alle Entscheidungen nach diesem Gesetz *innerhalb von zwei Wochen* nach Zustellung

der Entscheidung zu erheben. Die Klagefrist beginnt mit Zustellung an den Bevollmächtigten zu laufen (BFH, NVwZ-RR 1998, 528). Da die Abschiebungsanordnung (§ 34a) wie auch die Zuweisungsverfügung persönlich an den Antragsteller zugestellt wird (§ 31 Abs. 1 Satz 4, § 50 Abs. 5 Satz 1), beginnt in diesen die Frist mit dem Zeitpunkt der Zustellung an den Kläger zu laufen. Die verkürzte zweiwöchige Klagefrist gilt damit für alle Rechtsstreitigkeiten nach dem AsylG, seien sie verfahrens-, aufenthaltsrechtlicher Art oder Verteilungsstreitigkeiten. Da nach § 11 gegen alle Maßnahmen und Entscheidungen nach diesem Gesetz der Widerspruch ausgeschlossen ist, muss gegen sämtliche Verwaltungsentscheidungen und -maßnahmen nach dem AsylG binnen zwei Wochen nach Zustellung unmittelbar Klage beim zuständigen Verwaltungsgericht (Rdn. 5 ff.) in der vorgeschriebenen Form (Rdn. 26 ff.) erhoben werden. Die Verkürzung der Klagefrist verfolgt den Zweck der Verfahrensbeschleunigung (BT-Drucks. 12/2062, S. 40), ist heute aber nicht mehr zeitgemäß.

Ist Eilrechtsschutz binnen *Wochenfrist* zu beantragen, beträgt die *Klagefrist eine Woche.* Nach Abs. 1 Halbs. 2 in Verb. mit § 34a Abs. 2 Satz 1 und 3, § 36 Abs. 3 Satz 1 und 10 fallen in asylrechtlichen Eilrechtsschutzverfahren grundsätzlich Klage- und Antragsfrist zusammen. Die verkürzte Klagefrist ist in sechs Konstellationen, bei unzulässigen (§ 29 Abs. 1)und offensichtlich unbegründeten Asylbegehren (§ 29a, § 30), bei der Abschiebungsanordnung (§ 34a Abs. 2 Satz 1), beim Folgeantrag (§ 71 Abs. 4 Halbs. 1), beim Zweitantrag nach § 71a Abs. 4 (*Hailbronner,* AuslR B 2 § 74 AsylVfG Rn. 41; *Funke-Kaiser,* in: GK-AsylG II, § 74 Rn. 3) und beim Einreise- und Aufenthaltsverbot zu beachten. Für Klagen gegen das Einreise- und Aufenthaltsverbot des § 11 Abs. 7 AufenthG bzw. gegen die Versagung der Aufhebung (§ 11 Abs. 2 AufenthG) oder dessen Verkürzung (§ 11 Abs. 4 AufenthG) verweist § 83c ausdrücklich auf die Regelungen des 8. Abschnittes (über das Gerichtsverfahren) und auf § 75 Nr. 12 AufenthG. In § 75 Nr. 12 AufenthG wird geregelt, dass das Bundesamt für die Befristung eines Einreise- und Aufenthaltsverbots nach § 11 Abs. 2 AufenthG im Fall einer Abschiebungsandrohung oder -anordnung sowie für die Anordnung und Befristung eines Einreise- und Aufenthaltsverbots nach § 11 Abs. 7 AufenthG zuständig ist. Aus dem Regelungszusammenhang von § 83c, § 75 Nr. 12 AufenthG und § 74 Abs. 1 folgt daher, dass in diesen Fällen die Regelungen der Klagefrist des Abs. 1 zu beachten ist. Es ergibt sich stets die Notwendigkeit, in diesen Fällen Eilrechtsschutz zu beantragen. Deshalb wird die Klagefrist nach § 34a Abs. 2 Satz 3 und § 36 Abs. 3 Satz 10 in Verb. mit Abs. 2 Halbs. 2 auf eine Woche verkürzt. Da das Bundesamt nur den in Fällen des § 29a und bei bestandskräftig wiederholter Zurückweisung eines Folge- oder Zweitantrags ein Ein- und Aufenthaltsverbot anordnen darf (§ 11 Abs. 7 AufenthG) und dies mit den übrigen in diesem Zusammenhang zu treffenden Entscheidungen verbindet, ist zur weiteren Sicherstellung des Verbleibsrechts stets Eilrechtsschutz zu beantragen und deshalb auch stets die einwöchige Klagefrist des Abs. 1 Halbs. 2 maßgebend. Im Flughafenverfahren ist zwar Eilrechtsschutz innerhalb von drei Tagen zu beantragen (§ 18a Abs. 4 Satz 1). Da Abs. 1 Halbs. 1 nicht diese Regelung einbezieht, gilt die Zweiwochenfrist (*Hailbronner,* AuslR B 2 § 74 AsylVfG Rn. 42; *Funke-Kaiser,* in: GK-AsylG II, § 74 Rn. 4). 66

67 Wird zwar Eilrechtsschutz innerhalb Wochenfrist beantragt, Klage jedoch erst nach Ablauf der Wochenfrist erhoben, ist der Eilrechtsschutzantrag als unzulässig zurückzuweisen. Anders als im normalen Verwaltungsstreitverfahren, in dem der einstweilige Antrag jederzeit wiederholt werden kann, sofern die Anfechtungsklage fristgemäß erhoben worden ist, folgt aus der Fristgebundenheit des Eilrechtsschutzantrags das *Verbot der Wiederholung* (VGH BW, VBlBW 1985, 466 = DÖV 1986, 296). Da bei Versäumung der Klagefrist die Klage unzulässig ist, andererseits das Eilrechtschutzverfahren im Asylverfahrensrecht seine Eigenart als Mittel des einstweiligen Rechtsschutzes, das in Abhängigkeit zum Hauptsacheverfahren steht, nicht verliert (BVerfG, EZAR 631 Nr. 4), teilt es die prozessuale Entwicklung des Anfechtungsprozesses. Mit Abs. 1 Halbs. 2 wird sichergestellt, dass das Verwaltungsgericht rechtzeitig Kenntnis erlangt, ob der Antragsteller Klage erhoben hat und damit ein die Anordnung des Suspensiveffekts regelmäßig erst ermöglichender Rechtsbehelf vorliegt (BT-Drucks. 12/2062, S. 40). Von der Verkürzung der Klagefrist unberührt bleibt die maßgebliche Begründungsfrist nach Abs. 2 Satz 1 auch in diesen Fällen (Rdn. 69 ff.). Angesichts der gesetzgeberischen Vorgaben für die zeitliche Gestaltung des einstweiligen Rechtsschutzverfahrens (§ 36 Abs. 3 Satz 5 ff.) kann eine Ausschöpfung der Begründungsfrist von einem Monat jedoch einschneidende Folgen haben.

68 Generell ist anzumerken, dass die Sondervorschriften des AsylG grundsätzlich nur bis zur Verfahrensphase der Einleitung des Berufungsverfahrens reichen, abgesehen von der Sondervorschrift des § 78 Abs. 1. Wie bereits § 32 Abs. 4 Halbs. 2 AsylVfG 1982 ordnet § 78 Abs. 5 Satz 3 Halbs. 2 an, dass es bei Stattgabe des Zulassungsantrags keiner besonderen Einlegung der Berufung bedarf. Vielmehr wird in diesem Fall das Antragsverfahren als Berufungsverfahren fortgesetzt (§ 78 Abs. 5 Satz 3 Halbs. 1). Entsprechendes gilt für das Revisionsverfahren, wenn der Nichtzulassungsbeschwerde stattgegeben wird (§ 139 Abs. 2 VwGO). Gegen die Nichtzulassung der Revision durch das Berufungsgericht ist innerhalb eines Monats nach Zustellung beim Berufungsgericht Beschwerde einzulegen (§ 133 Abs. 2 Satz 1 VwGO). Diese ist innerhalb von zwei Monaten nach Zustellung zu begründen (§ 133 Abs. 3 Satz 1 VwGO). Lässt das Berufungsgericht die Revision zu, ist diese innerhalb eines Monats nach Zustellung einzulegen (§ 139 Abs. 1 Satz 1 VwGO) und binnen zwei Monaten nach Zustellung zu begründen (§ 139 Abs. 3 Satz 1 VwGO). Die Frist kann auf Antrag vor ihrem Ablauf vom Vorsitzenden des zuständigen Senates des BVerwG verlängert werden (§ 139 Abs. 3 Satz 3 VwGO).

D. Begründungsfrist (Abs. 2 Satz 1)

I. Funktion der Begründungsfrist

69 Nach Abs. 2 Satz 1 sind die zur Begründung dienenden Tatsachen und Beweismittel binnen einer Frist von einem Monat nach Zustellung der Entscheidung anzugeben. Klage- und Begründungsfrist beginnen einheitlich zu laufen. Während die Klagefrist nach Ablauf von zwei Wochen (Abs. 1 Halbs. 1) oder einer Woche (Abs. 1 Halbs. 2) nach Zustellung endet, läuft die Begründungsfrist nach Ablauf eines Monats nach Zustellung einheitlich für alle Klagen – auch für die im Zusammenhang mit einem

Eilrechtsschutzantrag nach § 34a Abs. 2 Satz 1, § 36 Abs. 3 Satz 1 erhobene Klage – ab (Abs. 2 Satz 1). Die Begründungsfrist wurde mit Verabschiedung des AsylVfG 1992 erstmals in das Asylverfahren eingeführt. Nach der Gesetzesbegründung soll die Begründungsfrist die Mitwirkungspflichten des Asylantragstellers verstärken und den Besonderheiten der asylgerichtlichen Verfahren Rechnung tragen. Die Sollvorschrift des § 82 Abs. 1 Satz 3 VwGO werde damit für den Bereich der Asylstreitigkeiten zu einer zwingenden Regelung gestaltet (BT-Drucks. 12/2062, S. 40). Dies sei sachgerecht, da die Gerichte im besonderen Maße auf die Mitwirkung des Klägers angewiesen seien. Es handelt sich aber anders als bei der Berufungsbegründungspflicht nicht um eine im strengen Sinne Klagebegründungsfrist (*Funke-Kaiser,* in: GK-AsylG II, § 74 Rn. 57).

II. Anforderungen an die Begründungspflicht

Anknüpfend an die Rechtsprechung zur Darlegungslast in Asylverfahren wird in der Gesetzesbegründung zwischen *persönlichen Mitwirkungspflichten* einerseits sowie den aus dem Untersuchungsgrundsatz (§ 86 Abs. 1 VwGO) folgenden gerichtlichen Verpflichtungen andererseits differenziert: Der Asylantragsteller berufe sich regelmäßig auf Umstände, die in seinem persönlichen Lebensbereich liegen würden und daher nur von ihm selbst vorgetragen werden könnten. Auch die Beweismittel, die diese Umstände belegen könnten (insbesondere Zeugen und Urkunden), könnte vielfach nur der Kläger selbst benennen. Komme er seiner hieraus folgenden Mitwirkungspflicht nicht oder nur unzureichend nach, führe dies zu erheblichen Verfahrensverzögerungen. Dem trägt die Begründungsfrist Rechnung (BT-Drucks. 12/2062, S. 40). Unberührt von der Darlegungspflicht bleibe der *Untersuchungsgrundsatz* nach § 86 Abs. 1 VwGO. Deshalb würden die Gerichte beispielsweise Ermittlungen über die allgemeine politische Lage im Herkunftsland des Klägers, soweit erforderlich, von Amts wegen vornehmen müssen (BT-Drucks. 12/2062, S. 40). Als generelle Faustregel zur Handhabung der fristgebundenen Begründungspflicht wird man daher sagen können, dass innerhalb der Begründungsfrist sämtliche den individuellen Lebensbereich des Klägers betreffende Tatsachen und Beweismittel anzugeben sind (*Hailbronner,* AuslR B 2 § 74 AsylVfG Rn. 45; *Funke-Kaiser,* in: GK-AsylG II, § 74 Rn. 57; § 25 Rdn. 3 ff.). Es ist insbesondere eine konkrete und detaillierte Auseinandersetzung im Einzelnen mit den im angefochtenen Bescheid erhobenen Bedenken gegen die Glaubhaftigkeit der Sachangaben erforderlich. Diese sind nach Möglichkeit erschöpfend auszuräumen. Hat der Kläger aber im Verwaltungsverfahren seine Asylgründe dargelegt und wird der Antrag mit einer *allgemein gehaltenen, textbausteinartigen Begründung* ohne Bezug zum individuellen Sachvorbringen abgelehnt, ist mit dem Verweis auf das im Verwaltungsverfahren dargelegte individuelle Verfolgungsschicksal die Klage ausreichend begründet (§ 81 Rdn. 8). 70

Ausreichend ist, dass dem Grunde nach Tatsachen und Umstände vorgetragen werden, die geeignet sind, Glaubhaftigkeitsbedenken auszuräumen. *Ergänzendes Vorbringen* nach Fristablauf, das sich auf dem Grunde nach bereits vorgetragene Tatsachen bezieht, bleibt zulässig (*Funke-Kaiser,* in: GK-AsylG II, § 74 Rn. 59). Das Vorbringen neuer Tatsachen und Beweismittel bleibt unberührt (Abs. 2 Satz 4). 71

Anknüpfungszeitpunkt hierfür ist das Fristende nach Abs. 2 Satz 1. Tatsachen und Beweismittel, die nach dieser Frist bekannt werden, können nachträglich vorgebracht werden und unterliegen keiner besonderen Fristbestimmung. Mit Beweismitteln sind in erster Linie vorhandene Urkunden und Zeugen gemeint, die nur der Kläger selbst bezeichnen kann. Es genügt insoweit ihre »Angabe«, d.h. Vorlage der Urkunde oder Benennung des Zeugen. Die *Präzisierung des Beweisthemas* wie auch die Angabe der ladungsfähigen Anschrift des benannten Zeugen können nachgereicht werden. Vielfach wird der Kläger auch erst nach Ablauf der Begründungsfrist Kenntnis von vorhandenen Zeugen erlangen. Zusammenfassend ist damit festzuhalten, dass *innerhalb der Begründungsfrist* vom Kläger *sämtliche in seine persönliche Erlebnissphäre fallenden Ereignisse und Vorkommnisse,* die Anlass zur Flucht gegeben hatten oder sich auf Aktivitäten im Bundesgebiet beziehen, erschöpfend und detailliert darzulegen sind. Da im angefochtenen Bescheid häufig eine Reihe von *Einwänden gegen die persönliche Glaubwürdigkeit bzw. die Glaubhaftigkeit der Sachangaben* erhoben werden, ist eine *konkrete Auseinandersetzung mit diesen* nach Maßgabe der genannten Grundsätze erforderlich.

72 Ausführungen zur *allgemeinen Situation im Herkunftsland* bleiben *jederzeit möglich.* Dies trifft auch auf die zur Aufklärung dienenden *Beweismittel* zu. Das Gericht ist nach § 86 Abs. 1 VwGO ohnehin gehalten, von Amts wegen jede mögliche Aufklärung des Sachverhalts bis zur Grenze des Zumutbaren zu versuchen, sofern dies für die Entscheidung des Verwaltungsstreitverfahrens von Bedeutung ist (BVerfG, InfAuslR 1990, 161; BVerwG, DÖV 1983, 647 = InfAuslR 1983, 185 = BayVBl. 1983, 507; BVerwG, InfAuslR 1984, 292). Der Umfang der fristgebundenen Begründungsfrist wird durch die den Kläger treffende Darlegungspflicht bestimmt: Dieser braucht nur in Bezug auf die in seine eigene Sphäre fallenden Ereignisse und persönlichen Erlebnisse eine in sich stimmige und widerspruchsfreie Schilderung zu geben, die geeignet ist, seinen Anspruch lückenlos zu tragen (BVerwG, EZAR 630 Nr. 8; BVerwG, InfAuslR 1984, 129; BVerwG, InfAuslR 1989, 350). Hinsichtlich der allgemeinen Umstände sind seine eigenen Kenntnisse und Erfahrungen hingegen häufig auf einen engeren Lebenskreis begrenzt und liegen zudem stets einige Zeit zurück (BVerwG, InfAuslR 1981, 156; BVerwG, InfAuslR 1983, 76; BVerwG, DÖV 1983, 207; BVerwG, BayVBl. 1983, 507; § 25 Rdn. 5 ff.). Seine Mitwirkungspflicht würde überdehnt, wollte man insofern einen Tatsachenvortrag verlangen, der seinen Anspruch lückenlos zu tragen vermöchte und im Sinne der zivilprozessualen Verhandlungsmaxime schlüssig zu sein hätte. Insofern genügt es, um Anlass zu weiteren Ermittlungen zu geben, wenn sich aus den vorgetragenen Tatsachen – ihre Wahrheit unterstellt – die nicht entfernt liegende Möglichkeit ergibt, dass bei Rückkehr Verfolgung droht (BVerwG, InfAuslR 1981, 156; BVerwG, InfAuslR 1983, 76; BVerwG, DÖV 1983, 207; BVerwG, BayVBl. 1983, 507).

73 Häufig werden Glaubhaftigkeitsbedenken auch aus Erkenntnissen zur allgemeinen Situation im Herkunftsland abgeleitet. Es genügt, wenn der Kläger substanziiert den Hergang der Ereignisse, wie er ihn erlebt hat, darlegt. Ist das Sachvorbringen in sich schlüssig, kann nicht ohne Weiteres ausgenommen werden, dass die im Bescheid verwerteten eher allgemein gehaltenen Erkenntnisquellen die ihr beigemessene Aussagekraft haben. Erforderlichenfalls ist von Amts wegen in Anknüpfung an den Sachvortrag weiter aufzuklären oder ist zu diesem Zweck Beweisantrag zu stellen. Der Kläger muss

lediglich die Tatsachen benennen, die dem Gericht Anlass geben sollen, die zur Bewertung seines individuellen Sachvortrags erforderlichen allgemeinen Zustände und Verhältnisse im Herkunftsland näher aufzuklären. Rechtsausführungen sind jederzeit möglich. Das Gericht hat über das Klagebegehren nach seiner eigenen Rechtsauffassung zu entscheiden. *Rechtsausführungen* des Klägers zu materiellen und prozessualen Fragen haben daher lediglich *anregende Funktion* bzw. bereiten das Rechtsgespräch in der mündlichen Verhandlung vor. Dem entspricht es, dass sie jederzeit vorgetragen werden können. Ausführungen zu allgemeinen, die Situation im Herkunftsland betreffenden Rechtsfragen unterliegen der eingeschränkten Begründungspflicht.

E. Fakultative Präklusion (Abs. 2 Satz 2 in Verb. mit § 87b Abs. 3 VwGO)

I. Funktion der Präklusion

Nach Abs. 2 Satz 2 gilt § 87b Abs. 3 VwGO im Asylstreitverfahren entsprechend. 74
Damit findet die fakultative Präklusionsvorschrift des allgemeinen Verwaltungsprozessrechts Anwendung. Derartige Vorschriften verstoßen grundsätzlich nicht gegen Verfassungsrecht. Sie schränken jedoch die Möglichkeit zur Wahrnehmung des Anspruchs auf rechtliches Gehör im Prozess ein und bewegen sich damit grundsätzlich im grundrechtsrelevanten Bereich. Bei ihrer Anwendung kann daher die *Schwelle der Grundrechtsverletzung* eher erreicht werden als dies üblicherweise bei der Anwendung einfachen Rechts der Fall ist (BVerfGE 75, 302, 314. Andererseits gewährt das *Grundrecht auf rechtliches Gehör* keinen Schutz gegen Entscheidungen, die den Sachvortrag eines Beteiligten aus Gründen des formellen oder materiellen Rechts ganz oder teilweise außer Betracht lassen (BVerfGE 36, 92, 97; 69, 145, 148 f.). Das rechtliche Gehör kann auch im Interesse der Verfahrensbeschleunigung durch Präklusionsvorschriften begrenzt werden (BVerfGE 36, 92, 98; 55, 72, 93 f.); 66, 260, 264; 69, 145, 149; 75, 302, 315; BVerfG, NJW 1981, 271, 273. Allein der mit der Präklusion verfolgte Zweck der Abwehr pflichtwidriger Verfahrensverzögerungen durch die Parteien rechtfertigt verfassungsrechtlich die Einschränkung des Prozessgrundrechts auf rechtliches Gehör (BVerfG, NJW 1989, 706).

Präklusionsvorschriften haben aber wegen der einschneidenden Folgen, die sie für 75
den säumigen Beteiligten nach sich ziehen, strengen Ausnahmecharakter (BVerfGE 60, 1, 6; 69, 145, 149; 75, 302, 312; BVerfG, NJW 1989, 706). Dieser ist nur dann gewahrt, wenn die betroffene Partei ausreichend Gelegenheit hatte, sich in den ihr wichtigen Punkten zur Sache zu äußern, dies aber aus von ihr nicht zu vertretenden Gründen versäumt hat (BVerfGE 69, 145, 149; BVerfG, NJW 1981, 271, 273). Die Vereinbarkeit prozessualer Sanktionen mit dem Anspruch auf rechtliches Gehör hängt nicht nur davon ab, ob die zugrunde liegenden Präklusionsnormen selbst richtig angewandt oder ausgelegt wurden. Von wesentlicher Bedeutung ist vielmehr auch die Handhabung des Verfahrens durch das Gericht (BVerfGE 75, 183, 190). Die Entscheidung über die Verfassungsmäßigkeit einer Präklusion ist daher auch davon abhängig, ob durch das Gericht die Grundsätze rechtsstaatlicher Verfahrensgestaltung eingehalten wurden (BVerfG, NJW 1989, 706). Bei den vielfältigen Möglichkeiten falscher Rechtsanwendung im Präklusionsrecht kann dies nicht ohne Weiteres angenommen werden.

Daher ist der Anspruch auf Gewährung rechtlichen Gehörs bei fehlerhafter Anwendung von Präklusionsnormen nur dann verletzt, wenn dadurch eine verfassungsrechtlich erforderliche Anhörung nicht stattgefunden hat (BVerfGE 75, 302, 315).

76 Den Beteiligten und ihren Bevollmächtigten können die schwerwiegenden Folgen der Versäumung richterlicher Erklärungsfristen nur dann zugemutet werden, wenn über Beginn und Ende der Frist Gewissheit besteht. Fehlt es daran, ist die Ausschlusswirkung nicht wirksam gesetzt, sodass keine Präklusionswirkung eintreten kann (BVerfGE 60, 1, 6). Eine Präklusion verletzt Art. 103 Abs. 1 GG auch dann, wenn eine unzulängliche richterliche Verfahrensleitung die Verzögerung mitverursacht hatte (BVerfGE 51, 188, 192; 60, 1, 6; 75, 183, 190; BVerfG, NJW 1995, 1417). Verfassungsrechtlich unzulässig ist ferner die missbräuchliche Anwendung einer Präklusionsvorschrift, sofern die erkennbar unzureichende Terminvorbereitung die Zurückweisung als missbräuchlich erscheinen lässt (BVerfGE 75, 183, 190). Diese Beispiele lassen erkennen, dass die Grundsätze der rechtsstaatlichen Verfahrensgestaltung bei der Anwendung von Präklusionsvorschriften strikt zu beachten sind. Maßgebend für die Unzulässigkeit der Zurückweisung verspäteten Sachvorbringens ist also stets die Frage, ob die Verspätung oder zumindest die unterlassene Entschuldigung auch auf *gerichtlichem Fehlverhalten* beruht. Erschwerend kann hinzu treten, dass dieses Fehlverhalten in einer *Vernachlässigung der richterlichen Fürsorgepflicht* liegt. Diese bildet das notwendige Gegengewicht zur Befugnis, verspätetes Vorbringen auszuschließen (BVerfGE 75, 183, 190 f.).

77 Ferner setzt die Anwendung einer Präklusion Verschulden voraus (§ 87b Abs. 3 Satz 1 Nr. 2 VwGO). Ob der Kläger die Verspätung genügend entschuldigt hat, ist zwar nicht unmittelbar nach denselben Grundsätzen zu beantworten, die auch für die Wiedereinsetzung nach § 60 VwGO maßgebend sind. Für die Frage, ob die Verspätung des Vorbringens genügend entschuldigt ist, können jedoch die für Wiedereinsetzungsgründe gem. § 60 Abs. 1 VwGO entwickelten Grundsätze entsprechend herangezogen werden (BVerwG, NVwZ 2000, 1042, 1043). Daher sind insbesondere die im Wiedereinsetzungsrecht entwickelten *Grundsätze zum Organisationsverschuldens* des Rechtsanwaltes *anwendbar* [BVerwG, NVwZ 2000, 1042, 1043f.]; s. auch Rdn. 111 ff.). Besondere Bedeutung hat die Pflicht zur Belehrung über die Begründungsfrist und die Folgen der Fristversäumnis. Der Hinweis in Abs. 2 Satz 3 ist weitgehend mit der Belehrungspflicht nach § 87b Abs. 3 Satz 1 Nr. 3 VwGO identisch. Das Bundesamt weist in der Rechtsbehelfsbelehrung auf die fristgebundene Begründungspflicht und die rechtlichen Folgen im Fall ihrer Verletzung hin (Nieders. OVG, InfAuslR 2004, 454, 456). Anders als die Belehrung nach § 87b Abs. 3 Satz 1 Nr. 3 VwGO steht die Belehrung nach Abs. 2 Satz 3 jedoch nicht im Zusammenhang mit einer konkreten Aufforderung, sondern kann nur generell auf die Frist zur Angabe der Begründungstatsachen und der Beweismittel und auf die möglichen Folgen ihres Unterbleibens hinweisen.

II. Voraussetzungen der Präklusion nach § 87b Abs. 3 Satz 1 VwGO

78 Das Verwaltungsgericht kann nach Maßgabe von Abs. 2 Satz 1 verspätet vorgebrachte Erklärungen und Beweismittel nach § 87b Abs. 3 Satz 1 VwGO zurückweisen und ohne weiter Ermittlungen entscheiden, wenn

1. ihre Zulassung nach der freien Überzeugung des Gerichts die Erledigung des Rechtsstreits verzögern würde, 79
2. der Beteiligte die Verspätung nicht genügend entschuldigt und er 80
3. über die Folgen einer Fristversäumnis belehrt worden ist. 81

Nach § 87b Abs. 3 Satz 2 VwGO ist der *Entschuldigungsgrund* auf gerichtliches Verlangen *glaubhaft zu machen*. Die fakultative Präklusion findet jedoch keine Anwendung, wenn es mit geringem Aufwand möglich ist, den Sachverhalt auch ohne Mitwirkung der Beteiligten zu ermitteln (§ 87 Abs. 3 Satz 3 VwGO). Eine insoweit ganz allgemein gehaltene, nicht auf bestimmte Vorgänge eingegrenzte und zwischen den Präklusionstatbeständen des § 87b Abs. 1 Satz 1 und Abs. 2 VWGO auch nicht differenzierende Aufforderung gibt objektiv keine hinreichende Veranlassung für die Benennung von (weiteren) Beweismitteln. Deshalb kann diese die Ablehnung eines nach Fristablauf gestellten Beweisantrags als »verspätet« nicht rechtfertigen und verletzt den Anspruch der Beteiligten auf Gewährung rechtlichen Gehörs (Hess. VGH, AuAS 2005, 273, 275). Ist die Verfügung nach § 87b Abs. 3 VwGO nicht wirksam zugestellt worden, entfällt die Präklusionswirkung und darf auch ein verspätet gestellter Beweisantrag nicht abgelehnt werden (Hess. VGH, AuAS 1998, 204). 82

Die Voraussetzungen für die Präklusion müssen kumulativ vorliegen, d.h. alle drei Voraussetzungen müssen zusammen erfüllt sein (VGH BW, EZAR 631 Nr. 37 = NVwZ-Beil. 1995, 44; Nieders. OVG, InfAuslR 2004, 454, 455). Daher tritt keine Präklusion ein, wenn das Gericht bei rechtzeitigem Vortrag auch nicht schneller entschieden hätte. In Anbetracht der nach wie vor erheblichen Bearbeitungszeiten der Gerichte wird im Übrigen in aller Regel die Zulassung des verspäteten Sachvorbringens keine verfahrensverzögernde Wirkung haben. Überdies darf die Verzögerung nicht unerheblich sein. *Geringfügige Fristüberschreitungen* bleiben *außer Betracht*. Da die Frage, ob die Zulassung verspäteten Sachvortrags die Erledigung des Rechtsstreits verzögern würde, nach objektiven Gesichtspunkten zu beurteilen ist, liegt keine Verzögerung vor, wenn das Verfahren auch *aus anderen Gründen nicht spruchreif* ist, etwa, weil ohnehin noch zur Aufklärung genereller Tatsachenfragen weitere Gutachten einzuholen sind, oder noch offene Fragen unschwer und ohne unangemessenen Zeitaufwand auch in der mündlichen Verhandlung geklärt werden können (BVerfGE 81, 264, 273f. = NJW 1990, 2373; BVerfG, NJW 1989, 706; BGH, NJW 1984, 1964; BGH, NJW 1987, 260; BGH, NJW 1991, 1181; s. auch BVerwG, NJW 1994, 673). 83

Von vornherein unzulässig ist die Anwendung der Präklusionsregelungen, wenn es sich bei den schriftsätzlich oder in der mündlichen Verhandlung abgegebenen Erklärungen nicht um die Angabe von Tatsachen im Sinne von Abs. 2 Satz 1, sondern um nachträgliche Erläuterungen und Ergänzungen solcher Tatsachen handelt, die bereits in der Klageschrift oder nachträglich innerhalb der Frist des Abs. 2 Satz 1 durch Wiederholung der Sachangaben aus dem Verwaltungsverfahren angegeben wurden (VGH BW, EZAR 631 Nr. 37 = NVwZ-Beil. 1995, 44). Denn Abs. 2 Satz 1 begründet keine Pflicht des Klägers zu einer in jeder Hinsicht erschöpfenden Klagebegründung, sondern kennzeichnet lediglich die Grenze der richterlichen Pflicht 84 zur Berücksichtigung des Tatsachenvortrags. Erläuterungen, Ergänzungen und Vertiefungen eines innerhalb der Begründungsfrist nach Abs. 2 Satz 1 substanziierten Tatsachenvortrags sind deshalb grundsätzlich bis zur mündlichen Verhandlung zulässig (VGH BW, EZAR 631 Nr. 37). Ebenso können *neue Tatsachen* und *Beweismittel* uneingeschränkt, und ohne dass eine Frist zu beachten wäre, nach Abs. 2 Satz 4 vorgebracht werden. »Neu« sind Umstände und Beweismittel, wenn sie erst *nach Ablauf der Begründungsfrist des* Abs. 2 Satz 1 entstanden sind (exilpolitische Aktivitäten) oder erst später bekannt werden. Der volle Nachweis für die Behauptung, dass die Tatsachen oder Beweismittel erst jetzt bekannt geworden sind, muss nicht erbracht werden. Insoweit genügt Glaubhaftmachung.

85 Die Frage, ob der Kläger im Fall der Rückkehr Verfolgung zu befürchten haben wird, ist in aller Regel eine Frage der Glaubhaftigkeit seiner Sachangaben. Der Art der Einlassung des Asylsuchenden, seiner Persönlichkeit, insbesondere seiner Glaubwürdigkeit, kommen bei der Würdigung und Prüfung der Tatsache, ob er gute Gründe zur Gewissheit des Gerichts dargetan hat, eine überragende Bedeutung zu (BVerwG, DVBl 1963, 145). Durch ein Gespräch zwischen Gericht und Kläger kann am besten sichergestellt werden, dass die Stichhaltigkeit des Asylbegehrens überprüft und etwaigen Unstimmigkeiten oder Widersprüchen des Sachvorbringens durch gezielte Rückfragen auf der Stelle nachgegangen wird (Hess. VGH, ESVGH 31, 269). Der *Test auf die Glaubhaftigkeit der Sachangaben* kann daher letztlich erst in der mündlichen Verhandlung durchgeführt werden. Die schriftliche Klagebegründung fasst die hierfür maßgeblichen Gesichtspunkte lediglich zusammen und bereitet die Glaubhaftigkeitsprüfung vor. Der verspätete Sachvortrag mag insoweit bei der Würdigung des Sachverhalts im Rahmen der freien Beweiswürdigung eine Rolle spielen. Eine gerichtliche Verfahrensweise, wonach wegen unterbliebenen oder unzureichenden Sachvorbringens jegliche Fragen zum individuellen Verfolgungsvorbringen unterbleiben, ist daher unzulässig. Der Kläger ist aber gehalten, zur Vermeidung der Präklusion innerhalb der Begründungsfrist konkrete Gegenvorstellungen zur Staatsangehörigkeit zu erheben, wenn er die behördlichen Feststellungen angreifen will (Nieders. OVG, InfAuslR 2004, 454, 455).

86 Das Verwaltungsgericht hat im Rahmen einer plausiblen richterlichen Prognose stets zu prüfen, ob die Zulassung des Vorbringens nach seiner freien Überzeugung die Erledigung des Rechtsstreits verzögern würde (VGH BW, EZAR 631 Nr. 37; s. auch BVerwG, NVwZ 2000, 1042, 1043). Dies beurteilt sich danach, ob der Prozess bei Zulassung verspäteten Vorbringens länger dauern würde als bei dessen Zurückweisung. Ob der Rechtsstreit bei rechtzeitigem Vorbringen ebenso lange gedauert hätte, ist unerheblich, es sei denn, dies wäre offenkundig (BVerwG, NVwZ-RR 1998, 592, 593). Wegen der langen Bearbeitungszeiten der Verwaltungsgerichte kann eine derartige Prognose nur in Ausnahmefällen getroffen werden, sodass § 87b Abs. 3 VwGO im Asylprozess weitgehend wirkungslos bleibt. Die Gerichte behelfen sich daher häufig mit *prozessleitenden Anordnungen nach § 87b Abs. 2 VwGO* insbesondere zur Vorbereitung auf die mündliche Verhandlung in den Fällen, in denen erst geraume Zeit nach Ablauf der Begründungsfrist nach Abs. 2 Satz 1 der Termin zur mündlichen Verhandlung bestimmt wird. Die Zulässigkeit von

Anordnungen nach § 87b Abs. 2 VwGO neben § 87b Abs. 3 VwGO wird allgemein anerkannt (a.A. VGH BW, EZAR 631 Nr. 37, S. 3). Die Fristsetzung muss vom Vorsitzenden, dem Berichterstatter oder dem Einzelrichter verfügt und unterzeichnet werden. Wegen der erheblichen Tragweite einer solchen Verfügung bedarf es der ordnungsgemäßen Unterzeichnung und *Zustellung* (BVerwG, NJW 1994, 746 = NVwZ 1994, 482 [LS]).

Vor Zurückweisung schuldhaft verspäteten Sachvorbringens ist stets zu prüfen, ob die Verspätung durch zumutbare und damit *prozessual gebotene vorbereitende richterliche Maßnahmen* vor der mündlichen Verhandlung *ausgeglichen* werden kann (VGH BW, EZAR 631 Nr. 35 = NVwZ 1995, 816). Die Zurückweisung ist unzulässig, wenn es mit geringem Aufwand möglich ist, den Sachverhalt auch ohne Mitwirkung der Beteiligten zu ermitteln (§ 87b Abs. 3 Satz 3 VwGO). Ist die Verzögerung der Erledigung des Rechtsstreits durch eine solche Maßnahme vermeidbar, zielt die Zurückweisung nicht mehr auf die Verhinderung der Folgen säumigen Verhaltens, sondern wirkt der Verzögerung entgegen, die erst infolge unzureichender richterlicher Verfahrensleitung droht. Zwar hat der Beteiligte die erste Ursache für die Verzögerung gesetzt. Es ist unter solchen Umständen aber nicht zulässig, an die Säumnis Sanktionen zu knüpfen, die eine Versagung rechtlichen Gehörs bewirken (VGH BW, EZAR 631 Nr. 35). Die unzulängliche richterliche Verfahrensleitung bewirkt hier die Verzögerung mit (BVerfGE 51, 188, 192; 60, 1, 6; 75, 183, 190; 75, 302, 313. Führt nicht allein die Verspätung, sondern mitwirkend auch eine unzulängliche Verfahrensleitung zur Annahme einer Verzögerung, verletzt die Präklusion Art. 103 Abs. 1 GG (BVerfG, NJW 1989, 706; *Hailbronner,* AuslR B 2 § 74 AsylVfG Rn. 51). Präklusionsnormen dürfen nicht zum Ausschluss verspäteten Vorbringens führen, wenn ohne jeden Aufwand erkennbar ist, dass Pflichtwidrigkeit – die Verspätung allein – nicht *kausal* für eine *Verzögerung* ist (BVerfG, NJW 1995, 1417). Lediglich geringfügige schuldhafte Fristüberschreitungen können wegen des Ausnahmecharakters der Präklusion die Zurückweisung nicht rechtfertigen. 87

III. Rechtsfolgen des verspäteten Sachvorbringens

Nach § 87b Abs. 3 Satz 1 VwGO kann das Gericht verspätet vorgetragene Tatsachen und Beweismittel zurückweisen. Die Ausübung des Ermessens muss – wie das Vorliegen aller Voraussetzungen für eine Präklusion ohne Weiteres erkennbar oder nachvollziehbar gemacht werden (BVerwG, NVwZ 2000, 1042, 1043). Zwar kann sich die Begründung schon aus der Darlegung ergeben, dass die tatbestandlichen Voraussetzungen für eine Zurückweisung nach § 87b VwGO vorliegen. Die Anforderungen an eine ausreichende Begründung können aber nicht generell festgelegt werden, sondern sind von den konkreten Einzelfallumständen abhängig. Mit dem Gewicht der Präklusionsfolgen steigt regelmäßig der Begründungsbedarf (BVerwG, NVwZ 2000, 1042, 1043). Das verspätetes Sachvorbringen sollte ursprünglich ausnahmslos unbeachtet bleiben (BT-Drucks. 12/2062, S. 18). Der Rechtsausschuss empfahl demgegenüber eine Begründungsfrist von zwei Wochen für das Eilrechtsschutzverfahren (BT-Drucks. 12/2718, S. 54). Um den gegen die kurze Frist für den Eilrechtsschutz erhobenen verfassungsrechtlichen Bedenken Rechnung zu tragen, 88 schlug der Innenausschuss daraufhin vor, abweichend von der Entwurfsfassung die Präklusionsfolgen nicht zwingend eintreten zu lassen, sondern die Entscheidung über den Ausschluss verspäteten Vorbringens richterlicher Ermessensausübung zu überlassen. Dies sollte durch Verweisung auf die Präklusionsnormen des allgemeinen Prozessrechts erreicht werden. Den Gerichten werde es damit erleichtert, im Einzelfall die Regelung verfassungskonform zu handhaben. Dadurch würden langwierige Wiedereinsetzungsverfahren mit ihrer verzögernden Wirkung vermieden (BT-Drucks. 12/2718, S. 62).

89 Die *Zurückweisung verspäteten Vorbringens* ist *nicht selbständig angreifbar* (BVerwG, NVwZ 2000, 1042, 1043). Es handelt sich um eine vorbereitende Maßnahme, gegen die eine Beschwerde nicht stattfindet (§ 146 Abs. 2 VwGO). Das Verwaltungsgericht muss in der Beschlussbegründung die für die Zurückweisung im Einzelnen maßgeblichen Gründe konkret darlegen (BVerwG, NVwZ 2000, 1042, 1043). Die Fehlerhaftigkeit der Zurückweisung kann lediglich im Zusammenhang mit dem Zulassungsantrag (§ 78 Abs. 4) geltend gemacht werden. In Betracht kommt hier die Verletzung rechtlichen Gehörs (§ 78 Abs. 3 Nr. 3 in Verb. mit § 138 Nr. 3 VwGO). Sofern die Berufung zugelassen wird, kann die Zulassung des verspäteten Sachvortrags im Berufungsverfahren beantragt werden (§ 79 Abs. 1 in Verb. mit § 128a VwGO). Ebenso wie nach § 87b Abs. 3 Satz 3 VwGO gilt auch für das Berufungsverfahren, dass der verspätete Sachvortrag zuzulassen ist, wenn es mit geringem Aufwand möglich ist, den Sachverhalt auch ohne Mitwirkung der Beteiligten zu ermitteln (§ 128a Abs. 1 Satz 4 VwGO). Die vom Verwaltungsgericht angeordnete Präklusion wirkt gem. § 128a VwGO auch für das Berufungsverfahren und nach § 141 in Verb. mit § 128a VwGO auch für das Revisionsverfahren.

F. Klagerücknahme

90 Die Klagerücknahme ist als Prozesserklärung grundsätzlich *bedingungsfeindlich*, *unwiderruflich* und *unanfechtba*r (BVerwGE 57, 342, 346 = NJW 1980, 135, m.w. Hw.; BVerwG, NVwZ 1985, 196, 197; BVerwG, NVwZ 1997, 1210, 1211; BVerwG, NJW 1997, 2897, 2897; BGH, NJW 1981, 2193, 2194; BGH, DB 1977, 628; BGH, NJW 1991, 2839; BFH, NJW 1970, 631, 632; BSG, NJW 1972, 2280; OLG München, FamRZ 1982, 510; Thür. OVG, AuAS 2001, 91, 92 = NVwZ-RR 2001, 411; Nieders. OVG, NVwZ-RR 2010, 862; VG Wiesbaden, Hess. VGRspr. 1995, 48; *Mayer*, MDR 1985, 373, 374, str.; zur Einwilligungsfiktion bei Klagerücknahme s. *Schifferdecker*, NVwZ 2003, 925). Das Prozessrecht enthält für Prozesshandlungen keine den §§ 119 ff. BGB entsprechende Vorschriften. Eine analoge Anwendung der für privatrechtliche Willenserklärungen geltenden Anfechtungsregeln ist unzulässig, weil das Prozessrecht die Verfahrenslage weitgehend vor Unsicherheiten schützen will und deshalb ein Widerruf von Prozesshandlungen – namentlich solcher, die sich maßgeblich auf die Beendigung des Verfahrens auswirken – nur in Ausnahmefällen zulässt (BGH, NJW 1981, 2193, 2194; BGH, NJW 1981, 576, 577; BVerwGE 57, 342, 347). Es stellt grundsätzlich keinen Vollmachtsmissbrauch dar, wenn der Bevollmächtigte ohne Rücksprache mit dem Mandanten die Klage zurücknimmt (VG Ansbach, AuAS 2016, 55, 56).

Erweist sich nachträglich, dass die für die Klagerücknahme ursächlichen Voraussetzungen nicht vorlagen, etwa weil Heiratspläne gescheitert sind, der asylunabhängige Aufenthaltstitel verweigert wird oder die geplante Ausreise scheitert, bleibt die Klagerücknahme wirksam. Ein *Motivirrtum* rechtfertigt grundsätzlich *nicht* die Anfechtung einer prozessbeendenden Erklärung (BFH, NJW 1970, 631, 632). Beruht die Abgabe der prozessbeendenden Erklärung hingegen auf einem Irrtum, der durch eine *objektiv unrichtige richterliche Belehrung* über die Rechtslage herbeigeführt wurde, darf der Beteiligte hieran nicht festgehalten werden (BGH, NJW 1981, 576, 577; vgl. auch OLG Hamm, NJW 1976, 1952, 1953). Eine Anfechtungsmöglichkeit besteht nach der Rechtsprechung auch dann, wenn die prozessbeendende Erklärung durch eine strafbare Handlung herbeigeführt wurde (BVerwGE 57, 342, 346). Auch wenn die Ausländerbehörde die Klagerücknahme veranlasst und hierbei ihre Belehrungspflicht (§ 25 VwVfG) verletzt hat, fehlt der Rücknahme das erforderliche Erklärungsbewusstsein und der -wille und ist sie deshalb unwirksam (VG Berlin Beschl. v. 30.03.1998 – VG 35 A 3394.97). 91

Die Klagerücknahme kann auch auf einem entschuldbaren und prozessual beachtlichen Irrtum beruhen, etwa weil dem Verfahrensbevollmächtigten bei der Angabe des Aktenzeichens im Rahmen der Klagerücknahme ein Versehen unterlaufen ist. In diesem Fall kann die prozessbeendende Erklärung wegen *Erklärungsirrtums* angefochten werden (Thür. OVG, AuAS 2001, 91, 92 = NVwZ-RR 2001, 411; VG Wiesbaden, Hess VGRspr. 1995, 48; a.A. Hess. VGH, NJW 1987, 601; BSG, NJW 1972, 2280). Nach der Gegenmeinung ist allein der Erklärungswille und das Bewusstsein, überhaupt eine prozessual erhebliche Erklärung abzugeben, maßgebend (BSG, NJW 1972, 2280). Dies gelte selbst dann, wenn der Rechtsanwalt erkennbar das Rechtsmittel für den bezeichneten Auftraggeber nicht habe zurücknehmen wollen, sondern diesen mit einem anderen Auftraggeber gleicher Nationalität und gleichen Namens verwechselt habe (Hess. VGH, NJW 1987, 601). Eine Ausnahme von diesem Grundsatz wird nur zugelassen, wenn die Rücknahme der Klage auf einer irrtümlich erteilten gerichtlichen Anregung oder auf einem offensichtlichen Versehen des Rechtsanwalts beruht (Hess. VGH, NJW 1987, 601). 92

Der Widerruf der Rücknahmeerklärung ist aber zulässig, wenn ein *Wiederaufnahmegrund im Sinne von §§ 580 ff. ZPO* vorliegt (BVerwGE 57, 343, 346; BVerwG, NVwZ 1985, 196, 197; BGHZ 33, 73, 76; Hess. VGH, NJW 1987, 601, 602). Geht der Widerruf der Klagerücknahme vorher oder gleichzeitig mit der Klagerücknahme beim Gericht ein, wird die prozessbeendende Erklärung nicht wirksam (vgl. BGH, DB 1977, 628). Nach Antragstellung in der mündlichen Verhandlung bedarf die Rücknahmeerklärung der Einwilligung des Prozessgegners (§ 92 Abs. 1 Satz 2 VwGO). Das Verfahren ist aber im Zeitpunkt der wirksamen Erklärung der Rücknahme beendet. Die Einwilligung wirkt auf den Zeitpunkt zurück, in dem die Rücknahme wirksam erklärt wurde (Nieders. OVG, NVwZ-RR 2010, 862). Wird die Einwilligung jedoch verweigert, nimmt diese der Klagerücknahme jede Wirkung. Eine wirkungslose Prozesshandlung braucht nicht widerrufen zu werden (*Mayer*, MDR 1985, 373, 374). Aufgrund der Klagerücknahme gilt die erhobene Klage nicht als anhängig geworden (§ 173 VwGO in Verb. mit § 269 Abs. 3 Satz 1 ZPO). Der angefochtene Bescheid 93 wird bestandskräftig (Nieders. OVG, NVwZ-RR 1989, 276). Das nach der Rücknahme erlassene Urteil ist nichtig. Der von der Existenz ausgehende Rechtsschein ist im Rechtsmittelverfahren zu beseitigen (Thür. OVG, AuAS 2001, 91, 92 = NVwZ- RR 2001, 411). Entsteht nachträglich Streit über die Wirksamkeit der Klagerücknahme, ist darüber durch Urteil zu entscheiden (BVerwG, NJW 1997, 2897, 2898; OVG NW, NVwZ-RR 1998, 271, 272).

94 Bei rechtlich teilbaren Klagegegenständen ist auch eine *teilweise Klagerücknahme* zulässig. Diese liegt auch vor, wenn sie nicht ausdrücklich erfolgt, sondern sich der auf die Rücknahme der Klage gerichtete Erklärungswille den zugrunde liegenden Schriftsätzen durch Auslegung entnehmen lässt (BFH, NVwZ-RR 2000, 334). Ein Urteil, das unbeabsichtigt einen Teil des Streitgegenstandes unbeschieden lässt, ist fehlerhaft. Dagegen kann aber kein Zulassungsantrag wegen Verfahrensmangel gestellt werden. Vielmehr ist nach § 120 VwGO ein *Urteilsergänzungsverfahren* durchzuführen (OVG NW, AuAS 2007, 46, 48, mit Hinweis auf BVerwGE 95, 269). Im Asylprozess kommt als teilweise Klagerücknahme die auf die Verpflichtung zur Asylanerkennung gerichtete Klage unter gleichzeitiger Aufrechterhaltung der auf die Zuerkennung der Flüchtlingseigenschaft gerichteten Klage oder die Rücknahme der auf die Asylberechtigung und Zuerkennung der Flüchtlingseigenschaft zielenden Klage unter Aufrechterhaltung der auf die Gewährung subsidiären Schutzes gerichteten Klage oder die Rücknahme der auf die Asylberechtigung und internationalen Schutzes zielenden Klage unter Aufrechterhaltung der auf die Feststellung von Abschiebungsverboten nach § 60 Abs. 5 und 7 AufenthG gerichteten Klage in Betracht.

G. Erledigungserklärung

95 Erklären die Beteiligten das Verfahren in der Hauptsache übereinstimmend für erledigt, ist der Rechtsstreit beendet. Zwar wird das angefochtene Urteil erst in einem nach Abgabe übereinstimmender Erledigungserklärungen ergehenden Kostenbeschluss für unwirksam erklärt. Der Beschluss hat aber lediglich klarstellende Funktion und vermittelt den Beteiligten kein Rechtsschutzinteresse, das Verfahren fortzusetzen (OVG Rh-Pf, AuAS 2003, 58, 59; BayVGH, NVwZ-RR 2006, 735). Ausnahmsweise wird trotz Erledigungserklärung ein Rechtschutzinteresse anerkannt, dass im Rechtsmittelverfahren die vor Eintritt der Erledigung bestehende Rechtslage einer Klärung zugeführt wird. Dies ist etwa dann der Fall, wenn ein unterlegener und damit kostenpflichtiger Beteiligter die Sachentscheidung anficht, um nach Zulassung des Rechtsmittels die Hauptsache für erledigt zu erklären und eine für ihn günstigere Kostenentscheidung nach § 161 Abs. 2 VwGO zu erreichen (OVG Rh-Pf, AuAS 2003, 58, 59). Der einseitigen Erledigungserklärung darf trotz Eintritt des erledigenden Ereignisses nicht stattgegeben werden, wenn der der Erledigung widersprechende Beteiligte ein berechtigtes Interesse an einer Sachentscheidung hat (BVerwGE 114, 149, 154f.). Er hat jedoch konkret darzulegen, dass für andere Fälle eine Präjudizwirkung bestehen kann oder eine Wiederholungsgefahr zu besorgen ist (BVerwG, InfAuslR 2004, 131, 132 = AuAS 2004, 18). Erklärt der Kläger die Erledigung und anschließend die Rücknahme, ist die letzte Erklärung wirksam, wenn nicht der Prozessgegner vor deren Erklärung in die Erledigung eingewilligt hat. Mit dem

Wirksamwerden der Klagerücknahme ist die Erledigungserklärung gegenstandslos geworden (BayVGH, NVwZ-RR 2006, 735).

Bei *»verzögerter Erledigungserklärung«* kommt die Annahme einer *»verschleierten Klagerücknahme«* in Betracht (BVerwG, InfAuslR 2004, 131, 132 = AuAS 2004, 18; s. auch VGH BW, NJW 1974, 964). Im Grundsatz gibt es grundsätzlich keine zeitliche Grenze für den Übergang vom ursprünglichen Klageantrag zur Erledigungserklärung. Das Prozessrecht begründet keine Pflicht zur unverzüglichen Reaktion auf den Eintritt eines erledigenden Ereignisses. Vielmehr kann der Kläger in jedem Stadium das Verfahren für erledigt erklären, um dadurch einer Klageabweisung zu entgehen. Er kann sogar noch im Revisionsverfahren die Hauptsache für erledigt erklären, obwohl das die Erledigung herbeiführende Ereignis bereits während des erstinstanzlichen Verfahrens eingetreten sei. Diese Grundsätze gelten auch im Asylprozess (BVerwG, InfAuslR 2004, 131, 132 = AuAS 2004, 18). Es obliegt dem Verwaltungsgericht, bei einer Änderung der Sachlage – wie etwa bei einer Veränderung der die Verfolgungsgefahr begründenden allgemeinen Verhältnisse während des Verfahrens – gegebenenfalls eine Erledigungserklärung bei den Beteiligten anzuregen. Unterbleibt eine übereinstimmende Erledigungserklärung, ist durch Urteil zu entscheiden. Es gibt keine Pflicht zur sofortigen übereinstimmenden Erledigungserklärung. Auch im Asylprozess kann nach gefestigter Rechtsprechung des BVerwG die Erledigungserklärung nur rechtzeitig vor der gerichtlichen Entscheidung in der Hauptsache abgegeben werden. Gegebenenfalls hat der Kläger die durch eine verspätete Erledigungserklärung verursachten Mehrkosten zu tragen (BVerwG, InfAuslR 2004, 131, 132 = AuAS 2004, 18; s. aber § 83b). 96

Ein Antrag auf Zulassung der Berufung mit dem Ziel einer Verfahrenseinstellung nach Abgabe übereinstimmender Erledigungserklärungen ist nur ausnahmsweise zulässig. Mit der durch das Zulassungserfordernis bewirkten Beschränkung der Möglichkeit, Rechtsmittel einzulegen, wird das Ziel verfolgt, nur dann den Rechtsmittelzug zu eröffnen, wenn bestimmte prozessuale Voraussetzungen gegeben sind. Das ist nicht möglich, wenn nach Zulassung der Berufung das Verfahren in der Hauptsache für erledigt erklärt werden soll. Unter diesen Umständen kommt eine Überprüfung des angefochtenen Urteils und insbesondere dessen Aufhebung nicht mehr in Betracht (OVG Rh-Pf, AuAS 2003, 58, 59. 97

H. Aussetzung des Verfahrens (§ 94 VwGO)

Auf Antrag kann das Ruhen des Verfahrens angeordnet werden (§ 94 VwGO), wenn in einem anderen Verfahren über ein Rechtsverhältnis entschieden wird, dessen Bestehen für den auszusetzenden Rechtsstreit *präjudizielle Bedeutung* hat (VGH BW, NVwZ-RR 2013, 622). Dies kann z.B. bei einer berufungsgerichtlichen Klärung grundsätzlicher Fragen für alle Streitigkeiten im Bezirk des Berufungsgerichts, bei revisionsgerichtlicher Klärung oder bei europarechtlicher Klärung durch den EuGH (so VGH BW, NVwZ-RR 2012, 622) für alle Streitigkeiten im Bundesgebiet in Betracht kommen. Für eine Aussetzung genügt es aber nicht, wenn die Feststellung eines Rechtsverhältnisses im anderen Verfahren nicht im Rahmen einer rechtskraftfähigen 98

Regelung erfolgt, sondern das Rechtsverhältnis dort seinerseits nur eine *Vorfrage* betrifft (VGH BW, NVwZ-RR 2013, 622; s. auch VGH BW, NVwZ 2013, 1630).

I. Wiedereinsetzungsantrag

1. Funktion des Wiedereinsetzungsantrags

99 Bei Versäumnis der Klagefrist nach Abs. 1 kann Wiedereinsetzung in den vorigen Stand beantragt werden (§ 60 VwGO). Dies gilt auch für den Fall der Wochenfrist des § 34a Abs. 2 Satz 1, § 36 Abs. 3 Satz 1 (BVerfGE 86, 280, 287; VG Sigmaringen, InfAuslR 1994, 209). Grundsätzlich gilt dies für alle gesetzlichen Fristen, mit Ausnahme der Betreibensaufforderung nach § 81 (s. hierzu § 81). Die Wiedereinsetzungsregelungen betreffen alle gesetzlichen Fristen im Rahmen des Verwaltungsverfahrens (§ 32 VwVfG) sowie des Verwaltungsprozesses (§ 60 VwGO), einschließlich der Wiedereinsetzungsfristen selbst (BVerfGE 60, 253, 267. Auch im Verfassungsbeschwerdeverfahren kann Wiedereinsetzung (§ 93 Abs. 2 Satz 1 BVerfGG) beantragt werden (BVerfG, NJW 1996, 512, 513). Eine *fehlerhafte Zustellung* setzt die Rechtsbehelfsfrist nicht in Gang. Ein Wiedereinsetzungsantrag ist nicht erforderlich. Zwar handelt es sich auch bei der Begründungsfrist (Abs. 2 Satz 1) um eine gesetzliche Frist. § 87b Abs. 3 VwGO lässt aber verspätetes Sachvorbringen zu. An die Stelle der Wiedereinsetzung tritt bei Fristversäumnis die richterliche Ermessensentscheidung dahin, dass der verspätete Vortrag zulässig ist, sofern dadurch die gerichtliche Entscheidung nicht verzögert würde. Die Zurechnung eines Verschuldens an der Versäumung der Rechtsbehelfsfrist führt für den Beteiligten zum Verlust des weiteren Rechtszuges, bei Versäumung der Klagefrist zur völligen Vorenthaltung gerichtlichen Rechtsschutzes in der Sache (BVerfGE 60, 253, 267 = EZAR 610 Nr. 14 = NVwZ 1982, 614 = NJW 1982, 2425).

100 Auch im Asylprozess gelten mit Blick auf den Verschuldensbegriff die allgemeinen Vorschriften (BVerfGE 60, 253, 267; zum Verhältnis von Wiedereinsetzungsantrag und Folgeantrag, s. BVerfG, NVwZ-Beil. 1994, 49; *Wolff*, NVwZ 1996, 559). Ist im Asylverfahren die Anhörung unterblieben, gilt die Versäumung der Klagefrist als nicht verschuldet, wenn dadurch die rechtzeitige Anfechtung des Verwaltungsaktes versäumt worden ist (§ 45 Abs. 3 Satz 1 VwVfG). Wegen der Verpflichtung zur Anhörung (§ 24 Abs. 1 Satz 2) hat diese Ausnahme im Asylverfahren aber keine Bedeutung. Ist aber etwa im Folgeantragsverfahren die Anhörung unterblieben (§ 71 Abs. 3 Satz 3) und wird der Anhörungsmangel als mitursächlich für die Versäumung der Rechtsbehelfsfrist gewertet, beginnt der Lauf der Wiedereinsetzungsfrist mit der Nachholung der Anhörung und nicht mit der Zustellung des Bescheids (BVerfG [Kammer], NVwZ 2001, 1392). Dies hat insbesondere in den Fällen Bedeutung, in denen der Betroffene und sein Verfahrensbevollmächtigter nicht damit rechnen mussten, dass im Folgeantragsverfahren ohne persönliche Anhörung entschieden wird. Dies betrifft insbesondere Fälle, in denen zwischen dem ersten Asylverfahren und der erneuten Asylantragstellung ein längerer Zeitraum verstrichen und der Antragsteller in sein Herkunftsland zurückgekehrt ist und im Vergleich zu den Asylgründen des ersten Verfahrens anders geartete Verfolgungsgründe vorträgt.

II. Verschulden des Asylklägers

Das Gesetz setzt für die Wiedereinsetzung in den vorigen Stand voraus, dass jemand ohne Verschulden an der Einhaltung der gesetzlichen Frist gehindert war. Es besteht ein rechtsstaatliches Interesse an der Klarheit, Einfachheit sowie Sicherheit des Prozessrechts. Daher wird in der Rechtsprechung der Verschuldensbegriff des Wiedereinsetzungsrechts sehr eng ausgelegt: Verschulden liegt vor, wenn der Beteiligte diejenige Sorgfalt außer Acht lässt, die für einen gewissenhaften und seine Rechte und Pflichten sachgerecht wahrnehmenden Prozessführenden geboten war. Jedenfalls bis zur Grenze der Unmöglichkeit, die etwa dann erreicht ist, wenn ein Übersetzer innerhalb der maßgeblichen Frist nicht erreichbar ist, wird dem Asylsuchenden die erhöhte Sorgfalt und Mühe, die durch Verständnisschwierigkeiten bedingt sind, zugemutet (BVerfGE 60, 253, 293 = DVBl 1982, 888 = JZ 1982, 596 = EuGRZ 1982, 394 = EZAR 610 Nr. 14). Andererseits dürfen die Anforderungen an die Erlangung der Wiedereinsetzung nicht durch übermäßig strenge Handhabung verfahrensrechtlicher Vorschriften überspannt werden (BVerfG [Kammer], NVwZ 2001, 1392). Auch ist bei mittellosen und ausländischen Rechtsuchenden Nachsicht am Platz (BSG, EZAR 612 Nr. 2). 101

Der nicht anwaltlich vertretene Asylkläger hat zwar einen Anspruch auf Wiedereinsetzung in eine versäumte Frist, wenn er innerhalb der noch laufenden Frist alles ihm Zumutbare getan hat, um sich durch einen Anwalt vertreten zu lassen. Wer aber den unsicheren Weg über eine Zustellanschrift wählt, muss sich dort werktäglich nach für ihn eingehender Post erkundigen (Hess. VGH, EZAR 226 Nr. 7). Dazu gehört grundsätzlich auch, dass er innerhalb der Frist bei dem zuständigen Gericht einen Antrag auf Beiordnung eines Anwalts gestellt hat (BVerwG, AuAS 1999, 263). Hat der bisherige Prozessbevollmächtigte den Auftrag gekündigt, dürfen die Anforderungen an Bemühungen um Neubeauftragung eines Anwalts nicht überspannt werden. Je nach den örtlichen und zeitlichen Verhältnissen ist insoweit eine unterschiedliche Bewertung angezeigt. So wird es einem in abgelegener ländlicher Umgebung untergebrachten Asylkläger unter unvergleichlich schwierigeren Bedingungen als einem im städtischen Siedlungsgebiet lebenden Asylkläger möglich sein, einen Rechtsanwalt zu finden. 102

Grundsätzlich folgen aus der *in deutscher Sprache erteilten Rechtsbehelfsbelehrung* keine herabgestuften Sorgfaltspflichten. Seit Mitte der siebziger Jahre gehen die Gerichte in gefestigter Rechtsprechung davon aus, dass kein Anspruch auf Belehrung in der Heimatsprache des Asylsuchenden besteht, mit der Folge, dass die allein in deutscher Sprache erteilte Rechtsbehelfsbelehrung auch gegenüber Asylsuchenden die Frist in Lauf setzt (BVerfGE 42, 120,123 ff. = DÖV 1976, 681 = NJW 1976, 1021; BVerwG, DVBl 1978, 888 = DÖV 1978, 814 = BayVBl. 1978, 474; BSG, EZAR 612 Nr. 2). Jedenfalls im Hinblick auf die damals maßgebliche Monatsfrist hatte das BVerfG entschieden, vom Asylsuchenden könne erwartet werden, dass er sich innerhalb der Frist zureichend um seine Interessen, insbesondere um Übersetzungsmöglichkeiten bemühe (BVerfGE 60, 253, 293f.). Mit Blick auf eine einwöchige Rechtsbehelfsfrist hatte das BVerfG jedoch die in deutscher Sprache erteilte Rechtsbehelfsbelehrung wie eine unterbliebene behandelt (BVerfGE 40, 95, 100 = NJW 1975, 1579; s. auch BVerfG, NVwZ-RR 1996, 120 = AuAS 1995, 171). Auszugehen ist davon, welche 103

Sorgfalt von einem Rechtsuchenden erwartet werden kann (BVerfGE 42, 120, 124 ff. = DÖV 1976, 681 = NJW 1976, 1021). Unzureichende Sprachkenntnisse entheben den ausländischen Adressaten eines amtlichen Schreibens nicht der Sorgfalt in der Wahrnehmung seiner Rechte (BVerfG [Kammer], NJW 1991, 2208; BVerfG [Kammer], NVwZ-RR 1996, 120, 121 = AuAS 1995, 171; BVerwG, InfAuslR 1994, 128, 129).

104 Anfängliche Unklarheiten bei der Bewertung des Inhalts dieser Sorgfaltspflichten in der Kammerrechtsprechung (s. einerseits BVerfG [Kammer], NJW 1991, 2208; s. andererseits BVerfG [Kammer], NVwZ 1992, 2362) hat das BVerfG im einschränkenden Sinne geklärt. Die nur beispielhaft genannte Monatsfrist (BVerfGE 42, 120, 127) lasse sich nicht ohne Weiteres auf Asylkläger übertragen (BVerfGE 86, 280, 285 = EZAR 632 Nr. 15 = NVwZ 1992, 1080 = InfAuslR 1992, 369). Dies folge aus dem besonderen, Asylklägern in Übereinstimmung mit Verfassungsrecht gewährten aufenthaltsrechtlichen Status. Sei hiernach der gesamte Aufenthalt eines Asylklägers auf den Asylbescheid hin orientiert, sei es ihm zuzumuten, bei Eingang eines erkennbar amtlichen Schreibens umgehend und intensiv Bemühungen anzustellen, dessen Inhalt zu erkunden (BVerfGE 86, 280, 283 f.). Die Situation eines Asylklägers sei mit dem Regelfall eines der deutschen Sprache unkundigen Adressaten, den ein amtliches Schreiben im anderweitig bestimmten Lebensalltag erreiche, nicht vergleichbar. Der Asylkläger müsse vielmehr damit rechnen, dass ein erkennbar amtliches Schreiben gerade sein Verfahren betreffe und von großer Dringlichkeit sei. Daher dürfe er nicht zunächst einige Tage untätig bleiben. Vielmehr obliege es ihm, sich unverzüglich sowie mit allem ihm zumutbaren Nachdruck um eine rasche Aufklärung über den Inhalt eines ihm nicht verständlichen Schreibens zu bemühen (BVerfGE 86, 280, 286 = EZAR 632 Nr. 15 = NVwZ 1992, 1080 = InfAuslR 1992, 369; so auch OVG NW, AuAS 2005, 79). Diese Rechtsprechung ist überholt: Nach Art. 12 Abs. 1 Buchst. a, RL 2013/32/EU werden Asylantragsteller in einer Sprache, die sie verstehen oder von der vernünftigerweise angenommen werden kann, dass sie sie verstehen, umfassend über ihre Rechte und Pflichten während des Verfahrens informiert. Nach Art. 42 Abs. 1, Abs. 3 RL 2013/32/EU ist sicherzustellen, dass sie über die Garantien nach Art. 12 verfügen und nach deren Maßgabe, also auch mittels Übersetzung über Rechtsbehelfe informiert werden. Diese auf Folgeanträge bezogenen behördlichen Pflichten bringen einen allgemeinen, für alle Verfahren geltenden Grundsatz zum Ausdruck. Nur unter diesen Voraussetzungen wird das Recht auf einen wirksamen Rechtsbehelf (Art. 46 Abs. 1 RL 2013/32/EU) gewahrt. Dies bedeutet, dass die Rechtsbehelfsbelehrung den Anforderungen von Art. 12 Abs. 1 Buchstabe a, RL 2013/32/EU zu genügen hat.

105 Da der Asylkläger stets erreichbar sein müsse, werde es ihm jedenfalls in größeren Städten regelmäßig innerhalb einer Woche möglich sein, zumutbare Bemühungen anzustellen. Die Fristversäumung könne daher nicht mit mangelnden Sprachkenntnissen entschuldigt werden (BVerfGE 86, 280, 286 = EZAR 632 Nr. 15 = NVwZ 1992, 1080 = InfAuslR 1992, 369). Führten jedoch innerhalb dieser Zeit auch unverzügliche sowie nachdrückliche Bemühungen nicht dazu, dass er sich über den Inhalt des Bescheides Klarheit habe verschaffen können, treffe ihn kein Verschulden (BVerfGE 86, 280, 286f.). Er habe jedoch substanziiert glaubhaft zu machen, dass er sich umgehend nach Erhalt des Schreibens mit allem ihm zumutbaren Nachdruck um

eine rasche Aufklärung dessen Inhalts bemüht habe, dies aber dennoch nicht so rechtzeitig möglich gewesen sei, dass er die Wochenfrist habe einhalten können (BVerfGE 86, 280, 287). Zu diesem Zweck habe er im Einzelnen und detailliert darzulegen, welche unverzüglichen Anstrengungen er zur Klärung der Bedeutung der erhaltenen amtlichen Schreiben und zur Kontaktaufnahme zu einem Bevollmächtigten er unternommen habe (BVerfGE 86, 280, 287 = EZAR 632 Nr. 15 = NVwZ 1992, 1080 = InfAuslR 1992, 369). Wendet sich der Asylsuchende aber an einen der deutschen Sprache mächtigen Landsmann und erklärt ihm dieser nach Übersetzung der in der Verfügung enthaltenen Rechtsmittelbelehrung, er habe für die Klageerhebung vier Wochen Zeit, wird ihm das Verschulden dieser »unselbständigen Hilfsperson« nicht zugerechnet (BayVGH, NJW 1997, 1324, 1325 = InfAuslR 1997, 134 = NVwZ 1997, 802 [LS]).

Der Asylkläger hat Sorge dafür zu tragen, dass sein Verfahrensbevollmächtigter ihn 106
ständig erreichen kann. Er hat diesen über jede Anschriftenänderung zu unterrichten und die fortdauernde Verbindung zu diesem zur fristgerechten Einholung von Informationen und Weisungen sicherzustellen (VGH BW, Urt. v. 08.06.1982 – A 12 S 320/82; BayVGH, Urt. v. 30.12.1983 – Nr. 25 CZ 83 C.851; Hess. VGH, EZAR 226 Nr. 7; s. auch § 10 Rdn. 40 ff.; vgl. auch BVerwG, NVwZ-RR 1995, 613, zu den Pflichten eines Geschäftsmannes, seinem Rechtsanwalt für die Dauer seines Auslandsaufenthaltes klare Instruktionen im Blick auf die Klageerhebung zu erteilen). Ein Postnachsendeantrag und schriftliche Benachrichtigung des Rechtsanwaltes wird teilweise nicht für ausreichend erachtet. Vielmehr habe der Auftraggeber wenigstens durch einen Telefonanruf oder auf andere Weise sicherzustellen, dass seine Mitteilung den Rechtsanwalt auch tatsächlich erreiche (VG Köln, InfAuslR 1985, 152). Diese Ansicht überzieht die Anforderungen an die Sorgfaltspflichten. Unterbleibt die Einlegung eines Rechtsbehelfs, weil der Asylantragsteller seinen Rechtsanwalt nicht unverzüglich aufsucht, trifft ihn das Verschulden an der Versäumnis (OVG NW, NJW 1982, 1855; ähnl. VGH BW, Urt. v. 08.06.1982 – A 12 S 320/82). Hat er andererseits bislang sämtliche Schreiben des Rechtsanwalts in der Unterkunft erhalten und erreicht ihn aufgrund widriger Umstände dessen Schreiben, mit dem er über die Zustellung eines negativen Bescheids informiert wird, nicht in dieser Unterkunft, trifft ihn kein Verschulden (VG Münster, AuAS 1997, 35, 36).

III. Verschulden des Prozessbevollmächtigten

1. Funktion der Zurechnung des Verschuldens des Prozessbevollmächtigten

Nach § 85 Abs. 2 ZPO (§ 173 VwGO) muss der Beteiligte sich das Verschulden 107
seines Prozessbevollmächtigten zurechnen lassen (BVerfGE 60, 253, 271 ff. = DVBl 1982, 888 = JZ 1982, 596 = EZAR 610 Nr. 14; BVerfG [Kammer], NVwZ 2000, 907 = AuAS 2000, 197 = EZAR 212 Nr. 12; BVerwG, DVBl 1978, 888 = DÖV 1978, 814; BVerwGE 66, 240, 241 = DÖV 1983, 248 = InfAuslR 1983, 79 [LS]; BVerwG, InfAuslR 1985, 164; BVerwG, InfAuslR 1985, 187; BVerwG, NJW 1991, 2096; BVerwG, NVwZ 2000, 65;, InfAuslR 2004, 454, 456; VGH BW, NVwZ-RR 2000, 261 = AuAS 2000, 144 [LS]; BayVGH, AuAS 2001, 185; BayVGH,

AuAS 2011, 260). In § 85 Abs. 2 ZPO ist Ausdruck des allgemeinen Grundsatzes, dass jeder, der am Rechtsverkehr teilnimmt, für die Personen einzustehen hat, die erkennbar sein Vertrauen genießen (BVerwG, NVwZ 2000, 65). Die Zurechnung entfällt jedoch, wenn der Auftraggeber Maßnahmen ergreift, die geeignet sind, die Vertrauensgrundlage zu beseitigen. Zwar wird nach § 87 Abs. 1 ZPO das Erlöschen der Vollmacht erst mit Eingang der Anzeige bei Gericht wirksam. Als Bevollmächtigter i.S.d. § 85 Abs. 2 ZPO ist ein Rechtsanwalt indes bereits dann nicht mehr anzusehen, wenn das nach innen bestehende Rechtsverhältnis beendet wird, das der nach *außen wirkenden Vollmacht zugrunde liegt. Eine Verschuldenszurechnung* kommt nicht mehr in Betracht, sobald das Mandat, und sei es auch nur im Innenverhältnis, gekündigt ist (BVerwG, NVwZ 2000, 65; VGH BW, NJW 2004, 2916 = NVwZ 2004, 1517 [LS]). Dieses muss aber wirksam beendet worden sein, was im Falle des unterbrochenen Kontakts des Bevollmächtigten zum Mandanten nicht der Fall ist (Rdn. 33).

108 § 85 Abs. 2 ZPO ist selbst dann anwendbar, wenn der Bevollmächtigte es nicht nur »vorsätzlich unterlassen« hat, die erforderlichen Schritte einzuleiten, sondern den Prozess sogar zum Nachteil des Mandanten *»vorsätzlich sabotiert«*. Das Wiedereinsetzungsrecht lasse sich nicht als Mittel mobilisieren, um den Mandanten von seinem eigenen Bevollmächtigten zu schützen. Ein Beteiligter, der sich in einem gerichtlichen Verfahren vertreten lasse, solle in jeder Weise so dastehen, als wenn er den Rechtsstreit selbst führen würde. § 85 Abs. 2 ZPO liefere einen Mandanten andererseits nicht schutzlos seinem Prozessbevollmächtigten aus. Die Zurechnung entfalle vielmehr, wenn der Mandant Maßnahmen ergreife, die geeignet seien, die Vertrauensgrundlage zu beseitigen. Jeder Beteiligte habe es daher in der Hand, sich aus der vorgeblichen »Opferlage« zu befreien und sich den nachteiligen Folgen des § 85 Abs. 2 ZPO zu entziehen (BVerwG, NVwZ 2000, 65, 65f.; VGH BW, EZAR 610 Nr. 5). Auch das BVerfG rechnet nicht nur versehentliches, sondern auch willentliches Unterlassen von Prozesshandlungen des Bevollmächtigten dem Vertretenen zu. Wo sich dabei allgemein oder im Einzelfall Grenzen der Zurechenbarkeit aus einfachem Recht ergeben können, hat es offengelassen (BVerfGE 60, 253, 302 = DVBl 1982, 888 = JZ 1982, 596 = EZAR 610 Nr. 14; ebenso BayVGH, Urt. v. 30.12.1983 – Nr. 25 CZ 83C.851). Auch nach der hochgerichtlichen Rechtsprechung stellt die aus Vergesslichkeit oder Unachtsamkeit des Prozessbevollmächtigten unterbliebene Klageerhebung selbst dann zurechenbares Anwaltsverschulden dar, wenn es sich nicht um eine typische anwaltliche Tätigkeit handelt (VGH BW, EZAR 610 Nr. 5). Erkrankt der Bevollmächtigte jedoch wenige Stunden vor Fristablauf unvorhersehbar und plötzlich, ist die Bestellung eines Vertreters erkennbar aussichtslos (BGH, AnwBl. 2014, 272).

109 Besondere Sorgfaltspflichten treffen den Rechtsanwalt im Blick auf die Kommunikation mit dem Auftraggeber. Es gehört zu seinen Sorgfaltspflichten, im Rahmen des ihm Zumutbaren dafür Sorge zu tragen, dass seine Mitteilungen den Mandanten zuverlässig und rechtzeitig erreichen. Bei der ersten Besprechung ist der Auftraggeber generell auf die Rechtsbehelfsfristen und die Notwendigkeit hinzuweisen, dass der Mandant ihn beim Erhalt in deutscher Sprache abgefasster anwaltlicher Schriftsätze auffordernden Charakters unverzüglich aufsucht (OVG NW, NJW 1981, 1855). Umstritten ist, ob es der Rechtsanwalt bei einem einmaligen Benachrichtigungsversuch bewenden lassen darf. Ist für ihn erkennbar, dass sein erstes Schreiben den Mandanten ersichtlich nicht erreicht hat, ist er gehalten, bei diesem gegebenenfalls nochmals und nicht nur mit einfachem Brief Rückfrage zu halten oder sich auf sonstige Weise zu vergewissern, ob dieser *eine Weiterverfolgung* seiner Rechte wünscht (BVerwGE 66, 240, 241 = DÖV 1983, 248 = InfAuslR 1983, 79). Es gehöre zu den anwaltlichen Sorgfaltspflichten, gegebenenfalls auch ohne besondere Weisung den Rechtsbehelf einzulegen (BVerwG, NVwZ 1984, 521). Grundsätzlich reicht aber im Regelfall *ein Benachrichtigungsversuch* aus (OVG Rh-Pf, NVwZ 1983, 494 = NJW 1983, 150; VG Saarlouis, InfAuslR 1984, 11; VG Münster, AuAS 1997, 35, 36; a.A. Hess. VGH, NJW 1991, 2099; Thür. OVG, NVwZ-RR 1997, 390, 391; OVG SA, AuAS 1999, 274). Ein Rechtsanwalt, der nur den Auftrag erhalten hat, für seinen Auftraggeber das Asylverfahren vor dem Bundesamt zu betreiben, ist ohne besonderen Auftrag auch dann nicht verpflichtet, vorsorglich Klage zu erheben, wenn er sich ein Vollmachtsformular hat unterschreiben lassen, in welchem auch eine Prozessführung erwähnt ist (OVG Rh-Pf, NVwZ 1983, 494; OVG NW, Beschl. v. 24.07.1987 – 18 B 21031/86; VG Münster, AuAS 1997, 35, 36; a.A. Sächs. OVG, AuAS 1997, 188, 189 = NVwZ-Beil. 1997, 66 [LS]).

Auch nach der Gegenmeinung kann eine Pflicht zur nochmalige Benachrichtigung 110
des Mandanten oder Rückfrage nur dann gefordert werden, wenn der Anwalt hätte erkennen müssen, dass sein erstes Schreiben den Auftraggeber nicht erreicht habe oder nach den Umständen des Falles dessen Antwort zu erwarten gewesen wäre (Hess. VGH, NJW 1991, 2099; OVG Sachsen, AuAS 1997, 188, 189. Im Blick auf die kurzen Fristen im Asylprozess ist einem gewissenhaften Bevollmächtigten aber regelmäßig nicht mehr als ein einmaliger Benachrichtigungsversuch zuzumuten. Dagegen wird der Rechtsanwalt in Ansehung der Antragsfrist nach § 78 Abs. 4 Satz 1 selbst dann noch zu weiteren, gegebenenfalls telefonischen Nachfragen verpflichtet gehalten, wenn ihm mitgeteilt werde, dass der Empfänger »laut Heimliste nicht bekannt« sei. Dies lasse nicht ohne Weiteres den Schluss zu, dass dessen Aufenthalt unbekannt sei OVG SA, AuAS 1999, 274, 275). Jedoch wird dann eine Pflicht zur Klageerhebung angenommen, wenn nach den Umständen des Einzelfalles davon auszugehen ist, dass der bislang hartnäckig seine Rechte verfolgende Auftraggeber dies wünscht (Hess. VGH, NJW 1991, 2099).

Angestellte Rechtsanwälte sind nur dann Vertreter eines Prozessbevollmächtigten im 111
Sinne von § 85 Abs. 2 ZPO, wenn sie von diesem mit der selbständigen Bearbeitung eines Rechtsstreits betraut worden sind (BVerwG, InfAuslR 1985, 163 = BayVBl. 1985, 187; BVerwG, NVwZ 2004, 1007, 108; KG, NJW 1995, 1434, 1435). Der Bevollmächtigte soll es nicht in der Hand haben, durch Übertragung der selbständigen Bearbeitung einer bestimmten Sache auf einen anderen sich und seine Partei weitgehend aus der Verantwortung für Versäumnisse zu ziehen, ohne dass die Partei andererseits für ein Verschulden desjenigen einstehen müsste, dem die selbständige Bearbeitung übertragen worden ist (BVerwG, InfAuslR 1985, 163). Abzugrenzen hiervon ist der Rechtsanwalt, der in einer Anwaltskanzlei als zuarbeitender Rechtsanwalt tätig ist. Ob ein Rechtsanwalt bloßer Zuarbeiter oder selbständig tätiger Mitarbeiter in der Kanzlei ist, beurteilt sich anhand der gesamten Umstände des Einzelfalls

(BVerwG, NVwZ 2004, 1007, 1008). Ist er Rechtsanwalt Hilfsarbeiter, finden auf sein Verhalten die Grundsätze des Organisationsverschuldens (Rdn. 112 ff.) Anwendung. Ein dem Auftraggeber zurechenbares Verschulden des angestellten Rechtsanwaltes kann daher nur angenommen werden, wenn der bevollmächtigte Rechtsanwalt seinerseits durch die Art und Weise der Erteilung des Auftrags an den angestellten, nicht selbständig die Sache bearbeitenden Rechtsanwalt gegen Sorgfaltspflichten verstoßen hat (BVerwG, InfAuslR 1985, 163).

2. Verschulden des Büropersonals

112 Verschulden des Büropersonals wird als Verschulden des Prozessbevollmächtigten gewertet, wenn er das Personal nicht mit der erforderlichen Sorgfalt ausgewählt, angeleitet und überwacht sowie durch zweckmäßige Büroorganisation – insbesondere auch mit Blick auf die Fristenkontrolle – das Erforderliche zur Vermeidung von Fristversäumnissen getan hat. Die Anforderungen an die entsprechenden Vorkehrungen dürfen jedoch nicht überspannt werden. Dem widerspricht es, wenn die Wiedereinsetzung in den vorigen Stand mit Anforderungen an diese Sorgfaltspflichten versagt wird, die nach der höchstrichterlichen Rechtsprechung nicht verlangt werden und mit denen auch unter Berücksichtigung der Entscheidungspraxis des angerufenen Spruchkörpers nicht gerechnet werden muss (BVerfG [Kammer], AnwBl 2015, 976, 977, mit Hinweis auf BVerfGE 79, 372, 376). Der Anwalt hat zwar durch *organisatorische Vorkehrungen* und insbesondere durch einen *Fristenkalender* sicherzustellen, dass ein fristgebundener Schriftsatz rechtzeitig erstellt wird und innerhalb der laufenden Frist beim zuständigen Gericht eingeht. Er muss aber nicht jeden zur Fristwahrung erforderlichen Arbeitsschritt persönlich ausführen, sondern ist grundsätzlich befugt, einfachere Vorkehrungen zur selbständigen Erledigung seinem geschulten Personal zu übertragen. Dies gilt auch für die Übermittlung fristgebundener Schriftsätze mittels eines Faxgerätes (Rdn. 21 ff.). Durch allgemeine Anweisungen muss Sorge dafür getragen werden, dass bei normalen Lauf der Dinge die Erledigung fristgebundenen Sachen am Abend eines jeden Arbeitsgates anhand des Fristenkalenders von einer dazu beauftragten Bürokraft nochmals und abschließend selbständig geprüft wird. *Einmaliges Fehlverhalten* einer bislang zuverlässig arbeitenden Kraft kann nicht als Verschulden des Prozessbevollmächtigten gewertet werden (BVerfG [Kammer], AnwBl 2015, 976, 977). Auf eine fachlich ausgebildete und generell auf ihre Zuverlässigkeit überprüfte Fachkraft darf er sich also verlassen. Entsprechendes gilt für die Hinzuziehung dritter Personen, insbesondere auch für den angestellten Rechtsanwalt (Rdn. 111). Dennoch vorkommende schuldhafte, zur Fristversäumnis führende Maßnahmen von Hilfspersonen werden dem Rechtsanwalt nicht zugerechnet (VGH BW, EZAR 610 Nr. 5; BayVGH, NVwZ-RR 2009, 901, 902). Wegen der Bedeutung der Wiedereinsetzung für den Rechtsschutz dürfen die Anforderungen an die Sorgfaltspflichten nicht überspannt werden (OVG NW, NJW 1995, 1445). Legt die geschulte und zuverlässige Auszubildende im zweiten Lehrjahr den Schriftsatz versehentlich in einen nicht für das zuständige Gericht bestimmten Briefumschlag ein, trifft den Anwalt kein Verschulden (BGH, MDR1995, 317; OVG Berlin-Brandenburg, NVwZ 2016, 403, 404). Es übersteigt die zu stellenden Anforderungen, von der verantwortlichen Angestellten zu

fordern, sich anhand eines Postausgangsbuchs von der Richtigkeit der Einordnung der Schriftsätze in die Umschläge zu überzeugen (BGH, MDR 1995, 317, 318). Im Übrigen kann die Führung eines *Postausgangsbuches* nicht verlangt werden, ohne dass dem Prozessbevollmächtigten deshalb ein Verstoß gegen die anwaltlichen Sorgfaltspflichten vorgeworfen werden könnte (BGH, MDR 1995, 317, 318).

Vorausgesetzt wird, dass der Rechtsanwalt diese Personen mit der erforderlichen Sorg- 113
falt ausgewählt, angeleitet und überwacht hat. Durch zweckmäßige Büroorganisation, insbesondere auch hinsichtlich der Fristen- und Terminüberwachung, mittels genereller oder besonderer Weisungen ist das Erforderliche zur Verhinderung von Fristversäumnissen zu veranlassen. Unter diesen Voraussetzungen darf die Überwachung der Fristen und Termine an qualifiziertes Büropersonal delegiert werden, ohne dass den Anwalt ein Verschulden trifft, sofern das Büropersonal sich in der Vergangenheit als zuverlässig erwiesen hat (BGH, NJW 1994, 1879; BGH, NJW 1994, 3235; VGH BW, NVwZ-RR 1995, 174; OVG NW, NJW 1995, 1445 = NVwZ 1995, 712). Erteilt der Anwalt einer bislang zuverlässig arbeitenden Mitarbeiterin die konkrete Einzelanweisung, einen fristgebundenen Schriftsatz vorab an das Gericht zu faxen, trifft ihn kein Verschulden, wenn diese zwar die Anweisung ausführt, jedoch entgegen der allgemeinen Anweisung nicht den störungsfreien Zugang kontrolliert (BGH, AnwBl. 2010, 138, 139; Rdn. 21 ff.). Andererseits entlastet eine Einzelanweisung, die nicht erkennen lässt, dass vom üblichen Arbeitsablauf abgewichen werden soll, den Rechtsanwalt nicht von unzureichender Büroorganisation (BGH, AnwBl. 2009, 719). Hat die Bürokraft weisungswidrig einen falsch adressierten und vom Rechtsanwalt unterzeichneten fristgebundenen Schriftsatz gefertigt und hat er daraufhin Anweisung erteilt, den korrigierten Schriftsatz zu erstellen, ihm zur Unterschrift vorzulegen und anschließend an das dort aufgeführte Gericht zu übersenden, trifft ihn ein Verschulden, wenn er die Durchführung dieser Weisung nicht durch weitere Maßnahmen absichert (BGH, AnwBl 2015, 977, 978). Wird die Ehefrau des Anwalts mit der Übermittlung eines fristgebundenen Schriftstücks beauftragt, ist wie bei einem externen Boten darzulegen, dass sie bereits früher mit derartigen Botengängen beauftragt wurde und sich dabei als zuverlässig erwiesen hat (BGH, BRAK 2011, 284).

Zu den Organisationspflichten des Anwalts gehört es auch, für den Fall der Verhin- 114
derung von Angestellten, die mit wichtigen Aufgaben, wie etwa der Mitnahme fristwahrender Schriftsätze zur Aufgabe bei der Post, betraut sind, von vornherein durch geeignete organisatorische Maßnahmen, etwa durch Bestimmung von Vertretern, Vorsorge zu treffen (KG, NJW 1995, 1434, 1435). Er muss insbesondere durch organisatorische Anweisungen Sorge dafür tragen, dass die für das angeschriebene Gericht zutreffende Telefaxnummer verwendet und anhand des Sendeberichtes eine entsprechende Kontrolle vorgenommen wird (BVerwG, NVwZ 2004, 1007, 1108). Der Anwalt muss sein Büro so einrichten, dass auch mögliche Unregelmäßigkeiten und Zwischenfälle, sofern sie nicht außer dem Bereich der vernünftigerweise anzustellenden Überlegungen liegen, kein Hindernis für die Wahrung der Frist hervorrufen (KG, NJW 1995, 434, 436). Werden an dem Entwurf einer Klageschrift nach der anwaltlichen Durchsicht noch Änderungen vorgenommen und führt dies zur Absendung der Schrift an ein falsches Gericht, wird dem Rechtsanwalt der Fehler zugerechnet,

wenn er nicht dafür Sorge getragen hat, dass ihm der Klageschriftsatz noch einmal zur Kontrolle vorgelegt wird (BGH, AnwBl 2016, 72). Es begründet aber kein Verschulden, wenn ein erkennbar an das Berufungsgericht gerichteter fristgebundener Schriftsatz beim Verwaltungsgericht so rechtzeitig eingeht, dass er noch an das zuständige Berufungsgericht hätte weiter geleitet werden können. Im Rahmen *nachwirkender Fürsorgepflicht* ist jedenfalls ein Gericht, bei dem das Verfahren anhängig gewesen ist, verpflichtet, fristgebundene Schriftsätze, die bei ihm eingereicht werden, an das zuständige Rechtsmittelgericht weiter zu leiten (BGH, AnwBl. 2016, 72; OVG NW, NVwZ-RR 2000, 841).

115 Unterzeichnet der Rechtsanwalt den fristwahrenden Schriftsatz, ohne zu bemerken, dass sein Büropersonal die Bezeichnung des Gerichtes eigenmächtig geändert hat, trägt er hierfür die volle Verantwortung (OVG SA, NVwZ-RR 2004, 385; OVG Sachsen, NVwZ-RR 2003, 316, 317). Bemerkt er den Fehler und erteilt daraufhin eine Korrekturanweisung, trägt er nicht die Verantwortung für das Fristversäumnis, wenn die Anweisung nicht korrekt ausgeführt wird (OVG SA, NVwZ-RR 2004, 385, 386, mit Hinweis auf BGH, NJW 1982, 2670). Hat ein Rechtsanwalt versehentlich eine Berufungsschrift unterzeichnet, bemerkt dies aber sofort und ordnet die Fertigung eines Antrags auf Zulassung der Berufung an, den er anschließend unterzeichnet, handelt er sorgfaltswidrig, wenn er beide Schriftstücke in den Geschäftsgang seiner Kanzlei gibt, ohne den fehlerhaften Schriftsatz zu zerreißen oder sonst wie kenntlich zu machen, dass er nicht abgesendet werden soll. Verwechselt anschließend eine Kanzleimitarbeiterin beide Schriftsätze und übermittelt anordnungswidrig anstelle des Zulassungsantrags die Berufungsschrift, trifft ihn ein Verschulden (Hess. VGH, NVwZ-RR 2004, 386). Die Anweisung muss geeignet sein, Fehler des Anwalts, wie z.B. Unterzeichnung eines falschen Schriftsatzes, beim normalen Verlauf der Dinge aufzufangen. Andernfalls ist das Anwaltsverschulden mitursächlich (BGH, BRAK-Mitt. 2012, 27). Stressüberlastung entlastet den Anwalt bei der Unterzeichnung eines Schriftsatzes nicht von der Kontrolle, dass dieser an das zuständige Gericht adressiert ist (BGH, AnwBl. 2012, 370 = MDR 2012, 425 = FamRZ 2012, 621).

3. Fristenkontrolle

a) Eintragung der Fristen

116 Die Sorgfaltspflicht in Fristsachen fordert vom Rechtsanwalt alles ihm Zumutbare, um die Wahrung von Rechtsmittelfristen zu gewährleisten. Überlässt er die Berechnung und Notierung von Fristen einer gut ausgebildeten, zuverlässigen und sorgfältig überwachten Bürokraft, hat er durch geeignete organisatorische Maßnahmen sicherzustellen, dass die Fristen zuverlässig festgehalten und kontrolliert werden. Zu den zur Ermöglichung einer Gegenkontrolle erforderlichen Vorkehrungen genügt es, wenn die Anweisung bestimmt, dass die Fristen zunächst im Fristenkalender zu notieren sind und erst dann in der Akte (BGH, AnwBl. 2013, 827;, NVwZ-RR 2005, 365). Nach einer beanstandungsfreien sechsmonatigen Probezeit darf der Rechtsanwalt die Berechnung und Notierung einfacher und in seinem Büro geläufiger Fristen ausgebildeten und sorgfältig überwachten Fachangestellten überlassen (BGH, BRAK-Mitt. 2011, 78).

Rechtsbehelfsfristen sind gesondert von anderen Wiedervorlagen zu notieren. Der Rechtsanwalt hat sein Personal auf komplizierte Fristen, z.B. die Berufungszulassungsfrist (§ 78 Abs. 4 Satz 1), die Berufungsbegründungsfrist (§ 78 Abs. 1 in Verb. mit § 124a Abs. 2 und 3 VwGO), Beschwerdebegründungsfrist (§ 146 Abs. 4 VwGO), die unterschiedlichen Fristen im Folgeantragsverfahren, die Begründungsfrist nach § 133 Abs. 3 Satz 1 VwGO, deren Berechnungsmodus vom übrigen Prozessrecht teilweise abweicht, besonders hinzuweisen, falls es sich wegen der Häufung derartiger Fristsachen nicht um eine Routineangelegenheit in der betreffenden Anwaltskanzlei handelt (OVG Rh-Pf, NVwZ-RR 2003, 73, mit Hinweis auf BVerwG, NJW 1995, 2122; OVG Rh-Pf, AuAS 2004, 124, 125; OVG NW, NVwZ-RR 2004, 221;, NVwZ-RR 2004, 227; VGH BW, NVwZ-RR 2007, 819, 820; OLG Saarland, BRAK-Mitt. 2011, 198). Im Zweifel sollte er selbst die Frist berechnen und kontrollieren. Die Berechnung der Frist für die Beschwerdeeinlegung nach § 133 Abs. 2 Satz 1 VwGO gehört aber anders als die Beschwerdebegründungsfrist (§ 133 Abs. 3 Satz 1 VwGO) zu den Fristen, deren Überwachung einer zuverlässigen Bürokraft übertragen werden darf (BVerwG, NVwZ 2012, 580, 581). Das gilt auch für die Antragsfrist nach § 78 Abs. 4 Satz 1 und Revisionsbegründungsfrist (§ 139 Abs. 3 VwGO). Wird ein Beschluss an zwei verschiedenen Tagen förmlich zugestellt, darf der Rechtsanwalt auch dann nicht darauf vertrauen, dass die bei der Einlegung des Rechtsmittels zu beachtenden Fristen bezogen auf das später datierende *Empfangsbekenntnis* zu berechnen sind, wenn in der gerichtlichen Eingangsverfügung nur die spätere Zustellung in Bezug genommen wird. Vielmehr setzt die erste Zustellung die Frist in Gang (OVG Sachsen, NVwZ-RR 2014, 285, 286). 117

Generell hat der Rechtsanwalt dafür Sorge zu tragen, dass die Fristnotierung anweisungsgemäß durch das Büropersonal vorgenommen wird (BVerwG, AuAS 2003, 94) und in diesem Zusammenhang durch klare Abgrenzung der Zuständigkeiten seines Personals für die zuverlässige Fristeneintragung Sorge zu tragen. Ferner ist er gehalten, durch geeignete organisatorische Maßnahmen Fehlerquellen bei der Fristbearbeitung in größtmöglichem Umfang auszuschließen (BGH, NJW 1994, 1879). Ein für die Fristversäumnis ursächliches Organisationsverschulden ist im Blick auf größere Kanzleien bereits dann anzunehmen, wenn nicht nur eine bestimmte qualifizierte Fachkraft für die Fristnotierung im Kalender und die Überwachung der Fristen verantwortlich ist (BGH, NJW 1992, 3176; BGH, BRAK-Mitt. 2007, 60). Sind mehrere oder alle Angestellten zuständig, eröffnen sich durch die dadurch bedingte Kompetenzüberschneidung Fehlerquellen dergestalt, dass sich im Einzelfall einer auf den anderen verlässt (BGH, NJW 1992, 3176). Ohne besonderen Anlass muss sich andererseits der Rechtsanwalt nach der Erteilung klarer organisatorischer Weisungen, deren Ausführung keine Schwierigkeiten erkennen lässt, bei seiner sonst zuverlässigen Hilfsperson nicht erkundigen, ob die Weisung ordnungsgemäß ausgeführt worden ist (BGH, NJW 1991, 1179). 118

Den Prozessbevollmächtigten trifft an der Versäumung der Rechtsmittelfrist ein Verschulden, wenn er den Ablauf der (Haupt-)Frist nicht im (zentralen) Fristenkalender eintragen, sondern nur die Vor- oder Bearbeitungsfristen notieren lässt und deren Einhaltung überwacht (BAG, NZA 1993, 285; BGH, NJW 1991, 1178). Es sind *sämtliche* 119 in Betracht kommenden *gesetzlichen* und *richterlichen Fristen*, auch eine sechsmonatige Frist, zu notieren (BGH, NJW 1994, 459). Bei der Anweisung zur Korrektur einer falsch berechneten Frist ist Wiedervorlage zu einem konkret bestimmten Zeitpunkt zu verfügen (BGH, BRAK-Mitt. 2013, 73). Die Zusendung einer an einem Samstag eingehenden Sendung ist mit dem Eingangsstempel von diesem Tag und nicht mit dem des darauf folgenden Werktags zu kennzeichnen (BSG, NVwZ 2009, 64). Wird dem Anwalt die Akte im sachlichen oder zeitlichen Zusammenhang mit einer fristgebundenen Prozesshandlung vorgelegt und gibt er zur Vorbereitung des von ihm zu fertigenden Schriftsatzes noch Anweisungen an sein Personal, die es erfordern, dass die Akte noch einmal in den Kanzleibetrieb geht, kann er sich regelmäßig darauf verlassen, dass ihm die Akte rechtzeitig vor Fristablauf wieder vorgelegt wird. Besondere Anweisungen, um die erneute Vorlage sicherzustellen, bedarf es regelmäßig nicht (BGH, AnwBl 2012, 197). Andererseits gehört es zu den Sorgfaltspflichten eines Rechtsanwalts in Fristsachen, den Betrieb seiner Kanzlei so zu organisieren, dass fristwahrende Schriftsätze rechtzeitig hergestellt werden und vor Fristablauf beim Verwaltungsgericht eingehen. Bei Fristen für die Begründung eines Rechtsmittels muss er dafür Sorge tragen, dass er sich rechtzeitig auf die Fertigung der Rechtsmittelbegründung einstellen sowie Unregelmäßigkeiten und Zwischenfällen vor Fristablauf Rechnung tragen kann. Bei Absendung des fristwahrenden Schriftsatzes per Fax kurz vor Mitternacht trifft ihn deshalb der Vorwurf, keinen genügenden Zeitpuffer eingeplant zu haben (BVerwG, AnwBl. 2015, 1058; Rdn. 24).

120 Behörden haben wie Rechtsanwälte besondere Sorgfaltspflichten in Ansehung der Fristnotierung und Überwachung des hierfür eingesetzten Behördenpersonals. Auch insoweit greift die Berufung auf das Versäumnis des Hilfspersonals nur durch, wenn die Behörde wie ein Rechtsanwalt darlegen kann, das Personal mit der gehörigen Sorgfalt ausgewählt, angeleitet und überwacht sowie durch eine zweckmäßige Organisation das Notwendige zur Verhinderung von Fristversäumnissen getan zu haben (Nieders. OVG, NJW 1994, 1229, 1300; OVG NW, NVwZ-RR 2004, 221; OVG NW, NVwZ-RR 2010, 462; OVG Rh-Pf, AuAS 2004, 124, 125; VGH BW, NVwZ-RR 2004, 222; VGH BW; NVwZ-RR 2005, 761). Für fristwahrende Schriftsätze ist durch Gestaltung der Behördenorganisation sicherzustellen, dass deren Abgang von der Postausgangsstelle überwacht wird. Ein Abgangsvermerk der Stelle, die das Schriftstück verfasst und an die Postausgangsstelle weitergeleitet hat, genügt nicht (VGH BW, NVwZ-RR 2005, 761).

b) Fristenkontrolle

121 Einer zuverlässige Organisation der Fristenkontrolle macht eine Dienstanweisung erforderlich, dass dem Rechtsanwalt die Akte zur eingetragenen *Vorfrist* mit deutlicher Angabe des Ablaufs der *Hauptfrist* vorzulegen ist (BVerwG, NJW 1991, 2096). Für die Ausräumung eines anwaltlichen Organisationsverschuldens muss eindeutig feststehen, welche Bürokraft zu einem bestimmten Zeitpunkt jeweils ausschließlich für die Fristenkontrolle zuständig ist (BGH, AnwBl 2015, 528). Nach der Fristeneintragung muss der Rechtsanwalt selbst die Fristenkontrolle übernehmen. Die Anweisung muss eindeutig gefasst sein und gewährleisten, dass die Frist wirksam eingehalten wird.

Die Vorfrist ist weisungsgemäß erst zu streichen, wenn die Akte tatsächlich vorgelegt wurde (BGH, NJW 1990, 2126). Durch geeignete organisatorische Maßnahmen ist sicherzustellen, dass die Notierung der Hauptfrist sowie Vorfrist zur Bearbeitung im zentralen Fristenkalender durch eine *bestimmte qualifizierte Fachkraft* erfolgt. Auch wenn der Rechtsanwalt durch geeignete Organisationsmaßnahmen und generelle Anweisungen einer bestimmten zuverlässigen Fachkraft die Fristeneintragung übertragen hat, bleibt der gewissenhafte, seine Rechte sowie Pflichten wahrnehmende Prozessführende verpflichtet, den Fristablauf selbst nachzuprüfen, wenn ihm die Handakte zur Vorbereitung der fristgebundenen Prozesshandlung vorgelegt wird. Die Nachprüfung ist insoweit keine routinemäßige Büroarbeit mehr, von der sich der Rechtsanwalt im Interesse seiner eigentlichen Aufgaben freimachen und die er geschultem und zuverlässigem Büropersonal überlassen darf (BGH, AnwBl 2016, 72; BVerwG, NJW 1991, 2096; OVG Rh-Pf, NVwZ-RR 2003, 73).

Für die Berechnung der Fristen ist § 31 VwVfG und ergänzend §§ 181 ff. BGB, §§ 221 ff. ZPO maßgebend. Berechnet das Gericht die Fristen falsch, indem es z.B. den Samstag mitberücksichtigt, wird der Anspruch auf rechtliches Gehör verletzt (BVerfG [Kammer], AnwBl 2015, 273; *Therstappen*, AnwBl 2015, 520, zur Haftung des Rechtsanwalts bei gerichtlichen Fehlern). Eine falsch berechnete Frist kann im Übrigen nicht Grundlage für die Berufung auf den Fristablauf sein. Ist auf dem Umschlag des zugestellten Schriftstücks das Datum der Zustellung nicht vermerkt, kann der Empfänger sich nicht damit entlasten, er habe anhand der übergegebenen Unterlagen den Tag der Zustellung nicht mehr feststellen können. Wird ein Schreiben förmlich zugestellt, ist für jedermann deutlich, dass mit der Zustellung fristgebundene Entscheidungen verbunden sein können und auch zumeist sein werden. Der Empfänger muss daher selbst das Datum der Zustellung notieren oder vorsichtshalber bei der absendenden Stelle nachfragen (BVerwG, NVwZ-RR 2001, 484). Für den Ablauf einer Rechtsmittelfrist an einem nicht bundeseinheitlichen gesetzlichen Feiertag sind – unabhängig vom Sitz der Kanzlei des Verfahrensbevollmächtigten – die Verhältnisse an dem Ort maßgebend, an dem die Frist zu wahren ist (BAG, BRAK-Mitt. 2011, 284; OVG Brandenburg, AuAS 2004, 260). Das mit Datum zugestellte Schriftstück ist ordnungsgemäß im Fristenkalender zu notieren. Es liegt ein eigenes Verschulden des Rechtsanwalts vor, wenn die *Vorfrist* bei Berufungsbegründungen *weniger als eine Woche* beträgt und keine besonderen Umstände vorliegen (BGH, AnwBl. 2007, 796). Ist der Zugriff auf einen elektronisch geführten Fristenkalender wegen eines technischen Defekts einen ganzen Arbeitstag nicht möglich, kann es die Sorgfaltspflicht des Rechtsanwalts in Fristsachen verlangen, dass die ihm bereits vorgelegten Handakten auf etwaige Fristabläufe hin kontrolliert werden (BGH, AnwBl. 2015, 528). Darüber hinaus kann es bei vorübergehenden Störungen aufgrund eines technischen Defekts geboten sein, in Fristsachen von der elektronischen auf eine manuelle Fristenkontrolle umzustellen (BGH, AnwBl. 2015, 528). 122

Zur Vermeidung einer Fristversäumnis ist der Rechtsanwalt gehalten, das *Empfangsbekenntnis* über die Zustellung eines Berufungszulassungsbeschlusses erst dann zu unterzeichnen und zurückzugeben, wenn in den Handakten die Begründungsfrist festgehalten und vermerkt ist, dass die Frist im Fristenkalender notiert ist (BGH, 123

AnwBl. 2010, 294). Die Zustellung wird in diesem Fall nicht durch den Eingang des Schriftstücks in der Kanzlei, sondern in dem Zeitpunkt bewirkt, in dem der Rechtsanwalt das Empfangsbekenntnis *unterzeichnet* (Nieders. OVG, NVwZ-RR 2005, 365). Als öffentliche Urkunde i.S.d. § 418 ZPO erbringt das Empfangsbekenntnis grundsätzlich den vollen Beweis dafür, dass der darin bezeichnete Zustellungszeitpunkt der Wahrheit entspricht. Das gilt nur dann nicht, wenn die Urkunde Durchstreichungen, Radierungen, Einschaltungen oder sonstige äußere Mängel aufweist, die nach der freien Beweiswürdigung des Gerichts die Beweiskraft der Urkunde ganz oder teilweise aufheben (VGH BW, NVwZ-RR 2005, 364).

124 Die Bearbeitung einer Klage- oder Rechtsmittelschrift gehört wegen der Bedeutung dieser Tätigkeit und wegen der inhaltlichen Anforderungen an einen solchen Schriftsatz zu den Tätigkeiten, die der Rechtsanwalt nicht seinem Büropersonal überlassen darf, ohne das Arbeitsergebnis auf Richtigkeit und Vollständigkeit selbst sorgfältig zu überprüfen. Von dieser Verpflichtung entbindet den Rechtsanwalt auch die Verwendung eines speziell für die Rechtsmitteleinlegung erarbeiteten *Computer-Programms* nicht (BGH, NJW 1995, 1499). Dessen richtiges Funktionieren setzt im konkreten Fall voraus, dass die Daten zutreffend eingegeben und bei der jeweiligen Maßnahme die richtigen Befehle erteilt werden. Mit der Möglichkeit eines *Bedienungsfehlers* muss der Rechtsanwalt rechnen und deshalb in einem solchen Fall den Inhalt der Klage- oder Rechtsmittelschrift eigenverantwortlich überprüfen (BGH, NJW 1995, 1499).

125 Wird dem Rechtsanwalt durch das Gericht der Eingang eines von ihm eingelegten Rechtsbehelfs schriftlich unter Angabe des Eingangsdatums bestätigt (*Eingangsverfügung*) hat er anhand der gerichtlichen Eingangsbestätigung die Einhaltung der Rechtsmittelfrist zu überprüfen bzw. durch geeignete organisatorische Maßnahmen sicherzustellen, dass diese Überprüfung ordnungsgemäß durch Hilfskräfte vorgenommen wird (BGH, NJW 1994, 458 f.; Hess. VGH, NJW 1993, 748). Insbesondere dann, wenn der Rechtsanwalt den fristgebundenen Schriftsatz am letzten Tag der Frist übermittelt, unterliegt er einer erhöhten Sorgfaltspflicht und muss daher beim Eingang der gerichtlichen Eingangsbestätigung selbst überprüfen, ob die Frist gewahrt worden ist (BayVGH, NJW 2000, 1131 = NVwZ 2000, 577). Der Zugang der gerichtlichen Eingangsbestätigung setzt regelmäßig die zweiwöchige Wiedereinsetzungsfrist in Gang (Hess. VGH, NJW 1993, 748). Wird dem Rechtsanwalt die Sache im Zusammenhang mit einer fristgebundenen Verfahrenshandlung zur Bearbeitung vorgelegt, hat er die Einhaltung seiner Anweisungen zur Berechnung und Notierung laufender Rechtsbehelfsristen einschließlich deren Eintragung n den Fristenkalender eigenverantwortlich zu prüfen (BGH, AnwBl 2014, 563).

c) Ausgangskontrolle

126 Der Rechtsanwalt braucht keine besonderen Vorkehrungen darüber zu treffen, dass die mit der Besorgung der ausgehenden Post beauftragte Hilfskraft, an deren Zuverlässigkeit bislang keine Zweifel aufgetreten sind, die zur Versendung bestimmten Schriftstücke auch tatsächlich in den Postbriefkasten einwirft (BGH, NJW 1983, 601). Die Ausgangskontrolle muss entweder für alle Sachen aus einer allgemeinen Anweisung

oder in einem Einzelfall aus einer konkreten Einzelanweisung folgen (BGH, AnwBl. 2011, 960, 961). Die Sorgfaltspflicht in Fristsachen verlangt zuverlässige Vorkehrungen zur Sicherstellung des rechtzeitigen Ausgangs fristwahrender Schriftsätze. Eine wirksame Ausgangskontrolle fordert daher insbesondere, dass Vorkehrungen getroffen werden, die sicherstellen, dass die Fertigung und Absendung fristwahrender Schriftsätze in der Weise überwacht werden, dass Fristen erst dann im Fristenkalender gelöscht werden, wenn das fristwahrende Schriftstück unterzeichnet und postfertig gemacht oder entweder tatsächlich abgesendet worden ist oder zumindest sichere Vorsorge dafür getroffen wurde, dass es tatsächlich rechtzeitig hinausgeht und der Postausgang normalerweise nicht mehr noch durch ein Versehen verhindert werden kann (BGH, NJW 1994, 1879f.; BGH, BRAK-Mitt. 2010, 257; BGH, BRAK-Mitt. 2014, 74; KG, NJW 1995, 1434, 1435;, NJW 1994, 1300, 1229, 1300). Das bloße Ablegen in einem »*Postauslaufsammler*«, in dem sich auch Schriftstücke befinden, die in der jeweiligen Handakte abzuheften sind, stellt nicht die »*letzte Station*« *zum Adressaten* dar (BGH, BRAK-Mitt. 2010, 257). Die allabendliche Ausgangskontrolle fristgebundener Schriftsätze mittels Abgleich mit dem Fristenkalender dient nicht allein der Überprüfung, ob sich aus den Eintragungen noch unerledigt gebliebene Fristsachen ergeben. Vielmehr soll sie auch gewährleisten, festzustellen, ob möglicherweise in einer bereits als erledigt vermerkten Fristsache die fristwahrende Handlung noch aussteht. Zu diesem Zweck sind Fristenkalender so zu führen, dass auch eine gestrichene Frist noch erkennbar und bei der Endkontrolle überprüfbar ist. Das ist auch bei der elektronischen Kalenderführung erforderlich, weil sie keine hinter der manuellen Führung zurückbleibenden Überprüfungsmöglichkeiten bieten darf (BGH, AnwBl 2015, 30 [31], im Anschluss an BGH, NJW 2000, 1957).

Das Büropersonal darf auch in außergewöhnlichen Verfahrenssituationen, wie z.B. einer doppelten Urteilszustellung, Fristen nicht eigenmächtig löschen (BGH, AnwBl. 2007, 869). Daher empfiehlt es sich, eine Frist im anwaltlichen Fristenkalender erst nach der Unterzeichnung des fertigen und für die Postversendung bestimmten Schriftsatzes zu streichen und darüber hinaus für das Büropersonal die generelle Anweisung zu erteilen, dass Fristen im Zentralkalender bzw. im Fristenkalender des Sekretariats erst dann gelöscht werden dürfen, wenn das durch den Rechtsanwalt bereits unterzeichnete Schriftstück in den Postausgangskorb gelegt worden ist, von dem aus ein unmittelbarer Transport zur Post oder zum Gericht erfolgt. Der *Ausgangskorb* ist also »*letzte Station*« auf dem Weg von der Kanzlei zum Adressaten. Die Führung eines Postausgangsbuchs ist unter diesen Voraussetzungen nicht erforderlich (BGH, BRAK-Mitt. 2009, 72; BGH, BRAK-Mitt. 2010, 212). Abweichend hiervon fordert der BGH zusätzlich eine nochmalige, selbständige Prüfung der Fristen am Abend des Fristablaufs auch nach Streichung der Fristen in den Sachen, die in den Ausgangskorb gelegt wurden (BGH, BRAK-Mitt. 2012, 155, 156). Der Rechtsanwalt wiederum darf die Frist in seinem Fristenkalender erst streichen, wenn er das zum Postausgang bestimmte Schriftstück unterzeichnet hat. Bei der fehlenden Unterzeichnung des bei Gericht eingegangenen Rechtsbehelfs kann eine Wiedereinsetzung in den vorigen Stand gewährt werden, wenn der Anwalt sein Büropersonal allgemein angewiesen hatte, sämtliche hinausgehenden Schriftsätze vor der Absendung auf das Vorhandensein 127 der Unterschrift zu überprüfen (BVerwG, NVwZ-RR 2015, 559). Die gilt für per Fax wie mit der Post übermittelte fristwahrende Schriftstücke gleichermaßen. Ferner ist bei Telefaxübermittlungen für eine wirksame Ausgangskontrolle erforderlich, dafür Sorge zu tragen, dass Fristen im Fristenkalender erst gelöscht werden, wenn durch Übersendung des Sendeprotokolls feststeht, dass der Schriftsatz vollständig übertragen worden ist (BVerfG [Kammer], NJW 2007, 2839 = NVwZ 2007, 1421). Der Rechtsanwalt ist jedoch darüber hinaus grundsätzlich nicht verpflichtet, bei der Absendung fristwahrender Schriftsätze auch noch deren Eingang bei Gericht zu überwachen (BVerfG, NJW 1992, 38 = NVwZ 1993, 159 [LS]; BGH, BRAK-Mitt. 2010, 74).

128 Zu den gebotenen Sorgfaltspflichten gehört es, dass der Absender auf die Leerungszeiten der Briefkästen zu achten und sich in Zweifelsfällen danach zu erkundigen hat, bis wann er den Brief zur Post geben muss, damit er rechtzeitig am Bestimmungsort eintrifft (BGH, NJW 1993, 1333). Differenzierungen danach, ob Verzögerungen bei den Postlaufzeiten auf einer zeitweise besonders starken Beanspruchung der Leistungsfähigkeit der Post, etwa vor Feiertagen, oder auf einer verminderten Dienstleistung der Post, etwa an Wochenenden, beruhen, sind unzulässig (BVerfG [Kammer], NJW 1992, 1952 = NVwZ 1992, 873; BVerfG [Kammer], NJW 1994, 244, 245). Der Rechtsanwalt darf daher auf die angegebenen Leerungszeiten des von ihm benutzten Briefkastens vertrauen (BGH, AnwBl. 2009, 720). Generell dürfen Rechtsuchenden Verzögerungen der Briefbeförderung oder -zustellung durch die Post nicht als Verschulden angerechnet werden. Für den Regelfall darf er darauf vertrauen, dass die von dieser nach ihren organisatorischen und betrieblichen Vorkehrungen für den Normalfall festgelegten Postlaufzeiten auch eingehalten werden. Versagen diese Vorkehrungen, darf das dem Bürger, der darauf keinen Einfluss hat, im Rahmen der Wiedereinsetzung in den vorigen Stand nicht als Verschulden zur Last gelegt werden (BVerfGE 53, 25, 29; 62, 216, 221; OVG NW, NVwZ-RR 1997, 327). Eine ordnungsgemäße Ausgangskontrolle bei rechtzeitiger postalischer Versendung fristgebundener Schriftstücke setzt nicht generell die Einholung einer Eingangsbestätigung vor Streichung der Frist voraus. Auch wenn der Anwalt die Einholung einer Eingangsbestätigung anordnet, obwohl er hierzu nicht verpflichtet ist, können Fehler, die ihm hierbei unterlaufen, die Versagung des Wiedereinsetzungsantrags nicht rechtfertigen (BGH, AnwBl. 2015, 720). Bei einem *Poststreik* gelten diese Grundsätze nicht. Vielmehr treffen den Rechtsanwalt besondere Sorgfaltspflichten. Gegebenenfalls hat er durch Telefaxbrief oder durch Einwurf des Schriftsatzes in den Gerichtsbriefkasten für die Fristwahrung Sorge zu tragen (BGH, NJW 1993, 1333). Sieben Tage nach Beendigung eines Poststreiks können dem Rechtsanwalt allerdings nicht mehr die auf diesen gemünzten besonderen Sorgfaltspflichten entgegengehalten werden (BVerfG [Kammer], NJW 1994, 244, 245).

IV. Wiedereinsetzungsverfahren

1. Wiedereinsetzungsantrag

129 Der Wiedereinsetzungsantrag ist binnen zwei Wochen nach Wegfall des Hindernisses zu stellen (§ 60 Abs. 2 Satz 1 VwGO). Der Antrag kann auch dann noch gestellt werden, wenn der versäumte Rechtsbehelf bereits durch rechtskräftige Entscheidung

verworfen worden ist (BayVGH, NVwZ-RR 2009, 901, 902). Die Zweiwochenfrist findet auch dann Anwendung, wenn die versäumte Rechtshandlung selbst innerhalb einer Woche (Abs. 1 Halbs. 2) vorzunehmen war (VG Sigmaringen, InfAuslR 1994, 209). Sie beginnt in dem Zeitpunkt, in dem der Beteiligte oder sein Bevollmächtigter Kenntnis von der Fristversäumnis erhält oder ihm bei Beachtung der erforderlichen Sorgfalt hätte bekannt sein, also sobald begründete Zweifel aufkommen müssen, ob die fristgebundene Prozesshandlung rechtzeitig erfolgt ist (BGH, BRAK-Mitt. 2010, 74; OVG NW, NJW 1996, 334, 335 = NVwZ 1996, 270 [LS]; OLG Hamm, FamRB 2011, 218). Umgekehrt muss aber das Gericht, wenn es seinerseits solche Zweifel hegt, den Beteiligten ausreichend klar darauf hinweisen, um die Frist in Lauf zu setzen. Ein die gerichtliche Fürsorgepflicht wahrender Hinweis muss gegebenenfalls auch zum Inhalt haben, dass wegen der nicht per Fax übermittelten Unterschrift des Bevollmächtigten die Verwerfung des Rechtsmittels als unzulässig droht (BGH, BRAK-Mitt. 2010, 74). Ist der Rechtsanwalt aufgrund einer plötzlich auftretenden, nicht vorhersehbaren Erkrankung an der Vornahme der fristgebundenen Prozesshandlung verhindert, kann ihm ein Fehler nicht angelastet werden und ist ihm Wiedereinsetzung zu gewähren (BGH, AnwBl. 2009, 797; BayVGH, AuAS 2011, 260). In diesem Fall beginnt die Frist im Zeitpunkt des Wegfalls der Erkrankung (BGH, AnwBl. 2012, 97).

Die Wiedereinsetzungsgründe, also insbesondere das fehlende Verschulden, sind (gegebenenfalls durch Vorlage einer *eidesstattlichen Versicherung*) glaubhaft zu machen (§ 60 Abs. 2 Satz 2 VwGO). Die Schilderung von Vorgängen durch einen Rechtsanwalt kann die mitgeteilten Tatsachen in gleicher Weise glaubhaft machen wie eine eidesstattliche Versicherung, wenn er die Richtigkeit seiner Angaben unter Hinweis auf die Standespflichten *anwaltlich versichert* (BGH, BRAK-Mitt. 2011, 239; s. aber BGH, BRAK-Mitt. 2012, 125 zur anwaltlichen eidesstattlichen Versicherung). Im Antrag sind die Umstände, aus denen folgt, auf welche Weise und durch wessen Verschulden das Fristversäumnis herbeigeführt wurde, durch eine geschlossene, aus sich heraus verständliche Schilderung des tatsächlichen Ablaufs darzulegen. Hierzu bedarf es keines gesonderten gerichtlichen Hinweises (BGH, AnwBl. 2013, 233; BGH, BRAK-Mitt. 2010, 73; BVerwG, InfAuslR 1985, 165; Hess. StGH, Hess. StAnz. 2000, 857, 8858; OVG NW, NJW 1996, 334, 335). Ausnahmen von der Darlegungspflicht werden nur bei den dem Gericht offenkundigen Tatsachen gemacht (BVerwG, InfAuslR 1985, 165). Genügt die vorgelegte eidesstattliche Versicherung nicht oder schenkt das Gericht ihr keinen Glauben, muss es entsprechenden *Zeugenbeweis* erheben (BGH, BRAK-Mitt. 2010, 129; BVerwG, juris Praxis Report 2009, 47). 130

Zur Glaubhaftmachung sind ferner objektive Beweismittel vorzulegen. Als solche kommen insbesondere die Fristeintragung im Kalender, das Festhalten des Ausgangs des Schriftstücks im Postausgangsbuch und die daraufhin erfolgte Streichung der Frist, in Betracht (OVG, NW, NVwZ-RR 2012, 872). Bei eindeutiger Postausgangskontrolle ist die Führung eines Postausgangsbuch jedoch nicht geboten (BGH, BRAK-Mitt. 2010, 212). Daher ist die entsprechende Dienstanweisung (Rdn. 121) zusammen mit eidesstattlichen Versicherungen des Büropersonals vorzulegen. Die Berufung auf Krankheitsgründe ist grundsätzlich durch Vorlage eines ärztlichen 131

Attestes glaubhaft zu machen (BayVGH, AuAS 2011, 260, 261. Der Hinweis auf mangelnde Rechtskenntnis ist in aller Regel kein unverschuldetes Hindernis (BVerwG, NVwZ 2010, 36, 38). Ebenso wenig kann ein Beteiligter Nichtverschulden damit begründen, eine ihm günstige Entscheidung erst nach Fristablauf aufgefunden zu haben (BGH, AnwBl. 2009, 798). Das *Nichtverschulden* an der Fristversäumnis muss *überwiegend wahrscheinlich* sein (BVerwGE 66, 240, 241 = DÖV 1983, 248; OVG NW, Beschl. v. 24.07.1987 – 18 B 21031/86). Die *Beweislast* für die Umstände, welche die Wiedereinsetzung begründen, liegt beim Antragsteller (BVerwG, InfAuslR 1985, 164). Das Gericht trifft die Entscheidung im Wege des *Freibeweises.* Das gilt auch für den zulässigen Gegenbeweis der Unrichtigkeit der Datumsangabe in einem Empfangsbekenntnis (BGH, BRAK-Mitt. 2012, 125).

2. Nachholung der versäumten Prozesshandlung

132 Innerhalb der Wiedereinsetzungsfrist ist die versäumte Prozesshandlung nachzuholen (§ 60 Abs. 2 Satz 3 VwGO; s. hierzu auch BVerwGE 59, 302, 307; BVerwG, NJW 1991, 2096). Wird dies unterlassen, ist der Wiedereinsetzungsantrag unzulässig. Im Antrag auf Wiedereinsetzung kann jedoch in aller Regel zugleich auch durch Auslegung die versäumte Prozesshandlung selbst gesehen werden. Ist die versäumte Prozesshandlung bereits vorgenommen worden, bedarf es keiner erneuten Vornahme.

3. Versäumung der Wiedereinsetzungsfrist

133 Hat der Antragsteller die Wiedereinsetzungsfrist versäumt, gehören zu den der Begründung des Wiedereinsetzungsantrags dienenden Tatsachen im Hinblick auf diese Versäumnis notwendigerweise auch diejenigen Umstände, aus denen sich ergibt, dass der Antragsteller nach Behebung des zur Fristversäumnis führenden Hindernisses rechtzeitig um die Wiedereinsetzung nachgesucht hat. Denn auch ein im Übrigen von hinreichenden Wiedereinsetzungsgründen getragenes Wiedereinsetzungsgesuch kann keinen Erfolg haben, wenn die Frist zur Geltendmachung der Wiedereinsetzungsansprüche nicht gewahrt worden ist (BVerwG, InfAuslR 1985, 165).

4. Gerichtliche Entscheidung

134 Über den Wiedereinsetzungsantrag entscheidet das Gericht, das über die versäumte Rechtshandlung zu befinden hat (§ 60 Abs. 4 VwGO). Anders als im Verwaltungsverfahren kann im Verwaltungsprozess über den Wiedereinsetzungsantrag nicht konkludent entschieden werden (BVerwGE 59, 302, 308; BVerwG, NVwZ-RR 1995, 232, 233). Der Annahme *stillschweigender Wiedereinsetzung* im Verwaltungsprozess widerstreitet auch die der Entscheidung von Gesetzes wegen beigelegte Tragweite, nämlich dass sie gem. § 60 Abs. 5 VwGO unanfechtbar ist (BVerwGE 59, 302, 309). »Schweigen« des Gerichts in einer solchen Frage bedeutet angesichts dessen, dass nicht entschieden worden ist (BVerwGE 59, 302, 309). Daher können auch keine besonderen Konstellationen zugelassen werden, in denen eine »konkludente« Entscheidung über das Wiedereinsetzungsgesuch ausreichen würde (BVerwG, NVwZ-RR 1995, 232, 233). Über den Wiedereinsetzungsantrag kann zusammen mit der Hauptsache in der

dafür vorgeschriebenen Urteilsform und Richterbesetzung entschieden (BGH, AnwBl 2015, 757; VGH BW, NVwZ 1984, 534) und daher mit der Hauptsache in Urteilsform zugleich auch über den Wiedereinsetzungsantrag befunden werden. Es kann aber auch *vorab* über den Wiedereinsetzungsantrag entschieden werden. Unzulässig ist es hingegen, ein Rechtsmittel wegen Versäumung der Rechtsbehelfsfrist zu verwerfen, wenn über den Wiedereinsetzungsantrag hinsichtlich dieser Fristversäumnis noch nicht entschieden ist (BGH, AnwBl 2015, 757). Durch Entscheidung über den Wiedereinsetzungsantrag wird der Instanzenzug nach § 78 Abs. 4 eröffnet. Es bedarf jedoch einer ausdrücklichen Behandlung des Wiedereinsetzungsantrags in den Entscheidungsgründen, da andernfalls über den Antrag nicht entschieden worden ist (BVerwGE 59, 302, 309). Eine fehlerhafte Versagung der Wiedereinsetzung setzt sich im Übrigen als fehlerhaft im Instanzenzug fort (BVerwG, InfAuslR 1985, 164).

§ 75 Aufschiebende Wirkung der Klage

(1) Die Klage gegen Entscheidungen nach diesem Gesetz hat nur in den Fällen des § 38 Absatz 1 sowie der §§ 73, 73b und 73c aufschiebende Wirkung.

(2) Die Klage gegen Entscheidungen des Bundesamtes, mit denen die Anerkennung als Asylberechtigter oder die Zuerkennung der Flüchtlingseigenschaft widerrufen oder zurückgenommen worden ist, hat in folgenden Fällen keine aufschiebende Wirkung:

1. **bei Widerruf oder Rücknahme wegen des Vorliegens der Voraussetzungen des § 60 Absatz 8 Satz 1 des Aufenthaltsgesetzes oder des § 3 Absatz 2,**
2. **bei Widerruf oder Rücknahme, weil das Bundesamt nach § 60 Absatz 8 Satz 3 des Aufenthaltsgesetzes von der Anwendung des § 60 Absatz 1 des Aufenthaltsgesetzes abgesehen hat.**

Dies gilt entsprechend bei Klagen gegen den Widerruf oder die Rücknahme der Gewährung subsidiären Schutzes wegen Vorliegens der Voraussetzungen des § 4 Absatz 2. § 80 Abs. 2 Satz 1 Nr. 4 der Verwaltungsgerichtsordnung bleibt unberührt.

Übersicht Rdn.

A. Funktion der Vorschrift

1 In den Fällen der § 38 Abs. 1, § 73, § 73b und § 73c entfaltet die Anfechtungsklage *aufschiebende Wirkung.* Der Suspensiveffekt der Anfechtungsklage entfällt hingegen in allen Fällen, in denen die Abschiebungsandrohung nach § 34 nicht mit der Ausreisefrist von einem Monat nach § 38 Abs. 1, sondern von einer Woche (§ 34a Abs. 2

Satz 1, § 36 Abs. 1) verbunden wird. Es handelt sich um Verfahren, in denen der Asylantrag als offensichtlich unbegründet (§ 29a, § 30) oder unzulässig (§ 29 Abs. 1) abgelehnt wird und um die Entscheidung über einen Folgeantrag, die mit einer Abschiebungsandrohung (§ 71 Abs. 4 in Verb. mit § 34 Abs. 1, § 36 Abs. 1) verbunden wird. Auch nach altem Recht entfiel der Suspensiveffekt der Anfechtungsklage gegen die Abschiebungsandrohung bei unbeachtlichen und offensichtlich unbegründeten Asylbegehren (§ 10 Abs. 3 Satz 2, § 11 Abs. 2 AsylVfG 1982). Durch Richtlinienumsetzungsgesetz wurde 2007 und 2013 die Vorschrift ergänzt, um bei Ausschlussgründen die gesetzlichen Voraussetzungen für die Anordnung der sofortigen Vollziehung der Aufhebungsentscheidung bei Widerruf und Rücknahme zu schaffen (Abs. 2 Satz 1 und 2). Durch das Gesetz zur erleichterten Ausweisung von straffälligen Ausländern 2016 wurde Abs. 2 S. 2 neu gefasst. Mit Abs. 2 Satz 3 wird dem Bundesamt darüber hinaus in anderen Fällen die Befugnis eingeräumt, im Einzelfall die sofortige Vollziehung der Aufhebungsentscheidung nach § 80 Abs. 2 Satz 1 Nr. 4 VwGO anzuordnen. In allen Fällen kann Eilrechtsschutz nach § 80 abs. 5 VwGO erlangt werden. Die Vorschrift steht mit Unionsrecht im Einklang (Art. 46 Abs. 6 RL 2013/32/EU).

B. Aufschiebende Wirkung der Klage (Abs. 1)

2 Der Anwendungsbereich der Vorschrift ist in mehrfacher Hinsicht *negativ* zu bestimmen. Mit dem Verweis auf § 38 Abs. 1 wird sichergestellt, dass nur in den Fällen, in denen die Abschiebungsandrohung nach § 34 mit der Ausreisefrist von einem Monat (§ 38 Abs. 1) verbunden wird, der Anfechtungsklage aufschiebende Wirkung zukommt und damit ein Eilrechtsschutzantrag nicht erforderlich ist. § 38 Abs. 1 selbst ist wiederum *negativ* zu bestimmen (»sonstige Fälle«): Nur bei der Gewährung der Asylberechtigung und des internationalen Schutzes unterbleibt die Abschiebungsandrohung (§ 34 Abs. 1). Wird der Antrag als unzulässig (§ 29) oder offensichtlich unbegründet (§ 29a, § 30) abgelehnt, wird die Abschiebungsandrohung nach § 34 Abs. 1, § 35 mit einer einwöchigen Ausreisefrist verbunden (§ 36 Abs. 1). In Fällen des § 29 Abs. 1 Nr. 1a wird diese Wirkung durch § 34a Abs. 2 Satz 1 herbeigeführt. § 38 Abs. 1 findet keine Anwendung. Die Anfechtungsklage hat keine aufschiebende Wirkung. Dagegen bewirkt die Feststellung von Abschiebungsverboten (§ 60 Abs. 5 und 7 AufenthG), die auch bei unbeachtlichen Anträgen vorgeschrieben ist (§ 31 Abs. 3 Satz 1), nicht ohne Weiteres, dass die Klage Suspensiveffekt hat. Dies ist nur der Fall, wenn § 38 Abs. 1 Anwendung findet. Andererseits hat die Anfechtungsklage gegen die *isolierte Abschiebungsandrohung* aufschiebende Wirkung (VG Schleswig, InfAuslR 2010, 366, mit Anm. *Piening*), weil der Auffangtatbestand des § 38 Abs. 1 maßgebend ist. Abs. 1 ist ein *Musterbeispiel* für die Konstruktion von *unüberschaubaren* und an der *Einsichtsfähigkeit der Rechtsuchenden vorbeigehenden Regelungstechniken*.

3 Abs. 1 verweist darüber hinaus auf § 73, § 73b und § 73c, da Widerruf und Rücknahme der gewährten Rechtsstellung für den Regelfall erst nach Unanfechtbarkeit der Verwaltungsentscheidung zum Verlust der Rechtsstellung führt. Mit der negativen Verweisung wird sichergestellt, dass in allen anderen Verfahren, etwa § 16, § 47 f. und § 50, die Klage keine aufschiebende Wirkung entfaltet. Im Ergebnis

haben Klagen nach diesem Gesetz nur bei Anfechtungsklagen gegen die Abschiebungsandrohung nach einfacher Ablehnung des Asylantrags und im Regelfall bei der Anfechtungsklage gegen Widerruf- und Rücknahme vollzugshemmende Wirkung. Erweist sich der *Antrag auf Wiedereinsetzung* in den vorigen Stand bei summarischer Prüfung nicht als offensichtlich unzulässig, kommt der Klage aufschiebende Wirkung zu (VG Münster, Beschl. v. 20.03.2003 – 10 L 683/03.A, mit Bezugnahme auf VGH BW, NJW 1978, 719, 729; OVG NW, NVwZ-RR 1990, 378, 379. Der Wiedereinsetzungsantrag ist in einem derartigen Verfahren mit dem Antrag zu verbinden, analog § 80 Abs. 5 VwGO festzustellen, dass die Klage gegen die Abschiebungsandrohung aufschiebende Wirkung hat. Andererseits ist bei derartigen Fallkonstellationen eine unverzügliche Abschiebung nur dann zu besorgen, wenn das Bundesamt die Abschiebung in einen dritten Staat angeordnet hat, in dem die festgestellte Gefahr im Sinne von § 60 Abs. 5 und 7 AufenthG nicht besteht (§ 59 Abs. 3 Satz 2 AufenthG). Wird ein derartiger Staat nicht identifiziert und die Abschiebungsandrohung ohne Zielstaatsbestimmung erlassen (§ 59 Abs. 2 AufenthG), besteht keine Abschiebungsgefahr

Abs. 1 trägt der Vorgabe des Asylgrundrechts und Unionsrechts als *verfahrensabhängigem Grundrecht* Rechnung und stellt für den Fall des nicht unbeachtlichen, nicht offensichtlich unbegründeten und nicht unzulässigen Asylantrags das *Bleiberecht* des Asylsuchenden während der Dauer des Verwaltungsstreitverfahrens sicher. Die weiteren Regelungen des früheren Rechts über den Zwangsverbund in § 30 AsylVfG 1982 erachtet der Gesetzgeber für entbehrlich (BT-Drucks. 12/2062, S. 40). Gewisse Zweifel an der Vereinbarkeit von § 75 Abs. 1 mit Verfassungsrecht sind dennoch nicht von der Hand zu weisen (*Hailbronner*, AuslR, § 75 AsylVfG Rn. 15; *Bergmann*, in: Bergmann/Dienelt, AuslR, 11. Aufl., 2016, § 75 AsylG Rn. 2; *Funke-Kaiser*, in: GK-AsylG II, § 75 Rn. 4). Die im Regelfall angeordnete aufschiebende Wirkung der Klage nach § 80 Abs. 1 VwGO ist eine *adäquate Ausprägung der verfassungsrechtlichen Rechtsschutzgarantie* und ein »fundamentaler Grundsatz des öffentlich-rechtlichen Prozesses« (BVerfGE 35, 382, 402 = NJW 1974, 227 = DÖV 1974, 58 = JZ 1974, 258 = BayVBl. 1974, 190; bestätigt durch BVerfGE 38, 52, 57 = NJW 1974, 1809 = JZ 1975, 441 = BayVBl. 1974, 670; BVerfGE 69, 220, 227 = NVwZ 1985, 409 = DVBl 1985, 567). Zwar können es *überwiegende Belange* in *Ausnahmefällen* rechtfertigen, den individuellen Rechtsschutzanspruch einstweilen zurückzustellen, um unaufschiebbare Maßnahmen im Interesse des allgemeinen Wohls rechtzeitig in die Wege zu leiten. Eine Praxis, die dieses *Regel-Ausnahme-Verhältnis* umkehrte, indem z.B. Verwaltungsakte generell für sofort vollziehbar erklärt werden, und eine Rechtsprechung, die eine solche Praxis billigen würde, wäre jedoch mit der Verfassung unvereinbar (BVerfGE 35, 382, 402 = NJW 1974, 227 = DÖV 1974, 58 = JZ 1974, 258 = BayVBl. 1974, 190). 4

Aus dem Zweck der Rechtsschutzgarantie des Art. 19 Abs. 4 GG und dem Verfassungsgrundsatz der Verhältnismäßigkeit folgt, dass der Rechtsschutzanspruch des Bürgers *um so stärker* ist und umso weniger zurückstehen darf, *je schwerwiegender* die ihm auferlegte Belastung ist und je mehr die Maßnahmen der Verwaltung *Unabänderliches* 5 bewirken (BVerfGE 35, 382, 402 = NJW 1974, 227 = DÖV 1974, 58 = JZ 1974, 258; BVerfGE 69, 220, 228 = NVwZ 1985, 409 = DVBl 1985, 567). Diese *Leitlinien* sind nicht davon abhängig, ob der Sofortvollzug eines aufenthaltsbeendenden Verwaltungsaktes einer gesetzlichen (§ 80 Abs. 2 Satz 1 Nr. 3 VwGO) oder einer behördlichen Anordnung (§ 80 Abs. 2 Satz 1 Nr. 4 VwGO) entspringt (BVerfGE 69, 220, 229). Wird die Vorschrift vor dem Hintergrund dieser verfassungsgerichtlichen Leitlinien bewertet, ergeben sich Bedenken gegen ihre Vereinbarkeit mit Verfassungsrecht. Andererseits hat der verfassungsändernde Gesetzgeber mit Art. 16a Abs. 4 GG den verfahrensrechtlichen Schutzbereich der Asylgewährleistung begrenzt und darf sie der einfache Gesetzgeber konkretisieren (BT-Drucks. 12/4152, S. 4). Jedenfalls seit Inkrafttreten des Art. 16a Abs. 4 GG am 30.06.1993 erscheint § 75 deshalb in einem anderen Licht. Auch Art. 46 Abs. 6 RL 2013/32/EU sieht den Wegfall der aufschiebenden Wirkung vor.

C. Wegfall der aufschiebenden Wirkung (Abs. 2)

I. Funktion von Abs. 2

6 Nach Abs. 2 Satz 1 hat die Anfechtungsklage gegen Widerruf und Rücknahme kraft Gesetzes keine aufschiebende Wirkung, wenn die asyl- und flüchtlingsrechtliche Statusberechtigung wegen nachträglichen Eintritts eines Ausschlussgrundes (§ 3 Abs. 2, § 60 Abs. 8 Satz 1 und 3 AufenthG) aufgehoben wird. Das gleiche gilt für die Aufhebung des subsidiären Schutzes aus diesem Grund (Satz 2) Die Anfechtungsklage wird in das System des § 80 Abs. 2 Satz 1 Nr. 3 VwGO eingefügt. Nach Abs. 2 Satz 3 kann das Bundesamt darüber hinaus auch in anderen Fällen nach § 80 Abs. 2 Satz 1 Nr. 4 VwGO im Einzelfall anordnen, dass die Anfechtungsklage keine aufschiebende Wirkung entfaltet. Die Einführung von Abs. 2 Satz 1 wird mit dem besonderen öffentlichen Interesse, den Aufenthalt des Betroffenen möglichst zügig beenden zu können, begründet (BT-Drucks. 16/5065, S. 422). Satz 3 bewirke eine Klarstellung, um dem Bundesamt wie bisher die Anordnung der sofortigen Vollziehung seiner Entscheidung nach § 80 Abs. 2 Satz 1 Nr. 4 VwGO zu ermöglichen (BT-Drucks. 16/5065, S. 4223). Im Blick auf Widerruf und Rücknahme trifft dies nicht zu. Den Regelungen des AsylG konnte bis 2007 eine derartige Befugnis nicht entnommen werden (VG Köln, Beschl. v. 31.03.2005 – 16 L 289/05.A).

7 Durch die Anordnung der sofortigen Vollziehung des Aufhebungsbescheides kraft Gesetzes, sollen zügig die Voraussetzungen geschaffen werden, um den Aufenthalt des Betroffenen zu beenden. Aufenthaltsbeendende Verfügungen sind regelmäßig erst nach Eintritt der Unanfechtbarkeit des Aufhebungsbescheids zulässig (BVerwGE 117, 380, 383f. = EZAR 019 Nr. 19 = NVwZ 2003, 1275 = InfAuslR 2003, 324 = AuAS 2003, 182; BayVGH, DÖV 1980, 51; VGH BW, InfAuslR 2001, 410, 411; § 73 Rdn. 121 ff.). Die Ausländerbehörde kann jedoch in den Fällen des Abs. 2 bereits nach Bekanntgabe des Bescheids das aufenthaltsrechtliche Widerrufsverfahren (§ 52 Abs. 1 Satz 1 Nr. 4 AufenthG) einleiten. Sie hat für den Fall der Beantragung von Eilrechtsschutz nach § 80 Abs. 5 VwGO jedoch die unanfechtbare gerichtliche Entscheidung abzuwarten. Abs. 2 verweist allerdings nicht auf § 36 Abs. 3 Satz 8.

Andererseits stellt sich die Frage des Vollzugs erst, wenn die Ausländerbehörde ihrerseits nach § 52 Abs. 1 Satz 1 Nr. 4 AufenthG vorgeht und ihre Entscheidung mit der Anordnung der sofortigen Vollziehung verbindet. Solange sie dieses Verfahren nicht wählt, droht keine Vollzugsgefahr. In der Praxis warten die Ausländerbehörden regelmäßig den Ausgang des asylrechtlichen Eilrechtsschutzverfahrens ab. Die Anordnung der sofortigen Vollziehung nach Abs. 2 hat lediglich die Folge, dass der Betroffene sich nicht mehr auf die Rechtswirkungen der Statusberechtigung berufen kann und etwa die Herausgabepflicht nach § 73 Abs. 6, § 73b Abs. 4 und § 73c Abs. 3 bereits vor dem Eintritt der Unanfechtbarkeit des Aufhebungsbescheids entsteht.

Abs. 2 bezeichnen abschließend die Fälle, in denen bereits vor dessen Unanfechtbarkeit die Statusberechtigung ihre Wirksamkeit verliert und die Herausgabepflicht des § 73 Abs. 6 begründet wird. Darüber hinaus wurde mit Richtlinienumsetzungsgesetz 2007 durch Einfügung von § 84 Abs. 1 Nr. 4 AufenthG bestimmt, dass beim aufenthaltsrechtlichen Widerruf nach § 52 Abs. 1 Satz 1 Nr. 4 AufenthG wegen eines nach Abs. 2 Satz 1 zu behandelnden Aufhebungsbescheids der Suspensiveffekt der Anfechtungsklage entfällt. Deshalb ist mit dem aufenthaltsrechtlichen Eilrechtsschutzantrag eine *Stillhaltezusage* zu beantragen. Die durch Richtlinienumsetzungsgesetz 2013 eingefügte Regelung in Abs. 2 Satz 2 wurde nicht in das System des § 84 Abs. 1 Nr. 4 AufenthG eingefügt. Ob es sich um ein redaktionelles Versehen handelt, erscheint zweifelhaft, da in den Fällen der Aufhebung des subsidiären Schutzes zumeist Art. 3 EMRK erheblich wird (§ 4 Rdn. 87) und deshalb die Anordnung der sofortigen Vollziehung wenig sinnvoll erscheint. Im Fall von Abs. 2 Satz 2 und 3 hat die Anfechtungsklage gegen den Widerruf nach § 52 Abs. 1 Satz 1 Nr. 4 AufenthG aufschiebende Wirkung. Die Ausländerbehörde kann freilich ihrerseits nach § 80 Abs. 2 Satz 1 Nr. 4 VwGO vorgehen. Der Betroffene muss also im Fall von Abs. 2 *zwei hintereinander geschaltete Eilrechtsschutzverfahren* betreiben, will er den Vollzug aufenthaltsbeendender Maßnahmen verhindern. Im Fall von Satz 2 und 3 kann er sich auf den Eilrechtsschutz gegen den Widerruf beschränken, es sei denn, die Ausländerbehörde geht nach § 80 Abs. 2 Satz 1 Nr. 4 VwGO vor. 8

II. Eilrechtsschutz

Abs. 2 Satz 1 und 2 betrifft die Verfahren, in denen die asyl- und flüchtlingsrechtliche Statusberechtigung sowie der subsidiäre Schutze aufgehoben wird, weil nachträglich und 3 Ausschlussgründe nach § 3 Abs. 2 4 Halbs. 2, § 4 Abs. 2 oder § 60 Abs. 8 Satz 1 und 3 AufenthG aufgetreten sind. Im Eilrechtsschutzverfahren können Einwände gegen die tatsächlichen Feststellungen des Bundesamtes, aber auch familiäre, persönliche und andere Integrationsgesichtspunkte in Verbindung mit dem Verhältnismäßigkeitsprinzip sowie dem Sozialstaatsprinzip vorgebracht werden. Wird dem Eilrechtsschutzantrag stattgegeben, darf der Aufenthaltstitel nicht widerrufen und der Reiseausweis nicht herausverlangt werden (Rdn. 7). Im Eilrechtsschutzverfahren können gegen den ausländerrechtlichen Widerruf zwar keine auf die tatsächlichen Feststellungen des Bundesamtes im Widerrufsverfahren bezogenen Einwände erhoben werden, wohl aber familiäre, persönliche und andere Integrationsbelange in 9

Verbindung mit dem Verhältnismäßigkeitsprinzip sowie dem Sozialstaatsprinzip. In diesen Verfahren wird insbesondere dem Einwand eine besondere Funktion zukommen, dass der Betroffene sich von den sicherheitsgefährdenden Bestrebungen *glaubhaft abgewandt* hat (§ 5 Abs. 4 Satz 2 Halbs. 2 AufenthG). Wird diesem Einwand im asylrechtlichen Widerrufsverfahren keine Bedeutung beigemessen, kann er jedenfalls im aufenthaltsrechtlichen Verfahren insbesondere dann nicht unberücksichtigt bleiben, wenn weitere familiäre, persönliche und andere Integrationsgesichtspunkte hinzukommen. Beim Widerruf nach Abs. 2 Satz 2 hat der Rechtsbehelf gegen den anschließenden Widerruf nach § 52 Abs. 1 Satz 1 Nr. 4 AufenthG Suspensiveffekt, weil § 84 Abs. 1 Nr. 4 AufenthG nicht auf Abs. 1 Satz 2 verweist.

10 Abs. 2 Satz 3 betrifft die Verfahren, in denen das Bundesamt den Statusbescheid einschließlich des subsidiären Schutzes aufhebt und zugleich nach Ermessen die sofortige Vollziehung des Aufhebungsbescheides nach § 80 Abs. 2 Satz 1 Nr. 4 VwGO anordnet. Dies ist nur in den Fällen des § 3 Abs. 2, § 4 Abs. 2 und § 60 Abs. 8 Satz 1 und 3 AufenthG zulässig (*Funke-Kaiser,* in: GK-AsylG II, § 75 Rn. 17). Jedenfalls können Einwände gegen die tatsächlichen Feststellungen des Bundesamtes, aber auch familiäre, persönliche und andere Integrationsgesichtspunkte in Verbindung mit dem Verhältnismäßigkeitsprinzip sowie dem Sozialstaatsprinzip vorgebracht werden. Bis zur Unanfechtbarkeit des gerichtlichen Beschlusses ist die Herausgabepflicht nach § 73 Abs. 6 ausgesetzt und darf die Ausländerbehörde nicht nach § 52 Abs. 2 Satz 1 Nr. 4 AufenthG vorgehen. Wird dem Eilrechtsschutzantrag stattgegeben, darf die Ausländerbehörde nicht den Aufenthaltstitel widerrufen und den Reiseausweis nach § 73 Abs. 6 herausverlangen (Rdn. 7). Wird er abgelehnt, kann die Ausländerbehörde zwar den Aufenthaltstitel nach § 52 Abs. 1 Satz 1 Nr. 4 AufenthG widerrufen. Die hiergegen gerichtete Anfechtungsklage hat jedoch aufschiebende Wirkung, da § 84 Abs. 1 Nr. 4 AufenthG nicht auf Abs. 2 Satz 3 verweist. Nur in Ausnahmefällen darf die Ausländerbehörde von der Möglichkeit des § 80 Abs. 2 Satz 1 Nr. 4 VwGO Gebrauch machen.

§ 76 Einzelrichter

(1) Die Kammer soll in der Regel in Streitigkeiten nach diesem Gesetz den Rechtsstreit einem ihrer Mitglieder als Einzelrichter zur Entscheidung übertragen, wenn nicht die Sache besondere Schwierigkeiten tatsächlicher oder rechtlicher Art aufweist oder die Rechtssache grundsätzliche Bedeutung hat.

(2) Der Rechtsstreit darf dem Einzelrichter nicht übertragen werden, wenn bereits vor der Kammer mündlich verhandelt worden ist, es sei denn, dass inzwischen ein Vorbehalts-, Teil- oder Zwischenurteil ergangen ist.

(3) [1]Der Einzelrichter kann nach Anhörung der Beteiligten den Rechtsstreit auf die Kammer zurückübertragen, wenn sich aus einer wesentlichen Änderung der Prozesslage ergibt, dass die Rechtssache grundsätzliche Bedeutung hat. [2]Eine erneute Übertragung auf den Einzelrichter ist ausgeschlossen.

(4) [1]In Verfahren des vorläufigen Rechtsschutzes entscheidet ein Mitglied der Kammer als Einzelrichter. [2]Der Einzelrichter überträgt den Rechtsstreit auf die Kammer, wenn die Rechtssache grundsätzliche Bedeutung hat oder wenn er von der Rechtsprechung der Kammer abweichen will.

(5) Ein Richter auf Probe darf in den ersten sechs Monaten nach seiner Ernennung nicht Einzelrichter sein.

Übersicht Rdn.

A. Funktion der Vorschrift

Die Regelungen über den Einzelrichter ist § 31 AsylVfG 1982 nachgebildet worden. Bereits § 76 AsylVfG 1992 wies diesem erheblich mehr Aufgaben als das frühere Recht zu. 1993 wurden mit Einfügung des Abs. 4 weitere Aufgaben hinzugefügt: War nach dem bis dahin geltendem Recht eine Entscheidung durch den Einzelrichter im *Eilschutzverfahren* ausgeschlossen (§ 31 Abs. 5 AsylVfG 1982), ordnet Abs. 4 Satz 1 abweichend von § 76 Abs. 1 AsylVfG 1993 zwingend die Entscheidung durch den Einzelrichter an. Dies steht im Zusammenhang mit dem 1993 eingeführten *Flughafenverfahren* (§ 18a Abs. 4). Auch im allgemeinen Verwaltungsprozessrecht wird der Einzelrichter vermehrt eingesetzt (*Stelkens*, NVwZ 2000, 155, 158). Art. 3 Nr. 47 des Entwurfs des 2. ZuwG (BT-Drucks. 15/420, S. 44) sah ebenso wie das 1. ZuwG die Einführung des *obligatorischen Einzelrichters* in *allen Asylstreitigkeiten* vor. Während das 1. ZuwG mit dieser Neuregelung verabschiedet und veröffentlicht wurde (BGBl. I 2002 S. 1946), wurde diese jedoch in der Endphase des Vermittlungsverfahrens in der zweiten Runde fallen gelassen. Damit bleibt es bei den früheren Regelungen des § 76. Auch nachfolgend unterblieben weitere Änderungen. 1

Der Anwendungsbereich der Vorschrift umfasst alle »Rechtsstreitigkeiten nach diesem Gesetz« (Abs. 1 Halbs. 1, § 74 Rdn. 2 ff.). Sie gilt nach ihrem Wortlaut nur für das erstinstanzliche Verfahren. Das wird aus dem Gesamtzusammenhang der Vorschrift wie auch aus dem Begriff »Kammer« deutlich. Im Berufungsverfahren ist der Einzelrichter nicht vorgesehen (*Hailbronner*, AuslR, § 76 AsylVfG Rn. 5; *Funke-Kaiser*, in: GK-AsylG, § 76 Rn. 10; *Bergmann*, in: Bergmann/Dienelt, AuslR, 11. Aufl., 2016, § 76 AsylG Rn. 7; *Hoffmann*, in: Hofmann/Hoffmann, AuslR. Handkommentar, § 76 AsylVfG Rn. 2). Mit Einverständnis der Beteiligten kann jedoch der Vorsitzende oder der Berichterstatter anstelle des Senats entscheiden (§ 125 Abs. 1 in Verb. mit § 87a Abs. 2 und 3 VwGO). Auch im erstinstanzlichen Verfahren besteht die Möglichkeit 2 der Entscheidung durch den Vorsitzenden oder den Berichterstatter im Einverständnis der Beteiligten nach § 87a Abs. 2 und 3 VwGO (*Hailbronner,* AuslR, § 76 AsylVfG Rn. 4; *Kopp,* NJW 1991, 1264, 1266; *Schmieszek,* NVwZ 1991, 522, 525; a.A. *Stelkens,* NVwZ 1991, 209, 215; unklar *Funke-Kaiser,* in: GK-AsylG, § 76 Rn. 10). Da eine derartige Entscheidung nur im Einverständnis der Beteiligten zulässig ist, erscheint eine Vertiefung dieses Problems nicht angezeigt. In der Praxis wird ganz überwiegend neben § 76 zusätzlich von der Möglichkeit des »konsentierten Einzelrichters« Gebrauch gemacht.

3 Art. 19 Abs. 4 GG erfordert nicht, dass Rechtsschutz grundsätzlich von gerichtlichen Spruchkörpern gewährt werden muss, die von mehreren Richtern gebildet werden (BVerfG [Vorprüfungsausschuss], NJW 1984, 559; BVerfG [Vorprüfungsausschuss], NVwZ 1984, 232). Vielmehr ist der Einzelrichter in Asylrechtsverfahren nicht weniger wie die in voller Besetzung tagende *Kammer* dazu berufen, das Anliegen des Klägers in tatsächlicher und rechtlicher Hinsicht umfassend und *in voller richterlicher Unabhängigkeit* zu prüfen und zu entscheiden und so dem Rechtsschutzanspruch des Asylsuchenden aus Art. 19 Abs. 4 GG Genüge zu tun. Dem Einzelrichter stehen wie dem Verwaltungsgericht alle Möglichkeiten des Verwaltungsprozessrechts, die zur Sachaufklärung erforderlich sind, zur Verfügung (BVerfG [Vorprüfungsausschuss], NJW 1984, 232). Entscheidungen des Einzelrichters sind rechtlich den Entscheidungen der Kammer in vollem Umfang *gleichgestellt.* Er ist weder beauftragter Richter (§ 96 Abs. 2 VwGO) noch ersuchter Richter. Vielmehr ist er im vollen Umfang und *in vollständiger richterlicher Unabhängigkeit* mit der Sachverhaltsermittlung, Verhandlung und Entscheidung im konkreten Verwaltungsstreitverfahren befasst. Der Einzelrichter kann die Klage auch nach § 78 Abs. 1 mit der Folge sofortiger Rechtskraft abweisen. Das ist, wie die früher hohe Zahl stattgebender Verfassungsbeschwerden gegen Einzelrichterentscheidungen in derartigen Fällen verdeutlicht, nicht unproblematisch, aber vom Gesetzgeber so gewollt (krit. auch *Bergmann,* in: Bergmann/Dienelt, AuslR, 11. Aufl., 2016, § 76 AsylG Rn. 5). Ein Richter auf Probe darf in den ersten *sechs Monaten* nach seiner Ernennung nicht Einzelrichter sein (Abs. 5).

4 Die Auswahl des als Einzelrichter in Betracht kommenden Richters steht der Kammer oder gar dem Vorsitzenden nicht frei. Während es bei der Einzelrichterregelung des § 87a Abs. 3 VwGO Streit darüber gibt, ob dem Vorsitzenden eine ad-hoc-Zuweisung an den Berichterstatter unter Vorbehalt der Überlegung erlaubt ist, ob dieser die bisherige Rechtsprechung der Kammer mitträgt (*Stelkens,* NVwZ 1991, 209, 215; a.A. *Schmieszek,* NVwZ 1991, 522, 525), ist die Rechtslage im Fall des § 76 eindeutig. Die Bestimmung des Einzelrichters bedarf nach Art. 101 Abs. 1 Satz 2 GG einer *abstrakt-generellen Regelung* im kammerinternen Geschäftsverteilungsplans (BVerfG [Kammer], AuAS 1992, 12; s. auch § 78 Rdn. 104). Eine *ad hoc-Zuweisung* ist unzulässig. Durch *internen Geschäftsverteilungsplan* muss nach abstrakt-generellen Kriterien im Voraus bestimmt sein, welches Mitglied der Kammer in welchem Verfahren im Fall der Übertragung als Einzelrichter zuständig ist (BVerfGE 95, 322, 328f. = DVBl 1997, 75, 766; BVerfGE 97, 1, 10 f.; BVerfG (Vorprüfungsausschuss), NJW 1984, 552; BVerfG (Vorprüfungsausschuss), NVwZ 1984, 232; BVerfG [Kammer], AuAS 4/1992, 12;

Hess.VGH, AuAS 1993, 48; Hess.VGH, AuAS 2000, 46, 47; OVG Hamburg, NVwZ 1999, 210; OVG SH, AuAS 4/1992, 12; OVG Hamburg, NJW 1994, 274, 275; *Hailbronner,* AuslR, § 76 AsylVfG Rn. 6; *Funke-Kaiser,* in: GK-AsylG, § 76 Rn. 11; *Bergmann,* in: Bergmann/Dienelt, AuslR, 11. Aufl., 2016, § 76 AsylG Rn. 9; *Hoffmann,* in: Hofmann/Hoffmann, AuslR. Handkommentar, § 76 AsylVfG Rn. 7). Es handelt sich aber um einen Geschäftsverteilungsplan der Kammer gem. § 4 VwGO in Verb. mit § 21g Abs. 3 GVG (BT-Drucks. 12/4450, S. 28), für den das *Abstraktionsprinzip* gilt (BVerwG, NJW 1991, 1370; BGH, NJW 1993, 1596, 1597.

Es genügt, wenn die abstrakt-generelle Festlegung dadurch erfolgt, dass der kammerinterne Geschäftsverteilungsplan die Reihenfolge der Berichterstatter festlegt und als Einzelrichter den Berichterstatter bestimmt (BVerfG [Kammer], AuAS 4/1992, 12; *Hailbronner,* AuslR, § 76 AsylVfG Rn. 11; s. hierzu Hess. VGH, AuAS 2000, 46, 48; Nieders.OVG, AuAS 2000, 223, 224). Dieser wird nicht namentlich bezeichnet. Andererseits ist es unschädlich, wenn der Name bekannt wird (*Funke-Kaiser,* in: GK-AsylG, § 76 Rn. 11; *Hailbronner,* AuslR, § 76 AsylVfG Rn. 8). Vorausgesetzt wird, dass in *allen* Verfahren Berichterstatter bestimmt werden. Die Bestimmung kann während des laufenden Geschäftsjahres wegen Überlastung einzelner Richter geändert werden (Hess.VGH, AuAS 2000, 46, 47). Scheidet der Einzelrichter aus der Kammer aus und tritt an seine Stelle ein Proberichter (Abs. 5), wird die Übertragung nicht unwirksam. Er ist bis zum Ablauf des Geschäftsjahres berufener Vertreter, da der Proberichter aus rechtlichen Gründen verhindert ist (Hess.VGH, NVwZ-RR 1993, 332, 333; *Funke-Kaiser,* in: GK-AsylG, § 76 Rn. 11). Der Proberichter darf aber während dieses Zeitraums nicht als Einzelrichter entscheiden (Rdn. 12, 26). Der kammerinterne Geschäftsverteilungsplan hat wesentlichen Forderungen zu genügen, die an den entsprechenden Plan des Verwaltungsgerichtes gestellt werden, d.h. er bedarf der Schriftform, der Bestimmung nach abstrakten Kriterien, der Vollständigkeit, der Festlegung vor Beginn des Geschäftsjahres, der eingeschränkten Abänderbarkeit sowie der Einsehbarkeit für die Beteiligten. 5

B. Übertragung des Rechtsstreits auf den Einzelrichter (Abs. 1 bis 3)

I. Voraussetzungen der Übertragung (Abs. 1)

Während § 31 Abs. 1 Satz 1 AsylVfG 1982 der Kammer Ermessen bei der Entscheidung über die Übertragung überließ (»kann«), *soll* die Kammer nach Abs. 1 unter den dort genannten Voraussetzungen den Rechtsstreit auf den Einzelrichter übertragen. Damit bleibt es zwar bei der bereits 1982 eingeführten *fakultativen Regelung* über den Einzelrichter. Nach der gesetzlichen Begründung soll jedoch durch Abs. 1 eine Angleichung an § 6 VwGO erzielt werden. Daher stehe die Übertragung von Rechtsstreitigkeiten nach dem AsylG nicht im freien Ermessen der Kammer. Vielmehr werde sie unter den Voraussetzungen des Abs. 1 als Regelfall angesehen (BT-Drucks. 12/4450, S. 28). Weist daher die Rechtssache keine besonderen Schwierigkeiten tatsächlicher oder rechtlicher Art auf oder hat die Rechtssache keine grundsätzliche Bedeutung, soll die Kammer den Rechtsstreit einem ihrer Mitglieder als Einzelrichter zu übertragen 6

(Abs. 1). Eine *Rückholung ist ausgeschlossen.* Ausgenommen von der Übertragungsmöglichkeit sind daher jene Verfahren, bei denen von vornherein anzunehmen ist, dass sie einer über den Durchschnittsfall hinausgehenden umfassenden und schwierigen Sachverhaltsaufklärung und Beweiswürdigung bedürfen, d.h. einen nur schwer zu überschauenden oder zu ermittelnden Sachverhalt aufweisen (BVerwG, Buchholz 402.25 § 32 AsylVfG Nr. 4 = NVwZ 1985, 199 = InfAuslR 1985, 119).

7 Die Voraussetzungen der Übertragung sind nicht identisch mit den Voraussetzungen der Grundsatzberufung (BVerwG, NVwZ 1985, 199; BVerfG, NJW 1984, 559; *Bergmann*, in: Bergmann/Dienelt, AuslR, 11. Aufl., 2016, § 76 AsylG Rn. 13), sondern weiter gehend (*Funke-Kaiser,* in: GK-AsylG, § 76 Rn. 14). Klärungsbedarf wird nicht schon durch Abweichung einzelner Richter von der sonst herrschenden Auffassung noch daraus aufgeworfen, dass Rechtsprechung zur konkreten Frage fehlt (*Hoffmann*, in: Hofmann/Hoffmann, AuslR. Handkommentar, § 76 AsylVfG Rn. 5). Im Allgemeinen wird jedoch nur dem »konsentierten Einzelrichter« nach § 87a Abs. 3 VwGO das Recht eingeräumt, bei seiner Entscheidung von der bisherigen Rechtsprechung der Kammer abzuweichen (*Schmieszek*, NVwZ 1991, 522, 525). Im Asylprozess ist eine derartige Tendenz bislang jedoch nicht zu beobachten. Vielmehr halten sich die Einzelrichter regelmäßig an die von der Kammer entwickelten Kriterien (Rdn. 9).

8 Die Merkmale der *»besonderen tatsächlichen oder rechtlichen Schwierigkeiten«* sowie der *»grundsätzlichen Bedeutung«* wegen einer Tatsachen- oder Rechtsfrage überschneiden sich zwar, sind aber ihrem wesentlichen Grund nach von je eigener Bedeutung. Anders als die für die Zulassung der Berufung vorauszusetzende verallgemeinerungsfähige und über den konkreten Einzelfall hinausweisende Rechts- oder Tatsachenfrage bezieht sich das Tatbestandsmerkmal der besonderen Schwierigkeiten tatsächlicher oder rechtlicher Art auf die Schwierigkeiten, die *der konkrete Einzelfall* beispielsweise wegen eines schwer zu überschauenden und/oder nur schwer zu ermittelnden Sachverhalts (BVerwG, NVwZ 1985, 199) bietet. Besondere Schwierigkeiten tatsächlicher oder rechtlicher Art lassen sich nicht nach abstrakten Kriterien konkretisieren. Ungeeignet erscheint insbesondere das Kriterium der absehbaren »komplexen Glaubwürdigkeitsprüfung« (*Schnellenbach*, DVBl 1981, 161, 163, besser »Glaubhaftigkeitsprüfung«, oder der Hinweis auf spezifische Besonderheiten der Sachverhaltsaufklärung in Asylverfahren (*Meissner*, VBlBW 1983, 9, 13). Im Asylverfahren ist stets eine Beurteilung der Glaubhaftigkeit der Angaben des Asylsuchenden auf Grundlage häufig schwieriger Sachverhaltsfeststellungen erforderlich.

9 Letztlich wird man auf präzise und eindeutige Abgrenzungsmerkmale verzichten, sondern es dem jeweiligen Ermessen der Kammer überlassen müssen, ob sie im konkreten Verfahren die Übertragungsvoraussetzungen als erfüllt ansieht (*Hailbronner,* AuslR, § 76 AsylVfG Rn. 16). In der Praxis hat sich seit Einführung des Einzelrichters im Asylprozess im Jahr 1982 eine Tendenz entwickelt, bei länderspezifischen Grundsatzfragen zunächst eine Kammersitzung durchzuführen und auf der Grundlage der von der Kammer entwickelten Kriterien die weiteren Verfahren zu einem bestimmten Herkunftsland durch Einzelrichter bearbeiten zu lassen (*Köhler*, Asylverfahren, Rn. 77).

Dies kann die Frage der Erheblichkeit einer gruppengerichteten Verfolgung ebenso betreffen wie bestimmte länderspezifische Fragen. Eine trennscharfe Unterscheidung zwischen den einzelnen Tatbestandsalternativen des Abs. 1 ist nicht üblich. Legen veränderte Umstände in den Verhältnissen des Herkunftslandes die Überprüfung der bisherigen Kammerauffassung nahe, werden zumeist zur Klärung damit zusammenhängender Rechts- und Tatsachenfragen Kammersitzungen durchgeführt. Die Übertragungspraxis ist aber selbst an den einzelnen Gerichten sehr unterschiedlich. Es gibt Kammern, die überhaupt keinen Gebrauch von der Möglichkeit des § 76 machen. Eine Reihe von Kammern wendet die Vorschrift des Abs. 1 sehr zurückhaltend an, die überwiegende Mehrheit der Verwaltungsgerichte macht jedoch von ihr umfassend Gebrauch. Durch die Einzelrichterpraxis können deshalb »partikularisierte Rechtszustände« hervorgerufen werden (*Ruge*, NVwZ 1995, 733, 739. Regelmäßig handhaben die Gerichte aber die Sollvorschrift des Abs. 1 sehr souverän.

II. Zeitpunkt der Übertragung (Abs. 2)

Wie früher (§ 31 Abs. 2 AsylVfG 1982) ist eine Übertragung auf den Einzelrichter nicht mehr zulässig, wenn *bereits vor der Kammer mündlich verhandelt* worden ist, es sei denn, dass inzwischen ein *Vorbehalts-*, *Teil-* oder *Zwischenurteil* ergangen ist (Abs. 2). Abs. 2 lehnt sich an § 348a Abs. 1 Nr. 3 ZPO an. Die dort bezeichneten Urteilsformen sind in Asylrechtsverfahren jedoch unüblich. Letztlich reduziert sich der Bedeutungsgehalt der Vorschrift darauf, dass die Übertragung nicht mehr zulässig ist, wenn bereits vor der Kammer mündlich verhandelt (§ 101 Abs. 1 VwGO) worden ist. Spätestens vor Anberaumung der mündlichen Verhandlung hat die Kammer deshalb den Rechtsstreit auf den Einzelrichter zu übertragen. Abs. 2 nennt keinen formalen frühesten Zeitpunkt für eine Übertragungsentscheidung. Voraussetzung ist allein, dass vor der Übertragung eine Anhörung durchgeführt worden ist. Allein die Eröffnung der mündlichen Verhandlung hindert die spätere Übertragung nicht, wenn keine Anträge gestellt worden sind (*Hailbronner*, AuslR, § 76 AsylVfG Rn. 21). Eine Übertragung auf den Einzelrichter wäre daher zulässig, wenn die Kammer zur Klärung prozessualer Fragen eine mündliche Verhandlung durchführt, in der jedoch keine Anträge gestellt werden. Es ist jedoch kaum denkbar, dass die Kammer lediglich zur Klärung prozessualer Fragen eine mündliche Verhandlung durchführt. Vielmehr kann diese Frage für die Abtrennung der Verfahren der Familienangehörigen Bedeutung erlangen, wenn diese abgetrennt werden. Wird für die Familienangehörigen kein Antrag gestellt, kann nach Abtrennung das Verfahren auf den Einzelrichter übertragen werden (*Hailbronner*, AuslR, § 76 AsylVfG Rn. 21). 10

III. Übertragungsverfahren

Die Kammer entscheidet nach *Anhörung* der Beteiligten (OVG NW, EZAR 633 Nr. 14 = NVwZ-RR 1990, 163; BayVGH, NVwZ-RR 1991, 221; *Funke-Kaiser*, in: GK-AsylG, § 76 Rn. 20; *Bergmann*, in: Bergmann/Dienelt, AuslR, 11. Aufl., 2016, § 76 AsylG Rn. 16; *Friedl*, BayVBl. 1984, 555) über die Übertragung durch *Beschluss*, der nicht mit der Beschwerde angreifbar ist (§ 80) und keiner Begründung bedarf (§ 122 Abs. 2 Satz 1 VwGO; s. aber *Günther*, NVwZ 1998, 37). Die Anhörung 11 kann formularmäßig mit der Eingangsverfügung erfolgen. Hat der Einzelrichter zur Sache entschieden, können im Rahmen des Rechtsmittelverfahrens gegen die Übertragung Rechtsverletzungen geltend gemacht werden, die als Folge einer möglicherweisen fehlerhaften Vorentscheidung – wie etwa eine Verletzung des Gebots des gesetzlichen Richters – auch der Sachentscheidung selbst anhaften (OVG Hamburg, NVwZ-RR 1996, 716; § 78 Rdn. 104 ff.). Wehrt sich ein Beteiligter dezidiert und substanziiert gegen die Übertragung, ist eine kurze Begründung für die Übertragung sinnvoll (*Hailbronner,* AuslR, § 76 AsylVfG Rn. 27). Der Einzelrichter wird bereits mit Herausgabe des Beschlusses durch die Geschäftsstelle zur Post zur Entscheidung des Rechtsstreits zuständig (VGH BW, AuAS 1993, 228; Nieders. OVG, NVwZ 1998, 85, 86). Da dieser keine Rechtsmittelfrist in Gang setzt (§ 80), bedarf er keiner Verkündung oder Zustellung, vielmehr ist er den Beteiligten *formlos* mitzuteilen (§ 56 Abs. 1, 173 VwGO in Verb. mit § 329 Abs. 2 Satz 1 ZPO; Nieders.OVG, NVwZ-Beil. 1998, 12, 13 = AuAS 1997, 225). Wirksam wird der Beschluss erst mit der Mitteilung an die Beteiligten.

12 Die Entscheidung wird in der Besetzung getroffen, in der die Sachentscheidung ergangen wäre, also ohne ehrenamtliche Richter (§ 5 Abs. 3 Satz 2 VwGO). Eine Selbstübertragung des bisherigen Berichterstatters auf sich als Einzelrichter ist unzulässig. Der bisherige *Berichterstatter* ist jedoch nicht von der Beschlussfassung ausgeschlossen. Eine dauernde und durch keine Ausnahmen durchbrochene Übung, dass die Übertragung nur auf denjenigen Einzelrichter in Betracht kommt, der als Berichterstatter nach dem kammerinternen Geschäftsverteilungsplan bestimmt war, genügt Art. 101 Abs. 1 Satz 2 GG (BVerfG [Kammer], AuAS 4/1992, 12). Übertragen wird der gesamte Rechtsstreit, nicht nur das Klageverfahren. Der Einzelrichter wird daher auch für alle Nebenverfahren, wie etwa Prozesskostenhilfe- und Kostenerinnerungsverfahren, funktionell zuständig (*Funke-Kaiser,* in: GK-AsylG, § 76 Rn. 24; *Hailbronner,* AuslR, § 76 AsylVfG Rn. 31). Er übernimmt den Prozess in dem Verfahrensstadium, in dem er sich im Beschlusszeitpunkt befindet, und führt diesen bis zur Entscheidung weiter (OLG Köln, NJW 1976, 1101; *Hailbronner,* AuslR, § 76 AsylVfG Rn. 36). Beim Ausscheiden des Einzelrichters aus der Kammer geht der Rechtsstreit auf den im Geschäftsverteilungsplan vorgesehenen Vertreter über. Für den Fall, dass der Nachfolger ein Proberichter ist (Abs. 5), hat die kammerinterne Geschäftsverteilung des Vorsitzenden den Vertreter zu bestimmen. Die Übertragungsentscheidung bleibt hiervon unberührt.

13 Auch im *Vollstreckungsverfahren* kann eine Übertragung auf den Einzelrichter erfolgen (*Funke-Kaiser,* in: GK-AsylG, § 76 Rn. 25; *Hailbronner,* AuslR, § 76 AsylVfG Rn. 33). Streitig ist aber, ob die im Erkenntnisverfahren angeordnete Übertragung fortgilt oder eine neue Übertragung erforderlich ist. Prozessökonomische Gründe sprechen für eine Fortwirkung (VG Darmstadt, NVwZ-RR 1994, 619; a.A. OVG NW, NVwZ-RR 1994, 619; *Hailbronner,* AuslR, § 76 AsylVfG Rn. 33). Nach § 21e Abs. 3 Satz 1 GVG kann auch nach Übertragung auf den Einzelrichter im Laufe eines Geschäftsjahres, wenn es wegen Überlastung oder ungenügender Auslastung eines Spruchkörpers erforderlich ist, die Sache auf eine andere Kammer übertragen werden. Es besteht kein verfassungsrechtliches oder einfachgesetzliches Erfordernis,

die Verfahren von der Übertragung auszunehmen, die zur Entscheidung auf den Einzelrichter übertragen sind (BayVGH, AuAS 1996, 104).

Über den *Befangenheitsantrag* gegen den Einzelrichter entscheidet die Kammer (§ 54 VwGO in Verb. mit § 45 Abs. 1 ZPO), der der Einzelrichter angehört (OLG Karlsruhe, OLGZ 1978, 256; § 78 Rdn. 126), soweit nicht der Geschäftsverteilungsplan eine andere Regelung trifft. Die Entscheidung ergeht durch Beschluss in der üblichen Kammerbesetzung ohne den abgelehnten Richter, der nach dem Geschäftsverteilungsplan vertreten wird. Wird dem Ablehnungsantrag stattgegeben oder liegt ein Ausschlussgrund vor (§ 54 VwGO in Verb. mit § 41 ZPO), tritt der im Geschäftsverteilungsplan vorgesehene Vertreter an seine Stelle als Einzelrichter. Die Übertragungsentscheidung bleibt hiervon unberührt (*Funke-Kaiser,* in: GK-AsylG, § 76 Rn. 37; *Hoffmann*, in: Hofmann/Hoffmann, AuslR. Handkommentar, § 76 AsylVfG Rn. 9). 14

Umstritten ist, ob nach gerichtsinterner Abgabe oder Verweisung des Rechtsstreits der Übertragungsbeschluss wirksam bleibt. Die herrschende Meinung geht davon aus, dass nach Verweisung der Sache durch den Einzelrichter an ein anderes Gericht der Einzelrichter auch bei diesem Gericht wegen der fortbestehenden Prozesslage zuständig ist und bleibt, das einheitliche Verfahren dort also unmittelbar in der Lage fortgesetzt werde, in der es sich bei der Verweisung befunden habe, sodass die Übertragung an den Einzelrichter auch das Gericht binde, an das verwiesen werde (OLG Koblenz, MDR 1996, 153; BayVGH, AuAS 1996, 104; a.A. Nieders.OVG, EZAR 631 Nr. 9; *Hoffmann*, in: Hofmann/Hoffmann, AuslR. Handkommentar, § 76 AsylVfG Rn. 9; s. hierzu auch: BVerwG, NVwZ-Beil. 1996, 33 = DÖV 1997, 557 [LS]: Einverständnis der Beteiligten nach § 87a Abs. 2 und 3 VwGO gilt bei Übertragung auf einen anderen Spruchkörper des Gerichts fort). Dies gelte auch bei der gerichtsinternen Abgabe. Welcher Einzelrichter an der nunmehr zuständigen Kammer des Gerichts zuständig sei, bestimme sich nach der kammerinternen Geschäftsverteilung dieses Spruchkörpers (BayVGH, AuAS 1996, 104). Der Gegenmeinung ist zuzustimmen. Insbesondere der für die Übertragung maßgebende Beurteilungsspielraum der Kammer und die der Entscheidung zugrunde liegende generelle Rechtsprechung dieser Kammer zu bestimmten länderspezifischen Fragen sprechen dafür, die Bindungswirkung auf die Kammer zu beschränken. 15

Der Beschluss bindet die Kammer. Sie kann nur im Wege der Rückübertragung nach Abs. 3 die Sache wieder an sich ziehen, hat aber *kein Rückholrecht*, insbesondere auch nicht durch *Aufhebung des Übertragungsbeschlusses* (OLG Köln, NJW 1976, 1101, 1102; *Hailbronner,* AuslR, § 76 AsylVfG Rn. 34; *Funke-Kaiser,* in: GK-AsylG, § 76 Rn. 27; *Bergmann*, in: Bergmann/Dienelt, AuslR, 11. Aufl., 2016, § 76 AsylG Rn. 20; a.A. OLG Frankfurt am Main, NJW 1976, 813). § 76 erlaubt zwar, dass sich die Kammer ihrer Zuständigkeit durch Übertragung auf den Einzelrichter begibt, ermächtigt jedoch nicht zu Eingriffen in fremde Zuständigkeiten. Gegen die Ansicht, die Kammer greife mit der Rücknahme ihres Übertragungsbeschluss nicht in die Befugnisse eines anderen, gesetzlich allein berufenen Richters ein, sondern ändere lediglich eine »rein interne arbeitsorganisatorische Maßnahme« ab (OLG Frankfurt am Main, NJW 1977, 813), spricht auch die Rechtsprechung 16 des BVerfG. Danach entfaltet die Gewährleistung des Art. 97 Abs. 1 GG auch *innerhalb* einer Gerichtskammer Wirkung (BVerfG [Kammer], NJW 1996, 2149, 2150 = NVwZ 1996, 997). *Eigenmächtige Abänderungen* der Einzelrichterentscheidung *durch den Vorsitzenden* der Kammer *verletzen* die durch Art. 97 Abs. 1 GG gewährleistete *Unabhängigkeit des Einzelrichters* verletzt.

17 Als gesetzlich nicht zur Entscheidung berufener Richter steht der Vorsitzende nach dem wirksamen Übertragungsbeschluss – im Fall des originären Einzelrichters nach Abs. 4 von vornherein – außerhalb des konkreten Verwaltungsstreitverfahrens. Dieses ist allein vom zuständigen Einzelrichter zu entscheiden. Eine »Mitwirkung« an der Entscheidungsfindung oder der schriftlichen Niederlegung der richterlichen Überzeugung ist dem Vorsitzenden verwehrt. Zwar stehen einem Vorsitzenden unterhalb dieser Schwelle ausreichende Möglichkeiten zur Verfügung, um Fertigkeiten und Kenntnisse zu vermitteln sowie auf die Stetigkeit und Güte der Rechtsprechung hinzuwirken. Hierbei ist ihm jedoch *Zurückhaltung* aufzuerlegen. Der richtungsgebende Einfluss darf nicht als Dirigismus oder Lenkung verstanden werden, sondern als eine »Einflussnahme, die der Vorsitzende aufgrund seiner Sachkunde, seiner Erfahrung und seiner Menschenkenntnis durch geistige Überzeugungskraft ausübt«. Die eigenmächtige Abänderung einer Einzelrichterentscheidung geht aber weit über die zulässige Grenze der Einflussnahme hinaus (BVerfG [Kammer], NJW 1996, 2149, 2151). Auch wenn der Einzelrichter die Sache bei einem von der Kammer angenommenen größeren Schwierigkeitsgrad nicht an diese zurück überträgt, darf die Kammer ihren Übertragungsbeschluss nicht zurücknehmen (a.A. OLG Frankfurt am Main, NJW 1977, 813).

C. Rückübertragung (Abs. 3)

18 Ebenso wie nach § 31 Abs. 3 AsylVfG 1982 kann der Einzelrichter nach Abs. 3 Satz 1 *nach Anhörung* der Beteiligten den Rechtsstreit auf die Kammer zurückübertragen, wenn aus einer *wesentlichen Änderung der Prozesslage* folgt, dass die Rechtssache grundsätzliche Bedeutung hat (Abs. 3 Satz 1). Die unterschiedlichen Gründe, die einerseits eine Übertragung an den Einzelrichter und andererseits eine Rückübertragung tragen, sind nicht geeignet, einen Verstoß gegen Art. 101 Abs. 1 Satz 2 GG zu belegen (BVerfG [Vorprüfungsausschuss], NJW 1984, 559). Der Gewährleistung des gesetzlichen Richters ist kein Gleichbehandlungsgebot immanent. Vielmehr sind auch im Lichte dieser Verfassungsnorm gewichtige Gründe für eine Einschränkung der Möglichkeiten zur Rückübertragung des Rechtsstreits an die Kammer denkbar. Es kann insbesondere nahe liegen, den Beteiligten nach Möglichkeit den erneuten Wechsel der Zuständigkeit zu ersparen und sie dadurch in der Gewissheit zu bestärken, wer der für ihre Sache zuständige gesetzliche Richter ist (BVerfG [Vorprüfungsausschuss], NJW 1984, 559). Abs. 3 Satz 1 kann daher nicht erweiternd dahin ausgelegt werden, dass in den Fällen, in denen besondere Schwierigkeiten rechtlicher oder tatsächlicher Art entstehen, eine Rückübertragung geboten wäre.

19 Voraussetzung der Rückübertragung ist eine *wesentliche Änderung der Prozesslage von grundsätzlicher Bedeutung*. Die bloß geänderte Beurteilung der unveränderten Rechtslage reicht nicht aus. Vielmehr muss sich die grundsätzliche Bedeutung aus

einer *wesentlichen Änderung der Prozesslage* ergeben. Maßgebend ist die *spruchkörperspezifische Sichtweise* (*Bergmann*, in: Bergmann/Dienelt, AuslR, 11. Aufl., 2016, § 76 AsylG Rn. 25). Der Einzelrichter hat zu beurteilen, ob eine wesentliche Änderung der Prozesslage die bislang zugrundegelegte Rechtsprechung der Kammer noch unverändert stützen kann. Gleichwohl entscheidet er nach pflichtgemäßem Ermessen, ob aus seiner Sicht die Voraussetzungen für die Rückübertragung vorliegen (BayVGH, BayVBl. 1991, 89). Der Vergleich von Abs. 1 mit Abs. 3 Satz 1 ergibt, dass die Rückübertragung neben der Änderung der Prozesslage eine sich daraus zugleich ergebende grundsätzliche Bedeutung der Rechtssache voraussetzt. Abweichend von der Übertragung sind die Anforderungen für die Rückübertragung mit denen für die Grundsatzberufung identisch. Eine Änderung der obergerichtlichen und der Rechtsprechung des BVerfG gibt Anlass, die Sache zurück zu übertragen. Eine Änderung der Kammerrechtsprechung, welche der Einzelrichter nicht folgen will, kann zwar Anlass zur Rückübertragung sein, erzwungen werden kann diese jedoch nicht. Letztlich obliegt es der Beurteilung des Einzelrichters, ob die gesetzlichen Voraussetzungen vorliegen. Die veränderte Prozesslage kann auch aus einer prozessualen Änderung des Klagebegehrens, der durchgeführten Beweisaufnahme oder gewichtigen Veränderungen der tatsächlichen oder rechtlichen Verhältnisse im Herkunftsland folgen. Es muss sich freilich stets um eine wesentliche Änderung der Prozesslage handeln, die dem Rechtsstreit konkrete Bedeutung verleiht.

Der Einzelrichter hat die Rückübertragung zurückhaltend zu handhaben (a.A. 20 *Bergmann*, in: Bergmann/Dienelt, AuslR, 11. Aufl., 2016, § 76 AsylG Rn. 24). Die Gegenmeinung verkennt, dass den Beteiligten nach Möglichkeit ein erneuter Zuständigkeitswechsel erspart werden soll (BVerfG [Vorprüfungsausschuss], NJW 1984, 559; Rdn. 18). Weder kann die Kammer ohne Rückübertragung die Sache wieder an sich ziehen (OLG Köln, NJW 1976, 1101, 1102; a.A. OLG Frankfurt am Main, NJW 1977, 813) noch kann der Vorsitzende durch entsprechende Druckausübung den Einzelrichter hierzu veranlassen (BVerfG [Kammer], NJW 1996, 2149, 2150). Die Rückübertragung erfolgt durch unanfechtbaren Beschluss (§ 80), der keiner Begründung bedarf (§ 122 Abs. 2 Satz 1 VwGO). Es entspricht dem Wesen der zwingenden Anhörung (Abs. 3 Satz 1), dass der Einzelrichter die Gründe kurz darlegt, aus denen sich seiner Meinung nach die wesentliche Änderung der Prozesslage ergibt. Die Äußerungen der Beteiligten binden den Einzelrichter nicht. Sie haben keinen Anspruch auf Rückübertragung (OLG Frankfurt am Main, NJW 1977, 813). Ebenso wie die Kammer nur den gesamten Rechtsstreit auf den Einzelrichter übertragen kann, kann dieser umgekehrt den Rechtsstreit nur insgesamt an die Kammer zurückübertragen. Die Rückübertragung ist nach Durchführung der mündlichen Verhandlung zulässig, da Abs. 2 sich nur auf die Übertragung nach Abs. 1, nicht jedoch auf die Rückübertragung nach Abs. 3 bezieht (*Funke-Kaiser*, in: GK-AsylG, § 76 Rn. 29; *Hailbronner*, AuslR, § 76 AsylVfG Rn. 45). Gerade aufgrund des Eindrucks der mündlichen Verhandlung kann sich eine wesentliche Änderung der Prozesslage ergeben, welche der Sache grundsätzliche Bedeutung verleiht.

Abs. 3 Satz 2 untersagt eine erneute Übertragung auf den Einzelrichter. Damit wird 21 der Rechtsprechung des BVerfG Rechnung getragen (BVerfG [Vorprüfungsausschuss],

NJW 1984, 559; Rdn. 18). Nach Eintritt der Wirksamkeit des Rückübertragungsbeschlusses, also nach formloser Zustellung an die Beteiligten, bleibt die Kammer endgültig der gesetzliche Richter nach Art. 101 Abs. 1 Satz 2 GG. Die Kammer hat der Rückübertragung zu folgen. Sie kann weder den zugrunde liegenden Beschluss des Einzelrichters aufheben noch kann sie den Rechtsstreit erneut auf diesen übertragen (Abs. 3 Satz 2). Weder eine abweichende Beurteilung der Frage der Grundsatzbedeutung noch der spätere Wegfall dieser Bedeutung noch die Fehlerhaftigkeit des Rückübertragungsbeschlusses infolge Fehlens der gesetzlichen Voraussetzungen, können die Anordnung des Abs. 3 Satz 2 durchbrechen. Ausnahmen lässt das Gesetz nicht zu (*Hailbronner*, AuslR, § 76 AsylVfG Rn. 51). Abs. 3 Satz 2 steht der erneuten Übertragung auf den Einzelrichter entgegen, um den Beteiligten nach Möglichkeit Zuständigkeitswechsel zu ersparen (*Funke-Kaiser*, in: GK-AsylG, § 76 Rn. 30; *Hoffmann*, in: Hofmann/Hoffmann, AuslR. Handkommentar, § 76 AsylVfG Rn. 12; Rdn. 18).

D. Originärer Einzelrichter im Eilrechtsschutzverfahren (Abs. 4)

22 Nach Abs. 4 Satz 1 entscheidet im Eilrechtsschutzverfahren nach diesem Gesetz (§ 18a Abs. 4, § 34a Abs. 2, § 36 Abs. 3 und 4, § 71 Abs. 4 in Verb. mit § 36 Abs. 3 und 4, § 71 Abs. 5) der Einzelrichter kraft Gesetzes. Anders als nach Abs. 1 ist nicht zunächst die Kammer originär zuständig. Vielmehr wird die originäre Zuständigkeit des – nach dem internen Geschäftsverteilungsplan der Kammer für die Sache zuständigen – Einzelrichters angeordnet. Der kammerinterne Geschäftsverteilungsplan muss für diesen Fall Vorsorge treffen. Mangels dazwischengeschalteter Kammerentscheidung entfällt eine vorherige Bestimmung des Berichterstatters. Daher besteht die zwingende Notwendigkeit abstrakt-genereller Regelungen im kammerinternen Geschäftsverteilungsplan (Rdn. 4, § 78 Rdn. 104 ff.). Die Bestimmung des originären Einzelrichters wird im Allgemeinen derart geregelt, dass der nach Abs. 1 zuständige Einzelrichter originärer Einzelrichter ist. Hierfür sprechen Gründe der Praktikabilität und Verfahrensökonomie. Richter auf Probe dürfen nicht berücksichtigt werden (Abs. 5). Einer besonderen Übertragung von der Kammer auf den Einzelrichter bedarf es nicht.

23 Nach Abs. 4 Satz 2 hat der Einzelrichter den Rechtsstreit auf die Kammer zu übertragen, wenn die Rechtssache grundsätzliche Bedeutung hat oder wenn er von der Rechtsprechung der Kammer abweichen will. Die Alternative der grundsätzlichen Bedeutung ist inhaltlich mit der Grundsatzberufung (§ 78 Abs. 3 Nr. 1) identisch. Der Einzelrichter hat divergierende Entscheidungen anderer Kammern des Verwaltungsgerichts, aber auch anderer Verwaltungsgerichte zu beachten. Divergierende Entscheidungen der eigenen Kammer sind als zwingende Übertragungsvoraussetzung in Abs. 4 Satz 2 geregelt. Zwar rechtfertigen divergierende Entscheidungen anderer Mitglieder der eigenen Kammer nicht die Übertragung (BT-Drucks. 12/4450, S. 28). Damit wird die Zersplitterung der Rechtsprechung jedoch auf die Spitze getrieben. Zutreffend wird für derartige Verfahrensgestaltungen daher die Übertragung auf die Kammer gefordert (*Renner*, Stellungnahme an den BT-Innenausschuss v. 18.03.1993, S. 19; *Hailbronner*, AuslR, § 76 AsylVfG Rn. 53). Letztlich bleibt es der Sensibilität der Verwaltungsrichter überlassen, wie sie die Vorschrift handhaben.

Der Einzelrichter hat vor der Übertragung den Beteiligten *Gelegenheit zur Äußerung* zu geben (*Hailbronner*, AuslR, § 76 AsylVfG Rn. 54). Dem Wortlaut von Abs. 4 Satz 2 kann nicht entnommen werden, ob die Kammer an den Übertragungsbeschluss des Einzelrichters gebunden ist. Auch die Gesetzesbegründung enthält keine Ausführungen zu dieser Frage. In entsprechender Anwendung des Abs. 3 Satz 2 ist von einer *Bindungswirkung* des Übertragungsbeschlusses auszugehen. Eine *Rückübertragung* ist *unzulässig* (*Hailbronner*, AuslR, § 76 AsylVfG Rn. 55; *Funke-Kaiser*, in: GK-AsylG, § 76 Rn. 39). Erachtet der Einzelrichter die Voraussetzungen nach Abs. 4 Satz 2 für nicht gegeben, kann er nicht zur Übertragung gezwungen werden. Andererseits besteht anders als bei der Rückübertragung nach Abs. 3 Satz 1 kein Ermessen. Vielmehr ist unter den Voraussetzungen des Abs. 4 Satz 2 die Übertragung des Rechtsstreits auf die Kammer anzuordnen (*Köhler*, Asylverfahren, Rn. 77). Die Rückübertragung nach Abs. 4 Satz 2 ist strikt von der Rückübertragung nach Abs. 3 zu trennen. Wegen der originären Einzelrichterzuständigkeit war die Kammer mit dem Rechtsstreit bislang nicht befasst. Vielmehr regelt Abs. 4 Satz 2 eine besondere Übertragungsform, die weder mit der in Abs. 1 vorgesehenen Regelung noch mit der in Abs. 3 geregelten Übertragung identisch ist und die daher einer besonderen Regelung bedarf. Die Übertragung begründet endgültig die Kammerzuständigkeit. 24

E. Der Richter auf Probe (Abs. 5)

Nach Abs. 5 darf ein Richter auf Probe in den ersten sechs Monaten nach seiner Ernennung nicht als Einzelrichter im Hauptsache- und Eilrechtsschutzverfahren eingesetzt werden (*Hailbronner*, AuslR, § 76 AsylVfG Rn. 58). Abs. 5 übernimmt die Regelung des § 76 Abs. 5 AsylVfG a.F. Der kammerinterne Geschäftsverteilungsplan zur Bestimmung des Einzelrichters muss dieser zwingenden Vorschrift Rechnung tragen. Demgegenüber bestimmt § 6 Abs. 1 Satz 2 VwGO, dass ein Richter auf Probe im ersten Jahr nach seiner Ernennung nicht als Einzelrichter tätig sein darf. Eine identische Regelung enthielt § 31 Abs. 1 Satz 2 AsylVfG 1982. § 348 und § 348a ZPO enthalten für den Proberichter allerdings keine Einschränkungen. Abs. 3 nennt nur den Richter auf Probe. Der *Richter im Nebenamt* (§ 16 VwGO) sowie der *Richter kraft Auftrags* (§ 17 VwGO, § 14 DRiG) ist nicht nach Abs. 5 ausgeschlossen (*Hailbronner*, AuslR, § 76 AsylVfG Rn. 57). Die gegen den Ausschluss erhobenen Bedenken, die mit dem Ausfall an Erfahrungsgewinnung zulasten junger Richter begründet werden (*Knorr*, VBlBW 1994, 184; *Hailbronner*, AuslR, § 76 AsylVfG Rn. 60), überzeugen nicht. Gerade die hochrangige Bedeutung des Eilrechtsschutz- und insbesondere Flughafenverfahrens erfordern eine hohe Professionalität des entscheidenden Richters. Das gilt auch für die anderen Asylverfahren. Andererseits spricht nichts dagegen, junge Richter behutsam an die häufig tatsächlich und rechtlich komplexen Fragen der Asylverfahren in den ersten sechs Monaten heranzuführen, ohne sie freilich von Anfang an zugleich mit der Verantwortung für die Entscheidung als Einzelrichter zu belasten. 25

Enthält der kammerinterne Geschäftsverteilungsplan keine entsprechende Regelung, geht die Einzelrichterübertragung für den von Abs. 5 geregelten Zeitraum ins Leere. Wird das Verfahren einem Proberichter ungeachtet des Abs. 5 nach Abs. 1 übertragen, wird von einer *schwebenden Unwirksamkeit* ausgegangen (Hess.VGH, 26

NVwZ-RR 1993, 332, 333; VGH BW, InfAuslR 2011, 261, 262 = AuAS 2011, 106; *Hailbronner,* AuslR, § 76 AsylVfG Rn. 59; *Bergmann,* in: Bergmann/Dienelt, AuslR, 11. Aufl., 2016, § 76 AsylG Rn. 27). Dies mag für das länger dauernde Hauptsacheverfahren hingenommen werden, nicht jedoch für die Entscheidung des Proberichters im Eilrechtsschutzverfahren. Die richterlichen Entscheidungsfristen (§ 36 Abs. 3 Satz 5 ff.) sprechen gegen ein »Aussitzen« des Versäumnisses. Eine von einem Proberichter im Zeitraum des Abs. 5 getroffene Entscheidung im Eilrechtsschutzverfahren verletzt § 138 Nr. 1 VwGO (*Hoffmann,* in: Hofmann/Hoffmann, AuslR. Handkommentar, § 76 AsylVfG Rn. 12). Wegen § 80 kann diese Verletzung vor dem Vollzug der Abschiebung nicht korrigiert werden. Daher ist die Wirksamkeit eines derartigen Beschlusses fraglich.

§ 77 Entscheidung des Gerichts

(1) [1]In Streitigkeiten nach diesem Gesetz stellt das Gericht auf die Sach- und Rechtslage im Zeitpunkt der letzten mündlichen Verhandlung ab; ergeht die Entscheidung ohne mündliche Verhandlung, ist der Zeitpunkt maßgebend, in dem die Entscheidung gefällt wird. [2]§ 74 Abs. 2 Satz 2 bleibt unberührt.

(2) Das Gericht sieht von einer weiteren Darstellung des Tatbestandes und der Entscheidungsgründe ab, soweit es den Feststellungen und der Begründung des angefochtenen Verwaltungsaktes folgt und dies in seiner Entscheidung feststellt oder soweit die Beteiligten übereinstimmend darauf verzichten.

Übersicht Rdn.

A. Funktion der Vorschrift

1 Die Vorschrift hat kein Vorbild im Asylverfahrensrecht vor 1992. Abs. 1 soll dazu beitragen, den Streit über Asyl- und Bleiberecht von Asylantragstellern umfassend zu beenden und neue Verwaltungsverfahren möglichst zu vermeiden (BT-Drucks. 12/2062, S. 41). Abs. 2 soll den Gerichten die Abfassung der Entscheidung erleichtern. Die Regelungen in beiden Absätzen haben keinen inneren Zusammenhang. Mit Abs. 1 Satz 1 werden abweichend zur früheren Rechtsprechung zu Anfechtungsklagen klare Vorgaben für den maßgeblichen Zeitpunkt zur Beurteilung der Sach- und Rechtslage gegeben. Die Vorschrift gilt für *alle* Streitigkeiten nach dem Gesetz (§ 74 Rdn. 2 ff.) und damit für Verpflichtungs- wie Anfechtungsklagen und weitere Klageformen. Konsequenz dieser Verpflichtung ist, dass das Verwaltungsgericht grundsätzlich in allen Verfahren die *Spruchreife selbst herbeiführen muss* (BVerwGE 106, 171, 173 = NVwZ 1998, 861, 862 =

EZAR 631 Nr. 45 = AuAS 1998, 149; BVerwG, NVwZ 2005, 462, 463 = InfAuslR 2005, 120 = EZAR NF 95 Nr. 1; *Funke-Kaiser,* in: GK-AsylG II, § 77 Rn. 10; *Hailbronner,* AuslR B 2, § 77 AsylVfG Rn. 10; *Bergmann*, in: Bergmann/Dienelt, AuslR, 11. Aufl., 2016, § 77 AsylG Rn. 7; Rdn. 8, § 32 Rdn. 13, § 71 Rdn. 116)

B. Maßgeblicher Zeitpunkt für die Beurteilung der Sach- und Rechtslage (Abs. 1)

I. Funktion der Vorschrift

Nach Abs. 1 Satz 1 Halbs. 1 stellt das Verwaltungsgericht in sämtlichen Streitigkei- 2
ten nach diesem Gesetz für die Beurteilung der Sach- und Rechtslage auf den Zeitpunkt der letzten mündlichen Verhandlung ab. Nach der Gesetzesbegründung dient Abs. 1 Satz 1 der Klärung einer in der Rechtsprechung bis dahin sehr unterschiedlich beantworteten Frage (BT-Drucks. 12/2062, S. 40). Diese Feststellung ist jedoch in dieser Pauschalität nicht zutreffend. Die Klage gegen asylrechtliche Sachentscheidungen waren nach der Rechtsprechung in Form der *Verpflichtungsklage* zu erheben (BVerfGE 54, 341, 360 = EZAR 200 Nr. 1 = InfAuslR 1980, 338; BVerfGE 65, 76, 98 = EZAR 630 Nr. 4 = NVwZ 1983, 735 = InfAuslR 1984, 58; BVerwG, Buchholz 402.24 § 28 AuslG Nrn. 7 und 23; BVerwG, NVwZ 1982, 630; BVerwG, DVBl 1983, 33; BVerwG, DÖV 1982, 744; BVerwG, EZAR 610 Nr. 15; § 74 Rdn. 148). Diese Rechtsprechung wurde durch Abs. 1 Satz 1 Halbs. 1 ausdrücklich bestätigt. Dies hat zur Folge, dass ein ursprünglich begründeter Antrag wegen nachträglich veränderter Verhältnisse unbegründet werden kann und die Klage daher abgewiesen werden muss, sowie umgekehrt, dass eine anfangs unbegründete Klage wegen Eintritts nachträglicher Ereignisse im maßgeblichen Beurteilungszeitpunkt begründet werden kann (§ 28). Für die Statusberechtigung ist die *gegenwärtige Verfolgungsbetroffenheit* maßgebend (BVerwGE 54, 341, 360 = EZAR 200 Nr. 1 = InfAuslR 1980, 338).

Nach damals gefestigter Rechtsprechung war für die Beurteilung der Sach- und 3
Rechtslage der *Anfechtungsklage* gegen die Ausreiseaufforderung nach § 28 Abs. 1 Satz 1 AsylVfG 1982 der *Zeitpunkt der Behördenentscheidung* maßgebend (BVerwGE 78, 243, 245 ff. = EZAR 221 Nr. 29 = InfAuslR 1988, 59; BVerwGE 82, 1, 5 = EZAR 631 Nr. 7 = NVwZ 1989, 772 = InfAuslR 1989, 245; BVerwG, EZAR 221 Nr. 29 = NVwZ 1988, 260). Nach Abs. 1 Satz 1 ist hingegen auch in Klageverfahren gegen die Abschiebungsandrohung oder -anordnung nach §§ 34 ff. der Zeitpunkt der letzten mündlichen Verhandlung maßgebend. Dies hat seinen Grund darin, dass das Bundesamt auch für die ausländerrechtlichen Entscheidungen zuständig ist und es grundsätlich keine Ermessens-, sondern Rechtsentscheidungen (s. aber § 73 Abs. 2a Satz 4 Halbs.; s. auch § 11 Abs. 7 Satz 1 AufenthG) zu treffen hat. Da sich der für die Beurteilung der tatsächlichen und rechtlichen Voraussetzungen maßgebliche Zeitpunkt nicht nach prozessualen Bedingungen, also der Klageform, sondern allein nach materiellem Recht richtet, ist Abs. 1 Satz 1 vernünftig und sachgerecht. Im Übrigen soll Abs. 1 Satz 1 auch dazu beitragen, den Streit über das Asyl- und Bleiberecht umfassend zu beenden und neue Verwaltungsverfahren möglichst zu vermeiden (OVG SH, AuAS 1993, 71; BT-Drucks. 12/2062, S. 41).

4 Ob das Verwaltungsgericht die Klage gegen die Abschiebungsandrohung abweisen kann, wenn es den auf die Verpflichtung auf Gewährung der Asylberechtigung und/oder auf Zuerkennung der Flüchtlingseigenschaft gerichteten Klageantrag stattgibt, war früher unklar. In diesem Fall, ist die Abschiebungsandrohung aufzuheben. Im maßgeblichen Zeitpunkt der Entscheidung liegen die für den Erlass der Abschiebungsandrohung nach § 34 Abs. 1 Satz 1 erforderlichen Voraussetzungen nicht vor. Die Abschiebungsandrohung wird damit nicht wie nach früherem Recht gegenstandslos (*Funke-Kaiser,* in: GK-AsylG II, § 77 Rn. 13; *Hailbronner,* AuslR, B 2 § 77 AsylVfG Rn. 2 ff.), sondern ist aufzuheben (*Hoffmann,* in: Hofmann/Hoffmann, AuslR. Handkommentar, § 77 AsylVfG Rn. 4). Die Bedenken der Gegenmeinung verkennen die klare Anordnung von Abs. 1 Satz 1 Halbs. 1. Auch die Voraussetzungen der Statusberechtigung mögen im Zeitpunkt der Behördenentscheidung nicht vorgelegen haben. Liegen sie aber im Zeitpunkt der gerichtlichen Entscheidung vor, erledigt sich die Sachentscheidung nicht, sondern wird sie aufgehoben, weil die maßgeblichen Voraussetzungen in diesem Zeitpunkt nicht vorliegen. Auch *nachträglich* eintretende Abschiebungsverbote (§ 60 Abs. 5 und 7 AufenthG), die nach früherem Recht keine Auswirkung auf die Rechtmäßigkeit der Ausreiseaufforderung entfalten konnten (BVerwGE 78, 243, 245 ff. = EZAR 221 Nr. 29 = InfAuslR 1988, 59; BVerwGE 82, 1, 5 = EZAR 631 Nr. 7 = NVwZ 1989, 772 = InfAuslR 1989, 245; VGH BW, Beschl. v. 21.12.1989 – A 14 S 937/88), führen nach Abs. 1 Satz 1 in Verb. mit § 34 Abs. 1 Satz 1 Nr. 3 grundsätzlich dazu, dass die Abschiebungsandrohung aufzuheben ist.

5 Nach Abs. 1 Satz 1 Halbs. 1 ist in sämtlichen Streitigkeiten nach diesem Gesetz für die Beurteilung der Sach- und Rechtslage der Zeitpunkt der letzten mündlichen Verhandlung maßgebend. Ergeht die Entscheidung in einem Verfahren ohne mündliche Verhandlung, ist der Zeitpunkt maßgebend, in dem die Entscheidung gefällt wird (Abs. 1 Satz 1 Halbs. 2), also in dem Zeitpunkt, in dem nach vorangegangener Beratung der Beschluss über die Urteilsformel getroffen wird (BVerwGE 75, 337, 340; *Hailbronner,* AuslR, B 2 § 77 AsylVfG Rn. 16). Entscheidungserhebliche Umstände, die bis zu diesem Zeitpunkt vorgebracht oder bekannt werden, sind, auch wenn bereits die mündliche Verhandlung durchgeführt worden ist, zu berücksichtigen. Gegebenenfalls ist diese erneut zu eröffnen (§ 104 Abs. 3 Satz 2 VwGO). Die Entscheidungsgründe müssen jedenfalls eindeutig erkennen lassen, dass z.B. ein nachgereichter Schriftsatz noch zur Kenntnis genommen wurde (BVerwG, NVwZ 1989, 750; *Hailbronner,* AuslR, B 2 § 77 AsylVfG Rn. 15). Abs. 1 Satz 1 findet insbesondere auch im Eilrechtsschutzverfahren Anwendung. In diesem ist der Zeitpunkt der Beschlussfassung (Abs. 1 Satz 1 Halbs. 2) maßgebend. Abs. 1 Satz 1 gilt im Blick auf die festgestellten Tatsachen grundsätzlich nur für die Tatsacheninstanzen (§ 137 Abs. 2 VwGO). Nachträglich eingetretene »völlig unstreitige« oder »allgemeinkundige« Tatsachen werden im Revisionsverfahren aber berücksichtigt (BVerwGE 91, 104, 107; BVerwGE 91, 150, 153 = EZAR 231 Nr. 5 = InfAuslR 1993, 150; BVerwG, InfAuslR 1993, 235, 236; BVerwG, EZAR 200 Nr. 32, S. 9 f.; s. aber BVerwGE 87, 52, 62; krit. *Marx,* InfAuslR 1993, 237; *Hailbronner,* AuslR, B 2 § 77 AsylVfG Rn. 78; *Funke-Kaiser,* in: GK-AsylG II, § 77 Rn. 8).

C. Präklusionsvorschriften (Abs. 1 Satz 2)

Nach Abs. 1 Satz 2 bleiben die Vorschriften des § 74 Abs. 2 Satz 2 und damit auch § 87b Abs. 3 Abs. 3 VwGO unberührt. Tritt eine Verfolgungshandlung, ein ernsthafter Schaden oder die ein Abschiebungsverbot begründende Gefahr jedoch erst während des Verwaltungsstreitverfahrens nach Ablauf der Frist des § 74 Abs. 2 Satz 1 ein, sind die *Präklusionsvorschriften* nicht anwendbar (*Hoffmann*, in: Hofmann/Hoffmann, AuslR. Handkommentar, § 77 AsylVfG Rn. 6). Anders ist die Rechtslage, wenn der Kläger bereits zu Beginn des Verwaltungsverfahrens oder später in dessen Verlauf derartige Umstände entgegen seiner Mitwirkungspflicht aus § 25 Abs. 2 nicht vorgetragen hat. Das Bundesamt kann diesen Sachvortrag insoweit unberücksichtigt lassen (§ 25 Abs. 3 Satz 1). Versäumt der Kläger den entsprechenden Sachvortrag auch in seiner Klagebegründung, ist er nach Maßgabe von Abs. 1 Satz 2 in Verb. mit § 74 Abs. 2 Satz 2 und § 87b Abs. 3 VwGO hiermit präkludiert (§ 74 Rdn. 88 f.). Das Gericht hat den nach Ablauf der Frist des § 74 Abs. 2 Satz 1 vorgebrachten Sachvortrag nur zu berücksichtigen, wenn dadurch die Entscheidung nicht verzögert wird (§ 87b Abs. 3 Satz 1 Nr. 1 VwGO). 6

Für später vorgetragene Tatsachen und Umstände ist also zunächst zu prüfen, ob sie nach Ablauf der Frist des § 74 Abs. 2 Satz 1 entstanden sind. Ist dies nicht der Fall, hat das Gericht im Verwaltungsverfahren nicht vorgetragene, jedoch innerhalb der Frist des § 74 Abs. 2 Satz 1 angegebene und auf eine Verfolgungshandlung, einen ernsthafter Schaden oder ein Abschiebungsverbot gerichtete Tatsachen und Umstände uneingeschränkt zu berücksichtigen. Die Verletzung der Mitwirkungspflicht des § 25 Abs. 2 kann lediglich im Rahmen der Beweiswürdigung berücksichtigt werden. Erfolgt der Sachvortrag nach Ablauf der Frist, hat das Verwaltungsgericht zwar auch auf den Tag der letzten mündlichen Verhandlung oder den Zeitpunkt seiner Entscheidung abzustellen (Abs. 1 Satz 1). Es kann diesen Vortrag jedoch nach Maßgabe von § 74 Abs. 2 Satz 2 in Verb. mit § 87b Abs. 3 VwGO unberücksichtigt lassen (*Hoffmann*, in: Hofmann/Hoffmann, AuslR. Handkommentar, § 77 AsylVfG Rn. 7). 7

D. Herbeiführung der Spruchreife

Konsequenz von Abs. 1 Satz 1 ist, dass § 113 Abs. 3 Satz 1 VwGO in Streitigkeiten nach diesem Gesetz nicht anwendbar ist. Nach § 113 Abs. 3 Satz 1 VwGO kann das Verwaltungsgericht, ohne in der Sache selbst zu entscheiden, den Bescheid aufheben, wenn es weitere Sachaufklärung für erforderlich erachtet. Praktisch kommt dies einer Zurückverweisung der Sache an die Verwaltungsbehörde gleich. Bereits zum alten Recht war das Gericht trotz ungenügender behördlicher Sachaufklärung verpflichtet, die Sache selbst spruchreif zu machen. Eine Zurückverweisung an das Bundesamt war untersagt (BVerwG, NVwZ 1982, 630; BVerwG, DVBl 1983, 33; Hess.VGH, ESVGH 31, 259). An dieser Rechtsprechung wird auch für das geltende Recht festgehalten (BVerwGE 106, 171, 173 = NVwZ 1998, 861, 862 = EZAR 631 Nr. 45 = AuAS 1998, 149; BVerwG, NVwZ 2005, 462, 463 = InfAuslR 2005, 120 = EZAR NF 95 Nr. 1; § 71 Rdn. 114; *Funke-Kaiser*, in: GK-AsylG II, § 77 Rn. 10; *Hailbronner*, AuslR B 2, § 77 AsylVfG Rn. 10; *Bergmann*, in: Bergmann/Dienelt, AuslR, 11. Aufl., 8

2016, § 77 AsylG Rn. 7; Rdn. 8; § 32 Rdn. 13; § 71 Rdn. 116). Zwar ist § 113 Abs. 3 Satz 1 VwGO nach Inkrafttreten des Abs. 1 Satz 2 in Kraft getreten. Von jeher beherrschen das Asylverfahrensrecht aber die Grundsätze der Verfahrensbeschleunigung und der umfassenden Sachentscheidung. Daher kann in Asylrechtsverfahren § 113 Abs. 3 Satz 1 VwGO nicht herangezogen werden. Erhebliche Aufklärungsdefiziten in Verfahren nach § 32 haben jedoch zur Folge, dass das Verwaltungsgericht die Sache an das Bundesamt zurückzuweisen (BVerwG, NVwZ 1996, 80, 81; § 32 Rdn. 13 f.) und dieses das Verfahren fortzuführen hat.

E. Vereinfachte Darstellung (Abs. 2)

9 Abs. 2 erleichtert den Gerichten – insoweit über § 117 Abs. 3 und 5 VwGO hinausgehend – die Abfassung der Entscheidung. Für die Zurückweisung des Zulassungsantrags regelt § 78 Abs. 5 Satz 1 eigenständig, dass der Beschluss keiner Begründung bedarf. Anders als § 117 VwGO, der nur auf *Urteile* anwendbar ist, enthält Abs. 2 eine dementsprechende Einschränkung nicht. Nach der gesetzlichen Begründung ist die Vorschrift insbesondere auf das Eilrechtsschutzverfahren anwendbar (BT-Drucks. 12/2062, S. 41). Dem kann nicht gefolgt werden (*Hailbronner,* AuslR B 2, § 77 AsylVfG Rn. 20; *Bergmann,* in: Bergmann/Dienelt, AuslR, 11. Aufl., 2016, § 77 AsylG Rn. 8; *Hoffmann,* in: Hofmann/Hoffmann, AuslR. Handkommentar, § 77 AsylVfG Rn. 9; a.A. *Funke-Kaiser,* in: GK-AsylG II, § 77 Rn. 17). Die vom BVerfG vorrangig den Verwaltungsgerichten zugewiesene Aufgabe des Grundrechtsschutzes (BVerfGE 94, 116, 216 = NVwZ 1996, 678 = EZAR 632 Nr. 25) erfordert es, dass insbesondere Antragszurückweisungen sorgfältig und überzeugend begründet werden. Unberührt von Abs. 2 bleiben im Übrigen die strengen Begründungserfordernisse bei offensichtlich unbegründeten Klagebegehren (BVerfGE 67, 43, 61 ff. EZAR 632 Nr. 1 = InfAuslR 1984, 215; BVerfG, InfAuslR 1986, 159, 163; BVerwG, EZAR 610 Nr. 3; § 78 Rdn. 15). Unabhängig von Abs. 2 muss die Entscheidung des Verwaltungsgerichts daher in ihrer Begründung klar erkennen lassen, weshalb die Klage nicht nur als (schlicht) unbegründet, sondern als offensichtlich unbegründet abzuweisen war (BVerfGE 65, 76, 94f.; BVerfG, InfAuslR 1986, 159; BVerfG (Kammer), InfAuslR 1990, 199). Abs. 2 gilt auch für Berufungsverfahren, nicht jedoch für Nebenverfahren.

10 Die Voraussetzungen des Abs. 2 sind alternativer Art: Die Erleichterung bei der Abfassung der Entscheidung findet auf Anfechtungs- und Verpflichtungsklagen Anwendung, wenn das Gericht den Feststellungen und der Begründung im angefochtenen Verwaltungsakt folgt und dies in seiner Entscheidung feststellt *oder* wenn die Beteiligten übereinstimmend ihr Einverständnis hiermit erklären. In allen anderen Verfahren, insbesondere Nebenverfahren, in denen weder ein Verwaltungsakt angefochten noch die Verpflichtung zum Erlass eines Bescheids angestrebt wird, findet die erste Alternative keine Anwendung (*Funke-Kaiser,* in: GK-AsylG II, § 77 Rn. 16). Diese betrifft ferner nur die Form der Entscheidung, nicht jedoch deren Zustandekommen. Auch wenn das Gericht den Feststellungen und der Begründung des Bundesamts folgt, ist von Amts wegen (§ 86 Abs. 1 VwGO) der Sachverhalt bis zur Grenze der Unzumutbarkeit aufzuklären (BVerwG, DÖV 1983, 647; BVerwG, InfAuslR 1984, 292). Eine

Verzichtserklärung wird ein verantwortlicher und gewissenhafter Prozessbeteiligter wegen des zulassungsrechtlich schädlichen Rügeverlustes in aller Regel nicht abgeben.

Ungeachtet des Wortlautes enthält Abs. 2 keine zwingende Verpflichtung, vielmehr 11 werden den Gerichten lediglich Erleichterungen eröffnet, die nach Ermessen in Anspruch genommen werden können (*Funke-Kaiser,* in: GK-AsylG II, § 77 Rn. 21 ff.; *Hailbronner,* AuslR B 2, § 77 AsylVfG Rn. 22; *Hoffmann,* in: Hofmann/Hoffmann, AuslR. Handkommentar, § 77 AsylVfG Rn. 10). In der Praxis wird von Abs. 2 zurückhaltend Gebrauch gemacht. Es entspricht richterlichem Selbstverständnis, das Klagebegehren selbständig zu überprüfen und die Ergebnisse der Überprüfung in den Entscheidungsgründen vollständig festzuhalten. Die Bezugnahme auf tatsächliche Feststellungen in anderen den Beteiligten zugänglichen Urteilen erleichtert zwar die Beweisaufnahme (BVerfG [Kammer], AuAS 1993, 249; BVerwG, Buchholz 310 § 108 VwGO Nr. 133), entbindet aber nicht von der Verpflichtung zur Wiedergabe der getroffenen gerichtlichen Feststellungen. In derartigen Fällen beschränken sich die Gerichte nicht auf behördliche Feststellungen. Vielmehr führen sie eigenständige und regelmäßig weiter gehende Ermittlungen durch. In diesem Fall sind die Voraussetzungen des Abs. 2 ohnehin nicht gegeben, da das Gericht den behördlichen Feststellungen nicht im vollen Umfang folgt. Nur wenn über diese Feststellungen hinaus keine eigenständigen Ermittlungen vorgenommen werden, findet Abs. 2 Anwendung. Das ist jedoch in der gerichtlichen Praxis ein seltener Ausnahmefall und programmiert auch eine *Gehörsverletzung.* In Streitigkeiten über die Statusberechtigung und Abschiebungsverbote ist stets eine ausführliche Wiedergabe der Feststellungen in den Entscheidungsgründen geboten. Bei Verteilungs- und aufenthaltsrechtlichen Streitigkeiten kann das Gericht allerdings von der Möglichkeit des Abs. 2 im größeren Umfang Gebrauch machen.

Einführung vor § 78

Übersicht — Rdn.

A. Vorbemerkung

Berufungsausschluss und –zulassung sind Teil des Asylprozesses. Grundsätzlich gelten 1
auch für diesen die allgemeinen verwaltungsprozessualen Vorschriften der VwGO, §§ 74 ff. enthalten aber asylspezifische, abweichende Regelungen. Dies betrifft insbesondere den Berufungsausschluss (§ 78 Abs. 1), den das allgemein Verwaltungsprozessrecht nicht kennt. Aber auch die Zulassung der Berufung (§ 78 Abs. 3) wird in § 78 abweichend von § 124a VwGO geregelt. Die Regelungen in § 78 stehen am Ende des erstinstanzlichen Asylprozesses. Um den Einsatz des scharfen Schwerts des Berufungsausschlusses nach § 78 Abs. 1 zu vermeiden, muss das erstinstanzliche Verfahren prozessordnungsgemäß geführt werden. Das gilt auch für die Zulassung der Berufung. Vor und während der mündlichen Verhandlung sind die entsprechenden Prozesshandlungen und –erklärungen vorzubereiten und die für diese erforderlichen Schritte einzuleiten, damit ein Rechtsmittel gegen ein klageabweisendes Urteil mit Aussicht auf Erfolg eingelegt werden kann. Wird die Berufung zugelassen, sind die Regelungen des allgemeinen Verwaltungsprozessrechts und § 79 zu beachten. Die ordnungsgemäße Führung des Prozesses ist auch für eine mögliche Verfassungsbeschwerde (Rdn. 219 ff.) nach Abschluss des fachgerichtlichen Verfahrens von wesentlicher Bedeutung. Denn diese wird wegen mangelnder Rechtswegerschöpfung nicht zur Entscheidung angenommen, wenn das in der letzten fachgerichtlichen Instanz eingelegte Rechtsmittel als *offensichtlich unzulässig* verworfen wurde (BVerfGE 28, 88, 95; 63, 80, 85; § 78 Rdn. 219 ff.). Rechtssuchende haben über das Gebot der Rechtswegerschöpfung hinaus alle nach Lage der Dinge zur Verfügung stehenden prozessualen Möglichkeiten zu ergreifen (BVerfGE 81, 22, 27). Folgerichtig wird diesem Gebot nicht Genüge getan, wenn im Instanzenzug ein Mangel deshalb nicht nachgeprüft werden konnte, weil er nicht oder nicht in ordnungsgemäßer Form gerügt worden ist (BVerfGE 74, 102, 114; Rdn. 222 ff.). Aus diesen Gründen ist die *mündliche Verhandlung* umfassend vorzubereiten und prozessordnungsgerecht zu führen.

B. Funktion der mündlichen Verhandlung im Asylprozess

Die mündliche Verhandlung stellt ein *Mittel* zur *Verwirklichung des rechtlichen Gehörs* 2
im Prozess dar. Dementsprechend kommt der Teilnahme der Beteiligten an der mündlichen Verhandlung besondere Bedeutung zu (BVerwGE 110, 203, 206; BVerwG, InfAuslR 2011, 170, 171). Wenn Art. 103 Abs. 1 GG auch nicht ausnahmslos die Durchführung einer mündlichen Verhandlung erfordert, begründet der Anspruch

auf rechtliches Gehör für den Fall, dass eine mündliche Verhandlung stattfindet, das *Recht der Beteiligten auf Äußerung* in dieser (BVerwG, NVwZ 1989, 857, 858). Die gerichtliche Entscheidung ist grundsätzlich das Ergebnis eines *diskursiven Prozesses zwischen Gericht* und *Beteiligten* im Rahmen der mündlichen Verhandlung. Dieses erfüllt zudem den *Zweck*, die *Ergebnisrichtigkeit der gerichtlichen Entscheidung zu fördern* (BVerwG, InfAuslR 2011, 170, 171, mit Verweis auf EGMR, NJW 1992, 1813 – *Helmers*). Kaum vereinbar hiermit ist die Ansicht, es stehe im gerichtlichen Ermessen, ob das persönliche Erscheinen der Beteiligten angeordnet werde (OVG MV, NVwZ-RR 2011, 127, 128). Beteiligte im Asylprozess sind der Asylkläger und das Bundesamt. Letzteres tritt so gut wie nie in der mündlichen Verhandlung auf und diese Praxis ist nunmehr sogar durch eine generelle Dienstanweisung ausdrücklich bekräftigt worden. Dies hat über die Jahre zu einer unglücklichen Verschiebung der prozessualen Gewichte zulasten der Asylkläger geführt. Mangels Teilnahme der Behörde werden die Verwaltungsgerichte bewusst oder unbewusst in die Rolle gedrängt, die an sich das Bundesamt wahrnehmen sollte. Formal steht der Richter zwar über den Parteien, in Wirklichkeit aber prüft er zumeist wie die Behörde das Vorbringen des Asylklägers. Das vielfach bestehende behördliche Misstrauen des Bundesamts gegen die Wahrhaftigkeit der Angaben Asylsuchender hat sich durch dieses *prozessuale Vakuum* über die Jahre unmerklich in den gerichtlichen Instanzen eingenistet.

3 Vom Schutzbereich des Prozessgrundrechts des Art. 103 Abs. 1 GG umfasst ist auch der Anspruch, sich durch einen *rechtskundigen Prozessbevollmächtigten* vertreten zu lassen (BVerwG, NVwZ 1989, 857, 858). Auch in Anbetracht des Amtsermittlungsgrundsatzes und des Umstandes, dass das Gericht das Recht zu kennen hat, darf das Recht der Beteiligten, sich mit ihren eigenen Vorstellungen über die anzustellenden Ermittlungen und über die zu beantwortenden Fragen zu Wort zu melden, nicht beschnitten werden (BVerfG [Kammer], NVwZ-Beil. 1994, 17, 18; BVerwGE 51, 111, 113). Eine insoweit verständige und sachgerechte Prozessführung wird in vielen Asylverfahren ohne anwaltliche Hilfe nicht zu bewältigen sein. Dies ist insbesondere dann zu erwägen, wenn auch die allgemeinen Verhältnisse im Herkunftsland des Asylsuchenden zu würdigen sind (BVerfG [Kammer], NVwZ-Beil. 1994, 17, 18). Es ist daher das gute Recht aller Verfahrensbeteiligten, sich der Hilfe eines Prozessbevollmächtigten zu bedienen (BVerwG, NVwZ 1989, 857, 859). Dem korrespondiert die Pflicht des Gerichts, wenn Termin zur mündlichen Verhandlung bestimmt worden ist, zur Wahrung des rechtlichen Gehörs auf die Verhinderung des Prozessbevollmächtigten Rücksicht zu nehmen (BVerwG, NVwZ 1989, 857, 859).

4 Die mündliche Verhandlung bildet den *Mittelpunkt des Verwaltungsprozesses*. Das Urteil kann nur auf seiner Grundlage ergehen (§ 108 Abs. 1 Satz 1 VwGO). Dies hat zur Folge, dass allen Beteiligten unabhängig davon, ob sie die Möglichkeit zur schriftsätzlichen Vorbereitung genutzt haben oder nicht (§ 74 Abs. 2 Satz 1), Gelegenheit gegeben werden muss, den Verhandlungstermin zum Zwecke der Darlegung ihrer Standpunkte wahrzunehmen. Sie müssen die Möglichkeit erhalten, sich durch den Vortrag des wesentlichen Akteninhaltes nach § 103 Abs. 2 VwGO (*Sachbericht*) und die anschließende Erörterung der Sache davon zu überzeugen, dass ihr Begehren vom Gericht richtig aufgefasst worden ist, sowie in den Stand versetzt werden, zu

Rechtsausführungen der übrigen Beteiligten und gegebenenfalls zu den im Rechtsgespräch (§ 104 Abs. 1 VwGO) geäußerten Rechtsansichten des Gerichts Stellung zu nehmen (BVerwG, NVwZ 1989, 857, 859). Daher hat das Stattfinden einer mündlichen Verhandlung einen *Rechtswert in sich* (BVerwG, NJW 1992, 2042). Der *Vortrag des wesentlichen Akteninhalts* in einem zur mündlichen Verhandlung anberaumten Termin wird nach § 103 Abs. 2 VwGO nicht lediglich zur Information der Beteiligten, sondern auch zur Unterrichtung der Mitglieder des Gerichts, insbesondere der ehrenamtlichen Richter, vorgeschrieben, damit diese sich ihre Überzeugung aus dem Gesamtergebnis des Verfahrens bilden können (BVerwG, NVwZ 1984, 251). Der Einzelrichter ist im Asylprozess jedoch der Regelfall (§ 76 Abs. 1). Er entscheidet ohne ehrenamtliche Richter. Es handelt sich gem. § 295 ZPO (§ 173 VwGO) um eine Vorschrift, deren Verletzung bei *Verzicht* der Beteiligten nicht gerügt werden kann (BVerwG, NVwZ 1984, 251).

Im Asylprozess kommt den persönlichen Angaben des Asylklägers zu seinen Asylgründen bei der Überprüfung des Verwaltungsbescheids eine besondere Bedeutung zu. Will das Verwaltungsgericht sich – unabhängig von der Verwaltung – ein eigenes Urteil von der Glaubhaftigkeit der Angaben und der darauf beruhenden Glaubwürdigkeit des Asylklägers machen, bedarf es seiner *persönlichen Befragung*. Demgemäß wird in der Praxis in aller Regel das Erscheinen des Asylklägers zur mündlichen Verhandlung angeordnet und er im Rahmen der *informatorischen Befragung* umfassend zu seinen Asylgründen angehört. Der Umfang der Erörterung (§ 104 Abs. 1 VwGO) ist an der jeweiligen konkreten Sachlage auszurichten und schließt ein, dass der Vorsitzende die Erörterung auf Schwerpunkte beschränken darf (BVerwG, NVwZ 2013, 1549). Regelmäßig hören die Gerichte den Kläger im Rahmen der *informatorischen Befragung* aber umfassend zu den Asylgründen an. Die Beschränkung auf wesentliche Schwerpunkte ist eher die Ausnahme und auch nicht sachgerecht, weil die Glaubhaftmachung der einzelnen Angaben die Ermittlung des gesamten Sachverhalts voraussetzt. Auch dann, wenn das persönliche Erscheinen nicht angeordnet wird, kann das rechtliche Gehör verletzt werden, wenn der Kläger vom Gericht nicht ordnungsgemäß geladen worden ist (Nieders. OVG, AuAS 2002, 103). Andererseits gibt es keinen Erfahrungssatz, dass anwaltlich vertretene Asylkläger die einer nicht mit der Anordnung des persönlichen Erscheinens verbundenen Ladung zu einem Termin nicht Folge leisten, an ihrem Verfahren nicht interessiert seien, was den Schluss auf ihre mangelnde Verfolgungsfurcht zulasse (BVerfG [Kammer], InfAuslR 1991, 171, 174; zur Beweiswürdigung beim Nichterscheinen des Asylsuchenden s. auch BVerwG, InfAuslR 1984, 20; BVerwG, InfAuslR 1986, 117; BVerwG, NVwZ 1989, 857). Ist das *persönliche Erscheinen eines Beteiligten angeordnet* worden, ist diesem gem. § 173 VwGO in Verb. mit § 141 Abs. 2 Satz 2 ZPO auch dann die *Ladung* selbst mitzuteilen, wenn ein Prozessbevollmächtigter bestellt worden ist (Hess. VGH, AuAS 1997, 69, 70 = JMBl. Hessen 1997, 427 = NVwZ-RR 1998, 404). Ladungen zur mündlichen Verhandlung sind nach § 56 Abs. 1 VwGO zuzustellen. Ist ein Bevollmächtigter bestellt, ist die Zustellung auch an diesen zu richten (§ 67 Abs. 3 Satz 2 VwGO, § 7 Abs. 1 Satz 2 VwZG). Sind im Zeitpunkt der Ladung *mehrere Bevollmächtigte* bestellt, sind diese berechtigt, die Partei einzeln zu vertreten (§ 173 VwGO in Verb. mit § 84 ZPO). Das gilt auch für Handlungen des 5

Gerichts gegenüber dem Vertretenen. Hieraus folgt, dass bei mehreren Bevollmächtigten die *Zustellung der Ladung* zur mündlichen Verhandlung *an einen von ihnen* genügt (VGH BW, AuAS 1995, 126; s. aber BVerwG, NVwZ 1984, 337; § 74 Rdn. 34).

6 Ist das persönliche Erscheinen des Asylklägers nicht angeordnet worden, genügt das Gericht den Vorschriften über die ordnungsgemäße Ladung des Asylklägers, wenn es diesen über seinen Verfahrensbevollmächtigten auf die mündliche Verhandlung hinweist. Ladungen dürfen solange an den Verfahrensbevollmächtigten gerichtet werden, bis das Gericht in wirksamer Weise von der Mandatsniederlegung in Kenntnis gesetzt worden ist. Es darf sich in diesem Fall darauf verlassen, dass der Bevollmächtigte den Asylkläger über den Termin verständigt (Nieders. OVG, AuAS 2002, 103). Wird dem Verwaltungsgericht vor der Zustellung der Ladung wirksam die Mandatsniederlegung angezeigt, hat es die Ladung an den Asylkläger persönlich zuzustellen. In diesem Fall hat es auch den Termin abzusetzen und diesem Gelegenheit zu geben, einen anderen Bevollmächtigten mit der Wahrnehmung seiner Interessen zu beauftragen (vgl. Nieders. OVG, AuAS 2002, 103). Hat das Gericht das persönliche Erscheinen des Beteiligten angeordnet, diesem aber die Ladung nicht zugestellt, ist die Berufung auf die Versagung des rechtlichen Gehörs nicht deshalb versagt, weil ihm auch der Bevollmächtigte keine Mitteilung über den bevorstehenden Termin zur mündlichen Verhandlung gemacht hat. Wird das persönliche Erscheinen eines Beteiligten durch das Gericht angeordnet, darf der Bevollmächtigte grundsätzlich darauf vertrauen, dass das Verwaltungsgericht der ihm auferlegten Verpflichtung nachkommt, den Beteiligten von Amts wegen über den Termin zu benachrichtigen. Für den Bevollmächtigten besteht mithin keine Veranlassung, ein etwaiges Versäumnis des Gerichts einzukalkulieren und seinem Mandanten seinerseits Mitteilung von dem Termin zur mündlichen Verhandlung zu machen, um sicherzustellen, dass dieser an der Verhandlung teilnehmen kann (Hess. VGH, NVwZ-RR 1998, 404, 405 = AuAS 1997, 69; s. aber Hess.VGH, NVwZ-RR 1998, 404 = AuAS 1997, 140).

7 Das Verwaltungsgericht verletzt auch dann den Anspruch auf rechtliches Gehör, wenn es eine mündliche Verhandlung trotz Ausbleiben des anwaltlich nicht vertretenen Beteiligten durchführt, ohne diesen gem. § 102 Abs. 2 VwGO bei der Ladung darauf hingewiesen zu haben, dass bei seinem Ausbleiben auch ohne ihn verhandelt und entschieden werden kann (BVerwG, NVwZ-RR 1995, 549). Ordnet andererseits das Verwaltungsgericht trotz der überragenden Bedeutung der mündlichen Verhandlung das *persönliche Erscheinen* des Asylklägers *nicht an*, muss dieser nicht damit rechnen, dass es an die Tatsache seines Nichterscheinens nachteilige Folgen knüpfen wird (BVerfG [Kammer], NVwZ-Beil. 1994, 50, 51). Daher dürfen in den Entscheidungsgründen keine negativen *Schlüsse auf die Glaubhaftigkeit* der Angaben allein aus dem *Umstand des Nichterscheinens hergeleitet* werden. Ist mithin entweder das Gericht bei der Ladung selbst nicht von der Notwendigkeit des persönlichen Erscheinens ausgegangen oder hat es eine anderslautende Einschätzung nicht in genügender Weise zum Ausdruck gebracht, ist beim Erkennen weiteren Aufklärungsbedarfs die gebotene Verfahrensweise die Vertagung des Termins verbunden mit der Anordnung des persönlichen Erscheinens des Asylklägers (BVerfG [Kammer], NVwZ-Beil. 1994, 50, 51).

Einen Antrag *»auf Wiedereinsetzung in den Termin zur mündlichen Verhandlung«* kennt das Prozessrecht nicht. Wählt der Verfahrensbevollmächtigte nach Zustellung des Urteils diesen von der Prozessordnung nicht vorgesehenen Weg anstelle des Zulassungsantrags nach § 78 Abs. 4 S.. 1, wird der Antrag auf Wiedereinsetzung wie auch der verspätet gestellte Zulassungsantrag zurückgewiesen (Hess. VGH, NVwZ-RR 1999, 539). Verschulden des Bevollmächtigten wird den Vertretenen zugerechnet (Hess. VGH, NVwZ-RR 1999, 539). Wird der Wiedereröffnungsantrag indes nach dem Schluss der mündlichen Verhandlung und vor der Zustellung nach § 116 Abs. 2 Halbs. 1 VwGO gestellt, hat das Verwaltungsgericht hierüber vor der Urteilsabfassung zu entscheiden (§ 78 Rdn. 170 ff.) und im Urteil die Gründe darzulegen, die für eine Zurückweisung des Antrags sprechen. 8

C. Verzicht auf mündliche Verhandlung (§ 101 Abs. 2 VwGO)

Es stellt einen Verstoß gegen den Grundsatz des rechtlichen Gehörs dar, wenn das Verwaltungsgericht *ohne wirksames Einverständnis* der Beteiligten auf die Durchführung einer mündlichen Verhandlung verzichtet hat (BVerwG, NVwZ-RR 1998, 525; BVerwG, NVwZ 2003, 1129, 1130; BVerwG, NVwZ-RR 2004, 77; BVerwG, Urt. v. 15.09.2008 – BVerwG 1 C 12.08; OVG NW, AuAS 1999, 4). Die Beteiligten können jedoch durch eine Prozesserklärung *auf die Durchführung der mündlichen Verhandlung* nach § 101 Abs. 2 VwGO verzichten. Diese stellt eine grundsätzlich *unwiderrufliche Prozesshandlung* dar (BVerwG, NVwZ-Beil. 1996, 26). Nimmt der Beteiligte die ausnahmsweise gegebene Möglichkeit des Widerrufs nicht wahr, kann er sich auf die Verletzung des rechtlichen Gehörs nicht berufen (BayVGH, NVwZ Beil. 2001, 29). Das Verfahren der Entscheidung ohne mündliche Verhandlung hat in § 101 Abs. 2 VwGO eine eigenständige Regelung erfahren. Deshalb ist § 128 Abs. 2 Satz 3 ZPO, wonach das Gericht nur innerhalb von drei Monaten nach Erklärung der Zustimmung der Parteien ohne mündliche Verhandlung entscheiden kann, im Verwaltungsprozess nicht gem. § 173 VwGO anwendbar (BVerwG, NVwZ-Beil. 1996, 26; BVerwG, NVwZ-RR 2003, 460, 461). 9

Verzichtet ein Beteiligter auf Durchführung der mündlichen Verhandlung, bleibt das Verwaltungsgericht auch in diesem Fall zur Wahrung des rechtlichen Gehörs verpflichtet und darf nur solche Tatsachen und Beweisergebnisse – einschließlich Presseberichte und Behördenauskünfte – verwerten, die von einem Beteiligten oder vom Gericht im Einzelnen zum Gegenstand des Verfahrens gemacht worden sind (VGH BW, AuAS 1996, 251). Die Einführung einer inhaltsgleichen Auskunft wird indes für unschädlich angesehen (BayVGH, NVwZ-Beil. 2001, 29). Der Verzicht auf Durchführung der mündlichen Verhandlung bezieht sich seinem Inhalt nach lediglich auf die nächste Entscheidung des Gerichts und wird – sofern dies kein abschließendes Urteil ist – dadurch verbraucht. Es verletzt deshalb den Anspruch der Beteiligten auf rechtliches Gehör, wenn *nach der Verzichtserklärung* ein *Beweisbeschluss* ergeht, den Beteiligten durch *Auflagenbeschluss* die Beantwortung konkreter, seine individuellen Verfolgungsgründe betreffende Fragen oder sonst wie eine *Stellungnahme abgefordert* wird, *Akten* zu Beweiszwecken *beigezogen*, im Erörterungstermin neue Erkenntnismittel eingeführt werden (BVerwG, NVwZ-Beil. 1996, 26; OVG NV, AuAS 1999, 4, 5), die *Einholung eines* 10

Sachverständigengutachtens einen für den Kläger ungünstigen Ausgang des Verfahrens zur Folge haben kann (Nieders. OVG, NVwZ-RR 2004, 390), eine die Endentscheidung wesentlich vorbereitende Entscheidung erlassen (BFH, NVwZ-RR 1996, 178) oder mündliche Verhandlung anberaumt wird (BFH, NVwZ-RR 2011, 462), das Verwaltungsgericht aber gleichwohl ohne mündliche Verhandlung nach § 101 Abs. 2 VwGO entscheidet. Ebenso wird der Verzicht auf mündliche Verhandlung *mit der Übertragung des Rechtsstreits auf den Einzelrichter verbraucht* (BFH, NVwZ-RR 1996, 178).

11 Wirksam wird eine im schriftlichen Verfahren ergangene Entscheidung erst dann, wenn sie endgültig aus dem Verfügungsbereich des Gerichts hinausgelangt ist, sodass eine Zurückholung in den Spruchkörper oder durch den Einzelrichter, etwa zum Zwecke einer Änderung oder auch einer Ergänzung im Hinblick auf eine noch in den Verfügungsbereich der Geschäftsstelle gelangte Stellungnahme der Beteiligten tatsächlich nicht mehr möglich ist (VGH BW, AuAS 1999, 127). Erst mit der Anordnung der Zustellung an die Verfahrensbeteiligten durch die Geschäftsstelle erlangt die Entscheidung Wirksamkeit (VGH BW, AuAS 1999, 199, 200). Demgegenüber wird das Urteil bei der an die Stelle der Verkündung tretenden Zustellung eines auf mündliche Verhandlung ergangenen Urteils mit der dokumentierten Übergabe des Urteilstenors an die Geschäftsstelle wirksam und für das Gericht bindend (VGH BW, AuAS 1999, 199, 200).

D. Einführung von Erkenntnismitteln in das Verfahren

I. Funktion der Erkenntnismittel im Asylprozess

12 Im Asylprozess wird auf der Grundlage von *Prognosetatsachen* entschieden. Das Verwaltungsgericht hat daher die *tatsächlichen Grundlagen der Prognoseentscheidung* offenzulegen (BVerwG, NVwZ-Beil. 2000, 99, 100 = InfAuslR 2000, 412) und ist deshalb im Blick auf die Einführung von Erkenntnismitteln *vorleistungspflichtig*. Dies ist insbesondere für die Zulässigkeit des Sachverständigenbeweises von Bedeutung (Rdn. 123 ff.). Die Berufung auf die Verletzung des Anspruchs auf rechtliches Gehör ist daher nicht davon abhängig, dass der Bevollmächtigte es unterlassen hat, das Gericht an die Übersendung der Erkenntnismittelliste zu erinnern. Auch ist es unerheblich, ob die Übersendung versehentlich unterblieben ist. Denn auf ein gerichtliches Verschulden kommt es insoweit nicht an (VGH BW, AuAS 1996, 251, 252). Gerichtliche Ermittlungen müssen aus verfassungsrechtlichen Gründen einen *hinreichenden Grad an Verlässlichkeit* aufweisen und auch dem Umfang nach, bezogen auf die besonderen Gegebenheiten im Asylbereich, zureichend sein (BVerfGE 76, 143, 162 = InfAuslR 1988, 87 = NVwZ 1988, 237 = EZAR 200 Nr. 20; BVerwGE 87, 141, 150 = NVwZ 1991, 384; *Roeser*, EuGRZ 1995, 101, 105 f.; *Groß/Kainer*, DVBl 1997, 1315). Dementsprechend verwenden die Verwaltungsgerichte regelmäßig zur Beurteilung der allgemeinen Verhältnisse im Herkunftsland des Asylklägers eine Vielzahl von Erkenntnisquellen.

13 Nach § 108 Abs. 1 Satz 1 VwGO entscheidet das Gericht nach dem *Gesamtergebnis des Verfahrens*. Gesamtergebnis ist alles, aber auch nur das, was *Gegenstand der mündlichen Verhandlung* oder beim Verfahren ohne mündliche Verhandlung des entsprechenden schriftlichen Verfahrens war. Hierzu gehören insbesondere der Vortrag und die

Anträge der Beteiligten, der Sachbericht (§ 103 Abs. 2 VwGO), beigezogene Akten und Urkunden sowie Auskünfte, die zum Gegenstand der mündlichen Verhandlung gemacht worden sind. Wegen der Vielzahl von Ungewissheiten über die rechtserhebliche Situation im Herkunftsland des Asylklägers erfordert die *Verfolgungsprognose* eine sachgerechte, der jeweiligen Materie angemessene und methodisch einwandfreie Erarbeitung ihrer tatsächlichen Grundlagen (BVerwGE 87, 141, 150 = NVwZ 1991, 384). Von einer solchermaßen erarbeiteten Prognosebasis kann nur die Rede sein, wenn die tatrichterlichen Ermittlungen einen *hinreichenden Grad an Verlässlichkeit* aufweisen und auch dem Umfang nach zureichend sind. Dies setzt eine *vollständige Ausschöpfung aller verfügbaren Erkenntnisquellen* voraus (BVerwGE 87, 141, 150). Auch Feststellungen zum *tatsächlichen Inhalt von ausländischen Strafrechtsnormen* können Gegenstand von Verfahrensrügen sein (BVerwG, InfAuslR 1984, 275; BVerwG, NVwZ-RR 1990, 652; BVerfG [Kammer], EZAR 622 Nr. 26 = NVwZ-Beil. 1996, 19).

Mit den von Verfassungs wegen gebotenen Anforderungen an die gerichtliche Er- 14
mittlungstiefe sind die zahllosen *»allgemeinen Erfahrungssätze«*, die die Rechtsprechung häufig spekulativ verwendet, nicht vereinbar (*Rothkegel*, NVwZ 1992, 313). Das Gericht muss vielmehr in nachvollziehbarer Weise deutlich machen, dass es aufgrund der beigezogenen Erkenntnisse zuverlässig in der Lage ist, die unter Beweis gestellte Tatsachenfrage mit einem hinreichenden Grad an Verlässlichkeit aus eigener Sachkunde zu beantworten. Kann es das nicht, hat es Beweis zu erheben und verletzt es das rechtliche Gehör des Beteiligten, wenn es hiervon absieht. Zwar hat es eine *»Einschätzungsprärogative«*, weil das richterliche Urteil keine unanfechtbare Wahrheit treffen kann, sondern Zweifel stets möglich sind (BVerwGE 71, 180, 181 = InfAuslR 1985, 244 = NVwZ 1985, 658 = EZAR 630 Nr. 17). Die Wertung dieser Zweifel hat das Gesetz (§ 108 Abs. 1 Satz 1 VwGO) in die höchstpersönliche und damit *unüberprüfbare* Überzeugung des Richters gestellt. Überprüfbar ist das Urteil jedoch hinsichtlich der aus seinem rationalen Grundcharakter fließenden Anforderungen (*Dawin*, NVwZ 1995, 729, 731). Dies setzt voraus, dass das Tatsachengericht die in seiner Prognose berücksichtigten tatsächlichen Verhältnisse über Vorgänge aus Vergangenheit und Gegenwart bezeichnet und in *nachprüfbarer Weise* die Umstände offen legt, aus denen es auf eine Verfolgungsgefahr für die Zukunft schließt.

Eine solche Offenlegung ist unverzichtbar, weil nur durch diese den Beteiligten und 15
dem Rechtsmittelgericht die Möglichkeit eröffnet wird, das Ergebnis der in der Prognose zum Ausdruck kommenden Beweiswürdigung einer Prüfung zu unterziehen (BVerwGE 87, 141, 150 = NVwZ 1991, 384). Die Erarbeitung der Prognosegrundlagen, also die methodisch einwandfreie Ermittlung des Sachverhalts, ist ein überprüfbarer Erkenntnisprozess. Daher kann auch die Art und Weise der Berücksichtigung vorhandener Erkenntnismittel und mithin auch die Frage, ob das Verwaltungsgericht in methodisch nicht angreifbarer Weise ohne weitere Beweiserhebung den Sachverhalt aus eigener Sachkunde ermitteln kann, von den Beteiligten überprüft werden. Damit unvereinbar ist es, Fehler in diesem Stadium als bloße nicht rügefähige Aufklärungsmängel (*Hailbronner*, AuslR, B 2 § 74 AsylVfG, § 74 104) zu behandeln. Der *Aufklärungsrüge* liegt vielmehr zugrunde, dass das Gericht in prozessordnungswidriger Weise entgegen dem aus § 86 Abs. 1 VwGO folgenden Gebot der zureichenden

Beweiserhebung seine Aktivitäten zur Ermittlung des Sachverhalts vorzeitig einstellt. Auch ohne entsprechenden Sachvortrag oder Beweisantritt der Beteiligten muss aber das Gericht von sich aus die Umstände aufklären, deren Erheblichkeit für den geltend gemachten Anspruch *sich aufdrängt* (*Dawin*, NVwZ 1992, 729, 732). Verletzungen der Aufklärungspflicht sind jedoch wegen einer § 132 Aba. 2 Nr. 3 VwGO vergleichbaren Regelung in § 78 Abs. 3 im Asylprozess grundsätzlich nicht rügefähig (s. aber § 78 Rdn. 152 ff.). Um einen derartigen Fall geht es im Fall des abgelehnten Antrags auf Sachverständigenbeweis (Rdn. 123 ff.) jedoch gerade nicht. Der Beteiligte hat Beweis angetreten, indem er weitere Sachaufklärung beantragt hat. Hier ist die Ablehnung nur zulässig, wenn das Gericht in der Lage ist, aufgrund der bereits vorhandenen Erkenntnismittel aus *eigener Sachkunde* die Beweisfrage zu beurteilen.

16 Bezüglich der zur Aufklärung der *tatsächlichen Entscheidungsgrundlagen* zu verwertenden Erkenntnisquellen ist den Beteiligten rechtliches Gehör zu gewähren. Erst für die aus diesen Erkenntnisquellen gewonnenen *rechtlichen Schlussfolgerungen* entfällt die Notwendigkeit der Gewährung rechtlichen Gehörs (BVerwG, InfAuslR 1984, 275; BVerwG, NVwZ-RR 1990, 652). Mit diesen prozessualen Grundsätzen unvereinbar ist die Ansicht, dass Erkenntnisquellen nicht Beweis für die Tatsachenbehauptungen des Asylklägers erbringen würden, sondern nur insofern Bedeutung erlangten, als sie ein Raster bildeten, an dem die Plausibilität seiner Erklärungen gemessen werde (*Schenk*, in: *Hailbronner*, AuslR, § 78 AsylVfG 111). Deshalb entfällt nach dieser Ansicht die gerichtliche Verpflichtung, zu den zu verwertenden Erkenntnisquellen das rechtliche Gehör zu gewähren. Diese Ansicht beruht jedoch auf einer methodisch unzulässigen Verwischung der Feststellung der entscheidungserheblichen tatsächlichen Prognosegrundlagen mit der Prognoseprüfung selbst. Zutreffend ist, dass die Prognoseprüfung ein Vorgang der freien Beweiswürdigung ist. Der Prognoseprüfung selbst geht indes die Sammlung und Sichtung der tatsächlichen Grundlagen der Sachentscheidung *abtrennbar* voraus (BVerfG [Kammer], InfAuslR 1993, 146). Diesen Erkenntnisprozess der Sammlung und Sichtung der tatsächlichen Entscheidungsgrundlagen können die Beteiligten mit dem Sachverständigenbeweis (Rdn. 130 ff.) beeinflussen. Hier schützt das *»Spekulationsverbot«* (*Rothkegel*, NVwZ 1992, 313, 314, mit Bezugnahme auf BVerwGE 87, 141, 150 = NVwZ 1991, 384) die Beteiligten vor einem leichtfertigen Umgang des Gerichts mit Erfahrungssätzen.

17 Der Gehörsanspruch erstreckt sich nicht auf *allgemeinkundige Tatsachen*. Diese sind zur Wahrung des rechtlichen Gehörs mit den Beteiligten lediglich zu erörtern (BVerwG, InfAuslR 1982, 250; BVerwG, InfAuslR 1985, 83; vgl. auch BVerfG [Kammer], InfAuslR 1993, 229; BVerfG [Kammer], AuAS 1993, 21, 23; BVerfG [Kammer], AuAS 1993, 271; s. aber: BVerwGE 91, 104, 108, 91, 150, 154; BVerwG, InfAuslR 1993, 235, 236, m. Anm. *Marx*, InfAuslR 1993, 237; *Dahms*, ZAR 2002, 347, 349). Allgemeinkundig sind Tatsachen, von denen verständige und erfahrene Personen in der Regel ohne weiteres Kenntnis haben oder von denen sie sich doch jederzeit durch Benutzung allgemein zugänglicher zuverlässiger Erkenntnisquellen unschwer überzeugen können. Dazu gehören etwa Naturvorgänge, Ortsentfernungen, geographische Gegebenheiten oder feststehende historische Ereignisse (BVerwG, DÖV 1983, 206; BVerwG, InfAuslR 1983, 60; BVerwG, InfAuslR 1983, 184; Nieders. OVG, NVwZ-Beil.

1996, 67, 68); *Höllein*, ZAR 1989, 109, 112). Die Tatsache eines Militärputsches oder der Wahlsieg einer bestimmten Partei sowie der Misserfolg einer bestimmten anderen Partei selbst sind allgemeinkundig (BVerwG, DÖV 1983, 206; BVerwG, DÖV 1983, 207). Die Auswirkungen derartiger politischer Ereignisse sind indes nicht jedermann mit der gleichen Eindeutigkeit bekannt oder erkennbar. Das beruht darauf, dass die Allgemeinkundigkeit einer Tatsache orts- und zeitbedingt ist sowie schon aufgrund der räumlichen Entfernung eine für jeden ohne Weiteres erkennbare Aussage zu den politischen Verhältnissen im Herkunftsland des Asylklägers nur bedingt möglich ist (BVerwG, DÖV 1983, 206; BVerwG, InfAuslR 1983, 60; BVerwG, NVwZ 1985, 337, 338).

Hinzu kommt, dass es sich im Asylverfahren um die Darstellung der politischen Verhältnisse in häufig instabilen Ländern handelt, die eine Zusammenfassung von selbst wahrgenommenen oder in Erfahrung gebrachter Tatsachen in einer Gesamtbewertung erfordert. Häufig bedarf es dazu vorsichtiger und relativierender Formulierungen (BVerwG, DÖV 1983, 206; BVerwG, InfAuslR 1983, 60). Es mag zutreffen, dass Veröffentlichungen in den Medien die Richtigkeit der getroffenen Feststellungen bestätigen. Jedoch ist die Veröffentlichung einer Tatsache noch kein Indiz für deren Allgemeinkundigkeit (BVerwG, DÖV 1983, 60, BVerwG, InfAuslR 1983, 60; KG, NJW 1972, 1909). Die Annahme einer allgemeinkundigen Tatsache kommt also nur bei sehr punktuellen, unschwer und eindeutig wahrnehmbaren Gegebenheiten und Ereignissen in Betracht. Beruht die Kenntnis einer Tatsache hingegen – wie regelmäßig in Asylverfahren – auf dem Erfassen, Bewerten und Verarbeiten einer Vielzahl von Informationen unterschiedlicher Herkunft und Qualität, ist das Ergebnis des Erkenntnisvorganges keine allgemeinkundige Tatsache, sondern Ergebnis richterlicher Überzeugungsbildung, deren Grundlage den Beteiligten vorher bekannt zu geben sind (*Höllein*, ZAR 1989, 109, 112; *Böhm*, NVwZ 1996, 427, 428). Tatsachen, von denen den Beteiligten bekannt ist, dass sie den jeweils anderen Beteiligten bekannt und gegenwärtig sind und bei denen sich die Möglichkeit der entscheidungserheblichen Verwertung aufdrängt, können nicht prozessual wie allgemeinkundige Tatsachen behandelt werden (so aber Nieders. OVG, NVwZ-Beil. 1996, 67, 68; Nieders. OVG, Beschl. v. 30.05.1996 – 12 L 2405/96). Unvereinbar hiermit ist die Rechtsprechung, die die aus dem deutsch-vietnamesischen Reintegrationsabkommen »für die Verfolgungsprognose ergebenden Schlussfolgerungen« (BVerwGE 91, 150, 153) oder die »grundlegende Veränderung der innenpolitischen Lage« nach dem Sturz der kommunistischen Regierung in Afghanistan als »allgemeinkundige Tatsache« behandelt (BVerwGE 91, 104, 105 = NVwZ 1993, 275 = EZAR 630 Nr. 29 = InfAuslR 1993, 108; BVerwG, InfAuslR 1993, 235; dagegen *Marx*, InfAuslR 1993, 237). 18

Zu den allgemeinkundigen Tatsachen gehören auch solche Ereignisse, Verhältnisse oder Zustände, von denen der Richter aus amtlicher Veranlassung Kenntnis erlangt hat, sofern sie ihm noch so bekannt sind, dass es der Feststellung aus den Akten nicht bedarf – »*gerichtskundige Tatsachen*« – (BVerwG, InfAuslR 1989, 351; BGHSt 6, 292, 293f.). Hat der Richter in dieser Weise ein sicheres Bild von diesen Tatsachen gewonnen, steht es ihm frei, dieses Wissen in späteren Verfahren ohne Beweisführung zu verwerten (BVerwG, InfAuslR 1989, 351). Aber auch gerichtskundige 19

Tatsachen darf das Gericht nur verwerten, wenn es die Beteiligten dazu gehört hat (*Fritz*, ZAR 1984, 189, 195; *Berlit*, in: GK-AsylG, § 78 Rn. 331). Es ist jedoch zweifelhaft, ob von einer Allgemeinkundigkeit auch dann noch gesprochen werden kann, wenn das Wissen des Tatrichters über die allgemeinen Verhältnisse im Herkunftsland des Asylklägers auf einer Vielzahl von ihm im Informationsaustausch amtlich zugänglich gewordenen Erkenntnisquellen beruht und – wie regelmäßig – nicht ohne vorherige Beurteilung der Richtigkeit der in ihnen mitgeteilten Tatsachen gewonnen werden konnte (BVerwG, InfAuslR 1989, 351).

20 *Rechtliche Schlussfolgerungen* sowie *Rechtsausführungen* in anderen und eigenen Gerichtsentscheidungen unterliegen nicht den besonderen Anforderungen des § 108 Abs. 2 VwGO (BVerwG, Buchholz 310 § 108 VwGO Nr. 133; VerfGH Berlin, InfAuslR 2002, 151, 152). Soweit eine Verwertung *tatsächlicher Feststellungen* aus anderen Gerichtsentscheidungen in Betracht kommt, sind diese jedoch ordnungsgemäß in das Verfahren einzuführen (BVerwG, Buchholz 310 § 108 VwGO Nr. 133; BVerwG, InfAuslR 1984, 275 VerfGH Berlin, InfAuslR 2002, 151, 152; OVG NW, NVwZ-Beil. 2001, 53; Hess. VGH, AuAS 2000, 189, 190). Gegen diesen Grundsatz verstößt ein Gericht, wenn es anstelle einer eigenen Beweiserhebung auf Entscheidungen mit umfangreichen tatsächlichen Feststellungen verweist, ohne die Entscheidung den Beteiligten so mitzuteilen, dass sie sich dazu hätten äußern können (BVerwG, Buchholz 310 § 108 VwGO Nr. 133; Hess. VGH, AuAS 2000, 189, 190; Nieders. OVG, AuAS 2004, 271, 272; a.A. Nieders. OVG, AuAS 2004, 271, 272; OVG MV, AuAS 2004, 272, 273). Führt das Gericht selbst eine umfangreiche Beweisaufnahme durch und nimmt es auf die in anderen Gerichtsentscheidungen getroffenen tatsächlichen Feststellungen ersichtlich nicht zum Zwecke der Verwertung dieser Feststellungen, sondern lediglich zur Bekräftigung eigener Feststellungen Bezug, unterliegt diese Bezugnahme indes nicht den Anforderungen des § 108 Abs. 2 VwGO (BVerwG, InfAuslR 1986, 78). Feststellungen, die das Gericht in früheren Verfahren getroffen hat, unterliegen aber nicht anders als andere tatsächliche Feststellungen dem Gebot rechtlichen Gehörs (BVerfG [Kammer], AuAS 1993, 249; BVerwG, InfAuslR 1983, 184; BVerwG, InfAuslR 1984, 20; BVerwG, InfAuslR 1986, 56 = DÖV 1986, 612; VerfGH Berlin, InfAuslR 2002, 151, 152). Es genügt nicht, dass derartige Erkenntnisquellen den Beteiligten anderweitig bekannt sind. Dadurch werden sie ohne entsprechenden Hinweis durch das Gericht nicht zum Gegenstand des Verfahrens (BVerwG, InfAuslR 1986, 56).

21 Das gilt auch, wenn sich das Gericht bei der Würdigung des Vorbringens auf Erfahrungen aus früheren Asylverfahren oder auf »Erfahrungen mit Angaben von Asylbewerbern« aus einem bestimmten Herkunftsland bezieht. Auch derartige Erkenntnisse darf es nur verwerten, wenn den Beteiligten zuvor Gelegenheit zur Stellungnahme gegeben worden ist (Hess. VGH, AuAS 1995, 145; VGH BW, InfAuslR 2011, 411, 412 = AuAS 2011, 202). Dabei ist für die Beteiligten offenzulegen, um welche Erfahrungen es sich dabei handelt (VGH BW, InfAuslR 2011, 411, 412 = AuAS 2011, 202). Diese Grundsätze finden auch dann Anwendung, wenn das Gericht auf tatsächliche Feststellungen anderer Gerichte, insbesondere jene der zuständigen Berufungsinstanz, Bezug nehmen will (BVerfG [Kammer], AuAS 1993, 249; BVerwG,

Buchholz 310 § 108 VwGO Nr. 133; OVG NW, NVwZ-Beil. 2001, 53; VerfGH Berlin, Urt. v. 17.06.1996 – VerfGH 11/96; VerfGH Berlin, Urt. v. 17.06.1996 – VerfGH 4/96; OVG Hamburg, AuAS 1993, 227; Hess.VGH, EZAR 633 Nr. 22; AuAS 1994, 166). Dagegen wird das rechtliche Gehör der Beteiligten nicht verletzt, wenn die Entscheidung auf einen nicht in das Verfahren eingeführten amtlichen Lagebericht gestützt wird, dessen Aussagen sich im Wesentlichen mit jenen decken, die in einen ordnungsgemäß in das Verfahren eingeführten früheren amtlichen Lagebericht enthalten sind. In diesem Fall konnten die Beteiligten zu den entscheidungserheblichen tatsächlichen Aussagen Stellung nehmen (BayVGH, NVwZ-Beil. 2001, 29, 30). Das Gericht trifft jedoch eine Verpflichtung, sich zu vergewissern, ob ein aktueller Lagebericht verfügbar ist (BVerwG, InfAuslR 2003, 359 = AuAS 2003, 166).

II. Einführung von Erkenntnismitteln

22 Das verwaltungsgerichtliche Urteil beruht auf einer Verletzung des Anspruchs auf rechtliches Gehör, wenn das Gericht seine Entscheidung auf bestimmte Informationsquellen stützt, ohne diese zuvor dadurch ordnungsgemäß in das Verfahren eingeführt zu haben, dass sie den Beteiligten zugänglich gemacht worden sind, damit diese zum Ergebnis der Beweisaufnahme Stellung nehmen können (BVerfG [Kammer], NVwZ- RR 1988, 122; BVerfG [Kammer], AuAS 1993, 153, 154; BVerfG [Kammer], NVwZ 1993, 769; BVerfG [Kammer], NVwZ-Beil. 1995, 57; BVerfG [Kammer], NVwZ-RR 1998, 122; BVerfG [Kammer], InfAuslR 1999, 260, 262; BVerfG [Kammer], InfAuslR 1999, 273, 278; BVerfG [Kammer], InfAuslR 2001, 463, 464 f. = AuAS 2001, 201; BVerwG, InfAuslR 1982, 250; BVerwG, DÖV 1983, 206; Hess. VGH, NVwZ-Beil. 1999, 90; Nieders.OVG, NVwZ 2005, 605; OVG NW, AuAS 1997, 143; Thür OVG, InfAuslR 1998, 519, 520; s. aber Hess. StGH, Hess. StAnz. 2000, 3567, 3571). Zu verwertende Beweismittel sind den Beteiligten vorher mit genauer Bezeichnung so mitzuteilen, dass sie sich hierzu äußern können (BVerwG, Buchholz 310 § 108 VwGO Nr. 133; BVerwG, Buchholz 402.24 § 28 AuslG 28 Nr. 30; Nieders. OVG, NVwZ 2005, 605). Nur bei entsprechender Kenntnis können diese mögliche Defizite hinsichtlich der zugrundegelegten Erkenntnismittel und mögliche Fehler bei deren Auswertung durch das Gericht feststellen und daraus Schlussfolgerungen für ihr eigenes Prozessverhalten ziehen (BVerfG [Kammer], AuAS 1993, 249). Dabei ist insbesondere auch zu prüfen, ob Erkenntnismittel, die in einer übersendeten Erkenntnisliste noch nicht enthalten sind, eine gefestigte Meinung und Rechtsprechung nunmehr infrage stellen, um dann gegebenenfalls in der mündlichen Verhandlung auf derartige Widersprüche und Diskrepanzen hinzuweisen und unter Umständen weitere Beweisanträge zu stellen (BVerfG [Kammer], AuAS 1993, 249).

23 Das *damit aufgezeigte prozessuale Konkretisierungsgebot* erfordert, dass das Gericht aus der allgemeinen Dokumentationssammlung möglicherweise entscheidungserhebliche Beweismittel *herausfiltert* und *so genau bezeichnet* in das Verfahren einführt, dass die Beteiligten tatsächlich die Möglichkeit haben, sich von ihnen Kenntnis zu verschaffen und zu ihnen Stellung zu nehmen (BVerfG [Kammer], AuAS 1993, 21; BVerfG [Kammer], InfAuslR 1993, 146, 149; BVerfG [Kammer], AuAS 1993, 153; BVerfG [Kammer], InfAuslR 2001, 463, 464 f.) = AuAS 2001, 201; BVerwG, InfAuslR 1985, 82; OVG

Hamburg, Beschl. v. 15.07.1993 – OVG Bs VII 93/93). Zu der durch Art. 103 Abs. 1 GG, § 108 Abs. 2 VwGO gebotenen Gewährung rechtlichen Gehörs reicht daher der nicht näher konkretisierte Hinweis auf in der Gerichtsbücherei verfügbare Erkenntnisse über die allgemeinen Verhältnisse im Herkunftsland wegen seiner Allgemeinheit und Unbestimmtheit nicht aus (BVerfG [Kammer], InfAuslR 1993, 146, 147; BVerfG [Kammer], AuAS 1993, 153, 154; BVerfG [Kammer], Beschl. v. 30.04.1996 – 2 BvR 1671/95; BVerfG [Kammer], AuAS 1996, 249; BVerwG, InfAuslR 1984, 89). Den prozessualen Anforderungen wird aber regelmäßig dadurch genügt, dass das Gericht die der Entscheidung zugrunde liegenden Gutachten, Zeitungsberichte und anderen Auskünfte zum Gegenstand der mündlichen Verhandlung macht und die Beteiligten dazu anhört (BVerfG [Kammer], AuAS 1993, 130). Aus dem Terminprotokoll oder sonstwie muss deutlich werden, dass das *»vorleistungspflichtige«* Gericht die Beteiligten darauf hingewiesen hat, dass bestimmte, auch bereits früher mitgeteilte Erkenntnisgrundlagen vom Gericht verwendet werden (Hess. VGH, InfAuslR 1994, 245). Dies gilt auch für Gerichts- und Behördenakten und andere Erkenntnisgrundlagen (Hess. VGH, InfAuslR 1994, 245).

24 Die übliche Gerichtspraxis, seitenlange Auflistungen von Erkenntnisquellen zu übersenden, von denen möglicherweise nur einige einen konkreten Bezug zum anhängigen Rechtsstreit haben können, stellt eher eine Verletzung rechtlichen Gehörs dar, weil die Beteiligten nicht mehr erkennen können, auf welche konkreten Erkenntnismittel es für ihr Verfahren ankommt. Eine derartige Vielzahl bezeichneter Erkenntnismittel läuft dem Konkretisierungsgebot zuwider (krit. hierzu auch *Höllein*, ZAR 1989, 109, 113; keine Bedenken *Berlit*, in: GK-AsylG, § 78 Rn. 335 f.; Hess. VGH, EZAR 633 Nr. 22). So beinhaltet die pauschale Einführung einer über 300 Unterlagen umfassenden Erkenntnismittelliste keine ausreichende Gewährung rechtlichen Gehörs (BVerfG [Kammer], AuAS 1993, 249) und verletzt die erst in der mündlichen Verhandlung erfolgte – Einführung einer Erkenntnismittelliste mit nicht weniger als 653 Erkenntnismitteln bereits als solche das rechtliche Gehör (OVG NW, AuAS 1997, 143, 144). Durch eine derartige Praxis wollen sich die Gerichte die Möglichkeit offen halten, bei der Abfassung der Entscheidungsgründe auch solche Erkenntnisse verwerten zu können, die in der mündlichen Verhandlung nicht erörtert worden sind (so OVG NW, AuAS 1996, 263f.).

25 In der Rechtsprechung wird für die ordnungsgemäße Einführung der Erkenntnisse die *Übersendung der Erkenntnismittelliste* als solche für ausreichend erachtet (OVG NW, AuAS 1996, 263 f.; OVG NW, NVwZ-Beil, 1999, 2; Hess. VGH, AuAS 2000, 33, 34; a.A. Nieders. OVG, NVwZ-Beil. 1996, 67; Hess. VGH, InfAuslR 1994, 245; Hess. VGH, InfAuslR 2004, 262, 263; krit. hierzu *Marx*, ZAR 2002, 400, 405 ff.). Das Gericht genüge den prozessualen Anforderungen, wenn dort die Erkenntnisse so präzise bezeichnet werden, dass sie von den Beteiligten unschwer aufgefunden werden können. Dies ist bei einer Bezeichnung nach Autor, Geschäftszeichen, Datum Adressat und wenigstens z.T. Dokumentennummer verbunden mit dem Hinweis, dass die Erkenntnisse in der Gerichtsbibliothek während der Dienststunden eingesehen werden können, der Fall (OVG NW, NVwZ-Beil. 1999, 2). Ob die Erkenntnisse darüber hinaus thematisch untergliedert oder mit einem Stichwort versehen werden müssen, ist von deren Umfang abhängig. Je größer die Zahl der Erkenntnisse

ist, umso zwingender ergibt sich die Notwendigkeit einer *thematischen Untergliederung* oder näheren Bezeichnung mit Stichworten (OVG NW, NVwZ-Beil, 1999, 2). Mit der bloßen Übersendung der Erkenntnismittelliste sind die dort bezeichneten Erkenntnisse aber noch nicht ordnungsgemäß eingeführt worden. Auch die thematische Untergliederung sichert nicht wirksam die Möglichkeit zur Ausübung des rechtlichen Gehörs. Zwischen der *Übersendung der Erkenntnismittelliste* und dem konkreten Verfahren muss vielmehr ein *spezifischer prozessualer Bezug* hergestellt werden (VGH BW, InfAuslR 2000, 34, 35 = NVwZ-Beil. 1999, 107 = AuAS 1999, 238). Das gilt nicht nur, wenn den Beteiligten in periodischen Abständen aktualisierte Erkenntnismittellisten zugesandt werden, sondern auch dann, wenn diese bereits als Anlage der Eingangsverfügung oder Ladungsanordnung beigefügt war. Die Verpflichtung zur Herstellung eines derartigen prozessualen Zusammenhangs folgt daraus, dass die Erkenntnismittelliste generell nicht auf den konkreten Einzelfall eingeschränkt werden kann. Bei der sachgerechten Vorbereitung der mündlichen Verhandlung lässt sich die individuelle Situation des Asylsuchenden nicht von vornherein hinreichend zuverlässig einschätzen. Ferner sind die mitgeteilten Erkenntnisse häufig nicht von individueller, sondern von allgemeiner Bedeutung für die Entscheidungsfindung des Gerichts. Aus ihnen können sich zwar Sachverhalte ergeben, die einen direkten oder mittelbaren Bezug zu dem konkreten Sachvorbringen des Asylklägers haben. Jedoch weicht die in den Erkenntnismitteln berichtete Situation nicht in seltenen Fällen von dem konkret zu bewertenden Vortrag des Asylklägers ab (Hess. VGH, AuAS 2000, 33, 34).

Aus diesen prozessualen Besonderheiten des Asylprozesses folgt, dass mit der Über- 26
sendung der Erkenntnismittelliste den Beteiligten lediglich die Bandbreite der möglicherweise zur Verwertung verfügbaren Erkenntnisse bekannt wird. Das rechtliche Gehör muss so gewährt werden, dass es in zumutbarer Weise und effektiv wahrgenommen werden kann. Erkenntnismittel werden deshalb nicht allein dadurch zum Gegenstand des Verfahrens, dass sie den Beteiligten bekannt sind. Werden solche Erkenntnismittel verwertet, ohne diese in irgendeiner Weise darüber zu unterrichten, wird das rechtliche Gehör verletzt (Nieders. OVG, NVwZ-Beil. 1996, 67; Hess. VGH, InfAuslR 1994, 245; a.A. Hess. VGH, InfAuslR 2004, 262, 263). Bevor im konkreten Verfahren die Entscheidung getroffen werden kann, muss zwischen der Übersendung der Erkenntnismittelliste und der bevorstehenden Entscheidung *durch Konkretisierung prozessual ein Bezug hergestellt werden.* Dies setzt voraus, dass vor der Entscheidung im Rahmen der Erörterung der Sach- und Rechtslage die Erkenntnismittel bezeichnet werden, die das Verwaltungsgericht zu verwerten gedenkt. Nur so kann die *diskurssichernde Funktion des Verfahrensrechts* gewährleistet werden. Das Gericht hat daher in der mündlichen Verhandlung darauf hinzuweisen, welche Erkenntnismittel es im Einzelnen zur Bewertung der anstehenden Tatsachenfragen heranzuziehen beabsichtigt und den Beteiligten ausreichend Gelegenheit zu geben, zu diesen Dokumenten und den in diesen wiedergegebenen Tatsachenschilderungen Stellung zu nehmen und auch ihre sonstige Prozessführung darauf einzurichten (Hess. VGH, InfAuslR 1994, 245, 246).

Die Gerichtspraxis vermeidet aber im Allgemeinen eine derartige Offenlegung, um 27
sich für die nachträgliche Abfassung des Urteils nach Möglichkeit nicht zu binden.

Begründet wird dies damit, dass ebenso wie die Würdigung des Beteiligtenvorbringens auch die Bewertung der Erkenntnismittel grundsätzlich nicht Gegenstand des Anspruchs auf rechtliches Gehör sei, da es sich hierbei um einen *»Akt wertender Erkenntnis«* handele, der erst bei der Entscheidungsfindung selbst stattfinde. Daher sei das Verwaltungsgericht nicht verpflichtet, in der mündlichen Verhandlung bekannt zu geben, welchen der in das Verfahren »eingeführten« Erkenntnismitteln es maßgebende Bedeutung für die Entscheidungsfindung im konkreten Fall beimessen werde (Hess. VGH, AuAS 2000, 33, 34). Diese Begründung überzeugt nicht und ist mit den verfassungsrechtlichen Anforderungen an die Gewährung rechtlichen Gehörs nicht vereinbar. Das Verwaltungsgericht kann sich nicht darauf berufen, dass die Verarbeitung tatsächlicher Informationen in einem Erkenntnisprozess in die normativ bestimmte und deshalb dem Gericht vorbehaltene Antwort auf die Frage nach dem Bestehen einer Verfolgungsgefahr münde und erst die wertende Erkenntnis im Urteil ein volles Bild über die Zusammenhänge liefere. Vielmehr geht die Sammlung und Sichtung der *tatsächlichen Entscheidungsgrundlagen* der *wertenden Würdigung* prozessual *abtrennbar* voraus (BVerfG [Kammer], AuAS 1993, 21, 22; BVerfG [Kammer], AuAS 1993, 153, 154; BVerfG [Kammer], InfAuslR 1993, 146, 149). Erst durch Konkretisierung jener Erkenntnisse in der Liste, die für den Rechtsstreit entscheidungserheblich sind, werden diese im Rahmen des Rechtsgesprächs (§ 104 Abs. 1 VwGO) in das Verfahren eingeführt. Damit wird nicht die Beweiswürdigung in das Rechtsgespräch vorverlegt, sondern werden in der prozessual gebotenen Weise die Prognosetatsachen auf diejenigen Erkenntnismittel begrenzt, die in diesem erheblich sind. Die *Sichtung und Sammlung der Erkenntnisse*, also die Erarbeitung der tatsächlichen Entscheidungsgrundlagen, ist *kein Vorgang wertender Erkenntnis*, sondern betrifft den äußeren Prozess der tatsächlichen Erkenntnisgewinnung. Verwertet das Verwaltungsgericht in der Entscheidung Erkenntnisse, die es im vorhergehenden Rechtsgespräch mit den Beteiligten nicht erörtert hat, nimmt es diesen die tatsächliche Möglichkeit, sich von ihnen Kenntnis zu verschaffen und zu ihnen Stellung zu nehmen (vgl. BVerfG [Kammer], AuAS 1993, 21; BVerfG [Kammer], InfAuslR 1993, 146, 149; BVerfG [Kammer], AuAS 1993, 153; BVerfG [Kammer], InfAuslR 2001, 463, 464f.) = AuAS 2001, 201).

28 Der prozessuale Bezug der Erkenntnismittel zum Prozess kann durch gerichtlichen Hinweis hergestellt werden, dass im anstehenden Verfahren eine Verwertung der bezeichneten Erkenntnisse in Betracht kommt (Nieders. OVG, NVwZ-Beil. 1996, 67; ähnl. Hess. VGH, InfAuslR 1994, 245). Widerspricht einer der Beteiligten ausweislich der Sitzungsniederschrift der bloßen Bezugnahme auf die Erkenntnisliste, fehlt es an einer ordnungsgemäßen Einführung der Erkenntnisse (BVerfG [Kammer], AuAS 1996, 249; OVG NW, AuAS 1997, 143, 144). Zur Ausschöpfung der zumutbaren prozessualen Möglichkeiten gehört es, dass die Beteiligten sich in der mündlichen Verhandlung danach erkundigen, ob die ihnen mitgeteilten Auskünfte und anderen Erkenntnisse auch Gegenstand der Entscheidungsfindung sein sollen (BVerwG, InfAuslR 1984, 89, 90; OVG Hamburg, Beschl. v. 15.07.1993 – Bs VII 93/93; Thür. OVG, InfAuslR 1998, 519, 520; OVG NW, AuAS 2001, 83, 84; Hess.

VGH, NVwZ-Beil. 1999, 90; s. auch BVerwG, EZAR 610 Nr. 25). Die *Beteiligten sind verpflichtet*, das Verwaltungsgericht in der mündlichen Verhandlung aufzufordern, die *Erkenntnismittel im Einzelnen zu bezeichnen*, die es zu verwerten beabsichtigt (OVG NW, AuAS 2001, 83, 84). Anders als die Verpflichtung zur Erforschung des Sachverhalts nach § 86 Abs. 1 Satz 1 VwGO bezieht die Versagung rechtlichen Gehörs sich nur auf das Vorbringen der Beteiligten. Dem entspricht es, dass die Beteiligten sich in jedem Stand des Verfahrens nach Möglichkeit rechtliches Gehör verschaffen müssen (Hess. VGH, NVwZ-Beil. 1999, 90). Ist etwa eine übersandte Erkenntnismittelliste im Einzelnen nicht ausreichend bezeichnet worden, muss der Beteiligte auf eine Konkretisierung hinwirken und gegebenenfalls *Vertagungsantrag* stellen (OVG NW, Beschl. v. 04.06.1998 – 1 A 2296/98.A). Ein Anlass zur Konkretisierung kann für den anwaltlich vertretenen Beteiligten aus der Ablehnung eines in der mündlichen Verhandlung gestellten Beweisantrags folgen, wenn die Begründung darauf schließen lässt, das Gericht werde die behauptete Verfolgung aufgrund der vom Informationsblatt umfassten Auskünfte verneinen (OVG Hamburg, Beschl. v. 15.07.1993 – Bs VII 93/93).

Zwar übersenden die Gerichte teilweise die einzuführenden Erkenntnisquellen an die Beteiligten (BVerwG, Buchholz 402.25 § 28 AuslG Nr. 30). Es besteht jedoch *kein Anspruch auf vorherige Zusendung der Beweismittel* (VGH BW, ESVGH 31, 74). Der Grundsatz rechtlichen Gehörs verpflichtet das Gericht nicht, den Beteiligten Erkenntnisquellen zu verschaffen, die für den Ausgang des Verfahrens von Bedeutung sein könnten. Art. 103 Abs. 1 GG verbietet ihm lediglich, seinem Urteil Erkenntnisquellen zugrunde zu legen, die es nicht ordnungsgemäß in das Verfahren eingeführt hat (OVG Hamburg, AuAS 1993, 199). Auch das *Akteneinsichtsrecht* (§ 100 Abs. 2 Satz 1 VwGO) vermittelt keinen Übersendungsanspruch, da Erkenntnismittel zu den allgemeinen Verhältnissen im Herkunftsland des Klägers keine Aktenbestandteile sind (OVG NW, NVwZ-Beil. 1997, 81). Ist für das Gericht jedoch erkennbar, dass weder der Beteiligte noch sein Bevollmächtigter infolge bestimmter Umstände – wie etwa des eingeschränkten Zugangs zur gerichtlichen Dokumentationssammlung aufgrund der räumlichen Entfernung – nicht ohne weiteres Kenntnis von den mitgeteilten Beweismitteln erlangen können, besteht Anspruch auf deren Zusendung durch das Gericht. 29

Entsprechend dem prozessualen Grundsatz, dass *für die Einführung* der Erkenntnisquellen *Freiheit der Formenwahl* besteht, wird es grundsätzlich für prozessual zulässig erachtet, Erkenntnismittel in der Weise in das Verfahren einzuführen, dass die vom Gericht geführte Erkenntnismittelliste auf einer *allgemein zugänglichen*, den *Beteiligten mitgeteilten Internetseite* veröffentlicht wird und denjenigen, die nicht über einen Internetzugang verfügen bzw. diesen nicht nutzen wollen, die Liste auf Anforderung gesondert zugeleitet und gleichzeitig angegeben wird, dass und wie die darin aufgeführten Erkenntnismittel beim Gericht eingesehen werden können (Nieders. OVG, NVwZ 2005, 605). Insofern gilt aber prozessual nichts anderes wie bei der sonstigen Einführung von Erkenntnismitteln, insbesondere unterliegt das Gericht dem Konkretisierungsgebot (Rdn. 26) und trifft die Beteiligten in diesem Zusammenhang eine Mitwirkungspflicht (Rdn. 26). 30

31 Die Einführung der Erkenntnismittel gehört nicht zu jenen für die mündliche Verhandlung vorgeschriebenen Förmlichkeiten, deren Beachtung nach § 165 ZPO nur durch das Protokoll bewiesen werden kann (Nieders. OVG, NVwZ-Beil. 1996, 67, 68; Nieders. OVG, Beschl. v. 30.05.1996 – 12 L 2405/96). Wird die Einführung von Erkenntnismitteln in der Sitzungsniederschrift festgehalten, dient dies allein dem *Nachweis* der Gewährung rechtlichen Gehörs, einschließlich der Bezeichnung jener Erkenntnismittel, zu denen rechtliches Gehör gewährt worden ist. Dies ist jedoch nicht formelle Voraussetzung für die ordnungsgemäße Gewährung rechtlichen Gehörs. Fehlen in der Sitzungsniederschrift ausdrückliche Angaben zu den zusätzlich eingeführten Erkenntnismitteln, ist nicht i.S.d. § 165 ZPO beweiskräftig festgestellt, es seien in der mündlichen Verhandlung weitere Erkenntnismittel nicht eingeführt worden (BVerwG, EZAR 610 Nr. 25 = NVwZ 1985, 337; Nieders. OVG, NVwZ-Beil. 1996, 67, 68; Nieders. OVG, Beschl. v. 30.05.1996 – 12 L 2405/96; a.A. Hess. VGH, InfAuslR 1994, 245). Ergeben sich aus den Akten jedoch sonst keine eindeutigen Hinweise auf die sachgerechte Einführung weiterer Erkenntnisquellen in der mündlichen Verhandlung, obliegt hierfür nicht den Beteiligten die *Darlegungslast*. Denn für die ordnungsgemäße Einführung von Erkenntnisquellen ist das Verwaltungsgericht *»vorleistungspflichtig«* (BVerfG [Kammer], NVwZ-Beil. 1995, 57, 58 = AuAS 1995, 177). Da jedoch der Tatbestand des Urteils eine öffentliche Urkunde darstellt, die nach § 173 VwGO in Verb. mit § 314 ZPO Beweis für das mündliche Parteivorbringen und vollen Beweis für die darin bezeugten eigenen Wahrnehmungen oder Handlungen des Gerichts erbringt, reicht der Hinweis auf die erörterten Erkenntnisquellen im Tatbestand aus. Der Beteiligte muss zur Wahrung rechtlichen Gehörs Tatbestandsberichtigung beantragen, wenn er die unzulässige Verwertung von Erkenntnisquellen rügen will (BVerwG, EZAR 610 Nr. 25).

III. Prozessuale Sonderfunktion der amtlichen Auskünfte

32 Eine prominente prozessuale Funktion haben nach der Rechtsprechung des BVerwG amtliche Auskünfte – des *Auswärtigen Amtes* – im Asylprozess. Auch wenn ihr Inhalt in einer gutachterlichen Äußerung besteht, wie es regelmäßig der Fall ist, stellen amtliche Auskünfte nach § 99 Abs. 1 Satz 1 VwGO in Verb. mit § 273 Abs. 2 Nr. 2, § 358a Nr. 1 ZPO *zulässige* sowie *selbständige Beweismittel* dar, die ohne förmliches Beweisverfahren im Wege des *Freibeweises* vom Gericht verwertet werden können (BVerwG, DVBl 1985, 577 = BayVBl. 1985, 606 = InfAuslR 1985, 147; BVerwG, InfAuslR 1986, 74; s. auch BVerfG [Kammer], InfAuslR 1990, 161; BVerfG [Kammer], EZAR 622 Nr. 26). Amtliche *Auskünfte*, die in *einem anderen Verfahren* eingeholt worden sind, können dagegen im Wege des *Urkundenbeweises* – auch ohne Zustimmung der Beteiligten – herangezogen und gewürdigt werden (BVerwG, InfAuslR 1986, 74; BVerwG, EZAR 630 Nr. 22; BVerwG, InfAuslR 1989, 351; VGH BW, EZAR 613 Nr. 35). Während im Allgemeinen Gutachten grundsätzlich die benutzten Erkenntnisquellen sowie die getroffenen Feststellungen präzise angeben müssen, brauchen amtliche Auskünfte grundsätzlich die ihnen zugrunde liegenden Informationsquellen nicht zu bezeichnen. Sie sind daher auch ohne diesbezügliche Angaben verwertbar (BVerwG, DVBl 1985, 577; BVerwG, InfAuslR 1986, 74).

Dieser Umstand ergebe sich aus der beweisrechtlichen Selbständigkeit der amtlichen Auskünfte sowie der Natur des in Asylverfahren zu begutachtenden Gegenstandes (BVerwG, DVBl 1985, 577; BVerwG, InfAuslR 1986, 74). Ist der Inhalt einer amtlichen Auskunft durch eine offizielle Anfrage der zuständigen deutschen Botschaft über das Außenministerium des Herkunftslandes des Asylklägers bei den dortigen zuständigen Behörden zustande gekommen und verweigert das Auswärtige Amt Angaben dazu, wie es die ihm mitgeteilten Erkenntnisse gewonnen hat, ist es aber für das Gericht nicht möglich, geltend gemachte Einwände gegen die Genauigkeit oder den Wahrheitsgehalt von Auskünften zu wiederlegen (VG Schleswig, NVwZ-RR 2005, 360).

Das Auswärtige Amt versieht seine *Lageberichte* mit dem Vermerk *»VS – Nur für den Dienstgebrauch«* (zur Erstellung der Lageberichte *Bell/de Haan*, InfAuslR 2000, 455; krit. hierzu *Kannenberg*, 66. Rundbrief der NRV, S. 37). Dieser Vermerk begründet *kein Beweisverwertungsverbot* (VGH BW, Beschl. v. 26.08.1998 – A 13 S 2624/97; Nieders. OVG, Beschl. v. 06.08.1977 – 13 L 2500/97; a.A. VG Regensburg, Urt. v. 30.07.1996-RO 6 K 95.30521; *Becker/Bruns*, InfAuslR 1977, 119, 123). Derartige Verbote untersagen die Berücksichtigung bestimmter Beweisergebnisse und Sachverhalte im Rahmen der Beweiswürdigung und Urteilsfindung. Nach der Anweisung für Verschlusssachen für Bundesbehörden bestimmt indes die herausgebende Stelle selbst, wie andere Behörden und Dienststellen mit den mit einem derartigen Vermerk versehenen Vorgängen umzugehen haben (VGH BW, Beschl. v. 26.08.1998 – A 13 S 2624/97). Das Auswärtige Amt sieht keinen Widerspruch zwischen dem Gebot, über Verschlusssachen grundsätzlich Verschwiegenheit zu wahren, und der Einführung der Lageberichte in Asylverfahren und ihrer Behandlung in öffentlicher Sitzung. Hieraus wird der Schluss gezogen, dass nach der Bestimmung des Auswärtigen Amtes seine Auskünfte und Lageberichte in Asylverfahren als Erkenntnismittel in das Verfahren eingeführt und den Verfahrensbeteiligten zur Wahrung des rechtlichen Gehörs zur Kenntnis gebracht werden und diese in ihren Inhalt auch Einsicht nehmen dürfen (VGH BW, Beschl. v. 26.08.1998 – A 13 S 2624/97). 33

Die Rechtsprechung hat gegen die *Mitarbeit von Bediensteten des Bundesamtes* an der Erstellung von Auskünften und Lageberichten keine rechtliche Bedenken. Die Bediensteten des Bundesamtes würden gem. § 27 BBG zum Auswärtigen Amt abgeordnet und in die Rechts- und Konsularreferate der Auslandsvertretungen integriert. Soweit sie die Auslandsvertretungen bei deren Aufgabenwahrnehmung unterstützten, unterlägen sie der Fachaufsicht des Leiters der Auslandsvertretungen oder dessen Vertreters. Ihre Weisungen erhielten die Bediensteten vom Leiter der Auslandsvertretung, von dessen Vertreter oder vom Leiter des Rechts- und Konsularreferates. Daraus folge, dass Lageberichte und gerichtliche Anfragen, bei denen auch abgeordnete Mitarbeiter des Bundesamtes mitwirken, in ausschließlicher Verantwortung des Auswärtigen Amtes erstellt würden und nicht Gutachten und Stellungnahmen des Bundesamtes, sondern solche des Auswärtigen Amtes seien (BayVGH, NVwZ-Beil. 1999, 115). Gegen diese von jeglichem Zweifel gereinigte formale Betrachtungsweise ist einzuwenden, dass sie die tatsächlich fortbestehenden Kommunikationsstrukturen zwischen dem Mitarbeiter des Bundesamtes und seiner ihn abordnenden Behörde ebenso ausblendet 34 wie die vorherrschende Interessenlage und vorgelagerten erkenntnisleitenden Interessen des Mitarbeiters und seiner originären Dienststelle.

IV. Entscheidung ohne mündliche Verhandlung

35 Verwertet das Verwaltungsgericht Erkenntnisse, ohne diese zuvor den Beteiligten mitgeteilt zu haben, verlieren diese bei Verzicht auf Durchführung der mündlichen Verhandlung nicht ihr *Rügerecht* (BVerfG [Kammer], InfAuslR 1999, 260, 261; BVerfG [Kammer], AuAS 2001, 201, 202; a.A. BayVGH, NVwZ-Beil. 2001, 29, 30). Regelmäßig lässt der Verzicht auf mündliche Verhandlung das Recht auf Gehör als solches unberührt. Der Beteiligte muss mit dem Verzicht auf mündliche Verhandlung nicht zugleich auch darauf hinweisen, dass das Gericht noch keine Erkenntnismittel eingeführt hat (BVerfG [Kammer], InfAuslR 1999, 260, 261). Ist den Beteiligten aber vor dem Verzicht auf Durchführung der mündlichen Verhandlung eine Erkenntnismittelliste zugesandt worden, wird der notwendige Bezug zwischen der Übersendung und dem konkreten Verfahren durch den Verzicht hergestellt, weil dieser inhaltlich voraussetzt, dass der Erklärende die mitgeteilten Erkenntnisse überprüft hat und sich ihrer rechtlichen Erheblichkeit für das Verfahren bewusst war. In diesem Fall ist mit der Verzichtserklärung der notwendige Bezug hergestellt worden, ohne dass es noch eines weiteren gerichtlichen Hinweises über die Einbeziehung der früher mitgeteilten Erkenntnisse in das anhängige Verfahren bedurfte (VGH BW, InfAuslR 2000, 34, 35 = NVwZ-Beil. 1999, 107 = AuAS 1999, 238).

36 Erscheint der Beteiligte nicht zur mündlichen Verhandlung, kann er sich nicht nachträglich auf die fehlende gerichtliche Konkretisierung der Erkenntnismittel berufen. In diesem Fall hat er nicht alle ihm zur Verfügung stehenden Möglichkeiten ausgenutzt, um sich im erstinstanzlichen Verfahren rechtliches Gehör zu verschaffen. Soweit die Rechtsprechung diesen Grundsatz auch auf den Fall anwendet, in dem die verwendeten Erkenntnismittel den Beteiligten nicht vor der Entscheidung mitgeteilt wurden (so Thür. OVG, InfAuslR 1998, 519, 520), beruht dies auf einer verfehlten Auffassung über die gerichtlichen Aufklärungs- und Hinweispflichten. Man mag zwar den Beteiligten bis zu einem gewissen Umfang eine Mitwirkung bei der Konkretisierung der Erkenntnismittel auferlegen. Dies setzt indes voraus, dass zuvor die Erkenntnismittel mitgeteilt wurden. Erst dann wird eine prozessuale Mitwirkungspflicht für die Konkretisierung begründet.

E. Sachverhaltsaufklärung in der mündlichen Verhandlung

I. Gerichtliche Verpflichtung zur Aufklärung des Sachverhalts (§ 86 Abs. 1 VwGO)

37 Nach § 86 Abs. 1 VwGO erforscht das Gericht den Sachverhalt von Amts wegen. Es ist verpflichtet, alle vernünftigerweise zu Gebote stehenden Aufklärungsmöglichkeiten bis zur Grenze der Zumutbarkeit auszuschöpfen (BVerwGE 140, 199, 207 24) und ist dabei weder an das Vorbringen noch an die Beweisanträge der Beteiligten gebunden (§ 86 Abs. 1 VwGO). Entscheidungserheblichen Beweisanträgen hat es jedoch nachzugehen. Der Aufklärung dient zunächst die Einführung der Erkenntnismittel (Rdn. 22 ff.). Durch deren Konkretisierung werden die für den konkreten Rechtsstreit

maßgebenden tatsächlichen Entscheidungsgrundlagen geschaffen. Die eingeführten Erkenntnisse selbst beleuchten jedoch lediglich den allgemeinen politischen, rechtlichen und sozialen Hintergrund im Herkunftsland des Asylklägers. Ob dessen Furcht vor individueller Verfolgung begründet ist, darüber enthalten die Erkenntnismittel im Allgemeinen keine konkreten Aussagen. Daher steht im Asylprozess die Anhörung des Asylklägers zu seinen Gründen im Mittelpunkt des Verfahrens. Die Würdigung, ob die Angaben glaubhaft sind, bedarf zunächst seiner sorgfältigen Befragung. Dabei können die eingeführten und auf das Verfahren konkretisierten Erkenntnisse indizielle Schlüsse auf den Wahrheitsgehalt der Angaben zulassen. Im Zweifel ist jedoch weiter Beweis zu erheben. Dem Gericht ist bereits aufgrund der Aktenlage das Vorbringen des Klägers bekannt. Regelmäßig ist dieses in der Klagebegründung (§ 74 Abs. 2 Satz 1) unter Auseinandersetzung mit den behördlichen Einwänden im angefochtenen Bescheid schriftsätzlich ergänzt oder vertieft worden. Erst in der mündlichen Verhandlung kann sich das Verwaltungsgericht davon überzeugen, ob die Angaben des Asylklägers glaubhaft sind oder ob die behördliche Einwände hiergegen durchgreifen.

Dazu wird von den Verwaltungsgerichten regelmäßig der Asylkläger umfassend zu seinen 38
Asylgründen informatorisch befragt und sind ihm hierbei gerichtliche Bedenken und die behördlichen Einwände vorzuhalten, sodass der Asylkläger diese in der Befragung ausräumen kann. Nach Abschluss der informatorischen Befragung ist gegebenenfalls Zeugenbeweis zu erheben oder auf andere Weise Beweis zu erheben. Ist die Beweisaufnahme abgeschlossen, wird im Sach- und Rechtsgespräch erörtert, ob die eingeführten Erkenntnismittel zur Feststellung des entscheidungserheblichen Sachverhalts ausreichen oder ob weiterer Aufklärungsbedarf besteht. Das Verwaltungsgericht kann auch bereits vor der mündlichen Verhandlung von sich aus Beweis etwa durch Einholung einer Sachverständigenauskunft erheben. In aller Regel wird aber zunächst die mündliche Verhandlung durchgeführt, um vor einer möglichen Beweiserhebung zu prüfen, ob entscheidungserhebliche Tatsachen ungeklärt sind. Dies sind sie nur, wenn den Angaben des Asylklägers zu den wesentlichen Sachkomplexen Glauben geschenkt wird. Dies verdeutlicht den zentralen prozessualen Stellenwert der informatorischen Befragung des Asylklägers. Das Verwaltungsgericht hat die Verhandlungsleitung. Zur Aufklärung tragen auch der Asylklägers und sein Prozessbevollmächtiger bei, weil die gerichtliche Aufklärungspflicht ihre Grenze in der Darlegungslast des Asylklägers findet.

Während § 96 Abs. 1 Satz 1 VwGO das gerichtliche Ermessen bei der Auswahl zwi- 39
schen mehreren verfügbaren Beweismitteln sowie bei der Art und Weise der Beweisaufnahme einschränkt, regelt § 86 Abs. 1 VwGO die Erforderlichkeit und Intensität der Beweisaufnahme. Das Gericht muss dabei alle Aufklärungsbemühungen unternehmen, auf die die Beteiligten – insbesondere durch begründete Beweisanträge – hinwirken oder die sich hiervon unabhängig aufdrängen (BVerwG, Buchholz 235.1 § 69 BDG Nr. 5; BVerwG, Buchholz 237.6 § 86 NdsLBG Nr. 5; BVerwGE 140, 199, 24 f. 24 f.). Die gerichtliche Aufklärung ist nicht auf die in § 96 Abs. 1 Satz 2 VwGO genannten Beweismittel beschränkt. Zur Aufklärung können vielmehr alle Erkenntnismittel herangezogen werden, die das Gericht nach seinem Ermessen für tauglich hält. Weder aus dem Verwaltungsprozessrecht noch aus allgemeinen Verfahrensgrundsätzen folgt eine Beschränkung der gerichtlichen Aufklärungstätigkeit auf einen Kanon

zugelassener Hilfsmittel (*Renner*, ZAR 1985, 62, 67; *Böhm*, NVwZ 1996, 427, 431; s. auch *Dahm*, ZAR 2002, 348, 351). Mittel der Sachaufklärung ist zunächst die informatorische Befragung des Asylklägers. Diese hat die Funktion, die für die Entscheidung maßgebenden individuellen Prognosetatsachen sachgerecht zu erarbeiten. Dazu werden auch die Behördenakten beigezogen. Zur Erarbeitung allgemeiner Prognosetatsachen kommen insbesondere Auskünfte, Gutachten und sonstige Schriftstücke, die in anderen Verfahren entstanden sind, in Betracht. Daneben ist die Heranziehung anderer Informationsträger wie etwa Bücher, Reiseberichte, Pressemeldungen, private Stellungnahmen und gutachtliche Äußerungen sachverständiger Stellen üblich. Es handelt sich bei diesen Unterlagen um *Hilfsmittel der gerichtlichen Amtsaufklärung*. Mit diesen soll eine Ergänzung und Klärung des Sachvortrags der Beteiligten erreicht werden, jedoch ist mit dieser Amtsaufklärung noch keine Beweisaufnahme verbunden (*Renner*, ZAR 1985, 62, 68 f.).

II. Niederschrift über die mündliche Verhandlung (§ 105 VwGO in Verb. mit § 160 Abs. 1 Nr. 5 ZPO)

40 Nach § 105 VwGO in Verb. mit § 160 Abs. 3 Nr. 4 ZPO ist die Aussage einer Partei nur dann im Protokoll festzuhalten, wenn sie als solche vernommen worden ist. In der Praxis der Verwaltungsgerichte wird jedoch ganz überwiegend lediglich eine *informatorische Befragung* des Klägers durchgeführt, die als solche, soweit nicht die Aufnahme entscheidungserheblicher Angaben ausdrücklich beantragt wird, nicht schriftlich festgehalten werden muss. Dies erschwert die Darlegung der Gehörsrüge (§ 78 Rdn. 134 ff.) und dem Berufungsgericht die Nachprüfung. Die Beachtung der für die mündliche Verhandlung vorgeschriebenen Förmlichkeiten kann nur durch das Protokoll bewiesen werden (§ 105 VwGO in Verb. mit § 165 Satz 1 ZPO). Es ist umstritten, ob die Angaben des Asylklägers bei seiner informatorischen Befragung zum Zwecke der Sachverhaltsaufklärung protokolliert werden müssen (dagegen OVG NW, NVwZ-Beil. 1995, 59; dafür OVG Sachsen, NVwZ-Beil. 2001, 103). Die Protokollierung wird auf eine analoge Anwendung des § 160 Abs. 3 Nr. 4 ZPO gestützt (OVG Sachsen, NVwZ-Beil. 2001, 103). Dies sei wegen des Zwecks des Protokolls und der Bedeutung der Angaben zu den individuellen Tatsachen für den Erfolg der Klage geboten. Dadurch soll der *tatsächliche Entscheidungsstoff* gesichert und eine Nachprüfung des Urteils durch das Rechtsmittelgericht ermöglicht werden. Es stelle keine geeignete Verfahrensweise dar, der Protokollierung unterliegende Angaben statt im Protokoll im Tatbestand des Urteils oder getrennt von der rechtlichen Würdigung in den Entscheidungsgründen festzuhalten (OVG Sachsen, NVwZ-Beil. 2001, 103). Die Gegenmeinung sieht das Gericht nicht daran gehindert, auch solche in der mündlichen Verhandlung abgegebenen Erklärungen des Klägers seiner Entscheidung zugrunde zu legen, die nicht protokolliert worden sind. Das gilt jedenfalls für Ausführungen, die ein Beteiligter zum Zwecke der Begründung seines Klageantrags macht (OVG NW, NVwZ-Beil. 1995, 59). Insoweit genügt der Hinweis im Protokoll, dass die Sach- und Rechtslage erörtert wurde (§ 104 Abs. 1 VwGO).

41 Weigern sich die Gericht, die informatorische Befragung zu protokollieren, wie etwa generell in Baden-Württemberg, ist der Anwalt gehalten, die erforderlichen Anträge

zu stellen, um alle aus seiner Sicht entscheidungserheblichen Angaben des Mandanten im Protokoll festzuhalten (§ 160 Abs. 4 Satz 1 ZPO). Der Antrag darf nur abgelehnt werden, wenn es auf die Äußerung nicht ankommt (§ 160 Abs. 4 Satz 2 ZPO). Der zurückweisende Beschluss ist im Protokoll aufzunehmen (§ 160 Abs. 4 Satz 3 ZPO) und schriftlich zu begründen (OVG NW, NVwZ-Beil. 1995, 59, 60). Folge ist, dass aus Sicht des Gerichts entscheidungserhebliche Äußerungen des Asylsuchenden, deren Protokollierung es abgelehnt hat, der Entscheidung nicht zugrunde gelegt werden dürfen. Denn was nicht entscheidungserheblich ist, kann die Klageabweisung nicht tragen. Wird es zur Grundlage der Abweisung herangezogen, kann Gehörsrüge eingelegt werden. Da nach § 98 VwGO die Vorschriften über die *Parteivernehmung* nach § 445 bis § 449 ZPO nicht entsprechend anwendbar sind, kommt im Asylprozess die Parteivernehmung regelmäßig nur als *subsidiäres Beweismittel* in Betracht (BVerwG, DÖV 1983, 247; Rdn. 47 ff.). Die prozessuale Folge hiervon ist, dass Asylkläger lediglich informatorisch befragt werden, obwohl ihren Angaben im Asylprozess anders als sonst im Prozessrecht *gesteigerte Bedeutung* zukommt (BVerwGE 71, 180, 181 = EZAR 630 Nr. 17 = InfAuslR 1985, 244). Auch das BVerfG hat ausdrücklich hervorgehoben, dass der Asylsuchende sich *typischerweise in Beweisnot* befinde. Er sei als *»Zeuge in eigener Sache«* zumeist das *»einzige Beweismittel«* (BVerfGE 94, 166, 200 = NVwZ 1996, 678 = EZAR 632 Nr. 25).

Die Verpflichtung zur Aufnahme *mindestens des wesentlichen Inhalts der Angaben des Asylsuchenden zu den individuellen Asylgründen* kann nicht davon abhängen, ob er hierzu förmlich als Partei oder formlos angehört wurde. Für den Beweiswert dieser Angaben ist es ohne Bedeutung, in welchem prozessualen Rahmen sie gemacht werden. Die Vorkehrungen der § 162 und § 163 ZPO, die die Richtigkeit des Protokolls gewährleisten sollen, müssen deshalb auch für Angaben in einer formlosen Anhörung gelten (OVG Sachsen, NVwZ-Beil. 2001, 103). Sind die Angaben des Asylklägers während der mündlichen Verhandlung nicht oder nicht vollständig protokolliert worden, stellt sich die Frage, wie die spätere Beweiswürdigung an die während der Verhandlung abgegebenen Erklärungen gebunden und wie diese zum Inhalt der Gehörsrüge gemacht werden können. Beweiskraft im Blick auf die tatsächlichen Äußerungen während der mündlichen Verhandlung erbringt nur das Protokoll (§ 165 ZPO). Zwar protokollieren die Gerichte überwiegend vollständig die Angaben des Asylklägers während der mündlichen Verhandlung. Eine gesetzliche Verpflichtung hierzu besteht jedoch nicht. 42

Erachtet der Richter Angaben zu einzelnen Sachkomplexen als vage, muss er entsprechend der ihn treffenden Vorhaltepflicht (§ 24 Rdn. 12 ff.) in der mündlichen Verhandlung durch gezielte Nachfragen erkennen lassen, dass er die entsprechenden Aussagen für unzureichend hält (BVerfG [Kammer], InfAuslR 1991, 85, 88; BVerfG [Kammer], NVwZ-Beil. 1997, 11, 13). Im Blick auf die *gerichtliche Ermittlungstiefe* entspricht es gefestigter Rechtsprechung des BVerfG, dass einem tatsächlichen oder vermeintlichen Widerspruch im Sachvortrag durch dessen gezielte Befragung im Einzelnen nachzugehen ist (BVerfG [Kammer], AuAS 1996, 245, 246, m.w.Hw.; § 78 Rdn. 144 ff.). Unterlässt der Richter dies und stützt er sich im Urteil auf Ungereimtheiten, Widersprüche und Unzulänglichkeiten, die er dem Asylsuchenden in der mündlichen Verhandlung nicht vorgehalten hat, fehlt für die tatrichterlichen Feststellungen eine 43 verfassungsrechtlich tragfähige Grundlage. Hat der Kläger im Wesentlichen gleichbleibende und konkrete Angaben etwa zum Verlauf seiner Inhaftierung gemacht (zur Dauer und zum Ort der Unterbringung, zum Ziel der Verhöre, durch Hinweis auf verhörende Personen und wiederholte Folterungen), darf das Gericht diese Angaben nur dann als »vage« bewerten, wenn es durch gezielte Nachfragen diesen Tatsachenkomplex aufgeklärt und zu erkennen gegeben hat, dass es die entsprechenden Angaben für unzureichend hält (BVerfG [Kammer], NVwZ-Beil. 1997, 11, 13 = EZAR 631 Nr. 43). Die Äußerungen des Asylsuchenden vor dem Bundesamt sind »im Lichte der Fragestellung« zu beurteilen (BVerfG [Kammer], InfAuslR 1991, 85, 88). Hält das Gericht eine bestimmte Äußerung im bisherigen Vorbringen, der es entscheidungserhebliche Bedeutung beimisst, für widersprüchlich, hat es den näheren tatsächlichen Aussagegehalt durch gezielte Befragungen in der mündlichen Verhandlung aufzuklären (BVerfG [Kammer], InfAuslR 1991, 85, 88).

44 Im Rahmen des Zulassungsantrags können derartige Ermittlungsdefizite nur gerügt werden, wenn in der mündlichen Verhandlung alle zumutbaren und geeigneten prozessualen Maßnahmen ergriffen wurden. Verstöße gegen die Protokollierungsvorschriften nach § 105 VwGO in Verb. mit §§ 159 ff. ZPO verhelfen der Gehörsrüge für sich genommen nicht zum Erfolg, vielmehr nur dann, wenn der Verstoß gegen das Protokollierungserfordernis den Schluss zulässt, der Asylbewerber habe sich in der mündlichen Verhandlung nicht umfassend zu seinem Asylbegehren äußern können oder das Verwaltungsgericht habe nicht seinen gesamten Vortrag zur Kenntnis genommen und in seine Entscheidungsfindung einbezogen (OVG Sachsen, NVwZ-Beil. 2001, 103). Daher müssen aus Sicht des Gerichts entscheidungserhebliche Vorbehalte dem Asylsuchenden vorgehalten werden, damit er sich gegen diese konkret und sachbezogen wehren und die aufgekommenen gerichtlichen Zweifel ausräumen kann. Diese Vorhalte einschließlich der Antworten des Klägers sind zu protokollieren. Verweigert das Gericht eine konkrete Antwort des Bevollmächtigten auf die Frage nach entscheidungserheblichen Widersprüchen und Unstimmigkeiten, ist dieser zur Abwehr des Rügeverlustes gehalten, den Antrag zu stellen, dass Frage und Antwort zu Protokoll genommen werden (§ 160 Abs. 4 Satz 1 ZPO). Müssen sich dem Bevollmächtigten bestimmte Widersprüche, Ungereimtheiten und Unzulänglichkeiten im bisherigen Sachvortrag aufdrängen, sind diese im Rahmen der informatorischen Befragung durch gezielte Fragen an den Asylsuchenden aufzuklären und ist die Befragung zu protokollieren. Macht das Gericht bestimmte Vorhalte, die es für erheblich erachtet, muss ebenfalls beantragt werden, dass der entsprechende Vorgang protokolliert wird. Die Entscheidungserheblichkeit des Vorhalts (§ 160 Abs. 4 Satz 2 ZPO) ist in einem derartigen Fall evident.

45 Ist der Sachkomplex, der vom Gericht in den Entscheidungsgründen als widersprüchlich bewertet wird, in der mündlichen Verhandlung überhaupt nicht zur Sprache gekommen, kann die Gehörsrüge hierauf gestützt werden, wenn gemessen am Gesamtgeschehen der tatsächliche Teilaspekt, dessen Darlegung als widersprüchlich bewertet wird, dem Asylsuchenden als relativ unbedeutend erscheinen und sich ihm deshalb nicht aufdrängen musste, dass er einen in diesem Zusammenhang entstandenen Widerspruch von sich aus hätte ansprechen müssen (BVerfG [Kammer], InfAuslR

1991, 85, 88). Hält das Gericht sich bedeckt und offenbart es seine Zweifel erst in den schriftlichen Entscheidungsgründen, kann nur unter den besonderen Voraussetzungen der unzulässigen Überraschungsentscheidung (§ 78 Rdn. 157 ff.) Gehörsrüge erhoben werden. Unter dem Gesichtspunkt der Ausschöpfung aller prozessualen Möglichkeiten muss der Bevollmächtigte im Rahmen der Erörterung (§ 104 Abs. 1 VwGO) das Rechtsgespräch mit dem Gericht über die möglicherweise offen gebliebene tatsächliche Frage suchen. Wird unter Hinweis auf das Beratungsgeheimnis der Rechtsdiskurs hierzu verweigert und das Urteil auf tatsächliche Angaben des Klägers gestützt, die sich auf die offene Frage beziehen, ohne dass diese vom Gericht angesprochen wurde, wird das rechtliche Gehör verletzt.

Zu den zumutbaren Maßnahmen, sich im erstinstanzlichen Verfahren ausreichend rechtliches Gehör zu verschaffen, kann der *Antrag auf Protokollberichtigung* nach § 105 VwGO in Verb. mit § 164 ZPO gehören. *Anträge auf Protokollergänzung* sind nur bis zum Schluss der mündlichen Verhandlung zulässig. Dagegen ist ein *Berichtigungsantrag* jederzeit zulässig. Ein nach Abschluss der Verhandlung gestellter Ergänzungsantrag ist in einen Berichtigungsantrag umzudeuten (BVerwG, NVwZ-RR 2011, 383). Entsprechend dem Sicherungszweck des Protokolls im Blick auf Angaben des Klägers zu den individuellen Asylgründen (OVG Sachsen, NVwZ-Beil. 2001, 103) kann nach Zustellung des Verhandlungsniederschrift, wenn bestimmte Unrichtigkeiten, Auslassungen oder andere Fehler entdeckt werden, Antrag auf Protokollberichtigung gem. § 164 Abs. 1 ZPO gestellt werden, sofern es sich um »wesentliche Vorgänge« handelt (BVerwG, NVwZ-RR 2011, 383, 384). Die Beschwerde gegen die Antragsablehnung (BayVGH, NVwZ-RR 2000, 843) dürfte im Asylprozess wohl nicht zulässig sein (§ 80). Der Antrag nach § 164 Abs. 1 ZPO ist gleichwohl zu stellen, da er eine geeignete prozessuale Maßnahme darstellt, um den für die Gehörsrüge maßgebenden entscheidungserheblichen Tatsachenstoff zu sichern. 46

III. Parteivernehmung

Da nach § 98 VwGO die Vorschriften über die Parteivernehmung gem. §§ 444 bis 449 ZPO keine entsprechende Anwendung finden, ist die Frage, ob und in welchem Umfang eine Parteivernehmung im Verwaltungsprozess stattzufinden hat, nach allgemeinen, sich aus § 86 Abs. 1 VwGO ergebenden Grundsätzen zu beantworten (BVerwG, DÖV 1983, 247). Eine Parteivernehmung kommt regelmäßig nur als *subsidiäres Beweismittel* in Betracht (BVerwG, DÖV 1983, 247). Sie dient als letztes Hilfsmittel zur Sachverhaltsaufklärung, wenn trotz Ausschöpfung aller anderen Beweismittel noch Zweifel bleiben (BVerwG, DÖV 1983, 247). Die VwGO schließt andererseits die Parteivernehmung nicht aus (§ 96 Abs. 1 Satz 2 VwGO) und stellt ein *mögliches* Beweismittel dar. Der Asylsuchende ist als Partei zu vernehmen, wenn für die asylbedeutsamen Umstände andere Erkenntnisquellen nicht zur Verfügung stehen oder wenn das aus ihnen gewonnene Beweisergebnis unlösbare Widersprüche aufweist oder Anlass zu Zweifeln bietet (BVerwG, DÖV 1983, 247). Auch das BVerfG geht von der Möglichkeit einer Parteivernehmung im Asylprozess aus (BVerfG [Kammer], InfAuslR 1991, 171, 174; BVerfG [Kammer], NVwZ-Beil. 1994, 50, 51). Asylsuchende sind *»typischerweise in Beweisnot«* und als *»Zeuge in eigener Sache«* 47 zumeist das einzige Beweismittel (BVerfGE 94, 166, 200 f. = NVwZ 1996, 200 = EZAR 632 Nr. 25; BVerwGE 55, 82, 86 = EZAR 201 Nr. 3 = DÖV 1978, 447 = DVBl 1978, 883 = NJW 1978, 2463). In der Gerichtspraxis ist jedoch lediglich die auf den Regelungen der § 103 Abs. 3, § 104 Abs. 1 VwGO beruhende *informatorische Befragung* des asylsuchenden Klägers bzw. Beigeladenen üblich (Rdn. 39 ff.; s. auch BVerfG [Kammer], InfAuslR 1991, 171, 174).

48 Der Sachvortrag ist *unvertretbar*, soweit es um *individuelle Ereignisse und Erlebnisse* geht. Hierfür stehen andere Beweismittel nicht zur Verfügung. Folgerichtig darf die Klage nicht mit der Begründung abgewiesen werden, dass *neben* der Einlassung des Asylsuchenden keine *Beweismittel* verfügbar seien (BVerwGE 71, 180, 182 = EZAR 630 Nr. 17 = NVwZ 1985, 685 = InfAuslR 1985, 244; BVerwG, InfAuslR 1985, 244 = BayVBl. 1985, 567; BVerwG, Urt. v. 16.04.1985 – BVerwG 9 C 106.84; BVerwG, EZAR 630 Nr., 23; BVerwG, Urt. v. 12.11.1985 – BVerwG 9 C 26.85). Im Regelfall hat das Gericht den Kläger daher als Partei zu vernehmen. Aber auch für den Fall, dass – wie üblich – von einer förmlichen Beweisaufnahme abgesehen wird, kommt der Anhörung beweisrechtliche Bedeutung mit der Folge zu, dass bei fehlerhafter Durchführung der Anhörung ein Gehörsverletzung vorliegt. Bezweckt das Gericht, wie im Regelfall, mit der Anhörung des Klägers die Klärung einer objektiv beweisbaren Tatsache, führt es auch ohne förmlichen Beschluss eine Beweisaufnahme durch (Hess. VGH, Beschl. v. 18.10.1985 – 10 TI 1853/85). Maßgebend sind objektive Anhaltspunkte dafür, dass die Anhörung des Klägers über die bloße Information des Gerichtes hinaus der Klärung einer beweisbedürftigen Tatsache dienen und das Ergebnis der Anhörung letztlich wie das Ergebnis einer förmlichen Beweisaufnahme bewertet werden kann (BayVGH, Beschl. v. 16.02.1990 – Nr. 19 C 89.31600).

49 Ist aufgrund der Verhandlungsführung zu erkennen, dass das Verwaltungsgericht dem vorprozessualen Sachvorbringen keinen Glauben schenkt, weigert es sich aber gleichwohl, die seine Zweifel begründenden Umstände im Einzelnen zu erörtern (§ 104 Abs. 1 VwGO) oder beschränkt es sich lediglich auf ergänzende Fragen zum bisherigen Sachvorbringen, ohne die aus Sicht des Beteiligten sich aufdrängenden offenen Beweisfragen durch informatorische Anhörung des Klägers aufzuklären, ist es angezeigt, Parteivernehmung zu beantragen. Hat der Kläger aber im Verwaltungsverfahren seiner Darlegungspflicht nicht oder nur unzulänglich genügt, müssen sich dem Gericht auch unter der Geltung der Offizialmaxime grundsätzlich weitere Fragen und Beweismittel nicht aufdrängen (BVerwG, DÖV 1983, 247). Anderes gilt, wenn der Kläger seine Darlegungspflicht im bisherigen Verfahren ausreichend erfüllt hat und das Gericht ersichtlich zur Klageabweisung tendiert, weil es diesem keinen Glauben schenkt. Weigert es sich in diesem Fall, den Kläger umfassend anzuhören, ist der Beweisantrag auf Parteivernehmung und gegebenenfalls im Falle der Zurückweisung Befangenheitsantrag zu stellen.

IV. Fragerecht des Prozessbevollmächtigten

50 Damit der Asylkläger prozessual in die Lage versetzt wird, sein individuelles Vorbringen widerspruchsfrei, in sich stimmig, sachbezogen, konkret und lebensnah – kurzum

erlebnisfundiert – erschöpfend vorzutragen, hat der Prozessbevollmächtigte sein Fragerecht gegebenenfalls offensiv in Anspruch zu nehmen. Das rechtliche Gehör eines Beteiligten kann durch eine prozessordnungswidrige Zurückweisung einer Frage seines Prozessbevollmächtigten in der mündlichen Verhandlung verletzt werden. Je nach der praktizierten Verhandlungsleitung hat der Anwalt unterschiedliche Möglichkeiten, auf die Befragung des Mandanten Einfluss zu nehmen. Eine der schwierigsten Aufgaben bei der Prozessführung des Anwalts ist es, dass er falsche gerichtliche Ermittlungen und Bewertungen der Aussagen seines Mandanten voraussehen und mit geeigneten prozessualen Maßnahmen dagegen vorgehen muss. Nur unter strengen Voraussetzungen kann er sich dagegen mit der Gehörsrüge unter dem prozessualen Gesichtspunkt der Verletzung der *Vorhaltepflicht* (Rdn. 43 ff.; § 78 Rdn. 144 ff.) oder der unzulässigen Überraschungsentscheidung (§ 78 Rdn. 157 ff.) wehren. Er muss deshalb regelmäßig bereits im Verlaufe der mündlichen Verhandlung jeweils die einzelnen prozessualen Schritte bedenken und einleiten, die später der Gehörsrüge zum Erfolg verhelfen können. Dazu kann je nach der Verhandlungsleitung des Gerichts auch gehören, dass entscheidungserhebliche Erklärungen des Klägers und erhebliche Prozesshandlungen antragsgemäß zu Protokoll genommen werden.

Das verfassungsrechtlich gewährleistete Recht auf Gehör verpflichtet das Gericht, dem 51
Bevollmächtigten zu ermöglichen, durch Befragung des Klägers an der Aufklärung des Sachverhalts mitzuwirken. Dies kann dadurch erfolgen, dass nach Abschluss der gerichtlichen Befragung dem Bevollmächtigten Gelegenheit gegeben wird, den Kläger zum Gesamtstoff des Verfahrens zu befragen. Sinnvoller und prozessökonomischer ist es jedoch, wenn die einzelnen Sachkomplexe nacheinander abgehandelt werden und dem Bevollmächtigten jeweils nach Abschluss der gerichtlichen Befragung Gelegenheit gegeben wird, Fragen und Vorhalte an den Kläger zu richten. Die Verhandlungsführung und vorrangige Befragung durch den Vorsitzenden oder Einzelrichter hat der Bevollmächtigte anzuerkennen (§ 103 Abs. 1 VwGO, § 238 Abs. StPO). Oft offenbaren aber die Art der gestellten Fragen, insbesondere die nicht gestellten Fragen und die strikte Ermahnung an den Kläger, nur auf die gestellte Frage zu antworten, die Einstellung des Gerichts zur Glaubhaftigkeit der Angaben des Klägers oder zur Entscheidungserheblichkeit des Sachverhalts. Unter diesen Umständen verzerren die Antworten des Klägers zumeist den Gesamtzusammenhang des Verfolgungsgeschehens. Eine derart negative prozesspsychologische Situation kann der Bevollmächtigte auch durch nachträgliche Fragen kaum noch überzeugend auflösen. Hier bleibt nur der Antrag auf Protokollierung der vom Bevollmächtigten ermittelten Beweistatsachen und gegebenenfalls der Befangenheitsantrag (§ 78 Rdn. 117 ff.).

In der gerichtlichen Ermittlungspraxis sind *drei unterschiedliche Verhandlungsmuster* 52
festzustellen: Wohl überwiegend wird das gesamte Verfolgungsgeschehen im Rahmen der informatorischen Befragung noch einmal vollständig aufgeklärt. Dies ist die verlässlichste Methode der Sachverhaltsaufklärung, die vor dem Hintergrund der häufig unzulänglichen behördlichen Sachaufklärung auch geboten ist. Die vollständige Befragung vermittelt den gebotenen Gesamtzusammenhang der Verfolgungserlebnisse und ist regelmäßig zur Feststellung der für das Gesamtergebnis des Verfahrens erforderlichen Tatsachen (§ 108 Abs. 1 Satz 1 VwGO) geeignet. Nicht wenige Gerichte

beschränken ihre Ermittlungstätigkeit in der mündlichen Verhandlung jedoch lediglich auf die Behandlung einiger ausgewählter Tatsachenkomplexe. Wird der Gesamtzusammenhang, in den diese Teilkomplexe eingebettet sind, dadurch nicht zerrissen oder verzerrt und den Beteiligten Gelegenheit gegeben, erläuternde und ergänzende Angaben sowie Fragen zu diesen und auch zu anderen Teilaspekten des Verfolgungsgeschehens zu machen bzw. zu stellen, können gegen diese Methode kaum Bedenken erhoben werden. Es gibt jedoch auch vereinzelt Gerichte, die überhaupt keine Fragen in der mündlichen Verhandlung stellen und zulassen wollen, weil ihrer Meinung nach der Sachvortrag im Verwaltungsverfahren eine ausreichende Tatsachengrundlage für die richterliche Überzeugungsbildung darstellt. Dem Rechtsanwalt, der bestimmte Tatsachenkomplexe durch konkrete einzelne Fragen stellen will, wird deshalb abverlangt, sich diese jeweils zuvor vom Gericht genehmigen zu lassen. Das Fragerecht des Anwalts kann also Konflikte aufwerfen. Häufig ist auch zu beobachten, dass der Vorsitzende dem Anwalt zwar das Fragerecht einräumt, aber je nach Gutdünken in dessen Befragung interveniert und diese wieder an sich reißt.

53 Ist die Verhandlung durch einen kooperativen Stil geprägt, kann der Vorsitzende ebenso wie umgekehrt der Anwalt in die Befragung des jeweils anderen eingreifen, wenn es sachdienlich ist und einvernehmlich erfolgt. Gestattet der Vorsitzende dem Anwalt jedoch zunächst keine Fragen und räumt er diesem erst nach erschöpfender gerichtlicher Befragung des Klägers das Fragerecht ein, darf er dem Anwalt nicht durch Zwischenfragen die Ermittlung eines zusammenhängenden Komplexes unmöglich machen. Notfalls muss der Anwalt sich dagegen mit einem Befangenheitsantrag (§ 78 Rdn. 117 ff.) wehren. Gänzlich unzulässig ist es jedoch, dem Anwalt überhaupt kein Fragerecht einzuräumen und statt dessen jede einzelne Frage erst auf Antrag nach vorheriger Beratung und Entscheidung zuzulassen. Verfolgt die Ausübung des Fragerechts, ein möglichst vollständiges, in sich stimmiges und in Beziehung zu den einzelnen Tatsachenkomplexen detailliertes Bild vom Ablauf des Gesamtgeschehens herauszubilden, darf es der Anwalt bei der Ausübung des Fragerechts nicht bewenden lassen. Vielmehr muss er seine Aufklärungstätigkeit protokollieren lassen (Rdn. 40 ff.). Muss er aufgrund des Ablaufs der mündlichen Verhandlung damit rechnen, dass der Richter in seinem Urteil vermutlich zu anderen Schlussfolgerungen über die Glaubhaftigkeit der Aussagen seines Mandanten kommen wird als er, besteht das Risiko, dass die Berufung deshalb nicht zugelassen wird, weil die erstinstanzlichen Tatsachenfeststellungen die mangelnde Glaubhaftigkeit der Sachangaben belegen und mangels Protokollierung der Befragung durch den Bevollmächtigten die fehlerhafte Ermittlung nicht belegt werden kann.

54 Die VwGO enthält zum Fragerecht des Prozessbevollmächtigten keine Regelungen. Ebenso wie im Beweisrecht, bei dem die Praxis zusätzlich zu den Vorschriften der ZPO auf die entsprechenden Bestimmungen der StPO zurückgreift (BVerfG [Kammer], InfAuslR 1990, 161; BVerwG, DÖV 1983, 647; BVerwG, DVBl 1983, 1001), sind für das Fragerecht im Verwaltungsprozess die Regelungen der §§ 240 ff. StPO ergänzend zugrunde zu legen. Danach hat der Anwalt zwar kein Recht, die Fragen in dem Zeitpunkt zu stellen, in dem er sie stellen will. Vielmehr bestimmt § 103 Abs. 1 VwGO ebenso wie § 238 Abs. 1 StPO, dass die Leitung der Verhandlung durch den

Vorsitzenden erfolgt. Das Fragerecht, das § 240 StPO dem Prozessbevollmächtigten gewährt, berechtigt diesen nicht, in jedem ihm beliebigen Zeitpunkt und Zusammenhang Fragen an den Kläger oder Zeugen zu stellen. Den Zeitpunkt zu bestimmen, in dem der Anwalt sein Fragerecht ausüben darf, ist Sache der Verhandlungsleitung und Aufgabe des Vorsitzenden (BGHSt 16, 67, 70). Bei der Gestattung von Fragen ist dieser an keine bestimmte Reihenfolge gebunden. Vielmehr ist es seine Aufgabe, sachdienliche Fragen zur rechten Zeit zuzulassen (BGH, NJW 1969, 437, 438). Hat der Vorsitzende jedoch dem Anwalt das Fragerecht eingeräumt, darf er es ihm nicht mehr ohne sachlichen Grund entziehen. Der Anwalt kann seinen gesetzlichen Anspruch auf das Fragerecht nur dann sinnvoll und effektiv ausüben, wenn er Gelegenheit erhält, alle zulässigen Fragen im Zusammenhang zu stellen. Solange der Beteiligte, dem vom Vorsitzenden im Rahmen seiner Verhandlungsführung das Fragerecht eingeräumt worden ist, dieses Recht *sach- und prozessordnungsgemäß* ausübt, darf dieser ihn daher nicht ohne sachlichen Grund unterbrechen (OLG Hamm, StV 1993, 462).

Diese klaren prozessualen Vorschriften werden im Asylprozess häufig nicht beachtet, 55
ohne dass Anwälte sich hiergegen zur Wehr setzen. Räumt das Gericht dem Anwalt das Fragerecht ein und bildet sich aufgrund der Fragen an den Kläger ein Bild heraus, das deutlich von dem abweicht, das durch die richterlichen Fragen erzeugt worden ist, interveniert das Gericht häufig und zieht das Fragerecht wieder an sich, ohne dass der Anwalt den Gesamtzusammenhang hat erfragen können. Dadurch entsteht ein verzerrtes Bild von der Wirklichkeit (Rdn. 50). Daher muss der Anwalt sich gegen eine derartige Verhandlungsleitung wehren und darauf insistieren, dass er seine Befragung fortsetzen kann und Fragen des Vorsitzenden sein Einverständnis voraussetzen. Auch wenn der Richter an den Kläger bereits zuvor eine bestimmte Frage gestellt hat, muss es dem Anwalt das Recht einräumen, durch Vorhalt bestimmter – aus dem bisherigen Sachvorbringen sich ergebender – Umstände die Frage erneut zu stellen, um so den tatsächlichen Geschehensablauf eines Tatsachenkomplexes zu erfragen. Es ist das Recht des Anwalts, bereits im Verlaufe der mündlichen Verhandlung gemachte Aussagen durch Vorhalte zu überprüfen (BGH, NStZ 1981, 71).

Um einer Zurückweisung seiner Frage vorzubeugen (zur Zurückweisung des Be- 56
vollmächtigten § 25 Rdn. 15), muss er diese Vorhalte zwar im Einzelnen konkretisieren. Das bedeutet jedoch nicht, dass der Anwalt sich jede der zu stellenden Fragen jeweils zuvor vom Gericht genehmigen lassen müsste. Ob eine Frage sachdienlich ist, kann das Gericht erst beantworten, wenn es die Antwort gehört hat (BGH, NStZ 1984, 133, 134). Die Äußerung zur Sache kann nicht auf jeweils einzelne voneinander isolierte Teilabschnitte des komplexen Gesamtgeschehens reduziert werden. Dadurch entsteht zwangsläufig ein verzerrtes Bild von der Wirklichkeit. Vielmehr kann der Anwalt sein Fragerecht nur dann sinnvoll und effektiv ausüben, wenn er alle sachdienlichen Fragen im Gesamtzusammenhang stellen kann (OLG Hamm, StV 1993, 462). Auch in Anbetracht des Amtsermittlungsgrundsatzes darf das Recht der Beteiligten, sich mit ihren eigenen Vorstellungen über die anzustellenden Fragen und über die zu beantwortenden Fragen zu Wort zu melden, nicht beschnitten werden (BVerfG [Kammer], NVwZ-Beil. 1994, 17, 18). Eine insoweit verständige und sachgerechte Prozessführung wird deshalb in vielen

Fällen ohne anwaltliche Hilfe gar nicht zu bewältigen sein (BVerfG [Kammer], NVwZ-Beil. 1994, 17, 18).

57 Der Vorsitzende hat nur das Recht, *ungeeignete* oder *nicht zur Sache gehörende Fragen* zurückzuweisen (§ 240 Abs. 2 StPO). Ungeeignet sind Fragen, die in tatsächlicher Hinsicht nichts zur Wahrheitsfindung beitragen können oder aus rechtlichen Gründen nicht gestellt werden dürfen. Nicht zur Sache gehören Fragen, die sich weder unmittelbar noch mittelbar auf den Gegenstand der Untersuchung beziehen. Ob eine Frage nicht zur Sache gehört, beurteilt sich jedoch nicht nach dem für die Ablehnung von Beweisanträgen nach § 244 Abs. 3 Satz 2 StPO geltenden Maßstab der Entscheidungserheblichkeit (BGH, NStZ 1982, 158, 159; BGH, NStZ 1984, 133; BGH, NStZ 1985, 183, 184). Vielmehr muss es dem Anwalt unbenommen bleiben, das Erinnerungsbild des Klägers oder Zeugen durch alle hierfür geeigneten, für die Wahrheitsfindung bedeutsamen Fragen zu ermitteln (BGH, NStZ 1982, 158, 159). Darauf, ob die Fragen nach Meinung des Gerichts erheblich sind, kommt es hingegen nicht an. Darüber kann es sich erst dann ein Urteil bilden, wenn es die Antwort gehört hat (BGH, NStZ 1984, 133, 134). Eine Frage ist immer dann unerlässlich, wenn sie zur Wahrheitsfindung notwendig ist (BGHSt 13, 252, 254). Die unbegründete Wiederholung bereits beantworteter Fragen kann zwar zurückgewiesen werden. Es gehört jedoch zu den täglichen Erfahrungen der Gerichte, dass bereits gemachte Aussagen nach Vorhalt bestimmter Umstände eingeschränkt und berichtigt werden (BGHSt 2, 284, 289; BGH, NStZ 1981, 71). Stellt der Anwalt einzelne unzulässige Fragen, rechtfertigt dies nicht ohne Weiteres die Entziehung des Fragerechts. Werden im Verlaufe einer langen Befragung neben vielen zulässigen auch zahlreiche unzulässige Fragen gestellt, ist die Entziehung des Fragerechts nur zulässig, wenn die Art der Fragestellungen darauf schließen lässt, dass der Fragesteller keine zulässigen Fragen mehr hat und er zuvor vom Gericht gewarnt worden ist (OLG Karlsruhe, NJW 1978, 436, 437). Die Entziehung des Fragerechts gilt stets nur für bestimmte Abschnitte der Befragung (BGH, MDR 1973, 371, 372).

F. Der Beweisantrag in der mündlichen Verhandlung

I. Prozessuale Bedeutung des Beweisantrags

58 Das BVerfG hat wiederholt auf die Bedeutung des Beweisantrags im Asylrechtsstreit hingewiesen und dessen Übergehen als *Verfahrensverstoß* bezeichnet (BVerfG [Kammer], InfAuslR 1992, 29, 31; BVerfG [Kammer], InfAuslR 1992, 63; BVerfG [Kammer], InfAuslR 1993, 300; BVerfG [Kammer], InfAuslR 1993, 229). Als Beweisantrag ist entsprechend den zivilprozessualen Grundsätzen die dem Verwaltungsgericht gegenüber abgegebene Willenserklärung des Beteiligten zu verstehen, das Gericht möge über eine bestimmte Tatsache *(Beweisthema)* mit einem bestimmten *Beweismittel* Beweis erheben (*Schmitt*, DVBl 1964, 465f.; *Leipold*, in: *Stein-Jonas*, ZPO, § 284 31; *Eisenberg*, Beweisrecht der StPO, 138; Dahm, *ZAR* 2000, 227, 229). Es ist die Funktion des aus Art. 103 Abs. 1 GG folgenden *Prozessgrundrechts*, sicherzustellen, dass gerichtliche Entscheidungen frei von Verfahrensfehlern ergehen, welche

ihren Grund in unterlassener Kenntnisnahme und Nichtberücksichtigung des Sachvortrags haben (BVerfGE 50, 32, 35; 60, 247, 249; 65, 305, 307). Daher gebietet Art. 103 Abs. 1 GG in Verbindung mit den einfachgesetzlichen Prozessgrundsätzen die *Berücksichtigung erheblicher Beweisanträge* (BVerfGE 60, 247, 249; 60, 250, 252; 65, 305, 307; BayVerfGH, NJW 1977, 243; BayVerfGH, BayVBl. 1981, 529) und ist in der zu Unrecht erfolgten Zurückweisung eines Beweisantrags ein Verfahrensfehler im Sinne von § 78 Abs. 3 Nr. 3 in Verb. mit § 138 Nr. 3 VwGO zu sehen (§ 78 Rdn. 129 bis 200). Nur der prozessual ordnungsgemäß gestellte Beweisantrag löst die Bescheidungspflicht nach § 86 Abs. 2 VwGO aus. Wird der Antrag abgelehnt, ist darzulegen, dass er formell und inhaltlich ordnungsgemäß gestellt wurde. Jeder Beteiligte (§ 86 Abs. 1 Satz 2 VwGO), mithin auch der Kläger, kann einen Beweisantrag stellen.

Nach § 96 Abs. 1 Satz 1 VwGO unterliegt das Verfahren der Beweisaufnahme dem 59
Grundsatz der Unmittelbarkeit (BVerwG, DVBl 1984, 571; BVerwG, InfAuslR 1986, 74; BVerwGE 140, 199, 203 f. 16; BVerwG, PraxisReport 2012, 191; s. hierzu auch *Weth*, JuS 1991, 35). Danach erhebt das Gericht Beweis in der mündlichen Verhandlung. Der Grundsatz verbietet es, dass das Gericht seine entscheidende Überzeugung vom Bestehen oder Nichtbestehen wesentlicher Tatsachen aus *mittelbaren Erkenntnismöglichkeiten (Erkenntnisquellen)* gewinnt, obwohl unmittelbare zur Verfügung stehen, die eindeutige und gesicherte Erkenntnisse bieten und deren Erhebung dem Gericht zumutbar ist (BFH, NJW 1991, 3055; BSG, NJW 1990, 1558; OLG Düsseldorf, NJW 1991, 2781, 2782). Darüber hinaus soll durch den Grundsatz der Unmittelbarkeit das Recht der Beteiligten auf Gehör gewährleistet werden. § 96 Abs. 1 Satz 1 VwGO regelt Art und Weise der Sachaufklärung und erfordert zunächst, dass diejenigen Richter, die einen Rechtsstreit entscheiden, regelmäßig auch die Beweisaufnahme durchführen, um ihre Entscheidung auf den unmittelbaren Eindruck der Beweisaufnahme stützen zu können (*formelle Unmittelbarkeit der Beweisaufnahme*). Nach ihrem Sinn lassen sich aber auch Maßstäbe für die Auswahl zwischen mehreren zur Verfügung stehenden Beweismitteln entnehmen (*materielle Unmittelbarkeit der Beweisaufnahme*). Die Vorschrift soll sicherstellen, dass das Gericht seiner Entscheidung das in der jeweiligen prozessualen Situation geeignete und erforderliche Beweismittel zugrunde legt, um dem Grundsatz der rechtlichen Gehörs, dem Gebot des fairen Verfahrens und insbesondere dem Recht der Beteiligten auf *Beweisteilhabe* gerecht zu werden. Dagegen lässt sich dem Grundsatz der materiellen Unmittelbarkeit der Beweisaufnahme nicht ein abstrakter Vorgang bestimmter – etwa unmittelbarer oder »sachnäherer« – Beweismittel vor anderen – mittelbaren oder weniger »sachnahen« – entnehmen (BVerwGE 140, 199, 203 16).

Die Sachaufklärung soll in einer Art und Weise durchgeführt werden, die zu einer 60
vollständigen und zutreffenden tatsächlichen Entscheidungsgrundlage führt und es zugleich den Beteiligten ermöglicht, auf die Ermittlung des Sachverhalts Einfluss zu nehmen. Das *Recht der Beteiligten, an der Sachaufklärung durch das Gericht teilzuhaben*, ist unter dem Gesichtspunkt des fairen Verfahrens (Art. 2 Abs. 1 in Verb. mit Art. 20 Abs. 3 GG) geboten, insbesondere wenn aus den vom Gericht ermittelten Tatsachen nachteilige Folgen für diesen Beteiligten gezogen werden können. Ihm

muss deshalb die Möglichkeit eingeräumt werden, an der Erhebung von Beweismitteln mitzuwirken, um sich ein eigenes Bild von den Beweismitteln machen zu können, sein Fragerecht auszuüben und durch eigene Anträge der Beweiserhebung gegebenenfalls eine andere Richtung zu geben. Aus dem Recht auf rechtliches Gehör folgt ferner, dass der Beteiligte hinreichend Gelegenheit haben muss, sich mit den Ergebnissen der Beweisaufnahme auf der Grundlage eines eigenen unmittelbaren Eindrucks auseinanderzusetzen und gegebenenfalls dazu Stellung zu nehmen (BVerwGE 140, 199, 204 18). § 96 Abs. 1 Satz 2 VwGO nennt als zulässige Beweismittel die *Inaugenscheinnahme*, den *Zeugen- und Sachverständigenbeweis*, die *Parteivernehmung* sowie den *Urkundenbeweis*. Darüber hinaus kommen grundsätzlich sämtliche Erkenntnismittel in Betracht, die geeignet und entscheidungserheblich sein können. Für das Verfahren der Beweisaufnahme gelten die Vorschriften der §§ 358 bis 444, 450 bis 494 ZPO (§ 98 VwGO).

61 Wird dem Beweisantrag – wenn auch in modifizierter Form – stattgegeben, ergeht ein Beweisbeschluss im Rahmen der Beweisaufnahme nach § 96 VwGO (*Jacob*, VBlBW 1997, 41, 45). Demgegenüber wird im Zivilprozess Beweiserhebung entweder durch formlose Anordnung oder durch Beschluss angeordnet (*Leipold*, in: *Stein-Jonas*, in ZPO, § 284 49). Da das Gericht im Verwaltungsprozess ohnehin von Amts wegen – und zwar ohne Rücksicht auf gestellte Beweisanträge – Beweis erheben muss (§ 86 Abs. 1 VwGO), ist dieser Ansicht zu folgen. Erfordert die Beweisaufnahme ein besonderes Verfahren, ist freilich die Anordnung durch Gerichtsbeschluss erforderlich (§ 98 VwGO in Verb. mit §§ 358, 358a ZPO). Nur in den durch § 358, § 358a ZPO bestimmten Fällen sowie gem. § 450 ZPO bei der Parteivernehmung ist ein besonderer *Beweisbeschluss* notwendig. In allen anderen Fällen ist die Klarstellung durch das Gericht ausreichend, dass etwa eine Anhörung oder Inaugenscheinnahme nicht lediglich informatorisch, sondern als Beweisaufnahme erfolgt. Insbesondere der Urkundenbeweis findet ohne förmliche Beweisaufnahme durch schlichte Einsichtnahme in die Urkunde statt (BVerwG, DVBl 1984, 571). Der Beweisbeschluss ist nur *prozessleitende Verfügung*. Weder die formlose noch die förmliche Anordnung enthalten eine Entscheidung über die Erheblichkeit von Tatsachen oder eine Regelung der Beweislast (*Leipold*, in: *Stein-Jonas*, ZPO, § 284 49).

62 Der Grundsatz der Unmittelbarkeit der Beweisaufnahme verwehrt es dem Gericht aber nicht, dass es die nach § 99 VwGO beigezogenen Akten, sonstige Aktenvermerke und Auskünfte ebenfalls zum Gegenstand der mündlichen Verhandlung macht und zu Beweiszwecken verwertet, vorausgesetzt, die Beteiligten erhalten nach § 108 Abs. 2 VwGO Gelegenheit, sich dazu zu äußern. Der Grundsatz des rechtlichen Gehörs erfordert, dass vom Gericht verwertete Hilfsmittel der Aufklärung ordnungsgemäß in das Verfahren eingeführt werden. Dadurch werden die Beteiligten in die Lage versetzt, zu überprüfen, ob ihrer Ansicht nach die eingeführten Erkenntnisse eine hinreichend verlässliche und insbesondere aktuelle Entscheidungsgrundlage darstellen, sodass sie gegebenenfalls mit den gebotenen prozessualen Mitteln auf weitere Aufklärung des Sachverhaltes hinwirken können, insbesondere durch Beantragung eines (weiteren) Sachverständigengutachtens (§ 96 Abs. 1 Satz 2 VwGO, §§ 402 bis 411 ZPO; Rdn. 130 ff.).

II. Förmliche Antragstellung in der mündlichen Verhandlung

Das Gericht erhebt Beweis in der mündlichen Verhandlung (§ 96 Abs. 1 Satz 1 VwGO). Will das Gericht einem ordnungsgemäß gestellten Beweisantrag nicht folgen, trifft es nach § 86 Abs. 2 VwGO die Verpflichtung, hierüber durch einen zu begründenden Gerichtsbeschluss zu entscheiden. Nur der in der mündlichen Verhandlung gestellte Beweisantrag löst die gerichtliche Verpflichtung aus. Ein vorher *schriftsätzlich* gestellter Beweisantrag muss in der Verhandlung förmlich wiederholt werden, es sei denn, das Gericht erhebt bereits von Amts wegen Beweis oder es entscheidet mit Einverständnis der Beteiligten nach § 101 Abs. 2 VwGO im schriftlichen Verfahren (*Dahm*, ZAR 2002, 227, 230). Wird der Beweisantrag in der Verhandlung nicht gestellt, verlieren die Beteiligtengrundsätzlich ihr *Rügerecht* (BVerwG, InfAuslR 1990, 99, 100). Ebenso wenig kann das Fehlen der Begründung für den abgelehnten Beweisantrag mit der Gehörsrüge gerügt werden, wenn dieser Mangel im erstinstanzlichen Verfahren nicht gerügt wurde (vgl. BVerwG, NVwZ 1989, 555). Ein Gericht verletzt seine Pflicht zur erschöpfenden Aufklärung nicht, wenn es von einer Beweiserhebung absieht, die nicht ausdrücklich beantragt wird (BVerwG, Beschl. v. 16.01.1980 – BVerwG I B 528.79). Ein nicht förmlich in der mündlichen Verhandlung gestellter Beweisantrag kann aber prozessual als *Beweisanregung* behandelt werden und unter bestimmten Umständen das rechtliche Gehör verletzen (§ 78 Rdn. 154 ff.). Daher ist der Beweisantrag zur Wahrung des Rügerechts in der mündlichen Verhandlung vor Abschluss der Verhandlung zu stellen (BVerwG, NVwZ 1989, 555; BVerwG, InfAuslR 1983, 328). Wiederholt ein Beteiligter seinen schriftsätzlich angekündigten Antrag in der mündlichen Verhandlung nicht, setzt sich das Gericht in den Entscheidungsgründen aber mit dem Beweisantrag auseinander, bleibt das Rügerecht erhalten (BVerwG, InfAuslR 1990, 99; zum Vorgehen des Berufungsgerichtes nach § 130a VwGO im Berufungsverfahren s. BVerwG, NVwZ 1992, 891). 63

Umstritten ist, ob nur der *protokollierte* Beweisantrag die gerichtliche Bescheidungspflicht begründet (zum Meinungsstand *Jacob*, VBlBW 1997, 41, 42). Da nach § 105 VwGO in Verb. mit § 160 Abs. 3 Nr. 2 ZPO allein das Protokoll die volle Beweiskraft des ordnungsgemäß gestellten Beweisantrags begründet, ist die Protokollierung des Beweisantrags erforderlich (BVerwGE 21, 184, 185; BVerwG, NVwZ 2012, 512, 513; BVerwG, PraxisReport 2012, 139; *Jacob*, VBlBW 1997, 41, 42). Ist diese unterblieben, muss der Beweisführer – zur Erhaltung des Rügerechts nach § 78 Abs. 3 Nr. 3 in Verb. mit § 138 Nr. 3 VwGO – den Antrag auf Berichtigung oder Ergänzung des Protokolls stellen (BVerwGE 21, 184, 185). Durch die zu Protokoll erklärte Stellung eines Beweisantrags wandelt sich der Anspruch der Beteiligten auf sachgerechte Ermessensausübung im Blick auf die Vorgehensweise bei der Sachaufklärung zu einem – nur von dem Fehlen gesetzlich abschließend geregelter Ablehnungsgründe abhängigen –*Anspruch auf Vornahme der beantragten Beweiserhebung* (BVerwG, NVwZ 2012, 512, 513). 64

Ebenso wie schriftsätzlich gestellte Beweisanträge in der mündlichen Verhandlung förmlich zu stellen sind, müssen Beweisanträge, die zwar schon einmal formell gestellt worden sind, denen aber bereits durch eine Beweisaufnahme nachgegangen wurde, 65 nochmals erneut gestellt werden, wenn der Beweisführer der Ansicht ist, dass mit der Beweisaufnahme nicht oder nicht im vollen Umfang dem Beweisantrag nachgegangen wurde. Auch in diesem Fall wird der ursprünglich gestellte Beweisantrag gewissermaßen als *»verbraucht«* angesehen (*Batsdorf*, StV 1995, 310, 319; *Jacob*, VBlBW 1997, 41, 42). Das Gericht soll nicht gezwungen werden, die Akten auf etwa irgendwo an versteckter Stelle angebrachte, später vielleicht fallengelassene Beweisanträge durchzusehen, sondern nur gehalten sein, über die unmittelbar vor Fällung der Entscheidung gestellten Beweisanträge zu entscheiden (BVerwGE 15, 175, 176). Der Grundsatz, dass zur Wahrung des rechtlichen Gehörs der Beteiligte alle ihm zumutbaren prozessualen Möglichkeiten ausschöpfen muss, gebietet hier die erneute förmliche Beantragung der Beweisaufnahme im Sinne des ursprünglichen Beweisantrags. Sofern – wie im Regelfall – das Gericht in solchen Fällen davon ausgehen kann, der Beweisführer werde sich mit der vorangegangenen Beweiserhebung zufrieden geben, muss dieser einer solchen Annahme ausdrücklich entgegentreten, will er nicht am Einwand einer *»schlüssigen Antragsrücknahme«* scheitern (*Batsdorf*, StV 1995, 310, 319).

66 Wird der Beweisantrag *vor* oder *zusammen* mit dem *Verzicht auf mündliche Verhandlung* (§ 101 Abs: 2 VwGO; Rdn. 35 ff.) gestellt, muss er nicht vorab entschieden werden (*Jacob*, VBlBW 1997, 41, 43; *Dahm*, ZAR 2002, 227, 230f.). Ein gewissenhafter und sachkundiger Prozessbevollmächtigter dürfte indes kaum eine derartige prozessuale Strategie verfolgen. Dieser Grundsatz gilt auch dann, wenn der Beteiligte den Beweisantrag erst nach der ihm zugegangenen Anhörung stellt. In diesem Fall sind die Beteiligten in einer erneuten Anhörungsmitteilung über das unverändert beabsichtigte Verfahren und damit darauf hinzuweisen, dass dem Beweisantrag nicht durch förmlichen Beweisbeschluss nachgegangen wird (BVerwG, NVwZ 1992, 890, 891). Hingegen hatte das BVerwG in seiner früheren Rechtsprechung bei einem *nach dem Verzicht* auf mündliche Verhandlung gestellten Beweisantrag § 86 Abs. 2 VwGO für entsprechend anwendbar gehalten (BVerwGE 15, 175, 176). Vor der Entscheidung im schriftlichen Verfahren hat das Verwaltungsgericht daher – ebenfalls im schriftlichen Verfahren – über den Beweisantrag zu entscheiden. Will es ihm nachgehen, ist der Verzicht wegen veränderter Prozesslage verbraucht. Der Beteiligte, der Anlass zu einer Beweisaufnahme nach dem Verzicht hat, ist gut beraten, zusammen mit dem ordnungsgemäß gestellten Beweisantrag seinen Verzicht auf Durchführung der mündlichen Verhandlung zu widerrufen und konkret zu begründen (*Jacob*, VBlBW 1997, 41, 43).

67 Hat das Gericht, nachdem der Beteiligte den Beweisantrag gestellt hat, (weitere) Ermittlungen durchgeführt und ihr Ergebnis den Beteiligten mitgeteilt, wird der Beweisantrag so behandelt, als werde er nicht mehr aufrechterhalten, wenn der Beweisführer, ohne seinen Antrag ausdrücklich zu wiederholen, mit der Entscheidung ohne mündliche Verhandlung einverstanden ist (BSG, NVwZ-RR 1998, 144). Will das Gericht durch *Gerichtsbescheid* (§ 84 VwGO) entscheiden, löst der schriftsätzlich angekündigte Beweisantrag keine Bescheidungspflicht aus, weil der Beweisführer die mündliche Verhandlung beantragen kann (§ 84 Abs. 2 Nr. 4 VwGO). Der Antrag auf Durchführung der mündlichen Verhandlung geht der Gehörsrüge vor (Hess.VGH, NVwZ-RR 2001, 207; § 78 Rdn. 242 f.). Erklärt der Beteiligte sein »Einverständnis

mit einer Entscheidung ohne mündliche Verhandlung durch Gerichtsbescheid«, kann dies nicht als Zustimmung zur Entscheidung im schriftlichen Verfahren gem. § 101 Abs. 2 VwGO gewertet werden. Bei einer Entscheidung durch Gerichtsbescheid können die Beteiligten mündliche Verhandlung beantragen. Daher wird der Anspruch auf rechtliches Gehör verletzt, wenn unter diesen Voraussetzungen die Klage durch Urteil im schriftlichen Verfahren abgewiesen wird (VGH BW, AuAS 2006, 142). Wird der Beweisantrag jedoch erst nach der Anhörung (§ 84 Abs. 1 Satz 2 VwGO) gestellt, folgt aus dem Grundsatz des rechtlichen Gehörs für die Beweisanträge, über die auch in der mündlichen Verhandlung zu entscheiden wären, die Verpflichtung des Gerichts zur erneuten Anhörung nach § 84 Abs. 1 Satz 2 VwGO oder zur schriftlichen Mitteilung, dass dem Beweisantrag nicht nachgegangen wird. Da es dem Beteiligten nach Zustellung des Gerichtsbescheids freisteht, mündliche Verhandlung zu beantragen, hat er ausreichende prozessuale Möglichkeiten, sich gegen dieses gerichtliche Vorgehen zu wehren.

Stellt der Beteiligte *nach Abschluss der mündlichen Verhandlung* den Beweisantrag, 68 kann dies Anlass geben, die mündliche Verhandlung nach § 104 Abs. 3 Satz 2 VwGO wieder zu eröffnen, da der Beweisantrag nur in der mündlichen Verhandlung förmlich gestellt werden kann. Da die Wiedereröffnung im gerichtlichen Ermessen liegt (§ 78 Rdn. 170 ff.), wird nur eine Änderung der Sach- oder Beweislage, die eine frühere Antragstellung verhindert hat, von Bedeutung sein (*Jacob*, VBlBW 1997, 41, 43). Unter diesen Voraussetzungen besteht jedoch eine gerichtliche Verpflichtung, zur Wahrung des rechtlichen Gehörs sowie zur Stellung des Beweisantrags, die mündliche Verhandlung wieder zu eröffnen, wenn nicht ohnehin, von Amts wegen im Sinne des gestellten Beweisantrags Beweis erhoben wird.

III. Unbedingte Antragstellung

Zur Ausschöpfung aller zu Gebote stehenden prozessualen Möglichkeiten gehört es 69 grundsätzlich, dass der Beweisantrag in der mündlichen Verhandlung *unbedingt* gestellt wird (Hess. VGH, AuAS 2001, 203; Hess. VGH, Beschl. v. 22.07.1999 – 12 ZU 3232/97.A; Hess. VGH, AuAS 2003, 69, 71; OVG Brandenburg., AuAS 2004, 58, 60; OVG SH, AuAS 2003, 236 = AuAS 2004, 9; a.A. VGH BW, Beschl. v. 29.07.2004 – A 8 S 945/04; VGH BW, InfAuslR 2007, 132 = NVwZ-RR 2007, 202; *Dahm*, ZAR 2002, 227, 229; *Redeker*, AnwBl. 2005, 518, 519). Der lediglich *hilfsweise* oder *vorsorglich* gestellte Beweisantrag braucht nach § 86 Abs. 2 VwGO nicht entschieden zu werden. Er stellt der Sache nach im Regelfall lediglich eine *bloße Anregung* an das Gericht dar, den Sachverhalt nach § 86 Abs. 1 VwGO weiter aufzuklären (OVG SH, AuAS 2003, 236 = AuAS 2004, 9; s. hierzu auch § 78 Rdn. 159 ff., 186). Bei einem hilfsweise gestellten Antrag gibt der Beteiligte zu erkennen, dass sein Beweisantrag nicht vorweg, sondern erst dann bewertet werden soll, wenn die Sache selbst zur Entscheidung ansteht (BVerwG, MDR 1969, 419; BGH, StV 1990, 149; s. hierzu *Schlothauer*, StV 1988, 542; *Basdorf*, StV 1995, 310, 315; *Dahm*, ZAR 2002, 227, 22). Dieselben Grundsätze gelten dann, wenn aus anderen Umständen ersichtlich wird, dass über den Beweisantrag erst im Zusammenhang mit der Sachentscheidung zu befinden ist (*Jacob*, VBlBW 1997, 41, 43). Entsprechende prozessuale Erklärungen des Beteiligten müssen aber eindeutig sein. Erklärt er hingegen ausdrücklich zu Protokoll, dass er den Beweisantrag unbedingt stellt, verbietet sich jegliche relativierende Interpretation derartiger Prozesshandlungen.

70 Hilfsweise gestellten Beweisanträgen werden *Eventualbeweisanträge*, die an eine ungewisse Sachlage oder an die gerichtliche Auffassung zu einzelnen Fragen anknüpfen, prozessual gleichgestellt. Es handelt sich hierbei etwa um einen Beweisantrag für den Fall, dass das Gericht eine vorgelegte Urkunde für unecht, einen Zeugen für unglaubwürdig oder die eingeführten Erkenntnismittel nicht für ausreichend erachtet. Ebenso wie ein sonstiger bedingter Beweisantrag – etwa ein Beweisantrag für den Fall, dass ein anderer Beweisantrag abgelehnt wird – löst ein Eventualantrag im Verwaltungsprozess grundsätzlich keine gerichtliche Bescheidungspflicht aus (*Jacob*, VBlBW 1997, 41, 43; a.A. *Schlothauer*, StV 1988, 542 für den Strafprozess), weil dies nur durch unbedingte und ohne Einschränkungen gestellte Beweisanträge bewirkt werden kann. Im Verwaltungsprozess macht es im Ergebnis *keinen Unterschied*, ob ein Antrag *»hilfsweise«*, *»bedingt«*, *»vorsorglich«* oder als *»Eventualbeweisantrag«* gestellt wird. In all diesen Fällen will der Beteiligte Vorfragen, von deren Klärung der Ausgang des Verfahrens abhängig ist, nicht ausdrücklich vor der Sachentscheidung durch Beweisaufnahme klären lassen, weil er darauf hofft, dass es auf diese Vorfragen möglicherweise nicht ankommt. Das Prozessrecht erlegt ihm jedoch für die daraus folgende prozessuale Ungewissheit das volle Risiko auf. Der Beteiligte begibt sich deshalb grundsätzlich wichtiger prozessualer Möglichkeiten, wenn er den Antrag nicht unbedingt stellt und verliert nach nicht unbestrittener Meinung deshalb sein Rügerecht (Hess. VGH, AuAS 2001, 203; Hess. VGH, Beschl. v. 22.07.1999 – 12 ZU 3232/97.A; Hess. VGH, AuAS 2003, 69, 71; OVG SH, AuAS 2003, 236 = AuAS 2004, 9; a.A. VGH BW, Beschl. v. 29.07.2004 – A 8 S 945/04; Sächs. OVG, NVwZ-RR 2006, 741 = AuAS 2006, 129; OVG NW, AuAS 2005, 93). Nur im Fall der unbedingten Antragstellung kann er durch Gegenvorstellung, weitere Beweisanträge, gezielte Fragen an den Asylsuchenden, Anträge auf Protokollierung bestimmter Erklärungen (§ 160 Abs. 4 Satz 1 ZPO) oder im Rechtsgespräch auf die in der Begründung für die Ablehnung des Beweisantrags zum Ausdruck kommende gerichtliche Rechtsansicht entsprechend reagieren (§ 78 Rdn. 182 ff.).

71 Eine zunehmende Tendenz in der obergerichtlichen Rechtsprechung wendet sich gegen die in der herrschenden Ansicht zum Ausdruck kommende Rigidität. Verbunden ist für den Betroffenen mit der bloßen hilfsweisen Antragstellung der *prozessuale Nachteil*, dass er auf die nicht anfechtbare Ablehnung des Beweisantrags in der mündlichen Verhandlung nicht mehr reagieren kann. Er verzichtet damit aber allein auf die prozessualen Vorteile, die § 86 Abs. 2 VwGO ihm bietet, um einen unzulänglichen Beweisantrag nachzubessern, nicht aber zugleich auf das prozessuale Recht, die im Urteil erfolgte Ablehnung des Beweisantrags mit der Begründung zu rügen, dass sie im Prozessrecht keine Stütze findet (Sächs. OVG, NVwZ-RR 2006, 741 = AuAS 2006, 129, 130, mit Hinweis auf BVerwG, InfAuslR 2000, 412; VGH BW, NVwZ-Beil. 1997, 67; OVG NW, AuAS 2005, 93). Durch die hilfsweise Stellung eines Beweisantrags begibt sich der Beteiligte der Möglichkeit, durch konkrete Gegenvorstellung auf die aus seiner Sicht prozessordnungswidrige Ablehnung des Beweisantrags zu reagieren, wodurch die Erfolgsaussicht der späteren, auf den hilfsweise gestellten Beweisantrag bezogenen

der Rechtsprechung des BVerfG besteht eine signifikant zurückhaltendere Tendenz in dieser Frage. Uneinheitlich in der gerichtlichen Praxis ist die Behandlung unsubstanziierter Beweisanträge. Überwiegend werden derartige Beweisanträge mangels der für den Beweisantrag geforderten inhaltlichen Substanziierung des Beweisthemas sowie des Beweismittels, also wegen Fehlens der an eine Bescheidungspflicht nach § 86 Abs. 2 VwGO zu stellenden inhaltlichen Anforderungen, abgelehnt. Üblich ist es zumeist, derartige Anträge als zulässig zu behandeln und unter dem Gesichtspunkt der mangelnden Eignung des Beweismittels abzulehnen (BVerfG [Kammer], InfAuslR 1992, 63, 65).

Allerdings können unsubstanziierte Beweisanträge rechtlich nicht in jeder Hinsicht als unerheblich behandelt werden. § 86 Abs. 2 VwGO soll das Verwaltungsgericht nicht nur dazu veranlassen, vor Erlass der Sachentscheidung Überlegungen über die Entscheidungserheblichkeit des Beweisantrags anzustellen, sondern die Beteiligten auch auf die durch die Beweisablehnung entstandene prozessuale Lage hinweisen und in die Lage versetzen, ihre Rechtsverfolgung auf die Erwägungen des Gerichts auszurichten. Bereits dies legt es nahe, auch für Beweisanträge mit Mängeln eine entsprechende förmliche Entscheidung nach § 86 Abs. 2 VwGO zu fordern (*Jacob*, VBlBW 1997, 41, 44). Auch der verfassungsrechtliche Grundsatz des rechtlichen Gehörs untersagt es dem Gericht, über einen wenn auch mangelhaft gestellten Beweisantrag wortlos hinweg zu gehen. Vielmehr hat es zur Wahrung seiner prozessualen Verpflichtungen mit dem Beteiligten diesen Beweisantrag zumindest zu erörtern und diesen auf die fehlende Erheblichkeit des Beweisantrags hinzuweisen (*Jacob*, VBlBW 1997, 41, 44). Unterbleibt dies, kann in dieser gerichtlichen Versäumnis eine Gehörsverletzung liegen. 80

2. Unzulässigkeit des Ausforschungsbeweises

Das Verwaltungsgericht muss nicht in die beantragte Beweiserhebung eintreten, wenn in Wahrheit kein Beweisantrag, sondern ein *Ausforschungsbeweisantrag* gestellt wird. Dieser Antrag wird allgemein als *Sonderfall des unsubstanziierten Beweisantrags* (Rdn. 74 ff.) behandelt (BVerwG, NVwZ-RR 1991, 118, 123; BVerwG, InfAuslR 1996, 28, 29; Sächs.OVG, NVwZ-RR 2006, 741 = AuAS 2006, 129; *Schmitt*, DVBl 1964, 465, 466; *Deibel*, InfAuslR 1984, 114, 117; *Jacob*, VBlBW 1997, 41, 44; *Dahm*, ZAR 2002, 227, 232; *Redeker*, AnwBl. 2005, 518, 519). Davon kann aber nur die Rede sein, wenn unter lediglich formalen Beweisantritt Behauptungen aufgestellt werden, für deren Wahrheitsgehalt nicht *wenigstens* eine *gewisse Wahrscheinlichkeit spricht* oder wenn *willkürliche, aus der Luft gegriffene Behauptungen*, für die tatsächliche Grundlagen ganz fehlen, gemacht werden (BVerfG [Kammer], NVwZ 1994, 60; BGH, NJW 1989, 2947, 2948; BGH, NJW 1991, 2707, 2709; VGH BW, EZAR 610 Nr. 34; Sächs.OVG, NVwZ-RR 2006, 741 = AuAS 2006, 129, 130 f.; *Jacob*, VBlBW 1997, 41, 44; *Berlit*, in: GK-AsylG, § 78 Rn. 366). Es muss es sich also um Behauptungen handeln, die *aufs Geratewohl* gemacht, gleichsam *»ins Blaue«* aufgestellt, mit anderen Worten, aus der Luft gegriffen sind und sich deshalb als Rechtsmissbrauch darstellen (BGH, NJW 1991, 2707, 2709). Bei der Annahme von Willkür in diesem Sinne ist jedoch *Zurückhaltung* geboten. In der Regel wird sie nur das Fehlen jeglicher tatsächlicher Anhaltspunkte rechtfertigen können (BGH, 81

NJW 1991, 2707, 2709; *Leipold*, in: Stein-Jonas, ZPO, § 284 40) und deshalb auf die Fälle begrenzt bleiben, in denen der Beweisantrag darauf abzielt, sich mithilfe willkürlicher Behauptungen Beweistatsachen oder Beweismittel durch Nachforschungen erst zu beschaffen, um sie anschließend zum Gegenstand einer Beweiserhebung zu machen (BVerwG, NVwZ-RR 1991, 118, 123; BGH, NJW 1984, 2888, 2889; *Schmitt*, DVBl 1964, 465, 467; *Deibel*, InfAuslR 1984, 114, 117).

82 Wird etwa eine namentlich bezeichnete Person, deren Aufenthalt dem Beweisführer unbekannt ist, als Zeuge über bestimmte Tatsachen benannt und zugleich der Weg aufgezeigt, auf den Aufenthalt und Anschrift in Erfahrung gebracht werden können, handelt es sich nicht um einen Beweisausforschungsantrag, sondern um einen Beweisantrag, der die gerichtliche Bescheidungspflicht auslöst (*Deibel*, InfAuslR 1984, 114, 117; zu den Anforderungen an den Zeugenbeweis in diesem Zusammenhang *Basdorf*, StV 1995, 310, 316). Ebensowenig liegt ein Ausforschungsbeweisantrag vor, wenn die Gefahr eigener Verfolgung mit der Verfolgung des Bruders wegen Aktivitäten in einer oppositionellen Gruppierung begründet wird und zu der den Bruder betreffenden Verfolgung die Einholung einer amtlichen Auskunft beantragt wird (Sächs. OVG, NVwZ-RR 2006, 741 = AuAS 2006, 129, 130 f.).

83 Neben dem Ausforschungsantrag ist auch der *Beweisermittlungsantrag* unzulässig. Regelmäßig werden Ausforschungs- und Ermittlungsantrag nicht unterschieden, sondern beide Begriffe synonym verwendet (BVerwG, NVwZ-RR 1991, 118, 123; VGH BW, AuAS 1997, 127, 128 = NVwZ-Beil. 1997, 67; *Leipold*, in: Stein-Jonas, ZPO, § 284 40; *Schmitt*, DVBl 1964, 465, 466f.). Von der Sache her besteht zwischen beiden Formen unzulässiger Beweisbeantragung kein Unterschied: Während Beweisermittlungsanträge den Zweck verfolgen, die eigentlichen Beweisanträge vorzubereiten (*Jacob*, VBlBW 1997, 41, 44), d.h. Tatsachen, von denen der Beweisführer keine Kenntnis hat, in das Verfahren einzuführen (BVerwGE 75, 1, 6), werden Ausforschungsanträge ebenfalls dadurch gekennzeichnet, dass sie die Beweistatsachen erst beschaffen sollen (BGH, NJW 1984, 2888, 2889; *Schmitt*, DVBl 1964, 465, 467; *Deibel*, InfAuslR 1984, 114, 117). Das BVerwG differenziert dementsprechend auch nicht zwischen Beweisermittlungs- und Beweisausforschungsanträgen. Diese Anträge seien vielmehr so unbestimmt, dass im Grunde erst die Beweiserhebung selbst die entscheidungserheblichen Tatsachen und Behauptungen aufdecken sollten (BVerwG, NVwZ-RR 1991, 118, 123). Ein Beweisermittlungsantrag wird damit durch die Unbestimmtheit der Beweistatsache definiert und lässt sich vom bloß »unsubstanziierten« Beweisantrag kaum abgrenzen (*Berlit*, in: GK-AsylG II, § 78 Rn. 367). Auch wenn Beweisermittlungsanträge nicht die Bescheidungspflicht des Gerichts auslösen, kann das rechtliche Gehör der Beteiligten deshalb verletzt werden, weil sich dem Gericht aus diesem Anlass eine Beweiserhebung hätte aufdrängen müssen (BGH, NJW 1987, 2384, 2385). Die damit angesprochene *Aufklärungsrüge* eröffnet aber im Asylprozess nur unter strengen Voraussetzungen den Weg in das Berufungsverfahren (§ 78 Rdn. 152 ff.).

84 Ein Beweisermittlungsantrag liegt nicht vor, wenn bestimmte Tatsachenbehauptungen aufgestellt werden (BGH, StV 1982, 155). Beweisanträge zur *Aufklärung* der

allgemeinen Verhältnisse im Herkunftsland können nicht ohne Weiteres als Beweisermittlungsantrag zurückgewiesen werden. Für die Darlegung allgemeiner Tatsachen wird nicht ein lückenloser, schlüssiger Tatsachenvortrag im Sinne der zivilprozessualen Verhandlungsmaxime gefordert (§ 25 Rdn. 5 ff.). Damit zu weiteren Ermittlungen Anlass besteht, muss der Tatsachenvortrag lediglich die *nicht entfernt liegende Möglichkeit* aufzeigen, dass Verfolgung drohen kann (BVerwG, InfAuslR 1982, 156; BVerwG, InfAuslR 1983, 76; BVerwG, DÖV 1983, 207; BVerwG, InfAuslR 1984, 129; BVerwG, InfAuslR 1989, 350; VGH BW, AuAS 1997, 127, 128). Der Grad der *gewissen Wahrscheinlichkeit*, der an die Tatsachenbehauptungen für den Beweisantrag zu stellen ist, wird damit durch den Umfang der Darlegungslast bestimmt und darf dementsprechend beim Beweisantritt nicht zu hoch angesetzt werden. Es genügt, wenn substanziiert beachtliche Gründe für das Vorliegen der Beweistatsache benannt werden, ohne diese aber als sicher zu behaupten (*Berlit*, in: GK-AsylG II, § 78 Rn. 366). Ein Beweisermittlungsantrag liegt nicht schon dann vor, wenn der Asylkläger entsprechend seiner strengen Darlegungspflicht die seine Verfolgungsfurcht begründenden individuellen Tatsachen und Umstände dargelegt hat und das Verwaltungsgericht diese für unwahrscheinlich ansieht, weil diese seiner Ansicht nach durch die Erkenntnisse zu den allgemeinen Verhältnissen im Herkunftsland nicht getragen werden. Wird etwa der individuelle Vortrag, nach einer Reihe wiederholter kurzfristiger Festnahmen und Folterungen sei der behauptete Verfolgungsdruck durch mehrere Monate währende verfolgungsfreie Phasen gelockert gewesen, und wird deshalb die in sich schlüssige Behauptung des Asylklägers bezweifelt, einer ihm unmittelbar drohenden Gefahr der Festnahme durch die Flucht ins Ausland entkommen zu sein und deshalb der Beweisantrag abgelehnt, wird das rechtliche Gehör verletzt, weil der Asylkläger seiner Darlegungslast genügt hat. Die Art und Weise der Verfolgungsmuster, die Entscheidung der Verfolgungsorgane, zu welchem bestimmten Zeitpunkt sie bestimmte Maßnahmen gegen tatsächliche oder mutmaßliche Oppositionelle ergreifen wollen, sind allgemeine Umstände, welche der eingeschränkten Darlegungslast unterliegen und über die grundsätzlich von Amts wegen etwa durch Sachverständigenbeweis Beweis zu erheben ist, wenn diese Frage nicht als wahr unterstellt wird und sie sich auch aus den eingeführten Erkenntnismitteln nicht hinreichend zuverlässig beantworten lässt.

Abzugrenzen ist lediglich danach, ob der Beweisführer lediglich aus der Luft gegriffene 85
Vermutungen äußert, für die er keinen Erklärungskontext bezeichnet und von denen er hofft, dass Nachforschungen darüber zu seinen Gunsten sprechende Tatsachen ergeben. Es fehlt dann an einer *bestimmten Tatsachenbehauptung* als Voraussetzung für die Annahme eines Beweisantrags (BGH, NJW 1987, 2384, 2385). Ob es sich jeweils nur um die willkürliche Äußerung einer Vermutung oder aber um die bestimmte Behauptung von Tatsachen handelt, entscheidet sich nicht allein nach dem Wortlaut und damit der äußeren Form des Antrags, sondern nach seinem durch Auslegung unter Berücksichtigung aller wesentlichen Umstände zu ermittelnden Sinn (BGH, NJW 1987, 2384, 2385; *Schmitt*, DVBl 1964, 465, 467). Das Behaupten *vermuteter Tatsachen* ist nicht gleichbedeutend mit der Überzeugung von der Ergebnislosigkeit der Beweisaufnahme (BGHSt 21, 118, 125). Es ist dem Beweisführer insbesondere

nicht verwehrt, auch solche Tatsachen unter Beweis zu stellen, die er *lediglich für möglich* hält (BGHSt 21, 118, 125; BGH, NJW 1987, 2384, 2385). Nur *bloße Vermutungen*, für die der Beweisführer keinen tatsächlichen Anhaltspunkt benennen kann und deshalb als »völlig aus der Luft gegriffen«, »ins Blaue hinein« behauptet (BGH, NJW 1989, 2947, 2948; *Jacob*, VBlBW 1997, 41, 44) erscheinen, lösen die gerichtliche Bescheidungspflicht nach § 86 Abs. 2 VwGO nicht aus. Ein bloßer Beweisermittlungsantrag liegt darüber hinaus nicht schon dann vor, wenn sich der Antrag nicht auf konkrete, den Kläger selbst betreffende Prognosetatsachen bezieht, sondern unter substanziierter Angabe konkreter Referenzfälle eine Gefährdung abgeschobener Asylsuchender darlegt (VGH BW, NVwZ-Beil. 1997, 67, *Berlit*, in: GK-AsylG II, § 78 Rn. 367; s. auch OVG Sachsen, NVwZ-RR 2006, 741 = AuAS 2006, 129, 130 f.). Dies verdeutlicht, dass der Einwand des Beweisermittlungsantrags insbesondere im Asylprozess zurückhaltend anzuwenden ist.

V. Beweisablehnungsgründe

1. Funktion der Ablehnungsgründe

86 Der prozessual ordnungsgemäß gestellte und hinreichend konkretisierte Beweisantrag darf nur nach Maßgabe der auch im Asylprozess anzuwendenden entsprechenden Vorschriften der ZPO sowie der ergänzend heranzuziehenden Regelung des § 244 StPO abgelehnt werden (BVerfG [Kammer], InfAuslR 1990, 161; BVerwG, DÖV 1983, 647; BVerwG, DVBl 1983, 1001; BayVGH, Beschl. v. 11.08.1989 – Nr. 19 CZ 89.30977 und 89.30803; Hess. VGH, InfAuslR 1987, 130). Die Ablehnung setzt nach § 86 Abs. 2 VwGO einen »Gerichtsbeschluss« voraus, der zu begründen ist. Ausnahmen hiervon sind nicht zugelassen (*Jacob*, VBlBW 1997, 41, 45). Die Verkündung bedarf der Protokollierung (§ 160 Abs. 3 Nr. 7 ZPO). Die Beteiligten müssen sich auf die Antragsablehnung einstellen und zur Beseitigung der Gehörsverletzung im Rahmen der *Gegenvorstellung* (Rdn. 112 f.) Gegenvorkehrungen und gegebenenfalls neue, korrigierte Beweisanträge stellen können. Der Beschluss darf nicht »gleichzeitig mit dem Urteil« getroffen werden, vielmehr muss er noch während der mündlichen Verhandlung vor Erlass der Sachentscheidung ergehen und begründet werden (*Jacob*, VBlBW 1997, 41, 45; *Schmitt*, DVBl 1964, 465, 469). Aus diesem Grund darf der Beweisantrag grundsätzlich nicht hilfsweise gestellt werden, weil ein derartiger Antrag die Bescheidungspflicht nach § 86 Abs. 2 VwGO nicht auslöst (Rdn. 69). Unzutreffend ist die Ansicht, eine Entscheidung nach Schluss der mündlichen Verhandlung sei unbedenklich, wenn der Beweisführer nach Stellung seines Beweisantrags die Sitzung verlasse (*Jacob*, VBlBW 1997, 41, 45). Ein derartiges Verhalten kann unterschiedliche Gründe haben. So kann etwa der Befangenheitsantrag abgelehnt worden sein und der Beweisführer sich gezwungen sehen, zur Erhaltung des Rügerechts die Sitzung zu verlassen. Unbenommen bleibt ihm das Recht, durch Beweisanträge auf die Klärung des Sachverhalts hinzuwirken. Hingegen dürften keine Bedenken dagegen sprechen, dass das Gericht über eine Vielzahl von Beweisanträgen, die im Rahmen der mündlichen Verhandlung gestellt werden, vor deren Schluss gemeinsam entscheidet (*Jacob*, VBlBW 1997, 41, 45). Der Beweisführer kann vom Gericht jedoch nicht gezwungen werden, alle Anträge gleichzeitig zu stellen. Denn durch die Stattgabe eines

bestimmten Beweisantrags kann die Stellung weiterer, vorsorglich vorbereiteter Anträge hinfällig werden.

Die *Begründungspflicht* nach § 86 Abs. 2 VwGO zwingt das Gericht, besonders sorgfältig zu prüfen, ob die Ablehnung des Beweisantrags trotz der Pflicht zur umfassenden Aufklärung des Sachverhalts gerechtfertigt ist und dient der Sicherung und Effektivität des Rechts der Beteiligten, Beweisanträge zu stellen, und – weil auf diese Weise dem Beweisführer Gelegenheit gegeben wird, sich auf die durch die Ablehnung eingetretene Prozesssituation einzustellen – der Wahrung des rechtlichen Gehörs. Das Protokoll muss zu Nachweiszwecken den Beschlusstenor mit Begründung enthalten. Lediglich der Hinweis, dass die Ablehnung mündlich begründet worden sei, aber nicht in welcher Weise, versperrt dem Berufungsgericht die inhaltliche Überprüfung (*Jacob*, VBlBW 1997, 41, 45; *Schmitt*, DVBl 1964, 465, 469). Gegebenenfalls muss der Beteiligte einen entsprechenden Antrag auf Berichtigung oder Ergänzung des Protokolls stellen (BVerwGE 21, 174, 175). Soweit es für zulässig angesehen wird, die Ablehnungsgründe in der mündlichen Verhandlung mündlich mitzuteilen (BayVGH, Beschl. v. 11.08.1989 – Nr. 19 CZ 89.30977 und 89.30803), ersetzt dies nicht die Protokollierung. Andererseits entspricht die zusätzliche mündliche Erörterung der Ablehnungsgründe der prozessualen Pflicht des Gerichts (§ 104 Abs. 1 VwGO) sowie dem Anspruch auf Gewährung rechtlichen Gehörs. Erst die verständliche Begründung versetzt den Beteiligten in die Lage, sein weiteres Prozessverhalten auf die durch die Ablehnung des Beweisantrags entstandene Prozesssituation einzustellen. Das Verwaltungsgericht muss sich an der die Ablehnung tragenden Begründung im Rechtsmittelverfahren festhalten lassen, sodass aus diesem Grund die Begründung selbst als »wesentlicher Vorgang« (§ 160 Abs. 2 ZPO) in das Protokoll aufzunehmen ist (OVG NW, NVwZ-Beil. 1995, 59, 60; *Jacob*, VBlBW 1997, 41, 45). 87

Wird eine in der mündlichen Verhandlung prozessordnungswidrig begründete Ablehnung eines Beweisantrags in den schriftlichen Entscheidungsgründen durch eine prozessordnungsgemäße Begründung ersetzt, ist eine Gehörsrüge nach der obergerichtlichen Rechtsprechung nur schlüssig erhoben, wenn der Rechtsmittelführer darlegt, wie er sich auf die ihm erst durch das Urteil bekannt gewordenen prozessordnungsgemäßen Ablehnungsgründe erklärt hätte, wenn sein in der mündlichen Verhandlung gestellter Beweisantrag vorab mit der im Urteil gegebenen Begründung abgelehnt worden wäre (OVG NW, AuAS 2002, 212, 213). Diese Rechtsprechung überspannt nicht nur in unzulässiger Weise die Darlegungsanforderungen, sondern verkennt auch, dass es bei der Behandlung eines Beweisantrags – wie aus § 86 Abs. 2 VwGO folgt – für die Wahrung des rechtlichen Gehörs auf die gerichtliche Verfahrensweise in der mündlichen Verhandlung ankommt. 88

Im Zulassungsantrag sind die Tatsachen darzulegen, welche die Fehlerhaftigkeit des Ablehnungsbeschlusses ergeben. Wird der in prozessual zulässiger Weise gestellte Beweisantrag prozessordnungswidrig abgelehnt, reicht es im Rahmen der Darlegung der Gehörsrüge aus, dass in der gebotenen Weise unter Aufbereitung des Prozessstoffs der Verfahrensverstoß dargelegt und dabei vor allem auch die Entscheidungserheblichkeit 89 der unter Beweis gestellten Tatsachen erläutert wird (VGH BW, AuAS 1994, 56). Ein Gehörsverstoß ist gegeben, wenn die Ablehnung eines prozessual zulässigen Beweisantrags im Prozessrecht schlechthin keine Stütze mehr findet, d.h. wenn aus den von dem Verwaltungsgericht genannten Gründen ein Beweisantrag überhaupt nicht abgelehnt werden kann, wenn das Gericht den erkennbaren Sinn des Beweisantrags nicht erfasst hat oder wenn die vom Verwaltungsgericht gegebene Begründung offenkundig unrichtig oder unhaltbar ist (Hess. VGH, Beschl. v. 26.03.1004 – 5 ZU 2892/02.A, mit Hinweis auf BVerfG, NJW 2003, 115).

90 Ein formell und inhaltlich nach den einfachgesetzlichen Prozessgrundsätzen zulässiger Beweisantrag darf vom Gericht nur abgelehnt werden, wenn das von einem Beteiligten angebotene *Beweismittel* schlechterdings *untauglich* ist, es nach der insoweit maßgebenden Rechtsansicht des Verwaltungsgerichts (Rdn. 91) auf die *Beweistatsache nicht ankommt* oder sie *als wahr unterstellt* wird (BVerwG, InfAuslR 1983, 185 = DÖV 1983, 647 = BayVBl. 1983, 507; BVerwG, EZAR 610 Nr. 32; VGH BW, Beschl. v. 13.12.1990 – A 14 S 408/89). Zwar sind diese *enumerativen Ablehnungsgründe* insbesondere im Zusammenhang mit dem Zeugenbeweis entwickelt worden. Sie werden aber auch mit Blick auf die anderen Beweismittel angewandt (vgl. BVerwG, InfAusl 1983, 253; BVerfG [Kammer], InfAuslR 1990, 161; BVerfG [Kammer], InfAuslR 1990, 199). Die Nichtberücksichtigung eines aus Sicht des Verwaltungsgerichts erheblichen Beweisantrags verstößt gegen Art. 103 Abs. 1 GG, wenn sie *im Prozessrecht keine Stütze* findet. Das ist der Fall, wenn wegen Fehlens der genannten Voraussetzungen ein Beweisantrag nicht abgelehnt werden darf, das Gericht den ohne Weiteres erkennbaren Sinn des Beweisantrags nicht erkennt oder die gegebene Begründung hierfür offenkundig unrichtig oder unhaltbar ist (VGH BW, AuAS 1997, 127, 128). Im Ergebnis können die unterschiedlichen *Beweisablehnungsgründe* in *zwei Kategorien* eingeteilt werden: Nach den Prozessgrundsätzen können Beweisanträge einerseits abgelehnt werden, wenn es auf die *Beweistatsache nicht ankommt* oder sie *als wahr unterstellt* wird. In beiden Fällen handelt es sich um die Ablehnung wegen *Entscheidungsunerheblichkeit* des Beweisthemas. Andererseits kann der Beweisantrag abgelehnt werden, wenn das angebotene Beweismittel zur Aufklärung des Sachverhalts *untauglich* ist. Allerdings ist das Gericht von vornherein nicht verpflichtet, sachlich auf den Beweisantrag einzugehen, wenn er nicht den formellen Voraussetzungen genügt oder nicht hinreichend substanziiert ist.

2. Ablehnungsgrund der entscheidungsunerheblichen Beweistatsache

91 Das Verwaltungsgericht kann den Beweisantrag ablehnen, wenn es nach seiner materiell-rechtlichen Auffassung auf die unter Beweis gestellte Tatsache nicht ankommt (BVerfG [Kammer], NVwZ-Beil. 1998, 1, 2; BVerwG, InfAuslR 1983, 185 = DÖV 1983, 647 = BayVBl. 1983, 507; BVerwG, EZAR 610 Nr. 3; OVG Hamburg, AuAS 1993, 199, 200; VGH BW, EZAR 633 Nr. 15; VGH BW, AuAS 1994, 56, 57; *Jacob*, VBlBW 1997, 41, 46; *Schmitt*, DVBl 1964, 465, 467; *Dahm*, ZAR 2002, 348, 349). Die Frage der *entscheidungserheblichen* Beweistatsache beurteilt sich dabei selbst dann nach der *materiell-rechtlichen Ansicht des Gerichts*, wenn diese Ansicht rechtlich bedenklich erscheinen sollte (BVerwG,

Beschl. v. 25.05.1981 – BVerwG 9 B 83.80; VGH BW, Beschl. v. 13.12.1990 – A 14 S 408/89). Der Anspruch auf rechtliches Gehör bezieht sich von vornherein nur auf entscheidungserhebliche Feststellungen und gewährt kein Recht auf Anhörung zu oder Kenntnisnahme von für die Entscheidung des Rechtsstreits unerheblichen Tatsachen (VGH BW, EZAR 633 Nr. 5). Dies trifft aber nicht auf Tatsachen zu, die im Fall ihres Beweises geeignet sind, auf die Bildung der richterlichen Überzeugung Einfluss auszuüben. Der Beweisantrag, der auf die Feststellung einer unerheblichen Tatsache zielt, kann also abgelehnt werden, ohne dass darin eine unzulässige Vorwegnahme eines erst zu erhebenden Beweises (s. aber BVerwG, NVwZ-Beil. 1998, 57; VGH BW, AuAS 1994, 56, 57) zu sehen wäre. Das Gericht muss aber die Bedeutungslosigkeit der Beweistatsache, sofern sie nicht offenkundig ist, dartun (*Leipold*, in: Stein-Jonas, ZPO, § 284 74). Beim *Sachverständigenbeweis* bereitet die Entscheidungserheblichkeit der Beweistatsache im Blick auf die allgemeinen Verhältnisse in aller Regel keine Probleme. Hier stellt sich eher die Frage, ob die unter Beweis gestellte und entscheidungserhebliche Frage nicht bereits erwiesen oder widerlegt ist. Besondere prozessuale Probleme bereiten hierbei auch die Anforderungen an die Darlegung zur Beantragung eines (weiteren) Sachverständigengutachtens (Rdn. 123 ff.).

Es ist regelmäßig unzulässig, dass das Gericht dem Beweismittel von vornher- 92 ein jede Entscheidungserheblichkeit mit der Begründung abspricht, es sei bereits vom Gegenteil der unter Beweis gestellten Tatsache überzeugt (BVerfG [Kammer], NVwZ-Beil. 1999, 51, 52; BVerwG, 1983, 185; EZAR 610 Nr. 32; Hess. VGH, AuAS 1993, 200, 201; VGH BW, AuAS 1995, 56; VGH BW, AuAS 1998, 189, 190; Rdn. 100 ff.) oder das angebotene Beweismittel könnte keine gesicherten Erkenntnisse zur Beweisfrage liefern (BVerwG, NVwZ-Beil. 1998, 517). Mit einer derartigen Begründung verletzt das Gericht das *Verbot der Beweisantizipation.* Gegen dieses Verbot kann das Gericht auch dadurch verstoßen, dass es den Beweisantrag mit der Begründung ablehnt, der Beweisführer habe die unter Beweis gestellte Tatsache *nicht glaubhaft gemacht* (so auch VGH BW, AuAS 1998, 189). Damit bringt das Gericht im Ergebnis zum Ausdruck, dass noch ausstehende Beweiserhebungen seine Überzeugung nicht mehr erschüttern können. Der geltend gemachte Anspruch greift durch, wenn die drohende Verfolgung glaubhaft gemacht wird. Glaubhaftmachung ist für die anspruchsbegründenden Tatsachen, nicht aber für den Beweisantritt zu fordern. Um die für die Sachentscheidung erforderliche Beweisführung im Sinne der Glaubhaftmachung erreichen zu können, stellt der Beteiligte den Beweisantrag. Verlangt das Gericht demgegenüber bereits die Glaubhaftmachung des Beweisthemas, gibt es zu erkennen, dass es bereits von der fehlenden Verfolgung überzeugt ist. Zwar muss ein Beweisantrag je nach Art des Beweismittels unterschiedlich konkretisiert werden. Er setzt aber keine glaubhaft gemachte Beweistatsache voraus (*Alsberg/Nüse/Meyer*, Der Beweisantrag im Strafprozeß, S. 415 m. N.). Vielmehr muss das Gericht, auch wenn es vom Gegenteil der behaupteten Tatsache bereits überzeugt ist, mit Blick auf eine aus seiner Sicht entscheidungserhebliche Beweistatsache Beweis erheben (BVerwG, InfAuslR 1983, 185; BVerwG, NJW 1984, 2962, BVerwG, NVwZ 1987, 405; BGH, LM § 86 [E] ZPO Nrn. 1 u. 11). Gerade im Zusammenhang mit der beantragten

Beweiserhebung wegen psychischer Erkrankungen verletzen die Verwaltungsgerichte häufig diese prozessualen Mindestgrundsätze (Rdn. 165 ff.)

93 Allgemein geht die Rechtsprechung unter Bezugnahme auf die Rechtsprechung des BVerwG davon aus, dass das Recht auf rechtliches Gehör den Beteiligten nicht gegen eine seiner Ansicht nach *sachlich unrichtige Ablehnung* des Beweisantrags schützt (BVerwG, NJW 1988, 722, 723; Hess. VGH, Hess. VGRspr. 1997, 649, 652 = JMBl. Hessen 1997, 649 = AuAS 1997, 163 = DVBl 1997, 918 [nur LS]; VGH BW, VBlBW 1995, 152, 153; VGH BW, Beschl. v. 06.08.1997 – A 12 S 213/97; VGH BW, NVwZ-Beil. 1998, 110; OVG Rh-Pf, Beschl. v. 15.08.1995 – 11 A 11801/94.OVG; Hess. VGH, Beschl. v. 13.11.1996 – 10 UZ 1785/96.A; Hess. VGH, AuAS 2006, 249, 250; *Dahm*, NVwZ 2000, 1385). Dies stellt keinen selbständigen Ablehnungsgrund dar, der die Ablehnung des Beweisantrags tragen könnte. Vielmehr erfolgt die Zurückweisung des Antrags aus Gründen der Beweiswürdigung, auch wenn diese im Einzelfall unzutreffend sein sollte. Denn der Grundsatz des rechtlichen Gehörs schützt nicht vor jeder sachlich unrichtigen Behandlung des Beweisantrags (Hess. VGH, AuAS 2006, 249, 250). Vielmehr trägt diese Rechtsprechung dem prozessualen Grundsatz Rechnung, dass Fehler bei der Tatsachenfeststellung und Beweiswürdigung nicht mit der Gehörsrüge angegriffen werden können (Nieders. OVG, Beschl. v. 31.01.1997 – 12 L 680/97; Hess. VGH, AuAS 2006, 249, 250), sondern nur die »*verfahrensfehlerhafte*«, mithin die an äußeren Umständen aufzuzeigende Art und Weise der Erkenntnisgewinnung, die im Prozessrecht »keine Stütze mehr findet« (OVG Hamburg, NVwZ-Beil. 1998, 44, 45 = AuAS 1998, 115). Der Einwand, die sachlich unrichtige Ablehnung des Beweisantrags verletze nicht das Gehör der Beteiligten, bedeutet lediglich, dass durch eine derart begründete Ablehnung des Beweisantrags das rechtliche Gehör des Beteiligten nicht verletzt wird.

94 Das BVerwG verweist zur Begründung seiner Auffassung, dass der Anspruch auf rechtliches Gehör nicht vor einer sachlich unrichtigen Ablehnung eines Beweisantrags schützt (BVerwG, NJW 1988, 722, 723), auf seine Rechtsprechung, wonach das Recht auf Gehör nicht verletzt werde, wenn das Gericht sich nicht mit jedem Vorbringen des Beteiligten auseinandersetze (BVerwG, Buchholz 237.4 § 35 HmbBG Nr. 1 = 310 § 108 VwGO Nr. 87 [LS], weil dieses Recht keinen Schutz gegen Entscheidungen gewähre, die den Vortrag eines Beteiligten aus Gründen des formellen oder materiellen Rechts ganz oder teilweise außer Betracht lasse (BVerwG, Buchholz 427.207 § 1 FeststellungsDV Nr. 49 = 310 § 108 VwGO Nr. 137 [LS]. Damit ist klargestellt, dass *entscheidungserhebliches Vorbringen* eines Beteiligten stets zu berücksichtigen und hierauf beruhenden Beweisanträgen nachzugehen ist. Wird mit der Ablehnung des Beweisantrags entscheidungserhebliches Vorbringen übergangen, ist diese nicht nur sachlich unrichtig, sondern verletzt darüber hinaus auch das rechtliche Gehör des Beteiligten (so wohl auch BVerwG, InfAuslR 2001, 466, 470; VGH BW, NVwZ-Beil. 1998, 110; OVG Rh-Pf, Beschl. v. 11.11.1993 – 11 A 11795/93.OVG; s. auch Hess. VGH, EZAR 633 Nr. 41).

95 Zwar kann nach der Rechtsprechung des BVerfG mit der Behauptung, die richterlichen Tatsachenfeststellungen seien falsch oder der Richter habe einem tatsächlichen

Umstand nicht die richtige Bedeutung für weitere tatsächliche oder rechtliche Folgerungen beigemessen, grundsätzlich kein Gehörsverstoß geltend gemacht werden (BVerfGE 22, 267, 273). Damit weist das BVerfG lediglich die Kompetenz zur Feststellung der Entscheidungserheblichkeit dem Fachgericht zu. Wertet dieses anders als der Beteiligte sein Vorbringen nicht als entscheidungserheblich, wird dessen Anspruch auf rechtliches Gehör nicht verletzt. Ob das vom Beteiligten als entscheidungserheblich gewertete Vorbringen nicht erheblich ist, kann aber erst nach Durchführung der Beweisaufnahme entschieden werden. Es handelt sich damit beim Einwand der lediglich sachlich unrichtigen Ablehnung des Beweisantrags um einen Unterfall der entscheidungsunerheblichen Beweistatsache.

3. Wahrunterstellung der Beweistatsache

Die Wahrunterstellung wird im Verwaltungsprozessrecht abweichend vom Strafprozess behandelt. Hierbei unterstellt das Gericht die unter Beweis gestellte Tatsache als wahr. Auch im vom Untersuchungsgrundsatz beherrschten Verwaltungsprozess kann von einer Beweiserhebung unter dem Gesichtspunkt der Wahrunterstellung abgesehen werden, wenn das Gericht zugunsten eines Beteiligten den von diesem behaupteten Sachvortrag *ohne jede inhaltliche Einschränkung* als richtig annimmt, die unter Beweis gestellte Tatsache also in ihrem mit dem Parteivorbringen gemeinten Sinne so behandelt, als wäre sie nachgewiesen (BVerwGE 77, 150, 155 = EZAR 205 Nr. 5 = InfAuslR 1987, 223 = NVwZ 1988, 812; BVerwG, Buchholz 402.25 § 1 AsylVfG Nr. 66 und Nr. 122; BVerwG, EZAR 630 Nr. 27; BVerfG [Kammer], NVwZ-Beil. 1999, 51, 52; offengelassen BVerfG [Kammer], EZAR 224 Nr. 22; BVerfG [Kammer], AuAS 1997, 6, 7; VerfGH Berlin, InfAuslR 2002, 151, 152). Abweichend hiervon darf das Gericht nach § 244 Abs. 3 Satz 2 StPO bei einer der Entlastung des Angeklagten dienenden entscheidungserheblichen Tatsache, die es durch eine Beweisaufnahme (in dem nach den konkreten Umständen gebotenen Umfang) für nicht widerlegbar erachtet und von der es aufgrund der sonstigen Beweislage (*non liquet*) nach dem Grundsatz im Zweifel für den Angeklagten bei der Beweiswürdigung ausgehen müsste, von der Wahrunterstellung Gebrauch machen (BVerwGE 77, 150, 156 = EZAR 205 Nr. 5 = InfAuslR 1987, 223 = NVwZ 1988, 812; Basdorf, StV 1995, 310, 319). Wird im Verwaltungsprozess die Beweiserhebung wegen Wahrunterstellung abgelehnt, handelt es sich regelmäßig um Tatsachen, deren Wahrunterstellung am Ergebnis des Rechtstreits nichts ändert. Auf eine Beweiserhebung wird also wegen der *Unerheblichkeit der Beweistatsache* verzichtet, welche durch die Wahrunterstellung sozusagen experimentell erwiesen wird (BVerwGE 77, 150, 157 = EZAR 205 Nr. 5 = InfAuslR 1987, 223 = NVwZ 1988, 812; BVerwG, InfAuslR 1989, 135, 136; in diesem Sinne auch VGH BW, AuAS 1994, 56, 57). Da es hinsichtlich der Entscheidungserheblichkeit auf die Rechtsansicht des Gerichts ankommt (Rdn. 91), wird bei einer Ablehnung wegen Wahrunterstellung die rechtliche Tendenz des Gerichts deutlich, sodass der Beweisführer sein weiteres prozessuales Verhalten hierauf einstellen kann. 96

Eine derartige Wahrunterstellung einer entscheidungs*erheblichen* Tatsache – also gerade die eigentliche Wahrunterstellung – kommt im Verwaltungsprozess regelmäßig nicht in 97

Betracht (BVerfG [Kammer], NVwZ-Beil. 1999, 51, 52; BVerwGE 77, 150, 156 f. = EZAR 205 Nr. 5 = InfAuslR 1987, 223 = NVwZ 1988, 812; BVerwG, EZAR 630 Nr. 27; *Jacob*, VBlBW 1997, 41, 46; a.A. Hess. VGH, InfAuslR 1987, 130, 131; *Schmitt*, DVBl 1964, 465, 468; *Ventzke*, InfAuslR 1987, 132; *Dahm*, ZAR 2002, 348, 350). Im Zivilprozess werden als wahr unterstellte Tatsachen ebenfalls als nicht beweiserhebliche Tatsachen behandelt, also als Tatsachen, deren Wahrheit dahingestellt bleiben kann (*Leipold*, in: Stein-Jonas, ZPO, § 284 79). Nach der früher vertretenen Gegenmeinung war § 244 Abs. 3 Satz 2 StPO im vollen Umfang auch im Verwaltungsprozess anzuwenden und durfte die Wahrunterstellung einer Beweistatsache nur zugelassen werden, wenn sie wie eine als erheblich erkannte Behauptung und erwiesene Tatsache behandelt werde (Hess. VGH, InfAuslR 1987, 130, 131). Unerhebliche Tatsachen dürften nicht als wahr unterstellt werden, weil der Beweisführer ein berechtigtes Interesse daran haben könnte, zu wissen, ob ein weiterer Beweisantrag in derselben Richtung ebenso Erfolg haben könnte oder nicht (*Schmitt*, DVBl 1964, 465, 468). § 86 Abs. 1, § 108 Abs. 1 VwGO erlaubt es aber nicht, *entscheidungserhebliche Tatsachen* als wahr zu unterstellen und damit offen zu lassen, ob sie vorhanden sind oder nicht. Davon zu unterscheiden ist das *Dahinstehenlassen von behaupteten Tatsachen*, weil sie – selbst wenn sie vorliegen – für den Ausgang des Verfahrens ohne Bedeutung wären. Bei diesem prozessualen Vorgehen handele es sich um den zulässigen *Verzicht auf Tatsachenermittlung wegen rechtlicher Unerheblichkeit der Tatsache* (VGH BW, Beschl. v. 06.08.1997 – A 12 S 213/97).

98 Das Verwaltungsgericht hat jedoch die *Bindungswirkung der Wahrunterstellung* zu beachten: Lehnt es etwa den Beweisantrag, mit dem der Verfolgungstatbestand unter Beweis gestellt werden soll, mit der Begründung ab, die unter Beweis gestellte Tatsache könnte als wahr unterstellt werden, wird das rechtliche Gehör des Beweisführers verletzt, wenn es im Urteil feststellt, der Verfolgungstatbestand sei nicht glaubhaft gemacht, weil das Vorbringen in dem als wahr unterstellten Gesichtspunkt durch Widersprüche und Steigerungen gekennzeichnet und damit unglaubhaft sei. Damit entzieht das Gericht der Beweisantragsablehnung nachträglich die Grundlage (BVerfG [Kammer], AuAS 1997, 6, 7; BVerfG [Kammer], NVwZ-Beil. 1999, 51, 52; Thür. OVG, AuAS 1997, 6, 7). Mit dieser Begründung wählt das Gericht im Ergebnis für die Ablehnung eine Begründung, die im Prozessrecht nicht vorgesehen ist, nämlich eine Wahrunterstellung ohne Bindungswirkung für das Gericht. Die darin zum Ausdruck kommende fehlende Berücksichtigung eines entscheidungserheblichen Beweisangebots verletzt Art. 103 Abs. 1 GG (BVerfG [Kammer], AuAS 1997, 6, 7; BVerfG [Kammer], NVwZ-Beil. 1999, 51, 52). Ebenso liegt es, wenn das Verwaltungsgericht den Beweisantrag auf Zeugenvernehmung mit der Begründung ablehnt, dass der Inhalt einer von dem Zeugen vorgelegten eidesstattlichen Erklärung, wonach dem Beweisführer im Herkunftsland Verfolgung droht, als wahr unterstellt, in den Entscheidungsgründen auf den Inhalt dieser Erklärung indes mit keinem Wort eingeht (Hess. VGH, NVwZ-Beil. 1995, 72). Die Bindungswirkung bezieht sich aber nur auf den *tatsächlichen Gegenstand* der Wahrunterstellung, nicht aber auf weitere *wertende Folgerungen*, die das Verwaltungsgericht aufgrund der als wahr unterstellten Tatsache zieht. Das Recht auf rechtliches Gehör sichert keine bestimmte rechtliche

oder tatsächliche Wertung der als wahr unterstellten Tatsache (Hess. VGH, Beschl. v. 26.01.2001 – 11 ZU 3816/00.A). Erforderlichenfalls ist ein weiterer Beweisantrag zu stellen, mit dem Tatsachen unter Beweis gestellt werden, die geeignet sind, die nach Einschätzung des Beweisführers möglichen gerichtlichen Schlussfolgerungen, infrage zu stellen.

Das Verwaltungsgericht kann die Beweiserhebung ablehnen, weil es wegen fehlender 99
Glaubhaftigkeit der Angaben des Asylklägers auf die unter Beweis gestellte Tatsache nicht ankommt (VGH BW, AuAS 1994, 56, 57; vgl. auch VGH BW, EZAR 633 Nr. 15; Rdn. 92). Die zur Annahme der fehlenden Glaubhaftigkeit herangezogenen Gründe müssen jedoch den Kern des Verfolgungsvortrags betreffen (Rdn. 78). Die festgestellten Widersprüche im Sachvorbringen müssen derart unauflösbar sein, dass sie auch durch die angebotene Beweiserhebung nicht ausgeräumt werden können (VGH BW, AuAS 1994, 56, 57). Sollen also durch die Beweiserhebung tatsächliche Umstände aufgeklärt werden, auf die sich die gerichtlichen Zweifel an der Glaubhaftigkeit des Sachvorbringens beziehen, ist diesen stets durch die Beweisaufnahme nachzugehen (BVerfG [Kammer], InfAuslR 1990, 199, 202). Die Ablehnung des Beweisantrags mit der Begründung, die unter Beweis gestellten Tatsachen seien für die Entscheidung unerheblich, verletzt das Recht auf rechtliches Gehör, wenn das Gericht in den Entscheidungsgründen die Beweistatsachen als entscheidungserheblich, aber unglaubhaft erachtet. Mit dieser Begründung setzt das Gericht sich über die aus der Beweisablehnung wegen Unerheblichkeit folgenden Bindung hinweg und entzieht es damit nachträglich der Ablehnung des Beweisantrags die Grundlage (OVG NW, AuAS 2002, 212, 213).

4. Bereits erwiesene Beweistatsache

Ein Beweisantrag kann abgelehnt werden, wenn die unter Beweis gestellte *Tatsache bereits erwiesen* ist (BVerfG [Kammer], InfAuslR 1992, 63, 65; Hess.VGH, AuAS 1993, 201, 202; Hess. VGH, NVwZ-RR 1996, 128; *Dahm*, ZAR 2002, 348, 349; *Leipold*, in: Stein-Jonas, ZPO, § 284 77; *Schmitt*, DVBl 1964, 465, 467; *Jacob*, VBlBW 1997, 41, 47 f.; Rdn. 92). Es darf aber nicht der endgültigen Beweiswürdigung vorgegriffen werden. Daher ist die Ablehnung der beantragten Beweisaufnahme nur zulässig, wenn es bei der Entscheidung über den Beweisantrag ausgeschlossen erscheint, dass nach Abschluss der gesamten Beweisaufnahme doch noch Zweifel an der unter Beweis gestellten Tatsache entstehen (*Leipold*, in: Stein-Jonas, ZPO, § 284 77). Es müssen *eindeutige Anhaltspunkte* dafür bestehen, dass zulässigerweise vom *bereits erbrachten und unerschütterlichen Beweis des Gegenteils* ausgegangen werden darf (BVerfG [Kammer], InfAuslR 1992, 63, 65). Das Gericht darf den Antrag hingegen nicht mit der Begründung abgelehnen, es sei vom Gegenteil der unter Beweis gestellten Tatsache bereits überzeugt, die Beweisbehauptung sei unwahrscheinlich, durch das Ergebnis der bisherigen Feststellungen oder Beweiserhebungen widerlegt oder der Beweis werde voraussichtlich nicht gelingen oder nichts Sachdienliches ergeben (*Schmitt*, DVBl 1964, 465, 467). Damit wird in Wahrheit das Ergebnis der Beweiswürdigung vorweggenommen (*Schmitt*, DVBl 1964, 465, 467); *Leipold*, in: Stein-Jonas, ZPO, § 284 78). Die *Führung des Gegenbeweises* gegen die als bewiesen angesehene Tatsache

100

muss stets zulässig sein (BGH, NJW 1970, 946, 950). Wird die unter Beweis gestellte Tatsache als erwiesen behandelt, ist diese damit für das Urteil *bindend* (BGH, NStZ 1989, 83). Das Gericht darf sich im Urteil zu ihr nicht in Widerspruch setzen. Vielmehr hat es die Tatsache in ihrer vollen, aus Sinn und Zweck sich ergebenden Bedeutung unverändert als erwiesen zu behandeln (Rdn. 96) und darf sie nicht in unzulässiger Weise einengen. Maßgebend ist nicht der Wortlaut des Antrags, sondern dessen Sinn und Zweck, wie er sich aus dem gesamten Sachvorbringen des Beweisführers ergibt (BGH, NStZ 1989, 83).

101 Das Gegenteil der bereits bewiesenen Tatsache betrifft den Fall der *bereits widerlegten Beweistatsache.* Rechtsprechung und Schrifttum behandeln diesen Fall hingegen darüber hinaus auch unter dem Gesichtspunkt der *Offenkundigkeit der Beweistatsachen* nach § 244 Abs. 4 Satz 2 Halbs. 1 StPO (Hess. VGH, AuAS 1993, 200, 202; *Jacob*, VBlBW 1997, 41, 48; *Schmitt*, DVBl 1964, 465, 467). Das Problem der bereits bewiesenen wie auch der bereits anderweitig belegten oder widerlegten Beweistatsache hat im Asylprozess beim *Sachverständigenbeweis* vorrangige Bedeutung. Dabei geht es vor allem um die Frage, ob und unter welchen Voraussetzungen Beweis durch Sachverständigengutachten zu führen ist (Rdn. 130 ff.). Die Ablehnung des Beweisantrags kommt im Hinblick auf die Schwierigkeiten, verlässliche sowie vollständige Erkenntnisse über die Verhältnisse im Herkunftsland zu gewinnen und in Anbetracht der möglichen Veränderungen der dortigen politischen Situation nur dann in Betracht, wenn das vorliegende Erkenntnismaterial bei kritischer Würdigung bereits eine *abschließende und zuverlässige Bewertung* der erheblichen Umstände ermöglicht (Hess. VGH, NVwZ-RR 1996, 128, unter Hinweis auf Hess. VGH, AuAS 1993, 200, 202; s. hierzu auch BVerfG [Kammer], InfAuslR 1992, 63, 65). Nur bei einer *klaren*, auf *mehrere Erkenntnisquellen* gestützten Auskunftslage kann davon ausgegangen werden, durch frühere Erkenntnisquellen sei das Gegenteil der behaupteten Tatsache bereits erwiesen. Das ist aber nicht mehr zulässig, wenn durch aktuelle Berichte das bisher von den Erkenntnisquellen vermittelte Bild in Zweifel gezogen wird (Hess. VGH, AuAS 1993, 200, 202). Im Asylprozess regelmäßig zu bewertende mögliche Veränderungen der politischen und sonstigen relevanten Verhältnisse in den Herkunftsländern erfordern mithin eine *zurückhaltende Anwendung* dieses Ablehnungsgrundes.

102 Soweit in der Literatur als Grenze der beantragten Beweisaufnahme die *völlige Ungeeignetheit des Beweismittels* genannt wird (*Schmitt*, DVBl 1964, 465, 467; *Leipold*, in: Stein-Jonas, ZPO, § 284 78), überzeugt dies nicht. Zwar wird der Ablehnungsgrund der bereits bewiesenen Beweistatsache allgemein als besondere Kategorie behandelt. Im Ergebnis handelt es sich aber auch in diesem Fall um die Ablehnung des Beweisantrags wegen Entscheidungsunerheblichkeit der Beweistatsache, da das Gericht die unter Beweis gestellte Tatsache bereits für bewiesen ansieht, eine weitere Beweiserhebung also nicht zur Feststellung weiterer erheblicher Tatsachen führen kann. So wird die Wahrunterstellung deshalb für zulässig erachtet, weil die behauptete Tatsache damit in ihrem mit dem Parteivorbringen gemeinten Sinne so behandelt wird, als wäre sie *nachgewiesen* (BVerwGE 77, 150, 155 = EZAR 205 Nr. 5 = InfAuslR 1987, 223 = NVwZ 1988, 812; BVerwG, Buchholz 402.25 § 1 AsylVfG Nr. 66 und Nr. 122; BVerwG, EZAR 630 Nr. 27; Rdn. 96 f.), d.h. der fiktiv unterstellte Nachweis der

Tatsache wird als Fall der entscheidungsunerheblichen Beweistatsache behandelt. Während die bereits bewiesene Tatsache die Beweistatsache betrifft, bezieht der Einwand der Untauglichkeit sich auf das Beweismittel. Daher gewinnt im Asylprozess der Ablehnungsgrund der bereits bewiesenen Tatsache vorrangig beim Sachverständigenbeweis eine Bedeutung (so wohl auch *Jacob*, VBlBW 1997, 41, 47 f.; Rdn. 132 f.). Jedoch kann dieser Ablehnungsgrund auch beim *Zeugenbeweis* Bedeutung gewinnen (BGH, NStZ 1989, 83). Grundsätzlich ist die Ablehnung des Zeugenbeweises mit der Begründung, das Gericht sei vom Gegenteil der unter Beweis gestellten Tatsache bereits überzeugt, jedoch unzulässig. Denn damit wird zum Ausdruck gebracht, dass noch ausstehende Bekundungen die bereits feststehende Überzeugung des Gerichts nicht mehr erschüttern können. (BVerwG, MDR 1983, 869, 870 = DÖV 1983, 647 = BayVBl. 1983, 507 = InfAuslR 1983, 185, 607ff.; Rdn. 189) und wird damit dem *Verbot der Beweisantizipation* zuwider gehandelt.

5. Beweisablehnung wegen Untauglichkeit des Beweismittels

Der Beweisantrag kann abgelehnt werden, wenn sich die Zwecklosigkeit des Beweises aus der *völligen Ungeeignetheit des Beweismittels* ergibt. Der Richter muss keine Beweise erheben, deren Gelingen aufgrund völliger Ungeeignetheit des angebotenen Beweismittels von vornherein ausgeschlossen erscheint (BGHSt 14, 339, 342; BGH, MDR 1973, 372; *Schmitt*, DVBl 1964, 465, 468; *Jacob*, VBlBW 1997, 41, 46; *Dahm*, ZAR 2002, 348, 352 f.). In der Praxis werden *Untauglichkeit* und völlige *Ungeeignetheit* des Beweismittels häufig gleichgesetzt. Unter dem prozessualen Gesichtspunkt der *Untauglichkeit* darf nur unter *eng begrenzten Umständen in besonders gelagerten Ausnahmefällen* von einer Beweiserhebung abgesehen werden, etwa dann, wenn ein Gegenbeweis durch den Zeugen (Rdn. 191 ff.) deshalb ausgeschlossen ist, weil dessen Beweiskraft in jedem Fall schwächer wäre. Dies betrifft den Fall, in dem der Zeuge Bekundungen zum eigenen Lebensbereich des Asylklägers machen soll, zu dem dieser selbst keine hinreichenden Angaben gemacht hat (BVerwG, InfAuslR 1983, 185, 186). 103

Untauglichkeit setzt voraus, dass eine Beweisaufnahme zur Sachaufklärung ungeeignet ist. Daher ist zwischen *unmittelbarem* und *mittelbarem (indirektem) Beweis* (*Indizienbeweis*) zu unterscheiden. Der unmittelbare Beweis hat tatsächliche Behauptungen zum Gegenstand, die unmittelbar und direkt ein gesetzliches Tatbestandsmerkmal als vorhanden ergeben sollen. Beweistatsachen sind solche, die im Fall ihres Beweises geeignet sind, auf die richterliche Überzeugungsbildung Einfluss zu nehmen, also solche, die für die zur Prozessentscheidung maßgebenden Rechtssätze innerhalb der Prozessanträge unmittelbar oder als Indizien (mittelbar erhebliche Tatsachen) oder für solche Rechtsfragen Bedeutung haben, auf die der Beweisführer sich berufen kann (*Leipold*, in: Stein-Jonas, ZPO, § 284 73; *Schmitt*, DVBl 1964, 465, 467). Der unmittelbare Beweis hat tatsächliche Behauptungen zum Gegenstand, die unmittelbar und direkt ein gesetzliches Tatbestandsmerkmal ausfüllen. Dagegen bezieht der Indizienbeweis sich auf *tatbestandsfremde Tatsachen*, die erst durch ihr Zusammenwirken mit anderen Tatsachen den Schluss auf das Vorliegen des Tatbestandsmerkmals selbst rechtfertigen. *Hilfstatsachen* – zumeist Indiz, Indizientatsachen oder Anzeichen genannt – sind Tatsachen, aus denen auf andere erhebliche Tatsachen geschlossen wird (BGH, NJW 1970, 946, 950). Ein 104

Indizienbeweis ist überzeugungskräftig, wenn andere Schlüsse aus den Indiztatsachen ernstlich nicht in Betracht kommen. Wesentlich beim Indizienbeweis ist damit nicht die eigentliche Indiztatsache, sondern der daran anknüpfende *Denkprozess*, kraft dessen auf das Vorhandensein der rechtserheblichen weiteren Tatsachen geschlossen wird (BGH, NJW 1970, 946, 950; s. hierzu auch *Nack*, NJW 1983, 1035, 1036).

105 Ein auf Indizien gestützter Beweis ist erst dann zulässig, wenn unmittelbarer Beweis nicht möglich erscheint. Der Beweis wird jedoch abgelehnt, wenn die unter Beweis gestellte Hilfstatsache, auch wenn man deren Richtigkeit unterstellt, weder allein noch in Verbindung mit weiteren Indizien und mit dem sonstigen Sachverhalt einen hinreichend sicheren Schluss auf die zu beweisende Haupttatsache zulässt. Daher ist es zulässig, vor der Beweiserhebung die *Schlüssigkeit* des angetretenen Indizienbeweises *zu prüfen* (BGH, NJW 1982, 2447, 2448; *Leipold*, in: Stein-Jonas, ZPO, § 284 74). Weil der Richter beim Indizienbeweis freier gestellt ist als bei sonstigen Beweisanträgen, hat er insbesondere vor der Beweiserhebung zu prüfen, ob die Gesamtheit aller vorgetragenen Indizien – ihre Richtigkeit unterstellt – ihn von der Wahrheit der Haupttatsache überzeugen würde (BGH, NJW 1970, 946, 950; BGH 1982, 2447, 2448). Wie der Richter beim unmittelbaren Beweis prüft, ob die behauptete Tatsache für den Rechtsstreit entscheidungserheblich ist, muss er bei einem Indiz dessen tatsächliche, denkgesetzliche Erheblichkeit überprüfen, also seine Bedeutung für die weitere Schlussfolgerung auf die Haupttatsache (BGH, NJW 1970, 946, 950). Aber auch beim Indizienbeweis ist die Beweisablehnung mit der Begründung, das Gericht sehe das Gegenteil der behaupteten Tatsache bereits als erwiesen an (Rdn. 100 ff.), unzulässig. Die Erfahrung lehrt, dass oft ein einziger Zeuge oder ein einziges sonstiges Beweismittel eine gewonnene Überzeugung völlig erschüttern kann. Eine Ablehnung mit dieser Begründung verletzt daher das *Verbot der Beweisantizipation* (BGH, NJW 1970, 946, 950).

106 Bei der Ablehnung eines Beweisantrags wegen Ungeeignetheit des Beweismittels ist Zurückhaltung geboten, da andernfalls die Gefahr besteht, dass ein noch nicht erhobener Beweis vorweg gewürdigt wird (BVerfG [Kammer], NJW 1993, 254, 255; *Leipold*, in: Stein-Jonas, ZPO, § 284 67; *Jacob*, VBlBW 1997, 41, 46). Die Beweiserhebung darf nicht durch *Vermutungen* über das, was die Beweisaufnahme ergeben könnte, ersetzt werden. Daher darf ein Beweisantrag nicht schon allein deshalb zurückgewiesen werden, weil die aufgestellte Behauptung *unwahrscheinlich* ist oder die beantragte Beweisaufnahme aller Wahrscheinlichkeit nach erfolglos bleiben werde. Eine derartige Würdigung eines noch nicht erhobenen Beweises ist unter allen Umständen unzulässig (*Leipold*, in: Stein-Jonas, ZPO, § 284 67; *Schmitt*, DVBl 1964, 465, 468; *Jacob*, VBlBW 1997, 41, 46; *Dahm*, ZAR 2002, 348, 351). Vielmehr ist die Ablehnung nur zulässig, wenn es ausgeschlossen erscheint, dass die Beweisaufnahme irgendetwas Sachdienliches für die Bildung der richterlichen Überzeugung ergeben würde (*Leipold*, in: Stein-Jonas, ZPO, § 284 67f.).

107 Im Asylprozess zielen Beweisanträge häufig auf entscheidungserhebliche Indiztatsachen (*Ventzke*, InfAuslR 1987, 132). Beim *Zeugenbeweis* kann etwa der Aussage des Zeugen über die Festnahme und körperliche Misshandlung des Asylklägers indizielle

Antragstellung auf eine Missbrauchsabsicht schließen zu können. Daher wird im Verwaltungsprozess eine Ablehnung von Beweisanträgen aus diesem Grund nur selten möglich sein (*Jacob*, VBlBW 1997, 41, 49; *Deibel*, InfAuslR 1984, 114, 117; *Schmitt*, DVBl 1964, 465, 467). An den Ablehnungsgrund der Prozessverschleppung sind daher strenge Anforderungen zu stellen. Er liegt nur dann vor, wenn der Beweisführer ausschließlich eine Verzögerung des Verfahrensabschlusses auf unbestimmte Zeit bezweckt. Es muss nachgewiesen sein, dass er sich der Unmöglichkeit bewusst ist, durch die beantragte Beweiserhebung eine für ihn günstige Wendung des Verfahrens herbeizuführen (BGHSt 29, 149, 151). Da dieser Nachweis gerade in Asylverfahren kaum zu führen sein wird und ohnehin die Gefahr besteht, dass hierbei eine unzulässige Vorwegnahme der Beweiswürdigung vorgenommen wird, hat dieser Ablehnungsgrund im Asylprozess kaum eine praktische Bedeutung.

9. Darlegung der Gegenvorstellung im Zulassungsantrag

Soll der prozessordnungswidrig abgelehnte Beweisantrag zum Gegenstand der 112
Gehörsrüge gemacht werden, gehört unter dem prozessualen Gesichtspunkt der Aus*schöpfung aller zumutbaren Möglichkeiten* (Rdn. 77, 86; § 78 Rdn. 182 ff.) zur Darlegung grundsätzlich, dass der Beweisführer nach Ablehnung des gestellten Beweisantrags in der mündlichen Verhandlung Gegenvorstellung zu Protokoll erhoben hat. Die Darlegung der Ausschöpfung aller prozessualen Möglichkeiten soll das Rechtsmittelgericht überzeugen, dass die Instanz, die das rechtliche Gehör verletzt hat, in die Möglichkeit versetzt worden ist, nach Möglichkeit die Gehörsverletzung selbst zu beseitigen. Die Darlegungsanforderungen dürfen aber nicht überspannt werden. Im Regelfall dürfen die Beteiligten darauf vertrauen, dass das Verwaltungsgericht das Recht kennt und sich dementsprechend verhält. Hinreichend gesichert ist dieses Erfordernis in der Rechtsprechung nicht. Vielmehr wird eingewandt, dass der Beweisführer im Fall eines unbedingt gestellten Beweisantrags zur Wahrung des rechtlichen Gehörs nicht verpflichtet ist, die Ablehnung des Antrags noch in der mündlichen Verhandlung ausdrücklich als prozessordnungswidrig zu beanstanden, geschweige denn, er gehalten ist, den solchermaßen fehlerhaft abgelehnten Antrag nachzubessern, da es ja für ihn nichts nachzubessern gibt (OVG Sachsen, NVwZ-RR 2006, 741 = AuAS 2006, 129, 130 f.). Daher ist es im Blick auf Art. 103 Abs. 1 GG grundsätzlich nicht gerechtfertigt, den Erfolg der Gehörsrüge von der ausdrücklichen Erhebung der Gegenvorstellung nach Ablehnung des Beweisantrags in der mündlichen Verhandlung abhängig zu machen.

Der Verfahrensbeteiligte darf es gleichwohl zwecks Minimierung des Prozessrisikos 113
grundsätzlich nicht dabei bewenden lassen, die Ablehnung des Beweisantrags lediglich zur Kenntnis zu nehmen und abschließend die Anträge zur Sache zu stellen. Vielmehr muss er, meint er durch die Ablehnung des Beweisantrags in seinem Anspruch auf rechtliches Gehör verletzt worden zu sein, weitere prozessuale Schritte unternehmen. Dazu gehört im Rahmen der Gegenvorstellung, dass er seine Rechtsansicht zu Protokoll erklärt, aus welchen Gründen im Einzelnen er die Ablehnung der erstrebten Beweisaufnahme prozessual und materiell-rechtlich für unzutreffend erachtet. Ferner kann er die Ablehnung des Antrags zum Anlass nehmen, weitere Beweisanträge zu

stellen, Erklärungen zur Sache zu Protokoll abzugeben, weitere Beweismittel oder Erkenntnismittel vorzulegen oder den Asylkläger zu bestimmten tatsächlichen Umständen, die in der Beweisablehnung in Zweifel gezogen werden, zu befragen und die Befragung zu Protokoll zu geben. Das Gericht hat die Gegenvorstellung durch Beschluss zurückzuweisen. Eine erneute Gegenvorstellung gegen die Zurückweisung kann nur in extremen Ausnahmefällen, wenn etwa mit der Zurückweisung eine weitere Gehörsverletzung deutlich wird. Durch Unterlassen der Gegenvorstellung begibt sich der Beteiligte lediglich der Möglichkeit, auf die Prozessordnungswidrigkeit gerade des abgelehnten Beweisantrags Einfluss zu nehmen. Der Beweisführer muss den Begriff Gegenvorstellung nicht ausdrücklich verwenden. Im Zulassungsantrag, mit dem die prozessordnungswidrige Ablehnung des Beweisantrags gerügt wird, muss er aber grundsätzlich darlegen, dass er alle für ihn zumutbaren prozessualen Möglichkeiten ausgeschöpft hat, um sich noch in der das Gehör verletzenden Instanz das rechtliche Gehör zu verschaffen (§ 78 Rdn. 182 ff.). Insoweit können die Darlegungsanforderungen nicht abstrakt beschrieben werden. Vielmehr hängt es von den jeweiligen Umständen des Einzelfalls ab, was insoweit vom Beweisführer in zumutbarer Weise erwartet werden kann.

G. Sachverständigenbeweis (§ 96 Abs. 1 Satz 2 VwGO in Verb. mit §§ 402 bis 411 ZPO)

I. Funktion des Sachverständigenbeweises im Asylprozess

114 Aufgabe des Sachverständigen ist es, dem Gericht besondere Erfahrungssätze und Kenntnisse des jeweiligen Fachgebietes zu vermitteln und aufgrund von besonderen Erfahrungssätzen oder Fachkenntnissen Schlussfolgerungen aus einem feststehenden Sachverhalt zu ziehen (Hess. VGH, AuAS 1996, 141 = NVwZ-Beil. 1996, 43 = InfAuslR 1996, 186; OVG NW, AuAS 2007, 236; *Balzer*, Beweisaufnahme und Beweiswürdigung im Zivilprozess, 199; *Eisenberg*, Beweisrecht der StPO, 1500ff.; *Gusy*, NuR 1987, 156, 158; *Broß*, ZZP 1989, 413). Die *Vermittlung von Fachwissen zur Beurteilung rechtserheblicher Tatsachen* ist *typische Sachverständigenaufgabe* (BGH, NJW 1993, 1796, 1797). Im Asylprozess kommt dem Sachverständigenbeweis (§ 96 Abs. 1 VwGO) für die Sachaufklärung eine zentrale Funktion zu. Es ist typischerweise Aufgabe des Sachverständigen, zur Vorbereitung der richterlichen Gefahrenprognose sachverständige Wertungen vorzunehmen und gegebenenfalls auch subjektive Einschätzungen aufgrund von *besonderer Sachkunde* abzugeben (BVerwG, NVwZ-Beil. 2000, 99, 100 = InfAuslR 2000, 412 = EZAR 631 Nr. 51). Ermittlungen zu den allgemeinen politischen und rechtlichen Verhältnissen in den Herkunftsländern können die Gerichte in aller Regel nicht aus eigenem Sachverstand führen. Vielmehr bedienen sie sich für diese Aufgabe in aller Regel der Hilfe von Sachverständigen. Die Verhältnisse in den Herkunftsländern sind häufig ständigen Wechseln unterworfen und bedürfen weiterer Aufklärung. Das Gericht muss vor der Entscheidung stets prüfen, ob es die erforderliche Sachkunde selbst besitzt, wenn es über den beantragten Sachverständigenbeweis zu einem bestimmten Beweisthema zu entscheiden hat. Im Urteil hat es in nachvollziehbarer Weise die Gründe darzulegen, dass es dieses Fachwissen besitzt.

Während der *Sachverständige* gleichsam als *Gehilfe des Gerichts* einen grundsätzlich vom Gericht selbst festzustellenden Sachverhalt aufgrund seiner besonderen Sachkunde auf einem Sachgebiet begutachtet, werden demgegenüber die vom *Zeugen* wahrgenommenen und bekundeten Tatsachen vom Gericht bei der Feststellung des Sachverhalts berücksichtigt. Die *Feststellung des Sachverhalts*, den der Sachverständige seinem Gutachten zugrunde zu legen hat, ist grundsätzlich *Aufgabe des Gerichts*, wenn es dabei auf die Sachkunde des Gutachters nicht ankommt. *Aufgabe des Sachverständigen* ist es, dem Gericht *anhand festgestellter Tatsachen besondere Erfahrungssätze und Kenntnisse des jeweiligen Fachgebiets zu vermitteln und aufgrund von besonderen Erfahrungssätzen oder Fachkenntnissen Schlussfolgerungen aus einem feststehenden Sachverhalt zu ziehen* (BVerwGE 71, 38 = NJW 1986, 2268; Hess. VGH, NVwZ-Beil. 1996, 43 = AuAS 1996, 141 = InfAuslR 1996, 186; OVG NW, AuAS 2007, 236; OVG NW, NVwZ-RR 2008, 214, 215). Der Sachverständige bekundet im Asylprozess *nicht eigene Wahrnehmungen*, sondern *teilt seine Einschätzung vergangener, gegenwärtiger und zukünftiger Entwicklungen in einem bestimmten Herkunftsland aufgrund einer zusammenfassenden Analyse und Bewertung ihm bekannt gewordener Tatsachen mit*. Es werden keine konkreten Tatsachen in das Wissen des Sachverständigen gestellt. Vielmehr erstattet der Sachverständige sein Gutachten über das Beweisthema aufgrund von gerichtlichen Tatsachenermittlungen (BVerwG, NVwZ-Beil. 2000, 99, 100 = InfAuslR 2000, 412 = EZAR 631 Nr. 51). 115

Demgegenüber ist der *sachverständige Zeuge* ein Zeuge, der sein Wissen von bestimmten Tatsachen oder Zuständen bekundet, zu deren Wahrnehmung eine besondere Sachkunde erforderlich war und die er nur kraft dieser besonderen Sachkunde ohne Zusammenhang mit einem gerichtlichen Gutachtenauftrag wahrgenommen hat. Kennzeichnend für den sachverständigen Zeugen ist, dass er *unersetzbar* ist, da er (nur) von ihm selbst wahrgenommene Tatsachen bekundet, während ein Sachverständiger in der Regel gegen einen anderen Sachverständigen ausgetauscht werden kann (BVerwG, NVwZ-Beil. 2000, 99, 100 = InfAuslR 2000, 412; Hess. VGH, NVwZ-Beil. 1996, 43; OVG NW, AuAS 2007, 236, 237; *Schuhmann*, in: Stein-Jonas, Rn. 17 vor § 373; s. zur Abgrenzung zwischen Sachverständigen und sachverständigen Zeugen auch BGH, StV 1982, 102, 103; s. auch VGH BW, InfAuslR 1995, 84, 85 = NVwZ-Beil. 1995, 27 = EZAR 631 Nr. 36). 116

Bei der Erforschung des Sachverhalts im Asylprozess stehen zunächst die individuellen Verhältnisse und Umstände des Asylklägers im Zentrum der Ermittlungen. Insoweit dienen Erkenntnismittel zu den allgemeinen Verhältnissen im Herkunftsland des Asylklägers als Folie, um die Glaubhaftigkeit seiner Angaben überprüfen zu können. Da die allgemeinen Erkenntnismittel zur Überprüfung des individuellen Sachvorbringens aber häufig keinen hinreichenden Grad an Verlässlichkeit für die Überprüfung liefern, kann mithilfe des Sachverständigenbeweises bei fehlender Aussagekraft der Erkenntnismittel im Blick auf offen gebliebene Tatsachenfragen im individuellen Sachvortrag die Sachaufklärung gefördert werden. Die prozessuale Zulässigkeit des Beweisantrags wird anhand folgender Kriterien geprüft: 117

1. *Darlegung der Beweistatsachen* (präzise Formulierung der Beweistatsachen). 118
2. Darlegung, dass die Beweistatsachen sich auf die *allgemeinen Verhältnisse im Herkunftsland* oder auf die *spezifischen individuellen Verhältnisse des Beweisführers* beziehen. 119

120 3. Darlegung der *materiell-rechtlichen Bedeutung* der allgemeinen Verhältnisse für die Entscheidung im konkreten Verfahren.

121 4. Darlegung, dass das Verwaltungsgericht *aufgrund der vorliegenden Erkenntnisse die Beweisfrage nicht aus eigener Sachkunde beantworten kann*. Im Beweisantrag ist zunächst auf die ordnungsgemäße Einführung der Erkenntnismittel einzugehen und anschließend darzulegen, dass die Beweisfrage anhand dieser Entscheidungsgrundlagen nicht hinreichend zuverlässig beantwortet werden kann.

122 5. Darlegung, dass die vorhandenen Auskünfte, Stellungnahmen und Erkenntnismittel hinsichtlich der Beweisfrage
- wegen *unlösbarer Widersprüche oder Zweifeln an der Sachkunde oder Unparteilichkeit des Gutachters mit erkennbaren Mängeln behaftet* sind,
- wegen *unzutreffender tatsächlicher Grundlagen unverwertbar* sind oder
- wegen Veränderung der tatsächlichen Verhältnisse nicht geeignet sind, eine abschließende und zuverlässige, auf mehreren und insoweit widerspruchsfreien Erkenntnisse beruhende Bewertung sicherzustellen.

II. Einholung eines weiteren Sachverständigengutachtens

1. Prozessuale Ausgangslage

123 Das Verwaltungsgericht kann den Antrag auf Einholung eines Gutachtens ablehnen, wenn es die Beweisfrage aus *eigener Sachkunde* beantworten kann (BVerwG, InfAuslR 1999, 365 = NVwZ-Beil. 1999, 89 = AuAS 1999, 178; BVerwG, AuAS 2001, 263, 264). Daher ist vor der Beantragung des Sachverständigenbeweises stets zu prüfen, ob die Beweisfrage anhand der in anderen Verfahren eingeholten und dem Beweisführer verfügbaren Erkenntnismittel beantwortet werden kann. Deshalb sind die bereits eingeführten Erkenntnismittel sorgfältig zu prüfen (Rdn. 12 ff.)Anstelle des Sachverständigenbeweises sind diese im Wege des *Urkundenbeweises* (§ 173 VwGO in Verb. mit § 424 ZPO) beizuziehen und bei der Entscheidung zu berücksichtigen (BVerwG, InfAuslR 1990, 99; BVerwG, InfAuslR 1990, 97; BVerwG, EZAR 631 Nr. 11 = InfAuslR 1990, 243; BVerwG, InfAuslR 1999, 365 = NVwZ-Beil. 1999, 89 = AuAS 1999, 178; OVG NW, NVwZ-RR 1996, 127; Hess.VGH, NVwZ-Beil. 1999, 25; Hess. VGH, NVwZ 2000, 1428; s. hierzu auch *Schulz*, NVwZ 2000, 1367). Auch in der Behördenakte enthaltene Gutachten können im Wege des Urkundenbeweises verwertet werden (VGH BW, NVwZ-RR 2013, 576). Es besteht ferner eine grundsätzliche Pflicht zur Beiziehung der von den Beteiligten benannten Erkenntnisquellen. Für die Feststellung genereller Tatsachen wird erst durch eine Vielzahl von möglicherweise unterschiedlichen Erkenntnisquellen ein vollständiges und objektives Bild über die vergangene, gegenwärtige und zukünftige Situation im Herkunftsland gewonnen (BVerwG, EZAR 631 Nr. 11 = InfAuslR 1990, 243). Das Gebot der vollständigen und objektiven Sachaufklärung und das damit verbundene *Verbot der Auswahl und Selektion von Beweismitteln* soll eine möglichst zuverlässige Beurteilungsgrundlage der relevanten Situation gewährleisten und dadurch zugleich der Gefahr unterschiedlicher Verfolgungsprognosen entgegenwirken (BVerwG, EZAR 631 Nr. 11; bekräftigt BVerfGE 83, 216, 220 = EZAR 202 Nr. 20 = InfAuslR 1991, 200). Daher sind alle erreichbaren *»Mosaiksteine«*, die für die Komplettierung dieser Gesamtschau relevant sein können, in die Prognosegrundlage

die *gegenwärtige Verfolgungsbetroffenheit* (BVerfGE 54, 341, 360 = EZAR 200 Nr. 1 = NJW 1980, 2641 = InfAuslR 1980, 338; Art. 4 Abs. 3 Buchst. a) RL 2011/95/EU; § 77 Abs. 1). Die gerichtlichen Ermittlungen sind daher anhand *hinreichend aktueller Erkenntnisquellen* zu führen (BVerwG, Beschl. v. 11.06.1996 – BVerwG 9 B 141.96; BVerwG, Beschl. v. 18.04.2007 – BVerwG 1 B 145.06). Führt das Verwaltungsgericht *veraltete* Erkenntnismittel in das Verfahren ein, verletzt es das rechtliche Gehör, wenn es im Urteil gleichwohl *aktuelle* Erkenntnisquellen verwendet, ohne diese zuvor so in das Verfahren eingeführt zu haben, dass die Beteiligten sich dazu äußern konnten (OVG Brandenburg, InfAuslR 2002, 326; Rdn. 12 ff.). Die Beteiligten genügen dann ihren prozessualen Pflichten, wenn sie das Gericht auf die veralteten Erkenntnismittel hinweisen und im Wege des Hilfsbeweises (s. aber Rdn. 69 ff.) die Einbeziehung aktueller Erkenntnismittel beantragen (OVG Brandenburg, InfAuslR 2002, 326, 327). Wenn substanziiert behauptete neuere Entwicklungen auf Grundlage verfügbarer Erkenntnismittel nicht beurteilt werden können, ist weiter aufzuklären. Es geht hier nicht um die Einholung eines weiteren Gutachten (BVerwG, EZAR 610 Nr. 32), sondern um die erstmalige Beweiserhebung. Das gilt auch, wenn sich das beantragte Gutachten auf eine behauptete *neue Tatsache* bezieht, zu der die bisherigen Sachverständigen sich noch nicht geäußert haben (BVerwG, EZAR 610 Nr. 32).

Lehnt das Verwaltungsgericht den Beweisantrag mit Hinweis auf *eigene Sachkunde* ab, 133
muss es im Ablehnungsbeschluss oder jedenfalls in der Sachentscheidung *nachvollziehbar begründen*, woher es diese Sachkunde hat (BVerwG, InfAuslR 1999, 365 = NVwZ-Beil. 1999, 89 = AuAS 1999, 178, BVerwG, AuAS 2001, 263, 264, stdg. Rspr.). Wie konkret dieser Nachweis zu führen ist, ist von den jeweiligen Umständen des Einzelfalls, insbesondere von den jeweils in tatsächlicher Hinsicht in dem Verfahren in Streit stehenden Einzelfragen abhängig. Schöpft das Verwaltungsgericht seine besondere Sachkunde aus vorhandenen Erkenntnismitteln, muss der Verweis hierauf dem Einwand standhalten können, dass in diesen Erkenntnismitteln keine, ungenügende oder widersprüchliche Aussagen zur Bewertung der aufgeworfenen Tatsachenfragen enthalten sind (BVerwG, InfAuslR 1999, 365 = NVwZ-Beil. 1999, 89 = AuAS 1999, 178; BVerwG, NVwZ-Beil. 2003, 41, 42). Das BVerwG hat ausdrücklich offen gelassen, wie detailliert die *Rüge der fehlenden Aussagekraft der verwerteten Erkenntnisquellen* im Allgemeinen sein muss und wie konkret der Nachweis für die eigene Sachkunde des Verwaltungsgerichts andererseits zu sein hat. Angesichts der geringen Zahl der im konkreten Verfahren für den maßgeblichen Beurteilungszeitraum verwerteten Erkenntnismittel erachtete es die erhobene Rüge für zulässig. Im konkreten Verfahren ließ sich diesen keine Aussage speziell zur Lage junger amharischer Frauen ohne verwandtschaftliche Beziehungen und ohne Ausbildung und finanzielle Mittel für den Fall ihrer Rückkehr nach Äthiopien entnehmen (BVerwG, InfAuslR 1999, 365 = NVwZ-Beil. 1999, 89 = AuAS 1999, 178). Zwar erscheint es grundsätzlich möglich, eine hinreichende Sachkunde für die Beurteilung von Einzel- oder Gruppenschicksalen, die in den vorliegenden Erkenntnisquellen nicht ausdrücklich behandelt sind, auch auf darin enthaltene allgemeine Aussagen und Bewertungen stützen. Dann ist für die substanziiert geltend gemachte spezifische Beweisfrage aber die eigene Sachkunde plausibel und nachvollziehbar zu begründen (BVerwG,

InfAuslR 1999, 365 = NVwZ-Beil. 1999, 89 = AuAS 1999, 178; s. auch BayVGH, NVwZ-Beil. 2001, 29, 30).

III. Beweisantrag zu fachfremden wissenschaftlichen Beweistatsachen

134 Auch ein Beweisantrag auf Einholung eines Sachverständigengutachtens zu einer Beweistatsache tatsächlicher Art, die ein bestimmtes *wissenschaftliches, technisches oder vergleichbares Fachgebiet* betrifft, kann unter Hinweis auf die beim Gericht vorhandene Sachkunde nach Ermessen abgelehnt werden (BVerwG, NwVZ-RR 1990, 375 = InfAuslR 1990, 104; BVerwG, NVwZ-RR 1990, 652 = EZAR 610 Nr. 28). Das Gericht ist zur Beiziehung eines Sachverständigen nur verpflichtet, wenn es sich keine genügende Sachkenntnis zutrauen darf (BVerfGE 54, 86, 93). Insbesondere hier gilt jedoch ein *erhöhtes Begründungserfordernis* für den Nachweis der *eigenen Sachkunde* (Rdn. 130). Das Gericht muss insbesondere darlegen, dass es die Beweisfrage aufgrund *jedermann zugänglicher Sätze*, die nach der *allgemeinen Erfahrung unzweifelhaft gelten* und durch *keine Ausnahme durchbrochen* sind, oder aufgrund *allgemeinkundiger Tatsachen und Zusammenhänge* entscheiden kann (BVerwG, NVwZ-RR 1990, 104). Verzichtet das Gericht bei einer komplizierten fachwissenschaftlichen Frage, die sich nicht durch allgemeine, ausnahmslos geltende Erfahrungssätze oder allgemeinkundige Tatsachen beantworten lässt, auf die Hinzuziehung eines Sachverständigen, muss es in einer für die Beteiligten sowie das prüfende Gericht nachvollziehbaren Weise darlegen, dass es das notwendige Fachwissen selbst besitzt (BVerwG, NVwZ-RR 1990, 104; BVerwG, NVwZ-RR 1990, 652, 653 = EZAR 610 Nr. 28; so auch BVerfG [Kammer], InfAuslR 1991, 171, 176; BGH, NJW 1981, 2578; BGH, NJW 1993, 1796, 1797; *Stumpe*, VBlBW 1995, 172, 173). Es sollte aber in der Einschätzung seiner eigenen Sachkunde eher zurückhaltend sein (*Leipold*, in: Stein-Jonas, ZPO, 30 vor § 402).

135 Das Gericht muss den Parteien Mitteilung darüber machen und ihnen Gelegenheit zur entsprechenden Stellungnahme geben, wenn es sein Wissen an Erfahrungssätzen verwerten will, das über die allgemeine Lebenserfahrung oder üblichen Kenntnisse eines gebildeten Menschen hinausgeht (*Leipold*, in: Stein-Jonas, 34 vor § 402). Insoweit kann das Gericht den Besitz des notwendigen Fachwissens auch dadurch erlangen, dass es anderweitig erstellte und schriftlich vorliegende Gutachten und Auskünfte als Urkunden beizieht, um sich mittels der in ihnen enthaltenen Darlegungen die erforderlichen Kenntnisse zu verschaffen (BVerwG, NVwZ-RR 1990, 652, 653 = EZAR 610 Nr. 28; OLG München, NJW 1986, 263; Rdn. 12 ff.). So kann das Gericht etwa vorliegende Gutachten zur Strafbarkeit einer *ausländischen Strafrechtsnorm* beiziehen und aufgrund seines eigenen Fachwissens sowie mittels eines methodischen Vorgehens und aufgrund von Überlegungen, wie sie auch bei der Anwendung deutschen Rechts gebräuchlich sind, im Wege des *Urkundenbeweises* auswerten (BVerwG, EZAR 610 Nr. 28; BVerwGE 143, 369, 373 f. 14= EZAR NF 34 Nr. 35; Rdn. 136 f.). Dabei ist aber zu bedenken, dass Inhalt und Reichweite dieser Norm anhand ihres Wortlauts auf der Grundlage eines authentischen Textes erfolgen muss. Ist sie nicht aus sich heraus klar umrissen und bestimmt oder bestehen Anhaltspunkte dafür, dass die Rechtsnorm in der Praxis weiter oder enger ausgelegt und angewandt wird, als ihr Wortlaut nahe

legt, ist zur Bestimmung der Reichweite des Verbots die Ermittlung der ausländischen Rechtsauslegung und -anwendung erforderlich (BVerfGE 76, 143, 161 = EZAR 200 Nr. 20 = InfAuslR 1988, 87).

Nach § 173 VwGO in Verb. mit § 293 ZPO ist das Gericht verpflichtet, ausländisches Recht unter Ausnutzung aller ihm zugänglicher Erkenntnisquellen von Amts wegen zu ermitteln. Es hat nicht nur die ausländische Rechtsnorm, sondern auch ihre Umsetzung in der Rechtspraxis zu betrachten. Der an diese Ermittlungsmaßnahmen anzulegend*e Maßstab ist streng.* Es gilt der Grundsatz der *größtmöglichen Annäherung* an ausländisches Recht, das in seinem systematischen Kontext, mithilfe der im ausländischen Rechtssystemen gebräuchlichen Methoden und unter Einbeziehung der ausländischen Rechtsprechung erfasst werden muss. Mit welchen Methoden das maßgebliche ausländische Recht festzustellen ist, unterliegt dem Ermessen des Tatrichters. Je komplexer und »fremder« im Vergleich zum deutschen Recht das zu bewertende ausländische Recht ist, desto höhere Anforderungen sind an die Ermittlungspflicht zu stellen (BVerwGE 143, 369, 373 f. 14, mit Hinweis auf BGHZ 165, 248, BGH, NJW 1991, 1418; BGH, NJW, NJW 1976, 1588). Auch wenn die Beteiligten tatrichterliche Feststellungen nicht infrage stellen, legt die gerichtliche Ermittlungspflicht eine weitere Aufklärung nahe, etwa, wenn zwar nicht die relevante Tatsache selbst, sondern die Erforderlichkeit weiterer Aufklärung zur Verbesserung einer unzureichenden Entscheidungsgrundlage offenkundig ist. Der Inhalt ausländischen Rechts kann, nicht anders als dies auch beim inländischen Recht der Fall ist, regelmäßig nur im Wege richterlicher Erkenntnis festgestellt werden. Insbesondere wenn handgreifliche Indizien bestehen, dass die von den Beteiligten vertretenen Positionen zum ausländischen Recht unzutreffend sind, hat es verfügbaren Quellen zu dem jeweils maßgeblichen ausländischen Recht und seiner praktischen Anwendung nachzugehen, auch um gegebenenfalls die Notwendigkeit einer sachverständigen Begutachtung zu prüfen (BVerwGE 143, 369, 374f 15 = EZAR NF 34 Nr. 35). Das gilt auch dann, wenn die Beteiligten substanziiert entsprechende handgreifliche Indizien vorbringen. 136

Allein durch Beiziehung des vollständigen Urteilstextes einer ausländischen Gerichtsentscheidung kann daher Inhalt und Auslegung einer ausländischen Verbotsnorm zuverlässig nicht beurteilt werden (so aber noch BVerwG, EZAR 610 Nr. 32). Vielmehr muss aufgrund vorhandener Gutachten die Beweistatsache hinreichend geklärt sein und die neue ausländische Gerichtsentscheidung keine bislang nicht zureichend geklärten neue Aspekte aufwerfen. In diesem Fall ist die Beweistatsache nicht bereits erwiesen und dem Antrag nachzugehen. Zielt der Beweisantrag auf die Aufklärung, ob der außereheliche Geschlechtsverkehr im Iran strafbar ist und wird der Antrag unter Hinweis auf die Auffassung des Auswärtigen Amtes, dass entgegen dem Wortlaut der entsprechenden Verbotsnorm deren »Koran-konforme« Auslegung ergebe, dass keine Bestrafung mit Peitschenhieben drohe, fehlt es an einer plausiblen Darlegung, dass das Auswärtige Amt insoweit eine »originäre« Sachkunde hat (BVerfG [Kammer], NVwZ-Beil. 1996, 19, 20 = EZAR 622 Nr. 26). Jedenfalls wäre die Darlegung erforderlich, ob und inwieweit das Auswärtige Amt sich seinerseits auf Sachkenner des im Iran geltenden Rechts stützt (BVerfG [Kammer], NVwZ-Beil. 1996, 20). 137

138 Insbesondere im *Iran*, in *Afghanistan* und *Äthiopien* herrscht ein vom europäischen System abweichendes *Kalendersystem*. Da insbesondere Zeitangaben für die Bewertung der Einreiseumstände und der individuellen Verfolgungsgefahr überragende Bedeutung beigemessen wird, hat das Verwaltungsgericht insoweit hinreichend zuverlässig Feststellungen zu treffen. Im Blick auf den Iran und Afghanistan können die Beweistatsachen durch Verwendung entsprechender *Umrechnungskalender* festgestellt werden. Diese Kalender berücksichtigen aber anderseits nicht das auch in diesen Ländern anerkannte Schaltjahr, sodass es bei fehlender Berücksichtigung des Schaltjahres zu entscheidungserheblichen Widersprüchen kommen kann. Besonders kompliziert ist die Umrechnung vom äthiopischen auf das europäische Kalendersystem. Daher ist die genaue Ermittlung zeitlicher Angaben im Einzelfall zuverlässig durchzuführen. Das BVerwG hat in diesem Zusammenhang darauf hingewiesen, dass das Verwaltungsgericht die Frage der richtigen Umrechnung insbesondere auch wegen der Problematik von Schaltjahren erforderlichenfalls durch Einschaltung eines Sachverständigen zu klären hat (BVerwG, Beschl. v. 24.07.2001 – BVerwG 1 B 123.01).

139 Ergeben sich Zweifel an der wissenschaftlichen Sachkunde des vom Bundesamt hinzugezogenen Gutachters im Rahmen der *Sprachanalyse* (§ 12 Rdn. 12 ff.), kann zur Widerlegung der behördlichen Feststellung der Staatsangehörigkeit des Asylsuchenden eine Sprachanalyse in Form eines Sachverständigengutachtens in Betracht kommen. Ferner kann ein entsprechender Sachverständigenbeweis beantragt werden, wenn das Bundesamt ohne Durchführung einer Sprachanalyse die behauptete Staatsangehörigkeit bezweifelt und dem Asylantragsteller eine von seinen Behauptungen abweichende Staatsangehörigkeit zugeschrieben hat. Die Prüfung der Staatsangehörigkeit ist entscheidungserheblich und kann nicht offen gelassen werden (BVerwG, InfAuslR 1990, 238 = Buchholz 402.25 § 1 AsylVfG; Nieders. OVG, InfAuslR 2004, 454, 457; VG Potsdam, InfAuslR 2001, 198, 199 = EZAR 210 Nr. 16 = NVwZ-Beil. 2001, 35). Jemand hat entweder eine Staatsangehörigkeit oder er hat keine und ist deshalb staatenlos. Die entsprechenden Feststellungen haben sowohl für den geltend gemachten Ansprüche wie auch für die Zielstaatsbestimmung in der Abschiebungsandrohung erhebliche Bedeutung. Dieser rechtliche Hintergrund beleuchtet die Bedeutung von Sprachanalysen.

140 Die Sprachanalyse zur Bestimmung der regionalen Herkunft des Klägers wird als ein verwertbares Sachverständigengutachten angesehen (BayVGH, Urt. v. 19.02.2002 – 20 B 01.30829; VG Potsdam, InfAuslR 2001, 198, 200 = EZAR 210 Nr. 16 = NVwZ-Beil. 2001, 35). Im Blick auf die entscheidungserhebliche Frage der Staatsangehörigkeit oder Staatenlosigkeit kommt dem hieraus gewonnenen Ergebnis aber lediglich eine *indizielle Wirkung* zu (VGH BW, Beschl. v. 16.11.1999 – A 13 S 942/98; VG Potsdam, InfAuslR 2001, 198, 200 = EZAR 210 Nr. 16 = NVwZ-Beil. 2001, 35; VG Gelsenkirchen, InfAuslR 2002, 217, 219; *Jobst*, ZAR 2001, 173, 175, mit weiteren Hinweisen auf die Rechtsprechung). Durch Sprachanalysen kann nicht unmittelbar die Staatsangehörigkeit eines Asylklägers festgestellt werden, sondern allenfalls seine Herkunftsregion. Hinzu kommt, dass Sprachen und deren Varianten sich insbesondere in Afrika nicht stets an Staatsgrenzen festmachen lassen (*Kastenholz*, Eine

afrikanistische Stellungnahme zur Sprachanalyse, S. 5; *Hyltenstam/Jamon*, Über die Verwendung von Sprachanalysen, S. 25). Zusammen mit anderen Tatsachen, Umständen und Indizien kann die Sprachanalyse aber im Rahmen der tatrichterlichen Beweiswürdigung entscheidungserhebliche Bedeutung gewinnen.

Verfolgt der Beweisantrag das Ziel, die methodische Fragwürdigkeit der behördlich veranlassten Sprachanalyse anzugreifen, um die Erforderlichkeit der Überprüfung der behördlichen Feststellungen als Voraussetzungen für den Antrag auf Einholung eines sprachwissenschaftlichen Gutachtens aufzuzeigen, ist zwar dem Einwand des Ausforschungsbeweises (Rdn. 181 ff.) Rechnung zu tragen. Den Akten des Bundesamtes können hierzu aber häufig keine Hinweise zur Art und Weise der durchgeführten Sprachanalyse entnommen werden. Insbesondere fehlt regelmäßig die maßgebende Tonbandaufzeichnung (*Heinhold*, InfAuslR 1998, 299, 305). Bei derart gravierenden Verfahrensfehlern ist dem Verwaltungsgericht jegliche Überprüfung der behördlichen Feststellungen versperrt, sodass bereits deshalb die auf der behördlich veranlassten Sprachanalyse beruhenden Feststellungen jeglichen Beweiswertes ermangeln und das Gericht unabhängig von diesen eigene Ermittlungen durchführen muss. Ein weiterer häufiger Fehler ist, dass die Person des Gutachters vom Bundesamt nicht offengelegt wird. Da die Überprüfung der Sachkunde sowie der Unvoreingenommenheit des Gutachters zu den wesentlichen Qualifikationsanforderungen an ein wissenschaftlich methodisch einwandfreies Gutachten gehört (*Heinhold*, InfAuslR 1998, 299, 305; s. auch *Kohnert*, NVwZ 1998, 136), können bei Verweigerung der Offenlegung der Person des Gutachters auf dessen Gutachten beruhende Feststellungen ebenfalls nicht der gerichtlichen Entscheidung zugrunde gelegt werden. Es muss den Verfahrensbeteiligten die prozessuale Möglichkeit eingeräumt werden, den Antrag auf Ladung des Gutachters (Rdn. 171 ff.) zur mündlichen Verhandlung zu stellen, um dort durch konkrete Fragen und Vorhalte die Stichhaltigkeit des Gutachtens prüfen zu können. 141

Der Beweisantrag muss Ausführungen zur Entscheidungserheblichkeit der beantragten Sprachanalyse enthalten. Lässt sich bereits aufgrund anderer Anhaltspunkte oder Indizien, wie etwa abgelaufene Identitätsdokumente oder ähnliche Nachweise, die Staatsangehörigkeit hinreichend zuverlässig aufklären, bedarf es der Beweiserhebung nicht. Das Verwaltungsgericht kann andererseits seine eigene Sachkunde zur Beweistatsache der Staatsangehörigkeit nicht unter Verweis auf die von ihm herangezogenen Landkarten plausibel begründen. Anhand dieser Erkenntnismittel lässt sich lediglich feststellen, ob Angaben des Asylklägers über die topographischen und sonstigen Verhältnisse in seinem mutmaßlichen Herkunftsland den Tatsachen entsprechen. Die entsprechenden Angaben des Asylklägers sind lediglich ein Indiz für seine Behauptung einer bestimmten Staatsangehörigkeit. Ein derartiges Indiz ist auch die Sprache des Asylklägers (VGH BW, Beschl. v. 16.11.1999 – A 13 S 942/98). Die Ablehnung eines substanziierten Beweisantrages auf Einholung eines sprachwissenschaftlichen Gutachtens verletzt daher unter dem Gesichtspunkt der unzulässigen Beweisantizipation ebenso das rechtliche Gehör des Beteiligten wie die Zugrundelegung einer Tatsache, die auf einer methodisch fragwürdigen Sprachanalyse beruht. 142

IV. Einholung eines psychologischen Gutachtens

1. Funktion des psychologischen Gutachtens

143 Die Beweiswürdigung gehört »zum *Wesen der richterlichen Rechtsfindung*, vor allem der freien Beweiswürdigung.« Auch in schwierigen Fällen wird der Richter für berechtigt und verpflichtet gehalten, den Beweiswert einer Aussage selbst zu würdigen. Treten jedoch *besondere Umstände* in der Persönlichkeits*struktur* des Asylklägers hervor, die in erheblicher Weise von den Normalfällen abweichen, kann unter eng gefassten Voraussetzungen, wenn z.B. Eigenart und besondere Gestaltung des Einzelfalls eine Sachkunde verlangen, die selbst ein über spezifische forensische Erfahrungen verfügender Richter normalerweise nicht hat, auf Sachverstand durch Sachverständige zurückgegriffen werden (VGH BW, InfAuslR 1995, 85, 86; OVG NW, Beschl. v. 11.02.1997 – 25 A 4144/96.A; OVG NW, Beschl. v. 09.05.2000 – 8 A 4373/96.A). Im Asylprozess unterliegt die Ermittlung individueller Angaben Asylsuchender dem Regelbeweismaß (§ 108 Abs. 1 Satz 1 VwGO). Individuelle Erlebnisse und Erfahrungen müssen mit *Gewissheit* feststehen (BVerwGE 71, 180, 182 = EZAR 630 Nr. 17 = NVwZ 1985, 685 = InfAuslR 1985, 244) und unterliegen damit dem Objektivitätsanspruch der juristischen Wahrheit. Sie bilden also den vom Gericht festzustellenden Sachverhalt. Erst auf der Grundlage dieses Sachverhalts wird ein Facharzt gebeten, aufgrund von besonderen Erfahrungssätzen oder Fachkenntnissen seine eigenen Schlussfolgerungen zu ziehen (BVerwGE 71, 38, 41 f. = NJW 1986, 2268; BGH, NJW 1993, 1796, 1797; Hess. VGH, InfAuslR 1996, 186 ((187) = NVwZ-Beil. 1996, 43 = AuAS 1996, 141; OVG NW, NVwZ-RR 2008, 214, 215). Ein Arzt kann jedoch auch als *sachverständiger Zeuge* benannt werden, wenn er über einen bestimmten, von ihm selbst ohne einen Zusammenhang mit einem Gutachtenauftrag festgestellten Krankheitszustand eines von ihm ärztlich untersuchten Patienten aussagt. Hingegen ist er Zeuge und Sachverständiger, wenn er zugleich die Auswirkungen der Krankheit aufgrund seiner besonderen ärztlichen Sachkunde beurteilt (OVG SA, AuAS 2011, 105). Asylsuchende behandelnde Fachärzte können also je nach den konkreten Umständen sowohl als sachverständige Zeugen, als Zeugen oder als Sachverständige benannt werden.

144 Für den Nachweis einer psychischen Erkrankung ist zwischen einem *Gutachten*, das auf einem ausdrücklichen gerichtlichen oder behördlichen Gutachtenauftrag beruht, und einem auf Bitten des Klägers erstellten ärztlichen *Attest* oder einer ärztlichen *Stellungnahme* bzw. einem *Privatgutachten* (zur Kostenerstattung BVerwG, NJW 2007, 453 = NVwZ 2007, 717) zu unterscheiden. Für die Geltendmachung einer psychischen Erkrankung beim *Beweisantritts* reicht ein Attest oder eine Stellungnahme aus. Die Funktion der Stellungnahme besteht darin, die Behauptung des Beweisführers über eine psychische Erkrankung zu stützen. Die Stellungnahme muss deshalb je nach Verfahrensgestaltung nach Möglichkeit in nachvollziehbarer Weise Aussagen zu den Darlegungsstörungen (asylrechtlicher Erkenntnisprozess) oder zum Charakter wie auch zur Ursache der psychischen Erkrankung, zum Umfang der Behandlungsbedürftigkeit sowie auch zu den Folgen enthalten, die im Fall des Abbruchs der Behandlung eintreten können (Verfahren zur Feststellung von Abschiebungsverboten). Die Möglichkeiten angemessener Behandlung im Zielstaat hat der Richter von Amts wegen zu

prüfen (§ 60 Abs. 7 S. 3 AufenthG). Dem Facharzt fehlt hierfür regelmäßig die erforderliche Sachkunde. Es besteht aber auch dann Anlass zur weiteren Sachaufklärung, wenn keine ärztliche Bescheinigung vorliegt, sich aber die Annahme einer schwerwiegenden psychischen Erkrankung aufgrund besonderer Einzelfallumstände aufdrängt (OVG NW, NVwZ-RR 2005, 507 = AuAS 2005, 93; s. aber § 60a Abs. 2c S. 2 und 3 AufenthG für inlandsbezogene Vollstreckungshemmnisse). Verbleiben Zweifel am Bestehen eines krankheitsbedingten Abschiebungsverbots, ist von Amts wegen zu ermitteln und ein Gutachten zur behaupteten psychischen Erkrankung einzuholen.

Umstritten ist, ob nur *Fachärzte* oder auch *Psychotherapeuten* die Stellungnahme für den Beweisantrag verfassen dürfen (s. hierzu § 60a Abs. 2c S. 1 AufenthG für inlandsbezogene Vollstreckungshemmnisse). Das BVerwG hatte zunächst festgestellt, »regelmäßig« sei die Vorlage eines fachärztlichen Attests für den Beweisantritt erforderlich (BVerwG E 129, 251, 255 15 = InfAuslR 2008, 142, 143 = NVwZ 2008, 330 = AuAS 2008, 17; zustimmend VG Minden, Beschl. v. 13.03.2014 – 10 L 117/14.A). In einem Beschlussverfahren hat es später eher beiläufig erwähnt, ein nicht von einem Facharzt erstelltes Privatgutachten entspreche nicht den von ihm aufgestellten prozessualen Anforderungen (BVerwG, Beschl. v. 26.07.2012 – BVerwG 10 B 21.12; so auch BayVGH, Beschl. v. 27.07.2010 – 11 ZB 10.30187; a.A. OG NW, InfAuslR 2009, 173, 174; OVG NW, AuAS 2009, 82, 83; offen gelassen VGH BW, InfAuslR 2011, 261, 262; BayVGH, Beschl. v. 06.12.2012 – 13a ZB 12.30103, Zulassung der Berufung wegen grundsätzlicher Klärung dieser Frage). Dies überzeugt nicht. Auf den gerichtlichen Gutachtenauftrag mag dies zwar zutreffen. Jedenfalls für das schlüssige Aufzeigen möglicher Anzeichen psychischer Beschwerden und deren verfahrensrechtlicher Auswirkungen verfügen Psychotherapeuten aber nicht minder wie Fachärzte über die erforderliche Sachkunde. Die Ausbildung von Psychotherapeuten dauert mindestens drei Jahre in Vollzeitform, in Teilzeitform fünf Jahre (§ 5 PsychThG). Hierfür wird der Nachweis eines abgeschlossenen Studiums der Psychologie, das das Fach Klinische Psychologie einschließt, vorausgesetzt. Ziel der Ausbildung zum Psychotherapeuten ist die »Vermittlung von Kenntnissen, Fähigkeiten und Fertigkeiten, die erforderlich sind, um in Diagnostik, Therapie und Rehabilitation von Störungen mit Krankheitswert, bei denen Psychotherapie indiziert ist, auf den wissenschaftlichen, geistigen und ethischen Grundlagen der Psychotherapie eigenverantwortlich und selbstständig zu handeln« (OVG NW, AuAS 2009, 82, 83). 145

Fachärzten und -psychologen ist oft nicht klar, in welchem verfahrensrechtlichen Kontext ihre schriftlichen Äußerungen eingespeist werden. Je nach Verfahrensgestaltung sind die Anforderungen an die fachspezifische Mitwirkung und entsprechend die jeweilige prozessuale Station des Beweisantritts und –würdigung unterschiedlich. Bei der Frage der Behandlung traumatischer Foltererlebnisse im rechtsförmigen Verfahren der Erkenntnisgewinnung herrscht Streit über eine Vielzahl bislang nicht ansatzweise geklärter prozessualer Fragen (zum konträren Rollenverständnis von Rechtsanwender einerseits und Fachpsychologen andererseits *Marx,* Juristische Anforderungen an die Begutachtung von Asylklägern, die an traumatischen Folgen von Folter oder unmenschlicher oder erniedrigender Behandlung oder Bestrafung leiden, S. 78 ff). Anders stellt sich materiell-rechtlich wie prozessual die Verfahrensgestaltung dar, wenn 146 nicht die Zuerkennung der Statusberechtigung aufgrund festgestellter Foltererlebnisse, sondern die Feststellung von Abschiebungsverboten erstrebt wird, weil im Zielstaat der Abschiebung die medizinische Versorgung unzureichend oder überhaupt nicht gesichert ist oder die Reisefähigkeit krankheitsbedingt infrage steht (§ 60 Abs. 7 S. 2 bis 4 AufenthG). Die unterschiedlichen Verfahren stellen auch unterschiedliche Anforderungen an die fachärztliche Mitwirkung. Steht im Erkenntnisprozess der Wahrheitsgehalt der Aussagen des Asylklägers im Zentrum der Ermittlungen, sind es im Verfahren des Abschiebungsschutzes die Art der Krankheit, ihre Behandlungsbedürftigkeit sowie die Folgen, die bei unzureichender oder fehlender Behandlung im Anschluss an die Abschiebung im Zielstaat (§ 60 Abs. 7 S. 2 AufenthG) oder unmittelbar durch den Abschiebungsvorgang (§ 60a Abs. 2c und 2d AufenthG) selbst eintreten können.

147 Das Verwaltungsgericht hat den Sachverhalt bis zur Grenze der Unzumutbarkeit mit allen ihm verfügbaren Erkenntnismitteln aufzuklären (§ 86 Abs. 1 VwGO) und ist von Amts wegen gehalten, Behauptungen über Foltererfahrungen von sich aus nachzugehen. Schenkt das Gericht den Angaben des Klägers Glauben, weil diese in sich stimmig und nachvollziehbar sind, hat das eingeführte Privatgutachten lediglich bestätigende Wirkung. Das Gericht gibt der Klage in diesen Fällen regelmäßig ohne Eintritt in eine Beweisaufnahme statt (*Jacober*, Juristische Anforderungen an medizinisch-psychologische Gutachten in ausländerrechtlichen Verfahren, S. 103). Regelmäßig wird das Erfordernis der Beweisaufnahme dann relevant, wenn der Richter den Angaben des Asylklägers keinen Glauben schenkt, weil seine Angaben widersprüchlich, nicht plausibel und unstimmig erscheinen. Gerade Opfer von Gewalt und Folter sind jedoch häufig nicht zu einem konsistenten, erlebnisfundierten Vortrag in der Lage. Für die gerichtliche Ermittlungspraxis stellt sich die schwierige Frage, welche Anhaltspunkte dafür sprechen, dass die eigene Sachkunde für die Beweiswürdigung fehlt. Hier setzt der Beweisantrag an. In der gerichtlichen Praxis herrscht aber erhebliche Unsicherheit über die prozessualen Anforderungen an den Beweisantritt auf Einholung eines psychologischen Gutachtens im Erkenntnisprozess. Nicht umstritten ist, dass die Begründung des Beweisantrags den Tatrichter in die Lage versetzen muss, zu prüfen, ob das Beweisangebot geeignet ist. Die Substanziierungspflicht erfordert, das sowohl die Beweistatsache der Möglichkeit des Vorliegens einer psychischen Erkrankung und deren Folgen für die Darlegungsfähigkeit des Asylklägers wie auch das Beweismittel, nämlich das zu dieser Feststellung zu erstellende Gutachten durch einen bestimmt zu bezeichnenden Gutachter, im Antrag so konkret bezeichnet wird, dass sich eine Beweisaufnahme über die Beweistatsache auf dem angebotenen Weg als sinnvoll erweist (*Jacob*, Asylmagazin 2010, 51, 55).

2. Beweisantritt im asylverfahrensrechtlichen Erkenntnisverfahren

148 Umstritten ist, ob bereits im Beweisantrag für jede einzelne Beweistatsache die Gründe für die bisherige widersprüchliche, ungereimte oder unterlassene Bezeichnung der erforderlichen Tatsachen konkret und im Einzelnen nachprüfbar dargelegt werden müssen oder ob unter Bezugnahme auf eine vorgelegte fachpsychologische (s. aber Rdn. 145 f.) Stellungnahme der schlüssige Hinweis auf psychische Störungen des Asylklägers und auf die Möglichkeit, dass durch diese das gesamte bisherige

Vorbringen aufgrund von Erinnerungs- und kognitiven Störungen einer Überprüfung bedarf, genügt. Die Rechtsprechung verlangt, dass im Antrag auf Einholung eines Gutachtens zur Feststellung einer posttraumatischen Belastungsstörung (PTBS) oder anderer psychisch reaktiver Traumafolgen und darauf beruhender Darlegungsprobleme *schlüssig Anzeichen* dargelegt werden, dass der Kläger infolge von Folter, sexueller Gewalt oder anderen Gewalthandlungen traumatisiert und dadurch in seinem Erinnerungsvermögen gestört und/oder in seiner Darlegungsfähigkeit beeinträchtigt *ist.* Um die gerichtliche Verpflichtung zur Aufklärung einer posttraumatischen Störung als Ursache eines widersprüchlichen, unvollständigen oder unsubstanziierten Vortrags auszulösen, seien Anzeichen darzulegen, aus denen sich ergeben könne, dass der Kläger aufgrund erlittener Misshandlungen traumatisiert *sein könnte* mit der *möglichen Folge,* über das Erlebte nur noch selektiv, widersprüchlich oder gar nicht mehr bzw. nur in Ansätzen zu berichten (OVG NW, AuAS 2001, 167, 168 = NVwZ-Beil. 2001, 109; OVG NW, NVwZ-RR 2006, 829, 839 = AuAS 2006, 165; OVG Berlin-Brandenburg, AuAS 2007, 150, 153; VG Braunschweig, NVwZ-RR 2005, 65, 65 f.).

Diese prozessualen Grundsätze erlegen im Ausgangspunkt keine unerfüllbaren Belastungen auf. Der Beweisantrag muss *hinreichend substanziiert* sein, um die gerichtliche Bescheidungspflicht nach § 86 Abs. 2 VwGO auszulösen (Rdn. 74 ff.). Für die Aufklärung, ob bestimmte Tatsachen nicht oder nur unzulänglich aufgrund von Traumafolgen dargelegt wurden, geht die obergerichtliche Rechtsprechung aber über allgemein anerkannte prozessuale Grundsätze weit hinaus. Danach erfordert der Antrag auf Einholung eines Sachverständigengutachtens die konkrete Darlegung, welche »Tatsachen« mit Blick auf den Gesundheitszustand als bewiesen angesehen werden sollen, obwohl sich der Kläger zu ihnen unsubstanziiert, unschlüssig oder widersprüchlich geäußert habe. Der Asylkläger, der geltend mache, zu sachgerechtem Vorbringen aufgrund psychischen Leidens mit Krankheitswert nicht in der Lage zu sein und zum Nachweis dieser Tatsache die Einholung eines psychiatrischen oder psychologischen Gutachtens beantrage, müsse konkret darlegen, welche tatsächlichen oder vermeintlichen Mängel im bisherigen Sachvorbringen durch die Beweistatsache behoben werden sollen. Der Beweisantrag müsse sich insbesondere mit den die Glaubhaftmachung infrage stellenden tatsächlichen Anknüpfungstatsachen auseinandersetzen (OVG NW, AuAS 1998, 105, 106; OVG NW, AuAS 2001, 167, 168). Dies überzeugt nicht, weil der ordnungsgemäß gestellte Beweisantrag nicht allein deshalb abgelehnt werden darf, weil das Klagevorbringen als nicht hinreichend substanziiert erscheint (BVerfG [Kammer], InfAuslR 1990, 199, 202; VGH BW, AuAS 1998, 189; s. auch BVerwG, InfAuslR 1990, 38, 39 f.; Rdn. 78). Eine Ausnahme ist allenfalls bei Unschlüssigkeit gerade der unter Beweis gestellten Tatsachenfrage zu machen (BVerfG [Kammer], InfAuslR 1990, 199; s. aber BVerfG [Kammer], InfAuslR 1994, 370, 372). Zielt der Beweisantritt jedoch gerade darauf, die Erlebnisfundiertheit der als unschlüssig bewerteten Beweistatsachen durch Einholung eines psychologischen Gutachtens festzustellen, reicht die Darlegung aus, dass dies durch den angestrebten Beweisantritt als möglich erscheint und konkret dargelegt wird, dass das fachpsychologisches Gutachten tauglich ist. Dazu muss die vorgelegte psychologische Stellungnahme gewissen Mindestanforderungen genügen und nachvollziehbar darlegen, auch welcher Grundlage 149 die Diagnose erstellt wurde (OVG NW, InfAuslR 2009, 173, 174.). Nur wenn diese eine Schlüssigkeitsprüfung nicht zulässt, weil sie »schlechthin ungeeignet« erscheint, darf der Antrag abgelehnt werden (*Jacob*, Asylmagazin 3/2010, 51, 56).

150 Die Forderung, dass bereits im Beweisantritt »Tatsachen als *bewiesen*« (OVG NW, AuAS 1998, 105, 106) bezeichnet werden müssen, ist methodisch fragwürdig, weil für diesen nur die *Möglichkeit* aufzuzeigen ist, dass die Beweistatsache *bewiesen* werden kann. Mit dieser Begründung wird das *Verbot der Beweisantizipation* verletzt (VGH BW, AuAS 1998, 189, 190, weil Beweis durch die Beweisaufnahme geführt wird, aber nicht bereits für diese vorausgesetzt werden darf (Rdn. 100 ff.). Auch die Forderung, der Beweisführer müsse sich mit den die *Glaubhaftmachung* infrage stellenden tatsächlichen Anknüpfungstatsachen auseinandersetzen (OVG NW, AuAS 1998, 105, 106), ist unzulässig. Die Ablehnungsbegründung, die Beweistatsache psychische Erkrankung ist nicht glaubhaft gemacht, ist kein prozessual zulässiger Beweisablehnungsgrund. »Eine Pflicht zur *Glaubhaftmachung*, etwa im Sinne von § 294 ZPO, besteht für die Beteiligten in dem vom Untersuchungsgrundsatz beherrschten Verwaltungsprozess regelmäßig ebenso wenig wie eine *Beweisführungspflicht*« (BVerwG, NVwZ 2007, 346, 347; BVerwG, InfAuslR 2008, 142, 143; mit Hinweis auf BVerwG, InfAuslR 2002, 149; BVerwGE 109, 174 = InfAuslR 1999, 526). Die Beweisaufnahme darf nur dann verweigert werden, wenn die Schilderung des Klägers von seinen Verfolgungsgeschehen in *nicht auflösbarer Weise* widersprüchlich ist. Das Verwaltungsgericht muss daher darlegen, dass es aus eigener Sachkunde auch ohne die angebotene Beweisaufnahme in der Lage ist, zu beurteilen, dass die festgestellten Widersprüche *unauflöslich* (VGH BW, AuAS 1994, 56) und nicht durch die psychische Krankheit verursacht sind. Wird aber Beweis angeboten und schlüssig die Möglichkeit aufgezeigt, dass die als unauflöslich bewerteten Widersprüche im bisherigen Vorbringen durch ein Gutachten plausibel und nachvollziehbar erklärt werden können, weil diese durch psychische Störungen bedingt sein könnten, ist der Beweisantrag zulässig und ist ihm nachzugehen.

151 Das Verwaltungsgericht hat also im ablehnenden Beschluss seine *eigene Sachkunde* (Rdn. 130) zur Beurteilung der Beweistatsache und insbesondere darzulegen, dass es über diese aufgrund *jedermann zugänglicher Sätze*, die nach der *allgemeinen Erfahrung unzweifelhaft gelten* und durch *keine Ausnahme durchbrochen* sind, oder aufgrund *allgemeinkundiger Tatsachen und Zusammenhänge* entscheiden kann (BVerwG, NVwZ-RR 1990, 104; Rdn. 134 f.). Verzichtet es bei einer komplizierten fachwissenschaftlichen Frage, die sich nicht durch allgemeine, ausnahmslos geltende Erfahrungssätze oder allgemeinkundige Tatsachen beantworten lässt, auf die Zuziehung eines Sachverständigen, muss es in einer für Beteiligte und prüfendes Gericht nachvollziehbaren Weise darlegen, dass es das erforderliche Fachwissen selbst besitzt (BVerwG, NVwZ-RR 1990, 104; BVerwG, NVwZ-RR 1990, 652, 653 = EZAR 610 Nr. 28; BVerwG, Beschl. v. 13.03.2009 – BVerwG 1 B 20.08, 1 PKH 21.08); so auch BVerfG [Kammer], InfAuslR 1991, 171, 176; BGH, NJW 1981, 2578; BGH, NJW 1993, 1796, 1797; *Stumpe*, VBlBW 1995, 172, 173). Das Verwaltungsgericht hat sich daher mit dem wesentlichen Vorbringen des Klägers zur geltend gemachten Traumatisierung auseinanderzusetzen und muss erkennen lassen, dass das Gericht

rechtsfehlerfrei eigene Sachkunde zur Würdigung des Klägers als *insgesamt unglaubwürdig* und sein Vorbringen als *unglaubhaft* für sich in Anspruch genommen hat. Die grundsätzlich jedem Tatrichter zugebilligte ausreichende Sachkunde zur Glaubwürdigkeitsbeurteilung auch in schwierigen Fällen entbindet es nicht von der Prüfung, ob *besondere Umstände* ersichtlich sind, die *ausnahmsweise* die Zuziehung eines Sachverständigen geboten erscheinen lassen (BVerwG, NVwZ-Beil. 2003, 41, 42).

Werden *konkrete Anhaltspunkte vorgebracht* oder sind diese *sonst erkennbar*, dass eine 152
Beeinflussung des Aussageverhaltens durch erlittene Traumatisierung jedenfalls ernsthaft möglich erscheint, muss sich das Gericht mit diesen im Urteil auseinandersetzen und nachvollziehbar darlegen, weshalb es sich in der Lage sieht, ohne Zuhilfenahme eines Sachverständigen die Glaubhaftigkeit der Aussagen und die Glaubwürdigkeit des Klägers insgesamt zu beurteilen. Dies folgt aus der Verpflichtung, im Urteil die Gründe anzugeben, die für die richterliche Überzeugung leitend gewesen sind (BVerwG, NVwZ-Beil. 2003, 41, 42). Für *medizinische – posttraumatologische* und *psychotherapeutische – Fachfragen* gibt es *keine eigene*, nicht durch entsprechende medizinische Sachverständigengutachten vermittelte *Sachkunde des Richters* (BVerfG [Kammer], NVwZ 2009, 1035, 1036; BVerwG, InfAuslR 2006, 485, 486; *Jacob*, Asylmagazin 2010, S. 51, 54; a.A. OVG NW, NVwZ-RR 2005, 358 = AuAS 2005, 80; OVG NW, InfAuslR 2007, 408). Insbesondere hat er keine eigene medizinische Sachkunde für die Beurteilung der Fragen, ob Foltermaßnahmen zwingend bleibende Schäden hinterlassen und ob solche bleibenden Schäden beim Kläger entstanden sind (BVerfG [Kammer], NVwZ 2009, 1035, 1036). Daher verletzt es das rechtliche Gehör des Klägers, wenn es die Beweiserhebung ablehnt und dabei seine eigene Sachkunde für die Beurteilung der Beweistatsache nicht darlegen kann (*Jacob*, Asylmagazin 2010, 51, 55).

Daraus folgt, dass im Beweisantrag die psychischen Störungen konkret zu bezeich- 153
nen sind und darzulegen ist, dass hierdurch *möglicherweise* Darlegungsdefizite im bisherigen Vorbringen bedingt sind. Es sind *schlüssig Anzeichen* darzulegen, dass der Asylsuchende infolge von Folter, sexueller Gewalt oder anderen Gewalthandlungen traumatisiert und dadurch in seinem Erinnerungsvermögen gestört oder in seiner Darlegungsfähigkeit beeinträchtigt sein *könnte*. Zielt der Beweisantritt darauf, die Wahrheit der als unschlüssig bewerteten Beweistatsache durch Einholung eines Gutachtens festzustellen, reicht die substanziierte Darlegung aus, dass dies durch den angestrebten Beweisantritt als *möglich erscheint*. Wurden die Beweistatsachen etwa in einem bereits durchgeführten Verfahren durch das Gericht anders als unter Beweis gestellt bewertet, ist eine Auseinandersetzung mit den Befundtatsachen geboten. Es dürfen aber keine unzumutbaren Anforderungen an den Beweisantritt gestellt werden. Die Auseinandersetzung ist nicht am Maßstab der Glaubhaftmachung auszurichten. Vielmehr reicht es aus, dass es aufgrund der in der vorgelegten fachärztlichen Stellungnahme diagnostizierten psychischen Störung als *möglich erscheint*, dass die Beweistatsache sich als wahr erweisen wird. Jede darüber hinausgehende Anforderung an die Konkretisierung des Beweisthemas sprengt die Grenze des Verbotsbereichs der unzulässigen Beweisantizipation. Wird die psychische Störung erst sehr spät im Laufe des Verfahrens oder gar erst in einem Folgeantrag vorgebracht, ist auch eine Begründung

dafür erforderlich, warum die Erkrankung nicht früher geltend gemacht worden ist (BVerwG E 129, 251, 255 15 = InfAuslR 2008, 142, 143 = NVwZ 2008, 330). Nur wenn bereits im Verfahren ein Gutachten eingeholt wurde, kann trotz ausreichender Auseinandersetzung mit diesem grundsätzlich die Einholung eines weiteres fachärztlichen Gutachtens nach Ermessen abgelehnt werden (BGH, NJW, 1993, 2989, 2990).

3. Beweiswürdigung im asylverfahrensrechtlichen Erkenntnisverfahren

154 Das eingeholte Gutachten muss den allgemein an fachärztliche Gutachten zu stellenden Kriterien, wie Objektivität, Mitteilung der tatsächlichen Grundlagen und Befundtatsachen sowie schlüssige Diagnose, gerecht werden. Für die Aufklärung der inhaltlichen Richtigkeit der vom Kläger gemachten Sachangaben gibt es jedoch keinen einheitlichen Bewertungsmaßstab. Hier herrscht in der Rechtsprechung über Vieles Streit. Der Streit ist insbesondere darin begründet, dass die Geeignetheit der aus dem Strafprozess übernommenen *Nullhypothese* für die Beurteilung des Aussagenverhaltens der Opfer von Folter und Misshandlung bestritten wird. Andererseits herrscht in dieser Frage *innerhalb der fachpsychologischen Disziplin* zwischen *Forensikern* und *Klinikern* Streit und ist den Asylrichtern dieser Streit häufig nicht bewusst. Daher werden klinische Gutachten oft nach Maßgabe forensischer Kriterien bewerte. Auch wird die Beweiswürdigung fachpsycholgischer Gutachten durch den Gewissheitsanspruch erschwert, den die Rechtsprechung seit Mitte der 1980er Jahre an die Bewertung individueller Tatsachenbehauptungen anlegt.

155 In der forensischen Psychologie hat sich heute in Deutschland die ursprünglich auf *Undeutsch* (1967) zurückgehende *kriterienbezogene Aussagenanalyse* durchgesetzt. Der inhaltlichen Aussagenanalyse liegt die Annahme zugrunde, dass Aussagen über selbst erlebte Ereignisse sich in ihrer Qualität von erfundenen Aussagen unterscheiden (*Undeutsch*-Hypothese). Dieser Unterschied soll sich aus *Realkennzeichen* erschließen (krit. *Eisenberg*, Beweisrecht der StPO, 4. Aufl. 2002, S. 554). Danach haben sich folgende Kriterien heraus gebildet: *logische Konsistenz der Aussage, quantitativer Detailreichtum, raum-zeitliche Verknüpfungen, Darstellung von Komplikationen im Handlungsverlauf, Schilderung ausgefallener Einzelheiten, Erwähnung nebensächlicher Details, Schilderung unverstandener Handlungselemente*. Den Kriterien des Detailreichtums, von Homogenität und Konstanz der Aussage sowie der Schilderung falltypischer Handlungsverläufe messen Gutachter insoweit gewöhnlich die größte Bedeutung bei (*Fischer/Riedesser*, Lehrbuch der Psychotraumatologie, 2. Aufl., 1999, S. 272). Anknüpfend an die kriterienbezogene Aussageanalyse hat der BGH eine als »*Nullhypothese*« bezeichnete Prüfstrategie unter Verwendung der *Realkennzeichen* entwickelt, um zu beurteilen, ob auf *ein bestimmtes Geschehen bezogene Angaben* zutreffen, d.h. einem tatsächlichen Erleben der untersuchten Person entsprechen oder nicht. Asylrichter kennen diese Kriterien unter dem Begriff »*erlebnisfundierte* Aussagen«. Von maßgebender Bedeutung für Inhalt und methodischen Ablauf einer *Glaubhaftigkeitsbegutachtung* ist dabei insbesondere die Bildung relevanter Hypothesen (BGH, JZ 2000, 262, 263; *Lösel/Bender*, Qualitätsstandards psychologisch-psychiatrischer Begutachtung im Asylverfahren, S. 175, 182 ff.). Die Schlussfolgerung, dass es sich um eine Falschaussage handelt, wenn die Kriterien nicht erfüllt sind, entspricht allerdings nicht der Methodik der aussagepsychologischen

Begutachtung. Diese stellt anhand der derzeit von der Wissenschaft empfohlenen Kriterien lediglich fest, ob eine Aussage nicht anders als durch Erlebnisbezug zu erklären ist, sodass der Beweispflicht im Strafprozess Genüge getan ist.

Die »Nullhypothese« ist jedoch ungeeignet dafür, das Aussageverhalten traumatisierter Opfer von Folter und Gewalt zu beurteilen: Zweck dieser Methode ist es, festzustellen, ob es sich bei den zu beurteilenden Angaben um »bewusst falsche Aussagen« oder um die Wiedergabe eines tatsächlich erlebten Geschehensablaufs handelt (BGH, JZ 2000, 262, 263; *Eisenberg*, Beweisrecht der StPO, 4. Aufl. 2002, 1376 ff.). Das Aussageverhalten Traumatisierter wird jedoch nicht notwendigerweise durch bewusst falsche Angaben geprägt. Vielmehr bereitet die Bewertung deshalb Probleme, weil es zumeist um das Unterlassen oder die nur unzulängliche Darlegung erheblicher Tatsachen oder falsche Angaben aufgrund kognitiver Störungen oder anderer krankheitsbedingter Störungen geht. Für die Bewertung der Darlegungsdefizite, die durch *peritraumatische Dissoziationen* (*Abspaltungsvorgänge*), *Verdrängungsprozesse*, *kognitive Störungen* und allgemeine oder situative Störungen der Reproduktion und Verbalisierung von Gedächtnisinhalten bedingt sind, ist die Leistungskraft der kriterienbezogenen Aussageanalyse deshalb eingeschränkt (Bundesweite Arbeitsgemeinschaft der psychosozialen Zentren für Flüchtlinge und Folteropfer, Begutachtung traumatisierter Flüchtlinge. Eine kritische Reflektion der Praxis, 2006, S. 60). Im Blick auf »*suggerierte Aussagen*« hat der BGH Realkennzeichen als ungeeignete Kriterien bezeichnet und insoweit auf die »*Konstanzanalyse*« zurückgegriffen, die sich insbesondere auf »*aussageübergreifende Qualitätsmerkmale*« beziehe, die sich aus dem Vergleich von Angaben über denselben Sachverhalt zu unterschiedlichen Zeitpunkten ergeben würden. Nicht jede Inkonsistenz stelle einen Hinweis auf mangelnde Glaubhaftigkeit der Angaben insgesamt dar. Vor allem Gedächtnisunsicherheiten könnten eine ausreichende Erklärung für festgestellte Abweichungen ergeben (BGH, JZ 2000, 262, 264; s. auch *Eisenberg*, Beweisrecht der StPO, 4. Aufl., 2002, 1376 ff.). Wegen dieser oft ausgedehnten Gedächtnisunsicherheiten und anderer Einschränkungen des Aussagevermögens bei durch Folter und Gewalt Traumatisierten greift bei Darlegungsdefiziten die bloße aussagenimmanente Analyse einschließlich der Konstanzanalyse aber im Allgemeinen zu kurz. 156

Angesichts neuerer Befunde aus der Psychotraumatologieforschung werden die besonderen Erkenntnisprobleme bei der Begutachtung des Aussageverhaltens traumatisierter Flüchtlinge auch in Fachkreisen kontrovers diskutiert. Eine Überprüfung der Anwendung der Undeutsch-Kriterien im Asylverfahren wird zwar für erforderlich erachtet. Keinesfalls könne stets erwartet werden, dass Traumatisierte eine Beschreibung der »charakteristischen Konfigurationen von Umständen innerer und äußerer Art« (Kriterium Nr. 1) liefern könnten. Diese Forderung sei mit den psychotraumatologischen Erkenntnissen hinsichtlich einer räumlichen und/oder zeitlichen Dekontextualisierung traumatischer Erfahrungen und ihrer entsprechenden unvollständigen Repräsentation im Gedächtnis unvereinbar. Zudem könnten spezifische Enkodierungsbedingungen der traumatischen Situation, unzulängliche oder fehlende Konsolidierung und Abspeicherung der traumatischen Erfahrung oder mögliche vorhandene Abrufstörungen der traumatischen Erinnerung die sprachliche Darstellung 157 des traumatischen Erlebnisses (zeitweise) unmöglich machen oder zumindest erschweren. Diese Defizite könnten sich etwa in mangelhafter Konkretheit (Kriterium Nr. 2), fehlenden Details (Kriterium Nr. 3) oder mangelnder Kohärenz (Kriterium Nr. 5) äußern. Im Einzelfall könne hierdurch eine Aussage zunächst als widersprüchlich erscheinen. Insgesamt erforderten daher bisher vorliegende Erkenntnisse zu traumaspezifischen Verarbeitungsprozessen im Allgemeinen und zu den Charakteristika des traumaspezifischen Gedächtnisses im Besonderen bei mutmaßlich traumatisierten Probanden die Modifikation bzw. Einschränkung der klassischen aussagepsychologischen Realitätskriterien zu fordern (*von Hinckeldey/Fischer*, Psychotraumatologie der Gedächtnisleistung, 1992, S. 174 f.).

158 Klinisch orientierte Ärzte und Psychologen bezweifeln, ob auf der Grundlage der kriterienbezogenen Aussagenanalyse überhaupt hilfreiche Erkenntnisse zur Beurteilung der Frage erschlossen werden können, ob die Aussage eines Traumatisierten erlebnisfundiert ist. Die forensische Psychologie habe bislang keine standardisierten und wissenschaftlich validierten Verfahren zur Überprüfung der Glaubhaftigkeit von Aussagen von Personen entwickelt, die einerseits aufgrund von Extremtraumatisierung psychisch krank und andererseits – wie in Asylverfahren im Regelfall – nicht dem mitteleuropäischen oder nordamerikanischen Kulturkreis zuzuordnen seien. Ein Teil der Kriterien, die für die forensische Beurteilung der Glaubhaftigkeit von Aussagen wesentlich seien, könne nicht auf Personen übertragen werden, die an einer posttraumatischen Symptomatik litten (*Wenk-Ansohn/Haenel/Birck/Weber*, Anforderungen an Gutachten, in: E/E-Brief 8+9/02, S. 3; s. hierzu auch Begutachtung traumatisierter Flüchtlinge. Eine kritische Reflektion der Praxis, Bundesweite Arbeitsgemeinschaft der psychosozialen Zentren für Flüchtlinge und Folteropfer, 2006; Satz 60 ff., wie auch die Sammelbände von *Haenel/Wenk Ansohn*, Begutachtung psychisch reaktiver Traumafolgen in aufenthaltsrechtlichen Verfahren, 2004; *Furtmayr/Frása/Frewer*, Folter und ärztliche Verantwortung. Das Istanbul-Protokol und Problemfelder in der Praxis, 2009).

159 Fachpsychologen kritisieren, dass Juristen unzutreffend annehmen würden, die aussageimmanente Methode erhebe den Anspruch, die objektive Wahrheit nachzuweisen (*Soeder*, Erinnerungsstörungen und Glaubhaftigkeit, S. 144). Überdies kann das Aussageverhalten traumatisierter Personen oft deshalb nicht sachgerecht bewertet werden, weil traumatische Erinnerungen zunächst oft raum- und zeitlos sowie ich-fremd bleiben. Traumatische Ereignisse sind mit Einschränkungen der kognitiven Leistungsfähigkeit verbunden und führen in eine »*Tunnelsicht*«, da traumatisierte Personen oft nur eine begrenzte Zahl von Reizen registrieren können und diese nur verzerrt wahrnehmen. Dissoziationen und Vermeidungsverhalten können bewirken, dass oft ganze Zeitabschnitte, in denen die traumatischen Ereignisse sich zugetragen haben, nicht erinnert werden. Die Informationen sind aber noch im Hirn gespeichert. Lediglich der Zugang zu diesen ist aufgrund der Stressfaktoren verloren gegangen (*Markowitsch*, Dem Gedächtnis auf der Spur, 2002, S. 154; s. hierzu auch *Graessner/Wenk-Ansohn*, Die Spuren von Folter, 2000, S. 82 ff.; *Soeder*, ZAR 2009, 314, 316). Dies kann Ursache unvollständiger oder nicht plausibler Aussagen sein, für deren Erkenntnis Tatrichtern die Sachkunde fehlt. Traumatische Erinnerungsfragmente scheinen nicht

aufgrund normaler Abrufprozesse zugänglich zu werden. Manchmal bleiben einzelne Fragmente oder Details oft über lange Zeiträume hinweg extrem lebendig, stabil und unverändert (*Hypermnesie*), andererseits können auch ganze Zeitperioden wie Haftperioden nicht erinnert werden. Wechselndes Aussagenverhalten während der einzelnen Befragungsstationen im Asylverfahren findet hierin seine Erklärung.

Die klinische Erfahrung lehrt, dass auch nach der Erlangung der Fähigkeit, über 160 das traumatische Erleben zu berichten, intrusive Erinnerungen einerseits und Vermeidungsreaktionen andererseits oft über lange Zeiträume hinweg bestehen bleiben. Aufgrund traumaverursachter Verzerrungen sind traumabezogene Aussagen oft in sich brüchig und nicht logisch konsistent. Widersprüche in den Aussagen lassen sich oft ohne einen verbesserten Zugang zu weiteren Gedächtnisinformationen nicht überzeugend auflösen (*Birck*, Traumatisierte Flüchtlinge, 2002, S. 44f., 48, 84, 90 f.; *Weber*, Extremtraumatisierte Flüchtlinge in Deutschland, 1998, S. 88). Die klinische Forschung hebt ferner hervor, dass insbesondere Methoden *psychischer Folter* das Ziel verfolgen, die Fähigkeit zur Realitätswahrnehmung zu unterminieren und nachhaltig zu erschüttern. Eine Person, die unter psychischer Folter die Fähigkeit verliert, sich in einer sozialen Umwelt zu orientieren und eigenen Wahrnehmungen und Empfindungen zu vertrauen, wird auch für die Zukunft jede Realitätsbasis infrage stellen. Dadurch wird die psychische Integrität und Autonomie einer Person gravierend erschüttert. Psychologische Folter ist ein Angriff auf basale psychische Funktionen, mit dem Ziel, den Realitätssinn und das Gefühl für Autonomie und Integrität und damit die Persönlichkeit selbst zu zerstören (*Birck*, Traumatisierte Flüchtlinge, 2002, S. 88). Die an logische Konsistenz, quantitatives Detailreichtum und raum-zeitliche Verknüpfungen ausgerichtete kriterienbezogene Aussagenanalyse (Rdn. 155) ist daher für die erforderliche Erkenntnis, ob traumatisierte Asylantragsteller bzw. -kläger erlebnisfundierte Angaben machen oder nicht, häufig ungeeignet. Nicht alle Menschen entwickeln nach traumatischen Erfahrungen posttraumatische Belastungsstörungen. Bei Folteropfern wird aber mit einer Störungshäufigkeit zwischen 50 bis 70 % gerechnet. Bei Opfern von Folter, und Bürgerkriegen, die auch sexualisierte Gewalt erlebt haben, ist auch wegen der Tabuisierung der Gewalterlebnisse die Dunkelziffer besonders hoch. Häufig werden diese Erfahrungen erst im Rahmen von Kontakten zu Ärzten oder Therapeuten oder bei unmittelbar drohender Abschiebung erwähnt.

Es liegt auf der Hand, dass aufgrund dieser spezifischen verfahrensrechtlichen und 161 kulturellen Kontextbedingungen vor dem Hintergrund einer fehlenden hinreichend abgesicherten und in der psychologischen Fachdisziplin anerkannten Methodik zur Bewertung des Aussageverhaltens von Personen mit gravierenden Traumaerfahrungen aus fremden Herkunftsländern die an Rechtssicherheit orientierte Verwaltungsjustiz verunsichert ist und deshalb eine Tendenz besteht, diese Unsicherheit durch Rückgriff auf wohl vertrautes prozessuales Rüstzeug zu überspielen (*Marx*, Juristische Anforderungen an die Begutachtung von Asylklägern, S. 96). Der Richter entscheidet nach seiner freien, aus dem Gesamtergebnis des Verfahrens einschließlich einer durchgeführten Beweiserhebung gewonnenen Überzeugung (§ 108 Abs. 1 Satz 1 VwGO). Tatsachenermittlungen und damit individuelles Aussageverhalten dienen der Erarbeitung von Prognosetatsachen, die mit Gewissheit festzustellen sind. Fehlendes Wissen aufgrund von Erinnerungsstörungen, Mutmaßungen oder Annahmen über die Wahrscheinlichkeit bestimmter Ereignisse stehen aber dann der Bildung der erforderlichen Überzeugungsgewissheit von den die Prognosebasis in ihrer Gesamtheit bildenden Tatsachen nicht entgegen, wenn der Richter aus dem Gesamtergebnis der Befragung den Schluss zieht, dass er dem Antragsteller glaubt (BVerwGE 71, 180, 182 = EZAR 630 Nr. 17 = NVwZ 1985, 685 = InfAuslR 1995, 244). Der eingeräumte Beurteilungsspielraum für den Richter ist indes erheblich und für den Asylkläger auch nicht rügefähig, es sei denn, der Tatrichter kann seine Sachkunde für geltend gemachte traumatische Erfahrungen und deren Folgen nicht belegen:

162 Der Richter muss im Rahmen der Sachaufklärung prüfen, ob fehlerhafte Aussagen erlebnisfundiert sein können. Ob traumatische Erinnerungsfragmente normalen Abrufprozessen nicht zugänglich sind oder intrusive Erinnerungen und Vermeidungsreaktionen fortwirken, kann er mangels eigener Sachkunde nicht bewerten. Daher hat er die Sachkunde von Fachpsychologen hinzuziehen und das eingeholte Gutachten auf Schlüssigkeit und methodische Fehlerfreiheit zu überprüfen. Enthält das Gutachten eine nachvollziehbare Begründung für aufgetretene, im Einzelnen im Beweisbeschluss bezeichnete Darlegungsfehler, entscheidet der Richter im Rahmen freier Beweiswürdigung. Richterliche Kritik klinischer Gutachten anhand aussageimmanenter Kriterien ist methodisch verfehlt und stellt einen Verfahrensfehler (§ 138 Nr. 3 VwGO) dar. Ein klinisches Gutachten ist vielmehr anhand hierzu entwickelter klinischer Standards zu bewerten (*Bundesweite Arbeitsgemeinschaft der psychosozialen Zentren für Flüchtlinge und Folteropfer*, Begutachtung traumatisierter Flüchtlinge. Eine kritische Reflektion der Praxis, 2006, S. 67 ff.; *Gierlichs u.a.*, SBPM: Standards, www.aerzteblatt.de/v4/plus/down.asp?typ=PDF&id=995; *Gierlichs*, Grenzen und Möglichkeiten der Begutachtung in asylrechtlichen Verfahren, S. 127 f.). Die Diagnose wird anhand

- einer analysierenden Zusammenschau von Angaben zur Vorgeschichte,
- dem differenziert abgefragten Beschwerdeverlauf,
- dem aktuellen psychischen und körperlichen Beschwerdebild,
- der Verhaltensbeobachtung,
- der Beobachtung klinischer Zeichen während der anamnestischen Erhebung,
- der psychischen und gegebenenfalls zusätzlich erhobenen körperlichen Befunde und einer
- Bewertung vor dem Hintergrund des aktuellen Standes der Forschung im Blick auf Traumafolgen erstellt.

163 Auch klinische Gutachten können wesentliche Anhaltspunkte enthalten, die für oder gegen den Erlebnisbezug einer Aussage sprechen, da der Gutachter den möglichen oder wahrscheinlichen Zusammenhang zwischen einer krankheitsauslösenden Traumatisierung und den erhobenen Befunden darstellen und seine Schlussfolgerungen begründen muss. Manche peritraumatische Symptome und posttraumatische Beschwerden sind »ereignistypisch« und können regelmäßig nur von Menschen geschildert werden, die traumatische Erlebnisse selbst erlebt haben. Insofern können sich auch aus der klinischen Diagnostik Indizien auf die Glaubhaftigkeit von Aussagen zur traumatischen Vorgeschichte ergeben (*Wenk-Ansohn/Haenel/Birck/Weber*, Anforderungen an Gutachten, in: E/E-Brief 8+9/02, S. 3; *Gierlichs*, Begutachtung

psychisch-reaktiver Traumafolgen bei Flüchtlingen, S. 43 ff.). Maßgebend für ein klinisches Gutachten ist, ob bestimmte für die Beurteilung des Sachverhalts in Betracht kommende Ereignisse in der Vergangenheit Erinnerungsstörungen ausgelöst haben. Zu diesen Ursachen muss sich auch ein klinisches Gutachten detailliert und wissenschaftlich fundiert verhalten. Es muss auch Aussagen zum Umfang und zur Art der einzelnen Auswirkungen traumatischer Vorgänge auf das Erinnerungsvermögen und der dadurch hervor gerufenen Darlegungsprobleme enthalten. Die aus diesen Feststellungen zu ziehenden Bewertungen des Vorbringens des Klägers unterliegen hingegen der richterlichen Beweiswürdigung. Insoweit kann das klinische Gutachten hilfreiche Erkenntnisse liefern und dem Richter die Entscheidung erleichtern, ob die traumatischen Ereignisse (Prozesse) fluchtauslösend waren. Wird dies bejaht, hat der Richter die vom EuGH entwickelte *Beweiskraft* früherer Verfolgungen oder Bedrohungen zu beachten (EuGH, InfAuslR 2010, 188, 192 94 – *Abdulla*).

4. Beweisantritt bei der Sachaufklärung von Abschiebungsverboten – (§ 60 Abs. 7 Satz 2 bis 4 AufenthG)

Die Berufung auf ein zielstaatsbezogenes Abschiebungsverbot (§ 60 Abs. 7 Satz 2 bis 4 **164**
AufenthG) zielt einerseits auf die Frage der im Abschiebezielstaat verfügbaren psychotherapeutischen und psychiatrischen Möglichkeiten der Behandlung und andererseits auf die besondere psychische Dynamik der Erkrankung insbesondere bei chronischen Krankheitsverläufen. Dabei wird aber häufig übersehen, dass die Folgen einer Ortsveränderung in die Umgebung, in der die objektiven Gründe der psychischen Erkrankung ihren territorialen Ort haben, eine hohe Wahrscheinlichkeit einer Verschärfung der Erkrankung oder gar einer *Retraumatisierung* (*Soeder*, ZAR 2009, 314, 316; s. auch BVerfG [Kammer], NVwZ 2008, 418; VG Stuttgart, NVwZ-RR 2009, 401, 402) zur Folge haben kann. Sind im Herkunftsland ausreichende psychotherapeutische und psychiatrische ambulante und stationäre Behandlungsmöglichkeiten verfügbar, kann unter dem rechtlichen Gesichtspunkt zielstaatsbezogener Abschiebungsverbote der Vollzug der Abschiebung nicht ausgesetzt werden. Nach der herrschenden, von der Rechtsprechung überwiegend bestätigten Verwaltungspraxis, die nur bei einer wegen der Verhältnisse im Zielstaat drohenden unmittelbaren Gefahr für Leib und Leben ein zielstaatsbezogenes Abschiebungsverbot anerkennt, muss dargelegt werden können, dass wegen der Konfrontation mit den örtlichen Verhältnissen eine Verschärfung der Erkrankung, etwa in Form einer *Retraumatisierung*, unmittelbar bevorsteht. Das kann bei einer psychischen Erkrankung jedoch nicht stets, gleichsam zwangsläufig, unterstellt werden (*Graessner/Wenk-Ansohn*, Die Spuren von Folter, 2000, S. 78 ff.). Daher besteht insoweit ein besonders hoher Begründungsbedarf. Maßgebend für die Anwendung von § 60 Abs. 7 Satz 2 AufenthG ist im Blick auf psychische Erkrankungen, dass aufgrund Ortsveränderung eine *erhebliche Verschlechterung des Krankheitsbildes* (BVerwGE 105, 383, 386 f. = NVwZ 1998, 524 = EZAR 043 Nr. 27 = InfAuslR 1998, 189; OVG NW, NVwZ-RR 2005, 359) droht. Es kommt auf den *Vergleich* der *Behandlungssituation* im *Abschiebezielstaat* mit der im *Bundesgebiet* an. Jedoch sind auch die Folgen einer Ortsveränderung und eine dadurch möglicherweise drohende Retraumatisierung zu bedenken. Nicht jede geringfügige Bedrohung der seelischen

Unversehrtheit einer Person begründet eine erhebliche Gefahr. Vielmehr muss eine erhebliche Gesundheitsgefährdung dargelegt werden.

165 Nach der Rechtsprechung darf der Sachverständigenbeweis zur Erkrankung des Asylklägers nicht mit der Begründung abgelehnt werden, er habe die »Erkrankung nicht glaubhaft gemacht« (Rdn. 92 ff.). »Eine Pflicht zur *Glaubhaftmachung*, etwa im Sinne von § 294 ZPO, besteht für den Beweisführer in dem vom Untersuchungsgrundsatz beherrschten Verwaltungsprozess regelmäßig ebenso wenig wie eine *Beweisführungspflicht*« (BVerwG, NVwZ 2007, 346, 347; BVerwGE 129, 251, 255 15 = InfAuslR 2008, 142, 143 = NVwZ 2008, 330 = AuAS 2008, 17; mit Hinweis auf BVerwG, InfAuslR 2002, 149; BVerwGE 109, 174 = InfAuslR 1999, 526). Allerdings gehört zur Substanziierung eines Antrags, der das Vorliegen einer behandlungsbedürftigen PTBS zum Gegenstand hat, angesichts der *Unschärfen des Krankheitsbildes* sowie seiner *vielfältigen Symptome* regelmäßig die Vorlage eines *gewissen Mindestanforderungen* genügenden fachärztlichen Attests. Aus diesem muss nachvollziehbar hervorgehen, auf welcher Grundlage der Facharzt seine Diagnose gestellt hat und wie sich die Krankheit im konkreten Fall darstellt. Dazu gehörten etwa Angaben darüber, seit wann und wie häufig sich der Patient in ärztlicher Behandlung befunden hat und ob die von ihm geschilderten Beschwerden durch die erhobenen Befunde bestätigt werden. Ferner muss das Attest Aufschluss über die *Schwere der Krankheit*, deren *Behandlungsbedürftigkeit* sowie den *bisherigen Behandlungsverlauf* (Medikation und Therapie) geben. Wird das Vorliegen einer PTBS auf traumatisierende Erlebnisse im Herkunftsland gestützt und werden die Symptome erst längere Zeit nach der Ausreise aus dem Herkunftsland vorgetragen, ist in der Regel auch eine Begründung dafür erforderlich, warum die Erkrankung nicht früher geltend gemacht worden ist (BVerwGE 129, 251, 255 15 = InfAuslR 2008, 142, 143 = NVwZ 2008, 330 = AuAS 2008, 17; VGH BW, InfAuslR 261, 262; VGH BW, AuAS 2012, 211, 212 = NVwZ-RR 2012, 868 [Ls]; OVG NW, AuAS 2009, 82, 83; VG Saarlouis, AuAS 2013, 213, 215; s. auch § 60a Abs. 2c Satz 3 AufenthG). Diese Kriterien werden auch auf die Aufklärung der Gefahr der *Retraumatisierung* verbunden mit einer *suizidalen* Entwicklung angewandt (BayVGH, Beschl. v. 27.07.2010 – 11 ZB 10.30187).

166 Dieser Rechtsprechung wird vorgehalten, sie komme einer vorweggenommenen Beweiswürdigung nahe, weil die Darstellung des Behandlungsverlaufs, der zugrundegelegten Testverfahren, die Trennung von Befund und Interpretation und die Wertung der beklagten Symptome Anforderungen bezeichneten, die erst an ein Gutachten gestellt werden dürften (*Jacob*, Asylmagazin 3/2010, 51, 57). Für inlandsbezogene Vollstreckungshemmnisse findet diese Ansicht Bestätigung durch § 60a Abs. 2c Satz 3 AufenthG, der nicht bereits für den Beweisantritt, sondern erst für die Feststellung diese Kriterien festlegt. Nach der Rechtsprechung reicht es für die vom BVerwG geforderte Bezeichnung der *Diagnosegrundlage* aus, wenn Angaben zur zeitlichen Dauer und Intensität der Behandlung gemacht werden. Maßgebend ist, dass eine ausreichend lange und intensive Behandlung und dargelegt wird, wie sich aus ärztlicher Sicht die Erkrankung konkret auf den Asylkläger auswirkt und welche therapeutischen Maßnahmen durchgeführt wurden (BayVGH, Beschl. v. 27.07.2010 – 11 ZB 10.30187). Soweit gefordert wird, dass die Stellungnahme nicht unbesehen ohne

weitere Überprüfung, unter Verzicht auf eine eigenständige Exploration, unkritisch, ohne die erforderliche Distanz und nicht allein aufgrund der Aussagen des Asylklägers erstellt werden dürfe (VGH BW, InfAuslR 2011, 761, 762), werden die Anforderungen überzogen. Im asylrechtlichen Erkenntnisprozess, in dem es um die Überprüfung des Wahrheitsgehalts der Angaben des Asylklägers geht, sind derartige Anforderungen unabdingbar. Ob jedoch eine psychische Erkrankung schwerwiegend ist und welche Folgen die Rückkehr in den Zielstaat hat, beruht nicht auf den Angaben des Asylklägers, sondern wird im Rahmen eigenverantwortlicher Diagnose des Facharztes oder Psychotherapeuten festgestellt. Empathie mit dem behandelten Erkrankten ist notwendige Bedingung für eine gelingende Heilbehandlung und schwächt nicht das fachärztliche Erkenntnisvermögen, solange die Diagnose plausibel erscheint.

Das BVerwG hat lediglich die Kriterien für den Beweisantritt zur Feststellung einer PTBS festgelegt. Weit verbreitet in der psychologischen und juristischen Zunft ist der Irrtum, eine psychische Erkrankung begründe nur dann ein Abschiebungsverbot, wenn die Kriterien einer *Posttraumatischen Belastungsstörung* (PTBS) nach ICD 10: F43.1 diagnostiziert werden. Traumastörungen können nicht auf ein einziges Krankheitsbild reduziert werden (*Bundesweite Arbeitsgemeinschaft der psychosozialen Zentren für Flüchtlinge und Folteropfer*, Begutachtung traumatisierter Flüchtlinge. Eine kritische Reflektion der Praxis, 2006, S. 37 ff.; *Weber*, Extremtraumatisierte Flüchtlinge in Deutschland, 1998, S. 101 ff.; *Soeder*, ZAR 2009, 314). Das rein deskriptive System posttraumatischer Belastungsstörungen stellt nur einen Ausschnitt möglicher Störungsbilder dar. Es wird insbesondere nicht dem Prozesscharakter psychischer Verletzungs- und Kompensationsprozesse gerecht. Aus klinischer Sicht sind nicht nur Personen, die an einem Störungsbild infolge einer Traumatisierung im Herkunftsland leiden (*Gefahr der akuten Reaktualisierung*), sondern auch Personen mit psychosenahen Störungen (*Gefahr des Realitätsverlustes* und der *psychotischen Dekompensation*), Personen mit schweren Depressionen (*Psychodynamik der Autoaggression*) und Personen mit schweren Persönlichkeitsstörungen und deutlich herabgesetzter Stressresistenz (*Gefahr des Impulsdurchbruchs mit Eigen- oder Fremdgefährdung*) besonders gefährdet. So wird z.B. in der Rechtsprechung bei Zweifeln an einer posttraumatischen Belastungsstörung dann ein Abschiebungsverbot festgestellt, wenn der Asylsuchende an einer *paranoid-halluzinatorischen Psychose* leidet und die Betreuung im Abschiebezielstaat nicht gewährleistet ist (VGH BW, EZAR 51 Nr. 3). 167

Ein Sonderfall, bei dem bereits durch den Vollzug der Abschiebung (§ 60a Abs. 2c AufenthG) aufgrund der psychischen Erkrankung des Betroffenen Verschlimmerungen des Gesundheitszustands drohen können, zielt auf die *Gefahr der Suizidalität.* Psychische Erkrankungen, die behandlungsbedürftig sind, jedoch ohne Gefahr der erheblichen Verschlechterung im Zielstaat behandelt werden können, sind unerheblich, wenn nicht durch die Abschiebung eine suizidale Gefahr begründet wird. Hier droht aber Beweisablehnung, weil im Asylprozess nur zielstaatsbezogene Gefahren entscheidungserheblich sind. Zumeist ist Suizidalität aber nur ein Teilaspekt eines komplexen psychischen Krankheitsbildes und können suizidale Gefährdungen sich erst im Zielstaat realisieren. Daher sind im Beweisantrag schlüssig Anzeichen hierfür zu bezeichnen. Ist dies nicht möglich, muss inlandsbezogener Vollstreckungsschutz erstrebt und 168 eine ärztliche Stellungnahme zum Wahrscheinlichkeitsgrad vorgelegt werden, dass die suizidale Gefährdung durch den Abschiebungsvorgang selbst hervorgerufen werden könnte. Beschränkt sich eine ärztliche Stellungnahme lediglich auf die Gefahr der Suizidalität, ohne das komplexe Krankheitsbild und die Auswirkungen auf den Betroffenen zu beschreiben, wird die Vollstreckungsbehörde das Gesundheitsamt heranziehen und gegebenenfalls mit ärztlicher Begleitung (BayVGH, NVwZ-Bei. 2004, 14, 15; VG Regensburg, AuAS 1999, 245, 247; VG Düsseldorf, AuAS 2004, 66, 67) die Abschiebung vollziehen. Dagegen wird eingewandt, dass bei substanziiert vorgebrachter Suizidalität stets eine fach- oder amtsärztliche Untersuchung im Blick auf eine mögliche Reiseunfähigkeit erforderlich sei. Diese sei nicht bereits deshalb entbehrlich, weil die Ausländerbehörde zusage, den Betroffenen in ärztlicher Begleitung abzuschieben und ihm im Zielstaat in ärztliche Obhut zu geben (OVG Hamburg, AuAS 2015, 100 [101]; s. auch § 60a Abs. 2d Satz 2 und 3 AufenthG). Für den Eilrechtsschutz reicht insoweit die bloße Möglichkeit der suizidalen Gefährdung aus. Die weitere Sachaufklärung ist dem Hauptsachverfahren vorbehalten.

5. Beweiswürdigung bei der Sachaufklärung von Abschiebungsverboten

169 Das eingeholte Gutachten muss die medizinischen Untersuchungsmethoden nach dem aktuellen wissenschaftlichen Kenntnisstand darlegen und eine nachvollziehbare, logisch begründete Antwort auf die gestellte Beweisfrage enthalten. Umfang und Genauigkeit richten sich nach den Umständen des jeweiligen Einzelfalles, insbesondere der Komplexität des Krankheitsbildes, Gewichtigkeit und Konsequenzen der Diagnose, und entziehen sich deshalb einer generellen Beurteilung. Ferner sind die Einhaltung und Berücksichtigung internationaler Qualitätsstandards zu behandeln, wenn eine entsprechend gewichtige und komplexe Diagnose mit weitreichenden Folgen bescheinigt wird. Es ist andererseits nicht Aufgabe des Gutachtens, etwaige rechtliche Folgen der fachlich begründeten Feststellungen und Folgerungen darzulegen oder Rechtsfragen (Ausweisung, Verbleiberecht) zu behandeln (VGH BW, NVwZ-Beil. 2003, 98, 99 = InfAuslR 2003, 423).

170 Ist der Antrag durch Vorlage einer ärztlichen Stellungnahme schlüssig begründet, kann das Gericht bereits aufgrund der Stellungnahme ein krankheitsbedingtes Abschiebungsverbot feststellen, wenn diese Aussagen zur Ursache der psychischen Erkrankung enthält, alternative Ursachen erörtert und in nachvollziehbarer Weise ausschließt sowie Aussagen zum Umfang der Behandlungsbedürftigkeit und dazu enthält, dass der Abbruch der weiteren Behandlung ohne die hinreichend sichere Fortsetzung der Behandlung im Zielstaat unter relativ vergleichbaren (§ 60 Abs. 7 Satz 3 AufenthG) therapeutischen, persönlichen und familiären Bedingungen eine nicht unwesentliche Verschlechterung des Krankheitszustandes zur Folge haben wird. Eine Beschreibung der maßgebenden Ursache der psychischen Erkrankung sowie die Erörterung und der Ausschluss alternativer Ursachen können insbesondere dann gefordert werden, wenn im Beweisantritt die Gefahr der Retraumatisierung wegen der mit der Rückführung verbundenen Ortsveränderung behauptet wurde. Soweit es ausschließlich um die Voraussetzungen der psychotherapeutischen Versorgung im Herkunftsland geht, stehen klinische Beschreibungen von Art und Umfang des psychischen Leidens

und die Anforderungen an die gebotene Behandlung im Vordergrund. Ausführungen zur Ursache können insoweit das Verständnis des Krankheitsbildes erleichtern, sind aber nicht zwingend gefordert. Für die Bewertung der Effizienz der im Herkunftsland verfügbaren medizinischen Versorgung fehlt dem Gericht die eigene Sachkunde (BVerwG, NVwZ 2007, 345).

V. Antrag auf Ladung des Sachverständigen

Im Verwaltungsprozess kann grundsätzlich das *persönliche Erscheinen des Gutachters* (§ 98 VwGO; §§ 402, 397 ZPO) verlangt werden (BVerwG, NJW 1984, 2645; BVerwG, DVBl 1985, 577; BVerwG, InfAuslR 1986, 74; BVerwG, EZAR 630 Nr. 22; Hess. VGH, InfAuslR 1997, 133, 134; Hess. VGH, EZAR 631 Nr. 47; Hess. VGH, NVwZ-Beil. 1999, 23, 26; Hess. VGH, NVwZ 2000, 1428; VGH BW, AuAS 1997, 224, 225; s. auch BGH, NJW 1981, 2578; OVG Rh-Pf, NVwZ-RR 1999, 808, zum Recht auf Anwesenheit der Beteiligten im Vorfeld der Gutachtenerstattung). Das bloße Verlangen, diesen zu laden, reicht jedoch für sich allein – ohne konkrete Erläuterung der für die Notwendigkeit der Ladung maßgeblichen Gründe – nicht aus, um das Gericht zur Anordnung des Erscheinens zu veranlassen (BVerwG, DVBl 1986, 658; BVerwG, InfAuslR 1986, 74; Dahm, ZAR 2002, 348, 355). Es genügt jedoch, wenn dem Antrag entnommen werden kann, in welche allgemeine Richtung eine weitere Aufklärung herbeigeführt werden soll. Von dem Beteiligten kann nicht verlangt werden, dass sie die Fragen, die sie an den Sachverständigen richten wollen, im Voraus im Einzelnen formulieren. Ziel der Ladung ist nicht seine Vernehmung durch den Richter, sondern die Vorverlegung und unmittelbare Stellung von Fragen der Beteiligten, deren eine aus der Beantwortung der anderen folgen kann (BVerwG, NJW 1984, 2645, 2646; BVerwG, NJW 1986, 3221; Hess. VGH, InfAuslR 1997, 133, 134; Hess. VGH, EZAR 631 Nr. 47; VGH BW, AuAS 1997, 224, 225). Es genügt daher, wenn beantragt wird, der Sachverständige möge die in seinem Gutachten angeführten Fälle konkret belegen (Hess. VGH, InfAuslR 1997, 133, 134), ohne dass es darauf ankommt, dass auch das Gericht das Gutachten für erläuterungsbedürftig hält (VGH BW, AuAS 1997, 224, 225). Zeigt der Sachverständige Gefahren auf, die dem Asylkläger etwa bei einer falschen Verdächtigung drohen und erachtet das Verwaltungsgericht die gutachterlichen Ausführungen für zu unbestimmt und allgemein, gebietet es die Sachaufklärungspflicht, ihn zur Erläuterung seines Gutachtens zu laden (BVerfG [Kammer], InfAuslR 2002, 322, 325). 171

Umstritten ist, ob das Recht der Beteiligten, die Ladung von Sachverständigen zur mündlichen Erläuterung ihres Gutachtens zu verlangen, auch dann gilt, wenn das *Gutachten in einem anderen Verfahren* erstattet und im anhängigen Prozess im Wege des Urkundenbeweises beigezogen worden ist (dafür BVerwG, NJW 1986, 3221; Hess. VGH, InfAuslR 1997, 133, 134; Hess. VGH, NVwZ 2000, 1428, 1429; *Schulz*, NVwZ 2000, 1367, 1370; dagegen VGH BW, AuAS 1997, 224, 225; Hess. VGH, NVwZ-Beil. 1999, 2326). Das Verwaltungsgericht kann aber aus der Vielzahl der Verfasser beigezogener Erkenntnismittel einen auswählen (Hess. VGH, NVwZ 2000, 1428, 1429; *Schulz*, NVwZ 2000, 1367, 1370). Lässt das beigezogene Gutachten Fragen offen, kann die Einholung eines weiteren Gutachtens (Rdn. 130 ff.) beantragt werden (VGH BW, 172

AuAS 1997, 224, 225) und so die prozessualen Voraussetzungen für die Ladung des Sachverständigen zu schaffen. Anstelle der persönlichen Ladung des Sachverständigen können die Beteiligten auch auf schriftliche Ergänzung und Erläuterung seines Gutachtens hinwirken (BGH, NJW 1981, 2578). Das gilt auch für ausländische Auskunftsstellen, soweit diese nicht im Herkunftsland des Asylklägers ihren Sitz haben. Insoweit ist nicht von einem untauglichen Beweisantritt auszugehen (BVerwG, InfAuslR 1995, 405, 406).

173 Anders als im förmlichen Verfahren der Beweiserhebung durch Sachverständige können nach der Rechtsprechung die Beteiligten nicht verlangen, dass das Gericht gerade das persönliche Erscheinen des *Verfassers der eingeführten* oder *eingeholten amtlichen Auskunft* zwecks mündlicher Erläuterung anordnet (BVerwG, DVBl 1985, 577; BVerwG, EZAR 630 Nr. 22, VerfGH Berlin, NVwZ-Beil. 2000, 1 = EZAR 630 Nr. 38; stdg. Rspr.). Dies gilt nach der Rechtsprechung auch für den Verfasser der Auskunft des UNHCR (VerfGH Berlin, NVwZ-Beil. 2000, 1 = EZAR 630 Nr. 38). Begründet wird diese Ansicht mit dem Hinweis auf die besondere Fachkunde des Auswärtigen Amtes. Die amtliche Auskunft werde im Wege des Freibeweises in das Verfahren eingeführt, ohne dass das Gericht gezwungen wäre, den Verfasser der Auskunft selbst und die weiteren Bediensteten, die zu ihrer Erstellung beigetragen haben, zu vernehmen (BVerwG, DVBl 1985, 577). Dadurch würde die amtliche Auskunft ihre Eigenschaft als selbständiges schriftliches Beweismittel verlieren und ein Wechsel vom Freibeweis in den formalisierten Sachverständigenbeweis eintreten (BVerwG, DVBl 1985, 577; a.A. VG Wiesbaden, Urt. v. 23.12.1996 – 5 E 30214/95.A [3]; s. hierzu auch *Becker/Bruhns*, InfAuslR 1997, 119, 121). Daher kann in Anlehnung an den in §§ 402, 397, 411 Abs. 3 ZPO enthaltenen Rechtsgedanken nur eine gerichtliche Verpflichtung in Betracht kommen, *auf schriftlichem Wege* erneut an das Auswärtige Amt heranzutreten, wenn die Erläuterung des Gutachtens durch einen Beteiligten verlangt wird (BVerwG, DVBl 1985, 577). Werden amtliche Auskünfte aus anderen Verfahren eingeführt, braucht indes die Auskunft gebende oder gutachtende Stelle nicht erneut zu den von ihr bereits behandelten Themen herangezogen zu werden (BVerwG, InfAuslR 1989, 351; BVerwG, Beschl. v. 31.08.1989 – BVerwG 9 B 212.89).

174 Diese Rechtsprechung ist so zu verstehen, dass bei den zum konkreten Rechtsstreit im Wege des Freibeweises eingeholten amtlichen Auskünften bei Unklarheiten, Ungereimtheiten oder Widersprüchen im Wege der schriftlichen Nachfrage eine Klärung herbeigeführt werden kann. Dies ist dagegen bei aus anderen Verfahren im Wege des Urkundenbeweises eingeführten amtlichen Auskünften nicht zulässig. In beiden Fällen kann aber unter den hierfür maßgeblichen Voraussetzungen (Rdn. 130 ff.) die Einholung eines weiteren Gutachtens in Betracht kommen. Es kann nicht gefordert werden, dass das Auswärtige Amt die Entstehungsgeschichte noch die zugrunde liegenden Informationsquellen noch die tatsächlichen Grundlagen der Auskunft erläutert (BVerwG, DVBl 1985, 577; BVerwG, EZAR 630 Nr. 22; vgl. auch BVerwG, BayVBl. 1985, 377). Ob diese prozessuale Privilegierung mit Verfassungsrecht vereinbar ist, hat das BVerfG offen gelassen. Es hat lediglich wegen der mangelnden Konkretisierung, weshalb es der mündlichen Erläuterung der amtlichen Auskunft durch deren Verfasser zur Wahrung des rechtlichen Gehörs bedurft hätte, die gerichtliche Verweigerung der Anordnung der Ladung gebilligt. Das gerichtliche Verlangen, solche

Gründe darzulegen, verletze nicht Verfassungsrecht (BVerfG, DVBl 1985, 566 = NJW 1986, 658 [nur LS]).

VI. Ablehnung des Sachverständigen

Der Sachverständige kann nach § 98 VwGO in Verb. mit § 406 Abs. 1 Satz 1 ZPO 175 wegen *Besorgnis der Befangenheit* abgelehnt werden (BayVGH, NVwZ-RR 2001, 207; Hess. VGH, AuAS 1999, 56). Ein gegen seine Unparteilichkeit bestehendes Misstrauen liegt desto näher, je enger er mit einem Beteiligten verbunden ist. Dies gilt auch für die Nähe des Gutachters zur Behörde. Dauerhaften Beschäftigungsverhältnissen oder anderen nicht unbeträchtlichen Interessenbeziehungen des Sachverständigen zu einem Beteiligten kommt daher entscheidendes Gewicht bei der Frage der Befangenheit zu (BayVGH, NVwZ-RR 2001, 207). Durch das Bundesamt selbst erstellte Analysen zu Herkunftsländern oder zusammenfassende Übersichten über die Rechtsprechung und Auskunftslage zu einem bestimmten Herkunftsland im Asylprozess dürfen daher aus prozessualen Gründen nicht verwertet werden. Wegen der nach außen nicht erkennbar, gleichwohl aber intensiven Mitwirkung von Mitarbeitern des Bundesamtes an der Erstellung der amtlichen Auskünfte und Lageberichte stellt sich ebenfalls die Frage, ob derartige Erkenntnismittel nicht wegen Besorgnis der Befangenheit ihrer Verfasser abzulehnen sind. Das Ablehnungsrecht schließt auch Verfasser von Gutachten ein, die im Wege des Urkundenbeweises beigezogen werden (Hess. VGH, AuAS 1999, 56, 57). Das Rügerecht geht verloren, wenn mit dem Befangenheitsantrag bis zur mündlichen Verhandlung zugewartet wird. Vielmehr wird erwartet, dass der Antrag unverzüglich nach der gerichtlichen Mitteilung an die Beteiligten, die entsprechende Stellungnahme werde im konkreten Verfahren durch Beiziehung werden, schriftsätzlich gestellt wird.

H. Zeugenbeweis (§ 96 Abs. 1 Satz 2 VwGO, §§ 373 bis 401 ZPO)

I. Funktion des Zeugenbeweises im Asylprozess

Als Beweismittel insbesondere für individualbezogene Tatsachen kommt im Asylprozess 176 auch der Zeugenbeweis (§§ 373ff. ZPO) in Betracht. Neben der Anhörung des Asylklägers selbst kommt insbesondere die Vernehmung von Zeugen infrage, um die befürchtete Verfolgungsgefahr verlässlich überprüfen zu können (BVerfGE 54, 341, 359 = DVBl 1981, 115 = EZAR 200 Nr. 1 = JZ 1981, 804 = DÖV 1981, 21). Dementsprechend ist der Zeugenbeweis im Asylprozess ein *zulässiges* und *selbständiges Beweismittel* (BVerwG, InfAuslR *1983, 255;* BVerwG, DVBl 1984, 571). Im Allgemeinen wird aber davon ausgegangen, dass der Zeugenbeweis wegen der möglichen Fehler bei der Wahrnehmung der Tatsachen, der Erinnerung des Wahrgenommenen und der möglichen Voreingenommenheit der unsicherste Beweis ist, dem regelmäßig der Sachverständigen- und vor allem der Urkundenbeweis überlegen ist. Sofern sich das Gericht der Gefahren des Zeugenbeweises bewusst ist und demgemäß die Vernehmung mit Geschick und Verständnis leitet, kann jedoch auch der Zeugenbeweis eine sichere Grundlage der Sachverhaltsfeststellung sein (*Schuhmann,* in: Stein-Jonas, ZPO, 21 vor § 373; *Balzer,* Beweisaufnahme und Beweiswürdigung im Zivilprozess, 152 ff.).

177 Der Zeugenbeweis ist nur über *Tatsachen*, d.h. die dem verhandelten Einzelfall angehörigen nach Zeit und Raum bestimmten Geschehnisse und Zustände der Außenwelt (*äußere Tatsachen*) wie des menschlichen Seelenlebens (*innere Tatsachen*), deren Subsumtion unter die Tatbestandsmerkmale der Rechtssätze die eigentliche richterliche Aufgabe darstellt (*Leipold*, in: Stein-Jonas, ZPO, § 284 9), zulässig. Evident ist, dass im Asylprozess der Zeugenbeweis in erster Linie über äußere Tatsachen in Betracht kommt. Der Zeuge berichtet über eigene konkrete Wahrnehmungen und unterscheidet sich darin vom *Sachverständigen*. Die Zeugenaussage enthält nur einen Bericht über vergangene Tatsachen und zufällige Wahrnehmungen und kein Urteil oder allenfalls Urteile, die ohne besondere Sachkunde möglich sind. Die vom Zeugen aus den Tatsachen gezogenen und von ihm ausgesagten Schlussfolgerungen als solche bilden keinen Teil der Zeugenaussage. Die Angabe solcher Schlussfolgerungen genügt daher nicht als Beweisantritt (*Schumann*, in: Stein-Jonas, 17 vor § 373). Die Behauptung des Zeugen, diskriminierende Maßnahmen im Herkunftsland hätten eine die Menschenwürde verletzende Intensität, kann je nach Art der Darstellung als Tatsache wie auch als Werturteil gewürdigt werden (*Böhm*, NVwZ 1996, 427, 430).

178 Es empfiehlt sich, bei der Vorbereitung des Beweisantrags auf Zeugenvernehmung in der vorgestellten Reihenfolge die Prüfung folgender Fragen:

179 1. Darlegung bestimmter konkreter Tatsachen, die in das Wissen des Zeugen gestellt werden. Unzulässig sind insoweit unsubstanziierte vage Behauptungen.

180 2. Darlegung der Entscheidungserheblichkeit der Beweistatsachen. Handelt es sich um den Asylkläger unmittelbar betreffende Tatsachen oder um Tatsachen, die einen Dritten betreffen, der in vergleichbarer Situation wie dieser ist?

181 3. Darlegung, ob es sich um eigene persönliche Wahrnehmungen des Zeugen oder um Tatsachen handelt, die dieser von anderen Personen erfahren hat.

182 4. Darlegungen, auf welche Weise der Zeuge die unter Beweis gestellten Tatsachen erfahren hat

183 5. Darlegung der Entscheidungserheblichkeit der Beweistatsache (Maßgebend ist insoweit die Rechtsansicht des Verwaltungsgerichtes).

II. Substanziierung des Zeugenbeweises

184 Im Beweisantrag auf Vernehmung eines Zeugen ist eine bestimmte Person und eine bestimmte Beweistatsache und deren Wahrheit zu bezeichnen. Der Substanziierungspflicht ist genügt, wenn im Einzelnen dargelegt wird, welche rechtlich erheblichen Bekundungen über konkrete Wahrnehmungen von Tatsachen von dem Zeugen zu erwarten sind, um dem Gericht die Prüfung der Tauglichkeit des Beweismittels zu ermöglichen (BVerwG, DVBl 1983, 647 = InfAuslR 1983, 185 = BayVBl. 1983, 507; BVerwG, InfAuslR 1983, 255; BVerwG, NVwZ-RR 1999, 208 = AuAS 1999, 271; BVerwG, NVwZ-RR 2002, 311; Hess. VGH, AuAS 1997, 47). Die Tatsachen müssen zwar nicht bis ins Einzelne spezifiziert sein, jedoch so bestimmt angegeben werden, dass die Vernehmung sachgemäß vorgenommen werden kann und dem Gericht der Zusammenhang der Tatsachen mit dem Gegenstand des Verfahrens ohne Weiteres ersichtlich ist (*Schuhmann*, in: Stein-Jonas, ZPO, § 373 5). Ein Beweisantrag ist unsubstanziiert, wenn das Beweisthema gänzlich

unbestimmt gefasst ist oder die bei Durchführung der Beweisaufnahme zu erwartenden Ergebnisse völlig unzureichend angegeben werden und das Gericht daher nicht zu erkennen vermag, welches konkrete Ziel mit dem angegebenen Beweis verfolgt wird, und auch nicht abzuschätzen vermag, ob die Beweisaufnahme tatsächlich zur Bestätigung des angegebenen Beweisthemas führen wird (Hess. VGH, InfAuslR 2000, 128, 129 = NVwZ-Beil. 2000, 49). Das Gericht darf jedoch Zeugenaussagen nicht dadurch in ihrem Bedeutungsgehalt herabwürdigen, dass es den Erklärungsgehalt dieser Aussagen bestreitet (*Böhm*, NVwZ 1996, 427, 430). Auch darf ein zulässiger Zeugenbeweis auf Vernehmung eines Beamten eines Landesamts für Verfassungsschutz grundsätzlich nicht mit dem Hinweis auf die mangelnden Erfolgschancen abgelehnt werden, ohne das Verbot der Beweisantizipation zu verletzen (BVerwG, InfAuslR 1996, 28, 29).

Ein Beweisantrag, mit dem pauschal unter Beweis gestellt wird, der Zeuge könne 185
bestätigen, der Asylkläger habe eine bestimmte religiöse Zugehörigkeit, diese auch nicht aufgegeben und praktiziere seine Religion auch heute noch, genügt der Substanziierungspflicht nicht, weil damit keine als wahrnehmbar erscheinenden Tatsachen in das Wissen des Zeugen gestellt werden (Hess. VGH, AuAS 1997, 47). Es bedarf andererseits keiner Darlegung darüber, dass der benannte Zeuge das behauptete Wissen tatsächlich besitzt. Das Gericht kann aber Ausführungen dahin verlangen, ob der Zeuge eigene Wahrnehmungen oder Kenntnisse vom Hörensagen bekunden soll (*Schuhmann*, in: Stein-Jonas, ZPO, § 373 1). Macht der Beweisführer keinerlei Angaben darüber, auf welche Weise der benannte Zeuge zu seinem behaupteten Wissen gekommen ist, kann der Beweisantrag wegen fehlender Substanziierung abgelehnt werden (*Schuhmann*, in: Stein-Jonas, ZPO, § 373 2). Im Beweisantrag ist deshalb konkret anzugeben, was der Zeuge konkret zu bestimmten entscheidungserheblichen Tatsachen bekunden wird und auf welche Weise er zu seinem behaupteten Wissen gekommen ist. Bei der erforderlichen Darlegung, welches Ergebnis aus seiner Sicht die erstrebte Beweiserhebung erbringen kann, darf der Beweisführer nicht lediglich nicht näher begründete Behauptungen aufstellen, sondern muss vielmehr begründete Anhaltspunkte für die Richtigkeit dieser tatsächlichen Umstände liefern (Hess. VGH, InfAuslR 2000, 128, 129 = NVwZ-Beil. 2000, 49).

Beweisanträge zum Zwecke der *Ausforschung* sind ebenso unzulässig wie Schlüsse aus 186
nicht nachprüfbaren Tatsachen (BVerfG [Kammer], NVwZ 1994, 60, 61; BVerwG, InfAuslR 1996, 28, 29; BVerwG, NVwZ-RR 1999, 208 = AuAS 1999, 271; Hess. VGH, InfAuslR 2000, 128, 129 = NVwZ-Beil. 2000, 49; Rdn. 81 ff.). Ein Beweisermittlungsantrag ist aber nicht schon dann anzunehmen, wenn eine Tatsache unter Beweis gestellt wird, die der Beteiligte zwar nicht unmittelbar weiß und auch nicht wissen kann, die er aber aufgrund anderer ihm bekannter Tatsachen vermuten kann und darf. Damit werden spezifizierte Tatsachenbehauptungen aufgestellt, die beim Ausforschungsbeweis fehlen (*Schumann*, in: Stein-Jonas, ZPO, § 373 3). Macht der Beweisführer konkrete Angaben zu bestimmten nachprüfbaren Kontakten zum Landesverfassungsschutzamt und zu dessen Warnungen vor einer Rückkehr in sein Herkunftsland und stellt er unter entsprechendem Sachvortrag den Antrag auf

Vernehmung eines namentlich benannten Beamten dieses Amtes, ist eine weitere Substanzierung nicht erforderlich und liegt insbesondere kein Ausforschungsbeweis vor (BVerwG, InfAuslR 1996, 28, 29). Lässt ein Beweisantrag andererseits offen, was der Zeuge bekunden kann und werden lediglich als *mögliche* in das Wissen des Zeugen gestellte Tatsachen, alternativ ein persönliches Miterleben des Zeugen von der polizeilichen Suche nach dem Beweisführer oder die Lage seiner Wohnung in der Nähe der Ortes, an dem die polizeilichen Ermittlungen durchgeführt wurden, oder Informationen hierüber, die der Zeuge von Dritten erhalten hat, behauptet, werden von einer rechtserheblichen Tatsache unplausible Behauptungen aufgestellt. Ein derartiger Antrag ist ein unzulässigele Beweisermittlungsantrag (BVerwG, NVwZ-RR 1999, 208 = AuAS 1999, 271).

187 Weit verbreitet in der gerichtlichen Praxis ist die Tendenz, den Beweisantrag auf Zeugenvernehmung unter Hinweis auf die mangelnde *Glaubhaftigkeit der Angaben des Asylklägers* wegen Entscheidungsunerheblichkeit abzulehnen. Zwar muss dem substanziierten Beweisantrag nicht nachgegangen werden, wenn es der Asylkläger an der Darlegung eines zusammenhängenden und in sich stimmigen, im Wesentlichen widerspruchsfreien Sachverhalt mit Angabe genauer Einzelheiten aus seinem Lebensbereich hat fehlen lassen und deshalb das Klagevorbringen *insgesamt* seinem tatsächlichen Inhalt nach keinen Anlass gibt, einer daraus abgeleiteten Verfolgungsgefahr näher nachzugehen (BVerfG [Kammer], NVwZ-Beil. 1994, 50, 51; BVerwG, InfAuslR 1990, 38, 40; Rdn. 78). Ordnungsgemäß gestellte Beweisanträge dürfen aber nicht bereits deshalb abgelehnt werden, weil dem Gericht das Klagevorbringen als nicht hinreichend substanziiert erscheint. Zwar löst die Unschlüssigkeit eines Vorbringens – nicht anders als in anderen Rechtsgebieten – keine gerichtliche Verpflichtung aus, *hierauf bezogenen* Beweisanträgen nachzukommen (BVerfG [Kammer], InfAuslR 1991, 85, 87). Für die Annahme der nicht ausreichenden Substanziierung reichen aber bloße Zweifel an der Glaubwürdigkeit des Beweisführers nicht aus. Diesen ist grundsätzlich durch eine Beweiserhebung nachzugehen (BVerfG [Kammer], InfAuslR 1990, 199, 200).

188 Hat der Asylkläger zumindest dem Grunde nach einen Sachverhalt vorgetragen, der nicht von vornherein als unerheblich bewertet werden kann, darf das Gericht, auch wenn es die Schilderung nicht für ausreichend erachtet, nicht von der weiteren Aufklärung auch hinsichtlich der beantragten Beweiserhebung unter Verweis auf eine Verletzung der Mitwirkungspflichten des Beteiligten absehen (BVerfG [Kammer], NVwZ-Beil. 1994, 50, 51). Widersprüchliche oder unglaubhafte Angaben des Asylklägers befreien nicht von der Pflicht zur Zeugenvernehmung, wenn der angetretene Beweis ersichtlich gerade dazu dient, Bedenken gegen die Richtigkeit der Darlegungen auszuräumen (BVerwG, InfAuslR 1983, 185, 187; Rdn. 78 ff.). Auch wenn sich dem Gericht eine Beweiswürdigung aufdrängen mag, wenn der Asylkläger bisher widersprüchlich und gesteigert vorgetragen hat, darf es deshalb den Antrag auf Vernehmung des Zeugen nicht mit der Begründung ablehnen, es sei vom Gegenteil der unter Beweis gestellten Tatsache aufgrund des unglaubhaften Sachvorbringens des Beweisführers überzeugt (*Deibel*, InfAuslR 1984, 114, 119; 607ff.). Nur wenn das Vorbringen zu persönlichen Verfolgungserlebnissen *in wesentlichen Punkten unzutreffend oder in nicht auflösbarer Weise widersprüchlich* ist und durch die beantragte

Beweiserhebung nicht aufgeklärt werden kann, ist die Ablehnung des Beweisantrags zulässig (VGH BW, NVwZ-Beil. 1998, 110; OVG NW, Beschl. v. 14.10.1997 – 25 A 1384/97.A). Die Ablehnung kann aber nicht damit begründet werden, dass das Gericht aufgrund einer umfassenden Würdigung des Sachvorbringens des Asylklägers zu der Überzeugung gelangt ist, sein Vorbringen sei insgesamt unglaubhaft (VGH BW, NVwZ-Beil. 1998, 110).

Den Beweiswert der Zeugenaussage beurteilt das Gericht im Rahmen freier Beweiswür **189**
digung (§ 108 Abs. 1 Satz 1 VwGO) danach, ob es diesen für persönlich glaubwürdig und seine Aussagen für glaubhaft hält (VGH BW, NVwZ-Beil. 1995, 27, 29 = InfAuslR 1995, 84 = EZAR 631 Nr. 36 = AuAS 1995, 56; Rdn. 102). Hierbei darf es über das »Einfallstor der objektiven Unergiebigkeit« Zeugenaussagen aber nicht dadurch in ihrem Bedeutungsgehalt herabwürdigen, dass es den Erklärungsgehalt dieser Aussagen bestreitet und die Aussage zur bloßen Wertung ohne jeden Tatsachenkern degradiert (*Böhm*, NVwZ 1996, 427, 430). Dem steht entgegen, dass für die Frage, ob eine Aussage eine Tatsachenbeschreibung darstellt oder eine eigene Bewertung des Geschehens ist, der persönliche Eindruck von der Person des Zeugen und seiner Ausdrucks- und Darstellungsweise maßgeblich ist. Das Berufungsgericht darf von der erneuten Zeugenanhörung nicht absehen, wenn es die Glaubwürdigkeit des Asylklägers oder Zeugen abweichend vom erstinstanzlichen Gericht beurteilen will und es auf den persönlichen Eindruck von dem Zeugen entscheidungserheblich ankommt (BVerwG, AuAS 2000, 148). Es verstößt gegen den Grundsatz rechtlichen Gehörs, wenn das Gericht zur Identität des Asylklägers mit einer strafgerichtlich verurteilten Person einander widersprechende Feststellungen trifft und darüber hinaus die für die Tatsache seiner strafgerichtlichen Verurteilung benannten Zeugen weder im Tatbestand noch in den Entscheidungsgründen des Urteils erwähnt (Hess. VGH, InfAuslR 2000, 136).

Es ist unzulässig, die Vernehmung eines Zeugen mit der Begründung abzulehnen, **190**
seine eigene Gefährdung bei seiner vorangegangenen Rückkehr in sein Herkunftsland könnte keine gesicherten Erkenntnisse zur Frage einer generellen Rückkehrgefährdung liefern, da es sich hierbei lediglich um den nicht durch eine unabhängige Stelle bestätigten Vortrag eines Folgeantragstellers handle (BVerwG, InfAuslR 1998, 411 = NVwZ-Beil. 1998, 57; ebenso BVerfG [Kammer], NVwZ 1994, 60, 61; VGH BW, NVwZ-Beil. 1997, 67; a.A. BayVGH, AuAS 1998, 272). Damit gibt das Gericht zu erkennen, dass es den die persönliche Gefährdung des Zeugen betreffenden Beweisantrag nicht etwa für unsubstanziiert ansieht, sondern dem Beweismittel von vornherein jeden Beweiswert abspricht (BVerwG, InfAuslR 1998, 411 = NVwZ-Beil. 1998, 57). Dadurch verletzt es das Verbot der Beweisantizipation, ohne dass ein anerkannter Sonderfall des unauflöslich widersprüchlichen Verfolgungsvortrags erkennbar wäre (BVerwG, InfAuslR 1998, 411 = NVwZ-Beil. 1998, 57). Erst nach Durchführung der Zeugenvernehmung kann das Gericht bei der Würdigung der Zeugenaussage berücksichtigen, dass der Zeuge als Folgeantragsteller in eigener Sache aussagt und deshalb seine Angaben besonders kritisch zu würdigen sind (BVerwG, InfAuslR 1998, 411 = NVwZ-Beil. 1998, 57).

III. Geeignetheit des Zeugenbeweises

191 Das Gericht geht dem Beweisantrag nicht nach, wenn das angebotene Beweismittel *schlechthin untauglich* ist. Nur unter *eng begrenzten Umständen* kann aus diesem Grund *in besonders gelagerten Ausnahmefällen* die beantragte Zeugenvernehmung abgelehnt werden (BVerwG, InfAuslR 1983, 185). Ungeeignet ist der Zeuge, der bereits rechtskräftig nach § 153 StGB verurteilt worden ist und die jetzt erneut in sein Wissen gestellten Tatsachen bereits in einem früheren Verfahren bekundet hat (KG, JR 1983, 479). Die gerichtliche Anfrage an das Auswärtige Amt, den Bruder der Beteiligten im Herkunftsland nach deren sexueller Ausrichtung zu befragen, ist prozessual unzulässig und verletzt diesen in seinem Grundrecht auf informationelle Selbstbestimmung (BVerfG [Kammer], NVwZ 2005, 681; *Klatt*, NVwZ 2007, 51). Ein Zeuge kann grundsätzlich nur über seine eigenen Wahrnehmungen vernommen werden. Soll aus der Wahrnehmung des Zeugen auf ein bestimmtes weiteres Geschehen geschlossen werden, ist nicht dieses weitere Geschehen, sondern nur die Wahrnehmung des Zeugen tauglicher Gegenstand des Zeugenbeweises. Die Schlüsse aus den Wahrnehmungen zieht das Gericht. Bei einfachen Sachverhalten, etwa wenn Wahrnehmungen über ein unmittelbares tatbestanderhebliches Geschehen bekundet werden sollen, genügt es, wenn als Beweisthema das Geschehen selbst genannt wird, obwohl Gegenstand des Zeugenbeweises nur sein kann, was der Zeuge wahrgenommen hat. Geht es um Sachverhalte, die eine Folgerung voraussetzen, ist nicht dessen Ergebnis Gegenstand der Beweisbehauptung, sondern nur die der Folgerung zugrunde liegende Wahrnehmung. Daher ist für den Beweisantrag die Angabe dessen unverzichtbar, was der Zeuge im Kern bekunden soll (BVerwG, NVwZ-RR 2013, 125, 126).

192 *Schlechthin untauglich* ist der auf die Vernehmung eines Zeugen zielende Antrag, der im *Herkunftsland des Asylklägers* lebt (BVerwG, DVBl 1983, 1001 = InfAuslR 1983, 253, BVerwG, DVBl 1984, 571; BVerwG, NJW 1989, 678 = NVwZ 1989, 353; BVerwG, Beschl. v. 14.02.1985 – BVerwG 9 B 26.85; OVG NW, NW 1982, 950; OVG NW, AuAS 1996, 105; OVG MV, NVwZ-Beil. 2001, 30 = AuAS 2001, 33; OVG NW, AuAS 2013, 141; *Deibel*, InfAuslR 1984, 114, 119; *Jacob*, VBlBW 1997, 41, 47). Die Vernehmung eines Zeugen im Ausland, die im Verwaltungsprozess beantragt wird, richtet sich in erster Linie nach bestehenden völkerrechtlichen Abkommen. Bei fehlender vertraglicher Grundlage wird Rechtshilfe nach den Grundsätzen der völkerrechtlichen Höflichkeit gewährt. Die Befugnis zur Zeugenvernehmung durch eine diplomatische oder konsularische Vertretung ist jedoch regelmäßig auf die Vernehmung von Staatsangehörigen des Entsendestaates begrenzt. In anderen Fällen müssen staatliche Stellen des Herkunftsstaates in Anspruch genommen werden (BVerwG, DVBl 1983, 1001). Die erreichbare Vernehmung eines Zeugen im Herkunftsland durch die dortigen Behörden kann zur Sachaufklärung nichts beitragen. Sie ist zur Wahrheitsfindung untauglich, weil einer in dieser Weise gewonnenen Aussage ein so hohes Maß an nicht klärbaren Zweifeln an ihrer Glaubwürdigkeit innewohnen, dass sie als Beweismittel schlechthin unverwertbar wäre (BVerwG, DVBl 1983, 1001; BVerwG, DVBl 1984, 571). Es kann nicht ausgeschlossen werden, dass es sich bei dem Staat, der die Vernehmung durchführen müsste, um einen Staat handelt, von dem in der Tat die Verfolgung ausgeht und damit die das Rechtshilfeersuchen

ausführende Stelle zugleich sozusagen über sich selbst in eigener Sache zu Gericht sitzen würde. Dann aber besteht keine Gewähr dafür, dass eine kommissarische Vernehmung ordnungsgemäß durchgeführt würde (BVerwG, DVBl 1983, 1001; BVerwG, Beschl. v. 14.02.1985 – BVerwG 9 B 26.85).

Daraus folgt aber auch, dass in den Fällen, in denen die in Betracht kommende Auskunftsperson sich selbst als gefährdet betrachtet, von gerichtlichen Auskunftsersuchen an das Auswärtige Amt, über einen Vertrauensanwalt an die im Herkunftsland lebende Auskunftsperson heranzutreten, abgesehen werden muss (OVG NW, AuAS 1996, 105). Darüber hinausgehend wird es wegen der damit verbundenen Selbstgefährdung generell für die benannten Zeugen für unzumutbar angesehen, ihren Heimatstaat als verantwortlich für Verfolgung erscheinen zu lassen (OVG MV, NVwZ-Beil. 2001, 30 = AuAS 2001, 33). Bei dieser Sach- und Rechtslage sind die Verwaltungsgerichte grundsätzlich verpflichtet, dem Asylkläger zu ermöglichen, den im behaupteten Verfolgerstaat lebenden Zeugen im Bundesgebiet jedenfalls dann zur Verfügung zu stellen, wenn er schlüssig darzulegen vermag, dass er mit Aussicht auf Erfolg den von ihm benannten Zeugen zu einem Aufenthalt im Bundesgebiet veranlassen kann, und wenn zugleich sichergestellt ist, dass sich der Zeuge bei einer Rückkehr in sein Heimatland nicht selbst einer Verfolgung aussetzt (*Deibel*, InfAuslR 1984, 114, 119). Ferner kann für den Fall, dass die Ausreise eines im Bundesgebiet lebenden Zeugen bevorsteht, beantragt werden, diesen im Rahmen des *Beweissicherungsverfahrens* zu vernehmen. Derartige Verfahren sind im Verwaltungsprozess ebenso zulässig wie im Zivilprozess nach §§ 485f. ZPO (*Deibel*, InfAuslR 1984, 114, 119). Allerdings kommt im Verwaltungsprozess nur in wenigen Bereichen eine vorgezogene Beweisaufnahme infrage. 193

Die Vernehmung eines in einem *dritten Staat* lebenden Zeugen kann hingegen nicht ohne Weiteres abgelehnt werden (BayVGH, Beschl. v. 11.08.1989 – 19 CZ 89.30977 u. 89.30803; *Jacob*, VBlBW 1997, 41, 46). Die Ablehnung ist selbst dann nicht zulässig, wenn der Beteiligte angibt, er wisse nicht, wann der Zeuge wieder ins Bundesgebiet einreise, und er die ladungsfähige Adresse erst über Dritte ermitteln müsse (BayVGH, Beschl. v. 11.08.1989 – 19 CZ 89.30977 u. 89.30803; Rdn. 109). Er muss aber dem Gericht Anhaltspunkte liefern, dass er alsbald in der Lage sein wird, die Adresse nachzureichen, damit das Verfahren des Rechtshilfeersuchens eingeleitet werden kann. Kann der Beteiligte, den im Drittstaat lebenden Zeugen während der mündlichen Verhandlung als *Präsenzzeugen* anbieten, ist dieser bei formell und inhaltlich ordnungsgemäßem Beweisantritt zu vernehmen. Ist dies nicht der Fall, ist der Zeuge im Wege des Rechtshilfeersuchens zu vernehmen. Bei bestehender Vertragsgrundlage bedarf es eines entsprechenden *förmlichen Rechtshilfeersuchens*. Erzwungen werden kann die Aussage des im Ausland lebenden Zeugen nicht. Eine unmittelbare Zustellung der Ladung im Ausland scheidet aus, da dies als Souveränitätsverletzung des Aufenthaltsstaates angesehen wird. Daher richtet sich die Zustellung nach dem *Haager Zustellungsübereinkommen*. 194

Unter dem rechtlichen Gesichtspunkt der Untauglichkeit des Beweismittels kann die *Unerreichbarkeit eines Zeugen* zwar die Ablehnung der beantragten Zeugenvernehmung 195 rechtfertigen. Allein der Umstand, dass der Beteiligte in der mündlichen Verhandlung die ladungsfähige Adresse des benannten Zeugen nicht angeben kann, macht das Beweismittel indes nicht unerreichbar (BVerwG, NVwZ-Beil. 1996, 75; Rdn. 109). Bietet der Beteiligte an, die Telefonnummer des Zeugen beizubringen, und erklärt er sich überdies auch für imstande, die ladungsfähige Adresse nachzureichen, kann nicht ohne weitere Ermittlungen unterstellt werden, eine Vernehmung des benannten Zeugen sei nicht möglich (BVerwG, NVwZ-Beil. 1996, 75). Auch wenn die dazu erforderlichen Nachforschungen Mühe bereiten, jedoch nicht ausgeschlossen oder nicht unmöglich ist, die Zeugenvernehmung durchzuführen, rechtfertigt allein die dadurch eintretende geringfügige Verfahrensverzögerung nicht die Ablehnung des Beweisantrags wegen Unerreichbarkeit des Beweismittels (BVerwG, NVwZ-Beil. 1996, 75). Das Verwaltungsgericht kann dem Beteiligten allerdings aufgeben, innerhalb einer bestimmten Frist die ladungsfähige Adresse des benannten Zeugen nachzureichen (BVerwG, NVwZ-Beil. 1996, 75; BayVGH, Beschl. v. 11.08.1989 – 19 CZ 30977 u. 89. 30803).

IV. Bekundungen aus dem persönlichen Wahrnehmungsbereich des Zeugen

196 Der Zeugenbeweis ist nur zugelassen, wenn es sich bei den Bekundungen des Zeugen um Tatsachen aus dem eigenen Wahrnehmungsbereich des Zeugen handelt. Handelt es sich allerdings um Tatsachen aus dem *eigenen persönlichen Lebensbereich* des Asylklägers, zu denen dieser selbst keine hinreichenden Angaben gemacht hat, lehnt die Rechtsprechung den Zeugenbeweis als unzulässig ab (BVerwG, InfAuslR 1983, 185 = DÖV 1983, 647 = MDR 1983, 869 = BayVBl. 1983, 507; *Deibel*, InfAuslR 1984, 114, 118f.; *Jacob*, VBlBW 1997, 41, 47). Die Aussage des Zeugen kann jedoch ein Teilelement der Aussagen des Asylklägers zu seinem persönlichen Lebensbereich betreffen und zur Ausräumung von bislang unterstellten Widersprüchen geeignet sein. Dem Zeugen, der nach den Angaben des Beweisführers die Verhältnisse vor Ort aus eigener Anschauung erfahren und erlebt hat, kann eine Bedeutung für die Sachaufklärung nicht von vornherein abgesprochen werden. Das gilt selbst dann, wenn nach Ansicht des Gerichts das bisherige Sachvorbringen widersprüchlich ist oder dieser unglaubhafte Angaben gemacht hat. Denn der angetretene Zeugenbeweis kann ersichtlich gerade dazu dienen, etwaige Bedenken gegen die Richtigkeit seiner Darstellung auszuräumen (BVerwG, InfAuslR 1983, 185; s. auch Rdn. 78). Behauptet etwa der Asylkläger, der benannte Zeuge sei bei der Durchsuchung seines Hauses und der Befragung und Misshandlung seiner Familienangehörigen anwesend gewesen und diese Maßnahmen seien erfolgt, weil er aktiver Sympathisant der Opposition sei, kann nach diesem Vortrag nicht ausgeschlossen werden, dass der Zeuge an Ort und Stelle nicht nur die gegen ihn getroffenen Maßnahmen, sondern auch deren Hintergründe in Erfahrung bringen konnte (BVerwG, MDR 1983, 869, 870).

197 Zwar darf der Zeugenbeweis wegen mangelnder Eignung des Beweismittels nach allgemeinen Grundsätzen abgelehnt werden, wenn der Zeuge Tatsachen bekunden soll, die er unmittelbar vom Asylkläger selbst erfahren hat. Geht der Beweisantrag jedoch dahin, dass der benannte Zeuge nicht Aussagen über die gegen den Asylklägers gerichtete Verfolgung und seine Person, sondern über seine eigene Verfolgung machen soll, ist er ohne Weiteres ein geeignetes Beweismittel (BVerfG [Kammer],

NVwZ 1994, 60, 61), sofern ferner dargelegt wird, dass sich hieraus Schlüsse auf die Gefährdung des Asylklägers ziehen lassen. Soll etwa mit dem Beweisantrag in Bezug auf die Gefährdung abgeschobener Staatsangehöriger aus dem Herkunftsland des Asylklägers ersichtlich eine Tatsachengrundlage geschaffen werden, die gegebenenfalls als Anknüpfung für weitere Beweiserhebung durch Sachverständigengutachten dienen kann, fehlt für eine Ablehnung wegen Ungeeignetheit jegliche Stütze im Prozessrecht (BVerfG [Kammer], NVwZ 1994, 60, 61; VGH BW, NVwZ-Beil. 1997, 67; a.A. BayVGH, AuAS 1998, 272, 273).

Der Zeuge kann Aussagen zu den individuellen Verhältnissen des Asylklägers aber auch zu den allgemeinen Verhältnissen in dessen Herkunftsland bekunden, wenn sich insoweit Rückschlüsse auf die individuelle Gefährdung des Asylklägers ziehen lassen. Darüber hinaus kann der Zeuge auch Aussagen zur Situation von Dritten bekunden, wenn aus deren *Verhalten* oder *persönlichen Situation* Schlüsse auf eine voraussichtlich eintretende Verfolgung des Asylklägers gezogen werden können und gegebenenfalls auch gezogen werden müssen. In diesem Fall kann der Beweisantrag nicht wegen Untauglichkeit des Beweismittels abgelehnt werden. Vielmehr ist das *Beweisthema entscheidungserheblich* und gibt *ungeachtet der entgegenstehenden einheitlichen amtlichen Auskunftslage* Anlass zu weiteren Ermittlungen (BVerfG [Kammer], NVwZ 1994, 60, 61). 198

Es kann auch dann von einem geeigneten Beweismittel ausgegangen werden, wenn die beantragte Zeugenvernehmung auf die Frage zielt, ob der Asylklägers gute Gründe für eine Furcht vor Verfolgung hat, jedoch das *Verfolgungserlebnis eines Dritten* Gegenstand des Beweisantrags bildet. In diesem Fall ist aber insbesondere darzulegen – sofern dies nicht offensichtlich ist – inwiefern die Verfolgung des Dritten – etwa der Ehefrau, des Bruders oder eines Freundes – Rückschlüsse auf eine eigene Verfolgung des Asylklägers erlaubt (BVerwG, InfAuslR 1983, 255). So muss bei der Benennung eines Zeugen, der wegen Mitgliedschaft in einer oppositionellen Partei im Herkunftsland inhaftiert worden war, dargelegt werden, aus welchen *vergleichbaren Anhaltspunkten* auch im Blick auf den Asylkläger eine ähnliche Gefahr zu befürchten ist. Hat der Asylkläger etwa nur eine untergeordnete Funktion in der bezeichneten Partei ausgeübt, ist der Darlegungspflicht nur genügt, wenn vorgetragen wird, dass der benannte Zeuge, obwohl ebenfalls nur in untergeordneter Weise für die Partei tätig, deshalb inhaftiert worden war (BVerwG, InfAuslR 1983, 255). Auch wenn dies dem Gericht unwahrscheinlich erscheint, hat es unter diesen Voraussetzungen den Antrag stattzugeben. Denn die Unwahrscheinlichkeit einer behaupteten und durch Angabe eines Zeugen unter Beweis gestellten Tatsache rechtfertigt es nicht, auf die Beweiserhebung zu verzichten (BVerwG, InfAuslR 1983, 185). 199

V. Zeuge vom Hörensagen

Die Vernehmung eines *Zeugen vom Hörensagen* begegnet im Verwaltungsprozess ebenso wenig wie im Strafprozess durchgreifenden Bedenken (BVerwG, NVwZ-RR 1999, 208 = AuAS 1999, 271; VGH BW, NJW 1984, 2429, 2430; Hess. VGH, InfAuslR 2000, 128, 129 = NVwZ-Beil. 2000, 49; *Eisenberg*, Beweisrecht der 200

StPO, S. 1027 ff.). Zwar ist mit Rücksicht darauf, dass das Zeugnis vom Hörensagen nur *begrenzt zuverlässig* ist, weil sich die jedem Personenbeweis anhaftenden Fehlerquellen durch die Vermittlung der Aussage erheblich verstärken und das Gericht die Glaubwürdigkeit der Informationsquelle des Zeugen nicht unmittelbar prüfen kann, der Beweiswert derartiger Bekundungen besonders kritisch zu würdigen (BVerfGE 57, 250, 292; VGH BW, NJW 1984, 2429, 2430). Dabei genügen die Angaben des Zeugen vom Hörensagen regelmäßig nicht, wenn sie nicht durch andere, nach der Überzeugung des Gerichts gewichtige Gesichtspunkte bestätigt werden. Das Gericht muss sich der Grenzen seiner Überzeugungsbildung stets bewusst sein, sie wahren und dies in den Urteilsgründen zum Ausdruck bringen (BVerfGE 57, 250, 292f.); BGHSt 17, 382, 385; 22, 268, 271; 33, 178, 181; BGH, NStZ 1988, 144; OLG Stuttgart, NJW 1972, 66, 67). Diese für den Strafprozess entwickelten Grundsätze gelten auch für die Aussage eines Zeugen vom Hörensagen im Verwaltungsprozess. Sie betreffen die Zulässigkeit sowie den Beweiswert einer »mittelbaren« Zeugenaussage schlechthin und damit Grundsätze der Beweisaufnahme und Beweiswürdigung (VGH BW, NJW 1984, 2429, 2430). Würde man Personen, die lediglich über Mitteilungen von Dritten zu beweiserheblichen Tatsachen berichten können, als für eine Zeugenvernehmung untauglich ansehen, liefe dies auf eine vom Prozessrecht nicht vorgesehene Ablehnung eines Beweisantrags hinaus (Hess. VGH, InfAuslR 2000, 128, 129 = NVwZ-Beil. 2000, 49).

201 Der Zeuge vom Hörensagen ist zwar Zeuge, der über seine eigenen konkreten Wahrnehmungen berichtet (*Schuhmann*, in: Stein-Jonas, ZPO, 17 vor § 373). Er darf jedoch nur dann als Beweismittel in Betracht gezogen werden, wenn daneben ein direkter Zeuge bekannt ist, der dem Zeugen vom Hörensagen sein Tatsachenwissen vermittelt hat. Unmittelbares Beweismittel ist der Zeuge vom Hörensagen allerdings, soweit er über den Erhalt der Mitteilung von dem direkten Zeugen, also über die Tatsache sowie Art und Weise des Erzählens, aussagt (*Böhm*, NVwZ 1996, 427, 428). Für den Asylprozess kann dieses »mittelbare« Beweismittel etwa dann in Betracht kommen, wenn der »Zeuge vom Hörensagen« entscheidungserhebliche Tatsachen, wie etwa Inhaftierungen oder Verurteilungen von Gesinnungsgenossen oder von unmittelbaren Kontaktpersonen im Herkunftsstaat des Asylklägers erfahren hat und präzise Angaben über die Art und Weise seiner Informationsgewinnung machen kann. Dabei muss er die Gewährsleute nicht namentlich benennen, wenn er diese dadurch persönlich gefährden würde.

VI. Durchführung der Beweisaufnahme

202 Der Grundsatz der Unmittelbarkeit der Beweisaufnahme (§ 96 Abs. 1 Satz 1 VwGO) gebietet, dass der Zeuge persönlich während der mündlichen Verhandlung vom Gericht vernommen wird. Die Beeidigung des Zeugen steht im Verwaltungsprozess anders als im Strafprozess im gerichtlichen Ermessen (BVerwG, AuAS 1998, 256). Eine generelle Verpflichtung zur Begründung der Ermessensentscheidung besteht nicht. Zur Ermöglichung der Verfahrenskontrolle und gegebenenfalls zur Unterrichtung der Beteiligten, die eine Vereidigung des Zeugen beantragt haben, kann aber das Gericht verpflichtet sein, seine Entscheidung zu begründen (BVerwG, AuAS 1998, 256). Es

verletzt die Religionsfreiheit, wenn vor der gerichtlichen Vernehmung des Zeugen die *Offenlegung der Religionszugehörigkeit* verlangt wird (EGMR, NVwZ 2011, 863, 866 85 ff. – *Dimitras*). Zwar sollen die Zeugen nach Aufruf der Sache den Sitzungssaal verlassen, um unbeeinflusst von Prozessverlauf und den Äußerungen der Beteiligten ihre Aussagen zu machen. Unterbleibt dies, ist aber die Aussage des Zeugen, der den Vortrag des Beteiligten mitangehört hat, nicht unverwertbar (*Jacob*, VBlBW 1997, 41, 42). Diesem Gesichtspunkt kann das Gericht aber in der anschließenden Beweiswürdigung angemessen Rechnung tragen.

Gerade für die Zeugenaussage ist der persönliche Eindruck sowie das Fragerecht der Beteiligten (§ 397 ZPO; Rdn. 47 ff.) von entscheidender Bedeutung. Insbesondere im Strafprozess ist daher die Verlesung einer schriftlichen Aussage nur in eng begrenzten Ausnahmefällen zulässig. Ist etwa die Aussage eines Zeugen für die richterliche Beweiswürdigung von ausschlaggebender Bedeutung, darf die persönliche Vernehmung des Zeugen nicht durch die Verlesung der Niederschrift über seine frühere richterliche Vernehmung ersetzt werden (OLG Düsseldorf, NJW 1991, 2780, 2781). Demgegenüber kann nach der Rechtsprechung im Verwaltungsprozess unter den Voraussetzungen des § 377 Abs. 3 ZPO die *schriftliche Zeugenaussage* verwertet werden. Das Gericht kann also eine schriftliche Beantwortung der Beweisfrage anordnen, wenn es dies im Hinblick auf den Inhalt der Beweisfrage und die Person des Zeugen für ausreichend erachtet und die Beteiligten ausdrücklich oder konkludent zustimmen (BVerwGE 34, 77, 78). Rügt allerdings ein Beteiligter diese Form der Beweisaufnahme während der mündlichen Verhandlung, verletzt die Verwertung der angeordneten schriftlichen Zeugenaussage das Recht der Beteiligten auf rechtliches Gehör (BVerwGE 34, 77, 79). Bei dieser Form der Beweisaufnahme handelt es sich nicht um den Ersatz des Zeugenbeweises durch Urkundenbeweis, sondern lediglich um eine vereinfachte Form der Beweisaufnahme (*Schuhmann*, in: Stein-Jonas, ZPO, § 377 35). Im Asylprozess ist diese Form der Beweisaufnahme allerdings kaum üblich. Hingegen wird regelmäßig durch die Vorlage von *Briefen* Beweis geführt. Derartigen Privaturkunden wird jedoch regelmäßig kein besonderer Beweiswert beigemessen. 203

I. Urkundenbeweis (§ 96 Abs. 1 Satz 2 VwGO; §§ 415 bis 444 ZPO)

I. Funktion des Urkundenbeweises im Asylprozess

Der Urkundenbeweis (§ 98 VwGO in Verb. mit §§ 415 bis 444 ZPO) ist ein im Asylrechtstreit übliches Beweismittel. Der Begriff der Urkunde ist weit auszulegen (BVerwG, NVwZ 1999, 1335). Der Urkundenbeweis findet *ohne förmliche Beweisaufnahme* durch schlichte Einsichtnahme in die Urkunde statt (BVerwG, DVBl 1984, 571). Insbesondere *amtliche Auskünfte*, aber auch andere Erkenntnisquellen aus anderen Verfahren werden in der Gerichtspraxis im Wege des Urkundenbeweises beigezogen und verwertet. Darüber hinaus kann der Asylkläger zum Beweis seiner behaupteten Verfolgung Urkunden vorlegen. Insoweit sind in der Praxis insbesondere die Vorlage von *Privaturkunden* (Briefe von Verwandten, Bekannten und des Rechtsanwalts des Asylsuchenden im Herkunftsland, Rdn. 205) üblich. Besondere Probleme bereiten die Vorlage von Kopien von Urkunden, die nach den Behauptungen 204 des Asylklägers von Behörden des Heimatstaates ausgestellt sind und die behauptete Tatsache strafrechtlicher Ermittlungen (polizeiliche, staatsanwaltschaftliche und gerichtliche Ladungsschreiben, Fahndungs- und Haftbefehle etc.) belegen sollen. Die Gerichte prüfen die Echtheit derartiger Urkunden besonders genau. Den amtlichen Lageberichten ist regelmäßig eine Anlage mit Hinweisen auf Fälschungsmerkmale beigefügt, die den Gerichten als Prüfungsgrundlage diesen.

205 *Briefe von Verwandten, Bekannten oder Freunden* des Asylsuchenden sind als schriftliche Verkörperung eines Gedankens *Privaturkunden*, die grundsätzlich im Wege des Urkundenbeweises zu würdigen sind (BVerwG, DVBl 1984, 571; BVerwG, Buchholz 402.25 § 27 AsylVfG Nr. 1). Die Beweisaufnahme findet dabei durch Einsichtnahme in die Urkunde statt (BVerwG, DVBl 1984, 571). Die Frage, ob durch den Brief nachgewiesen wird, dass sein Verfasser ihn wirklich geschrieben hat (*äußere* oder *formelle Beweiskraft*), wird in § 416, § 440 ZPO (§ 98 VwGO) geregelt. Ob hingegen die in einem Brief niedergelegte Erklärung falsch oder richtig ist (*innere* oder *materielle Beweiskraft*), ist jeweils im Einzelfall vom Gericht nach seiner aus dem Gesamtergebnis des Verfahrens gewonnenen freien richterlichen Überzeugung zu beurteilen (BVerwG, DVBl 1984, 571). Regelmäßig werden Briefe von Verwandten in der gerichtlichen Praxis als *»Gefälligkeitsschreiben«* oder als ungeeignete Beweismittel bewertet. Begründet wird dies damit, es verstehe »sich von selbst, dass Briefen von Verwandten oder auch Freunden des Asylbewerbers von vornherein nur eine untergeordnete Bedeutung beigemessen werden« könne (OVG Rh-Pf, Beschl. v. 06.07.1988 – 13 A 103/87; *Ritter*, NVwZ 1986, 29). Sie könnten daher nur Berücksichtigung finden, wenn es gelte, eine bereits als glaubhaft gemacht beurteilte Darstellung des Asylklägers noch zusätzlich zu belegen (OVG Rh-Pf, Beschl. v. 06.07.1988 – 13 A 103/87).

206 Soweit die Verwertbarkeit von Briefen, die von Personen aus dem Herkunftsland des Asylklägers geschrieben werden, als *ungeeignete Beweismittel* in Zweifel gezogen werden (BayVGH, Beschl. v. 13.08.1986 – 25 C 86.30735; *Deibel*, InfAuslR 1984, 114, 120; *Ritter*, NVwZ 1986, 29, 30), wird dies damit begründet, derartige Briefe seien wegen der Unmöglichkeit, sie auf Urheberschaft und Wahrheitsgehalt zu überprüfen, regelmäßig ohne Hinzutreten weiterer Erkenntnismittel nicht geeignet, die Tatsachenbehauptungen des Asylklägers glaubhaft zu machen (BayVGH, Beschl. v. 13.08.1986 – 25 C 86.30735). Der Brief beweise nur, dass der Urheber die darin enthaltene Erklärung abgegeben habe. Einer in dieser Weise gewonnenen Aussage wohne zudem zwangsläufig ein so hohes Maß an nicht klärbaren Zweifeln an ihrer Glaubhaftigkeit inne, dass sie als Beweismittel schlechthin unverwertbar seien (*Deibel*, InfAuslR 1984, 114, 120). Die schlüssige Schilderung einer möglichen Verfolgung sei im gleichen Maß Indiz für einen die Unwahrheit schreibenden intelligenten Briefverfasser wie für dessen Glaubwürdigkeit. Da objektive Kriterien, mit denen eine dieser beiden Möglichkeiten eingegrenzt werden könne, fehlten, würden die klassischen Beweisgrundsätze des *»non liquit«* dazu zwingen, Briefe aus der Heimat des Asylklägers als ihrer Natur nach ungeeignete bzw. unverwertbare Beweismittel anzusehen (*Ritter*, NVwZ 1986, 29, 30).

Diese Ansichten unterscheiden nicht klar, ob derartige Briefe von vornherein unter dem Gesichtspunkt der Ungeeignetheit als Beweismittel ausscheiden oder ob ihnen nur geringer Beweiswert beigemessen werden soll. Die hier zum Ausdruck kommende Zurückhaltung ist zwar verständlich, jedoch ist die »Beweisnot des Asylsuchenden« (BVerfGE 94, 166, 200f.) = NVwZ 1996, 200 = EZAR 632 Nr. 25) angemessen zu bedenken, die es rechtfertigt, bei einem in sich schlüssigen Sachvorbringen Briefe, die dessen Angaben bestätigen, zu berücksichtigen. Der schlüssige Vortrag des Asylklägers – gegebenenfalls in Verbindung mit weiteren Beweismitteln wie eidesstattliche Versicherungen, Lichtbilder oder weitere Dokumente – dienen insoweit als weitere Erkenntnismittel, mit denen der Wahrheitsgehalt der Aussage des Briefes überprüft werden kann. Jedenfalls kann Briefen von Verwandten aus dem Herkunftsland nicht von vornherein jegliche Eignung als Beweismittel abgesprochen werden. Dementsprechend geht auch die Literatur davon aus, dass Briefe immer dann geeignete Beweismittel sind, wenn aufgrund objektiver Kriterien die Glaubwürdigkeit des Briefverfassers nachprüfbar ist (*Ritter*, NVwZ 1986, 29, 30). 207

Die Verwertung eines Briefes im Wege des Urkundenbeweises kommt wegen der damit verbundenen Umgehung der Unmittelbarkeit der Beweisaufnahme dann *nicht* in Betracht, wenn sich der Brief seinem Inhalt nach als eine *schriftliche Zeugenaussage* darstellt, also Wissenserklärungen des Verfassers über bestimmte Tatsachen enthält (BVerwG, DVBl 1984, 571). In einem derartigen Fall stellt der Inhalt des Briefes lediglich *Parteivorbringen* dar. Der Verfasser des Briefes muss als Zeuge vernommen werden (BVerwG, DVBl 1984, 571). Eine zur Regel zurückführende Ausnahme gilt jedoch dann, wenn die Vernehmung des Zeugen wegen seines Aufenthaltes im Herkunftsland des Beweisführers als untauglich ausscheidet (BVerwG, DVBl 1984, 571) oder weil er sonst wie unerreichbar ist. In diesem Fall ist der vorgelegte Brief im Wege des Urkundenbeweises zu verwerten (BVerwG, DVBl 1984, 571). 208

Ein *fremdsprachiger Brief* ist nicht allein wegen fehlender Übersetzung unerheblich (BVerwG, Buchholz 402.25 § 27 AsylVfG Nr. 1; BVerwG, NJW 1996, 1553 = InfAuslR 1996, 229 = AuAS 1996, 131; Hess. VGH, ESVGH 39, 155, Rdn. 109). Dies folgt unmittelbar aus der nach § 73 VwGO auch im Verwaltungsprozess anzuwendenden Vorschrift des § 142 Abs. 2 ZPO, nach der es im gerichtlichen Ermessen liegt, ob die Beibringung einer Übersetzung angeordnet werden soll (BVerwG, NJW 1996, 1553). Hiervon unberührt bleibt die Obliegenheit des Beweisführers, im Prozess die Entscheidungserheblichkeit des vorgelegten Beweismittels darzulegen (BVerwG, Buchholz 402.25 § 27 AsylVfG Nr. 2). Im Übrigen sind derartige Beweismittel unbeachtlich, wenn eine gerichtliche Anordnung auf Vorlage einer Übersetzung des fremdsprachigen Briefes fruchtlos bleibt (BVerwG, NJW 1996, 1553; kritisch hierzu *Jacob*, VBlBW 1991, 205, 207f.). Bei anwaltlich vertretenen Klägern genügt der gerichtliche Hinweis, dass wegen der Vorschriften über die Gerichts- und Amtssprache gegen die Verwertung fremdsprachiger Dokumente Bedenken bestehen (Hess. VGH, ESVGH 39, 155). Wird daraufhin nicht eine ordnungsgemäße Übersetzung vorgelegt, kann die fehlende Berücksichtigung nicht als Verfahrensverstoß gerügt werden. Im Verwaltungsverfahren trägt die öffentliche Hand die Kosten die Übersetzung (Art. 12 Abs. 1 Buchst. b) RL 2013/32/EU). Daraus folgt, dass die Verwaltung auch 209 für die Übersetzung Sorge zu tragen hat. Wegen der Sachnähe dürfte dies auch für das Gerichtsverfahren gelten. Andernfalls hat das Verwaltungsgericht dem Bundesamt aufzugeben, auf eigene Kosten für eine ordnungsgemäße Übersetzung Sorge zu tragen.

210 Wird eine *ausländische öffentliche Urkunde* vorgelegt, gilt die *Vermutungswirkung* des § 437 Abs. 1 ZPO hinsichtlich der Echtheit inländischer öffentlicher Urkunden *nicht*. Vielmehr wird nach den konkreten Umständen des Falles aufgrund freier Beweiswürdigung darüber befunden, ob die Urkunde auch ohne eine Legalisation als echt anzusehen ist (§ 438 Abs. 1 ZPO). Ausländische Urkunden begründen aber nicht anders wie inländische öffentliche Urkunden nach § 418 ZPO den vollen Beweis der darin bezeugten Tatsachen (BVerwG, NJW 1987, 1158; BGH, NJW 1962, 1770, 1171). Es muss aber eine beglaubigte Abschrift vorgelegt werden. Nur diese beweist die Übereinstimmung mit der der Beglaubigungsstelle vorgelegten Urkunde. Unerheblich ist, dass es sich um eine ausländische Behörde handelt (BVerwG, NJW 1987, 1159). Die nach § 98 VwGO anzuwendenden Vorschriften der ZPO über den Beweis durch öffentliche Urkunden gelten wie die in § 438 Abs. 1 ZPO vorgesehene Echtheitsprüfung (Rdn. 213) zeigt – mit Ausnahme der Echtheitsvermutung nach § 437 ZPO – auch für ausländische öffentliche Urkunden. § 435 ZPO lässt die Vorlage der öffentlichen beglaubigten Abschrift einer öffentlichen Urkunde anstelle der Urschrift ausdrücklich zu (BVerwG, NJW 1987, 1159). Zwar kann gegebenenfalls zur Prüfung der inhaltlichen Übereinstimmung von beglaubigter Abschrift und Urschrift die Vorlage der Urschrift bzw. die Glaubhaftmachung von Tatsachen, die der Vorlegung entgegenstehen, gefordert werden. Bleibt eine Anordnung erfolglos, führt dies aber lediglich zum Wegfall der gesetzlichen Beweisregeln (§ 415 Abs. 2, § 418 Abs. 1 ZPO) und damit zur Rückkehr zum Grundsatz der freien Beweiswürdigung (§ 108 Abs. 1 Satz 1 VwGO), nimmt der vorgelegten beglaubigten Abschrift also keineswegs jeglichen Beweiswert (BVerwG, NJW 1987, 1159). Im Asylprozess werden aber in aller Regel keine Urschriften oder beglaubigte Abschriften von Urkunden, sondern Kopien von derartigen Urkunden vorgelegt. Für diese gelten diese Grundsätze nicht.

II. Anforderungen an den Beweisantrag

211 Der Beweisantritt zum Urkundenbeweis setzt zunächst die Vorlage der Urkunde gegebenenfalls mit Übersetzung voraus. Ferner ist im Antrag eine erschöpfende Darlegung des Inhalts der Urkunde und die Darlegung erforderlich, was sich aus der Urkunde über ihren bloßen Inhalt hinaus bei einer Einsichtnahme ergibt und inwiefern dies für den geltend gemachten Klageanspruch von Bedeutung ist (BVerwG, Buchholz 402.25 § 27 AsylVfG Nr. 1). Erforderlich sind des Weiteren Angaben zur *Entscheidungserheblichkeit* der Urkunde und präzise Angaben zum *Übermittlungsweg*. Gegebenenfalls sind Angaben geboten, aus welchen Gründen ein lückenloser Übermittlungsweg vom Verfasser bzw. Besitzer der Urkunde bis zu deren Inbesitznahme durch den Verfahrensbeteiligten nicht erschöpfend dargelegt werden kann. Dazu gehören auch Angaben über die konkrete Beziehung des Beweisführers zum Briefverfasser, den Abgabeort und den genauen Übermittlungsweg etwa über dritte Personen (BayVGH, Beschl. v. 13.08.1986 – 25 C 86. 30735; OVG NW, EZAR 632 Nr. 5). Wurde das Vorbringen bislang als unglaubhaft bewertet, trifft den Beweisführer eine

erhöhte Darlegungslast. Andererseits kann der Beweisantrag nicht mit der Begründung abgelehnt werden, das Vorbringen sei insgesamt unglaubhaft, wenn die vorgelegte Urkunde gerade darauf zielt, ein entscheidungserhebliches Element des bisher als unglaubhaft bewerteten Vorbringens unter Beweis zu stellen (BVerfG [Kammer], InfAuslR 1994, 370, 372; Rdn. 78).

Dem Antrag auf Beiziehung bestimmt bezeichneter Auskünfte, Stellungnahmen und Gutachten, die in anderen Verfahren eingeholt worden sind, muss das Gericht nach den Regeln über den Urkundenbeweis nachgehen, wenn er den Anforderungen des § 424 ZPO genügt, also insbesondere den wesentlichen Inhalt der in ihr bezeichneten Urkunde wiedergibt (BVerfG [Kammer], InfAuslR 1990, 161; BVerfG [Kammer], InfAuslR 1992, 152; BVerwG, EZAR 610 Nr. 28). Dieselben Besonderheiten des Asylverfahrens, die einer erschöpfenden Sachaufklärung verfassungsrechtliches Gewicht verleihen, erfordern in dem Fall, in dem es um die Beiziehung bereits erstellter und dazu noch aktueller Gutachten geht, eine Fortsetzung der beantragten gerichtlichen Ermittlungen (BVerfG [Kammer], InfAuslR 1990, 161; BVerwG, InfAuslR 1990, 97; BVerwG, InfAuslR 1990, 99; s. auch Rdn. 12 ff., 123 ff.). 212

III. Sachverständigenbeweis zur Prüfung der Echtheit von Urkunden (§ 438 ZPO)

Die Vorlage von Urkunden, die der Beweisführer zum Beweis bestimmt behaupteter Tatsachen dem Gericht vorlegen will, kann für diesen im Asylprozess zu unangenehmen Folgen führen. Häufig wird bereits der bloße Augenschein bestimmte Zweifel an der Echtheit der Urkunde hervorrufen. Fehlt es im bisherigen Verfahren an jeglichem konkreten Sachvorbringen zum Verfolgungsgeschehen, auf das die Urkunde sich bezieht, werden derartige Zweifel verstärkt. Sind die Urkunden bereits in das Verfahren eingeführt worden, ist es regelmäßig angezeigt, durch Beweisantrag auf Einholung eines Sachverständigengutachtens die Echtheit der Urkunde überprüfen zu lassen (BVerwG, NJW 1996, 1533 = InfAuslR 1996, 229 = AuAS 1996, 131; OVG NW, EZAR 632 Nr. 5; VGH BW, VBlBW 1997, 73, 74; s. hierzu auch *Jobst*, ZAR 2002, 219, 223). Da das Gericht nicht verpflichtet ist, den Beteiligten von sich aus auf Zweifel an der Echtheit der vorgelegten Urkunde hinzuweisen (OVG NW, InfAuslR 1997, 270 = AuAS 1997, 83; a.A. OVG Hamburg, AuAS 1993, 81, 82), gehört es zu deren prozessualen Pflichten, hierauf hinzuwirken. Das Risiko eines derartigen Beweisverfahrens ist nicht unbeträchtlich. Nach allen Erfahrungen hat das sachverständige Urteil, die Urkunde sei nicht echt, negative Auswirkungen auf die Beurteilung der Glaubwürdigkeit des Asylsuchenden. Allerdings weist die Rechtsprechung darauf hin, dass die Vorlage etwa einer »gefälschten Gerichtsladung« nicht zwingend darauf hindeute, dass die Sachangaben des Asylklägers unzutreffend sein müssten (Nieders.OVG, Beschl. v. 06.11.1998 – 12 L 3962/98, in: Asylmagazin 1–3/1999, S. 29). 213

Andererseits darf der Beteiligte bei sich aufdrängenden Zweifeln an der Echtheit der Urkunde diesen Umstand nicht in der Schwebe lassen, sondern muss geeignete prozessuale Schritte einleiten. Dies ist insbesondere auch deshalb angezeigt, weil andernfalls die Klage wegen der Vorlage gefälschter Beweismittel nach § 78 Abs. 1 mit der Folge sofortigen 214

Eintritts der Unanfechtbarkeit als offensichtlich unbegründet abgewiesen werden kann (BVerfGE 65, 76, 97 = EZAR 630 Nr. 4 = InfAuslR 1984, 58; BVerfG [Kammer], InfAuslR 1990, 199 = NVwZ 1990, 854 = NJW 1990, 3073; BVerfG [Kammer], InfAuslR 1991, 133; BVerfG [Kammer], InfAuslR 1993, 105; s. auch § 30 Abs. 3 Nr. 1; § 78 Rdn. 11 ff.). Auch wenn das Gericht ein Beweismittel für gefälscht oder als Gefälligkeitsschreiben ansieht, trägt dies im Übrigen die Klageabweisung als offensichtlich unbegründet nicht, wenn das Beweismittel sich nur auf einen Teil der je selbständig zu beurteilenden mehreren Verfolgungsgründe bezieht (BVerfG [Kammer], 1994, 58, 59 = AuAS 1994, 222). Vorgelegte Urkunden zur Staatsangehörigkeit und Identität des Asylklägers sind auf Antrag stets auf ihre Echtheit hin überprüfen (VGH BW, EZAR 631 Nr. 35 = NVwZ 1995, 816). Die Frage der Staatsangehörigkeit ist im Asylprozess stets entscheidungserheblich (BVerwG, InfAuslR 1990, 238). Zur Prüfung, ob der vorgelegte Nationalpass echt ist, dürfte dem Gericht regelmäßig die erforderliche Sachkunde fehlen (VGH BW, NVwZ 1995, 816, 818 = EZAR 631 Nr. 35).

215 Im Antrag auf Einholung eines Sachverständigengutachtens muss der Inhalt der Urkunde ausreichend dargestellt werden (BVerwG, NJW 1996, 1553). Darüber hinaus sind Darlegungen zur Entscheidungserheblichkeit des Inhalts der Urkunde sowie zum Übermittlungsweg (Rdn. 111) notwendig. Da Fälschungshinweise insbesondere auch aus der Art der Zustellung des Dokuments durch die Behörden des Herkunftslandes abgeleitet werden, sind insoweit besonders präzise Angaben notwendig. Das Gericht hat je nach den Umständen des Falles die Frage der Echtheit der vorgelegten Urkunde nach eigenem Ermessen zu prüfen (§ 438 Abs. 1 ZPO). Es ist nicht gezwungen, den Nachweis der fehlenden Echtheit stets durch Einschaltung der deutschen Auslandsvertretung herbeizuführen (BVerfG [Kammer], Beschl. v. 07.03.2002 – 2 BvR 191/02, http:/www.bverfg.de/; OVG NW, AuAS 2002, 40, 41) und ist zur Einholung eines Sachverständigengutachtens nur dann verpflichtet, wenn es sich keine genügende Sachkenntnis zutrauen darf. Ob die eigene Sachkenntnis ausreicht, hat das Gericht nach Ermessen zu entscheiden (OVG NW, AuAS 2002, 40, 41). Häufig wird ihm die Sachkunde zur Überprüfung jedoch fehlen, wenn nicht bereits offenkundige Fälschungshinweise anhand der jeweiligen Anlage des amtlichen Lageberichts ins Auge springen. In einem derartigen Fall hat es seine *besondere Sachkunde* den Beteiligten darzulegen, damit diese ihr weiteres prozessuales Verhalten darauf einstellen können. Das dem Gericht zustehende Ermessen bei der Beurteilung eigener Sachkunde ist aber fehlerhaft ausgeübt, wenn es sich eine ihm unmöglich zur Verfügung stehende Sachkunde zutraut oder sich ihm die Notwendigkeit weiterer Suchklärung aufdrängen musste (OVG NW, AuAS 2002, 40, 41). Das ist etwa der Fall, wenn bereits vorhandene Gutachten offen erkennbare Mängel enthalten, von unzutreffenden tatsächlichen Voraussetzungen ausgehen oder unlösbare Widersprüche aufweisen (OVG NW, AuAS 2002, 40, 41; Rdn. 130 ff.)

216 Es kommt nicht darauf an, auf welche Weise sich das Gericht die für die Entscheidung erforderliche Sachkunde verschafft. Daher kann der Antrag auch abgelehnt werden, wenn sich das Gericht durch bestimmte in das Verfahren eingeführte oder allgemein zugängliche Erkenntnisquellen eigene Sachkunde verschafft hat und deshalb die Zuziehung eines Sachverständigen nicht für erforderlich erachtet (OVG NW,

AuAS 2002, 40, 41). Das Gericht handelt jedoch grundsätzlich rechtswidrig, wenn es den Antrag auf Einholung eines Sachverständigengutachtens zur Prüfung der Echtheit einer vorgelegten Urkunde mit dem Hinweis auf eine zum Gegenstand des Verfahrens gemachte, von einem anderen Gericht eingeholte amtliche Auskunft ablehnt, wonach die Übergabe von Haftbefehlen an Verwandte Gesuchter unüblich sei (BVerfG [Kammer], InfAuslR 1991, 89, 93). Es ist grundsätzlich nicht zulässig, allein aus *Indizien* wie z.B. den Hintergrund der vom Asylkläger vorgetragenen Asylgründe, dessen Verhalten im Prozess sowie inhaltlichen Ungereimtheiten auf die Fälschung einer vorgelegten Urkunde zu schließen. Derartige Indizien sind keine hinreichend tragfähige Grundlage für die erforderliche richterliche Überzeugungsbildung, die selbst durch eine unmittelbare sachverständige Begutachtung der ausländischen Urkunde auf ihre Echtheit hin nicht erschüttert werden könnte (BVerfG [Kammer], InfAuslR 1991, 89, 93). Die Hinweise auf Fälschungsmerkmale in den amtlichen Lageberichten sind mithin bloße Indizien, welche die Führung des Gegenbeweises nicht ausschließen. Gegenbeweis kann etwa dadurch geführt werden, dass zur Substanziierung des Antrags auf Echtheitsprüfung ein Gutachten zur Echtheit der vorgelegten Urkunde als Privatgutachten vorgelegt wird. Folgen aus diesem sach- und einzelfallbezogen konkrete Anhaltspunkte, die Zweifel an der Sachkunde des Auswärtigen Amtes begründen, ist dem Antrag nachzugehen.

217 Das Gericht darf einen Beweisantrag auf Prüfung einer vorgelegten fremdsprachigen Urkunde nicht mit der Begründung ablehnen, es fehle bereits an einer Übersetzung (BVerwG, InfAuslR 1996, 229). Es liegt grundsätzlich im gerichtlichen Ermessen, ob die Beibringung einer Übersetzung angeordnet werden soll. Erst wenn eine angeordnete Übersetzung nicht vorgelegt wird, hat das die Unbeachtlichkeit der vorgelegten fremdsprachigen Urkunde zur Folge (BVerwG, InfAuslR 1995, 229, 230; s. aber Rdn. 209). Den Beweisantrag auf Überprüfung der Echtheit einer vorgelegten ausländischen Urkunde kann das Gericht zwar mangels Entscheidungserheblichkeit oder mangels Substanziierung hinsichtlich des Inhalts der Urkunde rechtsfehlerfrei zurückweisen (BVerwG, NJW 1996, 1553 = InfAuslR 1996, 229 = AuAS 1996, 131). Unberührt hiervon bleibt freilich die Obliegenheit des Gerichts, die Entscheidungsunerheblichkeit des vorgelegten fremdsprachigen Dokuments in schlüssiger Form darzulegen (BVerwG, NJW 1996, 1553). Im Blick auf die erforderliche Substanziierung des Inhalts der Urkunde darf der Beweisantrag jedenfalls dann nicht mit dem Hinweis auf die bisher festgestellten Steigerungen und Widersprüche abgelehnt werden, wenn die vorgelegte Urkunde sich gerade auf den Sachkomplex bezieht, dessen Darlegung als unglaubhaft bewertet wird (Rdn. 78). Bestehen etwa Zweifel am Umfang der Beteiligung des Asylklägers an Demonstrationen und an der Art und Häufigkeit der hierauf bezogenen staatlichen Reaktionen, wird seine Teilnahme an Demonstrationen als solche aber nicht bezweifelt, darf die Frage nicht offen gelassen werden, ob der vorgelegte, sich auf diese Demonstrationen beziehende Gerichtsbeschluss echt ist. In einem derartigen Fall hat die Echtheit der vorgelegten Urkunde für die Klärung des Umfangs der Demonstrationsteilnahme wie auch für die Glaubwürdigkeit des Asylklägers erhebliche Bedeutung (BVerfG [Kammer], InfAuslR 1994, 370, 372).

218 Auch wenn das Gericht die Schilderung der Asylklägers über ihre Teilnahme an einer Demonstration als Anlass einer dreimonatigen Inhaftierung für wenig plausibel hält, muss sich ihm die Prüfung der Echtheit einer Urkunde aufdrängen, die sowohl eine erlittene Haft wie auch eine erneut drohende Verfolgung bestätigen soll (BayVGH, Beschl. v. 18.02.1997 – 9 AA 96.35946). Behauptet der Asylsuchende etwa »Aktivitäten für die PKK«, enthält die von ihm vorgelegte Anklageschrift aber den Vorwurf der »Mitgliedschaft in der PKK« darf das Gericht den Antrag nicht mit der Behauptung ablehnen, dass die darin aufgestellten Tatsachen vom Asylkläger nicht behauptet worden sind (BVerfG [Kammer], InfAuslR 1993, 89, 93). Dieser Entscheidung kann andererseits entnommen werden, dass dann, wenn die in der Urkunde aufgestellten Tatsachen im bisherigen Sachvorbringen keinerlei Grundlage finden, der Beweisantrag auf Prüfung der Echtheit der Urkunde abgelehnt werden kann.

J. Verfassungsbeschwerde (§ 90 BVerfGG)

I. Funktion der Verfassungsbeschwerde im Asylprozess

219 Eine der umstrittenen Zielvorstellungen der Asylrechtsreform 1993 war die Beibehaltung der *individuellen Asylrechtsgarantie* in Art. 16a Abs. 1 GG (BT-Drucks. 12/4152, S. 3). Es wurde beklagt, dass damit prinzipiell alle verfassungsrechtlichen »Vorwirkungen« und Einwirkungen des Asylrechts auf die aufenthaltsrechtliche Stellung von Asylsuchenden und das Verfahren weiterhin anwendbar blieben (*Hailbronner*, ZAR 1993, 107). Daher konnte es nicht verwundern, dass während der Beratungen und bereits unmittelbar nach der Verabschiedung der Asylrechtsreform 1993 die »verfassungsrechtliche Zementierung« des Asylrechts als Folge der Beibehaltung des Grundrechtscharakters kritisiert wurde (*Hailbronner*, ZAR 1993, 107; s. auch *Voßkuhle*, DÖV 1994, 53, 64). Das BVerfG hat den Bedenken bereits auf der dogmatischen Ebene Rechnung getragen, in dem es die Funktion der einzelnen Absätze von Art. 16a GG selbständig sowie ohne Verknüpfung mit der Grundrechtsgewährleistung in Art. 16a Abs. 1 GG und weitgehend losgelöst von anderen verfassungsrechtlichen Garantien bestimmt hat. Wie insbesondere die Auslegung und Anwendung des Art. 16a Abs. 4 GG belegt, hat das BVerfG darüber hinaus auch auf die Befürchtung reagiert, dass verfassungsrechtliche Anforderungen dem einfachen Gesetzgeber bei der künftigen Ausgestaltung des Asylverfahrens zu enge Grenzen setzen könnten (*Hailbronner*, ZAR 1993, 107, 108).

220 Stein des Anstoßes war insbesondere die Verfassungsbeschwerde im Asylprozess, um die es im Grunde beim Streit um die Beibehaltung des Grundrechts geht. Durch den weitgehenden Wegfall des Filters der gestuften Fachgerichtsbarkeit insbesondere im Eilrechtsschutzverfahren trat eine Überbelastung des BVerfG ein (*Voßkuhle*, DÖV 1994, 53, 64). Ob es politisch vernünftig war, mit der extensiven Ausschöpfung des Mittels der Verfassungsbeschwerde verbunden mit dem einstweiligen Anordnungsantrag (s. hierzu § 36 Rdn. 59 ff.) den auf der Fachgerichtsbarkeit lagernden Druck auf das BVerfG zu verlagern, ist diskussionswürdig. Es darf andererseits jedoch nicht übersehen werden, dass bereits 1990 mit Wegfall der Beschwerde im

Eilrechtsschutzverfahren eine Entwicklung eingeleitet wurde, die sich durch die Einführung des Flughafenverfahrens nach § 18a 1993 nochmals verschärfte.

Gegen Entscheidungen im *Eilrechtsschutzverfahren* kann Verfassungsbeschwerde erhoben werden (BVerfG [Kammer], InfAuslR 2006, 122, 123) Der Beschwerdeführer greift die Versagung der Anordnung der aufschiebenden Wirkung und damit eine spezifische Besonderheit des Eilrechtsschutzes an. *Gerade hierin liegen* die gerügten *grundrechtsrelevanten Nachteile*. Der Grundrechtsverstoß liegt hierbei in der Verletzung der verfassungsrechtlichen Rechtsschutzgarantie des Art. 19 Abs. 4 GG. Die nach § 80 Abs. 1 VwGO für den Regelfall vorgeschriebene aufschiebende Wirkung von Widerspruch und Klage ist eine adäquate Ausprägung dieser Garantie (BVerfG [Kammer], Beschl. v. 29.03.2007 – 2 BvR 1977/06). 221

II. Zulässigkeitsvoraussetzungen für die Verfassungsbeschwerde

1. Funktion der Zulässigkeitsvoraussetzungen

Der Beschwerdeführer muss darlegen, dass er *selbst, gegenwärtig* und *unmittelbar betroffen ist* (*Betroffenheitstrias*). Aber auch Maßnahmen gegen Familienangehörige können eine selbständige Beschwer zur Folge haben (BVerfG [Kammer], InfAuslR 2002, 171, 172; BVerfG [Kammer], InfAuslR 2006, 320). Für den Asylprozess hat das BVerfG grundsätzliche Ausführungen zum Verhältnis zwischen Verfassungsgericht und Fachgerichtsbarkeit gemacht und wohl zu seiner Entlastung den Verwaltungsgerichten die vorrangige *Aufgabe des Grundrechtsschutzes* zugewiesen (BVerfGE 94, 166, 214 = EZAR 632 Nr. 1). Das Erfordernis der Rechtswegerschöpfung unterliegt besonders strikten Voraussetzungen (s. hierzu BVerfGE 35, 382, 397; 53, 30, 53 f.; 59, 63, 83 f.; 76, 40; *Lechner/Zuck*, BVerfGG. Kommentar, § 90 64 ff., 120 ff.; *Marx*, www.ramarx.de/Fortbildung/Berufungszulassung). Unter dem verfassungsprozessualen Gesichtspunkt der *Subsidiarität der Verfassungsbeschwerde* (s. hierzu *Lechner/Zuck*, BVerfGG. Kommentar, § 90 Rn. 159 ff.; *Hänlein*, AnwBl.1995, 60; *van den Hövel*, NVwZ 1993, 549; BVerfG [Kammer], NJW 1993, 1060) wird vom Beschwerdeführer verlangt, dass er im fachgerichtlichen Verfahren *alle prozessualen Möglichkeiten* nutzt, um eine Korrektur der Grundrechtsverletzung in der Fachgerichtsbarkeit zu erwirken oder von vornherein zu verhindern. Angesprochen werden hiermit insbesondere die Fälle des *Rügeverlustes* wie auch der *Präklusion*. Dem Erfordernis der Rechtswegerschöpfung ist nicht genügt, wenn ein Verfassungsverstoß im fachgerichtlichen Verfahren zwar gerügt wurde, jedoch deshalb nicht geprüft werden konnte, weil die Rüge prozessual präkludiert (§ 87b Abs. 3 VwGO) war (BVerfGE 54, 53, 56). Ferner muss der Beschwerdeführer im Verfahren seine prozessualen Verfahrensrechte nutzen, im strafprozessualen Revisionsverfahren muss er etwa die Aufklärungsrüge erheben (BVerfGE 110, 1, 12; s. Aber § 78 Rdn. 152 ff.). 222

Zweck des Erfordernisses der Rechtswegerschöpfung ist die Entlastung des BVerfG. Nicht erschöpft ist der Rechtsweg nicht nur, wenn der Beschwerdeführer sich nicht fristgerecht oder in der gebotenen Form darum bemüht hat, mittels der je gegebenen Rechtsbehelfe schon im fachgerichtlichen Verfahren die Beseitigung des Hoheitsaktes zu erreichen, dessen Grundrechtswidrigkeit er geltend macht, sondern insbesondere 223 auch dann, wenn er das fachgerichtliche Verfahren nicht ordnungsgemäß geführt hat. Die Verletzung des Gebots der Rechtswegerschöpfung kann *nachträglich geheilt* werden. So wird die fristgerecht und in prozessual zulässiger Weise gegen das Berufungsurteil gerichtete Verfassungsbeschwerde mit Zurückweisung der Nichtzulassungsbeschwerde nachträglich zulässig, wenn der Beschwerdeführer gleichzeitig und in zulässiger Weise das revisionsrechtliche Beschwerdeverfahren erfolglos betrieben hat (BVerfGE 54, 53, 66).

2. Subsidiarität der Verfassungsbeschwerde

224 Es sind alle *ordentlichen Rechtsbehelfe* auszuschöpfen, z.B. der berufungsgerichtliche Zulassungsantrag (BVerfG [Kammer], InfAuslR 1994, 18), die Berufung, die revisionsrechtliche Nichtzulassungsbeschwerde, die Revision und gegebenenfalls nach Zurückverweisung erneut Berufung und Nichtzulassungsbeschwerde einschließlich Revision. Es sind generell alle nach Lage der Sache verfügbaren prozessualen Möglichkeiten auszuschöpfen (BVerfG [Kammer], NVwZ 2010, 954, 955; BVerfG [Kammer], NVwZ 2014, 62, 63). Die *außerordentliche Beschwerde* (Rdn. 230) wegen greifbarer Gesetzwidrigkeit ist aber im Verwaltungsprozess *nicht zulässig*. Das gilt auch für nach § 80 unanfechtbare erstinstanzliche Entscheidungen (OVG Hamburg, EZAR NF 98 Nr. 34 = ZAR 2009, 71; VGH BW, InfAuslR 2009, 128). Auch müssen nur die Rechtsbehelfe eingelegt werden, die mit hinreichender Gewissheit zur Verfügung stehen und angemessen sind (EGMR, NVwZ 2013, 47 35 – *Taron*). Nicht erschöpft ist der Rechtsweg, wenn der Beschwerdeführer sich nicht fristgerecht oder in der gebotenen Form darum bemüht hat, mittels der je gegebenen Rechtsbehelfe schon im fachgerichtlichen Verfahren die Beseitigung des Hoheitsaktes zu erreichen, dessen Grundrechtswidrigkeit er geltend macht. Die Verfassungsbeschwerde ist deshalb unzulässig, wenn im fachgerichtlichen Verfahren ein *Rechtsmittel* als *unzulässig* verworfen wurde und dies auf prozessualer Nachlässigkeit des Beschwerdeführers beruht (BVerfGE 16, 124, 127) oder wenn ein statthaftes Rechtsmittel deshalb nicht genutzt wurde, weil seine Erfolgsaussichten ungewiss sind (BVerfGE 16, 1, 2; 51, 386, 395 f.; 52, 380, 387), es sei denn, die Erschöpfung des Rechtsweges war unzumutbar (BVerfGE 9, 7, 7 f.; 10, 308, 308 f. – heute wohl kaum noch relevant; s. hierzu *Hänlein*, AnwBl. 1995, 60).

225 Ob auch der *unterlassene Beweisantrag* im Asylprozess den gebotenen prozessualen Verfahrensrechten zuzuordnen ist, ist angesichts der Vielzahl und Dichte von Erkenntnismitteln jedenfalls für den Sachverständigenbeweis (§ 78 Rdn. 114 ff.) fraglich. Als Grundsatz wird man insoweit festhalten müssen, dass das BVerfG vom Beschwerdeführer in gefestigter Rechtsprechung verlangt, Mängel in ordnungsgemäßer Form zu rügen (z.B. BVerfGE 107, 257, 267). Die Verfassungsbeschwerde bleibt daher erfolglos, wenn ein an sich gegebenes Rechtsmittel aus prozessualen Gründen erfolglos bleibt. Daraus wird man folgern können, dass der unterlassene Beweisantrag in der jeweiligen Tatsacheninstanz nicht zu den prozessualen Pflichten des Beschwerdeführers gehört, wenn sich ihm dessen Geltendmachung nicht offensichtlich aufdrängen musste. Der prozessuale Zusammenhang zwischen der *Aufklärungsrüge* und der *Gehörsrüge* ist eng. Andererseits lehnt die obergerichtliche Rechtsprechung die Zulässigkeit der

Aufklärungsrüge für den Asylprozess ab (§ 78 Rdn. 152 ff.). Nur in eindeutigen Fällen kann daher der unterlassene Beweisantrag im Prozess und dementsprechend der prozessuale Verlust der Gehörsrüge der Zulässigkeit der Verfassungsbeschwerde entgegenstehen Scheitert der Zulassungsantrag aber an allgemeinen prozessualen Einwänden, wirkt sich dies negativ auf die Verfassungsbeschwerde aus.

Für das gerichtliche Verfahren bedeutet der Subsidiaritätsgrundsatz, dass der Beschwerdeführer seine prozessualen Möglichkeiten innerhalb des fachgerichtlichen Verfahrens zu nutzen hat. Dies bedeutet im Einzelnen (vgl. *Lechner/Zuck*, BVerfGG. Kommentar, § 90 161 ff.): 226

- Er muss im fachgerichtlichen Verfahren den erforderlichen *Tatsachenvortrag* hinsichtlich jedes verfassungsrechtlich für bedeutsam erachteten Gesichtspunktes halten (BVerfG [Kammer], NVwZ 2010, 954, 955).
- Er muss im Verfahren einfachrechtlich erschöpfend zur Rechtslage vortragen (*Rechtsvortrag*) und bereits im fachgerichtlichen Verfahren Angriffe gegen den beanstandeten Hoheitsakt so deutlich vortragen, dass deren Prüfung in diesem Verfahren gewährleistet ist. Dazu gehört, dass er sich auch mit der Begründung auseinandersetzt, auf die sich die angegriffene Maßnahme stützt (BVerfGE 73, 174). Umstritten war, ob der Beschwerdeführer im fachgerichtlichen Verfahren auch *materielle Grundrechtsargumente* bei der Beurteilung der einfachrechtlichen Rechtslage vorbringen muss (krit. hierzu *Lechner/Zuck*, BVerfGG. Kommentar, § 90 162 mit zahlreichen Hinweisen). Das BVerfG hatte früher gefordert, dass der Beschwerdeführer im fachgerichtlichen Verfahren zwar nicht das in Rede stehende Grundrecht rügen muss. Er habe jedoch einen Sachverhalt darzulegen und verfassungsrechtlich zu beanstanden, aus dem sich die Grundrechtsrelevanz ohne Weiteres ergibt (BVerfGE 59, 985, 101). Das BVerfG hat diesen Streit inzwischen geklärt. Danach muss der Beschwerdeführer bei Erhebung der Verfassungsbeschwerde nicht darlegen, dass er von Beginn des fachgerichtlichen Verfahrens an verfassungsrechtliche Erwägungen und Bedenken vorgetragen hat. Vielmehr kann er sich in diesem Verfahren darauf beschränken, auf eine ihm günstige Auslegung und Anwendung einfachen Rechts hinzuwirken, ohne dass ihm daraus prozessuale Nachteile im Verfassungsbeschwerdeverfahren erwachsen. Er ist aufgrund des Gebots der Rechtswegerschöpfung nicht verpflichtet, bereits das fachgerichtliche Verfahren als »Verfassungsprozess« zu führen (BVerfGE 112, 50, 61; BVerfG [Kammer], NVwZ 2010, 954, 955; s. auch *Lübbe-Wolff*, AnwBl. 2005, 509, 514 f.).
- Werden mit der Verfassungsbeschwerde die fachgerichtliche Verletzung von Verfassungsrecht bei der *Auslegung* des einfachen Rechts *und* die fehlerhafte *Handhabung der Subsumtionsvorgänge* gerügt, bedarf es allerdings einer erhöhten prozessualen Darlegung, warum bei der Auslegung und Anwendung des einfachen Rechts spezifisches Verfassungsrecht verletzt wurde. Dies ist nämlich nur der Fall, wenn der *Auslegungsfehler* auf einer *grundsätzlich unrichtigen Anschauung von der Bedeutung eines Grundrechts, insbesondere vom Umfang seines Schutzbereichs* beruht und auch in seiner materiellen Bedeutung für den konkreten Rechtsfall von einigem Gewicht ist (BVerfGE 18, 85, 93, krit. hierzu *Weyreuther*, DVBl 1997, 925, 929). Insbesondere bei asylrechtlichen Verfassungsbeschwerden misst das BVerfG die tatrichterlichen

Feststellungen anhand des den Fachgerichten überlassenen »*Wertungsrahmens*« (BVerfGE 76, 143, 162; Rdn. 242 ff.). Dies wird von Vertretern der Fachgerichtsbarkeit als unzulässiger Eingriff in deren Zuständigkeitsbereich heftig kritisiert.

3. Abänderungsantrag (§ 80 Abs. 7 Satz 2 VwGO)

227 Nach gefestigter Rechtsprechung des BVerfG hat der Beschwerdeführer als Ausfluss der *Subsidiarität der Verfassungsbeschwerde* vor Einlegung der Verfassungsbeschwerde stets den Abänderungsantrag nach § 80 Abs. 7 Satz 2 VwGO zu stellen, wenn die entsprechenden prozessualen Voraussetzungen erfüllt sind (BVerfGE 42, 243, 247; BVerfGE 70, 180; BVerfG [Kammer], NVwZ 1998, 1174; BVerfG [Kammer], NVwZ 1998, 272, 273; BVerfG [Kammer], NVwZ 2001, 796; BVerfG [Kammer], NVwZ-RR 2002, 1; BVerfG [Kammer], NVwZ 2002, 848); BVerfG [Kammer], InfAuslR 2003, 244; *Roeser/Hänlein*, NVwZ 1995, 1082; s. hierzu § 36 Rdn. 16 ff.). Einerseits hat er als Zulässigkeitsvoraussetzung den Abänderungsantrag zu stellen, andererseits erhält nicht jeder mit dem Abänderungsantrag geltend gemachte Verstoß die Frist nach § 93 Abs. 1 Satz 1 BVerfGG. Die *Verfassungsbeschwerdefrist* wird durch die Einlegung eines *nicht offensichtlich unzulässigen Rechtsbehelfs* dergestalt offen gehalten, dass mit der den Rechtsbehelf zurückweisenden Entscheidung zugleich die Ausgangsentscheidung fristgerecht angegriffen werden kann (BVerfG [Kammer], InfAuslR 2003, 244, 247; s. auch BVerfG [Kammer], InfAuslR 1994, 159). Zu den vor Einreichung der Verfassungsbeschwerde zu ergreifenden Maßnahmen kann auch ein »*weiterer*« *Abänderungsantrag* nach § 123 in Verb. mit § 80 Abs. 7 Satz 2 VwGO gehören (BVerfG, AuAS 1995, 101, 105 = NVwZ-Beil. 1995, 50; BVerfG [Kammer], NVwZ-Beil. 1998, 81; s. auch BVerfG [Kammer], InfAuslR 1995, 344, Verfassungsbeschwerdefrist gegen ablehnenden Beschluß des VG nach § 80 Abs. 7 VwGO beträgt einen Monat; s. auch: *Roeser/Hänlein*, NVwZ 1995, 1082, 1084; *Hänlein*, AnwBl. 1995, 57, 60f.).

228 Der Beschwerdeführer hat also das *Gebot des Doppelverfahrens* zu beachten. Ob die Voraussetzungen des § 80 Abs. 7 Satz 2 VwGO erfüllt sind, der Abänderungsantrag mithin nicht offensichtlich unzulässig ist, kann naturgemäß nicht prognostiziert werden. Deshalb erscheint in Zweifelsfällen die Stellung des Abänderungsantrags und die gleichzeitige Einreichung der Verfassungsbeschwerde innerhalb der Monatsfrist zweckmäßig. Der Abänderungsantrag kann demgegenüber fristungebunden, darf jedoch nicht nach Ablauf der Monatsfrist gestellt werden. Zugleich sollte das BVerfG auf den zugleich gestellten Abänderungsantrag hingewiesen werden. In diesem Fall wird die Verfassungsbeschwerde zunächst nur unter einer AR-Nummer registriert und erst nach Mitteilung des den Abänderungsantrag zurückweisenden Beschlusses unter der für Verfassungsbeschwerdeverfahren üblichen BvR-Nr. registriert. Stets, auch wenn nicht das Doppelverfahren gewählt wird, sind mit der Verfassungsbeschwerde die Erstentscheidung wie auch die Abänderungsentscheidung anzugreifen.

229 Nach der Rechtsprechung des BVerfG kann das Abänderungsverfahren Verletzungen des Anspruchs auf rechtliches Gehör korrigieren, wobei dieses Verfahren dann zugleich Gelegenheit bietet, auch *andere mutmaßliche verfassungsrechtliche Mängel* zu beseitigen, die mit dem geltend gemachten *Gehörsverstoß nicht notwendig im Zusammenhang*

stehen. Nur wenn der Abänderungsantrag in diesem Sinne genutzt wird, hält er die Verfassungsbeschwerdefrist offen. Werden hingegen im Änderungsantrag *neue* oder bisher *nicht vorgebrachte Umstände* geltend gemacht, handelt es nicht um einen Rechtsbehelf gegen die Erstentscheidung (BVerfG [Kammer], NVwZ 1998, 1174). Diese Rechtsprechung ist dahin zu verstehen, dass für neue oder unverschuldet bisher nicht vorgebrachte Umstände der Weg über § 51 Abs. 1 bis 3 VwVfG (§ 71) zu wählen ist und bei drohender Abschiebung gegen den zurückweisenden Beschluss des letztinstanzlichen Verwaltungsgerichts die Verfassungsbeschwerde erhoben werden kann (vgl. BVerfG [Kammer], InfAuslR 2006, 122, 123). Bei verschuldet nicht vorgebrachten Umständen scheitert die Verfassungsbeschwerde am Einwand der fehlenden Rechtswegerschöpfung.

4. Anhörungsrüge (§ 152a VwGO)

Wird im Zulassungsantrag oder in der Revisionsbeschwerde die Gehörsrüge (Art. 103 Abs. 1 GG) erhoben, muss der Beschwerdeführer darlegen, dass er im fachgerichtlichen Verfahren die Anhörungsrüge (§ 152a VwGO) durchgeführt hat (BVerfG [Kammer], AnwBl. 2013, 666s. hierzu *Schenke*, NVwZ 2005, 729; *Zuck*, NVwZ 2005, 739; *Heinrichsmeier*, NVwZ 2010, 229). *Gegenvorstellung* und *außerordentliche Beschwerde* (Rdn. 224; s. hierzu BVerfGE 63, 77, 79; 73, 322, 326 f.) werden durch die Anhörungsrüge ersetzt. Ein unter den früheren Bezeichnungen erhobener außerordentlicher Rechtsbehelf ist in eine Anhörungsrüge umzudeuten. Die Frist für die Erhebung der Anhörungsrüge ist nicht davon abhängig, ob die angegriffene Entscheidung hätte zugestellt werden müssen (BVerwG, NVwZ-RR 2013, 340). Bei der Anhörungsrüge ist Vieles streitig, insbesondere ist die Spruchpraxis beider Senate und insbesondere der jeweiligen Kammern der Senate nicht einheitlich. Unter diesem Vorbehalt können zum Umgang mit der Anhörungsrüge in Beziehung zur Verfassungsbeschwerde folgende Grundsätze aufgezeigt werden: 230

Gegenstand der Anhörungsrüge sind *Gehörsverletzungen*. Bei der Verletzung anderer verfahrensrechtlicher Vorschriften (z.B. § 86 Abs. 1, § 104 Abs. 1, § 108 Abs. 2 VwGO) muss bedacht werden, dass in diesen eine Gehörsverletzung enthalten sein kann, sodass *im Zweifel* die Anhörungsrüge zu erheben ist. Das BVerfG prüft, ob dem Vorbringen eine Gehörsverletzung zu entnehmen ist (BVerfG [Kammer], InfAuslR 2011, 287, 288). Diese Verpflichtung besteht aber nur bei *naheliegender* Gehörsverletzung (BVerfG [Kammer], AnwBl. 2013, 666, mit Anm. *Zuck*, AnwBl. 2013, 772; BayVerfGH, NVwZ 2013, 209), nicht aber bei fehlerhafter Rechtsanwendung (BayVGH, NVwZ 2014, 461, 462). Das BVerfG verlangt selbst dann die Erhebung der Anhörungsrüge, wenn der Zulassungsantrag ausschließlich Gehörsverletzungen zum Gegenstand hatte und in der Zurückweisung des Antrags keine weitere Gehörsverletzung erkannt werden kann, außer der der Zurückweisung. Auf die Verletzung materiell-rechtlicher Vorschriften bezieht sich die Anhörungsrüge nicht (unklar *Zuck*, NVwZ 2005, 739, 743). Diese sind innerhalb der Monatsfrist des § 93 Abs. 1 Satz 1 BVerfGG beim BVerfG geltend zu machen. Die Kammern verwerfen nicht nur die Gehörsrüge, sondern auch die anderen innerhalb der Monatsfrist geltend gemachten Grundrechtsrügen als unzulässig, wenn die Anhörungsrüge nicht erhoben wurde. 231

232 Dringend ist anzuraten, neben der Anhörungsrüge beim Fachgericht (*Zweiwochenfrist*) zugleich auch die verfassungsrechtliche Gehörsrüge nach Art. 103 Abs. 1 GG zusammen mit den anderen Grundrechtsrügen (*Monatsfrist*) beim BVerfG zu erheben (*Doppelverfahren*) und dieses auf die zugleich geltend gemachte Anhörungsrüge hinzuweisen. Die Verfassungsbeschwerde erhält dann zunächst nur eine AR-Nummer. Nach Zustellung des zurückweisenden Beschlusses im Anhörungsrügeverfahren ist das BVerfG hierüber zu informieren, damit die Verfassungsbeschwerde bearbeitet werden kann. Gegen den die Anhörungsrüge zurückweisenden Beschluss kann und muss innerhalb der Monatsfrist die Gehörsrüge nach Art. 103 Abs. 1 GG erhoben werden, wenn dieser seinerseits diese Norm verletzt (BVerwG, NVwZ 2008, 1027; BVerwG, NVwZ 2009, 329, BVerwG, NVwZ 2013, 1549; OVG NW, AuAS 2007, 45; alle zum fachgerichtlichen Prüfungsumfang im Anhörungsrügeverfahren). Die verfassungsrechtliche Gehörsrüge gegen den zurückweisenden Beschluss im Anhörungsverfahren ist sorgfältig zu begründen. Es empfiehlt sich auf die bereits erhobene Verfassungsbeschwerde hinzuweisen und klarzustellen, dass die dortigen Ausführungen unverändert fortgelten. Eine Anhörungsrüge gegen eine Entscheidung über eine Anhörungsrüge ist nicht zulässig (OVG Berlin-Brandenburg, NVwZ-RR 2011, 1000). Das BVerfG hält die Heilung eines Gehörsverstoßes durch ergänzende Erwägungen in einer die Anhörungsrüge als unbegründet zurückweisenden Entscheidung jedenfalls dann für statthaft, wenn das Fachgericht dem Gehörsverstoß durch bloße Rechtsausführungen zum Beteiligtenvorbringen in der Anhörungsrüge abhelfen kann (BVerfG [Kammer], NVwZ 2009, 580, 581, mit Hinweisen auf Kammerrechtspr.). In diesem Fall wird die Gehörsrüge als unbegründet zurückgewiesen. Die anderen Grundrechtsrügen sind hiervon nicht betroffen.

5. Formerfordernisse

233 Der Beschwerdeführer muss sämtliche Behördenbescheide und gerichtlichen Entscheidungen, soweit sie ihn belasten, innerhalb der Monatsfrist des § 93 Abs. 1 Satz 1 BVerfGG bezeichnen und diese Entscheidungen dem Schriftsatz beifügen. Die Verfassungsbeschwerde wird als unzulässig verworfen, wenn eine der den Beschwerdeführer belastenden Entscheidungen in Kopie nicht innerhalb der Monatsfrist vorgelegt wird. Ratsam ist auch, alle sonstigen Unterlagen, wie etwa Bescheide, Urteile aus anderen Verfahren und Erkenntnismittel, innerhalb der Monatsfrist vorzulegen, soweit unter Hinweis hierauf die Verfassungsbeschwerde begründet wird. Nach der Rechtsprechung des BVerfG ist die Verfassungsbeschwerde nicht hinreichend substanziiert, wenn die angefochtenen Entscheidungen nicht entweder selbst vorgelegt oder ihr wesentlicher Inhalt mitgeteilt wird. Ihre teilweise Wiedergabe etwa in einem Beschluss des Revisionsgerichtes und in der fristgerecht eingereichten Revisionsbegründungsschrift reicht nicht aus (BVerfGE 88, 40, 44 f.). Zwar kann hiernach auch anstelle der Vorlage der wesentliche Inhalt der angegriffenen Entscheidung mitgeteilt werden. Vor einem derartigen Verfahren ist angesichts der zunehmend strenger gehandhabten Substanziierungspflichten jedoch deutlich zu warnen. Es ist unabdingbar, stets eine Kopie der angefochtenen Entscheidungen innerhalb der Monatsfrist vorzulegen.

Weitere im Verfahren ergangene Entscheidungen sowie sonstige Unterlagen, die zur Stützung der Argumentation in der Verfassungsbeschwerde bezeichnet werden, sind ebenfalls innerhalb der Monatsfrist vorzulegen. Bei Nichtvorlage kann die Verfassungsbeschwerde am Einwand der mangelnden Substanziierung scheitern, weil die Behauptungen nicht belegt sind. Früher ließ das BVerfG im Allgemeinen zusätzlichen Vortrag nach Fristablauf zu, aber nicht, um eine unschlüssige Verfassungsbeschwerde nachträglich schlüssig zu machen (*Zuck*, NJW 1993, 2641, 2642). Das BVerfG zieht keine Akten der Fachgerichte bei, sondern entscheidet allein auf der Grundlage des ihm vorgetragenen Sachverhalts. Daher ist der Beschwerdeführer gehalten, sämtliche Unterlagen des fachgerichtlichen Verfahrens, die in diesem entscheidungserheblich waren und deren Kenntnis und Berücksichtigung für die Bewertung der Grundrechtsverletzung wesentlich ist, innerhalb der Monatsfrist vorzulegen. 234

III. Begründung der Verfassungsbeschwerde

1. Begründungspflicht des Beschwerdeführers

Die Verfassungsbeschwerde ist nur dann hinreichend begründet (§ 23 Abs. 1 Satz 2, § 92 BVerfGG), wenn sie sich mit der verfassungsrechtlichen Beurteilung des vorgetragenen Sachverhalts auseinandersetzt und substanziiert dargelegt wird, dass eine Grundrechtsverletzung möglich erscheint. Bei Urteilsverfassungsbeschwerden wird in der Regel eine ins Einzelne gehende, argumentative Auseinandersetzung mit den Gründen der angefochtenen Entscheidung gefordert (BVerfG [Kammer], NVwZ 1998, 949; BVerfG [Kammer], NJW 2000, 3557; BVerfG [Kammer], NVwZ 2010, 441). In der Begründung ist daher ausführlich darzulegen, inwiefern der in Rede stehende Hoheitsakt das entsprechende Grundrecht verletzt (materielle Auseinandersetzung mit den angefochtenen Entscheidungen). Wird die Verfassungsbeschwerde zur Entscheidung angenommen und ihr stattgegeben, entspricht das BVerfG im Beschlusstenor dem Feststellungsantrag, hebt zugleich die letztinstanzliche Entscheidung des fachgerichtlichen Verfahrens auf und verweist die Sache an diese Instanz zurück. 235

2. Annahmeverfahren (§ 93a Abs. 1 BVerfGG)

Bei der Begründung der Verfassungsbeschwerde sind die Annahmevoraussetzungen des § 93a Abs. 2 BVerfGG (s. hierzu BVerfGE 90, 22, 24 f.; BVerfG, InfAuslR 2007, 162; *Hänlein*, AnwBl. 1995, 116, 118; *Klein*, NJW 1993, 2073; *Marx*, www.ramarx.de/Fortbildung/Berufungszulassung) als Maßstab für die Begründung der Grundrechtsrügen *insgesamt* zu bedenken und ist diese hierauf abzustellen. Ein eigenständiger Abschnitt in der Begründung; in dem gesondert die Annahmevoraussetzungen abgehandelt werden, empfiehlt sich grundsätzlich nicht. Das Gericht überprüft ohnehin die gesamte Begründung am Maßstab des § 93a Abs. 2 BVerfGG. Bei einer mehr als zehn Seiten umfassenden Begründung sollte allerdings zu Beginn oder am Schluss eine Zusammenfassung der Begründung erfolgen. Diese kann mit den entsprechenden Annahmevoraussetzungen (z.B. »Die Verfassungsbeschwerde bedarf zur Durchsetzung der verletzten Grundrechte sowie auch zur Abwehr eines besonders schweren Nachteils zulasten des Beschwerdeführer der Annahme zur Entscheidung, 236 weil.... (anschließend folgt die Zusammenfassung)«) eingeleitet werden. Bei einer längeren Begründung sollte eine Gliederungsübersicht vorangestellt werden. Schwerpunkt der Verfassungsbeschwerden bildet die *Durchsetzungsannahme* im Sinne von § 93a Abs. 2b BVerfGG.

3. Gegenstand der Verfassungsbeschwerde

237 Die gerügte Grundrechtsverletzung muss sorgfältig begründet werden. Dazu ist zunächst das verletzte Recht zu bezeichnen. Anschließend sind unter Berücksichtigung der verfassungsrechtlichen Rechtsprechung zum Inhalt und zur Reichweite sowie zu den Grenzen des Rechts, dessen Verletzung behauptet wird, die Tatsachen und Umstände zu bezeichnen, die eine Verletzung des Rechts begründen. Im Regelfall werden die *Verletzung von Grundrechten und grundrechtsgleichen Rechten* (zu Art. 6 Abs. 1 und 2 GG (BVerfG [Kammer], InfAuslR 2002, 172; BVerfG [Kammer], InfAuslR 2004, 280; BVerfG [Kammer], InfAuslR 2002, 172; BVerfG [Kammer], NVwZ 2007, 1300, 1301 = InfAuslR 2007, 443; BVerfG [Kammer], NVwZ 2007, 946, 948 = InfAuslR 2007, 275) gerügt. Zwar kann die *Verletzung von Konventionsnormen* nicht mit der Verfassungsbeschwerde geltend gemacht werden (BVerfGE 10, 271, 274; 34, 384, 395; 41, 88, 105 f.; 41126, 149; 64, 135, 157; 74, 102, 128). Das BVerfG zieht bei der Auslegung des Grundgesetzes jedoch auch Inhalt und Entwicklungsstand der EMRK in Betracht, sofern dies nicht zu einer Einschränkung oder Minderung des Grundrechtsschutzes führt. Dies bedeutet, dass die Rechtsprechung des EGMR als *Auslegungshilfe* für die Bestimmung von Inhalt und Reichweite von Grundrechtsnormen und rechtsstaatlichen Grundsätzen der Verfassung dient (BVerfGE 74, 358, 370; BVerfG [Kammer], InfAuslR 2004, 280, 281, zur Bedeutung der Rechtsprechung des EGMR zu Art. 8 EMRK für das deutsche Ausweisungsrecht BVerfG [Kammer], InfAuslR 2001, 116, BVerfG [Kammer], InfAuslR 2004, 280, BVerfG [Kammer], NVwZ 2007, 1300, 1301 = InfAuslR 2007, 443; BVerfG [Kammer], NVwZ 2007, 946, 948 = InfAuslR 2007, 275).

4. Verletzung von Europarecht

238 Das deutsche Asyl- und Aufenthaltsrecht ist weitgehend vergemeinschaftet worden. Die Richtlinienumsetzungsgesetze 2007, 2011 und 2013 belegen dies. Während Unionsrecht bis dahin nur bei Unionsbürgern und diesen gleichgestellten Personen sowie bei türkischen Assoziationsberechtigten eine spezifische Bedeutung erlangen konnte, hat sich dies seit einigen Jahren geändert Dies gilt in Besonderheit für das Asylrecht. Für Flüchtlinge und subsidiäre Schutzberechtigte ist die Richtlinie 2011/95/EU (Qualifikationsrichtlinie) maßgebend. Die Qualifikationsrichtlinie regelt abschließend alle mit den Statusvoraussetzungen zusammenhängenden Fragen, nicht jedoch die Asylanerkennung. Diese ist allerdings seit BVerfGE 94, 166, 1995 für die Verfassungsbeschwerde kaum noch von Bedeutung. Unzulässig ist im Verfahren der Verfassungsbeschwerde die Rüge der Verletzung des Europarechts. Unionsrechtlich begründete Rechte gehören nicht zu den Grundrechten oder grundrechtsgleichen Rechten. Für die Verletzung des Anwendungsvorrangs ist das BVerfG nicht zuständig (BVerfG, NJW 2006, 1261 – *Oddset*).

Sekundäres Unionsrecht (Verordnungen, Richtlinien) wird grundsätzlich nicht am Maßstab der Grundrechte geprüft, solange die Union, insbesondere die Rechtsprechung des EuGH einen wirksamen Grundrechtsschutz gegenüber der Hoheitsgewalt der Union generell gewährleisten, der dem vom Grundgesetz als unabdingbar gebotenen Grundrechtsschutz im Wesentlichen gleich zu achten ist (BVerwG, NVwZ 2005, 1178, 1181, unter Bezugnahme auf die *Solange-Rechtsprechung* des BVerfG; s. auch BVerfGE 102, 128). Soweit Richtlinien den Grundrechtsstandard des Unionsrechts verletzen sollten, gewährt der EuGH Grundrechtsschutz entweder unmittelbar nach Maßgabe des Art. 173 Abs. 2 EGV oder im Wege der Vorabentscheidung nach Art. 267 AEUV (BVerfG [Kammer], NVwZ 1993, 883; zum Grundrechtsschutz durch den EuGH und zur Vorlagepflicht *App*, DZWIR 2002, 232; *Rossi*, in: *Callies/Ruffert*, EUV-EGV, Kommentar, 3. Aufl., Art. 658 EGV 3 ff.; *Oster*, JA 2007, 96). Für das Verfahren der Verfassungsbeschwerde ergeben sich hieraus nachfolgende Folgerungen: 239

Eine Verletzung einfachgesetzlicher Umsetzungsnormen (z.B. §§ 3 ff. in Verb. mit Art. 4 ff. RL 2011/95/EU) kann als solche nur nach Maßgabe des *Willkürverbotes* im Sinne von Art. 3 Abs. 1 GG geltend gemacht werden (BVerfG [Kammer], NVwZ 1993, 460, zu § 51 Abs. 1 AuslG 1990). Nach ständiger Rechtsprechung des BVerfG ist ein Richterspruch erst dann willkürlich, wenn er unter keinem denkbaren Aspekt mehr rechtlich vertretbar ist und sich daher der Schluss aufdrängt, dass er auf sachfremden Erwägungen beruht. Das ist anhand objektiver Kriterien festzustellen. Willkür liegt erst vor, wenn die Rechtslage krass verkannt wird. Hingegen kann von willkürlicher Missdeutung nicht gesprochen werden, wenn das Gericht sich mit der Rechtslage eingehend auseinandersetzt und seine Auffassung nicht jeglichen sachlichen Grundes entbehrt (BVerfGE 112, 216, 215 f., mit Hinweisen). Nicht subjektive Willkür führt zu einem Verfassungsverstoß, sondern die tatsächliche und eindeutige Unangemessenheit einer Maßnahme in Verbindung zu der tatsächlichen Situation, deren sie Herr werden soll (BVerfGE 62, 189, 192; 80, 48, 51). Ein Verstoß gegen das Willkürverbot liegt zwar noch nicht vor, wenn die Rechtsanwendung oder das eingeschlagene Verfahren Fehler enthalten. Hinzukommen muss vielmehr, dass diese bei verständiger Würdigung der das Grundgesetz beherrschenden Gedanken nicht mehr verständlich sind und sich daher der *Schluss aufdrängt*, dass sie *auf sachfremden Erwägungen* beruhen (BVerfGE 4, 1, 7; 62, 189, 192). Dies ist etwa der Fall, wenn der Inhalt einer Norm in krasser Weise missdeutet wird (BVerfGE 87, 273, 279; s. auch BVerfG [Kammer], NVwZ 2012, 426 = InfAuslR 2012, 7, willkürliche Auslegung des § 6 Abs. 5 Satz 3 FreizügG/EU). 240

Eine unanfechtbare Klageabweisung kann den Weg zum EuGH als »*gesetzlichem Richter*« i.S.d. Art. 101 Abs. 1 Satz 2 GG sperren und eine Grundrechtsverletzung darstellen. Der EuGH ist gesetzlicher Richter i.S.d. Art. 101 Abs. 1 Satz 2 GG (BVerfGE 73, 339, 366 f.; BVerfG [Kammer], NVwZ 2012, 426, 427 = InfAuslR 2012, 7). Zu den Voraussetzungen einer entsprechenden Grundrechtsverletzung hat das BVerfG festgestellt: 241

– Eine *Vorlagepflicht* kann nur bei dem Gericht eintreten, das letztinstanzlich über die Zulassung des Rechtsmittels zu entscheiden hat (BVerfG [Kammer],

NVwZ 2012, 426, 427 = InfAuslR 2012, 7). Das ist im Berufungszulassungsverfahren das Berufungsgericht, im Revisionszulassungsverfahren das BVerwG. Dass sich nach erfolgter Zulassung ein weiteres Rechtsmittel anschließt, ändert daran nichts. Wird das Rechtsmittel nicht zugelassen, ist diese Entscheidung an den verfassungsrechtlichen Maßstäben für die Vorlageverpflichtung letztinstanzlicher Gerichte zu messen (BVerfG [Kammer], NVwZ 2012, 426, 427 = InfAuslR 2012, 7; BVerfG [Kammer], NJW 1994, 2017, mit Verweis auf BVerfGE 82, 159, 192 ff.; BVerfG [Kammer], NJW 2001, 1267; BVerfG [Kammer], NVwZ 2005, 572, 574; s. hierzu auch *Kleine-Cosack*, Verfassungsbeschwerden und Menschenrechtsbeschwerden, 2. Aufl., 2007, S. 20 ff.; zu den verfassungsgerichtlichen Maßstäben BVerfGE 82, 159, 194 ff. = NVwZ 1991, 53; BVerfGE 126, 286, 315 ff. = NVwZ 2010, 3422; BVerfG [Kammer], NJW 1994, 2017, mit Verweis auf BVerfGE 82, 159, 192 ff.).

- Wäre im Berufungs- oder Revisionsverfahren voraussichtlich eine Vorabentscheidung des EuGH einzuholen, kann die Erfolgsaussicht des Rechtsmittels erst nach Abschluss des Zulassungsverfahrens sicher beurteilt werden. Beschließt das Rechtsmittelgericht, das Rechtsmittel nicht zuzulassen, liegt darin zugleich die Entscheidung, die unionsrechtliche Frage dem EuGH nicht vorzulegen, sondern sie in eigener Verantwortung zu beurteilen.
- Offensichtlich unhaltbar und daher verfassungswidrig gehandhabt wird die Vorlagepflicht insbesondere in den Fällen, in denen ein letztinstanzliches Hauptsachegericht eine Vorlage trotz der – seiner Auffassung nach bestehenden – Entscheidungserheblichkeit überhaupt nicht in Erwägung zieht, obwohl es selbst Zweifel hinsichtlich der richtigen Beantwortung der Frage hegt. Gleiches gilt in den Fällen, in denen das letztinstanzliche Hauptsachegericht in seiner Entscheidung bewusst von der EuGH-Rechtsprechung abweicht und gleichwohl nicht oder nicht erneut vorlegt.
- Liegt zu einer entscheidungserheblichen Frage des Unionsrechts einschlägige Rechtsprechung des EuGH noch nicht vor, hat eine vorliegende Rechtsprechung die entscheidungserhebliche Frage möglicherweise noch nicht erschöpfend beantwortet oder erscheint eine Fortentwicklung der Rechtsprechung des EuGH nicht nur als entfernte Möglichkeit, wird Art. 101 Abs. 1 Satz 2 GG nur dann verletzt, wenn das letztinstanzliche Hauptsachegericht den ihm in solchen Fällen notwendig zukommenden Beurteilungsrahmen in unvertretbarer Weise überschritten hat. Dies kann insbesondere der Fall sein, wenn mögliche Gegenauffassungen zu der entscheidungserheblichen Frage des Unionsrechts gegenüber der vom Gericht vertretenen Meinung eindeutig vorzuziehen sind (BVerfG [Kammer], NJW 1994, 2017, mit Verweis auf BVerfGE 82, 159, 192 ff.; BVerfG [Kammer], NVwZ 2012, 426, 427 = InfAuslR 2012, 7).
- Für die Auslegung der gerade auch in der Qualifikationsrichtlinie enthaltenen zahlreichen *Freistellungsklauseln* – auch *Öffnungsklauseln* genannt – ist ebenfalls der EuGH und nicht das BVerfG zuständig. Diese eröffnen den Mitgliedstaaten für die Beibehaltung ihres nationalen Rechts einen beträchtlichen Spielraum. Ob und in welchem Umfang eine Inanspruchnahme dieser Klauseln zulässig ist, ist jedoch eine unionsrechtlich determinierte Frage

absehbare Entwicklung gegebener Verhältnisse, über zu erwartende Verschärfungen oder Abmilderungen beeinträchtigender Maßnahmen und ähnlichen Sachverhaltselementen verbunden ist (BVerfGE 67, 143, 162). Ermittlungen zum Tatbestand politisch Verfolgter sind vom BVerfG daraufhin zu überprüfen, ob sie einen *hinreichenden Grad an Verlässlichkeit* aufweisen und auch *dem Umfang nach*, bezogen auf die besonderen Gegebenheiten im Asylbereich, *zureichend* sind (BVerfG [Kammer], NVwZ-Beil. 1994, 2; BVerfG [Kammer], InfAuslR 1996, 355, 357), namentlich auch hinsichtlich der *Aufklärungspflicht* und der Bewertung von Beweismitteln (BVerfG [Kammer], NVwZ-Beil. 1994, 2).

6. Verletzung von Art. 19 Abs. 4 GG

Das BVerfG räumt Art. 19 Abs. 4 GG neben Art. 103 Abs. 1 GG erhebliche Bedeutung bei (§ 78 Rdn. 243 ff.). Allerdings ist hier das Verhältnis zwischen Einzelgrundrecht und Art. 19 Abs. 4 GG nicht klar. Der grundrechtliche Schutz, der die Fachgerichte bei der Tatsachenfeststellung und Würdigung leitet, wird durch Art. 19 Abs. 4 GG verstärkt. Diese Norm gewährleistet dem Einzelnen im Hinblick auf die Wahrung oder Durchsetzung seiner subjektiv-öffentlichen Rechte eine tatsächlich wirksame gerichtliche Kontrolle. Dies schließt einen möglichst lückenlosen gerichtlichen Schutz gegen Verletzungen der Individualrechtssphäre durch Eingriffe der öffentlichen Gewalt ein (BVerfGE 101, 106, 122 f., stdg. Rspr.). Diese Verfassungsnorm stellt im Zusammenwirken mit anderen verfassungsrechtlichen Gewährleistungen sowie weiteren aus dem Rechtsstaatsprinzip folgenden *Anforderungen an das gerichtliche Verfahren* die zentrale Verbürgung gerichtlichen Rechtsschutzes auch der Grundrechte im gerichtlichen Verfahren vor den Fachgerichten dar. Zwar bestimmt sich das Maß wirkungsvollen Rechtsschutzes entscheidend nach dem sachlichen Gehalt der Einzelgrundrechte. Jedoch gewährleistet Art. 19 Abs. 4 GG zusätzlich, dass durch die *normative Ausgestaltung der gerichtlichen Verfahrensordnung die umfassende Nachprüfung des Verfahrensgegenstandes in tatsächlicher und rechtlicher Hinsicht und eine dem Rechtsschutzbegehren angemessene Entscheidungsart und Entscheidungswirkung sichergestellt* wird (BVerfGE 60, 253, 297). Zur Effektivität des Rechtsschutzes gehört es insbesondere, dass das Fachgericht das Rechtsschutzbegehren in tatsächlicher und rechtlicher Hinsicht prüfen kann und genügend Entscheidungsbefugnis besitzt, um drohende Rechtsverletzungen abzuwenden oder erfolgte Rechtsverletzungen zu beheben (BVerfGE 101, 106, 123). 246

Die Rechtsprechung des Bundesverfassungsgerichtes ist dahin zu verstehen, dass die gerichtliche Durchsetzbarkeit bereits wesensnotwendiger Bestandteil der einzelnen materiellen Grundrechte selbst ist und diese den durch Art. 19 Abs. 4 GG garantierten Individualrechtsschutz *ergänzen* (BVerfGE 49, 252, 257) und *verstärken* (BVerfGE 60, 253, 297). Die Literatur sieht dieses in seiner konkreten Auswirkung nicht vollständig geklärte Nebeneinander unterschiedlicher verfassungsrechtlicher Grundlagen für die gerichtliche Durchsetzbarkeit materieller Grundrechtsverbürgungen eher kritisch und betont stärker den selbständigen Regelungsgehalt von Art. 19 Abs. 4 GG. Zum Zuge dürfte Art. 19 Abs. 4 GG insbesondere dann kommen, wenn die grundrechtliche Verbürgung als solche keinen Anspruch auf eine 247 verfassungsgerichtliche Prüfung der fachgerichtlichen Sachverhaltsfeststellung und Rechtsanwendung gewährleistet. Einen derartigen Anspruch hat das BVerfG bislang nur für die Grundrechte aus Art. 5 Abs. 1 und 3 GG und Art. 16a Abs. 1 GG, inzwischen aber auch für das Verbot religiöser Vereinigungen anerkannt. Fehler bei der Sachverhaltsfeststellung und Rechtsanwendung können andererseits stets nach Art. 19 Abs. 4 GG gerügt werden. Zur Gewährleistung effektiven Rechtsschutzes gehört insbesondere, dass dem Richter eine hinreichende Prüfungsbefugnis hinsichtlich der tatsächlichen und rechtlichen Seite eines Streitfalls zukommt (BVerfGE 113, 273, 310; 118, 168, 208). Das Gericht muss daher die tatsächlichen Grundlagen seiner Entscheidung selbst ermitteln (BVerfGE 101, 106, 123). Eine *unangemessene Verfahrensdauer des Antragsverfahrens* verletzt den verfassungsrechtlich verbürgten Anspruch auf ein zügiges Verfahren nach Art. 19 Abs. 4 GG (VerfGH Berlin, InfAuslR 2005, 119 = AuAS 2005, 68; zur *Verzögerungsrüge* nach § 97a Abs. 1 Satz 1 BVerfGG, s. BVerfG [Kammer], NVwZ 2013, 789; BVerfG [Beschwerdekammer], NVwZ 2016, 244; EGMR, NVwZ 2013, 47; *Zuck*, NVwZ 2013, 779).

248 Besondere Bedeutung hat Art. 19 Abs. 4 GG auch für die fehlerhafte Anwendung der in § 78 Abs. 2 bis 5 geregelten Berufungszulassung. Mit der Rüge nach Art. 19 Abs. 4 GG kann insbesondere die Verhinderung oder unzumutbare Erschwerung des Zugangs zum Gerichtsverfahren geltend gemacht werden. In diesem Rahmen kann auch die *Zurückweisung des Zulassungsantrags* nach Art. 19 Abs. 4 GG gerügt werden, wenn aus der obergerichtlichen Begründung eine *unzumutbare Erschwernis des Zugangs zum Berufungsverfahren* deutlich wird. So verletzt es diese Norm, wenn das Berufungsgericht die Begründung des Verwaltungsgerichts mit Erwägungen aufrechterhält, die nicht ohne Weiteres auf der Hand liegen und deren Heranziehung deshalb über den mit Blick auf den eingeschränkten Zweck des Zulassungsverfahrens zu leistenden Prüfungsumfang hinausgeht (BVerfG [Kammer], NVwZ-RR 2011, 460; BVerfG [Kammer], NVwZ 2011, 547, 548).

249 Das BVerfG erstreckt seine Prüfung im Rahmen der Verfassungsbeschwerde auch dann auf Art. 19 Abs. 4 GG, wenn der Beschwerdeführer selbst eine Verletzung dieses Rechts nicht ausdrücklich rügt (BVerfGE 54, 117, 124; 58, 163, 167; 71, 202, 204). Es hat deshalb von sich aus eine Überprüfung an diesem Maßstab vorgenommen, um die im Verfassungsbeschwerdeverfahren aufgeworfenen Rechtsfragen rechtsgrundsätzlicher Klärung zuzuführen. Der Sicherung des fachgerichtlichen Vorrangs kommt seiner Ansicht nach insbesondere dann besonderes Gewicht zu, wenn die Verwaltungsgerichte bei ihrer Prüfung die Vorgaben der *Qualifikationsrichtlinie* und der *GFK* unmittelbar zu beachten haben, während diese Normen im Verfassungsbeschwerdeverfahren jedenfalls nicht unmittelbar als Prüfungsmaßstab von Bedeutung sind (Rdn. 243). Sieht § 78 Abs. 3 und 4 die Möglichkeit vor, die Zulassung eines Rechtsmittels zu erstreiten, verbietet Art. 19 Abs. 4 GG eine Auslegung und Anwendung dieser Rechtsnormen, die die Beschreitung des eröffneten (Teil-)Rechtswegs in einer *unzumutbaren, aus Sachgründen nicht mehr zu rechtfertigenden Weise erschwert* (BVerfG [Kammer], Beschl. v. 12.05.2008 – 2 BvR 378/05, in InfAuslR 2008, 263 nicht abgedruckt). Damit setzt das BVerfG seine Linie fort, bei divergierender obergerichtlicher Rechtsprechung zu unionsrechtlichen Fragen nach Art. 19 Abs. 4 GG die

Verfassungsbeschwerde anzunehmen, wenn der Beschwerdeführer derartige Fragen mit der Grundsatzberufung im Zulassungsantragsverfahren nach § 124 Abs. 2 VwGO oder § 78 Abs. 3 geltend gemacht hatte (BVerfG [Kammer], Beschl. v. 11.02.2008 – 2 BvR 2575/07; BVerfG [Kammer], InfAuslR 2009, 417, beide zur umstrittenen Frage der Anwendbarkeit von Art. 28 Abs. 3 Buchst. a) RL 2004/38/EG auf assoziationsberechtigte Türken).

Die Rüge nach Art. 19 Abs. 4 GG gegen die *Versagung fachgerichtlichen Eilrechtsschutzes* hat Erfolg, wenn dargelegt wird, dass Art. 8 EMRK und seine Auswirkung auf § 25 Abs. 4 Satz 2, Abs. 5 Satz 1 AufenthG im Hauptsacheverfahren zu klärende Sach- und Rechtsfragen aufgeworfen (BVerfG [Kammer], InfAuslR 2011, 235, 236) oder das Verwaltungsgericht im Eilrechtsschutzverfahren methodisch fehlerhaft eine Wiederholungsgefahr im Fall des von Ausweisung betroffenen Beschwerdeführers festgestellt hat (BVerfG [Kammer], InfAuslR 2011, 287, 289 f.). Die Entscheidung des Verwaltungsgerichts, einen im Rahmen eines Klageverfahrens wegen eines Folgeantrags gestellten Abänderungsantrag im Blick auf die anwaltliche Vertretung als unzulässig zu bewerten und ihn nicht in Anwendung von § 88 VwGO als neuerlichen Antrag nach § 123 VwGO auszulegen oder zumindest vor einer Entscheidung in Anwendung von § 86 Abs. 3 VwGO einen Hinweis auf mögliche Bedenken hinsichtlich der Zulässigkeit des Antrags zu geben, verletzt Art. 19 Abs. 4 GG. Jedenfalls dann, wenn das Rechtsschutzziel klar aus dem Antrag und seiner Begründung zu erkennen ist und dieses Rechtsschutzziel zulässigerweise verfolgt werden kann, stellt die Behandlung des Antrags als unzulässig auch gegenüber einem anwaltlich vertretenen Antragsteller eine unzumutbare Erschwerung des Rechtswegs dar (BVerfG [Kammer], Beschl. v. 23.10.2007 – 2 BvR 542/07). Eine unangemessene Verfahrensdauer des Antragsverfahrens verletzt den verfassungsrechtlich verbürgten Anspruch auf ein zügiges Verfahren nach Art. 19 Abs. 4 GG (VerfGH Berlin, InfAuslR 2005, 119 = AuAS 2005, 68). 250

§ 78 Rechtsmittel

(1) [1]Das Urteil des Verwaltungsgerichts, durch das die Klage in Rechtsstreitigkeiten nach diesem Gesetz als offensichtlich unzulässig oder offensichtlich unbegründet abgewiesen wird, ist unanfechtbar. [2]Das gilt auch, wenn nur das Klagebegehren gegen die Entscheidung über den Asylantrag als offensichtlich unzulässig oder offensichtlich unbegründet, das Klagebegehren im Übrigen hingegen als unzulässig oder unbegründet abgewiesen worden ist.

(2) [1]In den übrigen Fällen steht den Beteiligten die Berufung gegen das Urteil des Verwaltungsgerichts zu, wenn sie von dem Oberverwaltungsgericht zugelassen wird. [2]Die Revision gegen das Urteil des Verwaltungsgerichts findet nicht statt.

(3) Die Berufung ist nur zuzulassen, wenn
1. die Rechtssache grundsätzliche Bedeutung hat oder
2. das Urteil von einer Entscheidung des Oberverwaltungsgerichts, des Bundesverwaltungsgerichts, des Gemeinsamen Senats der obersten Gerichtshöfe des

Bundes oder des Bundesverfassungsgerichts abweicht und auf dieser Abweichung beruht oder

3. ein in § 138 der Verwaltungsgerichtsordnung bezeichneter Verfahrensmangel geltend gemacht wird und vorliegt.

(4) [1]Die Zulassung der Berufung ist innerhalb eines Monats nach Zustellung des Urteils zu beantragen. [2]Der Antrag ist bei dem Verwaltungsgericht zu stellen. [3]Er muss das angefochtene Urteil bezeichnen. [4]In dem Antrag sind die Gründe, aus denen die Berufung zuzulassen ist, darzulegen. [5]Die Stellung des Antrags hemmt die Rechtskraft des Urteils.

(5) [1]Über den Antrag entscheidet das Oberverwaltungsgericht durch Beschluss, der keiner Begründung bedarf. [2]Mit der Ablehnung des Antrags wird das Urteil rechtskräftig. [3]Lässt das Oberverwaltungsgericht die Berufung zu, wird das Antragsverfahren als Berufungsverfahren fortgesetzt; der Einlegung einer Berufung bedarf es nicht.

(6) (weggefallen)

(7) Ein Rechtsbehelf nach § 84 Abs. 2 der Verwaltungsgerichtsordnung ist innerhalb von zwei Wochen nach Zustellung des Gerichtsbescheids zu erheben.

Übersicht | Rdn.

Verhandlung beantragt, gilt er als nicht ergangen (§ 84 Abs. 3 Halbs. 2 VwGO). Wird durch *Gerichtsbescheid* die Klage in der qualifizierten Form abgewiesen, muss daher zur Verhinderung des Eintritts der Rechtskraft *mündliche Verhandlung beantragt* werden. Die an sich gegebene Wahlmöglichkeit, anstelle der mündlichen Verhandlung die Zulassung der Berufung zu beantragen (§ 84 Abs. 2 Nr. 1 VwGO), ist unzulässig (Hess. VGH, NVwZ-RR 2001, 207), da ein Rechtsmittel nicht gegeben ist. In diesem Fall kann nur mündliche Verhandlung beantragt werden (§ 84 Abs. 2 Nr. 4 VwGO).

Hat das Verwaltungsgericht durch Urteil darüber entschieden, dass der Kläger die auf 9 die Asylberechtigung zielende *Klage wirksam zurückgenommen* hat, ist die Berufung ausgeschlossen. Diese Folge tritt jedoch nicht nach Abs. 1 Satz 2 ein. Vielmehr erfasst im Zweifel die gewillkürte Rücknahme sämtliche Klagebegehren (unklar OVG Bremen, NVwZ 1984, 330). Entsteht nachträglich Streit über die Wirksamkeit der Klagerücknahme, hat das Gericht auf Antrag das Verfahren fortzusetzen und über die Frage der Beendigung durch Urteil zu entscheiden. Tritt die Folge der Klagerücknahme kraft Gesetzes ein (§ 81), folgt dies unmittelbar aus dem Gesetz selbst. Die Betreibensaufforderung bezieht sich auf alle gerichtlichen Verfahren nach dem AsylG (§ 81 Satz 1), mit der Folge, dass für den Fall der Verletzung der Mitwirkungspflicht, soweit die Belehrung entsprechend gestaltet ist, alle nach dem AsylG anhängigen Verfahren durch Rücknahme erledigt werden.

Werden im Urteil die statusrechtlichen Anträge qualifiziert abgewiesen, *Abschiebungsverbote* (§ 60 Abs. 5 und 7 AufenthG) jedoch bejaht, findet Abs. 1 keine Anwendung 10 (*Berlit*, in: GK-AsylG, II, § 78 Rn. 47). Umgekehrt ist Abs. 1 auf die Verneinung der Abschiebungsverbote anwendbar (BVerwG, AuAS 1996, 186, 187; BVerfG [Kammer], EZAR 043 Nr. 17 = AuAS 1996, 209; BVerfG [Kammer], NVwZ 2007, 1046 = AuAS 2007, 41; BVerfG [Kammer], NVwZ-RR 2008, 507, 508; *Müller*, in: Hofmann/Hoffmann, AuslR. Handkommentar, § 78 AsylVfG Rn. 4). Abs. 1 Satz 2 verweist für den Berufungsausschluss auf die »Entscheidung über den Asylantrag«. Diese Formulierung erstreckt den Berufungsausschluss auf alle im Zusammenhang mit der Entscheidung über den Asylantrag getroffenen behördlichen Entscheidungen. Beschränkt der Kläger sein Begehren auf die Abschiebungsverbote, folgt die Zulässigkeit der qualifizierten Klageabweisung aus Abs. 1 Satz 1. Die Grundsätze für die qualifizierte Klageabweisung gelten auch für die Klageabweisung im Blick auf ein *krankheitsbedingtes Abschiebungsverbot* nach § 60 Abs. 7 S. 2 AufenthG (BVerfG [Kammer], NVwZ 2007, 1046 = AuAS 2007, 41; BVerfG [Kammer], Beschl. v. 27.09.2007 – 2 BvR 1613/07). Die verfassungsrechtlichen Anforderungen an die unanfechtbare Klageabweisung ergeben sich insoweit aus Art. 19 Abs. 4 in Verb. mit Art. 2 Abs. 2 Satz 1 GG. Auch in dessen Anwendungsbereich muss den schutzwürdigen Interessen des Betroffenen wirksam Rechnung getragen werden. Die auf der Hand liegende Aussichtslosigkeit der Klage muss sich eindeutig aus der Entscheidung selbst ergeben und die diesbezüglichen Annahmen müssen auf einer hinreichend verlässlichen Grundlage beruhen. Die Verfahrensgewährleistung des Art. 19 Abs. 4 GG beschränkt sich nicht auf die Einräumung der Möglichkeit, die Gerichte gegen Akte der öffentlichen Gewalt anzurufen, sondern gibt dem Bürger darüber hinaus einen Anspruch auf eine möglichst wirksame gerichtliche Kontrolle (BVerfG [Kammer], NVwZ 207, 1046, 1047;

Vor § 78 Rdn. 246 ff.). Verpflichtet das Verwaltungsgericht zur Feststellung von Abschiebungsverboten, weist es die Klage aber im Übrigen in der qualifizierten Form ab, greift der Rechtsmittelausschluss nicht.

III. Verfassungsrechtlichen Anforderungen

11 Die materiellen Kriterien für das Offensichtlichkeitsurteil werden durch Art. 16a Abs. 4 GG nicht berührt (BVerfG [Kammer], NVwZ-Beil. 1994, 58 = AuAS 1994, 222; BVerfG [Kammer], NVwZ-Beil. 1995, 1 = AuAS 1995, 19). Die an das Offensichtlichkeitsurteil anzulegenden materiellen Kriterien sind für das Verwaltungs- wie für das Gerichtsverfahren einheitlich zu handhaben (BVerfGE 67, 43, 57 = EZAR 632 Nr. 1 = NJW 1984, 2028 = InfAuslR 1984, 215; s. hierzu im Einzelnen: § 30 Rdn. 13 ff.). Andererseits ist für die Entscheidung des Verwaltungsgerichts nicht Voraussetzung, dass auch das Bundesamt den Asylantrag in der qualifizierten Form nach § 30 abgelehnt hat (OVG NW, EZAR 633 Nr. 11). Den nach der Rechtsprechung des BVerfG an die qualifizierte Klageabweisung zu stellenden Anforderungen ist durch Art. 16a Abs. 4 GG im Blick auf das Klageverfahren nicht die Grundlage entzogen worden. Diese Norm trifft i.V.m. § 36 Abs. 4 zwar für das Eilrechtsschutz-, nicht jedoch für das Hauptsacheverfahren besondere Regelungen (BVerfG [Kammer], NVwZ-Beil. 1997, 9; BVerfG [Kammer], AuAS 1997, 55, 65; BVerfG [Kammer], NVwZ-Beil. 1999, 12). Mittelbar ergeben sich allerdings aus Art. 16a Abs. 4 GG Auswirkungen, da nach Art. 16a Abs. 3 und 4 GG der Vollzug ohne die Berücksichtigung der hohen verfassungsgerichtlichen Prüfungsanforderungen zugelassen wird. Die Rechtsprechung behält daher für die Praxis in den Fällen ihre uneingeschränkte Bedeutung, in denen durch Urteil eine Klage in der Form des Abs. 1 Satz 1 abgewiesen werden soll, ohne dass aufgrund eines erfolglosen Eilrechtsschutzverfahrens die Abschiebung bereits vollzogen wurde.

12 Im Blick auf die *Herkunftsstaatenregelung* (Art. 16a Abs. 3 GG) ist unklar, ob die strengen Anforderungen des BVerfG an die Abweisung einer Klage als offensichtlich unbegründet oder unzulässig Anwendung finden (*Hailbronner*, AuslR, B 2 § 78 AsylVfG Rn. 6). Dem kann in dieser Pauschalität nicht gefolgt werden. Prüfungsgegenstand einer derartigen Klage ist die verfassungsrechtliche Vermutung, dass der Asylsuchende *nicht* verfolgt wird. Daraus folgen weniger strenge Anforderungen an das gerichtliche Offensichtlichkeitsurteil. Gelingt dem Asylsuchenden die Darlegung von Tatsachen, welche die Annahme begründen, dass er entgegen der verfassungsrechtlichen Vermutung verfolgt wird, ist über sein Asylbegehren nach den allgemeinen Vorschriften zu entscheiden (BVerfGE 94, 115, 146 = NVwZ 1996, 691, 695 = EZAR 207 Nr. 1). Will das Verwaltungsgericht die Klage in der qualifizierten Form nach Abs. 1 abweisen, hat es die sich aus der Rechtsprechung des BVerfG ergebenden inhaltlichen Anforderungen zu beachten. Es ist aber kaum vorstellbar, dass nach einem erfolgreichen Widerlegungsvortrag überhaupt noch Raum für ein Vorgehen nach Abs. 1 Satz 1 verbleibt. In einem derartigen Fall kann das Verwaltungsgericht die hierfür maßgeblichen Voraussetzungen kaum darlegen. Gelingt dem Asylsantragsteller hingegen die Widerlegung der Verfolgungssicherheit nicht, verbleibt es für das Verwaltungsverfahren bei der verfahrensrechtlichen Folgerung gem. Art. 16a Abs. 4 Satz 1 GG in Verb. mit § 29a Abs. 1. Der Asylantrag ist offensichtlich unbegründet (BVerfGE 94, 115, 146 f.) =

NVwZ 1996, 691, 695 = EZAR 207 Nr. 1). Erweist sich die behördliche Sachentscheidung als hinreichend tragfähig, finden die aus Art. 16a Abs. 4 Satz 1 GG folgenden deutlich gelockerten Voraussetzungen Anwendung. Zu einer Entscheidung im Hauptsacheverfahren wird es dann in aller Regel nicht mehr kommen.

Nach der ständigen Rechtsprechung des BVerfG setzt die qualifizierte Form der Klageabweisung voraus, dass im maßgeblichen Zeitpunkt der Entscheidung des Gerichts (§ 77 Abs. 1) an der *Richtigkeit seiner tatsächlichen Feststellungen vernünftigerweise keine Zweifel* bestehen können und bei einem solchen Sachverhalt nach *allgemein anerkannter Rechtsauffassung – nach dem Stand von Rechtsprechung und Lehre –* sich die *Klageabweisung* dem Gericht *geradezu aufdrängt* (BVerfGE 65, 76, 95 f.) = EZAR 630 Nr. 14 = NJW 1983, 2929 = InfAuslR 1984, 58; BVerfGE 71, 276, 293 f. = EZAR 631 Nr. 3 = NVwZ 1986, 459 = InfAuslR 1986, 159; BVerfG [Kammer], NVwZ-Beil. 2000, 145; BVerfG [Kammer], InfAuslR 2002, 146, 148; BVerfG [Kammer], NVwZ 2007, 1046; BVerfG [Kammer], NVwZ-RR 2008, 507, 508; VerfGH Berlin, EZAR 631 Nr. 46; VerfGH Berlin, EZAR 631 Nr. 49; Hess. StGH, Hess. StAnz 2000, 1285, 1286). Dieselben Anforderungen finden auf die Abweisung einer Klage als offensichtlich unzulässig Anwendung (BVerwG, DVBl 1983, 179 = NVwZ 1983, 283). Für die inhaltlichen Anforderungen an das klageabweisende Urteil ist ein *Differenzierungsprogramm* maßgebend (BVerfG [Kammer], NVwZ-Beil. 1994, 58, 59). Wie im Verwaltungsverfahren wird zwischen kollektiven (§ 30 Rdn. 16 ff.) und individuellen Verfolgungstatbeständen (§ 30 Rdn. 21 ff.) unterschieden und sind jeweils unterschiedliche Anforderungen zu beachten. 13

Die Alternative der *offensichtlichen Unzulässigkeit* bezieht sich auf die prozessualen Zulässigkeitsvoraussetzungen und hat im Asylprozess eine andere Bedeutung als im Verwaltungsverfahren. Ist der Asylantrag nach § 29 Abs. 1 unzulässig und bestätigt das Verwaltungsgericht die behördlichen Feststellungen, kann die Klage nicht als offensichtlich unzulässig, sondern bei Vorliegen der entsprechenden Voraussetzungen nur als offensichtlich unbegründet (*Hailbronner*, AuslR, B 2 § 78 AsylVfG Rn. 7). Die ständige Rechtsprechung des BVerfG setzt für die qualifizierte Form der Klageabweisung voraus, dass im maßgeblichen Zeitpunkt der Entscheidung des Gerichts (§ 77 Abs. 1) an der *Richtigkeit* der Unzulässigkeit der Klage vernünftigerweise keine Zweifel bestehen können und bei einem solchen Sachverhalt nach allgemein anerkannter Rechtsauffassung – nach dem Stand von Rechtsprechung und Lehre – sich die Klageabweisung dem Gericht geradezu aufdrängt (Rdn. 13). 14

IV. Besondere gerichtliche Begründungspflicht

Es gelten nicht nur besondere Anforderungen für die Sachverhaltsermittlung (§ 30 Rdn. 32 ff.). Darüber hinaus wird insbesondere eine *besondere Begründung* des Verwaltungsgerichtes für die qualifizierte Klageabweisung verlangt. Dies folgt für die asylrechtliche Statusberechtigung aus dem verfassungsrechtlichen Asylrecht. Dies gebietet geeignete verfahrensrechtliche Vorkehrungen, die der Gefahr unanfechtbarer Fehlurteile (BVerfGE 71, 276, 292 = EZAR 631 Nr. 3 = NVwZ 1986, 459 = InfAuslR 1986, 159) entgegenwirken. Dem diente bis 1982 das *Einstimmigkeitserfordernis* (§ 34 Abs. 1 AuslG 1965). Wird dieses Erfordernis aufgegeben, muss die 15 ersichtliche Aussichtslosigkeit der Klage zumindest eindeutig aus der Entscheidung folgen (BVerfGE 65, 76, 95 = EZAR 630 Nr. 4 = NJW 1983, 2929 = InfAuslR 1984, 58; BVerfGE 71, 27, 293 = EZAR 631 Nr. 3 = NVwZ 1986, 459 = InfAuslR 1986, 159; BVerfG [Kammer], NVwZ-Beil. 1999, 12; BVerfG [Kammer], NVwZ-Beil. 2000, 145; BVerfG [Kammer], InfAuslR 2002, 146, 148; Hess. StGH, Hess. StAnz. 2000, 1285, 1287; VerfGH Berlin, EZAR 631 Nr. 46; VerfGH Berlin, EZAR 631 Nr. 49; VerfGH Berlin, InfAuslR 1999, 261, 264). Nicht genügend ist lediglich die *subjektive Einschätzung der offensichtlichen Aussichtslosigkeit* der Asylklage mit einem lediglich formelhaften Hinweis auf dieses Ergebnis im Tenor oder in den Entscheidungsgründen (BVerfG [Kammer], AuAS 1993, 153, 154; BVerfG [Kammer], InfAuslR 1993, 146, 148; Hess. StGH, Hess. StAnz. 2000, 1285, 1287; VerfGH Berlin, EZAR 631 Nr. 46; VerfGH Berlin, EZAR 631 Nr. 49). Erst recht kann die durch schlichtes Unterstreichen hervorgehobene Behauptung, die Klage sei hinsichtlich aller Klagebegehren offensichtlich unbegründet, nicht deutlich machen, warum sich dem Verwaltungsgericht die Aussichtslosigkeit der Klage aufdrängt (BVerfG [Kammer], AuAS 1993, 153, 154; BVerfG [Kammer], InfAuslR 1993, 146, 148).

16 Gefordert wird vielmehr, dass sich aus den Entscheidungsgründen klar ergibt, weshalb das Gericht die Klage *nicht nur als (schlicht) unbegründet, sondern als offensichtlich unbegründet* abgewiesen hat. Durch diese *Darlegungspflicht* wird die *Gewähr* für die *materielle Richtigkeit* der Entscheidung verstärkt (BVerfGE 71, 276, 293 f.= InfAuslR 1986, 159). Sie stellt die verfahrensrechtliche Vorkehrung dar, durch welche die Gefahr unanfechtbarer Fehlurteile, die nicht mehr korrigierbar sind, in einer noch den Anforderungen der verfahrensrechtlichen Absicherung des Asylrechts genügenden Weise entgegengewirkt wird (BVerfGE 65, 76, 95 f.). Einschränkend hat das BVerfG andererseits festgestellt, dass das Verwaltungsgericht seiner besonderen Begründungspflicht zwar regelmäßig nicht gerecht werde, wenn es sich lediglich auf die Begründung des Behördenbescheides beziehe (§ 77 Abs. 2). Verfassungsrechtliche Bedenken gegen eine derartige Verfahrensweise bestünden indes dann nicht, wenn sich aus dem Bescheid ergebe, warum die Voraussetzungen des § 30 Abs. 3 Nr. 1 als erfüllt angesehen worden seien (BVerfG [Kammer], NVwZ-Beil. 1999, 12). Andererseits werde das Verwaltungsgericht seiner besonderen Begründungspflicht nicht gerecht, wenn es sich lediglich auf den Behördenbescheid beziehe. Damit werde die erforderliche Offensichtlichkeit zwar behauptet, aber in keiner Weise begründet (BVerfG [Kammer], NVwZ 207, 1046, 1047).

17 Ist das Klagebegehren auf *mehrere vorgetragene Verfolgungsgründe* gestützt, ergibt sich aus dem Gebot der umfassenden Darlegungspflicht, dass das Verwaltungsgericht zu sämtlichen Gründen darlegen muss, weshalb sich aus ihnen ein Asylanspruch offensichtlich nicht ergibt (BVerfG [Kammer], Beschl. v. 22.08.1990 – 2 BvR 642/90). So kann der Kläger die Vorfluchtgründe auf mehrere Tatbestände abstützen, die jeder für sich den Anspruch zu tragen geeignet sind, oder er macht neben Vorfluchtgründen exilpolitische Aktivitäten geltend. In diesem Fall muss das Verwaltungsgericht sich mit jedem einzelnen den geltend gemachten Anspruch selbständig tragenden Verfolgungsgrund auseinandersetzen und deutlich machen, warum im Blick auf jeden von diesen ein Anspruch offensichtlich nicht folgt. Diese Rechtsprechung bedarf der

Modifizierung, da nach § 3a Abs. 1 Nr. 2 nicht jeder der geltend gemachten Gründe den Anspruch selbständig tragen muss (§ 3 Rdn. 12 ff.). Es muss daher jenseits vernünftiger Zweifel ausgeschlossen sein, dass die verschiedenen Diskriminierungen auch in ihrer Gesamtwirkung nicht die Flüchtlingseigenschaft begründen können. Durch die Einbeziehung des subsidiären Schutzes gilt die Rechtsprechung auch für den ernsthaften Schaden nach § 4 Abs. 1 Satz 2, allerdings nicht die Grundsätze zum Kumulationsansatz. Zwar stehen die einzelnen Klagegegenstände prozessual selbständig nebeneinander. Aus der Erstreckungswirkung des Abs. 1 Satz 2 folgt jedoch, dass die qualifizierte Klageabweisung nur zulässig ist, wenn alle Klagegegenstände die Voraussetzungen der offensichtlichen Unbegründetheit erfüllen (Rdn. 7).

Es ist kein Verfahrensfehler, wenn das Verwaltungsgericht nicht bereits in der Urteilsformel die qualifizierte Form der Klageabweisung kenntlich macht. Denn aus dem besonderen Begründungserfordernis folgt nicht, dass das Urteil aus zwei Entscheidungsteilen besteht. Vielmehr reicht es aus, wenn aus den Entscheidungsgründen eindeutig hervorgeht, warum die Klage als offensichtlich unbegründet abgewiesen wird (BVerfGE 71, 276, 293 f.) = EZAR 631 Nr. 3 = NVwZ 1986, 459 = InfAuslR 1986, 159; BVerwG, EZAR 610 Nr. 3). In der Gerichtspraxis wird in aller Regel die qualifizierte Form der Klageabweisung bereits in der Tenorierung zum Ausdruck gebracht. Die Darlegung des Offensichtlichkeitsurteils im Einzelnen erfordert insbesondere dann besondere Sorgfalt, wenn der Asylantrag im Verwaltungsverfahren nicht in der qualifizierten Form abgelehnt wurde (BVerfG [Kammer], InfAuslR 1994, 41, 42). Das Gericht kann sich dieser besonderen Darlegungspflicht auch nicht durch bloßen Hinweis auf § 30 Abs. 2 und 3 entledigen. Vielmehr ist auch in diesem Fall das Offensichtlichkeitsurteil im Einzelnen konkret zu begründen. 18

C. Berufungszulassung durch das Berufungsgericht (Abs. 2 bis 5)

I. Funktion der Berufungszulassung

Die Berufung findet nur statt, wenn sie vom Berufungsgericht (Oberverwaltungsgericht oder Verwaltungsgerichtshof) zugelassen wird (Abs. 2 Satz 1). Anders als nach § 32 Abs. 1 AsylVfG 1982 kann das Verwaltungsgericht nicht die Berufung zulassen. Nach geltendem Recht ist daher eine Beschwerde gegen die Nichtzulassung der Berufung (§ 32 Abs. 4 AsylVfG 1982, § 124 Abs. 1 VwGO) unzulässig. An deren Stelle tritt der Antrag auf Zulassung der Berufung nach Abs. 4 Satz 1. In seiner Struktur und Gestaltung ist das Antragsverfahren weitgehend mit dem früheren Beschwerdeverfahren identisch. Ebenso wie § 32 Abs. 2 AsylVfG 1982 enthält Abs. 3 *abschließend* die Zulassungsgründe. Der weiter gehende Ansatz des § 124 Abs. 2 VwGO wurde im Asylprozess bislang nicht eingeführt (VGH BW, NVwZ-Beil. 1997, 90 = VBlBW 1997, 299 = AuAS 1997, 237), obwohl hierfür Vieles spricht. Die Zulassungsberufung findet auf alle Rechtsstreitigkeiten nach diesem Gesetz (§ 74 Rdn. 2 ff.) Anwendung (Abs. 1 Satz 1). Die Berufung ist für alle Beteiligten zulassungsbedürftig. Jedenfalls die *Grundsatz- und* die *Divergenzrüge* (Abs. 3 Nr. 1 und 2) dient ausschließlich der *Wahrung der Einheitlichkeit der Rechtsprechung* und damit der *Rechtssicherheit* und *Rechtsfortbildung*, nicht jedoch der *Einzelfallgerechtigkeit* (Hess. VGH, EZAR 633 19

Nr. 30; Thür. OVG, NVwZ 2001, 448, 449; *Höllein*, ZAR 1989, 109, 110; *Berlit*, in: GK-AsylG, II, § 78 Rn. 65). Das Prozessrecht nimmt in Kauf, dass auch fehlerhafte erstinstanzliche Entscheidungen in Rechtskraft erwachsen (vgl. VGH BW, InfAuslR 1989, 139, 140). Allein die Zulassung wegen eines Verfahrensfehlers nach Abs. 3 Nr. 3 in Verb. mit § 138 VwGO dient dem individuellen Rechtsschutz im Einzelfall (*Berlit*, in: GK-AsylG II, § 78 Rn. 65).

20 Weder Art. 19 Abs. 4 GG noch andere Verfassungsnormen gewährleisten einen Instanzenzug. Sehen prozessrechtliche Vorschriften – wie früher § 32 AsylVfG 1982 und jetzt Abs. 2 – aber die Möglichkeit vor, die Zulassung eines Rechtsmittels zu erstreiten, verbietet Art. 19 Abs. 4 GG eine Auslegung und Anwendung dieser Normen, die die Beschreitung des eröffneten (Teil-)Rechtsweges in einer *unzumutbaren*, aus *Sachgründen nicht mehr zu rechtfertigenden Weise erschwert* (BVerfG [Kammer], EZAR 633 Nr. 24; BVerfG [Kammer], NVwZ-Beil. 1994, 27; BVerfG [Kammer], InfAuslR 1995, 126, 128 = NVwZ-Beil. 1995, 9; BVerfG [Kammer], NVwZ-Beil. 1995, 17; BVerfG [Kammer], NVwZ-Beil. 1996, 10; BVerfG, Beschl. v. 29.11.1994 – 2 BvR 2355/93; kritisch *Braun*, NVwZ 2002, 690; *Philipp*, NVwZ 2000, 1265; Vor § 78 Rdn. 246 ff.). Der grundrechtliche Schutz, der die Fachgerichte bei der Tatsachenfeststellung und Würdigung leitet, wird durch Art. 19 Abs. 4 GG verstärkt. Diese Norm gewährleistet dem Einzelnen im Hinblick auf die Wahrung oder Durchsetzung seiner subjektiv-öffentlichen Rechte eine tatsächlich wirksame gerichtliche Kontrolle. Dies schließt einen möglichst lückenlosen gerichtlichen Schutz gegen Verletzungen der Individualrechtssphäre durch Eingriffe der öffentlichen Gewalt ein (BVerfGE 101, 106, 122 f., stdg. Rspr.). Diese Verfassungsnorm stellt im Zusammenwirken mit anderen verfassungsrechtlichen Gewährleistungen sowie weiteren aus dem Rechtsstaatsprinzip folgenden *Anforderungen an das gerichtliche Verfahren* die zentrale Verbürgung gerichtlichen Rechtsschutzes auch der Grundrechte im gerichtlichen Verfahren vor den Fachgerichten dar. Zwar bestimmt sich das Maß wirkungsvollen Rechtsschutzes entscheidend nach dem sachlichen Gehalt der Einzelgrundrechte. Jedoch gewährleistet Art. 19 Abs. 4 GG zusätzlich, dass durch *normative Ausgestaltung der gerichtlichen Verfahrensordnung die umfassende Nachprüfung des Verfahrensgegenstandes in tatsächlicher und rechtlicher Hinsicht und eine dem Rechtsschutzbegehren angemessene Entscheidungsart und Entscheidungswirkung sichergestellt* wird (BVerfGE 60, 253, 297). Zur Effektivität des Rechtsschutzes gehört es insbesondere, dass das Fachgericht das Rechtsschutzbegehren in tatsächlicher und rechtlicher Hinsicht prüfen kann und genügend Entscheidungsbefugnis besitzt, um drohende Rechtsverletzungen abzuwenden oder erfolgte Rechtsverletzungen zu beheben (BVerfGE 101, 106, 123).

21 Diese Rechtsprechung ist dahin zu verstehen, dass die gerichtliche Durchsetzbarkeit bereits wesensnotwendiger Bestandteil der einzelnen materiellen Grundrechte selbst ist und diese den durch Art. 19 Abs. 4 GG garantierten Individualrechtsschutz *ergänzen* (BVerfGE 49, 252, 257) und *verstärken* (BVerfGE 60, 253, 297). Fehler bei der Sachverhaltsfeststellung und Rechtsanwendung können stets nach Art. 19 Abs. 4 GG gerügt werden. Zur Gewährleistung effektiven Rechtsschutzes gehört insbesondere, dass dem Richter eine hinreichende Prüfungsbefugnis hinsichtlich der tatsächlichen und rechtlichen Seite eines Streitfalls zukommt (BVerfGE 113, 273, 310;

118, 168, 208). Das Gericht muss daher die tatsächlichen Grundlagen seiner Entscheidung selbst ermitteln (BVerfGE 101, 106, 123). Mit der Rüge nach Art. 19 Abs. 4 GG kann insbesondere die Verhinderung oder unzumutbare Erschwerung des Zugangs zum Gerichtsverfahren geltend gemacht werden. In diesem Rahmen kann auch die *Zurückweisung des Zulassungsantrags* nach Art. 19 Abs. 4 GG mit der *Verfassungsbeschwerde* gerügt werden, wenn aus der obergerichtlichen Begründung eine unzumutbare Erschwernis des Zugangs zum Berufungsverfahren deutlich wird. So verletzt es diese Norm, wenn das Berufungsgericht die Begründung des Verwaltungsgerichts mit Erwägungen aufrechterhält, die nicht ohne Weiteres auf der Hand liegen und deren Heranziehung deshalb über den mit Blick auf den eingeschränkten Zweck des Zulassungsverfahrens zu leistenden Prüfungsumfang hinausgeht (BVerfG [Kammer], NVwZ-RR 2011, 460).

Das Berufungsgericht ist verpflichtet, den Zulassungsantrag angemessen zu würdigen 22
und durch sachgerechte Auslegung selbständig zu ermitteln, welche Zulassungsgründe der Sache nach geltend gemacht werden und welche Einwände welchen Zulassungsgründen zuzuordnen sind. Erst dann, wenn aus einer nicht auf einzelne Zulassungsgründe zugeschnittenen Begründung auch durch Auslegung nicht eindeutig ermittelt werden kann, auf welchen Zulassungsgrund der Antrag gestützt wird, stellt dessen Zurückweisung keine unzumutbare Erschwerung des Zugangs zur Berufung dar (BVerfG [Kammer], NVwZ 2011, 547, 548). Allein die pauschale Bezugnahme auf früheres Vorbringen reicht aber nicht aus (OVG SH, AuAS 5/1992, 11). Daher ist es verfassungsrechtlich nicht zu beanstanden, wenn lediglich allgemeine Hinweise als unzureichend angesehen werden und eine Durchdringung des Prozessstoffs verlangt wird (BVerfG [Kammer], NVwZ-Beil. 1995, 17; BVerwG, EZAR 634 Nr. 2 = AuAS 1996, 83 [nur LS]).

Die Begründung muss eine *Sichtung und rechtliche Durchdringung des Streitstoffs und* 23
ein Mindestmaß der Geordnetheit des Vortrags erkennen lassen. Dabei verlangt Darlegen – im allgemeinem Sprachgebrauch im Sinne von »erläutern« und »erklären« – ein *Mindestmaß* an *Klarheit, Verständlichkeit* und *Übersichtlichkeit der Ausführungen* (BVerwG, EZAR 634 Nr. 2). Eine umfangreiche Begründung entspricht deshalb jedenfalls dann nicht den Darlegungsanforderungen, wenn die Ausführungen zu den Zulassungsgründen in unübersichtlicher, ungegliederter, unklarer, kaum auflösbarer Weise mit Einlassungen zu unerheblichen Fragen vermengt ist, sodass auch eine insgesamt umfassende Begründung den genannten Erfordernissen nicht gerecht wird. Es ist nicht Aufgabe des Rechtsmittelgerichts, aus einem derartigen Gemenge das heraus zu suchen, was möglicherweise – bei wohlwollender Auslegung – zur Begründung des Rechtsmittels geeignet sein könnte (BVerwG, EZAR 634 Nr. 2).

II. Grundsatzrüge (Abs. 3 Nr. 1)

1. Funktion der Grundsatzrüge

Die Grundsatzberufung nach Abs. 3 Nr. 1 ist der Grundsatzrevision nach § 132 Abs. 2 24
Nr. 1 VwGO nachgebildet und setzt voraus, *dass eine bislang höchstrichterlich oder obergerichtlich nicht geklärte Frage aufgeworfen wird, die von verallgemeinerungsfähiger*

Bedeutung und entscheidungserheblich ist, also über den zu entscheidenden Fall hinausgeht und im Interesse der Einheitlichkeit der Rechtsprechung oder der Fortentwicklung des Rechts berufungsgerichtlicher Klärung zugänglich ist und dieser Klärung auch bedarf. Dabei ist ausschließlich von den erstinstanzlichen Tatsachenfeststellungen auszugehen (Hess. VGH, InfAuslR 2014, 299). Es sind deshalb unter Berücksichtigung dieser Kriterien im Zulassungsantrag folgende Prüfungsschritte zu beachten und im Einzelnen zu behandeln:

1. Bezeichnung der *konkreten Grundsatzfrage* (Rdn. 25 ff.)
2. Bezeichnung der *Klärungsfähigkeit und -bedürftigkeit* der aufgeworfenen Grundsatzfrage (Rdn. 30 ff.).
3. Bezeichnung der *Verallgemeinerungsfähigkeit* der aufgeworfenen Grundsatzfrage (Rdn. 50 ff.) Das ist sie nur, wenn in dem künftigen Berufungsverfahren eine grundsätzliche Klärung in dem Sinne zu erwarten ist, dass über den Einzelfall hinausgehende *verallgemeinerungsfähige Aussagen* getroffen werden können.
4. Bezeichnung der *Entscheidungserheblichkeit* der aufgeworfenen Grundsatzfrage. Sie muss anhand des Einzelfalls einer Klärung zugeführt werden können, also *entscheidungserheblich* sein (Rdn. 53 ff.).

2. Konkrete Grundsatzfrage

25 Im Antrag ist als erstes die *konkrete Grundsatzfrage zu bezeichnen.* Es obliegt dem Antragsteller, mit hinreichender Deutlichkeit darzulegen, welche konkrete und in ihrer Bedeutung über den Einzelfall hinausgehende Grundsatzfrage einer obergerichtlichen Klärung zugeführt werden soll (Hess. VGH, Beschl. v. 24.01.1989 – 13 TE 2168/88). Die Frage ist auszuformulieren und substanziiert auszuführen, warum sie für klärungsbedürftig und entscheidungserheblich gehalten und aus welchen Gründen ihr eine über den Einzelfall hinausweisende Bedeutung zugemessen wird (OVG Saarland, NVwZ-RR 2014, 740). Jedenfalls fordert die Darlegung der Grundsatzrüge wenigstens die Bezeichnung einer konkreten Rechts- oder Tatsachenfrage, die für die Entscheidung des Verwaltungsgerichtes von Bedeutung war und auch für das Berufungsverfahren erheblich sein wird. Der Verweis auf die Unrichtigkeit des Ergebnisses der materiellen Beurteilung des Verwaltungsgerichts rechtfertigt anders als im allgemeinen Verwaltungsprozess (§ 124 Abs. 2 Nr. 1 VwGO) nicht die Annahme einer Grundsatzberufung (OVG Saarland, NVwZ-RR 2014, 740). Ferner muss die Antragsschrift wenigstens auf den Grund hinweisen, der die Anerkennung der grundsätzlichen, d.h. über den Einzelfall hinausgehenden Bedeutung der Sache rechtfertigen soll (VGH BW, Beschl. v. 06.10.1983 – A 12 S 1823/93; VGH, BW, Beschl. v. 28.03.1995 – A 12 S 349/85; OVG Sachsen, Beschl. v. 29.08.1995 – A 4S 128/95). Überlässt es die Formulierung des Antrags dem Berufungsgericht, sich einen Grund für die Berufungszulassung gleichsam auszusuchen, wird nach obergerichtlicher Rechtsprechung dem Darlegungserfordernis nicht hinreichend Genüge getan (Hess. VGH, Beschl. v. 24.01.1989 – 13 TE 2168/88). Vielmehr muss eine konkrete Grundsatzfrage bezeichnet und darüber hinaus dargelegt werden, warum prinzipielle Bedenken gegen den vom Verwaltungsgericht eingenommenen Standpunkt bestehen, warum es mithin erforderlich ist, dass sich das Berufungsgericht noch

Tatsachenfrage nur nach Durchführung eines Hauptsacheverfahrens beantworten lasse (Hess. VGH, EZAR 633 Nr. 30). Das Zulassungsverfahren darf nicht das Berufungsverfahren vorwegnehmen. An die Begründung des Zulassungsantrags dürfen nicht dieselben Anforderungen gestellt werden wie an die spätere Berufungsbegründung (BVerfG [Kammer], NVwZ 2000, 1163, 1164). Die Rechtsfrage, ob *Auskünfte des Auswärtigen Amtes mit dem Vermerk »VS – Nur für den Dienstgebrauch«* wegen des darin zum Ausdruck kommenden *Beweisverwertungsverbotes* nicht verwertet werden dürfen, lässt sich unmittelbar aus dem Gesetz beantworten (VGH BW, B. 26.08.1998 – A 13 S 2624/97; s. auch BayVGH, NVwZ-Beil. 1999, 115, Grundsatzfrage, ob amtliche Berichte unter Mitwirkung von Bediensteten des Bundesamtes verwertet werden dürfen, wird verneint).

Wird geltend gemacht, eine gesetzliche Regelung sei willkürlich, ist in der Begründung darzulegen, woraus die Bedenken gegen die Verfassungsmäßigkeit hergeleitet werden (BVerwG, NJW 1993, 2825 = NVwZ 1993, 1183 [LS]) und inwieweit hierüber eine Klärung herbeigeführt werden kann. Eine Berufungszulassung wegen grundsätzlicher Bedeutung wird insbesondere in Betracht kommen, wenn das Verwaltungsgericht in einer Frage, die vom zuständigen Obergericht noch nicht entschieden worden ist, von der Rechtsprechung eines anderen Obergerichtes abweicht (BVerfG [Kammer], NVwZ 1993, 465). Klärungsbedürftigkeit der bezeichneten Frage ist insbesondere auch dann anzunehmen, wenn innerhalb des Bezirks des Berufungsgerichts oder sogar innerhalb des Bezirks eines Verwaltungsgerichtes unter den unterschiedlichen Spruchkörpern zu der aufgeworfenen Frage divergierende Ansichten vertreten werden. Denn dem Berufungsgericht fällt insbesondere die Aufgabe zu, innerhalb seines Bezirks auf eine einheitliche Beurteilung gleicher oder ähnlicher Sachverhalte hinzuwirken (BVerwGE 70, 24, 27 = EZAR 633 Nr. 9 = NVwZ 1985, 199 = InfAuslR 1985, 119). 33

Im Blick auf *Tatsachenfragen* ist darzulegen, welche konkrete und in ihrer Bedeutung über den Einzelfall hinausgehende Frage tatsächlicher Art im Berufungsverfahren geklärt werden soll. Klärungsbedarf darf nur verneint werden, wenn eine grundsätzliche Frage *zweifelsfrei* beantwortet werden kann und nicht bereits dann, wenn bestimmte mit dieser im Zusammenhang stehende Tatsachen *offenkundig* sind (BVerfG [Kammer], NVwZ-Beil. 1996, 10). Damit nicht im Einklang steht die Anforderung an die Darlegung, es müsse deutlich gemacht werden, warum prinzipielle Bedenken gegen einen vom Verwaltungsgericht in einer konkreten Rechts- oder Tatsachenfrage eingenommenen Standpunkt bestünden, es also erforderlich sei, dass sich das Berufungsgericht erstmals oder erneut klärend mit der aufgeworfenen Frage auseinandersetze und entscheide, ob die Bedenken durchgreifen (VGH BW, Beschl. v. 09.06.1997 – 16 S 1693/97). Andererseits bedarf die Frage nicht der Klärung, wenn sie sich aus dem Gesetz mehr oder weniger zweifelsfrei beantworten lässt. Klärungsbedarf entsteht ferner nicht schon allein deshalb, weil Schrifttum und Rechtsprechung sich mit der bezeichneten Frage noch gar nicht befasst haben (*Bergmann*, in: Bergmann/Dienelt, AuslR, 11. Aufl., 2016, § 78 AsylG Rn. 13), sondern nur dann, wenn sich eine Rechts- oder Tatsachenfrage nur nach Durchführung eines Hauptsacheverfahrens beantworten lässt (Hess. VGH, EZAR 633 Nr. 30; Rdn. 35). 34

35 Auch wenn sich das angerufene Obergericht mit der aufgeworfenen Grundsatzfrage selbst noch nicht befasst hat, besteht keine Klärungsbedürftigkeit, wenn das Verwaltungsgericht diese Frage in Übereinstimmung mit der einhelligen und gefestigten obergerichtlichen Rechtsprechung im verneinenden Sinne beantwortet hat (Rdn. 34). Unter diesen Voraussetzungen bietet das Vorbringen keinen Anlass, diese Frage auch noch durch das angerufene Obergericht einer Klärung zuzuführen. Vielmehr ist auch in diesem Fall darzulegen, warum die Frage aus Gründen der einheitlichen Rechtsanwendung oder der Weiterentwicklung des Rechts einer Klärung durch das angerufene Obergericht bedarf (Hess. VGH, InfAuslR 2001, 156, 157; OVG NW, Beschl. v. 03.08.2000 – 1 A 5949/98.A). Eine vereinheitlichende Wirkung der Rechtsprechung der Obergerichte erscheint nicht nur hinsichtlich bundes*rechtlicher* Fragen, sondern auch hinsichtlich solcher *Tatsachen*fragen naheliegend, die für die Anwendung des *bundes*rechtlichen Asylrechts bedeutsam sind und sich auf Vorgänge im Ausland beziehen, also keine landesrechtlichen Besonderheiten aufweisen (Hess. VGH, InfAuslR 2001, 156, 157).

36 Werden im angefochtenen Urteil herangezogene *Erkenntnismittel zum Gegenstand der Grundsatzfrage* gemacht, ist ein konkretes *Bedürfnis* für die Klärungsbedürftigkeit durch eine intensive, fallbezogene Auseinandersetzung mit diesen erforderlich. Die Antragsbegründung muss aus sich heraus erkennen lassen, warum sich nach Auswertung der vorliegenden Erkenntnisquellen noch klärungsbedürftige und klärungsfähige Umstände ergeben, dass im angefochtenen Urteil anhand der zur Verfügung stehenden Auskünfte, Stellungnahmen und sonstigen verwertbaren Erkenntnisse die aufgeworfene Frage unzutreffend beurteilt oder nicht erschöpfend behandelt wird, zur aufgeworfenen Frage eine klare und eindeutige Aussage nicht enthält oder sich etwa in der Bewertung der entscheidungserheblichen Aspekte wesentlich unterscheidet. Durch Bezeichnung abweichender gerichtlicher Entscheidungen, gegensätzlicher Auskünfte, Stellungnahmen, Gutachten, Presseberichte oder sonstiger Erkenntnisquellen muss zumindest eine *gewisse Wahrscheinlichkeit* dafür dargelegt werden, dass nicht die Feststellungen, Erkenntnisse und Einschätzungen des Verwaltungsgerichtes, sondern die gegenteiligen, in dem Antrag aufgestellten Behauptungen zutreffend sind, die Durchführung eines Berufungsverfahrens also erforderlich ist, weil die aufgeworfenen Fragen einer unterschiedlichen Beantwortung zugänglich sind und nicht von vornherein absehbar ist, dass das Berufungsverfahren lediglich zu einer Bestätigung der Auffassung des Verwaltungsgerichts führen kann (Hess. InfAuslR 2002, 156, 157 f.). Hieraus folgt, dass im erstinstanzlichen Verfahren eher Sachverständigenbeweise (Vor § 78 Rdn. 123 ff.) beantragt werden sollten, statt den mühevollen und wenig aussichtsreichen Weg der Grundsatzrüge zu wählen. Bei der Darlegung der *»gewissen Wahrscheinlichkeit«* einer zu erwartenden abweichenden Berufungsentscheidung kann bei einer einhelligen und gefestigten Rechtsprechung anderer Obergerichte zu der aufgeworfenen Frage nicht unberücksichtigt bleiben, dass das Verwaltungsgericht dieser gefolgt ist. Dann aber sind umso höhere Anforderungen zu stellen, je eindeutiger und klarer die aufgeworfene Frage bisher in dieser Rechtsprechung übereinstimmend mit dem Verwaltungsgericht beantwortet ist und je intensiver dabei die im Antrag aufgeführten Erkenntnismittel berücksichtigt worden sind (Hess. VGH, InfAuslR 2002, 156, 158).

Klärungsbedarf kann dadurch aufgezeigt werden, dass dargelegt wird, warum das Verwaltungsgericht die tatsächlichen Verhältnisse unzutreffend beurteilt hat, es also z.B. einschlägige Erkenntnismittel unberücksichtigt gelassen, das Gewicht der abweichenden Meinung verkannt hat oder die Bewertungen nicht haltbar sind (VGH BW, Beschl. v. 06.08.1990 – A 14 S 654/89; OVG NW, Beschl. v. 03.08.2000 – 1 A 5949/98.A). Insoweit ist aber ein erhöhter Begründungsaufwand angezeigt, um dem Einwand der nicht rügefähigen Tatsachenwürdigung zu entgehen. Zu bedenken ist hierbei insbesondere, dass die *Abgrenzung zur Beweiswürdigung* im Einzelfall vorrangig im Rahmen der Grundsatzberufung wegen *ungeklärter Tatsachenfragen* relevant wird (BVerwG, InfAuslR 1984, 292; so auch VGH BW, Beschl. v. 12.10.1992 – A 16 S 2356/92; BayVGH, Beschl. v. 21.05.1993 – 6 CZ 92.30906; 30.04.1993 – 9 CZ 92.30576). Wird etwa im angefochtenen Urteil die Frage einer Gruppenverfolgung aufgrund der eingeführten Erkenntnisquellen verneint, genügt die bloße Mitteilung einer aus denselben Erkenntnisquellen gewonnenen gegenteiligen Einschätzung nicht. Vielmehr sind konkrete Tatsachen zu bezeichnen, dass die entscheidungserhebliche Situation einer Würdigung in dem vom Rechtsmittelführer für zutreffend erachteten Sinne zugänglich ist, etwa durch Benennung von solchen Erkenntnisquellen, die zu eben dieser Einschätzung gelangen (Hess. VGH, Beschl. v. 04.10.1996 – 7 UZ 3840/95). Für die Klärung des geforderten Gefahrengrades bei »willkürlicher Gewalt« (§ 4 Abs. 1 S. 2 Nr. 3) sind Erkenntnisse darzutun, die wenigstens die Möglichkeit eines vom angefochtenen Urteil abweichenden Ergebnisses nahelegen (OVG NW, AuAS 2013, 66, 78). Will das Bundesamt die Frage geklärt haben, ob die zu erwartende Folter an flüchtlingsrechtlich relevante Merkmale anknüpft, bedarf es nicht nur einer Auseinandersetzung mit den einschlägigen Erkenntnisquellen, sondern auch mit der Rechtsprechung zur Frage der Erheblichkeit von Folter (Hess. VGH, AuAS 2014, 80, 81, zu Syrien). 37

Mit Blick auf eine *widersprüchliche Auskunftslage* ist die grundsätzliche Bedeutung einer Tatsachenfrage nur dann dargelegt, wenn *besondere Umstände* vorgetragen werden. Grundsätzlich ist eine widersprüchliche Auskunftslage im Rahmen der Sachverhaltsermittlung und -bewertung zu würdigen. Ohne *Hinzutreten weiterer Umstände* wird eine grundsätzliche Bedeutung nicht aufgezeigt (BayVGH, Beschl. v. 09.04.1987 – Nr. 25 CZ 87.30311). Insbesondere ist darzulegen, in welcher Weise ein Berufungsverfahren zusätzliche Erkenntnisquellen erschließen würde, welche die behauptete widersprüchliche Auskunftslage in verallgemeinerungsfähiger Weise einer grundsätzlichen Klärung näher bringen könnte (BayVGH, 09.04.1987 – Nr. 25 CZ 87.30311). Dem kann nicht gefolgt werden, da eine Ablehnung des Zulassungsantrags mangels Klärungsbedarf nur dann gerechtfertigt werden kann, wenn eine grundsätzliche Frage *zweifelsfrei* beantwortet werden kann und nicht schon dann, wenn bestimmte mit dieser im Zusammenhang stehende Tatsachen offenkundig sind (BVerfG [Kammer], NVwZ-Beil. 1996, 10). Allein mit dem Vorbringen, das Verwaltungsgericht verletze mit dem Verlangen an die Klägerin, bei ihrer Rückkehr in den Iran eine *Reuebekenntnis* abzulegen, ihr Grundrecht aus Art. 1 Abs. 1 GG, wird der Darlegung der Grundsatzfrage nicht genügt. Denn damit wird ein in tatsächlicher und rechtlicher Hinsicht komplexer Sachverhalt angesprochen, der der Zerlegung in einzelne konkrete 38

Tatsachen- und Rechtsfragen zugänglich und bedürftig ist. Derartige Fragen, die aus der komplexen Rechtsmaterie herauszuarbeiten und für die Beurteilung der Zulassungsbedürftigkeit aufzubereiten seien, müssen aber dargelegt werden (VGH BW, Beschl. v. 28.03.1995 – A 12 S 349/95).

4. Entscheidungserhebliche Veränderung der Sach- und Rechtslage

39 Die Zulassung der Berufung zur grundsätzlichen Klärung maßgeblicher Tatsachen kommt nur in Betracht, wenn die geltend gemachte tatsächliche Situation im Zeitpunkt der Entscheidung über den Zulassungsantrag noch besteht (Hess. VGH, Beschl. v. 17.11.1997 – 13 UZ 1644/95). Hat sich die allgemeine Situation nach Erlass des angefochtenen Urteils *zugunsten des Klägers* verändert, wendet die obergerichtliche Rechtsprechung ein differenzierendes Verfahren an: Die Einführung neu eingetretener Tatsachen oder neuer Beweismittel in das Antragsverfahren kommt danach nur dann in Betracht, wenn im Hinblick auf diese zugleich die Voraussetzungen für eine Zulassung der Berufung erfüllt sind, insbesondere, wenn damit eine die Berufung wegen grundsätzlicher Bedeutung eröffnende Tatsachenfrage verallgemeinerungsfähiger Tragweite betroffen ist (VGH BW, InfAuslR 1994, 290, 291; VGH BW, EZAR 633 Nr. 21 = NVwZ 1993, 581; VGH BW, AuAS 2000, 216; OVG Saarland, 02.05.1997 – 9 Q 209/95, 9 Q 216/95; *Berlit*, in: GK-AsylG, II, § 78 Rn. 144; a.A. OVG Saarland, Beschl. v. 28.02.2001 – 1 Q 93/97, auch bei veränderten allgemeinen Tatsachen ist Folgeantrag zu stellen; s. aber OVG Sachsen, NVwZ-RR 2000, 124, zu § 124 Abs. 2 Nr. 1 VwGO). Betreffen diese Tatsachen und Beweismittel hingegen nur Umstände des konkreten Einzelfalls, wird auf den Folgeantrag verwiesen (VGH BW, InfAuslR 1994, 290, 291; VGH BW, EZAR 633 Nr. 21 = NVwZ 1993, 581; OVG Saarland, 02.05.1997 – 9 Q 209/95, 9 Q 216/95; *Berlit*, in: GK-AsylG, II, § 78 Rn. 144). Diese differenzierende Lösung ist der Rechtsprechung vorzuziehen, die im Blick auf neu eintretende Tatsachen und neu bekannt gewordene Beweismittel unterschiedslos auf das Folge- oder Widerrufsverfahren verweist (so BayVGH, BayVBl. 1990, 502).

40 Von dieser Frage zu trennen ist der Fall, dass neue, in einer Grundsatzentscheidung nicht berücksichtigte Erkenntnisquellen *erneuten Klärungsbedarf* anzeigen und damit eine erneute Überprüfung der bereits entschiedenen Grundsatzfrage nahe legen. In diesem Fall ist unter Benennung genügender Anhaltspunkte und Erkenntnisquellen darzulegen, dass bedeutsame, bisher vom Berufungsgericht nicht berücksichtigte Aspekte einer Klärung zugeführt werden können (Hess. VGH, Beschl. v. 06.02.1997 – 13 UZ 1895/95; Hess. VGH, Beschl. v. 14.04.1997 – 13 UZ 459/96.A; OVG NW, Beschl. v. 21.03.1996 – 9 A 6474/95.A; OVG NW, Beschl. v. 21.03.1996 – 9 A 5490/95.A; OVG NW, Beschl. v. 21.03.1996 – 9 A 317/96.A). Die geltend gemachten neuen Aspekte müssen verallgemeinerungsfähigen Charakter aufweisen. Hat das BVerwG die Revision gegen eine Entscheidung des Obergerichts zugelassen, mit der eine klärungsbedürftige Grundsatzfrage entschieden worden ist, entsteht erst mit Aufhebung der obergerichtlichen Entscheidung durch das BVerwG wieder Klärungsbedarf. Bis zu diesem Zeitpunkt ist in Ansehung dieser Frage die Grundsatzberufung unbegründet (a.A. OVG SH, Beschl. v. 02.10.1996 – 4 L 101/96: ab dem Zeitpunkt der Zulassung der Revision entsteht

erneut Klärungsbedarf; s. auch *Berlit*, GK-AsylG, II, § 78 Rn. 147 ff.). Hat etwa das Berufungsgericht die Frage, ob eine interne Schutzzone für bestimmte Personengruppen besteht, wiederholt bejaht und unter Auswertung neuerer Erkenntnismittel an seiner Auffassung festgehalten, bietet jedenfalls die Vorlage nur einer dieser Einschätzung entgegenstehenden Erkenntnisquelle keinen Anlass, dieser Frage nochmals nachzugehen (Hess. VGH, Beschl. v. 14.11.1994 – 12 UZ 1548/94). Lediglich neue tatsächliche Aspekte genügen nicht. Werden aber neue Gesichtspunkte vorgetragen, die das Berufungsgericht bislang nicht bedacht hat oder nicht in Einklang mit seiner bisherigen Rechtsprechung stehen, besteht Anlass, dieser Frage erneut nachzugehen und deshalb die Berufung zuzulassen.

Die zur Zulassung der Berufung führende Grundsatzrüge wegen veränderter tatsächlicher Verhältnisse ist ferner von der *überholten Divergenz* abzugrenzen. Bei dieser wird bei einer veränderten tatsächlichen Situation zugunsten des Asylklägers die ursprünglich bestehende Divergenz des angefochtenen Urteils von einer Entscheidung des Berufungsgerichts nachträglich überholt und damit unerheblich und daher die Berufung nicht zugelassen (OVG NW, NVwZ-Beil. 1999, 95; Hess. VGH, Beschl. v. 04.10.1996 – 7 UZ 3840/95; OVG MV, AuAS 2004, 35, 36; OVG Sachsen, AuAS 2004, 250; BayVGH, AuAS 2004, 69, 70; Rdn. 82). Den umgekehrten Fall regelt die *nachträgliche Divergenz* (Rdn. 47 ff.). Während bei der Grundsatzrüge wegen veränderter Verhältnisse das Verwaltungsgericht den geltend gemachten Anspruch verneint hatte und nunmehr durch die veränderten Verhältnisse eine grundsätzliche Frage aufgeworfen wird, die möglicherweise diesen Anspruch stützen kann, hat bei der überholten Divergenz das Verwaltungsgericht abweichend von der Rechtsprechung des Berufungsgerichtes der Klage des Asylsuchenden stattgegeben und wird das angefochtene Urteil in tatsächlicher Hinsicht nachträglich bestätigt. Allerdings setzt die Analyse und Bewertung komplexer neuer Tatsachen und Umstände eine sorgfältige Prüfung voraus, die grundsätzlich nicht in dem dafür nicht vorgesehenen Antragsverfahren erfolgen kann. 41

Ebenso wie *»nachgewachsene«* entscheidungserhebliche Tatsachen Zweifel an der Richtigkeit einer erstinstanzlichen Entscheidung begründen oder zerstreuen können, können auch während des Antragsverfahrens eingetretene *Rechtsänderungen* die Richtigkeit des angefochtenen Urteils infrage stellen oder bestätigen (VGH BW, NVwZ-RR 2003, 607; OVG NW, NVwZ 1998, 754; Hess. VGH, NVwZ 2000, 85; OVG Rh-Pf, NVwZ 1998, 302; OVG Rh-Pf, NVwZ 1998, 1094, 1095; OVG Hamburg, NVwZ 1998, 863; OVG NV, NVwZ-RR 2010, 40; a.A. VGH BW, NVwZ 1998, 199; BayVGH, NVwZ-RR 2001, 117; Hess. VGH, NVwZ-RR 2002, 235; OVG NW, NVwZ 2000, 334; s. auch OVG NW, NVwZ-RR 2004, 78). Die auf den Zulassungsgrund des § 124 Abs. 2 Nr. 1 VwGO bezogene Begründung wird auch auf die Grundsatzrüge angewendet (OVG NW, NVwZ 1998, 754). Der Hinweis auf eine bevorstehende Rechtsänderung genügt nicht (OVG NV, NVwZ-RR 2010, 40). Im Zulassungsverfahren sind alle dargelegten Umstände zu berücksichtigen, die für den Erfolg des angestrebten Rechtsmittels entscheidungserheblich sein können. Solche Umstände können sich auch aus einer Änderung der Sach- und Rechtslage ergeben, die nach materiellem Recht für das Rechtsmittelgericht beachtlich ist und deshalb 42 im angestrebten Berufungsverfahren berücksichtigt werden müsste (OVG NW, NVwZ 1998, 754). Teilweise werden aber nur Rechtsänderungen berücksichtigt, die innerhalb der Begründungsfrist eingetreten sind (Hess. VGH, NVwZ 2000, 85; OVG Rh-Pf, NVwZ 1998, 302; Nieders. OVG, DVBl 1999, 476; OVG Rh-Pf, NVwZ 1998, 1094; so auch BVerwG, NVwZ-RR 2002, 894). Dies überzeugt nicht, weil Grund für die Berücksichtigung nachträglicher Rechtsänderungen die Erwägung ist, dass es für die Beurteilung der Sach- und Rechtslage auf den Zeitpunkt der gerichtlichen Entscheidung (§ 77 Abs. 1) ankommt, und sich deshalb die maßgebliche Erwartungsannahme auf den Zeitpunkt der Entscheidung im Berufungsverfahren bezieht.

43 Im Hinblick auf die revisionsgerichtliche Überprüfung des Berufungsurteils stellt das BVerwG auf die im Zeitpunkt seiner Entscheidung maßgebliche Rechtslage ab (BVerwGE 41, 227, 230 f.; 96, 86, 87). Nach Ergehen des angefochtenen Berufungsurteils neu entstandenes Recht ist danach vom BVerwG zu berücksichtigen, sofern es für den zu entscheidenden Sachverhalt Geltung erlangt. Hinsichtlich des maßgebenden Sachverhalts, also der tatsächlichen Feststellungen, ist hingegen die Sachlage im Zeitpunkt der Entscheidung des Berufungsgerichtes maßgebend (BVerwGE 66, 192, 198 f.). Diese für das Revisionsrecht geltenden Grundsätze finden wegen der strukturellen Vergleichbarkeit auch im Zulassungsantragsverfahren Anwendung. Demgegenüber stellt die Rechtsprechung für die Frage, ob die eine Grundsatzfrage begründenden veränderten Verhältnisse im Zulassungsverfahren berücksichtigt werden müssen, auf den Tag der letzten mündlichen Verhandlung im erstinstanzlichen Verfahren ab (VGH BW, InfAuslR 1994, 290, 291; § 77 Abs. 1). Für die Frage der nachträglichen Klärung der Grundsatzfrage und der Umdeutung in eine Divergenzberufung ist hingegen der Ablauf der Frist nach Abs. 4 Satz 1 maßgeblich (Hess. VGH, NVwZ-Beil. 1999, 96). Für die überholte Divergenz kommt es hingegen auf den Zeitpunkt der Entscheidung des Berufungsgerichts an (OVG NW, NVwZ-Beil. 1999, 95). Dagegen steht die ständige Rechtsprechung des BVerwG, dass einer Rechtssache grundsätzliche Bedeutung beizumessen ist, wenn zu erwarten ist, dass in einem künftigen Revisionsverfahren die aufgezeigte Rechtsfrage klärungsfähig und –bedürftig ist (BVerwG, Buchholz 451.90 Nr. 58).

44 Während für die Auslegung und Anwendung von Ansprüchen geltenden Rechts konkretisierendes und erweiterndes neues Recht im Antragsverfahren zu berücksichtigen ist, kann die gesetzliche Schaffung neuer, nach dem Zeitpunkt des angefochtenen Urteils in Kraft getretenen Rechtsansprüche nicht im Rechtsmittelverfahren in Form der Grundsatzrüge zur Prüfung gestellt werden. Vielmehr muss hierfür ein neuer Antrag (§ 71 Abs. 1) bei der Behörde gestellt werden. Eine Rechtsfrage, die sich nur auf eine nach der angefochtenen Entscheidung in Kraft getretene neue Regelung bezieht, kann danach der Sache keine grundsätzliche Bedeutung verleihen. Zur Zulassung des Rechtsmittels können nur solche Fragen führen, die für die Vorinstanz hätten erheblich sein können. Eine für dessen Entscheidung unter keinem Gesichtspunkt maßgebliche Rechtsfrage rechtfertigt die Zulassung des Rechtsmittels nicht. Die Grundsatzrüge dient in erster Linie der Sicherung der Rechtseinheit und der Rechtsfortbildung durch Klärung offener Rechtsfragen. Es ist hingegen nicht ihre

Aufgabe, die auf der Grundlage des neuen Rechts nunmehr zu treffende Entscheidung zu gewährleisten und so der Einzelfallgerechtigkeit zu dienen. Etwas anderes ergibt sich auch nicht daraus, dass bei der Prüfung der Klärungsbedürftigkeit bestimmter Rechtsfragen des geltenden Rechts auf die Lage im Zeitpunkt der Entscheidung über das Rechtsmittel abzustellen ist. Es ist grundsätzlich nicht Sinn der Grundsatzrüge, die Anwendung neuen Rechts im Einzelfall ohne Vorprüfung durch die Instanzgerichte zu ermöglichen (BVerwG, Beschl. v. 30.03.2005 – BVerwG 1 B 11.05; s. aber VGH BW; AuAS 2005, 95).

5. Überholtes oder auslaufendes Recht

Entsprechend dem Zweck der Berufungszulassung, wegen grundsätzlicher Bedeutung 45 der aufgeworfenen Grundsatzfrage eine für die Zukunft richtungsweisende rechtliche grundsätzliche Klärung herbeizuführen, rechtfertigen Rechtsfragen, die sich aufgrund von auslaufendem, ausgelaufenem oder aufgehobenem Recht oder aufgrund von Übergangsvorschriften stellen, grundsätzlich nicht die Zulassung der Berufung (BVerwG, InfAuslR 1993, 321, 322; BVerwG, NVwZ-RR 1996, 712; BVerwG, InfAuslR 1993, 321, 322). Jedoch kann bei auslaufendem oder ausgelaufenem Recht eine Rechtsfrage noch grundsätzliche Bedeutung haben, wenn die zu klärende Frage nachwirkt, weil noch eine erhebliche Zahl von Fällen zu entscheiden sind, für die es auf diese Frage ankommt (BSG, MDR 1976, 348) oder weil die außer Kraft getretene Vorschrift nach einer Übergangsregelung für einen nicht überschaubaren Personenkreis der Sache nach fortgilt und dies von allgemeiner Bedeutung ist (*Berlit*, in: GK-AsylG, II, § 78 Rn. 130) oder wenn sich bei der gesetzlichen Bestimmung, die der außer Kraft getretenen Vorschrift nachgefolgt ist, die streitigen Fragen in gleicher Weise stellen (OVG Sachsen, AuAS 2005, 149, 150, für das Verhältnis von § 53 Abs. 6 S. 1 AuslG 1990 zu § 60 Abs. 7 AufenthG a.F.). Dieselben Grundsätze werden auf grundsätzliche Tatsachenfragen angewandt.

Den Antragsteller trifft in diesem Fall eine *erhöhte Darlegungslast*. Er muss Anhalts- 46 punkte für eine erhebliche Zahl von Altfällen dartun (BVerwG, NVwZ-RR 1996, 712). Bei klärungsbedürftigen Fragen des materiellen Rechts können beachtliche Nachwirkungen schon dann angenommen werden, wenn eine erhebliche Anzahl von Fällen nach altem Recht zu entscheiden ist (*Fritz*, ZAR 1984, 23, 27; *Berlit*, in: GK-AsylG, II, § 78 Rn. 131; BVerwG, InfAuslR 1993, 321 f.). Rechtsfragen zu *Übergangsvorschriften* kommt hingegen regelmäßig keine grundsätzliche Bedeutung zu, weil auch sie regelmäßig nur vorübergehende Bedeutung haben (BVerwG, InfAuslR 1993, 321). Dies trifft aber auf Rechtsvorschriften, die bestehende Rechtspositionen mit dauerhafter Wirkung in neues Recht überführen, nicht zu. Für Fragen, die sich auf materielles Recht und damit auf die mit den Anspruchsgrundlagen zusammenhängenden tatsächlichen und rechtlichen Fragen beziehen, hat das Problem auslaufenden oder aufgehobenen Rechts jedoch regelmäßig keine Bedeutung. Rechtsvorschriften, auf deren Grundlage im Herkunftsland des Asylklägers bislang Verfolgungen praktiziert wurden, sind für die Rechtsanwendung im Asylrecht Tatsachenfragen, ganz abgesehen davon, dass im Asylrecht nicht lediglich die Geltung von Rechtsnormen, sondern insbesondere deren Anwendung (BVerfG [Kammer], Beschl. v. 12.08.1992 – 2 BvR

293/90; BVerfG [Kammer], Beschl. v. 21.09.1992 – 2 BvR 1814/89, Strafnormen zur Durchsetzung religiöser Verbote; BVerwGE 67, 195, 199 = EZAR 201 Nr. 5 = NVwZ 1983, 678, politische Strafnormen) zu berücksichtigen ist, sodass allein die Aufhebung politischer Strafnormen noch keine Aussage über die Aufhebung der entsprechenden Verfolgungspraxis zulässt.

6. Umdeutung in Divergenzberufung

47 Es ist anerkannt, dass die in zulässiger Form erhobene Grundsatzrüge auch ohne Erfüllung der Bezeichnungsanforderungen wegen Abweichung zugelassen werden muss, wenn sich der Zulassungsantrag ursprünglich wegen grundsätzlicher Bedeutung rechtfertigte, dieser Zulassungsgrund aber nachträglich durch eine divergierende Entscheidung des BVerwG oder des zuständigen Berufungsgerichts entfallen ist (BVerfG [Kammer], NVwZ 1993, 465, 466; BVerfG [Kammer], InfAuslR 1999, 36; BVerfG [Kammer], InfAuslR 2000, 308, 310 = NVwZ-Beil. 2000, 34 = EZAR 633 Nr. 38; BVerwG, Beschl. v. 06.04.2009 – BVerwG 10 B 62.08; BVerwG, NVwZ 2016, 468, 469; Hess. VGH, NVwZ-Beil. 1999, 96; Hess. VGH, Beschl. v. 11.03.1997 – 13 UZ 1941/96.A; VGH BW, InfAuslR 1995, 84; VGH BW, AuAS 2004, 176; VGH BW, Beschl. v. 12.02.1993 – A 16 S 2244/92; BayVGH, Beschl. v. 21.05.1993 – 6 CZ 92.30906; OVG NW, Beschl. v. 26.11.1996 – 25 A 794/96; Nieders. OVG, AuAS 2011, 129, 130; Thür. OVG, Beschl. v. 30.07.1997 – 3 ZO 209/96; so auch *Berlit*, in: GK-AsylG, II, § 78 Rn. 186; s. auch *Günther*, DVBl 1998, 678). Den umgekehrten Fall regelt die überholte Divergenz (Rdn. 41). Grundgedanke ist in diesen Fällen, einen einmal als zulässig eingelegten Berufungszulassungsantrag nicht durch nachträgliche Änderungen in die Unzulässigkeit zu führen. Eine nachträgliche Divergenz ist aber dann nicht mehr zu entscheiden, wenn die aufgeworfene Frage weder für die streitige Entscheidung noch für künftige Entscheidungen der Instanzgerichte in »*Altfällen*« von Bedeutung wäre. Unter diesen Voraussetzungen kann im Rechtsmittelverfahren die aufgezeigte Divergenz nicht berichtigt und damit auch der ihretwegen geforderte Beitrag zur Rechtseinheit nicht geleistet werden (VGH BW, AuAS 2004, 176, 177, mit Hinweis auf BVerwG, NVwZ 196, 1010; BVerwG, Buchholz 310 § 132 Abs. 2 Ziff. 1 VwGO Nr. 15). Abzugrenzen ist von der *nachträglichen Klärung* der Divergenz (Rdn. 82). Ist das angefochtene Urteil auf Erkenntnisquellen gestützt, die infolge der divergierenden Entscheidung des Obergerichtes als überholt anzusehen sind und weisen die vom Obergericht verwendeten Erkenntnisquellen auf eine grundsätzliche Stabilisierung der Situation in den nicht von Verfolgung betroffenen Gebieten des Herkunftslandes hin (§ 3e), ist die Durchführung eines Berufungsverfahrens wegen nachträglicher Divergenz zur Klärung der Frage, ob ein interner Schutzort besteht, nicht geboten (OVG NW, Beschl. v. 29.11.2005 – 11 A 2482/03.A).

48 Eine zunächst nicht auf einen gesetzlichen Zulassungsgrund gestützte Berufung kann nicht durch nachträgliche Tatsachen, Erkenntnisse oder Rechtsänderungen zulässig werden (BayVGH, Beschl. v. 21.05.1993 – 6 CZ 92.30906). Vielmehr setzt die Umstellung voraus, dass die Berufung wegen grundsätzlicher Bedeutung zulassungsfähig gewesen wäre, später aber durch andere Entscheidungen eine Klärung und gleichzeitig

Divergenz eingetreten ist (BayVGH, Beschl. v. 25.11.1994 – 6 CZ 92.311118; Hess. VGH, EZAR 633 Nr. 30). In derartigen Fällen kommt es nicht darauf an, dass der Antrag auf Zulassung der Berufung nicht auf die Behauptung der Abweichung gegründet ist (BVerfG [Kammer], NVwZ 1993, 465, 466). Hat etwa der Antragsteller die grundsätzliche Frage, ob ein regional verfolgter Asylsuchender in anderen Landesteilen Schutz finden kann, unter Auseinandersetzung mit der entgegenstehenden Ansicht im angefochtenen Urteil, dargelegt, und das zuständige Obergericht nachträglich diese Frage im Sinne des Antragstellers zu dessen Gunsten entschieden, hat das Verwaltungsgericht seiner Entscheidung eine tatsächliche Feststellung mit verallgemeinerungsfähigen Auswirkungen zugrunde gelegt, die von dieser – nachträglich in der Rechtsprechung des Obergerichtes getroffenen – verallgemeinerungsfähigen Tatsachenfeststellung abweicht (BVerfG [Kammer], InfAuslR 2000, 308, 311 = NVwZ-Beil. 2000, 34 = EZAR 633 Nr. 38). Als Folge hiervon war zwar die aufgeworfene Frage nunmehr nicht mehr klärungsbedürftig. Hingegen wich das angefochtene Urteil nunmehr objektiv von der Rechtsprechung des Obergerichts ab. Der auf grundsätzliche Bedeutung gestützte Antrag wird deshalb unter der Voraussetzung, dass die Rechtsgrundsätzlichkeit, Verallgemeinerungsfähigkeit und Entscheidungserheblichkeit der aufgeworfenen Grundsatzfrage dargelegt wurde, in eine Divergenzberufung umgedeutet (BVerfG [Kammer], InfAuslR 2000, 308, 311 = NVwZ-Beil. 2000, 34 = EZAR 633 Nr. 38).

Art. 19 Abs. 4 GG gebietet es, dass dem mit der Grundsatzrüge ursprünglich erfolgreichen Antragsteller die Früchte dieses Rechtsmittels nicht aufgrund späterer, von ihm unbeeinflussbarer Entwicklungen in der Rechtsprechung wieder entzogen werden. Eine ursprünglich zulässige Grundsatzrüge ist daher *von Amts wegen* – *ohne* dass es eines hierauf gerichteten *Tätigwerdens des Antragstellers* bedarf – in eine Divergenzrüge umzudeuten (VGH BW, Beschl. v. 31.08.1998 – A 6 S 2094/97). Voraussetzung der Zulassung wegen einer vom Rechtsmittelführer nicht geltend gemachten Divergenz ist indes, dass mit dem Antrag die grundsätzliche Bedeutung der Rechtssache dargelegt worden ist. Die vom Verwaltungsgericht getroffenen Feststellungen müssen ferner mit solchen des Berufungsgerichts in unvereinbarem Widerspruch stehen (Hess. VGH, NVwZ-Beil. 1999, 96). Dies ist nicht der Fall, wenn es bestimmte von entsprechenden Feststellungen des Berufungsgerichts in dessen späterer Entscheidung abweichende Tatsachen im Blick auf die Situation im Herkunftsland festgestellt hat, das Berufungsgericht aber seine Feststellungen im Wesentlichen auf Erkenntnisquellen gestützt hat, die auf eine in der Zwischenzeit eingetretene Veränderung der tatsächlichen Situation hindeuten und dem Verwaltungsgericht im Zeitpunkt seiner Entscheidung noch nicht bekannt sein konnten (Hess. VGH, NVwZ-Beil. 1999, 96). Hier ist der Weg über § 71 zu wählen (§ 71 Rdn. 69 ff.). Klärungsbedarf besteht jedoch nur dann nicht, wenn die Grundsatzfrage im Zeitpunkt der Entscheidung des Berufungsgerichts *zweifelsfrei* beantwortet werden konnte (BVerfG [Kammer], NVwZ-Beil. 1996, 10). Ob aber die neu bekannt gewordenen Erkenntnisquellen eine bereits im Zeitpunkt der Entscheidung des Verwaltungsgerichts oder später beginnende Veränderung der tatsächlichen Verhältnisse bestätigen, konnte im Zeitpunkt der erstinstanzlichen Entscheidung nicht zweifelsfrei festgestellt werden. 49

7. Verallgemeinerungsfähigkeit der Grundsatzfrage

50 Eine grundsätzliche Klärung der aufgeworfenen Frage ist nur zu erwarten, wenn *über den Einzelfall hinausgehend* Fragen rechtlicher oder tatsächlicher Art einer Klärung zugeführt werden können (BVerwG, InfAuslR 2013, 317; BFH, NVwZ-RR 2002, 318, 319). Darzulegen ist, worin die allgemeine, über den Einzelfall hinausgehende Bedeutung bestehen soll (BVerwG, InfAuslR 2013, 317). Die Grundsatzberufung im Asylprozess schließt jedoch auch solche Fälle ein, in denen die grundsätzliche Bedeutung allein aus den *verallgemeinerungsfähigen Auswirkungen* folgt, die die in der Berufungsentscheidung zu erwartende Klärung von Tatsachenfragen haben wird (BVerwG, Buchholz 402.25 § 32 AsylVfG Nr. 4). Unklarheiten oder Fehler bei der Rechtsanwendung im Einzelfall geben hingegen regelmäßig keine Veranlassung zur Klärung der aufgeworfenen Frage (BVerwG, NVwZ-RR 1996, 359), führen vielmehr allenfalls zu klärenden Feststellungen für diesen Fall (*Bergmann,* in: Bergmann/Dienelt, AuslR, 11. Aufl., 2016, § 78 AsylG Rn. 15). Ob die aufgeworfene Frage verallgemeinerungsfähigen Charakter hat, ist aufgrund der zur Prüfung gestellten materiellen Fragen zu beantworten. Der konkrete Einzelfall kann daher bedeutsame, über diesen hinausragende materielle Rechtsfragen aufwerfen, die wegen der Bedeutung für eine Vielzahl von weiteren Verfahren von allgemeiner Bedeutung sind. Für Tatsachenfragen fehlt es aber an der Verallgemeinerungsfähigkeit, wenn lediglich zwei Bezugsfälle aus dem Herkunftsland des Antragstellers angegeben werden. In Zukunft zu erwartende gleichgelagerte Verfahren müssen allerdings berücksichtigt werden (OVG NW, Beschl. v. 13.10.1989 – 16 B 21695/89). Andererseits fehlt es an der Verallgemeinerungsfähigkeit, wenn in der Vergangenheit aus dem Herkunftsland lediglich sechs Asylanträge registriert wurden (OVG NW, Beschl. v. 03.08.2000 – 1 A 5949/98.A, zu Laos).

51 Für die Darlegung der Verallgemeinerungsfähigkeit der Frage reichen danach Ausführungen dazu aus, dass es sich nicht lediglich um ein vereinzeltes Verfahren handelt, dessen Klärung zur Wahrung der Einheitlichkeit der Rechtsprechung und der Rechtsfortbildung nichts beitragen kann. Ob die Gerichte in den anderen Verfahren die Auffassung im angefochtenen Urteil teilen, ist hingegen keine Frage der Verallgemeinerungsfähigkeit, sondern der Klärungsbedürftigkeit der Grundsatzfrage. Insoweit reicht die Darlegung aus, dass die zu erwartende Aussage zumindest für einige andere Verfahren von Bedeutung und auf sie übertragbar ist (*Bergmann*, in: Bergmann/Dienelt, AuslR, 11. Aufl., 2016, § 78 AsylG Rn. 15). Hingegen kommt es für Rechtsfragen nicht auf eine bestimmte Vielzahl von Verfahren aus einem bestimmten Herkunftsland, sondern darauf an, ob eine klärungsbedürftige Frage aufgeworfen wird. Ist dies der Fall, ist diese unabhängig vom spezifischen Herkunftsland stets für eine Vielzahl von Verfahren von Bedeutung.

52 Auch auf dieser Prüfungsstufe ist die Abgrenzung zur Rechtsanwendung zu bedenken. Eine grundsätzliche Fragestellung setzt etwa eine nach den Umständen des jeweiligen Einzelfalls, insbesondere nach spezifischen Kriterien zu treffende Prognose und die Darlegung voraus, dass das hieraus gewonnene Ergebnis über den jeweils zu entscheidenden Einzelfall hinausreicht und verallgemeinerungsfähig ist (OVG NW, Beschl. v. 21.03.1996 – 9 A 6474/95.A; OVG NW, Beschl. v. 21.03.1996 – 9 A

317/96.A). So handelt es sich etwa bei der Frage der Zumutbarkeit internen Schutzes (§ 3e) an sich, wenn nicht besondere Rechtsfragen dieses Problems aufgeworfen werden, regelmäßig um eine Einzelfallentscheidung, nicht aber um eine über den Einzelfall hinausgehend verallgemeinerungsfähige Frage (OVG NW, AuAS 2013, 66, 78). Die Darlegung darf sich also nicht auf die spezifischen Besonderheiten beschränken. Vielmehr ist anhand der Erkenntnisquellen aufzuzeigen, dass für eine Vielzahl anderer Verfahren zu dieser Frage bedeutsame Erkenntnisse gewonnen werden können. Verfolgungsprognosen beruhen auf allgemein gültigen Prognosetatsachen, die für die konkrete Prognoseprüfung im Einzelfall zugrunde zu legen sind. Wird im Antrag aufgezeigt, dass anhand der Erkenntnisquellen die Möglichkeit besteht, dass die Verfolgungsakteure gerade im Blick auf bestimmte gefährdete Personengruppen regelmäßig systematische Verfolgungsmuster anwenden, wird eine grundsätzliche Tatsachenfrage bezeichnet.

8. Entscheidungserheblichkeit der Grundsatzfrage

Die Grundsatzfrage muss anhand des konkreten Einzelfalles einer Klärung zugeführt werden können, also *entscheidungserheblich* sein. Die grundsätzliche Bedeutung einer Rechts- oder Tatsachenfrage kann daher nur dann zur Zulassung der Berufung führen, wenn die Frage, so wie sie mit dem Antrag aufgeworfen wird, für das angefochtene Urteil entscheidungserheblich gewesen ist (*Berlit*, in: GK-AsylG, II, § 78 Rn. 153). Die Annahme, dass die grundsätzliche Bedeutung einer Rechtsfrage deren Entscheidungserheblichkeit in der Berufungsinstanz erfordert und sich darauf auch das Darlegungserfordernis erstreckt, ist zwar verfassungsrechtlich nicht zu beanstanden. Dies bedeutet jedoch nicht, dass von vornherein zu allen möglichen Fragen, die eventuell entscheidungserheblich sein könnten, unabhängig davon Stellung genommen werden müsste, ob sie nach der Begründung des angefochtenen Urteils von Bedeutung waren. Mit derart umfassenden Anforderungen wären die Anforderungen in einer mit Art. 19 Abs. 4 GG nicht vereinbaren Weise überspannt (BVerfG [Kammer], Beschl. v. 16.05.2007 – 2 BvR 1782/04, mit Hinweis auf BVerfG [Kammer], InfAuslR 1995, 15, 17; BVerfG [Kammer], NVwZ 2006, 683, 684; BVerfG [Kammer], DVBl 2007, 497, 498; BVerfG [Kammer], NVwZ 2000, 1163, 1164; BVerfG [Kammer], NVwZ-RR 2004, 542, 543; Vor § 78 Rdn. 246 ff.). 53

Wer die Zulassung der Berufung beantragt, muss damit, dass das Berufungsgericht auf eine vom Verwaltungsgericht nicht herangezogene Begründung abstellt und aus diesem Grund die Entscheidungserheblichkeit der aufgeworfenen Frage verneint, jedenfalls dann nicht rechnen, wenn die alternative Begründung *nicht ohne Weiteres auf der Hand liegt* oder *offensichtlich* ist (BVerfG [Kammer], Beschl. v. 16.05.2007 – 2 BvR 1782/04, mit Hinweis auf OVG Berlin, NVwZ 1998, 1318, 1319; BVerfG [Kammer], Beschl. v. 02.03.2006 – 2 BvR 767/02 juris, mit Hinweis auf BVerwG, NVwZ-RR 2004, 542, 543; BVerfG [Kammer], NVwZ-RR 2011, 460). Es begründet deshalb eine *Gehörsverletzung*, wenn das Berufungsgericht vor seiner Entscheidung dem Rechtsmittelführer keine Gelegenheit zur Stellungnahme zu der in Aussicht genommenen alternativen Begründung gewährt (BVerfG [Kammer], Beschl. v. 16.05.2007 – 2 BvR 1782/04). Dem Rechtsmittelführer ist also in der 54

Regel rechtliches Gehör zu gewähren, wenn der Zulassungsantrag mit der Begründung abgelehnt werden soll, dass sich die in Anknüpfung an die tragenden Gründe im angefochtenen Urteil aufgeworfene Frage aus anderen als den herangezogenen Gründen im Berufungsverfahren nicht stellen werde (BVerfG [Kammer], NVwZ 2006, 683, 684, mit Verweis auf BVerwG, NVwZ-RR 2004, 542, 543; BVerfG [Kammer], NVwZ 2000, 1163, 1164). Verneint etwa das Berufungsgericht die Grundsätzlichkeit der Frage, die sich auf die durch Abschiebung drohende *Foltergefahr* bezieht, mit der Begründung, die Entscheidungserheblichkeit dieser Frage sei nicht dargetan worden, weil der Antragsteller nicht dargelegt habe, dass es auch tatsächlich zu einer Abschiebung kommen werde, werden die Darlegungsanforderungen überspannt (BVerfG [Kammer], InfAuslR 1995, 126, 128 f. = NVwZ-Beil. 1995, 9). Aus dem Umstand, dass er diese Klärung begehrt, wird ohne Weiteres offenkundig, dass der Rechtsschutzsuchende seine freiwillige Ausreise nicht in Erwägung zieht. In dieser Lage von ihm gleichwohl zu verlangen, zur Darlegung der Entscheidungserheblichkeit gewissermaßen hypothetische andere denkbare Sachverhaltskonstellationen auszuschließen, ist mit Art. 19 Abs. 4 GG unvereinbar (BVerfG [Kammer], InfAuslR 1995, 126, 129).

55 Die Entscheidungserheblichkeit entfällt, wenn es auf die Grundsatzfrage nach den nicht mit Verfahrensrügen angegriffenen Tatsachenfeststellungen des Verwaltungsgerichts nicht ankommt. Insoweit ist grundsätzlich die *Rechtsansicht des Verwaltungsgerichts* zugrunde zu legen (*Bergmann*, in: Bergmann/Dienelt, AuslR, 11. Aufl., 2016, § 78 AsylG, Rn. 16; *Berlit*, in: GK-AsylG, II, § 78 Rn. 153; so auch bei der Divergenzrüge s. Rdn. 92). Dies bedeutet jedoch nicht, dass für die Grundsatzfrage selbst die Rechtsansicht des Verwaltungsgerichts maßgebend ist. Andernfalls könnten die Grundsatz- und Divergenzrüge ihre maßgebliche Funktion als Instrument zur Gewährleistung der Rechtseinheit und der einheitlichen Fortentwicklung des Rechts nicht erfüllen. Nur soweit es darum geht, welche Fragen im Einzelnen im Antrag erörtert werden müssen, kommt es für die Entscheidungserheblichkeit auf die materielle Rechtsauffassung des Verwaltungsgerichts an (BVerfG [Kammer], AuAS 1993, 238, 239 = InfAuslR 1995, 15 = EZAR 633 Nr. 24). Insoweit geht es lediglich um die *Begrenzung des Prüfungsstoffs* des Zulassungsantragsverfahrens und nicht um eine Erörterung der materiellen Richtigkeit der im Rahmen des eingegrenzten Prüfungsrahmens zu behandelnden Fragen. Die Rechtsansicht des Verwaltungsgerichts ist damit lediglich maßgebend dafür, ob auch ohne Klärung der Grundsatzfrage das Urteil rechtlichen Bestand hat, etwa weil es auf die mit Rügen angegriffene Verfolgung deshalb nicht ankommt, weil interner Schutz im Herkunftsland (§ 3e) verfügbar ist (Nieders. OVG, InfAuslR 2013, 313).

56 Dieser Gedanke wird auch in dem Fall erheblich, in dem das angefochtene Urteil nebeneinander auf *mehrere* je selbständig tragende Begründungen gestützt wird. Die Darlegung der Entscheidungserheblichkeit der aufgeworfenen Grundsatzfrage verlangt deshalb im Einzelnen, dass im Hinblick auf jede dieser Urteilsbegründungen ein Zulassungsgrund vorliegt (BVerwG, InfAuslR 1983, 66; BVerwG, NVwZ-RR 1990, 379 = InfAuslR 1990, 38; BVerwG, NVwZ 1991, 376; BVerwG, Beschl. v. 06.04.2009 – BVerwG 10 B 62.08; Nieders. OVG, NVwZ 2012, 215;

OVG Sachsen, NVwZ-RR 2010, 624). Diese Rechtsprechung wird regelmäßig auch auf die asylspezifische Grundsatzrüge übertragen (Hess. VGH, Beschl. v. 05.01.1989 – 13 TE 2847/88; Hess. VGH, Beschl. v. 24.01.1989 – 13 TE 2168/88; VGH BW, Beschl. v. 16.08.1994 – A 13 S 1745/94; Nieders. OVG, InfAuslR 2013, 313; OVG NW, AuAS 2013, 66, 78; *Berlit*, in: GK-AsylG, II, § 78 Rn. 153; a.A. OVG Hamburg, InfAuslR 1983, 262, 263; s. auch Rdn. 93). So muss etwa begründet werden, dass die möglicherweise in Betracht kommenden weiteren Erwägungen im angefochtenen Urteil lediglich als *obiter dictum* zu verstehen sind (Nieders. OVG, NVwZ 2012, 215). Das Erfordernis der *Klärungserwartung* hat bei der Grundsatzrevision eine ähnliche Funktion wie das *Beruhenserfordernis* bei der Divergenzrevision. Eine Klärung der Rechtsfrage ist insbesondere dann nicht zu erwarten, wenn sie lediglich in einer Hilfsbegründung des angefochtenen Urteils erörtert worden ist, die Hauptbegründung dagegen die Zulassung nicht rechtfertigt, weil sie mit der höchstrichterlichen Rechtsprechung übereinstimmt (*Pietzner*, in: VwGO. Kommentar, *Schoch u.a.*, § 132 Rn. 53).

Deshalb sind unter dem Gesichtspunkt der Klärungserwartung bei der asylspezifi- 57
schen Grundsatzrüge sämtliche das Urteil tragende Gründe mit der Rüge anzugreifen. Wird im angefochtenen Urteil etwa eine Gruppen- und auch individuelle Verfolgung verneint und zugleich die Frage eines internen Schutzortes nicht offen gelassen, sondern verbindlich verneint, müssen beide Gründe mit Rügen angegriffen werden (OVG NW, AuAS 2013, 66, 78). Ebenso verhält es sich, wenn das Verwaltungsgericht eine Verfolgung durch nichtstaatliche Akteure verneint und die Frage eines internen Schutzortes als offenkundig bezeichnet hat (BVerfG [Kammer], NVwZ-Beil. 1996, 10, zu Bosnien und Herzegowina). In diesem Fall wird das Urteil zwar durch zwei selbständige Gründe gestützt, die allerdings nicht tragfähig sind. Ihre mangelnde Tragfähigkeit muss jedoch jeweils mit Rügen angegriffen werden. Im entschiedenen Fall ging das BVerfG davon aus, dass weder die Frage nach dem möglichen Verfolgungsakteur noch nach dem Bestehen eines internen Schutzorts eindeutig beantwortet worden war, sodass die Zurückweisung des Zulassungsantrags jedenfalls mit der gegebenen Begründung insgesamt nicht mehr vertretbar gewesen sei (BVerfG [Kammer], NVwZ-Beil. 1996, 10).

Den Darlegungsanforderungen genügt es deshalb im Asylprozess, wenn die aufgewor- 58
fene Grundsatzfrage rechtlich derart aufgearbeitet wird, wie dies *nach Maßgabe der Begründung* in der angegriffenen *Entscheidung des Verwaltungsgerichtes* erforderlich ist (BVerfG [Kammer], AuAS 1993, 238, 239 = InfAuslR 1995, 15 = EZAR 633 Nr. 24; (BVerfG [Kammer], NVwZ 2006, 683, 684). Rechtsfragen, die in der Begründung der verwaltungsgerichtlichen Entscheidung keine Rolle spielen, brauchen regelmäßig im Zulassungsantrag nicht erörtert zu werden, um eine Entscheidungserheblichkeit darzulegen. Vom Verwaltungsgericht nicht erörterte Rechtsfragen waren für dieses nicht entscheidungserheblich. Ob sie im Rahmen des Berufungsverfahrens entscheidungserheblich sein können, vermag der Rechtsmittelführer im Zeitpunkt der Antragstellung häufig nicht abzuschätzen, weil dies regelmäßig von der rechtlichen Würdigung durch das Berufungsgericht im jeweiligen Einzelfall abhängen wird (BVerfG [Kammer], AusAS 1993, 238, 239 = InfAuslR 1995, 15 = EZAR 633 Nr. 24). Hat das

Verwaltungsgericht etwa eine Gruppenverfolgung verneint und sich deshalb zur Frage des internen Schutzes nicht geäußert, war diese für die Entscheidung auch nicht erheblich (BVerfG [Kammer], AusAS 1993, 238, 239 = InfAuslR 1995, 15 = EZAR 633 Nr. 24).

59 Umgekehrt kann die Entscheidungserheblichkeit der aufgeworfenen Grundsatzfrage, ob eine bestimmte Region als interner Schutzort in Betracht kommt (§ 3e), nicht mit der Begründung verneint werden, dass nach neuerer Auskunftslage im Herkunftsland keine Gruppenverfolgung mehr droht, wenn das Verwaltungsgericht diese Frage nicht behandelt hat und auch keine entsprechende gefestigte obergerichtliche Rechtsprechung besteht (BVerfG [Kammer], NVwZ 2006, 683, 684). Auf die Verneinung eines internen Schutzortes zielende Rügen reichen danach aus, wenn das Verwaltungsgericht die Frage einer regionalen Gruppenverfolgung offen gelassen hat (vgl. BVerfG [Kammer], InfAuslR 2000, 308, 311). In diesem Fall hat es sich mit der Gruppenverfolgung nicht auseinandergesetzt, sodass diese Frage im Zulassungsantrag auch nicht behandelt werden muss. Das BVerfG hat in diesem Fall die Entscheidungserheblichkeit der allein auf den internen Schutz zielenden Grundsatzfrage deshalb bejaht, weil die Frage der Kausalität zwischen Verfolgung und Flucht anders zu beurteilen sei, sofern die Rechtsmittelführerin nicht auf den internen Schutz verwiesen werden könne (BVerfG [Kammer], InfAuslR 2000, 308, 311).

60 Das Zulassungsverfahren hat nicht die Aufgabe, das Berufungsverfahren vorwegzunehmen. Das BVerfG verweist in diesem Zusammenhang auf die Rechtsprechung des BVerwG zum Begriff der »ernstlichen Zweifel« nach § 124 Abs. 2 Nr. 1 VwGO. Danach komme eine Zurückweisung des Zulassungsantrags mit der Begründung, das Ergebnis im angefochtenen Urteil stelle sich aus anderen, vom Verwaltungsgericht nicht erörterten Gründen als richtig dar, nur dann in Betracht, wenn diese Gründe ohne Weiteres *auf der Hand lägen* bzw. *offensichtlich* seien. Übertragen auf den Zulassungsgrund der »grundsätzlichen Bedeutung« bedeutet dies, dass das Berufungsgericht die Entscheidungserheblichkeit der aufgeworfenen Grundsatzfrage unter Abstellen auf eine vom Verwaltungsgericht nicht herangezogene Begründung nur verneinen darf, wenn diese Begründung offensichtlich ist und nicht selbst auf einen Zulassungsgrund führt, z.B. ihrerseits grundsätzlich klärungsbedürftige Fragen aufwirft (BVerfG [Kammer], NVwZ 2006, 683, 685, mit Verweis auf BVerwG, NVwZ-RR 2004, 542, 543, BVerwG, NVwZ 2003, 490 = NJW 2003, 1618).

61 Andererseits darf sich der Rechtsmittelführer nicht darauf beschränken, lediglich die Verneinung erheblicher Nachfluchtgründe durch das Verwaltungsgericht mit der Rüge anzugreifen, sondern muss darüber hinaus auch die Verneinung von Vorfluchtgründen zum Gegenstand des Antrags machen, wenn beide Tatbestände im angefochtenen Urteil verneint worden sind. Wird die auf die Nachfluchtgründe bezogene Rüge zurückgewiesen, hat das Berufungsgericht sich mit den die Vorfluchtgründe betreffenden Rügen auseinander zu setzen. Nur wenn die gegen die Verneinung der Nachfluchtgründe zielende Rüge Erfolg hat, wird die Berufung eröffnet. In diesem Fall wird die Berufung uneingeschränkt zugelassen, sodass das Berufungsgericht auch die Vorfluchtgründe zu behandeln hat, auch wenn deren Verneinung durch

das Verwaltungsgericht nicht mit Rügen angegriffen wurde. Das Risiko, dass die auf Nachfluchtgründe gerichtete Rüge zurückgewiesen und dadurch das angefochtene Urteil rechtskräftig wird, kann nur dadurch gemindert werden, dass zugleich auch in Ansehung des Vorfluchtbereichs zulässige Rügen erhoben werden. Hat das Verwaltungsgericht die Erheblichkeit der geltend gemachten Nachfluchtgründe mit der Begründung verneint, dass es sowohl an der erforderlichen Kontinuität der politischen Überzeugung wie auch an dem herausgehobenen Profil des Rechtsmittelführers fehlt, müssen beide das Urteil selbständig tragende Gründe mit Rügen angegriffen werden (vgl. hierzu Hess. VGH, InfAuslR 2002, 156, 157). Denn bei fehlender Kontinuität, aber herausgehobenem Profil kommt zwar keine Asylberechtigung, aber die Zuerkennung der Flüchtlingseigenschaft in Betracht (§ 28 Abs. 1a). Umgekehrt begründet die Kontinuität der politischen Überzeugung keine beachtliche Wahrscheinlichkeit der Verfolgung, wenn es am hervorgehobenen Profil mangelt.

Dieselbe prozessuale Konstellation stellt sich, wenn das Verwaltungsgericht die Ge- 62
fahr einer strafrechtlichen Verfolgung und zugleich auch deren politischen Charakter verneint. In diesem Fall darf der Rechtsmittelführer seine Rügen nicht lediglich auf die tatsächliche Frage der strafrechtlichen Verfolgung beschränken, sondern muss auch die Verneinung der Anknüpfung an Verfolgungsgründe (§ 3b Abs. 1) mit Rügen angreifen. Wird die grundsätzliche Rechtsfrage zur Prüfung gestellt, ob auch der vermeintliche Terrorist aus dem Schutzbereich des Asylrechts herausfällt, ist die Klage aber deswegen abgewiesen worden, weil der Asylsuchende unmittelbar nach der Explosion einer Bombe im Zuge einer Razzia zwecks strafrechtlicher Ermittlungen nur kurzfristig festgenommen worden war, handelt es sich um eine unerhebliche polizeiliche Maßnahme, sodass die Grundfrage nicht entscheidungserheblich ist (BVerwG, NVwZ 1991, 376, 376 f.).

Grundsätzlich zielt die Grundsatzrüge *aus Anlass des konkreten Einzelfalls* auf die grund- 63
sätzliche Klärung verallgemeinerungsfähiger Fragen, deren Bedeutung für die Wahrung der Einheitlichkeit der Rechtsprechung sowie der Rechtsfortbildung nicht abhängig davon ist, ob im Einzelfall das *Sachvorbringen glaubhaft* ist. Dies ist sozusagen die Kehrseite des Grundsatzes, dass die Rügen nach Abs. 3 Nr. 1 und 2 nicht der Herstellung von Einzelfallgerechtigkeit dienen. Hat der Einzelfall lediglich *Auslöserfunktion* für die Prüfung und Klärung genereller Fragen, kann es unter dem Gesichtspunkt der Entscheidungserheblichkeit der aufgeworfenen Frage nicht entscheidend auf die Art und Weise des Sachvorbringens im Einzelfall ankommen. Jedenfalls kann mit dem pauschalen Hinweis auf die Unglaubwürdigkeit der Person des Asylsuchenden eine Entscheidungserheblichkeit nicht verneint werden. Vielmehr muss *gerade das Sachvorbringen*, das Auslöser für diese Frage ist, im angefochtenen Urteil als unglaubhaft bewertet worden sein. Daher ist Zurückhaltung angezeigt, soweit es um tatsächliche Feststellungen zur *Glaubwürdigkeit* und *Glaubhaftigkeit* geht. Zwar sind für das Antragsverfahren die tatsächlichen Feststellungen des Verwaltungsgerichts zugrunde zu legen. Im anschließenden Berufungsverfahren ist das Berufungsgericht jedoch nicht an die tatsächlichen Feststellungen des Verwaltungsgerichts gebunden (§ 128 VwGO) und kann daher der Rechtsmittelführer das angefochtene Urteil im vollen Umfang angreifen (BVerfG [Kammer], InfAuslR 1995, 126, 130 = NVwZ-Beil. 1995, 9). Auch fehlende

Glaubhaftmachung in Ansehung bestimmter Tatsachen steht damit der Klärung einer Grundsatzfrage grundsätzlich nicht entgegen (VGH BW, Beschl. v. 18.06.1997 – A 16 S 1772/97; Hess. VGH, Beschl. v. 13.01.1997 – 13 UZ 3046/96.A).

64 So fehlt es etwa an der Entscheidungserheblichkeit, wenn der Antragsteller die Grundsatzfrage aufwirft, ob ein Anhänger einer Organisation, der für diese Organisation im Herkunftsland Botendienste geleistet und an bewaffneten Kämpfen teilgenommen hat, Verfolgung befürchten müsse, wenn das Verwaltungsgericht die vom Antragsteller geäußerte Verfolgungsfurcht vorrangig für unbegründet erachtet, weil es sein Sachvorbringen zu seiner Betätigung in dieser Organisation für unglaubhaft hält. Die bloße Möglichkeit, dass das Berufungsgericht das Verfolgungsvorbringen im Berufungsverfahren abweichend von der Einschätzung des Verwaltungsgerichts als glaubhaft erachtet und deshalb veranlasst sein könnte, auf die Verfolgungssituation wegen der behaupteten Organisationszugehörigkeit einzugehen, genügt nicht, um der aufgeworfenen Tatsachenfrage die notwendige Entscheidungserheblichkeit zu verleihen. Denn *entscheidungserheblich* für das Berufungsverfahren sind nur solche *Tatsachen- und Rechtsfragen*, die bereits für die erstinstanzliche Entscheidung *tragend* gewesen sind (Hess. VGH, Beschl. v. 13.01.1997 – 13 UZ 3046/96.A).

III. Divergenzrüge (Abs. 3 Nr. 2)

1. Funktion der Divergenzrüge

65 Nach Abs. 3 Nr. 2 ist die Berufung zuzulassen, wenn das angefochtene Urteil von einer Entscheidung des OVG (VGH), des BVerwG, des Gemeinsamen Senates der Obersten Gerichtshöfe des Bundes, oder des BVerfG abweicht und auf dieser Abweichung beruht (Abs. 3 Nr. 2). Die Divergenzrüge dient der *Wahrung der Einheitlichkeit der Rechtsprechung* oder *Sicherung einer einheitlichen* Rechtsprechung in der Auslegung bestimmter Rechtsnormen und verfolgt objektivrechtlich den *Zweck der Wahrung der Rechtseinheit* und subjektiv-rechtlich den der *Rechtsanwendungsgleichheit* (*Pietzner*, VwGO, Kommentar, Schoch u.a., § 132 Rn. 57). Sie soll die *Rechtseinheit vor grundsätzlich abweichenden Entscheidungen* bewahren. Die mit der Zulassung der Berufung eröffnete Möglichkeit der Kassation der angefochtenen Entscheidung des Einzelfalls bildet nur eine Nebenfolge der Grundsatzabweichung zum Zwecke der Bewahrung von Rechtsgrundsätzen (Hess. VGH, EZAR 633 Nr. 36). Daher ist ebenso wie bei der Grundsatz- auch bei der Divergenzrüge von den erstinstanzlichen Tatsachenfeststellungen auszugehen (Hess. VGH, InfAuslR 2014, 299, 215). Ziel der Eröffnung der Berufung ist nicht Einzelfallgerechtigkeit, sondern Verhinderung der Entwicklung divergierender Rechtsgrundsätze im Instanzenzug (Hess. VGH, EZAR 633 Nr. 36; *Hailbronner*, AuslR, B 2 § 78 AsylVfG Rn. 23). Die *Divergenzberufung* wird daher allgemein als *Unterfall* der *Grundsatzberufung* angesehen (BVerfG [Kammer], NVwZ 1993, 465; BVerwGE 70, 24, 27 = NVwZ 1985, 159 = InfAuslR 1985, 119; Hess. VGH, EZAR 630 Nr. 30; Hess. VGH, EZAR 633 Nr. 36; OVG Lüneburg, Beschl. v. 14.01.1988 – 11 OVG B 484/87; OVG Saarland, Beschl. v. 17.08.2000 – 1 Q 22/00; BayVGH, Beschl. v. 21.05.1993 – 6 CZ 92.30906; Beschl. v. 30.04.1993 – 9 CZ 92.30576; Beschl. v. 25.05.1993 – 14 CZ 92.31269; Fritz, ZAR 1984, 23, 26;

Höllein, ZAR 1989, 109, 110; *Pietzner*, in: Schoch u.a., VwGO. Kommentar, § 132 Rn. 58; *Bergmann*, in: Bergmann/Dienelt, AuslR, 11. Aufl., 2016, § 73 AsylG Rn. 18; a.A. BayVGH, BayVBl. 1985, 181; *Günther*, DVBl 1999, 678, 679ff.; s. auch BVerfG [Kammer], NVwZ-Beil. 1994, 27). Die Divergenzrüge erfasst eine Divergenz bei der Auslegung des die gerichtliche Aufklärungspflicht regelnden § 86 Abs. 1 VwGO nicht (Hess. VGH, AuAS 2007, 59).

Die Divergenzberufung unterscheidet sich von der Grundsatzberufung nur dadurch, 66 dass bei der Divergenzberufung bereits Grundsatzrechtsprechung entwickelt wurde, die Zulassung wegen grundsätzlicher Bedeutung also nicht mehr erfolgen kann und die Gefährdung der Rechtseinheit nur durch das spezielle Instrument der Divergenzzulassung abzuwehren ist, und zwar erforderlichenfalls in jedem Fall der Abweichung (Hess. VGH, EZAR 633 Nr. 6). Liegt Divergenz vor, hat die Rechtssache immer grundsätzliche Bedeutung. Sie wird vom Gesetz gleichsam unwiderlegbar vermutet, sodass die Divergenzrüge sich lediglich als ein gesetzlich besonders hervorgehobener Fall der Grundsatzrüge darstellt (*Pietzner*, in: *Schoch u.a.*, VwGO. Kommentar, § 132 Rd. 58). Weil der Anwendungsbereich der Divergenz mithin enger ist und sie grundsätzlich *nicht der Fortentwicklung der Rechts* dient, also *nicht in die Zukunft gerichtet* ist, sondern nur die Abwehr divergierender Entscheidungen von Rechtsgrundsätzen des geltenden Rechts zum Ziel hat, ist sie die *schwächste Form der Rüge*, erfordert aber andererseits einen im Vergleich zu den anderen zulässigen Rügen unverhältnismäßig hohen Begründungsaufwand.

Die Abweichung muss *grundsätzlicher* Art sein. Das ist sie nur, wenn im angefoch- 67 tenen Urteil ein Grundsatz rechtlicher oder tatsächlicher Art aufgestellt wird, der in Widerspruch zu einem Grundsatz steht, den ein divergenzfähiges Gericht aufgestellt hat (BVerwG, InfAuslR 1984, 13, 14; *Bergmann*, in: Bergmann/Dienelt, AuslR, 11. Aufl., 2016, § 73 AsylG Rn. 19). Eine Abweichung liegt nur vor, wenn das Verwaltungsgericht in einer Rechts- oder Tatsachenfrage anderer Auffassung ist, als sie von einem nach Abs. 3 Nr. 2 divergenzfähigen Gerichten vertreten worden ist. Es muss also seiner Entscheidung einen diesen tragenden *abstrakten Grundsatz* zugrunde gelegt haben, der mit einem in der Rechtsprechung der divergenzfähigen Gerichte aufgestellten Grundsatz nicht übereinstimmt (VGH BW, Beschl. v. 28.03.1995 – A 12 S 349/95; VGH BW, Beschl. v. 19.06.1996 – A 16 S 8/96; vgl. auch BVerwG, InfAuslR 1984, 13, 14; BVerwG, InfAuslR 1988, 316; *Hailbronner*, AuslR, B 2 § 78 AsylVfG Rn. 25). Zunächst ist der für das angefochtene Urteil maßgebliche abstrakte Grundsatzes rechtlicher oder tatsächlicher Art aufzuzeigen und sodann darzutun, dass dieser von dem von einem divergenzfähigen Gericht aufgestellten Grundsatz abweicht (VGH BW, Beschl. v. 28.03.1995 – A 12 S 349/95). Anschließend ist darzulegen, dass im angefochtenen Urteil ein diesem Grundsatz widersprechender Grundsatz aufgestellt wurde. Im Zulassungsantrag sind daher aus systematischen Gründen in der vorgeschlagenen Reihenfolge folgende Fragen zu behandeln:

1. Welcher *abstrakte Grundsatz im angefochtenen Urteil* ist Ausgangspunkt der Rüge (Rdn. 68 ff.)?
2. Welcher *abstrakte Grundsatz* in einer zu bezeichnenden Entscheidung eines *divergenzfähigen Gerichts* ist Bezugspunkt der Divergenz (Rdn. 71 ff.)?

3. Liegt *objektive Divergenz* vor (Rdn. 83 ff.)?
4. *Beruht* das *angefochtene Urteil* auf der Divergenz (Rdn. 92 ff.)?

2. Abstrakter Grundsatz im angefochtenen Urteil

68 Zunächst ist im Zulassungsantrag präzise der inhaltlich bestimmte und das Urteil tragende abstrakte Grundsatz herauszuarbeiten und zu bezeichnen (Hess. VGH, NVwZ 1998, 303, 304; Hess. VGH, AuAS 2007, 59; BayVGH, AuAS 2016, 95), der Grundlage der Divergenzrüge bilden soll. Grundlage für die Rüge können nur *schriftliche Entscheidungsgründe*, nicht aber mündlich mitgeteilte Gründe bilden. Letztere haben nur die Funktion einer vorläufigen und nicht maßgeblichen Information der Beteiligten. Abweichungen zwischen mündlichen und schriftlichen Gründen sind unschädlich. Durch mündlich mitgeteilte Gründe im Anschluss an die Verkündung des Urteils werden also noch keine divergenzgeeigneten Grundsätze aufgestellt (VGH BW, NVwZ 1999, 669 = AuAS 1999, 95, 96). In aller Regel wird im Asylprozess jedoch entgegen der Regelanordnung des § 116 Abs. 1 Halbs. 1 VwGO das Urteil zugestellt (§ 116 Abs. 2 VwGO).

69 Die Ausführungen in der Antragsschrift dürfen sich nicht in der bloßen Wiedergabe tatsächlicher und rechtlicher Feststellungen im angefochtenen Urteil erschöpfen, ohne herauszuarbeiten, dass in diesen ein bestimmter, dieses tragender abstrakter Grundsatz zum Ausdruck kommt. Es ist nicht Aufgabe des Berufungsgerichts im Zulassungsverfahren, einen unbestimmt gehaltenen Vortrag weiter gehend daraufhin zu überprüfen, ob sich aus ihm etwa bestimmte, üblicherweise in Widerspruch zu einer ober- oder höchstrichterlichen Entscheidung stehende abstrakte Grundsätze ergeben könnten (Hess. VGH, NVwZ 1998, 303, 304). Zu bedenken ist jedoch, dass nur dann, wenn aus einer nicht auf einzelne Zulassungsgründe zugeschnittenen Begründung auch durch Auslegung nicht eindeutig ermittelt werden kann, auf welche Zulassungsgrund der Antrag gestützt wird, dessen Zurückweisung keine unzumutbare Erschwerung des Zugangs zur Berufung darstellt (BVerfG [Kammer], NVwZ 2011, 547, 548; Rdn. 22). Es ist zwar für den Erfolg des Antrags förderlich, die Divergenzrüge so präzise zu fassen, dass das Berufungsgericht die sich gegenüberstehenden abstrakten Grundsätze ohne weiteren Interpretationsaufwand erkennen und überdies den Ausführungen des Antrags ohne Weiteres zu entnehmen vermag, aus welchen näheren Gründen das Verwaltungsgericht mit dem von ihm aufgestellten Grundsatz von der Rechtsprechung eines divergenzfähigen Gerichts abgewichen ist (Hess. VGH, NVwZ 1998, 303, 304). Das befreit das Berufungsgericht indes nicht von seiner verfassungsrechtlich geforderten Pflicht zur sachgemäßen Auslegung des Antragsvorbringens (Rdn. 22).

70 Dem Berufungsgericht steht für seine Aufgabe, auf eine einheitliche Beurteilung bestimmter *länderspezifischer Erkenntnisquellen* hinzuwirken, auch die verfahrensrechtliche Handhabe der Divergenzberufung in Konsequenz der Ausweitung der Grundsatzberufung auf *Tatsachenfragen* zur Verfügung (BVerwGE 70, 24, 26 = EZAR 633 Nr. 9 = NVwZ 1985, 199 = InfAuslR 1985, 119; Rdn. 27 ff.). Daher kann mit dem Antrag eine *Abweichung* auch in Bezug auf eine abstrakte Tatsachenfrage geltend gemacht werden (BVerwGE 70, 24, 26; Hess. VGH, EZAR 633 Nr. 30; Hess. VGH,

Beschl. v. 04.11.1994 – 12 UZ 1548; Hess. VGH, Beschl. v. 27.02.1995 – 12 UZ 381/94; Hess. 16.07.1996 – 12 UZ 3030/95; Hess. VGH, Beschl. v. 24.10.2000 – 2 UZ 2394/97.A; *Höllein*, ZAR 1989, 109, 111; *Bergmann*, in: Bergmann/Dienelt, AuslR, 11. Aufl., 2016, § 78 AsylG Rn. 18; *Hailbronner*, AuslR, B 2 § 78 AsylVfG Rn. 25; *Berlit*, in: GK-AsylG, II, § 78 Rn. 158), etwa die Frage, ob in einem Mitgliedstaat systemische Mängel des Asylverfahrens oder der Aufnahmebedingungen vorliegen (Hess. VGH, Urt. v. 29.07.2015 – 4 A 170/15.Z.A.; Hess. VGH, Urt. v. 25.082015 – 4 A 1638/14.Z.A.). Den Berufungsgerichten wird insoweit jedoch Zurückhaltung empfohlen, weil Abweichungen bei einzelfallbezogenen Tatsachenfeststellungen ohne verallgemeinerungsfähigen Inhalt nicht den Zugang zur Berufungsinstanz eröffnen (*Höllein*, ZAR 1989, 109, 111).

3. Divergierender Grundsatz

Abs. 3 Nr. 2 lässt die Berufung nur zu, wenn das angefochtene Urteil von einer Entscheidung des OVG (VGH), *BVerwG*, des Gemeinsamen Senates der Obersten Gerichtshöfe des Bundes, oder des *BVerfG* abweicht. Abweichungen von *fachfremden* Gerichten tragen die Divergenzrüge nicht (BVerfG [Vorprüfungsausschuss], DVBl 1985, 566 = NJW 1986, 658 [nur LS]; *Hailbronner*, AuslR, B 2 § 78 AsylVfG Rn. 28). Die Einheitlichkeit der Rechtsprechung ist erst dann als gefährdet anzusehen, wenn *Divergenzen innerhalb derselben Gerichtsbarkeit* auftreten (BVerfG [Vorprüfungsausschuss], DVBl 1985, 566). Ergibt sich im Blick auf fachfremde Revisionsgerichte, wie etwa BGH, BSG, BAG, BFH, eine Abweichung, kann aber eine Grundsatzrüge in Betracht kommen. Insbesondere formelle prozessuale oder verfahrensrechtliche Fragen, wie etwa Rechtsprobleme der Zustellung, der Wiedereinsetzung und des Prozesskostenhilferechts, können hier Grundsatzfragen aufwerfen. Die Zulassung der Berufung wegen einer Divergenz zur Rechtsprechung des EGMR scheidet von vornherein aus (BVerwG, Beschl. v. 26.02.1997 – BVerwG 1 B 5.97). Das gilt auch für die Divergenz zu einer Entscheidung des EuGH (BVerwG, InfAuslR 2013, 317, 321; Nieders. OVG, AuAS 2011, 129, 131). Hierfür ist der spezifische Weg des Vorabersuchens (Art. 267 AEUV) vorgesehen. 71

Abs. 3 Nr. 2 erfasst die Abweichung von der Rechtsprechung des *Berufungsgerichts*, das für das Verwaltungsgericht, dessen Urteil angefochten wird, zuständig ist. Berufungsgericht ist der Verwaltungsgerichtshof in den Ländern Bayern, Baden-Württemberg und Hessen, im Übrigen das Oberverwaltungsgericht. In Betracht kommt eine Divergenz in Ansehung *aller* Senate des zuständigen Berufungsgerichts wie auch des BVerwG, und zwar unabhängig davon, ob diese für Asylrecht zuständig sind oder nicht. Auf die Rechtsprechung des im Instanzenzug konkret übergeordneten Spruchkörpers des zuständigen Berufungsgerichtes soll es nach einer vereinzelten Literaturansicht hingegen dann ankommen, wenn es innerhalb der Senate des Berufungsgerichts zu einer entscheidungserheblichen divergenzfähigen Rechtsfrage unterschiedliche Auffassungen gibt. In diesem Fall sei die Rechtsprechung des jeweils zur Entscheidung berufenen Spruchkörpers des Berufungsgerichtes maßgebend (*Berlit*, in: GK-AsylG, II, § 78 Rn. 200). Für diese Ansicht gibt der Wortlaut des Gesetzes nichts her. Sie erschwert auch in unzumutbarer mit Art. 19 Abs. 4 GG unvereinbarer Weise den Zugang zum 72

Berufungsverfahren. Ferner ist auf den nicht spezialisierten Rechtsanwalt abzustellen (BVerfG [Kammer], NVwZ 2000, 1163, 1164), dem es insbesondere bei Berufungsgerichten, welche die Zuständigkeit für bestimmte Herkunftsländer auf verschiedene Senate verteilt haben, nicht zuzumuten ist, vor Antragsfrist erst umständliche Ermittlungen zur Zuständigkeit des obergerichtlichen Spruchkörpers anzustellen. Auch wenn in diesem Fall auf die Grundsatzrüge verwiesen wird, ist eine Umdeutung der Rüge nicht zulässig.

73 Die Abweichung des Urteils des Verwaltungsgerichtes von einer Entscheidung des Oberverwaltungsgerichtes *eines anderen Bundeslandes* rechtfertigt nicht die Zulassung der Berufung (OVG Bremen, InfAuslR 1983, 86; OVG SH, NVwZ 1992, 200; OVG NW, AuAS 2004, 115117; Nieders. OVG, Beschl. v. 24.05.1996 – 13 L 2957/96; *Höllein*, ZAR 1989, 109, 110; *Berlit*, in: GK-AsylG, II, § 78 Rn. 199 ff.; *Köhler*, Asylverfahren, Rn. 111; s. auch BVerfG [Kammer], NVwZ-Beil. 1994, 27). In Fällen, in denen divergierende Rechtsprechung anderer Oberverwaltungsgerichte zu Rechts- wie Tatsachenfragen vorliegt, kann aber die Grundsatzrüge in Betracht kommen (Thür. OVG, Beschl. v. 17.06.1997 – 3 ZKO 217/97; Thür. OVG, Beschl. v. 28.09.2009 – 3 ZKO 1160/06; *Hailbronner*, AuslR, B 2 § 78 AsylVfG Rn. 24). Weicht das angefochtene Urteil nicht von der Rechtsprechung des übergeordneten Berufungsgerichts, aber in einer entscheidungserheblichen Frage von der Rechtsprechung des BVerwG ab, kann Divergenzrüge erhoben werden. Die Grundsatzrüge wird hingegen in einem derartigen Fall für unzulässig angesehen (*Berlit*, in: GK-AsylG, II, § 78 Rn. 201). Dem kann nicht gefolgt werden.

74 In bewusster Abweichung von der früheren Rechtsprechung (BVerwGE 85, 295, 297 = EZAR 610 Nr. 29 = NVwZ 1990, 1163; BVerwG, Beschl. v. 28.05.1990 – BVerwG 9 B 84.90; BayVGH, Beschl. v. 21.09.1990 – Nr. 24 CZ 90.30552; s. auch BVerfG [Kammer], AuAS 1993, 48) hat der Gesetzgeber 1993 Abs. 3 Nr. 2 dahin ergänzt, dass mit der Divergenzberufung auch die Abweichung von einer Entscheidung des *BVerfG* gerügt werden kann Die Einfügung des BVerfG in die Reihe divergenzfähiger Gerichte hat einen Entlastungseffekt. Das BVerwG hatte für die Anträge, die Divergenz zum BVerfG rügten, ausdrücklich auf die Verfassungsbeschwerde verwiesen (BVerwGE 85, 295, 297 = EZAR 610 Nr. 29 = NVwZ 1990, 1163). Teilweise wird aber davon ausgegangen, dass mit der Divergenzrüge allein die Abweichung von Entscheidungen der beiden Senate geltend gemacht werden könnte (Hess. VGH, EZAR 633 Nr. 23 = NVwZ-RR 1995, 56; VGH BW, InfAuslR 1995, 84, 85 = NVwZ-Beil. 1995, 27 = EZAR 631 Nr. 6; *Bergmann*, in: Bergmann/Dienelt, AuslR, 11. Aufl., 2016, § 78 AsylG Rn. 18; dagegen BVerwG, Beschl. v. 01.12.2000 – BVerwG 9 B 492.00; Hess. VGH, NVwZ-Beil. 1996, 43, 44 = InfAuslR 1996, 186 = AuAS 1996, 141; *Hailbronner*, AuslR, § 78 AsylVfG Rn. 27; *Berlit*, in: GK-AsylG, II, § 78 Rn. 195; wohl auch Hess. VGH, Beschl. v. 27.02.1995 – 12 UZ 381/94, Prüfung einer Divergenz von BVerfG [Kammer], InfAuslR 1993, 176).

75 Diese Ansicht ist deshalb wenig überzeugend, weil die Kammern regelmäßig im Rahmen der von den Senaten entwickelten Rechtsgrundsätze darauf achten, dass diese von den Fachgerichten beachtet werden. In der Anwendung dieser Rechtsgrundsätze

dieser Zulassungsgrund abweichend von § 32 Abs. 2 Nr. 3 AsylVfG 1982 nicht vorgesehen (BT-Drucks. 12/2062 Satz 19), um die Obergerichte zu entlasten (BT-Drucks. 12/2062 Satz 41; Rdn. 2). Der Innenausschuss erachtete es jedoch für erforderlich, dass die Berufung gegen ein Urteil des Verwaltungsgerichts und die Revision gegen ein Urteil des Berufungsgerichts auch künftig in den Fällen zur Verfügung stehe, in denen das Verfahren der Vorinstanz an einem Verfahrensmangel nach § 138 VwGO leide. Besonders schwerwiegende Verfahrensfehler könnten daher wie früher innerhalb des verwaltungsgerichtlichen Instanzenzugs korrigiert werden (BT-Drucks. 12/2718 Satz 62 f.). Auch der ursprüngliche Gesetzentwurf zu § 32 AsylVfG 1982 hatte zunächst eine Berufung wegen schwerer Verfahrensfehler nicht vorgesehen, auf Vorschlag des Rechtsausschusses wurde jedoch wegen der Befürchtung einer übermäßigen Belastung des BVerfG die Berufungszulassung wegen Verfahrensfehler eingeführt (BT-Drucks. 9/1792 Satz 4). Enthielt Abs. 3 Nr. 3 früher eine völlig eigenständige Regelung der Folgen schwerer Verfahrensfehler des Verwaltungsgerichts (*Höllein*, ZAR 1989, 109, 111), ist im allgemeinen Verwaltungsprozessrecht mit Wirkung seit 1997 nicht nur der Zulassungsgrund der Verfahrensfehler, sondern deutlich über § 138 VwGO hinausgehend eingeführt worden (§ 124 Abs. 2 Nr. 5 VwGO).

Die Bezugnahme in Abs. 3 Nr. 3 auf § 138 VwGO ist abschließend. Anders als Abs. 3 98 Nr. 3 enthält demgegenüber § 124 Abs. 2 Nr. 5 VwGO eine dem Revisionsrecht (§ 132 Abs. 2 Nr. 3 VwGO) angeglichene Regelung über Verfahrensfehler. Demgegenüber sind im Asylprozess nur schwere Verfahrensfehler i.S.d. § 138 VwGO rügefähig. Da die Verfahrensrüge die Korrektur *besonders schwerwiegender Verfahrensfehler* innerhalb des verwaltungsgerichtlichen Instanzenzugs bezweckt (BT-Drucks. 12/2718 Satz 62 f.), dient sie anders als die anderen Zulassungsgründe der *Einzelfallgerechtigkeit*. Bei der Auslegung und Anwendung des Abs. 3 Nr. 3 steht deshalb der Grundsatz des *Grundrechtsschutzes durch Verfahrensgewährleistung* im Vordergrund. Abs. 3 Nr. 3 erfordert, dass der Verfahrensmangel *tatsächlich vorliegt*. Andererseits ist nicht zu prüfen, ob das angefochtene Urteil auf dem Verfahrensfehler beruhen kann oder beruht (VGH BW, EZAR 633 Nr. 15; Hess. VGH, EZAR 633 Nr. 22; *Bergmann*, in: Bergmann/Dienelt, AuslR, 11. Aufl., 2016, § 78 AsylG Rn. 24; *Hailbronner*, AuslR, B 2 § 78 AsylVfG Rn. 33; *Fritz*, ZAR 1984, 23, 27). Im Unterschied zur allgemeinen Berufungszulassung (124 Abs. 2 Nr. 5 VwGO) sowie zur Revisionszulassung (§ 132 Abs. 2 Nr. 3 VwGO) wegen allgemeiner Verfahrensmängel ist es jedenfalls nach dem Gesetzeswortlaut nicht erforderlich, dass das angefochtene Urteil auf dem Verfahrensmangel »beruhen kann« oder »beruht«.

Darauf weist auch der Wortlaut von § 138 VwGO hin, der den Anwendungsbereich 99 der Verfahrensrüge nach Abs. 3 Nr. 3 begrenzt. Für die Berufungszulassung wegen Verfahrensfehler ist im Asylprozess daher lediglich die Feststellung eines Verfahrensverstoßes i.S.d. § 138 VwGO erforderlich. Die bloße Behauptung genügt andererseits nicht. Der Verfahrensfehler ist vielmehr konkret darzulegen. Stellt das Berufungsgericht einen Verfahrensfehler fest, wird nicht geprüft, ob dieser ursächlich für das Ergebnis der materiell-rechtlichen Entscheidung des Verwaltungsgerichts war, ob die Entscheidung also auch in diesem Sinne auf dem Verfahrensfehler beruht. Vielmehr wird unter diesen Voraussetzungen gleichsam unwiderleglich vermutet, dass das angefochtene Urteil im Ergebnis hierauf beruht (VGH BW, EZAR 633 Nr. 15; *Hailbronner,* AuslR, B 2 § 78 AsylVfG Rn. 33). Die vom Gesetz angenommene notwendige Kausalität ergibt sich für die Verfahrensfehler des § 138 Nr. 1, 2 und 4 bis 6 VwGO aus deren Eigenart, weil sich in diesen Fällen die Frage nach dem Ergebnis der Entscheidung ohne Verfahrensfehler aus rechtlichen Gründen oder zumindest aus tatsächlichen Gründen nicht beantworten lasse. Jedoch könne auch für die Gehörsrüge nichts anderes gelten (Hess. VGH, EZAR 633 Nr. 22). Die Frage der Kausalität des Verfahrensfehlers gewinnt vorrangig bei der Gehörsrüge Bedeutung. Deshalb wird auf die dortigen Ausführungen verwiesen (Rdn. 196 ff.).

2. Besetzungsrüge (§ 138 Nr. 1 VwGO)

a) Funktion der Besetzungsrüge

100 Die Besetzungsrüge nach § 138 Nr. 1 VwGO dient der Sicherung und Durchsetzung des Prozessgrundrechts des Art. 101 Abs. 1 Satz 1 GG. Der verfassungsrechtliche *Grundsatz des gesetzlichen Richters* erfordert, dass für jeden Einzelfall durch Gesetz und ergänzende Regelung (Geschäftsverteilungsplan des Gerichts und der Spruchkörper) möglichst eindeutig von vornherein feststeht, welcher Richter zur Entscheidung oder Mitwirkung berufen ist. Damit soll die Unabhängigkeit der Rechtsprechung sowie das Vertrauen des Rechtsuchenden und der Öffentlichkeit in die Unparteilichkeit und Sachlichkeit der Gerichte gesichert werden (BVerfG [Plenumsbeschluss], BVerfGE 95, 322, 327 = NJW 1997, 1497 = DVBl 1997, 765). Dem trägt § 138 Nr. 1 VwGO Rechnung. Danach beruht das Urteil des Verwaltungsgerichts auf einem Verfahrensmangel, wenn das erkennende Gericht nicht vorschriftsmäßig besetzt war (§ 138 Nr. 1 VwGO). Die gesetzlichen Vorschriften über den gesetzlichen Richter erfordern aber nicht, dass der Gesetzgeber selbst stets endgültig den gesetzlichen Richter bestimmen muss. Vielmehr sind ihm lediglich die *fundamentalen Zuständigkeitsregelungen* vorbehalten, die durch die *Geschäftsordnungen* und *Geschäftsverteilungspläne* der Gerichte ergänzt werden können (BVerfG [Kammer], NVwZ 1993, 1079).

101 Die unrichtige Anwendung der Besetzungsvorschrift führt zu einer nicht vorschriftsmäßigen Besetzung, wenn sich der Gesetzesverstoß zugleich als Verletzung des Art. 101 Abs. 1 Satz 2 GG darstellt (BVerwG, NVwZ 1988, 725; BVerwG, NJW 1988, 219; BVerwG, NVwZ 1988, 724; BVerwG, Beschl. v. 31.03.1988 – BVerwG 9 CB 31.88, stdg. Rspr.). Eine Verletzung dieser Norm kann aber nur angenommen werden, wenn die Anwendung der Zuständigkeitsvorschriften durch das Gericht auf einer unvertretbaren, mithin sachfremden und damit *willkürlichen Auslegung dieser Vorschriften* beruht oder ihre Bedeutung und Tragweite grundlegend verkannt worden ist (BVerfG [Kammer], NVwZ 1993, 1079; BVerwG, NVwZ 2015, 1695, 1697). Relativierend wird jedoch eingewandt, dass eine Besetzung der Richterbank nicht stets dann vorschriftswidrig i.S.d. § 138 Nr. 1 VwGO sei, wenn sie den Bestimmungen eines Geschäftsverteilungsplans widerspreche, weil dieser vom entscheidenden Gericht *rechtsirrtümlich unrichtig* angewandt worden sei. Vielmehr sei das erkennende Gericht erst dann vorschriftswidrig besetzt, wenn die fehlerhafte Anwendung des Geschäftsverteilungsplans auf *unvertretbaren, mithin sachfremden und damit willkürlichen*

Erwägungen beruhe (OVG Hamburg, NVwZ 1999, 210) oder wenn willkürliche oder manipulative Erwägungen für die Fehlerhaftigkeit des als Mangel gerügten Vorgangs bestimmend gewesen seien (OVG Brandenburg, AuAS 2000, 258, 259). Für die Auslegung von Geschäftsverteilungsplänen kommt einer gewachsenen Übung maßgebende Bedeutung zu. Zu einem aus sich heraus verständlichen Geschäftsverteilungsplan darf sich eine ungeschriebene Gerichtspraxis aber nicht in Widerspruch setzen (BVerwG, NVwZ 2015, 1695, 1697). Kritisch ist anzumerken, dass die Voraussetzungen für den Verfahrensfehler mit denen für den Verfassungsverstoß (BVerfGE 6, 45, 53; 17, 99, 104) gleich gesetzt werden und damit in einer Art. 19 Abs. 4 GG zuwiderlaufenden Weise der Weg zur Berufung versperrt wird (Vor § 78 Rdn. 246 ff.). Die mit Art. 101 Abs. 1 Satz 2 GG vereinbaren Anforderungen stehhen auch mit Art. 47 Abs. 2 GRCh in Übereinstimmung (OVG NW, AuAS 2013, 11, 12).

b) Geschäftsverteilungsplan

102 Der gesetzliche Richter wird insbesondere durch den *Geschäftsverteilungsplan* des Gerichtes festgelegt (vgl. BVerfGE 95, 322, 328 f.) = NJW 1997, 1497 = DVBl 1997, 765). Nicht vorschriftsmäßig besetzt ist das Gericht, wenn die Zusammensetzung des erkennenden Spruchkörpers *bei Erlass der angefochtenen Entscheidung* nicht den gesetzlichen Vorschriften, dem Geschäftsverteilungsplan des Gerichts (§ 21e GVG) oder der *kammerinternen Geschäftsverteilungsanordnung* des Vorsitzenden (§ 21g GVG; Rdn. 104 ff.), entsprach (VGH BW, Beschl. v. 30.03.1999 – 2 L 1292/99). Wurde die Rechtssache vor der Entscheidung durch einen nach dem Geschäftsverteilungsplan unzuständigen Richter bearbeitet, ist jedoch die Entscheidung durch den danach zuständigen Einzelrichter entschieden worden, liegt kein Verfahrensfehler vor (VGH BW, Beschl. v. 30.03.1999 – 2 L 1292/99). Art. 101 Abs. 1 Satz 2 GG steht einer Änderung der Zuständigkeit auch für bereits anhängige Verfahren nicht entgegen, wenn die Neuregelung generell gilt, also außer anhängigen Verfahren auch eine unbestimmte Vielzahl künftiger gleichgelagerter Fälle erfasst und nicht aus sachwidrigen Gründen rechtswidrig geschieht (BVerfG [Kammer], NJW 2003, 345 = NVwZ 2003, 471 [LS]). Die Rechtmäßigkeit der vorschriftsmäßigen Besetzung des Gerichts richtet sich nicht nach der Geschäftsverteilung im Zeitpunkt des Eingangs der Streitsache, sondern nach dem Geschäftsverteilungsplan, der im Zeitpunkt der Sachentscheidung gilt (BVerwG, DVBl 1985, 857; BVerwG, NJW 1991, 1370; BGH, NJW 1993, 1596). Nach § 21e Abs. 1 GVG verteilt das Präsidium die Geschäfte vor dem Beginn des Geschäftsjahres für dessen Dauer.

103 Die Geschäftsverteilungsbeschlüsse wirken nicht über das laufende Geschäftsjahr hinaus, sondern treten an dessen Ende nach dem *»Jährlichkeitsprinzip«* von selbst außer Kraft (BVerwG, NVwZ 1991, 1370). Bei einer Änderung des Geschäftsverteilungsplans während des laufenden Geschäftsjahrs können Gesichtspunkte der Aus- und Fortbildung jüngerer Richter ermessensfehlerfrei berücksichtigt werden. Sie dürfen jedoch nicht Anlass zur Änderung gewesen sein (BVerwG, DVBl 1985, 857). Gegen eine Regelung des Geschäftsverteilungsplans, nach der alle – selbst wenige – noch anhängige Sachen auf einen anderen Spruchkörper übergehen, ist auch unter Berücksichtigung des *Abstraktionsprinzips* nichts einzuwenden (BVerwG, NJW 1991, 1370, 1371). Dieses

besagt, dass durch den Geschäftsverteilungsplan die Aufgaben nach *allgemeinen, abstrakten, sachlich-objektiven Merkmalen generell – »blindlings«* – auf die Spruchkörper verteilt werden müssen (BVerwG, NJW 1987, 2031; BVerwG, NJW 1993, 1370; BGH, NJW 1993, 1596, 1597; OVG Hamburg, NJW 1994, 274, 275; s. auch BVerfGE 95, 322, 327 = NJW 1997, 1497 = DVBl 1997. 765). Die Zuweisung einzelner konkret bezeichneter – ausgesuchter – Sachen an einen Spruchkörper oder an einen anderen als den bisher zuständigen ist deshalb mit dem »Abstraktionsprinzip« nicht vereinbar (BVerwG, NJW 1991, 1370, 1371). Vor Beginn des Geschäftsjahrs sind alle anhängigen und künftig neu eingehende Sachen nach Maßgabe der aufgezeigten Grundsätze zu verteilen. Das »Abstraktionsprinzip« wird aber nicht verletzt, wenn eine Übergangsregelung nach § 21e Abs. 4 GVG hinsichtlich anhängiger Streitsachen unterlassen wird und infolge der geschäftsplanmäßig umfassenden Zuweisung eines Sachgebietes an einen anderen als den bisher zuständigen Spruchkörper eine bereits anhängige Streitsache auf einen anderen Spruchkörper übergeht (BVerwG, NJW 1991, 1370, 1371).

c) Kammerinterner Geschäftsverteilungsplan

104 Die Aufstellung der kammerinternen Mitwirkungsgrundsätze nach § 21g Abs. 2 GVG ist *Aufgabe des Vorsitzenden*, der in richterlicher Unabhängigkeit und alleiniger Verantwortung handelt (§ 76 Rdn. 3 ff.) Mit diesen Grundsätzen soll der geordnete, stetige und zweckmäßige Geschäftsgang der Kammer gesichert und für die zügige und ordnungsgemäße Erledigung der dem Spruchkörper zugewiesenen Geschäfte gesorgt werden (BGH, NJW 1993, 1596, 1597). Umstritten ist, ob die Anweisung des Vorsitzenden nach § 21g Abs. 2 GVG den für den Geschäftsverteilungsplan des Gerichts geltenden Regeln zu folgen hat. Nach Ansicht des BVerwG liegt ein Verfahrensmangel nicht bereits dann vor, wenn das Tätigwerden des Gerichts in seiner konkreten Zusammensetzung den Vorschriften zuwiderläuft, die festlegen, welcher Spruchkörper unter Mitwirkung welcher Richter zur Entscheidung berufen ist. Durch die sachlich beschränkte Zuweisung eines Richters zu einem Spruchkörper wird die verfassungsrechtlich garantierte Gesetzlichkeit der gerichtlichen Zuständigkeitsanordnung im Sinne einer im Einzelfall »blindlings« wirkenden Entscheidungszuständigkeit nicht betroffen (BVerwG, NVwZ 1988, 275). Demgegenüber versteht der BGH § 21g Abs. 2 GVG dahin, dass der Vorsitzende vor Beginn des Geschäftsjahres *allgemeine Grundsätze* aufstellen muss, nach denen sich mit *hinreichender Bestimmtheit* für die jeweilige Sache die zur Entscheidung berufene Richterbank ergibt (BGH, NJW 1993, 1596, 1597; OVG Hamburg, NJW 1994, 274). Mit den Regelungen in § 21g Abs. 2 GVG habe der Gesetzgeber dem Vorsitzenden die Pflicht auferlegt, *sich im Voraus durch allgemeine Mitwirkungsgrundsätze zu binden*, um die im Einzelfall zur Entscheidung berufenen Richter bestimmen zu können (BGH, NJW 1993, 1596, 1597).

105 Das Plenum des BVerfG folgt der strengeren Interpretation. Geschäftsverteilungs- und Mitwirkungspläne des Gerichts dürfen mit Rücksicht auf Art. 101 Abs. 1 Satz 2 GG *keinen vermeidbaren Spielraum* bei der Heranziehung der einzelnen Richter zur Entscheidung einer Sache und damit keine unnötige Unbestimmtheit hinsichtlich des gesetzlichen Richters lassen. Das entsprechende Gebot wird *nicht erst* durch eine *willkürliche* Heranziehung im Einzelfall verletzt. Unzulässig ist bereits das Fehlen einer

abstrakt-generellen und hinreichend klaren Regelung, aus der sich der im Einzelfall zur Entscheidung berufene Richter möglichst eindeutig ablesen lässt. Dies gilt insbesondere auch für die Bestimmung des *Einzelrichters* (BVerfGE 95, 322, 330 f.) = NJW 1997, 1497 = DVBl 1997. 765). Die vom BGH entwickelten Grundsätze für die Zuteilung der Richter auf die für die einzelnen Verfahren zuständigen Spruchkörper in Fällen überbesetzter Spruchkörper sind auch auf den *Einzelrichtergeschäftsverteilungsplan* anwendbar. Dieser muss nach *im Vorhinein festgelegten generellen Gesichtspunkten vorausbestimmbar* sein (OVG Hamburg, NJW 1994, 274).

Der Vorsitzende hat vor Beginn des Geschäftsjahrs für dessen Dauer zu bestimmen, 106
nach welchen Grundsätzen die Mitglieder als Einzelrichter an den Verfahren mitwirken. Entsprechende Vorkehrungen müssen jedoch nicht notwendigerweise im kammerinternen Geschäftsverteilungsplan selbst enthalten sein. Missbrauchsvorkehrungen können auch durch Verwaltungsanordnungen oder Dienstanweisungen des Vorsitzenden erfolgen (OVG NW, AuAS 2002, 162, 163). Hat der Einzelrichter entschieden, obwohl eine vorherige abstrakt-generelle Bestimmung des jeweils zur Entscheidung berufenen Einzelrichters im kammerinternen Geschäftsverteilungsplan fehlt, wird die Berufung gleichwohl nicht zugelassen, wenn es bei dem erkennenden Gericht üblich war, dass als Einzelrichter stets der nach dem kammerinternen Geschäftsverteilungsplan für das jeweilige Verfahren zuständige Berichterstatter entscheidet (OVG SH, AuAS 4/1992, 12).

d) Einzelrichterübertragung

Die fehlerhafte Übertragung des Rechtsstreits auf den Einzelrichter oder dessen 107
Rückübertragung kann mit der Besetzungsrüge angegriffen werden (OVG Hamburg, NVwZ-RR 1996, 716; a.A. OVG NW, EZAR 633 Nr. 14; OVG NW, AuAS 2004, 202, 203; Nieders. OVG NVwZ-Beil. 1998, 12, 13 = AuAS 1997, 225; *Berlit,* in: GK-AsylG, § 78 Rn. 221; *Bergmann,* in: Bergmann/Dienelt, AuslR, 11. Aufl., 2016, § 78 AsylG Rn. 28; *Höllein,* ZAR 1989, 109, 111 f.; § 76 Rdn. 4). Der *Einzelrichter* ist gesetzlicher Richter (BVerfG [Vorprüfungsausschuss], NJW 1985, 559; BVerfG [Vorprüfungsausschuss], NVwZ 1984, 232; OLG Köln, NJW 1976, 1101; § 76 Rdn. 6 ff.). Dies steht auch mit Art. 47 Abs. 2 GRCh in Übereinstimmung (OVG NW, AuAS 2013, 11, 12). Eine fehlerhafte Übertragung an den Einzelrichter entgegen den gesetzlichen Vorschriften verletzt das Prinzip des gesetzlichen Richters ebenso wie die fehlerhafte Rückübertragung an die Kammer durch den Einzelrichter nach § 76 Abs. 3 Satz 1. Eine *ad hoc-Zuweisung* ist unzulässig (§ 76 Rdn. 4). Durch *internen Geschäftsverteilungsplan* muss nach abstrakt-generellen Kriterien im Voraus bestimmt sein, welches Mitglied der Kammer in welchem Verfahren im Fall der Übertragung als Einzelrichter zuständig ist (BVerfGE 95, 322, 328 f.) = DVBl 1997, 75, 766; BVerfGE 97, 1, 10 f.; BVerfG [Vorprüfungsausschuss], NJW 1984, 552; BVerfG [Vorprüfungsausschuss], NVwZ 1984, 232; BVerfG [Kammer], AuAS 4/1992, 12; Hess. VGH, AuAS 1993, 48; Hess. VGH, AuAS 2000, 46, 47; OVG Hamburg, NVwZ 1999, 210; OVG SH, AuAS 4/1992, 12; OVG Hamburg, NJW 1994, 274, 275; *Hailbronner,* AuslR, § 76 AsylVfG Rn. 6; *Funke-Kaiser,* in: GK-AsylG, § 76 Rn. 11; *Bergmann,* in: Bergmann/Dienelt, AuslR, 11. Aufl. 2016, § 76 AsylG Rn. 9; *Hoffmann,* in:

Hofmann/Hoffmann, AuslR. Handkommentar, § 76 AsylVfG Rn. 7). Es handelt sich aber um einen Geschäftsverteilungsplan der Kammer gem. § 4 VwGO in Verb. mit § 21g Abs. 3 GVG (BT-Drucks. 12/4450 Satz 28), für den das *Abstraktionsprinzip* gilt (BVerwG, NJW 1991, 1370; BGH, NJW 1993, 1596, 1597).

108 Die Gegenmeinung verweist auf § 512 ZPO, der zur Ergänzung von § 128 VwGO analog auch im verwaltungsgerichtlichen Verfahren anwendbar ist (§ 173 VwGO). Danach seien unanfechtbare Vorentscheidungen des erstinstanzlichen Gerichts (§ 80) der Nachprüfung durch das Berufungsgericht entzogen, sodass trotz der Verletzung des Grundsatzes des gesetzlichen Richters eine Überprüfung im Berufungsverfahren ausgeschlossen sei (Nieders. OVG, NVwZ-Beil. 1998, 12, 13; OVG Rh-Pf, NVwZ-Beil. 1999, 26; *Höllein*, ZAR 1989, 109, 111; *Bergmann*, in: Bergmann/Dienelt, AuslR, 11. Aufl., 2016, § 78 AsylG Rn. 28; a.A. OVG Hamburg, NVwZ-RR 1996, 716). Dieser Einwand gilt aber nur für die Übertragungsentscheidung selbst. Hat infolge der Übertragungsentscheidung der Einzelrichter zur Sache entschieden, können im Rahmen eines hiergegen eingelegten Rechtsmittels Rechtsverletzungen geltend gemacht werden, die als Folge einer möglicherweise fehlerhaften Vorentscheidung – wie etwa eine Verletzung des Gebots des gesetzlichen Richters – auch der Sachentscheidung selbst anhaften würden (OVG Hamburg, NVwZ-RR 1996, 716). Auch die herrschende Ansicht räumt ein, bei gravierenden Verstößen gegen die Übertragungsvorschriften werde das § 512 ZPO zugrunde liegende Prinzip durchbrochen. Die Fälle willkürlicher oder sonst offensichtlich fehlerhafter Übertragungen seien ohnehin die einzigen, bei denen ein Besetzungsfehler tatsächlich vorliegen könne (*Höllein*, ZAR 1989, 109, 111 f.; *Bergmann*, in: Bergmann/Dienelt, AuslR, 11. Aufl., 2016, § 78 AsylG Rn. 28). Ein Besetzungsfehler liegt aber regelmäßig vor, wenn der Übertragungsbeschluss formal fehlerhaft ist, etwa weil er mangels Bekanntgabe unwirksam geblieben ist (*Höllein*, ZAR 1989, 109, 112). Der Übertragungsbeschluss kann auch in Abwesenheit des zum Einzelrichter bestellten Richters getroffen werden (OVG Rh-Pf, AuAS 2011, 94).

e) Wahl der ehrenamtlichen Richter

109 Die Entscheidung durch die Kammer in der Besetzung von drei Richtern und zwei ehrenamtlichen Richtern (§ 5 Abs. 3 VwGO) ist in der gerichtlichen Praxis die Ausnahme. Im Asylprozess haben daher Wahlfehler bei der Wahl der ehrenamtlichen Richter nur untergeordnete Bedeutung. Grundsätzlich führt ein Fehler bei der *Wahl ehrenamtlicher Richter* nur dann zu einer nicht ordnungsgemäßen Besetzung des Gerichts, wenn durch den Fehler der Schutzzweck des Art. 101 Abs. 1 Satz 2 GG berührt wird. Das betrifft vorrangig Fehler, die so schwerwiegend sind, dass von einer Wahl im Rechtssinne nicht gesprochen werden kann und den ehrenamtlichen Richtern deshalb die Eigenschaft abgesprochen werden muss, durch eine Wahl gesetzlicher Richter geworden zu sein (BVerwG, Urt. v. 25.10.1988 – BVerwG 9 C 60.87; BVerwG, Beschl. v. 31.03.1988 – BVerwG 9 CB 31.88; BVerwG, NJW 1988, 219; BVerwG, NVwZ 1988, 274). Ferner kommen Fehler in Betracht, die im Lichte der Verbürgung des Anspruchs auf den gesetzlichen Richter die Zusammensetzung der Richterbank im Einzelfall als manipulativ erscheinen lassen (BVerwG, Urt. v. 25.10.1988 – BVerwG 9 C 60.87). Die fehlerhafte

Teilnahme des Vizepräsidenten statt des Präsidenten des Gerichts am Wahlverfahren oder das Anbringen von Zusätzen bei einzelnen auf einer Vorschlagsliste zusammengefassten Bewerbern sind nicht geeignet, das Prinzip des gesetzlichen Richters infrage zu stellen (BVerwG, Urt. v. 25.10.1988 – BVerwG 9 C 60.87).

f) Darlegungsanforderungen

In dem Antrag ist unter genauer Bezeichnung der Verstöße gegen die Regelungen der Geschäftsverteilung im konkreten Verfahren darzulegen, dass das Gericht nicht vorschriftsmäßig besetzt war. Es genügt nicht, wenn lediglich der Verdacht der nicht ordnungsgemäßen Besetzung geäußert und diese nur bestritten wird. Vielmehr bedarf es der Bezeichnung greifbarer Umstände (OVG Rh-Pf, AuAS 2011, 94). Es ist im Einzelnen zu begründen, dass die *unvorschriftsmäßige Besetzung zugleich* eine *Verletzung des Art. 101 Abs. 1 Satz 2 GG* bedeutet (BVerwG, NVwZ 1988, 725; BVerwG, NJW 1988, 219; BVerwG, NVwZ 1988, 724; BVerwG, NJW 1991, 1370, 1371; BGH, NJW 1993, 1596, 1597; OVG Hamburg, NVwZ-RR 1996, 716, 717; a.A. OVG Hamburg, NJW 1994, 274, 275; offengelassen BGH, NJW 1993, 1596, 1597 f.). Nach der Rechtsprechung des BVerfG kann eine Verletzung des Art. 101 Abs. 1 Satz 2 GG nur dann angenommen werden, wenn Maßnahmen, Unterlassungen oder Entscheidungen eines Gerichts, durch die der gesetzliche Richter entzogen wird, auf *Willkür* beruhen (BVerfGE 23, 288, 320; 82, 286, 299). Daher wird die Darlegung vorausgesetzt, dass die Anwendung der Zuständigkeitsvorschriften durch das Gericht auf einer *willkürlichen* Auslegung dieser Vorschriften beruhen oder die Bedeutung und Tragweite von Art. 101 Abs. 1 Satz 2 GG grundlegend verkannt worden ist (BVerfG, NVwZ 1993, 1079). 110

Wird hingegen gerügt, dass zu einer entscheidungserheblichen Frage des Unionsrechts einschlägige *Rechtsprechung des EuGH* noch nicht besteht oder die vorliegende Rechtsprechung die entscheidungserhebliche Frage möglicherweise noch nicht erschöpfend beantwortet oder erscheint eine Fortentwicklung der Rechtsprechung des EuGH nicht nur als entfernte Möglichkeit, wird Art. 101 Abs. 1 Satz 2 GG verletzt, wenn das letztinstanzliche Hauptsachegericht den ihm in solchen Fällen notwendig zukommenden Beurteilungsrahmen *in unvertretbarer Weise* überschritten hat und es damit dem Rechtsmittelführer die Möglichkeit versperrt, dass sich der EuGH mit seiner Sache als gesetzlicher Richter befasst. Dies kann insbesondere der Fall sein, wenn mögliche Gegenauffassungen zu der entscheidungserheblichen Frage des Unionsrechts gegenüber der vom Gericht vertretenen Meinung eindeutig vorzuziehen sind (BVerfG [Kammer], NJW 1994, 2017, mit Verweis auf BVerfGE 82, 159, 192 ff.; BVerfG [Kammer], NVwZ 2012, 426, 427 = InfAuslR 2012, 7; Vor § 78 Rdn. 241). 111

Für den Regelfall gilt aber, dass nicht jede fehlerhafte Anwendung normativer Zuständigkeitsregeln durch die Gerichte zugleich auch eine Verfassungsverletzung darstellt. Die Anwendung einfachen Rechts darf nicht auf die verfassungsrechtliche Ebene gehoben werden (BVerfGE 82, 286, 299). Nur wenn die Auslegung einer Zuständigkeitsnorm *willkürlich* ist (BVerfGE 3, 359, 364 f.; 17, 99, 104; 73, 339, 366; 82, 286, 299; Rdn. 110), also auf *sachfremden Erwägungen* beruht (BVerfGE 3, 359, 364), wenn 112 sie bei verständiger Würdigung der das Grundgesetz bestimmenden Gedanken *nicht mehr verständlich erscheint* und *offensichtlich unhaltbar* ist (BVerfGE 82, 159, 194; 82, 286, 299) oder wenn die richterliche Zuständigkeitsentscheidung die *Bedeutung und Tragweite* von Art. 101 Abs. 1 Satz 2 GG grundlegend verkannt hat (BVerfGE 82, 286, 299), liegt ein Verfassungsverstoß vor. Danach begründet die unrichtige Anwendung der Zuständigkeitsnormen zwar einen Verfahrensfehler. Art. 101 Abs. 1 Satz 2 GG, der nur *Schutz gegen Willkür*, nicht jedoch gegen *Irrtum* bieten will, wird dadurch allein jedoch noch nicht verletzt (BVerfGE 6, 45, 53; 17, 99, 104). Im Antrag ist also ein *»qualifizierter Verstoß«* konkret darzulegen. Danach muss die unrichtige Anwendung der Zuständigkeitsregelungen als willkürlich erscheinen und müssen insbesondere sachfremde Gründe maßgebend gewesen sein, durch die auf das den Einzelfall betreffende Ergebnis hätte Einfluss genommen werden können (BVerwG, NJW 1991, 1370, 1371; OVG Hamburg, NVwZ-RR 1996, 716, 717).

113 Damit kann der Hinweis auf den *»schlafenden Richter«* im Asylprozess nicht zum Erfolg der Besetzungsrüge führen. Zwar können sichere Anzeichen, wie etwa »tiefes, hörbares und gleichmäßiges Atmen oder gar Schnarchen, ruckartiges Aufrichten mit Anzeichen von fehlender Orientierung« dazu führen, dass das Gericht nicht vorschriftsmäßig besetzt war (BVerwG, NJW 1986, 2721). Schlaf beruht jedoch auf Erschöpfung, nicht auf Willkür. Darüber hinaus müssen konkrete Tatsachen vorgetragen werden, welche eine Konzentration des Richters auf die wesentlichen Tatsachen in der mündlichen Verhandlung ausschließen (BVerwG, NJW 2001, 2898 = NVwZ 2001, 1151 [LS]). Jedoch kann mit der Besetzungsrüge auch die nicht vorschriftsmäßige Besetzung während der Beratung des Gerichts gerügt werden. Nehmen mit Ausnahme der bei Gericht zugelassenen Referendare andere *dritte Personen* an der *Beratung* teil, liegt ein Verstoß gegen § 138 Nr. 1 VwGO vor. Wird ein Rechtsstudent, der dem Gericht zu Ausbildungszwecken im Rahmen der Gerichtsverwaltung zugewiesen worden ist, zur Beratung zugelassen, begründet dies daher einen Verfahrensfehler (Hess. VGH, ESVGH 37, 44). Da die Rechtsprechung jedoch zwischen dem der Beratung vorhergehenden Rechtsgespräch und der Beratung selbst differenziert, ist auf diesen Gesichtspunkt einzugehen. Eine derartige Trennung ist nach der Rechtsprechung ohne Verstoß gegen § 193 GVG a.F. rechtlich möglich und auch praktisch durchführbar. (Hess. VGH, ESVGH 37, 44), für den Rechtsmittelführer aber nicht erkennbar.

114 Im Antrag ist gegebenenfalls auf den Einwand des *Rügeverlustes* einzugehen. Im Grundsatz geht das Rügerecht im Blick auf die fehlerhafte Übertragung des Rechtsstreits auf den Einzelrichter nicht verloren, wenn die Beteiligten rügelos verhandeln. Verstöße gegen § 348a sind einem Rügeverzicht nach § 295 Abs. 1 ZPO nicht zugänglich (OLG Köln, NJW 1976, 1101, 1102; OLG Koblenz, MDR 1986, 153; OLG Düsseldorf, NJW 1976, 114; a.A. OLG Frankfurt am Main am Main, NJW 1977, 301). Entsprechendes gilt für das Verwaltungsprozessrecht. Im Übrigen kann nur bei genauer vorheriger Kenntnis oder bei Kennenmüssen der unrichtigen Anwendung der Zuständigkeitsvorschriften das Problem des Rügeverzichtes Bedeutung erlangen, da Rügeverlust voraussetzt, dass der Mangel bekannt war oder bekannt sein musste (vgl. 295 Abs. 1 ZPO). Die Voraussetzungen für die Besetzungsrüge werden den Beteiligten häufig jedoch erst im Nachhinein bekannt. Die Rüge der unrichtigen Ablehnung

eines Befangenheitsantrags (Rdn. 115 ff.) kann ausnahmsweise in dem Maße beachtlich sein, als mit ihr die vorschriftsmäßige Besetzung des Gerichts gerügt wird. Eine auf diese Weise verursachte fehlerhafte Besetzung der Richterbank setzt aber voraus, dass die Ablehnungsentscheidung auf Willkür oder einem vergleichbar schwerem Verfahrensmangel beruht (BVerwG, NVwZ 2008, 1025). Daneben ist die Rüge nach § 138 Nr. 2 VwGO gegeben (Rdn. 115 ff.).

3. Befangenheitsrüge (§ 138 Nr. 2 VwGO)

a) Funktion der Befangenheitsrüge

Die Berufung ist nach Abs. 3 Nr. 3 zuzulassen, wenn bei der Entscheidung ein Richter 115 mitgewirkt hat, der von der Ausübung des Richteramtes kraft Gesetzes ausgeschlossen war oder wegen Besorgnis der Befangenheit mit Erfolg abgelehnt war (§ 138 Nr. 2 VwGO). Erfasst wird also der Fall des gesetzlich sowie des wegen Besorgnis der Befangenheit ausgeschlossenen Richters. Liegen die Voraussetzungen hierfür vor, wird *unwiderleglich vermutet*, dass der Fehler für die nachfolgende Entscheidung ursächlich gewesen ist. § 138 Nr. 2 VwGO verweist stillschweigend auf § 54 Abs. 2 VwGO. Diese Norm erfasst von vornherein nur die Mitwirkung im Verwaltungsverfahren. Nicht kraft Gesetzes ausgeschlossen ist daher ein Richter, der im Blick auf denselben Asylkläger bereits im Eilrechtsschutzverfahren entschieden oder – in Folgeantragsverfahren – bereits im Asylverfahren mit dem Asylsuchenden befasst war. Ohne Hinzutreten weiterer Umstände rechtfertigt eine derartige Vorbefassung nicht die Ablehnung wegen Besorgnis der Befangenheit (*Berlit*, in: GK-AsylG, II, § 78 Rn. 256; *Feiber*, NJW 2004, 650). Im Rahmen der *Anhörungsrüge*, die ja gerade der Selbstkorrektur des Gerichts dient, kann die Besorgnis der Befangenheit nicht allein darauf gestützt werden, dass der Richter mit der Sache vorbefasst war (BVerwG, NVwZ-RR 2009, 662, 663). Treten weitere Umstände hinzu, die über die Tatsache der bloßen Vorbefassung als solcher und die damit notwendig verbundenen inhaltlichen Äußerungen hinausgehen, z.B. Äußerungen in früheren Entscheidungen, die nach der Sachlage unnötige und sachlich unbegründete Werturteile über den Beteiligten enthalten oder äußert sich ein Richter bei einer Vorentscheidung in sonst unsachlicher Weise zum Nachteil des Beteiligten, kann dies die Ablehnung rechtfertigen (BGH, BRAK-Mitt. 2008, 171, 172).

Für den *Dolmetscher* gilt § 138 Nr. 2 nicht (BVerwG, InfAuslR 1985, 54; *Berlit*, in: 116 GK-AsylG, II, § 78 Rn. 258; Rdn. 175). Eine unwiderlegliche Vermutung, dass ein Verfahrensverstoß für die nachfolgende Sachentscheidung ursächlich gewesen ist, kennt das Prozessrecht unter den Voraussetzungen des § 138 Nr. 2 VwGO nur für den Richter. Zwar sind auf die Dolmetscher die Vorschriften über die Ablehnung von Sachverständigen (§ 55 VwGO in Verb. mit § 191 GVG) entsprechend anzuwenden (BVerwG, InfAuslR 1985, 54). Daraus folgt, dass ein mit Erfolg abgelehnter Dolmetscher nicht herangezogen – oder bei nachträglicher Ablehnung – nicht weiter tätig werden darf und das Gericht die vor der Ablehnung von dem Dolmetscher vorgenommenen Übertragungen bei seiner Entscheidung außer Betracht zu lassen hat (BVerwG, InfAuslR 1985, 54). Verstößt das Gericht gegen diese Grundsätze, liegt aber kein Verfahrensmangel nach § 138 Nr. 2 VwGO vor. Es kann aber eine Verletzung des rechtlichen Gehörs (§ 138 Nr. 2 VwGO) vorliegen, wenn dies rechtzeitig gerügt worden ist.

b) Besorgnis der Befangenheit

117 Nach § 54 Abs. 1 VwGO in Verb. mit § 42 Abs. 2 ZPO findet die Ablehnung wegen *Besorgnis der Befangenheit* statt, wenn ein Grund vorliegt, der geeignet ist, Misstrauen gegen die Unparteilichkeit eines Richters zu rechtfertigen. Tatsächliche Befangenheit ist nicht erforderlich. Unerheblich ist, ob der Richter selbst sich für befangen hält. Vielmehr genügt bereits der *»böse Schein«*. Es sind *objektiv feststellbare Tatsachen* darzulegen, die die *subjektiv vernünftigerweise mögliche Besorgnis* aus Sicht des das Ablehnungsgesuch stellenden Beteiligten begründen, der betreffende Richter werde nicht unbefangen entscheiden (BVerwGE 50, 36, 38 f.; BVerwG, NVwZ 2013, 225, 226; Hess. VGH, Beschl. v. 27.10.1987 – 12 TE 2395/87; OVG NW, NJW 1993, 2259 = NVwZ 1993, 1000 [nur LS]; OVG Berlin, NVwZ-RR 1997, 141; OVG SH, NVwZ-RR 2004, 457). Die hierfür maßgebenden Gründe sind darzulegen und glaubhaft zu machen (OVG Berlin, NVwZ-RR 1997, 141). Im Verfahren mit Vertretungszwang ist der Antrag durch den Bevollmächtigten zurückzuweisen, wenn er sich lediglich auf schriftliche Eingaben des Mandanten bezieht, ohne dessen Vorbringen eigenständig zu sichten, zu prüfen und rechtlich zu durchdringen (BVerwG, NVwZ-RR 2013, 341, 342). Ein Befangenheitsantrag kann wegen *Rechtsmissbräuchlichkeit* zurückgewiesen werden (BVerwGE 50, 36; OVG NW, NJW 1993, 2259; OVG Lüneburg, Beschl. v. 09.02.1989 – 21 OVG B 1239/88), wenn er entweder überhaupt nicht oder nur mit solchen Umständen begründet wird, die eine Besorgnis der Befangenheit unter keinem denkbaren Gesichtspunkt rechtfertigen können (OVG NW, NJW 1993, 2259). Dies ist nicht der Fall, wenn die der Behandlung des anhängigen Verfahrens zugrunde liegende Rechtsansicht des Richters falsch ist (BVerfG [Kammer], NVwZ 2009, 581, 583).

118 Ein die Besorgnis der Befangenheit rechtfertigender Grund kann auch aus einer *Gehörsverletzung* hergeleitet werden, sodass in diesem Fall zwei Verfahrensrügen durchgreifen. Lediglich die fehlende Bereitschaft als solche, das Vorbringen einer Partei vollständig zur Kenntnis zu nehmen, stellt jedoch einen Ablehnungsgrund nicht dar (Hess. VGH, Beschl. v. 27.10.1987 – 12 TE 2395/87). Die Entscheidung über einen Wiedereinsetzungsantrag vor Ablauf der richterlichen Frist zur Stellungnahme begründet die Besorgnis der Befangenheit (OVG Sachsen, NVwZ-RR 2009, 358, 369). Hinweise des Vorsitzenden oder Berichterstatters zur Beweis- und Rechtslage im Rechtsgespräch können die Besorgnis der Befangenheit nur rechtfertigen, wenn auch Gründe glaubhaft gemacht werden, aus denen bei objektiver Betrachtung auf eine unsachliche Einstellung des Richters gegenüber dem Beteiligten hinsichtlich des Verfahrensausgangs geschlossen werden kann (OVG Berlin, NVwZ-RR 1997, 141, 142). Dem ist zuzustimmen, weil das Gericht bei Verletzung seiner Hinweis- und Fürsorgepflichten einen Gehörsverstoß begehen kann (Rdn. 154 ff.). Es rechtfertigt auch nicht die Besorgnis der Befangenheit, wenn der abgelehnte Richter in privaten Gesprächen gegenüber Dritten Beobachtungen über

Lebensverhältnisse eines Beteiligten macht, die möglicherweise für den Rechtsstreit von Bedeutung sein können, die Beobachtungen sodann den Beteiligten mitteilt und ihnen Gelegenheit zur Stellungnahme gibt (OVG Hamburg, NJW 1994, 2779 = NVwZ 1994, 1226 [LS]).

Die *Ablehnung eines Beweisantrages* als solche stellt *keinen Befangenheitsgrund* dar 119 (OVG NW, Beschl. v. 18.03.1992 – 21 E 97/92.A). Ist damit ein Verfahrensfehler verbunden, ist ein solcher nicht generell geeignet, die Besorgnis der Befangenheit zu begründen, sondern nur dann, wenn das prozessuale Vorgehen des Richters einer tauglichen gesetzlichen Grundlage entbehrt und sich so sehr von dem normalerweise geübten fehlerfreien Verfahren entfernt, dass sich für die dadurch betroffenen Beteiligten der Eindruck einer sachwidrigen, auf Voreingenommenheit beruhenden Benachteiligung aufdrängt (OVG NW, Beschl. v. 18.03.1992 – 21 E 97/92.A). Liegen dem Gericht eine Vielzahl von Erkenntnisquellen zur generellen Situation im Herkunftsland des Klägers vor, wird die Ablehnung eines auf die weitere Aufklärung dieser Situation zielenden Beweisantrags allenfalls dann als grob verfehlt angesehen werden, wenn die Notwendigkeit oder auch nur Sachdienlichkeit einer weiteren Beweisaufnahme in Auseinandersetzung mit den vorliegenden Äußerungen verdeutlicht und insbesondere darlegt wird, dass letztere, obwohl überwiegend auf umfassende Auskunft über die Situation einer bestimmten Volksgruppe im Herkunftsland bezogen, den nunmehr angesprochenen Komplex ausgeklammert hätten oder warum andere Aussagen zu erwarten seien (OVG NW, Beschl. v. 18.03.1992 – 21 E 97/92.A). Ebenso wenig wird die Ablehnung der beantragten Zeugenvernehmung des Bruders des Klägers als Grund für die Besorgnis der Befangenheit gewertet, wenn das Gericht seine Entscheidung damit begründet, dass der »durch das enge Verwandtschaftsverhältnis nicht als neutral einzustufende Zeuge die bereits zu Ungunsten des Klägers gefestigte Erkenntnislage des Gerichts« wahrscheinlich nicht entscheidend ändern werde (VG Karlsruhe, Beschl. v. 05.02.1977 – A 13 K 11888/96). Hier ist im Antragsvorbringen jedoch eine Gehörsrüge enthalten und zu prüfen (Rdn. 22).

Schreit der Vorsitzende in der Verhandlungspause den mitgebrachten sachverständi- 120 gen Zeugen an oder äußert er sich über diesen in einer Weise, die es ausschließt, dass das Gericht den Beweisantrag, der die Vernehmung dieses Zeugen zum Gegenstand hat, objektiv beurteilt, will die Rechtsprechung auch derart krasses Fehlverhalten nicht als Befangenheitsgrund anerkennen (OVG NW, Beschl. v. 18.03.1992 – 21 E 97/92.A). Auch *abwertende Äußerungen* im Rahmen der Ablehnungsbegründung eines prozessualen Antrags allein rechtfertigen nach der Rechtsprechung die Besorgnis der Befangenheit noch nicht, weil solche vom Gesetz vorgesehen und daher noch kein Grund für die Annahme von Befangenheit sein können (vgl. »mutwillig« in § 114 ZPO). Auch sonst sei eine *»drastische Ausdrucksweise«* des Richters hinzunehmen, wenn sie nicht in dem Sinne unangebracht sei, dass sie auf den Adressaten unsachlich oder verletzend wirke. Verwende der Richter in der Ablehnungsbegründung die Worte *»lächerlich«* und begründe dies damit, dass angesichts des vorgängigen prozessualen Verhaltens ein »deutliches Wort« angezeigt gewesen wäre und erscheine dies auch nicht als vorgeschoben oder nicht nachvollziehbar, begründe dies nicht die Besorgnis der Befangenheit. Die Möglichkeit einer zurückhaltenden Ausdrucksweise reiche zur

Beanstandung nicht aus (VG Stuttgart, NVwZ-RR 2007, 287; s. auch OLG Frankfurt am Main, NJW 2004, 621).

121 Begründete Besorgnis der Befangenheit wird nicht angenommen, wenn nach dem Terminsanschlag für die mündliche Verhandlung in seinem Asylstreitverfahren nur wenige Minuten vorgesehen sind, sodass aus Sicht des Asylklägers von vornherein feststeht, dass eine ernsthafte gerichtliche Auseinandersetzung mit seinen Asylgründen nicht erwartet werden kann (Hess. VGH, Beschl. v. 27.10.1987 – 12 TE 2395/87, offengelassen bei nur vorgesehenen 15 Minuten; zur Terminsverlegung und Besorgnis der Befangenheit s. auch FG Niedersachsen, NVwZ-RR 2007, 503). Ist der Kläger anwaltlich vertreten, geht die Rechtsprechung davon aus, dass dem Anwalt bekannt sein müsse, dass die Terminierung für einen bestimmten Zeitraum nichts Unwiderrufliches sei und er durch entsprechende Anträge in der mündlichen Verhandlung darauf drängen könne, dass sein Mandant ausreichend zu Wort komme (Hess. VGH, Beschl. v. 27.10.1987 – 12 TE 2395/87). Grundsätzlich begründet auch die wiederholte Ablehnung eines *Antrags auf Terminsverlegung* nicht die Besorgnis der Befangenheit, es sei denn, dass die Zurückweisung des Antrags für den Beteiligten schlechthin unzumutbar wäre und dadurch den Anspruch auf rechtliches Gehör verletzt oder sich aus der Ablehnung der Terminsverlegung der Eindruck seiner sachwidrigen Benachteiligung ergibt (OLG Brandenburg, AnwBl 2015, 354). Dem Vertagungsantrag, der mit Schwangerschaftskomplikationen der sachbearbeitenden Rechtsanwältin begründet wird, ist zur Vermeidung einer Befangenheitsrüge stattzugeben. In der Versagung des Antrags kommt »eine so krasse Ungleichbehandlung« zum Ausdruck, dass die Besorgnis der Befangenheit des abgelehnten Richters aus der Sicht des benachteiligten Beteiligten als berechtigt erscheint (OLG Köln, AnwBl. 2003, 121).

122 Hat der Prozessbevollmächtigte frühzeitig den Antrag auf Bewilligung von *Prozesskostenhilfe* gestellt sowie wiederholt auf Entscheidung hierüber gedrängt, hat er gute Gründe zur Stellung des Befangenheitsantrags, wenn das Gericht gleichwohl erst kurz vor der mündlichen Verhandlung über den Antrag entscheidet (Nieders. OVG, Beschl. v. 09.02.1989 – 21 OVG B 1239/88; OLG Frankfurt am Main, Beschl. v. 26.11.1999 – 13 W 66/99). Bei einer derartigen Verfahrensweise ist für die in § 114 ZPO vorausgesetzte Erfolgsprognose kein Raum mehr. Eine derart späte Entscheidung muss auf besonders gelagerte Ausnahmefälle beschränkt bleiben und begründet deshalb für den Regelfall die Besorgnis der Befangenheit (Nieders. OVG, Beschl. v. 09.02.1989 – 21 OVG B 1239/88). Es begründet aus Sicht der Beteiligten darüber hinaus die Besorgnis der Befangenheit des abgelehnten Richters, wenn dieser trotz umfangreicher Diskussion in der Fachöffentlichkeit eine Entscheidung durch Gerichtsbescheid ankündigt, eine knappe Frist von zwei Wochen zur Stellungnahme setzt, bevor überhaupt der Prozessgegner auf die Klage erwidert hat, nicht auf die Frage antwortet, ob drei konkret bezeichnete Gutachten dem Gericht vorlägen, und sich abzeichnet, dass eine Entscheidung über den rechtzeitig gestellten PKH-Antrag pflichtwidrig verzögert wird (LSG Hessen, NVwZ-RR 2007, 144).

123 Eine von einem Beteiligten als unzumutbar empfundene *Verfahrenslänge* stellt für sich genommen keinen Ablehnungsgrund dar. Etwas anderes gilt, wenn insbesondere

Umstände vorliegen, nach denen das Vorgehen des Richters den Anschein der *Willkür* erweckt und sich dem davon betroffenen Beteiligten der Eindruck einer sachwidrigen, auf Voreingenommenheit beruhenden Benachteiligung aufdrängt (OVG NW, NJW 1993, 2259, vier Jahre Verfahrensdauer). Dies ist aber dann nicht der Fall, wenn der Richter Anfragen des Beteiligten jeweils umgehend und sachbezogen beantwortet (OVG NW, NJW 1993, 2259). Aus dem Grundsatz des effektiven Rechtsschutzes folgt ein *Anspruch auf ein zügiges Verfahren*, der gewährleistet, dass gerichtliche Entscheidungen innerhalb angemessener Zeit ergehen (VerfGH Brandenburg, EZAR 630 Nr. 41 = NVwZ 2003, 1379 = InfAuslR 2003, 250; VerfGH Brandenburg, Beschl. v. 09.12.2004 – VfGbg 40/04; VerfGH Sachsen, InfAuslR 2003, 309). Die angemessene Dauer kann nicht abstrakt bestimmt werden. Ein Asylverfahren, das drei Jahre und fünf Monate dauert und nicht nennenswert gefördert wird, verletzt den Anspruch auf ein zügiges Verfahren (VerfGH Brandenburg, EZAR 630 Nr. 41 = NVwZ 2003, 1379 = InfAuslR 2003, 250; VerfGH Sachsen, InfAuslR 2003, 309, bereits bei zweiundeinhalb Jahren Verfahrensdauer).

c) Individualisierungsgebot

Grundsätzlich muss der Befangenheitsantrag hinreichend *individualisiert* sein: Maß- 124
gebend ist, ob ein Beteiligter Befangenheitsgründe vorträgt und glaubhaft macht, die sich individuell auf den oder die an der zu treffenden Entscheidung beteiligten Richter beziehen. Das ist nicht schon dann der Fall, wenn die betreffenden Richter im Ablehnungsgesuch namentlich aufgeführt werden (BVerwGE 50, 36, 37). Jedoch kann ein Ablehnungsgesuch je nach den Umständen des einzelnen Sachverhalts auch dann hinreichend individualisiert sein, wenn es sich unterschiedslos gegen alle Angehörige eines und desselben Spruchkörpers richtet (BVerwGE 50, 36, 37; BVerwG, NVwZ-RR 2013, 343; BFH, NVwZ 1998, 663, 664; OVG Sachsen, NVwZ-RR 2009, 358, 359). So verhält es sich etwa, wenn die Befangenheit aus konkreten, in einer Kollegialentscheidung enthaltenen Anhaltspunkten hergeleitet wird. Der Beteiligte weiß nicht und kann wegen des Beratungsgeheimnisses auch nicht wissen, welcher der Richter die fragliche Entscheidung mitgetragen hat (BVerwGE 50, 36, 37). Die Besorgnis der Befangenheit muss sich deshalb in einem derartigen Fall gegen jedes einzelne beteiligte Spruchkörpermitglied richten (BVerwGE 50, 36, 37 f.). Es sind ernsthafte Umstände anzuführen, die die Befangenheit des Richters aus Gründen belegen, die in persönlichen Beziehungen zu den Beteiligten oder zu der zur Verhandlung stehenden Streitsache liegen. Daran fehlt es, wenn sich die Angriffe zwar den Anschein geben, als sollten die einzelnen namentlich benannten Richter abgelehnt werden, sich jedoch der Sache nach gegen alle ehrenamtlichen Richter richten (BGH, BRAK-Mitt. 2008, 171; BayVGH, AuAS 2011, 165, 166). Allein der Umstand, dass ein der Kammer zugewiesener ehrenamtlicher Richter gerade bei dieser Kammer ein Verfahren führt, begründet als solcher noch nicht die Besorgnis der Befangenheit aller Berufsrichter (VG Freiburg, NVwZ-RR 2011, 544).

Über den Befangenheitsantrag entscheidet das Gericht, dem der abgelehnte Rich- 125
ter angehört, ohne dessen Beteiligung (BVerfG, NVwZ-RR 2008, 290, 291 f.; BVerwGE 50, 36, 36 f.). Der abgelehnte Richter hat das Recht zur dienstlichen

Äußerung. Ist die Ablehnung allein auf behauptete Verstöße gegen materielles Recht bei der Entscheidungsfindung und auf vermeintliches Fehlverhalten bei der Sachverhaltsbeurteilung gestützt, muss diese sich nicht zu einzelnen Beanstandungen verhalten, wenn eine solche Äußerung auf eine nachträgliche Rechtfertigung seiner Entscheidung hinauslaufen würde (BVerfG, NVwZ-RR 2008, 140). Die Zurückweisung eines Ablehnungsantrags unter Mitwirkung des abgelehnten Richters kommt grundsätzlich nur in Betracht, wenn es rechtsmissbräuchlich ist (BayVGH, AuAS 2011, 165, 166) oder ohne jede weitere Aktenkenntnis offenkundig eine Ablehnung nicht zu begründen vermag. Ist jedoch ein wenn auch nur geringfügiges Eingehen auf den Verfahrensgegenstand erforderlich, scheidet die Ablehnung als unzulässig aus. Liegt ein Fall unzulässiger Selbstentscheidung über den Befangenheitsantrag vor, ist die nachfolgende Entscheidung mit dem Makel des Verstoßes gegen den gesetzlichen Richter behaftet (BVerfG [Kammer], NVwZ-RR 2013, 583).

126 Der Antrag auf *Ablehnung eines Einzelrichters* wird *durch die Kammer*, der der Einzelrichter angehört, behandelt, es sei denn, der Geschäftsverteilungsplan sieht die Zuständigkeit einer anderen Kammer des Gerichts vor (BVerwG, NVwZ 2013, 225; Hess. VGH, AuAS 1995, 192). Wird über den Befangenheitsantrag eines Einzelrichters durch den ansonsten zu seiner Vertretung berufenen Richter als Einzelrichter entschieden, kann daraus allein eine vorschriftswidrige Besetzung des Gerichts nach § 138 Nr. 1 VwGO nicht hergeleitet werden (Hess. VGH, AuAS 1995, 192). Fehlt es im Antrag an individuellen auf die Person der einzelnen Richter bezogenen Tatsachen, darf das Gericht ohne Entscheidung über den Antrag in der Sache unter Mitwirkung der abgelehnten Richter entscheiden (OVG Hamburg, NVwZ-RR 2000, 548; Rdn. 125). Es begründet keine Verhinderung des Gerichts nach § 53 Abs. 1 Nr. 1 VwGO, wenn so viele Richter des zuständigen Gerichts erfolgreich abgelehnt worden sind, dass über die Sache nicht mehr entschieden werden kann (OVG NW, NVwZ-RR 1997, 143).

d) Rügeverlust

127 Die Befangenheit muss während der mündlichen Verhandlung gerügt werden (§ 54 Abs. 1 VwGO in Verb. mit § 43 ZPO). Lässt der Kläger sich auf die Verhandlung ein und rügt er erst im Zulassungsantrag die Befangenheit, kann *Rügeverlust* eintreten. Nicht gefolgt werden kann der Auffassung, dass der Verlust des Ablehnungsrechtes eintrete, wenn der Asylkläger nach Zurückweisung des Ablehnungsgesuchs weiterverhandelt (Hess. VGH, Beschl. v. 27.10.1987 – 12 TE 2395/87). Dagegen spricht bereits, dass gegen die Zurückweisung des Ablehnungsantrags keine Beschwerde gegeben ist (§ 146 Abs. 2 VwGO). Selbst mit der außerordentlichen Beschwerde kann der Zurückweisungsbeschluss nicht angefochten werden (OVG NW, NVwZ-RR 1998, 600). Verlässt der Kläger nach der Zurückweisung den Sitzungssaal, muss er mit Klageabweisung rechnen. Dies ist ihm jedoch nicht zuzumuten. Es muss daher für den Erfolg des Zulassungsantrags genügen, wenn der Kläger im Rahmen der Gegenvorstellung zu Protokoll erklärt, dass er zur Verhinderung der Klageabweisung trotz Besorgnis der Befangenheit weiter verhandelt.

e) Zulassung der Berufung

Der Zulassungsantrag kann grundsätzlich nicht darauf gestützt werden, dass im vorausgegangenen Verfahren der Befangenheitsantrag zu Unrecht abgelehnt worden ist. Dies wird damit begründet, dass nach § 146 Abs. 2 VwGO der Zurückweisungsbeschluss nicht mit der Beschwerde angegriffen werden kann (BVerwG, NVwZ-RR 2011, 621, 622; BayVGH, AuAS 2011, 165, 166). Wird jedoch dargelegt, dass die Zurückweisung des Befangenheitsantrags auf willkürlichen oder manipulativen Erwägungen oder sonst vergleichbar schweren Mängeln beruht, kann mit dem Zulassungsantrag gegen die Zurückweisung vorgegangen werden (BVerwG, NVwZ-RR 2011, 621, 622). Ferner ist die der fehlerhaften Zurückweisung des Befangenheitsantrags nachfolgende Entscheidung in der Sache mit dem Makel des Verstoßes gegen den gesetzlichen Richter behaftet (BVerfG, NVwZ-RR 2008, 290, 291; BVerfG [Kammer], NVwZ-RR 2013, 583). 128

4. Gehörsrüge (§ 138 Nr. 3 VwGO)

a) Funktion der Gehörsrüge

Die nach Abs. 3 Nr. 3 in Verb. mit § 138 Nr. 3 VwGO im Asylprozess gewährleistete Gehörsrüge ist verfahrensrechtlicher Ausdruck des verfassungsrechtlichen Anspruchs auf rechtliches Gehör nach Art. 103 Abs. 1 GG. Der in dieser Verfassungsnorm verbürgte Anspruch auf rechtliches Gehör ist eine Ausprägung des Rechtsstaatsgedankens für das gerichtliche Verfahren (BVerfGE 84, 188, 190; BVerfG [Kammer], InfAuslR 1995, 69, 70; s. auch *Spiecker genannt Döhmann*, NVwZ 2003, 1464; *Wimmer*, DVBl 1985, 773). Art. 103 I Abs. 1 GG hat eine Doppelfunktion: Als Leitprinzip mit Verfassungsrang enthält das Gebot des rechtlichen Gehörs einerseits eine objektive Verfahrensregelung, die in jedem Gerichtsverfahren und dessen einfachgesetzlicher Ausgestaltung Bedeutung erlangt. Andererseits gewährleistet die Norm bereits durch ihre ausdrückliche Formulierung als Anspruch des Betroffenen eine Rechtsposition, der *Grundrechtscharakter* zukommt und die damit ein subjektives öffentliches Recht vermittelt (*Feuchthofen*, DVBl 1984, 170, m.w. Hw.). 129

Dieser Anspruch stellt nicht nur »das *prozessuale Urrecht* des Menschen« dar, »sondern ein *objektiv-rechtliches Verfahrensprinzip*, das für ein gerichtliches Verfahren im Sinne des Grundgesetzes konstitutiv und schlechthin unabdingbar ist« (BVerfGE 55, 1, 6; 70, 180, 188). Es verwehrt, dass mit dem Menschen »kurzer Prozess« gemacht wird (BVerfGE 55, 1, 6). Der Grundsatz des rechtlichen Gehörs vor Gericht dient nicht nur der Abklärung der *tatsächlichen Entscheidungsgrundlagen*, sondern auch der Achtung der Würde des Menschen, der *in einer so schwerwiegenden Lage, wie ein Prozess sie für gewöhnlich darstellt, die* Möglichkeit haben muss, sich mit *tatsächlichen* und *rechtlichen* Argumenten zu behaupten (BVerfGE 55, 1, 5 f.; *Fritz*, ZAR 1984, 189 f.). Dem Anspruch auf rechtliches Gehör kommt im Widerstreit öffentlicher und privater Interessen eine *wesentliche Schutzfunktion* zu, kraft derer eine Eingrenzung oder gar Abwehr von Bestrebungen erreicht wird, Verfahrensgestaltungen einseitig nach staatlichen Interessen auszurichten (*Feuchthofen*, DVBl 1984, 170). 130

131 In Verbindung mit Art. 19 Abs. 4 GG gewährt Art. 103 Abs. 1 GG dem Einzelnen nicht nur das formelle Recht sowie die theoretische Möglichkeit, das Gericht anzurufen, sondern einen Anspruch auf tatsächlich *wirksame* gerichtliche Kontrolle von Verwaltungsentscheidungen (BVerfGE 37, 150, 153; BVerfG, DÖV 1982, 450). Dem hat die Auslegung und Anwendung von § 138 Nr. 3 VwGO zu entsprechen. Art. 103 Abs. 1 GG verpflichtet das Gericht, das tatsächliche und rechtliche Vorbringen der Beteiligten zur Kenntnis zu nehmen und in seine Erwägungen einzubeziehen (BVerfGE 42, 364, 367; 47, 182, 187; 69, 141, 143; 70, 215, 218; 79, 51, 61; 83, 24, 35; BVerwG, NVwZ-RR 1994, 298). Das Gebot des rechtlichen Gehörs als *Prozessgrundrecht* soll sicherstellen, dass die vom Gericht zu treffende Entscheidung *frei von Verfahrensfehlern* ergeht, die ihren Grund in *unterlassener Kenntnisnahme* und *Nichtberücksichtigung des Sachvortrags* der Beteiligten haben (BVerfGE 50, 32, 35; 54, 86, 91; 69, 141, 143; 70, 215, 218). Daher gibt Art. 103 Abs. 1 GG diesen ein Recht zur Äußerung über Tatsachen, Beweisergebnisse und die Rechtslage (BVerfGE 83, 24, 35). Sie sollen nicht bloß Objekt des Verfahrens sein, sondern vor einer ihr Recht betreffenden Entscheidung zu Wort kommen, um Einfluss auf das Verfahren und sein Ergebnis nehmen zu können (BVerfGE 84, 188, 190). Da dies nicht nur durch *tatsächliches Vorbringen*, sondern vielmehr auch durch *Rechtsausführungen* geschehen kann, gewährleistet Art. 103 Abs. 1 GG den Verfahrensbeteiligten auch das Recht, sich nicht nur zu dem der Entscheidung zugrunde liegenden Sachverhalt, sondern auch zur Rechtslage zu äußern (BVerfGE 60, 175, 210; 64, 135, 143; 65, 227, 234; 86, 133, 144).

132 Ferner haben die Beteiligten das Recht, Anträge zu stellen und Ausführungen zu machen (BVerfGE 6, 19, 20; 15, 303, 307; 36, 85, 87; 64, 135, 143 f.). In diesem *Zusammenspiel von Äußern und Gehörtwerden*, mithin in der *diskurssicheren Funktion* des Prozessrechts verwirklicht sich die für ein rechtsstaatliches Verfahren zentrale Befugnis, die Art. 103 Abs. 1 GG gewährleistet (BVerfGE 64, 135, 144). Die Verwaltungsgerichte sind daher verpflichtet, das Urteil nur auf Tatsachen und Beweisergebnisse zu stützen, zu denen die Beteiligten sich zuvor äußern konnten, und die Gründe in dem Urteil anzugeben, die für die richterliche Überzeugung leitend gewesen sind. Das Gericht darf deshalb nur solche Tatsachen und Beweisergebnisse verwerten, die von einem Verfahrensbeteiligten oder dem Gericht im Einzelnen bezeichnet zum Gegenstand des Verfahrens gemacht wurden und zu denen die Beteiligten sich äußern konnten (BVerfGE 70, 180, 189; BVerwG, InfAuslR 1982, 250; BVerwG, InfAuslR 1983, 184; BVerwG, Buchholz 402.25 § 1 AsylVfG Nr. 60; Hess. VGH, EZAR 633 Nr. 22; *Renner*, ZAR 1985, 62, 70 f.). Dies folgt daraus, dass Art. 103 Abs. 1 GG auch das *Vorfeld der grundrechtlich geschützten Position* mit Sicherungen versieht, die es dem Staat verbieten, diese Position in ihrer Wirksamkeit zu unterlaufen oder entscheidend einzuengen und damit das Recht der Beteiligten, sich zu äußern, zur inhaltsleeren Form werden zu lassen (BVerfGE 64, 135, 144). Das Gericht hat insgesamt die Aufgabe, den Beteiligten den Zugang zu den ihnen vorliegenden Informationen in weitem Umfang zu öffnen, sofern diese Informationen für die gerichtliche Entscheidung verwertbar sein sollen (BVerfGE 64, 135, 144).

133 Der Gehörsrüge kommt deshalb im Asylprozess eine besondere Bedeutung zu. Sind die Erfolgsaussichten bei der Grundsatz- und Divergenzrüge häufig als eher gering

einzuschätzen und greifen auch die anderen Verfahrensrügen in aller Regel nicht durch, kann eine gut begründete Gehörsrüge wegen der überragenden Bedeutung des Anspruchs auf rechtliches Gehör zum Erfolg führen. Die Gehörsrüge greift aber nur durch, wenn der Rechtsmittelführer dartun kann, dass er im erstinstanzlichen Verfahren alles unternommen hat, damit das Gericht von sich aus den Gehörsverstoß beseitigt (Rdn.182 ff.). In aller Regel setzt dies voraus, dass die gerichtliche Aufklärungspflicht durch aktives prozessuales Verhalten des Rechtsmittelführers befördert worden ist. Die Verfahrensbeteiligten dürfen sich im Asylprozess regelmäßig nicht passiv verhalten und anschließend die *Aufklärungsrüge* wegen unterbliebener Sachaufklärung erheben. Deshalb ist eine Gehörsrüge regelmäßig nur dann Erfolg versprechend, wenn die gerichtliche Aufklärungspflicht durch einen Beweisantrag oder vergleichbare Prozesshandlungen eingefordert worden ist oder ihre Verletzung derart schwer wiegt, dass sie unabhängig von den Bemühungen der Beteiligten, an der Aufklärung des Sachverhalts mitzuwirken, im Prozessrecht keine Stütze findet (Rdn. 152 ff.).

Bei der Darlegung der Gehörsrüge sind die Erfordernisse zu bedenken, die das Beru- 134
fungsgericht überprüfen wird. Anders als bei den vorangegangenen Rügen kann die Darlegung hier nicht in strikt zu durchlaufenden *Prüfungsstufen* erfolgen. So ist etwa die entscheidungserhebliche Rechtsansicht des Verwaltungsgerichts (Rdn. 139) kein besonders zu prüfender Gesichtspunkt, sondern bei allen Erörterungen zu beachten. Dadurch wird bereits die Vorstellung des Prozessstoffs bestimmt. Das gilt auch für die Frage der Entscheidungserheblichkeit und weitere Fragen. Folgende Fragen bedürfen für die Gehörsrüge der Aufbereitung:

1. Darlegung der den *Gehörsverstoß begründenden Tatsachen und Umstände unter* 135
Durchdringung des bisherigen Prozessstoffs in systematischer und nachvollziehbarer Weise (Rdn. 139 ff.). Bloße Verweise auf bisheriges Sachvorbringen sind zu vermeiden. Vielmehr sind die für die Prüfung der Gehörsverletzung erforderlichen Tatsachen und Umstände unter Auseinandersetzung mit dem bisherigen Prozessstoff herauszuarbeiten und schlüssig, stimmig und nachvollziehbar auf die Umstände zuzuspitzen, die eine Verletzung des Anspruchs auf rechtliches Gehör belegen. Das Berufungsgericht ist nicht gehalten, zur Prüfung der Schlüssigkeit zunächst die Akte durchzuarbeiten. Vielmehr muss es anhand des Antragsvorbringens in die Lage versetzt werden, die Gehörsrüge zu prüfen.
2. Darlegung, dass *alle zumutbaren prozessualen Möglichkeiten im erstinstanzlichen* 136
Verfahren ausgeschöpft wurden. Hier ist vorrangig die Prozessordnungswidrigkeit der Ablehnung des in der erforderlichen prozessualen Form gestellten *Beweisantrags* zu erörtern (Rdn. 140; Vor § 78 Rdn. 58 ff.) und darüber hinaus darzulegen, dass nach der Zurückweisung des Beweisantrags *Gegenvorstellung* (Vor § 78 Rdn. 112 ff.) erhoben wurde oder darzulegen, welche anderen prozessual gleichgewichtigen zumutbaren prozessualen Möglichkeiten ausgeschöpft wurden, um das Verwaltungsgericht von der Prozessordnungswidrigkeit des abgelehnten Beweisantrags zu überzeugen.
3. Im Regelfall *Darlegung des alternativen*, durch die Gehörsverletzung *abgeschnitten* 137
Sachverhalts (Was hätte der Beteiligte im erstinstanzlichen Verfahren zur Stützung seiner geltend gemachten Ansprüche sonst noch vorgetragen [Rdn. 184], hätte er

erkennen können, dass es nach der Rechtsansicht des Verwaltungsgerichts hierauf angekommen wäre?). Dabei ist darzulegen, dass das *nicht berücksichtigte Sachvorbringen* nach der Rechtsansicht des Verwaltungsgerichts *entscheidungserheblich* ist. Entsprechende Darlegungen sind nur erforderlich, wenn mit dem Verfahrensverstoß nicht weiteres Sachvorbringen abgeschnitten wurde.

138 4. Im Regelfall Darlegung, dass das angefochtene Urteil auf dem Gehörsverstoß *beruht*, also die *Möglichkeit nicht auszuschließen* ist, dass bei Berücksichtigung des abgeschnittenen Vorbringens das Verwaltungsgericht *zu einem dem Beteiligten günstigeren Ergebnis gekommen wäre*. Daher ist grundsätzlich der alternative Sachverhalt (Nr. 3) vorzutragen. Das *Beruhenserfordernis* ist in Rechtsprechung und Literatur umstritten. Ist bereits mit der schlüssigen Gehörsrüge dargelegt, dass das Verwaltungsgericht durch die Gehörsverletzung *weiteres Sachvorbringen abgeschnitten* hat, ist das Beruhenserfordernis dargelegt. Mit der schlüssigen Darlegung der prozessordnungswidrigen Ablehnung des *Vertagungsantrags* oder einer *unzulässigen Überraschungsentscheidung* ist stets dargetan, dass weiterer Sachvortrag abgeschnitten wurde. Beim abgelehnten Beweisantrag können im Einzelfall zusätzliche Ausführungen zum Beruhenserfordernis erforderlich werden (Rdn. 196 ff.)

b) Darlegung der Gehörsverletzung

139 Die Rüge der Verletzung rechtlichen Gehörs muss anhand der aus dem Prozessstoff herausgearbeiteten Tatsachen und Umstände hinreichend deutlich zum Ausdruck bringen, durch welche Verfahrensweisen des Gerichts im Einzelnen der Anspruch auf rechtliches Gehör verletzt worden ist. Dazu ist erforderlich, dass der Vortrag im erstinstanzlichen Verfahren aufgezeigt wird (Hess. VGH, Beschl. v. 11.07.2013 – 6 A 1066/13.Z.A.). Einer ausdrücklichen Benennung des Art. 103 Abs. 1 GG, des § 138 Nr. 3 VwGO sowie des Abs. 3 Nr. 3 bedarf es unter diesen Umständen nicht (Hess. VGH, InfAuslR 1994, 245, 246 = AuAS 1994, 166). Die Feststellung, wann im Einzelnen davon ausgegangen werden kann, dass das Gericht in prozessordnungswidriger Weise Sachvorbringen nicht zur Kenntnis genommen hat, ist im Einzelfall häufig schwierig zu treffen (BVerfGE 42, 364, 368). Geht das Verwaltungsgericht jedoch auf den *wesentlichen Kern des Tatsachenvortrags* eines Beteiligten zu einer Frage, die für das Verfahren von *zentraler Bedeutung* ist, in den Entscheidungsgründen nicht ein, lässt dies auf die Nichtberücksichtigung des Vortrags schließen, sofern er nicht nach dem Rechtsstandpunkt des Gerichts unerheblich oder aber offensichtlich unsubstanziiert ist (BVerfGE 86, 133, 146; BVerfG [Kammer], NVwZ-Beil. 1998, 1, 2). Maßgebend dafür, ob das Vorbringen entscheidungserheblich ist, ist aber stets die *Rechtsansicht des Verwaltungsgerichts* (BVerfGE 86, 133, 146; BVerfG [Kammer], NVwZ-Beil. 1998, 1, 2; BVerwG, InfAuslR 2002, 150, 151; Hess. VGH, EZAR 633 Nr. 22; VGH BW, EZAR 633 Nr. 15; OVG Hamburg, AuAS 1993, 80, 81; Hess. VGH, AuAS 2007, 59). Aus der fehlenden Erörterung von Teilen des Vorbringens muss der Schluss gezogen werden können, dass diese nicht erwogen worden sind. Dies ist der Fall, wenn Tatsachen oder Tatsachenkomplexe übergangen werden, deren *Entscheidungserheblichkeit sich aufdrängt* (BVerwG, NVwZ-RR 1994, 298). Damit kann es bei der Gehörsrüge aber nicht sein Bewenden haben, weil allein die

Verletzung der Aufklärungspflicht regelmäßig keine Gehörsverletzung begründet (Rdn. 152 ff.).

Beim *abgelehnten Beweisantrag* (s. hierzu ausführlich Vor § 78 b Rdn. 86 ff.) ist aufzuzeigen, dass der Beweisantrag prozessual ordnungsgemäß in formeller wie inhaltlicher Hinsicht gestellt wurde. Das setzt insbesondere die Mitteilung der aufgestellten Beweisbehauptung (*Beweisthema*) und des für diese angebotenen *Beweismittels* voraus (Hess. VGH, AuAS 2007, 59; Vor § 78 Rdn. 63 ff., 74 ff.). Darzulegen ist ferner, dass das Beweisthema nach der Rechtsansicht des Erstinstanz entscheidungserheblich und das angebotene Beweismittel zur Klärung der unter Beweis gestellten Tatsachenbehauptung tauglich gewesen ist. Schließlich ist in Auseinandersetzung mit den Entscheidungsgründen darzulegen, dass die Ablehnung im Prozessrecht keine Stütze findet (Hess. VGH, AuAS 2007, 59). Beim abgelehnten *Hilfsbeweisantrag* Vor § 78 Rdn. 69 ff.) gehört zur ordnungsgemäßen Darlegung der Gehörsrüge, dass zunächst der Inhalt des behaupteten und als übergangen bezeichneten Beweisantrags mitgeteilt wird. Es ist nicht Aufgabe des Rechtsmittelgerichts, das Vorbringen des Beteiligten anhand der Gerichtsakten des Verwaltungsgerichts zu ergänzen (VGH BW, InfAuslR 2007, 132 = NVwZ-RR 2007, 202). Anschließend ist darzulegen, dass und weshalb das Verwaltungsgericht durch Nichtberücksichtigung des Vorbringens das rechtliche Gehör des Beteiligten verletzt hat. 140

Bei der Durchdringung des Prozessstoffs ist zu bedenken, dass tatsächliches und rechtliches Sachvorbringen der Beteiligten zwar zur Kenntnis zu nehmen, in Erwägung zu ziehen und in der Entscheidung zu verarbeiten ist. Es muss jedoch nicht *jedes* Vorbringen in den Entscheidungsgründen *ausdrücklich* behandelt werden (BVerfGE 13, 132, 149; 42, 364, 368; 47, 182, 187; 51, 126, 129; BVerwG, InfAuslR 1984, 326; BVerwG, Buchholz 402.25 § 1 AsylVfG Nr. 60; BVerwG, NVwZ-RR 1994, 298; Hess. VGH, InfAuslR 1994, 245 = AuAS 1994, 166) oder der vom Rechtsmittelführer für richtig gehaltene Schluss daraus gezogen werden (OVG NW, AuAS 2016, 32, 33). Nur wenn *besondere Umstände* deutlich ergeben, dass im Einzelfall das wesentliche Vorbringen entweder überhaupt nicht zur Kenntnis genommen oder doch bei der Entscheidung ersichtlich nicht erwogen worden ist, wird Art. 103 Abs. 1 GG verletzt (BVerfGE 27, 248, 251 f.; 47, 182, 187 f., 51, 126, 129; 65, 293, 295 f.; 70, 288, 293; 86, 133, 145 f.). Dabei wird grundsätzlich angenommen, dass Gerichte das Parteivorbringen zur Kenntnis genommen und in Erwägung gezogen haben (BVerfGE 40, 101, 104 f.; 47, 182, 187; 86, 133, 146; BVerfG [Kammer], NVwZ-Beil. 1998, 1, 2; BVerwG, NVwZ 1984, 450; BVerwG, InfAuslR 1990, 99; BVerwG, NVwZ-RR 1994, 298; Hess. VGH, Beschl. v. 13.01.1997 – 13 UZ 3046/96.A; *Hailbronner,* AuslR, § 78 AsylVfG Rn. 37; *Fritz*, ZAR 1984, 23, 28). Der durchgearbeitete Prozessstoff ist deshalb auf besondere Umstände zuzuspitzen. Fehler in der Beweiswürdigung können dann mit der Gehörsrüge angegriffen werden, wenn *wesentlicher Prozessstoff in tatsächlicher Hinsicht ungewürdigt* geblieben (BVerfGE 83, 216, 229 = EZAR 202 Nr. 20 = NVwZ 1991, 768 = InfAuslR 1991, 200) oder falsch bewertet worden ist. Der wesentliche Kern des Vorbringens ist herauszuarbeiten und darzutun, dass entsprechende substanziierte Erklärungen abgegeben, aber nicht zur Kenntnis genommen wurden. Sichert das Gericht sich nicht durch eine 141 verlässliche Auskunftslage etwa zur Frage der Behandlung von Konvertiten ab, kann hieraus geschlossen werden, dass es den entsprechenden Vortrag nicht ernsthaft in Erwägung gezogen hat (BVerwG, Beschl. v. 21.07.2010 – BVerwG 10. B 41.09).

142 Bei der Durchdringung des Akteninhalts ist besonderes Augenmerk auf die *Verletzung der Vorhaltepflicht* (§ 24 Rdn. 21 ff., Vor § 78 Rdn. 43 ff.) zu richten, weil unabhängig davon, ob ein Beweisantrag gestellt wurde, ein derartiger Verfahrensfehler das rechtliche Gehör verletzen kann. Das Verwaltungsgericht hat Widersprüchen im persönlichen Sachvortrag ebenso nachzugehen wie es auf Vollständigkeit des Sachvorbringens hinzuwirken hat. Treten zwischen dem bisherigen Sachvortrag und dem Vorbringen in der mündlichen Verhandlung oder während der Befragung durch das Gericht Widersprüche auf, sind diese an Ort und Stelle durch Vorhalte aufzuklären (BVerfG [Kammer], InfAuslR 1991, 85, 88; BVerfG [Kammer], InfAuslR 1991, 94, 95; BVerfG [Kammer], InfAuslR 1992, 231, 233; BVerfG [Kammer], InfAuslR InfAuslR 1999, 273, 278; InfAuslR 2000, 254, 259). Das Gericht ist verpflichtet, Vorhalte zu machen und auf Widersprüche hinzuweisen, nachdem der Kläger den Sachverhalt zusammenhängend dargestellt hat. Derartige Vorhalte dienen ja gerade dazu, diesem einerseits Gelegenheit zu geben, Fehler und Erinnerungslücken zu überprüfen, sowie andererseits, tragfähige Entscheidungsgrundlagen zu schaffen. Bei gegebenem Anlass sind daher klärende und verdeutlichende Rückfragen zu stellen (BVerfGE 94, 166, 204 = EZAR 632 Nr. 25 = NVwZ 1996, 678). Unterbleiben derartige Vorhalte, obwohl sie sich dem Gericht *hätten aufdrängen müssen*, dürfen dadurch entstehende Ungereimtheiten und Unzulänglichkeiten in der Darstellung des Verfolgungsgeschehens dem Kläger nicht zur Last gelegt werden; es sei denn, es handelt sich um derart wesentliche Fragen, dass man von einem durchschnittlich intellektuell veranlagten Asylkläger die Ausräumung derartiger Umstände aus eigener Initiative erwarten kann.

143 Die Tatsache allein, dass in der mündlichen Verhandlung nicht ausdrücklich auf bestimmte tatsächliche Gesichtspunkte eingegangen wurde, die in der Entscheidung maßgeblich verwertet werden, begründet an sich noch keine Gehörsverletzung. Es kommt jedoch im Ergebnis der Verhinderung eines Vortrags gleich, werden ohne vorherigen Hinweis Anforderungen an den Sachvortrag gestellt, mit denen auch ein gewissenhafter und kundiger Verfahrensbeteiligter nach dem bisherigen Prozessverlauf nicht zu rechnen braucht (BVerfGE 84, 188, 190; BVerfG [Kammer], NVwZ-Beil. 1995, 66; BVerwG, NJW 1986, 445; BVerwG, InfAuslR 1988, 55, 57; Hess. VGH, AuAS 1999, 21, 22: Rdn. 157 ff.). Bei umfassender Anhörung des Asylklägers zum Verfolgungsgeschehen besteht aber grundsätzlich keine Verpflichtung, auf »*sämtliche* etwaigen Widersprüchlichkeiten« zu früherem Vorbringen hinzuweisen (Hess. VGH, AuAS 2003, 176, 178; Nieders. OVG, AuAS 2003, 226, 227; OVG NW, AuAS 2015, 223). Vielmehr wird grundsätzlich angenommen, der Asylkläger müsse bei umfassender Aufklärung des Sachverhalts erkennen, dass es hierbei auf die Stimmigkeit der Gesamtheit seiner Angaben oder der verschiedenen geschilderten Tatsachenkomplexe untereinander sowie um die Übereinstimmung seiner Angaben bei der Befragung durch das Gericht und seinen früheren Erklärungen ankommt (OVG Brandenburg, EZAR 631 Nr. 50 Satz 3 = DÖV 2000, 300).

Für die Darlegung der Gehörsverstoßes wegen *Verletzung der Vorhaltepflicht* ist das Spannungsverhältnis zwischen den verfahrensrechtlichen Fürsorgepflichten einerseits und den Mitwirkungspflichten der Beteiligten andererseits zu bedenken. Der Asylkläger muss erkennen können, was das Verwaltungsgericht für entscheidungserheblich erachtet und hierauf sein Mitwirkungspflicht einstellen. Die Hinweis- und Aufklärungspflicht verpflichtet zwar nicht dazu, den Asylkläger auf jeden Widerspruch und jede Unstimmigkeit in seinem Sachvorbringen hinzuweisen. Andererseits kann vom diesem nicht erwartet werden, dass er über die erschöpfende Erfüllung seine Mitwirkungspflichten hinaus jede mögliche nachträgliche gerichtliche Schlussfolgerung voraussehen und seinen Sachvortrag darauf entsprechend einstellen kann. Der Grundsatz der freien Beweiswürdigung sichert den Verwaltungsgerichten *keinen unbegrenzten Vorrat an Glaubhaftigkeitsbedenken*, deren Zustandekommen verfahrensrechtlich fragwürdig ist. Ob das Gericht bedenken muss, dass der Asylkläger Unstimmigkeiten und Zweifel ausräumen kann, ist vom bisherigen Vorbringen abhängig. Hat er im bisherigen Verfahren und bei der informatorischen Befragung wesentliche Tatsachenkomplexe in sich stimmig und widerspruchsfrei vorgetragen, musste sich dem Gericht *aufdrängen* (Rdn. 141, Vor § 78 Rdn. 43 f.), dass von ihm weitere Aufklärung gefordert war, wenn es gleichwohl den Erklärungen des Asylklägers keinen Glauben schenken wollte. Ein Gericht, das in einer derartigen Situation schweigt, erweckt den Eindruck, es werde dem Asylkläger glauben. Rückt es anschließend unerwartet hiervon ab, verletzt es den Gehörsanspruch des Beteiligten (vgl. Nieders. OVG, AuAS 2003, 226, 227; OVG Saarland, Beschl. v. 22.05.2003 – 2 O 69/03). 144

Die für die Gehörsrüge im Allgemeinen nicht ausreichende Situation des »Sich-Aufdrängens« ist hier deshalb geeignet, eine Gehörsverletzung zu begründen, weil das Gericht über die fehlerhafte Aufklärung hinaus seine *Fürsorgepflicht* verletzt hat und das Vertrauen des Asylklägers in einer derartigen Situation prozessualen Schutz genießt. Die mit der Verletzung der Fürsorgepflicht in einer derartigen Situation verbundenen verfahrensrechtlichen Besonderheiten stellen die besonderen Umstände dar, die für die Darlegung der Gehörsrüge gefordert werden. Hierauf ist die Darlegung zuzuspitzen. Die Umstände sind deutlich herauszuarbeiten, aus denen folgt, dass die Fürsorgepflicht des Gerichts gefordert war, den Asylkläger darauf hinzuweisen, dass trotz umfassenden Vorbringens aus gerichtlicher Sicht erhebliche Tatsachenkomplexe noch offen waren und der Aufklärung durch ihn bedurften. Weniger streng sind die Anforderungen an die Darlegung der Gehörsrüge, wenn das Verwaltungsgericht den Asylkläger nicht umfassend anhört, sondern nur *zu bestimmten einzelnen Sachverhaltspunkten ermittelt.* In diesem Fall darf dieser darauf schließen, dass es grundsätzlich entscheidungserheblich nur auf die angesprochenen Tatsachen ankommt. Macht das Verwaltungsgericht im Rahmen der freien Beweiswürdigung entscheidungserheblich eingeschätzte Tatsachenangaben, die nicht Gegenstand der Befragung waren, zur Grundlage des Urteils der fehlenden Glaubhaftigkeit der Tatsachen insgesamt, verletzt es das rechtliche Gehör (OVG Brandenburg, EZAR 631 Nr. 50 Satz 3 = DÖV 2000, 300). 145

Bewertet es etwa die in der mündlichen Verhandlung geschilderten *Foltererlebnisse* als unglaubhaft, ohne in dieser seine Zweifel an dem entsprechenden Sachvortrag zu äußern, durfte der Beteiligte darauf vertrauen, dass das Verwaltungsgericht keine 146 überraschende Entscheidung trifft (OVG Hamburg, AuAS 1993, 223). Das rechtliche Gehör wird auch dann verletzt, wenn das Gericht einen vorgelegten *Haftbefehl* als *falsch* qualifiziert, ohne in der mündlichen Verhandlung seine hierauf abzielenden Bedenken zu äußern (OVG Hamburg, AuAS 1993, 81). Ist es der Auffassung, die Angaben eines kurdischen Asylsuchenden zu seinen fehlenden türkischen Sprachkenntnissen seien unglaubhaft, weil der offizielle Gebrauch der kurdischen Sprache zur Zeit seines Schulbesuchs verboten gewesen sei, hat es ihm Gelegenheit zur Äußerung zu geben (OVG Hamburg, AuAS 1993, 60). Werden Widersprüche aus einem Vergleich der *Angaben vor der Grenzbehörde* mit dem Vorbringen in der Anhörung abgeleitet, widerspricht es anerkannten Auslegungs- und Beweiswürdigungsgrundsätzen, wenn die eingeschränkte grenzbehördliche Ermittlungsfunktion bei der Bewertung der Angaben von Asylsuchenden ihr gegenüber außer Acht gelassen werden (Hess. VGH, InfAuslR 1994, 245, 247). Diesen Aussagen kommt wesentlich geringeres Gewicht für die Beweiswürdigung zu (BVerfGE 94, 166, 205 = NVwZ 1996, 678 = EZAR632 Nr. 25; Hess. VGH, EZAR 210 Nr. 4; Hess. VGH, InfAuslR 1994, 245, 247; § 18 Rdn. 18 f.; § 18a Rdn. 39). Daher sind hieraus abgeleitete Zweifel zum Gegenstand der Befragung zu machen und kommt es einer fehlenden Würdigung wesentlichen Sachvorbringens gleich, wenn das Verwaltungsgericht die in sich stimmigen und detaillierten Angaben des Asylsuchenden gegenüber dem Bundesamt allein mit der Begründung als unerheblich bewertet, weil sie im Widerspruch zu den Angaben gegenüber der Grenzbehörde stehen.

147 Das rechtliche Gehör des Beteiligten kann ferner verletzt worden sein, wenn dessen vorgetragene *exilpolitische Aktivitäten* weder in der Darstellung des Sachverhalts noch in der Entscheidungsbegründung erwähnt werden (BVerfG [Kammer], AuAS 1996, 211, 212; BVerfG [Kammer], NVwZ-Beil. 1998, 1, 2). Es wird auch dann das rechtliche Gehör verletzt, wenn das Verwaltungsgericht zwar im Tatbestand darauf hinweist, dieser habe verschiedene Zeitungsartikel vorgelegt, in den Entscheidungsgründen jedoch jede Auseinandersetzung mit vorgelegten, dem Nachweis seiner individuellen Gefährdung dienenden wesentlichen Presseberichten unterlässt (VGH BW, Beschl. v. 13.02.1997 – A 14 S 313/97). Unterläuft dem Verwaltungsgericht bei der Umrechnung der *Bestechungssumme*, die nach dem Vortrag des Asylklägers einem Beamten übergeben worden war, eine offensichtliche Fehleinschätzung und kommt dieser insbesondere deshalb besonderes Gewicht zu, weil es aufgrund dieser vermeintlichen Unrichtigkeit die Angaben des Beteiligten für unglaubhaft erachtet oder auf dessen Unglaubwürdigkeit insgesamt geschlossen hat (Hess. VGH, InfAuslR 1994, 245, 247 = AuAS 1994, 166), wird das rechtliche Gehör verletzt. Dies gilt auch für die fehlerhafte Umrechnung *zeitlichen Angaben* des Asylklägers, die nach Maßgabe etwa des persischen oder äthiopischen Kalender gemacht werden (Vor § 78 Rdn. 138).

148 Unter besonderen Umständen kann auch die Versagung des *Akteneinsichtsrechts* (§ 92 Rdn. 2 ff.) zur Gehörsverletzung führen (BVerfG [Kammer], NVwZ 2010, 954, 955). Nach § 100 VwGO ist das Verwaltungsgericht grundsätzlich verpflichtet, den Beteiligten die Einsichtnahme in die Gerichtsakten und Verwaltungsvorgänge zu ermöglichen. Rügt ein Beteiligter die Verweigerung der Akteneinsicht und die unterlassene

Erkenntnismittel, die dem Urteil entgegenstehen, nicht berücksichtigt werden, obwohl sich dem Gericht hätte aufdrängen müssen, diese im Rahmen der Beweiswürdigung zu behandeln. Lässt das Gericht in seiner Entscheidung gewichtige Tatsachen oder Tatsachenkomplexe, deren Entscheidungserheblichkeit sich aufdrängt, unerwähnt, spricht Vieles dafür, dass es den entsprechenden Tatsachenstoff entweder nicht zur Kenntnis genommen oder jedenfalls nicht in Erwägung gezogen hat (BVerwG, EZAR 630 Nr. 34). Ob der Verstoß gegen § 132 Abs. 2 Nr. 3 VwGO zugleich auch auf einen Gehörsverstoß führt, hat das BVerwG nicht entschieden. Beruht die fehlerhafte Feststellung des Sachverhalts jedoch auf der Verletzung von Hinweispflichten, liegt eine Gehörverletzung vor.

d) »Unzulässige Überraschungsentscheidung«

Zwar verlangt Art. 103 Abs. 1 GG grundsätzlich nicht, dass das Verwaltungsgericht vor seiner Entscheidung auf seine Rechtsauffassung hinweist. Dieser Norm ist auch keine allgemeine Frage- und Aufklärungspflicht des Richters zu entnehmen (Rdn. 154). Es kommt jedoch im Ergebnis der Verhinderung eines Vortrags gleich, wenn das Gericht ohne vorherigen Hinweis Anforderungen an den Sachvortrag stellt, mit denen auch ein gewissenhafter und kundiger Prozessbeteiligter – selbst unter Berücksichtigung der Vielfalt vertretbarer Rechtsauffassungen – nach dem bisherigen Prozessverlauf nicht zu rechnen brauchte (BVerfGE 84, 188, 190; BVerfG [Kammer], NVwZ-Beil. 1995, 66; BVerwG, NJW 1986, 445; BVerwG, InfAuslR 1988, 55, 57; Hess. VGH, AuAS 1999, 21, 22; BFH, NVwZ-RR 2002, 239). Das *Verbot einer unzulässigen Überraschungsentscheidung* verbietet es, dass das Gericht einen bis zum Schluss der mündlichen Verhandlung *nicht erörterten rechtlichen oder tatsächlichen Gesichtspunkt* zur Grundlage seiner Entscheidung macht, wenn es *damit dem Rechtsstreit eine Wende gibt*, mit der die Beteiligten nach dem bisherigen Verfahrensverlauf nicht zu rechnen brauchten (BVerfGE 84, 188, 190; BVerfG [Kammer], InfAuslR 1992, 231, 234; BVerfG [Kammer], NJW 2002, 1334 = NVwZ 2002, 852 [LS]; BayVerfGH, NJW 1992, 1094; BVerwG, NJW 1983, 770; BVerwG, NJW 1984, 140; BVerwG, NJW 1986, 445; BFH, NVwZ-RR 2002, 239; Nieders.OVG, AuAS 1998, 125, 126 = NVwZ-Beil. 1997, 74 [LS]; VGH BW, InfAuslR 2011, 411, 412; *Berlit*, in: GK-AsylG, II, § 78 Rn. 284). Zwar fordert Art. 103 Abs. 1 GG kein *Rechtsgespräch* im Rahmen der mündlichen Verhandlung (BVerfGE 31, 364, 370; BVerfG [Kammer], InfAuslR 1995, 69, 70; BVerfG [Kammer], NVwZ-Beil. 1995, 66). Eine dieser Norm genügende Gewährung rechtlichen Gehörs setzt aber voraus, dass die Beteiligten bei Anwendung der von ihnen zu verlangenden Sorgfalt zu erkennen vermögen, auf welchen *Tatsachenvortrag* es für die Entscheidung des Gerichts ankommen kann. Dagegen kann von einer Überraschungsentscheidung nicht gesprochen werden, wenn dieses Folgerungen aus dem tatsächlichen Vorbringen zieht, die nicht den Erwartungen eines Beteiligten entsprechen und von ihm für unrichtig gehalten werden (BVerwG, Beschl. v. 14.11.2007 – BVerwG 10 B 47.07). 157

Regelmäßig setzt die Gehörsrüge die Darlegung voraus, dass der Beteiligte alle ihm zumutbaren prozessualen Möglichkeiten ausgeschöpft hat, um sich Gehör in der das rechtliche Gehör verletzenden Instanz zu verschaffen (Rdn. 182 ff.). Ist bei der 158

Aufklärungsrüge (Rdn. 152 ff.) darzulegen, dass zwar kein Beweisantrag gestellt, aber im Übrigen zureichende prozessuale Schritte unternommen wurden, um die gerichtliche Sachaufklärungspflicht auszulösen, steht bei der Rüge der unzulässigen Überraschungsentscheidung die gerichtliche Hinweispflicht nach § 86 Abs. 3 und § 104 Abs. 1 VwGO im Vordergrund. Im Ausgangspunkt ist jedoch festzuhalten, dass das Gericht nach § 86 Abs. 3 VwGO lediglich darauf hinzuwirken hat, dass ungenügende tatsächliche Angaben ergänzt und ferner alle für die Feststellung und Beurteilung des Sachverhalts wesentlichen Erklärungen abgegeben werden. Wie bereits aus dem Gesetzeswortlaut folgt, erstreckt sich die Hinweispflicht lediglich auf die Ergänzung ungenügender *tatsächlicher* Angaben, deren Unvollständigkeit für das Gericht erkennbar ist. Ferner hat das Gericht auf *rechtliche* Gesichtspunkte hinzuweisen. Es muss zwar nicht auf jeden rechtlichen Gesichtspunkt besonders hinweisen, auf den es für die Entscheidung ankommen kann, wenn diese Gesichtspunkte bereits früher im Verwaltungs- oder im Gerichtsverfahren erörtert worden sind oder auf der Hand liegen. Will es aber seine Entscheidung allein auf Rechtsgründe stützen, die im bisherigen Verfahren nicht erörtert worden und auch nicht offensichtlich sind, ist es seine Pflicht, die Beteiligten darauf hinzuweisen, damit sie sich dazu äußern und gegebenenfalls ihre tatsächlichen Angaben ergänzen können (BVerwGE 36, 264, 267). § 86 Abs. 3 VwGO gilt in jeder Lage des Verfahrens. § 104 Abs. 1 VwGO *ergänzt* diese Bestimmung für die mündliche Verhandlung, in dem dort die Erörterung der streitigen Fragen vorgeschrieben wird (BVerfG, NVwZ 1992, 259; BVerwGE 36, 264, 267). Die Vorschrift dient dazu, die Beteiligten vor Überraschungsentscheidungen zu schützen (BVerwGE 49, 111, 113). Sie müssen Gelegenheit erhalten, Tatsachen vorzutragen, die unter einem bisher nicht erörterten, vielleicht auch nicht ohne weiteres erkennbaren rechtlichen Aspekt, den das Gericht jedoch für erheblich hält, Bedeutung haben können (BVerwGE 49, 111, 112).

159 Eine Gehörsverletzung in Gestalt der unzulässigen Überraschungsentscheidung kann auf einer *Verletzung der gerichtlichen Fürsorgepflicht* beruhen. Bei Unstimmigkeiten und Widersprüchen im klägerischen Sachvortrag besteht zwar grundsätzlich keine Verpflichtung des Gerichts, von sich aus Nachforschungen durch weitere Fragen anzustellen (BVerwG, Urt. v. 22.04.1986 – BVerwG 9 C 318.85; Thür. OVG, AuAS 1998, 190, 191; Nieders. OVG AuAS 1997, 213, 214; Nieders. OVG, Beschl. v. 18.05.2000 – 9 L 1171/00; Rdn. 142 ff.). Das Gericht ist grundsätzlich auch nicht gehalten, auf die Stellung eines Beweisantrags hinzuwirken (BSG, NVwZ-RR 1998, 203). Eine Überraschungsentscheidung ist jedoch anzunehmen, wenn das Gericht einen Gesichtspunkt, zu dem bereits etwa durch *Zeugenvernehmung* Beweis erhoben worden ist, nicht mehr für entscheidungserheblich ansieht. In diesem Fall kann eine Gehörsverletzung nur durch einen ausdrücklichen gerichtlichen Hinweis, dass und warum es bei seiner Entscheidung entgegen der bisher erkennbar gewordenen Auffassung auf diesen Punkt nicht einzugehen beabsichtigt, vermieden werden (BVerwG, Buchholz 412.3 § 6 BVFG Nr. 65). Wird andererseits ein Beteiligter schon vor der mündlichen Verhandlung darauf aufmerksam gemacht, dass z.B. der bisher lediglich schriftsätzlich gestellte Klageantrag nicht bedenkenfrei ist, ist er gehalten, diese Frage zusammen mit dem Gericht in der mündlichen Verhandlung zu

erörtern (BVerfG [Kammer], NVwZ 1992, 259). Der *gerichtlichen Fürsorgepflicht* korrespondiert auch insoweit eine *Mitwirkungspflicht* des Beteiligten (BVerfG [Kammer], NVwZ 1992, 259).

160 Die Gehörsrüge wegen unzulässiger Überraschungsentscheidung kann auch in Betracht kommen, wenn die Beteiligten gem. § 101 Abs. 2 VwGO auf *mündliche Verhandlung* verzichtet haben (BVerfG [Kammer], NVwZ-Beil. 1995, 66; BVerwG, NJW 1986, 445). Fehlt es am Einverständnis der Beteiligten, wird stets das rechtliche Gehör verletzt (BVerwG, NVwZ 2009, 59). Dem Urteil dürfen grundsätzlich nur Tatsachen und Beweisergebnisse zugrunde gelegt werden, zu denen sich die Beteiligten äußern konnten. Das Einverständnis der Beteiligten mit einer Entscheidung ohne mündliche Verhandlung wird nicht allein durch den Ablauf eines erheblichen Zeitraums nach Abgabe der entsprechenden Erklärungen verbraucht oder unwirksam. Anders als § 128 Abs. 2 Satz 3 ZPO sieht § 101 Abs. 2 VwGO keine Zweimonatsfrist für die gerichtliche Bindung vor (BVerwG, NVwZ-RR 2014, 740, 742, Rn. 10 f.). Wird auf mündliche Verhandlung verzichtet und bezeichnet das Gericht – ohne die Beteiligten vorher auf diese Möglichkeit hinzuweisen – die bislang zugrunde gelegte Begründung als zweifelhaft und ersetzt sie durch eine andere, bislang nicht erörterte Vorschrift, sind die Beteiligten überrascht (BVerwG, NJW 1986, 445). Sowohl im schriftlichen Verfahren wie auch für den Fall der Durchführung einer mündlichen Verhandlung bedarf es in einem derartigen Fall eines Hinweises des Gerichtes, etwa durch prozessleitende Verfügung, dass für bestimmte Rechtsfragen möglicherweise auch andere als die bislang angenommenen Vorschriften in Betracht kommen (BVerwG, NJW 1986, 445). Hat das Gericht den Beteiligten darauf hingewiesen, dass aufgrund der Bürgerkriegssituation in dessen Herkunftsland eine individuelle Verfolgungssituation nicht in Betracht kommt und verzichtet dieser deshalb auf Durchführung der mündlichen Verhandlung, wird der Anspruch auf rechtliches Gehör verletzt, wenn dieser Gesichtspunkt im Urteil keine Rolle mehr spielt, vielmehr die Klageabweisung in Auseinandersetzung mit den vom Beteiligten vorgetragenen individuellen Gründen und unter Verwertung bisher nicht in das Verfahren eingeführter Erkenntnismittel erfolgt (BVerfG [Kammer], NVwZ-Beil. 1995, 66, 67). Findet eine mündliche Verhandlung statt und sind die Beteiligten nicht erschienen, wird es regelmäßig genügen, wenn das Gericht auf die bisher nicht erörterten rechtlichen Erwägungen, auf die es seine Entscheidung stützen will, hinweist und den Beteiligten Gelegenheit zur Äußerung gibt. Ist aber ein Beteiligter, zu dessen Ungunsten sich die Rechtsansicht des Gerichts auswirken kann, nicht erschienen, ist die Verhandlung zu *vertagen* und die nicht erschienenen Beteiligten schriftlich auf die *rechtlichen* Erwägungen hinzuweisen und Gelegenheit zur Äußerung zu geben (BVerwGE 36, 264, 267). Die Verzichtserklärung bezieht sich lediglich auf die nächste Entscheidung des Gerichts und wird – wenn diese kein abschließendes Urteil ist – dadurch *verbraucht.* Sie ist daher nicht mehr wirksam, wenn ein *Beweisbeschluss* ergeht, den Beteiligten durch *Auflagenbeschluss* eine Stellungnahme abgefordert wird, Akten zu Beweiszwecken beigezogen werden oder neue Erkenntnismittel eingeführt werden. Eine Änderung der Prozesslage führt hingegen nicht zur Unwirksamkeit der Erklärung (BVerwG, NVwZ-RR 2014, 740, 742, Rn. 11).

161 Ist der Beteiligte *anwaltlich vertreten*, ist die Belehrungspflicht zwar ihrem Umfang nach geringer als sonst. Sie ist jedoch nicht etwa von vornherein ausgeschlossen (BVerfG [Kammer], NVwZ 1992, 259). Zwar ist das Gericht nicht gehalten, den anwaltlich vertretenen Beteiligten die Beantwortung *schwieriger Rechtsfragen* abzunehmen (BVerfG [Kammer], NVwZ 1992, 259; BVerfG [Kammer], InfAuslR 1995, 69, 70). Muss der Vorsitzende jedoch erkennen, dass der Beteiligte mit der Klage, so wie sie mit der Klageschrift anhängig gemacht worden ist, sein Klageziel nicht erreichen kann, muss er den anwaltlich vertretenen Beteiligten hierauf hinweisen. Zu mehr ist das Gericht aber gegenüber einem jedenfalls rechtskundig vertretenen Beteiligten nicht verpflichtet. Auf die Möglichkeit und Notwendigkeit einer Änderung bzw. Erweiterung des Klageantrags muss das Gericht nicht hinweisen (BVerfG [Kammer], NVwZ 1992, 259).

e) Zurückweisung des Vertagungsantrags

162 Von besonderer Bedeutung ist die Frage, unter welchen Voraussetzungen das Recht auf Gehör eine *Terminsverschiebung* erfordert. Nach § 173 VwGO in Verb. mit § 227 ZPO kann *aus erheblichen Gründen* von *Amts wegen* oder *antragsgemäß* ein Termin aufgehoben oder verlegt oder eine Verhandlung vertagt werden. Grundsätzlich besteht *kein Vertagungsanspruch* (BVerwG, InfAuslR 1986, 117; s. auch BVerfG [Kammer], AuAS 1993, 130). Das Gericht muss aber im Rahmen seiner Ermessensentscheidung beachten, dass die in § 227 ZPO getroffene Regelung auch dazu dienen soll, den Beteiligten die sachgerechte Wahrnehmung ihrer Rechte insbesondere durch mündlichen Vortrag zu dem aufgrund der mündlichen Verhandlung gewonnenen Gesamtergebnis des Verfahrens zu ermöglichen. Diese Regelung steht damit in enger Beziehung zum Anspruch auf rechtliches Gehör (BVerwG, InfAuslR 1986, 117; BVerwG, NJW 1992, 3185; BVerwG, NVwZ 1995, 374, 375). Dieser kann verletzt sein, wenn den Beteiligten dadurch die Möglichkeit entzogen wird, sich sachgemäß und erschöpfend zu äußern (BVerwG, DÖV 1983, 247). Bei erheblichen Gründen i.S.d. § 227 ZPO ist daher der Termin zur Gewährung rechtlichen Gehörs zu vertagen (BVerwG, DÖV 1983, 247; BVerwG, NJW 1992, 2042; BVerwG, NJW 1992, 3185). Die Zurückweisung des Antrags hat deshalb einen Verfahrensfehler im Sinne von § 138 Nr. 3 VwGO zur Folge. Stellt der in der mündlichen Verhandlung anwesende Prozessbevollmächtigte beim Ausbleiben des Beteiligten keinen Vertagungsantrag, liegt keine Gehörsverletzung vor (VGH BW, AuAS 2006, 213, 214). Wird der Antrag gestellt, ist nach den Umständen des Falles zu prüfen, ob der Beteiligte ohne Terminsverlegung in seinen Möglichkeiten beschränkt wird, sich in dem der Sache nach gebotenem Umfang zu äußern (VGH BW, AuAS 2006, 213, 214). Eine persönliche Anhörung des Asylklägers zur Aufklärung von tatsächlichen oder vermeintlichen Unklarheiten oder Widersprüchen im bisherigen Vorbringen ist im Asylprozess geboten, da es regelmäßig auf die Glaubhaftigkeit des Vortrags oder die Glaubwürdigkeit des Asylklägers ankommt (OVG Brandenburg, AuAS 2004, 58, 59). Daher ist dem Vertagungsantrag stattzugeben, wenn der Asylkläger nicht zur mündlichen Verhandlung erscheint und der Prozessbevollmächtigte hierfür zureichende Gründe bezeichnet.

163 Ein zur Vertagung *zwingender Grund* im Sinne von § 227 ZPO ist *in aller Regel* dann anzunehmen, wenn ein – anwaltlich nicht vertretener – Verfahrensbeteiligter *alles in*

seinen Kräften Stehende und nach Lage der Dinge Erforderliche getan hat, um sich durch Wahrnehmung des Termins rechtliches Gehör zu verschaffen, hieran jedoch *ohne Verschulden* gehindert worden ist (BVerwG, InfAuslR 1986, 117). Entsprechendes gilt im Fall der Bevollmächtigung für den Prozessbevollmächtigten, weil ein Beteiligter das Recht hat, sich in der mündlichen Verhandlung vertreten zu lassen (BVerwG, InfAuslR 1986, 117). Ein Beteiligter kann in jeder Phase des Verfahrens, das er zunächst selbst betrieben hat, einen Rechtsanwalt mit seiner Vertretung beauftragen. Die damit verbundenen Verzögerungen des Verfahrens sind im Hinblick auf den Grundsatz des rechtlichen Gehörs hinzunehmen. Dieser wird jedenfalls bei einer Terminierung einen Monat nach Klageerhebung, vor Einreichung der Klageerwiderung und unter Abkürzung der Ladungsfrist verletzt, wenn der Beteiligte schlüssig vorträgt, er habe einen Rechtsanwalt mit der Wahrnehmung seiner Interessen beauftragt und das Gericht gleichwohl den Vertagungsantrag zurückweist (VGH BW, NVZ 2002, 233; OLG Köln, AnwBl. 2003, 121). Ein *Anwaltswechsel* nach einer *Erschütterung des Vertrauensverhältnisses* ist ein erheblicher Grund, wenn dargelegt wird, dass der Anwalt den Vertrauensverlust verschuldet hat (BGH, BRAK-Mitt. 2008, 184).

Im Allgemeinen muss ein Beteiligter, der aufgrund *ernsthafter Erkrankung* gehindert ist, 164
der Ladung zur mündlichen Verhandlung nachzukommen, *rechtzeitig* den *Vertagungsantrag* stellen. Eine kurzfristig eingetretene und ärztlich nachgewiesene Verhandlungsunfähigkeit ist grundsätzlich hinreichend, dem Vertagungsanspruch statt zu geben (OVG Hamburg, NVwZ-RR 2001, 408, 409). Bei chronisch auftretenden Krankheiten wie auch bei Lehrverpflichtungen hat der Anwalt jedoch rechtzeitig Vorsorge für eine Vertretung zu treffen (OVG Berlin-Brandenburg, AuAS 2013, 240). Diese Grundsätze gelten auch, wenn das Gericht das persönliche Erscheinen des Beteiligten angeordnet hat. Diese Anordnung befreit den Beteiligten aber davon, die Gründe für die Notwendigkeit seiner persönlichen Anwesenheit substanziiert darzulegen. Im Vertagungsantrag sind die Verhinderungsgründe präzise zu bezeichnen. So muss die vorgelegte *Arbeitsunfähigkeitsbescheinigung* Angaben zur diagnostizierten Krankheit und insbesondere Aussagen zur *Verhandlungsunfähigkeit* enthalten (FG Niedersachsen, NVwZ-RR 2005, 440). Will das Gericht den Antrag ablehnen, muss es substanziiert dartun, weshalb es trotz Anordnung des persönlichen Erscheinens des Beteiligten den Rechtsstreit für entscheidungsreif erachtet (Hess. VGH, AuAS 1997, 140, 141). Ordnet das Gericht *nicht das persönliche Erscheinen* des Asylklägers an, hat es beim Erkennen weiteren Aufklärungsbedarfs den Termin zu vertagen, verbunden mit der Anordnung des persönlichen Erscheinens (BVerfG [Kammer], InfAuslR 1991, 171, 174; BVerfG [Kammer], NVwZ-Beil. 1994, 50; s. auch OVG Brandenburg, AuAS 2004, 58, 59). Der anwesende Verfahrensbevollmächtigte ist jedoch zur Wahrung des Rügerechts gut beraten, in der Verhandlung *förmlich* den *Vertagungsantrag* zu stellen. Die Ablehnung einer beantragten Terminsverlegung bei nachgewiesener *Reiseunfähigkeit* des Asylklägers kann wegen der besonderen verfahrensrechtlichen Bedeutung der mündlichen Verhandlung im Asylprozess (Vor § 78 Rdn. 2 ff.) nicht damit begründet werden, seine Anwesenheit sei deshalb nicht erforderlich, weil der von ihm geltend gemachten Foltergefahr im Herkunftsland keine Relevanz beigemessen wird (BVerfG [Kammer], EZAR 224 Nr. 22).

165 Ist zur Terminszeit ein geladener Beteiligter oder sein Prozessbevollmächtigter nicht anwesend, steht es grundsätzlich im gerichtlichen Ermessen, ob gleichwohl die mündliche Verhandlung eröffnet oder noch eine gewisse Zeit zugewartet wird (BVerwG, NVwZ 1989, 857, 857; OVG NW, AuAS 2000, 164). Das voraussichtliche Interesse des Beteiligten an der Terminsteilnahme ist mit dem Interesse des Gerichts sowie der Beteiligten der später angesetzten Verfahren an möglichst pünktlicher Einhaltung der Tagesordnung abzuwägen (BVerwG, NVwZ 1989, 257, 258; OVG NW, AuAS 2000, 164, 164 f.). Hat aber der Beteiligte sein Erscheinen oder die Möglichkeit einer geringen Verspätung ausdrücklich angekündigt, darf er grundsätzlich darauf vertrauen, dass das Gericht eine gewisse Zeit wartet und die Verhandlung nicht bereits zehn Minuten nach der Terminszeit abgeschlossen ist (BVerwG, NVwZ 1989, 257, 258; BVerwG, NJW 1992, 3185 OVG NW, AuAS 2000, 164, 164 f.). Demgegenüber wird ein Gehörsverstoß verneint, wenn der Bevollmächtigte aufgrund eines Verkehrsstaus 15 Minuten nach dem anberaumten Termin erscheint, das Gericht aber bereits sieben Minuten nach dem vorgesehenen Termin die Sitzung eröffnet (Hess. VGH, AuAS 2000, 175, 176; OVG NW, AuAS 2000, 164, 164 f., offen gelassen, ob über fünf Minuten hinaus eine Wartepflicht des Gerichts besteht). Wird dem Gericht vor Eröffnung der mündlichen Verhandlung bekannt, dass ein Beteiligter nicht pünktlich erscheinen kann, ist es zur Wahrung des rechtlichen Gehörs verpflichtet, mit der Verhandlungseröffnung zu warten, sofern und solange wie dies mit dem gerichtlichen Interesse an der Einhaltung der Tagesordnung vereinbar ist (BVerwG, InfAuslR 1986, 117; BVerwG, NJW 1992, 3185).

166 Stellt der Prozessbevollmächtigte jedoch – telefonisch – aus wichtigem Grund einen Vertagungsantrag, darf das Gericht zur Wahrung des rechtlichen Gehörs nicht weiter verhandeln, sondern muss die Verhandlung vertagen (BVerwG, InfAuslR 1986, 117). In der Regel ist das Gericht aber nur dann zur Wahrung des rechtlichen Gehörs verpflichtet, mit der Eröffnung der mündlichen Verhandlung zu warten oder gar die Sache zu vertagen, wenn ihm vor deren Beginn bekannt wird, dass der Bevollmächtigte eines Beteiligten nicht pünktlich erscheinen kann (BVerwG, NVwZ 1989, 857, 858). Ist jedoch etwa aufgrund der räumlichen Entfernung oder der Witterungsverhältnisse mit geringfügigen Verspätungen zu rechnen, hat das Gericht auch ohne vorab erfolgte Ankündigung eine gewisse Zeit mit der Eröffnung der Verhandlung zu warten. Die durch einen *Orkan* verursachte Verzögerung ist unabsehbar. Daher kann unter dem Gesichtspunkt der prozessualen Sorgfaltspflicht keine frühere Anreise verlangt werden (BVerwG, NJW 1992, 3185). Angesichts heute bei der Bahn verkehrsüblicher Verspätungen darf das Gericht nicht mit der mündlichen Verhandlung beginnen, wenn der Prozessbevollmächtigte unter Hinweis auf die planmäßige – und insoweit fristgerechte – Ankunftszeit sein Erscheinen angekündigt hat und nicht pünktlich erscheint. Andererseits hat der Beteiligte keinen Anspruch auf Vertagung, weil die mündliche Verhandlung erst 75 Minuten später als vorgesehen beginnt (BVerwG, NVwZ 1999, 1109).

167 Wird die Sitzung unterbrochen, um dem Bevollmächtigten Gelegenheit zu geben, in die eingeführten Auskünfte Einsicht zu nehmen, muss dem Vertagungsantrag nicht stattgegeben werden, um schriftlich Stellung zu den eingeführten Unterlagen

zu nehmen. Wird ihm in der Verhandlungspause das gesamte der Kammer vorliegende Erkenntnismaterial zur Verfügung gestellt, aber mitgeteilt, auf welche einzelnen Erkenntnisse es bei der Entscheidungsfindung ankommen wird, konnte er sich mit diesen konkreten Unterlagen befassen (BVerfG (Kammer, AuAS 1993, 130). Wird jedoch erstmals in der mündlichen Verhandlung eine umfangreiche, mehr als 600 Auskünfte umfassende Erkenntnismittelliste in das Verfahren eingeführt, verletzt die Ablehnung des Vertagungsantrags grundsätzlich das rechtliche Gehör. Die Rüge ist jedoch ausgeschlossen, wenn der Beteiligte es unterlässt, den dann regelmäßig allein sachgerechten Vertagungsantrag zu stellen (OVG NW, AuAS 1997, 143, 144). Die Ablehnung des Antrags auf Gewährung einer *Schriftsatzfrist*, um zu einer vom Gericht eingeführten Auskunft des Auswärtigen Amtes eigene Ermittlungen zu unternehmen und anschließend Stellung zu nehmen, verletzt das rechtlich Gehör nicht, wenn das Gericht dem Beteiligten die Auskunft zur Kenntnis und ihm Gelegenheit gegeben hat, sich hierzu in der Verhandlung zu äußern (BVerwG, NVwZ-RR 1997, 191, 192). Hält der Beteiligte die Auskunft für zu unbestimmt, unsicher und spekulativ (so der Sachverhalt in BVerwG, NVwZ-RR 1997, 191, 192), ist nicht der Antrag auf Gewährung einer Schriftsatzfrist der prozessual richtige Weg, sondern der Antrag auf *Einholung eines Sachverständigenbeweises* (Vor § 78 Rdn. 130 ff.).

Allgemein stellt es keinen »erheblichen Grund« im Sinne von § 227 ZPO dar, wenn 168
der einen Beteiligten vertretende Bevollmächtigte geltend macht, an der Wahrnehmung einer mündlichen Verhandlung deswegen verhindert zu sein, weil er zur gleichen Zeit eine andere Gerichtsverhandlung wahrzunehmen habe. Vielmehr wird es in derartigen Fällen – zumal wenn die Vollmacht nicht nur dem verhinderten Sachbearbeiter, sondern mehreren in einer *Sozietät* zusammengeschlossenen Rechtsanwälten erteilt worden ist und Art und Schwierigkeit der Sache es nicht gebieten, dass gerade der Sachbearbeiter auch die mündliche Verhandlung wahrnimmt – für zumutbar erachtet, dass ein anderer Rechtsanwalt den Termin wahrnimmt (Hess. VGH, InfAuslR 1996, 31, 32; Hess. VGH, InfAuslR 2000, 100; OVG NW, AuAS 1996, 250; VGH BW, NVwZ-Beil. 1998, 43, 44 = AuAS 1998, 103; OVG SH, NVwZ-RR 2002, 154; OVG SA, NVwZ 2009, 192, 193 = AuAS 2008, 274; wohl auch BVerwG, NJW 1995, 1231 = NVwZ 1995, 586 [LS]). Daran kann es allerdings fehlen, wenn die Einarbeitungszeit zu kurz oder der Prozessstoff zu umfangreich ist oder die Rechtsmaterie Spezialkenntnisse erfordert (OVG SA, NVwZ-Beil. 1997, 89; OVG SH, NVwZ-RR 2002, 154). Maßgebend ist, ob es einem anderen Mitglied der Sozietät zuzumuten ist, sich in den Sachverhalt einzuarbeiten. Dies wird grundsätzlich bejaht, wenn ein Termin weiträumig bestimmt worden ist und die Sache keine besonderen tatsächlichen oder rechtlichen Schwierigkeiten aufweist (OVG SH, NVwZ-RR 2002, 154; Hess. VGH, InfAuslR 2000, 100, 101). Teilweise wird es sogar für zumutbar erachtet, dass der Bevollmächtigte im Fall seiner Verhinderung andere sachkundige Rechtsanwälte am Ort der Kanzlei beauftragt und diesen Untervollmacht zur Wahrnehmung des Termins zur mündlichen Verhandlung erteilt (OVG NW, AuAS 1996, 250, 251; OVG SA, NVwZ-Beil. 1997, 89). Dem Vertagungsantrag, der mit *Schwangerschaftskomplikationen* der sachbearbeitenden Rechtsanwältin begründet wird, ist zur Vermeidung einer Befangenheitsrüge stets stattzugeben. Die Versagung

eines Antrags stellt »eine so krasse Ungleichbehandlung« dar, dass die Besorgnis der Befangenheit des entscheidenden Richters aus Sicht des benachteiligten Beteiligten als berechtigt erscheint (OLG Köln, AnwBl. 2003, 121). Der Rechtsanwalt braucht grundsätzlich seine Verhinderung oder die der anderen Mitglieder der Sozietät nicht glaubhaft zu machen. Ein Verwaltungsgericht, dass ohne Aufforderung, die Verhinderung glaubhaft zu machen, die mündliche Verhandlung durchführt und entscheidet, verletzt deshalb den Anspruch des Beteiligten auf rechtliches Gehör (OVG SH, NVwZ-RR 2002, 154).

169 Der herrschenden Meinung kann nicht gefolgt werden. Das Asylrecht ist in tatsächlicher wie rechtlicher Hinsicht ein *hochkomplexes Rechtsgebiet*. Gerade für die Prüfung der Glaubhaftigkeit der Angaben ist das zumeist in langjähriger Beratungspraxis entwickelte Vertrauen des Mandanten in seinen Bevollmächtigten wesentliche Voraussetzung für die Gewinnung tatsächlich richtiger Entscheidungsgrundlagen. Die einzelnen Anwälte in einer Sozietät sind regelmäßig auf verschiedene Rechtsmaterien spezialisiert. Eine gewissenhafte und kundige Prozessvertretung durch einen nicht mit asylrechtlichen Fragen vertrauten Anwalt ist daher nicht ohne weiteres möglich. Daher kann der Termin zur mündlichen Verhandlung nicht durch einen anderen, mit den asylspezifischen Besonderheiten nicht vertrauten Anwalt wahrgenommen werden, wenn Art und Schwierigkeit des Verfahrens dem entgegenstehen (Hess. VGH, InfAuslR 1996, 31, 32; OVG SA, NVwZ-Beil. 1997, 89; OVG SA, NVwZ 2009, 192, 193 = AuAS 2008, 274). Der BGH hat lediglich für den auf die Berufungsbegründung bezogenen Verlängerungsantrag entschieden, dass der Rechtsanwalt sich auf einen krankheitsbedingten Ausfall durch konkrete Maßnahmen vorbereiten muss, wenn er eine solche Situation vorhersehen kann. Wird er dagegen unvorhergesehen krank, gereicht ihm eine unterbliebene Einschaltung eines Vertreters nicht zum Verschulden (BGH, AnwBl 2015, 562).

170 Mit Blick auf den zu spät eintreffenden Verfahrensbeteiligten ist nach § 104 Abs. 3 Satz 2 VwGO nach pflichtgemäßem Ermessen über den *Antrag auf Wiedereröffnung* zu entscheiden und die bereits geschlossene mündliche Verhandlung wiederzueröffnen. Dabei ist insbesondere auch zu bedenken, dass diese Regelung unter anderem auch dazu dienen soll, den Verfahrensbeteiligten die sachgerechte Wahrnehmung ihrer Rechte insbesondere durch mündlichen Vortrag zu dem aufgrund der mündlichen Verhandlung gewonnenen Gesamtergebnis des Verfahrens zu ermöglichen und dass deshalb Bedeutung und Tragweite des Grundrechts auf rechtliches Gehör die gerichtliche Ermessensfreiheit zu einer *Wiedereröffnungspflicht verdichten* können (BVerwG, NVwZ 1989, 857, 858; BVerwG, NVwZ-RR 1991, 587; BVerwG, NVwZ-RR 1999, 540; Hess. VGH, AuAS 1999, 201, 202). Auch wenn die Beteiligten sich rügelos auf eine Verhandlung zur Sache einlassen, ist jedenfalls bei nur geringfügig verspätetem Erscheinen des Prozessbevollmächtigten wieder in die mündliche Verhandlung einzutreten (BVerwG, NVwZ 1989, 857, 858). Das Gericht kann den rechtzeitig gestellten Antrag auf Wiedereröffnung der mündlichen Verhandlung eines Beteiligten, dessen persönliches Erscheinen angeordnet war, grundsätzlich nicht ablehnen, ohne dessen Anspruch auf rechtliches Gehör zu verletzen (BVerwG, NVwZ-RR 1999, 540). Will es einen derartigen Antrag ablehnen, muss es darlegen, weshalb es trotz Anordnung

des persönlichen Erscheinens des Beteiligten den Rechtsstreit für entscheidungsreif hält. Gegebenenfalls muss es dem Beteiligten mit Rücksicht auf die Anordnung des persönlichen Erscheinens die Möglichkeit geben, unterlassene Ausführungen nachzuholen (Hess. VGH, AuAS 1999, 201, 202). Nach Wiedereröffnung haben die Beteiligten einen Anspruch auf Durchführung einer vollständig neuen mündlichen Verhandlung (OVG MV, NVwZ-RR 2011, 128).

Hat es der Asylkläger entgegen seiner Mitwirkungspflicht an der Darlegung eines in sich stimmigen, im Wesentlichen widerspruchsfreien Sachverhalts unter Angabe genauer Einzelheiten aus seinem persönlichen Erlebnisbereich fehlen lassen, gibt das Klagevorbringen seinem Inhalt nach für sich keinen Anlass zur weiteren Aufklärung. In diesem Fall besteht auch keine gerichtliche Verpflichtung, zwecks Vornahme unterbliebener Aufklärungsmaßnahmen die mündliche Verhandlung wiederzueröffnen (BVerwG, DÖV 1983, 247). Etwas anderes kann gelten, wenn nach Schließung der mündlichen Verhandlung aufgrund neu eingetretener oder von einem Beteiligten schuldlos erst jetzt vorgetragener Umstände für das Gericht erkennbar wird, dass das nach dem bisherigen Erkenntnisstand als Verletzung der Mitwirkungspflicht zu beurteilende Verhalten in Wahrheit kein derartiger Verstoß ist (BVerwG, DÖV 1983, 247). Es verletzt daher das rechtliche Gehör, wenn das Gericht den Inhalt eines nach Schluss der mündlichen Verhandlung, aber vor Verkündung oder Zustellung des Urteils an Verkündung Statt eingehenden Schriftsatzes, nicht zur Kenntnis nimmt und in seine Erwägungen über eine Wiedereröffnung der mündlichen Verhandlung einbezieht. Bei einem *nachträglich erheblichen Vorbringen* ist ein unrichtiges Urteil – soweit es noch nicht existent und nach außen bindend geworden ist – möglichst zu vermeiden (BVerwG, NVwZ 1989, 857, 858). 171

Für eine Wiedereröffnung der mündlichen Verhandlung ist jedoch dann kein Raum mehr, wenn das Gericht nach deren Schließung ein *Endurteil* erlassen hat (BVerwG, NVwZ-RR 1991, 587). Schon weil das Gericht gem. § 173 VwGO in Verb. mit § 318 ZPO an das Endurteil gebunden ist, kann es dieses weder ändern noch aufheben noch der Urteilsfindung vorausgehende Verfahrenshandlungen mehr vornehmen (BVerwG, NVwZ-RR 1991, 587). Im Übrigen hat das Verwaltungsgericht grundsätzlich einen nach Schluss der letzten mündlichen Verhandlung eingehenden Schriftsatz zur Kenntnis zu nehmen und in seine Erwägungen über eine Wiedereröffnung der mündlichen Verhandlung einzubeziehen, wenn es ein Urteil nicht nach § 116 Abs. 1 VwGO verkündet, sondern nach § 116 Abs. 2 VwGO zustellt (BVerwG, NVwZ 1989, 750; kritisch zur Urteilszustellung *Ruthig*, NVwZ 1997, 1188). 172

f) Zuziehung eines Dolmetschers (§ 55 VwGO in Verb. mit § 185 Abs. 1 GVG)

Die Gerichtssprache ist deutsch (§ 184 GVG). Deshalb ist nach § 185 Abs. 1 GVG in Verb. mit § 55 VwGO ein Dolmetscher zuzuziehen, wenn unter Beteiligung von Personen verhandelt wird, die der deutschen Sprache nicht mächtig sind. Bei diesen Vorschriften handelt es sich um eine *spezielle Form der Gewährung* des durch Art. 103 Abs. 1 GG garantierten *rechtlichen Gehörs*. Dieses wird verkürzt, wenn in einem Rechtsstreit kein Dolmetscher zugezogen wird, obwohl der Asylkläger mangels 173 ausreichender Beherrschung der deutschen Sprache nicht in der Lage ist, sich sachgemäß und erschöpfend zu äußern (BVerwG, InfAuslR 1983, 256; BVerwG, InfAuslR 1998, 219). Entsprechendes gilt, wenn die Sprachmittlung durch den zugezogenen Dolmetscher aufgrund von *Übersetzungsfehlern* zu einer *unrichtigen, unvollständigen* oder *sinnentstellenden Wiedergabe* der vom Asylkläger in der mündlichen Verhandlung gemachten Angaben geführt hat (BVerwG, InfAuslR 1983, 256; OVG NW, AuAS 2004, 11, 12; Hess. VGH, NVwZ-RR 2006, 364; a.A. VG Frankfurt am Main, AuAS 2004, 238, 238). Die Übersetzungsfehler müssen aber grundsätzlich bereits in der mündlichen Verhandlung gerügt werden (OVG NW, AuAS 2004, 11, 12). Das Protokoll über die mündliche Verhandlung hat den Namen des zugezogenen Dolmetschers zu enthalten (§ 105 VwGO in Verb. mit § 160 Abs. 1 Nr. 2 ZPO). Ist ein Dolmetscher der betreffenden Art im Allgemeinen beeidigt, braucht er den *Dolmetschereid* nicht jeweils vor der Übertragung in der mündlichen Verhandlung erneut zu leisten. Es genügt vielmehr die Berufung auf den geleisteten Eid (§ 55 VwGO in Verb. mit § 189 Abs. 2 GVG). Es reicht nicht aus, dass die allgemeine Beeidigung im Protokoll festgestellt wird. Vielmehr ist es notwendig, dass der Dolmetscher jeweils erklärt, er nehme die Richtigkeit der Übersetzung auf seinen Eid (Hess. VGH, EZAR 633 Nr. 13 = ESVGH 38, 236).

174 Auf den Dolmetscher sind gem. § 55 VwGO in Verb. mit § 191 GVG die Vorschriften über die *Ablehnung* von Sachverständigen entsprechend anzuwenden (BVerwG, NJW 1984, 2055; BVerwG, InfAuslR 1985, 54; Rdn. 116). *Verwandte von Beteiligten* sind andererseits als Dolmetscher zwar im Allgemeinen nicht kraft Gesetzes ausgeschlossen (BVerwG, NJW 1984, 2055; OVG NW, AuAS 2004, 11, 12). Angesichts der hervorgehobenen Bedeutung der Darlegungspflichten im Asylrecht (§ 25 Rdn. 10) kann jedoch in Asylprozess die zum allgemeinen Ausländerrecht entwickelte Rechtsprechung keine Anwendung finden, wonach es der Mitwirkung eines Dolmetschers in der mündlichen Verhandlung nicht bedarf, wenn ein Beteiligter die deutsche Sprache zwar nicht beherrscht, sie aber in einer die Verständigung mit ihm ermöglichenden Weise spricht und versteht (BVerwG, NJW 1990, 3102 = NVwZ 1991, 61 [nur LS]). Versteht der Kläger nur den einen bestimmten *Dialekt* (z.B. »Pangasinan«, »Kurmanji«, »Pashtoo«), wird aber lediglich ein Dolmetscher zugezogen, der einen anderen Dialekt (z.B. »Tagalog«, »Zaza«, »Dari«) beherrscht, und kommt es aufgrund dessen zu Übersetzungsfehlern, wird das rechtliche Gehör verletzt (OVG NW, InfAuslR 1984, 22).

175 Ein mit Erfolg wegen *Besorgnis der Befangenheit* abgelehnter Dolmetscher durfte von vornherein nicht herangezogen werden und bei nachträglicher Ablehnung nicht weiter tätig werden (Rdn. 116). Das Gericht darf die vor der Ablehnung von dem Dolmetscher vorgenommenen Übertragungen bei seiner Entscheidung nicht berücksichtigen (BVerwG, InfAuslR 1985, 54). Die Verhandlung muss vielmehr bei nachträglicher Ablehnung regelmäßig wiederholt werden, da Angaben des Asylklägers durch den erfolgreich abgelehnten Dolmetscher übertragen worden sind und die richterliche Überzeugungsbildung aufgrund der Angaben des Asylklägers, die dieser in der mündlichen Verhandlung insgesamt gemacht hat, gewonnen werden muss. Die unrichtige Übersetzung oder die Besorgnis der Befangenheit ist durch den Beteiligten in der

mündlichen Verhandlung zu *rügen.* Unterbleibt die Rüge, führt dies grundsätzlich nach § 295 ZPO in Verb. mit § 173 VwGO zum *Verlust des Rügerechts* (BVerwG, InfAuslR 1983, 256; BVerwG, NJW 1984, 2055; BVerwGE 107, 128, 132 f.; OVG NW, AuAS 2004, 11, 12; a.A. OVG NW, InfAuslR 1984, 22, 23). Versäumt etwa das Verwaltungsgericht, einen Dolmetscher zu vereidigen, kann dieser Verfahrensverstoß deshalb nur dann mit der Gehörsrüge geltend gemacht werden, wenn er zuvor in der mündlichen Verhandlung gerügt wurde (OVG Hamburg, AuAS 1993, 192). § 185 Abs. 1 GVG, der die Zuziehung von Dolmetschern behandelt, gehört für sich allein oder in seiner Verbindung mit Art. 103 Abs. 1 GG nicht zu jenen Vorschriften, auf deren Befolgung ein Beteiligter gem. § 295 Abs. 2 ZPO nicht verzichten kann (BVerwG, InfAuslR 1984, 256). Nach der Gegenmeinung ist das rechtliche Gehör als prozessuales Urrecht des Menschen und objektiv-rechtliches Verfahrensprinzip grundsätzlich unabdingbar und kann daher der Beteiligte nicht wirksam auf seine Befolgung verzichten (OVG NW, InfAuslR 1984, 22, 23).

Das Rügerecht geht nicht verloren, wenn glaubhaft gemacht wird, dass erst nach Be- 176
kanntgabe und sorgfältiger Besprechung der Verhandlungsniederschrift die unrichtige Übersetzung erkannt worden ist. Der Beteiligte oder sein Prozessbevollmächtigter kann erst unmittelbar nach dem Erkennen der fehlerhaften Übersetzung den Fehler rügen (BVerwG, InfAuslR 1983, 256). Die Gehörsrüge hat nur dann Erfolg, wenn der Asylkläger darlegen kann, dass sich ihm keine Zweifel dahin aufgedrängt hatten, der Dolmetscher habe inhaltlich hinreichend bestimmte Fragen und seine Antworten nicht wortgetreu übersetzt (vgl. BVerwG, InfAuslR 1983, 256, 257). Die pauschale Darlegung, der zugezogene Dolmetscher habe falsch übersetzt, reicht nicht aus. Vielmehr ist konkret und substanziiert darzulegen, dass und in welchen Punkten der Dolmetscher falsch oder unzulänglich übersetzt und inwieweit dies konkrete Auswirkungen auf die gerichtliche Entscheidung gehabt hat (BVerwGE 107, 128, 132; OVG NW, AuAS 2004, 11, 12). Die unzulängliche Übersetzung wird der Asylsuchende in aller Regel nicht erkennen können. Ist er aber anwaltlich vertreten und hätte der Prozessbevollmächtigte erkennen müssen, dass seine an den Asylkläger gerichteten Fragen nicht gezielt beantwortet wurden, so gehört es zu dessen prozessualen Obliegenheiten, Zweifel an der Übersetzungsfähigkeit des Dolmetschers in der mündlichen Verhandlung zur Sprache zu bringen und klären zu lassen, ob der zugezogene Dolmetscher seine Übersetzungstätigkeit ordnungsgemäß erfüllte (BVerwG, InfAuslR 1983, 256, 257).

g) Prozessuale Bedeutung von Präklusionsvorschriften

Besondere Bedeutung gewinnen im Asylprozess Präklusionsvorschriften (§ 74 Abs. 2 177
Satz 2, § 87b VwGO; s. hierzu § 74 Rn. 78 ff.). Fraglich ist, ob und in welchem Umfang das Verwaltungsgericht wesentlichen Tatsachenstoff bei Verletzung von Präklusionsvorschriften durch die Verfahrensbeteiligten unberücksichtigt lassen darf. Zwar verwehrt es Art. 103 Abs. 1 GG dem Gericht nicht, den Sachvortrag aus Gründen des formellen oder materiellen Rechts teilweise oder ganz unberücksichtigt zu lassen (BVerfGE 60, 1, 5; 60, 305, 310; 62, 249, 254; 63, 80, 85; 66, 260, 263; 69, 145, 148 f.). Das darf aber nicht dazu führen, dass den Beteiligten die Möglichkeit

genommen wird, entscheidungserheblichen Prozessstoff auf dem prozessual hierfür vorgesehenen Weg in das Verfahren einzuführen (BVerwG, InfAuslR 1990, 99). Das rechtliche Gehör kann aber auch aus Gründen der Verfahrensbeschleunigung durch *Präklusionsregelungen* begrenzt werden (BVerfGE 55, 72, 93 f.; 66, 260, 264; 69, 145, 149). Solche Vorschriften müssen wegen der einschneidenden Folgen, die sie für den säumigen Beteiligten nach sich ziehen, *strengen Ausnahmecharakter* haben (BVerfGE 69, 145, 149; VGH BW, NVwZ 1995, 816, 817 = EZAR 631 Nr. 35; Hess. VGH, AuAS 1996, 138, 140). Daher ist die handgreiflich unrichtige und offensichtlich mit dem Gesetz und seiner Zielsetzung unvereinbare Anwendung der Präklusionsvorschriften mit dem Prozessgrundrecht des rechtlichen Gehörs nicht vereinbar. Dies gilt auch für die *Betreibensaufforderung* nach § 81 (Hess. VGH, AuAS 1996, 138, 140). Sind die Voraussetzungen für eine materielle Präklusion des Klägervorbringens (§ 74 Abs. 2 Satz 2, § 87b VwGO) nicht erfüllt, darf das Gericht einen aus seiner Sicht *»verspäteten Sachvortrag«* der Sache nach nicht als präkludiert behandeln (BVerwG, InfAuslR 2002, 99 = InfAuslR 2002, 149 = AuAS 2002, 80).

178 Es begründet einen Gehörsverstoß, wenn es wesentliches Sachvorbringen aus diesem Grunde unberücksichtigt lässt. Dies schließt nicht aus, dass das Gericht im Rahmen der späteren Beweiswürdigung den späteren Sachvortrag würdigt und daraus Schlüsse auf die Glaubhaftigkeit des Sachvorbringens zieht (BVerwG, InfAuslR 2002, 99 = InfAuslR 2002, 149 = AuAS 2002, 80 = NVwZ-Beil. 2001, 99). Eine insoweit ganz allgemein gehaltene, nicht auf bestimmte Vorgänge eingegrenzte und zwischen den Präklusionstatbeständen des § 87b Abs. 1 Satz 1 und Abs. 2 VWGO auch nicht differenzierende Aufforderung gibt objektiv keine hinreichende Veranlassung für die Benennung von (weiteren) Beweismitteln. Deshalb kann sie die Ablehnung eines nach Fristablauf doch noch gestellten Beweisantrags als »verspätet« nicht rechtfertigen und verletzt den Anspruch der Beteiligten auf Gewährung rechtlichen Gehörs (Hess. VGH, AuAS 2005, 273, 275). Setzt das Verwaltungsgericht den Verfahrensbeteiligten eine extrem kurze Frist, dürfen an einen daraufhin eingegangenen Fristverlängerungsantrag keine strengen Formerfordernisse gestellt werden. Unter diesen Umständen kann insbesondere ein aktenkundig gemachter telefonischer Verlängerungsantrag ausreichen. Es verletzt den Grundsatz des rechtlichen Gehörs, wenn das Verwaltungsgericht in einem derartigen Fall zur Hauptsache entscheidet, ohne zuvor den Antrag auf Fristverlängerung beschieden zu haben (BVerfG [Kammer], InfAuslR 2003, 103 = AuAS 2003, 103).

h) Fehler bei der Tatsachenfeststellung und Beweiswürdigung

179 Bei der Durchdringung des Prozessstoffs und der anschließenden Darlegung der Gehörsrüge muss bedacht werden, dass eine lediglich *inhaltlich unrichtige Tatsachenfeststellung und Beweiswürdigung* nicht mit der Gehörsrüge angegriffen werden kann. Das Recht auf Gehör gibt dem Beteiligten grundsätzlich keine prozessuale Handhabe gegen eine *unzureichende Verwertung* des festgestellten Tatsachenmaterials. Anders als beim Zulassungsgrund der ernstlichen Zweifel nach § 124 Abs. 2 Nr. 1 VwGO (OVG Sachsen, InfAuslR 2001, 134) können im Asylprozess *Fehler in der Sachverhalts- und Beweiswürdigung* nicht gerügt werden. Die fehlerhafte

Verwertung der Tatsachen ist nicht dem Verfahrensrecht, sondern dem sachlichen Recht zugeordnet (BVerwG, NVwZ-RR 1996, 359 = EZAR 634 Nr. 1). Ein Fehler bei der Sachverhalts- und Beweiswürdigung betrifft ebenso wie die unrichtige Gesetzesauslegung den *inneren Vorgang* der richterlichen *Rechtsfindung*, nicht den *äußeren Verfahrensgang* (BVerwG, NVwZ-RR 1996, 359). Deshalb wird das rechtliche Gehör nicht verletzt, wenn der Richter zu einer möglicherweise *unrichtigen Tatsachenfeststellung* im Zusammenhang mit der ihm obliegenden Tätigkeit zur *Sammlung, Feststellung* und *Bewertung* der von den Parteien vorgetragenen Tatsachen gekommen ist (BVerfG [Kammer], InfAuslR 1991, 262, 263; zur verfassungsrechtlichen Überprüfung der fachgerichtlichen Feststellungen zu Glaubhaftigkeitszweifeln s. BVerfG [Kammer], NVwZ-Beil. 2001, 17; Nieders. OVG, NVwZ-RR 2008, 142, 143). Andererseits gewährleistet Art. 103 Abs. 1 GG das Recht, auf den der richterlichen Beurteilung zugrunde liegenden Verfahrensablauf der Sammlung und Sichtung der tatsächlichen Entscheidungsgrundlagen durch Stellung von Anträgen sachgerecht und effektiv Einfluss zu nehmen (BVerfG [Kammer], InfAuslR 1993, 146, 149). Fehler, die diesen Verfahrensablauf betreffen, sind rügefähig.

Unter Bezugnahme auf diese Rechtsprechung wird deshalb im Hinblick auf die unrichtige, weil die Tatsachen falsch bewertende Rechtsanwendung im Asylprozess von vornherein die Gehörsrüge versagt (OVG Hamburg, AuAS 2005, 172, 173; *Hailbronner,* AuslR, B 2 § 78 AsylVfG Rn. 37). Diese Grundsätze bedürfen jedoch für den Asylprozess einer kritischen Überprüfung: Nach der Rechtsprechung des BVerfG liegt ein mit der Verfahrensrüge angreifbarer Verstoß gegen § 108 Abs. 1 Satz 1 VwGO vor, wenn das Gericht bei seiner Beweiswürdigung von einem *zweifelsfrei unrichtigen oder unvollständigen Sachverhalt* ausgeht oder wenn es sich hinsichtlich des tatsächlichen Ereignisablaufs unwissend hält und dabei verbleibende Unsicherheiten mit dem Mittel der freien Überzeugungsbildung zu überwinden sucht oder wenn es aus der rechtlichen Qualifikation eines Umstandes auf einen tatsächlichen Geschehensablauf zurückschließt (BVerfGE 83, 216, 229 = EZAR 202 Nr. 20 = NVwZ 1991, 768 = InfAuslR 1991, 200; so auch BVerwG, EZAR 630 Nr. 34). Der Grundsatz der freien Beweiswürdigung wird in der Rechtsprechung des BVerwG allerdings in der Regel als dem sachlichen Recht zugehörig angesehen. Offengeblieben ist jedoch bislang, ob dies auch dann gilt, wenn der *gerügte Fehler* seinen *Schwerpunkt im Bereich der Tatsachenfeststellung* hat, etwa weil *wesentlicher Prozessstoff in tatsächlicher Hinsicht ungewürdigt* geblieben ist. Hier einen sich auf die Anwendung des Prozessrechts erstreckenden Fehler anzunehmen, liegt jedenfalls für das Asylrecht nahe, weil die Ermittlungen zum Tatbestand der Verfolgung wegen der Verfahrensabhängigkeit dieses Grundrechts nicht nur einen *hinreichenden Grad an Verlässlichkeit* aufweisen, sondern auch seinem Umfang nach, bezogen auf die besonderen Gegebenheiten im Asylbereich, *zureichend* sein müssen (BVerfGE 83, 216, 229 = EZAR 202 Nr. 20 = NVwZ 1991, 768 = InfAuslR 1991, 200). 180

Das BVerwG begründet seine Differenzierung zwischen dem nicht angreifbaren *inneren Prozess der richterlichen Rechtsfindung* und dem *rügefähigen äußeren Verfahrensablauf* mit dem Zweck der Revisionszulassung wegen Verfahrensmängel: Dieser bestehe in der Kontrolle des Verfahrensgangs, nicht der Rechtsfindung. Verfehlt wäre es daher, 181 den Bereich der Tatsachenfeststellung dem der Rechtsanwendung gegenüberzustellen und ersteren dem Verfahrensrecht, letzteren dem sachlichen Recht zuzuordnen. Denn die Rechtsfindung beschränke sich nicht auf das Auffinden und Auslegen der Rechtsnormen. Vielmehr gehöre zu ihr auch die Würdigung des dem Gericht vorliegenden Tatsachenmaterials. Ein Fehler, der sich nicht im Verfahrensablauf, sondern ohne Auswirkung auf den Verfahrensgang lediglich im Kopf des Richters ereigne, sei deshalb kein Verfahrensfehler, sondern ein Fehler, der die inhaltliche Richtigkeit der Entscheidung betreffe (BVerwG, NVwZ-RR 1996, 359). Das BVerwG hat jedoch ausdrücklich offengelassen, ob im Blick auf die Rechtsprechung des BVerfG bei Fehlern, die ihren Schwerpunkt im Bereich der Tatsachenfeststellung haben, etwas anderes gelte (BVerwG, NVwZ-RR 1996, 359, 360).

i) Ausschöpfung aller zumutbaren prozessualen Möglichkeiten

182 Im Antrag ist darzulegen, dass im erstinstanzlichen Verfahren die nach Lage der Sache *gegebenen prozessualen Möglichkeiten ausgeschöpft* worden sind, um sich das rechtliche Gehör zu verschaffen. Nur unter diesen Voraussetzungen kann eine Gehörsverletzung mit Erfolg gerügt werden (BVerfGE 74, 220, 225; BVerfG [Kammer], NVwZ-Beil. 1995, 57; BVerwG, InfAuslR 1984, 89, 90; BVerwG, EZAR 610 Nr. 25; BVerwG, NJW 1992, 3185, 3186; BVerwG, NJW 1995, 799, 780; OVG Hamburg, AuAS 1993, 80; Thür. OVG, EZAR 633 Nr. 28; Hess. VGH, EZAR 633 Nr. 22; a.A. OVG NW, InfAuslR 1984, 22, 23; Nieders. OVG, NVwZ-Beil. 1996, 67, 69; Nieders. OVG, AuAS 1998, 141; VGH BW, AuAS 1996, 251, 252). Das BVerfG hat diese Voraussetzung allerdings nur im Hinblick auf die *Verfassungsbeschwerde* entwickelt. Wegen ihres subsidiären Charakters könne eine Verletzung des Art. 103 Abs. 1 GG mit der Verfassungsbeschwerde nur dann mit Erfolg gerügt werden, wenn der Beschwerdeführer zuvor die nach Lage der Sache gegebenen prozessualen Möglichkeiten ausgeschöpft habe, um sich das rechtliche Gehör zu verschaffen. Ob und in welchem Umfang dieser, im Wesentlichen für das verfassungsprozessuale Verfahren entwickelte Grundsatz im fachgerichtlichen Verfahren Geltung beanspruchen kann, hat es jedoch ausdrücklich offen gelassen (BVerfG [Kammer], NVwZ-Beil. 1995, 57). Jedenfalls dürfen insoweit die Anforderungen an die Darlegung der Gehörsrüge *nicht überspannt* werden (BVerfG, NVwZ-Beil. 1995, 57).

183 Die Pflicht, sich durch Ausschöpfung der zumutbaren prozessualen Möglichkeiten gegenüber dem Gericht rechtliches Gehör zu verschaffen, folgt aus der *diskurssichernden Funktion des Anspruchs auf rechtliches Gehör* (Nieders. OVG, NVwZ-Beil. 1996, 67, 69). Zwar fällt die Pflicht zur Gewährung rechtlichen Gehörs in den gerichtlichen Verantwortungsbereich. Es ist auch keine generelle Pflicht der Beteiligten anerkannt, mögliche Verfahrensverstöße des Gerichts durch Hinweise oder Nachfragen abzuwenden. Äußert sich jedoch ein Beteiligter, obwohl er hierzu tatsächlich hinreichend Gelegenheit gehabt hatte, in einer Situation, in der die Möglichkeit der entscheidungserheblichen Verwertung eines bestimmten Erkenntnismittels zumindest nahegelegen hatte, nicht, ohne durch einen Hinweis oder eine Nachfrage beim Gericht klarzustellen, ob etwa eine entscheidungserhebliche Verwertung eines bestimmten Erkenntnismittels beabsichtigt sei, kann er sich für den Fall dessen Verwertung

nicht auf eine Verletzung seines Anspruchs auf rechtliches Gehör berufen. Kann er den Gehörsverstoß aber nicht rügen, weil dieser erst durch die Bekanntgabe der Entscheidungsgründe ersichtlich wird, etwa bei der falschen Umrechnung der Bestechungssumme oder von zeitlichen Daten oder bei der Überbewertung der grenzbehördlichen Feststellungen, kann dem Rechtsmittelführer nicht der Vorwurf gemacht werden, er habe ihm zumutbare prozessuale Möglichkeiten nicht ausgeschöpft. In diesem Fall erschöpft sich die Darlegung im Zulassungsantrag in der Bezeichnung der Gehörsverletzung.

Beim *abgelehnten Beweisantrag* ist grundsätzlich *Gegenvorstellung* (Vor § 78 Rdn. 112 ff.) zu erheben und sind im Zulassungsantrag entsprechende Ausführungen erforderlich. Die Gehörsrüge ist grundsätzlich nur dann begründet, wenn der Beteiligte den Beweisantrag *unbedingt* stellt und nach Bekanntgabe der Ablehnungsgründe (§ 86 Abs. 2 VwGO) den Versuch unternommen hat, die Gehörsverletzung zu beseitigen und wenn überdies die Ablehnung des Beweisantrags nicht aus (weiteren) prozess- oder materiell-rechtlichen Gründen gerechtfertigt gewesen wäre (OVG Brandenburg, AuAS 2004, 58, 59; Hess. VGH, AuAS 2005, 273, 275; a.A. VerfGH Berlin, AuAS 2007, 47; Sächs. OVG, AuAS 2006, 129, 130 f.; Vor § 78 Rdn. 63 bis 112). Insbesondere ist *Gegenvorstellung* zur prozessordnungswidrigen Beweisablehnung zu Protokoll zu erklären (Hess. VGH, AuAS 2005, 273, 275). Wird die prozessordnungswidrig Begründung in den Entscheidungsgründen durch eine prozessordnungsgemäße ersetzt, wird verlangt, dass der Antragsteller darlegt, wie er sich auf die ihm erst durch das Urteil bekannt gewordene prozessordnungsgemäße Ablehnung erklärt hätte, wenn sein in der mündlichen Verhandlung gestellter Beweisantrag vorab mit der im Urteil gegebenen Begründung abgelehnt worden wäre. Ohne diese Darlegung könne nicht beurteilt werden, ob sich die nach § 86 Abs. 2 VwGO verspätete Bekanntgabe der ordnungsgemäßen Ablehnungsgründe auf die Entscheidung ausgewirkt haben kann (OVG NW, AuAS 2002, 212, 213). Diese Ansicht verkennt den Sinn des Zulassungsrechts, weil nach Bekanntgabe des Urteils auf die Beseitigung des Gehörsverstoßes nicht mehr hingewirkt werden kann. Bei einem prozessordnungswidrig präkludierten Beweisantrag muss sich die Gehörsrüge dagegen mit dem in den Entscheidungsgründen geltend gemachten Einwand der Entscheidungsunerheblichkeit der Beweisfrage auseinandersetzen (Hess. VGH, AuAS 2005, 273, 275). Im Antrag auf Zulassung der Berufung ist also je nach Art der Gehörsverletzung darzulegen, welche prozessualen Möglichkeiten nach Beweisablehnung im erstinstanzlichen Verfahren zur Verfügung standen, um die diskurssichernde Funktion des Verfahrensrechts zu verwirklichen. Regelmäßig wird erwartet, dass die Beteiligten Gegenvorstellung erheben oder gegebenenfalls einen weiteren *Beweisantrag* stellen, wenn aus ihrer Sicht entscheidungserhebliche Tatsachenkomplexe aufklärungsbedürftig sind, oder sonstige Prozesserklärungen zu Protokoll geben. Die Erörterung der Klärungsbedürftigkeit und Entscheidungserheblichkeit des Beweisantrags sowie im Fall der Durchführung der Beweisaufnahme die Erörterung des erzielten Ergebnisses sichern im besonderen Maße die diskurssichernde Funktion des Verfahrensrechts. 184

Gegen diese Auffassung wird eingewandt, es begründe eine Gehörsverletzung, wenn beim abgelehnten Beweisantrag Darlegungen gefordert würden, dass das 185

Verwaltungsgericht in der mündlichen Verhandlung darauf hingewiesen worden sei, die Ablehnung sei prozessordnungswidrig und verletze das rechtliche Gehör des Beteiligten. Die Annahme einer solchen generellen Rügeobliegenheit – außerhalb im Einzelfall gegebener Korrekturmöglichkeiten gerichtlicher Pannen, Irrtümer oder Missverständnisse bei Ablehnung eines Beweisantrages – stelle eine unzumutbare, aus Sachgründen nicht mehr zu rechtfertigende Erschwernis für die Beschreitung des eröffneten Rechtsweges dar (VerfGH Berlin, AuAS 2007, 47; OVG Sachsen, AuAS 2006, 129, 130 f.). Nicht in allen Fällen der Gehörsverletzung kann die Stellung eines Beweisantrags zur prozessualen Voraussetzung der Gehörsrüge gemacht werden. So verletzt das Verwaltungsgericht bei einer *unzulässigen Überraschungsentscheidung* (Rdn. 157 ff.) die ihm obliegende Pflicht zur Gewährung rechtlichen Gehörs durch Diskursverweigerung ebenso wie bei sonstiger prozessordnungswidriger Nichtberücksichtigung des Sachvorbringens in welcher prozessualen Form auch immer, insbesondere durch prozessordnungswidrige Zurückweisung eines *Vertagungsantrags* (Rdn. 162 ff.). In diesen Fällen entzieht das Gericht den Beteiligten die prozessuale Handhabe, Möglichkeiten zur Wahrung des rechtlichen Gehörs auszuschöpfen, sodass mit der Bezeichnung der Gehörsverletzung die Gehörsrüge regelmäßig durchgreift.

186 Wird gerügt, der *schriftsätzlich angekündigte Beweisantrag* (Rdn. 154; Vor § 78 Rdn. 69) sei prozessordnungswidrig übergangen worden, sind die Gründe darzulegen, aus denen das Gericht verpflichtet war, auf die Stellung eines einwandfreien Beweisantrags hinzuwirken oder sich ihm hätte aufdrängen müssen, den unerledigten Beweisantrag von sich aus aufzugreifen und zu prüfen (vgl. *Oske*, MDR 1971, 797, 799). Dazu gehört die bestimmte Behauptung, dass der Beteiligte in der mündlichen Verhandlung ein Beweisverlangen gestellt, eine Beweisanregung gegeben oder auf unaufgeklärte, widersprüchliche oder unzulängliche tatsächliche Fragen hingewiesen hat, die dem Gericht Anlass hätten geben müssen, darauf hinzuweisen, dass der Prozessordnung nur durch die Stellung eines förmlichen Beweisantrags genügt ist oder sich ihm hätte aufdrängen müssen, den Beteiligten nach weiteren Einzelheiten seines Beweisvorhabens zu befragen, insbesondere die Beweistatsachen oder die zu benutzenden Beweismittel klarzustellen (*Alsberg/Nüse/Meyer*, Der Beweisantrag im Strafprozeß, S. 877). Da aus Art. 103 Abs. 1 GG keine allgemeine Frage- und Aufklärungspflicht des Gerichts folgt (BVerfG, NJW 1991, 2823, 2824), muss in der Vorinstanz weitere Sachaufklärung *zumindest substanziiert angeregt* worden sein, um später mit der Gehörsrüge die unterbliebene Sachaufklärung als Verfahrensmangel geltend machen zu können. Im Unterschied dazu genügt nach § 132 Abs. 2 Nr. 3 VwGO die Darlegung, dass und aus welchen Gründen sich die Klärungsbedürftigkeit einer bestimmten Frage geradezu hätte aufdrängen müssen (*Höllein*, ZAR 1989, 109, 113). Da jedoch die Möglichkeit nicht von vornherein auszuschließen ist, dass der unerledigte Beweisantrag in Vergessenheit geraten ist, muss der Rechtsanwalt den Beweisantrag wiederholen, will er dem Einwand des Antragsverzichts entgehen. Hierfür ist allerdings neben der Tatsache der Nichtberücksichtigung des Beweisantrags das Hinzutreten besonderer Umstände erforderlich, die mit Sicherheit den Schluss zulassen, dass der schriftsätzlich gestellte Antrag nicht nur in Vergessenheit geraten ist. Wann ein Verzicht durch den Rechtsanwalt

angenommen werden kann, ist daher stets von den Umständen des Einzelfalls abhängig (*Oske*, MDR 1971, 797, 799). Diese Umstände sind in der Aufklärungsrüge im Einzelnen darzutun (Rdn. 152 ff.)

Der Einwand, der Beteiligte, der es in der mündlichen Verhandlung unterlassen habe, durch einen förmlichen Beweisantrag auf die jetzt vermissten Ermittlungen hinzuwirken, habe sein Rügerecht verloren (OVG Hamburg, AuAS 1993, 227), bedarf der differenzierenden Betrachtung. Hat etwa das Gericht über den Beweisantrag deshalb nicht entschieden, weil es dem Beteiligten zugesichert hat, es werde die unter Beweis gestellte Tatsache als wahr unterstellen, erwächst ihm daraus eine besondere verfahrensrechtliche Hinweispflicht, wenn es an dieser Auffassung nicht festhalten will (s. aber BayVGH, AuAS 2005, 206, 207). Dieser wird regelmäßig nur dadurch Genüge getan werden können, dass der Beteiligte darauf hingewiesen wird, die unter Beweis gestellte Tatsache werde nicht als wahr unterstellt, um ihm dadurch Gelegenheit zur Äußerung und Stellung sachdienlicher Anträge zu geben (BGHSt 1, 51, 54; 32, 44, 45; BGH, MDR 1978, 805, 806). Nicht nur der unterlassene Beweisantritt, sondern auch bereits der unterbliebene schlüssige Sachvortrag können dem Gericht Veranlassung geben, den Beteiligten auf diese Mängel hinzuweisen, wenn dieser aufgrund des bisherigen Prozessverlaufs davon ausgehen konnte, dass die Beweiserhebung zu seinen Gunsten verlaufen ist (BGH, NJW 1989, 2756, 2757). 187

Zu den prozessualen Verpflichtungen des Verfahrensbeteiligten, der das Berufungsverfahren mit dem Hinweis auf die Verletzung seines rechtlichen Gehörs erstrebt, gehört die Darlegung, dass er sein *Rügerecht nicht verloren* hat. Regelmäßig wird im Rahmen der Gehörsrüge diesem Erfordernis dadurch Rechnung getragen, dass der Beweisführer darlegt, alle ihm zumutbaren prozessualen Möglichkeiten ausgeschöpft zu haben, um sich in der vorangegangenen Instanz rechtliches Gehör zu verschaffen. Die Ursache für die Vorenthaltung des rechtlichen Gehörs ist unerheblich, d.h. ein *schuldhaftes Fehlverhalten des Gerichts* wird *nicht* vorausgesetzt (BVerfGE 67, 199, 202; 70, 215, 218), sondern lediglich, dass der Verfahrensbeteiligte *aus objektiven Gründen* das rechtliche Gehör nicht erhalten hat (Nieders. OVG, NVwZ-Beil. 1996, 67, 69). Dass der Gehörsverstoß zu ganz wesentlichen Teilen durch ein Geschäftsstellenversehen veranlasst wurde, ist deshalb unerheblich (BVerfG [Kammer], NVwZ-Beil. 1998, 1, 2). Ist aufgrund eines gerichtlichen Versäumnisses erhebliches Vorbringen eines Beteiligten vom Gericht nicht berücksichtigt worden, ist es zwar regelmäßig Aufgabe des Gerichts selbst, einen etwaigen entsprechenden Verfahrensfehler im Wege der *Selbstkontrolle* zu beseitigen (BVerwG, NVwZ 1984, 450). Dadurch wird die Gehörsverletzung jedoch nicht beseitigt. 188

Umstritten ist in diesem Zusammenhang, ob und in welchem Umfang den von einem Gehörsverstoß betroffenen Verfahrensbeteiligten die Verpflichtung obliegt, diesen durch Hinweise oder Nachfragen abzuwenden. Äußert sich ein Verfahrensbeteiligter, obwohl er hierzu tatsächlich hinreichend Gelegenheit hatte, in einer Situation, in der er von seinem rechtlichen Gehör hätte Gebrauch machen können, nicht, kann er sich auf eine Verletzung seines Anspruchs auf rechtliches Gehör nicht berufen (Nieders. OVG, NVwZ-Beil. 1996, 67, 69). Trotz seiner verfassungsrechtlichen Verankerung 189 ist dieser Anspruch den Beteiligten zur Wahrung ihrer eigenen Interessen eingeräumt, sodass es diesen auch freisteht, auf die ihnen zur Wahrnehmung ihrer Rechte eingeräumten Äußerungsmöglichkeiten zu verzichten. Wer daher von diesen Rechten keinen Gebrauch macht, kann deren Verletzung grundsätzlich nicht im Nachhinein rügen (BVerwG, InfAuslR 1983, 256; a.A. OVG NW, InfAuslR 1984, 22, 23). Die Verletzung einer Verfahrensvorschrift kann daher im Antragsverfahren nicht mehr gerügt werden, wenn der Beteiligte gem. § 173 VwGO in Verb. mit § 295 Abs. 1 ZPO sein Rügerecht verloren hat.

190 Nach § 295 Abs. 1 ZPO verliert ein Beteiligter das Rügerecht, wenn er auf die Befolgung der verletzten Verfahrensvorschrift verzichtet oder wenn er in der mündlichen Verhandlung den Verfahrensmangel nicht gerügt hat, obgleich er zu dieser Verhandlung erschienen und ihm dieser Verfahrensmangel bekannt war oder bekannt sein musste. Eine Rüge im Sinne von § 295 Abs. 1 ZPO setzt voraus, dass *eindeutig zum Ausdruck gebracht* worden ist, der vom Verfahrensverstoß Betroffene werde sich mit diesem nicht abfinden. Schriftform ist nicht vorgeschrieben. Deshalb ist etwa beim abgelehnten Beweisantrag *Gegenvorstellung* zu erheben (Vor § 78 Rdn. 112 ff.). Das Fehlen eines die Rüge betreffenden Vermerks in der Verhandlungsniederschrift ist dann unschädlich, wenn nachweisbar eine Rüge erhoben worden ist (BVerwG, NJW 1989, 601). Art. 103 Abs. 1 GG gehört nicht zu den Vorschriften, auf deren Einhaltung durch die Beteiligten gem. § 295 Abs. 2 ZPO nicht verzichtet werden kann (BVerwG, InfAuslR 1983, 256; a.A. OVG NW, InfAuslR 1984, 22, 23). Im Antrag sind daher aus gegebenem Anlass die Umstände konkret darzulegen, aus denen eindeutig folgt, dass der Rechtsmittelführer auf sein Rügerecht nicht verzichtet hat. Rügt er etwa die Verletzung der Ladungsfrist nach § 102 Abs. 1 VwGO und weist er darauf hin, dass der Asylkläger nicht zur mündlichen Verhandlung erschienen ist, ist ein Vertagungsantrag des erschienenen Bevollmächtigten erforderlich. Unterbleibt dieser und macht er Ausführungen zur Sache, verliert er dadurch sein Rügerecht (BVerwG, NJW 1989, 601). Bei Übersetzungsmängeln ist darzulegen, dass diese in der mündlichen Verhandlung gerügt worden sind (BVerwG, InfAuslR 1983, 256). Wer die Gehörsrüge damit begründet, er habe mit einer Fortsetzung der mündlichen Verhandlung unter Fortsetzung der bereits vernommenen Zeugen gerechnet, jedoch auf gerichtliche Anfrage der Entscheidung im schriftlichen Verfahren zustimmt, verliert dadurch sein Rügerecht (OVG Hamburg, AuAS 1993, 80).

191 Zieht das Gericht die *Akte eines Dritten* bei und wird dies ausweislich des Protokolls in der mündlichen Verhandlung ausdrücklich angesprochen, kann der Betroffene nicht mit Erfolg rügen, ihm sei das rechtliche Gehör dadurch versagt worden, dass er vergeblich auf eine Mitteilung des Gerichts über die Beiziehung der Akten gewartet habe (OVG Hamburg, AuAS 1993, 80, 81). Andererseits löst der allgemein gehaltene Hinweis des Gerichts auf die ihm vorliegenden Informationsquellen keine Pflicht des Verfahrensbeteiligten aus, sich um eine Konkretisierung dieser Quellen zu bemühen (vgl. BVerwG, InfAuslR 1984, 89, 90).

192 Der unterlassene *Wiedereröffnungsantrag* kann als Rügeverzicht gewertet werden (BVerwG, DÖV 1983, 247; OVG SH, NVwZ-RR 2002, 154; VGH BW,

NVwZ 2002, 233, 234). Zwar steht die Wiedereröffnung der bereits geschlossenen Verhandlung im gerichtlichen Ermessen. Gleichwohl kann eine Wiedereröffnung ein taugliches prozessrechtliches Mittel sein, einen drohenden Verlust des Äußerungsrechts noch rechtzeitig abzuwenden (BVerwG, NJW 1992, 3185; BVerwG, EZAR 610 Nr. 25; ähnlich Hess. VGH, NVwZ-RR 1998, 404; OVG Hamburg, AuAS 1993, 80; VGH BW, NVwZ 2002, 233, 234 Thür. OVG, EZAR 633 Nr. 28, Antrag auf mündliche Verhandlung gegen Gerichtsbescheid). Wer die ihm gebotene Möglichkeit, in der mündlichen Verhandlung sein Klagebegehren zu vertreten und dort seinen Anspruch auf rechtliches Gehör wahrzunehmen, aus eigenem Entschluss nicht nutzt, kann mit der Gehörsrüge nicht durchdringen (BVerwG, NJW 1995, 799, 800). Erscheint der Rechtsanwalt unverschuldet nach Abschluss der mündlichen Verhandlung, hat er sich nach dem Verfahrensstand zu erkundigen und gegebenenfalls zur Wahrung rechtlichen Gehörs die Wiedereröffnung zu beantragen. Einem *Wiedereröffnungsantrag* des Bevollmächtigten, dessen Verspätung auf einem offensichtlich unabwendbaren Ereignis beruht, muss das Gericht zur Wahrung des rechtlichen Gehörs notfalls durch Vertagung entsprechen (BVerwG, NJW 1992, 3158). Einem anwaltlich nicht vertretenen Beteiligten ist dieser Antrag indes in aller Regel nicht zumutbar (VGH BW, NVwZ 2002, 233, 234). Kündigt jedoch der Kläger trotz rechtzeitiger Ladung erst kurz vor der Verhandlung und erscheint deshalb der Rechtsanwalt nicht zum Termin, steht der Gehörsrüge die Verletzung prozessualer Sorgfaltspflichten entgegen (VGH BW, NVwZ-Beil. 1998, 43, 44 = AuAS 1998, 103).

War das persönliche Erscheinen des Beteiligten angeordnet worden, gelten andere 193 Grundsätze. Es ist darzulegen, dass die erforderlichen Maßnahmen unternommen wurden, um sich rechtliches Gehör zu verschaffen (Hess. VGH, AuAS 1999, 201, 202). Kommt es bei der Ladung des Beteiligten zu Zustellungsstörungen, hat das Verwaltungsgericht diese aufzuklären. Unterlässt es dies, kann dem Beteiligten kein entsprechender Vorwurf gemacht werden (Hess. VGH, AuAS 1999, 201, 202). Hat der Bevollmächtigte keine Kenntnis von dem neuen und anschließend nicht gerichtlich aufgeklärten erfolglosen Zustellungsversuch, kann gegenüber diesem ebenfalls nicht der Vorwurf erhoben werden, er habe zur Sicherstellung des rechtlichen Gehörs den Beteiligten von dem Termin von sich aus verständigen müssen (Hess. VGH, AuAS 1999, 201, 202).

j) Darlegung des nicht berücksichtigten Sachverhalts

Ist der nicht berücksichtigte Sachverhalt bislang nicht Gegenstand des Verfahrens ge- 194 worden, ist dieser mit der Gehörsrüge darzulegen. Es ist schlüssig darzulegen, *was* der Kläger ohne die Verletzung rechtlichen Gehörs noch vorgetragen hätte und *inwiefern* diese Ausführungen zur Klärung des geltend gemachten Anspruchs geeignet gewesen wären (BVerwG, Beschl. v. 18.01.1984 – BVerwG 9 CB 444.81). Diese Anforderungen an die Darlegungslast gelten allerdings dann nicht, wenn der Kläger *objektiv nicht in der Lage ist*, Ausführungen darüber zu machen, was er noch vorgetragen hätte, etwa weil ihm durch unterlassene Ladung die Teilnahme an der Verhandlung insgesamt unmöglich gemacht worden ist (BVerwG, Beschl. v. 18.01.1984 – BVerwG 9 CB 444.81). Bei der Rüge des ordnungswidrig abgelehnten Beweisantrags wird in der

Darlegung der hierfür maßgeblichen tatsächlichen Angaben regelmäßig die Verletzung von Fürsorge- und Hinweispflichten und das nicht berücksichtigte Vorbringen enthalten sein. Zum notwendigen Inhalt der Rüge gehört die Wiedergabe des gestellten Beweis- oder Beweisermittlungsantrags und müssen die behauptete Beweistatsache und das angebotene Beweismittel bezeichnet werden (BGHSt 30, 131, 138). Insbesondere bei der Aufklärungs- und der Rüge der unzulässigen Überraschungsentscheidung ist das durch die prozessordnungswidrige Verfahrensweise des Gerichts abgeschnittene Vorbringen aber noch nicht Teil des Prozessstoffs geworden, sodass das Berufungsgericht ohne dessen Darlegung auch nicht entscheiden kann, ob das angefochtene Urteil auf der Gehörsverletzung beruht (Rdn. 196 ff.), es also entscheidungserheblich war. Im Zweifel sollte stets der nicht berücksichtigte Tatsachenstoff in der Gehörsrüge dargelegt werden. Nicht nur der vom Verwaltungsgericht festgestellte Tatsachenstoff, sondern auch das vom Rechtsmittelführer dargelegte Vorbringen, das er in der ersten Instanz vorgebracht hätte, wäre ihm nicht das Gehör versagt worden, bilden damit die Entscheidungsgrundlage für das Berufungsgericht.

195 Der Verfahrensmangel der unzureichenden Sachaufklärung wird nur dann ausreichend bezeichnet, wenn angegeben wird, *was* der Rechtsmittelführer im Einzelnen zur Stützung seiner Ansprüche vorgebracht hätte, *inwiefern* sich der Vorinstanz aus deren rechtlicher Sicht eine weitere Erforschung des Sachverhalts hätte aufdrängen müssen, *anhand welcher* im Antrag im Einzelnen zu bezeichnender *Aufklärungsmaßnahmen* sich welches Beweisergebnis zugunsten des Beteiligten ergeben hätte, *welche Beweismittel* dafür infrage gekommen wären, *welches Ergebnis* die unterbliebene Aufklärung im Einzelnen gehabt hätte und *inwiefern* die vermissten weiteren Ermittlungen zur Klärung des geltend gemachten Anspruchs geboten gewesen wäre und *inwiefern* das Ergebnis der vermissten Aufklärung eine für den Rechtsmittelführer günstigere Entscheidung hätte herbeiführen können (BVerwG, NVwZ 1995, 373 = InfAuslR 1995, 23 = AuAS 1995, 20; BVerwG, InfAuslR 1998, 219, 220; BVerwG, Beschl. v. 21.11.1994 – BVerwG 9 B 666.94; BVerwG, Beschl. v. 13.05.1996 – BVerwG 9 B 174.96; BVerwG, Beschl. v. 17.05.2006 – BVerwG 1 B 100.05; BayVGH, AuAS 2005, 206, 207; OVG NW, Beschl. v. 20.03.1997 – 8 B 334/97). Nur wenn die Möglichkeit bestand, dass die Vorinstanz zu einer in diesem Sinne günstigeren Entscheidung hätte gelangen können, »beruht« die angefochtene Entscheidung auf dem Verfahrensmangel (BVerwG, Beschl. v. 10.06.1992 – BVerwG 9 B 176.91; Rdn. 196 ff.). Eines Vortrags von Umständen und Tatsachen, die der Beteiligte bei prozessordnungsgemäßer Gewährung rechtlichen Gehörs vorgetragen hätte, bedarf es aber nur dann, wenn den Beteiligten während des Verfahrens überhaupt Gelegenheit gegeben worden ist, sich im Rahmen einer mündlichen Verhandlung zu den für die Entscheidung des Verwaltungsgerichts maßgebenden tatsächlichen und rechtlichen Gesichtspunkten zu äußern (Hess. VGH, AuAS 1997, 69, 71). Hatte er hingegen wegen Nichtteilnahme an der mündlichen Verhandlung überhaupt keine Möglichkeit, sich umfassend zur Sach- und Rechtslage zu äußern, ist die *Möglichkeit einer anderweitigen gerichtlichen Entscheidung* auch ohne entsprechenden Vortrag des Beteiligten in Betracht zu ziehen, wenn diesem rechtliches Gehör gewährt worden wäre.

NJW 1983, 2155; s. auch VGH BW, NJW 2004, 2916). Ist der Kontakt zwischen dem Beteiligten und seinem Prozessbevollmächtigten unterbrochen, ist ungeachtet der Mandatsniederlegung an diesen zuzustellen (BVerwG, InfAuslR 1984, 90; BVerwG, NVwZ 1985, 337; § 74 Rdn. 31 ff.). Das gilt auch für Ladungen zur mündlichen Verhandlung. In der Praxis wird das Verfahren in derartigen prozessualen Situationen jedoch regelmäßig mit der Betreibensaufforderung nach § 81 beendet.

Das Verwaltungsgericht hat die Prozessunfähigkeit – wozu auch die vorübergehende Verhandlungsunfähigkeit gehören kann – *von Amts wegen* zu prüfen (BVerwGE 48, 201, 204). Auch wegen Übermüdung kann Verhandlungsunfähigkeit eintreten (BGH, NJW 1959, 899). Stellt das Gericht die Prozessunfähigkeit eines Beteiligten fest, wird es für die Behebung des Mangels der gesetzlichen Vertretung zu sorgen haben. Überwindet das Gericht seine Zweifel an der Prozessfähigkeit eines Beteiligten, kann es auch ohne Bestellung eines gesetzlichen Vertreters verhandeln und entscheiden (BVerwGE 23, 15, 17 f.). Es kann aber in derartigen Fällen eine Verletzung des Anspruchs auf rechtliches Gehör in Betracht kommen, da die Beteiligung allein des Prozessunfähigen zur Wahrung des rechtlichen Gehörs nicht ausreicht (BGH, NJW 1982, 2449, 2451). 204

Unterlässt das Gericht die Ladung an den Bevollmächtigten, der ordnungsgemäß seine Vertretung angezeigt hat, ist die Vertretungsrüge stets begründet (BFH, NVwZ-RR 2005, 72). Dies gilt auch, wenn das Gericht zwar den Beteiligten selbst, nicht jedoch den Bevollmächtigten geladen hat. Es führt stets zu einem Verfahrensfehler, wenn der Bevollmächtigte bereits im Zeitpunkt der Ladung bestellt war (BFH, NVwZ-RR 2005, 72). Anders als bei der Gehörsrüge kann bei der Vertretungsrüge dem Beteiligten in einem derartigen Fall nicht vorgehalten werden, er habe nicht die ihm zumutbaren prozessualen und verfügbaren Möglichkeiten ausgeschöpft, um den Verfahrensfehler aufzuheben (*Berlit*, in: GK-AsylG, II, § 78 Rn. 458). Rügt der Beteiligte im Rechtsmittelverfahren, sein in der Vorinstanz beauftragter Rechtsberater habe die Vertretung unter Verletzung des Rechtsberatungsgesetz übernommen, wird kein Verfahrensverstoß dargelegt. Ein Verstoß gegen das diesem Gesetz zu entnehmende Verbot führt zwar zur Nichtigkeit des Geschäftsbesorgnisvertrags zwischen Rechtsberater und Mandanten, lässt aber die Wirksamkeit einer dem Berater erteilten Vollmacht unberührt wie diejenige der von ihm vorgenommenen Prozesshandlungen und wird prozessual erst dadurch bedeutsam, dass das Gericht den Berater durch konstitutiv wirkenden Beschluss zurückweist (OVG NW, AuAS 1997, 106, 107). Zwar kann für den Fall, dass das Verwaltungsgericht erkennen musste, dass der Prozessbevollmächtigte aus diesem Grund zurückzuweisen war, die Gehörsverletzung gerügt werden. Die Rechtsprechung bürdet das Risiko für die Wahl eines Bevollmächtigten, der möglicherweise nicht bereit und fähig ist, seine Interessen zureichend zu vertreten, jedoch dem Beteiligten auf (OVG NW, AuAS 1997, 106, 107 f.). 205

6. Öffentlichkeitsrüge (§ 138 Nr. 5 VwGO)

Bei fehlerhaftem Ausschluss der Öffentlichkeit im Verwaltungsprozess ist nach Abs. 3 Nr. 3 in Verb. mit § 138 Nr. 5 VwGO die Berufung zuzulassen. Erheblich 206 sind alle Verstöße gegen § 55 VwGO in Verb. mit § 169, § 171a bis § 175 GVG. Die Bestimmungen über das *Öffentlichkeitsprinzip* gehören zu den *grundlegenden Einrichtungen des Rechtsstaats* und sollen gewährleisten, dass sich die Rechtsprechung in aller Öffentlichkeit und nicht hinter verschlossenen Türen abspielt (BGH, NJW 1966, 1570, 1571). Der Öffentlichkeitsgrundsatz verlangt, dass *jedermann ohne Ansehung seiner Zugehörigkeit zu bestimmten Gruppen der Bevölkerung* und *ohne Ansehung bestimmter persönlicher Eigenschaften* die Möglichkeit hat, an den Verhandlungen der Gerichte als Zuhörer teilzunehmen (BGH, NJW 1979, 2622). Die Öffentlichkeit beinhaltet das Zuhören und Zusehen der Verhandlung aus der Distanz der nicht am Verfahren Beteiligten. Hingegen sind die *am Verfahren Beteiligten nicht Teil der Öffentlichkeit*. Daher stellt die Bitte des Gerichts an zwei Streitgenossen, der eine Kläger möge während der formlosen Anhörung des anderen Klägers über seine Asylgründe den Sitzungssaal verlassen, keine Verletzung der Vorschriften über die Öffentlichkeit des Verfahrens dar (VGH BW, AuAS 1999, 83, 84 = NVwZ-Beil. 1999, 87). Insoweit kann aber eine Gehörsrüge in Betracht kommen (VGH BW, AuAS 1999, 83, 84 = NVwZ-Beil. 1999, 87). Zur Bekräftigung der Glaubhaftigkeit der Angaben des jeweils anderen Ehegatten kann eine getrennte informatorische Befragung der Eheleute aber nur mit deren Einverständnis in Betracht kommen.

207 Die Öffentlichkeitsrüge kommt nur in Betracht, wenn tatsächlich eine mündliche Verhandlung durchgeführt worden ist (BVerwG, NVwZ-RR 1989, 1168, 1169). Geschützt ist der Ablauf der Verhandlung. Ist daher lediglich bei der Verkündung des Urteils die Öffentlichkeit ausgeschlossen, liegt keine Verletzung des Öffentlichkeitsgrundsatzes vor (*Eichberger*, in: Schoch/Schneider/Bier, VwGO. Kommentar, § 138 Rn. 122). Ebenso wenig gilt der Grundsatz für die Beweisaufnahme im vorbereitenden Verfahren (§ 96 Abs. 2 VwGO in Verb. mit § 357 ZPO) sowie für den Erörterungstermin (§ 87 Abs. 1 Nr. 1 VwGO). Soweit nicht ausdrücklich gesetzlich angeordnete Ausnahmen (§ 172 und § 175 GVG) vorliegen, liegt ein Verstoß gegen den Grundsatz der Öffentlichkeit der Verhandlung nach § 169 GVG vor, wenn die Öffentlichkeit von der mündlichen Verhandlung ausgeschlossen war. Die Rechtsprechung erkennt aber nur den Verstoß an, den das Gericht bemerkt hat oder bei Anwendung der erforderlichen Sorgfalt hätte bemerken müssen (BVerwG, Buchholz 310 § 133 VwGO Nr. 31; BVerwG, NVwZ 2000, 1298, 1299; BGH, NJW 1966, 1570, 1571; a.A. Hess. VGH, AuAS 1994, 168). Der Grundsatz der Öffentlichkeit finde seine Grenze in der *tatsächlichen Unmöglichkeit*, ihm zu entsprechen. Eine gesetzeswidrige Beschränkung der Öffentlichkeit könne regelmäßig nicht angenommen werden, wenn die Türen des Sitzungssaales wegen Überfüllung geschlossen würden oder das Gericht einen Augenschein wegen der Enge der zu besichtigenden Örtlichkeit nur ohne Behinderung durch Zuschauer ordnungsgemäß durchführen könne (BGH, NJW 1966, 1570, 1571; BGH, NJW 1979, 2622; VGH BW, AuAS 2011, 165, 167). Ebenso wesentlich wie die Kontrolle durch die Allgemeinheit sei der ungestörte Ablauf der Verhandlung. Das rechtfertige *Kontrollmaßnahmen* und die Zurückweisung von Personen, die den danach gestellten sachbezogenen Anforderungen an den Eintritt in den Sitzungssaal nicht entsprechen (BGH, NJW 1981, 61).

Wird die Verhandlung nach einer *Unterbrechung* fortgesetzt, wird das Öffentlichkeitsprinzip nicht verletzt, wenn der Zutritt zum Verhandlungssaal beliebigen Zuhörern offen steht, die zulässig angeordneten Kontrollmaßnahmen aber dazu führen, dass bei Fortsetzung der mündlichen Verhandlung noch nicht alle Interessenten Einlass gefunden haben (BGH, NJW 1981, 61; s. aber BGH, NJW 1979, 2622, 2623). Der vorübergehende Ausschluss der Öffentlichkeit wird dadurch geheilt, dass nach Wiederherstellung der Öffentlichkeit der Teil der mündlichen Verhandlung, der unter Ausschluss der Öffentlichkeit stattgefunden hatte, wiederholt wird (BVerwGE 104, 170, 174). Auch *Raummangel* kann im bestimmten Umfang die Einschränkung des Öffentlichkeitsprinzips rechtfertigen (BayObLG, NJW 1982, 395, 396, mit zahlreichen Beispielen aus der Rechtsprechung). War die Pförtnerloge vorübergehend unbesetzt, ist Interessenten eine *kurze Wartezeit* zuzumuten (BVerwG, NVwZ 2000, 1298, 1299). Derartige sachliche Notwendigkeiten dürfen jedoch nicht zur *faktischen Ausschließung der Öffentlichkeit* führen (BayObLG, NJW 1982, 395, 396). Dies kann zu einer begründeten Öffentlichkeitsrüge führen, wenn etwa im Asylprozess die mündliche Verhandlung im Dienstzimmer des Richters durchgeführt wird, obwohl für das Gericht erkennbar Zuhörer teilnehmen wollten und aufgrund der räumlichen Enge keinen Eintritt in das Dienstzimmer erlangen konnten. 208

Umstritten ist, ob auf das Rügerecht verzichtet werden kann. Jedenfalls bedarf es der Erhebung der Rüge und braucht nicht von Amts wegen geprüft werden, ob die Öffentlichkeit ausgeschlossen war (*Eichberger*, in: Schoch/Schneider/Bier, VwGO. Kommentar, § 138 Rn. 125). Die Öffentlichkeitsrüge erfordert keine substanziierten Ausführungen dazu, was im Fall der Wahrung des Öffentlichkeitsprinzips über das bisherige Vorbringen hinaus noch vorgetragen worden wäre (Hess. VGH, AuAS 1996, 22, 24). Auf ein Beruhen der angefochtenen Entscheidung auf dem Verfahrensmangel kommt es nicht an. Verzichten die Beteiligten nach § 101 Abs. 2 VwGO auf mündliche Verhandlung, liegen die Voraussetzungen für die Gehörsrüge nicht vor (BVerwG, MDR 1978, 600), stellt sich aber auch von vornherein nicht das Gebot der Herstellung der Öffentlichkeit. 209

7. Begründungsrüge (§ 138 Nr. 6 VwGO)

Nach § 138 Nr. 6 VwGO leidet das angefochtene Urteil an einem Verfahrensmangel, wenn es nicht mit Gründen versehen ist. Die *Funktion der Entscheidungsgründe* ist es, deutlich zu machen sowie sicherzustellen, dass das Verwaltungsgericht *alle wesentlichen Gesichtspunkte*, insbesondere das Vorbringen der Beteiligten im Rahmen des rechtlichen Gehörs, berücksichtigt und sich hiermit in der *gebotenen Weise auseinandergesetzt* hat. Zum notwendigen Inhalt des Urteils gehören nicht nur die *Urteilsformel*, sondern auch die *Entscheidungsgründe* (§ 117 Abs. 2 Nr. 5 VwGO), die schriftlich festhalten, was für die richterliche Überzeugungsbildung leitend gewesen ist (§ 108 Abs. 1 Satz 2 VwGO). Ferner gehören hierzu auch Angaben dazu, wer die Entscheidung getroffen hat (BVerwG, NVwZ-RR 2013, 125, 127). Von der Beweiskraft (§ 417 ZPO) erfasst werden aber nur die Willenserklärung des Gerichts (Urteilsformel) und die Abgaben darüber, wer die Entscheidung getroffen hat. Nur in diesem Umfang wird der Gegenbeweis, der etwa durch die Niederschrift der mündlichen Verhandlung erbracht 210 werden kann, ausgeschlossen (BVerwG, NVwZ-RR 2013, 125, 127, m. Anm. *Deiseroth*, in: juris). Die tragenden Gründen, mithin auch die Auslegung des angefochtenen Bescheids, binden die Beteiligten und auch das Berufungsgericht (BVerwG, NVwZ 2009, 120, 121). Bei der Rüge, ob das Urteil mit Gründen versehen ist, ist das *gesamte Urteil* einschließlich *Tatbestand* und *Entscheidungsgründe* zugrunde zu legen. § 117 Abs. 2 Nr. 4 VwGO fordert eine inhaltliche, *nicht* aber zwingend auch *äußere Trennung* des *Tatbestands* von den *Entscheidungsgründen*. Die berufungsgerichtliche Bindung des Tatbestandes tritt daher auch dann ein, wenn die tatsächlichen Feststellungen zwar nicht im Tatbestand, aber in den Entscheidungsgründen des Urteils enthalten sind (BVerwG, InfAuslR 1985, 51). Die Beteiligten sollen durch die Begründung über die dem Urteil zugrunde liegenden tatsächlichen und rechtlichen Erwägungen unterrichtet und ihnen soll die Nachprüfung der Entscheidung auf ihre inhaltliche Richtigkeit in prozessrechtlicher und materiell-rechtlicher Hinsicht ermöglicht werden (BVerwG, NVwZ 1989, 249; OVG NW, Beschl. v. 06.04.2000 – 21 A 4892/99.A). Das Fehlen der Begründung einer gerichtlichen Entscheidung und eines anderen Hinweises auf die maßgeblichen rechtlichen Gesichtspunkte kann dazu führen, dass ein Verfassungsverstoß nicht auszuschließen und die Entscheidung auf Beschwerde deshalb aufzuheben ist (BVerfG [Kammer], AuAS 1993, 116; BVerfG [Kammer], NJW 1994, 719 = NVwZ 1994, 473 [nur LS]; BVerfG [Kammer], NVwZ-Beil. 1999, 10, 11; BayVerfGH, NJW 1994, 719 = NVwZ 1994, 479 [nur LS]).

211 Eine Entscheidung ist nach § 138 Nr. 6 VwGO »nicht mit Gründen versehen«, wenn sie *überhaupt keine* oder *nur gänzlich ungenügende* Gründe enthält (Hess. VGH, AuAS 1998, 104, 105 = NVwZ-RR 1998, 466 [LS]), wenn zwar Gründe angegeben werden, diese aber so *mangelhaft sind*, dass die Entscheidungsgründe ihre Funktion nicht erfüllen können (OVG Sachsen, NVwZ-RR 2010, 167), wenn sie *unverständlich*, *verworren* oder *verstümmelt* oder in wesentlichen Punkten *widersprüchlich* sind oder sich auf *formelhafte allgemeine Ausführungen* beschränken oder wenn auf einzelne Ansprüche i.S.d. § 145, § 322 ZPO überhaupt nicht eingegangen wird, die Entscheidung rational nicht nachvollziehbar ist, die Entscheidungsgründe sachlich inhaltslos oder aus sonstigen Gründen derart unbrauchbar sind, dass die angeführten Gründe unter keinem denkbaren Gesichtspunkt geeignet sind, den Urteilstenor zu tragen (OVG NW, NVwZ-Beil. 1998, 33; OVG NW, Beschl. v. 06.04.2000 – 21 A 4892/99.A; OVG Sachsen, AuAS 2004, 210, 211). An einer mit Gründen versehenen Entscheidung fehlt es nicht erst, wenn überhaupt keine Begründung gegeben wird, sondern bereits dann, wenn das Gericht bei der Begründung des Urteils einen selbständigen Anspruch oder ein selbständiges Angriffs- oder Verteidigungsmittel stillschweigend übergangen hat (BFH, NVwZ-RR 2002, 158, 159). Die Gründe müssen aber *in sich gänzlich lückenhaft sein*, namentlich weil einzelne Streitgegenstände oder Streitgegenstandsteile vollständig übergangen wurden. Bleiben lediglich einzelne Tatumstände oder Anspruchselemente unerwähnt und kann eine hinreichende Begründung aus dem Gesamtzusammenhang der Entscheidungsgründe erschlossen werden (OVG Sachsen, AuAS 2004, 210, 211 f.), ist das Urteil mit Gründen versehen. Enthält das Urteil zwar Ausführungen zum Asylanspruch, nicht hingegen zum Flüchtlingsstatus (§ 3 Abs. 2), zum subsidiären Schutz und zu den Abschiebungsverboten,

ist es insoweit nicht mit Gründen versehen (BayVGH, Beschl. v. 20. 1. 2005– 13a ZB 04.30977).

Für die Beurteilung, ob ein derartiger Mangel vorliegt, kommt es entscheidend darauf an, ob erkennbar ist, welche Gründe für die Entscheidung maßgebend gewesen sind. Ein Urteil, das keine Beweiswürdigung oder Aussage darüber enthält, welche Tatsachen das Gericht als erwiesen betrachtet und warum, oder keine Angaben darüber macht, auf welche Rechtsnorm die Entscheidung gestützt wird, ist daher »nicht mit Gründen versehen« (BGH, NJW 1988, 3077). Ob ein Urteil mit Gründen versehen ist, ist abhängig davon, ob für die Beteiligten – wenn auch möglicherweise erst aus dem Gesamtzusammenhang der Entscheidungsgründe und in Verbindung mit ihnen – erkennbar ist, welche Gründe für die Entscheidung insgesamt oder für die einzelnen von den Beteiligten geltend gemachten Ansprüche maßgebend sind. Ein Begründungsmangel liegt nicht vor, wenn im angefochtenen Urteil nicht ausdrücklich ausgeführt wird, warum die Abschiebungsandrohung aufgehoben wird, sich die hierfür maßgebenden Gründe indes aus dem Gesamtzusammenhang der Entscheidung ergeben. Denn Folge der Statusgewährung ist die Aufhebung der Abschiebungsandrohung (Hess. VGH, B. 28.04.2005 – 4 ZU 1147/05.A). Die Begründungspflicht gebietet nicht in jedem Fall eine umfassende und ins Einzelne gehende Darstellung der Erwägungen, aufgrund deren das Verwaltungsgericht der Klage stattgegeben hat. Hierzu besteht nur dann Veranlassung, wenn im Behördenbescheid oder durch den Rechtsmittelführer Bedenken gegen die Glaubhaftigkeit des Vortrags vorgebracht oder rechtliche Entscheidungsvoraussetzungen substanziiert in Abrede gestellt werden (Hess. VGH, NVwZ-Beil. 1999, 43 = AuAS 1999, 130; OVG Hamburg, InfAuslR 2000, 37). Ob die Gründe auch inhaltlich zutreffen oder rechtsfehlerhaft beurteilt worden sind, ist für § 138 Nr. 6 VwGO ebenso wenig erheblich (BGH, MDR 1978, 574) wie die Frage, ob der Rechtsmittelführer die gerichtliche Auffassung im angefochtenen Urteil für unzutreffend hält (OVG SH, Beschl. v. 02.10.1996 – 4 L 101/96). 212

Die für die gerichtliche Überzeugung leitenden Gründe können durch Bezugnahme in den Entscheidungsgründen auf tatsächliche Feststellungen und rechtliche Erwägungen in einer – genau bezeichneten – anderen Entscheidung angegeben werden, sofern sich für Beteiligte und Rechtsmittelgericht aus einer Zusammenschau der Ausführungen in dem Bezug nehmenden und in dem in Bezug genommenen Urteil die für die richterliche Überzeugung leitend gewesenen Gründe mit hinreichender Klarheit ergeben (BVerwG, NVwZ 1989, 249; OVG NW, NVwZ-Beil. 1998, 33; *Berlit,* in: GK-AsylG, II, § 78 Rn. 484ff.). § 77 Abs. 2 erlaubt nicht weniger geringere Anforderungen an die gerichtliche Auseinandersetzung mit entscheidungserheblichen Vorbringen des Beteiligten. Die Verweisung auf die Begründung des Behördenbescheids ist daher nur dann ausreichend, wenn das Gericht in den Entscheidungsgründen ausdrücklich feststellt, dass es der Behördenentscheidung folgt und der in Bezug genommene Behördenbescheid Ausführungen *zu allen entscheidungserheblichen* Angriffs- und Verteidigungsmitteln enthält (BFH, NVwZ-RR 2002, 158, 159). Die Ausführungen in den Entscheidungsgründen dürfen andererseits nicht isoliert, sondern müssen im Gesamtzusammenhang der Entscheidungsgründe und in Verbindung mit den Erörterungen im vorangegangenen Verfahren betrachtet werden (BGH, 213

MDR 1978, 574). Die Verpflichtung zur gedrängten Wiedergabe des wesentlichen Inhalts des Tatbestandes lässt eine Zusammenfassung des Sach- und Streitstandes zu, soweit darunter die Verständlichkeit nicht leidet und vor allem die *Beweisfunktion* (BVerwG, DÖV 1985, 580) des Tatbestandes nicht berührt wird (§ 173 VwGO in Verb. mit § 314 ZPO). Da das Bundesamt die Klagebegründung nicht berücksichtigen konnte, kann sich das Verwaltungsgericht einer Auseinandersetzung mit dieser nicht unter Hinweis auf die Begründungserleichterungen des § 77 Abs. 2 entziehen (Hess. VGH, Beschl. v. 10.01.2006 – 8 ZU 1121/05.A).

214 Allgemein anerkannt ist, dass für die Abfassung des Urteils auch *Textbausteine* verwendet werden dürfen (Hess. VGH, NJW 1984, 2429; *Höllein*, ZAR 1989, 109, 114; *Berlit*, in: GK-AsylG, II, § 78 Rn. 489). Die Verwendung von Begründungsvordrucken wird ebenso wie die formularmäßige Wiedergabe stereotyper Wendungen in der Begründung in Form von *Textbausteinen* und vollständiger Übernahme von Entscheidungsgründen eines anderen Urteils als unbedenklich angesehen, weil vernünftige Gründe dafür sprechen, allgemeine rechtliche Ausführungen, die für eine Vielzahl etwa identischer Fälle die gleichen sind, auch in wörtlich übereinstimmender Weise abzuhandeln. Kommt es aber aufgrund *fehlerhafter Kombinierung von Textbausteinen* zu unverständlichen, verworrenen oder verstümmelten Entscheidungsgründen, ist die Entscheidung »nicht mit Gründen versehen«. Auf keinen Fall darf im Urteil durch *Schlüsselzeichen* oder *Kennzahlen* auf außerhalb des schriftlichen Urteils befindliche Textbausteine verwiesen und damit der Inhalt des in Klarschrift formulierten Urteils ergänzt oder verändert werden. Dies gilt für die Urschrift einer Entscheidung wie für deren Abschrift. Denn maßgebend ist allein, dass die Schriftform des in deutscher Sprache abzufassenden Urteils nur gewahrt ist, wenn der gesamte Inhalt des Urteils aus der Urkunde selbst entnommen werden kann und der Leser nicht darauf angewiesen ist, dessen Text um einen andernorts gespeicherten Urteilsinhalt teilweise oder in vollem Umfang zu korrigieren (Hess. VGH, NJW 1984, 2429).

215 Grundsätzlich ist bei der prozessual zulässigen *Verbindung mehrerer Verfahren* die Abfassung einer einzigen Urteilsbegründung zulässig. Verbindet das Gericht neunzehn verschiedene Verfahren, genügt das Urteil noch den gesetzlichen Anforderungen, wenn sich das Gericht zwar nicht mit jedem einzelnen Vorbringen der Beteiligten in den Entscheidungsgründen ausdrücklich auseinandersetzt, jedoch in dem Urteil die Gründe angegeben werden, die für die richterliche Überzeugung leitend gewesen sind (BVerwG, InfAuslR 1984, 326). In derartigen Fällen dürfen die Entscheidungsgründe nicht isoliert, sondern müssen in Verbindung mit den Erörterungen in dem vorangegangenen Verfahren betrachtet werden. Insoweit ist auch auf die Verhandlungsniederschrift zurückzugreifen (BVerwG, InfAuslR 1984, 326). Der für die Entscheidung maßgebliche Verhandlungsstoff ergibt sich jedoch allein aus dem Urteilstatbestand und nicht aus der Verhandlungsniederschrift (BVerwG, InfAuslR 1985, 81).

216 Zwar ist die der *Unterschriftsleistung* vorangehende Entscheidung von allen Richtern zu treffen. Nicht von der Beteiligung an der Entscheidung, aber von der nachfolgenden Unterschriftsleistung kann bei Verhinderung eines Richters abgesehen werden (BVerwGE 75, 337, 340 = NJW 1987, 2247). § 117 Abs. 1 Satz 3 VwGO greift nur

dann, aber auch bereits dann ein, wenn ein Richter nach Fällung des Urteils, also nach Beschlussfassung über die Urteilsformel verhindert ist, das später abgefasste Urteil zu unterzeichnen (BVerwGE 75, 337, 340 f.). Diese Bestimmung verlangt neben der Fällung des Urteils nicht zusätzlich, dass das Urteil nach außen bereits wirksam erlassen worden ist (BVerwGE 75, 337, 340 f.). Ein Richter ist nach seinem Ausscheiden aus dem Gericht und Rückkehr zu dem Gericht, von dem er abgeordnet worden war, ebenso wie nach Eintritt in den Ruhestand verhindert, einem noch unter seiner Mitwirkung gefällten Urteil seine Unterschrift beizufügen (BVerwG, NJW 1991, 1192 = NVwZ 1991, 567 [nur LS]). Es ist unzulässig, wenn die mitwirkenden Richter statt der den vollen Text der Entscheidung enthaltenden Urschrift lediglich einen Schreibauftrag unterzeichnen, in dem die Beteiligten nicht genau bezeichnet sind (*Höllein*, ZAR 1989, 109, 114).

Ein verkündetes Urteil ist dann nicht mit Gründen versehen, wenn es erst *fünf Monate später unterzeichnet*, vollständig abgefasst und den Beteiligten zugestellt wird (GMOSB, in: BVerwGE 92, 367, 371 = NJW 1993, 2603; BVerwG, NJW 1994, 273 = NVwZ 1994, 264 [LS]; BVerwG, NVwZ 1999, 1334; BVerwG, NVwZ-RR 2001, 798, 799; BVerwG, NVwZ-RR 2003, 460, 461; Hess. VGH, EZAR 633 Nr. 19; OVG Sachsen, AuAS 2004, 210; Nieders. OVG, NVwZ-RR 2005, 579; *Höllein*, ZAR 1989, 109, 114). Dem gänzlichen Fehlen von Gründen sind Gründe gleich zu achten, die entgegen § 117 Abs. 4 VwGO so spät abgefasst werden, dass nicht mehr gewährleistet ist, dass die angegebenen Gründe richtig, vollständig und zuverlässig die für die Entscheidung im Sinne von § 108 Abs. 1 Satz 2 VwGO maßgeblichen Gründe wiedergeben (GMSOB, in: BVerwGE 92, 367, 371). Die Begründungsrüge kann aber auch bei einem Unterschreiten der Fünfmonatsfrist begründet sein, wenn außer bloßem Zeitablauf zwischen Schluss der mündlichen Verhandlung und Übergabe der Entscheidung an die Geschäftsstelle konkrete Umstände darauf hindeuten, dass die Gründe nicht vollständig und zuverlässig wiedergegeben werden, die für die Entscheidung maßgeblich waren (OVG Sachsen, AuAS 2004, 210). Das gilt entsprechend, wenn ein Urteil, das nach § 116 Abs. 2 VwGO zugestellt wird (BVerwGE 106, 366; BFH, NVwZ-RR 1996, 360; VGH BW, NVwZ-RR 2000, 125), nicht binnen fünf Monate nach Abschluss der mündlichen Verhandlung beschlossen oder analog § 117 Abs. 4 VwGO schriftlich niedergelegt, besonders unterschrieben und der Geschäftsstelle übergeben worden ist (Thür. OVG, AuAS 1999, 270, 271). Unabhängig davon ist das Urteil nach einem derartigen Zeitraum jedenfalls dann nicht als mit Gründen versehen zu behandeln, wenn es um schwierige tatsächliche und rechtliche Fragen geht und ein Einzelrichter das Urteil abgefasst hat, der sich zur Auffrischung seines Erinnerungsvermögens nicht der Unterstützung anderer Mitglieder der Kammer bedienen kann (Hess. VGH, EZAR 633 Nr. 19). Angesichts der Überschreitung der Frist von fünf Monaten bedarf es keiner Aufklärung der Verzögerungsgründe, etwa durch Einholung einer dienstlichen Erklärung des Einzelrichters, des Kammervorsitzenden und des Gerichtspräsidenten (Hess. VGH, EZAR 633 Nr. 19; a.A. Nieders. OVG, NVwZ-RR 2005, 579(580). 217

Umstritten ist, ob für den Beginn der Frist auf den Zeitpunkt der mündlichen Verhandlung oder auf den der Übergabe der unterschriebenen Urteilsformel an die 218

Geschäftsstelle abzustellen ist. Jedenfalls kommt es nicht auf den Zustellungszeitpunkt an (Nieders. OVG, NVwZ-RR 2005, 579). Auch vor Ablauf dieser Frist kann ein Verfahrensmangel durchgreifen, wenn besondere Umstände die bestehenden Zweifel verdichten, dass der Zusammenhang zwischen der mündlichen Verhandlung und den schriftlichen Entscheidungsgründen nicht mehr als gegeben anerkannt werden kann (Thür. OVG, AuAS 1999, 270, 271). Beschließt das Gericht die Verkündung durch Zustellung und übergibt es binnen zwei Wochen nach der mündlichen Verhandlung den Urteilstenor der Geschäftsstelle zur Zustellung (§ 116 Abs. 2 in Verb. mit § 117 Abs. 4 Satz 2 VwGO), handelt es sich auch dann um eine förmliche Zustellung, wenn das Gericht durch diese Verfahrensweise lediglich die Beteiligten vorab informieren und später zusammen mit den Entscheidungsgründen das vollständig abgefasste Urteil zustellen wollte. In diesem Fall ist die Berufung zuzulassen, weil das Urteil nicht mit Gründen versehen ist (Hess. VGH, NVwZ-RR 2001, 542, 543). Wird nach § 116 Abs. 2 VwGO zugestellt, ist von einem im Hinblick auf die Verkündung vergleichbaren Wirksamwerden gegenüber *allen* Beteiligten mit der ersten Zustellung an *einen Beteiligten* auszugehen (OVG NW, AuAS 2000, 213, 214 f.).

219 Ist das Urteil nicht mit Gründen versehen, liegt keine offenbare Unrichtigkeit im Sinne von § 118 Abs. 1 VwGO vor. Ergänzt das Gericht das Urteil durch *Berichtigungsbeschluss*, hat das Berufungsgericht das Urteil in der unberichtigten Fassung zugrunde zu legen (BVerwG, NVwZ 2010, 186, 187). Ist die Frist nach § 117 Abs. 4 VwGO überschritten, bedarf es keiner weiteren Darlegung. Beim Unterschreiten der Frist müssen im Zulassungsantrag die Tatsachen angegeben werden, aus denen sich der behauptete Verfahrensfehler ergibt. Soweit es sich dabei um gerichtsinterne Vorgänge handelt, müssen diese entweder im Einzelnen aufgezeigt werden oder es muss in der Antragsbegründung dargelegt werden, dass sich der Antragsteller vergeblich um die Aufklärung der entsprechenden Tatsachen bemüht hat (OVG Sachsen, AuAS 2004, 210, 211). Mit der Rüge, das angefochtene Urteil sei *widersprüchlich* und deshalb i.S.d. § 138 Nr. 6 VwGO nicht mit Gründen versehen, kann die Begründungsrüge nicht mit Erfolg erhoben werden, wenn sie sich nur auf einen von *mehreren* das Urteil selbständig tragenden *Gründen* bezieht (BVerwG, NVwZ 1994, 264). Hat der Beteiligte ausweislich des Protokolls der mündlichen Verhandlung ausdrücklich gem. § 77 Abs. 2 Halbs. 2 auf die Darstellung des Tatbestandes und der Entscheidungsgründe verzichtet, kann er diesen Umstand nicht mehr im Zulassungsverfahren geltend machen (OVG Hamburg, AuAS 1993, 260). Beim Verzicht nach § 77 Abs. 2 Halbs. 2 handelt es sich um eine *Prozesserklärung*, die den allgemeinen für derartige Erklärungen geltenden Regelungen unterliegt (OVG Hamburg, AuAS 1993, 260). Die Wirksamkeit dieser Prozesserklärung ist nicht davon abhängig, dass auch die übrigen Beteiligten einen Verzicht aussprechen. Es kann dahinstehen, ob der Verlust des Rügerechts durch diese Prozesserklärung bereits aufgrund von § 173 VwGO in Verb. mit § 295 Abs. 1 und § 531 ZPO eintritt. Jedenfalls verstößt der Beteiligte gegen den Grundsatz von Treu und Glauben, wenn er in der mündlichen Verhandlung den Verzicht erklärt hat und nunmehr die Berufungszulassung nach § 138 Nr. 6 VwGO geltend machen will.

V. Zulassungsverfahren (Abs. 4 und 5)

1. Antragstellung (Abs. 4 Satz 1)

Der Antrag ist nach Abs. 4 Satz 1 innerhalb eines Monats nach Zustellung des Urteils beim Verwaltungsgericht zu stellen. Durch richterliche Verfügung kann diese Frist nicht verlängert werden (BVerwG, NJW 1990, 1313). Die Rechtsmittel- und Begründungsfrist ist eine *nicht disponible Frist*, sodass keine Fristverlängerung gewähren werden darf (BVerfG [Kammer], AuAS 7/1992, 12). Die *Wiedereinsetzung* in die versäumte Begründung wird zurückgewiesen, wenn dem Bevollmächtigten bei der Kontrolle der von einer Bürokraft notierten Frist nicht auffällt, dass es sich bei dieser Frist um eine gesetzliche Frist handelt, die nicht verlängerbar ist (OVG NW, NVwZ 2014, 1256; § 74 Rdn. 112 ff.). Die Antragstellung hemmt die Rechtskraft des Urteils (Abs. 4 Satz 5). Ein Urteil wird bereits durch Verkündung nach § 116 Abs. 1 VwGO rechtsmittelfähig wirksam (OVG NW, NVwZ-RR 2001, 409, 410). In dem Antrag ist das angefochtene Urteil zu bezeichnen. Dem wird durch Angaben über das Gericht, das Urteilsdatum und das Aktenzeichen Genüge getan, soweit nicht mit der Antragsschrift die Kopie der angegriffenen Entscheidung beigefügt und auf sie Bezug genommen wird (*Fritz*, ZAR 1984, 23, 24). Da die Antragsschrift ohnehin zur Akte gelangt, ist die Beifügung des angefochtenen Urteils überflüssig. Innerhalb der Begründungsfrist sind die Gründe, aus denen die Berufung zuzulassen ist, darzulegen (Hess. VGH, EZAR 633 Nr. 20 = NVwZ 1993, 803; Abs. 4 Satz 4). Der Zulassungsgrund ist genau zu bezeichnen. Der Antragsteller muss unmissverständlich und zweifelsfrei kundtun, auf welchen Zulassungsgrund er sich beruft (Hess. VGH, EZAR 625 Nr. 1 = JMBl. Hessen 1997, 768; Hess. VGH, EZAR 633 Nr. 5; OVG NW, EZAR 633 Nr. 1; OVG NW, Beschl. v. 24.01.1997 – 8 B 334/97; OVG Rh-Pf, AuAS 1997, 93, 94; zum Zulassungsantrag nach § 124a Abs. 1 VwGO: *Seibert*, DVBl 1997, 932; *Atzle*, NVwZ 2001, 410; *Stelkens*, NVwZ 2000, 155, 159; s. aber Rdn. 22). 220

Der Begriff Antrag in Abs. 4 Satz 1 muss im rechtlichen Sinne verstanden werden. Als solcher ist der Antrag aber von dem zum Zwecke der Antragstellung eingereichten Schriftstück unabhängig mit der Folge, dass der Antrag mit seinem zwingenden Inhalt, nämlich Bezeichnung des angefochtenen Urteils (Abs. 4 Satz 3) sowie Darlegung des Zulassungsgrundes (Abs. 4 Satz 4), während der Antragsfrist in *mehreren Schriftsätzen* niedergelegt und bei Gericht eingereicht werden kann (Hess. VGH, EZAR 633 Nr. 20). Daher kann zunächst der Antrag beim Verwaltungsgericht gestellt und dieser anschließend mit einem weiteren oder mehreren weiteren Schriftsätzen begründet werden. Maßgebend ist allein, dass innerhalb der Monatsfrist der Antrag gestellt, das angefochtene Urteil bezeichnet sowie der Zulassungsgrund dargelegt wird. Ist der Antrag fristgemäß und rechtswirksam beim Verwaltungsgericht gestellt, können die zur Fristwahrung ergänzenden Begründungen auch unmittelbar beim Berufungsgericht eingereicht werden (*Berlit*, in: GK-AsylG, II, § 78 Rn. 548). Der Zulassungsgrund muss *dem Grunde nach* aber innerhalb der Frist in einer den gesetzlichen Anforderungen genügenden Weise dargelegt werden. Dadurch wird jedoch *ergänzendes Vorbringen* nicht ausgeschlossen (BVerwG, NVwZ 1997, 1209). Hingegen ist ein 221

Nachschieben des Zulassungsgrundes nach Fristablauf unzulässig (Nieders. OVG, NVwZ-RR 2009, 360; s. aber Rdn. 22).

222 Die Frist beginnt nicht zu laufen, wenn die *Rechtsmittelbelehrung unrichtig* ist (BVerwG, NVwZ-RR 2000, 325; Hess. VGH, EZAR 633 Nr. 5; OVG NW, NVwZ-RR 1998, 595; OVG NW, InfAuslR 2005, 123; OVG MV, NVwZ-RR 2005, 578, 579; VG Darmstadt, NVwZ 2000, 591; s. auch VGH MV, NVwZ-RR 2006, 77). Dies ist etwa der Fall, wenn in der Belehrung ausgeführt wird, dass Berufung statt Zulassung der Berufung zu beantragen ist. Unvollständig und damit unrichtig ist lediglich der Hinweis, dass die Gründe aus denen die Berufung zuzulassen ist, darzulegen sind. Eine derartige Belehrung enthält keinen Hinweis auf die Frist, innerhalb deren die Zulassungsgründe darzulegen sind (Hess. VGH, EZAR 633 Nr. 5; OVG MV, NVwZ-RR 2005, 578, 579; a.A. Thür.OVG, NVwZ–Beil. 1997, 90 = AuAS 1997, 236; OVG Sachsen, NVwZ-RR 2016, 279). Nicht zum notwendigen Inhalt gehören Angaben, gegen wen das Rechtsmittel zu richten ist (Nieders. OVG, NVwZ-RR 2010, 861, 862). Ein Rechtsbehelfsbelehrung, die nicht auf die Möglichkeit, den Rechtsbehelf mittels *elektronischen Dokuments* einzulegen, hinweist, ist weder unrichtig noch irreführend (OVG Bremen, NVwZ-RR 2012, 950, 951; OVG NW, AuAS 2016, 34, 35). Sie muss auch nicht über den gesetzlichen Vertretungszwang belehren noch ist sie allein deshalb unzulänglich, weil sie nicht mit einer entsprechenden Überschrift versehen und optisch vom Beschlusstenor abgesetzt worden ist (OVG NW, AuAS 2016, 34, 35). Werden jedoch in der Rechtsbehelfsbelehrung Angaben über die Form der Klageerhebung gemacht, müssen sie vollständig sein. Andernfalls ist sie unrichtig (VG Oldenburg, AuAS 2016, 48). Für das erstinstanzliche Verfahren gilt, dass der Kläger eine auf einer vom Bundesamt *unrichtig übersetzten Rechtsbehelfsbelehrung* beruhende Fristversäumnis nicht zu vertreten hat. Die deutsche Fassung der Belehrung hat unter diesen Voraussetzungen keine Verbindlichkeit (VG Stuttgart, InfAuslR 2011, 311, 312 = AuAS 2011, 176). Sofern das erstinstanzliche Urteil eine Übersetzung der Rechtsbehelfsbelehrung enthält, gilt dies auch für den Antrag nach Abs. 4 Satz 1. In der Praxis der Verwaltungsgerichte wird jedoch nicht so verfahren. Das Rechtsmittel ist verfristet, wenn sich der Antragsteller an der unzutreffenden Rechtsmittelbelehrung orientiert und die dort angegebenen Fristen nicht einhält (OVG NW, InfAuslR 2005, 123). Dagegen beginnt nach dem BGH bei unrichtiger Rechtsbehelfsbelehrung zwar die Frist zu laufen. Es ist jedoch Wiedereinsetzung zu gewähren. Ein Rechtsanwalt müsse zwar grundsätzlich umfassende Gesetzeskenntnis haben, brauche »jedoch nicht klüger sein als der zuständige Fachsenat des Berufungsgerichts« (BGH, NJW 1993, 3206). Bei offenbarer Unrichtigkeit der Rechtsmittelbelehrung wird die Ersetzung durch eine zutreffende Belehrung zugelassen (VGH BW, NVwZ-RR 2003, 293, 294; BayVGH, NVwZ-RR 2006, 582, 583). In diesem Fall beginnt die Frist erst mit *Zustellung der berichtigten Rechtsmittelbelehrung* zu laufen. Gegebenenfalls muss der Rechtsmittelführer seine Rechtsmittel ändern und die Begründung an die veränderte prozessuale Situation anpassen.

223 Ungeachtet des fehlenden Hinweises auf den Anwaltszwang (Rdn. 224) wird die Rechtsmittelfrist in Gang gesetzt (BVerwG, NVwZ-RR 2013, 128; BayVGH, NVwZ-RR

1998, 594; a.A. OVG NW, NVwZ-RR 1998, 595; VGH BW, NVwZ-RR 2002, 466; § 79 Rdn. 8). Das BVerwG hat sich der strengeren Auffassung mit der Maßgabe angeschlossen, dass der Hinweis auf den Anwaltszwang in der Rechtsmittelbelehrung dann unterbleiben kann, wenn das Gericht diesen bei allen Beteiligten als bekannt voraussetzen darf (BVerwG, NVwZ-RR 1998, 783). Enthält die Rechtsmittelbelehrung einen Hinweis auf den qualifizierten Vertretungszwang, muss dieser vollständig sein und insbesondere darauf aufmerksam machen, dass der Vertretungszwang bereits bei der Einlegung des Zulassungsantrags einsetzt (BayVGH, NVwZ-RR 2002, 794; BayVGH, NVwZ-RR 2003, 314). Bei nicht verschuldeter Versäumnis der Frist nach Abs. 4 Satz 1 kann *Wiedereinsetzung* beantragt werden (BVerwG, NJW 1992, 2780 = NVwZ 1992, 1088; s. aber BVerwG, NVwZ 1998, 170; OVG NW, NVwZ-RR 2001, 484. Stellt der Rechtsanwalt anstelle des Zulassungsantrags den Antrag auf Berufung, trifft ihn Verschulden an der Fristversäumnis (BVerwG, DVBl 1994, 1409; Hess. VGH, NVwZ-RR 2004, 386; BayVGH, NVwZ-RR 1998, 207; BayVGH, NVwZ-RR 2003, 531; OVG MV, NVwZ 1998, 201).

Nach § 67 Abs. 4 Satz 1 VwGO besteht für das Antragsverfahren *Anwaltszwang* (Thür. OVG, NVwZ-Beil. 1997, 90; VGH BW, NVwZ 1998, 753; VGH BW, NVwZ-RR 1999, 280; OVG Saarland, NVwZ 1998, 413; Rdn. 223). Der Beteiligte kann daher selbst rechtswirksam vor dem Berufungsgericht keine Prozesshandlungen vornehmen, da ihm die *Postulationsfähigkeit (Verhandlungsfähigkeit)* fehlt. Das Anwaltserfordernis gilt bereits für den Antrag nach Abs. 4 Satz 1 (§ 67 Abs. 4 Satz 2 VwGO). Diese Regelung, die sich an die für die Verfahren vor dem BVerwG seit langem bestehenden Vorschriften anlehnt, soll der Verfahrensbeschleunigung dienen und ist Konsequenz der Zulassungsberufung im allgemeinen *Verwaltungsprozessrecht*. Stellt der Asylkläger selbst, also ohne durch einen Rechtsanwalt vertreten zu sein, den Zulassungsantrag, ist dieser nicht rechtswirksam. Das Urteil wird unanfechtbar und der angefochtene Verwaltungsakt bestandskräftig. Auch wenn ein Rechtsanwalt die vom Beteiligten eigenhändig unterschriebene Antragsschrift mit einem Stempel, dem Zusatz »vertreten durch« und seiner Unterschrift versieht, fehlt es an der Postulationsfähigkeit (VGH BW, NVwZ 1998, 753). 224

Es ist jedoch unbeschadet von § 67 Abs. 4 Satz 2 VwGO zulässig, für das Antragsverfahren innerhalb der Antragsfrist ohne Rechtsanwalt einen Antrag auf Bewilligung von *Prozesskostenhilfe* zu stellen (Nieders. OVG, NVwZ-RR 1997, 761; Nieders. OVG, NVwZ 1998, 533; VGH BW, Beschl. v. 10.06.1998 – A 9 S 1269/98; Hess. VGH, NVwZ 1998, 203 = EZAR 623 Nr. 1 = AuAS 1998, 96 [LS]; OVG Hamburg, NVwZ-RR 2000, 548; OVG Sachsen, NVwZ-RR 2001, 804; VGH BW, NVwZ-RR 2001, 802, 803; VGH BW, NVwZ-RR 2002, 466, 467; *Berlit*, in: GK-AsylG, § 78 Rn. 515; a.A. OVG Hamburg, NVwZ 1998, 1099; OVG Saarland, NVwZ 1998, 413; OVG Rh-Pf, NVwZ-RR 1998, 208; offen gelassen BVerwG, NVwZ 2004, 111 = AuAS 2003, 259; Hess. VGH, NVwZ-RR 2001, 806). Dieser muss in groben Zügen erkennen lassen, weshalb das angefochtene Urteil für falsch angesehen wird. Die präzise Bezeichnung des Zulassungsgrundes kann nicht verlangt werden (VGH BW, B v. 10.06.1998 – A 9 S 1269/98). Der *Antrag auf Bewilligung von Prozesskostenhilfe* ist *Nachweis für das fehlende Verschulden* des Antragsteller an der 225

Versäumnis der Antragsfrist (OVG Hamburg, NVwZ-RR 2001, 548). Durch den im Rahmen der Bewilligung beigeordneten Rechtsanwalt ist anschließend innerhalb der Frist des § 60 Abs. 2 Satz 1 VwGO der Antrag auf Wiedereinsetzung zu stellen. Der Antragsteller hat glaubhaft zu machen, dass es ihm innerhalb der Frist nach Abs. 4 Satz 1 nicht möglich war, einen Rechtsanwalt mit der Vertretung im Berufungszulassungsverfahren zu beauftragen (BVerwG, NVwZ-RR 2000, 59, 60). Die Wiedereinsetzungsfrist beginnt mit Übernahme der Prozessvertretung durch den Bevollmächtigten (BVerwG, NVwZ-RR 2000, 59, 60). Ist in der Rechtsbehelfsbelehrung der Hinweis, dass für das Prozesskostenhilfeverfahren kein Anwaltszwang besteht (§ 67 Abs. 4 S. 1 Halbs. 2 VwGO), unterblieben, kommt die Jahresfrist des § 58 Abs. 2 VwGO zur Anwendung (VGH BW, NVwZ-RR 2002, 466).

226 Der Antrag ist nach Abs. 4 Satz 2 beim Verwaltungsgericht zu stellen. Die Antrags- und Begründungsfrist nach Abs. 4 Satz 1 ist nicht gewahrt, wenn der Antrag innerhalb der Frist beim Berufungsgericht eingeht (Hess. VGH, AuAS 1996, 232; OVG Rh-Pf, NVwZ-Beil. 1996, 84; OVG SH, NVwZ-Beil. 1995, 34). Angesichts des eindeutigen Wortlautes von Abs. 4 Satz 2 kommt im Asylprozess eine entsprechende Anwendung des § 147 Abs. 2 VwGO nicht in Betracht (Hess. VGH, AuAS 1996, 232, 233; OVG Rh-Pf, NVwZ-Beil. 1996, 84; OVG Hamburg, NVwZ 1998, 414). Es begegnet keinen verfassungsrechtlichen Bedenken, einen Zulassungsantrag zu verwerfen, der innerhalb der Frist zwar beim Berufungsgericht, nicht aber beim Verwaltungsgericht eingeht (BVerfG [Kammer], NVwZ 2003, 728, 729). Systematisch und inhaltlich entspricht der Zulassungsantrag den Bestimmungen der VwGO über Beschwerden gegen die Nichtzulassung eines Rechtsbehelfs, die fristwahrend nur bei dem Gericht, dessen Entscheidung angefochten wird, eingelegt werden können (OVG Rh-Pf, NVwZ 1996, 84; s. § 124a Abs. 2 Satz 1, Abs. 4 Satz 2; § 133 Abs. 2 Satz 1 VwGO).

227 Es besteht keine Verpflichtung des Berufungsgerichts, einen bei ihm eingereichten Zulassungsantrag zum Zwecke der Fristwahrung an das zuständige Verwaltungsgericht weiterzuleiten oder den Antragsteller zu diesem Zweck telefonisch auf die geltenden Verfahrensbestimmungen hinzuweisen (Hess. VGH, AuAS 1996, 232, 233). Die Einreichung des Antrags beim Verwaltungsgericht soll sicherstellen, dass dem Berufungsgericht die Antragsschrift zusammen mit den Akten übersandt wird. Das BVerfG hat diese Rechtsprechung bekräftigt und eine Verpflichtung des Obergerichtes abgelehnt, den Beteiligten innerhalb der Rechtsmittelfrist telefonisch oder per Telefax auf die fehlerhafte Einlegung des Rechtsmittels hinzuweisen. Dabei spiele es keine Rolle, ob das Obergericht im vorausgegangenen Rechtszug bereits mit der Sache befasst war (BVerfG [Kammer], NJW 2001, 1343 = NVwZ 2001, 668 [LS]). Demgegenüber besteht nach der obergerichtlichen Rechtsprechung eine Verpflichtung des Verwaltungsgerichts, einen bei ihm eingegangenen, aber erkennbar ein Rechtsmittelverfahren beim Obergericht betreffenden fristgebundenen Schriftsatz an dieses weiterzuleiten. Werde diese Verpflichtung verletzt, wirke sich ein etwaiges Verschulden des Rechtsmittelführers an der Fristversäumnis nicht aus (OVG NW, AuAS 2000, 95, 96, für die Berufungsbegründungsfrist nach § 124a Abs. 3 Satz 1 VwGO).

2. Darlegungsanforderungen

228 Der Antrag muss einen oder mehrere der in Abs. 3 genannten Zulassungsgründe bezeichnen und deren Voraussetzungen darlegen. Das Berufungsgericht ist verpflichtet, den Zulassungsantrag angemessen zu würdigen und durch sachgerechte Auslegung selbständig zu ermitteln, welche Zulassungsgründe der Sache nach geltend gemacht werden und welche Einwände welchen Zulassungsgründen zuzuordnen sind (s. aber Rdn. 22). Erst dann, wenn aus einer nicht auf einzelne Zulassungsgründe zugeschnittenen Begründung auch durch Auslegung nicht eindeutig ermittelt werden kann, auf welche Zulassungsgrund der Antrag gestützt wird, stellt dessen Zurückweisung keine unzumutbare Erschwerung des Zugangs zur Berufung dar (BVerfG [Kammer], NVwZ 2011, 547, 548; Rdn. 22). Hiermit unvereinbar ist die obergerichtliche Rechtsprechung, wonach das Berufungsgericht verfassungsrechtlich nicht gehalten ist, den Ausführungen der Antragsschrift von sich aus einen denkbaren Zulassungsgrund zuzuordnen. Dies müsse insbesondere dann gelten, wenn mehrere Zulassungsgründe in Betracht kämen (OVG Rh-Pf, AuAS 1997, 93, 94; Hess. VGH, EZAR 633 Nr. 5; OVG NW, EZAR 633 Nr. 1). Für das Berufungsgericht müsse sich der Antragsschrift unmissverständlich und zweifelsfrei entnehmen lassen, welcher der gesetzlichen Zulassungsgründe einer gerichtlichen Prüfung unterworfen werden soll (OVG NW, Beschl. v. 20.03.1997 – 8 B 334/97). Bei der Prüfung über der Zulassung der Berufung befasse das Berufungsgericht sich allein mit den vom Antragsteller geltend gemachten Zulassungsgründen (OVG SH, Beschl. v. 02.10.1996 – 4 L 101/96; OVG NW, Beschl. v. 20.03.1997 – 8 B 334/97). Es sei nicht Aufgabe des Rechtsmittelgerichts zu klären, welche von den in der Begründung aufgeworfenen zahlreichen Fragen entscheidungserheblich sind (BFH, NVwZ-RR 2007, 287).

229 Im Antrag muss deutlich gemacht werden, auf welchen *Klagegegenstand* er sich bezieht. Andernfalls besteht die Gefahr, dass die nicht ausdrücklich angegriffenen Entscheidungen über geltend gemachte Ansprüche in Rechtskraft erwachsen. *Im Zweifel* hat das Berufungsgericht jedoch davon auszugehen, dass der Zulassungsantrag sich auf die *Gesamtheit der Streitgegenstände* bezieht, es sei denn, der Antragsteller beschränkt den Antrag ausdrücklich auf einen bestimmten Klagegegenstand oder die Beschränkung folgt aus der Natur des geltend gemachten Zulassungsgrundes. Insbesondere bei der Grundsatz- und Divergenzberufung kann eine derartige Beschränkung in Betracht kommen. Hingegen dürfte ein geltend gemachter Verfahrensfehler sich in aller Regel auf alle Klagegegenstände beziehen.

230 Da Art. 19 Abs. 4 GG die Effektivität des Rechtsschutzes garantiert, dürfen insbesondere die Anforderungen an die Darlegung der Zulassungsgründe nicht derart erschwert werden, dass sie auch von einem durchschnittlichen, nicht auf das gerade einschlägige Rechtsgebiet spezialisierten Rechtsanwalt mit zumutbaren Aufwand nicht mehr erfüllt werden könnten (BVerfG [Kammer], NVwZ 2005, 1176, 1177, mit Verweis auf BVerfG [Kammer], DVBl 2000, 1458; (BVerfG [Kammer], NVwZ 2001, 552). Hiermit kaum vereinbar ist die Orientierung der Rechtsprechung an den Darlegungs- und Bezeichnungserfordernissen der revisionsrechtlichen Nichtzulassungsbeschwerde (OVG SH, AuAS 5/1992. 11). Daher sind trotz des Anwaltszwangs an die Darlegung

des Zulassungsgrundes nicht die strengen Anforderungen des Revisionsrechts zu stellen (*Mampel*, NVwZ 1998, 261, 262; Rdn. 22). Der Antrag muss aber aus sich heraus verständlich sein. Zu einem ordnungsgemäßen Vortrag gehört allgemein, dass das Gericht dem Vorbringen ohne unangemessenen Aufwand folgen kann (BVerfG [Kammer], NVwZ 2001, 425). Das Berufungsgericht muss über die Zulassung entscheiden können, ohne den gesamten Streitstoff durchdringen zu müssen. Das setzt voraus, dass es durch die Begründung in die Lage versetzt werden muss, ohne weitere Ermittlungen allein anhand der vorgetragenen Gründe darüber zu befinden, ob ein Zulassungsgrund vorliegt (OVG SH, AuAS 5/1992, 11). Deshalb muss die Begründung eine notwendige Sichtung und rechtliche Durchdringung des Streitstoffs durch den Prozessbevollmächtigten und das zu fordernde Mindestmaß an einen geordneten Vortrag erkennen lassen (BVerfG [Kammer], NVwZ 2001, 425). Dabei verlangt das Darlegen – wie schon nach dem allgemeinem Sprachgebrauch im Sinne von »erläutern« und »erklären« zu verstehen ist – ein *Mindestmaß an Klarheit, Verständlichkeit und Übersichtlichkeit der Ausführungen* (BVerwG, EZAR 634 Nr. 2). *Allein* die pauschale *Bezugnahme auf früheres Vorbringen* reicht *nicht* aus (OVG SH, AuAS 5/1992, 11). Ebenso wenig genügen Hinweise des Bevollmächtigten auf persönliche Ausführungen seines Mandanten dem Begründungserfordernis (Nieders. OVG, NVwZ-RR 2002, 468).

231 Es ist verfassungsrechtlich nicht zu beanstanden, wenn für die Darlegung lediglich allgemeine Hinweise als unzureichend angesehen werden, sondern die Durchdringung des Prozessstoffs verlangt wird (BVerfG [Kammer], NVwZ-Beil. 1995, 17; BVerwG, EZAR 634 Nr. 2 = AuAS 1996, 83 [nur LS]). Nicht ausreichend ist, dass lediglich pauschal die Unrichtigkeit des angefochtenen Urteils behauptet wird. Vielmehr ist erforderlich, dass sich der Antrag mit den entscheidungstragenden Annahmen des Verwaltungsgerichtes auseinandersetzt und im Einzelnen in tatsächlicher und rechtlicher Hinsicht den maßgeblichen Zulassungsgrund darlegt (VGH BW, VBlBW 1997, 299, 300; Thür. OVG, NVwZ-Beil. 1997, 90; s. hierzu auch OVG NW, NVwZ 1998, 415; VGH BW, NVwZ 1998, 865, Hess. VGH, NVwZ 1998, 649; BayVGH, NVwZ 2003, 632). Auf einen gesonderten Begründungsschriftsatz kann auch dann nicht verzichtet werden, wenn der Antragsteller in einem gleichgelagerten Parallelverfahren den Zulassungsantrag begründet hat. In diesem Fall muss über die förmliche Antragstellung nach Abs. 4 Satz 1 hinaus zur Erfüllung des formalen Begründungserfordernisses nach Abs. 4 Satz 4 zumindest ein gesonderter Schriftsatz eingereicht werden, in dem auf die im Parallelverfahren abgegebene Begründung verwiesen wird (VGH BW, NVwZ-RR 2004, 391, für die Beschwerdebegründung nach § 146 Abs. 4 Satz 1 VwGO). Rechtsänderungen, die erst nach dem Ablauf der Begründungsfrist des Abs. 4 Satz 1 in Kraft treten, können nur dann bei der Entscheidung über die Zulassung der Berufung berücksichtigt werden, wenn sie innerhalb dieser Frist geltend gemacht wurden. Dies gilt auch dann, wenn sie vor Ablauf der Frist noch nicht absehbar waren (OVG SA, AuAS 2015, 266, 267).

232 Ist das Urteil auf *mehrere selbständig tragende Gründe* gestützt, wird die Berufung nur zugelassen, wenn im Zulassungsantrag hinsichtlich jeder dieser Gründe ein Zulassungsgrund geltend gemacht wird und dieser auch besteht (BVerwGE 54, 99, 100 f.; 99, 99, 100 f.; BVerwG, Beschl. v. 10.06.1992 – BVerwG 9 B 176.91; OVG NW,

EZAR 633 Nr. 18 zu § 32 Abs. 2 Nr. 2 AsylVfG 1982; OVG SA, NVwZ-Beil. 1999, 57; OVG MV, NVwZ-Beil. 2000, 93; BayVGH, NVwZ-RR 2004, 391; a.A. Hess. VGH, EZAR 631 Nr. 39 Satz 5; Hess. VGH, NVwZ-RR 1998, 203, 204; Rdn. 56). Ist aber die mehrfache Begründung im angefochtenen Urteil nicht kumulativ, sondern alternativ, genügt es für einen erfolgreichen Zulassungsantrag, wenn für eine der beiden Gründe ein Zulassungsgrund geltend gemacht wird (Nieders. OVG, AuAS 2004, 45, 46).

Werden während des Zulassungsantragsverfahrens *Hauptsacherledigungserklärungen* 233
abgegeben, wird das Verfahren entsprechend § 92 Abs. 3 Satz 1 VwGO eingestellt und entsprechend § 269 Abs. 3 Satz 1 ZPO die Unwirksamkeit der erstinstanzlichen Entscheidung festgestellt (Nieders. OVG, NVwZ-RR 2007, 826).

3. Beschluss des Berufungsgerichtes (Abs. 5)

Über den Antrag entscheidet das Berufungsgericht durch Beschluss, der keiner Be- 234
gründung bedarf (Abs. 5 Satz 1). Eine mündliche Verhandlung findet nicht statt (§ 101 Abs. 3, § 125 Abs. 1 VwGO). Mit der *Zurückweisung des Antrags* wird das angefochtene Urteil *rechtskräftig* (Abs. 5 Satz 2). Das BVerfG hat wiederholt entschieden, dass mit ordentlichen Rechtsbehelfen nicht mehr angreifbare letztinstanzliche Gerichtsentscheidungen von Verfassungs wegen keiner Begründung bedürfen. Das habe aber keine Lockerung des verfassungsrechtlichen Maßstabs des *Willkürverbots* zur Folge an dem sich jede Gerichtsentscheidung messen lassen müsse (BVerfG [Kammer], AuAS 1993, 116). Dieser Maßstab verlange mit Rücksicht auf die verfassungsrechtliche Gebundenheit des Richters an Gesetz und Recht (Art. 20 Abs. 3 GG) eine *Begründung* auch der letztinstanzlichen Entscheidung *jedenfalls dann und soweit, als von dem eindeutigen Wortlaut einer Rechtsnorm und ihrer Auslegung durch die höchstrichterliche Rechtsprechung abgewichen werden soll* und der Grund hierfür sich nicht schon eindeutig aus den den Beteiligten bekannten oder für sie ohne Weiteres erkennbaren Besonderheiten des Falles ergebe (BVerfG [Kammer], AuAS 1993, 116; BVerfG [Kammer], AuAS 1993, 104). In einem solchen Fall sei eine Entscheidung, die entweder gar nicht oder nur mit einer gänzlich unzulänglichen Begründung versehen sei, bei verständiger Würdigung der das Grundgesetz beherrschenden Gedanken nicht mehr nachvollziehbar und damit *objektiv willkürlich* (BVerfG [Kammer], AuAS 1993, 104). Das Fehlen der Begründung einer gerichtlichen Entscheidung und eines anderen Hinweises auf den maßgeblichen rechtlichen Gesichtspunkt könne auch dazu führen, dass ein Verfassungsverstoß nicht auszuschließen und die Entscheidung deshalb aufzuheben sei (BVerfG [Kammer], AuAS 1993, 116; BVerfG [Kammer], NJW 1994, 719). Wohl wegen der damit aufgezeigten verfassungsrechtlichen Risiken wird in der Praxis der zurückweisende Beschluss regelmäßig begründet.

Mit der *Zurückweisung des Antrags* wird das angefochtene Urteil rechtskräftig (Abs. 5 235
Satz 2). Der nicht verkündete Beschluss bedarf zu seiner Wirksamkeit nach § 173 VwGO in Verb. mit § 329 Abs. 2 ZPO der formlosen Mitteilung an die Beteiligten. Er wird mit dem gerichtsinternen Vorgang der Herausgabe aus dem Gericht an die Post wirksam (VG Freiburg, NVwZ-Beil. 1999, 61, 62). Ist das Bundesamt Rechtsmittelführer, erwächst mit Zurückweisung des Antrags der positive Statusbescheid in

Bestandskraft oder wird es in dem Fall, in dem der Asykläger im erstinstanzlichen Gerichtsverfahren ein Verpflichtungsurteil erstritten und das Bundesamt hiergegen Zulassungsantrag gestellt hat, rechtskräftig zum Erlass der Statusbescheids verpflichtet. Hat der Asylkläger den Antrag auf Zulassung der Berufung gestellt, wird mit Antragsablehnung das Asylkläger endgültig beendet. Ist – wie im Regelfall – damit zugleich der Rechtsstreit über die Abschiebungsandrohung nach §§ 34, 35 rechtskräftig beendet worden, wird diese vollziehbar.

236 Wie sich bereits aus Abs. 5 Satz 2 ergibt, kann der zurückweisende Beschluss des Berufungsgerichts nicht mit der *»weiteren Beschwerde«* an das BVerwG angefochten werden (vgl. auch BVerwG, Buchholz 402.25 § 32 Nr. 2). Eine Beschwerde an das BVerwG ist nur in den besonderen Fällen des § 152 VwGO gegeben. Dazu gehört der Beschluss nach Abs. 5 Satz 1 nicht. Ebenso wenig kann gegen den zurückweisenden Beschluss *Gegenvorstellung* erhoben werden (OVG Brandenburg, NVwZ 2001, 451). Daher tritt mit Antragsablehnung unmittelbar die Rechtskraft des angefochtenen Urteils ein (Abs. 5 Satz 1). Weist das Berufungsgericht jedoch rechtsirrtümlich den Antrag in der Annahme zurück, er sei nicht begründet worden, ist der Beschluss wegen Verletzung des rechtlichen Gehörs *im Wege der Selbstkontrolle* aufzuheben (BVerwG, NJW 1994, 674 = NVwZ 1994, 482 [nur LS], für die Revision).

237 Nach der Rechtsprechung des BVerfG wird dem Beteiligten wegen mangelnder Rechtswegerschöpfung die Möglichkeit der Verfassungsbeschwerde versagt, wenn das in der letzten fachgerichtlichen Instanz eingelegte Rechtsmittel als *offensichtlich unzulässig* verworfen wurde (BVerfGE 28, 88, 95; 63, 80, 85). Der Beschwerdeführer habe über das Gebot der Rechtswegerschöpfung hinaus alle nach Lage der Dinge zur Verfügung stehenden prozessualen Möglichkeiten zu ergreifen (BVerfGE 81, 22, 27). Folgerichtig sei diesem Gebot nicht Genüge getan, wenn im Instanzenzug ein Mangel deshalb nicht nachgeprüft werden konnte, weil er nicht oder nicht in ordnungsgemäßer Form gerügt worden sei (BVerfGE 74, 102, 114; Vor § 78 Rn. 224 ff.)

238 Wird dem *Antrag stattgegeben*, wird das Antragsverfahren kraft Gesetzes *als Berufungsverfahren fortgesetzt* (Abs. 5 Satz 3 Halbs. 1). Will das Berufungsgericht die Berufung auf den geltend gemachten Zulassungsgrund oder einen der mehreren geltend gemachten Klagegegenstände einschränken, muss es dies hinreichend deutlich machen (§ 79 Rdn. 9–12). Der besonderen Einlegung einer Berufung bedarf es nicht (Abs. 5 Satz 3 Halbs. 2). Es sind aber die erforderlichen Anträge – also Antrag auf Zurückweisung der Berufung bzw. auf Aufhebung des verwaltungsgerichtlichen Urteils unter gleichzeitiger Verpflichtung der Bundesrepublik zum Erlass des begehrten Statusbescheides und auf Feststellung von Abschiebungsverboten – zu stellen (§ 79 Rdn. 10). Die Begründungsfrist des § 124a Abs. 3 Satz 1 VwGO ist zu beachten (§ 79 Rdn. 8 f.). Ist für das Antragsverfahren Prozesskostenhilfe bewilligt worden, wäre an sich nach § 119 Satz 1 ZPO für das Berufungsverfahren erneut Antrag auf Bewilligung von Prozesskostenhilfe zu stellen (§ 83b Rdn. 15). Das BVerwG geht indes für das revisionsrechtliche Zulassungsverfahren davon aus, dass sich die Bewilligung der Prozesskostenhilfe für das Beschwerdeverfahren auch auf das Revisionsverfahren erstreckt, da Beschwerde- und Revisionsverfahren in einem notwendigen inneren Zusammenhang stünden

Prozesserklärungen des Rechtsmittelführers zu ermitteln (BVerwG, DVBl 1997, 905; BVerwG, DVBl 1997, 907). Dementsprechend hat das Berufungsgericht etwa den schriftsätzlich angekündigten Antrag, selbst dann, wenn er nur im Antragsverfahren abgegeben worden ist, bei der Auslegung des Berufungsantrags zu berücksichtigen (BVerwG, DVBl 1997, 905; BVerwG, DVBl 1997, 907). Das Berufungsgericht kann nur im Umfang des Änderungsbegehrens das angefochtene Urteil ändern. Hat das Bundesamt seine Berufung auf die asyl- und flüchtlingsrechtliche Statuszuerkennen beschränkt, darf das Berufungsgericht das angefochtene Urteil nicht aufheben, soweit in diesem eine Verpflichtung zur Zuerkennung des subsidiären Schutzes und der Feststellung von Abschiebungsverboten (§ 60 Abs. 5 und 7 AufenthG) enthalten ist (BVerwG, DVBl 1997, 905). Verpflichtet das Berufungsgericht das Bundesamt zur Feststellung eines Abschiebungsverbots, obwohl das Verwaltungsgericht hierzu keine Feststellung getroffen hat und das Urteil insoweit nicht angefochten wurde, beruht das Berufungsurteil auf einem Verstoß gegen § 129 VwGO und damit auf einem Verfahrensmangel (BVerwG, NVwZ 2010, 188; s. aber BVerwGE 104, 260, 264 – InfAuslR 1997, 420 = NVwZ 1997, 1132; Rdn. 7).

Auch im Asylprozess ist die *Anschlussberufung* zulässig (BVerwG, NVwZ-RR 1997, 253; 4
BVerwGE 142, 99, 103 Rn. 11 = NVwZ 2012, 1045 = EZAR NF 98 Nr. 53 = AuAS 2012, 118; Hess. VGH, AuAS 1998, 191, 192; OVG NW, NVwZ 2001, 1423; generell zur Anschlussberufung im Verwaltungsprozess s. BVerwG, InfAuslR 1990, 38f.; BVerwG, NVwZ-RR 2002, 233). Eine Anschlussberufung, die bedingt für den Fall eingelegt wird, dass dem Antrag des Prozessgegners auf Berufungszulassung stattgegeben wird, ist jedoch unzulässig, wenn über den Zulassungsantrag noch nicht entschieden ist (OVG Rh-Pf, NVwZ-RR 2003, 317). Die Anschlussberufung ist *ohne besondere Zulassung statthaft* und kann bis zum Ablauf eines Monats nach Zustellung der Berufungsbegründungsschrift eingelegt werden (§ 127 Abs. 2 Satz 2 VwGO). Bei einer gestaffelten Berufungsbegründung wird die Monatsfrist durch die Zustellung des Schriftsatzes in Lauf gesetzt, durch den in Verbindung mit vorangehenden Schriftsätzen erstmals den Anforderungen des § 124a Abs. 3 Satz 4 VwGO entsprochen wird. Vorangehende Schriftsätze, die lediglich Teile der Berufungsbegründung i.S.d. § 124a Abs. 3 Satz 4 VwGO vorwegnehmen, dürfen formlos übermittelt werden und setzen daher die Frist nicht in Gang (BVerwGE 142, 99, 102 Rn. 12 = NVwZ 2012, 1045 = EZAR NF 98 Nr. 53 = AuAS 2012, 118).

Die Anschlussberufung ist zwar abweichend vom früheren Recht nicht mehr an den 5
Rahmen der zugelassenen Berufung gebunden und muss nicht denselben Streitgegenstand betreffen wie die Hauptberufung (BVerwGE 142, 99, 102 f. Rn. 10 = NVwZ 2012, 1045 = EZAR NF 98 Nr. 53 = AuAS 2012, 118; *Bergmann*, in: Bergmann/Dienelt, AuslR, 11. Aufl., 2016, § 79 AsylG Rn. 5; anders noch BVerwG, NVwZ-RR 1997, 253). Überholt ist auch die frühere Rechtsprechung, wonach die Anschlussberufung nicht zulässig war, wenn das Berufungsgericht zuvor den Zulassungsantrag wegen desselben Teils des Streitgegenstandes abgelehnt hatte (BVerwG, NVwZ-RR 2008; 214; Hess.VGH, AuAS 1998, 191, 192). Hat das Berufungsgericht auf den Antrag des Prozessbevollmächtigten des Bundesamtes die Berufung hinsichtlich der Voraussetzungen des § 60 Abs. 5 und 7 AufenthG zugelassen, kann sich der

Asylsuchende, der keinen Zulassungsantrag gestellt hat, der Berufung anschließen und den Berufungsantrag auf die Asylberechtigung sowie die Zuerkennung des internationalen Schutzes richten.

6 Das Berufungsgericht prüft den Streitfall innerhalb des Berufungsantrags im gleichen Umfang wie das Verwaltungsgericht (§ 128 Satz 1 VwGO). Es ist in der Reichweite seiner Überprüfung nicht durch den die grundsätzliche Bedeutung konstituierenden Grund, dessentwegen eine Zulassung der Berufung begehrt oder vom Gericht gewährt wird, beschränkt (BVerwGE 41, 52, 53; 49, 232, 234; BVerwG, DVBl 1997, 907; BGH, MDR 1971, 569). Zwar muss das Berufungsgericht die Berufung nicht notwendig in vollem Umfang zulassen. Denkbar ist z.B. eine teilweise Zulassung der Berufung. Wirksam beschränkt ist die Zulassung der Berufung aber nur, wenn eine solche Beschränkung zulässig ist und die Beschränkung aus dem Beschluss eindeutig hervorgeht (BVerwGE 41, 52, 53). So kann die Grundsatzfrage, deretwegen die Berufung zugelassen wurde, nur dann eine Einschränkung der Berufung bewirken, wenn in den Beschlussgründen eine »*zweifelsfreie, deutliche* und daher *rechtswirksame Beschränkung*« der Berufung enthalten ist. Dasselbe gilt für die Einschränkung auf einen Klageanspruch bei mehreren selbständigen prozessualen Ansprüchen (BGH, NJW 1990, 1795, 1796; BFH, NJW 1987, 680; s. auch BVerwG, DVBl 1997, 907). Schweigt der Beschlusstenor oder spricht er die Berufung uneingeschränkt aus, darf eine Zulassungsbeschränkung nur angenommen werden, sofern sie zulässig ist und aus der Zulassungsbegründung *klar und eindeutig* hervorgeht. Zu prüfen ist in allen Fällen, ob das Berufungsgericht mit der gebotenen Deutlichkeit ausgesprochen hat, dass die Berufungszulassung beschränkt sein soll, oder ob es nicht vielmehr lediglich begründet hat, warum es die Berufung zugelassen hat. Dabei dürfen Unklarheiten nicht zulasten des Rechtsmittelführers gehen. *Im Zweifel* ist deshalb die Berufung *uneingeschränkt* zugelassen (BGH, MDR 1971, 569; BGH, NJW 1988, 1779; BGH, NJW 1990, 1795, 1796; BGH, NJW 1990, 327, 328; BAG, NJW 1991, 1002; *Pietzner*, in: Schoch/Schmidt-Aßmann/Pietzner, VwGO, § 132 Rn. 123 – 126, mit Hinweis auf BGHZ 102, 293, 295; *Kopp/Schenke*, Kommentar zur VwGO, § 132 Rn. 30).

7 Eine vom materiellen Anspruch losgelöste Überprüfung prozessualer Formfragen kann andererseits nicht alleiniger Grund des Berufungsverfahrens sein. Dieses ist vielmehr darauf gerichtet, die Streitsache in tatsächlicher und rechtlicher Hinsicht erneut, d.h. grundsätzlich in demselben Umfang wie in erster Instanz zu überprüfen. Auch bei der Zulassungsberufung ist deshalb eine Beschränkung auf einzelne abtrennbare Streitgegenstände oder Teile eines solchen, nicht jedoch bezüglich einzelner Tatsachen- oder Rechtsfragen zulässig (BVerwG, DVBl 1997, 907, 908). Für das asylrechtliche Berufungsverfahren ist zu bedenken, dass die einzelnen auf die Asylanerkennung, den Flüchtlingsstatus, den subsidiären Schutz und die Abschiebungsverbote nach § 60 Abs. 5 und 7 AufenthG gerichteten Klagebegehren als *eigenständige* oder jedenfalls *rechtlich abtrennbare Streitgegenstände* zu behandeln sind (BVerwG, InfAuslR 1997, 420, 421 = AuAS 1997, 250 = NVwZ 1997, 1132; s. hierzu im Einzelnen § 74 Rdn. 48 ff.). Dementsprechend ist im Berufungsverfahren zwar keine Einschränkung des Prüfungsumfangs im Hinblick auf die maßgebenden rechtlichen und tatsächlichen Fragen möglich, wohl ist aber im Umfang des Änderungsbegehrens eine Begrenzung

auf einzelne Streitgegenstände erforderlich. Hat das Verwaltungsgericht jedoch über den Hilfsantrag nach § 60 Abs. 5 und 7 AufenthG nicht entschieden, weil es dem Hauptantrag entsprochen hat, fällt dieser durch das Rechtsmittel der Beklagten gegen ihre Verurteilung nach dem Hauptantrag ebenfalls und automatisch im Berufungsverfahren an (BVerwGE 104, 260, 264 = InfAuslR 1997, 420, 421 = AuAS 1997, 250 = NVwZ 1997, 1132; noch offengelassen BVerwG, DVBl 1997).

C. Begründungsfrist (§ 124a Abs. 6 Satz 1 VwGO)

Auch im Asylverfahren ist die Berufung innerhalb der gesetzlich vorgesehenen Frist von *einem Monat* (§ 124a Abs. 6 S. VwGO; vgl. auch § 125 Abs. 1 Satz 1 in Verb. mit § 82 Abs. 1 Satz 2 VwGO) zu begründen (BVerwGE 107, 117, 118 f.= NVwZ 1998, 1311; Nieders. OVG, NVwZ 2000, 1059, 1060; OVG Sachsen NVwZ 2016, 469). Der Einlegung der Berufung bedarf es hingegen nicht (§ 78 Abs. 5 Satz 3). Unterbleibt die Begründung, wird die Berufung als unzulässig zurückgewiesen (BayVGH, NVwZ-RR 2006, 851). Der Rechtsmittelführer ist im Zulassungsbeschluss über die Notwendigkeit der fristgebundenen Berufungsbegründung zu belehren (BVerwGE 107, 117, 122 f. = NVwZ 1998, 1311; BVerwGE 109, 336, 339 ff. = NVwZ 2000, 190; BVerwG, NVwZ-RR 2013, 128, BVerwG, NVwZ 2000, 66; Nieders. OVG, NVwZ-Beil. 1997, 92, 93 = AuAS 1997, 240; VGH BW, NVwZ-Beil. 1998, 49). Der Rechtsanwalt, der Mitglied einer aus mehreren Rechtsanwälten bestehenden Sozietät ist, ist nicht verpflichtet, im Blick auf die Berufungsbegründungsfrist eine von der üblichen Vorfrist unabhängige weitere Frist zu notieren, um die Bearbeitung der Sache durch ihn im Hinblick auf seinen Jahresurlaub sicherzustellen (BGH, AnwBl 2015, 720). Die *Berufungsbegründungsfrist* kann auf Antrag *verlängert* werden (§ 124a Abs. 6 Satz 3 in Verb. mit Abs. 3 Satz 3 VwGO). Geht auf einen Verlängerungsantrag keine gerichtliche Mitteilung ein, muss sich der Bevollmächtigte – gegebenenfalls durch Rückfrage beim Berufungsgericht – Gewissheit verschaffen (BGH, BRAK-Mitt., 2015, 31, 32 f., im Anschluss an BGH, MDR 2010, 401). Die Rechtsmittelbelehrung ist nicht deshalb unrichtig, weil sie keinen Hinweis auf den *Vertretungszwang* enthält (BVerwG, NVwZ-RR 2013, 128; § 78). Unterbleibt die Belehrung ist Wiedereinsetzung zu gewähren (BVerwG, NVwZ 2000, 66). Der Rechtsanwalt hat die ordnungsgemäße Eintragung der Frist zu überwachen (BGH, AnwBl. 2009, 145). 8

Bei Verletzung der Verpflichtung eines Verwaltungsgerichts, einen bei ihm fristgemäß eingegangenen, aber erkennbar ein Rechtsmittelverfahren betreffenden Schriftsatz zur Begründung der Berufung im ordentlichen Geschäftsgang an das Berufungsgericht weiterzuleiten, wirkt sich ein etwaiges Verschulden des Rechtsmittelführers an der Fristversäumnis nicht mehr aus. Es ist deshalb dem Antrag auf Wiedereinsetzung in den vorigen Stand wegen Fristversäumnis statt zu geben (OVG NW, AuAS 2000, 142, 142 f.). Der Antrag ist jedoch zurückzuweisen, wenn ein anwaltliches Organisationsverschulden vorliegt (OVG Sachsen, NVwZ 2016, 469, 470). Der Rechtsanwalt, der die Berufungsbegründung für den dort bezeichneten Bevollmächtigten des Beteiligten mit dem Zusatz »i.V.« unterzeichnet, handelt erkennbar als Unterbevollmächtigter und übernimmt mit seiner Unterschrift die Verantwortung 9 für den Inhalt der Berufungsbegründungsschrift (BGH, AnwBl. 2012, 659). Ein aus unleserlichen Zeichen bestehender Schriftzug am Ende einer Berufungsschrift stellt jedenfalls dann eine Unterschrift i.S.d. § 130 Nr. 6 ZPO dar, wenn seine individuellen, charakteristischen Merkmale die Wiedergabe eines Namens erkennen lassen und aufgrund einer Gesamtwürdigung aller dem Berufungsgericht bei Fristablauf zur Verfügung stehenden Umstände die Identifizierung des Ausstellers ermöglichen (BGH, AnwBl. 2012, 660, mit Hinweis auf BGH, NJW-RR 2010, 358; § 74 Rdn. 37).

D. Anforderungen an die Berufungsgründung

10 Die Berufungsbegründung muss einen *bestimmten Antrag* enthalten sowie die *Berufungsgründe* bezeichnen. Die Folgen einer unzureichenden Begründung der Berufung regeln Abs. 1 und § 128a Abs. 2 VwGO. Es sind Ausführungen dazu zu machen, aus welchen Gründen das angefochtene Urteil für fehlerhaft gehalten wird (BVerwG, NVwZ 2000, 1042). Zur Darlegung der Fehlerhaftigkeit des angefochtenen Urteils ist lediglich die Mitteilung der Umstände erforderlich, die es aus Sicht des Berufungsführers in Frage stellen (BGH, AnwBl 2015, 451). Die Berufsbegründung bedarf einer aus sich heraus verständlichen Angabe, welche Punkte des angefochten Urteils bekämpft und welche tatsächlichen und rechtlichen Gründe im Einzelnen entgegengesetzt werden. Hierzu reicht es nicht aus, auf das Vorbringen in der Klageschrift zu verweisen und einen Gehörsverstoß wegen Verletzung der Hinweispflicht zu rügen, ohne auszuführen, was auf einen entsprechenden Hinweis vorgetragen worden wäre. Ist das angefochtene Urteil auf mehrere voneinander unabhängige, selbstständig tragende rechtliche Erwägungen gestützt, muss die Berufungsbegründung in dieser Weise jede tragende Erwägung angreifen (BGH, AnwBl 2015, 814). Ein dem Berufungsgericht vor Zustellung des Zulassungsbeschlusses zugegangener Schriftsatz, mit dem der Rechtsmittelführer auf einen gegnerischen Schriftsatz erwidert, um seinen Zulassungsantrag zu verteidigen, ersetzt andererseits nicht die ordnungsgemäße Berufungsbegründung (BVerwG, NVwZ-RR 2001, 142, 143). Auch die Antragstellung auf Bewilligung von Prozesskostenhilfe entbindet nicht von der Begründungspflicht (OVG Rh-Pf, NVwZ-Beil. 2000, 4). Das Konzept der Zulassungsberufung ist zweistufig angelegt. Nach Berufungszulassung muss im Rahmen der fristgebundenen Begründungspflicht verbindlich klargestellt werden, dass das Berufungsverfahren erstrebt wird (BVerwG, NVwZ-RR 2001, 142, 143). Daher ist *stets* ein *gesonderter Schriftsatz* mit Berufungsantrag und Berufungsbegründung einzureichen, nachdem die Berufung zugelassen worden ist (BVerwGE 107, 117, 118f. = NVwZ 1998, 1311 = AuAS 1998, 249; BVerwGE 109, 336, 338 f.; BVerwG, NVwZ 2000, 67; BVerwG, AuAS 2007, 53, 54; BayVGH, Urt. v. 21.02.2003 – 19 B 98.30828). Erforderlich, aber auch ausreichend ist, dass hinreichend deutlich zum Ausdruck kommt, dass und weshalb der Berufungsführer an der Durchführung des zugelassenen Berufungsverfahrens festhalten will (BVerwG, NVwZ-RR 2004, 541) und weshalb das angefochtene Urteil fehlerhaft sein könnte (VGH BW, AuAS 2010, 128, 129). Der Berufungsführer genügt aber grundsätzlich seiner Begründungspflicht, wenn er in der Begründung an seiner in tatsächlicher und rechtlicher Hinsicht hinreichend konkret erläuterten Auffassung festhält, durch den mit der Klage angefochtenen Bescheid verletzt zu sein und dadurch zum Ausdruck bringt,

dass er von den gegenteiligen Ausführungen des angefochtenen Urteils nicht überzeugt ist (BVerwG, NVwZ 2012, 1490, mit Bezug auf BVerwG, BeckRS 2005, 27546).

War aber die Gehörsrüge der unterlassenen Einholung einer amtlichen Auskunft erfolgreich, reicht zur Begründung die Bezugnahme auf den Zulassungsantrag aus (BVerwG, InfAuslR 2004, 130 = NVwZ-RR 2004, 220 = AuAS 2004, 8). Generell genügt in asylrechtlichen Verfahren eine Berufungsbegründung regelmäßig den Anforderungen des § 124a Abs. 4 Satz 4 VwGO, wenn sie eine entscheidungserhebliche Frage zu den tatsächlichen Verhältnissen im Herkunftsland des Asylklägers konkret bezeichnet und ihre hierzu von der Vorinstanz abweichende Beurteilung deutlich macht (BVerwG, NVwZ 2000, 67 = InfAuslR 2000, 97; BVerwG, InfAuslR 2000, 98; BayVGH, NVwZ-RR 2001, 545, 546). Wird die Berufung wegen Divergenz zugelassen, ist der Berufungsführer in aller Regel davon entbunden, in der Berufungsschrift über eine Bezugnahme auf den Zulassungsbeschluss hinaus weitere inhaltliche Ausführungen zur Begründung der Berufung zu machen. Bezieht sich der Berufungsführer auf den divergierenden Beschluss, macht er sich die Einschätzung des Berufungsgerichts und die dafür maßgebenden Erwägungen zu eigen, ohne sie im Einzelnen wiederholen zu müssen. Damit hat er eindeutig klargestellt, dass er die Berufung durchführen will und warum er sie für begründet erachtet. Das genügt dem Zweck der Pflicht zur Begründung der Berufung, durch klare prozessuale Kriterien zu einer Verkürzung und Beschleunigung des Berufungsverfahrens beizutragen (BVerwGE 114, 155, 158 = NVwZ 2001, 1029; a.A. VGH BW, AuAS 2010, 128, 129). Im Grundsatz ist damit eine Bezugnahme auf das Zulassungsvorbringen zulässig und reicht – je nach den Umständen des Einzelfalls – für eine ordnungsgemäße Begründung aus (BVerwG, NVwZ-RR 2004, 541, mit Hinweis auf BVerwGE 107, 117, 122; s. aber Rdn. 10) Unter Zugrundelegung dieser Grundsätze kann es zur Begründung auch genügen, dass der Berufungsführer mit einem gesonderten Schriftsatz innerhalb der Berufungsbegründungsfrist zum Ausdruck bringt, dass er die Berufung durchführen will und weshalb er sie für begründet hält. 11

Einer ausdrücklich Bezugnahme auf das bereits im Antrag auf Zulassung der Berufung enthaltene Begehren und die dort genannten Gründe bedarf es insbesondere nicht, wenn sich beides bereits aus dem Gesamtzusammenhang – angefochtenes Urteil, Zulassungsantrag und Zulassungsbeschluss – hinreichend deutlich ergibt (BVerwG, NVwZ-RR 2004, 541; BVerwG, DVBl 1997, 905; BVerwG, DVBl 1997, 907; BayVGH, AuAS 1997, 259, 260; OVG SA, EZAR 633 Nr. 35; a.A. OVG NW, NVwZ-Beil. 1998, 2, 3; OVG NW, Urt. v. 26.06.1997 – 1 A 1402/97.A; s. hierzu auch *Rudisile*, NVwZ 1998, 148). OVG SA, EZAR 633 Nr. 35). Im Übrigen folgt aus dem den Verwaltungsprozess beherrschenden Untersuchungsgrundsatz, dass das Berufungsverfahren unabhängig vom Vorbringen der Beteiligten durchzuführen ist. 12

E. Nachträgliche Zulassung verspäteten Vorbringens (Abs. 1 Satz 2 in Verb. mit § 128a VwGO)

Nach Abs. 1 Satz 2 gilt § 128a VwGO entsprechend für die Entscheidung über die Zulassung verspäteten Sachvorbringens. Der Beteiligte bleibt danach mit dem 13

Vorbringen, das nach § 87b Abs. 3 Satz 1 VwGO förmlich nicht zugelassen worden ist, auch im Berufungsverfahren ausgeschlossen (§ 128a Abs. 2 VwGO). Das Berufungsgericht hat insoweit jedoch *Ermessen* auszuüben (Nieders. OVG, InfAuslR 2004, 454, 456) und hierbei kumulativ schuldhaftes Verhalten und zu prüfen, ob andernfalls Verzögerungen eintreten (*Hailbronner*, AuslR B 2 § 79 AsylVfG Rn. 39). Sonstiges verspätetes Vorbringen im erstinstanzlichen wie im Berufungsverfahren hat das Berufungsgericht nach Maßgabe des § 128a Abs. 1 Satz 1 und 2 VwGO zuzulassen. Das Berufungsgericht kann auch selbst nach § 87b VwGO vorgehen (§ 125 Abs. 1 Satz 1 VwGO) und durch *prozessleitende Verfügung* erstmals zu einem fristgebundenem Sachvorbringen auffordern (BVerwG, AuAS 2000, 149, 150 = InfAuslR 2000, 418). Ist der Beteiligte im erstinstanzlichen Verfahren über die Folgen der Fristversäumnis nach § 74 Abs. 2 Satz 1 nicht belehrt worden (§ 74 Abs. 2 Satz 3), ist das präkludierte Sachvorbringen stets zuzulassen (§ 128a Abs. 1 Satz 3 Halbs. 1, Abs. 2 VwGO). Da das Bundesamt die Belehrung nach § 74 Abs. 2 Satz 3 im Bescheid in standardisierter Form in der Rechtsbehelfsbelehrung vornimmt, kann dieser Fall eigentlich nicht eintreten. Die Präklusion gilt jedoch nur für individuelles Vorbringen, nicht aber für den Vortrag zu den allgemeinen Verhältnissen im Herkunftsland (*Berlit*, in: GK-AsylG II, § 79 Rn. 31 f.).

14 Nach § 128a Abs. 1 Satz 1 VwGO ist das Vorbringen zuzulassen, wenn es nach der freien Überzeugung des Berufungsgerichtes die Erledigung des Rechtsstreits nicht verzögern würde oder die Verspätung genügend entschuldigt wird (§ 128a Abs. 1 Satz 1 VwGO). Auf gerichtliches Verlangen ist der Entschuldigungsgrund glaubhaft zu machen (§ 128a Abs. 1 Satz 2 VwGO). Bezieht sich das Vorbringen auf *neue* Tatsachen und Beweismittel, die erst im Berufungsverfahren bekannt geworden sind, findet Abs. 1 keine Anwendung (*Berlit*, in: GK-AsylG II, § 79 Rn. 30). Zur Vermeidung rechtlicher Nachteile ist insoweit aber unverzüglicher Sachvortrag geboten. Ist es dem Berufungsgericht mit geringem Aufwand möglich, den Sachverhalt auch ohne Mitwirkung des Beteiligten zu ermitteln, hat es den verspäteten Sachvortrag zu berücksichtigen (§ 128a Abs. 1 Satz 3 Halbs. 2 VwGO). § 128a Abs. 1 Satz 3 Halbs. 2 VwGO entspricht der für das erstinstanzliche Verfahren geltenden Regelung des § 87b Abs. 3 Satz 3 VwGO. Sind umfangreiche und zeitaufwendige Ermittlungen durch das Berufungsgericht erforderlich, kann es sein Ermessen gegen die Zulassung des erstinstanzlich präkludierten Sachvorbringens ausüben (Nieders. OVG, InfAuslR 2004, 454, 456). Es ist aber verpflichtet, die Zurückweisung ausreichend zu begründen. Die Anforderungen an eine ausreichende Begründung entziehen sich zwar einer generellen Festlegung. Der Begründungsbedarf steigt indes regelmäßig mit dem Gewicht, das die Präklusionsfolgen für den Betroffenen hat (BVerwG, AuAS 2000, 149, 150 = InfAuslR 2000, 418).

15 Abgesehen von den beiden Ausnahmen des § 128a Abs. 1 Satz 3 VwGO ist festzuhalten, dass eine vom Verwaltungsgericht zu Recht angeordnete Präklusion nach § 74 Abs. 2 Satz 2 AsylG in Verb. mit § 87b Abs. 3 Satz 1 VwGO grundsätzlich auch für das Berufungsverfahren weiter gilt (§ 128a Abs. 2 VwGO). Auch im Revisionsverfahren bleibt die Präklusion wirksam (§ 141 Satz 1, § 128a VwGO). Aus

§ 128a Abs. 1 Satz 1 Abs. 2 VwGO folgt, dass das Verwaltungsgericht das Sachvorbringen *ausdrücklich durch Beschluss* nicht zugelassen haben muss. § 128a Abs. 1 Satz 1 VwGO betrifft den Fall, dass der Kläger nach Ablauf der Frist des § 74 Abs. 2 Satz 1 neue Tatsachen oder Beweismittel angibt, insoweit über die Zulassung aber kein förmlicher Beschluss vorliegt. Es kann sich um verspätetes Vorbringen im erstinstanzlichen wie im Berufungsverfahren handeln. In aller Regel wird aber das Verwaltungsgericht verspätetes Vorbringen im erstinstanzlichen Verfahren förmlich ausgeschlossen oder zugelassen haben, sodass der Anwendungsbereich von Abs. 1 Satz 1 letztlich auf neues Sachvorbringen im Berufungsverfahren begrenzt ist. Das Berufungsgericht darf entscheidungserhebliches Vorbringen eines Beteiligten in der abschließenden Sachentscheidung nicht als verspätet zurückweisen, ohne dass der Betroffene zuvor die Möglichkeit gehabt hat, seine Schuldlosigkeit an der Fristversäumnis geltend zu machen (BVerwG, AuAS 2000, 149, 150 = InfAuslR 2000, 418). Gegen den Beschluss kann der Beteiligte in einem derartigen Fall die Beschwerde gegen die Nichtzulassung der Revision wegen eines Verfahrensfehlers erheben. Hierbei hat er schlüssig darzulegen, dass und warum er nicht in der Lage war, noch rechtzeitig gegenüber dem Berufungsgericht die eingetretene Verspätung zu entschuldigen (BVerwG, AuAS 2000, 149, 150 = InfAuslR 2000, 418). Der Einwand ist innerhalb der Begründungsfrist nach § 133 Abs. 3 VwGO und nicht innerhalb der kurzen Wiedereinsetzungsfrist nach § 60 Abs. 2 Satz 1 VwGO vorzubringen (BVerwG, AuAS 2000, 149, 151 = InfAuslR 2000, 418).

F. Verbot der Zurückverweisung (Abs. 2)

Mit dem ausdrücklichen Verbot der Anwendung von § 130 Abs. 2 und 3 VwGO 16 wird nach Abs. 2 wie früher nach § 32 Abs. 7 AsylVfG 1982 dem Berufungsgericht untersagt, die Sache an das Verwaltungsgericht zurückzuverweisen. Vielmehr hat es über den Berufungsantrag zu entscheiden und diesen entweder zu verwerfen oder aber der Berufung stattzugeben. Die Rechtsprechung hatte früher selbst bei offensichtlicher Rechtswidrigkeit der Zulassung durch das Verwaltungsgericht eine Bindungswirkung des Berufungsgerichts (BVerwG, NVwZ 1985, 199 = InfAuslR 1985, 119) und daraus folgend ein Verbot der Zurückverweisung angenommen. Auch war dem Verwaltungsgericht die Abhilfemöglichkeit genommen worden (§ 32 Abs. 5 Satz 1 AsylVfG 1982). Das geltende Recht knüpft an diese Rechtslage an. Da die Berufung durch das Verwaltungsgericht nicht zugelassen werden darf, kann gegen die Nichtzulassung auch keine Beschwerde erhoben werden, der abgeholfen werden könnte. Nur das Berufungsgericht kann noch über die Zulassung der Berufung entscheiden (§ 78 Abs. 5 Satz 1). Im Interesse der Verfahrensbeschleunigung (BT-Drucks. 12/2062, S. 41) ist dementsprechend die Zurückverweisung der Sache an das Verwaltungsgericht untersagt (BVerwG, DVBl 1997, 907, 908; Thür. OVG, Urt. v. 05.12.1996 – 3 KO 847/96). Das gilt selbst dann, wenn die Klage allein aus prozessrechtlichen Gründen abgewiesen oder eine Betreibensaufforderung erlassen wurde (*Hailbronner*, AuslR B 2 § 79 AsylVfG Rn. 7 f.; *Berlit*, in: GK-AsylG II, § 79 Rn. 99.1; *Bergmann*, in: Bergmann/Dienelt, AuslR, 11. Aufl. 2016, § 79 AsylG Rn. 3).

G. Entscheidung durch Beschluss (§ 130a Satz 1 VwGO)

I. Voraussetzungen des vereinfachten Berufungsverfahrens

17 Durch Aufhebung von Abs. 3 durch Art. 3 des 6. VwGO ÄndG hat der Gesetzgeber den bis dahin bestehenden Streit, ob über die Berufung ohne mündliche Verhandlung durch Beschluss entschieden werden kann, geklärt. Das Berufungsgericht kann über die Berufung durch Beschluss entscheiden, wenn es sie *einstimmig* für *begründet* oder einstimmig für *unbegründet* hält (§ 130a Satz 1 VwGO). Auch unter der Geltung des § 79 Abs. 3 AsylVfG 1992 wurde schon nach damals herrschender Ansicht unter den in § 130a VwGO geregelten Voraussetzungen durch Beschluss entschieden (BVerwG, NVwZ-RR 1998, 455; BayVGH, NVwZ 1997, 692 = DVBl 1997, 913 = EZAR 633 Nr. 29 = AuAS 1997, 161). § 130a Satz 1 VwGO findet auch dann Anwendung, wenn das Berufungsgericht die Berufung einstimmig teilweise für begründet und im Übrigen für unbegründet hält (VGH BW, NVwZ 1997, 691, 692). Das Berufungsgericht entscheidet über eine Berufung aber grundsätzlich durch Urteil. Ob es im vereinfachten Beschlussverfahren entscheidet, steht im grundsätzlich weiten Ermessen des Gerichts. Das Gesetz enthält hierfür keine Vorgaben. Auch wenn § 130a VwGO keine ausdrücklichen Einschränkungen enthält, erweist sich die Entscheidung aufgrund mündlicher Verhandlung im System des verwaltungsgerichtlichen Rechtsschutzes als der *Regelfall* und *Kernstück* auch im Berufungsverfahren. Deshalb dürfen bei der *Ermessensentscheidung* nach § 130a VwGO die Funktion der mündlichen Verhandlung (Vor § 78 Rdn. 2 ff.) und ihre daraus erwachsende Bedeutung für den Rechtsschutz nicht aus dem Blick geraten (BVerwGE 138, 289, 295 ff. Rn. 22 ff. = NVwZ 2011, 629 = InfAuslR 2011, 170).

18 Bei Vorliegen der Voraussetzungen ist das Berufungsgericht nicht an einer Entscheidung im Beschlussverfahren gehindert, wenn es nach einer Berufungsverhandlung das Verfahren ausgesetzt und dem BVerfG die Verfassungsmäßigkeit einer Norm zur Prüfung vorgelegt hatte (BVerwG, NVwZ-RR 2012, 295). Für Vorabentscheidungsersuchen (Art. 267 AEUV) gilt dies nicht, weil der EuGH unionsrechtliche Auslegungszweifel klärt und die Klarstellungen der Umsetzung im anhängigen Berufungsverfahren bedürfen. Stellt sich eine Vielzahl von ungeklärten Rechtsfragen und damit ein vielschichtiger Streitstoff, über den erstmalig zu befinden ist, spricht dies für eine außergewöhnlich große Schwierigkeit (BVerwGE 138, 289, 298 Rn. 24 = NVwZ 2011, 629 = InfAuslR 2011, 170). Hat der EuGH diese Zweifelsfragen geklärt, wird die Anwendung auf den konkreten Sachverhalt im anhängigen Rechtsstreit regelmäßig außergewöhnlich große Probleme bereiten. Zu bedenken ist, dass die mündliche Verhandlung der Regelfall sein muss. Die Grenzen des Ermessens sind erreicht, wenn die Sache in tatsächlicher und rechtlicher Hinsicht außergewöhnliche Schwierigkeiten aufweist. Zwar begründet die Auslegung einer Norm noch keine derartigen Schwierigkeiten. Stellen sich aber im Berufungsverfahren eine Vielzahl von ungeklärten Rechtsfragen und damit ein vielschichtiger Streitstoff, über den erstmals zu befinden ist, ist die Berufungsverhandlung durchzuführen (BVerwG, InfAuslR 2011, 170, 172). Das Beschlussverfahren kann insbesondere Anwendung finden, wenn das Berufungsgericht oder das BVerwG hinsichtlich einer bestimmten

Fallgruppe eine Grundsatzentscheidung getroffen hat und weitere Verfahren derselben Fallgruppe, die keine Besonderheiten aufweisen, noch in der Berufungsinstanz anhängig sind. Diese Verfahren können nach Maßgabe der Grundsatzentscheidung ohne mündliche Verhandlung durch Beschluss entschieden werden (BT-Drucks. 12/2062, S. 41). Eine Verfahrensweise nach § 130a Satz 1 VwGO kommt damit insbesondere *nach vorheriger Klärung gruppenspezifischer Rechts- und Tatsachenfragen* zugunsten weiterer Angehöriger der betroffenen Gruppe in Betracht, sofern die individuellen Besonderheiten eindeutig zu bewerten sind und keine mündliche Verhandlung erfordern. Vorausgesetzt ist damit stets eine *Grundsatzentscheidung des Berufungsgerichts*, die materielle Kriterien für die Behandlung gleichgelagerter Verfahren festlegt. Das Berufungsgericht kann dabei auf die Rechtsprechung anderer Berufungsgerichte sowie des Revisionsgerichtes zurückgreifen. In einem Asylprozess kann die besondere Komplexität des Streitstoffs in tatsächlicher Hinsicht aber auch daraus folgen, dass aufgrund veränderter Umstände erstmals eine erneute Beurteilung der allgemeinen Lage im Herkunftsland geboten ist (BVerwGE 138, 289, 298 Rn. 24 = NVwZ 2011, 629 = InfAuslR 2011, 170). Daher kann bei veränderten Verhältnissen nicht mehr am Beschlussverfahren festgehalten werden.

Hat das BVerwG die Revision gegen die Grundsatzentscheidung des Berufungsgerichts zugelassen, ist § 130a Satz 1 VwGO weiterhin bis zur revisionsgerichtlichen Verwerfung im konkreten Rechtsstreit anwendbar. Die individuellen Besonderheiten, die eine mündliche Verhandlung erfordern, werden sich in aller Regel auf die Zweifel beschränken, die dagegen sprechen, dass der Berufungskläger der verfolgten Gruppe zugehörig ist. Die Beiziehung und Einführung neuer Erkenntnismittel in das Berufungsverfahren sowie deren Verwertung im Wege des Urkundenbeweises stehen einer Entscheidung ohne mündliche Verhandlung im vereinfachten Berufungsverfahren nach § 130a VwGO nicht entgegen (BVerwG, NVwZ 1996, 1102 = DÖV 1997, 557). Eine mündliche Verhandlung ist nicht geboten, wenn im Wesentlichen nur Rechtsfragen zu entscheiden sind (BVerwG, NVwZ 2004, 108, 109). Im asylrechtlichen Berufungsverfahren ist es dem Berufungsgericht grundsätzlich verwehrt, einen Asylkläger, der eine individuelle Verfolgung geltend macht, lediglich unter Übernahme der entsprechenden behördlichen Würdigung als unglaubwürdig zu bewerten, ohne ihn selbst angehört zu haben. Es muss den Asylkläger jedenfalls dann selbst *anhören*, wenn es seine vom Bundesamt schriftlich festgehaltenen Aussagen anders interpretieren oder seine *Glaubwürdigkeit abweichend beurteilen* will als die Behörde (BVerwG, InfAuslR 2003, 28, 29; BVerwG, InfAuslR 2003, 252, 253; BVerwG, Beschl. v. 17.04.2003 – BVerwG 1 B 226.02; BVerwG, InfAuslR 2011, 170, 171; Hess.VGH, NVwZ-RR 2011, 125). Das gilt auch, wenn die Vorinstanz hinsichtlich eines zentralen Punktes seines Vorbringens keine Feststellungen getroffen, sondern seine Glaubwürdigkeit insoweit offengelassen hat (BVerwGE 138, 289, 294 Rn. 19 = NVwZ 2011, 629 = InfAuslR 2011, 170). Hiervon kann es allenfalls dann eine Ausnahme machen und unter Bezugnahme auf das *Anhörungsprotokoll* auf die Unglaubwürdigkeit des Asylsuchenden schließen sowie im vereinfachten Berufungsverfahren entscheiden, wenn dessen Aussage solche Widersprüche, Ungereimtheiten oder Unvereinbarkeiten mit gesicherten Erkenntnissen des Berufungsgerichts aufweist, dass sich die Wahrheit der 19 vom Asylkläger behaupteten Tatsachen auch ohne einen persönlichen Eindruck des Berufungsgerichts von seiner Glaubwürdigkeit von vornherein ausschließt (BVerwGE 116, 123, 125 = NVwZ 2002, 993 = AuAS 2002, 144; BVerwG, InfAuslR 2003, 252, 253 = AuAS 2002, 263; so auch Hess. VGH, AuAS 2011, 120). Kann eine derartige Wertung nicht vorgenommen worden, verletzt das Beschlussverfahren den Anspruch auf rechtliches Gehör, wenn allein unter Bezugnahme auf die Anhörungsniederschrift im Verwaltungsverfahren auf die Unglaubwürdigkeit des Asylkläger geschlossen wird, ohne diesen selbst anzuhören (BVerwG, Beschl. v. 14.07.2005 – BVerwG 1 B 135.04). Dem steht nicht entgegen, dass der Asylkläger in der Vorinstanz auf die Durchführung der mündlichen Verhandlung verzichtet hat (BVerwG, InfAuslR 2003, 252, 253 = AuAS 2002, 263).

20 Würdigt das Berufungsgericht eine *Zeugenaussage* anders als die Erstinstanz, ohne den Zeugen zu vernehmen, liegt hierin eine Verletzung des rechtlichen Gehörs der benachteiligten Partei (BGH, AnwBl. 2009, 803). Ferner wird das Gehörsrecht verletzt, wenn dem im Berufungsverfahren gestellten Antrag, den *Sachverständigen* zu einem erstinstanzlich eingeholten schriftlichen Gutachten befragen zu können, nicht stattgegeben wird, falls das Berufungsgericht sich insoweit nicht an die Feststellungen der Vorinstanz gebunden erachtet, sondern auf der Grundlage des eingeholten Gutachtens in eine neue Beweiswürdigung eintritt (BGH, AnwBl. 2009, 804; Vor § 78 Rdn. 171 ff.). Hieraus ist zu folgern, dass in diesen Fällen nicht im Beschlussverfahren entschieden werden darf. Eine Entscheidung durch Beschluss ohne mündliche Verhandlung im »vereinfachten Berufungsverfahren« zulasten des Klägers ist unzulässig, wenn der Klage im erstinstanzlichen Verfahren durch *Gerichtsbescheid* stattgegeben worden war (BVerwGE 116, 123, 125 = NVwZ 2002, 993 = AuAS 2002, 144). Der Gesetzgeber hat das vereinfachte Berufungsverfahren nur unter der Voraussetzung zugelassen, dass in erster Instanz eine mündliche Verhandlung stattgefunden hat oder dem Berufungskläger jedenfalls eröffnet war (BVerwGE 116, 123, 125 = NVwZ 2002, 993 = AuAS 2002, 144). Nach Zurückverweisung zur anderweitigen Entscheidung (§ 144 Abs. 3 Nr. 2 VwGO) kann das Berufungsgericht aber im vereinfachten Berufungsverfahren entscheiden (BVerwG, NVwZ 2005, 336).

II. Anhörungspflicht (§ 130a Satz 2 in Verb. mit § 125 Abs. 2 Satz 3 VwGO)

21 Aus § 130a Satz 2 VwGO folgt, dass die Beteiligten vor der Beschlussfassung zu *hören* sind (§ 125 Abs. 2 Satz 3 VwGO). Unterbleibt die ordnungsgemäße Anhörung oder lässt sich die ordnungsgemäße Zustellung nicht nachweisen, wird das rechtliche Gehör verletzt und beruht die Entscheidung hierauf (BVerwG, InfAuslR 1999, 374, 375; *Berlit*, in: GK-AsylG II, § 79 Rn. 126). Die Anhörungsmitteilung unterliegt in formeller und inhaltlicher Hinsicht strengen Anforderungen (BVerwG, InfAuslR 1999, 374, 375). Ein vorheriger Verzicht auf Durchführung der mündlichen Verhandlung wird durch die Anhörungsmitteilung verbraucht (BVerwG, InfAuslR 2004, 130, 131). Die Anhörungsmitteilung darf, wenn sie eine Aussage über den vom Berufungsgericht erwogenen Ausgang des Berufungsverfahrens enthält, nicht irreführend und dadurch objektiv ungeeignet sein, den betroffenen Beteiligten in der Rechtsverteidigung zu beeinträchtigen. Teilt das Berufungsgericht in der

Anhörungsmitteilung mit, dass nur eine teilweise Stattgabe der Klage in Betracht komme und weist es diese anschließend vollumfänglich ab, beruht die Entscheidung auf der Gehörsverletzung, hätte der Rechtsmittelführer andernfalls zum hilfsweisen Klageantrag nach § 4 Abs. 1 und § 60 Abs. 5 und 7 AufenthG Ausführungen gemacht (BVerwG, InfAuslR 1999, 374, 375).

Die Anhörungsmitteilung soll die Beteiligten in die Lage versetzen, sachbezogen und 22 konkret auf die mit dieser deutlich werdenden Auffassung des Berufungsgerichts zu reagieren. Daher kann allein in der Mitteilung einer vorläufigen – einstimmigen – Meinungsbildung über eine beabsichtigte Entscheidung nach § 130a VwGO kein Befangenheitsgrund gesehen werden (VGH BW, AuAS 2000, 178, 179). Verfügt es eine Anhörung ohne ausdrückliche Befristung, muss es einen angemessenen Zeitraum für eine Stellungnahme abwarten, bevor es durch Beschluss entscheidet. Will es an der Durchführung des vereinfachten Verfahrens festhalten, obwohl ein Beteiligter widerspricht und eine Verlängerung der Äußerungsfrist zur Ergänzung seines Vortrags beantragt, muss vorab über den *Verlängerungsantrag* entschieden werden (BVerwG, NVwZ-RR 1998, 783 = AuAS 1998, 247; BVerwG, NVwZ 2005, 466). Dies gilt grundsätzlich unabhängig davon, ob erhebliche Gründe für eine Verlängerung der richterlichen Frist nach § 57 Abs. 2, § 224 Abs. 2 ZPO glaubhaft gemacht sind, die in der Regel zu einer Reduzierung des Ermessens führen mit der Folge, dass dem Verlängerungsantrag zu entsprechen ist (BVerwG, NVwZ-RR 1998, 783, 784). Auch wenn das Gericht im Einzelfall befugt ist, den Antrag abzulehnen, weil erhebliche Gründe nicht bestehen, muss es hierüber nach § 225 ZPO entscheiden und dies dem Beteiligten, zu dessen Ungunsten der Beschluss nach § 130a VwGO ergehen soll, mitteilen, um diesen eine abschließende Stellungnahme zu ermöglichen. Aus dem Schweigen des Berufungsgerichts zu einem in offener Frist gestellten Verlängerungsantrag muss der Kläger nicht schließen, dass seiner Bitte um weiteres Zuwarten nicht entsprochen werde. Vielmehr darf er darauf vertrauen, dass das Gericht ihm Gelegenheit geben werde, sich hierauf einzustellen (BVerwG, NVwZ-RR 1998, 783, 784).

Wird ein *Beweisantrag* gestellt, muss das Berufungsgericht diesen entweder zum 23 Gegenstand einer *erneuten Anhörungsmitteilung* machen oder in dem die Berufung zurückweisenden Beschluss nach § 130a VwGO deutlich machen, weshalb es ausnahmsweise ohne einen entsprechenden Hinweis im vereinfachten Berufungsverfahren entscheiden durfte. Ferner muss es zumindest darlegen, aus welchen prozessualen Gründen es dem Beweisantrag nicht nachgehen musste (BVerwG, InfAuslR 1999, 475). Lässt sich den Entscheidungsgründen nicht entnehmen, dass es einen Beweisantrag zur Kenntnis genommen und aus welchen Gründen es die beantragte weitere Aufklärung für entbehrlich erachtet hat, wird das rechtliche Gehör des Beweisführers verletzt (BVerwG, AuAS 2006, 212, 213). Will das Berufungsgericht ungeachtet eines erst nach der Anhörungsmitteilung gestellten Beweisantrags am vereinfachten Verfahren festhalten, muss es zur Gewährleistung des rechtlichen Gehörs eine erneute Anhörungsmitteilung über das unverändert beabsichtigte vereinfachte Berufungsverfahren an den Beteiligten zu übersenden und ihn darauf hinzuweisen, dass es seinen Beweisanträgen nicht durch förmliche Beweisbeschlüsse nachgehen werde (BVerwG, Buchholz 310 § 130a VwGO Nr. 5; BVerwG,

Buchholz 310 § 133 n.F. VwGO Nr. 10; BVerwG, Beschl. v. 11.06.1996 – BVerwG 9 B 131.96; BVerwG, Beschl. v. 22.06.2007 – BVerwG 10 B 56.07). Verzichten die Beteiligten nicht auf Durchführung der mündlichen Verhandlung, darf es bei einer »außergewöhnlich großen Schwierigkeit der Sache« nicht im Beschlussverfahren entscheiden (BVerwGE 138, 287, 295 Rn. 22). Fristvorgaben für die Berufungsentscheidung nach Durchführung des Anhörungsverfahrens bestehen nicht. Es verletzt deshalb nicht den Anspruch der Beteiligten auf Gewährung rechtlichen Gehörs, wenn erst sechs Monate nach Ablauf der diesen gesetzten Äußerungsfrist im vereinfachten Berufungsverfahren entschieden wird (BVerwG, InfAuslR 2003, 359 = AuAS 2003, 166).

H. Rechtsmittel

24 Gegen den Beschluss des Berufungsgerichtes steht den Beteiligten dasselbe Rechtsmittel zu, das gegeben wäre, wenn das Gericht durch Urteil entschieden hätte (§ 130a Satz 2 in Verb. mit § 125 Abs. 2 Satz 4 VwGO). Je nach Tenorierung kann also die Revision (§ 139 Abs. 1 Satz 1 VwGO) oder die Nichtzulassungsbeschwerde (§ 133 VwGO) in Betracht kommen. Die Beteiligten sind im Beschluss über das einzulegende Rechtsmittel zu belehren (§ 125 Abs. 2 Satz 5 VwGO).

§ 80 Ausschluss der Beschwerde

Entscheidungen in Rechtsstreitigkeiten nach diesem Gesetz können vorbehaltlich des § 133 Abs. 1 der Verwaltungsgerichtsordnung nicht mit der Beschwerde angefochten werden.

Übersicht Rdn.

A. Funktion der Vorschrift

1 Während das AsylVfG 1982 keinen Ausschluss der Beschwerde kannte, wurde mit § 10 Abs. 3 Satz 8 AsylVfG 1990 erstmals die Beschwerdemöglichkeit gegen zurückweisende Beschlüsse des Verwaltungsgerichts im asylrechtlichen Eilrechtsschutzverfahren abgeschafft. § 80 vollendet die damit eingeleitete Entwicklung. Nach geltendem Recht sind sämtliche Beschwerden gegen Entscheidungen des Verwaltungsgerichts ausgeschlossen. Die revisionsrechtliche Nichtzulassungsbeschwerde bleibt hiervon unberührt (§ 80 in Verb. mit § 133 Abs. 1 VwGO). Bereits die Einführung des § 10 Abs. 3 Satz 8 AsylVfG 1990 hatte zu einer vermehrten Anrufung des BVerfG im

Wege der einstweiligen Anordnung nach § 32 BVerfGG geführt. Insbesondere im Zusammenhang mit dem Flughafenverfahren nach § 18a Abs. 4 hatte der Beschwerdeausschluss anfangs zu einer erheblichen Zunahme der Verfassungsbeschwerden geführt. Der Gesetzgeber hat diese Folgen jedoch im Interesse der Verfahrensbeschleunigung bewusst in Kauf genommen. Das BVerfG hat jedenfalls den Zugang zum Eilrechtsschutz nach § 32 BVerfGG erheblich erschwert (BVerfGE 94, 166, 216 = NVwZ 1996, 678 = EZAR 632 Nr. 25; § 36 Rdn. 63 ff.). Eine »*außerordentliche Beschwerde*« wegen greifbarer Gesetzeswidrigkeit ist nicht statthaft. Das gilt auch für nach § 80 unanfechtbare erstinstanzliche Entscheidungen (OVG Hamburg, EZAR NF 98 Nr. 34 = ZAR 2009, 71; VGH BW, InfAuslR 2009, 128).

Es ist Sache des Gesetzgebers zu entscheiden, ob Rechtsmittel gegen Gerichtsent- 2
scheidungen statthaft sein sollen (BVerfG, EZAR 632 Nr. 16). Art. 19 Abs. 4 GG gewährleistet keinen mehrstufigen Instanzenzug (BVerfGE 1, 433, 437; 4, 74, 94f.); 6, 7, 12, 8, 174, 181f.); 11, 232, 233; 28, 21, 36, 35, 262, 271; 49, 329, 343; 65, 76, 90; 83, 24, 31; BVerfGE 87, 48, 61f.= EZAR 632 Nr. 16 = AuAS 1/1993, 12 [LS]; *Hailbronner,* AuslR B 2 § 80 AsylVfG Rn. 2; *Funke-Kaiser,* in: GK-AsylG II, § 80 Rn. 4). Er verwehrt dem Gesetzgeber deshalb auch nicht, ein bisher nach der jeweiligen Verfahrensordnung statthaftes Rechtsmittel abzuschaffen oder den Zugang zu einem an sich eröffneten Rechtsmittel von neuen einschränkenden Voraussetzungen abhängig zu machen (BVerfGE 87, 48, 61f.). Diese Grundsätze haben auch für asylrechtliche Streitigkeiten Geltung. Das verfassungsrechtlich gebotene Verfahren muss u.a. geeignete Vorkehrungen dagegen treffen, dass Entscheidungen, die ein Asylbegehren wegen »offensichtlicher Unbegründetheit« oder »Unbeachtlichkeit« ablehnen oder Eilrechtsschutz gegen den Sofortvollzug der auf einer solchen Beurteilung eines Asylantrags gestützten Abschiebungsandrohung verweigern, unrichtig sind und damit den Asylkläger der Verfolgungsgefahr aussetzen. Solchen Fehlentscheidungen muss aber nicht durch Gewährleistung eines Instanzenzugs vorgebeugt werden. Hinreichende Vorkehrungen könnten auch durch Anwendung und Auslegung der gesetzlichen Ablehnungsgründe im gerichtlichen Verfahren als solchem getroffen werden (BVerfGE 87, 48, 61f.= EZAR 632 Nr. 16, unter Bezugnahme auf BVerfGE 65, 76, 95 = EZAR 630 Nr. 4 = NJW 1983, 2929 = InfAuslR 1984, 58; ähnl. Hess. VGH, EZAR 632 Nr. 10). Das Eilrechtsschutzverfahren muss deshalb im besonderen Maße den verfassungsrechtlich gebotenen verfahrensrechtlichen Anforderungen gerecht werden. Der Beschwerdeausschluss wird durch eine *besonders grundrechtsfeste Gestaltung des erstinstanzlichen Verfahrens* kompensiert.

B. Anwendungsbereich der Vorschrift

Der Beschwerdeausschluss gilt umfassend für *alle Streitigkeiten nach diesem Gesetz.* 3
Ob eine asylverfahrensrechtliche Streitigkeit vorliegt, beantwortet sich allein danach, auf welche Rechtsgrundlage die Behörde ihre Maßnahme gestützt hat. Ist dies eine solche nach dem AsylG, liegt eine Streitigkeit nach diesem Gesetz vor (BVerwG, AuAS 1996, 186, 187 = EZAR 633 Nr. 27 = NVwZ-RR 1997, 255; VGH BW, NVwZ-RR 1996, 535, 536 = AuAS 1995, 116; OVG Hamburg, EZAR 632 Nr. 22; OVG Hamburg, InfAuslR 1994, 377, 278; *Hailbronner,* AuslR B 2 § 80 AsylVfG

Rn. 5; § 74 Rdn. 2 ff.). Ob die asylverfahrensrechtliche Grundlage zu Recht herangezogen wurde, wird erst bei der Begründetheitsprüfung erheblich, kann hingegen nicht in der »Zulässigkeitsstation« für die Verfahrensart bestimmend sein (VGH BW, NVwZ-RR 1996, 535, 536). Dementsprechend erstreckt sich der Ausschluss der Beschwerde auf sämtliche Verfahren des *Eilrechtsschutzes,* aber auch auf *sonstige Nebenverfahren,* wie etwa *Wiedereinsetzungs-* (OVG, NW, Beschl. v. 23.08.1993 – 18 B 1399/93; OVG NW, Beschl. v. 15.06.1993 – 19 E 369/93.A), *Prozesskostenhilfe*verfahren und Kostenangelegenheiten (BT-Drucks. 12/2062, S. 42; Rdn. 4). Die Vorschrift erfasst auch Entscheidungen des Verwaltungsgerichtes, durch die der Eilrechtsschutz nach Zurückweisung des *Folgeantrags* abgelehnt worden ist (OVG NW, Beschl. v. 18.08.1993 – 18 B 2058/93) wie auch Eilrechtsschutzverfahren, in denen die Aussetzung der Folgen einer unanfechtbaren Klageabweisung nach § 78 Abs. 1 erstrebt wird (BayVGH, EZAR 632 Nr. 20; OVG Brandenburg, EZAR 632 Nr. 28). Auch für das Verfahren der *Richterablehnung* ist die Beschwerde ausgeschlossen (BayVGH, EZAR 630 Nr. 30; BayVGH, EZAR 632 Nr. 20; OVG NW, AuAS 1993, 132). Generell gilt, dass in allen Streitigkeiten nach diesem Gesetz, in denen das Gericht nach allgemeinem Prozessrecht beschwerdefähige Entscheidungen trifft, diese mit der Beschwerde nicht angegriffen werden können.

4 Insbesondere für das *Prozesskostenhilfeverfahren* ist nach der gesetzlichen Begründung (BT-Drucks. 12/2062, S. 42) der Beschwerdeausschluss eingeführt worden (Hess. VGH, EZAR 630 Nr. 31). Die dagegen stehende Rechtsprechung (BVerfGE 87, 48, 66 f.= EZAR 630 Nr. 26 = NVwZ 1988, 718; so auch BayVGH, Beschl. v. 23.08.1985 – Nr. 25 C 85 C 131; Hess. VGH, InfAuslR 1984, 253; OVG Saarland, AS 1984, 410; a.A. BayVGH, BayVBl. 1984, 378; OVG NW, InfAuslR 1984, 279; VGH BW, NVwZ 1984, 534; s. aber OVG Brandenburg, AuAS 2003, 45; ausführlich hierzu *Hörig,* InfAuslR 2012, 292), ist seit dem Inkrafttreten des § 80, also seit dem *01.07.1992,* nicht mehr anwendbar. Der Beschwerdeausschluss umfasst auch die Entscheidung über die *Erinnerung* des beigeordneten Rechtsanwaltes gegen die Festsetzung seiner Vergütung (OVG Hamburg, AuAS 1993, 132; OVG NW, NVwZ-RR 1996, 128; a.A. VG Frankfurt am Main, AuAS 1998, 48) und darüber hinaus auch *Streitwertbeschwerden* (OVG NW, AuAS 10/1992, 12).

5 *Abänderungsanträge* nach § 80 Abs. 7 Satz 2 VwGO sind ungeachtet des Beschwerdeausschlusses zulässig (Hess.VGH, EZAR NF 98 Nr. 16 = ZAR 2007, 72; *Hailbronner,* AuslR B 2 § 80 AsylVfG Rn. 11; *Funke-Kaiser,* in: GK-AsylG II, § 80 Rn. 32; *Bergmann,* in: Bergmann/Dienelt, AuslR, 11. Aufl., 2016, § 80 AsylG Rn. 6; § 36 Rdn. 20 ff.; Vor § 78 Rdn. 227 ff.). Während des durch den Zulassungsantrag nach § 78 Abs. 4 eingeleiteten Berufungsverfahrens ist das Berufungsgericht für die Entscheidung zuständig (Hess. VGH, EZAR NF 98 Nr. 16 = ZAR 2007, 72). Die Beschwerde gegen den Beschluss im Abänderungsverfahren ist ausgeschlossen (OVG NW, EZAR 632 Nr. 11; OVG NW, NVwZ-RR 1991, 587; Hess. VGH, AuAS 8/1992, 12). § 80 schließt eine bloße zweitinstanzliche Wiederholung eines einstweiligen Rechtsschutzantrags im berufungsgerichtlichen Zulassungsverfahren aus (Hess. VGH, EZAR NF 98 Nr. 16 = ZAR 2007, 72). Die Statthaftigkeit des Abänderungsantrags setzt voraus, dass der zurückgewiesene Eilrechtsschutzantrag fristgemäß gestellt worden

war (OVG NW, EZAR 632 Nr. 13). Der Rechtsmittelausschluss berührt nicht die Befugnis des Gerichts, von Amts wegen – gegebenenfalls auf Gegenvorstellung eines Beteiligten hin – einen Eilrechtsbeschluss abzuändern (§ 80 Abs. 7 S. 1 VwGO).

Die *zwangsweise Vorführung* nach unanfechtbarem Abschluss des Asylverfahrens mittels der *Passbeschaffungsanordnung* wird auf § 82 Abs. 4 AufenthG gestützt, auch wenn sie sich gegen einen ehemaligen Asylsuchenden richtet. Es handelt sich danach nicht um eine asylverfahrensrechtliche Streitigkeit (Thür. OVG, InfAuslR 2005, 227; VG Neustadt InfAuslR 2003, 116, 117f.); VG Wiesbaden, AuAS 2004, 273, 274; VG Weimar, Beschl. v. 04.10.2004 – 2 E 5889/04; VG Stuttgart, AuAS 2002, 82, 83; § 15 Rdn. 42, 27 ff.; a.A. VGH BW, InfAuslR 1999, 287, 288; OVG Rh-Pf, AuAS 2007, 43; VG Chemnitz, NVwZ 2000, 44). Eine Beschwerde findet deshalb statt. Hingegen ist in den Verfahren, in denen vor dem Verfahrensabschluss die Passbeschaffungsanordnung nach § 15 Abs. 2 Nr. 4 und 6 erlassen wird, die Beschwerde ausgeschlossen (VGH BW, NVwZ-RR 1996, 535, 536 = AuAS 1995, 116; VGH BW, AuAS 1995, 168). Die Einweisung in eine *Ausreiseeinrichtung* (§ 61 Abs. 3 AufenthG) stellt keine asylrechtliche Streitigkeit dar (OVG Rh-Pf, NVwZ-Beil. 2004, 21). 6

C. Beschwerde gegen ausländerrechtliche Maßnahmen

§ 80 findet nur auf Streitigkeiten nach dem AsylG Anwendung. Für Rechtsstreitigkeiten nach dem AufenthG gilt demgegenüber der Beschwerdeausschluss nicht. Insoweit ist jedoch § 43 zu beachten. In aller Regel wird mit der unanfechtbaren Entscheidung über die Vollziehbarkeit der Abschiebungsandrohung nach § 34 und § 35 sowie die Abschiebungsanordnung nach § 34a die Ausreisepflicht durchsetzbar. Nur in den Sonderfällen des § 43 hat das ausländerrechtliche Verfahren eigenständige Bedeutung und hindert die Vollstreckung der asylverfahrensrechtlichen Verfügung. Im ausländerrechtlichen Eilrechtschutzverfahren ist § 80 nicht anwendbar. Die Ausländerbehörden warten aber häufig den Ausgang des Beschwerdeverfahrens nicht ab. Davon zu unterscheiden sind Rechtsstreitigkeiten, in denen *vorbeugender Vollstreckungssschutz* im Rahmen eines auf die Feststellung von Abschiebungsverboten nach § 60 Abs. 5 und 7 AufenthG gerichteten Verfahrens begehrt wird. Hier handelt es sich um Rechtsstreitigkeiten nach dem AsylG (§ 31 Abs. 3) und ist die Beschwerde ausgeschlossen (OVG NW, AuAS 1993, 274; OVG Hamburg, 1994, 377, 378). Dies gilt auch, wenn im Folgeantragsverfahren allein subsidiärer Schutz nach § 4 Abs. 1 S. 1 oder Abschiebungsverbote nach § 60 Abs. 5 und 7 AufenthG geltend gemacht werden (OVG Hamburg, NVwZ-RR 1998, 456; VGH BW, NVwZ-Beil. 1998, 25, 26 = InfAuslR 1998, 193 = AuAS 1998, 31). Anderes gilt jedoch, wenn die Feststellung von Abschiebungsverboten nach § 60 Abs. 5 und 7 AufenthG außerhalb des Asylverfahrens (§ 72 Abs. 2 AufenthG) erstrebt wird und zuvor kein Asylantrag gestellt worden war. 7

Zu den von § 80 erfassten Verfahren des Eilrechtsschutzes gehören nicht nur die Verfahren auf Aussetzung der mit einer Asylantragsablehnung verbundenen Abschiebungsandrohung, sondern grundsätzlich auch die Verfahren auf Aussetzung 8 der auf der Grundlage dieser Anordnung zur Durchführung anstehenden Abschiebung selbst. Die Abschiebung in Vollziehung der aufgrund von § 34 Abs. 1 erlassenen Verfügung stellt nämlich lediglich ein Annex jener Maßnahme dar und ist mit derselben so unmittelbar verbunden, dass ihr gegenüber kein weiter gehender Rechtsschutz eingeräumt sein kann als gegenüber der Abschiebungsandrohung selbst (OVG Rh-Pf, NVwZ-RR 1995, 421, 422 = AuAS 1995, 168 [nur LS]; OVG Rh-Pf, AuAS 1998, 153; OVG Hamburg, InfAuslR 1994, 377, 378; OVG Hamburg, InfAuslR 2004, 219; Hess. VGH, EZAR 632 Nr. 19; Hess. VGH, NVwZ-Beil. 1995, 67; Hess. VGH, NVwZ-Beil. 1996, 21; Hess. VGH, NVwZ-Beil 1998, 46, 47; Hess. VGH, NVwZ-Beil. 1998, 45, 46; BayVGH, EZAR 632 Nr. 21; Nieders. OVG, Beschl. v. 20.08.1996 – 1 M 4720/96; OVG Saarland, Beschl. v. 04.12.1996 – 9 W30/96; VGH BW, AuAS 1998, 80).

9 Umstritten ist jedoch, ob in dem Fall, in dem der Betroffene sich nicht mit asylrechtlich relevanten, sondern mit ausländerrechtlich erheblichen Gründen, wie etwa Reiseunfähigkeit oder Eheschließung, gegen die Abschiebung wendet, § 80 Anwendung findet. Hier ist die Beschwerde nicht ausgeschlossen (VGH BW, NVwZ 1994, 1235, 1236; Nieders. OVG, NVwZ-Beil. 2004, 23; OVG Hamburg, AuAS 2005, 142, unter Änderung seiner früheren Rechtsprechung; a.A. Hess.VGH, NVwZ-Beil. 1996, 21 = AuAS 1996, 83 [nur LS]; OVG Bremen, NVwZ-RR 1995, 231; VGH BW, NVwZ-RR 1996, 536; VGH BW, NVwZ-RR 1996, 533, 534 = EZAR 632 Nr. 24; a.A. OVG Hamburg, InfAuslR 2004, 219). Nach der Rechtsprechung ist § 80 jedenfalls dann nicht anwendbar, wenn der Asylsuchende, dem nach erfolglosem Asylverfahren die Abschiebung angedroht wird, eine Duldung begehrt (BVerwG, NVwZ 1998, 299, 300 = InfAuslR 1998, 15 = AuAS 1998, 28; OVG Brandenburg, AuAS 1998, 137, 138; Thür. OVG, EZAR 632 Nr. 30; OVG Frankfurt an der Oder, NVwZ-Beil. 1998, 75; OVG Rh-Pf, B v. 12.03.1998 – 8 B 10128/88.OVG; VGH BW, NVwZ 1999, 792; VGH BW, NVwZ 1994, 1235, 1236; Nieders. OVG, NVwZ-Beil. 2004, 23; *Hailbronner*, AuslR B 2 § 80 AsylVfG Rn. 16; *Funke-Kaiser*, in: GK-AsylG II, § 80 Rn. 16.1; *Müller*, in: Hofmann/Hoffman. AuslR. Handkommentar, § 80 AsylVfG Rn. 5; a.A. Hess. VGH, NVwZ-Beil. 1998, 45, 46; Hess.VGH, InfAuslR 2003, 261; Nieders. OVG, NVwZ-Beil. 2004, 23 = AuAS 2004, 34; OVG Rh-Pf, NVwZ-Beil. 1998, 87 = AuAS 1998, 153; OVG Hamburg, NVwZ-Beil. 1998, 96; s. hierzu auch: BVerfG [Kammer], NVwZ 1998, 272). Unklar ist, ob die Mehrheitsmeinung auch dann § 80 nicht für anwendbar erachtet, wenn die Ausländerbehörde (erneut) eine Abschiebungsandrohung erlässt. Das BVerwG stellt jedoch auf die fehlende Kompetenz des Bundesamtes in Ansehung der Duldungsgründe nach § 60a Abs. 2 AufenthG, also im Blick auf die *inlandsbezogenen Vollstreckungshemmnisse* ab (BVerwG, NVwZ 1998, 299, 300), sodass § 80 im Eilrechtsschutzverfahren keine Anwendung findet, wenn derartige Duldungsgründe im Streit sind.

10 § 80 ist nicht anwendbar, wenn der erfolglos abgelehnte Asylsuchende, der im Besitz einer mit Wohnsitzauflage verfügten Duldungsbescheinigung ist, im Eilrechtsschutzverfahren gegen die *»landesinterne Umverteilung«* Eilrechtsschutz begehrt (VGH BW, AuAS 2008, 22, 23). Ferner findet der Beschwerdeausschluss nicht statt,

Satz 1 an Mitwirkungspflichten auferlegt. Ohne eine entsprechende Aufforderung des Gerichts, ist er zu weiterem Tätigwerden nicht gehalten (BVerwG, Buchholz 402.25 § 33 AsylVfG Nr. 7). Darüber hinaus trifft primär das Verwaltungsgericht die Pflicht, Veränderungen der allgemeinen Verhältnisse im Herkunftsland des Klägers von Amts wegen aufzuklären (§ 86 Abs. 1 VwGO). Weder nötigt die lange Verfahrensdauer den Asylkläger dazu, wiederholt schriftsätzlich sein Interesse an der Fortführung des Prozesses zu bekunden noch ist er im Hinblick auf die Veränderung der politischen Verhältnisse in seinem Herkunftsland gehalten, seinen Klagevortrag entsprechend zu ergänzen (BVerwG, Buchholz 402.25 § 33 AsylVfG Nr. 7). Auch der Umstand, dass dem Gericht Erkenntnisse vorliegen, die die Begründetheit der Klage in Zweifel ziehen, bietet jedenfalls noch keinen Anlass, am Fortbestehen des Rechtsschutzinteresses zu zweifeln. Werden derartige Erkenntnisse in das Verfahren eingeführt, hat es dem Kläger rechtliches Gehör zu gewähren und ihm Gelegenheit zur Stellungnahme zu geben. Äußert er sich nicht, kann es nach seinem Erkenntnisstand in der Sache, gegebenenfalls zulasten des Klägers, entscheiden. Die mögliche Unbegründetheit der Klage rechtfertigt aber insoweit nicht schon die Annahme, das Rechtsschutzinteresse des Klägers sei entfallen (BVerwG, Buchholz 402.25 § 33 AsylVfG Nr. 7).

Sind Bedenken gegen die Glaubhaftigkeit der Sachangaben erhoben worden und beruft sich der Kläger lediglich auf sein Sachvorbringen im Verwaltungsverfahren, ohne sich konkret und detailliert mit den Widersprüchen auseinanderzusetzen, läuft er Gefahr, dass das Gericht die tatsächlichen Feststellungen und Wertungen des Bundesamtes übernimmt (§ 77 Abs. 2). Hält das Gericht die Klagebegründung nicht für ausreichend, kann es den Kläger zur Abgabe weiterer Erklärungen unter Fristsetzung auffordern (§ 87b Abs. 2 VwGO). Erst wenn eine solche prozessleitende, *sanktionslose* Verfügung unbeachtet geblieben ist, kann die Frage der Verletzung verfahrensrechtlicher Mitwirkungspflichten angenommen und können darauf beruhende Zweifel am Fortbestand des Rechtsschutzinteresses unterstellt werden (vgl. BVerwG, Buchholz 402.25 § 33 AsylVfG Nr. 8; OVG NW, AuAS 2005, 151, 152). Anderes mag gelten, wenn der Kläger die von ihm in der Klageschrift angekündigte weitere Klagebegründung trotz zwischenzeitlicher Gewährung von Akteneinsicht und mehrfacher fruchtloser gerichtlicher Aufforderung über einen Zeitraum von mehr als sechs Monaten nicht vorgelegt hat. Ein derartiges Verhalten mag den Erlass der Betreibensaufforderung rechtfertigen (Hess.VGH, InfAuslR 1996, 362, 363 = AuAS 1996, 261; Hess. VGH, Beschl. v. 14.12.2001 – 11 ZU 1212/01.A, mit Bezugnahme auf BVerwG, NVwZ 1987, 605). Aber auch in diesem Fall ist regelmäßig zunächst eine sanktionslose Verfügung angezeigt. 10

Allein die Tatsache, dass der Eilrechtschutzantrag zurückgewiesen worden ist und der Kläger darauf hin untätig bleibt, rechtfertigt als solche noch nicht die Annahme von Zweifeln am Rechtschutzinteresse (BVerwG, AuAS 2003, 43, 44 ff.). Hat das Gericht in einem die Bewilligung von Prozesskostenhilfe ablehnenden Beschluss oder in einem zurückweisenden Eilrechtsbeschluss zum Ausdruck gebracht, dass das Vorbringen des Betroffenen im Hauptsacheverfahren aus seiner Sicht unbegründet ist, darf es den Kläger auffordern, sich zu der Rechtsansicht des Gerichts zu äußern und damit auseinanderzusetzen, um dem Gericht Gelegenheit zu geben, eventuell 11 in weitere Erwägungen einzutreten. Es ist dem Kläger grundsätzlich zuzumuten, sich hierauf zu äußern oder mitzuteilen, ob er das Verfahren weiterbetreiben will (OVG NW, AuAS 2005, 151, 152). Äußert sich der Kläger – auch nach einer weiteren gerichtlichen Verfügung – überhaupt nicht, beantwortet er insbesondere die Frage nach einem Interesse an der Weiterführung des Verfahrens nicht, kann darauf auf sein Desinteresse und seine mögliche Verzögerungsabsicht geschlossen werden (OVG NW, AuAS 2005, 151, 152).

12 Aus der dargestellten Rechtsprechung folgt, dass in dem Fall, in dem die Klage begründet worden ist, stets erst eine *prozessleitende* – sanktionslose – Verfügung geboten ist, bevor der Weg über § 81 gewählt werden darf (a.A. OVG Sachsen, AuAS 2013, 252). Antwortet der Kläger auf die Verfügung nicht, kann das Gericht entweder von der Präklusionsvorschrift des § 87b Abs. 3 VwGO Gebrauch machen oder die Betreibensaufforderung nach Satz 1 erlassen. Äußert er sich auf die prozessleitende Verfügung oder auf die Betreibensaufforderung, ist sein Sachvorbringen nach Maßgabe des § 87b Abs. 3 VwGO zu berücksichtigen. Diese Grundsätze gelten auch für das Berufungsverfahren. Vorausgesetzt ist insoweit, dass nach Zulassung der Berufung diese nach Maßgabe des § 124a Abs. 6 Satz 3 in Verb. mit Abs. 3 Satz 4 VwGO begründet worden ist. Hält das Berufungsgericht weitere Erklärungen des Rechtsmittelführer für angezeigt, hat zunächst der Vorsitzende durch eine – sanktionslose – prozessleitende Verfügung auf die Nachholung der Begründung hinzuwirken. Erst wenn diese unbeachtet bleibt, besteht Anlass zum Erlass der Betreibensaufforderung (BVerwG, InfAuslR 1985, 278; Rdn. 31). Das Berufungsgericht kann aber auch nach §§ 87b Abs. 1, § 128a VwGO vorgehen.

II. Ausreise aus dem Bundesgebiet

13 Zweifel am Fortbestand des Rechtsschutzinteresses können sich daraus ergeben, dass der Kläger freiwillig das Bundesgebiet verlassen hat (BVerwG, InfAuslR 1985, 278; BVerwG, Buchholz 402.25 § 33 AsylVfG Nr. 10; BVerwG, NVwZ-RR 1991, 443; BVerwG, AuAS 2003, 43, 44, Hess.VGH, EZAR 631 Nr. 34, S. 4 = InfAuslR 1995, 78 = AuAS 1995, 22; OVG NW, AuAS 2006, 250; VGH BW, AuAS 2009, 91, 92; OVG Sachsen, AuAS 2013, 252; *Funke-Kaiser,* in: GK-AsylG II, § 81 Rn. 23). Grundsätzlich hebt endgültiges Verlassen des Bundesgebietes aber nicht das Rechtsschutzbedürfnis auf, sodass die Betreibensaufforderung allein aus diesem Grund nicht gerechtfertigt ist (Hess.VGH, InfAuslR 1990, 291, unter Bezugnahme auf BVerwGE 81, 164 = EZAR 205 Nr. 10 = NVwZ 1989, 673). Der Erlass der Betreibensaufforderung ist jedoch dann gerechtfertigt, wenn der Prozessbevollmächtigte des Klägers die sich aus seiner Ausreise aus dem Bundesgebiet ergebenden Zweifel an dem Fortbestand des Rechtsschutzinteresses nicht von sich aus widerlegt (BVerwG, Buchholz 402.25 § 33 AsylVfG Nr. 10). Andererseits kann in der Ausreise des Klägers nach wirksamer Asylantragstellung und Klageerhebung in ein anderes Land jedenfalls dann nicht die Aufgabe des ernsthaften subjektiven Interesses an einer gerichtlichen Entscheidung über die begehrten Ansprüche gesehen werden, wenn er nach der Ausreise den Rechtsstreit ordnungsgemäß weiterbetreibt, unter Nennung nachvollziehbarer Gründe ausdrücklich sein fortbestehendes Interesse an der Erlangung eines positiven

Verpflichtungsurteils bekundet und jederzeit in die Bundesrepublik zurückkehren kann. Solange die dem gerichtlichen Urteil eigenen Wirkungen rechtlich möglich und auch nur mithilfe des Gerichts, eben durch richterliche Entscheidung, erreichbar sind, kann ein objektives Interesse am Ergehen dieser Entscheidung grundsätzlich nicht verneint werden (BVerwGE 81, 164, 166 = EZAR 205 Nr. 10 = NVwZ 1989, 673 = Buchholz 402.25 § 2 AsylVfG Nr. 9).

Von der Möglichkeit, nach *unfreiwilliger Ausreise* – als Ergebnis eines erfolglosen Eil- 14
rechtsschutzverfahrens – das Verfahren vom Ausland aus weiter betreiben zu können, geht auch das BVerfG wie selbstverständlich aus (vgl. BVerfGE 56, 216, 243 f. = DVBl 1981, 623 = DÖV 1981, 453 = NJW 1981, 1436 = BayVBl, 1981, 366; BVerfGE 67, 43, 57 = NJW 1984, 2028 = DVBl 1984, 673 = InfAuslR 1984, 215 = JZ 1984, 735; ebenso OVG Rh-Pf, NVwZ-Beil. 1998, 60 = AuAS 1998, 58). Das BVerwG hat die Grundsätze in einem Verfahren entwickelt, in dem der Kläger während des anhängigen Rechtsstreits in ein drittes Land weitergereist war, dort eine Staatsangehörige dieses Landes geheiratet und in deren Gewerbebetrieb mitgearbeitet hatte (BVerwGE 81, 164, 166 = EZAR 205 Nr. 10 = NVwZ 1989, 673 = Buchholz 402.25 § 2 AsylVfG Nr. 9). Auch wenn der Kläger in sein Herkunftsland zurückkehrt, muss dies nicht ohne Weiteres den Wegfall des Interesses an der Fortführung des Rechtsstreits indizieren. Es sind Fälle denkbar, in denen ein Flüchtling deshalb in sein Herkunftsland einreist, um Verwandten oder Freunden bei der Flucht zu helfen. Erst bei dauerhafter Niederlassung entfällt die Flüchtlingseigenschaft (BVerwGE 89, 231, 237 = EZAR 211 Nr. 3 = NVwZ 1992, 679; § 72 Abs. 1 Nr. 10). Diesen materiellen Grundsätzen kommt auch prozessuale Bedeutung zu. So begründet allein die Tatsache, dass der Kläger aus tatsächlichen Gründen aufgrund des freiwilligen Entschlusses, das Bundesgebiet zu verlassen, außerstande ist, von einer ihm zustehenden Statusberechtigung Gebrauch zu machen, nicht den Wegfall des Rechtsschutzbedürfnisses. Vielmehr kann allenfalls dann ein derartiger Wegfall unterstellt werden, wenn er den von ihm gewählten Zufluchtstaat *freiwillig* und *nicht nur vorübergehend* verlässt (Hess.VGH, Urt. v. 13.11.1986 – 100 E 108/83; so auch Hess.VGH, HessVGRspr. 1988, 41).

Insbesondere im Flughafenverfahren (§ 18a) neigen die Verwaltungsgerichte dazu, 15
nach Vollzug der Einreiseverweigerung ohne weitere prozessuale Zwischenschritte eine Betreibensaufforderung zu erlassen. Allein die zwangsweise Rückführung in einen dritten oder in den Herkunftsstaat begründet jedoch noch keinen Zweifel am Fortbestand des Rechtsschutzbedürfnisses. Erst wenn eine prozessleitende Verfügung nach § 87b Abs. 1 oder 2 VwGO unbeantwortet bleibt, kann das Gericht nach § 81 vorgehen (Rdn. 12). Teilt der Verfahrensbevollmächtigte auf die prozessleitende Verfügung hin mit, er müsse zunächst noch Verbindung mit seinem Mandanten zur Abklärung aufnehmen, hat das Gericht eine angemessene Zeit zu warten, bevor es eine Betreibensaufforderung erlässt. Jedenfalls in den Fällen, in denen Verfügungen des Gerichts ordnungsgemäß ausgeführt, insbesondere die geforderten Tatsachen angegeben und Beweismittel bezeichnet werden, kann kein Zweifel am Fortbestand des Interesses an der Weiterführung des Verfahrens unterstellt werden. Die weiter gehende gesetzliche Fiktion des § 33 Abs. 2, wonach der Asylantrag als

zurückgenommen gilt, wenn der Asylsuchende während des Asylverfahrens in sein Herkunftsland zurückkehrt, kann mangels ausdrücklicher gesetzlicher Regelung für das gerichtliche Verfahren bei der Auslegung und Anwendung von § 81 keine Anwendung finden.

III. Nichtmitteilung der ladungsfähigen Anschrift

16 Der Wegfall des Rechtsschutzinteresses kann unterstellt werden, wenn der Kläger trotz *mehrfacher gerichtlicher Aufforderung* sich *beharrlich weigert,* dem Verwaltungsgericht seinen Aufenthaltsort im Inland und eine ladungsfähige Adresse bekannt zu geben. Aus einem derartigen Verhalten wird gefolgert, dass der Kläger in Wahrheit asylrechtlichen Schutz unter den vom Gesetz festgelegten Voraussetzungen nicht erstrebt, ihm mithin ein Rechtsschutzbedürfnis nicht zur Seite steht (Hess.VGH, Hess.VGRspr. 1988, 47; Hess.VGH, HessVGRspr. 1988, 41; Hess. VGH, Beschl. v. 13.01.1988 – 12 UE 818/85; Hess.VGH, AuAS 2000, 211, 212; Hess.VGH, AuAS 2004, 141, 142; OVG NW, AuAS 2002, 92, 93; OVG NW, AuAS 2004, 115, 117, OVG NW, AuAS 2006, 250, 251; OVG Rh-Pf, NVwZ-Beil. 2000, 107; VGH BW, AuAS 1998, 119, 120; s. auch Thür.OVG, InfAuslR 2000, 19, 20). Das *Untertauchen des Klägers* (§ 33 Abs. 2 Nr. 2) wird als »ein typisches Anzeichen« für den Wegfall des Rechtsschutzinteresses gewertet (OVG NW, AuAS 2004, 115, 117; OVG NW, AuAS 2006, 250; BayVGH, AuAS 1999, 98; Thür. OVG, InfAuslR 2000, 19, 20 = AuAS 1999, 266; VGH BW, AuAS 2009, 91, 92; *Funke-Kaiser,* in: GK-AsylG II, § 81 Rn. 22). Zweifel am Wegfall sind jedoch erst dann begründet, wenn er sich *beharrlich weigert,* seine Anschrift bekannt zu geben. Das setzt voraus, dass er zuvor vom Gericht *wiederholt* aufgefordert worden ist, seine ladungsfähige Adresse mitzuteilen (Hess.VGH, HessVGRspr. 1988, 41; Hess. VGH, InfAuslR 1990, 291, 292).

17 Wird dem Verwaltungsgericht bekannt, dass der Kläger »*nach unbekannt abgemeldet*« ist, sind diese Grundsätze ebenfalls anzuwenden (Hess. VGH, EZAR 630 Nr. 9, S. 2; Hess. VGH, AuAS 2000, 211, 212; OVG NW, AuAS 2006, 250, 251). Häufig erfolgen derartige Abmeldungen aber ohne Wissen des Klägers durch die Ausländerbehörde, Aufsichtspersonen in der Gemeinschaftsunterkunft oder durch den Hotelbesitzer. Dementsprechend kann ein »Untertauchen« lediglich ein *Anzeichen* für den Wegfall des Rechtsschutzinteresses sein (BVerwGE 101, 323, 327 f. = InfAuslR 1996, 418 = NVwZ 1997, 1136). Auch hier bedarf es daher vor Erlass der Betreibensaufforderung einer Anfrage an den Verfahrensbevollmächtigten mit der Bitte um Mitteilung der ladungsfähigen Adresse. Erst wenn derartige Anfragen wiederholt fruchtlos geblieben sind, darf die Betreibensaufforderung ergehen. Erst dann ist erwiesen, dass der Kläger die vom Gericht erstrebte Aufklärung unmöglich macht, weil er unbekannten Aufenthalts ist. Dies geht insbesondere dann zu seinen Lasten, wenn deshalb die Glaubhaftigkeit seiner Angaben nicht überprüft werden kann (BVerwGE 101, 323, 327 f. = InfAuslR 1996, 418 = NVwZ 1997, 1136). Unterhält er jedoch Kontakt zu seinem Bevollmächtigten und ist er daher auch für Mitteilungen des Gerichtes erreichbar, rechtfertigen weder dessen von Amts wegen erfolgte Abmeldung nach »unbekannt« noch die unterlassene Mitwirkung bei der Durchführung der Abschiebung

den Erlass der Betreibensaufforderung (OVG NW, AuAS 1999, 94, 95; OVG NW, AuAS 2006, 250, 251). Dies gilt jedenfalls für die Fälle, in denen aufgrund des früheren Vorbringens eine Teilnahme des Klägers an der mündlichen Verhandlung nicht erforderlich ist (OVG NW, AuAS 1999, 94, 95; a.A. OVG NW, AuAS 2004, 115, 117). Ist die Anschrift des Vormunds des minderjährigen Klägers bekannt, ist grundsätzlich dessen Erreichbarkeit für Zwecke des anhängigen Verwaltungsstreitverfahrens gewährleistet (BVerfG [Kammer], NVwZ-Beil. 1999, 17, 18), sodass das fehlende Rechtsschutzbedürfnis nicht unterstellt werden kann. Ebenso kann nicht ohne Weiteres vom Mangel des Rechtsschutzbedürfnisses ausgegangen werden, wenn der Kläger für seinen Bevollmächtigten erreichbar ist (vgl. OVG NW, AuAS 2002, 92, 93).

D. Form der Betreibensaufforderung

Nach Satz 1 bedarf es einer gerichtlichen Aufforderung, damit die Fiktionswirkung eintreten kann. Das erfordert nicht notwendigerweise einen Beschluss. Vielmehr kann sie auch durch *prozessleitende Verfügung* des Einzelrichters, des Vorsitzenden oder des Berichterstatters erfolgen (BVerwGE 71, 213, 216 = BayVBl. 1986, 503; VGH BW, DÖV 1985, 414; VGH BW, NVwZ-RR 1991, 443; Nieders. OVG, NVwZ 1998, 529; BayVGH, NVwZ 1998, 528; *Funke-Kaiser,* in: GK-AsylG II, § 81 Rn. 24; a.A. Hess. VGH, InfAuslR 1984, 26). Begründet wird dies damit, dass der Begriff des Gerichts nichts dafür hergebe, wer im Einzelfall zum Erlass der Betreibensaufforderung berufen sei. Maßgebend könne daher allein der Inhalt der Aufforderung sein. Werde der Kläger etwa durch Beweisbeschluss zur Stellungnahme aufgefordert, sei dafür der jeweilige Spruchkörper (Kammer, Einzelrichter, Senat) zuständig. Handele es sich dagegen darum, eine Klage zu begründen, bestimmte Nachweise zu erbringen, Urkunden vorzulegen oder eine konkrete Erklärung abzugeben, sei dafür der Vorsitzende (§ 86 Abs. 3 und 4 VwGO) oder der Berichterstatter (§ 87 VwGO) zuständig (VGH BW, DÖV 1985, 414; s. auch § 87a Abs. 3 und § 87b Abs. 2 Satz 1 VwGO). Die Gegenmeinung wird damit begründet, dass das AsylG sowie die VwGO zwischen Gericht, Kammer, Berichterstatter und Einzelrichter ausdrücklich unterscheiden und unter Gericht im Sinne der Vorschrift im Allgemeinen den Spruchkörper – u.U. auch den Einzelrichter – verstehen (Hess. VGH, InfAuslR 1984, 26). 18

Die Betreibensaufforderung muss nach den Vorschriften des VwZG zugestellt werden (BVerwGE 71, 213, 216 = BayVBl. 1986, 503; VGH BW, DÖV 1985, 414; OVG Berlin, NVwZ-Beil. 1997, 74; VGH BW, AuAS 2009, 91, 92; *Hailbronner,* AuslR B 2 § 81 AsylVfG Rn. 11; *Funke-Kaiser,* in: GK-AsylG II, § 81 Rn. 26; *Bergmann,* in: Bergmann/Dienelt, AuslR, 11. Aufl., 2016, § 81 AsylG Rn. 15). Die verschärften Zustellungsvorschriften nach § 10 finden Anwendung (*Hailbronner,* AuslR B 2 § 81 AsylVfG Rn. 12). Das Fehlen der erforderlichen Zustellung wird durch den tatsächlichen Zugang gem. § 56 Abs. 1 VwGO in Verb. mit § 189 ZPO geheilt (Hess.VGH, AuAS 2004, 141, 142). Die Angabe eines bestimmten Tages als Fristende bringt wegen der möglichen Probleme bei der Zustellung die Gefahr der Unrichtigkeit mit sich und macht die Frist rechtlich wirkungslos, wenn der angegebene Tag vor dem nach dem Gesetz zu berechnenden tatsächlichen Fristende liegt (BVerwGE 71, 213, 217 f.). Daher empfiehlt sich die Formulierung in der Aufforderung, dass 19 die geforderte Handlung des Klägers spätestens innerhalb der Frist von einem Monat nach Zustellung der Aufforderung erfolgen muss. Die bloße Bekanntgabe reicht – auch wenn sie zweifelsfrei erfolgt ist – daher nicht aus. § 8 Abs. 2 VwZG bringt den Rechtsgedanken zum Ausdruck, in allen Fällen, in denen es im Interesse eindeutiger Klarheit und des Schutzes der Betroffenen geboten ist, die Heilung von Zustellungsmängeln auszuschließen.

E. Inhalt der Betreibensaufforderung

20 Die Aufforderung, das Verfahren zu betreiben, muss substanziiert sein und darf sich nicht lediglich in der Wiederholung des Gesetzestextes erschöpfen (*Renner*, ZAR 1983, 62, 72). Sie muss insbesondere inhaltlich bestimmt sein und darf sich nicht auf das bloße Verlangen beschränken, das Verfahren zu betreiben. Die *nicht näher konkretisierte* Aufforderung an den Kläger, seine Klage unter Auseinandersetzung mit einer ablehnenden Entscheidung im Eilrechtsschutzverfahren ergänzend zu begründen, vermag deshalb die Rücknahmefiktion nicht auszulösen (BVerwG, NVwZ-Beil. 2003, 17 = AuAS 2003, 43). Auch darf die Aufforderung nicht die Anforderungen an die Mitwirkung und Förderung des Prozesses durch den Kläger überspannen (BVerfG (Vorprüfungsausschuss), NVwZ 1985, 33; BVerfG (Vorprüfungsausschuss), BayVBl. 1984, 658; OVG NW, AuAS 2005, 151; *Funke-Kaiser*, in: GK-AsylG II, § 81 Rn. 28), weil dadurch ein unangemessen hohes verfahrensrechtliches Hindernis bei der gerichtlichen Verfolgung der geltend gemachten Ansprüche errichtet würde (BVerfG (Vorprüfungsausschuss), NVwZ 1985, 33; BVerfG (Vorprüfungsausschuss), BayVBl. 1984, 658). Das Maß der Konkretisierung kann nicht allgemein bestimmt werden. Vielmehr bemisst sich der Inhalt nach dem Anlass, der zu Zweifeln am Fortbestand des Rechtschutzinteresses gegeben hat. Aufgrund des Ausnahmecharakters des § 81 setzt die Rechtmäßigkeit einer hiernach ergehenden Betreibensaufforderung neben einem das mangelnde Interesse an der Fortführung des Verfahrens dokumentierenden Verhalten des Klägers voraus, dass sich die vom Gericht in der Aufforderung geforderten prozessualen Handlungen *streng* an den Umständen auszurichten haben, die Anlass für die Betreibensaufforderung gewesen sind (Hess. VGH, InfAuslR 1996, 362, 363 = AuAS 1996, 261).

21 Durch die Aufforderung darf also vom Kläger nur das verlangt werden, wozu er im Rahmen der ihn treffenden Mitwirkungspflicht gehalten gewesen wäre und was er bislang schuldig geblieben ist, sodass die Nachholung dieser vom Kläger zu fordernden Mitwirkung auf die gerichtliche Aufforderung hin die entstandenen Zweifel an seinem Interesse zur Fortsetzung des Verfahrens zu zerstreuen geeignet ist (Hess. VGH, InfAuslR 1996, 362, 363). Richtet das Gericht in der Betreibensaufforderung eine Reihe von inhaltlichen Fragen an den Kläger, welche die Substanziierung seiner Klage bezwecken, ist das gerichtliche Vorgehen nur dann gerechtfertigt, wenn er zuvor in einer prozessleitenden Verfügung bereits zur Beantwortung dieser Fragen aufgefordert worden und die Erfüllung seiner Mitwirkungshandlung schuldig geblieben ist (*Funke-Kaiser*, in: GK-AsylG II, § 81 Rn. 26; Rdn. 12). Aus der streng bezogenen

Kausalität der Betreibensaufforderung folgt mithin, dass diese nicht dazu dienen kann, bislang nicht angesprochene Tatsachenkomplexe aufzuklären.

F. Anforderungen an die Mitwirkungspflicht nach Satz 1

Nach Satz 1 kann der Kläger, dem eine den gesetzlichen Vorschriften entsprechende Betreibensaufforderung ordnungsgemäß zugestellt worden ist, den Eintritt der gesetzlichen Fiktion nur abwenden, wenn er *innerhalb der Monatsfrist* das *Verfahren betreibt*. Leistet er der Betreibensaufforderung keine oder nur unzulänglich Folge, werden dadurch die gerichtlichen Zweifel endgültig bestätigt. Die damit prozessual bedeutsame Frage, wann einer Betreibensaufforderung nur unzulänglich nachgekommen wird, ist abhängig vom Umfang und von der Art der mit der gerichtlichen Betreibensaufforderung eingeforderten Mitwirkung des Klägers (Rdn. 20). Generell kann gesagt werden, dass er innerhalb der Frist substanziiert darlegen muss, *dass* und *warum* sein Rechtsschutzbedürfnis trotz der Zweifel an seinem Fortbestehen, aus dem sich der Aufforderungsanlass ergeben hat, nicht entfallen ist (BVerfG Kammer, NVwZ 1994, 62 = AuAS 1993, 196; BVerwG, InfAuslR 1985, 278; OVG MV, NVwZ-RR 2005, 596). Daher genügt eine bloße Erklärung des Klägers, er wolle das Verfahren weiterbetreiben, ebenso wenig (BVerwG, Buchholz 402.25 § 33 AsylVfG Nr. 6; Hess.VGH, InfAuslR 1984, 26) den Anforderungen an ein substanziiertes Sachvorbringen, wie die Vornahme einer von mehreren erbetenen Verfahrenshandlungen, wenn diese zur Erfüllung seiner prozessualen Mitwirkungspflicht offensichtlich von untergeordneter Bedeutung ist (BVerwG, Buchholz 402.25 § 33 AsylVfG Nr. 6). Eine *Fristverlängerung* darf das Gericht *nicht* gewähren, da es sich bei S. 1 um eine gesetzliche Frist handelt. 22

Wann der Kläger die Zweifel am Fortbestehen des Rechtsschutzinteresses ausgeräumt und damit seiner Darlegungslast Genüge getan hat, kann naturgemäß nicht abstrakt umschrieben werden, sondern ist von den Umständen des Einzelfalles, insbesondere von den Gründen der Betreibensaufforderung und den vom Kläger erbetenen Verfahrenshandlungen abhängig (BVerwG, Buchholz 402.25 § 33 AsylVfG Nr. 6; OVG MV, NVwZ-RR 2005, 596; *Hailbronner,* AuslR B 2 § 81 AsylVfG Rn. 18; *Funke-Kaiser,* in: GK-AsylG II, § 81 Rn. 32). Zwar wird im Allgemeinen eine Darlegung dahin gefordert, dass und warum das Rechtsschutzbedürfnis trotz der aufgetretenen Zweifel fortbesteht. Die maßgebende zukunftsbezogene Betrachtung erfordert aber *keine* Darlegung der *Gründe für die bisherige Säumigkeit* (*Funke-Kaiser,* in: GK-AsylG II, § 81 Rn. 33). Der Kläger hat innerhalb der Frist sämtliche seiner Meinung nach seine Ansprüche stützenden Tatsachen und Beweismittel substanziiert, widerspruchsfrei und erschöpfend vorzutragen. Im Rahmen der Darlegungslast ist weder Glaubhaftmachung der Gründe für die Versäumnis gefordert noch setzt die Abwehr der Fiktionswirkung voraus, dass der Sachvortrag die geltend gemachten Ansprüche lückenlos tragen muss. Die Erfüllung der Darlegungslast nach Satz 1 soll dem Gericht die Prüfung des Fortbestandes des Rechtsschutzinteresses, nicht aber zugleich auch die Beurteilung der Begründetheit der Klage ermöglichen. Auf eine vage, inhaltsleere Betreibensaufforderung hin kann ein ebenso lapidarer Hinweis des Klägers auf sein fortbestehendes Interesse, das Verfahren weiter zu betreiben, ausreichend sein. 23

24 Der Rechtsprechung des BVerwG ist zu entnehmen, dass der Kläger sich bemühen muss, die maßgeblichen individuellen Verfolgungstatsachen vorzutragen sowie die wesentlichen, in der Aufforderung gestellten Fragen zu beantworten. Ob ein Weiterbetreiben voraussetzt, dass er z.B. die vom Gericht gestellten zwanzig Fragen vollständig beantwortet (Hess.VGH, Beschl. v. 06.01.1987 – 10 TE 2233/84), dürfte zweifelhaft sein. Eine derartige Forderung überspannt bei Weitem die Anforderungen an die Mitwirkung und Förderung des Prozesses (BVerfG [Vorprüfungsausschuss], NVwZ 1985, 33) und wird auch nicht dem Ausnahmecharakter der Vorschrift gerecht. Andererseits reicht es nicht aus, dass der Kläger, der zu bestimmten Verfahrenshandlungen konkret aufgefordert wird, nicht die konkret erbetene oder – bei mehreren – nur diejenige vornimmt, die zur Erfüllung seiner prozessualen Mitwirkungspflicht *offensichtlich von untergeordneter Bedeutung* ist (BVerwG, Buchholz 402.25 § 33 AsylVfG Nr. 6; *Hailbronner*, AuslR B 2 § 81 AsylVfG Rn. 19; *Funke-Kaiser*, in: GK-AsylG II, § 81 Rn. 32). Die bloße Erklärung, das Verfahren solle weiter betrieben werden, reicht dann nicht aus (OVG MV, NVwZ-RR 2005, 596, 597). In diesem Fall wird aber eine detaillierte Erklärung seines bisherigen Unvermögens zur Klagebegründung für ausreichend erachtet (*Bergmann*, in: Bergmann/Dienelt, AuslR, 11. Aufl., 2016, § 81 AsylG Rn. 17). Wird der Kläger zur Vorlage eines Originaldokuments (Parteiausweis) und der PKH-Unterlagen aufgefordert, reicht es nicht aus, wenn er nur Letztere vorlegt. Es ist zumindest zu fordern, dass er schlüssig darlegt, was einer Erfüllung der Hauptanforderung innerhalb der gesetzlichen Frist entgegensteht. Die Darlegungslast des Klägers bezieht sich aber nur auf die in seine persönliche Erlebnissphäre fallenden Ereignisse. Mit Blick auf die allgemeinen Verhältnisse in seinem Herkunftsland reicht es hingegen aus, wenn er Tatsachen vorträgt, aus denen sich hinreichende Anhaltspunkte für eine nicht entfernt liegende Möglichkeit von Verfolgungen ergeben können (BVerwG, EZAR 630 Nr. 8; BVerwG, InfAuslR 1984, 129; BVerwG, InfAuslR 1990, 350; § 25 Rdn. 3 f.).

25 Nur nach Maßgabe dieser Grundsätze ist der Kläger gehalten, seiner nach Satz 1 gebotenen prozessualen Darlegungspflicht nachzukommen. Aus der Darlegungslast des Asylklägers folgt, dass mit der Aufforderung vom Kläger nur das verlangt werden darf, wozu er im Rahmen seiner Mitwirkungspflicht gehalten gewesen wäre und was er bislang schuldig geblieben ist. Zielt die Betreibensaufforderung vorrangig auf die Aufklärung der allgemeinen Verhältnisse im Herkunftsland des Klägers, braucht er der Aufforderung nur nach Maßgabe der Rechtsprechung zur Darlegungslast in Ansehung der allgemeinen Verhältnisse (§ 25 Rdn. 5 ff.) im Herkunftsland nachzukommen. Es ist nicht die Funktion des § 81, das Gericht von seiner zuallererst ihm obliegenden Sachaufklärung (§ 86 Abs. 1 VwGO) freizustellen. Die Anforderungen an die Erfüllung der Darlegungslast nach Satz 1 bei einem anwaltlich nicht vertretenden Asylkläger sind erheblich gemildert.

G. Einstellungsbeschluss

26 Betreibt der Kläger nach Maßgabe der erwähnten Grundsätze innerhalb der Monatsfrist das Verfahren nicht, *gilt* die Klage kraft Gesetzes (Satz 1 Halbs. 1) als zurückgenommen. Der angefochtene Bescheid des Bundesamtes erwächst unmittelbar in

aber im Hauptsacheverfahren ein (*Hailbronner,* AuslR B 2 § 82 AsylVfG Rn. 5; *Funke-Kaiser,* in: GK-AsylG II, § 82 Rn. 4). Der Anwendungsbereich der Vorschrift bezieht sich auf alle Verfahren des Eilrechtsschutzes nach dem AsylG (z.B. § 18a Abs. 4, § 34a Abs. 2, § 36 Abs. 3 und 4; § 71 Abs. 4 und 5) und nicht nur auf die nach § 18a Abs. 4, § 36 Abs. 3 und 4 (*Bergmann,* in: Bergmann/Dienelt, AuslR, 11. Aufl., 2016, § 82 AsylG Rn. 3). Nach der gesetzlichen Begründung soll die Ermessensausübung des Vorsitzenden nach § 100 Abs. 2 Satz 2 VwGO nach Maßgabe des § 82 gelenkt werden, freilich nur mit Blick auf das im prozessualen Zusammenhang mit dem Eilrechtsschutzverfahren stehende Hauptsacheverfahren (BT-Drucks. 12/2062, S. 42). Nach Art. 23 Abs. 1 UAbs. 1 RL 2013/32/EU ist sicherzustellen, dass der Rechtsanwalt oder sonstige Rechtsberater Zugang zu den in den Akten des Asylklägers enthaltenen Informationen erhält.

B. Akteneinsichtsrecht (§ 100 Abs. 1 VwGO)

Nach § 100 Abs. 1 VwGO können die Beteiligten die Gerichtsakten und die dem Gericht vorgelegten Akten einsehen. Es handelt sich damit neben den *Gerichtsakten* in erster Linie um die *Verwaltungsvorgänge,* grundsätzlich aber um sämtliche Akten, die dem Gericht vorliegen, also um die *vorgelegten* und die *beigezogenen.* Akteneinsicht im Verwaltungsverfahren wird von § 100 VwGO nicht erfasst (s. hierzu *Bohl,* NVwZ 2005, 133; VG Wiesbaden, NVwZ 2015, 238, zu den Anforderungen an die Führung einer elektronischen Akte; krit. hierzu *Berlit,* NVwZ 2015, 197). Das Recht auf Akteneinsicht ist zwar umfassend, kann aber aus Gründen der *Geheimhaltungsbedürftigkeit* teilweise verweigert werden (BVerwG, NVwZ 2013, 1286 Rn. 16 ff.; OVG NW, NVwZ 2015, 1549, 1551). Auch der Beteiligte, der Nachweise vorgelegt hat, darf zur Kontrolle der Vollständigkeit die Akten einsehen. Akten, die von der Behörde mit dem Vorbehalt vorgelegt werden, keine Einsicht zu gewähren, werden ebenfalls vom Recht auf Einsichtnahme erfasst (*Rudisile,* in: Schoch/Schneider/Bier, VwGO Kommentar, § 100 Rn. 6). Das Bundesamt ist nicht befugt, Einsicht in die *Herkunftsländer-Leitsätze* zu verweigern (BVerwG, NVwZ 2012, 1488). Das Recht auf Einsichtnahme in geheimhaltungsbedürftige Vorgänge richtet sich nach § 99 VwGO (s. hierzu BVerwGE 136, 345; OVG NW, NVwZ-RR 2011, 965; § 78 Rdn. 149 ff.). Diese Vorschrift ist mit Art. 23 Abs. 1 UAbs. 2 RL 2013/32/EU vereinbar. Das öffentliche Interesse an Geheimhaltung ist nachzuweisen (EGMR, NVwZ 2009, 1421 – *Luboch*). Aufgrund des Anspruchs auf Übermittlung der Asylakte nach § 36 Abs. 2 hat die Vorschrift für die Eilrechtsschutzverfahren nach § 36 Abs. 4 keine Bedeutung. Da aber § 18a Abs. 4 Satz 6 nur auf § 36 Abs. 4, nicht aber auf § 36 Abs. 2 verweist, besteht nach strikter Auslegung für das Flughafenverfahren kein Anspruch auf Übersendung der Asylakte. Dies wird im Hinblick auf das Gehörsrecht als fragwürdig erachtet (*Hailbronner,* AuslR B 2 § 82 AsylVfG Rn. 4; *Funke-Kaiser,* in: GK-AsylG II, § 82 Rn. 6). § 34a Abs. 2 verweist überhaupt nicht auf § 36. Für nicht ortsansässige Anwälte besteht im Eilrechtsschutzverfahren im Rahmen des Flughafenverfahrens und in Verfahren nach der Verordnung (EU) Nr. 604/2013 ein praktisches Problem. Satz 1 dürfte kaum mit Art. 23 Abs. 1 UAbs. 2 und 3 RL 2013/32/EU vereinbar sein. Danach ist sicherzustellen, dass der Rechtsanwalt oder sonstige Rechtsberater Zugang 2 zu den in den Akten des Asylklägers enthaltenen Informationen erhält (Rdn. 1). Daher ist rechtzeitig im Verwaltungsverfahren Akteneinsicht zu beantragten. Auch im zeitlichen Zusammenhang mit der Zustellung sollte erneut Akteneinsicht beim Bundesamt beantragt werden. Für andere Eilrechtsschutzverfahren etwa im Rahmen der Umverteilung gilt die Vorschrift auch. Hier erscheint die Vorschrift auch deshalb bedenklich (*Hailbronner,* AuslR B 2 § 82 AsylVfG Rn. 4), weil aus gerichtlicher Sicht ein praktisches Eilbedürfnis nicht erkannt werden kann.

3 Im Allgemeinen gilt, dass die Versagung der Akteneinsicht den *Anspruch auf rechtliches Gehör* der Beteiligten *verletzt* (Hess. VGH, NVwZ-Beil. 1999, 91, 92; VGH BW, NVwZ-RR 1998, 687; VGH BW, InfAuslR 1999, 424; § 78 Rdn. 148). Von Satz 1 erfasst sind die Gerichts- und Behördenakten, nicht hingegen diejenigen Urkunden und sonstigen Unterlagen, die als Grundlage der Sachverhaltsermittlung und als Beweismittel dienen und zu denen rechtliches Gehör zu gewähren ist (*Bergmann*, in: Bergmann/Dienelt, AuslR, 11. Aufl., 2016, § 81 AsylG Rn. 2; *Hailbronner,* AuslR B 2 § 82 AsylVfG Rn. 2). Grundsätzlich gilt nach wie vor, dass die fristgebundene Begründungspflicht nach § 74 Abs. 2 Satz 1 unabhängig von der Gewährung des Rechts auf Akteneinsicht ist. Die Verwaltungsgerichte gewähren aber in der Praxis regelmäßig eine Fristverlängerung, wenn bis zum Ablauf der Frist des § 74 Abs. 2 Satz 1 die Verwaltungsvorgänge, insbesondere die Anhörungsniederschrift, dem Verfahrensbevollmächtigten nicht bekannt sind. Aus § 100 Abs. 2 Satz 2 in Verb. mit § 67 Abs. 6 Satz 1 VwGO folgt nicht zwingend, dass die Akten erst nach Vorlage der Vollmacht übermittelt werden dürfen (*Funke-Kaiser,* in: GK-AsylG II, § 82 Rn. 8). Sofern der angefochtene negative Statusbescheid im Wesentlichen auf Bedenken gegen die Glaubhaftigkeit des Sachvorbringens oder die Glaubwürdigkeit des Asylklägers gestützt wird, die aus dem Ergebnis der Anhörung hergeleitet werden, ist selbstredend, dass der fristgebundenen Begründungspflicht ohne Kenntnis des Anhörungsprotokolls nicht nachgekommen werden kann.

4 Das Recht auf Akteneinsicht umfasst nicht diejenigen Urkunden oder sonstigen Unterlagen (Erkenntnisquellen), die als Grundlage der Sachverhaltsermittlung und als Beweismittel dienen und zu denen den Beteiligten das rechtliche Gehör zu gewähren ist (OVG NW, NVwZ-Beil. 1997, 81). Diese Unterlagen können im Regelfall bei Gericht eingesehen werden. Ein Anspruch auf Zusendung dieser Beweismittel besteht nicht (VGH BW, ESVGH 31, 74; OVG NW, NVwZ-Beil. 1997, 81) oder zumindest jedenfalls dann nicht, wenn für das Gericht erkennbar den Beteiligten diese aus anderen Verfahren bekannt sind (BVerwG, NVwZ 1989, 249). Diese Beweismittel können den Beteiligten aber auch zugesandt werden (BVerwG, Buchholz 402.24 § 28 AuslG Nr. 30). Ein Recht auf Einsicht in Urteilsentwürfe bzw. die vorbereitenden Arbeiten des berichterstattenden Richters besteht nicht (§ 100 Ab. 3 VwGO). § 100 Ab. 3 VwGO schützt das Beratungsgeheimnis. Die Behörde ist nicht befugt, vor der Anhörung die Akteneinsicht zu verweigern. § 44a VwGO steht einem Anspruch auf Einsicht in die Behördenakten während eines laufenden Verwaltungsverfahrens nicht entgegen, wenn die Einsichtnahme erforderlich ist, um Rechtsnachteile zu vermeiden, die in einem späteren Rechtsbehelfsverfahren gegen eines ausstehende Entscheidung nicht mehr vollständig zu beseitigen sind (VG Frankfurt am Main, NVwZ-RR 2008, 1390).

C. Ort der Akteneinsicht (Satz 2 und 3 in Verb. mit § 100 Abs. 2 Satz 3 VwGO)

Funktion des § 82 ist es, das nach § 100 Abs. 2 Satz 2 VwGO gegebene Ermessen 5 des Vorsitzenden, dem bevollmächtigten Rechtsanwalt die Akten zur Mitnahme in seine Wohnung oder in seine Geschäftsstelle zu übergeben, für Verfahren des Eilrechtsschutzes dahin einzuschränken, dass Akteneinsicht grundsätzlich nur auf der Geschäftsstelle des Gerichts gewährt wird (Satz 1). Nur wenn eine Verfahrensverzögerung ausgeschlossen ist, darf der Vorsitzende nach der allgemeinen Regel des § 100 Abs. 2 Satz 2 VwGO verfahren (s. hierzu auch BFH, NVwZ-RR 1998, 472). Dies kann etwa der Fall sein, wenn zu erwarten ist, dass das Verwaltungsgericht vor der Rücksendung der Akten aus anderen Gründen eine Entscheidung noch nicht wird treffen können (BT-Drucks. 12/2062, S. 42). Die Kosten für die Rücksendung der Akten können als Auslagen eines Rechtsanwalts nach § 162 Abs. 2 Satz 1 VwGO erstattungsfähig sein (BVerwG, NVwZ-RR 2014, 982, 893). Satz 2 regelt die Übergabe der Akten zur Mitnahme in die Kanzlei oder Wohnung des Bevollmächtigten, S. 3 den Anspruch auf Übersendung mit der Post. Für das Hauptsacheverfahren folgt das Recht auf Übersendung der Akten in die Kanzlei des Bevollmächtigten aus § 100 Abs. 2 Satz 2 VwGO. Das Ermessen ist im Blick auf das *Prinzip der prozessualen Chancengleichheit* regelmäßig zugunsten der Übersendung auszuüben, es sei denn, besondere in der Person des Bevollmächtigten liegende Gründe stehen dagegen (*Rudsilie*, in: Schoch/Schneider/Bier, VwGO. Kommentar, § 100 Rn. 15). Nur der Rechtsanwalt und diesem gleichgestellte Personen, etwa Rechtslehrer an deutschen Hochschulen (§ 67 Abs. 2 VwGO) oder sonstige Bevollmächtigte haben Anspruch nach § 100 Abs. 2 Satz 2 VwGO auf Übersendung der Akten in die Wohnung bzw. Kanzlei (OVG NW, NVwZ-RR 1997, 764; *Hailbronner*, AuslR B 2 § 82 AsylVfG Rn. 1; *Funke-Kaiser*, in: GK-AsylG II, § 82 Rn. 1).

Satz 1 legt – beschränkt auf das Eilrechtsschutzverfahren (s. aber § 36 Abs. 2 S. 1) – 6 einen Ausnahmefall vom Übersendungsanspruch fest. Dieser kann allerdings nach Satz 2 durchbrochen werden. Bei der Handhabung der Ausnahmevorschrift ist stets die überragende Bedeutung des Anspruchs auf rechtliches Gehör zu bedenken. Auch der Beteiligte selbst hat das Recht auf Akteneinsichtnahme (*Rudsilie*, in: Schoch/Schneider/Bier, VwGO. Kommentar, § 100 Rn. 10). Satz 2 steht dem nicht entgegen, weil er nur die Modalitäten der Rechtsausübung regelt. Auch dem bevollmächtigten Rechtsbeistand steht ein Anspruch auf Mitnahme der Akten in seine Geschäftsräume nicht zu (OVG NW, NVwZ-RR 1997, 764).

D. Rechtsbehelfe

Gegen die Versagung der Aktenüberlassung bzw. –übersendung durch den Vorsit- 7 zenden, den Einzelrichter oder Berichterstatter kann innerhalb von zwei Wochen die Entscheidung des Gerichts nach § 151 VwGO beantragt werden. Ob die Beschwerde gegen eine negative Entscheidung gegeben ist, ist umstritten. Es wird angenommen, dass es sich bei der Versagungsverfügung um eine prozessleitende Verfügung handelt, die nach § 146 Abs. 2 VwGO nicht anfechtbar ist (BayVGH, BayVBl. 1982, 508; OVG NW, NJW 1988, 221; *Rudisile*, in: Schoch/Schneider/Bier,

VwGO. Kommentar, § 100 Rn. 32; *Hailbronner,* AuslR B 2 § 82 AsylVfG Rn. 6; *Funke-Kaiser,* in: GK-AsylG II, § 82 Rn. 10; a.A. BayVGH, NVwZ-RR 1998, 687). § 80 steht der Beschwerde jedoch im Asylprozess entgegen. Eine zu Unrecht verweigerte Einsicht in die Akten, die bei der Entscheidung des Gerichts verwertet wurden oder dafür hätten von Bedeutung sein können, und deren Inhalt den Beteiligten auch vom Gericht nicht bekannt gegeben worden war, verletzt regelmäßig das *Recht auf Gehör* und kann nach Zustellung des Sachurteils mit der Gehörsrüge gem. § 78 Abs. 3 Nr. 3 in Verb. mit § 138 Nr. 3 VwGO angegriffen werden (*Funke-Kaiser,* in: GK-AsylG II, § 82 Rn. 11; a.A. *Hailbronner,* AuslR B 2 § 82 AsylVfG Rn. 7; § 78 Rdn. 148). Die Gegenmeinung verkennt, dass nach Vollstreckung der Abschiebungsandrohung das Hauptsacheverfahren weitergeführt werden kann und für den Fall der Klagestattgabe auch die Vollstreckungsgrundlage aufgehoben wird. Versagt die Behörde die Akteneinsicht, kann hiergegen die *allgemeine Leistungsklage* erhoben werden (VG Frankfurt am Main, NVwZ 2008, 1390).

§ 83 Besondere Spruchkörper

(1) Streitigkeiten nach diesem Gesetz sollen in besonderen Spruchkörpern zusammengefasst werden.

(2) [1]Die Landesregierungen können bei den Verwaltungsgerichten für Streitigkeiten nach diesem Gesetz durch Rechtsverordnung besondere Spruchkörper bilden und deren Sitz bestimmen. [2]Die Landesregierungen können die Ermächtigung auf andere Stellen übertragen. [3]Die nach Satz 1 gebildeten Spruchkörper sollen ihren Sitz in räumlicher Nähe zu den Aufnahmeeinrichtungen haben.

(3) [1]Die Landesregierungen werden ermächtigt, durch Rechtsverordnung einem Verwaltungsgericht für die Bezirke mehrerer Verwaltungsgerichte Streitigkeiten nach diesem Gesetz hinsichtlich bestimmter Herkunftsstaaten zuzuweisen, sofern dies für die Verfahrensförderung dieser Streitigkeiten sachdienlich ist. [2]Die Landesregierungen können die Ermächtigung auf andere Stellen übertragen.

Übersicht

A. Funktion der Vorschrift

1 Die Vorschrift hat im AsylVfG 1982 kein Vorbild. Sie wurde erstmals mit dem AsylVfG 1992 eingeführt und bereits 1993 erweitert. Die Vorschrift soll gerichtsverfassungsrechtliche Voraussetzungen dafür schaffen, dass gerichtliche Asylverfahren ortsnah durchgeführt und von Richtern entschieden werden, die zumindest überwiegend mit diesen Verfahren befasst sind (BT-Drucks. 12/4450, S. 28). § 83 mag zwar als verunglückt angesehen werden, ist andererseits aber als bewusste Absage an die vor 1993

diskutierten besonderen Beschwerdeausschüsse zu verstehen, welche im Asylrecht die Verwaltungsgerichtsbarkeit ersetzen sollten (s. hierzu *Feddersen*, ZRP 1993, 479). Die Richterschaft verstand im Zeitpunkt ihrer Einführung die Gesamtregelung des § 83 als »Misstrauensvotum« des Gesetzgebers gegenüber der Verwaltungsgerichtsbarkeit (so z.B. *Ruge*, NVwZ 1995, 733, 735). Während Abs. 1 die Konzentration von Asylsachen auf bestimmte Spruchkörper innerhalb des nach § 52 Nr. 2 Satz 3 VwGO zuständigen Verwaltungsgerichts regelt, ermächtigt Abs. 2 die Landesregierungen, durch Rechtsverordnung besondere Spruchkörper zu bilden und deren Sitz ortsnah bei den Aufnahmeeinrichtungen vorzusehen. Die Konzentrationsmaxime nach Abs. 1 findet seit dem 01.01.1994 (§ 87a Abs. 3 Nr. 5) Anwendung. Die Sollanordnung richtet sich an die Gerichtspräsidien der erst- und zweitinstanzlichen Verwaltungsgerichte und des BVerwG (*Hailbronner*, AuslR B 2 § 83 AsylVfG Rn. 7; § 78 Rdn. 33; *Funke-Kaiser*, in: GK-AsylG II, § 83 Rn. 7; *Bergmann*, in: Bergmann/Dienelt, AuslR, 11. Aufl., 2016, § 83 AsylG, Rn. 5) und schränkt deren Befugnisse nach § 4 VwGO in Verb. mit § 2e Abs. 1 GVG ein. Abs. 2 enthält demgegenüber eine Ermächtigungsgrundlage für die Landesregierungen. Abs. 3 wurde durch das Asylverfahrensbeschleunigungsgesetz 2015 eingefügt und soll eine Spezialisierung auf zugewiesene Herkunftsstaaten sowie der Entlastung gerade kleinerer Verwaltungsgerichte dienen (BR-Drucks. 446/15, S. 47).

B. Konzentrationsmaxime (Abs. 1)

Nach Abs. 1 sollen die Präsidien (§ 21e Abs. 1 GVG) Asylstreitigkeiten grundsätzlich besonderen Spruchkörpern zuweisen (BT-Drucks. 12/4450, S. 28). Bereits vor Inkrafttreten der Vorschrift haben die Verwaltungsgerichte in unterschiedlicher Weise organisatorisch asylrechtliche Streitigkeiten behandelt. Einige Gerichte haben lediglich einer oder mehreren Kammern von den bestehenden Spruchkörpern die Zuständigkeit für Asylsachen zugewiesen. Je nach Arbeitsanfall ist damit eine ausschließliche oder überwiegende asylrechtliche Zuständigkeit verbunden. Andere Gerichte haben sämtlichen Kammern die Entscheidung über Asylsachen neben anderen – »klassischen« – Bereichen der Verwaltungsgerichtsbarkeit zugewiesen. Es scheint so, dass weder für die eine noch für die andere Organisationsform in der Praxis eine Präferenz besteht. Dem will Abs. 1 abhelfen. Nach dem Gesetzeswortlaut soll es Spruchkörper mit gemischten Zuständigkeiten grundsätzlich nicht mehr geben. Nur wenn bei der Geschäftsverteilung ein Rest übrig bleibt, könnte dem davon betroffenen Spruchkörper noch ein »klassischer« Bereich zugewiesen werden (*Funke-Kaiser*, in: GK-AsylG II, § 82 Rn. 11; *Hailbronner*, AuslR B 2 § 83 AsylVfG Rn. 5). Die Praxis, nach der die Spruchkörper nur teilweise mit Asylsachen befasst werden, sollte nur noch dann möglich sein, wenn diese nicht mit Asylsachen ausgelastet waren. Die Regelung sollte für die Gerichte aller Instanzen gelten (BT-Drucks. 12/4450, S. 28). In der Anhörung wurde aus der Richterschaft darauf hingewiesen, dass die Erfahrungen seit 1980 dazu geführt hätten, vom Fachkammerprinzip wieder abzugehen. Es wurden insbesondere Nachwuchsprobleme geltend gemacht, da es als problematisch eingeschätzt wurde, für den in der Richterschaft allgemein als ungeliebt angesehenen Asylbereich geeigneten Nachwuchs zu finden. Auch wurde der Beschleunigungseffekt der Neuregelung 2 bezweifelt. (*Schnellenbach*, Stellungnahme an den BT-Innenausschuss v. 18.03.1993, S. 6; *Kutscheidt*, Stellungnahme an den BT-Innenausschuss v. 17.03.1993, S. 8f.; *Weingärtner*, Stellungnahme an den BT-Innenausschuss v. 19.03.1993, S. 9; *Hund*, Stellungnahme an den BT-Innenausschuss v. 23.03.1993, S. 9 f.).

3 Das Gesetz zwingt die Präsidien nicht, das Fachkammerprinzip für Asylsachen einzuführen. Der relativierende Gesetzeswortlaut lässt es vielmehr zu, neben dem rein am Geschäftsanfall orientierten Belastungsstand der einzelnen Spruchkörper auch andere Gesichtspunkte im Geschäftsverteilungsplan zu berücksichtigen (*Urban*, NVwZ 1993, 1169, 1170; *Hailbronner*, AuslR B 2 § 83 AsylVfG Rn. 3). Eine Umfrageaktion bei den Verwaltungsgerichten hatte ergeben, dass diese weit überwiegend den vom Gesetz gelassenen Spielraum ausnutzten (*Ruge*, NVwZ 1995, 733, 735). Ob der Regelanordnung des Abs. 1 Folge geleistet wird, ist ohnehin weder politisch noch gerichtlich überprüfbar. Der gesetzgeberische Wille geht aber wohl dahin, dass asylspezifische Spruchkörper der Regelfall sein sollen. Eine obligatorische Verpflichtung, von der nur bei atypischen Umständen abgewichen werden darf (*Bergmann*, in: Bergmann/Dienelt, AuslR, 11. Aufl., 2016, § 83 AsylVfG, Rn. 4; *Funke-Kaiser*, in: GK-AsylG II, § 83 Rn. 7) kann jedoch aus Abs. 1 nicht abgeleitet werden. Je nach den Besonderheiten des jeweiligen Verwaltungsgerichts wird der gesetzgeberische Wille mehr oder weniger bereitwillig umgesetzt. So wird Abs. 1 dahin interpretiert, nach den konkreten Verhältnissen des jeweiligen Gerichts sei eine Abweichung von der Sollregelung unter Bejahung von Ausnahmesituationen zulässig. Diese seien gegeben, »wenn nach der in richterlicher Unabhängigkeit durch das Präsidium vorgenommenen Beurteilung unter Berücksichtigung insbesondere der vorhandenen personellen Ausstattung, des Anhangs von Asyl- und sonstigen Verfahren sowie des Grades der bereits erreichten Asylspezialisierung die Prognose abgegeben werden kann, dass die Umstellung vom Mischsystem auf besondere Asylspruchkörper wesentlich kontraproduktiv wirken« (*Ruge*, NVwZ 1995, 733, 735).

4 Bei den Berufungsgerichten besteht überwiegend das asylspezifische Fachsenatsprinzips. Beim BVerwG war traditionell seit Beginn der 1980er Jahre der neunte Senat ausschließlich für Asylsachen zuständig. Vor Einrichtung dieses Senats war der damals für Polizei- und Ordnungsrecht zuständige erste Senat für Asylsachen zuständig. Dieser wurde seit Oktober 2000 erneut sowohl für das Ausländer- wie auch für das Asylrecht zuständig. 2007 wurde der zehnte Senat zuständig. Die Richter des ersten und zehnten Senats waren jedoch bis auf die jeweiligen Vorsitzenden identisch. Beide Senate wurden nach dem Ausscheiden der Vorsitzenden beider Senate 2012 wieder zusammengelegt. Wie früher ist der erste Senat wieder für Ausländer- und Asylrecht zuständig und hat inzwischen ebenfalls wie früher vom fünften Senat die Zuständigkeit für staatsangehörigkeitsrechtliche Angelegenheiten übernommen.

C. Unterkunftsrichter (Abs. 2)

5 Die Verordnungsermächtigung nach Abs. 2 Satz 1 und 2 zur Bildung besonderer, gegebenenfalls auch auswärtiger Spruchkörper bei den Verwaltungsgerichten soll dazu beitragen, die gebotene zügige Abwicklung der Asylstreitigkeiten auch in

gerichtsorganisatorischer Hinsicht zu erleichtern (BT-Drucks. 12/2062, S. 42). Durch Abs. 2 Satz 3 wird das gesetzgeberische Ziel dahin präzisiert, dass die auswärtigen Kammern ihren Sitz in räumlicher Nähe zu den Aufnahmeeinrichtungen haben sollen (BT-Drucks. 12/4450, S. 28), was insbesondere für die Eilrechtsschutzverfahren nach § 36 Abs. 3 und 4 Bedeutung erlangen kann. Der Sinn der Vorschrift ist nicht unmittelbar einleuchtend. Sie hat sich in der Praxis nicht bewährt, da sie von den Länderregierungen überwiegend nicht in Anspruch genommen wird (*Hailbronner,* AuslR B 2 § 83 AsylVfG Rn. 6). Sie erscheint auch mit Blick auf die richterliche Unabhängigkeit nicht ohne Weiteres bedenkenfrei (*Funke-Kaiser,* in: GK-AsylG II, § 83 Rn. 15). Über Eilrechtsschutzanträge wird regelmäßig ohne mündliche Verhandlung entschieden (§ 36 Abs. 3 Satz 4). Ein Bedürfnis für die ortsnahe Einrichtung gerichtlicher Kontrollinstanzen kann daher nicht erkannt werden. Die Vorstellung, mit kleinen, flexiblen Einheiten und durch kurze Kommunikationswege zu den beteiligten Behörden zur Verfahrensbeschleunigung beizutragen, hat sich im Übrigen nicht realisieren lassen (*Hailbronner,* B 2 AuslR, § 83 AsylVfG Rn. 5).

Abs. 2 Satz 1 stellt es den Landesregierungen frei, ob sie von der gesetzlichen Ermächtigung Gebrauch machen wollen. Befürchtet wird, dass durch die Vorschrift die Exekutive mittelbar die gesamte Geschäftsverteilung steuern könnte (*Bergmann,* in: Bergmann/Dienelt, AuslR, 11. Aufl., 2016, § 83 AsylG, Rn. 8). Die Abtrennung von Spruchkörpern verursacht im Übrigen erfahrungsgemäß einen erheblichen zusätzlichen Aufwand für Fahrten von Bediensteten und den Transport der Akten. Insbesondere verschlechtern sich die Arbeitsmöglichkeiten der Richter, es sei denn, die auswärtige Gerichtsabteilung wird mit Bücherei, Dokumentation, Schreibdienst und Urkundsbeamten im erforderlichen Maße ausgestattet (*Bergmann,* in: Bergmann/Dienelt, AuslR, 11. Aufl., 2016, § 83 AsylG, Rn. 8). Insbesondere deshalb, weil mit der ortsnahen Einrichtung der auswärtigen Kammer die ausschließliche Zuständigkeit für Asylsachen verbunden ist, kann auf die erforderliche Ausstattung dieser Kammer mit länderspezifischen Länderdokumentationen und Fachbüchern nicht verzichtet werden. 6

D. Herkunftsländer bezogene Konzentration (Abs. 3)

Nach Abs. 3 Satz 1 können die Landesregierungen einem Verwaltungsgericht für die Bezirke mehrerer Verwaltungsgerichte Streitigkeit hinsichtlich bestimmter Herkunftsstaaten zuweisen. Dadurch soll eine Spezialisierung auf zugewiesene Herkunftsstaaten sowie die Entlastung gerade kleinerer Verwaltungsgerichte erreicht werden (BR-Drucks. 446/15, S. 47). Dementsprechend bestimmt § 52 Nr. 2 Satz 4 VwGO, dass in diesen Fällen für Klagen nach diesem Gesetz das Verwaltungsgericht zuständig ist, auf das nach § 83 Abs. 3 hinsichtlich bestimmter Herkunftsstaaten eine Konzentration angeordnet worden ist. Die Ermächtigung des Abs. 3 Satz 1 bezieht sich auf die jeweilige Landesregierung. Eine länderübergreifende Konzentration ist hiernach nicht zulässig. Allerdings können die Länder durch Vereinbarung – wie z.B. Berlin und das Land Brandenburg und früher die Länder Niedersachsen und Schleswig Holstein – regeln, das für ihren Zuständigkeitsbereich eine gemeinsames Berufungsgericht eingerichtet wird. Die Konzentration auf den Bezirk mehrerer Verwaltungsgerichte wird sich regelmäßig auf das gesamte Bundesland und damit auf den Gerichtsbezirk des 7

Obergerichts beziehen. Ausgeschlossen ist es aber nicht, dass innerhalb eines Bundeslandes die Konzentration auf mehrere Verwaltungsgerichte hinsichtlich bestimmter Herkunftsstaaten vollzogen wird. Dies mag für größere Gerichtsbezirke wie etwa in Nordrhein-Westfalen, Bayern oder Baden-Württemberg in Betracht kommen, erscheint aber nicht sinnvoll. Durch Abs. 3 Satz 1 dürfte wohl die bisherige Praxis in Rheinland-Pfalz, in dem alle Streitigkeit nach diesem Gesetz dem Verwaltungsgericht Trier zugewiesen sind, nicht mehr weiter geführt werden dürfen. Denn eine Konzentration ist nicht für alle Streitigkeiten nach diesem Gesetz, sondern nur hinsichtlich bestimmter Herkunftsländer zulässig. Dem Wortlaut des Gesetzes kann nicht entnommen werden, dass die Konzentration nur hinsichtlich statusrechtlicher Verfahren zulässig wäre. Vielmehr können *alle* Streitigkeiten nach diesem Gesetz hinsichtlich bestimmter Herkunftsstaaten auf ein Verwaltungsgericht konzentriert werden.

8 Kritisch wird angemerkt, dass eine Konzentration wie in Abs. 3 zusammen mit den hohen Hürden für Rechtsbehelfe in Asylverfahren die gegenseitige »Kontrolle« durch verschiedene Spruchkörper in einem Bundesland weiter mindere. Die im Ausländer- und Asylrecht immer wieder gerügte etwaige »einseitige« Spruchpraxis eines Gerichts könne so noch weniger korrigiert werden, als dies schon bislang der Fall sei (*Kluth*, ZAR 2015, 337, 340). Eine weitere Änderung stellt die Erweiterung des *»Richters auf Zeit«* (§ 17 Nr. 3 VwGO) dar. Angesichts der rechtlichen Unsicherheiten, die mit dieser Neuschöpfung verbunden ist, wird den Bundesländern empfohlen, mit der Neukompetenz zurückhaltend zu verfahren. Weitaus sinnvoller und ohne rechtliche Risiken sei die Abordnung von Richtern aus der aktuell weniger belasteten ordentlichen Gerichtsbarkeit an die Verwaltungsgerichtsbarkeit (*Kluth*, ZAR 2015, 337, 340).

§ 83a Unterrichtung der Ausländerbehörde

Das Gericht darf der Ausländerbehörde das Ergebnis eines Verfahrens formlos mitteilen. Das Gericht hat der Ausländerbehörde das Ergebnis mitzuteilen, wenn das Verfahren die Rechtmäßigkeit einer Abschiebungsandrohung oder einer Abschiebungsanordnung nach diesem Gesetz zum Gegenstand hat.

Übersicht Rdn.

A. Funktion der Vorschrift

1 Die Vorschrift hat im AsylvfG 1982 kein Vorbild. Sie ist die Konsequenz aus der Konzeption des AsylVfG 1992, wonach die Ausländerbehörden nicht unmittelbar am Verfahren beteiligt und deshalb nicht ohne Weiteres über den aktuellen asylrechtlichen Verfahrensstand im Einzelfall informiert sind. Das Bundesamt trifft bereits eine Mitteilungspflicht gegenüber der Ausländerbehörde nach § 40, die sich insgesamt auf den Ablauf und das Ergebnis der Verwaltungs- sowie Gerichtsverfahrens und auf die Abschiebungsandrohung bezieht. § 83a wurde 1993 eingeführt und gibt den Gerichten

die Befugnis, die zuständige Ausländerbehörde vom Ausgang eines Verfahrens nach dem AsylG auch dann zu unterrichten, wenn diese nicht selbst an dem Verfahren beteiligt ist (BT-Drucks. 12/4450, S. 29). Ersichtlich soll die Ausländerbehörde durch die gerichtliche Mitteilung in die Lage versetzt werden, möglichst frühzeitig auf die von ihr zu treffenden Folgemaßnahmen zu reagieren (*Hailbronner,* AuslR B 2 § 83a AsylVfG Rn. 1).

B. Mitteilungsbefugnis

Urteile werden den Beteiligten zugestellt (§ 116 Abs. 1 Satz 2 und Abs. 2 VwGO). 2
Dasselbe gilt für Beschlüsse. Das Gericht ist daher nur verpflichtet, die Beteiligten über den Ausgang des Verfahrens zu unterrichten. Es entscheidet den zwischen den Beteiligten herrschenden Streit und überlässt alles Weitere den Beteiligten selbst. Dementsprechend hat der Präsident des Bundesamtes in seiner Eigenschaft als Vertreter der beteiligten Bundesrepublik sicherzustellen, dass das Bundesamt seiner Unterrichtungspflicht nach § 40 nachkommt. Es ist nicht Aufgabe des Verwaltungsgerichts, einem nicht am Verfahren Beteiligten das Ergebnis seiner Entscheidung mitzuteilen. Dieser selbstverständliche Grundsatz wird durch § 83a durchbrochen. Die Vorschrift erlegt den Gerichten keinen Zwang auf. Sie sind befugt, der Ausländerbehörde das Ergebnis eines Verfahrens *nach Bekanntgabe* der *Entscheidung* mitzuteilen (*Hailbronner,* B 2 AuslR, § 83a AsylVfG Rn. 1; *Funke-Kaiser,* in: GK-AsylG II, § 83a Rn. 5). Die Mitteilung ist nur statthaft, wenn die Entscheidung wirksam und vorher den Verfahrensbeteiligten bekannt gemacht worden ist. Inwieweit sich die Verwaltungsgerichte in die Pflicht nehmen lassen, ist vom richterlichen Selbstverständnis abhängig. Es scheint aber seit Einführung dieser Informationsbefugnis bei den Verwaltungsgerichten eine große Zurückhaltung zu geben, hiervon Gebrauch zu machen. Zwar empfiehlt die gesetzliche Begründung den zuständigen obersten Landesbehörden, durch Verwaltungsvorschriften den Gerichten entsprechende Mitteilungspflichten aufzuerlegen (BT-Drucks. 12/4450, S. 29). Eine Verpflichtung hierzu kann der Vorschrift aber nicht entnommen werden. Es ist Aufgabe des Bundesamtes, dafür Sorge zu tragen, dass unanfechtbare Entscheidungen vollzogen werden können.

§ 83b Gerichtskosten, Gegenstandswert

Gerichtskosten (Gebühren und Auslagen) werden in Streitigkeiten nach diesem Gesetz nicht erhoben.

Übersicht Rdn.

A. Funktion der Vorschrift

1 Die Vorschrift ist ohne Vorbild im AsylVfG 1982 und wurde erstmals 1993 eingeführt. Sie lehnt sich an § 188 Satz 2 VwGO an, der für die in § 188 Satz 1 VwGO bestimmten Verfahren Gerichtskostenfreiheit regelt. Unberührt hiervon bleibt die Kostentragungspflicht für die *außergerichtlichen Kosten* (§ 162 Abs. 1 VwGO), also insbesondere für die Gebühren und Auslagen eines *Rechtsanwaltes* (§ 162 Abs. 2 Satz 1 VwGO). Für die Berechnung der Gebühren enthielt ursprünglich § 83b Abs. 2 AsylVfG a.F. eine zwingende gesetzliche Regelung, die erheblich von den Werten abwich, die früher in der Rechtsprechung zugrundegelegt würden. Bewusst hatte der Gesetzgeber des KostenrechtsänderungsG 1994 (BGBl. I S. 1325) keine Angleichung vorgenommen. Das Rechtsanwaltsgebührenvergütungsgesetz (RVG) hat mit Wirkung zum 01.07.2004 in § 30 eine Kostenregelung für das Asylverfahren eingeführt. § 83b Abs. 2 AsylVfG a.F. wurde aufgehoben. Das Risiko hinsichtlich der außergerichtlichen Kosten kann der mittellose Beteiligte durch einen Antrag auf Bewilligung von *Prozesskostenhilfe* abwenden (Rdn. 4 ff.). Die Bewilligung ist jedoch von einer summarischen Erfolgskontrolle abhängig. Angesichts der Unabwägbarkeiten der gerichtlichen Spruchpraxis ist ein derartiges Risiko für die Anwaltschaft, abgesehen von den niedrigen Streitwerten, kaum zumutbar. Diese Praxis ist allerdings mit Unionsrecht vereinbar (Art. 20 Abs. 3 UAbs. 1 RL 2013/32/EU).

B. Gerichtskostenfreiheit (Abs. 1)

2 Nach Abs. 1 werden in Streitigkeiten nach dem AsylG (s. hierzu § 74 Rdn. 2 ff.) Gerichtskosten nicht erhoben. Die Kostenfreiheit bezieht sich damit auf alle Verfahren, d.h. Hauptsache-, Eilrechtsschutz- und andere Nebenverfahren. Da die Kostenbefreiung sich nur auf die Gerichts-, nicht jedoch auf die *außergerichtlichen Kosten* der Beteiligten bezieht, bedarf es auch im Asylprozess in jedem Verfahren einer Kostenentscheidung nach § 161 Abs. 1 VwGO (zur Mandatierung eines auswärtigen Rechtsanwaltes, s. VG Gera, AuAS 1998, 177; zur Zwangsvollstreckung gegenüber dem Bundesamt, s. VG Gießen, NVwZ-Beil. 1997, 72; s. hierzu auch *Hutschenreuther-v. Emden*, NVwZ 1998, 714). Die Regelung über die Befreiung von den Gerichtskosten ist keine besondere Wohltat gegenüber den Asylklägern. Vielmehr weist die gesetzliche Begründung darauf hin, dass die Einziehung fälliger Gerichtskosten nicht unerhebliche Probleme bereite. Da viele Kostenschuldner in der Regel entweder mittellos oder nicht mehr auffindbar seien, komme es letztlich zu einer Niederschlagung der Kosten. Die Kostenfreiheit verfolge daher den Zweck, den damit verbundenen Verwaltungsaufwand zu vermeiden (BT-Drucks. 12/4450, S. 29). Die Regelung wurde aus der Richterschaft wegen der damit verbundenen Arbeitserleichterung für die Verwaltung begrüßt (*Kutscheidt*, Stellungnahme an den BT-Innenausschuss v. 17.03.1993, S. 9; *Renner*, Stellungnahme an den BT-Innenausschuss v. 18.03.1993, S. 19; *Zimmer*, NVwZ 1995, 138, 139). Soweit in der Rechtsprechung vereinzelt vertreten wird, dass der Beteiligte die Kosten, die durch sein Verschulden entstanden sind, entgegen § 83b nach Maßgabe § 155 Abs. 4 VwGO zu tragen habe, ist dies mit dem Gesetz

unvereinbar (VG Darmstadt, AuAS 1995, 131, 132). § 83b verdrängt als spezielles Gesetz § 155 Abs. 4 VwGO.

3 Wie § 188 Satz 2 VwGO gewährt § 83b *allgemeine Gerichtskostenfreiheit.* Es kommt allein auf die objektive Zugehörigkeit des Klagebegehrens zu den Rechtsstreitigkeiten nach dem AsylG an (BVerwGE 18, 221, 226; 47, 233, 238; 51, 211, 216). Die Kostenfreiheit gilt anders als bei der Frage der Bewilligung von Prozesskostenhilfe ohne Rücksicht auf die Vermögensverhältnisse der Beteiligten (BVerwGE 47, 233, 238; *Stelkens/Clausing,* in: Schoch/Schneider/Bier, VwGO. Kommentar, § 188 Rn. 8). Sie gilt abweichend von den allgemeinen Regeln über die Gerichtskosten (§ 2 Abs. 4 GKG) auch für die *beteiligten Behörden* (BVerwGE 47, 233, 238). Die Regelung schränkt die Möglichkeiten des mittellosen Beteiligten, Prozesskostenhilfe zu beantragen, nicht ein. Sie hat insbesondere Bedeutung für die Beiordnung eines Rechtsanwaltes (BVerwGE 47, 233, 238). Wegen der Kostenfreiheit ist über die beantragte Prozesskostenhilfe jedoch nur zu entscheiden, wenn zugleich die Beiordnung eines bestimmten Rechtsanwalts beantragt worden ist.

C. Prozesskostenhilfe

I. Funktion der Prozesskostenhilfe

4 § 83b nimmt dem Kläger zwar das Risiko für die Gerichtskosten, nicht jedoch für die außergerichtlichen Kosten (Rdn. 2), insbesondere für die Gebühren und Auslagen des Rechtsanwaltes. Für dessen Kosten sind die Streitwertregelungen nach § 30 RVG maßgebend, wenn er nicht mit dem Auftraggeber eine *Vergütungsvereinbarung* (§ 4 RVG) abgeschlossen hat (VGH BW, NVwZ-RR 1992, 110). Der mittellose Beteiligte (zum Existenzminimum s. BVerfGE 78, 104, 118f.); 87, 153, 169 f.) kann unter den gesetzlichen Voraussetzungen Prozesskostenhilfe beantragen. Wird diese bewilligt, braucht er die Anwaltskosten nicht zu tragen. Die Regelungen in § 114 bis § 127a ZPO regeln Voraussetzungen und Umfang der Prozesskostenhilfe. §§ 121 ff. ZPO enthalten Vorschriften über die Vergütung des beigeordneten Rechtsanwalts. Prozesskostenhilfe wird nur für den Verwaltungs*prozess*, also für das Gerichtsverfahren (§ 114 Satz 1 ZPO) bewilligt, jedoch *nicht* für das *Verwaltungsverfahren.* Für die Wahrnehmung von Rechten außerhalb des gerichtlichen Verfahrens kommt *Beratungshilfe* in Betracht. Näheres regelt §§ 44 ff. RVG. Grundsätzlich kann Prozesskostenhilfe für jedes gerichtliche Hauptsache-, Neben- und Eilrechtsschutzverfahren bewilligt werden. Auch für das Wiedereinsetzungsverfahren kann Prozesskostenhilfe bewilligt werden (BAG, NJW 1984, 941). Für das prozesskostenhilferechtliche Bewilligungsverfahren selbst kann Prozesskostenhilfe nicht gewährt werden (BGH, BayVBl. 1984, 731; Hess.VGH, Beschl. v. 06.01.1989 – 13 TP 2519/87; OVG NW, EZAR 228 Nr. 7). Begründet wird dies mit den Regelungen in §§ 114 Satz 2 und 117 Abs. 2 ZPO.

5 Grundsätzlich wird *für jeden Rechtszug gesondert* Prozesskostenhilfe bewilligt (§ 119 Satz 1 ZPO). Wegen § 119 Satz 1 ZPO sind zu Beginn eines jeden Verfahrensabschnitts erneut die Anträge nach Maßgabe der gesetzlichen Voraussetzungen zu

stellen. Nach Art. 16 Abs. 1 GFK ist Flüchtlingen der ungehinderte Zugang zu den Gerichten zu gewährleisten. Dementsprechend können mittellose Asylkläger für das gerichtliche Verfahren unter den allgemeinen Voraussetzungen Prozesskostenhilfe beantragen. Sie müssen nach ihren persönlichen und wirtschaftlichen Voraussetzungen die Kosten der Prozessführung nicht oder nur z.T. oder in Raten aufbringen können. Ferner muss die beabsichtigte Rechtsverfolgung oder Rechtsverteidigung nicht mutwillig erscheinen und hinreichende Erfolgsaussicht bieten (§ 114 Satz 1 ZPO). Das Gesetz wird damit dem verfassungsrechtlichen Gebot nach einer weitgehenden Angleichung der Situation von Bemittelten und Unbemittelten bei der Verwirklichung des Rechtsschutzes gerecht (BVerfGE 81, 347, 356 = EZAR 613 Nr. 20 = NJW 1991, 413; BVerfG [Kammer], AuAS 2001, 106; BVerfG [Kammer], Beschl. v. 10.08.2001 – 2 BvR 569/01). Hieraus folgt, dass geeignete Vorkehrungen zu treffen sind, die auch Unbemittelten einen weitgehend gleichen Zugang zu den Gerichten eröffnet (BVerfGE 81, 347, 356f.).

II. Begriff der Mutwilligkeit (§ 114 zweiter Halbsatz zweite Alternative ZPO)

6 Die beabsichtigte Rechtsverfolgung oder Rechtsverteidigung darf nicht *mutwillig* erscheinen (§ 114 Halbs. 2 Alt. 2 ZPO). Mutwillig ist die beabsichtigte Rechtsverfolgung, wenn ein verständig rechnender Bemittelter, der auch die Tragweite des Kostenrisikos mitberücksichtigt, bei gleichen Prozesschancen vernünftigerweise den Prozess nicht führen würde. Nur in dem Maße, wie der bemittelte Rechtsuchende seine Prozesschancen vernünftig abwägt und dabei auch das Kostenrisiko berücksichtigt, gebietet Verfassungsrecht eine Gleichstellung der unbemittelten Partei (BVerfGE 81, 347, 357 = EZAR 613 Nr. 20 = NJW 1991, 413; OVG NW, InfAuslR 1984, 279). Eine Rechtsverfolgung mag rechtsmissbräuchlich und daher ohne hinreichende Erfolgsaussicht sein. Sie ist allein deshalb jedoch nicht zugleich auch mutwillig (OVG NW, InfAuslR 1984, 279). In der gerichtlichen Praxis ist deshalb wegen dieser strengen Voraussetzungen der Einwand der Mutwilligkeit ohne Bedeutung.

III. Prüfkriterien der hinreichenden Erfolgsaussicht (§ 114 zweiter Halbsatz erste Alternative ZPO)

7 Ferner setzt die Bewilligung der Prozesskostenhilfe eine *hinreichende Erfolgsaussicht* voraus (§ 114 Halbs. 2, 1. Alt. ZPO). Dies ist mit Unionsrecht (Art. 20 Abs. 3 UAbs. 1 RL 2013/32/EU) und mit Verfassungsrecht vereinbar (BVerfGE 81, 347, 358 = EZAR 613 Nr. 20 = NJW 1991, 413; BVerfG [Kammer], AuAS 1994, 127; BVerfG [Kammer], Beschl. v. 10.08.2001 – 2 BvR 569/01; BVerfG [Kammer], NJW 2003, 1857 = NVwZ 2003, 1251). Hinreichende Erfolgsaussicht besteht, wenn die Entscheidung in der Hauptsache von der Beantwortung einer *schwierigen* sowie bislang *ungeklärten Rechtsfrage* abhängt (BVerfGE 81, 347, 358 = EZAR 613 Nr. 20 = NJW 1991, 413; BVerfG [Kammer], AuAS 1993, 127, 128). Die Prüfung der Erfolgsaussichten soll nicht dazu dienen, die Rechtsverfolgung oder -verteidigung selbst in das Verfahren der Prozesskostenhilfe vorzuverlagern

und dieses an die Stelle des Hauptsacheverfahrens treten zu lassen. Dieses Verfahren will den Rechtsschutz, den der Rechtsstaatsgrundsatz erfordert, nicht selbst bieten, sondern zugänglich machen (BVerfGE 81, 347, 358 = EZAR 613 Nr. 20 = NJW 1991, 413; BVerfG [Kammer], InfAuslR 1992, 149; BVerfG [Kammer], AuAS 1993, 127; BVerfG [Kammer], AuAS 1994, 127; BVerfG [Kammer], Beschl. v. 10.08.2001 – 2 BvR 569/01; BVerfG [Kammer], AuAS 1994, 127; BVerfG [Kammer], NVwZ 2005, 1418; BVerfG [Kammer], NVwZ 2006, 1156, 1157; BVerfG [Kammer], NVwZ-RR 2007, 361, 362; BVerfG [Kammer], NVwZ-RR 2007, 569, 570; BVerfG [Kammer], NVwZ 2012, 1390; VerfGH Berlin, InfAuslR 2016, 93, 94; OLG Naumburg, NVwZ 2016, 359, 360). Das Gericht kann nur die Erfolgsaussichten solcher Rechtsmittel überprüfen, über die es selbst entscheidet. Daher sind die Erfolgsaussichten des weiteren Rechtsmittels, dessen Zulassung begehrt wird, bereits dann zu bejahen, wenn der Erfolg lediglich offen ist (BVerfG [Kammer], NVwZ 2005, 1418). Die Gerichte überschreiten ihren Entscheidungsspielraum, wenn sie schwierige Rechtsfragen, die in vertretbarer Weise auch anders beantwortet werden können, abschließend im Verfahren der Prozesskostenhilfe erörtern (BVerfG [Kammer], NJW 2003, 1857 = NVwZ 2003, 1251). Auch bei *teilweiser Erfolgsaussicht* des Klagebegehrens besteht hinreichende Erfolgsaussicht (BVerfG [Kammer], InfAuslR 2005, 82, 83; Nieders.OVG, NVwZ-RR 1998, 144). Zu differenzieren ist jedoch insoweit zwischen den einzelnen Klagebegehren. So kann z.B. zwar im Blick auf den subsidiären Schutz und die nationalen Abschiebungsverbote, nicht aber in Ansehung der erstrebten Asylanerkennung oder Flüchtlingseigenschaft die Erfolgsaussicht bejaht werden. Kann der Klage im Blick auf § 60 Abs. 7 AufenthG, nicht aber hinsichtlich § 4 Abs. 1 S. 1 eine Erfolgsaussicht nicht abgesprochen werden, ist es nicht mehr nachvollziehbar, wenn die Erfolgsaussicht verneint wird (BVerfG [Kammer], InfAusR 2005, 82, 83). Von den strengen Voraussetzungen zulässiger Beweisantizipation darf nur dann ausgegangen werden, wenn konkrete Anhaltspunkte dafür vorliegen, dass die erstrebte Beweisaufnahme mit großer Wahrscheinlichkeit zulasten des Beweisführers ausgehen wird (OVG SH, AuAS 2015, 2016).

Prozesskostenhilfe braucht nicht schon dann gewährt werden, wenn die entschei- 8
dungserhebliche Rechtsfrage zwar noch nicht höchstrichterlich geklärt ist, ihre Beantwortung aber im Hinblick auf die einschlägige gesetzliche Regelung oder durch die gewährten Auslegungshilfen aufgrund vorliegender Rechtsprechung nicht in dem genannten Sinne (Rdn. 7) als »schwierig« erscheint (BVerfGE 81, 347, 359 = EZAR 613 Nr. 20 = NJW 1991, 413). Liegt hingegen diese Voraussetzung vor, läuft es dem Gebot der Rechtsschutzgleichheit zuwider, dem Unbemittelten wegen fehlender Erfolgsaussicht seines Begehrens Prozesskostenhilfe vorzuenthalten (BVerfGE 81, 347, 359 = EZAR 613 Nr. 20 = NJW 1991, 413). Ein Gericht, das § 114 Halbs. 2 ZPO dahin auslegt, dass auch »schwierige«, noch nicht geklärte Rechtsfragen im Verfahren der Prozesskostenhilfe »durchentschieden« werden können, verkennt die Bedeutung der in Art. 3 Abs. 1 in Verb. mit Art. 20 Abs. 3 GG verbürgten Rechtsschutzgleichheit. Hiervon zu unterscheiden ist der Fall, in dem ein Fachgericht zwar der genannten überwiegenden Auslegung des

§ 114 Halbs. 2 ZPO folgt, eine entscheidungserhebliche Rechtsfrage jedoch – obwohl dies erheblichen Zweifeln begegnet – als einfach oder geklärt ansieht und sie deswegen bereits im Prozesskostenhilfeverfahren zum Nachteil des Unbemittelten beantwortet. Wann hierbei der Zweck der Prozesskostenhilfe, dem Unbemittelten den weitgehenden Zugang zum Gericht zu ermöglichen, deutlich verfehlt wird, lässt sich nicht allgemein angeben. Dies hängt vielmehr von der Eigenart der jeweiligen Rechtsmaterie und der Ausgestaltung des dazugehörigen Verfahrens ab (BVerfGE 81, 347, 359f.= EZAR 613 Nr. 20 = NJW 1991, 413). Einerseits ist von einer hinreichenden Erfolgsaussicht auszugehen, wenn die Entscheidung im Hauptsacheverfahren von der *Klärung schwieriger*, noch *ungeklärter Rechtsfragen* abhängig ist. Die Bewilligung von Prozesskostenhilfe darf andererseits auch dann nicht versagt werden, wenn der Ausgang des Verfahrens von einer *schwierigen*, noch nicht abschließend entschiedenen *Tatsachenfrage* abhängt, die die Verhältnisse im Herkunftsland betrifft (Hess. VGH, NVwZ-RR 1991, 160 = InfAuslR 1991, 53 [LS]; OVG Rh-Pf, AuAS 8/1992, 10). Wurde die Berufung wegen grundsätzlicher Bedeutung zugelassen, sind regelmäßig die Erfolgsaussichten zu bejahen. Derartige Rechtsfragen können nicht im Verfahren der Prozesskostenhilfe entschieden werden (BVerfG [Kammer], Beschl. v. 04.05.2015 – 1 BvR 2096/13). Es ist auf den Zeitpunkt der Vorlage der erforderlichen Unterlagen für die Prozesskostenhilfe abzustellen und nicht auf den Zeitpunkt des Urteilserlasses nach einer durchgeführten Beweisaufnahme. Denn durch eine *rückschauende Erfolgsprognose* würde der Zweck des Prozesskostenhilferechts verfehlt (BayVGH, AuAS 2005, 154, 155).

9 Aus dem verfassungsrechtlichen Gebot der weitgehenden Gleichstellung Unbemittelter mit Bemittelten heraus dürfen die *Anforderungen* an die Prüfung der Erfolgsaussicht *nicht überspannt werden* (BVerfG [Kammer], InfAuslR 1991, 50; BVerfG [Kammer], AuAS 1993, 127; BVerfG [Kammer], NVwZ 2004, 334, 335 BVerfG [Kammer], NVwZ 2005, 1418; BVerfG [Kammer], Beschl. v. 14.06.2006 – 2 BvR 626/06, 656/06; BVerfG [Kammer], NVwZ-RR 2007, 361, 362; BVerfG [Kammer], NVwZ-RR 2007, 569, 570; BVerfG [Kammer], Beschl. v. 19.02.2008 – 1 BvR 1807/07). Bei der *Überprüfung einer qualifizierten Antragsablehnung* ist im Rahmen der Prüfung der Erfolgsaussicht der für das Hauptsacheverfahren gebotene strenge Prüfungsmaßstab anzuwenden (BVerfG [Kammer], InfAuslR 1992, 149). Die Prozesskostenhilfe darf zwar versagt werden, wenn ein Erfolg in der Hauptsache zwar nicht ausgeschlossen, die Erfolgschance aber *nur eine entfernte* ist (BVerfG [Kammer], InfAuslR 1992, 149). Eine erschöpfende Klärung der Frage der Offensichtlichkeit im Prozesskostenhilfeverfahren wird nicht zwingend gefordert (BVerfG [Kammer], InfAuslR 1992, 149, 152). Generell ist eine hinreichende Erfolgsaussicht bereits dann anzunehmen, wenn für eine erfolgreiche Prozessführung nach summarischer Prüfung der Erfolg zwar *nicht gewiss* ist, er jedoch eine *gewisse Wahrscheinlichkeit* für sich hat (OVG Hamburg, Beschl. v. 02.08.1982 – OVG Bs V 61/82; OVG NW, Beschl. v. 24.07.1987 – 18 B 21031/86; Hess. VGH, NVwZ-RR 1991, 160) oder mit guten Gründen *vertretbar* erscheint (VGH BW, Beschl. v. 24.09.1985 – A 13 S 561/85). Die Wahrscheinlichkeitsprüfung ist nicht mit der asylrechtlichen Prognose der überwiegenden Wahrscheinlichkeit identisch (VGH BW, Beschl.

v. 24.09.1985 – A 13 S 561/85; BayVGH, AuAS 2005, 154, 155). Andererseits folgt hieraus, dass aus der Bewilligung von Prozesskostenhilfe ebenso wie aus deren Versagung keine voreiligen Schlüsse auf den Ausgang das Hauptsacheverfahrens gezogen werden dürfen.

Prozesskostenhilfe kann insbesondere nicht verneint werden, wenn sich bei der Erfolgs- 10
prüfung eine *persönliche Einvernahme des Asylklägers* über seine Verfolgungsbehauptungen im Hauptsacheverfahren aufdrängt, weil diese bei summarischer Betrachtung eine relevante Verfolgung schlüssig ergeben und Zweifel an der Glaubhaftigkeit der Angaben nur aufgrund der persönlichen Anhörung geklärt werden können (Hess. VGH, EZAR 613 Nr. 9 = InfAuslR 1982, 208; Hess. VGH, EZAR 610 Nr. 27; Hess. VGH, EZAR 210 Nr. 4; Hess. VGH, NVwZ-RR 1990, 657; Hess. VGH, Beschl. v. 06.01.1989 – 13 TP 2519/87; Hess. VGH, Beschl. v. 06.05.1990 – 13 TP 4829/88; OVG NW, Beschl. v. 24.07.1987 – 18 B 21031/86; OVG NW, Beschl. v. 09.01.1988 – 20 B 20866/87; BayVGH, Beschl. v. 23.08.1985 – Nr. 25 C 85 C 131; OVG Rh-Pf, NVwZ-RR 1990, 384). Vorauszusetzen ist aber, dass aufgrund des vorprozessualen Sachvorbringens entstandene Bedenken gegen die Glaubhaftigkeit seiner Angaben vor der mündlichen Verhandlung schlüssig aufgeklärt werden (Hess. VGH, EZAR 610 Nr. 27; Hess. VGH, EZAR 210 Nr. 4; OVG Rh-Pf, Beschl. v. 13.10.1988 – 313 E 41/88). Zur Begründung des Prozesskostenhilfeantrags ist deshalb eine vollständige und detaillierte Auseinandersetzung mit dem bisherigen Sachvortrag erforderlich (Hess. VGH, EZAR 210 Nr. 4). Regelmäßig wird erst die Begründung der Klage oder des Prozesskostenhilfeantrags notwendige Anhaltspunkte für eine Beurteilung der Erfolgsaussichten liefern können (BVerfG [Kammer], NVwZ 1994, 62 = AuAS 1993, 196). Können erhobene Bedenken gegen die Glaubhaftigkeit der Angaben – soweit dies schriftsätzlich überhaupt möglich ist – überzeugend aufgelöst werden und sind verbleibende Zweifel nur durch persönliche Einvernahme während der mündlichen Verhandlung zu klären, kann die hinreichende Erfolgsaussicht nicht verneint werden (Hess.VGH, EZAR 610 Nr. 27; Hess.VGH, EZAR 210 Nr. 4). Der Umfang der Darlegungslast hat nicht zur Folge, dass die hinreichende Erfolgsaussicht verneint werden darf, wenn die Darstellungen der Fluchtgründe in verschiedenen Verfahrensstadien nicht voll übereinstimmen und erwartet werden kann, dass bei einer persönlichen Anhörung in der mündlichen Verhandlung die aufgetretenen Widersprüche und Ungereimtheiten erklärt und aufgelöst werden (Hess. VGH, NVwZ-RR 1990, 657). Dies gilt jedenfalls dann, wenn die persönliche Anhörung im Verwaltungsverfahren unter Verstoß gegen Verfahrensvorschriften zustande gekommen ist und daher als unzuverlässig erscheinen kann (Hess. VGH, NVwZ-RR 1990, 657). Im Regelfall ist deshalb Prozesskostenhilfe zu bewilligen. Hat das Berufungsgericht die Berufung zugelassen und das Erscheinen des Klägers als ratsam bezeichnet, steht bereits dieser Umstand der Verneinung der Erfolgsaussicht entgegen (BVerfG [Kammer], NJW 2003, 3190 = NVwZ 2004, 721).

Eine hinreichende Erfolgsaussicht ist auch anzunehmen, wenn im Hauptsache- 11
verfahren ernsthaft eine *Beweisaufnahme in Betracht kommt* (BVerfG [Kammer], NVwZ 2012, 1391, 1392; BayVGH, Beschl. v. 23.08.1985 – Nr. 25 C 85 C 131;

BayVGH, Beschl. v. 28.11.1991 – 19 C 90.30206; Hess. VGH, EZAR 613 Nr. 9; Hess. VGH, EZAR 210 Nr. 4; Hess. VGH, NVwZ-RR 1991, 160; Hess. VGH, EZAR 613 Nr. 22; OVG NW, Beschl. v. 09.01.1988 – 20 B 20866/87; OVG Rh-Pf, Beschl. v. 22.04.1991 – 6 E 10336/91.OVG; VGH BW, Beschl. v. 24.09.1985 – A 13 S 561/85). In der Regel ist daher Prozesskostenhilfe zu bewilligen, wenn sich das Verwaltungsgericht nur anhand der von ihm eingeholten oder ihm anderweitig vorliegenden Gutachten, Stellungnahmen und Auskünfte von der Wahrheit des – in sich schlüssigen – Vorbringens überzeugen kann. Die Heranziehung und Verwertung dieser Erkenntnisse erfolgt zu Beweiszwecken und stellt mithin eine Beweiserhebung dar (Hess. VGH, NVwZ-RR 1991, 160), auch ohne dass dem ein förmlicher Beweisbeschluss zugrundeliegt. Hat das Gericht durch *förmlichen Beweisbeschluss* eine gutachtliche Stellungnahme im konkreten Verfahren eingeholt, ist grundsätzlich von einer Erfolgsaussicht auszugehen. Dies gilt auch dann, wenn im Nachhinein diese Begutachtung zur Verneinung des geltend gemachten Anspruchs geführt hat (BayVGH, Beschl. v. 28.11.1991 – 19 C 30206), weil im maßgebenden Zeitpunkt der Bewilligung der Prozesskostenhilfe das Ergebnis des Verfahrens noch nicht abgesehen werden kann. Aus der Notwendigkeit der Beweiserhebung folgt nicht in jedem Fall, dass Prozesskostenhilfe zu bewilligen ist, da das Gericht gegebenenfalls auch dann zur Beweiserhebung verpflichtet ist, wenn es die Richtigkeit der unter Beweis gestellten Tatsache für sehr unwahrscheinlich hält (Hess. VGH, NVwZ-RR 1991, 160). Erfordert die Klärung der Nationalität des Asylklägers eine Beweisaufnahme, ist wegen der notwendigen Beweiserhebung zu dieser wesentlichen materiellen Frage regelmäßig Prozesskostenhilfe zu bewilligen (OVG Rh-Pf, Beschl. v. 22.04.1991 – 6 E 10336/91.OVG). Erheben mehrere *Familienmitglieder* gleichzeitig Verpflichtungsklage und erweist sich bei der im Prozesskostenhilfeverfahren gebotenen Schlüssigkeitsprüfung die Klage eines Familienangehörigen als Erfolg versprechend, ist dem Prozesskostenhilfeantrag der anderen Familienmitglieder *unabhängig* von der Geltendmachung individueller Verfolgungsgründe unter dem Gesichtspunkt des abgeleiteten Status stattzugeben (Hess. VGH, EZAR 613 Nr. 22; a.A. wohl OVG NW, Beschl. v. 03.09.1991 – 16 E 781/91.A).

12 Streit herrscht in der Rechtsprechung über den *maßgeblichen Zeitpunkt für die Beurteilung der hinreichenden Erfolgsaussicht.* Die überwiegende Meinung geht dahin, dass der Zeitpunkt maßgebend ist, in dem der Prozesskostenhilfeantrag in der gesetzlich vorgeschriebenen Form gestellt worden ist. Dies ist der Zeitpunkt der *Bewilligungsreife*, also derjenige Zeitpunkt, in dem nach Maßgabe der verfahrensrechtlichen Bestimmungen die Voraussetzungen für eine positive Bescheidung des Prozesskostenhilfeantrags gegeben waren, insbesondere der Antragsteller die nach § 117 Abs. 4 ZPO notwendige Erklärung abgegeben sowie die dort genannten Unterlagen vorgelegt hat und der Prozessgegner nach § 118 Abs. 1 Satz 1 ZPO gehört worden ist (VGH BW, VBlBW 1985, 135; VGH BW, Beschl. v. 24.09.1985 – A 13 S 561/85; VGH BW, Beschl. v. 17.08.1988 – A 12 S 1032/89; BayVGH, AuAS 2005, 154, 155; Nieders. OVG, Beschl. v. 18.11.1991 – 11 O 6250/91; OVG Bremen, NVwZ-RR 2003, 389; OVG NW, Beschl. v. 03.09.1991 – 16 E 781/91.A; OVG NW, AuAS 2008, 68; OVG NW, NVwZ-RR 2010, 742; Hess. VGH, NVwZ-RR 1992, 221; Hess.

VGH, EZAR 613 Nr. 22; OVG Rh-Pf, NVwZ 1991, 595; OVG Rh-Pf, NVwZ-RR 2014, 76, 77; Thür. OVG, NVwZ 1998, 866; a.A. Hess. VGH, InAuslR 2008, 350, 351; offen gelassen BVerwG, AuAS 2008, 11). Die Gegenmeinung stellt insoweit auf den Zeitpunkt der Entscheidung des Gerichts ab (OVG Rh-Pf, NVwZ-RR 1990, 384; Hess. VGH, InAuslR 2008, 350, 351), geht aber beim Unterbleiben eines entscheidungsreifen Antrags ebenfalls vom Zeitpunkt der Entscheidungsreife aus (Hess. VGH, InAuslR 2008, 350, 351). Das BVerfG hatte zunächst, ohne in der Sache selbst Stellung zu nehmen, auf die Mehrheitsmeinung verwiesen, ohne die Mindermeinung auch nur zu erwähnen (BVerfGE 78, 88, 98 ff. = EZAR 630 Nr. 26 = NVwZ 1988, 718). Später hat es einschränkend festgestellt, dass die Bestimmung des für die Bewilligung maßgebenden Zeitpunkts erst dann zu beanstanden sei, wenn sie der bedürftigen Partei den im Wesentlichen gleichen Zugang zu den Gerichten gänzlich verwehrt oder nicht mehr in einer dem Art. 19 Abs. 4 GG genügenden Weise gewährleistet (BVerfG [Kammer], AuAS 2001, 106). Schließlich hat es sich wohl der herrschenden Meinung angeschlossen und als maßgeblichen Zeitpunkt den Zeitpunkt der Entscheidungsreife bezeichnet (vgl. z.B. BVerfG [Kammer], NVwZ 2006, 1156, 1157). Es spricht Vieles dafür, auf den Zeitpunkt der Bewilligungsreife abzustellen. Sinn und Zweck des Prozesskostenhilferechts gebieten es, dass das Gericht über ein bewilligungsreifes Gesuch alsbald nach Prozessbeginn entscheidet, jedenfalls aber vor dem Zeitpunkt, ab dem weitere Kosten entstehen (OVG Hamburg, NVwZ-RR 2001, 805). Dem steht § 77 Abs. 1 nicht entgegen. Eine Klage, die bis zur Bewilligungsreife hinreichende Aussicht auf Erfolg bot, hätte vernünftigerweise auch ein bemittelter Kläger erhoben (OVG NW, Beschl. v. 03.09.1991 – 16 E 781/91.A).

IV. Verfahren

Prozesskostenhilfe wird nur *auf Antrag* bewilligt (§ 114 Satz 1 ZPO), der beim Prozessgericht zu stellen ist (§ 117 Abs. 1 Halbs. 1 ZPO). Für den Zulassungsantrag (§ 78 Abs. 4) besteht kein Vertretungszwang für den Bewilligungsantrag (OVG Sachsen, NVwZ-RR 2001, 804; VGH BW, NVwZ-RR 2001, 802; s. hierzu auch § 78 Rdn. 225). Klage und Rechtsmittelantrag müssen jedoch innerhalb der jeweils vorgesehenen gesetzlichen Frist eingereicht werden. Beide Anträge können miteinander verbunden werden (*Strinscha*, NVwZ 2005, 267). Eine isolierte Bewilligung von Prozesskostenhilfe ohne gleichzeitige Beiordnung eines Rechtsanwalts ist unzulässig (BerlVerfGH, NVwZ-RR 2014, 625, 626). Der Prozesskostenhilfeantrag ist innerhalb der Antragsfrist des § 78 Abs. 4 Satz 1 zu stellen und zu begründen (Nieders. OVG, NVwZ-RR 2009, 784). Wird der Bewilligungsantrag, aber nicht der Zulassungsantrag innerhalb dieser Frist gestellt, ist grundsätzlich *Wiedereinsetzung* zu gewähren (BVerwG, NVwZ-RR 2013, 387, 388; BGH, AnwBl. 2013, 244; OVG Berlin, NVwZ-RR 1994, 475; Hess. VGH, Hess. VGRspr. 1994, 33). Es wird aber von einem Verschulden ausgegangen, wenn eine nicht dem Anwaltszwang unterliegende Rechtsmitteleinlegung unterblieben ist (OVG Berlin, NVwZ-RR 1994, 475, 476; Nieders. OVG, NVwZ-RR 2013, 622). Für die Berufungszulassung besteht jedoch Anwaltszwang (§ 67 Abs. 4 Satz 2 VwGO). Überdies dürfte ein innerhalb der Antragsfrist 13 beauftragter Bevollmächtigter ohne Aktenkenntnis die für ein erfolgreiches Rechtsmittel erforderliche Begründung nicht liefern können. Der Antrag ist für jeden Rechtszug gesondert zu stellen (§ 119 Satz 1 ZPO). Das Zulassungsantrags- und Berufungsverfahren bilden einen einheitlichen Rechtszug. Die Bewilligung von Prozesskostenhilfe im Antragsverfahren wirkt sich daher auch auf das Berufungsverfahren aus (Thür. OVG, NVwZ 1998, 867, 868 = EZAR 613 Nr. 3 = AuAS 1998, 141; a.A. BayVGH, AuAS 1998, 175; a.A. wohl auch Hess. VGH, NVwZ-RR 1998, 466). Das gilt auch für das Verhältnis zwischen Beschwerde- und Revisionsverfahren (BVerwG, NVwZ-RR 1995, 545).

14 Der Vordruck nach § 117 Abs. ZPO ist auszufüllen und einzureichen. Die Entscheidungsreife tritt regelmäßig erst nach Vorlage der vollständigen Prozesskostenhilfeunterlagen, Begründung und Anhörung der Gegenseite mit angemessener Frist zur Stellungnahme ein (BVerwG, AuAS 2008, 11, 12; BayVGH, AuAS 2015, 209). Die bloße Bezugnahme auf die Begründung im Zulassungsantrag wird nicht für ausreichend erachtet (Nieders. OVG, NVwZ-RR 2009, 784). Dies verletzt Art. 19 Abs. 4 GG, da sich die Erfolgsprüfung auf das Rechtsmittel im Hauptsacheverfahren, also hier das Zulassungsverfahren, bezieht. Ist der Vordruck unvollständig ausgefüllt, darf das Gericht den Antrag nicht ablehnen, ohne den Antragsteller zuvor unter Fristsetzung zur Vervollständigung aufgefordert zu haben (VGH BW, NVwZ-RR 2004, 230; a.A. Nieders. OVG, NVwZ-RR 2010, 743, 744). Die Gegenmeinung verneint eine gerichtliche Hinweispflicht. Der Antrag auf Bewilligung von Prozesskostenhilfe für das Berufungszulassungsverfahren muss innerhalb der dafür vorgesehenen gesetzlichen Fristen erfolgen (Nieders. OVG, NVwZ-RR 2003, 906). Der Antrag des anwaltlich vertretenen Klägers auf Bewilligung von Prozesskostenhilfe für das Berufungsverfahren entbindet diesen nicht davon, die Berufung fristgemäß zu begründen (OVG Rh-Pf, NVwZ-Beil. 2000, 4; § 79 Rdn. 8). Hat das Berufungsgericht über den vor Ablauf der Begründungsfrist gestellten Antrag auf Bewilligung von Prozesskostenhilfe nicht vorab entschieden, darf es die Berufung nicht wegen Versäumung der Berufungsbegründungsfrist als unzulässig verwerfen (BVerwG, NVwZ 2004, 111 = AuAS 2003, 259). Auch im Prozesskostenhilfeverfahren ist das Recht *auf Gehör* zu beachten (Hess. VGH, EZAR 610 Nr. 27). Es dürfen daher nur solche Erkenntnisquellen verwertet werden, die – soweit sie nicht allgemein bekannte Tatsachen enthalten, den Beteiligten gegenwärtig und als entscheidungserheblich bewusst sind – und zuvor entweder in das Prozesskostenhilfeverfahren oder in das Verfahren, für das Prozesskostenhilfe begehrt wird, eingeführt worden sind (Hess. VGH, EZAR 610 Nr. 27). Der Antragsgegner hat jedoch kein Anhörungsrecht hinsichtlich der persönlichen und wirtschaftlichen Voraussetzungen des Antragstellers und im Gefolge dessen auch kein hierauf bezogenes Akteneinsichtsrecht (BVerfG [Kammer], NJW 1991, 2078).

V. Rechtsfolgen des Bewilligungsbeschlusses

15 Die Bewilligung wirkt gem. § 119 Satz 2 ZPO nur für den jeweiligen Rechtszug (BVerfGE 71, 122, 132 = EZAR 613 Nr. 6 = NJW 1987, 1619). Sie umfasst auch einen Vergleich (OVG Bremen, NVwZ-RR 2009, 271). Ist für das Antragsverfahren

(§ 78 Abs. 4) Prozesskostenhilfe bewilligt worden, wäre daher an sich für das Berufungsverfahren erneut Antrag auf Bewilligung von Prozesskostenhilfe zu stellen. Das BVerwG geht indes für die revisionsrechtliche Beschwerde davon aus, dass sich die Bewilligung der Prozesskostenhilfe für das Beschwerdeverfahren auf das Revisionsverfahren erstreckt, da Beschwerde- und Revisionsverfahren in einem notwendigen inneren Zusammenhang stehen (BVerwG, NVwZ-RR 1995, 545; Rdn. 13). Das gilt auch für das Antrags- und Berufungsverfahren. Der Asylkläger wird durch die Bewilligung der Prozesskostenhilfe von den außergerichtlichen Kosten befreit oder kann sie nach Maßgabe der gesetzlichen Voraussetzungen in monatlichen Raten (§ 120 ZPO) ableisten. Auch wenn der Begünstigte sich durch einen Vergleich zur Übernahme der Kosten verpflichtet hat, kann er von der Staatskasse nicht auf Zahlung der Kosten in Anspruch genommen werden (Hess.VGH, AuAS 2015, 243, 244). Die notwendigen Auslagen zur Beiziehung eines *Dolmetschers im Rahmen des* der Klagebegründung dienenden *anwaltlichen Beratungsgesprächs* können im Rahmen der Bewilligung im Regelfall *nicht* erstattet werden (BVerfG [Kammer], NVwZ 1994, 62 = AuAS 1993, 196; a.A. Nieders. OVG, EZAR 613 Nr. 32 = NVwZ-Beil. 1995, 29; VG Regensburg, AuAS 1997, 156). Die Befreiung von den Gerichtskosten folgt bereits aus § 83b. Auch wenn der Prozesskostenhilfeantrag mangels hinreichender Erfolgsaussicht der Klage abgelehnt wird, hat der Kläger Anspruch auf Bewilligung der *Reisekosten zur mündlichen Verhandlung* (BayVGH, InfAuslR 2006, 293 = AuAS 2006, 82).

Auch nach *Verfahrensabschluss*, sei es aufgrund einer Klagerücknahme oder Klageab- 16
weisung, ist eine *rückwirkende Bewilligung* geboten, sofern der Prozesskostenhilfeantrag *rechtzeitig vor Abschluss des Verfahrens* gestellt worden war (BVerfGE 81, 347, 355f. = EZAR 613 Nr. 16 = NJW 1991, 413 = NVwZ 1992, 1182; Hess. VGH, Beschl. v. 29.06.1983 – 10 TE 148/83; Hess. VGRspr. 1988, 25; Hess. VGH, NVwZ-RR 1992, 220; OVG Hamburg, AuAS 1997, 58; OVG MV, NVwZ-RR 1996, 621; Nieders. OVG, Beschl. v. 18.11.1991 – 11 O 6250/81; VGH BW, VBl BW 1985, 135; VGH BW, AuAS 2002, 187, 188; Thür.OVG, NVwZ 1998, 866; OVG NW, NVwZ-RR 2010, 742; Hess.VGH, AuAS 2014, 77 s. hierzu auch *Bönker*, NJW 1983, 2430; a.A. VG Schwerin, AuAS 2002, 119 = NVwZ 2002, 1399 = NVwZ-Beil. 2002, 128 [LS], für den Fall des ausgereisten Asylklägers), obwohl das Rechtsschutzbegehren im Entscheidungszeitpunkt keinen Erfolg mehr verspricht (BVerfG [Kammer], AuAS 2001, 106, 107; BayVGH, NVwZ-RR 1997, 501, 502; OVG Rh-Pf, NVwZ 1991, 595). Das gilt auch, wenn im Eilrechtsschutzverfahren wegen der Eilbedürftigkeit nicht vorab über den Bewilligungsantrag entschieden wurde und sich die Hauptsache anschließend erledigt hat (OVG NW, NVwZ-RR 2010, 742; a.A. OVG Schleswig, NVwZ 2011, 583). Prozesskostenhilfe kann hingegen nicht mehr bewilligt werden, wenn die erforderliche Formularerklärung (§ 166 VwGO in Verb. mit § 117 Abs. 2 ZPO) erst nach Abschluss des gerichtlichen Verfahrens vorgelegt wird (VGH BW, AuAS 2002, 260; VGH BW, NVwZ-RR 2005, 367; OVG NW, NVwZ 2007, 286; s. aber Rdn. 20). Wird die *Klage* nach Entscheidung des Verwaltungsgerichts über einen Prozesskostenhilfeantrag *erweitert*, ist ein hierauf bezogener *weiterer Prozesskostenhilfeantrag* zu stellen (VGH BW, NVwZ-RR 2006, 508). Erledigt sich der Streit in der Hauptsache während

des Prozesskostenhilfeverfahrens vor Klageerhebung, ist für die Bewilligung von Prozesskostenhilfe kein Raum mehr (OVG Saarland, NVwZ-RR 2006, 656).

17 Bei Erforderlichkeit anwaltlicher Vertretung wird dem Asylkläger ein zur Vertretung bereiter Rechtsanwalt *beigeordnet* (§ 121 Abs. 2 Satz 1 ZPO). Stellt ein bedürftiger Beteiligter durch einen Prozessbevollmächtigten einen Bewilligungsantrag, ist dieser regelmäßig so zu verstehen, dass dieser beigeordnet werden soll. Nur im Fall des *Rechtsmissbrauchs* ist hiervon abzusehen. Das ist der Fall, wenn der Beteiligte bereits vor Einschaltung des Bevollmächtigten das Rechtsschutzziel erreicht hat (OVG Berlin-Brandenburg, NVwZ-RR 2014, 120). Die Beiordnung entfaltet ihre Rechtswirkungen nicht erst ab dem Zeitpunkt, in dem der Beschluss wirksam geworden ist. Vielmehr wirkt der Beschluss auf den Zeitpunkt der nach Vorlage der gem. § 117 ZPO erforderlichen vollständigen Unterlagen und damit entscheidungsreifen Antragstellung zurück (Rdn. 12 f.). Daher hat der beigeordnete Rechtsanwalt einen Anspruch auf Vergütung seiner Verfahrensgebühr. Darauf ob die Verfahrensgebühr auch schon vor der Beiordnung im Berufungszulassungsverfahren angefallen ist, kommt es nicht an (VGH BW, AuAS 1998, 46; VGH BW, AuAS 2002, 166, 167; VGH BW, NVwZ-RR 2004, 156). In der Gerichtspraxis wird wegen der besonderen rechtlichen und tatsächlichen Probleme des Asylverfahrens eine anwaltliche Beiordnung regelmäßig für erforderlich erachtet. Teilweise wird von der Möglichkeit des § 121 Abs. 2 Satz 2 ZPO Gebrauch gemacht und der benannte Rechtsanwalt zu den Bedingungen eines *ortsansässigen Rechtsanwalts* oder es wird ein *Verkehrsanwalt* nach § 121 Abs. 3 ZPO beigeordnet (BayVGH, Beschl. v. 01.09.1987 – Nr. 24 C 87.30304; s. zur Erstattung der Reisekosten des auswärtigen Rechtsanwaltes auch BayVGH, NVwZ-RR 1997, 326; OVG MV, NVwZ-RR 1996, 238; VGH BW, NVwZ-RR 1996, 238; kritisch VGH BW, NVwZ-RR 2007, 211, 121). Gerade im Asylverfahren kommt es aber auf die besondere Sachkunde des Verfahrensbevollmächtigten an. Hinzu kommt angesichts der politischen Sensibilität der zugrunde liegenden Verfolgungstatbestände, dass die ordnungsgemäße Vertretung zwischen dem Mandanten und seinem Rechtsanwalt zumeist ein *besonderes Vertrauensverhältnis* voraussetzt (VGH BW, NVwZ-RR 2007, 211, 121). Der Vorbereitung der mündlichen Verhandlung gehen regelmäßig mehrere Beratungsgespräche voraus, die insbesondere durch Prüfung der Glaubhaftigkeit des Sachvorbringens geprägt werden. Ferner muss sich der an der mündlichen Verhandlung teilnehmende Rechtsanwalt im Blick auf die sehr strengen Darlegungslasten fall- und sachbezogen einen Eindruck von den Darlegungskompetenzen seines Mandanten verschaffen. Dementsprechend wird von den Gerichten von den Regelungen in § 121 Abs. 2 Satz 2 und Abs. 3 ZPO teilweise kein Gebrauch gemacht.

18 Ein *Anwaltswechsel* ist nach gerichtlicher Beiordnung nur unter erschwerten Voraussetzungen zulässig. Eine gerichtliche Pflicht zur Aufhebung der zunächst verfügten Beiordnung und zur Beiordnung des nunmehr benannten Rechtsanwaltes besteht nur, wenn der zuerst beigeordnete Rechtsanwalt ohne einen vom Kläger zu vertretenden Grund das Mandat niedergelegt *oder* wenn er selbst den Auftrag aus *triftigen Grund* gekündigt hat (Hess. VGH, Beschl. v. 01.07.1986 – 10 D 2654/85). Ein derartiger

Grund ist z.B. gegeben, wenn aus bestimmten Gründen das zwischen dem Mandanten sowie dem beigeordneten Rechtsanwalt notwendige Vertrauensverhältnis aus einem vom Asylkläger nicht zu vertretenden Grund nicht mehr besteht (Hess. VGH, Beschl. v. 01.07.1986 – 10 D 2654/85). Selbstverständlich hat das Gericht die Möglichkeit, nach Ermessen und Herstellung des Einvernehmens über den Antrag auf Entpflichtung des bisher beigeordneten Rechtsanwaltes und auf Beiordnung des nunmehr vom Asylkläger benannten Rechtsanwalts zu entscheiden. Ansonsten bleibt dem Asylkläger nur die Möglichkeit, auf seine Kosten einen *Wahlanwalt* mit der weiteren Vertretung seiner Interessen zu beauftragen.

Unter den Voraussetzungen des § 124 ZPO kann das Gericht die *Bewilligung* 19
aufheben. So kann es z.B. nach § 124 Nr. 1 ZPO die Bewilligung der Prozesskostenhilfe aufheben, wenn der Asylkläger durch unrichtige Darstellung des Streitverhältnisses die für die Bewilligung der Prozesskostenhilfe maßgeblichen Voraussetzungen vorgetäuscht hat. Dies ist der Fall, wenn sich die falschen Angaben auf diejenigen Umstände beziehen, die für die Beurteilung der hinreichenden Erfolgsaussicht gem. § 114 ZPO maßgebend sind. Das Vorliegen der in § 124 ZPO normierten Aufhebungsgründe ist von Amts wegen zu berücksichtigen (VGH BW, Beschl. v. 24.09.1985 – A 13 S 561/85). Die Aufhebung ist aber nur zulässig, wenn die vorsätzlich unrichtige Darstellung des Streitverhältnisses zu einer günstigeren Entscheidung geführt hat, als sie bei richtiger Darstellung ergangen wäre (OVG Sachsen, EZAR NF 98 Nr. 56). Haben die für die Bewilligung maßgebenden tatsächlichen und rechtlichen Verhältnisse sich seit der Bewilligung zugunsten des Antragstellers geändert, ist dies bei der Aufhebungsentscheidung zwingend zu berücksichtigen (OVG Sachsen, EZAR NF 98 Nr. 56). Aufgrund der häufig langen Verfahrensdauern überprüfen die Gerichte teilweise kurz vor der Verhandlung die persönlichen und wirtschaftlichen Verhältnisse erneut und heben den Bewilligungsbeschluss gegebenenfalls auf. Auch wenn der Antragsteller verstirbt, ist die Bewilligung aufzuheben, da es sich bei der Prozesskostenhilfe um einen höchstpersönlichen Anspruch handelt und sich daher mit dem Tod des Beteiligten das bisherige Bewilligungsverfahren erledigt und eine bereits bewilligte Prozesskostenhilfe endet (OVG Sachsen, NVwZ 2002, 492, 493).

Der ablehnende Beschluss im Prozesskostenhilfeverfahren erwächst nicht in ma- 20
terielle Rechtskraft. Scheitert daher ein Prozesskostenhilfeantrag an mangelnder Glaubhaftmachung der Angaben über die persönlichen und wirtschaftlichen Verhältnisse des Antragstellers und reicht dieser die geforderten Unterlagen nach Eintritt der Unanfechtbarkeit des zurückweisenden Beschlusses nach, sprechen weder Sinn und Zweck des Prozesskostenhilferechts noch prozessökonomische Gründe dafür, einen Rechtsuchenden auch weiterhin von der Bewilligung der begehrten Prozesskostenhilfe auszuschließen (Hess. VGH, NVwZ-RR 1992, 230; Hess. VGH, AuAS 2014, 77; *Hörich*, InfAuslR 2012, 292, 296; a.A. Nieders. OVG, NVwZ-RR 2005, 437). Ungeachtet § 80 kann gegen den zurückweisenden Beschluss *Gegenvorstellung* erhoben werden (Nieders. OVG, NVwZ-RR 2010, 39). Die *Wiederholung des Antrags* dürfte aber nach Abschluss des gerichtlichen Verfahrens in

derartigen Fällen nicht mehr möglich sein. Die Wiederholung ist aber andererseits nicht auf die persönlichen und wirtschaftlichen Verhältnisse des Antragstellers beschränkt. Vielmehr ist der Antragsteller nicht gehindert, nach Unanfechtbarkeit des zurückweisenden Prozesskostenhilfebeschlusses erneut einen Prozesskostenhilfeantrag zu stellen und mit diesem die hinreichende Erfolgsaussicht darzulegen. § 80 Abs. 7 Satz 2 VwGO ist nicht anwendbar, sodass keine veränderte Sachlage glaubhaft zu machen ist.

§ 83c Anwendbares Verfahren für die Anordnung und Befristung von Einreise- und Aufenthaltsverbot

Die Bestimmungen dieses Abschnitts sowie § 52 Nummer 2 Satz 3 VwGO gelten auch für Rechtsbehelfe gegen die Entscheidungen des Bundesamts nach § 75 Nummer 12 AufenthG.

Übersicht **Rdn.**

A. Funktion der Vorschrift

1 Mit dem Gesetz zur Neubestimmung des Bleiberechts und der Aufenthaltsbeendigung vom 27. Juli 2015 (BGBl I S. 1386) wurde in § 75 Nr. 12 AufenthG dem Bundesamt die Zuständigkeit für die Befristung eines Einreise- und Aufenthaltsverbots nach § 11 Abs. 2 AufenthG im Falle einer Abschiebungsandrohung nach § 34, § 35 oder einer Abschiebungsanordnung nach § 34a sowie für die Anordnung und Befristung eines Einreise- und Aufenthaltsverbots nach § 11 Abs. 7 AufenthG übertragen. Dieses Gesetz hat die Konzeption des Einreise- und Aufenthaltsverbots, das bis dahin nur als Folge der Anordnung einer Ausweisung, der Abschiebung und Zurückschiebung geregelt war, vollständig neu konzipiert. In diesem Zusammenhang wurde in § 11 Abs. 7 AufenthG geregelt, dass das Bundesamt ein derartiges Verbot anordnen kann, wenn der Antrag eines Antragstellers aus einem sicheren Herkunftsstaat (§ 29a) als offensichtlich unbegründet abgelehnt wurde, dem kein subsidiärer Schutz zuerkannt und in Bezug auf den nicht das Vorliegen von Abschiebungsverboten nach § 60 Abs. 5 oder 7 AufenthG festgestellt wurde und der keinen Aufenthaltstitel besitzt oder dessen Antrag nach § 71 oder § 71a bestandskräftig wiederholt nicht zu Durchführung eines weiteren Asylverfahrens geführt hat. Das AsylG enthielt bis dahin keine Regelungen zum Rechtsschutz in diesem Fall, sodass sich Klagefristen und weitere Modalitäten des Klage- und Eilrechtsschutzverfahrens nach Maßgabe der VwGO regelten. Dem hilft die Vorschrift ab. Für Klagen gegen das Einreise- und Aufenthaltsverbot des § 11 Abs. 7 AufenthG bzw. gegen die Versagung der Aufhebung (§ 11 Abs. 2 AufenthG) oder dessen Verkürzung (§ 11 Abs. 4 AufenthG) wird ausdrücklich auf die Regelungen des neunten Abschnittes (über das Gerichtsverfahren) und auf § 75 Nr. 12 AufenthG verwiesen. Zugleich wurde in § 52 Nr. 2 VwGO

Ihr liegen kriminalpolitische Überlegungen zugrunde, die auf Interesse an *materiell richtigen Verwaltungsentscheidungen* beruhen. Der verfassungsrechtliche Grundsatz der *Gesetzmäßigkeit der Verwaltung* (Art. 20 Abs. 2 GG) soll strafrechtlich gefördert werden. § 84 verfolgt damit ähnliche Zwecke wie § 95 AufenthG. Dieses Interesse erscheint dem Gesetzgeber derart vordringlich, dass er den Antragsteller selbst nicht mit strafrechtlichen Sanktionen belastet. Dieser soll in Strafverfahren gegen den Täter nach Möglichkeit ohne Einschränkung als Beweismittel verfügbar sein. Bezugsrahmen der Vorschrift sind nach dem Wortlaut von Abs. 1 die Asylanerkennung und die Zuerkennung des internationalen Schutzes, nicht aber nicht die Abschiebungsverbote des § 60 Abs. 5 und 7 AufenthG. Aussagen vor der Ausländerbehörde bei der Berufung auf diese Verbote außerhalb des Asylverfahrens (§ 72 Abs. 2 AufenthG) werden damit nicht eingeschlossen. Stillschweigend hat die Umgestaltung des Gesetzes 2013 durch Integration des subsidiären Schutzes damit eine Verschärfung eingeführt, da bis dahin die Abschiebungsverbote des § 60 Abs. 2, 3 und 7 Satz 2 AufenthG a.F. nicht eingeschlossen waren, nunmehr aber durch den Hinweis auf den internationalen Schutz auch § 4 Abs. 1 Satz 2 erfasst werden. § 4 Abs. 1 Satz 2 integriert die in § 60 Abs. 2, 3 und 7 Satz 2 AufenthG a.F. geregelten Abschiebungsverbote als Tatbestände des subsidiären Schutzes in das Gesetz. Im Ergebnis handelt es sich allerdings nicht um eine Verschärfung, weil zu Beginn des Asylverfahrens dessen Ergebnis nicht bekannt ist, die Strafnorm jedoch alle Verfahren erfasst, für die das Bundesamt zuständig ist. Bei einer isolierten Berufung auf § 60 Abs. 2, 3 und 7 Satz 2 AufenthG a.F. war früher das Bundesamt nicht zuständig (§ 24 Abs. 2, § 72 Abs. 2 AufenthG a.F.). Das ist nach geltendem Recht nur noch im Blick auf die Abschiebungsverbote nach § 60 Abs. 5 und 7 AufenthG der Fall (§ 72 Abs. 2 AufenthG). In diesem Fall schützen § 95 Abs. 2 Nr. 2 und § 96 AufenthG vor wahrheitswidrigen Angaben.

Die im früheren Recht nicht vorgesehene Verschärfung der Strafandrohung in be- 2
sonders schweren Fällen entspricht den allgemeinen Zielvorstellungen des Gesetzes (BT-Drucks. 12/2062, S. 42, 26). Abs. 2 bis 5 wurden durch Art. 3 des Verbrechensbekämpfungsgesetzes (BT-Drucks. 12/6853) eingeführt und ersetzen § 84 Abs. 1 Satz 2 AsylVfG 1992. Abs. 2 enthält Regelbeispiele besonders schwerer Fälle, Abs. 3 beschreibt die gewerbsmäßige Ausübung und das Bandendelikt. Der Versuch ist strafbar (Abs. 4) Wie § 36 Abs. 4 AsylVfG 1982 enthält Abs. 6 das *Angehörigenprivileg*.

B. Tathandlungen (Abs. 1)

Nach Abs. 1 ist Tathandlung das *Verleiten* oder *Unterstützen* eines Ausländers, im Asyl- 3
verfahren oder Verwaltungsstreitverfahren unrichtige oder unvollständige Angaben zu machen mit dem Ziel, die Asylanerkennung oder die Zuerkennung des internationalen Schutzes zu erreichen. Es kann sich um ein Asylverfahren, ein Folge- oder ein Zweitantragsverfahren handeln. Da das Zuständigkeitsbestimmungsverfahren (Verordnung (EU) Nr. 604/2013) erst nach der Antragstellung eingeleitet wird, werden auch Angaben in diesem Verfahren erfasst (s. aber Rdn. 4). Der Asylantragsteller ist selbst nicht nach Abs. 1 strafbar (*Hailbronner,* AuslR B 2 § 84 AsylG Rn. 6; *Funke-Kaiser,* in: GK-AsylG, § 84 Rn. 5). Es kommen aber andere Asylantragsteller und auch Deutsche in Betracht. Bedient sich der Täter einer *Mittelsperson,* müssen die Voraussetzungen der

Mittäterschaft oder mittelbaren *Teilnahme* erfüllt sein (*Hailbronner,* AuslR B 2 § 84 AsylG Rn. 10). *Tatsubjekt* ist der Ausländer, der einen Asylantrag nach § 13 stellt. Die Tathandlung muss sich auf Angaben *nach* der förmlichen Antragstellung (§ 23 Abs. 1) im Asylverfahren beziehen. Bezieht sie sich auf Angaben gegenüber der Grenz-, Ausländerbehörde oder der Aufnahmeeinrichtung im Rahmen der Meldung nach § 22 Abs. 1 fehlt es an der Tathandlung nach Abs. 1 (*Hailbronner,* AuslR B 2 § 84 AsylG Rn. 15; GK-AsylG, § 84 Rn. 10; *Wingerter*, in: Hofmann/Hoffmann, AuslR. Handkommentar, § 84 AsylG Rn. 5; a.A. *von Pollern*, ZAR 1996, 175, 180). Zwar können Tathandlungen auch *im Ausland* begangen werden, da Tatort nach § 9 Abs. 1 StGB auch der Ort ist, an dem der zum Tatbestand gehörende Erfolg eingetreten ist und Erfolg in diesem Sinne die im Bundesgebiet abzugebende falsche Erklärung des Asylantragstellers, zur Erreichung der Asylanerkennung oder der Zuerkennung des internationalen Schutzes ist. Es muss aber der Nachweis geführt werden, dass die Tathandlung sich auf Angaben nach der förmlichen Antragstellung im Sinne von § 23 Abs. 1 bezieht. Die Erstrebung einer Duldung wegen eines Abschiebungsverbots nach § 60 Abs. 5 und 7 AufenthG wird von § 95 Abs. 2 Nr. 2 AufenthG erfasst. Unwahre Angaben im Rahmen des *Asylersuchens* vor dem Beginn des Asylverfahrens gegenüber der Grenz-, Ausländerbehörde oder Aufnahmeeinrichtung werden weder von § 95 Abs. 2 Nr. 2 AufenthG noch von Abs. 1 erfasst (Rdn. 1). Weder wird in diesem Zusammenhang eine Aufenthaltserlaubnis noch eine Duldung erstrebt (§ 95 Abs. 2 Nr. 2 AufenthG) noch handelt es sich um Angaben im Asylverfahren. Die Aufenthaltserlaubnis nach § 25 Abs. 1 und 2 AufenthG ist zwar *Fernziel* der Angaben. Im Vordergrund steht jedoch zunächst die Sicherstellung von Abschiebungsschutz.

4 Unrichtig ist eine Angabe, die mit den Tatsachen nicht in Übereinstimmung steht. Tatsachen sind alle dem Beweis zugänglichen vergangenen oder gegenwärtigen Vorgänge oder Zustände (*Wingerter*, in: Hofmann/Hoffmann, AuslR. Handkommentar, § 84 AsylG Rn. 5), nicht jedoch die Äußerung von Vermutungen oder Spekulationen etwa über Verfolgungsmotive der Verfolgungsakteure. Unrichtig ist eine Angabe, die unwahr ist. Sie ist unerheblich, wenn sie keinen inhaltlichen Bezug zur Asylanerkennung oder Zuerkennung des internationalen Schutzes hat. Deshalb scheiden Angaben im Zuständigkeitsbestimmungsverfahren (Rdn. 3) aus. Fragen zu persönlichen Verhältnissen, Lebensplanungen oder familiären Bezügen sind nur dann erheblich, wenn sie eine derartige Verbindung aufweisen. Der Strafrichter muss daher die Asylakte beiziehen und prüfen, ob das Bundesamt die Anhörung sachlich und korrekt geführt hat. Antworten auf Fragen nach den persönlichen und familiären Lebensverhältnissen, die darauf abziehen, den Antragsteller zu verunsichern oder zu irritieren, ohne dass ein sachlicher Bezug zur Aufklärung des asyl- oder flüchtlingsrelevanten Sachverhalts offensichtlich wird, sind unerheblich. Unvollständig sind Angaben, die zwar der Wahrheit entsprechen, bei denen aber wesentliche erhebliche Tatsachen verschwiegen werden, die geeignet sind, den erforderlichen Statusbescheid zu erlangen (*Hailbronner,* AuslR B 2 § 84 AsylG Rn. 12).

5 Die Handlung des *Verleitens* besteht in jeder erfolgreichen Beeinflussung des Willens eines Asylantragstellers. Die Verleitenshandlung ist unter entsprechender Heranziehung der zu diesem Begriff entwickelten Kriterien des allgemeinen Strafrechts

(§§ 120, 144, 160, 323b und 357 StGB) auszulegen. Maßgebend ist der erfolgreiche Akt der Willensbeeinflussung, gleichgültig durch welche Mittel. Der Täter kann dem Antragsteller irgendeinen Vorteil in Aussicht stellen, ihn schlicht überreden oder einen bestimmten Rat oder eine bestimmte Empfehlung geben, wie er vermeintlich durch unzutreffende Angaben den Status erreichen kann. In Betracht kommen auch Drohungen oder das wissentliche Vorspiegeln falscher Tatsachen, das den Asylantragsteller zu unzutreffenden Angaben veranlasst. Die Verleitung ist danach im Wesentlichen mit der *Anstiftung* identisch (BGHSt 4, 303, 305). Dem Verleitensbegriff ist der *Erfolg* immanent. Das Verleiten muss dazu geführt haben, dass im Asylverfahren oder im Asylprozess unzutreffende Angaben gemacht werden. Der Antragsteller muss nicht vorsätzlich handeln, weil auch mittelbare Täterschaft in Betracht kommt. Insoweit unterscheidet sich Abs. 1 von der Anstiftung (*Hailbronner,* AuslR B 2 § 84 AsylG Rn. 11). Nicht entscheidend ist, ob die unzutreffenden Angaben auch *geeignet* sind, den Erfolg herbeizuführen. Die Handlung muss auf einen noch nicht zur Tat entschlossenen Antragsteller einwirken. War er bereits entschlossen, unvollständige oder unrichtige Angaben zu machen, kann er auch nicht mehr in Richtung auf die Verletzung des geschützten Rechtsgutes beeinflusst werden. Schwankt er noch in seinem Entschluss, kann er noch verleitet werden. Werden zusätzliche Tips und Empfehlungen zur Abfassung der Asylbegründung gegeben, fehlt es an der vollendeten Tathandlung, wenn er bereits fest dazu entschlossen war, den Status durch Angabe unzutreffender Angaben zu erlangen. In diesem Fall wird Versuch (Abs. 4) oder ein Unterstützen (Rdn. 6) anzunehmen sein. Das Verleiten muss nicht die tatsächliche Erlangung des Status bewirken. Es ist nicht von Bedeutung, ob dem Antragsteller der begehrte Status zusteht. Die Verleitungshandlung muss die unwahren oder unvollständigen Angaben zumindest *mitbewirkt* haben. Im Zweifel kommt eine Strafbarkeit nicht in Betracht. Für die Annahme des Erfolgs und damit für die Tathandlung des Verleitens reicht es aus, dass er aufgrund der Verleitungshandlung im Verfahren vor dem Bundesamt oder im Verwaltungsstreitverfahren unrichtige oder unvollständige Angaben macht. Maßgebend sind insoweit schriftsätzliche Angaben des Asylantragstellers oder seine niederschriftlich festgehaltenen mündlichen Aussagen während der Anhörung nach § 25 bzw. während der mündlichen Verhandlung vor dem Verwaltungsgericht (§ 105 VwGO).

Das *Unterstützen* bei unrichtigen und unvollständigen Angaben kann in jeder Handlung bestehen, die den bereits zur Handlung entschlossenen Antragsteller *in irgendeiner Art und Weise,* etwa durch Fälschen von Beweismitteln oder Anfertigung von Schriftsätzen, bei der Verwirklichung seines Vorhabens fördert oder auch nur bestärkt. Wie bei der *Beihilfe* kommen Rat und Tat, also alle Unterstützungshandlungen *physischer* oder *psychischer Natur* in Betracht. Daher reicht jede Hilfe bei der Vorbereitung oder Beschaffung unrichtiger Tatsachenbehauptungen, Beweismittel oder Unterlagen aus. Auch die Zusicherung späterer Hilfe bestärkt den Antragsteller in seinem Entschluss. Der Unterstützung leistende Täter muss ebenso wie der Gehilfe (§ 27 StGB) die näheren Tatumstände kennen und darüber hinaus auch die Asylanerkennung oder die Zuerkennung des internationalen Schutzes mit Bezug auf den unterstützten Antragsteller mit unzutreffenden Sachangaben herbeiführen wollen. Wie bei der 6

Verleitungshandlung wird für die Erfüllung der Tathandlung nicht vorausgesetzt, dass der begehrte Status erteilt wird.

7 Der *Rechtsanwalt* muss sich bei der Wahrnehmung des ihm erteilten Auftrags im Rahmen der Gesetze halten. Erkennt er, dass sein Auftraggeber falsche oder unvollständige Angaben macht, ist er nicht verpflichtet, diesen Umstand Behörden und Gerichten gegenüber zu offenbaren. Der BGH sieht mit Blick auf die Weite des Unterstützungstatbestands die Gefahr, dass dieser auch eine erlaubte Verteidigertätigkeit erfassen kann. Da Strafverteidigung ihrer Natur nach auf den Schutz des Beschuldigten vor strafrechtlichen Maßnahmen gerichtet ist, wirkt sie sich infolgedessen häufig notwendigerweise günstig auf den Fortbestand des verbotenen Tuns aus (BGHSt 29, 99, 102). Der Konflikt zwischen einem danach prozessual zulässigen Verteidigerhandeln und dem strafrechtlichen Unterstützungsverbot muss deshalb dahin gelöst werden, dass solches Handeln kein Unterstützen sein kann, es sei denn, es dient unter dem Anschein zulässiger Verteidigung in Wirklichkeit dem Ziel verbotener Unterstützung (BGHSt 29, 99, 105). Der Anwalt, der den bereits zur Tat entschlossenen Mandanten sachgerecht vertritt, bleibt im Rahmen zulässigen Vertretungshandelns. Der Schutzzweck der Norm wird durch die Erfordernisse einer rechtsstaatlichen Grundsätzen genügenden und effektiven Vertretung begrenzt. Mag das Verhalten des Rechtsanwalts oder Beistands an sich auch den Auftraggeber in seinem Entschluss bestärken, der Rechtsanwalt oder Beistand ist gleichwohl nicht gehalten, gegen den Willen seines Mandanten die wahren Umstände zu offenbaren. Der Grundsatz eines rechtsstaatlichen Verfahrens wäre ernsthaft gefährdet, müsste der Rechtsanwalt wegen einer üblichen und zulässigen Anwaltstätigkeit strafrechtliche Sanktionen gegenwärtigen. Ein der Verteidigung dienendes Handeln, das zur Unterstützung einer derartigen Vereinigung führen kann, ist im Rahmen zulässiger Verteidigung nicht geeignet, eine an sich gegebene Strafbarkeit zu begründen (BGHSt 29, 99, 106). Die *Grenze zum strafbaren Verhalten* überschreitet der Rechtsanwalt oder Beistand erst dann, wenn er selbst den Mandanten dazu *verleitet,* unrichtige oder unvollständige Angaben zu machen. Füllen Angestellte der Kanzlei ein vom Mandanten blanko unterzeichnetes Formular nach falschen oder unvollständigen Angaben, die sie in einem kanzleiinternen Fragebogen angefertigt haben, aus, macht sich der Rechtsanwalt der Hilfeleistung schuldig. Die Tätigkeit der Angestellten werden ihm nach § 25 Abs. 2 StGB zugerechnet (BGH, InfAuslR 2007, 395, 396). Das BVerfG hat für den Fall, dass einzelne Rechtsanwälte Sachverhalte unter Verletzung ihrer Berufspflichten unrichtig darstellen sollten, überdies auch auf die Möglichkeit ehrengerichtlicher Verfahren hingewiesen (BVerfGE 54, 341, 359 = EZAR 200 Nr. 1 = NJW 1980, 2641 = JZ 1981, 804).

8 Solange der Rechtsanwalt auch im Bewusstsein der Unrichtigkeit oder Unvollständigkeit der Sachangaben diese im Rahmen seiner anwaltlichen Tätigkeit ohne eigenständigen wertenden Beitrag vorträgt und daraus die aus seiner Sicht sich ergebenden Schlussfolgerungen deutlich macht, handelt er nicht strafbar (*Bergmann*, in: Bergmann/Dienelt, AuslR, 11. Aufl., 2016, § 84 AsylG Rn. 8; *Wingerter*, in: Hofmann/Hoffmann, AuslR. Handkommentar, § 84 AsylG Rn. 7). Erst wenn er den Asylantragsteller dazu verleitet, unzutreffende Angaben zu machen oder diese selbst aus eigener Initiative mündlich oder schriftsätzlich vorträgt, macht der Rechtsanwalt sich strafbar.

I. Strafrahmen

Die Freiheitsstrafe für die normale Begehungsform beträgt zwischen einem Monat (§ 38 Abs. 2 StGB) und drei Jahren (Abs. 1). Alternativ kann auch auf Geldstrafe nach Maßgabe des § 40 StGB erkannt werden. In den besonders schweren Fällen nach Abs. 2 beträgt die Höchststrafe *fünf Jahre*, in den Fällen nach Abs. 3 beträgt der Strafrahmen zwischen sechs Monaten und *zehn Jahren*. Eine erneute Berücksichtigung der strafverschärfenden Tatumstände nach Abs. 2 und 3 im Rahmen der individuellen Schuldzumessung ist unzulässig (vgl. OLG Köln, Strafverteidiger 1992, 233). Die Strafzumessungsgrundätze ergeben sich aus § 46 StGB 17

J. Konkurrenzen

Konkurrenzen sind insbesondere mit § 95 Abs. 2, § 96 AufenthG sowohl in Form der Ideal- wie der Realkonkurrenz möglich. Idealkonkurrenz ist auch mit Urkundsdelikten (§ 267 StGB) oder einer falschen Versicherung an Eides statt (§ 156 StGB) möglich. Idealkonkurrenz ist ferner mit Anstiftung oder Beihilfe zu illegaler Einreise und illegalem AufenthG (§ 95 Abs. 1 Nr. 1 bis 3 AufenthG) möglich. § 84 verdrängt § 96 AufenthG im Wege der Konsumtion und wird als Grundtatbestand durch § 84a als Qualifikationstatbestand unter dem Gesichtspunkt der Spezialität verdrängt (*Hailbronner*, AuslR B 2 § 84 AsylG Rn. 42). 18

§ 84a Gewerbs- und bandenmäßige Verleitung zur missbräuchlichen Asylantragstellung

(1) Mit Freiheitsstrafe von einem Jahr bis zu zehn Jahren wird bestraft, wer in den Fällen des § 84 Abs. 1 als Mitglied einer Bande, die sich zur fortgesetzten Begehung solcher Taten verbunden hat, gewerbsmäßig handelt.

(2) In minder schweren Fällen ist die Strafe Freiheitsstrafe von sechs Monaten bis zu fünf Jahren.

(3) Die §§ 43a, 73d des Strafgesetzbuches sind anzuwenden.

Übersicht Rdn.

A. Funktion der Vorschrift

Die Strafvorschrift ist durch das Verbrechensbekämpfungsgesetz (BT-Drucks. 12/6853, S. 9; s. auch BT-Drucks. 12/5683) in das Gesetz eingeführt worden und am 01.12.1994 in Kraft getreten. Sie steht im engen sachlichen Zusammenhang mit § 84 Abs. 3 (§ 84 Rdn. 11 ff.). Werden die dort normierten zwei alternativen Tatbestände *kumulativ* erfüllt, liegt ein Tatbestand nach Abs. 1 vor. Der Gesetzgeber erachtet diese Kumulation 1 beider Tatbestände für derart schwerwiegend, dass er diese zum Verbrechenstatbestand erhoben und einen Strafrahmen von einem bis zu zehn Jahren festgesetzt hat. Die Vorschrift bezweckt neben einer *Verschärfung der Strafdrohung* eine *Vorverlagerung der Strafbarkeitsschwelle*. Bereits Taten im Vorfeld der Tatbegehung können über § 30 StGB erfasst werden. Die Tat kann auch im Ausland begangen werden, vorausgesetzt, der Erfolg – also die Abgabe der unrichtigen Erklärung zur Erlangung der Asylanerkennung oder Zuerkennung des internationalen Schutzes – tritt im Inland ein. Der Versuch ist stets strafbar (§ 23 Abs. 1 in Verb. mit § 12 Abs. 1 StGB). Der Teilnehmer macht sich strafbar (§ 84 Rdn. 15). Nach Abs. 3 sind die strafrechtlichen Verfallsvorschriften (§ 43a, § 73d StGB) zwingend anzuwenden. Zu den Konkurrenzen s. § 84 Rdn. 18).

B. Tathandlung (Abs. 1)

2 Zur Tatbestandserfüllung müssen zunächst die Voraussetzungen einer Tathandlung nach § 84 Abs. 1 festgestellt werden (§ 84 Rn. 3 ff.). Der Täter nach § 84 Abs. 1 muss ferner *als Mitglied einer Bande*, die sich zur fortgesetzten Begehung von Taten nach § 84 Abs. 1 verbunden hat, und *gewerbsmäßig* (§ 84 Rn. 11 f.) gehandelt haben. Hat er lediglich gewerbsmäßig Tathandlungen nach § 84 Abs. 1 begangen, ohne als Mitglied einer Bande im Sinne von Abs. 1 zu handeln, liegt lediglich ein besonders schwerer Fall nach § 84 Abs. 3 Nr. 1 vor, wie umgekehrt beim Fehlen des gewerbsmäßigen Handelns das Bandenmitglied nur nach § 84 Abs. 3 Nr. 2. bestraft wird. In der *Kumulation* der beiden besonders schweren Fälle nach § 84 Abs. 3 liegt der Unrechtsgehalt des Verbrechenstatbestandes des Abs. 1. Ein *minder schwerer Fall* (Abs. 2) liegt in der Regel vor, wenn das Tatbild nach einer Gesamtwürdigung aller vorhandenen objektiven, subjektiven und die Persönlichkeit des Täters betreffenden Umstände, die der Tat selbst innewohnen oder mit ihr im Zusammenhang stehen, vom Durchschnitt der erfahrungsgemäß vorkommenden Fälle in einem Maße abweicht, die die Anwendung eines minder schweren Strafrahmens geboten erscheinen lässt (*Hailbronner*, AuslR B 2 § 84a AsylG Rn. 4, mit Verweis auf BGHSt 28, 319). Bei der Gesamtwürdigung müssen die milderen Umstände überwiegen.

C. Subjektiver Tatbestand

3 Der Täter muss vorsätzlich handeln, wobei bedingter Vorsatz genügt (§ 84 Rdn. 13). Ferner ist wie bei § 84 eine zweckbestimmte Absicht erforderlich. Der Täter muss das Ziel verfolgen, dem Asylantragsteller gerade mit den unrichtigen oder unvollständigen Angaben, zu denen er ihn verleitet oder bei denen er ihn unterstützt, die Asylanerkennung oder die Zuerkennung des internationalen Schutzes zu ermöglichen. Der Vorsatz setzt Wissen und Wollen des Zusammenwirkens der kumulativen Tatbestände des § 84 Abs. 3 voraus.

D. Strafrahmen (Abs. 1 und 2)

4 Der Strafrahmen beträgt zwischen *einem Jahr* und *zehn Jahren* Freiheitsstrafe (Abs. 1). In minder schweren Fällen ist die Strafe Freiheitsstrafe von *sechs Monaten* bis zu *fünf*

Jahren. Dies ist schon deshalb erforderlich, weil Abs. 1 jedes Bandenmitglied unabhängig von seinem konkreten Tatbeitrag erfasst und Abs. 2 deshalb bei der Strafzumessung dadurch entstehende Härten abmildern kann.

§ 85 Sonstige Straftaten

Mit Freiheitsstrafe bis zu einem Jahr oder mit Geldstrafe wird bestraft, wer

1. **entgegen § 50 Abs. 6, auch in Verbindung mit § 71 a Abs. 2 Satz 1, sich nicht unverzüglich zu der angegebenen Stelle begibt,**
2. **wiederholt einer Aufenthaltsbeschränkung nach § 56 oder § 59b Abs. 1, jeweils auch in Verbindung mit § 71 a Abs. 3, zuwiderhandelt,**
3. **einer vollziehbaren Anordnung nach § 60 Abs. 2, auch in Verbindung mit § 71 a Abs. 3, nicht rechtzeitig nachkommt,**
4. **entgegen § 61 Abs. 1, auch in Verbindung mit § 71 a Abs. 3, eine Erwerbstätigkeit ausübt.**

Übersicht Rdn.

A. Funktion der Vorschrift

Die Vorschrift entspricht im Wesentlichen § 34 AsylVfG 1982. Während § 34 Abs. 1 Nr. 2 AsylVfG 1982 den Asylantragsteller mit Strafe bedrohte, der sich einer erkennungsdienstlichen Maßnahme entzog, verzichtet § 85 auf eine strafrechtliche Sanktion wegen Zuwiderhandlungen gegen derartige Maßnahmen. Vielmehr genügt die Durchsetzung im Wege des unmittelbaren Zwangs (BT-Drucks. 12/2062, S. 42). Besondere Bedeutung in der Praxis hat die Tathandlung nach Nr. 2. Da die gesetzliche Begründung im Wesentlichen auf § 34 AsylG 1982 verweist (BT-Drucks. 12/2062, S. 42), sind die gesetzlichen Materialien zu § 34 AsylG 1982 sowie die hierzu entwickelte Rechtsprechung für die Frage der Bestimmung des geschützten Rechtsguts heranzuziehen. Allerdings ist durch das Rechtsstellungsverbesserungsgesetz 2014 die räumliche Beschränkung des § 56 nach drei Monaten nach Geltendmachung des Asylersuchens grundsätzlich aufgehoben und die Regelung in § 85 Nr. 3 AsylVfG a.F. gestrichen worden. Die Ausländerbehörde kann aber unter den Voraussetzungen des 1

§ 59b Abs. 1 die räumliche Beschränkung anordnen. Dementsprechend wurde durch dieses Gesetz Nr. 2 geändert. Dass nach geltendem Recht nach Ablauf der *dreimonatigen Wartefrist* grundsätzlich Bewegungsfreiheit im gesamten Bundesgebiet besteht, hat Nr. 2 ihre Schärfe genommen. Zuwiderhandlungen gegen die Wohnsitzauflage nach § 60 Abs. 1 oder 2 sind nach Nr. 3 und 4 strafbar. Funktion der Strafnorm ist es, die Durchsetzung den Asylantragstellern auferlegten besonderen Obliegenheiten zu gewährleisten, die der ordnungsgemäßen und zügigen Durchführung des Asylverfahrens dienen (BT-Drucks. 9/1630, S. 26f.). Nach Ansicht des BVerfG ist es Aufgabe des Strafrechts, elementare Werte des Gemeinschaftslebens zu schützen. Was zweifellos in den *Kernbereich des Strafrechts* gehöre, könne anhand der grundgesetzlichen Wertordnung mit hinreichender Bestimmtheit ermittelt werden. Mit gleicher Bestimmtheit lasse sich sagen, dass gewisse, minder gewichtige, überkommene Tatbestände aus diesem Kernbereich herausfielen (BVerfGE 27, 18 (29)). Schwieriger sei die exakte Grenzziehung zwischen dem strafrechtlichen Kernbereich und dem Bereich bloßer Ordnungswidrigkeiten. Der Gesetzgeber habe die Grenzlinie unter Berücksichtigung der jeweiligen konkreten historischen Situation im Einzelnen verbindlich festzulegen. Das BVerfG könne dessen Entscheidung nicht darauf überprüfen, ob er dabei im Einzelnen die zweckmäßigste, vernünftigste oder gerechteste Lösung gefunden habe (BVerfGE 27, 18 (29 f.); 45, 272 (289); 51, 60 (74); 96, 10 (25 f.), s. auch BGHSt 23, 167 (172)). Zwischen kriminellem Unrecht und Ordnungsunrecht bestünden *nur graduelle Unterschiede* (BVerfGE 51, 60 (74)). Die Kriminalstrafe sei durch die Schwere des Eingriffs in die Rechtsstellung des Bürgers gekennzeichnet und mit einem ethischen Schuldvorwurf verbunden. Dagegen werde mit der an eine Ordnungswidrigkeit geknüpften Sanktion lediglich eine nachdrückliche Pflichtenmahnung bezweckt, der der Ernst der staatlichen Strafe fehlt (BVerfGE 45, 272 (288 f.)).

2 An diese Rechtsprechung hat das BVerfG im Blick auf die Vorläufernorm des § 85 angeknüpft (BVerfGE 80, 182 (185 f.) = EZAR 355 Nr. 6 = NVwZ 1989, 151; BVerfGE 96, 10 (26 f.) = DVBl 1997, 895 (896) = BayVBl. 1997, 559 = EZAR 222 Nr. 8). Die gesetzlich angeordnete Aufenthaltsbeschränkung erscheine gerade auch im Blick auf die grundrechtsbezogene Bedeutung des Asylverfahrens zur Feststellung der Asylberechtigung erforderlich (BVerfGE 80, 182 (186 f.)). Die Möglichkeit, den Aufenthalt frei zu wählen und hier unbeschränkt reisen zu können, sei als einer der Gründe in Betracht gekommen, die in der Vergangenheit zu einer sprunghaft erhöhten Zahl von nicht begründeten Asylanträgen geführt hätten (BVerfGE 80, 182 (187)). Einer solchen Entwicklung müsse gerade im Interesse derjenigen, deren Asylberechtigung im Verfahren unanfechtbar ausgesprochen werde, entgegengewirkt werden. Hierauf gerichtete Regelungen seien folglich sachgerecht und dringend geboten. Es liege auf der Hand, dass diese an *einer wirksamen Durchsetzung des grundrechtlich verbürgten Asylanspruchs* ausgerichteten Überlegungen auch für die Frage bedeutsam seien, ob der wiederholte Verstoß gegen vom Gesetzgeber für erforderlich erachtete Aufenthaltsbeschränkungen *strafrechtlich bewehrt* werden dürfe (BVerfGE 80, 182 (187) = EZAR 355 Nr. 6 = NVwZ 1989, 151). Das vorläufige Bleiberecht des Asylantragstellers ergebe sich lediglich als Vorwirkung des verfassungsrechtlich verbürgten Asylrechts. Es gewähre ein Aufenthaltsrecht insoweit, als es zur Durchführung des Asylverfahrens

unter für den Asylantragsteller zumutbaren Bedingungen notwendig sei (BVerfGE 80, 68 (73f.) = InfAuslR 1989, 243). Strafrechtlich geschütztes Rechtsgut der Vorschrift ist die wirksame Durchsetzung des Statusberechtigung. Während das BVerfG mit dem Hinweis auf den dem Gesetzgeber zustehenden Beurteilungsspielraum sich im Allgemeinen mit wertenden Urteilen zurückhält, erachtet es demgegenüber im Asylverfahren strafrechtliche Sanktionen zum Zwecke der effektiven Durchführung des Asylverfahrens für »dringend geboten« (BVerfGE 80, 182 (187) = EZAR 355 Nr. 6 = NVwZ 1989, 151; eher zurückhaltend BVerfGE 96, 10 (25f.) = DVBl 1997, 895 (896) = BayVBl. 1997, 559 = EZAR 222 Nr. 8). = EZAR 355 Nr. 6 = NVwZ 1989, 151; BVerfGE 96, 10 (26 f.) = DVBl 1997, 895 (896) = BayVBl. 1997, 559 = EZAR 222 Nr. 8).

Nach über dreißig Jahren Erfahrungen mit der Strafnorm konnte deren Geeignetheit nicht mehr überzeugend begründet werden. Die fehlende Möglichkeit, den Aufenthalt frei zu wählen und unbeschränkt reisen zu können (BVerfGE 80, 182 (187)), hatte Menschen in Not in drei Jahrzehnten nicht davon abgehalten, im Bundesgebiet Schutz zu suchen. Das BVerfG weist einschränkend auf *den Grundsatz der Verhältnismäßigkeit* hin. Zwar richte sich die Prüfung, ob eine strafrechtliche Bewehrung verfassungsgemäß sei, nicht am engen Verhältnismäßigkeitsgrundsatz aus. Vielmehr sei dem Gesetzgeber insoweit ein *nicht unerheblicher Spielraum eigenverantwortlicher Bewertung* einzuräumen (BVerfGE 80, 182 (186) = EZAR 355 Nr. 6 = NVwZ 1989, 151). Andererseits schränkt das BVerfG mit Blick auf die in der Literatur am Verhältnismäßigkeitsgrundsatz orientierte verfassungskonforme Auslegung der Aufenthaltsbeschränkungen ein, dass dem Gedanken der individuellen *Unzumutbarkeit* insoweit bei der Anerkennung eines strafrechtlichen *Rechtfertigungs-* und *Schuldausschließungsgrundes* Rechnung zu tragen sei (BVerfGE 80, 68 (72 f.)). Die genaue Bedeutung dieser Einschränkung wird jedoch nicht näher konkretisiert. 2014 hat der Gesetzgeber auf die Kritik reagiert und Nr. 2 Wesentliches von ihrer Schärfe genommen (Nr. 1). 3

Die Strafbestimmungen der Vorschrift wie auch die Bußgeldvorschrift nach § 86 knüpfen an verwaltungsrechtliche Tatbestände wie Weiterleitungsanordnungen und räumliche Beschränkungen an (*Verwaltungsakzessorietät strafrechtlicher Normen*). Nach der Rechtsprechung des BVerfG hat der Strafrichter behördlich erteilte Genehmigungen grundsätzlich hinzunehmen (BVerfGE 75, 329 (346)). Allerdings könnten sich aufgrund der Eigengesetzlichkeiten und Regelungsziele des Verwaltungsrechts einerseits sowie des Strafrechts andererseits im Einzelfall für die Anwendung der Strafnorm Probleme ergeben. Eine allgemeine Bindung der Strafgerichte an die verwaltungsgerichtliche Rechtsprechung und die in dieser vertretenen Rechtsansichten bestehe, abgesehen von den Wirkungen der Rechtskraft, nicht (BVerfGE 75, 329 (346)). Stellt das Gesetz die Zuwiderhandlung gegen die Einzelanordnung einer Verwaltungsbehörde unter Strafe, macht sich der Betroffene, der gegen die Anordnung verstößt, strafbar, *wenn* sie ihm gegenüber *Verbindlichkeit* erlangt hat (BGHSt 23, 86 (91)). Nach verwaltungsrechtlichen Grundsätzen kommt einem solchen Verwaltungsakt allerdings, vom Ausnahmefall der Nichtigkeit abgesehen, bereits mit seinem *Erlass* unmittelbare Wirkung zu. Solange er nicht mit aufschiebender Wirkung angefochten worden ist, verpflichtet er den Betroffenen und kann er von der Behörde vollzogen werden 4

(BGHSt 23, 86 (91 f.)). Dies kann jedoch für die strafrechtliche Beurteilung nicht im gleichen Umfang gelten. Eine Übelsfolge als strafrechtliche Gegenwirkung gegen eine Zuwiderhandlung gebührt billiger Weise nur demjenigen, der den Vollzug des gegen ihn gerichteten Verwaltungsakts ohne die Möglichkeit hemmender Rechtsbehelfe zunächst hinnehmen muss, dessen Zuwiderhandlung sich also als Ungehorsam gegen eine vollziehbare Verwaltungsanordnung darstellt (BGHSt 23, 86 (91 f.)).

5 Die Zuwiderhandlung gegen eine behördliche Anordnung kann deshalb im Einzelfall erst und nur dann bestraft werden, wenn sie *ohne Rücksicht* auf die *Einlegung eines Rechtsmittels* vollziehbar ist (BGHSt 23, 86 (92)). Der Betroffene kann die Vollziehbarkeit der Anordnung vor ihrer Unanfechtbarkeit selbst nicht mehr beseitigen, wenn die Verwaltungsbehörde unter den Voraussetzungen des § 80 Abs. 2 Nr. 4 VwGO ihre sofortige Vollziehung schriftlich angeordnet hat oder wenn die Anordnung kraft Gesetzes sofort vollziehbar ist. In diesen Fällen kann dem Betroffenen zugemutet werden, der Anordnung bei Gefahr der Bestrafung nachzukommen, auch wenn noch nicht feststeht, ob eine Zuwiderhandlung letztlich das sachliche Recht verletzt (BGHSt 23, 86 (92); BGH, NJW 1982, 189; OLG Frankfurt, Strafverteidiger 1988, 301; BayObLG, AuAS 2003, 144). Die behördlichen Anordnungen, an die § 85 strafrechtliche Folgen knüpft, sind ausnahmslos ungeachtet eingelegter Rechtsbehelfe sofort vollziehbar (§ 75). Zuwiderhandlungen gegen diese können also strafrechtlich sanktioniert werden. Dabei hängt die Strafbarkeit des Betroffenen vom *Inhalt* des Verwaltungsakts ab. Diesen hat der Strafrichter festzustellen. Davon streng zu trennen ist die Frage der *Rechtmäßigkeit* des Verwaltungsaktes (BGHSt 31, 314 (315); ebenso für die vergleichbare Problematik der Sicherungshaft BGHZ 78, 145; BVerwGE 62, 325; BVerfG, NJW 1987, 3076). Bei der Feststellung des Inhalts der behördlichen Anordnung hat der Strafrichter die im öffentlichen Recht maßgebliche Regel des § 133 BGB zu beachten, wonach nicht der innere, sondern der erklärte Wille maßgebend ist, wie ihn der Empfänger bei objektiver Würdigung verstehen konnte. *Unklarheiten* gehen zu Lasten der Verwaltung (BGHSt 31, 314 (315)).

B. Tathandlungen

I. Zuwiderhandlung gegen die Zuweisungsanordnung (Nr. 1)

6 Nach Nr. 1 macht sich strafbar, wer entgegen der Verpflichtung aus § 50 Abs. 6 auch in Verbindung mit § 71a Abs. 2 Satz 1 nicht unverzüglich die angegebene Stelle aufsucht. Voraussetzung der Strafbarkeit ist eine *vollziehbare Zuweisungsverfügung* nach § 50 Abs. 4 Satz 1. Diese kann im landesinternen oder im bundesweiten Verteilungsverfahren erlassen worden sein. In beiden Fällen wird sie mit einer *Wohnsitzauflage* nach § 60 Abs. 1 verbunden. Zuwiderhandlungen gegen diese sind nach Nr. 3 strafbar. Der Strafrichter hat nur den Inhalt der Verfügung zu überprüfen. Diese muss die von dem Asylantragsteller geforderte Mitwirkungspflicht eindeutig bezeichnen. Die Stelle, bei der sich dieser zu melden hat, ist präzise anzugeben. Erforderlich ist eine klare und eindeutige Zielangabe. Sowohl § 50 Abs. 6 wie auch Nr. 1 verwenden den Begriff *»unverzüglich«*. Strafbarkeit tritt daher nur ein, wenn der Strafrichter festgestellt hat, dass der Asylantragsteller »ohne schuldhaftes Verzögern« (§ 121 Abs. 1

BGB) die bezeichnete Stelle nicht aufgesucht hat. *Krankheit*, *Unfall* oder *anderweitige Verhinderung* wie auch *vorherige Beratung* durch einen Rechtsanwalt, Rechtsbeistand oder durch eine Beratungsstelle sind vom Strafrichter zu berücksichtigen (*Wingerter*, in: Hofmann/Hoffmann, AuslR. Handkommentar, § 85 AsylG Rn. 7; *Hailbronner*, AuslR B 2 § 85 AsylG Rn. 8). Es kann nicht pauschal für alle Asylantragsteller abstrakt bestimmt werden, in welchem Zeitraum im Einzelfall der Weiterleitungsanordnung nach § 50 Abs. 6 nachzukommen ist. Dies hat der Strafrichter im Einzelfall zu ermitteln (Hess. VGH, EZAR 228 Nr. 6). Die der Zumutbarkeit der Befolgungspflicht entgegenstehenden Gründe sind bereits bei der Feststellung des Tatbestands und nicht etwa erst im Rahmen der schuldausschließenden Umstände festzustellen.

II. Wiederholte Zuwiderhandlung gegen eine Aufenthaltsbeschränkung nach § 56 (Nr. 2)

Nr. 2 stellt die wiederholte Zuwiderhandlung gegen eine Aufenthaltsbeschränkung 7
nach § 56 oder § 59b Abs. 1, jeweils auch in Verbindung mit § 71a Abs. 3, unter Strafe. Nr. 2 war der Hauptanwendungsfall der Strafvorschriften des AsylG bis zum Inkrafttreten des Rechtsstellungsverbesserungsgesetz 2014. An ihr hatte sich seit Inkrafttreten des AsylG 1982 die meiste Kritik entzündet (GK-AsylG II, § 85 Rn. 12 ff.). Das BVerfG hat gegen diese Strafnorm keine Bedenken (BVerfGE 96, 10 (20) = DVBl 1997, 895 (896) = BayVBl. 1997, 559 = EZAR 222 Nr. 8; Rdn. 3 f.). Nach Unionsrecht dürfen Asylbewerber sich im Hoheitsgebiet des Aufnahmemitgliedstaates oder in einem von diesem Mitgliedstaat zugewiesenen Gebiet frei bewegen (Art. 7 Abs. 1 RL 2013/33/EU). Hiermit steht Abs. 1 zwar im Einklang. Jedoch standen Nr. 2 und § 86 mit Art. 20 Abs. 4 RL 2013/33/EU nicht in Übereinstimmung. Zwar erlaubt die Richtlinie Sanktionen für grobe Verstöße gegen die Vorschriften hinsichtlich der Unterbringungszentren und grob gewalttätiges Verhalten. Die Richtlinie regelt abschließend die zulässigen Sanktionen (*Pelzer/Pichl*, Asylmagazin 2015, 331, 333; a.A. OLG Hamm, B. v. 28. 2. 2008 – 3 Ss 429/07). Die Gegenmeinung verkennt, dass es für darüber hinausgehende strafrechtliche Sanktionen einer Ermessensklausel in der Richtlinie bedurft hätte. Eine derartige Klausel hat aber auch die Änderungsrichtlinie nicht eingeführt und damit die frühere Rechtslage bekräftigt. Der Gesamtzusammenhang dieser Regelungen ergibt, dass nur verwaltungsrechtliche Sanktionen, wie etwa der Entzug bisher gewährter Vorteile, in Betracht kommt. Bestätigt wird dies durch die Ermessensklausel des Art. 7 Abs. 3 RL 2013/33/EU. Danach darf die Gewährung materieller Leistungen von der Einhaltung der Wohnsitzauflage abhängig gemacht werden. Sanktionen strafrechtlicher Art werden in der Richtlinie nicht genannt. Insbesondere in den Normen, die die Bewegungsfreiheit einschränken, werden strafrechtliche Sanktionen nicht erwähnt.

Die räumliche Beschränkung der Aufenthaltsrechts von Asylsuchenden verletzt 8
aber nicht Art. 2 EMRK Prot. Nr. 4. Die Vertragsstaaten dürfen die Voraussetzungen festlegen, welche für den »rechtmäßigen Aufenthalt« einer Person im Gebiet des Vertragsstaates gefordert werden. Die Konventionsbestimmung gewährt einem Ausländer nicht das Recht auf freie Wahl seines Wohnsitzes in einem Staat, dessen Staatsangehörigkeit er nicht besitzt. Sie hat auch keinen Einfluss auf die

Voraussetzungen, unter denen einer Person der Aufenthalt in einem Staat erlaubt wird (EGMR, U. v. 20. 11. 2007 – Nr. 44294/04 – *Omwenyeke,* mit Hinweis auf EGMR, U. v. 9. 10. 2003 – Nr. 69405/01 – *Federova u.a.;* EGMR, U. v. 9. 11. 2000 – Nr. 60654/00 – *Sisojevy u.a.*; § 56 Rdn. 4). Daher kann der Aufenthalt von Ausländern, denen zwecks Entscheidung über den gestellten Antrag auf Erteilung eines Aufenthaltstitels lediglich vorübergehend der Aufenthalt in einem begrenzten Teil des Staatsgebietes des Vertragsstaates gestattet wird, nur solange als »rechtmäßig« betrachtet werden, wie sie die hierfür festgelegten Bedingungen beachten. Ein Ausländer, der ohne behördliche Erlaubnis den ihm zugewiesenen Bereich des Staatsgebietes verlässt, hält sich nicht »rechtmäßig« in diesem auf und kann sich daher nicht auf sein Recht auf Bewegungsfreiheit gemäß Art. 2 EMRK Prot. Nr. 4 berufen (EGMR, U. v. 20. 11. 2007 – Nr. 44294/04 – *Omwenyeke*). Diese europäische Perspektive wird durch die Entstehungsgeschichte von Art. 26 GFK nicht getragen. Danach dürfen Asylsuchende nach der Zulassung zum Staatsgebiet keinen anderen Beschränkungen als Ausländern im Allgemeinen unterworfen werden (*Marx, in:* Zimmermann, The 1951 Convention Relating to the Status of Refugees and its 1967 Protocol. A Commentary, 2011, Article 26 Rdn. 66).

9 Eine Straftat nach Nr. 2 setzt aber voraus, dass die Aufenthaltsgestattung im Zeitpunkt der wiederholten Zuwiderhandlung noch besteht (OLG Stuttgart, InfAuslR 1998, 521 (522) = NVwZ-Beil. 1998, 112 (LS)). Erste tatbestandliche Voraussetzung dieser Norm ist, dass der Antragsteller den nach Maßgabe des § 56, § 59b Abs. 1 oder § 71a Abs. 3 in Verb. mit § 56 räumlich beschränkten Bereich verlassen hat. Hier wird der Aufenthalt mit Ausnahme von § 59b Abs. 1 nicht durch eine behördliche Anordnung, sondern bereits kraft Gesetzes (§ 56, § 71a Abs. 3 in Verb. mit § 56) räumlich beschränkt. Andererseits ist der durch Nr. 2 in Bezug genommene Begriff des Aufenthalts in § 56 nicht auf den »gewöhnlichen Aufenthalt« beschränkt. Die strafbewehrte Aufenthaltsbeschränkung steht daher auch ungenehmigten *kurzfristigen Reisen* entgegen (OLG Köln, Strafverteidiger 1985, 112; BayObLG, Strafverteidiger 1985, 113; a.A. Dierichs, ZAR 1986, 125 (128 f.); *Bergmann*, in: Bergmann/Dienelt, AuslR, 11. Aufl., 2016, § 85 AsylG Rn. 8; s. auch BGHSt 31, 314 (316)). Daher ist die Dauer des Aufenthaltes außerhalb des räumlich beschränkten Bereichs unbeachtlich.

10 Nr. 2 wird nicht zuwidergehandelt, wenn dem Antragsteller kraft Gesetzes ohne behördliche Erlaubnis das Verlassen des räumlich beschränkten Bereichs (§ 57 Abs. 3, § 58 Abs. 3, § 59a Abs. 1) erlaubt ist (BayObLG, Strafverteidiger 1985, 113). Der Strafrichter prüft in derartigen Fällen allein, ob die gesetzlichen Voraussetzungen der Befreiung vorliegen. Das Gleiche gilt, wenn die tatbestandlichen Voraussetzungen des § 58 Abs. 4 oder Abs. 6 (OLG Düsseldorf, NStZ 1991, 133) vorliegen. Ist die räumliche Beschränkung kraft Gesetzes aufgehoben, kommt es nicht auf die Vorlage einer entsprechenden Bescheinigung an. War früher nach § 58 Abs. 4 Satz 1 2. Halbs. AsylVfG a.F. ein genehmigungsfreies Verlassen auch erlaubt, wenn »die Abschiebung des Ausländers aus sonstigen rechtlichen oder tatsächlichen Gründen auf Dauer ausgeschlossen war« (BayObLG, AuAS 2005, 247; BVerfG (Kammer), InfAuslR 2007, 22 (24)), ist diese Privilegierung 2007 entfallen. Hat die Behörde im Einzelfall das Verlassen nach Maßgabe von § 57 Abs. 1 und 2 oder § 58 Abs. 1 und 2 oder ist es

kraft Gesetzes nach § 59a Abs. 1 erlaubt, wird kein strafbares Verhalten begründet (BayObLG, Strafverteidiger 1985, 113; OLG Köln, Strafverteidiger 1985, 112). Der Strafrichter hat die behördliche Genehmigung grundsätzlich hinzunehmen (BVerfGE 75, 329 (346)) und prüft lediglich inhaltlich das Vorliegen einer verwaltungsrechtlichen Genehmigung. Ob diese rechtmäßig erteilt worden ist, hat er nicht nachzuprüfen (BGHSt 31, 314 (315)).

Zuwiderhandlungen gegen räumliche Beschränkungen können auch durch *Unterlassen* begangen werden. Die *verspätete Rückkehr* oder das *völlige Unterbleiben der Rückkehr* nach Maßgabe einer zuvor erteilten Genehmigung ist strafbar (OLG Celle, NStZ 1984, 415). Geringfügige Fristüberschreitungen sind jedoch strafrechtlich unbeachtlich. Der Strafrichter kann anhand der Behördenbescheinigung unschwer den zeitlichen Umfang der behördlichen Erlaubnis ermitteln. Bei Fristüberschreitungen sind Krankheit, Unfall oder sonstige der unverzüglichen Rückkehr entgegenstehende Gründe zu berücksichtigen. Keine zusätzliche Unterlassungshandlung liegt vor, wenn der Antragsteller wegen ungenehmigten Verlassens kontrolliert wird und anschließend entgegen der polizeilichen Auflage nicht rechtzeitig in den erlaubten Aufenthaltsbereich zurückkehrt (*Wingerter*, in: Hofmann/Hoffmann, AuslR. Handkommentar, § 85 AsylG Rn. 9). Verlässt der Antragsteller den räumlich beschränkten Bereich mit dem Willen zur *endgültigen Ausreise* aus dem Bundesgebiet, wird die Zuwiderhandlung nicht mehr vom Schutzzweck der Norm erfasst (so auch *Brandis*, InfAuslR 1988, 18; *Wingerter*, in: Hofmann/Hoffmann, AuslR. Handkommentar, § 85 AsylG Rn. 9; a.A. *Bergmann*, in: Bergmann/Dienelt, AuslR, 11. Aufl., 2016, § 85 AsylG Rn. 9). Funktion der Nr. 2 ist es, die Durchsetzung der dem Asylbewerber obliegenden verfahrensrechtlichen Mitwirkungspflichten sicherzustellen. Das Verlassen des räumlich beschränkten Bereichs mit endgültigem Ausreisewillen ist daher ein Verhalten, das vom Normbereich nicht erfasst wird. Der Strafrichter wird bloßen Schutzbehauptungen nachzugehen haben. Kann dem Antragsteller aber die ernsthafte ursprüngliche Ausreiseabsicht einerseits sowie die anschließende Gesinnungsänderung andererseits nicht abgesprochen werden, entfällt die Strafbarkeit. 11

Nur eine *wiederholte Zuwiderhandlung* gegen die Aufenthaltsbeschränkung nach § 56; § 59b Abs. 1 oder § 71a Abs. 3 in Verb. mit § 56 oder § 59b Abs. 1 ist strafbar. Beim erstmaligen Verstoß handelt der Betroffene lediglich ordnungswidrig (§ 86). Die Rechtsprechung leitet aus dem *»abgestuftem Sanktionssystem«* des AsylG ab, dass die erste Zuwiderhandlung *nicht rechtskräftig* geahndet worden sein muss (OLG Celle, EZAR 355 Nr. 2; OLG Celle, Strafverteidiger 1985, 373; OLG Karlsruhe, NStZ 1988, 560; a.A. AG Bad Homburg, Strafverteidiger 1984, 381; *Bergmann*, in: Bergmann/Dienelt, AuslR, 11. Aufl., 2016, § 85 AsylG Rn. 11; *Hailbronner*, AuslR B 2 § 85 AsylG Rn. 9; offengelassen BVerfGE 96, 10 (26) = DVBl 1997, 895 (896) = BayVBl. 1997, 559 = EZAR 222 Nr. 8; *Reermann*, ZAR 1982, 127; krit. *Wingerter*, in: Hofmann/Hoffmann, AuslR. Handkommentar, § 85 AsylG Rn. 10). Hierfür spreche ein Vergleich ähnlicher Regelungen, die an vorangegangene Zuwiderhandlungen verschärfte Sanktionen knüpften. Im Nebenstrafrecht werde an die *beharrliche Wiederholung* einer als Ordnungsunrecht sanktionierten Zuwiderhandlung die strafrechtliche Einordnung als Vergehen geknüpft (OLG Celle, EZAR 355 Nr. 2). Es genüge daher, 12 dass Anknüpfungspunkt der Strafnorm eine *gleichgeartete Zuwiderhandlung* sei, die nach dem AsylG geahndet worden sei oder *hätte geahndet werden können* (OLG Celle, Strafverteidiger 1985, 373; s. auch BVerfGE 96, 10 (26), auch jugendgerichtliche Ermahnung kommt als Anknüpfungspunkt in Betracht). Die erforderliche *Warnfunktion* könnte auch durch andere als durch die rechtskräftige Ahndung der ersten Zuwiderhandlung bewirkt werden (OLG Karlsruhe, NStZ 1988, 560). Auch der BGH lässt in anderem Zusammenhang eine beharrliche, wiederholte Nichtbeachtung für die Annahme der Strafbarkeit ausreichen (BGHSt 23, 167 (172)).

13 Legt man diese Rechtsprechung zugrunde, muss neben die bloße wiederholte Zuwiderhandlung ein Umstand hinzukommen, der es rechtfertigt, dem Täter ein beharrliches Verhalten, also gesinnungsethisch mehr als die bloße Wiederholung des Ordnungsverstoßes vorzuwerfen. Durch bloße Addition des Ordnungsverstoßes allein kann nicht der für das kriminelle Unrecht geforderte ethische Schuldvorwurf (BVerfGE 45, 272, 288) bezeichnet werden. Der Strafrichter hat deshalb zunächst festzustellen, ob bereits eine erstmalige Zuwiderhandlung vorliegt und diese für den Täter eine nachdrückliche Pflichtenmahnung (BVerfGE 45, 272 (289)) zur Folge gehabt hat. Wenn auf das Erfordernis der rechtskräftigen Ahndung des ersten Verstoßes verzichtet wird, erfordert die tatbestandliche Voraussetzung der beharrlichen, wiederholten Pflichtverletzung, dass eindeutige tatrichterliche Feststellungen zur erstmaligen Zuwiderhandlung getroffen werden müssen. Dabei ist auch festzustellen, ob die Ahndung dieses Verstoßes für den Täter erkennbar zu Konsequenzen geführt hat. Ist dies nicht der Fall, fehlt es an der notwendig vorauszugehenden Warnfunktion der Ahndung des ersten Pflichtverstoßes. Erst recht mangelt es an der sachlichen Grundlage für den Vorwurf der beharrlichen wiederholten Zuwiderhandlung. Ferner hat der Strafrichter beim nicht genehmigten Verlassen auch den Zweck der Zuwiderhandlung nach Maßgabe der § 57, § 58 zu würdigen (BVerfGE 77, 364, 368) und dem im Rahmen der Strafzumessung gebührend Rechnung zu tragen. Daher kann eine Einstellung des Verfahrens beim Nachweis eines Grundes im Sinne dieser Vorschriften geboten sein.

14 Keine Wiederholung der Zuwiderhandlung im Sinne der Regelung in Nr. 2 war früher im Falle des *Fortsetzungszusammenhanges* anzunehmen. Die wiederholte Pflichtverletzung konnte tatrichterlich deshalb nur festgestellt werden, wenn dem Täter ein neuer Tatentschluss nach Begehung der ersten Zuwiderhandlung nachgewiesen werden konnte. Nach der 1993 geklärten Rechtsprechung setzt die Verbindung mehrerer Verhaltensweisen, die jede für sich einen Straftatbestand erfüllen, zu einer fortgesetzten Handlung voraus, dass dies, was am Straftatbestand zu messen ist, zur sachgerechten Erfassung des verwirklichten Unrechts und der Schuld unumgänglich ist (BGHSt 40, 138 = NJW 1994, 1663 = StV 1994, 306).Wer seine exilpolitischen Aktivitäten von vornherein so plant, dass er an Veranstaltungen, Treffen und weiteren Unternehmungen auch dann hatte teilnehmen wollen, wenn diese außerhalb des räumlich beschränkten Bezirks stattfanden, dürfte sich wohl nicht mehr auf einen Gesamtvorsatz berufen können, da die weiteren Veranstaltungen nicht unumgänglich waren.

III. Zuwiderhandlung gegen vollziehbare Anordnung nach § 60 Abs. 2 Satz 1 (Nr. 3)

Nach Nr. 3 macht sich strafbar, wer einer vollziehbaren Anordnung nach § 60 Abs. 2 Satz 1, auch in Verbindung mit § 71a Abs. 3, nicht rechtzeitig nachkommt. Die Vorschrift ist § 34 Abs.1 Nr. 4 AsylVfG 1982 angeglichen, jedoch mit der Besonderheit, dass nach geltendem Recht allein die Zuwiderhandlung gegen eine behördlich verfügte Wohnsitzanordnung nach § 60 Abs. 2 Satz 1 bestraft wird. Dagegen verwies § 34 Abs. 1 Nr. 4 AsylVfG 1982 nicht nur auf die Ermächtigungsgrundlage für die Wohnauflage (§ 34 Abs. 1 Nr. 4 in Verb. mit § 20 Abs. 2 Satz 2 AsylVfG 1982), sondern auch auf die allgemeine Auflagennorm (§ 34 Abs. 1 Nr. 4 in Verb. mit § 20 Abs. 2 Satz 1 AsylVfG 1982) mit der Folge, dass die Zuwiderhandlung etwa gegen eine Sparauflage strafbar war. Geltendes Recht stellt hingegen nur noch die Zuwiderhandlung gegen ein behördlich verfügtes Erwerbstätigkeitsverbot (Nr. 4) sowie die behördlich angeordnete Wohnsitzauflage (Nr. 3) unter Strafe. Zuwiderhandlungen gegen sonstige Auflagen nach § 60 Abs. 1 AsylVfG a.F. blieben straflos (BGH, Beschl. v. 17. 2. 2009 – 1 StR 381/08). Durch das Rechtsstellungsverbesserungsgesetz 2014 wurde die frühere allgemeine Auflagenermächtigung des § 60 AsylVfG a.F. auf die Wohnsitzauflage beschränkt. Auflagen zur Erreichung asylverfahrensrechtlicher Zwecke sind nur noch in Form wohnsitzbeschränkender Auflagen nach § 60 zulässig. Ein Rückgriff auf § 12 Abs. 2 AufenthG ist unzulässig (*Hailbronner*, AuslR B 2 § 60 AsylG Rn. 4; § 60 Rdn. 3). Verletzungen von Mitwirkungspflichten nach § 15 sind nicht strafbewehrt. Die Zuwiderhandlung gegen das *Verbot der politischen Betätigung* wurde auch früher nicht durch § 34 Abs. 1 Nr. 4 AsylVfG 1982 strafrechtlich sanktioniert, sondern ist im Wiederholungsfalle nach § 95 Abs. 1 Nr. 4 in Verb. mit § 47 AufenthG strafbar. 15

Die zuständige Ausländerbehörde (§ 60 Abs. 3) kann durch *Wohnsitzauflage* nach § 60 Abs. 2 Satz 1 Nr. 1 (§ 60 Rdn. 16), durch *Umzugsauflage* nach § 60 Abs. 2 Satz 1 Nr. 2 (§ 60 Rdn. 17 f.) sowie durch *Verlegungsauflage* gemäß § 60 Abs. 2 Satz 1 Nr. 3 (§ 60 Rdn. 19 f.) den Asylsuchenden im Einzelfall verpflichten, in einer bestimmten Gemeinde, in einer bestimmten Unterkunft oder im Bezirk einer anderen Ausländerbehörde desselben Bundeslandes Aufenthalt und Wohnung zu nehmen. Welche Art von Auflage angeordnet wird, ist für die Frage der Strafbarkeit unerheblich. Die Behörde kann ihre Maßnahme auch im Wege des Verwaltungszwangs durchsetzen. Ferner kommt ein Straftatbestand im Falle der Zuwiderhandlung in Betracht. Der Strafrichter prüft lediglich den Inhalt der behördlichen Anordnung, nicht jedoch auch deren Rechtmäßigkeit (BGHSt 31, 314 (315)). Voraussetzung der Strafbarkeit ist aber, dass die Auflage eindeutig und hinreichend bestimmt ist. Sie muss insbesondere die Stelle bezeichnen, zu der sich der Asylsuchende zu begeben hat. Die nach Nr. 3 erforderliche Vollziehbarkeit der Auflage ist stets gegeben (§ 75). Hebt das Verwaltungsgericht die Auflage im nachfolgenden Verwaltungsprozess wieder auf, wird dadurch nicht nachträglich die Strafbarkeit der Zuwiderhandlung beseitigt (BGHSt 23, 86, 91). Es kann aber bei noch anhängigem Strafverfahren dessen Einstellung geboten sein. 16

Bereits eine erstmalige Zuwiderhandlung gegen die Anordnung nach § 60 Abs. 2 Satz 1 erscheint dem Gesetzgeber derart gewichtig, dass er dieser mit strafrechtlichen Mitteln begegnen zu müssen vermeint. Stets ist zu prüfen, ob der Antragsteller der Auflage 17 *rechtzeitig* (§ 121 Abs. 1 BGB) nachkommen konnte. Dabei sind die bisherige Art und Dauer des vorhergehenden Aufenthalts, die eine bestimmte Integration in die Umgebung zur Folge haben kann (VGH BW, EZAR 221 Nr. 26; GK-AsylG II, § 85 Rn. 28), zu berücksichtigen. Dieser Gesichtspunkt betrifft zwar lediglich die Rechtmäßigkeit der Anordnung und ist im Strafverfahren grundsätzlich unerheblich. Die Frage der Rechtzeitigkeit der Befolgung der Auflage ist jedoch in Abhängigkeit von den bisherigen Verhältnissen zu beantworten. Wer längere Zeit in einer bestimmten Umgebung gewohnt hat, braucht mehr Zeit zur Regelung persönlicher Angelegenheiten als ein unmittelbar eingereister Antragsteller, der eine Wohnauflage zu befolgen hat. Die Frage der Rechtzeitigkeit kann deshalb nicht abstrakt, sondern stets nur in Abhängigkeit von den konkreten Umständen des Einzelfalles vom Strafrichter beantwortet werden.

IV. Zuwiderhandlung gegen das Erwerbstätigkeitsverbot (Nr. 4)

18 Nach Nr. 4 ist die Zuwiderhandlung gegen das Erwerbstätigkeitsverbot des § 61 Abs. 1, auch in Verbindung mit § 71a Abs. 3, strafbar. Verboten ist jede selbständige und nichtselbständige Tätigkeit sowie der Erwerb beruflicher Kenntnisse, Fertigkeiten oder Erfahrungen im Rahmen betrieblicher Berufsbildung.(§ 7 Abs. 2 SGB IV), nicht jedoch ehrenamtliche *karitative, politische, religiöse, kulturelle Tätigkeiten* und *Gefälligkeitsdienste*, wie etwa *reine Nachbarschaftshilfe* (*Hailbronner,* AuslR B 2 § 61 AsylG Rn. 7; *Grünewald,* in: GK-AsylG II, § 61 Rn. 12; § 61 Rdn. 4). Der Hinweis auf § 71a Abs. 3 betrifft jeweils Zweitantragsteller, auf die die allgemeinen Vorschriften Anwendung finden. Nr. 4 zielt auf die Antragsteller, die der Wohnverpflichtung nach § 47 Abs. 1 Satz 1 unterliegen bzw. bereits vor Ablauf der Dreimonatsfrist des § 61 Abs. 2 landesintern oder länderübergreifend verteilt worden sind. Es findet ein *absolutes Erwerbstätigkeitsverbot kraft Gesetzes* Anwendung, sodass der Strafrichter weder eine besondere behördliche Anordnung noch deren Vollziehbarkeit zu prüfen hat.

C. Versuch

19 Strafbares Handeln setzt die vollendete Tatbegehung der Zuwiderhandlung voraus. Die Tathandlung ist vollendet, sobald der Täter physisch die Grenzen des räumlich beschränkten Bereichs überschreitet. Hat die Behörde das Verlassen erlaubt oder liegen die Voraussetzungen der § 57 Abs. 3 oder 58 Abs. 4 vor, setzt Tatvollendung die nicht rechtzeitige Rückkehr in den räumlich begrenzten Bezirk voraus. Insoweit sind im Einzelfall die besonderen Umstände für die Fristüberschreitung zu prüfen. Der Versuch ist mangels ausdrücklicher Bestimmung im Gesetz nicht strafbar (§ 12 Abs. 2 in Verb. mit § 23 Abs. 1 StGB).

D. Subjektiver Tatbestand

20 Die Tathandlungen der Vorschrift erfordern mindestens *bedingten Vorsatz.* Der Betroffene muss wissen, dass er die Grenzen des räumlich beschränkten Bereichs überschreitet. Kennt er die genauen örtlichen Verhältnisse nicht und überschreitet er deshalb die Grenzen in Unkenntnis, liegt *Tatbestandsirrtum* vor. Fehlt dem Täter das Unrechtsbewusstsein, weil er das Verbot nicht kennt, liegt ein *Verbotsirrtum* vor. Die Behörde

muss den Betroffenen über die der Vorschrift zugrundeliegenden Verhaltensvorschriften informieren. Fehlt in den Akten ein Hinweis auf eine behördliche Belehrung über die entsprechenden Verpflichtungen des Asylsuchenden, wird regelmäßig ein *Verbotsirrtum* anzunehmen sein (a.A. GK-AsylG II, § 86 Rn. 7).

E. Teilnahme

21 Täter kann nur ein *Ausländer* sein, die wirksam nach § 23 Abs. 1 einen *Asylantrag* gestellt hat. Damit kommen nur jene Ausländer als Täter in Betracht, die nach § 1 Abs. 1 die Asylberechtigung oder die Zuerkennung des internationalen Schutzes begehren. Die einzelnen Tathandlungen der Vorschrift zielen nach dem Gesetzeszusammenhang sowie Gesetzeszweck auf einen Antragsteller, der bereits wirksam seinen Asylantrag gestellt hat. So ist beispielsweise die Zuwiderhandlung gegen die zeitlich der Antragstellung vorgelagerte Verpflichtung nach § 20 Abs. 1 nicht unter Strafe gestellt worden. Täter kann daher nicht sein, wer an der Grenze um Asyl nachsucht (*Funke-Kaiser,* in: GK-AsylG, § 85 Rn. 8; *Bergmann*, in: Bergmann/Dienelt, AuslR, 11. Aufl., 2016, § 85 AsylG Rn. 4). Nach unanfechtbarer Asylablehnung ist eine Bestrafung nach § 85 nicht mehr zulässig (OLG Oldenburg, Strafverteidiger 1995, 139, 140). In Betracht kommt jedoch eine Bestrafung nach § 95 Abs. 1 Nr. 1 AufenthG wegen unerlaubten Aufenthalts. Dies gilt auch bei Folgeantragstellern bis zum Zeitpunkt der Antragstellung. Nach Antragstellung bis zur Entscheidung über die Zulässigkeit des Folgeantrags ist die Abschiebung indes kraft Gesetzes untersagt (§ 71 Abs. 5 Satz 2 Halbs. 1), sodass während dieses Zeitraums kein strafbares Verhalten wegen illegalen Aufenthaltes begründet werden kann (BayObLG, NStZ 1996, 395, 396).

22 Anstifter und Gehilfe kann jedermann sein. Ein Asylbewerber, ein anderer Asylbewerber, aber auch ein Deutscher können Teilnehmer an der Tat des Asylantragstellers sein. Der Gesetzgeber hat die frühere, die Teilnahme regelnde Sondervorschrift des § 34 Abs. 2 AsylG 1982 nur deshalb nicht übernommen, weil er sie für entbehrlich erachtete (BT-Drucks. 12/2062, S. 42). Damit ist auch der frühere Streit über den Ausschluss der Strafmilderungsregelungen für Anstifter und Gehilfe überholt. Selbstverständlich finden auf Teilnehmer die im allgemeinen Strafrecht vorgesehenen Strafmilderungsgründe Anwendung.

F. Strafrahmen

23 Die Freiheitsstrafe beträgt zwischen *einem Monat* (§ 38 Abs. 2 StGB) und *einem Jahr.* Alternativ kann auch Geldstrafe *verhängt* werden. Für Teilnehmer kann die Strafe nach § 49 Abs. 2 StGB gemildert werden.

G. Konkurrenzen

24 Idealkonkurrenz ist zwischen den einzelnen Tathandlungen der Vorschrift möglich. Gegenüber § 95 Abs. 1 AufenthG ist § 85 *lex specialis,* soweit letztere Vorschrift die auch in der allgemeinen ausländerrechtlichen Strafvorschrift behandelten Straftatbestände erfasst (z.B. § 95 Abs. 1 Nr. 3 AufenthG). Die Straftatbestände des § 95 Abs. 1 Nr. 1, 2 und 6 AufenthG sind auf Asylantragsteller grundsätzlich nicht oder jedenfalls

zumindest nur eingeschränkt anwendbar (vgl. auch § 95 Abs. 5 AufenthG in Verb. mit Art. 31 Abs. 1 GFK). § 85 ist *lex specialis* gegenüber § 95 Abs. 1 Nr. 7, Abs. 2 AufenthG. § 95 Abs. 1 Nr. 4 AufenthG ist dagegen auch auf Asylantragsteller anwendbar. Der Verstoß gegen das Erwerbstätigkeitsverbot kann strafrechtliche (Nr. 4) wie ordnungsrechtliche Konsequenzen auslösen. Der Gesetzgeber hat von der strafrechtlichen Sanktionierung der Zuwiderhandlung von Asylsuchenden gegen die Anordnung erkennungsdienstlicher Maßnahmen nach § 16 verzichtet (BT-Drucks. 12/2062, S. 42).

§ 86 Bußgeldvorschriften

(1) Ordnungswidrig handelt ein Ausländer, der einer Aufenthaltsbeschränkung nach § 56 oder § 59b Abs. 1, jeweils auch in Verbindung mit § 71a Abs. 3, zuwiderhandelt.

(2) Die Ordnungswidrigkeit kann mit einer Geldbuße bis zu zweitausendfünfhundert Euro geahndet werden.

Übersicht

A. Funktion der Vorschrift

1 Die Vorschrift hat ihr Vorbild in § 35 AsylVfG 1982. Ebenso wie die Vorläufernorm der Strafnorm des § 34 Abs. 1 Nr. 3 AsylVfG 1982 zeitlich vorgeschaltet war, ist auch diese Bußgeldvorschrift dem Straftatbestand des § 85 Abs. 1 Nr. 2 vorgelagert. Bereits die *erstmalige Zuwiderhandlung* gegen räumliche Beschränkungen der Aufenthaltsrechts sind ordnungswidrig. Im Falle *wiederholter* Zuwiderhandlung tritt *Strafbarkeit* nach § 85 Nr. 2 ein. Es bestehen jedoch ebenso wie gegen § 85 auch gegen § 86 unionsrechtliche Bedenken (§ 85 Rdn. 7), die allerdings durch Änderung des § 85 Nr. 2 durch das Rechtsstellungsverbesserungsgesetz 2014 weitgehend ihre Berechtigung verloren haben.

B. Tathandlung

2 Ordnungswidrig nach Abs. 1 handelt ein Asylantragsteller, der einer Aufenthaltsbeschränkung nach § 56 oder § 59b Abs. 1, jeweils auch in Verbindung mit § 71a Abs. 3 (Zweitantragsteller), zuwiderhandelt. Der Inhalt der Zuwiderhandlung ist mit Ausnahme des Erfordernisses des wiederholten Verstoßes identisch mit dem Straftatbestand des § 85 Abs. 1 Nr. 2 (§ 85 Rdn. 9 ff.). Jedes auch nur kurzfristige Verlassen des räumlich beschränkten Bereichs erfüllt den Bußgeldtatbestand. Im Falle der behördlichen Erlaubnis nach § 57 Abs. 1 und 2, § 58 Abs. 1 und 2 handelt ordnungswidrig, wer nach Ablauf der Geltungsdauer der erteilten Genehmigung nicht in den räumlich beschränkten

Bezirk zurückkehrt. Folgeantragsteller erhalten während der Zulässigkeitsprüfung lediglich eine Duldungsbescheinigung nach § 60a Abs. 4 AufenthG, sodass Abs. 1 schon von seinem Wortlaut her auf einen derartigen Antragsteller keine Anwendung finden kann. In diesem Fall kann aber der Straftatbestand des § 95 Abs. 1 Nr. 1 AufenthG erfüllt sein (*Bergmann*, in: Bergmann/Dienelt, AuslR, 11. Aufl., 2016, § 86 AsylG Rn. 5; GK-AsylG, § 86 Rn. 4). Maßgebend für die Strafbarkeit des Folgeantragstellers ist die räumliche Geltung der Bescheinigung. Hat ihm die Ausländerbehörde eine Bescheinigung über die Aufenthaltsgestattung nach § 63 Abs. 1 ausgestellt, greift im Falle der Zuwiderhandlung nicht § 95 Abs. 1 Nr. 1 AufenthG, sondern Abs. 1 ein.

Ordnungswidriges Handeln setzt die *vollendete Tatbegehung* voraus. Die Tathandlung 3
ist vollendet, sobald der Täter physisch die Grenzen des räumlich beschränkten Bereichs überschreitet. Hat die Behörde das Verlassen erlaubt oder liegen die Voraussetzungen der § 57 Abs. 3 oder 58 Abs. 4 vor, setzt Tatvollendung die nicht rechtzeitige Rückkehr in den räumlich begrenzten Bezirk voraus. Insoweit sind im Einzelfall die besonderen Umstände für die Fristüberschreitung zu prüfen. Der Versuch ist mangels ausdrücklicher Bestimmung im Gesetz nicht mit einer Geldbuße belegt (vgl. § 13 Abs. 2 OWiG).

C. Täter und Teilnehmer

Täter des § 86 kann wie im Falle des § 85 nur ein Asylantragsteller sein, also ein Aus- 4
länder, der wirksam einen Asylantrag gestellt hat und auf den deshalb die Vorschriften der § 56 oder § 59b Abs. 1, § 71a Abs. 3 Anwendung finden (§ 85 Rdn. 21). Teilnehmer können demgegenüber auch Personen sein, die nicht Asylantragsteller oder Ausländer sind. Ein Asylantragsteller kann Anstifter oder Gehilfe zur Tat eines anderen Asylsuchenden sein.

D. Subjektiver Tatbestand

Die Tathandlung muss vorsätzlich erfolgen (§ 10 OWiG). Der Täter muss wissen, 5
dass er die Grenzen des räumlich beschränkten Bereichs überschreitet. Kennt er die genauen örtlichen Verhältnisse nicht und überschreitet er deshalb die Grenzen in Unkenntnis, liegt *Tatbestandsirrtum* vor. Fehlt dem Täter das Unrechtsbewusstsein, weil er das Verbot nicht kennt, liegt ein *Verbotsirrtum* vor. Die Behörde muss deshalb den Asylsuchenden über die der Vorschrift zugrundeliegenden Verhaltensvorschriften informieren. Fehlt in den Akten ein Hinweis auf eine behördliche Belehrung über die entsprechenden Verpflichtungen des Asylsuchenden, wird regelmäßig ein Verbotsirrtum anzunehmen sein (a.A. GK-AsylG, II, § 86 Rn. 7).

E. Bußgeld

Die vollendete Ordnungswidrigkeit kann mit einer Geldbuße von bis zu *Euro 2500,-* 6
(Abs. 2) geahndet werden. Es gilt das *Opportunitätsprinzip*. Hiervon sollte großzügig Gebrauch gemacht werden. Dies auch deswegen, weil in Anbetracht der Rechtsprechung im Falle der Wiederholung der Zuwiderhandlung auch ohne rechtskräftige Ahndung des erstmaligen Verstoßes der Straftatbestand des § 85 Abs. 1 Nr. 2 erfüllt ist (§ 85 Rdn. 12).

Abschnitt 11 Übergangs- und Schlussvorschriften

§ 87 Übergangsvorschriften

(1) [1]Für das Verwaltungsverfahren gelten folgende Übergangsvorschriften:

1. [1]Bereits begonnene Asylverfahren sind nach bisher geltendem Recht zu Ende zu führen, wenn vor dem Inkrafttreten dieses Gesetzes das Bundesamt seine Entscheidung an die Ausländerbehörde zur Zustellung abgesandt hat. [2]Ist das Asylverfahren vor dem Inkrafttreten dieses Gesetzes bestandskräftig abgeschlossen, ist das Bundesamt für die Entscheidung, ob Abschiebungshindernisse nach § 53 des Ausländergesetzes vorliegen, und für den Erlass einer Abschiebungsandrohung nur zuständig, wenn ein erneutes Asylverfahren durchgeführt wird.
2. Über Folgeanträge, die vor Inkrafttreten dieses Gesetzes gestellt worden sind, entscheidet die Ausländerbehörde nach bisher geltendem Recht.
3. Bei Ausländern, die vor Inkrafttreten dieses Gesetzes einen Asylantrag gestellt haben, richtet sich die Verteilung auf die Länder nach bisher geltendem Recht.

(2) Für die Rechtsbehelfe und das gerichtliche Verfahren gelten folgende Übergangsvorschriften:

1. In den Fällen des Absatzes 1 Nr. 1 und 2 richtet sich die Klagefrist nach bisher geltendem Recht; die örtliche Zuständigkeit des Verwaltungsgerichts bestimmt sich nach § 52 Nr. 2 Satz 3 der Verwaltungsgerichtsordnung in der bis zum Inkrafttreten dieses Gesetzes geltenden Fassung.
2. Die Zulässigkeit eines Rechtsbehelfs gegen einen Verwaltungsakt richtet sich nach bisher geltendem Recht, wenn der Verwaltungsakt vor Inkrafttreten dieses Gesetzes bekannt gegeben worden ist.
3. Die Zulässigkeit eines Rechtsmittels gegen eine gerichtliche Entscheidung richtet sich nach bisher geltendem Recht, wenn die Entscheidung vor Inkrafttreten dieses Gesetzes verkündet oder von Amts wegen anstelle einer Verkündung zugestellt worden ist.
4. Hat ein vor Inkrafttreten dieses Gesetzes eingelegter Rechtsbehelf nach bisher geltendem Recht aufschiebende Wirkung, finden die Vorschriften dieses Gesetzes über den Ausschluss der aufschiebenden Wirkung keine Anwendung.
5. Ist in einem gerichtlichen Verfahren vor Inkrafttreten dieses Gesetzes eine Aufforderung nach § 33 des Asylverfahrensgesetzes in der Fassung der Bekanntmachung vom 9. April 1991 (BGBl. I S. 869), geändert durch Artikel 7 § 13 in Verbindung mit Artikel 11 des Gesetzes vom 12. September 1990 (BGBl. I S. 2002), erlassen worden, gilt insoweit diese Vorschrift fort.

Übersicht

A. Funktion der Vorschrift

1 § 87 enthält die erforderlichen Übergangsvorschriften im Verhältnis zum AsylVfG 1982. Maßgebender *Stichtag* war der Zeitpunkt des Inkrafttretens des AsylVfG 1992, also der *01.07.1992.* Hingegen regelt § 87a die Übergangsvorschriften aus Anlass des zum *01.07.1993* in Kraft getretenen ÄnderungsG 1993. Um Auslegungszweifel auszuschließen, bleibt die Vorschrift auf die Übergangsregelungen aus Anlass des Inkrafttretens des AsylVfG 1992 beschränkt (BT-Drucks. 12/4984, S. 49). In Abs. 1 werden die Übergangsvorschriften für das Verwaltungsverfahren, in Abs. 2 die für das Verwaltungsstreitverfahren geregelt. Soweit bestimmte Regelungsbereiche in den § 87 und § 87a nicht angesprochen werden, sind diese durch die Rechtsprechung nach Maßgabe allgemeiner Grundsätze gelöst worden. Ist ein bestimmter Regelungsgegenstand durch eine der Übergangsvorschriften der § 87 und § 87a erfasst, hat dies Wirkung auch für die Anwendung des damit zusammenhängenden materiellen Rechts (*Bergmann*, in: Bergmann/Dienelt, AuslR, 11. Aufl., 2016, § 87 AsylG Rn. 3). Waren die Asylverfahren nach Maßgabe von Abs. 1 nach altem Recht zu Ende zu führen, war auch das frühere Recht anzuwenden (vgl. BVerwGE 77, 150, 151; 78, 332, 342).

B. Verwaltungsverfahren (Abs. 1)

I. Asylverfahren beim Bundesamt (Abs. 1 Nr. 1 Satz 1)

2 Nach Abs. 1 Nr. 1 waren bereits begonnene Asylverfahren nach AsylVfG 1982 zu Ende zu führen, wenn das Bundesamt seine Entscheidung an die Ausländerbehörde vor dem 01.07.1992 *abgesandt* hatte. Hingegen hatte die Übergangsvorschrift des § 43 Nr. 2 AsylVfG 1982 bestimmt, dass im Zeitpunkt des Inkrafttretens des AsylVfG 1982 bereits begonnene Verfahren nach neuem Recht zu Ende zu führen waren. Verfassungsrechtliche Bedenken wurden nicht erhoben (BVerwGE 78, 332, 342 = NVwZ 1988, 737 = InfAuslR 1988, 120). Wegen der geänderten behördlichen Zuständigkeiten erschien dem Gesetzgeber eine § 43 Nr. 2 AsylG 1982 vergleichbare Regelung nicht zweckmäßig. Maßgebend war damit der *Zeitpunkt der Absendung des Asylbescheids* an die zuständige Ausländerbehörde und nicht der Zeitpunkt der Zustellung durch die Ausländerbehörde. Nach früherem Recht hatte das Bundesamt für den Fall der Antragsablehnung den Bescheid an die zuständige Ausländerbehörde zwecks Zustellung weiterzuleiten (§ 12 Abs. 7, § 28 Abs. 5 AsylG 1982). Auf diesen *verwaltungsinternen Vorgang* zielt die Übergangsvorschrift. Rechtsfolge der Anwendung der Übergangsvorschrift war, dass die Ausländerbehörde prüfen musste, ob sie eine Ausreiseaufforderung gem. § 28 Abs. 1 AsylG 1982 erließ und diese mit der

Antragsablehnung gemeinsam zustellte (§ 28 Abs. 5 AsylG 1982) oder ob sie gem. § 28 Abs. 1 Satz 2 AsylG 1982 vom Erlass der Ausreiseaufforderung absah und den Asylbescheid allein zustellte.

3 Keine Probleme ergaben sich für den Gegenstandsbereich des § 51 Abs. 1 AuslG 1990. Das Bundesamt hatte seit Inkrafttreten des AuslG 1990, also seit dem *01.01.1991*, zu prüfen, ob in der Person des Antragstellers ein Abschiebungshindernis nach § 5 Abs. 1 AuslG 1990 besteht (§ 51 Abs. 3 AuslG 1990). Im Zeitpunkt des Inkrafttretens des AsylG 1992 war es damit zwar zur Prüfung der Voraussetzungen des § 51 Abs. 1 AuslG 1990 verpflichtet. Auch wenn es den auf die Asylberechtigung zielenden Antrag abgelehnt, dem Feststellungsanspruch nach § 51 Abs. 1 AuslG 1990 aber stattgegeben hatte, hatte es jedoch kraft ausdrücklicher Anordnung des § 12 Abs. 8 Satz 2 AsylG 1982 den Bescheid an die Ausländerbehörde weiterzuleiten. Diese durfte keine Ausreiseaufforderung erlassen (§ 28 Abs. 1 Satz 3 AsylG 1982). Nicht für regelungsbedürftig wurde der Fall erachtet, in dem der Bundesbeauftragte Anfechtungsklage gegen den Asylbescheid erhoben hatte. Im Fall der Asylanerkennung war an den Antragsteller persönlich zuzustellen. Das Verwaltungsverfahren war damit beendet. Für eine besondere Regelung im Rahmen des Abs. 1 bestand kein Bedarf. Auf die Anfechtungsklage des Bundesbeauftragten fanden die Übergangsvorschriften des Abs. 2 Anwendung. War lediglich das Abschiebungsverbot nach § 51 Abs. 1 AuslG 1990 festgestellt und vor dem 01.07.1992 zwecks Zustellung an die Ausländerbehörde weitergeleitet worden, ergab sich ein Regelungsbedarf ebenfalls nur für die anzuwendenden Vorschriften im Verwaltungsprozess.

II. Abschiebungsverbote nach § 53 AuslG 1990

4 Hatte das Bundesamt vor dem 01.07.1992 den Asylbescheid an die Ausländerbehörde weitergeleitet, war diese für die Prüfung der in § 53 AuslG 1990 geregelten Abschiebungsverbote zuständig. Die Ausländerbehörde war nach altem Recht zur Prüfung humanitärer Abschiebungsverbote verpflichtet und durfte wegen § 28 Abs. 1 Satz 2 AsylG 1982 keine Ausreiseaufforderung erlassen, wenn sie derartige Verbote festgestellt hatte (BVerwGE 78, 243, 248 f. = EZAR 221 Nr. 29 = InfAuslR 1988, 59; BVerwGE 82, 1, 3 = EZAR 631 Nr. 7 = NVwZ 1989, 772 = InfAuslR 1989, 245; VGH BW, EZAR 221 Nr. 24; VGH BW, Urt. v. 14.04.1989 – A 14 S 1392/87; VGH BW, Beschl. v. 21.12.1989 – A 14 S 937/88). Nach Abs. 1 Nr. 1 Satz 1 fand daher § 28 Abs. 1 Satz 2 AsylG 1982 in der Auslegung der dazu entwickelten Rechtsprechung Anwendung, wenn das Bundesamt vor dem 01.07.1992 den Asylbescheid an die Ausländerbehörde weitergeleitet hatte. Erst mit Wirkung vom 01.07.1992 wurde dem Bundesamt die entsprechende Sachkompetenz übertragen. Es war daher sachgerecht, § 28 Abs. 1 Satz 2 AsylG 1982 anzuwenden, wenn der Bescheid vor diesem Zeitpunkt an die Ausländerbehörde weitergeleitet worden war. Die Rechtslage war insoweit für den Asylsuchenden günstiger, da § 53 AuslG 1990 dem Erlass der Ausreiseaufforderung zwingend entgegenstand, nach § 34 Abs. 1 Satz 1 die Abschiebungsandrohung jedoch auch bei festgestellten Abschiebungsverboten nach § 53 AuslG 1990 zu erlassen war. Maßgebend war aber, dass der Asylbescheid vor dem Stichtag an die Ausländerbehörde abgesandt worden war.

Durch ÄnderungsG 1993 wurde Abs. 1 Nr. 1 Satz 2 eingeführt. Danach wurde dem Bundesamt die Kompetenz für die Entscheidung über Abschiebungsverbote nach § 53 AuslG 1990 sowie für den Erlass der Abschiebungsandrohung übertragen, sofern das Asylverfahren vor dem 01.07.1992 bestandskräftig abgeschlossen war und ein erneutes Asylverfahren durchgeführt wurde. Diese Regelung war an sich überflüssig und diente nach der Gesetzesbegründung auch lediglich der Klarstellung (BT-Drucks. 12/4450, S. 29). In allen Fällen, in denen das Bundesamt vor dem Stichtag den Asylbescheid an die Ausländerbehörde weitergeleitet hatte, war diese mangels bis dahin bestehender Sachkompetenz des Bundesamtes für die Prüfung der Abschiebungshindernisse zuständig (§ 67 Abs. 1 Satz 2 AuslG 1990). Wurde nach dem Inkrafttreten des AsylVfG 1992 ein Folgeantrag gestellt, hatte das Bundesamt die Sachkompetenz für die Prüfung der Abschiebungsverbote und den Erlass der Abschiebungsandrohung (§ 34). Ob die vorgebrachten Abschiebungshindernisse beachtlich waren, wurde nach Maßgabe des § 71 beurteilt. 5

III. Folgeantrag (Abs. 1 Nr. 2)

Über Folgeanträge, die vor dem Stichtag wirksam gestellt wurden, entschied die Ausländerbehörde nach dem bis dahin geltendem Recht (Abs. 1 Nr. 2). Voraussetzung für die Anwendung dieser Übergangsvorschrift war damit die wirksame Antragstellung vor dem Stichtag. Nach altem Recht konnte der Asylantrag und damit auch der Folgeantrag in wirksamer Weise auch schriftlich bei der zuständigen Ausländerbehörde gestellt werden. War der Folgeantrag schriftlich vor dem 01.07.1992 bei der zuständigen Ausländerbehörde gestellt worden, erschien der Antragsteller zur persönlichen Anhörung (§ 8 Abs. 2 AsylG 1982) aber erst nach diesem Zeitpunkt, hatte er den Folgeantrag wirksam vor dem Stichtag gestellt. Abs. 2 Nr. 2 fand Anwendung. Zuständige Ausländerbehörde war die im Verteilungsverfahren im Rahmen des Erstverfahrens als zuständig bestimmte Ausländerbehörde (BVerwGE 80, 313, 316 = EZAR 224 Nr. 20 = NVwZ 1989, 473; BVerwG, NVwZ 1989, 476; OVG Hamburg, EZAR 611 Nr. 8; Hess. VGH, Beschl. v. 09.07.1987 – 10 TG 1785/87). Maßgebend war die Frist von sechs Monaten nach § 14 Abs. 2 AsylG 1982. 6

IV. Verteilungsverfahren (Abs. 1 Nr. 3)

Asylantragsteller, die vor dem 01.07.1992 wirksam einen Asylantrag gestellt hatten, waren nach Maßgabe der Regelungen des § 22 AsylG 1982 zu verteilen (Abs. 1 Nr. 3). In diesen Fällen fand das Verfahren nach §§ 44 ff. keine Anwendung. Das *im Anschluss* an die wirksame Antragstellung anknüpfende Verteilungsverfahren (§ 22 AsylG 1982) war unvereinbar mit dem der wirksamen Asylantragstellung *vorgeschalteten* Erstverteilungsverfahren nach Maßgabe der Regelungen in §§ 44 ff. 7

C. Verwaltungsstreitverfahren (Abs. 2)

I. Klagefrist (Abs. 2 Nr. 1)

In den Fällen, in denen das Bundesamt den Asylbescheid vor dem Stichtag an die Ausländerbehörde weitergeleitet hatte, sowie in den Verfahren, in denen der Folgeantrag 8 wirksam bei der zuständigen Ausländerbehörde gestellt worden war, war altes Recht maßgebend. Da das AsylVfG 1982 keine besonderen Vorschriften für die Klagefrist enthielt, galt die Monatsfrist des § 74 VwGO. In diesen Fällen galt auch der *Klageverbund* des § 30 AsylG 1982, sodass der Asylsuchende seine Klagebegehren gegen Bundesamt und Ausländerbehörde in einem Verwaltungsstreitverfahren betreiben musste (BVerwG, InfAuslR 1986, 59; BVerwG, Buchholz 402.25 § 28 AsylG Nr. 12; OVG Hamburg, EZAR 633 Nr. 12; OVG NW, NVwZ-RR 1990, 230). Dies folgt nicht unmittelbar aus Abs. 2 Nr. 1, sondern mittelbar aus Abs. 1 Nr. 1. War das Asylverfahren nach altem Recht *zu Ende zu führen* (Abs. 1 Nr. 1 Satz 1), fand auch § 30 AsylG 1982 Anwendung. Klarstellend weist Abs. 2 Nr. 1 darauf hin, dass die *örtliche Gerichtszuständigkeit* in den Fällen des Abs. 1 Nr. 1 und Nr. 2 sich nach § 52 Nr. 2 Satz 3 VwGO in der bis zum 01.07.1992 geltenden Fassung richtete. Abs. 2 Nr. 1 verweist auch auf Abs. 1 Nr. 2. Damit galt für die Behandlung des Folgeantrags nicht nur im Verwaltungsverfahren, sondern auch im erstinstanzlichen Verwaltungsprozess altes Recht, vorausgesetzt, der Folgeantrag wurde wirksam vor dem 01.07.1992 gestellt. Für das Eilrechtsschutzverfahren galt § 10 Abs. 3 AsylG 1982. Wegen der prozessualen Abhängigkeit des Eilrechtsschutzverfahrens vom Hauptsacheverfahren richtete sich kraft ausdrücklicher Anordnung des Abs. 2 Nr. 1 das Verfahren insgesamt nach altem Recht. Es kam damit für die Anwendung der Übergangsvorschriften nicht auf den Zeitpunkt der Bekanntgabe der Abschiebungsandrohung nach Abs. 2 Nr. 2, sondern auf die wirksame Asylantragstellung gem. Abs. 1 Nr. 2 an. Verkannte das Bundesamt die besonderen Übergangsvorschriften mit der Folge einer *unrichtigen Rechtsbehelfsbelehrung*, hatte dies die Ersetzung der Monatsfrist des § 74 VwGO durch die Jahresfrist des § 58 Abs. 2 VwGO zur Folge.

II. Rechtsbehelf (Abs. 2 Nr. 2)

9 Abs. 2 Nr. 2 enthält eine Übergangsvorschrift für Rechtsbehelfe, die nicht im Zusammenhang mit dem Streit – in der *Hauptsache* – um den Statusbescheid stehen. Der Sinn der Übergangsvorschrift in Abs. 2 Nr. 2 erschließt sich erst aus der Abgrenzung zu der Regelung in Abs. 2 Nr. 1. Letztere Vorschrift regelt die Zulässigkeit von Rechtsbehelfen gegen den asylrechtlichen Statusbescheid im Erst- und Folgeverfahren. Wegen des früher geltenden Klageverbundes (§ 30 AsylG 1982), richtete sich die Zulässigkeit der Anfechtungsklage gegen die Ausreiseaufforderung nach § 28 Abs. 1 AsylG 1982 ebenfalls nach Abs. 2 Nr. 1. Abs. 2 Nr. 2 erfasst damit alle Rechtsbehelfe im Übrigen. Es konnte sich etwa um die Abschiebungsandrohung nach § 10 Abs. 2 AsylG 1982, um Streitigkeiten wegen der Verteilung oder um aufenthaltsrechtliche Fragen handeln. Maßgebend war der Zeitpunkt der *Bekanntgabe des Verwaltungsakts* (§ 43 Abs. 1 Satz 1 VwVfG). War keine förmliche Zustellung vorgeschrieben oder nicht erfolgt, war die tatsächliche Mitteilung – also der Zugang bei dem Adressaten – entscheidend. War der Verwaltungsakt vor dem Stichtag bekannt gegeben worden, aber erst an diesem Tag oder danach in den Bereich des Empfängers gelangt, traf regelmäßig die Rechtsbehelfsbelehrung nicht mehr zu (*Bergmann*, in: Bergmann/Dienelt, AuslR, 11. Aufl., 2016, § 87 AsylG Rn. 12). Es lief die Jahresfrist des § 58 Abs. 2 VwGO. Die Behörde konnte diesen Mangel durch Erlass eines Neubescheides beheben, sofern ihr nicht durch die Vorschriften des AsylVfG 1992 die Sachkompetenz entzogen worden war.

III. Rechtsmittel (Abs. 2 Nr. 3)

Nach Abs. 2 Nr. 3 kommt es mit Blick auf Rechtsmittel gegen verwaltungsgerichtliche Entscheidungen für das anzuwendende Recht auf den Zeitpunkt der Verkündung bzw. Zustellung an. Sofern die Entscheidung vor dem 01.07.1992 verkündet oder zugestellt worden war, fand § 32 AsylG 1982 Anwendung. Im anderen Fall galten die Vorschriften der §§ 78 ff. Bedeutung hatte diese Übergangsvorschrift wohl lediglich für die Rechtsmittel gegen ein verwaltungsgerichtliche Urteil in Asylsachen. War dieses vor dem Stichtag zugestellt oder verkündet worden, galten die Vorschriften über die Beschwerde nach § 32 Abs. 6 AsylG 1982, die innerhalb eines Monats einzulegen und zu begründen war (§ 32 Abs. 4 Satz 1 AsylG 1982). Nach dem seit 1992 in Kraft getretenen Recht galt der Beschwerdeausschluss nach § 80 für alle Rechtsstreitigkeiten nach dem AsylVfG 1992, während § 10 Abs. 3 Satz 8 AsylG 1990 die Beschwerde lediglich im asylrechtlichen Eilrechtsschutzverfahren nach § 10 Abs. 3 AsylG 1982 ausschloss. 10

IV. Aufschiebende Wirkung (Abs. 2 Nr. 4)

Nach Abs. 2 Nr. 4 finden die Vorschriften dieses Gesetzes über den Ausschluss der aufschiebenden Wirkung keine Anwendung, wenn ein vor dem Stichtag eingelegter Rechtsbehelf nach altem Recht aufschiebende Wirkung hatte. Nach geltendem Recht hat die Klage nur in den Fällen der § 38, § 73, § 73b und § 73c aufschiebende Wirkung (§ 75 Abs. 1). Demgegenüber war nach altem Recht der Ausschluss der aufschiebenden Wirkung jeweils ausdrücklich in den einzelnen Rechtsvorschriften geregelt worden (z.B. § 10 Abs. 3 Satz 2, § 20 Abs. 6, § 22 Abs. 10, § 26 Abs. 4 AsylG 1982). In den Fällen, in denen der Suspensiveffekt nicht ausdrücklich in der jeweiligen Gesetzesvorschrift ausgeschlossen war, hatte die Anfechtungsklage deshalb aufschiebende Wirkung. War in einem derartigen Fall die Anfechtungsklage vor dem 01.07.1992 erhoben worden, hatte sie ungeachtet der Regelung des § 75 AsylG 1992 aufschiebende Wirkung. Da in der überwiegenden Mehrzahl der Verfahren auch nach altem Recht die aufschiebende Wirkung ausgeschlossen war, war die Bedeutung dieser Übergangsvorschrift eher gering. 11

V. Betreibensaufforderung (Abs. 2 Nr. 5)

War vor dem Stichtag eine Betreibensaufforderung nach § 33 AsylG 1982 erlassen worden, galt diese Regelung ungeachtet § 81 fort (Abs. 2 Nr. 5). Maßgebend war der Zeitpunkt, in dem die Betreibensaufforderung *erlassen* worden war. Die Aufforderung musste nicht in Form eines Beschlusses, sondern konnte auch als Verfügung des Vorsitzenden oder Berichterstatters ergehen (BVerwG, BayVBl. 1986, 503; VGH BW, DÖV 1985, 414). Sie war jedoch nach den Vorschriften des VwZG *zuzustellen* (BVerwG, BayVBl. 1986, 503). Auch wenn die Aufforderung nach dem Stichtag zugestellt worden war, fand deshalb altes Recht Anwendung, sofern sie vor diesem Zeitpunkt erlassen worden war. Dies war der Zeitpunkt, in dem die Entscheidung tatsächlich getroffen oder jedenfalls der Zeitpunkt, in dem die unterschriebene Verfügung der Geschäftsstelle der Kammer vorgelegt wurde. 12

§ 87a Übergangsvorschriften aus Anlass der am 1. Juli 1993 in Kraft getretenen Änderungen

(1) [1]Soweit in den folgenden Vorschriften nicht etwas anderes bestimmt ist, gelten die Vorschriften dieses Gesetzes mit Ausnahme der §§ 26a und 34a auch für Ausländer, die vor dem 1. Juli 1993 einen Asylantrag gestellt haben. [2]Auf Ausländer, die aus einem Mitgliedstaat der Europäischen Gemeinschaften oder aus einem in der Anlage I bezeichneten Staat eingereist sind, finden die §§ 27, 29 Abs. 1 und 2 entsprechende Anwendung.

(2) Für das Verwaltungsverfahren gelten folgende Übergangsvorschriften:

1. **§ 10 Abs. 2 Satz 2 und 3, Abs. 3 und 4 findet Anwendung, wenn der Ausländer insoweit ergänzend schriftlich belehrt worden ist.**
2. **§ 33 Abs. 2 gilt nur für Ausländer, die nach dem 1. Juli 1993 in ihren Herkunftsstaat ausreisen.**
3. **Für Folgeanträge, die vor dem 1. Juli 1993 gestellt worden sind, gelten die Vorschriften der §§ 71 und 87 Abs. 1 Nr. 2 in der bis zu diesem Zeitpunkt geltenden Fassung.**

(3) Für die Rechtsbehelfe und das gerichtliche Verfahren gelten folgende Übergangsvorschriften:

1. **Die Zulässigkeit eines Rechtsbehelfs gegen einen Verwaltungsakt richtet sich nach dem bis zum 1. Juli 1993 geltenden Recht, wenn der Verwaltungsakt vor diesem Zeitpunkt bekannt gegeben worden ist.**
2. **Die Zulässigkeit eines Rechtsbehelfs gegen eine gerichtliche Entscheidung richtet sich nach dem bis zum 1. Juli 1993 geltenden Recht, wenn die Entscheidung vor diesem Zeitpunkt verkündet oder von Amts wegen anstelle einer Verkündung zugestellt worden ist.**
3. **§ 76 Abs. 4 findet auf Verfahren, die vor dem 1. Juli 1993 anhängig geworden sind, keine Anwendung.**
4. **Die Wirksamkeit einer vor dem 1. Juli 1993 bereits erfolgten Übertragung auf den Einzelrichter bleibt von § 76 Abs. 5 unberührt.**
5. **§ 83 Abs. 1 ist bis zum 31. Dezember 1993 nicht anzuwenden.**

Übersicht Rdn.

A. Funktion der Vorschrift

1 Im ursprünglichen Gesetzentwurf war eine Übergangsregelung, die auf die aus Anlass der am 01.07.1993 in Kraft getretenen Gesetzesänderungen zielte, in Art. 4 vorgesehen (BT-Drucks. 12/4450, S. 13). Diese Vorschrift wurde auf Vorschlag des Innenausschusses eingeführt (BT-Drucks. 12/4984, S. 26 f.) und damit begründet, aus Gründen der Übersichtlichkeit und leichteren Handhabbarkeit sollten die Übergangsregelungen

in das Stammgesetz aufgenommen werden. Um Auslegungszweifel auszuschließen, bleibe § 87 auf die Übergangsvorschriften aus Anlass des Inkrafttretens des AsylVfG am 01.07.1992 beschränkt (BT-Drucks. 12/4984, S. 49). Damit hatte der Gesetzgeber klargestellt, dass die Übergangsregelungen des § 87 *statisch* und *nicht dynamisch* angewandt werden sollten (*Bergmann*, in: Bergmann/Dienelt, AuslR, 11. Aufl., 2016, § 87a AsylG Rn. 2). Die Übergangsregelungen sollten bis auf die Drittstaatenregelungen (Abs. 1) auf alle Antragsteller angewandt werden, deren Verfahren im Zeitpunkt des Inkrafttretens des ÄnderungsG 1993 am *01.07.1993* im Verwaltungsverfahren (Abs. 2) oder Verwaltungsstreitverfahren (Abs. 3) anhängig waren (Abs. 1 Satz 1).

B. Drittstaatenkonzeption nach Art. 16a II GG, §§ 26a, 34a (Abs. 1 Satz 1)

Der ursprüngliche Gesetzentwurf enthielt eine auch die Drittstaatenkonzeption in Bezug 2 nehmende differenzierende Übergangsregelung in Art. 4 Nr. 2b (BT-Drucks. 12/4450, S. 13). In Reaktion auf die in der Anhörung geäußerten Bedenken gegen diese Regelung empfahl der Innenausschuss, Art. 4 Nr. 2b nicht in das Gesetz aufzunehmen (BT-Drucks. 12/4984, S. 49). Begründet wurde dies damit, dass dieser Regelung wegen der in der Regel bestehenden Unmöglichkeit, die betroffenen Asylbewerber in einen Drittstaat zu überstellen (fehlende Übernahmevoraussetzungen), kaum praktische Bedeutung zugekommen wäre (BT-Drucks. 12/4984, S. 49). Deshalb wird in Abs. 1 Satz 1 klargestellt, dass die Regelungen über sichere Drittstaaten (§ 26a, § 34a) nur auf Asylanträge Anwendung finden, die nach dem *01.07.1993* gestellt wurden. Damit waren aber auch die übrigen Vorschriften, die sich auf die Drittstaatenkonzeption bezogen (§ 18 Abs. 2 Nr. 1, § 19 Abs. 3, § 31 Abs. 1 Satz 3 und Abs. 4, § 40 Abs. 3, § 55 Abs. 1 Satz 3, § 71 Abs. 6 Satz 2) vor diesem Zeitpunkt nicht anwendbar. Antragsteller, die vor dem Stichtag aus einem Mitgliedstaat oder aus einem Staat, der in Anlage I in der damaligen Fassung erwähnt war, eingereist waren, konnten sich daher uneingeschränkt auf Art. 16a Abs. 1 GG berufen. Unzulässig war unter Berücksichtigung von Abs. 1 Satz 2 eine schematische Anwendung von § 27 Abs. 1 auf diese Asylanträge.

Auch wenn ein Antragsteller vor dem Stichtag eingereist war, jedoch erst nach diesem 3 Zeitpunkt den Asylantrag wirksam gestellt hatte (§ 23 Abs. 1), fand Abs. 1 Anwendung, vorausgesetzt, er kam unverzüglich seiner Meldepflicht (§ 22) nach und meldete sich bei der zuständigen Außenstelle des Bundesamts. Dies folgt daraus, dass für die Anwendung der Drittstaatenregelungen der *Einreisetatbestand* maßgebend ist. Art. 16a Abs. 2 GG stellt nach Wortlaut und Sinnzusammenhang auf den *aktuellen Vorgang der Einreise* aus einem sicheren Drittstaat ab (BVerfG (Kammer), NVwZ-Beil. 1993, 12; BVerfG (Kammer), InfAuslR 1993, 390, 394; BVerfG (Kammer), AuAS 1994, 70). Abs. 1 Satz 1 war daher dahin auszulegen, dass es für die Anwendung der Regelungen in § 26a, § 34a auf den aktuellen Vorgang der Einreise nach dem Stichtag ankommt.

C. Verwaltungsverfahren (Abs. 2)

Abs. 2 Nr. 1 bestimmt, dass die *besonderen Zustellungsvorschriften* des § 10 Abs. 2 4 Satz 2 und 3, Abs. 3 und 4 nur Anwendung fanden, wenn der Antragsteller über die Bedeutung dieser seit dem 01.07.1993 geltenden Vorschriften besonders belehrt worden war. Die Behörde hatte daher im Zweifelsfall nachzuweisen, dass sie den Antragsteller eingehend über die Folgen der besonderen Zustellungsvorschriften belehrt hatte. Mit Blick auf § 33 Abs. 2 stellt Abs. 2 Nr. 2 klar, dass die *Rücknahmefiktion* nach § 33 Abs. 2 nur anwendbar war, wenn der Asylsuchende nach dem Stichtag in sein Herkunftsland eingereist war. Es kam auf den Einreisevorgang an. § 33 Abs. 2 zielt auf die Rückkehr in das Herkunftsland und nicht auf die Ausreise in irgendeinen Drittstaat. Abs. 2 Nr. 3 stellt klar, dass es für die vor dem Stichtag gestellten Folgeanträge bei der Anwendung der § 71, § 87 Abs. 1 Nr. 2 blieb. Am Stichtag bereits anhängige Folgeantragsverfahren sollten nach den Regelungen des AsylVfG 1992 behandelt werden. Dies hatte insbesondere Auswirkungen auf die maßgebliche *Frist*, innerhalb deren die vollziehende Behörde aus der im Erstverfahren ergangenen Abschiebungsandrohung vorgehen konnte. War der Folgeantrag vor dem 01.07.1993 gestellt worden, musste die Behörde nach Ablauf eines Jahres nach dem Eintritt der Vollziehbarkeit der Abschiebungsandrohung aus dem Erstverfahren eine erneute Verfügung erlassen (§ 71 Abs. 4 Satz 1 AsylG 1992). Für die Anwendung von Abs. 2 Nr. 3 war der Zeitpunkt der schriftlichen Antragstellung bei der Zentrale des Bundesamtes in Nürnberg maßgebend (§ 71 Abs. 2 AsylG 1992). § 71 Abs. 2 fand keine Anwendung.

D. Verwaltungsstreitverfahren (Abs. 3)

5 Abs. 3 Nr. 1 und Nr. 2 regeln die Zulässigkeit von Rechtsbehelfen und Rechtsmitteln in gleicher Weise wie § 87 Abs. 2 Nr. 2 und Nr. 3 (§ 87 Rdn. 8 ff.). Im Gegensatz zum ursprünglichen Gesetzesentwurf (BT-Drucks. 12/4984, S. 49) enthält Abs. 3 keine Übergangsvorschrift für das *Eilrechtsschutzverfahren* nach § 36. Es war im Sinne der Rechtsprechung des BVerwG davon auszugehen, dass Prozessvorschriften in ihrer geltenden Fassung auf alle anhängigen Verwaltungsstreitverfahren Anwendung fanden (BVerwGE 66, 312, 314 = EZAR 630 Nr. 2 = InfAuslR 1983, 152). Damit entfiel die zwingende Begründungsfrist des alten Rechts (§ 36 Abs. 2 Satz 2 AsylG 1992). Andererseits fanden die Beschleunigungsvorschriften des § 36 Abs. 3 Satz 5 bis 7 wie auch die materiellen Vorschriften des § 36 Abs. 4 Satz 1 auf alle nach dem 01.07.1993 anhängige Verfahren Anwendung.

6 Nach Abs. 3 Nr. 3 findet die *zwingende Einzelrichtervorschrift für Eilrechtsschutzverfahren* (§ 76 Abs. 4 AsylVfG a.F.) keine Anwendung, wenn der Eilrechtsschutzantrag vor dem 01.07.1993 gestellt worden war. Das alte Recht (§ 76 Abs. 1 AsylG 1992) schloss anders als § 31 Abs. 5 AsylG 1982 eine Übertragung auf den Einzelrichter nicht aus. Die Kammer konnte daher in Eilrechtsschutzverfahren, die am 01.07.1993 anhängig waren, den Rechtsstreit auf den Einzelrichter übertragen. Da § 76 AsylG 1992 anders als § 31 Abs. 1 Satz 2 AsylG 1982 eine uneingeschränkte Übertragung auf den *Richter auf Probe* zuließ, ordnet Abs. 3 Nr. 4 an, dass die Wirksamkeit einer vor dem 01.07.1993 erfolgten Übertragung von § 76 Abs. 5 AsylvfG a.F. unberührt blieb. Hatte die Kammer den Rechtsstreit auf einen Richter auf Probe übertragen, blieb dieser Beschluss auch dann wirksam, wenn dieser Richter am 01.07.1993 erst weniger als sechs Monate im Amt war. Abs. 3 Nr. 5 bestimmt, dass die Vorschriften des § 83 über den besonderen Spruchkörper erst ab dem *01.01.1994* Anwendung

fanden. Damit wollte der Gesetzgeber im Hinblick auf die Geschäftsverteilungspraxis den Gerichten ausreichend Gelegenheit geben, die in dieser Vorschrift vorgesehene Einführung besonderer Spruchkörper umzusetzen (BT-Drucks. 12/4984, S. 50).

§ 87b Übergangsvorschrift aus Anlass der am 1. September 2004 in Kraft getretenen Änderungen

In gerichtlichen Verfahren nach diesem Gesetz, die vor dem 1. September 2004 anhängig geworden sind, gilt § 6 in der vor diesem Zeitpunkt geltenden Fassung weiter.

Durch Art. 3 Nr. 48 ZuwG wurde mit Wirkung zum 01.09.2004 entsprechend dem 1
Gesetzentwurf (BT-Drucks. 15/420, S. 44) die Institution des *Bundesbeauftragten für Asylangelegenheiten* abgeschafft und für die damals anhängigen Verwaltungsstreitverfahren die Übergangsregelung des § 87b eingeführt. Folge war, dass ungeachtet der Auflösung der Institution in Verwaltungsrechtsstreitigkeiten, die vor dem 1. September 2004 anhängig geworden waren, der Bundesbeauftragte sich weiter an den Verfahren beteiligen und diese zu Ende führen konnte. An Verfahren, die nach dem Stichtag eingeleitet wurden, konnte er sich nicht mehr beteiligen. Gerichtliche Verfahren waren alle Streitigkeiten nach diesem Gesetz (§ 74 Rdn. 2 ff.).

§ 87c Übergangsvorschriften aus Anlass der am 6. August 2016 in Kraft getretenen Änderungen

(1) Eine vor dem 6. August 2016 erworbene Aufenthaltsgestattung gilt ab dem Zeitpunkt der Entstehung fort. Sie kann insbesondere durch eine Bescheinigung nach § 63 nachgewiesen werden. § 67 bleibt unberührt.

(2) Der Aufenthalt eines Ausländers, der vor dem 5. Februar 2016 im Bundesgebiet um Asyl nachgesucht hat, gilt ab dem Zeitpunkt der Aufnahme in der für ihn zuständigen Aufnahmeeinrichtung oder, sofern sich dieser Zeitpunkt nicht bestimmen lässt, ab dem 5. Februar 2016 als gestattet.

(3) Der Aufenthalt eines Ausländers, dem bis zum 6. August 2016 ein Ankunftsnachweis ausgestellt worden ist, gilt ab dem Zeitpunkt der Ausstellung als gestattet.

(4) Der Aufenthalt eines Ausländers, der nach dem 4. Februar 2016 und vor dem 1. November 2016 um Asyl nachgesucht hat und dem aus Gründen, die er nicht zu vertreten hat, nicht unverzüglich ein Ankunftsnachweis ausgestellt worden ist, gilt mit Ablauf von zwei Wochen nach dem Zeitpunkt, in dem er um Asyl nachgesucht hat, als gestattet. Die fehlende Ausstellung des Ankunftsnachweises nach Satz 1 hat der Ausländer insbesondere dann nicht zu vertreten, wenn in der für die Ausstellung seines Ankunftsnachweises zuständigen Stelle die technischen Voraussetzungen für die Ausstellung von Ankunftsnachweisen nicht vorgelegen haben.

(5) Die Absätze 2 bis 4 finden keine Anwendung, wenn der Ausländer einen vor dem 6. August 2016 liegenden Termin zur Stellung des Asylantrags nach § 23 Absatz 1 aus Gründen, die er zu vertreten hat, nicht wahrgenommen hat.

(6) Ergeben sich aus der Anwendung der Absätze 1 bis 4 unterschiedliche Zeitpunkte, so ist der früheste Zeitpunkt maßgeblich.

Übersicht

A. Funktion der Vorschrift

1 Die Übergangsvorschrift des § 87c ergänzt die in § 55 enthaltenen Regelungen zum Entstehen der Aufenthaltsgestattung und will insbesondere klarstellen, dass Rechtssicherheit für die Antragsteller geschaffen wird, die vor dem 6. August 2016 in Deutschland um Asyl nachgesucht haben. Verfahrensrechtliche Änderungen wurden durch das Integrationsgesetz 2016, auf dessen Inkrafttreten die Vorschrift abstellt, nicht vorgenommen, sodass insoweit auch keine Übergangsregelungen erforderlich sind. Der Zeitpunkt der Entstehung der Aufenthaltsgestattung ist z. B. für die Aufenthaltsregelungen in § 25a und § 25b AufenthG maßgebend. Demgegenüber stellt die für die Niederlassungserlaubnis im fünften Abschnitt des 2. Kapitels des AufenthG maßgebende Norm des § 26 Abs. 4 Satz 3 AufenthG auf das Asylverfahren und damit auf den Zeitpunkt der Antragstellung nach § 14 Abs. 2 bzw. § 23 Abs. 1 ab.

B. Übergangsregelungen

I. Fortgeltung der Aufenthaltsgestattung (Abs. 1)

2 Nach Abs. 1 Satz 1 gilt eine vor dem 6. August 2016 erworbene Aufenthaltsgestattung ab dem Zeitpunkt ihrer Entstehung fort. Die Regelung stellt auf das materielle Aufenthaltsrecht, nicht aber auf den Zeitpunkt der Ausstellung der Bescheinigung nach § 63 oder § 63a ab. Nach § 55 Abs. 1 ist der Zeitpunkt des Nachsuchens um Asyl bei der zuerst aufgesuchten Aufnahmeeinrichtung maßgebend. Der Zeitpunkt des Entstehens der Aufenthaltsgestattung kann zwar insbesondere durch die Bescheinigung nach § 63 nachgewiesen werden (Abs. 1 Satz 2), ist auf diese Nachweisform jedoch nicht beschränkt. Sie kann auch insbesondere durch den Ankunftsnachweis nach § 63a nachgewiesen werden. Für diesen gilt aber die Sonderregelung in Abs. 2. Da im Asylpaket I zunächst die Bescheinigung über die Meldung als Asylsuchender (BüMA), die bereits wenige Monate später durch den Ankunftsnachweis (Abs. 2) ersetzt wurde, eingeführt wurde, kann auch mit der BüMA die Entstehung der Aufenthaltsgestattung vor dem 6. August 2016 belegt werden. Generell ist darauf hinzuweisen, dass durch die Asylpakete und die weiteren gesetzlichen Maßnahmen die Verwaltung erheblich überfordert war, sodass Asylsuchende häufig nicht die ihnen nach der jeweils aktuellen

Gesetzeslage zustehende Bescheinigung erhalten haben. Deshalb ist jeglicher Nachweis über den Zeitpunkt der Meldung als Asylsuchender zuzulassen. Gegebenenfalls ist eine Stellungnahme der zuständigen Aufnahmeeinrichtung einzuholen.

Ist die Aufenthaltsgestattung nach § 67 erloschen, kann der Nachweis nach Abs. 1 3
Satz 1 nicht mehr geführt werden. In den Fällen des § 67 Abs. 1 Nr. 2 ist sie jedoch wieder in Kraft getreten, wenn der Asylsuchende nach Ablauf der Zweiwochenfrist den Asylantrag gestellt hat (§ 67 Abs. 2 Nr. 2). Maßgebend für den Beginn der Entstehung der Aufenthaltsgestattung ist jedoch der Zeitpunkt des Nachsuchens um Asyl. Denn nach § 67 Abs. 2 Nr. 2 tritt die Aufenthaltsgestattung wieder in Kraft. Die Vorschrift bezieht sich damit auf die vor der Unterbrechung begründete Aufenthaltsgestattung.

II. Zeiten des Besitzes der »Bescheinigung über die Meldung als Asylsuchender« (Abs. 2)

Nach Abs. 2 ist für den Zeitpunkt der Entstehung der Aufenthaltsgestattung in Fäl- 4
len von Asylsuchenden, die vor dem 5. Februar 2016 um Asyl nachgesucht haben, der Zeitpunkt der Aufnahme in der für sie zuständigen Aufnahmeeinrichtung (§ 30a, § 47) maßgebend. Abs. 2 verdrängt nicht Abs. 1. Dies verdeutlicht auch die Vorrangregelung des Abs. 6 deutlich. Kann der Asylsuchende den Nachweis nach Abs. 1 Satz 1 durch Vorlage der BüMA, die durch die zuerst aufgesuchte, aber für ihn nicht zuständige Aufnahmeeinrichtung ausgestellt wurde, führen, gilt die Aufenthaltsgestattung ab diesem Zeitpunkt. Am 5. Februar 2016 ist das Datenaustauschvierbesserungsgesetz und damit die Änderung des § 63a über den Ankunftsnachweis in Kraft getreten. Abs. 2 trägt der Situation der Asylsuchenden Rechnung, die vor diesem Zeitpunkt um Asyl nachgesucht haben, dies aber nicht durch Vorlage einer BüMA belegen können. Für den Fall, dass sich der Zeitpunkt der Aufnahme in der Aufnahmeeinrichtung nicht bestimmen lässt, gilt der Aufenthalt für die Asylsuchenden, die behaupten, sich vor dem 5. Februar 2016 als Asylsuchende gemeldet haben, ab diesem Zeitpunkt als gestattet (Abs. 2 Hs. 2). Da die Meldung als Asylsuchender als Erklärung im Ausländerzentralregister zu speichern ist (§ 3 Abs. 1 Nr. 3 in Verb. mit § 2 Abs. 1a Nr. 2 AZRG), kann die zuständige Behörde allerdings durch Abfrage beim Ausländerzentralregister den Zeitpunkt von Amts wegen feststellen.

III. Besitz des Ankunftsnachweises (Abs. 3)

Nach Abs. 3 gilt der Aufenthalt eines Asylsuchenden, dem bis zum 6. August 2016 5
ein Ankunftsnachweis ausgestellt worden ist, ab dem Zeitpunkt der Ausstellung als gestattet. War er jedoch zuvor bereits im Besitz einer BüMA gilt der Aufenthalt ab dem Zeitpunkt der Ausstellung der BüMA nach Abs. 1 Satz 1 als gestattet. Wie aus der Vorrangregelung des Abs. 6 folgt, wird Abs. 1 nicht durch Abs. 3 verdrängt.

IV. Fehlender Besitz des Ankunftsnachweises nach § 63a (Abs. 4)

Nach Abs. 4 Satz 1 gilt für die Asylsuchenden, die nach Inkrafttreten des Daten- 6
austauschverbesserungsgesetzes am 5. Februar 2016 um Asyl nachgesucht haben und denen nicht unverzüglich ein Ankunftsnachweis ausgestellt wurde, eine besondere

Übergangsregelung. Erst mit Inkrafttreten des Integrationsgesetzes am 6. August 2016 wurde in § 55 Abs. 1 Satz 1 der Ankunftsnachweis hinzugefügt. Der Gesetzgeber geht davon aus, dass die bezeichneten technischen Schwierigkeiten am 1. November 2016 behoben sein werden. Dementsprechend gilt die Regelung nur für die Asylsuchenden, die nach dem 4. Februar und vor dem 1. November 2016 um Asyl nachgesucht haben (Abs. 4 Satz 1 Hs. 1). Den fehlenden Nachweis der Ausstellung des Ankunftsnachweises muss der Asylsuchende nicht zu vertreten haben. Zu vertreten hat er ihn insbesondere dann nicht, wenn in der für die Ausstellung seines Ankunftsnachweises zuständigen Stelle die technischen Voraussetzungen für die Ausstellung von Ankunftsnachweisen nicht vorgelegen haben (Abs. 4 Satz 2). Häufig wurde den Asylsuchenden in diesen Fällen weiterhin eine BüMA, manchmal aber auch nur ein Hausausweis der Aufnahmeeinrichtung ausgestellt. In diesen Fällen kommt es auf das jeweilige Ausstellungsdatum an und kann der Asylsuchende mit einem dieser Dokumente den Nachweis nach Abs. 1 führen. Abs. 4 findet in diesen Fällen keine Anwendung. Da die Meldung als Asylsuchender als Erklärung im Ausländerzentralregister zu speichern ist (§ 3 Abs. 1 Nr. 3 in Verb. mit § 2 Abs. 1a Nr. 2 AZRG; Rdn. 4), kann die zuständige Behörde auch durch Abfrage beim Ausländerzentralregister den Zeitpunkt von Amts wegen feststellen.

7 Kann der Nachweis der Meldung als Asylsuchender nicht geführt werden und trifft diesen hieran kein Verschulden, gilt der Aufenthalt mit Ablauf von zwei Wochen nach dem Zeitpunkt, in dem er um Asyl nachgesucht hat, als gestattet (Abs. 3 Satz 1 Hs. 2). Trifft ihn hingegen hieran ein Verschulden, kann er den Nachweis auch auf andere Weise führen, etwa durch Vorlage der BüMA, die häufig auch nach dem 5. Februar 2016 noch ausgestellt wurde, oder durch eine schriftliche Weiterleitungsanordnung nach § 22 Abs. 1 Satz 2.

V. Versäumte Antragstellung nach § 23 Abs. 1 (Abs. 5)

8 Nach Abs. 4 finden die Übergangsregelungen nach Abs. 2 bis 4 keine Anwendung, wenn der Asylsuchende einen vor dem 6. August 2016 liegenden Termin zur Antragstellung nach § 23 Abs. 1 aus Gründen, die er zu vertreten hat, nicht wahrgenommen hat. Da die Erklärung der Meldung als Asylsuchender im *Ausländerzentralregister* gespeichert wird (§ 3 Abs. 1 Nr. 3 in Verb. mit § 2 Abs. 1a Nr. 2 AZRG; Rdn. 4), ist die zuständige Behörde in diesen Fällen verpflichtet, das Ausländerzentralregister abzufragen und hat sie für den Zeitpunkt des Entstehens der Aufenthaltsgestattung von dem dort gespeicherten Zeitpunkt auszugehen. Für diese Fälle gilt an sich § 67 Abs. 1 Nr. 2, S. 2. Dies setzt jedoch eine nachweisbare Meldung als Asylsuchender voraus, an der es nach Abs. 5 fehlt. Dem Gesetzgeber geht es mit Abs. 5 darum, in derartigen Fällen die Entstehung der Aufenthaltsgestattung von vornherein zu verhindern.

VI. Unterschiedliche Zeitpunkte der Entstehung der Aufenthaltsgestattung (Abs. 6)

9 Nach Abs. 6 ist vom frühesten Zeitpunkt auszugehen, wenn sich aus der Anwendung von Abs. 1 bis 4 unterschiedliche Zeitpunkte ergeben. Dies folgt aus dem Umstand, dass die Regelungen in Abs. 1 bis 4 begünstigenden Charakter haben.

§ 90 Ermächtigung zur vorübergehenden Ausübung von Heilkunde

(1) Stehen für die ärztliche Versorgung von Asylbegehrenden in Aufnahmeeinrichtungen nach § 44 oder Gemeinschaftsunterkünften nach § 53 Ärzte, die über eine Approbation oder Berufserlaubnis nach der Bundesärzteordnung verfügen, nicht in ausreichender Zahl zur Verfügung und ist hierdurch die Sicherstellung der ärztlichen Versorgung der Asylbegehrenden gefährdet, können Asylbegehrende, die über eine abgeschlossene Ausbildung als Arzt verfügen, auf Antrag vorübergehend zur Ausübung von Heilkunde in diesen Einrichtungen ermächtigt werden, um Ärzte bei der medizinischen Versorgung der Asylbegehrenden zu unterstützen.

(2) Für die Ermächtigung nach Absatz 1 gelten die folgenden Beschränkungen:
1. die Tätigkeit erfolgt unter der Verantwortung eines Arztes;
2. die Berufsbezeichnung »Ärztin« oder »Arzt« darf nicht geführt werden;
3. die Behandlungserlaubnis erstreckt sich nur auf Asylbegehrende in Aufnahmeeinrichtungen nach § 44 oder Gemeinschaftsunterkünften nach § 53;
4. eine sprachliche Verständigung der ermächtigten Personen mit den zu behandelnden Asylbegehrenden muss sichergestellt sein.

(3) [1]Die Ermächtigung nach Absatz 1 wird befristet erteilt. [2]Sie kann jederzeit widerrufen werden, wenn die Voraussetzungen nach Absatz 1 nicht mehr gegeben sind oder berechtigte Zweifel an der Qualifikation als Arzt erkennbar werden.

(4) [1]Die Erteilung der Ermächtigung nach Absatz 1 setzt voraus, dass
1. der Antragsteller seine Qualifikation als Arzt glaubhaft macht und
2. ihm eine Approbation oder Berufserlaubnis nach § 3 oder § 10 der Bundesärzteordnung nicht erteilt werden kann, weil die erforderlichen Unterlagen und Nachweise aus Gründen, die nicht in der Person des Antragstellers liegen, nicht vorgelegt werden können.

[2]Zur Glaubhaftmachung nach Satz 1 Nummer 1 hat der Antragsteller eidesstattlich zu versichern, dass er über eine abgeschlossene Ausbildung als Arzt verfügt und in einem Fachgespräch mit einem von der zuständigen Behörde beauftragten Arzt seinen Ausbildungsweg sowie seine ärztliche Kompetenz nachzuweisen.

(5) Ein späteres Approbationsverfahren nach § 3 der Bundesärzteordnung oder Verfahren auf Erteilung einer Berufserlaubnis nach § 10 der Bundesärzteordnung bleibt von der Ermächtigung zur vorübergehenden Ausübung von Heilkunde nach Absatz 1 unberührt.

(6) Das Verfahren zur Erteilung der Ermächtigung nach den Absätzen 1 bis 5 führt die zuständige Behörde des Landes durch, in dem der ärztliche Beruf ausgeübt werden soll, oder die Stelle, die nach § 12 Absatz 3 Satz 2 der Bundesärzteordnung vereinbart wurde.

(7) § 61 Absatz 1 wird von der Ermächtigung nach Absatz 1 nicht berührt.

(8) Diese Regelung tritt am 24. Oktober 2017 außer Kraft.

Übersicht **Rdn.**

A. Funktion

1 Die Vorschrift wurde durch das Asylverfahrensbeschleunigungsgesetz 2015 erstmals in das Gesetz eingefügt. Sie verfolgt den Zweck, im Sinne des *Patientenschutzes* die ärztliche Versorgung Asylsuchender sicherzustellen, wenn die *ärztliche Versorgung* in *Aufnahmeeinrichtungen* (§ 44) und *Gemeinschaftsunterkünften* (§53) nicht sichergestellt werden kann. Vor dem Hintergrund des Anstiegs der Zahl der Asylbegehrenden befürchtet der Gesetzgeber, dass eine ausreichende medizinische Versorgung der Asylsuchenden nicht mehr sichergestellt werden könnte und erachtete es deshalb für erforderlich, den Personenkreis des zur medizinischen Versorgung zur Verfügung stehenden Personals zu erweitern. Für diesen Personenkreis kommt aber *nicht* eine unmittelbare *ärztliche Tätigkeit* in Betracht. Vielmehr wird lediglich die Unterstützung der Ärzte bei der medizinischen Versorgung der Asylsuchenden zugelassen (Abs. 1 letzter Halbs.). Das Beschäftigungsverbot des § 61 Abs. 1 wird durch die Ermächtigung nach Abs. 1 nicht berührt (Abs. 7), d.h. diese soll lediglich die vorübergehende Ausübung von Heilkunde in dem dafür vorgesehenen Umfang ermöglichen, ohne zur Ausübung einer entgeltlichen Tätigkeit zu berechtigen (BR-Drucks. 446/15, S. 49). § 90 tritt am 24. Oktober 2017 außer Kraft (Abs. 8). Begründet wird die befristete Geltungsdauer der Vorschrift damit, dass diese dazu dient, in einer Ausnahmesituation die medizinische Versorgung der Asylbegehrenden sicherzustellen, und zu diesem Zweck eine eigene Rechtsfigur neben der Approbation und der vorübergehenden Erlaubnis zur Ausübung des Berufes zu schaffen (BR-Drucks. 446/15, S. 49). Die Vorschrift steht im engen Zusammenhang mit der Erweiterung des § 4 Abs. 1 und 3 AsylbLG um Regelungen zu Schutzimpfungen

B. Funktion der Ermächtigung (Abs. 1)

2 Abs. 1 ist Rechtsgrundlage für die Ermächtigung an Asylbegehrende, die über eine *abgeschlossene Ausbildung als Arzt* verfügen, auf Antrag vorübergehend Ärzte in Aufnahmeeinrichtungen und Gemeinschaftsunterkünften zu unterstützen. Zuständige Behörde für die Erteilung der Ermächtigung ist die Behörde des Landes, in dem die Tätigkeit ausgeübt werden soll (Abs. 6). Die für den Vollzug des Asylgesetzes und die für das Gesundheitswesen zuständigen Behörden werden insoweit zusammen arbeiten müssen. Dabei sind insbesondere die Kompetenzen des öffentlichen Gesundheitsdienstes und der Ärztekammern einzubeziehen (*Rixen*, NVwZ 2015, 1640, 1641). Voraussetzung für die Ausübung der Ermächtigung ist, dass Ärzte, die über eine Approbation oder vorübergehende Erlaubnis zur Berufsausübung nach der BÄO verfügen, in einer Aufnahmeeinrichtung oder Gemeinschaftsunterkunft nicht im ausreichendem Maße zur Verfügung stehen und dadurch die Sicherstellung der ärztlichen

Versorgung der Asylbegehrenden in der jeweiligen Einrichtung gefährdet ist. Die bloße Besorgnis der nicht ausreichenden Versorgung genügt nicht. Vielmehr müssen ernsthafte Anhaltspunkte darauf hinweisen, dass die Versorgung der Bewohner der Einrichtung gefährdet ist. Da Sinn der Vorschrift eine wirksamer Patientenschutz ist (BR-Drucks. 446/15, S. 48), dürfen andererseits die Voraussetzungen für die Gefährdung nicht zu hoch angesetzt werden.

Die Zulassung einer heilberuflichen Tätigkeit setzt einen *Antrag* voraus. In Betracht 3
kommen nur *Asylbegehrende*. Der Gesetzgeber verwendet einen Begriff, der ansonsten im Gesetz nicht erwähnt wird. Er will damit im Hinblick darauf, dass – wie auch aus § 63a deutlich wird – mit der Aufnahme in einer Aufnahmeeinrichtung nicht zeitlich unmittelbar die Antragstellung nach § 23 Abs. 1 verbunden ist, den Kreis der in Betracht kommenden Personen möglichst weit ziehen und stellt deshalb nicht auf die förmliche Antragstellung, sondern auf das Asylersuchen (§ 18 Abs. 1 Halbs. 1; § 19 Abs. 1 Halbs. 1; § 22 Abs. 1 S. 1) ab. Regelmäßig dürfte es neben den Voraussetzungen nach Abs. 4 ausreichen, wenn der Antragsteller einen Ankunftsnachweis (§ 63a) vorweisen kann. Er muss seine *Qualifikation als Arzt* glaubhaft machen (Abs. 4 Satz 1 Nr. 1 Satz 2). Die Erlaubnis wird nur *zur vorübergehenden Tätigkeit* erteilt und berechtigt nicht zur ärztlichen Tätigkeit (Abs. 1 letzter Halbs.). Ein späteres Approbationsverfahren nach § 3 BÄO oder ein Verfahren auf Erteilung einer Berufserlaubnis nach § 10 BÄO bleibt von der Ermächtigung nach Abs. 1 unberührt (Abs. 5). Die Ermächtigung bezieht sich ausschließlich auf die Tätigkeit in einer Aufnahmeeinrichtung (§ 44) oder in einer Gemeinschaftsunterkunft (§ 53). Außerhalb dieser Einrichtungen ist die Tätigkeit nicht erlaubt. Der Betroffene darf nicht selbst den ärztlichen Beruf ausüben, sondern lediglich einen approbierten oder über eine Berufserlaubnis verfügenden Arzt bei seiner Tätigkeit unterstützen. Dabei erfolgt die unterstützende Tätigkeit *unter der Verantwortung des Arztes* (Abs. 2 Nr. 1). Bei der Ermächtigung nach Abs. 1 handelt es sich um eine Regelung eigener Art, die keine Ansprüche für die Zukunft auslöst (BR-Drucks. 446/15, S. 48). Dementsprechend wird die Ermächtigung auch nur befristet erteilt (Abs. 3 Satz 1).

C. Umfang der Ermächtigung (Abs. 2)

Nach Abs. 2 darf die Tätigkeit nur unter der Verantwortung eines Arztes ausgeführt 4
werden (Nr. 1). Dies bedeutet, dass der Arzt als Ansprechpartner zur Verfügung steht. Er kann die Tätigkeit des Helfers aber auch einschränken, sofern er dies aufgrund seiner Beurteilung dessen fachliche Kompetenz für erforderlich erachtet. Im Rahmen der ihr übertragenen Verantwortung wird die ermächtigte Person eigenständig tätig. Eine *ständige Aufsicht* ist *nicht* erforderlich (BR-Drucks. 446/(15, S. 48). Der Arzt hat danach die Aufsicht über die unterstützende Tätigkeit wahrzunehmen und ist für Fehler bei der Ausübung oder als Folge der Aufsicht verantwortlich. Da das Gesetz nur eine den Arzt unterstützende heilberufliche Tätigkeit zulässt, darf der verantwortliche Arzt zwar die eigenständige Wahrnehmung medizinischer Aufgaben zulassen, jedoch nicht die Ausübung ärztlicher Tätigkeiten durch den Helfer erlauben. Die Grundsätze zur ärztlichen Arbeitsteilung bzw. zur Delegation ärztlicher Aufgaben an nicht ärztliches Personal könne eine gewisse Orientierung bieten. Der unterstützende Helfer ist

materiell Arzt, allerdings ein Arzt, dessen Qualifikation im Schnellverfahren ermittelt wurde. Der unterstützte und verantwortliche Arzt hat als Teil seiner Verpflichtung zur gewissenhaften Berufsausübung sicherzustellen, dass in jedem einzelnen Behandlungsfall nachvollziehbar geklärt ist, was unter einer »unterstützenden« Tätigkeit bei Diagnose und Therapie gemeint ist und wann der unterstützende Helfer die Entscheidung des Arztes einholen muss. Die *Impfung* kann der Helfer mangels Approbation *nicht* selber vornehmen (*Rixen*, NVwZ 2015, 1640, 1641). Sicherlich können dem Helfer mehr Aufgaben zugewiesen werden, als etwa dem Pflegepersonal (Krankenhelfer). Die Grenze ist aber die unmittelbare ärztliche Tätigkeit. Dieser darf der nach Abs. 1 Ermächtigte nicht ausüben. Er darf auch nicht die Berufsbezeichnung »Ärztin« oder »Arzt« führen (Nr. 2). Diese Einschränkung ist dem lediglich unterstützenden Charakter der heilberuflichen Tätigkeit geschuldet. Der Berechtigte ist also ein »*Hybridwesen*«, das materiell Arzt sein muss, ohne formell als solcher zu gelten (*Rixen*, NVwZ 2015, 1640).

5 Die aus der Ermächtigung nach Abs. 1 folgende unterstützende Tätigkeit erstreckt sich nur auf Asylbegehrende bzw. -antragsteller in Aufnahmeeinrichtungen (§ 44) oder Gemeinschaftsunterkünften (§ 53). Der Helfer des Arztes muss sich mit den zu behandelnden Asylsuchenden und Antragstellern sprachlich verständigen können (Nr. 4). Notfalls sind Übersetzungsdienste in Anspruch zu nehmen, auf die auch der behandelnde Arzt selbst häufig angewiesen ist. Das Gesetz ist insoweit offen. Es muss kein vereidigter Dolmetscher hinzugezogen werden. Vielmehr reicht jede Person aus, die geeignet ist, eine zureichende sprachliche Verständigung zu gewährleisten. Da es andererseits bei der medizinischen Versorgung oftmals schwerwiegende und komplexe Fragen zu klären sind, muss sichergestellt sein, dass die sprachliche Verständigung geeignet ist, die Kommunikation zwischen dem unterstützenden Helfer und dem Patienten über die Beschwerden und die entsprechende Therapie sicherzustellen. Im Zweifel ist ein Übersetzer bzw. ein anderer Übersetzer hinzuziehen.

D. Befristung der Ermächtigung (Abs. 3)

6 Die Ermächtigung nach Abs. 1 ist vorübergehender Natur (Abs. 1) und wird dementsprechend nur befristet erteilt (Abs. 3 Satz 1). Das Gesetz nennt keine Kriterien für die Befristung. Maßgebend ist die tatsächliche Situation. Die zuständige Behörde hat über die Dauer der Befristung anhand des abzuschätzenden Bedarfs zu entscheiden. Sie endet spätestens mit dem Außerkraftsetzen der Vorschrift am 24. Oktober 2017 (BR-Drucks. 446/15, S. 48). Solange der Versorgungsengpass besteht, kann die Ermächtigung jeweils für den Geltungszeitraum der Vorschrift verlängert werden. Sie kann ferner jederzeit widerrufen werden, wenn die Voraussetzungen nach Abs. 1 nicht mehr gegeben sind oder berechtigte Zweifel an der Qualifikation als Arzt erkennbar werden (Abs. 3 Satz 2). Die erste Alternative bezieht sich auf allgemeine, die zweite Alternative auf persönliche Umstände. Ist der medizinische Versorgungsengpass behoben, ist damit die vorübergehende Notlage aufgehoben und entfällt die Notwendigkeit, die Ermächtigung nach Abs. 1 aufrechtzuerhalten (Abs. 3 Satz 2 Alt. 1). Auch wenn sich im Rahmen der heilberuflichen Tätigkeit des Ermächtigten herausstellt, dass er nicht qualifiziert für diese Tätigkeit ist, darf die Ermächtigung nicht aufrechterhalten

B. Klage gegen die Einstellung des Asylverfahrens nach § 32, § 33 AsylG[7]

An das 3

Verwaltungsgericht[8]

...

Klage und Eilrechtsschutzantrag[9]

des/der ...

– Kläger/s/in und Antragsteller/s/in –

Prozessbevollmächtigter: ...

gegen

die Bundesrepublik Deutschland, endvertreten durch den Leiter der Außenstelle des Bundesamtes für Migration und Flüchtlinge in ...

– Beklagte und Antragsgegnerin –

wegen Asylrecht und internationalem Schutz

Unter Vollmachtsvorlage(n)[10] erhebe(n) ich/wir die Klage(n) und beantrage(n):

> Die Einstellungsverfügung sowie Abschiebungsandrohung des Bundesamtes für Migration und Flüchtlinge vom ..., zugestellt am ..., wird aufgehoben.

Ich stelle den Antrag,

> die aufschiebende Wirkung der Klage vom heutigen Tage gegen die Abschiebungsandrohung des Bundesamtes für Migration und Flüchtlinge vom ... gemäß § 80 Abs. 5 VwGO anzuordnen.

Der angefochtene Bescheid ist beigefügt.

Gegen die Übertragung auf den Einzelrichter bestehen keine Bedenken.[11]

Begründung:[12] ...

...

Rechtsanwalt/anwältin

---

7 S. hierzu: § 32 Rdn. 20 f., § 33 Rdn. 34 ff.

8 Zur örtlichen Zuständigkeit s. § 74 Rdn. 5 ff.

9 Zur Verfahrensvereinfachung können Klage und Eilrechtsschutzantrag in einem Schriftsatz zusammengefasst werden. Da das Verwaltungsgericht zwei Akten anlegt, sind jeweils vier Ausfertigungen einzureichen.

10 Zur nachträglichen Vorlage s. § 74 Rdn. 27 f.

11 Dieser Zusatz ist nicht zwingend, jedoch allgemein üblich.

12 Wegen § 36 Abs. 3 Satz 5 ff. AsylG, den das Verwaltungsgericht auch in diesem Verfahren anwenden dürfte, empfiehlt sich die sofortige Begründung. Jedenfalls sollte diese dem Gericht nach Ablauf der Wochenfrist (§ 36 Abs. 3 Satz 5 AsylG) vorliegen.

Klage auf Asylanerkennung, Zuerkennung der Flüchtlingseigenschaft nach § 3 Abs. 4 erster Halbsatz AsylG, Zuerkennung des subsidären Schutzes nach § 4 Abs. 1 Satz 1 AsylG und Feststellung von Abschiebungsverboten nach § 60 Abs. 5 und 7 AufenthG und Eilrechtsschutzantrag nach § 80 Abs. 5 bei offensichtlich unbegründeter Antragsablehnung.

4 An das

Verwaltungsgericht[13]

…

Klage und Eilrechtsschutzantrag[14]

des/r …

– Kläger/s/in und Antragsteller/s/in –

Prozessbevollmächtigte(r): …

gegen

die Bundesrepublik Deutschland, endvertreten durch den Leiter der Außenstelle des Bundesamtes für Migration und Flüchtlinge in …

– Beklagte und Antragsgegnerin –

wegen Asylrecht und Flüchtlingsschutz

Unter Vollmachtsvorlage(n)[15] erhebe(n) ich/wir die Klage(n)[16] und beantrage(n):

> Die beklagte Bundesrepublik Deutschland wird unter Aufhebung des Bescheides des Bundesamtes für Migration und Flüchtlinge vom …, zugestellt am …, verpflichtet, festzustellen, dass der(die) Kläger/in Asylberechtigte(r) ist(sind) und ihm/ihr/ihnen die Flüchtlingseigenschaft gemäß § 3 Abs. 4 erster Halbsatz AsylG zuzuerkennen;
>
> hilfsweise:
>
> dem/den Kläger/n subsidiären Schutz gemäß § 4 Abs. 1 Satz 1 AsylG zuzuerkennen;

---

13 Zur örtlichen Zuständigkeit s. § 74 Rdn. 5 ff.

14 Zur Verfahrensvereinfachung können Klage und Eilrechtsschutzantrag in einem Schriftsatz zusammengefasst werden. Da das Verwaltungsgericht zwei Akten anlegt, sind jeweils vier Ausfertigungen einzureichen.

15 Zur nachträglichen Vorlage s. § 74 Rdn. 27 f.

16 Die Beifügung des angefochtenen Bescheides ist entbehrlich, gleichwohl empfehlenswert, da das Bundesamt unverzüglich dem Verwaltungsgericht den Verwaltungsvorgang von Amts wegen übermittelt (§ 36 Abs. 2 Satz 2 AsylG). Antrag auf Akteneinsicht ist wegen der Dringlichkeit nicht sinnvoll und i.Ü. entbehrlich, da die Beteiligten vom Bundesamt eine Kopie der Akten erhalten (§ 36 Abs. 2 Satz 1 AsylG).

hilfsweise:

festzustellen, dass Abschiebungsverbote nach § 60 Abs. 5 und 7 AufenthG hinsichtlich[17] vorliegen

Ich stelle den Antrag,

die aufschiebende Wirkung der Klage vom heutigen Tage gegen die Abschiebungsandrohung des Bundesamtes für Migration und Flüchtlinge vom … gemäß § 80 Abs. 5 VwGO anzuordnen.

Gegen die Übertragung auf den Einzelrichter im Hauptsacheverfahren bestehen keine Bedenken.[18]

Für die mündliche Verhandlung wird ein Dolmetscher für die Sprache … benötigt.[19]

Begründung:[20] …

…

Rechtsanwalt/anwältin

17 Angabe des Herkunftslandes.

18 Dieser Zusatz ist nicht zwingend, jedoch allgemein üblich. Im Eilrechtsschutzverfahren entscheidet ohnehin der originäre Einzelrichter (§ 76 Abs. 4 Satz 1 AsylG).

19 Die frühzeitige Angabe ist insb. bei seltenen Dialekten, aber auch i.Ü. empfehlenswert.

20 Wegen § 36 Abs. 3 Satz 5 ff. AsylG empfiehlt sich die sofortige Begründung. Jedenfalls sollte diese dem Gericht nach Ablauf der Wochenfrist (§ 36 Abs. 3 Satz 5 AsylG) vorliegen. Zu den materiellen Entscheidungskriterien s. § 36 Rdn. 95 ff., 157 ff., 179 ff.

D. Abänderungsantrag bei qualifizierter Antragsablehnung (§ 30 AsylG) oder im Folgeantragsverfahren

5 An das

Verwaltungsgericht[21]

…

Abänderungsantrag nach § 80 Abs. 7 Satz 2 VwGO[22]

des/r/ …

– Antragsteller/s/in –

Prozessbevollmächtigte(r): …

gegen

die Bundesrepublik Deutschland, endvertreten durch den Leiter der Außenstelle des Bundesamtes für Migration und Flüchtlinge in …

– Antragsgegnerin –

wegen Asylrecht und internationalem Schutz

Unter Bezugnahme auf die vorgelegte Vollmacht beantrage(n) ich/wir,

> den Beschluss des Verwaltungsgerichtes vom … im Verfahren … dahin abzuändern, dass die aufschiebende Wirkung der Klage vom … gegen die Abschiebungsandrohung des Bundesamtes für Migration und Flüchtlinge vom … gemäß § 80 Abs. 7 Satz 2 VwGO angeordnet wird.

Begründung …

…

Rechtsanwalt/anwältin

21 Zur örtlichen Zuständigkeit s. § 74 Rdn. 133 ff.

22 Der Abänderungsantrag ist nur zulässig, wenn der Antrag im zugrunde liegenden Eilrechtsschutzverfahren nicht verfristet war. Andernfalls sind veränderte Umstände mit den einstweiligen Anordnungsantrag nach § 123 VwGO geltend zu machen (§ 36 Rdn. 38 ff.). Dies gilt auch für das Folgeantragsverfahren, wenn das Bundesamt nach § 71 Abs. 4 AsylG vorgegangen ist. War wegen des nach § 71 Abs. 5 AsylG gewählten Verfahrens bereits im zugrunde liegenden Folgeantragsverfahren der Antrag nach § 123 VwGO zu stellen, sind veränderte Umstände in diesem Fall ebenfalls nach § 123 in Verb. mit § 80 Abs. 7 Satz 2 VwGO geltend zu machen (§ 123 Abs. 5 VwGO).

E. Klage- und Eilrechtsschutzantrag bei Ablehnung des Asylantrags als unzulässig nach § 29 Abs. 1 AsylG wegen Zuständigkeit eines anderen Vertragsstaates nach der Verordnung (EU) Nr. 604/2013 (Dublin III-VO)

An das 7

Verwaltungsgericht[23]

…

Klage und Eilrechtsschutzantrag[24]

des/r …

– Kläger/s/in und Antragsteller/s/in –

Prozessbevollmächtigte(r): …

gegen

die Bundesrepublik Deutschland, endvertreten durch den Leiter der Außenstelle des Bundesamtes für Migration und Flüchtlinge in …

– Beklagte und Antragsgegnerin –

wegen Asylrecht und internationalem Schutz

Unter Vollmachtsvorlage(n)[25] erhebe(n) ich/wir die Klage(n)[26] und beantrage(n):

den Bescheid des Bundesamtes für Migration und Flüchtlinge vom …, zugestellt am…,

aufzuheben.[27]

Femer stelle ich den Antrag,

> die aufschiebende Wirkung der Klage vom heutigen Tag gegen den Bescheid des Bundesamtes für Migration und Flüchtlinge vom … gemäß § 80 Abs. 5 VwGO anzuordnen.

---

23 Zur örtlichen Zuständigkeit s. § 74 Rdn. 5 ff.

24 Zur Verfahrensvereinfachung können Klage und Eilrechtsschutzantrag in einem Schriftsatz zusammengefasst werden. Da das Verwaltungsgericht zwei Akten anlegt, sind jeweils vier Ausfertigungen einzureichen.

25 Zur nachträglichen Vorlage s. § 74 Rdn. 182.

26 Die Beifügung des angefochtenen Bescheides ist entbehrlich, gleichwohl empfehlenswert, da das Bundesamt unverzüglich dem Verwaltungsgericht den Verwaltungsvorgang von Amts wegen übermittelt (§ 36 Abs. 2 Satz 2 AsylG). Antrag auf Akteneinsicht ist wegen der Dringlichkeit nicht sinnvoll und i.Ü. entbehrlich, da die Beteiligten vom Bundesamt eine Kopie der Akten erhalten (§ 36 Abs. 2 Satz 1 AsylG).

27 Zum Klageantrag s. § 34a Rdn. 17.

Gegen die Übertragung auf den Einzelrichter im Hauptsacheverfahren bestehen keine Bedenken.[28]

Für die mündliche Verhandlung wird ein Dolmetscher für die Sprache … benötigt.[29]

Begründung:[30] …

…

Rechtsanwalt/anwältin

28 Dieser Zusatz ist nicht zwingend, jedoch allgemein üblich. Im Eilrechtsschutzverfahren entscheidet ohnehin der originäre Einzelrichter (§ 76 Abs. 4 Satz 1 AsylG).

29 Die frühzeitige Angabe ist insb. bei seltenen Dialekten, aber auch i.Ü. empfehlenswert.

30 Wegen § 36 Abs. 3 Satz 5 ff. AsylG empfiehlt sich die sofortige Begründung. Jedenfalls sollte diese dem Gericht nach Ablauf der Wochenfrist (§ 36 Abs. 3 Satz 5 AsylG) vorliegen.

F. Flughafenverfahren: Klage und Eilrechtsschutzantrag

An das 8

Verwaltungsgericht[31]
…

Klage und Eilrechtsschutzantrag[32]

des/r …

– Kläger/s/in und Antragsteller/s/in –

Prozessbevollmächtigte(r): …

gegen

1. die Bundesrepublik Deutschland, endvertreten durch den Leiter der Außenstelle des Bundesamtes für Migration und Flüchtlinge am Flughafen …

   – Beklagte zu 1 –

2. die Bundesrepublik Deutschland, endvertreten durch den Leiter des Bundespolizeiamtes in …

   – Beklagte und Antragsgegnerin zu 2 –

wegen Asylrecht und internationalem Schutz

Unter Vollmachtsvorlage(n)[33] erhebe(n) ich/wir die Klage(n)[34] und beantrage(n):

1. Die beklagte Bundesrepublik Deutschland wird unter Aufhebung des Bescheides des Bundesamtes für Migration und Flüchtlinge vom …, zugestellt am …, verpflichtet, festzustellen, dass der(die) Kläger/in Asylberechtigte(r) ist(sind) und ihm/ihr/ihnen die Flüchtlingseigenschaft gemäß § 3 Abs. 4 erster Halbsatz AsylG zuzuerkennen;

   hilfsweise:

   dem/den Kläger/n subsidiären Schutz gemäß § 4 Absatz 1 zuzuerkennen

31 Zur örtlichen Zuständigkeit 74 Rdn. 5. ff.

32 Zur Klage s. § 18a ′60; zum Eilrechtsschutzantrag s. § 18a Rdn. 61 ff. Zur Verfahrensvereinfachung können Klage und Eilrechtsschutzantrag in einem Schriftsatz zusammengefasst werden. Da das Verwaltungsgericht zwei Akten anlegt, sind jeweils vier Ausfertigungen einzureichen.

33 Zur nachträglichen Vorlage s. § 74 Rdn. 27 f.

34 Die Beifügung des angefochtenen Bescheides ist entbehrlich, da die Grenzbehörde unverzüglich dem Verwaltungsgericht den Verwaltungsvorgang von Amts wegen übermittelt (§ 18a Abs. 3 Satz 2 AsylG). Antrag auf Akteneinsicht ist wegen der Dringlichkeit nicht sinnvoll und i.Ü. entbehrlich, da die Beteiligten vom Bundesamt eine Kopie der Akten erhalten (§ 36 Abs. 2 Satz 1 AsylG).

hilfsweise:

festzustellen, dass Abschiebungsverbote nach § 60 Abs. 5 und 7 AufenthG im Blick auf … vorliegen.

2. Die beklagte Bundesrepublik Deutschland wird unter Aufhebung der Einreiseverweigerung des Bundespolizeiamtes … vom …, zugestellt am …, verpflichtet, dem/der/den Kläger/n/in die Einreise zu gestatten.

Ich stelle den Antrag,

die Antragsgegnerin im Wege der einstweiligen Anordnung gemäß § 123 VwGO zu verpflichten, dem/der/den Antragsteller/n/in die Einreise zu gestatten.

Ich gehe davon aus, dass vor Ablauf der Nachfrist von vier Tagen keine Entscheidung getroffen werden wird.[35]

Gegen die Übertragung auf den Einzelrichter im Hauptsacheverfahren bestehen keine Bedenken.[36]

Für die mündliche Verhandlung wird ein Dolmetscher für die Sprache … benötigt.[37]

Begründung: …

…

Rechtsanwalt/anwältin

Anmerkung zur Begründung: Der *Anordnungsgrund* ist evident. Nähere Ausführungen sind entbehrlich.

Der *Anordnungsanspruch* ist wegen der sehr strengen Rechtsprechung im Einzelnen sehr ausführlich im Sinne einer *vollen Glaubhaftigkeitsprüfung*[38] darzulegen. Auch Widersprüche, Ungereimtheiten und Unzulänglichkeiten, die vom Bundesamt nicht aufgegriffen werden, sind eingehend auszuräumen, da das Verwaltungsgericht unabhängig von der Verwaltung eine volle inhaltliche und rechtliche Kontrolle (§ 86 Abs. 1 VwGO) des Behördenbescheides vornimmt. Besonders hervorzuheben sind *Verfahrensfehler* des Bundesamtes die häufig bereits an Hand der Anhörungsniederschrift ersichtlich sind. Sind Verfahrensfehler feststellbar, ist Antrag auf *Anhörung des/r Asylantellers/in im Eilrechtsschutzverfahren* im Rahmen eines Erörterungstermins (§ 87 Abs. 1 Nr. 1 VwGO) zu stellen. Empfehlenswert ist im Hinblick auf Vorhalte und Widersprüche die Vorlage einer hierauf gerichteten, einzelfallbezogenen und detaillierten sowie konkreten *eidesstaatlichen Versicherung*.

35 S. hierzu: § 18a Rdn. 65 f.

36 Dieser Zusatz ist nicht zwingend, jedoch allgemein üblich. Im Eilrechtsschutzverfahren entscheidet ohnehin der originäre Einzelrichter (§ 76 Abs. 4 Satz 1 AsylG).

37 Die frühzeitige Angabe ist insb. bei seltenen Dialekten, aber auch i.Ü. empfehlenswert.

38 S. im Einzelnen: § 18a Rdn. 75 ff.

G. Klage im Folgeantragsverfahren

An das 9

Verwaltungsgericht[39]

…

Klage

des/r/ …

– Kläger/s/in –

Prozessbevollmächtigte(r): …

gegen

die Bundesrepublik Deutschland, endvertreten durch den Leiter der Außenstelle des Bundesamtes für Migration und Flüchtlinge in …

– Beklagte –

wegen Asylrecht und internationalem Schutz

Unter Vollmachtsvorlage(n)[40] erhebe(n) ich/wir die Klage(n) und beantrage(n):

> Die beklagte Bundesrepublik Deutschland wird unter Aufhebung des Bescheides des Bundesamtes für Migration und Flüchtlinge vom …, zugestellt am …, verpflichtet, festzustellen, dass der(die) Kläger/in Asylberechtigte(r) ist(sind) und ihm/ihr/ihnen die Flüchtlingseigenschaft gemäß § 3 Abs. 4 Halbs. 1 zuzuerkennen;
>
> hilfsweise:
>
> Dem/den Klägern/n subsidiären Schutz gemäß § 4 Abs. 1 Satz 1 AsylG zuzuerkennen
>
> hilfsweise:
>
> festzustellen, dass Abschiebungsverbote nach § 60 Abs. 5 und 7 AufenthG im Blick auf … vorliegen

Der angefochtene Bescheid ist beigefügt.

Gegen die Übertragung auf den Einzelrichter bestehen keine Bedenken.[41]

Für die mündliche Verhandlung wird ein Dolmetscher für die Sprache … benötigt.[42]

---

39 Zur örtlichen Zuständigkeit s. § 74 Rdn. 5 ff.
40 Zur nachträglichen Vorlage s. § 74 Rdn. 27 f.
41 Dieser Zusatz ist nicht zwingend, jedoch allgemein üblich.
42 Die frühzeitige Angabe ist insb. bei seltenen Dialekten, aber auch i.Ü. empfehlenswert.

Ich bitte um

Akteneinsicht

(einschließlich Behörden- und Gerichtsakten des Erstverfahrens), in den Kanzleiräumen zu gewähren.[43]

Begründung folgt.[44]

…

Rechtsanwalt/anwältin

43 Einige Verwaltungsgerichte verweigern die Übersendung der Akten in die Kanzlei (vgl. § 100 Abs. 2 Satz 3 VwGO). Hier empfiehlt es sich, ein der Kanzlei nahe gelegenes Gericht anzugeben. Es empfiehlt sich, den Antrag auch auf die Behörden- und Gerichtsakten des Erstverfahrens zu erweitern.

44 Zur Begründungsfrist von einem Monat s. § 74 Abs. 1 Satz 2 AsylG (s. hierzu § 74 Rdn. 69). Die Begründung muss insb. die Wiederaufgreifensgründe (§ 71 Rdn. 54 ff.) konkret darlegen und anschließend den materiellen Asylanspruch begründen.

H. Eilrechtsschutzantrag im Folgeantragsverfahren, wenn das Bundesamt nach § 71 Abs. 4 AsylG vorgeht und eine Abschiebungsandrohung nach § 34 Abs. 1 AsylG erlässt

An das 10

Verwaltungsgericht[45]

…

Eilrechtsschutzantrag

des/r …

– Antragsteller/s/in –

Prozessbevollmächtigte(r): …

gegen

die Bundesrepublik Deutschland, endvertreten durch den Leiter der Außenstelle des Bundesamtes für Migration und Flüchtlinge in …

– Antragsgegnerin –

wegen Asylrecht und internationalem Schutz

Ich/wir stelle(n) unter Bezugnahme auf die im Hauptsacheverfahren vorgelegte Vollmacht den Antrag,

> die aufschiebende Wirkung der Klage vom heutigen Tage gegen die Abschiebungsandrohung des Bundesamtes für Migration und Flüchtlinge vom … gemäß § 80 Abs. 5 VwGO anzuordnen.

Begründung:[46] …

…

Rechtsanwalt/anwältin

45 Zur örtlichen Zuständigkeit s. § 74 Rdn. 5 ff.

46 Da § 36 Abs. 3 Satz 5 AsylG Anwendung findet (vgl. § 71 Abs. 4 AsylG), empfiehlt es sich, den Eilrechtsschutzantrag unverzüglich und so umfassend und eingehend wie die Klage selbst zu begründen, sodass in der Klageschrift auf die Begründung im Eilrechtsschutzverfahren verwiesen werden kann.

I. Eilrechtsschutzantrag im Folgeantragsverfahren, wenn das Bundesamt nach § 71 Abs. 5 AsylG vorgeht und keine Abschiebungsandrohung erlässt

11 An das

Verwaltungsgericht[47]

…

Eilrechtsschutzantrag

des/r/ …

– Antragsteller/s/in –

Prozessbevollmächtigte(r): …

gegen

die Bundesrepublik Deutschland, endvertreten durch den Leiter der Außenstelle des Bundesamtes für Migration und Flüchtlinge in …

– Antragsgegnerin –

wegen Asylrecht und internationalem Schutz

Ich/wir stelle(n) unter Bezugnahme auf die im Hauptsacheverfahren vorgelegte Vollmacht den Antrag:

> Die Antragsgegnerin wird im Wege der einstweiligen Anordnung gemäß § 123 VwGO verpflichtet, der Ausländerbehörde … mitzuteilen, dass ein Asylverfahren durchgeführt wird.

Ferner wird beantragt,

> dass das Verwaltungsgericht dem Bundesamt für Migration und Flüchtlinge mitteilt, dass dieses der zuständigen Ausländerbehörde mitteilt, dass das Verwaltungsgericht davon ausgeht, dass bis zu einer Entscheidung des Verwaltungsgerichts keine Vollzugsmaßnahmen durchgeführt werden (*Stillhaltezusage*)[48].

Begründung:[49] …

…

Rechtsanwalt/anwältin

---

47 Zur örtlichen Zuständigkeit s. § 74 Rdn. 5 ff. Rdn. 133 ff.

48 Zum Eilrechtsschutz nach § 123 VwGO s. § 71 Rdn. 119 ff.

49 Da § 36 AsylG keine Anwendung findet, ist der Eilrechtsschutzantrag fristungebunden. Es empfiehlt sich dennoch, den Eilrechtsschutzantrag unverzüglich und so umfassend und eingehend wie die Klage selbst zu begründen, sodass in den Klageschrift auf die Begründung im Eilrechtsschutzverfahren verwiesen werden kann.